A Biographical Dictionary
of
Japanese in the Showa Era

1926-1945

Compiled by

Nichigai Associates, Inc.

©2017 by Nichigai Associates, Inc.

Printed in Japan

本書はディジタルデータでご利用いただくことが
できます。詳細はお問い合わせください。

●編集担当● 河原 努／熊木 ゆかり／松村 愛
装 丁：赤田 麻衣子

刊行にあたって

　平成28年10月27日、昭和天皇の弟宮である三笠宮さまが亡くなられた。享年100。太平洋戦争中は陸軍軍人として出征されたご経験があり（敗戦時は陸軍少佐）、軍隊を指揮する上級士官である佐官の最後の一人であったと思われる。また、平成27年には伝説の女優・原節子（享年95）、平成24年には天才少女バイオリニストとして一世を風靡した諏訪根自子（享年92）らが亡くなり、誰もが知る昭和戦前期に活躍を見せた人々の最後の一団がこの世を去ろうとしている。

　平成も来年で30年、今上陛下の生前退位による改元も予定され、64年にわたって続いた昭和も2代前の元号となろうする今こそ、ようやく現代史から遠ざかり、まさしく歴史となりつつある昭和戦前期を振り返るよい機会ではないかと思う。

　本書は、昭和戦前期に活躍した多分野にわたる人物を収録した総合人物事典で、一冊で昭和戦前期を一望できるレファレンスツールを目指した。近衛文麿、東条英機、山本五十六といった昭和史を語る上で欠かせない大物政治家・軍人から、活躍を嘱望されながら志し半ばにして兵隊にとられ、戦場に散っていった学究や美術家、スポーツ選手、さらに事件や壮挙で社会を賑わせた人物まで、7,913人を収録している。戦後により活躍する吉田茂、岸信介、湯川秀樹といった人々や、西園寺公望、芥川龍之介といった明治時代・大正時代に顕著な業績を残した人々も収録した。

　編集にあたっては、遺漏のないよう、また内容に正確を期すよう努めたが、不十分な点や、本来収録されるべき人物が未収録となったこともあるかと思われる。お気づきの点などをご教示いただければ有り難い。

　なお、昭和戦前期の前史である明治時代・大正時代の人物を広く収録した事典として小社既刊『明治大正人物事典　Ⅰ　政治・軍事・産業篇』（2011年7月刊・5,345人収録）、『明治大正人物事典　Ⅱ　文学・芸術・学術篇』（2011年7月刊・4,957人収録）がある。併せてご利用頂ければ幸いである。

　　2017年1月

　　　　　　　　　　　　　　　　　　　　　　　　　　　　　日外アソシエーツ

目　　次

凡　例 ……………………………………………………………………… (6)

本　文 ……………………………………………………………………… 1

出身都道府県別索引 …………………………………………………… 861

「昭和戦前期」年表 ……………………………………………………… 894

凡　例

1. 基本方針

1）本書は、昭和戦前期に活躍した人物7,913人を収録した人物事典である。分野は政治・経済・軍事・文学・学術・宗教・社会運動・芸術・芸能・スポーツなど多岐に亘り、功績の定まった物故者を収録対象とする。

2）収録の基準は、昭和元年（1926年）～昭和20年（1945年）8月までの期間に、①社会、または活動分野で枢要な地位にいた、②顕著な業績をあげた、③昭和史に名を残す行いをなした、の3点のいずれかを満たすものとした。

3）収録対象は日本社会で活躍した日本人とした。このため、例えば満州国皇帝の溥儀は収録対象としていない。ただし、国内で重大な事件を起こしたスパイ、リヒアルト・ゾルゲなど一部例外はある。

2. 人名見出し

1）見出しには、当時の名前を採用した。採用されなかった著名な名前については、岩田豊雄⇒獅子文六のように「を見よ」の形で参照見出しを立てた。

2）使用漢字は原則常用漢字、新字体に統一した。また、人名読みの「ぢ」は「じ」、「づ」は「ず」とした。

3. 人名見出しの排列

1）人名見出しは、姓・名をそれぞれ一単位とし、姓・名の順に読みの五十音順に排列した。

2）濁音・半濁音は清音扱い、促音・拗音は直音扱いとし、長音符は無視した。

4. 記載事項

記載事項及びその順序は以下の通り。

人名見出し／人名読み／原綴／職業・肩書

生年月日～没年月日／⊞ 出生地／⊞ 出身地／⊠ 本名・旧姓名・別名など／⊞ 専攻／⊞ 学歴・学位／⊞ 資格／⊞ 経歴／⊞ 家族・親族／⊞ 叙勲・褒章／⊞ 受賞

5. 出身都道府県別索引

収録人物の出生地・出身地を都道府県の北から順に配列し、人名及び該当頁を示した。
47都道府県及び「朝鮮」「台湾」「中国・満州」以外の土地は「その他」にまとめた。

昭和人物事典 戦前期

【あ】

相川 勝六　あいかわ・かつろく
厚生次官
明治24年（1891年）12月6日〜昭和48年（1973年）10月3日
生佐賀県　学二高卒、東京帝国大学法科大学独法科〔大正8年〕卒　歴内務省に入省。昭和5年警視庁刑事部長、6年京都市学務部長、7年神奈川県警察部長、9年内務省警保局保安課長兼高等課長。11年二・二六事件勃発の責任を取り朝鮮総督府官房外事課長に転出。12年宮崎県知事となり、14年広島県知事、16年愛知県知事、17年大政翼賛会実践局長、18年愛媛県知事を歴任。19年厚生次官から、20年小磯国昭内閣の厚相として入閣。宮崎時代には八紘一宇の塔を建立した。戦後は公職を追放され、26年解除。27年宮崎1区から衆議院選挙に当選、以来当選8回。47年引退。

藍川 清成　あいかわ・きよなり
実業家 政治家
明治5年（1872年）4月〜昭和23年（1948年）9月7日
出岐阜県　学帝国大学英法科〔明治28年〕卒　歴弁護士や名古屋市議、愛知県議を経て、昭和5年衆議院議員を1期務めた。民政党に所属した。

相川 俊孝　あいかわ・としたか
詩人
明治22年（1889年）12月24日〜昭和15年（1940年）11月18日
生石川県金沢市　歴大正5年、室生犀星と萩原朔太郎が創刊した「感情」に途中から同人として参加し、9年刊行の「感情同人詩集」に「懲罰」などの詩を発表。後「詩聖」にも関係し、11年「凝視」などを発表し、13年「万物昇天」を刊行した。また詩誌「壺」も主宰した。その他の詩集に「眠れる山脈」がある。　家息子＝相川やす志（俳人）

相川 春喜　あいかわ・はるき
技術史家 社会運動家
明治42年（1909年）8月15日〜昭和28年（1953年）4月29日
生新潟県高田市（上越市）　名本名＝矢浪久雄　学四高〔昭和4年〕中退　歴産業労働調査所に勤めた後、昭和7年プロレタリア科学研究所、唯物論研究会に参加。8年「日本資本主義発達史講座」に「農村経済と農業恐慌」を執筆。10年「技術論」を刊行。11年コム・アカデミー事件で検挙され、翌年釈放。15年から明大講師の傍ら「現代技術論」「技術及び技術管理」などを刊行。19年応召、関東軍に配属。20年ソ連軍に投降、4年間シベリアに抑留され、日本人捕虜民主化運動に努め24年帰国。戦後の技術論争に参加、また在華同胞帰国協力会などで活躍したが、日本共産党本部で選挙活動中倒れた。

愛甲 文雄　あいこう・ふみお
海軍大佐
明治34年（1901年）4月25日〜平成3年（1991年）11月14日
生鹿児島県川内市　学海兵（第51期）〔大正12年〕卒　歴昭和11年駆逐艦「藤」艦長などを経て、航空魚雷の開発に従事。14年浅海面魚雷を考案、真珠湾攻撃で米戦艦「ウエストバージニア」の撃沈などの戦果を上げた。終戦時は海軍省雷撃課長。21年第一合成化学工業を設立。傍ら作陶に専念し、36年新作陶法不名流を創始、東京、横浜にて個展を開催。

相沢 巌夫　あいざわ・いわお
陸上選手
明治39年（1906年）〜昭和20年（1945年）6月27日
生石川県金沢市　学京都帝国大学卒　歴小中学時代を横浜で過ごした後、金沢の四高に進学。陸上選手として活躍し、"ガンブ"のあだ名で知られる。大正15年第1回全国高等学校大会100メートル、200メートルで二冠を達成、明治神宮競技会100メートル決勝で優勝。昭和2年京都帝国大学進学後、大阪市立運動場で日本記録を樹立。3年アムステルダム五輪の代表になるが一次予選で敗退。6年阪神急行電鉄に入社。15年商工大臣で同電鉄の創業者・小林一三の引きで、商工省物価局事務官に転身。17年召集され陸軍司令官としてフィリピンに赴き、20年マニラ・モンテンルパの捕虜収容所で死去。

相沢 三郎　あいざわ・さぶろう
陸軍中佐
明治22年（1889年）9月6日〜昭和11年（1936年）7月3日
生宮城県　学陸士（第22期）〔明治43年〕卒　歴明治43年陸軍歩兵少尉に任官、歩兵第四、台湾歩兵第一、歩兵第十三連隊などを経て、青森の第五連隊大隊長。昭和8年歩兵第四十一連隊付、中佐。以後、陸軍皇道派青年将校の村中孝次、磯部浅一らと交流。9年陸軍士官学校事件で村中、磯部らは免官され、さらに皇道派のシンパとされた真崎甚三郎教育総監の罷免に憤激、10年8月11日統制派の陸軍省軍務局長永田鉄山を軍刀で斬殺した（相沢事件）。軍法会議に回され、西田税らが相沢擁護の弁護に立ったが、二・二六事件で挫折、11年7月3日死刑となった。

相沢 正　あいざわ・ただし
歌人
明治45年（1912年）1月1日〜昭和19年（1944年）8月7日
生山梨県甲府市　学法政大学国文科〔昭和7年〕卒　歴昭和6年アララギ入会、土屋文明の選を経て、6月号より作品を発表。7年より発行所の事務を担当。大学卒業後、中央公論社に入社、谷崎潤一郎訳源氏物語の校閲などに携わる。18年4月召集、秋以来消息を絶つ。歌集に「相沢正歌集」がある。19年8月戦病死。

藍沢 弥八　あいざわ・やはち
藍沢証券創業者
明治13年（1880年）3月22日〜昭和44年（1969年）1月29日
生新潟県刈羽郡加納村（柏崎市）　名幼名＝久平　学日本法律学校卒　歴出版社・金港堂主人である原亮一郎の書生となり裁判官を志望していたが、主人の勧めで金港堂に入社。間もなく金港堂、集英堂、普及舎という小学校教科書を扱う3社により設立された帝国書籍の会計となるも、明治35年に発覚した教科書疑獄事件により同社は倒産。その残務整理を行った後、原の紹介で株式仲買店を手伝うようになり証券業界に入った。41年金港堂から"港"をつけた港屋商店の発足に参加。大正7年港屋商店の業務一切を松崎松之助に引き継ぎ、東京株式取引所（現・東京証券取引所）一般取引員港屋商店として、改めて証券業の取扱いを開始。8年株式会社藍沢商店に改組。昭和23年藍沢証券に社名変更。この間、15年一般取引員組合委員長となり、商工省から大蔵省への取引所行政の移管問題や、株価コントロール機関の設立を手がけ、同年後者として日本証券投資株式会社を発足させて社長に就任。16年日本興業銀行が中心となって日本証券投資を基礎に日本共同証券株式会社が誕生すると、肩書きを持たないながら実際の運営に携わり、市場運営の正常化を図った。21年貴族院議員に勅選。32〜36年東京証券取引所理事長を務めた。　家長男＝藍沢吉雄（藍沢証券社長）、孫＝藍沢基弥（藍沢証券社長）

相沢 良　あいざわ・りょう
社会運動家
明治43年（1910年）5月15日〜昭和11年（1936年）1月28日
生青森県南津軽郡野沢村吉野田（青森市）　学青森高等女学校

〔昭和2年〕卒, 弘前女学校, 帝国女子医学専門学校 歴青森高等女学校卒業後, 私立弘前女学校に学ぶ。下宿地の黒石町でエスペラントを学び, 社会主義思想を知る。昭和3年帝国女子医学専門学校に入学し, 4年共青に加盟して共産主義運動をする。5年メーデーに参加して検束され郷里に帰るが, そこでも運動をする。6年警察の追及を受けて北海道に脱出し, 全協北海道地方協議会再建の指導者となる。8年4月一斉検挙され, 懲役5年となるが獄中で重態になり, 仮釈放後7日めに死去した。

会津 八一 あいづ・やいち
歌人 美術史家 書家
明治14年(1881年)8月1日～昭和31年(1956年)11月21日
生新潟県新潟市古町通 名別号=秋艸道人, 渾斎 専東洋美術史, 奈良美術史 学早稲田大学文科英文科〔明治39年〕卒 文学博士〔昭和9年〕 歴中学時代から作歌, 作句をし, 大学では英文学を学ぶ。明治39年新潟県の有恒学舎英語教員となり, 43年早稲田中学に移り, 大正14年早稲田高等学院教授に就任。15年から早大講師を兼ね, 昭和6～20年教授。傍ら大正13年歌集「南京新唱」を刊行, 以後「鹿鳴集」「山光集」「寒燈集」などを刊行し, 昭和25年「会津八一全歌集」で読売文学賞を受賞。また, 美術史でも学位論文となった「法隆寺, 法起寺, 法輪寺建立年代の研究」を8年に刊行, 東洋美術史, 奈良美術史の研究で活躍した。書家としても優れ, 書跡集に「渾斎近墨」「遊神帖」などがある。早大退任後は夕刊ニイガタ社長なども務め, 新潟市名誉市民に推され, 文化人として幅広く活躍。大和や新潟に歌碑も多い。「会津八一全集」(全10巻, 中央公論社)がある。

阿以田 治修 あいだ・じしゅう
洋画家
明治27年(1894年)11月16日～昭和46年(1971年)2月15日
生東京都 名本名=会田治修 学郁文館中学卒 歴自身のアトリエで洋画を描き始め, 大正3年太平洋画会研究所に入って満谷国四郎に師事。8年二科会に初入選を果たしたのち11年からヨーロッパへ留学, フランスでビシエールに画技を学んだほかイタリアやスペインにも足を運んだ。帰国後, 14年の第6回帝展に「読書するイポンヌ」を出品して入選。さらに第7回から9回までの帝展に「髪」「画房小閑」「部屋つづき」を続けて出展し, 3回連続で特選を受賞した。昭和4年以降は帝展無鑑査となり, 8年より帝展審査員。太平洋洋画会員としても活動。11年洋画家の伊原宇三郎らと大暮会を興し, 15年の創元会, 16年の三果会創立にも参画。戦後の一時期に無所属となるが, 25年評論家小牧近江らとH・H(Hanney-homme)会を結成した。晩年は網膜剥離に罹り, 小品の製作が主体となった。

会田 龍雄 あいだ・たつお
遺伝学者 京都高等工芸学校教授
明治4年(1871年)11月21日～昭和32年(1957年)12月16日
生京都府京都市 専動物遺伝学 学三高卒, 帝国大学理科大学動物学科〔明治29年〕卒 歴生家は代々会津矢吹で庄屋を務めた家柄。帝国大学理科大学動物学科に学び, 毛顎類の研究に従事。明治31年五高教授となり36年まで在職, 同僚に夏目漱石がいた。37年三高講師, 大正3年真言宗連合大学(現・種智院大学)教授を経て, 大正6年～昭和16年京都高等工芸学校(現・京都工芸繊維大学)教授。この間, 自宅の庭でメダカを飼い, その体色と性別との関連を研究。大正10年白い体色がメスだけに見られる遺伝(限性遺伝)で, 性染色体上にその遺伝子が存在することを突き止めた。この研究で世界的な名声を博し, 昭和7年には帝国学士院賞を受けた。また, メダカの性分化の研究をもとに, 動物の性分化機構全般にわたる新しい学説を提唱した。一方, 山岡鉄舟の孫弟子でその流派・無刀流の奥義を究め, 弓道にも優れた。主著に「新撰動物学」が

ある。 家二男=会田雄次(西洋史家) 賞帝国学士院賞(第22回)〔昭和7年〕

相田 直彦 あいだ・なおひこ
洋画家
明治21年(1888年)～昭和21年(1946年)1月23日
生福島県会津若松市 名本名=相田寅窓 学福島工卒 歴上京して, 太平洋画会研究所, 日本水彩画研究所に学び, 帝展, 文展に入選を重ねた。昭和12年新文展無監査となる。

相田 二郎 あいだ・にろう
日本史学者 東京帝国大学史料編纂所史料編纂官
明治30年(1897年)5月12日～昭和20年(1945年)6月22日
生神奈川県足柄下郡早川村(小田原市) 専日本中世史, 古文書学 学東京帝国大学文学部国史学科〔大正12年〕卒 歴大正12年東京帝国大学史料編纂掛嘱託, 昭和2年史料編纂官補, 8年史料編纂官となった。19年史料編纂掛の図書疎開のため長野県下に出張。「大日本古文書」「石清水八幡宮史」「静岡県史料」「新編相州古文書」などの編纂に従事する傍ら, 大正大学, 広島文理科大学, 九州帝国大学などで古文書学を講じ, 5年から黒板勝美の後をうけ東京帝大文学部講師として古文書学の授業を担当した。著書に「中世の関所」, 没後「日本の古文書」(上下)「蒙古襲来の研究」, 「相田二郎著作集」(全3巻, 名著出版)などがある。

会田 範治 あいだ・はんじ
法哲学者 法制史学者 日本大学教授
明治14年(1881年)9月23日～昭和49年(1974年)8月5日
生福島県 学日本大学法律学科〔明治37年〕卒 法学博士〔昭和2年〕 歴東京地裁勤務を経て, 明治41年弁護士開業。大正9年東京電灯入社。昭和2年日本大学教授となり, 38年学長に就任。著書に「聖徳太子憲法と法王帝説の研究」「唐律及び養老律の各例律梗概」などがある。

会田 陽啓 あいだ・ようけい
実業家 アイダエンジニアリング創業者
明治22年(1889年)11月28日～昭和34年(1959年)1月11日
生東京市本所区松坂町(東京都墨田区) 名旧姓・旧名=吉田啓之助, 会田啓之助 学本所尋常高小〔明治33年〕卒 歴吉田家の二男として生まれ, 6歳で母を, 8歳で父を亡くす。明治33年プレス製造業の小林鉄工所に住み込みの徒弟として入り, 39年会田家の養子となる。45年独立するも1年ほどで行き詰まり, 大正4年旧主人・小林氏の経営する日本鉄工所工場長となったが, 6年東京・本所石原町に会田鉄工所(現・アイダエンジニアリング)を創業。プレス機械製作を始め順調に発展していた矢先, 12年関東大震災で工場を焼失。昭和初期にはプレスのアイダとして定評のある専門メーカーとなり, 10年合資会社会田鉄工所とし, 12年株式会社化した。22年日本鍛圧機械協会初代会長。29年会田啓之助から会田陽啓に改名, 長男に啓之助を襲名させた。 家長男=会田啓之助(アイダエンジニアリング社長)

愛野 時一郎 あいの・ときいちろう
政治家
明治33年(1900年)2月～昭和27年(1952年)12月31日
出佐賀県 学中央大学経済学部〔大正11年〕卒 歴陸軍輜重兵少尉を経て, 鹿島村信用組合長, 肥前鹿島運送社長, 鹿島村長となる。昭和11年衆議院議員初当選, 以来当選4回。その間農林省委員を務める。 家息子=愛野興一郎(衆議院議員)

相原 豊次 あいはら・とよじ
陸上選手
大正3年(1914年)1月～昭和53年(1978年)

生栃木県宇都宮市 学下野中卒, 中央大学卒 歴下野中時代から頭角を現し、昭和6年全国中学陸上競技大会400メートルで優勝、8年の同大会400メートルでは中学記録を塗り替える50秒9をマーク。200メートル2位、400メートルリレーでも優勝し、「下中の韋駄天男」と呼ばれた。9年中大に進み、マニラで開催された極東大会4×400メートルリレーの第一走者として銅メダルに貢献。11年ベルリン五輪400メートルと4×400メートルリレーに出場（それぞれ予選落ち）。12年第2回日米対抗の400メートル障害で54秒2の日本記録を樹立。17年栃木県職員となり、県総合運動場庶務課長、県体育館館長などを務め、47年退職した。

相見 香雨 あいみ・こうう
美術史家
明治7年（1874年）12月1日～昭和45年（1970年）6月28日
生島根県松江市 名本名＝相見繁一 学東京専門学校（現・早稲田大学）卒 歴松江新報の編集に従事。明治40年「東洋美術大観」の編纂に携わり、古美術の研究に入った。43～大正元年London、Parisに留学、帰国後審美書院の事実上の責任者となり、「群芳清玩」などを刊行。昭和元年日本美術協会に入り、美術品の収録に従事。27年文化財保護委員会美術工芸部門専門審議会委員となった。36年美術史学研究の功績で紫綬褒章を受章した。

靉光 あいみつ
洋画家
明治40年（1907年）6月24日～昭和21年（1946年）1月19日
生広島県山県郡壬生町（北広島町） 名本名＝石村日郎, 筆名＝靉川光郎 歴17歳で大阪に出て、天彩画塾に学ぶ。18歳で上京、太平洋画会研究所に学ぶ。大正15年に二科展に入選、以後、「洋傘に倚る少女」「キリスト」「盲目の音楽家」など一連の前衛的作品を描く。昭和9年上海を中心に中国に遊び、東洋指向を強める。12年、13年と独立美術協会展に連続入選。14年シュールレアリスム系の画家たちの美術文化協会の結成に参加、「花園」「鳥」などの作品でシュールレアリスムと宋元画との融合を示す。18年新人画会の結成に参画し、同会展の開催に尽力。19年に徴兵されて大陸戦線に向い、21年上海で病没した。他の作品に「ライオン」「馬」「眼のある風景」など。賞中央美術展賞〔昭和10年〕「ライオン」, 独立美術協会賞〔昭和13年〕「眼のある風景」

蒼井 雄 あおい・ゆう
推理作家
明治42年（1909年）1月27日～昭和50年（1975年）7月21日
生京都府宇治 名本名＝藤田優三 学大阪市立都島工業学校電気科〔昭和2年〕卒 歴工業学校卒業後宇治川電気に入社。再編にともなって関西配電、関西電力に勤務。昭和9年「狂奔曲殺人事件」を発表。春秋社の書下し長編募集に「船富家の惨劇」が一等入選して11年に刊行。以後「瀬戸内海の惨劇」「霧しぶく山」「黒潮殺人事件」などを発表し、24年以降筆を絶った。

青柿 善一郎 あおがき・ぜんいちろう
労働運動家
明治20年（1887年）2月9日～昭和50年（1975年）11月14日
生奈良県吉野郡川上村 学尋常小学校卒 歴尋常小学校卒業後山林労働に従事していたが、大正4年大阪砲兵工廠に入り、以後松田製作所、神戸製鋼所などを経て、6年川崎造船所に入り、同時に友愛会に参加。以後、労働組合運動の指導者として10年の川崎・三菱造船場大争議を指導。その間逮捕、起訴され、14年結成された総同盟革新同盟の委員長となり、コミンテルンの会議などでモスクワに行った。以後日本大衆党などで活躍し、昭和4年神戸市議会議員となる。5年の衆議院議員選挙では落選。12年の人民戦線事件で逮捕され、懲役3年

に処せられた。戦後の21年共産党に入党した。

青木 巌 あおき・いわお
哲学者 慶応義塾大学教授
明治33年（1900年）10月5日～昭和48年（1973年）1月11日
生大阪府 専古代哲学 学慶応義塾大学予科卒、ミズーリ大学〔大正13年〕卒、コーネル大学大学院（米国）修了 歴慶応義塾大学、上智大学各教授を歴任。昭和2年「アリストテレス」を刊行、以後「古代ギリシア人の社会政治思想」や「西洋古典とイギリス文学」などを刊行。翻訳面でも、15年刊行のヘロドトス「歴史」など数多くの著作がある。

青木 薫 あおき・かおる
細菌学者 東北帝国大学名誉教授
明治10年（1877年）1月16日～昭和13年（1938年）10月11日
生神奈川県愛甲郡小鮎村（厚木市） 名旧姓・旧名＝外山 学東京帝国大学医科大学〔明治38年〕卒 医学博士〔東京帝国大学〕〔大正3年〕卒 歴外山家に生まれ、青木家の養子となる。遺伝学者の外山亀太郎は実兄。明治39年東京帝国大学医科大学副手、40年ドイツへ私費留学。大正2年帰国、4年東北帝国大学医科大学教授に就任。医学部長や図書館長を歴任した。家兄＝外山亀太郎（遺伝学者）

青木 一男 あおき・かずお
企画院総裁 蔵相 大東亜相 貴族院議員（勅選）
明治22年（1889年）11月28日～昭和57年（1982年）6月25日
生長野県 学東京帝国大学法科大学独法科〔大正5年〕卒 歴大正5年大蔵省に入省。昭和9年理財局長、11年対満事務局次長、12年企画院次長を経て、14年同総裁。同年勅選貴族院議員となり、また阿部内閣に蔵相として入閣。15年辞職。17年東条内閣で国務相、大東亜相を務めた。19年辞職。戦後はA級戦犯として巣鴨拘置所に収容された。28年から参議院選挙全国区に連続当選4回。家孫＝小宮山洋子（衆議院議員）

青木 鎌太郎 あおき・かまたろう
実業家 愛知時計製造社長
明治7年（1874年）10月17日～昭和27年（1952年）1月5日
生愛知県 学名古屋商学 歴イリス商会を経て、明治33年名古屋産時計の共同販売店を神戸に開業。日清事変で名古屋産時計の中国輸出販売に問題が発生すると上海に渡りこれを解決、業者の倒産を防いだ。この手腕を買われ、愛知時計製造（のちの愛知時計電機）に役員待遇で入社。大正14年社長に就任。昭和11～15年、18～21年の2回名古屋商工会議所会頭となり、東京の政財界とのパイプ役として中京地方の発展に務めた。家孫＝青木賢三（愛知時計電機社長） 勲紺綬褒章〔昭和6年〕

青木 均一 あおき・きんいち
実業家 品川白煉瓦社長
明治31年（1898年）2月14日～昭和51年（1976年）8月27日
生静岡県静岡市 学東京商科大学（現・一橋大学）高等商業科〔大正11年〕卒 歴東京毛織、日本陶管取締役を経て、昭和2年品川白煉瓦に入社、9年専務、13年社長となり、戦後早々ライテックス煉瓦の技術を導入、技術向上に尽くした。33年辞任し、その後、東京電力社長、36年会長、41年顧問を歴任。そのほか、日経連顧問、経団連理事を務めた。この間、30年にはジュネーブの国際労働機関（ILO）総会に使用者代表として出席。著書に「私の処世 私の経営」がある。

青木 月斗 あおき・げっと
俳人
明治12年（1879年）11月20日～昭和24年（1949年）3月17日
生大阪府大阪市東区南久太郎町 名本名＝青木新護, 別号＝

あおき　　　　　　　　　　昭和人物事典 戦前期

図書, 月兎　学大阪薬学校中退　歴幼い頃から句作をする。明治31年「文庫」に投句し、高浜虚子に認められ、以後俳人として活躍、大正4年には「ホトトギス」の選者となる。その間、明治32年には「車百合」を創刊。大正9年「同人」を創刊し、多くの門下生を育てた。生前句集は刊行しなかったが、没後の昭和25年「月斗翁句抄」が刊行された。　家義弟＝河東碧梧桐（俳人）

青木 健作　あおき・けんさく

小説家

明治16年（1883年）11月27日〜昭和39年（1964年）12月16日

生山口県都濃郡富田村（周南市）　名本名＝井本健作, 旧姓・旧名＝青木　学東京帝国大学哲学科美学専攻卒　歴成田中学を経て、法政大学文学部教官を30年余り務める。一方、成田中学の同僚・鈴木三重吉の影響で「ホトトギス」に短編を発表するようになる。また、俳句もこの頃より漱石の影響を受けはじめる。明治42年「鼬鼠（いたち）」、45年「お絹」を発表（大正2年刊）、作家として認められる。以後、大正初期の「帝国文学」出身の新進作家として活躍、「骨」「彷徨」「若き教師の悩み」などを発表し、昭和3年「青木健作短篇集」を刊行。他に随筆集「椎の実」「ひとりあるき」、句集「落椎」がある。　家長男＝井本農一（お茶の水女子大学名誉教授）

青木 作雄　あおき・さくお

衆議院議員

明治21年（1888年）2月〜昭和60年（1985年）8月6日

出山口県　学広島高等工業学校〔昭和8年〕卒　歴昭和12年東方会所属時に山口1区から衆議院議員に当選、1期務めた。

青木 実三郎　あおき・じつさぶろう

教育家

明治18年（1885年）7月14日〜昭和43年（1968年）4月16日

生島根県仁多郡馬木村（奥出雲町）　名号＝実坊, 股火, 股火堂　学島根師範学校〔明治41年〕卒　歴島根県下の小学校教員を歴任して図画を教えた。芦田恵之助が進めた自由な綴り方運動に影響を受け、大正4年より農村児童の実情に合った「考案画」と称する自由画を創始。この教授法は、10年地元の「松陽新報」が主催する第一回自由画懸賞募集に応募したのを機に脚光を浴びるようになった。大正13年に依願退職するが、間もなく復帰、児童の全人教育に尽力し、昭和19年に教職を辞した。一方で、実坊と号して俳句や川柳・童謡などを作り、馬木俳句会などを主宰。

青木 昌吉　あおき・しょうきち

ドイツ文学者 東京帝国大学教授

明治5年（1872年）4月5日〜昭和14年（1939年）3月2日

生東京都町田市　名旧姓・旧名＝中溝　学東京帝国大学文科大学独文科〔明治30年〕卒 文学博士　歴明治31年五高教授、次いで二高、一高教授を経て、東京帝国大学助教授、教授。昭和8年定年退官。この間、ドイツに留学、6年には日本ゲーテ協会会長を務めた。"ドイツ語文法の青木"として知られ、ドイツ語辞書の編集に努めた。著書に「独語教材」などがある。　家岳父＝青木正太郎（実業家）

青木 精一　あおき・せいいち

衆議院議員

明治16年（1883年）4月〜昭和20年（1945年）4月14日

生群馬県勢多郡新里村（桐生市）　学正教神学校卒　歴駿河台の正教神学校でロシア語を学び、日本電報通信社の記者となって日露戦争に従軍。大阪新報社東京支局長、中央新聞政治部長などを務めた。大正13年衆議院議員に当選。以降連続7選される。岡田内閣の通信政務次官、通信省委員等を歴任。また満ソ国境方面視察のため派遣された。20年の空襲で焼死。

青木 敬麿　あおき・たかまろ

哲学者

明治36年（1903年）2月〜昭和18年（1943年）2月11日

生兵庫県　学京都帝国大学文学部哲学科〔大正15年〕卒　歴三高で務台理作、大学で西田幾多郎、田辺元に哲学を師事。卒後生家の西念寺で、半俗半僧の生活をし、浄土教学の研究に専念した。著書に「善導和尚」、遺稿となった「念仏の形而上学」には務台理作があとがきをつけた。また私家版の歌集「坂の上」「山寺」がある。

青木 保　あおき・たもつ

機械工学者 東京帝国大学工学部教授

明治15年（1882年）6月4日〜昭和41年（1966年）3月10日

出大分県　名旧姓・旧名＝工藤　専精密機器学　学東京帝国大学工科大学造兵学科〔明治41年〕卒 工学博士（東京帝国大学）〔大正11年〕　歴明治42年東京帝国大学助教授、大正6年欧米へ留学。9年教授に昇任。造兵学を専門とし近代兵器、のち民需品の製造のために精密な計測技術・機器の研究に取り組んだ。我が国精密機械工学における開拓者の一人で、時計の研究で知られる。日本時計学会会長。著書に「工業と人材教育」「精密機械設計学」「時計」などがある。

青木 彝蔵　あおき・つねぞう

洋画家

明治5年（1872年）〜昭和15年（1940年）

生熊本県熊本市　学五高中退　歴明治25年上京し、小山正太郎の不同舎で洋画を学ぶ。27年から故郷で教師として図画と修身を教え、大正3年〜昭和10年九州学院で教鞭を執る。九州美術会の設立にも尽力した。没後の58年佐賀県立美術館の「近代・九州の洋画家たち展」で作品が紹介された。

青木 得三　あおき・とくぞう

財政学者 大蔵省主税局長

明治18年（1885年）3月26日〜昭和43年（1968年）7月31日

生秋田県　名筆名＝出羽八郎　学東京帝国大学法科大学政治学科〔明治42年〕卒 経済学博士　歴明治42年大蔵省に入省。大正9年英、仏駐在、パリ講和会議専門委員、賠償委員会日本代表部書記長、帰国後国債課長、文書課長、普通銀行課課長などを経て、昭和4年主税局長、6年横浜税関長となり退官。15年庶民金庫理事長。また14年中央大学教授、39年千葉商科大学教授。著書に「財政学原理」「財政学概論」「貨幣論」「歳入歳出詳論」「太平洋戦争史」（全6巻）「井上準之助伝」「若槻礼次郎・浜口雄幸」「おもいで―青木得三自叙伝」などがある。

青木 文一郎　あおき・ぶんいちろう

動物学者 台北帝国大学理農学部教授

明治16年（1883年）8月16日〜昭和29年（1954年）7月1日

生岐阜県　専ネズミの分類学　学東京帝国大学理科大学動物学科〔明治43年〕卒　歴台湾総督府高等農業教授を経て、昭和2年大学創設準備在外研究員、4年台北帝国大学理農学部教授、のち名誉教授。戦後、国立台湾大学理学院教授、静岡大学学長、岐阜大学学長を歴任した。この間、大正4年九州帝国大学助手時代に「日本鼠科」を出版。以後、ネズミの研究に専念し、ネズミの分類学の権威となった。他の著書に「自主的日本の樹立と博物館の使命」「南支・南洋の陸棲動物相」「台湾産鼠類目録」など。

青木 正児　あおき・まさる

中国文学者 京都帝国大学教授

明治20年（1887年）2月14日〜昭和39年（1964年）12月2日

生山口県下関　名別名＝青木迷陽　学京都帝国大学文科大学支那文学科〔明治44年〕卒 文学博士〔昭和10年〕　賞日本学士院会員〔昭和28年〕　歴狩野君山を師として元曲を学び、中

国文学者として幅広く活躍。同志社大学、東北帝国大学各教授を経て、昭和13年から22年まで京都帝国大学教授。その間、10年に「支那近世戯曲史」で文学博士の学位を得、28年日本学士院会員となる。22年京都帝国大学退官後は山口大学、立命館大学で講義をした。日本文学と外来思潮の交渉を論じた「支那文学」をはじめ「支那近世戯曲史」「支那文学思想史」「元人雑劇序説」などの著書がある。また随筆面でも活躍し「江南春」「酒中趣」などの著書があるほか、「青木正児全集」（全10巻・春秋社）が刊行されている。　家二男＝青木敦（京都府立大学名誉教授）

青木 亮貫　あおき・りょうかん
衆議院議員
明治8年（1875年）7月～昭和16年（1941年）8月4日
出滋賀県　学大阪府立高等医学校〔明治37年〕卒　歴府立高等医学校病理教室助手兼大阪病院医員、日本赤十字社医員などを務め、のち水口病院長となり、滋賀県議、水口町長などを経て、昭和5年衆議院議員初当選、以来当選5回。その間平沼内閣の鉄道参与官を務める。

青木 鈴慕（1代目）　あおき・れいぼ
尺八奏者
明治23年（1890年）7月15日～昭和30年（1955年）7月2日
生神奈川県横浜市　名本名＝青木誠造　歴父と兄に尺八を学び、18歳で初代川瀬順輔に入門、20歳で尺八指南、尺八製管を始め鈴慕会を組織した。大正10年川瀬派中を離れ、独自に東京竹友社を創説、尺八譜を出版、演奏活動をした。また、日本三曲協会理事、尺八協会会長などを務めている。二男静夫が鈴慕の名と鈴慕会を継承した。　家二男＝青木鈴慕（2代目）

青木 廉二郎　あおき・れんじろう
地質学者 東北帝国大学教授
明治24年（1891年）～昭和22年（1947年）10月1日
専地形学、関東構造盆地　学東京帝国大学理科大学〔大正3年〕卒　歴大正5年東北帝国大学地質学教室創設間もなく矢部長克教授の実験補助となり、6年講師。10年助教授。米国へ留学、地形学を専攻し欧州を回って帰国。「大正12年9月1日の関東大震災と地質構造との関係」「関東構造盆地周縁山地に沿える段丘の地質時代」の論文をはじめ、昭和2年から関東構造盆地の研究を展開した。11年東北帝国大学教授。

青柴 憲一　あおしば・けんいち
野球選手
明治45年（1912年）～昭和20年（1945年）11月1日
出京都府園部　学立命館大学〔昭和9年〕中退　歴昭和6年立命館大に進学。7年野球部のエースとして関西六大学リーグ春・夏2位に貢献。9年中退し、大日本東京倶楽部を経て、11年巨人に入団。同年日本初のプロ球団同士の試合である対金鯱軍戦で先発し、史上最初の1球を投じた投手として球史に名を残した。23試合登板、3勝4敗。13年召集で退団。その後東洋ベアリング、大連実業に入社し、実業団で活躍。20年7月再召集され、同年11月1日朝鮮で戦病死。

青島 順一郎　あおしま・じゅんいちろう
映画撮影監督
明治34年（1901年）2月25日～昭和23年（1948年）5月
出静岡県　歴大正8年国活巣鴨撮影所に入社。12年日活向島撮影所に移籍。その後大東キネマ、日活京都、帝国キネマ、新興キネマを経て、大映に移る。主に溝口健二監督、村田実監督作品を担当。“ストーリーを撮る”ことを第一に置きつつ、大胆な画面構成と独特な画調を駆使し、大正から昭和中期にかけての代表的なカメラマンとして知られる。作品に溝口監督「霧の港」「血と霊」、村田監督「清作の妻」「日輪」「椿姫」「激

流」、内田吐夢監督「東洋武侠団」など。

青地 球磨男　あおち・くまお
陸上選手
生年不詳～平成16年（2004年）5月8日
歴陸上中距離の選手で、昭和11年ベルリン五輪に800メートルで出場した。

青地 忠三　あおち・ちゅうぞう
記録映画作家
明治18年（1885年）6月2日～昭和45年（1970年）10月25日
生滋賀県高島郡朽木村字市場（高島市）　学東京高等師範学校（現・筑波大学）英語科〔明治43年〕卒　歴教師生活を経て、大正8～10年東京教育博物館主事を務め、映画とスライドの教育的効果に着目。10年岡本洋行活動写真部長に招かれ、米国のブレイ教育映画の日本語版作成と映写機の輸入・普及に努めた。その後、大正末から昭和初期にかけて教育短編映画〈アテナ・ライブラリー〉シリーズを製作、戦前の教育映画の草分けとして活躍した。長編記録映画の開拓者でもあり、代表作に「海の生命線」（昭和7年）「北進日本」（9年）「南十字星は招く」（12年）などがある。教育映画を通じての日本アニメーション映画育成にも貢献した。戦後も映画とスライドの教育的利用に力を注いだ。著書に「映画技術の理論と実際」（共著）。

青野 季吉　あおの・すえきち
文芸評論家
明治23年（1890年）2月24日～昭和36年（1961年）6月23日
生新潟県佐渡郡沢根町（佐渡市）　学早稲田大学文科英文科〔大正4年〕卒　賞日本芸術院会員〔昭和31年〕　歴高田師範卒業後、小学校教師となり、明治43年早大文科に編入。卒業後読売新聞社に入社し、以後大正日日新聞、国際通信社などに勤務。大正8年ロープシンの「蒼ざめたる馬」を翻訳して出版。以後プロレタリア文学の評論家として活躍し、12年「階級闘争と芸術運動」を発表し、さらに13年創刊の「文芸戦線」を基盤として「『調べた』芸術」「自然意識と目的意識」など多くの評論を発表。昭和13年検挙され、14年保釈となる。戦後は日本ペンクラブの再建に努め、23年副会長に就任、26年には日本文芸家協会会長に就任。評論面でも活躍し、24年「現代文学論」で第1回の読売文学賞を受賞し、31年日本芸術院会員となった。　家三男＝青野聡（小説家）

青柳 篤恒　あおやぎ・あつつね
中国学者 早稲田大学教授
明治10年（1877年）8月9日～昭和26年（1951年）1月8日
生山形県米沢市　名号＝柳士廉　学早稲田大学経済学科〔明治36年〕卒　歴中国語教育の創始者・叔父の宮島大八に師事、東京専門学校在学中、陸大教授兼東京外語講師、後早稲田大学講師も兼ねて中国語を教えた。明治36年早大を卒業、41年教授となった。中国語のほか極東外交史、中国問題などを担当。大正3年から2年間、有賀長雄博士に従って中華民国大総統袁世凱の顧問を務めた。早大に帰任して校外教育部長を12年間兼任。昭和23年定年退職。名講義をうたわれた。著書に「支那語助辞用法」「支那時文軌範」「極東外交史概観」など。

青柳 郁次郎　あおやぎ・いくじろう
衆議院議員
明治10年（1877年）3月～昭和5年（1930年）8月18日
出福岡県　学早稲田大学法律科〔明治39年〕卒　歴村議、郡議、福岡県議、同副議長、帝国農会議員などを歴任。大正9年衆議院議員当選以来当選3回。政友会に所属した。

青柳 喜兵衛　あおやぎ・きべえ
画家 詩人

明治37年（1904年）1月1日〜昭和13年（1938年）8月28日

生福岡県福岡市 学早稲田大学卒 歴早大在学中に川端画学校で絵を学び、昭和2年早大絵画会を結成。大正15年帝展に初入選し、昭和12年には文展無鑑査となる。画家として活躍する一方、詩作もし「とらんしっと」や「九州芸術」に発表した。没後の14年、詩画集「牛乳の歌」が刊行された。

青柳 琴僊　あおやぎ・きんせん
日本画家
慶応3年（1867年）5月1日〜昭和37年（1962年）2月22日

生上野国月夜野（群馬県月夜野町） 名本名＝青柳琴之助、別名＝金之助、別号＝燕山 歴明治13年郷里の画家・林青山に師事し、燕山を名のる。一時、小学校の教員を務めるが、日本画家児玉果亭の作品に感銘を受けて奮起し、18年長野県渋温泉に在住の果亭を訪問、その門下となった。以後、琴僊と号し画業に邁進し、26年には米国シカゴのコロンブス記念万国博覧会に出品。30年には日本美術協会の会員に選ばれた。44年渋温泉に居を移し、画房を開設。昭和17年には故郷の月夜野に帰り、玉兎山房に拠って制作活動を続け、20年にはかつての職場であった桃野小学校で80歳記念展覧会を開いた。35年群馬県文化協議会文化功労賞を受賞。作品に「上毛十二景図」などがある。

青柳 善吾　あおやぎ・ぜんご
音楽教育家
明治17年（1884年）4月1日〜昭和32年（1957年）1月17日

出福島県 学東京音楽学校〔明治44年〕卒 歴明治43年日本の唱歌教育に鑑賞教育が欠けていることを指摘。以来小・中学校の音楽教育の発展、充実に力をかたむけた。昭和6年まで東京高等師範教諭を務め、その経験から鑑賞指導、歌唱指導、器楽指導、創作指導の位置づけを明確化。また音楽教師の連携をはかった広い視野に立った音楽教育を推進。著書に「本邦音楽教育史」「西洋音楽教育史」など。

青柳 暢夫　あおやぎ・のぶお
洋画家
明治41年（1908年）9月16日〜昭和37年（1962年）9月10日

生福岡県福岡市 学福岡中中退 歴上京して片多徳郎、清水登之に師事。川端画学校、帝国美術学校に学んだ。昭和6年創立の独立美術協会展に出品、以後同展に出品を続け、同会の主調であるフォーヴィスムの影響を受けた。また同年初の個展を開催。8年同志と福岡独立作家協会及び研究所を設立した。 賞独立美術協会展独立賞〔昭和14年〕「月の岩」「海浜風景」

青柳 兵司　あおやぎ・ひょうじ
魚類学者
明治45年（1912年）〜昭和46年（1971年）

生香川県仲多度郡善通寺町（善通寺市） 名旧姓・旧名＝池田 学東京文理科大学生物学科〔昭和13年〕卒、東京文理科大学研究科〔昭和17年〕修了 農学博士（北海道大学）〔昭和31年〕 歴華族の家に生まれる。東京文理科大学生物学科に学び、在学中から日本列島各地の淡水魚、沖縄サンゴ礁の魚類を研究、「琉球宮古島の珊瑚礁魚類」など多くの論文を発表し、多大な成果を上げた日本の魚学界先駆者の一人。昭和17年応召、出征中に英文の図鑑「Coral Fishes」（「サンゴ礁魚類」）が夫人らの手で出版された。病気で帰還したが業績半ばで学界を去り、戦後は文部省教科書調査官、駒場高校教諭として活躍し、保健体育教育に力を注いだ。他の著書に「日本列島産淡水魚類総説」がある。

青柳 有美　あおやぎ・ゆうび
ジャーナリスト 批評家 随筆家

明治6年（1873年）9月27日〜昭和20年（1945年）7月10日

生秋田県秋田市 名本名＝青柳猛 学同志社普通学校卒 歴同志社卒業後、明治女学校で英文学を教え、明治26年から「女学雑誌」を編集し、36年主幹となる。以後、辛口で軽妙なコラムでエッセイストとしても活躍。大正期に入ってからは「女の世界」を発行し、また実業之世界社で編集に携わる。昭和11年には宝塚音楽歌劇学校嘱託となって生徒監兼修身科を担当。主著に「恋愛文学」「有美臭」「有美道」「接吻哲学」「恋愛読本」などがある。

青柳 優　あおやぎ・ゆたか
詩人 文芸評論家
明治37年（1904年）2月1日〜昭和19年（1944年）7月30日

生長野県南安曇郡烏川村（安曇野市） 学早稲田大学文科英文科〔昭和5年〕卒 歴ダダイズムの詩人として出発、「散文精神の内的解体である」を主宰。のち文芸評論に転じ「稲門文学」「文陣」等を経、第三次「早稲田文学」編集同人となり、昭和10年代早稲田派評論家として活躍。14年「現実批評論」を刊行し、以後「文学の真実」「批評の精神」を刊行。また大正文学研究会で活躍し、小学館版「近代日本文学研究」全6冊を編むなどした。 家義兄＝加藤朝鳥（文芸評論家）

青山 士　あおやま・あきら
土木技師 内務技監
明治11年（1878年）9月23日〜昭和38年（1963年）3月21日

生静岡県磐田 専河川 学一高卒、東京帝国大学工科大学土木工学科〔明治36年〕卒 歴一高在学中から内村鑑三に私淑。大学で土木工学を修め、明治36年土木工事の現場技術を学ぶため単身渡米、唯一の日本人技師としてパナマ運河開削工事に従事。測量のポール持ちで雇われたが、測量技師補、測量技師を経て、閘門設計技師に抜擢された。45年1月帰国後、運河開削の体験を基に「パナマ運河工事出稼談」「ぱなま運河の話」などの報告文を書く。45年内務省土木局に入り内務技官。大正13年荒川放水路、昭和6年信濃川大河津分水補修工事などを手がけた。9年内務技監、10年には土木学会会長を務める。11年退官後は東京市、兵庫県、満州などで治水事業に尽くした。25年土木学会名誉会員。晩年は帰郷し静岡県総合開発審議会井委員などを務めた。

青山 霞村　あおやま・かそん
詩人 歌人
明治7年（1874年）6月7日〜昭和15年（1940年）2月

生京都府京都市深草 名本名＝青山嘉二郎、別号＝草山隠者 学同志社大学中退 歴明治30年代から口語の短歌と詩の可能性に着目し、39年和歌史上初の口語歌集「地塘集」を刊行。43年には詩集「草山の詩」を刊行した。以後、口語短歌の普及確立に努め、その理論書「詩歌学通論」を昭和9年に刊行した。ほかに「面影」「深草の元政」「桂園秘稿」などの詩集がある。

青山 熊治　あおやま・くまじ
洋画家
明治19年（1886年）5月22日〜昭和7年（1932年）12月11日

生兵庫県朝来郡生野町（朝来市） 学東京美術学校西洋画科中退 歴兵庫県生野町に表具屋の五男として生まれる。小学校卒業後、大阪で弁護士の書生などを経て上京、明治36年洋画家・高木背水の下に住み込み、37年東京美術学校に入学。43年「アイヌ」で第13回白馬会展白馬賞、44年「金仏」で第5回文展二等賞を受賞。大正3年渡欧、貧窮生活を送りながら欧州を放浪し、絵画の修行を重ねた。11年帰国、15年「高原」で第7回帝展特選、帝国美術院賞を受賞。その後も帝展を舞台に堂々とした構図の大作を発表した。昭和4年第一美術協会創設会員。 賞白馬会展白馬賞（第13回）〔明治43年〕「アイヌ」、文展二等賞（第5回）〔明治44年〕「金仏」、帝展特選（第7回）〔大

正15年〕「高原」、帝国美術院賞〔大正15年〕「高原」

青山 憲三　あおやま・けんぞう
衆議院議員
明治12年（1879年）9月〜昭和28年（1953年）1月27日
出石川県　学和仏法律学校卒　歴石川県議、石川県水産組合連合会長、石川県水産振興会長、全国漁業組合連合会長などを務め、大正13年衆議院議員初当選、以来当選6回。また米内内閣の内務参与官、産業組合中央金庫評議員、政友会総務などを歴任。

青山 二郎　あおやま・じろう
美術評論家　装幀家
明治34年（1901年）6月1日〜昭和54年（1979年）3月28日
生東京市麻布区（東京都港区）　学日本大学法学部〔大正13年〕卒　歴中学時代から陶器に親しみ、後に柳宗悦らの民芸運動に参加。昭和7年倉橋藤治郎と陶器の図録「呉州赤絵大皿」「古九谷」を刊行。「山繭」同人と交わり、8年創刊の「文学界」の装幀を担当するなど、装幀家としても活躍した。戦後は小林秀雄らと「創元」を編集し、梅原龍三郎論、富岡鉄斎論などを執筆。著書に「陶経」「眼の引越」など。また「青山二郎文集」（小沢書店）がある。

青山 新一　あおやま・しんいち
物理学者　東北帝国大学教授
明治15年（1882年）6月3日〜昭和34年（1959年）9月16日
出岐阜県　専低温物理学　学東京高等師範学校（現・筑波大学）数物化学科〔明治43年〕卒 理学博士〔大正13年〕　歴東北帝国大学理学部助手、東京アルカリ工業、鹿児島電工瓦斯会社を経て、東北帝大助教授に。大正14年欧州へ留学して極低温科学を研究。昭和3年帰国、11年教授に昇任。20年定年退官。15〜21年理化学研究所主任研究員。東北帝大金属材料研究所に低温研究室を構え、ヘリウムガスの液化などを研究。我が国の低温研究の父と呼ばれる。

青山 徹蔵　あおやま・てつぞう
外科学者　東京帝国大学教授
明治15年（1882年）11月2日〜昭和28年（1953年）1月10日
生長野県東筑摩郡洗馬村（塩尻市）　名旧姓・旧名＝熊谷　学松本中学、二高〔明治35年〕卒、東京帝国大学医科大学〔明治39年〕卒 医学博士（東京帝国大学）〔大正5年〕　歴内科学者・熊谷岱蔵の実弟で、東京帝国大学在学中に同大内科教授青山胤通の長女と結婚、青山姓となった。大正8年東京帝国大学助教授を経て、14年教授。昭和11年視力障害を理由に依願退職。腹部外科、胆石症、胃潰瘍などの権威。著書に「小外科総論」がある。　家兄＝熊谷岱蔵（内科学者）、弟＝熊谷直樹（眼科学者）、岳父＝青山胤通（内科学者・男爵）

青山 万里子　あおやま・まりこ
女優
明治34年（1901年）12月22日〜昭和48年（1973年）10月29日
生東京市日本橋区（東京都中央区）　名本名＝内田ヨネ　学東京府立第一高等女学校中退　歴大正元年村田実の「とりで社」に参加、内田鞠子の名で新劇「舞姫ダアヤ」で初舞台。2年お伽協会に加わり「悪魔と胡弓弾」に出演、3年青山杉作と結婚。6年杉作ら創立の路路社に参加、芸名青山万里。「マリア・マグダレーナ」で万里子と改名。浅草オペラなどに出て家計を支え、10年日活向島撮影所に入社、「侠艶録」で映画デビュー。以後助演を続け、12年マキノ映画に転じ衣笠貞之助の「狂恋の舞踏」などに出演。13年甲陽撮影所に移り14年「写賦の唄」などで助演。昭和2年松竹蒲田に転じ脇役。5年準幹部となり、「押切り新婚記」以後脇役を演じ、16年まで松竹に在籍。

青山 圭男　あおやま・よしお
舞踊振付師　演出家
明治36年（1903年）1月9日〜昭和51年（1976年）8月27日
生京都府京都市　名本名＝青山小次郎、日舞名＝橘佐山　学学習院中等科卒　歴東宝関係の台本、演出などに従事、大正12年大阪松竹座で「誘惑」の振り付けでデビュー。昭和3年東京松竹歌劇部の振り付け担当となり、新宿松竹座で「松竹座ダンス」を上演。8年「タンゴ・ローザ」を振り付け。9年ウィーン国立歌劇場附属舞踊学校に入り、オペラ演出を学んだ。10年ニューヨークのメトロポリタン歌劇場のオーディションに合格、外国で初めて演出。13年松竹歌劇部理事。戦後は松竹歌劇団（SKD）、藤原歌劇団などオペラの演出を手がけ、29年日伊合作映画「お蝶夫人」の演出も担当。35年には再びメトロポリタン歌劇場で「トゥランドット」を演出した。代表的な演出は「焔の獅子」「八月十五夜の茶屋」など。

赤井 米吉　あかい・よねきち
教育家　明星学園創立者
明治20年（1887年）6月1日〜昭和49年（1974年）2月26日
生石川県　名旧姓・旧名＝山本米吉　学広島高等師範学校英語科〔明治45年〕卒　歴明治45年愛媛師範学校教諭、福井県立小浜水産学校教諭、秋田師範学校附属小学校主事から大正11年成城小学校幹事。H・パーカースト創案のドルトン・プランを日本に紹介。13年明星学園を創設、独自の教育課程を作り自己の教育理念を追求した。昭和21年には金沢女子専門学園、30年ふじ幼稚園を創設した。北陸新聞社長、武蔵野市教育委員長、全国市町村教育委員連合会長、国際新教育協会副会長なども歴任。「愛と理性の教育」「この道」などの著書のほかラッセル「原子時代に住みて」など翻訳も手がけた。

赤池 濃　あかいけ・あつし
警視総監　貴族院議員（勅選）
明治12年（1879年）1月27日〜昭和20年（1945年）9月10日
生長野県埴科郡南条村（坂城町）　学東京帝国大学法科大学〔明治35年〕卒　歴大正7年静岡県知事となり、8年朝鮮総督府内務局長、11年内閣拓殖局長官を経て、同年警視総監に就任。12年より勅選貴族院議員を務めた。

赤岩 八郎　あかいわ・はちろう
外科学者　九州帝国大学教授
明治14年（1881年）3月15日〜昭和37年（1962年）9月15日
生徳島県那賀郡立江町（小松島市）　学徳島中〔明治31年〕卒、二高〔明治36年〕卒、京都帝国大学福岡医科大学〔明治40年〕卒 医学博士（九州帝国大学）〔大正6年〕　歴明治40年京都帝国大学福岡医科大学助手、44年助教授を経て、大正6年外科学研究のため欧米へ留学。9年青森県立病院長、11年岡山医科大学教授兼附属病院長、昭和2年九州帝国大学教授、5年同附属病院長、11年医学部長。16年退官して日本海員掖済会戸畑病院長。著書に「外科小手術の実際」などがある。

赤尾 藤吉郎　あかお・とうきちろう
弁護士　衆議院議員
明治4年（1871年）7月〜昭和13年（1938年）10月3日
出東京都　学和仏法律学校（現・法政大学）〔明治28年〕卒　歴昭和3年神奈川2区から衆議院議員に当選1回。政友会に所属した。

赤尾 敏　あかお・びん
右翼活動家　衆議院議員
明治32年（1899年）1月15日〜平成2年（1990年）2月6日
出愛知県名古屋市東区　学愛知県立第三中学校中退　歴三宅島で理想郷・新しい村を建設し、社会主義運動に関わるが、大正14年逮捕され、獄中で右翼に転向。昭和2年上杉慎吉に師事

し、建国会（のち大日本皇道会）を結成し、建国祭を開催。大日本皇道会総裁・反共連盟理事などを務め、昭和17年東京第6区より衆議院議員に当選、日米戦争に反対した。26年公職追放解除と同時に大日本愛国党を結成し党首となる。日の丸と星条旗をかかげ、軍艦マーチを鳴り響かせて、毎日、東京・数寄屋橋交差点で反ソ・反共の街頭演説を行う。衆議院選挙、参議院選挙、東京都知事選などに計26回出馬した。著書に「右翼革命か左翼クーデターか」「憂国のドン・キホーテ」がある。

赤神 良譲　あかがみ・りょうじょう
社会学者　明治大学教授
明治25年（1892年）10月30日〜昭和28年（1953年）4月6日
生新潟県三島郡寺泊町（長岡市）　名旧姓・旧名＝外蔵、別名＝赤神崇弘　学東京帝国大学文学部社会学科〔大正8年〕卒　政治学博士　歴東京帝国大学助手を経て、明治大学教授。著書に「社会学入門」「社会学」「金の社会学」「マルクスの生涯とその思想的体系」「物質欠乏共産制の研究」「ソ連政治の実証的研究」などがある。

赤川 武助　あかがわ・ぶすけ
児童文学作家
明治39年（1906年）12月6日〜昭和29年（1954年）3月17日
生島根県美濃郡益田町（益田市）　学国学院大学中退　歴国学院大学中退後、「譚海」や「少年世界」「少年倶楽部」「少女倶楽部」など多くの少年少女雑誌に児童文学を発表。デ・アミーチス「クーオレ」中の「母を尋ねて三千里」の翻案、「源吾旅日記」で注目される。昭和16年、中支出征の体験を記した「僕の戦場日記」で第1回の野間文芸奨励賞を受賞。戦後は冒険もの、動物ものに転じ、「少年密林王」などを発表した。　賞野間文芸奨励賞（第1回）〔昭和16年〕「僕の戦場日記」

赤木 桁平　あかぎ・こうへい
政治家　文芸評論家
明治24年（1891年）2月9日〜昭和24年（1949年）12月10日
生岡山県哲多郡万蔵村（新見市）　名本名＝池崎忠孝　学六高卒、東京帝国大学法科大学独法科卒　歴大正元年「鈴木三重吉論」を、2年に「夏目漱石論」を発表して評論家として注目される。5年発表の『『遊蕩文学』の撲滅」は論争にまでなった。5年「芸術上の理想主義」を、6年「夏目漱石」「近代人の諸象」を、7年「人及び思想家としての高山樗牛」を刊行。以後実業界、政界に転じ、米英排撃の国家主義的論著を発表。昭和5年刊行の「亡友芥川龍之介への告別」が最後の文芸評論となった。11年大阪3区より衆議院議員に3選。第一次近衛内閣の文部参与官、大政翼賛会参与等を歴任した。

赤木 親之　あかぎ・ちかゆき
上海市工部局警視副総監
明治30年（1897年）5月15日〜昭和16年（1941年）6月17日
出広島県　学三高卒、京都帝国大学法学部政治学科〔大正10年〕卒　歴内務省に入省。昭和8年高知県警察部長、10年拓務省管理局庶務課長、12年6月同官房文書課長、11月兼拓務相秘書官、13年4月駐上海大使館参事官を経て、5月上海市政府工部局特別警視副総監。16年6月上海で暗殺された。

赤木 朝治　あかぎ・ともはる
内務次官
明治16年（1883年）2月16日〜昭和38年（1963年）6月28日
生岡山県都宇郡日畑村（倉敷市）　学東京帝国大学法科大学政治学科〔明治45年〕卒　歴内務省に入省し、大正15年神社局長、昭和4年衛生局長。のち福井県知事、宮城県知事を歴任した。9年社会局長官となり、10年内務次官に就任。11年退官し、日本赤十字社副社長、済生会理事長などを務めた。

赤城 泰舒　あかぎ・やすのぶ
洋画家
明治22年（1889年）6月20日〜昭和30年（1955年）1月31日
生静岡県駿東郡　専水彩画　学太平洋画研究所、水彩講習所　歴明治39年大下藤次郎の門に入り、太平洋画会研究所、水彩講習所などで学び、40年日本水彩画研究所に移って水彩画を習得。42年第3回文展に「高原の朝」が初入選。文展、帝展、二科展、光風会展、日展などに出品。大正2年日本水彩画会創立に参加、7年光風会員となった。その間、雑誌「みづゑ」編集に従事。11年から文化学院で絵を講じ、昭和17年女子美術学校講師。代表作は「白い砂」「大島の冬」、著書に「水絵の手ほどき」がある。　家息子＝赤城淳（マンドリン指導者）

赤木 蘭子　あかぎ・らんこ
女優
大正3年（1914年）1月17日〜昭和48年（1973年）7月23日
生東京都　名本名＝信千代、旧姓・旧名＝筒井千代　歴昭和5年新築地劇団に入り、9年新協劇団に入団、「夜明け前」のお民、「どん底」のナターシャなどで好演、映画「木石」にも出演した。14年新劇俳優の信欣三と結婚。15年新協は強制解散され、19年俳優座創設に参加。20年退団して東京芸術劇場に入ったが、後東宝と契約、23年東宝争議の後、30年劇団民芸に入った。41年退団しフリーとなった。　家夫＝信欣三（俳優）

赤坂 小梅　あかさか・こうめ
芸者歌手
明治39年（1906年）4月20日〜平成4年（1992年）1月17日
出福岡県田川郡川崎町　名本名＝向山コウメ　芸者となり、16歳から芸能活動を始める。昭和4年野口雨情らの紹介でビクターから「小倉節」を発売、以来、流行歌、端唄、舞踊小唄、民謡を次々と吹き込んだ。8年「ほんとにそうなら」がヒット。「黒田節」「おてもやん」「炭坑節」などを歌い、全国に紹介した。56年4月引退。没後、その生涯をたどったドキュメンタリー映画「小梅姐さん」が製作された。

赤崎 寅蔵　あかざき・とらぞう
労働運動家
明治21年（1888年）2月8日〜昭和48年（1973年）11月23日
生愛媛県温泉郡興居島字由良（松山市）　学由良尋常高等小学校卒　歴明治34年弓削商船の見習船員となり、後に勝田汽船の火夫長となる。大正5年友愛会に参加し、12年日本海員組合幹部に迎えられる。15年組織部長となり、ジュネーブの国際労働機関（ILO）海事総会に出席。その後組合内の抗争がおこり、昭和10年日本主義の新日本海員組合を結成。10年代は右翼活動に奔走し、愛国労働組合全国懇話会常任委員などをする。20年全日本海員組合の結成に参加して副会長となるが、戦時中の右翼活動が占領軍の指示による公職追放令に該当し、21年辞任。

赤沢 乾一　あかざわ・けんいち
医師　社会事業家
明治6年（1873年）3月5日〜昭和37年（1962年）7月3日
生広島県神石郡小畠村（神石高原町）　名号＝釣翁、楽翁　学第三高中医学部（現・岡山大学医学部）〔明治28年〕卒　歴明治28年岡山県の病院に勤務、35年岡山市内で開業する。昭和5〜9年岡山県医師会長。傍ら、6年岡山博愛会病院内科主任となり、のち開業医をやめ同病院に専念、11年から死去するまで岡山博愛会理事長・会長に就任した。また21年から10年間就実高等女学校・就実高校理事長を務めたほか、岡山市社会教育委員、岡山済生会理事長などを務め、教育・福祉事業に貢献。家蔵の古医書を岡山大学図書館鹿田分館に寄贈した。短歌をよくし五声会同人として多くの和歌を残し、遺作に「赤沢乾一大人遺詠集」がある。

赤沢 大助　あかざわ・だいすけ

映画監督

明治34年（1901年）7月12日〜昭和53年（1978年）12月20日

生北海道砂川市　学逓信局電信技術養成所〔大正4年〕卒　歴札幌郵便局電信係から大正7年札幌鉄道管理局を経、10年父の砂川座を継ぎ、活動大写真巡業隊を組んで北海道・樺太などで公演。11年「籠之鳥」を作詩・作曲。大阪の早川（一郎）プロダクションに映画化委託、13年帝キネ、山本嘉治郎主演「籠の鳥」は大ヒット。14年劇場を売り上京、上野に「赤沢キネマ」を創立。東邦映画、マキノの作品全原版を買収、全国に配給して大成功。昭和6年マキノ残党を集め「阿波の鳴門」「頼母子権兵衛」を製作。満州事変により日本国策映画に改称、7年無声「空閑少佐」、トーキー「空中艦隊」制作。以後17年の各社統合、18年企業整備まで製作を続けた。しかしフィルムなど一切は20年の空襲で焼失した。その後「籠の鳥」及びその主題歌の原作を主張して山本嘉次郎の遺族と争うが、最高裁上告審に死去。

赤沢 元造　あかざわ・もとぞう

牧師 日本メソジスト教会監督

明治8年（1875年）8月10日〜昭和11年（1936年）5月12日

生岡山県赤磐郡周匝村（赤磐市）　学同志社中学部〔明治23年〕中退、テキサス州立大学卒、ヴァンダルヒルト大学神学部中退　歴同志社中学部在学中の明治22年に受洗。23年同校を病気退学したのち大阪の商業学校を卒業し、実業に従事した。28年酒販売のために渡ったハワイでメソジスト教会牧師・木原外七を知り、キリスト教への信仰を回復。カリフォルニア州サンノゼの太平洋神学校やテキサス州立大学などに学び、さらにヴァンダルヒルト大学神学部に入ったが、日本での伝道を志して中退した。帰国後、メソジスト派の牧師となり、堺・大阪東部・神戸中部などの各教会に勤務。また、大阪ランバス女学院長や日本メソジスト教会伝道局長も務め、昭和5年には同教会第4代監督に就任した。著書に「病間霊交録」、訳書にJ・ウェスリの「基督者の完全」がある。

明石 恵達　あかし・えたつ

僧侶（浄土真宗本願寺派）仏教学者 龍谷大学教授

明治26年（1893年）3月1日〜昭和45年（1970年）1月21日

生広島県　学仏教大学〔大正3年〕卒、考究院〔大正5年〕卒 文学博士　歴大正11年龍谷大学助手、同時に14年まで京都帝国大学助手、13年梵語学研究のためインド留学。14年〜昭和33年龍谷大学教授（28年に学監）。33年名誉教授。大阪府北河内郡善林寺住職、本願寺勧学を務めた。著書に「蔵漢和訳対校、二十唯識論解説」「内容分科両訳対照、大乗起信論」「西蔵語文典綱要」などがある。

明石 海人　あかし・かいじん

歌人 詩人 画家

明治34年（1901年）7月5日〜昭和14年（1939年）6月9日

生静岡県浜松市　学商業学校卒　歴本名は未詳。商業学校卒業後の大正9年、画家を志して上京、昼は会社勤めをし、夜は画塾に通った。昭和の初年ハンセン病と診断され、以後各地を転々として静養し、7年瀬戸内海の長島愛生園に入る。その間、俳句、短歌、詩、小説を作り、療養所内の「愛生」をはじめ「日本歌人」「日本詩壇」などに発表。11年失明したが、13年「新万葉集」に短歌11首が収録されて注目され、14年歌集「白描」を刊行。没後「海人遺稿」「明石海人全集」（全2巻）が刊行された。

明石 順三　あかし・じゅんぞう

宗教家 灯台社創立者

明治22年（1889年）7月1日〜昭和40年（1965年）11月14日

生滋賀県坂田郡息長村（米原市）　学彦根中中退　歴漢方医の家に生まれ、明治41年渡米、大正13年ワッチタワーの講演伝道者となる。帰国後、灯台社（ワッチタワーの日本語名）を創立、全国に布教活動を展開し、日本の国体の否定、戦争否定を行った。昭和14年信者26人と共に検挙され、宮城刑務所に服役したが、非転向を貫いて敗戦を迎えた。戦後はワッチタワー米国本部の妥協的方針を批判して除名され、以後、独立したキリスト者として執筆活動を続けた。「四百年の謎」という長編論文において日本再軍備を批判するなど、終生、平和主義者としての姿勢をくずさなかったことで知られる。

明石 鉄也　あかし・てつや

小説家

明治38年（1905年）〜没年不詳

生鳥取県　名本名＝永井恭　学東京帝国大学文科大学仏文科中退　歴東京帝国大学中退後アナーキストになり、昭和3年アナ系詩人達の左翼芸術同盟に参加し「左翼芸術」に「起重機」などを発表。のちナップに参加し、4年「故郷」が「改造」の懸賞小説に入選する。以後プロレタリア作家として活躍し、5年「失業者の歌」「鉄の規律」を刊行したが、間もなく大衆小説に転じ「呂宋の月」「川上音二郎」「楠木正行」などを発表した。　賞「改造」懸賞創作（第2回）〔昭和4年〕「故郷」

明石 照男　あかし・てるお

銀行家 第一銀行頭取

明治14年（1881年）3月31日〜昭和31年（1956年）9月29日

生岡山県和気郡岩崎村（備前市）　学一高卒、東京帝国大学法科大学政治科〔明治39年〕卒　歴欧米留学後、渋沢栄一の推奨で第一銀行に入行、大阪、京都、本店の各副支配人、本店支配人、取締役、常務を経て、昭和7年副頭取、10年頭取となった。18年三井銀行との合併による帝国銀行会長に就任。20年辞任した。渋沢栄一の五女と結婚、渋沢倉庫社長、渋沢同族取締役などを兼任した。また東京手形交換所理事長、東京銀行集会所会長なども務めた。20〜21年貴族院議員。戦後は経団連、日経連各顧問。著書に「明治銀行史」「大正銀行史概観」などがある。　家岳父＝渋沢栄一（実業家・子爵）

赤柴 八重蔵　あかしば・やえぞう

陸軍中将

明治25年（1892年）6月18日〜昭和52年（1977年）1月9日

出新潟県　学陸士（第24期）〔明治45年〕卒、陸大（第37期）〔大正14年〕卒　歴大正元年陸軍少尉に任官。昭和14年陸軍士官学校幹事、16年陸軍中将に昇って第二五師団長、18年近衛第一師団長、20年第五十三軍司令官。　家岳父＝石原廬（陸軍少将）

県 忍　あがた・しのぶ

大阪府知事

明治14年（1881年）6月20日〜昭和17年（1942年）1月6日

生静岡県　学東京帝国大学法科大学独法科〔明治41年〕卒　歴内務省に入省。警視庁警務部長を経て、大正11年山形県知事、13年鹿児島県知事、14年千葉県知事、昭和2年群馬県知事を歴任。復興局土地整理部長を経て、4年樺太庁長官、7年大阪府知事。在任中、陸軍と警察が対立したゴーストップ事件が起きると、陸軍側の責任者である寺内寿一第四師団長を相手に強い態度を示した。14年名古屋市長となったが、在任中に亡くなった。

赤塚 五郎　あかつか・ごろう

衆議院議員

明治19年（1886年）3月〜昭和10年（1935年）3月2日

出新潟県　歴神田区議、東京府議、議長を経て、昭和5年より衆議院議員を1期務めた。民政党に所属した。

赤塚 自得　あかつか・じとく

漆芸家

明治4年（1871年）3月〜昭和11年（1936年）2月1日

[生]東京市芝区浜松町（東京都港区）　[名]通称＝赤塚平左衛門　[専]蒔絵　[賞]帝室技芸員〔昭和5年〕、帝国美術院会員〔昭和5年〕　[歴]代々漆芸を家業とする赤塚家に生まれ、7代目平左衛門を襲名。蒔絵を父に、日本画を狩野久信・寺崎広業に学び、さらに白馬会洋画研究所で洋画を学ぶ。明治35年「芙蓉図蒔絵手箱」が漆工会展で金賞を受賞し、宮内省買い上げとなる。以後、大正にかけて博覧会、展覧会で活躍。大正元年日本美術協会展審査員、12年日本工芸協会理事。昭和2年より帝展審査員を務め、5年帝国美術院会員、帝室技芸員となる。また帝展工芸部創設に尽力した。伝統的な蒔絵技法に西洋画的写生を取り入れるなど漆芸の近代化に努めた。代表作に「竹林図蒔絵文台及硯箱」（京都国立近代美術館蔵）、「蒔絵硯箱 菊文様」「四季草花蒔絵提筥笥」など。　[賞]漆工会展金賞（第6回）〔明治35年〕「芙蓉図蒔絵手箱」

赤塚 正助　あかつか・しょうすけ

外交官　衆議院議員

明治5年（1872年）9月6日〜昭和17年（1942年）5月6日

[出]鹿児島県　[学]七高造士館卒、東京帝国大学法科大学英法科〔明治31年〕卒　[歴]明治31年外務省に入省。45年在広東総領事、大正5年在奉天総領事、12年駐オーストリア公使を務めた。15年退官。昭和3年衆議院議員に当選、1期。政友会に所属した。

赤沼 智善　あかぬま・ちぜん

僧侶（真宗大谷派）　仏教学者　大谷大学教授

明治18年（1885年）8月25日〜昭和12年（1937年）11月30日

[出]新潟県長岡　[学]真宗大谷大学研究科（現・大谷大学）〔大正3年〕卒　[歴]明治42年大学在学中に清沢満之亡き後の浩々洞同人となり、尚羊社を結成する。大正3年セイロン（現・スリランカ）、英国に留学、パーリ語・原始仏教を研究。8年帰国して大谷大学教授となり、原始仏教を講じた。14年山辺習学と共に仏教協会の事業に参加し仏教普及に努めた。著書に「漢巴四部四阿含互照録」「印度仏教固有名詞辞典」「原始仏教之研究」、共著に「教行信証講義」などがある。

赤羽 穣　あかばね・みのる

内閣情報局次長

明治32年（1899年）3月6日〜昭和27年（1952年）4月21日

[出]長野県　[学]長野師範〔大正9年〕卒、東京高等師範学校（現・筑波大学）文科〔大正13年〕卒、東京高等師範学校研究科〔昭和2年〕修了　[歴]内務省に入省。昭和13年青森県警察部長、14年4月警視庁衛生部長、9月内務省警保局図書課長、15年同局経済保安課長、16年警視庁官房主事、17年同庁特別高等警察部長、18年内務省官房文書課長、19年情報局第二部長、20年4月防空総本部業務局長を経て、8月内閣情報局次長。12月退官。22〜26年公職追放。後楽園専務も務めた。

赤星 四郎　あかぼし・しろう

ゴルフ選手

明治28年（1895年）〜昭和46年（1971年）

[生]東京都　[学]プリンストン大学　[歴]貿易商の家に生まれる。米国留学中にゴルフを覚え、大正13年に帰国。昭和元年、3年の2度に渡り日本アマチュア選手権で優勝。弟の六郎とともに選手を指導したほか、多くのコース設計を手がけ、日本のゴルフ近代化に功績を残した。　[家]兄＝赤星鉄馬（実業家）、弟＝赤星六郎（ゴルフ選手）

赤星 水竹居　あかぼし・すいちくきょ

俳人　実業家

明治7年（1874年）1月9日〜昭和17年（1942年）3月28日

[生]熊本県八代郡鏡町　[名]本名＝赤星陸治　[学]東京帝国大学法科大学〔明治34年〕卒　[歴]東京帝国大学卒業後、三菱地所部に入社し、明治40年丸の内街の開発建設に当った。学生時代は短歌を作ったが、41年内藤鳴雪に師事して俳句に転じ、のち「ホトトギス」に拠り、昭和4年同人となる。没後「水竹居句集」「虚子俳話録」が刊行された。

赤星 六郎　あかぼし・ろくろう

ゴルフ選手

明治34年（1901年）6月10日〜昭和19年（1944年）3月25日

[生]鹿児島県　[学]プリンストン大学卒　[歴]貿易商の家に生まれ、10代から米国へ渡り学生生活を送る。ゴルフに熱中し、大正13年名門パイン・ハーストゴルフクラブでのアマのスプリング・トーナメントに優勝。14年帰国後、東京ゴルフクラブに入会、日本のゴルファーに米国の最新の技術を広め、日本ゴルフ界に革命をもたらした。昭和2年の第1回日本オープンはプロの浅見緑蔵に10打差で完勝した。ゴルフ・コース設計者でもある。　[家]兄＝赤星鉄馬（実業家）、赤星四郎（ゴルフ選手）

赤間 徳寿　あかま・とくじゅ

衆議院議員

明治16年（1883年）9月〜昭和33年（1958年）8月19日

[出]富山県　[学]東京外国語学校英語科〔明治42年〕卒　[歴]富山商・富山中教諭、浜加積村会議員、富山県会議員を経て、昭和17年衆議院議員に当選、1期務める。他に産業組合中央富山県支会副会長、富山電気鉄道取締役など歴任。

赤松 雲嶺　あかまつ・うんれい

日本画家

明治25年（1892年）12月12日〜昭和33年（1958年）10月16日

[生]大阪府大阪市南堀江町　[名]本名＝赤松好充　[歴]明治32年大阪の小山雲泉に入門して南画を学び、日本南宗画会などに出品。雲泉没後、45年姫島竹外に師事する。大正4年第9回文展に「渓山清趣」が初入選、以後官展を中心に出品し、昭和5年帝展無鑑査となる。また大正12年日本南画院同人となり、自ら画塾墨雲社を主宰。写実味の強い水墨山水を得意とした。主な作品に「惜春」「風万籟」「木曽川」などがあり、他に大阪府から東久邇宮へ献上の「金剛山の図」、秩父宮へ献上の「高槻名所の図」、天皇神戸行幸の際衝立に揮毫の「玉堂富貴の図」、生駒宝山寺多宝塔壁画「八祖像」など。

赤松 克麿　あかまつ・かつまろ

社会運動家　政治家　社会民衆党書記長

明治27年（1894年）12月4日〜昭和30年（1955年）12月13日

[生]山口県徳山市　[学]東京帝国大学法学部政治学科〔大正8年〕卒　[歴]大正7年宮崎龍介らと東大新人会を組織、社会主義の研究を目的とする学生運動の母体を作った。8年東洋経済新報記者を経て、労働総同盟に入り、調査、出版各部長。11年日本共産党入党、12年の一斉検挙で脱党。15年社会民衆党の創立に参加、昭和5年書記長。7年には日本国家社会党を創立。12年日本革新党を結成。同年5月北海道3区から衆議院議員に当選。15年大政翼賛会企画局制度部長。戦後、公職追放。婦人運動家の妻明子は吉野作造の長女。著書に「日本労働運動発達史」「日本社会運動史」など。　[家]妻＝赤松明子（婦人運動家）、兄＝赤松智城（宗教学者）、妹＝赤松常子（労働運動家）、祖父＝赤松連城（僧侶）、岳父＝吉野作造（政治学者・評論家）

赤松 小寅　あかまつ・ことら

京都府知事

明治23年（1890年）4月3日〜昭和19年（1944年）4月25日

[出]東京都　[学]京都帝国大学卒　[歴]海軍軍人・赤松則良の五男に生まれる。高知県知事、福岡県知事などを経て、昭和14年

京都府知事となる。戦時総動員体制の確立に努め、桂川河水統制事業、伝統工芸品輸出の促進などを行った。　家 父＝赤松則良（海軍中将）

赤松 貞雄　あかまつ・さだお
陸軍大佐
明治33年（1900年）5月21日〜昭和57年（1982年）8月16日
生 秋田県　出 茨城県　学 陸士（第34期）[大正11年]卒、陸大（第46期）[昭和9年]卒　歴 大正11年陸軍歩兵少尉に任官。昭和12年大本営参謀、13年陸軍省副官兼陸相秘書官、14年フランス、スイス駐在、15年陸相秘書官兼陸軍省副官となり、16年陸軍大佐に昇る。同年から東条英機首相の首席秘書官を務めた。19年陸軍省軍事課長、20年歩兵第一五七連隊長。東条首相の腹心の部下と言われ、戦時中の政府中枢の動きを見聞した昭和史の証人の一人だったが、戦後はほとんど発言しなかった。　家 兄＝小松崎力雄（陸軍少将）

赤松 三郎　あかまつ・さぶろう
土木技師
明治25年（1892年）1月7日〜昭和34年（1959年）2月
生 京都府　専 電力　学 京都帝国大学工科大学土木工学科[大正4年]卒　歴 九州水力電気会社を経て、大正7年広島呉電力会社に転じ、江川発電所建設に従事。11年広島電気会社土木部長。以来、中国地方の水力開発で中心的指導者として活躍、昭和14年日本発送電会社中国水力建設事務所所長となり、中国地方の水力開発を統率した。25年退社。この間、大正9年名古屋高等工業学校土木科教授、昭和26〜31年広島大学工学部土木工学科教授を務めた。

赤松 智城　あかまつ・ちじょう
宗教学者 京城帝国大学教授
明治19年（1886年）12月23日〜昭和35年（1960年）3月12日
生 山口県徳山市　学 京都帝国大学文科大学哲学科[明治43年]卒　歴 赤松連城の孫。松本文三郎に師事。大正4年東京帝国大学と提携し宗教研究会を設立。5年機関誌「宗教研究」創刊に尽くした。昭和2年から京城帝国大学教授となり、朝鮮、満州、モンゴルの宗教を研究、広く紹介した。著書に「宗教史方法論」「朝鮮巫俗の研究」「満蒙の氏族と宗教」（共著）などがある。　家 弟＝赤松克麿（社会運動家）、妹＝赤松常子（労働運動家）、祖父＝赤松連城（僧侶）

赤松 元通　あかまつ・もとみち
哲学者 新潟高校教授
明治30年（1897年）7月〜昭和22年（1947年）9月
生 大阪府　学 三高卒、京都帝国大学文学部哲学科卒　歴 大正13年新潟高校教授を経て、昭和21年龍谷大学教授。ドイツ観念論哲学、とくにシェリング哲学の研究に打ち込んだ。著書に「シェリング研究」「無の形而上学」「シェリングの自由論その他」、訳書にシェリング「先験的観念論の体系」などがある。

赤松 勇二　あかまつ・ゆうじ
海軍中尉
生年不詳〜平成16年（2004年）1月9日
出 宮崎県都城市　歴 17歳で海軍航空兵に志願。昭和15年空母「加賀」に乗艦し、16年九七式艦上攻撃機のパイロットとして米国ハワイの真珠湾攻撃に参加。戦後復員し、宮崎県佐伯市にある妻の実家のかまぼこ店を継ぐ。戦争体験の風化を防ごうと同市に残る戦争史跡の保存活動などに参加。終戦から半世紀後の平成7年、真珠湾で行われた日米合同慰霊祭に出席。湾内で攻撃を受けた戦艦ウエストバージニアの乗組員で、来襲を知らせるラッパを吹いたリチャード・フィスケさんと知り合う。これをきっかけに互いに行き来を繰り返すようになり、11年にはフィスケさんが来日。佐伯市の公園で鎮魂のラッ

パを吹き、友好の印に3本の桜を一緒に植樹した。この交流が礎となって、15年佐伯市とホノルル市の友情都市調印が実現した。

赤松 麟作　あかまつ・りんさく
洋画家
明治11年（1878年）1月20日〜昭和28年（1953年）11月24日
生 岡山県津山市　出 大阪府大阪市　学 東京美術学校西洋画科選科[明治32年]卒　歴 黒田清輝に師事し、明治35年白馬賞を受賞。37年大阪朝日新聞社に入社して挿絵を担当した。41年文展に入選、43年赤松洋画研究所を開き、佐伯祐三など多くの後進を養成した。昭和11年関西女子美術学校教授、17年校長、20年大阪市立美術研究所教授を歴任。代表作は「夜汽車」。　家 娘＝赤松良子（文相）　賞 白馬賞[明治35年]「夜汽車」

安芸 盛　あき・さかん
労働運動家
明治29年（1896年）10月2日〜昭和19年（1944年）5月30日
生 高知県土佐郡江ノ口村百軒町（高知市）　学 小卒　歴 小学校卒業後活版工となり、大正4年大阪に出て印刷工となる。その後友愛会に入って労働運動の指導者となり、別子銅山争議で懲役10ヶ月に処せられる。日本労農党の結党に参加し、昭和5年結成された全労の執行委員となり、全国労農大衆党などの執行委員も務めたが、7年日本国家社会党に参加して常任中央執行委員となり、のちに東方会に参加した。

秋岡 武次郎　あきおか・たけじろう
地理学者 法政大学教授
明治28年（1895年）3月15日〜昭和50年（1975年）2月6日
生 兵庫県有馬郡三田町（三田市）　専 古地図史　学 八高[大正7年]卒、東京帝国大学理学部地質学科[大正10年]卒 理学博士（東京大学）[昭和26年]　歴 大正10年陸軍士官学校教授に就任、理科全体を統べる科長を務めた。昭和12年法政大学の歴史地理学科創設に伴い同主任教授を兼任。戦後、公職を追放されたが、27年法大文学部教授として復帰、40年定年退職。この間、大正14年日本地理学会の創立に参画、昭和18年まで常務評議員を務める。古地図研究の最高権威と目され、「日本地図史」「日本古地図集成」を刊行。晩年は眼疾のため、夫人を眼とし杖として研究を続けた。他の著書に「地球儀の用法」などがある。

秋草 俊　あきくさ・しゅん
陸軍少将
明治27年（1894年）4月6日〜昭和24年（1949年）3月22日
出 群馬県　学 陸士（第26期）[大正3年]卒、東京外国語学校ロシア語科[昭和2年]修了　歴 大正3年陸軍歩兵少尉に任官。15年東京外国語学校ロシア語科に入り、昭和2年修了。13年後方勤務要員養成所長となり、いわゆる陸軍中野学校の初代校長に就任。15年在ドイツ星機関長（満州国在ドイツ公使館参事官兼在ワルシャワ総領事）、17年第四国境守備隊長を務め、18年陸軍少将。20年2月関東軍情報部長。8月のソ連参戦でソ連軍の捕虜となり同国へ連行される。24年モスクワのウラジミール監獄で獄死した。

秋笹 政之輔　あきささ・まさのすけ
社会運動家
明治36年（1903年）1月16日〜昭和18年（1943年）7月15日
生 埼玉県北足立郡田間宮村（鴻巣市）　名 本名＝秋笹正之輔　学 早稲田大学中退　歴 早稲田高等学院時代から学生運動に参加し、早大時代は軍事教練反対・大山教授追放反対などで闘い退学処分。大正15年京都学連事件で検挙。昭和2年産業労働調査所に入って労働農民党に入るが、3年共産党に入党し、4年の四・一六事件で検挙され、懲役5年に処せられる。保釈中、

地下に潜り、8年「赤旗」編集長となる。9年共産党スパイ査問事件で検挙され、懲役7年に処せられるが、獄中で病気となり執行停止後間もなく死去した。

秋田 雨雀　あきた・うじゃく
劇作家　小説家　社会運動家
明治16年（1883年）1月30日〜昭和37年（1962年）5月12日
⬜生青森県南津軽郡黒石町（黒石市）　⬜名本名＝秋田徳三　⬜学東京専門学校（現・早稲田大学）英文科〔明治40年〕卒　⬜歴中学時代から島崎藤村の影響を受け詩を志す。東京専門学校在学中の明治37年詩集「黎明」を刊行。18編を収め唯一の単行詩集となった。卒業後は島村抱月に認められて40年処女小説「同性の恋」を発表し、以後新進作家として活躍。イプセン会の書記を務め、戯曲への関心を深める。42年小山内薫の自由劇場に参加。大正2年には芸術座創立に参加するが、3年に脱退し、美術劇場を結成。以後、芸術座、先駆座などに参加。4年エロシェンコを知り、エスペラントを学ぶ。8年頃から童話を試みる。10年日本社会主義同盟に加わり、13年フェビアン協会を設立。昭和2年ソ連を訪れ、3年国際文化研究所長、4年プロレタリア科学研究所所長に就任。6年日本プロレタリア・エスペラント同盟を創立。9年新協劇団結成に参画し事務長となり、「テアトロ」を創刊。15年検挙される。戦後も活躍し、23年舞台芸術学院院長、24年共産党に入党、25年には日本児童文学者協会会長に就任した。代表作に「幻影と夜曲」「埋れた春」「国境の夜」「骸骨の舞跳」、童話集「東の子供へ」「太陽と花園」などがあり、ほかに「雨雀自伝」「秋田雨雀日記」（全5巻）がある。　⬜家女婿＝上田進（ロシア文学者）

秋田 喜三郎　あきた・きさぶろう
教育家
明治20年（1887年）3月17日〜昭和21年（1946年）4月12日
⬜出滋賀県　⬜学滋賀師範　⬜歴母校・滋賀師範の附属小学校、奈良女子高等師範学校附属小学校で教え、昭和10年神戸市視学となる。16年から文部省で初等教育国語教科書の編集にあたった。著作に「創作的読方教授」などがある。

秋田 清　あきた・きよし
衆議院議長　厚相　拓務相
明治14年（1881年）8月29日〜昭和19年（1944年）12月3日
⬜生徳島県　⬜学東京法学院、日本法律学校〔明治34年〕卒　⬜歴日本法律学校などで法律を学び司法省判事に任官したが、「二六新報」の記者に転じ、明治44年社長となった。45年以来衆議院議員当選10回。国民党、革新倶楽部から政友会に合流、昭和2年田中義一内閣の逓信、内務各政務次官、7年衆議院議長。その後政友会を脱党、岡田啓介内閣の審議会委員、12年第一次近衛文麿内閣の内閣参議、14年阿部信行内閣の厚相、15年第二次近衛内閣の拓務相。翼賛会顧問、翼賛政治会顧問を務めた。　⬜家長男＝秋田大助（衆議院議員）、三男＝秋田兼三（日本長期信用銀行副頭取）

秋田 三一　あきた・さんいち
貴族院議員（多額納税）
明治28年（1895年）3月22日〜昭和62年（1987年）9月18日
⬜出山口県防府市　⬜学東京帝国大学英法科〔大正7年〕卒　⬜歴和14年から多額納税の貴族院議員。21年4〜9月山口県商工経済会会頭。岸信介とは山口中、東京帝国大学の2年先輩で、70年に近い親交を持った。

秋田 滋　あきた・しげる
フランス文学者　翻訳家
明治41年（1908年）7月5日〜昭和18年（1943年）10月15日
⬜生東京都　⬜学早稲田大学仏文科〔昭和9年〕卒　⬜歴仏文学者、翻訳家として活躍し、フランス文学、とりわけモーパッサン

の短編を多く翻訳した。それらの訳書は、没後の戦後になって多く刊行され、『モーパッサン短篇集』などの訳書がある。

秋永 月三　あきなが・つきぞう
陸軍中将
明治26年（1893年）12月21日〜昭和24年（1949年）4月23日
⬜生大分県　⬜学陸士（第27期）〔大正4年〕卒、陸大〔大正13年〕卒　⬜歴大正4年砲兵少尉、15年整備局課員、昭和7年軍務局課員、14年企画院調査官、16年企画院第1部長、19年中将、20年総合計画局局長官を歴任。その間、昭和2年から東京帝国大学に派遣された。陸軍内では総動員業務を中心に担当。

秋野 孝道　あきの・こうどう
僧侶　曹洞宗管長
安政5年（1858年）4月18日〜昭和9年（1934年）2月20日
⬜生遠江国相良（静岡県牧之原市）　⬜名＝大忍　⬜曹洞宗大学専門本校卒　⬜秋野新七の三男として生まれる。静岡・長興寺で出家し、明治5年伊藤慶道について得度。13年兄弟子の加藤玄裔に嗣法し、西有穆山に師事して「正法眼蔵」を研究。総持寺、天徳寺、大洞院を経て、25年曹洞宗大学林学監、33年教頭、35年総監となる。38年永平寺の後堂・眼蔵会講師を務め、42年母校・曹洞宗大学（現・駒沢大学）学長に就任。大正5年静岡県袋井の可睡斎寺主、のち総持寺西堂、小田原・最乗寺寺主などを経て、昭和4年総持寺貫首、5年曹洞宗管長。晩年に東京帝国大学で「正法眼蔵」の特別講座を開催した。著書に「禅宗綱要」「正法眼蔵講話」「五位要訣」「従容録講話」「黙照円通禅師語録」など。

安芸ノ海 節男　あきのうみ・せつお
力士
大正3年（1914年）5月30日〜昭和54年（1979年）3月25日
⬜生広島県広島市宇品町　⬜名本名＝永田節男、年寄名＝藤島　⬜学尋常高小卒　⬜歴出羽海部屋に入り、昭和7年初土俵。13年新入幕。14年春場所の4日目、双葉山の連勝を69でストップさせた。17年37代目横綱に昇進。非力だが気力充実、気っぷのいい相撲をとりここ一発の大技に人気があった。21年11月引退。通算成績142勝59敗、優勝1回。出羽海親方（元常ノ花）の長女と結婚したが、離婚。その後、年寄藤島を襲名するが、30年廃業。解説者も務めた。

秋葉 隆　あきば・たかし
民族学者　社会学者　京城帝国大学教授
明治21年（1888年）10月5日〜昭和29年（1954年）10月16日
⬜生千葉県　⬜学東京帝国大学文学部社会学科〔大正10年〕卒　文学博士　⬜歴大正13年からロンドン、パリ両大学に留学、帰国後、京城帝国大学教授となり、約20年間同大学にあって朝鮮、満州、蒙古などを踏査、民族学研究に打ち込み、特に東北アジアのシャーマニズム研究の権威として知られる。昭和20年九州帝国大学教授、24年愛知大学文学部教授となった。著書に「朝鮮巫俗の研究」「満蒙の民族と宗教」「朝鮮民族誌」などがある。

秋丸 次朗　あきまる・じろう
陸軍大佐
明治31年（1898年）9月10日〜平成4年（1992年）8月23日
⬜生宮崎県飯野（えびの市）　⬜学陸軍経理学校〔大正9年〕卒　⬜歴昭和7年陸軍委託学生として東京帝国大学経済学部に入学。卒業後、直ちに関東軍参謀部付きとして満州に派遣される。陸軍中佐当時の14年に発足した陸軍省戦争経済研究班の班長となり、有沢広巳東京帝国大学教授らと「英米合作経済抗戦力調査」（通称・秋丸機関報告書）をまとめる。16年7月その調査結果を陸軍参謀本部で発表し、米英と日本の経済力の比率は20対1で2年以上の持久戦は無理と進言するが、報告書は焼却を

命じられた。17年比島派遣軍経理部長（主計大佐）、18年濠北派遣軍アンポン島守備隊長、19年セラム島先遣隊長など南方戦線を経て、20年第六航空軍経理部長で終戦を迎える。戦後の公職追放が解除された後、29年から飯野町長を2期務めた。平成3年東京大学経済学部図書館で報告書のコピーが発見されて、初めて調査の存在が公けとなった。　家弟＝朝稲又次（宮崎県議）

秋元 不死男　あきもと・ふじお
俳人
明治34年（1901年）11月3日〜昭和52年（1977年）7月25日
生神奈川県横浜市元町　名本名＝秋元不二雄、別号＝秋元地平線、東京三　学高小〔大正5年〕卒　歴大正5年横浜火災海上保険に入り、昭和16年まで勤務する。会社勤めの傍ら夜学に通い、また文学書を耽読した。松根東洋城らに俳句の指導を受けたが、昭和5年島田青峰の「土上」を知り、以後「土上」に秋元地平線の筆名で句作を発表。東京三と筆名を変えて以後振興俳句の俳人として活躍、西東三鬼と交友。15年「街」を刊行、また「天香」を創刊した。15年に生じた京大俳句事件で16年検挙され、18年まで拘留される。戦後は新俳句人連盟に参加したが、23年「天狼」同人となり、24年「氷海」を創刊した。25年「瘤」を刊行、42年刊行の「万座」では蛇笏賞を受賞し、46年には横浜文化賞を受賞した。著書に「プロレタリア俳句の理解」「現代俳句の出発」「俳句入門」など。他に「秋元不死男全集」がある。　家妹＝秋元松伐（劇作家）、義妹＝清水径子（俳人）

秋山 謙蔵　あきやま・けんぞう
日本史学者　国学院大学教授
明治36年（1903年）2月1日〜昭和53年（1978年）3月5日
生広島県比婆郡西条町　名旧姓・旧名＝江木、号＝秋山一石　専対外関係史　学東京帝国大学文学部国史学科〔昭和3年〕卒　歴東京帝国大学史料編纂所史料編纂官補となり歴史学研究会創立に参加、史学会委員を務めた。その後、昭和6年大正大学教授、14〜19年国学院大学教授を歴任した。文筆活動を続け、東洋史的歴史学の研究を重ね、また愛国史観の樹立に努めた。戦後公職追放。26年解除後、29年女子美術大学学芸学部教授に復帰、31年東京女学館短期大学教授兼任、43年女子美大退職、45年東京女学館短大教授専任。戦後は文学研究にも打ち込んだ。著書に「日本交渉史研究」「日本の歴史」「日本の前進」「東亜交渉史論」「新日本美論」「新日本文化史」「漱石の人間像」など。

秋山 耕作　あきやま・こうさく
映画監督
明治36年（1903年）1月1日〜昭和29年（1954年）4月7日
生茨城県結城郡結城町　名本名＝小笠安吉、旧姓・旧名＝秋山　学東京物理学校〔大正14年〕中退　歴宇都宮野砲兵20連隊入隊、砲兵中尉。除隊後東亜キネマに入り、宣伝部、助監。昭和3年松竹下加茂撮影所に移り、助監督。6年監督となり「水戸黄門漫遊記・永楽徳太郎」を初演出。8年ごろ山中貞雄、松田定次らと"監督若衆八人組"を結成して活躍。しかし戦争気運の高まりとともに演出がさえず、大船撮影所で再勉強した。ほかにサイレントの「遠山の金さん」「鴛鴦街道」、トーキー時代の「血煙荒神山」「決戦高田の馬場」「夕焼富士」シリーズ。約10年のブランクを経て、戦後27年「三百六十五代目の親分」を撮った。

秋山 正八　あきやま・しょうはち
鉄道技師　日本車両製造副社長
明治10年（1877年）11月17日〜昭和42年（1967年）2月23日
生広島県　学東京帝国大学工科大学機械工学科〔明治35年〕卒　歴明治35年日本鉄道技師となり、40年帝国鉄道庁に転じ

る。同年〜43年欧米留学。復職後、大正4年新橋工場長、同年大井工場長、8年大宮工場長、11年工作局車両課長を経て、13年工作局長となり、14年全車両に自動連結器の一斉取り付けを行った。同年鉄道省鋼製車両開発会議を開催。昭和3年日本機械学会会長。4年退官後、日本車両製造に常務として迎えられ、その後、経営責任を伴う全ての権限を持つようになる。9〜16年副社長在職中も本店最高責任者の地位にあった。この間、満州車両創立委員長を務め、13年設立後も社長を務めた。17年車両統制会理事長。

秋山 轍輔　あきやま・てつすけ
写真家
明治13年（1880年）12月18日〜昭和19年（1944年）5月20日
生長野県松本市　名旧姓・旧名＝久野、号＝嵩山　学東京高等商業学校（現・一橋大学）中退　歴工藤孝に写真術を学んだ。明治36年加藤精一の勧めで当時日本有数の写真機メーカーであった小西本店（のちの小西六本店、現・コニカミノルタ）に入社。以来、一貫して同社発行（のち写真月報社から発行）の「写真月報」の編集に携わり、同誌の写真誌としての価値を高めた。37年加藤とともに写真研究団体のゆうづゞ社を設立。40年には東京勧業博覧会に出品したゴムプリントで1等賞金牌を受賞。同年5月東京写真研究会の創立と同時に主幹、のち会長となり、同研究会展（研展）を通じて芸術写真の普及に努めた。写真月報社主幹、日本美術協会委員、全関東写真連盟委員や東京勧業博覧会の審査委員をはじめとする各種展覧委員を歴任するなど、常に写壇の指導者的立場にあった。また、大正12年小西写真専門学校（のち東京写真専門学校に改称、現・東京工芸大学）が創立されると、その理事・教授となり、後進の指導に尽くした。　賞東京勧業博覧会1等賞金牌〔明治40年〕

秋山 光夫　あきやま・てるお
美術史家
明治21年（1888年）4月3日〜昭和52年（1977年）1月16日
生静岡県田方郡三島町（三島市）　専日本近世絵画史　学京都帝国大学文科大学哲学科〔大正2年〕卒　歴三島大社宮司家に生まれる。大正7年宮内省図書寮編修官補、13年同省御物管理委員会係、15年帝室博物館鑑査官、昭和4〜6年欧米留学、10年文部省重要美術品等調査委員を兼務。17年東京帝室博物館学芸課長、20年退職。25年金沢美術工芸短期大学教授、30年金沢美術工芸大学教授を経て、40年学長となった。44年退官、同大名誉教授。この間、日本美術協会専務理事、ブリヂストン美術館参与、石川県文化財専門委員などを歴任、日本近世絵画史の研究に貢献した。著書に「御物若冲動植綵絵精影」「日本美術論攷」など。　家長男＝秋山光和（美術史家）

秋山 徳蔵　あきやま・とくぞう
料理人　宮内省初代厨司長
明治21年（1888年）8月30日〜昭和49年（1974年）7月14日
生福井県　名旧姓・旧名＝高森　学高小卒　賞フランス料理アカデミー名誉会員　歴福井県国村町の庄屋・高森家の二男に生まれ、仕出し料理屋に養子に出される。鯖江歩兵連隊の将校らに弁当を届けていた時、カツレツやデザートなどの料理に出合い、西洋料理人になるため10代後半に上京。後に秋山俊子と結婚して同家の養子となる。華族会館の東洋軒で割烹料理法を習うと、明治42年単身渡欧、フランスで料理を修業、ドイツ、英国、オランダ、ロシアなどを巡って研究。宮内省から日本に呼び戻され、大正3年帰国、宮内省に入る。6年初代厨司長となり、大正、昭和の2代天皇家の食事、両天皇即位御大典の賜宴、宮中の調理を総括した。昭和46年フランス料理アカデミー名誉会員、パリ調理士協会名誉会員、フランス主厨長協会会員となった。47年主厨長を辞任、宮内庁御用掛となった。著書に「仏蘭西料理全書」「仏英和メニュー大辞典」「味」「料理のコツ」「秋山徳蔵選集」（全2巻）など。その人生は杉森久英著「天皇の料理番」として小説になった。

秋山 雅之介　あきやま・まさのすけ

法学者 法政大学学長
慶応2年（1866年）1月23日〜昭和12年（1937年）4月11日
田安芸国（広島県）　学帝国大学法科大学〔明治23年〕卒 法学博士〔明治38年〕　歴明治23年大学を卒業して外務省試補となり政務局に勤務する傍ら、東京専門学校（現・早稲田大学）で国際法・保険法を講じる。外務省翻訳官、書記官を経て、30年参事官となり和仏法律学校（現・法政大学）講師を務め国際法を講義、37年陸軍省参事官となり法制局参事官を兼任。39年ジェノバで開催の万国赤十字条約改正会議に帝国政府委員として列席し、43年朝鮮総督府参事官を兼任。45年ワシントンの万国赤十字社総会などに政府委員兼日本赤十字社委員として出席、帰途朝鮮総督府より欧州特にボスニア、ヘルツェゴビナ及びバルカン半島の視察を命じられる。大正元年朝鮮総督府参事官兼陸軍省参事官となり、6年青島守備軍民政長官に転じ鉄道総長を兼ねた。11年退官後、法政大学理事に就任し、昭和6年〜9年学長を務めた。ほかに女子専門学校理事会職にも就き、学界・教育界にも貢献した。著書に「国際公法」がある。

秋好 馨　あきよし・かおる

漫画家
明治45年（1912年）6月27日〜平成1年（1989年）3月25日
生東京都　学高千穂中卒　歴在学中、肺結核で2年間休学。この間「アサヒグラフ」の漫画欄に投稿したのがきっかけで、退院後、堤寒三に入門。昭和12年漫画集団に入り、16年雑誌「漫画」に連載した「轟先生」がヒット、出世作となる。代表作は他に「ますらを派出大会」「あわもり君」など。

悪 麗之助　あく・れいのすけ

映画監督
明治35年（1902年）〜昭和6年（1931年）10月26日
歴大正13年マキノ等持院で「超現代人」の脚本家としてデビュー、同年マキノと合併の東亜等持院で「或る兄弟と城主」の脚本を悪麗之助の名で執筆。14年陸大蔵の名で「戦国時代」3部作を書き、帝キネ脚本部入社。阿久礼之助の名で古海卓三の「行路」「三人の道化者」などを書いた。同年竜造寺順平の名で「崇禅寺馬場の前後篇」、悪之助で「長脇差」を監督。東亜とマキノ分裂後は東亜キネマに属し、「剣戦」「恋を賭ける武士」を、15年阪東妻三郎プロで「無明地獄」などを撮った。昭和3年河合プロを経て、月形龍之介プロ、月形プロ解散で右太衛門プロ、5年松竹下加茂撮影所に入り、聖麗之助と改名、「弥藤太昇天」を監督した。山上伊太郎と並び鬼才をうたわれたが、持病の肺結核が悪化、6年「紅蝙蝠」前篇撮了が最後だった。

芥川 光蔵　あくたがわ・こうぞう

記録映画作家
明治17年（1884年）〜昭和16年（1941年）7月16日
生愛媛県今治市　学同志社大学英文科卒　歴満州に渡り、南満州鉄道（満鉄）、満州日日新聞社、満鉄鉄道部営業課などを経て、昭和3年大連の満鉄映画製作所に入り、所長として映画製作を始めた。第一作「満州を拓く者」など、満州事変から満州建国への時事記録や鉄道建設記録を撮る。一方、10年から15年にかけモンゴルのラマ祭り「ガンジェール」、「草原バルガ」「アルグンのカザック」「秘境熱河」「娘々廟会」と、農民の民俗行事や風物を詩情豊かに描いた。のち満州映画協会（満映）設立により、同啓民映画部に配属。16年新疆で没した。ノモンハン事件後の17年「満蘇国境確定」という時局映画が最後の作品となった。

芥川 徳郎　あくたがわ・よしお

歌人
明治19年（1886年）3月20日〜昭和44年（1969年）11月30日
生三重県亀山町　名号＝蕟穂　歴亀山藩に仕えた武士の家柄で、明治36年17歳で父を失い家督を相続。上京後、印刷会社に勤めたのち、大正7年より書店を経営。この間、4年太田水穂主宰の歌誌「潮音」の創刊に参加し、昭和2年選者。同年歌集「茅花」を刊行。4年に脱退してプロレタリア短歌運動に参加。5年「現代生活」を創刊し、プロレタリア歌人同盟解散後の7年、パンフレット「短歌クラブ」を発刊、8年「短歌評論」の創刊準備をした。戦後は「いはひば」同人。

芥川 龍之介　あくたがわ・りゅうのすけ

小説家
明治25年（1892年）3月1日〜昭和2年（1927年）7月24日
生東京市京橋区入船町（東京都中央区）　名俳号＝我鬼　学東京府立三中卒、一高文科卒、東京帝国大学文科大学英文科〔大正5年〕卒　歴新原家の長男として生まれるが、母の実家である芥川家に引き取られ、明治37年正式に伯父の養子となる。芥川家は幕府の奥坊主の家柄で、養母は幕末の通人・細木香以の姪に当たる。東京府立三中から一高文科に進み、同級に菊池寛、久米正雄、松岡譲、土屋文明、恒藤恭らがいた。早くから文学に親しみ、大正2年東京帝国大学文科大学英文科に入学、3年菊池や久米らと第三次「新思潮」を刊行。柳川隆之介の筆名でアナトール・フランスやイエーツの翻訳、処女小説「老年」などを発表。4年夏目漱石の知遇を得、5年第四次「新思潮」創刊号に発表した「鼻」が漱石に激賞された。5年大学を卒業すると、海軍機関学校の英語教官となって鎌倉に移るが、8年大阪毎日新聞社の社員となり創作に専念。この間、「芋粥」「手巾」などで注目され、作家としての地位を確立。6年第一短編集「羅生門」を出版。初期は「鼻」「芋粥」「羅生門」や「偸盗」「地獄変」など中世の説話集に題材をとった作品が多く、児童文学雑誌「赤い鳥」に発表した童話「蜘蛛の糸」「杜子春」もよく知られている。短編小説に優れ、晩年には「保吉の手帳から」にはじまる"保吉もの"などで新しい作風にも取り組んだが、やがて"将来に対する唯ぼんやりした不安"に捕らえられ、昭和2年致死量の睡眠薬を飲んで自殺した。その死は知識人に強い衝撃を与えた。他の代表作に小説「奉教人の死」「戯作三昧」「枯野抄」「トロッコ」「舞踏会」や警句集「侏儒の言葉」などがあり、最晩年の代表作「河童」にちなんで命日は"河童忌"と名付けられた。10年文芸春秋社社長であった菊池により、新人作家を対象とした芥川賞が設けられ、今日最も有名な文学賞として定着した。　家妻＝芥川文、長男＝芥川比呂志（俳優・演出家）、二男＝芥川多加志、三男＝芥川也寸志（作曲家）

暁烏 敏　あけがらす・はや

僧侶（真宗大谷派）仏教学者
明治10年（1877年）7月12日〜昭和29年（1954年）8月27日
生石川県石川郡出城村（白山市）　名俳号＝非無　学真宗大学卒、東京外国語学校露語科中退　歴中学時代、清沢満之の影響を受け、大学卒業後は清沢の浩々洞同人として「精神界」を編集、後に「薬王樹」「願慧」「同帰」などを創刊する。大正10年「生くる日」を刊行、以後「にほひくさ叢書」を多く刊行。昭和初期より日本精神を研究し、浄土真宗大谷派の革新運動を展開、26年から27年にかけては東本願寺の宗務総長を務めた。僧侶であるが、短歌、俳句、詩も多く作った。「暁烏敏全集」（全27巻, 涼風学舎）がある。

明峰 正夫　あけみね・まさお

作物育種学者 北海道帝国大学名誉教授
明治9年（1876年）1月12日〜昭和23年（1948年）4月3日
生愛知県名古屋市　学札幌農学校〔明治32年〕卒 農学博士〔大正7年〕　歴愛媛県立農業学校、熊本県立農業学校の教諭を務め、明治40年東北帝国大学農科大学助教授、大正7年北海道帝

国大学農学部教授となった。9年から2年間、米国、英国、ドイツに留学。昭和11年から同大農学部附属農場長を兼務、15年定年退官、名誉教授。種子の発芽生理、イネの遺伝育種などの研究で業績をあげた。著書に「農業種子学」「作物育種学」がある。

明本 京静　あけもと・きょうせい
作曲家
明治38年(1905年)3月23日～昭和47年(1972年)10月17日
[生]青森県南津軽郡黒石町(黒石市)　[名]本名＝明本教成, 筆名＝深草三郎, 曙ヒロミ, 三上静雄, 芸名＝夏山しげる　[学]東京帝国大学工学部中退, 武蔵野音楽学校　[歴]武蔵野音楽学校で声楽を専攻する傍ら、近衛秀麿に作曲と指揮を学ぶ。昭和7年師の主宰する新交響楽団でテノール歌手としてデビュー。8年には作詞・作曲・独唱の3部門で日本コロムビアと契約するが、のちテノールの最高音が出せなくなったため作詞・作曲に専念した。14年朝日新聞社主催で「皇軍将士に感謝の歌」が公募された際、福田節という女性が書いた詩「父よあなたは強かった」に曲をつけ応募、山田耕筰、服部良一らの作品を押しのけて採用され、一躍注目を浴びた。以後、"音楽報国"を掲げて「皇国の母」「ああ紅の血は燃ゆる」といった数多くの戦時歌謡を手がけた。戦後は一転して明るく健全な歌を書くようになり、21年戦後のNHKラジオ歌謡第1号として安西愛子が歌う「風はそよかぜ」を発表。また歌による明るい社会作りにも熱心に取り組んだ。　[家]娘＝明本歌子(画家), 孫＝Ayuo(作曲家)

阿子島 俊治　あこしま・しゅんじ
ジャーナリスト 政治家
明治35年(1902年)6月～昭和29年(1954年)4月30日
[生]宮城県刈田郡白石町　[学]早稲田大学政経学部政治学科〔昭和2年〕卒　[歴]国民新聞社に入り政治部記者、政治部次長、論説委員を務めた。昭和17年4月衆議院議員に当選。翼賛政治会、日本進歩党に所属。また大政翼賛会政策局嘱託、東亜連盟協会常任委員、内閣委員、大政翼賛会調査局第三部副部長などを務めた。著書に「藤沢幾之輔」。

浅井 清　あさい・きよし
憲法学者 行政法学者 慶応義塾大学教授
明治28年(1895年)10月24日～昭和54年(1979年)8月14日
[生]兵庫県　[学]慶応義塾大学法律科〔大正8年〕卒 法学博士〔昭和13年〕　[歴]昭和4年慶応義塾大学教授。憲法、行政法を専攻し、オーストリアの法学者ハンス・ケルゼンの影響を受けて天皇機関説を主張。戦後、21年勅選貴族院議員。22年臨時人事委員長、23～36年人事院初代総裁。慶大野球部長も務めた。

浅井 茂猪　あざい・しげい
土陽新聞社長 衆議院議員
明治22年(1889年)1月4日～昭和31年(1956年)5月22日
[出]高知県　[名]旧姓・旧名＝山本　[学]高知一中〔明治43年〕卒, 早稲田大学専門部政治経済科〔大正6年〕卒　[歴]土陽新聞記者となり、従軍記者としてシベリアに派遣。高知市議、昭和6年高知県議、8年副議長を経て、12年衆議院議員に当選、1期。13年土陽新聞社長。

浅井 治平　あさい・じへい
地理学者
明治24年(1891年)4月3日～昭和49年(1974年)10月9日
[生]静岡県榛原郡金谷町(島田市)　[専]地理教育　[学]静岡師範本科一部〔明治45年〕卒, 東京高等師範学校(現・筑波大学)本科地理歴史部〔大正7年〕卒, 東京帝国大学理学部地理学科〔大正13年〕卒 文学博士(東洋大学)〔昭和36年〕　[歴]静岡県で小学校訓導を務めた後、上京して東京高等師範学校、東京帝国大学を卒業。大正13年より第一東京市立中学で教鞭を執り、昭和17年東京府立第十中学校長と玉泉中学校長に就任したが、19年灯火管制中の暗夜に防空壕に転落する事故に遭い、退職を余儀なくされた。戦後は帝国書院や日本交通公社の嘱託を経て、32～39年東洋大学教授。著書に「自然地理学の基礎的知識」「人文地理学の基礎的知識」「欧米を見て」「修学旅行のあり方と指導法」「大井川とその周辺」などがある。

浅井 光之助　あさい・みつのすけ
文光堂創業者
明治8年(1875年)1月19日～昭和16年(1941年)5月18日
[生]東京府本郷(東京都文京区)　[名]旧姓・旧名＝山本　[歴]薬種商の二男として生まれたが、生家は幕末維新の動乱に際して幕府より多額の御用金を拠出させられ没落。両親も他界し、乳母夫妻の養子となって山本姓から浅井姓に変わった。書店に勤めた後、明治25年生まれ育った東京・本郷に文光堂を創業。一般書や国定教科書の販売を手がける一方で医学書や看護学書を出版して医学専門出版社として発展した。全国書籍商組合会会計主任、東京書籍商組合評議員、東京図書雑誌小売業組合幹事などを歴任。　[家]孫＝浅井宏祐(文光堂社長)

浅井 要麟　あさい・ようりん
僧侶(日蓮宗) 仏教学者 立正大学教授
明治16年(1883年)2月19日～昭和17年(1942年)12月30日
[生]愛知県名古屋市　[学]日蓮宗大学研究院卒　[歴]明治28年12歳で得度。池上中檀林のころから東京池上長勝寺小泉要智を師として修養。大学では日蓮宗学を専攻。「日蓮宗全書」「日蓮宗宗学全書」の編集に従事。日蓮宗大学教授、立正大学教授となった。一方、顕本寺、内船寺各住職を務め、日蓮遺文(祖書)について文献学的、原典的研究を積み、祖書学の大成に貢献した。特に日蓮思想と日本中古天台思想との比較研究により、日蓮遺文の真偽を論じ注目された。著書に「日蓮聖人教学の研究」。

浅石 恵八　あさいし・えはち
衆議院議員
元治1年(1864年)2月～昭和16年(1941年)2月5日
[出]徳島県　[歴]徳島県議、宅地価修正委員、相続税審査委員などを歴任。大正9年衆議院議員に当選以来通算3期務める。政友会に所属した。

浅尾 大吉(3代目)　あさお・だいきち
歌舞伎俳優
明治5年(1872年)3月26日～昭和7年(1932年)8月28日
[生]京都府　[名]本名＝浅尾友吉, 前名＝浅尾関十郎, 俳名＝車鶴　[歴]明治10年頃、京都道場座「平仮名盛衰記」に本名で父と共演、子役・駒若丸役で初舞台を踏んだ。19年4代目浅尾関十郎を継ぎ、「難波戦記」秀頼役を勤める。22年大阪・中座、のち九州への旅芝居、29年上京し本郷・春木座を経て、32年上方に戻り大阪・角座にて名題に昇進する。大正7年父の跡を継ぎ、3代目大吉を襲名。主に大阪で活躍し、当たり役は宅悦。老役の弥陀六、久作も得意とした。　[家]父＝浅尾大吉(2代目)

朝香宮 鳩彦　あさかのみや・やすひこ
皇族 陸軍大将
明治20年(1887年)10月2日～昭和56年(1981年)4月12日
[生]東京都　[学]陸士(第20期)〔明治41年〕卒, 陸大(第26期)〔大正3年〕卒　[歴]久邇宮朝彦王の第八男子として生まれ、明治39年朝香宮の称号を受ける。43年明治天皇第八皇女子の允子(のぶこ)内親王と結婚。41年陸軍歩兵少尉に任官。昭和8年近衛師団長、10年軍事参議官、12年上海派遣軍司令官などを歴任し、14年陸軍大将。22年に新皇室典範により皇族の身分を離れた。　[家]兄＝久邇宮邦彦(陸軍大将・元帥), 梨本宮守

正（陸軍大将・元帥），弟＝東久邇宮稔彦（陸軍大将），長男＝朝香宮孚彦（陸軍中佐），二男＝音羽正彦（海軍少佐），孫＝美苑ふう（SF作家），姪＝皇后良子

あ

朝河 貫一　あさかわ・かんいち
歴史学者 エール大学名誉教授
明治6年（1873年）12月22日～昭和23年（1948年）8月11日
生福島県二本松町（二本松市）　専西洋中世史，比較法制史，東洋封建制度史　学東京専門学校（現・早稲田大学）〔明治28年〕卒，ダートマス大学〔明治32年〕卒，エール大学大学院修了 哲学博士（エール大学）〔明治35年〕　歴明治28年米国ダーマスト大学に留学。さらにエール大学大学院に学び、43年同大学院日本文化史助教授、昭和2年同大歴史学助教授、5年準教授を経て、12年日本人初の教授に就任。この間、東京帝国大学史料編纂所に留学。17年エール大学名誉教授となる。西洋中世史を担当し、日欧封建制度の研究を行う。なかでも、中世荘園史料の基本文献である「入来文書」（昭4年）の英訳刊行は著名。ほかに「六四五年の改革（大化改新）の研究」「荘園の研究」「日露衝突」などがある。また、明治42年に「日本の禍機」を出版して日露戦争後の日本外交を厳しく批判。その後も満州事変、大東亜共栄圏の構想などウルトラ・ナショナリズムへの偏向をたえず厳しく批判・忠告する手紙を日本の友人、知識人、政治家に送った。日米開戦直前に天皇へのルーズベルト大統領親書案を作成、戦争回避に努めたことでも知られる。またエール大学附属図書館日華資料部長として史料収集にも努め、同大や米国議会図書館の依頼により日本の図書計6万7000冊余りを収集、古文書も含めた貴重本約690点が“朝河コレクション”としてエール大学図書館に保存されている。

浅川 浩　あさかわ・こう
衆議院議員
明治2年（1869年）1月～昭和24年（1949年）2月10日
出山梨県　学明治学館　歴旭川町議、旭川市議、北海道議、北海道教育会地方委員、旭川教育会理事を務め、大正9年衆議院議員に当選、以来5選。民政党に所属した。後に旭川精米・旭川酒造・北海蓄産各社長となる。著書に「普通選挙法詳解」「普選に直面して」がある。

浅川 権八　あさかわ・ごんぱち
機械工学者 東京工業大学教授
明治10年（1877年）4月6日～昭和37年（1962年）12月15日
生東京府板橋（東京都板橋区）　専内燃機関学　学郁文館中〔明治27年〕卒，東京工業学校機械科〔明治30年〕卒 工学博士（東京帝国大学）〔大正9年〕　歴明治30年芝浦製作所に入る。33年海軍技手を経て、35年東京高等工業学校助教授、39年教授。45年内燃機関研究のため欧米へ留学。英国のビクトリア大学でオノラリー・リサーチ・フェローとして3年間にわたってガスエンジンの実験的研究に取り組み、同大での優秀な研究に与えられるバルカン賞金を得た。昭和4年大学昇格により東京工業大学教授。17年退官。我が国の内燃機関研究の草分けで、著書に「陸用船用石油エンジン」「機械の素」などがある。　勲勲二等瑞宝章〔昭和11年〕

浅川 彰三　あさかわ・しょうぞう
造船学者 東京帝国大学工学部教授
明治10年（1877年）4月3日～昭和17年（1942年）7月7日
出長野県　学東京帝国大学工科大学造船学科〔明治35年〕卒　歴大阪鉄工所勤務、浦賀船渠取締役工作部長を経て、昭和5年東京帝国大学工学部教授。

浅川 伯教　あさかわ・のりたか
彫刻家 朝鮮陶磁器研究家
明治17年（1884年）8月4日～昭和39年（1964年）1月14日
生山梨県北巨摩郡甲村（北杜市）　学山梨師範卒　歴早くに父を亡くし、祖父から漢学や俳句、焼き物作りなどを教わった。秋田尋常高等小学校代用教員、熱那尋常高等小学校訓導を経て、明治36年山梨師範学校に入学。卒業後、弟の巧と共同生活を送り、小宮山清三と親交を結んだ。43年新海竹太郎に師事、44年朝鮮へわたり、以来巧と朝鮮陶磁器の発掘と古窯の研究に努めた。大正13年柳宗悦らと京城に朝鮮民族美術館を開設。作品に「木履の人」、著書に「釜山窯と対州窯」「李朝の陶磁」などがある。　家弟＝浅川巧（朝鮮古陶磁研究家）

朝隈 善郎　あさくま・よしろう
走り高跳び選手
大正3年（1914年）1月7日～平成20年（2008年）12月22日
出広島県　学日本体育大学〔昭和8年〕卒，明治大学政治経済学部〔昭和12年〕卒　歴明大在学中の昭和9年、甲子園で行われた日米陸上対抗の男子走り高跳びで日本人として初めて2メートルを跳び、当時の世界記録保持者マーティーを抑えて優勝。10年エストニアで行った模範試合でも未公認ながら2メートル7の世界記録を出した。11年ベルリン五輪にも出場したが、ベルリンに向う途中で急性蓄膿症を患い、1メートル94で6位という不本意な成績で終わった。戦後、39年の東京五輪では陸上のフィールド競技の審判長を務めた。京都陸上競技協会会長、日本陸上競技連盟副会長などを歴任した。

朝倉 毎人　あさくら・つねと
実業家 政治家
明治15年（1882年）5月21日～昭和46年（1971年）8月10日
生大分県直入郡豊岡村（竹田市）　学京都帝国大学独法科〔明治40年〕卒　歴政治家・朝倉親為の五男に生まれる。大学卒業後、富士紡績に入社し、大正8年取締役、14年常務。昭和11年大分1区より衆議院議員に当選。12年日産自動車常務、のち日産自動車販売代表取締役日本自動車配給社長を歴任。この間、満州紡績取締役、第二富士電力代、表取締役、大井川鉄道役員も務めた。戦後公職追放となるが、25年解除され、明和紡績社長、日本パーカライジング役員を務める。また故郷の竹田市に街づくりを提唱し、岡城址の国史跡指定に当たり助力、保育所建設に用地を提供するなど、教育文化の発展に貢献し竹田名誉市民に推された。一方、13歳から作詞を小原姥南、綿貫香雲に師事。著書に「尚揚閣小章」「詩魂大南洲」「南洲先生詩境」などがある。　家父＝朝倉親為（政治家）

朝倉 文夫　あさくら・ふみお
彫刻家
明治16年（1883年）3月1日～昭和39年（1964年）4月18日
生大分県大野郡上井田村（豊後大野市）　名旧姓・旧名＝渡辺　学東京美術学校彫刻科選科〔明治40年〕卒，東京美術学校研究科〔明治42年〕修了　資帝国美術院会員〔大正13年〕，帝国芸術院会員〔昭和12年〕，帝室技芸員〔昭和19年〕，日本芸術院会員〔昭和22年〕　歴渡辺家の三男で、明治26年朝倉家を継いだ。35年彫刻家となっていた実兄・渡辺長男を頼って上京。兄に彫塑を学び、36年東京美術学校彫刻科選科に入学。在学中の38年、石川光明の勧めで海軍三将銅像に募集し、自身初の肖像彫刻である「仁礼景範像」で1等に当選した。40年美校を首席で卒業。41年第2回文展に「闇」を出品し最高賞である2等賞に輝き、文部省買上げとなる。以後、文展に7回連続入賞し、瞬く間に彫刻界の寵児となった。大正5年には文展審査員に選ばれ官展での地位を確立。13年帝国美術院会員。第4回文展の「墓守」が転換期の作となり、精緻な写実的技巧に優れた作品を制作、一貫して自然主義的作風を標榜した。この間、美校を卒業した年に谷中天王寺にアトリエを新築、朝倉塾を開いて独自のカリキュラムで彫刻家志望者の養成に着手。10年には母校・東京美術学校教授に就任し、ほぼ同時に教授に就いた建畠大夢、北村西望と並んで多くの後進を育成。朝

昭和人物事典 戦前期　　　　　　　あさの

倉塾出身者を含め彫刻界で一大勢力を築いたが、やがて帝展の審査を巡って他の審査員たちと対立するようになり、昭和3年には自身と門下の帝展不出品へと発展、帝国美術院会員も辞した。9年アトリエを改築し朝倉彫塑塾と改める。10年松田源治文相による帝展改組により帝展に復帰（これに反発した第三部の会員たちは第三部会を結成）。19年美校教授を退官、同年帝室技芸員となった。22年日本芸術院会員となり、23年文化勲章を受章した。家長女＝朝倉摂（日本画家）、二女＝朝倉響子（彫塑家）、兄＝渡辺長男（彫刻家）　勲文化勲章〔昭和23年〕　賞文化功労者〔昭和26年〕、文展二等賞（第2回・4回・7回・8回）〔明治41年・43年・大正2年・3年〕「闇」「墓守」「含羞」「いづみ」、文展三等賞（第3回・5回・6回）〔明治42年・44年・大正1年〕「山から来た男」「土人の顔（其2）」「若き日の影」

浅田 一　あさだ・はじめ

法医学者 東京医学専門学校教授
明治20年（1887年）3月24日～昭和27年（1952年）7月16日
生大阪府大阪市　専血清学，精神病学　学東京帝国大学医科大学〔大正1年〕卒 医学博士〔東京帝国大学〕〔大正10年〕　歴東京市養育院精神科を経て、大正3年東京帝国大学助手、6年講師、10年欧州に留学。12年帰国し、長崎医科大学教授兼附属医学専門部教授。昭和2～4年再び外遊。9年東京医学専門学校教授となり、21年東京医科大学教授。法医学、血清学の権威。また英語、ドイツ語、フランス語、ラテン語のほか、エスペラント、ギリシャ語、ロシア語、イタリア語、チベット語にも通じ、"語学の天才"といわれた。著書に「法医学講義」「最新法医学」「実地家に必要なる法医学」「窒息死の検屍」「研究室から社会へ」「性的犯罪者」「首つりと窒息死」「兇悪犯罪と法医学」「法医学夜話」「科学警察」（翻訳）などがある。

浅沼 稲次郎　あさぬま・いねじろう

社会運動家 政治家
明治31年（1898年）12月27日～昭和35年（1960年）10月12日
生東京府三宅島（東京都三宅村）　学早稲田大学政経学部政治学科〔大正12年〕卒　歴早大予科在学中の大正8年建設者同盟を結成、社会主義運動へ。14年農民労働党委員長。昭和8年東京市議会。11年衆議院議員に当選し、12年再選するが、戦時中は大政翼賛会の推薦が得られず、18年東京都議に転じる（深川区選出）。20年8月都議会副議長として敗戦を迎える。同年11月社会党結成大会では司会を務め、組織部長に就任。21年総選挙で東京一区から衆議院議員に復帰、以後連続7回（通算9期）当選。23年社会党書記長となり、24年の書記長選で鈴木茂三郎に敗れたが、25年再び書記長に返り咲き、30年の社会党統一後は、鈴木委員長とコンビを組み、左右両派の調整役を務めた。35年3月河上丈太郎と争い委員長に選出されたが、同年10月12日日比谷公会堂で行われた3党首演説会で演説中、右翼少年の凶刃に倒れた。同党きっての"雄弁型政治家"であり、下町の人々に愛された清貧の庶民政治家であった。

浅野 晃　あさの・あきら

詩人 評論家
明治34年（1901年）8月15日～平成2年（1990年）1月29日
生石川県金沢市　名別名＝刀田八九郎、浜田徹造　学東京帝国大学法学部仏法学科卒　歴小学生時代から「文章世界」などに詩を投稿し、東京帝国大学時代は「新思潮」に参加。後にプロレタリア運動に参加し、日本共産党中央委員候補になったが三・一五事件で検挙される。獄中転向し、のち日本浪漫派に属した。昭和14年「岡倉天心論攷」「浪曼派以後」を刊行。戦後は沈黙していたが、38年「寒色」で読売文学賞を受賞。以後「忘却詩集」「流転詩集」「幻想詩集」「定本浅野晃詩集」などを刊行した。

浅野 研真　あさの・けんしん

教育運動家 仏教者
明治31年（1898年）7月25日～昭和14年（1939年）7月7日
生愛知県　学日本大学卒　歴中学卒業後、京都の大徳寺修業僧となり、のちに函館刑務所教誨師となるが、退職して日大に進む。卒業後、日大の社会学研究室助手の傍ら、大正14年東京労働学校を開設、教頭主任となった。昭和3年文部省留学生として渡仏。日本の教育運動を国際的な教育労働者組織エドキンテルンと結びつけた。5年新興教育研究所創立に参加、中央委員となりプロレタリア教育の理論化に尽力した。7年浄土真宗の教化事業に従事した。友松円諦の仏教法政経済研究所の活動に参加した。全日本仏教青年同盟主事、日華仏教協会理事を歴任。著書に「プロレタリア教育の諸問題」「仏教社会学研究」など。

浅野 孝之　あさの・たかゆき

教育家 七高造士館校長
明治21年（1888年）2月3日～昭和23年（1948年）7月25日
生愛媛県　専仏教哲学、社会教育　学東京帝国大学宗教哲学科〔大正3年〕卒　歴大正3年文部省嘱託となり、後、布哇中学兼同高等女学校長、私立成蹊高校長、東京府教育調査会委員、成蹊学園理事、本願寺審議会委員、特選会衆猿江重隣館理事、日米布協会理事を歴任。昭和16年姫路高校長、18年七高造士館長、22年山口経済専門学校長となった。専攻は仏教哲学、仏教を通じて社会教育に寄与した。

浅野 長武　あさの・ながたけ

美術史家 侯爵
明治28年（1895年）7月5日～昭和44年（1969年）1月3日
生東京都　出広島県　学東京帝国大学文学部国史学科〔大正9年〕卒、東京帝国大学大学院〔大正14年〕修了　歴昭和2年学習院講師。美術史家として幅広く活躍し、17年重要美術品等調査委員会会長など多くの要職を務め、26年東京国立博物館館長に就任。正倉院、国立近代美術館、国立西洋美術館の各評議員、国際博物館会議日本委員会委員長を兼任。この間、ルーブル美術展、ツタンカーメン展など大規模な美術展を開催して海外美術の紹介に尽力。また15年に旧安芸広島藩主16代目当主の侯爵を継ぎ、貴族院議員も務めた。著書に「日本美術の流れ」「美術道すがら」「厳島」がある。家祖父＝浅野長勲（安芸広島藩主・政治家）

浅野 長之　あさの・ながゆき

侯爵 貴族院議員
元治1年（1864年）5月24日～昭和22年（1947年）4月
歴養父は最後の広島藩主・侯爵浅野長勲。明治9年から14年まで英国に留学。17年再び英国に渡り、王立理学校で学んだ。23年に帰国したのちは宮内省に出仕し、式部官・主猟官などを歴任。昭和12年養父の跡を嗣いで侯爵・貴族院議員となる。家養父＝浅野長勲（安芸広島藩主・政治家）

浅野 三千三　あさの・みちぞう

化学者 東京帝国大学教授
明治27年（1894年）9月18日～昭和23年（1948年）4月17日
生東京都　専天然物有機化学、生薬学　学東京府立三中卒、一高理科乙類卒、東京帝国大学医学部薬学科〔大正8年〕卒 薬学博士〔大正15年〕　歴大正8年東京帝国大学医学部助手、14年金沢医科大学附属薬学専門学校教授となり、昭和2～5年ドイツへ留学。13年から東京帝国大学伝染病研究所に務め、16年医学部薬学科教授を兼任、19年専任教授。朝比奈泰彦一門による地衣成分研究の有力メンバーで、地衣類を5型に分類、その体系化を図った。微生物領域の脂肪酸研究を進めるなど、天然物有機化学の分野で業績を残した。11年帝国学士院賞を受け、没後の24年には日本薬学会賞薬事日報学術賞を

あさの　　　　　　　　　昭和人物事典 戦前期

贈られた。太平洋戦争末期に陸軍軍医学校が主導したペニシリン委員会にも参加。　賞帝国学士院東宮御成婚記念賞（第26回）〔昭和11年〕

あ

浅野 孟府　あさの・もうふ

彫刻家

明治33年（1900年）1月4日〜昭和59年（1984年）4月16日

生東京都渋谷区　名本名＝浅野猛夫　学東京美術学校彫刻科専科〔大正11年〕中退　歴東京築地工芸学校建築科を卒業後、近くの戸田海笛に木彫を学んだ。大正7年東京美術学校彫刻科専科に入学、同年院展に入選。9年第1回未来派美術協会展に出品。10年第2回展に浅野草之助として出品。11年東京美術学校を中退。この年、二科に入選。三科インデペンデント展に浅野孟府の名で出品し、矢部友衛、神原泰、古賀春江ら二科会の急進派で結成した前衛美術集団アクションの同人となり、二科展彫刻部草創期の数少ない出品者の一人として活躍。13年アクションの分裂後、矢部、神原、岡本唐貴、村山知義らと三科造型美術協会を結成、前衛美術運動を展開する。14年神原、岡本、矢部らと造型を創立、昭和2年造型美術家協会、4年日本プロレタリア美術家同盟（PP）結成に参加。昭和初期は前進座大阪初公演「歌舞伎王国」、戦旗構成合同公演「太陽のない街」などの舞台美術も手がけた。11年アーノルド・ファンク、伊丹万作共同監督による日独合作映画「新しき土」、17年山本嘉次郎監督「ハワイ・マレー沖海戦」などの特殊撮影を担当。戦後は二科会再建に参加、30年高岡徳太郎、鈴木信太郎らと一陽会を創立。

浅野 雪子　あさの・ゆきこ

女優

明治37年（1904年）7月13日〜昭和48年（1973年）

生東京市京橋区（東京都中央区）　名本名＝宮沢種子　歴大正14年京都の御室撮影所開設と同時にマキノプロに入社、月岡小夜子と名のるが芽が出ず、15年日活大将軍撮影所時代劇部へ転じ、浅野雪子と改名。入社第1作は市川市丸の「その後の三郎丸」の脇役で、その後河部五郎、片岡松燕らの相手役を務めるなど大役をこなすが、地味な芸風のため次第に脇役にまわるようになった。昭和7年中老け役として尾上菊太郎プロに転じる。4年頃俳優浅野信夫と結婚、のち大都映画の俳優阪東正二郎と再婚。正二郎戦死ののち、33年新東宝に入り映画界に復帰。「毒婦高橋お伝」など5本に出演。新東宝解散後は東宝の「喜劇・各駅停車」などに出演し間もなく引退した。

浅野 良三　あさの・りょうぞう

実業家 日本鋼管社長

明治22年（1889年）8月28日〜昭和40年（1965年）2月9日

生東京都　学ハーバード大学経済学部〔明治45年〕卒　歴浅野財閥・初代総一郎の二男。大正14年帰国。東洋汽船に入社し、15年専務、昭和8〜12年社長を務める。また同2年浅野セメント専務、5〜11年同社副社長を兼務。その間、9年ジュネーブ国際労働機関（ILO）総会に使用者代表で参加。15年日本鋼管副社長、17年から社長となった。21年に退任。　家父＝浅野総一郎（1代目）、兄＝浅野総一郎（2代目）

浅野 和三郎　あさの・わさぶろう

翻訳家 心霊研究家

明治7年（1874年）8月13日〜昭和12年（1937年）2月3日

生茨城県　名別名＝浅野馮虚　学東京帝国大学文科大学英文学科〔明治32年〕卒　歴海軍機関学校教授を務め、英文学者として「沙翁全集」などの翻訳をする。大正5年海軍教官を辞任し、大本教に入り幹部となった。12年心霊科学研究会を創立、会長。月刊誌「心霊と人生」創刊。以後、日本の心霊研究の中心的存在として活躍。昭和3年ロンドンで開催された第3回世界神霊大会に日本代表として出席。著書に「心霊講座」

「神霊主義」「小桜姫物語」などがある。

浅原 清隆　あさはら・きよたか

洋画家

大正4年（1915年）〜昭和20年（1945年）

生兵庫県　学帝国美術学校本科西洋画科〔昭和14年〕卒　歴昭和10年二科会展に初入選。11年グループ "表現" を結成し、13年独立展に入選。創紀美術協会会員となるが、応召され、20年ビルマで戦死した。

浅原 源七　あさはら・げんしち

実業家 自動車技術者 日産自動車社長

明治24年（1891年）9月1日〜昭和45年（1970年）8月23日

生大阪府大阪市東区　学東京帝国大学理科大学化学科〔大正4年〕卒 理学博士〔大正10年〕　歴大正6年理化学研究所研究員補となり、米国留学後、研究員委嘱浅原研究室主宰。昭和3年北辰電機副社長、6年戸畑鋳物に入社。8年日産自動車設立とともに取締役、14年専務、17年社長に就任。19年退任後、石炭綜合研究所理事長。戦後26年再び日産自動車社長となった。32年会長、37年相談役。この間、29年自動車工業会会長も務めた。分担執筆に「岩波講座 物理学及ビ化学〈化学3〉」がある。　家義兄＝永井茂弥（日本出版配給社長）

浅原 健三　あさはら・けんぞう

労働運動家 政治家

明治30年（1897年）4月28日〜昭和42年（1967年）7月19日

生福岡県嘉穂郡穂波町　学日本大学専門部法科卒　歴父の破産で中学を中退、上京して新聞配達などをしながら日大専門部で学び、加藤勘十らを知る。大正8年福岡県八幡市で日本労友会を組織、9年の八幡製鉄所ストライキを指導、「溶鉱炉の火は消えたり」を著し一躍ヒーローとなった。懲役6ケ月で入獄、3ケ月で出獄、筑豊炭砿で西部炭坑夫組合を結成。14年九州民憲党を結党、執行委員長となり、昭和3年福岡2区から衆議院選挙に最高点で当選。西尾末広、河上丈太郎らと無産政党に参加。5年に再選。満州事変以後は右傾化し、石原莞爾の東亜連盟の有力メンバーとして活躍。13年東条英機（当時航空総監）の命令で逮捕監禁された（東亜連盟が赤の体質を持つとされた浅原事件）。戦後の26年西日本建設国民連盟を結成、27年の衆議院選挙に出馬したが落選した。

浅原 六朗　あさはら・ろくろう

小説家

明治28年（1895年）2月22日〜昭和52年（1977年）10月22日

生長野県北安曇郡池田町　名別名＝浅原鏡村　学早稲田大学英文科〔大正8年〕卒　歴大正8年から昭和3年まで実業の日本社に勤務し「少女之友」などを編集。自作の童謡「てるてる坊主」などのほか、詩も掲載する。大正14年創刊の「不同調」に同人として参加、「ある鳥瞰図」などを発表。昭和4年「近代生活」同人となり、また十三人倶楽部に参加。5年結成の新興芸術派倶楽部では有力な働き手として、モダニズム文学運動をする。5年「女群行進」を刊行し、6年「混血児ジヨオヂ」を発表。7年には久野豊彦との共著「新社会派文学」を刊行した。俳句は戦中横光利一に奨められて始め、戦後俳句と人間の会の中心になって活躍。代表作に「或る自殺階級者」「H子との交渉」、句集に「紅鱒」「定本浅原六朗句集」、詩集に「春ぞらのとり」などがある。

旭 正秀　あさひ・まさひで

版画家

明治33年（1900年）5月6日〜昭和31年（1956年）11月24日

生京都府　名別名＝旭泰弘　学京都二中卒　歴川端画学校で油絵を学び、版画を独習、大正9年第2回日本創作版画協会展に初入選。同会、日本版画協会、春陽会、日展などに出品、そ

の間、素描社を創立、「デッサン」誌を刊行した。昭和9年から日本版画協会主催の海外巡回展に数次にわたり随行、日本の現代版画紹介に尽力した。昭和10年代には泰弘と改名、版画活動を続けた。戦後は、22年日展委員となる。

朝比奈 宗源　あさひな・そうげん

僧侶（臨済宗）

明治24年（1891年）1月9日〜昭和54年（1979年）8月25日

⽣静岡県清水市（静岡市）　学日本大学宗教科専門部〔大正11年〕卒　歴12歳で得度。19歳から10年間、京都の花園妙心寺と鎌倉の円覚寺専門道場で修業、古川堯道から印可を受けた。日大宗教科専門部を32歳で卒業、鎌倉浄智寺住職を経て、昭和17年円覚寺住職。大戦中、中国や南方で従軍布教、広島原爆投下の際、木戸幸一内府や平沼騏一郎らに終戦決断を迫った。戦後米国に招かれ「欧米雲水記」を出版。鎌倉山の宅地造成阻止のため、地元鎌倉の住人佐藤栄作首相に直訴した。49年日本を守る会会員。　家息子＝朝比奈宗泉（僧侶）

朝比奈 泰彦　あさひな・やすひこ

薬学者 東京帝国大学教授

明治14年（1881年）4月16日〜昭和50年（1975年）6月30日

⽣東京府本所（東京都墨田区）　専天然物有機化学、生薬学　学一高卒、東京帝国大学医科大学薬学科〔明治38年〕卒 薬学博士　賞帝国学士院会員〔昭和5年〕　歴明治38年東京帝国大学薬学科を恩賜の銀時計を受けて卒業。42年欧州へ留学し、スイスのR.M.ヴィルシュテッターやドイツのE.フィッシャーに有機化学を学ぶ。大正元年帰国して東京帝大助教授となり、留学中に亡くなった恩師・下山順一郎の後を受けて生薬学講座を主宰。7年教授に昇任。昭和16年定年退官。24〜41年資源科学研究所所長。当時難問といわれていたキツネノボタンの有毒成分アネモニンの構造を解明したのをはじめ、サクラ樹皮成分のサクラニン、アジサイの甘味成分など各種和漢薬の成分研究を進め、大正12年帝国学士院恩賜賞を受賞。14年頃からは地衣の分類と成分分析に力を注ぎ、斯学の世界的権威として多数の論文・著書を発表。その標本採集は台湾・朝鮮・中国にも及んだ。地衣類と並行して変形菌も収集。またショウノウから強心剤「ビタカンファー」の開発を行うなど、製薬分野でも大きな業績を上げた。昭和5年帝国学士院会員、8年「植物研究雑誌」主幹、13年日本薬学会会頭。18年には文化勲章を受章した。　家二男＝朝比奈正二郎（動物学者）、四男＝朝比奈菊雄（薬学者）　勲文化勲章〔昭和18年〕　賞帝国学士院恩賜賞〔第13回〕〔大正12年〕、文化功労者〔昭和26年〕、日本化学会桜井賞〔大正1年〕、報公賞〔第3回〕〔昭和8年〕

朝吹 常吉　あさぶき・つねきち

実業家 三越社長 帝国生命保険社長

明治11年（1878年）5月〜昭和30年（1955年）3月10日

⽣東京府三田（東京都港区）　学慶応義塾理財科〔明治29年〕卒　歴三井財閥の実業家英二の長男。英国に留学、明治34年日本銀行に入ったが、39年退社。三井物産、鐘紡などに勤めた後、大正2年三越呉服店常務となり、14年帝国生命保険（朝日生命の前身）社長に就任。その間、東京芝浦電気、王子製紙、台湾製糖など三井系の重役を兼務した。昭和18年帝国生命社長を辞任、三越の社長、会長を一時務めた。磯子夫人とテニス普及にも尽力、大正11年には日本庭球協会を創立した。　家父＝朝吹英二（実業家）、妻＝朝吹磯子（歌人）、長男＝朝吹英一（木琴奏者）、三男＝朝吹三吉（仏文学者）、四男＝朝吹四郎（建築家）、長女＝朝吹登水子（仏文学者）

浅間 昇子　あさま・しょうこ

女優

明治43年（1910年）1月18日〜昭和48年（1973年）

⽣東京市赤坂区田町（東京都港区）　名本名＝滝沢昇子　学赤

坂仲之町高小〔大正13年〕卒　歴大正5年帝劇「鏡山うその世の中」で初舞台。その後舞台協会に参加、「出家とその弟子」に出演。14年東亜キネマ等持院撮影所入社。15年「讐討乙女椿」で認められ、「王道」などで雲井竜之助とコンビを組んだ。昭和3年「狂恋呪文」に主演。同年松竹下加茂入社、4年「地獄街道」で林長二郎と共演。5年マキノプロに移り現代劇「嬰児殺し」などを経て、6年日活太秦入社、「石川五衛門」助演。同年11月東活「母の秘密」でヒロイン。同年9月退社。戦後千早隆子の名で東横映画に出演、のち新国劇幹部となった。

浅見 仙作　あさみ・せんさく

無教会主義キリスト者

慶応4年（1868年）4月8日〜昭和27年（1952年）10月3日

⽣新潟県北蒲原郡安田村　歴明治24年北海道に渡り、札幌郊外の篠路村で開拓に従事、村総代を務めたが、31年の洪水で破産。メソジスト系の札幌教会で求道、35年洗礼を受けた。36年渡米、日露戦争に非戦論を唱えて迫害を受けた。内村鑑三の「聖書の研究」に感銘、帰国後、石狩川河口の五ノ沢で開拓農業に従事、昭和6〜12年伝道雑誌「喜の音」を刊行し、無教会主義を広めた。18年、その平和思想や再臨信仰が治安維持法に触れて検挙され懲役3年の判決。矢内原忠雄らの支援で上告、20年無罪。22年「純福音」を創刊。死刑囚にも伝道した。「小十字架」などの著書がある。

浅見 真健　あさみ・まさたけ

能楽師（観世流シテ方）

明治22年（1889年）1月28日〜昭和41年（1966年）6月23日

⽥東京都　名本名＝浅見源助　歴明治43年24代目観世左近に弟子入りし、真健と改名。大正11年独立。昭和14年師が亡くなると、観世幹事として25代目観世左近を補佐した。また新作として18年「忠霊」、39年「面塚」を発表した。長男の浅見真高、五男の浅見真州も能楽師として活躍。　家長男＝浅見真高（能楽師）、五男＝浅見真州（能楽師）

浅見 緑蔵　あさみ・ろくぞう

プロゴルファー

明治41年（1908年）8月20日〜昭和59年（1984年）6月19日

⽣東京府荏原郡駒沢村（東京都世田谷区）　歴8歳から自宅前の東京GCでキャディーを始める。18歳でプロゴルファーに転向。プロゴルフ界の草分けの存在で、昭和3年日本オープン、日本プロ選手権の2冠を獲得。6年には日本オープン、日本プロ選手権、関東プロ選手権の3大タイトルを得て、"日本のウォルター・ヘーゲン"の異名を取った。26年赤坂バーディクラブの専属プロに。38〜44年第2代日本プロゴルフ協会理事長を務めた。ゴルフコースの設計も手がけ、江之島ゴルフコース、よみうりゴルフ倶楽部、浅見カントリー倶楽部などの設計・監修に従事した。19歳9ケ月7日で制した3年の日本オープン優勝は、現在も最年少優勝記録。　家長男＝浅見勝一（プロゴルファー）

浅利 三朗　あさり・さぶろう

栃木県知事

明治15年（1882年）11月10日〜昭和41年（1966年）11月3日

⽥岩手県　学東京帝国大学独法科〔明治42年〕卒　歴大正13年香川県知事、15年朝鮮総督府警務局長を経て、昭和6年栃木県知事。22年岩手2区より衆議院議員初当選、以来連続3期務めた。

浅利 順四郎　あさり・じゅんしろう

国際労働局東京支局長

明治25年（1892年）4月1日〜昭和10年（1935年）7月9日

⽣和歌山県東牟婁郡西向村（串本町）　学三高〔明治45年〕卒、東京帝国大学法科大学政治科〔大正5年〕卒　歴大正6年農商

務省に入省。12年国際労働局（ILO）東京支局の新設に伴い初代支局長に就任、昭和10年43歳で病死するまで同職にあった。また、大正14年国際労働協会（昭和4年社会立法協会に名称変更）創立に伴い同主事を務めた。遺稿集「社会正義の為に」がある。

足利 紫山　あしかが・しざん
僧侶　臨済宗十三派合同初代管長
安政6年（1859年）4月11日～昭和34年（1959年）12月30日
[生]愛知県　[名]号＝聞雲室　[学]東京湯島麟祥院臨済宗僧校に学ぶ　[歴]8歳の時度、明治8年東京湯島の臨済宗僧校で学び、11年岐阜県正眼寺僧堂霧隠軒泰竜に修禅、14年京都相国寺僧堂の荻野独園に参究、24年大分市万寿寺住職、25年京都玉竜院に居士林を開設、荻野独園に印可を受けた。29年万寿寺で禅堂を開き、日露戦争に際し臨済宗奉公会を組織、育児院を開いて児童福祉に尽力。昭和元年万寿寺を隠退、2年臨済宗広寺派管長、14年同宗十三派合同初代管長に就任。21年方広寺管長を辞退、27年再び同寺管長となった。29年奥山老人ホームを創設。著書に「臨済録提唱」「毒語心経提唱」など。

足利 浄円　あしかが・じょうえん
僧侶（浄土真宗本願寺派）
明治11年（1878年）4月15日～昭和35年（1960年）5月25日
[出]広島県　[名]本名＝藤沢浄円　[歴]大正7年西本願寺内に同朋舎を創設、真宗布教のために印刷と出版の事業をはじめる。13年雑誌「同朋」を創刊。昭和8年真宗学研究所を設立した。

足利 瑞義　あしかが・ずいぎ
僧侶（浄土真宗本願寺派）　仏教大学学長
明治4年（1871年）～昭和19年（1944年）8月20日
[生]広島県　[歴]浄土真宗本願寺派の広島県の勝願寺住職を務め、明治43年第4教団団長、44年司教、昭和12年勧学を歴任。また明治45年～大正4年、昭和14～19年の2度にわたり仏教大学（現・龍谷大学）学長を務めた。

蘆田 伊人　あしだ・これと
歴史地理学者
明治10年（1877年）9月28日～昭和35年（1960年）6月6日
[生]福井県　[学]国学院〔明治33年〕中退、早稲田大学史学及英文学科〔明治37年〕卒　[歴]明治31年国学院に入学するが33年に退学し、早稲田大学史学及英文学科に転学、歴史地理学者吉田東伍の教えを受けた。37年に同大学を卒業後に青森県立中学教師となり、次いで志願して東京歩兵第三連隊に入隊。39年東京帝国大学史料編纂所史料編纂官補となり第六編部（南北朝時代）を編纂、44年に職を辞したあとは三井男爵家編纂室嘱託として同家の遠祖史料を調査、さらに大正6年松平子爵家の依嘱によって松平春嶽公記念文庫の設立とその伝記編纂に従事し、昭和2年から15年にかけては旧小浜藩主酒井家の要請で同家の編纂部主任を務めた。その間、吉田東伍らの指導のもと歴史地理学の研究にも従事し、古地図や地誌を収集、江戸時代における大名領地の沿革調査、宮内省の依嘱を受けての帝室御料地の沿革調査、日本村落の歴史地理的研究などを行った。また日本歴史地理学会の同人として『歴史地理』に多くの論文を寄稿、「大日本読史地図」を作成刊行や「大日本地誌大系」の編纂刊行にも尽力。晩年東京で戦災に、福井で地震に遭い、長野県諏訪市に移住した。

芦田 定市　あしだ・さだいち
歌人　宗教家
明治18年（1885年）6月22日～昭和7年（1932年）9月6日
[生]岡山県東南条郡高野村　[名]本名＝芦田定一　[学]津山中〔明治38年〕卒　[歴]明治38年中学卒業後、尾道実業新聞記者、国盛鉱業所技手、神戸市役所土木課書記などを経て、昭和2年黒

住教権少講義となり、7年から島根県宗道教会所で布教に当たる。この間、大正11年頃から歌を「水甕」に投稿した。遺歌集に「芦田定市歌集」がある。

芦田 秋窓　あしだ・しゅうそう
俳人　日本画家
明治16年（1883年）2月24日～昭和41年（1966年）3月18日
[生]大阪府大阪市　[名]本名＝芦田喜三郎、旧号＝芦田秋双　[歴]「大地」「あゆみ」等を主宰したのち、昭和2年7月「大樹」を創刊主宰したが、11年7月北山河に後継主宰を譲って顧問に退いた。

芦田 均　あしだ・ひとし
外交官　衆議院議員　ジャパン・タイムス社長
明治20年（1887年）11月15日～昭和34年（1959年）6月20日
[生]京都府福知山市　[学]一高〔明治40年〕卒、東京帝国大学法科大学仏法科〔明治45年〕卒　法学博士　[歴]衆議院議員を務めた芦田鹿之助の二男。明治45年外務省に入省し、トルコ、ベルギーなどに在勤し、昭和7年退官。同年衆議院議員に転じ、立憲政友会に属して、戦前・戦後を通じて11回連続当選。8～14年ジャパン・タイムス社長。戦後、民主党の総裁となり首相を務めた。文筆に優れ、著書に「世界大戦後の欧州外交史」「君府海峡通航制度史論」「第二次世界大戦外交史」などがある。
[家]父＝芦田鹿之助（衆議院議員）

芦田 満　あしだ・みつる
ジャズ・クラリネット奏者　ジャズ・サックス奏者
明治43年（1910年）～昭和42年（1967年）4月18日
[生]大阪府大阪市　[名]本名＝岸田満造　[歴]高島屋少年音楽隊の出身。上京後、井田一郎バンドを経て、コロムビア・ジャズ・バンドに入団。昭和19年まで在籍して活躍。戦後はニュー・パシフィック・バンドや自己のニュー・スワン・オーケストラなどで米軍クラブを中心に活動。解散後は一時、息子ヤスシのオーケストラに参加して親子共演で話題を呼ぶ。日本で最初にサックスでアドリブを吹き、戦前のコロムビア・レコードの演奏はほとんど手がけている。　[家]息子＝芦田ヤスシ（ジャズ・テナーサックス奏者）

芦原 金次郎　あしはら・きんじろう
"芦原将軍"と称した誇大妄想狂
嘉永5年（1852年）～昭和12年（1937年）2月2日
[歴]明治から昭和にかけ、芦原将軍と自称した誇大妄想狂。父は高岡藩に仕えたが、早く父母と別れ、埼玉県深谷町の櫛間屋に引き取られた。妄想は20歳ごろから始まり、24歳で結婚したが離別。明治8年ごろから芦原将軍を自称、13年には東京自由新聞紙上に登場。15年東京癲狂院に収容されるが、脱走。暴行で懲役となり、再入院。次いで巣鴨、松沢病院と約51年間精神病院で生活。常に帝王と称し、贈られた韓国大礼服に身を飾って、妄想は専ら天下国家を論じた。巣鴨病院では院長の斎藤茂吉と出会い、歌によまれた。86歳で死亡するまで絶えず新聞を賑わした。

葦原 邦子　あしはら・くにこ
宝塚スター
大正1年（1912年）12月16日～平成9年（1997年）3月13日
[生]兵庫県武庫郡本庄村深江（神戸市東灘区深江）　[名]本名＝中原英子、旧姓・旧名＝岡本　[学]尼崎市立高等女学校卒　[歴]尼崎市立高等女学校時代は東京音楽学校を志望していたが、父が借金の保証人になって破産したため、授業月謝がいらない上に給与までもらえる宝塚音楽歌劇学校に入学。同期に春日野八千代がいた。4年予科から本科へ進み、芸名を葦原邦子に決め、花組に配属される。同年「絵路」「エスパーダ」「春のおどり」で初舞台。6年1月「セニョリータ」の主題歌で初の

レコード吹き込みをし、9月声楽専科に編入。10月「ライラック・タイム」のフランツ男爵役で注目を集め、7年1月「サルタン・バンク」の道化師ピエール役でスターとしての地位を確立。男役スターとして小夜福子とともに第一期宝塚歌劇黄金時代を築き、14年に退団するまで"アニキ"の愛称とともにトップの座を維持。この間、8年星組公演「ベルリン娘」に出演した際に初めてショートカットにし、男役のショートカットの嚆矢となった。12年声楽専科がなくなると、星組に所属した。15年画家・中原淳一と結婚、2男2女をもうけた。 家
夫＝中原淳一（画家）、長男＝中原洲一（画家）

蘆谷 蘆村 あしや・ろそん
童話研究家 詩人
明治19年（1886年）11月14日〜昭和21年（1946年）10月15日
生島根県松江市 名本名＝蘆谷重常 歴栃木県で育ち、小学校卒業後、上京。国民英学会等で中等教育を受け、20歳前後から教育雑誌や少年雑誌の編集者になる。のち、児童読物の創作と研究に関心を深め、明治45年竹貫佳水を中心とした少年文学研究会で活躍。大正11年日本童話協会を創立し、「童話研究」を創刊する。童話の研究とその普及に努め、また口演童話家の育成にも努めた。14年「童話教育の実際」を刊行したほか、「模範口演童話集」など多くの著編書がある。また一方、早くは「新声」を拠点に詩人として進出し、「明星」「文庫」「創作」などに詩や詩論、訳詩を発表。のち「新文林」の新体詩欄選者となり、「ああ青春」（明治42年）としてまとめた。北原白秋、三木露風らと時代を同じくし、近代詩展開を担う一人でもあった。

飛鳥田 孋無公 あすかだ・れいむこう
俳人
明治29年（1896年）5月10日〜昭和8年（1933年）9月22日
生神奈川県厚木市 名本名＝飛鳥田忠作 学組合立農学校〔明治44年〕中退 歴15歳頃から俳句に親しみ「秀才文壇」「文章世界」などに詩歌等を投稿する。山村暮鳥、三木露風に私淑し、大正6年から臼田亜浪に師事して「石楠」に入会し、23歳の若さで同人となり、以後「石楠」の発展に尽力する。その間、神奈川県立蚕業取締所、神奈川県内務部会計課に勤務。没後「湖におどろく」が刊行された。 家甥＝飛鳥田一雄（政治家）

東 愛子 あずま・あいこ
女優
明治32年（1899年）1月15日〜昭和42年（1967年）7月
画大阪府大阪市南区 名本名＝市川愛子 学梅花塾卒 歴大正元年松竹女優養成所入所。2年道頓堀・浪花座で初舞台。7年新派の成美団入団、10年柳永二郎らと角座出演。11年角座の若手新旧劇合同出演。市川荒太郎と結婚。13年松竹下加茂撮影所入社、「黒法師」に荒太郎と共演。映画デビュー。以後「千鳥啼く夜」「牡丹燈籠」などで荒太郎とコンビを組み、「樽屋おせん」で主役。荒太郎旧劇解散、松竹退社後の昭和2年聯合映画芸術家協会の「新珠」などに出演後、梅島昇らと人情劇一派を組織、弁天座に出演するなど舞台に専念。14年松竹家庭劇に入り女優最高幹部。戦後21年引退した。

東 光敬 あずま・こうけい
童話作家
大正2年（1913年）12月19日〜昭和21年（1946年）6月29日
生三重県四日市市浜田町 名本名＝東光敬 専宮沢賢治研究 学龍谷大学文学部卒 歴四日市市に浄土真宗高田派・東漸寺の二男として生まれる。富田中学から龍谷大学に進み、卒業後は津刑務所教誨師、仏教児童博物館主事を務めた。大学在学中の昭和6年頃から童話の創作を始め、「コドモ新聞」編集に携わった他、同人誌「童話作家」に参加。11年「動かぬ時計」が「日本童話集」に入選。18年童話集「山ノエハガキ」を刊行した。一方、早くから宮沢賢治の研究を行い「中外日報」「農民芸術」などに論文を発表、宮沢賢治の初期研究としては初めての体系的研究として高く評価されている。没後、童話集「おもちゃのとけい」、研究書「宮沢賢治の生涯と作品」が出版された。

東 季彦 あずま・すえひこ
民法学者 商法学者 日本大学教授 北海道新聞社長
明治19年（1886年）1月17日〜昭和54年（1979年）7月18日
生奈良県十津川村 学東京帝国大学法学部〔大正2年〕卒 法学博士 歴大正13年九州帝国大学教授、昭和4年日本大学教授、16年北海タイムス常務を経て、17年北海道新聞初代社長に就任。21年日本大学に復帰し、37年学長に就任。著作権法学会会長を務めた。主な著書に「全訳ドイツ民法」「商法総則・商行為」など。

東 善作 あずま・ぜんさく
飛行家
明治26年（1893年）9月25日〜昭和42年（1967年）10月11日
生石川県羽咋郡南大海村（かほく市） 学関西中〔大正4年〕卒 歴中学卒業後、北陸新聞記者を経て、渡米。サンフランシスコで中華料理店を経営しながら資金を貯め、飛行家として活躍。昭和5年ロサンゼルスから東回りで米欧亜三大陸約1万8000キロの横断に日本人として初めて成功。再渡米後、11年帰国。戦後、長野県で山師を始め、30年鳥取県の小鴨鉱山でウラン鉱を発見、ウラン鉱業を設立した。

東 武 あずま・たけし
北海タイムス社長 衆議院議員
明治2年（1869年）4月27日〜昭和14年（1939年）9月3日
生大和国（奈良県吉野郡十津川村） 学東京法学院（現・中央大学）〔明治23年〕卒 歴明治22年奈良十津川郷に大水害が発生、23年郷民3000人余を率いて北海道に渡り、新十津川村、深川村を開拓した。31年北海道の大水害でも農民救済に活躍。32年北海時事社を創立、34年北海道毎日、北門新報と合併、北海タイムス社を設立、理事、社長となった。また、同年より北海道議に2選。41年衆議院議員に当選、当選10回。政友会に所属した。

東 辰三 あずま・たつぞう
作詞家 作曲家
明治33年（1900年）7月3日〜昭和26年（1951年）9月27日
生東京市深川区（東京都江東区） 名本名＝山上松蔵 学神戸高等商業学校卒 歴男声合唱団リーダー・ターフェルフェラインで歌う傍ら、作詞・作曲を手がけ、戦時中にビクターから「つわものの歌」「荒鷲の歌」を発表。戦後は平野愛子「港が見える丘」「君待てども」、竹山逸郎「泪の乾杯」「熱き泪を」などをヒットさせた。 家息子＝山上路夫（作詞家）

東 武蔵（1代目） あずま・むさし
浪曲師
明治26年（1893年）1月29日〜昭和45年（1970年）2月9日
生埼玉県川越市 名本名＝東常吉 歴8歳の時、宝集舎栄楽一門の養父文楽に浪曲を師事し、14歳で真打ち披露、19歳の時、栄馬を東武蔵と改名、「武蔵節」は天下に異彩を放った。演題は自分で脚色、アドリブも自在に入れ、朝刊のニュースを夕方の寄席で演題に入れ喝采を浴びた。「相馬大作」「羽賀一心斎」「高根颪」「めぐるえにしに」「黄金の花」「磯打つ波」などが得意の演題で、演出は奇抜を極めた。昭和30年脳出血で倒れ闘病生活を続けた。女優東恵美子は娘。 家養父＝宝集舎文楽（浪曲師）、娘＝東恵美子（女優）

東 勇作　あずま・ゆうさく
バレエダンサー　振付家
明治43年（1910年）4月18日〜昭和46年（1971年）8月4日
〔生〕宮城県仙台市　〔歴〕亡命した白系露人エリアナ・パヴロアの門下生で、日劇ダンシングチームの踊り手、教師などを務め、益田隆、梅園竜子とトリオを組んだが、昭和10年独立、東勇作バレエ団を結成。16年に第1回公演。この間、オリガ・サファイアや貝谷八百子の相手役として踊り「牧神の午後」「バラの精」「レ・シルフィード」などを上演、松山樹子、広瀬佐紀子らを育てた。21年東京バレエ団の結成に参加、同年の「白鳥の湖」全幕を主役で踊った。「交響曲第7番」のバレエ化は評価された。一方、蘆原英了と共に宮廷バレエなど古代の学術的研究でも業績をあげた。

東家 小楽燕　あずまや・こらくえん
浪曲師
明治20年（1887年）8月26日〜昭和15年（1940年）1月15日
〔生〕群馬県桐生　〔名〕本名＝窪塚道太郎、前名＝東家華燕　〔歴〕東家花遊に入門して華燕を名のる。その後、東家楽燕の許しを得て小楽燕に改名。節の特徴から"ウィウィ節の小楽燕"と呼ばれた。

東屋 三郎　あずまや・さぶろう
俳優
明治25年（1892年）5月15日〜昭和10年（1935年）7月3日
〔生〕東京市神田区駿河台（東京都千代田区）　〔名〕本名＝油屋三三郎　〔学〕慶応義塾大学法科〔大正7年〕卒　〔歴〕父は政治家光明寺三郎、母は柳橋芸者お六だが、実父は光明寺の親友・西園寺公望という異説もある。明治26年父の死後、西園寺家で養育された。大正6年踏路社結成に参加、「画家とその弟子」で新劇俳優としてデビュー。のち第二次舞台協会に参加し、12年映画「三つの魂」「毒塵」に主演。13年築地小劇場に加わり、昭和3年6幕の大作「空気饅頭」で主役を演じた。同年小山内薫の死後築地小劇場を脱退。5年劇団新東京、7年築地座結成に参加、舞台活動の傍ら、10年PCL（写真化学研究所、現・東宝）の「三色旗ビルディング」にも出演した。　〔家〕妻＝岸輝子（女優）、父＝光明寺三郎（政治家）

東家 楽燕　あずまや・らくえん
浪曲師
明治20年（1887年）2月3日〜昭和25年（1950年）3月9日
〔生〕東京都　〔名〕本名＝岡部六弥、前名＝桃中軒雲太夫　〔学〕海城中卒　〔歴〕初代東家楽遊の長男。一時、桃中軒雲右衛門の門下となり、雲太夫を名のったが、東家に戻った。楽燕として父の関東節を関西節に変え、"楽燕の泣き節"といわれる独得の節で人気を得た。浪曲の近代化を図り、昭和9年に浪曲学校を設立。十八番は「義士銘々伝」だが、新物の軍事浪曲「召集令」「乃木将軍伝」「木村・徳田両中尉」などに新境地を開いた。22年11月浅草松竹座で引退興行中に倒れた。　〔家〕父＝東家楽遊（1代目）

東家 楽遊（2代目）　あずまや・らくゆう
浪曲師
明治14年（1881年）〜昭和35年（1960年）3月10日
〔生〕東京府神田松枝町（東京都千代田区）　〔名〕本名＝中村幸吉、前名＝東家小楽、後名＝東家悟楽斎　〔歴〕初代東家楽遊の門下大吉の弟子となり小楽と名のった。楽遊は孫弟子の小楽の才を高く評価、明治末年2代目楽遊を継がせた。41年には新富座公演で3日連続満員となった。都新聞に連載された渡辺黙禅の小説「勤王美談小松嵐」を浪曲化して大ヒット、日蓄がレコード化して同社の10年間トップを続かせるドル箱だった。「塩原多助」「牡丹灯籠」「五寸釘寅吉」「海賊房次郎」「生首正太郎」などが得意の演題。晩年弟子の左楽遊に3代目を継がせた。

畔上 賢造　あぜがみ・けんぞう
無教会主義キリスト者　日本聖書雑誌主筆
明治17年（1884年）10月28日〜昭和13年（1938年）6月25日
〔生〕長野県上田町（上田市）　〔学〕早稲田大学哲学科〔明治40年〕卒　〔歴〕明治37年内村鑑三の門に入る。大学卒業後、千葉中学英語教師となるが、44年退職し、千葉県東金町で独立農村伝道を始め、大正8年内村の招きで東京に出、聖書之研究社社員となる。昭和5年「日本聖書雑誌」を創刊した。著書に「歩みし跡」「ロマ書註解」「たましひの歌」などがあり、没後「畔上賢造著作集」全12巻が刊行された。

麻生 磯次　あそう・いそじ
国文学者　京城帝国大学教授
明治29年（1896年）7月21日〜昭和54年（1979年）9月9日
〔生〕千葉県武射郡睦岡村（山武市）　〔専〕近世文学、俳諧　〔学〕東京帝国大学文学部国文科〔大正9年〕卒　文学博士（東京帝国大学）〔昭和19年〕　〔賞〕日本学士院会員〔昭和41年〕　〔歴〕大正14年六高教授、昭和3年京城帝国大学助教授、14年同教授、17年一高教授、23年同校長、24年東京大学教授などを経て、32年学習院大学教授、38年同大学長、41年学習院院長兼理事長となる。近世文学を専門として中国文学との関連を追求し、21年「江戸文学と支那文学」を刊行。また「近世生活と国文学」「滝沢馬琴」「笑の研究」「江戸文学と中国文学」「芭蕉物語」（全3巻）などの著書もあり、西鶴の現代語訳（「対訳西鶴全集」）も試みた。芭蕉など俳諧にも独自の見解を持つ。　〔賞〕文化功労者〔昭和45年〕

麻生 慶次郎　あそう・けいじろう
農芸化学者　東京帝国大学名誉教授
明治8年（1875年）6月24日〜昭和28年（1953年）10月28日
〔生〕東京府上根岸（東京都台東区）　〔専〕土壌肥料学、植物生理化学　〔学〕東京帝国大学農科大学農芸化学科〔明治32年〕卒　農学博士〔明治37年〕　〔賞〕帝国学士院会員〔昭和13年〕　〔歴〕明治34年東京帝国大学助教授となり、42年欧米へ留学。45年帰国して教授に昇任し農芸化学第一講座を担任。農学部長などを務め、昭和11年定年退官。我が国の土壌肥料学の草分けで、日本土壌肥料学会の創立に関わり、4〜5年、8〜13年同会長を務めた。植物生理化学の分野でもオキシターゼの生理作用の研究などに貢献した。13年帝国学士院会員。文部省督学官、東京高等農林学校校長、日本大学農学部長など歴任。著書に「土壌学」「土壌と肥料」「植物栄養と肥料」などがある。

麻生 健次　あそう・けんじ
舞踊家
大正3年（1914年）〜昭和18年（1943年）7月
〔生〕大分県東飯田村（九重町）　〔名〕初名＝謙三　〔学〕日本大学芸術科卒　〔歴〕在学中、東京童話劇協会で活動。日本舞踊家の花柳珠美に師事する一方で、洋舞の研究も進めた。長兄の死によって帰郷を余儀なくされるが、舞踏への志は捨てず、地元の子供たちに踊りを教え、昭和9年別府で麻生かげろう舞踊会を結成。さらに童心芸術研究会や麻生健次舞踏研究所を設立し、日本舞踊に洋舞を取り入れた独自の踊りの追求と普及に努めた。

麻生 正蔵　あそう・しょうぞう
教育家　日本女子大学校校長
文久4年（1864年）1月9日〜昭和24年（1949年）11月28日
〔生〕豊後国玖珠郡東飯田村見留（大分県玖珠郡九重町）　〔学〕同志社〔明治22年〕卒　〔歴〕東京の帝国大学文科大学哲学科選科生となる。明治27年女子教育家の成瀬仁蔵に請われ、日本女子大設立に尽力するとともに、彼が創刊した雑誌「女子教育」の執筆を分担。34年開校と同時に学監、大正8年から成瀬の後を継いで学長となり、昭和6年まで在任。女性蔑視時代に男女平等

の教育を説いた。著書に「家庭教育の原理と実際」「時代と民情に即した家庭教育」、訳書にエムメット・デニスモーア「男女対等論」。

麻生 路郎　あそう・じろう
川柳作家
明治21年（1888年）7月10日〜昭和40年（1965年）7月7日
[生]広島県尾道市　[名]本名＝麻生幸二郎、別号＝不朽洞、不死鳥、江戸塀幸兵衛、柳一郎　[学]大阪高等商業学校〔明治43年〕卒　[歴]文筆を好み、明治37年春から川柳の道に入った。大正日日経済部長、大阪毎日新聞神戸支局員を経て、大正13年「川柳雑誌」を設立、主宰。その間、柳誌「雪」「土団子」「後の葉柳」などを編集、発行した。昭和9年「きやり」創刊15周年記念号に「川柳作家十五戒」を書いた。22年大阪府文化賞受賞。大阪府文芸懇談会員、関西短詩文学連盟理事長、毎日新聞毎日柳壇選者。著書に「川柳ふところ手」「累卵の遊び」「川柳漫談」「新川柳講座」、句集「旅人」「旅人とその後の作」などがある。

麻生 武治　あそう・たけはる
スキー選手 陸上選手 登山家
明治32年（1899年）11月21日〜平成5年（1993年）5月30日
[生]東京都　[学]早稲田大学予科卒、ベルリン体育大学卒　[歴]ドイツに留学し、スキー選手として活躍。昭和3年スイスで行われたサンモリッツ五輪に日本が初めて派遣したスキー選手として参加。のち世界選手権などに数多く出場し、東京五輪組織委参事を務めた。スキーのほか、登山家としてもパイオニアの存在。また早大では箱根駅伝で区間記録を出し、1500メートル日本記録を作るなど万能選手でもあった。著書に「聖火の道ユーラシア」「我がスキーシュプール」など。

麻生 久　あそう・ひさし
労働運動家 政治家
明治24年（1891年）5月24日〜昭和15年（1940年）9月6日
[生]大分県玖珠郡東飯田村　[名]筆名＝麻山改介　[学]東京帝国大学仏法科〔大正6年〕卒　[歴]東京帝国大学在学中、新人会を結成して指導者の一人となる。大正6年卒業後、東京日日新聞記者ののち、8年友愛会本部に入り、鉱山部長となり、9年全日本鉱夫連合を創立、鉱山ストを指導して入獄。15年河野密らと日本農民組合を結成、委員長となり、以後日本大衆党、全国大衆党、全国労農大衆党の指導者として活躍。昭和7年社会大衆党発足で書記長に就任、実権を掌握。11年衆議院議員に当選、当選2回。15年近衛文麿の知遇で新体制準備委員となるが、同年急死した。著書に「濁流に泳ぐ」「無産政党の話」「黎明」「父よ悲しむ勿れ」などがある。　[家]長男＝麻生良方（政治家）

麻生 誠之　あそう・まさゆき
実業家
明治11年（1878年）6月1日〜昭和10年（1935年）9月3日
[生]埼玉県　[学]慶応義塾〔明治31年〕卒　[歴]明治31年三井銀行に入社、35年王子製紙に転じ、のち参事、大正2年台南製糖支配人となり、のち取締役、常務を経て、13年土佐製紙常務などを歴任。昭和2年三越百貨店常務となり、9年専務に就任。

麻生 義輝　あそう・よしてる
美学・哲学史研究家 帝国音楽学校教授
明治34年（1901年）7月10日〜昭和13年（1938年）10月11日
[生]大分県　[名]筆名＝麻生義　[学]東京帝国大学文学部美学科卒　[歴]東京帝国大学在学中から「文芸批評」「文芸解放」などで、麻生義の筆名でアナーキズム芸術理論家として活躍し、大正14年「文学の創生記」「美学大意」を刊行、15年には「無産階級芸術論」を刊行した。また昭和5年にはゲオルゲ・グロスの

「芸術の危機」を翻訳刊行。以後帝国音楽学校教授を経て、「西周哲学著作集」を編んだ。その他の著書に「楽記講義」「近世日本哲学史」「美のある生活」などがある。

安宅 武　あたか・たけし
実業家 シナネン創業者
明治20年（1887年）10月3日〜昭和18年（1943年）12月18日
[生]石川県金沢市　[名]旧姓・旧名＝石川　[学]金沢一中〔明治39年〕卒、東亜同文書院商務科〔明治42年〕卒　[歴]金沢一中の同級に海軍将官となった石黒利吉、草鹿任一らがおり、草鹿と一緒に海軍兵学校の入学試験を受けたが、心臓に故障があるとして身体検査で落とされた。明治39年東亜同文書院に入学、中国へ渡る。42年卒業して帰国、大阪の安宅商会（のち安宅産業）に入社。兵役からの除隊後、しばらく神戸の鈴木商店に勤めたが、間もなく安宅商会に復帰。5年安宅弥吉社長の本家である安宅又吉の養子となった。8年安宅商会が株式会社に改組すると取締役東京支店支配人に就任、14年まで在職。13年安宅商会に設立された石炭部の責任者となり、平壌炭田の無煙炭の取り扱いを開始。昭和2年金沢一中、東亜同文書院の2期先輩である山田修作と、山崎芳太郎の3人で朝鮮無煙炭の販売を目的として合資会社電興無煙炭商会を設立。4年同社を解散して東京無煙炭株式会社に改組、社長に就任。9年品川豆炭を設立し、11年品川燃料（現・シナネンホールディングス）に社名変更。12年同社と東京無煙炭を合併。16年日本豆炭工業組合連合会初代理事長、17年全国煉炭工業組合連合会理事長を務めた。

安宅 弥吉　あたか・やきち
実業家 安宅産業創業者 貴族院議員（勅選）
明治6年（1873年）4月25日〜昭和24年（1949年）2月5日
[生]石川県金沢市　[学]高等商業学校（現・一橋大学）〔明治28年〕卒　[歴]明治28年大阪の貿易商・日下部商会に入り、香港支店支配人となる。37年貿易商として独立し、安宅商会（のち安宅産業）を設立。第一次大戦時の好況で発展、大正8年株式会社に改組し、昭和17年まで社長を務めた。10〜15年大阪商工会議所会頭、14〜21年勅選貴族院議員となる。　[家]長男＝安宅英一（安宅産業会長）

安宅 安五郎　あたか・やすごろう
洋画家
明治16年（1883年）4月23日〜昭和35年（1960年）9月1日
[生]新潟県　[学]東京美術学校西洋画科〔明治43年〕卒　[歴]明治43年第4回文展に「靴屋」「花壇」が初入選、第6、7回展では「花園にて」「緑の蔭」にそれぞれ褒状。大正8年第1回帝展で「白樺樹」が特選となり、第3回「砂丘に立つ子供」、第4回「裏通り」が連続特選、無鑑査となった。大正10〜11年ヨーロッパ巡遊、帰国後「五人の子供」「浜の娘」「刺繍」などを発表した。昭和3年には明治神宮絵画館壁画「教育勅語下賜」を制作。戦後も日展審査員として「北国の漁村」などを出品。31年招かれて中国を訪問した。

安達 貫一　あだち・かんいち
彫刻家
明治31年（1898年）3月21日〜昭和51年（1976年）2月3日
[生]島根県松江市芋町　[学]修道館〔大正2年〕卒、東京美術学校彫刻科塑造部〔大正15年〕卒　[歴]島根県立工業学校修道館を卒業後、彫刻家を志して16歳で上京、内藤伸に木彫を学び、大正10年東京美術学校彫刻科塑造部に入学後、建畠大夢に師事して塑像に転じる。在学中の13年帝展に「自刻像首」で入選。以後主に官展に出品し、昭和7年「三人の子供」、8年「すまふとる、こども」で帝展特選、9年無鑑査となる。19年松江、出雲に疎開。松江美術研究所、島根大学で後進を指導。31年東京に戻り、32〜47年日展に委嘱出品。子供をモチーフに堅実な

造形美を表現した。　賞帝展特選（第13回）〔昭和7年〕「三人の子供」，帝展特選（第14回）〔昭和8年〕「すまふとる、こども」

安達 清　あだち・きよし
棒高跳び選手
大正3年（1914年）6月30日～平成4年（1992年）3月21日
生岡山県邑久郡国府村（長船町）　名後名＝赤松清　学早稲田大学商学部〔昭和13年〕卒　歴昭和11年のベルリン五輪棒高跳びで6位に入賞。同大会では、西田修平、大江季雄両選手が激闘の末2、3位を分け合い“友情のメダル”と話題を呼んだ。　家岳父＝土師清二（小説家）

足立 欽一　あだち・きんいち
劇作家　聚芳閣社主
明治26年（1893年）7月10日～昭和28年（1953年）12月29日
生東京都新宿区　歴徳田秋声に師事して創作を発表する傍ら、出版社聚芳閣をおこし、大正13年自分自身の戯曲集「愛闘」をはじめ「迦留陀夷」「女人供養」などを刊行、また徳田秋声の「恋愛放浪」や豊島与志雄、里見弴などの文芸書を多く刊行。社員に井伏鱒二や武野藤介がいた。秋声の「仮装人物」のモデルとしても知られる。

足立 源一郎　あだち・げんいちろう
洋画家
明治22年（1889年）7月8日～昭和48年（1973年）3月31日
生大阪府大阪市　専山岳画　学京都市立美術工芸学校〔昭和13年〕卒、関西美術院、太平洋画研究所　歴明治41年上京、太平洋画研究所に学び、大正3年パリに留学。7年帰国後、日本美術院洋画部同人、11年春陽会創立に参加。12～14年ヨーロッパ漫遊。昭和11年日本山岳画協会を結成。ヨーロッパ遊学中、山岳に興味を覚え、写実的な作風による山岳風景を創作した。大正10年刊行の「ドオミエ」をはじめ「アンリー・ルウッソウ」「山に描く」「山は屋上より」「日本の山旅」などの著書がある。

安達 謙蔵　あだち・けんぞう
政治家　国民同盟総裁　内相
元治1年（1864年）10月23日～昭和23年（1948年）8月2日
生肥後国熊本（熊本県熊本市）　名号＝安達漢城　学済々黌　歴九州日日新聞記者として日清戦争に従事した後、朝鮮で「朝鮮時報」「漢城新報」を創刊、社長。明治28年李朝の閔妃事件に連座、入獄。出所後、済々黌創立者で代議士の佐々友房の熊本国権党に参加、35年以来、衆議院議員当選14回。帝国党、大同倶楽部、中央倶楽部を経て、大正2年立憲同志会結成とともに総務。3年第二次大隈内閣で新設の外務参政官。4年の総選挙では選挙参謀として大勝、選挙の神様といわれた。同年外務政務次官、12年憲政会創立で総務。14年加藤内閣の逓信相、次の若槻内閣でも留任。昭和2年民政党結成に働き、4年浜口内閣の内相。5年の総選挙でも圧勝。7年民政党を脱党、国民同盟を設立、総裁となった。10年岡田内閣の内閣審議会委員、15年国民同盟解散、大政翼賛会顧問。17年第二次近衛内閣の参議を最後に政界を引退。横浜に八聖殿、熊本に三賢堂を建て詩吟の普及に努めた。

足立 康　あだち・こう
建築史家
明治31年（1898年）7月10日～昭和16年（1941年）12月29日
生神奈川県中郡城島村（平塚市）　専日本建築史　学東京帝国大学工学部造兵学科〔大正13年〕卒、東京帝国大学文学部美術史学科〔昭和3年〕卒、東京帝国大学大学院工学系研究科建築学専攻〔昭和9年〕修了　工学博士〔東京帝国大学〕　歴日本古文化研究所理事、および建築史研究会機関誌「建築史」の主幹を務めた。藤原宮跡の調査に尽力した。著書に「古

代建築の研究」「日本建築史」「法隆寺再建非再建論争史」、「足立康著作集」（全3巻、中央公論美術出版）がある。

安達 五郎　あだち・ごろう
スキー選手
生年不詳～平成11年（1999年）9月13日
出北海道余市郡赤井川村　歴日本ジャンプ界の草分け的存在。昭和7年レークプラシッド五輪で日本人選手として同大会最高の8位。11年ガルミッシュ・パルテンキルヘン五輪にも出場。

足達 左京　あだち・さきょう
海軍技術中佐
生年不詳～昭和63年（1988年）1月30日
出福岡県柳川市　専気象学　学京都帝国大学理学部卒　歴神戸商船学校教授から海軍技術中佐となり、軍の要請で「気球」を開発。昭和19年「フ号作戦」と命名されて風船爆弾が気球隊の手で米大陸へ向け続々と放たれ、全米各地に被害を与えた。

足立 正　あだち・ただし
実業家　王子製紙社長
明治16年（1883年）2月28日～昭和48年（1973年）3月29日
生鳥取県境港市　学東京高等商業学校（現・一橋大学）〔明治38年〕卒　歴明治38年三井物産に入社、44年藤原銀次郎に誘われて王子製紙に転じ、大正9年取締役。以後、常務、専務、副社長を経て、昭和17年社長、21年12月退任。22年公職追放。解除後の26年ラジオ東京（東京放送の前身）社長に迎えられ、日本民間放送連盟初代会長も務め、草創期の民間放送事業の確立に功績を残した。その後、31年日本生産性本部会長、32年日本商工会議所、東京商工会議所各会頭。

安達 潮花（1代目）　あだち・ちょうか
華道家　安達式挿花創流者・初代家元
明治20年（1887年）12月10日～昭和44年（1969年）6月5日
生広島県安浦町　名本名＝安達良雄　学早稲田大学政経学部中退　歴幼児から池坊のいけ花を学び、明治41年大学中退後、京都六角堂池坊七夕会に出瓶して認められた。池坊から東京に派遣されたが、東京池坊派となじまず、大正4年第1回創流展を芝の紅葉館で開き、安達式挿花法家元を名のって独立。飾花を標榜し、花型を洋裁同様のデザイン居敷で型紙化するなど新機軸を打ち出した。13年東京青山に安達式挿花芸術学院を創立、いけ花のスクールシステムに先鞭をつけた。1年で免許状がとれるという時代に即した速成法で門下を拡大生産し、いけ花の近代化と大衆化を図った。戦後は草月流に押され、2代目は長男安達良昌が継承したが、後継を望んでいた二女瞳子は父から離脱、昭和48年花芸安達流を創始した。　家長男＝安達潮花（2代目）、二女＝安達瞳子（花芸安達流家元）

足立 収　あだち・つとむ
栃木県知事
明治25年（1892年）11月～昭和37年（1962年）
出高知県　名旧姓・旧名＝秋田　学東京帝国大学法科大学英法科〔大正7年〕卒　歴秋田家の二男で、大正8年足立家を継ぐ。7年内務省に入省。昭和12～15年栃木県知事。

安達 二十三　あだち・はたぞう
陸軍中将
明治23年（1890年）6月17日～昭和22年（1947年）9月10日
出石川県　学陸士（第22期）〔明治43年〕卒、陸大〔大正11年〕卒　歴近衛歩兵第一連隊付を経て、昭和9年関東軍鉄道線区司令官、10年参謀本部運輸課長、11年丸亀歩兵連隊長、13年第26歩兵団長、15年第37師団長、16年北支方面軍参謀長、17年第18軍司令官。戦争も末期、圧倒的な優勢な米軍を迎え、ニューギニア戦線で転戦、最大時2万人いた兵団が終戦時には900人

までに消耗。20年9月豪州軍に降伏。22年9月10日ラバウル収容所で自決した。

足立 文太郎　あだち・ぶんたろう
解剖学者　人類学者　京都帝国大学医科大学教授
慶応1年（1865年）6月15日～昭和20年（1945年）4月1日
[生]伊豆国田方郡上狩野村（静岡県伊豆市）[学]帝国大学医科大学〔明治27年〕卒　医学博士　[員]帝国学士院会員〔昭和5年〕[歴]解剖学を専攻し、三高医学部教授となり、明治32年から5年間のドイツ留学を経て、37年より京都帝国大学医科大学教授。血管、筋肉、内臓、皮膚などの軟部組織に関する詳細な研究を行い、とくに日本人とヨーロッパ人の人種的差違を明らかにする画期的な業績をあげた。加門桂太郎、鈴木文太郎と"京大解剖の三太郎"と称された。著書に「日本人体質之研究」などがある。　[家]女婿＝井上靖（小説家）　[賞]帝国学士院恩賜賞（第20回）〔昭和5年〕

安達 峰一郎　あだち・みねいちろう
外交官　国際法学者　国際連盟理事会議長
明治2年（1869年）6月9日～昭和9年（1934年）12月28日
[出]山形県東村山郡山辺村（山辺町）　[学]東京帝国大学法科大学〔明治25年〕卒　法学博士〔明治40年〕[員]帝国学士院会員〔大正14年〕、ベルギー学士院会員　[歴]明治25年外務省に入り、フランス公使館3等書記官、38年ポーツマス講話会議全権随員、41年フランス大使館参事官、大正2年メキシコ公使、7年ベルギー大使、昭和3年フランス大使となり、パリ不戦条約締結に尽力。その間、大正9年～昭和14年国際連盟日本代表、4年には東洋人初の連盟理事会議長を務め、5年常設国際司法裁判所判事、6年同裁判所長となった。9年発病、アムステルダムで客死したが、オランダ国葬、常設国際司法裁判所葬で葬られた。ルーヴァン大学名誉教授。

厚木 勝基　あつぎ・かつもと
応用化学者　東京帝国大学名誉教授
明治20年（1887年）3月4日～昭和34年（1959年）12月8日
[生]東京都　[専]繊維化学、工業化学　[学]東京帝国大学工科大学応用化学科〔明治44年〕卒　工学博士　[歴]大日本セルロイド、人造絹糸会社に勤めた後、米沢高等工業学校教授、大正5年東京帝国大学助教授、10年教授となった。応用化学講座を担当し、定年退官後、名誉教授。のち工学院大学教授。14年「硝化繊維素に関する研究」で工業化学会有功賞を受けた。昭和10年度工業化学会長。著書に「化学工業通論」「人造絹糸」「パルプ及紙」などがある。　[賞]工業化学会有功賞〔大正14年〕

渥美 清太郎　あつみ・せいたろう
演劇評論家
明治25年（1892年）9月9日～昭和34年（1959年）8月20日
[生]東京市下谷区七軒町（東京都台東区）　[学]青山学院高等部卒　[歴]幼少の頃から芝居に親しみ、青山学院高等部在学中は国立図書館に勤務し、歌舞伎や演劇各種の本を読む。演芸画報社に入社し、後に「演劇界」の編集長を務める。大正10年から12年にかけて坪内逍遙との共編で「歌舞伎脚本傑作集」全12巻を刊行したのをはじめ、「大南北全集」「日本戯曲全集」などを編集した。また昭和13年には「邦楽舞踊辞典」を刊行。他の著書に「日本舞踊史」などがある。

阿藤 伯海　あとう・はくみ
漢詩人　一高教授
明治27年（1894年）2月17日～昭和40年（1965年）4月4日
[生]岡山県浅口郡六条院村　[名]本名＝阿藤簡、字＝大簡、別号＝虚白堂　[学]一高卒、東京帝国大学文学部西洋哲学科〔大正13年〕卒　[歴]東京帝国大学卒業後、京都帝国大学大学院で狩野直喜に師事して中国哲学を修める。大正15年東京に帰り、法

政大学教授を経て一高教授に就任し、漢文を講じた。昭和19年帰郷して、以後は詩作に努めた。岡山県教員委員も務めている。没後「大簡詩草」が刊行された。

阿刀田 令造　あとうだ・れいぞう
郷土史家　二高校長
明治11年（1878年）8月7日～昭和22年（1947年）5月21日
[生]宮城県名取郡下増田村（名取市）　[専]宮城城　[学]東京帝国大学文科大学史学科〔明治38年〕卒、京都帝国大学法科卒　[歴]明治42年私立京都女学校校長を経て、43年二高教授となり、昭和7年校長、18年退任後名誉教授。二高史に残る名校長で、校長辞任後も"塾寮"を経営して二高生と起居を共にし、私塾のように夫人と共に世話にあたった。また郷土史家でもあり、5年仙台郷土研究会を創設。仙台公民館初代館長、養賢堂学頭を務めた。主著に「世界史評論」「西洋史概説」「仙台城下絵図の研究」「郷土飢饉の研究」など。

跡見 玉枝　あとみ・ぎょくし
日本画家
安政6年（1859年）4月～昭和18年（1943年）8月7日
[生]江戸　[名]本名＝跡見勝子、別号＝不言庵　[跡]跡見花蹊の従妹。花蹊、玉泉に絵を習い、明治7年京都に移住。11年から京都高等女学校で写生画の教師を務めた後、19年東京に戻り、神田に私塾を開く。13年日本画会展に「薔薇」を出品、その後東京、京都、奈良などの博覧会、共進会に出品、前後8回銅賞を受けた。30年渡米、帰国後、内親王御用掛となる。桜花の写生が得意で、明治8年皇室御用命で御苑の桜を写生、当時の皇后陛下に画帖を献上し、10年には照宮内親王の御用命で桜花の大幅3点を写生した。のち絵画精華会を開いて良家の子女に絵を教えた。　[家]従姉＝跡見花蹊（女子教育家・画家）

跡見 李子　あとみ・ももこ
女子教育家
明治1年（1868年）10月18日～昭和31年（1956年）12月17日
[生]京都　[学]跡見女学校〔明治23年〕卒　[歴]公卿万里小路通房の二女。跡見花蹊の跡見女学校開校と共に入学、明治23年卒業、25年花蹊の養女となり、花蹊の片腕となって学校教育、経営に尽力した。大正2年学監、8年校長、昭和26年跡見学園初代理事長となり、学長、校長を兼任した。　[家]父＝万里小路通房（伯爵）、養母＝跡見花蹊（女子教育家）

跡見 泰　あとみ・ゆたか
洋画家
明治17年（1884年）5月23日～昭和28年（1953年）10月22日
[生]東京府神田区（東京都千代田区）　[学]東京美術学校西洋画科選科〔明治36年〕卒　[歴]黒田清輝に師事。明治39年白馬会会員となる。40年第1回文展に「夕の岬」、41年第2回展に「晩煙」、第3回展に「砥石切」を出品し、3年連続して3等賞を受賞。45年中沢弘光、山本森之助らと光風会を創立、以後会員として活躍。大正11年フランスに留学、サロン・ドートンヌなどに出品、13年帰国。昭和7年以後帝展無鑑査、12年第1回文展より同展無鑑査、22年第4回日展より同展依嘱出品。風景・人物を主とし、印象派のような画風。また跡見学園理事を務めた。代表作に「河岸の村」「静寂」など。

阿南 惟幾　あなみ・これちか
陸軍大将　陸相
明治20年（1887年）2月21日～昭和20年（1945年）8月15日
[生]東京市牛込区牛込筆笥町（東京都新宿区）　[学]陸士（第18期）〔明治38年〕卒、陸大〔大正7年〕卒　[歴]父は内務官吏。陸軍の広島地方幼年学校、中央幼年学校に入り、明治38年陸士第18期を卒業。同期には山下奉文、沢田茂、安井藤治、岡部直三郎、山脇正隆らがいた。明治39年陸軍歩兵少尉に任官。参謀本部

あなみす　　　　　　　　　　昭和人物事典 戦前期

勤務などを経て、昭和2年フランス出張。3年歩兵第四十五連隊留守隊長、4年侍従武官。8年大佐となり、近衛歩兵第二連隊長、9年東京幼年学校長、11年陸軍省兵務局長、12年人事局長、13年第一〇九師団長、中国山西省に出征。14年陸軍次官、16年在中国第十一軍司令官、17年第二方面軍司令官を歴任。18年5月大将に昇進。19年12月航空総監兼航空本部長。20年4月鈴木貫太郎内閣の陸相に就任。陸軍の総意を背負い、米内光政海相の早期講和論と対立して本土決戦を主張、ポツダム宣言の受諾をめぐる同年8月の御前会議では受諾反対を表明した。無条件降伏の聖断が下ると8月15日未明「一死以テ大罪ヲ謝シ奉ル」の遺書を残し、割腹自殺した。　家長男＝阿南惟敬（防衛大学校教授）、三男＝阿南惟正（新日鉄副社長）、五男＝野間惟道（講談社社長）、六男＝阿南惟茂（外交官）、岳父＝竹下平作（陸軍中将）、義弟＝竹下正彦（陸軍中佐）、女婿＝秋富公正（総理府総務副長官）

穴水 熊雄　あなみず・くまお
実業家 三井精機会長
明治13年（1880年）6月15日〜昭和33年（1958年）2月18日
生山梨県須玉町　歴甲州財閥の一人で、電力界の先達。東京地下鉄道の建設にも尽力した。

穴山 勝堂　あなやま・しょうどう
日本画家
明治23年（1890年）2月3日〜昭和46年（1971年）7月23日
生山梨県東八代郡錦生村八千蔵（笛吹市）　名本名＝穴山義平　学東京美術学校図画師範科〔大正1年〕卒　歴松岡映丘に師事。各地の学校で図画を講じる傍ら創作活動も行い、10年師と共に新興大和絵会を結成、同会の第1回展から第10回展まで連続で作品を出した。昭和6年の同会解散後は主に官展を中心に活動し、同年の第12回帝展では「夕映えの松」で初入選にして特選となり、8年の第14回帝展でも「磯松風」が特選。10年には松岡を中心に結成された国画院に参加、13年には川崎小虎・野田九浦ら帝展系の日本画家と日本画院を結成した。その間、11年の文展に「入り陽」を招待出品したほか、12年より新文展に無鑑査出品。19年戦災を避けて山梨県一宮町に疎開、以後死ぬまでそこで暮らし、戦後も29年の日展に「光と騒音の巷」を出品するなど旺盛に活動した。大和絵山水を得意とする。　賞帝展特選（第12回）〔昭和6年〕「夕映えの松」、帝展特選（第14回）〔昭和8年〕「磯松風」

姉崎 正治　あねざき・まさはる
宗教学者 東京帝国大学名誉教授 貴族院議員
明治6年（1873年）7月25日〜昭和24年（1949年）7月23日
生京都府京都市下京区　名号＝姉崎嘲風　学帝国大学文科大学哲学科〔明治29年〕卒 文学博士〔明治35年〕「現身仏と法身仏」　資帝国学士院会員〔大正12年〕　歴帝国大学在学中に「帝国文学」を創刊し、浪漫思潮の運動をする。大学院に進んでからも人格主義に立脚した超宗派的な倫理、宗教活動を展開し、明治31年「宗教哲学」（訳書）「比較宗教学」を刊行。東京帝国大学助教授に就任した33年から3年間にわたってヨーロッパ留学し、帰国後37年に教授に就任して宗教学講座を担当。同年「復活の曙光」を刊行し、40年以降数次の外遊でハーバード大学など海外各地の大学で日本文明史関係の講義を行う。大正5年宗教研究会を組織し「宗教研究」を発行。昭和5年日本宗教学会を創設、終生会長を務める。9年東京帝大を定年退職、名誉教授となる。他に東大附属図書館長、国際学芸協力委員会日本代表、万国学士院連合日本代表、日本アジア協会副会長、14〜22年帝国学士院会員の貴族院議員なども務めた。他の著書に「宗教学概論」「現身仏と法身仏」「根本仏教」「高山樗牛と日蓮上人」「法華経の行者日蓮」「切支丹宗門の迫害と潜伏」「切支丹宗教文学」「聖徳太子の理想と政治」「わが生涯」、訳書にショーペンハウアー「意志と現識としての世界」など。「姉崎正治著作集」（全10巻、国書刊行会）がある。　勲

レジオン・ド・ヌール勲章〔昭和3年〕

安孫子 真人　あびこ・まひと
洋画家
大正1年（1912年）〜昭和16年（1941年）8月12日
生山形県柴橋村（寒河江市）　歴寒河江中卒　歴昭和6年上京し太平洋美術学校に学ぶ。同期生の松本竣介らと太平洋近代芸術研究会を結成し、機関誌「線」同人となる。9年第15回帝展に入選。11年前衛グループ、エコール・ド・東京に参加。12年渡欧、ヨーロッパの古典絵画を研究。14年帰国、美術文化協会同人となり、15年第1回美術文化協会展に裸婦の連作8点を出品し注目を集めた。16年28歳の若さで亡くなった後、遺族らの手で「安孫子直人作品集」が刊行された。山形県米沢市の "気まぐれ美術館" に作品8点が展示されている。

安部 磯雄　あべ・いそお
キリスト教社会運動家 政治家
元治2年（1865年）2月4日〜昭和24年（1949年）2月10日
生筑前国（福岡県）　名旧姓・旧名＝岡本　学同志社〔明治17年〕卒，ハートフォード神学校〔明治27年〕卒　歴明治12年同志社に入り、新島襄に触れ社会問題に関心を抱く。24〜27年米国のハートフォード神学校に学び、のちベルリン大学を経て、28年帰国。31年幸徳秋水らと社会主義研究会を結成、33年社会主義協会に発展改称し、会長に就任。34年幸徳・片山潜らと日本初の社会主義政党・社会民主党を結成、即日禁止。大逆事件後、社会運動から遠ざかるが、大正13年日本フェビアン協会を設立、15年社会民衆党結成に導き、委員長となる。この間、明治32年〜昭和2年早大教授。3年第1回普通選挙で東京2区から衆議院議員に当選。7年には社会大衆党委員長に就任。15年斎藤隆夫懲罰問題で同党を離党。戦後は日本社会党の結成を呼びかけ、その顧問となった。また早大野球部の初代部長（明治35〜昭和11年）でもあり、34年には最初の野球殿堂入りの一人となり、"学生野球の父" と呼ばれた。　家長男＝安部民雄（テニス選手）、娘＝赤木静（自由学園教師）

阿部 温知　あべ・おんち
社会運動家 弁護士
明治22年（1889年）1月10日〜昭和13年（1938年）2月24日
生宮城県登米郡登米町　学東京帝国大学法科卒　歴東京帝国大学卒業後弁護士となり、昭和2年頃から社会運動に参加し、社会民衆党に所属する。4年東京市会議員となり、また日本借家人組合長、日本農民組合総同盟中央委員なども務め、7年以降社会大衆党中央委員を務めた。　家妻＝阿部静枝（婦人運動家）

阿部 嘉七　あべ・かしち
静岡県知事
明治18年（1885年）3月〜昭和27年（1952年）6月7日
生熊本県　学神戸高等商業学校〔明治43年〕卒，東京高等商業学校（現・一橋大学）専攻科〔明治45年〕卒　歴昭和4年警視庁書記官刑事部長、5年大分県知事、7年茨城県知事、10年静岡県知事を歴任。11年退官、12年門司市長。

阿部 勝雄　あべ・かつお
海軍中将
明治24年（1891年）4月18日〜昭和23年（1948年）5月26日
生岩手県　学海兵（第40期）〔明治45年〕、海大〔大正13年〕卒　歴「長門」分隊長、米国駐在、第二艦隊、第三艦隊参謀、海軍大学校教官を経て、昭和8年軍務局第一課長。その後「多摩」「竜驤」「加賀」各艦長、13年軍令部第三部長。14年欧米出張、同年10月海軍省軍務局長となり、日独伊三国軍事同盟締結を推進した。15年三国同盟軍事委員としてドイツ駐在、17年中将。19年イタリア大使館付武官を兼任、21年帰国。

28

安倍 寛　あべ・かん

衆議院議員

明治27年（1894年）3月～昭和21年（1946年）1月30日

田山口県　学東京帝国大学政治学科〔大正10年〕卒　歴醸造業を営む名家に生まれる。昭和3年普通選挙法施行後初の総選挙に立候補するが落選。肺結核とカリエスの養生中の体で8年山口県の日置村（現・長門市）村長となり、以後亡くなるまで村長を務めた。一方、10年村長のまま県議に当選。16年三木武夫らとともに衆議院議員に初当選を果たす。17年戦時中の翼賛選挙下でも戦争反対を唱え、非推薦にもかかわらず当選した。"昭和の吉田松陰"と呼ばれ、気骨のある政治家として知られた。2期。　家長男＝安倍晋太郎（外相）、孫＝安倍晋三（首相）、岸信夫（衆議院議員）

安部 輝太郎　あべ・きたろう

日本水上競技連盟常任理事

生年不詳～昭和55年（1980年）12月6日

歴ロサンゼルス五輪、ベルリン五輪で日本水上競技連盟常任理事（外国関係）として手腕をふるった。のち、国際水連理事、副会長を歴任。

阿部 鳩雨　あべ・きゅうう

歌人

明治24年（1891年）9月10日～昭和18年（1943年）

生群馬県　歴「珊瑚礁」「覇王樹」を経て、昭和8年「草炎」を創刊主宰。歌集に「良夜」がある。

安倍 源基　あべ・げんき

内相 警視総監

明治27年（1894年）2月14日～平成1年（1989年）10月6日

生山口県　学東京帝国大学法学部法律学科〔大正9年〕卒　歴大正9年内務省に入り、沖縄県地方課長、高知県商工水産課長、愛知県特高課長を経て、15年内務省の遣外事務官として上海に勤務、中国共産党と中国国民党、アジアの共産主義運動を研究。帰国後の7年、山形県労務部長から警視庁特別高等警察の初代部長に就任。全国の特高警察網を整備、東京市電スト、赤色ギャング事件、神兵隊事件、共産党スパイ査問事件などで"赤狩り安倍"の名をあげ、11年銀杯を下賜された。12年内務省保安課長から警保局長、次いで警視総監となり、ダンスホールの禁止、学生狩りなどを行った。17年に一時辞任、15年再び警視総監。16年企画院次長、20年鈴木貫太郎内閣の内相。敗戦後、A級戦犯として逮捕され、27年4月追放解除。31年の参議院選挙に落選。33年木村篤太郎らと新右翼団体「新日本協議会」を結成、代表理事を務めた。著書に「昭和動乱の真相」「憂国直言」「ひとすじの道」「巣鴨日記」がある。　家長男＝安倍基雄（衆議院議員）

阿部 幸四郎　あべ・こうしろう

プロボクサー

生年不詳～平成4年（1992年）5月2日

田宮城県仙台市　名本名＝高山孝子郎　歴昭和9年プロボクサーになり、50戦して21年引退。その後、審判として29年の白井義男─レオ・エスピノサなど世界戦を10回経験した。37年アベジムを創設、金沢和良、高橋ナオトらを育てた。

阿部 定　あべ・さだ

阿部定事件の犯人

明治38年（1905年）5月28日～没年不詳

生東京市神田区新銀町（東京都千代田区神田多町）　歴東京・神田の畳職人の末っ子に生まれる。17歳で自ら芸者となり、以後、娼婦・妾などをして富山、飯田、名古屋、大阪、篠山、東京など各地を転々。昭和11年2月東京中野の小料理屋・吉田屋に奉公、石田吉蔵を知る。同年5月18日未明、東京尾久の待合で吉蔵を絞殺し、遺体の性器を切り取った。遺体の大腿部に"定吉二人"という血文字が書かれてあったことから猟奇殺人として騒がれる。同月20日品川で逮捕。その際、性器を紙に包んで帯の中に持っていたため、さらにセンセーショナルに取り上げられた。16年出所後、芸者や旅館の女将、おにぎり屋の経営などをする一方、マスコミにも登場するが、45年頃から消息不明となる。彼女をモデルにした映画に大島渚「愛のコリーダ」、大林宣彦「SADA」、評伝に粟津潔ほかの「昭和十一年の女・阿部定」などがある。

阿部 茂夫　あべ・しげお

衆議院議員

明治25年（1892年）1月～昭和35年（1960年）8月3日

生徳島県徳島市宮田浦町　学徳島師範学校卒、早稲田大学卒　歴徳島師範学校を卒業して教職についたのち早大に入学。卒業後古河鉱業に入社し、社内に一新会を組織する。大正11年労働事情調査のため米国へ留学し、昭和2年帰国。帰国後は社会民衆党に入り、のちに3回渡米。以後も政党活動を続け、東京市議、12年衆議院議員を歴任。戦後は盈進学園校長を務めた。

阿部 重孝　あべ・しげたか

教育学者 東京帝国大学教授

明治23年（1890年）2月11日～昭和14年（1939年）6月5日

生新潟県　専教育制度、教育行政　学東京帝国大学文科大学教育学専攻〔大正2年〕卒　歴東京帝国大学副手、文部省普通学務局を経て、大正8年東京帝大助教授。12年サンフランシスコの万国教育会議に出席、そのまま1年在米。昭和9年教授。実証的統計の研究に基づく教育学をめざし、後藤隆之助、後藤文夫らと教育研究会を組織、12年の教育改革案要綱作成の中心となった。また教育科学研究会の運動にも貢献した。著書に「欧米学校教育発達史」「教育改革論」などがある。

阿部 春峰　あべ・しゅんぽう

日本画家

明治10年（1877年）9月24日～昭和31年（1956年）

生福岡県鞍手郡　名本名＝阿部清太郎　歴京都で菊池芳文に師事。明治40年第1回文展に「青嵐」で入選。第2回文展では「秋ばれ・夕ざめ」で三等賞を受賞するなど、度々入選。大正9年第2回帝展から連続して入選。昭和2年帝展委員となる。13年新文展に無鑑査出品。15年紀元2600年奉祝美術展に「黒部合流点」を出品。19年戦時特別文展に「南方に咲く花」を無鑑査出品。

阿部 次郎　あべ・じろう

哲学者 美学者 東北帝国大学教授

明治16年（1883年）8月27日～昭和34年（1959年）10月20日

生山形県飽海郡上郷村山寺（酒田市）　学東京帝国大学文科大学哲学科〔明治40年〕卒　賞日本学士院会員〔昭和22年〕　歴山形中学時代、校長排斥運動の首謀者の1人として放校処分となり上京。一高を経て、東京帝国大学哲学科に入り、スピノザの研究を行う。卒業後、夏目漱石の門下生となって森田草平、小宮豊隆らと交わる。大正5年「三太郎の日記」で文名を高めた。11年ヨーロッパに留学して新カント学派の影響をうけ、帰国後の12年、東北帝国大学教授に就任。昭和20年退官。29年仙台市に阿部日本文化研究所を設立。著書に「倫理学の根本問題」（大5）、「美学」（大6）、「人格主義」（大11）、「徳川時代の芸術と社会」（昭6）、「世界文化と日本文化」（昭9）などがある。　家弟＝阿部六郎（ドイツ文学者）、三女＝大平千枝子（エッセイスト）

阿部 真之助　あべ・しんのすけ

政治評論家 東京日日新聞主筆

明治17年（1884年）3月29日～昭和39年（1964年）7月9日

生埼玉県熊谷市　学東京帝国大学文科大学社会学科〔明治41年〕卒　歴東京帝国大学卒業後、満州日日新聞社を経て、東京日日新聞社に入社。大正3年大阪毎日新聞社に転じ、昭和4年東京日日に戻る。その間、社会部長、政治部長、学芸部長を務め、主筆、取締役を経て、19年退職。戦後は政治評論家として活躍、明治大学教授や日本エッセイストクラブ会長、NHK会長を歴任した。

阿部 善次　あべ・ぜんじ
海軍少佐
大正5年（1916年）8月18日〜平成19年（2007年）4月6日
生山口県都濃郡鹿野町（周南市）　名筆名＝阿部善朗　学海兵〔昭和12年〕卒　歴9歳の時に母を亡くす。その後、海軍兵学校に入り昭和12年卒業。16年太平洋戦争が始まると第二次攻撃隊の一員として真珠湾攻撃に参加し、九九式艦上爆撃機で第二次艦隊隊第二中隊長として航空母艦「赤城」から出撃、停泊中の戦艦「アリゾナ」を撃沈させた。その後も艦爆隊長としてインド洋、ガダルカナルなどの作戦に参加したが、マリアナ海戦時にロタ島に不時着し、同地で海軍少佐として終戦を迎える。戦後は捕虜生活を経て、21年帰国。自衛隊勤務などののち、民間企業の役員を務めた。一方、日米の退役軍人の和解・親善を深めるための活動に奔走した。著書に「艦爆隊長の戦訓」がある。

阿部 武雄　あべ・たけお
作曲家
明治35年（1902年）1月4日〜昭和43年（1968年）2月5日
生山形県鶴岡市　学東洋音楽学校バイオリン科卒　歴東洋音楽学校でバイオリン科を学ぶ傍ら、作曲を独習。卒業後はバンドマンや無声映画の楽士、奇術の松旭斎天勝一座のバイオリン奏者として約10年にわたって全国各地を巡回。この間も曲を書き続け、やがてポリドール専属作曲家となり、昭和9年東海林太郎が歌った「国境の町」が大ヒットして名声を確立。以後、東海林「むらさき小唄」「丹下左膳の唄」「大尉の娘」「上海夜曲」「母いずこ」、上原敏「妻恋道中」「流転」「裏町人生」などといったヒット曲を連発し、そのノスタルジーを漂わせた曲調と特徴的な節回しは“アベタケメロディー”と呼ばれ大衆に親しまれた。

安部 民雄　あべ・たみお
テニス選手
明治35年（1902年）9月〜昭和62年（1987年）12月30日
出東京都　学早稲田大学大学院文学研究科西洋哲学専攻修士課程修了　歴大正末から昭和初期にかけてテニス選手として活躍。大正11年、12年、14年、昭和2年に全日本庭球選手権男子ダブルスで優勝。シングルスでも昭和2年に優勝。3〜5年デビスカップ選手として海外でも活躍。日本庭球協会顧問を務めた。　家父＝安部磯雄（キリスト教社会主義者・政治家）

阿部 徳蔵　あべ・とくぞう
奇術師
生年不詳〜昭和19年（1944年）8月
学早稲田大学中退　歴早大中退のあと奇術一筋の生活を続けた。昭和のはじめには奇術研究の権威として知られ、5年に赤坂離宮で前代未聞の天覧・台覧奇術を行った。神奈川県の藤沢に住んでいたが、19年8月数え56歳で死去。谷崎潤一郎は友人。

阿部 知二　あべ・ともじ
小説家 評論家 英文学者
明治36年（1903年）6月26日〜昭和48年（1973年）4月23日
生岡山県勝田郡湯郷村（美作市）　学東京帝国大学英文科〔昭和2年〕卒　歴東京帝国大学在学中の大正14年「化生」を発表

し、昭和5年発表の「日独対抗競技」で文壇に出る。同年短編集「恋とアフリカ」「海と愛撫」、評論集「主知的文学論」を刊行し、以後作家、評論家、英文学者として幅広く活躍。昭和10年代を代表する作家として「冬の宿」「幸福」「北京」「風雪」など多くの長編を発表し、戦後も「人工庭園」「日月の窓」「白い塔」「捕囚」などを発表した。他に「文学論」「世界文学の流れ」「メルヴィル」「ヨーロッパ紀行」などの評論、「バイロン詩集」「白鯨」など多くの翻訳書もある。　家息子＝阿部良雄（東京大学名誉教授）　賞文学界賞（第10回）〔昭和11年〕「冬の宿」

阿部 展也　あべ・のぶや
洋画家 美術評論家
大正2年（1913年）2月4日〜昭和46年（1971年）5月6日
生新潟県五泉町　名本名＝阿部芳文　学京浜中退　歴独学で絵を学び、昭和7年独立美術展に初入選。11年浜松で写真機店を営む叔父の家に移り、この時に写真の撮り方を覚えたという。12年滝口修造と共著で詩画集「妖精の距離」を刊行。13年には滝口、永田一脩、小石清らと前衛写真協会（のち写真造型研究会）を結成、ソラリゼーションなどを用いた前衛写真の制作と理論研究を進め、また「フォトタイムス」の表紙構成なども手がけた。14年洋画家・福沢一郎らのシュルレアリスム団体・美術文化協会創設に参加、第1回展に「地球創造説」などを出品。16年から陸軍報道班員としてフィリピンに滞在。戦後、美術文化協会に復帰したが、27年に脱退し、以後は無所属として現代日本美術展や東京国際美術展などに出品した。

阿部 信行　あべ・のぶゆき
陸軍大将 首相 翼賛政治会総裁 朝鮮総督
明治8年（1875年）11月24日〜昭和28年（1953年）9月7日
生石川県金沢市　学陸士（第9期）〔明治30年〕卒、陸大〔明治40年〕卒　歴明治31年陸軍砲兵少尉に任官。大正15年陸軍省軍務局長。昭和3年陸軍次官、5年宇垣一成陸相の病気中、陸相臨時代理。同年第四師団長、7年台湾軍司令官を経て、8年陸軍大将。11年二・二六事件後、予備役に編入。14年8月平沼騏一郎内閣の総辞職受けて首相に就任。折から第二次大戦勃発、大戦不介入と日中戦争の早期解決を声明したが、政治力の乏しさから、政党からも軍部からも見放され、貿易省設置問題から閣内の対立を招き、15年1月、5ケ月の短命で総辞職した。同年11月特派大使として南京で汪兆銘政権と日華基本条約に調印。17年翼賛政治会総裁に就任。同年勅選貴族院議員。19年から朝鮮総督を務めた。戦後、A級戦犯容疑者となったが除外された。

阿部 寿準　あべ・ひさのり
農林次官 帝国海上火災保険社長
明治12年（1879年）11月24日〜昭和30年（1955年）8月4日
生山口県阿武郡徳佐村（山口市）　学東京帝国大学法科大学〔明治38年〕卒　歴大正8年鳥取県知事、9年国勢院第二部長、内閣統計局長などを経て、14年農林次官。昭和4年退官。6年帝国海上火災保険社長、のち食糧営団総裁を務めた。

阿部 房次郎　あべ・ふさじろう
実業家 東洋紡績会長 貴族院議員（勅選）
慶応4年（1868年）1月18日〜昭和12年（1937年）5月12日
生近江国彦根（滋賀県彦根市）　学慶応義塾〔明治25年〕卒　歴明治37年経営不振の金巾製織に専務として入り、再建に尽力。その後大阪紡績、三重紡績と合併して大正3年東洋紡績が発足、山辺丈夫社長の下で専務となった。南洋、中国、インドにも販路を広げ綿布を輸出。15年社長。また昭和レーヨン、裕豊紡績各社長、上毛電力、王子製紙、湖東紡各取締役、大阪商議所顧問、大日本紡績連合会会長などを歴任した。昭和6年勅選貴族院議員。　家息子＝阿部孝次郎（東洋紡社長）

阿部 正直　あべ・まさなお

気象学者　伯爵

明治24年（1891年）1月9日～昭和41年（1966年）1月1日

［生］東京市本郷区駒込西片町（東京都文京区）　［学］学習院中等科卒、八高等、東京帝国大学理学部物理学科〔大正11年〕卒　理学博士（東京帝国大学）〔昭和16年〕　［歴］第10代備後福山藩主・阿部正桓の長男で、大正3年伯爵を襲爵。11年大学を卒業後、寺沢寛一や寺田寅彦の示唆を受けて映画を使った雲の研究に取り組む。12年外遊に出て、帰国後は御殿場に阿部雲気流研究所を設立。富士山にかかる山雲の観測を続け、昭和16年理学博士号を、20年には帝国学士院賞鹿島萩麿記念賞を受賞。"雲の研究家"として知られた。一方、12年から中央気象台より気象観測事務を嘱託され、16年常勤嘱託、17年気象技師に任じられた。21年研究部長となり、22年改組して気象研究所が設立されると初代所長に就任。24年退官。30年東京・駒込西片町の旧邸の一画に阿部幼稚園を開設、同園長を務めた。　［家］長男＝阿部正道（古道研究家）、父＝阿部正桓（備後福山藩主）、岳父＝阿部正功（磐城棚倉藩主）　［賞］帝国学士院伯爵鹿島萩麿記念賞（第35回）〔昭和20年〕、運輸通信大臣表彰〔昭和19年〕

阿部 万治郎　あべ・まんじろう

オーボエ奏者

明治31年（1898年）1月22日～昭和29年（1954年）6月25日

［生］宮城県　［歴］独学でオーボエを学び、大正2年より三越少年音楽隊に参加。その後東京フィルハーモニー会管弦楽部に所属し、13年日本交響楽協会を経て、新交響楽団に入団。昭和18年まで首席オーボエ奏者として活動した。　［家］息子＝阿部富士雄（バイオリニスト）

阿部 美樹志　あべ・みきし

建築家　建築学者

明治16年（1883年）5月4日～昭和40年（1965年）2月20日

［生］岩手県　［専］鉄筋コンクリート構造学　［学］札幌農学校（現・北海道大学）土木工学科〔明治38年〕卒、イリノイ大学（米国）大学院〔明治45年〕卒　Ph.D.（イリノイ大学）〔大正3年〕、工学博士（京都帝国大学）〔大正9年〕　［歴］明治38年札幌農学校卒業後、逓信省鉄道作業局工務部雇となり、40年鉄道庁技手などを経て、44年農商務省海外実業練習生として米国イリノイ大学大学院に留学、鉄筋コンクリート工学を研究。さらにドイツに留学し、大正9年帰国。5年鉄道院技師を経て、9年阿部事務所を開設、「日比谷映画劇場」「有楽座」などを設計した。昭和9年東洋セメント工業を設立、社長。戦後21年戦災復興院総裁、23年建設院総務長官、24年特別調達庁長官を務め、住宅復興、都市の不燃化をめざし、戦後初の鉄筋コンクリート集合住宅「都営高輪アパート」建設を推進した。35年全国住宅協会公社長、36年首都圏不燃建築公社長。他の代表作に「東京宝塚劇場」「佐賀県庁舎」「中央大学校舎」など。著書に「鉄筋混凝土工学」（私家版）など。

阿部 八代太郎　あべ・やよたろう

数学者　東京高等師範学校教授

明治16年（1883年）12月3日～昭和26年（1951年）7月8日

［生］岡山県　［学］東京高等師範学校（現・筑波大学）数物化学部〔明治39年〕卒、京都帝国大学大学院修了　［歴］明治42年三高講師、44年東京高等師範学校教授。大正8年数学研究のため英国、フランス、ドイツ、米国などに3年間留学。昭和22年退官まで我が国数学教育の発展に大きく貢献した。この間、東京女子大、東京文理科大学各講師、東京物理学校教授を兼任した。18～25年社団法人日本数学教育学会会長として学会の発展に尽力した。

阿部 豊　あべ・ゆたか

映画監督　俳優

明治28年（1895年）2月2日～昭和52年（1977年）1月3日

［生］宮城県仙台市　［名］芸名＝ジャック阿部　［学］ロサンゼルス演劇学校　［歴］東北中学2年で中退し、大正元年叔父を頼って渡米、ロサンゼルス演劇学校に学ぶ。早川雪洲主演の「火の海」に日本人エキストラとして参加し銀幕デビュー。以後、映画での活動を本格化させ、早川の家に寄宿してジャック阿部の芸名でフランク・ロイド、フランク・ボーザージ、セシル・B.デミルらの監督作品に脇役として出演。14年帰国してすぐ日活大将軍撮影所に招かれ、監督第1作「母校の為めに」を発表、ハリウッド仕込みのモダニズム感覚と軽快なタッチが高く評価された。15年喜劇「足にさはった女」がキネマ旬報ベストテン第1位に選出され、さらに同年の「陸の人魚」も第3位にランクインするなど、一気に注目される存在となった。以後は日活現代劇モダニズム派として活躍、昭和2年「彼をめぐる五人の女」がキネマ旬報ベストテン第2位。6年岡田や俳優の鈴木伝明らとともに不二映画を設立。その後、8年入江プロ、9年新興キネマを経て、同年日活多摩川撮影所に移るが、やがて戦時体制で映画の検閲が強化されると自身が最も得意とした喜劇や好色趣味を思う存分発揮できなくなり、13年東京発声で製作した真船豊原作、八木保太郎脚色のアクション社会劇「太陽の子」で新境地を開いた。同年東宝に移籍。戦時中には15年の「燃ゆる大空」、17年の「南海の花束」などの戦意高揚を目的としたスペクタクル大作で力量ある演出を見せ、19年の「あの旗を撃て」では少将待遇を受けてフィリピンでのロケを敢行した。

阿部 よしゑ　あべ・よしえ

ハープ奏者

明治37年（1904年）1月3日～昭和44年（1969年）1月25日

［出］秋田県横手市　［学］秋田高等女学校〔大正8年〕卒　［歴］昭和7年よりモスクワの日本大使館に勤務。ここでハープと出合い、ボリショイ劇場首席ハープ奏者のエルデイに師事。12年から7年間、パリ音楽院でマルセル・トゥルニエらに師事した。19年には同音楽院のコンクールで第一席となった。20年敗戦直前にベルリンに行き、シベリア経由で帰国。演奏活動のほか阿部ハープ研究所を主宰。また34年には第1回イスラエル国際ハープコンクールに来賓として招かれた。

安倍 能成　あべ・よししげ

一高校長　京城帝国大学法文学部教授

明治16年（1883年）12月23日～昭和41年（1966年）6月7日

［生］愛媛県松山市小唐人町　［学］東京帝国大学文科大学哲学科〔明治42年〕卒　［歴］東京帝国大学在学中から「ホトトギス」などに文芸評論を発表し、明治44年阿部次郎ら4人の合著「影と声」を刊行。大正2年「予の世界」を刊行し、以後「西洋古代中世哲学史」「西洋近世哲学史」「カントの実践哲学」などを刊行。その間、慶応義塾大学、法政大などに勤務し、13～15年ヨーロッパに留学。帰国後は京城帝国大学教授を経て、昭和15年一高校長に就任した。21年幣原内閣の文部大臣となるが、数ケ月で辞任。同年10月学習院長に就任し、戦後私立学校となった学習院の基礎固めに専念した。また、俳句は早くから夏目漱石の指導を受けるほか、高浜虚子、松根東洋城にも接し「渋柿」にも筆を執った。著書に「静夜集」「朝暮抄」「思想と文化」「山中雑記」「時代と文化」「一日本人として」「我が生ひ立ち」「安倍能成選集」（全5巻、小山書店）などがある。　［家］弟＝安倍恕（東京高裁長官）

阿部 六郎　あべ・ろくろう

ドイツ文学者　文芸評論家　成城高校教授

明治37年（1904年）4月12日～昭和32年（1957年）1月7日

［生］山形県山形市　［学］京都帝国大学独文科〔昭和2年〕卒　［歴］大学卒業後、成城高校教授となる。成城高校関係者を中心に、昭和4年「白痴群」を創刊。9年、河上徹太郎との共訳でシェ

ストフの「悲劇の哲学」を翻訳刊行し、11年評論集「深淵の諸相」を刊行。戦後は東京芸大教授を務めた。他の著書に「神の虚像」「虚無と実存」「ドストエフスキー」などがある。 家 兄＝阿部次郎（哲学者）

安保 清種　あぼ・きよかず

海軍大将 男爵 海相
明治3年（1870年）10月15日～昭和23年（1948年）6月8日
生佐賀県 学海兵（第18期）〔明治24年〕卒 歴男爵安保清康海軍中将の養子。明治33年軍令部副官、35年以降「須磨」「八雲」砲術長、日露戦争に「三笠」の砲術長で参戦。38年英国駐在、海軍大学教官、第二艦隊参謀、大正2年英国大使館付武官、9年軍令部次長、11年国際連盟海軍代表、艦政本部長、呉、横須賀鎮守府長官、海軍次官、昭和3年軍事参議官、5年ロンドン海軍軍縮会議専門委員、同年10月海軍大臣、9年予備役。12年近衛文麿内閣の内閣参議、翼賛政治会顧問を務めた。 家 父＝沢野種鉄（海軍大佐）、義父＝安保清康（海軍中将）

天岡 直嘉　あまおか・なおよし

賞勲局総裁
明治13年（1880年）12月17日～昭和32年（1957年）1月8日
生東京都 学東京帝国大学法学部〔明治39年〕卒 歴内務省に入り、明治40年内閣書記官、45年内閣会計課長、大正6年通信省為替貯金局長、9年貯金局長、13年休職。昭和2年友人の借金保証人になり破産宣告されたが、岳父の後輩田中義一の首相就任で、賞勲局総裁になった。4年売勲事件に連座、田中内閣崩壊とともに収賄罪で逮捕、起訴された。10年懲役2年追徴金1万4250円の実刑確定。 家 岳父＝桂太郎（陸軍大将・首相）

天笠 才寿　あまがさ・さいじゅ

地唄箏曲家
明治23年（1890年）1月17日～昭和14年（1939年）12月1日
生長崎県長崎市 名本名＝天笠才子 学東京英和女学校〔明治42年〕卒 歴5歳で上京。九州系の地唄、箏曲家・松島糸寿の養女となり、天笠家に嫁したが、夫と死別。昭和3年北米三曲協会の招きで渡米、地唄、箏曲を紹介。5年帰国。養母の没後、松生会を継承、主宰。 家 養母＝松島糸寿（箏曲家）、娘＝小林礼子（箏曲家）

甘粕 正彦　あまかす・まさひこ

満州映画協会理事長 満州国民政部警務司長
明治24年（1891年）1月26日～昭和20年（1945年）8月20日
生宮城県仙台市 出山形県 学陸士（第24期）〔明治45年〕卒 歴大正元年陸軍歩兵少尉に任官するが、膝の怪我をして歩兵の道を諦めざるを得なくなり、連隊長から憲兵へ転科。10年憲兵大尉に進み、12年9月の関東大震災直後、アナキスト大杉栄とその内縁の妻・伊藤野枝、大杉の甥で6歳の橘宗一を連行、扼殺した（甘粕事件）。同年12月軍法会議で懲役10年の判決を受けたが、大杉殺害は軍または軍幹部の関与によるもので、甘粕がその罪を被ったものともいわれる。15年下獄から2年余で仮出獄し、昭和2年陸軍の機密費を受け渡仏、4年帰国。5年満州に渡り、満州事変後は満州国建国工作に関与。7年満州国民政部警務司長、12年満州国協和会中央本部総務部長。満州国の首都・新京（長春）を拠点に同国を実質的に支配していた関東軍と互すほどの実力を持ち、「関東軍は昼の帝王、甘粕は夜の帝王」とも称された。14年11月満州の中国人を親日的にするための中国語による娯楽映画や宣伝映画を作る国策会社である、満州映画協会（満映）の2代目理事長に就任。根岸寛一、マキノ光雄以下、八木保太郎、内田吐夢、杉山公平など一流の映画人を擁して映画製作に邁進した。映画ばかりではなく、満州国の文化全体の向上に尽くした。20年8月20日朝、青酸カリを飲み自決した。 家 弟＝甘粕二郎（三菱銀行社長）、伯父＝

甘粕重太郎（陸軍中将）

尼子 富士郎　あまこ・ふじろう

内科学者
明治26年（1893年）12月1日～昭和47年（1972年）3月17日
生山口県下松市 出東京都 専老年医学、老人医学 学東京高等師範学校附属中〔明治44年〕卒、二高三部医科〔大正3年〕卒、東京帝国大学医科大学医学科〔大正7年〕卒 医学博士〔昭和2年〕 歴月刊医学誌「医学中央雑誌」創刊者である尼子四郎の長男で、山口で生まれ、東京で育つ。大正8年東京帝国大学法医学教室に入局、間もなく稲田内科に転じる。同年副手、12年助手を経て、昭和3～28年講師。この間、稲田龍吉教授から老年医学の道を勧められ、大正15年関東大震災後に身寄りや住居を失った人を保護するために皇室のご下賜金を基金に創設された財団法人浴風会医長に就任。昭和35年社会福祉法人への機構改革により浴風会病院長、43年名誉院長。同病院は日本初の養老院附属医員であり、老年医学の開拓発展に努めて第一人者として知られた。また、3年父の跡を継いで医学中央雑誌社代表となり、39年同社を改組して医学中央雑誌を創立して理事長。同誌の編集出版でも高い評価を得、日本科学技術情報センター丹羽賞と日本医師会最高優功賞を受けた。 家 父＝尼子四郎（「医学中央雑誌」創刊者）

天田 貞吉　あまだ・ていきち

刀匠
明治33年（1900年）～昭和12年（1937年）4月21日
出新潟県北蒲原郡中浦村（新発田市） 歴道具鍛冶より苦心して刀工となる。のち日本刀の研究の権威者となり、昭和9年帝展に初出品、入選。直ちに無鑑査となる。

天知 俊一　あまち・しゅんいち

野球審判員
明治36年（1903年）12月20日～昭和51年（1976年）3月12日
生兵庫県西宮市今津 学明治大学〔昭和2年〕卒 歴甲陽中、攻玉中を経て、大正11年明大予科に入学。12年一時栃木県下野中に籍を置き、その年の秋再び明大予科に編入、名捕手として活躍。昭和2年明大専属審判員。4年東京六大学が専属審判制をとることになり春のリーグ戦から六大学専属審判員に。早慶戦の球審はほとんど担当、17年まで務めた。のち、報知新聞記者、帝京商業監督、青葉女学校教師などを歴任。24年中日監督に就任。27～28年総監督、29年再び監督として指揮をとり、セ・リーグ初制覇、日本シリーズでも西鉄を破り日本一となる。30年球団副代表。32年三たび監督復帰。33～35年ヘッドコーチを務め、以後評論家として活躍。45年殿堂入り。

天津 乙女　あまつ・おとめ

宝塚スター
明治38年（1905年）10月9日～昭和55年（1980年）5月30日
生東京市神田区小川町（東京都千代田区） 名本名＝鳥居栄子、別名＝藤間乙女 学青山尋常小〔大正7年〕卒、宝塚音楽歌劇学校卒 歴宝塚が始まって4年後の大正7年、知り合いであるジャーナリスト・結城礼一郎の勧めで東京採用生徒の第1号として宝塚少女歌劇に入団。それまで宝塚の存在を全然知らず、東京での入学試験も前日に終わっていたが、結城の口利きもあって一人だけの試験が開かれて合格。芸名は百人一首の「天津風雲の通い路吹き閉ぢよ乙女の姿しばし止めん」にちなみ、やがて同じく宝塚に入った妹の雲野かよ子も同じ歌が芸名の由来となった。同年「馬の王様」「鼎法師」「お蚕祭」で初舞台を踏む。8年「鞍馬天狗」の牛若丸役で初主演。月組に所属し、昭和3年月組組長。日本舞踊に才能を発揮し、楳茂都陸平、藤間小勘、花柳禄寿らに師事。藤間流の名取で、8年宝塚に日本舞踊専科が出来ると月組組長から専科入り。レビューの中に日本舞踊をとけ込ませ、洋楽で踊る日本舞踊を完成させた。

代表的なレビューに「鏡獅子」「棒しばり」「道成寺」などがある。13年芸術使節としてドイツを訪問。15年から16年にかけて、奈良美也子、葦原邦子、小夜福子、それに妹の雲野かよ子らが宝塚を退団した後も歌劇団に残った。戦後、生徒から初めて宝塚歌劇団の理事に就任した。　家妹＝雲野かよ子（宝塚歌劇団団員）、池辺鶴子（宝塚歌劇団団員）、弟＝鳥居正一郎（阪急百貨店社長）

天沼 俊一　あまぬま・しゅんいち
建築史家　建築家　京都帝国大学教授
明治9年（1876年）8月31日～昭和22年（1947年）9月1日
生東京市芝区（東京都港区）　学東京帝国大学工科大学建築学科〔明治35年〕卒　工学博士（東京帝国大学）〔大正8年〕　歴大学院を経て、奈良県、京都府の技師となり古社寺の調査に従事。大正9年京都帝国大学助教授、12年教授となった。昭和11年退官。この間、各地の古建築を実地調査、日本建築史研究の発展に寄与。大正10年欧米・エジプト・インドを、昭和10年欧州・アジア各国を視察した。著書に「日本建築史要」「日本建築様式の研究」「日本古建築提要」「日本建築史図録」（全6巻）「石燈籠」「成虫楼随筆」「印度旅行記」「印度の建築」、編著に「四天王寺図録」などがある。また「高野山金堂・大塔」「本能寺本堂」などの設計も手がけた。

天野 雨山　あまの・うざん
俳人
明治24年（1891年）1月7日～昭和24年（1949年）3月1日
生東京都　名本名＝天野英二　学慶応義塾大学卒　歴学生時代白秋に短歌を学び、俳諧を竹窓園暁賀に師事、俳誌「蕉風雪月花」に拠ったが、昭和2年暁園没後、主宰を継いで「蕉風」と改題、13年さらに「春光」と改めた。史伝、連句によく通じ、論考「松原庵星布尼考」「俳家鳥酔」、編著「昭和連句総覧」があるほか、ライフワークとされる「芭蕉七部集評釈」、句集「草苑」「瓊」がある。

天野 清　あまの・きよし
物理学者　科学史家
明治40年（1907年）4月6日～昭和20年（1945年）4月14日
生東京都新宿区　学東京帝国大学理学部物理学科〔昭和7年〕卒　歴昭和7年九州帝国大学工学部助手を経て、10年商工技師として商工省中央度量衡検定所に入り、ガスメータや高温測定などの研究に従事。16年菅井準一、稲沼瑞穂、湯浅光朝、平田寛らと日本科学史学会の設立に参画した。19年東京工業大学助教授に就任したが、20年東京大空襲で負傷して亡くなった。没後の23年、「天野清選集」（全2巻）が編まれた。

天野 末治　あまの・すえじ
社会運動家　弁護士
明治34年（1901年）1月21日～昭和51年（1976年）3月1日
生愛知県額田郡美合村（岡崎市）　学京都帝国大学経済学部選科〔大正15年〕卒　歴京都帝国大学卒業後、同大農学部農林経済研究室に勤務し、昭和2年弁護士となって自由法曹団に加入、日農顧問弁護士となる。3年労働農民党に入党し、5年小作争議で検挙される。8年にも検挙され、有罪となって弁護士資格を剥奪される。戦後の21年共産党に入党し、多くの弁護士活動をした。

天野 武輔　あまの・たけすけ
陸軍少佐
明治28年（1895年）11月22日～昭和11年（1936年）2月29日
生愛知県　学陸士卒　歴昭和10年陸軍歩兵少佐、麻布第3連隊付となる。11年の二・二六事件の際、反乱部隊の将校に翻意を促す命を連隊長から受け単身面談する。3度目の面接は事態緊迫のため実現せず、死を以て勧告しようと、同年2月29日

未明にピストルで自殺した。

天野 辰夫　あまの・たつお
国家主義運動家　弁護士
明治25年（1892年）2月22日～昭和49年（1974年）1月20日
生島根県松江市　学東京帝国大学卒　歴大学在学中、上杉慎吉の天皇主権説を信奉、独得の皇道理論を構成。大正7年興国同志会を組織、8年興国精神復興運動に参画。弁護士を開業、12年法政大教授。15年父の経営する浜松の日本楽器争議で争議団に対抗。昭和4年愛国勤王党を結成。五・一五事件失敗の後、陸軍予備中佐の安田銕之助や民間の景山正治らと、斎藤実内閣打倒と皇族内閣をめざすクーデター（神兵隊事件）を計画、決行直前の8年7月検挙された。禁錮5年だったが免訴された。14年まことむすび社などで活動、16年平沼騏一郎国務相暗殺未遂事件に連座。18年東条英機首相の暗殺を示唆して検挙された。戦後は全日本愛国者団体会議顧問、弁護士として活動。

天野 辰太郎　あまの・たつたろう
東京駅駅長
明治18年（1885年）6月4日～昭和34年（1959年）1月4日
生石川県　学岩倉鉄道学校卒　歴岩倉鉄道学校を出て国鉄に入り、鎌倉、新橋、東京各駅助役を経て、昭和11年第5代東京駅駅長となった。23年12月退職し、東京鉄道荷物株式会社専務を務めた。

雨宮 庸蔵　あめのみや・ようぞう
ジャーナリスト　「中央公論」編集長
明治36年（1903年）1月1日～平成11年（1999年）12月2日
生山梨県南巨摩郡鰍沢町（富士川町）　学早稲田大学社会哲学科〔昭和2年〕卒　歴昭和3年中央公論社に入社。4年「中央公論」編集長、7年出版部長を歴任、嶋中雄作社長の右腕として活躍し、谷崎潤一郎の「源氏物語」現代語訳の担当編集者も務めた。12年「中央公論」編集長に復帰したが、13年同誌3月号が石川達三の小説「生きてゐる兵隊」掲載により発売禁止になり、責任を取って退社。新聞紙法違反で起訴され、9月禁固4ヶ月、執行猶予3年の判決を受けた。14年嶋中が設立した民間アカデミー・国民学術協会の主事に就任。戦後は読売新聞社に入って科学部長、論説委員を務め、のち日本科学技術情報センター主任情報員、業務部長として活躍。晩年は失明した。回想録「偲ぶ草―ジャーナリスト六十年」がある。　家従弟＝雨宮綾夫（東京大学名誉教授）

天羽 英二　あもう・えいじ
外交官　内閣情報局総裁
明治20年（1887年）8月19日～昭和43年（1968年）7月31日
生徳島県撫養町　学神戸高等商業学校〔明治43年〕卒、東京高等商業学校（現・一橋大学）専攻部領事科〔明治45年〕卒　歴明治45年外務省に入り、広東、ハルビン、北京、ソ連大使館参事官などを経て、昭和8年本省情報部長。9年4月の外人記者会見で、東亜の秩序に対する日本の単独責任を強調した「天羽声明」を発表、“アジア・モンロー主義”と伝えられ国際的な反響を呼んだ。12年駐スイス公使、14年駐イタリア大使、16年第三次近衛文麿内閣の外務次官、18年東条英機内閣の情報局総裁。戦後、A級戦犯容疑者となるが不起訴、公職追放となり、26年解除後は日本国連協会副会長兼理事長、日本ユネスコ国内委員などを歴任した。著書に「天羽英二日記・資料集」（5巻）がある。　家息子＝天羽大平（日本女子大学教授）、天羽民雄（青山学院大学教授）、天羽浩平（日本サン・マイクロシステムズ社長）

綾川 五郎次　あやがわ・ごろうじ
力士

明治31年（1898年）3月11日～昭和57年（1982年）12月8日
生青森県西津軽郡鰺ケ沢町 名本名＝清野由太郎、前四股名＝綾桜由太郎、年寄名＝千賀ノ浦 歴入間川部屋を経て、出羽海部屋に入り、大正5年1月初土俵、11年5月十両昇進。昭和5年5月新入幕。最高位は関脇で、幕内成績85勝93敗。12年5月引退し、年寄千賀ノ浦を襲名したが、間もなく廃業した。

綾川 武治　あやかわ・たけじ
国家主義運動家 弁護士 衆議院議員
明治24年（1891年）4月23日～昭和41年（1966年）12月7日
生埼玉県 学東京帝国大学哲学科〔大正5年〕卒、東京帝国大学英法科〔大正9年〕卒 歴東京帝国大学在学中から憲法学者の上杉慎吉らと国家主義運動を行う。卒業後、南満州鉄道（満鉄）に入社、東亜経済調査局員。北一輝、大川周明らを中心とした猶存社に参加する他、大正14年大川の行地社創立に参画、昭和2年には天野辰夫と興国同志会を結成するなど、一貫して国家主義運動に携わる。この間、大正14年日本新聞編集局長、昭和8年帝国新報社長、大陸国策研究所長などを歴任。11年衆議院議員に当選、1期務める。14年の日独伊三国同盟締結運動にも積極的に参加。戦後も右翼団体結成などに関与した。著書に「満州事変の世界史的意義」がある。

綾若 真生　あやわか・まさお
力士
明治41年（1908年）5月22日～平成1年（1989年）11月10日
出青森県黒石市袋富田 名本名＝高橋勝雄 歴大正14年初土俵、昭和5年十両昇進、9月入幕、17年引退。最高位前頭5枚目、出羽海部屋所属。玉綿、双葉山全盛時代に80キロ前後の小兵力士として多彩な技をみせた。

鮎川 義介　あゆかわ・よしすけ
実業家 日産コンツェルン創業者 貴族院議員（勅選）
明治13年（1880年）11月6日～昭和42年（1967年）2月13日
生山口県吉敷郡御堀村字辻（山口市） 学山口尋常中〔明治30年〕卒, 山口高第二部〔明治33年〕卒, 東京帝国大学工科大学機械科〔明治36年〕卒 歴父は旧長州藩士で、母方の大叔父に明治の元勲・井上馨がいる。東京帝国大学工科大学機械科に学んだエリートながら、明治36年に卒業すると一職工として芝浦製作所に入社。38年には当時最先端の技術であった鋳造の製造法習得のため渡米、鋳物工場の親方の家に住み込んで週給5ドルの薄給で働いた。42年帰国し、43年戸畑鋳物（現・日立金属）を設立、専務兼技師長の肩書きを名のった。大正7年社長。昭和2年には義弟・久原房之助の経営する久原鉱業取締役となり、3年政界に転じた久原の後を受けて久原鉱業社長に就任。以後、次々と設立または吸収を繰り返し、日立製作所、日産自動車、日本鉱業などを含む日産コンツェルンを作りあげた。12年国策に従って日産を満州に移転させ、満州国の特殊法人として改組した満州重工業開発の総裁を17年まで務め、東条英機、星野直樹、岸信介、松岡洋右と並ぶ満州国財官界の実力者となった（5人の名をとって“弐キ参スケ”と呼ばれる）。しかし、関東軍との関係悪化のため満州から撤退し、日産の事業を買い戻した。18年勅選貴族院議員、内閣顧問。戦後はA級戦犯として服役したが、22年釈放される。28年参議院議員に当選した。 家長男＝鮎川弥一（テクノベンチャー社長）、二男＝鮎川金次郎（参議院議員）、孫＝鮎川純太（テクノベンチャー社長）、義兄＝木村久寿弥太（実業家）、義弟＝久原房之助（実業家）、貝島太市（実業家）

鮎沢 巌　あゆさわ・いわお
国際労働機関東京支局長
明治27年（1894年）10月15日～昭和47年（1972年）11月30日
生茨城県 学ハーバード大学卒, コロンビア大学卒 歴フレンド平和奨学会の留学生として17歳で渡米、ハーバード、コ

ロンビア両大学で学び、卒業後、国連の国際労働機関（ILO）本部職員となり、昭和8年まで15年間勤務。その後、13年までILO東京支局長。戦後は連合国軍総司令部（GHQ）で占領時代の対日労働政策立案と施行に重用され、20年労働法制審議委員会事務局長に就任、GHQとの折衝に当たった。後、中労委事務局長、中労委中立委員を務めた。晩年は世界連邦建設同盟理事長。

阿由葉 勝作（3代目）　あゆは・かっさく
実業家 政治家
明治10年（1877年）～昭和27年（1952年）
生栃木県足利郡利保村（足利市） 名幼名＝長之助 学慶応義塾卒 歴祖父は栃木県足利郡きっての大地主・名望家の初代阿由葉勝作。地主・篤志家として活躍した父・鍋造が若くして没したため、祖父の手で育てられる。明治27年祖父の死に伴って3代目勝作を襲名。上京して慶応義塾に学んだのち帰郷し、家業の生糸商・農業に従事。父祖伝来の広大な田畑・山林を引き継ぎ、土地経営にも当たった。その傍ら、政界でも活動し、北郷村村会議員・同村長・栃木県会議員・同議長などを歴任。大正9年には衆議院議員に当選し、昭和5年までの3期10年を務めた。憲政会の栃木県支部長を兼ねるなど北関東における同党の実力者としても知られ、足利中学校設立の際して紛争が起こると、その調停に苦心した。また、実業界では、日本鉄道・四十一国立銀行・東野鉄道の創立・経営に関与している。

新井 勲　あらい・いさお
陸軍歩兵中尉
明治44年（1911年）2月10日～昭和61年（1986年）2月17日
生栃木県 学陸士（第43期）〔昭和6年〕卒 歴昭和6年陸軍歩兵少尉に任官。11年の二・二六事件の際は、決起した陸軍歩兵麻布第三連隊の中尉で、事件の計画に参画しながら直前で時期尚早論をとり、決起に参加しなかった。戦後の24年同事件の生き証人として月刊誌「文芸春秋」に「日本を震撼させた4日間」の手記を発表、話題を集めた。

新井 栄吉　あらい・えいきち
土木技術者 大井川電力会社社長
明治14年（1881年）2月2日～昭和27年（1952年）11月25日
生東京都 専電力工学 学東京帝国大学工科大学土木工学科〔明治38年〕卒 歴東京市区改正委員会技師、名古屋市、函館市の水道技師を経て、大正7年早川電力会社土木部長、14年東京電力会社技師長。昭和3年当時我が国で最も高い落差を持った田代川発電所を完成させた。4年大井川電力会社取締役技師長、6年台湾電力会社日月潭発電所建設部長。12年大井川電力会社社長に就任し、土木技術者出身として初の水力電気会社社長となった。14年日本発送電会社が設立されると初代建設部長。著書に「サージタンク」がある。 賞土木学会賞〔昭和5年〕「C.Runge's Theoemに依る積分曲線を用いて種々なるSurge Tankの研究」

新井 亀太郎　あらい・かめたろう
陸軍中将
明治8年（1875年）12月～昭和7年（1932年）11月7日
生群馬県桐生市境野町 学陸士〔明治29年〕卒 歴明治30年陸軍歩兵少尉となり、37年日露戦争では第9師団の中隊長として旅順戦、奉天の会戦に参加。大正3年第一次大戦には浦塩（ウラジオストック）派遣軍の第4兵站司令官として出征。戦後も部隊勤務が多く、11年歩兵第17旅団長、のち陸軍戸山学校校長を経て、昭和2年中将となり支那駐屯軍司令官、のち第7師団長などを歴任した。6年待命となる。

昭和人物事典 戦前期　　　　　　　　あらい

荒井 寛方　あらい・かんぽう
日本画家
明治11年（1878年）8月15日～昭和20年（1945年）4月21日
[生]栃木県塩谷郡氏家町　[名]本名＝荒井寛十郎　[歴]21歳で水野年方に師事し、文展に歴史画を多く出品する。大正3年再興された日本美術院に加わり、4年「乳糜供養」を出品して同人となる。5年来日したインドの詩人・画家、タゴールの知己を得てインドに渡り、ビジットラ美術学校で教鞭を執る傍ら、アジャンタの壁画などを模写し、7年に帰国。また13、14年と台湾、中国に渡り、15年には渡欧する。"仏画の寛方"と言われ、昭和15年から文部省の依嘱で法隆寺・金堂の壁画模写作業に専念したが、完成をみずに逝去した。　[家]長男＝荒井英郎（記録映画作家）、孫＝荒井聖也（美術研究家）

新井 紀一　あらい・きいち
小説家
明治23年（1890年）2月22日～昭和41年（1966年）3月11日
[生]群馬県多野郡吉井町　[名]筆名＝別院一郎　[学]四谷第一尋常高小卒　[歴]高小卒業後、東京砲兵工廠の見習い職工となり、大正5年から各誌に投稿し、後に「中央文学」で水守亀之助の助手となる。雑誌「黒煙」に参加、8年処女作「暗い顔」を発表し、大正期の労働者文学、反戦文学の代表作家となる。9年から13年まで、時事新報社に勤務した。主な著書に「二人の文学青年」「燃ゆる反抗」「雨の八号室」などがある。昭和10年代に入ってからは戦争文学を多く書き「敗走千里」「督戦隊」などの著書がある。ほかに「鶏小屋の番兵」「父いづこ」「秀美の慰問袋」などの児童文学作品もある。

新井 堯爾　あらい・ぎょうじ
衆議院議員 鉄道省運輸局長
明治19年（1886年）5月15日～昭和41年（1966年）5月9日
[生]埼玉県　[学]四高卒、東京帝国大学法科大学法律学科〔明治45年〕卒　[歴]衆議院議員を務めた新井啓一郎の三男。昭和5年鉄道省国際観光局長、7年東京鉄道局長を経て、9年鉄道省運輸局長。12年退官。14～17年華北交通理事を務め、17年衆議院議員に当選。また、同年～20年東亜旅行社理事。21年日本交通公社理事長となるが、同年公職追放。22～24年同公社会長。27年衆議院議員に返り咲き。通算2期。　[家]父＝新井啓一郎（衆議院議員）

荒井 賢太郎　あらい・けんたろう
枢密院副議長
文久3年（1863年）10月15日～昭和13年（1938年）1月29日
[生]越後国高田（新潟県上越市）　[学]帝国大学法科大学〔明治25年〕卒　[歴]明治25年大蔵省に入る。36年主計局長となり、40年韓国政府に聘用され韓国度支部次官、43年朝鮮総督府度支部長官。大正6年退官。同年～15年勅選貴族院議員。この間、11年加藤友三郎内閣の農商務相を務めた。15年枢密顧問官、昭和11～13年枢密院副議長。　[家]女婿＝山崎元幹（満鉄総裁）

新井 耕吉郎　あらい・こうきちろう
台湾の紅茶産業発展に貢献した
明治37年（1904年）～昭和21年（1946年）
[生]群馬県利根郡利根村（沼田市）　[歴]大正15年台湾に赴任。中部の湖・日月潭の北にある盆地が紅茶の産地に適しているとみて、昭和11年魚池紅茶試験支所（現・茶業改良場魚池分場）を設立。16～20年同支所長を務め、台湾紅茶産業の発展に貢献。21年同地で病死した。

新井 茂雄　あらい・しげお
水泳選手 ベルリン五輪金メダリスト
生年不詳～昭和19年（1944年）
[学]立教大学　[歴]昭和11年ベルリン五輪の男子競泳100メートル自由形銅メダル、4×200メートル自由形リレーでは8分51秒5の世界記録を出して金メダルを獲得した。太平洋戦争中の19年、ビルマ戦線で戦死した。

新井 章治　あらい・しょうじ
実業家 東京電燈社長
明治14年（1881年）12月8日～昭和27年（1952年）9月1日
[生]埼玉県熊谷市　[学]早稲田大学政治経済学科〔明治38年〕卒　[歴]秩父鉄道、日本鉄道清算事務所に勤め明治41年病気で退社。大正2年利根発電入社、9年取締役兼支配人、10年東京電燈と合併、東京電燈会社となって理事・前橋支店長。昭和2年本社営業部次長、8年取締役営業部長を歴任。9年横浜市への贈賄容疑で検挙され、13年無罪。11年東電常務、12年副社長、15年社長、会長を兼任。配電統制で関東配電が設立され社長となり、18年日本発送電総裁。公職追放で22年辞任。26年東光電気会長、27年東京電力会長となった。

新居 善太郎　あらい・ぜんたろう
大阪府知事
明治29年（1896年）1月16日～昭和59年（1984年）1月12日
[生]栃木県足利市　[学]東京帝国大学法学部〔大正10年〕卒　[歴]鹿児島県知事、内務省国土局長、同地方局長、京都府知事、大阪府知事などを歴任した。

新井 完　あらい・たもつ
洋画家
明治18年（1885年）6月27日～昭和39年（1964年）12月16日
[生]兵庫県姫路市　[学]東京美術学校西洋画科〔明治43年〕卒　[歴]明治44年文展に「青きもの」が初入選。大正8年帝展で「満潮」が、11年「水浴女」が特選となり、13年から無鑑査出品となる。昭和20～25年京都市立美術専門学校（現・京都市立芸術大学）教授を務めた。

新井 徹　あらい・てつ
詩人
明治32年（1899年）2月15日～昭和19年（1944年）4月12日
[生]長崎県下県郡厳原町　[名]本名＝内野健児　[学]広島高等師範学校国文科卒　[歴]広島高等師範学校在学中に「日本詩人」などに投稿し、卒業後渡韓して京城中学などに勤務。その傍ら「耕人」「亜細亜詩脈」「鋲」「朝」などを創刊し、大正12年「土壁に描く」を刊行するが発禁処分となる。上京後の昭和4年「宣言」を創刊してナップに加盟し、5年「カチ」を刊行。9年「詩精神」を創刊し、12年「南京虫」を刊行した。「新井徹の全仕事」（全1巻、創樹社）がある。

新井 信男　あらい・のぶお
水泳選手 アムステルダム五輪銀メダリスト
明治42年（1909年）～没年不詳
[生]京都府　[学]同志社中卒、早稲田大学　[歴]同志社中学時代から競泳の長距離自由形の選手として名を馳せ、1500メートル自由形で21分18秒の日本記録を樹立。昭和3年アムステルダム五輪の400メートル自由形に出場して予選落ち、1500メートル自由形は4位。4×200メートル自由形リレーでは銀メダルを獲得した。

新井 白鳳　あらい・はくほう
日本画家
生年不詳～昭和10年（1935年）5月30日
[歴]中村岳陵に師事。昭和5年再興第17回院展に「若竹」で初入選。その後、「松」（7年）、「林間」（8年）などが入選し、日本美術院院友となる。

荒井 恵　あらい・めぐみ

医師

明治17年（1884年）～昭和38年（1963年）4月12日

生東京都　学東京帝国大学医科大学〔明治41年〕卒　医学博士〔大正13年〕　歴大正13年「パラチフスB菌の排泄路実験研究」で医学博士。同年宮内省御用掛となり、大正天皇、貞明皇后の侍医を務めた。昭和21年退職。

荒井 由松　あらい・よしまつ

実業家

明治15年（1882年）6月22日～昭和36年（1961年）4月19日

出福井県勝山町　歴明治43年郷里の福井県勝山町に勝山機業兄弟合資会社を作り、福井県内初の人絹糸による羽二重の試織に成功。大正12年絹・人絹交織縮緬の新商品「KKクレープ」を開発した。昭和17年勝山精華女学校（現・勝山南高校）を創立。

荒井 陸男　あらい・ろくお

洋画家

明治18年（1885年）9月1日～昭和47年（1972年）7月6日

生東京市芝区西久保城山町（東京都港区）　学同志社卒、シッカー美術学校（ロンドン）卒　歴明治42年英国ロンドンに留学、シッカー美術学校で学ぶ。2年後には同地で新聞雑誌の絵画寄稿家として知られた。第一次大戦中は海軍従軍画家として多くの記録画を制作。近代日本洋画界にあって終始無所属を貫き、歴史記録画、海洋画、肖像画を多く描いた。代表作に明治神宮絵画館の壁画「水師営の会見」など。　家父＝荒井郁之助（初代中央気象台長）

あらえびす

⇒野村 胡堂（のむら・こどう）を見よ

新垣 栄徳　あらかき・えいとく

陶芸家

明治24年（1891年）10月24日～昭和24年（1949年）1月29日

出沖縄県那覇市　家は代々沖縄県那覇市壺屋で陶業に従事。金沢、瀬戸、京都などで修業を重ねる。戦前、沖縄を訪れた浜田庄司らに伝統的な壺屋焼の技法を紹介。戦後、壺屋焼の復興に力を尽くした。

新垣 松含　あらかき・しょうがん

琉球舞踊家 沖縄芝居役者

明治13年（1880年）5月11日～昭和12年（1937年）6月17日

生沖縄県那覇市　専琉球古典舞踊、沖縄芝居　歴幼い頃より仲毛芝居に入り、琉球古典舞踊の読谷山親雲上門下として御冠船踊を学んだ。明治43年若手新進を集めて中座を組織し、座頭として活躍。芝居を退き、大正15年松蔭会を創立、一般人を対象に琉球古典舞踊を指導、普及に努めた。古典舞踊・組踊りを得意とし、生真面目かつ堅実な芸風で組踊り「芸虎の縁」の森川之子、男踊り「揚作田節」「高平良万歳」などを得意とした。昭和11年には同門の玉城盛重らと琉球音楽舞踊団の東京公演に参加した。　家二女＝新垣芳子（琉球舞踊家）、三女＝比嘉澄子（琉球舞踊家）

荒勝 文策　あらかつ・ぶんさく

物理学者 京都帝国大学理学部教授

明治23年（1890年）3月25日～昭和48年（1973年）6月25日

生兵庫県　専原子核物理学　学東京高等師範学校（現・筑波大学）数物化学科〔大正3年〕卒、京都帝国大学理科大学物理学科〔大正7年〕卒　理学博士（京都帝国大学）〔昭和3年〕　歴大正3年佐賀師範学校教諭となるが、4年退職して京都帝国大学物理学科に学ぶ。7年卒業して同大講師、10年助教授、11年甲南高校教授を経て、15年台湾総督府高等農林学校教授。同

年欧米へ留学。昭和3年帰国して台北帝国大学理農学部教授。11年京都帝大理学部教授に転じる。21年学部長を務め、25年定年退官。26年甲南大学の初代学長に就任、43年退職。学術研究会議会員、日本学術会議会員を務めた。9年アジアで初めて原子核人工変換の実験に成功。また、ガンマ線によるウラン及びトリウムの原子核分裂を発見した。太平洋戦争中は海軍の委託を受けて"F号研究"といわれる原爆開発計画を進めた。著書に「力学」、編著書に「近代物理学」がある。

荒川 五郎　あらかわ・ごろう

政治家

慶応1年（1865年）6月17日～昭和19年（1944年）8月3日

出安芸国山県郡八重村（広島県山県郡北広島町）　学日本大学法律科卒　歴逓信省副参政官を経て、大東文化協会常任理事、大日本養正会理事長、全国私立学校協会理事長などを務め、憲政会政務調査会長となる。明治37年初当選以来、当選10回。民政党に所属した。　家孫＝増本剛（金属工学者）、増本健（東北大学名誉教授）、女婿＝増本量（金属物理学者）

荒川 昌二　あらかわ・しょうじ

日本銀行理事

明治24年（1891年）12月20日～昭和54年（1979年）8月21日

出大分県　学一高卒、東京帝国大学法科大学政治学科〔大正5年〕卒　歴大蔵省に入省。昭和6～7年ジュネーブ一般軍縮会議全権委員随員。11年3月外国為替管理部長を経て、11月海外駐箚財務官となり英仏駐在、11月から14年兼米国駐在。15年帰国して対満事務局次長、16～20年日本銀行理事、20～21年横浜正金銀行頭取。21～25年公職追放。27～30年駐ベルギー大使を務めた。　家岳父＝米山梅吉（実業家）

荒川 大太郎　あらかわ・だいたろう

電気工学者 逓信省工務局長

明治28年（1895年）9月24日～昭和54年（1979年）12月27日

生東京市芝区三田小山町（東京都港区）　専電気通信　学東京府立一中〔大正2年〕卒、一高二部甲類〔大正5年〕卒、東京帝国大学工学部電気工学科〔大正8年〕卒　歴大正8年逓信省に入省。昭和9年工務局無線課長、13年工務局長を経て、16年退官。この間、14年日本電波協会会長、16年電気通信学会会長を歴任。18年日本放送協会（NHK）常務理事・技術局長となり、20年8月玉音放送の録音及び放送に携わった。21年退任。24年武蔵工業大学教授となり、27～30年総長。また、25年多摩電機工業社長、27年共同倉庫社長を務め、29年協和電設（現・協和エクシオ）を設立し社長、41年会長、46年相談役を歴任した。著書に「手ほどき電気学」、共著に「船舶無線」、編著に「標準ラジオ大辞典」などがある。　勲勲四等瑞宝章〔昭和12年〕、勲三等瑞宝章〔昭和15年〕

荒川 文六　あらかわ・ぶんろく

電気工学者 九州帝国大学総長

明治11年（1878年）11月18日～昭和45年（1970年）2月9日

生神奈川県横浜市　学東京帝国大学電気工学科〔明治33年〕卒　工学博士（九州帝国大学）〔明治44年〕　歴明治40年アフリカ、ドイツ、英国に留学。東京帝国大学助教授から44年九州帝国大学教授、同年工学博士、昭和6年工学部長、11年第6代総長、20年退官、名誉教授、21年貴族院議員、24年西南学院大学教授となった。11年には勲一等、40年文化功労者に選ばれた。また電気学会長、学術研究会議会員、九州タイムズ社長、福岡県教育委員長など歴任。クリスチャンで日曜学校の校長、国際基督教大学理事も務めた。著書に「荒川電気工学」「電気工学の実験」など。　賞文化功労者〔昭和40年〕

荒川 芳丸　あらかわ・よしまる

漫才師

昭和人物事典 戦前期　　　　　　　　　あらき

生年不詳～昭和15年（1940年）（？）
歴江州音頭から出発した玉子屋円辰の系譜を引く荒川浅丸の門下で、荒川芳丸一座を率いた。紋付き姿で鼓を鳴らしながら浪曲や数え歌を歌う古風な漫才師ながら、弟子であった荒川芳橘・芳坊（のちの夢路いとし・喜味こいし）には自分の芸風とは違うエンタツ・アチャコ風の漫才に進むように指導した。生年は不詳ながら、昭和15年に56歳で死去したという。

荒木 古童（3代目）　あらき・こどう
尺八奏者
明治12年（1879年）2月1日～昭和10年（1935年）5月2日
出東京都　名本名＝荒木真之助　歴2代目荒木古童の長男。当初は画家を目指し松本楓湖の下に入門。後に父を継いで尺八を学ぶ。明治29年父の引退を機に3代目古童を襲名。近代の名人といわれ、三曲界の指導的立場にあった。　家父＝荒木古童（2代目）

荒木 古童（4代目）　あらき・こどう
尺八奏者
明治35年（1902年）8月15日～昭和18年（1943年）7月1日
生東京都　名本名＝荒木聚、号＝梅旭　学早稲田実業学校　歴3代目荒木古童の四男。9歳から父の直弟子として尺八を習い、大正12年梅旭の号を許されて、父が主宰する童窓会幹部となった。また早大関係者の童蛙会を指導。尺八のほか三弦、箏、雅楽、洋楽も研究、父の死後4代目古童を襲名。二男達也が5代目を継いだ。　家父＝荒木古童（3代目）

荒木 貞夫　あらき・さだお
陸軍大将　陸相　文相
明治10年（1877年）5月26日～昭和41年（1966年）11月2日
生東京都　学陸士（第9期）〔明治30年〕卒、陸大〔明治40年〕卒　歴明治37年日露戦争に従軍、42年ロシア公使館駐在武官、第一次大戦中ロシア従軍武官、大正3年陸軍省副官、陸大教官、7年大佐。シベリア出兵には派遣軍参謀、8年23連隊長、12年少将、歩兵第8旅団長、13年憲兵司令官。14年参謀本部第1部長、昭和2年中将、3年陸大校長、4年第6師団長。6年教育総監本部長から犬養毅内閣の陸相。皇道派の中心として統制派と対立、陸軍中枢を自派で抑える人事を断行した。7年の五・一五事件で犬養首相は暗殺されたが留任。8年大将、9年軍事参議官を経て、11年二・二六事件後、予備役。13年第一次近衛文麿内閣の文相。山川均ら左翼思想家を検挙、河合栄次郎東京帝国大学教授らへの弾圧など軍国主義教育を推進した。14年に内閣争議。23年東京裁判でA級戦犯として終身刑宣告となるが、30年仮釈放。東京狛江市に住み、所有文書を東大に寄贈、講演などで余生を送った。著書に「昭和日本の使命」「日本国民たる信念に生よ」「身を捨ててこそ」などがある。　家孫＝芝生瑞和（国際ジャーナリスト）

荒木 茂　あらき・しげる
言語学者　女子学習院教授
明治17年（1884年）12月30日～昭和7年（1932年）8月26日
生福井県足羽郡酒生村（福井市）　学東京高等師範学校（現・筑波大学）　歴明治38年言語学者を志し、渡米、コロンビア大学で言語学を学ぶ。大正9年帰国、慶応義塾大学でギリシャ語と英語、明治大学で英語を教えたのち、11年女子学習院の教授に。ペルシャ文学やペルシャ語を研究する傍ら、同年来日した英国人ハロルド・E.パーマの英語教授法を実践するなど日本の英語教育にも尽力。「中央公論」にペルシャの詩人「オムロ・ハヤム」と『四行詩』全訳を発表したほか、「ペルシャ文学史考」を刊行。収集した1224冊のペルシャ関係資料は「荒木文庫」として東大に所蔵。一方、在米中に小説家・宮本百合子と結婚、13年離婚。平成7年大野延胤により「風の如くに─荒木茂の生涯」が刊行された。

荒木 十畝　あらき・じっぽ
日本画家
明治5年（1872年）9月～昭和19年（1944年）9月11日
生長崎県東彼杵郡大村　名本名＝荒木悌二郎、旧姓・旧名＝朝永、前号＝琴湖　学大村中中退　資帝国美術院会員〔大正13年〕、帝国芸術院会員〔昭和12年〕　歴明治25年20歳の時上京、荒木寛畝に師事、画才を認められ、翌26年寛畝の娘と結婚、荒木家の養子となり、画号を琴湖から十畝に改めた。東京女子高等師範教授となり、文展に十数回入選、文展、帝展審査員を務めた。昭和6年インドの仏蹟を巡歴。12年帝国芸術院会員、日本画会顧問、読画会会長、文芸日本社顧問なども兼務。17年「東洋画論」を上梓、精神主義的画論を展開した。11年「燕子花」などの作品や下書きなど約800点が子孫より故郷の大村市に委託される。「渓流」「園の歌」「四季花鳥」「黄昏」「清研」「夏景山水」などが代表作。　家義父＝荒木寛畝（日本画家）

荒城 二郎　あらき・じろう
海軍中将
生年不詳～昭和27年（1952年）6月3日
学海兵卒　歴大正14年第二潜水戦隊司令官、15年第一遣外艦隊司令官。昭和2年中国軍による外国居留民殺傷事件（南京事件）が起こると不干渉の方針を堅持し、沈静化に尽力。同年艦政本部第二部長、3年同第五部長、5年横須賀工廠長。同年中将に昇進。退役後は樺太石油社長を務めた。

荒木 巍　あらき・たかし
小説家
明治38年（1905年）10月6日～昭和25年（1950年）6月4日
生東京都　名本名＝下村是隆、別名＝下村恭介　学東京帝国大学支那文学科〔昭和7年〕卒　歴大学在学中に「文芸尖端」「集団」の同人として作品を発表。昭和8年「その一つのもの」が「改造」懸賞小説に当選、文壇に出た。同年高見順、渋川驍らと雑誌「日暦」を創刊。11年武田麟太郎主宰の「人民文庫」創刊に執筆者として参加。戦後は「新人」の編集長となった。他に「真昼の蜂」「炎天」「渦の中」「詩と真実」などがある。

荒木 東一郎　あらき・とういちろう
経営コンサルタント
明治28年（1895年）～昭和52年（1977年）5月15日
生東京市神田区三崎町（東京都千代田区）　学東京高等工業学校応用化学科〔大正5年〕卒　歴戦国時代の武将・荒木村重の子孫。大正5年藤倉電線に入社。8年米国農商務省留学生としてオハイオ州アクロン大学に入学。10年帰国。上野陽一と共に協調産業能率研究所の設立に参画、12年荒木能率事務所を開設。以来、戦前戦後を通じて経営コンサルタントの草分けとして活躍、数多くの企業の経営指導に当たった。この間、昭和3年時事新報社が募集した世界一周早回り競争に挑戦、世界記録を達成した。著書に「三十三日世界一周」などがある。　家姉＝荒木郁子（小説家）、三女＝荒木愛子（デザイナー）

荒木 俊馬　あらき・としま
天文学者　京都帝国大学教授
明治30年（1897年）3月20日～昭和53年（1978年）7月10日
生熊本県　専天体物理学　学京都帝国大学理学部宇宙物理学科〔大正12年〕卒　理学博士〔昭和4年〕　歴昭和4～6年ドイツ、フランスなどに留学。16年京都帝国大学教授。17年「新城博士記念天文・宇宙物理学彙報」を創刊。戦時中は大日本言論報国会でも活躍、汪精衛政府顧問を務め、「思想戦と科学」を公刊。20年10月退官。22年公職追放、26年解除。大阪商科大学、大谷大学教授などを経て、40年産業大学を創立、初代理事長、学長に就任。44年から終身総長。49年京大名誉教授。その間、日本国策協会に参加、雑誌「国策」を発

行。著書に「天文宇宙物理学総論」（全7巻）「天文と宇宙」「天体力学」「西洋占星術」「荒木俊馬論文集」、長男と共著の「現代天文学事典」などがある。　家長男＝荒木雄豪（京都産業大学教授）、弟＝荒木千里（脳外科学者）、岳父＝新城新蔵（京都帝国大学総長）

荒木 寅三郎　あらき・とらさぶろう
生化学者　京都帝国大学総長
慶応2年（1866年）10月17日～昭和17年（1942年）1月28日
生上野国碓氷郡板鼻宿（群馬県安中市）　学帝国大学医科大学別科〔明治20年〕卒　医学博士〔明治30年〕　賞帝国学士院会員〔大正9年〕　歴群馬県の郷里で一時開業、帝国大学生理学教室助手となり明治22年ドイツ留学、シュトラスブルク大学で生理化学を研究、24年ドクトル・メディチーネの学位を受けた。29年三高医学部教授、30年「ヒトサンに就て」で医学博士。32年京都帝国大学医科大学教授、36年同医科大学長を兼務。大正4年同大総長となった。昭和4年辞任、学習院院長。12年枢密顧問官。　家義兄＝井上仁吉（化学者）　勲ドラゴン・ド・ランナン勲章（フランス）

荒木 光太郎　あらき・みつたろう
経済学者　東京帝国大学教授
明治27年（1894年）5月18日～昭和26年（1951年）9月29日
生東京都　学東京帝国大学経済学部経済学科〔大正8年〕卒　歴日大学院に勤めた後、大正8年東京帝国大学農学部助教授、12～15年欧米留学、昭和2年教授に昇任。3年経済学部兼務、10年経済学部に移り16年まで農学部を兼任、20年11月依願退官した。日本商工会議所専務理事を務めた。　家女婿＝斎藤鎮男（外交官）

荒木 義夫　あらき・よしお
福島県知事
明治27年（1894年）6月17日～昭和59年（1984年）2月5日
出兵庫県　学京都帝国大学法科大学〔大正8年〕卒　歴内務省に入省。昭和14年警視庁警務部長を経て、同年徳島県知事、17年福島県知事。　家女婿＝大村襄治（衆議院議員）

嵐 寛寿郎　あらし・かんじゅうろう
俳優
明治36年（1903年）12月8日～昭和55年（1980年）10月21日
生京都府京都市中京区木屋町　名本名＝高橋照一、前名＝嵐長三郎　歴青年歌舞伎の女形から昭和2年、片岡千恵蔵とともにマキノプロに入り、嵐長三郎の名で「鞍馬天狗異聞・角兵衛獅子」で映画にデビュー。鋭敏な身のこなしの美しさで剣戦スターに躍り出るが、3年マキノを退社、芸名を嵐寛寿郎に改名して独立プロ（寛プロ）を設立。4年東亜キネマに入り、「右門一番手柄」に出演。以後、最大の当たり役「鞍馬天狗」と「右門捕物帖」シリーズで人気をあげ、"アラカン"と親しまれた。ほかに山中貞雄監督の「磯の源太 抱寝の長脇差」「小判しぐれ」「口笛を吹く武士」などにより、プロダクションとしての評価を確立。12年プロダクションを解散、13年日活の専属スターとなり、17年大映に入社。戦後も「鞍馬天狗」「右門捕物帖」を撮り続け、生涯の出演映画は約500本にのぼる。阪東妻三郎、大河内伝次郎、片岡千恵蔵、市川右太衛門らとともに、大正時代から活躍した時代劇五大スターのひとりで、5人のなかでは映画で最も長く活躍した。　家義兄＝嵐徳三郎（3代目）（歌舞伎俳優）、従妹＝森光子（女優）

嵐 橘三郎（5代目）　あらし・きつさぶろう
歌舞伎俳優
明治24年（1891年）2月12日～昭和10年（1935年）1月27日
生京都府　名本名＝木下喜久太郎、前名＝尾上喜久太郎　歴嵐芳太郎の名で初舞台。2代目尾上卯三郎の養子となり、尾上

喜久太郎を名のる。大正13年5代目橘三郎を襲名。立役、敵役を務め、新劇にも出演した。　家養父＝尾上卯三郎（2代目）

嵐 徳三郎（6代目）　あらし・とくさぶろう
俳優　歌舞伎俳優
明治16年（1883年）3月24日～昭和30年（1955年）11月8日
生大阪府大阪市　名本名＝小林徳太郎、幼名＝嵐徳太郎、前名＝嵐和三郎、俳名＝橘、獅児　歴父は文楽人形遣い・桐竹紋十郎、祖父は4代目嵐璃寛。明治22年7歳で大阪角座に5代目嵐璃寛の門人・嵐徳太郎として初舞台を踏む。29年大阪中座で4代目嵐和三郎を襲名。昭和4年6月大阪八千代座で6代目嵐徳三郎を襲名。若女形、立役などに優れていたが、甥の嵐寿郎が映画人として成功したため映画に転業し、寛寿郎プロに所属。「鞍馬天狗」シリーズに常に近藤勇役を務め、のち新興京都、大映京都で多くの映画に出演。その後、小芝居の座頭を務め好評を博す。　家父＝桐竹紋十郎、祖父＝嵐璃寛（4代目）、甥＝嵐寿郎

嵐 秀之助　あらし・ひでのすけ
俳優
明治11年（1878年）7月22日～昭和15年（1940年）
生滋賀県彦根市　名本名＝西村治三郎　歴長い舞台出演ののち、日活大将軍に入社、大正9年「真田幸村」に出演。主に尾上松之助映画の老け役、忠僕役、三枚目などで活躍。松之助の死後は俳優幹事（のちの俳優部長）となり、屋号の茨木屋で呼ばれて日活の名物的存在であった。

荒谷 宗治　あらたに・そうじ
労働運動家
明治23年（1890年）11月15日～昭和49年（1974年）4月2日
生愛知県知多郡上野村（東海市）　名別名＝荒谷宗二　歴寺や洋服店の小僧をし、のち両親とミシン仕立業に従事。20歳で台湾に渡るが仕事に失敗し、名古屋に戻る。大正10年名古屋労働者協会に参加し、以後多くの労働運動を指導。13年の名紡争議を指導し検挙される。のち陶画工組合を多く組織し、昭和2年日本窯業総同盟を結成する。その間農民労働党の結党に参加し、4年日本大衆党から名古屋市議。5年衆議院選挙に立候補するが落選。のち組合運動から離れ、9年満州に渡るが13年に帰国。戦後社会党に入り愛知県下で活躍したが、愛知県知事選、衆議院選挙に落選。25年社会党を離れ、中小企業の組織にたずさわった。

荒畑 寒村　あらはた・かんそん
社会運動家　評論家
明治20年（1887年）8月14日～昭和56年（1981年）3月6日
生神奈川県横浜市　名本名＝荒畑勝三　歴横浜市立吉田高小〔明治34年〕卒　歴高小卒後、造船工などとするうち幸徳秋水、堺利彦らの日露戦争への非戦論に共鳴し、明治37年社会主義協会に入会、自らは横浜平民社を組織。40年日刊「平民新聞」の記者として活躍したが、41年に"赤旗事件"で入獄。その後の社会主義"冬の時代"には地味な運動を続けた。大正元年大杉栄らと「近代思想」を創刊。9年日本社会主義同盟を結成。11年には堺利彦、山川均らと第一次日本共産党の創立に参画、書記長に選ばれる。昭和2年「労農」同人となり、共同戦線党の実現に務める。12年日本無産党を支持し、"人民戦線事件"で検挙。戦後は日本社会党の創設に加わり、21年の総選挙で当選、翌年も再選されたが、23年には芦田連立内閣の運賃値上げ法案に反対して脱党、24年の総選挙で落選後、政界から退いた。その後は既成社会主義批判の論陣をはり、文筆活動に専念。著書に「谷中村滅亡史」、小説「艦底」「逃避者」「寒村自伝」「ロシア革命運動の曙」「平民社時代」などのほか、「荒畑寒村著作集」（全10巻）がある。

有賀 勝 ありが・かつ

社会運動家

明治39年（1906年）6月13日〜昭和19年（1944年）11月30日

🅖長野県上伊那郡朝日村平出（辰野町）🅖東京帝国大学文学部美術史学科〔昭和5年〕卒 ☐東京帝国大学卒業後、製本労働者になって労働運動に参加し、多くの労働争議を指導する。昭和6年日本共産党に入党。その後、全協全日本通信労組の責任者となって全国代表者会議を組織、また全協関西地方の再建責任者となるが、8年検挙される。10年懲役2年、執行猶予5年の判決を受ける。出獄後は反戦グループを組織したが、15年に3度目の検挙を受け、19年獄死した。

有坂 秀世 ありさか・ひでよ

言語学者 国語学者

明治41年（1908年）9月5日〜昭和27年（1952年）3月13日

🅖広島県呉市 🅖専音声、音韻論 🅖東京帝国大学文学部言語学科〔昭和6年〕卒 文学博士（東京帝国大学）〔昭和18年〕☐昭和14年大正大講師、18年文博。日本語の音韻史、古代日本語の母音交替などに優れた業績を残し、19年刊行の「国語音韻史の研究」で27年学士院賞受賞。他に「音韻論」「上代音韻攷」「語勢沿革研究」などがあり、中国語の音韻史の研究でも成果をあげた。 ☐日本学士院賞〔昭和27年〕「国語音韻史の研究」

有沢 一郎 ありさわ・いちろう

作曲家

明治35年（1902年）5月12日〜昭和23年（1948年）7月23日

🅖高知県香美郡山田町（香美市）🅖筆名＝南童文夫 🅖高知商〔大正11年〕卒 ☐農機具製造販売を家業の有沢繁次・政の三男として生まれる。音楽の天分に恵まれ、高知商業の学中に、当時県下唯一の音楽隊を率いて指導、大正6年音楽功労賞を受賞。11年卒業後、東京の山野楽器店に就職。築地海軍軍楽隊作曲家・宮原禎次について作曲・演奏を研究する。兵役を経て高知に帰郷、片地・楠目・下知・朝倉などの小学校教員を務める。昭和3・4年頃から眼疾・トムソン氏病という奇病にかかる。10年門田房子と結婚。退職して楽器店メロスを開店し、衰える視力と闘いながら作曲・音楽指導に当たった。民謡、歌曲など約40曲を作曲。コルネット、クラリネットの名手としても知られた。作品に「うすぶとん」「庚申堂の秋」「ペチカをめぐりて」「鈴虫」「平和の歌」「越後獅子」など、著書に「有沢一郎吹奏曲集」がある。23年7月病が重くなったのを苦に入水自殺。25年土佐山田小・中学校で追悼音楽会が開催された。 ☐音楽功労賞〔大正6年〕

有沢 広巳 ありさわ・ひろみ

経済学者 統計学者 東京帝国大学経済学部助教授

明治29年（1896年）2月16日〜昭和63年（1988年）3月7日

🅖高知県高知市 🅖二高卒、東京帝国大学経済学部〔大正11年〕卒 経済学博士〔昭和25年〕☐日本学士院会員〔昭和36年〕☐大正11年東京帝国大学経済学部助手、14年助教授。15年〜昭和3年ドイツに留学。13年山内兵衛教授らと労農派支持の理由で治安維持法違反に問われて検挙され、休職処分を受ける（人民戦線事件）。17年一審で有罪となるが、19年の二審で無罪。この間、近衛文麿のブレーン団体である昭和研究会や陸軍の秋丸機関に関与。戦後の20年11月教授に昇任して復職、25年学部長、31年定年退官。34〜37年法政大学総長、55〜61年日本学士院院長。 ☐兄＝有沢滋（日本銀行理事）☐文化功労者〔昭和56年〕

有島 生馬 ありしま・いくま

洋画家 小説家 随筆家

明治15年（1882年）11月26日〜昭和49年（1974年）9月15日

🅖神奈川県横浜月岡町 🅖本名＝有島壬生馬、号＝雨東生、十月亭 🅖東京外語伊太利語科〔明治37年〕卒 ☐帝国美術院会員〔昭和10年〕☐東京外語卒業後、藤島武二の門に入り、明治38年から43年にかけてヨーロッパに留学。イタリアでデュランに師事、ローマ美術学校に学び、次いでパリでラファエル・コランに師事。セザンヌ回顧展をみて感動し、以後印象派風の作品を描く。帰国後、43年に創刊された「白樺」同人となり、創刊号に「羅馬にて」を発表し、2、3号に「画家ポール・セザンヌ」を発表、以後多くの小説、小品、評論、随筆を発表。また43年には滞欧作品展を開いた。大正2年創作集「蝙蝠の如く」を刊行、以後「南欧の日」「暴君へ」「死ぬほど」などを刊行。また大正3年二科会を結成、「鬼」「熊谷守一像」などを出品。昭和10年二科会を脱退、11年一水会を創立。文壇、画壇と幅広く活躍したが、大正期後半からは主として画業に専念した。他の著書に、エミール・ベルナールの翻訳「回想のセザンヌ」、随想集「片方の心」「美術の秋」などがある。 ☐兄＝有島武郎（小説家）、弟＝里見弴（小説家）☐文化功労者〔昭和39年〕

有末 精三 ありすえ・せいぞう

陸軍中将

明治28年（1895年）5月22日〜平成4年（1992年）2月14日

🅖北海道美唄市 🅖陸士（第29期）〔大正6年〕卒、陸大（第36期）〔大正13年〕卒 ☐参謀本部員から昭和7年荒木貞夫陸相秘書官、次いで林銑十郎陸相秘書官を経て、イタリア駐在武官。19年東条英機参謀総長（首相兼任）の下で参謀本部第2部長（情報）、20年陸軍中将。マッカーサーを厚木に迎え、旧軍情報関係者を組織、対ソ軍事情報を連合国軍総司令部（GHQ）に提供。実態不明の有末機関といわれた。25年8月警察予備隊が発足すると指導権をめぐって暗躍、保安隊移行の時も再軍備案を作ったが不採用。45年郷友会連盟会長。著書に「終戦秘史 有末機関長の手記」「有末精三回顧録」。 ☐弟＝有末四郎（内科学者）

有田 八郎 ありた・はちろう

外交官 外相 貴族院議員（勅選）

明治17年（1884年）9月21日〜昭和40年（1965年）3月4日

🅖新潟県佐渡郡 🅖東京帝国大学法科大学独法科〔明治42年〕卒 ☐明治42年外務省に入り、領事館補からシカゴ、オタワ、ホノルル在勤を経て、昭和2年本省アジア局長、オーストリア公使、7年外務次官、8年ベルギー大使、11年中国大使から広田弘毅内閣の外相。13年勅選貴族院議員。第一次近衛文麿内閣、14年平沼騏一郎内閣、15年米内光政内閣の各外相を務め、戦争突入期の日本外交を担当。日独防共協定は締結したが、日独伊同盟の締結には最後まで反対した。戦後は追放解除後、28年新潟1区から衆議院議員に当選。また東京都知事選に革進統一候補として2度出馬したが落選。28年には料亭「般若苑」の女性畔上輝井と再婚、三島由紀夫の「宴のあと」に取り上げられ、プライバシー侵害で告訴騒ぎとなった。著書に「人の目の塵を見る」「馬鹿八と人はいう」など。 ☐兄＝山本悌二郎（政治家）、息子＝有田圭輔（外務事務次官）

有竹 修二 ありたけ・しゅうじ

東京朝日新聞論説委員

明治35年（1902年）5月20日〜昭和51年（1976年）6月3日

🅖兵庫県 🅖慶応義塾大学経済学部〔大正15年〕卒 ☐大正15年東京朝日新聞社に入り、経済部、政治部、昭和14年整理部次長、17年論説委員となり「神風賦」（後の天声人語）を担当した。20年記事審査部長、与論調査室主査となった。21年依願退社し、その後時事新報政治部長、編集局長、常務となった。公職資格訴願審査委員も務めた。著書に「昭和経済側面史」「昭和大蔵省外史」「昭和財政家論」「昭和の宰相」「斎藤実伝」「岡田啓介伝」「野村秀雄」「講談・伝統の話芸」などがある。

有地 藤三郎　ありち・とうさぶろう

海軍造兵大佐　男爵　貴族院議員

明治11年（1878年）6月～昭和39年（1964年）1月30日

出山口県　学東京帝国大学工科大学電気工学科〔明治38年〕卒　歴海軍軍人・有地品之允の三男。東京帝国大学卒業後、海軍技師となる。佐世保、舞鶴の海軍工廠検査官や艦政本部第三課長などを歴任して、大正13年予備役。この間、8年家督を相続して襲爵。14年貴族院議員。　家父＝有地品之允（海軍中将）、叔父＝梨羽時起（海軍中将）

有馬 英二　ありま・えいじ

内科学者　北海道帝国大学教授

明治16年（1883年）5月25日～昭和45年（1970年）4月6日

生福井県坂井郡三国町（坂井市）　名旧姓・旧名＝栗山　学東京帝国大学医学部〔明治41年〕卒　医学博士　歴代々医者の家に生まれ、5歳の時に有馬家の養子となる。東京帝国大学助手、朝鮮総督府医官を経て、大正10年北海道帝国大学医学部創設に伴い教授に就任、初代附属病院長、医学部長を歴任。昭和21年定年退官。同年より衆議院議員1期、26年より参議院議員2期を務めた。34年政界を引退。結核の予防に力を注ぎ、中央結核研究所会長、日本胸部疾患学会長、柏戸記念財団会長などを務めた。　家弟＝栗山茂（外交官）

有馬 是馬　ありま・これま

俳優

明治39年（1906年）～昭和38年（1963年）8月20日

出東京都　名本名＝牟田口茂、別名＝有馬茂明　歴日活撮影所の照明係を経て、昭和3年中根プロダクションに俳優として参加。6年にムーラン・ルージュが開場し、喜劇役者として人気を集める。10年、新興キネマ大泉へ入社。「国境の町」「脱線三銃士」などの作品に出演した。代表作品に「たそがれ酒場」がある。

有馬 四郎助　ありま・しろすけ

社会事業家　網走監獄初代所長

文久4年（1864年）2月2日～昭和9年（1934年）2月9日

生薩摩国（鹿児島県鹿児島市下荒田町）　名旧姓・旧名＝益満　歴北海道集治監網走分監（網走監獄）長、内務省監獄局計表課長、市谷監獄署長などを経て、神奈川典獄となり、明治39年小田原に幼年監獄を創設し少年釈放者保護事業を始める。昭和2年豊多摩刑務所長に就任。4年には汎米社会事業会議に日本代表として出席した。

有馬 成甫　ありま・せいほ

海軍少将　日本史学者

明治17年（1884年）11月28日～昭和48年（1973年）8月24日

生熊本県熊本市　専軍事史　学海兵（第33期）〔明治38年〕卒　文学博士（国学院大学）〔昭和32年〕　歴大正14年海軍大佐、昭和3年横須賀工廠総務部長、4年予備役。7年海軍省嘱託となり、造兵史の編纂に従事。16年応召、17年砲艦「福山」艦長、20年海軍少将。この間、昭和5年国学院大学史学科に学び、32年同大から文学博士の学位を取得。著書に「朝鮮役水軍史」「一貫斎国友藤兵衛伝」「火砲の起源とその伝統」「高島秋帆」他。

有馬 宏　ありま・ひろし

土木技師

明治32年（1899年）10月23日～昭和32年（1957年）7月25日

生鹿児島県　学東京帝国大学工学部土木工学科〔大正15年〕卒　歴鉄道省に入省。丹那トンネルなどの工事に携わった後、昭和11年関門鉄道トンネルの掘削が決定すると下関工事事務所隧道課長として我が国初の海底下工事に尽力した。21年退官。32年出張先の九州で諫早水害に遭い、避難中に行方不明となった。著書に「トンネルを掘る話」がある。　賞朝日文化賞〔昭和16年〕「国鉄関門隧道の貫通工事」

有馬 正文　ありま・まさふみ

海軍中将

明治28年（1895年）9月25日～昭和19年（1944年）10月15日

出鹿児島県日置郡伊集院町（日置市）　学海兵（第43期）〔大正4年〕卒　歴昭和13年佐世保空司令、14年横浜空司令、16年横須賀空副長兼教頭、17年空母「翔鶴」艦長を経て、19年フィリピンの第二十六航空戦隊司令官となる。同年10月15日一式陸攻に搭乗して出撃、特攻作戦の先駆けとなった。没後、海軍中将に進級した。

有馬 頼寧　ありま・よりやす

政治家　伯爵　農相　大政翼賛会事務総長

明治17年（1884年）12月17日～昭和32年（1957年）1月10日

生東京都　学東京帝国大学農科大学〔明治43年〕卒　歴筑後久留米藩主・有馬頼万の長男。農商務省嘱託から東京帝国大学農学部助教授。大正11年賀川豊彦らと日本農民組合設立に参加、部落解放運動にも関係し、華族の反逆児といわれた。13年衆議院議員に当選、政友会に入る。昭和2年伯爵家を継ぎ、貴族院議員。7年農林政務次官、8年産業組合中央金庫理事長。12年第一次近衛文麿内閣の農相、新体制運動に協力。15年大政翼賛会事務総長、5ケ月で辞任。戦後A級戦犯容疑で9ケ月拘禁、釈放後、中央競馬会理事長。その功績を記念して有馬記念競馬が設けられた。44年野球殿堂入り。著書に「七十年の回想」「政界道中記」など。　家父＝有馬頼万（筑後久留米藩主）、三男＝有馬頼義（小説家）

有元 史郎　ありもと・しろう

教育家　芝浦工業大学創立者

明治29年（1896年）6月25日～昭和13年（1938年）5月30日

生広島県尾道市　学七高造士館理科甲類卒、東京帝国大学工学部機械工学科〔大正12年〕・経済学部〔大正15年〕・法学部〔昭和9年〕卒、東京帝国大学大学院〔昭和3年〕修了　歴七高造士館、東京帝国大学工学部に進み、卒業後は同大経済学部、大学院、法学部に学ぶ。この間、昭和2年東京高等工商学校（現・芝浦工業大学）を創設して校長に就任。当初、東京府荏原郡大森町に設置されたが、同年中に芝区芝浦町に移転した。12年8月推されて津山市長となったが、職員の解雇を発端に市議会で不信任案が可決され、2ケ月で辞職。その後、市長選考に絡む贈収賄事件で起訴され、公判中の13年、家族旅行の帰途に汽車から身を投げ、事故死と報じられた。

有吉 明　ありよし・あきら

外交官　駐中国大使

明治9年（1876年）4月15日～昭和12年（1937年）6月25日

生豊岡県宮津（京都府宮津市）　学高等商業学校（現・一橋大学）専科〔明治31年〕卒　歴旧丹後宮津藩士・有吉三七の二男。明治31年外務省に入省。漢口、仁川、釜山などの領事、駐フランス大使館二等書記官を経て、42年上海総領事、大正9年駐スイス公使、15年駐ブラジル大使、昭和7年駐中国公使、10年駐中国大使となった。軍部の中国進出による日中関係悪化打開に尽力した。　家兄＝有吉忠一（貴族院議員）、弟＝有吉実（宮崎県知事）、岳父＝岡沢精（陸軍大将・子爵）

有吉 忠一　ありよし・ちゅういち

貴族院議員（勅選）

明治6年（1873年）6月2日～昭和22年（1947年）2月10日

生豊岡県宮津（京都府宮津市）　学三高卒、帝国大学法科大学法律学科〔明治29年〕卒　歴旧丹後宮津藩士・有吉三七の長男。明治29年内務省に入省。38年官房台湾課長、40年樺太課長兼務、同年～41年欧州出張。帰国後、41年千葉県知事、43年6月韓国統監府総務長官、10月朝鮮総督府総務部長官、44年宮

崎県知事、大正4年神奈川県知事、8年兵庫県知事を歴任し、11〜13年朝鮮総督府政務総監。14年〜昭和6年横浜市長。5〜21年勅選貴族院議員。8〜17年横浜商工会議所会頭を兼務した。
家 長男＝有吉義弥（日本郵船社長）、弟＝有吉明（外交官）、有吉実（宮崎県知事）

有吉 実　ありよし・みのる
宮崎県知事
明治19年（1886年）5月5日〜昭和43年（1968年）6月29日
出 京都府　学 東京帝国大学法科大学独法科〔明治45年〕卒　歴 旧丹後宮津藩士・有吉三七の三男。内務省で主に警察畑を歩き、宮崎県内務部長、愛知県警察部長を経て、昭和5〜6年宮崎県知事。10〜18年尼崎市長。退官後は弁護士を開業した。
家 兄＝有吉忠一（貴族院議員）、有吉明（外交官）

有賀 幸作　あるが・こうさく
海軍中将
明治30年（1897年）8月21日〜昭和20年（1945年）4月7日
生 長野県上伊那郡朝日村（辰野町）　学 諏訪中学、海兵（第45期）〔大正6年〕卒　歴 実家は長野県の金物屋で、4軒隣は社会学者の有賀喜左衛門の生家。諏訪中学から海軍兵学校に進み、同期に古村啓蔵、富岡定俊、中瀬泝、森下信衛らがいた。大正7年海軍少尉に任官。主に水雷畑を歩き、太平洋戦争では第四駆逐隊司令として南西太平洋、ミッドウェー、アリューシャン方面作戦に参加。昭和18年3月重巡洋艦鳥海艦長、19年7月海軍水雷学校教頭を経て、11月戦艦大和艦長に着任。20年4月沖縄への水上特攻に出撃。敵航空母艦の猛攻を受け沈没直前に総員退去の命令を出した後、艦と運命を共にした。没後、中将に進級。

有賀 長文　あるが・ながふみ
実業家 三井合名常務理事
慶応1年（1865年）7月7日〜昭和13年（1938年）9月11日
生 摂津国（大阪府）　学 帝国大学法科大学政治学科〔明治22年〕卒　歴 明治22年法制局試補となり、貴族院書記官、農商務省工務局長を務め、31年辞任。欧米漫遊後の33年井上馨の秘書となり、35年井上の推薦で三井同族会理事に就任、42年三井合名理事、大正11年常務理事となった。ほかに王子製紙、日本製鋼所、三井信託、三井生命、北海道炭礦汽船などの重役を兼任、"三井の宮内大臣"といわれた。昭和10年常務理事を辞め相談役、11年相談役も辞任した。日本工業倶楽部専務理事、日経連常務理事も務めた。　家 兄＝有賀長雄（国際法学者）

有賀 光豊　あるが・みつとよ
朝鮮殖産銀行頭取 貴族院議員（勅選）
明治6年（1873年）5月13日〜昭和24年（1949年）5月31日
生 長野県伊那郡南殿村（南箕輪村）　学 東京法学院（現・中央大学）英語法律科〔明治27年〕卒　歴 明治30年高文合格。31年大蔵省に入り、税関監視官、税務署長、総監府財政監査官、税関長、朝鮮総督府参事官など歴任。大正9年朝鮮殖産銀行頭取に就任。昭和9〜21年勅選貴族院議員。他に朝鮮穀物商組合連合会長、朝鮮蚕糸会長、朝鮮山林会長、農林省食糧管理局顧問、朝鮮製錬会会長、日本高周波重工業社長などを務めた。

阿波 研造　あわ・けんぞう
弓道家
明治13年（1880年）〜昭和14年（1939年）
生 宮城県桃生郡河北町（石巻市）　名 旧姓・旧名＝佐藤　歴 宮城県河北町に麹製造業の長男として生まれる。明治32年阿波家の婿養子となり、家業の傍ら、雪荷派の木村隆章と竹林派の本多利実に師事して弓術の修業に励む。42年弓術で身を立てることを志して仙台に移り、弓道場を開設。43年大日本武

徳会の演武大会に出場、好成績を収めたことがきっかけで二高、仙台医学専門学校などの弓術師範を務める。大正6年演武大会で4日間にわたる射技全てが的中する空前の成績を収め、弓術日本一に輝く。9年弓により宇宙と自己が合一する体験をし、12年禅に根幹を置く弓道団体・大射道教を設立。"弓聖"と呼ばれ、武徳会武道専門学校教授就任を打診されたが断り、終生仙台で後進の指導を続けた。この間、13年東北帝国大学の招きで来日したドイツ人哲学者オイゲン・ヘリゲルを指導し、のちヘリゲルの著書「日本の弓術」で紹介され、西欧にもその名を知られた。

淡路 円治郎　あわじ・えんじろう
心理学者 東京帝国大学教授
明治28年（1895年）2月13日〜昭和54年（1979年）4月30日
生 兵庫県神戸市　学 東京帝国大学文学部心理学科〔大正8年〕卒 文学博士〔昭和4年〕　歴 大正14年からベルリン大学、ハンブルク大学に留学。昭和2年立教大学教授、4年東京帝国大学助教授、14年教授となった。20年東京帝大航空研究所教授。22年退官し、再び立大教授、のち名誉教授。23年日本労務研究会理事長、26年渡米、産業労働を視察。33年立大社会学部創設で初代学部長。労務管理学の権威で、労働、通産文部各省の審議会委員を務めた。著書に「職業心理学」「才能研究」「個人差の心理学」「人事管理」「労務原論」などがある。

粟津 水棹　あわず・すいとう
俳人
明治13年（1880年）5月25日〜昭和19年（1944年）10月16日
生 京都府京都市東六条　名 本名＝粟津操　歴 中学卒業後、漢籍や絵を学び、明治33年父祖の業を継ぎ大谷句仏上人の筆頭家従として近侍する。この頃、河東碧梧桐らに俳句を学び、37年中川四明主宰のもとに「懸葵」を創刊し、20年間編集に携わる。また「獺祭」同人となり、昭和初期には「桃李」を主宰した。大正9年、名和三幹竹との共編で「四明句集」を刊行した。

粟屋 謙　あわや・けん
文部次官
明治16年（1883年）3月21日〜昭和13年（1938年）4月2日
生 東京都　学 東京帝国大学法科大学法律学科〔明治40年〕卒　歴 大正10年文部省宗務局長、11年実業学務局長、13年専門学務局長を経て、昭和2年文部次官。4年退官。6〜9年再び文部次官を務めた。　家 岳父＝藤岡市助（電気工学者・実業家）

粟屋 仙吉　あわや・せんきち
広島市長 大阪府警察部長
明治26年（1893年）11月7日〜昭和20年（1945年）8月6日
生 宮城県仙台市　出 山口県　学 東京帝国大学法学部法律学科〔大正8年〕卒　歴 内務省に入り、昭和4年高知県警察部長、6年愛知県警察部長を経て、7年大阪府警察部長。8年6月、大阪・天神橋の交差点で信号無視した兵隊を制止したことから陸軍と大阪府警察部が対立した"ゴーストップ事件"が起こり、警察部長として陸軍の圧力に抵抗。同年11月兵庫県知事の調停により和解。その後、12年大分県知事、16年馬政局長官などを務め、17年退官。18年広島市長となったが、20年8月広島市長公舎で原爆に遭い死亡した。

淡谷 のり子　あわや・のりこ
歌手
明治40年（1907年）8月12日〜平成11年（1999年）9月22日
生 青森県青森市浜町　名 本名＝淡谷規子　学 東洋音楽学校（現・東京音楽大学）声楽科〔昭和4年〕卒　歴 明治43年の青森の大火をきっかけに生家の呉服店は没落し、大正12年離婚した母と妹とで上京。東洋音楽学校（現・東京音楽大学）に入

り、学生時代は霧島のぶ子の名で画家のモデルもして生計を援けた。昭和4年同校初の女性の首席として声楽科を卒業した後、ポリドールに入社して「夜の東京」で流行歌歌手としてデビュー。流行歌を歌ったからという理由で母校の卒業生名簿から名前を削られたことは有名。6年コロムビアに移籍、同年「私此頃憂鬱よ」が初のヒット曲となる。12年「別れのブルース」が大ヒット、13年には「雨のブルース」もヒットし、"ブルースの女王"といわれた。日中戦争が本格化し、他の歌手たちが軍歌や軍国歌謡を歌う中でも、戦争讃美の歌を拒絶、街に"ぜいたくは敵だ"との標語があふれ注意を受けても"化粧や派手な服装は歌手の戦闘準備であって贅沢ではない"と突っぱねた。「別れのブルース」「雨のブルース」などは哀調で戦時下にふさわしくないと禁止されていたが、戦地では兵隊たちから強いリクエストを受けてそれらの曲を歌った。戦後はテイチクと契約、23年「嘆きのブルース」「君忘れじのブルース」などがヒットし、また「枯葉」「愛の讃歌」などシャンソンを好んで歌った。　家妹＝渋谷とし子（ピアノ教師）、叔父＝淡谷悠蔵（農民運動家・衆議院議員）

粟谷 益二郎　あわや・ますじろう
能楽師（喜多流シテ方）
明治23年（1890年）11月11日〜昭和32年（1957年）9月18日
生広島県　歴祖父新三郎に能楽の指導を受け、明治31年「花月」で初舞台。34年上京、35年喜多六平太の内弟子第1期生となり、36年「舎利」で初のシテ方を務めた。大正6年喜多流シテ方として独立。昭和16年病気で一時舞台を退いたが、21年再起、地頭の名手として活躍した。四子が家芸を継承した。　家長男＝粟谷新太郎（能楽師）、二男＝粟谷菊生（能楽師）、三男＝粟谷辰三（能楽師）、四男＝粟谷幸雄（能楽師）、祖父＝粟谷新三郎（能楽師）、孫＝粟谷能夫（能楽師）

安西 冬衛　あんざい・ふゆえ
詩人
明治31年（1898年）3月9日〜昭和40年（1965年）8月24日
生奈良県奈良市水門町　名本名＝安西勝　学堺中卒　歴中学卒業後、大正8年から昭和8年まで満州に渡り、帰国後の10年堺市吏員となる。在満中の大正10年右脚を切断、その頃から詩作を始める。13年北川冬彦らと「亜」を創刊。昭和3年「詩と詩論」の創刊に参加し、4年第一詩集「軍艦茉莉」を刊行。新散文詩運動の推進者として活躍し、他の詩集に「亜細亜の鹹湖」「大学の留守」「韃靼海峡と蝶」「座せる闘牛士」など。死後の41年生前の詩業に対して歴程賞が与えられた。「安西冬衛全集」（全10巻・別1巻、宝文館）がある。

安蔵 善之輔　あんぞう・ぜんのすけ
土木工学者 九州帝国大学工学部教授
明治27年（1894年）〜昭和18年（1943年）3月19日
出福岡県　専土質力学　学一高卒、東京帝国大学工学部土木工学科〔大正6年〕卒 工学博士〔昭和7年〕　歴大正6年内務省に入省。9年病のため内務技師を辞したが、11年九州帝国大学助教授に就任。13年欧米へ留学、昭和10年教授に昇任。土圧理論、すべり面の解明及びその関連実験に取り組み、14年「一土圧公式と其の図式解法」で土木学会賞を受賞。18年台湾出張に際して乗船していた高千穂丸が潜水艦により撃沈され、同僚の稲田隆教授とともに戦死した。　賞土木学会賞〔昭和14年〕

安藤 一郎　あんどう・いちろう
詩人 英米文学者 東京外国語学校助教授
明治40年（1907年）8月10日〜昭和47年（1972年）11月23日
生東京市芝区南佐久間町（東京都港区）　学東京外国語学校（現・東京外国語大学）英語部卒　歴中学時代から詩作し「太平洋詩人」「近代風景」などに投稿する。東京外国語学校卒業後、府立六中教諭となり、米山高等工業学校を経て、昭和16年東京外語助教授に就任。その間、5年に「思想以前」を刊行して詩壇に登場し、また英文学者として「ダブリン市民」などを翻訳する。戦後も「ポジション」「経験」「遠い旅」などの詩集を刊行。またロレンスなどの詩を翻訳する一方、「二〇世紀の英米詩人」などの研究書を刊行するなどして、38年現代詩人会会長に就任。英米モダニズム系の詩人、英米文学研究者として活躍した。

安藤 一雄　あんどう・かずお
工業化学者 台北帝国大学総長
明治16年（1883年）5月17日〜昭和48年（1973年）8月1日
生香川県三野郡笠田村（三豊市）　名旧姓・旧名＝大西　専油脂工業、鉱油工業　学丸亀中〔明治34年〕卒、三高〔明治37年〕卒、東京帝国大学工学部応用化学科〔明治41年〕卒 工学博士〔九州帝国大学〕〔大正6年〕　歴明治41年東京帝国大学工学部講師、43年助教授となり、45年応用化学部付の研究のため欧米へ留学。大正3年帰国、4年教授に昇任。8年九州帝国大学工学部教授。昭和20年台北帝国大学総長、24年九州工業大学学長を歴任した。　家女婿＝葛西泰二郎（九州大学名誉教授）

安藤 紀三郎　あんどう・きさぶろう
陸軍中将 内相 国務相 貴族院議員（勅選）
明治12年（1879年）2月11日〜昭和29年（1954年）5月10日
生兵庫県篠山町　学陸士（第11期）〔明治32年〕卒　歴明治33年陸軍歩兵少尉に任官、日露戦争には中尉で従軍。陸軍省勤務、大正7年米国出張、帰国後、12年人事局恩賞課長、少将となり、昭和2年歩兵第30旅団長、第1師団司令部付、7年中将、旅順要塞司令官を歴任。9年予備役、在郷軍人会本部指導部長。12年日中戦争で召集された留守師第9師団長。召集解除後、中華民国新民会顧問、同副会長。17年大政翼賛会副総裁となり、同年東条英機内閣の国務相、18年内相となり、戦時下の国民統制の主役を務めた。19年辞任、勅選貴族院議員。戦後、戦犯容疑者として巣鴨に拘置されたが、23年出所、全日本無名戦没者合同墓建設会事務総長を務めた。　家父＝安藤直紀（歌人）

安藤 狂四郎　あんどう・きょうしろう
京都府知事 大政翼賛会事務総長
明治26年（1893年）3月8日〜昭和57年（1982年）2月14日
生大分県　学五高卒、東京帝国大学法科大学独法科〔大正7年〕卒　歴昭和9年東京府内務部長、10年茨城県知事、12年1月三重県知事、11月内務省警保局長を経て、16年京都府知事。19〜20年大政翼賛会事務総長を務めた。21〜26年公職追放。　家岳父＝林弥三吉（陸軍中将）、女婿＝白石正雄（会計検査院長）

安藤 幸　あんどう・こう
バイオリニスト
明治11年（1878年）12月6日〜昭和38年（1963年）4月8日
生東京都　名旧姓・旧名＝幸田　学東京音楽学校本科器楽部〔明治29年〕卒　賞帝国芸術院会員〔昭和17年〕　歴父・成延は幕府の表坊主役を務め、長兄の成常は実業家、郡司家に入籍した次兄の成忠は海軍軍人となって千島探検を行い、四兄の成行は露伴と号した小説家、五兄の成友は歴史学者、姉の延は女子音楽家の先駆者としてそれぞれ名を成した。幼い頃から西川流の日本舞踊、山田流箏曲を習い、楽才を発揮。小学校の頃に姉の師であったルドルフ・ディットリヒに見出され、東京音楽学校選科に入りディットリヒにバイオリンを師事。童謡作曲家の東くめは同校で得た親友。明治29年同校本科を首席で卒業。32年ドイツへ留学、巨匠ヨーゼフ・ヨアヒムに師事し、最晩年の弟子となった。36年帰国して25歳で母校・東京音楽学校教授に就任。以来、昭和7年まで同職にあり、

17年講師を解職されるまで長く後進を指導。橋本国彦、井上武雄、多久寅、鈴木鎮一、鷲見三郎ら多くのバイオリニストを育てた。この間、7年ウィーン国際音楽コンクール審査員に招聘され、日本人として初めて国際コンクールの審査員を務めた。17年帝国芸術院会員、33年には女性として初めて文化功労者に選ばれた。また、明治38年英文学者の安藤勝一郎と結婚し、ドイツ文学者となった長男の高木卓は芥川賞を辞退したことで有名。　家夫＝安藤勝一郎（英文学者）、長男＝高木卓（ドイツ文学者）、兄＝郡司成忠（海軍大尉）、幸田露伴（小説家）、幸田成友（歴史学者）、姉＝幸田延（ピアニスト）、姪＝幸田文（小説家）　賞文化功労者〔昭和33年〕

安東 洪次　あんどう・こうじ
細菌学者 実験動物学者
明治26年（1893年）12月20日～昭和51年（1976年）2月23日
生東京都　学東京帝国大学医学部〔大正8年〕卒 医学博士〔大正10年〕　歴大正8年北里研究所に入り、14年南満州鉄道（満鉄）大連衛生研究所細菌課長。昭和6年から欧米に留学、8年満鉄大連衛生研究所所長、13年同所の関東軍への移管により敗戦まで防疫給水部大連出張所所長。24年引き揚げ、25年東京大学教授兼伝染病研究所第五研究部長を経て、29年実験動物中央研究所所長、32～36年同理事長、36～41年常務理事を兼務。実験動物の研究とその管理体制の確立に貢献した。著書に「免疫と感染」などがある。　賞浅川賞〔昭和5年〕

安藤 更生　あんどう・こうせい
美術史家
明治33年（1900年）6月10日～昭和45年（1970年）10月26日
出東京都　名本名＝安藤正輝　学東京外国語学校仏文科〔大正11年〕卒、早稲田大学仏文科〔大正13年〕中退 文学博士〔昭和29年〕　歴会津八一に師事し、大正12年同氏の奈良美術研究会に参加。昭和3年東洋美術研究会を創設、翌年雑誌「東洋美術」を創刊。12年中国に赴き、中国文化振興会理事長などを務め、21年帰国。戦後は、21年早大講師、30年教授となり、美術史を講じた。著書に「三月堂」「日本のミイラ」「奈良美術研究」など。

安藤 孝三　あんどう・こうぞう
飛行家 衆議院議員
明治31年（1898年）5月～昭和60年（1985年）2月10日
出愛知県知多市　歴大正5年名古屋港上空で米飛行士アート・スミスの曲芸飛行を見て以来航空界を志し、13年地元の知多市海岸に安藤飛行機研究所を開設して民間パイロット養成に乗り出す。15年名古屋～新宮、昭和3年名古屋～二見～蒲郡間に定期航路を始めるなど、民間航空の先駆けとなる役割を果たした。12年衆議院議員となり、初登院に名古屋港から羽田沖まで水上機で飛ぶなどの話題をまいた。2期。育てたパイロットの中には運輸省航空局技術課長を務めた樽林寿士や日本の女流パイロット第一号である西崎キクらがいる。　家孫＝丹羽秀樹（衆議院議員）

安藤 重兵衛　あんどう・じゅうべえ
七宝作家
安政3年（1856年）～昭和20年（1945年）
名旧姓・旧名＝前田松吉、後名＝安藤重左右衛門　歴煙草商に奉公に出、やがて店が安藤七宝店となり、店主没後は幼い安藤重寿をもり立て、店舗の拡大に貢献。明治32年重兵衛を名のったが、昭和11年重左右衛門に改名した。

安藤 照　あんどう・しょう
彫刻家
明治25年（1892年）～昭和20年（1945年）5月25日
生鹿児島県鹿児島市新屋敷町　学東京美術学校彫刻科選科〔大

正11年〕卒　歴東京美術学校在学中の大正10年、第3回帝展に「K女」で初入選。11年第4回展の「婦」が特選、第5回展無鑑査、14年第6回展「踊の構図」特選、15年の第7回展でも「大空に」で特選を受け、同作で彫刻部門初の帝国美術院賞も受賞した。その後帝展・新文展の審査員として活躍。昭和4～5年渡欧。東台彫塑会会員として、6年美校同期生と共に塊人社を結成。新技巧を採り入れた重量感に富む作品を制作、能動的作家として注目された。12年には南洲翁50年祭奉賛会の依頼で、鹿児島市下町公会堂前の「西郷隆盛銅像」を制作した。戦災で多くの作品を消失、20年5月25日空襲により東京で戦災死した。　家息子＝安藤士（彫刻家）　賞帝展特選（第4回）〔大正11年〕「婦」、帝展特選（第6回）〔大正14年〕「踊の構図」、帝展特選・帝国美術院賞（第7回）〔大正15年〕「大空に」

安藤 甦浪　あんどう・そろう
俳人
明治27年（1894年）9月29日～昭和9年（1934年）3月14日
生静岡県静岡市　名本名＝安藤嘉治　学小卒　歴小学校卒業後、店員、植字工などの仕事を転々とする。昭和9年大頃から俳句に親しみ、大正2年「高潮」に作品を発表し、4年「石楠」に参加して臼田亜浪に師事。11年から昭和5年にかけて静岡新報記者となり、後に清水市会速記係を勤めた。句集に「麦上」がある。

安藤 輝三　あんどう・てるぞう
陸軍歩兵大尉
明治38年（1905年）2月25日～昭和11年（1936年）7月12日
生岐阜県揖斐郡揖斐町（揖斐川町）　学陸士（第38期）〔大正15年〕卒　歴大正15年陸軍歩兵少尉に任官。昭和9年大尉、10年歩兵第三第三連隊第六中隊長。6年頃から皇道派青年将校のリーダーとなり、農村の窮乏に心を痛め、国家革新運動に共鳴。11年の二・二六事件では直前まで慎重だったが、決起後は首謀者として部隊を指揮。当日は150人を率いて鈴木貫太郎侍従長邸を襲撃、重傷を負わせたが、夫人の要請でとどめは刺さなかった。事件後、軍法会議で死刑判決を受け、同年7月12日に刑死した。

安藤 成雄　あんどう・なりお
陸軍技術大佐
明治32年（1899年）～昭和62年（1987年）1月6日
出東京都　学一高二部甲類〔大正10年〕卒、東京帝国大学工学部機械工学科〔大正13年〕卒　歴大正13年川崎造船所飛行機部に技師見習として勤務。昭和2年陸軍技師となり、10年陸軍航空技術研究所所員。16年陸軍文官から特別任用令により陸軍技術中佐に転じ、19年陸軍技術大佐。20年予備役に編入。陸軍機の技術開発の実質的な責任者で、「九二式重爆撃機」「九八式直接協同偵察機」や、戦争末期に米国本土への無着陸爆撃を目指して計画されたが実現しなかった幻の巨大爆撃機「富嶽」の設計に関与した。

安藤 熙　あんどう・ひろし
⇒高木 卓（たかぎ・たく）を見よ

安藤 広太郎　あんどう・ひろたろう
農学者 農林省農事試験場長
明治4年（1871年）8月1日～昭和33年（1958年）10月14日
生柏原県氷上郡柏原村（兵庫県丹波市）　専育種学、作物学　学帝国大学農科大学農学科〔明治28年〕卒 農学博士〔大正8年〕　賞日本学士院会員〔昭和26年〕　歴明治28年農商務省農事試験場に入って技手試補となり、29年技手、31年技師を経て、37年種芸部長、大正9年同場長。14年茶業試験場長、園芸試験場長を兼務。昭和16年退官。この間、大正10年～15年九州帝国大学教授、12年～昭和7年東京帝国大学教授を兼任した。10年

あんとう　　　　　　　　昭和人物事典 戦前期

帝国学士院会員(21年辞任, 26年日本学士院会員に再任)、28年文化功労者に選ばれ、31年文化勲章を受章。農業行政官としては、風土・環境の違いに応じて全国をいくつかの生態区に分け、国公立と県府の農業試験場の役割分担体制を整えた上で、国公立は基礎研究、県府はその土地に応じた優良品種の育成を行い、その品種名に「農林番号」を附して普及を図るという組織的な人工育種体制の確立に尽力。この制度は他に類例を見ない卓越した品種改良計画として大きな成果を上げ、世界的にも高い評価を得た。研究者としては、加藤茂苞と共にイネの人為交配による新種作成に取り組み、育種知識の普及にも力を注いだ。また、凍霜害など農業災害に関する研究が多く、農事試験場長退官後は稲作伝来の研究に専念した。　勲文化勲章〔昭和31年〕　賞文化功労者〔昭和28年〕

安藤 政吉　あんどう・まさきち
生活問題研究所長
明治35年(1902年)12月～昭和23年(1948年)10月4日
生神奈川県秦野　学日本大学政治科〔大正15年〕卒　歴大正15年東京市社会局に入り、細民調査に従事。以後、生計費問題、異常児、精神病、アルコール、性病、結核などの社会疾患の研究に取り組む。昭和10年日本能率連合会に転じ、生産管理、労務管理、賃金問題の研究を行う。16年労働科学研究所に入所。著書に「最低賃金の基礎的研究」「国民生活費の研究」などがある。

安藤 正純　あんどう・まさずみ
政治家 僧侶(真宗大谷派)
明治9年(1876年)9月25日～昭和30年(1955年)10月14日
生東京府浅草(東京都台東区)　名号＝鉄腸　学東洋大学哲学科〔明治28年〕卒、早稲田大学政治科〔明治32年〕卒　歴東京朝日新聞編集局長から政界に転じ、浅草区議、区議長を経て、大正9年衆議院議員となり、政友会に所属。犬養毅内閣で文部政務次官、政友会幹事長、久原派総務。昭和17年の翼賛選挙では非推薦で当選。戦後、公職追放。解除後の27年衆議院選挙に当選、自由党内に民主化同盟を結成。28年第五次吉田茂内閣の国務相、29年第一次鳩山一郎内閣の文相。当選11回。母校東洋大の講師も務め、壮年まで僧籍に在って宗教行政にも努力、戦後日本宗教連盟理事長に就任した。著書に「政界を歩みつつ」「政治と宗教の関係」「数論の哲学」など。

安藤 正次　あんどう・まさつぐ
国語学者 言語学者 台北帝国大学総長
明治11年(1878年)9月13日～昭和27年(1952年)11月18日
生埼玉県北葛飾郡　学神宮皇学館本科卒、東京帝国大学文科大学選科修了　歴神宮皇学館、日本女子大、早稲田大学各教授、文部省国語調査会嘱託を歴任、大正15年在外研究員として台湾に渡り、昭和3年台北帝国大学教授、文政学部長を経て、16年総長となった。戦後、東洋大学、昭和女子大学、法政大学、駒沢大学各教授を歴任、国語審議会会長も務め、山本有三らと国民の国語運動連盟を起こし、戦後の国語改革を遂行した。古代日本語の研究でも業績をあげ、著書に「古代国語の研究」「言語学概論」「地方方言集」「国語学通考」「国語国字問題を説く」「安藤正次著作集」(全7巻)などがある。

安東 義良　あんどう・よしろう
外務省条約局長 大東亜省総務局長
明治30年(1897年)5月4日～昭和61年(1986年)1月20日
出岐阜県御嵩町　学東京帝国大学法科大学〔大正11年〕卒、パリ大学院〔大正14年〕修了　歴大正11年外務省に入省。昭和17年5月欧亜局長、同年11月条約局長、19年大東亜省総務局長などを経て、20年退官、弁護士登録。戦後は衆議院議員2期、拓殖大学教授、同総長、駐ブラジル大使などを務めた。

安藤 利吉　あんどう・りきち
陸軍大将 台湾総督
明治17年(1884年)4月3日～昭和21年(1946年)4月19日
生宮城県仙台市　学陸士(第16期)卒、陸大卒　歴明治37年歩兵少尉、英国駐在、参謀本部員、昭和6年陸軍省兵務課長、7年英国大使館付武官、歩兵第1旅団長、教育総監部本部長、第五師団長、13年第二十一軍司令官として南寧攻略作戦を指揮。15年南支那方面軍司令官となり、中央の命に反し北部仏印武力進駐を決行、責任を問われて翌16年予備役。同年召集され台湾軍司令官、19年大将に昇進し第十方面軍司令官、台湾総督兼任。21年戦犯として上海監獄に収監中、服毒自殺した。

安藤 嶺丸　あんどう・れいがん
僧侶(真宗大谷派)
明治3年(1870年)4月10日～昭和18年(1943年)10月29日
生東京都　歴仏教の社会的活動に熱心で、明治35年仏教青年伝道会を組織、各宗青年僧侶有志と街頭教化運動に投じ、逓信、鉄道従業員に対して布教活動。大正5年には東京で釈尊降誕 "花祭り"の行事を行った。

安藤 和風　あんどう・わふう
ジャーナリスト 俳人 郷土史家
慶応2年(1866年)1月12日～昭和11年(1936年)12月26日
生出羽国秋田(秋田県秋田市)　名本名＝安藤和風、幼名＝国之助、別号＝時雨庵　学秋田県立太平学校中学師範予備科〔明治12年〕中退、東京商業学校卒　歴明治15年秋田青年会を結成し自由民権運動に参加。「秋田日日新聞」「秋田日報」の記者となるが、16年筆禍事件により下獄、22年に上京して商店、県庁、銀行などに勤める。31年秋田魁新報に入社、35年主筆となり、大正12年常務、昭和3年社長に就任。この間、明治32年秋田市議に当選。一方、俳句の研究・創作、郷土史(秋田県史)研究にも情熱を傾けた。著書に句集「仇花」「旅一筋」「朽葉」、「俳諧研究」「俳諧新研究」「俳諧奇書珍書」「秋田 土と人」「秋田勤王史談」がある。　家息子＝安藤五百枝(俳人)

阿武 巌夫　あんの・いずお
陸上選手
明治43年(1910年)～昭和14年(1939年)12月
出山口県萩市大井　学慶応義塾大学、中央大学　歴萩市・大井八幡宮の宮司の子として生まれる。参道の馬場でランニングし、萩中とその後転校した鴻城中で短距離ランナーとして頭角を現わす。慶応義塾大学進学後はスピードに磨きがかかり、日本のトップランナーに上りつめた。昭和7年ロサンゼルス五輪代表となり100メートルと400メートルリレーに出場、リレーでは吉岡隆徳、南部忠平、中島亥太郎らと共に5位入賞を果たした。五輪後、慶大から中大に転学。10年引退。のち応召し、14年12月中国大陸で戦死した。平成13年萩市大井のふる里愛好会によって、伝記「阿武巌夫選手伝記—勝ちを急ぐな!!」が出版される。五輪前に寄せ書きした色紙にあった阿武の言葉 "勝ちを急ぐな"がサブタイトルに使われた。

阿武 清　あんの・きよし
海軍中将
明治19年(1886年)5月12日～昭和10年(1935年)4月6日
出山口県阿武郡萩町(萩市)　学海兵(第33期)〔明治38年〕卒、海大卒　歴第一艦隊及び第二艦隊の参謀を歴任。大正3～4年戦役の功により功五級金鶏勲章受章。のち夕張・陸奥各艦長を経て、昭和5年海軍少将に進み、10年海軍省人事局長より海軍軍令部第一部長となる。同年4月6日肺炎により死亡、同日中将に昇進。

安楽 兼道　あんらく・かねみち
貴族院議員(勅選)

嘉永3年（1850年）12月12日〜昭和7年（1932年）4月12日
出薩摩国（鹿児島県）　名旧姓・旧名＝新納　歴新納家に生まれ、安楽家の養子となる。明治8年警視庁警視となり、以来警察畑を歩く。29年山口県知事、30年福島県知事、31年岐阜県知事、32年内務省警保局長を経て、33年警視総監。37年〜昭和7年勅選貴族院議員。

【い】

飯石 豊市　いいし・とよいち
労働運動家
生年不詳〜昭和14年（1939年）11月25日
出島根県大原郡木次町　歴藤永田造船所敷津工場の職工となって友愛会に参加し、多くの労働争議に参加。大正10年大阪造船労働組合創立委員長として組合を結成させ、12年委員長となる。総同盟分裂後も組合運動に参加し、昭和7年社会自由党を結成する。以後国家社会主義の運動に従事し、10年大阪合同労働組合を結成した。

飯島 忠夫　いいじま・ただお
東洋史学者 学習院名誉教授
明治7年（1874年）2月〜昭和29年（1954年）9月27日
出長野県松代町　学東京帝国大学附属第一臨時教員養成所国漢科卒 文学博士〔昭和4年〕　歴郷里の先輩谷川昭道に国漢を師事、明治37年東京帝国大学附属第1臨時教員養成所国漢科に学び、学習院教授となり、大正3年学習院中等科長、東宮御学問所御用掛を兼務。昭和4年「支那古代史論」により文学博士。11年学習院名誉教授。その後国学院大学、東洋大学、大東文化大学各教授を務めた。中国古代史の研究と天文暦法の研究に貢献。著書に「支那古代史と天文学」「支那歴史起源論」「バビロン希臘学の天文暦法」などがある。

飯島 幡司　いいじま・まんじ
経済学者 実業家 朝日新聞出版局長
明治21年（1888年）5月12日〜昭和62年（1987年）1月11日
出大阪府大阪市　名筆名＝飯島曼史　学神戸高等商業学校〔明治44年〕卒、東京高等商業学校（現・一橋大学）専攻部〔大正2年〕卒 経済学博士〔昭和11年〕　歴各地を転々として育ち、明治30年9歳の時に受洗。35年大阪明星商業学校に入り、プイサン神父の薫陶を受けた。神戸高等商業学校から東京高等商業学校専攻部へ進み、大正2年卒業。3年神戸高等商業学校講師を経て、教授となるが、7年久原房之助の懇請により久原商事に入社して大阪支店長、支配人などを務めた。11年久原系の日本汽船常務、15年大阪鉄工所（現・日立造船）専務を兼任、大阪鉄工所の再建に取り組み、今日の日立造船の基礎を築く。昭和7年朝日新聞社に論説委員として入り、出版局長、相談役などを歴任。16年出版統制団体である日本出版文化協会の専務理事に就任、その運営責任者として出版物の事前審査や用紙割り当てなどの実務に当たった。17年退任して朝日新聞社監査役。22年関西経済連合会会長となるも、23年公職追放に遭った。25年朝日放送の設立に奔走し、追放解除後の27年社長。34年会長、38年顧問。著書に「社会問題の根本観念」「金融経済論」「支那幣制論」「日本紡績史」「キリスト教の社会観」などがある。

飯島 与志雄　いいじま・よしお
右翼運動家
明治44年（1911年）9月30日〜昭和20年（1945年）8月22日
出千葉県館山市　歴大学在学中から国家主義運動に関心を持ち、卒業後、「興亜青年運動」を結成、機関誌「大義」を刊行するなど興亜運動に従事。昭和15年尊攘同志会を結成。20年

8月日本の終戦に反対、海軍厚木航空隊（小園安名司令官）などと呼応し尊攘義軍を結成、15日未明、木戸幸一内大臣邸を襲撃、16日木戸の実弟宅を襲ったが、いずれも失敗、東京芝の愛宕山にたてこもった。警官隊が包囲するなか、22日10人が手榴弾で集団自爆した。27日には同志の妻2人も愛宕山で自決。これとは別に23日に日本郵船の明朗会員12人、25日大東塾の影山庄平ら14人が集団自決する事件があった。

飯塚 啓　いいずか・あきら
動物学者 学習院教授 東京科学博物館動物学部長
慶応4年（1868年）6月16日〜昭和13年（1938年）12月10日
出上野国群馬郡村上村（群馬県渋川市）　名初名＝熊吉　専海産動物学, 動物発生学　学二高本科二部〔明治20年〕卒, 帝国大学理科大学動物学科〔明治30年〕卒 理学博士〔明治43年〕　歴明治33年六高教授、34年東京帝国大学助教授を経て、43年学習院教授。昭和5年定年退職して東京科学博物館に移り、6年動物学部長。海産動物の形態学・発生学を専門とし、特にゴカイの生殖と分類の研究で知られ、明治43年その分類学的研究で理学博士号を取得した。著書に「海産動物学」「飯塚動物発生学」「高等動物学」などがあり、他に数種類の動物学教科書を手がけた。　家岳父＝檜垣直右（岡山県知事）

飯塚 国三郎　いいずか・くにさぶろう
柔道家 講道館指南役
明治8年（1875年）〜昭和33年（1958年）7月25日
出栃木県　学慶応義塾大学卒　歴慶応義塾の柔道倶楽部で初めて柔道を習い、明治24年講道館に入って修行を続けた。小男だが背負投、釣込腰に俊敏な技を見せた。32年から福岡に招かれ、修猷館、天真館、福岡師範学校などで柔道教師を7年間続け、その後講道館の指南役となった。以後、慶応義塾大学をはじめ、水産講習所、東京工業大学、東京農業大学、立正大学、国士舘大学などで柔道を教え、大正15年には東京渋谷に至剛館を開いて子弟を指導した。敗戦で学校柔道が禁止されるや直ちに至剛館を開放、学生の指導を続け、学校柔道の復活に尽くした。昭和21年講道館10段の最高位についた。

飯塚 敏子　いいずか・としこ
女優
大正3年（1914年）6月8日〜平成3年（1991年）12月14日
出埼玉県大里郡明戸村　名本名＝本間トシ　学文化学院女学部中退　歴「婦人公論」の美人投票に当選、昭和5年松竹蒲田に入社。6年小津安二郎監督の「淑女と髯」で岡田時彦の相手役としてデビュー。「この穴を見よ」などでヒロインを演じ、同年8月松竹下加茂に移る。衣笠貞之助監督の「唐人お吉」で主演。7年「弥次喜多美人騒動」で準幹部。同年坂東好太郎のデビュー作「世直し大明神」で共演して以来、美男美女コンビで大人気を博し、10年結婚。7年日活太秦の永田雅一が他社スター引き抜きで暗躍、1万円女優と新聞に騒がれた。8年幹部昇格。12年出産のため退社。14年「月夜鴉」で復帰。17年坂東好太郎一座を結成、24年まで舞台公演を行った。この間、21年に映画を引退。他の出演に映画「巷説・濡れつばめ」「奥様借用書」「朧夜の女」「あさぎり峠」などがある。　家夫＝坂東好太郎（歌舞伎俳優）、長男＝坂東吉弥（2代目）、三男＝坂東弥十郎（1代目）

飯塚 知信　いいずか・とものぶ
衆議院議員
明治25年（1892年）6月29日〜昭和40年（1965年）3月12日
出新潟県　学早稲田大学政治経済学科卒　歴新潟県高田村長などを経て、昭和3年衆議院議員に当選、1期。民政党に所属した。

飯塚 春太郎　いいずか・はるたろう

実業家 政治家

元治2年（1865年）1月〜昭和13年（1938年）1月8日

出上野国山田郡広沢村（群馬県桐生市広沢町）　学東京法学院英法科卒　歴群馬県議を経て実業界に入り、桐生織物同業組合長、渡良瀬水電会社、日本絹織会社、両毛整織会社各重役を務めた。この間欧州、中国、インド、南洋などを巡遊。長く広幅絹織物製造に従事、関税審議会委員、関税調査会委員を務めた。大正9年以来衆議院議員当選7回。民政党顧問、同党群馬県支部長を歴任。

飯塚 鳳斎（2代目）　いいずか・ほうさい

竹工芸家 東京美術竹工会会長

明治5年（1872年）〜昭和9年（1934年）

生栃木県下都賀郡栃木町（栃木市）　名本名＝飯塚菊次　専籠　歴籠師として知られた初代鳳斎（のちの鳳翁）の長男。末弟弥之助（のちの琅玕斎）も竹工芸家。父に竹工芸などを学び、鳳斎襲名後、上京して田端に住む。大正4年の大正天皇即位大嘗祭に「神服入目籠」一対の制作依頼を受け、その後、農商務省工芸展に入選・入賞を重ねる。15年東京美術竹工会を結成し、会長に就任。緻密な編み込みによる重厚な作品に定評があった。　家父＝飯塚鳳斎（1代目）、弟＝飯塚琅玕斎（竹工芸家）

飯塚 盈延　いいずか・みつのぶ

日本共産党中央委員

明治35年（1902年）10月4日〜昭和40年（1965年）9月5日

生愛媛県周桑郡小松町　名別名＝峰原暁助、ヒョウドロフ、松村昇、天野熙、高瀬正敬　歴新聞社給仕などをしながら、大正14年東京合同労働組合に参加し、昭和元年クートベで学ぶためモスクワに渡る。5年に帰国し、すぐに検挙されるが、この検挙は秘密にされ、当局のスパイになったとされている。6年日本共産党の中央委員となり、国内、国外の組織的連絡を掌握し、当局の共産党弾圧の手引きをした。7年に検挙され、以後運動から姿を消した。「スパイM」として有名である。

飯塚 琅玕斎　いいずか・ろうかんさい

竹工芸家

明治23年（1890年）3月15日〜昭和33年（1958年）12月17日

生栃木県下都賀郡嘉右衛門新田（栃木市）　名本名＝飯塚弥之助、別号＝友右　学栃木第一尋常小学校〔明治36年〕卒　歴12歳ごろから父の初代飯塚鳳斎に竹工技術を学び、13歳で上京、書道、生花を修業。琅玕斎友右と号し大正11年に平和記念東京博覧会に出品、銀賞、14年パリ万国現代装飾美術工芸博覧会で銅賞を受賞。15年日本工芸美術会の結成に参加。昭和2年に新設された帝展美術工芸部に作品を発表、6年の第12回展で初入選し、7年の第13回展、9年の第15回展で特選。11年文展招待展、12年の第1回新文展から無鑑査招待となり、14年の第3回新文展では竹工芸界から初の審査員となる。28年日展参事。33年新日展の発足で同展を離れ、日本竹工芸家協会会長、日本工芸会理事を歴任。これまでの籠師から近代的竹工芸へと、竹工芸界に新風を吹き込んだ。代表作に「花籃・鳴門」「花籃・富貴」「花籃・あんこう」などがある。　家父＝飯塚鳳斎（1代目）、二男＝飯塚小玕斎（竹工芸家）、長兄＝飯塚鳳斎（2代目）　賞帝展特選（工芸部、第13回・第15回）〔昭和7年・9年〕「竹製筥」「竹風炉先」

飯田 祥二郎　いいだ・しょうじろう

陸軍中将

明治21年（1888年）8月8日〜昭和55年（1980年）1月23日

生山口県　学陸大〔大正4年〕卒　歴昭和14年中将、16年7月第25軍司令官となり、南部仏印に進駐、同年11月第15軍司令官に転じビルマ攻略作戦を担当。太平洋戦争開戦前日の12月7日、ピブン首相と会ってタイ進駐を認めさせようとしたが、行方がつかめず、8日進駐を強行、タイ軍と衝突した。間もなく首相を見つけ協定成立、進駐を果たした。次いでビルマに進攻、占領して軍政を敷いた。のち第30軍司令官となり、新京で敗戦、ソ連に抑留された。25年帰国。著書に「戦陣夜活」がある。

飯田 新七（4代目）　いいだ・しんしち

実業家 高島屋創立者

安政6年（1859年）10月28日〜昭和19年（1944年）2月3日

名本名＝飯田鉄三郎　歴2代目新七の二男に生まれる。明治21年兄・3代目新七引退により家督を相続する。高島屋呉服店の支店を大阪・東京に出店するなど事業を拡大し、42年高島屋飯田合名会社に改組し社長となる。さらに大正8年株式会社高島屋呉服店に改組し、一旦相談役に退くが、昭和2〜17年社長に就任。この間、5年高島屋と改称し本格的な百貨店に発展させた。　家父＝飯田新七（2代目）、兄＝飯田新七（3代目）

飯田 精太郎　いいだ・せいたろう

男爵 貴族院議員

明治17年（1884年）9月〜昭和27年（1952年）3月7日

出山口県　学京都帝国大学理工科大学電気工学科〔明治40年〕卒　歴明治42年臨時台湾工事部、鉄道院、鉄道局技師の後、鉄道省電気局長等を務める。昭和10年から貴族院議員となり、その間運輸通信次官、鉄道電化協会会長、鉄道会議議員等を務めた。22年最初の参議院選挙で当選、1期務めた。

飯田 蛇笏　いいだ・だこつ

俳人

明治18年（1885年）4月26日〜昭和37年（1962年）10月3日

生山梨県東八代郡五成村小黒坂（笛吹市）　名本名＝飯田武治、別号＝山廬　学早稲田大学英文科〔明治42年〕中退　歴幼ない頃から父の主宰する句会に出席し、句作を始める。17歳で上京し、早大入学後は小説にも手をそめたが、早稲田吟社に参加し、明治40年からその中心人物となり、「国民新聞」「ホトトギス」などに投句、新進の俳人として認められる。大正4年「キララ」が創刊され、2号より雑詠選を担当。6年主宰を引き受け「雲母」と改題し、以後、生涯孤高の俳人として活躍。「山廬集」「山響集」「雪峡」「家郷の霧」「椿花集」など10句集のほか、「穢土寂光」「美と田園」「田園の霧」「山廬随筆」などの随筆集、「俳句道を行く」「現代俳句の批判と鑑賞」などの評論・評釈集と著書は数多い。没後、「飯田蛇笏全句集」（角川書店）が刊行され、また、42年に蛇笏俳句の俳壇的業績を記念して“蛇笏賞”が角川書店により設定された。　家四男＝飯田龍太（俳人）

飯田 徳太郎　いいだ・とくたろう

社会主義者

明治36年（1903年）〜昭和8年（1933年）10月

生千葉県銚子　歴大正13年の軍隊宣伝事件で懲役1年の実刑判決を受ける。「種蒔く人」「文芸戦線」や「黒戦」などにアナキズムの小説、評論を発表。昭和6年読売新聞校正掛となったが、8年谷川岳で遭難死した。

飯田 延太郎　いいだ・のぶたろう

海軍中将

明治8年（1875年）2月13日〜昭和13年（1938年）11月3日

生徳島県名東郡住吉島（徳島市）　学海兵（第24期）〔明治30年〕卒、海大〔明治39年〕卒　歴明治31年海軍少尉に任官。大正5年英国駐在、7年薩摩艦長兼筑摩艦長、同年吾妻艦長、8年敷島艦長、同年長門艤装員長、9年長門艦長、11年佐世保防備隊司令、同年第二水雷戦隊司令官、13年水雷学校長を経て、14年馬公要港部司令官。同年海軍中将に進み、昭和3年舞鶴要港部司令官、同年佐世保鎮守府司令長官、4年第二艦隊司令長官。

6年予備役に編入。

飯田 房太　いいだ・ふさた
海軍中佐
大正2年(1913年)2月12日～昭和16年(1941年)12月8日
［生］山口県新南陽市(周南市)　［学］徳山中卒、海兵(第62期)〔昭和9年〕卒　［歴］徳山中学を経て、海軍兵学校に進む。昭和12年海軍航空隊に配属、16年12月太平洋戦争開戦の真珠湾攻撃の際に空母蒼龍に乗り、ハワイ・オワフ島を目指す零戦隊長として出撃。米軍の空軍基地に対する奇襲攻撃後、空母に戻る際に燃料タンクを撃たれ、基地に突入して墜落死。真珠湾攻撃の際の日本人で最初の戦死者となった。平成11年にはハワイで保管されていた飛行帽が遺族に返還された。13年その生涯をテーマとした映画「還ってきた飛行帽」が上映された。

飯田 操朗　いいだ・みさお
洋画家
明治41年(1908年)9月～昭和11年(1936年)9月25日
［生］兵庫県姫路市　［学］姫路中卒　［歴］大阪の信濃橋洋画研究所で学んだのちに、昭和5年上京し、太平洋画会研究所に学ぶ。6年の独立美術協会第1回展に入選した。初期の野獣派風から、福沢一郎らの影響下に抽象作品への急旋回をとげた。29歳で死去したためわずか6年間の画歴しかなく、作品の多くが戦災などで失われた。62年に姫路市立美術館開催の常設展で、6年の「教会」から10年の「鳩のいる風景」まで、同館に収蔵されている約10点が公開された。

飯沼 一省　いいぬま・かずみ
内務省神社局長 神奈川県知事
明治25年(1892年)2月15日～昭和57年(1982年)11月14日
［生］福島県　［学］東京府立四中卒、一高独法科卒、東京帝国大学法科大学独法科〔大正6年〕卒　［歴］大正6年内務省に入省。土木局、都市計画局に勤め、12年欧米へ留学。昭和6年都市計画課長、9年埼玉県知事、10年内閣調査局調査官、11年紀元二千六百年祝典事務局長兼務、12年静岡県知事、13年広島県知事、14年神奈川県知事、15年4月神社局長、11月神祇院副総裁。戦後、21年勅選貴族院議員、同年内務次官、22年東京都長官となり、22～31年都市計画協会会長。著書に「都市計画の理論と法制」「都市計画夜話」などがある。　［家］岳父＝南弘(政治家)、義弟＝小林光政(文部省教学局長)

飯沼 剛一　いいぬま・ごういち
実業家 大正海上火災保険会長
明治10年(1877年)10月9日～昭和35年(1960年)1月11日
［生］兵庫県　［学］東京商科大学(現・一橋大学)〔明治35年〕卒　［歴］三井物産に入社。大正7年大正海上火災保険に転じ、取締役支配人、専務を経て、会長となった。戦時体制下、新日本火災など、保険業界の吸収統合に活躍。昭和15年東亜火災海上保険社長にも就任。ほかに日本サルベージ、満州火災保険などの取締役を務めた。19年大正海上会長を辞任。

飯沼 正明　いいぬま・まさあき
飛行士
大正1年(1912年)8月2日～昭和16年(1941年)12月21日
［生］長野県南安曇郡穂高町　［歴］昭和6年逓信省委託操縦学生となり、7年朝日新聞社に操縦士として入社。12年朝日新聞社が試みた亜欧連絡飛行に「神風号」を操縦、塚越賢爾機関士兼通信士と共に4月6日午前2時12分4秒、東京・立川飛行場を離陸、12の都市を経て、日本時間の10日午前0時30分、ロンドンのクロイドン飛行場に着陸した。国産機による初の国際航空世界記録を樹立、神風ブームを巻き起こした。13年1月朝日文化賞を受賞。平成元年故郷に飯沼飛行士記念館が建設された。　［賞］朝日文化賞〔昭和13年〕

飯沼 竜遠　いいぬま・りゅうおん
心理学者 僧侶(日蓮宗) 台北帝国大学教授
明治21年(1888年)6月22日～昭和44年(1969年)6月24日
［生］岐阜県　［名］号＝慈竜院　［学］東京帝国大学哲学科〔大正5年〕卒　［歴］大正5年に東京帝国大学哲学科を卒業し、富山薬学専門学校や六高で心理学を教える。大正11年欧米へ留学。昭和7年に帰国したのち台北帝国大学教授となり、同校心理学教室の創設に関与した。また、同教授・力丸慈円らとともに台湾の現地民・高砂族における知能・知覚の発達を調査した。日蓮宗の僧侶でもあり、15年に同宗の教務部長となったのを経て、立正大学教授・同大学学長・宗務司監を歴任。戦後は京都の妙心寺や大光寺で住職を務めた。心理と宗教・信仰との関係を研究し、「現代日本人の信仰」「宗教及び道理の心理」「万納屋利吉」などの著書がある。

飯村 五郎　いいむら・ごろう
弁護士 衆議院議員
明治21年(1888年)4月～昭和21年(1946年)5月8日
［生］茨城県　［学］東京帝国大学独法科卒　［歴］陸軍三等主計を経て、弁護士を開業。大正13年衆議院議員に当選、以来連続6期務めた。昭和15年米内内閣の厚生参与官等となり、また第29回列国議会同盟会議(マドリード)に参列した。

伊江 朝助　いえ・ちょうじょ
男爵 沖縄新報社長 貴族院議員
明治14年(1881年)10月10日～昭和32年(1957年)11月26日
［生］沖縄県首里郡当蔵町　［学］早稲田大学政経科〔明治40年〕卒　［歴］男爵伊江朝真の長男。明治44年沖縄電気軌道出監査役となり、その後沖縄銀行取締役、沖縄民報社長を経て、昭和15年沖縄新報社長となった。その間、大正2年に沖縄県会議員、14年貴族院議員を兼務。戦後、沖縄財団理事長、沖縄土地問題解決促進委員会委員長などを務めた。　［家］父＝伊江朝真(男爵)

家村 吉兵衛　いえむら・きちべえ
出版人 大阪参文社社長
明治7年(1874年)10月21日～昭和43年(1968年)6月5日
［生］大阪府大阪市東区豊後町　［歴］江戸中期に創業された書肆・文翫堂の3代目当主として和本や法帖類を出版、のちには絵本・絵草紙から各種書籍の出版、絵葉書・絵草紙の卸売りも兼ねた。大正9年大阪参文社創業により常務、のち社長。大阪書籍雑誌商組合副組合長を務めるなど大阪の業界で重きをなし、昭和16年日本出版配給設立に際しては関西の中小取次業者の代表として創立委員を務め、大阪参文社の統合後は日配大阪支店長となった。

五百木 良三　いおぎ・りょうぞう
ジャーナリスト 俳人 政教社社長
明治3年(1870年)12月14日～昭和12年(1937年)6月14日
［生］愛媛県松山　［名］号＝五百木飄亭　［学］松山医学校〔明治18年〕卒　［歴］明治22年上京し、正岡子規らと句を競う。日清戦争に看護長として従事し、「日本」に「従軍日記」を連載。帰国後の28年日本新聞社に入社し、33年国民同盟会を結成するなどしたが、俳壇からは離れた。昭和4年政教社に入社、雑誌「日本及日本人」を主宰し、以来、対外硬論を唱えた。のち社長に就任。10年国体明徴運動に参加。没後の33年「飄亭句日記」が刊行された。

猪飼 嘯谷　いかい・しょうこく
日本画家
明治14年(1881年)4月12日～昭和14年(1939年)6月16日
［生］京都府　［名］本名＝猪飼敬真、通称＝宇吉　［学］京都市立美術工芸学校〔明治33年〕卒　［歴］明治38年京都市立美術工芸学校

助教諭、教諭となり、京都市立絵画専門学校講師も兼任。谷口香嶠に師事、44年第5回文展に「近江国の柞」、大正5年第10回文展に「六昆征伐」を出品、主に歴史画を制作した。昭和5年には宮内省の命で「大正天皇御大礼絵巻」も謹写、9年には京都市の依頼で、明治神宮絵画館の壁画「御即位礼図」を献納した。代表作に「頼朝手向けの躑躅」「衆議」など。　家
孫＝角本邦久（建築家）

五十子 宇平　いかご・うへい
満鉄東亜経済調査局調査室主査
生年不詳～昭和61年（1986年）3月3日
歴南満州鉄道（満鉄）東亜経済調査局調査室主査を務め、北京大学の講師も兼ねた。国粋主義者・大川周明の秘書で、その執筆活動を手伝った。戦後は中央大商学部講師。著書に「北支における天然資源」がある。

五十崎 古郷　いかざき・こきょう
俳人
明治29年（1896年）1月20日～昭和10年（1935年）9月5日
生愛媛県松山市　名本名＝五十崎修　学松山高校中退　歴結核療養中「ホトトギス」に投句、昭和6年「馬酔木」独立に際し水原秋桜子に従い同人となる。石田波郷の松山時代の師。9年塚原夜潮と「渦潮」を創刊。「五十崎古郷句集」の外、五十崎朗編の句文集「美容の朝」がある。

筏井 嘉一　いかだい・かいち
歌人
明治32年（1899年）12月28日～昭和46年（1971年）4月21日
生富山県高岡市桐木町　歴大正3年巡礼詩社に入り、以後白秋門下生の歌人として活躍。10年上京して、小学校教師となる。後「日光」「多磨」などに参加し、昭和5年「エスプリ」を、15年「蒼生」を創刊。同年「新風十人」の一人に選ばれ、「荒栲」を刊行。20年北見志保子とともに「定型律」を創刊、28年「創生」を復刊し、主宰した。40年刊行の「籬雨荘雑歌」は日本歌人クラブ推薦歌集となった。　家父＝筏井竹の門（俳人）質木下利玄賞（第1回）〔昭和14年〕，大日本歌人協会賞〔昭和15年〕

伊上 凡骨　いがみ・ぼんこつ
木版画家
明治8年（1875年）5月21日～昭和8年（1933年）1月29日
生徳島県　名本名＝伊上純蔵　歴上京して江川千太郎に木版彫刻を学び、美術雑誌「風光」の素描や水彩画を彫るなどして活躍。洋画を版下とした木版技術に新天地を開き、与謝野鉄幹の「明星」で藤島武二らと協力した木版の挿絵で注目された。以後、日本の木版技術の第一人者として活躍。文学者との交遊も広く、代表作に石井柏亭の「東京十二景」などがある。

伊賀山 昌三　いがやま・しょうぞう
劇作家
明治33年（1900年）3月25日～昭和31年（1956年）5月12日
生秋田県　名筆名＝伊賀山精三　学専修大学附属商業卒　歴大学卒業後三省堂に入社。劇作を志し岸田国士に師事して「劇作」同人となり、昭和7年発表の「唯ひとりの人」、8年発表の「騒音」などで認められる。他の作品に「むささび」「通り魔」などがあり、没後「伊賀山昌三一幕劇集」が刊行された。

五十嵐 甚蔵　いがらし・じんぞう
銀行家 第四銀行頭取 貴族院議員（多額納税）
明治6年（1873年）4月27日～昭和10年（1935年）6月28日
回新潟県笹岡村（阿賀野市）　名初名＝直彦　学慶応義塾卒　歴新潟県笹岡村の地主の家に生まれる。新発田銀行頭取を経

て、大正10年第四銀行と合併し頭取となる。新発田倉庫、新潟新聞監査役、新潟県地主協会会長も務めた。14年～昭和7年多額納税の貴族院議員。

五十嵐 達六郎　いがらし・たつろくろう
哲学者 大阪高校教授
生年不詳～昭和20年（1945年）
専西洋哲学　学京都帝国大学哲学科卒　歴大阪高校教授をしていたが、36歳で召集される。二等兵として馬の世話をしながら北京から武漢まで全路を歩いてきたが、病を得漢口陸軍病院に入院。その後、満州の各陸軍病院を転々と移り療養を続けたが、戦病死する。死の前日まで日記をつけ、戦地にあっても多くの哲学書その他を読破、非常を平常化して読書を楽しんだ。嘱望されたアリストテレスの学者であった。

五十嵐 力　いがらし・ちから
国文学者 早稲田大学教授
明治7年（1874年）11月22日～昭和22年（1947年）1月11日
生山形県米沢市館山口町　名号＝巴千, 甲鳥国主人　学東京専門学校（現・早稲田大学）文学科〔明治28年〕卒 文学博士〔大正14年〕　歴坪内逍遙門下。東京専門学校卒業後、「早稲田文学」記者となり、「近世独逸文学史」を連載。明治34年母校の講師となり、後に教授となる。38年「文章講話」を刊行、以後国文学研究者として「児童之研究」「新国文学史」「国歌の胎生及び発達」「軍記物語の研究」「平安朝文学史」「昭和完訳・源氏物語」などを刊行した。大正9年早大文学部に国文科を創設した。「五十嵐力集」（全6巻, 酒井雄文堂）がある。

猪狩 又蔵　いかり・またぞう
教育家 漢学者 日本中学校校長
明治6年（1873年）12月5日～昭和13年（1938年）12月13日
生福島県田村郡滝根村（田村市）　名筆名＝猪狩史山　学東京英語伝習所卒, 東京文学院哲学科〔明治26年〕卒　歴福島県滝根村の商業兼業農家の二男に生まれ、幼年時代から漢籍、書を学ぶ。14歳のとき福島市に養子に出されたが、不満が爆発して養家を脱走したが果さず。しばらく郷里で准教員を務め、明治22年再度出奔。苦学しながら26年東京文学院を卒業し、日本中学校の教師となる。大正3年杉浦重剛が宮御学問所御用掛となり、御進講の「倫理」の草案づくりに着手すると、よき女房役として7年間奉仕。昭和8～17年日本中学校の校長を務めた。著書に「倫理御進講草案」の編纂刊行、「杉浦重剛先生伝」「日本皇室論」「成吉思汗」、「杉浦重剛先生」（大町桂月との共著）など。

井川 洗厓　いがわ・せんがい
日本画家 挿絵画家
明治9年（1876年）5月1日～昭和36年（1961年）10月13日
生岐阜県岐阜市　名本名＝井川常三郎　歴富岡永洗に師事し、日露戦争で応召して帰還後、都新聞社に入社。新聞小説の挿絵を担当し、中里介山「大菩薩峠」が代表作となる。また「講談倶楽部」「キング」「冨士」などにも執筆した。昭和13年以降は挿絵の仕事から離れ、もっぱら美人画を描いた。

井川 忠雄　いがわ・ただお
大蔵省門司税関長 共栄火災海上保険社長
明治26年（1893年）2月15日～昭和22年（1947年）2月18日
学東京帝国大学法科大学政治学科〔大正6年〕卒　歴大蔵省に入り、昭和11年門司税関長を最後に退官。昭和年産業組合中央金庫理事に転じる。15年に来日したカトリック神父のウォルシュとドラウトを通じてウォーカー米国郵政長官及びルーズベルト米国大統領への交渉ルートを摑み、日本の政界・官界の上層部とも連携して日米交渉を開始。野村吉三郎駐米大使や岩畔豪雄陸軍省軍事課長らの協力を得て、16年4月には日米

諒解案の第一案がまとまったが、不首尾に終わり、同年末に太平洋戦争開戦となった。17年共栄火災海上保険社長。21〜22年勅選貴族院議員。

伊木 常誠　いき・つねのぶ
地質学者　東京帝国大学工学部教授
明治5年（1872年）9月8日〜昭和21年（1946年）1月31日
[生]鹿児島県鹿児島郡中郡宇村（鹿児島市）　[専]石油採鉱学　[学]一高本科〔明治27年〕卒, 東京帝国大学理科大学地質学科〔明治30年〕卒　工学博士（東京帝国大学）〔大正15年〕　[歴]明治31年二高教授を経て、34年農商務省地質調査所技師となり、秋田油田や新潟油田の地質調査に従事。大正2年日本石油に鉱業技師長として入社し、同社の発展に貢献。9年東京帝国大学に石油採鉱講座が新設されると初代教授に迎えられた。昭和8年退官。秋田県黒川や新潟県大面などの油田発見者で、石油技術協会会長も務めた。　[勲]勲二等瑞宝章〔昭和8年〕

伊木 寿一　いぎ・ひさいち
日本史学者　東京帝国大学史料編纂所史料編纂官
明治16年（1883年）3月3日〜昭和45年（1970年）11月28日
[生]山口県大津郡三隅村（長門市）　[専]古文書学, 筆蹟・仏像鑑定　[学]東京帝国大学文科大学国史学科〔明治39年〕卒　文学博士（慶応義塾大学）〔昭和15年〕　[歴]明治40年東京帝国大学史料編纂掛嘱託となり、大正14年史料編纂官。「大日本古文書」「伊達家文書」「相良家文書」などの編纂に従事。昭和15年「日本古文書の研究」で文学博士。18年定年退官。その間、国学院大学、慶応義塾大学などの講師を務めた。退官後は聖心女子大学、立正大学各教授に。41年日本古文書学会発足と同時に会長となった。著書に「日本古文書学」「日本書道の変遷」など。

生島 竹雨　いくしま・ちくう
日本画家
明治31年（1898年）11月2日〜昭和18年（1943年）10月14日
[生]島根県松江市　[名]本名＝生島義雄　[学]松江農林高校中退　[歴]早くから浮世絵に興味があり、恩師の勧めもあって松江農林高校を中退後、絵画の勉強のために上京。鏑木清方の画塾に入門し、兄弟子である門井掬水の画風に感銘を受けて画業を研鑽した。大正11年に帰郷、水郷社に拠って画業に邁進したほか、個展も開催。また、版画家の平塚運一らと共に「松江絵を語る会」を興し、その同人となった。松江出身の美人画家の第一人者と称される。

生田 長江　いくた・ちょうこう
評論家　小説家　劇作家　翻訳家　文明批評家
明治15年（1882年）4月21日〜昭和11年（1936年）1月11日
[生]鳥取県日野郡福雨町大字貝原村（日野町）　[名]本名＝生田弘治, 別号＝星郊　[学]東京帝国大学文科大学哲学科〔明治39年〕卒　[歴]馬場孤蝶に師事し、「新声」「明星」に評論、翻訳、美文を発表。明治39年発表の「小栗風葉論」で認められる。40年閨秀文学会を結成し、平塚らいてう、山川菊栄らを教えた。同年「文学入門」を刊行。ニーチェの「ツァラツウストラ」（44年刊）を翻訳するなど評論家、翻訳家、思想家、また劇作家として幅広く活躍した。大正3年森田草平と「反響」を創刊。代表作に評論集「最近の小説家」「超近代派宣言」「徹底人道主義」「宗教至上」などがあり、他にマルクス「資本論」（第1分冊）、「ニイチェ全集」、ダンテ「神曲」などの翻訳、また小説集、戯曲集と著書は数多い。

生田 乃木次　いくた・のぎじ
海軍少佐　日本軍で初めて敵機を撃墜
明治38年（1905年）2月3日〜平成14年（2002年）2月22日
[出]福井県　[学]海兵（第52期）〔大正13年〕卒　[歴]大正14年海軍少尉に任官。海軍大尉だった昭和7年2月22日、三式艦上戦闘機3機を率いて上海の飛行場を発進。間もなく蘇州上空でボーイング戦闘機1機と遭遇してこれを撃墜、日本軍で初めて敵機を撃墜したパイロットとなる。同年12月海軍を退役。14年航空局航空官となり、15年那覇飛行場長。太平洋戦争が勃発すると再び軍に戻り、海軍少佐で敗戦を迎えた。戦後は教育の道に進み、船橋市内に3つの保育園を開園して、平成13年まで園長を務めた。撃墜した敵機の米国人義勇飛行士ロバート・ショート中尉が中国側の避難列車を日本軍が爆撃に来たと思い単身出撃したという事実を知って以来、命日の供養を忘れず、昭和52年にはハワイにある墓地を訪ね、中尉の弟と対面するなど、交流を続けた。平成14年2月22日、撃墜からちょうど70年目の日に心不全のために亡くなった。

生田 和平　いくた・わへい
実業家　衆議院議員
明治10年（1877年）4月26日〜昭和30年（1955年）9月9日
[生]徳島県名西郡石井町　[歴]徳島県石井町議から同町長、名西郡議、徳島県議となり、同県町村会長、全国町村会長の傍ら、麻名用水組合議員、徳島県蚕糸同業組合長、大日本蚕糸会評議員などを務めた。大正6年徳島県から衆議院議員に当選、政友会に属した。戦後（自由党）も含め8回当選。衆議院議員選挙法改正に関する特別委員長、政友会総務などで活躍。その他徳島水力電気、徳島瓦斯、阿波共同製糸、阿南鉄道各取締役社長、四国生糸取締役なども務めた。　[家]息子＝生田宏一（衆議院議員）

井口 賢三　いぐち・けんぞう
畜産学者　北海道帝国大学教授
明治16年（1883年）6月3日〜昭和33年（1958年）12月7日
[生]京都府舞鶴市　[専]家畜飼料学, 家畜分類学　[学]東北帝国大学農科大学〔明治43年〕卒　農学博士（北海道帝国大学）〔大正9年〕　[歴]明治43年東北帝国大学農科大学助手、大正2年助教授を経て、7年北海道帝国大学農科大学の独立により同助教授、13年教授。昭和21年定年退官すると日本獣医畜産専門学校長に招かれ、24年同校が大学に昇格すると初代学長に就任。畜産学、特に乳牛、酪農について先駆的研究を行い、畜牛の分類学的研究でも業績を残した。著書に「乳牛」「畜産飼料学」「畜産学」などがある。

井口 鹿象　いぐち・しかぞう
土木工学者　北海道帝国大学工学部教授
明治20年（1887年）7月8日〜昭和31年（1956年）3月13日
[出]静岡県　[専]構造工学　[学]東京帝国大学工科大学土木工学科〔大正4年〕卒　工学博士　[歴]大正4年内務省に入省。内務部土木課長、昭和5年北海道帝国大学工学部教授。6〜7年ドイツ、イタリア、米国に留学。17年から4年間工学部長を務めた他、土木専門部長を併任。23年室蘭工専校長を経て、34年室蘭工業大学初代学長となった。構造力学者で、平板の曲げ研究の草分け。　[賞]土木学会賞〔大正13年〕

井口 静波　いぐち・せいは
漫談家
明治31年（1898年）3月15日〜昭和43年（1968年）6月13日
[生]東京都　[名]本名＝井口誠一　活動大写真の弁士として活躍したが、大正15年に徳川夢声らと「ナヤマシ会」に参加、松井翠声、牧野周一、大辻司郎、山野一郎らと共に舞台にナンセンスな笑いをふりまいた。昭和8年「ナヤマシ会」は古川緑波の「笑いの王国」に加入、浅草常盤座の旗揚げ公演に出演した。「笑いの王国」が解散すると、寄席などに漫談家として登場、戦後はラジオのお笑い番組などで活躍。

井口 孝親　いぐち・たかちか

社会学者　九州帝国大学法文学部教授
明治21年（1888年）～昭和7年（1932年）11月21日
[学]東京帝国大学法科大学〔大正6年〕卒　[歴]大正6年大阪朝日新聞社に入社するが、7年白虹筆禍事件で長谷川如是閑らに従い退社。8年雑誌「我等」編集に従事した後、同年私費で渡米し、外務省嘱託となる。10年嘱託を解かれ、私費でドイツに留学。12年文部省在外研究員となり社会学研究のため2年間ドイツ・フランスに留学、14年九州帝国大学助教授に就任。留学中に不治の病の宣告を受けスイスの療養所で療養に努める。また、スイス人女性と結婚して一女をもうけたが、昭和4年妻子を残して帰国。5年教授に昇進して社会学講座を担任するも、7年病死した。9年遺著「自殺の社会学的研究」が出版された。

井口 基成　いぐち・もとなり

ピアニスト
明治41年（1908年）5月17日～昭和58年（1983年）9月29日
[生]東京市日本橋区浜町（東京都中央区）　[学]東京音楽学校ピアノ科〔昭和5年〕卒　[歴]姉はピアニストの井口愛子で、妹が弾いているピアノに興味を持ち、大正13年16歳から田中規矩士にピアノを習った。15年東京音楽学校器楽部ピアノ科に入り、高折宮次、レオニード・コハンスキーに師事。昭和5年同校卒業。同年友人のバイオリニスト・橋本国彦と一緒にデビューリサイタルを開催。同年末文部省在外研究員として渡仏、イーヴ・ナットに師事したが、7年腱鞘炎のため帰国。9年東京音楽学校助教授となり、帰国リサイタルを開催。11年沢崎秋子との結婚記念演奏会でローゼンストック指揮の新交響楽団とブラームス「ピアノ協奏曲第二番」を日本初演。15年東京音楽学校教授。18年音楽部門として初めて帝国芸術院賞を受賞した。戦時中は陸軍省の命令で対潜警戒のために兵隊の音感訓練に従事した後、兵隊にとられ、内地で敗戦を迎えた。21年戦時中に軍に協力したとして吊し上げられ、東京音楽学校を依願退官。演奏活動の傍らで、ピアノ楽譜の出版・校訂にも携わる。30年にはピアノの弾き方のメソードをまとめた「ピアノ奏法の段階」を出版、ロングセラーとなった。36年桐朋学園大学の初代学長に就任した。　[家]妻＝井口秋子（ピアニスト）、妹＝井口愛子（ピアニスト）、岳父＝沢崎寛猛（海軍大佐）　[賞]帝国芸術院賞〔昭和18年〕

井口 喜夫　いぐち・よしお

彫刻家
明治33年（1900年）～昭和23年（1948年）
[出]新潟県南魚沼郡大和町浦佐（南魚沼市）　[名]本名＝井口義雄　[歴]幼時から木彫に優れ、彫刻の道に進む。昭和3年29歳の時、第9回帝展に「工の喜び」で初入選。以後、この喜びを記念して名を喜夫と改めた。6年には仏像研究のため中国・インドへ渡る。その後、帝展において「流転」「地上華」「妖耀」「元宵」「熱労」「日月映像」「法輪」「新光」などの力作が連続して入選し、10年帝展招待無鑑査。また日本木彫展にも力作を発表した。郷里新潟県では、「良寛」「上杉謙信」「鈴木牧之」（牧之記念館収蔵）などの像を制作した。

伊黒 正次　いぐろ・まさじ

スキー選手
生年不詳～平成12年（2000年）10月4日
[出]山形県鶴岡市　[学]北海道大学卒　[歴]幼少期に山形から北海道・小樽に移り、小樽中時代にジャンプを始める。日本ジャンプ創成期の名選手で、昭和11年ドイツのガルミッシュ・パルテンキルヘン五輪に出場し74.5メートル、72.5メートルを飛んで7位となる。この記録は、47年の札幌五輪まで日本ジャンプ陣の最高成績だった。全日本スキー連盟副会長、専務理事、顧問を務めた。

池 善二　いけ・ぜんじ

労働運動家　総同盟中央労働組合初代主事
明治35年（1902年）10月～昭和24年（1949年）
[生]北海道　[歴]22歳で総同盟に参加し、以後多くの労働運動の争議指導をする。昭和元年結成された総同盟中央労働組合の初代主事に就任。以後も総同盟解散まで、多くの労働運動を指導した。

池内 宏　いけうち・ひろし

東洋史学者　東京帝国大学名誉教授
明治11年（1878年）9月28日～昭和27年（1952年）11月1日
[生]東京都　[学]東京帝国大学文科大学史学科〔明治37年〕卒　文学博士（東京帝国大学）〔大正11年〕　[置]帝国学士院会員〔昭和12年〕　[歴]大正2年東京帝国大学講師、5年助教授、11年文学博士、14年教授となった。この間、朝鮮総督の依頼により南満州鉄道（満鉄）の満州地理・歴史調査部に赴任、朝鮮・満州の古代・中世史を研究。考証的な満鮮史研究の基礎を築いた。昭和12年帝国学士院会員、13年帝室博物館顧問、14年定年退官、東京帝大名誉教授。著書に「文禄慶長の役」「元寇の新研究」「満鮮史研究」「朝鮮の文化」などがある。　[家]祖父＝池内大学（儒学者）

池尾 芳蔵　いけお・よしぞう

実業家　日本発送電総裁
明治11年（1878年）3月27日～昭和34年（1959年）9月19日
[生]滋賀県草津　[学]東京帝国大学法科大学政治学科〔明治37年〕卒　[歴]通信省、住友鋳鋼所を経て大阪商船に入社、経理課長などを歴任後、大正9年取締役となった。この間、8年に副社長山岡順太郎に従い、創立の日本電力会社専務となり、15年副社長、昭和3年から社長として日電を5大電力の一つに育て上げた。15年退職。電気協会会長も務め、11年電力の国家管理に強く反対、一時法案未成立に追い込んだ。16年日本発送電総裁となり、国策による発送電統合と日発組織の強化に努めた。18年8月退職。戦後26年、新設の関西電力会長に推されたが相談役を務める。

池上 秀畝　いけがみ・しゅうほ

日本画家
明治7年（1874年）10月11日～昭和19年（1944年）5月26日
[生]長野県高遠町　[名]本名＝池上国三郎　[歴]荒木寛畝に入門、南北合派を研究、花鳥、山水画に秀作を残した。明治40年正派同志会第1回展で2等賞銀牌を受賞、43年第4回文展に「初冬」が3等賞、大正5年第10回文展で「夕月」が、6年第11回文展で「峻嶺雨後」が連続特選となる。7年文展審査にあきたらず、対抗的な新結社を創立したが、8年帝国美術院が創設されて、日本画部の推薦となる。12年には帝展委員に任命され、帝展、文展に出品し続けた。傍ら伝神洞画塾を主宰し、後進を育てる。晩年は神宮などへの奉献画を描いた。　[家]父＝池上秀華（日本画家）、妻＝池上緑畝（日本画家）　[賞]文展特選（第10回）〔大正5年〕「夕月」、文展特選（第11回）〔大正6年〕「峻嶺雨後」、文展特選（第12回）〔大正7年〕「四季花鳥」、ニューヨーク万国博覧会四等賞〔昭和14年〕

池口 慶三　いけぐち・けいぞう

薬学者　東京薬学専門学校校長
慶応3年（1867年）4月23日～昭和8年（1933年）12月1日
[生]但馬国美方郡村岡（兵庫県美方郡香美町）　[学]帝国大学医科大学薬学科〔明治23年〕卒　薬学博士〔明治41年〕　[歴]長崎医学専門学校、千葉医学専門学校教授から官吏に転じ、警視庁技師、特許局技師を経て、明治30年内務技師となる。さらに内国製薬常務兼技師長を経て、昭和2年東京薬学専門学校（現・東京薬科大学）校長に就任。医事衛生及び薬学教育に尽力した。著書に「日本薬局方通解」などがある。　[勲]勲二等瑞宝

章〔昭和8年〕

池崎 忠孝　いけざき・ただたか
⇒赤木 桁平（あかぎ・こうへい）を見よ

池沢 青峰　いけさわ・せいほう
日本画家
明治32年（1899年）〜昭和35年（1960年）9月20日
［生］大阪府大阪市　［名］本名＝池沢吉太郎　［歴］蔦谷龍岬に師事。大正10年第3回帝展に「芥川」で初入選。以後、帝展に「明けゆく聖都」「天の川」「姥捨山」などが入選。昭和11年春の改組帝展に「湯治」、新文展にも「賎ケ獄」「湊川」などで入選。戦後、安田靫彦に師事し、再興院展などに入選した。

生悦住 求馬　いけずみ・もとめ
千葉県知事 東京都教育局長
明治33年（1900年）4月26日〜平成5年（1993年）12月13日
［出］三重県　［学］東京帝国大学法科〔大正13年〕卒　［歴］佐賀県知事、文部省社会教育局長、同省科学局長、宮城県知事、千葉県知事などを歴任。他に学徒援護会理事長、日本肢体不自由児協会会長を務めた。東京都教育局長時代の昭和19年、学童疎開を実施した。

池田 永治　いけだ・えいじ
洋画家 漫画家
明治22年（1889年）11月1日〜昭和25年（1950年）12月30日
［出］京都府京都市　［名］本名＝池田永一路、別筆名＝池田永一治、牛歩、田牛、田牛作、牛太郎　［学］太平洋洋画会研究所　［歴］太平洋洋画会研究所で学んだのち「文章世界」など雑誌への投稿や、文展・帝展・太平洋画展への出展を行う。明治43年第4回文展で入賞、のちには文展無鑑査となった。一方で漫画家としても活動し、大正初期には売文社の特約執筆員となって「へちまの花」「新社会」などに寄稿。4年には岡本一平・近藤浩一路らと東京漫画会を結成し、大正から昭和初期にかけての「東京パック」でも絵筆をふるった。昭和6年読売新聞社に入社して「読売サンデー漫画」の中心作家となり、太平洋戦争中には「漫画」誌上で時局漫画を数多く発表。その他、平福百穂・小川芋銭といった洋画家で結成された珊瑚会同人や太平洋美術学校教授などでも活躍。俳画や装丁なども手がけた。

池田 快造　いけだ・かいぞう
洋画家
明治44年（1911年）4月〜昭和19年（1944年）11月7日
［生］広島県三原市　［学］府中中〔昭和3年〕卒、赤松絵画研究所、川端画学校、東京美術学校油画科〔昭和14年〕卒　［歴］中学卒業後、赤松絵画研究所、川端画学校にて学ぶ。昭和13年より光風会展に出品。14年東京美術学校油画科卒業。後に光風会賞を受賞し、同会会友となる。15年光風会展で特賞を受賞。また、文展にも入選を重ねた。　［賞］光風会展光風会賞、光風会展特賞〔昭和15年〕

池田 克　いけだ・かつ
名古屋控訴院検事長
明治26年（1893年）5月23日〜昭和52年（1977年）9月4日
［生］静岡県　［学］東京帝国大学法学部〔大正6年〕卒　［歴］大正6年司法官試補、東京地裁判事、司法書記官などを歴任、昭和10年大審院検事。東京刑事地裁検事正、司法省刑事局長、名古屋控訴院検事長、21年大審次長検事などを歴任、戦時治安立法に参画、思想検事として活躍した。その著に「治安維持法解説」「暴力行為等処罰法解説」、論文「左翼犯罪の覚書」「日共事件関係者身上調査」。また11年に出版した「防犯科学全集・思想犯篇」は転向者について、転向を実現させる取り調べの体系を作り上げたもの。戦後公職追放。解除後、29〜38年最

高裁判事。　［家］兄＝池田宏（神奈川県知事）

池田 克己　いけだ・かつみ
詩人
明治45年（1912年）5月27日〜昭和28年（1953年）2月13日
［生］奈良県　［学］吉野工業学校建築科〔昭和2年〕卒　［歴］昭和6年小学校の恩師植村諦に初めて詩を見てもらい、詩作に励む。9年処女詩集「芥は風に吹かれてゐる」を発刊。11年上林猷夫、佐川英三らと詩誌「豚」を創刊、後「現代詩精神」と改めた。14年徴用令で中国に渡り、16年解除、上海で大陸新報社の記者となり、「上海文学」を創刊、また草野心平らと詩誌「亜細亜」を出した。戦後20年帰国。21年上林、佐川らと「花」を創刊、22年6月小野十三郎、高見順らを編集に加え「日本未来派」を創刊し、編集人となった。詩集に「原始」「上海雑草原」「中華民国居留」「法隆寺土塀」「池田克己詩集」などがある。

池田 亀三郎　いけだ・かめさぶろう
実業家 日本化成社長
明治17年（1884年）5月21日〜昭和52年（1977年）4月2日
［生］山形県酒田市　［学］東京帝国大学工科大学採鉱冶金科〔明治42年〕卒　［歴］明治42年三菱合資に入る。美唄鉄道、三菱化工機、三菱本社などの各取締役を経て、三菱鉱業常務。石油化学の企業化を建言し、昭和9年日本タール工業（のち日本化成から三菱化成となる）を設立し代表取締役、日本化成専務を経て、14年社長に就任。つづいて三菱化成社長となる。戦後公職追放となるが、25年解除。31年三菱油化初代社長になり、44年より会長。

池田 亀治　いけだ・かめじ
衆議院議員 池田銀行頭取
慶応3年（1867年）6月〜昭和9年（1934年）3月8日
［出］出羽国（秋田県）　［歴］秋田県議、県農会長を経て、大正6年衆議院議員に当選。以来連続4期務める。政友会に所属した。帝国農会議員、同評議員、所得調査委員となった。池田銀行頭取も務めた。

池田 亀鑑　いけだ・きかん
国文学者 小説家 東京帝国大学助教授
明治29年（1896年）12月9日〜昭和31年（1956年）12月19日
［生］鳥取県日野郡福成村（日南町）　［名］筆名＝池田芙蓉、青山桜洲、村岡筑水、北小路春房　［専］平安朝文学　［学］東京帝国大学文学部国文学科〔大正15年〕卒 文学博士（東京大学）〔昭和23年〕　［歴］女子学習院助教授を経て、大正15年東京帝国大学文学部副手、昭和9年助教授、30年教授となる。この間、大正大学教授、日本女子専門学校教授、昭和女子大学日本文学科科長、立教大学教授を務める。平安朝文学、特に「源氏物語」の権威で、28年から31年にかけて「源氏物語大成」全8巻を刊行。異本を比較して古典の原型を明らかにする文献批判学研究の第一人者。ほかに「宮廷女流日記文学」「伊勢物語に就きての研究」「古典の批判的処置に関する研究」「平安時代の生活と文学」「研究枕草子」などの著書がある。紫式部学会の創設、雑誌「むらさき」の編集など啓蒙的活動のほか、池田芙蓉などのペンネームを用いて、多くの少年少女小説を発表したこともある。作品に「馬賊の唄」「白萩の曲」「悲しき野菊」「香炉の夢」など。「池田亀鑑選集」（全4巻）がある。

池田 清　いけだ・きよし
大阪府知事 警視総監
明治18年（1885年）〜昭和41年（1966年）1月13日
［出］鹿児島県　［学］東京帝国大学卒　［歴］内務省に入り、警察部長、朝鮮総督府警務局長、大阪府知事などを経て、昭和14年警視総監。太平洋戦争中、海軍司政長官、軍需省軍需官などを歴任。敗戦後公職追放、解除後の27年衆議院議員に当選した。

池田 謙三　いけだ・けんぞう

冶金学者　東北帝国大学工学部教授

明治15年（1882年）9月20日〜昭和28年（1953年）11月9日

[生]秋田県仙北郡高梨村（大仙市）[学]三高〔明治38年〕卒，東京帝国大学工科大学採鉱冶金学科〔明治41年〕卒　工学博士（東京帝国大学）〔大正11年〕[歴]明治41年藤田組技師となり，小坂鉱山では我が国の精錬所で初の3交代制を導入して能率を上げた。大正6年鉱業視察のため渡米。帰国後は銅鉱の生吹き法と製銅転炉方式を実施して大きな成果を収める。昭和3年東北帝国大学工学部教授，10年東京帝国大学教授を経て，北海道帝国大学教授となり，18年秋田鉱山専門学校校長を兼務。秋田大学開設に際して学長事務取扱を務めた。著書に「本邦銅鉱乾式製錬法」「銅製錬」「銅の生産と用途」「人間工学」「地宝と人生」などがある。

池田 虹影　いけだ・こうえい

日本画家

明治25年（1892年）12月16日〜昭和31年（1956年）9月17日

[生]岐阜県郡上八幡[名]本名＝池田晴治郎，旧姓・旧名＝橋本[歴]明治41年京都で竹内栖鳳に師事。大正4年第9回文展に「日午」で初入選。以後、文展で入選を重ねる。9年第2回帝展に「鷲鳥」で入選。昭和11年秋の文展無鑑査展で「游鴨」が入選。のち、池田桂仙の姪である星子と結婚し、13年池田家を嗣ぐ。新文展や日展でも入選した。他の主な作品に「夾竹桃の庭」「涼風」など。

池田 小菊　いけだ・こぎく

小説家

明治25年（1892年）3月15日〜昭和42年（1967年）3月9日

[生]和歌山県[学]和歌山女子師範〔明治45年〕卒[歴]奈良女子高等師範学校訓導時代の大正14年「帰る日」を「朝日新聞」に連載して刊行する。15年志賀直哉を知り、以後師事する。昭和11年「鳩」を発表。13年発表の「奈良」は芥川賞候補作品となる。戦後は22年から37年迄、奈良県民主婦人団体会長に就任。著書に「来年の春」「かがみ」「奈良」「東大寺物語 愛と死」などがある。

池田 作美（1代目）　いけだ・さくみ

木工芸家　金沢美術工芸協会会長

明治19年（1886年）〜昭和30年（1955年）

[生]石川県江沼郡石見村（加賀市）[名]本名＝池田二三吉[歴]木挽業の二男。尋常小学校を卒業後、大阪の木彫師・竹村栄楽に唐木細工を師事。金沢で独立し、大正11年第1回石川県工芸奨励会美術工芸展に入選。14年商工省工芸展に入選し、昭和3年には「黄楊木透彫刻釣香炉」で帝展初入選。9年金沢美術工芸協会発足に際して初代会長に就任。12年の石川県工芸指導所開設にも尽力した。石川県工芸界で指導的な地位にあったが、戦後は戦時下における美術工芸統制に協力したことを深く受け止め、作家活動から手をひいた。代表作に「黄楊木透彫華実春秋文宝石筥」「紫檀硯匣」などがある。

池田 成彬　いけだ・しげあき

実業家　政治家

慶応3年（1867年）7月16日〜昭和25年（1950年）10月9日

[生]出羽国米沢（山形県米沢市）[名]通称＝池田成彬[学]慶応義塾別料〔明治21年〕卒，ハーバード大学〔明治28年〕卒[歴]慶応義塾を経て、明治28年ハーバード大学を卒業。帰国後、福沢諭吉の「時事新報」に入社するが、福沢と合わず退社。同年三井銀行に入り、30年足利支店長、本店営業部長を経て、42年常務、大正8年以降筆頭常務として君臨、同行を金融界のトップに押し上げた。ドイツの金融コンツェルンを研究し、三井財閥の基礎を固めた。昭和8年団琢磨暗殺の後をうけて三井合名常務理事となり、持株公開、三井一族の引退など三井改革

を推進。11年定年制を設け、自ら退いた。12年日本銀行総裁に就任。13年には第一次近衛内閣の蔵相兼商工相を務め、16年枢密顧問官となる。敗戦後、A級戦犯となるが、のち解除。妻・艶子は中上川彦次郎の長女。著書に「財界回顧」がある。[家]父＝池田成章（出羽米沢藩家老）、息子＝池田潔（英文学者）、岳父＝中上川彦次郎（三井元右専務理事）

池田 林儀　いけだ・しげのり

ジャーナリスト　報知新聞編集局長

明治25年（1892年）1月11日〜昭和41年（1966年）7月15日

[生]秋田県[学]東京外国語学校シャム語科〔大正3年〕卒[歴]雑誌「大観」編集者などを経て報知新聞に入り、大隈重信侯の専属記者となった。大正9年第一次大戦後のベルリン特派員となり、14年帰国、「民族優化」の優生運動を展開。昭和8年京城日報主筆兼編集局長となった。14年報知新聞に戻り、編集局長。戦時中は海軍省軍務局嘱託を務めた。戦後公職追放、解除後は秋田魁新報に随筆「話の耳袋」を連載、12年間に及んだ。ドイツ関係の著書や伝記がある。

池田 茂　いけだ・しげる

実業家　安田商事常務　関西銀行専務

明治7年（1874年）6月〜昭和8年（1933年）9月13日

[出]愛媛県[歴]安田銀行に入行。大正9年関西銀行専務に転出。帝国商業銀行取締役支配人を経て、昭和2年安田商事取締支配人となり、のち常務。

池田 紫星　いけだ・しせい

ジャーナリスト　日本海新聞主筆

明治29年（1896年）11月11日〜昭和31年（1956年）5月3日

[出]兵庫県[名]本名＝池田粂郎[歴]「因伯時報」記者を経て、昭和14年に統合された「日本海新聞」主筆となる。コラム「鉛筆塔」などを手がけた。鳥取県立図書館内に読書クラブを作るなど、文化活動にも尽くした。

池田 七郎兵衛　いけだ・しちろうべえ

実業家　衆議院議員　第九十一銀行頭取

明治15年（1882年）6月〜昭和37年（1962年）2月20日

[出]福井県[歴]福井県会議長を経て、昭和12年衆議院議員に当選して1期務め、22年参議院議員に転じ1期。第九十一銀行頭取も務めた。

池田 純久　いけだ・すみひさ

陸軍中将

明治27年（1894年）12月15日〜昭和43年（1968年）4月29日

[生]大分県[学]陸士（第28期）〔大正5年〕卒，陸大〔大正12年〕卒[歴]大正12年軍務局勤務、昭和4年東京帝国大学経済学部に派遣され、7年軍務局に復帰。総動員業務に従事、国策研究会に革新政策の立案を要請するなど新官僚との交流を広げた。9年に陸軍省新聞班が発表した陸軍パンフレットは彼の執筆という。支那駐屯軍参謀を経て、12年8月資源局第1課長、10月企画院調査官。15年奉天特務機関長、17年関東軍参謀副長、19年中将、20年内閣総合計画局長官となった。戦後、極東軍事裁判弁護人を務め、松竹顧問、エチオピア顧問団団長を歴任した。著書に「軍事行政」「陸軍葬儀委員長」「日本の曲り角」などがある。

池田 大伍　いけだ・だいご

劇作家

明治18年（1885年）9月6日〜昭和17年（1942年）1月8日

[生]東京府京橋区銀座（東京都中央区）[名]本名＝池田銀次郎[学]早稲田大学英文科〔明治40年〕卒[歴]早大時代から演劇を志し、明治44年に改組された文芸協会で坪内逍遙会長のもと演芸主任を務める。大正2年無名会を結成し、その第2回公演

に「滝口時頼」を発表。以後「茨木屋幸斎」「西郷と豚姫」「名月八幡祭」「男達ばやり」などを発表。2代目市川左団次のブレーンとして知られ、昭和3年には左団次一座の訪ソ歌舞伎団に文芸部長の格で同行し、訪ソ公演を成功させた。晩年は河竹繁俊に協力して「演劇大事典」の編集に着手した。「池田大伍戯曲選集」、「元曲五種」（復刻）がある。　家甥＝池田弥三郎（国文学者）

池田 忠雄　いけだ・ただお
脚本家 映画監督
明治38年（1905年）2月5日～昭和39年（1964年）5月12日
生東京市京橋区妥女町（東京都中央区）　学早稲田大学仏文科〔昭和3年〕卒　歴直参旗本の家系に生まれ、東京の下町で育った生粋の江戸っ子。早稲田大学在学中から演劇に熱中し、仲間とともに小劇場運動に参加。昭和3年松竹蒲田撮影所の第1期脚本研究生となり、間もなく脚本部員として正式に入社した。第一作は4年公開の大久保忠素監督「円タク坊ちゃん」。以後、脚本家として第一線で才筆をふるい、才気煥発、卓抜なユーモア、都会的な洒落た感覚に優れ、笑劇、風俗喜劇から人情劇、メロドラマまで、同撮影所が必要とした幅広い題材を巧みにこなした。特に小津安二郎監督とのコンビで知られ、「東京の女」「東京の宿」「出来ごころ」「浮草物語」「一人息子」「戸田家の兄妹」「父ありき」といった作品を執筆。他にも野村浩将監督「女学生と与太者」「春江の結婚」「絹代の初恋」、斎藤寅次郎監督「トコ張さん」「男やもめの厳さん」、成瀬巳喜男監督「夜ごとの夢」、島津保次郎監督「家族会議」「男性対女性」「浅草の灯」「日本人」、五所平之助監督「朧夜の女」、渋谷実監督「奥様に知らすべからず」「桜の国」、吉村公三郎監督「暖流」「花」、木下恵介監督「陸軍」などといった日本映画史を彩る作品群で脚本を書いた。戦後も五所監督「伊豆の娘たち」、小津監督「長屋紳士録」、大庭秀雄監督「帰郷」、川島雄三監督「こんな私じゃなかったに」、原研吉監督「黒い罌粟」「路傍の石」などを手がけた。21年監督に転向し、中村登と共同で「お光の縁談」を撮影。さらに22年「新婚リーグ戦」、25年「恋愛教室」、27年「女のいのち」など、生涯に数本の映画を監督した。

池田 種生　いけだ・たねお
教育運動家
明治30年（1897年）11月8日～昭和49年（1974年）12月20日
生兵庫県氷上郡　名本名＝池田胤夫、筆名＝野上荘吉　学姫路師範〔大正8年〕卒　歴小学校訓導講習所に学んで17歳の時、兵庫県氷上郡沼貫第二小学校で先生を経験。大正4年、自由主義教育者・野口援太郎が校長の姫路師範に入り、8年卒業。城崎郡の日高山学校、山奥の同郡八代小学校などで自由教育を実施、視学と対立した。15年に上京、大西伍一と「土の教育」を実践。教員組合・啓明会に入り教育週報の記者などを経て、昭和5年、新興教育研究所に参加、7年、新興教育同盟準備会委員長。戦時中は帝国教育新聞を出し教育の反動化を訴えたが、15年廃刊。戦後22年、週刊教育新聞を編集、中央教育復興会議幹事、産業教育研究連盟顧問などを務めた。著書に「日本教育界暴露記」「プロレタリア教育の足跡」など。

池田 天舟　いけだ・てんしゅう
薩摩琵琶奏者
明治18年（1885年）10月10日～昭和45年（1970年）
生鹿児島県　名本名＝池田政徳　歴児玉天南に師事し、士風琵琶を習得。大正2年東京に移住し、無絃会を創立。のち正絃会を発足させ薩摩琵琶の普及に努めた。13年には日本で初めての琵琶のラジオ放送をおこなった。昭和37年鹿児島県無形文化財の指定を受けた。著書に「無絃」「絃しぐれの記」など。
家義弟＝辻靖剛（薩摩琵琶奏者）

池田 桃川　いけだ・とうせん
中国文学研究家
明治22年（1889年）～昭和10年（1935年）5月12日
生熊本県　名本名＝池田信雄　歴中国文学研究家として早くから知られ、中国に数回遊び、「支那の古代文化と神話伝説」「江南史蹟」などの著書のほか、大衆小説「王昭君」などもある。

池田 篤三郎　いけだ・とくさぶろう
土木技術者 名古屋市水道局長
明治23年（1890年）8月25日～昭和38年（1963年）7月2日
生大阪府泉南郡尾崎村（阪南市）　専上下水道　学岸和田中卒、七高造士館理科甲類卒、東京帝国大学工科大学土木工学科〔大正3年〕卒 工学博士　歴大正3年北海道炭砿汽船に入る。11年大阪市技師、12年岡山市水道拡張工事課長。14年名古屋市水道工事課長となり、昭和3年水道部長、12年水道局長。15年間にわたって名古屋の水道の拡張、下水処理場の創設に尽力、名古屋市の上下水道の基盤を築いた。この間、高級鋳鉄管を開発。またこの鋳鉄管の流量が使用年数に応じて減少することを発見し「池田公式」を考案、これをもとに流量表を作成、発刊した。14年辞任後は中国へ渡り、上海や北京の都市計画に参画。戦後の22年東京量水器工業を設立した他、日本鋼管技術顧問、日本水道協会や日本技術士会の要職、水道顧問技師会初代会長を務めた。　賞土木学会賞〔昭和10年〕「鋳鉄管に於ける流量に就て」

池田 俊彦　いけだ・としひこ
教育家 第二鹿児島中学校長
明治13年（1880年）4月～昭和26年（1951年）9月13日
出鹿児島県　学東京帝国大学卒　歴麻布中学教諭、大正8年学習院教授を経て、昭和4年第二鹿児島中学校長に就任。戦後、鹿児島県教育会長を務めた。著書に「島津斉彬公伝」など。

池田 俊彦　いけだ・としひこ
陸軍歩兵少尉
大正3年（1914年）12月24日～平成14年（2002年）3月1日
生大阪府大阪市　出鹿児島県　学陸士（第47期）〔昭和10年〕卒　歴昭和10年陸軍歩兵少尉に任官、歩兵第一連隊付となる。11年の二・二六事件に最年少の青年将校として参加、当日は栗原安秀中尉、竹嶌継夫中尉、対馬勝雄中尉、林八郎少尉らと共に首相官邸を襲撃した。事件後、軍法会議で無期禁錮刑の判決を受けたが、恩赦令により減刑となり、16年仮釈放。17年日本綿花、21年三幸建設工業に入社。戦後は「生きている二・二六」「その後の二・二六」などを著し、処刑された青年将校たちの遺志を伝えた。

池田 富保　いけだ・とみやす
映画監督
明治25年（1892年）5月15日～昭和43年（1968年）9月24日
生兵庫県美嚢郡中吉川村（三木市）　名本名＝池田民治、芸名＝中村喜当、尾上松三郎、筆名＝長谷部武臣、滝川紅葉、後名＝池田菁穂　学大阪泰西学院中退　歴旅役者の子として生まれ、5歳の時に神戸の相生座で初舞台を踏む。尾上松之助と共演したこともあり小学校時代からかわいがられ、酒屋の店員、映画館事務員などを経験した後、大正8年松之助の紹介で日活の映画俳優となり、中村喜当、のち尾上松三郎を名のった。10年松之助の妹と結婚したが、のち離婚。この頃、監督部に転向し、13年池田富保の名で「渡し守と武士」を監督してデビュー。日活で最初に女形ではなく女優を使った監督とされ、一貫して女優を起用。14年には松之助の出演1000本記念映画「荒木又右衛門」を撮り大ヒットとなった。松之助没後も「大久保彦左衛門」「水戸黄門」「尊王攘夷」などをヒットさせ日活時代劇の首席監督として活躍、また長谷部武臣、滝川紅葉の筆名で脚本も執筆したが、新人監督が台頭する中で次第に埋没し

てゆき、戦時中に至って製作本数の制限もあり日活を解雇された。戦後は池田菁穂と改名、28年綜芸プロと契約して「池田屋騒動」「鞍馬天狗と勝海舟」の2本を立て続けに監督するも、以後はメガホンをとることはなかった。他の作品に「地雷火組」「弥次喜多」「不破数右衛門」「天野屋利兵衛」「赤垣源蔵」などがある。

池田 寅二郎　いけだ・とらじろう
司法官 大審院長
明治12年（1879年）11月～昭和14年（1939年）2月9日
生佐賀県　学東京帝国大学法科大学英法科〔明治36年〕卒 法学博士〔大正7年〕　歴司法省に入り明治38年判事、東京地方裁判所判事、司法省参事官を経て、大正2年欧米、6年中国へ出張、7年法学博士。大審院検事、9年米国出張、10年司法省民事局長、昭和3年大審院判事を経て、11年3月大審院長となった。この間、法律取調委員会幹事、臨時法制調査会幹事、調査委員、臨時委員、法制審議会調査、臨時各委員、法律審議会、法規整備委員会、司法制度調査委員会の各委員を務め各種法律の制定、改正に参画、その資料は東大法学部に収容されている。イギリス法の権威。著書に「国民常識民事法講話」「仲裁と調停」などがある。

池田 仲博　いけだ・なかひろ
侯爵 陸軍中尉 貴族院議員
明治10年（1877年）8月28日～昭和23年（1948年）1月1日
出東京都　名幼名＝博　学陸士卒　歴第15代将軍・徳川慶喜の五男。旧鳥取藩主池田氏14代目当主。明治32年陸軍歩兵少尉となり、のち同中尉に昇進。この間、第一師管軍法会議判士、陸軍幼年学校生徒隊中隊付等を歴任。また、35年～昭和21年貴族院議員を務めた。　家父＝徳川慶喜（徳川第15代将軍）

池田 宣政　いけだ・のぶまさ
児童文学作家
明治26年（1893年）1月20日～昭和55年（1980年）7月14日
生東京府西秋留（あきる野市）　名本名＝池田宜政、筆名＝南洋一郎、萩江信正　学青山師範学校〔大正2年〕卒　歴給仕をしながら正則英語学校夜学で英語を、青山師範学校時代は独語を独習。小学校教員の大正15年「なつかしき丁抹の少年」（単行本「桜ん坊の思ひ出」）を少年倶楽部に投稿。以後、少年小説家として次々と作品を発表。「リンカーン物語」「偉人野口英世」などの伝記もの、南洋一郎の名で「吼える密林」「緑の無人島」などの冒険小説、翻訳の「怪盗ルパン全集」、さらに萩江信正の名でスポーツ物語など旺盛な執筆活動を続けた。

池田 寿夫　いけだ・ひさお
評論家
明治39年（1906年）8月15日～昭和19年（1944年）11月9日
生新潟県新潟市　名本名＝横山敏男　学東京帝国大学農業経済科卒　歴昭和2年東京帝国大学入学後、学内に帝大同人雑誌連盟を組織し、3年「大学左派」を創刊してマルクス主義的文芸評論を発表。4年ナップに加入し、6年コップ機関誌部長となる。8年共産党に入党して検挙され、11年に出獄。出獄後は「批評」などに評論を発表し、やがて満州に渡り同地で死去した。46年、検事局に提出した手記が「日本プロレタリア文学運動の再認識」として刊行された。

池田 秀雄　いけだ・ひでお
衆議院議員 北海道庁長官
明治13年（1880年）2月～昭和29年（1954年）1月20日
出佐賀県　学東京帝国大学英法科〔明治42年〕卒　歴東京朝日新聞記者となる。のち秋田県知事、朝鮮総督府殖産局長、北海道庁長官などを歴任。また広田内閣の商工政務次官、京城

日報社長、民政党総務、改進党顧問などを務める。昭和7年初当選以来、連続4回当選。

池田 不二男　いけだ・ふじお
作曲家
明治38年（1905年）8月8日～昭和18年（1943年）11月27日
生佐賀県　名別名＝原野為二, 金子史郎　学東京高等音楽学院本科声楽部〔昭和5年〕卒　歴東京高等音楽学院在学中は声楽を専攻。昭和5年パーロフォン文芸部にディレクター兼作曲家として入社、原野為二、金子史郎などの筆名で歌謡曲を書きはじめる。8年同社を吸収合併したコロムビアに移り、「恋の鳥」「幌馬車の唄」「花言葉の唄」などの叙情的な流行歌で作曲家としての地位を確立。特に作詞家の高橋掬太郎とは名コンビといわれ「並木の雨」「片瀬波」「七里ケ浜」など数多くのヒット曲を共作、10年には関種子が歌った「雨に咲く花」が大ヒットしたが、やがて戦時体制の強化に伴い、女性が恋に泣くという内向的な歌詞の内容が時節柄好ましくないということで13年に発売禁止となった。同年過労で倒れ帰郷、18年将来を嘱望されながら38歳の若さで亡くなった。他の作品に「東京セレナーデ」「日暮の窓で」「愛のささやき」などがあり、歌手としてのレコードもある。

池田 三千秋　いけだ・みちあき
農民運動家 全農総本部書記
明治35年（1902年）3月15日～昭和45年（1970年）3月8日
生香川県仲多度郡象郷村（琴平町）　学大学中退後、昭和2年日農香川県連合会陶出張所の書記となり、同年の土器争議で検挙される。3年の三・一五事件でも検挙され、4年全農総本部書記となる。6年と13年にも検挙され、16年出獄。戦後は共産党に入党した。

池田 勇八　いけだ・ゆうはち
彫刻家
明治19年（1886年）8月28日～昭和38年（1963年）3月31日
生香川県綾歌郡綾南町（丸亀市）　学東京美術学校彫刻科選科〔明治40年〕卒　歴明治40年東京勧業博覧会で「柔術」が銅牌を受賞。42年文展第3回展に「馬」が初入選。大正5年第10回展「川辺にて」、第11回展「目かくし」、第12回展「麓そだち」が連続特選。5年北村西望らと八手会を、10年曠原社を結成。8年第1回帝展に無鑑査出品し、9年から帝展審査員を務める。10年に第1回個展を開き、昭和16年までに20回を重ねた。10年帝展改組で日名子実三らと第三部会を結成、審査員を務め、16年退会。この間、7年のロサンゼルス、11年のベルリン五輪芸術部門審査員を務めた。戦後は日展に復帰、出品依嘱者となったが、33年からは個展発表に専心。題材を動物に絞り、"馬の勇八""馬八"で知られた。生前企画した「動物彫刻60年回顧展」が没後の38年、日本橋三越で開かれた。　賞文展特選（第10回・11回・12回）〔大正5年・6年・7年〕「川辺にて」「目かくし」「麓そだち」

池田 豊　いけだ・ゆたか
プロ野球審判
明治26年（1893年）～昭和27年（1952年）10月21日
生東京都　学早稲田大学〔大正8年〕卒　歴早大時代の大正6年、芝浦での極東大会、7年マニラの極東大会に二塁手で出場し優勝した。遊撃、三塁の守りも定評があった。東京六大学野球の専属審判員を経て、昭和11年プロ野球誕生と共に名古屋軍の初代監督。12～23年プロ野球連盟審判員、審判長を務めて人気があり、最後の年、名審判員として表彰された。37年殿堂入り。

池田 義信　いけだ・よしのぶ
映画監督 映画プロデューサー

明治25年(1892年)3月10日～昭和48年(1973年)9月1日
[生]長野県長野市宇木町 [名]本名＝池田義臣 [学]電信学校卒 [歴]電信学校を卒業して長野郵便局に勤務するが、文学や演劇に興味を持ち、大正9年劇作家の津村京村を頼って上京。新派の舞台監督であった賀古残夢に師事し、本郷座などで舞台演出を学んだ。9年松竹キネマ蒲田撮影所が開設されると、賀古とともに入所。賀古の下で脚本の執筆や助監督を務めたのを経て、11年本名の池田義臣名義で「生さぬ仲」を監督しデビュー。以後、「許さぬ恋」「祇園夜話」「船頭小唄」など同社の花形スターであった岩田祐吉、栗島すみ子共演による"蒲田調"のメロドラマを中心に年間10本以上を量産するなど観客動員の拡大に大きく貢献した。12年義信に改名。14年には当時人気絶頂期にあった栗島と結婚したが、これを機に彼女の人気が翳るのを恐れた会社側の要請により、しばらくその結婚は秘匿された。昭和3年以降は年4～5本のペースに落ち着いたが、野村芳亭に代わる同社の職人監督として活躍しつづけた。傍ら後進の指導にも当たり、清水宏や佐々木啓祐らを育てた。11年「我が母の書」を最後に監督から管理職に転じ、企画・製作部長などを歴任して城戸四郎所長を助けた。18年松竹京都撮影所所長代理。20年日本映画製作社連合会事務局長に就任し、26年からは映画倫理規程管理委員会副委員長を兼任した。他の監督作品に「不如帰」「現代の女性」「女性の戯れ」「真珠夫人」「女の一生」「青春譜」「いろはにほへど」「永久の愛」などがある。 [家]妻＝栗島すみ子(女優)

池谷 信三郎　いけたに・しんざぶろう
小説家 劇作家
明治33年(1900年)10月15日～昭和8年(1933年)12月21日
[生]東京市京橋区船松町(東京都中央区) [学]東京帝国大学法学部〔大正11年〕中退 [歴]一高時代から小説、詩、短歌などを「校友会雑誌」などに発表。大正11年東京帝国大学に入学したが、休学してベルリン大学に行き、ヨーロッパ文学を吸収する。12年関東大震災で実家が焼失したため帰国、自活を余儀なくされる。14年「時事新報」の懸賞小説に「望郷」が当選、新感覚派の作家としてデビュー。以後作家生活に入る。同年劇団心座を村山知義らと結成し、「三月三十二日」を築地小劇場で上演し、戯曲も執筆するようになる。昭和5年心座が発展的解消した後は、舟橋聖一らと蝙蝠座を結成した。他の代表作に「橋」「有閑夫人」などがあり、「池谷信三郎全集」(全1巻)が刊行されている。

池谷 半二郎　いけたに・はんじろう
陸軍少将
明治33年(1900年)1月25日～昭和59年(1984年)3月17日
[生]静岡県富士郡大宮町(富士宮市) [学]陸士(第33期)〔大正10年〕卒,陸大(第41期)〔昭和4年〕卒 [歴]大正10年陸軍工兵少尉に任官。昭和16年第二十五軍作戦課長となり太平洋戦争のマレー・シンガポール攻略作戦に参加、山下・パーシバル両中将会見に立ち会った。17年整備局交通課長、19年3月第一方面軍参謀、19年12月関東軍第三軍参謀長。20年陸軍少将。同年8月の敗戦後、ソ連に抑留された。25年復員。

池永 浩久　いけなが・つねひさ
映画製作者 日活撮影所長
明治10年(1877年)3月24日～昭和29年(1954年)3月6日
[生]大分県下毛郡 [名]本名＝池永三治,前名＝沢田憲 [歴]はじめ軍人を志し、陸軍士官学校受験するが失敗。次いで税関吏となり神戸税関に勤めたが、明治33年海運業界に転じ、34年には壮士芝居改正義団の俳優となった。43年沢田憲の芸名で京都公演中に千本座の経営者だった牧野省三を知り、その紹介で横田永之助製作の映画に出演。41年横田商会に入社し、大正元年横田、吉沢、M・パテー、福宝堂の4社が合併して日本活動写真(日活)ができると、京都撮影所の総務に抜擢された。12年には大スターにして撮影所長であった尾上松之助の重役昇進を受けて所長に就任。以後、村田実、伊藤大輔、内田吐夢、溝口健二、池田富保といった名監督や松之助、大河内傳次郎、阪東妻三郎、片岡千恵蔵、小杉勇、入江たか子といった名優を擁し、無声映画末期に日活の全盛時代を現出させた。また天神髭をたくわえた国士風の容貌ながら所員を厚く思いやり、"連隊長""天神さん"の愛称で親しまれた。同年関東大震災で被災し、設備などに大打撃を受けた同社向島撮影所の所員や俳優たちを京都に移動させるのに奔走。15年重役に昇進。昭和7年従業員の解雇を盛り込んだ同社の経営再建策に端を発する日活争議ののち退社し、8年太秦発声の創立に参画して重役となる。12年同社が東宝傘下に入ってからは東宝の重役として遇された。15年映画関係物故者の全霊を合祀するため、大手映画会社5社の賛同を得て大日本映画大道会を設立し、上京区の自宅に祭壇や集会所を設置。19年には戦災で類焼するのを避けるため、同区内にある法輪寺(達磨寺)に祭壇を移した。戦後、24年東宝取締役を辞任。

池長 孟　いけなが・はじめ
南蛮美術研究家
明治24年(1891年)11月24日～昭和30年(1955年)8月25日
[生]兵庫県神戸市 [学]京都帝国大学仏法科・文科卒 [歴]兵庫県の素封家の一人息子として生まれる。大正5年植物学者・牧野富太郎が借金返済のために売らざるを得なくなった標本30万点を買い取り、植物研究所を設立して散逸を防いだ。12年父の後を継ぎ、私立育英商業学校校長兼校主に。昭和2年から南蛮・紅毛美術の蒐集を始め、名画「泰西王侯騎馬図」「南蛮屛風」や「聖フランシスコ・ザビエル像」も入手。15年のちの新神戸駅付近に南蛮美術館を開く。戦後神戸市に美術品を委譲。「南蛮美術総目録」を残した。

池中 康雄　いけなか・やすお
マラソン選手
大正3年(1914年)～平成4年(1992年)3月14日
[出]大分県中津市 [学]東洋大学卒 [歴]大学在学中の昭和10年、マラソンで2時間26分44秒の世界最高記録を出しながら、翌年のベルリン五輪は急性じん臓病で出場を取りやめ、次の東京五輪は戦争で開催されず"非運のマラソンランナー"といわれた。戦後は母校(現・中津南高校)や中津工業高校で国語教師として教壇に立つ傍ら、選手育成に情熱を注ぎ、別府大分毎日マラソンの実現に尽力、郷土の優秀選手に贈る池中賞を設けた。

池原 英治　いけはら・えいじ
鉄道技師 鉄道省建設局計画課長
明治20年(1887年)8月10日～昭和8年(1933年)4月21日
[生]新潟県 [専]トンネル工学 [学]東京帝国大学土木工学科〔明治44年〕卒 [歴]明治44年鉄道院建設部に入る。大正5年秋田建設事務所に転任、羽越北線雄物川橋梁工事の工区主任となり、6年鉄道技師に昇任し羽越南線折渡トンネルの難工事、生保内線直轄工事を担当。12年本省に帰任し欧米に留学、15年帰国。昭和2年熱海建設事務所所長となり、東海道線丹那トンネル工事に携わる。4年建設局計画課長に転じた。日本の鉄道建設工事、特にトンネル工学の権威として知られ、公務の傍ら、土木学会の役員として土木技術界に貢献した。著書に「鉄道工学特論」がある。

池本 甚四郎　いけもと・じんしろう
衆議院議員 大政翼賛会副会長
明治23年(1890年)11月～昭和39年(1964年)1月30日
[出]京都府 [学]山口高等商業学校卒 [歴]小倉村議,村長を経て、昭和2年京都府議に当選、のち議長も務めた。日本初の国営干拓事業となった巨椋池干拓事業の実現に尽力。11年より衆議

院議員に3選。大政翼賛会副会長に就任するが、戦後A級戦犯となり公職を追われた。

池山 栄吉　いけやま・えいきち
仏教学者 大谷大学教授
明治6年（1873年）〜昭和13年（1938年）11月8日
[生]東京都　[学]ドイツ協会学校卒　[歴]明治31年宗教法案反対運動に活躍。33〜35年大谷派本願寺から欧州留学のためドイツに派遣される。36年より社会事業を目指すが挫折、38年六高教授となる。大正13年甲南高校に転任、昭和4年大谷大学教授。著書に「ドイツ語訳歎異抄」「意訳歎異抄」「絶対他力と体験」「ありそなこと南無阿弥陀仏」他。

生駒 長一　いこま・ちょういち
部落解放運動家
明治38年（1905年）1月20日〜昭和20年（1945年）9月30日
[生]愛知県名古屋市西区平野町　[学]小卒　[歴]小学校卒業後陶器下絵工として働き、大正12年愛知県水平社結成とともに運動に参加、県水執行委員を経て、愛知青年連盟委員。昭和3年全国水平社中央委員、5年豊橋連隊差別糾弾闘争では北原泰作らと現地指導。7年全水解消闘争委員会結成で中央準備委員となり、コップ愛知地協に参加、アナキスト系の全水青年連盟、全水解放連盟で活動、のちボル派に転じた。15年北原泰作らの部落厚生皇民運動に参加、同年8月全水から除名され、愛知県水平社を解散させた。戦後、部落解放運動再発足に参画、生涯を水平社運動にささげた。

生駒 雷遊　いこま・らいゆう
映画弁士
明治28年（1895年）〜昭和39年（1964年）12月2日
[生]岡山県　[名]本名＝生駒悦　[歴]大正末から東京浅草を中心に、無声映画時代の人気弁士として活躍。その美声と美文調のうたい文句で大衆を魅了、特に外国映画の説明がうけ「ああ、春や春、春南方のローマンス」の名文句が有名。当時、徳川夢声が山手派なら、雷遊は下町派といわれた。大正15年夢声らの「ナヤマシ会」に参加、昭和8年には古川緑波の「笑いの王国」にも入って舞台にも出演するなど、映画がトーキーになってからは俳優業に転じた。緑波が東宝へ移り、「笑いの王国」も解散、一時は自分で一座を組織したが成功しなかった。晩年は無声映画鑑賞会などに出演して、往年の名調子を聞かせた。

井坂 孝　いさか・たかし
実業家 枢密顧問官
明治2年（1869年）12月8日〜昭和24年（1949年）6月19日
[生]常陸国（茨城県水戸）　[学]帝国大学法科大学〔明治29年〕卒　[歴]明治29年東洋汽船に入り、41年専務。大正3年辞職、4年横浜火災保険に迎えられ専務、9年社長。第一次大戦後、破産した七十四銀行の整理に当たり、横浜興信銀行を設立し副頭取から頭取に就任。10年から横浜商工会議所会頭を務め、関東大震災後の横浜の復興に尽力。昭和7年東京瓦斯社長、他にホテル・ニューグランド社長、横浜船渠会長、日本郵船取締役なども兼任した。戦中、戦後、日本工業倶楽部理事長、枢密顧問官などを歴任した。

井阪 豊光　いさか・とよみつ
衆議院議員
明治14年（1881年）12月〜昭和41年（1966年）2月26日
[出]大阪府　[歴]大正9年衆議院議員初当選、以来当選7回。この間岡田内閣の外務政務次官、鉄道会議議員などを歴任。

伊坂 秀五郎　いさか・ひでごろう
衆議院議員
明治11年（1878年）12月〜昭和15年（1940年）12月17日

[出]三重県　[学]慶応義塾　[歴]若松村長、三重県議、県会議長、鉄道会議議員を歴任。大正9年衆議院議員初当選。以来通算4期務めた。

伊沢 ヱイ　いざわ・えい
女子体育指導者 東京女子体操音楽学校教授
明治18年（1885年）〜昭和40年（1965年）1月2日
[生]香川県坂出町　[学]東京女子体操音楽学校〔明治45年〕卒　[歴]明治45年母校の東京女子体操音楽学校の教授となり、同郷の先輩である藤村トヨ校長を助ける。昭和4年ドイツに留学、体操とダンスを研究、帰国後、ダンスと体操をミックスした女子体育運動の新分野を開拓、全国に普及させた。藤村の死後、後継者として、東京女子体育短期大学、藤村女子高校の校長を務めた。

五十沢 二郎　いざわ・じろう
編集者 作家
明治36年（1903年）〜昭和23年（1948年）
[生]神奈川県　[名]本名＝伊沢二郎　[学]慶応義塾大学中退　[歴]昭和5年やぽんな書房を創立し、文芸雑誌「古東多万」など発行。「日本古典書目索引」の編纂、渋沢栄一、阪谷芳郎の伝記作成なども手がける。著書に「伎道一夕話」「新約列子」「中国聖賢のことば」など。

伊沢 多喜男　いざわ・たきお
枢密顧問官 貴族院議員（勅選）
明治2年（1869年）11月24日〜昭和24年（1949年）8月13日
[生]信濃国高遠（長野県伊那市）　[学]帝国大学法科大学政治学科〔明治28年〕卒　[歴]明治39年内務省に入り、和歌山・愛媛・新潟などの各県知事、警視総監を経て、大正13年台湾総督となり、15年東京市長、昭和15〜22年枢密顧問官などを歴任。この間、大正5年〜昭和16年勅選貴族院議員。政党には籍を置かなかったが民政党を応援し、政党政治を支持、枢密院では軍部の専横や対米戦争に反対し続けた。また、浜口雄幸が襲撃された直後には幣原外相を首相代理に据え、岡田内閣の成立に際しては後藤文夫らと謀り、純官僚内閣を誕生させるなど政ッ界黒幕として活躍した。戦後22年公職追放。　[家]兄＝伊沢修二（音楽教育家）、息子＝飯沢匡（劇作家）

石井 秋穂　いしい・あきほ
陸軍大佐
明治33年（1900年）11月2日〜平成8年（1996年）8月25日
[生]大阪府大阪市　[出]山口県　[名]旧姓・旧名＝大田　[学]陸士（第34期）〔大正11年〕卒、陸大（第44期）〔昭和7年〕卒　[歴]大正11年陸軍歩兵少尉に任官。昭和12年支那駐屯軍参謀、13年北支那方面軍参謀を経て、14年陸軍省軍務局課員となり、太平洋戦争前の政策立案などに当たる。16年陸軍大佐に進級。同年南方軍参謀。17年結核を発病、18年からは陸軍大学校教官の傍らで療養生活を送った。20年予備役に編入。

石射 猪太郎　いしい・いたろう
外交官 外務省東亜局長
明治20年（1887年）2月6日〜昭和29年（1954年）2月8日
[生]福島県　[学]東亜同文書院商務科（上海）〔明治41年〕卒　[歴]南満州鉄道（満鉄）に4年勤めた後、家業を継ぐが、その家業が不振になったため、独学で高等文官試験の準備をして大正2年合格。さらに4年には外交官試験に合格して外務省に入る。領事官、書記官、吉林総領事、上海総領事を経て、昭和12年東亜局長に就任。この間、日中戦争不拡大に努めた。13年駐オランダ公使、15年駐ブラジル大使、19年駐ビルマ大使となるが、敗走のうちに終戦を迎える。戦後は21年公職追放、25年解除後、東邦研究所を設立。また幣原平和財団理事として、幣原喜重郎の伝記の編纂に当たった。

伊志井 寛　いしい・かん

俳優

明治34年(1901年)2月7日～昭和47年(1972年)4月29日

生東京市牛込区神楽坂(東京都新宿区)　名本名＝石井清一、前名＝竹本津駒太夫　歴少年時代は商家に奉公、大正8年文楽座の3代目竹本津太夫に師事。11年松竹蒲田撮影所に入社。帝キネ、東邦映画などを経て、昭和2年新劇協会、翌年花柳章太郎の新派座に参加、新派の花形となる。13年から新生新派で活躍し、戦後は24年劇団新派に改組し大幹部を務めた。「婦系図」の主税は当たり役で、現代劇「明日の幸福」、テレビの「カミさんと私」シリーズなどに主演した。　家父＝三升家小勝(4代目)、妻＝三升延(小唄三升派家元)、長女＝石井ふく子(テレビプロデューサー)

石井 菊次郎　いしい・きくじろう

外交官 子爵 枢密顧問官 貴族院議員(勅選)

慶応2年(1866年)3月10日～昭和20年(1945年)5月25日

生上総国長生郡真名村(千葉県茂原市)　名旧姓・旧名＝大和久　学帝国大学法科大学〔明治23年〕卒　歴明治23年帝国大学法科大学を卒業し、外務省に入省。同期に伊集院彦吉と秋山雅之介がいた。清国公使館に勤務中の33年、北清事変に遭遇して北京で籠城を経験。33年総務局電信課長、35年人事課長兼務、同年取調課長兼務、37年通商局長を経て、41年第一次西園寺内閣、第二次桂内閣で外務次官。45年駐フランス大使に転出、大正4年第二次大隈内閣の外相に就任。この間、明治44年男爵、大正5年子爵。同年勅選貴族院議員、6年駐米大使となり、ランシング国務長官との間で日本が満蒙において特殊権益を持つことを米国に認めさせた石井・ランシング協定を締結。9年再び駐フランス大使。10年から国際連盟理事会日本代表、昭和2年枢密顧問官を務めた。20年5月の東京大空襲で戦災死した。著書に「外交余録」「外交随想」がある。　家養父＝石井邦猷(元老院議官)　勲勲一等旭日大綬章〔大正4年〕

石井 絹治郎　いしい・きぬじろう

実業家 大正製薬創業者

明治21年(1888年)2月14日～昭和18年(1943年)5月9日

生香川県三豊郡比地二村(三豊市)　学神田薬学校(現・明治薬科大学)〔明治39年〕卒　歴尋常小学校卒業後、菓子卸業に奉公に出たが、明治34年上京する本家に同行し、馬喰町の薬業・桃春堂や神田の大木商店で働いた後、神田薬学校(現・明治薬科大学)の夜学に通い、18歳で薬剤師の国家試験に合格。20歳にならないと免状は交付されなかったため、下宿していた宮内省侍医・岡氏の計らいにより同省侍医寮薬局で実習を受け、小川正孝東京高等師範学校教授の下で助手を経験。41年満20歳になったため牛込左内町に泰山堂薬局を開業。大正元年大正製薬所を設立し、「体素」「ヘモグロビンエキス」「ヘモグロビン菓子」などの製造販売を開始。4年には薬局を譲渡して製薬業務に専念。昭和3年株式会社化。この間、大正15年東京府薬剤師会会長、昭和4年日本薬剤師会副会長を務め、薬剤師の業権拡張に尽力。売薬法改正にこぎ着け、薬剤師の地位向上に大きく貢献した。12年衆議院選挙に立候補した。

石井 教道　いしい・きょうどう

仏教学者 大正大学教授

明治19年(1886年)12月23日～昭和37年(1962年)8月9日

生愛知県葉栗郡　名号＝鴨水　専浄土宗学、華厳学　学宗教大学専門部分校に学ぶ　歴明治28年仏門に入り、京都永養寺俊竜の門弟となった。宗教大学専門部分校から研究科に学んで、華厳学、浄土宗学を学び、密教学、唯識学、円頓戒も修める。大正5年比叡山大学に勤め、9年仏教専門学校教授、12年宗教大学教授を歴任。さらに昭和元年宗教大学が大正大学となってその教授、17年浄土学科主任教授となった。33年退

任、名誉教授。晩年京都の仏教大学でも教鞭を執った。浄土宗学、特に選択集の研究に書誌学的、思想史的研究方法を導入。著書、編著に「浄土の教義と其教団」「法然上人の日本的宗教」「選択集の研究 註疏篇」「選択集の研究総集篇」「選択集全講」「昭和新修法然上人全集」などがあり、没後、華厳学の造詣を示す学位論文「華厳教学成立史」が出版された。

石井 国次　いしい・くにじ

教育家 宮中顧問官

明治7年(1874年)11月3日～昭和29年(1954年)3月3日

生茨城県　学東京高等師範学校(現・筑波大学)研究科卒　歴福岡県豊津中学校教諭の後、東京高等師範学校研究科で学び、明治35年学習院教授となる。38年初等科主任、大正8年初等科科長に進んだ。この間、大正3年4月から東宮御学問所御用掛となり8年6月まで務めた。9年欧米各国視察のため1年間出張。昭和11年2月依願免官、宮中顧問官となる。

石井 幸之助　いしい・こうのすけ

写真家

大正5年(1916年)3月2日～平成9年(1997年)12月10日

生東京市四谷区荒木町(東京都新宿区)　歴昭和7年都新聞(現・東京新聞)写真部に入る。11年の二・二六事件の頃から報道カメラマンとして本格的に活動し、16年陸軍報道班員として徴用され、マレー方面に派遣される。17年シンガポール陥落後、山下奉文将軍が英軍のパーシバル中将に「無条件降伏、イエスかノーか」と迫った歴史的写真を撮影。以後、中国大陸や千島列島での従軍撮影を行い、20年4月占守島から内地に戻る際に乗艦が潜水艦に撃沈されたが、九死に一生を得て復員。戦後は内閣総理大臣官邸初代写真室長に就任、総理専属カメラマン第一号として佐藤栄作、田中角栄、三木武夫、福田赳夫、大平正芳、鈴木善幸と6人の歴代首相を撮り続けた。

石井 小浪　いしい・こなみ

舞踊家

明治38年(1905年)3月15日～昭和53年(1978年)2月9日

生東京都　名本名＝高原千代　歴15歳の時、義兄石井漠に踊りを習い、大正11年帝劇での石井漠渡欧記念舞踊公演「沈める寺」「若きケンタウルとニンフ」で初舞台を踏んだ。同年暮れ、石井漠と同行渡欧し、ヨーロッパ各地で日本の創作舞踊を披露。15年4月米国を回って帰国、その後は石井漠舞踊詩研究所に属し、崔承喜らと共に石井漠諸作品に出演。昭和3年独立し、同年9月30日、石井小浪舞踊研究所第1回公演を行い、以後自由が丘で舞踊教育に専心した。門下から谷挑子、アキコ・カンダ、石井綾子、佐藤典子ら多くの第一線舞踊家を輩出した。　家義兄＝石井漠(舞踊家)

石井 三郎　いしい・さぶろう

衆議院議員

明治13年(1880年)2月～昭和23年(1948年)3月25日

出茨城県　学中央大学　歴大正9年衆議院議員初当選、以来当選5回。この間斎藤内閣、岡田内閣の陸軍参与官を歴任。

石井 四郎　いしい・しろう

陸軍軍医中将

明治25年(1892年)6月25日～昭和34年(1959年)10月9日

生千葉県　専細菌学　学四高卒、京都帝国大学医学部〔大正9年〕卒 医学博士(京都帝国大学)〔昭和2年〕　歴大正9年京都帝国大学医学部を卒業、10年陸軍軍医となる。昭和2年細菌学で医学博士号を取得。3～5年欧州へ出張。早くから細菌戦に着目し、7年防疫研究室を創立、8年同主幹。大量の細菌培養を可能にする「石井式培養缶」や戦場での飲料水供給のため「石井式無菌濾水機」を開発。11年関東軍防疫部長となり、14年ノモンハン事件に従軍。15年関東軍防疫給水部長。17年

第一軍軍医部長、20年4月陸軍軍医中将に進み関東軍防疫給水部長に復帰。8月ソ連参戦により帰国。関東軍防疫給水部本部(満州第七三一部隊)を中心に、多くの研究者を動員して細菌戦研究に従事。捕虜やスパイ容疑で逮捕した人々を"マルタ"と呼び、生体解剖など非人道的な人体実験の材料にし、また実際に細菌戦を行った。戦後は米国に研究データを提供、その見返りとして同部隊関係者は戦争犯罪人として裁かれることはなかった。

石井 鶴三　いしい・つるぞう
彫刻家 洋画家 版画家
明治20年(1887年)6月5日〜昭和48年(1973年)3月17日
[生]東京府下谷区仲御徒町(東京都台東区) [学]東京美術学校彫刻科〔明治43年〕卒, 東京美術学校研究科〔大正2年〕修了 [資]日本芸術院会員〔昭和25年〕 [歴]日本画家・石井鼎湖の三男で、長兄は洋画家・石井柏亭。明治30年父が亡くなり矢橋家の養子となるが、37年石井家に戻る。早くから彫刻家を志し、同年から小山正太郎の画塾・不同舎で素描を、高村光太郎門下の加藤景雲に木彫を学ぶ。43年東京美術学校彫刻科を卒業し、44年第5回文展で「荒川嶽」が入選、新進彫刻家として注目される。大正2年東京美術学校研究科修了。この間、明治39年〜大正2年北沢楽天主宰の「東京パック」記者として漫画を描いた。3年再興された院展に参加、4年日本美術院研究所に入り中原悌二郎や戸張孤雁らと研鑽を積んだ。5年第3回院展に「中原氏像」他を出品して日本美術院同人となり、長年院展彫塑部の中心的作家として活躍した。また、二科展に水彩を出品し、5年第3回展では二科賞を受賞。10年日本水彩画会会員、11年日本創作版画協会会員、13年春陽会会員、昭和16年日本版画協会会長となるなど、水彩画、版画界でも活動。挿絵にも独特の境地を開き、吉川英治「宮本武蔵」、中里介山「大菩薩峠」、直木三十五「南国太平記」、子母沢寛「国定忠治」「父子鷹」など、新聞や小説の挿絵を多数描いた。25年日本芸術院会員。この間、大正15年〜昭和12年自由学園の美術教師を務め、19年横山大観の推薦で母校・東京美術学校教授となり後進の育成に努めた。34年退官。彫刻の代表作に「母古希像」「俊寛」。随筆集「凸凹のおばけ」もある。平成6年没後20年を記念して「石井鶴三のすべて」展が開催された。 [家]父＝石井鼎湖(日本画家), 兄＝石井柏亭(洋画家), 祖父＝鈴木鵞湖(日本画家) [賞]二科展二科賞(第3回)〔大正5年〕

石井 滴水　いしい・てきすい
挿絵画家
明治15年(1882年)〜昭和20年(1945年)
[生]東京都 [歴]鏑木清方に師事し日本画を学ぶ。帝展にも入選するが、のち絵本や挿絵を中心に活動。挿絵担当に「宮本武蔵」がある。

石井 直三郎　いしい・なおさぶろう
歌人 八高教授
明治23年(1890年)7月18日〜昭和11年(1936年)4月23日
[生]岡山県小田郡矢掛村 [名]筆名＝青木小四郎, 号＝直樹 [学]六高卒, 東京帝国大学文科大学国文科〔大正3年〕卒 [歴]東京帝国大学在学中の大正元年、日夏耿之介らと「聖杯」を創刊して翻訳や短歌を発表。以後「車前草」「水甕」に参加。錦城中学講師を経て、大正5年万朝報社に入社し、8年東京帝室博物館嘱託、9年八高教授に就任。この間、「西洋美術史」などを刊行。14年愛知県下の学生、卒業生を会員とした「青樹」を創刊し、また八高短歌会の指導にあたった。昭和6年歌集「青樹」を刊行。他の歌集に「青樹以後」がある。

石井 漠　いしい・ばく
舞踊家
明治19年(1886年)12月25日〜昭和37年(1962年)1月7日
[生]秋田県山本郡下岩川村(三種町) [名]本名＝石井忠純, 前名＝石井林郎 [専]創作バレエ [学]秋田中中退 [歴]日本の創作舞踊の先覚者。明治44年帝劇歌劇部第1期生になり、G.V.ローシーからダンス・クラシックを学び、石井林郎の名で帝劇オペラに出演した。大正5年退団し、山田耕筰の移動劇団「新劇場」に参加、自分の創作舞踊を「舞踊詩」と命名して発表するが理解されなかった。11年〜15年海外で真価を問うべく欧米巡業、成功をおさめ、"ニジンスキーに匹敵する"と評された。昭和3年東京・自由が丘に石井漠舞踊研究所を設立、石井みどりらほか多くの後進を育て創作舞踊を根づかせた。日本芸術舞踊家協会(のち全日本芸術舞踊協会, 現・現代舞踊協会)初代会長。代表作に「山に登る」「人間釈迦」など。 [家]妹＝石井小浪(舞踊家), 長男＝石井歓(作曲家), 三男＝石井真木(作曲家), 娘＝石井カンナ(舞踊家), 孫＝石井淳(作曲家), 姪＝石井綾子(舞踊家)

石井 柏亭　いしい・はくてい
洋画家 美術評論家 詩人
明治15年(1882年)3月28日〜昭和33年(1958年)12月29日
[生]東京市下谷区仲御徒町(東京都台東区) [名]本名＝石井満吉 [学]東京美術学校(現・東京芸大)西洋画科選科〔明治38年〕中退 [資]帝国芸術院会員〔昭和12年〕, 日本芸術院会員〔昭和24年〕 [歴]10歳ごろから父・鼎湖に日本画を学ぶ。明治28年中学を中退し、印刷局彫版見習工となる。水彩画を独習し、31年浅井忠に入門して明治美術会、太平洋画会に出品。一方35年新日本画の无声会会員。37年中央新聞に挿絵画家として入社、同年東京美術学校に入学するが、翌38年眼病のために新聞社も学校も辞め療養。40年第1回文展に「姉妹」「千曲川」を出品。43〜45年渡欧。大正2年日本水彩画会を創立、3年の二科会創立に参加した。昭和11年一水会を創立し、12年帝国芸術院会員となる。戦後、日展常務理事、日本芸術院会員。代表作に「麦秋」「パリの宿にて」「ドイツの女」など。また、絵画のほか詩人としては「明星」に作品発表したのが出発で、明治40年画友山本鼎らと美術雑誌「方寸」を創刊。詩や小品文、評論を旺盛に発表。木下杢太郎をはじめ、多くの詩人、画家に影響を与えた。著書も「欧州美術遍路」「マネ」「浅井忠」「日本絵画三代志」など数多くある。 [家]父＝石井鼎湖(日本画家), 弟＝石井鶴三(彫刻家・画家), 祖父＝鈴木鵞湖(日本画家)

石井 筆子　いしい・ふでこ
女子教育家 滝乃川学園園長
文久1年(1861年)〜昭和19年(1944年)1月24日
[生]肥前国大村(長崎県大村市) [名]旧姓・旧名＝渡辺 [歴]肥前大村藩士で男爵となった渡辺清の長女。幼少から英語、フランス語、オランダ語に堪能で、明治13年大村藩主と共にイタリア、フランスに留学。17年官吏・小鹿島果と結婚。18年華族女学校で教鞭を執り、その後附属幼稚園主事を兼務、木村貞子と大日本婦人教育会設立に奔走するなど、女子教育の普及に尽力した。30年夫が死亡。31年津田梅子と共に米国デンバーで開かれた婦人倶楽部万国大会に出席、シカゴの孤児院、身体障害者の学校、身体障害者の家などを見学して帰国。32年華族女学校を退職、宗教学校静修女学校校長となるが、数年後に閉校。のち知的障害を持つ娘を預けていた滝乃川学園に関わるようになり、36年同学園創立者・石井亮一と再婚。保母養成部で英語、歴史、習字、裁縫などを教えた。大正9年学園の火事により片足を痛め不自由の身となったが、昭和12年亮一の死後園長に就任、障害者の福祉と教育に努めた。著書に「火影」「過ぎし日の旅行日記」など。学園に残る愛用したピアノの復元がきっかけとなり、平成13年「天使のピアノ 石井筆子の生涯」が出版される。 [家]夫＝石井亮一(社会事業家), 父＝渡辺清(貴族院議員)

石井 政一　いしい・まさかず
弁護士 福島県知事
明治31年（1898年）2月28日〜平成9年（1997年）2月24日
出奈良県　学東京帝国大学法学部〔大正12年〕卒　歴戦前岡山県警察部長、内務省土木局港湾課長、厚生省生活局長などを歴任。昭和19〜20年福島県知事。退任後郷里の奈良で弁護士を開業、同県社会福祉協議会長などを務めた。

石井 光雄　いしい・みつお
日本勧業銀行総裁
明治14年（1881年）2月〜昭和41年（1966年）3月17日
生三重県　学京都帝国大学独法科〔明治39年〕卒　歴明治39年神戸地方裁判所検事となったが、辞職して朝鮮咸鏡農工銀行に勤め、その後朝鮮銀行に移り、大阪、東京各支店長、朝鮮殖産銀行理事を経て、日本勧業銀行に転じた。昭和2年副総裁となり、金融恐慌時の混乱を乗り切って、11年総裁となった。16年辞任、戦後は日立製作所顧問などを務めた。

石井 茂吉　いしい・もきち
印刷技術者
明治20年（1887年）7月21日〜昭和38年（1963年）4月5日
生東京府北豊島郡王子（東京都北区）　学東京帝国大学工学部機械科〔明治45年〕卒　歴明治45年大学を卒業して神戸製鋼所に入社。大正12年星製薬に移るが、13年退社して森沢信夫と共に邦文写真植字機の開発に取り組み、14年試作機を完成させる。15年東京・王子に石井写真植字機研究所を創立。昭和3年商工省から発明奨励金を受けて写植機の試作に没頭し、4年には写植実用機を開発して共同印刷、凸版印刷、日清印刷など各社に納品した。6年には潮汐表の組版のため海軍水路部に写植機を納め、同年恩賜奨励金を受けた。その後も写植機や写植文字の開発を進め、11年「A型機」、17年「SK1号機」を完成。戦時中は軍需生産への転換を拒否するが、20年4月の空襲により工場を失った。戦後、森沢と再度提携して写植機の生産及び写植文字の開発を再開し、22年石井細明朝体を製作。25年社を株式会社写真植字機研究所（写研）に改組し、社長に就任。27年から諸橋轍次『大漢和辞典』の原字5万字を製作。29年「SK2型機」、30年「SK3型機」、33年「SK4-E型機」を次々と開発するなど植字機の改良に尽力。35年写真植字機の発明と石井文字制作により菊池寛賞を受賞した。　賞毎日印刷賞（第1回）〔昭和14年〕「邦文写真植字機の発明」

石井 亮一　いしい・りょういち
社会事業家
慶応3年（1867年）5月25日〜昭和12年（1937年）6月13日
生肥前国佐賀（佐賀県佐賀市）　学築地立教学校（現・立教大学）〔明治23年〕卒　歴肥前佐賀藩士の子で、鍋島家奨学生として立教に学び、キリスト教に入信。明治23年立教女学校教諭、翌年6月教頭となった。24年濃尾大地震の際、孤児をひきとり、孤女学院を創設。孤児の中に精神薄弱児がおり、その教育施設視察のため29年渡米。帰国後精薄児教育に専念、30年学院を滝乃川学園と改称、保母養成部を設置。36年渡辺筆子と結婚。昭和3年現在の国立市に移転。9年日本精神薄弱児愛護協会を結成、初代会長となった。また東京府児童鑑別委員会委員も務めた。著書に「白痴児=其研究及教育」「石井亮一全集」（全3巻）がある。　家妻＝石井筆子（女子教育家）

石垣 栄太郎　いしがき・えいたろう
洋画家
明治26年（1893年）12月1日〜昭和33年（1958年）1月23日
生和歌山県東牟婁郡太地町　学新宮中中退　歴明治42年中学を中退して渡米し、カリフォルニア州立美術学校で学ぶ。その間、在米日本人社会主義研究会に参加。大正14年全米独立美術展に「鞭打つ」を出品して画壇に認められ、以後「失業者」など社会テーマをあつかった作品を多く発表。在米の左翼芸術運動の中心となって、昭和11年には個展を開催。戦争中は日本軍国主義を批判。26年敵性外国人として国外退去となり帰国。以後も制作活動を続けた。　家妻＝石垣綾子（評論家）

石垣 倉治　いしがき・くらじ
長野県知事
明治13年（1880年）7月〜昭和17年（1942年）4月7日
生山形県　学東京帝国大学法科大学政治学科〔明治43年〕卒　歴鹿児島県、青森県の内務部長を経て、昭和4年長野県内務部長、6〜8年同県知事。のち台湾総督府警務局長、16〜17年長野市長を務めた。

石川 一郎　いしかわ・いちろう
実業家 日産化学社長 化学工業統制会会長
明治18年（1885年）11月5日〜昭和45年（1970年）1月20日
生東京府北豊島郡王子（東京都北区）　学東京帝国大学工科大学応用化学科〔明治42年〕卒　歴明治44年東京帝国大学助教授を経て、大正4年父の経営する関東酸曹（後の日産化学工業）入社。支配人から大日本人造肥料常務の後、昭和16年日産化学社長。17年化学工業統制会会長、化学工業連盟会長を歴任。戦後は経団連代表理事から23年会長となり、31年まで10年間、日本経済の復興と再建に尽力した。23年日本化学会初代会長。また、晩年は30年原子力研究所初代理事長、31年原子力委員会委員、日本原子力船開発事業団初代理事長を務め、原子力の技術開発と利用問題に専念した。　家長男＝石川馨（東京大学名誉教授）、二男＝石川潔（三菱石油社長）、六男＝石川六郎（鹿島建設社長）、女婿＝下条進一郎（参議院議員）

石川 巌　いしかわ・いわお
書誌研究家
明治11年（1878年）6月5日〜昭和22年（1947年）4月30日
生山形県　名号＝詩仙堂主人、質々迂人　学哲学館（現・東洋大学）卒　歴明治40年から大正6年にかけて東京帝国大学史料編纂所に勤務。明治初期の各種資料、明治大正文学の資料蒐集をし、書誌的に書物を研究。大正13年創刊の「書物往来」を編集し、昭和2年「明治初期戯作年表」を、15年「藤村書誌」を刊行。その他の編著に「書物往来叢書」「新選絵入 西鶴全集」などがある。

石川 岩吉　いしかわ・いわきち
教育家 宮内省御用掛
明治8年（1875年）2月22日〜昭和35年（1960年）6月6日
生広島県広島市　専倫理学　学国学院大学本科〔明治28年〕卒　歴国学院大学主事兼講師を務めた後、大正4年皇子傅育官、14年宮内事務官に任ぜられ高松宮付別当になった。昭和5年宣仁親王殿下に従って欧米を巡遊。11年東宮傅育官になり、戦後21年まで宮内省御用掛を務めた。同年8月国学院学長に就任、34年9月辞任、同年12月名誉学長となった。著書に「日本倫理史稿」「日本倫理史要」「国体要義」などがある。

石川 確治　いしかわ・かくじ
彫刻家
明治14年（1881年）8月8日〜昭和31年（1956年）2月14日
生山形県東村山郡山辺町　名号＝方堂、三山子　学東京美術学校彫刻科本科〔明治38年〕卒　歴彫刻家・石川光明の女婿。明治41年第2回文展出品の「花の雫」が初入選。第4回展「化粧」、第7回展「木蓮（いたみ）」、第9回展「はなちる音」で褒状を受ける。大正9年第2回帝展から無鑑査、11年第4回展から審査員を務める。昭和10年小倉右一郎、日名子実三ら第三部（彫刻）無鑑査級の有志と帝展改組に反発して第三部会を結成。15年同会は国風彫塑会と改称されたが、戦争中解散。戦後は日展

いしかわ　　　　　　　　昭和人物事典 戦前期

に属して出品依嘱者となった。木彫「女性」「安宿媛像」、塑像「呉秀三博士像」などが代表作。編著書に「支那上代彫刻」、歌集に「山沢集」がある。　　　家岳父＝石川光明（彫刻家）

石川 寒巌　いしかわ・かんがん
日本画家
明治23年（1890年）2月11日〜昭和11年（1936年）3月25日
生栃木県那須郡黒羽町　名本名＝石川寅寿　学大田原中卒　歴上京して太平洋画会研究所で油絵を学び、のち小室翠雲門下となる。大正11年日本南画院に初入選、3年後日本南画院同人に。新しい南画の創造を試み、洋画的な技術をとり入れた中期以後の作品は“新南画”といわれた。代表作に「子牛」「煙雨、晩晴」「山寺日暮、水郷暮趣」などがある。

石川 久兵衛　いしかわ・きゅうべえ
衆議院議員
明治2年（1869年）9月〜昭和10年（1935年）1月13日
出愛知県　歴名古屋市議、愛知県議を経て、昭和5年愛知1区から衆議院議員に当選1回。民政党に所属した。

石川 欽一郎　いしかわ・きんいちろう
水彩画家
明治4年（1871年）8月8日〜昭和20年（1945年）9月10日
生静岡県安倍郡鷹匠（静岡市）　学逓信省東京電信学校　歴明治24年明治美術会に入会。陸軍の通訳官を務めながら文展、光風会展に出品する。42年丸山晩霞、鵜沢芳松らと「最新水彩画法」を著す。大正2年日本水彩画会創立に発起人として参加、13年台湾水彩画会創立。昭和12年以降新文展に出品。作品に「満州の風景」「森の道」「台北城外」「湖畔」「穂高朝晴」など。

石川 謙　いしかわ・けん
教育学者 教育史家 東京女子高等師範学校教授
明治24年（1891年）4月29日〜昭和44年（1969年）7月12日
生愛知県碧海郡花園村（豊田市）　名旧姓・旧名＝中川　学東京高等師範学校（現・筑波大学）専攻科修身教育部〔大正9年〕卒 文学博士（東京帝国大学）〔昭和16年〕　歴大正10年米国、ドイツに留学。帰国後、法政大学、和洋裁縫女学校各講師を経て、昭和13年東京女子高等師範学校教授。同年刊行の「石門心学史の研究」で14年帝国学士院恩賜賞受賞。27年「古往来についての研究」（24年刊行）で日本学士院賞を受賞した。同年お茶の水女子大学教授、26年文教育学部長、32年定年退官し日本大学教授、早稲田大学大学院講師、岡崎女子短期大学学長などを歴任。この間、16年に日本教育史学会を創立、日本教育学会理事、日本学術会議会員、石門心学会理事長なども務めた。往来物、寺子屋、藩学校、心学などの史料を発掘、紹介し、日本教育史や石門心学の研究に大きく貢献した。著書に「日本庶民教育史」「近世日本社会教育史の研究」「我が国における児童教育の発達」「近世の学校」「日本学校史の研究」など多数。　家長男＝石川松太郎（教育学者）　賞帝国学士院賞恩賜賞〔昭和14年〕「石門心学史の研究」、日本学士院賞〔昭和25年〕「古往来についての研究」

石川 興二　いしかわ・こうじ
経済哲学者 京都帝国大学教授
明治25年（1892年）5月〜昭和51年（1976年）3月25日
生石川県　学京都帝国大学法科大学政治経済科〔大正6年〕卒　歴西田幾多郎の影響を受け、経済哲学を研究。大正9年京都帝国大学経済学部講師、11年欧米に留学、14年帰国して助教授、昭和5年教授となった。17年に京都帝大人文科学研究所に転じ、2年休職。戦後一時公職追放となった。

石川 宰三郎　いしかわ・さいさぶろう
美術評論家
明治24年（1891年）11月19日〜昭和22年（1947年）3月26日
生栃木県　名号＝帛水　学早稲田大学英文科〔大正2年〕卒　歴美術評論家としてアーサ・シモンズなどを研究し、大正3年から「審美」を編集し、14年から「美の国」を創刊主宰した。昭和19年、日本画を中心とした「明治大正昭和 日本絵画史」を刊行。また大正3年には歌集「遍路」を刊行した。

石川 三郎　いしかわ・さぶろう
貴族院議員（多額納税）
明治14年（1881年）5月〜昭和15年（1940年）12月10日
出佐賀県　学陸士〔明治34年〕卒、陸軍砲工学校高等科〔明治41年〕卒　歴陸軍軍人として日露戦争に従事。陸軍士官学校教官などを務めた。大正2年予備役に編入。佐賀県議会議員を1期務め、政友本党に所属。大正14年〜昭和14年多額納税の貴族院議員。

石川 三四郎　いしかわ・さんしろう
社会運動家 アナキスト 評論家
明治9年（1876年）5月23日〜昭和31年（1956年）11月28日
生埼玉県児玉郡旭村山王堂（本庄市山王堂）　名旧姓・旧名＝五十嵐、号＝石川旭山　学東京法学院（現・中央大学）〔明治34年〕卒　歴明治35年万朝報社に、36年平民社に入社。37年「消費組合の話」を刊行し、非戦運動、社会主義運動をする。38年「新紀元」を創刊し、40年「世界婦人」「平民新聞」を刊行。40年から43年にかけて投獄される。大正2年から9年にかけてヨーロッパを放浪。帰国後はアナキストとして多くの本を著し、関東大震災後、日本フェビアン協会、農民自治会に参加。昭和2年東京・世田谷で半農生活に入る。4年「ディナミック」を創刊。戦時中は東洋文化史の研究に専念。戦後は21年に日本アナキスト連盟の結成大会で連盟顧問に選ばれる。著書は多く、主なものに「哲人カアペンター」「西洋社会運動史」「古事記神話の新研究」「土民芸術論」「東洋文化史百講」「わが非戦論史」「自叙伝」などがある。

石川 淳　いしかわ・じゅん
小説家
明治32年（1899年）3月7日〜昭和62年（1987年）12月29日
生東京市浅草区三好町（東京都台東区）　名旧姓・旧名＝斯波、号＝夷斎　学東京外国語専門学校仏語科〔大正9年〕卒　資日本芸術院会員〔昭和38年〕　歴東京・浅草で東京市議や共同銀行取締役などを務めた名士・斯波厚の二男として生まれる。幼い頃から漢学者である祖父・石川省斎の家で育ち、15歳の時に同家の養子となり石川姓を継ぐ。大正11年同人雑誌「現代文学」に参加して習作やフランス文学評論を発表。12年アナトール・フランスの「赤い百合」を翻訳刊行し、以後もアンドレ・ジードなどの作品を多く翻訳する。13年福岡高校に講師として勤務するが、学生運動にかかわったとされ、2年間で退職。以後、放浪的な生活を送る。昭和10年処女作「佳人」を発表し、11年「普賢」で芥川賞を受賞して文壇に登場。12年厭戦小説「マルスの歌」を発表するが、発禁処分を受け、戦争中は江戸文学研究に“韜晦”した。戦後、「黄金伝説」「焼跡のイエス」「処女懐胎」など混乱した社会を舞台とした作品を次々に発表、太宰治、坂口安吾らとともに“無頼派”“新戯作派”と呼ばれた。その後も和漢洋にまたがる該博な知識と反権力の精神を基礎に、奔放自在な想像力を発揮した作品を数多く残した。また森鷗外についての考証や、「歌仙」「酔どれ歌仙」など連歌復活の試みでも知られる。他の主な作品に小説「鷹」「紫苑物語」「白頭吟」「至福千年」「天馬賦」「狂風記」、評論・随筆「森鷗外」「文学大概」「諸国畸人伝」「江戸文学掌記」「夷斎俚言」「夷斎風雅」などがあり、「石川淳全集」（全19巻, 筑摩書房）もある。　家父＝斯波厚（東京市議）、祖父＝石

川省斎（漢学者）　[賞]芥川賞（第4回）〔昭和11年〕「普賢」、芸術選奨文部大臣賞（第7回・文学・評論部門）〔昭和31年〕「紫苑物語」、日本芸術院賞（第17回・文芸部門）〔昭和35年〕

石川 準十郎　いしかわ・じゅんじゅうろう

国家主義運動家　大日本国家社会党総理

明治32年（1899年）6月1日～昭和55年（1980年）2月22日

[生]岩手県岩手郡日戸村（盛岡市）　[専]マルクス経済学　[学]早稲田大学政経学部〔大正13年〕卒　[歴]早大在学中に、高畠素之の結成した大衆社に参加。高畠と「資本論」翻訳を手がけ、昭和6年日本社会主義研究所を結成。国家社会主義者として活動し、9年大日本国家社会党総理に就任。またこの間の7年「マルクス主義より国家社会主義へ」を刊行。戦後は早大政経学部教授に就任した。

石川 正作　いしかわ・しょうさく

出版人　東洋社創業者　東京書籍社長

元治2年（1865年）3月11日～昭和15年（1940年）11月12日

[生]伊勢国（三重県）　[学]高等師範学校卒　[歴]三重県師範学校の教師を経て、文学社、国光社などで編集に従事。明治30年東洋社を創業して婦人雑誌「女子之友」を創刊。婦人・家庭書、教育書を出版。また各科目の教授用標本や模型を製作販売した。42年国定教科書の翻刻発行会社として東京書籍株式会社が設立されると主事として入社。同社支配人を経て、3代目社長に就任した。東京書籍商組合評議員、日本製紙や東洋印刷の各取締役も務めた。東書文庫の庭に胸像あり。

石川 信吾　いしかわ・しんご

海軍少将

明治27年（1894年）1月1日～昭和39年（1964年）12月17日

[生]山口県　[学]海兵（第42期）〔大正3年〕卒、海大〔大正14年〕卒　[歴]昭和3年第3艦隊参謀、その後艦政本部員、軍令部員、第6戦隊、第2艦隊各参謀。この間、海軍軍縮条約打破の「艦隊派」末次信正らの直系となり、対英米強硬論を唱えた。10年欧州出張。帰国後、11年「知床」「厳島」各艦長、北支特務部、横須賀軍需部総務課長、興亜院を経て、15年新設の海軍省軍務局第2課初代課長となり、対英米主戦論者として開戦路線を推進。開戦後、南西方面艦隊参謀副長、第23航空戦隊司令官、17年少将、18年軍需省総動員局総務部長、19年運輸本部長となった。著書に「真珠湾までの経緯」がある。

石川 善助　いしかわ・ぜんすけ

詩人

明治34年（1901年）5月16日～昭和7年（1932年）6月27日

[生]宮城県仙台市　[学]仙台市立商業〔大正3年〕卒　[歴]漁船員、雑誌記者など多くの仕事に従事。傍ら、「日本詩人」「詩神」「児童文学」などに詩、童話、民謡、評論、エッセイを書き、口誦民話の採録や方言の蒐集、土俗学、民族学にも深い関心をもっていたが31歳の若さで不慮の死を遂げた。死後、詩集「亜寒帯」と遺文集「憑射亭随筆」童謡集「どろぼはったぎ」などが少部数ながら発行された。

石川 武美　いしかわ・たけよし

出版人　主婦の友社創業者

明治20年（1887年）10月13日～昭和36年（1961年）1月5日

[生]大分県宇佐郡安心院町（宇佐市）　[学]宇佐中〔明治37年〕中退　[歴]"武義"と命名されたが、戸籍に"武美"と記録されてしまったため、生涯訂正せずにその名を名のった。明治37年中学を中退して上京、同文館書店に入社。早稲田支店の書店員や本店で雑誌「婦女界」の営業を担当し、44年退社。この間、39年海老名弾正よりキリスト教の洗礼を受ける。44年婦人之友社に入社するも、大正元年退社して自ら「国民倶楽部」を創刊。同誌が3号で廃刊となると都河龍の「婦女界」を経て、

5年東京家政研究会を設立した。同会から出版した「貯金の出来る生活法」が版を重ね、6年雑誌「主婦之友」（現・「主婦の友」）を創刊。10年主婦之友社に社名変更。13年株式会社に改組。同誌は庶民的な主婦層を対象に、実用的記事を掲載した婦人雑誌として新生面を開き、創刊3年で発行部数業界第1位となった。この間、12年国民新聞社を援助して同社副社長となるが、13年退社。昭和16年文化事業報国会（現・石川文化事業財団）を設立して理事長。18年日本出版配給（日配）社長に就任。20年日本出版会長。21年主婦之友社社長を退任。22年公職追放。25年追放解除となると東京出版販売（現・トーハン）の初代社長となった。　[家]孫＝石川晴彦（主婦の友社社長）、石川康彦（主婦の友社社長）、女婿＝石川数雄（主婦の友社社長）

石川 忠　いしかわ・ただし

弁護士

明治45年（1912年）～昭和19年（1944年）

[生]秋田県　[出]岡山県　[学]日本大学法学部卒　[歴]山内確三郎事務所で、実兄・石川達三の"生きている兵隊事件"などを担当。　[家]兄＝石川達三（小説家）

石川 達三　いしかわ・たつぞう

小説家

明治38年（1905年）7月2日～昭和60年（1985年）1月31日

[生]秋田県平鹿郡横手町（横手市）　[学]関西中〔大正13年〕卒、早稲田大学英文科中退　[賞]日本芸術院会員〔昭和51年〕　[歴]父は中学校教師で、大正元年の転勤に従い高梁市に移り、同地で少年時代を送る。3年母を失い叔父の新聞記者・石川六郎の下に預けられるが、同年父の再婚により実家に戻る。14年早大に入学。15年初めて書いた小説「寂しかったイエスの死」が「山陽新報」に連載され、昭和2年「幸福」が「大阪朝日新聞」の懸賞小説に入選。同年同大英文科に進むが、1年で退学。3年電気業界誌「国民時論」編集者となる。5年退職扱いで移民の一員としてブラジルへ渡るが、1ケ月ほど農業に従事したのち結婚を口実にして帰国、会社に復帰して「最近南米往復記」を刊行。6年「早稲田文学」同人。10年ブラジルへの渡航経験を題材とした小説「蒼氓」で第1回芥川賞を受賞。13年日中戦争に従軍した見聞を小説「生きてゐる兵隊」として発表したが新聞紙法違反に問われ、掲載誌「中央公論」は発禁処分となり、自らも執行猶予付きの禁固刑判決を受けた。戦後は旺盛な執筆活動を再開、戦時中の言論弾圧を扱った「風にそよぐ葦」、教育と政治の絡み合いを多角的に描いた「人間の壁」、政界汚職を取り上げた「金環蝕」といった鋭い社会意識と時代感覚を持った風俗小説でベストセラー作家となった。日本文芸家協会理事長、日本ペンクラブ会長も務めた。　[家]伯父＝石川伍一（軍事探偵）、石川連平（陸軍中将）　[賞]芥川賞（第1回）〔昭和10年〕「蒼氓」

石川 哲郎　いしかわ・てつろう

法医学者　東北帝国大学名誉教授

明治12年（1879年）5月31日～昭和38年（1963年）5月1日

[生]岩手県　[学]東京帝国大学医科大学〔明治39年〕卒　医学博士　[歴]文部省開業試験附属病院で内科学を専攻した後、東京帝国大学助手となり、法医学教室で研究。大正6年東北帝国大学医科大学創設と同時に同講師、9年教授となり法医学講座担当。昭和4～6年、14～16年学部長を務める。その間、大正9～11年と昭和11年に欧州留学、視察。16年定年退官して名誉教授となり、郷里で地域医療問題に尽力した。燐中毒、窒息の病態生理、免疫性細胞毒素による臓器の選択的障害などの研究で業績を残し、司法解剖、司法鑑定など法医学の近代化に貢献。勲二等に叙せられる。

石川 登喜治　いしかわ・ときじ

海軍造機中将　冶金学者　早稲田大学教授

明治12年（1879年）6月30日～昭和39年（1964年）6月23日
生東京都 学東京帝国大学工科大学機械工学科〔明治37年〕卒
工学博士〔大正9年〕 歴明治37年海軍に入り造船中技士官、
佐世保海軍工廠造機部副部員、大正4～6年造船監督官として
英国出張の後、呉海軍工廠造機部員、8年マンガン青銅その他
の合金についての研究で学士院賞受賞。9年欧米へ出張、11～
12年造船、造兵監督官として欧米出張、13年広海軍工廠造機部
長、昭和2年海軍技術研究所研究部長兼艦政本部技術会議員、
5年海軍造機中将を歴任し、予備役。6年住友金属顧問、7年日
本鋳造協会会長、12年早稲田大学教授、同鋳物研究所長、22
年旭製鋼所顧問、会長を務めた。 賞帝国学士院賞（第9回）
〔大正8年〕

石川 知福　いしかわ・ともよし
労働衛生学者 国立公衆衛生院労働衛生学部長
明治24年（1891年）8月～昭和25年（1950年）5月24日
生愛媛県 学松山中卒、七高造士館卒、東京帝国大学医学部
〔大正8年〕卒 医学博士 歴東京帝国大学医学部生理学教室で
永井潜、福田邦三の指導を受ける。大正10年倉敷の大原労働
科学研究所に入り、昭和2年欧州へ留学。6年にはロックフェ
ラー留学生として米国へ渡り、8年帰国。13年創立された国立
公衆衛生院の労働衛生学部長となった。我が国労働衛生学の
確立者で、放熱と疲労についての研究などは炭鉱や他の産業
で実地に生かされた。

石川 寅吉　いしかわ・とらきち
興文社創業者
明治27年（1894年）1月16日～昭和17年（1942年）8月4日
生東京市深川区（東京都江東区）名旧姓・旧名＝金子 学開
成中〔大正1年〕卒 歴大正13年安政年間に創業した版元（錦
森閣）を株式会社興文社に改組して取締役、15年専務。中等教
科書や英語関係書などを刊行した。昭和初期の円本全盛期に
アルスの出した「日本児童文庫」の向こうを張って、菊池寛・
芥川龍之介編纂の「小学生全集」を出版。熾烈な競争は訴訟
にまで及んだ。

石川 寅治　いしかわ・とらじ
洋画家
明治8年（1875年）4月5日～昭和39年（1964年）8月1日
生高知県高知市鉄砲町 歴明治24年上京して小山正太郎の不
同舎で学び、明治美術会に出品、次いで太平洋画会を結成し
た。41年文展で三等賞、大正2年には二等賞。7年東京高等師
範学校講師となる。戦後は、昭和22年に示現会を設立、28年
日本芸術院恩賜賞を受賞した。33年日展監事。 賞日本芸術
院賞恩賜賞〔昭和28年〕

石川 日出鶴丸　いしかわ・ひでつるまる
生理学者 京都帝国大学教授
明治11年（1878年）10月～昭和22年（1947年）11月8日
生富山県 学東京帝国大学医科大学〔明治36年〕卒 医学博士
歴明治36年京都帝国大学生理学教室助手を経て、38年助教授。
生理学第2講座増設のため欧米に留学し、ドイツでマックス・
フェルボルン教授に師事、刺激生理学などの研究を積む。ロ
ンドン、ロシアでも学んで45年帰国。大正元年京都帝国大学
教授に進んで生理学教室を主宰。昭和13年定年退官。生理学
を医学だけでなく生物全般に押し広め、パブロフの条件反射
の研究や、イワノフの家畜人工授精の方法を輸入した。 家
長男＝石川太刀雄丸（病理学者）

石川 総雄　いしかわ・ふさお
無機化学者 東北帝国大学教授
明治22年（1889年）12月2日～昭和31年（1956年）12月22日
生京都府 学京都帝国大学理工科大学〔大正3年〕卒 理学博

士 歴五高教授を経て、大正13年東北帝国大学教授。11年～
昭和21年理化学研究所主任研究員を兼任。無機化学反応の熱
力学的研究を系統的に行い、化学平衡に関する正確な熱力学
的数値の研究は国際文献にも引用された。著書に「無機化学」
「詳解無機化学」「化学熱力学概論」などがある。 賞日本化
学会桜井褒章〔昭和6年〕

石川 又八　いしかわ・またはち
衆議院議員
明治10年（1877年）6月～昭和10年（1935年）9月6日
出佐賀県 学大阪市立高等商業学校卒 歴佐賀県議を経て、
衆議院議員に2選。政友会に所属した。

石川 光春　いしかわ・みつはる
植物学者 一高教授
明治17年（1884年）9月14日～昭和43年（1968年）11月21日
生東京府下谷区（東京都台東区）専植物細胞学 学東京帝国
大学理科大学植物学科〔明治43年〕卒 歴彫刻家・石川光明の
長男。明治43年東京帝国大学理科大学を卒業、44年米国コー
ネル大学へ留学。大正2年帰国して東京帝大大学院に入り、6
年一高講師を経て、10年教授。15年米国とドイツに留学して
昭和2年帰国、この間の見聞を「欧米曼荼羅雑記へ、の、もへ
じ」にまとめた。19年退官し、その後は34年まで開成学園講
師を務めた。植物細胞学、特にキク科植物の染色体数の研究
で知られる。他の著書に「植物の構造と生殖」「趣味の植物春
秋」「生物学大観」などがある。 家父＝石川光明（彫刻家）

石川 芳次郎　いしかわ・よしじろう
実業家 京福電鉄社長
明治14年（1881年）11月5日～昭和44年（1969年）1月27日
生東京市日本橋区蛎殻町（東京都中央区）学同志社普通学校
〔明治37年〕卒、三高〔明治40年〕卒、京都帝国大学理工科大学
電気工学科〔明治43年〕卒 歴明治34年京都電灯に入社。勤
めながら同志社普通学校に編入し、三高、京都帝国大学理工
科大学電気工学科に学んだ。43年京都電灯に再入社。大正2年
工務課長、4年営業課長、6年化学工業部長兼務、10年取締役
兼営業部長、15年常務、昭和16年副社長。17年同社が戦時下
の電力統制により関西配電に統合されると取締役京都支店長
となったが、同年京都と福井に分かれていた京都電灯の鉄道
部門を一括して京福電鉄を発足させ、18年社長に就任。京都
実業界の重鎮で、京都府商工経済会理事、京都市公安委員
会初代委員長、京都府総合開発審議会会長、京都商工会議所
顧問、京都市観光協会会長などを歴任した。また、27年女婿
の井街仁と三男の石川浩三からの要請で日本真空技術（現・ア
ルバック）の設立に関わり、初代社長に就任した。 家長男＝
石川敬介（京福電鉄専務）、三男＝石川浩三（日本真空技術副社
長）、女婿＝井街仁（アルバック創業者）

石川 林四郎　いしかわ・りんしろう
英語学者 東京文理科大学教授
明治12年（1879年）12月～昭和14年（1939年）8月31日
生栃木県 専英文学 学東京帝国大学英文科卒 歴東京帝国
大学在学中、小泉八雲の指導を受け、語学に堪能で、名通訳
と呼ばれた。東京高等師範学校講師、六高教授を経て、東京
高師教授となった。昭和4年大学制定と共に東京文理科大学
教授（英語学、英文学）。その間、米国、英国に2回留学。大正
12年英語教授研究所（ハロルド・パーマー所長）企画に参加、
所長を補佐して日本の英語教育の改善振興に尽力した。パー
マー帰国後、同研究所長に就任、口頭直接教授法の普及に努
めた。また雑誌「英語の研究と教授」を主宰し、後進を指導
した。著書に「英文学に現はれたる花の研究」「英語教育の理
論と実際」などがあり、この他コンサイス英和辞典、同和英
辞典の編集に当たった。

石川 錬次 いしかわ・れんじ

ドイツ文学者 東京府立高校教授

明治26年(1893年)1月〜昭和20年(1945年)7月

⽣東京府芝(東京都港区) 学東京帝国大学文学部独文科〔大正6年〕卒 歴大正6年六高教授となり、八高、浦和高校の各教授を経て、昭和4年東京府立高校創立と同時に教授となる。また立教大学講師としてドイツ語を教えたほか、ラジオの語学放送を担当したこともある。昭和6年からドイツに留学、音声学を修得するなど、西洋音楽に趣味を持っていた。太平洋戦争末期、世田谷区代田の自宅は空襲で焼失した。訳書に「維納の辻音楽師」(グリルパルツァー)、「旅の日のモーツァルト」(メーリケ)、「独逸民族二千年史」(シュティーベ)などの他ヘッセやカロッサの短編翻訳がある。

石倉 小三郎 いしくら・こさぶろう

音楽評論家 ドイツ文学者 高知高校校長 大阪高校校長

明治14年(1881年)6月15日〜昭和40年(1965年)10月30日

⽣東京都 専西洋音楽史 学東京帝国大学文科大学独文学科〔明治37年〕卒 歴東京音楽学校講師を振り出しに、四高、八高、七高造士館教授を経て、昭和7〜16年高知、大阪各高校校長。さらに16〜21年大阪理工科大学予科長、27年相愛女子専門学校教授、28年から同女子短期大学教授・音楽科長となった。また27〜31年音楽学会関西支部長を務める。音楽とドイツ文学の著作が多く、またゲーテや他の文学作品の翻訳、シューマン「流浪の民」などドイツ歌曲の翻訳が多い。著書に「西洋音楽史」「ファウスト解説」「ゲーテと音楽」「グスターフ・マーラ」「音楽学概説」「リッヒャルト・シュトラウスの劇作品」(遺稿)など。

石黒 武重 いしぐろ・たけしげ

農林次官

明治30年(1897年)5月13日〜平成7年(1995年)1月23日

⽣石川県金沢市 学東京帝国大学法律学科〔大正10年〕卒 歴大正10年農商務省に入省。経済更生部長、山形県知事などを経て、昭和17年農林次官、のち枢密院書記長。戦後は幣原内閣の国務相兼法制局長官や衆議院議員を務めた。

石黒 忠篤 いしぐろ・ただあつ

農政家 農林次官 農相 貴族院議員(勅選)

明治17年(1884年)1月9日〜昭和35年(1960年)3月10日

⽣東京都 学東京帝国大学法科大学〔明治41年〕卒 歴農商務省に入り、昭和6年農林次官。15年第二次近衛内閣の農相、18年勅選貴族院議員、20年鈴木内閣の農相を務めた。このほか戦前は産業組合中央金庫理事長、農業報国会連盟理事長、満州移住協会理事長などを歴任し、農本主義に支えられた農政を展開、"農政の神様"と呼ばれた。戦後は、追放解除後の27年静岡地方区から参議院議員に当選、31年には全国区から当選。緑風会に所属、国会の議員総会長を務めた。 家父=石黒忠悳(陸軍軍医総監)

石黒 達也 いしぐろ・たつや

俳優

明治44年(1911年)〜昭和40年(1965年)12月18日

⽣広島県 名本名=石黒輝三 学岡山県立第一中卒 歴新築地劇団を経て、映画に移り、昭和15年千葉泰樹監督「彦六なぐちれる」でデビュー。つづいて今井正監督「結婚の生態」(16年)、牛原虚彦監督「成吉思汗」(17年)、日中合作「狼火は上海に揚る」(19年)で大役をこなした。しかし戦後はあまり作品運に恵まれず、悪玉やインテリ役の端役が多かった。

石黒 英彦 いしぐろ・ひでひこ

文部次官 北海道庁長官

明治17年(1884年)12月20日〜昭和20年(1945年)6月21日

⽣広島県 学三高卒、東京帝国大学法科大学法律学科(ドイツ法)〔明治43年〕卒 歴大正11年朝鮮総督府内務局地方部長、12年欧米各国へ出張、昭和2年台湾総督府文教局長、4年同内務局長を経て、6年5月奈良県知事、同年12月岩手県知事、12年北海道庁長官。13年文部次官となり、14年退官。17〜18年大政翼賛会錬成局長を務めた。

石黒 宗麿 いしぐろ・むねまろ

陶芸家

明治26年(1893年)4月14日〜昭和43年(1968年)6月3日

⽣富山県射水郡作道村久々湊(射水市) 名号=仏山、栩庵 専鉄釉陶器 学福山中中退 賞重要無形文化財保持者(鉄釉陶器)〔昭和30年〕 歴大正6年頃実家の窯で楽焼を試作。26歳の時に専門家に師事することなく独学で始める。東京、埼玉、金沢を経て、昭和3年京都・蛇ケ谷、11年八瀬に陶房を建て、18年頃 "木の葉天目"の再現に成功したのをはじめ、柿天目など宋代の陶技の研究を完了した。この間、12年パリ万博に「唐津風大鉢」を、15年ニューヨーク万博に「柿釉金彩大鉢」など出品。22年日本陶磁振興会理事。30年鉄釉の人間国宝に認定される。同年日本工芸会の設立に尽し、その常任理事として活躍した。32年皇居仮宮殿の装飾用置物の制作を宮内庁から委嘱される。代表作に「黒釉褐斑鳥文壺」「木葉天目茶碗」「白地チョーク描バラ文鉢」「鉄絵筒茶碗」など。 賞パリ万博銀賞〔昭和12年〕「唐津風大鉢」

石坂 繁 いしざか・しげる

衆議院議員

明治26年(1893年)1月〜昭和47年(1972年)12月31日

⽥熊本県 学東京帝国大学独法科〔大正8年〕卒 歴昭和11年衆議院議員に当選、以降6期務めた。熊本弁護士会会長や熊本市長なども歴任した。

石坂 荘作 いしざか・しょうさく

実業家

明治3年(1870年)3月6日〜昭和15年(1940年)

⽥群馬県吾妻郡原町(東吾妻町) 歴小学校卒業後、母校の教員や日清戦争従軍を経て、台湾に渡る。明治32年基隆に石坂商店を創業。36年日本人も台湾人も分け隔てなく無料で授業を受けられる夜学校・基隆夜学会を、6年後には私設図書館の石坂文庫を開設。当時、一部の人しか学ぶ機会のなかった台湾の人々に働きながら学ぶ機会を与え、"聖人"と称された。夜学校、図書館ともに台湾で初めての試みで、今日でも私立光隆高級家事商業職業学校、基隆市立図書館として現存する。

石坂 友太郎 いしざか・ともたろう

薬理学者 九州帝国大学名誉教授

明治6年(1873年)1月6日〜昭和38年(1963年)4月29日

⽣富山県 専薬物学、マムシの毒 学東京帝国大学医科大学〔明治34年〕卒 医学博士(東京帝国大学)〔明治40年〕 歴明治36年東京帝国大学医科大学助教授、37〜40年ドイツへ留学。41年京都帝国大学福岡医科大学教授、44年九州帝国大学医科大学教授を歴任。昭和8年九州帝国大学名誉教授。著書に「飯匙蛇毒の研究」など。 家弟=石坂伸吉(生理学者)

石坂 豊一 いしざか・とよかず

衆議院議員

明治7年(1874年)5月〜昭和45年(1970年)5月5日

⽥富山県 学同志社大学 歴富山県理事官、猟場監、樺太庁長官官房主事兼内務部地方課長、財務課長、文部参与官、政友会総務、富山市長を経て、大正13年衆議院議員に当選以来5選。昭和22年、28年には参議院議員にも当選。 家息子=石坂修一(最高裁長官)、孫=石坂誠一(工業技術院院長)

石坂 伸吉　いしさか・のぶきち

生理学者 薬理学者 金沢医科大学学長

明治14年（1881年）8月10日〜昭和44年（1969年）3月26日

[生]富山県　[学]東京帝国大学医科大学〔明治40年〕卒 医学博士　[歴]明治41年金沢医学専門学校生理学講師となり43年ドイツ留学、留学中の大正元年教授に進み同校初代生理学教授となった。3年帰国。12年から2年間、薬物学研究のためヨーロッパ留学。帰国後、医専から昇格した金沢医科大学薬物学教室の初代教授。昭和7年学長となり、17年同大結核研究所長、24年金沢大学医学部長、29年定年退官、30年同大最初の名誉教授。　[家]兄＝石坂友太郎（薬理学者）

石坂 正信　いしさか・まさのぶ

教育家 青山学院名誉院長

万延1年（1860年）10月5日〜昭和9年（1934年）11月9日

[出]江戸　[学]東京英和学校卒　[歴]明治16年母校・東京英和学校（のちの青山学院）の教師となり、22〜27年米国に留学。帰国後、青山学院の中等科科長、高等科科長を経て、大正10年院長に就任。昭和8年名誉院長となった。

石坂 養平　いしさか・ようへい

文芸評論家 衆議院議員

明治18年（1885年）11月26日〜昭和44年（1969年）8月16日

[生]埼玉県大里郡奈良村　[名]別号＝二松堂　[学]東京帝国大学文科大学哲学科〔大正2年〕卒　[歴]東京帝国大学在学中から文芸評論を書き、卒業後は「帝国文学」「早稲田文学」などに執筆し、大正4年「芸術と哲学との間」を刊行。以後「自叙伝」「文芸中道」「興亜青年の書」などを刊行。昭和3年から4期衆議院議員を務め、また埼玉県議、同副議長を務めたほか、銀行などの実業界でも活躍した。

石崎 光瑶　いしざき・こうよう

日本画家

明治17年（1884年）4月11日〜昭和22年（1947年）3月25日

[生]富山県福光町　[名]本名＝石崎猪四一　[歴]少年時代から画家の山本光一に学び、明治36年京都に出て竹内栖鳳に師事。20歳の頃より登山を始め、40年白山、41年には立山、白馬岳に登り、写真撮影を行う。大正5〜6年最初のインド・ヒマラヤ旅行を行い仏跡を巡り、さらにカシミールのマハデュム峠に登って50数枚のスケッチを作成、100枚の写真を撮った。これに基づいてコロタイプ印刷と紀行文による「印度窟院精華」を刊行。画家としては新古美術品展で受賞を重ね、大正元年第6回文展に初入選して以来毎年入選。7年第12回文展で「熱国妍春」、8年第1回帝展で「燦雨」が連続特選となり、画壇に不動の地位を築いた。昭和3年高野山金剛峯寺貴賓館の襖絵制作のため再びインドに渡り、「雪山花信」と題する大作に取りかかったが、22年制作半ばで没した。この間、12年から京都市立絵画専門学校教授を務め、後進の育成にも当たった。　[賞]文展入選（第6回）〔大正1年〕，文展特選（第12回）〔大正7年〕「熱国妍春」，帝展特選（第1回）〔大正8年〕「燦雨」

石崎 敏行　いしざき・としゆき

衆議院議員

明治2年（1869年）5月〜昭和23年（1948年）6月29日

[生]福岡県若松　[歴]税関吏、福岡日日新聞記者を経て、若松市議、福岡県議となり、昭和5年政友会から衆議院議員に当選。また、九州化学工業、九州耐火煉瓦を創立して社長を務めた。

石崎 政一郎　いしざき・まさいちろう

労働法学者 東北帝国大学教授

明治28年（1895年）12月8日〜昭和47年（1972年）7月25日

[生]東京都　[学]東京帝国大学法学部〔大正10年〕卒 法学博士〔昭和25年〕　[歴]大正10年フランス留学、パリ、リヨン大学で学び、リヨン大学で学位を得て帰国。昭和12年東北帝国大学教授となり、労働法、社会法を講じた。退官後名誉教授。戦後25年法学博士となり、34年立教大学教授となった。フランス法を中心に広い比較法的視野から労働法、社会法の研究を進めた。国際社会法学会（本部ジュネーブ）、日仏法学会会長も歴任。　[家]弟＝石崎四郎（裁判官）

石沢 豊　いしざわ・ゆたか

外交官 在バタビア総領事

明治29年（1896年）7月20日〜昭和40年（1965年）1月22日

[生]富山県富山市　[学]六高卒，東京帝国大学法学部政治学科〔大正11年〕卒　[歴]外務省に入省。昭和10年在バタビア総領事として赴任、日本とオランダ領東インド（蘭印）の通商関係の摩擦調整に力を注ぎ、12年には石沢・ハルト協定に調印して日本と蘭印の経済関係を正常化した。同年欧亜局第三課長を経て、15年再び在バタビア総領事。16年12月拘禁、17年3月帰朝、5月臨時外務省事務嘱託、18年戦時調査室、19年大東亜省南方事務局長、20年退官。23年公職追放。

石沢 吉磨　いしざわ・よしま

家政学者 奈良女子高等師範学校教授

明治8年（1875年）2月18日〜昭和18年（1943年）12月2日

[生]山形県米沢　[学]山形県尋常師範学校〔明治29年〕卒　[歴]高等小学校訓導の後、中等教員検定試験化学科に合格、明治33年山形県工業学校教諭となった。43年奈良女子高等師範学校助教授、大正5年教授となり、昭和18年退職するまで37年間にわたり、家事化学、衣類整理を担当。これまで技術的な教科だった家事と裁縫に理論的意味づけを試み、家事教育と教授法の開拓者となる。著書に「家事教授法」「家事の科学的革新」などがある。

石島 雉子郎　いしじま・きじろう

俳人 救世軍清瀬療養所事務長

明治20年（1887年）8月26日〜昭和16年（1941年）4月18日

[生]埼玉県行田　[名]本名＝石島亀次郎　[学]中学中退　[歴]救世軍運動をし、大佐として救世軍清瀬療養所事務長を務める。俳句面では「ホトトギス」の雑詠で学び、明治43年「雉子郎句集」を刊行し、以後も「京日俳句抄」などを刊行した。　[家]岳父＝山室軍平（日本救世軍創立者）

石島 良則　いしじま・よしのり

日本画家

明治35年（1902年）〜昭和14年（1939年）12月14日

[生]石川県鹿島郡　[学]京都市立絵専科〔昭和3年〕卒　[歴]昭和7年「村童」で帝展に初入選。8年「冬日」、9年「高尾女」で連続入選した。12年には「憩い」で第1回新文展に入選。

石塚 英蔵　いしずか・えいぞう

台湾総督 枢密顧問官 貴族院議員（勅選）

慶応2年（1866年）7月23日〜昭和17年（1942年）7月28日

[生]江戸　[出]福島県　[学]帝国大学法科大学〔明治23年〕卒　[歴]明治23年内閣法制局参事官、24年同書記官兼任。韓国政府顧問官、台湾総督府参事官長、関東州民政署民政長官などを経て、39年関東都督府民政長官に就任。その後総監府参与官、朝鮮総督府取調局長官、同農工商部長官などを歴任、大正5年東洋拓殖会社総裁となった。同年勅選貴族院議員となり、昭和9年4月まで務めた。この間、昭和4年浜口内閣により台湾総督に任命された。6年霧社事件の責任を取り退官、9年枢密顧問官となる。

石塚 喜久三　いしずか・きくぞう

小説家

明治37年（1904年）9月5日〜昭和62年（1987年）10月1日

昭和人物事典 戦前期　　　　　　　　　　　　　　　　いした

生北海道小樽市花園町　学函館師範〔昭和4年〕卒　歴小樽国民学校教員を経て渡蒙。華北交通張家口鉄路局に勤務し、蒙疆文芸懇話会幹事となる。昭和18年「纏足の頃」で芥川賞を受賞。戦後も「花の海」「回春室」「肉体の山河」などを刊行した。　賞芥川賞（第17回）〔昭和18年〕「纏足の頃」

石田 譲　いしづか・ゆずる
弁護士 衆議院議員
慶応1年（1865年）9月〜昭和6年（1931年）3月19日
出越後国（新潟県）　学英吉利法律学校（現・中央大学）〔明治21年〕卒　歴高田町議、高田市議を経て、昭和5年衆議院議員に当選。1期。民政党に所属した。

石田 一松　いしだ・いちまつ
演歌師
明治35年（1902年）11月18日〜昭和31年（1956年）1月11日
生広島県　学法政大学文学部法科〔昭和2年〕卒　歴レンズ工員を経て上京、苦学しながら法政大学を卒業。在学中に添田唖蝉坊らの東京倶楽部に入って演歌師になる。自作の歌詞も多く代表作「ノンキ節」は大正12年ごろの作。昭和5年吉本興行の専属となり、法学士の看板を浅草万成座にあげて初舞台。バイオリン片手に「ノンキ節」がヒット、映画やラジオに出演した。他のヒット作に「のんきな父さん」「酉長の娘」「いやじゃありませんか」などがある。戦後は21年に一人一党の日本正論党から衆議院選挙東京5区で当選、その後、国民協同党、改進党に所属、連続4回当選。26年民主党の党議に背き日米安保条約・対日平和条約の批准に反対、"全面講和"を主張して脱党。のち代議士の肩書で寄席などに出演した。著書に「のんき哲学」がある。

石田 英一　いしだ・えいいち
鍛金家
明治9年（1876年）4月11日〜昭和35年（1960年）12月3日
生東京都　名号＝素瑛　学東京美術学校卒　歴鍛金家の平田宗幸に師事。長らく母校東京美術学校で教鞭を執り、同助教授を経て、大正3年には同教授となる。昭和2年から約2年間フランスに留学。鍛金家として、主に官展や日展に作品を出品し、3年から帝展審査員を務め、のちに鍛金会会長に就任した。代表的な作品に、「打物家鴨香炉」「鎚起黄銅花瓶」などがある。

石田 栄熊　いしだ・えいぐま
陸軍中将
明治25年（1892年）〜昭和42年（1967年）
出鹿児島県　学陸士卒、陸大卒　歴南方軍の第三野戦鉄道司令官としてタイ、仏印、マレーの軍事輸送業務を指揮。昭和16年3月から第四特設鉄道司令官を兼任。同年8月第二鉄道監に着任、泰緬鉄道建設を進め、10月開通。19年新編の南方野戦鉄道隊司令官に就任、南方鉄道を統一運用するため実力を振う。同年3月陸軍中将、6月九州の川内で新編成の第303師団長。戦後、英国軍の戦犯追及で、禁固10年の刑を受けた。

石田 馨　いしだ・かおる
警視総監 神奈川県知事
明治18年（1885年）5月4日〜昭和34年（1959年）1月26日
出山口県　学徳山中卒、五高卒、東京帝国大学法科大学法律学科〔大正2年〕卒　歴大正2年内務省に入省。昭和2年4月警視庁保安部長、11月京都府内務部長、4年7月宮崎県知事、5年8月千葉県知事、6年6月内務省神社局長、10年1月神奈川県知事を経て、11年3月警視総監。12年1月退官。20年4月高松宮別当、21年4月宮内省御用掛。戦後は公職追放に遭い、弁護士を開業した。　家長男＝石田朗（農林省蚕糸局長）、二男＝石田雄（東京大学名誉教授）、女婿＝鈴木俊一（東京都知事・自治事務次官）、岳父＝大塚貢（茨城県知事）

石田 熊治郎　いしだ・くまじろう
医学放射線技術者 東北帝国大学技手
明治8年（1875年）8月15日〜昭和35年（1960年）2月22日
生宮城県岩沼（岩沼市）　学岩沼高小〔明治20年〕卒　歴明治30年仙台衛戍病院の陸軍磨工手となり、医科器械の修理保全を担当、43年公立宮城病院に移り、大正元年東北帝国大学の磨工手兼レントゲン技術者となった。昭和6年黒川利雄の助言でX線透視から撮影に移る時間短縮装置を独創自作。20年東北帝大技手に任官、21年退官。29年公務上疾病（慢性レントゲン障害）と認定され、国立仙台病院を療養退職した。古賀良彦の間接X線撮影法の開発にも協力した。

石田 収蔵　いしだ・しゅうぞう
人類学者 東京農業大学教授
明治12年（1879年）3月1日〜昭和15年（1940年）1月31日
生秋田県鹿角郡柴平村（鹿角市）　学八戸中〔明治31年〕卒、四高〔明治34年〕卒、東京帝国大学理科大学動物学科〔明治38年〕卒　歴明治38年頃東京人類学会に入会。編集主任や評議員・庶務幹事、発行兼編集者などを担う傍ら、40年〜昭和14年計5回にわたりサハリン（樺太）南部で北方民族の生活や文化を調査し、野帳（フィールドノート）などにまとめた。東京帝国大学理学部講師、東京高等農学校講師を経て、東京農業大学教授。

石田 樹心　いしだ・じゅしん
農民運動家 全農中央委員
明治31年（1898年）1月6日〜昭和25年（1950年）1月28日
生佐賀県三養基郡基山町　学早稲田大学　歴早大在学中建設者同盟に参加し、郷里で農民運動をはじめる。大正13年日農三養基郡連合会を結成。14年基山大争議を指導して検挙され、懲役1年2ケ月に処せられた。昭和6年全農中央委員となるが、左右の対立があり、左派の立場で活躍する。13年人民戦線事件で検挙され、3年3ケ月入獄する。戦後は社会党に入党したが、23年共産党に転じた。

石田 民三　いしだ・たみぞう
映画監督
明治34年（1901年）6月7日〜昭和47年（1972年）10月1日
生秋田県平鹿郡増田町（横手市）　学中央大学中退　歴銘酒・百千鳥の醸造元の家に生まれる。中央大学を中退後、東儀鉄笛の新劇グループに参加したのを経て、大正13年東亜キネマ京都等持院撮影所に入社。はじめは石田司郎の名で俳優をしていたが、間もなく監督に転じ、15年第一作として同社の代表的女優・原駒子を主演に迎えた「愛傷」を製作。以後、同社が帝キネ、新興と改組していく中で、主に時代劇を撮影し、昭和9年邦枝完二原作の「おせん」で認められた。のちJ・Oスタジオに移り、同社が東宝京都撮影所になった13年、新進劇作家として売り出した森本薫のオリジナルシナリオで異色作「花ちりぬ」を、次いで14年「むかしの歌」を情緒豊かに演出し、高い評価を得た。その後、東京に転じて東宝の監督を続けたが、目立った作品を生み出すことはできず、戦後の22年に監督した吉本プロの「緑は異なもの」を最後に京都に戻り、妻の経営する芸者置屋で北野おどりの演出や素人芝居の世話人をするなど、自適の生活を送った。他の監督作品に「剣闘」「剣難女難」「狂恋呪文」「女来也」「切られお富」「明治十三年」「花火の町」「東海美女伝」「あさぎり軍歌」などがあう。　家弟＝加戸野五郎（映画監督）

石田 東陵　いしだ・とうりょう
漢学者 漢詩人 大東文化学院教授
元治2年（1865年）1月26日〜昭和9年（1934年）12月6日

いした　　　　　　　　　　昭和人物事典 戦前期

い

⊞生陸奥国（宮城県仙台市）　⊠名本名＝石田羊一郎, 号＝東陵　⊠学共立学校英語修了　⊠歴共立学校教頭、大東文化学院教授を歴任し、漢学者、漢詩人として活躍。「大学説」「老子説」「楚辞集註」などの著があり、没後「東陵遺稿」が刊行された。

石田 友治　いしだ・ともじ
キリスト教の教化指導者
明治14年（1881年）〜昭和17年（1942年）

⊞生秋田県　⊠学デサイブル神学校卒　⊠歴大正2年新聞人で評論家の茅原華山と雑誌「第三帝国」を創刊、大正デモクラシーの中で民本主義を唱え、「新しき人道主義」を標榜した。7年「文化運動」と改題、11年教育運動家で出版業の下中弥三郎に経営を譲り、啓明会運動の機関誌とした。日本国際教育協会理事、YMCA宗教部主事などを務め、自由大学運動にも投じた。

石田 波郷　いしだ・はきょう
俳人
大正2年（1913年）3月18日〜昭和44年（1969年）11月21日

⊞生愛媛県温泉郡垣生村（松山市西垣生町）　⊠名本名＝石田哲大　⊠学明治大学文芸科〔昭和11年〕中退　⊠歴小学生の頃から句作を始め、中学卒業後も家業の農業を手伝いながら五十崎古郷の指導を受け「馬酔木」などに投句。昭和7年上京し、水原秋桜子の庇護を受け、8年最年少の「馬酔木」同人となり、9年より編集を担当。10年「石田波郷句集」を刊行し、12年「鶴」を創刊、主宰する。18年応召し、華北に渡ったが胸膜炎を病み、20年内地送還となる。21年「鶴」を復刊、また「現代俳句」を創刊。23年病気再発し、以後病と闘って句作した。25年療養俳句の金字塔ともいうべき句集「惜命」を刊行。29年「石田波郷全句集」で読売文学賞を、43年「酒中花」で芸術選奨を受賞。34年朝日新聞俳句欄選者。また36年には俳人協会を設立した。中村草田男、加藤楸邨とともに“人生探究派”と称された、昭和の代表的俳人。他の句集に「鶴の眼」「風切」「雨覆」「酒中花以後」などがあり、「清瀬村」などの随筆集、歳時記など著書多数。「石田波郷全集」（全9巻・別巻1、角川書店）がある。　⊠家妻＝石田あき子（俳人）、長男＝石田修大（日本経済新聞論説委員）　⊠賞芸術選奨文部大臣賞（第19回）〔昭和43年〕「酒中花」

石田 松太郎　いしだ・まつたろう
柳原書店社長
明治16年（1883年）10月10日〜昭和29年（1954年）

⊞生東京市京橋区（東京都中央区）　⊠歴大阪の取次・柳原書店に入社。大正7年合資会社に改組すると代表社員となり営業一切を主宰して戦前の取次業界で重きをなし、大阪書籍雑誌商組合長などを歴任。昭和16年日本出版配給の創立に際して創立発起人の一人となり、取締役を務めた。24年日配閉鎖とともに柳原書店を復活させ、同社長に就任した。

石田 幹之助　いしだ・みきのすけ
東洋史学者 国学院大学教授
明治24年（1891年）12月28日〜昭和49年（1974年）5月25日

⊞生千葉県千葉市　⊠専東西文化交渉史、書誌学　⊠学東京帝国大学文科大学史学科〔大正5年〕卒 文学博士（日本大学）〔昭和34年〕　⊠賞日本学士院会員〔昭和43年〕　⊠歴大正5年東京帝国大学卒業後、中国に留学。留学中、東洋学関係の文献蒐集家モリソンを知り、その日本誘致を行い（岩崎家が購入）、その文献整理に当って、モリソン文庫（現・東洋文庫）の基礎をきづく。6年〜昭和9年同文庫主事。傍ら日大教授、国学院大学教授を歴任。20年東方学会設立にあたって理事となり、機関誌「東方学」の編集に従事した。48年同学会長。著書に「長安の春」（昭16）をはじめ、「欧人の支那研究」「南海に関する支那史料」「唐史叢鈔」「東亜文化史叢考」、「石田幹之助著作集」（六興出版）などがある。

石田 元季　いしだ・もとすえ
国文学者
明治10年（1877年）5月17日〜昭和18年（1943年）1月9日

⊞生京都府　⊠学平安義黌卒　⊠歴幼い頃から林昭仁に国漢文を学んだ。明治32年愛知一中（現・旭丘高校）の教諭となり、のち愛知医科大学、八高、愛知県立第一高等女学校、金城女専などで教鞭を執った。尾張俳諧史を研究する一方、名古屋国文学会指導者として若者の育成に努めた。また、名古屋国語国文学会を主宰し「国語国文学研究」を発刊、権威ある学会誌として注目された。昭和15年「俳文学考説」で帝国学士院賞を受賞。他の著書に「江戸時代文学考説」「草双紙のいろいろ」などがある。　⊠賞帝国学士院賞〔昭和15年〕「俳文学考説」

石田 礼助　いしだ・れいすけ
実業家 三井物産代表取締役 交易営団総裁
明治19年（1886年）2月20日〜昭和53年（1978年）7月27日

⊞生静岡県賀茂郡松崎町　⊠学東京高等商業学校（現・一橋大学）〔明治40年〕卒　⊠歴三井物産に入り、昭和11年常務、14年代表取締役。16年日米開戦に反対して退社、18年交易営団総裁になり敗戦を迎える。戦後公職追放で農業に従事。十河信二総裁の要請で31年国鉄監査委員長、38〜44年5代目国鉄総裁を務めた。

伊地知 進　いじち・すすむ
小説家
明治37年（1904年）4月30日〜昭和41年（1966年）11月26日

⊞生福岡県　⊠名本名＝秋葉三郎　⊠学陸士卒　⊠歴退役陸軍大尉の軍人作家として、昭和15年戦争文学「将軍と参謀そして兵」を発表。それ以前、11年発表の「廟行鎮再び」は直木賞候補作品となる。戦後は筆を折り、新東産業東京支店長などを勤めた。

伊地知 純正　いじち・すみまさ
英語学者 早稲田大学教授
明治17年（1884年）6月17日〜昭和39年（1964年）8月11日

⊞生宮崎県西諸県郡　⊠学早稲田大学商科〔明治40年〕卒　⊠歴明治41年ジャパン・タイムズ社入社、42年早大講師、44年英国に留学、ジョーンズに音声学を学ぶ。パリ、ニューヨークにも行き、オリエンタル・レビュー社記者。大正2年帰国。早大専任講師、4年教授。昭和8年商業英語研究会（後の商業英語学会）を創設、その後早大に帰り商学部長、理事を務める。30年退職。「英語青年」で和文英訳欄を長く担当した。著書に「大隈侯伝」「東西文化の交流」（英文）。英文のものが多く、自叙伝「僕の英文日記」「英文修業五十五年」などがある。

石橋 喬山　いしばし・きょうざん
染織技師 俳人
生年不詳〜昭和17年（1942年）3月1日

⊞出三重県四日市市下海老町　⊠名本名＝石橋喜一, 号＝石橋下枝　⊠学京都高等工芸学校色染科卒　⊠歴三重一中時代の同級生に俳人の梶島一蒙らがいる。京都高等工芸学校を卒業後、母校の助教授となる。明治39年久留米工、40年福岡工を経て、44年京都市立染織学校に勤務。大正7年横浜絹業試験場、9年日東捺染に招かれ、昭和9年同社取締役に就任。10年外務省嘱託としてエジプトに派遣され、古代エジプトの染織技術研究に従事。帰国後は大阪染色工業組合監事、13年大阪ステーブルファイバー織物染色工業組合理事を歴任した。一方、俳人として「ホトトギス」などに投句。没後に遺稿集「志乃び草」が編まれた。

石橋 五郎　いしばし・ごろう
地理学者 京都帝国大学教授
明治10年（1877年）〜昭和21年（1946年）

⊞生千葉県　⊠学東京帝国大学卒　⊠歴神戸高等商業学校から京都

帝国大学に転じ、地理学を講じた。理学部地質鉱物学科主任教授小川琢治の技を継ぎ主任教授となり、人文地理学の発展に尽力した。著書に「港の盛衰」「わが地理学観」などがある。

石橋 正二郎　いしばし・しょうじろう

実業家　ブリヂストン創業者

明治22年（1889年）2月25日〜昭和51年（1976年）9月11日

⬜生福岡県久留米市　⬜学久留米商〔明治39年〕卒　⬜歴久留米の仕立物屋・志まやの二男で、兄が兵役で留守の間に実際の経営を代行するようになると足袋専業に切り替えて事業の効率化を図るとともに労働条件の改善を進め、やがて足袋のサイズを問わず一足20銭に統一して飛躍的に売上げを伸ばし、瞬く間に業界屈指のメーカーに成長させた。大正3年志まや足袋からアサヒ足袋に商標を変更。7年兄とともに日本足袋会社（のち日本ゴム、現・アサヒコーポレーション）を創立し、専務。12年足袋の裏にゴムを貼り付けて開発した地下足袋が大ヒット商品となり、機械化による工程の能率化と量産によるコストダウンでさらに業績を伸ばした。昭和5年社長に就任。一方で欧米のゴム業者の主力製品が自動車用タイヤに移っていくのを察知し、6年 "石橋" の姓に由来するブリッヂストンタイヤを設立して社長となり、タイヤの国産化に着手。17年敵性語の社名を禁じられて日本タイヤに変更したが、戦時中を通して軍用機のタイヤ生産を引き受け、社業を発展させた。26年社名をブリヂストンに再変更、28年には売上高が100億円を突破し業界1位のゴムメーカーとなった。　⬜家長男＝石橋幹一郎（ブリヂストン社長）、長女＝鳩山安子、兄＝石橋徳次郎（2代目）、弟＝石橋進一（日本ゴム会長）、孫＝鳩山由紀夫（首相）、鳩山邦夫（衆議院議員）、女婿＝鳩山威一郎（参議院議員）、成毛収一（ブリヂストンタイヤ副社長）、郷裕弘（三井液化ガス相談役）、石井公一郎（ブリヂストンタイヤ専務）

石橋 辰之助　いしばし・たつのすけ

俳人

明治42年（1909年）5月2日〜昭和23年（1948年）5月2日

⬜生東京市下谷区（東京都台東区）　⬜名旧号＝竹秋子　⬜学安田保善工業電機科卒　⬜歴照明技師として神田帝都座に勤め、戦前は日本映画社に勤務。学生時代から俳句をはじめ、昭和6年「馬酔木」に参加。山岳俳句に新境地を開き、7年自選欄同人となる。句を志して「荒男」を創刊。また「京大俳句」「天香」に関係し、15年京大俳句事件で検挙される。戦後は新俳句人連盟に参加し委員長を務めた。句集に昭和10年刊行の「山行」をはじめ「山岳画」「家」「妻子」「山暦」など。また「定本石橋辰之助句集」がある。　⬜賞「馬酔木」賞（第1回）〔昭和7年〕

石橋 湛山　いしばし・たんざん

ジャーナリスト　東洋経済新報社長

明治17年（1884年）9月25日〜昭和48年（1973年）4月25日

⬜生東京府麻布区（東京都港区）　⬜出山梨県　⬜名幼名＝省三、別名＝露亭　⬜学早稲田大学文学部哲学科〔明治40年〕卒、早稲田大学大学院宗教研究科〔明治41年〕修了　⬜歴日蓮宗の僧・杉田湛誓の長男で、母方の石橋姓を継ぐ。少年時代を山梨県で過ごし、山梨一中から早大文学部哲学科に進み、田中王堂、島村抱月らに師事。明治41年東京毎日新聞社を経て、44年東洋経済新報社に移り、独学で経済学を研究するとともに政治・経済論を執筆。同誌の文体を口語文に切り替えたり、「小評論」を設けたりするなど、紙面の刷新に手腕を発揮した。大正3年自由思想講演会の設立に参画、10年同社の合名会社化により取締役に挙げられ、13年「東洋経済新報」主幹、14年同社代表取締役に就任。昭和9年からは英文経済誌「オリエンタル・エコノミスト」主幹を兼ねた。満州事変勃発後は軍部の独裁や日独伊三国同盟締結に反対し続け、日米開戦後も当局からの圧力を受けながら早期終戦を主張し、18年石渡荘太郎蔵相を

説得して大蔵省内に戦時経済特別調査室を設置させた。戦後は自由党に入り、昭和21年第一次吉田内閣の蔵相に就任。22年静岡2区から衆議院議員に当選。通算6期。この間、公職追放に遭うが、解除後の26年には鳩山派に属して反吉田体制の中心となり、29年鳩山一郎内閣の通産相を経て、31年12月第2代自由民主総裁となり石橋内閣を組織したが、病のため在職2ケ月で辞任した。　⬜家長男＝石橋湛一（実業家）、父＝杉田湛誓（久遠寺81世法主）

石橋 恒喜　いしばし・つねよし

評論家

生年不詳〜平成6年（1994年）8月6日

⬜出千葉県　⬜歴昭和11年の二・二六事件当時、東京日日新聞（現・毎日新聞）の陸軍省担当記者。反乱軍の青年将校らと親交が深く、「昭和の反乱」などを著した。

石橋 智信　いしばし・とものぶ

宗教学者　東京帝国大学教授

明治19年（1886年）5月15日〜昭和22年（1947年）12月21日

⬜生北海道　⬜学東京帝国大学文科大学哲学科〔明治42年〕卒　文学博士〔大正10年〕　⬜歴大学卒業後ドイツへ留学、ベルリン大学、ライプツィヒ大学で宗教学、旧約聖書学を研究、大正3年帰国して東京帝国大学講師、9年助教授となった。昭和9年文学部宗教学宗教史学科主任教授、22年退官。山口高校時代、内村鑑三と植村正久からキリスト教の影響を受け、熱心なキリスト教信者であった。帝国学士院賞を得た著書のほか「旧約全書解題」「宗教学概論」「大思想エンサイクロペヂア」「宗教学論攷」などがある。　⬜賞帝国学士院賞〔大正15年〕「メシア思想を中心としたるイスラエル宗教文化史」

石橋 ハヤ　いしばし・はや

看護婦

明治13年（1880年）4月〜昭和36年（1961年）3月28日

⬜生佐賀県　⬜学東京帝国大学医科大学附属病院看護法講習科〔明治34年〕卒　⬜歴明治34年東京帝国大学医科大学病院看護婦となり、3年後東京府巣鴨病院に移り、昭和21年3月、松沢病院看護婦取締を66歳で退職するまで明治、大正、昭和の3代50余年間、精神障害者の友となって看護一筋に生きる。歴代院長の信任も厚く「松沢の母」といわれた。30年第15回ナイチンゲール記章受章。31年には病院庭内に記念のブロンズが建てられ、斎藤茂吉の歌碑が添えられた。同年黄綬褒章受章。退職後も東京都指導補佐員や講師を務めた。

石橋 秀野　いしばし・ひでの

俳人

明治42年（1909年）2月19日〜昭和22年（1947年）9月26日

⬜生奈良県山辺郡二階堂村（天理市）　⬜名旧姓・旧名＝藪　⬜学文化学院卒　⬜歴短歌を与謝野晶子に、俳句を高浜虚子に学ぶ。昭和4年山本健吉と結婚。この頃から唯物弁証法に興味をもち、地下生活もする。13年横光利一主宰の「十日会」に加わり、本格的に作句を始め、17年「鶴」に参加。没後刊行の句文集「桜濃く」で第1回の川端茅舎賞を受賞した。　⬜家夫＝山本健吉（評論家）、娘＝山本安見子（エッセイスト）

石浜 金作　いしはま・きんさく

小説家

明治32年（1899年）2月28日〜昭和43年（1968年）11月21日

⬜生東京市京橋区木挽町（東京都中央区）　⬜学東京帝国大学英文学科〔大正13年〕卒　⬜歴大正10年川端康成らと第六次「新思潮」を創刊し、12年創刊の「文芸春秋」や、13年創刊の「文芸時代」の同人となる。新感覚派の作家として活躍し、「酔人酔生」「壊滅」「ある死ある生」「都会の幽霊」「無駄な入獄」などの作品がある。昭和10年以降は文壇から離れた。

石浜 知行　いしはま・ともゆき

経済史学者　九州帝国大学法文学部教授

明治28年（1895年）3月26日〜昭和25年（1950年）8月1日

〔生〕兵庫県淡路島　〔学〕東京帝国大学法学部政治学科〔大正9年〕卒　〔歴〕大正11年ドイツに留学、2年後帰国して九州帝国大学法文学部教授となり経済史担当。昭和3年三・一五事件に関連、辞職。11年読売新聞社論説委員、12年応召。戦後21年読売新聞を退社、九大経済学部教授に復帰、傍ら中国研究所理事として中国研究に従事した。戦前、戦後にかけマルクス主義に立つ経済史関係の著書や論文が多く、マルクス伝などがある。

石原 修　いしはら・おさむ

衛生学者　大阪医科大学教授

明治18年（1885年）10月18日〜昭和22年（1947年）6月29日

〔生〕兵庫県　〔学〕京都帝国大学福岡医科大学〔明治41年〕卒 医学博士（九州帝国大学）〔大正10年〕　〔歴〕上京して東京帝国大学医学部衛生細菌学教室に入り、横手之助教授に師事し、工場衛生の調査に従事。明治45年東京市技師、大正5年鉱務監督官兼鉱業監督官、工場監督官、10年欧米出張をはさみ、11年内務省社会局監督官を歴任。15年大阪医科大学衛生学教授、昭和8年休職、10年退職。12年社会局健康相談所事務取扱。戦後は年金保険厚生団事業部長。我が国の労働衛生、産業医学の先駆者で、学位論文の「衛生学上ヨリ見タル女工之現況」の「付録 女工と結核」は工場法実施の推進を促した。著書に「新稿労働衛生学」がある。　〔家〕兄＝石原誠（生理学者）

石原 莞爾　いしはら・かんじ

陸軍中将

明治22年（1889年）1月18日〜昭和24年（1949年）8月15日

〔生〕山形県鶴岡市日和町　〔学〕陸士（第21期）〔明治42年〕卒、陸大〔大正7年〕卒　〔歴〕大正11〜14年ドイツで戦史、戦術論などを学ぶ。昭和3年関東軍参謀となり、6年満州事変を惹起し、満州国建国の立役者となる。10年参謀本部作戦課長就任後は帝国国防方針の改定など、長期的な戦争経済体制の確立を目指す。12年少将・参謀本部作戦部長、同年軍部の意図を実現させるため、林銑十郎内閣の成立を画策した。日中戦争には、不拡大方針を唱えて関東軍参謀副長に左遷され、以後、軍の中枢部から外れる。陸軍中将の16年3月第16師団長を最後に予備役。この間14年東亜連盟協会を組織し、東亜ブロック構築を画策するが失敗。強烈な日蓮信仰とヨーロッパ戦史の研究を結合させ、"世界最終戦論"という独自の戦争理論を形成した。立命館大学教授も務めた。戦後は支持者と共に日本海に面する遊佐町で開墾生活に入った。

石原 キク　いしはら・きく

児童教育家　基督教保育連盟関東部会会長

明治17年（1884年）6月16日〜昭和42年（1967年）11月27日

〔生〕広島県　〔学〕東京保姆伝習所卒、シンシナティ大学師範科卒、ウェストン大学、コロンビア大学　〔歴〕幼稚園児の時に園長のゲインズに憧れて以来、保育事業を志し、長じて東京保姆伝習所に学ぶ。卒業後の明治38年に同所の教師タッピングから援助を受けて米国に渡り、シンシナティ大学師範科で幼稚園教諭の資格を取得、次いでウェストン大学に入学。43年に帰国したのち東京保姆伝習所所長や彰栄幼稚園園長などを歴任。大正6年に再び渡米してコロンビア大学で学び、9年に帰国して律動遊戯（児童に音楽を聴かせておのおの自由に表現をさせる）など欧米最新の保育法の紹介・導入に努めた。また基督教保育連盟関東部会会長も務め、戦後は米国各地の教育事情調査に従事した。

石原 喜久太郎　いしはら・きくたろう

細菌学者　東京帝国大学教授

明治5年（1872年）9月25日〜昭和19年（1944年）6月12日

〔生〕島根県八束郡二子村（松江市）　〔専〕衛生学　〔学〕東京帝国大学医科大学〔明治39年〕卒 医学博士（東京帝国大学）〔大正6年〕　〔歴〕島根県立尋常中学時代は、ラフカディオ・ハーン（小泉八雲）の生徒だった。明治39年東京帝国大学卒業と同時に衛生学教室助手となり、大正8年教授、昭和2年伝染病研究所教授となる。鼠咬症、ツツガムシ病を研究。ツツガムシ病の病原体を発見し、"リケッチャ・ツツガムシ"と命名した。7年定年退官。また明治37年より侍医療養御用掛。文部省学校衛生取調嘱託として教員結核の調査を行った。出雲育英塾理事も務め、郷土の後輩の育成にあたった。著書に「衛生視察南米紀行」「石原学校 衛生」がある。　〔賞〕帝国学士院東宮御成婚記念賞（第19回）〔昭和4年〕

石原 謙　いしはら・けん

宗教史学者　東北帝国大学法文学部教授

明治15年（1882年）8月1日〜昭和51年（1976年）7月4日

〔生〕東京市本郷区（東京都文京区）　〔専〕キリスト教史　〔学〕東京帝国大学文科大学哲学科〔明治40年〕卒 文学博士（東京帝国大学）〔大正10年〕，名誉神学博士（ハイデルベルク大学）〔昭和48年〕　〔賞〕日本学士院会員〔昭和28年〕　〔歴〕明治40年明治学院講師、早稲田大学講師。大正8年に東京帝国大学講師、10年助教授。同年から欧州留学、ハイデルベルク大学でハンス・フォン・シューベルトに師事。13年に帰国して東北帝国大学教授、昭和9年法文学部長。15〜23年東京女子大学学長、27年には青山学院大学教授を歴任した。著書に「宗教哲学」「基督教史」「新約聖書」「マルティン・ルターと宗教改革の精神」「中世キリスト教史研究」「キリスト教の源流」「キリスト教の展開」「日本キリスト教史論」、「石原謙著作全集」（全11巻、岩波書店）などがある。37年に文化功労者、48年には文化勲章を受章した。　〔勲〕文化勲章〔昭和48年〕　〔賞〕文化功労者〔昭和37年〕

石原 健三　いしはら・けんぞう

枢密顧問官　貴族院議員（勅選）

文久4年（1864年）1月13日〜昭和11年（1936年）9月4日

〔生〕備中国邑久郡箕輪村（岡山県瀬戸内市）　〔学〕帝国大学法科大学〔明治22年〕卒　〔歴〕明治22年司法省に入省し判事試補となる。その後、裁判所書記長、判事を経て、34年山梨県知事、36年千葉県知事、41年高知県知事、43年静岡県知事、44年北海道庁長官、大正元年愛知県知事、3年神奈川県知事を歴任。4年宮内次官となり、11年貴族院議員に勅選。昭和2〜11年枢密顧問官を務めた。

石原 忍　いしはら・しのぶ

眼科学者　陸軍軍医監

明治12年（1879年）9月15日〜昭和38年（1963年）1月3日

〔生〕東京府麹町区永田町（東京都千代田区）　〔学〕一高三部〔明治34年〕卒、東京帝国大学医科大学〔明治38年〕卒 医学博士〔大正5年〕　〔賞〕日本学士院会員〔昭和32年〕　〔歴〕父は陸軍軍人。明治38年大学を卒業して見習医官として近衛歩兵第二連隊に入り、39年陸軍二等軍医に任官。大正元年から3年間ドイツへ留学。10年陸軍一等軍医正に進み、11年河本重次郎の後任として東京帝国大学教授に迎えられた（軍医と兼務）。15年陸軍軍医監となり、同年予備役に編入。昭和12年東京帝国大学医学部長。15年定年退官。16年東京逓信病院院長、18年前橋医学専門学校校長。色盲の研究で知られ、徴兵検査用に「大正五年式色神検査表」を開発。これをもとにカタカナによる「日本色盲検査表」、数字を使った「学校用色盲検査表」を作り上げた。8年スペインのマドリードで開催された国際眼科学会で石原表は国際標準色盲表に推薦され、世界で最も優秀な色盲検査表として認められた。16年この業績により帝国学士院賞と朝日文化賞を受賞。トラコーマの撲滅運動にも力を注いだ。また、漢字廃止を訴え、14年「東眼式新仮名文字」（東京帝国大学眼科教室式新仮名文字の略）を提唱。戦後も"新国字"の研

究に取り組んだ。　家弟＝石原亮（海軍軍医少将），岳父＝井口五郎（陸軍少将）　賞帝国学士院賞（第31回）〔昭和16年〕，文化功労者〔昭和36年〕，朝日文化賞（昭和15年度）〔昭和16年〕，照明学会賞〔昭和18年〕

石原 純　いしはら・じゅん
理論物理学者 歌人
明治14年（1881年）1月15日～昭和22年（1947年）1月19日
生東京府本郷区（東京都文京区）　名本名＝石原純，歌名＝石原阿都志　学東京帝国大学理科大学理論物理学科〔明治39年〕卒 理学博士〔大正5年〕　歴大学時代は理論物理学を専攻。明治36年短歌誌「馬酔木」創刊を機に伊藤左千夫を訪ね，後に「アララギ」に参加。44年東北帝国大学理科大学助教授に就任。翌年欧州へ留学，ゾンマーフェルトやラウエ，アインシュタインの下で研究し，大きな刺激を受けた。大正3年帰国後して教授に昇任。我が国に相対論や量子論を本格的に紹介，啓蒙的解説を精力的に行う一方，研究面でもその先駆者となった。10年歌人・原阿佐緒との恋愛事件が世間を騒がせ，教授を辞任した。以後は著作・啓蒙活動に専念。昭和7年岩波書店の雑誌「科学」創刊とともに編集主任となる。大正11年歌集「靉日」を刊行，都会感覚と科学者としての詩情で注目された。最晩年に交通事故に遭い，それが原因で亡くなった。「自然科学概論」「現代物理学」「アインスタインと相対性原理」「相対性原理」などの著書があり，「アインスタイン全集」（全4巻）もまとめた。　家兄＝石原謙（キリスト教史学者）　賞帝国学士院恩賜賞（第9回）〔大正8年〕

石原 省三　いしはら・しょうぞう
スピードスケート選手
生年不詳～平成5年（1993年）7月19日
生栃木県　学早稲田大学卒　歴昭和7年のレークプラシッド五輪（第3回冬季大会）に出場。続く11年のガルミッシュ・パルテンキルヘン五輪の500メートルで4位に入るなど日本のスプリンターの草分けだった。戦後は日本代表チームの監督として27年のオスロ五輪などを指揮。日本スケート連盟理事も務めた。

石原 広一郎　いしはら・ひろいちろう
実業家 石原産業創業者
明治23年（1890年）1月26日～昭和45年（1970年）4月16日
生京都府京都市　学京都府立農学校〔明治40年〕卒，立命館大学法科専門部〔大正2年〕卒　歴明治40年京都府の農業技手となるが，マレー半島で働いていた実弟からゴム園経営が有望であると教えられ，大正5年同地へ渡る。間もなくゴム園経営に行き詰まるも，8年ジョホール州で鉄鉱山を発見し，9年南洋鉱業公司（現・石原産業）を設立。昭和4年石原産業海運合資会社に改称し，9年株式会社化。18年海運業を日本海運に譲渡し，石原産業に社名変更。海外ではフィリピンや海南島でいくつもの鉱山を開発，20年の太平洋戦争敗戦までに1800万トンの鉄鉱石を日本に輸出した。この間，マレー半島で虎狩りをして"虎狩りの殿様"として知られていた徳川義親侯爵と親交を持ち，徳川との関係から思想家の大川周明らと知り合って本格的に国家主義運動に足を踏み入れ，大川らと神武会，陸軍大将の田中国重らと明倫会を組織。明倫会の中では陸軍少将の斎藤瀏と親しく，斎藤の下に出入りしていた栗原安秀ら陸軍の青年将校も支援していたが，12年2月栗原らが決起（二・二六事件）。直前に資金援助をしていたことから事件鎮圧後に反乱幇助罪・反乱予備罪で特別軍法会議に付された（無罪判決）。戦後はA級戦犯に指定されたが不起訴で釈放された。　家弟＝石原新三郎（石原産業社長），石原儀三郎（石原産業顧問）　勲勲六等瑞宝章〔昭和5年〕，ジョホール王冠二等勲章〔昭和6年〕

石原 誠　いしはら・まこと
生理学者 九州帝国大学医学部教授
明治12年（1879年）5月～昭和13年（1938年）12月11日
生兵庫県伊丹　学東京帝国大学医科大学〔明治34年〕卒 医学博士　歴明治35～39年ドイツ，オーストリアに留学。留学中の36年，京都帝国大学福岡医科大学（現・九州大学医学部）助教授に抜擢される。39年帰国と同時に教授に就任。大正8年九州帝国大学教授，15年～昭和13年医学部長を歴任。心臓の自動性の研究で業績を残し，九州大学医学部発展への基礎づくりに貢献した。著書に「一般生理学より」がある。　家弟＝石原修（衛生学者）

石原 米太郎　いしはら・よねたろう
実業家 特殊製鋼社長
明治15年（1882年）9月2日～昭和36年（1961年）5月6日
生群馬県　学麻布獣医学校〔明治37年〕中退　歴明治37年八幡製鉄所に入り，ドイツ人技師の指導で日本初の特殊鋼のルツボ炉による熔接に取り組んだ。特殊鋼国産化の動機となり日本特殊鋼創立に参加，日光商会を設立，独立した。昭和4年特殊製鋼を創設，現場の技術者から一人一業をモットーに一代で特殊製鋼を大企業に育て上げ，社長として生産販売に全力投入した。戦後は特殊物件特殊鋼処理委員会の委員長代理，日本鉄鋼連盟常任理事兼特殊鋼部会長，科学技術庁参与，武器審議会委員，産業合理化審議会委員などを歴任した。

石原田 愿　いしはらだ・すなお
水泳選手
生年不詳～昭和62年（1987年）3月19日
回鹿児島県姶良郡福山町（霧島市）　学明治大学　歴福山中時代に水泳で頭角を現し，明治大学に進んで本格的な指導を受けて昭和7年のロサンゼルス，11年のベルリン両五輪に水泳選手として出場。ベルリンでは1500メートル自由形で4位に入賞した。戦後は鹿児島県福山町に帰っていたが，25年に日本水連からペルーにコーチとして派遣された。その後，チリに移って結婚，サンティアゴに住んだ。

石丸 梧平　いしまる・ごへい
小説家 評論家 宗教思想家
明治19年（1886年）4月5日～昭和44年（1969年）4月8日
生大阪府豊中市　学早稲田大学国史学科卒　歴中学教諭をしていたが，文学を志して大正8年「船場のぼんち」を自費出版して認められ，11年「人間親鸞」を刊行。13年妻喜世子と人間創造社を結成し「人生創造」「生きて生く道」「子供の生活記録と修身教育」などを創刊して評論活動をし，「禅のある人生」などを刊行した。　家妻＝石丸喜世子（小説家）

石丸 藤太　いしまる・とうだ
軍事評論家 海軍少佐
明治14年（1881年）12月14日～昭和17年（1942年）12月27日
生佐賀県　学海兵（第29期）〔明治34年〕卒　歴明治43年砲術学校教官，大正3年「相模」砲術長，4年少佐で予備役。昭和6年退役。軍事評論家として筆をふるった。著書に「日米戦争 日本は敗れず」「日米果して戦うか」などがある。

石村 貞吉　いしむら・ていきち
国文学者 東京女子大学教授
明治9年（1876年）11月27日～昭和48年（1973年）7月26日
生東京府麹町（東京都千代田区）　名旧姓・旧名＝石邨，号＝平川　専中世文学，有職故実　学東京帝国大学文科大学史学科〔明治34年〕卒　歴明治37年愛知県立第一中学校教諭となり，大正6～9年校長。10年より東京女子大学教授，昭和27年定年退職し，名誉教授。著書に「新註平家物語」「風俗と文学」「源氏物語有職の研究」「有職故実研究」（全2巻）など。

いしむら　　　　　　　　　　　　昭和人物事典 戦前期

石村 涼月　いしむら・りょうげつ
筑前琵琶奏者
明治12年（1879年）～昭和13年（1938年）3月3日
[出]福岡県博多　[名]本名＝石村卯三郎　[歴]初代橘旭翁に入門、筑前琵琶を学ぶ。後に大阪の文楽に入って義太夫を研究。琵琶演奏に浄瑠璃調を織り混ぜた涼月風と呼ばれる旋律を編み出した。門下に三好旭天、平田旭舟などがいる。

石本 喜久治　いしもと・きくじ
建築家
明治27年（1894年）2月15日～昭和38年（1963年）11月27日
[生]兵庫県神戸市　[出]大阪府　[学]東京帝国大学工学部建築学科〔大正9年〕卒　[歴]幼少時に大阪の石本家に養子に出され、中学卒業まで大阪で過ごす。その後、京都の三高を経て東京帝国大学工学部に進み建築を学ぶ。大正9年2月、卒業を前に大学構内で山田守、堀口捨己ら6人と同人習作展を開き“分離派建築会”を宣言、誕生させた。日本最初の近代建築運動といわれ昭和3年まで続く。卒業後、竹中工務店設計部に入り、「東京朝日新聞社」「白木屋百貨店本店」などを設計。2年山口文象らを連れて独立、6年石本建築事務所を創設した。この間2年大阪では片岡安と共同建築事務所を開設。20年新日本住宅を設立するが、24年解散。26年株式会社石本建築事務所に改組、32年代表取締役会長に就任。量塊の造形が得意。初期作品集に「建築譜」がある。

石本 暁海　いしもと・ぎょうかい
木彫家
明治21年（1888年）3月10日～昭和10年（1935年）8月23日
[生]島根県能義郡広瀬町（安来市）　[名]本名＝石本恒介、別号＝石本暁畋　[学]京都市立美術工芸学校〔明治38年〕卒　[歴]代々木工の家系で、祖父・石本水月軒は出雲広瀬藩の名工として知られた。松江中学、京都市立美術工芸学校を卒業後、郷里の先輩である米原雲海に師事。大正4年より師と長野善光寺の「仁王像」をそれぞれ1体ずつ制作。14年に師が亡くなると、高弟であった大田南海、森本真象らと制作途中であった「松平直政初陣図銅像」を完成させた。文展、帝展に出品し、昭和6年帝展無鑑査となる。8年京都市美術工芸学校教員となったが、在任中に没した。神坂雪佳の佳都美会にも属し、工芸家と交わった。作品に京都祇園神社「狛犬」、北野天満宮「唐獅子」や、「中江藤樹像」「稲田姫」「勢至丸」「聖徳太子像」などがある。　[家]祖父＝石本水月軒（木工家）

石本 権四郎　いしもと・ごんしろう
大陸浪人
明治13年（1880年）9月15日～昭和7年（1932年）12月11日
[生]高知県長岡郡岡豊村（南国市）　[歴]上京して杉浦重剛の称好塾や明治学院に学ぶ。日露戦争が起こると歩兵少尉として従軍、旅順攻撃で重傷を負う。戦後、満州で様々な事業を経営していた兄・鑓太郎を助ける傍ら、特務機関員として蒙古王族やラマ僧などに接近して第二次満蒙独立運動に参加。また東シベリアに反革命政権を樹立したコサック軍人のセミョーノフの軍でも活躍した。満州事変勃発後、熱河問題解決のために同地に潜入しようとして中国軍便衣隊に銃殺された。　[家]兄＝石本鑓太郎（実業家）

石本 秀一　いしもと・しゅういち
プロ野球監督
明治30年（1897年）～昭和57年（1982年）11月10日
[出]広島県　[学]関西学院高等部中退　[歴]大正5、6年全国中等学校野球大会に広島商の主戦投手として出場。12年同校監督となり、12年甲子園優勝。昭和4年から2連覇。戦前の広島商黄金時代を築く。プロ野球では11～14年阪神監督を務め、12年秋と13年春の2回優勝。以後、金鯱、大洋、太陽、西鉄などの

監督、コーチを経て、25年広島の初代監督となり、“広島カープ生みの親”といわれた。38年まで務め、47年殿堂入り。通算成績は、実働12年、525勝553敗34分、勝率.487。

石本 寅三　いしもと・とらぞう
陸軍中将
明治23年（1890年）～昭和16年（1941年）3月13日
[出]兵庫県　[学]陸士（第23期）〔明治44年〕卒、陸大〔大正11年〕卒　[歴]陸軍中将で男爵の石本新六の三男。騎兵第十四連隊付少尉、騎兵学校付、軍務局付を経て、兵器本廠付兼軍務局課員となりドイツに駐在。昭和2年ドイツ大使館付武官補佐官、帰国後参謀本部付、兵器本廠付を経て、参謀本部員兼陸大教官となり軍令部参謀も兼ねた。のち騎兵集団参謀に転属となり、以後関東軍参謀、兵器本廠付、軍務課長、騎兵第二十五連隊長、駐蒙兵団参謀長などを歴任。農林省馬政局次長に出向、15年兵務局長、のち第五十五師団長に就任後中将となった。　[家]父＝石本新六（陸軍中将・男爵）、兄＝石本恵吉（実業家）、石本憲治（満鉄理事）、弟＝石本巳四雄（地震学者）、石本五雄（陸軍少将）

石本 巳四雄　いしもと・みしお
地震学者 東京帝国大学教授
明治26年（1893年）9月17日～昭和15年（1940年）2月4日
[生]東京市小石川区（東京都文京区）　[学]東京高等師範学校附属中〔明治44年〕卒、一高〔大正3年〕卒、東京帝国大学理科大学実験物理学科〔大正6年〕卒 理学博士〔昭和3年〕　[歴]陸軍中将で男爵の石本新六の四男。東京帝国大学理科大学実験物理学科を卒業後、さらに船舶工学科で末広恭二に師事、船の振動の研究を続けた。大正8年三菱造船所に入り、10～13年音響学研究のためフランスへ留学。14年東京帝大に地震研究所が設置されると助教授として転じ、昭和3年教授。8年同所長となり、同年帝国学士院賞を受賞。この間、シリカ傾斜計、加速度地震計、同期分析器などを考案して我が国の地震学の基盤を築くと共に、地震原因のマグマ流動説を唱えた。著書に「地震とその研究」「科学を志す人々へ」などがある。　[家]父＝石本新六（陸軍中将・男爵）、兄＝石本恵吉（実業家）、石本憲治（満鉄理事）、石本寅三（陸軍中将）、弟＝石本五雄（陸軍少将）　[勲]コマンドール・オランシュ・ナッソー勲章〔昭和9年〕、グラン・オフィシェ・クーロンヌ勲章（イタリア）〔昭和13年〕、勲三等瑞宝章〔昭和15年〕　[賞]帝国学士院賞（第23回）〔昭和8年〕

石山 賢吉　いしやま・けんきち
出版人 ダイヤモンド社創業者
明治15年（1882年）1月2日～昭和39年（1964年）7月23日
[生]新潟県西蒲原郡曽根村（新潟市）　[学]慶応義塾商業学校〔明治39年〕卒　[歴]明治39年慶応義塾商業学校を首席で卒業後、同校で知り合った野依秀市らと「三田商業界」（のち「実業之世界」に改題）を創刊して雑誌記者としての活動を始めるが、のち野依と意見が食い違うようになり、44年退社。大正2年福沢桃介や松永安左ヱ門らの後援によりダイヤモンド社を設立し、経済雑誌「ダイヤモンド」を創刊。以来、広告と編集を切り離して絶対に筆をまげず、“数字”を基礎とした独自の観点で会社を分析するという方針が読者に受け入れられ、我が国を代表する経済雑誌としての地位を確立した。一方、創刊以来ほぼ毎号自身の筆になる論文を掲載しており、特に「決算報告の見方」は好評を博し、4年同社最初の単行本として出版され、長期にわたって版を重ねた。昭和7年時事新報社取締役となる。8年ダイヤモンド社を株式会社に改組し、社長に就任。12年東京市議。15年満州経済社を興して「満州経済」を創刊。戦時中は大蔵省の行政委員や通貨対策委員なども務めた。20年空襲によりダイヤモンド社屋が全焼。22年衆議院議員に当選したが、直後に公職追放となった。

石山 徹郎　いしやま・てつろう

国文学者　文芸評論家　大阪府立女子専門学校教授
明治21年（1888年）8月18日〜昭和20年（1945年）7月30日
[生]秋田県雄勝郡湯沢町　[学]東京帝国大学国文科〔大正3年〕卒
[歴]東京帝国大学卒業後、広島の中学教諭を経て万朝報記者となり、大正9年北海道帝国大学予科講師となる。その間「埃及美術史」「埃及建築史」「有島氏の歩いた道」などを刊行。12年松江高校教授となり、13年大阪府立女専教授となる。昭和4年「文芸学概説」を刊行。その他の著書に「日本文学書誌」「日本文学入門」などがある。

石山 寅吉　いしやま・とらきち

社会運動家　衆議院議員
明治23年（1890年）1月25日〜昭和12年（1937年）5月16日
[生]新潟県中蒲原郡沼垂町（新潟市）　[歴]大正4年足尾銅山に入り、8年大日本鉱山労働同盟会結成に参加し、9・10・13年の足尾争議を指導。8年には懲役8ケ月に処せられた。以後も多くの労働争議を指導し、昭和2年日本労農党に参加。6年日光鉱山争議で投獄される。12年衆議院議員に当選するが、その直後県内の市町村選挙の応援中に急逝した。

伊集院 兼知　いじゅういん・かねとも

子爵　貴族院議員
明治3年（1870年）10月9日〜昭和32年（1957年）2月19日
[名]旧姓・旧名＝本荘　[歴]丹後宮津藩主・本荘宗武の三男で、海軍軍人・伊集院兼寛の養子となる。明治31年養父の死去に伴い子爵を襲爵。37年貴族院議員に選ばれ、研究会に所属。昭和14年引退。刀剣や釣りなどを愛好する趣味の人であったが、特に園芸家として知られ、数々の洋ランを栽培し、「蘭科培養の要諦」などの著書がある。　[家]父＝本荘宗武（丹後宮津藩主）、養父＝伊集院兼寛（海軍少将）

井尻 進　いじり・すすむ

ボロブドゥル研究家
明治25年（1892年）〜昭和40年（1965年）
[生]鳥取県　[名]号＝円山　[学]同志社大学〔大正5年〕卒　[歴]インドネシアのジャワ島に行き、貿易商社富永商店で働く傍ら、スラバヤを中心に当時のインドネシアの民族生活史、楽器、芸術品等の蒐集に努める。大正5年ボロブドゥルの遺跡に魅せられ、帰国後は、ボロブドゥルの研究に没頭し、同研究の世界的権威、N.J.クローム博士らと親しく交わる。東洋哲学も研究し、大正末から昭和10年頃まで雑誌「大衆」編集主幹。13年大阪でボロブドゥル研究会発足。桜の研究家としても知られる。著書に「ボロブドゥル」「難思」他。平成2年業績にちなんで五字ケ丘文華財団が設立され、13年には同財団設立10周年を記念して「道」の研究者を対象にした“円山記念文化賞”が設立された。

石渡 荘太郎　いしわた・そうたろう

大蔵次官　蔵相　宮内相　貴族院議員（勅選）
明治24年（1891年）10月9日〜昭和25年（1950年）11月4日
[生]東京都　[学]東京帝国大学法科大学英法科〔大正5年〕卒　[歴]大蔵省に入り、司税官、国税課長を経て、昭和9年主税局長、11年内閣調査局調査官、12年第一次近衛内閣の大蔵次官。北支事件特別増税案などを立案。14年平沼内閣の蔵相。その後、米内内閣書記官長、大政翼賛会事務総長を歴任し、15〜20年勅選貴族院議員。17年国民政府・汪兆銘政権の最高経済顧問として南京に赴任。19年帰国後、東条内閣、小磯内閣の蔵相となり、強硬な増税政策を推進した。20年鈴木貫太郎内閣宮内相、21年公職追放。　[家]父＝石渡敏一（枢密顧問官）

石渡 敏一　いしわた・びんいち

司法官　枢密顧問官　貴族院議員（勅選）
安政6年（1859年）11月26日〜昭和12年（1937年）11月18日
[生]江戸　[学]東京大学英法科〔明治17年〕卒　法学博士〔明治38年〕　[歴]司法省に入り、明治19年欧州留学、帰国後東京控訴院検事、大審院検事、32年ベルギーの万国監獄会議派遣。次いで民事局長、司法次官を経て、39年第一次西園寺内閣の書記官長。辞任後、40年勅選貴族院議員。のち東京瓦斯会社社長。昭和9年枢密顧問官となる。　[家]長男＝石渡荘太郎（蔵相）、弟＝辰沢延次郎（実業家）

石渡 坦豊　いしわた・やすとよ

教育家　横須賀市長　横須賀商業学校校長
慶応1年（1865年）11月20日〜昭和12年（1937年）2月
[生]相模国三浦郡公郷村（神奈川県横須賀市）　[学]神奈川県立師範学校中等師範学科〔明治19年〕卒　[歴]相模国三浦郡滝ケ崎の豪農の長男。明治20年郷里の公郷学校に奉職し、25年尋常高等豊島小学校訓導となる。26年私設農産物試作場を設立。29年豊島村農会幹事、35年神奈川県農会議員、豊島村社。36年町制施行に伴い、豊島町長に就任。38年横須賀町豊島町組合立女子実業女学校を設立。40年の神奈川県立横須賀中学設立の際には、自身の所有地の一部や650円を寄付した。同年横須賀に市制が施行されるとともに横須賀市議、同議長に就任。また、三浦郡教育会名誉会員、横須賀市学務委員として、県立横須賀中学の設立に尽力。41年横須賀市学務委員長、43年臨時市是調査委員会委員長などを歴任。大正13年〜昭和2年横須賀市長。4年には横須賀商業学校を創立、校主兼校長に就任した。

石割 松太郎　いしわり・まつたろう

劇評家　文楽研究家
明治14年（1881年）1月24日〜昭和11年（1936年）6月29日
[生]大阪府堺市柳町　[専]江戸文学・人形浄瑠璃　[学]早稲田大学文科〔明治38年〕卒　[歴]国書刊行会、日本新聞、都新聞、帝国新聞、大阪新報を経て、大正6年大阪毎日新聞に入社。昭和4年に退社するまで劇評を担当。4年「演芸月刊」を創刊し、7年早大講師に就任。5年「人形芝居雑話」を刊行したのをはじめ「人形芝居の研究」「近世演劇雑考」などの著書がある。

伊豆 富人　いず・とみと

衆議院議員　熊本日日新聞社長
明治21年（1888年）9月20日〜昭和53年（1978年）4月13日
[出]熊本県　[学]早稲田大学専門部政治経済科〔大正4年〕卒　[歴]東京朝日新聞記者となり同盟通信社理事、熊本日日新聞社長、日本新聞連盟評議員を務め、逓信大臣秘書官となった。昭和7年衆議院議員に当選、以来4期務める。阿部内閣の文部参与官、商工省委員を歴任。

出石 誠彦　いずし・よしひこ

東洋史学者　早稲田大学第二高等学院教授
明治29年（1896年）2月29日〜昭和17年（1942年）5月23日
[生]千葉県　[学]早稲田大学文学部史学科〔大正12年〕卒　[歴]大正12年逗子開成中学校教諭から早稲田大学第二高等学院講師、教授となり、同大文学部講師も兼任。また学習院高等部講師、日本女子大学講師などを歴任した。著書に「支那神話伝説の研究」「支那上代思想史研究」「日本精神」「東洋近世史研究」などがある。

泉 鏡花　いずみ・きょうか

小説家
明治6年（1873年）11月4日〜昭和14年（1939年）9月7日
[生]石川県石川郡金沢町（金沢市下新町）　[名]本名＝泉鏡太郎、別号＝畠芋之助　[学]北陸英和学校〔明治20年〕中退　[歴]9歳で母を失う。尾崎紅葉の影響を受け、明治23年上京し、24年紅葉門下生となる。26年「冠弥左衛門」を発表。28年世俗の道

徳を批判した「夜行巡査」「外科室」を「文芸倶楽部」に発表し、"観念小説"作家として認められる。以後29年の「照葉狂言」や、遊廓に取材した「辰巳茶談」他、幽玄怪奇の世界をテーマにした「高野聖」(33年)などを著す。32年芸者桃太郎と結婚後は、芸妓を主人公にした「湯島詣」(32年)、自身の結婚経緯を綴った「婦系図」、「歌行燈」「白鷺」などを発表。硯友社系の作家として、唯美的、ロマンティックな作品は耽美派の先駆となった。大正期に入ってからは「日本橋」や戯曲「天守物語」などを、昭和に入ってからも「薄紅梅」などを発表し、明治・大正・昭和の3代にわたって活躍した。江戸文芸につらなる作風は、新派の舞台や映画でも多くとりあげられている。一方、俳句にも親しみ紅葉の紫吟社連衆の一人であった。100句余の俳句がある。辞世の句「露草や赤のまんまもなつかしき」。「泉鏡花全集」(全28巻・別巻1, 岩波書店)がある。昭和48年泉鏡花文学賞が設けられた。　　图祖父＝中田万三郎(葛野流太鼓師)、伯父＝松本金太郎(宝生流能楽師)

泉 清子　いずみ・きよこ
女優
明治42年(1909年)12月21日〜昭和25年(1950年)8月26日
生大阪府大阪市天王寺区　名本名＝泉井初子　歴大正14年女優津守玉枝の内弟子となり、帝キネ小阪撮影所に入社、「雁金文七」で抜擢され、「孔雀の光」などの時代劇に出演。昭和2年マキノプロへ移り、「首の座」「京小唄柳さくら」など現代劇、時代劇の双方に活躍。6年新興キネマに転じ、「益満休之助」などで妖婦や芸者役を演じる。のち病気のため長期休養、9年復帰したが、脇役が多く、11年極東映画、12年今井映画と移る。「高杉晋作」「女間諜」に主演し、13年引退。日中戦争の最中北京でバーを開くが、無一物となって京都へ引揚げ、のち祇園で料亭を経営した。

泉 伍朗　いずみ・ごろう
外科学者 岡山医科大学教授
明治17年(1884年)4月29日〜昭和8年(1933年)12月17日
生山口県熊毛郡大野村(平生町)　専消化器外科　学京都帝国大学福岡医科大学〔明治43年〕卒 医学博士〔大正8年〕　歴明治43年京都帝国大学福岡医科大学助手、大正6年助教授、7〜10年欧米に留学。11年金沢医学専門学校教授兼附属医院第2外科部長、12年金沢医科大学教授兼附属医学専門部教授を経て、昭和3年岡山医科大学教授。消化器外科の開拓者で、膵臓炎の研究で知られた。

泉 守紀　いずみ・しゅき
香川県知事
明治31年(1898年)2月〜昭和59年(1984年)10月21日
生山梨県　学東京帝国大学法学部政治学科〔大正12年〕卒　歴北海道庁内務部長を経て、昭和18年沖縄県知事、20年香川県知事を務めた。

泉 芳環　いずみ・ほうけい
仏教学者 大谷大学教授
明治17年(1884年)2月4日〜昭和22年(1947年)12月28日
生三重県　学真宗大学〔明治40年〕卒　歴真宗大学で学んだのち仏教学者・南条文雄に師事し、梵語・梵文を修める。大正7年インド及びヨーロッパに留学し、帰国後に真宗大谷大学教授となった。同大学が大谷大学に改称したのちも引き続いて教授を務め、同大学図書館長を兼任。没後、浄土真宗大谷派の講師を追贈された。梵語・サンスクリットの研究で知られ、著書に「入門サンスクリット文法」「梵文無量寿経の研究」などがある。

泉 充　いずみ・みつる
評論家

明治41年(1908年)5月29日〜昭和22年(1947年)10月30日
生三重県三重郡富洲原村(四日市市)　学慶応義塾大学英文科〔昭和8年〕卒　歴慶応義塾大学在学中の昭和6年、プロレタリア科学研究所に入り、平野謙、本多秋五らを知る。マルクス主義の立場から文芸批評を展開し、18年「超える文学—芥川龍之介覚え書」を発表。同年応召し、22年中支から引揚げたが、同年病没した。

出雲 愛之助(1代目)　いずも・あいのすけ
民謡歌手
明治34年(1901年)〜昭和24年(1949年)
生島根県加茂町　名本名＝藤原丑之助　歴幼少時に両親を亡くしたため奉公に出るが、のちに山本愛太郎の安来節一座に加入し全国を巡業。安来節の物足りなさを批判する入浴客から教えを乞うなど、非常な謙虚さと熱心さで芸を磨く。その間に、尺八を伴奏とし、船頭の姿と仕草を模した振り付けで唄う出雲追分を創始。昭和初期における安来節の立て役者であった初代渡辺お糸と並び称され、その高音域の唄い方は"愛之助節"と呼ばれた。また、安来節保存会にも参加し、芸術部長・指導部長として同節の保存と普及に力を尽くした。

出雲路 通次郎　いずもじ・みちじろう
有職故実家 京都下御霊神社社司
明治11年(1878年)8月8日〜昭和14年(1939年)11月26日
生京都　名諱＝敬通、号＝春塢　学京都市立第一高小〔明治26年〕卒　歴明治38年下御霊神社社司となる。一方、内務省・宮内省嘱託として即位大礼、神社奉祀などにおける祭典・調度・設備の調査に当たる。皇典講究所、大阪府女子専門学校、京都帝国大学文学部講師も務めた。著書に「有職故実」「神祇と祭祀」「とりのあと—敬通出雲路通次郎遺墨集」などがある。

岩動 炎天　いするぎ・えんてん
俳人 医師
明治16年(1883年)9月9日〜昭和38年(1963年)2月3日
生岩手県紫波郡紫波町　学京都府立医科大学卒　歴中学時代から俳句をはじめ、子規に師事して「ホトトギス」などに投句する。京都府立医科大学在学中に「懸葵」の同人となり、卒業後は新潟、山口、北見などに医師として転任する。昭和3年から12年にかけて「俳星」主幹を務め、その間5年に埼玉県上尾に医院を開業。句集に「片雲」(昭37)がある。

井関 邦三郎　いせき・くにさぶろう
実業家 井関農機創業者
明治32年(1899年)7月2日〜昭和45年(1970年)10月11日
生愛媛県北宇和郡三間村務田(宇和島市)　学三間村尋常高小高等科〔大正3年〕卒　歴高等小学校高等科を卒業後、家業の農業に従事したが、大正7年愛媛県宇和島の倒産肥料商を継ぎ、8年より松山の大野式中耕除草機を販売した。13年郷里で井関農具製作所を創業。15年松山市に移転して井関農具商会と改称。山本式自動選別機と岩田式籾はぎ機の製造販売を開始、2つの機械を組み合わせた「全自動籾摺機」を売り出して基盤を固めた。昭和6年株式会社井関製作所に改組。8年吉田商工部との共同出資で東洋農機合名会社を設立、10年東洋農機株式会社としたが、11年には同社を解散して新たに井関農機を設立。41年会長。以来、「キセキ」ブランドを展開し、戦後は農業機械化の波に乗り戦災に遭った工場を復興、総合農機メーカーに成長させた。この間、10年乗船していた別府航路の客船・みどり丸が瀬戸内海で衝突事故により沈没、海に投げ出されるも九死に一生を得た。　家二男＝井関博(井関農機副社長)、三男＝井関昌孝(井関農機社長)

磯 永吉　いそ・えいきち
作物育種学者 台北帝国大学教授

明治19年（1886年）11月23日～昭和47年（1972年）1月21日
[生]広島県深津郡福山町（福山市）　[学]東北帝国大学農科大学（現・北海道大学農学部）農学科〔明治44年〕卒 農学博士〔昭和3年〕　[歴]明治44年東北帝国大学副手を経て、45年台湾総督府農事試験場に赴任。大正4年台中庁技師として台中農事試験場に移り、8～10年欧米へ留学。帰国後は台北の中央研究所農業部に勤め、昭和3年台北帝国大学助教授兼総督府技師。同年再び欧米へ留学、5年帰国後に教授に昇任。17年農業試験所所長兼教授。戦後も台湾に残って中華民国農林庁顧問を務め、32年帰国。長く台湾で稲の品種改良に従事して214品種を育成し、中でも「台中65号」は代表的な品種として知られ、台湾米「蓬莱米」の生みの親と呼ばれる。　[勲]勲二等瑞宝章〔昭和16年〕　[賞]日本学士院賞（第51回）〔昭和36年〕，農学賞〔昭和7年〕，富民協会富民賞〔昭和7年〕，大日本農会紅白綬有功章〔昭和8年〕

磯 萍水　いそ・ひょうすい
小説家
明治13年（1880年）1月15日～昭和42年（1967年）11月25日
[生]上野国高崎（群馬県高崎市）　[名]本名＝磯清　[歴]江見水蔭門下生として、明治32年「雨乞物語」を発表し、33年発表の「逢魔ケ淵」「紫草紙」で文壇に登場。社会小説を多く書き「横浜の暗面」「木下川」などの作品がある。一時期銀行員になったこともあるが、他の作品に「脚本袖頭巾」「うき寝」や随想「武蔵野風物志」「秋灯記」などの著書がある。

磯井 如真　いそい・じょしん
漆芸家
明治16年（1883年）3月19日～昭和39年（1964年）8月23日
[生]香川県香川郡宮脇村（高松市亀岡町）　[名]本名＝磯井雪枝　[専]蒟醤　[学]香川県工芸学校（現・香川県立高松工芸学校）用器漆工科〔明治36年〕卒　[資]重要無形文化財保持者（蒟醤）〔昭和31年〕　[歴]明治37年大阪の貿易商社、山中商会に入社。42年高松に戻り自営。江戸末期の漆芸家・玉楮象谷の作品を研究、蒟醤（きんま）技法を修業。大正5年香川県工芸学校教授嘱託となる。昭和4年第10回帝展に初出品し入選。11年文展選奨。この間、8年工会（たくみかい）を結成、主宰する。従来の線描彫りを点描で立体的に表現、戦後は新感覚の作品を日展や日本伝統工芸展に発表した。24年日展審査員、28年岡山大学教育学部教授。31年"蒟醤"で重要無形文化財保持者に認定され、36年紫綬褒章を受章。代表作に「彫漆草花文 皷箱」「サボテンにホロホロ鳥 彫漆 飾棚」「乾漆 花瓶」「蒟醤草花文八角食籠」など。　[家]三男＝磯井正美（漆芸家・人間国宝）　[賞]文展選奨〔昭和11年〕「サボテンにホロホロ鳥 彫漆 飾棚」

磯貝 一　いそがい・はじめ
柔道家 講道館10段 武道専門学校柔道主任教授
明治4年（1871年）～昭和22年（1947年）4月
[生]宮崎県延岡　[歴]幼時から柔術を修業、明治24年上京して講道館に入門した。26年三高嘱託、32年武徳会教授、45年武徳会武術専門学校教授、のち武道専門学校柔道主任教授となった。京都で長年武道を指導、関西柔道界の第一人者。大正2年武徳会範士、昭和12年講道館10段に昇進。左大外刈を得意とし、昭和9年の天覧試合で永岡9段と特選乱取を演じた。著書に「柔道手引」など。

磯貝 浩　いそがい・ひろし
実業家 貴族院議員（多額納税）
元治1年（1864年）8月～昭和26年（1951年）8月22日
[生]愛知県　[歴]愛知県議、同参事会員を経て、大正4年から衆議院議員に連続4選。憲政会に所属。14年～昭和8年多額納税の貴族院議員。そのほか愛知県農工銀行頭取、医薬制度調査会委員等を務めた。

磯谷 廉介　いそがい・れんすけ
陸軍中将
明治19年（1886年）9月3日～昭和42年（1967年）6月6日
[生]兵庫県　[学]陸士（第16期）〔明治37年〕卒，陸大〔大正4年〕卒　[歴]大正4年参謀本部員、中国に出張、駐在し中国通の一人となった。昭和3年帰国、第1師団参謀長、教育総監部課長、参謀本部第2部長を経て、10年中国大使館付武官となり、日本軍の華北進出工作を積極化。11年二・二六事件後に軍務局長となり国防方針第三次改訂策定に当たった。同年中将、12年第10師団長、13年関東軍参謀長となり、14年ノモンハン事件で軍の撤退に反対して中央と対立、日本軍の敗北責任をとって更迭、予備役となった。太平洋戦争中召集され、17年香港占領地総督。戦後、極東軍事裁判で終身刑となったが、27年釈放された。　[家]岳父＝青木宣純（陸軍中将）

磯田 長秋　いそだ・ちょうしゅう
日本画家
明治13年（1880年）5月5日～昭和22年（1947年）10月25日
[生]東京市日本橋区新和泉町（東京都中央区）　[名]本名＝磯田孫三郎，旧姓・旧名＝内田　[歴]明治22年磯田家の養子となる。初め狩野派の芝永章につき、のち小堀鞆音に師事、土佐派を学ぶ。31年鞆音同門の安田靫彦らと紫紅会を結成、33年今村紫江の参加に際して紅児会と改称し、歴史画の研究を進める。また35年結成の歴史風俗画研究会に参加し、同展で受賞を重ねた。40年第1回文展に「楠正成」が入選、同年国画玉成会に参加、その後文展で大正元年、2年と褒状、4年3等賞を受賞し、15年帝展委員となった。また12年革新日本画会設立に幹事として参画。歴史人物画、特に合戦図を得意とし、作品に「陸奥霊山によれる北畠顕家」「明治神宮造営史大絵巻物二七題」などがある。

磯野 長蔵　いその・ちょうぞう
実業家 麒麟麦酒社長 明治屋社長
明治7年（1874年）3月12日～昭和42年（1967年）6月25日
[生]鳥取県倉吉市　[名]旧姓・旧名＝三島長蔵　[学]高等商業学校（現・一橋大学）〔明治30年〕卒　[歴]明治31年、輸出入商・磯野商会（後の明治屋）に入社。35年、磯野商会創立者・磯野計の遺児菊と結婚、磯野家に入籍。36年、合名会社明治屋に改組、副社長に就任。大正8年、株式会社明治屋社長。9年、姉妹会社の麒麟麦酒（創立時、発起人の1人）の取締役となり、昭和2年に専務、17年社長、26年会長。明治屋社長としては33年まで在任した。

磯野 庸幸　いその・つねゆき
貴族院議員（多額納税）
明治11年（1878年）10月25日～昭和56年（1981年）5月31日
[生]神奈川県　[学]横浜商〔明治33年〕卒　[歴]昭和3年第1回普通選挙で政友会から初当選。13～20年多額納税の貴族院議員を務めた。

磯野 風船子　いその・ふうせんし
美術史家 社会運動家 日本プロレタリア文化連盟書記長
明治35年（1902年）7月24日～平成2年（1990年）7月12日
[生]東京市下谷区中清水町（東京都台東区池之端）　[名]本名＝大河内信威，別名＝小川信一，磯野信威，大河内風船子　[専]陶磁器，茶道史　[学]浦和高〔大正15年〕卒　[歴]工学者・実業家で理化学研究所所長を務めた大河内正敏の長男。早くから社会主義に関心を抱き、大正15年以降プロレタリア演劇運動で活躍する。昭和3年国際文化研究所創設に参画。5年検挙され、6年共産党に入党し日本プロレタリア文化連盟（コップ）書記長となる。7再び検挙され、9年の出獄後は理研系会社の重役になる。戦後は理研映画の専務を務め、その後、ビル貸室業を営む。一方、足利以後の茶道史・陶芸史の研究家としても活躍

し、日本陶磁協会理事長、茶の湯同好会副会長も務めた。著書に「長次郎」「楽茶椀」「茶碗自選」「古九谷」などがある。　家
父＝大河内正敏（工学者・実業家）、弟＝大河内信敬（洋画家）、大河内信敏（社会運動家）、大河内信定（大妻女子大学教授）

磯野 吉雄　いその・よしお
洋画家 書家 篆刻家
明治8年（1875年）〜昭和23年（1948年）
生東京都　名号＝学申　学東京美術学校西洋画科選科〔明治33年〕卒　歴女子美術学校の創設に携わり、同校の幹事を務める。書や篆刻も手がけるなど多才。昭和初期に三楽書道会を創立する。戦後は、日本書道美術院創立に参加した。

磯部 浅一　いそべ・あさいち
陸軍一等主計
明治38年（1905年）4月1日〜昭和12年（1937年）8月19日
生山口県大津郡菱海村（長門市）　学陸士（第38期）〔大正15年〕卒、陸軍経理学校〔昭和8年〕卒　歴大正15年陸軍歩兵少尉に任官。昭和8年陸軍経理学校を卒業して二等主計、9年一等主計となり、野砲第一連隊付。早くから北一輝の下に出入りし、皇道派青年将校の先駆的存在と目された。同年11月村中孝次らとクーデター計画容疑で憲兵隊に検挙され（陸軍士官学校事件）、軍法会議で停職処分を受けた。10年「粛軍に関する意見書」を配布、免官処分となる。11年の二・二六事件では栗原安秀中尉と共に急進論をとり、計画を指揮。29日逮捕される。12年8月19日銃殺刑に処せられた。獄中で「行動記」「獄中遺書」を書き、決起の正当性を後世に訴えた。

磯辺 幹介　いそべ・かんすけ
俳人
大正4年（1915年）〜昭和15年（1940年）10月12日
名旧号＝蠍ほむら　学東京帝国大学文学部卒　歴昭和12年「句と評論」に投句を始め、13年後半から没時までの二年余りは「広場」の編集にも携わる。16年「広場」の弾圧で句集「春の樹」はまぼろしの句集に終わった。

磯部 尚　いそべ・ひさし
弁護士 衆議院議員
明治8年（1875年）11月〜昭和10年（1936年）11月1日
出福井県　学東京帝国大学法科大学英法科〔明治32年〕卒　歴弁護士となり、東京市議。大正6年以来東京府から衆議院議員当選4回、政友会に所属した。　家養父＝磯部四郎（政治家・法学者）、兄＝日比忠彦（建築学者）

磯村 豊太郎　いそむら・とよたろう
実業家 北海道炭礦汽船専務 貴族院議員（勅選）
明治1年（1868年）11月7日〜昭和14年（1939年）10月26日
生豊前国（大分県中津市）　学慶応義塾大学〔明治22年〕卒　歴明治22年通弁となり、23年逓信省に入って逓信相後藤象二郎秘書官となった。その後母校慶応義塾で教鞭を執りながら執筆活動、時事新報社に入る。さらに日本銀行勤務の後、29年三井物産に入社。36年営業部長兼機械及鉄道用品取扱部長、42年ロンドン支店長となった。大正2年北海道炭礦汽船が三井経営に移った際、専務として経営再建に当たった。また日本製鋼所、輪西鉱山会長、夕張鉄道、日本製鉄、東京瓦斯などの役員も兼ていた。昭和4年実業功労により勅選貴族院議員。

井田 一郎　いだ・いちろう
ジャズ・バイオリニスト 作曲家 編曲家
明治27年（1894年）〜昭和47年（1972年）3月14日
生東京市浅草区（東京都台東区）　歴明治43年三越呉服店音楽部オーケストラに入りトランペットを担当、社交ダンスの伴奏を手がけたことから若い頃よりダンス音楽やジャズに関心を持つ。のち日本郵船の客船「鹿島丸」の船内バンドや日本初の公開ダンスホール・花月園のダンスバンド、東洋汽船の「天洋丸」の船内バンドを経て、大正11年宝塚オーケストラに加入。12年退団すると岩波桃太郎、高見友祥らと日本初のプロのジャズバンドであるラフィング・スターズを結成。13年南海電鉄の後援で大浜少女歌劇が設立されると指揮者兼編曲者として迎えられ、14年には高見、平茂夫、山口豊三郎らとチェリーランド・ダンス・オーケストラを組み、昭和3年浅草電気館で日本初といわれるジャズ・コンサートを開催。傍ら、二村定一と組んで「木曽節」「安来節」「小原節」といった日本民謡をダンス用のフォックストロットに編曲してレコードに吹き込み、"ジャズ・ソング"と銘打って発売、好評を博した。4年自身が編曲した「東京行進曲」が大ヒットすると編曲の仕事が忙しくなり、バンドを解散してビクターに入社し、指揮者兼専属作・編曲者に就任。5年ポリドールに移籍、6年にはコロムビア・オーケストラの指揮者兼編曲者となり日本コロムビアが発売したジャズ・ソングのほとんどを編曲、服部良一から"ダンスジャズ・アレンジャーの先駆者"と賞賛された。

井田 磐楠　いだ・いわくす
陸軍少佐 男爵 貴族院議員
明治14年（1881年）2月24日〜昭和39年（1964年）3月29日
生東京都　学陸士（第13期）〔明治35年〕卒、東京帝国大学文学部卒　歴明治23年男爵を襲爵。35年陸軍砲兵少尉、野戦砲第十六連隊中隊長、日露戦争に従軍、陸士教官を経て、大正8年少佐、同年予備役。昭和4年貴族院議員となり、公正会に所属、天皇機関説問題では終始美濃部学説に反対した。15年大政翼賛会常任総務、大日本興亜同盟総務委員を兼務。戦後戦犯容疑で逮捕され、22年釈放された。　家父＝井田譲（陸軍少将・外交官・男爵）、養子＝井田正孝（陸軍中佐）、岳父＝大山巌（陸軍大将・元帥）

井田 正孝　いだ・まさたか
陸軍中佐
大正1年（1912年）10月5日〜平成16年（2004年）2月6日
生岐阜県　名旧姓・旧名＝岩田　学陸士（第45期）〔昭和8年〕卒、陸大（第55期）〔昭和16年〕卒　歴岩田家の四男で、男爵井田磐楠の養嗣子となる。昭和8年陸軍砲兵少尉に任官。16年第三十三師団参謀などを経て、20年8月の終戦時は陸軍省軍務局軍事課員で、戦争継続を唱えて有志とクーデターを起こした（宮城事件）。戦後は岩田姓に復し、電通に勤めた。　家養父＝井田磐楠（男爵）

板垣 四郎　いたがき・しろう
獣医学者 東京帝国大学教授
明治19年（1886年）8月21日〜昭和44年（1969年）6月15日
生山形県山形市　専家畜寄生虫学　学二高卒、東京帝国大学農科大学獣医学科〔大正3年〕卒 農学博士（東京帝国大学）〔昭和6年〕　歴大正3年東京帝国大学助手、10年助教授を経て、昭和11年教授。22年退官。25〜38年麻布獣医科大学学長を務めた。我が国の家畜寄生虫学の確立に貢献し、ニワトリの回虫や盲腸虫、犬や馬、牛の糸状虫の生活史を解明した。著書に「家畜寄生虫病学」「家畜疾病精説」「家畜診断学」などがある。

板垣 征四郎　いたがき・せいしろう
陸軍大将 陸相
明治18年（1885年）1月21日〜昭和23年（1948年）12月23日
生岩手県岩手郡岩手町　学陸士〔明治37年〕卒、陸大〔大正5年〕卒　歴明治37年陸軍少尉で日露戦争に従軍、奉天郊外で重傷、内地還送。大正8年中支派遣軍参謀、参謀本部員、中国公使館付武官補佐官、昭和3年歩兵第三十三連隊長。4年関東軍高級参謀となり、部下の石原莞爾と謀って6年9月満州事変

を起こした。7年関東軍司令部付満州国執政顧問として溥儀を指導、9年満州国軍政部最高顧問。11年関東軍参謀長、12年第五師団長。13～14年第一次近衛内閣及び平沼内閣の陸相を務め、日独伊三国同盟問題で米内光政海相と対立。14年支那派遣軍総参謀長。16年大将、朝鮮軍司令官。20年第十七方面軍司令官から第7方面軍（シンガポール）司令官。敗戦後、東京裁判でA級戦犯として絞首刑の判決を受け、23年12月23日処刑された。　家息子＝板垣正（参議院議員）、兄＝板垣政参（生理学者）、祖父＝佐々木直作（漢学者）

板垣 鷹穂　いたがき・たかほ

美術史家　美術評論家
明治27年（1894年）10月15日～昭和41年（1966年）7月3日
生東京都　学東京帝国大学文学部〔大正10年〕中退　歴東京帝国大学在学中から東京美術学校で西洋美術史を講義し、大正10年同校講師となったのを機に大学を中退。13年文部省在外研究員としてヨーロッパに留学。14年帰国後は、東京美術学校、明治大学、東京女子大学など多くの大学・専門学校で西洋美術史、芸術学、建築美学を教えた。専門は西洋美術史で、特にイタリア古典期の研究で知られる。美術評論家としても活動し、欧米の新しい造形美術運動や新建築の紹介に力を尽くした。一方、現代芸術の研究から分岐して写真に関する評論も手がけ、昭和4年「機械と芸術との交流」では機能主義的な新しい写真美学を紹介。また「アサヒカメラ」誌上での写真展月評や各種展覧会の審査員など、写真関係の仕事も多い。戦後は東京大学の講師や早稲田大学、東京写真大学（現・東京工芸大学）の教授を歴任。著書に「新カント派の歴史哲学」「新しき芸術の獲得」「建築」「肖像の世界」「写真は生きている」などがある。　家妻＝板垣直子（文芸評論家）

板垣 武男　いたがき・たけお

ジャーナリスト　同盟通信経済局長
明治36年（1903年）7月11日～昭和47年（1972年）1月17日
生北海道函館市春日町　学小樽高等商業学校〔大正13年〕中退　歴昭和6年新聞連合社大阪支社に入り、内信部編集主任の11年、同盟通信社への発展的解消で同社社員となり、経済局内経部長、編集局文化部長、経済局次長、経済局長となり、20年同社解散。時事通信社創立に参加、取締役となり21年辞任。22年時事通信印刷所を改組の太平印刷社社長に就いた。34年辞任、新聞通信調査会理事となった。

板垣 直子　いたがき・なおこ

文芸評論家
明治29年（1896年）11月18日～昭和52年（1977年）1月21日
生青森県　名旧姓・旧名＝平山直子　学日本女子大学英文科〔大正7年〕卒　歴日本女子大学卒業後も研究生として同校に在籍し、大正10年東京帝国大学の第1回女子聴講生となる。その後、国士舘大学、日本女子大学、千葉大学等で教鞭を執り、また評論家としても活躍。大正12年「レオナルド・ダ・ヴィンチ」を刊行。昭和期に入って文芸評論を多く発表し、昭和16年刊行の「事変下の文学」をはじめ「欧州文芸思潮史」「婦人作家評伝」「林芙美子」「漱石文学の背景」など、数多くの著書がある。　家夫＝板垣鷹穂（美術史家）

板垣 政参　いたがき・まさみつ

生理学者　九州帝国大学医学部教授　ジャカルタ医科大学学長
明治15年（1882年）11月8日～昭和42年（1967年）10月28日
生岩手県　学京都帝国大学京都医科大学〔明治40年〕卒　医学博士　歴明治40年京都帝国大学福岡医科大学生理学教室に入り、石原誠助教授に師事。44年助教授となり、大正3～6年ヨーロッパに留学。7年九州帝国大学教授となり、生理学第2講座を担当。昭和6年欧州各国・アフリカ出張、7～9年九州帝国大学医学部長、8～9年同大温泉治療学研究所所長、18年定年退

官。太平洋戦争下の一時期ジャカルタ医科大学学長を務めた。21年復員、米軍第3地区民間検閲局、25年久留米大学附属高校校長、28～38年久留米大学学長代理。内分泌、黄体ホルモンの生理学的研究で知られた。　家弟＝板垣征四郎（陸軍大将）

板垣 守正　いたがき・もりまさ

劇作家　政治家
明治33年（1900年）3月15日～昭和26年（1951年）7月16日
生東京都　学東京帝国大学社会学科卒　歴大正13年から「戯曲時代」「創造文芸」などに戯曲を発表し、人生哲学を提唱する。15年無形社を主宰。同年戯曲集「自由党異変」を刊行。昭和3年民政党に入党、政界に入るが、6年「板垣退助全集」を編集する。　家祖父＝板垣退助（政治家・伯爵）

板倉 賛治　いたくら・さんじ

洋画家
明治10年（1877年）1月～昭和40年（1965年）4月4日
生愛知県　学愛知第一師範卒　歴大正2年の日本水彩画会創立に参加。10年帝展に初入選、11年無鑑査となる。24年日本水彩画会名誉会員。38年には画集を刊行した。

板倉 卓造　いたくら・たくぞう

ジャーナリスト　国際法学者
明治12年（1879年）12月9日～昭和38年（1963年）12月23日
生広島県　学慶応義塾大学部政治科〔明治36年〕卒　法学博士（東京帝国大学）〔大正15年〕　歴明治36年、慶応義塾大学普通部の教師となり、40年に欧米留学、帰国後の43年、大学部教授となり、大正15年「近世国際法史論」で法学博士。19年名誉教授。一方、明治38年から時事新報に入って社説を担当し、自由主義的な論説を書き大正12年に取締役主筆。同年の大杉栄虐殺事件では軍部を厳しく追及した。昭和10年退社。戦後の21年、時事新報復刊で社長、主筆を兼ね、30年、産業経済新聞に合併され産経時事の主筆、論説委員長となった。26年には第1回新聞文化賞を受賞した。

板倉 松太郎　いたくら・まつたろう

司法官　大審院部長　早稲田大学専門部教授
慶応4年（1868年）4月23日～昭和15年（1940年）6月15日
生江戸　学帝国大学法科大学法律学科（仏法）〔明治21年〕卒　法学博士〔大正5年〕　歴明治21年判事補から、23年判事となり、各地の地裁判事を歴任。30年東京控訴院判事、34年函館控訴院部長、36年東京控訴院検事、同年大審院判事、40年大審院検事などを経て、大正13年大審院部長。昭和6年退官。この間、大正15年～昭和11年早稲田大学専門部教授。

板沢 武雄　いたざわ・たけお

日本史学者　東京帝国大学教授
明治28年（1895年）1月5日～昭和37年（1962年）7月15日
生岩手県南閉伊郡釜石町（釜石市）　名号＝和光　専日本近世史、日蘭貿易史　学東京帝国大学文科大学史学科国史学専攻〔大正8年〕卒　文学博士（法政大学）〔昭和29年〕　歴大正8年宮内省図書寮に勤め、10年学習院講師となり、11年教授。昭和2～4年ヨーロッパ留学、13年東京帝国大学助教授となった。その間、帝国学士院の日蘭関係史料調査、史料編纂掛の欧文日本史料取調などを兼務した。17年教授。14年には聖護院で得度、受戒、郷里釜石の観音寺住職事務取扱となった。戦後公職追放となり同寺に帰るが27年からは法政大学教授となり、天台宗寺門派の教務部長、日本歴史地理学会会長も兼ねた。29年「日蘭文化交渉史の研究」で文学博士。著書に「阿蘭陀風説書の研究」「日本とオランダ」「シーボルト」などがある。

伊谷 以知二郎　いたに・いちじろう

水産学者　大日本水産会会長　農商務省水産講習所所長

元治1年（1864年）12月3日～昭和12年（1937年）3月30日
[生]江戸紀尾井町（東京都千代田区）[出]伊国（和歌山県）[名]旧姓・旧名＝田中 [学]水産伝習所〔明治23年〕卒 [歴]紀伊藩士・田中伝の二男として江戸藩邸で生まれ、同藩の伊谷家を相続。明治21年大日本水産会が創立した水産伝習所に第1期生として入学。23年卒業して大日本水産会幹事となり、24年下啓助と共著「水産拡張意見」を発表し、26年水産伝習所所長に就任。技術教育者として水産製造学を教授、日清戦争時には軍用缶詰献納運動を企画した。30年水産伝習所が農商務省に移管され水産講習所に改組される水産局勤務となり引き続き教育に携わり、37年水産講習所技師、大正6年同所長に就任。13年退任後は日本勧業銀行参与理事、昭和3年大日本水産会会長、7年日本水産学会会長などを務めた。樺太遠淵湖の海藻が寒天製造の配合草として有用であることを発見し、"伊谷草"の和名が与えられた。[家]義弟＝岡本柳之助（陸軍少佐）[勲]勲三等瑞宝章〔昭和12年〕

鋳谷 正輔 いたに・しょうすけ
実業家 川崎重工業社長
明治13年（1880年）3月21日～昭和30年（1955年）11月15日
[生]山口県 [歴]苦労を重ねた末、大正7年山下汽船専務に就任。その後、北海道鉱業社長などを経て、昭和10年川崎造船所社長に就任、11年より会長兼務。14年川崎重工業に社名変更し、21年まで務めた。この間、川崎車輌、川崎航空、川崎汽船、昭和石油の各社長を歴任。また経団連、日経連の各顧問も務めた。

猪谷 善一 いたに・ぜんいち
経済学者 東京商科大学教授
明治32年（1899年）2月15日～昭和55年（1980年）1月16日
[生]富山県富山市 [専]経済政策、経済史 [学]東京商科大学（現・一橋大学）〔大正12年〕卒 [歴]フランスへ留学し、昭和5年帰国。東京商科大学助教授を経て、教授。著書に「経済学説の相対性」「明治維新経済史」「日本資本主義」「朝鮮経済史」「世界経済学要論」などがある。[家]娘＝谷洋子（女優）

板野 友造 いたの・ともぞう
弁護士 衆議院議員
明治7年（1874年）5月18日～昭和20年（1945年）12月12日
[生]岡山県賀陽郡上足守村（岡山市）[学]明治法律学校（現・明治大学）卒 [歴]明治35年大阪で弁護士を開業。大阪弁護士会副会長や大阪市議、同副議長を務めた。第13回大阪1区から衆議院選挙補選で当選、通算5期。政友会に所属した。

伊丹 二郎 いたみ・じろう
実業家 麒麟麦酒社長
文久3年（1863年）1月25日～昭和26年（1951年）12月5日
[生]東京都 [学]ペンシルベニア大学〔明治21年〕卒 [歴]明治25年米国留学から帰国、26年日本郵船に入社。36年仁川支店長から天津、大阪、神戸、函館の各支店長を経て、大正5年専務となった。翌6年退社し、10年麒麟麦酒取締役、12年会長、14年社長となった。恐慌下ビール業界の協定維持、自主統制による企業の回復に努め、戦時統制にもよく順応した。朝鮮の昭和麦酒社長も兼務、17年7月辞任。

伊丹 万作 いたみ・まんさく
映画監督 脚本家
明治33年（1900年）1月2日～昭和21年（1946年）9月21日
[生]愛媛県松山市湊町 [名]本名＝池内義豊、雅号＝池内愚美 [学]松山中〔大正6年〕卒 [歴]池内愚美の号で少年雑誌の挿絵を描いていたが、旧知の伊藤大輔から映画のシナリオ執筆を勧められ、「花火」（のち自身の手で映画化）、「伊達主水」（のち稲垣浩が「放浪三昧」の題名で映画化）などを書いた。昭和2年谷崎十郎プロに俳優として参加。3年片岡千恵蔵プロダクショ

ンが設立されると伊藤の推薦で脚本家兼助監督として入社し、稲垣浩の第1回監督作品「天下太平記」などの脚本を手がけたのを経て、同年自作の「仇討流転」で監督としてデビュー。以後、6年の「花火」や7年「国士無双」、9年「武道大鑑」などの佳作を発表。9年千恵蔵プロを退社、10年新興キネマで自身のトーキー第一作「忠治売出す」を撮影。その後、千恵蔵プロに復帰、11年には志賀直哉の短編を基に自身が脚色・監督した傑作「赤西蠣太」を製作し、原作者の志賀も大絶賛するなど高い評価を受けた。12年には日独合作の「新しき土」をアーノルド・ファンクと共同で監督。13年「レ・ミゼラブル」を翻案・脚色した最後の監督作品「巨人伝」のあとは肺結核で病臥し、シナリオ執筆に専念して稲垣浩監督の「無法松の一生」「手をつなぐ子等」などを手がけた。その作風は知性と風刺性、人間味に富み、それまでの立ち回り主体のものとは一線を画す人間ドラマ主体の時代劇を得意とした。一方、評論、随筆でも優れた批評精神を見せており、「影画雑記」「静臥雑記」「静臥後記」などの著書がある。長男は映画監督の伊丹十三、長女のゆかりは小説家・大江健三郎の夫人。[家]長男＝伊丹十三（俳優・映画監督）、孫＝池内万作（俳優）、伊丹万平（俳優）

伊丹 安広 いたみ・やすひろ
野球選手・指導者 早稲田大学野球部監督
明治37年（1904年）2月17日～昭和52年（1977年）10月19日
[生]徳島県 [学]早稲田大学商学部〔昭和5年〕卒 [歴]早稲田大学在学中の大正15年春、初めて正捕手となり首位打者。昭和4年秋主将として優勝。5年日清生命に入社、六大学や甲子園中等大会の審判を務め、また東京クラブの捕手として5、6年の都市対抗野球に連続優勝する。15年早大監督となったが、軍部の圧力を受けた。戦後は学生野球協会理事となり、学生野球の復興、神宮球場接収解除に尽力した。

板谷 茂 いたや・しげる
海軍少佐
明治42年（1909年）7月10日～昭和19年（1944年）7月24日
[生]佐賀県三養基郡中原村 [学]海兵（第57期）〔昭和4年〕卒 [歴]昭和8年空母「龍驤」の分隊士として初めて母艦搭乗員となる。11年「龍驤」分隊長となり、日中戦争のため上海方面に出撃。横須賀航空隊分隊長から、15年海軍少佐に。16年戦闘機飛行隊長となり、同年12月真珠湾を攻撃に参加。第一航空艦隊でただ一人の戦闘機飛行隊長として、ミッドウェー海戦にいたるまで、多くの戦闘を指揮。のち17年第二十三航戦参謀、19年第五十一航戦参謀を歴任し、同年7月搭乗機が撃墜され死亡。[家]弟＝板谷隆一（海将）

板谷 順助 いたや・じゅんすけ
衆議院議員
明治10年（1877年）3月～昭和24年（1949年）12月19日
[出]北海道 [学]慶応義塾大学 [歴]明治45年以降、板谷商船副社長、小樽商業会議所顧問、北海道農友会会頭を歴任する。昭和2年衆議院議員に初当選、連続6期務める。その後、21年勅選貴族院議員。22年参議院議員に当選、参議院運輸および交通・運輸各委員長を務めた。

板谷 波山 いたや・はざん
陶芸家
明治5年（1872年）3月3日～昭和38年（1963年）10月10日
[生]茨城県真壁郡下館町（筑西市）[名]本名＝板谷嘉七、号＝勤川 [学]東京美術学校彫刻科〔明治27年〕卒 [賞]帝国美術院会員〔昭和4年〕、帝室技芸員〔昭和9年〕、帝国芸術院会員〔昭和12年〕 [歴]当初軍人を志望したが体格検査で不合格となり、軍人の道を断念。河久保正名の画塾に通い、明治23年東京美術学校に入学、彫刻科に学んだ。卒業制作は木彫の「元禄美人」。

29年石川県工業学校に木彫科主任教諭として赴任。31年木彫科廃止のため辞職を決めたが校長の要望により陶磁器科を担当、勤川と号して自らも焼物研究に没頭した。36年陶芸家となるため上京。東京・田端に窯を築き、郷里の筑波山にちなんで波山と号した。以来、東洋古陶磁の技術を研鑽し、モダンな葆光彩磁の技法を創始。内国勧業博覧会、東京府工芸展、日本美術協会展などに出品する一方、多くの展覧会で委員や審査員を歴任。昭和2年帝展に工芸部が設置されるとその審査員となった。4年帝国美術院会員、9年帝室技芸員。28年香取秀真とともに工芸家として初めて文化勲章を受章した。33年日本橋三越で初の個展を開催。 🎖文化勲章〔昭和28年〕

板谷 宮吉 いたや・みやきち
実業家 板谷商船社長 貴族院議員（多額納税）
明治18年（1885年）5月16日〜昭和37年（1962年）12月22日
🗾北海道 📛旧姓・旧名＝板谷真吉 🎓早稲田大学商科〔明治42年〕卒 🏛大正13年板谷商船社長、樺太銀行頭取。15年〜昭和22年多額納税の貴族院議員。8年小樽市長も務めた。

一氏 義良 いちうじ・よしなが
美術評論家
明治21年（1888年）6月11日〜昭和27年（1952年）2月21日
🗾東京都 🎓早稲田大学英文科〔大正2年〕卒 🏛美術評論家として活躍し、大正13年「世界文化史物語」「立体派・未来派・表現派」を刊行。また「中央美術」も編集し、西欧美術の啓蒙に努める。他に「エジプトの美術」「支那美術史」などの著書がある。

市岡 忠男 いちおか・ただお
野球指導者 大日本東京野球倶楽部（東京巨人軍）代表
明治24年（1891年）11月15日〜昭和39年（1964年）6月23日
🗾長野県飯田市 🎓早稲田大学〔昭和9年〕卒 🏛京都一商、早大を通じて強打の名捕手。大正3年10月三大学リーグが結成され、6年早大主将、同年春芝浦で行われた極東大会でフィリピンを連破して優勝。14年秋、飛田穂洲辞任の後をうけて早大野球部監督に就任。昭和3年辞任して読売新聞社に入社。9年米国大リーグ選抜チームを招き、また全日本軍監督となり、プロ野球チームを編成し、監督として米国へ遠征。帰国後その代表者となり、日本職業野球連盟創立委員長として貢献した。37年野球殿堂入り。

市川 朝太郎 いちかわ・あさたろう
俳優
明治34年（1901年）6月〜昭和24年（1949年）2月16日
🗾神奈川県横浜市 📛本名＝山本幸三郎、旧姓・旧名＝加藤、旧名＝市川蝠丸、市川蝠之 🏛養家先の親類市川団右衛門に歌舞伎役者として育てられる。初め市川蝠丸、のち蝠之を襲名。歌舞伎の世界にあきたらず、2代目市川猿之助の春秋座や心座に参加。昭和5年日活太秦撮影所に入社し「維新暗流史」などに出演。8年芸術座で水谷八重子の相手役を務め、「唐人お吉」の鶴松役で白井信太郎に認められ、9年トーキー時代に備えて新興京都に迎えられた。市川朝太郎と改名し、「忠次売出す」で映画初主演。早川雪洲の「国難を叫ぶ日蓮」などに出演後はPCL（写真化学研究所、現・東宝）に転じ、13年長谷川一夫主演「藤十郎の恋」などに出演したが、のち退社。戦時中は移動劇団を結成して各地を巡演、戦後は「天下の御意見番に意見する男」（22年）他に出演した。 👪妻＝香住佐代子（女優）、弟＝加戸敏（映画監督）

市川 荒次郎（2代目） いちかわ・あらじろう
歌舞伎俳優
明治22年（1889年）10月15日〜昭和32年（1957年）6月16日
🗾東京府京橋区新富町（東京都中央区） 📛本名＝中村福蔵、

俳名＝梅叶 🏛初代市川荒次郎の実子。明治27年市川福蔵の名で明治座初舞台。43年9月「湯殿の長兵衛」の坂部三十郎を務めて名題となり、2代目荒次郎襲名。2代目市川左団次はいとこで、常に行動を共にした。新歌舞伎、自由劇場にも参加、翻訳劇や創作劇にも出演した。左団次亡き後は2代目市川猿之助一座で脇役に徹した。昭和3年には左団次とソビエトへ、30年は猿之助と共に中国を訪問した。当たり役は「修禅寺物語」の金窪兵衛、「番町皿屋敷」の奴権次、「今様薩摩歌」の仲間事助、それに「河内山」の北村大膳、「助六」の通人など。 👪父＝市川荒次郎（1代目）

市川 荒太郎（3代目） いちかわ・あらたろう
歌舞伎俳優
大正1年（1912年）〜昭和23年（1948年）4月17日
📛本名＝市川たけを、前名＝市川眼童、市川玉太郎 🏛4代目市川荒五郎の二男（養子）で、市川眼童、玉太郎を経て、昭和15年3代目荒次郎を襲名した。16年から新鋭歌舞伎に所属した。

市川 右太衛門 いちかわ・うたえもん
俳優
明治40年（1907年）2月25日〜平成11年（1999年）9月16日
🗾大阪府大阪市西区九条中通り 📛本名＝浅井善之助、舞踊名＝藤間勘蔵、尾上菊扇 🎓九条第四小卒 🏛芸事好きの両親の影響で、5歳の時から初代山村若について日本舞踊を始め、6歳の時に「菅原伝授手習鑑」で初舞台。小学校卒業前後に2代目市川右団次の門下となり、市川右一の芸名で活躍、「勧進帳」の弁慶など大役を演じた。大正14年マキノ・プロに入社、同時に芸名を右太衛門に改め、15年「黒髪地獄」で映画デビュー。「孔雀の光」「鳴門祕帖」などに主演し、長谷川一夫、嵐寛寿郎、阪東妻三郎らとともに無声映画全盛期の看板スターとなる。昭和2年独立して右太衛門プロを設立。5年に始まる代表作「旗本退屈男」は右太衛門演じる主役・早乙女主水之介の白塗り、豪快な高笑いと決めゼリフで31本の人気シリーズになる。発声映画時代が来て、時代劇スターの中でトーキー役者として最初に成功した一人。11年プロダクションを解散、新興キネマ、大映を経て、戦後24年東京映画配給（後の東映）に入社。26年片岡千恵蔵とともに取締役に選任され、重役スター第1号として東映時代劇の黄金期を担い、就任からわずか5年で業界第1位に導く。出演した映画は360本を超え、また"御大（おんたい）"と呼ばれ、娯楽映画の主役にこだわり、主役以外ではいっさい映画に出演しなかったことでも知られる。41年取締役を退任し、東映を去る。その後事務所・鷹の会を設立、テレビ、舞台で活躍した。他の主な出演作に、二男の北大路欣也と初共演の「父子鷹」、「影法師捕物帖」「侠骨漢」「安政異聞録」「的場半次郎」「大岡越前守」など。 👪二男＝北大路欣也（俳優）

市川 莚升（3代目） いちかわ・えんしょう
歌舞伎俳優
明治27年（1894年）9月29日〜昭和22年（1947年）5月10日
🗾東京市京橋区新富町（東京都中央区） 📛本名＝高橋道之助、初名＝市川ぼたん 🏛初代市川左団次の養子となり、明治31年2代目市川ぼたんを名のり東京・明治座で初舞台を踏む。大正4年本郷座で3代目莚升を襲名し名題に昇進。義兄の2代目左団次に付き脇役を務めた。義太夫狂言の2枚目役を得意とし、当たり役は「太功記」十段目の十次郎、「吃又」の修理之助など。 👪養父＝市川左団次（1代目）

市川 猿之助（2代目） いちかわ・えんのすけ
歌舞伎俳優
明治21年（1888年）5月10日〜昭和38年（1963年）6月12日
🗾東京市浅草区千束町（東京都台東区） 📛本名＝喜熨斗政泰、初名＝市川団子、後名＝市川猿翁 🎓京華中〔明治42年〕 📷

日本芸術院会員〔昭和30年〕　歴初代市川猿之助の長男に生まれ、明治25年2代目市川団子の名で初舞台。43年2代目猿之助を襲名。42年2代目市川左団次らの自由劇場に参加、歌舞伎界の革新派として活躍。大正8年欧米視察のち、9年春秋座を設立、イプセン「野鴨」、菊池寛「父帰る」、新舞踊「虫」の上演など、新機軸を打ち出した。この間、昭和5年松竹を脱退するが、のち復帰。主に市川左団次一座に参加し、真山青果作品に出演した。また14年には映画「日輪」に主演し物議をかもした。戦後は猿之助一座を結成、歌舞伎の古典と新作上演に意欲的に取りくんだ。30年戦後初の歌舞伎の海外公演として中国を訪問、36年にはソ連公演も行った。38年孫の団子に猿之助の名を譲り、猿翁を名のる。芸風は男性的で豪快、当たり役は「勧進帳」の弁慶、「千本桜」の狐忠信など、新作として「元禄忠臣蔵」「修善寺物語」「研辰の討たれ」、舞踊では「猿翁十種」がある。　家父＝市川猿之助(1代目)、長男＝市川段四郎(3代目)、孫＝市川猿之助(3代目)、市川段四郎(4代目)　賞日本芸術院賞〔昭和26年度〕

市川 清　いちかわ・きよし

眼科学者　京都帝国大学医学部教授

明治11年(1878年)～昭和12年(1937年)1月25日

生山口県防府町(防府市)　学京都帝国大学医学部〔明治37年〕卒　医学博士〔大正4年〕　歴京都帝国大学医学部の浅山郁次郎門下で眼科学を学ぶ。明治38年日露戦争に従軍し、二等軍医。40年京都帝国大学医学部助教授を経て、42年日本赤十字社大阪支部病院眼科医長。45年欧州に留学しプラハ大学で学ぶ。大正2年帰国。4年京都帝国大学医学部教授となり、眼科学講座を担当。12～14年附属病院長を務め、昭和5年退官。その後、京都市上京区にて開業した。共著に「新撰眼科学〈上・中・下〉」がある。　家岳父＝井街清顕(農林技師)

市川 源三　いちかわ・げんぞう

女子教育家　鷗友学園創立者

明治7年(1874年)2月11日～昭和15年(1940年)3月25日

生長野県　学長野師範〔明治28年〕卒、高等師範学校〔明治33年〕卒　歴明治34年東京府立第一高等女学校に勤め、教諭、教頭、校長を歴任、35年同校在職。昭和10年同校同窓会創設の鷗友学園高等女学校校長となった。その間、女子教育普及のため全国高等女学校長協会、全国中等学校女教員会、女子教育振興会などを創設した。著書に「現代女性読本」「婦人問題講話資料」などがある。

市川 厚一　いちかわ・こういち

病理学者　獣医学者　北海道帝国大学農学部教授

明治21年(1888年)4月6日～昭和23年(1948年)9月4日

生茨城県真壁郡雨引村(桜川市)　専がん研究、家畜病理学　学東京府立一中〔明治39年〕卒、東北帝国大学農科大学畜産学科〔大正2年〕卒、北海道帝国大学大学院特別研究生〔大正7年〕修了　獣医学博士〔大正8年〕　歴大正2年東北帝国大学大学院に入学、直ちに東京帝国大学医科大学特別研究生となり山極勝三郎教授とタール癌の研究に着手。兎の耳にコールタールを繰り返し塗ることにより人工的に癌を発生させることに成功し、癌発生の刺激要因説に有力な根拠を与えた。8年この研究により山極と帝国学士院賞を受賞。同年北海道帝国大学農学部講師、9年助教授となり、12年欧米へ留学。14年帰国して教授に昇任。昭和21年退官。畜産学科に比較病理学講座を設け、がんの早期診断法やがんと神経との関係を研究した。馬の流産や豆殻中毒による脳炎など家畜の病理学についても業績を残した。4年がんの治療・研究・啓蒙を目的に、日本初の対がん協会である北海道対癌協会を設立して理事長を務めた。　賞帝国学士院賞(第9回)〔大正8年〕

市川 小太夫(2代目)　いちかわ・こだゆう

歌舞伎俳優　舞踊琴吹流家元

明治35年(1902年)1月26日～昭和51年(1976年)1月9日

出東京市浅草区(東京都台東区)　名本名＝喜熨斗光則、初名＝市川蝙蝠　歴2代目市川段四郎の五男。明治38年市川蝙蝠(こうもり)の名で初舞台。大正7年歌舞伎座で「随市川鳴神曽我」の五郎を務め、2代目小太夫襲名、名題となった。大正初期には中村扇雀(後の2代目鴈治郎)座頭の関西若手歌舞伎に参加、中期以降、兄の2代目猿之助の春秋座で、また昭和初期には新国劇にも参加した。第二次春秋座解散後は新興座を組織して探偵劇を開拓、昭和12年から大阪角座を本拠の大衆演劇・厚生劇団を主宰した。戦後演劇を離れ、28年舞踊琴吹流を創始、家元の傍ら映画、ラジオ、テレビに出演。47年から歌舞伎に復帰、脇役を務めた。文筆にもたけ、早瀬亘などの筆名で脚色、演出も試みた。著書に「吉原夜話」がある。　家父＝市川段四郎(2代目)、兄＝市川猿之助(2代目)、市川中車(8代目)

市川 小文治　いちかわ・こぶんじ

俳優

明治26年(1893年)4月13日～昭和51年(1976年)

名本名＝矢野正三郎、幼名＝市川小満若　歴4歳で初舞台を踏み、11歳で小団次の養子となり市川小満若を名のる。18歳で左団次一座に入り、大正7年3代目小文治を襲名。13年東亜キネマ等持院撮影所に入社、「荒神山の血煙」「落花の舞」などに出演。15年マキノプロへ転じ、「赤城山嵐」で国定忠次、「照る日くもる日」では加納八郎を演じた。昭和3年歌舞伎プロを設立したが「野崎村」1本で解散。同年日活に入り「大菩薩峠」の芹沢鴨や「丹下左膳」の峰丹波役で当て、敵役を中心に幅広い役どころで活躍。他に「維新の利那」の近藤勇、「名刀安綱の行衛」の大岡越前などを演じた。

市川 左団次(2代目)　いちかわ・さだんじ

歌舞伎俳優

明治13年(1880年)10月19日～昭和15年(1940年)2月23日

出東京市京橋区築地(東京都中央区)　名本名＝高橋栄次郎、前名＝市川ぼたん、市川小米、市川莚升、俳名＝杏花　歴初代市川左団次の長男。明治17年4歳の時に市川ぼたんの名で「助六由縁江戸桜」に出演し、初舞台。その後、たびたび9代目市川団十郎の子役を務め、28年小米を経て、33年莚升と改名し、名題に昇進。37年父が亡くなったため高島屋一門を率いるようになり、39年2代目左団次を襲名。その直後に渡欧し、各地の劇場や西欧の芝居の実際を学んで帰国した。41年明治座の興行制度改革を断行し、茶屋制度の廃止や女優の起用など思い切った劇界の近代化を図るが、周囲の反対により断念。42年には小山内薫と組んで会員制の自由劇場を創設、有楽座で試演したイプセン作・森鷗外訳の「ジョン・ガブリエル・ボルグマン」が好評を博した。以後、ゴーリキー「どん底」、チェーホフ「犬」、ブリュー「信仰」などといった西洋の劇や、鷗外、秋田雨雀ら日本人作家の新作を次々と上演し、新劇運動のはしりとなった。歌舞伎では、42年歌舞伎十八番の中でも長らく演じられていなかった「毛抜」を岡鬼太郎の脚色で約100年ぶりに上演したのをはじめ、「鳴神」や鶴屋南北作品を次々と復活・上演し、古典劇の再興と定着に尽力。また、松居松葉、岡本綺堂、真山青果ら現代作家による新脚本(新歌舞伎)も積極的に上演した。大正元年明治座を手放し、松竹と専属契約を結ぶ。昭和3年には一座を率いてソ連を訪問し、海外ではじめて歌舞伎を上演。演出家のスタニスラフスキー、映画監督のエイゼンシュタインや、ソ連の演劇人とも交流を持った。雑俳もたしなみ、鶯亭金升の門下で小山内とは同門であった。当たり役は「名高慶安太平記」の丸橋忠弥(父の当たり役でもあった)、「仮名手本忠臣蔵」の大星由良之助、「修禅寺物語」の夜叉王、「鳥辺山心中」の半九郎など。著書に「左団次芸談」「左団次自伝」などがある。　家父＝市川左団次(1代目)

市河 三喜　いちかわ・さんき
英語学者 東京帝国大学教授
明治19年(1886年)2月18日～昭和45年(1970年)3月17日
[生]東京府下谷区下谷練塀町(東京都台東区)　[学]東京帝国大学文科大学言語学科〔明治42年〕卒 文学博士〔大正12年〕　[置]帝国学士院会員〔昭和14年〕　[歴]祖父は"幕末の三筆"と謳われた書家・市河米庵で、父の万庵も書家。語学に優れ、一高から東京帝国大学言語学科に進み、卒業後の大正元年には英国に留学。同年我が国初の本格的な英語研究書である「英文法研究」を刊行した。5年帰国して東京帝国大学文科大学助教授、9年教授。12年「ロバート・ブラウニングの詩の言語研究」で文学博士の学位を取得。英語学者として活躍し、帝国学士院会員、日本英文学会会長、日本シェイクスピア協会会長、英語教授研究所長などを歴任、また「英語学辞典」「英語発音辞典」「英語学—研究と文献」などの著作や「大英和辞典」「A New Concise English Grammar」などの辞書・教科書の編纂に携わり、日本英語界で指導的な役割を果たした。昭和21年定年退官。34年文化功労者。一方、早くから富士登山を敢行するなど登山に親しみ、日本山岳会の創設にも関与した。「昆虫・言葉・国民性」「私の博物誌」など自然と自らの関わりについて述べた随筆集も多い。　[家]父＝市河万庵(書家)、弟＝市河三禄(林学者)、祖父＝市河米庵(書家)[置]文化功労者〔昭和34年〕

市川 寿海(3代目)　いちかわ・じゅかい
歌舞伎俳優
明治19年(1886年)7月12日～昭和46年(1971年)4月3日
[生]東京市日本橋区蠣殻町(東京都中央区)　[名]本名＝太田照造、旧姓・旧名＝市川、前名＝市川高丸、市川満之助、市川登升、市川寿美蔵　[置]日本芸術院会員〔昭和35年〕、重要無形文化財保持者(歌舞伎立役)〔昭和35年〕　[歴]5代目市川小団次に入門、明治27年高丸で初舞台。36年市川満之助と改名。38年5代目市川寿美蔵の養子となり、市川登升の名で名題披露。40年6代目寿美蔵襲名。42年2代目市川左団次・小山内薫と自由劇場を創立。大正11年童話劇団小寿々女座を創設。13年2代目左団次とともに満州巡業。大正末期より昭和10年まで左団次一座で修業。同年には第一次東宝劇団に参加。3年後松竹に復帰。さらに2代目市川猿之助と新鋭劇団を組織。戦後は21年関西に移り、23年大谷竹次郎の依頼で関西歌舞伎の座頭となり、24年3代目市川寿海を襲名。33年花椿会結成。「少将滋幹の母」「新平家物語」など新作に当たり役が多く、朗々たる台詞術に定評があった。35年日本芸術院会員、同年人間国宝、38年文化功労者。他の当たり役は「元禄忠臣蔵」(「御浜御殿」)の綱豊卿、「番町皿屋敷」の青山播磨、「鳥辺山心中」の半九郎、「梶原平三誉石切」の梶原景時、「一条大蔵譚」の長成卿、「博多小女郎浪枕」の小松屋惣七、「盛綱陣屋」の佐々木盛綱など。[家]養父＝市川寿美蔵(5代目)、養子＝市川雷蔵(俳優)[置]日本芸術院賞(第9回、昭和27年度)〔昭和28年〕、文化功労者〔昭和38年〕

市川 正一　いちかわ・しょういち
社会主義運動家 日本共産党中央委員
明治25年(1892年)3月20日～昭和20年(1945年)3月15日
[生]山口県宇部市　[名]筆名＝矢津九郎、阿部平智、梅村英一　[学]早稲田大学文学部英文科〔大正5年〕卒　[歴]大正5年読売新聞社入社、8年にストライキを起こし退社。大正日日新聞、国際通信社などに勤務。11年青野季吉らと雑誌「無産階級」を創刊。12年共産党に入党し、「赤旗」編集委員。12年第一次共産党事件で検挙され禁固8ケ月。14年共産党再建ビューロー委員となり「無産者新聞」主筆、15年同党中央委員。昭和2年渡辺政之輔らがコミンテルンに派遣された後の国内留守中央委員長。代表団帰国後、中央常任委員。3年三・一五事件後の党組織再建に従事。同年コミンテルン第3回大会に出席。4年共産党大検挙(四・一六事件)で検挙、起訴され、統一公判廷で党史について代表陳述。9年無期懲役の判決が確定、網走・千葉刑務所で服役、20年3月15日宮城刑務所で獄死した。著書に「日本共産党闘争小史」のほか「市川正一著作集」がある。

市川 松蔦(2代目)　いちかわ・しょうちょう
歌舞伎俳優
明治19年(1886年)9月23日～昭和15年(1940年)8月19日
[生]東京都新宿区　[名]本名＝鈴木鉄弥、前名＝市川左喜松、市川延若　[歴]明治29年初代市川左団次の門弟となり、初舞台は左喜松、39年蓮若と改め、45年2代目市川松蔦を襲名。2代目左団次の妹と結婚した。立女形が得意で、左団次のよき相手役であった。左団次が新作物を上演したので、女形より一層女性に近い演技を工夫し、「鳥辺山心中」のお染、「番町皿屋敷」のお菊、「箕輪の心中」の綾衣など人気が高かった。　[家]妻＝市川松蔦(1代目)、長男＝市川門之助(7代目)

市川 翠扇(2代目)　いちかわ・すいせん
女優 日本舞踊家
明治14年(1881年)8月21日～昭和19年(1944年)10月22日
[出]東京都　[名]本名＝堀越実子　[歴]9代目市川団十郎の長女。市川団十郎家の舞踊市川流を継ぎ、明治21年初舞台。40年2代目翠扇を襲名した。　[家]夫＝市川団十郎(10代目)、父＝市川団十郎(9代目)

市川 誠次　いちかわ・せいじ
実業家 日本窒素肥料会長
明治5年(1872年)7月11日～昭和22年(1947年)4月5日
[生]石川県金沢市　[学]帝国大学工科大学電気工学科〔明治29年〕卒　[歴]明治29年北海道炭礦鉄道に入ったが、大学同窓の野口遵のカーバイド製造実験に加わり、日本窒素肥料設立に参加した。以後同社取締役、昭和8年副社長、19年会長となった。また朝鮮窒素肥料、旭ベンベルグ絹糸など関係会社の役員を兼ねた。

市川 団十郎(10代目)　いちかわ・だんじゅうろう
歌舞伎俳優
明治15年(1882年)10月31日～昭和31年(1956年)2月1日
[生]東京府日本橋区(東京都中央区)　[名]本名＝堀越福三郎、前名＝市川三升　[学]慶応義塾卒　[歴]明治34年9代目団十郎の長女・実子(のちの2代目市川翠扇)と結婚し、堀越家の婿養子となる。43年9代目が死去、初代中村鴈治郎を頼って舞台に立った。大正6年5代目市川三升を襲名したが、役者としては不評で、死後、10代目団十郎を追贈された。　[家]妻＝市川翠扇(女優)、岳父＝市川団十郎(9代目)

市川 中車(7代目)　いちかわ・ちゅうしゃ
歌舞伎俳優
安政7年(1860年)2月27日～昭和11年(1936年)7月12日
[生]京都府大黒町　[名]本名＝橋尾亀次郎、初名＝尾上当次郎、前名＝中山鶴五郎、市川八百蔵、俳名＝中車　[歴]5歳で初舞台、7歳で2代目尾上多見蔵に入門、12歳で中山宗楽の門に入り、明治13年7代目八百蔵を襲名、名題となった。21年9代目市川団十郎の門に転じ、その脇役として重用され「時今也桔梗旗揚」の光秀は日本一といわれた。大正7年市川八百蔵の俳名だった中車を芸名として7代目を襲名した。

市川 照蔵(1代目)　いちかわ・てるぞう
歌舞伎俳優
明治19年(1886年)1月17日～昭和30年(1955年)6月19日
[出]東京都　[名]本名＝鈴木茂　[歴]6代目市川門之助の門に入り、明治27年歌舞伎座で市川滝の子を名のり初舞台。その後約二郎、45年6月歌舞伎座で照蔵と改め、名題となった。師匠の死

後大正3年松竹専属となった。6代目尾上菊五郎一座の脇役で活躍、特に世話物に優れた技を見せた。

市川 房枝　いちかわ・ふさえ

婦人運動家 大政翼賛会調査委員

明治26年（1893年）5月15日～昭和56年（1981年）2月11日

[生]愛知県中島郡明地村（尾西市）　[専]婦人問題　[学]愛知女子師範〔大正2年〕卒　[歴]小学校教員、名古屋新聞記者を経て上京。大正8年平塚らいてうらと新婦人協会を結成。10～13年米国視察。同年帰国、国際労働機関（ILO）東京支局に入る。同年より婦人参政権獲得運動に専念して中心的指導者の役割を果たした。昭和8年東京婦人市政浄化連盟を組織。16年大政翼賛会調査委員、17年大日本婦人会審議員。戦後は20年新日本婦人同盟（のちの日本婦人有権者同盟）を設立、25年会長。参議院選挙東京地方区から28年以降3回連続当選、46年には落選したが、49年には金権政治に反対する青年たちに推され、全国区で193万票を集めて2位で復活、55年には全国区で278万票を獲得、トップ当選している。39年に第二院クラブを結成、カネのかからぬ理想選挙を訴え、政界浄化の実践運動の先頭に立った。著書に「私の政治小論」「私の婦人運動」などの他、「市川房枝自伝」（2巻）がある。平成5年生誕100年の記念事業として展示会、講演会などが尾西市や名古屋、東京で開催される。

市川 牡丹　いちかわ・ぼたん

歌舞伎俳優

明治19年（1886年）～昭和18年（1943年）

[生]愛知県形原町（蒲郡市）　[名]本名＝牧原ゑつ　[歴]芝居好きの両親の影響で幼少より芸事に親しむ。14歳頃市川右団次の弟子・市川鶴蔵に師事し歌舞伎の道に。19歳で上京後浅草の座元に入り都座などの舞台に立った。大正元年26歳の時愛知県西尾町（現・西尾市）で女歌舞伎の市川牡丹一座を旗揚げし座長に。以来サハリンから九州まで全国を回り公演。女団十郎の異名をとり年300回以上の公演をこなすほどの人気で満州公演も実現したが、戦中の歌舞音曲に対する締め付けと病気とで活動は衰退の一途をたどり、昭和18年57歳で死去、以後一座を閉じた。平成5年没後50年に当たり、遺品展が開催された。

市川 政司　いちかわ・まさし

公園技師 東京市公園部技術課長

明治21年（1888年）11月10日～昭和36年（1961年）6月8日

[生]新潟県高田市（上越市）　[名]別名＝市川凡斎　[学]高田農学校〔明治39年〕卒　[歴]明治40年東京市役所道路課に入り、43年同技手、大正13年東京市技師、昭和3年保健局公園課技術掛長を経て、17年公園部技術課長。この間、建設現場の責任者として公園課長・井下清を助け、東京の公園・街路樹の新設・改良・維持管理に力を尽くした。関東大震災後には東京の公園復興に心血を注いだほか、老樹保護の研究にも従事。また公園事業の一環として一般市民への園芸趣味の普及にも当たり、東京市内で組織された桜の会、梅の会、蓮の会、園芸文化協会などに参加して民間の園芸家と積極的に交流を図った。特にハナショウブには一家言を持ち自ら栽培を試み、盆栽用の鉢に浅く土を入れて十数本のハナショウブを培養する東京盆養法を考案した。5年には井下や三好学、白井光太郎、堀切小高園園主・小高伊左衛門らと共に日本花菖蒲協会を結成して理事、理事長を務めた。19年定年退職後は公共慰霊事業に当たる傍ら、動植物の栽培を通じて植物愛護精神と都市緑化の必要性を訴え続けた。

市川 百々之助　いちかわ・もものすけ

俳優

明治39年（1906年）5月8日～昭和53年（1978年）1月15日

[出]広島県広島市　[名]本名＝上田直正, 別名＝百々木直　[歴]明治44年7代目市川中車の門に入り初舞台を踏む。大正7年から少年俳優が演じる歌舞伎劇のスターとして浅草などで出演。11年に帝キネ小阪撮影所に入社する。初めての作品は当時流行の切支丹物「異端者の恋」で、チャンバラ流行の時代にあって人気者となる。その後も美剣士スターとして活躍、年に20本内外の作品に主演した。昭和5年帝キネを退社し、舞台専門の旅興行に出るが、7年河合映画に入社。翌年には日活太秦に移り、「赤垣源蔵と堀部安兵衛」に出演、初の汚れ役として話題を集めた。戦後は百々木直と改名、東映時代劇などに出演した。

一木 隩二郎　いちき・おきじろう

洋画家

明治30年（1897年）11月5日～昭和13年（1938年）6月5日

[生]東京都　[学]東京美術学校西洋画科〔大正11年〕卒　[歴]昭和2年～5年外遊。帝展に4回入選した。　[家]父＝一木喜徳郎（政治家）

市来 乙彦　いちき・おとひこ

日本銀行総裁 東京市長 貴族院議員（勅選）

明治5年（1872年）4月13日～昭和29年（1954年）2月19日

[生]鹿児島県　[学]帝国大学法科大学政治学科〔明治29年〕卒　[歴]明治29年大蔵省に入り、那覇税務管理局長、税関事務官、大蔵書記官、主計局長を経て、大正5年12月大蔵次官となった。7年勅選貴族院議員。11年6月加藤友三郎内閣に蔵相として入閣。12年9月内閣総辞職で日本銀行総裁。昭和3年第12代東京市長となり、22年参議院議員（無所属、当選1回）。

一木 儀一　いちき・ぎいち

陸軍軍医総監

明治7年（1874年）6月13日～昭和11年（1936年）4月2日

[出]宮崎県　[学]東京帝国大学医科大学〔明治38年〕卒　[歴]一木琢二の長男に生まれる。明治38年陸軍二等軍医として日露戦争に従軍。のち京都衛戍病院院長、第十九師団軍医部長、第二師団軍医部長、大正13年大阪衛戍病院院長、昭和2年第四師団軍医部長などを経て、3年軍医学校校長となる。6年陸軍軍医総監。7年待命となり、のち羽毛工業社長に就任した。

一木 喜徳郎　いちき・きとくろう

法学者 政治家 男爵 枢密院議長 宮内相

慶応3年（1867年）4月4日～昭和19年（1944年）12月17日

[出]静岡県　[名]旧姓・旧名＝岡田　[学]帝国大学法科大学政治科〔明治20年〕卒 法学博士〔明治32年〕　[資]帝国学士院会員〔明治39年〕　[歴]明治20年内務省に入り、ドイツ留学後、内務書記官。27年から東京帝国大学教授、憲法国法学を担当。その後内務行政に携わり、35年第一次桂内閣の法制局長官、41年内務次官、大正元年再び法制局長官を経て、3年第二次大隈内閣の文相、4年内相を歴任。この間、明治33年から勅選貴族院議員。大正6年枢密顧問官、13年枢密院副議長。14年から昭和8年まで宮内相として大正天皇・昭和天皇に仕えた。9年枢密院議長。美濃部達吉博士の「天皇機関説」を支持、右翼の襲撃を受ける。11年二・二六事件後、一切の官職を辞した。9年大日本報徳社社長も務めた。文芸、書、刀剣鑑定など多趣味なことで知られた。男爵。　[家]父＝岡田良一郎（報徳運動家・政治家），兄＝岡田良平（文部官僚・政治家），二男＝一木隩二郎（洋画家），三男＝杉村章三郎（行政法学者）

市島 謙吉　いちしま・けんきち

著述家 早稲田大学図書館長

安政7年（1860年）2月17日～昭和19年（1944年）4月21日

[生]越後国北蒲原郡水原（新潟県新発田市）　[名]幼名＝雄之助, 号＝市島春城　[学]東京大学文学部〔明治14年〕中退　[歴]越後屈指の豪農一族の出身。明治8年上京、東京英語学校、大学予備門を経て、11年東京大学文学部に入学して高田早苗、坪内

逍遥らと親交を結ぶ。同大中退後の15年、高田や岡山兼吉らと小野梓を頂いて鷗渡会を結成。さらに大隈重信の知遇を得、同年大隈が結党した立憲改進党にも参加した。16年帰郷して「高田新聞」を創刊、主筆となるが、筆禍のため投獄された。出獄後の18年東京へ戻り、大隈の創立した東京専門学校（現・早稲田大学）講師となり、政治原理、論理学を担当。19年高田の要請で「新潟新聞」主筆に就任、22年新潟で改進党系の越佐議政会を組織。23年の第1回総選挙に立候補したが落選した。24年高田の後任として「読売新聞」主筆。27年より衆議院議員に連続3選。35年早大図書館長に就任、大正6年まで在職する一方、同大の幹事、理事、名誉理事などを歴任して大学の発展・充実に貢献。38年大隈を総裁として国書刊行会を創設し、貴重な古書の復刻・刊行に努めた。40年日本文庫協会会頭に選出され、41年同会が日本図書館協会に改組されると引き続き43年まで会長を務めた。大正7年～昭和10年日清印刷社長。蔵書家として名高く公私にわたり10万冊の本を収集。大正期以降は随筆をよくし、著書に「春城随筆」「文墨余談」「政治原論」「擁炉漫筆」「市島春城古書談叢」などがある。

市島 三千雄　いちじま・みちお

詩人

明治40年（1907年）11月20日～昭和23年（1948年）4月

[生]新潟県新潟市古町通　[歴]新潟商業中退後、家業の洋品店を継ぐ。のち上京。ビール販売店に勤める傍ら、詩作に入る。「日本詩人」に萩原朔太郎選で入選して以降、次々と作品発表。雑誌「新年」を発した。作品は「日本詩人全集9」（創元社）に収められている。

一条 実孝　いちじょう・さねたか

公爵　貴族院議員

明治13年（1880年）3月15日～昭和34年（1959年）12月21日

[学]海兵（第28期）卒、海大卒　[歴]フランス駐在武官、海軍大佐で大正13年退役、公爵を襲爵して貴族院議員。火曜会に属し、美濃部達吉の天皇機関説問題には最も強硬に反対した国家主義者。昭和3年大日本経国連盟を創設、のち大日本護勤王会、興亜滅共連盟など、右翼団体の総裁、会長を務めた。戦中は翼賛会調査会委員、翼政会政調会評議員、翼賛会興亜総本部協力会議議長などを歴任。　[家]養女＝一条尊昭（尼僧）

一条 慎三郎　いちじょう・しんさぶろう

音楽教育家　作曲家

明治3年（1870年）～昭和20年（1945年）5月

[生]長野県　[学]東京音楽学校中退　[歴]東京音楽学校に学ぶが、中退。音楽教師として立教学院や山形師範学校などで教鞭を執った後、明治44年東京音楽学校時代の恩師である伊沢修二の招きで台湾総督府の国語学校（後の師範学校）助教授として台湾へ渡る。以来、台湾独自の唱歌作りに取り組み、大正4年自らが事実上の編纂者となった総督府発行の最初の唱歌集「公学校唱歌集」（46曲収録）に収められた台湾独自の唱歌17曲のうち、15曲を作曲。台北放送局管弦楽団や合唱団の創設にも関わり、昭和20年5月に不慮の事故で亡くなるまで台湾音楽界の第一人者として活躍した。

一瀬 一二　いちのせ・いちじ

衆議院議員

明治14年（1881年）11月～昭和10年（1935年）8月5日

[出]熊本県　[歴]昭和5年より埼玉2区から衆議院議員に2選。政友会に所属した。

一瀬 粂吉　いちのせ・くめきち

三和銀行取締役

明治2年（1869年）10月28日～昭和18年（1943年）1月9日

[生]兵庫県　[学]高等商業学校（現・一橋大学）附属主計専修科〔明

治22年〕卒　[歴]明治22年文部省会計局勤務を経て、明治32年三十四銀行に入行。大正14年副頭取に就任。昭和8年三和銀行設立に尽力し、取締役となる。16年取締役辞任。編書に「銀行業務改善叢話」がある。

市野瀬 潜　いちのせ・ひそむ

実業家　日本新薬創業者

明治12年（1879年）4月25日～昭和23年（1948年）12月6日

[生]大分県南海部郡明治村（佐伯市）　[名]号＝尺水　[学]南海中〔明治28年〕卒、私立薬学校（現・東京薬科大学）〔明治30年〕卒　[歴]南海中学を卒業後、兄の勧めで薬学を志して上京、私立薬学校（現・東京薬科大学）に学んだ。卒業後、郷里で1年間小学校の代用教員を務め、明治33年丹波敬三の紹介で神戸税関に就職。36年京都の薬屋・織田自然堂支配人となり、38年京都舎密局技師・小泉俊太郎の長女で、同家の養女となっていたマサと結婚。44年京都新薬堂を開店して独立、薬舗から製薬業に進出、大正8年日本新薬株式会社を創業して専務。昭和4年代表取締役、11年社長、21年会長。この間、13年京都製薬業組合組合長。　[家]孫＝市野瀬浩（日本新薬社長）、岳父＝小泉俊太郎（京都舎密局技師）　[賞]京都府知事商工業功労賞〔昭和9年〕、技術院賞（第1回）〔昭和19年〕

一戸 二郎　いちのへ・じろう

奈良県知事

明治27年（1894年）1月～昭和13年（1938年）10月2日

[生]東京都　[学]京都帝国大学法科大学政治経済科〔大正6年〕卒　[歴]昭和7年愛媛県知事、10年奈良県知事を務めた。

一宮 房治郎　いちのみや・ふさじろう

衆議院議員

明治17年（1884年）9月～昭和23年（1948年）7月27日

[出]大分県　[学]上海東亜同文書院〔明治37年〕卒　[歴]奉天に盛京時報社を創立し、社長を務める。また大阪朝日新聞記者、東亜同文会理事などを務める。大正6年衆議院議員初当選、以来通算7回当選。農商務大臣秘書官、浜口内閣の内務参与官、第一次近衛内閣の海軍政務次官、内閣委員、大東亜省委員などを歴任。

市原 通敏　いちはら・みちとし

冶金学者　東北帝国大学教授

明治32年（1899年）5月5日～昭和18年（1943年）8月19日

[生]高知県高知市　[出]徳島県　[専]金属材料学　[学]徳島中〔大正7年〕卒、六高〔大正10年〕卒、東北帝国大学工学部機械工学科〔大正14年〕卒　工学博士〔昭和12年〕　[歴]徳島新聞編集局長を務めた市原狸之の長男で、高知で生まれ徳島で育つ。大正14年東北帝国大学助手、昭和4年助教授を経て、14年教授。棒ばね（トーション・バー）を研究し、陸軍の委託を受けて戦車や牽引車の懸架装置に棒ばねを用いる研究に従事したが、18年第四陸軍技術研究所の車両試験中に事故に遭い殉職した。　[家]父＝市原狸之（ジャーナリスト）　[勲]勲三等旭日中綬章〔昭和18年〕

市丸　いちまる

歌手

明治39年（1906年）7月16日～平成9年（1997年）2月17日

[生]長野県松本市　[名]本名＝後藤まつゑ　[歴]19歳で上京、浅草や新橋で芸妓をしながら昭和6年日本ビクターの専属となり、「花嫁東京」でデビュー。その後「天竜下れば」「三味線ブギ」「ちゃっきり節」が大ヒットし、花柳界出身歌手の草分けとなる。戦後、ラジオで10年間つづいた「三越唄ごよみ」などで新しい小唄ブームを作った。

い

市丸 利之助　いちまる・りのすけ
海軍中将
明治24年(1891年)9月20日～昭和20年(1945年)
[生]佐賀県松浦郡久里村(唐津市柏崎)　[学]海兵卒　[歴]海軍兵学校卒業後、創生期の海軍航空士官としての道を選ぶ。大正8年フランスから水上飛行機教官として来日したペラン中尉の集合教育に第1期専修員として参加。昭和4年海軍予科練習生の設立委員長に任命され、5年から5年間予科練の初代部長として1期生を担当。8年佐世保航空隊副長、11年鎮海空司令。のち、横浜空司令、第13空司令などを経て、17年5月海軍少将に昇進、第21航空戦隊司令官。18年第13連空司令官を経て、19年第27航空戦隊司令官として硫黄島基地に着任。20年米国海兵隊上陸が始まり、戦死した。

市村 羽左衛門(15代目)　いちむら・うざえもん
歌舞伎俳優 日本俳優協会会長
明治7年(1874年)11月5日～昭和20年(1945年)5月6日
[生]東京府本郷湯島(東京都文京区)　[名]本名＝市村録太郎, 初名＝坂東竹松, 前名＝市村家橘, 俳名＝可江　[歴]父はフランス人将軍のル・ジャンドルで、母は越前福井藩主・松平慶永の庶子といわれる。明治11年14代目市村羽左衛門(坂東家橘)の養子となり、福岡市中洲の真砂座で修業。14年3代目坂東竹松を名のり、新富座で初舞台を踏む。26年養父が「壇之浦兜軍記」出演中に没したため、同年7月歌舞伎座で「敵討檻褸錦」の春藤新七を務め、16代目市村家橘に改名した。36年薫陶を受けた伯父の5代目尾上菊五郎や9代目市川団十郎が相次いで没する中で15代目市村羽左衛門を襲名し、歌舞伎座で「船弁慶」の静御前など6役を務めて評判となった。以後、日本人離れした優れた美貌と、明快で溌剌とした口跡・台詞、天衣無縫でさっくりとした人柄が人気となり、たちまち6代目菊五郎、初代中村吉右衛門と並び団菊没後の歌舞伎界を背負う存在となった。特に6代目尾上梅幸とは名コンビを謳われ、時代物・世話物ともに秀で、「切られ与三」の与三郎、「勧進帳」の富樫左衛門、「忠臣蔵」の勘平、「助六由縁江戸桜」の花川戸助六、「石切梶原」の梶原、「直侍」「お祭り佐七」などの当たり役は“可江十二集”といわれた。他に坪内逍遙作「桐一葉」の木村長門守などといった新作でも活躍。昭和3年欧米漫遊に出発、帰国後、ロンドン滞在中に見た探偵劇を松居松翁に翻案してもらい「命髪切」として上演した。戦時下においても率先して舞台を務め、日本各地や満州にも巡業。18年日本俳優協会設立に伴い、会長に就任。20年疎開先の長野県湯田中で死去した。　[家]妻＝藤間政弥(日本舞踊家), 長女＝吾妻徳穂(日本舞踊家), 養子＝市村亀蔵(3代目), 市村羽左衛門(16代目), 市村吉五郎(2代目), 養父＝市村羽左衛門(14代目), 姪＝関屋敏子(オペラ歌手)

市村 亀蔵(3代目)　いちむら・かめぞう
歌舞伎俳優
明治23年(1890年)1月7日～昭和10年(1935年)9月25日
[生]大阪府大阪市南区道頓堀東櫓町　[名]本名＝市村寅太郎, 初名＝片岡愛三郎, 前名＝片岡太郎, 俳名＝亀全　[歴]明治29年11代目片岡仁左衛門の門人となり、片岡愛三郎の名で初舞台。31年大阪角座で片岡太郎と改める。40年上京、15代目市村羽左衛門の養子となり歌舞伎座に務める。44年3代目市村亀蔵を襲名。女方と二枚目をこなし東西の歌舞伎界に活躍した。当たり役は「安宅」の富樫、「春雨傘」の大口屋暁雨など。　[家]妻＝杵屋勝三郎(6代目), 息子＝杵屋勝三郎(7代目)

市村 清　いちむら・きよし
実業家 理研光学工業社長
明治33年(1900年)4月4日～昭和43年(1968年)12月16日
[生]佐賀県三基郡北茂安町(みやき町)　[学]中央大学法科〔大正11年〕中退　[歴]富国生命の佐賀代理店時代に理化学研究所(理研)の感光紙の販売を勧められ、昭和4年福岡市に理研感光紙九州総代理店吉村商会を開業。九州のみならず、朝鮮や満州での代理権を獲得し、南満州鉄道(満鉄)とも取引するようになった。8年理研所長・大河内正敏に招かれ、理化学興業感光紙部長に就任。11年には同社の感光紙事業の一切を任され、東京に理研感光紙株式会社(13年理研光学工業に改称)を設立。また、理研グループ各社の役員を兼ねた。17年理研コンツェルンから独立し、理研光学工業、飛行機特殊部品、旭精密工業の各社長。一方、戦時中には陸軍特別製鉄の一環として朝鮮に理研特殊製鉄、満州に満州化学工業を設立し、理研重工業の一翼を担った。戦後はサービス業の開拓に乗り出し、三愛を設立(人を愛し, 国を愛し, 勤めを愛すの意)。38年理研光学工業の社名をリコーに変更、オフセット印刷機やファクシミリ、コピー機、感光紙などといった事務機器のトップ企業に育て、一代でリコー三愛グループを築き上げた。　[家]妻＝市村ユキエ(三愛会長)

市村 慶三　いちむら・けいぞう
鹿児島県知事 京都市長
明治17年(1884年)2月28日～昭和34年(1959年)1月8日
[生]京都府　[名]旧姓・旧名＝古川　[学]東京帝国大学法科大学法律科〔明治43年〕卒　[歴]大正15年福井県、昭和3年愛媛県、4年三重県の各知事を務め、6～10年鹿児島県知事。11～15年京都市長。鴨川、高野川治水事業を推進し、大京都振興審議会設置などに尽くした。また二条城の京都市移管を実現させた。

市村 瓚次郎　いちむら・さんじろう
東洋史学者 東京帝国大学名誉教授 国学院大学学長
元治1年(1864年)8月9日～昭和22年(1947年)2月23日
[生]常陸国筑波郡北条町(茨城県つくば市)　[名]字＝圭卿, 号＝器堂, 筑波山人, 月波山人　[学]明治法律学校(現・明治大学)卒, 帝国大学古典漢書科〔明治20年〕卒 文学博士〔明治40年〕　[資]帝国学士院会員〔明治44年〕　[歴]大庄屋の長男。幼い頃より漢学を修め、明治法律学校、帝国大学古典漢書科に学ぶ。明治23年学習院助教授、25年教授を経て、31年東京帝国大学文科大学助教授、38年教授。大正14年名誉教授。同年国学院大学教授、15年大東文化学院教授、昭和3年立教大学教授、8～10年国学院大学学長を歴任。中国史、東洋史の学者として幅広く活躍し、明治25年「支那史」(全6巻)を刊行したのをはじめ、「支那史要」「東洋史要」「東洋史統」などの著書がある。
[家]甥＝市村正二(茨城大学学長)

市村 富久　いちむら・とみひさ
弁護士 東京帝国大学助教授
明治9年(1876年)11月～昭和17年(1942年)2月22日
[生]埼玉県入間郡金子村(入間市)　[専]海商法　[学]東京帝国大学法科大学英法科〔明治33年〕卒, 東京帝国大学大学院〔明治38年〕修了 法学博士〔大正5年〕　[歴]明治33年東京高等商船学校教授となり地方海員審判所審判官を嘱託される。44年逓信省高等海員審判所理事官に転じ、専修大学、日本大学、明治大学などで法律を講じる。大正元年東京帝国大学法科大学講師を兼務し、3年同助教授に就任。9年官職を退き、大阪で弁護士を開業した。著書に「海商法論〈前後〉」などがある。

一柳 仲次郎　いちやなぎ・なかじろう
衆議院議員
明治1年(1868年)10月～昭和14年(1939年)4月14日
[出]北海道　[歴]北海道議、同議長を経て、大正9年衆議院議員となり当選連続5回。民政党総務となったほか、札幌商業会議所副会頭、北海道信託社長、一柳物産社長などを務めた。

一力 次郎　いちりき・じろう
新聞人 河北新報社長

明治26年(1893年)8月12日〜昭和45年(1970年)7月7日
⊞宮城県仙台市 学京都帝国大学法学部〔大正6年〕卒 歴河北新報を創立した一力健治郎の二男。コロンビア大学政治科で学び、帰国後弁護士となったが大正13年河北新報に入り、副社長として父を助け、昭和4年社長となり、経営に手腕を発揮した。21年会長。また東北放送を創立、29年社長となった。 家父=一力健治郎(河北新報創業者)、長男=一力一夫(河北新報社主・社長)、二男=一力英夫(朝日新聞取締役名古屋本社代表)、孫=一力雅彦(河北新報社長)

一龍斎 貞山(6代目) いちりゅうさい・ていざん
講談師 講談落語協会会長
明治9年(1876年)11月26日〜昭和20年(1945年)3月10日
⊞東京府京橋(東京都中央区) 名本名=桝井長四郎、前名=一龍斎貞花、昇龍斎貞丈 歴明治19年4代目貞山に入門、4代目没後の23年5代目貞山の門に入り、40年5代目が錦城斎典山となって、貞丈から6代目貞山を襲名した。細677のさわやかな声で「赤穂義士伝」を読み、ラジオが普及した昭和初期、電波に乗って全国的に名を知られた。15年講談落語協会初代会長も務めたが、東京大空襲で戦災死した。

一噌 鋹二 いっそう・えいじ
能楽囃子方(一噌流笛方) 一噌流13代目宗家
明治43年(1910年)〜昭和20年(1945年)9月21日
歴10代目一噌又六郎の弟・要三郎の養嗣子となり宗家を継いだ。 家父=武田宗治郎(観世流シテ方)、養父=一噌要三郎(笛方)

一噌 又六郎 いっそう・またろくろう
能楽囃子方(一噌流笛方) 一噌流12代目宗家
明治6年(1873年)1月1日〜昭和13年(1938年)6月29日
⊞東京都 名本名=一噌米次郎 歴分家の一噌政庸や父で11代目宗家の一噌幸太郎(のち又六郎)に師事。明治22年「猩々」で初舞台。25年宗家を継ぐ。芝浦製作所、三井三池鉱山などに勤務しながら舞台を務めた。 家父=一噌幸太郎(一噌流11代目宗家)、養子=一噌操(笛方)、孫=一噌幸政(笛方)

五ツ島 奈良男 いつつしま・ならお
力士
大正1年(1912年)12月22日〜昭和48年(1973年)5月6日
⊞長崎県南松浦郡奈良尾村庚申山(新上五島町) 名本名=金崎伊佐一 歴昭和5年出羽海部屋に入り、同年10月初土俵。金崎から肥州嶽、五ツ島と改名し、11年5月入幕、15年5月大関となった。しかし両ひざ故障のため2場所で廃業、ホテル、料理店を経営した。勝率0.597、173センチの小兵だったが、力は強く、「けいこ横綱」といわれた。左四つ巻き落とし、下手ひねりが得意で、双葉山に2連勝(15年1月と5月)している。

出 隆 いで・たかし
哲学者 東京帝国大学教授
明治25年(1892年)3月10日〜昭和55年(1980年)3月9日
⊞岡山県東南条郡津山東町 専西洋古代中世哲学、アリストテレス研究 学六高卒、東京帝国大学哲学科〔大正6年〕卒 歴津山中在学中に叔父の養子となる。六高から東京帝国大学哲学科に進み、昭和10年同科の主任教授となって哲学徒を育てたが、20代に書いた「哲学以前」は「三太郎の日記」「善の研究」と並んで旧制高校生の必読書ともされた。戦後の23年、教え子を戦争に送った反省から、東大教授のまま共産党に入党し〝ビラを貼る教授〟と騒がれた。26年には無所属で都知事選に立候補したため除名され、その後復党したものの39年には野間宏らと共に「12人の文化人の声明」に参加し、再び除名。晩年は「西洋中世初期の哲学」の完成に専念した。他の著書に「ギリシャの哲学と政治」「ソクラテスの道」「アリストテレ

ス哲学入門」、「出隆著作集」(全8巻)などがある。 家養父=出隆直(教育家)

井出 八井 いで・はっせい
歌人
明治20年(1887年)1月29日〜昭和15年(1940年)9月27日
⊞長野県 名本名=井出重護 学中学中退 歴小学校教師を務めながら、明治38年作歌をはじめ「文章世界」などに投稿。大正3年「水甕」に入社し、4年「背景」を刊行。11年「ボトナム」の創刊に参加し、昭和7年「科野」に参加。他の歌集に「氷の湖」「みづうみ」がある。

井手 義行 いで・よしゆき
英文学者 東京外事専門学校校長
明治22年(1889年)2月9日〜昭和47年(1972年)7月20日
⊞熊本県阿蘇郡宮地町(阿蘇市) 学東京帝国大学文科大学英文科〔大正2年〕卒 歴大正2年東京外国語学校講師となり、6年教授。昭和20年東京外事専門学校校長、24年東京外国語大学学長事務取扱となって同年退職。25年中央大学教授となった。41年文化学院理事、44年同英文科科長。

出井 兵吉 いでい・ひょうきち
衆議院議員
明治4年(1871年)6月〜昭和35年(1960年)8月14日
⊞埼玉県 学慶応義塾大学 歴北埼玉郡議、埼玉県議、同議長、埼玉県町村長会会長、羽生市長等を務めた。昭和3年衆議院議員当選、以来6期務める。後に政友会総務、行田運送倉庫・合同運送各社長となった。

伊藤 敦子 いとう・あつこ
ソプラノ歌手
明治35年(1902年)1月15日〜昭和61年(1986年)2月28日
⊞岩手県和賀郡小山田村(花巻市) 学盛岡高等女学校卒、東京音楽学校〔大正12年〕卒 歴盛岡高等女学校時代に音楽教師に才能を見い出され、大正7年東京音楽学校に入学。イタリア留学を志すが両親の反対に遭う。12年同校を卒業後、昭和5年頃までに2度結婚し、2児をもうける。この間、イタリアオペラの研究団体オペラ・ヴェルディアーナに参加。9年藤原義江が主宰する藤原歌劇団の旗揚げ公演「ラ・ボエーム」のミミ役に抜擢されデビュー。12年イタリアへ渡り、14年ミラノのプッチーニ劇場で「蝶々夫人」を歌いイタリアデビュー。以来、日本人ソプラノとしてミラノを拠点に欧州で500回以上のオペラの舞台に立ち、マリオ・デル・モナコの本格オペラデビューとなった「蝶々夫人」では相手役を務めている。28年に第一線を退いてからは日本人留学生の世話に熱心で、林康子、秋定典江らと交流があった。61年一度も日本に帰ることなくミラノで死去した。兄・伊藤九万一は盛岡一高の校歌作詞者として知られる。

伊東 岩男 いとう・いわお
衆議院議員
明治21年(1888年)8月〜昭和41年(1966年)12月23日
⊞宮崎県 学県立農学校卒 歴宮崎県議を経て、昭和11年衆議院議員に初当選。以来6期。派遣軍慰問のため、支那に派遣された。戦後は石橋内閣、第一次岸内閣で郵政政務次官を務めた。

伊藤 永之介 いとう・えいのすけ
小説家
明治36年(1903年)11月21日〜昭和34年(1959年)7月26日
⊞秋田県秋田市西根小屋本町 名本名=伊藤栄之助 学秋田市中通尋常高小〔大正7年〕卒 歴高小卒業後、大正7年から9年まで日本銀行支店の行員見習いを務める。この間「国民新

いとう　　　　　　　　　　　　　　　　昭和人物事典 戦前期

い

聞」などに投稿し、10年新秋田新聞社に入社。13年上京し、やまと新聞社に入社。同年創刊された「文芸戦線」に参加し「泥溝（どぶ）」などを発表。また「文芸時代」にも「犬養健氏の芸術」などを発表。昭和2年労芸に参加し、以後プロレタリア文学、農民文学の作家として活躍。10年代は「梟」「鴉」「鴬」などの鳥類ものを発表し、戦後も「雪代とその一家」「なつかしの山河」「警察日記」などを発表。29年には日本農民文学会を結成し、会長に就任した。その他の主要作品に「万宝山」「馬」「南米航路」などがあり、「伊藤永之介作品集」（全3巻、ニトリア書房）がある。　賞新潮社文芸賞（第2回）〔昭和14年〕「鴬」

伊藤 馨　いとう・かおる
牧師
明治19年（1886年）〜昭和36年（1961年）
生青森県　学中央福音伝道館聖書学院卒　歴昭和5年ホーリネス系の札幌新生教会牧師となる。「新創造」を発刊し、北海道伝道部長を務める。17年治安維持法違反で逮捕され、終戦後釈放された。

伊藤 幾久造　いとう・きくぞう
挿絵画家
明治34年（1901年）7月13日〜昭和60年（1985年）7月14日
生東京都　歴伊東深水の画塾に学び、大正11年伊藤深杏の雅号で挿絵を発表。12年から伊藤幾久造の名で活動。たちまち人気を得て、少年雑誌の挿絵画家として活躍。「まぼろし城」「竜神丸」など高垣眸とのコンビが多く、特に昭和10年「少年倶楽部」に連載された「快傑黒頭巾」は有名。日本児童文学史上初のSF大作といわれる「火星兵団」なども手がけた。講談社絵本の形を定着させ、戦後も少年向け小説や伝記の挿絵でファンが多かった。

伊藤 嘉朔　いとう・きさく
舞台美術家
明治32年（1899年）8月1日〜昭和42年（1967年）3月31日
生東京市神田三崎町（東京都千代田区）　学東京美術学校西洋画科〔大正12年〕卒　賞日本芸術院会員〔昭和38年〕　父は建築家の伊藤為吉で、舞踊家・伊藤道郎、舞台衣装家・伊藤祐司が兄、俳優・千田是也、作曲家・伊藤翁介が弟という芸術一家に生まれる。東京美術学校在学中から土方与志の模型舞台研究所の同人となり、舞台美術を研究。大正14年築地小劇場「ジュリアス・シーザー」の象徴的装置で舞台美術家としてデビューしたのを皮切りに、吉田謙吉らと同劇場で数多くの舞台装置を手がける。同劇場分裂後は築地座、新協劇団、俳優座、文学座などで活躍、「釣堀にて」「復活」「夜明け前」「大仏開眼」「火山灰地」などの様式美・写実美を追究した数々の装置で認められた。歌舞伎やオペラ、バレエ、新派などでも優れた業績を残し、日本における近代舞台美術の確立に大きく寄与。昭和5年舞台美術研究のため渡米。帰国後の6年松山崇、伊藤寿一らとともに後進育成を目的とした六人会を組織した。戦後は22年に舞台美術家として初めて文部大臣賞を受賞。また、伊藤嘉朔舞台美術研究所を主宰して多くの後継者を育成そた。38年日本芸術院会員。　家父＝伊藤為吉（建築家）、兄＝伊藤道郎（舞踊家）、伊藤祐司（舞台衣装家）、弟＝千田是也（俳優・演出家）、伊藤翁介（作曲家）、長女＝伊藤弘子（女優）、女婿＝長谷川哲夫（俳優）　賞日本芸術院賞〔昭和24年〕

伊藤 吉之助　いとう・きちのすけ
哲学者 北海道帝国大学教授
明治18年（1885年）1月4日〜昭和36年（1961年）7月7日
生山形県　学東京帝国大学文科大学哲学科〔昭和42年〕卒　歴大正9年ドイツ留学、11年帰国、12年東京帝国大学哲学科講師、15年助教授、昭和5年教授となり20年退官。戦後北海道大学法

文学部長となり哲学科創設に尽力した。また中央大学文学部長も務めた。ヨーロッパ近・現代哲学を研究、東大系の代表的講壇哲学者といわれた。多くの論文のほか、「岩波哲学小辞典」の編集に携わり、著書に「最近の独逸哲学」がある。

伊東 喜八郎　いとう・きはちろう
長崎県知事
明治15年（1882年）7月15日〜昭和52年（1977年）3月30日
生大分県　学東京帝国大学法科大学〔明治40年〕卒　歴大正11年富山県知事、13年静岡県知事、15年茨城県知事、昭和2年福島県知事、3年長崎県知事を歴任した。

伊藤 清蔵　いとう・きよぞう
アルゼンチンの大牧場主
明治8年（1875年）3月25日〜昭和16年（1941年）11月15日
生山形県　専農業経営学　学札幌農学校〔明治33年〕卒、ボストン大学　歴明治25年札幌農学校に入学、新渡戸稲造教授の思想に影響を受ける。卒業後、母校の助教授や盛岡高等農林学校教授を務め、農業経営学を講じる。42年広大な農地を持つアルゼンチンに移住し牧場を経営。第一次大戦による好景気に乗って成功し、計7500町歩の大牧場主となる。同地の農業近代化に努め、昭和7年にはパンパス草原に模範農場・富士牧場を創設。海外雄飛の夢を駆り立てるシンボル的存在だった。

伊藤 金次郎　いとう・きんじろう
新聞人 評論家 東京日日新聞内国通信部長
明治25年（1892年）8月1日〜昭和39年（1964年）7月31日
生愛知県　歴文選工の後、「扶桑」「報知新聞」の記者を経て、大正7年東京日日新聞社に入った。事業部長、社会部長、名古屋支局長兼名古屋毎日新聞取締役、内国通信部長を歴任した。昭和19年台湾新報社副社長兼主筆、21年「東海毎日新聞」代表取締役兼主筆編集局長。

伊東 月草　いとう・げっそう
俳人
明治32年（1899年）1月19日〜昭和21年（1946年）4月12日
生長野県上伊那郡藤沢村　名本名＝伊東秀治　歴大正4年頃から句作をはじめ、大須賀乙字に師事する。14年「懶祭」に参加し、昭和3年「草上」を創刊して主宰する。戦後は「俳句研究」の編集に携わる。著書に「伝統俳句の道」（昭10）や句集「わが住む里」（昭22）などがある。

井東 憲　いとう・けん
小説家 評論家
明治28年（1895年）8月27日〜昭和20年（1945年）
生東京市牛込区（東京都新宿区）　出静岡県静岡市　名本名＝伊藤憲　学明治大学法科〔大正8年〕卒　歴質屋の小僧など多くの職業を転々とし、大正8年明治大学を卒業。労働者文学の作家として活躍し、12年「地獄の出来事」を刊行。「文芸市場」の編集にも参加した。プロレタリア文学の隆盛と共に作家としての活躍は減り、昭和2年上海に渡航、数次にわたり滞在。10年代は中国の書、中国に関する啓蒙書などを刊行した。他の著書に「有島武郎の芸術と生涯」「変態人情史」「上海夜話」「赤い魔窟と血の旗」「井東憲詩集」などがある。

伊東 紅雲　いとう・こううん
日本画家
明治13年（1880年）7月13日〜昭和14年（1939年）4月2日
生東京都　名本名＝伊藤常辰　歴明治27年邨田丹陵に入門、土佐派を学ぶ。40年第1回文展に入選、以後文展で44年、大正元年ともに褒状を受け、4年には3等賞に。その後文展、帝展に出品を続け、昭和2年帝展委員となる。12年第1回新文展に「献甲」を無鑑査出品。故実に通じ、歴史画を多く描いた。こ

昭和人物事典 戦前期　　　　いとう

の間安田靫彦、今村紫紅らの紅児会や、小堀鞆音の革丙会に参加し、晩年には朱弦会の活動にも加わった。また3年明治神宮聖徳記念画館壁画「御元服図」を制作した。

伊藤 佐喜雄　いとう・さきお
小説家
明治43年(1910年)8月3日〜昭和46年(1971年)10月17日
[生]島根県津和野町　[学]大阪高中退　[歴]大阪高校在学中、左翼運動に関係するが、後に「コギト」「日本浪曼派」の作家として活躍。昭和10年から12年にかけて「花の宴」を発表し、第2回芥川賞候補作品になる。17年「春の鼓笛」で池谷信三郎賞を受賞。その他の著書に「森鷗外」「日本浪曼派」などがある。
[家]母＝伊沢蘭奢(女優)　[賞]池谷信三郎賞(第9回)〔昭和17年〕「春の鼓笛」

伊東 三郎　いとう・さぶろう
エスペランチスト　農民運動家
明治35年(1902年)11月16日〜昭和44年(1969年)3月7日
[生]岡山県岡山市天瀬　[名]本名＝宮崎巌、旧姓・旧名＝磯崎巌、筆名＝伊井庄　[学]青山学院、大阪外語仏語科中退　[歴]少年時代からエスペラントに興味を抱き、やがてエスペラント青年同盟を結成。後に労農党、共産党に入り農民闘争をする。昭和5年「プロレタリア・エスペラント必携」を刊行。豊多摩刑務所出獄後の11年共著「言語学」を刊行。また、作文集「世界の子ども」(全15巻)の編集に力を注いだ。戦時中は巣鴨拘置所に拘置され、戦後は熊本で農民運動を推進し、25年「エスペラントの父 ザメンホフ」を刊行。没後、埴谷雄高らによって遺稿と追憶「高く たかく 遠くの方へ」が刊行された。

伊東 静江　いとう・しずえ
教育家　大和学園理事長
明治26年(1893年)9月1日〜昭和46年(1971年)2月12日
[生]東京市深川区(東京都江東区)　[学]聖心女子学院語学校〔大正3年〕卒　[歴]明治44年キリスト教の洗礼を受ける。昭和4年大和学園、20年大和女子農芸専門学校(現・聖セシリア女子短期大学)を創設した。この間、13年渡米して教育事情や婦人運動などを視察。44年東京教区カトリック婦人同志会会長に就任。　[家]父＝利光鶴松(実業家)

伊東 静雄　いとう・しずお
詩人
明治39年(1906年)12月10日〜昭和28年(1953年)3月12日
[生]長崎県北高来郡諫早町船越(諫早市)　[学]京都帝国大学文学部国文科〔昭和4年〕卒　[歴]京都帝国大学在学中の昭和3年、御大礼記念児童映画脚本募集に「美しい朋輩達」で一等入選する。翌年大学卒業後、大阪府立住吉中学校に就職。ドイツ語で詩を読み、特にケストナーとリルケに関心を示した。教員生活をしながら詩を書き、同人雑誌「呂」に発表する。昭和8年保田与重郎、田中克己にさそわれ「コギト」に参加し、萩原朔太郎らに認められた。10年「日本浪漫派」同人となる。同年第一詩集「わがひとに与ふる哀歌」を刊行し、文芸汎論詩集賞を受賞。15年第二詩集「夏花」を刊行し、透谷文学賞を受賞。以後、18年「春のいそぎ」、22年「反響」と4冊の詩集を刊行した。戦後は阿倍野高校に転勤となったが、24年に肺結核となり、闘病生活を送った。「伊東静雄詩集」(創元社版)「伊東静雄全集」(人文書院)がある。　[賞]文芸汎論詩集賞(第2回)〔昭和10年〕「わがひとに与ふる哀歌」、透谷文学賞(第5回)〔昭和16年〕「夏花」

伊藤 忍　いとう・しのぶ
陸軍中将
生年不詳〜平成7年(1995年)11月17日
[出]宮城県仙台市　[学]陸士(第27期)卒　[歴]昭和16年太平洋戦争

開戦時、第一揚陸団長としてフィリピン・ルソン島のリンガエン湾に上陸。18年ガダルカナル島撤収作戦を指揮した。　[家]長男＝伊藤虎丸(東京女子大学教授)

伊藤 小坡　いとう・しょうは
日本画家
明治10年(1877年)4月24日〜昭和43年(1968年)1月7日
[生]三重県宇治山田(伊勢市)　[名]本名＝伊藤佐登、旧姓・旧名＝二見　[歴]伊勢の磯部百鱗に師事、明治31年京都に出て谷口香嶠に入門、新古術品展や36年の第5回内国勧業博覧会に出品。その間41年に同門の伊藤鷺城と結婚した。大正4年第9回文展で「制作の前」が3等賞初入選。8年京都の反帝展団体・日本自由画壇の結成に参加したが翌年退壇、帝展に復帰した。10年第3回帝展「琵琶記」がフランス政府買い上げ、同年の平和博覧会美術展で「待たるる楽しみ」が3等賞となった。師の香嶠没後、昭和3年から竹内栖鳳に師事。6年第12回帝展「春日詣」以後無鑑査となった。14年の第3回新文展に「神詣」、17年の第5回新文展に「乳人」を出品、戦後は出品しなかった。時代風俗の肉感的な美人画を得意とした。

伊藤 至郎　いとう・しろう
評論家　数学者　科学史家
明治32年(1899年)11月3日〜昭和30年(1955年)10月17日
[生]千葉県印旛郡豊住村(成田市)　[名]別名＝宮下総造、羽鳥俊夫　[専]科学史、科学評論、文学評論　[学]東京物理学校(現・東京理科大学)師範部別科数学科〔大正14年〕卒　[歴]教員生活を経て著述に専念する。大正15年に創刊された倉田百三主宰の「生活者」に寄稿し、評論活動を始める。昭和7年唯物論研究会に参加、自然科学部門に所属し、機関誌「唯物論研究」に数学から文学評論までの論文を寄稿。10年唯研幹部となり、13年に特高に検挙され懲役2年の刑を受ける。19年大審院で上告棄却されるが、病気のため保釈となる。この間、16年森鷗外における科学と芸術との実相を探った「鷗外論稿」を刊行。戦後は民主主義科学者協会に参加、新日本文学会にも加わる。科学史、数学研究などの分野で諸労作を著わし、それへの唯物弁証法適用と究明で先駆の存在となった。他の著書に「鈴木雅之研究」や「数学方法論」「科学のいとぐち」「日本科学史」「通路─ある数学徒のノート」「科学への歩み」などがある。

伊藤 次郎左衛門(15代目)　いとう・じろうざえもん
実業家　松坂屋初代社長
明治11年(1878年)〜昭和15年(1940年)
[生]愛知県名古屋市　[名]本名＝伊藤祐民、幼名＝守松　[学]明倫小卒　[歴]明治42年渡米し、百貨店事業を研究。43年帰国、それまでの太物呉服商から本店をデパート業(松坂屋)に転換、発展の基礎を築いた。大正13年家督を相続、社長として昭和8年まで在任。名古屋商工会議所会頭も務めた。　[家]父＝伊藤次郎左衛門(14代目)、長男＝伊藤次郎左衛門(16代目)

伊東 深水　いとう・しんすい
日本画家　木版画家
明治31年(1898年)2月4日〜昭和47年(1972年)5月8日
[生]東京市深川区西森下町(東京都江東区)　[名]本名＝伊東一、別号＝此君汀　[学]深川実業卒　[賞]日本芸術院会員〔昭和33年〕　[歴]明治44年鏑木清方に入門。巽画会、院展、文展などに出品、大正4年文展に初入選。5年新版運動に参加。この頃から新聞、雑誌の挿絵、口絵の仕事をしながら創作版画「新美人十二姿」も発表。11年の平和博覧会出品の「指」、13年の清方塾展「湯気」が好評を博した。昭和初期には帝展で審査員を務め、「羽子の音」「雪の夜」「秋晴れ」「淨晨」などを発表した。戦後は日展を中心に「銀河祭り」「聞香」を、22年第3回日展の「対鏡」が日本芸術院賞受賞。25年日月社を結成。33年日本芸術院会員。美人画の巨匠として知られた。　[家]二男＝伊

東万燿（日本画家），長女＝朝丘雪路（女優）　［賞］日本芸術院賞〔昭和22年〕「対鏡」

伊東 祐夫　いとう・すけお

銀行家　日向興業銀行頭取

明治6年（1873年）11月16日〜昭和23年（1948年）3月21日

［生］東京都　［名］号＝麗州　［学］北海道帝国大学卒　［歴］日本勧業銀行に入行し、佐賀、熊本、高知、長野各支店長を歴任。昭和7年新設された日向興業銀行頭取となり、のちの宮崎銀行の礎を築いた。

伊藤 整　いとう・せい

小説家　評論家　詩人

明治38年（1905年）1月16日〜昭和44年（1969年）11月15日

［生］北海道松前郡　［名］本名＝伊藤整　［学］小樽高等商業学校卒、東京商科大学（現・一橋大学）〔昭和6年〕中退　［資］日本芸術院会員〔昭和43年〕　［歴］小樽高等商業学校在学中から短歌や詩の習作を試み、「椎の木」同人となって、大正15年詩集「雪明りの路」を刊行。東京商科大学在学中に北川冬彦、春山行夫、瀬沼茂樹らを知り、後に詩集「冬夜」として、この当時の詩作品をまとめた。昭和4年「文芸レビュー」を創刊、新心理主義的な小説や評論を発表。また「ユリシイズ」などの翻訳も刊行する。7年小説集「生物祭」、評論集「新心理主義文学」を刊行し、以後、小説、評論、翻訳などの分野で幅広く活躍。戦争中は「得能五郎の生活と意見」「得能物語」などを発表。戦後、D.H.ロレンスの「チャタレイ夫人の恋人」を翻訳刊行したが、猥褻文書とされ、"チャタレイ裁判"の被告人となる。また大作「日本文壇史」を連載したが、途中で病没し、全18巻で中絶した。晩年は日本近代文学館の設立にも尽力し、高見順亡き後、第2代理事長として活躍した。　［家］長男＝伊藤滋（東京大学名誉教授）、二男＝伊藤礼（日本大学芸術学部教授）　［賞］日本芸術院賞（第23回）〔昭和41年〕

伊藤 整一　いとう・せいいち

海軍大将

明治23年（1890年）7月26日〜昭和20年（1945年）4月7日

［生］福岡県三池郡開村（高田町）　［学］海兵（第39期）〔明治44年〕卒、海大〔大正12年〕卒　［歴］大正元年海軍少尉に任官。昭和2〜5年米国駐在。8年木曽艦長、9年人事局一課長、10年最上、11年4月愛宕、12月榛名の各艦長を務めた。12年第二艦隊参謀長、13年人事局長、15年第八戦隊司令官、16年4月連合艦隊兼第一艦隊参謀長を経て、9月軍令部次長となり、一時海大校長を兼務。19年第二艦隊司令長官に補され、20年4月戦艦大和に座乗して沖縄方面に突入、戦死した。没後、大将に進級。

伊藤 誠哉　いとう・せいや

植物病理学者　菌学者　北海道帝国大学教授

明治16年（1883年）8月7日〜昭和37年（1962年）11月10日

［生］新潟県新潟市　［学］東北帝国大学農科大学農学科〔明治41年〕卒　農学博士〔大正8年〕　［資］日本学士院会員〔昭和25年〕　［歴］明治41年東北帝国大学農科大学助手、42年助教授を経て、大正7年北海道帝国大学に改称に伴い教授に就任。9年北海道庁技師を兼任。10年から2年間、欧米へ留学。昭和2年同大附属植物園長、16年農学部長を経て、20年第5代総長に就任した。25年日本学士院会員、34年文化功労者に選ばれた。イネのイモチ病の研究で知られ、イモチ菌がワラ、モミについて越冬することを突きとめて防除法を提示。10年「水稲主要病害第一次発生とその総合防除法」で日本農学会賞を受賞。また畢生の大著「日本菌類誌」は世界的な業績とされる。18〜19年日本植物病理学会会長を務めた。　［賞］文化功労者〔昭和34年〕、日本農学会賞〔昭和10年〕

伊藤 草白　いとう・そうはく

日本画家

明治29年（1896年）2月24日〜昭和20年（1945年）12月9日

［生］京都府京都市　［名］本名＝伊藤勝治郎、別号＝春山　［学］京都市立一商中退　［歴］画家を志して京都市立第一商業学校を中退し、大正3年日本画家竹内栖鳳に入門。のち土田麦僊の門下に移った。7年国画創作協会第一回展に出品した「島」が入選となったのを皮切りに入選・入賞を重ね、9年の同協会第3回展では「風景」で樗牛賞を受賞し、同協会会友となった。その洋風の写実的な方法を取り入れた風景画は高く評価され、12年には「風景」で日本美術展銀牌を受賞。その後も国画創作協会展を中心に「能登半島」「黒部渓谷」などの秀作を発表し、15年同協会会員。一方、師の麦僊が経営する画塾山南塾の評議員なども務めた。昭和3年に国画創作協会解散後、同志と共に新樹社を結成するが、6年には脱退。14年門下生と山南会を結成するが、戦災でこれまでに描いた作品を消失し、20年12月疎開先の山梨県北巨摩郡津金村で死去した。　［賞］樗牛賞〔大正9年〕「風景」、日本美術展銀牌〔大正12年〕「風景」

伊藤 大輔　いとう・だいすけ

映画監督

明治31年（1898年）10月13日〜昭和56年（1981年）7月19日

［生］愛媛県宇和島市　［学］松山中〔大正6年〕卒　［歴］大正9年劇作家の小山内薫を頼って上京、さらにその紹介で松竹キネマ附属俳優学校に籍を置く。同年ヘンリー・小谷（小谷ヘンリー）監督の「新生」の脚本を手がけたのを皮切りに、松竹蒲田が製作した50本余りの映画で脚本を執筆。12年帝国キネマに入り、13年「酒中日記」で監督デビュー。同年初の時代劇作品「剣は裁く」を発表。14年東邦映画製作、自身で設立した伊藤映画研究所を経て、15年日活京都に転じ、新人の大河内伝次郎主演で「長恨」を撮影、この作品が映画史に残る時代劇の名コンビの初作品となった。昭和2年伝次郎主演で製作された「忠次旅日記」三部作は、サイレント映画における時代劇の最高傑作とも評価されている。その後も「血煙高田馬場」「新版大岡政談」「侍ニッポン」といった傑作時代劇を連発。この時期には「下郎」「一殺多生剣」といった弱者にスポットライトを当てた作品や、「斬人斬馬剣」（4年）など傾向映画も数多い。8年には自身初のトーキー作品となる「丹下左膳・第一篇」を伝次郎主演で撮影。9年「唄祭り三度笠」を最後に日活を離れた。戦後の代表作に「王将」「遥かなり母の国」「レ・ミゼラブル 第一編」「おぼろ駕籠」「大江戸五人男」「反逆児」などがあり、"時代劇の父"ともいわれた。移動撮影を好んで用いたため、姓名にちなんで"イドウダイスキ"とあだ名された。

伊藤 貴麿　いとう・たかまろ

小説家　児童文学作家　翻訳家

明治26年（1893年）9月5日〜昭和42年（1967年）10月30日

［生］兵庫県神戸　［名］本名＝伊藤利雄　［学］早稲田大学英文科〔大正9年〕卒　［歴］大正13年創刊の「文芸時代」同人となり、その年短編集「カステラ」を刊行。その前年「赤い鳥」に「水面亭の仙人」を発表してから、童話創作と中国童話の翻訳・翻案をする。昭和期に入って「童話文学」「児童文学」の同人となり、11年に第一童話集「龍」を刊行。この間、独学による中国文学研究もすすめ、16年初の全訳「西遊記」（上下）、18年「中華民国童話集・孔子さまと琴の音」を刊行した。戦後も児童文学活動をし、中国民話集「ぼたんの女神」「錦の中の仙女」などを発表した。

伊藤 武彦　いとう・たけひこ

岡山県知事

明治24年（1891年）11月〜昭和14年（1939年）10月27日

［生］岐阜県　［学］東京帝国大学法科大学〔大正4年〕卒　［歴］内務省に入省。昭和6年岐阜県知事、7年滋賀県知事、9年福島県知事

を経て、12年岡山県知事。

伊藤 痴遊（1代目）　いとう・ちゆう
講談師 衆議院議員
慶応3年（1867年）2月15日～昭和13年（1938年）9月25日
[出]神奈川県横浜市　[名]本名＝伊藤仁太郎、号＝双木舎痴遊　[学]横浜小卒　[歴]小学校に学んだだけで、以後独学。明治14年自由党に入り、壮士として活躍。17年頃から政治知識普及などのため政治講談を始める。23年双木舎痴遊の名で“遊芸稼人”の鑑札を受ける。25年痴遊と名のり、以来“新講談”と称して、明治維新の偉人伝、明治の政界裏面史などを得意とした。また星亨の知遇を得て政治活動に従い、明治末から東京府・市会議員を務め、昭和3年、7年と衆議院議員（政友会）に2度当選した。さらに話術の振興を策して話術倶楽部を発足させ、「痴遊雑誌」を創刊した。話術の巧さでは近代の名人の一人にかぞえられる。著書に「明治裏面史」「維新十傑」などのほか、「伊藤痴遊全集」（正18巻・続12巻、平凡社）がある。　[家]女婿＝伊藤痴遊（2代目）

伊藤 忠吉（2代目）　いとう・ちゆうきち
杜氏 寒地醸造法を開発して東北地方に銘酒を育てる
明治10年（1877年）3月10日～昭和28年（1953年）11月19日
[出]秋田県雄勝郡雄勝町（湯沢市）　[名]旧姓・旧名＝戸沢隆三　[歴]明治34年24歳の時に銘酒・両関の本舗主人9代目伊藤仁右衛門の妹を娶って婿養子となり、2代目伊藤忠吉を名のる。41年上京して醸造理論を学び、2年後に帰郷。義兄の下で醸造責任者を務め、秋田の軟水に合った、低温でじっくりと発酵させる寒地醸造法を開発。大正2年同醸造法で造られた清酒が全国清酒品評会で優等賞を受賞するなど高い評価を得、灘の“男酒”に対して“女酒”と呼ばれる秋田酒を生み出した。11年秋田県内の造り酒屋が出資して銘酒・爛漫で知られる秋田銘醸が設立されると専務を務め、昭和14年社長に就任。寒地醸造法を東北一帯の酒造家に快く伝授し、今日の東北の銘酒隆盛の基礎を築いた。また秋田営林局と提携して秋田杉を清酒用の樽に用いて、その風味を高めたことでも知られる。　[家]義兄＝伊藤仁右衛門（9代目）

伊東 忠太　いとう・ちゆうた
建築史家 建築家 東京帝国大学名誉教授
慶応3年（1867年）10月26日～昭和29年（1954年）4月7日
[生]出羽国米沢（山形県米沢市）　[名]号＝紅雲　[学]帝国大学工科大学造家学科〔明治25年〕卒 工学博士（東京帝国大学）〔明治34年〕　[賞]帝国学士院会員〔大正14年〕、帝国芸術院会員〔昭和12年〕　[歴]明治26年東京美術学校講師、30年東京帝国大学工科大学講師、31年造神宮技師兼内務技師、32年東京帝大工科大学助教授。35～37年中国、インド、トルコの建築史関係遺跡を踏査、中国・雲岡石窟を世界に紹介した。帰国後の38年東京帝大教授に就任、名誉教授。3～13年早稲田大学教授も務めた。この間、明治26年「法隆寺建築論」を書き、法隆寺を現存最古の木造建築として建築史上に初めて位置づけた。その後、各時代の建築を研究し日本建築史体系樹立に成功した。また造家学を建築学に改称することを提唱、30年造家学会は建築学会と改められた。一方、29年には古社寺保存会委員となり、古建築の保存にも尽力した。建築家としては代表作に「平安神宮」「明治神宮神殿」「大倉集古館」「震災記念堂」「築地本願寺本堂」などがある。学士院会員、芸術院会員として長く建築界の重鎮であり、昭和18年には建築界から初めて文化勲章を受章した。著書に「伊東忠太建築文献」（全6巻）「法隆寺」「北京紫禁城の建築」「支那建築装飾」（全5巻）「日本建築の美」「伊東忠太見聞野帖─清国」、時事漫画集「阿修羅帖」（全5巻）、「伊東忠太著作集」（全11巻、原書房）などがある。　[家]二男＝伊東祐信（編集者）、父＝伊東祐順（陸軍一等軍医）、兄＝伊東祐彦（小児科学者）、弟＝村井三雄蔵（山形交通創業者）、祖父＝伊東昇廸（蘭方医）、叔父＝

平田東助（政治家・伯爵）　[勲]文化勲章〔昭和18年〕　[賞]文化功労者〔昭和26年〕

伊藤 忠兵衛（2代目）　いとう・ちゆうべえ
実業家 伊藤忠商事創業者
明治19年（1886年）6月12日～昭和48年（1973年）5月29日
[生]滋賀県犬上郡豊郷村（豊郷町）　[名]旧姓・旧名＝伊藤精一、雅号＝疇坪　[学]八幡商〔明治37年〕卒　[歴]初代伊藤忠兵衛の二男で、兄が早世したため事実上の跡取り息子として育つ。八幡商業在学中の明治36年に父が亡くなり、18歳で2代目忠兵衛を襲名。37年同校を卒業して家業の綿糸卸商・伊藤本店に入社。42年から欧米に留学し、45年帰国すると外遊中に焼失した本店の再建に尽力。大正3年合名会社化して代表社員となり本店を主管。7年株式会社に改組し、呉服・ラシャ・洋反物販売と京都の染工場を運営する伊藤忠商店株式会社（9年丸紅商店に改称）と綿糸布の販売と輸出入を行う伊藤忠商事株式会社を創立。第一次大戦後の不況で経営危機に陥るが、近江商人らしい商機を見るに敏な経営センスと徹底した合理化で持ち直し、伊藤忠商事・丸紅を有力な総合商社へと発展させた。昭和4年には呉羽紡績を創業し、戦時中には国策によって傍系関係の会社を取り込んで東洋紡に次ぐ規模の紡績会社に成長させた。12年義弟・伊藤忠三の死去により丸紅会長に就任。14年伊藤忠商事会長も兼ねた。16年伊藤忠・丸紅・岸本商店を統合して三興株式会社を創立、19年には三興・呉羽紡績・大同貿易を合併して大建産業株式会社を設立したが、戦後の24年過度経済力集中排除法により製造部門と商事部門の分割を余儀なくされ、同年丸紅、伊藤忠商事、尼崎製鉄所、呉羽紡績の4社に再編された。自身も敗戦とともにすべての役職を辞任し、22年公職追放。また、大正年間から財団法人カナモジ会に参加し、のち会長として、カナ文字、横書きの普及に努めた。俳句もよくし、青木月斗、原石鼎に師事。句集に「芦の芽」がある。　[家]父＝伊藤忠兵衛（1代目）、長男＝伊藤恭一（呉羽紡績社長）、孫＝河野武子、義兄＝伊藤忠三（丸紅会長）　[勲]紺綬褒章〔大正8年〕

伊藤 長四郎　いとう・ちようしろう
吟詠家 一誠流詩歌吟詠宗家
明治34年（1901年）5月30日～昭和49年（1974年）2月8日
[生]東京都　[名]号＝一誠、岳英　[歴]吉村岳城に薩摩琵琶を学んだ後、詩吟に転じる。一誠流詩歌吟詠宗家となり、短歌朗詠の端緒を開いた。昭和16年12月8日、太平洋戦争開戦の夜にラジオで「御民われ」の朗詠放送を行った。

伊藤 長蔵　いとう・ちようぞう
出版人 貿易商 ぐろりあそさえて創立者
明治20年（1887年）～昭和25年（1950年）
[生]兵庫県　[学]神戸高等商業学校卒　[歴]貿易業を営む傍ら、出版人として活躍。大正10年日本人による初のゴルフ雑誌「阪神ゴルフ」を神戸で創刊（のち「ゴルフドム」と改題）。14年渡英し、英米のゴルフの文献から抜粋した資料を「ゴルファーズ・トレジャーズ」と名付けてロンドンの出版社から出版。わずか1000部の出版で、発行後は版権侵害訴訟などで打撃を受けるが、日本人が海外で出版した唯一のゴルフ書として名を残した。昭和2年愛書家団体・書店・ぐろりあそさえてを創立、同年11月雑誌「書物の趣味」を創刊した（7冊で休刊）。さらに寿岳文章「ヰルヤム・ブレイク書誌」や保田与重郎「民族と文芸」などを刊行した。

伊藤 貞助　いとう・ていすけ
劇作家
明治34年（1901年）9月30日～昭和22年（1947年）3月7日
[生]茨城県笠間町　[名]筆名＝佐分武　[学]東洋大学文学科卒　[歴]東洋大卒業後、博文館に入社。在学中から劇作を志し、昭和

いとう　　　　　　　　　　　　　　昭和人物事典 戦前期

2年労芸に参加し「文芸戦線」などに作品を発表。5年労芸を脱退し、ナップに参加。12年長塚節の「土」を脚本し、新築地劇団で上演。13年から15年にかけて、共産党再建の嫌疑で2度検挙される。戦争末期「高原農業」「日本の河童」を発表。戦後は俳優座文芸部員として活躍し、29年「常盤炭田」を発表。「伊藤貞助一幕劇集」がある。　　　家従兄＝長塚節（歌人・小説家）

伊藤 道海　　いとう・どうかい
僧侶　曹洞宗管長　総持寺貫首
明治7年（1874年）5月18日〜昭和15年（1940年）7月16日
生新潟県　名勅賜号＝無辺光照禅師、号＝天祐　学曹洞宗大学林〔明治37年〕卒　歴明治15年新潟県の広大寺横木卍元に師事して得度、26年能登の総持寺僧堂に掛錫し、杉本道山に師事、28年卍元に嗣法。37年曹洞宗大学林卒業、同年7月山形県宝鏡寺住職となり、44年11月大本山が横浜に移転し、初代副寺。大正10年副院となり、同年山梨県大泉寺に転住、14年6月本山院長となった。寺務を執り、横浜少年保護会館、鶴見社会館、鶴見光華女学校を建設した。昭和3年3月最乗寺住職、同年9月本山顧問、10年3月曹洞宗管長に就任、4月新宗憲執行最初の管長職につき、5月大本山総持寺貫主に就任した。「峨山禅師行実」「常済大師御伝記」「禅の人間学」などの編著がある。

伊東 陶山（2代目）　　いとう・とうざん
陶芸家
明治4年（1871年）〜昭和12年（1937年）9月7日
生滋賀県膳所　名旧姓・旧名＝本多、号＝小陶、陶山　専膳所焼　歴初め日本画を志すが、20歳頃に初代伊東陶山に師事し、作陶を始める。のち陶山の養子となる。大正7年山科に開窯、8年膳所焼を復興し、9年初代没後、2代目陶山を襲名。13年京都美術工芸会設立に参加。昭和3年帝展推薦となり、第12回・14回帝展審査員。画才を発揮した色絵陶器で知られる。　家養父＝伊東陶山（1代目）、長男＝伊東陶山（3代目）

伊藤 智子　　いとう・としこ
女優
明治28年（1895年）4月1日〜昭和49年（1974年）1月17日
出東京府豊多摩郡渋谷町（東京都渋谷区）　名本名＝田村智子　学跡見女学校卒　歴大正2年、のちに陸軍中将となる本間雅晴と結婚。夫のロンドン駐在中、小山内薫に望まれ「タンタジールの死」で初舞台。10年離婚、昭和2年村山知義の心座に参加、新橋演舞場「子供達の悲劇」、3年築地小劇場「第一の声」「魍魎」で市川団次郎らと共演。8年花柳章太郎らの新劇座、のち伊藤喜朔らの美術座、村山の新協劇団などに参加、「復活」「椿姫」に出演。10年PCL（写真化学研究所）契約俳優として入り、「坊っちゃん」「妻と薔薇のやうに」に好演。PCLが東宝になり13年「将軍の孫」、14年「新編丹下左膳」などに助演。15年専属。戦後ラジオドラマ「向う三軒両隣」で茶の間に顔を出した。

伊東 延吉　　いとう・のぶきち
文部次官
明治24年（1891年）5月1日〜昭和19年（1944年）2月7日
出愛知県　学一高卒、東京帝国大学法科大学法律学科〔大正5年〕卒　歴昭和4年文部省学生部長、9年思想局長、11年専門学務局長兼思想局長を経て、12年文部次官。13年退官後は、16年国民精神文化研究所所長、18年教学錬成所長。　家岳父＝馬淵鋭太郎（京都府知事）

伊藤 述史　　いとう・のぶふみ
外交官　内閣情報局総裁
明治18年（1885年）8月19日〜昭和35年（1960年）4月3日

生愛媛県　名号＝無川　学東京高等商業学校（現・一橋大学）〔明治42年〕卒　法学博士　歴明治42年外務省に入り、昭和2年国際連盟帝国事務局次長。満州事変勃発の6年、日本政府代表代理として活躍。8年2月の国連総会で、日本軍の満州撤退勧告案が42対1で可決され、松岡洋右首席代表らとともに退場、帰国。連盟脱退の陰の立役者となる。ポーランド公使の後、14年有田外相に求められ日独伊3国同盟推進派の大島浩駐独、白鳥敏夫駐伊両大使の説得工作に当たる。15年第二次近衛文麿内閣の初代内閣情報局総裁。20年勅選貴族院議員。21〜26年公職追放。

伊藤 昇　　いとう・のぼる
作曲家
明治36年（1903年）1月31日〜平成5年（1993年）2月7日
生長野県　名別名＝奥良介　学アテネ・フランセ〔昭和5年〕卒　歴大正8年横須賀海兵団・海軍軍楽隊に入隊し、3年後に退団。11〜12年浅草帝国館の松竹管弦楽団（島田晴譽・楽長）のトロンボーン奏者を務める。14年から山田耕筰指揮の日本交響楽団員となり、作曲を山田に師事した。のち新交響楽団、コロナ・オーケストラに参加。昭和8年からPCL管弦楽団の映画音楽監督、11年から東宝映画の専属作曲家として「妻と薔薇のように」「桃中軒雲右衛門」など数多くの映画音楽を作曲する。一方、9年清瀬保二・太田忠らと「新音楽派」グループを結成。ピアノ曲「黄昏の単調」、歌曲「題の無い歌」、「戦線」や、無調・ポリリズムなどを混用した室内管弦楽曲「コンポジション」など、当時としては大胆な新しい語法による実験的な作品を作曲した。ほかの作曲に「アラスカの伝説による舞踊組曲《太陽を借りる》」など、また著書に「ヴィラ・ロボス」がある。

伊藤 柏台　　いとう・はくだい
日本画家
明治29年（1896年）1月6日〜昭和7年（1932年）3月7日
生京都府京都市　名本名＝伊藤新太郎　学京都市立美術工芸学校〔大正3年〕卒、京都市立絵画専門学校〔大正8年〕卒　歴京都で菓子屋を営む家に生まれる。京都市立美術工芸学校を卒業後、京都市立絵画専門学校に進み、在学中から密栗会などに参加。大正8年の国画創作協会第2回展に出品した「松並木」が選外となるも、同協会展への出品を続け、11年第4回展の「冬の日」、15年第5回展の「黄檗付近にて」が入選し、同協会会友となった。昭和3年の同協会解散後は同志と新樹社を結成し、定期展を中心に画作を行うが、6年会員の脱退が相次ぎ同社は解散。同年京都で素描による個展を開いたが、7年京都の自宅で急逝。線描的な風景画には定評があり、その他の作品に「松原庵」「武蔵野ニテ」などがある。また俳句もよくし、前衛俳人の塩谷鵜平と交遊した。

伊東 阪二　　いとう・はんに
作家　日本国民社創業者
明治31年（1898年）8月25日〜昭和44年（1969年）
生三重県鈴鹿郡加太村（亀山市）　名本名＝松尾正直　歴大正6年本名の松尾正直名義で「苦学十年」を出して作家デビュー。続けて「独逸伯林城下の誓い」「熱血宰相ケレンスキー」「苦学実験物語」などを出すが行き詰まり、名古屋に戻った。14年懲役刑を受けて下獄したが、15年病気を理由に保釈されそのまま逃亡。同年上京の際に“伊東阪二”を名のった。この名前は「故郷である伊勢の“伊”と、少年時代から青年時代を過ごした東京の“東”と、今後も活躍の舞台にしようとし、また従来とも関係の深かった大阪の“阪”と、それから私が再び世に出るため、つまり第二の松尾正直の更生を記念するための“二”」に由来する。昭和6年金解禁・再禁止を背景にした相場で50万円という巨額の利益を得、陸軍に1万円を献じて一躍その名を知られた。7年日本国民社を創業して総合雑誌「日本国

民」を創刊、また国民新聞を買収して大々的に出版・新聞業界に進出したが、相場で大敗を喫して半年も経たずに撤退を余儀なくされた。その後、新東洋主義を唱えて各地を遊説し、川島芳子と浮き名を流したが、10年詐欺容疑で逮捕され、以後断続的に獄中生活を送った。戦後も巨額の詐欺事件で逮捕され、"昭和の天一坊"といわれた。

井藤 半弥　いとう・はんや

経済学者 東京商科大学教授

明治27年（1894年）9月14日～昭和49年（1974年）2月6日

生京都府京都市 学東京高等商業学校（現・一橋大学）貿易科卒 経済学博士〔昭和10年〕 賞日本学士院会員 歴東京商科大学助手、欧米留学後、大正15年助教授、昭和8年教授となった。大学名が一橋大学と改められ、経済学部長から学長となった。退任後、名誉教授。日本学士院会員。15年日本財政学会創立に尽力した。経済学の一分肢として財政学の理論的確立に努力、研究は社会政策論に及んだ。著書に「租税原則学説の構造と生成」「国家財政概論」「戦後財政講話」「社会政策総論」「財政学」「租税論」などがある。

伊藤 正徳　いとう・まさのり

ジャーナリスト 軍事評論家

明治22年（1887年）10月18日～昭和37年（1962年）4月21日

生茨城県水戸市 学慶応義塾大学理財科〔大正2年〕卒 歴大正2年時事新報社に入り、海軍省詰めとなり、第一次大戦でロンドン特派員。大正10年のワシントン軍縮会議に特派され、同僚の後藤武男に協力し、「日英同盟の廃棄と日英米仏の四国協定」を正式発表の1週間前にスクープ、世界的な反響を巻き起こした。昭和3年編集局長。同社解散後、中部日本新聞主筆、ジャパンタイムス取締役などを歴任。17から18年にかけ中央公論に「世界海戦史考」を連載。戦後は20年に発足した共同通信社初代理事長。21年日本新聞協会初代理事長。25年復刊した時事新報社に迎えられ社長。30年同社が産業経済新聞に合併され論説主幹。

伊東 政喜　いとう・まさよし

陸軍中将

明治14年（1881年）9月7日～昭和34年（1959年）12月13日

出大分県 学陸士〔第14期〕〔昭和35年〕卒、陸大〔大正1年〕卒 歴明治36年陸軍少尉に任官。大正13年軍務局砲兵課長、15年兵務課長、昭和2年近衛野砲連隊長、3年砲兵監部員、5年野重一旅団長、6年野砲校教育部長、8年同校長を経て、9年中将に昇進し、砲兵監。11年第三師団長。12年8月予備役に編入されたが、9月動員され、第百一師団長として復帰。予備・後備役の兵隊2万余からなる同師団を率いて日中戦争に参加したが、13年9月戦傷を負い、14年召集解除となった。平成19年日中戦争中の日誌が「第百一師団長日誌」として刊行された。

伊藤 松雄　いとう・まつお

劇作家 小説家 演出家

明治28年（1895年）1月13日～昭和22年（1947年）8月5日

生長野県諏訪郡 学早稲田大学英文科卒 歴大正2年有楽座に籍をおいて作者兼演出を担当した。このほか国民座、新文芸協会、舞台協会で新劇の演出に当たり、また民衆のための平民演劇論を試みた。15年郷土上諏訪町で「村の劇場・町の劇場」を主宰、郷土劇運動に力を入れた。昭和4年に再上京、日本蓄音機の文芸顧問となり、新民謡を次々創作した。その間、児童読物、伝記、大衆読物など著作は多く、戯曲集「郷土戯曲危急」「想思草」、シナリオ集「忘れな草」、また翻訳脚本「カラマゾフ兄弟」「夜」などがある。

伊藤 道郎　いとう・みちお

舞踊家

明治26年（1893年）4月14日～昭和36年（1961年）11月6日

生東京市神田区（東京都千代田区）学慶応義塾普通部卒 歴三浦環に声楽を学び、オペラ歌手を志して明治45年パリに留学。ベルリンでイサドラ・ダンカンの舞台に感動、舞踊家に転身し、ドレスデン郊外のダルクローズのリズム体操学校に学ぶ。その後、英国、米国でダンサーとして活躍する一方、ニューヨークとハリウッドにミチオ・イトウ芸術舞踊学校を開設、多くの門下を養成した。昭和6年帰国後、伊藤道郎舞踊研究所を設立し、舞踊だけでなく、新劇の演出、ファッション・モデルの養成など多方面に活躍した。亡後の47年には「ダンスマガジン」誌で"世界の十大ダンサー"に選ばれた。家父＝伊藤為吉（建築家）、弟＝伊藤祐司（舞台衣装家）、伊藤熹朔（舞台美術家）、千田是也（俳優・演出家）、伊藤翁介（作曲家）、長男＝ジェリー伊藤（ジャズ歌手）

伊藤 庸二　いとう・ようじ

海軍技術大佐 光電製作所社長

明治34年（1901年）3月5日～昭和30年（1955年）5月9日

出千葉県 専電気工学 学一高卒、東京帝国大学工学部電気工学科〔大正13年〕卒 工学博士〔昭和11年〕 歴大正13年海軍造兵中尉に任官。15年～昭和4年ドイツのドレスデン工科大学電気工学科へ留学。17年海軍技術大佐。海軍のレーダー研究の中心人物として知られる。戦後は光電製作所社長、中央大学教授、日本電子光学会会長を歴任、無線方位測定機、電子顕微鏡などの研究に従事した。

伊藤 律　いとう・りつ

社会運動家 日本共産党政治局員

大正2年（1913年）6月27日～平成1年（1989年）8月7日

生広島県 出岐阜県土岐郡市原（瑞浪市）名幼名＝恵一 学一高〔昭和7年〕中退 歴一高在学中、共産青年同盟に入り放校処分。昭和8年3月日本共産党に入党、5月検挙。10年保釈となり全農書記局を経て、14年南満州鉄道（満鉄）東京支社調査室嘱託となり、尾崎秀実に重用される。同年11月商大グループに関連して検挙され、15年6月拷問を受け自供、ゾルゲ事件の発端となった情報を特高にあたえたといわれる。17年12月一審判決があったが上告、18年11月再審判決で懲役3年未決通算260日となり、東京拘置所に服役。敗戦後20年8月26日に仮出獄。21年共産党に再入党し、中央委員、47年政治局員、23年書記局員となり徳田球一の下でナンバー2の実力者として共産党再建に従事。25年連合国軍総司令部（GHQ）公職追放で地下に潜行し、火炎瓶闘争などを指導。この間死亡説、米国亡命説など諸説が流れたが、実際は26年秋中国に密航し、徳田らの北京機関に合流していた。ここで日本向けの地下放送・自由日本放送の指導に当たった。28年スパイ活動の疑いで共産党除名、一時北京で監禁状態に置かれた。30年以後消息不明となって死亡説が定着していたが、55年8月北京で生存確認、同年9月30年ぶりに帰国した。昭和史の裏面を知る生き証人として、ゾルゲ事件の真相や戦後の共産党の武闘路線などについての証言が期待されたが、沈黙を守った。平成5年中国での獄中生活やゾルゲ事件について書かれた遺稿が発見される。12年「生還者の証言 伊藤律書簡集」が刊行された。

伊藤 龍涯　いとう・りゅうがい

日本画家

明治13年（1880年）9月15日～昭和35年（1960年）7月31日

生東京府八丁堀（東京都中央区）名本名＝伊藤繁延 学日本美術学校日本画科選科〔明治36年〕卒 歴寺崎広業に師事。明治33年日本絵画協会と日本美術院の第8回連合絵画共進会に入選。以後、一等褒状、二等褒状を受け、美術研精会委員、二葉会会員、日本美術協会委員を務める。大正6年第11回文展に「花筐」で初入選。14年第6回帝展に「方丈記」で入選。以後、帝展で入選を重ねる。昭和11年秋の文展鑑査展に「道元禅師」

で入選。歴史人物画に多く取り組んだ。他の作品に「高倉宮」「秋景山水」「狭穂皇后（佐保姫）」「淀君」「理趣妙諦」などがある。

い

糸川 欽也　いとかわ・きんや

日本学生軟式庭球連盟初代会長
生年不詳～昭和54年（1979年）6月11日
生和歌山県　学金沢医学専門学校卒　歴昭和8年日本学生軟式庭球連盟を創設し初代会長となる。戦時中は、文部省学徒体育振興会専門委員としても活躍した。慶応義塾大学医学部講師、日本軟式庭球連盟会長も務めた。

絲原 武太郎　いとはら・ぶたろう

実業家　山陰合同銀行会長　貴族院議員（多額納税）
明治12年（1879年）11月21日～昭和41年（1966年）9月4日
生島根県出雲郡原鹿村（斐川町）　名旧姓・旧名＝江角徳次郎　学高等商業学校（現・一橋大学）中退　歴明治34年地元の鉄師絲原武太郎の養子となり、44年家督を相続、武太郎を襲名し13代目当主となる。家業の製鉄業は大正11年に廃業し、以後農事改良と製炭業に着目、“仁多郡農会米”と“島根木炭”の声価を高めた。また島根県の多額納税者で貴族院議員に2回互選された（大正14年～昭和14年）。昭和の初めから松江銀行頭取となり、16年日本銀行松江支店の斡旋で米子銀行と対等合併、山陰合同銀行を新設。また県内の2つの銀行を合併、島根県の1県1行主義を完成させ、新銀行の取締役として活躍した。34年から会長となり、県内諸会社の役員も兼務した。大正3年簸上鉄道を設立し社長に就任、昭和9年まで務める。

伊奈 信男　いな・のぶお

写真評論家
明治31年（1898年）3月31日～昭和53年（1978年）10月7日
生愛媛県松山市　学東京帝国大学文学部美学美術史科［大正11年］卒　歴東京帝国大学副手や日大、聖心女子学院、東京高等師範学校の講師などを歴任。この間、昭和7年創刊の写真誌「光画」に木村伊兵衛らと参加、創刊号に「写真に帰れ」のエッセーを寄せた。8年名取洋之助らと日本工房の創設に参加、9年分裂後は中央工房に加わり、展覧会企画や写真の評論活動をつづけた。10年から15年まで外務省文化事業部嘱託。戦争中は情報局に務めた。戦後は写真評論に専心、写真関係のエッセーを多く発表、Reportage Photoを“報道写真”と訳すなど近代写真の新しい方向づけに貢献した。

稲垣 清　いながき・きよし

海軍兵曹長　真珠湾攻撃の“九軍神”
大正4年（1915年）～昭和16年（1941年）12月8日
生三重県一志郡川合村（津市）　歴昭和9年呉海兵団に入団。海軍水雷学校高等科を優秀な成績で終えた後、真珠湾攻撃に参加する特別攻撃隊隊員に指名される。16年12月8日未明の真珠湾攻撃の際、酒巻和男海軍少尉と二人乗りの特殊潜航艇「甲標的」に乗り込んだが、出撃当初からジャイロコンパスが故障しており、何度も突入に失敗。最後の突入に失敗して海に飛び込み、命を落とした。同時に戦死した岩佐直治大尉ら8人と“九軍神”とされ、戦意高揚のため喧伝された。同乗していた酒巻少尉は米軍に救助され、日本人捕虜第1号となった。

稲垣 浩　いながき・ひろし

映画監督
明治38年（1905年）12月30日～昭和55年（1980年）5月21日
生東京市本郷区（東京都文京区）　名本名＝稲垣浩二郎、俳優名＝東明浩、共同筆名＝梶原金八、筆名＝藤木弓　歴父は新派俳優・東明二郎。母の病気のため小学校を1年でやめ、7歳から東明浩の芸名で子役として舞台に立つ。大正11年日活向島撮影所に俳優として入社。12年溝口健二監督の「夜」などで

銀幕での親子共演を果たすが、やがて監督を志すようになり、伊藤大輔、衣笠貞之助の助監督を経て、昭和3年「天下太平記」で監督デビュー。以後、「放浪三昧」「源氏小僧」「絵本武者修行」「元禄十三年」といった片岡千恵蔵主演の明朗な時代劇を多数手がけ、伊丹万作とともに千恵蔵プロの二本柱と呼ばれた。また長谷川伸原作の「瞼の母」「一本刀土俵入り」、子母沢寛原作の「弥太郎笠」などの股旅物も好評を博す。9年には三村伸太郎、山中貞雄、滝沢英輔、八尋不二ら京都の鳴滝に住んでいた若手映画人らと映画会社の垣根を超えた脚本執筆集団を結成し、“梶原金八”の合同筆名で山中監督「百万両の壺」「河内山宗俊」、滝沢監督「太閤記」「宮本武蔵」のシナリオを執筆。その後は10年山中と共同監督した「関の弥太っぺ」、中里介山原作の「大菩薩峠」、11年前進座主演の「股旅千一夜」、16年「海を渡る祭礼」などといった時代劇の大作や話題作を製作。阪東妻三郎を主演に迎え、病床の伊丹が脚本を担当した18年の「無法松の一生」は戦前の日本映画を代表する名作といわれるが、人力車夫・無法松が軍人の未亡人に愛を告白するという場面が時局に合わないとして、検閲でカットされた。戦後は、31年三船敏郎主演の「宮本武蔵 第一部」が米国のアカデミー賞外国映画賞を受賞、33年には自作「無法松の一生」を戦時中にカットされた箇所を元に戻して再度映画化し、ベネチア国際映画祭グランプリに選ばれた。　家父＝東明二郎（俳優）　賞アカデミー賞外国映画賞〔昭和31年〕「宮本武蔵」、ベネチア国際映画祭グランプリ〔昭和33年〕「無法松の一生」

稲木 東千里　いなき・ひがしせんり

木工芸家
明治25年（1892年）2月22日～昭和54年（1979年）6月5日
生静岡県　名本名＝稲木千代作、旧号＝春千里　歴父に木工を習い、大正3年上京して星野克斎に師事。独立後日本美術協会賞を受賞、脚光を浴びた。正木直彦東京美術学校長の知遇を得て、14年美校聴講生となった。昭和3年昭和天皇即位大典に献上の桑材調度を制作。5年帝展初入選以来、帝展、新文展に、戦後も日展、日本伝統工芸展に出品。木材についての博識、江戸指物や唐木指物の伝統的な卓越した技術、秀逸な意匠など、江戸指物最後の名人といわれた。　賞日本美術協会賞〔大正6年〕、帝展入選〔昭和5年〕、帝展特選〔昭和6年〕「鋲装筥」、帝展推奨〔昭和11年〕「細線文象嵌桑製箱」

稲毛 金七　いなげ・きんしち

教育学者　評論家　早稲田大学教授
明治20年（1887年）6月5日～昭和21年（1946年）3月14日
生山形県　名号＝稲毛詛風　学早稲田大学哲学科〔明治45年〕卒　文学博士〔昭和16年〕　歴苦学して早稲田大学を卒業し、卒業後は雑誌「創造」を主宰する傍ら、哲学、教育関係の書物を刊行。大正13年、教育学研究のためドイツに留学し、昭和2年から早大で講じ、6年教授に就任、16年文学博士となる。著書に大正元年刊行の「若き教育者の自覚と告白」をはじめ、「オイケンの哲学」「生の創造と教育」などがある。

稲塚 権次郎　いなづか・ごんじろう

育種家
明治30年（1897年）2月24日～昭和63年（1988年）12月7日
生富山県東砺波郡莇谷村（南砺市）　学富山県立農学校卒，東京帝国大学農科大学農学実科［大正7年］卒　歴富山県立農学校を首席で卒業。東京帝国大学農科大学では育種学を学び、外山亀太郎の下でカイコの遺伝研究に従事した。大正7年農商務省農事試験場に入って品種改良の先駆となり、水稲の「農林1号」を生み出す。これがのち「コシヒカリ」「ササニシキ」などの母胎となった。大正末期からはコムギの品種改良に取り組み、昭和4年コムギの「農林1号」を誕生させ、10年には半矮性遺伝子を持つコムギである「農林10号」を作出。稲塚が

昭和人物事典 戦前期 いなは

自ら"背が低くて、頑丈で、骨太で、まるで日本の農民のようだ"と評したこのコムギは、他のコムギに比べて背が低く、生長が早い上に寒さに強いという特徴を持ち、品質も良かったが、やや病害に弱い点があり普及しなかった。戦後、連合国軍総司令部（GHQ）農業顧問として来日していた米国人農学者のS.C.サーモンによって米国に持ち帰られると、品種改良に用いられるようになり、31年農学者ノーマン・ボーローグの手により「農林10号」を母胎とした「ソラノ種」などの多収性品種が生み出された。これらの多収性品種は世界各地の在来品種に比べて格段の高収量を得られ、飢餓に苦しんでいた多くの人々を救うこととなり、"緑の革命"と呼ばれた。45年この功績からボーローグはノーベル平和賞を受賞。56年ボーローグは稲塚の元を訪ね、謝意を表した。

稲田 吾山　いなだ・ござん
日本画家
明治13年（1880年）1月3日～昭和13年（1938年）7月15日
⬚生山形県米沢市　⬚歴14歳で上京し、寺崎広業に師事。のち広業門下の四天王の一人といわれた。

稲田 三之助　いなだ・さんのすけ
電気工学者 通信省工務局長 早稲田大学理工学部教授
明治9年（1876年）5月2日～昭和27年（1952年）2月18日
⬚生愛知県名古屋市　⬚専通信工学　⬚学東京帝国大学工科大学電気工学科卒　⬚歴通信省に入り、英米仏独に留学、各国の電信事業を研究して帰国、大正8年同省通信局工務課長、14年～昭和7年初代工務局長。この間、明治39年東京―小笠原間の海底電線敷設を完成、米国側小笠原―グアム線と接続、太平洋横断線を貫通させた。大正4年には長崎～上海間、13年佐世保～青島間の海底線の工事主任として敷設を指揮。10年福島県磐城無線送信所、東京～岡山間長距離ケーブルが完成。12年関東大震災後の通信線復興に尽力、東京に初の自動交換方式を採用した。また14年早稲田大学理工学部に電気通信専門学科が創設されて以来教授を務め、昭和21年まで在任。日本放送協会創設にも貢献、内外無線網の充実に大きく貢献した。他に大正10年電信電話学会会長などを務めた。　⬚家兄＝稲田龍吉（内科学者・細菌学者）　⬚賞電気通信学会功績賞（第4回）〔昭和14年〕、毎日通信賞・印刷賞・写真賞通信功労賞（第3回）〔昭和16年〕

稲田 周一　いなだ・しゅういち
滋賀県知事
明治35年（1902年）2月26日～昭和48年（1973年）2月5日
⬚生東京都　⬚学東京帝国大学法学部独法科〔大正14年〕卒　⬚歴尾崎秀実とは一高、東京帝国大学法学部の学友。大正15年高文合格。昭和6年内閣書記官となり、二・二六事件では舞台裏で活躍。内閣官房総務課長の時、ゾルゲ事件が起こる。終戦時は滋賀県知事。その後、宮内省に入り、40～44年侍従長を務めた。　⬚家弟＝稲田清助（文部次官）

稲田 正純　いなだ・まさずみ
陸軍中将
明治29年（1896年）8月27日～昭和61年（1986年）1月24日
⬚歴昭和4年フランス駐在となりフランス陸軍大学に留学。13年参謀本部作戦課長としてノモンハン事件の処理に当たり、太平洋戦争勃発当時は第五軍参謀副長。その後南方を転戦、敗戦時は本土決戦の主戦場に予定された九州地区の第十六方面軍参謀長。21年4月九州帝国大学における捕虜の生体解剖事件と敗戦時の米軍機乗員の捕虜殺害事件の責任を問われ、B級戦犯として巣鴨拘置所に収容、26年釈放。その後電源開発嘱託、日米石油役員など務めた。

稲田 昌植　いなだ・まさたね
農政学者 男爵 東京農業大学教授 貴族院議員
明治23年（1890年）8月～昭和43年（1968年）11月28日
⬚生北海道札幌　⬚学北海道帝国大学農科大学〔大正4年〕卒, 東京帝国大学法科大学〔大正8年〕卒　⬚歴父は農政経済学者の佐藤昌介で、旧阿波徳島藩家老の稲田男爵家を継ぐ。東京外国語学校、東京農大各教授を歴任、昭和14～22年男爵の貴族院議員。この間、全国養蚕連合会会長、全国製粉配給社長、中央食糧営団総裁、全国スキー連盟会長、農史研究所長などを歴任。戦前の植民政策、植民事業を推進。農業問題と植民政策の研究で業績を残した。著書に「婦人農業問題」「農民離村の研究」「植民と農政」「世界農業史論」などがある。　⬚家父＝佐藤昌介（農政経済学者・男爵）

稲田 龍吉　いなだ・りゅうきち
内科学者 細菌学者 東京帝国大学名誉教授
明治7年（1874年）3月18日～昭和25年（1950年）2月27日
⬚生愛知県名古屋市　⬚名号＝天淵　⬚学東京帝国大学医科大学〔明治33年〕卒 医学博士〔明治40年〕　⬚賞帝国学士院会員〔昭和13年〕　⬚歴大学卒業後、青山胤通について内科学を修め、明治35年ドイツに留学、3年間心臓病について研究。38年帰国後、京都帝国大学福岡医科大学教授となり、内科学第一講座を担当。大正4年井戸泰との共同研究で出血性黄疸症（ワイル氏病）の病原体（レプトスピラ, イクテロヘモラジー）を発見して世界的に知られ、またワクチンと治療血清を作ってワイル氏病の予防・治療にも成功した。7年東京帝国大学教授となり、昭和9年定年退官。3年帝国学士院会員。17年日本医療団総裁、18年日本医師会会長兼務。19年文化勲章を受章。また、天淵と号して書を能くした。　⬚家弟＝稲田三之助（電気工学者）　⬚勲勲一等瑞宝章〔昭和19年〕、文化勲章〔昭和19年〕　⬚賞帝国学士院恩賜賞（第6回）〔大正5年〕

稲葉 岩吉　いなば・いわきち
東洋史学者 建国大学教授
明治9年（1876年）12月4日～昭和15年（1940年）5月23日
⬚生新潟県村上　⬚名旧姓・旧名＝小林、号＝君山　⬚学高等商業学校附属外語学校（現・東京外国語大学）支那語部〔明治33年〕卒 文学博士（京都帝国大学）〔昭和7年〕　⬚歴上京遊学の間、内藤湖南に師事、中国近代史、朝鮮史を研究。明治33年北京に留学、北清事変を体験。35～37年大阪商船漢口支店勤務。日露戦争には陸軍通訳として従軍。40年南満州鉄道（満鉄）歴史調査部の「満州歴史地理」編集に参加、45年安東栄男らと朱舜水記念会を組織、「朱舜水全集」を刊行。大正4年から参謀本部、陸軍大学校、山口高等商業学校などで東洋史、中国政治史、社会経済史などを講義した。11年朝鮮総督府朝鮮史編纂委員会委員に転じ、14年朝鮮史編修会の修史官となり、長く修史事業を主宰した。昭和12年満州の建国大学教授となる。その間、7年「光海君時代の満鮮関係」の研究で文学博士、13年「朝鮮史」（全35巻）を完成させた。他の著書に「清朝全史」「支那社会史研究」「近代支那史」「朝鮮文化史研究」「増訂満州発達史」「満州国史通論」「支那近世十講」などがある。

稲葉 円成　いなば・えんじょう
僧侶 真宗専門学校校長
明治14年（1881年）1月21日～昭和25年（1950年）6月21日
⬚生愛知県　⬚名号＝霞洞　⬚専仏教学　⬚学真宗大学（現・大谷大学）本科〔明治37年〕卒　⬚歴愛知県の覚順寺に生まれる。明治21年得度。45年母校である真宗大学（現・大谷大学）教授となり、大正13年学部長、昭和5年学監を歴任。11年講師の称号を与えられた。13年真宗専門学校校長、24年大谷大学名誉教授。25年東海同朋大学初代学長に就任。この間、大正5～15年南条文雄の下で「真宗体系」編纂に携わった他、中国にも留学した。著書に「天台四教儀新釈」「仏陀より人間へ」「聖徳太子」

91

などがある。

稲葉 秀三　いなば・ひでぞう
企画院企画官
明治40年（1907年）4月9日～平成8年（1996年）4月17日
[生]京都府京都市　[学]京都帝国大学哲学科〔昭和6年〕卒, 東京帝国大学経済学科〔昭和9年〕卒　[歴]昭和6年京都帝国大学哲学科を卒業した後、東京帝国大学経済学科に入り直し、経済学を学んだ。12年企画院に入り物資動員計画を策定したが、16年企画院事件に連座し、治安維持法違反の疑いで投獄された。18年仮出所、20年2～9月科学動員公団総務部長。戦後は経済安定本部官房次長や国民経済研究協会理事長、サンケイ新聞社長などを歴任する傍ら、経済評論家として活躍した。

稲葉 正夫　いなば・まさお
陸軍中佐
明治41年（1908年）5月1日～昭和48年（1973年）10月10日
[生]新潟県村上　[学]陸士（第42期）〔昭和5年〕卒, 陸大〔昭和14年〕卒　[歴]昭和15年関東軍参謀、18年1月陸軍軍務局軍事課課員、同年11月陸大教官兼任。19年3月陸軍中佐となり、20年3月大本営参謀。8月のポツダム宣言受諾の際、阿南惟幾陸相名で出された「全軍将兵に告ぐ」の執筆者。戦後、ビルマ国家元首バ・モオを隠したとして戦犯に問われたが釈放された。30年防衛庁に勤務、32年戦史室編纂官となり、「真田穣一郎日誌」「太平洋戦争への道」、現代史資料叢書の「満州事変」「日中戦争」の7冊、「宇垣一成日記」「杉山メモ」など貴重な文書の収集、戦史室所蔵文書の公刊に努めた。

稲葉 昌丸　いなば・まさまる
僧侶 真宗大谷派寺務総長 大谷大学学長
元治2年（1865年）3月4日～昭和19年（1944年）1月29日
[生]大阪府大阪市北区　[専]真宗史　[学]東京帝国大学理科大学動物学科〔明治22年〕卒　[歴]明治22年8月京都府尋常中学校教諭となって校長兼任。26年3月大谷尋常中学校教諭、同年9月第一中学寮教授兼大学寮教授。清沢満之らと本山寺務改革を唱え、30年2月除名され、31年4月処分を解かれ8月真宗京都中学校長となった。大正4年4月からは本山内事局長、寺務総長、昭和3～6年大谷大学学長となり宗政と教学に尽くした。晩年は蓮如上人の研究に打ち込んだ。編著「蓮如上人行実」「蓮如上人遺文」「定本満之文集」（共編）など。

稲畑 勝太郎　いなはた・かつたろう
実業家 稲畑産業創業者 貴族院議員（勅選）
文久2年（1862年）10月30日～昭和24年（1949年）3月29日
[生]京都府　[学]京都府師範学校　[歴]京都で亀屋正重の屋号で菓子舗を営む家の長男。幼少時から神童と謳われ、明治10年京都府師範学校在学中に京都府からフランス留学を命ぜられ、応用化学・純正化学などを学んだ。18年帰国して京都府御用掛となり府の勧業課に勤務して織物・染色関係の業務に従事するとともに、新設の京都染工講習所で講師を務める。20年京都織物会社の創設に参画し、21年技師長。23年同社を辞して京都市上京区に稲畑染料店（現・稲畑産業）を創業、30年稲畑商会本店を大阪に移し、同年稲畑染工場を創立した。38年稲畑商会を合資会社化、大正7年株式会社に改組。昭和12年相談役に退く。18年稲畑産業に社名変更。日本染料製造社長も務め、19年同社が住友化学工業に合併されると、その染料・化学品・医薬品の特約販売店となった。この間、大正6年大阪商業会議所副会頭、11年第10代会頭に選出され、昭和9年まで在職。大正15年より勅選貴族院議員。明治30年にはフランスから映画の父と呼ばれるリュミエール兄弟のフィルム（シネマトグラフ）を初めて日本に持ち帰り、初の試写会を四条河原で開催。日本映画史の最初の1ページを開いたことでも知られる。
[家]長男＝稲畑太郎（稲畑産業社長）, 孫＝稲畑勝雄（稲畑産業社長）, 稲畑武雄（稲畑産業社長）　[勲]レジオン・ド・ヌール勲章〔大正3年〕, 勲三等旭日中綬章〔昭和9年〕

稲村 順三　いなむら・じゅんぞう
農民運動家
明治33年（1900年）9月30日～昭和30年（1955年）2月21日
[生]北海道　[名]本名＝稲村順蔵, 筆名＝村上進　[学]東京帝国大学文学部社会学科中退　[歴]北大予科時代から労働運動に参加、東京帝国大学では新人会で活動、大正15年労働農民党に入党、雑誌「マルクス主義」の編集に従事。無産大衆党、日本大衆党の各書記を務め、昭和2年「労農」同人。7年秋田、新潟で農民運動に従事。12年人民戦線事件に連座。帝国農会嘱託、中央農会副参事も務めた。戦後日本社会党の結成に参加、21年新潟3区、社会党から衆議院選挙に立ち当選、以来当選5回。党農民部長、中執委、機関紙局長、衆議院内閣委員長、28年には左派社会党大会で綱領起草委員長を務めた。著書に「日本における農業恐慌」「転換期の食糧問題」「農産物価格論」などがあり翻訳もある。

稲村 耕雄　いなむら・やすお
化学者 東京工業大学教授
明治41年（1908年）12月21日～昭和42年（1967年）4月24日
[生]東京都　[専]無機化学　[学]東京工業大学〔昭和8年〕卒 理学博士　[歴]母校の東京工業大学講師となり、昭和13～15年フランス政府招聘留学生としてコレージュ・ド・フランスとモンペリエ大学へ留学。18年助教授を経て、教授に昇任。無機化学、錯塩化学、分光化学の研究、色彩学などで知られ、戦時中には「研究と条件」「研究と動員」などを通じて科学動員方法論を説いた。他の著書に「色彩論」「色彩調節」「フランス科学の展望」、訳書にル・シャトリエ「実験科学方法論」、チャコチン「研究と組織」などがある。

稲村 隆一　いなむら・りゅういち
農民運動家
明治31年（1898年）3月7日～平成2年（1990年）11月20日
[生]北海道虻田郡喜茂別村（喜茂別町）　[学]早稲田大学政経学部〔大正12年〕卒　[歴]早大在学中に建設者同盟に参加し、農民運動に入る。その間共産党に入党、さらに大正15年労働農民党に入党し、昭和3年の三・一五事件で検挙される。その後社会大衆党に入り、15年東方会に参加。戦後社会党に入ったが公職追放を受け、30年から44年まで衆議院議員を務める。その間、中越共同印刷社長、日ソ親善協会理事長などを歴任し、51年印刷センター社長に就任。45年勲二等瑞宝章を受章したが、53年笹川良一日本船舶振興会会長の勲一等瑞宝章受章に抗議して返上した。著書に「農民運動の経済的並に政治的基礎」など。

稲森 宗太郎　いなもり・そうたろう
歌人
明治34年（1901年）7月12日～昭和5年（1930年）4月15日
[生]三重県名張町（名張市）　[学]早稲田大学文学部国文学科卒　[歴]第一早稲田高等学院在学中から窪田空穂に師事して作歌をし、大正15年「槻の木」の創刊に参加する。早大卒業後、結核のため昭和5年死去するが、死去したその年、遺歌集「水枕」が刊行された。

乾 南陽　いぬい・なんよう
日本画家
明治3年（1870年）8月13日～昭和15年（1940年）6月29日
[生]高知県土佐郡潮江村　[名]本名＝乾長光　[学]東京美術学校日本画科〔明治30年〕卒　[歴]兄を頼って上京し、東京美術学校で橋本雅邦、山名貫義に師事。在学中の明治29年に日本絵画協会第1回絵画共進会三等褒状を受け、大正5年「内教坊」で

文展初入選し、以後3回連続入選。昭和4年には帝展でも初入選した。代表作に「神風」「五箇条御誓文之図」などがある。

乾 政彦 いぬい・まさひこ

弁護士

明治9年(1876年)11月～昭和26年(1951年)4月29日

生奈良県吉野郡十津川 学東京帝国大学法科大学独法科〔明治33年〕卒 法学博士〔大正3年〕 歴ドイツのボン大学、ケルン大学で民法、商法を研究、明治38年帰国、東京高等商業学校教授となり、東京帝国大学、法政大学でも民法・商法を講じた。大正3年法学博士。4年東京で弁護士を開業し、民事事件を担当、11年から東京弁護士会会長を4期務めた。戦後の昭和21年貴族院議員に選ばれ、憲法審議に参画したが、22年5月新憲法施行によって退任した。著書に「民法総則」「私法涓滴」「法叢虫語」などがある。 家岳父＝大沢岳太郎(解剖学者)、義弟＝高橋信美(千葉医科大学学長)、桜井恒次郎(解剖学者)

犬飼 恭平 いぬかい・きょうへい

洋画家

明治19年(1886年)～昭和29年(1954年)

生岡山県 歴明治33年移民労働者として米国・ハワイに渡る。サンフランシスコに移住後画家を志し、17歳の時マーク・ホプキンス・インスティテュート・オブ・アートに同校史上最年少で入学。39年サンフランシスコ大地震を機にシカゴに移り、43年アート・インスティテュート・オブ・シカゴを卒業。その間米国人女性と結婚。その後ニューヨークを本拠地に米国を代表する肖像画家として活躍し、大正6年フィラデルフィア・アカデミー・オブ・デザインの展覧会に「リフレクション」(東京・国立近代美術館所蔵)を出品したほか、グランド・セントラル・ギャラリーなどで個展を開催。第二次大戦後は写真の普及や絵に対する好みの変化で注文が減り、昭和29年亡くなるまで不遇の生活を送った。その後「ジャヴァニーズ・コート」に魅せられたミヨコ・ウンノ・デイヴィー夫妻によりその足跡調査と作品収集が行われる。 賞メイナード賞〔大正15年〕

犬養 健 いぬかい・たける

小説家 衆議院議員

明治29年(1896年)7月28日～昭和35年(1960年)8月28日

生東京市牛込区馬場下町(東京都新宿区) 学東京帝国大学文科大学哲学科中退 歴犬養毅の長男に生まれる。学習院時代に「白樺」の影響を受け、東京帝国大学在学中の大正6年「一つの時代」を「白樺」に発表。以後「家鴨の出世」「二人兄弟」など多くの小説を発表し、12年「一つの時代」を刊行。以後「南国」「家鴨の出世」「南京六月祭」などを刊行した。昭和5年父の跡を継ぎ、政友会から衆議院議員に当選、以来11期務める。この間、日支事変では汪兆銘の南京政府工作に尽力。16年ゾルゲ事件に関連して起訴されたが無罪となる。戦後は公職追放解除後、進歩党結成に参加し、23年には民主党総裁となる。26年自由党に入り、27年吉田内閣の法相に就任したが、29年の造船疑獄事件で指揮権を発動し、その責任をとって辞任した。他の著書に「揚子江は今も流れている」がある。 家父＝犬養毅(政治家)、長女＝犬養道子(評論家)、長男＝犬養康彦(共同通信社長)、娘＝安藤和津(エッセイスト)

犬養 毅 いぬかい・つよし

首相 衆議院議員 政友会総裁

安政2年(1855年)4月20日～昭和7年(1932年)5月15日

生備中国都窪郡庭瀬(岡山県岡山市) 名号＝犬養木堂 学慶応義塾〔明治13年〕中退 歴父は備中庭瀬藩士。明治8年上京、慶応義塾に学ぶ。15年立憲改進党創立に参加。「郵便報知新聞」「朝野新聞」で活躍し、23年第1回総選挙より18期連続し

て代議士に当選。31年舌禍で辞任した尾崎行雄の後任として第一次大隈内閣の文相として初入閣したが、内閣総辞職のため2週間で退任。憲政党、憲政本党、国民党を経て、大正11年革新倶楽部を結成。12年第二次山本内閣の逓信相兼文相。高橋是清いる政友会、加藤高明率いる憲政会と結んで護憲三派として第二次護憲運動を起こし、超然内閣として成立した清浦内閣を打倒。13年加藤高明内閣が成立すると逓信相。14年革新倶楽部を政友会に合同させ政界を引退するが、間もなく復帰。昭和4年政友会総裁、6年首相となるが、7年五・一五事件で暗殺された。尾崎行雄と並んで"憲政の神様"と称された。 家息子＝犬養健(政治家・小説家)、孫＝犬養道子(評論家)、犬養康彦(共同通信社長) 勲勲一等旭日桐花大綬章〔昭和7年〕

犬塚 勝太郎 いぬづか・かつたろう

貴族院議員(勅選)

慶応4年(1868年)3月4日～昭和24年(1949年)7月2日

生出羽国鶴岡城下鷹匠町(山形県鶴岡市) 学帝国大学法科大学〔明治22年〕卒 歴内務省に入り、明治23年西郷従道内相秘書官、24年長崎県参事官、26年鉄道庁事務官、同年逓信省参事官、29年法制局参事官。鉄道事業視察のため渡欧し、31年帰国、鉄道布設にあたった。32年逓信省鉄道局長、37年青森県知事、同年内務省土木局長、39年渡欧、43年渡米、同年長崎県知事、44年大阪府知事、大正2年逓信次官、のち農商務次官を歴任。大正4年政友会所属の衆議院議員1期を経て、9年～昭和22年勅選貴族院議員を務めた。 家父＝犬塚盛巍(司法官)

犬塚 惟重 いぬづか・これしげ

海軍大佐 ユダヤ人問題研究家

明治23年(1890年)7月11日～昭和40年(1965年)2月19日

生東京都 別別名＝宇都宮希洋 学海兵(第39期)〔明治44年〕卒 歴昭和14年支那方面艦隊司令部付、17年いくしま丸艦長。軍令部第3部勤務の時代にロシア革命がきっかけとなって、ユダヤ人研究をはじめる。第二次大戦前、満州国の開発にユダヤ人資本の協力を頼る計画がたてられ、その遂行のため奔走。昭和14年ナチス・ドイツの対ユダヤ人政策への批判を織りこんだ「ユダヤ問題と日本」を出版。戦局が悪化する中で、常に正面からユダヤ人問題と取り組んだ。のちエチオピア協会理事。57年イスラエルに建てられたヤド・ヴァシェム記念館にユダヤ人を救った証としての遺品が永久展示されることになった。

犬田 卯 いぬた・しげる

小説家 評論家 農民運動家

明治24年(1891年)8月23日～昭和32年(1957年)7月21日

生茨城県稲敷郡牛久村(牛久市) 学相馬高小卒 歴高小卒業後、農業に従事しながら苦学をする。25歳で上京し、大正6年博文館に入社。11年頃から小説や評論を発表し、文学による農民解放をめざし、13年農民文芸研究会を結成。その後身である農民文芸会から昭和2年「農民」を創刊。以後、6年農民自治文化運動連盟、7年農民作家同盟を結成するなど、一貫して農民文学運動を推進した。10年牛久村に退く。主な作品に「土に生れて」「土にひそむ」「土にあえぐ」「土の芸術と土の生活」四連作、「農村」「地方」などがあり、没後の33年に「日本農民文学史」が刊行された。 家妻＝住井すゑ(小説家)、長男＝犬田章(東洋大学教授)、二男＝犬田充(東海大学名誉教授)、二女＝増田れい子(ジャーナリスト)

井沼 清七 いぬま・せいしち

陸上選手

明治40年(1907年)～昭和48年(1973年)10月1日

生青森県北津軽郡中里町(中泊町) 学早稲田大学商学部卒

歴青森県中里町に名望家の四男として生まれる。早稲田大学商学部在学中は陸上短距離の選手として活躍、昭和3年アムステルダム五輪に陸上男子400メートルリレーの第一走者として出場。その後も第9回極東大会などの国際大会に出場、6年弘前市で出した100メートル10秒6の記録は50年に破られるまで青森県記録として残っていた。大学卒業後、松坂屋に入社し、銀座店副支配人、大阪支配人、常務を歴任。のち松栄食品社長。日本陸連常務理事、東京陸協会長なども務めた。　家　兄=井波豊助（実業家）

井野 英一　いの・えいいち

大審院判事　満州国最高法院院長

明治17年（1884年）6月24日～昭和19年（1944年）1月3日

出三重県　学一高卒、東京帝国大学法科大学〔明治41年〕卒　歴大正14年大審院判事を経て、昭和10年満州国の要請により満州国最高法院次長として同国に赴任。14年同院長、17～19年同国参議を務めた。　家弟=井野碩哉（農林次官・衆議院議員）

井野 次郎　いの・じろう

沖縄県知事　宮城県知事

明治10年（1877年）～昭和27年（1952年）

出群馬県　学東京帝国大学卒　歴昭和2年北海道の土木部長などを経て、第22代沖縄県知事となり、不況下の沖縄経済振興に尽力。8年沖縄振興15年計画案を立案、国会を通過させ実施に入ったが、戦時体制のため中途で計画は打ち切られた。10年宮城県知事。

井野 碩哉　いの・ひろや

農林次官　農相　拓務相　衆議院議員

明治24年（1891年）12月12日～昭和55年（1980年）5月19日

生三重県　学一高卒、東京帝国大学法科大学独法科〔大正6年〕卒　歴農商務省に入省。昭和8年農林省蚕糸局長、12年企画庁次長を経て、同年農林次官。13年退官するが、15年再び同次官。16年第二次近衛内閣に農相として入閣、第三次近衛内閣、東条内閣でも留任、18年まで務めた。東条内閣では拓務相も兼務。この間、17年には衆議院議員に当選している。戦後は一時戦犯として収監された後、23年まで公職追放。28年より参議院議員に連続3選、第二次岸内閣では法相を務めた。　家　兄=井野英一（満州国最高法院長）

井上 幾太郎　いのうえ・いくたろう

陸軍大将

明治5年（1872年）1月10日～昭和40年（1965年）5月7日

生山口県　学士官（第4期）卒、陸大卒　歴参謀本部員となり、日清戦争に従軍、ドイツに私費留学後、第三軍参謀となって日露戦争に出征、明治39年参謀本部付となりドイツ駐在、帰国後、参謀本部員（要塞課）、大正4年陸軍省軍事課長、7年交通兵団司令部付、8年航空本部長、第三師団長を経て、15年軍事参議官兼航空本部長となった。昭和2年大将に昇進、8年予備役。12～20年帝国在郷軍人会会長を務めた。

井上 伊之助　いのうえ・いのすけ

キリスト教伝道者

明治15年（1882年）～昭和41年（1966年）6月20日

生高知県　学聖書学院　歴聖書学院で学び、佐倉伝道館、鉄道ミッションで伝道に務めた。明治39年台湾の花蓮港で父が現地人に殺害されたのを機に、台湾の山地伝道を決意した。日本政府は山地伝道を許さないため、出発前医術を学び、蕃地事務嘱託となりカラパイの診療所に入った。マラリアなどに倒れ帰国したが、大正11年種子島の伝道所を経て、台湾新竹の日本聖公会の教会に赴任、医務嘱託として奥地に入り、あらゆる迫害に耐えて伝道に務めた。昭和14年病気のため下山、

台北郊外に診療所を設けて伝道を続けた。しかし22年台湾政府の命令で帰国した。彼は生蕃という呼び方を高砂族に改めるよう主張、昭和初年から一般に普及するようになった。著書に「生蕃記」「蕃社の曙」「台湾山地ência記」などがある。

井上 英三　いのうえ・えいぞう

フランス文学者　翻訳家

明治35年（1902年）10月28日～昭和22年（1947年）10月4日

生大阪府　学早稲田大学仏文科〔昭和2年〕卒　歴早大講師となり、谷崎精二主宰の第三次「早稲田文学」の編集をする。仏文学者として多くの翻訳をし、訳書にエラリー・クイーン「変装の家」やユゴー「ユゴー随見録」などがある。

井上 脩　いのうえ・おさむ

洋画家

明治36年（1903年）10月6日～昭和17年（1942年）5月7日

生広島県　学東京美術学校西洋画科〔昭和5年〕卒　歴東京美術学校西洋画科在学中の3年時に、帝展に初入選。その後、新文展、東光会展に出品。昭和13年東光会会員となった。

井上 織子　いのうえ・おりこ

ソプラノ歌手

明治35年（1902年）5月6日～昭和5年（1930年）8月31日

生長崎県壱岐郡武生水村（壱岐市）　出熊本県上益城郡嘉島町　学尚絅高等女学校〔大正8年〕卒、東京女子音楽学校〔大正11年〕卒、ベルリン国立音楽大学〔大正14年〕卒　歴長崎県壱岐で生まれ、熊本で育つ。大正11年東京女子音楽学校を卒業、同年渡独してベルリン国立音楽大学でワイゼンボルンに師事した。14年日本人として初めて同校を卒業して帰国。以後、ソプラノ歌手としてシューベルトやブラームスらドイツ・ロマン派の歌曲を中心に歌い、「冬の旅」「美しき水車小屋の娘」の曲集を日本で初めて通して歌うなど、第一人者と目された。また、音楽教師としても母校・東京女子音楽学校教授を務めた。昭和5年再びドイツに渡り、オランダ皇帝の御前で歌うなど将来を嘱望されたが、ベルリン郊外で自動車に轢かれ事故死した。

井上 一雄　いのうえ・かずお

漫画家

大正3年（1914年）8月～昭和24年（1949年）5月3日

学伊那中中退　歴伊那中在学中から講談社の雑誌に漫画を投稿。昭和9年「少年倶楽部」への投稿が認められ、13年から同誌に「愉快小僧」を、17年からは「健ちゃんの鍛練」を連載。戦後は「漫画少年」を中心に描きつづけ、23～24年野球漫画「バットくん」を連載し、代表作となった。他に「三毛猫ミケちゃん」「赤グローブ青ミット」「ほがらかハヤちゃん」などがある。

井上 和雄　いのうえ・かずお

浮世絵研究家

明治22年（1889年）6月19日～昭和21年（1946年）6月20日

生鹿児島県　名号=雨石　学皇典講究所〔大正6年〕卒　歴小学校を卒業後、11歳で京都の古書店・山田聖華房に勤務し、古書の世界に親しむ。明治39年頃に宮武外骨の知遇を得、その指導で浮世絵の研究を始める。44年同店を辞して外骨の主宰する大阪雅俗文庫に入り、浮世絵専門誌「此花」の編集を担当。大正3年神職の資格を得るため皇典講究所に入学。5年卒業後は浮世絵研究に専念し、同年上京して「浮世絵」の編集主任に就任。10年には三原繁吉らと共に日本浮世絵協会を設立し、機関誌「浮世絵之研究」の編集兼発行人を務めた。傍ら、明治文化や書誌学・神社の研究も行い、12年外骨や東京帝国大学教授の吉野作造らと図って明治文化研究会を創立、発起人の一人として会誌「新旧時代」の編集に当たった。その

後も「浮世絵新聞」などの編・発行に従事。昭和9年京都幸神社の神職に任命されるが、氏子と対立して間もなく辞職した。13年以降は神奈川県藤沢に住み、地元の人々と藤沢文化協会を運営しながら研究と著述に没頭した。著書に「浮世絵師伝」「書物三見」「宝船集」「慶長以来書買集覧」がある。

井上 嘉都治　いのうえ・かつじ
医化学者 東北帝国大学名誉教授
明治9年（1876年）5月〜昭和19年（1944年）3月15日
生京都府福知山 学東京帝国大学医科大学〔明治34年〕卒 医学博士 歴明治35年京都帝国大学の荒木寅三郎教授に師事、医化学を専攻。36年助教授に就任。44年より文部省外国留学生としてハイデルベルク大学で学ぶ。大正2年帰国し東北帝国大学医学専門部教授。4年新設された同大医科大学の初代医化学教授となり、5年医科大学学長、8〜9年医学部長。昭和13年定年退官し、最初の名誉教授となった。鯨の生化学的研究で有名。

井上 勝純　いのうえ・かつずみ
海軍大佐 子爵 貴族院議員（勅選）
明治17年（1884年）7月1日〜昭和13年（1938年）9月15日
生東京都 名旧姓・旧名＝松浦 学海兵（第34期）〔明治39年〕卒、海大卒 歴鉄道庁長官・子爵井上勝の養嗣子。明治43年襲爵。大正2年横須賀鎮守府付、7年伊勢分隊長、8年フランス駐在、12年軍令部参謀、13年ドイツ大使館付武官、昭和2年「駒橋」艦長、3年「洲崎」艦長、4年「矢矧」艦長、5年「加古」艦長を歴任し、6年大佐で予備役となった。8年勅選貴族院議員となり研究会に所属。 家実父＝松浦詮（肥前平戸藩主）、養父＝井上勝（鉄道技術者・子爵）

井上 吉次郎　いのうえ・きちじろう
新聞人 社会学者 民俗学者 大阪毎日新聞副主筆
明治22年（1889年）4月13日〜昭和51年（1976年）3月4日
生和歌山県 学東京帝国大学文科大学〔大正5年〕卒 文学博士〔昭和34年〕 歴東京日日新聞社に入り、大阪毎日新聞に転勤、調査、学芸、出版、編集部各部長を経て、出版局次長、副主筆となった。次いで新大阪新聞主筆として出向。昭和24年関西大学教授となり、新聞学を講じた。34年文学博士。著書に「社会学」「新聞原理概説」「マスコミュニケーションの諸問題」などがある。

井上 禧之助　いのうえ・きのすけ
地質学者 旅順工科大学総長
明治6年（1873年）12月4日〜昭和22年（1947年）2月19日
生山口県熊毛郡阿月（柳井市） 学帝国大学理科大学地質学科〔明治29年〕卒 歴拓殖技手、台湾総督府技師、農商務省鉱山局技師などを経て、明治40年同省地質調査所の第4代所長となり、大正13年まで在職。また、韓国全道や東部シベリアの地質鉱産調査を行った他、7万5000分の1地質図幅の刊行を始めるなど、我が国の地質調査事業の発展に貢献。14年旅順工科大学総長に就任。昭和6年退任。また、日本地質学会会長を2度務めた。

井上 仰山　いのうえ・ぎょうざん
彫塑家
明治19年（1886年）9月1日〜昭和40年（1965年）3月29日
出岡山県邑久郡玉津村（瀬戸内市） 名本名＝井上直伍、号＝蕪、蕪岬 学東京美術学校彫刻科〔明治43年〕卒、東京美術学校研究科 歴彫刻家・井上鶴峯の長男。祖父・幽雪斎（錦海）、父・鶴峯ともに絵画、彫刻、特に建築の装飾彫刻をよくし、明治期は内国勧業博覧会に出品、また、明治18年の明治天皇地方巡幸の際、各作品が買い上げられたことで知られる。東京の下谷中学を経て、43年東京美術学校彫刻科を卒業。さらに

同科研究科で2年間学んだ。在学中から竹、木彫の作品を制作したが、同時にブロンズ像の制作も学ぶ。大正初期に岡山市に戻り、「杉山岩三郎像」「日蓮上人像」などを制作。太平洋戦争以前の岡山に立つブロンズ像のほとんどはその手になり、数は50基にのぼるという。また、備前焼の研究にも励み、初代大饗仁堂らを指導し、備前焼素地品評会、岡山美術工芸協会の運営にも携わった。 家父＝井上鶴峯（彫刻家）、祖父＝井上幽雪斎（彫刻家）

井上 剛一　いのうえ・ごういち
弁護士 衆議院議員 静岡弁護士会会長
慶応4年（1868年）4月〜昭和21年（1946年）5月12日
出静岡県 学和歌山県師範学校〔明治18年〕 歴浜松市議、静岡県議、静岡弁護士会会長、遠州電気鉄道取締役、日本弁護士協会名誉理事を務めた。大正9年衆議院議員に当選、以来4期務めた。後に民政党総務となった。

井上 庚二郎　いのうえ・こうじろう
外交官 外務省欧亜局長
明治23年（1890年）8月30日〜昭和44年（1969年）11月15日
出神奈川県 学一高卒、東京帝国大学法科大学政治学科〔大正6年〕卒 歴外務省に入省。昭和12年欧亜局長、14年6月駐ハンガリー公使、7月駐ユーゴスラビア公使を兼務。15年帰国、17年海軍司政長官となり南西方面艦隊ボルネオ民政部長官に補せられた。20年1月外務省調査官、4月特命全権公使、7月退官。

井上 幸次郎　いのうえ・こうじろう
小説家 評論家
明治35年（1902年）9月25日〜昭和21年（1946年）8月22日
生大阪府 学早稲田大学英文科〔昭和2年〕卒 歴早大在学中に「信天翁」に参加。昭和3年「悪魔払」を「不同調」新人号に発表。同年「新正統派」に参加し、「孫」や「片上伸論」などを発表。他の作品に「宇野千代論」「川端康成論」などがある。

井上 三郎　いのうえ・さぶろう
陸軍少将 公爵 貴族院議員
明治20年（1887年）2月6日〜昭和34年（1959年）6月4日
生東京都 出山口県 学陸士（第18期）〔明治38年〕卒、陸大〔大正5年〕卒 歴陸軍大将・桂太郎の実子で、侯爵井上勝之助の養子。陸軍省軍務局付となり、軍事課員として大蔵省に派遣される。明治39年陸軍砲兵少尉、のち近衛野砲連隊付となり、大正9年欧米に留学。帰国後、砲兵少佐として近衛砲兵連隊大隊長、15年参謀本部員、昭和4年陸軍科学研究所員となり侯爵を継いだ。6年整備局動員課長、8年技術本部部員、9年少将に進級し予備役。昭和4〜22年貴族院議員。宮廷グループの一員として近衛文麿、木戸幸一らと親交を深めた。 家実父＝桂太郎（陸軍大将・首相）、養父＝井上勝之助（侯爵）、長男＝井上光貞（歴史家）

井上 成美　いのうえ・しげよし
海軍大将
明治22年（1889年）12月19日〜昭和50年（1975年）12月15日
生宮城県仙台市 学海兵（第37期）〔明治42年〕卒、海大卒 歴大正8〜10年スイス、フランスに駐在。海大卒後、昭和2年イタリア大使館付武官、9年戦艦「比叡」艦長、12年海軍省軍務局長、14年支那方面艦隊参謀長、中将、15年航空本部長、16年第四艦隊司令長官などの要職につき、太平洋戦争を迎える。軍務局長時代には米内光政海相、山本五十六海軍次官と協力、3人の中で最も強硬に日独伊三国同盟の締結に反対した。17年海兵校長を経て、19年8月海軍次官となり、終戦工作準備を指令。20年5月大将に進み、軍事参議官。戦後は横須賀の自宅に隠棲して近くの子弟に英語を教えた。 家兄＝井上秀二（水道

技師), 井上達三 (陸軍中将), 義兄＝阿部信行 (陸軍大将・首相)

井上 秀天　いのうえ・しゅうてん
東洋思想研究家 社会運動家
明治13年 (1880年) 3月21日～昭和20年 (1945年) 3月17日
⊞鳥取県久米郡国坂村 (東伯郡北栄町)　⚍哲学館卒, コロンボ大学, スマンガラ大学　⚏哲学館 (現・東洋大学) でインド哲学を学んだ後, セイロン (現・スリランカ) に渡り, コロンボ大学やスマンガラ大学で原始仏教を研究した。のち台湾に移住して曹洞宗の布教や子弟の教育に従事し, 神科大学で東洋宗教を講じた。明治37年日露戦争が勃発すると第11師団付の布教師兼通訳官として従軍するが, 肺結核に罹って帰国。以後死ぬまで神戸に住んだ。この頃, 「万朝報」の幸徳秋水や堺利彦が唱えた非戦論に共鳴。やがて幸徳や森近運平ら社会主義者と交流するようになり, 39年神戸平民倶楽部に入会。同年夏には同志とはかって雑誌「赤旗」の創刊を画策するなど盛んに活動するが, 43年大逆事件に連座して取り調べを受け, 起訴は免れたものの以後は常に官憲の監視下に置かれた。その後は外国人のための日本語教師を務める傍ら東洋思想の研究や著述・翻訳に従事。また「新仏教」や「現代通報」などの雑誌に寄稿し, 社会批判や非戦論を唱えた。太平洋戦争前は神戸の英国領事館で秘書官を務めるが, 16年12月の戦争勃発と同時にスパイ容疑で検挙され, 半年後に釈放された。

井上 準之助　いのうえ・じゅんのすけ
日本銀行総裁 蔵相 貴族院議員 (勅選)
明治2年 (1869年) 3月25日～昭和7年 (1932年) 2月9日
⊞豊後国日田郡大鶴村 (大分県日田市)　⚍帝国大学法科大学英法科〔昭和29年〕卒　⚏明治29年日本銀行に入り, 30年英国, ベルギーに留学。帰国後, 大阪支店長, 本店営業局長, ニューヨーク代理店監督など歴任。44年横浜正金銀行に入り, 大正2年頭取, 8年日銀総裁に就任する。12年第二次山本内閣の蔵相となり, 関東大震災後の救済・復興に従事。13年勅選貴族院議員。金融恐慌時の昭和2年再び浜口内閣の蔵相となり, 金解禁とデフレ政策を実行。7年1月民政党総務となるが, 同年2月血盟団員・小沼正に暗殺された。著書に「戦後に於ける我国の経済及金融」「井上準之助論叢」(全4巻) がある。　⚐四男＝井上四郎 (アジア開発銀行総裁), 甥＝井上良雄 (文芸評論家)

井上 仁吉　いのうえ・じんきち
化学者 東北帝国大学総長
明治1年 (1868年) 11月4日～昭和22年 (1947年) 3月14日
⊞京都府　⚍京都一中卒, 一高〔明治25年〕卒, 帝国大学工科大学応用化学科〔明治29年〕卒 工学博士 (東京帝国大学)〔明治40年〕　⚏医師の二男。明治32年東京帝国大学工科大学助教授となり, 36年ドイツへ私費留学。38年帰国して教授に昇任, 応用化学第一講座を担任。大正7年東北帝国大学教授に転じ, 8年工学部長, 昭和3年総長。6年退官。著書に「工業瓦斯」がある。　⚐義弟＝荒木寅三郎 (生化学者)

井上 政吉　いのうえ・せいきち
陸軍中将
生年不詳～昭和50年 (1975年) 4月7日
⊞京都府　⚍陸士 (第18期) 卒　⚏昭和10年歩兵第6連隊長, 11年近衛歩兵第3連隊長, 12年仙台幼年学校長, 13年歩兵第36旅団長などを経て, 14年中将に昇進。同年第23師団長となり, ノモンハン事件で疲弊した同師団の指揮を執り, 戦力回復に努めた。16年予備役に編入。

井上 其子　いのうえ・そのこ
社会事業家 "兵隊ばあさん"の愛称で親しまれる

明治7年 (1874年) 7月1日～昭和39年 (1964年) 3月26日
⊞岡山県児島郡迫間村 (玉野市)　⚑旧姓・旧名＝高野　⚏2歳で父と死別, 母は心労がかさんで失明という逆境の中で育ち, 高等小学校に2年在籍したのちは家計を助けるため働きに出た。18歳で結婚し, 4児を儲けるが, 45歳の時に大きな借金を抱えたまま夫が急死。以後は借金返済と子育てに奔走し, のちに借金の完済に成功した。その後, 念願であった社会奉仕活動に携わるようになり, 満州事変が勃発すると, 戦地から引き揚げてきた軍人や傷病兵を慰問するために全国各地の部隊や病院を巡回。手製の手芸品などを慰問品として贈呈し, "兵隊ばあさん"の愛称で親しまれた。さらに戦争が激しくなると, 慰問行脚のみならず, 募金活動なども展開し, 軍への飛行機寄附も行った。戦後は戦災者・孤児・戦死者の遺族・戦犯刑死者の遺族など, 戦争のために甚大な被害を受けた人たちを幅広く支援した。

井上 孚麿　いのうえ・たかまろ
憲法学者 台北帝国大学教授
明治24年 (1891年) 2月22日～昭和53年 (1978年) 3月27日
⊞長崎県　⚍東京帝国大学文科大学〔大正6年〕, 東京帝国大学大学院〔大正8年〕満期退学　⚏東京帝国大学助手となり, ドイツ, フランス, 英米に留学。昭和3年台北帝国大学教授。11年国民精神文化研究所所員。戦後30年亜細亜大教授。明治憲法復元を説いた。著書に「憲法論集」「憲法研究」「憲法改正とポツダム宣言」「現憲法無効論」など。

井上 匡四郎　いのうえ・ただしろう
鉱山学者 政治家 子爵 技術院総裁
明治9年 (1876年) 4月30日～昭和34年 (1959年) 3月18日
⊞熊本県　⚍一高二部〔明治29年〕卒, 東京帝国大学工科大学採鉱冶金学科〔明治32年〕卒 工学博士 (京都帝国大学)〔明治42年〕　⚏肥後熊本藩の儒学者・岡松甕谷の四男。明治28年同藩出身の官僚・政治家で文相などを務めた井上毅の養子となり, 子爵を嗣ぐ。32年東京帝国大学工科大学を卒業して同大講師, 33年助教授となり, 34年ドイツ, 米国に留学。39年大阪高等工業学校教授, 40年帰国。41年京都帝国大学教授, 大正元年東京帝国大学教授。8～11年南満州鉄道 (満鉄) の撫順炭坑・鞍山製鉄所長を兼務。この間, 明治43年～昭和21年貴族院議員を務め, 大正14年海軍政務次官, 15年第一次若槻内閣の鉄道相。昭和13年帝国鉄道協会会長, 17年技術院総裁。　⚐妻＝井上哉子 (香道家), 養父＝井上毅 (官僚・政治家), 実父＝岡松甕谷 (儒学者), 兄＝岡松参太郎 (法学者)

井上 立士　いのうえ・たつお
小説家
明治45年 (1912年) ～昭和18年 (1943年) 9月17日
⊞滋賀県大津市　⚍早稲田大学中退　⚏「星座」同人として小説を書きはじめ, 昭和15年青年芸術派を結成し「男女」「華燭」「もっと光を」「花嫁」などを発表。16年書下ろしの「男性解放」を刊行するが, 発禁となる。19年には「編隊飛行」を刊行した。

井上 達二　いのうえ・たつじ
医師 井上眼科病院院長
明治14年 (1881年) 2月6日～昭和51年 (1976年) 11月23日
⊞東京府神田駿河台 (東京都千代田区神田)　⚒眼科　⚍一高卒, 東京帝国大学医学部〔明治37年〕卒 医学博士, Dr. (ライプツィヒ大学)　⚏眼科医・井上達也の六男三女の二男。東京帝国大学から大学院に進み, 明治38年同大助手に。同年5月陸軍衛生卹助員となる陸軍予備院勤務。日露戦争終了と共に解任され, 39年欧州へ留学。留学中, ライプツィヒ大学からドクトルの学位を受ける。42年帰国し, 父の跡を継いで井上眼科病院の第7代院長に就任。昭和13年視力保健連盟理事, 25

年国語審議会ローマ字調査分科審議会委員、40年日本眼科学会名誉会員などを務めた。主な著書に「小児視力用画本」「国際視力集本」がある。 家父＝井上達也（眼科医）

井上 長一　いのうえ・ちょういち

飛行士
明治20年（1887年）～昭和47年（1972年）5月30日
生徳島県板野郡一条村 歴大正6年伊藤飛行機研究所に入所。将来の航空機時代を予測して11年に大阪府堺大浜に初の民間水上飛行場を開設、堺と徳島、高松を結び、日本初の民間定期航空路を開拓した。戦後は極東航空専務、全日空顧問を務めた。

井上 長三郎　いのうえ・ちょうざぶろう

洋画家
明治39年（1906年）11月3日～平成7年（1995年）11月17日
生兵庫県神戸市 学パリ・アカデミー・グランショミエール 歴大正12年上京、太平洋画会研究所に入り、中村不折、鶴田吾郎らに師事。14年から二科展、昭和5年協会展、独立美術協会展などに出品。13～15年、フランス滞在、アカデミー・コラロッシュなどで学び、その間結成された美術文化協会に参加。戦時中の17年「埋葬」、18年の「漂流」が撤去、撤回命令に遭う。18年、靉光、松本俊介らと新人画会を結成。戦後の21年、新人画会同人と自由美術協会再建に参加。アンデパンダン展や平和展などにも出品、「壺」連作の労働者群像など社会批判的作品に移行した。 家妻＝井上照子（洋画家）

井上 千代子　いのうえ・ちよこ

"軍国の妻"として話題を呼ぶ
明治44年（1911年）6月～昭和6年（1931年）12月12日
生大阪府泉佐野 学岸和田高等女学校〔昭和5年〕卒 歴泉佐野市の機屋の娘で、昭和5年岸和田高等女学校卒業後間もない10月、井上清一陸軍歩兵中尉と結婚。1年後の6年12月12日、夫が満州へ出征することになった前夜「明日の御出征に先立ち嬉しくこの世を去ります…」という遺書を残し、岸和田市の婚家で、短刀でノドを突いて自害した。マスコミは"軍国の妻"として大々的に報道、映画にもなり日活が「あゝ、井上中尉夫人」、新興キネマは「死の餞別」として上映した。

井上 篤太郎　いのうえ・とくたろう

実業家 京王電気軌道社長 衆議院議員
安政6年（1859年）6月13日～昭和23年（1948年）11月28日
生相模国愛甲郡三田村（神奈川県厚木市） 学明治法律学校（現・明治大学）〔明治15年〕卒 歴厚木地方の自由民権運動において中心的な役割を果たし、明治18年神奈川県議補選に当選、以降22年まで3期を務める。45年衆議院議員に当選、1期。政友会に属した。大正2年玉川電気鉄道の取締役兼支配人となり、3年衆議院解散を機に議員を辞して以降は実業に専念し、4年には京王電気軌道（現・京王電鉄）の専務に就任。鉄道業と電力配給業とを主体とした経営で社の業績を上昇させた。昭和3年京王電気軌道社長兼専務となり、10年社長退任後も株主の強い要望で社に残り、新設された会長職に就く。また、中野乗合自動車、鳩ケ谷乗合自動車、中央相武自動車、藤沢自動車の重役を務めるなど、乗合自動車業でも活躍。戦時中、東急電鉄との合併が持ち上がった際にはあくまでも自主独立による経営を主張したが、京王の大株主である大日本電力が東急への株式譲渡を決定したため、19年京王は東急に合併され、21年東急電鉄相談役として引き続き鉄道業に関与した。21年勅選貴族院議員。 家孫＝井上正忠（京王電鉄社長）、井上定雄（京王プラザホテル社長） 勲勲四等瑞宝章〔大正5年〕、藍綬褒章〔昭和3年〕、紺綬褒章〔昭和11年〕

井上 友一郎　いのうえ・ともいちろう

小説家
明治42年（1909年）3月15日～平成9年（1997年）7月1日
生大阪府西成郡中津町 名本名＝井上友一 学早稲田大学文学部仏文科〔昭和11年〕卒 歴商業学校在学中、野球と小説乱読で学業を怠け、そのために中退、その後各中学を転々とする。昭和5年早稲田大学に入学し、6年「森林公園」を発表して川端康成に認められる。同人雑誌「桜」などに関係し、9年「道化者」を発表。11年「人民文庫」に参加。また都新聞に入り、13年特派員として中国戦線に従軍。14年「残夢」を発表し、15年「波の上」を刊行して作家となる。以後、多くの現代小説、時代小説などを発表。24年に発表した「絶壁」は北原武夫や宇野千代をモデルにしたとして物議を醸した。日本文芸家協会理事などを経て、45年にゴルフ場の霞台カントリークラブを創立、自ら社長となる。主な作品に「竹夫人」「蝶になるまで」等があり、中間小説としても「銀座二十四帖」「女給夕子の一生」などの作品がある。

井上 知治　いのうえ・ともはる

衆議院議員
明治19年（1886年）7月～昭和37年（1962年）9月19日
生鹿児島県 学東京帝国大学政治科〔大正6年〕卒 歴鈴木商店に入り冠東商会専務理事、東京歯科大学理事長となった。また読売新聞記者を経て、昭和5年以来衆議院議員に当選7回。22年衆議院副議長、23年第二次吉田茂内閣の国務大臣、賠償庁長官となった。民主党、民主自由党、自由民主党各顧問を務め、28年参議院議員に当選した。

井上 直三郎　いのうえ・なおさぶろう

民法学者 京都帝国大学法学部教授
明治21年（1888年）～昭和8年（1933年）6月28日
生香川県 学京都帝国大学法科大学〔大正7年〕卒 歴大正10年京都帝国大学助教授となり、11～14年欧米に留学。15年教授に昇任。破産法、民事訴訟法を研究。没後の昭和46年、「破産・訴訟の基本問題」が編まれた。

井上 日召　いのうえ・にっしょう

国家主義者 右翼活動家 血盟団指導者
明治19年（1886年）4月12日～昭和42年（1967年）3月4日
生群馬県川場村 名本名＝井上昭、号＝日象 学東洋協会専門学校（現・拓殖大）中退 歴明治43年満州に渡り、南満州鉄道（満鉄）に勤務しながら参謀本部の諜報活動に従事。中国各地を歩き、第一次大戦中、ドイツ領の青島に潜入して功績を上げた。大正10年帰国、日蓮宗に帰依し、国家革新運動に走り、上杉慎吉の建国会に入ったりしたが、昭和4年茨城県大洗の立正護国堂にこもって禅を修行。藤井斉をリーダーとする海軍の革新将校や農本主義者の橘孝三郎らと交流、5年藤井の依頼で西田税らと郷士会を結成。6年陸軍のクーデター計画三月事件、十月事件が未発に終わり、7年一人一殺の血盟団を結成。同年2月9日小沼正が前蔵相井上準之助を射殺、3月5日には菱沼五郎が三井合名理事長の団琢磨を暗殺、井上は自首、無期懲役となったが15年出獄。翌16年三上卓、四元義隆らと「ひもろぎ塾」を設立。戦後29年に護国団を創立、団長。著書に獄中手記「梅の実」がある。

井上 日石　いのうえ・にっせき

俳人
明治15年（1882年）8月17日～昭和28年（1953年）7月7日
生新潟県北魚沼郡広神村 名本名＝井上荘二 歴平木白星に詩を学び、大正の初め臼田亜浪に師事、4年「石楠」創刊と同時に参加、幹部を務めた。昭和10年「石楠」を離れて「石鳥」を主宰した。句集「螢烏賊」「朝暾」、文集「落花生の花」「扉を開く」「日石俳句鈔」がある。

井上 信子　いのうえ・のぶこ

川柳作家

明治2年（1869年）10月〜昭和33年（1958年）4月16日

⬡山口県萩市　⬡川柳中興の祖といわれる川柳作家・井上剣花坊と再婚後上京。日露戦争中看護婦として従軍。40代後半から本格的に川柳作句を始め、女性川柳作家として初の句集を刊行。傍ら、昭和4年川柳女性の会を結成し、女性柳人の育成にも努めた。9年夫亡き後、柳樽寺川柳会と、その機関紙「川柳人」を引き継ぎ、主宰。太平洋戦争では戦時色強まる中、反戦川柳作家・鶴彬を支持し、同機関紙に作品を掲載、68歳の時検挙された経験も持つ。傍ら同年から15年まで「福岡日日新聞」（現・西日本新聞）の川柳欄選者も務めた。88歳で亡くなるまで現役で活躍した。二女・大石鶴子が同機関紙を主宰。平成10年熊本市の大学講師・谷口絹枝により「蒼空の人・井上信子」が刊行された。　⬡夫＝井上剣花坊（川柳作家）、二女＝大石鶴子（川柳作家）

井上 白文地　いのうえ・はくぶんじ

俳人

明治37年（1904年）2月24日〜昭和21年（1946年）5月

⬡福井県敦賀市　⬡本名＝井上隆証　⬡京都帝国大学哲学科卒　⬡鈴鹿野風呂の指導で俳句をはじめ、「京鹿子」「ホトトギス」で注目され、次いで「京大俳句」を創刊し、新興俳句運動をする。昭和15年京大俳句事件で検挙され、以後は沈黙した。20年応召し、満州で戦病死と推定されている。

井上 範　いのうえ・はん

土木工学者 東京帝国大学教授

明治10年（1877年）8月18日〜昭和7年（1932年）6月24日

⬡東京市本郷区根津宮永町（東京都文京区）　⬡東京帝国大学土木工学科〔明治35年〕卒 工学博士〔昭和4年〕　⬡福岡県若松市（のち北九州市若松区）の若松築港技師を経て、明治40年大蔵省に入り大蔵技師となり神戸支部に務め、大正4年東京勤務となり横浜出張所を兼務する。8年内務技師となり土木局調査課に勤務。11〜12年欧米各国を出張して、13年母校・東京帝国大学の教授となり、昭和4年工学博士の学位を授かる。事績の主なものは若松および神戸の築港の構築事業で、また関東大震災で大破した横浜港の改修工事も手がけた。

井上 秀　いのうえ・ひで

家政学者 教育家 日本女子大学校長

明治8年（1875年）1月6日〜昭和38年（1963年）7月19日

⬡兵庫県　⬡日本女子大学校家政学部〔明治37年〕卒、シカゴ大学博士課程修了　⬡明治28年結婚、長女誕生後、日本女子大を出て37年4月桜楓会発足とともに幹事長となった。38年同女子大附属高等女学校教諭。41年渡米、コロンビア師範大学で家政学、42年シカゴ大学で社会学、経済学を学び欧州を回って43年帰国、母校教授に。大正11年日本婦人平和協会理事長に就任、ワシントンの世界婦人軍縮会議に出席。12年「婦人の眼に映じたる世界の新潮流」を発刊。昭和6年同大学校長、7年桜楓会会長となった。戦後公職追放、26年同校理事、評議員として復帰、27年財団法人大日本女子社会教育会会長。　⬡勲五等瑞宝章〔昭和15年〕

井上 正夫　いのうえ・まさお

俳優

明治14年（1881年）6月15日〜昭和25年（1950年）2月7日

⬡愛媛県伊予郡砥部村（砥部町）　⬡本名＝小坂勇一、前名＝小坂幸二、井上政夫　⬡尋常小卒　⬡日本芸術院会員〔昭和24年〕　⬡家出放浪の後、明治30年松山で敷島義団に入り、翌31年博多で酒井政俊一座に加わり、井上政夫の名で舞台に立つ。その後、高田実、村田正雄に引き立てられ、37年上京、38年真砂座の「女夫波」に出演、人気を得た。39年島崎藤村の「破戒」で伊井蓉峰に抜擢され、主人公丑松を演じた。40年伊井とともに新富座に移り井上正夫と改名。43年新時代劇協会を組織、有楽座でバーナード・ショーの「馬盗坊」を上演したが失敗、新派に戻り伊井らと大幹部となり、「酒中日記」「生命の冠」などで評判となる。大正9年渡米、帰国後「大尉の娘」が好評。12年ヨーロッパ巡遊、帰国して映画界にも進出、「大地は微笑む」「狂った一頁」などに出演し話題を集める。昭和11年芝に井上演劇道場を開き、新派と新劇の“中間演劇”を唱え、水谷八重子、岡田嘉子、杉本良吉、村山知義らも参加、新進劇作家の北条秀司、八木隆一郎らの諸作を上演した。この時機の代表作に「断層」「北東の風」「地熱」「彦六大いに笑ふ」などがある。この道場は17年に解散。24年芸術院会員。著書に自伝「化け損ねた狸」。出身地の砥部町に井上正夫記念館がある。

井上 通夫　いのうえ・みちお

解剖学者 東京帝国大学名誉教授

明治12年（1879年）2月28日〜昭和34年（1959年）6月4日

⬡徳島県麻植郡西尾村（吉野川市）　⬡旧姓・旧名＝笠井　⬡発生学　⬡東京帝国大学医科大学〔明治36年〕卒 医学博士（東京帝国大学）〔大正3年〕　⬡明治39〜44年ドイツ、フランスに留学。帰国後、45年東京帝国大学講師、大正3年助教授、10年教授。この間、3年に「中間骨其発生及兎唇其他ノ研究」により医学博士。昭和14年定年退官、名誉教授。退官後、東京医科大学教授となり、25年顧問教授、27年同大初の名誉教授となった。26年日本歯科大学教授。口蓋の発生、兎唇、狼咽、顔面の形成などの研究で世界的に知られ、5年ソ連のカザン大学創立125年祭で行った講演「口蓋の発生機構」は特に有名。著書に「解剖学」がある。

井上 通泰　いのうえ・みちやす

歌人 国文学者 医師 宮中顧問官 貴族院議員（勅選）

慶応2年（1866年）12月21日〜昭和16年（1941年）8月15日

⬡播磨国姫路（兵庫県姫路市）　⬡旧姓・旧名＝松岡、号＝南天荘　⬡東京帝国大学医科大学卒 医学博士（東京帝国大学）〔明治37年〕　⬡明治10年医師・井上硯平の養子となる。岡山医学専門学校教授などを務め、35年上京し開業医となる。その間、作歌や「万葉集」などの研究をし、39年森鷗外らと常磐会をおこす。40年以降約13年間、御歌所寄人を務めた。大正末に医業を廃し、以後「万葉集新考」全8冊を公刊するなど、研究と著述に没頭した。昭和13年勅選貴族院議員。他の著書に「播磨風土記新考」「肥前風土記新考」、歌集に「井上通泰集」「南天荘集」がある。　⬡父＝松岡操（国学者）、弟＝柳田国男（民俗学者）、松岡静雄（言語学者・海軍大佐）、松岡映丘（日本画家）

井上 満　いのうえ・みつる

ロシア文学者

明治33年（1900年）12月16日〜昭和34年（1959年）5月14日

⬡福岡県久留米市米屋町　⬡日露協会学校〔大正13年〕卒　⬡大正9年福岡県の県費留学生としてハルビンの日露協会学校（後のハルビン学院）に入学、13年卒業。この間に北京で盲目の詩人エロシェンコと知合い、一緒に中国各地を旅行。昭和2年デボーリン「弁証法的唯物論への入門」を翻訳刊行。5〜11年駐日ソ連大使館に勤務、11年3月軍機保護法違反容疑で逮捕され、獄中でロシア文学を研究。14年から警察、軍部の監視付きでロシア文学の翻訳を発表した。戦後ソヴェト研究者協会、日ソ文化連絡会、ロシア文学者組合、日ソ翻訳出版懇話会の創立に参加、21年にはタス通信東京支局に勤め東京裁判の通訳を務めた。戦時中からゴンチャロフの研究に努め、「日本渡航記」「ゴンチャロフ文芸評論集」「断崖」「平凡物語」を刊行。このほか、「ソヴェト文学全集」「ソヴェト小百科事典」などの編集、監修にも携わった。33年から「オブローモフ」の翻訳にかかったが、34年執筆中に倒れた。

井上 翠　いのうえ・みどり

中国語学者　大阪外国語学校教授

明治8年（1875年）3月10日〜昭和32年（1957年）6月9日

生兵庫県姫路　学東京外国語学校清語別科　歴明治35年東京府立一中教諭となり、東京外国語学校で中国語を学んだ。39年宏文学院教授となり清国留学生に日本語を教えた。同年「日華語学辞林」を出版。40年清国京師法政学堂教習として北京に赴任。傍ら中国語大辞典編纂に従事した。大正7年山口高等商業学校教授、11年大阪外国語学校教授となった。昭和2年と6年に「井上支那語辞典」「井上日華新辞典」を出版、16年「井上支那語中辞典」を出版し、中国語学界の第一人者となった。

井上 良夫　いのうえ・よしお

評論家　翻訳家

明治41年（1908年）9月3日〜昭和20年（1945年）4月25日

生福岡県若松市（北九州市）　学名古屋高等商業学校卒　歴名古屋の私立女子学校英語教諭となる。昭和8年以降「英米探偵小説のプロフィル」など多くの評論を発表し、欧米作品の紹介に努める。翻訳家としても活躍し、その作品にクロフツ「樽」、クイーン「Yの悲劇」などがある。

井上 良二　いのうえ・りょうじ

労働運動家　衆議院議員

明治31年（1898年）5月15日〜昭和50年（1975年）9月2日

生高知県吾川郡伊野町　学尋常小卒　歴大正7年友愛会に入り、12年大阪労働学校主事。15年社会民衆党、昭和6年全国労農大衆党中央執行委員、7年社会大衆党中央委員を歴任。その間、大阪府議を2期務め、12年大阪2区から衆議院議員に当選。戦後社会党の結成に参加、中央執行委員。21年衆議院選挙に当選以来、6期連続当選、通算7回。22年には片山哲内閣の農林政務次官、農林、大蔵各委員長を務めた。全国土地改良会常務理事。

井之川 知白　いのがわ・ちはく

日本画家

明治35年（1902年）2月1日〜昭和8年（1933年）8月4日

生新潟県中魚沼郡　名本名＝井之川平七郎　歴平福百穂、郷倉千靱に師事。第15回院展に「沼畔小景」に入選。試作展にも入選するが、31歳で夭折。

井野川 利春　いのかわ・としはる

野球選手

明治41年（1908年）3月30日〜昭和51年（1976年）6月16日

生岡山県　学明治大学本科法学部〔昭和7年〕卒　歴大正14年夏の中等学校山陽大会に関西中学の捕手5番で出場。昭和5年、6年明大の正捕手。7年門司鉄道局に入り、9年秋ベーブ・ルースを相手の全日本軍に参加、復帰して11年第10回都市対抗で満州クラブを破り初優勝。監督兼捕手として新設の橋戸賞初受賞。13年応召、負傷して除隊、15年阪急監督兼捕手、18年再応召。復員後の22〜23年阪急助監督、26年のパ・リーグ審判を除き、29年まで、東急、東映監督。その後阪急コーチ、32年パ・リーグ審判員、副部長となり41年退職した。　賞橋戸賞

井口 乗海　いのぐち・じょうかい

衛生学者

明治16年（1883年）9月〜昭和16年（1941年）10月21日

生滋賀県　学日本医学校卒　医学博士〔昭和5年〕　歴警視庁に入り技師、衛生部防疫課長となり、昭和5年医学博士。都市衛生に関する権威で、帝都防疫、保健の第一線で活躍、東京都の予防衛生に大きく貢献した。

井口 常雄　いのくち・つねお

船舶工学者　東京帝国大学教授

明治21年（1888年）9月22日〜昭和33年（1958年）4月10日

出東京都　学東京帝国大学工科大学造船学科〔大正2年〕卒　工学博士（東京帝国大学）〔大正15年〕　歴機械工学者・井口在屋の二男。大正2年逓信省に入省。同年技手、5年技師を経て、同年東京帝国大学工科大学講師、6年助教授。9年欧米へ私費留学。11年帰国して教授に昇任。　家父＝井口在屋（機械工学者）、兄＝井口春久（機械工学者）、岳父＝山口準之助（鉄道技師）

猪口 敏平　いのぐち・としひら

海軍中将

明治29年（1896年）8月11日〜昭和19年（1944年）10月24日

生鳥取県鳥取市賀露町　学海兵（第46期）〔大正7年〕卒　歴砲術理論の権威で、2度にわたって横須賀砲術学校教頭を務める。昭和19年戦艦武蔵の第4代艦長を拝命、シンガポールの南方に位置するリンガ泊地に停泊する武蔵に着任。19年10月少将に昇進。同月22日マッカーサー軍のレイテ上陸を阻止するための日本軍の捷1号作戦で出撃、24日シブヤン海上で米艦載機の攻撃を受け、撃沈とともに戦死。没後、中将に昇進。

猪熊 浅麻呂　いのくま・あさまろ

有職故実家　京都帝国大学講師

明治3年（1870年）5月21日〜昭和20年（1945年）5月1日

生京都府　国学者の猪熊武樹の長男として生まれる。父や飯田武郷に国学を、旧公家である叔父の北小路随光や山科言縄らに有職故実を学ぶ。明治32年京都一中教諭、44年京都帝国大学講師、大正元年香川県白鳥神社宮司、3年京都帝国博物館嘱託などを務めた。有職故実の研究家として登極令制定や大正・昭和の即位大典の考証、加茂・石清水・春日の三勅祭の指導保存などに当たった。著書に「旧儀装飾十六式図譜」など。　家父＝猪熊夏樹（国学者）、息子＝猪熊兼繁（歴史学者）、孫＝猪熊兼勝（考古学者）、叔父＝北小路随光（子爵）

猪熊 信男　いのくま・のぶお

有職故実家　宮内省図書寮御用掛

明治15年（1882年）5月5日〜昭和38年（1963年）7月3日

生徳島県　出香川県　学七高造士館卒、京都帝国大学中退　歴文部省維新史料編纂局、帝室臨時編修局を経て、昭和14年宮内省図書寮御用掛。有職故実、古文書、古典籍蒐集家として有名であった。

猪野毛 利栄　いのけ・としえ

衆議院議員

明治19年（1886年）1月〜昭和27年（1952年）10月11日

出福井県　学日本大学法律科〔明治44年〕卒　歴順天中学校教諭、二六新報記者などを経て、日本浪人社を創立、雑誌「日本浪人」、経国社を創立し「政治及経済界」を主宰する。また司法大臣秘書官、内務大臣秘書官を経て、大正13年衆議院議員に初当選以来通算6期務めた。広田内閣の外務政務次官、外務省委員などを歴任。

井下 清　いのした・きよし

造園学者　東京農業大学教授

明治17年（1884年）8月1日〜昭和48年（1973年）8月8日

生香川県　学東京高等農林学校〔明治38年〕卒　歴明治38年東京市役所土木課園芸係に入り、大正元年井の頭公園や、10年我が国初の公園墓地となる多磨霊園の設計・新設に当たった。12年東京市公園課長に就任してからは同年の関東大震災後における東京の公園復興に心血を注ぎ、帝都復興五十二小公園の設計・築造で高い評価を得た。また、日本庭園協会、日本造園学会、日本児童遊園協会、東京高等造園学校などの設

立にも協力し、造園事業の普及にも大きく貢献した。昭和7年東京緑地計画の立案に際し、実質的な幹部として多くの技術者とその実現に尽力。13年局長待遇の東京市理事に進み、18年には都制の実施に伴って勅任技師となった。21年定年退職。同年～33年東京農業大学教授に転じ、日本造園学会会長、東京都公園協会理事長、大日本農会副会長なども歴任。東京都の公園行政のみならず、招かれて全国各地の公園、動物園、墓苑、神苑の新設・整備や工場緑化を指導し、我が国の造園関連事業の発展に大きな役割を果たした。著書に「緑地生活」「街路樹」などがある。

井野辺 茂雄　いのべ・しげお
歴史学者 東京帝国大学史料編纂所史料編纂官
明治10年（1877年）1月25日～昭和29年（1954年）1月20日
[生]高知県　[専]維新史　[学]国学院〔明治30年〕卒 文学博士（東京帝国大学）〔昭和10年〕　[歴]明治31年東京経済雑誌社を経て、32年渋沢家編纂所に入所し、渋沢栄一の主宰する「徳川慶喜公伝」編纂に参加。39年東京帝国大学史料編纂掛補助となり、大正14年～昭和12年史料編纂官を務めた。この間国学院大学教授を兼任、東京大学文学部講師を務め、21年立正大学教授、22年東洋大学教授を務めた。「国史大辞典」「国史大系」「群書類従」などの編纂・校訂にも従事した。著書に「幕末史の研究」「幕末史概説」「維新史考」など。

猪俣 津南雄　いのまた・つなお
社会主義者 経済学者 評論家
明治22年（1889年）4月23日～昭和17年（1942年）1月19日
[生]新潟県新潟市　[名]筆名＝柴耕介、新島一作、武蔵太郎、俳号＝鹿語　[学]早稲田大学専門部政経科〔大正2年〕卒 Ph.D.（コロンビア大学）　[歴]大正4年渡米、ウィスコンシン大、コロンビア大で学び、10年帰国して早大講師。この間、在米日本人社会主義者団の指導的メンバーとなる。11年日本共産党入党、12年第一次共産党事件で検挙され、早大辞任。15年労農党結成後は、昭和2年創刊の雑誌「労農」同人となり、労農派の論客として活躍。3年無産大衆党中央執行委員、4年日本大衆党と合流後は党内右派により除名。日本資本主義の現状分析に努め、「没落資本主義―第3期」「日本の独占資本主義」など多くの論文を書いた。12年の人民戦線事件で検挙され、拘留中病気が悪化、14年拘留停止、17年死去した。著書に「金融資本論」「帝国主義研究」「現代日本研究」「農村問題入門」などがある。

伊庭 孝　いば・たかし
音楽評論家 演出家 劇作家 俳優
明治20年（1887年）12月1日～昭和12年（1937年）2月25日
[生]東京都　[学]同志社大学神学部中退　[歴]同志社大学中退後、警醒社の洋書係となる。明治45年「演劇評論」を創刊し、また近代劇協会を創立。演出家、劇作家として活躍し、新劇社、PM公演社も主宰するなど、草創期の新劇運動に貢献する。大正6年には歌舞劇協会を組織し、浅草オペラの発展に寄与する。また12年頃からは楽壇に進出、昭和2年近衛秀麿らとラジオで歌劇を放送し、解説にあたるなど、オペラ運動の先駆者となる。また、邦楽の理論化にも尽くした。著書に「音楽読本」「日本音楽概論」「雨安居荘雑筆」などがある。　[家]父＝伊庭想太郎（星享の暗殺者）

伊波 普猷　いは・ふゆう
民俗学者 言語学者 沖縄県立沖縄図書館長
明治9年（1876年）2月20日～昭和22年（1947年）8月13日
[生]沖縄県那覇市　[名]号＝物外　[専]沖縄史、沖縄民俗学　[学]東京帝国大学文科大学言語学科〔明治39年〕卒　[歴]明治44年沖縄県立沖縄図書館が開館すると嘱託館長（大正10年館長）となり、琉球史の資料収集と研究に没頭。傍ら、琉球人の啓蒙活動を続け、沖縄の歴史・文化の独自性を説き、後進の研究者を育てたほか、沖縄方言と標準語の比較研究など、現場教員に大きな影響を与えた。大正14年上京、沖縄史から「おもろさうし」研究、言語学、民俗学、芸能研究へと幅を広げる。その"沖縄学"は日琉同祖論を基調とする。昭和3年にはハワイや米国で講演。5年帝国学士院の補助を得て「琉球語大辞典」の編纂に従事する。この間、柳田国男、折口信夫らと交流。20年沖縄人連盟代表委員となり、県民の権利擁護運動に奔走する。著書に「古琉球」「琉球人種論」「校訂おもろさうし」「をなり神の島」「日本文化の南漸」「沖縄女性史」「布哇物語」「南島史考」「沖縄歴史物語」のほか、「伊波普猷全集」（全11巻、平凡社）がまとめられている。48年伊波普猷賞が設けられた。

井葉野 篤三　いばの・とくぞう
小説家
明治35年（1902年）10月11日～昭和21年（1946年）3月10日
[生]大阪府　[名]本名＝井葉野徳造　[学]第二早稲田高等学院文学部独文科〔大正15年〕卒　[歴]大正14年同人雑誌「朝」の創刊に参加して小説を書き、昭和11年「豆狸」を刊行。他の作品に「蝶呂松の頭」などがある。15年頃大阪に帰り、大鉄映画劇場支配人を務め、その後大阪時事新報学芸部に勤めた。

伊原 宇三郎　いはら・うさぶろう
洋画家
明治27年（1894年）10月26日～昭和51年（1976年）1月5日
[生]徳島県徳島市　[学]東京美術学校西洋画科〔大正10年〕卒　[歴]藤島教室に学び、美校在学中の大正9年、第2回帝展に「明装」を初出品。13年渡欧、パリに滞在。昭和4年帝展で「椅子による」が特選。5年には滞欧作約60点を1930年協会展に特別陳列、同年帝展で「二人」が特選、7年の帝展でも「榻上二裸婦」が特選となり、8年帝展無鑑査、9年同審査員。以後文展、日展の審査員を何度も務めた。また7～19年東京美術学校助教授を務めた。戦時中に戦争記録画も制作した。戦後24年日本美術家連盟結成で初代委員長。同年の日本著作権協議会設立、25年からの国立近代美術館設置運動、28年国際造形芸術連盟日本委員会の設立、32年国際美術協会設立、33年美術家会館建設委員会の設立など美術家の権益擁護のため尽力した。49年には日本美術家連盟名誉会員に推された。著書に「ピカソ」「ドラン」「キュビスム」など。　[賞]昭和洋画奨励賞〔昭和4年〕

伊原 五郎兵衛　いはら・ごろうべえ
衆議院議員
明治13年（1880年）10月～昭和27年（1952年）4月3日
[出]長野県　[学]東京帝国大学法科大学〔明治42年〕卒　[歴]飯田町議、下伊那郡議を経て、昭和3年衆議院議員に当選1回。政友会に所属した。

伊原 青々園　いはら・せいせいえん
劇評家 演劇学者 劇作家 小説家
明治3年（1870年）4月24日～昭和16年（1941年）7月26日
[生]島根県松江市　[名]本名＝伊原敏郎　[専]演劇史　[学]一高〔明治25年〕中退 文学博士（早稲田大学）〔昭和11年〕　[歴]出雲松江藩士の子。明治14年小学校を卒業すると郡役所に給仕として勤める傍ら独学。河合篤敬の塾、島根一中に学び、卒業後の22年上京して一高に進むが、25年学費・生活費に困窮して退学。26年二六新報社に入社し、斎藤緑雨、関根黙庵に触発され、青々園の号で劇評を書き始める。28年緑雨と時論日報社に入るが同誌もなく休刊。この間、坪内逍遙に才能を認められ、日本演劇史研究に着手した。29年逍遙の招きで「早稲田文学」の彙報欄の演劇・社会部門を担当。30年島村抱月、後藤宙外らと「新著月刊」を創刊し、小説「後面」や脚本「取かへ心中」を発表。同年逍遙の推薦で都新聞社に入社して劇評欄を担当するが、勧められて書いた小説「娘心」「五寸釘寅吉」

が好評を博したため、以後はしばらく小説に仕事に比重を移した。33年同社を退社、初代安田善次郎の後援で三木竹二らと「歌舞伎」を創刊。35年から「東京専門学校文科講義録」に「日本演劇史」の連載を開始。36年都新聞社に復帰して再び劇評家として活動し、"都の青々園の劇評"として劇界やファンから重んじられた。41年三木の没後は独力で「歌舞伎」の発行を続けるが、大正4年廃刊する。著書に「日本演劇史」「近世日本演劇史」「明治演劇史」や「歌舞伎年表」（全8巻）、「団菊以後」「市川団十郎」などがある。　賞朝日賞〔昭和9年〕

茨木 猪之吉　いばらぎ・いのきち
山岳画家 登山家
明治21年（1888年）5月1日～昭和19年（1944年）10月2日
生静岡県富士郡岩松村　名旧姓・旧名＝影山伊之吉、号＝不仙　学神奈川県立中学中退　歴太平洋洋画研究所で中村不折に師事。不仙と号した。明治40年文部省第1回美術展に入選。日本アルプスなど各地の山に親しみ、山や登山者を描いた。昭和11年日本山岳画協会の創立に参加。19年穂高岳白出谷で行方不明となった。「山旅の素描」「山の画帖」などの著者。

伊原木 藻平（3代目）　いばらぎ・もへい
実業家
慶応2年（1866年）2月7日～昭和20年（1945年）12月3日
生備前国上道郡西大寺村（岡山県岡山市）　名幼名＝久三郎、号＝葦川　学岡山商法講習所　歴天満屋呉服店主・2代目伊原木藻平の養子となる。岡山商法講習所に学んだのち、明治29年より西大寺紡績会社長となるが、1年で辞任。30年養父から伊原木呉服店の経営を譲られ、以後、合名会社化や正札販売・クジ付き大売り出しなどの新商法で徐々に勢いをつけた。36年には養父の引退に伴い3代目藻平を襲名。大正7年同店を天満屋株式会社に改組し、13年には岡山市に洋館木造3階建ての新店舗を建設した。次いで、昭和11年には地下1階地上6階・冷暖房とエレベーターを備えた天満屋百貨店を竣工した。しかし、戦時体制で売り場面積の縮小を余儀なくされ、さらに20年6月の空襲で百貨店が全焼。終戦後、その再建をはかろうとする矢先、同年12月に死去した。　家養父＝伊原木藻平（実業家）、女婿＝伊原木伍朗（実業家）

伊吹 震　いぶき・しん
大日本製糖社長
明治21年（1888年）8月3日～昭和36年（1961年）3月31日
生長崎県　学東京帝国大学経済科〔大正4年〕卒　歴三井物産に入社、のち朝鮮製糖創立に参画して役員。大正7年同社合併先の大日本製糖取締役、11年常務となり、父藤山雷太の経営を助け、昭和8年社長に就任。9年愛一郎に社長を譲り、以後日産火災保険、日産生命保険各社長として日産コンツェルンの中心的存在であった。朝鮮農事社長、日本計器製造取締役も務めた。戦後公職追放、解除後神港製粉社長などを務めた。歌集に「木蓮」がある。　家父＝藤山雷太（実業家）、異母弟＝藤山愛一郎（実業家・政治家）

井伏 鱒二　いぶせ・ますじ
小説家
明治31年（1898年）2月15日～平成5年（1993年）7月10日
生広島県深安郡加茂村粟根　名本名＝井伏満寿二　学早稲田大学仏文学科〔大正11年〕中退　賞日本芸術院会員〔昭和34年〕　歴日本画家を志すが文学に転じ、早大仏文科に学ぶ。同級の青木南八の励ましで創作を始め、大正8年「やんま」「たま虫を見る」、15年「鯉」、昭和4年「山椒魚」「屋根の上のサワン」を執筆。15年に刊行された短編集「夜ふけと梅の花」で注目され、その中の「山椒魚」はユーモアと人生に対する冷徹な観照、画眼による自然観察に他の追随を許さぬ完成度を見せた。以降戦時も戦後もユニークな作家として活動。12年に

「ジョン万次郎漂流記」で直木賞、41年には文化勲章を受けた。原爆をテーマにした戦争記録文学「黒い雨」のほか、好きな酒と釣りの随筆も多い。一方、詩作も手がけ、「厄除け詩集」「仲秋明月」がある。他に「さざなみ軍記」「集金旅行」「多甚古村」「本日休診」「遥拝隊長」「珍品堂主人」「鞆ノ津茶会記」や自伝的小説「難波集」、60年に亘る荻窪生活を綴った「荻窪風土記」、随筆「早稲田の森」「太宰治」、訳書に「ドリトル先生」シリーズなど。「井伏鱒二全集」（全12巻、筑摩書房）「井伏鱒二自選全集」（全12巻、新潮社）がある。　勲文化勲章〔昭和41年〕　賞直木賞（第6回）〔昭和12年〕「ジョン万次郎漂流記」、日本芸術院賞（第12回・文芸部門）〔昭和31年〕「漂民宇三郎」

今井 清　いまい・きよし
陸軍中将
明治15年（1882年）9月10日～昭和13年（1938年）1月22日
生愛知県　学陸士（第15期）〔明治36年〕卒、陸大〔大正3年〕卒　歴参謀本部員、スウェーデン、デンマーク駐在武官を経て、昭和3年参謀本部作戦課長、5年歩兵第30旅団長、6年陸大教官、9年中将、参謀本部第1部長、10年陸軍省人事局長、同年8月軍務局長、11年第4師団長、12年参謀次長、同年8月陸大校長。参謀次長時代、関東軍の華北分離工作を事実上容認した。

今井 邦子　いまい・くにこ
歌人
明治23年（1890年）5月31日～昭和23年（1948年）7月15日
生徳島県徳島市　出長野県　名本名＝今井くにえ、旧姓・旧名＝山田　学諏訪高等女学校卒　歴3歳のとき長野県下諏訪町の祖父母に引き取られる。明治40年頃、17歳で「女子文壇」に投稿。諏訪高等女学校卒業後、中央新聞の記者となり、44年結婚。大正5年「アララギ」に入会、島木赤彦に師事。この間、児童読み物も執筆し、少女小説「白い鳥よ」、童話集「笛吹く天人」を刊行。昭和6年歌集「紫草」を刊行。10年「アララギ」を退会。11年「明日香」を創刊し主宰。13年「明日香路」を刊し、昭和の代表的な女流歌人の位置に立つ。ほかの歌集に「こぼれ梅」「今井邦子短歌全集」など。また、「秋鳥集」「歌と随筆」「万葉読本」「清少納言と紫式部」など評論随筆集、研究書も数多く刊行している。

今井 慶二　いまい・けいじ
陸上選手
生年不詳～平成6年（1994年）10月11日
出京都府京都市　歴昭和11年ベルリン五輪の陸上400メートルに出場。

今井 慶松　いまい・けいしょう
箏曲家 日本三曲協会会長
明治4年（1871年）3月25日～昭和22年（1947年）7月21日
生神奈川県横浜市　名本名＝今井新太郎　賞帝国芸術院会員〔昭和17年〕　歴明治7年4歳で失明。塙保己一に憧れて学者を志していたが、祖母の三味線にうまく調子を合わせる様子を見た両親が音楽の道に進むように誘導し、10年7歳で三味線（長唄）に触れた。12年9歳からは渥美千代春に箏を習い、10歳より望月栄喜、三上慶翁に師事。18年15歳で上京、3代目山勢松韻の内弟子となって修行に明け暮れ、やがて、白い指で鮮やかに琴を奏でる手さばきから"白ねずみ"と評判を呼び、19年それを耳にした昭憲皇太后に召されて有栖川宮邸で腕前を披露したことが最初の御前演奏となった。20年自作の歌詞に曲をつけた処女作「三保の春」を作曲。若手の実力者として目され、24年独立稽古所の開設、25年には慶松の芸名を許された。また入門間もなくから師の助手として東京音楽学校に通って楽譜の研究も行い、31年師の後任として東京音楽学校助教授となり、35年教授に就任。大正6年同門の萩岡松韻の楽成会結成に刺激を受け、移風会を創立して会長となった。12

年の山田流箏曲協会創設に際しては当初顧問に就いたが、2ケ月後には萩岡と入れ替わる形で会長となる。昭和15年日本三曲協会初代会長。17年山田耕筰、信時潔、安藤幸と並んで芸術院会員に選ばれた。「御代万歳」「醍醐の花見」「鶴寿千歳」「海上波静」「十返りの松」「日嗣の御子」「成田詣」「峰の松風」などを作曲した。 家長女＝中能島慶子（山田流中能島派5代目宗家）、孫＝中能島弘子（中能島派6代目宗家）、女婿＝中能島欣一（中能島派4代目宗家）、義弟＝鵜沢総明（弁護士・政治家） 勲勲四等瑞宝章〔大正15年〕

今井 五介　いまい・ごすけ
実業家 片倉製糸紡績社長
安政6年（1859年）11月15日〜昭和21年（1946年）7月9日
生信濃国（長野県）　名旧姓・旧名＝片倉　歴製紙家の初代片倉兼太郎の実弟。明治10年今井家の婿養子となった。18年松本大同義塾の塾長となったが、19年農商務省蚕繭試験場の講習生となり、20年渡米、23年帰国、片倉一族が新設した松本片倉製糸所の所長となり、28年片倉組立で正式に共同経営者として参加した。42年には松本電鉄社長に就任した後、大正9年片倉製糸紡績発足と同時に副社長、昭和8年社長となった。また日華蚕糸、片倉生命保険、日本蚕糸統制会社、片倉殖産などの社長を歴任、片倉製糸王国の中心人物となった。 家兄＝片倉兼太郎（1代目）（製糸家）

今井 新造　いまい・しんぞう
衆議院議員
明治27年（1894年）1月〜昭和37年（1962年）8月23日
出山梨県　歴山梨県議を経て、昭和11年衆議院議員初当選、以来連続3期務める。この間内閣委員、大東亜省委員などを歴任。

今井 甚太郎　いまい・じんたろう
克誠堂出版創業者
明治12年（1879年）6月19日〜昭和25年（1950年）1月8日
生東京市日本橋区三代町（東京都中央区）　歴明治25年頃に吐鳳堂に入店して修業し、主人・田中増蔵の片腕として活躍。大正3年独立して東京・本郷に医書出版の克誠堂出版を創業。処女出版は竹内薫兵「小児病診療法及類症鑑別」で、同年月刊「実験医報」も創刊。昭和18年戦時統合により金原商店と吐鳳堂と合併して日本医書出版が誕生したが、戦後の22年に分離独立して克誠堂出版を復活させた。

今井 武夫　いまい・たけお
陸軍中将
明治31年（1898年）2月23日〜昭和57年（1982年）6月12日
生長野県　学陸士（第30期）〔大正7年〕卒、陸大〔昭和3年〕卒
歴昭和5年参謀本部支那課参謀、10年北京大使館付武官補佐官、14年参謀本部支那課長、17年秋には大東亜省の軍事参議官に任命され、18年中将、19年支那派遣軍参謀副長を歴任。陸軍の中国通の第一人者といわれ、軍内和平派として終戦前には中国との和平秘密工作にも動いた。

今井 哲夫　いまい・てつお
陸上選手
明治45年（1912年）5月29日〜昭和62年（1987年）12月27日
生新潟県　学慶応義塾大学経済学部〔昭和11年〕卒　歴昭和11年ベルリン五輪陸上男子3000メートル障害に出場した（予選落ち）。戦後、54年から柏崎市長を2期務めた。

今井 徳順　いまい・とくじゅん
僧侶（天台宗）輪王寺門跡
明治6年（1873年）〜昭和12年（1937年）12月3日
生群馬県甘楽郡下仁田町　歴明治16年東叡山津梁院で得度。東京・上野の寛永寺で修行の後、日光山に入り、25年輪王寺浄土院住職、大正10年77世輪王寺門跡に就任。社会福祉事業に力を注ぎ、下野三楽園を創設。また、日光幼稚園、日光文庫（日光図書館）を設立。日光山内の寺社発電所、水道の開設なども手がけた。

今井 登志喜　いまい・としき
西洋史学者 東京帝国大学教授
明治19年（1886年）6月8日〜昭和25年（1950年）3月21日
生長野県諏訪郡平野村（岡谷市）　専西洋社会史、英国史、諏訪史　学東京帝国大学文科大学史学科〔明治44年〕卒　歴一高教授から大正10年東京帝国大学講師、12年助教授を経て、昭和15年教授。14年文学部長となり、軍部、右翼勢力に対抗し、大学の自治を守る。政治、外交史を超えた西洋史概説を確立、専門の英国史研究でも英国通史を完成。都市発達史研究では、地図を利用して人口、立地条件などを実証的に考える研究方法論を開拓した。22年退官、23年名誉教授。登呂遺跡調査委員長、諏訪史研究にも尽力した。「都市発達史研究」「西洋政治史」「英国社会史」「歴史学研究法」などの著書がある。

今井 武吉　いまい・ぶきち
社会運動家
明治21年（1888年）11月3日〜昭和23年（1948年）11月3日
生広島県福山市　学高小卒　歴大正3年大阪の久保田鉄工所に入社し、労農運動を始める。13年日本労農党大阪府連執行委員になり、昭和4年日本大衆党中央執行委員となる。6年全国労農大衆党を離脱し、11年関西皇国労農協議会を結成し、戦時中は大政翼賛会大阪府本部参与となった。

今井 喜孝　いまい・よしたか
遺伝学者
明治27年（1894年）〜昭和22年（1947年）11月28日
生東京都　専植物遺伝学　学東京帝国大学農科大学農学実科〔大正4年〕卒 農学博士〔昭和3年〕　歴少年時代は数学や俳句に心を惹かれたが、やがて農学の研究に進む。大正4年東京帝国大学農学実科を卒業後は、農学部植物学教室において三宅驥一の下でアサガオを主とした遺伝研究に取り組んだ。昭和2〜3年米国へ留学、コロンビア大学のT.H.モーガンの下でショウジョウバエの遺伝学的研究に従事。帰国後は府立高校教授を務める傍ら易変遺伝子の研究に没頭、植物の斑入や色素体突然変異の原因は易変遺伝子や易変プラスチッドの影響によるとして、独創的な色素体遺伝子説を唱えた。著書に「遺伝読本」「遺伝学講義」「いきもの考」「遺伝と人生」などがある。

今井 嘉幸　いまい・よしゆき
弁護士 衆議院議員
明治11年（1878年）5月25日〜昭和26年（1951年）6月30日
生愛媛県周桑郡小松町　学東京帝国大学法学部独法科〔明治39年〕卒 法学博士　歴東京地裁判事として、明治41年清国に渡り、法制教育をする。帰国後の大正3年弁護士を開業。6年大阪市より衆議院議員に当選、以後、普選運動家として活躍。のちに社会大衆党顧問となり、戦時下の翼賛選挙で2度目の代議士となった。平成10年中国・辛亥革命の指導者だった孫文にあてた、憲法私案とみられる書簡が発見された。

今井 利喜三郎　いまい・りきさぶろう
実業家 三井銀行会長
明治4年（1871年）12月28日〜昭和23年（1948年）8月11日
生埼玉県比企郡寄居町（大里郡寄居町）　学慶応義塾〔明治25年〕卒　歴代々名主総代を務める地主の長男に生まれる。三井銀行に入り、京都支店長、本店営業部長などを経て、大正12年常務、昭和11年会長に就任。12年退任して、千代田生命社長、16年相談役。

今泉 定助　いまいずみ・さだすけ
古典学者 皇道学院院長 国学院学監補
文久3年(1863年)2月9日～昭和19年(1944年)9月11日
[生]陸奥国刈田郡白石(宮城県白石市)　[名]前名＝定介, 号＝竹の屋主人　[学]東京大学古典講習科〔明治19年〕卒　[歴]「古事類苑」編纂委員、共立中学校長、城北中学校長、国学院学監補などを経て、昭和13年日大に皇道学院を創設、院長となり"祭政一致"の国体論を教育に実践した。また明治神宮奉斎会会長、皇典講究所理事、神祇院参与を歴任。有職故実に詳しく「故実叢書」128冊を校訂・編纂した。著書に「平家物語講義」「平治物語講義」「国体講話」、「今泉定助先生研究全集」(全3巻)などがある。

今泉 義道　いまいずみ・よしみち
陸軍歩兵少尉
生年不詳～平成7年(1995年)3月2日
[出]佐賀県　[歴]昭和11年の二・二六事件当時は陸軍歩兵少尉で、悩んだ末に決起部隊に参加。近衛歩兵第三連隊の中橋基明中尉が高橋是清蔵相を襲撃している間付近に待機、襲撃終了後、中橋中尉に同行して皇居へ向かった。軍法会議では禁固4年の判決を受けた。

今井田 清徳　いまいだ・きよのり
逓信次官 貴族院議員(勅選)
明治17年(1884年)2月2日～昭和15年(1940年)5月8日
[生]岡山県赤坂郡神田村(赤磐市)　[名]旧姓・旧名＝国塩　[学]六高卒, 東京帝国大学法科大学〔明治42年〕卒　[歴]逓信省に入り大阪中央郵便局長、熊本、東京各逓信局長、本省簡易保険局長、同貯金局長の後一時退官、大阪市電気局長兼同市参与となった。昭和4年逓信次官となり、6年6月宇垣一成朝鮮総督に請われ政務総監となり、朝鮮北部の水力電気開発とその統制を実施、朝鮮の兵站工業基地化を推進した。11年8月退任、同年9月勅選貴族院議員。12年宇垣流産内閣の組閣参謀。また国策研究会、昭和研究会にも加わった。日本放送協会理事。　[家]養子＝今井田研二郎(登山家)

今川 節　いまがわ・せつ
作曲家
明治41年(1908年)8月10日～昭和9年(1934年)5月25日
[出]福井県坂井郡丸岡町(坂井市)　[学]平章小高等科卒　[歴]牧師夫妻にかわいがられ、教会にあったオルガンを独習。大正12年児童文学雑誌「赤い鳥」に掲載されていた作曲の通信教育を受け始めたが、関東大震災のため中断。13年北原白秋の詩「ちょうちょう」に曲を付けて同誌に投稿すると、14年成田為三の選で巻頭に掲載された。以後、宮原禎次に作曲の添削指導を受けたものの、亡くなるまでほぼ独学で作曲を続ける。15年山田耕筰の曲で知られる白秋の「ペチカ」の詩に、複合7拍子の曲を付けた「ペチカ」を作曲、生涯の代表曲の一つとなった。昭和3年文部省募集の御大礼奉祝歌に応募して作曲の部2等に入選。8年第2回音楽コンクール作曲部門に交響曲「四季」が入賞したが、9年結核のために25歳で夭逝。その短い生涯に250曲以上の童謡や歌曲、讃美歌などを作曲、また福井中学校歌なども作った。

今沢 慈海　いまざわ・じかい
図書館学者 日比谷図書館館頭
明治15年(1882年)3月24日～昭和43年(1968年)12月31日
[生]愛媛県　[名]幼名＝市次郎, 号＝天瑞, 南岳　[学]東京帝国大学哲学倫理学科〔明治40年〕卒　[歴]明治41年東京市に勤務、日比谷図書館の開館を前に英国のゴルドン夫人が英国文化の普及を目的に、英国で募集した「ゴルドン文庫」を委託、この整理に従事。大正2年同館館長となり、4年館頭として全東京市立図書館を統轄した。昭和6年提出予算案が通らず辞職。9年成田中学校長に転じ、成田山新勝寺の社会事業に携わり、23年成田山文化財団理事長・成田図書館書など歴任。他に大正10年文部省図書館員教習所開設時から昭和15年まで講師。日本図書館協会の役員も務めた。著書に「図書館経営の理論及実際」「図書館小識」「児童図書館の研究」「表解詳説梵文典」、「成田山史」刊行にも従事した。

今宿 次雄　いましゅく・つぐお
佐賀県知事
明治17年(1884年)1月10日～昭和46年(1971年)9月4日
[生]京都府　[名]旧姓・旧名＝三浦　[学]東京帝国大学法科大学政治学科〔明治42年〕卒　[歴]三浦家の二男で、今宿家を継ぐ。大正15年沖縄県知事、昭和4年佐賀県知事。5年退任。30年八日市市市長、1期。

今関 啓司　いまぜき・けいじ
洋画家
明治26年(1893年)3月3日～昭和21年(1946年)3月31日
[生]千葉県長生郡長南町　[歴]13歳で上京し、日本美術院研究所洋画部に学ぶ。大正11年の春陽会創立に参加し、13年会員となる。代表作は「浅春山路」(昭和18年)。　[家]長男＝今関一馬(洋画家), 三男＝今関鷲人(洋画家)

今関 天彭　いまぜき・てんぽう
漢詩人 中国学術文芸研究家
明治15年(1882年)6月19日～昭和45年(1970年)10月19日
[生]千葉県東金　[名]本名＝今関寿麿　[専]唐詩, 詞　[歴]幼時祖父から経学を学び、17歳の時東京に移り、石川鴻斎に漢詩文を習い、明治40年森槐南、国分青厓から清、明の詩風を学んだ。43年国民新聞、44年国民雑誌社に入り、「訳文大日本史」の訳業に従事。大正5年朝鮮総督府嘱託、7年北京に今関研究室を設け、中国事情を研究。この頃、斎藤実朝鮮総督(後の首相)顧問、南京大学講師を兼ねた。昭和6年日本に帰ったが、17年重光葵南京駐在大使の招きで顧問を務めた。戦後帰国し25年新木栄吉日本銀行総裁に招かれ同行の漢詩講話会を開き、興銀に受け継がれた。26年雑誌「雅友」を発行。39年から「漢詩大系」(全24巻)の編集委員となり宋詩選を分担執筆した。著書に「天彭詩集」(全12巻)「支那戯曲集」「東京先儒墓田録」「法帖叢話」「宋元明清儒学年表」「東洋画論集成」「中国文化入門」など多数。

今田 新太郎　いまだ・しんたろう
陸軍少将
明治29年(1896年)7月5日～昭和24年(1949年)8月29日
[生]東京都　[出]奈良県　[学]陸士(第30期)〔大正7年〕卒, 陸大〔大正14年〕卒　[歴]近所に自由民権思想家の中江兆民が住み、その長男でユマニストの丑吉と生涯、親交を結んだ。大正7年陸軍歩兵少尉に任官。昭和4年より奉天に駐在。6年張学良の中国東北軍顧問となり、満州事変の端緒となった柳条湖事件に関与。10年満州国軍顧問。14年台湾混成旅団参謀長、同年第二十一軍参謀、15年南支那方面軍参謀、同年歩兵第七十三連隊長、16年第三十六師団参謀長を経て、18年陸軍少将。太平洋戦争開戦後は中国山西省、ニューギニアを転戦。21年復員した。

今中 次麿　いまなか・つぎまろ
政治学者 九州帝国大学法文学部教授
明治26年(1893年)4月9日～昭和55年(1980年)7月26日
[生]広島県広島市　[学]東京帝国大学法学部政治学科〔大正7年〕卒 法学博士〔昭和25年〕　[資]日本学士院会員〔昭和41年〕　[歴]在学中に海老名弾正の本郷教会に入会、その縁で吉野作造の知遇を得た。大正8年同志社大法学部教授、11～12年欧米留学、昭和3年九州帝国大学法文学部教授となり、16年公刊の「政治

学」が発禁となり、17年辞職。戦後21年九大に復職、28年広島大教授、32〜38年佐賀大学長、40〜46年北九州大学長を歴任。著書に「政治学における方法二元論」「独裁政治」「政党発生論」「政治統制論」「西洋政治思想史」(全2巻)、「政治学序説」「政治学概念」「新政治原理総論」「権力政治の歴史的構造」などがある。　家長男=今中比呂志(政治学者)

今中 楓渓　いまなか・ふうけい
歌人
明治16年(1883年)4月20日〜昭和38年(1963年)8月17日
生大阪府北河内郡　名本名=今中保次朗　学広島高等師範学校卒　歴中学時代から作歌をし、前田夕暮に師事して「詩歌」に参加。のちに「覇王樹」「林間」などの同人に参加し、大正14年「あかね」を刊行。昭和6年から19年まで女性短歌誌「若菜」を主宰した。

今成 留之助　いまなり・とめのすけ
衆議院議員
明治15年(1882年)12月〜昭和40年(1965年)6月17日
出新潟県　学日本大学専門部法律科〔明治40年〕卒　歴新潟地裁判事、弁護士、新潟県議を経て、昭和12年より衆議院議員に2選。

今西 中通　いまにし・ちゅうつう
洋画家
明治41年(1908年)10月30日〜昭和22年(1947年)6月10日
生高知県高岡郡窪川町　名本名=今西忠通　学松葉川東尋常小学校、窪川高等小学校を経て、大正12年城北中学(現・高知小津高校)に入学。14年高知絵画研究所に学び、昭和3年19歳で上京、川端画学校、1930年協会洋画研究所で学んだ。6年独立美術協会第1回展に出品、10年同会第5回展で「室内裸婦」「雪景」などでD賞受賞。11年同第6回展に「真珠」などを出品、同会会友に推された。肺結核を発病し、長野の蓼科高原や香川県の坂出市で療養した後、20年絵画研究所設立のため福岡市に移住。22年第15回独立展に「静物」「人物」を出品、同会会員となったが、同年福岡で死去した。

今西 龍　いまにし・りゅう
朝鮮史学者 京城帝国大学教授
明治8年(1875年)8月15日〜昭和7年(1932年)5月20日
生岐阜県池田郡池田野新田(揖斐郡池田町)　学東京帝国大学文科大学史学科〔明治36年〕卒 文学博士〔大正11年〕　歴大学院で朝鮮史を専攻。明治39年朝鮮に渡り、新羅の古都慶州を調査。大正2年京都帝国大学講師、5年助教授・朝鮮総督府古蹟調査委員、11年総督府朝鮮史編纂委員会委員。この年中国留学、15年京城帝国大学教授(京都帝大教授兼任)。朝鮮平安南道龍岡郡黏蟬県の神祠碑発見は有名。著書に「新羅史研究」「百済史研究」「朝鮮史の栞」「朝鮮古史の研究」「高麗及李朝史研究」。

今藤 長十郎(2代目)　いまふじ・ちょうじゅうろう
長唄三味線方 今藤派家元
慶応2年(1866年)2月28日〜昭和20年(1945年)6月9日
生東京都　名本名=坂田政太郎、前名=松永鉄太郎、後名=今藤長栽　歴囃子方2代目今藤佐太郎の子。初め笛方を務めたが、明治23年7代目松永鉄五郎に入門、松永鉄太郎と名のって三味線方に転じた。37年2代目今藤長十郎を襲名。母まち(美佐吉)の教えで古曲に精通、40年東京音楽学校に邦楽調査掛が新設されて、その調査嘱託員となり、邦楽曲の採譜に尽力した。また「近世邦楽年表」の編集にも従事、邦楽研究に大きく貢献した。昭和17年二男の4代目佐太郎に長十郎を譲り、長栽と改名。作曲には「夫婦鶴」「井筒」「松の四季」「御代の曙(山の巻)」などがある。　家父=今藤佐太郎(2代目)(長唄

囃子方)、長女=今藤綾子(長唄三味線方)、二男=今藤長十郎(3代目)、孫=今藤長十郎(4代目)

今松 治郎　いままつ・じろう
静岡県知事
明治31年(1898年)7月25日〜昭和42年(1967年)10月14日
生愛媛県　学東京帝国大学仏法科〔大正11年〕卒　歴大正11年内務省に入り、警視庁官房主事、内務省警保局長を経て、昭和15年和歌山県知事、18年静岡県知事となった。戦後、公職追放。解除後の27年愛媛3区から衆議院議員に当選、当選5回。32年第一次岸内閣の初代総理府総務長官となった。

今村 明恒　いまむら・あきつね
地震学者 東京帝国大学教授
明治3年(1870年)6月14日〜昭和23年(1948年)1月1日
生鹿児島県鹿児島市　名幼名=常次郎　学一高〔明治24年〕卒, 帝国大学理科大学物理学科〔明治27年〕卒 理学博士〔明治38年〕　賞帝国学士院会員〔大正14年〕　歴明治28年帝国大学理科大学副手を経て、29年陸軍中央幼年学校教授となり、34年東京帝国大学助教授を兼任。38年雑誌「太陽」に地震による火災被害を減らすためランプではなく電灯を用いた方がよいという主旨の論文を発表したが、その前段として書いた江戸幕府以来の統計をもとに関東地方に大地震が起こり得るという部分がクローズアップされた上、センセーショナルに繰り返し新聞で報じられ大衆を不安に陥れたことから、火消しにやっきになる同じ地震学教室の大森房吉教授から手厳しく非難・反論された。学説的・感情的にも大森と対立したが、12年に関東大震災が発生。同年地震直後に病死した大森の後を受け、教授に昇任した。昭和4年日本地震学会が再建されると初代会長に就任、機関誌「地震」の編集長を兼ねた。6年東京帝大を定年退官。今村式強震計の考案や、津波の海底地殻変動原因説を唱えるなど地震学発展に貢献する一方、地震予知と地震知識の啓蒙に尽力。私財を投じて地震の前兆現象の観測に当たった他、教科書に地震の話を取り上げるよう働きかけ、全国各地で震災軽減などを訴える講演を行った。著書に「地震学」「理論及応用地震学」(英文)、「地震講話」などがある。

今村 荒男　いまむら・あらお
内科学者 大阪帝国大学教授
明治20年(1887年)10月13日〜昭和42年(1967年)6月13日
生奈良県　専結核医学　学東京帝国大学医科大学〔大正1年〕卒 医学博士(東京帝国大学)〔大正11年〕　賞日本学士院会員〔昭和26年〕　歴大正元年東京帝国大学伝染病研究所に入所。5年須磨療養所で病気療養に入るが、11年伝研に技師として復帰。14年大阪医科大学教授に転じて内科学第三講座を担当、昭和6年大阪帝国大学教授、15年微生物病研究所長、20年奈良県立医学専門学校長、24年大阪帝大総長を歴任。26年日本学士院会員、29年阪大総長退任。療養中に結核研究に一生を捧げることを決意、志賀潔が欧州から持ち帰ったBCG菌の研究に取り組み、その人体接種を初めて行った。12年学術振興会にBCG研究準備会を設置、13年BCG接種研究委員会を発足させるなど、結核予防法にBCG接種を取り上げ、その普及に尽力した。著書に「肺結核の常識」などがある。　家兄=今村幸男(実業家)、今村奇男(実業家)　賞文化功労者〔昭和35年〕

今村 次吉　いまむら・じきち
実業家 日本蹴球協会初代会長
明治14年(1881年)3月〜昭和18年(1943年)4月17日
生東京都　学東京帝国大学法科大学〔明治37年〕卒　歴フランス語学者・今村有隣の二男。大蔵省事務官、ロシア駐在財務官を経て、亜細亜林業社長、日露実業常務を務めた。東京高等師範附属小学校時代に坪井玄道からサッカーの手ほどき

昭和人物事典 戦前期　　　　　　　　　　　　　　　いまむら

を受けたといわれ、一高・東京帝国大学時代は陸上選手として活躍。明治33年に行われた大学の運動会では200メートル、400メートル、1000メートルの3種目で優勝した経験を持つ。後年、大日本体育協会筆頭理事を務め、大正10年日本蹴球協会（現・日本サッカー協会）設立に際して初代会長に就任。憲章・規約の制定、機関誌「蹴球」の発刊、協会旗章の決定、全国優勝競技会（現・天皇杯）の創設、FIFA加盟など協会の基盤づくりに尽力した。昭和8年退任。大日本レスリング協会会長も務めた。　　[家]父＝今村有隣（フランス語学者）、兄＝今村新吉（精神医学者）

今村 新吉　いまむら・しんきち
精神医学者 京都帝国大学教授
明治7年（1874年）11月15日～昭和21年（1946年）5月19日
[生]石川県金沢市　[専]精神病理学　[学]東京帝国大学医科大学〔明治30年〕卒 医学博士（東京帝国大学）〔明治37年〕　[歴]フランス語学者・今村有隣の長男。大学院で研究した後ウィーン留学、オーベルシュタイナー教授の下で大脳生理の実験的研究を進めた。明治36年京都帝国大学教授に任命されて帰国。大正14年～昭和3年附属医院長、3～7年医学部長、9年定年退官。この間、精神病理学関係の研究を推進、論文「喜劇と妄想」で妄想性精神病についての独創的な見解を示し、ヒステリー、神経病理学などについて優れた業績を挙げた。また京都大学に精神医学教室を創設し、精神病理研究の先駆的役割を果たした。大本教出口王仁三郎の精神鑑定書を作成したことでも知られる。著書に「神経衰弱に就いて」「精神病理学論稿」などがある。　　[家]父＝今村有隣（フランス語学者）、弟＝今村次吉（実業家）、岳父＝猪子止戈之助（外科学者）、義兄＝藤浪鑑（病理学者）

今村 善次郎　いまむら・ぜんじろう
実業家 セメダイン創業者
明治23年（1890年）11月19日～昭和46年（1971年）1月6日
[生]富山県高岡市　[学]松富夜間中学〔明治44年〕卒　[歴]明治40年上京、職を転々とする傍ら松富夜間中学に学ぶ。卒業後、自作の家具用ワックス「ひかるクリーム」や靴墨類、英国製接着剤「メンダイン」などを売っていたが、やがて接着剤の将来性に注目して、大正8年本格的にその研究・開発に着手。12年の関東大震災でいったん帰郷したが、間もなく再起を期して東京・谷中初音町に転居、靴墨などを販売する傍ら接着剤研究に没頭。同年初の国産チューブ入り接着剤を開発、これを「セメダイン」と命名。昭和2年従来の国産のりに手を加えた「桜のり」を売り出したのに引き続き、「セメダイン」を改良した「セメダインA」を発売、好調な売れ行きを示した。以後は家具用ワックス、12色ラッカー、潤滑剤などにも手を着ける一方、「セメダイン」の改良を続け、13年には仕上がりの美しさや接着力、耐水性、透明度を大幅に向上させた「セメダインC」が完成、全国に知られる製品となった。"接着剤"という言葉の造語者とされる。

今村 忠夫　いまむら・ただお
教育家 晋州公立農学校校長
明治20年（1887年）1月1日～昭和38年（1963年）2月22日
[生]高知県土佐市　[学]北海道帝国大学農学部〔大正9年〕卒　[歴]高知県土佐市の豪農の家に生まれる。大正9年朝鮮総督府に就職。12年から教職生活に入り、14年38歳の若さで晋州公立農学校（現・晋州農林専門大学）の第6代校長に就任。終戦の昭和20年まで、20年間校長を務めた。63年晋州で学んだ韓国の卒業生たちが来日し、土佐市の今村家跡地に頌徳碑を建立した。

今村 恒夫　いまむら・つねお
詩人 社会運動家
明治41年（1908年）1月15日～昭和11年（1936年）12月9日
[生]福岡県嘉穂郡碓井村（嘉麻市）　[名]本名＝今村久雄　[学]日本大学法文学部専門部　[歴]昭和4年頃から「文芸戦線」などに詩作を発表し、労芸分裂後は日本プロレタリア作家同盟（ナルプ）に参加。7年共産党に入りコップへの弾圧を地下活動に入り、8年小林多喜二と共に逮捕された。

今村 均　いまむら・ひとし
陸軍大将
明治19年（1886年）6月28日～昭和43年（1968年）10月4日
[生]宮城県仙台市　[学]陸士（第19期）〔明治40年〕卒、陸大卒　[歴]大正6年陸軍省軍務局課員、7～9年英国駐在、参謀本部員、上原勇作元帥付副官を歴任。昭和2年インド駐在武官を経て、6年参謀本部作戦課長となる。9月、満州事変が起こり作戦指導。林銑十郎朝鮮軍司令官の独断越境を統帥権侵犯として反対。橋本欣五郎中佐のクーデター計画を未然に阻止（十月事件）。7年歩兵五十七連隊長。10年少将、歩兵第四十旅団長、11年関東軍参謀副長。13年中将、陸軍省兵務局長、第五師団長から、15年教育総監部本部長。16年第二十三軍司令官、第十六軍司令官として蘭印方面に従軍。17年第八方面軍司令官としてラバウル作戦に参加、18年日本軍のガダルカナル島撤退に努力。20年オーストラリア軍に降伏、戦犯として禁固10年判決。25年巣鴨に送還されたが、部下のいるマヌス島服役を希望、後再び巣鴨に移り29年釈放。その処世は軍人の鑑とされた。著書に「今村均大将回想録」がある。　　[家]弟＝今村方策（陸軍大佐）、息子＝今村和男（防衛大学校教授）

今村 方策　いまむら・ほうさく
陸軍大佐
明治33年（1900年）1月4日～昭和24年（1949年）4月24日
[出]宮城県仙台市　[学]陸士（第33期）〔大正10年〕卒　[歴]野砲学校教官、山砲連隊中隊長から昭和17年8月、関東軍参謀部付。20年中国山西省で終戦を迎えると中国国民党軍の閻錫山の要請で日本軍1個師団とともに合体して中国共産党軍に対抗した。しかし24年敗れて首都太原を開城、服毒自決した。　　[家]兄＝今村均（陸軍大将）

今村 安　いまむら・やすし
馬術選手 陸軍騎兵大佐
明治25年（1892年）～昭和41年（1966年）10月23日
[生]山梨県甲府市　[学]陸士〔大正2年〕卒　[歴]大正2年陸軍騎兵少尉に任官。中尉、大尉を経て、12年騎兵学校教官。昭和4年イタリアに留学し、10年中佐、15年騎兵大佐となる。この間、7年のロサンゼルス五輪に馬術選手として出場。戦後は、国体馬術選手のため調教を手がけるなど日本馬術界の発展に貢献した。63年、著書「馬術」「障碍飛越ノ要領トソノ調教」が「今村馬術」としてまとめられた。

今村 幸男　いまむら・ゆきお
住友信託銀行会長
明治7年（1874年）11月～昭和31年（1956年）1月9日
[生]奈良県生駒郡安堵村　[学]東京帝国大学政治科〔明治33年〕卒　[歴]生家は柳生家に仕えた典医の家系。明治33年住友銀行に入社、京都、神戸、ニューヨーク各支店長、本店支配人から常務、住友信託銀行会長となった。そのほか大阪ガス取締役、信託統制会、大阪倶楽部各理事長を務め、晩年は大阪倶楽部顧問、関西日英協会名誉アドバイザーとして活躍した。　　[家]弟＝今村奇男（実業家）、今村荒男（医学者）

今村 豊　いまむら・ゆたか
解剖学者 人類学者 京城帝国大学医学部教授
明治29年（1896年）9月18日～昭和46年（1971年）1月13日
[生]長崎県長崎市　[専]形態人類学、骨格人類学　[学]京都帝国大学医学部〔大正10年〕卒 医学博士〔昭和3年〕　[歴]大正13年京

105

いむら　　　　　　　　　　　　　　　　　昭和人物事典 戦前期

い

城医学専門学校講師、13～15年ドイツに留学、15年京城帝国大学助教授、昭和3年教授、13～15年医学部長、19年大陸資源科学研究所長を兼任。戦後引き揚げ、21年博多引揚援護局検疫所長、23年広島県立医科大学教授、27年新潟大学教授、34年三重県立医科大学教授。在鮮中に人骨を多数収集し、形質人類学、骨格人類学の研究に打ち込んだ。

今村 力三郎　いまむら・りきさぶろう
弁護士 専修大学理事
慶応2年（1866年）5月2日～昭和29年（1954年）6月12日
生信濃国（長野県飯田市）　名号＝徹堂　学専修学校（現・専修大学）〔明治21年〕卒　歴明治21年専修学校を出て一時裁判官を務めた後、弁護士を開業。民事、商事のほか刑事事件では官選弁護人として活躍、足尾銅山鉱毒事件、大逆事件や、大正12年の第一次共産党事件、続く虎ノ門事件、昭和7年の五・一五事件や神兵隊事件、9年の帝人事件など数多くの事件を担当した。これらの事件で今村は、捜査当局の行き過ぎと事実の歪曲に対し、被告の人権擁護に終止、大逆事件の処理と当局の弾圧的態度を非離した。また専修大学理事を長く務め、戦後の21年同大学長に就任した。著書に「法廷五十年」がある。

井村 荒喜　いむら・こうき
実業家 不二越創業者 衆議院議員
明治22年（1889年）11月3日～昭和46年（1971年）5月10日
生長崎県南高来郡北有馬村今福（南島原市）　学行余学舎〔明治37年〕中退　歴明治44年九州日之出新聞社の記者見習を経て、大正4年台湾帝国製糖に入社。6年台湾視察を訪れた東海貿易の北島兵衛を各地に案内して天に入られ、富山の電気事業建設を手伝ってくれるよう要請されたことから、8年中越水力電気に転じた。9年同社支配人となると一から電力事業について学び事業拡大に奔走、15年池上健二社長が不慮の死を遂げると最大手の富山電気との合併を推進し、昭和3年の日本海電気（現・北陸電力）誕生への筋道を付けた。傍ら、大正13年より中越製作所を経営し、15年には工具の国産化を目指した研究所も設立。3年日本海電気への移籍が反故にされると、富山市で不二越鋼材工業を創業。4年ハクソー・ブレード（金切鋸刃）が優秀国産品として天覧の栄に浴したことから、昭和天皇のお召し艦であった重巡洋艦「那智」にあやかって「NACHI」を商標とした。12年不二越工科学校、15年不二越病院（現・富山県立中央病院）を設立。17年衆議院議員に当選。38年不二越に社名変更し、39年社長を退任した。　家長男＝井村賢（不二越専務）、義弟＝横田清義（早稲田大学名誉教授）　勲勲五等瑞宝章〔昭和15年〕

飯村 天祐　いむら・てんゆう
歌人
明治44年（1911年）7月4日～昭和20年（1945年）6月18日
生滋賀県坂田郡法性寺村（米原市）　歴滋賀県・法性寺村の新宗大谷派寺院の長男に生まれ、彦根中学時代父を亡くして住職を継ぐ。一方、昭和7年前田夕暮主宰の歌誌「詩歌」に参加し、口語自由律短歌を始める。西欧からの諸思想、特にモダニズムを採り入れた新しい短歌の創造に取り組む若者の一人として注目され、戦時下でも自由な作品を作り続けた。17年臨時召集され、20年沖縄の激戦地・麻文仁で戦死。平成6年遺子・加藤悦子の願いにより、50回忌を前に歌集「飯村天祐全歌集」が出版された。

井本 熊男　いもと・くまお
陸軍大佐
明治36年（1903年）5月1日～平成12年（2000年）2月3日
出山口県山口市　学陸士（第37期）〔大正14年〕卒、陸大（第46期）〔昭和9年〕卒　歴大正14年陸軍歩兵少尉に任官。昭和14年ソ連・ポーランド駐在武官（未赴任）を経て、15年参謀本部

作戦課員となり、服部卓四郎の下、ガダルカナル島撤収を主張。17年今村均第八方面軍司令官の参謀となり、18年2月ガダルカナル撤収作戦を指導した。同年11月東条英機首相兼陸相の秘書官。19年第十一軍、第十三軍参謀、20年4月第二総軍参謀、8月広島への原爆投下で重傷を負う。戦後は陸上自衛隊で陸将まで進み、統合幕僚会議事務局長などを務めた。

井元 水明　いもと・すいめい
挿絵画家 漫画家
生年不詳～昭和28年（1953年）
歴大正末期の頃より挿絵、絵物語、漫画を手がける。昭和4年「読売新聞」に「紙上映画」を連載、のち描き改めて「長靴の三銃士」（牧野大誓案）として出版、好評を博した。他の作品に「冒険太郎」「懐中騎士」などがある。

井元 為三郎　いもと・ためさぶろう
実業家 井元商店創業者
明治7年（1874年）4月11日～昭和20年（1945年）12月26日
出愛知県　名旧姓・旧名＝伊東　歴明治30年名古屋で陶磁器販売の井元商店を創業。のち米国、東南アジアに支店を開設。昭和15年大日本陶磁器輸出組合連合会理事長。

井本 常作　いもと・つねさく
弁護士 衆議院議員 東京第一弁護士会会長
明治13年（1880年）4月18日～昭和44年（1969年）6月1日
生群馬県多野郡神流村（藤岡市）　学明治法律学校（現・明治大学）法律科〔明治35年〕卒　歴司法官を経て、弁護士として活動。東京第一弁護士会会長を務めた。また、大正13年より衆議院議員に3選。民政党に所属した。

伊良波 尹吉　いらは・いんきち
沖縄演劇俳優 沖縄歌劇作家
明治19年（1886年）9月9日～昭和26年（1951年）8月25日
生沖縄県与那原　歴農家に生まれ、15歳の時、旅役者となった。やがて本舞台に二枚目として活躍、その間、口述で沖縄歌劇を創作、「奥山の牡丹」など約200編の歌劇作品を残した。家息子＝伊良波晃（俳優）、娘＝伊良波冴子（女優）、孫＝伊良波さゆき（女優）

入江 たか子　いりえ・たかこ
女優
明治44年（1911年）2月7日～平成7年（1995年）1月12日
生東京市四谷区（東京都新宿区）　名本名＝東坊城英子　学文化学院中学部〔昭和2年〕中退　歴子爵家に生まれ、新劇女優から映画界入り。昭和2年日活映画「けちんぼ長者」でデビューし、その美貌で一世を風靡、"銀幕の麗人"といわれた。「生ける人形」「滝の白糸」「明治一代女」「白鷺」などに出演。戦後の28年からは一転して怪談ものに主演し「化け猫女優」の評判をとる。33年に映画界を去り、銀座のバーのマダムなど波乱に富む人生を送る。晩年は、女優である長女若葉の夫が経営するトンカツ屋を手伝っていた。　家長女＝入江若葉（女優）

入江 稔夫　いりえ・としお
水泳選手 ロサンゼルス五輪銀メダリスト
明治44年（1911年）～昭和49年（1974年）5月8日
生大阪府三島郡　学早稲田大学　歴昭和3年アムステルダム五輪の水泳男子100メートル背泳ぎに出場して4位。7年のロサンゼルス五輪では銀メダルを獲得、同種目では清川正二が金メダル、河津憲太郎が銅メダルと日本人が金銀銅を独占する圧勝を見せた。

入江 波光　いりえ・はこう
日本画家

明治20年（1887年）9月26日～昭和23年（1948年）6月9日
[生]京都府京都市 [名]本名＝入江幾次郎 [学]京都市立美術工芸学校〔明治38年〕卒, 京都市立絵画専門学校〔明治44年〕卒, 京都市立絵画専門学校研究科〔大正2年〕修了 [歴]幼時、森本東閣に師事。明治40年の第1回文展で「夕月」が入選、第13回新古美術品展で「宵の春」が4等。京都絵画専門学校の卒業制作「北野の裏の梅」も第16回新古美術品展で4等。大正2年京都市立美術工芸学校教諭、7年京都市立絵画専門学校助教授。国画創作協会運動に参画し、同年の第1回国画創作協会展に出品の「降魔」で国画賞を受け、翌年から同人となった。11年教授となり、同年から約1年間渡欧。その間「臨海の村」「彼岸」「羅馬郊外」などを発表。昭和3年協会解散後は画壇を離れ古画の模写などを続け、15年から文部省の依頼で法隆寺金堂壁画の模写に従事したが、完成をみずに死去した。 [家]息子＝入江酉一郎（日本画家） [賞]国画賞〔大正7年〕「降魔」

入沢 宗寿　いりさわ・そうじゅ
教育学者 東京帝国大学教授
明治18年（1885年）12月23日～昭和20年（1945年）5月6日
[生]鳥取県 [学]東京帝国大学文科大学哲学科教育学専攻〔明治44年〕卒 文学博士〔昭和4年〕 [歴]神宮皇学館教授から大正8年東京帝国大学文学部助教授となり、昭和4年ドイツ留学。7年教授となった。西洋近世以降の教育思想史を研究、新教育運動にも関心深く、郷土教育、労作教育などを究明、川崎市立田島尋常高等小学校における郷土生活に根ざした体育教育の実験的研究は、田島体験学校といわれて、有名。また国際新教育連盟の日本支部、新教育協会の創設にも尽くした。著書に「近代教育思想史」「新教育の哲学的基礎」「新郷土教育原理」などがある。

入沢 達吉　いりさわ・たつきち
医師 内科学者 随筆家 東京帝国大学名誉教授 宮内省侍医頭
元治2年（1865年）1月5日～昭和13年（1938年）11月8日
[生]越後国今町（新潟県見附市） [名]号＝雲荘 [学]東京帝国大学医科大学〔明治22年〕卒 医学博士〔明治32年〕 [歴]陸軍軍医を務めた入沢恭平の長男で、叔父は東京大学医学部総理や宮内省侍医局長官などを歴任した池田謙斎。明治22年東京帝国大学を卒業し、お雇い外国人医学者ベルツの無給助手となる。23～27年ドイツに留学。帰国後、28年帝国大学助教授を経て、34年教授に就任、内科学を講じた。大正14年定年退官、名誉教授。同年宮内省侍医頭に専任。日本内科学会会頭、日本医史学会理事長、日本医学会会頭なども務めた。一方、随筆家としても知られ、「入沢先生の演説と文章」「雲荘随筆」「楓荻集」「伽羅山荘随筆」などの著書がある。 [家]父＝入沢恭平（陸軍軍医）, 叔父＝池田謙斎（東京大学医学部総理）

入田 整三　いりた・せいぞう
考古学者 帝室博物館学芸委員
明治18年（1885年）4月12日～昭和21年（1946年）
[生]香川県大内郡引田村（東かがわ市） [専]金石文 [学]東京帝国大学文科大学史学科国史学専修〔大正3年〕卒, 東京帝国大学文科大学大学院〔大正4年〕退学 [歴]東京帝国大学大学院に入学すると同時に私立大成中学講師に就任するが、4年に大学院を退学。6年から帝室博物館技手となり金石文を専攻、同監査官補・同監査官を経て、昭和10年同学芸委員に就任。編著に「日本金石文綱要」などがある。

入間野 武雄　いるまの・たけお
大蔵省銀行局長 帝国銀行頭取
明治23年（1890年）1月6日～昭和33年（1958年）7月3日
[生]岩手県 [学]東京帝国大学政治学科〔大正5年〕卒 [歴]大蔵省に入り、専売局販売部長、大阪造幣局長、銀行局長を歴任。昭和15年退官、十五銀行副頭取に転じ、16年頭取。19年帝国銀行に合併され帝銀副頭取、次いで頭取。戦後、公職追放。解除後の28年日本専売公社2代目総裁となった。 [家]いとこ＝斎藤実（海軍大将・首相）

伊礼 肇　いれ・はじめ
弁護士 衆議院議員
明治26年（1893年）10月15日～昭和51年（1976年）6月7日
[生]沖縄県 [学]京都帝国大学独法科〔大正8年〕卒 [歴]弁護士を経て、昭和3年から衆議院議員に6選。

岩井 重太郎　いわい・じゅうたろう
日興証券社長
明治4年（1871年）11月13日～昭和21年（1946年）11月4日
[生]東京都 [学]慶応義塾中退 [歴]渡米して貿易業に従事、明治30年帰国、大阪の北浜銀行に入り、貸付課長、同部長、神戸支店長、東京支店長を務めた後辞職、帝国商業銀行取締役、日本信託会社副社長、日本興業銀行理事を兼任。大正9年日興証券設立発起人総代となり、興銀子会社の日興証券を設立、社長となった。昭和15年辞任。

岩井 尊人　いわい・たかひと
版画家 太平洋石油重役
明治25年（1892年）～昭和15年（1940年）12月18日
[生]奈良県 [歴]昭和5年帝展に入選。広田弘毅内閣の文部大臣秘書官を務めた。

岩井 智海　いわい・ちかい
僧侶 浄土宗管長 知恩院門跡
文久3年（1863年）5月17日～昭和17年（1942年）5月24日
[生]福岡県粕屋町 [名]号＝鈴泉, 別名＝岩井一水 [学]知恩院大学林 [歴]明治6年成道寺住職岩井境誉について得度。知恩院大学林、大阪英和学舎、立教大学、上野音楽学校に学び、バイオリンを習得、作詩作曲も行った。岩井一水の名で「仏教唱歌集」を発表した。27年の日清戦争には従軍布教師として活躍。31年堺市大阿弥陀寺住職。大正15年総本山知恩院執事長、昭和7年大本山清浄華院法主、9年4月大本山増上寺法主となったが、知恩院孝誉現有の死去で、これを継ぎ同年10月知恩院門跡となり、浄土宗管長を兼ねた。12年管長を辞任、自坊大阿弥陀寺へ帰った。著書に「仏教音楽論」「五重講説」（全2巻）、「旭の心」「自力更生と他力教」「道しるべ」「鈴泉遺芳」（遺稿集）などがある。

岩井 半四郎（9代目）　いわい・はんしろう
歌舞伎俳優
明治15年（1882年）6月28日～昭和20年（1945年）4月13日
[生]東京府浅草花川戸（東京都台東区） [名]本名＝岩井久次郎, 前名＝岩井粂次郎, 俳名＝燕子 [歴]父は4代目岩井粂三郎、祖父は東都劇団随一といわれた立女形の8代目。明治20年初舞台、28年3月明治座で紀の丸から久次郎と改名、39年10月東京座で「異風行列」の濃姫で5代目岩井粂三郎襲名、名題昇進。市村座から四谷大国座に移り、関西に住み、さらに東京に戻って小芝居を歩いた。得意芸は「日高川」の清姫、「金閣寺」の雪姫、「先代萩」の政岡、「嫗山姥」の八重桐など。死後半四郎の名跡が追贈された。 [家]祖父＝岩井半四郎（8代目）, 父＝岩井粂三郎（4代目）

岩尾 家定　いわお・いえさだ
社会運動家 日本共産党中央委員
明治37年（1904年）10月10日～昭和15年（1940年）2月19日
[生]鹿児島県出水郡上出水村（出水市） [歴]熊本市の水道配管工として働くなかで、早くから水平社運動に参加し、水平社青年同盟の活動家となる。大正14年ひそかに朝鮮に渡り、16年ソ連に渡ってクートベで学ぶ。昭和5年帰国し、共産党中央委

いわお　　　　　　　　　　　　　　昭和人物事典 戦前期

員となるが、同年検挙、起訴された。

岩男 是命　　いわお・これのぶ
彫刻家
明治45年（1912年）～昭和12年（1937年）
[生]大分県宇佐郡佐田村（宇佐市）　[歴]18歳の時、彫刻家の日名子実三に入門。昭和10年帝展改組の時、日名子が結成した第三部会に出品し、入選2回。12年には「シェパード」で特選に選ばれるが、同年日中戦争で戦死した。他の作品に「狼」「兵士と犬」「女の首」「馬」「大日如来」などがある。　[賞]第三部会展特選（第3回）〔昭和12年〕「シェパード」

岩城 邦広　　いわき・くにひろ
海軍中佐
明治43年（1910年）9月24日～平成8年（1996年）10月21日
[生]鹿児島県　[学]海兵（第59期）〔昭和6年〕卒　[歴]昭和8年海軍少尉に任官。航空畑を歩き、日中戦争中の13年2月、広東省上空の空中戦で水上偵察機に138発被弾しながら帰還し、“奇跡の凱旋”と話題になった。17年霞ケ浦海軍航空隊飛行隊長、18年第二十四航空隊参謀、19年第七二一航空隊飛行長を務め、20年海軍中佐で終戦を迎えた。戦後は航空自衛隊に入って空将まで進み、航空総隊司令官を務めた。

岩城 準太郎　　いわき・じゅんたろう
国文学者 奈良女子高等師範学校教授
明治11年（1878年）3月11日～昭和32年（1957年）4月9日
[生]富山県　[学]東京帝国大学文科大学国文科〔明治35年〕卒　[歴]東京帝国大学卒業後、三重県立一中、四高の教官を経て、大正4年奈良女子高等師範学校教授となり、昭和18年まで務める。明治39年「明治文学史」を刊行し、明治文学史研究の先駆者となる。以後も国文学者として活躍し「明治大正の国文学」「新修日本文学史」「近代日本文学の黎明」などを刊行した。

岩木 躑躅　　いわき・つつじ
俳人
明治14年（1881年）7月26日～昭和46年（1971年）11月4日
[生]兵庫県津名郡生穂町　[名]本名＝岩木喜市、別号＝つつじ　[歴]明治36年高浜虚子に師事し、大正10年「ホトトギス」同人となる。昭和7年から13年にかけて「摩耶」を主宰。句集に「躑躅句集」がある。

岩切 重雄　　いわきり・しげお
衆議院議員 鹿児島市長
明治21年（1888年）1月～昭和55年（1980年）1月27日
[生]鹿児島県　[学]東京帝国大学法科大学〔大正3年〕卒　[歴]大正9年から民政党所属衆議院議員4期、昭和19～20年鹿児島市長を務めた。

岩切 晴二　　いわきり・はるじ
数学者 慶応義塾大学教授
明治26年（1893年）3月8日～昭和50年（1975年）10月17日
[生]宮崎県　[学]東京帝国大学数学科〔大正13年〕卒　[歴]六高、慶応義塾大学教授を歴任。著書に、戦前戦後を通じ大学受験参考書のベストセラーとなった「代数学精義」「幾何学精義」の他、「解析幾何学精説」「線形数学精説」「代数学自由」「微分積分学精説」などがある。

岩倉 市郎　　いわくら・いちろう
昔話伝説研究家
明治37年（1904年）～昭和18年（1943年）
[生]鹿児島県大島郡早町村（喜界町）　[名]筆名＝文野白駒　[歴]大阪の懐徳堂に学び、東京に出て伊波普猷に師事。昭和10年からアチック・ミューゼアムの研究員として活躍。著書に新潟

県南蒲原郡の牧野悦の昔話をまとめた「加無波良夜譚」のほか「喜界島昔話集」「沖永良部島昔話」「甑島昔話集」などがある。

岩倉 具栄　　いわくら・ともひで
政治学者 英文学者 公爵 貴族院議員
明治37年（1904年）2月8日～昭和53年（1978年）11月2日
[生]東京都　[名]号＝南山、浩堂　[学]東京帝国大学政治学科〔昭和2年〕卒　[歴]岩倉具視の曽孫で、公爵を襲爵。昭和9～22年貴族院議員、12年十五銀行監査役などを経て、24年から法政大学教授。岩倉鉄道学校総長、梅若能楽学院院長なども務めた。　[家]曽祖父＝岩倉具視（政治家）、父＝岩倉具張（公爵）、妹＝岩倉靖子（社会運動家）、長男＝岩倉具忠（イタリア文学者）

岩倉 具方　　いわくら・ともまさ
洋画家
明治41年（1908年）1月～昭和12年（1937年）10月14日
[生]東京都　[学]太平洋美術学校　[歴]洋画家を志し、昭和2年二科会展に初入選。5～11年欧する。12年9月陸軍省嘱託画家、報知新聞特派員として日中戦争に従軍し、10月上海で戦死した。　[家]曽祖父＝岩倉具視（政治家）

岩倉 靖子　　いわくら・やすこ
社会運動家
大正2年（1913年）1月17日～昭和8年（1933年）12月21日
[生]東京市麹町区霞が関（東京都千代田区）　[学]日本女子大学卒　[歴]旧公家の家柄に生まれ、曽祖父は太政大臣を務めた岩倉具視、兄は公爵。日本社会の経済・文化的貧困への素朴な疑問から国際主義、共産主義に傾倒。反軍国主義やマルクス主義を唱え、支援者（シンパ）を集める活動を続けた。昭和8年治安維持法違反容疑で全国の共産党関係者が摘発され、15人の華族とともに検挙。8ケ月後保釈された。同年12月自らの思想と家名の間で悩み自殺。　[家]曽祖父＝岩倉具視（政治家）、父＝岩倉具張（公爵）、兄＝岩倉具栄（政治学者・英文学者・公爵）

岩畔 豪雄　　いわくろ・ひでお
陸軍少将 評論家
明治30年（1897年）10月10日～昭和45年（1970年）11月22日
[生]広島県倉橋島　[学]陸士（第30期）〔大正7年〕卒、陸大〔大正15年〕卒　[歴]昭和11年関東軍参謀、以後参謀本部勤務を経て、14年陸軍省軍事課長、大佐。16年渡米し、近衛文麿のブレーンと接触のある陸軍側要員として、野村吉三郎大使を助け日米交渉に当たった。太平洋戦争開始後は南方作戦に従事し、18年少将に。19年第28軍参謀長となり南方占領行政を担当。敗戦後は哲学への傾斜を深め、40年京都産業大学理事、同大世界問題研究所所長など歴任。著書に「戦争史論」（42年）「科学時代から人間の時代」（46年）など。

岩佐 作太郎　　いわさ・さくたろう
社会運動家 アナキスト
明治12年（1879年）9月25日～昭和42年（1967年）2月12日
[生]千葉県埴生郡棚毛（長南町）　[学]東京法学院（現・中央大学）〔明治31年〕卒　[歴]明治34年渡米してサンフランシスコで印刷屋を経営、アナキズムの宣伝雑誌を出版。39年カリフォルニア州バークレーで渡米中の幸徳秋水や倉持善三郎らと社会革命党を組織。大正3年に帰国、8年大杉栄らの労働運動社に参加。9年日本社会主義同盟の結成に参加、機関誌「社会主義」の責任者となる。関東大震災後は労働組合の否定など独特のアナキズム論を展開。昭和2年上海に設立された江湾国立労働大学の講師となり4年に帰国。12年日本の天皇制国家を擁護する転向論「国家論大綱」を刊行。全国労働組合自由連合会・黒色青年連盟の指導者として活躍。戦後、21年に結成された日本アナキスト連盟全国委員会委員長。25年連盟は分裂、日本

アナキストクラブを結成した。他の著書に「革命断層」など。

岩佐 東一郎　いわさ・とういちろう

詩人 随筆家

明治38年（1905年）3月8日〜昭和49年（1974年）5月31日

[生]東京市日本橋区（東京都中央区）[学]法政大学仏文科〔昭和4年〕卒 [歴]少年時代から詩作をし、堀口大学、日夏耿之介に師事。大正12年第一詩集「ぷろむなあど」を刊行。13年城左門らと「東邦芸術」（のち「奢灞都」）を創刊、昭和3年城、西山文雄らと「ドノゴトンカ」、6年「文芸汎論」などを創刊し、「パンテオン」などにも参加。戦後も21年「近代詩苑」を創刊し、「裸婦詩集」などを刊行した。他に詩集「祭日」「航空術」「神話」「三十歳」「春秋」「二十四時」「幻燈画」、句集「昼花火」、随筆集「くりくり坊主」「書痴半代記」などがある。

岩佐 直治　いわさ・なおじ

海軍中佐 真珠湾攻撃の"九軍神"

大正4年（1915年）5月6日〜昭和16年（1941年）12月8日

[生]群馬県前橋市 [学]海兵（第65期）〔昭和13年〕卒 [歴]昭和13年海軍少尉に任官。16年海軍大尉。真珠湾奇襲攻撃計画のため編成された第六艦隊（潜水艦部隊）特別攻撃隊を指揮、同年12月8日未明の真珠湾攻撃の際、佐々木直吉一等兵曹と二人乗りの特殊潜航艇「甲標的」に乗り込み、戦死。同時に戦死した7人と"九軍神"とされ、戦意高揚のため喧伝された。

岩佐 禄郎　いわさ・ろくろう

陸軍中将

明治12年（1879年）4月3日〜昭和13年（1938年）8月3日

[生]新潟県新井町 [学]陸士（第15期）〔明治33年〕卒、陸軍騎兵実施学校 [歴]新潟県の高田中学校を中退して一時小学校の代用教員を務めたが、志を転じ陸軍士官学校に入った。明治33年卒業して陸軍騎兵少尉となる。日露戦争に従軍。のち陸軍騎兵実施学校を卒業して、大正元年憲兵中尉となる。富山・山口各憲兵分隊長、憲兵司令部高級副官、大阪・東京各憲兵隊長を経て、昭和6年朝鮮憲兵隊司令官、9年関東憲兵隊司令官などを歴任。憲兵としてエリートコースを歩み、昭和10年陸軍中将に進んで、同年憲兵司令官となるが、11年二・二六事件が起き、その終結を以て待命となった。

岩崎 昶　いわさき・あきら

映画評論家 映画プロデューサー

明治36年（1903年）11月18日〜昭和56年（1981年）9月16日

[生]東京市京橋区銀座（東京都中央区）[学]東京帝国大学文学部独文科〔昭和2年〕卒 [歴]東京府立一中、一高に学び、東京帝国大学独文学科に進む。在学中、映画評論家の森岩雄の知遇を得、その縁で「キネマ旬報」同人となる。傍ら、新宿の映画館・武蔵野館で劇場プログラム「ムサシノ・ウィークリー」の編集にも関わった。昭和4年日本プロレタリア映画同盟（プロキノ）の設立に参加、5年より委員長を務めたが、弾圧により解散状態となる。11年唯物論全書の「映画論」執筆を機に唯物論研究会に入会、14年には映画を国家統制下に置く映画法の施行にただ一人反対した。15年治安維持法違反により検挙・投獄され、1年2ケ月の獄中生活を送る。16年出獄後は満州映画協会（満映）嘱託。戦後は21年1月日本映画社（日映）製作局長となり、亀井文夫監督「日本の悲劇」や原爆記録映画「Effects of the Atomic Bombs」を製作するが連合国軍総司令部（GHQ）と対立。8月には暴漢に襲われ重傷を負った。25年山本薩夫、今井正らと独立プロ・新星映画社を設立、山本監督「真空地帯」、今井監督「ここに泉あり」などの製作を手がけた。評論活動に健筆をふるう傍ら、東京・小石川図書館での「優秀映画を観る会」の解説役や、岩波ホールの企画援助など啓蒙活動に尽くした。著書に「映画芸術史」「映画と資本主義」「映画の芸術」「新しい映画の見方」「日本映画作家論」

「現代映画芸術」「占領されたスクリーン」「ヒトラーと映画」「映画が若かったとき」などがあり、平成15年遺稿集「映画は救えるか」が編まれた。

岩崎 卯一　いわさき・ういち

社会学者 政治学者 関西大学法学部教授

明治24年（1891年）11月10日〜昭和35年（1960年）6月8日

[生]佐賀県武雄町 [学]関西大学専門部〔大正4年〕卒 Ph.D.（コロンビア大学）[歴]大正4年渡米、コロンビア大学でギディングス教授に師事、社会学専攻、「日本政治の原動力」によりドクター・オブ・フィロソフィーの学位を得、英独仏を歴遊。10年帰国、関西大学法学部教授となり、社会学、社会政策学を担当。九州帝国大学法文学部、京都帝国大学各講師、関西大学法文学部長、同図書館長を経て、昭和22年関西大学長となった。社会学を理論、歴史、実践の3部門に区別して体系立て、政治学分野では「国家の団体性」「国家の存在性」「国家の主権性」の国家3部性学説を唱えた。

岩崎 盈子　いわさき・えいこ

女性運動家

明治39年（1906年）7月19日〜昭和10年（1935年）5月

[生]大阪府大阪市北区西堀川 [学]日本女子大学家政学科〔昭和2年〕卒 [歴]大阪府庁社会課に勤務して社会事業に携わる傍ら、科学的な社会主義の立場に立ち、女性、児童、社会事業などについての論文を発表。一方、非合法の共産党運動のシンパとして上司の川上貫一（のち衆議院議員）らと資金集めなどを行い、昭和8年3月治安維持法により検挙される。同年9月肺結核のために保釈され、10年死去した。死の直前、評論集「婦人と児童の問題」が刊行された。

岩崎 勝平　いわさき・かつひら

洋画家

明治38年（1905年）〜昭和39年（1964年）

[生]埼玉県川越市 [学]東京美術学校西洋画科〔昭和5年〕卒 [歴]洋物商を営む裕福な家に生まれる。叔父の洋画家・杉浦非水の影響を受け、画家を目指す。東京・本郷洋画研究所を経て、東京美術学校西洋画科に進み、岡田三郎助、藤島武二に師事。昭和5年卒業後、春台展や光風会展を舞台に作品を発表。11年文展で「小憩」が選奨、12年新文展で「焚木はこび」が特選を受賞し、新進画家として注目を集めた。しかし、13年金銭的支援を得ていた叔父・福沢桃介、15年父、16年に妻を亡くし、そのショックから立ち直れず、同年春台展で「父の霊に捧ぐ」が岡田賞を受賞したのを最後に、画壇から離脱。以後、貧困と孤独な生活を送った。数少ない理解者だった文豪・川端康成や河北倫明らの応援で、素描「東京百景」シリーズや、素描の連作「女十二題」の制作に取り組んだが、画壇に復帰できないまま、昭和39年死去。平成3年川越市立博物館で回顧展「川越の生んだ鬼才―岩崎勝平」が開催された。[家]叔父＝福沢桃介（実業家）、杉浦非水（洋画家）、叔母＝杉浦翠子（歌人）、岳父＝斎藤五百枝（挿絵画家）[賞]文展選奨〔昭和11年〕「小憩」、新文展特選〔昭和12年〕「焚木はこび」、春台展岡田賞〔昭和16年〕「父の霊に捧ぐ」

岩崎 敞玄　いわさき・こうげん

僧侶（浄土宗）仏教学者 大正大学教授

明治7年（1874年）1月8日〜昭和23年（1948年）11月9日

[出]福井県 [名]号＝証蓮社実誉研阿 [専]浄土教史 [史]浄土宗高等学院卒 [歴]明治43年浄土宗第五教校教授。大正15年大正大学設立とともに、教授。晩年は敦賀西福寺住職を務めた。著作に「浄土宗史要」「浄土教史」など。

岩崎 幸治郎　いわさき・こうじろう

衆議院議員

明治7年（1874年）4月～昭和21年（1946年）1月
出大阪府 学ライプツィヒ大学 Ph.D.（ライプツィヒ大学）歴横浜地裁判事、東京控訴院判事を務め、大正4年衆議院議員に当選。以降6選。加藤高明内閣の司法参与官になった。後に関西大学講師、政友会総務を務めた。

岩崎 小弥太　いわさき・こやた
実業家 三菱財閥4代目当主
明治12年（1879年）8月3日～昭和20年（1945年）12月2日
生東京府神田区（東京都千代田区）学東京帝国大学法科中退、ケンブリッジ大学〔明治38年〕卒 歴明治39年三菱合資会社（のち三菱本社）副社長となり、大正5年伯父・弥太郎の長男である従兄・久弥から社長を引き継ぎ、以後三菱の総帥として、三菱商事、三菱鉱業などを分立して、三菱財閥を近代的な企業集団に育て上げた。敗戦後の昭和20年占領軍の財閥解体に最後まで抵抗し、死の直前に社長および関係会社の一切の役員を辞任し解体を発表した。一方、文化的事業にも貢献し、中でも成蹊学園、東京フィルハーモニー管弦楽団、静嘉堂文庫の設立は有名。 家父＝岩崎弥之助（三菱財閥2代目）、伯父＝岩崎弥太郎（三菱財閥創始者）、従兄＝岩崎久弥（三菱合資社長）

岩崎 栄　いわさき・さかえ
小説家
明治26年（1893年）6月29日～昭和48年（1973年）3月5日
生岡山県児島郡由加町（倉敷市）名筆名＝佐山英太郎 学岡山商卒 歴昭和3年上京し東京日日新聞に入社。社会部、学芸部に勤務し、各副部長を歴任。15年退社。それ以前から時代物・現代物・実話物など小説を多く執筆した。「文学建設」同人。主な作品に「新宝島」「岸田吟香」「山岡鉄舟」「徳川女系図」などがある。

岩崎 三郎　いわさき・さぶろう
スキー選手
明治38年（1905年）～昭和57年（1982年）11月10日
生新潟県 学早稲田大学 歴早大在学中、距離スキー選手として活躍。昭和7年レークプラシッド五輪のクロスカントリー18キロと50キロに出場し、それぞれ37位と18位。我が国の競技スキーの草分け的存在の一人。

岩崎 清一　いわさき・せいいち
実業家 岩崎通信機社長
明治26年（1893年）10月20日～昭和44年（1969年）9月25日
生島根県安濃郡刺鹿村（大田市）学刺鹿小高等科〔明治41年〕卒、海城中〔明治45年〕中退 歴大正4年北海道へ渡り、札幌で森本電気商会に入社。7年独立して道内各地にラジオなどの電気器械販売会社を設け、事業家として活動。15年旭川電気軌道、昭和2年北見鉄道を設立。また、鉱山経営に進出して雄武鉱産を設立した。8年道内の事業をすべて人に託し、再び上京。渋谷区代々木上原に岩崎電線を設立。11年岩崎電機の工場に研究室を設けて盗聴防止の秘話装置付き軍用電話の開発に着手し、13年に完成させる。同年8月岩崎電線と電話機研究室を合併して岩崎通信機を設立し、初代社長に就任。14年軍部から誘導除去電話機の大量採用が始まるのを機に、世田谷区烏山町の土地を取得し、生産部門を烏山新工場に移転。岩崎通信機青年学校設置を申請、同年6月に認可を得て校長を兼任。17年私立青年学校岩崎女学校を併設。同年久我山台に新たに工場用地を取得。その一画に学園開設の準備をはじめ、19年4月岩崎学園久我山中学を開校した。 家弟＝岩崎福市（岩崎電気創業者）

岩崎 富久　いわさき・とみひさ
土木工学者 東京帝国大学第二工学部教授
明治21年（1888年）3月30日～昭和39年（1964年）3月28日

生埼玉県比企郡出丸村（川島町）名旧姓・旧名＝今井 専水道 学東京帝国大学工科大学土木工学科〔大正2年〕卒 工学博士（東京帝国大学）〔昭和13年〕 歴埼玉県比企郡出丸村の今井家に生まれ、生後間もなく東京の商人・岩崎家の養子となる。大正2年東京市に採用されて水道拡張事務所に入り、村山貯水池や境浄水場の建設や拡張工事に従事。大正12年の関東大震災の際には、淀橋浄水場の機能保全にあたった。昭和14年浄水課長。同年欧米で水道事情を調査。帰国後は一貫して維持管理部門を担当。16年給水課長を最後に退職し、17年東京帝国大学第二工学部教授、24年中央大学理工学部教授に就任、39年に死去するまでその職にあった。13年の論文「ろ過に関する考察」は、ろ過機能を初めて理論的に解明、その基礎となる"ろ過阻止率"の発想は独創的で、現在も国内外の研究者に必ず引用されるほど世界的に有名な理論である。東京市在職以来、日本水道協会の発展に尽くし、名誉会員となった。著書に「上水道」「衛生工学 上水道」「上水道工学」「理論応用鉄筋混凝土設計法」などがある。 賞土木学会賞〔昭和13年〕

岩崎 彦弥太　いわさき・ひこやた
三菱地所取締役
明治28年（1895年）～昭和42年（1967年）9月8日
生東京都 学東京帝国大学文学部〔大正9年〕卒 歴英国留学後の大正15年三菱合資に入社。昭和9年副社長に就任。弥太郎の直系の孫で三菱総帥5代目の社長の椅子を約束されていたが、20年の敗戦後に財閥解体にあい、公職追放を受けて悲劇の当主となった。のち、三菱地所、小岩井農牧などの取締役を務めた。 家祖父＝岩崎弥太郎（三菱財閥創始者）、父＝岩崎久弥（三菱合資社長）、弟＝岩崎隆弥（三菱製紙会長）、妹＝沢田美喜（エリザベス・サンダースホーム園長）

岩沢 丙吉　いわさわ・へいきち
神学者 宗教家 陸軍大学校教授 ロシア正教会総理
文久3年（1863年）8月7日～昭和18年（1943年）10月23日
生伊豆国田方郡本立野村（静岡県伊豆市）名洗礼名＝アルセニイ、筆名＝三里野人 学正教神学校〔明治16年〕卒、ペテルブルク神学大学〔明治21年〕卒 神学士〔明治22年〕 歴明治9年父や叔父と共にロシア正教会のニコライから洗礼を受ける。東京神田の正教神学校で神学を学んだのち、16年三井道郎と共にロシア留学を命じられ、モスクワの中学校を経て、21年ペテルブルク神学大学を卒業。同年に帰国後は、正教神学校教授を務める傍らで神学・哲学雑誌「心海」の編集や研究活動に従事し、正教会の機関誌「正教新報」などにも論文を寄せた。大正2年「正教思潮」が創刊すると、その編集を担当。6年には陸軍大学校教授に就任してロシア語を講じた。昭和14年宗教団体法の施行によって外国人による宗教団体の統括が不可能になると、セルギイ府主教に替わって正教会の総理となった。また、明治21年にはグレーホフ司祭と協力して「グレーホフ露西亜文法」を編纂するなど、日本におけるロシア語普及にも寄与。編著は他に「露和辞典」などがある。

岩下 俊作　いわした・しゅんさく
小説家
明治39年（1906年）11月16日～昭和55年（1980年）1月30日
生福岡県企救郡足立村（北九州市小倉北区香春口）名本名＝八田秀吉 学小倉工機械科〔昭和2年〕卒 歴昭和3年八幡製鉄所（現・新日鉄住金）に入社。傍ら劉寒吉、火野葦平らと同人雑誌「とらんしつと」や「九州文学」で詩作していたが、14年小倉の人力車夫を主人公に初めて書いた小説「富島松五郎伝」が「改造」の懸賞小説で佳作に入選。15年直木賞候補になり文壇に認められたほか、18年には「無法松の一生」のタイトルで映画化されて大ヒットした。のち新派劇や新国劇にもなる。36年に八幡製鉄を退社後、明治通信北九州支社に勤務、

小倉在住のまま作家生活を続けた。他の代表作に「縄」「焰と氷」「明治恋風」など。

岩下 壮一　いわした・そういち
カトリック神学者　神山復生病院理事長
明治22年（1889年）9月18日〜昭和15年（1940年）12月3日
[生]東京市京橋区（東京都中央区）　[名]洗礼名＝フランシスコ・ザビエル　[学]東京帝国大学文学部哲学科〔明治45年〕卒　[歴]明治34年暁星学園中等部の時受洗。ケーベルの指導の下、東京帝国大学哲学科を銀時計の首席で卒業。七高造士館教師を経て、大正8年パリ、ロンドン、ローマなどに留学。この間、神父になることを決意し、14年ベネチアで司祭に叙せられる。同年帰国し、カトリック研究社を開設、カトリック信仰書の出版、教友社の経営、神学校教授などを務める。昭和5年に静岡県御殿場の神山復生病院（ライ診療所）院長となり理事長。ハンセン病患者の救済に生涯をささげ、大陸訪問の際罹病して、帰国後没した。著作に「カトリックの信仰」（のち「神学入門」に改題）、「信仰の遺産」「中世哲学思想史研究」のほか、「岩下壮一全集」（全9巻・別巻1, 中央出版社）がある。[家]父＝岩下清周（実業家）

岩住 良治　いわずみ・りょうじ
畜産学者　東京帝国大学名誉教授
明治8年（1875年）1月10日〜昭和33年（1958年）2月10日
[生]宮城県　[学]東京帝国大学大学農学科〔明治33年〕卒　農学博士〔大正2年〕　[歴]盛岡高等農林学校教授を経て、明治44年東京帝国大学教授。昭和10年退官、名誉教授。日本畜産学の創始者として畜産業の合理化、近代化に貢献。大正13年には日本畜産学会の創設に参画、以後20年にわたり学会長を務めた。著書に「家畜栄養の原理と応用」「畜産学汎論」などがある。

岩瀬 亮　いわせ・あきら
衆議院議員
明治31年（1898年）12月〜昭和19年（1944年）11月1日
[出]千葉県　[学]東京殖民貿易語学校高等科〔大正8年〕卒　[歴]日本製粉、桜組工業、樺太炭業、昭和航空計器各社長等を経て、隣保教育財団、大日本映画協会各理事となった。また、日本輸出農産物参与となり、昭和7年衆議院議員に初当選。以降4期務めた。第28回列国議会同盟会議（ジュネーブ）に参列した。著書に「日本及各国澱粉事情」がある。

岩瀬 徳三郎　いわせ・とくさぶろう
実業家　東洋曹達工業社長
明治20年（1887年）8月11日〜昭和46年（1971年）2月2日
[生]千葉県　[学]九州帝国大学応用化学科〔大正3年〕卒　工学博士〔昭和15年〕　[歴]九州帝国大学大学院でアンモニアソーダ法を研究、米国留学後の大正7年日本ソーダ（徳山ソーダ）に入り、取締役技師長となった。昭和10年には東洋曹達工業を創立、社長となり、12年東曹産業を創立、社長となった。日本におけるソーダ工業のパイオニアで、戦時中、海水から直接臭素の製造に成功した。

磐瀬 雄一　いわせ・ゆういち
産婦人科学者　東京帝国大学教授
明治8年（1875年）10月15日〜昭和21年（1946年）11月16日
[生]東京府浅草今戸町（東京都台東区）　[学]東京帝国大学医科大学〔明治33年〕卒　医学博士（東京帝国大学）〔明治44年〕　[歴]明治33年東京帝国大学助手、35年岡山医学専門学校教授、岡山県立病院産婦人科医長。37年東京帝大助教授、39〜43年産婦人科学研究のためドイツ・フランスに留学。大正3年東京帝大教授となり、14年宮内省御用掛、昭和11年定年退官。退官後、順天堂医院顧問を務めた。著書に「新撰産科学〈上・下〉」

「新撰産科手術学」、分担執筆に「分娩の初生児に及ぼす影響」などがある。

岩田 愛之助　いわた・あいのすけ
国家主義者　愛国社主宰
明治23年（1890年）〜昭和25年（1950年）3月15日
[生]兵庫県姫路市　[歴]明治44年上海に渡り中国第一革命、清朝の復辟運動に参加。大正2年帰国、岡田満の阿部守太郎外務省政務局長暗殺事件に連座し、無期徴役。15年仮出獄。昭和3年愛国社を設立、主宰。6年大日本生産党結成に参加、7年団体擁護連合会幹事、8年松井石根らの大亜細亜協会に参加。10年恐喝容疑で検挙された。12年国際反共連盟を結成、さらに池田宏らと対支同志会を結成、運動を指導。戦後公職追放となった。

岩田 きぬ　いわた・きぬ
社会事業家　大阪聖徳館院母
明治2年（1869年）9月13日〜昭和22年（1947年）6月6日
[生]大阪府池田町（池田市）　[名]旧姓・旧名＝松浦　[歴]明治23年貿易商の岩田民次郎と結婚。24年夫の事業拡大に伴って札幌に移るが、火災にあって全財産を失った。のち大阪に帰ってうどん屋を開き、再起に成功。生活にゆとりが出来ると、夫婦で慈善事業に関心を持つようになり、35年大阪市南区に大阪養老院を設立。次いで、大正2年には院舎を旧秋野坊の太子堂に移し、大阪聖徳館（現在の聖徳会大阪老人ホーム）に改称した。昭和2年に院舎を放火されて存続の危機に瀕するが、夫婦の熱意が通じ、間もなく再建された。はじめは困難だった経営も、貧困救済法の施行で補助金が出るようになり、次第に安定。それでも晩年に至るまで率先して働き、社会福祉に献身した。

岩田 紫雲郎　いわた・しうんろう
俳人
明治18年（1885年）10月2日〜昭和32年（1957年）7月24日
[生]東京府下谷区（東京都台東区）　[名]本名＝岩田幸美　[学]東京帝国大学法科大学卒　[歴]明治43年三井銀行に入り、昭和15年の退職まで各地に転勤する。昭和11年には福岡支店長となった。福岡在勤中の大正6年に吉岡禅寺洞を知り、7年「天の川」に参加。9年「京鹿子」を鈴鹿野風呂などと創刊する。また東大俳句会にも関係し、新興俳句運動にも同調した。

岩田 準一　いわた・じゅんいち
挿絵画家　風俗研究家
明治33年（1900年）〜昭和20年（1945年）
[生]三重県鳥羽市　[学]三重県立第四中（現・宇治山田高）　[歴]中学時代から小説、詩歌、絵画とあらゆるジャンルを手がける。竹久夢二に絵を習い、男色の考証について南方熊楠と書簡を交わし、渋沢敬三の常民文化研究所に籍をおく民俗学者でもあった。民俗学の研究、男色研究家として「はしりかね」の研究には傑出したものがある。また、江戸川乱歩と親交を持ち、「踊る一寸法師」「パノラマ島奇譚」「鏡地獄」などの挿絵を描いた。平成13年孫の岩田準子により江戸川乱歩との交友を描いた小説「二青年図」が書かれた。

岩田 専太郎　いわた・せんたろう
挿絵画家
明治34年（1901年）6月8日〜昭和49年（1974年）2月19日
[生]東京市浅草区清島町（東京都台東区）　[学]田原町尋常小卒　[歴]伊東深水に師事。大正9年20歳で博文館の「講談雑誌」に挿絵を描き、挿絵画家としてスタート。12年関東大震災で浅草の家を焼失し、以後大阪に移り、出版社プラトン社の専属画家となる。次第に芸域を広げ、時代もの、現代ものなどに"専太郎美人画"を完成、美人画の第一人者となった。代表作に三

上於兎吉「日輪」、吉川英治「鳴門秘帖」、川口松太郎「蛇姫様」、大仏次郎「赤穂浪士」などがあり、著書に画集「おんな」「三百年おんな」、随筆「溺女伝」などがある。　家妹＝湊明子（女優）

岩田 宙造　いわた・ちゅうぞう
弁護士 貴族院議員（勅選）
明治8年（1875年）4月7日〜昭和41年（1966年）2月22日
生山口県　学東京帝国大学法科大学〔明治31年〕卒　歴「東京日日新聞」記者を経て、明治35年弁護士を開業。日本銀行、日本郵船、東京海上火災、三菱銀行、住友信託などの顧問弁護士として活躍。乃木希典大将の遺言状を預かり、東京地裁に提出した。昭和6年貴族院議員に勅選されるが、大政翼賛会には不参加。20年東久邇稔彦内閣、幣原喜重郎内閣の司法相。21年に公職追放され、26年解除。弁護士に復帰、公職資格訴願審査会委員長、日本弁護士連合会会長、国民協会初代会長を務めた。

岩田 豊雄　いわた・とよお
⇒獅子 文六（しし・ぶんろく）を見よ

岩田 富美夫　いわた・ふみお
国家主義者 大化会会長 やまと新聞社長
明治24年（1891年）10月27日〜昭和18年（1943年）7月6日
生青森県　学日本大学中退　歴大正7年頃から国家主義運動に入り、上海に渡り北一輝とともに大陸浪人となる。帰国後猶存社に参加、12年清水行之助と大化会を結成。昭和3年やまと新聞社総務部長、7年社長に就任、同紙を大化会の機関紙とした。山県有朋暗殺計画、大杉栄遺骨奪還事件をはじめ、北一輝の国家改造運動に深くかかわり、常にピストルを離さなかったことから、北の壊刀として知られた。

岩田 正孝　いわた・まさたか
⇒井田 正孝（いだ・まさたか）を見よ

岩田 義道　いわた・よしみち
社会運動家 日本共産党中央委員
明治31年（1898年）4月1日〜昭和7年（1932年）11月3日
生愛知県葉栗郡北方村中島（一宮市）　学京都帝国大学経済学部　歴代用教員、教員を経て、京都帝国大学に入学。京都帝大時代から社会主義運動に参加し、京大学連事件などで昭和2年禁錮10ケ月に処せられる。3年共産党に入党し、三・一五事件直後上海に渡ってコミンテルンと連絡をとり、以後2度中国に渡る。同年検挙されたが、偽装転向で5年に出獄し、以後党の再建に尽力する。7年逮捕され、拷問死した。

岩垂 亨　いわだれ・とおる
実業家 万有製薬創業者
明治21年（1888年）6月3日〜昭和49年（1974年）6月16日
生三重県宇治山田市二俣町（伊勢市）　名旧姓・旧名＝宇田　学愛知一中中退、東京高等師範学校（現・筑波大学）〔明治44年〕卒、東京帝国大学理科大学化学科〔大正2年〕卒　歴父・宇田作太郎は小学校校長を務め、手指を使って加減乗除を計算する独自の方法を考案した人物で、その二男として生まれる。学資の都合から愛知一中を中退したが、独学で東京高等師範学校に進み、明治44年首席で卒業。次いで東京帝国大学理科大学、同大学院に学んだ。また、兄・宇田習吉が日本電気に勤めていたことから、同社専務の岩垂邦彦に知られ、その二女と結婚して養嗣子となった。大正3年第一次大戦勃発のため梅毒の特効薬・サルバルサンが欠乏すると、松原一行教授よりその国産化のための研究開発を指示され、4年サルバルサンの合成に成功。同年万有合資会社を創業し、「エーラミゾール」の名前で売り出したところ瞬く間に完売。6年万有舎密株

式会社に改組し、15年万有製薬と改称した。また、昭和19年からペニシリンの製造にいち早く取り組み、21年ペニシリン公認製造許可第1号を取得。ペニシリンその他の抗生物質の生産で、確固たる地位を築いた。　家長男＝岩垂孝一（万有製薬社長）、岳父＝岩垂邦彦（日本電気創業者）

岩槻 信治　いわつき・のぶはる
作物育種家 愛知県農事試験場種芸部主任
明治22年（1889年）8月30日〜昭和23年（1948年）5月9日
生愛知県碧海郡矢作町（岡崎市）　専イネ（水稲）の品種改良　学愛知県立農林学校農科〔明治39年〕卒　歴愛知県農事試験場に入り、大正15年同場種芸部主任。水稲の品種改良、水稲栽培技術に関する試験研究に従事した。品種改良では陸稲品種の"戦捷"を水稲品種へ導入、特に水稲品種"金南風"は戦後も広く栽培され、長期間作付面積全国第1位を占めた。水稲栽培法では肥料の分施法、特に穂肥の有効性を証明するなど、数々の実績を残し、愛知県、富民協会、大日本農会などから表彰された。著書に「稲作改良精説」「米麦技術の改良」などがある。没後、その業績にちなんで岩槻賞が創設された。

岩藤 思雪　いわとう・しせつ
映画監督
明治12年（1879年）10月21日〜昭和13年（1938年）3月28日
生岡山県勝田郡津山町　名本名＝岩藤新三郎　歴外国映画輸入興行のM・パテー商会に入り、明治39年ごろ弁士養成所が新設された時、同主任となった。筆が立ち、英文翻訳も出来たので、輸入映画の台本作りや弁士出演の映画喜劇のようなものを作った。同商会が日活に合併されてからは、教育映画を独立製作、昭和2年の「神の姿」などがある。小林喜三郎が「イントレランス」を輸入した時、4つの時代の物語が同時進行する手法が観客に分かりにくかったので、小林の依頼で4編の物語に分割編集した。晩年は三映社嘱託となる。　家息子＝岩藤雪夫（プロレタリア作家）

岩永 裕吉　いわなが・ゆうきち
新聞人 同盟通信社社長 貴族院議員（勅選）
明治16年（1883年）9月13日〜昭和14年（1939年）9月2日
生東京府神田区駿河台（東京都千代田区）　名旧姓・旧名＝長与　学京都帝国大学法科大学〔明治42年〕卒　歴明治23年岩永家に養子入籍。43年高文合格、44年南満州鉄道（満鉄）大連本社に入社。大正6年満鉄を退社、後藤新平鉄道院総裁秘書官。7年退官して渡米、帰国後の9年「岩永通信」を発刊した。10年国際通信社に入り、12年専務、15年同社を発展させて日本新聞連合社を創立して専務理事。昭和11年同社と日本電報通信社を合併して同盟通信社を発足させ、社長に就任。13〜14年勅選貴族院議員を務めた。　家父＝長与専斎（蘭方医）、兄＝長与弥吉（医師）、長与又郎（病理学者・東大総長）、弟＝長与善郎（小説家）

岩波 茂雄　いわなみ・しげお
出版人 岩波書店創業者 貴族院議員
明治14年（1881年）8月27日〜昭和21年（1946年）4月25日
生長野県諏訪郡中洲村（諏訪市）　学日本中〔明治33年〕卒、一高、東京帝国大学文科大学哲学科選科〔明治41年〕卒　歴明治42年より神田高等女学校教頭として修身などを教えたが、大正2年東京・神田神保町に古書店・岩波書店を開業。3年夏目漱石に「こゝろ」を自費出版させて出版業に乗り出し、一高時代からの盟友である安倍能成や阿部次郎らを編集者に据えた「哲学叢書」（4〜6年）が成功した他、カント、ヘーゲル、孔子、内村鑑三、西田幾多郎などの哲学・思想書を相次いで出版し、社業の基礎を築いた。漱石没後は安倍、阿部、寺田寅彦、小宮豊隆、森田草平といった漱石門下生たちの協力を得て「漱石全集」（6〜8年）を独占出版。以降、芥川龍之介、幸田露伴、

二葉亭四迷、寺田寅彦らの全集を次々出版し、厳密な校正と編集で高い信用を受けた。単行本でも阿部「合本三太郎の日記」、倉田百三「出家とその弟子」などがベストセラーとなる。昭和2年古典の普及を目指して廉価・小型の「岩波文庫」を発刊し、学生や知識人たちから圧倒的な支持を獲得。次いで8年「岩波全書」、13年「岩波新書」などをスタートさせ、教養主義・文化主義の時代の担い手として独自の地位を築き、"岩波文化"ともいわれた。7年には野呂栄太郎、平野義太郎、山田盛太郎、大塚金之助らの「日本資本主義発達史講座」刊行を引き受けてこれを完成させるなど、思想にとらわれない良心的な出版活動を続けた。15年に津田左右吉の「神代史の研究」などの出版により起訴され、17年禁錮2年、執行猶予2年の判決を受けたが、19年免訴となる。20年多額納税者として貴族院議員となった。戦後の21年総合雑誌「世界」を創刊。同年文化勲章を受章した。 家二男＝岩波雄二郎（岩波書店社長）、女婿＝小林勇（岩波書店会長） 勲紺綬褒章〔昭和15年〕，文化勲章〔昭和21年〕

岩波 武信　いわなみ・たけのぶ
宮内省内蔵頭
明治15年（1882年）6月19日〜昭和23年（1948年）7月14日
出長野県 学二高卒、東京帝国大学法科大学〔明治42年〕卒 歴昭和7年宮内省宗秩寮庶務課長兼宗親課長、8年官房大膳課長、10年官房総務課長、11年内匠頭を経て、15年内蔵頭。16年宮内省参事官を兼務。20〜23年日本銀行監事を務めた。

岩波 桃太郎　いわなみ・ももたろう
フルート奏者
明治31年（1898年）〜昭和15年（1940年）11月15日
歴大阪三越少年音楽隊の第1期生。宝塚オーケストラ、井田一郎バンドを経て、大正15年新響に入団。昭和6年コロナ事件に巻き込まれるが、一貫して同団で活躍した。

岩野 平三郎（1代目）　いわの・へいざぶろう
手漉和紙製作者
明治11年（1878年）7月30日〜昭和35年（1960年）8月19日
生福井県今立町大滝 名本名＝岩野平二郎、号＝茂山 専越前和紙 家業の紙漉きを継ぎ、コウゾとともに雁皮や麻の原料を研究、優れた日本画用紙の鳥の子紙や麻紙を開拓した。竹内栖鳳の愛用した大滝紙、横山大観の使用した大徳紙などが有名。早稲田大学図書館の依頼で世界最大級の和紙を製作。越前和紙の中興の祖といわれる。著書に「紙漉平三郎手記」。 家父＝岩野藤之助（和紙製作者）、長男＝岩野平三郎（2代目）

岩橋 小弥太　いわはし・こやた
日本史学者 東京帝国大学史料編纂所史料編纂官
明治18年（1885年）10月11日〜昭和53年（1978年）12月9日
生大阪府東区（大阪市） 学日本古代史 国語漢文科〔明治40年〕卒 文学博士（国学院大学）〔昭和24年〕 歴東京帝国大学史料編纂所史料編纂官、国学院大学教授、明治大学教授、文化財専門審議会専門委員などを歴任。主著に「日本芸能史」「日本の国号」「上代史籍の研究」「上代官史制度の研究」などがある。 家弟＝岩橋喜弥太（玉屋代表）

岩橋 遵成　いわばし・じゅんせい
日本儒学史研究家
明治16年（1883年）1月5日〜昭和8年（1933年）9月9日
生和歌山県湯浅町 学東京帝国大学文学部哲学科卒 歴大学院で「東洋倫理思想の発達」について研究、以後日大、国学院大、早大、立正大、大東文化大、東洋大などで「東洋倫理」「日本倫理」講座を担当。この間日本儒学史の研究、荻生徂徠の研究に打ち込んだ。著書に「大日本倫理思想発達史」（上下）「日本儒教概説」「近世日本儒学史」（上下）。死後「徂

徠研究」が刊行された。

岩原 謙三　いわはら・けんぞう
実業家 芝浦製作所社長 日本放送協会会長
文久3年（1863年）10月21日〜昭和11年（1936年）7月12日
生加賀国大聖寺（石川県加賀市） 学東京商船学校〔明治16年〕卒 歴明治4年上京。九段の英学校を経て、16年東京商船学校を卒業して三井物産に入社。神戸支店長、ニューヨーク支店長、本店理事を経て、39年常務。43年芝浦製作所取締役に転じ、大正9年社長に就任。昭和5年退任。この間、3年シーメンス事件で海軍高官への贈賄が発覚、有罪判決を受けた。13年東京放送局が発足すると理事長となり、15年東京・大阪・名古屋の放送局が合同して日本放送協会が設立されると同会長に就任。以来、昭和11年に亡くなるまで務めた。

岩原 拓　いわはら・たく
体育生理学者 帝国学校衛生会理事長
明治21年（1888年）3月16日〜昭和34年（1959年）5月15日
出東京都 学九州帝国大学医学部卒 医学博士 歴文部省学校衛生官、体育課長、国立体育研究所所長などを歴任。大正9年帝国学校衛生会（のちの日本学校保健会）の創立に尽くし、創立後は理事、理事長を務める。学校教育や学校衛生行政に貢献すると共に、体育医学の研究に多くの業績を残した。著書に「体育生理学」などがある。

岩淵 辰雄　いわぶち・たつお
政治評論家
明治25年（1892年）1月10日〜昭和50年（1975年）6月6日
生宮城県 学早稲田大学文科中退 歴昭和3年から自由通信社、「読売新聞」「国民新聞」「東京日日新聞」などの政治部記者として活躍。戦時中、「中央公論」や「改造」に政治評論、政界内幕物を書いたが、吉田茂のブレーンとして戦争の収束を図り、憲兵隊に検挙されるなど軍部の圧迫を受けた。戦後、21〜22年勅選貴族院議員。また、21年6月から「読売新聞」主筆、37年から国鉄理事を務めた。

岩淵 百合子　いわぶち・ゆりこ
歌人
明治18年（1885年）1月12日〜昭和34年（1959年）10月30日
出神奈川県 名本名＝岩淵タケ、旧姓・旧名＝井沢 歴与謝野鉄幹・晶子の新詩社に所属したのち、平塚らいてうの「青鞜」に参加、明星調の作品を発表した。大正元年白星社を創立。

岩村 和雄　いわむら・かずお
舞踊家
明治35年（1902年）3月3日〜昭和7年（1932年）11月29日
生東京都 学学習院卒 歴学習院卒業後、土方与志らと模型舞台照明研究所を結成し、大正9年ヨーロッパでダルクローズ舞踊、舞台照明を学ぶ。13年から14年にかけて築地小劇場の照明部に所属。のちに岩村舞踊研究所を経て、昭和4年宝塚音楽歌劇学校教師となり、前衛的バレエ「サーカス」「レッド・サークル」などを発表した。 家父＝岩村俊武（海軍中将）、息子＝岩村信雄（舞踊家）

岩村 貞雄　いわむら・さだお
漆芸家
明治45年（1912年）〜昭和19年（1944年）11月15日
生京都府京都市 学京都市立美術工芸学校漆工科〔昭和5年〕卒 歴京都で代々漆芸を生業とした家の5代目で、岩村哲斎の長男。京都市立美術工芸学校漆工科を卒業後、父の下で研鑽を積む。昭和8年シカゴ万博に出品、11年帝展、新文展に入選。流型派工芸研究会に参加し、京都工芸界のモダニズムを先導した一人。18年10月応召してフィリピンへ派遣され、比

島派遣垣六五六三部隊本部奥村隊に所属。19年11月戦死した。
家父＝岩村哲斎（漆芸家），いとこ＝岩村実（漆芸家）

岩村 清一　いわむら・せいいち
海軍中将
明治22年（1889年）9月14日〜昭和45年（1970年）2月10日
生東京都　学海兵（第37期）〔明治42年〕卒，海大〔大正10年〕卒　歴海軍大臣秘書官、駐英国大使館付武官補佐官、ロンドン軍縮会議全権委員随員、戦艦「長門」艦長。昭和14年海軍中将。艦政本部長、第二南遣艦隊司令長官を経て、19年予備役に編入。戦後、帝国繊維社長。また、日本語のカナ文字表記を志し、カナ文字タイプライターの普及に尽力した。

岩村 三千夫　いわむら・みちお
中国研究家 読売新聞論説委員
明治41年（1908年）6月8日〜昭和52年（1977年）5月16日
生新潟県　名筆名＝中山耕太郎　専中国現代史　学早稲田大学政経学部〔昭和6年〕卒　歴早大在学中プロレタリア科学研究所の活動に参加、その機関紙「プロレタリア科学」に中山耕太郎の筆名で「支那における帝国主義列強の地位」という論文を発表、以後も同紙に論文を書いた。昭和12年読売新聞社に入り、上海特派員、香港支局長、東亜部次長、シンガポール支局長、論説委員などを歴任、戦後21年退社、中国研究所の創立に参加、同所運営に尽力した。24年日中友好協会の創立に参加、最高責任者として日中友好事業に貢献した。著書に「三民主義と現代中国」「中国革命の基礎知識」「毛沢東の思想」「中国現代史」などがある。

岩村 通世　いわむら・みちよ
司法官 政治家 弁護士 検事総長 法相
明治16年（1883年）8月21日〜昭和40年（1965年）3月13日
生東京府神田区（東京都千代田区）　名号＝素竹　学東京帝国大学法科大学独法科〔明治43年〕卒　歴司法省に入り、司法官試補、東京地方裁判所検事、司法省参事官、名古屋地方裁判所検事正、東京地方裁判所検事正、司法省刑事局長、大審院検事、司法次官、検事総長を経て、昭和16年第三次近衛内閣の法相、次いで東条内閣でも留任した。戦後、A級戦犯として巣鴨拘置所に拘禁されたが、23年12月釈放され、24年7月弁護士を開業、傍ら東京家庭裁判所調停委員、同裁判所参与員、東京地方裁判所調停委員を務めた。著書に「少年法」「筆蹟鑑定の研究」などがある。　家父＝岩村通俊（北海道庁長官・農商務相）

岩本 章　いわもと・あきら
野球選手
大正11年（1922年）〜平成5年（1993年）3月4日
出高知県高知市　学高知商卒　歴昭和13年高知商から東京巨人軍に入団。名古屋、阪急、広島と移籍し、名古屋時代の昭和18年に本塁打王を獲得した。28年引退。実働15年、949試合、2838打数639安打、47本塁打、274打点、102盗塁、369四死球、407三振、打率.225。

岩本 薫　いわもと・かおる
棋士（囲碁）
明治35年（1902年）2月5日〜平成11年（1999年）11月29日
生島根県益田市　名号＝薫和　歴11歳で広瀬八郎8段に入門。大正6年入段、11年4段。昭和4年いったん碁を捨てブラジルに移住しコーヒー農園を経営したが、2年後に帰国して再び棋界に復帰。20年広島市の本因坊戦で“原爆下の対局”の当事者。21年本因坊を獲得。薫和と号した。23年日本棋院理事長。序盤に散らした石が終盤つながって威力を発揮する“豆まき碁”で知られた。

岩本 周平　いわもと・しゅうへい
航空工学者 東京帝国大学教授
明治14年（1881年）8月〜昭和41年（1966年）7月5日
生東京府芝区（東京都港区）　学東京帝国大学工科大学物理科〔明治37年〕卒　歴中華民国湖南省長沙学堂に教授として招かれ、明治43年陸軍技師を経て、大正12年東京帝国大学教授となった。また航空研究所員、文部省航空評議会委員などを務めた。航空機体の権威で、明治44年我が国初の国産飛行船を建造した。

岩元 達一　いわもと・たついち
実業家 政治家
明治42年（1909年）9月1日〜昭和57年（1982年）6月23日
生鹿児島県鹿児島市　学慶応義塾大学法学部政治学科〔昭和9年〕卒　歴松屋を経て、昭和10年家業の山形屋を継ぎ、同年から会長。14〜21年多額納税の貴族院議員。鹿児島商工会議所副会頭、鹿児島経済同友会終身幹事などを歴任。

岩本 千代馬　いわもと・ちよま
実業家 ニチモウ創業者
生年不詳〜昭和29年（1954年）12月3日
名旧姓・旧名＝福井千代馬　学水産講習所（現・東京海洋大学）漁撈科〔明治38年〕卒　歴明治41年遠洋漁業練習生の第3回生として水産講習所同期の林田甚八と英国に留学。44年帰国すると、先に帰国した林田が入社していた高津商店漁業部に入った。45年叔父の家を継ぎ福井姓から岩本姓となる。大正3年林田がトロール業者を大同団結させて誕生した共同漁業の常務に転じた後も、同社製網部を牽引し、漁網漁具の近代化に力を注いだ。8年株式会社に改組、日本漁網船具となり常務に就任。昭和2年山脇宗次社長、林田常務を相次いで失った共同漁業常務に復出。岩本式船内急速冷凍装置の発明などによりトロール事業を軌道に乗せ、また、平頭銛を採用して捕鯨事業にも尽くした。日本漁網船具は47年に石油部を分離し、ニチモウと社名を変更した。　家弟＝福井保（日本漁網船具社長）

岩本 徹三　いわもと・てつぞう
海軍中尉
大正6年（1917年）〜昭和30年（1955年）5月
生樺太　歴昭和9年呉海兵団に入団。11年4月第34期操縦練習生として霞ケ浦海軍航空隊に入隊。13年3月第十二航空隊付、5月三等航空兵曹。16年10月空母瑞鶴乗組、11月ハワイに向け大分沖を出港。17年4月インド洋作戦、5月サンゴ海海戦に参加。6月北方作戦でアリューシャンに向け大湊を出港。8月より大村航空隊、横須賀航空隊などで教員勤務につく。18年11月ソロモン方面に転出、ラバウル二百四航空隊付。19年2月トラック、木更津、岩国、国分基地と転戦する。岩国二百三航空隊で終戦を迎えた。著書に「零戦撃墜王―空戦八年の記録」がある。

岩本 武助　いわもと・ぶすけ
衆議院議員
明治15年（1882年）12月〜昭和11年（1936年）9月6日
出奈良県　学立命館大学法律科本科〔明治38年〕卒　歴陸軍二等主計、地方森林会議員、所得税調査委員、斎藤内閣の司法参与官を歴任。また大日本山林会評議員、大和山林会、帝国林政研究会各理事、吉野北山郷木材同業組合組長、立命館大学評議員などを務める。昭和3年衆議院議員初当選、以来連続4期当選。政友会に所属した。

岩本 和三郎　いわもと・わさぶろう
文体社創業者 双雅房創業者
生年不詳〜昭和20年（1945年）5月

名号＝柯青　学慶応義塾卒　歴東京堂に勤務し「東京堂月報」を編集。昭和6年7月斎藤昌三、柳田泉らと書物誌「書物展望」を創刊し、書物展望社を設立。傍ら8年より文体社を経営し、横光利一「花」を皮切りに限定本を刊行した。のち斎藤と袂を分かち、10年双雅房を創業、引き続き限定本の出版に当たり、久保田万太郎、平田禿木、丹羽文雄、真船豊、小野賢一郎らの著書を手がけ、凝った装丁で知られた。11年には書物誌「読書感興」を発刊。戦時中は東宝書房に関係したが、20年疎開先へ荷物を運ぶ途中に死去した。

岩谷 山梔子　いわや・くちなし
俳人
明治16年（1883年）1月30日〜昭和19年（1944年）1月4日
生青森県東津軽郡新城村　名本名＝岩谷健治、別号＝木丹亭、黙堂　歴少年時代に肋胸骨カリエスを患い、予後の体力回復中に俳句を知る。碧梧桐門下生として「続春夏秋冬」「日本俳句鈔」に多くの句作が収録される。のちに東本願寺に勤め、「石楠」「懸葵」などに参加し、大正13年「山梔子第一句集」を刊行。編著に「自選乙字俳論集」などがある。

印東 昌綱　いんどう・まさつな
歌人
明治10年（1877年）10月30日〜昭和19年（1944年）2月26日
生三重県鈴鹿郡　名旧姓・旧名＝佐佐木　歴国学者、歌人佐佐木弘綱の二男。明治24年死去した父の遺志で短歌結社竹柏会を兄信綱が守り、31年創刊の歌誌「心の花」同人として活動、編集に当たった。また大正初めまで鴻池銀行に勤めた。後半生通には美術協会委員、泰東書道院審査員などを務めた。さらに「かへで会」を主宰、後進を指導。信綱との合著歌文集「美文韻文磯馴松」、歌集に「かへりみて」「家」「細雨」。玄得夫妻追慕集「残りのかをり」、妻の益子遺稿歌集「絲」を編集した。　家父＝佐佐木弘綱（歌人・国学者）、兄＝佐佐木信綱（歌人）、息子＝印東弘玄（植物学者）、岳父＝印東玄得（医家）

印南 弘　いんなみ・ひろし
映画監督
明治35年（1902年）〜昭和13年（1938年）9月13日
生広島県　学日本大学卒　歴昭和2年東亜甲陽に入り、第1作「黄金の弾丸」を発表。同年阪妻ユニヴァーサルに行き「港の灯」。東亜甲陽に戻って「男、女、男」を作った。3年山口俊雄プロで「月形半平太」。4年東亜京都に移り「白日の下に」「浪花小唄」、5年「恋の横顔」などを監督。同年帝キネ入社、「赤い白鳥」を手始めに6年の「向日葵夫人」「煙れる太陽」7年の「南地囃子」など帝キネが新興と改称されるまで活躍。のちスター女優桂珠子と恋に陥ち、8年珠子主演「碁盤縞の女」を最後に2人で上京。珠子は「笑いの王国」に出演したりしたが、印南は生活が荒れ肺病により日活第1作本読みを前に倒れた。

【う】

宇井 伯寿　うい・はくじゅ
インド哲学者 仏教学者 僧侶（曹洞宗）
明治15年（1882年）6月1日〜昭和38年（1963年）7月14日
生愛知県御津町　名幼名＝茂七、号＝活翁　学東京帝国大学文科大学印度学科〔明治42年〕卒 文学博士〔大正10年〕　賞帝国学士院会員〔昭和20年〕　歴12歳で得度。在学中、高楠順次郎に師事、インド哲学を専攻。明治42年曹洞宗大学、慶応義塾大学などで講師ののち、大正2〜6年ドイツ、英国に留学。帰国後、8年東京帝国大学文学部講師、10年文学博士、12年東北帝国大学教授となり印度哲学第一講座を担当。昭和5年

東京帝大教授となった。6年著書「印度哲学研究」（全6巻）により帝国学士院賞を受賞。18年定年退官。この間、16年に駒沢大総長となるが半年で辞した。25年名古屋大専任講師、他に東洋大、日大、高野山大、大正大、東京文理科大、早大、学習院大などで教鞭を執った。28年インド哲学研究の開拓、発展に努めた功労により文化勲章受章。著書は「仏教思想研究」「印度哲学史」「支那仏教史」「禅宗史研究」（3巻）「仏教汎論」（2巻）「日本仏教史」「安慧護法唯識三十頌釈論」「宝性論研究」「大乗荘厳経論研究」「釈道安研究」「大乗仏典の研究」「西域仏典の研究」など多数。「宇井伯寿著作集」（全8巻）がある。
勲文化勲章〔昭和28年〕　賞帝国学士院賞〔昭和6年〕

植木 徹誠　うえき・てつじょう
僧侶（真宗大谷派）
明治28年（1895年）1月21日〜昭和53年（1978年）
生三重県度会郡大湊町（伊勢市）　名本名＝植木徹之助、芸名＝植木東響　歴実家は三重県大湊の回船問屋・孫六屋。小さい時から芸事が好きで、20歳の時プロを目指し、芸名を植木東響と名のり舞台にも出たが、両親の反対に遭い挫折。キリスト教の洗礼もうけたが、昭和4年得度し、5年三重県栗谷の常念寺住職となる。10年に朝熊（あさま）に移り三宝寺の住職となり差別問題に取り組む。その後は社会主義者として労働運動、部落解放運動などに熱心に取り組み戦時中には治安維持法違反で何度か検挙され、13年より3年間の獄中生活を送る。出獄後、宝石加工業に携わり、戦後は民主商工会に参加、日本共産党に入党した。　家二男＝植木等（俳優・歌手）

植木 直一郎　うえき・なおいちろう
法制史学者 国学院大学教授
明治11年（1878年）3月29日〜昭和34年（1959年）7月8日
生新潟県頸城郡下箱井村（上越市）　学国学院本科〔明治31年〕卒、国学院研究科〔明治39年〕修了 文学博士（国学院大学）〔昭和6年〕　歴明治31年に国学院本科を卒業し、教員として東京府城北尋常中学校に勤務したのち6年に国学院研究科に入学。39年同修了ののち40年から国学院皇典講究所講師となり、大正9年には国学院大学部教授に就任。さらに15年から昭和3年までの間には大東文化学院教授を兼任し、また全国神職会神社制度調査委員にもなっている。多年にわたって御成敗式目の研究に取り組み、6年「御成敗式目研究」で国学院大学から文学博士の学位を授けられた。10年大東文化学院教授に再任し、20年には国学院皇典講究所理事に就任。22年に国学院大学を辞職したのち昭和女子大学・東京女学館短期大学教授を歴任し、29年には国学院大学名誉教授となっている。編著は他に「日本古典研究」などがある。

上里 春生　うえさと・はるお
社会運動家 詩人 劇作家
明治30年（1897年）〜昭和14年（1939年）6月2日
出沖縄県伊江村（伊江島）　名幼名＝春助　学沖縄県立農林学校中退　歴上京して三木露風に師事、詩、戯曲など創作を続けた。大正12年の関東大震災で大阪に移り、共産主義研究グループ・赤琉会に参加。昭和6年沖縄に帰り、大宜味村村政革新同盟を結成、革新運動を指導、検挙十数回、治安維持法違反で2年間服役した。10年サイパン島に渡り、「南洋朝日新聞」主筆となり新聞記者生活を送った。著書に「江戸書籍商史」、戯曲「琉球飢ゆ」「ジンギスカン物語」などがある。

植芝 盛平　うえしば・もりへい
合気道創始者
明治16年（1883年）12月14日〜昭和44年（1969年）4月26日
生和歌山県田辺市　名別名＝守高、常盛　歴幼少から武術の関心深く、各流を遍歴した。18歳で上京、明治44年北海道開拓民に応募、団長として55戸の同志を連れ、北海道紋別郡白

滝原野に移住。大正4年同地で大東流柔術の武田惣角に会い免許取得。8年帰郷、9年新宗教・大本教に入信して京都府綾部に移住、植芝塾を開き武道を修行。14年合気武道を創始、東京、九州に出て子弟を指導。昭和2年上京、海軍大学などで武道指導。6年新宿区若松町に合気道道場を建設、15年公益法人として財団の認可を得た。16年茨城県岩間町に野外道場を開き、合気道普及に努めた。30年ころから海外にも普及発展。　家三男＝植芝吉祥丸（合気会会長）

上杉 文秀　うえすぎ・ぶんしゅう
仏教学者　大谷大学学長
慶応3年（1867年）2月1日〜昭和11年（1936年）2月10日
生三河国額田郡佐々木（愛知県岡崎市）　名旧姓・旧名＝小島、幼名＝乙弥、号＝冷華　学真宗大学寮（現・大谷大学）卒　歴三河上宮家の家老・小島放牛の二男に生まれる。明治20年上京し楠潜竜に師事、21年石川聖徳寺の上杉慧義の養嗣子となる。のち京都尋常中学で清沢満之に学ぶ。真宗京都中学で教鞭を執り、34年真宗大学教授。大正13年大谷派講師となり、昭和6年大谷大学学長に就任。この間、中国・日本の天台史研究のため比叡山で台密三昧流の伝法灌頂を受け、また中国仏教を視察した。著書に「日本天台史」「往生礼賛讃要講」など。

上田 秋夫　うえた・あきお
詩人
明治32年（1899年）1月23日〜平成7年（1995年）3月22日
生高知県土佐郡森村（土佐町）　学東京美術学校彫刻科卒　歴倉田百三主宰の「生活者」に参加し、大正15年「彫刻」を発表。ロマン・ロランの影響をうけて渡仏もする。昭和2年刊行の「自存」や「五月桂」などの詩集があり、ロマン・ロラン「ミケランジェロ」などの翻訳もある。

上田 万年　うえだ・かずとし
国語学者　言語学者　国学院大学学長　貴族院議員
慶応3年（1867年）1月7日〜昭和12年（1937年）10月26日
生江戸大久保（東京都新宿区）　学帝国大学文科大学和文科〔明治21年〕卒　文学博士　賞帝国学士院会員〔明治41年〕　歴明治23年ドイツに留学して言語学を修め、帰国後帝国大学文科大学で言語学、国語学を講じる。27年帝大教授に就任し、34年からは文部省専門学務局長も兼ねた。35年には国語調査委員会（のちの国語審議会）主査委員に就任。近代の国語学の樹立のために活躍。著書「国語のため」「国語のため第二」は歴史的意義が大きい。大正元年東京帝大学長、8年神宮皇学館長兼任。15年より帝国学士院会員の貴族院議員。昭和2〜4年国学院大学学長。他の著書に「大日本国語辞典」（松井簡治との共著、全5巻）、「同索引」（全3巻）、「古本節用集の研究」（橋本進吉との共著）、「近松語彙」（樋口慶千代との共著）、外山正一、中村秋香らとの合同新体詩集「新体詩歌集」がある。　家娘＝円地文子（小説家）、孫＝冨家素子（作家）

植田 謙吉　うえだ・けんきち
陸軍大将
明治8年（1875年）3月8日〜昭和37年（1962年）9月11日
生大阪府　学陸士（第10期）〔明治31年〕卒、陸大〔明治42年〕卒　歴明治42年第18師団参謀、陸軍省軍務局課員を経て、大正7年シベリア出兵に参戦。12年少将、騎兵第3旅団長。昭和3年中将、4年支那駐屯軍司令官。5年第9師団長。7年第一次上海事変に出動、戦勝祝賀会で朝鮮人テロリストの投げた爆弾で負傷。8年参謀本部次長、9年朝鮮軍司令官、陸軍大将。11年関東軍司令官。14年ノモンハン事件敗戦の責任を負って辞職、予備役。戦後は戦友団体連合会会長、日本郷友会連盟会長などを務めた。

上田 孝吉　うえだ・こうきち
衆議院議員
明治19年（1886年）9月〜昭和27年（1952年）8月16日
生大阪府　学東京帝国大学独法科〔大正4年〕卒　歴弁護士、大阪市議、同副議長を経て、昭和5年衆議院議員に初当選。以来連続5期務める。この間平沼内閣の逓信参与官、商工省委員などを歴任し、大政翼賛会中央協力会議員を務めた。

上田 畊甫　うえだ・こうほ
英文学者　大阪外事専門学校教授
明治19年（1886年）12月15日〜昭和59年（1984年）8月13日
生島根県　学広島高等師範学校英語卒　歴大正12年6月から昭和22年8月まで、大阪外国語大学の前身の大阪外国語学校、大阪外事専門学校教授、のち大阪大学工学部教授を務めた。

植田 寿蔵　うえだ・じゅぞう
美術評論家　京都帝国大学教授
明治19年（1886年）3月11日〜昭和48年（1973年）11月27日
生京都府綴喜郡普賢寺村（京田辺市）　専美学、美術史　学京都帝国大学文科大学哲学科〔明治44年〕卒　文学博士　歴三高時代に美学研究を決意し、京都帝国大学で美学を学ぶ。大正8年京都帝大講師、11年助教授に就任。14年から2年間ヨーロッパに留学し、帰国後九州帝国大学教授に就任する。その間「芸術哲学」「近代絵画史論」を刊行。昭和4年、京都帝大教授に就任し、21年の退官後は名誉教授となる。その他の著書に「芸術史の課題」「日本の美の論理」「絵画における南欧と北欧」などがある。

殖田 俊吉　うえだ・しゅんきち
台湾総督府殖産局長
明治23年（1890年）8月4日〜昭和35年（1960年）5月23日
生大分県宇佐　学東京帝国大学法科大学政治科〔大正3年〕卒　歴大正3年高文合格、税務監督局属兼大蔵省、広島税務署長、門司税関、大阪税関各監理部長兼総務課長、大蔵事務官、内閣総理大臣秘書官、大蔵書記官兼内閣総理大臣秘書官、拓務省殖産局長、台湾総督府殖産局長、関東財務局長などを歴任し、昭和8年退官。戦時中、近衛文麿の側近として吉田茂らと和平工作に参画、憲兵に検挙された。戦後復興金融金庫監事、23年第二次吉田内閣の国務大臣、行政管理庁長官、法務総裁となり、第三次吉田内閣にも留任、団体等規正令の改正などを手がけた。

上田 庄三郎　うえだ・しょうざぶろう
教育評論家
明治27年（1894年）11月10日〜昭和33年（1958年）10月19日
生高知県幡多郡三崎町（土佐清水市）　学高知師範卒　歴高知県下の三崎、益野小学校などの教師を務め大正14年退職して上京。同年9月、神奈川県茅ケ崎の雲雀ケ岡児童の村小学校校長として創造的自由教育を進めたが、2年で閉校。昭和4年「綴方生活」を創刊、5年新興教育研究所創立に参加。6年個人雑誌「観念工場」を刊行。8年「調べる綴方とその実践」で綴方教育の前進に貢献した。戦後は「日本教育新聞」「社会教育新聞」などの編集に従事、日本作文の会顧問として活躍。著書に「教育戦線」「激動期の教育構図」「抵抗する作文教育」、「上田庄三郎著作集」（全6巻、国土社）がある。　家息子＝上田耕一郎（参議院議員）、不破哲三（衆議院議員）

上田 進　うえだ・すすむ
ロシア文学者　翻訳家
明治40年（1907年）10月24日〜昭和22年（1947年）2月24日
生東京都　名本名＝尾崎義一　学早稲田大学露文科〔昭和6年〕卒　歴早大在学中に日本プロレタリア作家同盟に参加し、詩や評論を発表するが、のちにロシア文学の翻訳家となり、昭

和8年ショーロホフの「開かれた処女地」を刊行（本邦初訳）。以後ロシア文学者として活躍し、「プーシキン詩抄」、ドストエフスキー「死の家の記録」、ゴーゴリ「チェルカッシ」「死せる魂」など多くの訳書を刊行した。　家弟＝尾崎宏次（演劇評論家）、岳父＝秋田雨雀（劇作家）

上田 スミレ　うえだ・すみれ
看護婦
明治38年（1905年）〜平成8年（1996年）11月10日
生北海道倶知安町　学日本赤十字北海道支部救護看護婦養成所〔大正14年〕　歴大正14年旭川赤十字病院で看護婦人生のスタートを切る。昭和12年から1年間日華事変の傷病者救護のため病院船に乗船。14年には満州のチチハルや奉天の陸軍病院でノモンハン事件などの救護に当たった。18年樺太上敷香陸軍病院の看護婦長として勤務。20年から2年間、ソ連に抑留された。引き揚げ後、伊達赤十字病院に勤め看護婦長などを歴任。41年退職、46年より琴似老人福祉理事を務めた。

上田 誠一　うえだ・せいいち
山口県知事
明治31年（1898年）11月10日〜昭和44年（1969年）1月7日
生石川県　学四高卒、東京帝国大学法学部法律学科〔大正11年〕卒　歴昭和11年警視庁特別高等警察部長、12年千葉県総務部長、14年大阪府経済部長、15年青森県知事、17年内務省防空局長、18年防空総本部総務局長を経て、19年山口県知事。20年退官。21年弁護士登録。21〜26年公職追放。　家長男＝上田誠吉（弁護士）

上田 碩三　うえだ・せきぞう
ジャーナリスト 電通社長
明治19年（1886年）2月27日〜昭和24年（1949年）1月30日
生熊本県　学東京高等商業学校（現・一橋大学）〔明治42年〕卒　歴日本電報通信社に入社。大正8年のパリ講和会議、10年のワシントン会議、昭和5年のロンドン軍縮会議など主な国際会議を取材。11年同盟通信社に入り、常務理事、編集局長を歴任。20年7月広告部門だけが残った電通の社長に就任。22年6月公職追放で退任。24年1月UP通信のボーン副社長と東京湾浦安沖で鴨猟中に遭難死した。二人の死を悼み、日米マスコミ界有志が基金を出し合い、25年に"ボーン国際記者賞"（のちボーン上田記念国際記者賞に改称）が創設された。

上田 辰之助　うえだ・たつのすけ
経済学者 東京商科大学専門部教授
明治25年（1892年）2月2日〜昭和31年（1956年）10月13日
生東京市日本橋区（東京都中央区）　学東京高等商業学校（現・一橋大学）〔大正3年〕卒 Ph.D.（ペンシルバニア大学）、経済学博士（東京帝国大学）〔昭和10年〕　賞日本学士院会員〔昭和24年〕　歴大正6年米・英・仏に留学。12年東京商科大学専門部助教授、昭和6年教授を経て、一橋大教授、24年経済学部長。原典主義によるヨーロッパ古代・中世経済思想史研究の第一人者として、トマス・アクィナスの研究などにより知られる。著書に「聖トマス経済学」「トマス・アクィナス」「蜂の寓話」など。

上田 貞次郎　うえだ・ていじろう
経済学者 東京商科大学学長
明治12年（1879年）5月3日〜昭和15年（1940年）5月8日
生東京府麻布区（東京都港区）　専経営経済学　学東京高等商業学校（現・一橋大学）専攻部貿易科〔明治35年〕卒 法学博士〔大正8年〕　賞帝国学士院会員〔昭和12年〕　歴明治38年東京高等商業学校教授となり、同年から42年まで英国、ドイツに留学。大正2〜3年再び英国留学。8年「株式会社経済論」で法学博士。9年東京商科大学昇格とともに教授、昭和11年学長。12年帝国学士院会員。その間、大正8年第1回国際労働機関（ILO）総会に政府代表顧問として渡米、昭和2年ジュネーブの国際経済会議に政府委員で出席、3年欧州各国、インド、南洋出張、8年カナダ、11年米国で開かれた太平洋問題調査会に列席した。昭和元年には雑誌「企業と社会」を創刊、新自由主義を提唱した。大日本経済学会の専務理事、代表理事を務め、晩年は人口問題の研究に従事。我が国における経営経済学の創始者として知られる。著書に「株式会社経済論」「英国産業革命史論」「社会改造と企業」「新自由主義」「商業政策」「商工経営」「日本人口政策」「日本人口問題研究」、「上田貞次郎全集」（全7巻、第三出版）、「上田貞次郎日記」（全3巻）などがある。　家二男＝上田良二（物理学者）

上田 直次　うえだ・なおじ
彫刻家
明治13年（1880年）1月23日〜昭和28年（1953年）2月21日
生広島県加茂郡川尻町（県市）　学太平洋画会研究所　歴父は地元で第一人者といわれた宮大工。明治39年単身上京、太平洋画会研究所（のちの太平洋美術学校）で学び、木彫を山崎朝雲に、塑像を朝倉文夫に師事した。44年第5回文展に「労働者の妻」が初入選。昭和5年第11回帝展で「山羊の親子」が特選、宮内省買い上げとなった。以後、帝展や新文展に無鑑査出品。20年広島県に帰郷。晩年は仏像の制作を続け、中央の美術展には出品しなかった。また、広島県美術展彫刻部の発展に尽くした。　賞帝展特選（第11回）〔昭和5年〕「山羊の親子」

上田 隆一　うえだ・りゅういち
能楽師（観世流シテ方）
明治27年（1894年）5月18日〜昭和25年（1950年）3月20日
生兵庫県神戸市　歴伊東隆三郎、大槻十三に師事。神戸を拠点に活動し、神戸能楽会館や西宮・日芸会館の設立に力を尽くす。戦後は宝塚大劇場や西宮球場などで公演を行い、能の普及に努めた。

上田 令吉　うえだ・れいきち
根付研究家
明治15年（1882年）〜昭和20年（1945年）4月
生岐阜県　学京都帝国大学法学部〔明治42年〕卒　歴大阪市役所に勤務し、堺の上田家の養子に。昭和2年に現在の八尾市東久宝寺2丁目に転居し、20年に死去するまでその地に暮らす。美術工芸品、とくに小彫刻の極致といわれる根付（ねつけ）に注目し、収集、研究を行い、9年に「趣味の根付」を出版。海外で高く評価され、さらに国外流出する根付の実態や根付の意匠、製作技術、歴史などをまとめた「根付の研究」を18年に出版。斯界の第一人者として認められた。平成元年、日本根付研究会の手で、八尾市・大信寺内の墓地に死後44年ぶりに墓碑が建てられた。

上地 完文　うえち・かんぶん
空手指導者
明治10年（1877年）〜昭和23年（1948年）11月25日
出沖縄県　歴大正13年沖縄から和歌山市に移住。かつて中国に暮らし、中国拳法を修得していたこともあり、頼まれて武術を指導する。日本本土に空手を広めた一人といわれている。

上塚 司　うえつか・つかさ
衆議院議員 アマゾン開拓の父
明治23年（1890年）5月1日〜昭和53年（1978年）10月22日
出熊本県　学神戸高等商業学校〔明治45年〕卒　歴大正9年衆議院議員に初当選。以来、通算7期務める。高橋是清が農商務、商工、大蔵各大臣を務めるその下で秘書官となり、斎藤内閣の大蔵政務官、衆議院外務委員長などを歴任した。またアマゾニア産業研究所理事長を務め、戦前戦後を通じてブラ

ジル開拓に尽くした。日本高等拓殖学校長、海外移住中央協会副会長、日伯中央協会理事長、日本自由党総務なども務めた。著書に「農村の国デンマーク」「高橋是清経済論」、編著に「高橋是清自伝」がある。 [家]従兄＝紫垣隆（国家主義者）

上野 喜左衛門（5代目） うえの・きざえもん
実業家 南国グループ総帥 貴族院議員（多額納税）
明治34年（1901年）8月6日〜昭和46年（1971年）8月9日
[生]鹿児島県 [名]旧姓・旧名＝上野次郎七 [学]川内中〔大正8年〕卒、東京商科大学（現・一橋大学）〔昭和2年〕卒 [歴]生家・上野家は鹿児島県川内地方きっての豪商。父は4代目上野喜左衛門で、中外製薬創業者の上野十蔵は父の従弟にあたる。大正10年父が脳溢血で急逝したため、19歳で5代目喜左衛門を襲名。15年私費でヨーロッパや米国に外遊。昭和2年大学を卒業して日本水電取締役副支配人に就任。以来、電気事業からガス・石油供給、陸上交通、不動産、生コンクリートなどへと事業を拡張。南国興業、南国交通、南国殖産の各社長となり、南国グループの総帥としてグループ発展の基礎を作った。この間、7〜22年貴族院議員（多額納税）、22年参議院議員に当選したが、同年公職追放に遭った。 [家]長男＝上野喜一郎（南国殖産社長）、父＝上野喜左衛門（4代目）、祖父＝上野喜左衛門（3代目）

上野 基三 うえの・きぞう
衆議院議員
明治23年（1890年）〜昭和28年（1953年）
[生]栃木県中村（真岡市） [学]東京帝国大学卒 [歴]生家は栃木県中村では有数の資産家で、父・大太郎は衆議院議員を務めたこともある。東京帝国大学法学部卒業後に宇都宮で弁護士となり、正義感が強いため、依頼人の側に非のある場合は弁護をことわったという。当初は文学を愛好したが、父の後を継いで政界に入り、昭和5年栃木2区から衆議院選挙に出馬して当選。政友会に所属し、2期5年を務めた。特に弁舌に優れ、そのさわやかな弁論はしばしば他の代議士を圧倒した。また、都会的な紳士として知られ、小説家・吉屋信子と縁談をしたという逸話も残っている。 [家]父＝上野大太郎（政治家）

上野 教道 うえの・きょうどう
尼僧 社会事業家
安政2年（1855年）1月3日〜昭和7年（1932年）6月19日
[生]越中国下新川郡五箇庄（富山県下新川郡朝日町） [名]本名＝上田もと [歴]7歳で父を亡くしたため仏門に入り、12歳で剃髪。明治5年無住であった下新川郡寺振の普門庵に入って住職となり、上野教道を名のった。以後熱心に慈悲行を実践し、十六羅漢や釈迦像を造って寺に安置、昭和2年には庵の伽藍を整備した。その傍らで社会奉仕にも取り組み、托鉢と質素倹約とで蓄えた浄財を水災や飢饉の罹災民救恤に当たり、公共施設の建設・補修や身寄りのない孤児の保護・養育などにも力を尽くした。また日本赤十字社や愛国婦人会にも率先して参加し、日本赤十字社から三等特志章や新潟県知事表彰を受けた。 [賞]日本赤十字社三等特志章、新潟県知事表彰〔昭和2年〕

上野 金太郎 うえの・きんたろう
薬学者 実業家 東京薬学専門学校校長
慶応2年（1866年）10月9日〜昭和11年（1936年）6月4日
[学]帝国大学医科大学薬学科〔明治25年〕卒、帝国大学医科大学大学院 薬学博士〔明治41年〕 [歴]明治27年日本麦酒に入り、29年社命でドイツに留学しビール製造を学び、31年帰国して技師長となる。39年同社解散に伴い大日本麦酒目黒工場長に就任し、大正6年取締役となる。内国製薬取締役なども務める。この間、明治41年論文「内国産阿片の『ナルコチン』含量について」で薬学博士の学位を取得。また東京帝国大学医学部

講師などを務め、昭和8年東京薬学専門学校（現・東京薬科大学）校長となった。

上野 十蔵 うえの・じゅうぞう
実業家 中外製薬創業者
明治25年（1892年）3月10日〜昭和47年（1972年）11月18日
[生]鹿児島県薩摩郡隈之城村（薩摩川内市） [学]東京高等商業学校（現・一橋大学）〔大正5年〕卒 [歴]鹿児島県川内地方きっての豪商である上野家の出身で、本家の3代目上野喜左衛門は伯父にあたる。明治43年上京、44年東京高等商業学校に進学。大正5年三井鉱山に入社したが8ヶ月で退社。同年末大正貿易商会に転じ、6年ニューヨーク支店に赴任、同支店長も務めた。10年帰国して本社支配人となるも、半年後に会社は解散。同年五洋貿易商会を創業したが、関東大震災のため13年解散。14年中外新薬商会を設立、昭和18年中外製薬株式会社とし、社長に就任。5年鎮痛・消炎・解熱剤「ザルソブロカノン」を発売して製薬会社としての地歩を固め、26年グルクロン酸の工業化に成功。28年に発売した肝臓の大衆薬「グロンサン錠」は爆発的なヒットとなり、薬学の素人ながら今日の発展の基盤を築いた。 [家]祖父＝上野喜左衛門（2代目）、伯父＝上野喜左衛門（3代目）、従兄＝上野喜左衛門（4代目）、女婿＝上野公夫（中外製薬社長）

上野 俊介 うえの・しゅんすけ
小説家
大正1年（1912年）10月5日〜昭和21年（1946年）2月22日
[生]新潟県刈羽郡田尻村 [学]早稲田大学仏文科〔昭和11年〕卒、早稲田大学政経学部〔昭和18年〕卒 [歴]昭和9年「黙示」を創刊。早くから横光利一の影響を受け、11年「外套」を発表。16年早大政経学部に再入学し、卒業後の18年朝鮮に渡った。没後の26年、遺稿集「丹頂」が刊行された。

上野 誠一 うえの・せいいち
応用化学者 大阪工業大学教授
明治21年（1888年）2月7日〜昭和46年（1971年）5月11日
[専]油脂工業 [学]三重県立工〔明治39年〕卒、大阪高等工業学校応用化学科〔明治42年〕卒 工学博士（東京帝国大学）〔大正14年〕 [歴]明治42年農商務省工業試験所技手、大正5年横浜魚油技師兼工務部長となり、我が国初の硬化油工業及びこれに附属する工業を完成させた。6〜7年米国へ遊学。7年早稲田大学講師、11年セール・フレーザー商会硬化油工場支配人兼技師長を経て、昭和4年大阪工業大学教授。 [賞]報公賞（第2回）〔昭和7年〕

上野 精一 うえの・せいいち
朝日新聞社長・社主
明治15年（1882年）10月28日〜昭和45年（1970年）4月19日
[生]大阪府大阪市東区平野町 [学]東京帝国大学法科大学〔明治40年〕卒 [歴]朝日新聞共同出資者上野理一の長男。大学院在籍のまま日本勧業銀行に入ったが、明治43年朝日新聞社（東京）に入り、営業部長、大正6年副社長、8年専務、昭和5年取締役会長、8年社長となった。15年会長に転じ、戦後公職追放、復帰後社主となり、26年再び取締役となった。35年会長、代表取締役、39年社主・取締役となった。この間、昭和2年ジュネーブの第1回世界新聞専門家会議に出席、不正確有害記事防止決議案を提出、可決された。30年には内外新聞関係蔵書を京都大学に寄贈、「上野文庫」となった。38年新聞史研究の先覚として日本新聞学会初の名誉会員に選ばれた。また43年財団法人仏教美術研究上野記念財団を設立、仏教美術の研究、発展に貢献した。 [家]父＝上野理一（朝日新聞社長）、妻＝上野梅子（箏曲家）、長男＝上野淳一（朝日新聞社主）、孫＝上野尚一（朝日新聞社主）

上野 精三 うえの・せいぞう
野球選手
明治43年（1910年）～昭和62年（1987年）6月6日

生静岡県静岡市 学慶応義塾大学卒 歴静岡中のエースで大正15年夏、全国中等野球大会優勝。昭和初期の慶応義塾大学黄金時代に左腕投手としてならし、卒業後は全京城に入り都市対抗でも活躍。昭和22年から慶応野球部監督も務めた。

上野 直昭 うえの・なおてる
美術史家 京城帝国大学教授
明治15年（1882年）11月11日～昭和48年（1973年）4月11日

生兵庫県神戸市 学東京帝国大学文科大学哲学科〔明治41年〕卒 賞日本学士院会員〔昭和21年〕 歴明治44年から大正10年まで東京帝国大学文科大学美学美術史研究室副手として大塚保治教授の下、絵巻物を調査研究。10年京城帝国大学講師、15年教授となり、この間13年～昭和2年欧米に留学。5年から1年間、ベルリン大学で日本美術史を講義。7年九州帝国大学教授を兼任した。10年から京城帝大法文学部長を務めたが12年辞任。16年大阪市立美術館長となり、19年東京美術学校校長に就任した。24年からは東京国立博物館長も兼務。同年5月から東京芸術大学学長、36年定年退官、37年名誉教授。41～47年愛知県立芸術大学学長を務めた。その間、21年に学士院会員、22年正倉院評議員、国立博物館評議員、25年には文化財専門審議会専門委員、27年国立近代美術館評議員、34年国立西洋美術館評議員などを歴任した。同年文化功労者。著書に「精神科学の基本問題」「上代の彫刻」「日本美術史 上代篇」「絵巻物研究」などがある。 家妻＝上野ひさ（上野学園大学名誉教授）、二女＝上野アキ（美術評論家） 賞文化功労者〔昭和34年〕

上野 道輔 うえの・みちすけ
会計学者 東京帝国大学経済学部教授
明治21年（1888年）11月21日～昭和37年（1962年）1月4日

生福島県 学東京帝国大学経済学科〔大正1年〕卒 歴欧米に留学、大正6年東京帝国大学助教授、8年経済学部創設と同時に教授となり、会計学関係の講座を担当、昭和24年定年退官。23～37年大蔵省企業会計審議会会長。勘定学説、貸借対照表論を研究。著書に「新稿貸借対照表論」（全2巻）「簿記理論の研究」「簿記原理大綱」などがある。

上野 陽一 うえの・よういち
産業心理学者 日本産業能率研究所所長
明治16年（1883年）10月28日～昭和32年（1957年）10月15日

生東京都 学東京帝国大学文科大学哲学科心理学専攻〔明治41年〕卒 歴大正14年日本産業能率研究所を創設。米国のマネジメント思想と技術を導入、産業界に紹介して、日本最初のマネジメント・コンサルタントとなる。大蔵省作業部計画課長、日本能率学校理事長、立教大学経済学部長、昭和25年産業能率短期大学学長を歴任。産業界の"能率の父"といわれた。著書に「能率学原論」「能率概論」「人事管理の諸問題」などがある。 家長男＝上野一郎（産業能率大学理事長）

上野 隆誠 うえの・りゅうせい
宗教学者
明治29年（1896年）5月11日～昭和18年（1943年）1月4日

生京都府京都市左京区 学東京帝国大学文学部宗教学宗教史学科〔大正13年〕卒 歴左京区の浄土宗養源院の生れ。大正13年から東京の芝中学校英語教師となり、その間大正大でも教えた。著書に「宗教心理学」「宗教心理の本質」、訳書にディ・マイアル・エドワーズの「宗教哲学」、ウィリアム・ジェームズ「実用主義の哲学」、ハインリヒ・ショルツ「宗教哲学」（共訳）などがある。

上野山 清貢 うえのやま・きよつぐ
洋画家
明治22年（1889年）6月9日～昭和35年（1960年）1月1日

生北海道江別村（江別市） 学札幌師範図画専科〔明治42年〕卒 賞帝国美術院会員〔昭和5年〕 歴明治45年、23歳の頃から太平洋会、白馬会系絵画研究所で本格的に絵を始める。大正時代は貧苦の上に妻との死別、帝展連続落選など、苦悩の放浪時代を送るが、有島武郎の援助、新しい家庭などを得て、大正13年以降帝展連続入選、昭和5年帝国美術院会員、大家となる。8年旺玄会創立、25年一線美術創立、29年日展委嘱。作品に「パラダイス」「F嬢の支那服を纏える」「室内」など。平成元年長男によってその一代記「流転」が上演された。 家妻＝素木しづ（小説家）、長男＝上野山功一（俳優）

植場 鉄三 うえば・てつぞう
拓務次官
明治27年（1894年）1月22日～昭和39年（1964年）1月30日

出大阪府 学三高卒、京都帝国大学経済学部〔大正10年〕卒 歴昭和11年拓務省管理局長、12年殖産局長を経て、16～17年拓務次官。18年中支те振興株式会社副総裁、19～20年内閣綜合計画局長官。20年12月大建産業社長。22～25年公職追放。26年呉羽紡績副社長に就任し、29～38年同会長。また、28年東洋パルプ副社長、31～38年同社長を務めた。

植原 悦二郎 うえはら・えつじろう
衆議院副議長 内相 国務相
明治10年（1877年）5月15日～昭和37年（1962年）12月2日

生長野県 名号＝植原梓川 学ワシントン州立大学〔明治40年〕卒、ロンドン大学大学院〔明治43年〕修了 歴米国留学中、「日米商報」社長、帰国後、東京高等工業、明大、立教大教授。大正6年衆議院選挙に出馬当選、以来当選8回。国民党、革新倶楽部を経て、政友会に所属。昭和の初め田中義一内閣外務参与官、外務政務次官。7年衆議院副議長を歴任。15年反大政翼賛会の同交会を結成、17年の翼賛選挙で落選。戦後回復ののち、第一次吉田茂内閣の国務相から内相に就任、自民党顧問も務めた。「日本民権発達史」などの著書がある。

上原 謙 うえはら・けん
俳優
明治42年（1909年）11月7日～平成3年（1991年）11月23日

生東京市牛込区納戸町（東京都新宿区） 名本名＝池端清亮 学立教大学経済学部〔昭和10年〕卒 歴父は鹿児島市出身の職業軍人。立教大学時代は立大シンフォニー・オーケストラに入り、トランペットやフレンチ・ホルンを吹いた。昭和10年松竹蒲田撮影所に入社、「若旦那・春爛漫」でデビュー。2作目の「彼と彼女と少年達」で主役に抜擢され、上品で知的な二枚目として評判となる。12年の「婚約三羽烏」では佐分利信、佐野周二と共演し、松竹三羽烏とうたわれた。同年の「浅草の灯」ではオペラ歌手役を好演、演技的にも注目される。13年には田中絹代と共演したメロドラマ「愛染かつら」が空前の大ヒットとなる。その後、「西住戦車長伝」（15年）、「花咲く港」（18年）に出演。戦後、映画俳優のフリー第1号となり、各社の作品に出演した。長男は歌手・俳優の加山雄三。 家妻＝小桜葉子（女優）、長男＝加山雄三（俳優）、娘＝上原芽英子（女優）、孫＝池端信宏（キーボード奏者・作曲家）、山下徹大（俳優）、梓真悠子（女優）、池端えみ（女優）

上原 げんと うえはら・げんと
作曲家
大正3年（1914年）12月28日～昭和40年（1965年）8月13日

生青森県西津軽郡木造町（つがる市） 名本名＝上原治左衛門、別名＝上原絃人 学木造中〔昭和7年〕卒、東洋音楽学校中退 歴木造中学在学中にマンドリンクラブを結成、絃楽の大家を

志して "絃人" を名のった（上京後はひらがなで "げんと" とした）。昭和13年キングレコードに入社、14年「国境の春」で作曲家デビュー。同年の「上海の花売娘」を皮切りに、岡晴夫とのコンビで「広東の花売娘」「南京の花売娘（みどりの光）」といった〈花売娘〉シリーズや、「港シャンソン」「今日も勝ったぞ」などがヒットし、作曲家としての地位を確立したが、やがて出征やマラリアでの入院などにより作曲活動の中断を余儀なくされた。21年「東京の花売娘」で岡と歌謡界に復帰。戦後は美空ひばり「港町十三番地」、初代コロムビア・ローズ「東京のバスガール」などのヒット曲を書き、50歳で亡くなるまでに約3000曲もの作品を遺した。 家弟＝上原賢六（作曲家）

上原 才一郎 うえはら・さいいちろう
光風館創業者
慶応2年（1868年）2月3日～昭和15年（1940年）8月16日
生長野県諏訪郡中洲村（諏訪市） 歴小学校を卒業後、松本市の高美書店に11年間勤める。明治22年上京、神田に上原書店を創業して書籍・雑誌の小売業を営む。27年神保町に店舗を移し、屋号を光風館として出版業にも進出。のち小売業を退いて出版専業となり、小学校・中等教科書を出版した。「理学界」などの雑誌も創刊し、科学書や科学雑誌の出版に力を注いだ。東京書籍商組合長、東京出版協会協議員、中等教科書協会幹事なども歴任。 家女婿＝四海民蔵（四海書房創業者）

上原 種美 うえはら・たねよし
農業教育家 東京農業教育専門学校校長
明治18年（1885年）1月～昭和25年（1950年）10月30日
生山梨県 学東京帝国大学農科大学農学科〔明治42年〕卒 歴農商務省嘱託を経て、明治43年文部省に入り、実業学務局農業教育課長、東京高等師範学校教授を兼任。大正10年三重高等農林学校初代校長。昭和11年東京農業教育専門学校校長となり、21年退任。同年茨城大学農学部の前身である霞ケ浦農科大学の初代学長に就任。この間、大日本教育会副会長、実業教育振興中央会常務理事などを務め、種々の農業教育機関の責任者として各機関の創設、発展に尽くした。また明治末から大正期の文部省内で農学関係行政官として、農業教育制度を体系化し整備充実に努めた。

上原 轍三郎 うえはら・てつさぶろう
農業経済学者 北海道帝国大学教授
明治16年（1883年）8月25日～昭和47年（1972年）2月27日
生広島県山県郡南方村（北広島町） 専北海道開拓史 学東北帝国大学農科大学農業経済学科〔明治45年〕卒 農学博士（北海道帝国大学）〔昭和18年〕 歴東北帝国大学農科大学助手、助教授を経て、大正8年北海道帝国大学農学部助教授、昭和6年教授。18年論文「北海道開拓ノ土地制度ノ研究」で農学博士。21年定年退官、名誉教授。25年北海道短期大学学長、27年北海学園大学学長となり、31年同学園理事長などを務めた。43年北海学園名誉学園長。このほか日本人口学会理事、日本私立大学協会理事、文部省私立学校振興会評議員、北海道海外協会会長などを歴任。北海道開拓史、特に屯田兵制度の実証的研究で業績を残した。著書に「植民地として観たる南洋群島の研究」「北海道屯田兵制度」「北海道開拓土地制度」「満州移民の研究」などがある。

上原 虎重 うえはら・とらしげ
東京日日新聞取締役主筆
明治23年（1890年）10月3日～昭和27年（1952年）2月2日
生群馬県 学正則中学校夜間部卒 歴大正6年大阪毎日新聞の海外留学生試験に合格して入社、インド、ロンドン留学の後、ニューヨーク、パリ特派員となった。昭和7年電車事故で片足を切断したが、外国通信部長、編集総務を経て、17年東京日日新聞（後の毎日新聞）編集主幹、取締役主筆となった。国際政治論に健筆をふるったが、敗戦と同時に社を辞めた。「チャーチル大戦回顧録」を翻訳、遺著に「猫の歴史」がある。参議院議員の紅露みつは妹。 家妹＝紅露みつ（政治家）

上原 敏 うえはら・びん
歌手
明治41年（1908年）8月26日～昭和19年（1944年）7月29日
生秋田県大館市 名本名＝松本力治 学専修大学商学部卒 歴平凡なサラリーマンから歌手に転じ、昭和12年ポリドールよりデビュー。同年発売の「妻恋道中」「流転」「裏町人生」は矢つぎばやにミリオンヒット。翌13年に、名コンビ青葉笙子と歌った「おしどり道中」「上海便り」が大ヒットし、戦時下の国民的スターとなった。18年、召集。19年7月29日、ニューギニアで戦死した。

上原 平太郎 うえはら・へいたろう
陸軍中将 衆議院議員
明治5年（1872年）11月～昭和25年（1950年）10月8日
生香川県香川郡一宮村（高松市） 学陸士卒、陸大〔明治36年〕卒 歴所沢陸軍飛行学校長、第二十師団長などを経て、昭和5年退役。7年衆議院議員に当選1回。政友会に所属した。

植松 七九郎 うえまつ・しちくろう
精神医学者 慶応義塾大学医学部教授
明治21年（1888年）11月3日～昭和43年（1968年）5月9日
生長野県諏訪郡富士見町 専精神病理学 学東京帝国大学医科大学〔大正4年〕卒 医学博士〔大正12年〕東京帝国大学三浦内科、次いで精神科に大正7年6月まで勤め、同年7月渡米、マサチューセッツ、ダンバース両州立精神病院病理研究所員を経て、ボストン精神病院病理研究所員、ハーバード医科大学神経病理部各講師を兼任。12年慶応義塾大学医学部神経科講師、14年助教授、15年教授となり、以後28年間同教室を主宰。この間、昭和5年米国の国際精神衛生学会に日本代表で出席、第38回、46回日本精神神経学会総会の会長を務めた。また5年には昭和医学専門学校精神科教室の創設に尽力。戦後、医学界を代表して占領軍との折衝に当たったことでも知られる。

上村 松園 うえむら・しょうえん
日本画家
明治8年（1875年）4月23日～昭和24年（1949年）8月27日
生京都府京都市下京区四条御幸町 名本名＝上村津祢 学京都府画学校（現・京都市立芸術大学美術学部）〔明治21年〕中退 賞帝国芸術院会員〔昭和16年〕 歴京都府画学校を中退して鈴木松年の門に入る。のち幸野楳嶺、竹内栖鳳に師事。明治23年内国勧業博覧会で「四季美人図」が一等褒状を受け、以来人物画一筋に打ち込む。33年日本絵画協会、日本美術院連合共進会で「花ざかり」が銀牌を受け、画壇での地位を固める。40年文展第1回展に「長夜」出品。大正5年文展無鑑査、13年帝展審査委員、昭和9年帝展参与。15歳以来数々の賞をうけ、昭和16年女流画家として初めての帝国芸術院会員、19年帝室技芸員。23年女性として初めて文化勲章を受章。生涯を画業ひとすじに生き、多くの優れた格調高い美人画を残した。代表作に「長夜」「焔」「母子」「序の舞」「砧」「夕暮」「晩秋」など。著書に「青眉抄」がある。 家長男＝上村松篁（日本画家）、孫＝上村淳之（日本画家） 勲文化勲章〔昭和23年〕

植村 諦 うえむら・たい
詩人 アナキスト
明治36年（1903年）8月6日～昭和34年（1959年）7月1日
生奈良県磯城郡多村（田原本町） 名本名＝植村諦聞、別名＝真木泉 学京都府仏教専門学校卒 歴小学校で代用教員をしながら詩誌「大和山脈」を発行していたが、水平社運動に参

加して教職を追われる。その後京城で雑誌記者をしたが、独立運動に加わって退鮮される。昭和5年上京し「弾道」「詩行動」などでアナキスト詩人として活躍。10年日本無政府共産党事件で検挙される。戦後は日本アナキスト連盟の結成に参加。7年刊行の詩集「異邦人」や「愛と憎しみの中で」、評論「詩とアナキズム」などの著書がある。

植村 泰二　うえむら・たいじ

東宝社長

明治29年（1896年）8月7日～昭和46年（1971年）5月9日

囲北海道　学北海道帝国大学農芸化学科〔大正12年〕卒　歴大正12年北海道帝国大学農芸化学科を卒業後、理化学研究所に勤務。当初は鈴木梅太郎門下の農芸化学者であったが、傍ら父・植村澄三郎が社長を務めていたオリエンタル写真工業の嘱託として写真乳剤の研究にも従事した。この間、松竹の映画現像技師であった増谷麟とも知り合い、昭和4年増谷と共同で研究室を創設。同年欧米視察に出発し、帰国後の6年東京・成城に写真乳剤の開発研究や映画フィルムの現像を目的としたP.C.L.（写真化学研究所）を設立。同所にはのちのソニーの創業者・井深大もいた。8年にはP.C.L.映画製作所を興し、木村荘十二監督の「ほろよい人生」を皮切りに映画製作にも乗り出した。12年同社が東京宝塚、J・Oスタジオなどと合併し、東宝映画ができると、その初代社長に就任。また東京宝塚劇場の取締役も兼務した。17年は戦時体制による企業合同で創立された日本配給社社長に転じた。学生時代には北大の寮歌を作曲するなど音楽を愛好し、早坂文雄を見出したことでも知られる。　家長男＝植村泰一（フルート奏者）、父＝植村澄三郎（実業家）、兄＝植村甲午郎（実業家）、女婿＝中江昭男（ニッポン放送専務）

植村 益蔵　うえむら・ますぞう

宗教家　日本救世軍司令官

明治18年（1885年）12月12日～昭和44年（1969年）1月14日

囲奈良県　歴明治39年救世軍に入って士官候補生となり、41年渡英、万国士官学校に学んだ。帰国後の大正14年、参謀士官学校入校のための渡英をはさみ、東北連隊長、東京中隊長、士官学校長、書記長官などを経て、昭和13年救世軍司令官となった。15年軍の弾圧で救世軍解散、司令官を解任された。戦後21年6月、救世軍が再建されるとともに再び司令官となり、救世軍最高会議、将官会議などのため渡英、ロンドンの万国本営や各国の救世軍との交流に尽くし、日本救世軍再興に貢献した。31年引退し顧問となった。

上村 福幸　うえむら・よしゆき

教育学者　東京帝国大学文学部教授

明治26年（1893年）2月18日～昭和29年（1954年）4月20日

囲熊本県三角　学東京帝国大学文科大学哲学科教育学専攻〔大正7年〕卒　歴東京帝国大学副手、助手、講師を経て、昭和8年文学部助教授となり、12～13年ドイツ留学、18年教授となった。戦後22年教育学部設立委員として学部創設に尽力、28年定年退官。早大教育学部教授、日本教育学会副会長を務めた。著書に「知能測定法」「了解心理学」「実験教育学」などがある。

上山 正英　うえやま・まさひで

放射線医学者

明治11年（1878年）9月1日～昭和15年（1940年）12月30日

囲鳥取県鳥取市　学京都帝国大学理工科大学電気工科〔明治33年〕退学　歴明治33年から愛知、群馬、京都、山口などの中学校に勤め、43年京都島津製作所に入った。大正4年クーリッジX線管球の発生理論と構造を日本に紹介。10年会社でレントゲンX線講習会を年次開催、その講師となり「レントゲン物理学」「X線管球」について講義。各講師の講義を「レントゲン学講義集」に編集した。昭和2年島津レントゲン技術講習所が

開設され、講師として放射線物理学を講じた。

上脇 進　うえわき・すすむ

ロシア文学者

明治32年（1899年）12月23日～昭和37年（1962年）3月31日

囲鹿児島県鹿児島市　学東京外国語学校ロシア語学科〔大正11年〕卒　歴新京商業教官、満州電電調査局に勤務。多くのソビエト文学を紹介し、訳書にノヴィコフ・プリヴォイ「ツシマ」、エレンブルグ「息もつかずに」など多くのものがある。また、バイコフと親交を結び、彼の「ざわめく密林」「牝虎」などを訳出した。

ヴォーリズ, ウィリアム・メレル

Vories, William Merrell

宣教師　社会事業家　建築家　近江兄弟社創立者

明治13年（1880年）10月28日～昭和39年（1964年）5月7日

囲米国カンザス州レブンワース　名日本名＝一柳米来留　学コロラド大学哲学科〔明治37年〕卒　歴明治38年キリスト教伝道のため来日、滋賀県近江八幡の滋賀県立商業学校（現・八幡商業高校）英語教師として赴任。教師の傍ら聖書研究やテニスを教え、学校にYMCAを作ったが、キリスト教反対者のため学校を解職された。41年京都で建築設計監督業を始め、「大同生命ビル」「大阪大丸」「京都大丸」「関西学院」「神戸女学院」「豊郷小学校」などを設計した。43年吉田悦蔵らと近江基督教伝道団（近江ミッション）を設立。44年八幡町にヴォーリズ合名会社事務所を開設。45年伝道雑誌「湖畔の声」を創刊。大正2年日本でのメンソレータム販売代理店となる。3年琵琶湖周辺を伝道するガリラヤ丸を進水させ、各地に教会を設立。また多くの病院やサナトリウム・近江療養院などを経営し、近江八幡を中心に独自の宣教を行った。8年旧播磨小野藩主の血を引く華族・一柳満喜子と結婚。9年ヴォーリズ合名会社解散、W.M.ヴォーリズ建築事務所、近江セールズを設立。建築作品にはキリスト教会、学校、住宅建築に代表作品が多い。昭和8年近江勤労女学校を設立。9年近江ミッションを近江兄弟社と改め、19年製造も行う株式会社近江兄弟社とした。16年には日本に帰化し、一柳米来留と改名。17年より東京帝国大学、京都帝国大学で英語・英文学を講じた。戦後、22年近江兄弟社小学校、中学校、23年高等学校を開設。33年近江八幡名誉市民となった。著書に「吾家の設計」「失敗者の自叙伝」など。　家妻＝一柳満喜子（近江兄弟社学園創立者）

宇垣 一成　うがき・かずしげ

陸軍大将　陸相　外相　朝鮮総督

慶応4年（1868年）6月21日～昭和31年（1956年）4月30日

囲備前国赤磐郡潟埼村（岡山県岡山市）　名幼名＝杢次　学陸士（第1期）〔明治23年〕卒、陸大〔明治33年〕卒　歴明治35～37年ドイツに留学。44年陸軍省に入り、軍事課長。参謀本部総務部長、陸軍次官などを経て、大正13年から清浦圭吾、加藤高明、若槻礼次郎各内閣の陸相。4個師団の削減を実行して“宇垣軍縮”といわれた。14年大将。昭和4年には浜口雄幸内閣の陸相となり、陸軍内に“宇垣閥”を形成。6年の三月事件に関わり、国家改造運動に論拠を与えたことで知られる。同年予備役後は朝鮮総督となって軍需産業の育成に努めた。12年組閣の大命を受けたが軍内派閥抗争により組閣を断念。13年近衛改造内閣の外相兼拓相となるが、再び陸軍と対立、5ヶ月で退任。その後も度々首相候補に挙げられた。戦後、28年の追放解除後は、参議院選挙全国区で最高点で当選。著書に「宇垣一成日記」（全3巻）など。

宇垣 纏　うがき・まとめ

海軍中将

明治23年（1890年）2月15日～昭和20年（1945年）8月15日

囲岡山県磐梨郡潟瀬村　学海兵（第40期）〔明治45年〕卒, 海大

〔大正13年〕卒 歴軍令部員となり昭和3年ドイツ駐在、第五戦隊、第二艦隊各参謀、7年海軍大学校教官、連合艦隊参謀、「八雲」「日向」各艦長、13年軍令部第1部長、16年4月第八戦隊司令長官、同8月連合艦隊参謀長となり、山本五十六司令長官を補佐した。18年4月ラバウルを出発した山本長官機は撃墜され戦死、2番機の宇垣は重傷、海中に投げ出され救助された。19年第一戦隊司令官、20年2月第五航空艦隊司令長官となり沖縄への特攻作戦を指揮、8月15日、終戦の詔勅をラジオで聞き大分基地から彗星11機を率いて沖縄の敵艦船群に最後の特攻攻撃をかけた。遺稿に「戦藻録」がある。

宇賀田 順三 うがた・まさぞう
憲法学者 行政法学者 九州帝国大学教授
明治31年（1898年）8月10日～昭和54年（1979年）5月19日
生茨城県 学東京帝国大学政治学科〔大正12年〕卒 法学博士〔昭和36年〕 歴昭和3年九州帝国大学教授となり、20年退官。21年教職追放となるが、26年解除。27～30年八幡大学学長を務めた。

浮田 和民 うきた・かずたみ
政治学者 社会評論家 早稲田大学名誉教授
安政6年（1859年）12月28日～昭和21年（1946年）10月28日
生肥後国熊本竹部久本寺東横町（熊本県熊本市） 名洗礼名＝トーマス浮田 学熊本洋学校、同志社英学校〔明治12年〕卒 歴熊本洋学校時代にキリスト教に入信する。明治12年同志社卒業後は「六合雑誌」に関係し、19年から30年まで同志社政法学校講師、同志社大学教授。この間、エール大学に留学。30年以降、東京専門学校講師、早大教授を務め、西洋史、政治学などを講義した。昭和16年退職、名誉教授。その一方で「太陽」主幹を務めるなど大正デモクラシーの代表的思想家として活躍した。主著に「倫理的帝国主義」「政治学概論」「日米非戦論」など。 家孫＝浮田克躬（洋画家）

右近 権左衛門（11代目） うこん・ごんざえもん
実業家 日本火災海上保険会長
明治22年（1889年）11月～昭和41年（1966年）4月27日
生福井県 名旧姓・旧名＝右近義太郎 学慶応義塾大学理財科〔大正3年〕卒 歴大正5年2月第11代権左衛門を襲名、同年5月先代権左衛門の後継として日本海上保険株式会社の社長となった。近親の右近和作、福次郎らの補佐を得て、事業経営に当たり、昭和16年会長となった。19年日本海上と日本火災が合併。日本火災海上保険が創立されて同社会長。20年12月まで在任した。その間、右近商事、日海興業の各社長も兼任した。

右近 徳太郎 うこん・とくたろう
サッカー選手
大正2年（1913年）～昭和19年（1944年）
出兵庫県 学神戸一中〔昭和6年〕卒、慶応義塾大学〔昭和12年〕卒 歴御影師範附属小、神戸一中から慶応義塾大学に進学。大学卒業後は明治鉱業に勤務。昭和11年日本サッカー界初の国際舞台となったベルリン五輪に日本代表として出場、初戦で優勝候補のスウェーデンと対戦して同点ゴールとなる2点目を挙げ、3対2の大逆転で破る"ベルリンの奇跡"に貢献。ゴールキーパー以外はどのポジションでもプレーできる抜群のセンスを持ち、15年東亜大会にも日本代表として出場。17年応召し、19年ブーゲンビル島で戦死した。

鵜崎 庚午郎 うざき・こうごろう
牧師 日本メソジスト教会監督
明治3年（1870年）3月17日～昭和5年（1930年）4月3日
生兵庫県姫路市 学関西学院〔明治24年〕卒 歴漢学者・鵜崎久平の子に生まれる。明治19年神戸パルモア英学院に入学

し、20年米国人宣教師W.R.ランバスから洗礼を受ける。東京英和学校神学部から、22年関西学院英語神学科に転学し、24年卒業。のち米国バンダビルト大学留学を経て、三高、関西学院、青山学院などで教鞭を執る。一方、24年から8年間神戸・広島・大阪・京都などの教会牧師として伝道活動を行った。40年日本メソジスト教会機関誌「護教」主筆。のち伝道局長、総会書記を務め、大正2年長崎鎮西学院院長。8年から3期12年間日本メソジスト教会監督を重任し、この間世界各地の宣教大会などに日本代表として出席した。

宇佐美 興屋 うさみ・おきいえ
陸軍中将 侍従武官長
明治16年（1883年）1月27日～昭和45年（1970年）9月27日
学陸士（第14期）〔明治35年〕卒, 陸大卒 歴大正6年オランダ公使館付武官など欧州駐在、4年後帰国。軍務局騎兵課長、騎兵学校長など騎兵畑を歩み昭和9年中将。騎兵監、第7師団長を経て、11年3月から侍従武官長。14年5月退任、軍事参議官。

宇佐美 勝夫 うさみ・かつお
東京府知事 貴族院議員（勅選）
明治2年（1869年）5月12日～昭和17年（1942年）12月26日
生出羽国米沢（山形県米沢市） 学米沢中卒、一高卒、帝国大学法科大学政治科〔明治29年〕卒 歴出羽国米沢藩士の二男。明治41年富山県知事、43年朝鮮総督府参与官に転じ、同年内務部長官、大正6～8年には同府土木局長を兼務。大正10年東京府知事に就任。14年内閣賞勲局総裁、昭和2年資源局長官。9年勅選貴族院議員。 家二男＝宇佐美洵（日本銀行総裁）、三男＝宇佐美毅（宮内庁長官）、岳父＝池田成彬（実業家）

宇佐美 敏夫 うさみ・としお
ホッケー選手
明治41年（1908年）2月22日～平成3年（1991年）6月1日
生愛知県 学東京商科大学（現・一橋大学）本科〔昭和6年〕卒 歴ホッケーの日本代表として、昭和7年ロサンゼルス五輪、11年ベルリン五輪に連続出場、ロサンゼルスでは銀メダルを獲得した。

宇佐美 寛爾 うさみ・ひろじ
華北交通総裁 満鉄理事
明治17年（1884年）1月27日～昭和29年（1954年）2月10日
出岐阜県 学五高〔明治41年〕卒, 東京帝国大学法科大学政治科〔明治44年〕卒 歴鉄道院に入る。大正9年南満州鉄道（満鉄）運輸部営業課長、11年貨物課長兼旅客課長、12～13年欧米出張、14年参事、同年鉄道部次長、昭和5年ハルビン事務所長、8年鉄路総局長を経て、9～13年理事。14～20年華北交通総裁を務めた。また、20年4月北支那交通団長官。 家弟＝宇佐美喬爾（満鉄理事）

鵜沢 四丁 うざわ・してい
俳人
明治2年（1869年）2月9日～昭和19年（1944年）1月1日
生千葉県安食町 名本名＝鵜沢芳松、別号＝擽蒼居 歴中学卒業後、鉄道事務に従事する。その間、水彩画を大下藤次郎に学び、ヨーロッパで修業し、帰国後は日本水彩画会同人となる。俳句は明治27年秋声会同人となり、昭和7年「俳諧」を創刊主宰した。連句作者としても名をなした。句集に「四丁句集」のほか「俳諧修辞学」「洋画鑑賞法」「旅鞄」などの著書がある。

鵜沢 総明 うざわ・ふさあき
弁護士 法学者 明治大学総長 貴族院議員（勅選）
明治5年（1872年）8月2日～昭和30年（1955年）10月21日
出千葉県茂原市 名幼名＝惣市 学東京帝国大学法科大学独

法科〔明治32年〕卒 法学博士〔明治41年〕 歴明治32年弁護士を開業。38年の日比谷焼打ち事件、大逆事件、大阪松島遊廓事件、永田鉄山軍務局長を刺殺した相沢事件、帝人事件など明治～昭和の著名な刑事事件の弁護に当たり、戦後は極東国際軍事裁判（東京裁判）の日本側弁護団長として無罪論を展開した。一方明治41年以来、衆議院議員当選5回、政友会で総務委員などを務め、昭和3年勅選貴族院議員。また明大教授を長く務め、9年以来明大総長を4度務めた。15年大東文化学院総長。主著に「政治哲学」「法律哲学」などがある。

宇治 紫文（4代目） うじ・しぶん
一中節太夫 宇治派家元
明治14年（1881年）2月28日～昭和18年（1943年）11月11日
生東京都 名本名＝鈴木喜久、前名＝宇治倭文 歴3代目紫文の孫娘。祖父や杵屋六繁の教えを受け、明治33年4代目倭文となり、大正10年4代目紫文襲名。格調正しい一中節を伝えた。
家祖父＝宇治紫文（3代目）

氏家 清吉 うじいえ・せいきち
銀行家 政治家
明治25年（1892年）4月～昭和31年（1956年）12月14日
出宮城県 学角田中卒 歴七十七銀行頭取を務めた。昭和11年より多額納税の貴族院議員。 家長男＝氏家栄一（七十七銀行頭取）

氏家 信 うじいえ・まこと
歌人 精神科医
明治15年（1882年）3月31日～昭和24年（1949年）3月23日
生宮城県仙台市清水小路 学東京帝国大学医学部卒 歴巣鴨脳病院（松沢病院の前身）などを経て、東京医科大学教授になる。二高時代から作歌を始め、佐佐木信綱に師事。大正9年から窪田空穂に師事し、宇都野研とともに「朝の光」を創刊。その後、「国歌」「白檮」を経て、昭和4年研とともに「勁草」を創刊、13年研亡き後、主宰者となる。

牛尾 梅吉 うしお・うめきち
実業家 姫路商業銀行頭取
元治1年（1864年）11月19日～昭和9年（1934年）5月4日
歴明治27年姫路市で米穀取引業を始める。大正6年姫路水力電気社長、のち中国合同電気副社長。昭和2年姫路商業銀行頭取。

潮 恵之輔 うしお・しげのすけ
内務次官 内相 文相 枢密顧問官 貴族院議員（勅選）
明治14年（1881年）8月11日～昭和30年（1955年）1月9日
出島根県益田市 学東京帝国大学法学部仏法科〔明治40年〕卒 歴内務省に入り、長野県事務官、内務事務官兼参事官、内務省衛生局長、同地方局長などを経て、昭和3年内務次官兼復興業務局長となる。法規典例に精通し、"内務省の生き字引"といわれた。6年勅選貴族院議員。7年再び内務次官となり、11年広田内閣の内相、文相を兼任、13年枢密顧問官、21年枢密院副議長を歴任し、同年官制廃止で退官。戦後25年済生令顧問に。 家兄＝潮恒太郎（大審院検事）

牛島 辰熊 うしじま・たつくま
柔道家 講道館9段
明治37年（1904年）～昭和60年（1985年）5月26日
生熊本県熊本市横手 歴熊本市で製油業者の三男として生まれる。長兄の影響で15歳のとき肥後柔術の流派、扱心流江口道場に入門。大正15年より明治神宮競技大会3連覇。昭和6年、7年の全日本選手権壮年前期で2連勝を果たす。戦前は、皇宮警察や警視庁、拓殖大学、学習院大学などで指導する傍ら、牛島塾を開き、柔道の鬼と言われた木村政彦、船出辰幸、甲斐利三らを育てるなど、指導者としても実績を残した。19年9月

皇居坂下門付近の溝に身を潜め、閣議に向かう東条英機を乗せた車に茶瓶（対戦車用秘密兵器で毒ガス兵器）を投げつけるという計画が発覚、暗殺未遂容疑で憲兵隊に逮捕される。のち禁固1年6ケ月、執行猶予2年の刑に処せられる。戦後の25年にはプロ柔道の国際柔道協会を旗揚げするが、客入りが悪く3ケ月で消滅。その後、鉄人商を経て、34年八幡製鉄の関連企業・牛島興運を設立した。

牛島 満 うしじま・みつる
陸軍大将
明治20年（1887年）7月31日～昭和20年（1945年）6月23日
画鹿児島県鹿児島市 学陸士（第20期）〔明治41年〕卒, 陸大〔大正5年〕卒 歴大正7年シベリア派遣軍野戦交通部参謀、昭和8年陸軍省副官、11年歩兵第1連隊長として二・二六事件の首謀者を出した連隊をまとめた。12年少将となり、同年歩兵第36旅団長として南京攻略に参加。13年予科士官学校長、のち第11師団長、士官学校長を歴任。19年第32軍司令官として沖縄戦を指揮、20年4月米軍の沖縄攻略が開始され、全島を囲む軍艦から空前の砲撃を浴びる中、最後の総攻撃をかけ徹底抗戦したが及ばず、6月23日摩文仁の洞穴陣地で自決した。大将に昇進。 家父＝牛島実満（陸軍中将）

牛塚 虎太郎 うしずか・とらたろう
東京市長 衆議院議員
明治12年（1879年）4月28日～昭和41年（1966年）11月1日
生富山県 名号＝藤軒 学東京帝国大学法科大学政治学科〔明治38年〕卒 歴明治38年通信省に入り、通信書記官。41年内閣に移り、内閣書記官、内閣統計局長兼行政裁判所評定官、臨時国勢調査局次長、国勢院第1部長などを経て、大正11年岩手県知事、13年群馬県知事、15年宮城県知事を歴任。昭和4年東京府知事となり親任官待遇。8年東京市議、同年5月第15代東京市長となった。12年5月任期を終え、麹町区議に当選、議長に就任。17年4月衆議院議員当選、翼賛政治会総務、中央大学講師などを務めた。戦後、公職追放、26年解除。著書に「大礼要義」「立儲要義」「市政四年」など。 家義父＝服部金太郎（服部時計店創業者）

牛場 友彦 うしば・ともひこ
近衛文麿首相秘書官
明治34年（1901年）12月16日～平成5年（1993年）1月12日
生京都府京都市 画兵庫県神戸市 学東京帝国大学法学部政治学科〔大正14年〕卒, オックスフォード大学〔昭和4年〕卒 歴昭和9年太平洋問題調査会事務員となり、12年同会会員だった岩永祐吉に紹介され近衛文麿首相の秘書官に就任。以後、近衛の個人秘書となり、第二次、第三次近衛内閣でも首相秘書官を務めた。戦後は実業界に入り、25年日本輸出入銀行幹事、33年アラスカパルプ副社長などを歴任した。 家弟＝牛場信彦（外交官）、牛場大蔵（慶応義塾大学名誉教授）

牛原 虚彦 うしはら・きよひこ
映画監督
明治30年（1897年）3月22日～昭和60年（1985年）5月20日
生熊本県熊本市京町 名本名＝牛原清彦 学東京帝国大学文学部英文科〔大正9年〕卒 歴大正9年小山内薫の勧めで松竹蒲田撮影所に入り、助監督として賀古残夢につく。同年小山内が設立した松竹キネマ研究所に移り、同所の第一作となる小山内総監督・村田実演出の映画「路上の霊魂」で脚本を担当し、10年第二作「山暮るる」で監督デビュー。間もなく同所が解散したため監督として蒲田撮影所に戻り、「噫無情・第一編」や「大地は怒る」「子供の世界」「黒川博士」「詩人と運動家」など優れた映画表現を持った作品群を監督した。14年ハリウッドに約9ケ月間留学し、チャップリンの映画「サーカス」の撮影隊に助手として参加。15年にはメロドラマ「受難

華」が大ヒットとなった。また昭和3年から4年にかけて製作された「彼と東京」「彼と田園」「陸の王者」「彼と人生」など鈴木伝明主演の男性派青春映画も高い評価を受けた。5年フランス・英国・米国に渡り、トーキー映画を研究して帰国。8年日活太秦撮影所に移籍、さらに新興キネマ、大映に所属し、25年退社。この間にも市川右太衛門主演の「南風薩摩歌」や特撮映画の先駆として著名な「虹男」などの話題作を監督した。家妻＝三村千代子（女優）、長男＝牛原陽一（映画監督）

牛山 充　うしやま・みつる
音楽評論家 舞踊評論家 東京音楽学校教授
明治17年（1884年）6月12日～昭和38年（1963年）11月9日
生長野県諏訪　学東京音楽学校甲種師範科〔大正2年〕卒　歴高野辰之、田村寛貞に学び、東京音楽学校在学中、機関誌の主筆・編集長を務めた。母校教授の傍ら大正11年から朝日新聞の音楽、舞踊の批評を十数年担当。その後日本大学芸術学部、東京声専音楽学校の講師を務めながら評論活動。またNHK洋楽諮問委員、文部省芸術祭執行委員、舞踊コンクール、邦楽コンクールの審査員、東京バレエ学校校長を長年務めた。昭和27年文部大臣賞、35年紫綬褒章を受章。著書に「音楽鑑賞の知識」「家庭音楽教育」「音楽舞踊と宗教教育」「西洋音楽史」「音楽鑑賞講話」などがあり、L.レーマン「声楽法」などの訳書もある。

後宮 淳　うしろく・じゅん
陸軍大将
明治17年（1884年）9月28日～昭和48年（1973年）11月24日
生京都府　学陸士（第17期）〔明治38年〕卒、陸大卒　歴大正8年第五師団参謀としてシベリア従軍、14年関東軍司令部付、第四師団参謀を経て、南満州鉄道（満鉄）嘱託・満州国交通部顧問を兼務。昭和9年参謀本部第三部長、10年陸軍省人事局長（少将）。12年軍務局長、第二十六師団長、第四軍司令官、支那方面軍司令官、16年支那派遣軍総参謀長、中部軍司令官、17年陸軍大将。19年東条英機首相兼参謀総長の時、参謀次長で同期の東条を助けた。同年4月第三方面軍司令官として満州に赴任、敗戦でシベリアに抑留され、31年12月帰国。38年3月本郷友連盟会長。

臼井 剛夫　うすい・たけお
日本画家
明治23年（1890年）～昭和18年（1943年）5月19日
生長野県　名本名＝臼井寅三郎　学東京美術学校日本画科〔大正9年〕卒　歴大和絵を学び、歴史風俗研究にも取り組む。女子学習院教授として教鞭を執る傍ら、日本画家として活動する。大正15年第7回帝展に「春はゆく」で初入選。以後、帝展に入選を重ねた。昭和5年第2回聖徳太子奉讃美術展に「春の雪」が入選。11年秋の文展に「水無月の旅」が入選。他の主な作品に「山かげ」「山荘のはつなつ」「御おとづれ」「西風行旅」など。

臼田 亜浪　うすだ・あろう
俳人
明治12年（1879年）2月1日～昭和26年（1951年）11月11日
生長野県北佐久郡小諸町新町　名本名＝臼田卯一郎、別号＝一兎、石楠、北山南水楼　学和仏法律学校（現・法政大学）〔明治37年〕卒　歴「信濃青年」「向上主義」などの編集を経て、明治39年電報新聞社に入社し、41年「横浜貿易新報」編集長、42年「やまと新聞」編集長になる。一方、16歳頃から俳句を作りはじめ、子規を知って「国民新聞」などに投句する。大正3年石楠社を創立、4年「石楠」を創刊し、6年「炬火」を刊行。以後、俳人として幅広く活躍。句集「亜浪句鈔」「旅人」「白道」「定本亜浪句集」「臼田亜浪全句集」や「評釈正岡子規」「形式としての一章論」「道としての俳句」などの著書がある。　家

女婿＝臼田九星（俳人）

薄田 斬雲　うすだ・ざんうん
小説家 ジャーナリスト
明治10年（1877年）1月27日～昭和31年（1956年）3月27日
生青森県弘前市　名本名＝薄田貞敬　学東京専門学校（現・早稲田大学）文学科選科〔明治32年〕卒　歴京城日報記者、早大出版部編集員を歴任。その一方で作家として活躍し、明治39年発表の「濛気」をはじめ「平凡な悲劇」など、多くの短編小説、戯曲、翻訳、随筆などを発表。著書に「天下之記者」「ヨボ記」などがある。

臼淵 磐　うすぶち・いわお
海軍大尉
生年不詳～昭和20年（1945年）4月7日
生東京都港区青山　学海兵　父は職業軍人。昭和20年4月戦艦大和の特攻に副砲射撃指揮官として乗艦、米軍との戦闘の中で指揮所に直撃弾を受け戦死した。同じく大和に乗艦して生き残った吉田満が著した「戦艦大和ノ最後」により、艦内で今度の出撃が特攻作戦であることがわかり士官たちの間で論争が起こった際に「敗れて目覚める、それ以外にどうして日本が救われるか。俺たちはその先導になるのだ」と説いた姿が伝えられた。また吉田により長編「臼淵大尉の場合」が執筆された。

宇田 新太郎　うだ・しんたろう
電気工学者 東北帝国大学教授
明治29年（1896年）6月1日～昭和51年（1976年）8月18日
生富山県下新川郡舟見町（入善町）　専通信工学、無線工学　学魚津中〔大正3年〕卒、広島高等師範学校付属学校数物化学科〔大正7年〕卒、東北帝国大学工学部電気工学科〔大正13年〕卒 工学博士（東北帝国大学）〔昭和6年〕　歴大正7年長野県の大町中学教諭、9年新潟県の新潟中学教諭を経て、10年東北帝国大学電気工学科に入学。13年同大工学部講師、昭和2年助教授となり、7～9年米国へ留学。11年教授に昇任。35年定年退官して法政大学教授、36～46年神奈川大学教授。大正15年八木秀次と電波指向方式アンテナ（八木・宇田アンテナ）を発明し、世界的に名を馳せた。著書に「無線工学」（2巻）「電子量子工学の基礎」「半導体エレクトロニクス」「レーザと光通信」などがある。　賞帝国学士院東宮御成婚記念賞（第22回）〔昭和7年〕、電気通信学会秋山・志田記念賞〔昭和19年〕

宇田 荻邨　うだ・てきそん
日本画家
明治29年（1896年）9月30日～昭和55年（1980年）1月28日
生三重県松阪市　名本名＝宇田善次郎　学京都市立絵画専門学校別科（現・京都市立芸術大学）〔大正6年〕卒　資日本芸術院会員〔昭和36年〕　歴大正8年帝展に「夜の一力」が初入選。14年第6回帝展で「山村」が特選、翌15年にも「淀の水車」で特選、帝国美術院賞を受賞。昭和3年には審査員として帝展に「高雄の女」を出品。戦後も日展審査員を務め、36年芸術院会員、46年から日展顧問。この間、大正14年京都市立美術工芸学校教諭、昭和11～24年京都市立絵画専門学校教授。大和絵調の清澄で気品ある作風で、京都画壇を象徴する1人として知られた。代表作に「祇園の雨」「鴨川の夕立」「雪の清水寺」「富獄」「新秋」「高山寺」など。画集「宇田荻邨」がある。　家二男＝宇田裕彦（日本画家）　賞帝国美術院賞〔大正15年〕

宇田 友四郎　うだ・ともしろう
土佐商船創立者 土佐セメント社長 貴族院議員（多額納税）
万延1年（1860年）3月25日～昭和13年（1938年）10月9日
生土佐国香美郡岸本町（高知県香南市）　歴商家を営む2代目宇田長蔵の二男に生まれる。義兄・臼井鹿太郎が経営する臼井

商店で3年間修業、明治18〜21年日本郵船高知支店に務める。土佐運輸を創立して寺田亮を社長に、自らは支配人として采配を振るい、のち高知汽船と合併して土佐郵船と改称し支配人となる。27年土洋商店を興し大阪支店長、のち4社合併による帝国商船が発足し常務を務め、32年土佐共同汽船と合併し土佐商船を創立、横山慶爾を社長に、自らは常務に就任。日露戦争では同社の船が御用船となり、自己の持ち船も提供して利益を上げた。40年土佐商船の事業を大阪商船へ譲与して海運事業から手を引き、41年土佐電気鉄道社長（4代目）となる。大正11年土佐電気を設立し、昭和9年社長を引退。一方、明治44年〜昭和7年土佐セメント社長、大正2年白洋汽船を設立、社長に就任し手腕を振るう。また高陽銀行頭取、土佐銀行頭取などを歴任、大正11年〜昭和4年高知商業会議所会頭を務めるなど、土佐財界に大きく貢献し大御所と呼ばれた。傍ら、大正9年川崎幾三郎と共に土佐中学校を創設し高知県教育界にも尽力。政界においては、明治44年〜大正8年高知県議、2〜8年高知市議を経て、13年衆議院議員（憲政会）に、14年〜昭和7年多額納税貴族院議員に当選し活躍した。　家養子＝宇田耕一（政治家）

宇高 伸一　うだか・しんいち
小説家
明治19年（1886年）6月25日〜昭和18年（1943年）3月10日
生新潟県直江津　名本名＝宇高信一、旧姓・旧名＝佐藤　学早稲田大学英文科〔明治43年〕卒　歴呉海軍工廠や広島山陽中学などに勤めながら、フランス文学を修め、また小説などを発表する。ゾラの「ナナ」（大11）をはじめ、メリメの「カルメン・コロンバ」などの訳書があり、小説としては「黄色液」などの作品がある。

歌川 八重子　うたがわ・やえこ
女優
明治36年（1903年）8月22日〜昭和18年（1943年）9月13日
出兵庫県神戸市兵庫町　名本名＝深川政江　学神戸市立女子商中退　歴大正7年井上浩一座のオペラに歌川八重子で初舞台。井上の紅劇団に参加、満州、シベリア、天津を巡業、9年帰国。11年松竹蒲田入社。「野の花」に初演。島津保次郎監督「屑七の家」「遺品の軍刀」で認められた。12年帝キネ芦屋入社、「恋以上の恋」に主演。13年「まだ見ぬ郷へ」「酒中日記」などにトップスター松本泰輔と組み人気上昇。「城ヶ島」「蕾の中に候」「熱火」、大ヒットの「籠の鳥」などに主助演。14年帝キネ3分裂後はアシヤ映画へ。15年帝キネ・小阪・アシヤ合併で旧に復し「紅筆」「哀愁」「浮気療法」、昭和2年「枯れすゝき」5年「何が彼女をさうさせたか」。6年新興キネマで「噂の女」主演。7年「まぼろしの母」など母物映画に活躍。寛寿郎プロ応援「天狗廻状」「宮本武蔵」などで嵐寛と共演。11年の「魔像」では阪東妻三郎とも共演、12年に及ぶスターの座を守った。以後脇役を続け、17年引退した。

哥沢 芝勢以（2代目）　うたざわ・しばせい
うた沢節三味線方（芝派）
明治16年（1883年）4月25日〜昭和46年（1971年）11月30日
生東京府日本橋区（東京都中央区）　名本名＝柴田清子　歴初代の孫、4代目哥沢芝金の姉。伯母の3代目芝金に師事、大正4年2代目芝勢以を継いだ。妹の4代目芝金の三味線方を務め、芝派の全盛期を築く。昭和2年内紛のため芝金と決別、別派を立てたが、13年和解した。　家妹＝哥沢芝金（4代目）、伯母＝哥沢芝金（3代目）

内池 久五郎　うちいけ・きゅうごろう
衆議院議員
明治28年（1895年）12月〜昭和48年（1973年）5月13日
出福島県　学盛岡高等農林学校〔大正7年〕卒　歴昭和17〜20年衆議院議員を務めた。

内ケ崎 作三郎　うちがさき・さくさぶろう
評論家　衆議院副議長　早稲田大学教授
明治10年（1877年）4月8日〜昭和22年（1947年）2月4日
生宮城県黒川郡　学東京帝国大学文科大学英文科〔明治34〕卒、オックスフォード・マンチェスター学院〔明治44年〕修了　歴早大講師となって世界文明史を講義。明治41年英国のオックスフォード・マンチェスター学院に留学、帰国して早大教授。大正13年憲政会から衆議院議員に当選、以来当選7回。昭和4年浜口内閣の内務参与官、12年第一次近衛内閣の文部政務次官。16〜20年衆議院副議長、民政党総務、大政翼賛会総務を歴任。著書に「人生と文学」「近代文芸之背景」など。

内田 巌　うちだ・いわお
洋画家
明治33年（1900年）2月15日〜昭和28年（1953年）7月17日
生東京市牛込区（東京都新宿区）　学早稲田中卒、東京美術学校洋画科〔大正15年〕卒　歴内田魯庵の長男。藤島武二に師事。大正15年の第7回帝展に「白の上衣の少女」が入選。昭和4年から光風会に入り、「果物を持てる女」で光風会賞受賞。5〜7年渡仏、アカデミー・ランソンで学んだ。11年、帝展、光風会を脱会、猪熊弦一郎らと新制作派協会を設立。第1回展に「裸女をめぐる構想」などを出品。戦後21年結成の日本美術会のメンバーとなり、23年、日本共産党入党、「歌声よおこれ」を制作。「絵画の美」「人間画家」「物射る眼」「絵画青春記」「ミレー」などの著書もある。　家父＝内田魯庵（評論家・小説家・翻訳家）

内田 寛一　うちだ・かんいち
地理学者　東京文理科大学教授
明治21年（1888年）2月3日〜昭和44年（1969年）9月28日
生佐賀県　学東京高等師範学校（現・筑波大学）〔明治43年〕卒、京都帝国大学史学科〔大正2年〕卒　文学博士　歴京都帝国大学助手となり、小川琢治に師事。当時来日したアルフレッド・ヘットナーを上高地に案内し、梓川河畔で氷河の堆石を発見、「ヘットナー石」として有名になった。大正5年文部省図書監修官となり地理教科書の改革に従事。昭和3年英国、ドイツ留学、帰国して8年から東京文理科大学教授となった。24年退官、名誉教授。その後日本大学教授、日本女子大学教授、国士舘大学教授を歴任。29年日本地理学会長、31年同名誉会員、39年日本地理教育学会長となった。この間、「初島の経済地理に関する研究」をはじめ、経済地理、歴史地理の研究、昭和9年発表の「地人相関論」は地理学界の話題を呼んだ。

内田 康哉　うちだ・こうさい
外交官　政治家　伯爵　外相　枢密顧問官　満鉄総裁
慶応1年（1865年）8月10日〜昭和11年（1936年）3月12日
生肥後国（熊本県）　学帝国大学法科大学〔明治20年〕卒　歴外務省に入り、米英在勤の後、清国公使館一等書記官、外務次官を経て、明治34〜39年駐清国公使。のち駐オーストリア大使兼スイス公使、42年駐米大使を経て、44年第二次西園寺内閣の外相に就任。大正5年駐ロシア大使、帰国後、7年より原内閣、高橋内閣、加藤内閣の外相を務める。この間、パリ講話会議、ワシントン会議に出席。9年伯爵、12年枢密顧問官。昭和3年パリ不戦条約に全権として調印、その違憲問題で4年辞任。6年南満州鉄道（満鉄）総裁。7年斎藤内閣の外相に迎えられ、満州国の承認、国際連盟脱退と続く国際的孤立化の外交を推進、「焦土外交」と批判された。8年9月外相辞任。　家甥＝内田健三（政治評論家）

内田 作蔵　うちだ・さくぞう
内田老鶴圃店主

明治10年（1877年）10月8日～昭和25年（1950年）4月23日
出 三重県津市　歴 明治40年内田老鶴圃創業者未亡人の養嗣子となり事業一切を継承。昭和15年退任。

内田 茂　うちだ・しげる

東亜海運副社長　船舶運営会総裁
明治16年（1883年）～昭和40年（1965年）10月10日
生 大分県　歴 昭和12～14年大阪商船専務、15年東亜海運副社長、19年海運統制会理事長。

内田 青薫　うちだ・せいくん

日本画家
明治35年（1902年）～昭和17年（1942年）10月4日
生 東京都板橋区　歴 池田輝方、のち荒井寛方に師事。昭和2年再興第14回院展に「薄陽」で初入選。5年日本美術院院友となる。同年第2回聖徳太子奉讃美術展に「春郊」が入選。12年日本美術院を脱退し、新興美術院を結成。16年日本美術院に復帰した。

内田 清之助　うちだ・せいのすけ

鳥類学者　随筆家
明治17年（1884年）12月1日～昭和50年（1975年）4月28日
生 東京都　学 東京帝国大学農科大学獣医学科〔明治41年〕卒
歴 農林省林野局猟政調査技師となり、また東京帝国大学、京都帝国大学、東京高等農林学校などの講師を歴任。傍ら随筆家として活躍した。著書に「応用動物図鑑」「日本鳥類図説」「鳥」「鳥・獣・人間」、共著に「日本動物図鑑」「日本昆虫図鑑」、随筆に「ツグミ渡るころ」などがある。

内田 正練　うちだ・せいれん

水泳選手
明治31年（1898年）～昭和20年（1945年）
生 静岡県　学 北海道帝国大学卒　歴 大正6年第3回極東水上選手権大会に出場し、200メートル・800メートル水泳リレーで優勝。続く8年の第4回同大会でも50ヤード・440ヤード・1マイル水泳の3種目で優勝するなど、好成績を収めた。北海道帝国大学在学中の9年には日本代表選手（水泳フリースタイル）として第7回アントワープ五輪に出場。しかし、水温の低さと欧米選手のクロール泳法に圧倒されたのが禍して、100メートルで失格、400メートルでも6分40秒のタイムで敗退した。彼は日本国民に申し訳が立たないと丸坊主になって帰国したが、この時にクロール泳法を持ち帰ったことにより、日本の近代水泳の歴史が始まったとされている。その後、太平洋戦争に従軍し、昭和20年ニューギニア島で戦死した。

内田 隆　うちだ・たかし

秋田県知事
明治12年（1879年）3月30日～昭和38年（1963年）7月11日
生 宮城県仙台市　名 旧姓・旧名＝長田　学 東京帝国大学法科大学独法科卒　歴 東洋拓殖勤務を経て、明治44年朝鮮総督府に移る。台湾総督府事務官、殖産局長を経て、昭和6年秋田県知事。7年退官。17年八幡市長となった。

内田 吐夢　うちだ・とむ

映画監督
明治31年（1898年）4月26日～昭和45年（1970年）8月7日
生 岡山県岡山市　名 本名＝内田常次郎　学 岡山一中退　歴 ピアノ調律師や俳優、映画監督などを転々とした後、大正15年日活京都大将軍に入社して映画界に復帰し、昭和2年「競走三日間」で一本立ちの監督に昇進。“傾向映画”の先駆といわれる社会批判的な喜劇「生ける人形」や封建社会を風刺した時代ものの「仇討選手」などで新進監督として認められた。7年日活を退社後、新映画社や新興キネマなどを経て、11年日

活に戻り、同年「人生劇場・青春篇」が大ヒット。さらに11年の「生命の冠」、12年の「裸の町」、同年の「限りなき前進」、14年の「土」と名作を次々に発表し、日本映画におけるリアリズム確立者のひとりとなった。戦時中は「歴史」「鳥居強右衛門」などの歴史ものを製作。20年5月関東軍戦車隊を扱った「陸軍の華」製作のため満州に渡って満州映画協会（満映）に入社、同地で終戦を迎えた。その数日後には同協会の理事長であった甘粕正彦が青酸カリを飲んで自殺するのを止めに入ったがすでに間に合わなかった。同協会の解散後は中国にとどまって、肉体労働や中国での映画製作に協力。28年帰国後は「大菩薩峠」三部作（32年～34年）、「宮本武蔵」五部作（36年～40年）といった大作や「どたんば」「飢餓海峡」などの傑作を撮った。　家 二男＝内田有作（映画助監督）

内田 信也　うちだ・のぶや

実業家　内田汽船社長　衆議院議員　鉄道相　農商相
明治13年（1880年）12月6日～昭和46年（1971年）1月7日
生 茨城県行方郡麻生町（行方市）　学 東京高等商業学校（現・一橋大学）〔明治38年〕卒　歴 明治38年三井物産に入社し、事実上の営業部長に相当する備船主任にまで出世した。44年同社船舶部の別組織である明治海運の創立に参画したが、大正3年第一次大戦による船舶不足を予測して退社。同年退職金と兄からの借金を元に内田汽船を開業。間もなく予測のとおり造船需要が急激に高まり、短期間で株式配当60割の億万長者となり、山下汽船の山下亀三郎、勝田汽船の勝田銀次郎と並ぶ“船成金”としてその名を轟かせた。6年には貿易部門の内田商事、造船部門の内田造船・帝国窯業などを相次いで設立したが、9年以降の第一次大戦後の不況では、内田汽船と内田商事以外の会社を整理し、持船の一部を高価で売却するなどして被害を最小限に食い止めた。13年茨城県から衆議院選挙に当選、以来昭和17年まで連続7選。政友会に属し、9年党総務となるが、同年の岡田啓介内閣の組閣に際し、党議に反して鉄道相として入閣したことから党を除名された。以後は同じく除名された山崎達之助、水野錬太郎、望月圭介らと政友会を結成。11年二・二六事件後の岡田内閣の総辞職に伴い鉄道相を辞したが、同年発覚した鉄道疑獄の関係者として召喚され、一時政治の表舞台から遠ざかった。15年に無罪判決が出た後は、再び政界の第一線に立ち、18年宮城県知事、19年東条英機内閣の農商相、同年勅選貴族院議員。戦後は第五次吉田内閣で農相を務めた。

内田 元　うちだ・はじめ

指揮者　作曲家　バイオリニスト
明治36年（1903年）1月29日～昭和23年（1948年）9月2日
生 東京都　学 東京音楽学校　歴 山井基清、クローン、ケーニッヒ、山田耕筰らに師事。東京シンフォニーを主宰したのを経て、昭和10年から大阪放送局の管弦楽専任指揮者を務めた。作曲家としても活動し、12年佐藤惣之助作詞の「月の出島」、喜志邦三作詞で月村光子が歌った「春の唄」がヒットした。他の作品に唱歌「夜明けの唄」などがある。また、戦前期の東宝で映画音楽も手がけた。

内田 百閒　うちだ・ひゃっけん

小説家　随筆家　俳人
明治22年（1889年）5月29日～昭和46年（1971年）4月20日
生 岡山県岡山市古京町　名 本名＝内田栄造、初号＝流石、別号＝百鬼園　学 東京帝国大学文科大学独文科〔大正3年〕卒　歴 中学時代から「文章世界」などに投稿し、大学入学後漱石に師事。大正5年から陸軍士官学校、海軍機関学校、法政大学などでドイツ語を教える。9年法政大学を退職後、文筆活動に専念。10年短編集「冥土」を刊行して文学的出発をし、昭和8年に「百鬼園随筆」によって一躍文名があがる。以来、ユーモラスな味をもつ随筆家として活躍。42年芸術院会員に推されたが、辞退して話題となった。一方、早くから俳句に親し

み、学生時代に六高俳句会を結成。のち旧師志田素琴主宰「東炎」同人。戦後は村山古郷主宰「べんがら」同人を経て、主宰し活躍した。著書はほかに、短編集「旅順入城式」「実説岬平記」「贋作吾輩は猫である」、随筆集「続百鬼園随筆」「漱石雑記帖」、旅行記「阿房列車」、お伽噺集「王様の背中」、句集に「百鬼園俳句帖」「百鬼園俳句」「内田百間句集」などがある。また「内田百間全集」(全10巻、講談社)、「新輯内田百間全集」(全25巻、福武書店)が刊行されている。

内田 暮情　うちだ・ぼじょう
俳人 医師
明治17年(1884年)8月11日～昭和21年(1946年)10月11日
⬚生東京都　⬚名本名＝内田璞　⬚学京都帝国大学医学部卒 医学博士　⬚歴明治35年頃から句作をはじめ、「ホトトギス」「鹿火屋」などを経て、新興俳句運動に参加し、昭和10年「銀河」、12年「螺旋」を創刊し主宰。句集に松原地蔵尊との共著「燈台」がある。軍医を経て、17年大連通信病院に赴任し、戦後病死した。

内田 勇三郎　うちだ・ゆうざぶろう
心理学者
明治27年(1894年)12月15日～昭和41年(1966年)11月18日
⬚生東京市京橋区銀座(東京都中央区)　⬚学東京帝国大学文学部哲学科心理学専攻〔大正10年〕卒　⬚歴産業能率研究所、東京府立松沢病院に勤務。のち五高、法政大学、早稲田大学で教え、精神技術研究所を主宰した。その間クレペリンの連続加算法を基にした内田方式・25分法を考案、昭和2年第1回日本心理学大会で発表。「薬物・タバコの精神作業への影響」「作業障害の研究」などで資料を集め、また警視庁と協同して事故多発自動車運転手の25分法による研究を行った。この検査法は23年国鉄にも採用、次いで産業、司法、医学各界でも使用されている。著書に「実用クレペリン内田作業素質検査法手引」がある。　⬚家娘＝武者小路規子(生活評論家)

内田 祥三　うちだ・よしかず
建築家 建築学者 東京帝国大学総長
明治18年(1885年)2月23日～昭和47年(1972年)12月14日
⬚生東京府深川(東京都江東区)　⬚専鉄骨構造学　⬚学東京帝国大学工科大学建築学科〔明治40年〕卒 工学博士〔大正7年〕　⬚資日本学士院会員〔昭和32年〕　⬚歴明治40年三菱合資会社入社。43年母校の大学院で鉄筋コンクリート構造学を研究。44年に東京帝国大学講師から助教授を経て、大正10年教授、建築構造学を担当。関東大震災後の「安田講堂」の建設、総合図書館など復興計画を手がけた。昭和10年から建築学会(現・日本建築学会)会長を4期務め、17年東京帝大工学部長、18～20年総長。25年日本火災学会設立、会長、26年日本都市計画学会会長。同年東大名誉教授、文化財保護委員会委員、32年学士院会員、47年には文化勲章を受章。日本の鉄筋コンクリートおよび鉄骨構造学の開拓者であり、家屋および都市防火、都市計画学、熔接構造などの分野の開拓者としても特筆される。「所沢飛行船格納庫」「旧第一高等学校本館」など多数の作品がある。著書に「建築構造汎論」「鉄筋コンクリートの理論と実際」などがある。　⬚勲文化勲章〔昭和47年〕　⬚賞文化功労者〔昭和47年〕、帝都復興記念章〔昭和5年〕、日本建築学会賞学術賞(昭和14年度)「木造家屋の火災の本質に関する研究」

内田 良平　うちだ・りょうへい
国家主義者 大日本生産党総裁 黒龍会主幹
明治7年(1874年)2月11日～昭和12年(1937年)7月26日
⬚生福岡県福岡市　⬚学東洋語学校卒　玄洋社に学ぶ。明治27年朝鮮に渡り、天佑俠を組織して東学党を応援。30年シベリア単独横断後、サンクトペテルブルクに赴き、ロシアの内情を視察。34年大アジア主義と天皇主義を標榜して黒龍会を結成、主幹。同年「露西亜亡国論」を刊行、日露開戦を主張。36年対露同志会に参加。38年孫文らの中国革命同盟会の結成に寄与。日露戦争後は韓国統監府嘱託となり、日韓合邦運動に力を注ぐ。大正14年加藤高明首相暗殺未遂事件で入獄。昭和6年ファッション的大衆組織・大日本生産党を組織して総裁、満蒙独立運動、日本のシベリア進出を推進した。　⬚家叔父＝平岡浩太郎(玄洋社社長)

内野 台嶺　うちの・たいれい
漢学者
明治17年(1884年)4月29日～昭和28年(1953年)12月14日
⬚生神奈川県　⬚名旧姓・旧名＝城田作三　⬚専中国文学　⬚学東京高等師範学校(現・筑波大学)本科国語漢文部〔明治42年〕卒、東京高等師範学校専攻科修身漢文部〔大正2年〕卒　⬚歴城田家に生まれ、明治31年曹洞宗大乗寺・内野家の養子となる。大正2年母校の東京高等師範学校講師を経て、9年教授。昭和7年東京文理科大学教授兼東京高等師範学校教授。21年退官、22年駒沢大学教授。一方、東京高師時代からサッカーにも打ち込み、東京高師校友会蹴球部長を務めるなど我が国のサッカー黎明期に活躍。大正6年東京高師、豊島、青山の3師範学校を中心とした我が国初のクラブチーム・東京蹴球団を結成した。また、大日本蹴球協会(日本サッカー協会)の設立にも尽力、創設後は初代理事の一人として運営を担い、昭和6年に採用された同協会シンボルマークに八咫烏を使うことを発案した。平成18年第3回日本サッカー殿堂入り。　⬚勲勲三等瑞宝章〔昭和16年〕

内野 辰次郎　うちの・たつじろう
陸軍中将 衆議院議員
慶応4年(1868年)8月23日～昭和8年(1933年)12月5日
⬚出福岡県　⬚学陸士(第1期)〔明治22年〕卒、陸大〔明治36年〕卒　⬚歴陸軍歩兵少尉より日清・日露戦争を経て、陸軍中将に累進。陸軍士官学校教官、陸軍戸山学校教官、第11師団参謀長、教育総監部第1課長、歩兵第20、第40各旅団長、第7師団長となる。大正13年福岡4区から衆議院議員に当選。通算4期務め、政友会の総務となる。満州上海派遣軍ならびに在留邦人慰問議員団長として派遣された。

内堀 維文　うちほり・これぶみ
漢学者 大東文化学院教授
明治5年(1872年)4月13日～昭和8年(1933年)1月1日
⬚生熊本県玉名郡南関町関東　⬚名号＝東村　⬚学高等師範卒　⬚歴明治36年清・山東省の師範学校校長となる。42年帰国し、のち神奈川・静岡・長野の各師範学校校長を歴任。大正6年満州に渡り南満州中学校校長、奉天中学校校長を経て、12年旅順工科大学教授を務める。昭和3年帰国し大東文化学院教授に就任した。

内丸 最一郎　うちまる・さいいちろう
機械工学者 東京帝国大学教授
明治10年(1877年)9月15日～昭和44年(1969年)4月3日
⬚生福岡県築上郡三毛門村(豊前市)　⬚専水力機械、内燃機関　⬚学五高〔明治32年〕卒、東京帝国大学工科大学機械工学科〔明治35年〕卒 工学博士(東京帝国大学)〔大正7年〕　⬚歴明治35年東京帝国大学工科大学講師、36年助教授。44年欧米へ留学し、水力発電所用の水車と内燃機関、特に自動車や飛行機用のエンジンについて研究。大正2年帰国、9年教授に昇任。内燃機関、蒸気機関、タービンポンプなど機械工学の先覚的役割を果たした。退官後は日産自動車、日立製作所などの顧問を務めた。昭和12年機械学会会長。著書に「瓦斯及石油機関」「蒸汽機関」「送風機及圧縮機」などがある。　⬚勲勲二等瑞宝章〔昭和6年〕

内村 兵蔵　うちむら・ひょうぞう

陸軍獣医監
明治2年（1869年）2月2日〜昭和27年（1952年）12月12日
[生]陸奥国二本松（福島県二本松市）　[専]獣医学　[学]帝国大学農科大学獣医学科〔明治25年〕卒　[歴]明治27年日清戦争に陸軍三等獣医として従軍。34年軍馬衛生学修行のためドイツへ留学。大正9年陸軍獣医部の最高官である陸軍獣医監（少将相当官）に進む。10年退役後は東京帝国大学、東京農業大学の非常勤講師となり馬学や獣医学概論を講じた。11年麻布獣医学園に迎えられ、昭和19年まで麻布獣医畜産学校、麻布蹄鉄専修学校、麻布獣医畜産専門学校の各校長や法人理事長を歴任。日本獣医師会の初代会長も務めた。著書に「日本軍馬改良ノ研究」などがある。

内山 岩太郎　うちやま・いわたろう

外交官 駐アルゼンチン公使
明治23年（1890年）2月28日〜昭和46年（1971年）11月19日
[生]群馬県前橋市　[学]東京外国語学校スペイン語部〔明治42年〕卒　[歴]外務省留学生としてスペインに留学、大正6年外交官試験に合格。チリ、ポーランド各公使館をふり出しに内田康哉外務大臣秘書官、中南米経済調査団長、スペイン公使館、フランス大使館、アルゼンチン公使館各勤務を経て、昭和6年サンパウロ総領事。ブラジル、フランス各大使館参事を経て、12年アルゼンチン公使となった。16年からハノイ大使府、サイゴン大使府の各支部開設に当たり、18年退官。戦後、21年幣原喜重郎内閣の下で神奈川県知事となり連合国軍総司令部（GHQ）から米軍食糧放出を実現させた。23年新憲下初の知事公選で当選、連続5期知事を務め、戦災復興、工業開発、会館建設に業績を残した。42年引退。他にテレビ神奈川社長、日本国連協会会長なども務めた。

内山 完造　うちやま・かんぞう

内山書店店主
明治18年（1885年）1月11日〜昭和34年（1959年）9月20日
[出]岡山県後月郡芳井村（井原市）　[学]高小中退　[歴]大正2年薬商・参天堂の上海店に入り、大学目薬の行商で揚子江流域を歩き回った。キリスト教徒であったことから、6年聖書の販売を思い立ち、上海に内山書店を開業。日本から文学書や医学書、社会科学書などを輸入して販売し、昭和初年には日本の"円本ブーム"に乗じて財を成した。一方、昭和2年以降毎日のように来店していた魯迅と親交を結んだ他、日本語の社会学書を求めて陳独秀や李大釗らも訪れており、彼らとの交遊を通じて日中親善に大きく貢献。内地からは谷崎潤一郎、佐藤春夫らが店に立ち寄った。7年の上海事変に際しては魯迅一家をかくまった。10年魯迅の序文を得て随筆「生ける支那の姿」を刊行、中国語に訳されて評判となる。11年魯迅の死に際しては葬儀委員を務めた。22年帰国し、東京・神田に内山書店を開店。以後は書店経営の傍ら日中友好に身を捧げた。[家]弟＝内山嘉吉（版画家）、義妹＝内山松藻（内山書店店長）、甥＝内山籬（内山書店社長）

内山 進　うちやま・すすむ

教育学者 横浜高等商業学校教授
明治26年（1893年）〜昭和12年（1937年）
[生]福井県　[学]京都帝国大学卒　[歴]越前大野藩家老の家である内山家を継ぎ、京都帝国大学で教育学を専攻。神奈川県立第二横浜中学校教諭、彦根高等商業学校、横浜高等商業学校教授を経て、故郷の大野中学校長、福井県視学委員などを務めた。

内山 惣十郎　うちやま・そうじゅうろう

作家
明治30年（1897年）〜昭和48年（1973年）2月6日
[生]東京都　[名]本名＝竹内壮治　[歴]絵を竹久夢二に、音楽を本居長世、樋口信平に、舞踊を藤間勘翁に学んだ。大正2年近代劇協会に入り、本居長世らの国民歌劇協会に参加しオペラの舞台に立った。また舞台装置、衣装美術、考証などでも活躍、草創期の浅草オペラに貢献した。5年には伊庭孝らと歌舞劇協会を結成、甲府の桜座で日本初のミュージカル「海浜の女王」を上演した。10年大阪の生駒歌劇団に参加したが、同座解散後は松竹脚本部にいた。12年関東大震災で浅草オペラが壊滅、昭和4年浅草電気館で電気館レビューを作り、脚本、演出、衣装などを担当した。9年丸の内の日本劇場演出部長に迎えられ、米国からマーカス・ショーを呼ぶなど、アメリカレビューを日本に紹介した。著書に「浅草レビューの生活」「浅草オペラの生活」「落語家の生活」などがある。

内山 光弘　うちやま・みつひろ

折り紙作家
明治11年（1878年）〜昭和42年（1967年）
[生]三重県津市　[名]本名＝内山道夫　[歴]津市藤堂候の御殿務めをしていた母親より12歳のころ折り紙の手ほどきを受ける。昭和6年日本橋三越で第1回折紙作品発表会を開催し、8年「折紙の考案」について帝国発明協会より有効賞を受賞。「光弘式」「重ね折り」「花紋折り」の折り紙を考案。共著に「折紙教本」「折紙基本図集」「新案特許創作折紙」他。　[家]息子＝内山興正（僧侶・折り紙作家）

移川 子之蔵　うつしがわ・ねのぞう

民族学者 人類学者 台北帝国大学教授
明治17年（1884年）11月16日〜昭和22年（1947年）2月9日
[生]福島県安達郡　[学]イリノイ大学予科〔明治42年〕修了，ハーバード大学大学院民族学専攻修了 Ph.D.（ハーバード大）　[歴]米国シカゴ大学よりバチェラー・オブ・フィロソフィーの学位、ハーバード大学よりドクター・オブ・フィロソフィーを受け、帰国後、慶応義塾大学文学部講師、東京高等商業学校講師、東京商科大学附属専門部教授兼東京商大予科教授、台北高校教授を経て、昭和3年台北帝国大学教授となった。土俗、人種学講座を担当、敗戦まで同地で教育、研究に当たった。11年に帝国学士院賞を受賞。著書に「高砂族系統所属の研究」などがある。　[賞]帝国学士院賞（第26回）〔昭和11年〕

宇都野 研　うつの・けん

歌人 小児科医
明治10年（1877年）11月14日〜昭和13年（1938年）4月3日
[生]愛知県額田郡本宿村　[名]本名＝宇都野研　[学]東京帝国大学医科〔明治40年〕卒　[歴]明治45年、本郷に小児科病院を開設する。大正6年竹柏会に参加、佐佐木信綱に師事して8年「十姉妹のまへに立ちて」を刊行。その後、若山牧水、窪田空穂に師事して、9年「朝の光」を創刊。昭和4年には「勁草」を創刊した。他の歌集に「木群」「春寒抄」などがあり、歌論集として「実作者の言葉」がある。

宇都宮 孝平　うつのみや・こうへい

青森県知事 松山市長
明治30年（1897年）5月6日〜昭和63年（1988年）5月18日
[出]愛媛県喜多郡内子町　[学]東京帝国大学法学部〔大正12年〕卒　[歴]内務省へ入り、内閣東北局長、昭和18年3月から1ヶ月官選の青森県知事などを歴任。戦後は井関農機相談役などを経て、38年から3期12年間、松山市長を務めた。

宇都宮 直賢　うつのみや・なおかた

陸軍少将
明治31年（1898年）1月9日〜平成9年（1997年）6月26日
[出]鹿児島県　[学]加治木中卒、陸士（第32期）〔大正9年〕卒、陸大（第42期）〔昭和5年〕卒　[歴]大正9年陸軍少尉に任官。昭和16年ブラジル大使館附武官、17年帰国、18年10月第十四軍参謀

副長兼フィリピン大使館附武官、19年5月南方軍参謀、10月第十四方面軍参謀副長。20年陸軍少将。戦後、マニラの軍事法廷で死刑判決を言い渡された山下奉文司令官の特別弁護人を務めた。24〜38年米陸軍日本地区語学科兵語科主任教官。著書に「回想の山下裁判」「アメリカ "S" 派遣隊」などがある。

宇土 虎雄　うと・とらお
柔道家
明治24年（1891年）1月30日〜昭和61年（1986年）12月23日
⊞長崎県南高来郡湯江村（島原市）　学東京高等師範体育科卒
歴大正6年極東大会の五種競技に出場。昭和10年には全日本柔道選手権大会で優勝したのをはじめ、12年には6ヶ月にわたって渡米、柔道の普及にも努めた。柔道9段。

宇野 円空　うの・えんくう
宗教学者　東京帝国大学東洋文化研究所所長
明治18年（1885年）11月27日〜昭和24年（1949年）1月1日
⊞京都府　学東京帝国大学哲学科〔明治43年〕卒　文学博士〔昭和9年〕　歴京都帝国大学大学院を経て、明治45年仏教大学（現・龍谷大学）教授となり、大正9〜12年ドイツ、フランスに留学。15年東京帝国大学文学部講師、昭和2年助教授。16年同大附属東洋文化研究所教授、18年所長となった。その間9年文学博士、論文「マライシアに於ける稲米儀礼」により17年帝国学士院恩賜賞。8年ベルギー万国学士院連合会に日本代表として参加、定年退官後は衆議院文教専門委員を務めた。文化人類学的方法の実証主義による宗教民族学の諸学説を紹介した。著書に「宗教学」「宗教学通論」「宗教民族学」などがある。　賞帝国学士院恩賜賞〔昭和17年〕

宇野 浩二　うの・こうじ
小説家
明治24年（1891年）7月26日〜昭和36年（1961年）9月21日
⊞福岡県福岡市　名本名＝宇野格次郎　学早稲田大学英文科予科〔大正4年〕中退　賞日本芸術院会員　歴大学在学中の明治43年「清二郎の記憶」を発表し、大正2年「清二郎 夢見る子」を刊行。8年「蔵の中」「苦の世界」を発表し、新進作家として注目され、以後「子を貸し屋」「遊女」「軍港行進曲」などを刊行。昭和2年精神異常に陥り、入退院をくり返したが、8年「枯木のある風景」を発表し、文壇に復帰。同年広津和郎、川端康成、小林秀雄らと、雑誌「文学界」を創刊。以後「枯野の夢」「器用貧乏」などを発表し、14年に菊池寛賞を受賞。戦後も25年に「思ひ川」で読売文学賞を受賞し、また「世にも不思議な物語」などを発表。文芸評論、随筆、児童文学の面でも活躍し、「芥川龍之介」や「葛西善蔵論」「近松秋江論」、創作童話集「少女小説・哀れ知る頃」「海の夢山の夢」などの著書がある。「宇野浩二全集」（全12巻、中央公論社）。　賞菊池寛賞（第2回）〔昭和14年〕

宇野 弘蔵　うの・こうぞう
経済学者　東北帝国大学助教授
明治30年（1897年）11月12日〜昭和52年（1977年）2月22日
⊞岡山県倉敷市　専理論経済学　学東京帝国大学経済学部〔大正10年〕卒　経済学博士〔昭和29年〕　歴大原社会問題研究所嘱託を経て、大正11〜13年ドイツに留学。帰国後、東北帝国大学助教授となり、昭和13年労農派教授グループ事件に連座して検挙されるが無罪判決。16年東北帝大を辞し、日本貿易研究所、三菱経済研究所に勤務。戦後、22〜33年東京大学社会科学研究所教授。経済学研究における3段階論（原理論・発展段階論・現状分析）を提起し、マルクスの「資本論」に独自の見解を示した。また、マルクス主義経済学派に "宇野学派" を生んだ。　家岳父＝高野岩三郎（統計学者）

宇野 千代　うの・ちよ
作家
明治30年（1897年）11月28日〜平成8年（1996年）6月10日
⊞山口県玖珂郡横山村（岩国市川西町）　学岩国高等女学校〔大正3年〕卒　賞日本芸術院会員〔昭和47年〕　歴小学校教員を経て、大正6年上京。ホテルの給仕、記者などを務め、芥川龍之介、久米正雄らと知り合う。8年結婚し、夫とともに札幌に渡るが、10年処女作「脂粉の顔」が「時事新報」の懸賞に当選すると夫を捨てて上京、作家活動に入る。尾崎士郎、東郷青児らと華やかな恋愛生活を送り、昭和11年スタイル社を創立、服飾雑誌「スタイル」を発刊。14年には北原武夫と結婚。戦後二人で同社を再興し「きもの読本」などを出したが、経営困難となり、倒産後の39年北原と離婚。東郷をモデルにした「色ざんげ」の他、「おはん」「刺す」「風の音」「或る一人の女の話」「薄墨の桜」など多くの作品を残した。58年「毎日新聞」に連載した自伝「生きて行く私」がベストセラーとなった。平成2年文化功労者。着物のデザイナーとしても有名。「宇野千代全集」（全12巻、中央公論社）がある。　賞日本芸術院賞（第28回）〔昭和46年〕、文化功労者〔平成2年〕

宇野 哲人　うの・てつと
中国哲学者　東京帝国大学名誉教授
明治8年（1875年）11月15日〜昭和49年（1974年）2月19日
⊞熊本県熊本市内坪井町　専近世思想史（宋学）　学東京帝国大学文科大学漢学科〔明治33年〕卒　文学博士〔大正8年〕　歴中国・ドイツに留学。東京帝国大学文科大学助教授、東京高等師範学校教授を経て、大正8年東京帝大教授、昭和6年から4年間文学部長を務め、11年退官して名誉教授。この間、東京文理科大学教授を兼任。14年から6年間北京大学名誉教授。戦後、20年東方文化学院院長。22年東方学術協会（のち東方学会）を設立し理事長となる。その後、24年実践女子大学長、33年名誉学長、40年東方学会会長、41年国士舘大学教授を歴任。また昭和11年から42年まで警察大学校の講師も務めた。浩宮さま、礼宮さまの名付け役としても有名。主著に「支那哲学史講話」「二程子の哲学」「儒学史（上）」「支那哲学概論」「支那哲学史－近世儒学」など。　家長男＝宇野精一（中国哲学者）、四男＝宇野義方（立教大学名誉教授）、女婿＝桑田六郎（東洋史学者）

宇野 伝三　うの・でんぞう
冶金学者　京都帝国大学理学部教授
明治25年（1892年）1月〜昭和17年（1942年）4月4日
⊞広島県　専金属組織学　学京都帝国大学理学部〔大正7年〕卒　理学博士　歴京都帝国大学講師、助教授となり、ドイツへ留学。帰国後、教授に昇任。化学研究所員を兼務した。金属組織学、特に合金のX線による研究で知られる。

宇野 要三郎　うの・ようざぶろう
司法官　弓道家　大審院部長　全日本弓道連盟初代会長
明治11年（1878年）9月15日〜昭和44年（1969年）3月22日
⊞青森県　名号＝竹隠　学京都帝国大学独法科〔明治37年〕卒　歴明治37年判事となり、神戸地方裁判所、大津、浦和、東京地方裁判所各部長、大審院判事、横浜、東京地方裁判所各所長を経て、昭和9年大審院部長、16年定年退官。27年公安審議委員会委員長となった。司法官の傍ら弓道範士、10段で、明治39年紀州竹林派岡内木範士に師事、大正3年石堂竹林紀州派正派の印可を受け、4年大日本武徳会より精錬証、昭和4年教士、7年範士となった。戦前武徳会常務理事、理事長として弓道部長を兼ね、戦後は武徳会解散後、全日本弓道連盟を組織、初代会長を務めた。学生時代テニス、ボート、馬術でも鳴らした。従三位勲二等。

う

生方 大吉　うぶかた・だいきち
実業家 衆議院議員
明治15年(1882年)3月28日～昭和39年(1964年)3月13日
[生]群馬県利根郡新治村 [学]利根中〔明治31年〕卒 [歴]大正7年利根電気社長、新治製材社長、次いで利根倉庫、坂東自動車各取締役、利根製紙監査役、棒丸百貨店会長を歴任した。また13年には憲政会に属し群馬県から衆議院議員に当選、以来5回当選した。 [家]従弟＝星野直樹(政治家)

生方 敏郎　うぶかた・としろう
随筆家 評論家
明治15年(1882年)8月24日～昭和44年(1969年)8月6日
[生]群馬県沼田町 [学]早稲田大学英文科〔明治39年〕卒 [歴]明治40年東京朝日新聞の記者となり、その後やまと新聞、大正日日新聞に転じ、早稲田文学社記者も務める。その間、小説、評論、翻訳など多くを発表し、大正4年「敏郎集」を刊行。15年には「明治大正見聞史」を刊行。昭和2年個人誌「ゆもりすと」を創刊し、戦時中は「古人今人」を発行した。他の著書に「人のアラ世間のアラ」「虐げられた笑い」「哄笑・微笑・苦笑」など多くあり、翻訳でもフランス「タイス」などがある。

馬岡 次郎　うまおか・じろう
衆議院議員
明治20年(1887年)7月5日～昭和41年(1966年)1月19日
[出]三重県 [歴]三重県議、副議長を経て、昭和12年衆議院議員に当選、2期務める。馬野川水力電気を創立するなど地域の発展に尽力。全国購買販売組合連合会常務理事などを務めた。

馬越 恭平　うまこし・きょうへい
実業家 政治家
天保15年(1844年)10月12日～昭和8年(1933年)4月20日
[生]備中国後月郡木之子村(岡山県井原市) [名]別名＝馬越化生 [歴]医家に生まれる。13歳で大阪の鴻池家に奉公し、明治維新後益田孝の知遇を得、明治6年先収会社(三井物産の前身)に入社。9年三井物産設立時に横浜支店長に就任。24年三井物産を代表して日本麦酒の重役に就任し、同社の経営再建に成功。三井の中心的存在となるが、29年退社し、ビール事業に打ち込んだ。31年岡山県より衆議院議員に選出。39年日本麦酒、札幌麦酒、大阪麦酒の合併による大日本麦酒設立に際し社長に就任。没年まで務めた。戦前大日本麦酒は一貫して独占的地位を占め、“ビール王”と称された。大正13年勅選貴族院議員になったほか、帝国商業銀行頭取を務めるなど、100以上の会社に関係し、財界の長老的存在であった。昭和4年日本工業倶楽部会長。茶人としても知られた。

馬田 行啓　うまだ・ぎょうけい
仏教学者 日蓮宗宗務総監
明治18年(1885年)9月3日～昭和20年(1945年)12月17日
[出]福井県 [学]早稲田大学哲学科〔明治42年〕卒, 早稲田大学研究科宗教科〔明治43年〕修了 [歴]妙勧寺松本日精について仏門に入った。明治45年日蓮宗大、早大講師を経て、日蓮宗大教授となり、同大の大学令による立正大への昇格に尽力、大正13年立正大教授、予科部長。昭和3年立正学園高等家政女学校を創立、校長兼理事長。11年から日蓮宗教学部長、同宗宗務総監、全日本宗教会理事などを務めた。著書に「印度仏教史」「日蓮聖人の宗教及び哲学」「日蓮聖人の思想と宗教」「日蓮」「朝の修養―開目鈔講話」「日蓮門下高僧列伝」「新時代の日蓮主義」「強く正しく誓願に生きよ」「東亜の新秩序と大乗精神」などがあり「妙法蓮華経」「無量義経」などを国訳した。

梅島 昇　うめじま・のぼる
俳優
明治20年(1887年)5月5日～昭和18年(1943年)9月24日
[生]東京府日本橋区(東京都中央区) [名]本名＝福島卯三郎 [学]東京薬学専門学校中退 [歴]菊池武成の門に入り新派俳優となり、明治44年川上音二郎門下に移り帝国座の「浮れ胡弓」で初舞台。さらに高田実、西野薫一座から水野好美一座に入って梅島昇を名のった。その後井上正夫一座、大阪成美団を転々、昭和4年松竹新派に参加、17年に脱退するまで新派古典の二枚目で活躍した。のち新派正劇を結成したが失敗した。当たり役は「婦系図」の早瀬主税、「不如帰」の川島武男、「金色夜叉」の間貫一など。

梅津 美治郎　うめず・よしじろう
陸軍大将
明治15年(1882年)1月4日～昭和24年(1949年)1月8日
[生]大分県中津 [学]陸士(第15期)〔明治36年〕卒, 陸大〔明治44年〕卒 [歴]明治37年日露戦争に従軍。大正4年デンマーク駐在、8年スイス公使館付武官。参謀本部員、陸軍省軍務局課員。13年大佐、歩兵第三連隊長。昭和3年陸軍省軍事課長。5年少将。歩兵第一旅団長、参謀本部総務部長。9年支那駐屯軍司令官。同年中将。10年梅津・何応欽協定を締結。同年第二師団長。11年陸軍次官となり二・二六事件後の粛軍人事を断行、軍部の政治進出を決定的にした。13年第一軍司令官。14年関東軍司令官。15年陸軍大将。19年参謀総長。ポツダム宣言受諾をめぐる御前会議では本土決戦を強硬に主張する阿南陸相を支持。敗戦の20年9月2日、米艦ミズーリ号上で重光葵とともに全権として降伏文書に調印。戦後、23年極東国際軍事裁判でA級戦犯として終身禁錮の判決を受け、24年1月服役中に死去。

梅田 豊月　うめだ・ほうげつ
津軽三味線奏者
明治18年(1885年)～昭和27年(1952年)
[生]青森県五所川原 [名]本名＝鈴木豊五郎 [歴]嘉瀬の桃(黒川桃太郎)とコンビを組んで巡業し、桃の三味線は豊月でなければつとまらないといわれた。早弾きに優れ、音澄みの弾き三味線は梅田手として、今日の津軽三味線の素地となった。

梅根 常三郎　うめね・つねさぶろう
金属工学者 満鉄鞍山製鉄所技師
明治17年(1884年)2月～昭和31年(1956年)3月17日
[生]京都府 [専]冶金学 [学]京都帝国大学理工科大学採鉱冶金学科〔明治44年〕卒 工学博士 [歴]明治44年八幡製鉄所に入社。大正8年南満州鉄道(満鉄)鞍山製鉄所創設に際し技師として渡満。満州鉄鋼協議会理事長、昭和製鋼所常務理事、鉄鋼統制会理事を歴任した。戦後、中国工業部最高顧問として、昭和28年の帰国まで活躍。鞍山の貧鉱処理技術で卓越した発明が多く、梅根式焙焼法は当時ユニークなものだった。 [賞]資源・素材学会渡辺賞(第1回)〔昭和2年〕, 全国発明表彰恩賜記念賞〔昭和8年〕, 香村賞(日本鉄鋼協会, 第3回)〔昭和9年〕

梅原 北明　うめはら・ほくめい
編集者 ジャーナリスト 翻訳家
明治34年(1901年)1月15日～昭和21年(1946年)4月5日
[生]富山県富山市惣曲輪 [名]本名＝梅原貞康, 筆名＝吾妻大陸, 別号＝談奇館主人 [学]早稲田大学英文科〔大正9年〕中退 [歴]父は保険代理業を営む。富山中学、金沢中学と教師排斥ストを主導したために相次いで退学となり、京都の平安中学を経て、早稲田大学英文科に学ぶが、大正9年中退。片山潜の影響で部落解放運動に携わった後、14年「デカメロン」の全訳版を刊行、ベストセラーとなる。同年自ら編集代表となって「文芸市場」を創刊し、反資本主義を掲げてプロレタリア文学運動に身を投じる一方、変態資料の蒐集・研究にも力を注ぎ、昭和2年以降の同誌は性文献資料的な性格を強めた。この間、大正15年雑誌「変態・資料」を、昭和3年には雑誌「グロテスク」を

発刊。また、4年から6年にかけて社会資料集「明治大正綺談珍聞大集成」（全3巻）を刊行するなど多くの著作を出したが、たびたび出版法違反で罰金刑や長期拘留を受けた。その後、英語教師や鍼医師など職を転々とし、9年日劇支配人に就任。17年科学技術振興会を創立し、海外の科学技術資料を翻訳・出版した。他の著書に「近代世相全史」「明治性的珍聞史」、訳書に「露西亜大革命史」「世界好色文学史」などがあり、吾妻大陸などの筆名で、通俗小説も著した。　家息子＝梅原正紀（宗教評論家）

梅原 龍三郎　うめはら・りゅうざぶろう
洋画家
明治21年（1888年）3月9日〜昭和61年（1986年）1月16日
生京都府京都市下京区　名旧姓・旧名＝梅原良三郎　学京都府立二中〔明治36年〕中退　賞帝国美術院会員〔昭和10年〕、帝国芸術院会員〔昭和19年〕〔昭和32年辞任〕　歴京都市の染呉服商の家に生まれ、友禅染の赤を主調とする豊かな色彩の世界で育つ。聖護院洋画研究所（のちの関西美術院）で浅井忠に師事。明治41年渡仏、アカデミー・ジュリアンに入学するが、ルノワールに傾倒。大正2年帰国し、翌3年二科の創立に参加、7年退会。9〜10年再渡欧。11年春陽会創立に参加。15年国画創作協会に入り洋画部（のちの国画会）を創設。昭和3年国画会主宰となり、以来、安井曽太郎とともに昭和期洋画壇の中心人物として活躍。西洋画法の油彩に岩絵の具、金箔、銀箔などを取り入れた桃山美術調の独自の梅原絵画を確立させた。代表作に「黄金の首飾り」「ナルシス」「竹窓裸婦」「富士」「浅間」「桜島」「紫禁城」「北京秋天」などがある。19〜27年東京美術学校教授。19年芸術院会員（32年に辞退）、27年文化勲章受章。　勲文化勲章〔昭和27年〕

梅村 大　うめむら・だい
弁護士 衆議院議員 青森弁護士会会長
明治8年（1875年）11月〜昭和26年（1951年）1月20日
出青森県　学東京法学院法律科〔明治34年〕卒　歴青森市議、青森県議を経て、昭和7年衆議院議員に当選1回。政友会に所属した。青森弁護士会会長も務めた。

梅村 蓉子　うめむら・ようこ
女優
明治36年（1903年）10月21日〜昭和19年（1944年）3月20日
生東京市日本橋区蠣殻町（東京都中央区）　名本名＝鈴木花子　学日本橋高等女学校卒　歴小学生のころから子役をやり、また5代目歌右衛門に踊りを習った。有楽座のお伽劇から無名会に参加、本名の鈴木花子で舞台に立った。大正11年松竹蒲田に入社、島津保次郎監督の映画などに主演、トップ女優の地位を確立するが、14年日活に移り、溝口健二監督の「紙人形春の囁き」「唐人お吉」で売り出し、時代劇にも主演。溝口の「浪華悲歌」「祇園の姉妹」で山田五十鈴と共演、名声を博した。その後、新興、第一映画で脇役などを演じ、昭和19年溝口の「団十郎三代」に出演中急死した。　家夫＝竹久新（映画監督）

梅本 左馬次　うめもと・さまじ
写真家
明治39年（1906年）9月27日〜昭和48年（1973年）12月8日
生奈良県五条市　名別名＝梅本竹馬太　学旅順工科大学予科中退、大阪外国語学校（現・大阪外国語大学）英語科〔昭和5年〕卒　歴材木事業家の子として生まれるが、父の事業が失敗したのち樺太や満州を転々とする。旅順工科大学予科中退後に帰国し、昭和3年大阪外国語学校（現・大阪外国語大学）を卒業。商館員として働くが、2年ほどで失業。以来、非合法的な共産主義運動に入る。この間、雑誌記者であった兄・忠男の影響で写真をはじめ、兄の助手を務めるうちに自らも写真家として独立。また運動の拠点も兼ねて写真材料商・営業写真の日本リヒト工房を開業。雑誌・書籍のリライトなども請け負った。9年治安維持法違反で逮捕。出獄後は同盟通信社のカメラマンとなり、13年小説家の火野葦平らとともに陸軍報道班員として中国戦線に従軍。戦後は占領軍通訳を経て、日本専売公社に勤務した。没後、遺族の手によって若き日の地下活動の記録「壊滅―『赤旗』地下配布部員の記録」が刊行された。　家兄＝梅本忠男（写真家）

梅屋 勘兵衛（3代目）　うめや・かんべえ
歌舞伎囃子方
明治15年（1882年）11月11日〜昭和21年（1946年）1月
生神奈川県横浜市　名本名＝興津清三郎、前名＝梅屋勝次、梅屋勝次郎　歴静岡で歌舞伎囃子方の初代梅屋勝次郎に入門。大正3年長唄研精会に入り、鼓方として主に東京で活躍、6代六合新三郎に師事して故実を学んだ。2代梅屋勝次、2代梅屋勝次郎の名跡を経て、大正9年3代梅屋勘兵衛を襲名。

梅谷 与七郎　うめや・よしちろう
昆虫学者 農林省蚕糸試験場技官
明治23年（1890年）6月25日〜昭和37年（1962年）4月22日
生福井県坂井郡三国町（坂井市）　専昆虫生理学、蚕体生理学　学福井中卒、四高卒、東京帝国大学農科大学〔大正5年〕卒 農学博士、理学博士　歴大正5年農商務省蚕業試験場に勤めたあと、12年朝鮮の京畿道原蚕種製造所長となったが、昭和12年再び蚕糸試験場勤務に復帰、33年退官した。この間、蚕の雄性交尾器の退化の遺伝学的研究で農学博士、蚕の越冬卵より見た昆虫の卵態越冬現象の研究で理学博士の学位を得た。蚕種学を科学的に系統づけ、昆虫ホルモンに関する研究など、昆虫生理学の分野で多数の論著を発表した。著書に「蚕種学」「形質と環境」「無脊椎動物ホルモン論」などがある。　賞農学賞〔昭和4年〕

梅若 万三郎（1代目）　うめわか・まんざぶろう
能楽師（観世流シテ方）梅若分家12代目
明治1年（1868年）11月21日〜昭和21年（1946年）6月29日
生東京都　名号＝亀堂　賞帝国芸術院会員〔昭和12年〕　歴父梅若実の指導を受け4歳で初舞台。父に養子があったため、11歳で梅若長左衛門家を継いだ。大正9年弟の六郎と梅若流を興し、初代家元となったが、三役の協力が得られず、宗家を弟に譲り、観世流に復帰。力感あふれる観阿弥型の演技で、生涯演能3000番、老女物を得意とした。昭和12年芸術院会員、21年文化勲章を受章した。著書に「万三郎芸談」。　家父＝梅若実（1代目）、弟＝梅若実（2代目）、四男＝梅若万三郎（2代目）、五男＝梅若猶義　勲文化勲章〔昭和21年〕　賞朝日文化賞〔昭和19年〕

梅若 六郎（54代目）　うめわか・ろくろう
能楽師（観世流シテ方）梅若家16代目
明治11年（1878年）4月28日〜昭和34年（1959年）8月16日
生東京都　名本名＝梅若氏康、幼名＝梅若竹世、後名＝梅若実　賞日本芸術院会員〔昭和30年〕　歴先代梅若実の二男。明治33年54代梅若六郎を襲名。免状発行問題のこじれから大正10年観世宗家から破門され、兄の万三郎らと梅若流を興し、兄の観世流復帰とともに梅若流を守った。昭和23年に隠居して梅若実。29年息子の梅若六郎の代に観世流に戻って、長い"観梅問題"に決着がついた。30年芸術院会員。著書に「梅若実聞書」がある。　家父＝梅若実（1代目）、兄＝梅若万三郎（1代目）、長男＝梅若実（55代目）、二男＝梅若雅俊、三男＝梅若恭行、孫＝梅若玄祥（2代目）、義弟＝観世銕之丞（6代目）、女婿＝宇野信夫（劇作家）

浦川 和三郎　うらかわ・わさぶろう
カトリック司教 キリシタン史研究家

明治9年（1876年）4月6日〜昭和30年（1955年）11月24日
生長崎県長崎市浦上 学長崎公教神学校〔明治39年〕卒 歴明治39年司祭となり、長崎の五島水ノ浦教会に勤めた後、42年大浦天主堂主任司祭、大正7年長崎公教神学校教授兼任、昭和3年同神学校校長となった。12年長崎教区長を経て、17〜29年仙台教区司祭。戦時中、軍国主義に妥協せず教会を守った。戦後は多くの外国宣教会を仙台教区に招き、司教座教会を再建した。傍ら、学究肌の司教として、キリシタン史研究に先駆的役割を果たし、著書に「切支丹の復活 前・後編」「浦上切支丹史」「朝鮮殉教史」「五島切支丹史」「東北キリシタン史」などがある。

浦田 武雄 うらた・たけお

社会運動家

明治26年（1893年）3月14日〜昭和48年（1973年）3月24日
生熊本県玉名郡岱明町 学日本大学専門部〔大正9年〕中退 歴大正9年日大を中退して暁民会に参加。10年の暁民共産党事件で検挙される。11年共産党の創立に参加し、12年第一次共産党事件で検挙され10ヶ月の禁錮刑に処せられる。この間、産業労働調査所に入所する。昭和5年福岡で書店を経営、また労農・水平社運動に復帰した。10年台湾に渡って青年訓練塾拓南社を開設。戦後は引揚者団体東京都連合会委員長となった。また共産党に入党したが、25年の分裂の際離党した。

浦松 佐美太郎 うらまつ・さみたろう

評論家 登山家

明治34年（1901年）10月1日〜昭和56年（1981年）12月23日
生東京都 学東京商科大学（現・一橋大学）卒 歴英国に留学。在欧中、昭和3年にアルプスでも難コースのウェッターホルンの西山稜を初登頂。戦争中、登山についての随筆集「たった一人の山」を出したが、のち絶版にされた。戦後は週刊朝日の書評欄を担当、評論家として脚光を浴び、日本における書評を文明批評にまで高めたといわれる。訳書にウィンパー「アルプス登攀記」、ノイス「エヴェレスト―その人間的記録」、ダレル「積みすぎた箱舟」などがある。

宇留木 浩 うるき・ひろし

俳優

明治36年（1903年）8月27日〜昭和11年（1936年）8月28日
生東京市麹町区内幸町（東京都千代田区） 名本名＝横田豊秋 学正則中〔大正10年〕卒 歴大正10年、日活向島撮影所に撮影助手として入社。のち大正活映で助手を務めていた際、山本嘉次郎監督と知り合い、以来同監督の助手となる。15年に「男児の一諾」を初監督し、続いて「港の謙吉」などの作品を発表。昭和2年頃から宇留木浩の名で脚本も手がけ、7年俳優に転向、「彼女への飛来」でデビューした。その後の主演作品に「爆弾三勇士」「坊っちゃん」「吾輩は猫である」などがある。

漆原 木虫 うるしばら・もくちゅう

版画家

明治21年（1888年）〜昭和28年（1953年）6月6日
生東京都 名本名＝漆原由次郎 歴早くから木版技術を習熟し、19歳の時渡英。明治43年ロンドンでの日英博覧会では木版の実演を行った。その後30年間ロンドンやパリに滞在し、日本の伝統的木版技術による作品で英仏に多くの愛好家を得た。昭和9年帰国。滞欧作には風景画が多いが、帰国後は馬や花なども多く描く。大英博物館嘱託となる他、海外で木版を教えるなど、国内よりも海外で活躍した。

漆山 又四郎 うるしやま・またしろう

漢学者 国文学者 書誌学者

明治6年（1873年）1月6日〜昭和23年（1948年）8月5日
生山形県置賜郡小滝村 名号＝天童 歴幸田露伴の門下生と

して「雀踊」などの小説を発表する。昭和3年露伴校閲の「陶淵明集」を刊行したのをはじめ、多くの漢詩文の訳註を発表。また9年には「新撰浮世絵年表」を刊行した。

漆間 徳定 うるま・とくじょう

僧侶（浄土宗）

明治2年（1869年）9月9日〜昭和19年（1944年）10月20日
出播磨国（兵庫県） 名旧姓・旧名＝井上、号＝檀蓮社旆誉滴阿 学浄土宗大学卒 歴明治9年法然ゆかりの岡山県誕生寺で出家。浄土宗務所布教部長などを経て、大正6年誕生寺住職となる。著書に「浄瑠璃法然上人恵の月影」「長歌玉の御声」など。

潤間 留十 うるま・とめじゅう

日本初のスピードスケート五輪選手

明治35年（1902年）9月12日〜平成11年（1999年）1月26日
出長野県岡谷市 名後名＝宮沢留十 歴日本初のスピードスケート五輪選手として知られ、昭和7年レークプラシッド五輪スピードスケート500メートル、1500メートル、5000メートル、1万メートルの4種目に出場した。のち日本スケート連盟名誉審判員を務める。

海野 清 うんの・きよし

彫金家

明治17年（1884年）11月8日〜昭和31年（1956年）7月10日
生東京都 学早稲田大学法科中退、東京美術学校金工科〔明治44年〕卒 資帝国芸術院会員〔昭和22年〕、重要無形文化財保持者（彫金）〔昭和30年〕 歴加納夏雄及び父に師事。大正8年東京美術学校助教授、昭和7年教授となり、24年東京芸術大学移行後も同校教授として没年まで在職した。この間、大正3年大正博覧会で2等賞、5年東京府金工業美術展覧会審査委員、昭和3年「鸚鵡文金属小筥」が帝展特選となり、4年から審査委員、9年から無鑑査出品者として活躍。4〜9年フランスへ留学、エジプト技術の影響を受ける。その後、新文展審査員、日展審査員、同運営会理事を歴任。また、全日本工芸美術家協会会長、日本彫金会会長、日本美術刀剣保存協会常任審査員、文化財専門審議会専門委員など、彫金会の長老として要職を務めた。22年帝国芸術院会員、30年人間国宝に認定される。鏨を深く鋭く使う"毛彫"で格調高い作品を残した。他の代表作に「双鳥文箱」「青銀花器」「白銅エジプト猫」「牛」など。家父＝海野勝珉（彫金家）、長兄＝海野珉乗（彫刻家）賞帝展特選（第9回）〔昭和3年〕「鸚鵡文金属小筥」

海野 十三 うんの・じゅうざ

小説家

明治30年（1897年）12月26日〜昭和24年（1949年）5月17日
生徳島県徳島市 出兵庫県神戸市 名本名＝佐野昌一、別名＝丘丘十郎 学早稲田大学理工学部電気科〔大正15年〕卒 歴9歳のとき神戸に移り住む。大学で電気工学を専攻し、卒業後逓信省電気試験所研究員となる。昭和2年頃から科学随筆や小説を書き始め、3年「電気風呂の怪死事件」を発表し、推理小説家としてデビュー。以後「振動魔」「爬虫館事件」「赤外線男」「俘囚」「地球盗難」などSF風な探偵小説を多く発表。日本のSF小説の先駆者となる。12年丘丘十郎の名で「軍用鼠」を発表して以来、次第に軍事小説を書くようになり、17年海軍報道班員として従軍し、それを契機として文学挺身隊を作った。戦後は健康がすぐれず、推理コントや短編を発表するにとどまった。「海野十三集」（全4巻、桃源社）、「海野十三敗戦日記」がある。

海野 普吉 うんの・ふきち

弁護士

明治18年（1885年）8月29日〜昭和43年（1968年）7月6日

生静岡県静岡市駿河区曲金 名通称＝海野晋吉 学東京帝国大学独法科〔大正3年〕卒 歴晋吉（しんきち）と命名されたが、出生届が誤って普吉と登録される。静岡中学から東京帝国大学に進み、大正3年卒業とともに弁護士となる。以来、一貫して在野の弁護士の職にあった。戦前は、人民戦線事件、企画院事件、横浜事件など治安維持法事件の第一人者として活躍。戦後は松川事件、砂川事件、昭和電工疑獄事件などの主任弁護人を務め、晩年は人権運動を提唱、その主柱となった。第二東京弁護士会会長、日本弁護士連合会会長、自由人権協会会長、全国選管委員長も務めた。著書に「人権の法律相談」「ある弁護士の歩み」などがある。

【え】

永戸 俊雄　えいと・としお
映画評論家 翻訳家
明治32年（1899年）9月10日～昭和31年（1956年）11月26日
生徳島県 学東京帝国大学法学部〔大正12年〕卒 歴昭和4年から8年にかけて、毎日新聞特派員としてロンドン、パリ、ジュネーブに滞在。その後毎日新聞編集局参与、キネマ旬報編集企画室同人などを歴任。その間、翻訳家、映画評論家として活躍し、訳書にパニョル「マリウス」、ロ・ズカ「映画の世界史」などがある。

永楽 正全　えいらく・しょうぜん
土風炉師 焼物師 千家十職・永楽家15代目
明治13年（1880年）～昭和7年（1932年）
名本名＝山本治三郎、通称＝善五郎 歴千家十職の一つで、楽家とともに茶陶の名門・永楽家の15代目。14代目得全の甥で、おじの没後はその妻である妙全と家職を守り、昭和2年15代目を継いだ。 家長男＝永楽即全，孫＝永楽善五郎（17代目），おじ＝永楽得全

江木 翼　えぎ・たすく
鉄道相 法相 貴族院議員（勅選）
明治6年（1873年）4月24日～昭和7年（1932年）9月18日
生山口県玖珂郡御庄村 学東京帝国大学法科大学英法科〔明治30年〕卒 法学博士〔大正9年〕 歴江木家の養子となり、明治30年内務省に入省。神奈川県事務官、法制局参事官、43年拓殖局部長。大正元年第三次桂太郎内閣、3年大隈重信内閣、13年加藤高明三派護憲内閣の各書記官長。この間5年には勅選貴族院議員。9年法学博士。14年加藤改造内閣、第一次若槻礼次郎内閣の法相。昭和4年浜口雄幸内閣、6年若槻内閣の鉄道相。民政党の総裁候補として将来を嘱望されたが、同年9月病気のため辞職した。著書に「江木翼論叢」。 家養父＝江木千之（文相）

江木 理一　えぎ・りいち
ラジオ体操指導者
明治23年（1890年）7月13日～昭和45年（1970年）2月16日
生福島県 学陸軍戸山学校〔昭和2年〕卒 歴昭和3年日本放送協会（NHK）に入り、同年11月1日開始のラジオ体操指揮者となり、堀内敬三作曲の伴奏曲とともに、その号令は全日本の国民に親しまれた。14年11月1日に引退するまで11年間無欠勤。引退後も長く全国を巡回し、ラジオ体操の普及に努めた。

江草 重忠　えぐさ・しげただ
有斐閣社長 日本出版配給初代社長
明治10年（1877年）2月2日～昭和19年（1944年）10月8日
生三重県弁郡神田村（東average町） 名旧姓・旧名＝水谷 学東京帝国大学農科大学〔明治37年〕卒 歴有斐閣初代社長江草斧

太郎の養子。明治41年養父の死後、同社経営に当たり、法律書、経済書など学術書出版を続けた。森戸事件をはじめ学問の自由がファシズムの攻撃にさらされると美濃部達吉の「憲法撮要」「逐條憲法精義」は発禁処分に遭った。昭和11年東京出版協会会長、16年全国の取次店統合により成立した日本出版配給株式会社の初代社長となった。 家養父＝江草斧太郎（有斐閣創業者）、孫＝江草忠允（有斐閣社長）、江草忠敬（有斐閣社長）、女婿＝江草四郎（有斐閣社長）

江口 渙　えぐち・かん
小説家 評論家 児童文学者 歌人 社会運動家
明治20年（1887年）7月20日～昭和50年（1975年）1月18日
生東京府麹町区（東京都千代田区） 学東京帝国大学英文科〔大正5年〕中退 歴中学時代から短歌や詩を投稿する。大正5年東京帝国大学を卒業直前に退学し、東京日日新聞社会部記者となるが、すぐに退社、「帝国文学」編集委員となる。在学中から小説や評論を発表していたが、6年に創刊した「星座」に「貴様は国賊だ」を発表、また「帝国文学」に「兒を殺す話」を発表して注目され、7年「労働者誘拐」を発表。9年創立された日本社会主義同盟の執行委員となり、昭和に入ってマルクス主義に接近し、日本プロレタリア作家同盟中央委員となるなど、プロレタリア文学の分野で活躍。その間、武蔵野町会議員に当選、また検挙、投獄をくり返す。昭和20年日本共産党に入党し、新日本文学会幹事に選任され、40年創立された日本民主主義文学同盟では幹事会議長になる。45年歌集「わけしいのちの歌」で多喜二・百合子賞を受賞。他の主な作品に「赤い矢帆」「性格破産者」「恋と牢獄」「彼と彼の内臓」「三つの死」「花嫁と馬一匹」、評論「新芸術と新人」、自伝「わが文学半生記」、「江口渙自選作品集」（全3巻）などがある。

江口 きち　えぐち・きち
歌人
大正2年（1913年）11月23日～昭和13年（1938年）12月2日
生群馬県利根郡川場村 筆名＝飯田章子 学川場尋常高等小学校〔昭和3年〕卒 歴博打渡世人の長女として生まれる。父は定職に就かず、母が飲食店を経営して一家を支えた。高小卒業後、郵便局に勤めたが、18歳の時に母の急死により飲食店を継ぐ。傍ら、独学で短歌を学び、昭和6年河井酔茗・島本久恵夫妻が主宰する歌誌「女性時代」に投稿。13年生活苦と恋の悩みにより、知的障害者だった兄と服毒自殺をとげた。14年遺稿集「武尊の麓」が編まれた。複雑な生い立ちから生まれた歌から石川啄木になぞらえられ、"女啄木"と評される。評伝に島本久恵が書いた「江口きちの生涯」がある。

江口 定条　えぐち・さだえ
実業家 貴族院議員（勅選）満鉄副総裁
元治2年（1865年）4月1日～昭和21年（1946年）3月14日
出高知県 学東京商業学校（現・一橋大学）〔明治20年〕卒 歴三菱合資会社に入り、長崎、門司各支店長、本社鉱業部副長、同営業部長、専務理事を歴任、三菱系各社の総理事も務めた。昭和6年南満州鉄道（満鉄）副総裁、7年民政党系の故に犬養毅内閣に罷免され、不服の内田総裁が辞表を出し、軍部が慰留する事件となった。7年勅選貴族院議員、同和会に所属。対支文化事業調査会委員も務めた。

江口 隆哉　えぐち・たかや
舞踊家
明治33年（1900年）1月21日～昭和52年（1977年）12月25日
生青森県上北郡野辺地町 名本名＝江口捨松 専モダンダンス 学函館商〔大正8年〕卒 歴小学校教員を務めた後、謡曲や狂言、素人芝居に熱中する。演劇の道を志し25歳で上京。昭和4年高田雅夫・原せい子舞踊研究所に入り舞踊家の道に進む。6年から8年まで夫人の宮操子と共にドイツのマリー・ウィグ

マン舞踊学校に学び、帰国後、江口・宮舞踊団を結成してドイツ系モダンダンスを創作した。代表作に大作「プロメテの火」、「日本の太鼓」シリーズ、「日本二十六聖人」がある。また日本女子体育短期大学で教鞭を執り、体育舞踊、学校舞踊を広め、舞踊評論誌「現代舞踊」を19年間にわたって刊行した。　囲妻＝宮操子（舞踊家）, 弟＝江口乙夫（舞踊家）

江口 帆影郎　えぐち・はんえいろう
俳人
明治23年（1890年）10月13日〜昭和27年（1952年）11月17日
囲岡山県岡山市外浜野　名本名＝江口元章　歴高浜虚子・吉岡禅寺洞に師事してはじめ「ホトトギス」「天の川」等に拠り、みずからも「山葡萄」を主宰。昭和10年頃から新興俳句運動に参加したが、16年新興俳句弾圧事件が起こるに及んで主宰誌を廃刊した。敗戦後、北朝鮮から佐世保市に引揚げ、後は「太陽系」「幻像」等に拠ったが、実生活では辛酸をなめた。

江口 夜詩　えぐち・よし
作曲家 作詞家
明治36年（1903年）7月1日〜昭和53年（1978年）12月8日
囲岐阜県養老郡時村（大垣市）　名本名＝江口源吾、筆名＝今二三郎、世田新二、高峰龍雄、荘司義也、今井三郎、藤井朝はる　学東京音楽学校作曲科卒　歴大正6年海軍の志願兵に応募、9年第1期軍楽補習生を首席で卒業。10年18歳の時、皇太子（昭和天皇）の英国訪問に同行、欧州で本場のクラシック音楽に触れ、帰国後は海軍委託生として東京音楽学校に派遣される。14年処女曲「千代田城を仰いで」を発表、毎年元旦の午前6時半にラジオ放送される曲目となり、昭和3年には天皇即位大典で自作「吹奏楽大序曲〈挙国の歓喜〉」が演奏された。4年初の楽譜集「江口夜詩作曲童謡集第一集」を出版。5年より荘司義也、高峰龍雄、藤井朝はるなどの筆名で流行歌の作・編曲を手がけ、6年海軍を退役してポリドール・レコード専属となる。最初のヒット曲は、7年の渡辺光子「哀しき口笛」で、続いて「忘られぬ花」「時雨ひととき」が50万枚の大ヒットとなり、その名を高めた。8年コロムビア・レコードに移籍、五所平之助監督の映画「十九の春」の同名主題歌が大ヒット、代表曲となった。9年より「急げ幌馬車」「曠野を行く」「夕日は落ちて」などの"曠野もの"が立て続けにヒット。7年秋には1ケ月に60曲以上を吹き込み、9年末に発売されたコロムビアの正月新譜30枚のうち20枚以上を作曲してコロムビア全体120万枚の半分以上の売り上げを占め、7年から12年にかけて約450曲の映画主題歌を手がけるなど、全盛時代を迎えた。「月月火水木金金」「轟沈」を始め、軍歌も多く作曲。14年再びポリドール専属。戦後も小畑実「長崎のザボン売り」、岡晴夫「憧れのハワイ航路」「東京の空青い空」、春日八郎「赤いランプの終列車」など多くのヒット曲を書いた。　囲長男＝江口浩司（作曲家）

江後 岳翠　えご・がくすい
映画監督
明治25年（1892年）1月2日〜昭和36年（1961年）10月17日
囲山口県大島郡　名本名＝江後競　学広島修道中卒　歴江木写真館を経て、大正5年天活撮影所に入り、枝正義郎に撮影技術を学ぶ。次いで国活、9年松竹蒲田撮影所にカメラマンとして入社、旧劇の撮影に従事。14年帝キネに変わって「猿飛と青海入道・前後篇」で監督デビュー、「遊女と侍」「紅あざみ」（15年）。昭和2年以後「平手造酒」「血涙」、3年「忍術膝栗毛」「木下藤吉郎」「岩見重太郎」、4年「信長と烈女」「森の石松」、5年「義刃」など次々に監督。同年帝キネ退社、浅草大勝館、映配などに勤めた。

江崎 清　えさき・きよし
写真師
明治10年（1877年）〜昭和32年（1957年）
囲東京都　歴江崎礼二の長男。明治31年営業写真の技術を習得するため米国に渡る。帰国後、浅草で開業し、関東大震災後は銀座に写場を移す。印画処理の技術に優れ、外国人や名士のポートレイトを数多く手がけた。大正12年東京写真師協会創立に際し理事長、15年には全日本写真師会会長に就任。また日本写真協会相談役として後進の指導にあたった。主な作品に「薩摩治郎八夫人」（「アサヒカメラ」誌掲載）、著書に「アルス写真大講座 写場人物撮影法」「最新写真科学大系 肖像写真の写場撮影」「写場人物撮影入門」がある。　囲父＝江崎礼二（写真師）

江崎 悌三　えさき・ていぞう
昆虫学者 九州帝国大学農学部教授
明治32年（1899年）7月15日〜昭和32年（1957年）12月14日
囲東京市牛込区払方町（東京都新宿区）　専昆虫分類学, 応用昆虫学, 昆虫学史　学北野中〔大正6年〕卒、七高造士館二部乙類〔大正9年〕卒、東京帝国大学理学部動物学科〔大正12年〕卒 理学博士（東京帝国大学）〔昭和5年〕　歴父は宮内省帝室林野局技師で、母は儒学者・乙骨耐軒の孫。大正12年九州帝国大学農学部助教授となり、同年昆虫学研究のため欧米へ留学。昭和2年帰国して動物学第二講座（昆虫学）を担任、5年教授に昇任。駒場農学校（東京帝国大学）の佐々木忠次郎、札幌農学校（北海道帝国大学）の松村松年に次ぐ、帝国大学3人目の昆虫学教授となった。23年九大農学部長、30年教養部長を歴任。26年日本昆虫学会会長に就任、32年に病没するまで務めた。昆虫分類学分野では半翅目、特に水棲の異翅亜目の、世界でも数少ない専門家として知られる一方、応用昆虫学も手がけた。また、昆虫学史にも造詣が深く、昆虫学者やその関係人物の伝記も数多く執筆した。

江下 武二　えした・たけじ
陸軍工兵伍長 "肉弾三勇士"の一人
明治43年（1910年）11月22日〜昭和7年（1932年）2月22日
囲佐賀県神埼郡蓮池村　歴炭鉱の採炭夫から昭和6年、久留米工兵第18連隊に入営。7年混成旅団工兵中隊に編入され、陸軍一等兵として第一次上海事変に出征。同年2月22日、廟行鎮の戦闘で歩兵の突撃路を作るため作江伊之助一等兵・北川丞一等兵と共に爆薬筒を抱えて突撃、敵の鉄条網を爆破し、戦死した。死後、二階級特進で伍長に進んだ。陸軍が覚悟の自爆と発表したため、肉弾（爆弾）三勇士として熱狂的に讃えられた。

江島 伊兵衛　えじま・いへえ
能楽研究家 わんや書店社長 鴻山文庫主宰
明治28年（1895年）4月10日〜昭和50年（1975年）10月10日
囲東京市日本橋区（東京都中央区）　名幼名＝欽次郎、筆名＝荏寺枚平　学商工中〔明治45年〕卒、東京高等商業学校（現・一橋大学）〔大正6年〕卒　歴椀屋7代目江島伊兵衛の長男で、明治32年4歳で父を亡くして8代目伊兵衛を襲名。大正6年東京高等商業学校を卒業、一年志願兵を経て、10年松下塗料専務。昭和3年謡本・能楽関係図書の出版販売を手がけるわんや書店社長に就任。4年春秋社社長を兼ねたが、7年同社専務の手形詐欺事件に連座して警視庁に留置され、同房となった浅沼稲次郎から感化を受けた。10年能楽の文献や絵画などを架蔵する鴻山文庫を設立、資料の収集に努めるとともに、これを公開した。18年戦時の出版統制により能楽図書出版協会を設立して専務理事。36年わんや書店会長。著書に「車屋本の研究」、共著「鴻山文庫の研究 謡本の部」「図説光悦謡本」がある。没後、鴻山文庫収蔵品は法政大学能楽研究所に寄贈された。　囲父＝椀屋伊兵衛（7代目）

枝正 義郎　えだまさ・よしろう
映画監督
明治21年（1888年）〜昭和19年（1944年）9月8日
生広島県　歴明治43年山口県から上京、吉沢商店の目黒行人坂撮影所に入り、千葉吉蔵に師事。大正8年天活日暮里撮影所で「哀の曲」監督撮影。これは当時の日本映画では技術的にもっとも進歩している作品だったと思われる。10年米国留学、帰国すると日暮里撮影所は焼失、天活は国活に買収されており、12年自らの原作による「幽魂の焚く炎」を監督したが、関東大震災で国活も崩壊。13年松竹下加茂撮影所に入り、沢村四郎五郎、市川荒太郎の時代劇を監督。次いで帝キネ小坂撮影所、阪妻プロ太秦撮影所を経て、昭和3年亜キネマ京都撮影所の監督部長。9年独立して「大仏廻国・中京篇」を撮り、同年大都映画巣鴨撮影所の撮影部総務。一時退社したが、14年同社初代製作部長となった。17年大映に合併されると多摩川撮影所に入社。他の監督作品に「鳥羽の恋塚」「牡丹燈籠」「実説・河内山宗俊」「坂本龍馬」「月形半平太」「天狗騒動記」などがある。

江渡 狄嶺　えと・てきれい
思想家
明治13年（1880年）11月13日〜昭和19年（1944年）12月15日
生青森県五戸町　名本名＝江渡幸三郎　学東京帝国大学政治学科〔明治38年〕中退　歴学生時代トルストイ、クロポトキンに傾倒、「精神窟」を主宰、雑誌「北星」を発刊した。明治44年徳冨蘆花の世話で東京千歳村（世田谷区）に"百姓愛道場"を開き農民となり労働生活を実践。大正2年高井戸村に移り、同村農業補修夜学校に入った。12年ごろ安藤昌益の直耕思想を学び、家稷農乗学によって農業を理論化した。さらに赤楽会、牛欄寮、場論研究会などによって「ものごとのなしようのありどころ」という"場"の機能的空間論を講じた。昭和18年綜農制研究会を開いた。著書に「或る百姓の家」「土と心を耕しつつ」「地湺のすがた」「場の研究」、「江渡狄嶺選集」（全2巻）などがある。

江藤 源九郎　えとう・げんくろう
陸軍少将 衆議院議員
明治12年（1879年）2月25日〜昭和32年（1957年）5月3日
生奈良県　学陸士（第11期）〔明治32年〕卒　歴江藤新平の甥。日露戦争に中尉で従軍、明治43年参謀本部副官、大正2年関東都督府副官、8年八代連隊区司令官、11年新発田連隊区司令官、14年歩兵第38連隊長、昭和2年少将となり同年予備役。7年奈良県から衆議院議員に当選、20年まで議員を務めた。その間、7年2月の第67議会で美濃部達吉の「逐条憲法精義」発禁処分を政府に要求、美濃部を不敬罪で告発、天皇機関説撲滅同盟を結成、原理日本社の蓑田胸喜らと呼応して、自由主義者を激しく攻撃した。また右翼団体淡交会を結成、12年には日本革新党総務委員長となり右翼を指導するとともに、ファッショ的国民組織の構築をめざした時局協議会の世話人を務めた。　家おじ＝江藤新平（政治家）

衛藤 即応　えとう・そくおう
僧侶（曹洞宗）仏教学者
明治21年（1888年）4月14日〜昭和33年（1958年）10月13日
生大分県宇佐郡駅館村　名号＝不喚　学曹洞宗大学〔明治37年〕卒、京都帝国大学文学部〔大正1年〕卒 文学博士（京都帝国大学）〔昭和19年〕　歴生地の雲栖寺雪洞明について得度、兵庫県心月院弘津説三に嗣法して山口県大応寺住職となった。明治42年曹洞宗内地留学生として京都帝国大学に入り、卒業後曹洞宗大学教授となり、大正10〜13年英、仏、独に留学。帰国後駒沢大学教授となり、宗学序説を講じた。昭和3年京都市安泰寺住職。駒沢大学部長を経て、28年総長に就任。著書に国訳「華厳経」、校注「正法眼蔵」のほか、「栄西

と道元」「大乗起信論講義」「道元禅と念仏」などがある。

衛藤 利夫　えとう・としお
司書 日本図書館協会理事長
明治16年（1883年）〜昭和28年（1953年）
生熊本県　学東京帝国大学文科美学専攻修了　歴大正4年東京帝国大学司書、8年南満州鉄道（満鉄）に転じ、大連図書館司書。11〜昭和15年満鉄奉天図書館長を務め、蔵書20万冊を超える"特異の東亜研究図書館"に改良。16年日本図書館協会理事、21年理事長に就任。著書に「露国十六文豪集」「図書分類の論理的原則」「満州生活三〇年—奉天の聖者クリスティの思出」「韃靼」、訳書にケンペル「江戸より長崎まで」、ツルゲーネフ「薄幸の少女」他がある。　家五男＝衛藤瀋吉（国際政治学者）

江戸川 乱歩　えどがわ・らんぽ
推理作家
明治27年（1894年）10月21日〜昭和40年（1965年）7月28日
生三重県名賀郡名張町（名張市）　名本名＝平井太郎　学早稲田大学政経学部〔大正5年〕卒　歴三重県に生まれ、3歳で名古屋に出る。貿易商社、造船所、新聞記者、古本屋、シナそば屋などの職を転々とし、大正12年「二銭銅貨」を発表。以後「D坂の殺人事件」などを発表して、作家として認められる。14年処女短編集「心理試験」を刊行、また横溝正史らと「探偵趣味」を創刊。以後、探偵作家として活躍し、怪奇な謎と科学的推理による本格的推理小説の分野を開拓し、探偵・明智小五郎の生みの親として知られた。昭和22年日本探偵作家クラブが設立され初代会長となる。また21年に「宝石」を創刊し、編集する。26年評論集「幻影城」で探偵作家クラブ賞（現・日本推理作家協会賞）を受賞した。日本の推理小説の本格的確立を達成した功績は大きく、29年には江戸川乱歩賞が設定された。38年探偵作家クラブが推理作家協会と組織を改め、初代理事長に就任したが、翌40年に死去。筆名はエドガー・アラン・ポーに由来している。代表作はほかに「パノラマ島奇譚」「陰獣」「怪人二十面相」「青銅の魔人」などがあり、「江戸川乱歩全集」（全25巻、講談社）、「江戸川乱歩全集」（全30巻, 光文社）が刊行される。また、「黒蜥蜴」「屋根裏の散歩者」「双生児」など多くの作品が映画化された。没後、平成13年自身に関する新聞や雑誌の記事を収集したスクラップブック「貼雑年譜」が復刻され、話題となる。　家長男＝平井隆太郎（立教大学名誉教授）

榎並 充造　えなみ・みつぞう
実業家 バンドー化学創業者
明治12年（1879年）11月18日〜昭和26年（1951年）2月7日
出兵庫県　学神戸一中〔明治34年〕卒、早稲田大学経済科卒　歴兵庫県の旧家に生まれる。姫路中学、神戸第一中学を経て、早稲田大学経済科に学ぶ。明治37年姫路連隊に入営。39年阪東式調帯合資会社（現・バンドー化学）の無限責任社員に就任。大正2年内外護謨合資会社を設立して代表社員。12年〜昭和4年神戸市議、12〜16年神戸商工会議所会頭も務めた。22年満68歳の誕生日に1年早い古稀を祝って活葬式を挙げ、宇垣一成、荒木貞夫、安岡正篤らが参列した。　家二男＝榎並正一（バンドー化学社長）、義兄＝川西清兵衛（実業家）

榎本 美彦　えのもと・うまひこ
歯科学者 東京歯科医学専門学校教授
明治18年（1885年）9月1日〜昭和45年（1970年）12月10日
生島根県　名旧姓・旧名＝市橋　学カリフォルニア州立大学歯学部〔明治44年〕卒　歴松添宝一の門に入り明治39年歯科医師免許証を受け、渡米して41年カリフォルニア州立大学歯学部入学、44年卒業、同年6月カリフォルニア州歯科医術試験合格、同年2月から同地で開業、その間矯正学を学び、大正2

年帰国。3年榎本積一の養子となり、同年9月東京歯科医学専門学校教授となった。13年大日本歯科医学会会長、昭和5年日本矯正歯科学会会長、24年東京歯科大学教授を退職。著書に「鑲嵌法」「新纂矯正歯科学」などがある。

榎本 健一　えのもと・けんいち
喜劇俳優
明治37年（1904年）10月11日〜昭和45年（1970年）1月7日
生東京市赤坂区青山南町（東京都港区）　没東京市麻布区（東京都）　名通称＝エノケン　学麻布尋常高小〔大正8年〕卒　歴幼い頃より"エノケン"と呼ばれた腕白小僧で、背は小さいが動きがすばやく、父や義母を困らせたという。長じて俳優を志し、大正11年浅草オペラの根岸歌劇団コーラス部員として初めて舞台を踏んだ。12年の関東大震災で浅草オペラが壊滅状態となると、14年関西へ移り映画に端役として出演。昭和3年春頃、4年7月石田守衛を座長格に浅草でカジノフォーリーを旗揚げ。当初は不入りであったため2ヶ月で解散したが、10月今度は自らが中心となり中村是好、間野玉三郎らとともに第二次カジノフォーリーを結成。常連客であった川端康成が小説「浅草紅団」で紹介したのがきっかけで注目されるようになり、浅草オペラをベースとしながら米国のスラップスティックに影響を受けたスピーディな動きと愛敬ある表情、従来の喜劇とは一線を画したナンセンスなアドリブのギャグでたちまち人気者となった。7年松竹と契約して浅草でもっとも大きな劇場である松竹座を拠点にエノケン劇団を旗上げし、欧米の音楽喜劇映画をヒントにした「最後の伝令」「ジキルとハイド」「エノケンの闘牛士」「ウイウイ巴里」や歌舞伎・時代劇をレビュー化した「助六」「一心太助」「弥次喜多」などを上演。連日劇場を満員にし、古川緑波、徳川夢声、生駒雷遊らの笑いの王国と人気を二分した。一方でジャズの曲にそれとはまったく関係ない日本語の歌詞をつけて歌った「洒落男」「私の青空」「ダイナ」などのレコードもヒット。9年山本嘉次郎監督の「エノケンの青春酔虎伝」で映画初主演。13年一座で東宝の専属となり、日劇に出演。映画でも「エノケンのチャッキリ金太」「エノケンの法界坊」「孫悟空」などに主演してバイタリティあふれる笑いを創造する一方、黒沢明監督「虎の尾を踏む男達」などにも出演した。戦後は笠置シヅ子とのコンビで大当たりをとるが、のちに脱疽のため右足大腿部を切断し、精彩を欠いた。　家養女＝榎本ちえ子（女優）

榎本 吉夫　えのもと・よしお
ボート選手
生年不詳〜平成3年（1991年）9月13日
出北海道檜山郡江差町　歴昭和7年第10回ロサンゼルス五輪にボート選手として出場。

江原 三郎　えばら・さぶろう
弁護士 衆議院議員
明治27年（1894年）1月〜昭和40年（1965年）3月4日
出栃木県　学東京帝国大学独法科〔大正9年〕卒　歴宇都宮弁護士会長、宇都宮市議、栃木県議を経て、昭和12年衆議院議員に当選1回。

頴原 退蔵　えばら・たいぞう
国文学者 京都帝国大学教授
明治27年（1894年）2月1日〜昭和23年（1948年）8月30日
生長崎県南松浦郡　専近世文学、俳諧史　学東京高等師範学校（現・筑波大学）国語漢文科〔大正6年〕卒, 京都帝国大学文学部〔大正10年〕卒 文学博士　歴大正6年兵庫県立第二神戸中学教諭となったが、同年9月京都帝国大学に入り、昭和3年講師、6年助教授。この間、同志社大学、神戸高等女学校で教え、京都府立医科大学教授を歴任した。11年病気で退職したが16年再び京都帝大講師、23年助教授、死後教授となった。近世文学、特に俳諧史に造詣が深く、江戸時代の言葉の辞典編纂を進めながら亡くなった。その後、門下で女婿でもある尾形仂に編纂が引き継がれ、平成20年「江戸時代語辞典」が完成した。著書に「俳諧史の研究」「俳諧史論考」「俳諧精神の探究」「芭蕉俳句新講」「江戸文芸論考」、用語研究でも「江戸時代語の研究」「川柳雑俳用語考」などがあり、編著に「蕪村全集」がある。　家女婿＝尾形仂（東京教育大学教授）

江原 万里　えはら・ばんり
キリスト教無教会伝道者 経済学者
明治23年（1890年）8月14日〜昭和8年（1933年）8月7日
生岡山県西北条郡津山町（津山市）　学東京帝国大学法科大学政治学科〔大正4年〕卒　歴一高在学中、内村鑑三の影響でキリスト教に入信。大正4年住友総本店に入社。10年東京帝国大学経済学部助教授となり、交通政策を講じた。昭和2年キリスト教雑誌「思想と生活」を刊行、のち「聖書の真理」と改題。4年病気で東京帝大を退官。軍国主義の台頭から日本を守ろうと、鎌倉で講演活動を行った。著書に「聖書の現代経済観」「宗教と国家」など。のち「江原万里全集」（全3巻）に収容。　家女婿＝矢内原伊作（経済学者）

海老名 弾正　えびな・だんじょう
牧師 思想家 教育家 同志社総長
安政3年（1856年）8月20日〜昭和12年（1937年）5月22日
生筑後国柳河（福岡県柳川市）　名幼名＝喜三郎　学熊本洋学校, 同志社英学校〔明治12年〕卒　歴熊本洋学校時代、熊本バンドの一人としてジェーンズの導きで受洗する。明治12年同志社卒業後は安中、前橋、東京、熊本、神戸で牧師として活躍。また熊本英学校、熊本女学校を創設。23年日本基督伝道会社社長に就任。30年東京で基督同志会を結成、本郷教会牧師となる。大正9年から昭和3年にかけては同志社総長を務めた。その間「新人」「新女界」などを刊行し、また植村正久との間に"福音主義論争"が行われた。著書は多く「彼得前後書註釈」「耶蘇基督伝」「人間の価値」「基督教新論」などがある。　家いとこ＝徳富蘇峰（評論家）、徳冨蘆花（小説家）

海老原 喜之助　えびはら・きのすけ
洋画家
明治37年（1904年）9月13日〜昭和45年（1970年）9月19日
生鹿児島県鹿児島市住吉町　学志布志中〔大正11年〕卒　歴志布志中学在学中に油彩画を始め、大正11年上京し川端画学校に学ぶ。12年18歳で渡仏し、藤田嗣治に師事、20歳でサロン・ドートンヌに入選。エコール・ド・パリの新星として活躍。昭和9年帰国後、独立美術協会会員となり、「曲馬」など幾多の名作を発表。20年熊本市人吉市に疎開、以降5年間油絵制作をやめデッサンに専念し、地方文化の振興に努めた。21年から吉井淳二と南日本美術展を主宰。26年中央画壇に返り咲き、「靴屋」「船を造る人」「蝶」「雨の日」など秀作を発表。35年毎日芸術賞受賞。同年逗子市に居を移す。41年再渡仏。　賞芸術選奨文部大臣賞〔昭和39年〕「雨の日」

蛯原 八郎　えびはら・はちろう
新聞・雑誌研究家
明治40年（1907年）1月13日〜昭和21年（1946年）5月30日
生茨城県北相馬郡井野村　学麹町上六尋常小学校卒　歴小学校卒業後丸善に入り、その傍ら丸善商業夜学会で学ぶ。大正12年丸善を退社し、13年宮武外骨の助手となって、昭和2年から11年迄東京帝国大学法学部明治新聞雑誌文庫に勤務し、「明治文化」の編集もした。その間「日本欧字新聞雑誌史」「明治文学雑記」「海外邦字新聞雑誌史」を刊行。退職後は時事新聞特派員として欧米諸国に出張、のちに満州に渡り、同地で没した。

江馬 長閑　えま・ちょうかん
漆芸家
明治14年（1881年）12月14日～昭和15年（1940年）3月12日
[生]奈良県生駒郡郡山町（大和郡山市） [名]本名＝江馬長治 [専]蒔絵 [歴]大阪の櫛蒔絵師小西春斎に学び、のち5代目山本利兵衛に師事。5代目没後、6代目利兵衛とともに制作を続けたが、6代目没後独立。明治42年佳都美会に参加。大正元年第1回京都漆器展一等賞、並びに模範職工として表彰される。5年～昭和5年京都市美術工芸学校教諭を務め、後進の指導にあたる。大正13年京都美術工芸会創立に参加。昭和3年より帝展に出品。また、宮内省依頼の硯箱や手箱を多く制作した。代表作に「塵地蒔絵平目歌絵松鶴模様文台・重硯箱」がある。

江馬 修　えま・なかし
小説家
明治22年（1889年）12月12日～昭和50年（1975年）1月23日
[生]岐阜県高山市 [学]斐太中中退 [歴]斐太中学を中退して上京、東京市水道局に勤めながら田山花袋に師事。明治44年短編小説「酒」を早稲田文学に発表、作家生活に入った。白樺派の人道主義に影響され、大正5年長編「受難者」、6年「暗礁」を発表、新進ヒューマニズム作家として知られた。関東大震災を機に左翼思想に傾き、15年渡欧。帰国後、日本プロレタリア作家同盟に参加、「戦旗」編集に当たり、「黒人の兄弟」「きみ子の経験」、戯曲「阿片戦争」などを発表。昭和7年弾圧を逃れて郷里飛騨高山に帰り、13年長編歴史小説「山の民」を自費出版した。戦後、新日本文学会に属し、25年藤森成吉らと「人民文学」創刊に参加した。「山の民」は改作を重ね、48年最終稿を刊行。他に「本郷村善九郎」「氷の河」、自伝「一作家の歩み」、「江馬修作品集」（全4巻）などがある。 [家]妻＝豊田正子（小説家）

江間 道助　えま・みちすけ
ドイツ文学者 評論家 早稲田大学教授
明治27年（1894年）8月9日～昭和26年（1951年）3月30日
[生]東京都新宿区 [学]早稲田大学英文科〔大正9年〕卒 [歴]士官学校を経て早大に進み、卒業後は早大講師、附属高等学院講師となり、昭和15年早大教授に就任。独文学者、文芸評論家として活躍し、独文学者としては「18世紀評論文学」「トーマス・マン」などの作品があり、文芸評論家としては「人格芸術の意義と使命」「個性の要する時代」「日本的リアリスム」などがあり、10年「前向き文学論」を刊行した。

江本 修　えもと・おさむ
獣医学者 東京帝国大学教授
明治19年（1886年）5月3日～昭和20年（1945年）9月20日
[生]徳島県那賀郡立江町（小松島市） [専]獣医病理学 [学]三高卒，東京帝国大学農科大学獣医学科〔明治44年〕卒 農学博士（東京帝国大学）〔大正13年〕 [歴]明治44年東京帝国大学助手、大正5年講師、7年助教授となり、15年ドイツへ留学。昭和9年教授に昇任。11年日本獣医学会理事長、14年大日本獣医学会副会長兼会誌編集長。我が国の家畜病理学の大系を整え、昭和6年初めて外国書の直訳ではない「家畜病理解剖学〈上下〉」を著した。 [勲]勲二等瑞宝章〔昭和20年〕

江羅 直三郎　えら・なおさぶろう
衆議院議員
明治8年（1875年）12月～昭和14年（1939年）12月8日
[出]京都府 [学]哲学館〔明治28年〕卒 [歴]京都市議、京都府議を経て、昭和12年衆議院議員に当選1回。政友会に所属した。

遠藤 新　えんどう・あらた
建築家
明治22年（1889年）6月1日～昭和26年（1951年）6月29日
[生]福島県相馬郡福田村（新地町） [学]東京帝国大学工科大学建築学科〔大正3年〕卒 [歴]大正4年読売新聞で辰野金吾設計の「東京駅」の建物を批判、在来の様式建築から生活に密着した建築を目指した。6年帝国ホテル新築設計を引き受けたフランク・ロイド・ライトのもとへ渡米し、8年ライトと共に帰国、チーフアシスタントとしてライトの「帝国ホテル」設計や目白の「自由学園明日館」（平成9年重要文化財に指定）、芦屋の「旧山邑家住宅」の設計に協力した。大正12年遠藤新建築創作所を設立。昭和8年満州での設計活動を開始、以後、日本と満州を行き来する。18年満州重工業などの建築顧問を務める。ライトの有機的建築を目標に「旧甲子園ホテル」「満州中央銀行倶楽部」「満鉄総裁会館」「目白ケ丘教会」などの作品を残した。 [家]二男＝遠藤楽（建築家），三男＝遠藤陶（建築家）

遠藤 為春　えんどう・いしゅん
歌舞伎研究家 新橋演舞場常務 松竹取締役
明治14年（1881年）10月26日～昭和44年（1969年）2月6日
[生]東京府日本橋区馬喰町（東京都中央区） [名]本名＝遠藤弥市，別号＝城州，泊堂，翠玉，道阿弥 [学]東京高等商業学校（現・一橋大学）卒 [歴]明治41年三菱銀行に入ったが、44年歌舞伎座に勤め、大正4年松竹合名社（後の松竹株式会社）理事、昭和13年取締役。戦後は演劇部相談役、新橋演舞場常務などを務めた。少年時代から9代市川団十郎、5代尾上菊五郎らの舞台を見て歌舞伎の研究に打ち込み、演出面などで貢献した。評論、随筆も多い。木村錦花との共著「助六由縁江戸桜の型」がある。

遠藤 源六　えんどう・げんろく
法学者 行政裁判所長官 明治大学名誉教授
明治5年（1872年）8月15日～昭和46年（1971年）5月13日
[生]宮城県栗原郡志波姫町 [名]号＝虚舟 [学]東京帝国大学法科大学仏法科〔明治33年〕卒 法学博士〔明治41年〕 [歴]海軍省主理試補、同参事官、明治大学講師から教授となったが、行政裁判所評定官に転じ同部長を経て、昭和17年9月同裁判所長官となった。19年明大名誉教授。戦後昭和21年3月枢密顧問官、22年5月廃官。23年再び明大教授となり34年3月定年退職。著書に「日露戦役国際法論」「戦時禁制品論」「国際法提要」などがある。

遠藤 斉治朗（1代目）　えんどう・さいじろう
実業家 貝印グループ創業者
明治21年（1888年）9月5日～昭和33年（1958年）7月29日
[出]岐阜県 [歴]明治41年関市で創業。大正9年合資会社遠藤刃物製作所を設立。昭和7年関安全剃刀製造合資会社を設立し、初の国産替刃カミソリの製造を始めた。11年同社を解散し、日本セーフティーレザー株式会社を設立。15年日本安全剃刀に社名変更した。22年養子の2代目遠藤斉治朗がフェザー商会を設立し、カミソリや刃物類の卸売業を開始。24年合資会社三和商会を設立。26年有限会社三和ブレード製作所を設立、貝印長刃軽便カミソリの製造を開始。29年フェザー商会と三和商会を合併、三和を設立。没後の42年三和刃物、57年貝印刃物に社名を変更、63年貝印グループとなった。関市議会議長、関商工会議所会頭なども務めた。 [家]養子＝遠藤斉治朗（2代目）

遠藤 三郎　えんどう・さぶろう
陸軍中将
明治26年（1893年）1月2日～昭和59年（1984年）10月11日
[生]山形県 [学]陸士（第26期）〔大正3年〕卒，陸大（第34期）〔大正11年〕卒 [歴]大正7年陸軍砲兵少尉に任官。15年フランスに留学、パリの陸軍大学校に学ぶ。昭和14年関東軍参謀副長、15年第三飛行団長、17年陸軍中将に昇り、陸軍航空士官学校校長。18年航空本部総務部長、同年軍需省航空兵器総局長官で終戦を迎える。戦後は公職追放。28年憲法擁護国民連合を

片山哲らと組織して平和、再軍備反対運動を推進するなど平和運動家として活動。36年日中友好元軍人の会を作った。

遠藤 至六郎　えんどう・しろくろう

歯科学者　東京歯科医学専門学校教授
明治18年（1885年）2月～昭和17年（1942年）2月8日
［生］新潟県　［専］口腔外科学　［学］東京歯科医学院〔明治37年〕卒　医学博士〔昭和4年〕　［歴］明治38年東京帝国大学医学部歯科学教室に勤め、43年南満州鉄道（満鉄）大連医院歯科主任、大正5年東京歯科医学専門学校に帰り、6年口腔外科教授、10～12年ドイツ留学、13年大日本歯科医学会会長。口腔外科学の権威で著書に「口腔外科診断学」「口腔外科診療の実際」「口腔外科手術学」「日本耳鼻咽喉科学全書」（全6巻）などがある。

遠藤 武治　えんどう・たけじ

宮城控訴院院長
明治8年（1875年）3月～昭和7年（1932年）5月31日
［学］東京帝国大学卒　［歴］明治35年判事となり、長野地裁部長、東京控訴院部長、大審院判事などを歴任。昭和5年大阪地裁所長、7年宮城控訴院院長を務めた。

遠藤 正男　えんどう・まさお

経済史学者　九州帝国大学助教授
明治34年（1901年）1月17日～昭和15年（1940年）5月26日
［生］新潟県中蒲原郡横越村（新潟市）　［学］東京商科大学附属商業教員育成所〔大正12年〕卒、九州帝国大学法文学部経科科〔昭和4年〕卒、九州帝国大学大学院　［歴］大正12年に東京商科大学附属商業教員育成所を卒業した後、山形や東京の商業学校などで教員を務める。その後、九州帝国大学法文学部経科科に入学して昭和4年に卒業、同大学院に入って5年に同大学院副手となる。7年九州帝大文理学部助手となり、同講師を経て、11年に同助教授に就任。日本近世における経済史及び工業史を専門に研究を進め、「日本近世商業資本発達史論」「九州経済史研究」などの著書がある。

遠藤 政次郎　えんどう・まさじろう

服飾教育家　文化服装学院創立者
明治27年（1894年）7月27日～昭和35年（1960年）8月22日
［生］岩手県　［学］盛岡高等農林学校〔大正3年〕中退　［歴］大正3年小笠原丸船員となったが、4年兵役で北海道旭川連隊入隊、5年除隊となって盛岡で白系露人の通訳をし、6年シンガー・ソーイング・ミシンに入社、販売面で抜群の成績をあげた。9年洋裁技術者の並木茂と知り会い、11年文化裁縫学院（後の文化服装学院）を開いた。昭和9年同学院長、15年財団法人並木学園（後の文化学園）の理事長となった。20年の戦災で校舎を焼失したが、洋裁はブームに乗って発展、25年文化短期大学（現文化女子大学）を開校した。28年にはパリからクリスチャン・ディオールを招いて日本初の本格的ファッション・ショーを開き、日本服飾界の目を世界に開かせた。さらに文化出版局を開設、服飾出版では日本服飾界の最高権威となった。

遠藤 友四郎　えんどう・ゆうしろう

国家主義思想家
明治14年（1881年）6月27日～昭和37年（1962年）4月28日
［生］福島県　［学］同志社神学校〔明治40年〕中退　［歴］横浜で独学、救世軍を知ってキリスト教に入信。明治39年同志社神学校に入り、高畠素之を知り社会主義思想に傾倒。大学中退後、足尾鉱毒問題にかかわり、高畠と社会主義新聞「東北評論」を創刊。大正7年堺利彦の売文社に入社、高畠と国家社会主義グループを率いた。14年以後高畠と離れ、民族派として昭和10年まで個人誌「日本思想」に拠り、尊皇愛国、日本主義を唱えた。著書に「社会主義者になった漱石の猫」「財産奉還論」などがある。

遠藤 隆吉　えんどう・りゅうきち

社会学者　早稲田大学教授　巣鴨高等商業学校創立者
明治7年（1874年）10月～昭和21年（1946年）
［生］群馬県　［学］東京帝国大学文科大学哲学科〔明治32年〕卒　文学博士　［歴］東洋大学、早稲田大学各教授を経て、晩年は巣鴨高等商業学校（後の千鴨商大）を設立、校長となった。有賀長雄らとともに日本社会学の開拓者の一人で、研究の初期は社会有機体説の立場に立ったが、その後、ギデングス、ジンメルらの影響で心理学的社会学に転じ、社会力説を提唱した。一方、易を研究し、易学研究所を設立、人文東洋主義を唱えた。著書に「支那哲学史」「日本社会の発達及思想の変遷」「虚無恬淡主義」「近世社会学」「孔子伝」「漢字の革命」「理想の人物」「社会力」「綜合心理学」「社会学原論」「老人研究」「易の処生哲学」「易学入門」など多数。　［家］女婿＝堀内政三（単鴨中学・高校校長）

遠藤 柳作　えんどう・りゅうさく

内閣書記官長　朝鮮総督府政務総監　貴族院議員（勅選）
明治19年（1886年）3月18日～昭和38年（1963年）9月18日
［生］埼玉県北葛飾郡幸手町（幸手市）　［学］二高卒、東京帝国大学法科大学独法科〔明治43年〕卒　［歴］明治43年朝鮮総督府に入り、大正5年長谷川好道総督の下で官房秘書課長。8年東京府事務官、9年同産業部長、12年千葉県内務部長、14年青森県知事、15年三重県知事。昭和3年退官して衆議院議員に当選、1期。政友会に所属。6年神奈川県知事、7年愛知県知事を経て、8～10年満州国総務庁長。11年貴族院議員に勅選され、14年には阿部信行内閣の内閣書記官長、19年朝鮮総督府政務総監を務めた。18～19年東京新聞社長。戦後、21～26年公職追放。27～31年武蔵野銀行頭取。30年参議院選挙埼玉地方区補選に当選、1期。自民党に属した。32年首都圏整備審議会長。

【 お 】

及川 奥郎　おいかわ・おくろう

天文学者
明治29年（1896年）1月1日～昭和45年（1970年）12月27日
［出］岩手県盛岡市　［学］高千穂中卒、一高卒、東京帝国大学理学部天文学科〔大正9年〕卒　［歴］大正9年東京帝国大学天文学科を卒業し、11年より技手として東京天文台に勤務。天体の位置観測に従事し、昭和2年から4年にかけてブランシャー製天体写真儀を用いて7個の小惑星（三鷹・多摩・隅田・箱根・熱海・日光・利根）を発見。これらの功績により、5年帝国学士院東宮御成婚記念賞を受けた。7年には平山清次、野附誠夫とともに米国メーン州で皆既日食観測を行った。25年定年退官。　［家］兄＝及川古志郎（海軍大将）　［賞］帝国学士院東宮御成婚記念賞（第20回）〔昭和5年〕

及川 古志郎　おいかわ・こしろう

海軍大将　海相
明治16年（1883年）2月8日～昭和33年（1958年）5月9日
［生］岩手県　［学］海兵（第31期）〔明治36年〕卒、海大〔大正4年〕卒　［歴］日露戦争に「千代田」乗組で参戦、水雷学校を経て、駆逐艦「朝潮」艦長、「夕霧」艦長、大正4年東京武官、その後、軽巡洋艦「鬼怒」「多摩」各艦長、軍令部第1班第1課長、海軍兵学校教頭、昭和3年少将、呉鎮守府参謀長、5年軍令部作戦班長、7年第1航空戦隊司令官、海軍兵学校長、10年第3艦隊長官、航空本部長、13年支那方面艦隊長官兼第3艦隊長官、14年大将、15年横須賀鎮守府長官、同年9月第二次近衛文麿内閣の海相となり三国同盟条約締結に踏み切った。16年10月まで在任、対英米開戦の路線を進めた。辞任後軍事参議官、海軍大学校長を兼任、18年海上護衛司令長官、19年8月軍令部総長に就任。

レイテ沖海戦などを敢行したが、戦況を好転できず、20年5月辞任、軍事参議官となった。　家弟＝及川奥郎（天文学者）

及川 道子　おいかわ・みちこ
女優
明治44年（1911年）10月20日〜昭和13年（1938年）9月30日
出東京府豊多摩郡渋谷町（東京都渋谷区）　学東京音楽学校〔昭和2年〕修了、第一外国語学校英語専科・高等科〔昭和3年〕修了　歴築地小劇場で初舞台、「青い鳥」「埋れた春」「国性爺合戦」などに出演。昭和4年新築地劇団を経て、松竹蒲田入社。「不壊の白珠」でデビュー。5年「抱擁」で岡田時彦の相手役、「女よ、君の名を汚す勿」など新鮮さとインテリに人気を得たが、結核のため中断。7年「象の防風林」で大日方伝と共演、8年幹部、「眠れ母の胸に」に主演、山林千代子と独唱。「港の日本娘」に江川宇礼雄、「頬を寄すれば」に岡譲二、「愛憎」で岡田嘉子、「月形半平太」で林長二郎と共演したが、9年再び発病。10年「真白き富士の根」、11年の「家族会議」を最後に12年退社した。

種田 健蔵　おいた・けんぞう
東洋紡績社長
明治11年（1878年）1月〜昭和35年（1960年）1月2日
生岐阜県　学京都帝国大学機械工学科〔明治38年〕卒　歴富士瓦斯紡績に入り、明治45年三重紡績（後の東洋紡績）に転じた。尾張工場長、四日市工場長から大正10年参与兼本社工務課長、15年常務、昭和10年専務兼工務部長、14年副社長、15年社長に就任した。20年退任、東洋タイヤ工業、国策パルプ工業などの社長も務めた。

種田 孝一　おいた・こういち
サッカー選手
大正3年（1914年）4月9日〜平成8年（1996年）9月11日
生東京都　学東京帝国大学経済学部〔昭和13年〕卒　歴昭和11年日本サッカー界初の国際舞台となったベルリン五輪に日本代表として出場、初戦で優勝候補のスウェーデンを大逆転で破り、"ベルリンの奇跡"として話題となった。13年住友金属工業に入社。41年取締役、43年常務、47年専務、51年副社長を経て、53年住金物産会長、57年ダイキン工業会長。

種田 虎雄　おいた・とらお
実業家　近畿日本鉄道社長
明治17年（1884年）4月15日〜昭和23年（1948年）9月5日
生東京都　学東京帝国大学法科大学政治学科〔明治42年〕卒　歴明治42年鉄道院に入り鉄道省運輸局長となり昭和2年退官後、大阪電気軌道専務となった。12年社長に就任、姉妹会社の参宮急行電鉄社長も兼ねた。16年両社が合併、関西急行鉄道となり社長、19年南海鉄道と合併、近畿日本鉄道創立、社長に就いた。21年勅選貴族院議員。関西経済連合会常任理事、関西経営者協議会会長も務めた。

生出 仁　おいで・じん
詩人　編集者
明治37年（1904年）3月27日〜昭和29年（1954年）12月6日
生宮城県飯野川町（石巻市）　名筆名＝三十七年竜吉　学盛岡高等農林中退　歴岩手県山林課に勤務する傍ら三十七年竜吉のペンネームで詩や小説を書き始め、その後作家を志して大正15年上京。無名のため作品が発表できず、昭和4年頃から「奥州流血録」など今東光の作品数編の代作者を務めた。8年頃には代作を辞めて業界紙記者となり、仙台市で発行された「月刊特殊鋼」の編集に従事。戦後は水産業界紙の発行を手がけ、29年50歳で死去した。

生沼 曹六　おいぬま・そうろく
生理学者　岡山医科大学教授
明治9年（1876年）8月18日〜昭和19年（1944年）9月30日
生石川県金沢市　専感覚生理学、航空医学　学四高医学部〔明治31年〕卒　医学博士（東京帝国大学）〔大正2年〕　歴明治32年東京帝国大学医学部助手となり大沢謙二教授に師事。39年東京慈恵会医院医学専門学校教授となり、大正11年岡山医科大学教授に就任。この間、英国、ドイツに留学、欧米視察も数回。昭和18年定年退官。感覚生理、航空医学の先駆者で、明治38年発表の「富士山における生理学的実験」は日本における航空医学の第一報であった。ローマ字論者としても知られた。著書に「生理学実習」、監修に「日本解剖学及生理学計数」がある。　勲勲二等瑞宝章〔昭和12年〕　賞中国文化賞（中国新聞社）〔昭和18年〕

相賀 武夫　おうが・たけお
出版人　小学館創業者
明治30年（1897年）2月2日〜昭和13年（1938年）8月12日
生岡山県都宇郡加茂村（岡山市）　名筆名＝林更吉、後名＝相賀祥宏　学小学校〔明治43年〕卒　歴明治43年尋常小学校を卒業後、高松農学校の書記見習となる。45年同校教諭の紹介で岡山市の吉田書店店員となり、その働き振りが店主・吉田岩次郎に評価され、大正3年系列の教育関係書籍出版社・研文館東京出張所主任に抜擢された。5年吉田が共同出版社を設立すると、引き続き同社東京支店長に任ぜられ、関東以北への販路拡大と営業に従事。10年吉田が病気で再起不能になったことから独立を決意し、11年東京・神田神保町に小学館を創業。大正自由教育の主導者の一人である斉藤栄治の協力を得て、同年「小学五年生」「小学六年生」を創刊したのを皮切りに、小学1年生から6年生にいたる学年別学習雑誌を順次発行し、今日の総合出版社に成長する礎を築いた。小学館の事業が軌道に乗り始めたため、14年掛け持ちをしていた共同出版社を退社して小学館の経営に専念。15年姉妹社である集英社を設立。同年円本ブームに乗じ、生方敏郎・佐々木邦を責任編集者として「現代ユウモア全集」（正続全24巻）の刊行を開始し、好評をもって迎えられた。昭和4年結核で倒れ、9年に及ぶ闘病生活の間も病床から社員に指示を出し続け、6年「子供園」「幼稚園」といった幼児向けの雑誌も創刊したが、13年41歳で亡くなった。　家長男＝相賀徹夫（小学館社長）、孫＝相賀昌宏（小学館社長）、弟＝相賀寿次（小学館専務）、岳父＝佐々木覚太夫（小学館副支配人）

仰木 政斎　おうぎ・せいさい
木工芸家
明治12年（1879年）〜昭和34年（1959年）
生福岡県遠賀郡中間村（中間市）　名本名＝仰木政吉、号＝有望　歴小学校卒業後、数寄屋建築家で茶人であった兄・仰木魯堂に木工技術を習う。明治33年頃に上京、独自に正倉院御物の木工を研究して古典的な作風を身につけ、主に唐木材を用いた指物や象嵌などを制作した。昭和3年帝展特選となり、4年無鑑査。日本工芸会理事なども務めた。兄の紹介で実業家中の大茶人として知られた益田孝（鈍翁）の知遇を得、益田より有望の号を受けた。　家兄＝仰木魯堂（数寄屋建築家・茶人）

近江谷 駒　おうみや・こまき
⇒小牧 近江（こまき・おうみ）を見よ

大饗 仁堂（1代目）　おおあえ・じんどう
陶芸家
明治23年（1890年）2月11日〜昭和29年（1954年）4月22日
生岡山県和気郡伊部村（備前市）　名本名＝大饗時松　歴明治末頃より京都で修業したのち帰郷し、大正2年伊部陶器学校に

1期生として入学、細工技法、彫塑を学ぶ。3年には京城に渡り、朝鮮半島の陶磁器を研究した。帰国後、7年から作陶を始め、15年築窯して独立。　家長男＝大饗仁堂（2代目）

お

大麻 唯男　おおあさ・ただお

衆議院議員 国務相
明治22年（1889年）7月7日〜昭和32年（1957年）2月20日
生東京都　出熊本県　学東京帝国大学法科大学政治科〔大正3年〕卒　歴内務省に入り警保局から山形、山梨、神奈川各県の警察部長を歴任。大正13年衆議院選挙に当選、以来当選7回。民政党幹事長、総務。政党解消後は翼賛会議会局議事部長。17年翼賛政治体制協議会委員、常任総務。18年東条英機改造内閣の国務相。軍部協力の大日本政治会を組織。戦後、公職追放、解除後の27年代議士に復帰、重光葵を担いで改進党を結成、顧問。同年鳩山一郎派と合同、日本民主党を旗揚げし、第1〜3次鳩山内閣の国務相。政界の寝業師として定評があった。　家義兄＝西野忠次郎（内科学者）

大麻 勇次　おおあさ・ゆうじ

剣道家
明治20年（1887年）1月16日〜昭和49年（1974年）2月22日
生熊本県　学済々黌卒　歴武徳会本部講習生として京都で修行、卒業後郷里の熊本武徳会支部、陸軍幼年学校で指導した。大正10年佐賀県に移り、武徳会佐賀支部、県警察、佐賀高校に勤めた。一方霊雨堂道場を設立し青少年の育成に当たった。大正11年教士。昭和4年の御大礼記念天覧武道試合に指定選手で出場したが、準決勝で南満州鉄道（満鉄）の高野茂義範士に惜敗した。その後11年に範士となり、37年日本剣道連盟から10段位を受けた。

大井 久五郎　おおい・きゅうごろう

郁文堂創業者
明治2年（1869年）4月23日〜昭和24年（1949年）8月16日
生長野県北佐久郡岩尾村（佐久市）　学東京高等商業学校（現・一橋大学）卒　歴東京・本郷森川町に古本屋の郁文堂を創業、明治32年書店専業となる。店名は「論語」の「郁郁乎文哉」に由来する。42年東京帝国大学正門前に移転。明治末頃よりドイツ語教科書の出版をはじめ、大正末頃にはドイツ活字を取り寄せて印刷所を経営して専門組版出版の先駆となった。ドイツ図書の輸入も手がけた。昭和6年合資会社に改組。18年隠居した。　家四男＝大井敏夫（郁文堂社長）、女婿＝田中房次郎（芸文書院創業者）

大井 成元　おおい・しげもと

陸軍大将 男爵 貴族院議員
文久3年（1863年）9月10日〜昭和26年（1951年）7月15日
出山口県　名旧姓・旧名＝大井菊太郎　学陸士（旧6期）〔明治16年〕卒、陸大卒　歴明治16年歩兵第23連隊付、21年沖縄に分遣され、23年ドイツに留学、28年第2軍参謀として日清戦争に従軍。35年ドイツ公使館付、39年ドイツ大使館付となり、帰国後、陸軍省軍務局軍事課長、45年陸軍大学校長、大正3年第8師団長、7年12師団長としてシベリア出兵に従軍、8年ウラジオ派遣軍司令官。9年大将、10年軍事参議官、同年男爵、12年予備役となった。13年貴族院議員、公正会に属し右翼運動を推進。昭和8年三六倶楽部理事、10年天皇機関説排撃の先頭に立った。11年国体擁護在郷将校会を結成、広田内閣倒閣後の組閣をめぐって宇垣内閣を流産に追い込んだ。15年内閣参議、17年翼賛政治会顧問。

大井 清一　おおい・せいいち

土木工学者 京都帝国大学名誉教授
明治10年（1877年）10月16日〜昭和21年（1946年）3月3日
生愛知県名古屋市　専衛生工学，水道工学　学一高〔明治29年〕卒, 東京帝国大学工科大学土木工学科〔明治32年〕卒 工学博士（京都帝国大学）〔大正1年〕　歴明治32年21歳の若さで京都帝国大学理工科大学助教授に就任。41年衛生工学研究のため欧米へ留学。44年帰国して教授に昇任、土木工学第三講座を担当。大正7年京都市議に当選し、10年まで教授と兼任。1期。13〜15年工学部長を務め、昭和16年定年退官。長く上下水道工学の講座を担当し、門下から水道界において指導的な役割を果たした人材を多数輩出した。　勲勲一等瑞宝章

大井 広介　おおい・ひろすけ

評論家
大正1年（1912年）12月16日〜昭和51年（1976年）12月4日
生福岡県　名本名＝麻生賀一郎　学嘉穂中学校卒　歴昭和14年文芸同人誌「槐」を創刊、15年「現代文学」と改め、平野謙、荒正人、佐々木基一、杉山英樹らを加え、文芸時評を執筆しながら昭和10年代を代表する文芸同人誌に育てた。戦前、戦後の評論集に「芸術の構想」「文学者の革命実行力」などがあり、戦後はゴシップ的方法による社会批判、人物論を書いた。また異色の野球評論「プロ野球騒動史」などがある。

大井 広　おおい・ひろむ

歌人 国文学者
明治26年（1893年）1月28日〜昭和18年（1943年）7月10日
生長野県小県郡長久保新町（長和町）　学長野師範中退、京都帝国大学文学部国語学専攻〔昭和4年〕卒　歴中学教員をしながら京都帝国大学に進み、卒業後は神戸第一高等女学校高等科で教え、のちに立命館大教授になる。大正4年から太田水穂に師事して「潮音」などに短歌を発表し、昭和7年「きさらぎ」を刊行。同年歌論集「南窓歌話」を、10年「悲心抄」を刊行。没後「白檀」「雲龍」が刊行された。

大池 唯雄　おおいけ・ただお

小説家
明治41年（1908年）10月30日〜昭和45年（1970年）5月27日
生宮城県柴田郡柴田町　名本名＝小池忠雄　学東北帝国大学文学部卒　歴昭和10年「サンデー毎日」の懸賞に「おらんだ楽兵」が当選し、13年には「秋田口の兄弟」「兜首」で東北出身者として初めて直木賞を受賞。以後大仏次郎や山本周五郎からの上京の誘いを断って、郷里で郷土資料を素材にした歴史小説を発表し、戦後は柴田町公民館長に就任した。他に原田甲斐をテーマにした戯曲や、戊辰戦争を描いた遺作「炎の時代」などがある。　賞直木賞（第8回）〔昭和13年〕「秋田口の兄弟」「兜首」

大石 源治　おおいし・げんじ

冶金学者 東北帝国大学工学部教授
明治20年（1887年）8月10日〜昭和8年（1933年）4月2日
生山口県下関市　専鉄冶金学　学豊浦中〔明治37年〕卒, 七高造士館理科甲類〔明治42年〕卒, 東京帝国大学工科大学冶金科〔明治45年〕卒 工学博士（東京帝国大学）〔昭和4年〕　歴明治45年製鉄所に入り、大正5年同技師。5年冶金学研究のため英国に留学。8年帰国し、11年東北帝国大学工学部講師、12年教授を兼務して金属工学第一講座（鉄冶金学）を担当。製鉄製鋼の物理化学的研究に取り組んだが、急性肺炎を病み45歳の若さで亡くなった。

大石 三郎　おおいし・さぶろう

古生物学者 東北帝国大学教授
明治36年（1903年）8月1日〜昭和23年（1948年）11月30日
生山形県米沢市　学東北帝国大学理学部地質学古生物学科〔昭和3年〕卒 理学博士〔昭和14年〕　歴昭和5年東北帝国大学助手となり、7年助教授、18年教授。北日本の新生代植物化石や中国の古生代植物化石の研究を重ね、中国には3回にわたって

出張、化石の採集を行った。

大石 順教　おおいし・じゅんきょう
尼僧 社会事業家 書家 勧修寺（真言宗階山派大本山）門跡院主
明治21年（1888年）3月14日～昭和43年（1968年）4月21日
生大阪府大阪市道頓堀　名旧姓・旧名＝大石よね　歴明治38年大阪堀江で妻吉と名のって芸者をしていた頃、犯罪史に残る「堀江6人切り事件」に遭遇、養父に刀で斬りつけられ両腕を失う。その後、三遊亭金馬一座に加わって巡業生活を送ったのち、筆を口にくわえて書画を描くことを始める。日本画家・山口草平と結婚して一男一女をもうけるが、離別。昭和8年高野山金剛峰寺で金山穆韶について得度、順教と改名。11年京都の真言宗階山派勧修寺の塔頭となり、同寺内に身体障害者福祉相談所（自在会）を設立し、200人以上の婦女子を収容救済した。戦後この施設を仏光院としたが、身体障害者の心の灯として慕われ、一生をささげ、"無手の聖人" "日本のヘレンケラー" と慕われ、また書や日本画も堪能だった。平成4年芸術を志す障害者に贈られる順教賞が創設された。著書に「妻吉自叙伝」「無手の法悦」など。

大石 大　おおいし・まさる
農民運動家 衆議院議員
明治11年（1878年）1月28日～昭和41年（1966年）2月10日
生高知県長岡郡長岡村陣山（南国市）　名幼名＝七蔵　歴明治大学法律科〔明治36年〕卒　歴明治28年以降、役場書記、代用教員、裁判所書記などを転々とし、37年京都に出て関西法律学校に学ぶ。のち大阪府警部、島根県警察部長などを歴任。45年から実業界、大正7年政界に転じて政友会から衆議院議員となる。鉄道問題と農民問題で活躍し、昭和16年結成の大政翼賛会には参加しなかった。戦後は公職追放となったが、解除後は土佐農民組合を再建し農民運動に取り組み、また憲法擁護・平和運動などにも従事した。

大石 倫治　おおいし・りんじ
衆議院議員
明治10年（1877年）6月～昭和23年（1948年）3月20日
出宮城県　歴仙台市議を経て、昭和5年2月宮城2区より衆議院議員当選。その後連続5回当選した。第一次吉田内閣の農林政務次官に任命され活躍した。また、帝国馬匹協会、日本馬事会各監事、東北自動車学校長、キャバレーオリエント取締役社長を歴任。傍ら、政友会総務、日本自由党総務も務めた。　家息子＝大石武一（初代環境庁長官）、孫＝大石正光（参議院議員）、渡辺衣和子（舞台衣装家・演出家）

大石 和三郎　おおいし・わさぶろう
気象学者
明治7年（1874年）3月～昭和25年（1950年）12月18日
生佐賀県　学東京帝国大学理科大学物理学科〔明治29年〕卒 理学博士　歴明治32年中央気象台に入り、地磁気、空中電気の観測を担当。44年3月ドイツに留学、リンデンベル高層気象台で研究を続け、大正2年1月帰国した。高層気象観測所設立の気運高まる中、専らその開設準備に従事、9年8月高層気象台創設と同時に台長となった。以後、測風気球観測、タコ、係留気球などによって高層の観測を続けた。昭和18年3月退官。その後中央気象台参与、養成所講師を務めた。

大泉 黒石　おおいずみ・こくせき
小説家 ロシア文学者
明治27年（1894年）7月27日～昭和32年（1957年）10月26日
生長崎県長崎市　名本名＝大泉清　学一高中退　歴父がロシア人だったので、少年時代をロシア、ヨーロッパですごす。大正8年「俺の自叙伝」を発表して注目される。創作、ロシア文学の面で活躍したが、文壇からは排除された。「黒石怪奇物語

集」などの怪奇小説、「人間開業」などのユーモア小説、「峡谷と温泉」などの紀行のほか、ロシア文学のものとして「露西亜文学史」やゴーリキーの翻訳「どん底」などの著書がある。63年から全集が刊行。　家父＝アレキサンドル，ワホヴィッチ（ロシア外交官），三男＝大泉滉（俳優）

大井上 康　おおいのうえ・やすし
果樹園芸学者 農民運動指導者
明治25年（1892年）8月21日～昭和27年（1952年）9月23日
生広島県江田島市　学東京農業大学〔大正3年〕卒　資フランス農芸学士院会員　歴父は海軍少将・大井上久麿。大正3年神谷酒造所牛久葡萄園の技師となり、8年静岡県田方郡に大井上理農学研究所を設立して本格的にブドウの研究に着手。11年フランス・ドイツ・英国へ渡って園芸学術の研究に従事した。栽培作物の成長段階に合わせて手入れや施肥を行うという栄養週期理論を提唱したが、民間学者であったため当時その理論は重要視されなかった。日本の学会との関わりも薄かったが、昭和5年に発表した「理論実際 葡萄之研究」が認められ、フランス農芸学士院会員に選ばれた。研究の傍ら農民運動にも関心を寄せ、全農県連や日本農民連盟・静岡県農村連盟などで活動。14年東亜経綸同志会創立大会に際して座長を務め、15年には農村文化研究会の結成に参画した。17年ブドウの「石原早生」に「センテニアル」を交配した実生から大粒で糖度の高い新品種を作出し、農場から遠望できる富士山にちなみ「巨峰」と命名。没後、後継者の努力によって需要が伸び、ブドウを代表する品種として知られるようになった。
家父＝大井上久麿（海軍少将）

大岩 勇夫　おおいわ・いさお
名古屋市長
慶応3年（1867年）5月22日～昭和30年（1955年）7月7日
学東京法学院〔明治24年〕卒　歴昭和2年8月から13年12月まで名古屋市長。12年には名古屋汎太平洋平和博覧会を開催した。

大岩 誠　おおいわ・まこと
政治学者 京都帝国大学法学部助教授
明治33年（1900年）7月8日～昭和32年（1957年）1月11日
生東京都　学京都帝国大学法学部〔大正15年〕卒　歴昭和3年京都帝国大学法学部助教授となり、5年から米国、フランス、ソ連に留学。8年滝川事件で京都帝大を去り、立命館大学教授兼図書館長に就任。12年思想問題で検挙され入獄、釈放後、南満州鉄道（満鉄）調査部に転じた。戦後は電通、カトリック通信社、南山大学教授を務めた。

大内 青坡　おおうち・せいは
洋画家
明治29年（1896年）～昭和49年（1974年）
生東京都　学麻布中卒，東京美術学校西洋画科　歴麻布中学卒業後、東京美術学校西洋画科に学ぶ。大正6年文展に入選。大乗美術会、五明会を創立。太平洋画会会員となるが、昭和9年以降の発表作品はなかった。　家父＝大内青巒（仏教運動家），弟＝大内青圃（彫刻家）

大内 竹之助　おおうち・たけのすけ
茨城相互銀行会長 衆議院議員
明治21年（1888年）12月～昭和40年（1965年）11月17日
出茨城県　学水戸農〔明治41年〕卒　歴高鈴村議、助川町議、茨城県議、助川町長を経て、昭和12年衆議院議員に当選1回。

大内 暢三　おおうち・ちょうぞう
東亜同文書院院長 衆議院議員
明治7年（1874年）3月～昭和19年（1944年）12月31日
出福岡県　学東京専門学校（現・早稲田大学）〔明治35年〕卒

おおうち　　　　　　　　　昭和人物事典 戦前期

［歴］コロンビア大学に留学し、帰国後早稲田大学講師、東亜同文会理事を務めた。東方文化事業のを創立に際し、その総委員として上海研究所に駐在した。後に東亜同文書院院長に就任。また、明治41年福岡3区より衆議院議員に当選。通算5期を務めた。　［家］息子＝大内義郎（愛知大学教授）、孫＝大内順子（ファッション評論家）

大内 兵衛　　おおうち・ひょうえ
経済学者 財政学者 東京帝国大学経済学部教授
明治21年（1888年）8月29日～昭和55年（1980年）5月1日
［生］兵庫県洲本（淡路島）　［学］東京帝国大学法科大学経済科〔大正2年〕卒 経済学博士　［資］日本学士院会員〔昭和23年〕　［歴］大蔵省勤務を経て、大正8年東京帝国大学経済学部新設に伴い財政学担当助教授となったが、9年に森戸事件に連座して退官。ドイツに留学後、12年から東京帝大に戻り教授。昭和13年には人民戦線事件の教授グループの1人として検挙され休職となる。戦後の20年末東京帝大に復帰したが、24年定年退官し、25年から10年間、法大総長を務め、ほかに社会保障制度審議会会長、統計審議会会長、日本統計学会会長などを歴任。この間、マルクス経済学の長老として有沢広巳、美濃部亮吉ら一流の学者を育てた。また25年社会主義協会の設立に参加、社会党左派の理論的指導者として活躍し、33年には憲法問題研究会の代表世話人となり、42年からは美濃部東京都知事のブレーンを務めた。著書に「財政学大鋼」「日本財政論・公債編」「明治財政経済史文献解題」のほか、「大内兵衛著作集」（全12巻、岩波書店）がある。　［家］息子＝大内力（経済学者）

大海原 重義　　おおうなばら・しげよし
京都府知事
明治15年（1882年）11月8日～昭和15年（1940年）11月21日
［生］滋賀県彦根町（彦根市）　［学］学習院高等科〔明治37年〕卒、東京帝国大学法科大学〔明治41年〕卒　［歴］滋賀の士族で、のち司法官、実業家となった大海原尚義の長男。明治42年香川県県属、43年同県事務官、のち熊本県事務官。大正2年埼玉県警部長に抜擢され、次いで千葉県警部長、長崎県警部長。8年京都府内務部長、9年東京府内務部長、11年山梨県知事、内務省神社局長、13年岡山県知事。一時休職を経て、昭和2～4年京都府知事。　［家］父＝大海原尚義（司法官・実業家）

大江 新太郎　　おおえ・しんたろう
建築家
明治12年（1879年）10月26日～昭和10年（1935年）6月17日
［生］京都府　［学］東京帝国大学工科大学建築学科〔明治37年〕卒　［歴］大学院に進み、明治38年東京帝国大学講師となり、満州で建築調査。40年日光社寺大修繕の工事監督。大正2年神社奉祀調査会事務嘱託となり、4年明治神宮の造営に参加、宝物殿はコンペ当選案をもとに大江の設計によるもの。9年から東京帝大工学部で日本初の庭園学を講じた。昭和4年には伊勢神宮遷宮に技師として参画するなど、伝統的建築の道を歩き、晩年は自宅に大江国風建築塾を開いた。代表作に「明治神宮宝物殿」「宝生会能楽堂」「神田明神」「醍醐寺宝物館宝庫」などがある。　［家］長男＝大江宏（建築家）、息子＝大江修（建築家）

大江 季雄　　おおえ・すえお
棒高跳び選手
大正3年（1914年）8月2日～昭和16年（1941年）12月24日
［生］京都府舞鶴市　［学］慶応義塾大学〔昭和13年〕卒　［歴］舞鶴中学（現・西舞鶴高校）から慶応義塾大学へ進学。子どもの頃から棒高跳びに打ち込み、昭和11年ベルリン五輪に出場。決勝戦では金メダルを獲得した米国のメドウス、日本の西田修平らと共に6人で争い、結果、大江と西田が同記録の銀メダルに。2人の話し合いで、年長者の西田が銀メダル、大江が銅メダルとなったが、銀、銅メダルを半分ずつ割って持ち合うことに

なった。当時 "友情のメダル" は全世界の話題を呼んだ。舞鶴市の市政記念館に "友情のメダル"のレプリカが展示されている。16年陸軍に応召、フィリピン上陸作戦に参加、12月戦死した。

大江 スミ　　おおえ・すみ
女子教育家 東京家政学院創立者
明治8年（1875年）9月7日～昭和23年（1948年）1月6日
［生］長崎県　［学］東洋英和女学校〔明治27年〕卒、女子高等師範学校（現・お茶の水女子大学）〔明治34年〕卒　［歴］明治27年母校東洋英和で教える。その後、女子高等師範学校を出て沖縄師範学校女子部教諭となった。35年文部省命で家政学研究のため英国に留学、ロンドンの大学で学び39年帰国、東京女高師に勤めた。大正4年大江玄寿と結婚したが、10年に死別。14年女高師を辞め、かねての教育理念実践のため15年東京家政学院を創設した。著書に「三ほう主義」「応用家事精義」「家事実習案内」などがある。　［勲］勲四等瑞宝章〔昭和13年〕、藍綬褒章〔昭和15年〕

大江 美智子（1代目）　　おおえ・みちこ
女優 女剣劇役者
明治43年（1910年）2月11日～昭和14年（1939年）1月6日
［生］大阪府大阪市北区曽根崎　［名］本名＝竹内静子　［学］宝塚音楽歌劇学校卒　［歴］宝塚少女歌劇に入り、雪組のトップを経て、昭和5年退団。右太衛門プロダクションに入り、冬島泰三監督「雁金又七」で映画デビュー。以後「旗本退屈男」シリーズなどで市川右太衛門の相手役として人気をあげる。8年女剣劇に転向して大江美智子一座を結成、不二洋子と共に空前の女剣劇ブームを巻きおこす。当たり狂言は「雪之丞変化」「奴の小万」など。14年神戸の松竹劇場で公演中に急死した。

大江 満雄　　おおえ・みつお
詩人
明治39年（1906年）7月24日～平成3年（1991年）10月12日
［生］高知県幡多郡宿毛町（宿毛市）　［学］東京市立労働学院卒　［歴］大正9年上京。13年「詩と人生」、15年「文芸世紀」の創刊に参画し、表現主義風の戯曲と詩を発表。次第にプロレタリア詩に傾倒して昭和3年処女詩集「血の花が開く時」を発表。11年コムアカデミー事件で検挙。戦後「至上律」「現代詩」などに拠りユニークな人生派詩人として活躍、ユネスコ運動にも参加した。他の著書に、詩集「日本海流」「海峡」、童話集「うたものがたり」「イエス伝」、評論集「日本詩語の研究」など。平成8年詩と評論の「大江満雄集」が刊行された。

大岡 蔦枝　　おおおか・つたえ
家政学者 日本女子大学名誉教授
明治11年（1878年）5月27日～昭和40年（1965年）1月22日
［生］和歌山県　［専］料理学　［学］日本女子大学校家政学部〔明治38年〕卒　［歴］明治44年ハワイに渡り、大正2年カリフォルニア州のミルススクールで家政学を学ぶ。帰国後日本女子大学寮監長を務め、昭和20年まで同校で料理学を担当した。著書に「西洋料理一般」「現代日本料理一般」などがある。　［家］甥＝大岡昇平（小説家）

大賀 一郎　　おおが・いちろう
植物学者 ハス研究家 奉天教育専門学校教授
明治16年（1883年）4月28日～昭和40年（1965年）6月15日
［生］岡山県賀陽郡庭瀬村（岡山市）　［学］岡山中卒、一高卒、東京帝国大学理科大学植物学科〔明治42年〕卒 理学博士（東京帝国大学）〔昭和2年〕　［歴］12人弟妹の長男。内村鑑三に親炙し、その勧めにより植物研究の道を志して東京帝国大学植物学科に学ぶ。明治43年八高講師、44年教授。大正6年南満州鉄道（満鉄）教育所所員となり満州各地の植生調査に従事、南満州・普

蘭店（フランテン）の泥炭層から古いハスの実を発掘し、発芽実験に成功。12年米国へ留学、ジョンズ・ホプキンズ大学のB.E.リビングストンの下で植物生理学を研究。また、普蘭店のハスの実約1000個を持参して研究に取り組み、発芽実験の成功は新聞に大きく取り上げられた。15年帰国後は新設の奉天教育専門学校教授に就任。昭和7年帰国後は東京女子大学、東京農林専門学校などで教鞭を執った。10年より奈良県の当麻寺に伝わる、蓮糸によって編まれたとされる古い曼荼羅「当麻曼荼羅」の研究を行い、蓮糸織でないことを解明した。26年千葉県の検見川遺跡より約2000年前のハスの実を発見、発芽・開花に成功して“大賀ハス”と呼ばれた。後半生は在野の研究者として清貧の生活を送り、“ハス博士”として広く敬愛された。著書に「満洲の植生状態と植物の分布」「ハスを語る」「近江妙蓮から近江妙蓮へ」「ハスと共に六十年」などがある。

大門 恒作　おおかど・つねさく
衆議院議員
明治5年（1872年）～昭和39年（1964年）
[生]栃木県塩谷郡氏家町　[名]旧姓・旧名＝鈴木　[歴]実家は栃木県塩谷郡飯室の大地主・鈴木家。のち、同郡氏家の大門家の養子となる。明治30年氏家町会議員に初当選。次いで、32年には栃木県会議員に選ばれるが、わずか一年で失職した。その後は憲政党栃木支部の幹部として活躍し、谷中村買収問題では買収反対派議員・住民との折衝に奔走。大正8年再び同県会議員となり、議長も務めた。また、昭和2年には氏家町長に就任し、15年に渡る在任中に氏家駅の誘致や氏家高等女学校の設立を行うなど、地域の公共施設整備に尽力。11年には衆議院議員に当選し、国政にも参画した。

大金 益次郎　おおがね・ますじろう
宮内次官
明治27年（1894年）10月28日～昭和54年（1979年）3月11日
[生]栃木県那須郡　[学]東京帝国大学法学部〔大正8年〕卒　[歴]内務官僚となるが、昭和2年6月宮内省に転ずる。4年宮相の秘書官、7年侍従となり庶務課長、総務局長などを経て、20年6月宮内次官となる。21年5月から23年6月まで侍従長を務め、昭和天皇の戦後巡幸に従った。著書に「巡幸餘芳」。

大上 末広　おおがみ・すえひろ
中国研究家 京都帝国大学東方文化研究員
明治36年（1903年）～昭和19年（1944年）3月19日
[生]石川県能美郡苗代村（小松市）　[学]京都帝国大学卒　[歴]南満州鉄道（満鉄）に入社、経済調査会第六部に所属して橘樸の影響を受ける。昭和11年同会が産業部に改組されたとき業務係主任となり、中国経済調査計画の立案に従事、調査報告に理論的形式を与えた。太平洋戦争中は東亜研究所研究員を経て、京都帝国大学東方文化研究員となる。17年満鉄事件で検挙され、瀋陽の刑務所で西雅雄らと共にチフスに罹患、死去した。

大川 周明　おおかわ・しゅうめい
国家主義者
明治19年（1886年）12月6日～昭和32年（1957年）12月24日
[生]山形県鶴岡市　[学]東京帝国大学文科大学哲学科〔明治44年〕卒 法学博士〔大正8年〕　[歴]明治44年大学卒業後、キリスト教雑誌「道」の編集、参謀本部の翻訳などをしながら研究生活。大正7年南満州鉄道（満鉄）に入社、東亜経済調査局調査課長、局長を経て、昭和4年同局理事長。一方、大正8年北一輝と政治結社・猶存社を結成。翌年拓殖大学教授も兼ねた。13年に西田税らと行地社を組織、雑誌「日本」を創刊、その思想的影響は全国の大学に及んだ。行地社も安田生命事件後分裂、昭和6年津久井龍雄らと日本社会主義研究所を、さらに7年神武会を設立。6年には軍部独裁政権を目ざした三月事件、十月事件に参画。7年の五・一五事件では背後関係者として入獄。12年仮出所、14年東亜経済調査局最高顧問、法政大に新設の大陸部部長。一方、大川塾を主宰。戦後、A級戦犯に問われるが、東京裁判法廷で東条英機の頭をたたいて精神鑑定に回され、22年審理除外、松沢病院に入院、免訴となった。主著に「日本文明史」「日本二千六百年」「米英東亜侵略史」、自伝「安楽の門」、「コーラン」の全訳のほか、「大川周明全集」（全7巻）がある。

大川 平三郎　おおかわ・へいざぶろう
実業家 大川財閥創始者 貴族院議員（勅選）
万延1年（1860年）10月25日～昭和11年（1936年）12月30日
[生]武蔵国三芳野村（埼玉県坂戸市横沼）　[歴]祖父・大川平兵衛は神道無念流を極めた剣術の名人で、その腕を買われて武蔵川越藩士となった。母は尾高惇忠の妹で、渋沢栄一は母の妹の夫。後年、渋沢の四女を娶った。明治5年上京して渋沢の書生となり壬申義塾や大学南校（現・東京大学）で学び、8年渋沢が設立した抄紙会社（現・王子製紙）に入社。我が国初の製紙技師となり、12～13年米国へ留学して製紙技術を学んで帰国したが、旧知の初代浅野総一郎に請われ、渋沢の後援を得て浅野セメントの創立にも参加。夕方5時までは王子製紙、以降はセメント工場で働いた。26年王子製紙専務。31年王子製紙の最大株主である三井財閥の意向で藤山雷太が同社を乗っ取ると、社を放逐された。サッポロビールや上海の華章造紙公司を経て、36年東肥製紙の経営再建を引き受けて九州製紙を設立し、社長として独立。以降、39年中央製紙、大正3年樺太工業などを設立、8年には富士製紙社長に就任。王子製紙と激しい販売合戦を演じて“製紙王”と呼ばれ、大川財閥を形成したが、昭和4年富士製紙の大株主であった穴水要七が亡くなると、その遺言により同社の株は王子製紙に売却され、8年同社は王子製紙と合併した。この間、3年勅選貴族院議員。大正13年には大川育英会を創設した。　[家]兄＝大川英太郎（実業家），弟＝田中栄八郎（実業家），孫＝大川慶次郎（競馬評論家），伯父＝尾高惇忠（実業家），叔父＝渋沢栄一（実業家）

大川 平八郎　おおかわ・へいはちろう
俳優
明治38年（1905年）9月9日～昭和46年（1971年）5月27日
[出]埼玉県　[学]コロンビア大学経済学部　[歴]実業家を目指し、大正12年渡米。皿洗いなどのアルバイトをしながら、新設されたパラマウント映画の俳優学校に学ぶ。昭和3年曲芸飛行士の練習生となり、ウィリアム・A・ウエルマン監督の作品に出演した。昭和8年帰国。PCL（写真化学研究所，現・東宝）社の第一回作品「ほろよひ人生」に主演し、以後好青年の役どころで「君と行く路」「化粧雪」など数多くの作品に出演。ヘンリー大川の芸名で外国映画にも出演した。35年頃からは合作映画の製作にたずさわった。

大木 惇夫　おおき・あつお
詩人 作詩家
明治28年（1895年）4月18日～昭和52年（1977年）7月19日
[生]広島県広島市　[名]本名＝大木軍一，旧筆名＝大木篤夫　[学]広島商卒　[歴]3年間銀行に務めたのち博文館に勤務。この頃、植村正久から受洗する。大正10年「大阪朝日新聞」の懸賞に小説が当選する。11年「詩と音楽」に詩作を発表し、以後北原白秋門下の詩人として活躍。14年「風・光・木の葉」を刊行。以後「危険信号」「カミツレ之花」などを刊行し、昭和18年「海原にありて」で大東亜文学賞を受賞。戦後も「山の消息」「風の詩集」などを刊行。ほかに小説集、童話集、歌謡集などもある。　[家]長女＝藤井康栄（松本清張記念館館長），二女＝宮田毬栄（エッセイスト），三女＝大木あまり（俳人），孫＝宮田浩介（詩人）　[賞]大東亜文学賞〔昭和18年〕「海原にありて」

大木 正幹　おおき・せいかん

陸上選手

生年不詳〜平成12年（2000年）10月19日

出宮崎県延岡市　歴昭和7年ロサンゼルス五輪男子1600メートルリレーのメンバーとして5位に入賞した。のち日本陸上競技連盟委員を務めた。

大木 喜福　おおき・のぶとみ

教育家 伯爵 東京工業学校校長 貴族院議員

明治31年（1898年）4月16日〜昭和47年（1972年）11月20日

生東京都　学東京帝国大学経済学部〔大正13年〕卒　歴徳川慶喜の子・厚の二男で、伯爵大木遠吉の養子となった。大正13年三井銀行に入社。昭和4年東工学園理事長、6年東京工業学校を創立、22年まで校長を務めた。15年貴族院議員、17年鉄道省委員、20年運輸省鉄道総局参与。42年日本工業大学を創設、理事長。また東京工業高校東工学園中学の経営に当たり、東京高等工科学校校長も兼ねた。　家息子＝大木吉甫（東京学芸大学名誉教授）、祖父＝徳川慶喜（徳川第15代将軍）、岳父＝大木遠吉（政治家・伯爵）

大木 操　おおき・みさお

衆議院書記官長

明治24年（1891年）10月19日〜昭和56年（1981年）8月13日

生東京市四谷左門町（東京都新宿区）　学東京帝国大学法科大学法律学科〔大正6年〕卒　歴大正7年会計検査院に入り、12年衆議院書記官に転じる。昭和5年議事課長兼警務課長、9年調査課長を兼ね。13〜20年第10代衆議院書記官長を務めた。20年勅選貴族院議員となり、新憲法制定にも参画。22年東京都の初代副知事に就任。著書に「大木日記―終戦時の帝国議会」「激動の衆議院秘話」がある。一方、一高在学中に寮で同室だった守島伍able と赤城山、木曽駒ケ岳など登山に熱を上げ、大正2年守島と一高山岳会（のち一高旅行部）を設立、日本山岳会にも入会した。山行の際には常に組立暗箱カメラを携行して多くの写真を撮影、同年の一高山岳会による北アルプス登山時にはウォルター・ウェストン夫妻と同宿し、夫妻の写真を撮影した。それら約180枚の乾板はのち日本山岳会に寄贈された。　家岳父＝山田良之助（陸軍中将）

大岸 頼好　おおぎし・よりよし

陸軍大尉 右翼活動家

明治35年（1902年）2月18日〜昭和27年（1952年）12月23日

生高知県　学陸士（第35期）〔大正12年〕卒　歴昭和5年西田税の指導する秘密結社「天剣党」に参加、皇道派青年将校運動のリーダーとなり、6年9月「皇政維新法案大綱」という国家改造計画を起草した。11年の二・二六事件に関係して待命となり、左翼から転向の中村義明とともに右翼団体「あけぼの社」を設立。同年12月大尉で予備役。15年9月近衛新体制に即応、革新青年団結のため結成された皇道翼賛青年連盟委員となった。

大口 喜六　おおぐち・きろく

衆議院議員

明治3年（1870年）5月25日〜昭和32年（1957年）1月27日

生愛知県豊橋　学東京帝国大学医科大学薬学科〔明治23年〕卒　歴薬局を営業、明治26年改進党に入党、28年豊橋町議、31年豊橋町長となり、36年愛知県議を兼任。39年市制施行で40年初代豊橋市長となった。45年衆議院選に当選、犬養毅傘下の国民党、革新倶楽部に所属したが、同倶楽部が政友会と合同して政友会所属となる。当選10回。のち、大正9年豊橋市議会議長、昭和2年田中義一内閣の大蔵政務次官。3年田中政友会内閣の多数派工作に、武藤山治の実業同志会と政実協定を結んだ。また矢作水力、東京化学工業重役、国民更生金庫理事長も務めた。

大国 貞蔵　おおくに・ていぞう

彫刻家

明治23年（1890年）〜昭和25年（1950年）2月11日

生大阪府　学東京美術学校彫刻科〔大正5年〕卒　歴大正5年文展に初入選。9年「生」、10年「岐路」で帝展特選。11年推薦となり、12年、13年と帝展審査員を務めた。昭和4〜5年文部省より嘱託され外遊。関東大震災以降は関西に在り、大阪近辺の彫塑家育成に貢献した。極東大会の優勝楯「勝者に栄光あれ」や、大阪ビルヂング玄関上部の「少女と鷲」なども手がけた。戦後に日展出品した「顔」が最終作となった。　賞帝展特選（第2回・3回）〔大正9年・10年〕「生」「岐路」

大久保 好六　おおくぼ・こうろく

写真家

明治33年（1900年）6月12日〜昭和11年（1936年）7月30日

生栃木県　歴大正4年東京・京橋の伊東写真館に入門。小林写真館を経て、10年東京朝日新聞社に入社。初めは新聞写真を撮るが、12年「アサヒグラフ」創刊とともに同誌スタッフ・カメラマンとなる。15年矢野嘉一郎らと黎明会を結成するなど、ブロムオイル印画を駆使した芸術写真を制作。昭和5年頃からルポルタージュ写真や、風刺的、構成的なフォト・モンタージュを発表。10年満州紹介の英文写真集「Manchou Kuo：A Pictorial Record」のために満州に派遣されるが、腎臓を患い、帰国後の11年7月死去。共著に「トリック写真の作り方」などがある。

大久保 準三　おおくぼ・じゅんぞう

物理学者 東北帝国大学教授

明治19年（1886年）9月12日〜昭和39年（1964年）12月11日

生徳島県勝浦郡多家良村（徳島市）　専実験物理学　学東北帝国大学理科大学物理学科〔大正3年〕卒 理学博士〔大正9年〕　歴大正3年東北帝国大学講師、6年助教授、11年欧米留学、12年帰国して教授となった。昭和7年から同大金属材料研究所員を兼務、18年同科学計測研究所初代所長となり、23年定年退官。25年同大名誉教授。この間、大正7年恩師本多光太郎とともに強磁性に関する「本多・大久保理論」を発表。輻射スペクトル、弾性体及び衝突論などの研究を行い、戦中金属材料研究所内にカピッツァ式強磁場発生装置を設け極強磁場内における物質の研究などを手がけた。昭和24年東京理科大学次長となり、本多光太郎初代学長を補佐した。著書に「最近物理学講義」「実験測定法及び実験器械」「電子顕微鏡」などがある。

大久保 立　おおくぼ・たつ

海軍造船中将 子爵 貴族院議員

明治4年（1871年）4月22日〜昭和16年（1941年）2月11日

出東京都　学グラスゴー大学　歴幕臣で明治維新後に子爵となった大久保一翁の三男。大正元年舞鶴海軍工廠造船部長、5年佐世保海軍工廠造船部長を経て、7年海軍造船総監となり横須賀海軍工廠造船部長に就任。8年海軍造船少将、14年中将に進んで待命、予備役に編入。14年〜昭和16年貴族院議員を務めた。　家父＝大久保一翁（政治家・子爵）

大久保 徳二郎　おおくぼ・とくじろう

ジャズ・サックス奏者 作曲家 編曲家

明治41年（1908年）3月6日〜昭和49年（1974年）8月19日

生東京市本所区横網町（東京都墨田区）　名本名＝大久保徳治郎　専アルトサックス　歴少年時代からクラリネットやアルトサックスに親しむ。大正12年の関東大震災を機に東京を離れ、関西に移り住む。宝塚音楽学校に学び、宝塚管弦楽団を経て、東京に戻って無声映画の楽士となった。この頃の楽士仲間にピアノの三界稔やバイオリンの黒柳守綱らがいた。無声映画が下火になるとジャズに魅せられてダンスホールでサッ

クスを吹き、昭和8年日本コロムビアのジャズバンドに入団。12年テイチクの専属作曲家となり、13年ディック・ミネが歌った処女作「上海ブルース」が大ヒットした。同時期にディックが歌ったタンゴ調の「或る雨の午後」も代表曲の一つ。ジャズ・アレンジャー、ブルース艶歌の先駆者とされ、マキノ雅弘監督のミュージカル映画「鴛鴦歌合戦」など、映画の音楽監督としても活躍した。戦後もディック「夜霧のブルース」などがヒットした。

大久保 利賢　おおくぼ・としかた
銀行家　横浜正金銀行頭取
明治11年（1878年）10月〜昭和33年（1958年）12月16日
生東京都　学東京帝国大学法科大学独法科〔明治36年〕卒　歴大久保利通の四男。横浜正金銀行に入り、ロンドン支店支配人、取締役、副頭取を経て頭取となった。日本銀行参与理事、商工省貿易局顧問、全国金融統制会監事、学習院評議員、南洋協会相談役などを歴任した。妻の和喜子は高橋是清の妹。家父＝大久保利通（政治家）、義兄＝高橋是清（政治家・財政家）

大久保 留次郎　おおくぼ・とめじろう
東京市長
明治20年（1887年）5月12日〜昭和41年（1966年）11月19日
生茨城県　学東京高等師範学校（現・筑波大学）地歴科〔大正2年〕卒　歴大正2年内務省に入り、東京・新橋、牛込、神楽坂各警察署長、警視庁特高係長、台湾総督府警務局長、千葉県知事、東京市第一助役を経て、昭和14〜17年東京市長。戦後、衆議院議員に当選。公職追放解除後に衆議院に返り咲き、30年第二次鳩山内閣の北海道開発庁長官、31年石橋内閣の行政管理庁長官兼国家公安委員長。33年第一次岸内閣でも留任した。

大久保 百合子　おおくぼ・ゆりこ
洋画家
明治37年（1904年）〜昭和20年（1945年）10月30日
生千葉県　名旧姓・旧名＝渡辺　学青山女学院〔大正10年〕卒　歴大正10年朱葉会会員となる。11年第4回帝展に初入選。13年油絵研究のためフランスに留学し、昭和2年帰国以来、毎年帝展に入選した。12年第1回から新文展無鑑査となる。大久保作次郎と結婚。20年疎開先で没した。　家夫＝大久保作次郎（洋画家）

大熊 長次郎　おおくま・ちょうじろう
歌人
明治34年（1901年）6月7日〜昭和8年（1933年）1月21日
生東京都八王子市　学八王子尋常高小卒　歴印刷局職工、水政会事務員などを勤務する。大正7年「アララギ」の会員となり、古泉千樫に師事する。14年「蘭奢待」を刊行。昭和2年「青垣」を創刊した。他の歌集に「真木」があり、没後「大熊長次郎全歌集」が刊行された。

大隈 信常　おおくま・のぶつね
教育家　公爵　早稲田大学名誉総長　貴族院議員
明治4年（1871年）8月16日〜昭和22年（1947年）1月11日
生長崎県平戸　学東京帝国大学法科大学〔明治32年〕卒　歴三井物産に入社。明治35年大隈重信の養子となり、欧米留学後早稲田大学教授、早稲田中学校長の後、大正12年早稲田大学名誉総長となった。この間4年には前橋市から衆議院議員に当選、11年侯爵を襲爵、貴族院議員となった。また大隈首相秘書官も務めた。　家養父＝大隈重信（首相）、兄＝松浦厚（伯爵）

大熊 信行　おおくま・のぶゆき
評論家　歌人　経済学者　高岡高等商業学校教授
明治26年（1893年）2月18日〜昭和52年（1977年）6月20日
生山形県米沢市元籠町　専経済学、経営哲学、短歌　学東京高等商業学校（現・一橋大学）専攻科〔大正10年〕卒　経済学博士（東京商科大学）〔昭和16年〕　歴小樽高等商業学校、高岡高等商業学校、富山大学、神奈川大学、創価大学各教授を歴任。経済学者としては、昭和4年の「マルクスのロビンソン物語」で世に知られ、以後“配分理論”を中心に研究を続けた。また米沢中学時代より文学を愛好し、大正2年土岐哀果の「生活と芸術」に参加する。昭和2年歌誌「まるめら」を創刊し、プロレタリア短歌運動に先駆的役割を務め、次いで非定型和歌運動をおし進める。戦後は、教育・文化・社会評論と多方面に論陣を張り、“論壇の一匹狼”と呼ばれた。主な著書に「戦争責任論」「経済本質論」「国家悪」「結婚論と主婦論」「現代福祉国家論」「家庭論」「生命再生産の理論」「資源配分の理論」、歌論集「昭和の和歌問題」、全歌集「母の手」がある。

大熊 喜邦　おおくま・よしくに
建築家　建築学者　大蔵省営繕管財局工務部長
明治10年（1877年）1月13日〜昭和27年（1952年）2月25日
生東京府麹町（東京都千代田区）　学東京帝国大学工科大学建築学科〔明治36年〕卒　工学博士〔大正8年〕，経済学博士（慶応義塾大学）〔昭和18年〕　賞帝国芸術院会員〔昭和16年〕　歴明治38年東京帝国大学講師となったが、40年大蔵省に入り建築部技師となり、大正7年臨時議院建築局調査課長兼工務課長、14年営繕管財局工務部工務課長、昭和2年同局工務部長などの要職を務め12年退官。この間、「国会議事堂」「人事院」「文部省」など官庁の建築設計に功績をあげた。日本住宅建築、特に江戸建築の研究家として有名。6〜8年建築学会（現・日本建築学会）会長。16年帝国芸術院会員。主な建築作品に「国会議事堂」「皇宮警察本部」（旧枢密院）などがあり、著書に「世界の議事堂」「江戸時代住宅建築概論」「近世武家住宅の建築」「東海道宿駅本陣の研究」（全3巻）「民家と住居」「趣味の建築講話」「泥絵と大名屋敷」「江戸城の建築を語る」などがある。また、刀の鐔の収集など多芸多趣味で知られた。　勲ローテ・クロイツ勲一等名誉章（ドイツ）〔昭和8年〕　賞日本建築学会賞学術賞〔昭和13年〕「中仙道，東海道等における宿駅本陣に関する研究」

大倉 和親　おおくら・かずちか
実業家
明治8年（1875年）12月11日〜昭和30年（1955年）7月1日
生東京府日本橋（東京都中央区）　学慶応義塾附属商〔明治24年〕卒，慶応義塾正則本科〔明治27年〕卒、イーストマン・ビジネスカレッジ（米国）〔明治28年〕卒　歴日本陶器合名会社（現・ノリタケカンパニーリミテド）設立者の一人・大倉孫兵衛の長男で、明治27年伯父・森村市左衛門が経営する森村組に入社。28年渡米、ニューヨーク州のイーストマン・ビジネスカレッジに留学して全課程を修了。同年森村組ニューヨーク店の森村ブラザースに勤めた。36年帰国し、37年伯父や父らが愛知県鷹羽村則武（現・名古屋市）に日本陶器合名会社を設立すると、弱冠29歳で代表社員に就任、大正6年株式会社に改組して社長。11年退任。この間、衛生陶器の需要増大を予見してその製造に着手し、明治45年日本陶器工場内に衛生陶器研究所を開設。大正6年福岡県小倉に東洋陶器（現・TOTO）を設立した。また、日本陶器創業当初から碍子の製造にあたり、8年同社から碍子部門を分離独立させ日本碍子（日本ガイシ）を設立。10年には伊奈製陶所設立に参画し、13年伊奈製陶（現・INAX）株式会社設立に伴い会長。昭和11年日本碍子より点火栓部門を分離し、創立発起人として日本特殊陶業を設立。14年東洋陶器、日本碍子の社長を退き、各会長。ノリタケカンパニーリミテド、INAX、TOTO、日本碍子、日本特殊陶業と、我が国の窯業界のトップメーカーとなった各社の創業に関わり、各社は“森村グループ”と呼ばれる世界最大のセラミックス企業群を形成する（INAXはトステムとの経営統

合により離脱)。　家父＝大倉孫兵衛（日本陶器設立者），二男＝大倉譲次（大倉陶園代表取締役），伯父＝森村市左衛門（森林組創業者・男爵），岳父＝小川鉐吉（実業家），女婿＝渡辺正雄（日本カーバイト工業社長），近藤友右衛門（信友社長），小原謙太郎（貴族院議員・男爵），吉村成一（横浜銀行頭取）　勲緑綬褒章〔昭和3年〕

大倉 喜七郎　おおくら・きしちろう

実業家 楽器改良家 男爵 ホテルオークラ創始者

明治15年（1882年）6月16日～昭和38年（1963年）2月2日

生東京都　学ケンブリッジ大学卒　歴大倉財閥の2代目。大倉組頭取、男爵、昭和20～21年貴族院議員。帝国ホテル、ホテルオークラ、川奈ホテル、大倉鉱業など数10社の社長、会長、重役のほか日伊協会長などを兼任。また、大倉音楽研究所を設立し、8年大和楽を創始。「田植」「砧」「水郷」などを作曲。楽器の改良家としても知られ、半音を自由にだせる尺八とフルートを折衷した"オークラウロ"等を考案、開発。日本音楽文化協会顧問、大日本音楽協会会長などを務め、古典復興に尽くした。　家父＝大倉喜八郎（大倉財閥創始者）

大蔵 公望　おおくら・きんもち

男爵 満鉄理事 日本交通公社会長 貴族院議員

明治15年（1882年）7月23日～昭和43年（1968年）12月24日

生東京都　学東京帝国大学工科大学土木工学科〔明治37年〕卒　歴陸軍中将・男爵の大蔵平三の三男。明治44年襲爵。鉄道院に入り新橋運輸事務所長、運輸局貨物課長。大正8年南満州鉄道（満鉄）に転じ、運輸部次長、理事となり昭和6年退任。7年から貴族院議員、東亜研究所理事長、満州移住協会理事長を兼任。その後東亜交通公社総裁に就任。戦後日本交通公社会長、国鉄幹線調査会長を務めた。　家父＝大蔵平三（陸軍中将）

大倉 邦彦　おおくら・くにひこ

社会思想家 実業家 東洋大学学長

明治15年（1882年）4月9日～昭和46年（1971年）7月25日

生佐賀県神埼郡　名旧姓・旧名＝江原邦彦，号＝三空居士　学東亜同文書院商務科〔明治39年〕卒　歴明治39年大倉洋紙店に入社。45年社長大倉文二の婿養子となり、大正9年社長に就任。我が国の教育界・思想界の乱れを憂え、私財を投入して東京・目黒に富士見幼稚園を開いたり、郷里の佐賀に農村工芸学院を開設したほか、昭和7年大倉精神文化研究所を開設した。我が国の基本的な古典を集めた「神典（しんてん）」を編纂するなど、所長として研究所の運営・指導にあたり、各分野の研究者を集めて学術研究を進めるとともに、精神文化に関する内外の図書を収集して附属図書館も開設。また、12年東洋大学学長に就任し、18年まで2期6年務めた。この間、15年には実業界から退き、文化活動に専念。20年A級戦犯容疑で巣鴨プリズンに拘禁されたが、23年嫌疑がはれて釈放された。同年特種製紙社長に復帰し、25年から会長。27年には研究理事長兼所長に復帰、29年大倉洋紙店社長に復帰した（36年から会長）。33年タゴール記念会理事長、37年の皇学館大学の創立に際して学事顧問。39年から開催された大倉山座禅会では、その指導にあたった。著書に「感想（其1）～（其13）」「処世信念」「勤労教育の理論と方法」「日本産業道」「随想 飛び石」「日本精神の具体性」「産霊の産業」「勤労世界観」などや、「大倉邦彦選集」（潮文閣）がある。　家女婿＝大倉武（大倉山文化会議理事）

大倉 恒吉　おおくら・つねきち

大倉酒造社長

明治7年（1874年）～昭和25年（1950年）

歴造り酒屋の大倉家の二男に生まれ、明治19年13歳で家督を継ぐ。38年酒銘を"月桂冠"とする。42年大倉酒造研究所（現・月桂冠総合研究所）を設立し、杜氏の勘まかせだった酒造に科学的管理を導入。44年防腐剤なしの瓶詰酒の開発に成功。昭和2年大倉恒吉商店を設立し、社長に就任。44年大倉酒造（現・月桂冠）に社名変更した。　家孫＝大倉敬一（月桂冠社長）

大倉 燁子　おおくら・てるこ

小説家

明治19年（1886年）4月12日～昭和35年（1960年）7月18日

生東京府本郷区弓町（東京都文京区）　名本名＝物集芳子　学東京女子高等師範学校（現・お茶の水女子大学）中退　歴二葉亭四迷や森下雨村らに小説の指導を受け、昭和10年刊行の「踊る影絵」で、最初の女流探偵作家として文壇に登場する。他の作品に「殺人流線型」「笑ふ花束」「影なき女」などがある。

大倉 桃郎　おおくら・とうろう

小説家 児童文学者

明治12年（1879年）11月17日～昭和19年（1944年）4月22日

生香川県仲多度郡本島村　名本名＝大倉国松，別号＝琴峰，黒風自雨桜，舟町彩二　歴少年時代、海軍工廠の造舟図工をしていたが、後に上京して国語伝習所で国語を学ぶ。「文庫」に多くの作品を投稿し、「万朝報」の懸賞小説で「女渡守」など多くの作品が1等当選作となる。日露戦争前後2度にわたって応召、従軍中の明治38年「琵琶歌」が大阪朝日新聞第1回懸賞小説に入選し一躍文名があがる。40年「万朝報」記者となり、大正13年退社後、執筆に専念する。以後、家庭小説、歴史小説を書きつづけ、晩年は講談社の「少年倶楽部」などの常連執筆者として「おや星子星」など少年少女小説を多く書いた。他の作品に「旧山河」「平和の日まで」「屍の中より」「万石浪人」「少年戦線」「中江藤樹」「頼山陽」などがある。

大河内 翠山　おおこうち・すいざん

講談作家

生年不詳～昭和13年（1938年）11月18日

歴大正期～昭和初期に講談作品を執筆、新聞・雑誌に連載した。主な作品に「竹内加賀之助」「二人権三」「寛永武術競」「武士と俠客」「かなもじ半七」「筑波天狗」などがある。　家息子＝大河内一男（経済学者）

大河内 伝次郎　おおこうち・でんじろう

俳優

明治31年（1898年）2月5日～昭和37年（1962年）7月18日

生福岡県上毛郡大河内村（豊前市大河内）　名本名＝大辺男，筆名＝西方弥，別名＝正親町勇，室町次郎　学大阪商業学校〔大正7年〕卒　歴大正7年から会社勤めの後、倉橋仙太郎の主宰する文化村新民衆劇学校に入り、第二新国劇の舞台で活躍したが、14年衣笠貞之助の「弥陀ケ原の殺陣」で映画俳優となる。15年日活大将軍撮影所に入社。伊藤大輔監督の「長恨」に大河内伝二郎の名で主演。宣伝部が伝次郎と誤り書いて、そのまま伝次郎を通す。昭和2年伊藤監督とのコンビで「忠次旅日記」3部作に主演しスターの座を獲得。次いで3年に「血煙高田の馬場」「新版大岡政談」（3部作）などに主演し、悲愴感ただよう演技とスピード感あふれる殺陣で人気を不動のものとする。4年敬愛する沢田正二郎の急死で一時、新国劇の舞台に立ったが、7年トーキー映画「上海」で現代劇に進出。8年伊藤の「丹下左膳・第一篇」で「シェイは丹下、名はシャゼン」という独特の台詞がファンをわかせ、ニヒルな主人公・左膳を生涯の当たり役とした。12年JOスタジオ（のちの東宝）に移り、「閣下」（15年）「ハワイ・マレー沖海戦」（17年）、「姿三四郎」（18年）などの名作に好演。戦後は新東宝、大映、東映と転じ、主役・脇役を自在にこなし、渋い演技をみせた。戦後の代表作に「わが青春に悔なし」（21年）、「生きている画像」（23年）、「盤嶽江戸へ行く」「紫頭巾」「小原庄助さん」（24年）、「虎の尾を踏む男達」（製作20年，公開25年）「われ幻の魚を見たり」（25

年）などがある。生涯をかけて築いた嵐山の山荘は、のちに京都洛西の新名所となった。

大河内 信威　おおこうち・のぶたけ
⇒磯野 風船子（いその・ふうせんし）を見よ

大河内 正敏　おおこうち・まさとし
工学者　実業家　理化学研究所所長　貴族院議員
明治11年（1878年）12月6日〜昭和27年（1952年）8月29日
[生]東京市芝区浜松町（東京都港区）　[学]学習院中等科〔明治30年〕卒、一高〔明治33年〕卒、東京帝国大学工科大学造兵学科〔明治36年〕卒　工学博士（東京帝国大学）〔大正3年〕　[歴]上総大多喜藩主・大河内正質の長男で、明治16年4歳の時に明宮（大正天皇）の御学友に選ばれる。31年三河吉田藩の大河内家に婿入り、40年子爵を襲爵。東京帝国大学工科大学造兵学科を卒業に際して恩賜の銀時計を受けた。36年東京帝国大学講師、37年助教授となり、39年より造兵学第一講座を担任。41年より私費でドイツ、オーストリアに留学、ドイツで弾道学の大家クランツに師事した。44年帰国して教授。大正4年貴族院議員。7年理化学研究所（理研）研究員となり、10年古市公威の後を継いで第3代所長に就任。従来の物理部、化学部制を主任研究室制に変更して大幅な自由裁量を付与し、基礎研究を重視した、非常に自由な空気を持つ国際的な研究機関に育てあげ、自身も研究室を主宰してピストンリングやマグネシウムの研究に取り組む。また、完成した研究を自らの手で工業化するべく、昭和2年理化学興業（理研工業）を設立。以後、科学主義工業を掲げ、理研金属、理研ピストンリング、理研電線、理研感光紙、理研酒工業、理研コランダムなどの関連企業を次々と設立して理研産業団（理研コンツェルン）を形成、その特許使用料で研究所を支援した。20年戦犯容疑者に指名され、21年理研所長を辞任。22〜26年公職追放。[家]長男＝磯野風船子（美術史家）、二男＝大河内信敬（洋画家）、三男＝大河内信敏（社会運動家）、四男＝大河内信定（大妻女子大学教授）、父＝大河内正質（上総大多喜藩主・子爵）、孫＝大河内菊雄（美術評論家）、河内桃子（女優）　[勲]勲四等瑞宝章〔大正5年〕　[賞]全国発明表彰恩賜記念賞〔昭和13年〕

大河戸 宗治　おおこうど・むねはる
鉄道技師　鉄道省工務局長　東京帝国大学工学部教授
明治10年（1877年）4月5日〜昭和35年（1960年）1月15日
[生]山口県佐波郡島地村（山口市）　[専]鉄道工学，コンクリート構造　[学]山口中卒、山口高〔明治32年〕卒、東京帝国大学工科大学土木工学科〔明治35年〕卒　工学博士（東京帝国大学）〔大正14年〕　[歴]明治35年逓信省鉄道作業局に入り、40年帝国鉄道庁技師。同年鉄道事業研究のため欧米へ留学。42年帰国、大正8年鉄道院東京改良事務所長、11年鉄道省東京第一改良事務所長となり八ツ山跨線橋のほか東京〜上野間の高架線建設、また関東大震災の復旧工事にあたった。昭和4年工務局長。6年鉄道省を退官して東京帝国大学工学部教授に就任。その後、攻玉社短期大学教授、攻玉社高校校長、土木学会会長を歴任。大正13年鉄道院制定の「鉄筋混凝土橋梁設計心得」、昭和6年土木学会制定の「鉄筋コンクリート標準示方書」作成に中心的な役割を果たし、我が国の鉄筋コンクリート工学の普及に尽くした。[家]岳父＝野村素介（貴族院議員・男爵）、義兄＝大山綱介（外交官）　[賞]土木学会賞〔大正14年〕

大阪 圭吉　おおさか・けいきち
推理作家
明治45年（1912年）3月20日〜昭和20年（1945年）7月2日
[生]愛知県新城町（新城市）　[名]本名＝鈴木福太郎　[学]日本大学商業学校〔昭和6年〕卒　[歴]昭和7年「デパートの絞刑吏」で作家として出発。9年に探偵小説専門誌「ぷろふいる」に発表した短編「とむらい機関車」が代表作といわれる。「石塚幽霊」「三狂人」などのほか、ユーモア小説、風俗小説、スパイ小説

もある。17年本格的な作家活動のため上京し、少国民文学報国会に勤務。期待の新人として注目された。戦時中は日本文学報国会会計課長になるが、18年応召、20年ルソン島で戦死した。

大幸 勇吉　おおさか・ゆうきち
物理化学者　京都帝国大学名誉教授
慶応2年（1866年）12月12日〜昭和25年（1950年）9月9日
[生]加賀国大聖寺（石川県加賀市）　[学]帝国大学理科大学化学科卒　理学博士　[賞]帝国学士院会員〔昭和8年〕　[歴]明治25年五高教授、29年東京高等師範学校教授を務め、32年ドイツへ留学してライブツィヒ大学のオストワルド、ゲッチンゲン大学のネルンストに師事。35年帰国、36年京都帝国大学理工科大学教授に転じて物理化学講座を担当。大正5年理学部長。15年定年退官。我が国の物理化学の基礎を築いた一人で、電解質溶液の解離や触媒作用の他、化学平衡や反応速度などに多くの業績がある。特に「水及び塩類、多相系間の平衡」についての研究は、その基礎研究を利用して硝石の精製に関する実用研究が米国や英国で行われ、第一次大戦で連合国側が勝利する遠因の一つとなった。

大崎 清作　おおさき・せいさく
衆議院議員
明治9年（1876年）8月〜昭和32年（1957年）11月23日
[出]東京都　[学]陸軍砲兵工科学校〔明治32年〕卒　[歴]日露戦争に従軍。陸軍砲兵上等工長を務める。のちに小石川区議、東京市議、所得調査委員を歴任。昭和3年衆議院議員に初当選以来連続3期務める。政友会に所属した。著書に「欧米の実際を見て」がある。

大沢 一六　おおさわ・いちろく
弁護士　吉田書店店主
明治19年（1886年）2月7日〜昭和35年（1960年）
[生]群馬県佐波郡赤堀村（伊勢崎市）　[学]東京帝国大学法科大学英法科〔大正3年〕卒　[歴]明治43年野間清治らと大日本雄弁会を設立。大正3年弁護士を開業し、出版関係の顧問として活躍した。戦後、吉田庄造らによる雑誌「潮流」の創刊に参加し、22年からは吉田書店の店主となった。著書に「浮世哲学」「実用法律の智識」「大衆法律教程」「貞操の解剖」「大地は搖ぐ」などがある。

大沢 雅休　おおさわ・がきゅう
歌人　書家
明治23年（1890年）12月17日〜昭和28年（1953年）9月12日
[出]群馬県　[名]本名＝大沢雅休　[歴]島木赤彦、橋田東声に短歌を学び、大正12年歌誌「野菊」を創刊。上京後、比田井天来に書を学び、昭和13年平原社を結成。作品に版画家・棟方志功との合作「裸振舞」などがある。

大沢 菊太郎　おおさわ・きくたろう
満州国中央銀行副総裁
明治18年（1885年）2月21日〜昭和39年（1964年）8月14日
[生]群馬県山田郡新宿村（桐生市）　[学]二高卒、東京帝国大学法科大学卒　[歴]大正元年東京の経済雑誌社に入社。やがて日本銀行に転じ、昭和11年満州中央銀行理事、15年副総裁を経て、帰郷。20年桐生市長に就任。桐生商工会議所会頭も務めた。

大沢 重憲　おおさわ・しげのり
陸上選手
明治38年（1905年）〜昭和27年（1952年）
[生]島根県太田市　[学]早稲田大学卒　[歴]早稲田大学在学中から陸上の短距離選手として活躍し、大正15年の第13回日本選手権の200メートル競走で3位入賞を果たす。次いで昭和2年に上

海で行われた第8回極東大会200メートル障害で4位となった。3年には第9回オリンピック・アムステルダム大会の日本代表に選ばれ、400メートルリレーの第二走者として出場。南部忠平や井沼清七・相沢巌夫といった早稲田の陸上選手と組んで力走を見せたが、及ばず予選で落選した。その後も、第2回国際学生選手権大会(於・パリ)や第2回学生選手権大会(於・甲子園)などに参加。4年の第16回日本選手権の200メートルでは21秒6の好成績で優勝した。

大沢 恒躬　おおさわ・つねみ
日本画家
明治24年(1891年)～昭和19年(1944年)11月10日
生山形県鶴岡　名旧姓・旧名＝勝山　学東京美術学校日本画科〔大正6年〕卒　歴東京美術学校在学中、在校生によるグループ聖扉社を結成、東京上野・松坂屋で展覧会を開催。大正7年小島勝爾、矢沢弦月らと写実主義的な画家たちの研究グループ晨光会を結成、展覧会のほか研究活動を行った。15年第7回帝展に「山湖」で初入選。昭和9年第15回帝展に「朝凪」で入選。

大沢 徳太郎　おおさわ・とくたろう
実業家 京都商業会議所会頭 貴族院議員(多額納税)
明治9年(1876年)2月～昭和17年(1942年)5月20日
出京都府　学同志社〔明治25年〕卒　歴実業家・大沢善助の長男。29年京都・三条に大沢商会の営業所が開設されると経営を担当。大正8年株式会社に改組。同社を時計製造や雑貨輸入を柱とする中堅商社に育て上げた。また京都電灯や高島屋などの取締役を歴任。京都商業会議所会頭も務めた。昭和7～17年多額納税の貴族院議員。　家父＝大沢善助(実業家)

大沢 豊子　おおさわ・とよこ
女性記者の先駆者
明治6年(1873年)12月31日～昭和12年(1937年)6月15日
生群馬県館林　歴小学校卒業後、明治21年上京。遠縁の佃与次郎の経営する佃速記塾で速記を学び、22年自由民権運動家の植木枝盛の演説を速記、日本女性で初めて公開演説場での速記を行った。32年速記の腕を買われて時事新報に入り、大正12年に退社するまで同社唯一の女性記者として訪問記事や家庭欄などを担当、女性記者の先駆者として知られる。この間、9年新婦人協会に参加。15年開局したばかりの東京中央放送局(NHK)に迎えられ、家庭婦人部主任として活躍した。

大沢 寿人　おおさわ・ひさと
作曲家
明治39年(1906年)8月1日～昭和28年(1953年)10月28日
生兵庫県神戸市　学関西学院高等商業学部〔昭和5年〕卒　歴裕福な家で育ち、キリスト教徒であった母の影響で幼い頃から教会の教師や宣教師にオルガンと合唱の手ほどきを受ける。関西学院高等部に進んでからは、同学院グリークラブや管弦楽部、自身が創立した神戸オラトリオ協会などで指揮者を務める一方、ピアニストとしての修業も積んだ。昭和5年米国へ留学、滞在中に「交響曲第1番」「ピアノ協奏曲第1番」「ピアノ三重奏曲」といった作品を書いた他、自作品発表会も2回開き、特に日本人として初めてボストン交響楽団でタクトを振るい、自作の「小交響曲」を発表するなど目覚しい活躍を見せた。9年フランスに渡ると自らパドルー交響楽団を指揮し、ジル・マルシェックスらの共演を得て演奏された「ピアノ協奏曲第2番」はエッフェル塔上から全ヨーロッパに中継放送され、グレチャノフやオネゲルらにも激賞された。11年帰国してからは東京では新交響楽団(現・NHK交響楽団)、大阪では宝塚交響楽団の指揮に当たるとともに、「交響曲第2番」「小交響曲」「組曲〈路地よりの断章〉」などといった自作の演奏を行うが、あまりにもモダンな作風のため当時の日本の聴衆には理解されなかった。その後、より平明な作風を試み、13年朝

日新聞社所有の飛行機「神風号」が東京～ロンドン間最速飛行記録を樹立した記念に作曲した「ピアノ協奏曲第3番」(神風協奏曲)が高い評価を受けた。15年には皇紀二千六百年奉祝のために「海の夜明け」「万民奉祝譜」といった大規模なカンタータを発表。傍ら、宝塚歌劇団、大阪松竹歌劇団のミュージカルや松竹京都、大映京都の映画音楽まで幅広く手がけた。

大沢 政代　おおさわ・まさよ
飛び込み選手
生年不詳～昭和21年(1946年)1月
名本名＝井川政代　歴妹・礼子とともに20歳すぎから水泳・飛び込みを始め、昭和11年ベルリン五輪で飛び板飛び込み6位、高飛び込み14位、妹は高飛び込みで4位に入賞し、戦前の五輪史で飛び込みの大沢姉妹として知られていた。14年まで全日本選手権飛び板などで6度優勝。16年早大ラグビー部選手の井川晴雄と結婚後中国に渡り、18年頃現地召集された夫を追い奉天から孫呉に移り住んだ。21年奉天の日本人難民収容施設で発しんチフスのため死去。　家妹＝西沢礼子(水泳選手)、夫＝井川晴雄(ラグビー選手)　賞功労賞(日本水連)

大鹿 卓　おおしか・たく
詩人 小説家
明治31年(1898年)8月25日～昭和34年(1959年)2月1日
生愛知県東海郡津島町　名本名＝大鹿秀三　学秋田鉱山専門学校冶金科〔大正10年〕卒、京都帝国大学経済学部中退　歴大学中退後東京に戻り、大正11年東京府立第八高等女学校の化学教師となる。この頃から詩作をはじめ、15年「兵隊」を刊行。昭和に入って小説に転じ、10年に教員をやめて作家生活に入り、佐藤春夫に師事する。14年「文芸日本」を創刊。16年足尾銅山鉱毒事件を扱った「渡良瀬川」を刊行、17年に新潮賞を受賞。他の作品に「都塵」「谷中村事件」などがある。　家兄＝金子光晴(詩人)　賞中央公論原稿募集入選(第3回)〔昭和10年〕「野蛮人」、新潮社文芸賞(第5回)〔昭和17年〕「渡良瀬川」

大下 宇陀児　おおした・うだる
小説家
明治29年(1896年)11月15日～昭和41年(1966年)8月11日
生長野県上伊那郡箕輪町　名本名＝木下龍夫　学九州帝国大学工学部応用化学科〔大正10年〕卒　歴大学卒業後農商務省臨時窒素研究所に勤務。その傍ら大正14年発表の「金口の巻煙草」などの探偵小説を数多く発表し、昭和4年以降作家に専念する。戦前の作品には「蛭川博士」「義眼」「情鬼」「鉄の舌」などがあり、戦後は社会機構に息づく人間の犯罪心理に焦点をあわせた作品を多数発表、23年「石の下の記録」で探偵作家クラブ賞を受賞。27～29年探偵クラブ会長、また22年からNHKラジオの「二十の扉」のレギュラーを12年間務めた。

大下 宗一　おおした・そういち
映画監督
生年不詳～昭和11年(1936年)12月
歴松竹下加茂撮影所に入社、小石栄一の助監督となり、昭和8年二川文太郎に抜擢されて監督昇進、高田浩吉主演の「三日月次郎吉」が第1作。翌9年藤井滋司脚本、阪東橘之助主演「春姿だんだら染」を撮る。次の御荘金吾脚本「お江戸日本橋」(9年)は完成後未封切り。10年尾上栄五郎、高尾輝子ら出演の「大岡越前守切腹」が最後の作品で、帝国館封切り後急に郷里に帰った。

大下 常吉　おおした・つねきち
野球選手 早稲田大学野球部監督
明治31年(1898年)5月19日～昭和47年(1972年)4月12日
生青森県八戸市　名幼名＝市蔵　学早稲田大学卒　歴12歳の

時に叔父の名である常吉を継ぐ。八戸中学校を卒業後、大正8年に早稲田大学に進み野球部に入部。同部監督飛田穂州の指導のもと外野手としてレギュラーに抜擢、三振の少ない堅実なミート打撃で活躍し、11年春の東京六大学リーグで首位打者となりベストナインに選ばれた。その傍らたびたび帰郷して母校の八戸中学校野球部を指導し、15年には初の甲子園出場を果たした。昭和6年飛田の後任として早稲田大学野球部監督に就任するが、7年に大学リーグ戦の運営を巡って六大学野球連盟から一時離脱。また主力選手の三原脩に退部を勧告するなど波乱が続き、8年秋には早慶戦で慶応義塾大学との間に起きたトラブル（いわゆるリンゴ事件）の責任をとって監督を退いた。20年に帰郷、24年以後は八戸高校野球部の監督を務め、31年に甲子園大会のベスト4入りを果たすなど青森県の高校野球発展に寄与した。

大島 金太郎　おおしま・きんたろう
農学者 台北帝国大学理農学部教授
明治4年（1871年）9月～昭和9年（1934年）1月27日
出長野県　学札幌農学校〔明治26年〕卒 農学博士　歴明治31年農芸化学研究のため欧米に留学し、帰国後、母校・札幌農学校の助教授、次いで教授となり北海道庁技師を兼務、後身の東北帝国大学農科大学、北海道帝国大学の教授を務める。また北海道農事試験場長を兼ねた。大正10年台湾総督府中央研究所農業部長を務め、昭和3年台北帝国大学理農学部長に就任した。

大島 鎌吉　おおしま・けんきち
三段跳び選手
明治41年（1908年）11月10日～昭和60年（1985年）3月30日
生石川県金沢市　学関西大学法律科卒　歴昭和7年のロサンゼルス五輪の三段跳びで銅メダル、11年のベルリン五輪でも同じ三段跳びで6位に入賞。この間9年に毎日新聞社に入社、ベルリン特派員、東京本社運動部次長として記者活動の傍らオリンピックと平和運動に力を注いだ。また東京五輪では日本選手団長を務め、57年には欧米人以外では初めてオリンピック平和賞を受賞している。日本体協理事、日本オリンピック委員会（JOC）常任委員、大阪体育大副学長など歴任。

大島 治喜太　おおしま・じきた
剣道家
明治22年（1889年）～昭和14年（1939年）2月
生佐賀県　学栄城中卒　歴武徳会武術教員養成所で剣道を修行、大正8年同所教授となった。同年教士、昭和7年範士となり、銃剣術教士、居合術教士ともなった。9年の皇太子殿下御誕生奉祝天覧武道大会に審判員を務め、特に選ばれて少年の指導稽古を天覧に供した。警視庁、皇宮警察、陸軍戸山学校、陸軍士官学校、東京帝国大学などの剣道師範を兼務した。自宅に建武館を設立して青少年の指導に尽力した。

大島 如雲　おおしま・じょうん
鋳金家
安政5年（1858年）2月2日～昭和15年（1940年）1月4日
生江戸小石川（東京都文京区）　歴鋳金家の父高次郎に蝋型鋳造、鋳浚彫刻術を学ぶ。明治14年第2回内国勧業博覧会に「竜神」を出品、その後は東京彫工会、日本美術協会、東京鋳金会などに出品を続けた。33年パリ万国博覧会に出品した「稲穂群雀」が金賞牌を受賞。この間23年から昭和7年まで東京美術学校で蝋型鋳物を教えた。「濡獅子図額」が代表作で、東京芸大蔵。

大島 庸夫　おおしま・つねお
詩人
明治35年（1902年）12月21日～昭和28年（1953年）5月26日
生福島県　名本名＝大島虎雄　学早稲田大学政経学部卒　歴生田春月に師事し、「詩と人生」「宣言」「詩文学」「思想批評」「デイナミック」などに作品を発表。詩集に「羊草」「烈風風景」「裸身」「宣戦以後」「真珠頌」などがあり、編詩集・評論・小説作品などもある。春月没後、その研究詩誌「海図」（昭和6年5月～10年1月）を主宰し、また「春月会」を組織・運営した。

大島 徹水　おおしま・てっすい
僧侶（浄土宗） 女子教育家
明治4年（1871年）3月15日～昭和20年（1945年）1月24日
生愛知県知多郡大府町　歴三河国貞照院戒幢を師として9歳で出家。名古屋市浄土宗愛知支校、東京浄土宗立高等学院、京都浄土宗専門学校などに学び、明治37年浄土宗第五教校教授兼幹事となった。44年京都・北野の浄土律院成等庵の復興のため退職した。大正元年京都の家政女学校主幹、昭和5年同校校長となり、あらゆる収入をその経営に当て、34年間女子教育に尽力した。一方、成等庵復興後、滋賀県金勝の阿弥陀寺、安土の浄厳院の住職から昭和9年東京芝増上寺81代引法主となった。政財界、学界、芸術家など多くの人々の尊崇を集めた。

大島 寅吉　おおしま・とらきち
衆議院議員
明治8年（1875年）2月～昭和33年（1958年）6月1日
出北海道　学東京法学院〔明治29年〕卒　歴ロシア領漁業に従事し、次いで函館市議、北海道議、同参事会員、函館商工会議所議員等を経て、昭和7年衆議院議員に当選し、通算4期を務める。米内内閣においては、鉄道参与官を務めた。また、函館硫安会社社長に就任した。

大島 直治　おおしま・なおはる
倫理学者 九州帝国大学名誉教授
明治12年（1879年）5月2日～昭和42年（1967年）6月5日
生鹿児島県　学東京帝国大学文科大学哲学科〔明治38年〕卒　歴七高造士館教授を経て、大正13年九州帝国大学教授。昭和14年退官、名誉教授。戦後は小倉外事専門学校校長、北九州外国語大学学長、北九州大学学長を務めた。

大島 破竹郎　おおしま・はちくろう
高知県知事 郡山市長
明治15年（1882年）12月20日～昭和28年（1953年）6月12日
生東京都杉並区　学東京帝国大学法科大学政治学科〔明治41年〕卒　歴昭和2年佐賀県知事を経て、3年高知県知事。17～21年郡山市長も務めた。

大島 伯鶴（2代目）　おおしま・はっかく
講談師
明治10年（1877年）4月8日～昭和21年（1946年）4月2日
生東京都　名本名＝大島保利、前名＝大島芝鶴, 大島小伯鶴　歴講談師松林伯鶴（大島光利）の子で、12歳から講談修業。芝鶴、小伯鶴と名のり、明治末、父が大島東玉と改名して2代目大島伯鶴を継いだ。「寛永三馬術」や西村天囚原作「快男児」などが得意で、ラジオでも放送され、6代目一龍斎貞山とならぶ人気だった。ワクを破って一般大衆にうける語り口が特徴だった。　家父＝松林伯鶴（1代目）

大島 弘夫　おおしま・ひろお
内務省官房調査部長 青森県知事
明治36年（1903年）11月25日～昭和28年（1953年）10月4日
生石川県金沢市長町　学東京帝国大学法学部法律科〔大正15年〕卒　歴昭和19年8月青森県知事、20年4月内務省管理局長、9月調査官、10月官房調査部長を歴任。21年退官。

大島 広　おおしま・ひろし

動物学者 九州帝国大学名誉教授

明治18年（1885年）11月5日～昭和46年（1971年）3月6日

[生]大分県大分市　[名]旧姓・旧名＝野村広　[学]東京帝国大学理科大学動物学科〔明治42年〕卒 理学博士〔大正13年〕　[資]帝国学士院会員〔昭和20年〕　[歴]五高教授、九州帝国大学教授（一時東京帝国大学兼任）、天草臨海実験所長を経て、退官後は近江兄弟社学園講師を務めた。帝国学士院会員、動物分類学会会長。この間、大正9年から英国、米国に留学。海産動物の分類形態、発生生態、特にナマコ、ウミグモ類について研究、論文300余編があり、共著の「発生学汎論」「棘皮類」「系統動物学」「動物学辞典」「日本動物図鑑」「科学論文の書方」などのほか著書に「異国を迂路つく」「お玉杓子の頃」「三崎の熊さん」「ナマコとウニ」などがある。

大島 浩　おおしま・ひろし

陸軍中将 外交官 駐ドイツ大使

明治19年（1886年）4月19日～昭和50年（1975年）6月6日

[生]岐阜県　[学]陸士（第18期）〔明治38年〕、陸大〔大正4年〕卒　[歴]昭和6年参謀本部課長、9年駐ドイツ大使館付武官、10年少将、13年中将、同年予備役、ドイツ大使となる。ベルリン駐在中、ナチスとの接触を深め、リッベントロップ外相との間で防共協定締結を画策、15年調印の日独伊三国同盟を強力に推進した。23年A級戦犯として終身刑の判決を受け、30年釈放された。　[家]父＝大島健一（陸軍中将）

大島 正隆　おおしま・まさたか

日本史学者 東北学院高等学部講師

明治42年（1909年）3月5日～昭和19年（1944年）1月12日

[生]台湾・台北　[専]日本中世史　[学]東北帝国大学法文学部史学科〔昭和14年〕卒　[歴]二高在学中の昭和8年、学内ストライキを扇動した嫌疑により検挙され退学。11年文検に合格、東北帝国大学に入学。古田良一と喜田貞吉に師事し、卒業後同大助手となる。17年東北学院高等学部講師となったが、肺を病んで急逝した。昭和62年遺稿集「東北中世史の旅立ち」が編まれた。　[家]祖父＝大島正健（言語学者）、父＝大島正満（動物学者）、弟＝大島智夫（横浜市立大学名誉教授）

大島 正徳　おおしま・まさのり

哲学者 教育家 東京市教育局長

明治13年（1880年）11月11日～昭和22年（1947年）4月21日

[生]神奈川県高座郡海老名村（海老名市）　[学]東京帝国大学文科大学哲学科〔明治37年〕卒、東京帝国大学大学院〔明治42年〕修了 文学博士　[資]帝国学士院会員　[歴]明治45年東京帝国大学文科大学講師、大正5年助教授となり一高教授を兼任。14年東京市学務局長事務嘱託、同年教授となったが1日で依願免。その後講師を続けた。その間東京文理科大学、東洋大学、日本女子大学などで教鞭を執った後、東京市の初代学務局長、教育局長、市会議員となった。帝国学士院会員、帝国教育会理事も務め、傍ら内外教育評論社主幹、世界連合教育会副会長となり海外留学、学事視察、万国学士院連合会議出席、世界教育会議日本代表とし欧米に派遣され、昭和12年東京で開いた第7回世界教育会議の事務総長、アジア代表副会長に選ばれた。戦後教育刷新委員会会長を務めた。著書は「思索の人生」「倫理学概論」「哲学概論」「哲学の話」「西洋哲学史概説」「日本文化と国民性」「昭和公民読本」「我が哲学を語る」など多数。

大島 正満　おおしま・まさみつ

動物学者 随筆家 東京府立高校教授

明治17年（1884年）6月21日～昭和40年（1965年）6月26日

[生]北海道札幌　[名]別名＝尾島烏秋　[専]魚類学、爬虫類学　[学]東京帝国大学理科大学動物学科〔明治41年〕卒 理学博士、農学博士　[歴]言語学者・大島正健の長男として生まれる。大正

6年米国へ留学。台湾総督府中央研究所動物学部長、東京府立高校教授、連合国軍総司令部（GHQ）資源局技術顧問などを歴任。サケ・マス類の分布生態を研究し、昭和10年台湾山地に寒地に生息するマスを発見した。専門書の他に多くの一般向け著作を残し、随筆家としても知られた。著書に「日本毒蛇図説」「桜鱒と琵琶鱒」「魚籠」「動物奇談」など。　[家]父＝大島正健（言語学者）、息子＝大島正隆（日本史学者）、大島智夫（横浜市立大学名誉教授）、義弟＝野尻抱影（星の研究家）

大島 義清　おおしま・よしきよ

応用化学者 東京帝国大学教授

明治15年（1882年）9月7日～昭和32年（1957年）5月4日

[生]兵庫県養父郡糸井村（朝来市）　[名]旧姓・旧名＝黒沢　[専]工業化学　[学]東京帝国大学工科大学応用化学科〔明治40年〕卒 工学博士（東京帝国大学）〔大正9年〕　[歴]明治41年東京帝国大学工科大学助教授となり、大正4年米国へ留学。7年教授に昇任。昭和2年工業化学会会長。コークスの反応性、石炭液化工業の研究で知られ、ガス事業法の立法化に尽力した。　[家]義弟＝沖巌（機械工学者）

大城 のぼる　おおしろ・のぼる

漫画家

明治38年（1905年）10月25日～平成10年（1998年）5月26日

[生]東京都　[名]本名＝栗本六郎　[学]深川明治小卒　[歴]大正11年日本画家村井湖山に師事。昭和6年本名の栗本六郎「学年別童話漫画」でデビュー。田河水泡の影響を受け、大城のぼる名で「白チビ水兵」「愉快な探検隊」「冒険ターちゃん」「チン太上等兵」などの単行本を書き下ろした。15年旭太郎原作による「火星探検」を出版、SF漫画の先駆的作品として評価されている。他に「愉快な鉄工所」「汽車旅行」などがある。

大須賀 秀道　おおすが・しゅうどう

仏教学者 僧侶（真宗大谷派） 大谷大学名誉教授

明治9年（1876年）2月5日～昭和37年（1962年）2月18日

[生]静岡県大須賀町　[学]真宗大学〔明治33年〕卒　[歴]明治33年真宗京都中学宗余乗科教授となり、大正7年真宗大谷大学教授、昭和2年大谷大学専門部長を兼任、13年3月から大谷大学学長となり、16年9月まで在任。18年9月辞任、19年10月名誉教授。この間安居に出講、11年8月講師の学階を受けた。著書に「正信偈講義」「大乗起信論講義」「真宗教義の本質及その表現」「宗学要論」「浄土文類聚鈔述義」「教行信証述要」「連如上人御一代聞書講要」「大須賀秀道講話集」などがある。

大杉 繁　おおすぎ・しげる

園芸化学者 京都帝国大学教授

明治18年（1885年）11月1日～昭和46年（1971年）12月18日

[生]静岡県浜松市　[専]土壌学　[学]東京帝国大学農科大学〔明治42年〕卒 農学博士〔大正9年〕　[歴]盛岡高等農林学校講師、教授を経て、大正3年大原農業研究所初代化学部長。12年7月農学部創設準備のため京都帝国大学教授となり、後初代農学部長。昭和13年日本土壌肥料学会長、21年1月京大退官、同年4月岡山農業専門学校、22年4月静岡農林専門学校を創設、初代校長。28年9月静岡大学学長となり、31年退官。同県立女子短期大学学長となった。日本学術会議会員、静岡県教育委員長も務めた。酸性土壌研究の世界的権威で、大正7年「ソイル・サイエンス」誌に土壌の無機酸性の実体を解明した論文を発表し、世界学界の大論争にピリオドを打った。湛水状態土壌についても研究を啓発した。著書に「一般土壌学」「土壌化学」など。

大角 真八　おおすみ・しんぱち

医学者 あそか病院院長

明治20年（1887年）～昭和32年（1957年）

学 東京帝国大学医学部〔大正3年〕卒　歴 大正4年東京帝国大学附属伝染病研究所技手となり、黴菌学・内科学を専攻。のち私立高輪病院副院長を経て、昭和5〜20年あそか病院長を務めた。　賞 帝国学士院東宮御成婚記念賞（第19回）〔昭和4年〕

大隅 為三　おおすみ・ためぞう
美術評論家
明治14年（1881年）〜昭和36年（1961年）11月23日
生 滋賀県　専 ギリシャ美術　学 哲学館大学（現・東洋大学）卒　歴 明治38年渡仏し、ソルボンヌ大学に学ぶ。大正3年帰国、美術評論の傍ら、東洋大学、金沢市立美術工芸大学、多摩美術大学で教鞭を執った。著書に「ギリシャ・レキトス」「ギリシャ芸術」など。

大角 岑生　おおすみ・みねお
海軍大将 男爵 海相
明治9年（1876年）5月1日〜昭和16年（1941年）2月5日
生 愛知県　学 海兵（第24期）〔明治30年〕卒、海大〔明治40年〕卒　歴 明治30年軍艦「比叡」、31年「八島」に乗り組む。34年大尉、横須賀海兵団分隊長、35年「済遠」、37年「松島」、38年「満州丸」各航海長。日露戦争に従軍。42年ドイツ駐在。大正3年海軍省副官。7〜8年フランス大使館付武官。11年軍務局長。13年中将。14年海軍次官。昭和3年第2艦隊司令、4年横須賀鎮守府長官。6年大将。同年から犬養毅、斎藤実、岡田啓介各内閣の海相。ロンドン条約をめぐる条約派追放の"大角人事"断行者。10年男爵に任ぜられ、11年軍事参議官。16年南支那で飛行機事故により死亡。

大瀬 甚太郎　おおせ・じんたろう
教育学者 東京文理科大学学長
慶応1年（1865年）12月24日〜昭和19年（1944年）5月29日
生 加賀国金沢（石川県金沢市）　学 帝国大学文科大学〔明治19年〕卒 文学博士　歴 帝国大学でヘルバルト学派のハウスクネヒトの指導を受けた。明治26年から約4年間、ドイツ、フランスに留学、欧米の教育学説を研究、帰国後、東京高等師範学校教授に就任。昭和4年創設された東京文理科大学教授となり、教育学を担当、後学長となった。欧米の教育学説を紹介、日本における欧米教育史研究の体系化に努めた。著書に「欧州教育史」「教育学講義」などがある。　家 女婿＝桜井季雄（化学者）

大関 五郎　おおぜき・ごろう
詩人 歌人
明治28年（1895年）1月24日〜昭和23年（1948年）8月30日
生 茨城県水戸市　学 早稲田実業、東京主計学校　歴 大正8年歌集「寂しく生きて」を刊行したのち詩人に転じ、9年詩集「愛の風景」を刊行。また童謡や民謡も発表し、のちに「新日本民謡」を主宰して、民謡詩人として活躍。他の著書に童謡集「星の唄」や民謡集「煙草のけむり」などがある。

太田 亮　おおた・あきら
日本史学者 立命館大学教授
明治17年（1884年）7月1日〜昭和31年（1956年）5月27日
生 大阪府吉野郡下市村（下市町）　専 日本古代史　学 神宮皇学館〔明治43年〕卒 法学博士（立命館大学）〔昭和20年〕　歴 内務省考証官補、同省嘱託などを経て、昭和9年以来、西園寺家の「管見記」編集に携わり、16年立命館大学教授となった。戦後は24年近畿大学短期大学部教授、30年専修大学教授を歴任。専門は日本古代史だが、氏族制度、系譜学、地誌編集に業績を残した。著書に「日本古代氏族制度」「日本古代史新研究」「漢韓史籍に顕れたる日韓古代史資料」「日本上代に於ける社会組織の研究」「姓氏家系辞書」「姓氏家系大辞典」（全3巻、角川書店）「家系系図の合理的研究法」「日本国誌資料叢書」な

どがある。

太田 綾子　おおた・あやこ
ソプラノ歌手
明治31年（1898年）11月2日〜昭和19年（1944年）10月12日
生 福岡県　名 旧姓・旧名＝荻野　学 東京音楽学校研究科〔大正5年〕卒　歴 大正14年パリに留学、クレール・クロワザに学ぶ。ラベルやマルグリット・ロンと同じ演奏会で歌ったりした。昭和2年帰国、山田耕筰、橋本国彦の作曲を積極的に採用、現代フランス歌曲を紹介し、ドイツ歌曲一辺倒の作曲、声楽界にショックを与えた。5年再びパリに渡り、7年帰国、母校東京音楽学校の教師として、また演奏家として活躍した。　家 夫＝太田太郎（音楽評論家）

太田 宇之助　おおた・うのすけ
外交評論家 朝日新聞論説委員
明治24年（1891年）10月8日〜昭和61年（1986年）9月2日
出 兵庫県　学 早稲田大学政経学部〔大正6年〕卒　歴 大正6年に朝日新聞社に入り、上海、北京の特派員を務めたあと、第二次大戦中、中国担当の論説委員。昭和58年、中国人留学生宿舎用地として、約2千平方メートルの自宅敷地を東京都に寄贈した。　家 長男＝太田新生（外交官）、娘＝縫田曄子（ジャーナリスト・評論家）

太田 収　おおた・おさむ
山一証券社長
明治23年（1890年）1月12日〜昭和13年（1938年）5月28日
生 岡山県賀陽郡庭瀬村　学 六高卒、東京帝国大学独法科〔大正5年〕卒　歴 先輩犬養毅に勧められて小池合資（後の山一証券）に入り、外交員などを経て、昭和10年社長に就任。社員には禁止しながら、自ら鐘紡株の思惑買いをやり暴落で失敗。13年、前社長杉野喜精に辞表を出し、遺書を残して自殺した。

太田 覚眠　おおた・かくみん
僧侶（真宗本願寺派）
慶応2年（1866年）〜昭和19年（1944年）
生 三重県　学 東京外国語学校露語科卒　歴 真宗本願寺派の僧で、明治36年西本願寺の開教師となり、シベリアに渡り、ウラジオストックに駐在した。37年日露開戦で強制送還されたが、講和条約締結後再びウラジオストックで布教に当たった。昭和9年ソ連政府の退去命令で帰国、11年内蒙古に入ってラマ寺院を拠点に布教に務めた。

太田 義一　おおた・ぎいち
日本画家
明治24年（1891年）1月〜昭和12年（1937年）10月1日
生 山形県　学 東京美術学校〔大正4年〕卒　歴 結城素明に師事し、大正8年の第1回帝展に入選。以後、帝展入選8回に及び、帝国女子専門学校講師も務めた。　家 息子＝太田万里（日本画家）

大田 菊子　おおた・きくこ
編集者 「生活と趣味」発行人
明治24年（1891年）7月12日〜昭和34年（1959年）1月1日
生 北海道根室　学 清水谷女学校卒　歴 大正6年出版社の東光園に入社。7年婦女界社の記者となり、12年編集長。昭和9年生活と趣味之会を設立し、雑誌「生活と趣味」を発行。24年婦人経済連盟創立発起人、理事。27年「日本婦人新聞」の編集にあたった。

太田 喜二郎　おおた・きじろう
洋画家
明治16年（1883年）12月1日〜昭和26年（1951年）10月27日

生京都府京都市上京区　学京都府立一中卒，東京美術学校西洋画科〔明治41年〕卒　歴黒田清輝に勧められて明治41年欧州留学，ベルギーのガン市立美術学校に学び，エミール・クラウスにも師事した。大正2年帰国，3年の大正博覧会に「赤き日傘」を出品，受賞，また同年の第8回文展で「帰路」が受賞した。その後は帝展，新文展の審査員となり，昭和9年紫野洋画研究所を創立，後進を指導。京都帝国大学工学部，京都市立絵画専門学校講師を務め25年には京都学芸大学教授に就任。また同年日展参事に挙げられた。

太田 耕造　おおた・こうぞう
弁護士 貴族院議員（勅選）文相 内閣書記官長
明治22年（1889年）12月15日～昭和56年（1981年）11月26日
生福島県　学東京帝国大学法学部英法科〔大正9年〕卒　歴大学卒業後，弁護士を開業，国本社の幹部となる。浜口雄幸狙撃事件，血盟団事件被告の弁護を担当。昭和13年法政大学教授。14年平沼内閣の内閣書記官長，勅選貴族院議員。20年鈴木内閣の文相に就任。戦後，27年猶興学園理事，29年亜細亜学園と改称し理事長，30年亜細亜大学学長，37年福島テレビ会長を歴任した。

太田 孝太郎　おおた・こうたろう
実業家 東洋史学者 盛岡銀行頭取 岩手日報社長
明治14年（1881年）7月15日～昭和42年（1967年）1月18日
出岩手県　学早稲田大学卒　歴横浜正金銀行天津支店に勤務していた頃から古印などの収集・研究を始める。大正9年盛岡銀行支配人，15年岩手日報社長，昭和7年盛岡銀行頭取を歴任。8年より研究に専念。著書に「漢魏六朝官印考」などがあり，「南部叢書」編集にも携わった。

太田 咲太郎　おおた・さきたろう
文芸評論家 フランス文学者
明治44年（1911年）3月20日～昭和23年（1948年）6月24日
生東京都　学慶応義塾大学文学部〔昭和9年〕卒　歴仏文学者，文芸評論家として幅広く活躍し，昭和18年ポール・ヴァン・ティーゲムの「比較文学」を翻訳刊行する。17年には「ゾラとセザンヌ」を刊行。他の訳書にマルセル・アルランの「アンタレス」がある。

太田 三郎　おおた・さぶろう
洋画家 俳人
明治17年（1884年）12月24日～昭和44年（1969年）5月1日
生愛知県西春日井郡　名別名＝君島柳三　歴寺崎広業に日本画，白馬会洋画研究所で黒田清輝に洋画を学ぶ。明治43年第4回文部省美術展に初入選。大正2年第7回文展に「カフェーの女」を出品，3等賞入賞。昭和初期，川端康成の「浅草紅団」の挿絵を担当，デッサンで当時の浅草風俗を活写し話題となった。矢田挿雲の「太閤記」にも挿絵を書いた。30年愛知県文化会館初代館長となり，中部日本美術協会委員長も務めた。また，大正末頃より内藤鳴雪，長谷川零余子に俳句の指導を受け，のち祖春の「ゆく春」に参加。ほかに「胴」「こよろぎ」にも関わり，現代俳句協会会員でもあった。

太田 四州　おおた・ししゅう
野球人 運動記者の先覚者
明治14年（1881年）8月5日～昭和15年（1940年）2月26日
生香川県　名本名＝太田茂　学和仏法律学校（現・法政大学）卒　歴明治中期以降二六新報の記者となり早慶戦で軍記物語調の名文で試合経過を報道し，読者を熱狂させた。読売，国民新聞に転じても華麗な野球評でファンを魅了した。大正10年雑誌「運動界」を主宰，営利を求めず厳正公平な編集をモットーにスポーツの健全な普及・発展に努力，約10年間続けられた。六大学連盟記録委員も務め，神宮球場の建設に尽力，六大学，東都大学両リーグなど学生野球育成に尽くした。死後，神宮球場で追悼試合が行われた。昭和47年野球殿堂入り。

太田 秋民　おおた・しゅうみん
日本画家
明治14年（1881年）～昭和25年（1950年）6月15日
生福島県信夫郡平田村（福島市）　名本名＝太田益三郎　学東京美術学校日本画科〔明治43年〕卒　歴旧家の大農家の三男として生まれる。子供の頃から絵を描くことが好きで，高校卒業後自宅にあった絵画蔵書などを手本に独学。東京美術学校に進学後，花鳥画家の荒木寛畝や荒木十畝に師事し，その間大和絵に興味を持つ。大正6年第11回文展で卒業制作の「佐の局（すけのつぼね）」，7年第12回文展で「まうで」が入選。14年日華連合展委員として中国を訪問。その経験が純大和絵を越えたエキゾチックな独自の画風を生み出すきっかけとなり，以後多くの展覧会で入選，無鑑査出展を繰り返した。福陽美術会理事，東台邦画会幹事などを歴任。大婚25年記念献上画帖・久邇宮家天井・皇太子誕生記念歴史館壁画も手がけた。昭和15年福島県に疎開。以後極度の貧困の中画作に励む。25年県美術展に「人肌石」を招待出品した。

太田 信治郎　おおた・しんじろう
衆議院議員
明治6年（1873年）2月～昭和32年（1957年）5月17日
出東京都　歴深川区議，同議長，東京市議，東京製材組合組長を経て，大正9年に東京府4区より衆議院議員に当選し，通算5期を務める。民政党に所属した。また，万信材木店，大日本林業各社長に就任。

太田 耐造　おおた・たいぞう
弁護士 大審院検事
明治36年（1903年）5月16日～昭和31年（1956年）3月21日
生東京都　学東京帝国大学法学部〔昭和2年〕卒　歴昭和3年検事。以来東京地裁検事，司法省刑事局第6課長となり，16年の治安維持法改正や国防保安法立法化など軍部に密着して活動。ゾルゲ事件捜査に近衛文麿に接触したとして東条英機ににらまれ，満州国司法部刑事司長に転出。19年帰国，大審院検事，司法省会計課長を経て，21年甲府地裁検事正。同年公職追放，のち弁護士となった。

大田 為吉　おおた・ためきち
外交官 駐ソ大使
明治13年（1880年）11月13日～昭和31年（1956年）11月30日
生鳥取県気高郡　学日本大学法科〔明治32年〕卒　歴明治37年外務省に入省。大正7年はサンフランシスコ総領事，10年在オタワ総領事，12年在中華民国大使館参事官，14年駐スペイン公使を経て，昭和7年駐ソ大使。北満鉄道（東支鉄道）譲渡協定の成立に尽力した他，日ソ漁業改定交渉に取り組む。11年帰国，12年退官した。同年日本漁業統制会社社長，17～18年，21～24年外務省嘱託。

太田 太郎　おおた・たろう
音楽評論家 東京音楽学校教授
明治33年（1900年）～昭和20年（1945年）8月25日
生東京都　学東北帝国大学法学部卒　歴東京音楽学校教授として同校で教鞭を執るが，ソプラノ歌手荻野綾子との恋愛結婚のため教職を去る。のち日本放送協会（NHK）嘱託となり音楽部長を務めた。　家妻＝太田綾子（ソプラノ歌手）

太田 聴雨　おおた・ちょうう
日本画家
明治29年（1896年）1月18日～昭和33年（1958年）3月2日
生宮城県仙台市　名本名＝太田栄吉　歴明治42年上京，43年

から川端玉章門の内藤晴州に日本画を学び、昭和2年前田青邨に師事。安田靫彦、小林古径らの影響も受け歴史画に新領域を開拓した。5年第17回院展に初出品した「浄土変」が美術院賞となり、引き続き院展で入賞、11年日本美術院同人に推された。同年文展出品の「星を見る女性」は文部省買い上げとなった。26年以来東京芸術大学助教授として後進を育てた。　賞院展日本美術院賞〔昭和5年〕

太田 朝敷　おおた・ちょうふ
ジャーナリスト 琉球新報社長 首里市長
尚泰18年(1865年)4月8日〜昭和13年(1938年)11月25日
生琉球国首里(沖縄県那覇市)　名号＝天南、竹雨、潮東　学慶応義塾中退　歴明治15年第1回県費留学生として、学習院、慶応義塾に学んだ。26年「琉球新報」社創設に参加、記者として活躍。一時29〜30年旧士族の復藩運動"公同会"の運動に参加した。挫折後記者生活に戻り、大正2年主筆、琉球新報を社会の公器として育てることに尽力。昭和5年社長となり、晩年までその任にあった。沖縄県議会副議長、首里市長も務めた。著書に「沖縄県政五十年」がある。

太田 天洋　おおた・てんよう
日本画家
明治17年(1884年)3月30日〜昭和21年(1946年)2月24日
生東京都　名本名＝太田福蔵　学東京美術学校日本画科選科〔大正2年〕卒　歴大正9年第2回帝展に「工の家」で初入選。以後、「姿絵」「盧生の夢」「南国の日本町」などで連続入選。昭和7年帝展推薦。この間、大正15年第1回聖徳太子奉讃美術展に「神功皇后」で入選。昭和11年秋の文展招待展に「船二題」を招待出品。新文展にも無鑑査出品。15年紀元二千六百年奉祝美術展、19年戦時特別文展にも出品。他の主な作品に「法華寺曼陀羅」「学教ノ始メ」「天平の大鋳造」「大坂城本丸旧観図」など。

太田 半六　おおた・はんろく
東京瓦斯社長
明治7年(1874年)9月26日〜昭和35年(1960年)10月24日
生千葉県　学東京専門学校(現・早稲田大学)〔明治27年〕卒　歴大蔵省主税局を経て、明治33年北海道炭礦汽船に転じ、東京本社販売主任から41年室蘭出張所長。大正元年辞職、海運業を始めたが振るわず、6年北海道瓦斯に入社、社業発展に尽力。8年内外紡績、帝国火薬工業、東京海運を創立、のち東京瓦斯に入り、取締役、常務、副社長を経て、昭和19年社長となった。戦後21年勅選貴族院議員となったが、公職追放、25年解除。

太田 秀穂　おおた・ひでお
倫理学者 多摩少年院初代院長
明治7年(1874年)12月21日〜昭和25年(1950年)12月23日
生茨城県　学東京帝国大学文科大学哲学科〔明治31年〕卒　歴明治32年新潟県第二師範教頭を経て、33年山梨師範校長、38年高田師範校長、44年長野師範校長を歴任。翌年朝鮮総督府視学官となり、大正8年台湾総督府視学官兼台湾総督府師範校長、12年〜昭和9年多摩少年院初代院長を歴任。各師範学校校長を長年務め、後年は特殊教育の草分けとして活躍した。訳書にヘンリー・シジウィック「倫理学説批判」(共訳)。

太田 正孝　おおた・まさたか
経済評論家 衆議院議員 大政翼賛会政策局長
明治19年(1886年)11月13日〜昭和57年(1982年)7月10日
生静岡県　学七高造士館中、東京帝国大学法科大学経済学科〔明治45年〕卒 経済学博士(東京帝国大学)〔大正13年〕　歴大蔵省に入省。大正8年退官して報知新聞副社長となり、昭和4年中央大学教授。5年衆議院議員に当選。以来戦前・前後を通じて通算7期。15〜16年大政翼賛会政策局長。20年12月戦犯容疑者として巣鴨拘置所に勾留される。26年公職追放解除。27年再び衆議院議員に当選。第三次鳩山内閣で国務相、自治庁長官として入閣。34年参議院議員当選、1期。「太田経済辞典」「経済読本」などの著書がある。　家岳父＝三木善八(新聞人)

太田 政弘　おおた・まさひろ
貴族院議員(勅選) 警視総監 台湾総督
明治4年(1871年)10月4日〜昭和26年(1951年)1月24日
生山形県　学東京帝国大学法科大学英法科〔明治31年〕卒　歴明治31年内務省に入省。39年警視庁官房主事、40年第一部長兼消防本部長となり、42〜43年指紋制の研究のため欧米へ出張。大正元年内務省警保局長を経て、2年福島県、4年石川県、5年熊本県、8年新潟県、12年愛知県の各知事を歴任。13年加藤高明内閣の警視総監。15年勅選貴族院議員、昭和4年関東州長官、6年台湾総督。民政党系の官僚で、同党総務を務めた。

太田 操　おおた・みさお
社会運動家 日本赤色救援会中央財政部員
明治37年(1904年)1月1日〜平成8年(1996年)3月22日
生大分県　名旧姓・旧名＝椎原、筆名＝近藤操　学大分県立高等女学校卒　歴上京し、新潮社の「婦人の国」記者となる。のち同郷の作家林房雄の薦めで前衛座演劇研究所に入るが、間もなく同座から分離したプロレタリア劇場に所属。次いで日本プロレタリア芸術連盟の結成に参画し、書記に選ばれた。この時、同連盟の中央常任委員であった太田慶次郎を知り、結婚。昭和3年夫や徳田球一らと共に超党派の解放運動犠牲者救援会を組織、その常任委員として救援活動に従事した。5年には国際赤色救援会(のち日本赤色救援会)に加わり、中央財政部員・中央救慰委員として活躍するが、同年4月に検挙された。出獄後も救援会の活動を続け、7年には日本共産党に入党。戦後は静岡県伊東に移り、夫の政治活動を支えた。また、「アララギ」派に属する歌人としても著名。　家夫＝太田慶次郎(労働運動家)

太田 水穂　おおた・みずほ
歌人 国文学者 日本歯科医学校教授
明治9年(1876年)12月9日〜昭和30年(1955年)1月1日
生長野県東筑摩郡広原新田村(塩尻市)　名本名＝太田貞一、別号＝みづほのや　学長野師範〔明治31年〕卒　賞日本芸術院会員〔昭和23年〕　歴師範学校時代から詩歌を作り、卒業後は長野県内の高等小学校、高等女学校などに勤め、明治41年上京し、日本歯科医学校(現・日本歯科大学)倫理科教授に就任。35年処女歌集「つゆ艸」を刊行、38年には島木赤彦との合著「山上湖上」を刊行して注目され、以後歌人、評論家として活躍する一方、小説、随筆も記した。大正4年「潮音」を主宰して創刊。以後、歌論、古典研究にも多くの業績をのこした。他の歌集として「雲鳥」「冬菜」「鶯・鶉」「螺鈿(らでん)」「流鶯」「老巌の森」などがあり、評論・研究の分野でも「万葉百首選評釈」「日本和歌史論」などのほか、芭蕉研究でも多くの著書がある。昭和23年日本芸術院会員となった。「太田水穂全集」(全10巻, 近藤書店)が刊行されている。　家妻＝四賀光子(歌人)

大田 実　おおた・みのる
海軍中将
明治24年(1891年)4月7日〜昭和20年(1945年)6月13日
生千葉県長柄町　学海兵(第41期)〔大正2年〕卒　歴昭和7年の第一次上海事変に上海陸戦隊第五大隊長(少佐)として出征。12年特務艦「鶴見」艦長、14年呉鎮守府第六特別陸戦隊司令、呉海兵団副長、16年漢口特務部長。17年少将。太平洋戦争では第二連合特別陸戦隊司令官、佐世保第二海兵団司令官、第

おおた　　　　　　　　　　　　　　　　　　昭和人物事典 戦前期

八連合特別陸戦隊司令官、佐世保警備隊司令官を歴任し、20年1月第四護衛隊兼沖縄特別根拠地隊司令官となり、沖縄戦の海軍最高指揮官として小禄の海軍壕で奮戦、同年6月13日自決した。海軍次官あて6月6日「沖縄県民斯ク戦ヘリ…」の電文を送った。戦死後中将に昇進。26年頃遺体が発見された。

太田 芳郎　おおた・よしろう
テニス選手
明治33年（1900年）～平成6年（1994年）3月29日
出新潟県　学東京高等師範学校（現・筑波大学）英語科卒　歴大正14年全日本選手権シングルスを制し、昭和2年より4年間英国留学。この間デビス・カップ日本代表となり、5年ヨーロッパ・ゾーン決勝進出の原動力となった。フォア・ハンドの豪球を武器にヨーロッパ各地の大会でも活躍。現役引退後は、東京体育専門学校教授、東京ローン・テニス・クラブ支配人、42～44年デビス・カップ監督などを務めた。

大平 駒槌　おおだいら・こまつち
実業家 住友理事 満鉄副総裁
明治2年（1869年）12月～昭和32年（1957年）4月11日
出京都府　学東京帝国大学法科大学〔明治29年〕卒　歴明治30年農商務省に入省。鉱山監督官補、大阪鉱山監督局長などを経て、44年住友に入社。大正7年別子銅山支配人となり、陸揚げ・島内運搬の近代化、新型転炉の導入、海底ケーブル装置など、四阪島精錬所の近代化を推進した。11年に住友を去ると南満州鉄道（満鉄）副総裁などを務め、戦後は勅選貴族院議員、枢密顧問官となった。

大高 為山　おおたか・いざん
日本画家
明治26年（1893年）～昭和20年（1945年）
生京都府京都市　名本名＝大高喜一　学京都市立美術工芸学校図案科〔明治45年〕卒、京都市立絵画専門学校別科〔大正12年〕卒　歴大正11年第4回帝展に「梅」で初入選。青甲社第1回展に「風景」を出品し、以後毎回出品。15年第1回聖徳太子奉讃美術展に「花篭」で入選。同年第7回帝展に「童子」で入選。昭和11年秋の文展鑑査展、13年、14年新文展などに入選多数。他の主な作品に「秋晴」「霜の朝」「黎明」など。

大田黒 重五郎　おおたぐろ・じゅうごろう
実業家 芝浦製作所専務
慶応2年（1866年）6月15日～昭和19年（1944年）7月28日
生江戸音羽（東京都文京区）　名旧姓・旧名＝小牧　学高等商業学校（現・一橋大学）〔明治23年〕卒　歴明治24年熊本の旧家大田黒惟信の婿養子となり、27年三井元方に入社、三井物産に配属された。32年芝浦製作所主事となり、万年赤字を解消、翌年下期から黒字に転じ、電気機械専門工場に育成した。37年専務となり米国GE社と結んで業界トップメーカーとした。また電車専門の電業社原動機製作所を育成した。39年箱根水力電気を設立、大井川開発の日英水力電気、九州水力電気、鬼怒川水力電気、四国水力電気などの各社設立に参画。大正9年に三井を辞め、昭和5年九州電気軌道社長となり整理再建に成功した。10年6月引退。　家息子＝大田黒元雄（音楽評論家）

大田黒 元雄　おおたぐろ・もとお
音楽評論家
明治26年（1893年）1月11日～昭和54年（1979年）1月23日
生東京都　学ロンドン大学中退　歴神奈川県立第二中学を卒業後、大正元年英国に留学。ロンドン大学で経済学を専攻する傍ら、熱心に音楽会や演劇を観賞した。帰国後、4年「バッハよりシェーンベルヒ」を刊行し、日本に初めてストラヴィンスキーやドビュッシーを紹介。次いで5年には堀内敬三や小林愛雄らと「音楽と文学」を創刊した。以来、著述や翻訳を通じ

て近代西洋音楽の普及と紹介に努め、日本における音楽評論の確立に大きく寄与した。また写真や野球、相撲、推理小説、詩作など多趣多芸でも知られ、10年には友人の写真家・福原路草や、その兄である信三らと写真芸術社を設立して「写真芸術」を発行、創刊号に「写真小論」を寄稿。戦後はその博識とユーモアのセンスを買われてNHKのラジオ番組「話の泉」でレギュラー解答者を務めた。主な著書に「洋楽夜話」「歌劇大観」「名曲をめぐる」、訳書にロマン・ロラン「近代音楽の黎明」、詩集に「日輪」などがある。　家父＝大田黒重五郎（実業家）　賞文化功労者〔昭和52年〕

太田黒 養二　おおたぐろ・ようじ
テノール歌手 帝国音楽学校教授
明治36年（1903年）3月23日～昭和16年（1941年）6月23日
学同志社大学法学部卒　歴照井詠三について声楽の基礎を修め、フランスに渡り、シャルル・パンゼラに師事。帰国後、昭和7年東京でリサイタル・デビュー。ドイツ歌曲一辺倒だった昭和初期の日本に、フランスのオペラや歌曲を紹介し、音楽界に新風を吹き込んだ。日大、武蔵野音大講師も務めた。

大竹 貫一　おおたけ・かんいち
政治家
安政7年（1860年）3月12日～昭和19年（1944年）9月22日
生越後国（新潟県）　学新潟英語学校卒　歴明治19年新潟県議となり3期務めた。その間20年に三大事件建白運動に参加、保安条例により東京追放。27年以来衆議院議員に当選16回。大日本協会、進歩党、同志倶楽部、憲政会、革新倶楽部、革新党などを経て、昭和7年国民同盟に転じた。この間、遼東半島還付に反対の国論を起こし、日露戦争には主戦論を唱え、講和反対の日比谷焼き打ち事件の首謀者として起訴され、日韓合併の主張者など対外硬派として知られた。昭和13年勅選貴族院議員となったが翌年辞退して引退した。

大竹 せい　おおたけ・せい
ジャーナリスト
明治24年（1891年）2月1日～昭和46年（1971年）1月15日
生長野県　名旧姓・旧名＝吉田　学松本高等女学校卒、日本女子大学国文科〔大正3年〕卒　歴長野県立松本高等女学校を経て、大正3年日本女子大学卒業後、「国民新聞」記者となり7年間勤務。9年大竹博吉と結婚、同時に夫が日ソ記者交換でウラジオストック駐在となり同行、12～14年モスクワ駐在するなどソ連に7年間滞在、帰国後も往来し、昭和4年「女人芸術」（2巻7号）に「夏のクリミヤ／ロシア見聞記」を、次号に「道化役者の入獄」を寄稿するなどソビエト社会の状況を伝えた。帰国後は婦選獲得同盟、新日本婦人同盟、日本婦人記者クラブなどで活躍、「社会評論」などにも執筆した。6年ソビエト図書輸入の商社・ナウカ社を夫が設立、これに協力するが、11年当局により閉鎖させられた。戦後は、20年日本共産党に入党、ナウカ社を再興した夫と共に働く一方、日ソ親善協会（のちの日ソ協会）常任理事、日ソ婦人懇話会副会長などを務めた。　家夫＝大竹博吉（ナウカ社創業者）

大竹 博吉　おおたけ・ひろきち
ソビエト研究家 ナウカ社社長
明治23年（1890年）3月8日～昭和33年（1958年）1月22日
生愛知県　名筆名＝瓜生信夫、広尾猛　学東洋学院〔大正10年〕卒　歴中学校中退、文選工、新聞社校正係、編集係などを経て、明治44年以降は新聞記者として東京中央新聞社、国民新聞、東京日日新聞社、読売新聞、東亜通信社などに勤務。大正8年ロシアのウラジオストックへ渡り、10年東洋学院を卒業。12年東方通信社ウラジオストック支社長、モスクワ特派員を務め、14年帰国。昭和2年退職して文筆活動に入り、4年ロシア問題研究所を創設して「ウィッテ伯回想記 日露戦

争と露西亜革命」などを出版。6〜7年モスクワに滞在、ソ連情報を日本に伝えた。7年ソ連図書の輸入商社・ナウカ社を創立。やがて出版部も設置し、ソ連文献の普及に努めたが、12年軍機保護法違反と治安維持法違反で検挙され、14年東京地裁で懲役4年の実刑判決を受けた。戦後、25年ソ連の農学者トロフィム・ルイセンコの学説を紹介する「ルイセンコとその学説」を翻訳出版、26年長野県下伊那郡と更級郡に研究所を設け、その実践を試みた。27年ナウカ社を株式会社に改組、図書輸入の発展に努めた。瓜生信夫、広尾猛の筆名でレーニンの著書など多くのソ連の情報・文献を翻訳している。　家妻＝大竹せい（ジャーナリスト）

大達 茂雄　おおだち・しげお
内務次官　内相
明治25年（1892年）1月5日〜昭和30年（1955年）9月25日
生島根県浜田市　学東京帝国大学法科大学政治学科〔大正5年〕卒　歴大正5年内務省に入省。昭和7年福井県知事、9年満州国法制局参事、11年国務院総務庁長、14年阿部信行内閣、15年米内光政内閣の内務次官を歴任後、19年小磯内閣の内相に就任。戦後戦犯となり、巣鴨刑務所に拘留。28年参議院議員に島根から当選、29年吉田内閣の文相となって、29年「教育二法」制定に尽力した。

大谷 敬二郎　おおたに・けいじろう
陸軍憲兵大佐
明治30年（1897年）9月7日〜昭和51年（1976年）12月9日
生滋賀県　学陸士（第31期）〔大正8年〕卒　歴昭和5年憲兵大尉。二・二六事件では久原房之助らの民間人の取り調べに従事。18年憲兵大佐、19年11月東京憲兵隊長、20年4月東部憲兵隊司令官となり敗戦を迎える。21年戦犯容疑で逮捕されるが逃走。24年再び連合国軍総司令部（GHQ）により逮捕され、巣鴨戦犯拘置所に収監される。同年9月重労働10年の判決を受け服役。出所後は著述に専念し、「昭和憲兵史」などの著書がある。

大谷 光演　おおたに・こうえん
僧侶　伯爵　真宗大谷派（東本願寺）第23世法主
明治8年（1875年）2月27日〜昭和18年（1943年）2月6日
生京都府京都市　名法号＝彰如、俳号＝大谷句仏、雅号＝春慶、蕪孫、愚禿　歴真宗大谷派第22世法主光瑩（現如）の二男。10歳で得度。明治33年まで東京で南条文雄、村上専精、井上円了らについて修学。同年5月仏骨奉迎正使として暹羅（タイ）訪問。34年6月真宗大谷派副管長、41年11月第23世法主を継ぎ、管長となった。44年宗祖650回遠忌を修したが、朝鮮で鉱山事業に失敗、昭和2年管長を退いた。大正12年伯爵。書画、俳句をよくし、明治31年「ホトトギス」により高浜虚子、河東碧梧桐に選評を乞うた。大正3年以降は雑誌「懸葵」を主宰。句集「夢の跡」「我は我」「句仏句集」などがある。書は杉山三郎に師事、絵画は幸野楳嶺、竹内栖鳳に学んだ。画集「余事画冊」がある。　家父＝大谷光瑩（真宗大谷派第22世法主）、弟＝大谷瑩潤（衆議院議員）、長男＝大谷光暢（第24世門首）、孫＝大谷暢顕（第25世門首）

大谷 光瑞　おおたに・こうずい
僧侶　浄土真宗本願寺派（西本願寺）第22世法主
明治9年（1876年）12月27日〜昭和23年（1948年）10月5日
生京都府京都市西本願寺　名幼名＝峻麿、法号＝鏡如　学学習院本科中退、共立学校中退　歴真宗本願寺派（西本願寺）第21世法主・光尊（明如）の長男。幼少時より「略書」「孝経」などを学び、8歳で山科別院の学問所へ。明治18年得度して鏡如光瑞を名のる。31年貞明皇后の姉九条籌子（かずこ）と結婚。32年側近の猛反対を押し切って英国留学、世界に目を開く。35年西本願寺留学生を率いて西域・インド探検隊（大谷探検隊）

を編成、ロシア領トルキスタンに入り、インドで仏跡を調査。翌年父明如上人の死により帰国、38年第22世法主を継ぎ、管長を兼任。2年後再び探検隊を派遣、43年3度目の探検隊を送り敦煌周辺を調査した。これらの成果は「西域考古図譜」「新西遊記」（昭12年）にまとめられている。一方、法主としては六甲山麓に別邸二楽荘を建て、武庫仏教中学を設立、教団の近代化を進めた。しかし負債と本山の疑獄事件のため大正2年本願寺住職、管長職を辞任。以後、中国、南洋などで農園経営、8年光寿会を結成、機関誌「大乗」を発行、サンスクリット仏典の蒐集研究や著作に従事。戦争中は近衛内閣の参議などを務めた。大連で終戦を迎え、22年帰国、公職追放となる。著書に「大谷光瑞全集」（全13巻）「大谷光瑞興亜計画」（全10巻）などがある。　家父＝大谷光尊（真宗本願寺派第21法主）、弟＝木辺孝慈（真宗木辺派第20世門主）、大谷光明（本願寺管長事務代理）、大谷尊由（貴族院議員）、妹＝九条武子（歌人）

大谷 光暢　おおたに・こうちょう
僧侶　伯爵　真宗大谷派（東本願寺）第24世法首
明治36年（1903年）10月1日〜平成5年（1993年）4月13日
生京都府京都市　名法号＝闡如、雅号＝愚郊　学大谷大学文学部〔昭和14年〕中退　歴真宗大谷派第23世法主・大谷光演の長男。13歳で得度。大正13年久邇宮邦彦の三女智子（皇后良子の妹）と結婚。15年第24世法主に就き（管長兼任）、伯爵を襲爵。のち宗教布教のため欧米、ブラジルを視察。真宗大谷派では大谷家が法主・管長・本山住職を“三位一体”で世襲してきたが、昭和44年宗派内局から反対論が起き内紛となる（お東紛争）。56年三位を廃止し、象徴門首制度を採用することになり、同年第24世門首に就任。　家父＝大谷光演（真宗大谷派第23世法主）、妻＝大谷智子（全日本仏教婦人連盟会長）、三男＝大谷暢顕（真宗大谷派第25世門首）

大谷 光明　おおたに・こうみょう
僧侶　ゴルフ選手　浄土真宗本願寺派（西本願寺）管長事務代理
明治18年（1885年）4月26日〜昭和36年（1961年）4月3日
生京都府京都市下京区堀川通花屋町下ル本願寺門前町　名法号＝浄如　学文学寮卒　歴真宗大谷派（西本願寺）第21世法主・光尊（明如）の三男。明治32年に法主の後継者となったが、大正3年引退。この間、明治40年欧米に遊学、語学とゴルフを身につけ、大正14年再び欧米を回り社会事業を視察。帰国後真宗保摂会会長、浄土真宗本願寺派審判院長、日本教学研究所長を歴任。明治39〜42年と昭和14〜16年本願寺派管長事務代理を務めた。一方、大正3年東京ゴルフクラブ会員となり、日本ゴルフ協会を創立、ルールブックの翻訳やトーナメントの競技委員長などを務めた。　家父＝大谷光尊（真宗本願寺派第21世法主）、兄＝大谷光瑞（真宗本願寺派第22世法主）、木辺孝慈（真宗木辺派第20世門主）、弟＝大谷尊由（貴族院議員）、妹＝九条武子（歌人）、妻＝大谷紅子、長男＝大谷光照（浄土真宗本願寺派第23世門主）

大谷 勝真　おおたに・しょうしん
東洋史学者　京城帝国大学法文学部教授
明治18年（1885年）3月〜昭和16年（1941年）12月7日
生京都府　学東京帝国大学史学科〔明治41年〕卒　歴学習院教授、京城帝国大学法文学部教授を務めた。著書に「東方文化史叢考」などがある。　家岳父＝稲垣太祥（子爵・貴族院議員）

大谷 尊由　おおたに・そんゆ
僧侶（浄土真宗本願寺派）　政治家　拓務相
明治19年（1886年）8月19日〜昭和14年（1939年）8月1日
出京都府　名号＝大谷心斎　歴真宗本願寺派第21世法主・光尊（明如）の四男。明治37年本願寺遼東半島臨時支部長として日露戦争に従軍布教、41年神戸善福寺住職、43年本願寺派執

行長となり渡欧、その後も3回欧米を訪問した。49年兄光瑞と共に中国、南洋で教線拡大に従事。護持会財団理事長を経て、大正10年管長事務取扱となり兄を補佐した。昭和3年勅選貴族院議員。12年6月第一次近衛内閣の拓務相となった。1年後辞任、北支開発会社総裁、内閣参議になった。著書に「国土荘厳」「超塵画譜」「潮来笠」などがある。　家父＝大谷光尊（真宗本願寺派第21世法主）、兄＝大谷光瑞（真宗本願寺派第22世法主）、木辺孝慈（真宗木辺派第20世門主）、大谷光明（本願寺派管長事務代理）、妹＝九条武子（歌人）、女婿＝音羽正彦（海軍少佐）

大谷 武夫　おおたに・たけお
水産学者　水産講習所教授
明治24年（1891年）1月〜昭和25年（1950年）8月16日
生福島県　専水産化学、水産製造学　学東京帝国大学農科大学水産学科〔大正5年〕卒　農学博士〔昭和3年〕　歴東京帝国大学講師から、大正10年水産講習所教授。昭和3年「魚肉ノ自家消化ニ関スル研究」で農学博士。日本水産学会の創立に尽くし同学会副会長を務めた。21年退官。魚類の自家消化、消化酵素、フィッシュミール、ビタミンなどで多くの業績を残し、水産化学、水産製造学の確立に寄与した。著書に「水産食品化学」「魚類の化学」「水産製造化学」など。

大谷 竹次郎　おおたに・たけじろう
実業家　演劇興行主　松竹創立者
明治10年（1877年）12月13日〜昭和44年（1969年）12月27日
生京都府京都市三条　歴父は相撲興行に携わる。明治17年母方の祖父が京都・祇園座の売店の株を買い、一家も協力したことから、双子の兄・白井松次郎とともに小学生ながら父母の手伝いで場内の売り歩きを始める。29年19歳の時、父の代理で新京極・阪井座の金主を務め、33年阪井座を買収、建物が老朽化していた為、同じく売りに出されていた祇園座を買い取って阪井座跡地に移築して京都歌舞伎座と改め、その座主となった。35年元旦、新京極に明治座を開場、兄とその名を一字ずつ取って松竹合名社を設立。同座では新派俳優・静間小次郎と提携して十余年にわたって"静間演劇"を続演、新風を吹き込んだ。39年南座を得て京都劇壇を制し、兄が初代中村鴈治郎と手を結んで大阪への進出を図ると、もっぱら京都を守った。43年1月新富座を、9月本郷座を買収して東京に進出、大正2年にはついに歌舞伎座を手中に収めた。兄は関西、自身は関東を担当し、昭和3年松竹合名社の個人経営を解消して株式会社の松竹興業に改組、社長に就任。この年市村座の経営を任され、4年には帝国劇場の経営を向こう10年の契約で引き受けて名実ともに我が国の演劇興行界に君臨することとなり、大阪の歌舞伎俳優、新派俳優のすべてと、東京の歌舞伎俳優の大半、文楽の経営などを押さえて一大演劇王国を築き、関東大震災、太平洋戦争と2度にわたる大難を乗り越えて歌舞伎・新派・文楽を守った。この間、大正9年松竹キネマ合名社を設立して白井信太郎を社長に据え（自身は理事長）、映画製作にも進出。新劇の主導者である小山内薫と、明治座の改革に取り組んだ松居松葉の2人を責任者に迎え、小山内はキネマ俳優養成所所長も兼務。この養成所からは鈴木伝明や映画監督となった伊藤大輔らが出た。その後、一族の城戸四郎らの手により映画事業は大きな発展を遂げた。昭和6年松竹興行社長、12年同社と松竹キネマを合併、松竹を設立して社長となり（ともに兄が会長を務めた）。29年会長。37年再び社長となり、38年より会長に専任。30年文化勲章を受章。それまで水ものとされた演劇興行の近代化に大きな功績を残した。　家兄＝白井松次郎（松竹創立者）、二男＝大谷隆三（松竹社長）、孫＝大谷信義（松竹社長）　勲紺綬褒章〔大正11年〕、藍綬褒章〔昭和3年〕、緑綬褒章〔昭和3年〕、文化勲章〔昭和30年〕

大谷 友右衛門（6代目）　おおたに・ともえもん
歌舞伎俳優

明治19年（1886年）〜昭和18年（1943年）9月11日
出東京都　歴5代目中村歌右衛門の弟子であったが、師の許しを得て、大正9年6代目友右衛門を襲名。芸熱心で知られ、名脇役と称された。　家養子＝中村雀右衛門（4代目）

大谷 登　おおたに・のぼる
実業家　日本郵船社長
明治7年（1874年）3月26日〜昭和30年（1955年）7月31日
生福井県　学高等商業学校（現・一橋大学）〔明治29年〕卒　歴日本郵船に入社、カルカッタ、ニューヨーク、ロンドン各支店長を歴任、大正13年専務、昭和4年副社長、10年社長となった。17年に退任、同年4月特殊法人船舶運営会が創設され、初代総裁。戦時中の海運国家管理の中枢部を担った。18年10月退任。

大谷 日出夫　おおたに・ひでお
俳優
明治42年（1909年）9月4日〜昭和46年（1971年）
生福島県郡山市　名本名＝鈴木盛夫　学安積中卒　歴鉄道工場勤務を経て、昭和6年不二映画の吉川英蘭に師事。翌年日活ニューフェイスとして入社。8年「万太郎暴風雨」で主役を演じ、「広野の果」で新進スターとして注目されたが、同年宝塚キネマへ転じた。のち新興キネマに移り、スポーツマンタイプの剣戟スターとして「怪傑黒頭巾」などで大衆時代劇の花形となった。主演映画に「江戸堆場」「富士川の血煙」「天保江戸桜」他多数。トーキー以後はエロキューションに難があり、16年「孤城の桜」を最後に引退。戦後、一時東映時代劇に大日方国照の名で出演したが、のち渋谷で飲食店を経営した。

大谷 碧雲居　おおたに・へきうんきょ
俳人
明治18年（1885年）9月9日〜昭和27年（1952年）5月28日
生岡山県苫田郡西苫田村山北　名本名＝大谷浩、篆刻の号＝雨石　学東京美術学校洋画科〔明治43年〕卒　歴美術学校を卒業した明治43年中外商業新報に入社し、昭和12年取締役に就任。学生時代から渡辺水巴に師事し「曲水」同人となり、水巴没後は「曲水」を主宰した。句集に7年刊行の「碧雲居句集」などがある。

大谷 米太郎　おおたに・よねたろう
実業家　大谷重工業創業者
明治14年（1881年）7月24日〜昭和43年（1968年）5月19日
生富山県西礪波郡正徳村（小矢部市）　名シコ名＝鷲尾嶽　学小卒　歴貧農の出身で、明治44年わずか20銭を懐に上京。人夫、店員など職を転々としたのち、大正元年稲川部屋に入り鷲尾嶽の四股名で角界入り。幕下上位まで昇ったが、4年左手を骨折して引退。同年鉄ロール製造の下請工場を始め、学歴もほとんどなく鉄鋼についても素人同然であったにもかかわらず、無学であることを恥じないで"カネは力なり"を信条として真摯に鉄鋼に取り組んだ。昭和15年大谷重工業を設立して社長に就任。戦前期には日本の鉄ロール生産の約7割を占めるシェアを誇る国内屈指の大手企業にまで成長させ、"昭和の鉄鋼王"の異名をとった。戦後は星製薬などの再建に乗り出し、いくつかの企業で社長・重役を兼務した他、39年東京五輪の宿泊客収容のため、ホテル・ニューオータニを開業するなど経営の多角化を図った。晩年は鉄鋼不況や放漫経営から資金難に陥り、40年大谷重工業社長を辞任して経営権を八幡製鉄に譲渡した。浮世絵の収集家としても知られた。　家長男＝大谷孝吉（星製薬社長）、三男＝大谷米一（ホテルニューオータニ社長）、孫＝大谷和彦（ホテルニューオータニ社長）、弟＝大谷竹次郎（昭和電極社長）

太田原 豊一　おおたわら・とよいち

衛生学者　熊本医科大学学長

明治22年（1889年）〜昭和23年（1948年）6月18日

[生]岡山県　[学]熊本医学専門学校〔大正3年〕卒　医学博士〔大正11年〕　[歴]伝染病研究所に入り石原喜久太郎に師事、鼠咬症スピロヘータ、痘毒の研究に従事、大正11年熊本医科大学に転じ、13年衛生学教授となった。この間、熊本県の地方病であった流行性腺熱の研究を行い、癩、鼠癩、非病原性抗酸性菌の研究に携わった。昭和20年熊本医科大学学長となった。著書に「流行性腺熱の研究」がある。　[賞]帝国学士院東宮御成婚記念賞（第19回）〔昭和4年〕

大津 敏男　おおつ・としお

埼玉県知事　樺太庁長官

明治26年（1893年）10月26日〜昭和33年（1958年）12月27日

[生]福岡県　[学]東京帝国大学法科大学法律学科〔大正7年〕卒　[歴]昭和11年内閣調査官、満州国民生部総務司長、内務局長官、12年関東州庁長官、13年関東局総長、17年埼玉県知事、18年樺太庁長官を歴任した。

大塚 惟精　おおつか・いせい

広島県知事　貴族院議員（勅選）

明治17年（1884年）12月11日〜昭和20年（1945年）8月6日

[生]熊本県　[学]五高卒、東京帝国大学法科大学政治学科〔明治42年〕卒　[歴]内務省に入省。大正3年徳島県、5年宮城県、7年神奈川県警察部長を歴任するなど主に警察畑を歩く。8年欧米へ出張、10年警保局外事課長、11年同局警務課長兼外事課長、12年内務監察官。13年栃木県知事、15年福岡県知事から、昭和2年石川県知事に任命されたが赴任せず即日辞任した。4年内務省警保局長に復帰、6年退官。同年より勅選貴族院議員。17年陸軍司政長官となり第十六軍軍政顧問としてジャワへ赴任。20年4月広島県知事に就任、6月より中国地方総監。8月原爆で倒壊した家屋の下敷きとなり、焼死した。　[家]岳父＝上原勇作（陸軍大将・元帥）

大塚 金之助　おおつか・きんのすけ

経済学者　社会思想史家　歌人　東京商科大学教授

明治25年（1892年）5月15日〜昭和52年（1977年）5月9日

[生]東京市神田区（東京都千代田区）　[名]別名＝遠山一郎, 石井光　[専]マルクス経済学　[学]東京高等商業学校（現・一橋大学）専攻部〔大正5年〕卒　名誉哲学博士（フンボルト大学）　[賞]日本学士院会員〔昭和25年〕　[歴]東京高等商業学校の特待生だったが、「校友会報」に「主義者ゴールドマン」を発表、特待生資格を剥奪された。大正3年福田徳三ゼミで指導を受け、5年卒業後、母校講師となる。8〜11年コロンビア大、ロンドン大、ベルリン大に留学。帰国後、東京商科大学教授。昭和2年東京社会学研究所創立に参加。6年から野呂栄太郎を中心とする「日本資本主義発達史講座」の共同編集に加わり、7年唯物論研究会に参加。8年1月「講座」の経済思想史を執筆中、治安維持法違反容疑で伊豆湯ケ島で検挙され、懲役2年、執行猶予3年の有罪判決を受け教職を辞した。戦後、20年東京商大に復職、31年定年退官。アララギ派の歌人としても著名。

大塚 武松　おおつか・たけまつ

日本史学者　文部省維新史料編纂官

明治11年（1878年）8月2日〜昭和21年（1946年）12月5日

[生]山口県岩国　[専]日本近現代史　[学]東京帝国大学文科大学史学科〔明治36年〕卒　[歴]明治39年東京帝国大学史料編纂掛補助となり、幕末外交文書の編纂に従事。44年文部省維新史料編纂会常置委員となり、大正6年維新史料編纂官。昭和2年欧米留学。10年東京高等師範学校教授を兼任。その間京都帝国大学、東京文理科大学などの講師を務めた。14年「概観維新史」編述主任、15年維新史料編纂官を退官、東京女子高等師

範学校教授となった。著書に「幕末外交史の研究」がある。

大塚 保治　おおつか・やすじ

美学者　東京帝国大学名誉教授

明治1年（1868年）12月20日〜昭和6年（1931年）3月2日

[生]上野国勢多郡筑井村（群馬県前橋市笂井町）　[名]旧姓・旧名＝小屋　[学]帝国大学文科大学哲学科〔明治24年〕卒　文学博士〔明治34年〕　[賞]帝国学士院会員〔大正14年〕　[歴]帝大大学院時代に大学寄宿舎で夏目漱石と同室になり、生涯の親友となる。明治28年婚入りする形で小説家・歌人の大塚楠緒子と結婚。東京専門学校講師から、29年西洋美学研究のため独、仏、伊に留学。帰国後、33年ケーベルのあとを受けて東京帝大美学講座の初代日本人教授に就任。34年文学博士、大正4年帝国学士院会員。美学を正式に大学の講義に体系化して取り入れ、我が国の美学の基礎を確立、阿部次郎、大西克礼、団伊能、芥川龍之介ら多くの門下生を育てた。昭和4年定年退官、名誉教授。著書は1冊ものこさなかったが、没後「大塚博士講義集」全2巻が刊行された。また官設展覧会の設置を建言し、文展の創設に貢献した。　[家]妻＝大塚楠緒子（小説家・歌人）

大塚 弥之助　おおつか・やのすけ

地質学者　東京帝国大学理学部教授

明治36年（1903年）7月11日〜昭和25年（1950年）8月7日

[生]東京市日本橋区（東京都中央区）　[専]構造地質学　[学]東京高等師範学校附属中卒、静岡高卒、東京帝国大学理学部地質学科〔昭和4年〕卒　理学博士　[歴]昭和5年東京帝国大学地震研究所助手となり、日本列島の新生界の調査研究に従事。13年同大理学部地質学部鉱物学教室講師を兼務、14年同助教授を経て、18年教授。また、東京文理科大学の自然地理学の教授も兼任した。地形学・地球物理学・層位学・古生物学・地史学・構造地質学などを幅広く研究し、構造地質学の一分野であるネオテクトニクスの基礎を確立。25年47歳で病死した。著書に「日本の地質構造」「山はどうしてできたか」「地質構造とその研究」などがある。　[賞]日本地質学会研究奨励賞〔昭和6年〕

大塚 令三　おおつか・れいぞう

中国共産党研究者

明治34年（1901年）12月23日〜昭和27年（1952年）12月18日

[生]愛知県　[歴]南満州鉄道（満鉄）見習学校に学び大正9年社員、同社給費生として慶応義塾大学に学び、小泉信三の紹介で中央公論に中国共産党に関する論文を発表。14年大連の満鉄本社庶務部調査課に配属され、中国研究家橘樸（たちばなしらき）に師事。昭和2年総裁室情報課、4年上海事務所調査室に移り、中国共産党の動向を研究、情報・資料を収集。6年大連で創刊の週刊誌「満州評論」刊行に協力。11年太平洋問題調査会向けの「中共文献資料」を中西功と作成。同年上海事務所調査課資料係主任。15年興亜院が南京に設置した中支建設資料整備事務所の調査部長となり「編訳彙報」を刊行。戦後鳩山一郎らの自由党結成に参画、愛知県から衆議院選挙に立ったが落選、のち国会秘書官となった。著書に「支那共産党史」（全2巻）、編著「支那の新生活運動」がある。

大月 菊男　おおつき・きくお

大月真珠創業者

明治22年（1889年）8月25日〜昭和39年（1964年）

[出]茨城県　[学]水産講習所（現・東京海洋大学）〔大正3年〕卒　[歴]大正4年愛媛県水産試験場技官となり愛媛県平城湾（現・御荘湾）で真珠養殖の研究を始め、7年その調査研究である「平城湾真珠貝基本調査報告」を発表。独立後の11年に「球形真珠形成法」、さらに昭和5年までに3件の球形真珠に関する特許を取得。従来の養殖法に比べて球形真珠をさらに大型化させることが出来、今日の大型真珠の基礎を築いた。また "2個入れ" と呼ばれる2個の核を挿核して2個の真珠を作る挿核技術

おおつき　　　　　　　　　　　昭和人物事典 戦前期

も開発・確立するなど、真珠養殖技術の発展に寄与した。4年愛媛県の御荘湾で菊川漁業組合と銭坪漁場の貸借契約を結び、大月真珠養殖場を創設した。5年愛媛県の宇和島に個人企業として大月真珠を、10年には神戸市に真珠の販売・輸出を目的とした大月商店を開設して卸売と輸出を開始した。15年戦時の経済統制強化による業界の安定と、真珠産業を守るため日本真珠販売統制株式会社を設立、17年日本合同真珠、22年日本養殖真珠に改称。27年神戸市に有限会社大月真珠商会を再発足させ、没後の45年、株式会社大月真珠に改組した。　[家]長男＝大月成男（大月真珠社長），三男＝大月尋男（大月真珠社長），孫＝大月京一（大月真珠社長）

大月 源二　おおつき・げんじ
洋画家 社会運動家
明治37年（1904年）2月19日〜昭和46年（1971年）3月18日
[生]北海道函館市　[名]別名＝沖一馬　[学]東京美術学校西洋画科〔昭和2年〕卒　[歴]日本プロレタリア芸術連盟美術部に参加し、昭和4年「山宣葬」を発表。小林多喜二の「蟹工船」などの挿絵も手がける。7年検挙され、10年に出獄。12年から都新聞漫画記者となり、その一方で一水会に出品し、日展の特選も受ける。戦後は日本美術会の創立に参加し、またグループ北海道生活派を組織してリアリズム運動を唱導、「北土造型」を主宰した。評伝に「画家 大月源二」（金倉義慧著）がある。

大月 忠道　おおつき・ただみち
箏曲家
明治28年（1895年）1月7日〜昭和37年（1962年）7月8日
[生]岡山県賀陽郡日美村（総社市）　[歴]15歳で失明。斉藤芝一に師事。昭和の初年からバイオリン奏者の中島千万亀と箏曲の五線譜化に着手。昭和3年日本箏曲家連盟を設立。はじめ仁康教会に所属したが、8年日本音楽大同派を創設した。　[家]息子＝大月宗明（箏曲家）

大辻 司郎　おおつじ・しろう
漫談家 活動写真弁士
明治29年（1896年）8月5日〜昭和27年（1952年）4月9日
[生]東京市日本橋区（東京都中央区）　[名]本名＝大辻四郎　[学]甲洋学舎卒　[歴]花川戸助六や国定忠治、尾上松之助らを崇拝して侠客を志し、余りの悪童ぶりのために小学校を2年で放校されたといわれる。滋賀県の母方の祖父に預けられるが、間もなく東京へ戻り、兜町の株屋の店員となった。この間、3代目柳家小さんのもとで落語を習ったが、活動写真の弁士を目指すようになり、染井三郎や柳思外に師事。大正5年浅草の帝国館で初舞台を踏み、短編喜劇映画を一挙に上映したニコニコ大会などで解説を務めて徐々に人気を集め、独特の奇声と"胸に一物、手に荷物""落つる涙を小脇に抱え""勝手知ったる他人の家"などの珍妙でナンセンスな台詞で観客を愉しませた。10年松竹直営の映画館・金春座を経て、同年徳川夢声とともに神田の東洋キネマに移籍。当時の映画館で頻発した停電のときにはその場しのぎのしゃべりだけで観客を十分に沸かせ、夢声から天才と称えられた。関東大震災後、"語る漫画"の意の"漫談"という語を創始してそちらに転向し、"宗家"を自称。15年には徳川夢声、古川緑波らのナヤマシ会に参加して漫談や寸劇、声帯模写、怪しげな踊りなどを披露し、「ジャズは悲し」「撮影所悲話」など現代風俗物を得意とした。また吉屋信子や藤田嗣治にならってオカッパ頭となり、それが看板にもなった。昭和8年ナヤマシ会メンバーとともに笑いの王国を結成してからは喜劇俳優としても活動し、12年には浅草・常盤座で「金色夜叉」を自作自演。傍ら山本嘉次郎監督のアマチュア時代の作品「ある日の熊さん」、木村荘十二監督「ほろよい人生」「只野凡児 人生勉強」、志波西果監督「半ぺいさんはお人好し」などといった映画にも出演した。戦後は東宝ナヤマシ会、笑の王国生駒雷遊一座などの舞台や岩沢庸徳監督「シミキンの忍術凸凹道中」、佐々木康監督「踊る竜宮城」といっ

た映画に出る一方、自らの奇声に保険をかけて話題となった。27年日航機もく星号の墜落事故で遭難死。長男の寿雄も俳優となり、大辻伺郎を名のった。　[家]二男＝大辻伺郎（俳優）

大坪 正義　おおつぼ・せいぎ
日本画家 美術史家
明治7年（1874年）4月11日〜昭和42年（1967年）2月10日
[生]東京府下谷（東京都台東区）　[名]通称＝正吉　[歴]住吉派を学ぶ傍ら、住吉派の古画粉本を模写研究。明治25年頃より東北、京都、奈良を歴遊。30年春日神社左方絵所預となり、松原佐久について研究。31年高取稚成と国風画会を結成。日本美術協会歴史部評議員を務めた。

大坪 保雄　おおつぼ・やすお
長野県知事
明治32年（1899年）3月〜昭和49年（1974年）1月9日
[出]佐賀県　[学]東京帝国大学法学部卒　[歴]内務省に入省。内務省課長、満州国制制処長、厚生省局長、島根県知事、長野県知事を歴任。昭和30年衆議院議員に当選、通算5期。国民精神総動員本部常任理事なども務めた。

大妻 コタカ　おおつま・こたか
女子教育家 大妻学院創立者
明治17年（1884年）6月21日〜昭和45年（1970年）1月3日
[生]広島県世羅郡三川村（世羅町）　[名]旧姓・旧名＝熊田ユタカ　[歴]3歳で父を、14歳で母を亡くす。17歳の時に向学の念を押さえきれずに上京。叔父の家に下宿しながら和洋裁縫女学校と東京府の教員養成所に通い、卒業後は小学校教師の傍ら神奈川県小学校教員養成所の試験に合格し、明治40年正科の教員となった。同年宮内省技官の大妻良馬と結婚。41年手芸や裁縫の私塾を開き、42年東京技芸伝習所の看板を掲げた。やがて大妻技芸伝習所と改め、大正5年学校としての認可を受け大妻技芸学校となった。昭和17年大妻女子専門学校を設置。24年大妻女子大学を設置して大学、高校、中学を擁する総合学園と発展させた。

大手 拓次　おおて・たくじ
詩人
明治20年（1887年）11月3日〜昭和9年（1934年）4月18日
[生]群馬県碓氷郡西上磯部村（安中市）　[名]初期筆名＝吉川惣一郎　[学]早稲田大学高等予科〔明治45年〕卒　[歴]中学時代に中耳炎を病み、その頃から文学に志す。早大入学後、詩人になることを決意し、読書と共に習作を試みる。ボードレールの「悪の華」に感銘し、原書からの翻訳もする。明治40年「昔の恋」「聞かまほし」を発表するが、詩壇のつきあいは持たず、孤独に終始した。45年、吉川惣一郎の筆名で白秋主宰の「朱欒」に口語詩「藍色の墓」「慰安」を発表。以後「創作」「地上巡礼」「ARS」等に発表し、萩原朔太郎らに影響を与える。大正5年生活のためライオン歯磨本舗に入社、以後死迄の18年間を広告部員として不本意なサラリーマン生活をすごし、その中で詩作に没頭した。没後の昭和11年第一詩集「藍色の墓」が刊行された。「大手拓次全集」（全5巻、別1巻、白鳳社）がある。

大友 幸助　おおとも・こうすけ
秩父セメント社長
生年不詳〜昭和23年（1948年）4月9日
[出]宮城県　[学]東京帝国大学理科大学化学科〔明治39年〕卒　[歴]東京高等工業学校教授を経て、大正11年東京毛織物取締役、12年秩父セメント常務、昭和12年社長を歴任。

大伴 麟三　おおとも・りんぞう
映画監督
明治40年（1907年）10月20日〜昭和19年（1944年）12月9日

生佐賀県武雄市 名本名＝小島武夫 学中学明善校卒 歴帝キネマから右太衛門プロと、獏与太平（古海卓二）の助監督。昭和2年右太プロで押本七之輔の前篇をうけて「勿笑金平」後篇で監督デビュー。第2作は古海脚本で「狂血」前後篇。兵役を経て、8年宝塚キネマ入社、「鞍馬獅子」「時雨の長脇差」「風流上州嵐」など時代劇を撮影。同年大都映画に移り「放浪旗本仁義」9年以後「鉄仮面」10年「仇姿隠密道中」。11年には「宮本武蔵」など15本、12年16本と大都プログラム・ピクチャーを多く作る。後藤昌信（岱山）と共同の「薩南大評定」（14年）で頭角を現わしたが16年応召、戦地で病気に倒れ、作家活動は中断された。

大西 愛治郎　おおにし・あいじろう
宗教家　ほんみち教祖
明治14年（1881年）8月26日〜昭和33年（1958年）11月29日
生奈良県宇陀郡宇太村 名旧姓・旧名＝岸岡 歴明治32年奈良師範在学中に天理教入信、母の死で退学、33年上京、34年群馬県安中市で布教生活。36年奈良支教会所に帰り、翌年大西トラと結婚、大西家を継いだが、同年山口県に出向、39年全財産を天理教に献納し、40年山口宣教所長、43年に岡山教務支庁主事。大正2年、宣教所の一室に籠居中、自己が生き神社露台であり、教祖中山みきに続く天啓者であると自覚し、「ほんみち」を開教した。しかし天理教の在り方を批判して13年、同教から追放された。14年奈良県で天理研究会を設立。昭和3年天皇の神性と日本統治を否定し、大西甘露台の神政実現を主張する「研究資料」を各郡に配布して500人が検挙され、180人が不敬罪で起訴されたが、大西は精神異常者として無罪。6年本部を大阪に移し、13年再び同主旨の「書信」を全国に配布、400人が検挙され、237人が不敬罪などで起訴され、布教活動を禁じられた。教団は全財産の3分の1を国防献金の名で没収され、大西は非転向で法廷闘争を続けたが、敗戦直後、占領軍命令で政治犯として釈放された。21年大阪府羽衣で教団を再建したが、25年病に倒れ、33年病没した。

大西 一外　おおにし・いちがい
俳人
明治19年（1886年）11月1日〜昭和18年（1943年）5月25日
生香川県仲多度郡象郷村 名本名＝大西千一 歴秋声会に参加し、俳句を佐藤飯人に学ぶ。各派の人とも広く交わり、大正6年平井晩村創刊の「ハクヘイ」に加わり、臼田亜浪とも親交があった。古俳書、史伝に造詣が深く、12年刊行の「新選俳諧年表」（平林鳳二との共著）は貴重な労作とされる。晩年香川に帰郷し、昭和9年「ことひら」を創刊、郷土文化の発展に貢献した。稿本「讃岐俳諧年表」「讃岐俳家全伝」を残している。

大西 斎　おおにし・さい
東京朝日新聞論説委員室主幹
明治20年（1887年）12月〜昭和22年（1947年）12月
生福岡県 学東亜同文書院〔明治44年〕卒 歴明治44年大阪朝日新聞社に入り、大正6年上海特派員、8年北京特派員、13年帰国、東京朝日に転じ、14年支那部長。昭和4年ロンドン海軍軍縮会議特派員、5年10月帰国して東京朝日論説委員となり、9年東亜問題調査会幹事を兼ねた。14年12月副主筆、15年8月役員待遇、20年11月論説委員室主幹となった。21年4月退社。

大西 新蔵　おおにし・しんぞう
海軍中将
明治25年（1892年）7月17日〜昭和63年（1988年）1月21日
出東京都 学海兵（第42期）〔大正3年〕卒 歴大正4年海軍少尉に任官。昭和12年海軍省人事局第一課長、14年利根艦長、15年長門艦長を務め、太平洋戦争開戦時は第七潜水隊司令官。17年8月の第一次ソロモン海戦では第八艦隊参謀長。18年呉

鎮守府参謀長、19年教育局長兼海軍大学校教頭、同年海軍中将。20年海軍兵学校副校長兼教頭。著書に「おやじ京大を行く」「海軍生活放談」がある。　家岳父＝栃内曽次郎（海軍大将）　勲勲二等瑞宝章〔昭和18年〕

大西 滝治郎　おおにし・たきじろう
海軍中将
明治24年（1891年）6月2日〜昭和20年（1945年）8月16日
生兵庫県 学海兵（第40期）〔明治45年〕卒 歴大正5年横須賀航空隊付、7年英、仏に駐在、11年横須賀航空隊長、14年霞ケ浦航空教官、15年佐世保航空飛行隊長。昭和2年連合艦隊参謀、のち鳳翔飛行長、航空本部員、加賀副長を経て、14年第2連合航空隊司令官、日中戦争で攻撃機から陣頭指揮。15年第1連合航空隊司令官、16年第11航空艦隊参謀長となり、山本五十六からハワイ攻撃計画の研究を命じられた。17年航空本部総務長、18年中将に昇進し、19年第1航空艦隊長官となりレイテ作戦で初の特攻攻撃機の出動を命令。20年軍令部次長。同年8月16日自決した。

大西 俊夫　おおにし・としお
農民運動家　全農総本部書記
明治29年（1896年）8月18日〜昭和22年（1947年）7月29日
生東京市浅草区花川戸（東京都台東区） 名本名＝大西十寸男 学早稲田大学政経学科〔大正11年〕卒 歴早大時代から社会主義運動に加わり、大正11年卒業後「日本農民新聞」を編集。12年ドイツに留学したが関東大震災で帰国し、日農総本部書記となって理論的・組織的指導の中心となる。昭和2年日本共産党に入り、3年の三・一五事件で検挙されるが、釈放後、全農総本部書記となり、農民運動の統一のため奮闘した。12年人民戦線事件で検挙され14年まで投獄。戦後も農民組合活動を続け、22年日農書記長に選出され無所属で参議院議員となったが間もなく病死した。

大西 虎之介　おおにし・とらのすけ
実業家　高松琴平電鉄社長　貴族院議員（多額納税）
明治23年（1890年）2月9日〜昭和20年（1945年）2月9日
生香川県三木郡氷上村（三木町） 学東京帝国大学法学部卒 歴大正13年琴平電鉄を創立、社長。昭和18年高松琴平電鉄社長となり、塩江温泉鉄道、屋島登山鉄道各社長、6〜20年多額納税の貴族院議員などを歴任。

大西 正幹　おおにし・まさみ
弁護士　衆議院議員
明治12年（1879年）3月〜昭和26年（1951年）6月17日
出高知県 学日本大学法律専門部〔明治39年〕卒 歴小学校校長を経て、司法官試補となり、弁護士を務める。高知市議、同議長、高知県議、同議長を歴任し、昭和3年より衆議院議員に当選2回。民政党に所属した。　家長男＝大西正男（衆議院議員）

大西 克礼　おおにし・よしのり
美学者　東京帝国大学教授
明治21年（1888年）10月4日〜昭和34年（1959年）2月6日
生愛媛県 学東京帝国大学文科大学美学科〔大正2年〕卒 資日本学士院会員 歴東京帝国大学教授として美学を論じ、ドイツを中心とする学としての西洋美学を紹介する。「カント『判断力批判』の研究」「浪漫主義の美学と芸術論」「万葉集の自然感情」「美学」など著書、訳書が多くある。

大沼 かねよ　おおぬま・かねよ
洋画家
明治38年（1905年）〜昭和14年（1939年）7月12日
生宮城県栗駒町 学東京女子高等師範図画専修科卒 歴宮城

県栗駒町に下駄屋の娘として生まれる。幼い頃から聡明で、宮城県女子師範学校を経て、東京女子高等師範学校図画専修科に進学。卒業後、岩手県や東京・浅草で教職に就いた。昭和5年から帝展に大作「家族」「野良」「遊楽」、槐樹展に「三人」などを出品して注目を集めだし、早世した。優れた構成力と筆遣いの持ち主で、労働者やモダンな都市風俗を主題とした大作を多く描いた。

大沼 哲　おおぬま・さとる

陸軍軍楽少佐　作曲家
明治22年（1889年）6月17日～昭和19年（1944年）10月18日
生山形県米沢市　学陸軍戸山学校〔明治41年〕卒、スコラ・カントルム〔大正15年〕修了　歴明治41年陸軍戸山学校軍楽部を首席で卒業。大正12年シンフォニア・マンドリニ・オルケストラ指揮者に就任。13年宮内省の委嘱により作曲した「皇太子御成婚奉祝前奏曲」を初演、皇太子裕仁（のち昭和天皇）の意向で吹奏楽に変更され、日本初のフランス式吹奏楽となった。14年には大正天皇銀婚式奉祝曲「マルシュ・オマージュ」がヨゼフ・ケーニッヒの指揮で演奏されたが、これは日本人作曲家の作品が外国人に指揮された最初とされる。同年陸軍の派遣でパリのスコラ・カントルムに留学、首席で卒業して15年帰国。昭和4年頃より音楽創作から離れる。7年軍楽部楽長に就任。19年マニラから仏領インドシナへ移動中に輸送船が沈められ戦死した。行進曲「美しき兵士」は後に「立派な兵隊」、さらに戦後、堀内敬三により「立派な青年」と改題され吹奏楽の定番レパートリーとなった。また、9年に作曲した全国選抜野球大会（春のセンバツ）の大会歌は、戦時中の一時期を除き、平成5年まで歌われた。　勲勲六等瑞宝章〔昭和8年〕

大野 一造　おおの・いちぞう

衆議院議員
明治18年（1885年）4月～昭和42年（1967年）3月6日
出愛知県　学東京高等工業学校〔明治41年〕卒、歴刈谷町長、愛知県議、同議長等を経て、昭和12年から終戦まで衆議院議員を務める。

大野 静方　おおの・しずかた

日本画家
明治15年（1882年）1月25日～昭和19年（1944年）9月14日
生東京府深川区（東京都江東区）　名本名＝山本兵三郎　歴16歳で水野年方に入門し、のちに「吉野の義経」で美術界褒賞、「婚礼」で同銅牌を受賞する。明治37年日本新聞に入社。挿絵画家としても活躍する。のちに浮世絵研究に入り、大東名著選「浮世版と版画」を昭和17年に刊行した。　家父＝山本金蔵（浅草花屋敷創設者）、兄＝山本笑月（江戸・明治文化研究家）、長谷川如是閑（ジャーナリスト）

大野 竹二　おおの・たけじ

海軍少将
明治27年（1894年）10月1日～昭和51年（1976年）12月18日
学海兵（第44期）〔大正5年〕卒、海大（第26期）〔昭和3年〕卒　歴海軍大将・伊集院五郎の二男で、海軍大佐・大野義方の養子となる。大正8年海軍少尉に任官。同期に黒島亀人、小島秀雄、野元為輝、松田千秋らがいた。昭和16年木曽、17年鈴谷の各艦長を経て、18年戦艦大和艦長。同年海軍少将。19年軍令部第三部長、20年5月人事局長。11月予備役に編入。　家父＝伊集院五郎（海軍大将・元帥・男爵）、養父＝大野義方（海軍大佐）、兄＝伊集院松治（海軍中将）

多 忠龍　おおの・ただたつ

雅楽師　宮内省式部職楽部楽長
元治2年（1865年）3月30日～昭和19年（1944年）12月22日
生京都府　専左舞, 笙, 箏, クラリネット, 神楽歌　賞帝国芸術院会員（雅楽）〔昭和12年〕　歴旧京都方楽家多家第四庶流第9代目忠廉の長男。明治5年5月式部寮等外一等出任の命により7歳で上京、同年11月伶員申付、延遼館で国賓饗応の舞楽「胡蝶」を舞った。17年宮内省式部職雅楽部雅楽生、21年楽手兼伶人となり、35年雅楽師兼楽師、大正10年楽部楽長となった。この間、明治31年～大正6年東京音楽学校講師（クラリネット）嘱託も務め、同校オーケストラにも参加した。13年退官し、楽部嘱託として後進を指導した。昭和12年帝国芸術院会員。著書に「雅楽」がある。　家父＝多忠廉（雅楽師）

多 忠朝　おおの・ただとも

雅楽師　宮内省式部職雅楽部楽長
明治16年（1883年）4月5日～昭和31年（1956年）10月21日
出東京都　専右舞, 笛, 箏, バイオリン, ビオラ　歴旧京都方楽家多家第七庶流第8代目忠古の三男。兄2人が早く死去したため家を継いだ。明治31年式部寮雅楽課楽生、41年宮内省式部職雅楽部雅楽手、42年雅楽師、昭和11年楽部楽長となった。また雅楽の新作も試み、「承久楽」「悠久」「昭和楽」「懐古」・神楽舞「浦安の舞」を作曲、作舞。20年退官、神社音楽協会を創設。神道祭祀楽の普及に努めた。　家父＝多忠古（雅楽師）

大野 麦風　おおの・ばくふう

日本画家
明治21年（1888年）～昭和51年（1976年）
生東京都　歴東京で生まれ、大正12年の関東大震災の後、兵庫県西宮に移る。昭和5年兵庫県美術家連盟の設立に参加。12～19年にかけて刊行された「大日本魚類画集」の原画を描いたことで知られ、同画集は高度な木版画技術もあって、昭和錦絵、または近代日本の魚類図鑑の傑作として名高い。　家二男＝大野巳喜男（洋画家）

大野 百錬　おおの・ひゃくれん

書道家
元治1年（1864年）5月20日～昭和16年（1941年）2月26日
出美濃国（岐阜県）　名本名＝大野鉄之助、号＝野鉄　歴大垣中学で約20年間教鞭を執る。大正13年日本書道振会の結成に参加。昭和5年泰東書道院の理事兼審査員となった。著作に「海鷗遺稿」「昭和法帖」など。

大野 孫平　おおの・まごへい

東京堂社長
明治12年（1879年）12月18日～昭和38年（1963年）2月4日
生新潟県南魚沼郡塩沢町（南魚沼市）　歴越後の縮緬商の長男。12歳で上京し、銀座の羅紗問屋・小山商店に5年間奉公。その後、ウラジオストックで貿易に従事したが、従兄である博文館の大橋新太郎の紹介で同社系列の博進社会計主任となる。37年系列の博愛堂薬店に転じ、専務として同店の建て直しに尽力。44年従兄・大橋省吾の創業した書籍取次の東京堂に入社。代表社員を経て、大正6年株式会社化に伴い専務に就任。特に雑誌の取次に注目し、4大取次のトップとして確固たる位置に押し上げた。また、乱売防止のため、3年東京雑誌組合、東京雑誌販売業組合を設立し、雑誌の定価販売制度を推進。昭和16年東京堂社長に就任したが、同年日本出版配給の設立により取次部門は同社に吸収され、小売部門と出版部門のみが残された形となった。戦後は21年から販売業務を再開。33年会長。この間、10年少年店員の教育のため東京堂学園実践商業学校を創立し、今日の実践学園中学・高校へと発展した。　家父＝大野金太郎（出版人）、伯父＝大橋佐平（博文館創業者）、女婿＝赤尾稔（東京出版販売社長）、義弟＝角屋正隆（東京出版販売社長）

大野 章三　おおの・ゆきぞう

病理学者　九州帝国大学医学部教授

明治18年（1885年）8月29日～昭和53年（1978年）3月2日

生福岡県　学九州帝国大学医学部〔明治45年〕卒　医学博士
歴大正5年南満医学堂教授、11年満州医科大学教授、10～12年欧州留学、昭和7年九州帝国大学教授、18～20年医学部長、20年定年退官。その後、国立筑紫病院、国立福岡中央病院で病理医として勤務した。著書に「病理学提要」「肝障碍のない黄疸はない」「八十翁黄疸物語」などがある。　賞ウィルヒョウ賞（第8回）〔昭和5年〕

大野 龍太　おおの・りゅうた

大蔵次官

明治25年（1892年）11月15日～昭和32年（1957年）2月6日

生兵庫県神戸市　学東京帝国大学政治学科〔大正6年〕卒　歴大蔵省に入り、昭和2年書記官。銀行局特別銀行課長となり、9年帝人事件に連座、休職。12年無罪判決で復職、13年理財局長、14年から平沼騏一郎、阿部信行、米内光政各内閣の大蔵次官を務め、国民貯蓄奨励局長、営繕管財局長を兼任。15年退官後大蔵省顧問、17年海軍軍政顧問、同年戦時金融金庫副総裁、19年総裁。戦後公職追放、23年神崎製紙取締役、26年追放解除。

大野 隆徳　おおの・りゅうとく

洋画家

明治19年（1886年）12月7日～昭和20年（1945年）4月14日

出千葉県山武郡福岡村　学千葉中卒、東京美術学校西洋画科〔明治44年〕卒　歴光風会の第1回展から出品し、大正7年会員となる。この間、4年文展で「高原に働く人」が特選。8年には帝展で特選となる。11～12年渡欧。昭和6年大野洋画研究所を設立した。戦時中は従軍画家となる。

大野 緑一郎　おおの・ろくいちろう

警視総監　貴族院議員（勅選）

明治20年（1887年）10月1日～昭和60年（1985年）9月2日

出埼玉県　学東京帝国大学独法科〔明治45年〕卒　歴内務省入省。徳島県、岐阜県各知事を経て、昭和7年第37代警視総監に就任。血盟団事件の犯人を検挙したが、五・一五事件で犬養毅内閣が倒れたのに伴い、在任4ケ月で辞任した。11年から朝鮮総督府政務総監、17年から21年3月まで勅選貴族院議員を務めた。戦後は弁護士を開業。

大ノ里 万助　おおのさと・まんすけ

力士

明治25年（1892年）4月1日～昭和13年（1938年）1月22日

生青森県南津軽郡藤崎町　名本名＝天内万助　歴162センチの小兵ながら大関24場所を務め、丸い土俵をうまく使って、千変万化の技を駆使、玉錦、鏡岩らと互角に闘った昭和初期の名人力士。明治45年1月初土俵、大正7年5月入幕、14年初場所から大関。若松部屋、湊川部屋を経て、出羽海部屋に所属。昭和7年天竜一派の春秋園事件に参加、大日本相撲協会を脱退し、10年引退した。幕内成績217勝147敗6分。その後、巡業先の満州で死去した。

大庭 武年　おおば・たけとし

推理作家

明治37年（1904年）9月7日～昭和20年（1945年）8月10日

生静岡県浜松市　出満州　学早稲田大学文学部卒　歴満州日報記者時代の昭和5年「十三号室の殺人」が「新青年」の懸賞小説に入選する。以後映画化された「港の抒情詩」、「小盗児市場の殺人」などを発表するが、12年「ぷろふいる」に発表した「舞姫失踪事件」を最後に、わずか10編足らずで筆を絶った。

大庭 政世　おおば・まさよ

農民運動家　我が国初の産業組合病院の創設者

明治15年（1882年）2月14日～昭和14年（1939年）3月20日

生島根県日原町　名旧姓・旧名＝小山　学京都府立農学校〔明治35年〕卒　歴明治36年より愛知県立農業試験場の技師を務める。41年に帰郷し、大正7年青原村産業組合長。8年日本初の産業組合病院である青原組合病院を創設、立ち後れている農村部の医療事業推進のために産業組合を活用することを説いた。13年からは助産事業も展開。その後、産業組合や各団体の役員を歴任、それらの実績から、昭和5年産業組合中央会島根支会講師を依嘱され、各地で講演活動を行った。6年には有限責任石西利用組合共存病院の創立理事となり、次いで共存病院の組合長に就任するが、14年公務のため上京する途中、名古屋で客死。著書に「農村産業組合経営論」などがある。

大橋 幹一　おおはし・かんいち

通信技術者　岩崎通信機社長

明治32年（1899年）2月9日～平成1年（1989年）7月10日

生岡山県窪屋郡倉敷村（倉敷市）　学六高卒、東京帝国大学電気工学科〔大正11年〕卒　工学博士〔昭和8年〕　歴大正11年逓信省に入省。工務局技師の傍ら、東京帝国大学講師を兼任し、昭和18年電気試験所長。19～20年電気通信学会会長。24年久我山大学学長となるが、25年同大の経営母体である岩崎通信機に入社し、33年社長に就任。44年会長、48年相談役。著書に「随筆 門」「人間探究一牛を尋ねて」がある。　賞秋山・志田記念賞（電気通信学会、第2回）〔昭和17年〕「継電器回路の記号的計算法・継電器回路網の組成理論」、帝国発明協会大賞〔昭和19年〕

大橋 進一　おおはし・しんいち

博文館社長　日本自由出版協会会長

明治18年（1885年）7月1日～昭和34年（1959年）11月29日

生新潟県　歴大橋新太郎の長男で、大橋佐平の孫。明治35年から祖父と父が興した博文館の副館主を務め、大正7年株式会社改組に際して3代目社長に就任。昭和21年日本自由出版協会の設立に際して初代会長に就任した。　家長男＝大橋太郎（博文館支配人）、父＝大橋新太郎（出版人・実業家）、弟＝大橋達雄（東京堂専務）、祖父＝大橋佐平（博文館創業者）、叔父＝大橋省吾（東京堂主人）

大橋 信吉　おおはし・しんきち

日本勧業銀行副総裁

明治16年（1883年）2月12日～昭和35年（1960年）7月7日

生岡山県窪屋郡倉敷村（倉敷市）　学東京帝国大学法科大学政治科〔明治44年〕卒　歴日本勧業銀行に入り、昭和3年理事、11年副総裁を歴任。20年9月に退職し、23年三光証券社長となる。

大橋 新太郎　おおはし・しんたろう

実業家　博文館創立者　貴族院議員（勅選）

文久3年（1863年）7月29日～昭和19年（1944年）5月5日

生越後国長岡（新潟県長岡市）　歴明治14年父と「北越新聞」を発行した後、「越佐毎日新聞」を創刊、また大橋書店を経営。19年上京し、20年父と共に本郷弓町に博文館を創設、「日本大家論集」を発行、続いて「日本之商人」「日本之殖産」「日本之女子」「日本之教学」など雑誌を次々創刊して成功した。28年には「太陽」「少年世界」「文芸倶楽部」などを創刊。34年父の死で館主となり、父の遺志を継いで日本初の私立図書館・大橋図書館を創立、大橋育英会も興し、貸費生を養った。また早大、慶応義塾大学図書館など7団体に金1000円を寄付した。35年衆議院議員に当選、38年東京商業会議所副会頭、39年中国に渡り、東亜製粉、南満製粉、満豪毛織などを創立、社長となった。また朝鮮興業、大日本麦酒、日本硝子などの会長

を務め、さらに王子製紙、白木屋、三共製薬、三井信託など
の役員となり、関係会社70余社に及んだ。大正15年勅選貴族
院議員、東京商業会議所特別議員、昭和10年日本工業倶楽部
理事長となり、14年同評議員会会長となった。　家父＝大橋
佐平（博文館創立者）、長男＝大橋進一（博文館社長）、四男＝
大橋達雄（東京堂専務）、義弟＝大橋光吉（共同印刷社長）

大橋 清太郎　おおはし・せいたろう
俳人 衆議院議員
明治15年（1882年）11月〜昭和37年（1962年）11月25日
出東京都　学国民英語学会英文科卒　歴東京市議、東京府議
を経て、昭和10年代に衆議院議員に当選2回。

大橋 達雄　おおはし・たつお
東京堂専務 日本出版配給専務
明治38年（1905年）5月26日〜昭和29年（1954年）10月13日
生東京都　学東京帝国大学経済学部卒　歴大橋新太郎の四男
で、大橋進一の弟。王子製紙勤務を経て、昭和8年東京堂に入
社して専務。16年日本出版配給の設立後は同社専務として采
配を振るった。戦後は出版界から遠ざかり、神崎製紙、大日
本図書などの取締役を務めた。　家父＝大橋新太郎（出版人・
実業家）、兄＝大橋進一（博文館社長）、祖父＝大橋佐平（博文
館創業者）、叔父＝大橋省吾（東京堂主人）

大橋 忠一　おおはし・ちゅういち
外務次官
明治26年（1893年）12月8日〜昭和50年（1975年）12月14日
出岐阜県　学東京帝国大学英法科〔大正7年〕卒　歴大正7年
外務省に入省。昭和7年3月満州国外交部総務司長、6月同部次
長、12年同国外務局長官などを経て、15年本省に戻り外務次
官。16〜17年蒙古連合自治政府最高顧問。戦後の27年、衆議
院議員に当選。以来連続3期務める。34〜36年駐カンボジア
大使。

大橋 八郎　おおはし・はちろう
通信次官 貴族院議員（勅選）俳人
明治18年（1885年）12月19日〜昭和43年（1968年）6月4日
生富山県射水郡高岡町（高岡）　名号＝大橋越央子　学東
京帝国大学法科大学政治科〔明治43年〕卒　歴明治43年通信
省に入り、郵務局長、経理局長を経て、通信次官となる。昭
和11年1月岡田内閣の法制局長官となったが、二・二六事件に
より辞職。次いで翌12年2月林内閣の書記官長兼内閣調査局長
官となり、同年6月辞職。その後、日本無線電信社長、国際電
気通信社長を歴任。この間、11年9月貴族院議員に勅選され、
21年6月までその任にあった。20年日本放送協会会長となり、
天皇陛下の終戦詔勅の録音盤を死守した。21年公職追放、26
年解除。33〜40年日本電信電話公社総裁。傍ら4年頃から高浜
虚子、富安風生に師事し、9年「ホトトギス」同人、23年「若
葉」同人となり、両誌の同人会長を長く務めた。句集に「野
梅」「市谷台」などがあり、没後「大橋越央子句集」が刊行さ
れた。

大橋 治房　おおはし・はるふさ
労働運動家 大阪府議
明治29年（1896年）7月9日〜昭和51年（1976年）6月17日
生大阪府東成郡榎本村放出（鶴見区）　学早稲田大学政経科
〔大正12年〕卒　歴早大時代から労働運動に入り、大正15年労
働農民党に参加し、のちに共産党に入る。その後多くの労働
運動を指導した。昭和7年社会自由党を結成、次いで大日本
国家社会党に移って、12年大阪府議となる。その後大日本青
年党などに入り、戦後は大阪府議として議長なども務め、自
民党に所属した。

大橋 松平　おおはし・まつへい
歌人
明治26年（1893年）9月5日〜昭和27年（1952年）4月28日
生大分県日田町　歴23歳の頃から作歌をはじめ、大正5年白日
社に入り、のちに創作社に入る。昭和6年上京して改造社に入
り「短歌研究」編集長に就任。出版部長を務め、戦後「短歌
往来」を共同編集、のち「短歌声調」を発行。11年歌集「門
川」を刊行。戦後は「都麻手」を主宰した。他の著書に「幼
学」「淡墨」などがある。

大橋 裸木　おおはし・らぼく
俳人
明治23年（1890年）8月9日〜昭和8年（1933年）8月8日
生大阪府大阪市　名本名＝大橋鎮、旧姓・旧名＝猿田　学市
岡中卒　「宝船」「倦鳥」などに俳句を発表し、大正10年「層
雲」に参加。14年「人間を彫る」を刊行、以後「生活を彩る」
「四十前後」「海国山国」の句集がある。

大橋 了介　おおはし・りょうかい
洋画家
明治28年（1895年）1月3日〜昭和18年（1943年）12月31日
生滋賀県　学本郷洋画研究所　歴大正8年上京し、本郷洋画研
究所に学ぶ。14年本郷絵画展覧会に入選し、昭和2年渡欧する。
3年頃からサロン・ドートンヌ、サロン・デ・テュイルリー、
アンデパンダン展に出品する。6年春台展に出品、帝展にも入
選。8年帰国し、9年春台賞を受賞した。　賞春台展春台賞〔昭
和9年〕

大畑 達雄　おおはた・たつお
大畑書店創業者 日本評論社編集部長
明治23年（1890年）〜昭和10年（1935年）9月24日
生茨城県真壁郡黒子村（筑西市）　学早稲田大学卒　歴茨城県
黒子村（現・筑西市）の豪農の家に生まれ、早稲田大学を優秀
な成績で卒業して日本評論社に入る。編集部長として「社会
経済体系」「現代法学体系」など多くの出版物を刊行。昭和7
年独立して大畑書店を創業、処女出版は今中次麿「現代独裁
政治学概論」。8年結核のため中野療養所に入院、10年45歳で
亡くなった。この間、約2年間に平野義太郎、長谷川如是閑、
鈴木安蔵、戸坂潤、笠信太郎らの著作44点を次々と刊行、中
でも滝川幸辰「刑法読本」は発行後10ケ月を経て発売禁止と
なり、滝川事件の端緒となった。ダーウィン「人間の由来」の
訳書もある。

大林 宗嗣　おおばやし・むねつぐ
社会事業研究家
生年不詳〜昭和19年（1944年）9月26日
歴著書に「共栄圏民族の厚生文化政策」「現代日本児童問題文
献選集」など。

大原 重明　おおはら・しげあきら
雅楽家 伯爵 宮内省歌御会講頌御人数
明治16年（1883年）12月3日〜昭和36年（1961年）2月20日
生東京都　学東京帝国大学文科大学国文科〔明治40年〕卒　歴
宇多源氏庭田家の分流で、代々御神楽の儀式での歌唱を家業
とする大原家に生まれる。明治42年宮内省歌御会講頌御人数
に任ぜられてより、昭和25年歌会始まで、披講の発声や講頌の
役を務め、以後33年まで歌会始の講頌控の役にあった。この
間、大正15年大喪使祭官を務め、昭和3年には即位礼後一日賢
所御神楽ノ儀で秘曲を奉奏した。また、大正11〜14年貴族院
議員。著書に「歌会の作法」など。　家父＝大原重朝（伯爵）

大原 清之助　おおはら・せいのすけ
小児科学者 熊本医科大学教授

明治18年（1885年）8月9日〜昭和26年（1951年）5月4日
[生]宮城県仙台市 [専]伝染病学, 細菌学 [学]九州帝国大学医科大学〔大正1年〕卒 医学博士〔大正12年〕 [歴]大正2年九州帝国大学衛生学教室に入り疫痢病原の研究に取り組む。3年小児科を経て、5年関東都督府医院小児科医長となり、10年宮崎県立病院小児科部長、13年青森県立病院小児科部長、昭和3年熊本医科大学教授、6〜8年欧米に留学。16〜18年熊本医科大学附属医院長、21年定年退官。この間、大正3年九州帝国大学在籍中に疫痢病原菌を発見。箕田貢が発見した病原菌と同種かどうか学界で論争されたが、同一種と分かり"大原・箕田菌"と呼ばれた。昭和6年には箕田とともに日本細菌学会浅川賞を受賞した。著書に「小児肺炎の診療」「小児赤痢様疾患予後と療法」がある。 [賞]浅川賞〔昭和6年〕

大原 総一郎　おおはら・そういちろう
実業家 社会・文化事業家 倉敷紡績社長
明治42年（1909年）7月29日〜昭和43年（1968年）7月27日
[生]岡山県倉敷市新川町 [学]東京帝国大学経済学部〔昭和7年〕卒 経済学博士〔昭和36年〕 [歴]倉敷紡績のほか大原社会問題研究所、大原美術館などを創設した孫三郎の長男。昭和7年倉敷絹織（現・クラレ）に入社。欧州外遊のあと、13年常務、14年社長、16年から倉敷紡績社長も兼ねる。18年父の死後、大原農研、大原社研、大原美術館などの事業も継承。22年請われて物価庁次長に就任、23年倉敷絹織社長に復帰。25年、桜田一郎京大教授が発明した国産合成繊維ビニロンの企業化に成功、38年にビニロンプラントを中国へ輸出し反響を呼んだ。39年池田内閣のとき国民生活審議会会長となり「公害は企業の責任で解消すべきである」という正論をまとめたが容れられなかった。版画の棟方志功、陶芸の富本憲吉らを育て励ます一方、"美しい国土"を守る運動を進めた。財界活動では関西経済連合会副会長を務めた。 [家]父＝大原孫三郎（倉敷紡績社長）, 長男＝大原謙一郎（クラレ副社長）, 祖父＝大原孝四郎（倉敷紡績創業者）, 女婿＝犬養康彦（共同通信社長）, 正田修（日清製粉社長）

大原 昇　おおはら・のぼる
大審院検事
明治23年（1890年）4月〜昭和9年（1934年）4月25日
[出]兵庫県 [学]東京帝国大学卒 [歴]司法省に入省。大正10年東京地裁民事部長、司法省書記官、官房保護課長を経て、昭和6年大審院検事。

大原 孫三郎　おおはら・まごさぶろう
実業家 社会・文化事業家 倉敷紡績社長
明治13年（1880年）7月28日〜昭和18年（1943年）1月18日
[生]岡山県窪屋郡倉敷村（倉敷市） [学]東京専門学校（現・早稲田大学）中退 [歴]倉敷紡績所初代頭取・大原孝四郎の二男。明治39年父の後を継いで倉敷紡績社長と倉敷銀行頭取に就任。以来、順調に業績を伸ばす一方、電力を確保するために備北電気、備作電気、中国水力電気などを設立し、資金調達のために地元銀行を糾合して第一合同銀行（現・中国銀行）を創業した。大正15年には人絹製造事業に乗り出し、倉敷絹織（現・クラレ）を設立して繊維事業の多角化に成功。これらの合理的経営により関西財界屈指の実力者となった。一方、社会問題にも積極的に取り組み、自社の職工の労働環境と待遇を改善した他、自身も600ヘクタール余りの土地を保持する大地主であったことから、明治43年地作小作問題の解決と農事改良を目的に大原家奨農会（のち大原農業研究所, 現・岡山大学資源植物科学研究所）を設立。大正年間に入り社会運動が高まりを見せる中で、社会問題の根本的な解決をはかるため、8年私財を投じて大原社会問題研究所（現・法政大学大原社会問題研究所）を開設。所長の高野岩三郎をはじめ、森戸辰男、櫛田民蔵、細川嘉六、大内兵衛ら新進気鋭の学者を招き、大正から昭和にかけて労働運動・社会問題・経済学研究のメッカとして大きな成果を上げた。また、文化面でも児島虎次郎や川島理一郎ら洋画家を保護し、10年倉敷文化協会を結成。児島らに依頼して西洋の名画を収集させ、昭和5年我が国初の本格的西洋美術館である大原美術館を建設した。晩年には柳宗悦らの民芸運動にも理解を示し、昭和11年柳らの日本民芸館設立を支援するなど、一貫して蓄積した財産を社会や地域文化のために還元しつづけた。14年倉敷紡績・倉敷絹織社長を退任。 [家]長男＝大原総一郎（倉敷紡績社長）, 孫＝大原謙一郎（クラレ副社長）, 父＝大原孝四郎（倉敷紡績創業者） [勲]紺綬褒章〔大正9年〕, 勲三等瑞宝章〔昭和5年〕

大平 賢作　おおひら・けんさく
住友銀行会長
明治13年（1880年）2月8日〜昭和28年（1953年）12月17日
[生]新潟県南魚沼郡六日町 [学]東京高等商業学校（現・一橋大学）専攻部銀行科〔明治37年〕卒 [歴]明治37年農商務省海外実習練習生、東亜同文書院商務課教授として上海へ渡り、39年帰国。同年住友銀行に入行し外国係。大正4年本店営業部副長、7年ロンドン支店支配人、12年本店支配人、14年取締役を経て、15年常務、のち代表取締役に就任。昭和13年専務・銀行代表、16〜20年会長。この間、6年昭和銀行取締役、三州平和銀行取締役、8年住友ビルディング取締役、13年住友本社取締役・理事、14年住友生命保険取締役、19年大阪住友海上火災保険会長なども務めた。22年公職追放指定を受け、26年解除された。

大平 善蔵　おおひら・ぜんぞう
弓道家
明治7年（1874年）10月12日〜昭和27年（1952年）11月27日
[生]福島県会津若松市 [名]号＝射仏, 素号 [歴]日置流道雪派鈴木寿衛に師事して弓道を学んだ後、東京の尾州竹林派本多利実の門に入った。弓道に禅を採り入れ、大正中期、藤田霊斉に師事、呼吸法を導入、一呼吸一矢の原則を考案。また静座を奨励、弓座と称した。東京・大森の不入斗に大日本射覚院の道場を開き、雑誌「射覚」を発行した。範士10段。作家の子母沢寛ほか多くの弓界指導者を弟子に持つ。長男善治は弓道8段、三男善梧は剣道5段教士、一橋大名誉教授。 [家]長男＝大平善治（弓道家）, 三男＝大平善梧（国際法学者）

大平 得三　おおひら・とくぞう
衛生学者 九州帝国大学名誉教授 満州国民生部初代技監
明治15年（1882年）10月12日〜昭和37年（1962年）1月15日
[生]山形県 [学]京都帝国大学福岡医科大学（現・九州大学医学部）〔明治41年〕卒 医学博士（九州帝国大学）〔大正9年〕 [歴]京都帝国大学福岡医科大学衛生学教室で宮入慶之助に師事、大正2年助教授。米国留学を終え、9年大阪の東洋紡績衛生課長を務めた。14年に九州帝国大学に復帰し、教授として衛生学を担当、医学部長となった。この間、都市計画福岡地方委員。昭和14年退官、名誉教授。満州国民生部初代技監、奉天医科大学学長を経て、23年鹿児島医学専門学校校長、24年鹿児島県立大学医学部長、学長を歴任。禁酒禁煙運動でも知られた。著書に「耐乏生活と健康の大道」、訳書に「老衰の原因及其予防」などがある。 [家]三男＝大平昌彦（岡山大学名誉教授）

大藤 信郎　おおふじ・のぶろう
アニメーション作家
明治33年（1900年）6月1日〜昭和36年（1961年）7月28日
[生]東京市浅草区千束町（東京都台東区） [名]本名＝大藤信七郎 [歴]8歳で母を亡くし、姉の八重を親代わりとして育ち、また少年時代は体が弱く、家庭教師によって中学程度の教育を受けたという。18歳の時にアニメ作家の幸内純一に入門して動画を学び、大正15年自由映画研究所（のち千代紙映画社）を設

立。初めは定形の線描きでアニメを作っていたが、のち千代紙の活用を考案。その方法によって作られた「馬具田城の盗賊」「孫悟空物語」で高い評価を受け、昭和2年の黒白の影絵映画「鯨」や3年の「珍説吉田御殿」はソ連、フランスに輸出されて海外にもその名を知られた。その後も5年レコード同調式トーキー「黒猫ニャゴ」、7年フィルム式トーキー「沼の大将」、9年政岡憲三と組んだ「西遊記」「三羽の蝶」など製作形式や題材をいろいろと変えながら、次々と秀作を発表。しかし折からの経済不況や戦時体制のため次第に製作や劇場公開が困難になり、戦時中は文部省や海軍省の委託作品を手がけた。戦後、三幸映画社と組んで芥川龍之介原作の「蜘蛛の糸」をアニメ化してからは宗教的題材に近づき、長編影絵「大聖釈尊」や「アダムとイブ」「天の岩戸開き」「天孫降臨」などを製作。27年影絵に色セロファンを用いた自作のリメイク「くじら」がカンヌ国際映画祭でピカソに激賞され、同映画祭短編部門第2位に選ばれた。31年には「幽霊船」でベネチア記録映画祭特別賞を受賞。没後、姉の八重が毎日映画コンクールに基金を寄託し、アニメ映画賞・大藤賞が創設された。他の作品に「こがねの花」「だんごの行方」「空の荒鷲」「ハワイ・マレー沖海戦」「大国主命とイナバの白兎」、共作に「奴の凧兵・お供は強いね」などがある。

大洞 元吾　おおほら・げんご
映画監督
明治32年（1899年）3月3日～昭和50年（1975年）11月22日
[生]岐阜県厚見郡北島村（岐阜市）　[名]本名＝大洞元吉　[歴]明治45年梅屋庄吉のM・パテー商会現象所に入る。同年同商会は吉沢商店、横田商会、福宝堂と合併、日本活動写真となり、大正2年日活向島撮影所に転じ撮影助手。4年カメラマンとなり、7年のシベリア出兵に特派技師として従軍。10年「俠艶録」で監督デビュー。すべてサイレントで、11年以後「かたおもひ」「松風村雨」「破れ三味線」、12年「夫恋し」「夜明け前」「落日の峠」、日活京都で「謎の花婿」「青春を賭して」などを作った。昭和16年桜映画社を主宰、陸軍関係の映画を製作した。新藤兼人監督が師の溝口健二の生涯を描いたドキュメンタリー「ある映画監督の生涯」（50年）に出演して日活向島時代の思い出を語っている。

大曲 駒村　おおまがり・くそん
浮世絵研究家　古川柳研究家　俳人　「浮世絵志」主幹
明治15年（1882年）10月8日～昭和18年（1943年）3月24日
[生]福島県相馬郡小高町（南相馬市）　[名]本名＝大曲省三、別号＝草彩庵　[学]桑野中〔明治30年〕中退　[歴]明治33年小高銀行、大正7年山入銀行を経て、10年上京。12年安田貯蓄銀行に勤めたが、15年退職。この間、明治32年頃から正岡子規門下で俳句を始める一方、浮世絵と古川柳の研究に従事。昭和3年雑誌「浮世絵」、4年「浮世絵志」を創刊。著書に「枯檜庵句集」「東京灰燼記」「川柳岡場所考」「末摘花通解」「川柳辞彙」などがある。

大舛 松市　おおます・まついち
陸軍大尉
大正6年（1917年）8月6日～昭和18年（1943年）1月13日
[出]沖縄県与那国島　[学]陸士卒　[歴]昭和18年25歳の時にガダルカナル島で戦死。沖縄県人として初めて個人感状を授けられ、「大舛大尉につづけ」の合い言葉ができた。

大亦 観風　おおまた・かんぷう
日本画家　歌人
明治27年（1894年）9月27日～昭和22年（1947年）10月22日
[生]和歌山県和歌山市広瀬舟場丁　[名]本名＝大亦新治郎　[学]日本美術院洋画部卒　[歴]寺崎広業、小室翠雲に師事し、日本画を学ぶ。日本的墨絵主張の個人展を東京、大阪で5回開催。大

東南宗院委員。また、短歌を古泉千樫に師事し、歌誌「青垣」創刊同人。昭和21年抒情短歌社を興し歌誌「抒情短歌」創刊主宰。随筆、評論の執筆多数。作品に永平寺傘松閣天井画「寒椿」、「紀州行脚日記絵巻」（2巻）「良寛の図」「万葉集画撰」、著書に「万葉集画撰」などがある。

大亦 墨亭　おおまた・ぼくてい
日本画家
明治12年（1879年）5月16日～昭和26年（1951年）
[生]京都　[名]本名＝大亦薫太郎　[歴]京都美術協会展、日本美術協会展や、全国絵画共進会、内国勧業博覧会などで受賞。京都後素協会会員、巽画会会員となる。大正4年第9回文展に「涼風」で初入選。5年第10回文展、昭和5年第11回帝展で入選。主な作品に「莞渚群鶴」「銀杏の嫩葉」など。花鳥画を得意とした。

大間知 篤三　おおまち・とくぞう
民俗学者　建国大学教授
明治33年（1900年）4月9日～昭和45年（1970年）2月26日
[生]富山県富山市　[学]東京帝国大学文学部独文学科〔昭和3年〕卒　[歴]東京帝国大学在学中、新人会に入り学生運動を指導したが、昭和3年三・一五事件に連座、検挙され、後転向。8年柳田国男主宰の郷土生活研究所に入り、「山村調査」「海村調査」に参加、民間伝承の会（後の日本民俗学会）創立に参画した。14年満州の建国大学講師として赴任、助教授、教授となった。この間、満州原住民のダホール・ゴルジ族のシャーマニズム調査を試みた。引き揚げ後の23年から民俗学研究所に入り、26年理事。「八丈島」「常陸高岡村民俗誌」などを刊行、伊豆諸島の族制、婚姻に関する研究を進めた。一方、東京女子大、中央大などでも民俗学を講じた。他の著書に「日本家族制度の研究」「婚姻の民俗学」「伊豆諸島の社会と民俗」、「大間知篤三著作集」（全6巻、未来社）がある。

大宮 智栄　おおみや・ちえい
尼僧　善光寺上人　浄土宗大僧正
明治18年（1885年）6月1日～昭和59年（1984年）7月5日
[出]京都府　[歴]旧華族大宮以季の娘として生まれ、明治30年に12歳で得度。同33年に大本願入り。同45年に副住職、大正元年10月、119世善光寺上人・大本願住職に就任した。昭和7年台湾善光寺を開設。13年から京都・光照院門跡を兼務するなど、全国で布教活動を続けた。36年10月、終身制の伝統を破って善光寺上人・大本願住職を引退した。この間、全日本仏教尼僧法団初代総裁や、仏教婦人救護会総裁などを務めた。[家]父＝大宮以季（華族）、姪＝大宮智真（尼僧）

大村 一蔵　おおむら・いちぞう
地質学者　帝国石油副総裁
明治17年（1884年）2月15日～昭和19年（1944年）1月29日
[生]鳥取県鳥取市　[専]石油地質学　[学]鳥取一中〔明治35年〕卒、五高〔明治40年〕卒、東京帝国大学理科大学地質学科〔明治43年〕卒　[歴]学生時代、小説家の押川春浪が主宰したスポーツ愛好団体・天狗倶楽部に参加。明治43年下関の日本鉛鉱社を経て、45年宝田石油に入り、大正10年合併により日本石油地質課長、11年鉱山部鉱区課長、12年同部副部長、昭和13年取締役。17年帝国石油副総裁に就任したが、19年に亡くなった。13年石油技術協会会長、17年日本地質学会会長を務めた。我が国の石油地質学の第一人者で、日本列島の油田構造の発達史を論じた。著書に「石油地質学通論」「科学物語 世界の油田」「少国民のために 石油」などがある。

大村 卯七　おおむら・うひち
チェロ奏者
明治37年（1904年）3月6日～昭和54年（1979年）9月7日
[歴]ベルリン音楽大学でエマヌエル・フォイアマンに学ぶ。新

交響楽団から日本交響楽団を経て、NHK交響楽団に改称したのちも長く在団して活動。昭和5年にはクリスタル弦楽四重奏団を組織するなど室内楽の分野でも活躍。多くのチェロ奏者を育成した。

大村 桂巌　おおむら・けいがん
宗教教育学者　大正大学教授
明治13年（1880年）2月10日〜昭和29年（1954年）10月2日
[生]滋賀県愛知郡葉枝見村三ツ谷　[学]東京帝国大学文科大学哲学科教育学専攻〔明治43年〕卒　[歴]明治44年浄土宗第五教区宗教学校長、尼衆学校長となり、浄土宗専門学校講師を兼任。翌年東山小学校長、大正5年淑徳高等女学校教頭、千代田女子専門学校講師兼任。14年宗教大教授、陸軍教授に補せられ陸軍士官学校附となり、翌年宗教大が大正大学と改称し同大教授。昭和6年三井清泉学寮幹事長、12年陸軍教授を退任して芝中学校長となり、17年大正大文学部長を経て、23年から1年間大正大学長を務めた。24年名誉教授。26年宝仙短期大学教授。この間大正6年第1回汎太平洋仏教青年会会議議長として渡米した他、中国などの教育・宗教事情を視察。また11年住職であった東運寺を杉並の釜寺と合併し、昭和4年勢至寮を開設して人材の育成に努めた。同年雑誌「教育と宗教」、11年「晩鐘」を創刊した他、「教育学術界」「大法輪」などにも論文を発表、宗教教育の理念と実践に関して先駆的役割を果たした。著書に「教育学汎論」「宗教教育講座」など。

大村 清一　おおむら・せいいち
文部次官
明治25年（1892年）5月4日〜昭和43年（1968年）5月24日
[生]岡山県　[学]京都帝国大学法科大学独法科〔大正6年〕卒　[歴]内務省に入省。昭和10年長野県知事、11年内務省地方局長、12年警保局長、同年社会局長官を経て、13年再び長野県知事。同年神奈川県知事に転じ、14年阿部内閣の文部次官となった。15年退官。17〜18年東京市助役。18年日本育英会の初代理事長。20年再び文部次官。戦後は21年の第一次吉田内閣の内相となる。22年の総選挙に岡山から当選、以後6期を務める。29年第一次鳩山内閣の防衛庁長官。[家]長男＝大村襄治（衆議院議員）、岳父＝本多静六（森林学者）

大村 卓一　おおむら・たくいち
満鉄総裁
明治5年（1872年）2月13日〜昭和21年（1946年）3月5日
[生]福井県　[学]札幌農学校〔明治29年〕卒　[歴]北海道炭鉱鉄道会社で技師を務めた。鉄道国有化ののち鉄道庁に入り、大正7年鉄道監察官。その後も一貫して鉄道に関わり、シベリア鉄道管理官・山東鉄道事務所長・朝鮮鉄道局長・関東軍交通監督部長などを歴任し、昭和10年南満州鉄道（満鉄）副総裁（総裁は松岡洋右）となる。次いで14年には満鉄総裁に就任。18年に同退任後は満州国大陸科学院長。

大村 直　おおむら・なおし
衆議院議員
明治13年（1880年）10月〜昭和38年（1963年）10月20日
[出]静岡県　[学]早稲田大学修了　[歴]静岡県大場郵便局長、中郷村会議員、同村長、静岡県議、興亜化学工業取締役などを歴任。昭和17年衆議院議員に当選。

大村 能章　おおむら・のうしょう
作曲家
明治26年（1893年）12月13日〜昭和37年（1962年）1月23日
[生]山口県防府市　[名]本名＝大村秀弐　[歴]16歳で横須賀海兵団の海軍軍楽隊に入隊し、コルネットを担当。大正4年除隊後は郷里で家業の米穀商を手伝う傍ら、独学で音楽を続けた。7年海峡オーケストラを組織してその指揮者となり、11年門司鉄

道局に入ってからは仲間とともに門鉄オーケストラを結成し、リーダー格として指導などに当たった。15年上京して松竹管弦楽団に参加し、バイオリン奏者に転向。昭和4年フリーの作曲家として独立してからは各社でレコード歌謡の作曲に従事、"能章ぶし"とよばれる和洋合体調の歌謡曲を数多く手がけ、東海林太郎が歌った「旅笠道中」「野崎小唄」や新橋喜代三「明治一代女」がヒット。戦前期には中山晋平、古賀政男、江口夜詩と"歌謡界の四天王"と並び称された。「旅笠道中」「明治一代女」などの作詞を手がけた藤田まさととは名コンビとして知られ、藤田作詞の戦時歌謡「麦と兵隊」（13年）も戦時下で多くの人に歌われた。また、戦中期の軍歌の中でもとりわけ人口に膾炙している「同期の桜」（詞・西条八十）もその手による。一方、歌手の育成にも力を注ぎ、6年日本初の歌謡教室といわれる日本歌謡学院を設立して学院長に就任、音丸、榎本美佐江、菊池章子、織井茂子らを育てた。

大本 貞太郎　おおもと・さだたろう
実業家　伊予鉄道電気副社長　衆議院議員
明治19年（1886年）4月18日〜昭和19年（1944年）4月29日
[生]愛媛県松山市　[学]松山中中退　[歴]愛媛県議、同副議長や伊予新報社社長、伊予鉄道電気副社長を歴任。昭和7年から衆議院議員に連続3選。

大本 百松　おおもと・ひゃくまつ
実業家　大本組創業者
明治24年（1891年）2月17日〜昭和36年（1961年）8月9日
[生]岡山県浅口郡鶴新田村（倉敷市）　[学]西ノ浦尋常高小〔明治38年〕卒　[歴]明治40年16歳の若さで土木請負業の大本組を設立。備後船渠の技師長であった三上英果の知遇を得、大正7年兵庫県相生に本社を置く。以後、播磨造船所の指定請負人などを務めて経営の基盤を固め、昭和8年には本社を岡山市に移転、12年には同組を株式会社に改組して社長に就任。太平洋戦争中には戦時体制の強化に乗じて業務を拡大し、函館船渠株式会社室蘭ドックや陸海軍省宇品ドックの建設を担当。戦後も圧気潜函工法やポンプ船のディーゼル化などの新工法を用いて工事に当たり、社を発展させた。[家]養子＝大本栄一（大本組社長）　[勲]紺綬褒章〔昭和18年〕

大森 詮夫　おおもり・あきお
社会運動家　弁護士
明治36年（1903年）2月28日〜昭和18年（1943年）3月9日
[生]岡山県岡山市上西川町　[学]中央大学〔昭和5年〕卒　[歴]昭和5年弁護士となって布施辰治事務所に入る。解放運動犠牲者救援弁護団設立に参加し、労働・農民運動の法廷闘争をする。8年検挙されるが、13年再び弁護士となった。

大森 佳一　おおもり・かいち
男爵　島根県知事　貴族院議員
明治16年（1883年）8月2日〜昭和20年（1945年）3月25日
[出]静岡県　[学]東京帝国大学法科大学政治科〔明治42年〕卒　[歴]内務総務長官、貴族院議員を歴任した大森鍾一の長男。昭和2年家督を相続し、男爵を襲爵。3年群馬県知事、4年島根県知事。6年貴族院議員。9年内務政務次官。[家]長男＝大森俊一（東京理科大学教授）、父＝大森鍾一（内務総務長官・男爵）、義弟＝中川望（大阪府知事・貴族院議員）、池田宏（神奈川県知事）、児玉九一（厚生次官）、永井浩（熊本県知事）、重成格（鹿児島県知事・参議院議員）

大森 研造　おおもり・けんぞう
会計学者　九州帝国大学教授
明治21年（1888年）11月〜昭和11年（1936年）2月19日
[出]香川県　[学]京都帝国大学卒　[歴]住友銀行勤務を経て、母校・京都帝国大学助教授となり、大正12年欧米に留学。14年帰国

して九州帝国大学教授に就任、のち法文学部長を務めた。

大森 禅戒　おおもり・ぜんかい
僧侶 仏教学者 曹洞宗管長
明治4年(1871年)7月14日～昭和22年(1947年)2月4日
［生］福井県坂井郡丸岡町　［名］別号＝活竜　［学］曹洞宗大学林〔明治29年〕卒　［歴］明治18年に福井県丸岡の台雲寺(曹洞宗)の住職・大森董戒のもとで得度。29年曹洞宗大学林を卒業後、宗門留学生として比叡山や高野山などで学ぶ。32年曹洞宗大学林の学監兼教授となり、37年には海外留学生に選ばれて米国・英国・ドイツで宗教制度や宗教哲学・比較宗教学を研究した。44年に帰国後、埼玉県の宝泉寺や山梨県の慈照寺などの住職を経て、大正13年に曹洞宗の教学部長となり、昭和9年には駒沢大学学長に就任。さらに15年には曹洞宗の第17代管長に昇り、18年からは同宗の本山である横浜の総持寺や福井の永平寺の貫首を務めた。

大森 痴雪　おおもり・ちせつ
劇作家 劇評家
明治10年(1877年)12月13日～昭和11年(1936年)5月26日
［生］東京府日本橋区浜町(東京都中央区)　［名］本名＝大森鶴雄　［学］慶応義塾卒　［歴］大阪朝日新聞、大阪毎日新聞の記者を経て、大正6年松竹文芸部に入社。「藤十郎の恋」「秋成の家」など多くの脚本を発表し、関西劇団の座付作者の大御所となった。

大森 桐明　おおもり・とうめい
俳人
明治32年(1899年)3月3日～昭和16年(1941年)2月22日
［生］岡山県岡山市　［名］本名＝大森留郎　［学］六高卒、東京帝国大学工学部〔大正11年〕卒　［歴］福井高等工業学校教授を経て、昭和6年一高講師に就任。大須賀乙字、志田素琴に師事し「懸葵」「草上」などに投句。3年「草上」、7年「東炎」同人となる。正岡子規研究や俳諧史研究などの仕事もし、句集「高原」などの著書がある。

大森 義太郎　おおもり・よしたろう
経済学者 評論家 東京帝国大学経済学部助教授
明治31年(1898年)9月26日～昭和15年(1940年)7月28日
［生］神奈川県横浜市　［学］東京帝国大学経済学部〔大正11年〕卒　［歴］東京帝国大学経済学部助手、助教授となる。助手時代から向坂逸郎、土屋喬雄、有沢広巳らと交友関係を続け、新カント派からマルクス主義に接近、昭和2年鈴木茂三郎らと労農派結成に参加。同年「まてりありすむ・みりたんす」を「改造」に発表、気鋭のマルクス学者として注目される。3年の三・一五事件の影響で東京帝大を退職、以後、労農派の理論家として活動。12年の人民戦線事件で山川均、加藤勘十らとともに検挙され病気のため保釈されたが15年胃がんで死去。大学を辞めてからは、文筆で生計を立て、労農派の数少ない論客だった。平野義太郎、山田盛太郎とともに "マル経の三太郎" と呼ばれた。著書には「史的唯物論」「唯物史観」「唯物弁証法読本」などがある。

大森 亮順　おおもり・りょうじゅん
僧侶 仏教学者 天台宗宗務総長 大正大学学長
明治11年(1878年)12月～昭和25年(1950年)6月7日
［生］東京府浅草区(東京都台東区)　［学］天台宗東部大学黌〔明治43年〕卒　［歴］明治25年群馬県光巌寺で得度。38年天台宗大学講師、大正5年天台宗務庁総務。後、宗務総長となり昭和17年辞任。その間宗制改正、学制の確立、大正大学設立などに尽力、大正13年大正大学学長に就任。また昭和3年からは浅草寺住職を務め、戦後は東京大空襲で焼失した同寺の再建に貢献した。「天台宗講義録」「天台宗大観」などの編集刊行に携わり、明治45年天台宗宗典刊行会を組織、「伝教大師全集」を

刊行、昭和10年には「天台宗全書」を発刊した。

大屋 敦　おおや・あつし
実業家 住友化学社長
明治18年(1885年)9月5日～昭和45年(1970年)8月18日
［生］東京都　［学］東京帝国大学工科大学電気工学科〔明治43年〕卒　［歴］逓信省電気局技師から住友総本店に入り、日本板硝子取締役、住友合資の経理部長、総務部長を経て住友化学専務となり、昭和16年社長。他に住友アルミニウム製錬社長・会長、住友本社理事、軍需省顧問なども歴任した。戦後23年住友ベークライト会長、原子力産業会議副会長、日本発明振興協会会長、気象協会会長、科学技術庁顧問を兼ねた。著書に「産業人の原子力教室」「産業一路」などがある。

大屋 久寿雄　おおや・くすお
ジャーナリスト 日本放送協会海外局編成部長
明治42年(1909年)7月5日～昭和26年(1951年)12月22日
［生］福岡県嘉穂郡千手村(嘉麻市)　［学］成城高〔昭和5年〕卒, リヨン大学(フランス)文学部〔昭和7年〕中退　［歴］昭和5年成城高校を卒業して渡仏、フランスのリヨン大学文学部に学ぶが、7年パリで警察に捕まり国外追放となる。8年帰国して同盟通信社の前身である新聞連合社に入社。11年同盟通信社が発足、13年ハノイ特派員としてフランス領インドシナ(仏印)へ赴任、中国国民政府の要人であった汪兆銘のハノイ潜入をスクープし、14年の脱出工作に関与した。16年社会部次長、同年内信部社会主任、17年政経部次長待遇、18年編集局副参事を経て、19年日本放送協会に出向して海外局編成部長に就任。20年8月10日には日本のポツダム宣言受諾方針を軍や情報局の許可を得ずにいち早く伝えた対外放送に関わり、15日の敗戦の日はラジオ・トウキョウを通じてアジア各地の日本人向けに当時としては異例の自分の言葉で励まし続けた。同年11月同盟通信社解散に伴い新発足の時事通信社内信部長、21年事業局長兼図書室主幹、22年年鑑部長を兼務。著書に「バルカン近東の戦時外交」「仏印進駐記」「トルコ・政治風土記」「終戦の前夜」「戦争巡歴」などがある。

大宅 壮一　おおや・そういち
評論家
明治33年(1900年)9月13日～昭和45年(1970年)11月22日
［生］大阪府三島郡富田村(高槻市)　［名］筆名＝猿取哲　［学］三高文科乙類〔大正11年〕卒, 東京帝国大学文学部社会学科〔大正14年〕中退　［歴］小学校時代から盛んに少年雑誌へ投稿。大正7年茨城中学を中退。8年徳島大学での専門学校入学者検定試験(専検)に100人中唯一合格し、三高から東京帝国大学社会学科へ進む。在学中から社会主義に傾倒、13年日本フェビアン協会創立とともに主事。14年新潮社の嘱託として「社会問題講座」編集に従事、同年大学を中退。15年「文壇ギルドの解体期」を初めて署名入りで発表して評論家デビュー。昭和4年大木惇夫、戸田謙介らを擁して綜合翻訳団を組織、「千夜一夜物語」を集団で翻訳した。5年ナップ(全日本無産者芸術連盟)に参加。8年雑誌「人物評論」を創刊。14年理研映画常務製作部長、16年満州映画協会啓民映画部責任者、17年ジャワ映画公社理事長などを歴任。19年より農業に携わったが、戦後は猿取哲の筆名で評論活動を再開、25年より本名を用いる。30年「無思想人宣言」を発表、あらゆる党派から中立、"無思想" の立場で評論を行い、新聞・雑誌・ラジオ・テレビの全メディアを席巻して "マスコミの4冠王" と称された。造語の才も卓抜で "駅弁大学" "太陽族" "口コミ" "一億総白痴化" "恐妻" "男の顔は履歴書である" などの言葉を生み出した。青地晨、草柳大蔵、梶山季之らを組織してノンフィクション・クラブを作り、後進の指導にも力を注いだ。没後、膨大な雑誌コレクションをもとに大宅壮一文庫が開設された他、大宅壮一ノンフィクション賞が制定された。著書に「実録・天皇記」「蛙のこえ」「仮面と素顔」「世界の裏街道をゆく」「昭和怪物伝」「共産主

義のすすめ」「炎は流れる」(全3巻)のほか、「大宅壮一全集」(全30巻・別巻1, 蒼洋社)がある。 [家]妻＝大宅昌(大宅壮一文庫理事長), 三女＝大宅映子(ジャーナリスト)

大屋 徳城　おおや・とくじょう
仏教史学者 大谷大学教授
明治15年(1882年)7月20日〜昭和25年(1950年)11月25日
[生]福岡県三潴郡七ツ家村(柳川市)　[専]日本仏教史　[学]早稲田大学文学科哲学専攻〔明治39年〕卒 文学博士(東京帝国大学)〔昭和22年〕　[歴]真宗大谷派養福寺に生まれる。明治44年真宗大谷大学図書館長、大正7年臨済宗大学教授、昭和6年大谷大学教授を歴任。韓国、中国に渡り、日本仏教史、特に奈良仏教史についての研究で業績を残した。著書は「通俗仏典物語」「釈迦」「仏教各宗に於ける聖徳太子の信仰」「凝然国師年譜」「石山写経選」「三本対校三階仏法」(2冊)「寧楽古経選」(2冊)「寧楽刊経史」「日本仏教史研究」(全3巻)「金沢遺文」「高麗経蔵雕造攷」「寧楽仏教史論」「東大寺史」、「大屋徳城著作選集」(全10巻, 国書刊行会)など多数。

大谷 正男　おおや・まさお
宮内次官
明治16年(1883年)2月〜昭和42年(1967年)2月6日
[出]東京都　[学]東京帝国大学法科大学〔明治40年〕卒　[歴]大蔵省税関監視官、宮内省書記官、宮内大臣秘書官、宮内省参事官、宮内次官、皇太后大夫など歴任。昭和21年6月〜22年5月勅選貴族院議員。

大山 郁夫　おおやま・いくお
政治学者 社会運動家 政治家
明治13年(1880年)9月20日〜昭和30年(1955年)11月30日
[生]兵庫県赤穂郡上郡町　[名]旧姓・旧名＝福本郁夫　[学]早稲田大学政経学科〔明治38年〕, シカゴ大学卒, ミュンヘン大学卒　[歴]医者の二男として生まれ、17歳のとき大山家の養子となる。早大卒後、シカゴ大学、ミュンヘン大学へ留学。大正3年早大教授となり進歩的評論活動を展開、大学当局と対立して6年早大を去る。同年朝日新聞大阪本社論説委員となったが、米騒動をめぐる朝日の筆禍事件(白虹事件)を機に7年退社。10年に早大復帰、民人同盟会、文化会など学生団体を指導、12年には階級闘争説による「政治の社会的基礎」を出版、政治学に新しい分野を開いて注目された。昭和2年労働農民党の委員長に就任、このため再び早大を去る。5年衆議院選挙に出馬(東京5区)、雄弁術で平和、反戦を訴え大衆をひきつけ初当選。ファシズムの台頭に抵抗を続けたが、満州事変とともに運動の自由を失い自らも身の危険を感ずるようになり、13年3月柳子夫人を伴い横浜港からひっそり米国へ渡った。実質的な亡命で終戦までノースウェスタン大学で研究生活。22年帰国、東京・日比谷で歓迎国民大会が開かれ、早大教授に返り咲いた。戦時中から一貫して軍国主義を鋭く批判、亡命先の米国からも平和と自由を説き25年参議院議員に当選、革新勢力の長老として重きをなした。同年平和を守る会会長、26年世界平和評議会理事となり、以後平和運動に挺身した。同年スターリン国際平和賞を受賞。 [家]妻＝大山柳子(社会運動家), 息子＝大山聡(東京都立大学名誉教授)

大山 卯次郎　おおやま・うじろう
外交評論家
明治3年(1870年)3月12日〜昭和14年(1939年)7月19日
[生]徳島県徳島市　[学]東京高等商業学校(現・一橋大学)法学博士　[歴]外交官となり、大正14年サンフランシスコ総領事で退官。日本外交協会会員であった。著書に「奇談一束 阿弗利加土産」「米国政治組織及其活動」「強大な米国」。

大山 柏　おおやま・かしわ
考古学者 公爵 大山史前学研究所代表 貴族院議員
明治22年(1889年)6月2日〜昭和44年(1969年)8月20日
[生]東京都　[出]鹿児島県　[専]先史学　[学]陸士(第22期)〔明治43年〕卒 文学博士(慶応義塾大学)〔昭和22年〕　[歴]大山巌元帥の二男。陸軍大学校図書室に勤め戦史研究に従事。小金井良精、松村瞭らの指導で先史学を研究。大正5年公爵を襲爵。12年渡欧、H・オーベルマイヤーらに師事し、旧石器時代の研究とヨーロッパ先史学を学んだ。帰国後の15年青山の邸内に大山史前学研究所を設立。昭和2年陸軍少佐、3年退役。4年史前学会を興し「史前学雑誌」を発刊、関東地方縄文文化編年研究などに従事。神奈川県勝坂遺跡の調査で縄文中期の打製石斧を土掘りの用具と推定した。ヨーロッパ先史学の紹介と日本の旧石器について体系化を図ったが、果たさぬまま18年軍務に復帰、のち施設、文献などすべて空襲に焼かれた。戦後は那須で農場を経営。著書に「基礎史前学」「欧州旧石器時代」「史前芸術」「戊辰役戦史」(上, 下)などがある。 [家]父＝大山巌(陸軍大将・元帥), 長男＝大山梓(外交史学者)

大山 清子　おおやま・きよこ
オマーン元国王と結婚した日本人女性
生年不詳〜昭和14年(1939年)11月
[歴]神戸税関に勤めていた昭和10年、観光のため来日していたオマーンのタイムール元国王(昭和7年国王を退位)にダンスパーティーで見初められ、求婚を受けた。母親の反対に遭うが、元国王は"日本で永久に暮らすために身の回りを整理してくる"と帰国し、半年後に再び求婚されたことから、家族の許しも得て、11年19歳で結婚。12年にはブサイナ王女が生まれたが、元国王が一時帰国していた14年に腎盂炎で急逝した。15年元国王は王女を連れて帰国し、太平洋戦争の勃発により交流は途絶えた。53年王女が母親の墓参のために来日した。 [家]夫＝タイムール元国王, 長女＝ブサイナ王女

大山 斐瑳麿　おおやま・ひさまろ
衆議院議員
明治10年(1877年)9月〜昭和25年(1950年)2月8日
[出]岡山県　[学]日本法律学校卒　[歴]函館煙草販売所長、煙草元売捌常務を経て、昭和7年衆議院議員に当選1回。政友会に所属した。

大横田 勉　おおよこた・つとむ
水泳選手 ロサンゼルス五輪銅メダリスト
生年不詳〜昭和45年(1970年)
[学]修道中卒, 明治大学　[歴]広島県の修道中から明大に進む。昭和7年ロサンゼルス五輪競泳400メートル自由形に出場、優勝候補に挙げられていたが、現地で体調を崩し、銅メダルに終わった。

大類 伸　おおるい・のぶる
歴史学者 東北帝国大学名誉教授
明治17年(1884年)2月22日〜昭和50年(1975年)2月27日
[生]東京市神田区(東京都千代田区)　[専]西洋中世史, 日本城郭史　[学]東京帝国大学文科大学史学科〔明治39年〕卒, 東京帝国大学大学院〔大正4年〕修了 文学博士(東京帝国大学)〔大正4年〕　[賞]帝国学士院会員〔昭和12年〕　[歴]大学卒業後ドイツ、フランス、イタリアに2年間留学。帰国後大正4年「日本城郭の研究」で文学博士。5年東京帝国大学講師、10年助教授を経て、13年東北帝国大学教授となった。昭和12年帝国学士院会員、19年定年退官、名誉教授。戦後、日本女子大教授、明治大学教授となった。西洋中世史を中心に古代から近代、また日本史と研究は広範囲にわたった。著書に「西洋中世の文化」「西洋史新講」「ルネサンス文化の研究」「ルネサンスの問題」「日本城郭史」「桃山の春」などがある。

大和田 悌二　おおわだ・ていじ

通信次官　日本曹達社長
明治21年(1888年)11月23日～昭和62年(1987年)10月18日
[出]大分県宇佐郡　[名]旧姓・旧名＝上畑、雅号＝経抱甕子　[学]京都帝国大学英法科〔大正4年〕卒　[歴]通信省に入り、札幌通信局海事部長、名古屋通信局長などを経て、昭和11年電気局長となり、電力の国家管理を推進、日本発送電株式会社設立に力を尽くした。12年通信次官。また、戦中、戦後17年間にわたり、日本曹達社長として同社の経営に当たった。39年日本電信電話公社経営委員長。著書に「電力国家管理論」がある。　[勲]勲二等旭日重光章〔昭和15年〕

丘 浅次郎　おか・あさじろう

動物学者　東京高等師範学校名誉教授
明治1年(1868年)11月18日～昭和19年(1944年)5月2日
[生]遠江国長上郡掛塚(静岡県磐田市)　[専]水生動物学、進化論　[学]帝国大学理科大学動物学科選科〔明治22年〕修了　理学博士〔明治28年〕　[賞]帝国学士院賞〔大正14年〕　[歴]明治24年ドイツへ留学、フライブルク大学でA.ワイスマン、ライプツィヒ大学でK.ロイカルトに師事。27年帰国、28年山口高校教授を経て、30年東京高等師範学校教授。昭和4年定年退官。大正14年帝国学士院会員。主に水生生物のホヤ類及びヒル類の比較形態学などを専門としたが、一般には「進化論講話」(明治37年)などを通じて進化論の啓蒙者として名高く、同書は当時の大ベストセラーとなった。また、語学にも才能を発揮して12ケ国語に通じていたといわれ、国際共通語の必要性を感じて自身で"ジ・レンゴ"と名付けた、ラテン語をベースにした独自の言語体系を作り上げたが、同じ考えに基づくエスペラントの存在を知るとこれの日本最初の学習者となり、我が国へのエスペラントの最初の紹介者となった。他の著書に「生物学講話」「最新遺伝論」「猿の群から共和国まで」などがある。　[家]三男＝丘英通(動物学者)、五男＝丘直通(心理学者)、岳父＝岩村通俊(北海道庁長官・男爵)

岡 栄一郎　おか・えいいちろう

劇作家
明治23年(1890年)12月2日～昭和41年(1966年)12月18日
[生]石川県金沢　[学]東京帝国大学英文科〔大正6年〕卒　[歴]夏目漱石門下で親友の芥川龍之介に勧められて劇作に転じ、大正末から昭和にかけて新解釈を施した史劇や演劇評論、小説などを発表。代表作に「意地」「槍持定助」などがある。昭和12年頃から日活多摩川撮影所嘱託として映画製作にも携わった。

岡 鬼太郎　おか・おにたろう

劇評家　劇作家　小説家
明治5年(1872年)8月1日～昭和18年(1943年)10月29日
[生]東京府芝山内(東京都港区)　[名]本名＝岡嘉太郎、別号＝鬼吟　[学]慶応義塾大学〔明治25年〕卒　[歴]慶応義塾卒業後の明治26年時事新報に入社、社会部に籍をおき、あわせて演芸記事も担当する。28年報知新聞に転じ"鬼太郎"の筆名で劇評を発表するが、のちに千代田日報に転じ、35年退社。36年「義太夫秘訣」を処女出版し、以後劇評家、劇作家、小説家として活躍する。代表作に小説「昼夜帯」「合三味線」「あつま唄」、戯曲「今様薩摩歌」「世話狂言集」「世話時代狂言集」、劇評書「鬼言冗語」「歌舞伎眼鏡」「歌舞伎と文楽」などがある。　[家]長男＝岡鹿之助(洋画家)

岡 邦雄　おか・くにお

科学史家
明治23年(1890年)1月15日～昭和46年(1971年)5月22日
[生]山形県米沢市　[名]筆名＝小山謙吉、石原純　[学]東京物理学校〔大正3年〕　[歴]明治38年上京、町工場や郵便局に勤めながら工手学校に通い、40年東京物理学校に入り大正3年卒業。5年九州帝国大学工学部数学力学教室助手となり桑木或雄教授に師事。7年九州帝大を辞めて上京、中学教師をしながら物理学、科学史の著作を手がけ、13年一高物理実験担当助教授となった。マルクス主義に傾倒して活動したため昭和7年一高を追放され、同年唯物論研究会創立に参加、機関誌「唯物論研究」や中央公論などで多彩な執筆活動を展開した。13年検挙され15年保釈出所後執筆禁止を受けたが、小山謙吉、石原純などの筆名で執筆を続け17年「現代日本文明史」シリーズの「科学史」を著した。19年戸坂潤と共に実刑3年の判決を受けたが、20年敗戦で解放された。21年日本共産党に入党(39年離党)、同年鎌倉アカデミアの教授に招かれ執筆活動を再開。唯物論の立場から科学史、技術史、科学論などの論文が多い。

岡 幸三郎　おか・こうざぶろう

衆議院議員
明治9年(1876年)1月24日～昭和30年(1955年)11月23日
[生]福岡県久留米市　[歴]久留米市議7期、同市議会議長、福岡県議4期を経て、昭和11年衆議院議員に当選、1期。第二控室に所属。22～27年久留米市長。久留米商工会議所会頭も務めた。

岡 茂雄　おか・しげお

岡書院主人　梓書房主人
明治27年(1894年)7月27日～平成1年(1989年)9月21日
[出]長野県松本市　[学]陸士(第28期)〔大正5年〕卒　[歴]陸軍幼年学校から陸軍士官学校に進み、大正5年卒業して陸軍少尉に任官。同期には池田純久、長勇、馬奈木敬信、宮崎周一、森赳らがいた。9年中尉を最後に軍籍を離れた後は東京帝国大学人類学教室の選科生となり、鳥居龍蔵に師事した。関東大震災を機に出版を志し、13年岡書院を創業、師・鳥居の「人類学及人種学上より見たる北東亜細亜」を皮切りに、主として考古学・人類学関係の書籍を刊行。南方熊楠、柳田国男らにも親炙し、南方「南方随筆」「続・南方随筆」、柳田「雪国の春」など民俗学関係の書籍も多い。14年には山岳関係書籍専門の梓書房を設立し、山階芳麿「日本鳥類と其生態」などを出版。昭和7年には考古・人類学雑誌「ドルメン」を創刊したほか、山岳雑誌「山日記」「山」、中西悟堂主宰「野鳥」などの雑誌も発行した。一方、装丁にこだわり、恩地孝四郎、和田万吉、庄司浅水らと装釘同好会を結成、雑誌「装釘」を出した。10年岡書院・梓書房を廃業して出版業から離れた後は新村出の「広辞苑」の前身である「辞苑」の改訂作業を手伝った。戦時中は軍に嘱託として徴用され、戦後は一時的に岡書院を再興し、長谷川如是閑「凡愚列伝」などを出版。49年回想記「本屋風情」で第1回日本ノンフィクション賞を受賞。他の著書に「閑居漫筆」「炉辺山話」などがある。　[家]息子＝岡並木(交通評論家)、弟＝岡正雄(人類学者)

岡 繁樹　おか・しげき

ジャーナリスト　社会運動家
明治11年(1878年)8月24日～昭和34年(1959年)6月5日
[生]高知県安芸郡安芸町東浜(安芸市)　[学]大成中学卒　[歴]17歳で家出して上京。大成中学卒業後、万朝報社に入社、社会主義者の幸徳秋水や堺利彦と親交を結ぶ。明治35年渡米、平民社のサンフランシスコ支部を創設して非戦論を発表、大逆事件の時は死刑反対の示威運動を起こした。またアメリカ新聞を創刊する傍ら、金門印刷所を経営、昭和14年には桜府(サクラメント)日報を買収。第二次大戦が始まると日本人収容所に入れられたが、18年米政府の要請によりインド・ビルマ戦線へ赴き、日本軍の降伏工作に従事した。没後「祖国を敵にして」が刊行された。　[家]従兄＝黒岩涙香(ジャーナリスト)

岡 千里　おか・せんり

歌人
明治15年(1882年)1月15日～昭和27年(1952年)12月27日

出山梨県 名本名＝岡新次 歴伊藤左千夫に師事し、「馬酔木」「アララギ」に発表。明治41年晴耕短歌会を結成。のち、山梨文芸会などで後進の指導にあたった。歌集に「千里歌集」など。

岡 泰蔵　おか・たいぞう
野球選手
大正3年（1914年）9月5日～昭和63年（1988年）10月15日
出和歌山県和歌山市 名後名＝山本泰蔵 学慶応義塾大学〔昭和13年〕卒 歴和歌山中、慶応義塾大学では野球選手として活躍。昭和8年早慶戦での二盗が水原茂の「リンゴ事件」をひき起こしたことで知られる。12年には主将を務めた。戦後は鐘淵化学の監督となり、30年には都市対抗で優勝。その後、47年トヨタカローラ京都社長、59年会長を歴任した。

岡 敬純　おか・たかずみ
海軍中将
明治23年（1890年）2月11日～昭和48年（1973年）12月4日
生山口県 出東京市牛込区（東京都新宿区） 学海兵（第39期）〔明治44年〕卒、海大〔大正12年〕卒 歴大正12年潜水学校教官、13年フランス、14年トルコに駐在。帰国後、第1潜水隊付、呂61潜水艦長。昭和2年軍令部出仕、6年ジュネーブ軍縮会議随員、11年「迅鯨」艦長、13年海軍省軍務局第1課長。14年軍令部情報部長、少将。15年軍務局長。17年中将。19年に海軍次官。同年9月、鎮海警備府長官、20年6月予備役。戦後23年11月、極東裁判でA級戦犯となり終身禁錮の判決を受けたが、29年10月、病気のため仮出所、31年釈放された。

岡 麓　おか・ふもと
歌人 書家
明治10年（1877年）3月3日～昭和26年（1951年）9月7日
生東京府本郷（東京都文京区） 名本名＝岡三郎、別号＝三谷、傘谷 学大八洲学校 賞日本芸術院会員〔昭和24年〕 歴高小時代から作歌をはじめ、のちに佐佐木信綱に和歌の添削をうける。明治29年「うた」を創刊。34年大日本歌道会幹事に就任。36年「馬酔木」を創刊。大正2年聖心女子学院教師に就任したほか、東洋英和女学校教員などを歴任し、昭和24年日本芸術院会員となった。「アララギ」に多数作品を発表し、著書に大正15年刊行の「庭苔」をはじめ「小笹生」「朝雲」「宿墨詠草」「涌井」「冬空」「雪間草」の歌集や「古事記灯」「入木道三部集」「岡麓全歌集」（中央公論社）などがある。

岡 実　おか・みのる
官僚 新聞人 東京日日新聞会長 農商務省商工局長
明治6年（1873年）9月12日～昭和14年（1939年）11月20日
生奈良県 学東京帝国大学法科大学政治学科卒 法学博士 歴内務省に入り、法制局参事官。農商務省に転じ、明治43年工務局長、大正2年商工局長。この間、産業組合法、工場法など社会立法の制定に尽力した。7年農商務相と対立して辞任。8年第1回国際労働機関（ILO）総会に政府代表として出席。11年東京日日新聞社に迎えられ、12年「エコノミスト」主筆、昭和2年編集主幹などを経て、8～13年会長を務めた。著書に「工場法論」などがある。 家息子＝岡義武（政治史学者）

岡倉 由三郎　おかくら・よしさぶろう
英文学者 英語学者 東京高等師範学校教授
慶応4年（1868年）2月22日～昭和11年（1936年）10月31日
生神奈川県横浜 学東京大学文科選科 歴東京大学選科でチェンバレンに言語学を学ぶ。東京府立一中教諭、七高造士館教授を経て、明治29年嘉納治五郎校長の招きで高等師範学校教授。新村出らと「言語学雑誌」を発刊、35年から独、英に留学。大正15年に東京高師を退官するまで英語科の主任を務めた。その後、立教大学に奉職。開始当時のNHKラジオの英語

講座では巧みな話し方で人気を集め、外国語教育、基礎英語の普及に大きな功績を残した。ヘボン式ローマ字の採用を主張したほか、昭和8年出版された「新英和大辞典」は岡倉辞典といわれ、一般に広く用いられた。 家兄＝岡倉天心（美学者）

岡崎 えん　おかざき・えん
女将 俳人
明治26年（1893年）7月10日～昭和38年（1963年）11月26日
生東京都 名本名＝岡崎えい、号＝艶栄、つやえ、つやえ女、えん女 歴実父は政治家の大木喬任で、母は大木の寵愛を受けた芸妓であった。母の嫁ぎ先である東京・三十間堀河岸通りの船宿・寿々本で育ち、長じて銀座裏通りに和風の居酒屋・岡崎を開業。気が強く個性がある名物女将で、その店は久保田万太郎・永井荷風・泉鏡花・水上滝太郎・中島健蔵・堀口大学ら数多くの文人に愛された。また、自身も俳句を嗜み、「俳句雑誌」「文明」「花月」などに投句した。戦後は病気療養の傍ら、小唄の師匠や芸妓置屋の女中などをするが、いずれも長続きせず。晩年は老人ホームに住み、昭和38年11月交通事故でなくなった。 家父＝大木喬任（政治家）

岡崎 邦輔　おかざき・くにすけ
貴族院議員（勅選） 農相
嘉永7年（1854年）3月15日～昭和11年（1936年）7月22日
生紀伊国（和歌山県） 歴明治21年従兄の陸奥宗光特命全権公使に随って渡米、ミシガン大学で学び、23年帰国。24年以来衆議院議員当選10回。30年自由党に入党。陸奥没後、星亨と結び、憲政党内閣崩壊、立憲政友会創立などに活躍、同年星亨逓信相官房長。大正元年犬養毅、尾崎行雄らと桂内閣反対、憲政擁護運動を起こした。4年政友会総務委員。10年原敬死去、政友会刷新派を支持し第二次護憲運動に活躍。普通選挙法成立に尽力した。14年加藤内閣の農相。昭和3～11年勅選貴族院議員。著書に「憲政回顧録」。 家孫＝岡崎久彦（駐タイ大使）、従兄＝陸奥宗光（政治家・外交官・伯爵）

岡崎 憲　おかざき・けん
社会運動家 衆議院議員
明治13年（1880年）11月～昭和17年（1942年）7月15日
生宮城県仙台市 学東京高等商船航海科〔明治40年〕卒 歴東洋汽船に入社し、大正9年の第2回国際労働機関（ILO）総会に労働者側代表として参加。帰国後、日本海員組合の創立委員長となる。日本港湾従業員組合長なども務め、昭和2年社会民衆党に入って、11年社会大衆党から衆議院議員となった。

岡崎 忠雄　おかざき・ただお
神戸銀行会長 神戸商工会議所会頭
明治17年（1884年）5月～昭和38年（1963年）5月1日
生佐賀県 名旧姓・旧名＝石丸 学慶応義塾大学理財科〔明治39年〕卒 歴海運業岡崎藤吉の養子となり、海運業に従事したが、大正6年養父の財を基礎に神戸岡崎銀行を設立、常務。昭和2年養父の死後頭取に就任。11年一県一行主義の方針により兵庫県下の6行と合併、神戸銀行となり会長に就いた。この間神戸商工会議所会頭を務めた。20年3月会長を辞任。戦後は岡崎系事業のほか東京計器製造所会長、日豊海運会長、ダイハツ工業取締役、経団連顧問、日経連顧問などを歴任した。著書に「青海偶語」がある。 家養父＝岡崎藤吉（実業家）

岡崎 常太郎　おかざき・つねたろう
昆虫学者 学習院教授
明治13年（1880年）7月21日～昭和52年（1977年）5月26日
生岡山県川上郡富家村（高梁市） 専昆虫分類学、国語問題 学岡山県師範〔明治35年〕卒、東京高等師範学校（現・筑波大学）本科博物学科〔明治40年〕卒 歴明治43年学習院助教授を経て、45年教授。昭和2年退任後、12年まで東京市教員講習所講

師兼視学。大正5〜7年にかけて「通俗蝶類図説」「通俗直翅類図説」「通俗脈翅類図説」3冊を出版、当時を代表する手引書となった。また、カヤやハエなどの衛生昆虫類に関心を抱き、戦後はニクバエ類を中心とした野生のハエ類の分類学的研究に打ち込んだ。一方、カナモジカイに所属するなど国字問題にも一家言を持った。他の著書に「天然色写真 昆虫七百種」「コン虫学校」「わたしの昆虫誌」や、「漢字制限ノ経過ト将来」「漢字制限の基本的研究」などがある。

岡崎 文夫　おかざき・ふみお
中国史学者 東北帝国大学教授
明治21年（1888年）2月23日〜昭和25年（1950年）3月24日
⓪富山県 ⓪中国近世史, 中国古代史 ⓪京都帝国大学文科大学史学科〔明治45年〕卒 文学博士（京都帝国大学）〔昭和10年〕 ⓪内藤湖南について中国近世史を学び、後中国古代史を研究した。大正8年から2年間中国に留学、帰国後仏教大学（後の竜谷大学）教授となり、13年東北帝国大学助教授。さらに英国、フランス留学の後、15年教授となった。東京文理科大学教授も兼任、日本学術振興委員会常置委員も務め昭和24年退官した。著書に「魏晋南北朝通史」「南北朝における社会経済制度」「司馬遷」などがある。

小笠原 数夫　おがさわら・かずお
陸軍中将
明治17年（1884年）2月1日〜昭和13年（1938年）9月4日
⓪福岡県 ⓪旧姓・旧名＝島田（第16期）〔明治37年〕卒、陸大卒 ⓪明治37年陸軍歩兵少尉、参謀本部付、陸大教官から航空兵科に転じ、飛行第6大隊付、国際連盟帝国空軍代表随員、下志津飛行学校教官、同研究部主事、飛行第5連隊長、航空本部第1課長、補給課長、総務部長から昭和10年関東軍飛行集団長に転じ、12年再び航空本部総務部長、13年病気のため陸軍技術本部付となった。この間7年にはジュネーブの軍縮会議に全権随員として派遣された。

小笠原 菊次郎　おがさわら・きくじろう
富士製紙専務
明治8年（1875年）7月8日〜昭和8年（1933年）1月5日
⓪愛媛県 ⓪大阪商業学校〔明治29年〕卒 ⓪明治29年日本綿花に入社、上海支店長となったが、思惑取引の失敗で41年退社。翌年三井物産に入り、小樽支店、木材加工の工場長を経て、大正2年三井合名に移籍、樺太のパルプ工場建設を管轄、同工場の王子製紙移管に伴い4年王子製紙に転じ取締役、次いで常務となり、共栄起業専務を兼ねた。昭和4年富士製紙専務に出向、8年の王子製紙による富士、樺太工業3社合同の陰の立役者として尽力した。

小笠原 章二郎　おがさわら・しょうじろう
俳優 映画監督
明治35年（1902年）7月26日〜昭和49年（1974年）11月10日
⓪東京市外代々幡（東京都） ⓪本名＝小笠原長英、別名＝三善英芳、楠英二郎 ⓪学習院高等科〔大正10年〕卒 ⓪大正10年大正活映に研究生として入り、栗原トーマスに師事。12年に兄の創立した小笠原映画研究所に参加し、三善英芳の名で「行けロスアンゼルス」を第一回監督作品として発表。ほかに「金色夜叉」「男を磨け」「我は海の子」などを撮る。同研究所解散の後、昭和3年日活太秦に俳優として入社、楠英二郎と名のった。「遠山桜金さん」で主役を演じ、6年に松竹下加茂に入社してから小笠原章二郎と改名、喜劇の時代劇を得意とした。主な主演作品に「ひやめしお旦那」「実録・小笠原騒動」「日本一の殿様」など。戦後フリーとなる。 ⓪父＝小笠原長生（海軍中将・子爵）、兄＝小笠原明峰（映画監督）

小笠原 長生　おがさわら・ながなり
海軍中将 子爵 文筆家
慶応3年（1867年）11月20日〜昭和33年（1958年）9月20日
⓪江戸 ⓪佐賀県唐津市 ⓪号＝金波楼主人 ⓪海兵（第14期）〔明治20年〕卒、海大〔明治25年〕卒 ⓪唐津藩主で老中の小笠原長行の長男。明治17年子爵。34年愛国婦人会創立に参画。37年日露戦争で軍令部参謀となり、45年常磐艦長、香取艦長を務め、大正7年中将となり、8年退役。この間3年東宮御学問所幹事を務めた。10年宮中顧問官。昭和5年ロンドン海軍軍縮会議には条約批准反対で画策した。6年の十月事件、11年の二・二六事件にも関係。戦時中は大亜細亜協会評議員、大日本婦人会顧問などを務めた。文才にたけ、著書に「海戦日録」「帝国海軍史論」「撃滅」「東郷元帥詳伝」「元帥伊東祐亨」、「小笠原長生全集」（全3巻、平凡社）などがある。 ⓪父＝小笠原長行（老中）、息子＝小笠原明峰（映画監督）、小笠原章二郎（俳優・映画監督）

小笠原 長幹　おがさわら・ながよし
伯爵 彫塑家 国勢院総裁 貴族院議員
明治18年（1885年）3月2日〜昭和10年（1935年）2月9日
⓪学習院大学卒, ケンブリッジ大学（英国）卒 ⓪豊前小倉藩主小笠原忠忱の長男。10代の頃に英国のケンブリッジ大学へ3年間留学。帰国後、式部官、大礼使典儀官。大正7年貴族院議員となり、貴族院研究会の幹部として活躍。9年陸軍省参与官、11年国勢院総裁。伯爵。彫塑に優れ、3年の文展に「くつろぎ」が入選した。 ⓪父＝小笠原忠忱（豊前小倉藩主）、五女＝小笠原日英（瑞竜寺12世門跡）、三男＝小笠原忠統（小笠原流礼法32代目宗家）

小笠原 登　おがさわら・のぼる
医師 仏教者
明治21年（1888年）7月10日〜昭和45年（1970年）12月12日
⓪愛知県 ⓪京都帝国大学医学部〔大正4年〕卒 ⓪京都帝国大学医学部皮膚科学教室に入局、のち同大附属皮膚病特別研究施設初代主任。実家の浄土真宗円周寺では江戸時代からハンセン病患者の世話にあたりその経験からハンセン病体質病説を唱え、絶対隔離主義者の光田健輔らと対立。昭和16年の日本らい学会で両派論戦、体質論が否定された。その後も外来治療に当たり、西占貢、和泉真蔵らに引き継がれた。没後「小笠原登先生業績抄録」が刊行された。 ⓪兄＝小笠原秀実（哲学者）

小笠原 明峰　おがさわら・めいほう
映画監督
明治33年（1900年）6月26日〜昭和22年（1947年）6月20日
⓪東京都 ⓪本名＝小笠原長隆 ⓪明治大学卒 ⓪大正10年読売新聞の映画脚本募集に1等入選。活弁が好きで自宅庭にスクリーンを張り説明をしたほど。12年ボーイ・スカウトの宣伝映画「愛の導き」を脚本・監督。「三色すみれ」（12年）は植木進の名で撮り、片岡千恵蔵が初出演。この時から小笠原映画研究所が本格始動。14年父長生原作「水兵の母」、次いで高島愛子主演「海賊島」。「遺言」（14年）は検閲にかかり約半分に削られた。15年の「我は海の子」は弟英芳と共同。小笠原プロは2作のみで制作を中止。特作映画社に関係しながら「太平洋横断」を企画したが未完に終わった。 ⓪父＝小笠原長生（海軍中将・子爵）、弟＝小笠原章二郎（俳優）

岡島 敬治　おかじま・けいじ
解剖学者 慶応義塾大学教授
明治15年（1882年）4月5日〜昭和11年（1936年）4月9日
⓪富山県 ⓪金沢医学専門学校卒 医学博士 ⓪日露戦争に軍医として従軍。明治39年長崎医学専門学校教授、大正3年京都府立医学専門学校教授を務め、7年慶応義塾大学教授となり、解剖

学教室を創設した。著書に「人体系統解剖学」などがある。

緒方 章　おがた・あきら

薬学者　東京帝国大学教授

明治20年（1887年）10月26日～昭和53年（1978年）8月22日

[生]大阪府大阪市東区　[専]臓器薬品化学、ホルモン化学　[学]天王寺中卒、三高二部乙類卒、東京帝国大学医科大学薬学科〔明治45年〕卒　薬学博士　[陸]陸軍軍医監・緒方惟準の四男で、緒方洪庵の孫。大正2年東京帝国大学助手、9年助教授を経て、昭和5年教授に昇任して臓器薬品化学講座の初代教授となった。23年定年退官。日本薬学会会頭、厚生省薬事審議会委員長、中央薬事審議会会長、日本内分泌学会会長などを歴任。我が国のホルモン化学の創始者で、ウシの睾丸から男性ホルモン、耳下腺からは蛋白系唾液腺ホルモンの純粋抽出などを行った。著書に「臓器薬品化学」「臓器薬品化学講義」「化学実験操作法」や、回想録「一粒の麦―老薬学者の手記」「一粒の麦― 大正の巻」などがある。　[家]父＝緒方惟準（医師）、兄＝緒方知三郎（病理学者）、祖父＝緒方洪庵（医師・蘭学者）

岡田 家武　おかだ・いえたけ

地球化学者　上海自然科学研究所研究員

明治37年（1904年）～昭和45年（1970年）

[生]東京都　[名]中国名＝馬謝民、馬植夫　[学]東京帝国大学理学部化学科〔大正15年〕卒　理学博士　[歴]東京帝国大学化学科、同大学院で柴田雄次に師事。昭和3年中国・吉林省の塩湖タブスノールで希少塩類鉱物ゲーリュサイトをユーラシア大陸で初めて発見した。6年上海自然科学研究所が発足すると理学部化学研究員として入所。研究所では地下水や鉱物中の放射性物質の研究や、「中国鉱産地誌彙纂」（未完）の編纂に取り組んだ。傍ら、大川周明や東亜連盟の木村武雄、また中国の江蘇省・浙江省の実業家グループと交流を持ち、双方の信頼を受けて馬謝民の名で日中戦争の停戦工作に関与。「大川周明日記」に〝馬先生〟としてたびたび登場する。敗戦後、研究所の解散と同時に日本人との接触を断ち、22年上海から四川省成都へ移住。華西大学や中国科学院西南分院に勤めたが、41年文化大革命に巻き込まれスパイとして投獄され、45年獄死した。　[家]弟＝岡小天（生物物理学者）

岡田 伊太郎　おかだ・いたろう

衆議院議員

明治10年（1877年）12月～昭和36年（1961年）1月26日

[出]北海道　[歴]江別村議、同町議、北海道議を経て、大正9年北海道1区より衆議院議員に当選し、通算5期を務めた。政友会総務を務め、第31回列国議会同盟会議等に参列、また、北海道農林等の社長も務めた。

尾形 亀之助　おがた・かめのすけ

詩人　洋画家

明治33年（1900年）12月12日～昭和17年（1942年）12月2日

[生]宮城県柴田郡大河原町大河原　[学]東北学院普通部〔大正9年〕中退　[歴]東北学院在学中から詩や短歌を発表し、大正10年には洋画を第2回未来派展に出品、会友となる。その後絵画制作を離れ、13年「MAVO」に参加し、14年処女詩集「色ガラスの街」を刊行。大正末から昭和にかけて「銅鑼」「太平洋詩人」「亜」「歴程」など多くの雑誌に詩や評論を発表し、昭和3年全詩人連合を結成、4年「雨になる朝」を、5年「障子のある家」を刊行した。この頃から生活が乱れ、7年生家の財政難が悪化したため帰郷し、仙台市役所に勤務したが、無頼生活は改まらなかった。平成11年「尾形亀之助全集」増補改訂版が出版された。

岡田 喜久治　おかだ・きくじ

衆議院議員

明治22年（1889年）7月～昭和34年（1959年）2月2日

[生]栃木県芳賀郡清原村（宇都宮市）　[学]東京帝国大学政治学科〔大正3年〕卒　[歴]内務省に入り、昭和7年衆議院議員初当選、以後3選。9年に列国議会同盟会議、万国議院商事会に出席、米内内閣の農林政務次官等を務める。参議院選挙は第1回の補欠選で当選。

岡田 啓介　おかだ・けいすけ

海軍大将　首相　海相

慶応4年（1868年）1月21日～昭和27年（1952年）10月17日

[生]越前国（福井県）　[学]海兵（第15期）〔明治22年〕卒、海大〔明治34年〕卒　[歴]日露戦争で春日副艦長として日本海海戦に参戦。その後、海大教官、水雷学校長、春日・鹿島各艦長を経て、大正4年海軍省人事局長、6年佐世保工廠長、9年艦政本部長、12年海軍次官などを歴任。13年6月海軍大将、軍事参議官、同年12月連合艦隊司令長官、15年横須賀鎮守府長官。昭和2年田中義一内閣の海相となるが、4年張作霖爆殺の〝満州某重大事件〟で辞職し、軍事参事官。5年のロンドン海軍軍縮会議では省内のまとめ役を務め、条約調印にこぎつける。7年再び斎藤実内閣の海相を務め、9年首相に就任。11年二・二六事件で青年将校に襲われ、危うく助り、内閣総辞職。のち重臣として対米開戦に反対、東条内閣打倒に努力した。自伝に「岡田啓介回顧録」がある。　[家]女婿＝迫水久常（内閣書記官長）

岡田 源三郎　おかだ・げんざぶろう

プロ野球監督　明治大学野球部監督

明治29年（1896年）3月29日～昭和52年（1977年）10月26日

[生]東京府早稲田（東京都）　[学]早稲田実〔大正5年〕卒、明治大学〔大正11年〕卒　[歴]大正4年朝日新聞主催の第1回全国中等野球東京大会に早稲田実業右翼手1番で出場、豊中の全国大会には捕手1番で出場。5年卒業して台湾・高雄の台湾製糖に入社、早大川島、慶大山口投手らと島内最強チームを作った。8年帰京、明治大学に入り、右翼手、内外野手、投手、捕手をこなし、駿足の1番打者だった。大正11年卒業、12年夏の明大満鮮遠征で母校監督となった。関東大震災で秋季リーグが11月に再開され、早法立に完勝、慶に2勝1敗でリーグ加入以来初優勝。一時の空白の後再び監督となり、昭和11年プロ野球連盟結成で理事。初代金鯱の監督となり、40歳を過ぎた捕手で出場した。戦後はコーチとしてどこへでも飛んで行く野球好き。引退後は評論家として活躍。53年殿堂入りした。

岡田 紅陽　おかだ・こうよう

風景写真家

明治28年（1895年）8月31日～昭和47年（1972年）11月22日

[生]新潟県中魚沼郡中条村（十日町市）　[名]本名＝岡田賢次郎　[学]早稲田大学法律学科〔大正7年〕卒　[歴]新潟県の大地主の家に生まれ、父は衆議院議員を務めた岡田龍松、兄は新潟県の初代民選知事となった岡田正平。大正3年早稲田大学予科在学中に小型カメラを手に入れ、4月12日河口湖畔産屋ケ崎で初めて富士山を撮影した。在学中に新聞社の懸賞写真に応募・入選したのがきっかけとなり、本格的に写真を撮り始める。7年卒業して神田神保町の米穀取引所に勤務するが2ケ月で退職、兄の経営する岡田物産大阪支店長として赴任するが、8年同社倒産により東京へ戻り、市ケ谷の自宅に暗室・写真スタジオを設けて景勝地の撮影を開始。9年東京府専属写真師を依嘱され、10年には神奈川、群馬、千葉の各県からの依嘱も受けて、富士山ほか各地の景勝地の観光写真撮影に従事。12年の関東大震災に際しては東京府の委嘱により罹災地を撮影し、「関東大震災誌」を刊行。14年芝区西久保に岡田紅陽写真スタジオを開設。15年から1年半、海軍嘱託として伏見宮、山階宮の渡欧に随行して海軍練習艦「出雲」に乗船、欧州や南洋各地の写真を撮影した。昭和15年富士写真協会、19年日本観光写真連

盟を創立、各会長に就任。20年東京大空襲で自宅が全焼。この間、18年には昭和天皇に富士山の写真「神韻霊峰」を献上。戦後は進駐軍向けに富士山の写真を制作、同年12月マッカーサー元帥に「富士十二景写真帖」を贈呈、感謝状を受ける。27年富士の会を創設、理事兼副会長。富士山の撮影に生涯を捧げ40万枚に及ぶ写真を残し、第一人者として名高い。大正11年逓信省発行の郵便切手の絵柄となる富士の写真を撮影、「富士箱根国立公園切手シリーズ」として「暁の富士」（一銭五厘切手）、「芦の湖」（三銭切手）、「東海道の富士」（十銭切手）が発売された。これは日本初めてのグラビア印刷による切手であった。また昭和10年に撮影した本栖湖の逆さ富士を撮った写真「湖畔の春」は、旧五千円札の裏面に印刷され、広く知られている。主な写真集に「富士山」「岡田紅陽の富士百景作品集」「富士」などがある。平成16年山梨県南都留郡忍野村に岡田紅陽写真美術館が開館。　家妻＝岡田ちゑ子（紅陽会会長）、父＝岡田龍松（衆議院議員）、兄＝岡田正平（新潟県知事）

岡田 三郎　おかだ・さぶろう
小説家　文芸評論家
明治23年（1890年）2月4日〜昭和29年（1954年）4月12日
生北海道松前郡福山町　学早稲田大学英文科〔大正8年〕卒　歴中学卒業後、画家を志して上京、太平洋画会研究所に通い、またゴム櫛工場で働くが、帰道して2年間の兵役に服す。大正3年再上京して早大に入学。7年「涯なき路」が「新愛知」の懸賞に1等当選し、以後「影」「熊」「風」などを発表。早大卒業後は博文館に入社して「文章世界」を編集。その傍ら「地平線」を創刊する。9年「泥濘」「兵営時代」などを発表し、10年短編集「涯なき路」長編「青春」を刊行。博文館を退職して、12年迄フランスに遊学。13年「巴里」を刊行。14年「文芸日本」を主宰、また「不同調」同人となり、昭和4年「近代生活」に参加。新興芸術派の作家として活躍し「三月変」などを発表。15年には「伸六行状記」を刊行したが、戦後はみるべき作品がなかった。

岡田 三郎助　おかだ・さぶろうすけ
洋画家
明治2年（1869年）1月12日〜昭和14年（1939年）9月23日
生佐賀県佐賀市　名旧姓・旧名＝石尾、幼名＝芳三郎　資帝国美術院会員〔大正8年〕、帝室技芸員〔昭和9年〕、帝国芸術院会員〔昭和12年〕　歴肥前佐賀藩士・石尾孝基の三男。18歳で岡田正蔵の養子となり、曽山幸彦の洋画塾に入門。のち堀江正幸、松室重剛に学んだ。明治26年にフランスから帰国した黒田清輝、久米桂一郎らの指導を受け、外光派風の明るい画風に変わった。29年27歳で東京美術学校西洋画科助教授となり、同年白馬会創立に参加。30年文部省留学生としてフランスに渡り、ラファエル・コランに師事、35年帰国、教授となった。37歳の時小山内薫の妹八千代と結婚。40年文展審査員、大正元年藤島武二と本郷洋画研究所を設立。8年帝国美術院会員、昭和5年文部省命で欧州出張、9年帝室技芸員、12年第1回文化勲章受章。代表作に「矢調べ」「初冬晩暉」「読書」「紫の調（某夫人の肖像）」「大隈伯夫人像」「ヨネ桃の林」「水浴の前」「あやめの衣」「山中湖畔」「伊豆山風景」「支邦絹の前」「編物」などがある。　家妻＝岡田八千代（小説家）、義兄＝小山内薫（演出家・劇作家）　勲文化勲章（第1回）〔昭和12年〕

岡田 七蔵　おかだ・しちぞう
洋画家
明治29年（1896年）〜昭和17年（1942年）11月
生北海道札幌市　学日本水彩画会研究所、本郷洋画研究所　歴大正3年上京し、日本水彩画会研究所や本郷洋画研究所で学ぶ。5年二科展に出品し、11年中央美術展に入選。13年から春陽会展に出品し、昭和3年「石神井の鉄橋」で春陽会賞を受賞。5年会友となるが、10年退会。15年国画会展に出品した。　賞

春陽会展春陽会賞〔昭和3年〕「石神井の鉄橋」

岡田 周造　おかだ・しゅうぞう
弁護士　東京府知事
明治19年（1886年）11月8日〜昭和58年（1983年）5月31日
生栃木県　学二高等、東京帝国大学法科大学英法科〔大正3年〕卒　歴内務省に入り、昭和6年千葉県知事、同年山口県知事、8年長野県知事、10年内務省地方局長、11年兵庫県知事を経て、13〜16年東京府知事を歴任。16〜20年住宅営団副理事長。22年弁護士登録。　家長男＝岡田健一（日本銀行理事）

岡田 信一郎　おかだ・しんいちろう
建築家
明治16年（1883年）11月20日〜昭和7年（1932年）4月4日
生東京都　学東京帝国大学工科大学建築学科〔明治39年〕卒　歴早稲田大学講師、東京美術学校教授として建築史、建築意匠を講じた。建築家としては、大正元年「大阪中之島公会堂」の設計競技において29歳の最年少で1等入選を果たし、デビュー。以降、14年和風鉄筋コンクリート造りの「歌舞伎座」「鎌倉国宝館」、15年ギリシャ様式の「東京府美術館」、昭和4年震災で焼け落ちた「ニコライ堂」の再建、9年ルネサンス様式の「明治生命館」などがあり、どのような様式でも自由に使いこなし"様式建築の名手"といわれた。3年フランス装飾美術展覧会委員。また神楽坂の名妓として知られた万竜と結婚、話題をまいた。　勲レジオン・ド・ヌール勲章〔昭和3年〕　賞大阪市中之島中央公会堂指名競技設計1等賞〔大正1年〕

岡田 誠三　おかだ・せいぞう
小説家
大正2年（1913年）3月8日〜平成6年（1994年）6月21日
生大阪府大阪市　学大阪外国語学校英語科〔昭和11年〕卒　歴昭和11年朝日新聞社大阪本社社会部に入社し、戦時下、南支仏印、ニューギニヤ方面に特派員として従軍。ポート・モレスビー作戦を描いた「ニューギニヤ山岳戦」により、19年直木賞受賞。43年定年退職し、以後は執筆に専念。作品はほかに「失はれた部隊―ポート・モレスビー作戦惨敗の報告」「定年後」「雪華の乱―大塩平八郎」「字余り人生」「定年後以後」など。　賞直木賞（第19回）〔昭和19年〕「ニューギニヤ山岳戦」

岡田 桑三　おかだ・そうぞう
科学映画プロデューサー
明治36年（1903年）6月15日〜昭和58年（1983年）9月1日
生東京市赤坂区（東京都港区）　名芸名＝山内光　学神奈川二中（現・小田原高）卒　歴舞台美術を志し、大正11年ベルリンの国立美術工芸学校に留学。帰国後の15年、山内光の芸名で甘い二枚目の映画俳優となり、以後、約20年間にわたって阿部豊監督「陸の人魚」など約70本に出演。傍ら、左翼文化運動、映画運動、映画のプランナーとしても活躍した。また写真の撮影・編集にも興味を示し、村山知義や中戸川秀一らと国際光画協会を創立。昭和4年ドイツのベルリン訪問中に見た「映画と写真国際展」に感銘を受けて日本招聘を画策、6年朝日新聞社の成沢玲川らの協力を得て「独逸国際移動写真展」として東京・大阪での開催を実現させ、安井仲治ら日本の新興写真家に大きな影響を与えた。やがてフォトジャーナリズムに関心を抱き、8年名取洋之助、木村伊兵衛、原弘、伊奈信男とともに日本から海外への報道写真配信を目的とした日本工房を設立。9年同工房が分裂すると、伊奈、木村らの中央工房に参加し、その外郭団体として国際報道写真協会を組織した。16年木村や原らと東方社を創立、対外宣伝を目的とした写真誌「FRONT」を創刊。19年には満州に渡り、満州映画協会（満映）で天然色フィルムの開発に携わった。29年科学映画製作の東京シネマを設立し、33年「ミクロの世界」、35年「マリン・スノー」など優れた作品を発表、海外でも高い評価を受

け、"科学映画のオカダ"として知られた。　家息子＝岡田一男（東京シネマ新社社長）

緒方 大象　おがた・だいぞう
生理学者 九州帝国大学医学部教授
明治19年（1886年）2月5日～昭和31年（1956年）7月20日
生福岡県福岡市　学京都帝国大学福岡医科大学〔明治44年〕卒 医学博士（九州帝国大学）〔大正9年〕　歴明治44年京都帝国大学耳鼻科に入り、生理学教室に移って石原誠教授に師事。大正2年熊本医学専門学校教授、8年九州帝国大学助教授を経て、12年長崎医科大学教授。昭和14年九州帝国大学教授に復帰、生理学第2講座を担当した。21年定年退官。心臓リンパ研究で知られる。著書に「淋巴心臓」、分担執筆に「リンパ」がある。　家息子＝緒方道彦（九州大学名誉教授）、弟＝緒方竹虎（政治家・新聞人）

緒方 隆士　おがた・たかし
小説家
明治38年（1905年）3月29日～昭和13年（1938年）4月28日
生福岡県　名筆名＝緒方嶹　学日本大学〔昭和4年〕卒 歴病者、弱者、貧者としての自己を素材とした小説を書き、昭和9年「世紀」の同人となり、のち「日本浪曼派」に参加。「花開く夢」「虹と鎖」「雁の門」などの作品がある。

緒方 竹虎　おがた・たけとら
朝日新聞副社長 情報局総裁
明治21年（1888年）1月30日～昭和31年（1956年）1月28日
生山形県山形市　出福岡県福岡市　学早稲田大学専門部政経科〔明治44年〕卒 歴明治44年大阪朝日新聞社に入り、大正14年「東京朝日新聞」編集局長、昭和3年朝日新聞社取締役、11年主筆・代表取締役、18年副社長を歴任。この間、15年大政翼賛会総務。19年政界に転じ、小磯内閣の国務相兼情報局総裁に就任、戦時下の言論統制にあたった。同年大政翼賛会副総裁兼任。20年4月辞職し、鈴木貫太郎内閣の顧問を務め、つづく敗戦後の東久邇内閣で国務相として敗戦処理に奔走した。同年12月戦犯容疑者に指名され、21年8月公職追放。解除後、27年衆議院議員に当選、以後3回連続当選。第四次吉田内閣の副総理兼内閣官房長官、28年第五次吉田内閣の副総理を経て、29年自由党総裁に就任したが、次期総裁・総理を目前にして急死した。　家兄＝緒方大象（生理学者）、三男＝緒方四十郎（日本開発銀行副総裁）

岡田 武松　おかだ・たけまつ
気象学者 中央気象台長 東京帝国大学教授
明治7年（1874年）8月17日～昭和31年（1956年）9月2日
生千葉県東葛飾郡布佐町（我孫子市）　学東京帝国大学理科大学物理学科〔明治32年〕卒 理学博士〔明治43年〕　賞帝国学士院会員〔昭和6年〕　歴中央気象台に入り、予報課長を経て、大正9年神戸海洋気象台長、12年4代目の中央気象台（現・気象庁）台長となる。予報課長のとき富士山など各地に山頂観測所を設置、長期予報の実用化に努力。また、明治38年の日本海海戦時に"天気晴朗ナレドモ波高シ"と予報した話は有名。43年世界初の無線による船舶海上気象通報システムの確立をめざした。大正15年より東京帝国大学教授・地震研究所員も兼務して後進の育成に力をいれ、梅雨論、日本の気候、東北の凶冷研究で有名。昭和16年中央気象台長退任。この間、大正14年英王立気象学会名誉会員。昭和6年学士院会員、初代の気象技監となり、戦後の24年文化勲章、26年文化功労者。著書に「近世気象学」「気象学講話」「気象器械学」「気象学」がある。　勲文化勲章〔昭和24年〕　賞文化功労者（第1回）〔昭和26年〕、英王立気象学会サイモンズ賞〔大正13年〕

岡田 資　おかだ・たすく
陸軍中将
明治23年（1890年）4月14日～昭和24年（1949年）9月17日
生鳥取県　学陸士（第23期）〔明治44年〕卒、陸大〔大正11年〕卒　歴参謀本部員、陸大教官、戦車第2師団長などを経て、昭和20年2月第13方面軍司令官兼東海軍管区司令官となった。同年5月名古屋空襲の時、撃墜した米軍B29搭乗員27人を無差別爆撃の重罪であるとして、軍法会議にかけず処刑した。戦後戦犯となり絞首刑。遺稿集に「巣鴨の十三階段」。大岡昇平の小説「ながい旅」の主人公として知られる。

岡田 忠彦　おかだ・ただひこ
衆議院議長 厚相
明治11年（1878年）3月21日～昭和33年（1958年）10月30日
生岡山県上道郡小橋村　学東京帝国大学法科大学政治科〔明治36年〕卒 歴内務省に入り奈良、山口、熊本各県警察部長、警保局警務課長、長崎県、東京府各内務部長、埼玉、長野、熊本各県知事から大正12年警保局長となった。同年の虎の門事件で辞職。13年東京府高級助役など同年の衆議院選挙に立ち当選（以後当選8回）。昭和2年政友会総務、11年衆議院副議長、14年久原派幹事長、17年衆議院議長となった。翼賛議員連盟、翼賛政治会、大日本政治会に属し、20年鈴木貫太郎内閣厚相となった。戦後公職追放、解除後の27年総選挙で議員に復帰、自由党に入った。著書に「南支那の一瞥」「旋風裡の欧米」。　家弟＝岡田包義（北海道庁長官）

岡田 貞三郎　おかだ・ていざぶろう
編集者 「講談倶楽部」編集長
明治29年（1896年）2月29日～昭和47年（1972年）5月3日
生群馬県佐波郡伊勢崎町（伊勢崎市）　名筆名＝岡田刀川　学群馬県立工卒 歴生来、右目がみえず、左目もかなりの弱視であった。明治43年新設された群馬県立工業学校（現・伊勢崎工業高校）染料科に入学。卒業後東京で働いていたとき、高等小学校の担任であった赤石喜平に勧められ、大正6年講談社に入社。主に雑誌「講談倶楽部」の記者を務め、9年より同誌専属、昭和3年からは同誌編集主任（編集長）。昭和に入る頃には自分で原稿を読めないほどに眼疾が悪化し、編集部員に原稿を音読させていたが、小説鑑賞力は社内随一といわれた。16年萱原宏一に編集長を譲り、編集総務室に移る。20年退社。著書に「大衆文学夜話」がある。

尾形 輝太郎　おがた・てるたろう
応用化学者 理化学研究所主任研究員
明治24年（1891年）2月15日～昭和30年（1955年）8月26日
出山形県南村山郡上ノ山町（上山市）　専感光色素　学東北帝国大学理学部化学科〔大正11年〕卒 歴大正11年東北帝国大学化学科を卒業後、理化学研究所に入所。以来、写真に用いる感光色素の合成及びその応用研究を進めた。その業績は写真化学に留まらず、ルミン紫光やプラトニンなどの主成分であるシアニン系三核色素の発見、メチンジアニル法の創始、ストマイ、ペニシリン、パス等の結合による感光色素の合成とその医薬品への提供など、医薬・農薬の分野にも大きく貢献した。この間、昭和2年ドイツ・ウルツブルク大学に留学。14年技術院賞を、16年には感光色素合成の研究により帝国学士院賞を受賞した。17年主任研究員。著書に「感光色素」「感光色素とその応用」「感光色素の化学」などがある。　賞帝国学士院賞（第31回）〔昭和16年〕、報公賞（第7回）〔昭和12年〕

岡田 時彦　おかだ・ときひこ
俳優
明治36年（1903年）2月18日～昭和9年（1934年）1月16日
生東京市神田区（東京都千代田区）　名本名＝高橋栄一　学逗子開成中学中退 歴大正から昭和のはじめに美男映画スター

として人気を集めた。逗子開成中学時代から映画に熱中、文豪谷崎潤一郎の推薦で大正8年大正活映に入社。映画「アマチュア倶楽部」「葛飾砂子」に出演。14年日活に入り、溝口健二の「慈悲心鳥」「紙人形春の囁き」に出演、映画雑誌の人気スター投票でナンバーワンとなる。その後、松竹に移籍し、美貌と持ち前の才気でトップスターの座を占め、鈴木伝明、高田稔とともに松竹の三羽烏と呼ばれた。昭和8年不二映画の「滝の白糸」で入江たか子と共演したが、9年結核のため早世した。女優の岡田茉莉子はその遺児。　家妻＝田中利子（女優）、長女＝岡田茉莉子（女優）

緒方 知三郎　おがた・ともさぶろう
病理学者 東京帝国大学名誉教授
明治16年（1883年）1月31日〜昭和48年（1973年）8月25日
生東京府神田区猿楽町（東京都千代田区）本大阪府 学大阪五中〔明治33年〕卒、三高三部〔明治36年〕卒、東京帝国大学医科大学医学科〔明治41年〕卒 医学博士〔大正4年〕 賞帝国学士院会員〔昭和21年〕 歴陸軍軍医監・緒方惟準の三男で、緒方洪庵の孫。東京・神田で生まれ、明治20年父の緒方病院創設により大阪へ移住。三高から東京帝国大学医科大学へ進み、41年同大病理学教室に入る。43年ドイツへ留学、大正2年帰国して講師、3年助教授を経て、12年教授。昭和18年定年退官。21〜27年東京医科大学学長兼理事長を務めた。28年社団法人老人病研究会を設立、43年同研究会を発展的解消して研究所を日本医科大学に移管、同所長。国民病といわれた脚気の研究から鳥類白米病、唾液腺内分泌、カシンベック病など多方面の業績を挙げ、大正15年帝国学士院賞、昭和19年帝国学士院恩賜賞を受けた。31年文化勲章を受章。一方、奇術を趣味とし、8年東京アマチュア・マジシアンズ・クラブを設立。昭和天皇の前で披露したこともある。43年日本ドクター・マジシアンズ・クラブ初代会長。　家長男＝緒方秀雄（日本画家）、祖父＝緒方洪庵（蘭学者）、父＝緒方惟準（医師）、弟＝緒方章（薬学者）、岳父＝岡村輝彦（中央大学学長）、甥＝緒方準一（奈良県立医科大学学長）、緒方安雄（山王病院院長）、緒方富雄（血清学者）、義兄＝林春雄（薬理学者） 勲文化勲章〔昭和32年〕、帝国学士院東宮御成婚記念賞（第16回）〔大正15年〕、帝国学士院恩賜賞（第34回）〔昭和19年〕、文化功労賞〔昭和32年〕、ウィルヒョウ賞（第1回）〔大正12年〕、報公賞（第13回）〔昭和18年〕

岡田 昇　おかだ・のぼる
日本画家
明治40年（1907年）2月21日〜昭和20年（1945年）8月6日
生広島県芦品郡 学東京美術学校日本画科〔昭和10年〕卒 歴昭和9年山本丘人、杉山寧らと瑠爽画社を結成。同年第15回帝展に「入渠船」で初入選。11年秋の文展鑑査展に「砂丘」、12年第1回新文展に「凪」、13年第2回新文展に「暮」を出品。15年浦田正夫、高山辰雄らと一采社を結成、定期展に出品を重ねる。また紀元二千六百年奉祝に入選。19年召集を受け、20年広島で原爆死。他の主な作品に「雨気」「首夏」「日午」など。

緒方 規雄　おがた・のりお
細菌学者 帝国女子医薬専門学校教授
明治20年（1887年）1月28日〜昭和45年（1970年）2月6日
生東京都 専恙虫病 学東京帝国大学医科大学〔大正5年〕卒 医学博士〔大正14年〕 歴東京帝国大学副手、助手の後、大正8年千葉医学専門学校講師、10年教授、11〜14年欧米留学。その後、千葉医科大学教授、昭和16年辞任。17年帝国女子医薬専教授、27年東邦大学医学部教授、29年日本歯科大学教授を歴任した。恙虫病研究の権威で、大正末から昭和の初めにかけ、恙虫病原体のウサギ睾丸接種法を創案。リケッチア病原体説を確立し、今日その病原体はRickettsia tsutsugamushiとして国際的に知られている。著書に「細菌への挑戦」「RICKETTSIA」、編著に「細菌学血清学実習」がある。　家父＝緒方正規（衛

生学者・細菌学者），弟＝緒方益雄（衛生学者） 賞浅川賞〔昭和7年〕

岡田 春夫　おかだ・はるお
衆議院議員
明治20年（1887年）3月〜昭和12年（1937年）12月11日
生北海道 学関西大学法律科〔明治44年〕卒 歴明治44年北海道タイムス政治部記者になる。その後、美唄町議、北海道議、同参事会員を務める。昭和5年衆議院議員に当選。以来通算3期務めた。民政党に所属した。

岡田 文秀　おかだ・ふみひで
厚生次官
明治25年（1892年）11月25日〜平成1年（1989年）11月19日
生島根県松江市 名旧姓・旧名＝吉岡 学一高卒、東京帝国大学法科大学独法科〔大正6年〕卒 歴吉岡家の三男で、岡田家の養子となる。内務省に入省。昭和7年千葉県知事、9年内務省衛生局長、11年土木局長、12年長崎県知事、13年傷兵保護院副総裁を経て、14〜15年厚生次官。17年海軍司政長官となり、19年まで南西方面艦隊民政府総監。19〜20年日本医療団副総裁。22〜26年公職追放。戦後は、結核予防会理事の後、54年厚生省の認可団体で中毒性精神病などの研究、治療に当たる復光会の会長に就任した。　家養父＝岡田宇之助（茨城県知事）、長男＝岡田純夫（沖縄開発庁総務局長）

岡田 文次　おかだ・ぶんじ
貴族院議員（勅選）
明治7年（1874年）1月7日〜昭和18年（1943年）7月23日
生山形県米沢市 名旧姓・旧名＝浜田 学東京帝国大学法科大学〔明治31年〕卒 歴浜田家の長男で、岡田家の養子となる。主に警察・内務官僚として沖縄県参事官や千葉県警察部長・警視総監官房主事などを歴任。明治44年栃木県知事、大正3年樺太庁長官を経て、5年警視総監を務めた。7年〜昭和18年貴族院議員。

岡田 美津　おかだ・みつ
英文学者 東京女子高等師範学校教授
明治8年（1875年）9月19日〜昭和15年（1940年）9月11日
生東京都 学女子高等師範学校（現・お茶の水女子大学）〔明治31年〕卒、ウェルズレー・カレッジ 歴明治31年女子高等師範学校卒業とともに同校の講師となる。35年米国に留学し、ウェルズレー・カレッジで英語・英文法を修めて38年に帰国。同年同校教授に就任し、英文学を講じた。さらに生徒監を兼ねるが、昭和2年男性教授が生徒課幹事に任ぜられたのに非を唱え、同職を辞任。これが学内のみならず卒業生をも巻き込む騒動に発展し、有志による「女高師問題批判演説会」が開かれ、新聞にも報道された。7年同校を退職。編著に「現代英文学叢書」所収された「短編小説集」をはじめ、英米の小説・短編を数多く翻訳している。

岡田 茂吉　おかだ・もきち
宗教家 世界救世教教祖
明治15年（1882年）12月23日〜昭和30年（1955年）2月10日
生東京都台東区橋場 学高小卒 歴東京・浅草の古道具商に生まれる。生来病弱で青年期の肺結核を菜食療法で克服。大正8年岡田商会を設立したが震災と恐慌で再起不能となり、昭和3年大本布教師となる。6年神示により千葉県鋸山の日本寺に参籠、9年岡田式神霊指圧療法を始め、大日本観音会を開教した。宇宙の主神を大光明真神（みろくおおみかみ）となし、岡田の掌から放つ観音力で浄霊され万病が治るといわれた。たびたび検挙されたが、信者が増え、このときの収入（約70万円）で熱海の土地と美術品などを購入、22年日本観音教団として再建。25年世界メシヤ教、次いで世界救世教と改称、熱海、

箱根、京都に聖地を建設。57年に生誕100年を記念してMOA美術館が設立された。一般には "メシア教" "お光様" といわれている。　家妻＝岡田よし（世界救世教2代目教主）、長男＝岡田三穂麿（画家）、三女＝岡田斎（世界救世教3代目教主）、孫＝岡田陽一（世界救世教4代目教主）

岡田 酉次　おかだ・ゆうじ

陸軍主計少将 日本発条副社長
明治30年（1897年）4月19日～平成6年（1994年）7月4日

生三重県鈴鹿郡高津瀬村（鈴鹿市）　学富田中〔大正5年〕卒、陸軍経理学校〔大正8年〕卒、陸軍経理学校高等科〔昭和5年〕卒、東京帝国大学経済学部〔昭和8年〕卒　歴大正5年陸軍主計候補生として京都歩兵第三十八連隊に入隊、続いて陸軍経理学校に入校。昭和5年陸軍経理学校高等科を首席で卒業し、派遣学生として東京帝国大学経済学部に入学。8年同大を卒業して参謀本部支那課に配属され、11年駐在武官として上海武官府に在任。12年日中戦争が勃発すると上海派遣軍特務部員となり南京攻略戦に参加。13年南京に維新政府が成立すると同政府の援助業務に当たる。同年陸軍省経理局課員、興亜院調査官。14年梅機関に協力して汪兆銘を介した和平工作に関与、汪政府（南京政府）が成立すると軍事顧問・経済顧問を務めた。16年京都師団経理部長。17年支那派遣軍に復帰、引き続き汪政府顧問。戦後は実業界に入り、日本発条副社長を務めた。回顧録「日中戦争裏方記」がある。

岡田 温　おかだ・ゆたか

衆議院議員
明治3年（1870年）3月6日～昭和24年（1949年）7月25日

生愛媛県温泉郡石井町　学東京帝国大学農科大学農学実科〔明治32年〕卒　歴愛媛県農会技師、同県技師から大正10年農会幹事となった。別子銅山の鉱毒問題解決に尽力。13年愛媛2区から衆議院議員に当選、中正倶楽部、後、新正倶楽部に参加。帝国農会特別議員、農業経済部長となり農業経営改善などに尽力。また「帝国農会報」「帝国農会時報」に執筆、家族小農による自作農を説いた。　家娘＝岡田禎子（劇作家）

岡田 要　おかだ・よう

動物学者 東京帝国大学教授
明治24年（1891年）8月11日～昭和48年（1973年）12月26日

生兵庫県相生市　学東京帝国大学理科大学動物学科〔大正7年〕卒 理学博士〔昭和4年〕　賞日本学士院会員〔昭和24年〕　歴三崎臨海実験所に勤め、大正12年の関東大震災に遭遇。13年からパリ、ドイツ、英国で研究、昭和4年京都帝国大学動物学科教授、12年東京帝国大学動物学科教授となり、三崎臨海実験所長を経て、28年定年、国立科学博物館長となった。また日本動物学会会頭、日本博物館協会、日本動物園協会各会長も務め、24年日本学士院会員、45年文化功労者。「細胞核移植」「両生類胚誘導物質の研究」「無脊椎動物の分類」「発光器官」「魚類の雌雄性転換」など多彩な研究論文があり、谷津直秀によって移入された実験形態学の研究も進めた。著書に「実験発生学」「極性と個性」「ねずみの知恵」「オスとメス」などがある。　賞文化功労者〔昭和45年〕

岡田 要之助　おかだ・ようのすけ

植物学者 東北帝国大学教授
明治28年（1895年）11月20日～昭和21年（1946年）8月5日

生神奈川県横浜市保土ケ谷区　専土壌微生物学　学東京帝国大学理科大学植物学科〔大正8年〕卒 理学博士〔昭和　歴若い頃から秀才の誉れが高く、神奈川県第一中学を卒業して一高に無試験入学。大正5年東京帝国大学理科大学植物学科に進学し、三好学の下で植物分類学を学んだ。8年大学院に進み、10年助手、12年講師を経て、14年東北帝国大学助教授となり、生物学第五講座（植物生態学並びに地理学）を担当。昭和5年

オニバスの生理生態に関する研究で理学博士の学位を取得。6年より2年間、フランスに留学し、パリ・パストゥール研究所で微生物研究に従事した。9年帰国後は土壌微生物学の方面に力を注いで多くの論文を発表する一方で、植物地理学の特別講義も受け持った。14年教授に就任。また新設された農学研究所所員にも任ぜられ、農学の生理生態に関する基礎的な研究に取り組んだ。戦後も同大学の中堅教授として将来を嘱望されたが、21年夏頃から病を得、間もなく没した。著書に「土壌微生物学概論」がある。　勲勲三等瑞宝章〔昭和20年〕

岡田 嘉子　おかだ・よしこ

女優
明治35年（1902年）4月21日～平成4年（1992年）2月10日

生広島県広島市大手町　学東京女子美術学院西洋画科〔大正7年〕中退、ルナチャルスキー演劇大学（ソ連）卒　歴女優を志し、17歳で中村吉蔵の内弟子に。大正10年舞台協会に加わり、一座の看板女優として活躍。12年「髑髏の舞」で映画デビュー、一躍スターとなる。しばらく舞台の仕事を続けるが、13年日活に入社。「街の手品師」「椿姫」などに出演して、昭和2年退社、トーキー製作のためのプロダクションを設立した。7年松竹蒲田に入社。13年1月3日、演出家の杉本良吉とともに樺太（現・サハリン）の日ソ国境を越えてソ連へ亡命。スパイ容疑で収容所に入り14年杉本良吉は銃殺される。のち市民権を得て、第二次大戦中はモスクワ放送のアナウンサーとして活躍、日活俳優の滝口新太郎と結婚。47年新劇人の努力で、34年ぶりにソ連文化省派遣の文化使節として里帰り。以後14年間、ビザ更新のため1年に1回日本を離れるほかは、ほとんど東京に在住して、映画、テレビなどに出演した。61年4月「天使の微笑み」を最後にソ連に帰国。　家夫＝滝口新太郎（俳優）

岡田 和一郎　おかだ・わいちろう

耳鼻咽喉科学者 東京帝国大学名誉教授
文久4年（1864年）1月3日～昭和13年（1938年）5月30日

生伊予国西条（愛媛県西条市）　学帝国大学医科大学〔明治22年〕卒 医学博士　歴明治17年東京大学医学部に入学するが、同年父が死去、苦学の末に、22年特待生となって大学を卒業。同大助手となり外科に入局、傍ら当時医学界のジャーナリズムを代表していた「東京医事新報」の主筆を森鷗外の後任として担当。28年32歳で助教授となり、29年文部省の命によりドイツ、オーストリアに留学。32年帰国し日本で初めての耳鼻咽喉科学講座を担当、35年教授となる。耳鼻咽喉科学の国立大学派遣留学生の第1号としてこの学科を独立させ、以後定年まで同講座を担当する一方、大日本耳鼻咽喉科学会の設立にも尽力した。またアジアへ日本の医療を普及させる趣旨で同仁会を設立、39年同仁会薬学校校長となり、根岸養生院を開設、三井慈善病院の創立に参加、41年日本癌研究会創立に参与、大正4年聖路加病院の創立に参画した。13年定年退職して名誉教授となる。昭和3年昭和医学専門学校の設立に参与、校長及び理事長の職に就いて教鞭も執り、医学者としての倫理を講義した。著書に「鼻科学纂録」「耳科学纂録」「咽喉気管纂録」などがある。　家義兄＝榊俶（精神医学者）、榊順次郎（産婦人科医）、榊保三郎（精神医学者）

岡野 馨　おかの・かおる

フランス文学者 陸軍大学校教授
明治26年（1893年）2月20日～昭和16年（1941年）12月12日

生東京都　学東京外国語学校仏語科〔大正4年〕卒　歴大正10年渡仏し、帰国後、陸軍大学校教授に就任。仏文学者として活躍、14年刊行のユゴー「ルイ・ブラス」をはじめ、フランス「タイス」、ミルボー「小間使日記」など多くの訳書がある。　家父＝岡野知十（俳人）

おかの　　　　　　　　　　　　昭和人物事典 戦前期

岡野 栄　おかの・さかえ

洋画家
明治13年（1880年）4月～昭和17年（1942年）3月21日

凹東京府赤坂区（東京都港区）　学東京美術学校西洋画科〔明治35年〕卒　歴女子学習院などで教鞭を執る傍ら洋画家として活躍し、明治45年の光風会創立に参加。明治末からは児童出版物の挿絵も手がけた。巌谷小波文による絵本叢書「日本一ノ画噺」などに優れたものがある。大正14年～昭和2年フランス・イタリアに留学。

岡野 進　おかの・すすむ

⇒野坂 参三（のさか・さんぞう）を見よ

岡野 聖憲　おかの・せいけん

解脱会（新興宗教）会祖
明治14年（1881年）11月28日～昭和23年（1948年）11月4日

生埼玉県北足立郡北本町（北本市）　名別名＝解脱金剛尊者、幼名＝岡野英蔵　歴小学校高等科を卒業後、東京・麻布の酒屋で奉公をする。長兄が徴兵されたため帰郷、織物業を起こすが失敗し、再度上京して海運業社に入る。大正5年に結婚の後は運送業と輸送業に事業を拡大し独立した。その後14年に大病を患い、生死の境をさまよった果てに霊能力を会得。昭和3年頃より信者が集うようになり、「解脱会」が形成された。

岡野 貞一　おかの・ていいち

音楽教育家 作曲家 東京音楽学校教授
明治11年（1878年）2月16日～昭和16年（1941年）12月29日

生鳥取県邑美郡古市村（鳥取市）　学薇陽学院〔明治28年〕中退, 高等師範学校附属音楽学校本科専修部〔明治33年〕卒　歴因幡鳥取藩士の長男で、明治18年7歳の時に父を失う。近所に住む級友の兄・永井幸次から影響を受け、音楽に目を開いた。24年因幡高等小学校を卒業して鳥取県庁の臨時職員となり、この年クリスチャンだった姉の感化で受洗。26年岡山にいた姉のもとに移り、キリスト教系の薇陽学院に入学、音楽の基礎や教会音楽を勉強した。28年永井の誘いを受け、同学院を中退して上京、29年高等師範学校附属音楽学校に入学。33年卒業して同校の授業補助となり、39年助教授を経て、大正12年教授。昭和7年退官。この間、明治40年から大正6年まで文部省唱歌の編纂委員を務め、第1期国定教科書「尋常小学読本唱歌」「尋常小学唱歌」編纂に従事。その中で、高野辰之との名コンビによる「日の丸の旗」「春が来た」「春の小川」「もみじ」「おぼろ月夜」「ふるさと」といった唱歌を作曲したとされ、そのいずれもが今日でも広く愛唱されている。作詞者不詳ながら "桃太郎さん、桃太郎さん、お腰につけた黍団子、一つわたしにくださいな" の「桃太郎」もその手による。「橘中佐」「水師営の会見」「夜の梅」「児島高徳」なども作曲した。一方、明治33年よりE.ガントレットの後任として東京・本郷の本郷中央教会のオルガニストを約40年間務め、聖歌隊の指導もおこなった。　勲勲六等瑞宝章〔昭和3年〕

岡野 豊四郎　おかの・とよしろう

教育家 筑波学園創設者
明治25年（1892年）4月15日～昭和39年（1964年）1月5日

凹茨城県　学青山師範中退　歴大正12年茨城県で初の精神障害児の教育施設である筑波学園（現・筑峯学園）を設立。昭和11年ロンドンで行われた第3回国際社会事業大会に日本代表として参加した。

岡野 昇　おかの・のぼる

鉄道技師 鉄道次官 西武鉄道社長
明治9年（1876年）6月14日～昭和24年（1949年）4月28日

生東京都　学東京帝国大学工科大学土木工学科〔明治32年〕卒 工学博士　歴明治32年日本鉄道技師となり、38年欧米諸国

へ出張して信号および連鎖装置に関する視察を行う。帰国後、国有鉄道法により同社が解散すると鉄道作業局に転じ、40年帝国鉄道庁技師。42年鉄道院の第1回留学生として再び欧米に留学、主にベルリンで学んだ。大正4年工務局保線課長、8年同局長を経て、13年鉄道次官となり退官。14年西武鉄道副社長、15年社長。昭和3年土木学会会長、21年信号保安協会会長。

岡野 養之助　おかの・ようのすけ

朝日新聞取締役
明治11年（1878年）8月31日～昭和24年（1949年）6月1日

生大阪府　名号＝告天子　学東京専門学校（現・早稲田大学）〔明治34年〕卒　歴明治29年大阪朝日新聞社に入り、社員のまま東京に留学。37年満州、韓国特派員となり、たまたま2月9日の仁川沖海戦に遭い、日露開戦第1報を送った。その後京城特派員となり寺内朝鮮総督の武断政治を攻撃。帰国後憲政擁護の立場から閥族政治打倒の筆をふるった。やがて大朝通信部長、社会部長、編集主幹、論説委員、取締役を歴任、昭和14年顧問となり朝日新聞社史編集に携わり「朝日新聞社七十年史」「村山竜平伝」を出版した。

岡上 守道　おかのえ・もりみち

社会運動家 評論家
明治23年（1890年）1月28日～昭和18年（1943年）4月28日

生高知県長岡郡大篠村（南国市）　名筆名＝黒田礼二　学東京帝国大学法科大学経済学科〔大正5年〕卒　歴南満州鉄道（満鉄）東亜経済調査局に勤務し、ロシア革命についていち早く研究する。大正9年の第2回国際労働機関（ILO）総会に政府代表嘱託として参加、以後大阪朝日新聞モスクワ特派員などを歴任。11年にはプロフィンテルン大会にも参加し、昭和11年帰国し、朝日新聞社を退社。のち高知新聞などに入社したが、18年ボルネオ渡航中に撃沈され死去した。

岡橋 林　おかはし・しげる

住友銀行社長
明治16年（1883年）12月15日～昭和34年（1959年）11月24日

生福岡県　学東京高等商業学校（現・一橋大学）〔明治39年〕卒　歴明治39年住友銀行に入り下関、名古屋、東京各支配人を経て常務、昭和15年専務（翌年社長を改称）となった。また住友本社、住友信託、住友倉庫、住友生命、住友ビル、昭和銀行各取締役のほか住友金属工業、住友電気工業、住友化学工業、住友鉱業、住友機械工業、住友アルミ製錬、四国中央電力、日本板硝子各監査役を兼ねた。戦時中は大阪銀行集会所会長、敗戦直後関西経済連合会常任理事を務めたが、公職追放となり、解除後の28年第5次吉田内閣の経済最高顧問となった。

岡部 光成　おかべ・こうせい

日本画家
明治27年（1894年）～昭和47年（1972年）

生長野県長野市　名本名＝岡部篤、号＝岡部光邦　歴明治45年上京し、寺崎広業に師事。大正8年京都に移り、菊池契月に師事。9年第2回帝展に「澄心庵」で初入選。以後、帝展に入選を重ねる。15年第1回聖徳太子奉讃美術展に「幽光」、昭和5年第2回同展に「残雪」で入選。11年秋の文展鑑査展に入選したのが最後の官展出品。戦後は、目を患い埼玉県児玉町で晩年をおくった。

岡部 直三郎　おかべ・なおさぶろう

陸軍大将
明治20年（1887年）9月30日～昭和21年（1946年）11月23日

生広島県　学陸士（第18期）〔明治38年〕卒、陸大〔大正4年〕卒　歴ハバロフスク特務機関に勤めた後、ポーランド公使館付武官を経て、昭和5年野砲兵第一連隊長、7年参謀本部演習課長、12年日中戦争開始で新設の北支那方面軍参謀長となり、その

後駐蒙軍司令官、陸軍大学校長、18年大将。20年の敗戦時は漢口の第6方面軍司令官だった。

岡部 長章　おかべ・ながあきら
侍従
明治42年(1909年)8月18日〜平成8年(1996年)11月26日
[生]東京都 [学]東京帝国大学文学部〔昭和9年〕卒 [歴]和泉岸和田藩最後の藩主、岡部長職の八男。昭和9年帝室博物館(現・東京国立博物館)に入る。11年侍従となり、21年まで昭和天皇に仕えた。 [家]父＝岡部長職(和泉岸和田藩主), 兄＝岡部長景(子爵), 村山長挙(朝日新聞社長)

岡部 長景　おかべ・ながかげ
子爵 文相 貴族院議員
明治17年(1884年)8月28日〜昭和45年(1970年)5月30日
[生]東京府麹町区(東京都千代田区) [名]号＝観堂 [学]東京帝国大学法科大学〔明治42年〕卒 [歴]和泉岸和田藩主・岡部長職の嗣子。外務省に入り、ロンドン大使館書記官を経て、対支文化事務局参事官、亜細亜局文化事業部長、昭和5年貴族院議員となる。10年岡田啓介内閣の陸軍政務次官、18年東条英機内閣では文部大臣として入閣、学徒動員、勤労動員計画をまとめた。このほか大日本育英会会長、国語審議会委員など歴任。戦後は国際文化振興会会長、ローマ日本文化会館総長、国立近代美術館長などを務め、もっぱら海外との文化交流事業に力を注いだ。 [家]父＝岡部長職(和泉岸和田藩主), 弟＝村山長挙(朝日新聞社主), 岡部長章(侍従)

岡部 平太　おかべ・へいた
体育スポーツ指導者 柔道家
明治24年(1891年)9月1日〜昭和41年(1966年)11月7日
[生]福岡県糸島郡志摩村(糸島市) [学]福岡師範学校〔明治45年〕卒, 東京高等師範学校(現・筑波大学)体操研究科〔大正6年〕修了 医学博士(久留米大学) [歴]大正2年講道館入門、2段を授与される。6〜9年米国に留学、シカゴ大学で体育理論、スポーツ生理学などを学ぶ。東京高等師範学校講師などを経て、11年満州体育協会を設立、理事長に就任。大連に当時としては最大規模のスタジアムを建設し、昭和3年には日仏陸上競技大会誘致に成功するなど、スポーツ近代化のために尽力。4年馮庸大学名誉教授となるが、8年満州事変が勃発、関東軍に逮捕され、すべての公職を失う。戦後の23年、福岡国体専務局長に就任、競技場を“平和台”と命名。マラソン選手育成にも取り組み、26年ボストンマラソン監督。以後は執筆活動が主となる。その後、福岡学芸大学(現・福岡教育大学)、九州産業大学教授などを歴任し、日本のスポーツ再生に力を注いだ。柔道8段。

岡部 孫四郎　おかべ・まごしろう
朝日新聞記者
生年不詳〜昭和12年(1937年)7月28日
[出]香川県仲多度郡琴平町 [歴]昭和10年大阪朝日新聞に入社。京城(現・ソウル)支局に勤務し、12年7月7日日中戦争が勃発すると特派員として中国戦線に従軍。28日写真撮影を終えて後方へ下がろうとした際、頭部に銃弾を受け即死した。8月軍属として認定され、14年新聞人として初めて靖国神社に合祀された。

岡村 宇太郎　おかむら・うたろう
日本画家
明治32年(1899年)9月5日〜昭和46年(1971年)10月11日
[生]京都府船井郡 [名]旧姓・旧名＝初坂, 号＝岡村隆生, 岡村青空 [学]京都市立絵画専門学校〔大正10年〕卒 [歴]9歳の時、京都の友禅業岡村治郎吉の養子となった。大正8年第2回国画創作協会展に出品した「牡丹」が樗牛賞を受賞。第3回展に「漁夫」、第4回展に「日没頃(漁村風景)」などを発表。絵画専門学校卒業の10年以後は土田麦僊に師事、15年国画創作協会会員。昭和3年同協会解散、5年第17回院展に「檜図」を出品したが、帝展、院展ともに属せず、野にあった。戦後水墨画に傾倒、画壇を離れた。

岡村 葵園　おかむら・きえん
日本画家
明治12年(1879年)3月23日〜昭和14年(1939年)10月8日
[生]鳥取県倉吉町 [学]東京美術学校日本画科〔明治35年〕卒 [歴]川端玉章に師事し、明治42年川端画学校が創立されると、同校日本画科主任教授に就任。その後いったん辞職したが、大正7年復職。また書道、漢籍などに造詣が深かった。

岡村 千秋　おかむら・ちあき
編集者
明治17年(1884年)5月17日〜昭和16年(1941年)10月21日
[生]長野県南安曇郡 [学]早稲田大学英文科〔明治40年〕卒 [歴]読売新聞社、博文館を経て、大正2年郷土研究社を創立。柳田国男と交流し「郷土研究」を創刊、10年からは「炉辺叢書」など民俗学関係の本を多く出版した。

岡村 俊昭　おかむら・としあき
野球選手
大正2年(1913年)〜平成8年(1996年)1月24日
[出]京都府京都市 [学]日本大学卒 [歴]昭和14年鶴岡一人らとともに南海に入団。強打の外野手として10シーズン活躍し、19年には打率3割6分9厘で首位打者に。24年に現役引退後、コーチ、二軍監督を経験、36〜46年南海のスカウトを務めた。実働10年、651試合、2043打数467安打、3本塁打、189打点、77盗塁、345四死球、打率.229。

岡村 二一　おかむら・にいち
詩人 東京タイムズ社長
明治34年(1901年)7月4日〜昭和53年(1978年)7月9日
[生]長野県下伊那郡竜丘村 [学]東洋大学文学部〔大正15年〕卒 [歴]詩人を志したが、新聞記者に転じ、昭和16年同盟通信社記者として松岡洋右外相に随行、ドイツを訪問、その帰途、日ソ中立条約をスクープした。戦後、東京タイムズを創刊して社長となり、再び詩作を始めた。詩集に「人間経」「告別」、また「岡村二一全集」(全2巻・永田書房)がある。

岡村 博　おかむら・ひろし
数学者 京都帝国大学教授
明治38年(1905年)11月10日〜昭和23年(1948年)9月3日
[専]解析学 [学]京都帝国大学理学部〔昭和4年〕卒 理学博士〔昭和15年〕 [歴]昭和4年京都帝国大学理学部講師、6年助教授となり、11年数学解析学研究のためフランス、米国へ留学。17年教授に昇任して数学第三講座を担当。常微分方程式の解の一意性を対象に研究を進め、A.L.コーシー以来未解決であった問題を解決した。 [家]父＝岡村司(民法学者)

岡村 文子　おかむら・ふみこ
女優
明治31年(1898年)10月24日〜昭和51年(1976年)8月15日
[出]長野県上高井郡川田村大字和田(長野市) [名]本名＝岡村ふみ [学]長野県立高等女学校〔大正4年〕卒 [歴]昭和5年東京・赤坂ローヤル館オペラ一座研究生。6年「天国と地獄」初舞台。原信子歌劇団から8年新星歌舞劇団を経て、10年松竹蒲田入社。「悪魔の崖」初出演。オペラに戻った後13年東亜キネマ甲陽、14年松竹蒲田再入社、「若き女の死」助演。「裸騒動記」「新婚者教育」など喜劇物に活躍、準幹部。以後「浮気征伐」「女房紛失」「拾った花嫁」など蒲田ナンセンス喜劇に重用された。

5年退社。11年松竹大船に復帰、斎藤達雄と「娘に告ぐ」で共演。12年「七ッ児誕生」13〜14年「愛染かつら」などで活躍、14年幹部昇格。飯田蝶子、吉川満子と「三人寄れば」「暖流」「信子」など名脇役を演じた。戦後は「安城家の舞踏会」「新愛染かつら」。「愛染かつら」では4度目の婦長役。26年大映と優先契約、新東宝、東宝、東映にも出演。33年フリー、48年引退。

岡村 寧次　おかむら・やすじ
陸軍大将
明治17年（1884年）5月15日〜昭和41年（1966年）9月2日
生東京都　学陸士（第16期）〔明治37年〕卒, 陸大〔大正2年〕卒　歴明治40年中尉、陸士生徒隊付として清国学生隊区隊長。大正2年参謀本部戦史課員として青島派遣。6年参本北京駐在。12年参本上海駐在。昭和2年大佐、歩兵第6連隊長。4年陸軍人事局補佐課員。6年大川周明らと宇垣一成軍事政権樹立のためのクーデター計画に関与したが失敗（三月事件）。7年上海派遣軍参謀副長から関東軍参謀副長。11年第2師団長。13年第11軍司令官、大将。16年北支那方面軍司令官、19年支那派遣軍司令官。20年中国軍に投降。22年中国軍法廷に出頭入監。24年無罪となり帰国。

岡本 愛祐　おかもと・あいすけ
帝室林野局長官
明治27年（1894年）9月8日〜昭和63年（1988年）8月23日
生京都　学東京帝国大学法学部〔大正9年〕卒　歴大正8年高文行政科卒。昭和天皇の摂政の12年3月から昭和2年3月まで侍従を務めた。その後帝室林野局長官を経て、22年退官。同年参議院議員に当選。三高時代は軟式テニス選手として活躍、軟式テニスの普及に尽力した。著書に「或る種の陳情」「明治大正時代の関西軟庭史」など。

岡本 一平　おかもと・いっぺい
漫画家 画家
明治19年（1886年）6月11日〜昭和23年（1948年）10月11日
生北海道函館　田東京市京橋区南槙町（東京都中央区）学東京美術学校西洋画科　歴東京美術学校在学中、藤島武二に師事。卒業後、帝国劇場の舞台美術に従事したのち、大正元年東京朝日新聞社に入社して漫画を担当。3年時局漫画「陥落」、4年風俗劇画・漫文集「マッチの棒」を刊行し、10年には漫画小説「人の一生」を朝日新聞に連載。人間生活の機微を鋭くつき、情味と品格をそなえた漫画は、その独特の漫文とともに多くの人々に親しまれ、政治漫画に一時期を画した。11年世界漫遊に出かけ、遊行記を朝日新聞に連載。また洋画家としても知られ、昭和2年には春陽会会員に推挙される。代表作に「弥次喜多再興」「へぼ胡瓜」「どぜう地獄」など。「一平全集」（全15巻）がある。　家妻＝岡本かの子（小説家・歌人）、長男＝岡本太郎（画家）

岡本 覚三郎　おかもと・かくさぶろう
実業家 岡本工作機械製作所創業者
明治21年（1888年）7月16日〜昭和39年（1964年）1月23日
生広島県福山市　学誠之館中卒、東京高等工業学校機械科〔明治42年〕卒　歴特待生として誠之館中学、東京高等工業学校に学び、明治42年首席で卒業。呉海軍工廠造機部の組み立て工となり、1年半後には海軍が英国に発注した戦艦「金剛」「比叡」の建造監督に派遣され、同国の大学で研鑽を積んだ。大正元年帰国して海軍技手に任官、海軍工廠に納入される工作機械の検収業務に従事。その後、池貝鉄工所に技師として迎えられたが、15年4月過労のため健康を害し退職。その話を聞いた池貝鉄工所の下請け工場などから相談や設計の依頼を受けるようになったため、同年11月東京・洗足の自宅を改造して個人経営の岡本専用工作機械製作所を創業。昭和5年我が国

初の歯車研磨盤「ASG-2」及び万能歯車試験機「UGT-2」を完成させた。10年6月株式会社化し、岡本工作機械製作所に社名変更。12月同社専務、18年社長。24年細田機械工業と合併して会長に就任。世界唯一の総合砥粒加工機メーカーとなった同社の基礎を築いた。

岡本 かの子　おかもと・かのこ
小説家 歌人 仏教研究家
明治22年（1889年）3月1日〜昭和14年（1939年）2月18日
生東京府赤坂区青山南町（東京都港区）田神奈川県　名本名＝岡本カノ、旧姓・旧名＝大貫　学跡見女学校卒　歴明治39年与謝野晶子に師事して新詩社に入り、大貫可能子の筆名で「明星」に短歌を発表、以後「スバル」でも活躍し、大正2年処女歌集「かろきねたみ」を刊行。その間明治43年に岡本一平と結婚、44年に長男太郎をもうける。この頃ノイローゼになり、宗教遍歴の結果、大乗仏教にたどりつくが、以後仏教研究家としての名も高める。大正7年第二歌集「愛のなやみ」を刊行、14年第三歌集「浴身」を、昭和4年「わが最終歌集」を刊行。同年親子で渡欧、4年間小説を勉強。帰国後2年目より小説に専念しはじめ、11年芥川龍之介をモデルにした「鶴は病みき」を発表して文壇から注目される。以後「母子叙情」「巴里祭」「東海道五十三次」「老妓抄」「家霊」などの作品を相次いで発表したが、14年2月に豊満華麗な生涯を閉じた。没後、一平の手により「河明り」「雛妓」「生々流転」「女体開顕」などが発表された。「岡本かの子全集」（全15巻・補巻1・別巻2, 冬樹社）がある。　家夫＝岡本一平（漫画家）、長男＝岡本太郎（画家）　賞文学界賞（第6回）〔昭和11年〕「鶴は病みき」

岡本 綺堂　おかもと・きどう
劇作家 小説家 劇評家
明治5年（1872年）10月15日〜昭和14年（1939年）3月1日
生東京府芝高輪（東京都港区）　名本名＝岡本敬二、別号＝狂綺堂、甲字楼主人　学東京府中学校〔明治22年〕卒　賞帝国芸術院会員〔昭和12年〕　歴明治22年中学卒業と同時に東京日日新聞社に入社。のち中央新聞社、絵入日報社、東京新聞社と移り、36年東京日日新聞社に再勤し、39年東京毎日新聞社に移る。その間、劇評の傍ら劇作に励み、29年に「紫宸殿」を発表。41年2代目市川左団次のために「維新前後」を執筆し、明治座で上演される。つづいて44年「修禅寺物語」が上演され、新時代劇の作家として注目をあび、以後いわゆる"新歌舞伎"と呼ばれる新作を数多く発表。小説も執筆し、大正5年から「半七捕物帳」を発表、捕物帳の先駆を作る。戯曲の代表作としては「修禅寺物語」「室町御所」「鳥辺山心中」「番町皿屋敷」「権三と助十」「相馬の金さん」などがある。昭和5年「舞台」を創刊し、後進に作品発表の場を与え、12年帝国芸術院会員となった。一方、東日在社時代より句作を手がけ、同僚星野麦人主宰の「木太刀」選者を務めた。俳句・漢詩集「独吟」、「岡本綺堂日記」、「綺堂戯曲集」（全14巻、春陽堂）、「岡本綺堂劇曲選集」（全8巻、青蛙房）、「岡本綺堂読物選集」（全8巻、青蛙房）がある。　家養子＝岡本経一（青蛙房主人）

岡本 清福　おかもと・きよとみ
陸軍中将
明治27年（1894年）1月19日〜昭和20年（1945年）8月15日
生東京都　学陸士（第27期）〔大正4年〕卒, 陸大〔大正14年〕卒
歴参謀本部員から昭和4年ドイツ駐在、6年ドイツ大使館付武官補佐官、8年再び参謀本部員、10年作戦班長、11年陸軍省軍事課高級課員、12年蘆溝橋事件の直前、石原莞爾参謀本部第一部長の命令で支那駐屯軍に派遣され、同年7月には自ら同軍参謀として中国に渡った。14年ドイツ大使館付武官、16年参謀本部第四部長、第二部長、17年南方軍総参謀副長、18年陸軍中将となり独伊連絡使節団長、19年スイス公使館付武官となる。同地で米国戦略情報機関の責任者アレン・ダレスを通

じた和平交渉に携わったが、20年8月15日自決した。

岡本 実太郎　おかもと・じつたろう
弁護士　衆議院議員
明治14年（1881年）6月～昭和27年（1952年）4月30日
[出]愛知県　[学]明治法律学校〔明治36年〕卒　[歴]司法官試補となり、次いで各専売支局長を歴任。後に弁護士となり、日本弁護士協会理事、税務代理士会監事を務めた。大正13年愛知2区より衆議院議員に当選。通算6期を務めた。そして、第二次若槻内閣において、農林参与官に任命された。また、日本進歩党総務委員も務めた。

岡本 潤　おかもと・じゅん
詩人
明治34年（1901年）7月5日～昭和53年（1978年）2月16日
[生]埼玉県本庄市　[名]本名＝岡本保太郎　[学]東洋大学中退、中央大学中退　[歴]学生時代からアナキズムに近付き「シムーン」などを経て、大正12年萩原恭次郎らと「赤と黒」を創刊、アナキスト詩人として注目される。その後「ダムダム」「マヴォ」などに参加。プロレタリア文学運動下においては「文芸解放」の創刊に参加する。昭和3年「夜から朝へ」を刊行し、8年「罰当りは生きてゐる」を刊行。10年無政府共産党事件で検挙され、11年釈放。釈放後はマキノ・トーキー企画部に勤め、脚本を書く。戦後は「コスモス」の創刊に参加し、民主主義文学運動に参加、アナキズムからコミュニズムに転換し、日本共産党に入党するが、35年除名。他の著書に「夜の機関車」「襤褸の旗」「笑う死者」や自伝「詩人の運命」などがある。死後、「岡本潤全詩集」（本郷出版社）が刊行された。

岡本 信二郎　おかもと・しんじろう
詩人　山形高校教授
明治18年（1885年）7月31日～昭和17年（1942年）5月8日
[生]千葉県海上郡銚子町（銚子市）　[学]一高〔明治40年〕卒、東京帝国大学法科大学政治科〔明治44年〕卒　[歴]大正11年山形高校教授を経て、昭和16年一高講師となる。その間大正15年から約2年間ドイツ留学。教え子に阿部六郎、神保光太郎、亀井勝一郎などがいる。詩のほか短歌、俳句も収めた「岡本信二郎集」がある。ほかに訳書「意志と表象としての世界」など。

岡本 季正　おかもと・すえまさ
外交官　駐スウェーデン公使
明治25年（1892年）～昭和42年（1967年）11月23日
[生]京都府　[学]東京帝国大学卒　[歴]外務省に入り、在シアトル領事、欧米局第二課長、官房会計課長、在上海総領事、在シンガポール総領事などを経て、昭和17年駐スウェーデン公使となり、日本の和平工作に従事して戦後帰国。27年国交回復後、駐オランダ大使となった。退官後日蘭協会会長。

岡本 政治　おかもと・せいじ
増進堂・受験研究社社長
明治28年（1895年）1月24日～昭和31年（1956年）3月27日
[生]大阪府大阪市　[歴]大阪の書肆・岡本増進堂の店員となり、創業者である岡本増次郎の女婿となる。大正14年岳父の隠居により2代目社長に就任すると、講談小説の出版から小中学受験参考書の出版に転じ、昭和2年には試験制度の改定に伴い敞文館の商号で中等教科書の出版に着手した。木山淳一の手による「木山の長帖」「木山の模範読方」などの参考書で一世を風靡し、戦後も「小学算数自由自在」をはじめとする〈自由自在〉シリーズがロングセラーとなった。17年に刊行した富田常雄「姿三四郎」もベストセラーとなる。　[家]息子＝岡本恵年（増進堂・受験研究社社長）、岳父＝岡本増次郎（増進堂・受験研究社創業者）

岡本 大更　おかもと・たいこう
日本画家
明治12年（1879年）～昭和20年（1945年）12月
[生]三重県名張郡滝之原村（名張市）　[名]本名＝岡本直道　[歴]8歳の時に家族と東京に転居し、のち京都、大阪に移る。独学で美人画を学び、文展などに入選。大阪美術展覧会、大阪市美術協会設立に参画。昭和16年大阪日本画報国会顧問となる。19年妻の郷里である香川県豊島に疎開し、同地で没した。美人画の大家として活躍した。　[家]長男＝岡本更生（日本画家）、義妹＝岡本更園（日本画家）

岡本 赳　おかもと・たけし
電気工学者　京都帝国大学教授
明治21年（1888年）6月10日～昭和49年（1974年）10月11日
[生]岡山県浅口郡片島村（倉敷市）　[専]電気熔接学　[学]三重一中〔明治41年〕卒、一高〔明治45年〕卒、京都帝国大学工科大学電気学科〔大正4年〕卒　工学博士（京都帝国大学）〔昭和2年〕　[歴]大正4年京都帝国大学講師を経て、7年助教授。11年欧州へ留学、13年帰国して教授に昇任。昭和23年退官後は兵庫県立工業試験所所長、26～31年姫路工業大学学長。電気熔接学の権威で、電気学会・熔接学会各名誉会員。著書に「電気鎔接」「電気熔接総論」、共著に「電気熔接機器」などがある。

岡本 唐貴　おかもと・とうき
洋画家　社会運動家
明治36年（1903年）12月3日～昭和61年（1986年）3月28日
[生]岡山県浅口郡連島村　[名]本名＝岡本登喜男　[学]東京美術学校（東京芸術大学）彫刻科選科〔大正12年〕中退　[歴]一家で各地を転々として後。大正9年上京。初め二科会に出品する。12年前衛グループ「アクション」の結成に参加。昭和4年日本プロレタリア美術家同盟創立委員となり、プロレタリア美術運動に参加。戦後は矢部友衛らと現実会を組織、また三鷹事件、松川事件の無罪運動を支援する。著書に「プロレタリア美術とは何か」（5年）「日本プロレタリア美術史」（42年）など。　[家]長男＝白土三平（漫画家）

岡本 不二　おかもと・ふじ
ボクシング選手
明治38年（1905年）7月4日～昭和59年（1984年）1月4日
[生]愛知県　[歴]12歳で上京。16歳でボクシングを始め、昭和3年の第9回アムステルダム・オリンピック日本代表。不二ジムの設立者。ピストン堀口をはじめ、多くのプロボクサーを育てた。

岡本 癖三酔　おかもと・へきさんすい
俳人
明治11年（1878年）9月16日～昭和17年（1942年）1月12日
[生]群馬県高崎市　[東]東京都　[名]本名＝岡本簾太郎、初号＝笛声、別号＝碧山水　[学]慶応義塾大学卒　[歴]秋声会を経て、正岡子規に学び、写生風の句を詠む。明治40年「癖三酔句集」を刊行。病いのため以後しばらく句を発表しなかったが、大正3年復活。5年松本翠影らと「新緑」を創刊、自由律に転じる。三田俳句会でも活躍した。評論に「俳句脱糞論」などがある。　[家]父＝岡本貞烋（実業家）

岡本 弥太　おかもと・やた
詩人
明治32年（1899年）1月23日～昭和17年（1942年）3月25日
[生]高知県香美郡岸本町　[名]本名＝岡本亀弥太　[学]高知商卒　[歴]神戸の鈴木商店に入社したが、大正10年帰郷。以後、小学校教員をしながら、同人詩誌「麗詩仙」、昭和3年「青騎兵」などを創刊。7年詩集「滝」を刊行して注目を集めた。「詩神」「日本詩壇」などにも投稿する。「岡本弥太詩集」がある。

岡本 連一郎　おかもと・れんいちろう

陸軍中将

明治11年（1878年）1月21日～昭和9年（1934年）2月23日

国和歌山県　学陸士（第9期）〔明治30年〕卒，陸大卒　歴陸軍省軍務局軍事課員，歩兵第65連隊大隊長などを経て、軍事研究のため英国・米国に駐在。帰国後、歩兵第23連隊大隊長、陸軍歩兵学校教導大隊長、陸軍大学校教官などを歴任。再び米国に出張し、帰国後、参謀本部課員、英国大使館付武官、大正14年歩兵第9旅団長、のち参謀本部総務部長などを経て、昭和3年中将となる。4年参謀次長、5年近衛師団長を務め、資源審議会委員を兼ねた。

岡谷 惣助（10代目）　おかや・そうすけ

実業家　岡谷鋼機社長

明治20年（1887年）8月19日～昭和40年（1965年）4月14日

生愛知県名古屋　名旧姓・旧名＝岡谷清次郎　学名古屋市立商〔明治39年〕卒　歴明治42年家業の金物業を継ぎ、「笹惣」の名を岡谷合資会社に改組、改称。また岡谷保産合名（のちに岡谷鋼機と改称）を新設、両社社長となる。大正7年には岡谷洋鉄部を設け洋鉄の輸入に進出。14年10代目惣助を襲名した。昭和8～11年名古屋商工会議所会頭、10年には日本商工会議所顧問も務めた。また三重珠瑯、東邦瓦斯、福寿火災保険、東海銀行各取締役を歴任した。20年家業を嗣子正男に譲り相談役に退いた。　家父＝岡谷惣助（9代目）

岡安 喜三郎（6代目）　おかやす・きさぶろう

長唄三味線方　岡安派家元

大正2年（1913年）4月6日～昭和25年（1950年）3月26日

生東京都　名本名＝幸田嘉郎　歴5代目岡安喜三郎の子。大正9年父の死により8歳で喜三郎を継いだ。三味線の名手で天才をうたわれたが、早世した。作曲に「愛宕竜神」「鉢の木」「歌麿」「旅ゆかば」などがある。　家父＝岡安喜三郎（5代目）、祖父＝岡安喜三郎（4代目）、曽祖父＝岡安喜三郎（3代目）

岡山 巌　おかやま・いわお

歌人

明治27年（1894年）10月19日～昭和44年（1969年）6月14日

生広島県広島市　学東京帝国大学医学部〔大正10年〕卒　医学博士　歴六高在学中から作歌し、「水甕」「連作」「自然」を経て、昭和6年「歌と観照」で歌壇を震撼させた。歌書に「現代歌人論」「短歌文学論」ほか、歌集に「思想と感情」「体質」など6冊。東京鉄道病院勤務、三菱製鋼診療所長、八幡製鉄本社診療所顧問などを歴任した。　家妻＝岡山たづ子（歌人）

小川 芋銭　おがわ・うせん

日本画家

慶応4年（1868年）2月18日～昭和13年（1938年）12月17日

生江戸赤坂溜池（東京都千代田区）　居茨城県牛久村（牛久市）　名本名＝小川茂吉、別号＝芋銭子、莒滄子、草汁庵　歴江戸に生まれ、4歳で茨城県牛久に移り住んで以来、生涯のほとんどを同地で過ごす。明治14年本多錦吉郎の画塾・彰技堂で洋画を学び、日本画を独習。26年父の命により農業に従事しながら絵筆を執る。のち「朝野新聞」「平民新聞」に漫画や挿絵を描き、41年「草汁漫画」を刊行。また、早くから親しんだ俳句も寄稿。41年頃から「国民新聞」「ホトトギス」にも表紙・挿画のほか投句する。大正元年に「三愚集」を刊行、この頃から俳画を描き、飄逸枯淡で異色ある作品を長く院展に発表。4年平福百穂らの珊瑚会会員となり、6年日本美術院同人となる。農工画を自称し、河童、沼沢などを主題に独特な幻想世界を構築。とくに「河童百図」は河童表現の決定版といわれ、"河童の芋銭"と呼ばれた。代表作は他に「樹下石人談」「沼四題」「江戸六月」「水魅戯」など。著書に「大痴芋銭」「草汁遺稿」がある。

小川 運平　おがわ・うんぺい

中国研究家

明治10年（1877年）8月10日～昭和10年（1935年）1月14日

生埼玉県　歴初め近代中国・蒙古の研究に努め、明治32～33年北清事変に陸軍通訳として従事、のち3年間清（中国）に滞在して「北清大観」を著す。37年日露戦争にも出征し、のち頭山満らと、44年の辛亥革命を援助。対支連合会、国民外交同盟会などに参加した。昭和6年満洲事変後に同地を視察し、著書「満洲博物篇」「熱河概観」を著した。

小川 菊松　おがわ・きくまつ

誠文堂新光社創業者

明治21年（1888年）3月25日～昭和37年（1962年）7月3日

生茨城県西茨城郡川根村（茨城町）　学高小中退　歴半農半商の家の二男。明治35年上京、書籍小売及び卸売業の大洋堂を経て、37年書籍取次業の至誠堂に入る。45年独立して神田錦町に取次専門の誠文堂を創業。大正2年渋川玄耳「わがまゝ」を出して出版業に転じ、7年発売の加藤美命「是れ丈は心得置くべし」（全16巻）が5年間で120万部を売り上げ、社業の基礎を確立した。関東大震災で店舗を焼失するが、直後に「大震大火の東京」を刊行、9月だけで2万8000部を売り切った。13年にはラジオに着目し、苫米地貢「趣味の無線電話」「ラジオ部分品の製作と取扱法」など、他社に先駆けてラジオ書籍を出版。一方で、11年「商店界」、13年「子供の科学」、14年「無線と実験」、15年「実際園芸」などの雑誌を発行し、それぞれ成功を収めた。15年新光社の再建に乗り出し、社長に就任。昭和に入ると"円本ブーム"に乗じて「大日本百科全集」（全36巻）の予約販売を開始。以降も「日本地理風俗大系」「家庭医学全集」「哲学講座」など全集や講座ものを多数出版。10年新光社を合併して誠文堂新光社を設立、社長となる。13年軍隊の典範類の発行を目的とした日本兵書出版を設立。敗戦から1ケ月後の20年9月15日に「日米会話手帳」を発刊、360万部を売り上げたといわれ、戦後最初のベストセラーとなった。21年社長を長男・誠一郎に譲り、23年公職追放。25年追放解除に伴い会長として同社に復帰。狩猟と射撃を趣味とし、36年雑誌「狩猟界」を独立させ狩猟界社を興したが、37年猟銃自殺した。著書に「商戦三十年」「出版興亡五十年」などがある。　家長男＝小川誠一郎（誠文堂新光社社長）、孫＝小川雄一（誠文堂新光社社長）、女婿＝川崎嘉信（誠文堂新光社社長）

小川 清彦　おがわ・きよひこ

天文学者　東京帝国大学助手

明治15年（1882年）10月2日～昭和25年（1950年）1月10日

生東京都　学東京物理学校〔明治35年〕卒　歴旧豊後臼杵藩士の子。幼少時から中耳炎を患い、16歳の頃には聴力を失う。東京物理学校に入学するが、学校には籍を置いただけで課程のすべてをほぼ独学し、特に英・独・仏語に通じた。明治35年卒業後、東京天文台に入って暦や潮汐の研究に従事。40年東京帝国大学理科大学助手。また、測地学委員会の嘱託も務めた。昭和19年東京天文台を退職。傍ら、暦学史に関する多くの論文を発表。21年の「日本書紀の暦日について」では従来の説を否定し、「日本書紀」編纂当時の暦法を用いて日本神武紀元の暦日を解釈するという新説を唱えた。

小川 銀次郎　おがわ・ぎんじろう

教育家　東京女子学園設立者

慶応3年（1867年）～昭和20年（1945年）2月22日

生江戸（東京都）　学東京帝国大学文科大学〔明治31年〕卒　歴二高教授兼東北帝国大学講師を務める。明治35年棚橋一郎、山本宣喚、実吉益美、杉浦鋼太郎、高津鍬三郎、吉岡哲太郎と私立東京高等女学校（現・東京女子学園）設立を計画、36年の

開校に尽力。昭和13年校長に就任した。　勲藍綬褒章

小川 金之助　おがわ・きんのすけ
剣道家
明治17年（1884年）〜昭和37年（1962年）3月30日
生愛知県岩倉町　歴少年時代に加藤貫一に入門、北辰一刀流を学んだ。明治40年ごろから武徳会本部で修行、大正2年精錬証、8年教士となり武道専門学校教授となった。昭和2年範士、4年内藤高治範士の後を継ぎ主任教授となり21年の武徳会解散まで京都本部において専門家の養成に当たった。4、9、15年の天覧武道試合には指定選士、審判員として出場した。32年10段範士。34年紫綬褒章を受け剣道家として国家表彰第1号となった。

小川 敬吉　おがわ・けいきち
考古学者 朝鮮総督府文化財技官
明治15年（1882年）〜昭和25年（1950年）
出福岡県椎田町　歴内務省を経て、朝鮮総督府に勤務。文化財技官を務め、朝鮮半島各地の遺跡発掘や社寺修復に携わり、同地の遺跡や古美術調査をまとめた「朝鮮古墳図譜」編纂に主要メンバーとして参画。昭和19年退官・帰国した。平成15年佐賀県の名護屋城博物館により、小川が朝鮮からの帰国の際に持ち帰った資料の中から、朝鮮半島の名刹で朝鮮戦争により焼失した長安寺の実測図などが発見された。

小川 敬次郎　おがわ・けいじろう
土木工学者 北海道帝国大学工学部教授
明治13年（1880年）2月16日〜昭和42年（1967年）10月6日
生山口県萩市　専コンクリート工学　学山口中〔明治32年〕卒、山口高〔明治35年〕卒、東京帝国大学工科大学土木工学科〔明治38年〕卒 工学博士（東京帝国大学）〔大正14年〕　歴山口県士族として萩に生まれる。明治38年鉄道作業局に入り、朝鮮に渡って初期鉄道建設に従事。43年仙台高等工業学校教授、大正8年から2年間英米仏に留学。帰国後、北海道帝国大学工学部助教授を経て、14年教授、昭和16年工学部長を務めた。17年退官後、名誉教授。東京・世田谷に移り、18〜22年財団法人井上育英会常務理事、特殊法人日本育英会理事。コンクリート及び鉄筋コンクリートの理論、土木施工法、施工機械などに関する論文が多い。著書に「鉄筋混凝土の知識」「混凝土及び鉄筋混凝土理論原理」「鉄筋混凝土部材設計法」「土木施工法及施工機械」などがある。　勲勲三等瑞宝章〔昭和4年〕

小川 郷太郎　おがわ・ごうたろう
財政学者 衆議院議員 京都帝国大学教授
明治9年（1876年）6月9日〜昭和20年（1945年）4月1日
生岡山県浅口郡新庄村　名旧姓・旧名＝村山　学一高卒、東京帝国大学法科大学政治学科〔明治36年〕卒 法学博士〔大正2年〕　歴大蔵省に入省したが、明治37年新設の京都帝国大学に迎えられ39年ヨーロッパ留学、6年間にわたり財政学を学んで帰国、同大教授に就任、財政学を担当、経済学部長となった。大正6年京都市から衆議院議員に選ばれ、以来当選8回。新政会から政友本党政調会長、13年政友本党分裂で民政党に入り政調会長。昭和4年浜口雄幸内閣の大蔵政務次官、11年広田弘毅内閣の商工大臣、15年第二次近衛文麿内閣の鉄道大臣となった。18年大政翼賛会総務となり、ビルマ政府最高顧問として赴任、20年阿波丸で帰任の途中、米国潜水艦に撃沈され没した。著書に「租税総論」「財政学」「交通経済論」「税制整備論」などがある。

小川 瑳五郎　おがわ・さごろう
内科学者 京都府立医科大学学長
明治9年（1876年）3月1日〜昭和26年（1951年）5月30日
生大阪府大阪市此花町　学東京帝国大学医科大学〔明治35年〕卒, 京都帝国大学大学院 医学博士（京都帝国大学）〔大正2年〕　歴明治38年長崎医学専門学校教授となり、43年ヨーロッパ留学、ハイデルベルク、ミュンヘン、ロンドンの各大学で学んだ。大正2年帰国、同年「循環の薬理に関する実験的補遺」で医学博士。3年京都府立医学専門学校教授となり内科学担当、6年同校長となった。10年10月同校が大学に昇格、京都府立医科大学長兼医学専門学校校長となった。昭和25年名誉教授。3〜21年兵庫県立神戸病院長、19〜21年兵庫県立医学専門学校初代校長を歴任。

小川 蕃　おがわ・しげる
外科学者 京城帝国大学教授
明治24年（1891年）10月14日〜昭和14年（1939年）9月1日
生新潟県中蒲原郡金津村（新潟市）　学東京帝国大学医科大学〔大正6年〕卒 医学博士〔大正15年〕　歴大正6年東京帝国大学医科大学の外科学教室に入り副手、8年神戸三菱造船所病院医師、10年朝鮮総督府医院医官。同年京城医学専門学校教授を兼任。13〜15年欧米に留学。15年「上皮小体機能に関する実験的研究」で医学博士の学位を得る。同年京城帝国大学助教授を経て、昭和3年教授。朝鮮半島における近代外科学の開拓者として知られる。著書に「簡明外科各論〈上1・2, 下〉」「簡明外科総論」「『イレウス』の診断と治療」などがある。

小川 実也　おがわ・じつや
教育評論家
明治17年（1884年）〜昭和21年（1946年）
生京都　名号＝亜村　専社会教育, 生活指導　学京都帝国大学卒　歴新聞記者ののち大正10年上京、留岡清助経営の西巣鴨家庭学校教師となり、社会教育評論家として活躍。昭和5年新興教育研究所所員となり、10年創刊の「生活学校」編集顧問格で、生活指導、生活教育の発展に尽力した。著書に「地域中心としての学校施設」がある。

小川 正太郎　おがわ・しょうたろう
野球選手
明治43年（1910年）4月1日〜昭和55年（1980年）10月27日
生和歌山県　学和歌山中卒、早稲田大学卒　歴左腕速球投手で、和歌山中学時代、昭和2年の選抜で優勝、3試合で33奪三振を記録。3年は準優勝。4年早大に進み、1年春の法大2回戦で17奪三振、慶応義塾大学1回戦では宮武三郎に投げ勝った。秋は故障に悩むが、春秋通算9勝を挙げ、特に早慶戦でファンを沸かせた。胸を病んで5年までしか投げられず、卒業後は毎日新聞運動部記者としてアマチュア野球の育成に尽力。24〜41年日本社会人野球協会常務理事を務めた。56年野球殿堂入り。

小川 信一　おがわ・しんいち
⇒磯野 風船子（いその・ふうせんし）を見よ

小川 水明　おがわ・すいめい
歌人
明治25年（1892年）〜昭和15年（1940年）5月3日
生新潟県刈羽郡小国町（長岡市）　名本名＝小川茂辰　学新潟師範　歴新潟県に神官の長男として生まれる。新潟師範在学中に上級生だった思想家の土田杏村と出会う。また若山牧水の歌集に感動して牧水の歌誌「創作」の短歌会に入会。大正2年上京。4年23歳で処女歌集「生霊」を刊行、高い評価を得る。6年「光陰」を創刊。牧水の死後「創作」に復帰にし、主要メンバーとして活躍。昭和初期から反体制的な思想に傾倒し、11年主宰誌「山桜」で言論や思想弾圧に抗する歌を発表。12年共産党員であった同人の中国への密出国支援を理由に治安維持法違反で検挙される。出獄後の15年、妻の同僚で恋愛関係にあった若い女性教師と服毒心中を遂げた。

小川 晴暘　おがわ・せいよう

写真家

明治27年（1894年）3月7日〜昭和35年（1960年）3月18日

［生］兵庫県姫路市　［専］仏教美術　［歴］小学校卒業後に上京し、明治43年丸木利陽の写真館に入門。師からもらった"陽"の字を"暘"に改めて晴暘と名のり、明治天皇の御真影撮影の主任などを務めた。間もなく画家を志し、川端画学校に学ぶ。大正7年文展洋画部門に入選。同年絵と写真の特技を買われて大阪朝日新聞社写真部に入社。業務の傍ら撮影した奈良の古美術品の写真が歌人・美術史家の会津八一らに認められ、11年同社を辞めて奈良に古美術写真専門の飛鳥園を開業した。以来、仏像や奈良古美術の写真を撮り続け、仏教美術鑑賞の普及に貢献。12年仏教美術社を創立して「仏教美術」を発刊。昭和4年には会津や東洋史学者・内藤湖南、考古学者・浜田耕作らの協力のもと東洋美術研究会を設立し、「東洋美術」を創刊した。14年中国に渡り、大同、雲崗の石仏の撮影・調査に従事。18年には仏教遺跡ボロブドゥル、アンコールワットを撮影した。著書に「大同の石仏」「大同雲崗の石窟」「日本文化図説」「アジアの彫刻」「室生寺大観」（全6巻）がある。　［家］三男＝小川光三（写真家）　［賞］文展洋画部門入選〔大正7年〕

小川 関治郎　おがわ・せきじろう

陸軍法務官

明治8年（1875年）12月26日〜昭和41年（1966年）1月17日

［生］愛知県海東郡木折村（海部郡美和町）　［学］明治法律学校卒　［歴］明治40年陸軍省より第16師団法官部部員を命ぜられた。大正11年近衛師団軍法会議法務官兼陸軍高等軍法会議法務官及び裁判官。12年甘粕事件軍法会議裁判官、昭和10年相沢事件軍法会議裁判官。11年二・二六事件の関係者を裁いた東京陸軍軍法会議の判事となった。青年将校を扇動したとして事件への関与を認めながらも無罪となった真崎甚三郎大将を担当し、判決に至るまでの真相を握る重要人物として知られた。12年第十軍法務部長着任・柳川兵団所属、同年12月松井兵団と共に南京入城。13年中支那方面軍司令部付、同年退官。のち出身地の愛知県美和町の歴史民俗資料館により「美和町史人物編」の編纂が進められ、その一環として、平成11年三女で日本文芸家協会員の長森光代により回想録「陸軍法務官・小川関治郎」がまとめられた。さらに12年「ある軍法務官の日記」が刊行された。　［家］三女＝長森光代（歌人・小説家）、女婿＝長森聡（洋画家）　［勲］勲二等瑞宝章〔昭和15年〕

小川 太一郎　おがわ・たいちろう

航空工学者 東京帝国大学教授

明治32年（1899年）2月18日〜昭和27年（1952年）12月30日

［出］京都府　［学］京都二中卒、三高卒、東京帝国大学工学部機械工学科〔大正11年〕卒 工学博士（東京帝国大学）〔昭和18年〕　［歴］大正11年東京帝国大学航空研究所嘱託、12年助教授となり、15年飛行機研究のため欧米へ留学。昭和3年帰国、6〜17年横浜高等工業学校講師。14年東京工業大学助教授兼務、19年東京帝国大学教授兼東京工大教授。戦後は23年明治工業専門学校教授、24年明治大学教授、27年工学部長。12年に完成し、周回航続距離と1万キロコース平均速度の世界記録を樹立した「航研機」の設計に携わった。

小川 琢治　おがわ・たくじ

地質学者 地理学者 京都帝国大学名誉教授

明治3年（1870年）5月〜昭和16年（1941年）11月15日

［生］和歌山県田辺（田辺市）　［名］旧姓・旧名＝浅井琢治　［学］帝国大学理科大学地質学科〔明治29年〕卒 理学博士〔明治42年〕　［賞］帝国学士院会員　［歴］明治30年農商務省地質調査所技師となり、日本各地の地質を調査、西南日本の地質図、説明書を作った。34年ウィーンの万国地質学会議に出席、35年中国各地を視察。41年京都帝国大学に新設された地理学講

座の教授となり、翌年理学博士。大正10年理学部地質鉱物学科主任教授となった。地球学団を組織、主宰。昭和5年退官、名誉教授。帝国学士院会員、日本地質学会会長を歴任、自然地理、構造地質、地誌、地図学、日本の低位置氷河説など多方面に業績を残した。著書に「日本群島地質構造論」「台湾諸島誌」「支那歴史地理研究」「人文地理学研究」「地質現象の新解釈」などがある。　［家］長男＝小川芳樹（冶金学者）、二男＝貝塚茂樹（中国史学者）、三男＝湯川秀樹（物理学者）、四男＝小川環樹（中国文学者）

小川 睦之輔　おがわ・ちかのすけ

解剖学者 京都帝国大学教授

明治18年（1885年）11月12日〜昭和26年（1951年）8月7日

［生］東京都　［専］記載解剖学、実験発生学　［学］京都帝国大学医科大学〔明治42年〕卒 医学博士（京都帝国大学）〔大正8年〕　［歴］大正2年京都帝国大学助教授、8年「脊椎動物肺呼吸腔ノ組織学的研究」で医学博士。同年欧米に留学、10年教授となった。昭和21年定年退官、26年名誉教授。記載解剖学と実験発生学を主に研究、「人肺の呼吸的終末分岐に就いて」「発生異常に於ける潜能の発現」などの論文がある。

小川 尚義　おがわ・なおよし

言語学者 台北帝国大学教授

明治2年（1869年）2月9日〜昭和22年（1947年）11月20日

［生］愛媛県　［学］東京帝国大学文科大学博物言語学科〔明治29年〕卒　［歴］台湾総督府学務課を経て、大正8年台北高等商業学校教授となり、13年校長、昭和5年台北帝国大学創立で文政学部言語学教室講師、のち教授。11年退官。在台湾の福建系台湾語と、高砂族の言語を研究。10年浅井恵倫とともに、インドネシア語系に属する高砂語で「原語による台湾高砂族伝説集」を完成、11年帝国学士院恩賜賞を受賞。民俗学、比較言語学の貴重な資料となった。著書は他に「台日及び日台大辞典」（全2巻）、「パイワン語集」「アタヤル語集」「アミ語集」など。　［賞］帝国学士院恩賜賞〔昭和11年〕「原語による台湾高砂族伝説集」

小川 平吉　おがわ・へいきち

衆議院議員 鉄道相

明治2年（1869年）12月1日〜昭和17年（1942年）2月5日

［生］信濃国（長野県）　［学］帝国大学法科大学独法科〔明治25年〕　［歴］明治25年弁護士となり、34年近衛篤麿に従って上海の東亜同文書院創立に参画。36年衆議院議員に当選、通算10回当選。日露戦争の際は主戦論の急先鋒となり、38年9月日比谷焼打ち事件の主謀者として投獄されるが無罪。この間、33年に政友会に入り、大正4年幹事長、9年原内閣の国勢院総裁、14年第一次加藤内閣の司法相、昭和2年田中義一内閣の鉄道相（副総理格）を歴任。4年私鉄疑獄、売勲事件に連座して逮捕され、11年懲役2年で入獄。政界を引退。15年恩赦。鉄相当時、全国の駅名を右横書きにし、説明のローマ字を廃止した。　［家］長男＝小川平一（衆議院議員）、二男＝小川平二（政治家）、四男＝小川平四郎（外交官）、五男＝堤平五（トーメンフランス社長）、孫＝宮沢喜一（首相）、小川元（衆議院議員）、岳父＝金井之恭（貴族院議員）、女婿＝宮沢裕（政治家）、斉藤樹（内務官僚）

小川 正子　おがわ・まさこ

医師 救癩活動家

明治35年（1902年）3月26日〜昭和18年（1943年）4月29日

［生］山梨県春日居村（笛吹市）　［学］東京女子医学専門学校〔昭和4年〕卒　［歴］キリスト教信仰から救癩に一生を棒げることを決意、医学専門学校卒業後、東京市立大久保病院で細菌学、内科を、東京賛育会で小児科を修め、昭和7年国立癩療養所・長島愛生園に赴任した。患者治療の傍ら、当時世間から隠されていたハンセン氏病患者を療養所へ収容すべく活動、中国、四

国、瀬戸内海の島々を探訪した。数年後結核に倒れ、郷里に帰って療養したが、探訪活動の記録を病床で整理し、13年「小島の春」と題して出版した。叙情性に富んだ筆は、たちまちベストセラーとなり、映画化されて評判となった。

小川 正孝　おがわ・まさたか

化学者　東北帝国大学総長

元治2年（1865年）1月26日〜昭和5年（1930年）7月11日

[生]東京都　[学]帝国大学理科大学化学科〔明治23年〕卒　理学博士　[歴]静岡県立中学、東京高等師範学校教授を歴任。明治44年東北帝国大学教授となり、大正8年総長に就任。この間、明治37年39歳の時、ロンドン大学に留学。ノーベル賞化学者ウィリアム・ラムゼイの下で新元素の探究を行い、2年の間に方トリウム鉱の鉱物中に新元素 “ニッポウム（Np）” を発見。英国の雑誌にも取り上げられ周期表で空欄になっていた43番目の元素発見と大きな話題となるが、のち誤認とされる。昭和12年イタリアの学者が43番目の元素を発見し、ニッポニウムは幻の元素となる。平成11年東北大学の研究者らの再検証の結果、ニッポニウムが同じ七族金属の元素レニウムであったことが判明した。

小川 未明　おがわ・みめい

小説家　児童文学作家

明治15年（1882年）4月7日〜昭和36年（1961年）5月11日

[生]新潟県中頸城郡高田町（上越市）　[名]本名＝小川健作　[学]早稲田大学英文科〔明治38年〕卒　[賞]日本芸術院会員〔昭和28年〕　[歴]明治38年「霞に喪」を発表して注目をあび、40年処女短編集「愁人」を刊行。さらに新浪漫主義の作家として「薔薇と巫女」「魯鈍な猫」などを発表。この間、早稲田文学社に入り、児童文学雑誌「少年文庫」を編集、43年には処女童話集「赤い船」を刊行した。大正に入ってからは社会主義に近づき短編集「路上の一人」「小作人の死」などを発表するが、昭和に入ってからは小説を断念して童話執筆に専念する。大正時代の童話に「牛女」「赤い蝋燭と人魚」「野薔薇」などの名作があり、昭和期には8年の長編童話「雪原の少年」をはじめ多くの童話集を出した。また「赤い雲」「赤い鳥」「海と太陽」などの童謡作品も発表し、詩集に「あの山越えて」がある。戦後の21年児童文学協会初代会長に就任。26年童話全集で日本芸術院賞を受賞し、28年には日本芸術院会員、また文化功労者に推された。「定本・小川未明童話全集」（全16巻、講談社）がある。　[家]息子＝小川哲郎（洋画家）、二女＝岡上鈴江（児童文学作家）　[賞]日本芸術院賞〔昭和26年〕、文化功労者〔昭和28年〕

小川 龍　おがわ・りょう

海軍軍医中将

明治11年（1878年）4月〜昭和7年（1932年）2月22日

[出]茨城県　[学]東京帝国大学医科大学〔明治36年〕卒　[歴]明治36年海軍に入る。横須賀海軍病院第一部長、佐世保海軍病院長兼同鎮守府医長、海軍軍医学校長などを歴任、昭和3年海軍軍医中将。4年海軍省医務局長。

小川 亮作　おがわ・りょうさく

翻訳家　外交官

明治43年（1910年）11月26日〜昭和26年（1951年）12月27日

[生]新潟県岩船郡金屋村（村上市）　[学]村上中〔昭和3年〕卒　[歴]英文学者を目指すが志を得ず、中国黒竜江省ハルビンの日露協会でロシア語を学び、のち外務省の留学生としてペルシャ語を学ぶため昭和7年テヘランに入る。帰国後12年外交官としてアフガニスタンに勤務、16年帰国後堪能な語学力を買われ対ソ秘密交渉にかかわった。一方3年間のペルシャ留学時代に出会った「ルバイヤート」の原典をもとに終戦前後から翻訳に取り組み、24年岩波文庫の1冊として刊行され、口語体の名訳とし

て初版以来20万部を越えるロングセラーになった。26年病気のため死去。60年弟が中心となりルバイヤートの会を結成。

沖 識名　おき・しきな

プロレスレフェリー

明治37年（1904年）7月6日〜昭和58年（1983年）12月16日

[生]沖縄県島尻郡与那原町　[名]本名＝識名盛雄　[歴]大正2年ハワイ・マウイ島へ移住。オールハワイ柔道チャンピオン、相撲横綱になったのち、ニューヨークに渡ってメケ三宅（三宅太郎）に弟子入り。プロレスラーとなって、昭和11年、インターナショナル・J・ヘビー級タイトルを獲得。以後、ルー＝テーズとタッグを組んで、全米各地を転戦。29年にシャープ兄弟と共に来日し、48年12月まで7000試合を越すレフェリングを務めた。この間、力道山をはじめ馬場、猪木など日本人レスラーの養成に尽力、沖式レフェリングを遺した。

沖島 鎌三　おきしま・けんぞう

実業家　衆議院議員　東洋繊維社長

明治18年（1885年）〜昭和50年（1975年）

[生]島根県那賀郡市村（江津市）　[学]日本大学法科専門部卒　[歴]17歳で市山村小学校後山分校の代用教員となるが、半年で辞職。上京して日本大学法科専門部に学ぶ。卒業後、樺太に渡り、会社経営を通じて同地の開発に尽力。のち北日本製糸株式会社・東洋繊維株式会社の社長となり、島根新聞社の相談役も務めた。一方、政界でも活躍し、昭和3年郷里・島根県から衆議院選挙に立候補して当選。7年・12年にも再選し、三江線の延伸や江の川沿岸の総合開発・山陽パルプ工場の誘致・教育振興などを行い、江津市の発展に大きく寄与した。現在の江津工業高校には、彼が寄附した貴重な書籍を基に「沖島文庫」が設置されている。

荻島 安二　おぎしま・やすじ

彫刻家

明治28年（1895年）5月6日〜昭和14年（1939年）3月22日

[生]神奈川県横浜市相生町　[歴]英独輸入商・荻島伍三郎の二男。大正4年慶応義塾大学予科時代より彫塑家を志し、5年朝倉文夫に入門。6年文展に「自刻像」で初入選。14年東京・日本橋の丸善で個展を開催。昭和3年より二科展に出品。8年構造社社員となり、島津製作所マネキン部に顧問として招聘された。11年文展無鑑査となったが、14年44歳で早世した。モダンな女性像を多く手がけた。

荻洲 立兵　おぎす・りゅうへい

陸軍中将

明治17年（1884年）1月24日〜昭和24年（1949年）12月22日

[生]愛知県　[名]旧姓・旧名＝伊藤　[学]陸士（第17期）〔明治38年〕卒、陸大〔大正5年〕卒　[歴]スイス、ドイツ駐在を経て、昭和4年歩兵第四十四連隊長、その後第一師団参謀長、台湾軍参謀長を経て、12年中将、第十三師団長となった。14年ノモンハン事件勃発で新設された第六軍司令官となったが、同軍はソ連軍の攻撃でほとんど全滅に近い打撃を受けた。15年予備役編入。

小木曽 旭晃　おぎそ・きょっこう

新聞・雑誌記者

明治15年（1882年）1月15日〜昭和48年（1973年）10月26日

[生]岐阜県厚見郡細畑村　[名]本名＝小木曽修二　[歴]小学校時代に全聾となり、以後独学で文学を志す。新聞・雑誌記者として幅広く活躍し、明治37年「新文芸」を創刊、42年「教育新聞」の編集に従事。43年「地方文芸史」を刊行。大正9年岐阜日日新聞に入社し、勤続28年で編集局長などを歴任した。また、俳句は明治末期から塩谷鵜平に手ほどきを受ける。戦後、獅子門顧問を務めた。

おきた　　　　　　　　　　　　昭和人物事典 戦前期

沖田 芳夫　おきた・よしお
円盤投げ選手 ハンマー投げ選手
明治36年（1903年）〜平成13年（2001年）4月28日
[生]広島県広島市南区　[学]早稲田大学卒　[歴]中学時代より三段跳びの織田幹雄と共にホープと目され、全国中等学校大会の砲丸投げで優勝。大学在学中の昭和3年アムステルダム五輪で円盤投げ、ハンマー投げに出場。また早大陸上部主将として黄金時代を築き、極東大会や日米対抗陸上などで活躍した。7年ロサンゼルス五輪、ベルリン五輪にはコーチとして参加。32〜41年早大競争部監督や、日本陸上競技連盟審議員を務めた。

沖ツ海 福雄　おきつうみ・ふくお
力士
明治43年（1910年）5月28日〜昭和8年（1933年）9月30日
[生]福岡県宗像郡南郷村大穂（宗像市）　[名]本名＝北城戸福松　[歴]若藤部屋に入門し、大正13年初土俵。昭和6年春新入幕、8年引退。64勝39敗3分、優勝1回。

翁 久允　おきな・きゅういん
小説家 評論家 ジャーナリスト
明治21年（1888年）2月8日〜昭和48年（1973年）2月14日
[生]富山県中新川郡東谷村（立山町）　[学]順天中　[歴]代々漢方医の家に生まれる。富山中を中退後、明治38年上京し、順天中に編入。40年単身渡米。シアトルを中心に文学を志して創作活動を続け、42年現地の「旭新聞」の小説募集に2等入選する。45年帰国したが、大正3年再渡米し、サンフランシスコ近郊で「日米新聞」に関係する。13年短編集「移植樹」を刊行。14年帰国し、15年「週刊朝日」編集長となる。一方、作家としても活躍。昭和7年にはインドを訪問し、タゴールに会う。10年から郷里に帰り、11年郷土誌「高志人」を創刊、郷土研究に入る。他の著書に「コスモポリタンは語る」「道なき道」「アメリカ・ルンペン」「大陸の亡者」、自伝「わが一生」、「翁久允全集」（全10巻、高志人社）などがある。　[家]三女＝逸見久美（聖徳大学人文学部教授）

沖野 岩三郎　おきの・いわさぶろう
小説家 評論家 牧師
明治9年（1876年）1月5日〜昭和31年（1956年）1月31日
[生]和歌山県日高郡寒川村（日高川町）　[学]和歌山師範卒、明治学院神学科〔明治40年〕卒　[歴]役場の書記、寺の小僧、山林労働者などの職種を経て、明治31年小学校教師となる。35年受洗。37年上京し明治学院神学科に入学。40年日本基督教会新宮教会牧師となる。43年新宮で大逆事件にまきこまれ、危うく連座を免れる。この事件が宿命観の核となり、被告とその家族の救援活動に奔走。事件の真相を伝える秘密伝道を続けた。大正7年大逆事件を宿命として把えた小説「宿命」を発表。その後上京して芝三田統一基督教会牧師となるが、3年後牧師をやめ、以後文筆活動に専念。小説集に「煉瓦の雨」「渾沌」「生れざりせば」、評論に「宿命論者のことば」、童話に「山六爺さん」「父恋し」などがある。また、戦時中は神道研究に没頭し、25年「書き改むべき日本歴史」などを刊行した。　[家]養子＝沖野節三（日本大学名誉教授）

荻野 久作　おぎの・きゅうさく
医師 産婦人科学者 竹山病院院長
明治15年（1882年）3月25日〜昭和50年（1975年）1月1日
[生]愛知県八名郡下川村（豊橋市）　[出]新潟県新潟市　[名]旧姓・旧名＝中村　[学]東京帝国大学医科大学〔明治42年〕卒 医学博士（東京帝国大学）〔大正13年〕　[歴]明治42年東京帝国大学産婦人科教室を経て、大正元年新潟市の竹山病院産婦人科部長となり、昭和11〜33年院長を務めた。この間、日本産婦人科学会雑誌に「排卵の時期、黄体と子宮粘膜の周期的変化との関係、子宮粘膜の周期的変化の周期及び受胎日に就て」を発

表、懸賞論文に当選した。この研究をまとめた「人類黄体の研究」で医学博士。この中で女性生理は次回月経前12〜16日の5日間に排卵が起こることを明らかにした。昭和4〜5年欧州を視察、5年ベルリン大学の雑誌に「排卵期と受胎期」を発表。オーストリアのH.H.クナウスとの論争に発展したが、9年両者の説が一致、後の"オギノ式受胎調節法"として定着した。日本では戦後に広く注目され、基礎体温から排卵日推定が可能になり、荻野学説の正しさが証明された。広汎性子宮癌剔除術荻野法の考案者でもある。　[家]二男＝荻野博（産婦人科医）

沖野 悟　おきの・さとる
岐阜県知事
明治34年（1901年）1月〜昭和39年（1964年）5月1日
[出]広島県　[学]東京帝国大学法学部独法科〔大正13年〕卒　[歴]昭和17年高知県知事、20年岐阜県知事を務めた。

荻野 仲三郎　おぎの・なかさぶろう
日本史学者 女子高等師範学校教授
明治3年（1870年）9月25日〜昭和22年（1947年）5月21日
[生]三重県　[学]帝国大学文科大学国史学科〔明治30年〕卒　[歴]内務省を経て、明治36年〜大正12年女子高等師範学校教授。15年大正大学教授。この間、明治神宮造営局参事、考証官を務める。ほかに国宝保存会委員、重要美術品等調査委員会委員、史跡名勝天然記念物調査委員会委員などを歴任し、古美術保存事業に尽力した。また陽明文庫主管として管理の任にあたった。　[家]息子＝荻野三七彦（日本史学者）

荻生 天泉　おぎゅう・てんせん
日本画家
明治15年（1882年）4月28日〜昭和22年（1947年）10月9日
[生]福島県二本松　[名]本名＝荻生守俊　[学]東京美術学校日本画科〔明治40年〕卒　[歴]橋本雅邦に師事し、明治40年第1回文展に入選。以後、文展などに入選を重ね、大正13年から昭和9年まで帝展に連続入選。昭和4年には「金釵細合」で帝展特選となった。代表作に「清宵」「秋の雨静かなる頃」などがある。

荻原 井泉水　おぎわら・せいせんすい
俳人
明治17年（1884年）6月16日〜昭和51年（1976年）5月20日
[生]東京府芝区神明町（東京都港区）　[名]本名＝荻原藤吉、幼名＝幾太郎、別名＝愛桜、愛桜子、随翁　[学]東京帝国大学文科大学言語学科〔明治41年〕卒　[賞]日本芸術院会員〔昭和40年〕　[歴]中学時代から句作をはじめ、明治39年頃から河東碧梧桐の新傾向運動に参加する。43年「ゲエテ言行録」を翻訳刊行。44年碧梧桐と「層雲」を創刊し、大正2年に碧梧らと別れ、主宰するようになった。以後、自由律俳句の中心作家として活躍。自然一自己一自由の三位一体の東洋風哲学を自由律の基盤とし、句集「湧き出るもの」「流転しつつ」「海潮音」「長流」「大江」「四海」の他、「俳句提唱」「新俳句研究」「奥の細道評論」など数多くの俳論や紀行感想集を刊行した。昭和30年昭和女子大学教授に就任。40年日本芸術院会員。

奥 むめお　おく・むめお
女性運動家
明治28年（1895年）10月24日〜平成9年（1997年）7月7日
[生]福井県福井市　[名]本名＝奥梅尾、旧姓・旧名＝和田　[学]日本女子大学家政学部〔大正5年〕卒　[歴]大学卒業後、女工となって実践運動に入り、大正9年平塚らいてう、市川房枝らとともに新婦人協会結成に参加。12年職業婦人社を設立、月刊誌「職業婦人」（後に「婦人運動」）を創刊、職業婦人の意識と地位向上に努めた。5年東京・本所に婦人セツルメントを設立、協同隣保事業を手がける。戦後、昭和22年参議院議員に当選、3期務め、消費生活協同組合法の制定に尽力。23年主婦連合会を

184

創立し会長に就任。31年東京・四谷に主婦会館を設立。全国婦人会館協議会会長も務めた。平成元年主婦連合会名誉会長。"エプロンとおしゃもじ"に始まる戦後消費者運動の草分けで、象徴的な存在だった。著書に「婦人問題十六講」「花ある職場へ」「新女性の道」「あけくれ」「野火あかあかと─奥むめお自伝」など。 家長女＝中村紀伊（主婦連合会会長）

奥田 亀造　おくだ・かめぞう

漁業家 政治家
明治5年（1872年）3月8日〜昭和19年（1944年）3月24日
生鳥取県大谷村（岩美町）　学鳥取中　歴網元の家に生まれる。鳥取中学校を卒業して、のち皇学・漢学を修めた。明治37年以降、水産業に従事し、38年汽船トロール漁業を試み、のち小型底引き網漁を考案する。また朝鮮半島沿岸の漁場を開拓、太平洋でマグロ漁業に従事して、角輪組を設立し社長に就任、帝国水産会特別議員を務める。大正6年衆議院議員に当選1回、政友会に所属した。14年〜昭和7年多額納税の貴族院議員。

奥田 真啓　おくだ・しんけい

日本史学者 東京帝国大学史料編纂所史料編纂官補
大正1年（1912年）12月16日〜昭和24年（1949年）4月8日
生東京市麻布区（東京都港区）　専日本中世史　学東京帝国大学文学部国史学科〔昭和11年〕卒　歴東京帝国大学史料編纂所嘱託となって「大日本史料」第10編及び第5編の編纂に携わる。17年史料編纂官補に進むが、18年に徴兵されて東部七十八部隊入隊の直後に罹患。20年終戦と共に復員するも、24年に没した。著書に「中世武士団と信仰」がある。

奥田 誠一　おくだ・せいいち

東洋陶磁研究家 東洋陶磁研究所所長 特許局意匠課長
明治16年（1883年）6月15日〜昭和30年（1955年）10月27日
生三重県津市　名号＝次郎坊　学東京帝国大学文科大学心理学科〔明治43年〕卒　歴大正3年東京帝国大学美術史研究室副手を経て、11年特許局技師となり、農商務省技師兼任、昭和2年意匠課長、17年退官。この間、文化財の保護に努め、国宝保存会委員、重要美術品等調査会委員、文化財専門審議会専門委員などを歴任。戦後は東京国立博物館調査委員を務めた。また昭和13年には東洋陶磁研究所を創設、東洋陶磁のため尽力。他に古陶磁研究会、彩壺会、赤楽会などにも関係し、東洋陶磁研究の第一人者となった。著書に「茶碗談義」「日本の陶磁」（共編）など。

奥田 艶子　おくだ・つやこ

女子教育家 東京女子高等職業学校長
明治13年（1880年）2月25日〜昭和11年（1936年）9月23日
生兵庫県淡路郡都志村　歴明治33年から5年間インドのカルカッタで手芸を研究。大正8年文部省生活改善会で奥田式裁縫を発表、10年東京・小石川に奥田裁縫女学校を設立、校長となった。15年杉並区馬橋に移転。昭和3年渡米、6年帰国、同所に東京女子高等職業学校を設立して校長。著書に「新しき裁縫書」「奥田裁縫全書」がある。

奥田 良三　おくだ・りょうぞう

テノール歌手 東京女子高等師範学校教授
明治36年（1903年）6月12日〜平成5年（1993年）1月27日
生北海道札幌市　学東京音楽学校本科〔大正12年〕中退、サンタ・チェチーリア音楽院高等科〔昭和4年〕卒、ベルリン音楽大学〔昭和8年〕卒　歴陸上選手の南部忠平は幼稚園・小学校の同級生。小学校6年の時に、北大生であった植村泰二（のち東宝社長）に誘われてクリスマスに教会で賛美歌を独唱、声を認められたことから、音楽に目を開いた。大正11年東京音楽学校に入学、12年関東大震災の影響で学校がなかなか再開

されなかったため海外留学を決め、13年渡欧。イタリアのサンタ・チェチーリア音楽院でピヨ・ディ・ピエトロに師事した。昭和2年普通科を卒業して一時帰国、初のリサイタルを開催。その後、イタリアへ戻り、同音楽院高等科に学び、4年帰国。この間、バチカンの枢機卿直々にカトリックの洗礼を受けた。同年山田耕筰作曲のオペラ「墜ちたる天女」に出演。6年にはドイツへ留学し、ベルリン音楽大学声楽科研究生としてヘルマン・ヴァイセンボルンの下で研鑽を積んだ。7年訪問先のウィーンで開催されていた第1回ウィーン市国際音楽コンクールに応募、見事銀賞に輝いた。8年帰国後は、「命かけて只一度」「モンテカルロの一夜」「城ケ島の雨」など100枚にものぼるレコードを吹き込んで人気を博する一方、学校で教鞭も執り、13年東京女子高等師範学校講師、同年助教授を経て、18年教授。戦後は25年横浜国立大学教授、59年昭和音楽大学初代学長などを務めた。　賞ウィーン市国際音楽コンクール銀賞（第1回）〔昭和7年〕

奥谷 秋石　おくたに・しゅうせき

日本画家
明治4年（1871年）〜昭和11年（1936年）
生大阪　名本名＝奥谷常次郎、別号＝洗耳洞、曲水園　歴円山派を学ぶ。明治44年日月会展で日月賞を受賞。昭和5年第2回聖徳太子奉讃美術展に「白雲紅樹」で入選。山水を得意とした。

小口 節三　おぐち・せつぞう

彫刻家
大正5年（1916年）〜昭和20年（1945年）
生長野県諏訪郡平野村（岡谷市）　学伊北農商学校（現・辰野高）卒　歴在学中から木彫を制作し、20歳で上京、斎藤素巌に師事。昭和11年構造社展に初入選。翌年の第1回新文展にも入選し、以来、両展覧会に入選を続けた。19年松本歩兵第五十連隊に召集され入隊。敗戦時にフィリピンのミンダナオ島付近で行方不明になった。作品に、「裸婦立像」「直線」「母の像」「丸山寅之助像」「清水氏祖母の像」「女の首」「少女の像」などがある。

小口 忠太　おぐち・ちゅうた

眼科学者 名古屋帝国大学教授
明治8年（1875年）1月6日〜昭和20年（1945年）7月22日
生長野県上田市　学医学博士（東京帝国大学）〔大正5年〕　歴明治22年上京して済生学舎に学び、24年16歳の若さで医術開業後期試験に合格して医師免許を取得。須田哲造や河本重次郎に眼科学を学び、27年志願して日清戦争に最年少の軍医として従軍。38年陸軍軍医学校教官兼陸軍医務局御用掛。45年陸軍を退役して南満医学堂教授、大正8年愛知医学専門学校教授に転じ、11年同校は愛知医科大学に昇格。15年同大学長。その後、学制改革により、昭和6年名古屋医科大学教授、14年名古屋帝国大学教授。同年退官。夜盲症の異型を発見し、明治39年「夜盲症の一種に就て」を報告。44年恩師の河本教授が同種の症例を発見して小口氏病と命名した。　家長男＝小口忠夫（眼科医）、女婿＝小口芳久（慶応義塾大学名誉教授）　賞帝国学士院東宮御成婚記念賞（第23回）〔昭和8年〕

奥野 他見男　おくの・たみお

小説家
明治22年（1889年）6月16日〜昭和28年（1953年）12月17日
生石川県金沢　名本名＝西川他見男　学金沢薬専卒　歴学生時代「北国新聞」に「凸坊日記」を連載、大正4年「大学出の兵隊さん」を発表して一躍流行作家となる。「婦女界」「主婦之友」などにユーモア小説を発表し、「学士様なら娘をやろか」など多くの著書がある。

お

小熊 金之助　おぐま・きんのすけ
社会運動家 洋画家
明治39年(1906年)9月20日～昭和26年(1951年)7月13日
[生]新潟県新潟市東堀通五番町　[学]三条中学卒　[歴]幼少時代から絵が好きで、昭和3年造型美術家協会に参加し、さらに日本プロレタリア美術協会に入る。6年新潟県文化闘争同盟を組織して日本プロレタリア作家同盟に参加するなど、プロレタリア画家として活躍。戦後は共産党に入党した。

小熊 秀雄　おぐま・ひでお
詩人 洋画家
明治34年(1901年)9月9日～昭和15年(1940年)11月20日
[生]北海道小樽市稲穂町　[名]別名＝旭太郎　[学]高等小学校〔大正5年〕卒　[歴]大正11年旭川新聞社社会部記者となる。一方で文芸活動を始め、昭和3年上京。6年プロレタリア詩人会で詩壇に登場。9年遠地輝武らと「詩精神」を創刊。10年「小熊秀雄詩集」、長編叙事詩集「飛ぶ橇」を刊行。ファシズムの嵐の中、日常語を用いた優れた風刺詩、叙事詩、童話を残した。30歳を過ぎてから絵も描いた。死後再評価され、多くの研究文献、「流民詩集」「小熊秀雄全詩集」、童話集「ある手品師の詩」、「小熊秀雄全集」(全5巻・別巻1, 創樹社)や英訳詩集「Long, Long;Autumn Nights」などが出されている。42年小熊秀雄賞が創設された。

奥村 霞城　おくむら・かじょう
漆芸家
明治26年(1893年)～昭和12年(1937年)10月16日
[生]京都府京都市　[名]本名＝奥村亨, 号＝霞城　[学]京都市立美術工芸学校描金科〔明治44年〕卒　[歴]岩村光真、船橋舟に師事。大正8年佳都美村に、9年時習園に参加し、昭和4年京都美工院同人となる。同年帝展に初入選。以降入選を重ね、12年第1回文展に「漆器鹿ノ図パネル」を無鑑査出品する。他に商工展、新古美術品展などに出品・受賞。

奥村 嘉蔵(8代目)　おくむら・かぞう
貴族院議員(多額納税) 阿波国共同汽船社長
明治18年(1885年)12月26日～昭和42年(1967年)1月6日
[生]徳島県板野郡奥野村　[学]徳島中〔明治35年〕卒　[歴]藍園村議、徳島県議を経て、阿波国共同汽船社長。昭和16～22年多額納税の貴族院議員を務めた。

奥村 吉次郎　おくむら・きちじろう
表具師 千家十職・奥村家10代目
明治2年(1869年)～昭和19年(1944年)
[歴]千家十職の一つで、千家十職・9代目奥村吉兵衛の長男。掛け物、建具、風炉、先屏風、紙釜敷、折居(おりすえ)などの表具を製作する。　[家]長男＝奥村吉兵衛(11代目), 父＝奥村吉兵衛(9代目)

奥村 喜和男　おくむら・きわお
内閣情報局次長
明治33年(1900年)1月4日～昭和44年(1969年)8月19日
[生]福岡県　[学]東京帝国大学法学部独法科〔大正14年〕卒　[歴]逓信省に入り、同盟通信、満州電電など国策機関の創設に尽力、その後内閣調査局調査官となり電力の国家管理を準備した。次いで企画院に移り、国家総動員法を起案。逓信監察官を経て、昭和16年東条英機内閣の下で情報局次長となり、言論統制と太平洋戦争初期の対米英思想・宣伝戦に活動、18年退官した。戦後公職追放されるが、解除後、東陽通商社長となり、日本実業会長、東洋自動車会長などを務めた。著書に「日本政治の革新」「変革期日本の政治経済」などがある。

奥村 信太郎　おくむら・しんたろう
大阪毎日新聞社長
明治8年(1875年)11月3日～昭和26年(1951年)3月4日
[生]東京都　[名]旧姓・旧名＝奥平　[学]慶応義塾大学文学科〔明治29年〕卒　[歴]明治30年博文館に入り、「少年世界」などの編集に従事、真宗日報(広島日報の前身)を経て、34年大阪毎日(後の毎日新聞)に入社、外信部の仕事のほか本紙に「不染」「隼」などの名で執筆した。37年日露戦争に従軍記者として派遣され多くの特ダネを送った。39年鉄道5000マイル競争に参加、37日間にわたり全国の鉄道を乗り通し旅行記を連載。40年第1回海外派遣記者として欧米を視察した。その後内国通信部長、社会部長、編集副主幹、編集総務、常務、東日編集主幹、専務を経て、昭和11年第6代社長となり、高石真五郎とのコンビで東日・大毎の発展に尽力した。14年には朝日新聞の神風号の欧亜連絡大飛行に対抗、国産機ニッポン号の世界一周飛行を成功させた。20年8月辞任、22年公職追放となった。著書に「新聞に終始して」がある。

奥村 千蔵　おくむら・せんぞう
衆議院議員
明治17年(1884年)11月～昭和9年(1934年)5月15日
[出]岐阜県　[歴]大垣市議を経て、大正13年から衆議院議員に連続2選。第一控室に所属。

奥村 太平　おくむら・たへい
実業家 奥村組創業者
明治13年(1880年)2月10日～昭和48年(1973年)12月20日
[生]奈良県葛下郡逢坂村(香芝市)　[歴]明治36年より北葛城郡役所に勤務。38年郡書記に昇任するが、40年知人の勧めで森本組の山陰東線(現・JR山陰本線)和田山起点の工事に参加し、土木建築請負業に転じた。以後、森本組の下で鉄道敷設・橋梁建設などを請け負って経験を積み、大正4年には請われて大和鉄道支配人に就任。10年森本組の専属請負業者として個人経営の奥村組を創業。13年森本組専属請負から独立して元請業者となり、事務所を大阪に移転した。昭和4年奈良県下田村村長となったが、11年鉄道疑獄にからみ官公庁工事の指名停止を受けて経営不振に陥り、下田村村長を辞任。12年社運を賭けた広島電気黒崎発電所工事を成功させて再起を果たし、13年株式会社に改組して社長に就任した。

奥村 政雄　おくむら・まさお
実業家 日本カーバイト工業社長 三菱合資理事
明治12年(1879年)11月29日～昭和41年(1966年)5月27日
[生]熊本県　[学]東京帝国大学法科大学〔明治38年〕卒　[歴]大蔵省を経て、明治39年三菱合資会社に入社。大正3年本社総務部副長となり、諸規則の明文化、社史編纂などによる資料の整備、定年制の確立などに力を尽した。6年専務理事代理、14年理事に就任。昭和7年三菱を退社、大同燐寸社長。10年日本カーバイト工業を創立、以後30年間、86歳まで社長を務めた。

奥山 貞吉　おくやま・ていきち
ピアニスト 作曲家 編曲家
明治20年(1887年)3月20日～昭和31年(1956年)6月2日
[生]東京府日本橋区茅場町(東京都中央区)　[学]東洋音楽学校卒　[歴]大正時代はほとんど外国航路の船の上で過ごし、船内のバンドでダンスミュージックを演奏。昭和に入ってからは帝国ホテルに出演していたハタノ・オーケストラに参加。傍ら、開局まもない東京中央放送局(NHK)で内外楽曲の編曲に当たり、この分野では草分け的存在として知られた。浅草オペラ全盛期には金竜館の楽長を務め、のち浅草時代の仲間であった佐々紅華の手引きでコロムビアの専属作曲家となり、「山の人気者」「船頭可愛や」「下田夜曲」「露営の歌」「皇国の母」「父よあなたは強かった」「空の勇士」「暁に祈る」「海の進軍」など

同社の黄金期に生み出された数多くの名曲を編曲。また、はじめて録音の際にオーケストラにアコーディオンを取り入れるなど、レコード歌謡曲における編曲の基本スタイルを打ち立てた。作曲家としては昭和4年大河内伝次郎主演の日活映画「沓掛時次郎」の主題歌「沓掛小唄」を手がけ、股旅小唄の第1号といわれ大ヒット。5年の松竹映画「いいのね、誓ってね」の主題歌となった「ザッツ・オーケー」もヒットした。一方、日本で最初のスライド・トロンボーン奏者としても名を残している。　家娘＝奥山彩子（歌手）

小倉 金之助　おぐら・きんのすけ
数学者 数学史家 東京物理学校理事長
明治18年（1885年）3月14日〜昭和37年（1962年）10月21日
生山形県飽海郡酒田町（酒田市）　学東京物理学校〔明治38年〕卒, 東京帝国大学理科大学化学科選科〔明治39年〕中退 理学博士〔大正5年〕　歴明治39年郷里の山形県酒田で家業の回船問屋を継いだが、44年新設の東北帝国大学理科大学数学科助手となり、大正5年「保存力場における径路」で学位を得た。6年大阪医科大学に新設の塩類化学研究所に移り、8年フランスに留学。11年帰国して大阪医科大学予科教授となり、実用数学を講義。12年「図計算及び図表」、13年「数学教育の根本問題」、14年「統計的研究法」などを刊行。同年〜昭和12年塩見理化学研究所長、7〜18年大阪帝国大学理学部講師、15〜18年東京物理学校理事長。この間、7年「数学教育史」、12年評論集「科学的精神と数学教育」、15年には「日本の数学」を出した。21〜25年民主主義科学者協会会長。日本科学史学会会長も務めた。「小倉金之助著作集」（全8巻, 勁草書房）がある。

小倉 庫次　おぐら・くらじ
侍従
明治32年（1899年）〜昭和39年（1964年）7月23日
生千葉県　学東京帝国大学法学部法律学科卒　歴東京市政調査会研究員を経て、昭和9年宮内省事務官。宮内書記官式部官、侍従職経理課長兼大膳寮庶務課長を経て、14年侍従兼皇后宮事務官。20年6月侍従を退いた。戦後は東京都立大学法経学部長を務めた。平成19年、昭和14〜20年の間につけていた日記が発見され、当時の昭和天皇の肉声を伝える内容が含まれており、注目を集めた。

小椋 啓治　おぐら・けいじ
十種競技選手
明治40年（1907年）8月7日〜平成11年（1999年）7月20日
出岐阜県岐阜市　歴十種競技の選手で、昭和9年日本選手権で優勝。21年岐阜陸上競技協会理事長、岐阜県体育協会専務理事を務めるなど、岐阜県スポーツ界の重鎮として活躍。日本陸上競技連盟審議員も務めた。

小倉 繁　おぐら・しげる
俳優
明治37年（1904年）3月16日〜昭和33年（1958年）5月29日
生栃木県宇都宮市　歴初代団昇に入門し、各地を巡業したのち、大正12年国活へ入社。14年松竹蒲田に移り、昭和2年小津安二郎の「女房紛失」で大役を演じたのを皮切りに、短編喜劇の脇役として芽が出た。斎藤寅次郎監督のもとで蒲田ナンセンスの代表的俳優となり、軽妙なドタバタ演技で人気喜劇役者に。8年準幹部となり、「この子捨てざれば」では10年度のベスト・テンに選ばれた。12年「七つ児誕生」あたりで蒲田ナンセンスも終わりを告げたが、他の佳作に「噫薄情」「子宝騒動」「馬帰る」などがある。戦後は新東宝に所属し、31年「四谷怪談」の按摩宅悦役などを演じた。　家息子＝青木放屁（俳優）

小倉 俊　おぐら・しゅん
ギタリスト 作曲家
明治34年（1901年）2月2日〜昭和52年（1977年）10月7日
出東京都　学早稲田大学〔大正13年〕卒　歴大正5年15歳の時、マンドリンを得意としていた級友が教室でギター演奏会を開いた際、その伴奏ギタリストとして呼ばれてきた吉沢吉太郎の演奏に強く惹かれ、以後、吉沢にギターの手ほどきを受ける。13年早稲田大学卒業後、大丸に就職する傍ら、ギター演奏の指導を開始。14年同社を退社して愛知県の豊橋中学教師となり英語と経済学を教えた。昭和5年世界的ギタリスト、アンドレス・セゴビアの来日公演に衝撃を受け、教職を辞してギターに専念。同年自作を含めたリサイタルを開いてデビューし、以後、さかんに独奏会を開いた。9年以降は独奏会を開かず、後進の育成に力を注ぎ、演奏、出版、教育面など、日本ギター界の草分けとして活躍。楽曲の研究も進め、和声楽を山根銀二に学ぶとともに日本的な表現の追及にいそしんだ。作品に「三つの前奏曲」「アルバム・デ・ムジカ・ナシオナル第1番」、組曲「唄」など。著書に「ギター事典」などがある。弟子に小説家の深沢七郎らがおり、今上陛下も皇太子時代に一時その指導を受けた。

小倉 伸吉　おぐら・しんきち
海洋物理学者 海軍省水路部第四課長
明治17年（1884年）11月20日〜昭和11年（1936年）11月1日
生宮城県仙台市　学二高卒、東京帝国大学理科大学星学科〔明治41年〕卒 理学博士（東京帝国大学）〔昭和5年〕　歴明治43年海軍省水路部嘱託、44年海軍大学校教授嘱託となり海洋学の講義を担当。同年東京帝国大学助手、講師を歴任、大正7年海軍技師。昭和2年水路部第四課長。潮汐の調査研究に従事、日本近海の潮汐の総合的な解明に努め、日本近海同時潮汐図や潮汐表、航海図表などを作成した。のち動力学的数値計算法により東シナ海、渤海、黄海、オホーツク海などの潮汐も調査した。著書に「潮の理」「潮汐」などがある。　勲勲三等旭日中綬章〔昭和11年〕　賞帝国学士院賞（第20回）〔昭和5年〕

小倉 進平　おぐら・しんぺい
朝鮮語学者 東京帝国大学教授
明治15年（1882年）6月〜昭和19年（1944年）2月8日
生宮城県仙台市　学東京帝国大学文科大学言語学科〔明治39年〕卒 文学博士〔大正15年〕　歴明治44年朝鮮総督府編輯官、大正13年欧米に留学し、15年京城帝国大学創立と共に教授となり、昭和8年東京帝国大学教授に転じた。朝鮮語に造詣が深く、大正15年「郷歌及び吏読の研究」で文学博士、昭和10年同研究で学士院恩賜賞受賞、18年朝鮮総督府より朝鮮文化功労章受章。著書は他に「朝鮮語に於ける謙譲法・尊敬法の助動詞」「増訂朝鮮語学史」「朝鮮語の系統」「朝鮮語史」「朝鮮語方言の研究」（全2巻）などがある。　勲朝鮮文化功労章〔昭和18年〕　賞帝国学士院恩賜賞〔昭和10年〕

小倉 末子　おぐら・すえこ
ピアニスト
明治24年（1891年）2月18日〜昭和19年（1944年）9月25日
生岐阜県大垣　学東京音楽学校〔明治45年〕中退　歴明治44年東京音楽学校入学したが、45年中退してベルリン音楽大学へ留学。ハインリヒ・バルトにピアノを師事した。第一次大戦勃発のため米国へ渡り、メトロポリタン音楽学校教授となったが、大正5年帰国して東京音楽学校講師、6年教授に就任。皇后行啓の演奏会でサン＝サーンス「狂想曲」を初演、皇后よりアンコールを受け、リスト「鳥の伝説」を弾いて話題を呼んだ。戦前日本の代表的女流ピアニストとして活躍した。　勲勲四等瑞宝章〔昭和12年〕

小倉 清三郎　おぐら・せいざぶろう

哲学者

明治16年（1883年）2月28日〜昭和16年（1941年）1月14日

生福島県須賀川市　学東京帝国大学哲学科選科卒　歴キリスト教に入信、宮城中学英語教師となるが、自己の性欲に煩悶の末、日本最初の性の研究会を主宰。会員に平塚らいてう、大杉栄、坪内逍遥、芥川龍之介らを集め、大正4年に第1回大会を開催。その後の迫害にも屈せず研究を重ね、「思想の爆破」「小倉清三郎研究録・相対」などを著した。"自慰"という用語の名付け親としても知られる。　家妻＝小倉ミチヨ（性研究家）

小倉 龍男　おぐら・たつお

小説家

大正4年（1915年）11月10日〜昭和19年（1944年）5月

出福岡県小倉市（北九州市）　名本名＝杉村喜生　歴幼い頃父を亡くしたことから、小学校卒業後ゴム商いの店員となり家計を支えた。その後職を転々とする傍ら夜間学校に通学、新劇や文学に傾倒。昭和8年広島の呉海兵団に入団、10年潜水艦乗り込みの任務に就く。14年23歳の時当時の有力な総合雑誌「改造」で小説「新兵群像」が2等に入選、新鋭の小説家として全国の注目を集める。以来海軍作家を志し、潜水艦乗組員の日常を書いた単行本「海流の声」「縹渺（ひょうびょう）」を出版。16年再び海軍に召集され、19年志半ばで戦死。同年「九州文学」に「小倉龍男追悼特集」が掲載された。

小倉 正恒　おぐら・まさつね

実業家 住友財閥総帥 蔵相 貴族院議員（勅選）

明治8年（1875年）3月22日〜昭和36年（1961年）11月20日

生石川県金沢市　学東京帝国大学法科大学英法科〔明治30年〕卒　歴内務省に入り、山口県参事官を経て25歳で退官、明治32年住友に移る。33年西欧留学。住友コンツェルン確立期のリーダーとなり、大正7年本店理事、10年常務理事を経て、昭和5年住友合資会社総理事。住友鉱業、住友化学工業、住友生命、日本板硝子などの各会長を歴任し、16年総理事を退く。一方8年勅選貴族院議員、16年から第2、3次近衛内閣の国務、大蔵大臣に就任、戦時金融公庫総裁、東亜経済懇談会会長を経て、19年南京国民政府全経済委員会最高顧問となり、中国で終戦を迎える。戦後は道徳運動を展開、石門心学会長、修養団後援会長、アジア文化図書館理事長などを務めた。著書に「星巌集註」「五千巻堂集」など。

小倉 ミチヨ　おぐら・みちよ

性研究家

明治27年（1894年）9月14日〜昭和42年（1967年）7月10日

生愛媛県　名旧姓・旧名＝坂本　学松山技芸女学校専攻科〔大正6年〕卒　歴親に強いられた結婚生活を解消、女学校卒後小学校教員。上京して性の研究報告誌「相対」発行人・哲学者小倉清三郎を知り、大正8年結婚。「相対」は性文化を真剣に研究するサークルで、芥川龍之介ら作家、医師、大学教授など多くのインテリが会員となり、会員相互の性体験を掲載。警視庁の手入れを受け、出版法違反に問われ有罪になりながら、一時中断、刊行を繰り返した。貧困、官憲との対決の中、夫はエロ学者といわれて昭和16年病死。ミチヨは独力で会を続けたが、19年解散に追いこまれた。戦後「相対会研究報告」（全34冊）として復刻されたが、わいせつ図書販売で逮捕、押収され、新憲法下の戦後社会でも「エロ婆さん」といわれ、空襲から守りぬいた貴重な文献も"幻の資料"のままとなった。　家夫＝小倉清三郎（哲学者）

小倉 康臣　おぐら・やすおみ

実業家 ヤマト運輸創業者

明治22年（1889年）11月29日〜昭和54年（1979年）1月15日

生東京市京橋区（東京都中央区）　名初名＝八三郎　学商工中中退　歴生家は紙問屋。大正3年青物商の老人から大八車を譲られたのを機に野菜の行商をはじめ、半年後には麻布に万両屋の屋号で店舗を構えた。8年頃から自動車を利用した新しい業務を模索するようになり、同年東京・銀座にトラックによる運送会社の大和運輸株式会社を創業。義兄・谷村瑞八郎を社長に据えて自らは常任の専務となる。はじめは鮮魚輸送や東京〜横浜間の小口積み合わせ輸送などで地道に顧客を増やし、11年三越呉服店と契約。12年の関東大震災では銀座の事務所を失ったが、機転を利かせて所有するトラックを代々木に避難させ、震災翌日から営業を再開して震災直後の応急輸送に貢献。14年には宮内省の用命を受けるまでになった。昭和4年東京〜横浜間でのトラックによる定期積み合わせ輸送を開始し、以後、小田原、群馬、千葉、宇都宮など関東一円に輸送網を構築。5年康臣に改名。15年富士屋自動車などの統合によって設立されたタクシー会社の帝国自動車の会長を兼任。戦後は米国アライド・ヴァン・ラインズ社と米軍人軍属の家財取扱いについて業務提携を結び、このとき同社からクロネコマークの使用承諾を受けたことで、以後、"クロネコヤマト"は同社のトレードマークとなった。　家息子＝小倉昌男（ヤマト運輸社長）、孫＝小倉康嗣（ヤマト運輸社長）

小栗 一雄　おぐり・かずお

警視総監 福岡県知事

明治19年（1886年）7月8日〜昭和48年（1973年）1月20日

生静岡県　学一高卒、東京帝国大学法科大学独法科〔明治44年〕卒　歴大正5年京都府、8年東京府の視学官、10年奈良県、11年長崎県の警察部長、12年警視庁衛生部長、13年内保安部長、14年大阪府警察部長、昭和2年5月兵庫県、11月大阪府の内務部長を経て、5年奈良県知事、6年台湾総督府内務局長、7年福岡県知事、9年警視総監を歴任。11年二・二六事件後に辞任。その後、17〜19年陸軍司政長官。

小栗 捨蔵　おぐり・すてぞう

工業化学者 早稲田大学教授 工業化学会会長

明治19年（1886年）11月20日〜昭和35年（1960年）1月3日

生静岡県　専工業用水　学東京帝国大学工科大学応用化学科〔明治44年〕卒 工学博士　歴新高製糖、帝国麦酒勤務を経て、昭和2年早稲田大学理工学部教授、18年工業化学会会長。著書に「最近理論化学」「無機化学工業」「工業化学総論」「製造化学総論」「工業用水処理法」「工業用水」「無機工業化学通論」「応用コロイド化学」「日本紙の話」などがある。

小栗 虫太郎　おぐり・むしたろう

小説家

明治34年（1901年）3月14日〜昭和21年（1946年）2月10日

生東京市神田区旅籠町（東京都千代田区）　名本名＝小栗栄次郎　学京華中〔大正7年〕卒　歴大正7年樋口電機商会に勤務。11〜15年四海堂印刷所を経営する。その間に多くの小説を執筆。昭和8年「完全犯罪」を執筆し、探偵作家として注目され、9年"ファウスト"に取材したペダンティックな「黒死館殺人事件」を「新青年」に連載して衝撃を与えた。その後、新伝奇小説「鉄仮面の舌」、犯罪心理小説「白蟻」、「二十世紀鉄仮面」などの怪奇ロマンや、海外秘史・秘墳をテーマに「皇后の影法師」「有尾人」などを発表。16年陸軍報道班員としてマレーに赴き、19年には菊芋から果糖を製造する事業に着手し、長野県に移ったが、21年に「悪霊」執筆中急死。52年「小栗虫太郎傑作選」（全5巻、社会思想社）、62年「小栗虫太郎集」（創元推理文庫）が刊行された。　賞新青年賞（第2回）〔昭和14年〕「大暗黒」

お鯉　おこい

芸妓

明治13年（1880年）12月8日〜昭和23年（1948年）8月14日
⽣東京府四谷区（東京都新宿区）　图本名＝安藤照、旧姓・旧名＝小久江、号＝妙照尼　歴東京・四谷見附の漆問屋に生まれ、6歳の時に新宿で引手茶屋を営む安藤兼作の養女となる。間もなく養家の家産が傾き、明治26年14歳で新橋の芸妓となった。さらに16歳の時には新聞人・福地桜痴らの後援を受けて独立し、"目千両"と言われた美貌で人気を集めた。32年歌舞伎俳優の市村家橘（のちの15代目市村羽左衛門）と結婚するが、のち離別。再び芸妓として活躍していたところを政治家・首相の桂太郎に見初められ、日露戦争開戦直前に落籍された。桂からひとかたならぬ寵愛を受けるも、大正2年に死別し、知人の援助を受けて銀座にカフェ・ナショナルを開業。しかし、昭和9年の帝人事件に連座し、偽証罪で実刑判決を受けた。その後、国家主義者・頭山満の勧めで出家し、妙照尼と名のって荒廃していた目黒の羅漢寺の復興に尽力した。回顧録に「お鯉物語」「続お鯉物語」がある。

尾崎 一雄　おざき・かずお
小説家
明治32年（1899年）12月25日〜昭和58年（1983年）3月31日
⽣三重県度会郡宇治山田町（伊勢市）　住神奈川県小田原市曽我谷津　学早稲田大学文学部国文科〔昭和2年〕卒　賞日本芸術院会員〔昭和39年〕　歴大正5年志賀直哉の「大津順吉」を読んで、作家を志願する。6年中学を卒業、法大で文学書を読み寄席や歌舞伎に通う。9年早稲田高等学院に入学し、学友会雑誌に「田川君の話」などを発表。13年早大国文科に進学、14年同人誌「主潮」を創刊して「二月の蜜蜂」を発表。昭和8年丹羽文雄らと同人誌「小説」を創刊。野性とユーモアの混合した独自の心境小説を産み出す。この頃「早稲田文学」の編集に携わる。12年「暢気眼鏡」で芥川賞を受賞して文壇に登場。19年胃潰瘍で倒れ、自らの病いを描いた「こほろぎ」、人間の生死の意味を追究した「虫のいろいろ」「まぼろしの記」などの作品を書く。「虫のいろいろ」は数か国で翻訳され、高い評価を得ている。晩年は神奈川県近代文学館の設立に尽力した。39年芸術院会員、53年文化勲章受章。全集に「尾崎一雄全集」（全15巻、筑摩書房）がある。　家父＝尾崎八束（神宮皇学館教授）　勲文化勲章〔昭和53年〕　賞芥川賞（第5回）〔昭和12年〕「暢気眼鏡」

尾崎 久弥　おざき・きゅうや
国文学者
明治23年（1890年）6月28日〜昭和47年（1972年）6月2日
⽣愛知県名古屋市白川町　图号＝楓水　専近世庶民文学　学国学院大学高等師範部〔明治44年〕卒　歴愛知県立一中、名古屋市立商業学校などで教える傍ら、浮世絵・江戸文学の研究を続けた。戦後は名古屋商科大学、東邦学園短期大学教授などを務めた。大正11年から昭和7年まで、個人雑誌「江戸軟派研究」「江戸文学研究」計114冊を発行、著書に「江戸軟派文学考異」「江戸小説研究」がある。

尾崎 重美　おざき・しげみ
弁護士　衆議院議員
明治16年（1883年）9月〜昭和34年（1959年）11月23日
出高知県　学中央大学専門部法律科〔大正3年〕卒　歴会計検査院副検事官などを経て、昭和11年衆議院議員に当選1回。民政党に所属した。

尾崎 庄太郎　おざき・しょうたろう
政治・経済評論家　社会運動家
明治39年（1906年）3月15日〜平成3年（1991年）5月9日
⽣徳島県板野郡板東町萩原（鳴門市）　图筆名＝玉木英夫　専中国問題　学東亜同文書院〔昭和5年〕卒　歴大正15年上海の学校に入学し、昭和5年帰国して新労農党の活動に加わる。本

所修徳実業学校の教師をしながら無産運動をし、7年検挙されて懲役3年に処せられる。出獄後は上海に渡って読売新聞社員となり、11年大連に渡って反戦運動を展開する。その後天津に移って中国共産党と連絡をとる。13年南満州鉄道（満鉄）嘱託となるが、反戦運動を続けたため17年逮捕。21年中国研究所の創立に参加し、「中国研究」などを刊行した。著書に「毛沢東実践論・矛盾論入門」。

尾崎 士郎　おざき・しろう
小説家
明治31年（1898年）2月5日〜昭和39年（1964年）2月19日
⽣愛知県幡豆郡上横須賀村（吉良町）　学早稲田大学政治経済科〔大正8年〕除籍　歴中学時代から政治に関心を示し、社会主義運動にひかれ、堺利彦・山川均らと交わる。早大入学後、売文社同人となり、大正6年の早稲田騒動では指導者となる。10年「獄中より」が「時事新報」懸賞短編小説で2位入賞し、同年「逃避行」を刊行。この頃から社会主義を離れていき、宇野千代と同棲する。昭和8年から「人生劇場」を「都新聞」に連載し、「青春篇」を10年に刊行、ベストセラーとなり、以後流行作家として活躍する。その後、「愛慾篇」「残侠篇」などと続編7作を執筆、国民各層に熱烈なファンを作り出す程の国民文学的長編となった。14年発表の「篝火」以来、歴史小説も開拓した。太平洋戦争中は、中国やフィリピンに派遣され、また大政翼賛会、文学報国会などを通じて戦争に協力し、戦後公職追放された。24年「ホーデン侍従」で復帰し、25年「天皇機関説」で「文芸春秋」読者賞を受賞、以後、文学の面のみならず、横綱審議会委員などとしても活躍した。未完の随筆自伝集「小説四十六年」「一文士の告白」などの他、「尾崎士郎全集」（全12巻、講談社）がある。　家長女＝尾崎一枝（作家）　賞文化功労者〔昭和39年〕，文芸懇話会賞（第3回）〔昭和12年〕「人生劇場」

尾崎 宗吉　おざき・そうきち
作曲家
大正4年（1915年）4月22日〜昭和20年（1945年）5月15日
⽣静岡県浜名郡舞阪町　学東洋音楽学校ピアノ科〔昭和11年〕卒　歴静岡県の旅館の息子として生まれる。昭和9年上京し、東洋音楽学校で和声学、対位法、音楽形式学を学ぶ。11年作曲家連盟に入り「ヴァイオリンソナタ第2番」で作曲家連盟賞を受賞。13年楽団プロメテを結成、「ピアノ小ソナタ」「ヴァイオリンソナタ第3番」を発表。14年召集を受け中国に赴く。17年一時帰還するが18年再び応召し20年5月病死。作品は初期にはムソルグスキーを想わせる原始性を持ち、後期にはヒンデミットの影響を強く受けた。他の作品に「小弦楽四重奏曲」「幻想曲とフーガ」「チェロ・ソナタ」「夜の歌—チェロとピアノのための」がある。最後の作品「ピアノ協奏曲」は未完に終わる。　賞作曲家連盟賞〔昭和11年〕

尾崎 秀実　おざき・ほつみ
ジャーナリスト　中国問題評論家
明治34年（1901年）4月29日〜昭和19年（1944年）11月7日
⽣東京市芝区伊皿子町（東京都港区）　图筆名＝白川次郎, 欧佐起　学東京帝国大学法学部〔大正14年〕卒　歴幼少時を台湾・台北で過ごす。一高、東京帝国大学を経て、大正15年東京朝日新聞社に入社。昭和2年大阪朝日新聞社に移り、中国問題研究会を結成。3年上海支局員として中国に渡り、4年スメドレー女史を通じてリヒャルト・ゾルゲに出会う。7年帰国後、ゾルゲと再会。9年東京朝日に移り、新設の東亜問題調査会に所属、中国問題評論家として活躍。12年研究会に参加。13年朝日新聞社を退社し、7月第一次近衛内閣嘱託となり中国政策に関与。14年6月南満州鉄道（満鉄）調査部嘱託。16年10月国際諜報団事件（ゾルゲ事件）でコミンテルンのスパイとしてゾルゲとともに国防保安法・治安維持法等違反で検挙され、19年11月東京拘置所で処刑された。著書に「現代支那論」「支那

社会経済論」、戦後ベストセラーとなった獄中から家族に宛てた書簡集「愛情は降る星のごとく」など。「尾崎秀実著作集」（全5巻）がある。 🏠父＝尾崎秀真（新聞人）、弟＝尾崎秀樹（文芸評論家）

尾崎 翠　おさき・みどり

小説家

明治29年（1896年）12月20日〜昭和46年（1971年）7月8日

🔵鳥取県岩美郡岩美町 🎓日本女子大学国文科〔大正10年〕中退 📋代用教員をしながら、18歳で「文章世界」に入選。大正8年日本女子大国文科入学。10年「新潮」に載った小説「無風帯から」が大学で問題となり退学。昭和6年「第七官界彷徨」で注目されるが、薬剤による幻覚症状や、愛情問題で入院生活を繰り返し、帰郷。以後、内職と読書で余生を過ごした。46年死去。天才的女性作家と呼ばれ、多数の研究者によって少女小説33編のほか、地方紙や雑誌に発表した文章、詩歌などが発掘された。没後作品集に「アップルパイの午後」「尾崎翠全集」（創樹社）「尾崎翠全集」（全2巻，筑摩書房）「ちくま日本文学全集—尾崎翠」がある。

尾崎 行雄　おさき・ゆきお

衆議院議員 法相 文相 東京市長

安政5年（1858年）11月20日〜昭和29年（1954年）10月6日

🔵相模国津久井郡又野村（神奈川県相模原市） 📛旧姓・旧名＝尾崎彦太郎、号＝尾崎咢堂、学堂、愕堂、卒翁、莫哀荘主人 🎓慶応義塾〔明治9年〕中退 📋神奈川の生まれだが、少年時代を伊勢市で過ごす。明治12年新潟新聞、次いで報知、朝野などの記者をし、14年統計院権少書記官となるが、政変で辞職。15年「郵便報知新聞」論説委員となり、大隈重信の立憲改進党結成にも参加。以降、ジャーナリスト、政治家として活躍。20年第一次伊藤内閣の条約改正に反対、保安条例で東京退去処分を受け外遊。23年第1回総選挙に三重県から立候補、当選。以来昭和28年に落選するまで連続当選25回。明治31年第一次大隈内閣の文相。33年政友会創立委員。36〜45年東京市長（国会議員兼務）を務め、町並み整理や上下水道拡張などに実際政治家としての手腕を発揮した。その間、ワシントンに桜の苗木を贈る。大正元年第一次護憲運動に奔走。3年第二次大隈内閣の法相。5年憲政会筆頭総務。原内閣の時、普選運動の先頭に立ち、10年政友会除名。11年犬養毅の革新倶楽部に参加したが14年政友会との合同に反対して脱会、以後無所属。昭和6年ごろから高まる軍国主義・ファシズムの批判を展開、さらに近衛内閣＝大政翼賛会と東条内閣の"独裁政治"を非難。17年翼賛選挙での発言で不敬罪として起訴されたが、19年無罪。20年議会の戦争責任を追及、自ら位階勲等を返上、議員の総辞職論を唱えた。戦後は世界平和を提唱、世界連邦建設運動を展開。代議士生活63年の記録を樹立、"議会政治の父""憲政の神様"として名誉議員の称号を贈られ、35年国会前に尾崎記念会館（憲政記念館）が建設された。著書に「墓標に代えて」「わが遺言」などのほか、「尾崎咢堂全集」（全12巻）がある。 🏠妻＝尾崎テオドラ、三女＝相馬雪香（難民を助ける会会長）、孫＝尾崎行信（最高裁判事）、女婿＝相馬恵胤（子爵）

尾崎 良純　おさき・よしずみ

薬学者 京都帝国大学医学部教授

明治21年（1888年）6月10日〜昭和15年（1940年）12月2日

🔵大阪府大阪市 🎓天王寺中〔明治38年〕卒、三高〔明治41年〕卒、京都帝国大学医科大学〔大正1年〕卒 医学博士（京都帝国大学）〔大正8年〕 📋大正2年京都帝国大学医学部助手、3年助教授となり、7年英米へ留学。8年帰国、10年教授に昇任。 🏠兄＝尾崎良胤（外科学者）

尾佐竹 猛　おさたけ・たけき

司法官 歴史家

明治13年（1880年）1月20日〜昭和21年（1946年）10月1日

🔵石川県金沢 📋明治文化史、憲政史 🎓明治法律学校（現・明治大学）〔明治32年〕卒 法学博士（東京帝国大学）〔昭和3年〕 📋明治32年第1回判検事登用試験に合格、東京地方裁判所司法官試補、福井、東京、名古屋の各地方裁判所判事、東京、名古屋の各控訴院判事を経て、大正13年大審院判事となり、昭和17年大審院検事に転じ、同年退官。この間、東京帝国大学法学部講師、6年から明大法学部教授を務める。また明治文化史、憲政史の研究で業績を残し、大正13年吉野作造らと明治文化研究会を設立、「明治文化全集」（全24巻）を編纂、刊行した。昭和8年同研究会会長。著書に「維新前後に於ける立憲思想」「明治警察裁判史」「日本憲政史大綱」「明治維新」（全4巻）「明治文化叢説」「幕末維新之人物」、「尾佐竹猛全集」（実業之日本社）などがある。

長内 則昭　おさない・のりあき

衆議院議員

明治2年（1869年）〜昭和12年（1937年）

🔵陸奥国稲垣（青森県西津軽郡稲垣村） 🎓東京慈恵医学専門学校中退 📋父・泰民は青森県稲垣村の開業医で、村制施行後は同村議を務めた。はじめ医学を志し、弘前公立病院附属医学校に学ぶ。明治18年同校が閉校したため、東京慈恵医学専門学校に入るが、間もなく政治家を志望して退学し、新聞記者に転じた。その後、北海道で材木商を経営するが失敗し帰郷。以後、青森の地方政界で活動し、稲垣村助役・青森県会議員を経て、39年県会議員に選ばれた。40年県会議員選挙に落選したのを機に中央政界への進出を画策し、穀物取引の相場師などを業としながら政界の要人と連絡を取り、大正6年民政党から総選挙に出馬するが落選した。次いで、昭和3年の第1回普通選挙に立候補して当選、1期を務めた。政友会に所属した。 🏠父＝長内泰民（政治家）、七男＝長内和夫（俳優）

小山内 竜　おさない・りゅう

漫画家 絵本画家

明治37年（1904年）〜昭和21年（1946年）11月1日

🔵北海道函館 📛本名＝沢田鉄三郎 🎓高小〔大正9年〕卒 📋下駄屋の店員、船員などを経て、大正15年上京、ニコヨンをしながら絵を勉強、昭和6年週刊朝日の懸賞漫画に入選、「東京パック」に社会風刺漫画を描き、漫画家としてデビュー。11年ごろから動物漫画を描き、自分で昆虫を飼い、作品にし、昆虫漫画の名手となった。著書に「ゲンキナコグマ」「昆虫ノハナシ」のほか著述本「黒い貨物船」「昆虫放談」、また絵本も多く出した。

大仏 次郎　おさらぎ・じろう

小説家

明治30年（1897年）10月9日〜昭和48年（1973年）4月30日

🔵神奈川県横浜市 🏠東京市牛込区（東京都新宿区） 📛本名＝野尻清彦、別号＝安里礼次郎、八木春秋 🎓東京帝国大学政治学科〔昭和10年〕卒 📋日本芸術院会員〔昭和34年〕 📋大学卒業後、鎌倉女学校で1年間教員をし、大正11年よりしばらく外務省条約局に勤める。その間「泰西大盗伝」などを翻訳し、13年より「鞍馬天狗」を昭和34年まで連載する。15年「照る日曇る日」を連載して作家の地位を確立し、以後「赤穂浪士」など多くの小説を発表。時代小説、現代小説、ノンフィクションと幅広く活動した。昭和20年8月より10月まで、東久邇宮内閣の内閣参与として政治参加し、21年から24年にかけては苦楽社を創立し、雑誌「苦楽」を主宰する。24年「帰郷」で芸術院賞を、40年「パリ燃ゆ」で朝日文化賞を、44年「三姉妹」で菊池寛賞を受賞したほか、34年日本芸術院会員となり、39年には文化勲章を受けた。作品は多く、他に「ごろつき船」「ゆうれい船」「乞食大将」「桜子」などの時代小説、「霧

笛」「氷の階段」「宗方姉妹」「旅路」「風船」などの現代小説、「ドレフュース事件」「地霊」などの実録小説、「楊貴妃」「若き日の信長」などの戯曲、「日本人オイン」「花丸小鳥丸」などの少年文学があり、未完に終わった「天皇の世紀」もある。　家兄＝野尻抱影（英文学者）　勲文化勲章〔昭和39年〕　賞日本芸術院賞（文芸部門・第6回）〔昭和24年〕「帰郷」、渡辺賞（第3回）〔昭和4年〕

小沢 開作　おざわ・かいさく
歯科医 満州青年連盟長春支部長
明治31年（1898年）12月25日〜昭和45年（1970年）11月21日
生山梨県西八代郡高田村　歴指揮者・小沢征爾の父。山梨県の貧乏な村に生まれた。歯科の学校に通いながら、金をかせぐためにバイオリン弾き、演歌師などをやり苦労して学校を出て、23歳のとき満州へ。長春で歯科医を開業し結婚。本業は代診にまかせ、満州青年連盟の長春支部長の務めに没頭する。石原莞爾の思想に共鳴し、満州建国の運動のリーダーとして活躍したが、理想と異った方向へ世相が変ってゆくのに失望。昭和19年帰国。戦後、ミシン会社を始めたが失敗し、歯科医に戻り、余生を静かに送った。　家長男＝小沢克己（彫刻家）、二男＝小沢俊夫（筑波大学名誉教授）、三男＝小沢征爾（指揮者）、四男＝小沢幹雄（エッセイスト）、孫＝小沢健二（ミュージシャン）、小沢征良（演出家）、小沢征悦（俳優）

小沢 治三郎　おざわ・じさぶろう
海軍中将
明治19年（1886年）10月2日〜昭和41年（1966年）11月9日
生宮崎県　学海兵（第37期）〔明治42年〕、海大卒　歴明治43年海軍少尉に任官。昭和12年連合艦隊参謀長、同年第八戦隊司令官、13年海軍水雷学校校長、14年第一航空戦隊司令官を経て、15年海軍中将に進み第三戦隊司令官。16年9月海軍大学校校長となるが、同年10月南遣艦隊司令長官に転じ、太平洋戦争開戦を迎えた。開戦間もなく英国東洋艦隊の戦艦「プリンス・オブ・ウェールズ」「レパルス」を撃沈。17年第三艦隊司令長官として機動部隊を率い、マリアナ沖海戦を指揮。また、レイテ沖海戦にも参加した。19年軍令部次長兼海軍大学校長、20年最後の連合艦隊司令長官に就任、海軍総司令長官と海上護衛司令長官を兼ねた。

小沢 秋成　おざわ・しゅうせい
洋画家
明治19年（1886年）〜昭和29年（1954年）
生長野県上伊那郡南箕輪村　名旧姓・旧名＝堀　学松本中卒, 東京美術学校〔明治44年〕卒　歴東京美術学校日本画科に進み、図画師範科に転科して卒業。野沢中などで美術教師を務めたが、昭和3年フランスの公募展サロン・ドートンヌに日本から出品して入選。同年渡仏し、5年に帰国するまで同国の公募展に出品を続けた。6年帰国展を開催。フランスで漆芸品が好まれていたことから、美術展審査員として赴いた台湾で漆芸技法を研究、10年東京都内で漆工芸社を設立した。19年松本へ疎開。29年京都府で死去した。

小沢 青柚子　おざわ・せいゆうし
俳人 教師
明治45年（1912年）〜昭和20年（1945年）3月11日
生東京市本郷区湯島（東京都文京区）　名本名＝小沢秀男　学早稲田大学高等師範部卒　歴浅草区立高等女学校教師。「句と評論」の同人。後、渡辺白泉らと離脱し、昭和12年5月「風」を創刊。13年5月「句と評論」が藤田初巳の「広場」と改題されたのを機に復帰。中支戦線で戦病死した。私版短詩型文学全書「小沢青柚子集」がある。

小沢 碧童　おざわ・へきどう
俳人 篆刻家
明治14年（1881年）11月14日〜昭和16年（1941年）11月17日
生東京市日本橋区本船町（東京都中央区）　名本名＝小沢西徳、幼名＝清太郎、別名＝小沢忠兵衛　歴8歳の時、祖父小沢忠兵衛の養子に入籍、西徳6代目忠兵衛となる。早くから句作をし、河東碧梧桐の門下生となる。「海紅」同人となり、「三昧」にも参加して活躍する。没後の昭和35年「碧童句集」が刊行され、読売文学賞が授与された。また書と篆刻にも優れていた。

小沢 良輔　おざわ・りょうすけ
能楽師（観世流シテ方）
明治4年（1871年）12月4日〜昭和11年（1936年）3月13日
歴観世清孝、観世清廉に師事した。地謡方として活躍し、美声で知られた。

牡鹿 頂山　おしか・ちょうざん
彫刻家
明治32年（1899年）〜昭和13年（1938年）5月31日
出宮城県　名本名＝牡鹿春吉　歴小学校卒業後、仏師・宮野久月に弟子入りし、彫刻を学ぶ。大正8年上京し、彫刻家の北村西望に師事。15年第7回帝展に頂山の号で裸婦像「初夏」を初出品し、初入選。以後、昭和8年の第13回帝展まで毎年入選。将来を嘱望されたが、13年39歳の若さで死去した。

押川 一郎　おしかわ・いちろう
企画庁調査官
明治32年（1899年）1月7日〜昭和45年（1970年）6月29日
生鹿児島県　学東京帝国大学経済学部〔大正11年〕卒　歴昭和2年南満州鉄道（満鉄）に入り、ハルビン事務所庶務課長、産業部庶務課長、北支事務局調査部次長、参事調査部次長、北支経済調査所長を経て、企画庁調査官となった。戦後は日本生産性本部常務理事、事務局長、アジア生産性機構事務総長を務めた。

押川 清　おしかわ・きよし
野球選手
明治14年（1881年）〜昭和19年（1944年）3月18日
生宮城県　学早稲田大学卒　歴明治35年早稲田大学に入り、創立早々の野球部で強打の二塁手として活躍。東都球界の覇者であった一高を破り、早大初の米国遠征、36〜39年早慶戦に参加、40年主将となった。卒業後は稲門クラブ員として活躍、大正9年後輩の河野安通志と共に日本初のプロ野球チーム日本運動協会を設立、三田、稲門、大毎チームと試合した。12年の関東大震災で本拠地を失い、阪急の小林一三に経営を譲った。昭和11年日本職業野球連盟結成におくれ、河野と後楽園球場を建設、12年春新球団イーグルスの社長となって加入した。18年戦争のため球団を解散。34年最初の野球殿堂入りの一人。　家父＝押川方義（キリスト教者・東北学院創立者）、兄＝押川春浪（小説家）

小島 新一　おじま・あらかず
商工次官
明治26年（1893年）2月9日〜昭和62年（1987年）3月30日
出茨城県真壁郡　学東京帝国大学法学部政治学科〔大正7年〕卒　歴大正7年農商務省に入省。商工省燃料局長、貿易局長、商工次官を歴任して、昭和16年退官、日本製鉄に移って副社長となる。戦後、公職追放となるが、27年八幡製鉄副社長に復帰、31〜37年社長を務めた。

小島 祐馬　おじま・すけま
中国哲学者 京都帝国大学名誉教授
明治14年（1881年）12月3日〜昭和41年（1966年）11月18日

[出]高知県吾川郡春野村（高知市）　[名号]＝小島抱甕　[学]京都帝国大学法科大学〔明治40年〕卒, 京都帝国大学文科大学哲学科〔明治45年〕卒 文学博士〔昭和6年〕　[賞]日本学士院会員〔昭和24年〕　[歴]中国遊学後、京都府立第一中学校教諭、三高講師、大正7年同志社大学法学部教授、8年京都帝国大学経済学部講師。9年青木正児、本田成之両博士らと雑誌「支那学」を創刊。11年京都帝大文学助教授、15年から昭和3年までフランスに留学、昭和6年教授となり「支邦古代社会の研究」により文学博士。11年文学部長、14年東方文化学院京都研究所（のちの京都大学人文科学研究所）所長となり16年定年退職、17年名誉教授。24年日本学士院会員。著書に「古代支那研究」「中国の革命思想」「中国の社会思想」「中国思想史」「古代中国研究」などがある。

小津 安二郎　おず・やすじろう

映画監督

明治36年（1903年）12月12日～昭和38年（1963年）12月12日

[生]東京市深川区万年町（東京都江東区）　[出]三重県松阪市　[資]日本芸術院会員〔昭和37年〕　[歴]大正12年松竹蒲田撮影所に入所、カメラ助手となる。15年監督助手に転じ、昭和2年自身唯一の時代劇である「懺悔の刃」で監督デビュー。4年の「大学は出たけれど」、5年の「落第はしたけれど」で当時の就職難の世相を扱い、庶民の哀歓を描いて独自の "小津リアリズム" をうち出した。「大学は出たけれど」は流行語にもなった。さらに「東京の合唱」「生まれてはみたけれど」「一人息子」などの秀作を発表、5年の「お嬢さん」、6年の「淑女と髯」など軽妙でナンセンスな喜劇でも人気があった。12年から2年間中国に従軍し、復員後は家族のモラルを強調しつつも人間味溢れる芸術作品となった「戸田家の兄妹」（16年）、「父ありき」（17年）を発表。18年陸軍省の命でインド独立を題材とした映画を製作するためシンガポールに派遣されたが、結局作品を作ることなく終戦を迎えた。戦後も「晩春」「宗方姉妹」「麦秋」「お茶漬の味」といった滋味溢れる傑作群を発表。28年の「東京物語」は国際的にも高く評価され、"日本映画最高の一作" として本作を推賞する海外の映画人も多い。37年には映画人として初めて芸術院会員となった。　[賞]日本芸術院賞〔昭和34年〕, 芸術選奨文部大臣賞〔昭和36年〕

尾瀬 敬止　おせ・けいし

ソビエト文化研究家

明治22年（1889年）11月18日～昭和27年（1952年）1月5日

[生]京都　[名号]＝哀歌、筆名＝他和律　[学]東京外語露語科卒　[歴]東京朝日新聞記者を経て、大正10年「露西亜芸術」を主宰し、13年には日露芸術協会の結成に尽力した。ソビエト文化研究家として活躍し、10年刊行の「労農露西亜の文化」をはじめ「労農ロシア詩集」「革命ロシアの芸術」など多くの著書がある。

織田 一磨　おだ・かずま

版画家

明治15年（1882年）11月11日～昭和31年（1956年）3月8日

[生]東京都　[歴]生家は代々徳川幕府の高家を務める家柄。父は我が国初の動物剥製製作者で、生物学に縁のある家に育つ。明治31年大阪に行き、兄で画家の織田東禹と同居。この頃から川村清雄に絵画を、金子政次郎に石版を学ぶ。32年京都新古美術展に「観桜の図」を出品して一等褒賞、33年同展において水彩画「摘草帰りの図」で二等褒賞を受けるなど早くから画才を発揮し、39年の第五回勧業博覧会では立体図案で入選。トモエ会や文展などにも水彩画を出展。42年から「方寸」同人、パンの会会員。大正5年に20点の連作石版画「東京風景」の製作に着手してからは石版画の製作も盛んに行うようになり、7年戸張孤雁、山本鼎、寺崎武男らと日本創作版画協会を結成。昭和2年帝展が創作版画の陳列を許可するようになったので、同展初の石版画となる「白い花」を出品。4年には洋風

版画会を設立し、さらに6年同会と日本創作版画協会を合併してできた日本版画協会に参加した。11年より文展無鑑査。戦時中は富山県福野に疎開し、戦後は日展を中心に作品を発表した。　[家]父＝織田信徳（動物剥製製作者）, 兄＝織田東禹（画家）, 海東久（鉱物学者）, 祖父＝織田信愛（幕臣）　[賞]京都新古美術展一等褒賞〔明治32年・35年〕「観桜の図」「秋陽西傾」, 京都新古美術展二等褒賞〔明治33年〕「摘草帰りの図」

小田 久太郎　おだ・きゅうたろう

実業家 三越専務

慶応2年（1866年）10月～昭和10年（1935年）12月7日

[学]長崎師範卒　[歴]対馬藩士の長男に生まれる。長崎県壱岐の小学校教員を経て、朝鮮公使館に勤務後、東京朝日新聞記者となる。明治28年三井工業部に入り、一時日本絹糸紡績に転じたが、再び三井工業部に復帰し、間もなく三井呉服店に移るが、同店が三越呉服店となるに及んで辞して独立し西洋食料品などを営んだ。45年三越本店に入り、大正7年取締役、のち常務を務め、昭和2～10年専務に就任。積極経営で知られた。この間、二幸商会会長、東京商工会議所常議員などを兼任した。

小田 源蔵　おだ・げんぞう

三ツ星ベルト創業者

明治9年（1876年）1月15日～昭和19年（1944年）9月15日

[生]滋賀県犬上郡青波村（彦根市）　[学]高小卒　[歴]生家は名字帯刀を許された家柄。父が米相場に手を出して失敗したため、一家揃って郷里の滋賀県を離れて兵庫県神戸に移り住み、米屋を開業。小学校高等科を卒業後、家業を手伝うが、米国への密航をたくらんで下関へ出奔。石炭問屋で働きながら機会を待つも密航に失敗し、神戸に戻った。父の没後は米屋を畳んで、母が内職として行っていた呉服屋を本業とした。大正6年健康が優れず、番頭に店を譲って療養生活に入ったが、8年郷里の級友である中村真次郎、下関時代に得た友の小島楠吉の2人の協力を得て、ベルト製造業の三ツ星商会を創業。昭和5年合資会社に改組、7年株式会社三ツ星商会を設立して合資会社を吸収して専務。10年三ツ星調帯株式会社に社名を改め、没後の36年、三ツ星ベルトとなった。子どもがいなかったことから兄の娘を養女とし、女婿に迎えた後継者の小田春治と二人三脚で会社の基礎を築き、12年第一線を退いた。　[家]女婿＝小田春治（三ツ星ベルト社長）

小田 栄　おだ・さかえ

衆議院議員

明治37年（1904年）3月～平成6年（1994年）7月11日

[出]広島県　[歴]新聞記者、沖縄新聞社主などを経て、沖縄県議となり、昭和12年総選挙で沖縄県選挙区から初当選。無所属で衆議院議員を1期務めた。

小田 成就　おだ・じょうじゅ

弁護士 奈良県知事

明治34年（1901年）1月1日～昭和50年（1975年）6月12日

[出]兵庫県　[学]東京帝国大学法学部政治学科〔大正14年〕卒　[歴]内務省に入省。文部省社会教育局成人課長などを経て、昭和20～21年奈良県知事。

小田 嶽夫　おだ・たけお

小説家 中国文学研究者

明治33年（1900年）7月5日～昭和54年（1979年）6月2日

[生]新潟県高田市堅春日山町（上越市）　[名]本名＝小田武夫　[学]東京外国語学校支那語学科〔大正11年〕卒　[歴]大正11年大学卒業と同時に外務省に入り、13年から書記生として杭州領事館に赴任する。昭和3年帰国、5年外務省を退職し、以後文学に専念。「文芸都市」同人となり、6年田畑修一郎らと「雄鶏」（のちの「麒麟」）を創刊。11年「城外」で芥川賞を受賞。12

年上海に、14年北支那に遊び、16年から17年にかけてビルマに従軍。16年「魯迅伝」「紫禁城の人」を刊行。戦後は「裏がわの町」「真実の行方」「義和団事件」「小説坪田譲治」などを発表し、50年「郁達夫伝」で平林たい子賞を受賞。他に自伝「文学青春群像」、訳書「魯迅選集・創作編」「大過渡期」(茅盾著)などがある。 [賞]芥川賞(第3回)〔昭和11年〕「城外」

小田 富弥　おだ・とみや
挿絵画家
明治28年(1895年)5月4日～平成2年(1990年)1月13日
[生]大阪府 [出]岡山県 [名]本名＝大西一太郎 [歴]北野恒富に美人画を師事。大正末期より挿絵を手がけ、日本画から挿画に転じ、大仏次郎「照る日くもる日」、子母沢寛「弥太郎笠」のほか、直木三十五などを担当。股旅ものの挿絵では第一人者と呼ばれ、岩田専太郎とならぶ人気画家だった。戦後は紙芝居などを製作した。他の挿絵担当作品に林不忘「新版大岡政談」、吉川英治「女人曼陀羅」。

織田 信恒　おだ・のぶつね
漫画作家 子爵 貴族院議員
明治22年(1889年)8月3日～昭和42年(1967年)5月20日
[生]東京都 [名]筆名＝織田小星 [学]京都帝国大学法科大学政治科〔大正4年〕卒 [歴]明治28年織田信敏子爵の養子となり、のちに爵位を継いだ。日本銀行入行、欧米、中国漫遊の後、11年朝日新聞社に入った。12年日刊アサヒグラフ局員となり椛島勝一絵の「正ちゃんの冒険」の案と文を担当し、子供たちの人気を得、「正ちゃん帽」まで流行させた。フキ出しを採用した最初の漫画。昭和3年貴族院議員、農林政務次官、静岡電鉄社長、NHK理事を務めた。戦後京浜急行取締役、監査役、京浜自動車工業社長などを歴任、川崎さいか屋取締役、財団法人安達峰一郎記念館理事長などを兼務した。織田信長の16代目の子孫。

織田 秀雄　おだ・ひでお
教育運動家 詩人 児童文学作家
明治41年(1908年)12月10日～昭和17年(1942年)12月15日
[生]岩手県胆沢郡小山村(奥州市) [名]筆名＝織田顔 [学]岩手県立水沢農学校〔大正15年〕卒 [歴]代用教員などをしながら詩や童謡などを発表し、昭和4年全国農民芸術連盟に加盟する。5年上京してマルクス書房に入社し、また新興教育研究所の創立に参加して「新興教育」を編集する。同年帰郷し社会科学研究、文化運動などを推進するが検挙され、懲役2年に処せられた。10年頃から創作に専念。没後の55年「織田秀雄作品集」が刊行された。

織田 正信　おだ・まさのぶ
英文学者 学習院教授
明治36年(1903年)12月16日～昭和20年(1945年)9月11日
[生]東京都 [学]東京帝国大学英文科〔昭和2年〕卒 [歴]英文学者として陸軍士官学校、学習院の教授を歴任する。「ジョージ・ギッシング」のほか「D・H・ロレンスの手紙」、ウルフ「オーランド」などの著書、訳書がある。

織田 幹雄　おだ・みきお
三段跳び選手 日本初の金メダリスト
明治38年(1905年)3月30日～平成10年(1998年)12月2日
[生]広島県安芸郡海田町 [学]広島一中(現・国泰寺高)卒, 早稲田大学商学部卒 [歴]広島一中(現・国泰寺高)から早大に進学。三段跳びで、パリ五輪、アムステルダム五輪、ロサンゼルス五輪と3回連続してオリンピックに出場し、昭和3年のアムステルダム五輪では、15メートル21をマークして、金メダルを獲得。日本人初の金メダリストとなった。6年15メートル58の世界記録をマーク。走り幅跳び、走り高跳びなどでも活躍。大学卒業後、朝日新聞運動部記者を経て、50年まで母校の早大教授を務め、日本陸連、国際陸連の要職を歴任した。日本陸上界育ての親であり、"三段跳び"という言葉を考案するなど、博識の理論家としても知られた。ヘルシンキ五輪、東京五輪の陸上監督、JOC委員などを歴任。著書に「跳躍一路」「世界記録を目ざして」「オリンピック物語」「東京オリンピック」など。平成6年広島広域公園陸上競技場に記念碑が建立される。12年神奈川県藤沢市の自宅で、アムステルダム五輪当時の様子を綴った「Diary of Olympic 1928」と題された日記が見つかった。 [賞]文化功労者〔昭和63年〕

織田 万　おだ・よろず
行政法学者 立命館大学名誉総長 貴族院議員(勅選)
慶応4年(1868年)7月4日～昭和20年(1945年)5月25日
[生]肥前国(佐賀県) [学]帝国大学法科大学仏法科〔明治25年〕卒 法学博士〔昭和34年〕 [資]帝国学士院会員〔大正7年〕 [歴]明治28年フランス、ドイツに留学、32年帰国して京都帝国大学教授となり、行政法、フランス法を担当した。大正10～昭和5年ハーグの常設国際司法裁判所判事、昭和5年京都帝国大学退官、名誉教授。この間、台湾総督府の依頼で大著「清国行政法」を公刊。また明治33年京都法政学校(後の立命館大)創立に参画し、のちに立命館大学名誉総長となった。昭和6年勅選貴族院議員、帝国学士院会員。著書に「行政法論綱」「日本行政法原理(仏文)」「法学通論」「行政法講義」「民族の弁」「法と人」などがある。西園寺公望と親しく、追悼文「嗚呼陶庵公」がある。

小平 浪平　おだいら・なみへい
実業家 日立製作所創業者
明治7年(1874年)1月15日～昭和26年(1951年)10月5日
[生]栃木県都賀郡家中村(栃木市) [学]一高〔明治29年〕卒, 東京帝国大学工科大学電気工学科〔明治33年〕卒 [歴]明治33年秋田県の藤田組小坂鉱山に赴任。37年広島水力電気、38年東京電灯を経て、39年久原鉱業所日立鉱山に移り、工作課長として電機・機械・土木のすべての業務を担当。また機器の故障時の不便を解消するために自前の修理工場を設立し、さらに発電機の国産にも着手した。43年には修理工場を機械製造工場にするべく経営者の久原房之助を説得し、工場を日立町芝内に移して数十人の従業員とともに日立製作所を創業、5馬力誘導電動機を完成させた。以後、国産技術の自主開発を進め、第一次大戦時には海外からの輸入が途絶えたことから受注が増大し、会社としての基盤を確立。一方で早くから徒弟養成所(現・日立工業専修学校)を作り、技術者の育成にも力を注いだ。大正9年日立製作所を久原鉱業から分離独立・株式会社化させ、取締役に就任。13年国産初の大型電気機関車「ED15形」を試作し、15年には扇風機の輸出販売を始めた他(初の輸出)、昭和5年柱上変圧器、7年エレベーター、電気冷蔵庫などの国産化を開始。この間、4年社長に就任、9年東京証券取引所への上場を果たした。財界に係累も人脈も持たない技術者出身の実業家であり、国を挙げて外国品の導入に取り組んでいた時代に国産技術による産業振興を掲げ、日立製作所を世界有数の電機メーカーに育て上げた。 [家]長男＝小平良平(日立製作所専務), 孫＝岡田新一(建築家)

小田内 通敏　おだうち・みちとし
地理学者
明治8年(1875年)～昭和29年(1954年)12月4日
[生]秋田県 [学]高等師範学校地理歴史科専修科卒 [歴]早稲田中学教諭、早稲田大学、慶応義塾大学各講師となり聚落地理学を講じた。一方、新渡戸稲造、柳田国男らが創立した郷土会に参加、大正15年人文地理学会を創設、昭和5年文部省嘱託となり、同年尾高豊作らと郷土教育連盟を創立、郷土教育運動に尽力した。また教育科学研究会常任幹事として地理教育部

会を指導。戦後は国立音楽大学教授となった。著書に「郷土地理研究」「郷土教育運動」「日本郷土学」などがある。

尾高 鮮之助　おだか・せんのすけ

美術研究家

明治34年（1901年）5月～昭和8年（1933年）3月23日

生朝鮮　専アジア美術　学東京帝国大学（美学）　歴東京帝国大学で美学を学び、美術研究所（現・東京文化財研究所）に勤務。中央アジア以東の美術研究を行い、昭和6～7年仏教美術と東西文化交流の研究にためインド、パキスタン、アフガニスタンなどを歴訪。帰国後、急性肺炎のため夭折した。　家父＝尾高次郎（実業家・漢学者）、兄＝尾高豊作（出版人）、尾高朝雄（法哲学者）、弟＝尾高邦雄（社会学者）、尾高尚忠（指揮者）、祖父＝渋沢栄一（実業家）

小高 長三郎　おだか・ちょうざぶろう

衆議院議員　自由通信社社長

明治23年（1890年）11月～昭和33年（1958年）3月26日

出千葉県　学大倉商〔明治43年〕卒　歴明治43年自由通信社に入社。外交部長、支配人を経て、社長に就任。昭和7年衆議院議員に当選、以来連続4期務める。政友会に所属した。米内内閣の外務参与官、外務省委員を歴任する。著書に「立憲政友会報国史」、「立憲政友会史」（7巻）がある。

尾高 朝雄　おだか・ともお

法哲学者　社会思想家　東京帝国大学教授

明治32年（1899年）1月28日～昭和31年（1956年）5月15日

生朝鮮・京城　学東京帝国大学法学部〔大正12年〕卒、京都帝国大学文学部哲学科〔大正14年〕卒　法学博士〔昭和11年〕　歴昭和3年京城帝国大学助教授、のち教授を務め、この間3～7年ドイツ、オーストリアに留学、ハンス・ケルゼン、エドムンド・フッサールに師事。19年5月東京帝国大学教授となり法理学（のち法哲学）講座を担当。戦後の国体論争で、宮沢俊義が尾高の"ノモス論"を批判し、"ノモス主権論"をめぐって論争した。23年日本法哲学会創設に参加、またユネスコ国内委員会の設立に尽力した。著書に「法哲学」「国家構造論」「実定法秩序論」「法の窮極にあるもの」「自由論」「改訂法哲学概論」「国民主権と天皇制」など。　家祖父＝渋沢栄一（実業家）、父＝尾高次郎（実業家・漢学者）、兄＝尾高豊作（出版人）、弟＝尾高鮮之助（美術研究家）、尾高邦雄（社会学者）、尾高尚忠（指揮者）

尾高 尚忠　おたか・ひさただ

指揮者　作曲家　新交響楽団常任指揮者

明治44年（1911年）9月26日～昭和26年（1951年）2月16日

生東京都　学成城学園高中退、ウィーン音楽院作曲科マイスタークラス〔昭和12年〕修了　歴父は実業家の尾高次郎で、母方の祖父は渋沢栄一という名門に生まれる。成城高校在学中に渡辺シーリーにピアノを、片山頴太郎に作曲理論を教わる。のち同校を中退して昭和6年渡欧し、ウィーン音楽院で学ぶ。7年いったん帰国するが、9年再びウィーン音楽院に留学。11年ワインガルトナーが主催した日本人作曲家対象のコンクール、ワインガルトナー賞に管弦楽曲「日本組曲」で応募して入選。12年に同院を修了してからは指揮者として活動し、ウィーン交響楽団、ベルリン・フィルハーモニー交響楽団などと共演した。15年帰国。同年東京高等音楽学院（現・国立音楽大学）教授に就任。16年モーツァルトやブラームスの作品とともに自作の「交響詩〈芦屋乙女〉」「みだれ」を自演して楽壇デビューを果たし、17年新交響楽団（現・NHK交響楽団）の常任指揮者となり、以後死去するまでタクトを振るい続けた。一方で作曲も続行し、「ピアノと管弦楽のための狂詩曲」（18年）、「交響的幻想曲〈草原〉」「チェロ協奏曲」「交響的歌曲〈いくさうた〉」（19年）、「交響的歌曲〈斎迫歌〉」（20年）、「ピアノとオー

ケストラのための協奏組曲」（21年）といったオーケストラ曲を同楽団の演奏で次々と発表。その作風はドイツ・ロマン主義を基盤としたうえで日本的な風趣を加えたものであった。しかし、戦中・戦後の混乱期で無理を重ね、過労のため、26年39歳の若さで死去。死後、芸術選奨文部大臣賞が贈られたが、その賞金は遺族を通じてNHK交響楽団に寄託され、27年9月尾高賞が設けられた。妻はピアニストの尾高節子で、長男の尾高惇忠、二男の尾高忠明も音楽界で名を成した。　家妻＝尾高節子（ピアニスト）、長男＝尾高惇忠（作曲家）、二男＝尾高忠明（指揮者）、父＝尾高次郎（実業家）、兄＝尾高豊作（出版人）、尾高朝雄（法哲学者）、尾高鮮之助（美術研究家）、尾高邦雄（社会学者）、祖父＝渋沢栄一（実業家）　賞ワインガルトナー賞〔昭和11年〕「日本組曲」

尾高 豊作　おだか・ほうさく

出版人　教育家　刀江書院社長

明治27年（1894年）7月9日～昭和19年（1944年）1月4日

生秋田県　学東京高等商業学校（現・一橋大学）〔大正6年〕卒　歴実業家・渋沢栄一の孫。古河鉱業に入り、ロンドン出張所員を経て、浅野セメント、服部製作所、朝鮮興業、埼玉銀行などの役員を歴任。大正14年教育学術出版の刀江書院を創業。民族学・教育学に造詣が深く、昭和5年小田内通敏らと郷土教育連盟を創設、機関誌「郷土教育」を発行、また自著「独逸の新教育」「学校教育と郷土教育」など学術書を出版した。12年さらに日本技術教育協会を設立し会長となり、技能者養成会による技能者養成を創設した。　家祖父＝渋沢栄一（実業家）、父＝尾高次郎（実業家・漢学者）、弟＝尾高朝雄（法哲学者）、尾高鮮之助（美術研究家）、尾高邦雄（社会学者）、尾高尚忠（指揮者）

小滝 辰雄　おたき・ときお

衆議院議員

明治25年（1892年）12月～昭和39年（1964年）5月27日

出東京都　名後名＝小滝顕八　学明治大学英法科〔大正4年〕卒　歴東京市議を経て、昭和3年衆議院議員に当選1回。民政党に所属した。著書に「日ノ本聖典—教育勅語正義」などがある。

小竹 文夫　おだけ・ふみお

東洋史学者　東亜同文書院大学教授

明治33年（1900年）1月18日～昭和37年（1962年）10月16日

生石川県金沢市　学京都帝国大学文学部支那史学科〔昭和3年〕卒　文学博士　歴上海の東亜同文書院大学教授となり中国社会経済史を担当。中国語に通じ"上海の小竹"として内外に知られた。敗戦で帰国後は金沢大学教授、福井大学教授、東京教育大学教授を務めた。　家弟＝小竹武夫（中国文学者）

小田島 孤舟　おだしま・こしゅう

歌人

明治17年（1884年）3月1日～昭和30年（1955年）12月4日

生岩手県　名本名＝小田島理平治、旧姓・旧名＝佐々木　学岩手師範〔明治39年〕卒　歴小学校校長、盛岡女学校教諭などを歴任する傍ら、歌誌「曠野」を明治42年に創刊。のち「ぬはり」に参加。大正6年刊行の「郊外の丘」の他「生けるすすきに」「高原」などの歌集がある。

小谷 清　おたに・きよし

実業家　間組社長

明治8年（1875年）1月15日～昭和37年（1962年）10月28日

生高知県高知市　学高知県尋常中〔明治25年〕卒　歴明治27年間組に入社。36年以降、鴨緑江橋梁など朝鮮の大工事に取りくみ頭角を現わす。大正6年合資会社・間組の創立の立役者となり、昭和6年株式会社に改組し初代社長に就任。16年会長。

越智 キヨ　おち・きよ

家政学者　奈良女子高等師範学校教授

明治10年（1877年）11月28日〜昭和31年（1956年）11月24日

⽣山口県萩市　学女子高等師範学校〔明治36年〕卒　歴明治28年に山口県師範学校を卒業し、小学校訓導となる。のち東京の女子師範学校に学び、36年に卒業ののち同校教諭を経て、37年からタイ王国の教育顧問を務めた。帰国後、42年に奈良女子高等師範学校助教授（のち教授）として家政学を担当。大正9年には文部省より派遣されて欧米を視察し、英国・米国・フランス・ドイツを巡って12年に帰国した。その後、奈良女子高等師範学校教授に復職したほか、大阪府立大手前高等女学校・同志社女子専門学校・平安女学院などの講師を歴任。また、高等女学校用の教科書執筆も手がける。著書に「新時代家事教本」「家事新講」「日本料理」などがある。

越智 貞見　おち・さだみ

眼科学者　北海道帝国大学名誉教授

明治12年（1879年）8月20日〜昭和46年（1971年）8月18日

⽣愛媛県　学東京帝国大学医科大学〔明治39年〕卒　医学博士（東京帝国大学）〔大正9年〕　歴明治39年大学卒業と同時に親戚の大西克知が教授を務める京都帝国大学福岡医科大学眼科に入局。大正2年九州帝国大学助教授となり、6〜9年欧米へ留学。11年北海道帝国大学の初代眼科教授に就任。14年〜昭和4年附属医院長。17年定年退官、18年樺太医学専門学校初代校長。19年退任。トラコーマ病原体を研究し、その分離・培養に精力を傾けた。11年には角膜移植手術を行った。　家弟＝越智真逸（生理学者）

越智 太兵衛　おち・たへえ

社会事業家　衆議院議員

明治15年（1882年）11月26日〜昭和36年（1961年）10月20日

⽣奈良県治道村（大和郡山市）　学郡山中〔明治35年〕卒　歴生地の奈良県治道村の発志院で農業に従事。明治44年発志院信用組合を創設し理事長に就任、貯蓄を奨励し農業経営の基盤整備を図る。奈良県信用購買連合会長、昭和13年全国購買販売組合連合会会長となり、17年衆議院議員に当選1回。また産業組合中央会理事、中央食糧営団理事、大政翼賛会中央協力会議員、満州化学工業取締役、有機肥料配給監査役などを務めた。

落合 慶四郎　おちあい・けいしろう

徳島県知事　宇都宮市長　福井市長

明治19年（1886年）4月16日〜昭和40年（1965年）3月12日

⽣島根県　学日本大学法科〔明治43年〕卒　歴神奈川県内務部長を経て、昭和6年徳島県知事。8年退官後、東京市第一助役、11年宇都宮市長、16年福井市長を務めた。

落合 吉人　おちあい・よしと

映画監督

明治43年（1910年）6月14日〜昭和19年（1944年）5月

⽣岡山県後月郡井原町　学早稲田大学専門部政治経済科卒　歴昭和10年新興キネマ太秦に監督助手で入社。現代劇部が東京・大泉に移るとともに転勤。川波良太、溝口健二に師事。同年「ヒュッテの一夜」を西條平と共同で原作・脚色・監督。11年「町内の看板娘」、12年「青空士官」を監督。同年召集され3年間戦場にあって15年帰還。同年助監督で「あべこべ劇場」を作った。次いで同年石川達三原作の「南進女性」を新藤のシナリオで監督、これが正式監督第1作。続いて新興で「美しき手」「希望の潮」（16年）、大映東京で「風雪の春」（18年）を監督。このあと新興と日活、大都が合併して大映となった直後2度目の応召でフィリピンで戦死。

落合 朗風　おちあい・ろうふう

日本画家

明治29年（1896年）8月17日〜昭和12年（1937年）4月15日

⽣東京市芝区（東京都港区）　名本名＝落合平治郎　学川端画学校卒　歴小村大雲に師事。大正5年文展に「春なが」が初入選、8年院展に「エバ」、9年「島村余情」、10年「牛」と入選を続ける。13年帝展に「三十三間堂」を出品、以後昭和6年まで毎回出品。6年青龍展に「華厳化」を出品し青龍賞を受賞、翌年青龍社人となる。9年同社を離脱、明朗美術連盟を創立し主宰。12年オリンピック芸術評議員を委嘱された。他の作品に「洛外風趣」「南房漁港」「浴室」など。　賞青龍賞〔昭和6年〕「華厳仏」

乙骨 三郎　おつこつ・さぶろう

音楽学者　作詞家　東京音楽学校教授

明治14年（1881年）5月17日〜昭和9年（1934年）8月19日

⽣東京府牛込区横寺町（東京都新宿区）　専音楽史、音楽評論　学東京帝国大学文科大学哲学科　歴英学者・乙骨太郎乙の三男として生まれる。大学院で美学を研究。明治35年歌劇研究会を作り、36年「オルフェウス」を翻訳上演。41年〜昭和9年東京音楽学校教授としてドイツ語、音楽史を担当した。モーツァルトの「すみれ」など歌曲を翻訳、尋常小学校唱歌の「日の丸の旗」「兎」「鳩」「池の鯉」「浦島太郎」「汽車」などを作詞した。著書に「西洋音楽史」「ベートーヴェン」などがある。　家父＝乙骨太郎乙（英学者）

乙竹 岩造　おとたけ・いわぞう

教育学者　東京文理科大学教授

明治8年（1875年）9月29日〜昭和28年（1953年）6月17日

⽣三重県　専日本教育史　学高等師範学校〔明治31年〕卒　文学博士〔昭和5年〕　歴明治31年高等師範学校に勤め、36年国定教科書制度の最初の修身の編集に従事。37年欧米に留学、帰国後、児童心理学を採り入れた「実験教育学」「新教授法」などの著作で実験教育を日本に紹介。大正期にはドイツ精神科学派の文化教育学の研究を進め、また古老の寺小屋中心の実歴談、経験談などの全国的調査による「日本庶民教育史」（全3巻）をまとめた。昭和4年創立の東京文理科大学教授となり16年まで務めた。その他の著書「頴才教育」がある。

乙部 泉三郎　おとべ・せんざぶろう

県立長野図書館長

明治30年（1897年）5月10日〜昭和52年（1977年）6月26日

⽣東京都　学東京帝国大学卒　歴南満州鉄道（満鉄）撫順図書館長を経て、昭和4年県立長野図書館に着任し、7年館長。農村文化活動に尽力。著作に「農村図書館経営の手引」など。

音丸　おとまる

歌手

明治39年（1906年）12月8日〜昭和51年（1976年）1月18日

⽣東京市麻布区（東京都港区）　名本名＝永井満津　歴生家の家業履物商を手伝う傍ら、民謡グループに入って活躍。昭和9年その美声を買われ日本コロムビアと契約した。「君は満州」「船頭可愛や」「花嫁行進曲」「満州想えば」「博多夜船」など、戦時下に連続ヒットした。戦後23年キングに移籍、「五木の子守唄」などをレコード化した。

音羽 正彦　おとわ・ただひこ

海軍少佐　侯爵

大正3年（1914年）1月5日〜昭和19年（1944年）2月6日

学海兵（第62期）〔昭和9年〕卒　歴朝香宮鳩彦王の第二男子。昭和11年海軍少尉に任官。同年臣籍降下を願い出て音羽侯爵家を創設。19年マーシャル諸島のクェリゼンで戦死して少佐に進級、音羽侯爵家は廃絶した。　家父＝朝香宮鳩彦（陸軍大

将)，祖父＝久邇宮朝彦，岳父＝大谷尊由（僧侶・政治家）

小名木 綱夫　おなぎ・つなお
歌人
明治44年（1911年）8月11日～昭和23年（1948年）3月19日
生東京市芝区（東京都港区）　名本名＝黒田良吉　歴小学校卒業後印刷工見習の傍ら、府立工芸学校夜間部に通学。のちアカハタ編集局勤務。昭和10年頃「短歌評論」に参加し、17年検挙された。20年「新日本歌人協会」創立に参加し、「人民短歌」に作品発表。遺歌集に「太鼓」がある。

鬼丸 義斎　おにまる・ぎさい
衆議院議員
明治19年（1886年）9月～昭和29年（1954年）11月13日
生大分県　学明治大学法科〔大正8年〕卒　歴弁護士を開業。後に名古屋弁護士会長、大森製陶所会長となる。昭和3年衆議院議員に初当選、第一控室に所属。22年参議院議員に当選。国民民主党参議院議員会長、同総務会長、参議院懲罰委員長、サンフランシスコ講和全権委員代理を歴任。

小沼 正　おぬま・しょう
右翼活動家
明治44年（1911年）12月29日～昭和53年（1978年）1月17日
生茨城県那珂郡平磯町（ひたちなか市）　名後名＝小沼広晃　学高小卒　歴大工の徒弟の後、上京して染物屋や菓子屋の小僧をし昭和5年帰郷。小学校訓導の古内栄司（後血盟団員）の紹介で、当時、大洗海岸の護国堂に籠っていた井上日召に会い、日蓮信仰と社会革新思想を抱くようになる。日召は血盟団を組織、6年の"十月事件"で陸軍軍人らの革新企図に不信を抱き、政・財界首脳の"一人一殺"を企図するに至った。小沼は7年2月9日、東京本郷で前蔵相・井上準之助を拳銃で射殺した（血盟団事件）。8年に無期懲役となったが、15年恩赦で仮出所。戦後は「業界公論」などを刊行、右翼運動に従事した。

小野 鑑正　おの・あきまさ
機械工学者　九州帝国大学名誉教授
明治15年（1882年）10月27日～昭和53年（1978年）3月6日
生東京都　専金属材料学　学六高卒、京都帝国大学理工科大学機械工学科〔明治39年〕卒　工学博士（九州帝国大学）〔大正1年〕　賞帝国学士院会員〔昭和20年〕　歴明治40年京都帝国大学理工科大学講師、41年助教授となり、同年機械工学研究のため欧米へ留学。44年帰国して九州帝国大学工科大学教授。昭和2年製鉄所技師を兼務。11年東京帝国大学教授、18年九州帝大名誉教授。20年帝国学士院会員、35年文化功労者に選ばれた。金属材料の疲労強度研究の先駆者で、大正7年小野式回転曲げ疲労試験機を完成させ、疲労破壊の系統的研究を行った。11年に刊行した「材料力学」は、我が国初の材料力学に関する成書である。他の著書に「鋳物ノ強サ及一般性質」「金属の強さ」などがある。　家岳父＝三輪桓一郎（数学者）
賞文化功労者〔昭和35年〕

小野 華堂　おの・かどう
日本画家
明治17年（1884年）～昭和24年（1949年）
生宮城県気仙沼市　歴20歳で上京して日本画を学ぶ。大正2年より朝鮮半島や中国で南画の技法を研究する傍ら、大連の遼東新聞社の美術担当記者や、週刊新聞「大陸の文化」の発行を手がけた。11年帰国、月刊雑誌「支那美術」を創刊。寄稿者である芥川龍之介や岸田劉生らと交流を持った。関東大震災後は画家として長野、和歌山、静岡、岩手、秋田などを巡り、太平洋戦争後に宮城県に帰郷した。著書に「支那名画集」がある。

小野 義一　おの・ぎいち
衆議院議員
明治8年（1875年）10月7日～昭和25年（1950年）5月25日
生高知県宿毛市　学東京府立四中卒、東京帝国大学政治科〔明治36年〕卒　歴明治36年大蔵省に入省、大正9年理財局長を経て、13年衆議院議員に当選。昭和3年東京市第一助役となり、関東大震災の復興にあたって。17年再び衆議院議員。拓殖大学教授も務めた。戦後、公職追放となった。

小野 圭次郎　おの・けいじろう
英語教育家　英語学者
明治2年（1869年）3月9日～昭和27年（1952年）11月11日
生福島県　学高等師範学校英語専修科〔明治33年〕卒　歴小学校教師を7年務めた後、高等師範学校を経て福島、福岡、愛媛、三重各県の師範学校、中学校で英語を教えた。松山市の北予中学校在職中の大正10年に「英文之解釈」を出版、受験生に好評を博し994版、150万部の超ロングセラーとなった。昭和5年教職を辞めて上京、文法、作文など受験参考書の執筆に専心し"小野圭"の参考書として広く親しまれた。

小野 玄妙　おの・げんみょう
仏教学者　僧侶（浄土宗）　高野山大学教授
明治16年（1883年）2月28日～昭和14年（1939年）6月27日
生神奈川県横浜市中区洲干町　名旧姓・旧名＝小野金次郎，号＝二楞学人　専仏教美術、密教学　学文学博士（京都帝国大学）〔昭和7年〕　歴13歳で鎌倉光明寺に入り浄土宗僧侶となった。明治38年に「仏教年代考」を著し、望月信亨博士の下で「大日本仏教全書」「仏教大辞典」の編纂に従事、大正12年高楠順次郎博士の「大正新修大蔵経」の編纂主任も務めた。一方、7年宗教大学（現・大正大学）教授、昭和3年より高野山大学教授、4年東洋大学教授として密教学を講じた。11年には「仏書解説大辞典」をまとめ同12巻総論を著し、「南伝大蔵経」「真言宗全書」の刊行を援け、「清韓実録」の影印を出版した。また仏教美術史の研究では「仏名之美術及美術史」「仏教美術概論」「健駄邏の仏教美術」「画図解説仏教美術講話」「大乗仏教芸術史」などを著した。さらに中国五台山の霊跡巡礼、日本内地、朝鮮各地の仏像、蔵経を調査し、「仏像概説」「仏教の美術と歴史」「仏教神話」「小野玄妙仏教芸術著作集」（全10巻・別巻1, 開明院）などの著書もある。

小野 耕一　おの・こういち
東京割引銀行頭取　貴族院議員（多額納税）
明治15年（1882年）6月24日～昭和37年（1962年）9月10日
学東京外国語学校卒　歴実業家・小野金六の長男。東京外国語学校に学び、明治40年フランスに留学。東京割引銀行頭取の他、松菱殖産、内外食品、東洋製缶の各社長などを務めた。また、ほとんどを輸入に頼っていたブリキの自給率を上げるため、昭和9年東洋鋼鈑株式会社を設立。11年より多額納税の貴族院議員。　家父＝小野金六（実業家）

小野 幸吉　おの・こうきち
洋画家
明治42年（1909年）～昭和5年（1930年）
生山形県酒田市　歴大正14年中学校を中退して上京し、太平洋画会研究所に学ぶ。昭和4年に槐樹社、5年には協会、国際美術、二科展に出品し、早熟の才能を一気に開花させた。没後、中学の同窓生・佐藤三郎（本間美術館館長）により遺作集が編集された。作品に「リンゴ」「二階から」「ガウンを着た自画像」「ランプのある静物」など。62年山形美術館で回顧展が開催された。

小野 晃嗣　おの・こうじ
日本史学者　東京帝国大学史料編纂所史料編纂官

明治37年（1904年）12月18日〜昭和17年（1942年）3月24日
　生岡山県岡山市　名旧姓・旧名＝小野均　専日本中世・近世史，日本産業史　学東京帝国大学文学部国史学科〔昭和3年〕卒　歴東京帝国大学史料編纂所に入り，「読史備要」「大日本史料」などの史料編纂業務に携わり，昭和12年史料編纂官となる。明治大学講師を兼務。著書に「近世城下町の研究」「日本産業発達史の研究」「日本中世商業史の研究」。　家息子＝小野正雄（東京大学名誉教授）

小野 重行　おの・しげゆき
衆議院議員
明治14年（1881年）3月〜昭和6年（1931年）7月30日
　出神奈川県　学東京法学院〔明治36年〕卒　歴町田村長を経て，大正9年衆議院議員に初当選。以来4期連続務めた。民政党に所属した。

小野 朱竹　おの・しゅちく
日本画家　版画家
明治13年（1880年）7月2日〜昭和34年（1959年）1月10日
　生岡山県笠岡　名本名＝小野益太郎，別号＝小野竹桃，俳号＝鞭下　歴弟は日本画家の小野竹喬。一時竹内栖鳳に師事するが，その後俳句に専念。明治42年文芸協会演劇研究所に第1期生として入所。同期に松井須磨子らがいる。大正3年鍋井克之，永瀬義郎らと美術劇場を設立。8年第1回帝展に「長瀞」で初入選。以後，入選を重ねる。12年関東大震災のため，弟を頼り京都に移る。この頃から朱竹の号を用い，13年より国画創作協会展に素描，版画で入選を重ねた。昭和3年新樹社結成に版画会員として参加。4年第1回展に出品。新樹社解散後は，画壇から離れた。他の主な作品に「秩父山村」「田園二図」など。　家弟＝小野竹喬（日本画家）

小野 俊一　おの・しゅんいち
生物学者　翻訳家　日本少国民文化協会理事長
明治29年（1896年）5月1日〜昭和33年（1958年）5月21日
　生京都府京都市　名筆名＝滝田陽之助　学東京帝国大学卒，ペトログラード大学自然科学科卒　歴東京帝国大学助手から京都帝国大学助教授を経て上京。発明協会の役員となる。昭和17年日本少国民文化協会理事長に就任。日本ロシア文学会理事，日本科学技術連盟参与も務める。戦後筆名でシーモノフやアヴィーロワなどの作品を翻訳した。サンクトペテルブルク遊学中に音楽家のアンナ・ブブノワ（小野アンナ）と結婚するが，10年離婚。　家息子＝小野有五（北海道大学教授），父＝小野英二郎（日本興業銀行総裁）

小野 祐之　おの・すけゆき
衆議院議員
明治28年（1895年）6月〜昭和19年（1944年）7月18日
　生長野県小野村（塩尻市）　学早稲田大学専門部政治経済科〔大正9年〕卒　歴大学卒業後陸軍歩兵中尉となる。信陽アルミナ工業所を創設，信州石灰工業組合理事長，日本石灰工業組合理事として事業を拡大する傍ら在郷軍人会の会長としてその手腕をみせ，昭和7年有功賞を受賞。14年長野県議，17年翼賛政治会長野4区の衆議院議員となるが，19年太平洋戦争に際し臨時召集を受け辞職，サイパン島で戦死した。

小野 廉　おの・すなお
衆議院議員
明治8年（1875年）〜昭和27年（1952年）
　生大分県大分郡庄内町　学東京法学院〔明治35年〕卒　歴東京法学院で法律学を学ぶ。明治35年に同校を卒業後に帰郷し，36年大分市で弁護士を開業。弁護士業務の傍ら，政友会会員として政治活動も行い，大正4年大分県会議員に選ばれた。以来，4度連続で再選され，大分における政友会の中心として活

躍。昭和2年には県会議長に選出され，6年までその重職を務めた。さらに10年には別府市長に就任。11年には同市長のまま衆議院議員に立候補・当選し，17年まで在職した。この間，13年に別府市長を引退するが，同年6月には大分市長に転じ，約4年に渡って市政を担当した。

小野 清一郎　おの・せいいちろう
刑法学者　東京帝国大学教授
明治24年（1891年）1月10日〜昭和61年（1986年）3月9日
　生岩手県盛岡市　専刑事訴訟法，法理学　学東京帝国大学法科大学〔大正6年〕卒　法学博士　賞日本学士院会員〔昭和33年〕　歴大正7年から検事生活を送った後，8年東京帝国大学助教授となり，同年欧米へ留学。11年帰国し，12年教授に昇任。「犯罪の時及び所」「刑事訴訟法講義」などを次々と発表して刑法理論の指導者となった。21年公職追放により退官。22年追放解除後は弁護士となり，30年第一東京弁護士会会長，日本弁護士連合会副会長などを歴任した。　勲文化勲章〔昭和47年〕

小野 清友　おの・せいゆう
地唄箏曲家
明治15年（1882年）9月20日〜昭和19年（1944年）12月25日
　生岡山県窪屋郡真壁村（総社市）　名本名＝小野又次郎　歴幼少期に失明。福田絹寿について地唄，箏曲を学ぶ。大正の中頃より関西音楽指針会を結成。のちには音楽学校も開設し，昭和3年には日本箏曲家連盟の結成にも尽力した。

小野 武夫　おの・たけお
日本史学者　法政大学教授
明治16年（1883年）8月3日〜昭和24年（1949年）6月5日
　生大分県大野郡百枝村（豊後大野市）　専日本農民経済史，農政学　学大分県農学校〔明治34年〕卒，法政大学専門部政治学科〔明治45年〕卒　農学博士（東京帝国大学）〔大正14年〕　歴高等小学校代用教員，兵役の後東京帝国大学農場見習生，農商務省雇などを経て，明治45年法大専門部に学び，大正2年帝国農会嘱託，9年農商務省嘱託。永小作の調査に当たり，13年「永小作論」を刊行，14年「郷士制度の研究」で農学博士。15年法政大学講師となり，昭和6〜21年教授を務めた。昭和に入って近世，近代農民の研究に従事，収集した膨大な史料を「近世地方経済史料」（全10巻），「日本農民史料聚粋」（全12巻），「徳川時代百姓一揆叢談」として刊行した。著書は他に「農民経済史研究」「維新農林社会史論」「明治前期土地制度史論」「近代村落の研究」「日本村落史概説」「近代日本農村発達史論」「日本庄園制史論」などがある。

小野 為郎　おの・ためお
漆芸家
明治31年（1898年）3月26日〜昭和26年（1951年）4月16日
　生新潟県　歴はじめ版画をよくし，昭和2年ロサンゼルス国際版画展に「スノーランド」が入選。翌3年に帝展第2部に漆刻画が入選されると，7年以降は帝展第4部（工芸）に出品を転じ，以来漆工芸作品を帝展，文展，日展に出品，入選20数回を重ね，この道の権威であった。終始越後にあり，郷土色の濃い作品をみせ，代表作に「越後獅子」「漆春秋棚」などがある。

小野 十三郎　おの・とおざぶろう
詩人
明治36年（1903年）7月27日〜平成8年（1996年）10月8日
　生大阪府大阪市浪速区新川町　名本名＝小野藤三郎　学天王寺中卒，東洋大学文化学科中退　歴大正10年上京し東洋大に入学。11年同人誌「黒猫」「大象の哄笑」を創刊。13年「赤と黒」に同人として参加。15年第一詩集「半分開いた窓」を出版。その後詩誌「弾道」を刊行し，アナーキズム詩運動の理論的支柱の一人となる。昭和8年大阪へ戻り，以後自己の詩的

お

方法を探り、「大阪」「風景詩抄」を刊行して独自の詩風を確立した。戦後は「コスモス」創刊に参加、また29年に大阪文学学校を創設して校長を務め、詩の大衆化や市民平和運動に指導的役割を果した。帝塚山学院短期大学教授も務めた。著書はほかに、詩集「大海辺」「抒情詩集」「重油富士」「拒絶の木」「定本・小野十三郎全詩集1926〜1974」、評論「詩論」「多頭の蛇」、「自伝空想旅行」「小野十三郎著作集」(全3巻) などがある。

小野 敏夫　おの・としお
満州国通信社編集局長
明治26年 (1893年) 1月1日〜昭和47年 (1972年) 3月25日
[生]石川県金沢市　[学]慶応義塾卒　[歴]報知、朝日新聞を経て、時事新報の政治部記者に。大正天皇崩御の際、葉山の御用邸詰めで、宮内省高官から新元号は"昭和"であることを聞き出し、他社に先がけてスクープしたことで知られる。満州国通信社編集局長を経て、戦後は共同通信社総務局長を歴任。

小野 寅吉　おの・とらきち
衆議院議員
慶応2年 (1866年) 12月〜昭和22年 (1947年) 3月17日
[生]愛媛県新居浜市　[歴]新居浜市の地主の家に生まれる。高津村長、愛媛県議、愛媛県農会議員、同蚕種配給統制組合長、宇新米種煙草耕作連合組合長、帝国水産会議員を経て、大正13年愛媛2区より衆議院議員に当選。通算4期を務めた。また、傍ら東予蚕種社長、東予製氷取締役も務めた。

小野 寿人　おの・ひさと
日本史学者 神宮皇学館大学助教授
大正2年 (1913年) 〜昭和20年 (1945年)
[生]兵庫県神戸市筒井　[学]東京帝国大学国史学科〔昭和11年〕卒　[歴]平泉澄教授に師事、平田利春の朱光会に参加、玉川治三、杉本純郎らとのグループで史学会主務委員を務めた。昭和14年満州の建国大学助教授から19年神宮皇学館助教授となったが、20年戦死した。皇国史観に基づく歴史学者で、著書に「明治維新前後に於ける政治思想の展開」がある。

小野 秀雄　おの・ひでお
新聞学者 上智大学専門部教授
明治18年 (1885年) 8月14日〜昭和52年 (1977年) 7月18日
[生]滋賀県草津市　[学]東京帝国大学文科大学独文科〔明治43年〕卒, 東京帝国大学大学院　[歴]明治44年万朝報社に入り、政治記者として活躍。大正5年東京日日新聞社会部記者。東京帝国大学の上田万年の紹介で岩崎家 (三菱) から新聞研究の奨学金をもらい、8年東京帝国大学大学院に入学、本格的に新聞史研究を始め、9年「新聞研究」を創刊。11年「日本新聞発達史」を出版した。12年東京日日新聞社を退社し、岩崎家の寄付で欧米へ洋行。15年東京帝大講師として比較新聞史を講義。昭和2年ドイツへ留学。4年同大新聞研究室主任。7年上智大専門部新聞科教授。戦争中は内閣情報部嘱託、内閣委員。敗戦後新聞出版用紙割当委員。24年東大新聞研究所が発足、教授となり初代所長。26年退職し上智大教授、41年同名誉教授。この間、26年日本新聞学会が創設され42年まで会長を務め、名誉会長となる。30年には新聞文化賞を受賞。他の著書に「新聞発生史論」(全11巻)「現代新聞論」「新聞学原論」「日本新聞史」「かわら版物語」「新聞研究50年」など。

小野 浩　おの・ひろし
児童文学作家
明治27年 (1894年) 6月29日〜昭和8年 (1933年) 10月21日
[生]鹿児島県加茂郡竹原町　[学]早稲田大学英文科〔大正6年〕卒　[歴]中学時代「文章世界」に投稿し注目される。「赤い鳥」社に入社、10年以上「赤い鳥」の編集に携わり、また同誌上に「鰐」「かばんを追っかける話」「金のくびかざり」などを発表。主著に童話集「森の初雪」がある。その他「新青年」にフラックウッドの「意外つゞき」などを翻訳した。

小野 房子　おの・ふさこ
俳人
明治31年 (1898年) 9月21日〜昭和34年 (1959年) 6月12日
[生]東京府北多摩郡 (東京都)　[歴]福岡県朝倉郡の神職・小野直世と結婚し、同地に移る。昭和6年頃から俳句を始め、ホトトギス派の俳人・川端茅舎に師事。はじめは主に「ホトトギス」に投句するが、13年には師の指導で俳誌「鬼打木」を創刊し、その選者として初心者を指導した。また、13年から14年には「ホトトギス」の総帥・高浜虚子の選によって女流作家全国一となり、その名を知られるようになった。句集に「しのび草」がある。

小野 蕪子　おの・ぶし
ジャーナリスト 陶芸研究家 俳人
明治21年 (1888年) 7月2日〜昭和18年 (1943年) 2月1日
[生]福岡県遠賀郡芦屋町　[名]本名＝小野賢一郎, 別号＝蓼山荘主人, 麦中人　[学]高小卒　[歴]16歳で小学校準教員検定試験に合格し代用教員となる。明治39年朝鮮に渡り、「朝鮮日報」や「朝鮮タイムス」などの記者として活躍。41年毎日電業社 (大阪毎日新聞の前身) に入社。次いで東京日日新聞社に移り、社会部記者を経て、事業部長、社会部長などを歴任。昭和9年日本放送協会 (NHK) 文芸部長となり、のち業務局次長などを務め、放送事業の進展に努めた。その間、日本の美術・民芸、とくに古陶磁を研究し、宝雲舎を起こして「陶器大辞典」(6巻) などを編集・出版。俳句は大正8年に「草汁」を創刊し、昭和2年「虎杖」の選者となり、4年これを「鶏頭陣」と改題して没年まで主宰。句集に「松籟集」「雲煙供養」など、著書に「明治大正昭和 記者生活20年の記録」「朝鮮満州のぞ記」「洋行土産」など。　[家]養子＝蘭郁二郎 (SF作家)

小野 正一　おの・まさいち
弁護士 奈良県知事
明治30年 (1897年) 3月1日〜昭和53年 (1978年) 2月12日
[出]三重県　[学]中央大学中退　[歴]大正14年岡田忠彦東京市高級助役秘書。昭和2年弁護士登録し、松本烝治法律事務所で開業。21年1〜7月奈良県知事を務めたが、退任後は再び弁護士を開業した。著書に「銀行取引法概論」がある。

小野 松二　おの・まつじ
編集者 作品社編集長
明治34年 (1901年) 5月2日〜昭和45年 (1970年) 4月9日
[生]大阪府大阪市東区南久宝寺町　[学]京都帝国大学英文科卒　[歴]大阪に商家の二男として生まれる。同人誌「1928」「1929」「1930」などで活動。昭和5年から「作品」の編集にあたり、のち編集長。小説集に「十年」、共訳にJ.ジョイス「若き日の芸術家の肖像」がある。　[家]弟＝小野勇 (関西大学名誉教授)

小野 宮吉　おの・みやきち
演出家 劇作家 俳優
明治33年 (1900年) 4月27日〜昭和11年 (1936年) 11月20日
[生]東京市芝区高輪 (東京都港区)　[学]北海道帝国大学農科大学予科中退, 慶応義塾卒　[歴]早くから演劇に関心を抱き、大正13年イプセン会の公演で初舞台をふみ、同年新築地劇場に参加。15年結成のマルクス主義芸術研究会に参加し、以後プロレタリア演劇で活躍し、俳優、演出家、劇作家として、また理論家としても活躍。昭和6年共産党に入党し検挙されたが、病気のため保釈され、以後は療養生活を続けた。　[家]妻＝関鑑子 (アルト歌手・合唱指導者)

小野庵 保蔵　おのいおり・やすぞう
著述家
明治30年（1897年）2月3日〜昭和25年（1950年）3月14日
生静岡県藤枝町（藤枝市）　名本名＝小野田保蔵　学藤枝尋常高小〔明治43年〕卒　歴静岡県に蕎麦屋・小野庵の長男として生まれる。10代より絵画や短歌に親しみ、大正7年「暮笛」、10年「薄暮小唄」同人。家業を継ぐ傍ら、ダダイストの辻潤、放浪詩人の卜部哲次郎、彫刻家の杉本宗一らと幅広く交友を持ち、虚無思想（ニヒリズム）を標榜して小説や評論、ルポルタージュなどを各種雑誌に精力的に発表した。昭和18年5月静岡新聞社に入社、同年11月から21年まで藤枝町役場に大政翼賛会職員として勤務。著書に「地方に生きる 田舎哲学記」「青年石川啄木」がある。

尾上 菊五郎（6代目）　おのえ・きくごろう
歌舞伎俳優
明治18年（1885年）8月26日〜昭和24年（1949年）7月10日
生東京市日本橋区浜町（東京都中央区）　名本名＝寺島幸三、初名＝尾上幸三、前名＝尾上丑之助、俳号＝三朝　賞日本芸術院会員〔昭和21年〕　歴明治の名人といわれた5代目尾上菊五郎の長男。生後間もない明治19年、尾上幸三の名で初舞台。24年2代目尾上丑之助を名のり、「愛宕浦芝浦八景」の踊子幸之助役で実質的な初舞台を踏む。13歳の時に「仮名手本忠臣蔵」で共演した9代目市川団十郎にその将来性を見込まれ、36年父が死去すると、団十郎の後援で6代目菊五郎を襲名。38年亡父の三回忌追善興行で弁天小僧を演じる。初めて主役となるが、それ以外の大役は少なかったため、田村成義の招きで下谷二長町の市村座に出演。ここで初代中村吉右衛門と共演し、41年同座に移籍して吉右衛門とのコンビで絶大な人気を獲得、以後明治末期から大正期を通じて“菊吉時代”“二長町時代”を現出させた。昭和2年市村座が松竹に買収されたため、同社の所属となった。5年日本橋茅場町に日本俳優学校を創立し、校長に就任。9年自ら同校の教え子たちによる俳優学校劇団を率いて東京劇場で公演を行うなど、後進の指導にも尽力した。敗戦後の20年10月、帝劇で「銀座復興」「鏡獅子」を公演。21年日本芸術院会員。24年63歳で亡くなり、没後、歌舞伎俳優として初めて文化勲章を追贈された。時代物、世話物の両方に優れ、20世紀の歌舞伎史で最も重要な名優といわれる。長谷川伸「一本刀土俵入」「暗闇の丑松」、宇野信夫「巷談宵宮雨」「人情噺小判一両」などの近代作家による新作でも活躍し、近代的な歌舞伎リアリズムを確立して現代歌舞伎に多大な影響を与えた。一方、舞踊にも秀で、「道成寺」「藤娘」「棒しばり」「吉野山」などを得意としたが、特に「鏡獅子」は絶品といわれ、小津安二郎による記録映画が撮られた他、平櫛田中の彫刻のモデルにもなるなど、自身の代名詞ともなった。　家父＝尾上菊五郎（5代目）、弟＝坂東彦三郎（6代目）、養子＝尾上梅幸（7代目）、息子＝尾上九朗右衛門、孫＝尾上菊五郎（7代目）、清元延寿太夫（7代目）、女婿＝中村勘三郎（17代目）　勲文化勲章〔昭和24年〕

尾上 菊三郎（4代目）　おのえ・きくさぶろう
歌舞伎俳優
万延1年（1860年）12月12日〜昭和12年（1937年）11月3日
生尾張国（愛知県名古屋）　名本名＝吉田房次郎　歴尾上菊五郎に師事。「鮨屋」や「勘平腹切」の母役などで活躍した。　家孫＝市村鶴蔵（1代目）

尾上 菊十郎（3代目）　おのえ・きくじゅうろう
歌舞伎俳優
明治21年（1888年）2月1日〜昭和30年（1955年）12月25日
名本名＝岡山半次、初名＝米子　歴明治25年に米子の名で初舞台を踏む。大正9年市村座で尾上菊十郎を襲名。世話物のワキ役などに定評のある役者であった。

尾上 柴舟　おのえ・さいしゅう
歌人 国文学者 書家 東京女子高等師範学校教授
明治9年（1876年）8月20日〜昭和32年（1957年）1月13日
生岡山県苫田郡津山町（津山市）　名本名＝尾上八郎　学東京帝国大学文科大学国文科〔明治34年〕卒　賞帝国芸術院会員〔昭和12年〕　歴一高在学中、落合直文の教えを受け、浅香社に参加。東京帝国大学卒業後、哲学館、女子高等師範学校、早大を経て、明治41年女子学習院教授に就任。34年訳詩集「ハイネの詩」を刊行。35年金子薫園との合著「叙景詩」を刊行し、「明星」の浪漫主義に対抗して、いわゆる“叙景詩運動”を推進した。以後、「銀鈴」「金帆」「静夜」「日記の端より」などの歌集、詩集を刊行。36年、夕暮、牧水らと車前草社を結成。42年「短歌滅亡私論」を発表。大正3年「水甕」を創刊し、没年まで主宰した。戦後歌集として「晴川」、遺歌集「ひとつの火」がある。国文学者としても「日本文学新史」「短歌新講」「平安朝草仮名の研究」などの著書がある。書家としても有名で、昭和12年、書道によって帝国芸術院会員となった。戦後は21年に東京女高師名誉教授となり、24年以降歌会始の選者を務めた。

尾上 梅幸（6代目）　おのえ・ばいこう
歌舞伎俳優（女方）
明治3年（1870年）10月15日〜昭和9年（1934年）11月8日
出愛知県名古屋市伏見町　名本名＝寺島栄之助、前名＝西川栄之助, 尾上栄之助, 尾上栄三郎　歴初代西川鯉三郎の門に入り、明治9年西川栄之助の名で名古屋で初舞台。15年東京に出て5代目菊五郎の養子となる。18年尾上栄之助の名で東京初舞台。24年5代目栄三郎を襲名、娘方として人気を得た。36年6代目梅幸を襲名。44年帝国劇場開場と同時に座頭（技芸委員長）。15代市村羽左衛門と長年コンビの名女方で、お富、三千歳、お軽、お岩、お夏狂乱など当たり役が多かった。芸談集に「梅の下風」「女形の事」がある。　家養父＝尾上菊五郎（5代目）、実父＝尾上朝次郎、長男＝尾上栄三郎（7代目）、二男＝尾上泰次郎

尾上 松助（5代目）　おのえ・まつすけ
歌舞伎俳優
明治20年（1887年）〜昭和12年（1937年）8月9日
生東京都　名本名＝福島幸吉、前名＝尾上伊三郎, 尾上菊松、俳名＝甲羽　歴明治30年尾上菊松を名のって初舞台。44年題に昇進、尾上伊三郎と改名。昭和10年に5代目松助を襲名したが、早世した。

尾上 紋弥　おのえ・もんや
俳優
明治26年（1893年）6月24日〜昭和17年（1942年）1月4日
生愛知県名古屋市　名本名＝村上幸一、別名＝美浪光　歴明治43年尾上紋三郎に入門。大正12年帝キネ小阪撮影所に入り、「異端者の恋」「俄か武士」などに出演。のち東亜等持院撮影所に転じ美浪光と改名するが、14年帝キネに戻って尾上紋弥に復し、さらに再び東亜キネマ、昭和6年寛寿郎プロ、12年新興京都へ移り多くの映画に出演。当り役は「右門捕物帖」のあば敬で、昭和4年「一番手柄」以来嵐寛寿郎のむっつり右門、頭山桂之介のおしゃべり伝六と絶妙のトリオで人気を得た。

小野島 右左雄　おのじま・うさお
教育家 心理学者 東京高等師範学校教授
明治26年（1893年）〜昭和16年（1941年）1月24日
生山口県熊毛郡麻郷村　学東京帝国大学文学部〔大正8年〕卒 文学博士〔昭和5年〕　歴大学院在学中、文部省在外研究員となり、大正12〜15年ベルリン大学に留学。8年文部省嘱託、9年水戸高校教授、昭和4年東京高等師範学校教授兼東京文理科大学講師、12年文部省教学官を歴任。主著に「最近心理学十

二講」「心理学要論」「現代性格心理学」などがある。

小野塚 喜平次　おのずか・きへいじ

政治学者 東京帝国大学総長 貴族院議員

明治3年（1870年）12月21日〜昭和19年（1944年）11月27日

生新潟県長岡市　学東京帝国大学法科大学政治学科〔明治28年〕卒 法学博士　賞帝国学士院会員〔大正6年〕　歴明治30〜34年ドイツ、フランスに留学、帰国後直ちに東京帝国大学教授となり、政治学を担当。大正7年東京帝大法科大学学長、昭和3〜9年総長。この間大正6年に帝国学士院会員、14年から昭和18年まで帝国学士院選出の貴族院議員。我が国の近代政治学の基礎を築くと共に、門下から南原繁、蠟山政道、矢部貞治らを輩出した。また戸水事件など、軍国主義下の大学自治擁護に活躍した。著書に「政治学大綱」「現代欧州の憲政」「欧州現代政治及学説論集」「現代政治の諸研究」などがある。

小野塚 与澄　おのずか・よちょう

僧侶（真言宗豊山派）東京専修学院院長

明治8年（1875年）5月15日〜昭和22年（1947年）1月19日

生新潟県三島郡深才村（長岡市）　名本名=小野塚与三次　学真言宗新義派大学林〔明治32年〕卒　歴11歳で新潟県岩塚村の金剛寺豊山で風間賢澄について得度、明治27年同寺で灌頂を受けた。奈良長谷寺、高野山でも学んだ後、初瀬専門中学林教授、真言宗豊山派伝道講習所助教授。その間、長谷寺の古書、古文献などを調べ、声明・事相家の素養を積んだ。40年豊山大学予科教授、45年同本科教授となり宗乗を担当。大正2年同派法式調査会委員として「豊山法則集、要導法抄」（全3巻）を編纂、法式調査局主査となり、声明・事相の伝授に従事。13年権田雷斧の随員として中国に渡り、灌頂授法の準備に指揮をとった。14年集議、昭和7年雅楽研究会創設、9年東京専修学院院長、19年大僧正。新長谷寺に豊山派修道院を主宰し、声明家の養成に努めた。編著書に「豊山派法則集」、録音に伊庭孝編「日本音楽史」など。

小野寺 章　おのでら・あきら

弁護士 衆議院議員

明治17年（1884年）12月〜昭和10年（1935年）2月3日

出岩手県　学明治大学法律科〔明治42年〕卒　歴弁護士となり、昭和3年より衆議院議員に連続3選。政友会に所属した。

小野寺 長治郎　おのでら・ちょうじろう

陸軍主計中将 貴族院議員（勅選）

明治8年（1875年）3月〜昭和14年（1939年）2月6日

出宮城県　学東京帝国大学法科大学〔明治38年〕卒　歴陸軍経理学校校長、陸軍省経理局長を歴任。昭和12〜14年勅選貴族院議員。

小野寺 直助　おのでら・なおすけ

内科学者 九州帝国大学名誉教授 久留米大学名誉教授

明治16年（1883年）5月31日〜昭和43年（1968年）11月3日

生岩手県胆沢郡前沢村（奥州市）　学盛岡中〔明治34年〕卒、一高三部〔明治37年〕卒、京都帝国大学福岡医科大学〔明治41年〕卒 医学博士（九州帝国大学）〔大正8年〕　賞日本学士院会員〔昭和33年〕　歴明治41年京都帝国大学福岡医科大学助手となり後藤元之助教授の下で働く。43年稲田龍吉教授の下で副手、44年助手。大正2年欧州へ留学、5年帰国して九州帝国大学医科大学教授に就任、内科学第三講座を担当。昭和3年附属病院長、9年附属温泉治療学研究所長、同年医学部長を務め、18年退官。同年満州国新京特別市立第一病院長、新京医科大学学長となり、戦後は初代新京日本民団長に推され、内地に引き揚げる。22年別府市の国立亀川病院長及び久留米医科大学学長、28〜35年国立下関厚生病院長、39年飯塚病院長を歴任。33年日本学士院会員、38年文化功労者に選ばれた。消化

器疾患での小野寺圧痛点は有名。著書に「マラリアの診断と治療」などがある。　家孫=小野寺龍太（九州大学名誉教授）賞文化功労者〔昭和38年〕

小野寺 信　おのでら・まこと

陸軍少将

明治30年（1897年）9月19日〜昭和62年（1987年）8月17日

生岩手県胆沢郡前沢町（奥州市）　学陸士（第31期）〔大正8年〕卒、陸大（第40期）〔昭和3年〕卒　歴所属部隊のシベリア出兵を機にロシア語を身につけ、のち陸軍屈指のロシア通として評価を高める。昭和10年ラトビア公使館付武官、12年エストニア・リトアニア公使館付武官兼務となり、バルト三国を拠点に情報士官として活動した。13年中支那派遣軍司令部付として上海へ赴任、特務機関〝小野寺機関〟を率いて日中戦争の和平工作に従事、蔣介石との直接交渉に取り組んだが、同じ陸軍の影佐禎昭が進める別の和平工作である汪兆銘政権樹立工作（梅工作）を進めることになり、直接交渉工作は挫折した。16年駐スウェーデン公使館付武官として赴任、18年陸軍少将に昇進。太平洋戦争開戦前から終戦に到るまでの全期間を通じて、中立国であるスウェーデンを足場にして枢軸国・連合国の情報収集に手腕を発揮。対米戦争の危険性を予見して日米開戦不可を訴え続けた他、20年2月のヤルタ会談直後にはソ連の対日参戦情報をいち早く摑んで本国に打電したが、情報は生かされなかった。最晩年の60年、NHKテレビ「日米開戦不可ナリ」と、翻訳家である妻・百合子の手による著書「バルト海のほとりにて一武官の妻の大東亜戦争」でその活動が注目を集めた。　家妻=小野寺百合子（翻訳家・評論家）、長男=小野寺駿一（運輸省港湾局長）、二男=小野寺龍二（駐オーストリア大使）、二女=大鷹節子（日本チェコ友好協会会長）、女婿=大鷹正（駐オランダ大使）

小場 恒吉　おば・こうきち

美術史家

明治11年（1878年）1月25日〜昭和33年（1958年）5月29日

生秋田県　専朝鮮美術史、日本美術史　学東京美術学校図案科〔明治36年〕卒　歴明治41年東京美校図案科助手、大正元年助教授となり、同年から朝鮮古墳壁画模写のため朝鮮に渡った。5年美校を辞め朝鮮博物館事務嘱託となり、朝鮮総督府学務局古墳調査課長、朝鮮美術審査委員会委員を兼務した。14年東京美術学校講師に復帰、工芸史を担当した。昭和8年には朝鮮総督府宝物古墳名勝天然記念物保存会委員を依嘱され、毎年朝鮮に行き古墳調査と高句麗壁画の模写を行った。21年教授。25年「日本紋様の研究」で芸術院恩賜賞を受賞。専門は紋様史の研究で、日本、朝鮮、中国の古墳古建築の装飾、絵画彫刻の絵紋様、工芸品の紋様など緻密な調査研究を行った。ほかに「唐州南山の仏蹟」「楽浪王光墓」などの著書がある。　賞日本芸術院恩賜賞〔昭和25年〕「日本紋様の研究」

小畑 源之助　おばた・げんのすけ

実業家 日本ペイント社長

明治8年（1875年）12月22日〜昭和34年（1959年）6月24日

生兵庫県　歴父小畑作右衛門の会社但馬織物、小畑織物の規模を拡大、京都織物倉庫、関西倉庫などを設立し社長に就任。大正元年その手腕を買われ日本ペイント製造入社、営業部長、大阪支店長、事務から13年社長となった。戦時中の大陸進出の波に乗って満州日本ペイント、台湾日本ペイント、日満林産化学などを設立した。大平合資会社代表社員を兼ね、戦後も関西財界をリード、大阪商工会議所常議員、大阪工業会、大阪府工業懇話会各会長などを歴任した。

小幡 重一　おばた・じゅういち

物理学者 東京帝国大学教授

明治21年（1888年）4月24日〜昭和22年（1947年）9月15日

生東京府京橋区（東京都中央区）　専音響学　学東京帝国大学理科大学物理学科〔明治43年〕卒 理学博士〔大正9年〕　歴逓信省電気試験所に入り、大正9年理学博士の学位を得て、翌10年東京帝国大学教授となり同大航空研究所所員として電気計測器の開発に従事。その後航研が越中島から駒場に移転して後、飛行機のプロペラからの音波や日本楽器、日本語などのオシログラフによる音響分析と、その音響スペクトルを記録することに専念、多くの報告を発表した。著書に「音楽愛好者のための音響学」「実験音響学」「音」、随筆集「音の映像」などがある。　賞報公賞（第3回）〔昭和8年〕

小畑 大太郎　おばた・だいたろう
男爵 貴族院議員
明治6年（1873年）5月22日～昭和21年（1946年）8月9日
生東京都　学慶応義塾大学理財科〔明治27年〕卒　歴父は男爵の小畑美稲。明治27年慶応義塾大学理財科を卒業後、第五銀行に入る。渡米で銀行実務を学び、帰国後は同行の副支配人、取締役を歴任。一方で南亜公司監査役なども務めた。また、父の後を継いで男爵となり、大正5年～昭和21年貴族院議員。　家父＝小畑美稲（司法官・男爵），弟＝小畑敏四郎（陸軍中将）

小畑 忠良　おばた・ただよし
実業家 大日本産業報国会理事長 大政翼賛会事務総長
明治26年（1893年）3月16日～昭和52年（1977年）10月11日
生大阪府　学東京帝国大学法科大学英法科〔大正6年〕卒　歴大正6年住友総本店入社、商工課長、経理部長、住友電線専務を経て、昭和15年8月住友退社。近衛文麿に請われて企画院副総裁となり16年4月退官。その後大日本産業報国会理事長、大政翼賛会事務総長を経て、20年4～6月愛知県知事を務め、次いで東海北陸地方総監となった。戦後公職追放となって平和運動や原水爆禁止運動に身を投じ、また日中、日ソ国交回復運動で活躍。30～38年革新系から大阪府知事選に3回立候補したが、いずれも落選した。大阪府原水協会長、大阪日ソ協会長、日中国交回復関西国民会議会長などを歴任した。　家女婿＝長野士郎（岡山県知事・自治事務次官）

小畑 達夫　おばた・たつお
社会運動家 日本共産党中央委員
明治40年（1907年）7月7日～昭和8年（1933年）12月24日
生秋田県北秋田郡二井田村（大館市）　学大館中〔大正14年〕中退　歴中学時代に社会主義研究会を組織し、大正14年中退して上京し郵便局に勤める。全協日本通信労働組合に加入し、昭和7年共産党に入って帰郷する。8年中央委員となるが、スパイ容疑で査問され、査問中逃走をはかって急死した。

小畠 貞一　おばた・ていいち
詩人
明治21年（1888年）3月26日～昭和17年（1942年）10月10日
生石川県金沢市　名本名＝小畠悌一、号＝六角堂　学逓信官吏講習所卒　歴逓信省官吏として勤務する傍ら、大正12年「疲れたる緑のばらそる」をはじめとして多くの詩作を発表。私家版「初饗四十四」がある。没後の昭和18年「山海詩抄」が刊行された。　家おじ＝室生犀星（詩人・小説家）

小畑 敏四郎　おばた・とししろう
陸軍中将 国務相
明治18年（1885年）2月19日～昭和22年（1947年）1月10日
生高知県　学陸士（第16期）〔明治37年〕卒、陸大〔明治44年〕卒　歴父は男爵の小畑美稲。明治37年少尉、大正2年参謀本部員、4年ロシア駐在となり第一次大戦のロシア軍に従軍、陸軍省軍務局課員、9年ロシア大使館付武官、15年参謀本部作戦課長、昭和3年歩兵第十連隊長、陸大教官、7年参謀本部第三部

長、近衛歩兵第一旅団長、陸大校長、11年中将。対ソ戦略家として知られ、皇道派の有力メンバーで、二・二六事件後の粛軍で予備役となった。敗戦後の20年8月から10月まで東久邇稔彦内閣の国務大臣を務めた。　家父＝小畑美稲（司法官・男爵），兄＝小畑大太郎（実業家・男爵）

小幡 豊治　おばた・とよじ
新潟県知事
明治13年（1880年）1月4日～昭和36年（1961年）7月30日
生千葉県　学東京帝国大学法科大学政治学科〔明治38年〕卒　歴検事畑を歩いた後、警視庁保安部長に転じ、愛知県や大阪府の内務部長を務めた。大正11年高知県知事、12年鹿児島県知事、13年徳島県知事、昭和2年愛知県知事、6年新潟県知事を歴任。退官後は東京で弁護士を開業した。

小畑 英良　おばた・ひでよし
陸軍中将
明治23年（1890年）4月2日～昭和19年（1944年）8月11日
生大阪　学陸士（第23期）〔明治44年〕卒、陸大卒　歴大正12年英国駐在、昭和2年インド駐在武官、軍務局課員、参謀本部員、9年参謀本部演習課長、12年明野飛行学校長、15年第五飛行集団長、18年第三航空司令官、19年絶対国防圏として新設された中部太平洋方面担当の第三十一軍司令官となったが、米軍のグアム島攻略戦で戦死、大将に昇進した。　家義父＝川村景明（陸軍大将・元帥・子爵）

小幡 酉吉　おばた・ゆうきち
外交官 駐ドイツ大使 枢密顧問官 貴族院議員（勅選）
明治6年（1873年）4月12日～昭和22年（1947年）8月9日
生石川県金沢市　学東京帝国大学法科大学〔明治30年〕卒　歴外交官領事官試験に合格、外務省に入った。天津駐在から在芝罘領事館事務、在天津総領事、中国大使館一等書記官、同参事官から外務省政務局長を経て、大正7年駐中国公使となった。11年山東省撤兵条約締結。14年駐トルコ大使、昭和5年駐ドイツ大使。8年退官、9年勅選貴族院議員、15年枢密顧問官となった。　家岳父＝武井守正（官僚・男爵），義兄＝武井守成（ギタリスト）

小汀 利得　おばま・としえ
経済評論家 ジャーナリスト 日本経済新聞社長
明治22年（1889年）12月3日～昭和47年（1972年）5月28日
生島根県出雲市　学早稲田大学政経学部〔大正4年〕卒　歴代議士・島田三郎の秘書を務めた後、大正10年中外商業新報（現・日本経済新聞）入社。昭和2年経済部長、9年編集局長、17年主筆兼常務、のち副社長を経て、20年社長。22年公職追放。25年解除後、国家公安委員、大蔵、農林、通産、国鉄などの委員を歴任。文化財保護委員、国語問題協議会代表も務めた。32年から細川隆元とのコンビで東京放送テレビ番組「時事放談」に出演、ビートルズを乞食野郎と呼ぶなど毒舌が人気を博した。毒舌は戦前戦後を通じ反軍部、反官僚に終始した。著書は「街頭経済学」「漫談経済学」など。

小原 国芳　おばら・くによし
教育家 玉川学園創立者
明治20年（1887年）4月8日～昭和52年（1977年）12月13日
生鹿児島県川辺郡坊津町（南さつま市）　専教育哲学　学京都帝国大学文科大学哲学科〔大正7年〕卒 哲学博士　歴早くに父母を失い中学校に進めず13歳で電信学校に入り、電信技師となった。7年間勤めたのち、鹿児島師範に入学、合科教育の主唱者である木下竹次の影響を受けた。広島高等師範学校に進み、香川師範で教職に就く。京都帝国大学哲学科を卒業後、広島高師附属小学校主事を経て、沢柳政太郎が創設した成城小学校に招かれて主事に就任。「教育の根本的問題としての宗

教」「教育改造論」「修身教授革新論」「教育の根本的問題としての哲学」などの著作を矢継ぎ早に執筆し、新教育運動の指導者として活躍する傍ら、昭和4年町田市に幼稚園、小学校、中学、塾からなる玉川学園を創立し学園長に就任。8年成城事件により同学園を退き、以後は玉川学園の教育と経営に専念。17年興亜工業大学（現・千葉工業大学）を開校。22年玉川大学、23年高等部を設置。"全人教育"をはじめとする12ケ条からなる教育理念を掲げ、幼稚園から大学までを持つ一大学園に育て上げた。この間、7年我が国最初の「児童百科大辞典」（全30巻）を刊行した。亡くなる数ケ月前まで教壇に立ち続け、全集にして48巻に及ぶ膨大な著作を遺した。　家長男＝小原哲郎（玉川学園名誉総長）、孫＝小原芳明（玉川学園理事長）、義弟＝高井望（玉川大学名誉図書館長）

小原 光雲　おはら・こううん
華道家 小原流生け花2代目家元
明治13年（1880年）12月〜昭和13年（1938年）8月13日
生島根県松江市　名本名＝小原光一郎　歴小原流生け花の始祖・小原雲心の長男。父に呼び寄せられて大阪に移り、はじめ商人を目指すが、小原流興隆のため25歳で華道家に転身。大正5年父の死を受けて小原流家元を継承。以来、積極的に生け花展を開催し、ラジオや新聞・雑誌などで講座を受け持つなど、生け花の大衆化に尽力。また後継者を育成するため、技法や教授法を整備した。大阪花道協会長などを歴任し、自由花系諸流派の旗頭を務めたほか、作者としても秀で、天皇皇后御座所でもたびたびその腕前を披露。これらの活動の甲斐あって、小原流は先代以上の隆盛を誇るようになった。　家父＝小原雲心（華道家）

小原 鈴子　おはら・すずこ
牧師 文筆家 日本基督教団淀橋教会正教師
明治24年（1891年）12月30日〜昭和51年（1976年）4月12日
生東京市赤坂区氷川町（東京都港区）　名旧姓・旧名＝徳川, 筆名＝クララ　学東洋宣教会聖書学院　歴御三卿の一つ清水家の7代目当主・徳川篤守の四女。東京・神田淡路町の中央福音伝道館でキリスト教に入信。大正2年東洋宣教会聖書学院に入学し、5年には東洋宣教会の牧師・中田重治から洗礼を受けた。その後、日本基督教団（ホーリネスの群れ）を創立した牧師・小原十三司と結婚し、ともに布教活動に従事。夫の司祭する日本基督教団淀橋教会で正教師を務める一方で、クララの筆名で文筆にも携わった。太平洋戦争下の昭和17年ホーリネス系の諸教会が官憲の弾圧に遭うと、拘置された夫に代わって残務整理委員を引き受け、牧師家族の援助に尽力した。著書に「かくれし力」「泉あるところ」などがある。　家父＝徳川篤守（華族）、兄＝徳川好敏（飛行家）、夫＝小原一三司（牧師）

小原 節三　おばら・せつぞう
歌人 建築家 静岡高校教授
明治30年（1897年）2月11日〜昭和28年（1953年）5月5日
生岩手県盛岡市　名筆名＝北山松夫　学高千穂中〔大正4年〕卒, 一高二部甲類〔大正10年〕卒, 東京帝国大学工学部建築学科〔大正13年〕卒　歴古着呉服業兼浮世絵版画を営む家の四男で、三兄は洋画家の五味清吉。明治45年両親が亡くなったのを理由に盛岡中学を中退して上京、高千穂中学に編入。中学卒業の頃から短歌に親しみ、一高時代の大正9年「アララギ」に入会、北山松夫の筆名で島木赤彦に師事。11年入会2年目で同人に推された。15年の赤彦没後は師を持たなかった。歌風は用語の的確さや清純さで知られる。13年東京帝国大学工学部建築学科を卒業後は東京市建築局、14年九州帝国大学営繕課に勤務。昭和2年「九州帝国大学工学部応用化学教室」の設計に携わる。5年東京へ戻り、7年国分寺町に竹藤草舎創作事務所を開設。木を材料とした家具などを制作した。17年静岡高校教授。戦後は「岩手アララギ」の育成に努めた。　家兄＝

五味清吉（洋画家）

小原 駩吉　おはら・せんきち
男爵 宮中顧問官 貴族院議員
明治4年（1871年）1月17日〜昭和7年（1932年）5月15日
出美濃国（岐阜県）　学帝国大学法科大学政治科〔明治29年〕卒　歴男爵・小原適の長男として生まれ、明治41年襲爵する。29年拓殖務属となり、拓殖務、貴族院書記官、宮内省爵位局主事、宗秩寮主事兼宮内省書記官、調度頭、内匠頭などを歴任し、のち宮中顧問官となった。この間、大喪使事務官、大礼使事務官、東宮御婚儀委員などを務め、32年議員制度並びに商工業調査のため欧米に出張した。大正14年から貴族院議員。　家父＝小原適（政治家）

小原 直　おはら・なおし
司法官 政治家 法相 内相
明治10年（1877年）1月24日〜昭和41年（1966年）9月8日
出新潟県長岡市　学東京帝国大学法律科〔明治35年〕卒　歴東京・千葉など各地の地裁検事を経て、大正10年東京地裁検事正。以後、大審院次席検事、司法次官、東京控訴院長などを歴任。昭和9年岡田啓介内閣の法相、阿部内閣では内相・厚相を兼任。戦後は29年第五次吉田内閣の法相、国家公安委員長を務める。のちに弁護士を開業。著書に「小原直回顧録」がある。

小尾 十三　おび・じゅうぞう
小説家
明治42年（1909年）10月26日〜昭和54年（1979年）3月8日
生山梨県　学甲府商中退　歴教員など多くの職種を歴任し、昭和19年「登攀」で芥川賞を受賞。著書に「雑巾先生」「新世界」がある。　賞芥川賞（第19回）〔昭和19年〕「登攀」

大日方 伝　おびなた・でん
俳優
明治40年（1907年）3月16日〜昭和55年（1980年）8月21日
生福岡県小倉市室町（北九州市）　学東洋大学　園芸技手を経て、昭和4年22歳で日活に入社。5年「至誠の輝き」でデビュー。オリエンタル映画のトーキー「浪子」で水谷八重子と共演したのち、7年松竹蒲田に入社。田中絹代と共演した「伊豆の踊子」（8年）、逢初夢子と組んだ「隣の八重ちゃん」（9年）の学生役でスターとしての地位を確立。「生きとし生けるもの」「一つの貞操」（9年）で主役を演じ、10年東京発声の創立に参加。「若い人」（12年）、「太陽の子」（13年）の教師役で成功を収める。13年東宝に移り、「上海陸戦隊」（14年）、「燃ゆる大空」（15年）、「母の地図」（17年）などで行動的な役を多く演じた。戦後は大映で「夜の門」（23年）、「検事と女看守」（24年）、「窓から飛び出せ」（25年, 原作・製作も）などに主演。28年、年来の夢であった農業経営のためブラジルに移住したが、間もなく失敗、その後米国で長く貿易関係の仕事に携わった。

小茂田 青樹　おもだ・せいじゅ
日本画家
明治24年（1891年）10月30日〜昭和8年（1933年）8月28日
生埼玉県川越市　名本名＝小茂田茂, 号＝錦仙, 空明, 大河　歴明治41年松本楓湖の安雅堂画塾に入門、大正3年日本画の革新を目指し赤曜会を結成する。4年第2回再興院展で初入選。以後、写実を基に洋画の手法を取り入れた風景画に独自の画風を拓き、昭和に入ると洋画の写実と日本画の装飾性の融和を図って花鳥画に転じた。昭和4年杉立社を組織、帝国美術学校教授となるなど後進の指導にも当たり、門下からは田中青坪らが育った。代表作に「野趣四題」「菜園」「出雲江角港」「虫魚画巻」など。

沢瀉 久孝 おもだか・ひさたか
国文学者 京都帝国大学名誉教授
明治23年(1890年)7月12日～昭和43年(1968年)10月14日
[生]三重県宇治山田市(伊勢市) [専]万葉集 [学]京都帝国大学〔大正4年〕卒 文学博士 [歴]大正11年京都帝国大学助教授、昭和11年教授、図書館長を歴任。26年退官し、名誉教授。万葉集研究で知られ、万葉学会会長として雑誌「万葉」を主宰。また「万葉集大成」の編集執筆にも当った。主な著書に「万葉集注釈」「万葉の作品と時代」「万葉歌人の誕生」など。

小山 倉之助 おやま・くらのすけ
衆議院議員
明治17年(1884年)3月21日～昭和31年(1956年)8月3日
[出]宮城県 [学]東京帝国大学法学部政治科〔明治42年〕卒 [歴]商工大臣秘書官、阿部内閣の商工参与官、小磯内閣の農商政務次官、内閣、内務省各委員、商工省参与などを歴任。また改進党中央常任委員を務める。昭和3年、第1回の普通選挙で衆議院議員に初当選以来、通算6回当選。著書にフランツ・ロイテル著「シャハト伝」の翻訳書がある。

小山 鞆絵 おやま・ともえ
哲学者 東北帝国大学法文学部教授
明治17年(1884年)10月14日～昭和51年(1976年)12月3日
[出]栃木県小山市 [専]近世哲学史, ヘーゲル研究 [学]東京帝国大学文科大学哲学科〔明治42年〕卒 [歴]海軍大学校講師、慶応義塾教授などを経て、大正9年東北帝国大学理学部講師。10年ヨーロッパに留学、12年東北帝大法文学部教授、昭和21年退官し、名誉教授。著書に「自覚と弁証法」など。 [家]養父＝板垣退助(政治家)

小山 久二郎 おやま・ひさじろう
出版人 小山書店創業者
明治38年(1905年)9月7日～昭和59年(1984年)1月12日
[生]愛媛県温泉郡南吉井村(東温市) [名]別名＝小山二郎 [学]法政大学専門部中退 [歴]哲学者で文相も務めた安倍能成の甥で、大正8年岩波書店に入社。昭和8年独立して小山書店を創業、処女出版は野上弥生子「入学試験お伴の記」。芥川賞の銓衡委員であった宇野浩二の勧めで、火野葦平「糞尿譚」、間宮茂輔「あらがね」、中山義秀「厚物咲」、中里恒子「乗合馬車」、半田義之「鶏騒動」といった新進作家たちの作品を刊行し、多くの芥川賞受賞作を生み出す一方、間宮・武田麟太郎・川端康成を選者とした小説の年間アンソロジー集「日本小説代表作選集」を年2冊ずつ刊行、文芸出版社としての地歩を固めた。17年には島崎藤村・志賀直哉・里見弴・滝井孝作・川端・武田を編集に迎えた季刊文芸誌「八雲」を創刊、戦時下で他誌が創作欄を30ページ程度に縮小する中、全356ページを創作にあて、気を吐いた。20年3月の空襲で社が焼失。戦後は社の再建を進め、25年D.H.ロレンス作、伊藤整訳「チャタレイ夫人の恋人」がベストセラーとなったが、同書がわいせつ文書に当たるとして起訴され、この事件の余波を受け、小山書店は倒産した。 [家]叔父＝安倍能成(教育家・哲学者), 安倍恕(東京高裁長官)

小山田 義孝 おやまだ・よしたか
衆議院議員
明治29年(1896年)11月9日～昭和38年(1963年)1月31日
[生]秋田県西仙北町 [学]早稲田大学専門部政治経済科〔大正8年〕卒 [歴]陸軍主計少尉となる。その後強首村議、秋田県議、強首村長、淀川村耕地整理組合長等を務め、昭和7年衆議院議員に当選。以来4期連続務めた。阿部内閣の陸軍参与官、鉄道省委員等を歴任し、西仙北町長を務める。

折口 信夫 おりくち・しのぶ
国文学者 民俗学者 歌人 詩人
明治20年(1887年)2月11日～昭和28年(1953年)9月3日
[生]大阪府西成郡木津村(大阪市浪速区鴎町) [名]筆名＝釈迢空 [学]国学院大学国文科〔明治43年〕卒 文学博士(国学院大学)〔昭和7年〕 [歴]明治43年大阪府立今宮中学の教員となり、後に、大正8年国学院大学講師、11年教授、12年慶応義塾大学講師兼任、昭和3年教授となり、多くの門弟を育成した。この間、大正2年柳田国男主宰の雑誌「郷土研究」に「三郷巷談」を発表。以来、柳田国男の薫陶を受け、7年民俗学雑誌「土俗と伝説」を編集発行し、国文学研究への民俗学導入という独自の学を形成。他にも雑誌「日本民俗」「民間伝承」を創刊し、大日本芸能学会会長として「芸能」の監修を務めた。10年、12年、昭和10年と3度沖縄県を訪れ、沖縄の民俗研究でも重要な功績を残した。釈迢空の名前で歌人・詩人としても活躍し、6年「アララギ」同人、13年「日光」同人。14年第一歌集「海やまのあひだ」を、昭和5年「春のことぶれ」を刊行。以降くがたち社、くぐひ社、高日社、鳥船社で指導にあたる。14年小説「死者の書」を発表。戦後も詩集「古代感愛集」「近代悲傷集」「現代襤褸集」などを刊行し、22年「古代感愛集」で日本芸術院賞を受賞。31年には日本芸術院恩賜賞を受賞。没後の30年に遺歌集「倭をぐな」が刊行された。国文学者としては「口訳万葉集」(3巻)「古代研究」(3巻)や「日本文学の発生序説」「日本文学啓蒙」「かぶき讃」「日本文学史ノート」「日本芸能史ノート」などの業績があり、「折口信夫全集」(全31巻・別巻1, 中央公論社)および「折口信夫全集ノート篇」(全18巻・別巻, 同)「折口信夫全集ノート篇追補」(5巻)に全仕事がまとめられている。 [賞]日本芸術院賞(文芸部門, 第4回)〔昭和22年〕「古代感愛集」, 日本芸術院賞恩賜賞(文芸部門, 第13回)〔昭和31年〕「折口信夫全集」

折口 春洋 おりくち・はるみ
歌人 国文学者 国学院大学教授
明治40年(1907年)2月28日～昭和20年(1945年)3月19日
[生]石川県羽咋郡一の宮村 [名]旧姓・旧名＝藤井春洋 [学]国学院大学〔昭和5年〕卒 [歴]大学在学中に「鳥船社」創刊同人の1人となり、折口信夫の指導を受ける。昭和3年折口と同居。9年国学院大学講師となり、11年29歳の若さで教授に就任。16年応召。18年再び応召、19年折口の養嗣子となるが、20年硫黄島で戦死した。歌集に「鵠が音」。 [家]養父＝折口信夫(国文学者・民俗学者・歌人・詩人)

折竹 錫 おりたけ・たまう
翻訳家 フランス語学者 三高教授
明治17年(1884年)1月11日～昭和25年(1950年)1月13日
[生]長野県諏訪 [名]号＝折竹蓼峰, R・T・O, 多音祐 [学]東京帝国大学仏文科〔明治41年〕卒 [歴]フランス語学者として活躍し、三高教授、福岡高校長、関西日仏学館教授などを歴任する。「フランス新文典」などの著書があり、ユゴーの詩などの紹介にも努めた。

織本 利 おりもと・とし
社会運動家
明治33年(1900年)～昭和29年(1954年)9月4日
[生]千葉県君津郡木更津町(木更津市) [名]後名＝織本侃 [学]東京帝国大学法学部政治学科〔大正14年〕卒 [歴]東京帝国大学時代新人会に所属し、卒業後は国民新聞記者となる。その後社会運動に参加。総同盟を経て日本労農党に参加し、全国大衆党では中央委員となる。のち社会大衆党に入るが、同党解散後は全国土木産業建築資材商業組合連盟に勤務し、戦後は農民運動に尽力した。

おろちやま　　　　　　　　昭和人物事典 戦前期

大蛇山 酉之助　　おろちやま・とりのすけ

力士

明治30年（1897年）12月26日～昭和31年（1956年）5月24日

出秋田県雄勝郡羽後町田代旦金森　名本名＝茂木酉之助、年寄名＝立田山、錦島　歴錦島親方に弟子入りして、大正5年春場所に初土俵を踏む。柔軟性に富んだ体で、左四つからの寄りと変化技に長じ、15年夏場所では前頭8枚目ながら堂々の平幕優勝を遂げる。昭和5年10月引退。幕内在位23場所、最高位前頭筆頭。成績は94勝126敗5分27休。のち年寄立田山、錦島を襲名、後進の育成にあたった。また相撲協会理事も務め、元双葉山の時津風親方のよき相談相手としても知られた。平成13年遺族により写真集「力士 大蛇山」が刊行された。

恩田 和子　　おんだ・かずこ

婦人運動家

明治26年（1893年）11月1日～昭和48年（1973年）7月20日

生東京都　学日本女子大学〔大正2年〕卒　歴読売新聞記者を経て、大正6年大阪朝日新聞社会部記者。8年大阪毎日の呼びかけで全関西婦人連が結成され、その中心として活躍。大正デモクラシーの高まりの中、毎年大阪で大会を開き、西日本の中産婦人諸団体、地域婦人団体を結集、朝日から組織独立した昭和2年には会員300万人。同年から7年にかけた婦選請願署名運動では理事長として東京の婦選獲得同盟との連携に努めた。16年解散で理事長を辞め、23年朝日を退職した。関西地方の女性記者の草分け。

恩田 鉄弥　　おんだ・てつや

園芸学者 農林省園芸試験場長

元治1年（1864年）～昭和21年（1946年）6月10日

生大坂住吉　学駒場農学校〔明治18年〕卒 農学博士〔大正8年〕　歴福島師範学校、同尋常中学校、埼玉県尋常師範学校、岩手県農事講習所などで教師を務め、明治33年農事試験場に勤めた。35年同園芸部長、大正8年農学博士、10年園芸試験場が設立されて初代場長となった。園芸指導員養成のため地方農学校出の練習生を募集、実技中心に訓練した。園芸学会会長、大日本農学会顧問も務めた。退職後東洋拓殖会社嘱託、東京農大教授となり、昭和14年退任。著書に「実験園芸講義」「食糧増産の基礎—酒匂常明博士伝」などがある。

遠田 標治　　おんだ・ひょうじ

灸師

明治28年（1895年）1月28日～昭和38年（1963年）11月11日

歴天保時代に創業した東京・足立の"大谷田の庄兵衛灸"の8代目となる。指の疾患の治療を得意とした。

恩地 孝四郎　　おんち・こうしろう

版画家 挿絵画家 装幀家 詩人

明治24年（1891年）7月2日～昭和30年（1955年）6月3日

生東京府南豊島郡淀橋町（東京都新宿区）　学東京美術学校西洋画科〔大正4年〕中退　歴判事・式部官の恩地轍の四男。父の希望で医者を目指し、独逸学協会中学から一高に受験するが失敗。この間、竹久夢二の知遇を得て画家志望に転じ、白馬会洋画研究所、東京美術学校西洋画科に学ぶ。大正3年田中恭吉、藤森静雄と、詩と版画の同人誌「月映（つくばえ）」を創刊。5年「感情」同人となり、表紙デザインを担当するとともに詩を寄稿。7年山本鼎らと日本創作版画協会を結成。以来、同会展や帝展、国会などに出品して創作版画運動を推進し、抽象的かつ超現実的な木版画で知られた。9年野島康三経営の兜屋画堂で初の個展を開催。11年より創作版画協会誌「詩と版画」編集に従事。12年夢二とどんたく図案社を設立したが、関東大震災のため短命に終わった。昭和3年日本版画協会に参加、常任委員。一方で、美校在学中に西川光二郎「悪人研究」を手がけて以来、萩原朔太郎「月に吠える」、室

生犀星「抒情小曲集」、北原白秋「白秋小唄集」など単行本の装本・装幀にも優れた手腕を示す。24年博報堂主宰で装幀相談所を開設し、副所長、所長を歴任。28年日本アブストラクト・アート・クラブを設立し、世界各国の国際版画展にも出品、好評を博した。版画の代表作に「リリック」連作や「フォルム」連作があり、新興写真の影響を受けた写真やフォトグラムも数多く制作した。著書に「工房雑記」「本の美術」「日本の現代版画」、詩集に「季節標」「虫・魚・介」などがある。　家娘＝恩地三保子（翻訳家）、長男＝恩地邦郎（画家）、父＝恩地轍（式部官）

遠地 輝武　　おんち・てるたけ

詩人 美術評論家

明治34年（1901年）4月21日～昭和42年（1967年）6月14日

生兵庫県飾磨郡八幡村（姫路市）　名本名＝木村重夫、別筆名＝本地輝武,本地正輝　学日本美術学校卒　歴大正14年「DaDais」を創刊し、同年「夢と白骨との接吻」を刊行するが即日発禁となる。詩、小説、評論を「赤と黒」などに発表し、プロレタリア詩人として昭和4年「人間病患者」を刊行。9年には「石川啄木の研究」「近代日本詩の史的展望」を刊行。戦争中は美術活動をし、戦後は21年に共産党に入党し、新日本文学会に参加。戦後の詩集に「挿木と雲」「心象詩集」「癌」などがあり、評論集に「現代詩の体験」などがある。また美術評論家としても活躍し「日本近代美術史」「現代絵画の四季」などの著書がある。　家妻＝木村好子（詩人）

【か】

海音寺 潮五郎　　かいおんじ・ちょうごろう

小説家

明治34年（1901年）3月13日～昭和52年（1977年）12月1日

生鹿児島県伊佐郡大口村（大口市）　名本名＝末富東作　学国学院大学高等師範部国漢科〔大正15年〕卒　歴国学院大学卒業後、中学校の教師になる。昭和7年「風雲」が「サンデー毎日」の小説募集に当選し、9年退職、作家に専念する。11年「天正女合戦」で直木賞を受賞。以後、歴史小説、史伝物を中心に幅広く活躍。平安時代の「平将門」、鎌倉時代の「蒙古来る」、戦国時代の「天と地と」、幕末の「西郷と大久保」など、時代をとわず、壮大なスケールの長編小説を次々と発表した。一方、史伝作家の第一人者でもあり、「武将列伝」「悪人列伝」「赤穂浪士伝」などがある。他の代表作に「茶道太平記」「二本の銀杏」など。「海音寺潮五郎全集」（全21巻、朝日新聞社）がある。　賞直木賞（第3回）〔昭和11年〕「天正女合戦」、文化功労者〔昭和48年〕、日本芸術院賞（文芸部門、第33回）〔昭和51年〕、サンデー毎日大衆文芸入選（第5回）〔昭和4年〕「うたかた草紙」、サンデー毎日懸賞小説〔昭和7年〕「風雲」

貝島 太市　　かいじま・たいち

実業家 炭鉱事業家 日本石炭鉱業会会長

明治13年（1880年）11月3日～昭和41年（1966年）8月28日

生福岡県遠賀郡　学東京高等商業学校（現・一橋大学）〔明治36年〕卒　歴三井物産に勤務。明治39年米国遊学後、家業の炭鉱業に従事。大正5年父の死後、貝島家の総帥となり、貝島合名、貝島商業を設立。9年三井物産から営業権を奪回、石炭の直接販売を開始、関連事業多角化を進めたが、昭和初期の不況で石炭業に専心した。戦前戦後を通じ石炭鉱業連合会理事、筑豊石炭鉱業組合総長、日本石炭鉱業会会長を歴任した。昭和2年には義兄鮎川義介の久原鉱業再建を援助、日産コンツェルン形成の力となった。　家父＝貝島太助（貝島炭礦創業者）、義兄＝鮎川義介（実業家・政治家）

昭和人物事典 戦前期　　　　　　　　　　　　　かがみいわ

貝塚 栄之助　かいずか・えいのすけ
高岳製作所創業者 桑名市長
明治15年(1882年)8月10日～昭和22年(1947年)
【出】三重県桑名 【学】東京高等工業学校電気科卒 【歴】父は桑名紡績などを創業した実業家・貝塚卯兵衛。東京高等工業(現・東京工業大学)を卒業後は名古屋電灯に電気技術者として勤務、萩野変電所長を務めた。大正3年桑名ガスを創業。6年松阪工業学校電気科で教鞭を執ったが、7年父が亡くなり家督を相続。同年高岳製作所を創業して社長に就任。昭和15年退任。12年初代桑名市長となり、20年まで1期8年務めた。同年嗣子の戦死のため、女婿の中国史家・小川茂樹に家督を継がせ、22年暮れに亡くなった。 【家】父=貝塚卯兵衛(実業家)、養子=貝塚茂樹(中国史家)、孫=貝塚啓明(東京大学名誉教授)

海達 公子　かいたつ・きみこ
詩人
大正5年(1916年)8月23日～昭和8年(1933年)3月26日
【生】長野県 【学】熊本高瀬高等女学校卒 【歴】熊本県の荒尾で育つ。尋常小学校2年の時から詩人・北原白秋に自由詩の指導を受け、「赤い鳥」に作品を発表。白秋から"めずらしい詩才の持ち主"と称えられるが、熊本高瀬高等女学校を卒業したのち病気に罹り、16歳の若さで死去した。生涯に作った詩編は5000余といわれ、没後に「海達公子遺稿集」が編まれた。

垣内 松三　かいと・まつぞう
国文学者 国語教育学者 東京高等師範学校教授
明治11年(1878年)1月11日～昭和27年(1952年)8月25日
【生】岐阜県高山市 【名】筆名=垣内松三 【学】東京帝国大学文科大学国文科〔明治36年〕卒 【歴】東京帝国大学講師、東京女子高等師範学校教授、東京高等師範学校教授などを歴任。大正10年「国語の力」を刊行し、昭和8年には「小学国語読本巻一 形象と理念」、15年「言語形象性を語る」を刊行するなど国語教育学者として活躍した。

海藤 抱壺　かいどう・ほうこ
俳人
明治35年(1902年)～昭和15年(1940年)
【生】宮城県仙台市 【名】本名=海藤寛 【学】仙台二中(現・仙台二高)中退 【歴】肺結核のため仙台二中(現・仙台二高)を中退。自宅で療養生活を送りながら、俳句に打ち込み、昭和元年から自由律俳句の創始者・荻原井泉水に師事。信仰していたキリスト教以上に、人生の救いを俳句に求めていたと言われ、人生や生花を凝視した透明な句を多数詠み、荻原主宰の俳誌「層雲」に投句。9年句集「三羽の鶴」を出版。種田山頭火と交流があった。15年39歳の若さで夭逝。59年遺族により「海藤抱壺句集」が出版された。

嘉悦 孝子　かえつ・たかこ
女子教育家 嘉悦学園創立者
慶応3年(1867年)1月26日～昭和24年(1949年)2月5日
【出】肥後国(熊本県) 【名】本名=嘉悦孝 【学】成立舎女子部〔明治23年〕卒 【歴】政治家・嘉悦氏房の長女。明治7年父と同じ横井小楠門下である竹崎茶堂の私塾・日新堂に入る。10年父が設立した広取塾に学んだ。20年上京して成立学舎女子部本科に進学。22年本科を卒業して研究科に進み、傍ら学生の身分ながら本科で教鞭を執った。26年正式に教員となるが、1年で辞職して帰郷、熊本鶴城学館女子部に主任教諭として赴任。29年再び上京。女紅学校監督兼教諭を経て、成女学校幹事兼舎監。36年和田垣謙三が経営する夜学の東京商業学校の教室を昼間に借り、和田垣を校長に迎えて日本で初めて女子を対象とした商業学校(のち私立日本女子商業学校、現・嘉悦学園)を創立。大正8年には自ら校長に就任して日本女子商業学校に改称。今日の嘉悦学園の基礎を固めた。一方、花の日会会長

や日本婦人連盟名誉管理事長など多くの婦人団体にも関係し、吉岡弥生、下田歌子らとともに婦人界において指導的役割を果たした。著書に「主婦と女中」「家政学講話」「怒るな働け」「女の務むべき道」などがある。 【家】父=嘉悦氏房(政治家)

嘉悦 三毅夫　かえつ・みきお
陸軍軍医中将
明治25年(1892年)8月14日～平成8年(1996年)12月26日
【生】東京都世田谷区成城 【学】東京慈恵会医学専門学校 【歴】東京慈恵会医学専門学校在学中に陸軍衛生部の委託学生となり、卒業後は陸軍軍医として勤務。昭和12年満州国軍政部顧問、13年第十五師団軍医部長、15年北京陸軍病院長、16年東部軍医部長を経て、19年ハルビン第一陸軍病院長。20年陸軍軍医中将。ソ連参戦後、7000人の職員と入院患者をソ連軍のハルビン進駐直前に脱出させ、無事に日本へとたどり着いた。

加賀 正太郎　かが・しょうたろう
登山家 育種家 ニッカウヰスキー創業者
明治21年(1888年)～昭和29年(1954年)
【出】大阪府 【学】東京高等商業学校(現・一橋大学)卒 【歴】明治43年日英博覧会の開催を機に渡欧。8月日本人として初めてヨーロッパアルプス4000メートル峰のユングフラウ(4158m)に登頂し、日本登山界に大きな刺激を与えた。ニッカウヰスキー創立者としても知られる。昭和50年日本山岳会名誉会員。また世界各地からランの原種を取り寄せ、「シンビジウム・オオカガミ」などの新種を育てた。著書に写真集「蘭花譜」など。

各務 鎌吉　かがみ・けんきち
実業家 東京海上火災保険会長 貴族院議員(勅選)
明治1年(1868年)12月22日～昭和14年(1939年)5月27日
【出】岐阜県 【学】高等商業学校(現・一橋大学)卒 【歴】はじめ商業学校教師となったが、明治24年東京海上保険(後の東京海上火災)に入り、27年ロンドン支店勤務、39年本店支配人となり、経営難の同社を軌道に乗せた。大正6年専務。英国のウイルス社と提携、また12年にはスタンダード・インシュアランス・オブ・ニューヨークを設立、海外進出も果たした。14年から取締役会長となり昭和14年まで在任。この間日本火災保険協会、日本海上保険協会、船舶保険協同会などを創設。昭和4年日本郵船社長、また日本船主協会会長、三菱系会社役員なども務めた。5～12年勅選貴族院議員。

加々美 武夫　かがみ・たけお
大阪市長
明治23年(1890年)8月～昭和11年(1936年)9月18日
【生】山梨県 【学】東京高等商業学校(現・一橋大学)〔明治45年〕卒、京都帝国大学〔大正4年〕卒 【歴】警視庁に入り、保安課長、東京市内の警察署長、大正8年大阪府特高課長などを経て、10年内務省事務官となりシベリアに出張、滞在中にソ連からスパイの嫌疑を受け3週間投獄される。帰国後の同年末、7代目大阪市長・関一に懇望され助役となる。のち3期14年間関市政の中核として大阪市の近代化に伴う様々な問題を解決し同市の発展に貢献した。昭和11年関市長が任期中に病没し、市会の求めで8代目市長に就任するが、同年発病し退任した。

鏡岩 善四郎　かがみいわ・ぜんしろう
力士
明治35年(1902年)5月4日～昭和25年(1950年)8月6日
【生】青森県三戸郡猿辺村蛇沼(三戸町蛇沼) 【名】本名=佐々木善四郎、年寄名=粂川 【歴】大正9年粂川部屋に入り、10年1月初土俵、昭和3年3月入幕、12年1月双葉山と一緒に大関となった。猛牛といわれる怪力だったが、14年5月を最後に引退、年寄粂川を襲名。しかし15年親友双葉山のために部屋を譲り、双葉山道場設立に協力、鏡里ら弟子と共に道場へ入った。174勝153

敗4休、勝率.532。 家甥＝寛吉（大相撲立呼び出し）

香川 昇三　かがわ・しょうぞう
栄養学者 香川栄養学園創立者
明治28年（1895年）9月28日～昭和20年（1945年）7月17日
生香川県那珂郡榎井村（仲多度郡琴平町）　学丸亀中〔大正4年〕卒、一高〔大正9年〕卒、東京帝国大学医学部〔大正13年〕卒 医学博士〔昭和6年〕　歴大正13年東京帝国大学医学部副手、昭和4年助手を経て、8年講師。同年妻の綾と自宅に家庭食養研究会を、12年女子栄養学園と香川研究所を創立。20年4月学園と研究所を戦災で焼失、7月疎開先の群馬県で脳溢血のため急逝した。島薗順次郎に親炙して生涯をビタミンの研究と実践栄養学に打ち込み、脚気の症状がビタミンB1の欠乏によって起こることを世界で初めて人体実験により証明した。　家妻＝香川綾（栄養学者）、長女＝香川芳子（女子栄養大学学長）、長男＝香川靖雄（自治医科大学名誉教授）、三男＝香川達雄（香川栄養学園理事長）

賀川 豊彦　かがわ・とよひこ
キリスト教社会運動家 牧師 社会事業家
明治21年（1888年）7月10日～昭和35年（1960年）4月23日
生兵庫県神戸市　出徳島県　学明治学院高等部神学予科〔明治40年〕卒、神戸神学校〔明治44年〕卒、プリンストン神学校卒　歴自由民権運動家・賀川純一の息子として神戸市に生まれる。4歳の時に両親を失い、明治26年徳島県の賀川本家に引き取られる。徳島中学、明治学院予科を卒業した後、神戸神学校に進み、神学在学中から貧民街に入って伝導活動を始める。大正3年渡米、プリンストン大、プリンストン神学校で学ぶ。6年帰国後も貧民街に戻り、8年日本基督教会で牧師の資格を得る。9年ベストセラーになった小説「死線を越えて」を刊行して有名になる。同年神戸購買組合を創設。10年川崎造船、三菱神戸造船争議を指導して検挙。その他、農民運動、普選運動、共同組合運動、神の国運動などを創始し、日米開戦には反戦的平和論者として行動し、憲兵隊に留置された。戦後は日本社会党の結成に加わり、顧問となる。またキリスト新聞社を創立し、「キリスト新聞」や口語訳「新約聖書」の刊行に尽力、死去するまで国内外で伝導に努めた。一方、著述活動もめざましく、自伝系小説5冊、虚構系小説21冊を数え、新聞に連載、収載された小説も数多い。戦後はノーベル文学賞候補にも挙げられた。他の主な小説に「キリスト」「石の枕を立てて」「一粒の麦」など、詩集に「涙の二等分」「永遠の乳房」などがあり、「賀川豊彦全集」（全24巻、キリスト新聞社）がある。　家父＝賀川純一（自由民権運動家）、妻＝賀川ハル（社会福祉家）

香川 ミドリ　かがわ・みどり
看護婦
明治4年（1871年）～昭和33年（1958年）1月29日
生伊予国（愛媛県）　学日本赤十字社看護婦養成所〔明治33年〕卒　歴明治33年に日本赤十字社看護婦養成所を卒業後、主に従軍看護婦として活躍。日露戦争を皮切りに、シベリア出兵・第一次大戦・太平洋戦争などに従軍し戦地の傷病兵看護に当たった。その功により、第5回フローレンス・ナイチンゲール記章を受章。昭和20年8月に引退。　賞フローレンス・ナイチンゲール記章

柿内 三郎　かきうち・さぶろう
生化学者 東京帝国大学教授
明治15年（1882年）8月14日～昭和42年（1967年）12月24日
生東京府麹町区（東京都千代田区）　学東京帝国大学医科大学〔明治39年〕卒、東京帝国大学理科大学〔明治43年〕卒 医学博士〔大正9年〕　歴明治42年東京帝国大学医科大学の隈川宗雄教授に招かれ講師。大正4年米国留学、7年に帰国して教授。

昭和2年生化学教室を創設。私費で「生化学雑誌」を創刊したり「東京生化学者宵の会」を作り次いで日本生化学会を創立するなど、日本の生化学研究の基礎作りに貢献した。隈川と共著で「医化学提要」、単独で「生化学提要」などを出版した。定年後は日本学園校長を務めた。

柿内 青葉　かきうち・せいよう
日本画家
明治25年（1892年）7月～昭和57年（1982年）
生東京都　名本名＝柿内慶子　学女子美術学校日本画科〔明治41年〕卒、女子美術学校高等科〔明治43年〕修了　歴明治43年女子美術学校高等科を修了したのち、日本画家の鏑木清方に入門。大正10年第3回帝展に出品した「舞踏室の一隅」で初入選を果たす。その後、同展や巽画会などでたびたび入賞・入選し、12年大阪毎日新聞社主催日本美術展覧会で発表した「牧童」や昭和5年の第11回帝展入選作「十字街を行く」で画壇の注目を浴びた。帝展が改組されると清方門下で結成された郷土会を中心に活躍、清方塾の塾頭も務めた。また、大正6年より母校女子美術学校で教鞭を執り、のちには母校出身者による青柿会を主催。モダンな美人画を得意とした。作品は他に「十六の春」「春のおとめ」「嫁ぐ人」などがある。

蠣崎 千晴　かきざき・ちはる
獣医学者 朝鮮総督府獣疫血清製造所所長
明治3年（1870年）5月13日～昭和25年（1950年）9月29日
生陸奥国仙台　専家畜伝染病学　学帝国大学農科大学獣医学乙科〔明治28年〕卒 獣医学博士〔大正9年〕　歴明治37年農商務省獣疫調査所技手、44年同省牛疫血清製造所技師、大正7年官制改正により朝鮮総督府獣疫血清製造所技師、昭和4年同所長。8年退官。家畜伝染病学の第一人者で、牛疫予防ワクチンを開発。安全かつ免疫持続期間約1年、製造後有効期間約2年と優れた品質を誇り、満州・朝鮮での牛疫防除に大きく貢献した。昭和5年には第1回十大発明家の一人として宮中に招待された。　勲勲五等双光旭日章〔大正11年〕　賞農学賞〔昭和3年〕

鍵富 三作（2代目）　かぎとみ・さんさく
実業家 日本硫黄社長
明治20年（1887年）11月6日～昭和10年（1935年）8月22日
出新潟県　学新潟中卒　歴初代鍵富三作の養子となり、養父を補佐して実業界に入り、のち2代目を継ぐ。大正2年日本硫黄を設立して社長に就任。新潟製糸所取締役、東京動産火災保険取締役、第四銀行監査役、越後鉄道監査役を務めた。　家養父＝鍵富三作（1代目）（実業家）

柿原 政一郎　かきはら・まさいちろう
実業家 衆議院議員
明治16年（1883年）5月25日～昭和37年（1962年）1月14日
出宮崎県　名号＝霧仙　学東京帝国大学哲学科卒　歴大原社会問題研究所に入り、評議員、出版部主任などを経て、大正9年政友本党から衆議院議員に当選1回。13年中国民法社長となる。のち宮崎市長、宮崎県議・議長、高鍋町長、町立高鍋図書館館長を歴任。また高鍋製糸社長、九州茶業社長も務め、日向茶の開発・普及にも努力した。霧仙と号した。　家長女＝竹本哲子（随筆家）、女婿＝竹本孫一（衆議院議員）

賀来 一郎　かく・いちろう
満州特務機関員
明治41年（1908年）～昭和53年（1978年）
生台湾　学京都大学法学科　歴台湾総督の専属副官（大尉）だった父の転勤で東京に移り、関東大震災で母を失う。新潟高を経て、京都大学法学部に進学。大陸にあこがれ昭和7年渡満。元憲兵大尉・甘粕正彦が警務司長を務める満州国民政部

警務司の一員になり、国際連盟が派遣した満州事変の発端を調べるリットン調査団対策の任にあたるなど直属の特務機関員として工作活動に従事。その後軍部との確執がもとでハルビン警察庁に転出。16年帰国後は表舞台に出ることもなく浪人生活ののち南方に渡り、磯機関と呼ばれた特務機関で働いた。一方、48年半生を綴った手記「雪月花（わが青春）」を執筆し、五・一五事件で知られる井上日召や、その特別弁護人を務め終戦時鈴木貫太郎首相に無条件降伏を勧めたといわれる名僧・玄峰老師、元血盟団員・四元義隆、東条英隆らとの接点や工作の実態を詳細に記録。平成7年三男によりその手記が公開され、昭和史の裏面を探る手がかりとして注目を集めた。

加来 琢磨　かく・たくま

児童舞踊家 童謡詩人
明治39年（1906年）～昭和50年（1975年）

出大分県　名別名＝幸田敏、立野勇、吉野朝風　歴幼くして山口県の曹洞宗の寺に入る。東洋大学東洋文学科、央音楽学校舞踊科に学び昭和4年東京にタンダバハ舞踊研究所を設立。仏教精神を基底とした児童舞踊の創作と普及に取り組んだ。その一方、キングレコードの専属として幸田敏などの名で大衆的な童謡も手がけた。振付集に「新選幼児舞踊」（全6集）、童謡集に「加来琢磨遺稿集」など。

角田 覚治　かくだ・かくじ

海軍中将
明治23年（1890年）9月23日～昭和19年（1944年）8月2日

生新潟県　学海兵（第39期）〔明治44年〕卒、海大〔大正14年〕卒　歴昭和2年第二艦隊参謀となり、連合艦隊参謀、第一航空戦隊参謀、砲術学校教官、「木曽」「古鷹」「磐手」各艦長、海軍兵学校教頭、「山城」艦長、14年佐世保鎮守府参謀長、15年第三航空戦隊司令官、16年9月第四航空戦隊司令官となり、太平洋戦争開始後、マレー沖で連合軍艦隊と交戦、戦果をあげた。17年6月ミッドウェー作戦ではアリューシャン列島の米軍基地空襲を指揮、17年7月第二航空戦隊司令官として南太平洋海戦に第六次攻撃まで敢行、同年中将となった。18年第一航空艦隊司令長官となり、19年8月米機動部隊のテニヤン島攻撃で自決した。

筧 克彦　かけい・かつひこ

公法学者 神道思想家 東京帝国大学名誉教授
明治5年（1872年）11月28日～昭和36年（1961年）2月27日

生長野県　学東京帝国大学法科大学〔明治30年〕卒 法学博士　歴明治36年東京帝国大学教授。昭和8年退官、名誉教授。穂積八束、上杉慎吉らの流れをくむ天皇中心の国家主義者で、研究室に畳を敷き、神棚を祀り、開講時に柏手を打ったという。戦時中「大政翼賛」「八紘一宇」などを講義した。主著「大日本帝国憲法の根本義」は天皇即国家を主張している。ほかに「古神道大義」「神ながらの道」など。

筧 素彦　かけい・もとひこ

宮内庁総務課長
明治39年（1906年）7月8日～平成4年（1992年）4月10日

生東京都新宿区　学東京帝国大学法学部〔昭和7年〕卒　歴昭和7年内務省入省。10年宮内省に移り、参事官、大臣秘書官、大臣官房総務課長、皇太后宮職事務主管を歴任。20年8月15日終戦の玉音放送を極秘のうちに放送局に運んだ。23年病を得、27年退官。のち、全国市町村職員共済組連事務局長を経て、45年地方団体関係団体職員共済組合理事長、48年都市職員共済組合連監事を務める。著書に「今上陛下と母宮貞明皇后」。

景浦 将　かげうら・まさる

野球選手
大正4年（1915年）7月20日～昭和20年（1945年）5月20日

生愛媛県松山市永代町　学松山商卒、立教大学中退　歴松山商業3年生で野球部に入り、昭和7年春の第9回全国選抜大会に三塁手兼投手として甲子園にデビューして優勝。夏も決勝に進み中京商に惜敗。8年立教大学に入り、1シーズン制の秋、初登板して優勝に貢献した。10年秋の六大学リーグ戦で2ホーマーを放ちスラッガーとして認められた。阪神タイガースが結成された11年、松商の先輩森茂雄監督に引き抜かれ、立教を中退して入団、投手、三塁手、外野手として活躍、同年秋には投手として6勝無敗、防御率もリーグ最高。12年秋には首位打者、他に打点王2回獲得。15年応召、18年除隊して阪神に復帰、代打で10打席連続ヒットした。19年再び応召、20年5月20日フィリピンのカラングラン島で戦死した。40年野球殿堂入り。投手としては実働4年、56試合登板、27勝9敗、134奪三振、防御率1.58。打者としては実働5年、1134打数307安打、25本塁打、打率.271の戦績を残した。

影佐 禎昭　かげさ・さだあき

陸軍中将 汪兆銘政権軍事顧問
明治26年（1893年）3月7日～昭和23年（1948年）9月10日

生広島県　学陸士（第26期）〔大正3年〕卒、陸大卒　歴大正11年参謀本部員。14年から昭和3年まで東京帝国大学政治科に派遣された。その後、中国駐在員、支那課員、支那駐屯軍司令部付、支那班長、上海駐在武官などを歴任。12年参謀本部謀略課長、13年に軍務課長となり、汪兆銘政権樹立へ「梅機関」の代表として裏工作を担当。14年支那派遣軍総司令部付となり、翌15年、汪の新国民政権樹立後は軍事顧問となった。17年第7砲兵司令官、中将。18年第38師団長、ラバウルで敗戦を迎え、帰国後、陸軍病院に入院、中国から戦犯として身柄引き渡しを要求されたが、23年病死した。　家孫＝谷垣禎一（衆議院議員）、女婿＝谷垣専一（衆議院議員）

花月亭 九里丸　かげつてい・くりまる

漫談家
明治24年（1891年）10月10日～昭和37年（1962年）1月7日

出大阪府　名本名＝渡辺力蔵　歴大正・昭和期に活躍した漫談の草分け的存在。珍芸家としても知られ、「紙芝居・金色夜叉」などのネタがある。また、演芸場の運営でも才能を発揮した。著書に演芸人の系統を記した「笑根系図」がある。平成9年“上方演芸の殿堂”入りを果たす。

筧 大潮　かけひ・だいちょう

俳人
大正5年（1916年）8月28日～昭和18年（1943年）1月6日

生愛知県起町（尾西市）　名号＝大潮　歴昭和9年父筧潮風の後を次いで信行寺住職となった。父の手ほどきで俳句を習い、句仏に師事、昭和12年雑誌「句道場」を発行。日支事変に召集され、洞庭湖のほとりから「句道場」に通信文を連載。その後大東亜戦争に再び応召、「月下提燈をふるは父母おいとまごひ」などの句を残し、18年ガダルカナルで戦死。没後「大潮句集月の光」「夏霞」「大潮文集」などが刊行された。

掛谷 宗一　かけや・そういち

数学者 東京帝国大学理学部教授
明治19年（1886年）1月18日～昭和22年（1947年）1月9日

生広島県　専代数学　学東京帝国大学理科大学数学科〔明治42年〕卒、東京帝国大学大学院修了 理学博士〔大正5年〕　資帝国学士院会員〔昭和9年〕　歴明治44年一高教授、大正元年東北帝国大学理科大学助教授、7年米国留学、9年東京高等師範学校教授、昭和4年東京文理科大学教授、9年帝国学士院会員、10年東京帝国大学教授となり、19年理学部長、同年統計数理研究所初代所長、21年東京帝大を定年退官。この間、昭和3年に「連立積分方程式及びこれに関連した関数論的研究」により帝国学士院恩賜賞を受賞した。代数方程式の根に関す

かけやま　　　　　　　　　　昭和人物事典 戦前期

る掛谷の定理は有名。著書に「一般函数論」「微分学」「積分学」などがある。　　賞帝国学士院恩賜賞（第18回）〔昭和3年〕

影山 光洋　かげやま・こうよう
写真家 朝日新聞写真部次長
明治40年（1907年）5月23日～昭和56年（1981年）3月1日
生静岡県浜松市 名本名＝影山正雄 学東京高等工芸学校（現・千葉大学工学部）写真科〔昭和5年〕卒 歴大正10年浜松商業への入学祝いとして中古のベス単（ベスト・ポケット・コダック・カメラ）を買ってもらい、写真に目覚める。東京高等工芸学校（現・千葉大学工学部）写真科の卒業制作「東京百景」が朝日新聞社写真部長の谷口徳次郎に認められ、昭和5年同社に写真部員として入社。以来、東北大凶作や二・二六事件、日中戦争の南京入城、徐州作戦などの記録写真を撮影した。太平洋戦争ではマレー半島を縦断してシンガポールに至り、マレー半島作戦方面の作戦を指揮した陸軍の山下奉文将軍が、英軍司令官のパーシバル将軍に「イエスかノーか」と降伏を迫ったことで知られる会見の模様をフィルムに収めた。この直後に帰国し、19年写真部次長。20年8月15日の敗戦の日に皇居前で起こった軍人割腹にからむ取材拒否事件の責任をとり、同日をもって朝日新聞社を退社。その後、フリーの写真家として活動。同じ場所、距離、カメラで時間をおいて同一対象を撮影する定点観測手法を多用し、“記録写真の鬼”とも呼ばれた。

影山 庄平　かげやま・しょうへい
国家主義者
明治19年（1886年）2月14日～昭和20年（1945年）8月25日
出愛知県豊橋市 学愛知四中退 歴神官の家に生まれる。豊橋区裁判所に勤務、大正2年裁判所書記となったが、11年病気のため退官。この間、3年神道修成派教師となり、4年愛知県で神道興徳会（随神大孝道）を創立、神道の啓蒙普及に努め、布教のため愛知県蒲郡市砥神山に入山、昭和6年神道修成派権大教正となる。15年大東塾に入り、19年出征した影山正治塾長に代り塾長を代行。遺稿集に「古道開顕」など。

影山 正治　かげやま・まさはる
国家主義者 歌人 大東塾塾長
明治43年（1910年）6月12日～昭和54年（1979年）5月25日
生愛知県豊橋市 学国学院大学哲学科中退 歴大学在学中の昭和8年、斎藤実首相ら重臣襲撃未遂の神兵隊事件に参画して入獄。以来一貫して反共、民族主義者として行動した。15年の七・五事件では主謀者となり、16年東条批判文書事件、19年古賀元帥仏式海軍葬阻止事件などを起こした。その間、11年に維新寮を開き14年大東塾に改めた。また日本主義文化同盟にも参加。19年応召、中国で終戦を迎え、21年復員。この間20年8月には大東塾の留守を預った父庄平と塾生13名が集団自決した。戦後は不二奉仕団、不二出版社、代々木農園を組織。29年大東塾を再建し、塾長に。35年の安保改定では岸首相に辞職勧告したり、紀元節復活、靖国法案成立に熱意を燃やしたが54年自決した。一方、15歳頃から作歌し、11年第一歌集「悲願集」を刊行。16年「ひながし」を創刊、21年にその後継誌として「不二」を創刊した。著書に「影山正治全集」（全32巻、大東塾出版部）、歌集「みたみわれ」「民草の祈り」「日本と共に」のほか、「歌道維新論」「日本民族派の運動」などがある。　家長女＝福永真由美（童話作家）

加古 祐二郎　かこ・ゆうじろう
法学者 立命館大学教授
明治38年（1905年）12月2日～昭和12年（1937年）7月20日
出京都府 学京都帝国大学法学部〔昭和5年〕卒 歴大学在学中、加藤正とエンゲルスの「自然弁証法」を翻訳。大学院ではパシュカーニスの法理論を学ぶ。末川博、恒藤恭に師事。昭

和8年京都帝国大学法学部講師となるが、同年8月滝川事件のため恒藤、末川らとともに退官。立命館大法学部助教授となり、9年教授に就任。法理学・社会法を担当した。11年「世界文化」に参加、「法律学における政治的性格」を発表し、ファシズムに抵抗した。主要論文9編は恒藤の手で編集され、23年「理論法学の諸問題」として発刊（39年「近代法の基礎構造」と改題）。

葛西 勝弥　かさい・かつや
獣医学者 北海道帝国大学教授 奉天獣疫研究所所長
明治18年（1885年）1月31日～昭和24年（1949年）9月9日
生岩手県盛岡市 名旧姓・旧名＝出淵 専家畜衛生学 学二高〔明治40年〕卒, 東京帝国大学農科大学獣医学科〔明治43年〕卒 農学博士（北海道帝国大学）〔大正13年〕 歴大正元年東北帝国大学農科大学実科講師、3年同農科大学講師、6年助教授となり、同年家畜衛生学研究のため欧米へ留学。13年官制改正により北海道帝国大学教授。この間、11年朝鮮総督府獣疫血清製造所技師を兼務、12年南満州鉄道（満鉄）獣疫研究所創設に参画、14年奉天獣疫研究所所長事務取扱。昭和7年所長退任、8年北里研究所獣疫部部長。同年北海道帝大を退官。19年北里研究所理事、21年同監事。奉天獣疫研究所所長として満州における獣疫調査に大きく貢献した他、スピロヘータの研究に取り組み、我が国で新種として報告された鼠咬症由来スピロヘータが世界的に分布する鼠保有菌種と同一であることを確認して世界的評価を得た。編著書に「馬の伝染性貧血〈上下〉」がある。　家兄＝出淵勝次（外交官）、女婿＝柳沢謙（国立予防衛生研究所所長）

笠井 重治　かさい・じゅうじ
衆議院議員
明治19年（1886年）7月14日～昭和60年（1985年）4月10日
出山梨県 学シカゴ大学政治学科〔大正2年〕卒, ハーバード大学大学院〔大正4年〕修了 B.P.（シカゴ大学）, M.A.（ハーバード大学） 歴明治37年渡米、シカゴ大学、ハーバード大学で学び、大正7年帰国。昭和4年から12年まで東京市議。11～17年と、21～22年まで無所属で衆議院議員を務めた。また22年日米文化振興会会長、25年国際産業社長、53年学生援護会顧問なども歴任。

笠井 甚一郎　かさい・じんいちろう
陸軍航空兵少佐
明治34年（1901年）～昭和13年（1938年）2月
生青森県北津軽郡中川村（五所川原市） 学陸士（第38期）〔大正15年〕卒 歴大正15年陸軍士官学校を卒業、陸軍歩兵少尉に任官。その後、所沢飛行学校を卒業して航空兵中尉、昭和5年明野飛行学校を卒業して6年大尉に進んだ。11年熊谷飛行学校教官兼研究員として航空気象研究に従事。12年日中戦争に従軍したが、13年立川飛行連隊に復帰。同年冬季高度飛行を敢行したが白根山中で遭難、重傷を負いながら雪に突っ込んだ機体の中で天井裏やドアなどに遭難の原因や状況を記録した。猛吹雪の中、機内で7日間生存したが生還は叶わなかった。

笠井 真三　かさい・しんぞう
実業家 小野田セメント社長
明治6年（1873年）10月12日～昭和17年（1942年）5月19日
生山口県吉敷郡 学ブラシュツイヒ大学卒、ミュンヘン大学〔明治29年〕卒 工学博士（京都帝国大学）〔明治41年〕 歴明治23年ドイツに留学、29年帰国後、父が創業した小野田セメントに技師として入社。取締役、専務を経て、昭和9年社長となり、14年相談役。この間日本で初めてポルトランドセメント工業化に成功、同社をセメント界の雄に育てると共に、明治33年セメント業技術会、大正13年セメント連合会設立に尽力し、技術向上と業界安定に大きく貢献した。　家父＝笠井順

八(小野田セメント創業者)

笠井 輝二　かさい・てるじ
映画監督
明治40年(1907年)4月3日～昭和21年(1946年)8月
[生]岡山県岡山市内山下　[学]早稲田大学文学部露文科〔昭和5年〕卒　[歴]昭和5年松竹下加茂撮影所助監督部に入社、冬島泰三、衣笠貞之助についた。10年監督となり「やくざ無敵」が第1作。続いて「第二新撰組」「疾風森の石松」と3本撮影。16年までに「御守殿お町」(12年)「朧夜」(13年)「二人信三郎」(15年)「大阪五人娘」(16年)など19本を作って松竹退社。17年満映に入社、20年4月現地召集され、翌年北朝鮮で病死。

河西 豊太郎　かさい・とよたろう
実業家　衆議院議員
明治7年(1874年)2月～昭和34年(1959年)6月27日
[生]山梨県中巨摩郡　[学]山梨器学舎〔明治27年〕卒　[歴]明治28年北海道に渡ろうとするが、家族の反対にあって断念。31年政治活動に転ずる。37年根津嘉一郎の選挙参謀を務める。その地盤をもらいうけて、大正6年43歳で衆議院議員となる。民政党に所属した。その後国民新聞副社長、東京ガス社長、信越電力副社長などを歴任したが、後、政界に返り咲いた。通算3期。[家]孫=河西宏和(イ・アイ・イ社長)

河西 三省　かさい・みつみ
アナウンサー　日本出版協会社長
明治31年(1898年)9月16日～昭和45年(1970年)12月2日
[生]東京都　[学]慶応義塾大学経済学部〔大正11年〕中退　[歴]時事新報を経て、昭和4年日本放送協会(NHK)に入り、主にスポーツ中継を担当。11年のベルリン五輪では前畑秀子選手が200メートル平泳ぎで優勝し、日本女子選手として初めて金メダルを獲得した時の実況を担当、「前畑がんばれ、日本前畑がんばれ…」を24回絶叫し有名になった。ゴール後は「勝った！勝った！ 前畑勝った!!」と18回叫び、その実況を録音したレコードは11万枚も売れたという。その後、仙台中央放送局長などを経て、25年退職。26年日本放送出版協会社長となった。

笠置 季男　かさぎ・すえお
彫刻家
明治34年(1901年)1月7日～昭和42年(1967年)9月28日
[生]兵庫県飾磨郡豊沢村(姫路市)　[学]東京美術学校彫刻本科塑造部〔昭和3年〕卒　[歴]大阪府立今宮中を経て、東京美術学校彫刻本科に入り、藤川勇造に師事。在学中の昭和2年第14回二科展で「首」が初入選。4年第16回展の「裸女立像」が樗牛賞を得た。6年の第18回展で「顔」「腰かけた裸婦」が二科賞を受賞。7年第19回展「立像」「M嬢の首」などで二科会会友、11年第23回展の「少年工」「青年」「書見」で会員に推され、以後同会彫刻部の中心メンバーとして活躍した。34年多摩美術大学教授となり後進を指導。セメントによる大作、幾何学的抽象作品が多く、調布市深大寺バラ園の「花の精」、蒲郡市庁舎前の「白鵬」などモニュメントがある。[賞]二科展樗牛賞(第16回)〔昭和4年〕「裸女立像」、二科展二科賞(第18回)〔昭和6年〕「顔」「腰かけた裸婦」

笠木 良明　かさぎ・よしあき
右翼運動家
明治25年(1892年)7月22日～昭和30年(1955年)9月23日
[生]栃木県上都賀郡足尾町　[学]東京帝国大学法科〔大正8年〕卒　[歴]日本ファシズムの起源・老社会、大川周明、北一輝らの猶存社に加入。南満州鉄道(満鉄)に入り、大川の影響で行地社創立に参加。昭和4年から大連で帝国大学出身の満鉄社員を集め大雄峯会と称した。7年満鉄を辞め、満州国自治指導部(後の資政局)に入り、大雄峯会の青年らを地方官吏に任命、満

州国の王道楽土化をめざして尽力した。その後、8年「大亜細亜」を編集発行、興亜塾を結成。日中戦争中は軍の北支工作に当たった。21年極東国際軍事裁判に証人として出廷。著書に「笠木良明遺芳録」がある。

笠置山 勝一　かさぎやま・かついち
力士
明治44年(1911年)1月7日～昭和46年(1971年)8月11日
[生]奈良県郡山町(大和郡山市)　[名]本名=仲村勘治、年寄名=秀の山勝一　[学]早稲田大学専門部政治経済学科　[歴]早大相撲部から出羽ノ海部屋に入り、インテリ力士として昭和10年代の角界に人気を得た。昭和7年2月場所初土俵、10年5月場所新入幕、20年11月場所後引退。幕内成績134勝139敗。最高位は関脇で大学出身者第1号。押し、寄りの相撲だが、非力のため、ひねり、足くせを研究して合理的な相撲で弱点をカバーした。引退後、年寄・秀の山を襲名し、日本相撲協会の理事として経営に参画。また文章に秀で、現役時代から相撲評論、随筆、小説を書いた。著書に「相撲三国志」など。

笠原 静堂　かさはら・せいどう
俳人
大正2年(1913年)3月3日～昭和22年(1947年)5月31日
[生]香川県　[名]本名=笠原正雄　[歴]「京鹿子」「青嶺」「ひよどり」などに句作を発表し、「青嶺」「ひよどり」が合併した「旗艦」に新興俳句を発表し、昭和12年「窓」を刊行した。

笠原 敏郎　かさはら・としろう
土木工学者　日本大学名誉教授
明治15年(1882年)6月16日～昭和44年(1969年)6月9日
[生]新潟県長岡　[専]都市計画学　[学]東京帝国大学工科大学建築学科〔明治40年〕卒　工学博士　[歴]横河工務所、陸軍省技師から警視庁の初代建築課長。大正5年内務省に入り、都市計画を担当、13年復興局建築部長となり、関東大震災後の東京、横浜の復興に尽力した。昭和5年日本大学教授、11年満州国建築局長、18年帰国して日大教授に復帰、工学部長となった。

笠原 道夫　かさはら・みちお
小児科学者　大阪帝国大学教授
明治16年(1883年)4月14日～昭和27年(1952年)6月19日
[生]京都府　[学]京都帝国大学医科大学〔明治40年〕卒　医学博士(京都帝国大学)〔大正5年〕　[歴]大正6年京都帝国大学助教授、15年大阪医科大学教授を経て、昭和6年大阪帝国大学教授。20年定年退官し、23年大阪大学名誉教授。ビタミン、ポリオの研究で知られる。また文章をよくし、「児科診療」に「あらべすく」を連載するなど、軽妙な随筆、博識ぶりは有名だった。著書に「児科治療学」「臨床小児科学」「乳幼児鉛中毒症」などがある。

風間 栄一　かざま・えいいち
レスリング選手
大正5年(1916年)2月19日～平成13年(2001年)5月8日
[生]新潟県新潟市　[学]早稲田大学専門部商学部〔昭和14年〕卒　[歴]学生時代レスリング選手として活躍。昭和11年ベルリン五輪でフリースタイルライト級5位。28年に引退するまで全日本選手権ライト級、ウエルター級で2度の5連覇を果たすなど活躍。39年東京五輪のレスリング監督を務め、日本チームは金メダル5個を獲得した。62年日本アマチュアレスリング協会会長に就任。一方、大学卒業後、三菱商事に入社。23年風間を創立、社長。

風間 丈吉　かざま・じょうきち
社会運動家
明治35年(1902年)2月25日～昭和43年(1968年)5月24日

生新潟県三島郡 名別名＝徳川 学高小卒 歴高小卒業後上京して碌々商会に入社。大正7年頃友愛会東京鉄工組合に入り社会主義を学ぶ。9年碌々商会を解雇され、工場を転々とするが、関東鉄工組合の組合員として活躍する。14年ソ連に渡ってクートベ（東洋勤労者共産主義大学）で学び、昭和5年帰国して日本共産党中央部を構成して党再建に尽力し、6年中央委員会委員長になる。7年検挙され、8年転向し、15年出獄する。戦後は鍋山貞親の世界民主研究所に入り、反共活動に従事した。 家妻＝児玉静子（社会運動家）

風間 日法　かざま・にっぽう
僧侶　日蓮宗管長　立正大学名誉学長
文久1年（1861年）6月1日～昭和13年（1938年）2月20日
出近江国（滋賀県） 名初名＝随学 学大阪宗門学校卒 歴三重県の仏眼寺・清水日運に学ぶ。大阪宗門学校を卒業し、日蓮宗の僧となる。初名は随学、のち日法と称した。明治37年本山立本寺住職となる。のち大僧正。日蓮宗大学林（現・立正大学）の創立に尽力し、日蓮宗大学林長、立正大学教授・学長を務め、のち名誉学長。また立正商業学校の創立にも尽力した。昭和7年日蓮宗管長に就任。

風間 道太郎　かざま・みちたろう
評論家　大政翼賛会文化部副部長
明治34年（1901年）6月6日～昭和63年（1988年）8月25日
生東京都 学東京帝国大学法学部卒 歴一高、東京帝国大学時代から尾崎秀実と親しく、昭和16年、尾崎が国際スパイ事件で逮捕されるまで交際は続いた。戦後の21年、尾崎の獄中書簡集を編集「愛情はふる星のごとく」を出版、ベストセラーとなった。また34年には伝記「ある反逆―尾崎秀実の生涯」を出し、43年全面改稿し「尾崎秀実伝」として再刊した。戦時中は一時、大政翼賛会文化部副部長を務めたが、すぐ辞めて農業に従事した。戦後、日本平和委員会にも関係、左翼系の出版活動をした。反戦詩集「二十世紀の変貌」がある。

風見 章　かざみ・あきら
衆議院議員　法相　内閣書記官長
明治19年（1886年）2月12日～昭和36年（1961年）12月20日
生茨城県水海道市 学早稲田大学政経学部〔明治42年〕卒 歴杉浦重剛の称好塾に入り、中野正剛、緒方竹虎らと交友。大学を出て大阪で株屋をやり、「朝日新聞」記者などを経て、大正12年「信濃毎日新聞」主筆。5年で信濃毎日を辞め、昭和3年第1回普選に出馬したが落選。5年衆議院選挙に当選、以降4回連続当選。民政党から国民同盟を経て無所属。12年第一次近衛内閣の書記官長に迎えられ、15年5月新体制運動に参加。同年7月第二次近衛内閣の法相となるが、同年暮れ辞任、農業に従事。戦後、公職追放、26年解除。27年の衆議院選挙に当選し政界に復帰、以降5回連続当選。この間、30年左派社会党に入党。護憲運動や平和運動に積極的に取り組み、また日中国交回復運動に尽力した。

梶 哲次　かじ・てつじ
社会運動家
明治37年（1904年）8月24日～昭和9年（1934年）5月12日
生富山県西砺波郡立野村立野（高岡市） 学高岡中学卒、青山学院中退 歴青山学院在学中、軍事教育に反対して退学処分となり、高橋経済研究所に入る。大正15年闘病生活に入り、昭和3年ケインズ「金解禁と国民生活」を翻訳刊行。4年全農立野支部を組織。5年検挙され、6年出獄する。同年共産党に入党して、8年に再検挙、9年危篤状態で仮釈放された。

加地 哲定　かじ・てつじょう
僧侶（高野山真言宗）
明治23年（1890年）10月26日～昭和47年（1972年）12月1日
生愛媛県大三島町 専中国哲学, 仏教学 学京都帝国大学支那語支那文学科〔大正9年〕卒 文学博士〔昭和40年〕 歴大正10年智山勧学院教授、15年中国留学、同年高野山大学教授となり、昭和16年文学部長、18年高野山密教研究所理事、19年高野山大学学監を兼務、日本仏教学会理事となった。20年同大図書館長、33年同大学長に就任。36年高野山学園理事、評議員及び和歌山県文化財専門審議会有形文化財専門委員、39年学長を辞任した。大僧正。

嘉治 隆一　かじ・りゅういち
評論家　ジャーナリスト　朝日新聞論説主幹
明治29年（1896年）8月3日～昭和53年（1978年）5月19日
生兵庫県神戸 学東京帝国大学独法科〔大正9年〕卒 歴東京の南満州鉄道（満鉄）東亜経済調査局に勤務していたが、昭和8年に退職し、9年東京朝日新聞に入社して論説委員などを歴任する。11年「兆民選集」を編集したのをはじめ「近代ロシア社会研究」「心の群像」などの編著書があり、著書に「明治の社会問題」「明治以後の五大記者」「人物万華鏡」などがある。 家長男＝嘉治元郎（経済学者）

鹿地 亘　かじ・わたる
小説家　評論家
明治36年（1903年）5月1日～昭和57年（1982年）7月26日
生大分県西田東郡香々地町 名本名＝瀬口貢 専中国文学, 国文学 学東京帝国大学国文科卒、東京帝国大学大学院〔昭和2年〕博士課程修了 歴学生時代からプロレタリア文学運動に加わり、昭和5年「労働日記と靴」などを書き小説家として活躍。またナップの機関紙「戦旗」に評論や童話も書く。7年日本共産党に入党。9年治安維持法違反で検挙されたが獄中で転向し同年出獄。11年中国に渡り、戦時中、重慶で日本人民反戦同盟を結成、日本兵の投降工作や捕虜教育を担当。戦後帰国、神奈川県藤沢で肺結核療養中の26年11月、在日米軍諜報機関（キャノン機関）に拉致され、スパイの追及を受け監禁された（鹿地亘事件）。1年後釈放。また28年11月"米ソ二重スパイ事件"の共犯容疑で電波法違反で起訴されたが、44年無罪が確定。著書に「日本兵士の反戦運動」「謀略の告白」「もう空はなく地はなく」、小説「平和村記」「脱出」「火の如く風の如く」、回想「自伝的な文学史」、「鹿地亘作品集」などがある。

香椎 浩平　かしい・こうへい
陸軍中将
明治14年（1881年）1月25日～昭和29年（1954年）12月3日
生福岡県 学陸士（第12期）〔明治33年〕卒、陸大〔明治42年〕卒 歴ドイツ大使館付兼スウェーデン公使館付武官、歩兵第10旅団長、陸軍戸山学校長、教育総監部本部長などを経て、昭和10年東京警備司令官、翌年の二・二六事件勃発で戒厳司令官を兼務した。皇道派で、青年将校たちに「下士官兵ニ告グ」で帰順を呼びかけた。事件後、反乱軍同調者と疑われ、司令官を解任、東京憲兵隊などの調べを受けた。事件落着後の7月予備役。17年翼賛政治会評議員。 家兄＝香椎秀一（陸軍中将）

梶井 基次郎　かじい・もとじろう
小説家
明治34年（1901年）2月17日～昭和7年（1932年）3月24日
生大阪府大阪市西区土佐堀 学東京帝国大学文学部英文科〔大正15年〕中退 歴三高在学中から小説を書き始め、東京帝国大学在学中の大正14年中谷孝雄・外村繁らと同人誌「青空」を創刊し、「檸檬（レモン）」を発表。同年「城のある町にて」「Kの昇天」などを発表。15年健康が許さず伊豆・湯ケ島温泉に滞在し、川端康成、広津和郎を知る。昭和2年肺を病む者の自意識を描いた「冬の日」、3年「冬の蠅」「蒼穹」「桜の樹の下には」を発表。同年帰郷し療養生活の傍ら「資本論」に没頭。5

年から再び執筆、性の感覚をテーマに「愛撫」「闇の絵巻」「交尾」などを発表。6年「檸檬」を刊行、翌7年小林秀雄に評価されてようやく文壇の人となったが、程なく逝去。他の作に「のんきな患者」など。命日には檸檬忌が営まれている。「梶井基次郎全集」（全3巻、筑摩書房）がある。

鹿島 萩麿　かしま・はぎまろ
海軍大尉 伯爵
明治39年（1906年）4月〜昭和7年（1932年）8月25日
歴 山階宮菊麿王の第四王子。昭和3年臣籍降下され、特旨をもって伯爵を授けられる。海軍中尉現職中の7年8月死去、海軍大尉に昇進。　家 父＝山階宮菊麿、兄＝山階武彦（貴族院議員）、山階芳麿（鳥類学者）、筑波藤麿（靖国神社宮司・侯爵）

鹿島 房次郎　かしま・ふさじろう
実業家 川崎総本店総務理事
明治1年（1868年）9月21日〜昭和7年（1932年）7月29日
生 備後国比婆郡庄原村（広島県）　名 旧姓・旧名＝田部　学 東京高等商業学校（現・一橋大学）中退、ミシガン大学〔明治27年〕卒　歴 大学卒業後帰国し、神戸の鹿島家の養子となる。明治30年神戸市役所に入り、37年退職、同年神戸市議に当選、39年助役を経て、40年神戸市長となり、2期11年を務めた。大正9年川崎総本店（川崎造船閥の持株会社）総務理事となり、東亜セメント会社社長など関係諸会社の重役を兼ね、日本無線電信会社、日本航空輸送会社などの創立に参与。14年には神戸商工会議所会頭に就任。昭和3年川崎造船所と川崎汽船の社長となり、金融恐慌での打撃を受けた同社の再建に尽力。また、神戸に山手高等女学校を創立した。

鹿島 鳴秋　かしま・めいしゅう
童謡詩人 童話作家
明治24年（1891年）5月9日〜昭和29年（1954年）6月7日
生 東京市深川区（東京都江東区）　名 本名＝鹿島佐太郎　歴 大正初期に小学新報社をおこして「少年号」「少女号」などを発刊し、そこに多くの童謡や童話を発表する。童謡の代表作に「浜千鳥」「金魚の昼寝」「お山のお猿」などがある。昭和期に入って事業に失敗し、満州に渡る。戦時中は「満州日日新聞」学芸部に勤め、戦後は日本コロムビア専属となった。その後は学校劇の創作が多かった。著書に「鹿島鳴秋童謡小曲集」のほか、童話集「キャベツのお家」「魔法のなしの木」「なまけものと神さま」、学校劇集「学校童謡劇集」「学校歌劇脚本集」などがある。

鹿島 守之助　かじま・もりのすけ
実業家 外交史研究家 鹿島組社長 大政翼賛会調査局長
明治29年（1896年）2月2日〜昭和50年（1975年）12月3日
生 兵庫県揖保郡半田村（たつの市）　名 旧姓・旧名＝永富　学 龍野中〔大正2年〕卒、三高〔大正6年〕卒、東京帝国大学法学部政治学科〔大正9年〕卒 法学博士〔昭和9年〕　歴 大正9年外務省に入省、11年より在ベルリン日本大使館に在勤。大学在学中から社会主義に興味を持ち「外交時報」「国際知識」などで活発な執筆活動を行い、13年初の著書「欧州の現勢と其将来」を刊行。やがてカレルギー・クーデンホーフの汎ヨーロッパ論に共鳴してその知遇を得、15年「汎亜細亜運動と汎欧羅巴論」を出版。昭和2年にはクーデンホーフの「パン・ヨーロッパ」を翻訳・紹介した。同年在ローマ日本大使館に赴任、また鹿島組（現・鹿島建設）社長・鹿島精一の長女と結婚してその婿養子となった。5年帰国して退官、兵庫4区から無所属で衆議院選挙に立候補したが落選。11年鹿島組に取締役として入社、12年副社長を経て、13年社長に就任。施行能力の増強と科学的管理の導入を断行して請負業の近代化を図り、悪化していた業績を急速に回復させた。17年再び兵庫4区から大政翼賛会の推薦を受けて立候補したが次点で落選。同

年〜18年大政翼賛会調査局長。21〜26年公職追放。28年自由党から参議院選挙全国区に当選、以来参議院議員を3期務め、32年第一次岸内閣で北海道開発庁長官として初入閣。生涯に著書88冊、訳書56冊という著述を遺し、日本学士院賞を受けるなど、外交史研究家としても一家をなした。　家 妻＝鹿島卯女（鹿島建設社長）、長男＝鹿島昭一（鹿島建設社長）、三女＝平泉三枝子（鹿島平和研究所常務理事）、兄＝永富勝質（半田村長）、岳父＝鹿島精一（鹿島組社長）、女婿＝渥美健夫（鹿島建設社長）、石川六郎（鹿島建設社長）、平泉渉（衆議院議員）、従兄＝内藤吉之助（法制史学者）、岡田要（動物学者）、義兄＝鹿島忠夫（鹿島建設専務）　賞 日本学士院賞〔昭和34年〕「日英外交史」「日本外交の史的考察」、文化功労者〔昭和48年〕

柏村 五郎　かしむら・ごろう
プロボクサー
明治41年（1908年）8月1日〜昭和60年（1985年）10月17日
出 福島県　歴 "ゴロちゃん"の名で愛された美少年ボクサー。昭和2年大日拳所属で森重長衛を3回KOして第3代フライ級チャンピオンに。左フックに無類の強打を秘めていた。

柏 伊三郎（1代目）　かしわ・いさぶろう
長唄三味線方 柏流家元
明治31年（1898年）1月5日〜昭和16年（1941年）4月25日
名 本名＝弓気多　歴 3代目囃子方住田又七の孫。父は吉住小六。初代柏扇之助の養子となる。養母の吉住小清から長唄の手ほどきを受け、のち5代目杵屋巳太郎に師事し、三味線方として立つ。大正2年6代目尾上菊五郎の弟子分となり、11年三味線に昇格。柏流家元となり、巳太郎亡き後、市村座の2代目音楽部長を務めた。囃子方を門下に加えたので、柏流は三味線と囃子にわたる流派となった。

柏 佐一郎　かしわ・さいちろう
大阪宝文館社長 全国書籍雑誌地方協会会長
明治14年（1881年）2月11日〜昭和34年（1959年）8月18日
生 広島県比婆郡上高野山村（庄原市）　歴 明治32年渡米を志して神戸に出たが、同郷の先輩であった鹿島房次郎の勧めで吉岡宝文館神戸支店の住み込み店員となり、のち支店長。大正初めの同社整理に際して再建の矢面に立ち、第一次大戦を背景とした好況もあって6年で全ての債務を消却、11年株式会社に改組した。取次の他、中等学校教科書や小中学校参考書、経済図書の出版にも取り組んだ。兵庫県書籍雑誌商組合長、大阪中等教科書販売協会会長、全国書籍雑誌商地方協会会長などを歴任。昭和16年の日本出版配給誕生の折には設立発起人の一人に名を連ね、設立後は監査役となった。

柏 美枝　かしわ・よしえ
女優
明治37年（1904年）2月20日〜昭和41年（1966年）5月20日
生 東京都　学 仏英和女学校卒　歴 祖父は英国人で電気工学専門の明治政府のお雇い教師。大正15年松竹蒲田に入社、翌昭和2年葛見丈夫監督「寄宿舎の南京虫」に出演。同年鈴木伝明と共演した「昭和時代」で一躍注目され、蒲田の都会派現代劇スターのホープと目された。続いて「カフェーの女王」「海浜の女王」などに主演、3年1月には準幹部となったが、同年退社、知野義郎と結婚した。

柏熊 達生　かしわぐま・たつお
イタリア文学者 翻訳家 東京外国語学校教授
明治40年（1907年）11月13日〜昭和31年（1956年）5月27日
生 千葉県　名 本名＝柏熊宜三　学 東京外語〔昭和3年〕卒　歴 昭和4年外務省留学生としてローマへ渡り、15年帰国して東京外国語学校講師となり、16年教授となる。15年「イタリア案内」を刊行したほか、イタリア文学者としてデ・アミーチス

「クオレ」、パピーニ「わがイタリア」など多くの訳書がある。

柏倉 とく　かしわくら・とく
社会事業家
明治18年（1885年）7月1日〜昭和41年（1966年）7月6日
⬜生山形県上山　⬜名旧姓・旧名＝羽鳥　⬜学山形女子師範学校卒
⬜歴卒業後、郷里山形県の小学校で教鞭を執る。体育教師の柏倉松蔵と結婚し、岡山師範学校教諭となった夫に従って岡山に移った。のち、肢体不自由児の福祉・教育を志す夫に協力し、ともに上京。大正10年には夫婦で東京・小石川に日本初の肢体不自由児養育施設・柏学園を開き、その教育係を担当した。同学園の経営は常に困難をきわめ、震災や戦災などでたびたび窮地に見舞われたが、設立当初からの理解者である東京帝国大学整形外科教室主任・田代義徳や高松宮夫妻らの援助を受け、昭和34年の閉園までに200人以上の肢体不自由児を養育した。39年夫と死別。　⬜家兄＝羽鳥金三郎（発明家）、夫＝柏倉松蔵（社会事業家）

柏崎 夢香　かしわざき・むこう
俳人
明治19年（1886年）8月29日〜昭和42年（1967年）12月25日
⬜生栃木県　⬜名本名＝柏崎豪　⬜歴明治45年文官試験に合格、終戦時は工業組合書記の職にあった。大正12年より高浜虚子に師事、昭和12年「ホトトギス」同人。7年野口一陽らと「山彦」を創刊、9年より主宰した。著書に「虚子の俳句を解く」、句集に「杜若」などがある。

柏田 忠一　かしわだ・ただかず
弁護士 衆議院議員 拓殖大学教授
明治19年（1886年）11月5日〜昭和33年（1958年）10月3日
⬜生岩手県　⬜学東京帝国大学法科大学独法科〔大正3年〕卒　⬜歴上海日日新聞記者、主筆となったが、大正5年弁護士を開業。9〜11年ヨーロッパ留学、13年衆議院議員となり民政党に所属した。時の田中義一首相の300万円事件で首相と対決。1期だけで代議士を辞めた後、拓殖大学教授、山口高等商業学校講師となり、植民政策、民族問題を講じた。昭和6年渡満、関東庁嘱託、ハルビン弁護士会会長などを務め、敗戦で帰国した。

柏原 幸一　かしわばら・こういち
衆議院議員
明治28年（1895年）3月〜昭和56年（1981年）12月1日
⬜出大分県　⬜学東京帝国大学経済科〔大正3年〕卒　⬜歴大分県議を務めたあと、昭和17年の翼賛選挙で衆議院選挙大分1区で当選1回。

柏原 兵太郎　かしわばら・ひょうたろう
運輸通信省自動車局長 大日本産業報国会理事長
明治29年（1896年）3月18日〜昭和27年（1952年）12月8日
⬜出富山県　⬜学四高卒、東京帝国大学法学部法律学科〔大正13年〕卒　⬜歴大正13年鉄道省に入る。昭和16年企画院第二部長、18年鉄道監、19年運輸通信省自動車局長。同年退官、20年9月まで大日本産業報国会理事長を務めた。　⬜家三男＝柏原兵三（小説家・ドイツ文学者）、岳父＝伊東政喜（陸軍中将）

梶原 貫五　かじわら・かんご
洋画家
明治20年（1887年）3月6日〜昭和33年（1958年）12月14日
⬜生福岡県福岡市　⬜学中学修猷館中退、東京美術学校〔大正5年〕卒　⬜歴黒田清輝、藤島武二らに指導を受ける。大正3年大正博覧会に「化粧の後」を出品し受賞、同年光風会第3回展に「女」を出品した。6年第5回光風会展に「裸体」で今村奨励賞を受け、昭和3年会友、6年会員となる。一方官展では、大正5年文展に初入選、帝展は第4回展に出品以来毎年出品を続け、第17

回展から招待、無鑑査出品となる。他の代表作に「芽立ち頃」「赤い日傘」など。また幣原喜重郎、近衛文麿他貴族院議員など著名人の肖像画も多く描いた。

春日 俊文　かすが・としぶみ
衆議院議員
明治6年（1873年）4月〜昭和12年（1937年）6月9日
⬜生長野県埴科郡屋代村（千曲市）　⬜学和仏法律学校（現・法政大学）〔明治28年〕卒　⬜歴東亜耐火工業専務を経て、大正9年衆議院議員に当選。昭和11年再び衆議院議員。政友会に所属、通算2期務めた。

春日 政治　かすが・まさじ
国語学者 九州帝国大学名誉教授
明治11年（1878年）4月5日〜昭和37年（1962年）6月30日
⬜生長野県　⬜学京都帝国大学文科大学文学科〔明治44年〕卒 文学博士〔昭和10年〕　⬜窓日本学士院会員〔昭和25年〕　⬜歴奈良女子高等師範学校教授、九州帝国大学教授を歴任。昭和14年退官し、名誉教授。20年「西大寺本金光明最勝王経古点の国語学的研究」で学士院賞を受賞、25年学士院会員となった。奈良、京都の古寺の訓点資料を調べその体系的総合的な研究を行った。訓点資料を中心に国語史研究を進め、仮名文字や文体論的研究でも業績を残した。著書は他に「仮名発達史序説」「古訓点の研究」「国語叢考」「万葉片々」などがある。　⬜家長男＝春日和男（国文学者）　⬜賞日本学士院賞〔昭和20年〕

香月 清司　かづき・きよし
陸軍中将
明治14年（1881年）10月6日〜昭和25年（1950年）1月29日
⬜生佐賀県　⬜学陸士（第14期）〔明治35年〕卒、陸大〔明治45年〕卒　⬜歴陸軍省副官、フランス駐在、陸軍省兵務課長、歩兵第30旅団長、陸大幹事を経て中将となり歩兵学校長、近衛師団長、教育総監部本部長を歴任。昭和12年7月蘆溝橋事件の直後、支那駐屯軍司令官、同年8月北支那方面軍が新設されその第一軍司令官となり、河北作戦に従事。河北省南端まで戦線を拡大した。13年予備役。

粕谷 義三　かすや・ぎぞう
衆議院議長
慶応2年（1866年）8月15日〜昭和5年（1930年）5月4日
⬜生武蔵国入間郡藤沢村（埼玉県入間市）　⬜名旧姓・旧名＝橋本、号＝竹堂　⬜学ミシガン大学卒　⬜歴明治12年島村孝司に経学、洋書を師事。19年米国留学、財政、経済、政治学を学んで22年帰国。板垣退助らの「自由新聞」主筆となり、埼玉県議を経て、31年以来衆議院議員当選10回、政友会幹部として活躍。大正12年〜昭和2年衆議院議長を務めた。また書をよくし竹堂と号した。

加田 哲二　かだ・てつじ
社会学者 慶応義塾大学教授
明治28年（1895年）11月26日〜昭和39年（1964年）4月24日
⬜生東京都　⬜名本名＝加田忠臣　⬜学慶応義塾大学理財科〔大正8年〕卒 経済学博士〔昭和12年〕　⬜歴慶応義塾大学助手となり、大正12年ドイツに留学、帰国後の15年教授となった。昭和20年辞職。のち山口大学教授、日本大学教授、読売新聞論説委員などを歴任した。

片岡 音吾　かたおか・おとご
野村証券初代社長
明治14年（1881年）2月2日〜昭和23年（1948年）5月6日
⬜生岡山県岡山市　⬜学東京高等商業学校（現・一橋大学）〔明治37年〕卒　⬜歴明治39年日本興業銀行に入行。大正7年野村銀行創立に参加し、15年野村証券の創立で初代社長に就任。昭和

16年会長となる。

片岡 角太郎　かたおか・かくたろう
彫刻家
明治23年（1890年）～昭和9年（1934年）3月
凹大分県佐伯市　学東京美術学校彫刻科塑造部〔大正6年〕卒　歴朝倉文夫が主宰する塾で、日名子実三とともに学んだ。東京美術学校を卒業後、大正8年の第1回帝展に「黎明」を出品して初入選。以後、「走者」「ちぶさ」「若者」「虚」などの作品で連続5回入選し、新進作家として注目された。15年にはヨーロッパ近代彫刻を実地に学ぶため渡仏し、昭和4年までパリに滞在。留学中はブロンズ小像「少女裸像」を制作した。帰国後も朝倉門下の逸材として期待されたが、9年に心不全のため43歳の若さで急逝した。他の作品に、大分県芸術会館所蔵「婦人頭像」「陰山氏頭像」、佐伯市大手前文化会館横「野村越三像」、「豊後牛」などがある。

片岡 松燕　かたおか・しょうえん
俳優
明治28年（1895年）2月15日～昭和18年（1943年）6月10日
生兵庫県神戸市　名本名＝加藤一　歴6歳で中村福円に弟子入りし、「佐倉宗吾」の子役で初舞台を踏む。のち名女形片岡我童に入門、大正6年片岡松燕を襲名した。9年日活京都撮影所に入り、女形として尾上松之助の相手役を務める。12年頃から女優がでてきたため二枚目役に転向、14年「落花の舞」の高野少将、「鞍馬天狗」の小野宗房卿、15年「忠臣蔵」の神崎与五郎などを演じた。同年日活を辞め、片岡松燕プロダクションを設立し、「大望」を発表。以後3、4本の作品を制作したのち、舞台に戻った。

片岡 千恵蔵　かたおか・ちえぞう
俳優
明治37年（1904年）1月20日～昭和58年（1983年）3月31日
生群馬県新田郡藪塚（太田市）　凹東京市麻布箪笥町（東京都港区）　名本名＝植木正義　歴歌舞伎役者からサイレント時代の映画界に入った時代劇の大スター。昭和3年に片岡千恵蔵プロダクションを起こし、解散までの10年間に「天下太平記」はじめ「赤西蠣太」「一本刀土表入り」など多くの傑作を生む。戦後は東映の「七つの顔」など“多羅尾伴内”シリーズや「いれずみ判官」など“判官物”シリーズで活躍、「血槍富士」「大菩薩峠」などで円熟技を見せた。出演映画は約400本。東映では創設当時からの重役俳優だった。　家息子＝植木義晴（日本航空社長）

片岡 恒一　かたおか・つねかず
衆議院議員
明治29年（1896年）4月～昭和27年（1952年）4月7日
凹三重県　学早稲田大学政経科〔大正9年〕卒　歴名古屋新聞記者、三重県議などを経て、昭和11年より衆議院議員に2選。民政党に所属した。

片岡 鉄兵　かたおか・てっぺい
小説家
明治27年（1894年）2月2日～昭和19年（1944年）12月25日
生岡山県西西条郡芳野村寺元　学津山中〔明治40年〕、慶応義塾大学仏文科予科〔大正3年〕中退　歴中学時代から「文章世界」などに投稿する。大正7年帰郷して新聞記者など転々としたが、9年上京して作家生活に入り「女の背姿」などを発表する。13年「文芸時代」創刊同人となり、新感覚派の作家として活躍するが、のちにプロレタリア文学に転じ、昭和3年労農党に入党。5年大阪共産党事件で検挙され懲役2年に処せられたが、8年獄中で転向して下獄。その間の3年に渡辺賞を受賞。出獄後は「花嫁学校」などの大衆小説を多く発表。代表作に「綱の上の少女」「生ける人形」「綾里村快挙録」「愛情の問題」などがある。　賞渡辺賞（第2回）〔昭和3年〕

片岡 敏郎　かたおか・としろう
コピーライター
明治15年（1882年）～昭和20年（1945年）
生静岡県焼津市　学静岡中卒　歴海兵入学に失敗し帰郷、中学卒業後再び上京し、泉鏡花の門下生となるが、翌年筆を折り門を去る。東京のシャム公使館勤務の後、シャムに渡航。帰国後、大正2年日本電報電信社（現・電通）に勤めた後、翌3年森永製菓に初代広告部長として招かれる。明治末の横綱太刀山峰右衛門の大きな手形を新聞広告に使った広告を担当。次いで寿屋に移り、日本初のヌードポスターを制作。その後、素毛加（現・スモカ歯磨）に移り取締役。寿屋で売り出し、のち素毛加に引き継がれたスモカ歯磨の広告を、大正14年から昭和16年まで約1200点書いたが、戦時色が濃くなった15年退職、大阪を去った。

片岡 寅次郎　かたおか・とらじろう
水泳選手　水球選手
生年不詳～平成13年（2001年）3月19日
凹高知県幡多郡大正町（四万十町）　学早稲田大学卒　歴競泳選手として昭和9年マニラで開催された極東大会に出場、400メートル自由形3位、800メートルリレー優勝。11年のベルリン五輪には水球選手として出場、地元ドイツを相手にした予選で日本唯一の1点を挙げた。58年高知県スポーツの殿堂入り。

片岡 直温　かたおか・なおはる
実業家　衆議院議員　蔵相　商工相
安政6年（1859年）9月18日～昭和9年（1934年）5月21日
生土佐国高岡郡下半山村（高知県高岡郡津野町）　学高知陶冶学校〔明治8年〕卒　歴9歳で父が死去したため寺の小僧となる。のち高岡郡役所勤務を経て、明治14年上京、高陽会を組織し、自由党と対抗。17年内務省に入り滋賀県警察部長で退官。22年弘世助太郎と共同で日本生命保険会社を設立、副社長から36年社長。31年衆議院選挙に当選。大正13年護憲三派内閣で若槻礼次郎内相の内務政務次官。14年加藤高明内閣の改造で商工相、15年第一次若槻内閣の蔵相に就任。昭和2年震災手形整理法案に関連した議会で「東京渡辺銀行が破綻した」の答弁が、昭和金融恐慌の引き金になって若槻内閣総辞職。5年衆議院選挙で落選し勅選貴族院議員。著書に「大正昭和政治史の一断面一続回想録」がある。　家兄＝片岡直輝（実業家）、女婿＝片岡安（建築家）

片岡 直道　かたおか・なおみち
通信省航空局長
明治18年（1885年）10月1日～昭和28年（1953年）7月7日
凹大分県　名旧姓・旧名＝高妻　学五高卒、東京帝国大学法科大学政治学科〔大正2年〕卒　歴高妻家の二男で片岡家の養子となる。通信省に入省。昭和6年6月仙台通信局長を経て、11月通信省航空局長。12年退官。同年日本放送協会常務理事、13年大日本航空会社常務、14～18年同総務理事。

片岡 仁左衛門（12代目）　かたおか・にざえもん
歌舞伎俳優
明治15年（1882年）9月9日～昭和21年（1946年）3月16日
生東京府浅草区今戸（東京都台東区）　名本名＝片岡東吉、前名＝片岡我童、俳名＝芦燕　歴明治18年東千歳座で初舞台。34年12代目我童を襲名。昭和11年東京歌舞伎座で12代目仁左衛門を襲名。立役も女形もこなしたが、10年以降は15代目市川羽左衛門の女房役者を務めた。クールな美貌の持ち主で品位が備わり、口跡もよく、「朝顔日記」の深雪が生涯の当たり役とされた。21年3月16日敗戦直後の食糧難が原因で同居して

いた番頭に惨殺されるという不慮の死を遂げた（片岡仁左衛門一家惨殺事件）。　家父＝片岡仁左衛門（10代目），息子＝片岡我童（13代目），市村吉五郎（2代目），片岡芦燕（歌舞伎俳優），叔父＝片岡仁左衛門（11代目），いとこ＝片岡仁左衛門（13代目）

片岡 貢　かたおか・みつぐ

小説家
明治36年（1903年）12月1日〜昭和35年（1960年）8月17日
生静岡県静岡市　学早稲田実業卒　歴昭和初年に報知新聞学芸部入社。昭和10年貴司山治，木村毅らと実録文学研究会をおこして小説を書き始める。14年に海音寺潮五郎らとともに同人誌「文学建設」を発刊した。戦争末期，新聞統合令発令に際し退社。代表作には「小栗主従」など。

片岡 安　かたおか・やすし

建築家　都市計画家　関西建築協会会長
明治9年（1876年）6月4日〜昭和21年（1946年）5月26日
生石川県金沢市　名旧姓・旧名＝細野　学東京帝国大学工科大学建築学科〔明治30年〕卒　工学博士〔大正9年〕歴明治30年日本銀行に技師として入り，36年日銀大阪支店の建築に当たった。その縁で後の蔵相片岡直温の女婿となった。38年大阪に辰野金吾と共に辰野・片岡建築事務所を開き，辰野亡き後を継ぎ，関西屈指の建築事務所とした。大正6年関西建築協会（現・日本建築協会）を設立，昭和21年まで29年間会長の座を占めた。この間，大正8年片岡・松井建築事務所を東京に開設。11年には片岡建築事務所単独経営（昭和6年まで）。事務所の発展と共に東京に対抗した関西建築界の地位向上に大きく貢献した。また都市計画の面でも業績をあげた。昭和9年金沢市名誉市長となり，ほかに大阪工業会理事長，大阪商工会議所会頭も務めた。代表作に「三和銀行高麗橋支店」「金沢市市庁舎」など。著書に「現代都市之研究」「都市と建築」などがある。　家義父＝片岡直温（実業家・政治家）

片岡 良一　かたおか・よしかず

国文学者　北京師範大学教授
明治30年（1897年）1月5日〜昭和32年（1957年）3月25日
生神奈川県藤沢　専日本近代文学　学東京帝国大学国文科〔大正14年〕卒　歴大正14年，東京帝国大学卒業と同時に姫路高校教授となり，昭和5年東京府立高校教授となる。その間の大正15年「井原西鶴」を刊行。また日本近代文学研究に着手し，昭和16年「近代日本文学の展望」を刊行。のちに法政大学教授となり，16年から20年にかけて北京師範大学教授を務めたが，帰国して法政大学に戻る。他の主な著書に「近代日本文学の展望」「近代日本の作家と作品」「自然主義研究」「現代作家論叢」「夏目漱石の作品」などがある。

片倉 兼太郎（3代目）　かたくら・かねたろう

実業家　片倉製糸紡績社長　貴族院議員（多額納税）
明治17年（1884年）9月20日〜昭和22年（1947年）1月15日
生長野県　名幼名＝脩一　学諏訪実科中学中退　歴明治35年片倉組に入社。大正9年片倉製糸紡績取締役，昭和10年会長，16年社長。日本蚕糸製造社長，八十二銀行頭取，全国製糸業組合連合会会長，14〜22年多額納税の貴族院議員なども歴任した。　家父＝片倉兼太郎（2代目），伯父＝片倉兼太郎（1代目）

片倉 三平　かたくら・さんぺい

日東紡社長
明治23年（1890年）12月〜昭和52年（1977年）3月29日
出長野県　歴片倉製糸から独立して日東紡を創設，大正12年〜昭和12年社長。のち相談役となった。

片倉 衷　かたくら・ただし

陸軍少将
明治31年（1898年）5月18日〜平成3年（1991年）7月23日
出福島県　学陸士（第31期）〔大正8年〕卒，陸大〔昭和3年〕卒　歴昭和5年関東軍参謀部付となり，6年の満州事変では大尉で「満州事変機密政略日誌」を執筆，関東軍の軍事行動の詳細な記録となった。9年少佐に進級，対満事務局，第12師団参謀，軍務局課員などを歴任。11年の二・二六事件では統制派の有力メンバーとして皇道派から攻撃され，陸相官邸で磯部浅一に拳銃で撃たれ負傷した。12年再び関東軍参謀となり，太平洋戦争時には関東防衛軍，第15軍，18年ビルマ方面軍参謀，19年下志津飛行師団長となり，同年少将。20年には第202師団長として高崎で終戦を迎えた。著書に「戦陣随録」。

片瀬 淡　かたせ・あわし

病理学者　大阪帝国大学教授
明治17年（1884年）7月7日〜昭和23年（1948年）1月4日
生熊本県　出大阪府箕面市　学大阪府立高等医学校〔明治42年〕卒　医学博士〔大正10年〕歴佐多愛彦門下。大正4年スイスのジュネーブに留学。9年京府立大阪府立医科大学教授，昭和6年大阪帝国大学教授となり，20年定年退官。この間カルシウム代謝の病理研究に打ち込み，家兎などに蔗糖を長期間与え，長管骨に骨多孔症を伴う狭長型体型を作り上げた。また高脂肪蛋白食などを含めアチドージス環境，野菜やミネラル食などで広胸型体型を来たすことをアルカロジス環境とし，日本病理学会で「体質病理の実験的研究」として発表，栄養病理学，母体環境医学への先駆となった。　賞ウィルヒョウ賞（第7回）〔昭和4年〕

形田 藤太　かただ・とうた

国文学者
明治34年（1901年）8月8日〜昭和14年（1939年）3月9日
出福岡県戸畑市　学東京帝国大学国文科〔昭和2年〕卒　歴昭和4年東京府立一中教諭となり，7年明治文学会が結成されると同時にその資料部に属し，資料の整理に当たった。没後の15年「故形田藤太遺稿論叢並代々木山房形田文庫蔵書目録」が刊行された。

片多 徳郎　かただ・とくろう

洋画家
明治22年（1889年）6月24日〜昭和9年（1934年）4月28日
生大分県西国東郡高田町（山鹿市）　学東京美術学校西洋画科　歴美校在学中，文展に初出品して入選，以後，大正6年の第11回展で「妓女舞踊図」が特選，7年帝展に出品の「花下月人」も特選となった。さらに8年の「霹靂」で推薦となり，33歳で帝展審査員に挙げられた。昭和4年「秋果図」，7年「秋果一枝」を帝展に出品，晩年明治神宮絵画館の壁画「憲法発布観兵式行幸啓図」を描いた。しかし酒に心身を害し，45歳で自殺した。絶筆となった「風景」のほか「夜の自画像」「黄菊白菊」「或る人の母」「婦女沐浴」「精神病者」「郊外の春」などがある。

片野 重脩　かたの・しげなが

実業家　衆議院議員
明治24年（1891年）1月21日〜昭和53年（1978年）3月27日
生秋田県横手市　学東京帝国大学法学部中退　歴病気のため中退して帰郷し，大正11年横手町長に就任。12年秋田県議に選出され，昭和3年には同議長を務めた。5年衆議院議員に当選し，政友会に所属。2期に渡って国政に参画した。その傍ら，県内の各農業団体や帝農，中央農業会などの要職にあり，秋田の農業会を先導。太平洋戦争後は実業界で活躍し，26年に秋田県バス協会会長となったほか，秋田銘醸会長・田沢観光取締役・ABS秋田放送取締役などを歴任。また，秋田無尽（現・北都銀行）の創立にも携わった。その活動は秋田の農業・観光・

放送・財界・交通・食品の各方面に跨り、それらの功績により44年県文化功労者。52年羽後交通社長。

片山 有樹　かたやま・ありき
海軍技術少将
明治27年（1894年）8月19日～昭和60年（1985年）12月22日
[出]広島県　[学]東京帝国大学〔大正8年〕卒　[歴]海軍省に入り、ドイツ留学して潜水艦設計の権威となった。真珠湾攻撃に参加した特殊潜航艇や、当時世界最大といわれた伊号400型潜水艦などの設計に活躍した。戦後も防衛庁の初の国産潜水艦「おやしお」の設計アドバイスに当たった。

片山 一男　かたやま・かずお
丸善石油社長 衆議院議員
明治25年（1892年）3月7日～昭和28年（1953年）12月27日
[生]岡山県久米北条郡大井西村（津山市）　[学]神戸市立商業学校卒　[歴]昭和6年岡山県議に当選。11年に衆議院議員に当選した。戦後は公職追放され、丸善石油社長、会長ほ歴任した。

片山 国幸　かたやま・くにゆき
整形外科学者 東京慈恵会医科大学名誉教授
明治17年（1884年）9月18日～昭和37年（1962年）2月16日
[生]東京都　[学]東京帝国大学医科大学〔明治43年〕卒 医学博士　[歴]明治43年～大正3年ドイツに留学。11年東京慈恵医院医学専門学校が大学に昇格、同大整形外科初代教授となり、13年欧米に留学、身体障害者の後療法について研究した。昭和5年「義肢と切断術」を学会宿題報告、その後、肩関節離断術後の片山式能動義肢を製作した。また骨関節結核についても研究を進めた。19年退職し名誉教授となった。著書に「一般医家に必要なる整形外科」などがある。　[家]父＝片山国嘉（法医学者）

片山 孤村　かたやま・こそん
ドイツ文学者 評論家 九州帝国大学教授
明治12年（1879年）8月29日～昭和8年（1933年）12月18日
[生]山口県佐波郡船路村（山口市）　[名]本名＝片山正雄　[学]東京帝国大学独文科〔明治35年〕卒　[歴]独文学者として七高造士館教授、学習院教授などを歴任。明治38年「神経質の文学」を発表して注目され、評論家としても活躍する。41年「最近独逸文学の研究」を刊行し、44年から大正2年にかけてドイツへ留学。5年「独逸文法辞典」を刊行し、10年三高教授兼京都帝国大学文学部講師を経て、15年九州帝国大学文学部教授に就任。昭和2年「双解 独和大辞典」を刊行し、4年「双解 独和小辞典」を刊行した。ドイツ文学の紹介に努め、ドイツ語界の第一人者だった。他の著書に「伯林」がある。

片山 潜　かたやま・せん
社会運動家 国際共産主義運動指導者
安政6年（1859年）12月3日～昭和8年（1933年）11月5日
[生]美作国粂郡羽出木村（岡山県津山市）　[名]幼名＝藪木管太郎，号＝深甫　[学]岡山師範中退，グリンネル大学，エール大学　[歴]庄屋の二男に生まれる。岡山師範中退後上京、印刷工の傍ら勉学に励み、明治17年渡米、グリンネル大学、エール大学で学ぶ。留学中キリスト教に入信。29年帰国後、日本の労働運動、社会主義運動、生協活動の先駆者となり、31年安部磯雄、幸徳秋水らと社会主義研究会を設立、34年には社会民主党を結成。37年アムステルダムの第二インター第6回大会に日本代表として出席、ロシア代表のプレハーノフとの不戦を誓う握手は有名。その後、東京市電スト指導で検挙され、出獄後大正3年渡米、以後国外にあった。ロシア革命後の10年ソ連入りし、11年コミンテルン幹部会員に選ばれ、日本共産党の結成とその後の活動を指導。'27年テーゼ、'32年テーゼの作成に参画。死後クレムリンの赤壁に葬られる。著書に「日本の労働運動」「わが回想」「片山潜著作集」などがある。平成2年岡山県久米南町に記念館が建てられた。

片山 哲　かたやま・てつ
社会運動家 弁護士 衆議院議員
明治20年（1887年）7月28日～昭和53年（1978年）5月30日
[生]和歌山県西牟婁郡田辺町（田辺市）　[学]三高卒，東京帝国大学法科大学独法科〔明治45年〕卒　[歴]大正2年弁護士開業。キリスト教的社会主義を説いた安部磯雄の社会運動に共鳴、日本労働総同盟、日本農民組合の顧問弁護士として無産運動に力を入れる。この間、7年“1件1円”の大衆法律相談所を開設、9年「中央法律新報」を発行。15年社会民衆党結成に際して書記長に就任。昭和5年第2回普通選挙で神奈川2区から衆議院議員に当選、以来戦前・戦後を通じて通算10期。7年社会大衆党書記長となるが、15年軍を批判した斎藤隆夫代議士の除名に反対し、自らも除名となる。戦後、20年11月日本社会党の初代書記長になり、21～25年委員長。この間、22年民主党、国民共同党と連立内閣を組み首相に就任した。23年総辞職。

片山 桃史　かたやま・とうし
俳人
大正1年（1912年）8月～昭和19年（1944年）1月21日
[生]兵庫県氷上郡　[名]本名＝片山隆夫　[学]兵庫県立柏原中学卒　[歴]三和銀行に勤務しながら句作をし、ホトトギスを経て日野草城に師事する。新興俳句運動に励み、昭和15年「北方兵団」を刊行。その間12年から15年にかけて日華事変に応召するが、16年再応召され、ニューギニアで戦死した。

片山 敏彦　かたやま・としひこ
詩人 評論家 ドイツ文学者 法政大学教授
明治31年（1898年）11月5日～昭和36年（1961年）10月11日
[生]高知県高知市　[学]東京帝国大学文学部独文科〔大正13年〕卒　[歴]法政大学予科教授となり、昭和4年渡欧、フランス、ドイツで文学者たちと交わる。7～20年一高、法政大学教授。22年東京帝国大学文学部で「独仏文学の交流」を講じた後、著作と翻訳に専念、詩人、独・仏文学者として活躍した。とくにロマン・ロランの紹介で知られ、大正15年にはロマン・ロラン友の会を設立、会長となる。また文化論、芸術論なども執筆した。詩集に「朝の林」「片山敏彦詩集」「詩心の風光」、評伝に「ロマン・ロラン」、訳書に「カロッサ詩集」など。「片山敏彦著作集」（みすず書房，全10巻）がある。

片山 外美雄　かたやま・とみお
農芸化学者 九州帝国大学教授
明治10年（1877年）12月～昭和6年（1931年）12月17日
[生]東京都　[学]東京帝国大学農科大学卒 農学博士〔大正6年〕　[歴]明治41年農商務省農事試験場に入り、臨時産業調査局技師、農商務技師などを歴任。大正12年九州帝国大学農科大学開設と同時に教授に就任。製糖法などを研究した。

片山 牧羊　かたやま・ぼくよう
日本画家
明治33年（1900年）～昭和12年（1937年）8月26日
[出]広島県尾道　[名]本名＝片山健三　[歴]蔦谷龍岬に師事し、昭和2年「おぼろ」が帝展に初入選。以後6年まで連続入選した。

片山 正夫　かたやま・まさお
物理化学者 東京帝国大学教授
明治10年（1877年）9月11日～昭和36年（1961年）6月11日
[生]岡山県都宇郡早島新田村（倉敷市）　[学]一高卒，東京帝国大学理科大学化学科〔明治33年〕卒 理学博士〔明治43年〕　[資]帝国学士院会員〔昭和12年〕　[歴]明治35年東京高等工業学校教授となり電気化学を講じ、38年ドイツ、米国に留学、帰国後44年新設の東北帝国大学教授となった。大正8年東京帝国大

学教授に転じ、物理化学講座を担当。10年度、11年度日本化学会会長、昭和12年帝国学士院会員。我が国原子論的物理化学の分野の開拓者で、二酸化窒素の分離及び硫酸の分解に関する平衡の研究、表面張力と温度との片山式関係式などは有名。また原子論的立場で熱力学の有効性に力点を置いた1000ページ余の教科書「化学本論」を著わし、学界に大きく貢献した。他に「分子熱力学総論」「化学談義」などがある。

片山 義雄　かたやま・よしお
海軍兵曹長 真珠湾攻撃の "九軍神"
大正7年(1918年)9月10日〜昭和16年(1941年)12月8日
生岡山県赤磐郡五城村(岡山市)　学海軍潜水学校高等科〔昭和16年〕卒　歴昭和11年呉海兵団に入団。海軍水雷学校高等科、海軍潜水学校を卒業後、真珠湾攻撃に参加する特別攻撃隊隊員に指名される。16年12月8日未明の真珠湾攻撃の際、広尾彰海軍少尉と二人乗りの特殊潜航艇「甲標的」に乗り込み、戦死。同時に戦死した岩佐直治大尉ら7人と "九軍神" とされ、戦意高揚のため喧伝された。

華頂 博信　かちょう・ひろのぶ
侯爵 海軍大佐 貴族院議員
明治38年(1905年)5月22日〜昭和45年(1970年)10月22日
名旧姓・旧名=伏見宮博信　学海兵(第53期)〔大正14年〕卒　歴伏見宮博恭王の第三王子で、大正15年閑院宮第五女・華子と結婚。嗣子がなく断絶になっていた華頂宮家を継ぎ、皇籍を離脱して侯爵となった。同年海軍少尉に任官。昭和10年貴族院議員。17年海軍中佐に昇る。戦後、海軍大佐で予備役に編入。戦後の26年離婚、皇族結婚の悲劇として話題を呼んだ。その後、再婚・渡米した。　家父=伏見宮博恭(海軍大将・元帥)

勝 正憲　かつ・まさのり
逓信相 衆議院議員
明治12年(1879年)5月21日〜昭和32年(1957年)11月11日
生福岡県　学東京帝国大学法科大学独法科〔明治38年〕卒　歴大蔵省に入り税務監督官、松江、長崎、鹿児島、長野、仙台、東京各税務監督局長、函館税関長、国税課長、駐米財務官などを歴任。昭和3年普選第1回総選挙に福岡県から出馬当選、以来連続当選6回。民政党に入り大蔵参与官、商工政務次官、党幹事長、総務を務め、15年米内光政内閣の逓信大臣となった。17年の翼賛選挙で翼政協委員、翼生会常任総務、日政会総務などを務めた。戦後公職追放、解除後27年日本再建連盟顧問のほか九州鉱山会長、日本実業取締役などを歴任した。

勝浦 正山　かつうら・しょうざん
尺八奏者
安政3年(1856年)6月3日〜昭和17年(1942年)10月31日
出岡山県　名本名=勝浦繁太郎、別号=碧松軒　歴尾崎真竜に入門し、明暗真法流(みょうあんじんぽうりゅう)本曲全曲を伝授された。明治21年頃京都で一派を成し、明暗教会京都部長として活躍した。正式の後継者がなかったため、流としては一代で途絶える。

勝田 永吉　かつた・えいきち
衆議院副議長
明治21年(1888年)11月〜昭和21年(1946年)4月13日
出大阪府　学東京帝国大学卒　歴弁護士となり、大阪弁護士会副会長などで活躍。昭和3年衆議院議員となり以来当選6回。民政党に属し、内務参与官、党総務、内務政務次官を歴任。戦時中翼政会常任総務、日政会政調会長、20年衆議院副議長となった。

勝田 銀次郎　かつた・ぎんじろう
実業家 勝田商会創業者 衆議院議員
明治6年(1873年)10月1日〜昭和27年(1952年)4月24日
生愛媛県松山市　歴明治27年上京、東京英和学校高等科(現・青山学院)に学ぶ。33年勝田商会を創立。第一次大戦で船成金として成功を収め、一時は神戸第一の富豪といわれた。また、大正6年より神戸市議を5期務め、昭和8年5月市議会議長。同年同12年〜16年同市長を務めた。この間、大正7〜14年多額納税貴族院議員。昭和5年衆議院議員に当選、1期。政友会に所属した。

勝田 香月　かつた・こうげつ
詩人
明治32年(1899年)3月3日〜昭和41年(1966年)11月5日
生静岡県沼津市本町　名本名=勝田穂積　学日本大学　歴20歳で「国民中学会」の編集者となり、苦学して日大で学ぶ。在学中、「日本大学新聞」を創刊する。その傍ら詩作をし、大正8年「旅と涙」を刊行。以後「どん底の微笑」「心のほころび」「哀別」などを刊行。また「独学者の手記」や評論「逆境征服」などの著書もある。

勝野 金政　かつの・きんまさ
ソ連強制収容所の囚人体験の手記を執筆
明治34年(1901年)〜昭和59年(1984年)1月13日
生長野県　学早稲田大学卒　歴大学卒業後パリ大学に留学。その後トルストイのヒューマニズムに感化され、労働問題に関心を抱き、フランス共産党に入党。昭和3年国外追放処分にされ、ドイツ経由でモスクワ入り。コミンテルン(国際共産組織)の幹部会員、片山潜の秘書となり、ソ連に党籍を移籍。5年スパイ容疑で突然逮捕。5年の刑を受け、モスクワの監獄、シベリア・マリンスクの国営農場を経て、運河建設のため白海のラーゲリ(強制収容所)で囚人労働に就き、病院の助医も務めた。9年釈放され、日本大使館に逃げ込んで転向、満州ハルビンへ脱出。帰国後、陸軍参謀本部嘱託を経て、故郷で製材工場を経営。平成8年長野県・南木曽町の親戚宅から、強制労働時代に書いた手記「白海に怒号する」が発見された。9年ゴルバチョフ政権下の元年1月に過去にさかのぼって名誉が回復されていることが判明し、ロシア最高検察庁から、遺族のもとに証明書が届いた。

勝野 ふじ子　かつの・ふじこ
小説家
大正4年(1915年)3月5日〜昭和19年(1944年)3月21日
出鹿児島県薩摩郡入来町副田(薩摩川内市)　名本名=勝野フジノ　学鹿児島県立第二高等女学校〔昭和7年〕卒　歴昭和14年「九州文学」に掲載された小説「蝶」で文壇デビュー、芥川賞選考会でも話題となった。その後「うしろかげ」「平田老人」など9編の小説と数種の短歌を残すが、肺結核のため29歳で死去した。平成14年勝野ふじ子を偲ぶ会により故郷の鹿児島県入来町の樋脇川のほとりに文学碑が建立された。

勝間 貞次　かつま・ていじ
実業家 大日本光学協会理事長
明治20年(1887年)〜昭和14年(1939年)11月21日
生滋賀県坂田郡　歴11歳で上京し、眼鏡屋に奉公。その8年後に高林レンズ工場の徒弟となり、13年にわたって精密機器製造の技術を磨いた。大正6年東京・小石川原町に勝間光学器械製造所を創業。次いで精工舎測器部と合併し、東京写真機械に改組した。昭和9年には富士光学器械製作所(のち富士光学工業)を設立し、ドイツ・ツアイスイコン社のイコンタシックスに似たライラカメラなど大衆向け写真機の製造で名を知られた。また大日本光学協会理事長、東京光学機械工業組合理事などを歴任した。

勝俣 銓吉郎　かつまた・せんきちろう

英語学者　早稲田大学名誉教授

明治5年（1872年）11月18日～昭和34年（1959年）9月22日

生神奈川県　名本名＝勝俣銓吉　学国民英学会卒　歴明治18年横浜郵便局に勤務。29年上京して国民英学会に入学し、30年から34年にかけてジャパン・タイムズ記者を務める。39年早稲田大学講師となり、英語学者として活躍。36年「応用英和新辞典」をスワンとの共著で刊行。昭和18年名誉教授。「英和例解要語大辞典」「新英和大辞典」などを刊行した。

勝見 正義　かつみ・まさよし

映画監督

明治36年（1903年）1月1日～昭和36年（1961年）9月8日

生北海道　学東京外国語大学英文科卒　歴松竹蒲田のスター勝見庸太郎の弟で、兄の仕事ぶりを見て監督を志し、大正14年京都のマキノ入社。沼田紅緑に指導された。勉強ぶりを見込んだ牧野省三は共同で第1作「白虎隊」（14年）を監督させた。同年秋西条照太郎シナリオで「目明かし佐吉の死」を、次いで「復讐と兄弟」を監督。15年兄と共に勝見プロダクション設立、第1作「恋の丸橋」。昭和4年マキノとの契約が切れ勝見プロも同年解散、大都映画入社。9～10年に「勇肌一心太助」「疾風の新三」など7本を監督した。間もなく退社。中国大陸放浪を経て、帰国。　家兄＝勝見庸太郎（俳優）

勝峰 晋風　かつみね・しんぷう

俳人　国文学者

明治20年（1887年）12月11日～昭和29年（1954年）1月31日

生東京市牛込区矢来町（東京都新宿区）　名本名＝勝峰晋三、別号＝黄橙苑　学東洋大学〔明治43年〕卒　歴小樽新聞、報知新聞、万朝報、時事新報等の記者を歴任し、関東大震災以後は、俳諧の研究や著述に専念する。大正15年「黄橙」を創刊。15年から昭和3年にかけて「日本俳書大系」全17冊を編纂し、昭和6年「新編芭蕉一代集」4冊を刊行。句集「汽笛」や「明治俳諧史話」「奥の細道創見」などの著書がある。

勝目 テル　かつめ・てる

婦人運動家　消費組合運動家　新日本婦人の会代表委員

明治27年（1894年）7月6日～昭和59年（1984年）10月3日

生鹿児島県日置郡市来村（日置市）　学鹿児島県教員養成所卒　歴鹿児島県内で小学校教員の後、社会主義運動に入り昭和3年に上京。西郊消費組合幹事、関東消費組合連盟のち日本無産者組合連盟本部中央委員、婦人部長などを歴任。その他、日本赤色救済会等にも参加するが、8年に検挙・投獄される。戦後は21年に共産党に入党。日本民主婦人協議会会長、日本生活協同組合連合会婦人対策部員、新日本婦人の会代表委員を務め、婦人の地位向上のため尽くした。自伝に「未来にかける日日」がある。

勝本 清一郎　かつもと・せいいちろう

文芸評論家　近代文学研究家

明治32年（1899年）5月5日～昭和42年（1967年）3月23日

生東京市日本橋区南茅場町（東京都中央区）　名別名＝松山敏　学慶応義塾大学美術史科〔大正12年〕卒　歴大正6年高浜虚子の弟子となる。学生時代から戯曲、評論、俳句などを発表し、大学院修了後は「三田文学」編集委員となる。昭和2年「社会主義文芸論の修正」を発表し、プロレタリア文学の評論家として活躍し始め、プロレタリア作家同盟代表としてソビエトやベルリンに行く。その間、5年に「前衛の文学」を、6年に「赤色戦線を行く」を刊行。10年頃から近代日本文学の実証的研究を手がけ、15年中央公論社出版文化研究室主任となる。戦後は「北村透谷全集」の編集に努力し、26年日本近代文学会の創立に参加、また日本ユネスコ連盟の理事も務め、28～34年東京都立大大学院で近代日本文学を講じた。他の著書に

「日本文学の世界的位置」「近代文学ノート」などがある。

勝本 正晃　かつもと・まさあきら

民法学者　東北帝国大学法文学部教授

明治28年（1895年）5月5日～平成5年（1993年）4月17日

生東京都　専著作権法　学東京帝国大学独法科〔大正7年〕卒　法学博士　資日本学士院会員　歴東京帝国大学助手を経て、欧米に留学し、大正13年東北帝国大学法文学部教授。昭和22年京都大学法学部教授を兼任。26年弁護士を開業。29年東京都労委会長を務めた。

桂 小文治（2代目）　かつら・こぶんじ

落語家

明治26年（1893年）2月28日～昭和42年（1967年）11月28日

生大阪　名本名＝稲田祐次郎、前名＝桂小米、桂米丸　歴明治39年7代目桂文治に入門、桂小米の名で浪花三友派所属、45年桂米丸。大正6年月給制の東京寄席演芸株式会社が設立され、浪花三友派より派遣され上京、7年小文治を襲名、真打ちとなった。その後落語睦会に転じたが、昭和6年睦会を脱退し、日本演芸協会を結成した。8年春風亭柳橋、柳家金語楼らの日本芸術協会に一派を率いて合流、協会幹部となった。上方ネタ、芝居咄の「紙屑屋」「蛸芝生」「腕食い」などを得意とした。

桂 ざこば（1代目）　かつら・ざこば

落語家

生年不詳～昭和13年（1938年）9月19日

名本名＝小倉幸次郎、前名＝三遊亭柳吉、洗場亭さん助、桂三輔　歴笑福亭光蝶、三遊亭柳吉、洗場亭さん助、桂三輔を経て、大正9年4月に桂ざこばと改名。新しがり屋で、英語がポンポン飛び出す落語で人気があった。三輔時代に「新町ぞめき」、ざこばになってから「脱線車掌」「野球見物」などの新作をレコードにしている。昭和6～8年、大阪でラジオ出演し、十八番の「宿がえ」などを演じた。晩年は引退。「ざこば」とは大阪市にあった魚市場のこと、雑喉場と書いた。

桂 三八　かつら・さんぱち

落語家

明治10年（1877年）8月13日～昭和15年（1940年）3月2日

生大阪府岸和田　名本名＝中川淳吉、前名＝桂光輔　歴京都で奉公に出た後、桂文光に入門して光輔。三八連隊で出征中、陣中の余興で人気者となり、旅団長の勧めにより除隊後に三八と改名した。時事問題をとりあげた独特の漫談風落語で人気を得た。

桂 塩鯛　かつら・しおだい

落語家

明治10年（1877年）～昭和18年（1943年）3月15日

名本名＝岡本密太郎、前名＝笑福亭勝寿、笑福亭福寿、笑福亭万歳、太平洋鯱丸、桂米紫　歴笑福亭勝鶴に入門、勝寿。その後、初代笑福亭福松門下に転じて福寿を名のり、さらに4代目笑福亭松鶴の門下となって万歳。師の主宰する寿々女会には参加せず互楽派に移り、太平洋鯱丸と称した。同派解散後、3代桂文団治門も移って米紫となり、大正8年塩鯛と改名した。

桂 章太郎　かつら・しょうたろう

俳優

大正3年（1914年）5月8日～昭和10年（1935年）

生東京都　名本名＝松田秀雄　学日大附属中中退　歴昭和4年15歳で東亜キネマに入社し、7年尾上菊太郎プロに参加。「元禄村雨格子」「若様大学」の脇役で頭角を現し、同プロ第2部の「怪傑鬼神組」の主役に抜擢された。8年宝塚キネマに転じ、羅門光三郎、阿部九州男につぐスターとして「天変二筋道」「男伊達三度笠」に主演。同年大都映画に移り、三城輝子とのコ

ンビで「霧の中の仁侠児」「日本巌窟王」などで人気を博した。明朗型のスターとして嘱望されたが、10年満州独立守備隊に従軍し戦死した。

桂 扇枝（3代目） かつら・せんし
落語家
生年不詳～昭和7年（1932年）2月
名本名＝田原芳二郎、前名＝桂三蝶、三蝶。大正8年3代目桂扇枝を襲名。客から借りた品物で、即席のお題噺を作るのを得意とした。

桂 南天 かつら・なんてん
落語家
明治22年（1889年）～昭和47年（1972年）9月20日
生大阪府大阪市東区 名本名＝竹中重春 歴父はニワカ師の大和家小宝楽。桂南光に弟子入りし、重光。明治40年仁助を名のり、大正時代の後半に南天と改名した。落語以外にも様々な芸をこなせ、“諸芸十八般”を銘打って一人で演芸大会を開き、手品・紙切り・記憶術・一人喜劇・踊り・即席話・落語・人情噺・錦影絵などを演じた。

桂 春団治（2代目） かつら・はるだんじ
落語家
明治27年（1894年）8月5日～昭和28年（1953年）2月25日
生大阪府久宝町 名本名＝河合浅次郎、前名＝桂春蝶、桂福団治 歴初代春団治の弟子。喜劇俳優となったが27歳の時先代に認められ弟子入りした。春蝶、福団治と名のり、昭和9年2代目春団治を襲名。先代の譲りもの「へっついの泥棒」「ふたなり」などが得意だったが、お座敷の色ばなしに真価を発揮した。上方落語界の重鎮として先代を超えて新生面開拓に努めたが、28年心臓病に倒れた。平成11年上方演芸の殿堂入り。
家長男＝桂春団治（3代目）

桂 文治（8代目） かつら・ぶんじ
落語家 落語協会会長
明治16年（1883年）1月21日～昭和30年（1955年）5月20日
生東京都 名本名＝山路梅吉、前名＝翁家さん勝、桂才賀、桂慶枝、翁家さん馬 歴明治31年義太夫の竹本梅太夫から翁家さん馬の門に入り翁家さん勝と名のった。35年6代目桂文治の養子となり桂才賀の名で二つ目。39年大阪で桂文枝に入門して桂慶枝。大正2年東京に帰り翁家さん馬で真打ちとなった。11年8代目桂文治を襲名した。大正末から昭和30年代まで文治として活躍、芝居噺に長じ「祇園祭」を得意とした。落語協会会長。 家養父＝桂文治（6代目）

桂 弁三 かつら・べんぞう
冶金学者 東京帝国大学教授
明治7年（1874年）9月18日～昭和36年（1961年）1月25日
生山口県下関市 名旧姓・旧名＝西、号＝長陽 学東京帝国大学工科大学採鉱冶金学科〔明治31年〕卒 工学博士（東京帝国大学）〔大正2年〕 歴西家の三男で、桂家を相続。明治31年製鉄所に入り、33年欧米出張、34年帰国。35年東京帝国大学工科大学助教授となり、40年採鉱冶金学研究のため欧米へ留学。43年帰国して教授に昇任。昭和10年退官。日本鉱業会会長、工学院大学理事長を務めた。

桂 三木助（2代目） かつら・みきすけ
落語家
明治17年（1884年）11月27日～昭和18年（1943年）12月1日
生奈良県五条 名本名＝松尾福松 歴昭和27年から2代目桂南光（のち仁佐衛門）門下で手遊（おもちゃ）を名のり少年落語家となったが、日露戦争に従軍、39年帰還後、2代目桂三木助を襲名した。その後上京して橘家円喬の門に入り東京人情噺

を修得した。このためレパートリーは広く、東西落語の生き字引といわれた。「箒屋娘」「宇治の柴船」「煙草の火」「夏の遊び」「立ち切れ線香」「三年目」などを得意とした。舞踊も落語家離れのした秀技なものだったが、晩年、群舞中に倒れ耳を悪くした。SPレコード「宿屋仇」「動物園」などがある。

桂 光春 かつら・みつはる
彫金家
明治4年（1871年）9月3日～昭和37年（1962年）8月31日
生東京都葛飾区 名本名＝桂米次郎 歴明治15年彫金家豊川光長に彫金を学び、27年明治天皇銀婚式に東京市から献上の御物を師の光長と共に制作した。28年東京彫工会展で受賞、30年に独立。内外の博覧会、展覧会、競技会などに出品、受賞した。43年英国王戴冠式の際、皇室献上の純銀製金象嵌大落盛器の鳳凰の図を制作した。大正3年日本美術協会、東京牌工会、日本金工協会の審査員、鑑査主任となった。13年政府の依頼でパリ万国博覧会に掛額「元禄踊の図」「游鯉の図」を出品、昭和4年帝国美術院推薦となった。5年ベルギーのリエージュ万国産業博覧会に飾皿を出品、大賞牌を受けた。8年シカゴ万国博覧会に銀製の宝石箱を出品、受賞。11年オランダ女王の慶事に在日オランダ人一同献上の「朧銀花瓶渓山幽煙の図」を依頼されて制作した。

桂 米団治（4代目） かつら・よねだんじ
落語家
明治29年（1896年）9月3日～昭和26年（1951年）10月23日
生大阪府大阪市 名本名＝中浜賢三、前名＝桂米之助、筆名＝中浜静甫 歴大阪・道頓堀に生まれ、幼い頃にキリスト教の洗礼を受ける。明治45年3代目桂米団治に入門、桂米之助を名のり、大正2年初高座。7年二ツ目。11年吉本興業に入るが、12年脱退。以後、しばらく芸界を離れた。昭和5年桂小春団治と桃源座を組織したが、半年ほどで再び芸界を引退。11年5代目笑福亭松鶴の楽語荘に参加、同荘主催の落語会に出演する傍ら、中浜静甫の筆名で雑誌「上方はなし」で健筆をふるい、編集にも従事。13年代書人の資格を取得して自宅で代書屋を開業、その後、この経験を生かして昭和を代表する新作落語「代書屋」を作った。18年4代目桂米団治を襲名。門下に3代目桂米朝らがいる。第5回上方演芸の殿堂入り。

桂川 質郎 かつらがわ・しちろう
力士 居合道研修館館長
明治40年（1907年）3月29日～平成15年（2003年）10月24日
回宮城県名取市 名本名＝檀崎質郎、年寄名＝北陣、別名＝檀崎友彰 歴小学生の頃から剣道を学ぶ。楯山部屋を経て、伊勢ケ浜部屋に入門。昭和2年初土俵。小兵ながら小気味のいい取り口で活躍。7年十両、9年入幕。17年夏場所で引退。最高位は前頭筆頭、幕内存位15場所、通算72勝112敗9休。引退後、年寄・北陣を襲名し、木瀬部屋を継ぐ傍ら相撲錬成道場も開く。42年廃業。その後、居合道の13年居合の中山博道のもとに入門。47年最高位の9段に。その後、居合道範士9段、剣道教士7段、杖道範士に昇格。居合道研修館館長を務めた。著書に「居合道」「夢想神伝流居合心法」などがある。 家女婿＝清の盛瀬平（力士）

葛城 文子 かつらぎ・ふみこ
女優
明治11年（1878年）7月29日～昭和20年（1945年）8月19日
回東京市芝区（東京都港区） 名本名＝増田ゆき 学東京音楽学校卒 歴明治38年から文士劇、有楽座女優劇、井上正夫の連鎖劇などを経て、大正6年井上監督の活動写真「毒草」「比子の親」などに出演。昭和4年松竹蒲田入社、5年牛原虚彦監督「若者よなぜ泣く」、6年小津安二郎「淑女と髯」から16年「戸田家の兄妹」など淑女・母親役の名脇役ぶりを発揮。他に

「生さぬ仲」「隣の八重ちゃん」「春琴抄・お琴と佐助」「愛染かつら」前後篇、「暖流」「新しき家族」など。戦争中も「日本の母」「仮面の舞踏」、最後の出演は「乙女のいる基地」。

加藤 栄吉　かとう・えいきち
海軍大佐
明治30年（1897年）1月10日〜昭和21年（1946年）8月1日
[生]福島県会津若松市　[出]宮城県仙台市　[学]東北学院普通科〔大正4年〕卒、海兵（第46期）〔大正7年〕卒　[歴]大正8年海軍少尉に任官。昭和16年海軍大佐に昇り横須賀海軍警備隊参謀兼横須賀第一海兵団副団長兼教頭。18年ソロモン諸島のブカ島海軍第八十七警備隊司令となり、20年敗戦でオーストラリア軍に降伏。軍事裁判で警備隊が島民の虐殺事件での戦犯容疑を追及され、21年全責任を負って処刑された。部下は全員帰国。平成8年没後50年を機に、長男で仙台育英学園理事長・加藤昭と、海軍の部下ら7人により加藤栄吉海軍大佐殉国刊行会が結成され、9年追悼本「殉国」が出版された。　[家]長男＝加藤昭（仙台育英学園理事長）、岳父＝木村辰次（陸軍軍医少将）

嘉藤 栄吉　かとう・えいきち
野球選手
生年不詳〜平成20年（2008年）6月28日
[生]兵庫県明石市　[学]明石中（現・明石高）卒　[歴]昭和7年夏から9年春まで明石中（現・明石高）の三塁手、二塁手として4季連続で甲子園に出場。特に、球史に残る名勝負として名高い8年夏の準決勝・対中京商（現・中京大中京高）戦では、0対0で迎えた延長25回裏、無死満塁のピンチでバックホームの球を高めにそらしサヨナラ負けを喫した。卒業後は満州に渡り、実業団チームに所属。その後、現地で応召した。戦後は地元のゴムメーカー・内外ゴムに就職、トップボール（準硬式）の開発に携わった。平成15年全国高校野球選手権兵庫大会で始球式投手を務めた。伝説の一戦となった対中京商戦の最後の生存者だったが、20年90歳で病没した。

加藤 英舟　かとう・えいしゅう
日本画家
明治6年（1873年）12月15日〜昭和14年（1939年）2月15日
[生]愛知県名古屋市　[名]本名＝加藤栄之助　[学]京都市画学校卒　[歴]初め郷里の奥村石蘭に学んだのち、幸野楳嶺に四条派を学ぶ。明治28年岸竹堂に師事し、30年竹内栖鳳に入門。傍ら富岡鉄斎に和漢故実を学んだ。27年京都市美術工芸品展で4等となり、30年全国絵画共進会で褒状、36年内国勧業博で「野猪」が褒状を受けた。また新古美術品展でも受賞を重ねた。41年第2回文展に初入選。43年第4回の「秋晴」が宮内省買上げとなり、大正元年第6回「かすみ網」が褒状を受賞。花鳥動物を得意とし、小品の花鳥画に佳作を残した。昭和2年帝展委員となる。また東本願寺黒書院の襖に藤花を揮毫、御前揮毫なども務め、4年日華展覧会委員として訪中した。

加藤 於菟丸　かとう・おとまる
宮城県知事
明治29年（1896年）7月19日〜昭和58年（1983年）8月11日
[生]岐阜県　[学]東京帝国大学政治学科〔大正10年〕卒　[歴]内務省会計課長、昭和14年佐賀県知事、厚生省衛生局長、17年宮城県知事などを歴任。大同コンクリート工業社長も務めた。

加藤 介春　かとう・かいしゅん
詩人
明治18年（1885年）5月16日〜昭和21年（1946年）12月18日
[生]福岡県田川郡上野村大字市場　[名]本名＝加藤寿太郎　[学]早稲田大学英文科〔明治42年〕卒　[歴]早大在学中の明治38年「白鳩」を創刊して詩作を発表する。40年早稲田詩社の創立に参加し、42年自由詩社を創立するなどして口語自由詩を実践。卒

業後は九州日報社に入社するが、選挙違反の容疑で検挙される。昭和3年福岡日日新聞社に入社。詩集に「獄中哀歌」「梢を仰ぎて」「眼と眼」「黎明の歌」など。

加藤 一夫　かとう・かずお
詩人　評論家　思想家
明治20年（1887年）2月28日〜昭和26年（1951年）1月25日
[生]和歌山県西牟婁郡大都河村（すさみ町）　[学]明治学院神学部〔明治43年〕卒　[歴]大学卒業後2年ほどキリスト教の伝道をしたが、後に文芸を志し、トルストイの影響を受けたキリスト教的社会主義とアナーキズムの混淆した立場から、民衆芸術派の代表的文学者となる。大正4年「科学と文芸」を創刊し、民衆芸術運動の拠点とする。その後、「一隅より」（個人紙）、「自由人」、「原始」（個人誌）、「大地に立つ」（個人誌）などを刊行。代表作に詩集「土の叫び地の囁き」、評論集「民衆芸術論」、小説「無明」などがある。

加藤 一男　かとう・かずお
ジャズ・ドラマー
明治41年（1908年）〜昭和38年（1963年）
[生]兵庫県神戸市　[歴]飯山茂雄、田中男男と並び、戦前ドラム界の三羽烏の一人として名を上げた。戦後は渡辺弘とスター・ダスターズでジャズ界に復帰した。

加藤 華仙　かとう・かせん
陶芸家
明治28年（1895年）〜昭和21年（1946年）
[生]愛知県瀬戸市　[専]瀬戸焼　[学]愛知県立陶器学校〔大正1年〕卒　[歴]昭和6年春陶会を創設、初代会長に就任。陶芸のみならず、金工や漆芸、ガラスなど他分野の啓蒙に力を注いだ。会員の啓蒙に力を注いだ。21年第1回日展に「牡丹文碧瓷鉢」を出品、特選を受けた。　[賞]日展特選〔昭和21年〕「牡丹文碧瓷鉢」

加藤 霞村　かとう・かそん
俳人
明治30年（1897年）12月1日〜昭和22年（1947年）11月2日
[生]愛知県名古屋市　[名]本名＝加藤彦左衛門、幼名＝篤太郎　[学]名古屋商卒　[歴]大正9年頃ホトトギス系の「平野」で俳句を始め、のち「ホトトギス」に投句。昭和2年純ホトトギス系の句会として牡丹会を創設。7年機関誌「牡丹会々報」を発行、12年俳誌「牡丹」として月刊誌に改め、没年まで主宰した。昭和9年「ホトトギス」同人。句集に「游魚」がある。　[家]弟＝加藤かけい（俳人）

加藤 完治　かとう・かんじ
教育家　農本主義者　満蒙開拓移民の指導者
明治17年（1884年）1月22日〜昭和42年（1967年）3月30日
[生]東京府本所（東京都墨田区）　[学]東京帝国大学農学部〔明治44年〕卒　[歴]内務省、帝国農会嘱託を経て、愛知県安城農学校の教師となる。大正4年山形県立自治講習所の初代所長に就任、みずから人糞を踏み、堆肥を仕込む実践教育で生徒の信望を集める。15年茨城県友部に設立された日本国民高等学校の校長に迎えられ、農本主義思想に元づく農民教育を行った。昭和7年以降は満州国建国にともない満蒙開拓移民の仕事を進め、13年には満蒙開拓青年義勇隊訓練所を開設、14年訓練所長。満州へ送り出された少年たちは総数8万以上にのぼった。戦後21年教職追放、27年解除され、28年には日本国民高等学校校長に復職、のち名誉校長を務めた。著書に「加藤完治全集」（5巻）がある。

加藤 喜作　かとう・きさく
プロ野球監督

かとう　　　　　　　　　　　　　昭和人物事典 戦前期

明治41年（1908年）2月21日～昭和56年（1981年）6月22日
⬚広島県 ⬚広陵中（現・広陵高）卒, 慶応義塾大学卒 ⬚大正12年夏に広島・広陵中学（現・広陵高校）が甲子園に初出場した際、三塁手を務めた。慶応義塾大学では遊撃手。昭和5年八幡製鉄（当時）に入社。9年の都市対抗で最優秀選手に選出。12年監督に就任し、都市対抗で優勝。17年、18年の2シーズン、プロ野球南海の代理監督を務め、19年近畿監督に就任。戦後28年に八幡製鉄監督に再任され、翌29年には2度目の優勝に導いた。 ⬚甥＝加藤義明（中国電力社長）

加藤 恭平　かとう・きょうへい
三菱商事常務 台湾拓殖社長
明治16年（1883年）1月25日～昭和37年（1962年）6月13日
⬚東京都 ⬚東京帝国大学法科大学英法科〔明治38年〕卒 ⬚明治38年三菱合資会社に入社。ロンドン留学を経て、門司支店庶務主任、香港支店長、大正6年営業部大阪支店長兼神戸支店長。7年三菱商事が設立され、8年同社金属部長、9年機械部新設で同部長兼務、10年常務、13年新設された燃料部部長兼任、昭和11年三菱合資理事。同年11月台湾拓殖初代社長となり、太平洋戦争下における日本の対南方経済進出の一翼を担った。

加藤 久米四郎　かとう・くめしろう
衆議院議員
明治17年（1884年）6月～昭和14年（1939年）1月7日
⬚東京都 ⬚日本大学法律科〔明治40年〕卒 ⬚大正9年衆議院議員初当選。以来、7期連続で務め、政友会に所属した。内務大臣秘書官（3回）、田中内閣の内務参与官、犬養内閣の拓務政務次官、第一次近衛内閣の陸軍政務次官を歴任。

加藤 景雲　かとう・けいうん
木彫家
明治7年（1874年）5月9日～昭和18年（1943年）5月
⬚島根県能義郡荒島村（安来市） ⬚本名＝加藤喜次郎 ⬚幼少より宮大工の家業を手伝い、18歳の時に氏神様の欄間を彫って評判となる。明治28年米原雲海に勧められて上京し、高村光雲に入門。光雲の一字をもらい景雲と号した。40年光雲、雲海、平櫛田中らと岡倉天心を会長とした日本彫刻会を設立。以後、文展、帝展などに発表。大正7年英国コンノート殿下が来日の際、御前彫刻をした。昭和5年頃から光雲とともに、高野山金剛峰寺の本尊「薬師如来像」の制作にあたり、得度を受け、袈裟を授与された。門弟に石井鶴三、田中景右らがいる。作品に「洋犬」「海辺の遊び」（ともに宮内庁）「西の空」「歓月」「出雲阿国」「軍鶏」「羽衣」「文覚」「トルストイ像」などがある。 ⬚二男＝加藤泰三（彫刻家） ⬚彫刻協議会銀賞〔大正4年〕「歓月」, 国際美術賞〔昭和4年〕「軍鶏」

加藤 敬三郎　かとう・けいざぶろう
銀行家 朝鮮銀行総裁 貴族院議員（勅選）
明治6年（1873年）4月19日～昭和14年（1939年）12月3日
⬚愛知県・旧名＝川村 ⬚日本大学法学科〔明治30年〕卒 ⬚文官高等試験に合格、通信省に入省。通信局長、管理局長を経て、大正2年日本勧業銀行理事、13年北海道拓殖銀行頭取、昭和2年朝鮮銀行総裁を歴任。また中華匯業銀行理事、京城商工会議所特別評議員を兼ねた。13～14年勅選貴族院議員。

加藤 元一　かとう・げんいち
生理学者 慶応義塾大学医学部教授
明治23年（1890年）2月11日～昭和54年（1979年）5月1日
⬚岡山県阿賀郡新見（新見市） ⬚神経生理学 ⬚京都帝国大学医学科〔大正5年〕卒 医学博士（京都帝国大学）〔大正9年〕 ⬚日本学士院会員〔昭和51年〕 ⬚大正5年京都帝国大学医科大学を恩賜の銀時計を受けて卒業し、同大生理学教室で神経

生理学を専攻。7年慶応義塾大学医学部教授、昭和19～27年同医学専門部長、35年定年退職。34年国際生理科学連合理事に選出され、40年副会長。大正12年神経の興奮伝導に関する不滅義伝導学説を発表、当時の生理学の常識を覆して世界的に大きな反響を呼び、昭和2年この研究で帝国学士院賞を受賞した。また、世界で初めて神経及び筋の束の中から1本の生きた線維を剔出、1本の筋及び神経線維で全または無の法則（悉無律）が成り立つことを完全に証明した。著書に「生理学〈上・下〉」「参考生理衛生学」「日常生活の生理学」「科学者の歩める道」などがある。 ⬚帝国学士院賞（第17回）〔昭和2年〕

加藤 謙一　かとう・けんいち
編集者 「少年倶楽部」編集長 講談社取締役
明治29年（1896年）5月28日～昭和50年（1975年）6月30日
⬚青森県弘前市 ⬚青森師範（現・弘前大学）卒 ⬚小学校教師の後、上京、大正10年大日本雄弁会講談社に入社。間もなく雑誌「少年倶楽部」の編集長になった。その間、田河水泡、島田啓三、吉川英治、佐藤紅緑、佐々木邦、山中峯太郎ら人気作家を起用、発行部数100万に近い大雑誌に育てた。昭和11年「講談社の絵本」編集長として一流画家を起用、多色印刷で大部数発行に成功。19年編集局長、20年取締役。戦後22年公職追放、25年解除。妻とともに学童社を創立し「漫画少年」を創刊、石森章太郎（のち石ノ森章太郎）、藤子不二雄、赤塚不二夫らを育てた。27年顧問として講談社に復帰した。著書に「少年倶楽部時代」がある。 ⬚四男＝加藤丈夫（富士電機ホールディングス会長）, 従弟＝上法快男（芙蓉書房創業者）

加藤 玄智　かとう・げんち
宗教学者 神道学者 東京帝国大学教授
明治6年（1873年）6月17日～昭和40年（1965年）5月8日
⬚東京都渋谷区 ⬚東京帝国大学文科大学哲学科〔明治32年〕卒、東京帝国大学大学院〔明治42年〕修了 文学博士〔明治42年〕 ⬚陸軍士官学校教授、東京帝国大学教授を歴任、神道講座を担当。大正元年明治聖徳記念会の創立に関与した。昭和8年東京帝大を退官、国学院大学、大正大学各教授を務めた。宗教学者としてC.P.ティーレの宗教学説を紹介、その後神道研究を進め、天皇崇拝や神国思想の理論づけに貢献した。著書は他に「宗教学精要」「神道精義」「神道の宗教発達史的研究」「本邦生祠の研究」「知性と宗教」「神道書籍目録」（邦文2冊、欧文1冊）などがある。

加藤 弘造　かとう・こうぞう
衆議院議員
明治28年（1895年）10月～昭和57年（1982年）7月28日
⬚静岡県島田市 ⬚早稲田大学予科卒 ⬚廓清運動、部落解放運動に参加。昭和6年静岡県議、9年島田町長を経て、17年4月から20年12月まで衆議院議員。著書に「不幸なる同胞」。

加藤 繁　かとう・しげし
東洋史学者 東京帝国大学教授
明治13年（1880年）9月3日～昭和21年（1946年）3月7日
⬚島根県松江市 ⬚旧姓・旧名＝内田 ⬚東京帝国大学文科大学支那史学科選科〔明治39年〕修了 文学博士（東京帝国大学） ⬚明治39年法政大学清国留学生普通科副主任兼予科講師、40年京都で織田萬監修の「清国行政法」の編集に従事。臨時台湾旧慣調査会補助委員、大正6年慶応義塾大学講師、9年教授、14年東京帝国大学講師、昭和11年教授となり東洋史学講座を担当した。16年退官。著書に「支那経済史」「支那古田制の研究」「史記平準書—漢書食貨志」「支那経済史概説」「中国経済史の開拓」などがあり、死後門下生により研究論文が「支那経済史考証」として編集刊行された。 ⬚帝国学士院賞恩賜賞〔昭和15年〕

加藤 茂苞　かとう・しげもと
育種学者 東京農業大学教授
慶応4年（1868年）5月17日〜昭和24年（1949年）8月16日
生出羽国西田川郡鶴岡町（山形県鶴岡市）　名前名＝竜太郎
学帝国大学農科大学卒 農学博士〔大正8年〕　歴山形県下の
中学校や師範学校の教師を経て、農商務省農事試験場に勤務。
稲作に関する研究を進め、36年安藤広太郎とイネの人為的な
交雑種育を開始。またイネの在来品種を収集・整理し、その
種類を日本型とインド型に大別するなどイネ種育学の基礎確
立に大きく貢献した。10年に九州帝国大学農学部教授となり、
昭和3年に辞職した後は朝鮮総督府農事試験場長・水原高等農
林学校長を歴任。7年より東京農業大学教授。"東北稲作改良
の父"といわれる。

加藤 紫舟　かとう・ししゅう
俳人
明治37年（1904年）8月29日〜昭和25年（1950年）11月5日
生福島県会津　名本名＝加藤中庸、別号＝黎明居　居早稲田
大学商学部卒　歴早大在学中に俳諧史を学び、のちに早大講
師を務める。長谷川零余子に師事し「枯野」同人として句作
を発表し、昭和4年「黎明」を創刊。8年「森林」を刊行した
他、「感情のけむり」「日本晴」「光陰」などの句集、「俳人芭
蕉伝」「俳人蕪村全伝」などの著書がある。　家息子＝加藤郁
乎（詩人）

加藤 至道　かとう・しどう
僧侶 臨済宗南禅寺派管長
元治1年（1864年）12月20日〜昭和19年（1944年）7月19日
出尾張国（愛知県）　名法名＝物初　歴17歳で得度し、大衆寮
を卒業後、岐阜県永保寺で修行。愛媛県仏心寺の住持を経て、
大正11年臨済宗京都大学（現・花園大学）学長となる。昭和11年臨
済宗南禅寺派管長。

加藤 松渓　かとう・しょうけい
日本画家
明治42年（1909年）〜昭和23年（1948年）
生山形県東村山郡　名本名＝加藤武　歴昭和7年上京。13年
第2回新文展に「慈恩寺の秋」で初入選。17年第5回新文展に
「首夏」で入選。戦争で作品の多くを焼失し、郷里に疎開。21
年出羽美術クラブ生純会を設立。

加藤 正二　かとう・しょうじ
野球選手
大正3年（1914年）3月3日〜昭和33年（1958年）8月17日
生香川県　学高松中卒、中央大学卒　歴高松中では投手を務
める。中大に進むとエースで3番を打ち、3季連続を含む4回、
東都大学リーグの首位打者を獲得した。昭和14年プロ野球の
名古屋に入団。18年には4本塁打で本塁打王を獲得した。戦後
は急映、大映でプレー、24年には打率.301、14本塁打を記録
した。実働10年、799試合出場、2773打数752安打、57本塁打、
364打点、62盗塁、打率.271。のち母校・中大の監督を務めた。

加藤 精一　かとう・せいいち
俳優
明治22年（1889年）4月11日〜昭和38年（1963年）8月28日
生岡山県高梁　学早稲田大学英文科〔明治44年〕卒　歴在学
中坪内逍遙に師事し、明治42年逍遙の文芸協会演劇研究所1期
生となる。44年帝国劇場での第1回公演「ハムレット」で初舞
台を踏み、大正2年協会解散後、舞台協会、新文芸協会、次い
で13年同志座、昭和8年森英治郎と新春座を各創立し、舞台で
活躍。映画には、大正14年「潮」に主演して以来、昭和4年「大
尉の娘」に水谷八重子と主演。11年新興キネマ大泉撮影所に
入り、「愛怨峡」などに出演。戦後は病に倒れたため、時折り

テレビに出演した。　家妻＝三井光子（女優）、長女＝加藤道
子（女優）

加藤 精神　かとう・せいしん
仏教学者 僧侶（真言宗）大正大学学長
明治5年（1872年）9月29日〜昭和31年（1956年）10月18日
生愛媛県伊予郡　学真言宗新義派大学林〔明治26年〕卒 文学
博士〔昭和23年〕　歴明治16年松山石手寺の松尾章純につい
て得度、20年東京護国寺の高師大了に師事。大学林を出た後
28年真言宗豊山派特学生として大和長谷寺に留学、34年母校
真言宗豊山派大学林に勤め、41年豊山大学教授となった。大
正7年と12年に2回学長を務め、15年大正大学に合同されその
教授となり、昭和9年と15年の2回学長となった。その間、東
洋大学、東京帝国大学、立正大学などでも教え、27年東洋大
学学長に就任した。また真言宗豊山派宗務長、宗会議員を務
め、大正14年には長谷寺化主同派管長にも就任。さらに仏教
三派合同の大正大学設立や香港の真言宗居士林設立などに尽
力、昭和15年教育功労者として文部大臣表彰。著書に「大日
如来の研究」「仏教哲理の発達」「成唯識論訳注」などがある。

加藤 外松　かとう・そとまつ
外交官 駐仏大使
明治23年（1890年）3月1日〜昭和17年（1942年）2月12日
生富山県高岡市　学神戸高等商業学校〔大正3年〕中退　歴大
正3年外務省に入省。昭和2年に天津総領事となり、山東出兵、
済南事件、張作霖爆殺事件などの処理に従事。米国・英国在
勤を経て、10年駐カナダ特命全権公使、13年駐満州国大使館
参事官。14年特命全権公使として中華民国に在勤、有田・ク
レーギー会談に関与。16年駐フランス特命全権大使を命じら
れヴィシーに着任、南部仏印進駐を巡る交渉に当たった。17
年任地で転落事故死した。　家岳父＝水野幸吉（外交官）

加藤 鯛一　かとう・たいいち
衆議院議員 東京政治通信社社長
明治21年（1888年）6月〜昭和18年（1943年）10月5日
出愛知県　歴大正13年衆議院議員に初当選以来連続7期務め
た。内務政務次官、内閣法制局のほか国民同盟総務、幹事長、
大政翼賛会中央協力会議員等を歴任。また、雑誌「実業帝国」
を創刊し、東京政治通信社社長となる。著書に「大宰相浜口雄
幸」「議会制度革正論」「新時代に処する国策を論ず」など。

加藤 諦見　かとう・たいけん
僧侶 高野山古義真言宗管長
元治1年（1864年）〜昭和15年（1940年）12月15日
生岡山県　学高野山大学卒　歴明治11年得度。愛媛県出石寺
の住職を経て、21年高野山竜光院に移り、その後高野山大学
教授となった。その間、高野山住職会会長、宗会議員、法印
職など宗内の要職を務めた。昭和15年高野山古義真言宗管長
選挙に当選、金剛峯寺第391世座主となった。学徳兼備の長老
として尊敬された。

加藤 泰三　かとう・たいぞう
彫刻家
明治44年（1911年）2月27日〜昭和19年（1944年）6月25日
生東京市本郷区駒込神明町（東京都文京区）　学京北中〔昭和
5年〕卒、東京美術学校彫刻科木彫部〔昭和10年〕卒　歴父は
木彫家の加藤景雲で、3人兄姉（2男1女）の末っ子の二男。昭
和5年京北中学校を卒業して東京美術学校彫刻科木彫部に入学。
この頃、親戚であった石井鶴三に師事した。また、映画部に
入り、映画同人誌や映画館プログラムに原稿を執筆する一方、
短歌雑誌や文芸同人誌などにも参加した。10年卒業して蒔田
尋常高等小学校特殊工業科や東京府立第四中学などで工作教
師を務める。傍ら、11年「鯉」で文展に初入選。13年院友。16

かとう　　　　　　　　　　　　　　昭和人物事典 戦前期

年山岳画文集「霧の山稜」を出版した。17年補充兵として臨時召集を受け、東部第三連隊に入隊。19年ニューギニア・ビアク島へ送られ、天水山で戦死した。　家父＝加藤景雲（木彫家）

加藤 タカ　　かとう・たか
婦人運動家 政治家 東京YWCA総幹事
明治20年（1887年）10月17日〜昭和54年（1979年）10月25日
生東京都　学女子英学塾〔明治44年〕卒　歴女子英学塾に学んだのち、東京YWCAに勤務。大正4年にニューヨークYWCA幹事養成学校を卒業後は東京YWCA総幹事などを務め、戦前における同団体の基礎を固める。また、国際労働協会にも深く関わり、その婦人労働委員会委員長として紡績工場や炭坑などで過酷な労働を強いられている女性の待遇改善に尽力した。さらに、昭和3年には駿河台女学院の院長に就任し、女子教育の分野でも活躍した。19年YWCAを退職。戦後は新潟県に移り、八幡村村会議員や米軍新潟軍政部顧問などを歴任、地方の婦人団体の組織・指導に努めた。公職を辞したのちは村上高校で英語を教えた。　家父＝加藤勝弥（民権運動家）、祖母＝加藤俊子（教育家）

加藤 隆世　　かとう・たかよ
相撲功労者
明治23年（1890年）12月10日〜昭和18年（1943年）3月11日
生栃木県塩谷郡　学明治大学法律学科〔大正2年〕卒　歴明大相撲部で活躍、全日本学生相撲連盟の創設に尽力。大正15年難航した東京・大阪両相撲協会の合併問題で、大阪協会の説得に努め妥結に持ち込んだ。同時に財団法人・日本相撲協会を設立、顧問として協会のスポークスマンに任じた。その間、優勝賜盃（後の天皇盃）の実現に努力し成功させた。

加藤 隆義　　かとう・たかよし
海軍大将
明治16年（1883年）3月20日〜昭和30年（1955年）2月10日
生東京都　名旧姓・旧名＝船越　学海兵（第31期）〔明治36年〕卒、海大〔大正3年〕卒　歴元帥海軍大将・加藤友三郎子爵の養嗣子。大正3年春日航海長、軍務局員を経て、6年フランス駐在、8年パリ講和会議全権随員、帰国後第一艦隊参謀、東宮武官、14年霧島艦長、昭和2年国際連盟海軍代表、3年空軍代表兼任、4年軍令部第一班長を経て、第一航空戦隊司令官、海軍大学校長、航空本部長を歴任、9年軍令部次長、10年第二艦隊司令長官、呉鎮守府長官、13年軍事参議官、14年大将となり、20年予備役。宮廷と海軍のパイプ役を果たした。　家養父＝加藤友三郎（首相・海軍大将）

加藤 武夫　　かとう・たけお
地質学者 東京帝国大学名誉教授
明治16年（1883年）10月10日〜昭和24年（1949年）4月23日
生山形県　専鉱床学　学東京帝国大学理科大学地質学科〔明治40年〕卒 理学博士〔大正13年〕　賞帝国学士院会員〔昭和12年〕　歴大芝家の四男で、明治33年加藤家の養子となる。40年東北帝国大学農科大学講師、41年東京帝国大学理科大学講師となり、42年明治専門学校の海外留学生として欧米へ留学。44年帰国して同校教授。大正9年東京帝大理学部に鉱床学講座（地質学第三講座）が設置されると同大教授に迎えられ、昭和18年学部長、19年定年退官。20年名誉教授。大正9年学術研究会議会員、昭和12年帝国学士院会員。北海道の駒ケ岳や有珠山、九州の耶馬渓や英彦山地域の地質調査研究を行った他、鉱床の成因的研究に力を注いだ。著書に「鉱床地質学」「自然科学地質概論」「地質概論」などがある。

加藤 武男　　かとう・たけお
銀行家 三菱銀行頭取
明治10年（1877年）6月5日〜昭和38年（1963年）10月17日
生栃木県今市市　学慶応義塾大学理財科〔明治34年〕卒　歴栃木県長者番付1位という素封家に生まれる。三菱合資銀行部に入り、38歳で京都支店長、次いで取締役、大阪支店長。大正8年銀行部が独立して三菱銀行が設立されると常務となり、昭和13年会長、18年頭取に就任。この間多くの三菱系関連会社の役員を兼任し、三菱財閥の中心人物として活躍した。戦後は三菱銀行相談役として、三菱商事の海外活動、三菱地所の株買占め事件解決、三菱油化設立などに大きな役割を果たす。また吉田内閣経済最高顧問、宮内庁参与の他、日本銀行・日本興業銀行各参与、全国銀行協会連合会会長など財界の重鎮ぶりを発揮した。　家息子＝加藤武彦（三菱銀行副頭取）、義兄＝池田成彬（実業家・政治家）

加藤 武雄　　かとう・たけお
小説家
明治21年（1888年）5月3日〜昭和31年（1956年）9月1日
生神奈川県津久井郡川尻村　名号＝東海　学川尻小学校高等科〔明治25年〕卒　歴小学校准教員の検定試験に合格し明治43年まで小学校教員を務める。この間、39年より「文章世界」「中学世界」などに投稿し投書界の花形となる。44年新潮社に入り、「文章倶楽部」「文学時代」の編集に従事。大正8年第1創作集「郷愁」で作家としてデビュー。郷土色豊かな作品の外、農民文学にも関心を示し農民文芸会の「農民」を発刊した。その後通俗小説、少女小説作家として活躍した。代表作に「祭の夜の出来事」「土を離れて」「悩ましき春」「長篇三人全集」（中村武羅夫、三上於菟吉と共著）、「君よ知るや南の国」「吹けよ春風」などがある。　家弟＝加藤哲雄（歌人）

加藤 正　　かとう・ただし
哲学者 評論家
明治39年（1906年）2月11日〜昭和24年（1949年）2月3日
生徳島県　専マルクス主義哲学　学京都帝国大学独文学科卒　歴京都帝国大学在学中の昭和4年、加古祐二郎とリヤザノフ版エンゲルス「自然弁証法」を共訳。5年、プロレタリア科学研究所京都支部設立に参加、論文「三木哲学に関する覚え書」「弁証法的唯物論への道」で福本イズムと三木哲学の階級的主観主義を批判。6年に上京、安田徳太郎らと「ソヴェート友の会」を設立。大学卒業の7年、共産党入党、唯物研究会にも参加。8年「わが弁証法的唯物論の回顧と展望」「エンゲルスと自然科学」を「唯物研究」に発表、唯研内部で、非党員の唯研主流から党派性理論に反すると批判された。同年11月、検挙で本人不在のまま総括討議に付され加藤理論は否定された。11年京都帝大大学院に入り死去するまで在籍。12年、春日庄次郎らの日本共産主義者団に参加、13年逮捕された。戦後は兵庫県神出村で細胞新聞「神出新聞」を出し党活動に専念したが、加藤理論はマルクス主義哲学内部から入れられなかった。遺稿「弁証法の探究」「加藤正全集」などがある。

加藤 建夫　　かとう・たてお
陸軍少将 加藤隼戦闘隊隊長
明治36年（1903年）9月28日〜昭和17年（1942年）5月22日
生北海道上川郡　学陸士（第37期）〔大正14年〕卒、所沢飛行学校〔昭和2年〕卒、陸大専科〔昭和14年〕卒　歴昭和3年所沢飛行学校教官となり、明野飛行学校教官、飛行5連隊中隊長を歴任。12年日中戦争勃発で飛行第2大隊中隊長として北支に出動、中国の精鋭と交戦して52機を撃墜、一躍勇名を馳せた。太平洋戦争開戦後は飛行第64戦隊長となり、一式戦闘機「隼」で編成された加藤隼戦闘隊を指揮。南部仏印、マレー半島、ジャワなどの空で活躍し、撃墜は合計270機に達した。17年2月中佐。その後ビルマに進出、英国空軍のブリストル・ブレニム爆撃機を追って空中戦となり、同年5月22日ベンガル湾上で自爆した。戦死後、2階級特進で少将。"軍神"と呼ばれ、その活

躍はレコードや映画にもなり大ヒットした。大のカメラ愛好家でもあり、はじめローライフレックス、のちにはコンタックスを愛用。戦地でもカメラを携えてしきりに撮影を行っており、その作品の一部が「軍神加藤少将写真伝記」に収録されている。　🏠長男＝加藤正昭（東京大学名誉教授）

加藤 知正　かとう・ちせい
衆議院議員 南光社創業者
明治6年（1873年）11月〜昭和22年（1947年）4月23日
🔵新潟県古志郡塩谷村（長岡市）　🎓東京高等蚕糸学校〔明治33年〕卒　📋明治33年東京高等蚕糸学校を卒業後、北越蚕糸講習所教頭、大日本蚕糸会編輯主任、同会参事兼技師などを歴任。大正4年には出版業の南光社を設立、中等学校受験雑誌「受験と復習」を発行した他、養蚕・理科・教育関係の書籍や学習参考書などを出版し、特に小林房太郎「世界地理精義」が評判となった。13年衆議院議員に当選、政友会に所属し、通算6期務めた。著書に「蚕業大辞書」「高等秋蚕講習録」「工女訓」「日本之蚕糸業」などがある。

加藤 留吉　かとう・とめきち
盆栽家
明治16年（1883年）1月4日〜昭和21年（1946年）9月20日
🔵山形県　📋大正13年埼玉県大宮の盆栽村創設に加わり、以来後進の指導に努める。エゾマツの原木活着法を確立した。蔓青園2代目。

加藤 豊治郎　かとう・とよじろう
内科学者 東北帝国大学教授
明治15年（1882年）7月3日〜昭和42年（1967年）7月4日
🔵三重県北牟婁郡須賀利村（尾鷲市）　📛旧姓・旧名＝藤田　🎓三重一中〔明治33年〕卒、東京帝国大学医科大学〔明治40年〕卒 医学博士〔昭和5年〕　🏆日本学士院会員〔昭和35年〕　📋明治40年東京帝国大学医科大学を卒業、恩賜の銀時計を受ける。43年仙台医学専門学校教授となり、大正2年欧米に留学、4年東北帝国大学教授。同大附属病院長を2度務め、昭和18年新設の同大航空医学研究所の初代所長に就任。19年退官。21年国立仙台病院長となり、39年名誉院長。著書に「回想」がある。

加藤 虎之亮　かとう・とらのすけ
中国哲学者 東洋大学教授
明治12年（1879年）10月21日〜昭和33年（1958年）12月2日
🔵静岡県富士市大淵　📛字＝子彌、号＝天淵　🎓広島高等師範学校漢文科〔明治41年〕卒 文学博士〔昭和10年〕　📋広島陸軍幼年学校、東京府立青山師範学校で教鞭を執り、大正11年武蔵高校教授となった。昭和2〜26年宮内省御用掛として経書を進講。13年東洋大学教授となり23年同学長。また無窮会図書館長、同理事長兼東洋文化研究所長を務めた。詩文をよくし著書に「天淵文詩」「紀恩帖」などがある。

加藤 光　かとう・ひかる
児童文化評論家
明治44年（1911年）〜昭和22年（1947年）
🔵北海道　🎓日本大学卒　📋東京で育つ。小学校教師となり昭和7年落合聡三郎らと学校劇研究会を創立、雑誌「学校劇」を発行。12年日本学校劇連盟、次いで14年日本少年文化研究所を結成。のち、日本放送協会（NHK）に移り学校放送で活躍した。著書に「新学校劇集」がある。

加藤 寛治　かとう・ひろはる
海軍大将
明治3年（1870年）10月2日〜昭和14年（1939年）2月9日
🔵福井県　🎓海兵（第18期）〔明治24年〕卒　📋明治27年海軍少尉に任官。38年海軍省副官兼海相秘書官、40年伏見宮貞愛親王随員として英国へ出張。42年在英日本大使館附武官、44年海軍大学校教頭、大正7年横須賀鎮守府参謀長、9年海大校長、同年海軍中将。10〜11年ワシントン軍縮会議に全権随員として参加、戦艦保有数を対米を10とした際の7を主張して、条約の妥結・調印に反対した。11年軍令部次長、12年第二艦隊司令長官、13年横須賀鎮守府長官、15年第一艦隊兼連合艦隊司令長官を歴任、昭和2年海軍大将に昇る。4年軍令部長。在任中の5年にロンドン軍縮会議が行われると再び対米7割を主張して締結に反対、海軍内は条約締結に賛成する条約派、反対する艦隊派に割れ、艦隊派を代表する人物と目された。同条約締結に際して統帥権干犯を問題に起こし、5年軍令部長を辞任して軍事参議官となった。　🏠父＝加藤直方（海軍大尉）

加藤 文太郎　かとう・ぶんたろう
登山家
明治38年（1905年）3月11日〜昭和11年（1936年）1月
🔵兵庫県美方郡浜坂町（新温泉町）　🎓神戸工業専修学校　📋三菱内燃製作所（のちの三菱神戸造船所）勤務の傍ら、アルピニストとして大正14年夏の白馬岳登山から、四季の日本アルプスに数々の単独登山を行う。中でも昭和6年1月の上ノ岳〜黒部五郎岳〜三保蓮華岳〜烏帽子岳縦走、7年2月の槍ケ岳〜西鎌尾根〜笠ケ岳往復など、冬期北アルプス単独登山の記録は前人未踏の記録である。11年1月3日槍ケ岳北鎌尾根で消息を絶った（4月遺体発見）。遺稿集に「単独行」がある。また新田次郎著「孤高の人」のモデルとなった。

加藤 信　かとう・まこと
棋士（囲碁）
明治24年（1891年）〜昭和27年（1952年）7月14日
🔵東京市芝区（東京都港区）　📋16歳で広瀬平治郎の門に入り、19歳で初段となった。大正末期、方円社の広瀬社長を助け副社長として碁界の大同団結に尽力した。昭和14年7段当時、初の本因坊戦で諸強豪を破り決зав定六番勝負で関山と3勝3敗の打分けとなったが、結局第1期本因坊は関山がなった。しかし加藤の実力は並々ならぬもので15年8段に昇格。晩年は日本棋院顧問審査役を務めた。碁風は6代井上春碩に似ているといわれた。囲碁について数種の編著がある。

加藤 政之助　かとう・まさのすけ
新聞人 貴族院議員（勅選） 大東文化学院総長
嘉永7年（1854年）7月18日〜昭和16年（1941年）8月2日
🔵武蔵国（埼玉県）　🎓慶応義塾　📋明治11年大阪新報主幹、14年北海道官有物払い下げに反対、また報知新聞に拠り自由民権を唱えた。13年埼玉県議、15〜23年県会議長、25年以来衆議院議員当選12回。改進系に属し、憲政本党常議員、大政参政官、憲政会政調会長、総務などを務めた。昭和2〜16年勅選貴族院議員。他に出羽石油会社、函館馬車鉄道各社長、東上鉄道取締役、東京家畜市場社長、大東文化学院総長などを歴任した。著書に「西洋穴探」「欧米婦人の状態」「世界大観と新日本の建設」「回天綺談」などがある。

加藤 正治　かとう・まさはる
法学者 俳人 東京帝国大学名誉教授
明治4年（1871年）3月10日〜昭和27年（1952年）3月16日
🔵長野県　📛旧姓・旧名＝平林、号＝加藤犀水　🔬民事訴訟法、破産法　🎓帝国大学法科大学〔明治30年〕卒 法学博士〔明治37年〕　🏆帝国学士院会員〔大正14年〕　📋ドイツ、フランスに留学し破産法を研究、帰国後東京帝国大学助教授、教授となり、民法、破産法、民事訴訟法などを講じた。昭和6年退官、名誉教授。その後中央大学総長となった。民事訴訟法学会会長、海法学会会長、三菱信託監査役なども歴任した。日本の破産法研究の開拓者で、大正12年に施行された現行破産

法、和議法両法典の起草に参画、また海商法の研究にも業績を残した。著書に「破産法要論」「破産法研究」（全11巻）「海商法講義」などがある。一方で茶道、俳句などの趣味人としても知られ、没後「わさびた唄」が刊行された。

加藤 雄策　かとう・ゆうさく
非凡閣創業者
明治34年（1901年）1月6日～昭和20年（1945年）5月26日
生埼玉県　学商船学校卒　歴商船学校を卒業後、平凡社に入社して同社専務となったが、昭和4年雑誌「平凡」失敗の責任をとって退社。6年非凡閣を創業して文学書・法律書を中心に出版、11年の「横光利一全集」（全10巻）で名高い。一方で競走馬の馬主としても知られ、4年友人であった菊池寛の勧めで京都競馬を見物したのがきっかけで競馬にのめりこみ、14年には自ら競り落としたクモハタが第8回東京優駿（日本ダービー）を優勝。16年には持ち馬のセントライトが横浜農林省賞典四歳呼馬（現・皐月賞）、東京優駿、京都農林省賞典四歳呼馬（現・菊花賞）を勝利し、日本競馬史上初の牡馬3冠を達成した。戦争による競馬停止中の19年には若草牧場を引き受けるが、20年空襲により戦災死した。

加藤 与五郎　かとう・よごろう
電気化学者 東京工業大学名誉教授
明治5年（1872年）7月2日～昭和42年（1967年）8月13日
生愛知県碧海郡依佐美村（刈谷市）　学同志社ハリス理化学校〔明治28年〕卒，京都帝国大学理工科大学純正化学科〔明治36年〕卒 理学博士〔明治44年〕　歴小学校教師していたが、中学教師への転身を図って同志社ハリス理化学校に進む。明治28年卒業後は東北学院で教鞭を執る。二高教授に招聘したいという話もあったが、帝国大学を卒業していないため流れてしまい、東北学院を辞して京都帝国大学聴講生となった。36年同大で初めて本科生の資格試験を突破して大学を卒業し、3年前に知り合ったマサチューセッツ工科大学教授のA.A.ノイスに招かれ渡米、助手として電気化学を学ぶ。38年帰国、39年東京高等工業学校教授に就任。昭和4年東京工業大学教授、9年同大建築材料研究所初代所長、14年資源化学研究所初代所長を務め、17年定年退官。4年教え子である武井武を助教授として招聘してフェライトの研究を始め、5年世界初のフェライトマグネットを発見。以後も武井と研究を進め、8年「OP磁石」を開発。ともに"フェライトの父"と称される。　勲勲二等瑞宝章〔昭和10年〕　賞文化功労者〔昭和32年〕，帝国発明協会進歩賞〔昭和8年・13年〕

加藤 鐐五郎　かとう・りょうごろう
医師 衆議院議員
明治16年（1883年）3月11日～昭和45年（1970年）12月20日
生愛知県瀬戸市　学愛知県立医学専門学校〔明治38年〕卒 医学博士〔昭和19年〕　歴大正2年名古屋市議、4年から愛知県議各4回当選。13年以来愛知1区から衆議院議員当選12回。政友会、自由党、自由民主党に属し、昭和6年犬養毅内閣の商工参与官、15年米内光政内閣の商工政務次官。戦後29年第5次吉田茂内閣の国務大臣、法務大臣、33年衆議院議長などを歴任した。また椙山女学園大学、中京女子短期大学各教授、喜安病院長も務めた。

加藤 六蔵　かとう・ろくぞう
衆議院議員
明治24年（1891年）12月～昭和44年（1969年）8月11日
出愛知県　学慶応義塾大学卒　歴愛知県前芝村長、愛知県議を経て、大正13年衆議院議員に当選。通算2期務めた。民政党に所属した。

門田 ゆたか　かどた・ゆたか
詩人
明治40年（1907年）1月6日～昭和50年（1975年）6月25日
生福島県　名本名＝門田穣　学早稲田大学仏文科中退　歴西条八十門下で詩作。昭和10年頃から歌謡も作り、「東京ラプソディー」を始め、多くのヒットソングを出す。「蠟人形」を編集し、のち「プレイアド」を創刊。テイチク、ビクターを経て、コロムビアに専属。日本訳詩家協会創設者のひとりで、理事長を務めた。詩集「歴程」や詩謡集「東京ラプソディー」などの著書がある。

門野 重九郎　かどの・じゅうくろう
実業家 大倉組副頭取 日本商工会議所会頭
慶応3年（1867年）9月9日～昭和33年（1958年）4月24日
生志摩国（三重県）　学帝国大学工科大学土木〔明治24年〕卒　歴米国に留学、土木工学を研究、帰国後山陽鉄道に入り、明治30年大倉組に移った。ロンドン支店長を経て、43年合名会社大倉組副頭取となり、3大直系会社の大倉商事、大倉鉱業、大倉土木各会長を兼任、当主喜八郎に次ぐ大倉財閥の重鎮として活躍した。昭和12年日本商工会議所、東京商工会議所各会頭となり、同年日本経済使節団長として欧米を訪問した。　家兄＝門野幾之進（実業家）

門屋 博　かどや・ひろし
社会運動家 帝都日日新聞編集長
明治34年（1901年）4月20日～平成7年（1995年）9月11日
生福岡県福岡市荒戸町　名旧姓・旧名＝島野　学東京帝国大学文学部社会学科〔大正15年〕卒　歴大学時代新人会に属し、卒業後東京毎夕新聞社会部記者となる。その傍ら「無産者新聞」の編集を手伝い、大正15年頃から共産主義に関係し、共産党再建大会の準備委員になる。昭和3年検挙され、拘置中に理論上の異なりから共産党を除名される。出獄後は帝都日日新聞編集長を務め、戦時中は南京政府顧問となり、戦後戦犯として中国に抑留された。のち東北産業航空社長を務めた。

香取 秀真　かとり・ほつま
鋳金家 金工史家 歌人
明治7年（1874年）1月1日～昭和29年（1954年）1月31日
生千葉県印旛郡船穂村（印西市）　名本名＝香取秀治郎、別号＝六斎、梅花翁　学東京美術学校鋳金科〔明治30年〕卒　賞帝国美術院会員〔昭和4年〕、帝室技芸員〔昭和9年〕、帝国芸術院会員〔昭和12年〕　歴宗像神社の神主の子に生まれ、5歳の時に佐倉の麻賀多神社宮司・郡司秀綱の養子となる。東京美術学校に首席で合格し、明治30年鋳金科を卒業。31年日本美術協会展で「獅子置物」が一等受賞。36年から昭和16年まで東京美術学校（8年教授）で鋳金史、彫金史を講ずる。この間、明治40年東京彫金会を創立し幹事となったほか、日本工業美術会、日本美術協会、東京彫工会の幹事も多く、多くの作品を発表した。明治2年帝展審査員、4年帝国美術院会員、9年には帝室技芸員となった。28年文化勲章受章。また、アララギ派歌人としても知られ、大八洲学校時代「うた」を岡麓らと創刊し、明治32年根岸短歌会に参加。35年子規没後の翌36年に岡麓・長塚節らと歌誌「馬酔木」を刊行。41年「アララギ」創刊に参加し、のち佐々木信綱主宰歌誌「心の花」の会員となる。昭和29年歌会始の召人に選ばれた。主な学術書に「日本鋳工史稿」「日本金工史」「金工史叢談」「茶の湯釜」、歌集に「天之真榊」「還暦以後」「ふいで祭」「香取秀真全歌集」がある。　家長男＝香取正彦（鋳金家）　勲文化勲章〔昭和28年〕　賞日本美術協会展一等賞〔明治31年〕，パリ万国博覧会銀賞牌〔明治33年〕

金井 謹之助　かない・きんのすけ
俳優

明治26年（1893年）～昭和28年（1953年）2月24日
歴明治44年文芸協会第1回帝劇公演「ハムレット」で初舞台を踏む。大正6年沢田正二郎の新国劇結成に参加、一時離友するが、沢田の没後、新国劇再建のために尽力し、劇界の美談とされた。映画には15年「地蔵経由来」「日輪」、翌年「笑殺」「狂乱星月夜」などに主演。舞台では沓掛時次郎、関の弥太っぺなどを好演した。

金井 紫雲　かない・しうん
美術記者
明治20年（1887年）1月2日～昭和29年（1954年）1月19日
出群馬県　名本名＝金井泰三郎　歴明治35年上京、独学で研鑽、この間坪内逍遙・田村江東などの薫陶を受けた。42年中京新聞社に入社し社会部に勤務、大正11年都新聞社へ移る。美術記者として活躍し、のち学芸部長を務め、15年間勤続した。本名は泰三郎、紫雲と号した。趣味の幅が広く、美術だけでなく盆栽・花・鳥なども専門的に研究し、多くの著書を遺した。主な著書に「盆栽の研究」「花と鳥」「花鳥研究」「東洋花鳥図攷」「鳥と芸術」「東洋画題綜覧」「芸術資料」「趣味の園芸」などがある。

金井 修　かない・しゅう
俳優
明治30年（1897年）～昭和38年（1963年）12月21日
生京都府　名本名＝金尾修　学京都中卒　歴大正7年室町二郎（後の大河内伝次郎）の第二新国劇旗揚げ（京都新京極大正座）に参加、同劇団員として活躍。昭和に入り剣戟を売り物の金井修一座を結成、篦寅演劇株式会社に所属して浅草昭和座を根城に京都新京極、大阪道頓堀、神戸新開地などの劇場に出演、大殺陣で人気を博した。劇中5役36回早替りなど早替りが十八番であった。

金井 章次　かない・しょうじ
医事行政家 植民地官僚 医学者 蒙古連合自治政府最高顧問
明治19年（1886年）12月1日～昭和42年（1967年）12月3日
生長野県上田　学東京帝国大学医学部〔大正2年〕卒 医学博士　歴北里研究所に入り、大正11年ジュネーブの国際連盟事務局保健部に務めた。このころ民族主義について研究。12年帰国、慶応義塾大学医学部教授となった。13年南満州鉄道（満鉄）に入社、地方部衛生課長、14年衛生研究所所長兼任。昭和2年大連市議。5年満州青年連盟理事長代理、6年奉天省治安維持会最高顧問となり、満州国設立に奔走。その後、奉天省総務庁長、間島省長などを経て、14～16年蒙古連合自治政府最高顧問を務めた。戦後、公職追放。著書に「満蒙行政瑣談」「社会不安の考察」などがある。

金井 由太郎　かない・よしたろう
舞台大道具方
明治15年（1882年）～昭和22年（1947年）7月16日
生群馬県　歴明治29年大道具製作者として東京歌舞伎座及び帝国劇場に入った。大正9年歌舞伎座大道具主任となったが、同座の火災焼失で市村座に移り、6代目菊五郎に認められ、関東大震災後の13年市村座再開場から独立、大道具金井を設立した。その間9年邦楽座の大道具方、14年新橋演舞場開場で大道具方を務めた。また日英博覧会出品のため英国に渡り河原崎長十郎、舟橋聖一、伊藤憙朔らの新劇団「心座」同人となった。歌舞伎舞踊の舞台「所作台」について研究し、6代目菊五郎と共に見事な所作台を製作した。昭和5年東京劇場開場には東京大劇場2座の大道具を担当した。

金城 紀光　かなぐすく・きこう
医師 衆議院議員 那覇市長
尚泰28年（1875年）11月4日～昭和42年（1967年）8月10日
生琉球国（沖縄県）　学東京帝国大学医科大学〔明治37年〕卒　歴東京帝国大学医科大学副手、東京予備病院衛生勤務幇助、東京市駒込病院医員を経て、明治40年県立沖縄病院院長となり、大正9年私立元順病院を設立した。また沖縄県医師会会長を務める。一方、那覇市議・議長、沖縄県議を経て、昭和7年衆議院議員（政友会）に当選1回。10年那覇市長となる。戦後は金武保養院院長などを務めた。

神長倉 真民　かなくら・まさみ
ジャーナリスト
明治18年（1885年）3月24日～昭和18年（1943年）
出青森県青森市　学早稲田実業学校　歴青森県から上京し、明治32年早稲田実業中学に入学。日本銀行を退職後、雑誌「ニコニコ」に入り文筆活動を開始。雑誌「義勇青年」を創刊し、雑誌「日本一」の主筆を務めた。大正13年ダイヤモンド社に入社した。著書に「明治維新財政経済史考」など。

金沢 末吉　かなざわ・すえきち
丸善社長
慶応1年（1865年）1月11日～昭和31年（1956年）8月28日
生美濃国恵那郡岩村（岐阜県恵那市）　歴明治11年横浜丸屋薬店に入社。細流社に移るとその経営下に入った横浜丸屋書店の経営を担当。21年唐物店の横浜出張所に転じ、丸善大阪出張所主任から出張所の支店昇格により大阪支店長に就任。33年東京本社に転じ、書籍部出版主任兼地方販売課主任、本店改築主任を経て、41年取締役に就任して調査部長を兼務。大正9年～昭和4年頃まで横浜支店監督、大阪支店監督。11年副社長に進み、12年社長となった。

金沢 正雄　かなざわ・まさお
衆議院議員 群馬県知事
明治17年（1884年）5月～昭和20年（1945年）4月27日
出大阪府　学東京帝国大学法科大学〔明治43年〕卒　歴沖縄県、岐阜県、長崎県の各内務部長を経て、昭和3年岐阜県知事、6年群馬県知事。12年衆議院議員に当選、1期。

金杉 惇郎　かなすぎ・じゅんろう
俳優 演出家
明治42年（1909年）7月21日～昭和12年（1937年）10月25日
生東京都　名本名＝金杉又夫　学慶応義塾大学仏文科卒　歴築地小劇場などを経て、昭和6年妻の長岡輝子らと劇団テアトル・コメディを主宰。フランスの風俗喜劇を上演し、11年に解散。ムーラン・ルージュやオペラの演出を行う。遺稿集に「四季の劇場」がある。　家妻＝長岡輝子（女優・演出家）

金田 天絃　かなた・てんげん
ジャーナリスト 南海公論社社長
明治25年（1892年）2月26日～昭和52年（1977年）4月17日
生大阪府雄信達村（泉南市）　名本名＝金田秀太郎　歴「和泉実業新聞」の編集長を務めたのち、大正9年生地の大阪府雄信達村（現・泉南市）で南海公論社を設立し、「南海公論」を発刊。昭和26～28年ごろまで「和泉朝日新聞」を発行した。

金丸 重嶺　かなまる・しげね
写真家 写真教育家 日本大学教授
明治33年（1900年）7月10日～昭和52年（1977年）12月7日
生東京都　学東京YMCA英語学校〔大正9年〕卒, ヘルムアーベル写真学校（ベルリン）〔昭和12年〕卒　歴義兄・前島英男が経営する写真館に出入りして写真に興味を持つ。大正6年鈴木八郎と出会う。13年鈴木、宇高久敬、南実らと東京商業写真研究会を結成。15年日本で最初の商業写真スタジオである金鈴社を東京・神田に鈴木らと共同で設立。また広告写真の草分けとして、杉浦非水らの七人社のメンバーとしても活躍。

昭和5年「商業写真術」（鈴木との共著）、7年「新興写真の作り方」（玄光社）を出版、ドイツを中心とした欧米の近代写真を紹介した。11年全日本新聞連盟の特派員となり、ベルリン五輪を取材。12年ベルリンのヘルムアーベル写真学校に学んで帰国、13年東京写真専門学校（現・東京工芸大学）講師となる。14年日本大学専門部芸術学科（現・芸術学部）に写真科が創設されると講師、18年主任教授となり、45年まで写真教育に尽力した。この間、38年には同大学長に就任。また日本写真協会副会長、日本広告写真家協会会長、全日本写真連盟副会長、太平洋画会写真部会長、日米写真クラブ会長など写真界を代表する役職を歴任、さらにユニバーシアード東京大会芸術展示委員、東京五輪芸術展示委員長なども務めた。

金光 弥一兵衛　かなみつ・やいちひょうえ
柔道家
明治25年（1892年）3月30日～昭和41年（1966年）12月25日
［生］岡山県岡山市上内田町　［学］順天中卒　［歴］岡山が生んだ柔道大家。岡山中学校を中退した後、東京の講道館などで柔道を修業。東京帝国大学、広島高等師範学校などで柔道教師を歴任。その後六高を率い、全国高校専門学校柔道大会で連続優勝に導く。また大正13年の第1回明治神宮全日本選手権で優勝し柔道日本一に輝いた。戦後は学校を離れ、岡山市内の道場「玄武館」で若手を育成、門下生は約3万人に上った。柔道9段。
［家］長男＝金光洋一郎（詩人）

金森 観陽　かなもり・かんよう
挿絵画家
明治17年（1884年）4月24日～昭和7年（1932年）4月18日
［生］富山県富山市　［名］本名＝金森頼次郎、旧姓・旧名＝小出　［歴］尾竹越堂に師事。のち大阪に住し関西画壇で活躍。明治44年第5回文展に「おどり」で初入選。大正4年第9回文展に「つどい」を出品、7年第12回文展に「南蛮来」で入選する。その後しばらく官展から遠ざかるが、昭和5年第11回帝展に「うら庭」、6年第12回帝展に「清正」で入選した。新聞小説の挿絵画家としても知られ、「サンデー毎日」連載の白井喬二作の「新撰組」などの挿絵も描いた。

金森 遵　かなもり・たかし
美術史家　帝室博物館鑑査官補
明治39年（1906年）12月3日～昭和20年（1945年）3月
［生］愛知県名古屋市　［学］東京帝国大学文学部美学美術史学科〔昭和6年〕卒　［歴］昭和8年東京帝室博物館嘱託となり、10年奈良帝室博物館嘱託、12年再び東京帝室博物館に戻り鑑査官補、19年辞任。同年6月召集されフィリピン戦線に従軍、その秋レイテ島で苦闘、20年3月24日以降消息不明。この間、奈良では古寺を歴訪して彫刻史を研究、多くの論文を発表、将来を属目されていた。著書に「日本彫刻史の研究」「日本彫刻史要」がある。

金森 太郎　かなもり・たろう
山形県知事
明治21年（1888年）6月16日～昭和33年（1958年）6月12日
［生］東京都　［学］東京帝国大学法科大学〔大正2年〕卒　［歴］大阪府警察部長、東京府内務部長を経て、昭和8年徳島県知事、9年山形県知事。樺太開発会社総裁、東北船渠社長なども務めた。
［家］父＝金森通倫（牧師・神学者）、弟＝金森九郎（冶金学者）

金森 徳次郎　かなもり・とくじろう
内閣法制局長官
明治19年（1886年）3月17日～昭和34年（1959年）6月16日
［生］愛知県名古屋市　［学］東京帝国大学法学部〔明治45年〕卒　［歴］大蔵省から法制局参事官となり、昭和9年岡田啓介内閣の法制局長官となったが、美濃部達吉の天皇機関説を支持、右翼の

攻撃目標となり、11年退官。戦後は第一次吉田内閣の国務相として新憲法制定に尽くした他、23～34年国立国会図書館の初代館長を務めた。　［家］息子＝金森久雄（経済評論家）、金森博雄（地震学者）

金森 又一郎　かなもり・またいちろう
実業家　大阪電気軌道社長
明治6年（1873年）2月3日～昭和12年（1937年）2月9日
［生］大阪府大阪市東区備後町　［学］船場小中退　［歴］明治42年大阪に電気工事及び電気・ガス機器具販売の金森商会を設立、大阪電灯会社から工事代理店の指定を受けて順調に社業を発展させる。43年大阪～奈良間を結ぶため奈良軌道が創立されると創立常務委員に挙げられ、同年同社が大阪電気軌道（現・近鉄奈良線）に改称後は取締役兼支配人として実際の経営事務を取り仕切った。以降、財政的に困難な中で事業を進め、44年からは大林組の大林芳五郎と組んで社運を賭けた当時日本一の大トンネル・生駒トンネルの開削工事を開始。湧水や柔らかい地盤のため難工事となり、大正2年には多数の死傷者を出す岩盤崩落事故が発生して批判にさらされたが、大林らに説得されて工事を続行し、3年大阪～奈良間を完成・開業させた。工事で巨額の負債が生じた責任を取って上層部が退陣した後も社に残って再生に尽力し、信貴線・桜井線・八木線を増設して信仰の霊地への交通の便を図って乗客を増やすなど、会社再建に成功した。8年専務、昭和2年社長に就任。3年姉妹会社として参宮急行電鉄を設立して社長を兼任。11年名古屋方面への鉄道敷設を目指して関西急行鉄道を創立し、社長となるが、12年開通を見ることなく死去した。没後、大阪軌道、参宮急行、関西急行など関係鉄道会社は、合併により日本最大の鉄道路線網を持つ近畿日本鉄道（近鉄）となった。　［家］二男＝金森乾次（近畿日本鉄道社長）、孫＝金森茂一郎（近畿日本鉄道社長）、金森順次郎（大阪大学名誉教授）

金谷 完治　かなや・かんじ
小説家
明治34年（1901年）5月1日～昭和21年（1946年）1月5日
［学］早稲田大学卒　［歴］昭和5年「新科学的文芸」の、6年「新作家」の創刊に参加し、また「新文学研究」「文芸」などに小説を発表。主な作品に「アラシの斜面」「熒惑」などがある。

金谷 範三　かなや・はんぞう
陸軍大将
明治6年（1873年）4月～昭和8年（1933年）6月5日
［生］大分県高田町　［学］陸士（第5期）〔明治27年〕卒、陸大〔明治34年〕卒　［歴］陸士卒業後、歩兵第3連隊付として日清戦争に出征。陸大卒業後、明治34年第3連隊中隊長、陸大教官を経て、第2軍参謀として日露戦争に出征した。その後ドイツに駐在し、ドイツ、オーストリア大使館付武官を務めた。大正4年歩兵第57連隊長、5年参謀本部作戦課長、7年支那駐屯軍司令官、8年参謀本部第1部長、11年第18師団長、14年参謀次長を歴任。昭和2年朝鮮軍司令官、3年大将、5年参謀総長となり、満州事変勃発の責任者となった。6年軍事参議官に転じ、8年在任中に退役した。

金山 平三　かなやま・へいぞう
洋画家
明治16年（1883年）12月18日～昭和39年（1964年）7月15日
［生］兵庫県神戸市中央区元町　［学］立教中卒、東京美術学校西洋画科〔明治42年〕卒　［賞］日本芸術院会員〔昭和32年〕　［歴］明治45年渡欧、各地を旅行。大正4年帰国後、日本各地の風景を求めて旅に出る。5年「夏の内海」を文展に出品し特選、翌6年「氷すべり」が再び特選。以後官展を舞台に作品を発表しつづけた。10年の帝展改組問題を機にして画壇から遠ざかり、幻の画家といわれた、また雪のある名品を数多く残したところ

から "雪の画家" とも称された。

金山 穆韶　かなやま・ぼくしょう
僧侶 仏教学者 高野山真言宗管長
明治9年（1876年）10月30日～昭和33年（1958年）6月11日
［生］富山県新川郡大山町　［専］密教学　［学］古義真言宗大学林〔明治34年〕卒　［歴］明治21年得度、38年古義真言宗各派連合大学林（現・高野山大学）教授となり密教学を講じ、昭和15年同大学長に就任。その間大正8年から高野山天徳院住職、15年中国を視察、昭和9年高野山宝寿院院主、修道院院長、26年高野山真別処円通寺を再興、事相講伝所を開いた。28年高野山金剛峰寺座主、真言宗管長となった。また真言密教の事相根本十二流八十四方を伝承、阿波太竜寺で求聞持法を修し、昭和4・15・20年の3回八千枚護摩を奉修、21年間奥之院祖廟に日参、肉食妻帯せず、行学兼備をうたわれた。昭和9年教育功労者として文部大臣表彰を受けた。密教学の権威として「弘法大師の仏教観」「真言密教の哲学」「秘蔵宝鑰の大綱」「大日経の綱要」「真言密教の教理史」など多数の著書がある。

榎南 謙一　かなん・けんいち
社会運動家
大正2年（1913年）2月27日～昭和19年（1944年）9月28日
［生］岡山県浅口郡玉島町（倉敷市）　［学］金光中卒　［歴］早くから農民運動に参加し、オルグとして活躍するが、昭和7年検挙され懲役10ケ月に処せられる。出獄後は上京して雑誌記者をする傍らプロレタリア文化運動に参加し、9年「詩精神」の創刊に参加する。のち中国に渡って華北通信記者となるが、現地召集され、戦病死した。

可児 藤吉　かに・とうきち
生物学者
明治41年（1908年）1月1日～昭和19年（1944年）7月18日
［生］岡山県勝田郡勝間田町（勝央町）　［専］群集生態学　［学］津山中〔昭和2年〕卒、浪速高理科乙類〔昭和5年〕卒、京都帝国大学農学部農林生物学科〔昭和8年〕卒　［歴］昭和9年から福井県の武生中学臨時講師を経て、13年京都帝国大学理学部大学院生となり、川村多実二に師事。18年応召、19年「渓流棲昆虫の生態」が出版されたが、同年7月マリアナ諸島のサイパンで戦死した。川と瀬の生物の関係や "棲みわけ理論" で先駆的な業績を残した。45年限定500部で「可児藤吉全集」（全1巻）が出され、52年には普及版が出版された。

蟹江 一太郎　かにえ・いちたろう
実業家 カゴメ創業者
明治8年（1875年）2月7日～昭和46年（1971年）12月20日
［生］愛知県知多郡名和村（東海市）　［名］旧姓・旧名＝佐野市太郎　［学］名和学校〔明治17年〕中退　［歴］明治26年隣村で篤農家として知られた蟹江家の養子となる。28年応召して名古屋の歩兵第六連隊に入隊、31年除隊。除隊に際して、教官からの助言を受けてトマトやパセリ、タマネギ、キャベツなどの西洋蔬菜の栽培に着手。多くの西洋蔬菜はそれなりに売れたが、トマトは売れず困っていたところ、愛知県農事試験場の技師から米国では生食以外に加工しても食べていると耳にして、名古屋ホテルからトマトソースを手に入れて研究。36年よりトマトソース（トマトピューレー）の製造販売を始めた。40年グリンピース、41年トマトケチャップの製造を開始。大正3年愛知トマトソース製造合資会社を創立、工場生産に入った。7年近所に同姓同名の人がいたため市太郎から一太郎に改名。愛知トマトソース製造株式会社に組織変更。昭和3年愛知県名和村議、14～21年愛知県議も務めた。14年愛知県ソース工業組合理事長、37年本社を名古屋に移し、会長となった。　［家］孫＝蟹江嘉信（カゴメ社長）

金子 有道　かねこ・ありみち
歌人 男爵 神官 貴族院議員
明治2年（1869年）8月29日～昭和13年（1938年）3月18日
［生］石見国安濃郡川合村（島根県大田市）　［名］幼名＝健麿　［歴］代々物部神社の祠官。幼少より父の薫陶を受け、和歌に堪能であった。明治29年同神社禰宜となる。大正5年御歌所編纂部に入り、「明治天皇御集」「昭憲皇太后御集」の編集に従事。9年父が隠居し襲爵する。11年御歌所参候となり、歌会始奉行を2度、同講頌を9度務めた。14年から貴族院議員。また音楽を深く嗜み、糸竹会会員として雅楽に精通した。長年興風会幹事として貴族の子弟の歌道に尽力し、晩年は中央歌道会東京支部長とて民間歌道の発展にも貢献した。　［家］父＝金子有郷（国学者・貴族院議員）

金子 馬治　かねこ・うまじ
哲学者 文芸評論家
明治3年（1870年）1月10日～昭和12年（1937年）6月1日
［生］長野県小県郡殿城村字赤坂（上田市）　［名］号＝筑水　［学］東京専門学校（現・早稲田大学）文学科〔明治26年〕卒 文学博士　［歴］明治26年「詩才論」を発表し、東京専門学校講師となり「早稲田文学」に多くの論文、評論を発表。33年から36年にかけてドイツ留学をして37年に帰国し、40年教授に就任。帰国後も多くの論文、評論を発表し、文芸評論家、哲学者として幅広く活躍した。著書も多く、主なものに「時代思想之研究」「創造的進化」「欧州思想大観」「芸術の本質」「論理学」などがある。

金子 魁一　かねこ・かいいち
整形外科学者 東京女子医学専門学校教授
明治16年（1883年）2月5日～昭和28年（1953年）8月19日
［生］宮城県仙台市　［名］俳号＝公孫子　［専］血清学　［学］東京帝国大学医科大学〔明治41年〕卒 医学博士〔大正15年〕　［歴］大正13年東京女子医学専門学校教授となり、校長吉岡弥生の片腕として、竹沢貞女らと肢体不自由児のための養護学校・市立光明学校の運営を援けた。昭和16年退職し、楽山堂病院整形外科医長に就任。著書に「マッサージ講義」「日光浴」「整形外科マッサージ療法」がある。水泳、柔道、俳句をよくした。

金子 喜代太　かねこ・きよた
実業家 浅野セメント専務
明治16年（1883年）3月9日～昭和46年（1971年）6月6日
［生］東京都　［学］東京帝国大学法科大学政治科〔大正4年〕卒　［歴］三菱合資に入り大正6年浅野セメントに移った。15年常務、昭和2～15年専務、19年まで取締役。また大阪石綿会長も務めた。16年には産業設備営団理事となり、副総裁を経て、19年総裁、21年辞任。その後旭冷蔵工業、東芝事務機各会長、日経連顧問、日本工業倶楽部理事などを務めた。　［家］岳父＝穂積八束（法学者）

金子 金五郎　かねこ・きんごろう
棋士（将棋）僧侶（日蓮宗）
明治35年（1902年）1月6日～平成2年（1990年）1月6日
［生］東京都　［名］法号＝金子行秀　［歴］大正5年土居市太郎に入門。7年初段、9年4段を経て、昭和8年8段。"序盤の金子" とうたわれ、木村義雄、花田長太郎と並んで理論派の棋風で知られた。12年創刊の「将棋世界」の初代編集長を務め、評論、観戦記執筆などでも活躍。また、13～16年将棋大成会（現・日本将棋連盟）幹事長。25年現役を引退して日蓮宗日本山妙法寺の僧侶となってからも若手棋士の指導に尽力、山田道美9段ら多くの実力派棋士を育てた。48年9段。

金子 九平次　かねこ・くへいじ
彫刻家 新古典美術協会主宰
明治28年（1895年）9月9日～昭和43年（1968年）10月29日

生東京市芝区（東京都港区）　学金光中卒　歴生家は東京芝の金光教会本部。父は彫刻家、建築家であった金子吉蔵で、岡山県の金光中学を卒業後、父と長谷川栄作に木彫を師事。大正10年第3回帝展で「春愁」が初入選。11年フランスに留学、ブールデルに師事しながらサロン・ドートンヌ、サロン・デ・チュイレリーなどに出品。12年サロン・ナシオナルに入選。15年には「夢見る女」が日本人として初めてリュクサンブルール美術館別館に収蔵された。同年秋に帰国、この年設立された国画創作協会第二部に、滞仏中に知り合った日本画家土田麦僊の紹介で参加し会員となる。昭和3年同協会解散、第二部が国画会として独立すると、彫刻部で中心メンバーとして活躍。7年第7回国画会展への出品を最後に同会を退き、12年新古典美術協会を創立、主宰した。太平洋戦争中に疎開、戦後にかけて静岡大学教育学部などで後進を指導。戦後は久しく作品を発表しなかったが、38年日本橋丸善画廊で「金子九次彫刻展」を開催した。　家父＝金子吉蔵（彫刻家）

金子 薫園　かねこ・くんえん

歌人

明治9年（1876年）11月30日〜昭和26年（1951年）3月30日

生東京府神田区（東京都千代田区）　名本名＝金子雄太郎、旧姓・旧名＝武山　学東京府立一中〔明治25年〕中退　賞日本芸術院会員〔昭和23年〕　歴早くから漢文、短歌を習い「少年園」などに投稿する。明治26年浅香社社員となり、34年処女歌集「片われ月」を刊行。36年白菊会を結成し、以後「小詩園」「わがおもひ」「覚めたる歌」などを刊行。大正7年「光」を創刊するなど、歌人として幅広く活躍。昭和23年日本芸術院会員となった。他に「山河」「静まれる樹」「白鷺集」など多くの歌集がある。

金子 健二　かねこ・けんじ

英語学者 姫路高校校長

明治13年（1880年）1月13日〜昭和37年（1962年）1月3日

生新潟県　学東京帝国大学文科大学英文科〔明治38年〕卒　歴古代中世の英語学者として活躍し、広島高等師範学校教授、文部省督学官、静岡高校長、姫路高校長、昭和24年昭和女子大学長などを歴任。大正7年刊行の「英語発達史」をはじめ「東洋文化西漸史」「人間漱石」「カンタベリ物語」などの著書がある。　家女婿＝金子武雄（国文学者）

金子 堅太郎　かねこ・けんたろう

政治家 伯爵 枢密顧問官

嘉永6年（1853年）2月4日〜昭和17年（1942年）5月16日

生筑前国福岡（福岡県福岡市）　名号＝渓水　学ハーバード大学法律学科〔明治11年〕卒　歴明治4年藩主とともに岩倉具視使節団に同行して渡米、ハーバード大学で学ぶ。11年帰国後、大学予備門講師、元老院権少書記官となり、制度取調局で伊藤博文のもと大日本帝国憲法起草に参画。18年第一次伊藤内閣の首相秘書官、枢密院議長秘書官。22年議会制度調査のため渡米。23年帰国、貴族院書記官長、農商務次官から第三次伊藤内閣で農商務相。33年第四次伊藤内閣の司法相。同年政友会創立に参加。37年日露戦争開戦と同時に秘密大使として渡米、ルーズベルト大統領相手の戦時諒解工作に当たり、日露講和を有利に導いた。39年から枢密顧問官。大正6年初代日米協会会長。昭和9年伯爵。10年天皇機関説に反対し、軍部革新派に協力した。　賞ハーバード大学名誉法学博士号〔明治32年〕

金子 鷹之助　かねこ・たかのすけ

歴史家

明治25年（1892年）11月7日〜昭和26年（1951年）5月7日

生京都　専社会哲学史、日本思想史　学東京商科大学（現・一橋大学）卒　歴東京商科大学卒業後英国に留学し、帰国後母校で西洋経済史、社会学を講じる。著書に昭和3年刊行の「イエスとパウロ」や5年刊の「社会哲学史研究」などがある。

金子 孝信　かねこ・たかのぶ

日本画家

大正4年（1915年）〜昭和17年（1942年）5月27日

生新潟県新潟市　学東京美術学校日本画科〔昭和15年〕卒　歴蒲原神社の宮司の家に生まれる。子供の頃から絵が得意で、上京して予備校に通い画家への道を志す。昭和9年東京美術学校の受験に失敗し、一時皇典講究所の神職養成部に籍を置いた。10年同美術学校に合格。銀座の風俗をモチーフにするなど、モダンで個性的な日本画作品を制作。15年首席で卒業。卒業制作の「季節の客」は学校買い上げとなる。同年兵役に就き、17年26歳の若さで戦死。一方9年から12年まで絵日記を綴り、平成7年絵画や彫刻の調査、研究を続けている小浦健夫により絵日記4冊が復刻され、文章のみを翻字したものと合わせ5冊セットで出版された。

金子 直　かねこ・ただし

陸軍中将 軍事研究家

明治11年（1878年）〜昭和6年（1931年）5月17日

生福井県　学陸士（第10期）〔明治31年〕卒、陸大〔明治42年〕卒　歴参謀本部付となり、大正6年第一次大戦のヨーロッパに出張。帰国後、8年大佐になり野砲兵第10連隊長、10年参謀本部要塞課長、12年少将進級、野戦重砲兵第3旅団長、13年野砲兵学校教育部長、15年重砲兵学校長などを歴任。特に野戦重砲の戦術研究、要員教育に力を注いだ。昭和3年中将となり、予備役に編入後は、大阪毎日新聞社社友として軍事方面の論説を担当、航空戦研究の権威とされた。

金児 杜鵑花　かねこ・とけんか

俳人 素人社創業者

明治27年（1894年）3月14日〜昭和13年（1938年）2月21日

生北海道余市郡余市町　名本名＝金児農夫雄　学札幌師範卒　歴札幌師範学校を卒業して小学校訓導となり、最初の教え子の中に伊藤整がいた。シベリア出兵に従軍後、大正9年上京して新潮社に勤めるが、12年退社して素人社を創業。文芸誌「現代文芸」や総合俳誌「現代俳句」「俳句月刊」「俳句世界」を発行し、主に萩原朔太郎「詩論と感想」、前川佐美雄「植物祭」、山口誓子「凍港」など詩歌・俳句関係書を出した。自らも杜鵑花と号して作句。昭和13年脳溢血のため43歳で急逝した。

金子 彦二郎　かねこ・ひこじろう

国文学者 学習院教授

明治22年（1889年）6月20日〜昭和33年（1958年）5月27日

生新潟県西蒲原郡　学文学博士〔昭和21年〕　歴大正2年から石川県女子師範、新潟県立三条中学で教師を務めた後、5年上京、東京高等師範学校選科に学び、京都府立第一高等女学校、東京女子高等師範学校の講師を経て、昭和4年再び東京文理科大に入り国文を専攻、9年帝国女子専門学校国文科主任となった。14年から学士院学術研究補助費を受けて「白氏文集」などの研究を進める。学習院教授、東洋大学教授、戸板短期大学、和洋女子大各講師を務めた。著書「平安時代文学と白氏文集 句題和歌、千載佳句研究篇」「平安時代文学と白氏文集 道真の文学研究篇第一冊、第二冊」、未刊の「平安時代漢文学と白氏文集」遺稿のほか、教員養成、女子教育に関する著述がある。　賞帝国学士院賞〔昭和20年〕

金子 米軒　かねこ・べいけん

日本画家

明治16年（1883年）〜昭和21年（1946年）

生埼玉県　名本名＝金子相三郎　専南画　歴南画を修め、大正11年第4回帝展に「江山醒心」で初入選。14年、及び昭和3

年から8年まで帝展に入選を重ねた。他の主な作品に「夏雨・秋晴」など。

金子 みすゞ　かねこ・みすず
童謡詩人
明治36年(1903年)4月11日～昭和5年(1930年)3月10日
[生]山口県大津郡仙崎村(長門市)　[名]本名＝金子テル　[学]大津高等女学校〔大正9年〕卒　[歴]高等女学校を出て下関市の上山文英堂書店で働きながら童謡を作る。「童話」や「赤い鳥」に投稿し、一部で才能を認められた。大正15年発行の童謡詩人会編の童謡集には北原白秋、野口雨情らと並んで作品が一点収められたが、生前は広く世に知られることはなかった。23歳で結婚し、一女をもうけるが、離婚後の昭和5年に自ら命を絶った。6年間に500余編の童謡を書き、代表作に「大漁」「わたしと小鳥とすずと」「繭と墓」「夢売り」など。57年矢崎節夫の尽力で「金子みすゞ全集」(全4巻)が刊行され、一躍脚光を浴びた。平成8年度の小学校の国語や道徳の教科書にも登場。
[家]弟＝上山雅輔(劇作家・劇団若草創業者)

金子 光晴　かねこ・みつはる
詩人
明治28年(1895年)12月25日～昭和50年(1975年)6月30日
[生]愛知県海東郡越治村(津島市下切町)　[名]本名＝森保和、旧姓・旧名＝大鹿、金子　[学]早稲田大学予科〔大正4年〕中退、東京美術学校〔大正4年〕中退、慶応義塾大学予科〔大正5年〕中退　[歴]3歳の時、金子家の養子となり東京に移る。大正4年肺炎カタルを患い、詩作を始める。8年詩集「赤土の家」を出版し、美術商につれられて渡欧。10年帰国。12年フランス象徴詩の影響を受けた「こがね虫」で詩壇にデビューした。以後「水の流浪」「鱶沈む」などを発表。昭和3年から7年にかけて、妻の森三千代と共に東南アジアからヨーロッパを放浪し、12年に「鮫」を、15年に紀行文「マレー蘭印行」を刊行。戦時中は主として"抵抗と反戦の詩"を書きつづける。19年山中湖に疎開。戦後は「落下傘」「蛾」「鬼の児の唄」を次々に発表し、28年「人間の悲劇」で読売文学賞を受賞。その一方で、ボードレール「悪の華」やランボオ、アラゴンの詩集を翻訳する。「非情」「水勢」のあと、詩作はしばらく休止して自伝「詩人」などを発表し、40年「IL(イル)」を刊行し藤村記念歴程賞を受賞。その後も「若葉のうた」「寿情69」を発表し、46年小説「風流尸解記」で芸術選奨するなど幅広く活躍した。他に評論「日本人について」「絶望の精神史」「日本人の悲劇」、自伝小説「どくろ杯」、「金子光晴全集」(全15巻、中央公論社)がある。　[家]妻＝森三千代(詩人)、長男＝森乾(早稲田大学教授)、弟＝大鹿卓(詩人)　[賞]芸術選奨文部大臣賞(第22回・文学評論部門)〔昭和46年〕「風流尸解記」

金子 元三郎　かねこ・もとさぶろう
実業家　貴族院議員(多額納税)
明治2年(1869年)4月～昭和27年(1952年)4月11日
[出]北海道　[歴]明治37年衆議院議員に初当選。大正4年、6年の総選挙でも当選。憲政会に所属し、通算3期。14年～昭和14年多額納税貴族院議員。また、金子、定山渓鉄道、北海道林業各社長、豊山銀行、丁酉銀行各頭取、北海道拓殖計画調査会委員を歴任した。

金子 洋文　かねこ・ようぶん
小説家　劇作家　演出家
明治27年(1894年)4月8日～昭和60年(1985年)3月21日
[生]秋田県秋田郡土崎港町(秋田市)　[名]本名＝金子吉太郎　[学]秋田工業機械科〔大正2年〕　[歴]秋田工業を出て、文学を志し武者小路実篤に師事。社会主義運動に参加し、大正10年小牧近江らと「種蒔く人」を創刊。12年雑誌「解放」に発表した小説「地獄」が出世作となった。13年からは「種蒔く人」を

受け継ぎ「文芸戦線」を発刊。昭和2年青野季吉らと労農芸術家連盟を結成。以後、文芸戦線派の作家として活躍した。運動解体後は、戯曲、脚本、演劇の分野で活躍した。22年社会党の参議院議員(全国区)を1期務めた後、社会党を励ます会副会長、松竹歌舞伎審議会専門委員、「劇と評論」編集委員。著書に創作集「地獄」「鷗」「白い未亡人」、戯曲集「投げ棄てられた指輪」「飛ぶ唄」「狐」「菊あかり」、随筆集「父と子」のほか、「金子洋文作品集」(全2巻、筑摩書房)がある。

兼重 暗香　かねしげ・あんこう
日本画家
明治5年(1872年)3月17日～昭和21年(1946年)11月2日
[生]山口県吉敷郡大歳村(山口市)　[名]本名＝兼重梅子、別号＝暗秀　[学]頌栄女学校卒　[歴]5歳の時に病気で両足の自由を失う。父の転居に従って上京し、手押し車に乗って頌栄女学校に通った。明治22年頃から伯父で洋画家の河北道介から絵の手ほどきを受けるが、屋外での写生が困難なため間もなく南画に転じ、閨秀画家の野口小蘋に入門。花卉の画を得意とし、35年日本美術院展に出品して高い評価を得て以来、文展や帝展での入選・入賞は20回以上に及んだ。昭和5年には日本美術協会に入会、師の小蘋の没後には同幹事を務め、協会の中心として活躍。また、香風会を主宰した。太平洋戦争中に郷里山口に帰り、21年同地で没した。作品に「花卉」などがある。
[家]伯父＝河北道介(洋画家)

金田 繁　かねだ・しげる
映画監督
明治39年(1906年)10月20日～昭和41年(1966年)3月15日
[生]京都府京都市下京区松原大宮西上長福寺町　[学]京都一商卒　[歴]大正15年東亜キネマ等持院助監督部入社、仁科熊彦、広瀬五郎についた。昭和6年東亜の代行会社東活で監督となり、右太プロの阿部九郎男主演「閃影双刃録」でデビュー。7年東活解散、同年東京・多摩川に発足した日本映画に移る。8年京都へ帰り新興キネマ入社、10年極東映画に転じ、兵庫県甲陽で4巻物の時代劇を監督。16年興亜映画で「荒野の叫び」1本を撮って退職、奈良県大和郡山市役所に勤め、のち市議会事務局長。定年後の35年松竹下加茂内の山崎プロでテレビ映画「風雲真田城」を監督。ほかに「度胸一代男」(11年)「時代の風雲児」(13年)「旗本三日月侍」(15年)など。

金田 千鶴　かねだ・ちづ
歌人
明治35年(1902年)11月～昭和9年(1934年)8月17日
[生]長野県下伊那郡泰阜村平島田　[学]帝国女子専門学校　[歴]長野県泰阜村に代々庄屋を務めた資産家の家に生まれる。飯田高等女学校を卒業後、飯田の寺に嫁ぐが間もなく離婚。上京して入学した帝国女子専門学校で短歌誌「アララギ」の選者を務める歌人の岡麓に出会って作歌を始め、生涯師と仰ぐ。大正13年小学校の恩師だった彫刻家・倉沢興世と再会して恋におちるが、2ヶ月後に結核を病み、帰郷を余儀なくされた。以後、アララギ派の歌人として作歌に励み、昭和4年「アララギ」準同人となる。自然や家族、恋愛の他に山村の生活や社会の姿を生き生きと詠む"社会詠"にも手を染め、昭和恐慌のために極貧にあえぐ山村を活写した。また文芸誌「つばさ」などに参加して小説も書き、6年には農村小説「夏蚕時(なつごどき)」を発表。結核と闘いながら創作を行い、死の3日前まで代筆で歌を詠み続けた。

兼田 秀雄　かねだ・ひでお
衆議院議員
明治13年(1880年)5月15日～昭和12年(1937年)11月22日
[生]青森県黒石町　[学]早稲田大学政治経済科〔明治40年〕卒　[歴]米国渡航を経て、新聞記者になり、中央新聞に勤務。のち東

か

京朝日新聞に移り、政治部長などを務めた。大正12年同紙を引いて南満州鉄道(満鉄)に転じ、総裁秘書参事として活躍。13年衆議院議員に当選、政友本党、憲政会に所属。昭和3年落選したが、5年返り咲き、通算4期務めた。この間、9年岡田内閣の鉄道参事官などを歴任。

金田 平一郎　かねだ・へいいちろう
法制史学者 九州帝国大学法文学部教授
明治33年(1900年)7月10日～昭和24年(1949年)10月7日
[生]茨城県行方郡玉造町 [専]近世法制史 [学]東京帝国大学法学部〔大正13年〕卒 [歴]昭和4年から九州帝国大学講師となり、15年同教授に就任。また23年には図書館長を兼任している。江戸時代における債権法や特別民事訴訟法などを研究し、「司法資料」「国家学会雑誌」などの学術雑誌に多くの論文を発表している。

兼常 清佐　かねつね・きよすけ
音楽学者 音楽評論家
明治18年(1885年)11月22日～昭和32年(1957年)4月25日
[生]山口県萩市 [学]京都帝国大学文科大学哲学科〔明治42年〕卒 文学博士 [歴]大正3年上京し東京帝国大学実験心理学研究室で音楽美学、音響心理学などを研究し、11年から13年にかけてドイツ留学。また民謡などを蒐集し、昭和7年音および音楽に関する研究所を創立する。その他、日本語の音の構造分析、ピアノの構造研究などに業績を残した。"ピアニスト不要論"など特異な評論活動でも著名、「音楽巡礼」「ベートーヴェンの死」「日本の言葉と唄の構造」などのほか、「石川啄木」「与謝野晶子」の評論がある。

金原 作輔　かねはら・さくすけ
金原出版社長
明治25年(1892年)6月27日～昭和40年(1965年)1月15日
[出]東京都文京区 [名]幼名＝三郎, 寅作 [学]名古屋商〔明治43年〕卒, ヒッチングラマースクール(英国)卒 [歴]金原医籍店創業者・金原寅作の長男。明治41年父の死により寅作を襲名。43年名古屋商業学校を卒業して英国ヒッチングラマースクールに留学、大正2年帰国。6年間宮英宗について得度し、作輔に改名した。7年家業の合名会社金原商店に入り、12年石原忍の「石原式国際色盲表」を刊行。関東大震災以降は出版に専念し、15年同社より出版販売部門を独立させて株式会社金原商店を創立、社長となった。以後、「日本眼科全書」「人体解剖図譜」といった医学書や医学誌「臨床の日本」「医界展望」「臨床医学講座」などを出版した他、医療器械、薬品なども取り扱った。昭和19年同社の業務のうち、書籍出版部門を日本医書出版株式会社、雑誌出版部門を日本医学雑誌株式会社(現・医学書院)に分離。28年日本医書出版を金原出版株式会社に改称。医学書の他、農学・薬学・理工学書の出版にも進出した。東京出版販売(現・トーハン)創設に参画した他、36年医学書出版社を糾合して日本医書出版協会を設立、同理事長や医書同業会会長などを歴任した。 [家]父＝金原寅作(金原出版創業者), 母＝金原鋳(金原商店代表), 弟＝金原一郎(医学書院社長), 金原二郎(金原出版販売社長), 金原四郎(金原出版社長)

金平 亮三　かねひら・りょうぞう
植物学者 九州帝国大学教授
明治15年(1882年)1月1日～昭和23年(1948年)11月27日
[生]岡山県 [専]植物分類学, 造林学 [学]一高卒, 東京帝国大学農科大学林学科〔明治40年〕卒 林学博士〔大正9年〕 [歴]明治40年東京帝国大学農学部林学科を卒業後、欧米に2年間留学。43年台湾総督府技師となり、台湾の樹木や有用植物を調査して「台湾の森林」「台湾樹木誌」などをまとめた。同林業試験場長、大正9年同中央研究所林業部長。昭和3年帰国して九州帝国大学教授となり、農学部長、附属演習林長を務めた。この間、木材の解剖学的性質と植物の分類について研究。東南アジアを中心に樹木の調査を行い、さらにニューギニア、ミクロネシア、メラネシア、ポリネシアなど南洋諸島に研究範囲を広げ、多くの新種を発見、それらの樹木相、林木分布について分類学的研究を進め、同地域における林業資源の現状分析も行った。18年中井猛之進と共にジャワ・ハイテンゾルフの司政長官に任ぜられ、同地の図書館長・腊葉館長を兼任。戦後の21年に帰国し、連合国軍総司令部(GHQ)天然資源局に勤務した。他の著書に「熱帯有用植物誌」「南洋群島植物誌」「ニューギニヤ探検」などがある。 [賞]帝国学士院伯爵鹿島萩麿記念賞(第27回)〔昭和12年〕, 農学賞〔昭和11年〕

金光 庸夫　かねみつ・つねお
衆議院副議長 厚相 大正生命保険社長
明治10年(1877年)3月13日～昭和30年(1955年)3月5日
[生]大分県 [学]高小卒 [歴]福岡税務署長、長崎税関、熊本税務監督局などを経て実業界に転じ、大正2年大正生命保険会社を創設、社長となった。他に日本火災海上保険、日本教育生命保険などの役員を兼ね、東京商業会議所副会頭、また国際労働機関(ILO)総会資本家代表を務めた。大正9年から衆議院議員に当選9回、政友会総務、衆議院副議長を経て、昭和14年阿部内閣の拓務相、第二次近衛内閣の厚相を歴任。大日本産業報国会が発足して初代総裁となり、大政翼賛会顧問、同会調査会長、翼賛政治会政調会長、大日本政治会総務会長などを務めた。戦後公職追放、解除後の28年自由党代議士として復帰、同党顧問となった。

鹿野 忠雄　かの・ただお
民俗学者
明治39年(1906年)～没年不詳
[生]東京都 [学]東京帝国大学地理学科卒 理学博士(東京帝国大学) [歴]小学生の頃から昆虫採集を始める。台湾の昆虫標本に魅せられ、統治下の台北高に入学。高山地帯の昆虫、小動物の採集を行う。昭和5年大学入学後、再び台湾に渡る。博物学的な標本採集を行い、氷河地形を発見。太平洋戦争勃発後の17年陸軍の嘱託としてマニラへ。その後一時帰国し、19年再び民俗学の調査で北ボルネオに赴任するが、20年終戦前後に消息を絶った。著書に「台湾原住民図譜」「東南亜細亜民族学先史学研究」「山と雲と蕃人と—台湾高山紀行」などがあり、その先駆的、学際的な業績は高く評価されている。

加納 暁　かのう・あかつき
歌人
明治26年(1893年)3月10日～昭和5年(1930年)2月6日
[生]兵庫県氷上郡柏原町 [名]本名＝加納巳三雄 [学]早稲田大学商学部卒 [歴]大正4年「アララギ」に入会し、昭和2年同誌の選者となる。島木赤彦に師事し、没後の6年「加納暁歌集」が刊行された。

加納 倹二　かのう・けんじ
土木技術者 鉄道省下関工事事務所工事課長
明治37年(1904年)5月20日～昭和47年(1972年)11月15日
[生]島根県 [専]トンネル [学]京都帝国大学工学部土木工学科〔昭和3年〕卒 [歴]鉄道省に入省。昭和9年秋田で、当時国内第3位の長大な仙山線(仙台～山形間)の面白山トンネル直轄工事の現場責任者として、導坑掘削速度記録を更新。12年関門鉄道トンネル工事が始まると、下関工事事務所工事課長として、海底の断層破砕帯の突破にあたりシールド工法、空気掘削工法の完成に努め、断層地帯の工事を成功に導いた。24年札幌工事局長を最後に国鉄を退職。その後は熊谷組副社長に転じる。全断面トンネル掘削工法の開発に尽くし、我が国のトンネル技術の発達に貢献した。共著に「トンネル施工法」がある。 [賞]

朝日賞（文化賞）〔昭和16年〕「国鉄関門隧道の貫通工事」

狩野 光雅　かのう・こうが

日本画家

明治30年（1897年）1月～昭和28年（1953年）12月17日

[生]和歌山県　[名]本名＝狩野政次郎　[学]東京美術学校日本画科〔大正8年〕卒　[歴]松岡映丘に師事。大正10年岩田正巳・遠藤教三・穴山勝堂と新興大和絵会を結成、第1回展から昭和5年の第10回展まで製作発表を重ね「雨後落日」「高野草創」などを出品。同会を解散した6年、第12回帝展に「紀の国の春」で初入選。8年第14回帝展で「飛瀑」が特選となり、11年文展鑑査展に「雨後」で入選、最後の官展となる。この間、10年国画院の結成に同人として参画した。

嘉納 治五郎　かのう・じごろう

柔道家 教育家 国際オリンピック委員会委員

万延1年（1860年）10月28日～昭和13年（1938年）5月4日

[生]摂津国菟原郡御影村（兵庫県神戸市東灘区）　[学]東京大学文学部政治学・理財学科〔明治14年〕卒　[歴]灘の代表的な酒造家嘉納治郎右衛門の一族・浜東嘉納家に生まれる。明治3年10歳で上京。14年東京帝国大学卒業後、学習院講師となり、英語と理財学を教える。22年ヨーロッパに留学。帰国後、熊本の第五高等中学校（のちの五高）、東京の第一高等中学校（のちの一高）校長を経て、26年～大正9年まで27年間にわたって東京高等師範学校校長を務めた。11年～昭和13年勅選貴族院議員。一方、東大在学中から柔術に親しみ、大正15年東京・下谷に嘉納塾（講道館）を開設し学生に柔術を指導。21年麹町富士見町の新道場で古来の柔術を改良した"柔道"の成立を宣言、以来講道館柔道を完成させた。42年日本初の国際オリンピック委員会（IOC）委員に就任。44年大日本体育協会を創立し会長となり、翌年のストックホルム五輪に日本初参加を実現。昭和13年東京五輪招致のためカイロ会議に出席、その帰途船中で病死。　[家]二男＝嘉納履正（講道館館長）、父＝嘉納治郎作（廻船業者）、甥＝嘉納健治（侠客）　[賞]朝日賞（昭和9年度）

加納 友之介　かのう・とものすけ

実業家 東海銀行頭取

明治5年（1872年）5月8日～昭和11年（1936年）8月14日

[生]茨城県　[学]帝国大学卒　[歴]大学を卒業して衆議院書記官兼農商務省参事官となる。のち退官して住友銀行に入り、東京支配人、本店支配人を経て、常務に進み、東海銀行頭取に転じた。昭和2年の金融恐慌で同行が第一銀行に合併されると、その取締役に就任。また自動車工業（いすゞ自動車の前身）社長、神戸海上運送火災保険ほか数社の重役も務めた。

狩野 直喜　かのう・なおき

中国学者 京都帝国大学名誉教授

慶応4年（1868年）1月18日～昭和22年（1947年）12月13日

[生]肥後国（熊本県）　[名]号＝君山　[専]中国哲学、中国文学　[学]帝国大学文科大学漢学科〔明治28年〕卒　[賞]帝国学士院会員〔大正14年〕　[歴]帝国大学在学中島田重礼に師事。明治33～36年文部省留学生として清国の北京、上海に留学、張之洞らを知り、西洋のシナ学にも接した。39年京都帝国大学の文科大学創設委員となり、同年文科大学開設とともに哲学科教授となり、支那哲学史を担当。41年文学科開設に伴い支那語学・支那文学担当教授を兼任。ペリオ、スタインらによる新発見の敦煌古文書調査のため43年清国に渡り、次いで45年～大正2年渡欧、パリ、ロンドンに赴いてペリオらと友誼を結び、また、日本に亡命中の羅振玉、王国維らと学問を通じて交流。草創期の京都シナ大学にあって積極的に活動。大正14年帝国学士院会員、昭和3年京都帝大を定年退官、4年東方文化学院京都研究所（現・京都大学人文科学研究所）所長。19年文化勲章受章。支那哲学と支那文学の不可分性を強調、経書研究では清朝実証の学を継ぎ、また王国維らと戯曲小説、特に元曲の研究も始め、俗語文学研究に新分野を拓いた。さらに清朝法制の研究や、ペリオらとの敦煌文書の研究、内藤湖南、羅振玉らとの日本遺存の中国文献研究に業績がある。著書に「支那学文藪」「中国哲学史」「読書纂余」「両漢学術考」「支那文学史」「清朝の制度と文学」「支那小説戯曲史」などがある。　[勲]文化勲章〔昭和19年〕

狩野 敏　かのう・びん

右翼運動家

明治34年（1901年）4月1日～昭和56年（1981年）10月8日

[生]静岡県　[学]拓殖大学卒　[歴]昭和5年上京以来、大川周明の思想に共感し、行地社の専任事務、機関誌月刊「日本」の編集発行にあたるなど、一貫してその腹心的役割を果たす。6年民間右翼の大同団結の動きに加わり、八幡博堂、鈴木善一、津久井龍雄などとともに、全日本愛国者共同闘争協議会を結成。7年大川を会頭に神武会を創立。11年以来軍との関係を深め、しばしば中国に渡る。また、橋本欣五郎の大日本青年党の委員となる。戦後、右翼総結集の動きに加わると共に、「大川周明全集」の刊行に取り組んだ。40～42年拓大理事長を務めた。

加納 野梅　かのう・やばい

俳人

慶応4年（1868年）4月22日～昭和19年（1944年）4月23日

[生]加賀国金沢城下尾張町（石川県金沢市尾張）　[名]本名＝加納亥太郎　[歴]明治20年上京、東京、読売、時事各紙の記者を務めた。「ホトトギス」「国民俳壇」に投句。昭和のはじめ「野梅」を創刊、約10年間主宰した。「野梅句集」「野梅俳談」などの著作がある。

鹿岡 円平　かのおか・えんぺい

海軍少将 東条英機首相秘書官

明治34年（1901年）4月11日～昭和19年（1944年）11月5日

[生]福島県石川郡石川町　[学]海兵（第49期）〔大正10年〕卒、海大（第32期）〔昭和9年〕卒　[歴]大正11年海軍少尉に任官。昭和4年米国駐在を命じられ、6年帰国。9年海軍大学校を首席で卒業。12年大本営海軍参謀、13年第二根拠地隊参謀、14年軍令部出仕兼海軍省出仕を経て、16年より東条英機首相に秘書官として仕える。内閣総辞職後は重巡洋艦「那智」艦長となり、マニラ湾で戦死した。平成2年東条首相の日々の行動を詳細に記録したメモの全容が「東条内閣総理大臣機密記録」として刊行された。

鹿子木 員信　かのこぎ・かずのぶ

哲学者 大アジア主義者 九州帝国大学教授

明治17年（1884年）11月3日～昭和24年（1949年）12月23日

[生]東京都　[学]海軍機関学校〔明治37年〕卒 文学博士　[歴]日露戦争時日本海戦に従軍。海軍中尉で退役。哲学研究に転じ、慶応義塾教授を経てヨーロッパ各国に留学。大正15年九州帝国大学法文学部教授、昭和2年ベルリン大学客員教授などを歴任。アジア主義哲学者として、15年思想団体・皇国学団を結成し、戦時中は言論報国会専務理事兼事務局長に就任。戦後、A級戦犯に問われ、のち公職追放処分を受けた。著書に「日本精神の哲学」「皇国学大綱」「すめらあじあ」などがある。

鹿子木 孟郎　かのこぎ・たけしろう

洋画家

明治7年（1874年）11月9日～昭和16年（1941年）4月3日

[生]岡山県岡山市東田町　[名]旧姓・旧名＝宇治、号＝不倒　[歴]池田藩士の三男に生まれ、8歳で伯父の鹿子木家の養子となる。初め松原三五郎の天彩学舎に学び、のち上京して小山正太郎の不同舎に入る。滋賀、三重、埼玉で教員を務め、明治33年

渡米、34年渡仏し、歴史画家・ローランスに師事。37年帰国して京都に居を構え、画塾を開いた。39〜41年、大正4〜7年再渡仏。明治美術会、太平洋画会、官展に出品。39年関西美術院を設立、のち院長に就任。京都高等工芸学校でも指導にあたった。フランス官学派の作風で肖像画や風景画を得意とし、代表作に「ローランス画伯の肖像」「新夫人」「漁夫の家」など。平成3年没後50年遺作展が開催された。

鹿子木 健日子　かのこぎ・たけひこ
バスケットボール選手
大正3年(1914年)6月17日〜平成4年(1992年)2月19日
出東京都　学東京帝国大学経済学部〔昭和13年〕卒　歴大学在学中はバスケットボールの全日本代表のセンターを務め、昭和11年ベルリン五輪に出場した。19年から20年間にわたり日本バスケットボール協会の理事を務めた。

樺沢 繁市　かばさわ・しげいち
マラソン選手
明治45年(1912年)〜平成2年(1990年)11月27日
生青森県岩木村(岩木町)　歴戦前のマラソン界で活躍。昭和12年の日米対抗マラソン、13年の全日本選手権で優勝、15年に予定され中止となった東京五輪の候補選手にもなり、幻の五輪マラソン選手と言われた。引退後は、農業に従事。

樺島 勝一　かばしま・かついち
挿絵画家
明治21年(1888年)7月21日〜昭和40年(1965年)5月31日
生長崎県諌早　名本名=椛島勝一　学商業学校中退　歴青年時代に上京、出版関係の仕事をしながら雑誌「海国少年」の表紙、口絵を画いた。大正11年朝日新聞に入り「アサヒグラフ」連載の織田小星作「正チャンの冒険」に童画を描き人気を得た。後朝日新聞の連載となり、毛糸で編んだ正チャン帽が流行した。15年ごろから挿絵画家に転じ、「新青年」や「少年倶楽部」に挿絵を描き、山中峯太郎の「敵中横断三百里」など、銅板を思わせる独得のペン画で人気を集めた。

蒲田 善蔵　かばた・ぜんぞう
実業家　蒲田商店社長
明治17年(1884年)6月28日〜昭和37年(1962年)8月19日
生京都府中郡口大野村(京丹後市)　歴生家は京都府丹後で代々庄屋を務めた。父の代で家運が傾き、明治36年東京の親戚・羽田家を頼って上京。同家が営んでいた羽田商店を手伝い、羽田調帯製造所の完成・操業後は販売を担当して発展に寄与。45年には羽田伊之助の長女と結婚して羽田家の一員となり、同製造所専務に就任。大正10年独立して蒲田商店を創業、羽田調帯製造所の総代理店となったが、12年関東大震災に罹災して大阪へ移る。同地ではダンロップ社の全国総代理店として売り上げを伸ばしたが、そのために羽田調帯のシェアを侵食したため岳父からの要請を受け、15年帰京。しかし、岳父と意見の食い違いが生じ、自らの工場を建設することを決意した。昭和4年四日市にゴム工場を建設。5年昭和興業が蒲田商店を買取して誕生した蒲田調帯(現・住友理工)の初代社長に就任した。7年社長を退き、10年には取締役も辞任した。その後、ZK商店を起こして再起を期し、13年蒲田商店に名称変更。14年東京ゴムベルト商業組合理事長、15年日本ゴムベルト商業組合理事長、東京都ゴムベルト配給所理事長、21年東部ゴムベルト商業協同組合理事長、全国ゴムベルト商業協同組合連合会会長などを歴任した。　家長男=蒲田善一郎(蒲田工業社長)、岳父=羽田伊之助(羽田調帯製造所社長)

樺山 愛輔　かばやま・あいすけ
実業家　伯爵　貴族院議員
慶応1年(1865年)5月10日〜昭和28年(1953年)10月21日

生薩摩国(鹿児島県)　学アマースト大学卒、ボン大学　歴伯爵樺山資紀の長男。13歳で米国に留学、帰国後、国際通信、日英水力電気、蓬莱生命保険相互などの取締役、千歳火災海上再保険、千代田火災保険、函館船渠、大井川鉄道各社の重役を務めた。大正11年襲爵、14年貴族院議員。昭和4年米国ウェスレヤン大学から名誉法学博士の学位を受け、5年ロンドン海軍軍縮会議日本代表随員となった。21年枢密顧問官。戦後グルー元駐日米国大使から寄せられた基金を基に社会教育事業資金グルー基金創設に尽力した。また日米協会長、国際文化振興会顧問、国際文化会館理事、ロックフェラー財団にも関係、日米親善に貢献した。　家父=樺山資紀(海軍大将・伯爵)、二女=白洲正子(随筆家)、孫=白洲春正(東宝東和社長)、岳父=川村純義(海軍大将・伯爵)

樺山 資英　かばやま・すけひで
貴族院議員(勅選)　満鉄理事
明治1年(1868年)11月19日〜昭和16年(1941年)3月19日
学エール大学ロースクール〔明治24年〕卒、エール大学大学院〔明治26年〕修了　歴各地の知事を歴任した樺山資雄の二男。明治21年米国へ留学、コロンビア大学やエール大学に学ぶ。26年帰国。28年陸軍通訳、同年台湾総務府参事官。29年拓務相、30年首相、31年文相の各秘書官を務めた。大正3〜8年南満州鉄道(満鉄)理事。12年9月第二次山本権兵衛内閣の内閣書記官長に就任。13年勅選貴族院議員。東洋火災保険社長なども務めた。　家父=樺山資雄(宮崎県知事)、岳父=高島鞆之助(陸軍中将)

加福 均三　かふく・きんぞう
応用化学者　台北帝国大学教授
明治18年(1885年)〜昭和23年(1948年)6月
生東京都　専香料化学　学理学博士　歴明治44年からしばらく台湾に在って、総督府の中央研究所工業部長や、台北帝国大学教授を務めた。日本化学会の会長なども歴任。主著に「テルペン及び樹脂」「テルペン〈上下〉」「花のにほひ」「にほひ」。
家息子=加福竹一郎(水産学者)

鏑木 清方　かぶらき・きよかた
日本画家
明治11年(1878年)8月21日〜昭和47年(1972年)3月2日
生東京府神田区佐久間町(東京都千代田区)　名本名=鏑木健一、旧姓・旧名=条野　学東京英語学校〔明治25年〕中退　資帝国美術院会員〔昭和4年〕、帝国芸術院会員〔昭和12年〕、帝室技芸員〔昭和19年〕　歴明治24年13歳で浮世絵の水野年方に入門。28年母方の家督を継ぎ鏑木姓となる。新聞、雑誌に挿絵を描き、34年同志と烏合会を結成。35年烏合会に「一葉女史の墓」を出品。大正5年結城素明、松岡映丘らと金鈴社を結成。6年第1回文展に「黒髪」を出品、特選となり、第12回文展に「ためさる、日」を出品、以後推薦となる。帝展審査員、帝国美術院会員、帝室技芸員となり、昭和29年文化勲章を受章した。江戸の名残り濃い明治の東京の庶民生活を写した風俗画が得意。「築地明石町」「三遊亭円朝像」などが代表作。文筆にも長じ自叙伝「こしかたの記」(正続)「鏑木清方文集」(全8巻)などがある。　家父=条野採菊(戯作者・新聞記者)　勲文化勲章〔昭和29年〕　賞文展特選〔大正6年〕「黒髪」、帝国美術院賞〔昭和3年〕「築地明石町」

鏑木 忠正　かぶらぎ・ただまさ
昭和医学専門学校創立者　衆議院議員
明治21年(1888年)8月5日〜昭和37年(1962年)9月6日
出東京都　名旧姓・旧名=有井　学東京帝国大学医科大学獣医科〔大正2年〕卒、東京帝国大学法学部政治科〔大正9年〕卒　歴昭和医学専門学校を創立し、理事長に就任。昭和5年、11年衆議院議員に当選、2期。民政党に所属した。21〜22年多額納

税貴族院議員。品川区長も務めた。

鏑木 外岐雄　かぶらぎ・ときお
動物学者 東京帝国大学教授
明治23年（1890年）6月10日〜昭和43年（1968年）2月21日
［生］石川県金沢市金石横町　［専］応用動物学, 応用昆虫学　［学］金沢一中卒, 四高卒, 東京帝国大学理科大学動物学科〔大正4年〕卒 理学博士〔大正13年〕　［歴］大正6年東京帝国大学助手, 13年日本産三岐渦虫類の研究で理学博士の学位を取得し, 同年農学部講師, 助教授, 15年教授, 昭和24年国学院大学教授兼任。26年東京大学を定年退官し, 名誉教授。のち宇都宮大学学長, 国学院大学教授。42年退職。この間, 4年応用動物学会（現・日本応用動物昆虫学会）の設立に尽力。また日本植物防疫協会会長, 日本昆虫学会会長を務めた。渦虫類, 紐虫類の研究のほか, 青色蛍光誘蛾灯の実用化や天然記念物の調査・保全, 植物防疫事業など, 農学分野の発展に貢献した。著書に「自然科学生物概論」「自然科学 生物概論」「生物概論」などがある。　［家］兄=鏑木徳二（林学者）, 山田藤太郎（実業家）, 弟=鏑木勢岐（神官）, 鏑木政岐（天文学者）

鏑木 徳二　かぶらぎ・とくじ
林学者 朝鮮総督府林業試験場長
明治16年（1883年）1月1日〜昭和42年（1967年）4月25日
［生］石川県金沢市　［学］金沢一中卒, 四高卒, 東京帝国大学農科大学林学科〔明治40年〕卒, 東京帝国大学大学院〔明治41年〕中退 林学博士〔大正9年〕　［歴］父は神官で, 12人弟妹（6男6女）の長男。明治42年久原鉱業に入り, 茨城県日立鉱山の煙害防止に取り組み, 44年より地元の交渉を全面的に任された。大正4年高煙突が完成して排煙コントロールが本格化, 激しい煙害はほぼ収束した。傍ら, 煙害で禿げ山となった周辺の山に十数年がかりで耐煙性樹種500万本の植林を行い, 周辺地域の希望者にも500万本の苗木を無償供与した。大正8年久原鉱業を退社, 9年欧米へ留学。11年帰国, 12年宇都宮高等農林学校教授, 昭和8年朝鮮総督府林業試験場長。19年退官。20年引き揚げ, 23年金沢第一高校, 24年七尾高校, 27年七尾実業高校の各校長を歴任。大正9年「煙害地森林施業に関する基本要綱に関する研究」で林学博士号を取得, 初めて公害問題で博士号となった人物といわれる。また, 新田次郎の小説「ある町の高い煙突」の登場人物・加屋淳平のモデルとなった。著書に「森林立地学」「森林の生理」「森林肥料論」, 共著に「実験煙害鑑定法」などがある。　［家］弟=山田藤太郎（実業家）, 鏑木外岐雄（動物学者）, 鏑木勢岐（神官）, 鏑木政岐（天文学者）, 岳父=河合鈰太郎（林学者）, 義兄=市河三禄（林学者）

鎌田 誠一　かまた・せいいち
中国の文豪・魯迅を上海事変の戦火から守った
明治39年（1906年）〜昭和9年（1934年）5月17日
［学］糸島中〔昭和2年〕卒　［歴］昭和2年糸島中学（現・糸島高校）を第1期生として卒業。兄・寿とともに上海の内山書店で働き, 5年間書店主・内山完造と交友が深かった中国の文豪・魯迅と知り合う。以来, 親交を深め, 上海事変の際には魯迅を戦火から守った。画家を志していたが, 8年療養のために帰国し, 9年肺結核のため世を去った。没後, 魯迅より日本人としては唯一となる墓碑銘を贈られた。

鎌田 武雄　かまだ・たけお
動物学者 東京帝国大学理学部教授
明治34年（1901年）〜昭和21年（1946年）11月6日
［出］東京都　［専］動物生理学　［学］東京帝国大学理学部動物学科〔大正14年〕卒　［歴］大正14年東京帝国大学理学部助手。昭和6年から2年間, 欧米へ留学。帰国後助教授となり, 18年教授に昇任。ゾウリムシの細胞の興奮メカニズムなどを分析し, 細胞生理学の分野で業績を挙げた。著書に「原形質の生理学的研

究」がある。

鎌田 弥寿治　かまだ・やすじ
写真学者 東京高等工芸学校教授
明治16年（1883年）3月20日〜昭和52年（1977年）11月17日
［生］徳島県名東郡日開村（徳島市）　［専］写真化学, 印刷化学　［学］京都帝国大学理工科大学化学科〔明治41年〕卒　［歴］藍の産地として名高い徳島県に, 藍作農家の子として生まれる。明治33年ドイツで天然の藍と同じ化学成分を持ち, コストが10分の1の人造藍（インディゴ）が開発され藍作農家が大打撃を受けると, ドイツ以上の人造藍を作ることを決意して化学者を志す。京都帝国大学理工科大学化学科に進み,「青色硫化染料価値比較」を卒業論文のテーマとした。41年同校を卒業して講師を務め, 43年27歳で東京美術学校教授に抜擢される。大正4年臨時写真科の設立に伴い主任教授となり, 写真化学に転向。9〜11年文部省研究員として感光材料の開発・製造を学ぶために米国や欧州に留学, ウィーンでJ.マリア・エダー博士に写真化学を師事した。帰国後, 臨時写真科の東京高等工芸学校（現・千葉大学工学部）への移転（10年）に伴い, 同校教授となる。昭和8年日本写真学会創設に参画, 副会長, 17年会長。25年東京写真短期大学（現・東京工芸大学）学長に就任した。戦前にカラー感光板を初めて開発し, 我が国におけるカラー写真・印刷研究の第一人者として知られた。著書に「最新写真製版術」「写真発達史」「写真知識」などがある。　［家］長男=鎌田寿一（明治大学教授）

神 重徳　かみ・しげのり
海軍大佐
明治33年（1900年）1月23日〜昭和20年（1945年）9月15日
［生］鹿児島県　［学］海兵（第48期）〔大正9年〕卒, 海大〔昭和8年〕卒　［歴］昭和8年よりドイツ駐在, 10年ドイツ大使館付武官補佐官。帰国後, 軍務局第1課員として三国同盟を推進。14年軍令部第1部第1課員となり対米開戦を強く主張。開戦後, 第8艦隊先任参謀として第一次ソロモン海戦を指導。18年教育局第1課長のとき東条首相暗殺計画に関与した。19年連合艦隊首席参謀として戦艦大和の沖縄特攻を強硬に進言, 翌年実現させた。敗戦時は第10航空艦隊参謀長, 大佐。

上泉 徳弥　かみいずみ・とくや
海軍中将 社会教育家
慶応1年（1865年）9月25日〜昭和21年（1946年）11月27日
［生］出羽国（山形県）　［学］海兵（第12期）〔明治19年〕卒, 早稲田大学英文科　［歴］出羽米沢藩士の長男。明治21年海軍少尉に任官。27年の日清戦争には呉鎮守府参謀, 大連湾要港部副官として従軍, 31年「八重山」副長, 33年「秋津洲」副長, 36年軍令部副官。日露戦争では大本営参謀, 38年「浪速」艦長, 39年「吾妻」艦長, 41年「生駒」艦長, 42年「薩摩」艦長, 大正2年横須賀, 47佐世保水雷隊司令官, 同年第一艦隊司令長官, 3年中将となり予備役に編入。その後大日本主義を唱えて各地を講演旅行, 10年教化団体国風会会長となった。昭和5年のロンドン海軍軍縮条約批准に反対を唱え, 6年満州事変では徹底遂行を, 8年国際連盟脱退を主張, 共産主義撲滅のため全国教化団体大会を開くなど, 軍国主義的な思想教化に活動した。　［家］岳父=宮島誠一郎（政治家）

上泉 秀信　かみいずみ・ひでのぶ
劇作家 評論家 新聞記者 大政翼賛会文化副部長
明治30年（1897年）2月12日〜昭和26年（1951年）5月14日
［生］山形県　［学］早稲田大学英文科中退　［歴］都新聞学芸部長, 大政翼賛会文化副部長などを歴任。その傍ら劇作家, 評論家としても活躍し, 戯曲集「村道」『『ふるさと』紀行」「旧友」などのほか「愛の建設者」「今昔」「わが山河」などの著書がある。

かみおか

昭和人物事典 戦前期

上岡 美平　かみおか・みへい
洋画家
明治43年（1910年）～昭和12年（1937年）
[生]愛媛県喜多郡五十崎町古田　[名]本名＝上岡巳平　[学]早稲田大学高師部　[歴]大州中学時代に画家を志す。昭和4年早稲田大学高等師範部に進むが、美術への情熱を捨てきれず陽春会研究所に入門、木村荘八らに学ぶ。7年「裸婦立像」により陽春会研究所コンクール第一席、9年「少年像」で同コンクール入選。のち帰郷、五十崎青年学校教員を務める傍ら、郷土の風景や人々を精力的に描き続けた。12年8月召集され、上海で銃弾に倒れ戦死した。平成13年郷里にある五十崎凧博物館にその作品が寄贈され、展示コーナーが新設された。

神川 彦松　かみかわ・ひこまつ
国際政治学者　東京帝国大学教授
明治22年（1889年）12月13日～昭和63年（1988年）4月5日
[出]三重県会郡玉城町田丸　[専]国際政治史　[学]東京帝国大学法学部政治学科〔大正4年〕卒 法学博士〔昭和4年〕　[賞]日本学士院会員〔昭和28年〕　[歴]大正5年東京帝国大学助教授を経て、12年教授。国際政治学の確立に尽力した。著書に「国際連盟政策論」などがある。　[家]長男＝神川信彦（東京都立大学名誉教授）、三男＝神川正彦（国学院大学名誉教授）　[賞]日本学士院賞〔昭和27年〕「国際政治学概論」

上川井 梨葉　かみかわい・りよう
俳人
明治20年（1887年）1月15日～昭和21年（1946年）7月5日
[生]東京府日本橋区（東京都中央区）　[名]本名＝上川井良、旧姓・旧名＝吉村、別号＝椿花、南松庵、友善堂　[学]慶応義塾大学理財科〕卒　[歴]江戸時代の飛脚、両替、回船問屋の元締の家に生まれ、実母梓月らの影響で早くから作句、明治41年兄や岡本癖三酔らと三田俳句会を興した。44年旧旗本の上川井家を継ぎ、一川亭に住み、筍頭会を開催、久保田傘雨、大場白水郎、内藤鳴雪ら60余人が参加。「藻の花」「俳諧雑誌」を経て、大正14年梓月から俳諧堂を譲り受け、15年万太郎らの応援で第二次「俳諧雑誌」を刊行、昭和5年廃刊、同年「愛吟」を創刊、16年「円画」に引き継いだ。「梨葉句集」（全4冊）、「古俳句講義」「季寄せ」完輯。万太郎句集「道芝」なども手がけた。　[家]兄＝籾山梓月（俳人）

上条 愛一　かみじょう・あいいち
労働運動家　日本労働組合会議書記長
明治27年（1894年）10月2日～昭和44年（1969年）2月18日
[生]長野県筑摩郡今井村（松本市）　[学]早稲田大学政経科卒　[歴]代用教員を経て早大に進み、読売新聞記者となる。大正9年友愛会東京連合会書記となり、14年国際労働機関（ILO）総会に労働代表随員として出席する。大正15年日本労農党を結党、また日本労働組合同盟の結成に参画するなど幅広く活躍し、昭和11年日本労働組合会議書記長となる。戦後は社会党に入り総同盟副会長などを歴任、25年から参議院議員を2期務めた。35年民社党結成に参加。著書に「労働運動夜話」などがある。

上田 定　かみた・さだむ
海軍兵曹長　真珠湾攻撃の"九軍神"
生年不詳～昭和16年（1941年）12月8日
[生]広島県山県郡川迫村（北広島町）　[歴]昭和9年呉海兵団に入団。15年海軍水雷学校高等科を優秀な成績で終えた後、真珠湾攻撃に参加する特別攻撃隊隊員に指名される。16年12月8日未明の真珠湾攻撃の際、横山正治海軍中尉と二人乗りの特殊潜航艇「甲標的」に乗り込み、戦死。同時に戦死した岩佐直治大尉ら7人と"九軍神"とされ、戦意高揚のため喧伝された。

神近 市子　かみちか・いちこ
婦人運動家
明治21年（1888年）6月6日～昭和56年（1981年）8月1日
[生]長崎県佐々村（佐々町）　[名]本名＝神近イチ、筆名＝榊纓　[学]津田英学塾（現・津田塾大学）〔大正3年〕卒　[歴]津田英学塾在学中、青鞜社に参加。弘前高等女学校教師となったが、青鞜社同人だったことがわかって解雇され、大正3年東京日日新聞の記者となって女性解放論を展開。またアナキスト・大杉栄の仏蘭西文学研究会に参加。5年には、恋のもつれから大杉栄を神奈川県・葉山の日蔭茶屋で刺し、2年間服役（日蔭茶屋刃傷事件）。その後、家庭に入ったが、婦人解放を叫びながら著述を続け、昭和10年「婦人文芸」を主宰、戦後は22年民主婦人協会、自由人権協会の設立に参加。28年総選挙で東京5区で社会党左派から出馬、初当選、以来衆議院議員を5期務めて売春防止法の制定や死刑囚再審問題などで活躍。大杉傷害事件をモデルにした独立プロの映画「エロス＋虐殺」にはプライバシー侵害で訴訟を起こした。44年の政界引退後も評論の筆をとり、著書に「わが青春の告白」「女性の思想史」など。

上司 永純　かみつかさ・えいじゅん
僧侶　華厳宗管長　東大寺183世別当
元治1年（1864年）～昭和12年（1937年）2月7日
[名]旧姓・旧名＝中岡　[歴]中岡実和の五男に生まれる。明治3年6歳にして東大寺に入り、大正14年華厳宗管長となり、東大寺183世別当に選ばれた。昭和5年満期退任して以来、東大寺長老となった。

上司 小剣　かみつかさ・しょうけん
小説家
明治7年（1874年）12月15日～昭和22年（1947年）9月2日
[生]奈良県奈良市　[名]本名＝上司延貴　[学]大阪予備校〔明治22年〕中退　[賞]日本芸術院会員〔昭和21年〕　[歴]摂津の多田神社に生まれ、奈良で育つ。大阪予備学校中退後、小学校の代用教員をしていたが、明治30年上京して読売新聞社に入り、大正9年まで勤務する。その間文芸部長兼社会部長、編集局長などを歴任。明治35年頃から読売新聞紙上に随筆などを発表し、38年「小剣随筆、その日々」を刊行。39年生活改良誌「簡易生活」を創刊し、41年第一創作集「灰燼」を刊行して作家としても活躍。その後の作品に「木像」「鱧の皮」「父の婚礼」「お光壮吉」「東京」「U新聞年代記」「平和主義者」、児童ものに「豚のばけもの」「西瓜どろぼう」などがある。また、蓄音器、レコード、相撲愛好家としても有名。

神永 政吉　かみなが・まさきち
弓道家
明治18年（1885年）6月1日～昭和36年（1961年）9月19日
[生]栃木県足利市　[名]号＝的宗　[歴]機業を経営、傍ら弓道を習い、明治38年日置流雪荷派星野忠徳師に就き、後尾州竹林派本多利実に、さらに見鳳阿波研造範士に大射道教を学んだ。大正9年武徳会精錬証、昭和2年教士、4年範士、14年阿波範士の死後大射道教主となった。弓術10段。東北帝国大学、二高、高等師範などで弓道師範、15年には紀元2600年記念天覧武道に特選演武者を務めた。また禅徳寺で禅を修め、弓禅一致をめざした。号の的宗は京都の師家妙心寺大眉老師から授けられた。

雷門 助六（6代目）　かみなりもん・すけろく
落語家
明治16年（1883年）9月9日～昭和9年（1934年）5月6日
[生]東京本郷（東京都文京区）　[名]本名＝青木鏡太郎、初名＝彦太郎、前名＝柳亭左太郎、雷門左市、都家歌六　[歴]水戸徳川家出入りの請負師の息子。11歳の頃草履屋に奉公に出る。15歳の頃、母の弟であった落語家・4代目柳亭左楽に入門し、左太

郎を名のる。前座を5年務めたのち、5代目雷門助六（3代目古今亭志ん生）の門に移って、左市で二ツ目に昇進し、都家歌六に改名。日露戦争従軍を経て、明治43年兄弟子・小助六に金を払って襲名の権利を譲ってもらい、6代目雷門助六を襲名（小助六はのち4代目古今亭志ん生となった）。昭和8年に引退披露興行を催し、翌年脳出血で急逝した。　家長男＝雷門助六（8代目）

神野 金之助（2代目）　かみの・きんのすけ
実業家　名古屋鉄道社長　名古屋商工会議所会頭
明治26年（1893年）1月4日〜昭和36年（1961年）10月23日
生愛知県　名本名＝神野重孝　学京都帝国大学法学部中退　歴若くして名古屋の紅葉屋財閥の後継者となり、東洋紡役員、三河水力電気社長、福寿生命社長など務め、中京財界の雄として名を知られた。大正12年名古屋鉄道の役員となり、昭和10年副社長、20年社長、30年会長に就任。この間、愛知電気鉄道との合併、岐阜〜豊橋直通運転、名鉄百貨店の設立など、名鉄グループ発展の基礎を築いた。29〜32年名古屋商工会議所会頭。一方、大正13年名古屋無電放送を設立して日本初の放送事業を出願、名古屋放送局、日本放送協会設立に参画し、14年名古屋放送局理事長。戦後はNHK経営委員、名古屋テレビ塔の建設、東海テレビ設立など、中京の放送界でも草創期から活躍した。　家父＝神野金之助（1代目）

神野 三郎　かみの・さぶろう
実業家　中部ガス創業者
明治8年（1875年）5月28日〜昭和36年（1961年）4月30日
生愛知県西春日井郡清洲町（清須市）　名旧姓・旧名＝竹田　学大谷派普通学校〔明治26年〕卒　歴明治16年母方の祖父・神野家の養子となったが、31年東京の竹田家に復し、同年叔父・初代神野金之助の娘（従妹）と結婚・婿入りして再び神野姓となった。叔父が愛知県豊橋に拓いた神野新田の開発に携わり、明治42年豊橋瓦斯、43年浜松瓦斯の設立に参画、大正11年浜松瓦斯社長、昭和10年岡崎瓦斯社長。18年豊橋瓦斯と浜松瓦斯の合併により誕生した中部瓦斯の初代社長に就任。19年会長、20年相談役。この間、5〜11年豊橋商工会議所会頭。　家長男＝神野太郎（中部ガス社長）、三男＝神野三男（名古屋鉄道副社長）、孫＝神野信郎（中部ガス社長）、伯父＝富田重助（実業家）、叔父＝神野金之助（実業家・貴族院議員）、女婿＝中村良一（中部ガス副社長）

神野 信一　かみの・しんいち
労働運動家　日本産業労働倶楽部理事長
明治22年（1889年）1月3日〜昭和8年（1933年）9月19日
生愛媛県越智郡大井村（今治市）　学尋常小〔明治36年〕卒　歴大正12年石川島造船所に入り、のち"日本主義"労働運動に身を投じ、石川島自彊組合長となる。昭和8年、日本主義労働組合の全国組織として「日本産業労働倶楽部」を結成し、理事長に就任。著書に「日本主義労働運動の神髄」がある。

上村 清延　かみむら・きよのぶ
ドイツ文学者　日本大学教授
明治12年（1879年）1月23日〜昭和32年（1957年）11月1日
生鹿児島県徳之島町　学東京帝国大学文科大学独文科〔明治40年〕卒　文学博士〔昭和18年〕　歴七高造士館、浦和高、駒沢大、日大などの教授を歴任。ドイツ文学者として活躍し、主な著書に「ゲーテ以後」「ドイツ文学史概説」「ドイツ文学と東洋」などがある。

上村 従義　かみむら・じゅうぎ
男爵　海軍大佐　貴族院議員
明治14年（1881年）1月〜昭和12年（1937年）3月23日
出東京都　学海兵卒　歴明治27年東宮職出仕。36年海軍少尉

となり、のち大佐に昇進。この間、明石、筑摩、春日の諸艦副長、勝力艦長、軍事参議官副官など歴任。大正13年予備役となる。15年〜昭和7年貴族院議員。　家養父＝上村彦之丞（海軍大将・男爵）

上村 伸一　かみむら・しんいち
外交官　駐満公使
明治29年（1896年）6月15日〜昭和58年（1983年）7月27日
出千葉県　学東京帝国大学法学部卒　歴大正9年外務省に入省。昭和11年東亜局第一課長、同年第二課長兼務を経て、13年駐英日本大使館一等書記官、15年同参事官となり重光葵大使を補佐した。17年交換船により帰国し、同年政務局長。20年5月駐満公使として満州国へ赴任し、戦後シベリアに抑留された。22年7月帰国。その後、外務省に復帰した。シベリア抑留経験をもとにした「破滅への道」など著書も多い。

上村 進　かみむら・すすむ
弁護士　政治家　社会運動家
明治16年（1883年）1月23日〜昭和44年（1969年）5月19日
生新潟県南魚沼郡塩沢町　学早稲田大学専門部法律科〔明治41年〕卒　歴日露戦争に従軍、退役後上京、二六新報社入社。大正4年弁護士試験に合格、弁護士となる。6年事務所開設。8年普選要求大会で普選反対の代議士に天誅を加える決議をした天誅事件で起訴され、後無罪。10年布施辰治、山崎今朝弥らと自由法曹団を結成、労働、農民運動の弁護に活躍。また12年朴烈・金子文子の大逆事件の弁護にも当たった。15年労働農民党結成に参加、後委員長。昭和3年の普選第1回選挙に立候補したが落選。4年大山郁夫らと新労農党を結成。8年日本労農弁護士団員となり、三・一五事件の弁護活動で治安維持法違反に問われ、9年検挙、懲役2年の判決を受け、転向声明で執行猶予。戦後自由法曹団の再建に尽力。24年日本共産党から衆議院選挙に立候補、当選したが、26年占領軍司令部の共産党員追放で公職追放。その後総評弁護団員などを務めた。

上村 哲弥　かみむら・てつや
教育事業家　日本両親再教育協会主幹　第一公論社社長
明治26年（1893年）7月31日〜昭和53年（1978年）3月28日
出鹿児島県薩摩郡上甑村（薩摩川内市）　名旧姓・旧名＝上村清彦　学東京帝国大学法科大学政治学科〔大正8年〕卒　歴大正8年南満州鉄道（満鉄）に入社。東亜経済調査局に勤務し、社会事業研究のため欧米に留学。昭和3年松本亦太郎を会長に迎え日本両親再教育協会を設立し、機関誌「いとし児」を発行。7年満州国文教部学務司長を経て、11年満鉄参事兼総裁室福祉課長。その後、第一公論社社長として国策の総合誌「公論」を発行したが、21年同社は戦犯出版社としてやり玉に挙げられ、出版業を廃した。戦後は日本女子大学教授などを務めた。　家弟＝上村勝弥（編集者）

上森 子鉄　かみもり・してつ
文芸春秋社監査役
明治34年（1901年）3月12日〜平成1年（1989年）8月16日
生石川県金沢市　名筆名＝上森健一郎　学松ケ枝尋常小〔大正2年〕卒　歴13歳で上京。新聞配達をしながら苦学する中、配達先であった菊池寛の知遇を得、通い書生となる。その後、頑健な体躯を活かし、大正15年共同印刷争議に職工側で活躍。同じ頃、用心棒として梅原北明の文芸市場社に出入りしたのをきっかけに出版業に参入する。北明の去った後、会員制雑誌「変態・資料」を引き継ぐとともに「変態十二史」を昭和3年に完結させ、さらに発藻堂書院を経営。やがて映画興行に転じ、6年には松竹から三大スターを引き抜いて独立プロを旗揚げするという不二映画事件を起こした。古川緑波のマネジャーや映画会社の顧問を務めるなど興行界の顔役となり、親友の財

界人・今里広記の縁で日本航空機工業取締役なども兼務。18年文芸春秋社監査役。戦後は三菱グループや証券界に影響力を持つ総会屋として知られた。政治にも関心を持ち、戦中・戦後を通じて衆議院選挙に5回立候補している。　家父＝上森捨次郎（石川県議）

神山 政良　かみやま・せいりょう
大蔵省東京地方専売局長
明治15年（1882年）4月17日〜昭和53年（1978年）10月12日
生沖縄県首里　学東京帝国大学〔明治42年〕卒　歴大蔵省に入り、仙台税務監督局に勤務。明治44年旧琉球王家の尚典（侯爵）の子、尚昌に随行して、英国オックスフォード大に私費留学、政治・経済を学ぶ。大正4年帰国後、大蔵省に戻り、昭和6年名古屋専売局長、7年東京地方専売局長を経て、11年退官。その間、政府と沖縄のパイプ役となって沖縄県振興計画の策定に尽力。戦後は、沖縄人連盟会長、沖縄協会会長、沖縄祖国復帰促進協議会会長を務め、沖縄の日本復帰に貢献した。

上山 草人　かみやま・そうじん
俳優
明治17年（1884年）1月30日〜昭和29年（1954年）7月28日
生宮城県仙台市　名本名＝三田貞、号＝半月　学早稲田大学文科中退、東京美術学校中退　歴初め新派俳優を志し、栗島狭衣一座おとぎ芝居に。明治42年坪内逍遥の文芸協会演劇研究所に入り、44年卒業。大正元年には伊庭孝、妻・上山浦路（山川浦路）らと近代劇協会を創立、新劇運動をした。「ファウスト」「マクベス」「桜の園」などを上演。8年渡米、ハリウッドでエキストラとして働き、13年「バグダッドの盗賊」にダグラス・フェアバンクスと共演、一躍日本人スターとなった。「支那の鸚鵡」のチャーリー・チャンは当たり役。昭和4年トーキー出現で帰国、松竹、新興などを転々、伊丹万作の「赤西蠣太」に按摩安甲役で出演。戦後は黒沢明の「七人の侍」の琵琶法師役が最後だった。　家妻＝山川浦路（女優）

上山 満之進　かみやま・みつのしん
内務官僚 台湾総督 枢密顧問官 貴族院議員（勅選）
明治2年（1869年）9月27日〜昭和13年（1938年）7月30日
生周防国佐波郡江泊村（山口県防府市）　学帝国大学法科大学英法科〔明治28年〕卒　歴明治28年内務省に入省。その後、法制局に転じ、青森・山口各県参事官、行政裁判所評定官を務めた。41年農商務省山林局長、大正元年熊本県知事を経て、3年大隈内閣の農商務次官に就任。7年勅選貴族院議員、15年台湾総督。昭和10年枢密顧問官に任ぜられた。　家義兄＝光田健輔（長島愛生園初代園長）

嘉村 礒多　かむら・いそた
小説家
明治30年（1897年）12月15日〜昭和8年（1933年）11月30日
生山口県吉敷郡仁保村（山口市仁保）　学山口中（現・山口高）〔大正3年〕中退　歴少年時代から文学書を多く読み、中学中退後も半農生活をしながら独学する。大正7年結婚するが間もなく妻との不和に悩むようになる。13年山口市の私立中村女学校の書記となり、生徒の求道会の指導にあたったが、14年妻子をすてて上京し、帝国酒醤油新報社に勤務。15年「不同調」の記者となる。昭和3年「業苦」「崖の下」を発表して文壇に注目され、4年「近代生活」同人となり、5年「崖の下」を刊行。私小説の極北を示す短編作家として、以後「途上」「神前結婚」などを発表した。「嘉村礒多全集」（全2巻、桜楓社再刊）がある。

香村 宜円　かむら・ぎえん
仏教学者 妙心寺派高等布教講習所所長
明治13年（1880年）12月1日〜昭和21年（1946年）1月6日
生愛知県　学東京帝国大学文科大学哲学科〔明治39年〕卒　歴生地の万福寺錬峰について得度。明治39年花園学院教頭となり、のち花園中学、臨済宗大への拡充に努めた。42年万福寺住職、44年妙心寺派高等布教講習所所長に就任。在学中は井上哲次郎の指導で東洋哲学、とくに因明理学を研究。著書に「東洋論理学史」など。

亀井 勝一郎　かめい・かついちろう
文芸評論家
明治40年（1907年）2月6日〜昭和41年（1966年）11月14日
生北海道函館市元町　学東京帝国大学文学部美術科〔昭和3年〕中退　歴東京帝国大学在学中にマルクス主義芸術研究会に加わり、やがて共産主義青年同盟の一員となるが、昭和3年検挙され、5年に釈放される。7年日本プロレタリア作家同盟に加わり「創作活動に於ける当面の諸問題」などを発表し、9年「転形期の文学」を刊行。以後転向し、10年「日本浪曼派」を創刊。12年頃から、古典の世界へ関心を深めていった。以後、文学、芸術、宗教、歴史などを合わせて一体とした幅広い視野からの評論活動を展開。13年「人間教育」で池谷信三郎賞を受賞。戦後も幅広く活躍し、26年「現代人の研究」で読売文学賞を、39年に芸術院賞を、40年「日本人の精神史研究」で菊池寛賞を受賞し、40年には芸術院会員に推された。そのほかの作品としては「親鸞」「現代文学にあらわれた知識人像」「島崎藤村論」などがあり、著書は数多く全集24巻が編まれている。没後、亀井勝一郎賞が44年に設けられ、第14回の57年迄続けられた。

亀井 貫一郎　かめい・かんいちろう
社会運動家 衆議院議員
明治25年（1892年）11月10日〜昭和62年（1987年）4月7日
生神奈川県　学東京帝国大学法学部政治学科〔大正6年〕卒　歴在学中の大正6年外務省に入省。天津総領事館、ニューヨーク総領事館などに勤務し、15年退官。労働運動に入り、昭和3年第1回普通選挙で社会民衆党から衆議院議員に当選、以後4期務めた。12年から13年にかけて陸軍の命で米国・ドイツで情報活動に従事、15年大政翼賛会東亜部長となる。戦後公職追放ののち、社会党に復帰。右社から2回総選挙に立候補したが落選した。

亀井 高孝　かめい・たかよし
歴史学者 一高教授
明治19年（1886年）6月8日〜昭和52年（1977年）10月4日
生山形県酒田市　出三重県　名旧姓・旧名＝藤堂　専西洋史、鎌倉市史　学東京帝国大学文科大学西洋史学科〔明治42年〕卒　歴東京府立一中教諭、水戸高校教授を経て、大正12年一高教授、昭和16年教頭、19年退官。24〜36年清泉女子大学教授、のち鎌倉市史編纂委員会委員長等を歴任。主著に「概説西洋歴史」「西洋史夜話」「大黒屋光太夫」「光太夫の悲恋」など。　家息子＝亀井孝（国語学者）、亀井裕（倫理学者）

亀井 豊治　かめい・とよじ
三省堂書店社長
明治25年（1892年）8月22日〜昭和35年（1960年）11月7日
学慶応義塾大学卒　歴父は三省堂創業者の亀井忠一。慶応義塾大学を卒業して三省堂に入社。大正8年取締役を経て、11年常務。昭和3年同社の株式会社化後も引き続き常務を務め、主に対外交渉で活躍した。5年兄・寅雄の社長就任伴い専務。16年には社長となり戦時中の困難な時代を乗り切ったが、戦後には独占禁止法により書店業務と出版業務を分離した。35年三省堂書店会長。　家父＝亀井忠一（三省堂創業者）、母＝亀井万喜子（三省堂創業者）、兄＝亀井寅雄（三省堂社長）、四女＝盛田良子（生活コンサルタント）、女婿＝盛田昭夫（ソニー創業者）

亀井 寅雄　かめい・とらお
三省堂社長
明治23年（1890年）11月20日～昭和26年（1951年）1月1日
生東京都　学東京府立四中卒、一高卒、東京帝国大学法科大学〔大正5年〕卒　歴父は三省堂創業者の亀井忠一。一高の寮では近衛文麿と同室。大正5年大学を卒業して社業に従事。8年常務、12年専務を経て、昭和5年社長。16年実弟・豊治に社長を譲り会長に退く。20年戦時の企業整備により三省堂出版が誕生すると同社長となった。　家息子＝亀井要（三省堂社長）、父＝亀井忠一（三省堂創業者）、母＝亀井万喜子（三省堂創業者）、弟＝亀井豊治（三省堂社長）、義兄＝斎藤精輔（辞書編纂者）、姪＝盛田良子（生活コンサルタント）

亀井 文夫　かめい・ふみお
映画監督
明治41年（1908年）4月1日～昭和62年（1987年）2月27日
生福島県相馬郡原ノ町（南相馬市）　学文化学院美術科〔昭和3年〕中退　歴昭和3年絵の勉強のためにソ連に渡るが、社会構造を告発するドキュメンタリー映画を観たことから志望を映画に転じ、レニングラードの映画技術専門学校の聴講生となる。6年肺結核を患い帰国、健康を回復した8年にPCL（写真化学研究所、現・東宝）に入社。10年東京電燈のPR映画「姿なき姿」を初監督。12年重巡洋艦足柄の英国・ドイツ訪問を撮影した海軍PR映画「怒濤を蹴って」で注目を浴び、続いて日中戦争の惨禍を客観的に写し撮った「上海」「北京」を製作。14年には陸軍の委嘱を受け長編記録映画「戦ふ兵隊」を撮影するが、戦意高揚の意図に反して戦争の現実と悲しみを押し出したものであったため上映禁止となった。15年長野県の観光PR映画として製作した〈信濃風土記〉三部作の「伊那節」「小林一茶」でも、民謡の伊那節や小林一茶の俳句に合わせて信州の農民の悲哀を描きだし文部省の文化映画認定拒否に遭い、すでにクランクアップしていた3作目「町と農村」の編集も中止された。16年10月治安維持法違反で検挙、約1年間の獄中生活の後には映画法により監督資格を剥奪された。戦後は日本映画社（日映）で「日本の悲劇」を製作したが、昭和天皇が軍服姿から平服姿に変わる様子をオーバーラップさせたシーンなどが問題となり、連合国軍総司令部（GHQ）により公開禁止となった。古巣の東宝に復帰するも23年東宝争議により馘首され、その後はフリーとなってドキュメンタリー映画の世界に戻った。日本の記録映画の先達であり、一貫して進歩的な社会派の作品を撮り続けた。　家女婿＝阿部隆（日本ドキュメントフィルム社長）

亀尾 英四郎　かめお・えいしろう
ドイツ文学者　東京高校教授
明治28年（1895年）3月10日～昭和20年（1945年）10月11日
生鳥取県米子市　専ゲーテ、ドイツ精神史　学東京帝国大学文学部独文科〔大正10年〕卒　歴大正10年東京帝国大学研究室副手、14年東京高校教授となり、成蹊学園、日大、法大などの講師を兼務。ゲーテとドイツ精神を研究テーマとし著書に「ゲエテと独逸精神」、訳書にエッケルマン「ゲエテとの対話」（3巻）、ボイムレル「ニイチェ」などがある。戦中戦後の食糧統制に服することを教育家としての信念としヤミ米を食べず、遅配と代用食品配給で妻子6人を養い、昭和20年8月ついに病床に伏し同年10月11日栄養失調で死亡した。

亀川 哲也　かめかわ・てつや
国家主義者
明治24年（1891年）12月21日～昭和50年（1975年）6月21日
生沖縄県宮古島　学早稲田大学専門部法科〔大正3年〕卒　歴会計検査院に勤め、あわせて経済学を学ぶ。その間政友会領袖の森恪の私設経済顧問を務める。昭和8年山崎延吉らと大日本農道会を組織するが、間もなく除名。9年山口一太郎らの大亜細亜学生連盟に入り、西田税らと相沢三郎の公判に活動する。11年の二・二六事件直前、久原房之助から資金援助を受け、事件に際して「昭和維新」政権樹立を画策したが、検挙され、12年無期懲役となった。敗戦直後の大赦で釈放。

亀屋原 徳　かめやばら・とく
劇作家
明治31年（1898年）6月13日～昭和17年（1942年）3月21日
生広島県呉市　名本名＝本地正輝　学呉一中中退　歴大正10年頃から文筆活動に専念して児童文学を発表。昭和7年「生きたのはどつちだ」が上演されてから劇作家となり「他人の幸福」「海鳴り」「貝殻島にて」などを発表。他に長編小説「群生」「踏絵」などがある。

亀山 直人　かめやま・なおと
応用化学者　東京帝国大学教授
明治23年（1890年）5月19日～昭和38年（1963年）3月28日
生群馬県前橋市　出東京市本郷区（東京都文京区）　専電気化学、光化学　学東京府立一中〔明治40年〕卒、一高二部甲類〔明治43年〕卒、東京帝国大学工科大学応用化学科〔大正2年〕卒　工学博士（東京帝国大学）〔大正11年〕　賞日本学士院会員〔昭和24年〕　歴大審院判事を務めた亀山直秀の長男で、前橋市で生まれ、東京・本郷で育つ。大正5年東京帝国大学助教授。12年英国へ留学。14年帰国して教授に昇任。昭和21年第一工学部長、22年同大理工学研究所長を兼務。26年定年退官。27～31年株式会社理化学研究所会長。応用電気化学と光化学を専門とし、我が国電気化学工業と写真工業の育成に尽力。石灰窒素の本質に関する純化学的研究ならびにその工業的製造に関する基礎研究で知られる他、蛍光・燐光体の研究でも業績を上げ、20年門下の牧島象二と帝国学士院賞を受けた。13年工業化学会、20年電気化学協会の各会長。24年日本学術会議の初代会長に就任、26年第2期会長も務めた。24年日本学士院会員、33年文化功労者に選ばれた。著書に「電気化学の理論及応用〈上下〉」「化学工業概論」「化学工業総論」などがある。　家父＝亀山直秀（大審院判事）　賞帝国学士院賞（第35回）〔昭和20年〕、文化功労者〔昭和33年〕、日本化学会桜井賞〔大正11年〕、工業化学会有効賞〔昭和8年〕

加茂 健　かも・たけし
サッカー選手
生年不詳～平成16年（2004年）3月26日
出静岡県浜松市　学早稲田大学　歴早大在学中の昭和11年、日本サッカー界初の国際舞台となったベルリン五輪に弟・正五とともに日本代表として出場。初戦で優勝候補のスウェーデンを大逆転で破り、"ベルリンの奇跡"として話題となった。13年W杯フランス大会にも出場する予定だったが、日中戦争のため予選直前に出場中止となり、幻の日本代表となった。　家弟＝加茂正五（サッカー選手）

加茂 正雄　かも・まさお
機械工学者　東京帝国大学工学部教授
明治9年（1876年）8月15日～昭和35年（1960年）8月29日
生愛媛県松山市　専舶用機関学　学伊予中〔明治25年〕卒、二高〔明治28年〕卒、東京帝国大学工科大学機械工学科〔明治31年〕卒　工学博士（東京帝国大学）〔大正2年〕　歴明治31年東京帝国大学助教授となり、39年舶用機関学研究のため欧米へ留学。大正元年帰国して教授に昇任。昭和11年名誉教授。明治37年東京高等商船学校練習船「大成丸」、41年青函連絡船「田村丸」「比羅夫丸」の機関部設計などがある。大正13年ロンドンで開催された第1回世界動力会議に日本首席代表として出席。以来4回まで出席した。また昭和4年東京での万国工業会議組織委員長、日本機械学会会長などの要職を歴任し、国際的にも知られた。著書に「欧米工業界管見」「機械工学便覧」「工

業日本の進路」などがある。　家岳父＝渡辺渡（鉱山学者）

賀屋 興宣　かや・おきのり

大蔵次官 蔵相 貴族院議員（勅選）

明治22年（1889年）1月30日〜昭和52年（1977年）4月28日

生広島県広島市　学東京帝国大学法科大学政治科〔大正6年〕卒　歴大正6年大蔵省に入り、主計課長、予算決算課長を経て、昭和9年主計局長、11年理財局長、12年林内閣の大蔵次官、同年第一次近衛内閣の蔵相を歴任。13年辞任後勅選貴族院議員。14年北支開発総裁、16〜19年東条内閣の蔵相。20年A級戦犯として終身禁錮、30年仮出所、33年赦免。同年東京3区から衆議院選挙に出馬当選。34年から自民党外交調査会、社会保障調査会、政務調査会の各会長。38年から第二次、第三次池田内閣の法相を務めた。47年引退。日本遺族会会長も務めた。自伝「戦前戦後80年」がある。

萱野 長知　かやの・ながとも

大陸浪人 孫文の中国革命を支援

明治6年（1873年）〜昭和22年（1947年）4月14日

生高知県高知市　学高知共立学校中退　歴明治23年上京。24年上海に渡り、東京日日新聞通信員となる。のち、香港で孫文と交流し、38年東京での孫文らの中国革命同盟会結成を助け、また宮崎滔天らと「革命評論」を創刊した。孫文と終始行動をともにし、日中各地で活動。昭和12年国民政府高官に接触し、日中和平工作をはかるが失敗した。21年勅選貴族院議員。著書に「中華民国革命秘笈」。

茅野 真好　かやの・まさよし

社会運動家

明治33年（1900年）6月〜昭和35年（1960年）2月10日

生静岡県田方郡網代町（熱海市）　歴新聞配達などをしながら苦学し紡績工となり、各工場を転々とし、大正14年東洋モスリン亀戸工場に勤務し、15年総同盟関東紡織労働組合東支部の結成に参加し、同年幹事長に就任。昭和3年組合活動に専念するため日本紡織労働組合本部常任書記となり、4年主事となり、以後婦人部長などを歴任。5年の東洋モスリン亀戸工場争議を指導し検挙される。以後日本大衆党、全国大衆党、社会大衆党などに参加し、戦後社会党に入党するが、34年除名された。

賀陽宮 恒憲　かやのみや・つねのり

皇族 陸軍中将

明治33年（1900年）1月27日〜昭和53年（1978年）1月3日

生京都府京都市　学陸士（第32期）〔大正9年〕卒、陸大（第38期）〔大正15年〕卒　歴大正9年陸軍騎兵少尉に任官。昭和17年陸軍戸山学校長、18年3月陸軍中将となり留守第三師団長、同年6月第四十三師団長、19年留守近衛第二師団長、同年航空総監部付、20年陸軍大学校長。22年皇籍を離脱。　家父＝賀陽宮邦憲（皇族）、二男＝賀陽治憲（駐ブラジル大使）、いとこ＝皇后良子

萱場 軍蔵　かやば・ぐんぞう

内務次官

明治26年（1893年）9月11日〜昭和54年（1979年）11月15日

出宮城県　学東京帝国大学法学部〔大正8年〕卒　歴内務省に入り、島根県学務部長、秋田・岡山・愛知各県警察部長、警保局保安課長、栃木県知事から、昭和11年の二・二六事件直後、警保局長に就任。その後岡山県知事から、14年平沼内閣のもとで警視総監を務め、第二次近衛内閣の平沼内相によって次官に起用された。敗戦後、公職追放され、解除後に自由アジア擁護連盟世話人などを務めた。

萱場 資郎　かやば・しろう

造兵技術者 カヤバ工業創業者

明治31年（1898年）4月1日〜昭和49年（1974年）5月12日

生宮城県仙台市　名旧姓・旧名＝茅場四郎　学東北学院卒、早稲田大学工科　歴裕福な農家に生まれる。少年時代から機械考案に優れ、東北学院から早稲田大学工科に進む。大正8年東京・芝に萱場発明研究所を開設。10年海軍艦政本部の造兵・航空の非常勤嘱託、12年から専任嘱託となり、13年より航空母艦の発着艦装置の考案設計に従事。15年までに6種類の装置を考案し、「鳳翔」や「加賀」「赤城」などに搭載された。15年嘱託を辞し、昭和2年芝にあった日本絹織機製作所を買い取って萱場製作所を創業。すぐに海軍機密指定工場に認可され、軍用機の油圧緩衝脚や航空母艦着艦用の横索制動装置、油圧射出機（カタパルト）、信号拳銃などを開発。10年株式会社に改組、社長に加えて技術部研究課長を兼務した。太平洋戦争下で油圧脚のシェア8割を占めるなど軍需工場として発展。18年名前を四郎から資郎に改名。20年4月萱場航空兵器に社名変更したが、8月の敗戦直後に萱場産業に再び変更した。23年萱場工業（カヤバ工業）が発足。27年会長、28年副社長を経て、30年相談役に退く。没後、遺志により萱場資郎賞が制定された。

香山 蕃　かやま・しげる

ラグビー指導者

明治27年（1894年）2月9日〜昭和44年（1969年）5月3日

生京都府京都市　学東京帝国大学法学部〔大正12年〕卒　歴明治45年京都一中にラグビー部を創立。大正10年東京帝国大学にラグビー部創立。14年英国に留学、本場のラグビーを学び、帰国後、京都帝国大学コーチ。昭和2年慶応義塾大学に初めてラグビーの王座を奪取。15年日本代表初の海外遠征（カナダ）監督。戦後、日本ラグビーフットボール協会理事長を経て、第4代会長（30〜44年）を務めた。その著「ラグビーフットボール」（昭15刊）は戦前のラグビー教科書として愛読された。また戦後の秩父宮ラグビー場建設に貢献するなど、戦前戦後の日本のラグビー界をリードした。

粥川 伸二　かゆかわ・しんじ

日本画家

明治29年（1896年）2月24日〜昭和24年（1949年）1月1日

生大阪府三島郡　名号＝新児、心児　学大倉商業学校中退　歴10代の時に結核性骨髄炎を患い、右足を切断。大阪の大倉商業学校を中退して画家を志し、長谷川等仲や山口草平の指導を受けた。のち京都に赴き、土田麦僊に師事。国画創作協会には大正7年の創立時から参加し、同年開かれた同協会第1回展に「赤毛遊蕩」を出展して初入選。以来、たびたび入選・入賞し、13年には同会友に推された（のち会員）。昭和3年同協会が解散すると、新樹社の結成に加わるが、同社はわずか2回の展覧会を開いただけで瓦解。その後は院展を中心に活動。また、11年に師・麦僊が没すると、師の旧門下生を結集して14年に山南会を設立した。異国情緒溢れる南蛮風俗画を得意としたが、のちには主に舞妓を描いた。作品は他に「長崎懐古」「休日」「長崎の舞妓」などがある。

唐沢 俊樹　からさわ・としき

内務次官 内閣法制局長官 貴族院議員（勅選）

明治24年（1891年）2月10日〜昭和42年（1967年）3月14日

生長野県　学東京帝国大学法科大学政治学科〔大正4年〕卒　歴大正4年内務省に入り、3年間欧米留学。保安課長を経て、昭和6年和歌山県知事。7年本省土木局長、9年警保局長、11年二・二六事件の責任をとって辞任。14年阿部信行内閣の法政局長官。15年勅選貴族院議員。東亜研究所常務理事を経て、18年内務次官。戦後公職追放、26年解除。27、28年の両選挙に出馬、落選。30年ようやく当選（民主党）。32年岸信介内閣の法相。　家二男＝唐沢俊二郎（衆議院議員）

唐沢 光徳　からさわ・みつのり
小児科学者　慶応義塾大学教授
明治11年（1878年）10月20日〜昭和24年（1949年）3月30日
⑴東京府日本橋（東京都中央区）　⑶俳号＝浜郎　⑷東京帝国大学医科大学〔明治35年〕卒　医学博士（東京帝国大学）〔大正1年〕　⑸明治44年東京帝国大学小児科学教室講師、三井慈善病院小児科部長兼任。大正9年慶応義塾大学教授となり、小児科学教室を創設。昭和4年日本小児科学会が社団法人に組織替えした時、会長となった。また8年には小児保健研究会を発足させ、小児保健活動に尽力、小児病、特にジフテリア研究では世界的に知られる業績を残した。24年には婦人共立育児会病院を開設。著書に「育児のはなし」「小児急性下痢ノ療法」、共著に「新生児疾患」などがある。

辛島 浅彦　からしま・あさひこ
実業家
明治15年（1882年）7月17日〜昭和40年（1965年）10月15日
⑴大分県中津市　⑷五高機械科〔明治38年〕卒　⑸初め芝浦製作所に入ったが、明治40年三井物産に転じ、機械部、ロンドン支店勤務の後、昭和2年新設子会社の東洋レーヨンに出向、常務兼工場長となった。8年専務、12年会長、17年に退社、人絹紡統制会の会長となった。他に日本人絹連合会会長、国策パルプ工業社長、東洋レーヨン科学振興会会長も務めた。

苅田 久徳　かりた・ひさのり
野球選手
明治44年（1911年）1月19日〜平成13年（2001年）8月3日
⑴神奈川県横浜市　⑷法政大学法学部卒　⑸本牧中から法政大に進み、昭和5年同大を東京六大学初優勝に導き天才遊撃手として名を馳せる。9年全日本軍に選出され、沢村栄治らとともにベーブ・ルースがいた米大リーグ選抜と対戦。同年大日本東京野球倶楽部（現・読売巨人軍）にプロ第1号の一人として入団。10年第1回米国遠征に参加するが、待遇改善などを訴えて首脳陣と衝突、11年セネタースに二塁手として移籍。12年26歳ながら監督を兼任し、13年には最高殊勲選手（MVP）を獲得。のち翼、大洋、大和と移り、18年応召。戦後20年アマチュアのいすゞ野球団（現・いすゞ自動車）を結成して第17回都市対抗野球に出場。22年東急に迎えられ監督兼任でプロに復帰。急映、毎日、近鉄でプレーを続け、27年引退した。44年殿堂入り。著書に「天才内野手の誕生」がある。実働12年、806試合、2833打数619安打、37本塁打、202打点、打率.218。

河合 篤　かわい・あつし
弁護士　社会運動家
明治39年（1906年）4月10日〜昭和20年（1945年）10月18日
⑴岡山県御津郡福浜村福田（岡山市）　⑷東京帝国大学法科〔昭和5年〕卒　⑸在学中新人会に所属し、昭和5年弁護士として布施辰治法律事務所に入る。解放運動犠牲者救援弁護士団に入り法廷闘争をするが、8年検挙され、懲役2年執行猶予3年に処せられる。14年中国に渡り、中華民国国立新民学院副教授となり、敗戦直前帰国した。

河合 逸治　かわい・いつじ
英語学者　河合塾創設者
明治19年（1886年）6月20日〜昭和39年（1964年）3月13日
⑴静岡県　⑷東京帝国大学英文科〔明治44年〕卒　⑸大正3年五高教授、9年欧米留学、MA学位取得。帰国後、名古屋高等商業学校教授、のち同校英語主任教授兼八高講師。戦後私大創設を推進、昭和8年予備校河合塾を創設、"本音の教育"で教え子に慕われた。　⑹息子＝河合斌人（河合塾理事長）、河合邦人（河合塾名誉理事長）、河合恒人（河合塾学長）

河合 栄治郎　かわい・えいじろう
社会思想家　経済学者　東京帝国大学教授
明治24年（1891年）2月13日〜昭和19年（1944年）2月15日
⑴東京都北区千住　⑶本名＝河合栄次郎　⑺経済学史、社会政策　⑷東京帝国大学法科大学政治学科〔大正4年〕卒　⑸農商務省勤務後、大正9年東京帝国大学経済学部助教授となり、11〜14年欧州へ留学。15年教授。人格主義と議会主義に基づく社会民主主義を唱え、マルクス主義にもファシズム主義にも反対した。昭和11年二・二六事件で軍部を批判、13年10月に「ファシズム批判」など4著が発禁、14年1月には東京帝大経済学部の内紛がらみのいわゆる"平賀粛学"で休職処分。翌2月出版法違反で起訴され、15年10月第一審で無罪となったが、翌16年の控訴院（第二審）で罰金刑を受け、18年6月大審院で控訴棄却となり、有罪が確定した。「労働問題研究」「社会思想史研究」「トーマス・ヒル・グリーンの思想体系」「社会政策原理」「在欧通信」「学生に与ふ」「学生叢書」などの著書のほか、「河合栄治郎全集」（全23巻・別巻1、社会思想社）もある。　⑹息子＝河合武（東京外国語大学講師・歴史学）

河合 悦三　かわい・えつぞう
社会運動家
明治36年（1903年）6月29日〜昭和41年（1966年）8月20日
⑴兵庫県姫路市　⑶筆名＝木村荘之助　⑷京都帝国大学経済学部中退　⑸大学を中退して農民運動に参加し、日農の指導者として活躍。大正15年頃共産党に入り、昭和2年ソ連に渡る。3年検挙され、4年獄中で解党派として党を除名される。出獄後の9年に再検挙され、懲役8年に処せられる。15年釈放され、全日農中央委員などを歴任した。

河合 亀太郎　かわい・かめたろう
河合製薬創業者　カワイ肝油ドロップの開発者
明治9年（1876年）6月8日〜昭和34年（1959年）7月19日
⑴静岡県　⑷東京薬学校（現・東京薬科大学）卒　薬学博士　⑸明治43年ミツワ化学研究所主任となり、44年体に良いとされていた肝油をゼリー状にしてドロップとして発売。大正12年河合研究所（河合製薬の前身）を設立。昭和7年より12年間日本薬剤師会会長を務めた。

川合 玉堂　かわい・ぎょくどう
日本画家
明治6年（1873年）11月24日〜昭和32年（1957年）6月30日
⑴愛知県葉栗郡外割田村（一宮市）　⑴岐阜県岐阜市　⑶本名＝川合芳三郎、前号＝玉舟、別号＝偶庵　⑷岐阜尋常高小〔明治20年〕卒　⑻帝国美術院会員〔大正8年〕、帝国芸術院会員〔昭和12年〕　⑸明治20年京都に出て、望月玉泉の門に入り、玉舟と号す。23年玉堂と改め、幸野楳嶺の円山四条派を学ぶ。29年上京、橋本雅邦に入門し狩野派を学ぶ。31年日本美術院の創立に参加。40年東京勧業博覧会出品の「二日月」が一等賞となり画名を高める。同年開設された文展では第12回展まで審査員を務め、大正4年東京美術学校教授となり、15年文化勲章受章。狩野派と四条円山派を融合させ、詩情豊かな画風を完成させた。代表作に「行く春」「彩雨」「鵜飼」など。また詩歌の素養も深く、俳句集「山笑集」、歌集「若宮抄」、俳句集「多摩の草屋」がある。　⑹孫＝川合三男（玉堂美術館館長）、大倉舜二（写真家）　⑼文化勲章（第2回）〔昭和15年〕　⑽朝日賞〔昭和16年〕

河合 小市　かわい・こいち
楽器製造家　河合楽器製作所創業者
明治19年（1886年）1月5日〜昭和30年（1955年）10月9日
⑴静岡県浜松市　⑷浅羽村尋常小〔明治29年〕卒　⑸生家は浜松で代々続く車大工・するがやで、腕のよい職人であった父

は浜松名物の大凧「糸車」の発明考案者としても知られる。父が30歳で急逝したため、明治29年小学校を卒業すると山葉寅楠の山葉風琴製造所（のち日本楽器）に入社。住み込みの弟子として山葉について腕を磨き、ピアノの製造工程で最も難しいアクション（打鍵機構）を我が国で初めて完成させ、33年国産ピアノ第1号を製作。39年には20歳の若さでアクション部長に就任。天才技術者として社内で“発明小市”の異名をとり、オルガンやピアノの黒鍵を大量に製作できる専用工作機械や卓上ピアノ、自動ピアノ用和楽ロール、塗孔ハーモニカ、オーケストラホーンなどを次々と製作した。大正5年に恩師の山葉が亡くなった後も厚遇され、10年海外視察に出、15年には技師長兼工務部長となったが、同年退社。昭和2年河合楽器研究所を設立。第1号として送り出したアップライトピアノ「昭和型」は、廉価で性能のよい“河合ピアノ”として評判を呼んだ。4年河合楽器製作所に社名変更。9年ハーモニカの製造開始を皮切りに、同社の事業は軌道に乗った。同社創業後も楽器開発を続け、中でも新考案のピアノアクションと、ピアノ響板は世界的な発明とされる。　家養子＝河合滋（河合楽器製作所社長）、孫＝河合弘隆（河合楽器製作所社長）

河合 幸三　かわい・こうぞう
実業家　窯業技術者　九州耐火煉瓦専務・技師長
明治25年（1892年）5月2日〜昭和27年（1952年）3月20日
生大阪府　名号＝桜邨　学大阪高等工業学校卒　歴大阪窯業を経て、大正6年九州耐火煉瓦に入社。専務・技師長として高アルミナ耐火物の製品化に努め、戦後はドロマイト耐火物の研究を進めた。日本画、陶芸もよくした。

河合 康左右　かわい・こうぞう
社会運動家
明治32年（1899年）〜昭和18年（1943年）4月8日
生岐阜県羽島郡松枝村（笠松町）　名別名＝河合一徹　学慶応義塾大学予科政治科中退、八高理科乙類中退　歴放浪生活をしている中でアナキストとなり、大正11年ギロチン社を結成する。12年の第十五銀行襲撃事件で逮捕されて無期懲役に処せられたが、獄中死した。

河井 酔茗　かわい・すいめい
詩人
明治7年（1874年）5月7日〜昭和40年（1965年）1月17日
生大阪府堺市北旅籠町　名本名＝河井又平、幼名＝幸三郎　学東京専門学校（現・早稲田大学）中退　歴帝国芸術院会員〔昭和12年〕　歴呉服商を営む家に生まれる。少年時より物語や新体詩に親しみ、明治24年頃から「少年文庫」「いらつめ」などに詩歌や小説を投稿。28年上京して「文庫」（「少年文庫」の後身）の記者となり、同誌を中心に詩を発表した。その後一旦帰郷し、30年小林天眠、高須梅渓、中村吉蔵ら大阪在住の文学者たちと浪華青年文学会（のち関西青年文学会）を結成した。また「よしあし草」（のち「関西文学」に改題）の詩歌欄を担当した。34年処女詩集「無絃弓」を刊行。同年再び上京し、東京専門学校で聴講。36年山県悌三郎の紹介で「電報新聞」に入社し、社会面に配属、のち同主任。39年人員整理のため同社を退社した後は女子文壇社に勤務し、「女子文壇」の編集に当たった。40年「文庫」を離れ、有本芳水、川路柳虹らと詩草社を興して「詩人」を発刊し、口語自由詩運動を推進するが、41年同誌は10号で休刊。以後は「女子文壇」のほか「少年世界」「学生」などで詩の選評を務めた。大正2年婦人之友社に移り、「子供之友」「新少女」の編集に従事。12年退社後はアルス出版部嘱託を経て、昭和5年女性時代社を設立、「女性時代」を創刊して女流詩人の育成指導に尽力するとともに相馬黒光（黙移）、島本久恵（長流）などを刊行した。12年帝国芸術院会員。戦後の23年、女性時代社を塔影詩社に改称し、機関紙「塔影」を発行した。詩集に「塔影」「花鎮抄」「酔茗詩

集」、評論に「明治代表詩人」、随筆集に「生ける風景」「酔茗随筆」などがある。

川合 晋（2代目）　かわい・すすむ
東海堂社長
明治31年（1898年）9月15日〜昭和15年（1940年）2月14日
生東京都　名旧姓・旧名＝川合一男　学慶応義塾大学経済学部〔大正12年〕卒　歴父は書籍の4大取次の一つ、東海堂を創業した初代川合晋。大正5年父が亡くなると、支配人国領友太郎が後見役となり社業を維持した。12年大学を卒業して東海堂代表社員に就任。15年欧米各国の出版業界を視察し、2代目川合晋を襲名。昭和2年帰国。12年株式会社に改組したが、15年42歳で急逝した。　家父＝川合晋（1代目）（東海堂創業者）、義弟＝林善七（林平書店社長）

河井 荃廬　かわい・せんろ
篆刻家　書道史家
明治4年（1871年）4月28日〜昭和20年（1945年）3月10日
生京都府京都市寺町二条　名本名＝河合仙郎　歴林双橋に詩文を習い、20歳ころから篠田芥津に学んだ。明治33年上海に渡り呉昌碩に刻風を学び、また秦漢璽印、鄧完白、呉譲之、趙之謙らの刻風を溶鋳した。36年三井聴永（高堅）に招かれて上京、寄寓した。高田竹山と吉金文会を興し、40年5代浜村蔵六、初代中村蘭台らと丁未印社を始め、談書会、説文会などでも活躍。また中国にたびたび渡り、趙之謙の収集、その他の文物を多く集めたが、昭和20年3月10日の空襲で収蔵品ともども焼失した。雑誌「書苑」を編集、著書に「支那南画大成」「支那墨蹟大成」、林泰輔との共著「亀甲獣骨文字」があり、印譜に「荃廬印存」「継述堂印存」がある。

河合 武雄　かわい・たけお
新派俳優
明治10年（1877年）3月13日〜昭和17年（1942年）3月21日
生東京府築地（東京都中央区）　名本名＝内山武次郎、俳名＝馬十　歴東京吉原の上總屋呉服店に奉公したが、明治26年新派の山口定雄の門に入り、横浜蔦座の「武田利生記」で初舞台。31年水野好美の奨励会から立女方に迎えられ、新派の代表的の地位を占めた。34年真砂座で伊井蓉峰と組んで近松の研究公演を行い、40年頃には新派の名作「己が罪」や「通夜物語」を上演して名声が高まる。大正2年には松居松翁と公衆劇団を結成、ホフマンスタールの「エレクトラ」などを演じた。伊東青々園の「仮名屋小梅」の女主人が当たり役。緋牡丹にたとえられた名女形で、喜多村緑郎とともに戦前新派を支えた看板俳優だった。著書に「女形」がある。　家父＝大谷馬十（3代目）（歌舞伎俳優）

河相 達夫　かわい・たつお
外交官　情報局総裁
明治22年（1889年）7月26日〜昭和41年（1966年）10月31日
生広島県竹原市　出岡山県後月郡木之子村（井原市）　名旧姓・旧名＝永井、筆名＝河相花香　学一高卒、東京帝国大学法科大学政治学科〔大正4年〕卒　歴北海道炭礦汽船に入ったが大正5年退職、7年外交官試験に合格して外務省に入省。領事官補、書記官、総領事を経て、昭和12年外務省情報部長となり、同年10月の米ルーズベルト大統領のシカゴ演説（隔離演説）に反駁談話を発表、「持てる国」中国に対し「持たざる国」日本が不公平是正の戦いを挑むことの正当性を主張、注目された。その後オーストラリア公使、情報局総裁を経て、20年外務次官兼任、終戦連絡中央事務局次長兼任。

川合 貞吉　かわい・ていきち
中国研究家
明治34年（1901年）9月15日〜昭和56年（1981年）7月31日

生岐阜県安八郡川並村（大垣市）学明治大学専門部〔大正14年〕卒 歴明大在学中に左翼運動に関係し、昭和3年中国に渡り、上海で日支闘争同盟を結成、6年リヒアルト・ゾルゲや尾崎秀実と知り合いコミンテルンの情報活動に参加。16年にゾルゲ事件が発覚して逮捕され懲役10年の刑を受けたが、20年に釈放される。28年ゾルゲ事件最初の解説書といわれる「ある革命家の回想」を出版、以後、著述活動に専念。31年には尾崎ゾルゲ事件救援会を作り、事件関係者遺族の救援活動をした。他の著書に「ゾルゲ事件獄中記」「神田錦町松本亭」「現代史資料・ゾルゲ事件」（全5巻）「革命の哲学」など。

河合 博之　かわい・ひろゆき
外交官 駐ポーランド公使
明治16年（1883年）8月〜昭和8年（1933年）8月14日
生神奈川県 学東京帝国大学卒 歴大使館参事官としてベルギー、フランスに赴任。昭和6年ポーランド特命全権公使となる。8年8月ワルシャワで客死した。

河井 道　かわい・みち
教育家
明治10年（1877年）7月29日〜昭和28年（1953年）2月11日
出三重県伊勢市 学ブリンマー大学卒 歴明治32年新渡戸稲造に従って渡米、キリスト教の教育を受けブリンマー大学を卒業、帰国して津田英学塾の教授となった。YMCA創立に参画、同日本総幹事を長く務めた。昭和4年恵泉女学園を創立、キリスト教人格教育を実践。その間欧米に8回渡り、移民、平和、教育問題の使命を果たした。16年にはミルス大学から人文博士号を受けた。戦後文部省委員などを務め、短期大学設立に尽力した。著書に「My Lantern, Sliding Doors」などがある。

川合 仁　かわい・やすし
日本学芸通信社創業者
明治33年（1900年）12月22日〜昭和38年（1963年）10月29日
生山梨県東山梨郡上万力村（山梨市）学山梨県立農林学校〔大正10年〕卒 歴大正9年甲府で文芸同人誌「聖杯」を創刊。12年上京して平凡社に入社。社長・下中弥三郎の啓明会運動に積極的に参加し、機関誌「文化運動」の編集に従事。同年末同郷の前田晁の紹介で日本電報通信社文芸部に入り、地方紙への原稿配信業務に携わった。14年「潮流」同人となり、以後「文芸解放」などに参加。昭和3年電通を退社し、4年新聞文芸社を設立。地方紙8社を集めて地方新聞小説連盟を作り、三上於菟吉、直木三十五、徳田秋声らの小説を地方紙へ配稿した。同社社員第1号は川崎長太郎で、伊藤永之介、遠藤斌、石田博英らも在籍した。10年同社機関紙として「日本学芸新聞」を創刊、15年同業8社と合同して日本学芸新聞社を設立、社長に就任。20年7月陸軍少尉として召集されたが即日除隊。同じ頃、社も運営が不可能になり解散した。戦後、学芸通信社を再建し、取り扱い新聞小説で業界首位に育て上げた。 家長男＝川合澄男（学芸通信社社長）

河井 弥八　かわい・やはち
貴族院議員（勅選）帝室会計審査局長官 侍従次長
明治10年（1877年）10月24日〜昭和35年（1960年）7月21日
生静岡県 学東京帝国大学法科大学政治学科〔明治37年〕卒 歴明治37年文部属、佐賀県内務部長代理から大正7年法制局参事官、8年貴族院書記官、15年内大臣秘書官長、昭和5年皇后宮職兼侍従次長、7年帝室会計審査局長官、13年勅選貴族院議員、大成会に属し鉄道会議議員、大日本報徳社社長を歴任。戦後22年緑風会から参議院議員に当選、2期務め、参議院内閣委員長、28年議長に就任。31年落選。平成5年侍従次長として7年間昭和天皇に仕えた時の日記が「昭和初期の天皇と宮中―侍従次長河井弥八日記」（全6巻）として出版された。

河合 良成　かわい・よしなり
運輸省船舶局長 東京株式取引所常務理事
明治19年（1886年）5月10日〜昭和45年（1970年）5月14日
生富山県福光町 学東京帝国大学法科大学政治学科〔明治44年〕卒 歴農商務省に入ったが、大正7年の米騒動を機に退官。東京株式取引所（現・東京証券取引所）常務理事、日華生命保険（第百生命保険）常務などを経て、帝国人絹取締役。昭和9年"帝人疑獄事件"に連座して検挙されるが、12年無罪となる。その後、満州国総務庁、企画院委員、17年東京市助役、19年運輸省船舶局長を歴任。戦後は20年農林次官、21年第一次吉田内閣の厚相になったが、22年公職追放。実業界に入り、同年小松製作所社長に就任、再建に取り組む。26年追放解除となり、27年衆議院議員に当選。日中・日ソ経済交流の橋渡し役としても活躍した。著書に「取引所講話」「帝人心境録」「私の人生遍路」などがある。 家長男＝河合良一（小松製作所社長）

河合 よしの　かわい・よしの
女子教育家
明治17年（1884年）〜昭和11年（1936年）7月9日
生京都府 学同志社卒 歴東京の渡辺裁縫女学校に学び、のち日本郵船社員・河合貞久と結婚。花嫁学校・香蘭塾を自宅に開き女子教育に当たる傍ら、婦人運動などで活躍。社交グループ・芦屋婦人会を結成し社交界の花形として名をはせる。昭和11年別府航路の那智丸から愛媛沖で投身自殺を遂げた。著書に「現代母の悩み」「ともづな」など。

河合 廉一　かわい・れんいち
弁護士 東京弁護士会会長
明治15年（1882年）1月19日〜昭和34年（1959年）1月30日
生岡山県後月郡西江原村（井原市）歴地裁判事を経て、明治44年弁護士を開業。昭和17年東京弁護士会会長となる。20年帰郷し、西江原町議などを務めた。

河石 達吾　かわいし・たつご
水泳選手 ロサンゼルス五輪銀メダリスト
明治44年（1911年）12月10日〜昭和20年（1945年）3月
生広島県大柿村（江田島大柿町）学修道中（現・修道高）卒、慶応義塾大学法学部卒 歴修道中在学中から水泳選手として頭角を現し、慶応義塾大学3年の昭和7年、ロサンゼルス五輪に出場して100メートル自由形で銀メダルを獲得。卒業後、関西の電力会社に入社。その後、応召して一度は除隊となったが、19年再び召集され、20年3月ロサンゼルス五輪馬術の金メダリスト・西竹一（バロン西）とともに、33歳で、硫黄島で戦死した。

川上 嘉市　かわかみ・かいち
実業家 日本楽器製造社長
明治18年（1885年）3月1日〜昭和39年（1964年）4月6日
出静岡県浜北市 名号＝如雲 学東京帝国大学工科大学〔明治42年〕卒 歴東京瓦斯に入ったが明治43年住友電線製造所に転じ、大正14年取締役。昭和2年日本楽器製造（現・ヤマハ）社長に迎えられ、ヤマハ・ピアノの製造をはじめ楽器製造面で同社回生に尽力した。また理研電化工業、小糸車両工業などの取締役を兼任。21年勅選貴族院議員、22年参議院議員に当選。23年全国楽器協会会長、25年日本楽器会長に退き経団連理事などを務めた。短歌、スケッチに長じ著書に「川上嘉市著作集」（全15巻）がある。 家長男＝川上源一（ヤマハ社長）、孫＝川上浩（ヤマハ社長）

川上 喜久子　かわかみ・きくこ
小説家
明治37年（1904年）11月23日〜昭和60年（1985年）12月4日

生静岡県小笠郡 名旧姓・旧名＝篠田 学平壌高等女学校卒、山脇高等女学校専攻科卒 歴父は京城帝国大学総長などを務めた篠田治策で、父の任地である朝鮮・平壌で育つ。山脇高等女学校卒業後、歌人の与謝野晶子に師事。大正12年結婚。結婚前から小説を書き始め、昭和2年大阪朝日新聞の懸賞短編小説に応募した「或る醜き美顔術師」が入選。同時入選に石川達三や平林たい子がいた。7年より鎌倉で暮らす。「文学界」を中心に活躍し、11年「滅亡の門」で文学界賞受賞。12年朝鮮を舞台にした「光仄かなり」を発表するが、発売禁止になった。著書に「白銀の川」「花園の消息」「虹の女」「サタンの旅」「陽炎の挽歌」などがある。 家夫＝川上十郎（北越銀行頭取）、父＝篠田治策（京城帝国大学総長） 賞文学界賞（第11回）〔昭和11年〕「滅亡の門」

河上 邦彦　かわかみ・くにひこ
実業家 横浜船渠会長
明治2年（1869年）1月29日〜昭和7年（1932年）7月19日
生山口県岩国町 学帝国大学工科大学機械科〔明治27年〕卒 歴明治27年筑豊鉄道会社に入り、28年日本郵船会社に転じ、累進して主船部長参事となる。大正9年横浜船渠会社に入り、昭和2年取締役会長に就任。横浜商工会議所副会頭も務めた。

河上 弘一　かわかみ・こういち
日本輸出入銀行総裁 日本興業銀行総裁
明治19年（1886年）6月14日〜昭和32年（1957年）2月3日
生中国・上海 圃山口県 学東京帝国大学仏法科〔明治44年〕卒 歴大正5年日本興業銀行に入り、昭和6年理事、副総裁を経て、15年第8代総裁に就任。21年辞任。公職追放の後25年、日本輸出銀行（後の日本輸出入銀行）総裁となり29年辞任。その間、日仏銀行副総裁、大日本航空理事、帝都高速度交通営団理事、経団連常任理事、工業倶楽部理事、藤田興業会長などを歴任した。河上肇のいとこ。 家いとこ＝河上肇（経済学者・思想家・社会評論家・詩人）

川上 孤山　かわかみ・こざん
僧侶（臨済宗妙心寺派）
明治7年（1874年）〜昭和7年（1932年）2月15日
生愛媛県新居郡西条町（西条市） 名別号＝北苑大樹 学臨済宗大学卒 歴幼い頃、壬生川の東源寺に入り、川上磐山の弟子となる。のち京都で兇蔵会を設立。妙心寺春光院住職となり、臨済宗四派主事、妙心寺派庶務部長、臨済宗大学教授を歴任。著書に「大蔵経索引」のほか、大正天皇即位記念に著した「妙心寺史」がある。また、北苑大樹の号で南画を能くした。

川上 三太郎　かわかみ・さんたろう
川柳作家
明治24年（1891年）1月3日〜昭和43年（1968年）12月26日
生東京市日本橋蠣殻町（東京都中央区） 名本名＝川上幾次郎 学大倉商〔明治44年〕卒 歴大正9年東京毎夕新聞社に入り、学芸部長などを務め、昭和2年退社。一方、13歳から川柳を作り、新川柳運動を起こした柳樽寺川柳会・井上剣花坊の門に入った。5年国民川柳会を結成、のち雑誌「川柳研究」を発刊して川柳の文学的地位向上をはかり、新聞・ラジオなどで川柳の社会普及に尽力した。41年第1回川柳文化賞を受賞。著書に「風」「孤独地蔵」「新川柳一万句集」「川柳滑稽句集」「おんな殿下」「川柳200年」など。評伝に「川柳人 川上三太郎」（河出書房新社）がある。

河上 丈太郎　かわかみ・じょうたろう
社会運動家 衆議院議員
明治22年（1889年）1月3日〜昭和40年（1965年）12月3日
生東京市芝区巴町（東京都港区） 学東京帝国大学法学部政治学科〔大正4年〕卒 歴立教大学講師を経て、大正7年関西学院大学教授となる。10年神戸の川崎造船・三菱造船争議を契機に無産運動に関心を深め実践活動に入る。15年日本老農党に入党。昭和2年関学大教授を辞職し、弁護士を開業。3年第1回普選で神戸から衆議院議員に当選。以後計10回当選。この間、日本大衆党、全国労農大衆党、社会大衆党などを経て、15年大政翼賛会総務となる。戦後、21年公職追放、日本社会党結成に参加。追放解除後の27年分裂中の右派社会党委員長に迎えられ、社会党統一に尽力し、統一後は顧問。36年浅沼委員長勅選後、委員長に就任したが、病気のため40年辞任した。 家長男＝河上民雄（衆議院議員）

川上 四郎　かわかみ・しろう
童画家
明治22年（1889年）11月16日〜昭和58年（1983年）12月30日
生新潟県長岡市 学東京美術学校西洋画科〔大正2年〕卒 歴中学校の図画教師を経て、大正5年児童雑誌のコドモ社に入社。雑誌「童話」の挿絵、表紙絵を全面的に任され、以後童画一筋。美しいタッチの児童画で児童出版美術を芸術的に高めた。昭和2年日本童画家協会の創立に参加。 家長男＝川上元郎（東京工芸大学名誉教授） 賞野間挿絵奨励賞（第2回）〔昭和17年〕

川上 澄生　かわかみ・すみお
版画家
明治28年（1895年）4月10日〜昭和47年（1972年）9月1日
生神奈川県横浜市 圃東京市赤坂区青山（東京都港区） 名本名＝川上澄雄 学青山学院高等科〔大正5年〕卒 歴青山学院在学中に木版画家の合田清との長男と同級生になり、木版画に興味を持つ。大正6年カナダに渡り、シアトルやアラスカを旅行して7年帰国。10年宇都宮中の英語教師となり、傍ら、木版画を始める。15年「初夏の風」で注目された。昭和2年自作木版画集「青髯」を刊行。恩地孝四郎らと自画、自刻、自摺の創作版画を提唱した。独特の文明開化趣味、南蛮紅毛趣味の作品で知られ、代表作に版画集「文明開化の往来」、詩画集「ゑげれすいろは」「とらんぷ絵」など。3年日本創作版画協会会員、6年日本版画協会創立会員。18年国画会会員。また、児童文学の分野でも「赤い鳥」に童謡を発表するほか、「兎と山猫の話」などがある。平成4年川上澄生美術館（鹿沼市睦町）が開館。8年未発表の詩294編を収めた「川上澄生 未刊行 大正詩集」を刊行。

川上 善兵衛（6代目）　かわかみ・ぜんべえ
園芸家
慶応4年（1868年）3月10日〜昭和19年（1944年）5月21日
生越後国頸城郡北方村（新潟県上越市北方） 名幼名＝芳太郎 専ブドウ栽培、ワイン醸造 歴江戸時代から知られた豪農の家に生まれる。明治8年6代目善兵衛を継ぐ。中央の有名人が外国製ブドウ酒を愛飲するのを見て、ブドウ栽培とブドウ酒醸造を思いたった。山梨に出向き、この地方に適した品種を作ることに専心、先進国研究者と文通、欧米から苗を取り寄せ、明治26年ブドウ酒醸造を開始した。初めは酸味が強く失敗、改良を加え、フランス・米国種の交配で優良品種マスカット・ベリーAなど20余種を作り、日本のブドウ酒醸造用ブドウの生産に目処をつけた。昭和9年寿屋（現・サントリーホールディングス）と共同出資で寿葡萄園を設立。11年岩の原葡萄園と改称。19年他界するまで研究執筆を続け、生涯をブドウ酒造りに捧げ、日本のワインブドウの父といわれる。著書「葡萄全書」（全3巻）は栽培法から醸造法にいたる国内初の体系的研究書といわれる。他に「葡萄提要」がある。 賞農学賞富民協会賞〔昭和16年〕

川上 多助　かわかみ・たすけ
歴史学者 東京商科大学教授

明治17年(1884年)8月21日～昭和34年(1959年)7月4日
[生]茨城県東茨城郡磯浜村(大洗町) [専]日本古代史 [学]東京帝国大学史学科国史学専修〔明治40年〕卒, 東京帝国大学大学院〔明治45年〕中退 [歴]明治45年名古屋市史編纂員などを経て、大正9年東京商科大学予科教授。昭和15年同大教授を兼任、20年退官。25年東京女子大学教授、30年定年退職。著書に「平安朝史」「日本歴史概説」「日本古代社会史の研究」など。

河上 哲太　かわかみ・てつた
衆議院議員
明治14年(1881年)10月～昭和27年(1952年)11月17日
[出]愛媛県 [学]東京高等商業学校(現・一橋大学)〔明治38年〕卒 [歴]国民新聞社経済部長を経て、大正6年に衆議院議員初当選以来連続9期務めた。文部参与官、政友会総務等を務めたほか、中華民国視察議員団長として派遣された。

河上 徹太郎　かわかみ・てつたろう
文芸評論家
明治35年(1902年)1月8日～昭和55年(1980年)9月22日
[生]長崎県長崎市 [出]山口県岩国市岩国 [専]文学, 音楽 [学]東京帝国大学経済学部〔大正15年〕卒 [資]日本芸術院会員〔昭和37年〕 [歴]河上家は代々岩国の吉川藩の藩士の家柄で、その分家からは河上肇らが輩出している。東京帝国大学在学中に小林秀雄と文芸評論を書き、昭和4年中原中也、大岡昇平らと同人雑誌「白痴群」を刊行。小林秀雄と並行して文壇に登場、7年「自然と純粋」、9年「思想の秋」を刊行。11年「文学界」同人。終戦直後の20年には、日本人の得た自由を「配給された自由」と批判して物議をかもした。その後、近代日本の思想家や文学者の歩みを論じた「日本のアウトサイダー」「吉田松陰」などのほか、エッセイ「有愁日記」「西欧暮色」「近代史幻想」「歴史の跫音」、自伝「私の詩と真実」や音楽評論「ドン・ジョヴァンニ」などでも活躍。37年芸術院会員に推され、47年文化功労者。「河上徹太郎全集」(全8巻, 勁草書房)、「河上徹太郎著作集」(全7巻, 新潮社)がある。平成2年岩国市で顕彰会が発足。 [賞]日本芸術院賞(第17回・文芸部門)〔昭和35年〕, 文化功労者(第24回)〔昭和47年〕, 文学界賞〔昭和12年〕

川上 哲治　かわかみ・てつはる
野球選手
大正9年(1920年)3月23日～平成25年(2013年)10月28日
[生]熊本県人吉市 [学]熊本工業学校(現・熊本工)〔昭和13年〕卒 [歴]熊本工業学校(現・熊本工)時代、甲子園へ春夏3回出場、昭和9年、12年準優勝。13年チームメイト吉原正喜と一緒に巨人に入団。初め投手だったが、打力を認められ一塁手に転向。14年には打率.338で史上最年少の首位打者となり、16年21歳でMVPを獲得。17年10月熊本市西部十六部隊に入営。21年6月巨人に復帰。22年から大下弘(東急)の青バットに対抗して赤バットを使い、人気を二分した。31年日本球界初の2000本安打を達成。不動の4番打者として、戦前・戦後の巨人軍黄金時代を築き、“打撃の神様”と称された。首位打者5回、本塁打王2回、打点王3回、MVP3回獲得。通算打率.313など輝かしい記録を残し、33年現役を引退。36年巨人監督に就任。いきなり日本一となり、49年まで14年間チームを率いてリーグ優勝11回、日本一11回。うち40年からは9連覇(V9)という空前の偉業を達成、巨人軍第3期黄金時代を確立した。40年野球殿堂入り。背番号16は永久欠番。通算成績は、実働18年、7500打数2351安打、1319打点、181本塁打、打率.313。監督として、通算14年、1066勝736敗61分、勝率.591。平成4年プロ野球界では初の文化功労者に選ばれた。 [家]長男＝川上貴光(ノンフィクション作家) [賞]文化功労者〔平成4年〕

河上 肇　かわかみ・はじめ
経済学者 思想家 社会評論家 詩人 京都帝国大学教授
明治12年(1879年)10月20日～昭和21年(1946年)1月30日
[生]山口県玖珂郡岩国町(岩国市) [名]号＝梅陰, 千山万水楼主人, 閉戸閑人 [学]東京帝国大学法科大学政治学科〔明治35年〕卒 法学博士 [歴]明治35年東京帝国大学講師となり農政学を講じる。38年「社会主義評論」を千山万水楼主人の筆名で「読売新聞」に連載。40年「日本経済新誌」を創刊。41年京都帝国大学講師となり経済史を担当、42年助教授を経て、大正2年ヨーロッパ留学後、4年教授となり、8年から経済原論を担当。この間、5年から大阪朝日新聞に「貧乏物語」を連載し注目を集める。その後急速にマルクス主義の立場に接近し、マルクスの「賃金と資本」を翻訳し、「唯物史観略解」を刊行。昭和3年辞職。翌年大山郁夫らの新労農党に協力したが、やがて解散を提唱。6年マルクス「政治経済学批判」「資本論」(第1巻)を刊行。7年5月地下運動に入り、「七年テーゼ」を翻訳、9月日本共産党員に入党。8年検挙され、懲役5年の判決。12年出獄後は閉戸閑人と称し、漢詩、短歌、書、篆刻などに親しんだ。18年より「自叙伝」を執筆。20年から体の衰弱がひどくなり、敗戦を病床で迎える。同年共産党に復党。著書に「経済学大綱」「第二貧乏物語」「資本論入門」「マルクス主義経済学」「自叙伝」(全5巻)のほか、詩歌集「雑草集」「旅人」「河上肇詩集」、「河上肇著作集」(全12巻, 筑摩書房)、「河上肇全集」(第1期28巻・第2期7巻・別巻1, 岩波書店)がある。

川喜田 半泥子(1代目)　かわきた・はんでいし
陶芸家 実業家 百五銀行頭取
明治11年(1878年)11月6日～昭和38年(1963年)10月26日
[生]大阪府大阪市東区本町 [出]三重県津市 [名]本名＝川喜田久太夫, 名＝政令, 別号＝泥仏堂, 無茶法師, 莫迦野盧, 鳴穂堂主人, 法名＝仙鶴院半泥自在大居士 [学]早稲田専門学校(現・早稲田大学)〔明治32年〕卒 [歴]三重県津市の素封家・川喜田家の16代目。家業の木綿店のほか電力、銀行などの家業に関係し、大正8年から昭和20年まで百五銀行の頭取を務めた。一方、陶芸を志し、大正14年津市郊外千歳山に築窯、昭和22年には広永窯を開き、禅の心で自分の心に忠実に遊びに徹して、志野茶碗を中心に陶芸をつづけた。平成3年回顧展。著書に「随筆泥仏堂目録」「乾山考」など。 [家]二男＝川喜田俊二(三重トヨペット会長), 孫＝川喜田半泥子(2代目), 岳父＝川喜田四郎兵衛(実業家)

川喜田 煉七郎　かわきた・れんしちろう
建築家 造形教育家 新建築工芸学院設立者
明治35年(1902年)2月26日～昭和50年(1975年)6月18日
[生]東京市日本橋(東京都中央区) [学]東京高等工業学校建築科〔大正13年〕卒 [歴]学生時代から音楽、演劇に親しみ、また工事中の帝国ホテルの現場で働き、フランク・L・ライトに接した。昭和2年分離派建築会会友となり、5年ウクライナのハリコフ劇場建築の国際設計コンペで4位に入賞し一躍注目された。6年にはドイツのバウハウスから帰国した水谷武彦を迎え、銀座に建築工芸研究所(のち新建築工芸学院)を設立、バウハウス流の造形教育を始めた。雑誌「建築・工芸・アイ・シー・オール」編集に従事、新芸術運動を行った。戦後は商店建築の設計から経営コンサルタントの道へ方向転換した。36年設立された店舗設計家協会の初代会長を務めた。著書に「新しい店舗の作り方」「世界のディスプレーデザイン」「デザイン創造」など。

河口 愛子　かわぐち・あいこ
教育家 小石川高等女学校校長
明治4年(1871年)10月6日～昭和34年(1959年)9月26日
[生]熊本県山鹿町(山鹿市) [名]旧姓・旧名＝原 [学]済々黌附属女学校〔明治24年〕卒 [歴]郷里熊本県で助教員を務める。結

婚して家庭を営む傍ら、独学で中等教員の資格を取得し、京都高等女学校の教員となる。夫と死別後、大正2年に上京し、5年東京小石川に裁縫研究所と家事助手養成所を設立。8年には両所を併せて日本女子実務学校とし、勤勉・質素・貞純の理念に基づく女子実務教育を行った。12年には同校を小石川女子高校に改称し、その校長に就任。同校は戦後、文華女子高校として発展し、現在に至っている。また、婦人参政権運動や婦人会活動でも活躍し婦人参政同盟会理事長などを歴任。昭和3年には汎太平洋婦人大会日本代表に選ばれ、ハワイ・米国・ヨーロッパを巡って日本の文化の紹介に務めた。30年紫綬褒章を受章。廃物利用の提唱者としても知られ、著書には「趣味の廃物利用」「家事実習教科書」などがある。

川口 栄作　かわぐち・えいさく
養蚕学者　北海道帝国大学教授
明治28年（1895年）1月〜昭和28年（1953年）3月1日
生静岡県　学北海道帝国大学農学部〔大正8年〕卒　農学博士〔昭和4年〕　歴大正12年九州帝国大学助教授、15年欧米留学、ベルリンではカイザー・ウィルヘルム生物研究所で蚕の細胞学を研究。昭和3年帰国、8年北海道帝国大学教授に転じ、養蚕学第3講座を担当。17年農学実科主任、20年附属農場長、23年宇都宮農林専門学校長、24年宇都宮大学学長となった。日本養蚕学会など多くの学会会員として活躍。「家蚕及び近緑動物に於ける細胞学的研究」など約60編の論文がある。　賞蚕糸学賞（第12回）〔昭和18年〕

川口 徳三　かわぐち・とくぞう
応用化学者　浜松高等工業学校校長
明治11年（1878年）4月2日〜昭和7年（1932年）9月20日
生奈良県　専染色化学　学東京帝国大学理科大学化学科〔明治37年〕卒　工学博士〔大正12年〕　歴明治37年名古屋高等工業学校講師となり、40年教授に就任。42年色染および色染学研究のため文部省から欧米留学を命じられ、45年帰国。大正14年浜松高等工業学校校長に就任。以来教育家として後進の育成に尽力、また色染化学研究の権威として知られた。著書に「色素製造化学」がある。

川口 寿　かわぐち・ひさし
衆議院議員
明治31年（1898年）10月〜昭和59年（1984年）6月28日
生富山県　学明治大学法律科〔大正12年〕卒　歴昭和17年4月東京2区から当選1回。

川口 松太郎　かわぐち・まつたろう
小説家　劇作家　演出家
明治32年（1899年）10月1日〜昭和60年（1985年）6月9日
生東京市浅草区今戸（東京都台東区）　名本名＝松田金一　学山谷堀小学校卒　賞日本芸術院会員　歴山谷堀小学校時代の同級生に溝口健二がいた。卒業後は質屋の小僧や古本の露天商、警察署の給仕、電信局勤務などを転々とする。やがて文学を志し、大正4年久保田万太郎に入門。17歳の時に「流罪人藤助」で文壇デビュー。8年から講談師の悟道軒円玉の家に住み込んでその口述筆記を手伝い、自身の小説や戯曲に講談的な話術の巧みさを加え、漢詩や江戸文学の素養も積んだ。12年小山内薫主宰の第一次「劇と評論」に参加し、脚本「足袋」を発表。同年の関東大震災後は大阪に移ってプラトン社に入り、直木三十五らと雑誌「苦楽」を編集した。15年に帰京してからは小説や随筆、戯曲と多方面で活動し、昭和9年「オール読物」に寄稿した小説「鶴八鶴次郎」が菊池寛に認められ、10年「風流深川唄」「明治一代女」などで第1回直木賞を受賞。その後も「歌吉行燈」「長脇差団十郎」などの芸道もの、「新吾十番勝負」などの時代物、「名妓」「祇園囃子」などの人情物などを得意とし、天才的なストーリーの作り方と語り口で大

衆文芸の幅広い分野で活躍した。特に12年から「婦人倶楽部」に連載した現代小説「愛染かつら」は上原謙・田中絹代主演で映画化され、「花も嵐も…」の主題歌とともに爆発的な人気となった。15年には劇団新生新派の主事となり、花柳章太郎、水谷八重子らのために脚本執筆や演出を手がけた。戦後の代表作に「しぐれ茶屋おりく」があり、日本芸術院会員、文化功労者にも選ばれた。　家妻＝三益愛子（女優）、長男＝川口浩（俳優）、二男＝川口恒（俳優）、三男＝川口厚（俳優）、長女＝川口晶（女優）　賞直木賞（第1回）〔昭和10年〕「鶴八鶴次郎」「風流深川唄」「明治一代女」、文化功労者〔昭和48年〕

川口 養之助　かわぐち・ようのすけ
ジャズ・サックス奏者
明治29年（1896年）〜昭和27年（1952年）
生新潟県佐渡　専アルトサックス　歴船での楽隊生活を送った後、大正末期に大阪の松竹座オーケストラ、千日前ユニオンに出演の井田一郎バンドに参加。大正12年ピアノ教師の静江と結婚、5人の子供をもうけた。昭和7年単身大連に渡り、8年家族を呼び寄せる。以後、終戦まで16年間満州各地を転々とした。この間、11年京都の桂舞踏場出演の石川秀二バンドに参加。戦後、米軍クラブで演奏活動を行った。　家二男＝ジョージ川口（ジャズ・ドラマー）

川口 義久　かわぐち・よしひさ
衆議院議員
明治12年（1879年）1月〜昭和20年（1945年）8月28日
生神奈川県　学日本大学〔明治37年〕卒、オハイオ州立大学〔明治45年〕，エール大学大学院〔大正3年〕修了ドクトル・オブ・ロー　歴日本大学幹事、教授、理事等を歴任、また神中鉄道取締役、川口製糸社長に就任。大正13年以来衆議院議員に5期連続当選し、内務省と司法省の嘱託、鉄道大臣秘書官を務めた。政友会に所属した。

川越 茂　かわごえ・しげる
外交官　駐中国大使
明治14年（1881年）1月14日〜昭和44年（1969年）12月10日
生宮崎県　学東京帝国大学法科大学法律学科〔明治41年〕卒　歴明治42年鉄道院に入り、大正元年外交官試験に合格。外務省に転じ領事官補、書記官、総領事を経て、昭和7年満州国大使館参事官、8年広東総領事、台湾総督府総督官房文書課長兼任、11年駐中国大使、13年退官。16年外務省外交顧問となった。

川越 丈雄　かわごえ・たけお
大蔵次官　内閣法制局長官
明治17年（1884年）11月1日〜昭和41年（1966年）3月8日
生鹿児島県　学東京帝国大学法科大学政治学科〔明治43年〕卒　歴明治43年大蔵省に入り主計官、営繕管財局預金部長、銀行局長、対満州事務局次長、昭和11年大蔵次官、12年内閣法制局長官を経て、昭和17年6月退官、庶民金庫理事長、東北興業総裁、東北振興電力社長、生命保険中央会理事長、東京商工興信所会長、日本殖産会長、平和相互銀行会長を務めた。

川越 藤一郎　かわごえ・とういちろう
ラグビー選手
大正3年（1914年）4月16日〜平成14年（2002年）4月16日
生京都府京都市　学早稲田大学商学部卒　歴京都一中（現・洛北高）時代は陸上部に在籍。早稲田大学進学後、バックス（CTB）として活躍。早大の伝統となった展開ラグビーの中軸で主将を務め、昭和12年の全国制覇に貢献。相手を抜く華麗なステップと激しいタックルが持ち味で、11年東京で行われた対ニュージーランド学生選抜戦の日本代表に選ばれた。戦後は関西で電鉄会社の会社員や実家の仕事をする傍ら、全国高校大会のレフェリーを務めるなどラグビー振興に尽力。62

年関西ラグビー協会会長、平成4～6年日本ラグビー協会会長を歴任した。

川越 治武　かわごえ・はるたけ
彫刻家
明治29年（1896年）～昭和32年（1957年）

歴日本プロレタリア文芸連盟美術部（略称RA）、ナップ美術部を経て、日本プロレタリア美術家同盟に加盟、数少ない彫刻家として作品を制作した。大正12年の関東大震災直前に上京して震災に遭遇。その後、総同盟系の友愛宿泊所（深川）に移住し、労働者の闘う姿を初めて知り、労農党の運動に参加した。14年に結成されたRAに吉田精吉と初めての彫刻制作者として加入、マルクスやレーニンの肖像から始め、吉田との合作で「労働者農民」などを制作。昭和3年末の第1回プロレタリア美術大展覧会にナップ所属で彫刻「無題」、工芸「レーニン像」を出品。4年の第2回展に彫刻「武器」「前進」「断て」「デモ」を出品。5年の第3回展に「ピオニール」など彫刻を3点出品。6年の第4回展に「レーニン」など彫刻を3点、白石寛、寄本司麟との合作で彫刻「俺達の美術」を出品。7年末の第5回展に彫刻「地下鉄決死隊」を出品した。

川崎 克　かわさき・かつ
衆議院議員
明治13年（1880年）12月28日～昭和24年（1949年）2月3日

生三重県上野市　名本名＝川崎克、号＝克堂　学日本法律学校法律科〔明治34年〕卒、東京外国語学校仏語科卒　歴三重県上野の八十三銀行給仕となったが、尾崎行雄を頼って上京、日本法律学校、東京外語に学んだ後、新聞記者、朝鮮の元山時事新報主幹、元山民団長を経て、尾崎が東京市長の時、電気局に入った。尾崎の下で憲政擁護運動を進め、政友倶楽部、中正会の幹事を務めた。大正4年衆議院議員となり、以後当選10回。憲政会、民政党、日本進歩党に属し、13年陸軍参与官、15年逓信参与官、昭和4年司法政務次官、のち民政党総務会長、同政調会長、衆議院予算委員長、日本進歩党常議員会長などを歴任。16年議会で翼賛会の違憲を追及、同志と同交会を結成、翌年の翼賛選挙では非推薦で当選した。郷里伊賀上野の伝統文化顕彰に尽くし、伊賀陶器の研究者としても知られ、絵もよくした。著書に「伊賀乃信楽」がある。　家二男＝川崎秀二（衆議院議員）、孫＝川崎二郎（衆議院議員）

川崎 吉蔵　かわさき・きちぞう
登山家 出版人 山と渓谷社会長
明治40年（1907年）10月15日～昭和52年（1977年）8月24日

生東京市芝区（東京都港区）　名別名＝大森三郎　学早稲田大学政経学部政治学科〔昭和5年〕卒　歴昭和5年5月中島喜代志らと谷川岳一の倉沢、二の倉沢登頂に成功、同年山と渓谷社を創立、日本で初めての山岳雑誌「山と渓谷」を創刊した。6年には「アルパイン・カレンダー」を創刊、15年株式会社に改組、19年社名を山とスキー社と改め「山と渓谷」も「山とスキー」にした。戦後21年1月社名、誌名ともに復興し、35年4月には創業30周年を記念して山渓山岳賞を設定し、山岳ジャーナリズム開拓に貢献した。　家長男＝川崎吉光（山と渓谷社社長）

川崎 紫山　かわさき・しざん
ジャーナリスト
元治1年（1864年）5月4日～昭和18年（1943年）5月12日

生常陸国（茨城県）　名本名＝川崎三郎、別号＝剣外、北村三郎　歴水戸藩士の子として生まれ、17歳で東京の曙新聞社、大阪の大東日報社の記者となる。明治24年国権主義を標榜する「経世新報」を創刊。34年「中央新聞」主筆、38年「信濃毎日新聞」主筆となる。この間、博文館から多くの啓蒙的歴史書を出版したほか、天佑俠を後援し、黒竜会創設に参

画した。日中戦争が始まると大東亜共栄圏の実現に力を注いだ。著書に「東洋策」「大西郷と大陸政策」など。

川崎 俊一　かわさき・しゅんいち
天文学者 文部省緯度観測所長
明治29年（1896年）～昭和18年（1943年）1月19日

生滋賀県栗太郡治田村（栗東市）　学広島高等師範学校本科数物化学科〔大正6年〕卒、京都帝国大学理学部宇宙物理学科〔大正11年〕卒 理学博士〔昭和12年〕　歴大正11年岩手県水沢市（現・奥州市）にある緯度観測所技師となり、気象や地震を担当する人物が必要であったことから、高等師範学校と大学を通じて同級の親友・池田徹郎に声をかけ、共に赴任した。昭和7年英国へ留学。グリニッジ天文台などで3年間研究。16年木村栄の跡を継ぎ2代目所長となったが、19年早世した。緯度観測に及ぼす風の影響について独創的な研究を行い、大気の密度分布と気圧配置や風向という点で捉え、緯度観測の結果との相関を論じた。

川崎 小虎　かわさき・しょうこ
日本画家
明治19年（1886年）5月8日～昭和52年（1977年）1月29日

生岐阜県岐阜市　名本名＝川崎隆一　学東京美術学校〔明治43年〕卒　歴明治28年9歳で上京し、祖父・川崎千虎に大和絵を学ぶ。のち小堀鞆音に師事。43年東京美術学校を卒業後、小・中学校の図画教師を3年ほど務める。新日本画の研究会行樹社を結成。大正3年文展初入選。昭和9年東京美校講師のち教授、18年辞任。同年国土会を結成、26年研究団体森々会を結成。　家祖父＝川崎千虎（日本画家）、長男＝川崎鈴彦（日本画家）、二男＝川崎春彦（日本画家）、孫＝川崎麻児（日本画家）　賞日本芸術院恩賜賞〔昭和36年〕、文展特選（第10回）〔大正3年〕

川崎 末五郎　かわさき・すえごろう
衆議院議員 福島県知事
明治25年（1892年）2月～昭和46年（1971年）11月8日

出京都府　学京都帝国大学政治学科〔大正5年〕卒　歴朝鮮総督府事務官、兵庫県学務部長、福島県知事を歴任したのち、昭和11年に衆議院議員初当選以来通算5期務めた。衆議院決算委員長、内務政務次官、大政翼賛会総務局長、日本民主党会計監査、自民党総務等を務めた。北支那に派遣軍慰問議員団長として派遣されたこともある。

川崎 卓吉　かわさき・たくきち
文相 商工相 貴族院議員（勅選）
明治4年（1871年）1月18日～昭和11年（1936年）3月27日

生安芸国（広島県）　学東京帝国大学法科大学独法科〔明治36年〕卒　歴大学院に学んだのち明治40年内務省に入り、静岡県小笠部長、警視庁警務部長、福島県知事、台湾総督府内務部長、同警務部長、同殖産局長、名古屋市長などを歴任。大正13年内務省警保局長、14年内務次官、15年勅選貴族院議員。昭和2年憲政会（直後に民政党）に入党。4年浜口内閣の法制局長官、6年第二次若槻内閣書記官長。7年民政党総務、幹事長、11年岡田内閣文相、次いで広田内閣の商工相となった。

川崎 杜外　かわさき・とがい
歌人
明治17年（1884年）10月1日～昭和9年（1934年）8月15日

生長野県東筑摩郡和田村　名本名＝川崎左右　学東京専門学校（現・早稲田大学）中退　歴大正6年38歳で信濃日報社に入り、名古屋新聞に転じて、8年同紙の長野支局長となる。早くから短歌を作り、昭和2年「山守」を刊行した。「川崎杜外歌集」がある。

河崎 なつ　　かわさき・なつ

婦人運動家　大日本婦人会理事
明治22年（1889年）6月25日～昭和41年（1966年）11月16日
［生］奈良県五条町　［学］東京女子高等師範学校（現・お茶の水女子大学）文学研究科〔大正6年〕卒　［歴］小樽高等女学校教諭から大正6年東京女子高等師範学校講師、7年東京女子大国語教授。10年文化学院教授の後学監。この前後から与謝野晶子らを知り、9年新婦人協会に入り、市川房枝の勧めで婦選運動に参加。昭和7年読売新聞の身上相談を担当、また「新女性読本」「職業婦人読本」を刊行、社会評論も試みた。戦時中は婦人時局研究会理事、大日本婦人会理事など歴任。戦後22年第1回参議院選挙に社会党全国区で当選、厚生委員として活躍。28年落選後は日本婦人団体連合会の結成に尽力。30年第1回日本母親大会事務局長、その後実行委員長として「母親が変われば社会が変わる」をスローガンに母親運動に尽力した。戦後も白梅学園短期大学教授などを務め、60年間教師生活を送った。

川崎 弘子　　かわさき・ひろこ

女優
明治45年（1912年）4月5日～昭和51年（1976年）6月3日
［生］神奈川県川崎市大師町　［名］本名＝石渡シヅ子、通称＝石渡静子　［学］大師高小卒　［歴］小学校を出て二、三の職に就き、昭和4年松竹蒲田撮影所に入った。佐々木恒次郎監督の「女性の力」でデビュー。続いて「人生の裏路」「花嫁選手」「淑女と髯」「生活線ABC」などに出演。7年大磯心中事件を扱った五所平之助監督の「天国に結ぶ恋」が大ヒット、「不如帰」でも林長二郎と共演、悲劇のヒロインがよく似合う美貌が人気を集めた。10年尺八の名手・福田蘭童と結婚。その後も「沈丁花」「生きとし生けるもの」「人妻椿」「春雷」「桑の実は紅い」「暁の合唱」と人気は続いた。戦後は「歌麿をめぐる五人の女」「わかれ雲」「姉妹」「乳房よ永遠なれ」などに脇役で出演した。33年引退。　［家］夫＝福田蘭童（尺八奏者・作曲家）

川崎 備寛　　かわさき・よしひろ

小説家　翻訳家
明治24年（1891年）3月13日～昭和38年（1963年）3月26日
［生］大阪府　［学］関西大学経済科中退　［歴］会社員や女学校、中学校の教師を経て、大正14年創刊の「不同調」同人となり、新人生派を標榜する。作品に「白紙の遺書」「わが落下傘部隊」などがあり、翻訳にカーペンター「ホイットマン訪問記」やハッデン「愛の楽聖伝」などがある。戦後、川崎出版社を経営する。

川地 実　　かわじ・みのる

テニス選手
明治41年（1908年）8月7日～平成1年（1989年）8月2日
［出］東京都　［学］早稲田大学〔昭和8年〕卒　［歴］早大在学中の昭和4、5年に全日本学生選手権ダブルス優勝、同6年度のデビスカップ日本代表選手。同年のウィンブルドン選手権で佐藤次郎選手とダブルスを組み準々決勝に進出、同年全日本選手権ダブルス準優勝。

川路 柳虹　　かわじ・りゅうこう

詩人　美術評論家
明治21年（1888年）7月9日～昭和34年（1959年）4月17日
［生］東京府芝区（東京都港区）　［名］本名＝川路誠　［学］東京美術学校日本画科〔大正2年〕卒　［歴］早くから「文庫」「詩人」などに寄稿し、大正6年詩話会に参加し、10年「日本詩人」を創刊する一方で年間詩集「日本詩集」の育成に尽力する。明治43年刊行の「路傍の花」をはじめ「曙の声」「歩む人」「明るい風」「無為の幸福」「路上の設計」「波」など多くの詩集がある。ほかに詩論、美術評論、随筆も多く、「近代芸術の傾向」「現代美術の鑑賞」「作詩の新研究」「マチス以後」「日本の情操」「南上

古代文化と美術」などがある。　［家］曽祖父＝川路聖謨（幕臣）
［賞］日本芸術院賞〔昭和32年〕

川島 四郎　　かわしま・しろう

陸軍主計少将　栄養学者　食品学者
明治28年（1895年）2月8日～昭和61年（1986年）12月3日
［生］京都府深草（京都市伏見区）　［専］農芸化学　［学］陸軍経理学校（第12期）〔大正7年〕卒、陸大経理学部〔昭和2年〕卒、東京帝国大学農学部農芸化学科〔昭和4年〕卒　農学博士〔昭和17年〕　［歴］京都・東本願寺で庶務的な仕事をする内陣係の家に生まれる。13歳の時、「豆腐百珍」という料理の本を筆写したのがきっかけで、食べ物に関心を持つようになった。陸軍経理学校に入って主計科の軍人となり、陸軍の派遣学生として34歳で東京帝国大学農芸化学科を卒業。昭和10年陸軍経理学校教官、16年第七陸軍航空技術研究所所長を務め、陸軍主計少将で終戦を迎えた。長く軍用食糧を研究、小型乾パン、ビタミン総合食など30数種の携帯食糧を考案した。18年東条英機首相の肝入りで奨励されていた玄米食推進運動に対して雑誌に"栄養吸収率の観点から好ましくない"との論文を発表。直ちに首相に呼び出され叱責を受けたが、長年の研究をもとにした所説を改めて述べると「もう二度と玄米の悪口を書くな」と言われて解放され、懲罰も受けなかった。戦後は一般国民への栄養指導にあたり、毎年アフリカを訪れて原始食も研究した。桜美林大学教授、食糧産業研究所所長を務め、91歳で亡くなるまで栄養と食物についての執筆や講演に活躍した。　［勲］勲三等旭日中綬章〔昭和13年〕　［賞］日本農学賞鈴木賞〔昭和17年〕、陸軍技術有功章〔昭和18年〕、日本発明有功賞（4回）

川嶋 孝彦　　かわしま・たかひこ

内閣統計局長
生年不詳～昭和33年（1958年）2月23日
［出］和歌山県　［学］東京帝国大学法学部卒　［歴］大正12年内務省入省。内閣官房記録課長、総務課長、統計局長を歴任し、昭和22年退官。　［家］父＝川嶋庄一郎（学習院大学教授）、二男＝川嶋辰彦（学習院大学教授）、三男＝川嶋行彦（東京国際大学教授）、孫＝秋篠宮紀子、岳父＝池上四郎（大阪市長）

川島 浪速　　かわしま・なにわ

満蒙独立運動家　大陸浪人
慶応1年（1865年）12月7日～昭和24年（1949年）6月14日
［生］信濃国松本（長野県松本市）　［学］外国語学校中退　［歴］父は旧信濃松本藩士。日清戦争、義和団事変出兵時に陸軍の通訳として従軍。台湾総督府官吏を経て、明治34年清国で警察官を養成する北京警務学堂を設立した。辛亥革命により清国が崩壊すると、その残存勢力である粛親王や日本軍と共謀して満蒙独立運動を展開、昭和9年の満州建国の下地を作った。大正2年粛親王の第十四王女を養女に迎え、川島芳子として養育。のち芳子は男装の麗人として知られる日本軍のスパイとなり、"東洋のマタ・ハリ"と呼ばれた。　［家］養子＝川島芳子（男装のスパイ）、甥＝原田伴彦（大阪市立大学名誉教授）

川島 芳子　　かわしま・よしこ

日中戦争下で活躍した男装のスパイ
明治40年（1907年）5月24日～昭和23年（1948年）3月25日
［生］中国北京　［名］本名＝愛新覚羅顕玗、中国名＝金璧輝、東珍、前名＝川島芳麿　［学］松本高等女学校卒　［歴］清朝王族・粛親王の第十四王女として生まれるが、大正2年5歳の時満蒙独立運動の"国士"川島浪速の養女となる。9歳で来日。豊島師範附属小から跡見高等女学校、さらに松本高等女学校に移る。その後、断髪、男装し、後の"男装の麗人"の芳子像を形づくる。10年蒙古のパンジャップ将軍の遺児カンジュルジャップと結婚するが、じき離婚。昭和2年上海に渡り、日本軍特務機関の

田中隆吉少佐と知り合い、"X14号"として日本軍の情報活動に従事。7年満州国建国とともに満州に移り、天津にいた満州国皇帝溥儀の妃・秋鴻連れ出しなどに暗躍。さらに匪賊討伐の司令官となる。20年11月北京で国民党政府に捕らえられ、23年3月25日漢奸として銃殺刑に処せられた。"東洋のマタ・ハリ"と呼ばれた。著書に『動乱の蔭に―私の半生記』がある。平成8年銃殺直前の自白書が公開された。 家実父＝粛親王、養父＝川島浪速(満蒙独立運動家)、妹＝愛新覚羅顕琦(愛心日本語養成学校長)

川島 義之　かわしま・よしゆき
陸軍大将 陸相
明治11年(1878年)5月25日〜昭和20年(1945年)9月8日
生愛媛県 学陸士(第10期)[明治31年]卒、陸大[明治41年]卒 歴歩兵第22連隊付となり、日露戦争に後備第11旅団副官として従軍、戦傷を負った。陸大卒業後の明治43年ドイツに渡り、大正2年ドイツ大使館付武官補佐官、帰国後教育総監部、参謀本部課長、教育総監部第2、第1課長、近衛歩兵第1旅団長、12年作戦資材整備会議幹事長、15年人事局長、昭和4年第19師団長、5年第3師団長、7年教育総監部本部長、朝鮮軍司令官、9年大将、軍事参議官、10年陸軍大臣となった。皇道派、統制派の対立の中、中立的立場に立っていたが、11年の二・二六事件では調停者として処理が遅れ事件終結後予備役となった。

川尻 清野　かわじり・きよの
プロレタリア文化運動家 人形工房社長
明治18年(1885年)6月15日〜昭和22年(1947年)7月31日
生福島県会津若松 歴夫は新聞記者の川尻東馬。昭和4年息子である川尻東次らとプロレタリア人形劇団・人形クラブ(のち、プークに改称)を設立。東次の死後はその弟の泰司とともにプークの発展・経営を支えた。15年人形工房社長に就任。戦後はプークの再建に奔走し、21年には泰司によるプーク人形劇場の創立を実現させた。また、各種の文化活動にも従事している。 家夫＝川尻東馬(新聞記者)、息子＝川尻東次(童画家)、川尻泰司(人形劇演出家)

川尻 東次　かわじり・とうじ
童画家 人形劇団プーク創立者
明治41年(1908年)〜昭和7年(1932年)
生東京都 歴開成中学時代に岡本帰一に師事。「子供之友」「少年戦旗」などに挿絵を描く。ダナ人形座、人形クラブで美術と演出および人形製作を担当。昭和4年人形劇団プークの創立となる上演を人形クラブで旗上げした。創作戯曲に「狼の目薬」「裸の王様」。23歳で夭逝。 家父＝川尻東馬(新聞記者)、母＝川尻清野(プロレタリア文化運動家)、弟＝川尻泰司(人形劇演出家)

川頭 九郎次　かわず・くろうじ
川頭春陽堂社長
明治26年(1893年)3月23日〜昭和43年(1968年)3月12日
生佐賀県 歴明治44年川頭春陽堂を創業。書籍の小売業を営み、駅の構内に新刊雑誌の売店を設置。また、ホテルや病院内のスタンドなどへの卸売りも行った。昭和2年三共商会を設立し、代表社員に就任。

河津 憲太郎　かわず・けんたろう
水泳選手 ロサンゼルス五輪銅メダリスト
大正3年(1914年)9月26日〜昭和45年(1970年)3月24日
生広島県 学修道中卒、明治大学 歴広島県の修道中から明大に進む。昭和7年ロス五輪競泳100メートル背泳ぎに出場して銅メダルを獲得。同種目では清川正二が金メダル、入江稔夫が銀メダルと日本人が金銀銅を独占する圧勝を見せた。

河津 暹　かわず・すすむ
経済学者 東京帝国大学名誉教授
明治8年(1875年)1月20日〜昭和18年(1943年)3月28日
生東京都 学東京帝国大学法科大学政治学科[明治32年]卒 法学博士 賞帝国学士院会員[昭和10年] 歴英国、ドイツ留学中の明治34年、東京帝国大学法科大学助教授となり、37年帰国して、40年教授。大正8年経済学部勤務となり、経済原論、経済史、商業政策、植民政策、交通政策などを講じた。15年〜昭和4年経済学部長、10年定年退官。名誉教授となり、専修大学理事、教授などを務めた。著書に『経済原論』『経済政策体系』(全9巻)など。妻の父は英学者・神田乃武。 家父＝河津祐之(司法省刑事局長・通信次官)、岳父＝神田乃武(英学者)

川瀬 光順　かわせ・こうじゅん
哲学者 旅順高校校長
明治12年(1879年)6月〜昭和18年(1943年)11月14日
生福岡県 学浄土宗大学[明治36年]卒、東京帝国大学文科大学哲学科[大正6年]卒 歴明治37〜38年の日露戦争に従軍、39年から旅順に駐在、軍属教師を務めた。大正6年東京帝国大学を出て大倉高等商業学校、三高、静岡高校各教授を務めた。昭和4年にはドイツ、フランス、米国に留学、新潟高校校長を経て、15年新設された旅順高校の初代校長となった。ドイセン「形而上学論」の訳書がある。

川瀬 惣次郎　かわせ・そうじろう
農学者 東京帝国大学農学部教授
明治19年(1886年)3月20日〜昭和18年(1943年)3月1日
生徳島県 専蚕糸学 学一高卒、東京帝国大学農科大学農芸化学科卒 農学博士 歴蚕糸の研究で農学博士号を取得。大正10年有機化学の研究のためドイツに留学、その後米国へ移り、12年帰国。東京帝国大学農学部教授となり、上田蚕糸専門学校教授を併任。製糸業の盛んな長野県上田における指導は、地域産業の発展に大きく貢献した。

川瀬 巴水　かわせ・はすい
版画家 日本画家
明治16年(1883年)5月18日〜昭和32年(1957年)11月7日
生東京府芝区(東京都港区) 名本名＝川瀬文治郎 歴日本画を鏑木清方に、洋画を岡田三郎助に学び、日本画家となったが、大正7年伊東深水の木版画にひかれ、新版画を唱える渡辺庄三郎の下で版画制作を始めた。以後、風景版画一筋に全国を行脚し、処女作「塩原おかね路」から絶筆「平泉金色堂」まで500種以上の作品発表している。独自の叙情性を持つ風景版画は早くから欧米でも評価され、伊東深水、橋口五葉、吉田博などとともに新版画運動の代表的な作家の一人に数えられる。昭和28年文化財保護委員会が無形文化財として伝統的木版技術記録を計画した時、保持者に選ばれた。

川添 ゆき子　かわぞえ・ゆきこ
歌人
明治30年(1897年)2月16日〜昭和6年(1931年)2月2日
生高知県香美郡明治村(香美市) 学女子美術学校(現・女子美術大学)[大正11年]卒 歴川添秀太郎の娘に生まれる。大正5年太田水穂の主宰する潮音社で学ぶ。のち和歌山県の富田実業学校に勤め、同年文部省中等学校裁縫科教員検定試験に合格する。13年潮音社特別社友となり、京都の人江村定憲に嫁した。歌集に『杉の雫』がある。

川田 功　かわだ・いさお
推理作家
明治15年(1882年)〜昭和6年(1931年)5月28日
歴海軍少佐であったが、退官後の大正13年以降「砲弾をくぐ

かわた 昭和人物事典 戦前期

りて」「尼港の怪婦人」「日米実戦記」などの戦争物語を発表する。15年以降、「酩酊」をはじめ「恐ろしいキッス」など約20編の探偵小説を発表した。

河田 烈　かわだ・いさお
大蔵次官 拓務次官 蔵相 貴族院議員（勅選）
明治16年（1883年）9月24日～昭和38年（1963年）9月27日
生東京都　名号＝文所、靄渓　学東京帝国大学法科大学政治科〔明治41年〕卒　歴大蔵省に入り銀行局普通銀行課長、主計局予算課長から大正13年主計局長となり、昭和4年大蔵次官、7年拓務次官、9年岡田啓介内閣の書記官長となり、同年勅選貴族院議員、15年第二次近衛文麿内閣の大蔵大臣となった。国維会に属し、資金統制の強化など統制経済を積極的に推進した。16年東亜海運社長、19年台湾拓殖会社社長、20年大成火災海上社長を歴任。戦後追放となり解除後の27年日華交渉非公式会談の日本代表として日台和平条約に調印。横浜造船会長、日華経済協会会長、恩給特例軍人恩給審査会会長なども務めた。篆刻漢詩をよくした。著書に「帝国歳計予算の話」「三国以後支那歴代興亡略史」「河田烈自叙伝」がある。　家父＝河田禾（政治家）、弟＝河田杰（林学者）、山川黙（植物学者）、河田薫（森林生態学者）、染木煦（洋画家）、養子＝河田党（昆虫学者）、岳父＝佃一予（銀行家）

川田 順　かわだ・じゅん
歌人 実業家 住友総本社常務理事
明治15年（1882年）1月15日～昭和41年（1966年）1月22日
生東京府下谷区三味線堀（東京都台東区）　学東京帝国大学法科大学政治学科〔明治40年〕卒　家父は漢学者で宮中顧問官を務めた川田甕江。明治30年佐佐木信綱に入門、31年「心の花」創刊に同人参加。40年東京帝国大学を卒業して大阪の住友本店に入社、昭和11年筆頭重役で引退するまで実業界にあったが、この間歌人としても活躍。大正13年北原白秋、木下利玄らと「日光」を創刊。昭和17年第1回帝国芸術院賞を受けた。戦後は皇太子の作歌指導や歌会始選者を務めたが、24年元京大教授夫人・鈴鹿俊子との恋愛事件が発覚、自殺を図った。同年鈴鹿と再婚。一連の事件は「老いらくの恋」と呼ばれ、世間を騒がせた。38年日本芸術院会員。他の歌集に「伎芸天」「山海経」「鷲」「東帰」「定本川田順全歌集」、研究書に「利玄と憲吉」「吉野朝の悲歌」「幕末愛国歌」「戦国時代和歌集」などがある。　家妻＝鈴鹿俊子（歌人）、父＝川田剛（漢学者・宮中顧問官）　賞帝国芸術院賞（第1回）〔昭和17年〕「鷲」「国初聖蹟歌」、朝日文化賞〔昭和19年〕

河田 嗣郎　かわた・しろう
経済学者 京都帝国大学教授 大阪商科大学学長
明治16年（1883年）4月22日～昭和17年（1942年）5月21日
生山口県　学京都帝国大学法科大学経済科〔明治40年〕卒 法学博士　歴明治42年国民新聞社に入ったが翌年京都帝国大学に戻り、助教授を経て、大正7年教授となった。農政学、社会政策学を講義。昭和3年から大阪商大（大阪市大）初代学長、大阪市経済研究所長となった。米穀統制調査委員、文官高等試験委員も務め、自由主義者として社会的発言も多く、明治43年「婦人問題」が発売禁止処分を受けた。著書に「土地経済論」「農政経済学」「家族制度の発達」「社会問題体系」（全8巻）、「社会政策原論」「国民経済学」などがある。

川田 正澂　かわた・せいちょう
東京府立高校初代校長
文久3年（1863年）12月27日～昭和10年（1935年）12月10日
出土佐国（高知県）　学明治義塾　歴土佐藩士・川田与惣の長男に生まれる。明治義塾などに学び、英語を専修し、東京英語学校教員となる。明治21年三高英語科教員、のち仙台第一

中学校校長、東京府立第一中学校校長を経て、昭和4年東京府立高校が創立され初代校長となった。

川田 多三郎　かわだ・たさぶろう
海軍技師
明治16年（1883年）～昭和9年（1934年）8月6日
生香川県仲多度郡与島村　学東京物理学校（現・東京理科大学）〔明治18年〕卒　歴海軍水路部に入り、昭和6年海軍技師となる。28年間在職し、潮汐測定技術の専門家として知られた。

川田 晴久　かわだ・はるひさ
⇒川田 義雄（かわだ・よしお）を見よ

川田 寿　かわだ・ひさし
経済学者 世界経済調査会主事
明治38年（1905年）2月18日～昭和54年（1979年）7月5日
生茨城県稲敷郡朝日村（阿見町）　専労働運動研究、社会政策　学慶応義塾大学経済学部3年中退、ペンシルベニア大学大学院経済科修士課程修了　歴在学中、社会科学研究会に加入、野呂栄太郎の影響をうけて、学生社会科学連合会（学連）再建のため活動、昭和5年に検挙される。その後、米国に留学、ニューディール下における労使関係、労働組合運動を研究し、16年に帰国、世界経済調査会主事となる。17年"横浜事件"にまき込まれ再検挙。戦後、21年茨城県地労委会長、22年東京都地労委事務局長を歴任し、26年慶応義塾大学講師となり、34年教授。46年定年退職のち、48年から大阪学院大教授を務めた。主著に「アメリカ労働運動史」「労働運動の実例とその分析」「労使団体の賃金政策」など。

河田 杰　かわだ・まさる
林学者 農林省林業試験場技師
明治22年（1889年）1月6日～昭和30年（1955年）1月16日
生東京市四谷区西信濃町（東京都新宿区）　専造林学　学一高卒、東京帝国大学農科大学林学科〔大正3年〕卒 農学博士（京都帝国大学）〔昭和14年〕　歴政治家・河田禾の三男で、政治家・河田烈、植物学者・山川黙の弟。農商務省に入省。大正13～15年欧米へ留学、主に英国で森林生態学を修めた。山林技師、林業試験場技師から、昭和9年東京営林局造林課長、13年3月同造林部長を経て、7月青森営林局長。14年から再び林業試験場技師兼農林技師。21年退官。24年より東京教育大学農学部講師、28年十和田科学博物館初代館長を務めた。大正7年から砂防造林試験地に指定された村松海岸（茨城県東海村）の造林に着手し、22万本のクロマツを植栽。砂丘の形状、生成の調査・研究に基づく河田式造林法を確立した。著書に「森林生態学講義」「海岸砂丘造林法」「四季を通ずる降水量の配布状態がスギヒノキの分布に及ぼす影響」などがある。　家父＝河田禾（政治家）、兄＝河田烈（政治家）、山川黙（植物学者）、河田薫（森林生態学者）、染木煦（洋画家）　賞白沢賞（昭和10年度）、日本農学賞（富民協会賞、昭和17年度）

川田 瑞穂　かわた・みずほ
漢学者 大東文化学院教授
明治12年（1879年）5月24日～昭和26年（1951年）1月27日
生高知県森村　名号＝雪山　歴漢学者として活躍し、大正12年大東文化学院創設と同時に幹事教授となる。昭和10年早大教授となり25年定年退職。鈴木喜三郎、平沼騏一郎ら大臣の知遇をうけ、内閣、司法省などの文書の起草に携わる。太平洋戦争終戦の詔書草案も手がけたといわれる。「片岡健吉先生伝」「詩後集成」などの著書がある。

川田 義雄　かわだ・よしお
ボードビリアン 喜劇俳優
明治40年（1907年）3月15日～昭和32年（1957年）6月21日

[生]東京市浅草区(東京都台東区) [名]本名＝岡村郁次郎, 後名＝川田晴久 [歴]昭和5年川田義雄の芸名で浅草音羽座に歌とハーモニカを持ってデビュー。浪曲の虎造節をジャズにアレンジした“川田節”で売り出す。8年吉本興業に入社。12年坊屋三郎、坊屋の弟・芝利英の3人で“あきれたぼういず”を結成、後に益田喜頓を加え4人編成となる。「ちょいと出ました あきれたぼういず…」のコーラスから始まり、歌と演奏を交えて物まねやコントを演じる歌謡漫談は一世を風靡、“ボーイズ・バラエティー”の分野を生み出した。14年坊屋・芝・益田の3人が新興キネマの引き抜きに応じ“あきれたぼういず”の名前ごと同社に移ったため、実弟の岡村龍雄や有木山太、頭山光らと“ミルク・ブラザーズ”を結成。「地球の上に朝が来る、その裏側は夜だろう…」のテーマソングで再び人気を博した。17年脊髄カリエスを発病し“ミルク・ブラザーズ”を解散。19年川田義雄劇団を旗揚げ、戦時下で公演を続けた。戦後も病と闘いながら舞台や映画に出演、24年厄除けの意味を込め川田晴久に改名。また、少女歌手としてデビューした美空ひばりの売り出しに力を尽くした。映画では斎藤寅次郎監督の喜劇映画の常連だった。

川谷 尚亭　かわたに・しょうてい

書家

明治19年(1886年)3月1日～昭和8年(1933年)1月29日

[生]高知県安芸郡川北村 [学]高知三中〔明治39年〕卒 [歴]明治42年小学校教員となり、小野鵞堂の“斯華の友”に入会するが、1年後に退会。大正7年に上京し、日下部鳴鶴らの指導を受ける。13年大阪に転じて甲子書道会を組織し、雑誌「書之研究」を創刊した。昭和3年大著「書道史大観」を刊行。6年九州旅行から帰宅後、闘病生活に入り、8年亡くなる。平成7年札幌で遺墨展が開催された。著書に「和漢名品集」「書道講習録」「楷書階梯」がある。

河内 仙介　かわち・せんすけ

小説家

明治31年(1898年)10月22日～昭和29年(1954年)2月21日

[生]大阪府大阪市 [名]本名＝塩野房次郎 [学]大阪市立甲種商卒 [歴]昭和13年北条秀司の紹介で上京、長谷川伸に師事し、新鷹会に所属。15年「軍事郵便」で第11回直木賞を受賞。以後、「オール読物」「モダン日本」「大衆文芸」などで活躍した。創作集「遺書」をはじめ、「風冴ゆる」などの小説がある。 [賞]直木賞(第11回)〔昭和15年〕「軍事郵便」

河出 孝雄　かわで・たかお

河出書房新社社長

明治34年(1901年)4月20日～昭和40年(1965年)7月22日

[生]徳島県三好郡山城町(三好市) [名]旧姓・旧名＝島尾孝雄 [学]東北帝国大学法文学部〔大正15年〕卒 [歴]大正15年成美堂に入社。昭和5年同社社長・河出静一郎の養嗣子となり経営を引き継ぐ。8年河出書房に改称。以後、成美堂以来の農業書に加え文芸書一般にも進出。13年「知性」を創刊し、19年には改造社から「文芸」を継承するなど、雑誌の面からも文芸界に貢献した。22年社長。「ドストエーフスキー全集」や「現代日本小説大系」「世界文学全集」など内外に渡る大胆な出版企画を実施し、そのため経営危機におそわれたがそれも克服し、総合出版社化に成功した。 [家]兄＝島尾秀一(河出書房副社長)

川浪 竹山　かわなみ・ちくざん

陶芸家 画家

慶応1年(1865年)～昭和20年(1945年)

[生]佐賀県西松浦郡有田町 [名]本名＝川浪喜作 [学]勉脩学舎(現・有田工高)卒 [歴]有田で代々の画工の家に生れる。高柳快堂に師事。明治14年、勉脩学舎に入学。卒業後、有田町の藤崎太平製陶芸工場に入社し美術主任。39年香蘭社に移り美術部主任として画陶に活躍。昭和7年、香藍社を退社し、有田・泉山の自宅で作陶に励み、数々の賞を受賞。明治、大正、昭和の3代にわたって有田を代表する作品を残した。 [家]息子＝川浪養治(画家), 父＝川浪平吉(画家), 兄＝川浪貞次(画家) [賞]佐賀県陶磁器品評会1等賞・優等賞〔昭和8年・9年〕, 商工省工芸展商工大臣賞〔昭和11年〕

川南 豊作　かわなみ・とよさく

国家主義者 川南工業社長

明治35年(1902年)7月28日～昭和43年(1968年)12月11日

[生]富山県 [学]水産講習所〔大正8年〕卒 [歴]大正8年東洋製罐に入り、30歳で独立、缶詰工業を始めたが、昭和10年長崎港外香焼島で造船業川南工業を創業、社長として戦時標準船の大量生産に成功、軍部のバックアップもあって10万トンドックを完成。南極観測船「宗谷」も造った。戦後公職追放、26年解除。その間、大争議で倒産したが再建。36年税金、失業、戦争をなくす“三無主義”を唱え、国史会、三無塾、菊旗同志会、自衛隊などにも呼びかけ、国会占拠、社共議員殺害、新政権樹立のクーデターを計画したが、警視庁に摘発され、関係者24人が逮捕された。のち、懲役2年の判決を受け、上告中に死亡した。

川浪 良太　かわなみ・りょうた

映画監督

明治32年(1899年)2月12日～昭和7年(1932年)

[生]福岡県 [学]早稲田大学商学部〔大正13年〕卒 [歴]大正13年東亜キネマ営業部、等持院撮影所、14年退社、一立商店に。親戚の立花良介の懐刀として動き、同年阪妻プロ、次いで神戸第1朝日館支配人。渡米後大日本ユニヴァーサルを経て、昭和3年マキノプロ監督となり「アラビアの唄」「君恋し」(4年)など監督。次いで立花が買収した帝キネ長瀬撮影所で企画部長。5年松竹太秦、6年帝キネ代行の新興キネマで「放浪の春」「酒は涙か溜息か」(6年)「満州行進曲」(7年)など6本を作った。

川浪 良太郎　かわなみ・りょうたろう

俳優

明治45年(1912年)3月20日～昭和22年(1947年)4月22日

[生]兵庫県明石市 [名]本名＝野間千鶴一 [学]明石中卒 [歴]昭和5年劇団表現座を結成するが、間もなく解散。岡田嘉子、竹内良一一座を経て、新人座を結成するが、これも2ケ月で解散。13年松竹下加茂に入社し、「菩薩の眉」で初主演、以後「荒神山十八人衆」「平次の女難」「荒木又右衛門」「裁く水戸黄門」など次々と主役を演じた。17年戦時中の映画統制のため下加茂時代劇の製作は中止となり、松竹新劇団の名で実演に転向。18年川浪良太郎一座を旗揚げし、地方巡業を行った。 [家]息子＝川浪公次郎(俳優)

川西 実三　かわにし・じつぞう

内務官僚 東京府知事 内務省社会局社会部長・保険部長

明治22年(1889年)1月2日～昭和53年(1978年)3月3日

[生]兵庫県 [学]東京帝国大学法科大学独法科〔大正3年〕卒 [歴]高文にパスして内務省に入り、大正9～15年ジュネーブの国際労働機関(ILO)帝国事務局事務官、第2、第7、第10回のILO総会に政府代表随員及び顧問として出席。帰国後社会局書記官、労政課長、職業課長となり、昭和初期の不況時代、労働手帳を作り、海外移住を奨励した。昭和7年社会部長兼保険部長となり医師会の強い抵抗を押し切って国民健康保険法を立案した。11年から埼玉、長崎各県知事、京都、東京各府知事を務め、17年退官。大日本婦人会理事長、大日本育英会理事長となった。戦後22年公職追放、解除後初代の社会保険審査委員長、恩賜財団済生会理事長、東京厚生年金会館長、日本赤十字社長(第9代)、日本ILO協会長、日本職業協会長などを歴任した。

かわにし　　　　　　　　　　　昭和人物事典 戦前期

川西 清兵衛　かわにし・せいべえ
日本毛織会長 神戸商工会議所会頭
慶応1年 (1865年) 7月18日～昭和22年 (1947年) 11月19日
[生]大坂 [名]旧姓・旧名=筑紫、幼名=音松 [歴]大坂高麗橋の蠟商・筑紫三郎助の五男に生まれ、幼名を音松。25歳の頃、兵庫県の素封家で石炭・石油の問屋を営んでいた川西家の婿養子となり、明治31年清兵衛と改名。羊毛貿易の先駆者・兼松房治郎と知り合い、29年神戸の実業家らを発起人に日本毛織を創立し、軍用の毛布、服地を製造。また欧州に技師を派遣し当時の最新技術を導入した。大正2年日本毛糸紡績会社を設立、7年日本毛織と合併。昭和毛糸紡績、共立モスリン、山陽皮革、神戸生糸など多数の関連企業を設立し、川西コンツェルンと呼ばれた。一方、6年中島知久平と航空機製造を開始し、9年川西機械製作所を創業。日本羊毛工業会会長、神戸商工会議所会頭も務め、神戸財界の発展に貢献した。 [家]息子=川西龍三 (川西航空機創業者)

河西 太一郎　かわにし・たいちろう
経済学者 立教大学教授
明治28年 (1895年) 3月18日～昭和61年 (1986年) 8月26日
[出]大阪府 [専]経済政策 [学]東京帝国大学政治学科〔大正9年〕卒 経済学博士 [歴]大原社会問題研究所から大正12年立教大学教授となり、経済学部長など歴任。昭和45年から2年間、理事長を務めた。主な著書に「農業問題研究」「マルクス主義農業理論の発展」などがある。

川西 龍三　かわにし・りょうぞう
実業家 川西航空機創業者
明治25年 (1892年) 2月20日～昭和30年 (1955年) 1月24日
[生]兵庫県神戸市 [学]慶応義塾大学理財科〔大正5年〕卒 [歴]大正7年川西倉庫社長、昭和19年会長、24年相談役。この間、大正9年日本飛行機製作所を創立、航空機製作会社の先駆者として、風洞、水槽などの設備を設け、海軍技術陣を招いて水上機分野に乗り出し、"飛行艇の川西"といわれた。また戦争中、戦闘機「紫電改」を製作。会社は川西航空機、新明和工業と変遷、他に川西機械、郵船運輸なども経営した。戦後公職追放。 [家]父=川西清兵衛 (日本毛織社長)

河野 源　かわの・げん
成光館創業者
明治13年 (1880年) 9月5日～昭和29年 (1954年) 5月27日
[生]長野県上伊那郡東春近村 (伊那市) [歴]幼少時に一家をあげて上京するが、家計が苦しいため9歳の頃から日本橋の老舗書店・中島書店で働く。明治39年独立して神田元佐久間町に成光館を創業。当初は小額の資本であったため苦労するが、見切り本に着目し、その再版と卸売りとして成功した。大正12年の関東大震災で大打撃を受けるが、復興に力を尽くし、以前にも増して盛業を見たという。また、春江堂や東京図書の重役も兼務した。

川橋 豊治郎　かわはし・とよじろう
衆議院議員
明治16年 (1883年) 12月～昭和42年 (1967年) 10月30日
[出]京都府 [学]早稲田大学専門部法律科〔明治37年〕卒 [歴]京都市議、副議長を経て、昭和7年に衆議院議員初当選。以来通算3期を務めた。東西電球、寿重工業取締役を務めたこともある。著書に「野人森田茂」がある。

川端 千枝　かわばた・ちえ
歌人
明治20年 (1887年) 8月9日～昭和8年 (1933年) 7月4日
[生]兵庫県神戸市 [名]本名=川畑千枝子、別名=炬口氏 [学]親和女学校卒 [歴]大正2年前田夕暮の門に入り、13年「日光」同

人となる。昭和4年「香蘭」同人となり、7年「白い扇」を刊行した。「川端千枝全歌集」がある。

河端 貞次　かわばた・ていじ
医師 上海居留民団行政委員会会長
明治7年 (1874年) 1月26日～昭和7年 (1932年) 4月30日
[生]大阪府北河内郡招提村 [学]京都府医学校 (現・京都府立医科大学)〔明治29年〕卒 [歴]京都府医学校 (現・京都府立医科大学) を卒業し、同地で開業。明治45年上海に渡り、医院を開いた。大正11年上海居留民団行政委員会会長に就任、以来初等・中等学校の設置など在留日本人の福祉活動のために尽力。昭和7年4月29日、天長節と第一次上海事変 (上海事件) 戦勝を祝う式典で朝鮮人民族主義者尹奉吉が投げた爆弾で重傷を負い、翌日亡くなった。

川端 茅舎　かわばた・ぼうしゃ
俳人
明治30年 (1897年) 8月17日～昭和16年 (1941年) 7月17日
[生]東京市日本橋区蠣殻町 (東京都中央区) [名]本名=川端信一、別号=遊牧の民、俵屋春光 [学]独協中〔大正3年〕卒 [歴]独協中学在学中より句作を始め、大正4年「ホトトギス」の虚子選に投句が選ばれ、以後「雲母」「渋柿」「土上」など多くの雑誌に投句する。10年岸田劉生の画学生となり、13年洋画を春陽会に出品して2点入選する。昭和4年劉生死後は病弱のためもあって句作に専念し、5年11月傑作「露」が「ホトトギス」の巻頭句になる。6年脊椎カリエスにかかり、以後の生涯は闘病生活となる。「ホトトギス」「玉藻」などに作品を発表し、9年「ホトトギス」同人に推され新人として脚光を浴びる。同年第一句集「川端茅舎句集」を刊行、以後「華厳」「白痴」を刊行した。「定本川端茅舎句集」がある。 [家]異母兄=川端龍子 (日本画家)

川端 康成　かわばた・やすなり
小説家
明治32年 (1899年) 6月11日～昭和47年 (1972年) 4月16日
[生]大阪府大阪市北区此花町 [出]大阪府三島郡豊川村 (茨木市) [学]茨木中 (現・茨木高) 卒、一高卒、東京帝国大学国文科〔大正13年〕卒 [賞]日本芸術院会員、米国芸術アカデミー外国人名誉会員 [歴]2歳で父、3歳で母をともに結核で亡くし、姉、祖父母も相次いで失い、15歳で孤児となる。茨木中学2年の時に作家を志し、一高時代の大正8年「ちよ」を発表。東京帝国大学在学中の10年今東光らと第六次「新思潮」を創刊、2号に発表した「招魂祭一景」で文壇に登場。13年横光利一らと「文芸時代」を創刊、"掌の小説"といわれる短編や評論を発表し、"新感覚派"の作家として注目された。14年「十六歳の日記」を、15年代表作「伊豆の踊子」を発表。同年第一創作集「感情装飾」を刊行。以後「浅草紅団」「禽獣」、「雪国」(完結は昭和22年) などを発表し、昭和12年「雪国」で文芸懇話会賞を受賞。18年「故園」「夕日」で菊池寛賞を受賞した。戦後は国際ペンクラブ副会長に推されるなど国際的作家として活躍、43年には日本人として初めてのノーベル文学賞を受賞した。また、批評家としても優れ、文芸時評を20年間続けた。 [勲]文化勲章〔昭和36年〕 [賞]日本芸術院賞 (文芸部門・第8回)〔昭和26年〕「千羽鶴」、ノーベル文学賞〔昭和43年〕、文芸懇話会賞 (第3回)〔昭和12年〕「雪国」、菊池寛賞〔昭和18年〕

川端 龍子　かわばた・りゅうし
日本画家
明治18年 (1885年) 6月6日～昭和41年 (1966年) 4月10日
[生]和歌山県和歌山市本町 [名]本名=川端昇太郎 [学]東京府立三中〔明治37年〕中退、白馬会絵画研究所、太平洋画研究所 [歴]明治28年上京、白馬会、太平洋画会で洋画を学んだが、39年東京パック社、翌年国民新聞社に入社、挿絵画家として働いた。

40年第1回文展に油絵「隣りの人」、第2回文展にも油絵が入選。大正2年渡米、帰国して日本画に転じ、无声会（むせいかい）会員。4年第2回再興院展に「狐の径」が入選、翌年「霊泉由来」で楳牛賞を受け、日本美術院院友に推され、6年同人となった。新鮮な感覚の「龍安泉石」「印度更紗」や床の間芸術を脱した3部作「使徒所行讃」「一天護持」「神変大菩薩」などは彼が標榜した会場芸術の試みだった。昭和3年院展を脱退、4年青龍社を創立。5年第2回展の「魚紋」は朝日賞を受賞。流動感ある豪放な筆致の大作を描いた。10年帝国美術院会員、12年帝国芸術院会員に推されたがいずれも辞退。15年満州の新京美術院長。戦後も「金閣炎上」「夢」などを発表、34年文化勲章を受章。38年龍子記念館を自邸内に建てた。「ホトトギス」同人として俳句もよくした。　圈文化勲章〔昭和34年〕　賞楳牛賞〔大正5年〕「霊泉由来」、朝日賞〔昭和5年〕「魚紋」「草炎」

川原 次吉郎　かわはら・じきちろう
政治学者　中央大学教授
明治29年（1896年）5月19日～昭和34年（1959年）12月8日
生石川県金沢市　学東京帝国大学法科大学政治学科〔大正11年〕卒　歴大正12年中央大学講師となり、フランス・ドイツ、英国、米国に留学、昭和13年教授となり、26年経済学部長となった。この間22年から一橋大学講師を兼任。日本学術会議会員、憲法調査会専門委員、日本政治学会理事なども務めた。24年の総選挙では蝋山政道、鵜飼信成、辻清明らと初の選挙実態調査を実施した。著書に「政治学序説」「政治学の諸問題」「政党」などがある。

河原 春作　かわはら・しゅんさく
文部次官　枢密顧問官　東京文理科大学学長
明治23年（1890年）1月14日～昭和46年（1971年）10月11日
生東京都　学東京帝国大学法科大学独法科〔大正5年〕卒　歴大正4年高文パス、内務省に入り静岡警察署長、静岡県保安課長、同学務課長から昭和9年文部省社会教育局長に転じ、普通学務局長を経て、11年文部次官、12年退官。15年東京文理科大学学長、20年再び文部次官となったが、同年11月枢密顧問官、22年退官し社会教育連合会長、大日本教育会長を経て、26年大妻女子大学長となり、日本農学指導協会長を兼任。36年文化財保護委員長となった。40年勲一等瑞宝章受章。また共立女子学園常務理事、中央教育審議会委員、社会教育審議会委員も務めた。

川原 広真　かわはら・ひろま
印刷技術者　太陽インキ製造創業者
明治40年（1907年）11月4日～昭和50年（1975年）1月11日
生広島県安佐郡伴村（広島市）　学崇徳中卒、広島高等工業学校応用化学科卒、大阪工業大学工学部工業化学科中退　歴昭和5年大蔵省印刷局に入局。主に紙幣を印刷する際の顔料やインクの研究に従事。12年陸軍科学研究所に出向、15年出向を解かれて正式に陸軍技術大尉に任官。陸軍登戸研究所で中国に対する偽札工作で中心的な役割を果たした。20年8月敗戦時は陸軍技術中佐。戦後、戦犯としての取り調べを受けた後、11月大日精化工業常務兼東京工場長に就任して同社の復興に尽力。28年5月社長不在の取締役会で監査役への更迭が決定されると独立を決意、9月太陽インキ製造を創業。レジストインキの専業メーカーとして世界トップシェアを持つ企業に育て上げた。　家長男＝川原光雄（太陽インキ製造社長）

河東 碧梧桐　かわひがし・へきごとう
俳人
明治6年（1873年）2月26日～昭和12年（1937年）2月1日
生愛媛県松山市　名本名＝河東秉五郎　学二高中退　歴中学時代から正岡子規に師事。二高中退後上京し、子規の俳句革新運動に加わり、「日本」「新声」などの俳句欄選者となる。明

治30年に創刊された「ホトトギス」に俳句、俳論、写生文を発表。36年頃から新傾向俳句へ進み始め、高浜虚子と対立、袂を分つ。39年全国旅行を開始、新傾向俳句運動を興す。大正4年「海紅」を創刊、自由律の方向をたどる。8年大正日日新聞社会部長となり、9年から11年にかけて西欧各国を旅行。帰国後の12年「碧」、14年「三昧」を創刊した。昭和8年俳壇を引退。俳句は定型時代、新傾向時代、自由律時代にわけられ、句集に「新俳句」「春夏秋冬」「続春夏秋冬」「碧梧桐句集」がある。「俳句評釈」「新傾向句の研究」などの評論、「三千里」などの紀行文集、「蕪村」などの蕪村研究、「子規の回想」などの子規研究や随筆集など、著書は数多い。

川渕 洽馬　かわぶち・こうま
衆議院議員　福岡県知事　高知市長
明治16年（1883年）8月15日～昭和21年（1946年）10月2日
出高知県高岡郡若井川村（四万十町）　名旧姓・旧名＝宮崎　学東京帝国大学法科大学〔明治43年〕卒　歴明治43年警視庁警視となり、主に警察畑を歩く。大正14年福島県知事、昭和4年広島県知事、6年福岡県知事。7年衆議院議員に当選、民政党に所属した。11～16年高知市長を務めた。

川辺 真蔵　かわべ・しんぞう
評論家　ジャーナリスト　東京日日新聞論説主筆
明治18年（1885年）11月4日～昭和31年（1956年）12月27日
生岩手県　学早稲田大学文学部英文科卒　歴東京日日新聞のジャーナリストとして活躍し、その傍ら明治言論人の研究をし、昭和17年刊行の「福地桜痴」をはじめ「福沢諭吉」「羯南と蘇峰」などを刊行。また「東日七十年史」の著者でもある。

河辺 虎四郎　かわべ・とらしろう
陸軍中将
明治23年（1890年）9月25日～昭和35年（1960年）6月25日
生富山県　学陸士（第24期）〔明治45年〕卒、陸大〔大正10年〕卒　歴明治45年砲兵少尉。ソ連・ポーランド駐在、参謀本部員、陸大教官を経て、昭和4年参謀本部作戦課員となり、6年の満州事変では関東軍の独走と対立。ソ連大使館付武官、9年に関東軍参謀。12年3月参謀本部戦争指導課長となり、日中戦争開始に際しては不拡大を主張。13年ドイツ大使館付武官、15年第7飛行団長、16年中将。航空本部総務部長、第2飛行師団長、第2航空軍司令官、航空本部次長を歴任して、20年4月最後の参謀次長となった。同年8月、降伏条件受け入れの大本営代表としてマニラに赴きマッカーサーの命令を受けた。同年12月東海復員監、のち連合国軍総司令部（GHQ）の歴史課に勤務。極東国際軍事裁判では7回証人台に立った。著書に「市カ谷台から市カ谷台へ」。　家兄＝河辺正三（陸軍大将）

河辺 正三　かわべ・まさかず
陸軍大将
明治19年（1886年）12月5日～昭和40年（1965年）3月2日
出富山県砺波市　学陸士（第19期）〔明治40年〕卒、陸大〔大正4年〕卒　歴第一次大戦中の大正3年スイス駐在、その後参謀本部員、昭和4年ドイツ大使館付武官。12年蘆溝橋事件当時、支那駐屯歩兵旅団長。第3軍司令官、支那派遣軍総参謀長を経て、18年ビルマ方面軍司令官となり、第15軍の牟田口司令官と共にインパール作戦を行ったが、英印軍の攻勢で作戦は失敗した。責任を問われて司令官解任。20年3月大将、同年4月航空総軍司令官、敗戦後の同年10月第1復員軍司令官となった。22年まで巣鴨拘置所に収容された。河辺虎四郎中将の兄。
家弟＝河辺虎四郎（陸軍中将）

川俣 清音　かわまた・せいおん
社会運動家　衆議院議員
明治32年（1899年）5月15日～昭和47年（1972年）12月7日

生北海道余市郡余市町町山田　学早稲田大学法律科〔大正12年〕卒　歴早大時代、建設者同盟に参加して農民運動に関係し、大正13年秋田県で日農支部を結成。小坂銅山争議などを指導するが、日農分裂後は全日農に参加する。昭和4年全農秋田県連を創立して常任執行委員となり、11年社会大衆党から衆議院議員に当選し、以後38年まで代議士に8回当選。戦後は社会党に参加した。　家養子＝川俣健二郎（衆議院議員）

汾陽 泰子　かわみなみ・やすこ
スピードスケート選手
生年不詳〜昭和62年（1987年）
生兵庫県　学奉天朝日高等女学校　歴兵庫県で生まれ、一家で満州の奉天へ移住。同地ではスピードスケート選手として活躍し、5000メートルを得意とした。奉天朝日高等女学校1年の昭和11年、ストックホルムで開催された第1回世界選手権5000メートルに13歳の若さで出場、8位に入った。戦後、日本に引き揚げ、スケートの指導も行った。

川村 一水　かわむら・かずみ
土壌学者　九州帝国大学教授
明治25年（1892年）8月15日〜昭和44年（1969年）7月11日
生高知県吾川郡上八川村（いの町）　専土壌膠質化学　学高知一中〔明治44年〕卒、六高卒、東京帝国大学農科大学〔大正6年〕卒　農学博士　歴大正6年東京帝国大学農科大学副手、10年助教授、12年宇都宮高等農林学校兼任教授を経て、同年欧米へ留学。15年帰国して同校教授、昭和7年九州帝国大学教授。19年農学部長。24年退官。この間、23年より愛媛県立農業専門学校設立を務め、24年大学昇格を果たして松山農科大学学長、29年国立大学に移管して愛媛大学農学部の初代学部長を歴任。33年退官、同大及び九大名誉教授。この間、日本学術会議会員、日本土壌肥料学会会長を務めた。土壌粘土の研究に初めてX線回折法を応用、結晶性粘土鉱物の存在を実証した。また、土壌生成学と形態学に立脚した土壌調査法を立案し、この方法による朝鮮全域の調査を指導。我が国の土壌膠質化学研究の創始者で、著書に「水素イオン講話」「輓近土壌膠質化学」「農林土壌学」などがある。

川村 花菱　かわむら・かりょう
劇作家　演出家
明治17年（1884年）2月21日〜昭和29年（1954年）9月1日
生東京府牛込区筑土前町（東京都新宿区）　名本名＝川村久輔、号＝旗洗亭　学早稲田大学英文科〔明治43年〕卒　歴早大在学中から「歌舞伎」に劇評、脚本を発表し、明治43年藤沢愛二郎の俳優学校教師となり、44年処女作「女一人」を上演。45年有楽座の定期興行土曜劇場をおこす。土曜劇場解散後は芸術座に戻り、脚本部員兼興業主事となる。昭和に入ってからは新派劇のための脚色、演出をし、多くの新派俳優を育てた。大正12年「川村花菱脚本集」を刊行。代表作に「母三人」「三日の客」などがあり、没後「随筆・松井須磨子」が刊行された。

河村 光陽　かわむら・こうよう
童謡作曲家　音楽教育家
明治30年（1897年）8月23日〜昭和21年（1946年）12月24日
生福岡県田川郡赤池町上野（福智町）　名本名＝河村直則　学小倉師範〔大正7年〕卒、東京音楽学校選科〔昭和2年〕修了　歴小学校教師を経て、大正14年より東京音楽学校選科に学び、作曲を藤井清水に師事。昭和2年修了後、再び小学校教師を務める傍ら、クロイツ少女合唱会（のちの子鳩会）を主宰し、児童の音楽指導と作曲を行う。11年よりキングレコード専属作曲家となり、光陽と改名、日本の伝統的な音楽の要素を取り入れた童謡のヒット曲を多く出し、とくに放送、レコードの分野で活躍。デビュー曲「うれしさ」から1000曲以上の童謡を作曲。主な作品に「うれしいひなまつり」「かもめの水兵さ

ん」「赤い帽子白い帽子」「グッドバイ」「仲よし小みち」「りんごのひとりごと」など。理論家でもあり著書に「日本旋律による童謡作曲の仕方」などがある。平成21年よく知られる20曲を収録した「河村光陽作曲集」（非売品）がCDで復刻された。　家長女＝河村順子（声楽家）

川村 吾蔵　かわむら・ごぞう
彫刻家
明治17年（1884年）8月17日〜昭和25年（1950年）3月11日
生長野県南佐久郡臼田村（佐久市臼田）　学上田中〔明治36年〕卒　歴明治36年中学卒業の年に両親を相次いで亡くす。小学校教師、横浜の貿易商勤務を経て、37年姻戚の画家・丸山晩霞に触発され、美術研究のため渡米。38年ボストンでヘンリー・キットソンに彫刻の基礎を習い、39年ニューヨークに転じてナショナル・アカデミー・オブ・デザイン（N.A.D.）彫刻科に入学。41年にはN.A.D.彫刻コンクールで1等賞を受賞した。43年フランスでフレデリック・マクモニスの助手として彫塑を研究、45年パリのエコール・デ・ボザールに入学し、特待生となる。大正3年第一次大戦の戦火を避け、マクモニス夫妻と渡英、ロンドンのサン・ジョン美術学校に入学。5年米国に戻ると、クーリッジ米国大統領の胸像をはじめ数々の著名人の彫刻を手がけ、在米の日本人彫刻家として名声を博した。昭和15年堀内謙介駐米大使と若杉要がニューヨーク総領事から宮家の胸像制作を依頼され、37年ぶりに帰国。17年「大東亜」を靖国神社に奉納。21年第1回日展に「ミスター・プロクター」を出品。やがて、米国で活躍していた著名彫刻家であることが知られ、22年米海軍横須賀基地司令官のベントン・デッカー少将から招かれて同基地美術最高顧問に就任。横須賀に住居とアトリエを提供され、マッカーサー元帥をはじめ、アイケルバーガー、マコーネル、グリフィン、バイヤーズといった米軍将官像などを制作した。牛の彫刻家としても知られた。

川村 茂久　かわむら・しげひさ
外交官
明治34年（1901年）3月27日〜昭和55年（1980年）8月6日
出山梨県東山梨郡下於曽村（甲州市）　名旧姓・旧名＝広瀬　学三高卒、東京帝国大学法学部政治学科〔大正13年〕卒　歴衆議院議員を務めた広瀬久政の三男で、三井物産理事・川村貞次郎の養子となる。大正13年外務書記生となって、昭和12年依願退職するまで13年間外務省に勤務。この間、次第に革新運動に傾き、その運動の推進グループ僚友会に所属、右翼国粋派を任ずるまでになって、対軍部または対右翼陣営の外務省側窓口として活動した。外務省退官後は興亜院調査官、外務省事務嘱託などを経て、太平洋戦争中は公職に就くことがなかった。21年総選挙に日本協同党から出馬するが落選。22年12月より1年間、甲府市長を務めた。戦前の外務省革新運動の経緯、背景を窺う貴重な史料と期待される7年から21年までの日記を残している。　家父＝広瀬久政（衆議院議員）、養父＝川村貞次郎（三井物産理事）、兄＝広瀬久忠（内務次官）、叔父＝広瀬猛（陸軍中将）

川村 清一　かわむら・せいいち
植物学者　千葉高等園芸学校教授
明治14年（1881年）5月11日〜昭和21年（1946年）3月11日
生岡山県東南条郡上之町（津山市）　専菌類学　学三高卒、東京帝国大学理科大学植物学科〔明治39年〕卒　理学博士〔大正5年〕　歴大学卒業後、東京学院や東京青山学院中学部で教師を務め、明治42年農商務省嘱託、45年より林業試験場に最初の植物病理学者として勤務した。大正3年千葉県立高等園芸学校教諭に転じ、6年教授。昭和4年同学校が文部省に移管され千葉高等園芸学校となると同教授。16年退官。菌類の研究に取り組み、特にキノコや毒菌を専門として“キノコ博士”と呼ばれ、大正5年には「ツキヨタケの研究」で理学博士号を取得。一方、明治40年岡山県北部に自生するトラフダケの成因を解

明、これを機として希少種の保護を志し、内務省に白井光太郎、松村任三、伊藤篤太郎と連名で「稀種保護の建白書」を提出、天然記念物保存法制定の機運を高めた。著書に「原色日本菌類図鑑」などがある。　家父＝川村良次郎（教育家）、弟＝川村多実二（動物学者）、福田邦三（生理学者）

川村 竹治　かわむら・たけじ
内務次官 貴族院議員（勅選）司法相 満鉄総裁 台湾総督
明治4年（1871年）7月17日〜昭和30年（1955年）9月8日
生江刺県鹿角郡花輪村（秋田県鹿角市）　学一高卒、東京帝国大学法科大学英法科〔明治30年〕卒　歴旧陸奥南部藩士の長男。明治30年内務省に入省。42年台湾総督府内務局長、44年和歌山県、大正3年香川県、6年青森県の各知事、7年内務省警保局長、10年内閣拓殖局長官を経て、11年加藤友三郎内閣の内務次官。同年6月勅選貴族院議員となり、10月南満州鉄道（満鉄）総裁に就任。昭和3〜4年台湾総督。7年犬養毅内閣に司法省として入閣したが、五・一五事件で依願免官。　家妻＝川村文子（川村女学院創立者）、長男＝川村秀文（千葉県知事）、女婿＝安岡正光（山形県知事）

河村 只雄　かわむら・ただお
社会学者 立教大学教授
明治26年（1893年）7月25日〜昭和16年（1941年）1月3日
生山口県熊毛郡麻間村（周南市）　学同志社大学神学部専科〔大正9年〕卒、シカゴ大学（米国）〔大正13年〕卒 Ph.D.（社会学博士、シカゴ大学）〔昭和3年〕　歴満州・大連のYMCA主事を経て、大正11年渡米。シカゴ大学神学部、大学院に学び、社会学を修める。昭和3年帰国して文部省嘱託となり、7年国民精神文化研究所が設立されると同所員。また、4年より立教大学教授を兼任して社会学講座を担当。11年から5度にわたって沖縄県を中心とした南西諸島と台湾の民俗学的調査を行うが、5度目の調査後に病を得、47歳で病没した。著書に「家族の起源」「私有財産制度の研究」「親子中心の家族と社会秩序」「米国黒人の研究」「南方文化の探究」、訳書に「ロシア印象記」「原始社会」「黒人迫害史」などがある。　家二男＝河村望（東京都立大学名誉教授）

川村 多実二　かわむら・たみじ
動物学者 京都帝国大学理学部教授
明治16年（1883年）5月4日〜昭和39年（1964年）12月16日
生岡山県東南条郡上之町（津山市）　学東京帝国大学理科大学動物学科〔明治41年〕卒　歴京都帝国大学医科大学講師となり、新設された大津臨湖実験所の最初の所員となった。大正8年欧米留学、同大理学部教授となり、動物生態学を講じ、野外、臨湖実習を初めて行った。その後、滋賀県立短期大学学長、京都市立美術大学学長、京都岡崎動物園園長を歴任した。日本陸水学会長、関西自然科学研究会長を務め、陸水生物学、動物生態学の基礎を築いた。著書に「日本淡水生物学」（上下）「関東州及満州国陸水生物調査」（共著）、「動物生態学」「動物群集研究法」「動物地理学」「芸用解剖学」「動物学読本」「心の進化」「鳥の歌の科学」などがある。　家父＝川村良次郎（教育家）、兄＝川村清一（植物学者）、弟＝福田邦三（生理学者）

川村 貞四郎　かわむら・ていしろう
山形県知事
明治23年（1890年）7月23日〜昭和62年（1987年）6月18日
生愛知県北設楽郡　学東京帝国大学独法科〔大正4年〕卒　歴昭和6年12月から7年6月まで第23代山形県知事を務めた。　家三男＝古橋源六郎（総務事務次官）

川村 秀文　かわむら・ひでぶみ
千葉県知事 川村学園理事長

明治31年（1898年）9月18日〜昭和56年（1981年）3月2日
生千葉県　学東京帝国大学法学部政治学科〔大正11年〕卒　歴川村竹治の長男。昭和6年欧米を視察、国際労働機関（ILO）総会に政治代表随員として出席。13年厚生省設立に伴い保険院総務局企画課長、生活局長を経て、17〜20年千葉県知事。35年より母が創立した川村学園理事、50年から理事長を務めた。　家父＝川村竹治（内務次官・司法相）、母＝川村文子（川村女学院創立者）

河村 又介　かわむら・またすけ
憲法学者 九州帝国大学教授
明治27年（1894年）1月1日〜昭和54年（1979年）1月4日
生山口県　学東京帝国大学法学部〔大正8年〕卒　賞日本学士院会員　歴学生時代は東大新人会に入り、学生運動に参加。卒業後、「社会思想社」の同人として憲法、国家学説に関して論陣を張った。大正13年東北帝国大学教授、昭和7年九州帝国大学教授を歴任。20年憲法改正準備のための憲法問題調査委員会委員に就任。22年片山内閣のとき、初代最高裁判事となり、38年で16年と長期間在任し、尊属傷害致死事件、砂川事件、都公安条例事件など多くの事件に関与した。

川村 曼舟　かわむら・まんしゅう
日本画家
明治13年（1880年）7月9日〜昭和17年（1942年）11月7日
生京都　名本名＝川村萬蔵　賞帝国美術院会員〔昭和6年〕　歴明治31年山元春挙の画塾早苗会に入り、春挙の死後その指導者となった。41年第2回文展で初入選。大正8年から文展、帝展の審査員を務め、11年京都市立絵画専門学校教授、45年校校長となり、京都美術工芸学校校長も務めた。昭和5年イタリアの日本画展に「晃雲晩靄」を出品、6年帝国美術院会員。作品は他に「比叡三題」「竹生島」「古都の春」などがある。

河村 幹雄　かわむら・みきお
地質学者 九州帝国大学工学部教授
明治19年（1886年）6月29日〜昭和6年（1931年）12月29日
生北海道石狩国札幌区北五条（札幌市）　学一高二部〔明治41年〕卒、東京帝国大学理科大学地質学科〔明治44年〕卒 理学博士〔大正8年〕　歴明治44年東京帝国大学地質学科を恩賜の銀時計を受けて卒業。同年九州帝国大学工科大学講師、45年助教授となり、大正5年米国へ留学。7年帰国、8年教授に昇任、9年工学部長となる。8年より山口高校教授も兼任した。教育に熱意を注ぎ、昭和5年自宅内に斯海塾を開設した。著書に「日米不戦論」「名も無き民のこゝろ」などがある。　家兄＝河村重幹（海軍少将）、岳父＝志方鍛（司法官）

河村 目呂二　かわむら・めろじ
彫刻家
明治19年（1886年）9月5日〜昭和34年（1959年）9月27日
生岐阜県揖斐郡宮地村（池田町）　名本名＝河村弘、別号＝竜興　学大垣中〔明治41年〕卒、大阪医学専門学校予科〔明治42年〕卒、東京美術学校彫塑科〔大正3年〕卒　歴大垣中学を卒業すると大阪医学専門学校予科に進んだが、美術の道を諦めきれずに中退し、東京美術学校彫刻科に入学。大正3年卒業、竹久夢二に傾倒し"夢二"と"メロディー"をもじって"目呂二"を名のり、土人形などを制作。夢二の物憂げな女性像を思わせる小さな土人形は"目呂二人形"と呼ばれ、評判となった。4年よりレート化粧品本舗図案課でマスコット人形やグラフィックデザインを手がけた他、随筆・挿絵の執筆や絵はがきの発行、和装デザインなど様々な分野で才能を発揮。大の猫好きとして知られ、三田平凡寺が主宰した収集家グループ・我楽多宗にも参加した。昭和4年構造社会員。10年満州へ招かれ、満州国初代総理の鄭孝胥や2代目総理の張景恵の胸像を制作した。12年新文展無鑑査。20年軽井沢へ移り、同地で没した。

かわむら　　　　　　　　　　　　　　　　　　昭和人物事典 戦前期

河村 泰男　かわむら・やすお
スピードスケート選手
生年不詳〜平成9年（1997年）10月13日
[出]滋賀県　[歴]昭和7年レークプラシッド五輪、11年ガルミッシュ・パルテンキルヘン五輪のスピードスケート日本代表選手として出場。

川村 保太郎　かわむら・やすたろう
労働運動家 衆議院議員
明治27年（1894年）3月25日〜昭和20年（1945年）2月11日
[生]大阪府中河内郡小坂村（東大阪市）　[歴]高小卒業後、米屋の小僧などをして大阪砲兵工廠職工となる。大正8年向上会の結成に参加し、11年解雇され、以後労働運動に専念する。2度にわたって国際労働機関（ILO）総会に労働者代表として出席するなどして活躍するが、その間社会民衆党中央委員などを歴任し、昭和4年大阪市議となり、11年衆議院議員に当選。12年の衆議院選でも当選するが、選挙違反に問われて辞任し、運動の一線から退いた。

川村 暘谷　かわむら・ようこく
日本画家
明治15年（1882年）8月21日〜昭和30年（1955年）12月21日
[生]東京都　[名]本名＝川村力、旧姓・旧名＝村上　[歴]村上家に生まれ、母方の村上家を嗣ぐ。はじめ書家・漢詩人の日下部鳴鶴に師事して漢詩人を目指すが、のち日本画家に転向、西島青浦に花鳥画、木村香雨に文人画を学んだ。両師の死後は独学で画業に邁進し、昭和9年三幅対の「仙雲寿山・寿老人・高士観梅」を製作。濃墨による躍動感と迫力ある水墨画に定評があったが、生前は発表の場をほとんど持たず、その没後の47年に東京銀座で遺作展が開催された。作品は他に「武陵桃源図」「松上双鶴図」などがある。

川村 麟也　かわむら・りんや
病理学者 新潟医科大学名誉教授
明治12年（1879年）9月11日〜昭和22年（1947年）10月31日
[生]山梨県北巨摩郡志田村（甲斐市）　[学]山梨県尋常中〔明治30年〕卒、一高三部丙類〔明治35年〕卒、東京帝国大学医科大学〔明治39年〕卒 医学博士〔大正2年〕　[歴]明治40年東京帝国大学医科大学助手となり、41年病理学研究のため欧米へ留学。44年新潟医学専門学校教授、大正11年同校の大学昇格により同教授となった。13年帝国学士院賞を受賞。昭和9年学長事務代理。12年慶応義塾大学医学部教授兼北里研究所部長に就任。21年学術研究会議員。ツツガムシの研究者で、その病原体がリケッチアであることを発見した一人。大正5年にはツツガムシの発育環を発表した。日本住血吸虫病やツベルクリンの研究も行った。　[家]息子＝川村明義（免疫学者）　[勲]勲二等瑞宝章〔昭和9年〕　[賞]帝国学士院賞（第14回）〔大正13年〕、エジプト大学名誉博士号〔昭和3年〕、浅川賞〔昭和7年〕

河目 悌二　かわめ・ていじ
童画家
明治22年（1889年）8月6日〜昭和33年（1958年）4月23日
[生]愛知県　[学]東京美術学校西洋画科〔大正2年〕卒　[歴]大正2年から童画家として活躍。昭和2年少年倶楽部に佐々木邦のユーモア小説「苦心の学友」が連載されると同時にコンビで挿絵を描き、軽妙なタッチで好評を博した。

川本 宇之介　かわもと・うのすけ
聾唖教育家
明治21年（1888年）7月13日〜昭和35年（1960年）3月15日
[生]兵庫県　[学]東京帝国大学文科大学教育学科〔大正4年〕卒　[歴]東京市視学、文部省嘱託から東京聾唖学校教諭となり、大正11〜13年在外研究員として米国、英国、ドイツに学び、昭和8

年聾唖教育国際会議出席のため渡米。その後東京聾唖学校長、国立聾教育学校長、26年東京教育大国府台分校設置で同校主事兼東京教育大学講師となった。全国聾唖学校長会顧問、日本聾唖連盟名誉顧問、東日本ヘレン・ケラー財団理事なども務めた。聾児の発音、発声、語調などの研究に寄与した。著書に「聾唖教育学精説」「盲教育概観」「社会教育の組織及経営」「聾言語教育新講」「特殊教育の研究」などがある。

川本 泰三　かわもと・たいぞう
サッカー選手
大正3年（1914年）1月17日〜昭和60年（1985年）9月20日
[生]愛知県瀬戸市　[学]早稲田大学商学部〔昭和12年〕卒　[歴]昭和11年のベルリン五輪にサッカー日本代表選手として出場。対スウェーデン戦で“奇跡の逆転”を成し遂げた時のセンターフォワード。戦後も41歳まで日本代表選手として活躍した。日本サッカー協会の技術委員長などを務め、釜本邦茂ら多くの名選手を育てた。平成17年第1回日本サッカー殿堂入り。

川守田 順一郎　かわもりた・じゅんいちろう
レスリング選手
大正3年（1914年）〜平成4年（1992年）
[生]青森県八戸町（八戸市）　[学]早稲田大学卒　[歴]八戸中学校時代は柔道で活躍し、柔道部主将として昭和7年の全国大会にも出場。8年早稲田大学に進んだのち米国からアマチュアレスリングを移入した八田一朗と出会い、アマチュアレスリングに転向、9年に開催された第1回全日本レスリング選手権大会フェザー級で優勝を果たした。

河原崎 権十郎（2代目）　かわらさき・ごんじゅうろう
歌舞伎俳優
明治13年（1880年）8月6日〜昭和30年（1955年）1月11日
[生]東京府日本橋区（東京都中央区）　[名]本名＝長谷幸太郎、初名＝市川薫、前名＝市川権三郎、俳名＝柴扇　[歴]芝居茶屋武田屋の子で、7代目河原崎権之助の弟。明治18年市川薫を名のり新富座で「寺子屋」の菅秀才でデビュー。その後転々、11代目片岡仁左衛門に弟子入り、38年12月大阪で2代目市川権三郎を襲名。東京に戻って大正8年4月歌舞伎座で2代目河原崎権十郎を襲名した。浅草宮戸座などに出て15代目羽左衛門の当たり役、お祭佐七、魚屋宗五郎、め組の辰五郎、「実盛物語」の実盛などを演じ“浅草の羽左衛門”といわれ人気を博した。その後6代目尾上菊五郎一座の客分として「入谷」の丈賀、「先代萩」の外記など脇役、老け役にいい味を出した。　[家]兄＝市川団十郎（9代目）、二男＝河原崎権十郎（3代目）

河原崎 長十郎（2代目）　かわらさき・ちょうじゅうろう
俳優
明治35年（1902年）12月13日〜昭和56年（1981年）9月22日
[生]東京市京橋区新富町（東京都中央区）　[名]本名＝河原崎虎之助、俳名＝扇枝　[歴]名門の歌舞伎興行主・河原崎座座元・8代目河原崎権之助を父に持ち、3歳で初舞台。大正2年11歳で2代目河原崎長十郎を襲名。7年2代目市川左団次一座に加入し、古典や新作の歌舞伎を演じる一方、村山知義と心座を結成して新劇運動にも参加。昭和6年には封建的な歌舞伎界の改革のため、中村翫右衛門らと前進座を設立した。弁慶役者として定評があり、「勧進帳」は8年から40年までに500回上演、その演出で32年に芸術祭奨励賞を受賞。また戦前から映画界でも活躍、「人情紙風船」「戦国群盗伝」など数多くの映画に出演している。途中で43年に思想上の対立から前進座を離れたが、郭沫若作「屈原」は27年以来500回以上も上演、35年と41年に訪中公演もしたほか、日中友好協会、日中文化交流協会の役員として、日中友好に尽くした。著書に「勧進帳」「ふりかえって前へ進む」がある。　[家]父＝河原崎権之助（8代目）、妻＝河原崎しづ江（女優）、長男＝河原崎長一郎（俳優）、二男＝河原

崎次郎(俳優),三男＝河原崎建三(俳優)

河原田 稼吉　かわらだ・かきち
内務次官 内相 文相 貴族院議員(勅選)
明治19年(1886年)1月13日～昭和30年(1955年)1月22日
生 福島県　名 旧姓・旧名＝奥村　学 東京帝国大学法科大学政治学科〔明治42年〕卒　歴 内務省に入り福島県事務官、内務参事官、熊本、長崎各県警察部長、内務省警保局保安課長、社会局第1部長を歴任。第6回国際労働機関(ILO)総会政府代表として渡欧。社会局労働部長、昭和2年台湾総督府総務長官、6年内務次官を経て、12年林銑十郎内閣の内相となった。13年勅選貴族院議員、14年阿部信行内閣の文相に就任、産業報国運動を推進した。大政翼賛会総務、大阪府知事も務めた。戦後公職追放となり、解除後、自由党に入党。27年福島2区から衆議院議員に当選、2期務めた。党総務、新党対策特別委員会長などを務めた。　家 養父＝河原田盛美(農商務省技師)

川原田 政太郎　かわらだ・まさたろう
電気工学者 早稲田大学名誉教授
明治23年(1890年)8月7日～昭和58年(1983年)9月6日
生 富山県魚津　学 都文館中〔明治42年〕卒、早稲田大学理工科電気科〔大正4年〕卒　歴 苦学の末、大正4年早稲田大学を卒業。小穴製作所に勤めた後、7年早大助手、8年助教授。同年誘導同期電動機を発明し、小穴製作所のO、恩師の山本忠興のYと自らのKを取り「OYK同周期発動機」と命名。11年渡欧して英国マンチェスター工科大学電気工学科やフランスのソルボンヌ大学物理化学科で学び、14年帰国。15年早大教授。昭和5年には1メートルを超す大型受映面を持つ「早稲田式テレビジョン」を発明した。また、電気時計の第一人者で地球儀式世界時計、真空電磁時計、磁歪時計など、誤差がほとんどない新式の時計を次々と発明。東京駅はじめ国鉄各駅の案内時計として採用された。一方で、さつまいもの腐敗を防ぐキュアリング法を考案し、農林省の後押しで全国に普及させた。36年早大を定年退職。平成2年のNHK朝の連続テレビ小説「凛々と」のモデルといわれる。　家 岳父＝楠美恩三郎(音楽教育家・作曲家)　賞 帝国発明協会恩賜記念賞・大賞〔大正15年〕

閑院宮 載仁　かんいんのみや・ことひと
皇族 陸軍大将・元帥
慶応1年(1865年)9月22日～昭和20年(1945年)5月20日
生 京都府京都市　学 陸士卒、陸大卒　歴 伏見宮邦家親王の第16皇子。明治5年閑院宮6代目継嗣となって同家を再興。11年親王宣下され、15年からフランス留学、中学、陸士、騎兵学校、陸大に学んで帰国。32年参謀本部に入り、欧州視察後、34年騎兵第二旅団長。日露戦争に従軍、その後第一師団長近衛師団長から大正元年大将、軍事参議官、8年元帥府に列し元帥陸軍大将となった。10年皇太子裕仁親王(昭和天皇)のヨーロッパ訪問に指導役として隨行。昭和6～15年参謀総長を務めた。　家 長男＝閑院宮春仁(陸軍少将)

閑院宮 春仁　かんいんのみや・はるひと
皇族 陸軍少将 貴族院議員
明治35年(1902年)8月3日～昭和63年(1988年)6月18日
生 東京都　名 後名＝閑院純仁　学 陸士(第36期)〔大正13年〕卒, 陸大〔昭和7年〕卒　歴 閑院宮載仁親王の長子。昭和20年陸軍少将、戦車第四師団長。終戦時は強硬な戦争継続論者で、22年の皇籍離脱も最後まで抵抗した。貴族院議員も務めた。のち純仁に改名。著書に「私の自叙伝」「日本史上の秘録」など。　家 父＝閑院宮載仁(陸軍大将・元帥)

神吉 正一　かんき・しょういち
外交官 満州国国務院総務庁次長
明治30年(1897年)1月5日～昭和39年(1964年)8月17日
生 東京都　学 二高卒、東京帝国大学法学部法律学科〔大正9年〕卒　歴 大正9年三井銀行に入行。10年外務省に転じ、昭和7年満州国外交部政務司長、11～14年国務院総務庁次長、12～13年兼外務局事官、14年3月民生部次長、15～17年間島省長。18年大東亜省参事官、19年蒙古連合自治政府総務庁長、20年同政務顧問、21年弁護士登録。

簡牛 凡夫　かんぎゅう・つねお
衆議院議員
明治27年(1894年)1月～昭和48年(1973年)5月21日
生 福岡県　学 早稲田大学政治経済科〔大正9年〕卒　歴 大蔵大臣秘書官、津上製作所取締役などを経て、昭和5年衆議院議員に当選。以来通算5期。国民総力朝鮮連盟事務局次長、大政翼賛会総務、自民党政務調査会副会長、大蔵政務次官を務めた。

神崎 一作　かんざき・いっさく
神道家
慶応3年(1867年)～昭和13年(1938年)3月3日
生 相模国大山(神奈川県)　学 東京哲学館、国学院　歴 家は代々大山阿夫利神社祠官の家系のため、早くから権田直助に師事、のち学校に通う傍ら「破邪叢書」を刊行、「古事類苑」の編纂にもあたる。明治29年神道本局に入り、大正14年管長となる。30年同人と共に中学輯熙館(京北中学)を創立。昭和以降は、宗教制度調査委員、神道制度調査委員、宗教教育協議会委員など宗教界で活躍。

神崎 恵舞　かんざき・えん
日本舞踊家 神崎流創始者
明治7年(1874年)～昭和25年(1950年)1月1日
生 大阪府北新地　名 本名＝神崎えん　専 地唄舞　歴 山村流の名手であった母佐藤くにに舞を習い、11歳で大阪北陽の舞妓となった。くにの没後、母が経営していた料亭を伝法家と改称して女将となった。母の山村流に独特の個性を生かした芸風で、昭和初期、妹樋田千穂が経営する待合田中家(東京・新橋)に出稽古、6代目尾上梅幸や6代目尾上菊五郎らに実力を認められた。昭和12年7代目坂東三津五郎らの世話で地唄舞・神崎流を興した。母の血を継ぐ名手で「雪」「黒髪」「葵の上」「ぐち」など絶品といわれた。妹の千穂は伊藤博文に寵を受けた。

神崎 武雄　かんざき・たけお
小説家
明治39年(1906年)6月18日～昭和19年(1944年)9月17日
生 福岡県門司市　学 早稲田大学文科〔大正13年〕中退　歴 昭和15年新鷹会に加わり「大衆文芸」に「祖母の肖像」などを発表し、18年「寛容」で直木賞を受賞。17年海軍報道班員として南方に従軍中戦死した。　賞 直木賞(第16回)〔昭和17年〕「寛容」

観世 左近　かんぜ・さこん
能楽師(観世流シテ方) 観世流24代目宗家
明治28年(1895年)12月18日～昭和14年(1939年)3月21日
生 京都　名 幼名＝清久、前名＝観世元滋、号＝光雪　歴 片山九郎三郎(後の観世元義)の長男。明治33年「花筐」の子方で初舞台、35年「岩船」で初シテ。40年23代目観世清廉(伯父)の養子と決まって上京、44年24代目宗家を継ぎ、大正2年元滋と改名、昭和2年左近を襲名した。6年東京音楽学校(東京芸大)講師、11年教授となった。宗家を継いだ年に免状発行をめぐる梅若問題が起こったが、難局を打開、華麗な芸風の観世流能楽の黄金期を築いた。養嗣子25代目元正と実子の元昭が家芸を継いだ。　家 実父＝観世元義、養父(伯父)＝観世清廉(23代目宗家), 実子＝観世元昭, 養子＝観世左近(元正、25代目宗家)

観世 銕之丞（6代目）　かんぜ・てつのじょう
能楽師（観世流シテ方）観世流分家銕之丞家6代目
明治17年（1884年）11月14日〜昭和34年（1959年）1月6日
[生]東京府浅草区（東京都台東区）　[名]幼名＝織雄、後名＝観世華雪、雅号＝観世清実　[賞]日本芸術院会員〔昭和27年〕　[歴]5代目観世銕之丞紅雪の長男で、19歳で先代梅若実の二女と結婚。明治43年27歳で6代目銕之丞を継承。大正7年弟の織雄（茂）を養嗣子とする。10年梅若独立運動に参加したが、昭和4年観世流に戻り、14年観世左近亡き後、幼い宗家観世元正を助け後見職を務めた。戦時中は「忠霊」「義経」「皇軍艦」など新作能の作曲、演出に当たり、流儀が絶えていた「求塚」を復曲した。昭和22年養嗣子の雄雄に7代目を譲り、隠居して華雪と改名。温厚着実な人柄で能楽界の尊敬を集め、芸風は繊細で強靱、とくに晩年の芸格の高さをうたわれた。27年芸術院会員。32年より日本能楽会会員。著書に「観世華雪芸談」がある。　[家]父＝観世紅雪（5代目銕之丞），弟（養子）＝観世雅雪（7代目銕之丞），岳父＝梅若実（1代目）　[賞]日本芸術院賞〔昭和26年〕

観世 喜之（1代目）　かんぜ・よしゆき
能楽師（観世流シテ方）観世流銕之丞家分家
明治18年（1885年）2月27日〜昭和15年（1940年）4月4日
[生]東京都　[名]前名＝服部喜多　[歴]永島喜助の三男。明治31年観世清之（父の義兄で観世銕之丞5代清永の弟）に入門、服部喜多を名のり38年清之の養嗣子となった。41年観世喜之と改名、42年清之の死後家督を継いだ。清之が改訂謡本を発行していたのに、さらに喜之が重習本に解説を加えて刊行したため44年宗家清廉から破門された。大正4年ようやく破門問題が解決。昭和5年牛込矢来町に能舞台を新築した。　[家]養父＝観世清之，養子（甥）＝観世喜之（2代目）

神田 愛山（1代目）　かんだ・あいざん
講談師
明治39年（1906年）10月〜昭和12年（1937年）10月7日
[名]本名＝浜口千代吉　[歴]3代目神田伯山に入門、愛山。昭和8年真打ちとなる。将来を期待されたが、12年上海戦線で戦死した。俠客伝を得意とした。　[家]兄＝神田伯鯉（講談師）

神田 光陽　かんだ・こうよう
講談師
明治29年（1896年）12月15日〜昭和51年（1976年）7月31日
[生]愛知県　[名]本名＝馬場岩一、前名＝宝井琴柳、宝井琴柳、神田琴陽、後名＝馬場光陽　[歴]大正9年4代目宝井馬琴に弟子入り、宝井琴松、琴柳を名のる。昭和3年師が亡くなると初代神田山陽の門人となり琴陽。9年神田光陽に改名。戦後は廃業したが、41年馬場光陽の名で復帰、4代目馬琴直伝の本格軍談の真髄を次代に伝えた。

神田 山陽（1代目）　かんだ・さんよう
講談師
明治31年（1898年）2月4日〜昭和23年（1948年）3月30日
[生]神奈川県横浜市　[名]本名＝石村利兵衛、前名＝神田伯英　[歴]16歳で3代目神田伯山に入門。大正11年神田伯英から山陽と改名。伝統的な講談に明治以後の材料を加え、幅広い演題を独特の頓知で滑稽な話に仕立て、落語より面白いといわれた。

神田 茂　かんだ・しげる
天文学者　日本天文研究会会長
明治27年（1894年）2月21日〜昭和49年（1974年）7月29日
[生]大阪府　[専]日本天文暦学史　[学]東京帝国大学理学部天文学科〔大正9年〕卒　[歴]大正9年白鳥座第三新星を弟の清と共に独立発見。10年東京天文台技手となり、小惑星の軌道計算に従事する傍ら、「理科年表」の編集発行に尽力。昭和18年退官。

20年在野の研究者に呼びかけ日本天文研究会を結成し、雑誌「天文総報」（のち「観測月報」と改題）、「報文」等を創刊。我が国の隕石調査の第一人者。死後、遺族の寄付をもとに日本天文学会に神田賞が制定された。主著に「日本の天文史料」「日本天文史料綜覧」「彗星」など。

神田 辰之助　かんだ・たつのすけ
棋士（将棋）
明治26年（1893年）2月22日〜昭和18年（1943年）9月6日
[生]兵庫県　[歴]16歳ごろ本格的に将棋を始め、大正4年坂田三吉7段に入門。5年4、5段と連続昇段。7年棋士を断念するが、11年に再出発、昭和4年7段となり関西の花形に。8年「十一日会」を組織。10年大阪朝日主催の神田対全7、8段戦で10勝4敗となり8段に昇段。この昇段をめぐり棋界は紛糾したが、将棋大成会（現・日本将棋連盟）が大同団結して発足した。17年第3期名人戦の挑戦者となるが、結核をおしての出場で4連敗、以後公式戦に出場しなかった。39年9段位を贈られた。

神田 豊穂　かんだ・とよほ
春秋社創業者
明治17年（1884年）3月4日〜昭和16年（1941年）8月6日
[生]茨城県行方郡麻生村（行方市）　[名]号＝石秋、一路、筆名＝神田意智楼　[学]麻布中卒　[歴]生家は常陸麻生藩主新庄家の客分で、家老格の家柄。著述を生業とした神田民衛の末っ子の三男。キリスト教牧師を志したが断念し、文学を志望。明治末に神田意智楼の筆名で「文芸倶楽部」「新潮」などに文章を発表した。久米邦武の助手として雑誌「能楽」の記者を務めた後、大正7年春秋社を創立。昭和10年株式会社に改組。我が国初の「トルストイ全集」「ドストエフスキー全集」を刊行した他、西田天香「懺悔の生活」、中里介山「大菩薩峠」なども評判を呼んだ。円本ブームの際には「世界大思想全集」（第1期全124巻、第2期全29巻）を出版、10万部以上を発行した。　[家]息子＝神田龍一（春秋社社長），鷲尾貢（春秋社社長），父＝神田民衛（著述家）

神田 伯治（3代目）　かんだ・はくじ
講談師
明治22年（1889年）8月30日〜昭和15年（1940年）5月25日
[生]東京市下谷区（東京都台東区）　[名]本名＝大沢順太郎　[歴]2代目神田伯治の子。明治35年父が亡くなった後、2代目桃川如燕の門下となったが、間もなく3代目神田伯山に師事して父の名跡を継ぎ、3代目伯治を襲名した。得意演目に「天一坊」「柳沢騒動」などがあり、音曲声色もでき、書画にも巧みだった。　[家]父＝神田伯治（2代目）

神田 伯龍（5代目）　かんだ・はくりゅう
講談師
明治23年（1890年）6月25日〜昭和24年（1949年）5月17日
[生]東京市下谷区（東京都台東区）　[名]本名＝戸塚錦太郎、前名＝神田伯星、神田五山　[歴]14歳の時、3代目神田伯山の門に入り、伯星、五山と名のって明治45年5代目伯龍を襲名。師匠より一立斎文慶の影響もあって「小猿七之助」「鼠小僧」「天保六花撰」など世話物を得意とした。小島政二郎の出世作「一枚看板」のモデルといわれる。

神田 兵三　かんだ・ひょうぞう
社会運動家　大衆労農党書記長
明治32年（1899年）6月11日〜昭和42年（1967年）12月9日
[生]京都府京都市上京区　[歴]大正12年総同盟京都連合会に入り、大正15年労働農民党に参加。昭和2年京都府議となり、4年大衆労農党を結成して書記長に就任。のち全国大衆党などに参加するが、満州事変後国家社会主義者となって新日本国民同盟などを組織する。戦後は公職追放となった。

神田 正雄　かんだ・まさお
新聞人 東京朝日新聞外報部長 衆議院議員
明治12年(1879年)3月18日～昭和36年(1961年)8月2日
[生]栃木県　[名]号＝東洋　[学]東京専門学校(現・早稲田大学)〔明治34年〕卒　[歴]米英留学後の明治42年大阪朝日新聞社に入り、北京特派員となったが、大正6年依願退社。新聞研究のため渡米、8年帰国、東京朝日新聞社に再入社、政治部員、政治部次長、9年支部部初代部長、東京通信部長、政治部長を一時兼任、大正12年外報部長、同年10月美土路昌一、緒方竹虎らと編輯局員として実質局長を務めた。13年依願退職、栃木2区から民政党推薦で衆議院議員に当選、昭和3年再選。その後雑誌「海外」社長兼主筆となった。

ガントレット 恒　がんとれっと・つね
キリスト教婦人運動家
明治6年(1873年)10月26日～昭和28年(1953年)11月29日
[生]愛知県碧海郡箕輪村　[名]旧姓・旧名＝山田、別名＝岸登恒　[学]女子学院卒　[歴]3歳で受洗、女学校で矢島揖子の影響を受けた。前橋共愛女学校教諭となり、明治31年英人の高等学校教授エドワード・ガントレットと国際結婚、英国籍となる。その後、昭和16年に夫と共に日本に帰化、岸登恒ともいった。この間、日本基督教婦人矯風会に入り廃娼運動に活躍、矯風会青年部長、副会頭から昭和21年第4代会頭となった。ジュネーブの世界婦人参政権協会大会、キリスト教婦人大会(ロンドン)、汎太平洋婦人会議(ホノルル)、婦人平和会議(ワシントン)などに出席、矯風会運動、婦人参政権問題、平和問題の面でも活躍した。自伝「七十年の思い出」がある。　[家]弟＝山田耕筰(作曲家)

漢那 憲和　かんな・けんわ
海軍少将 衆議院議員
明治10年(1877年)9月6日～昭和25年(1950年)7月29日
[生]沖縄県那覇　[学]海兵(第27期)〔明治32年〕卒　[歴]沖縄尋常中学時代、ストライキを指導して退学処分を受けた。日露戦争で金鵄勲章受章。大正10年巡遊艦「香取」艦長(大佐)として皇太子殿下(昭和天皇)の欧州巡遊に随行。2年後少将に昇進、14年予備役。昭和3年第6回衆議院選挙挙に出馬、最高得票で当選、以後当選5回。14年内務政務次官。戦後公職追放されたが、沖縄の復帰運動に尽力、21年10月マッカーサー司令官に嘆願書を出すなど東京で活躍した。著書に「今上陛下の昭和維新」がある。

金成 マツ　かんなり・まつ
ユーカラ記録者
明治8年(1875年)11月10日～昭和36年(1961年)4月5日
[生]北海道幌別郡幌別村　[名]アイヌ名＝イメカノ　[学]函館聖公会伝道学校卒　[歴]幌別のアイヌ名家の出身。16歳のとき怪我で半身不随となり、自立手段を得るため函館聖公会伝道学校に入り、ローマ字も習得。明治31年妹と一緒に日高市の教会に勤務、42年から旭川郊外の近文の教会で伝道。明治7年金田一京助の訪問から金田一のユーカラ筆録事業援助のため、母モナシノウクから伝えられ暗誦していたユーカラをローマ字で筆録し始め、19年までに約72冊を書き上げ金田一に送った。その一部は「アイヌ叙事詩 ユーカラ集」(全7巻)に収録され、31年無形文化財に指定された。モナシノウクは金田一より"アイヌの最後の最大の叙事詩人"と賛えられる。妹ナミの娘、知里幸恵は「アイヌ神謡集」の著者。　[家]母＝モナシノウク(ユーカラ伝承者)、妹＝知里ナミ(アイヌ文化伝承者)、甥＝知里高央(教育家)、知里真志保(言語学者)、姪＝知里幸恵(アイヌ文化伝承者)

菅野 善右衛門　かんの・ぜんえもん
衆議院議員
明治17年(1884年)4月～昭和29年(1954年)2月5日
[出]福島県　[学]福島県立養蚕学校〔明治39年〕卒　[歴]福田村議、村長、伊達郡議、福島県議を経て、昭和3年衆議院議員に当選。通算4期を務める。政友会に所属した。農業を営み、郡農会長、県農会副会長等を歴任。

上林 暁　かんばやし・あかつき
小説家
明治35年(1902年)10月6日～昭和55年(1980年)8月28日
[生]高知県幡多郡田ノ口村(黒潮町)　[名]本名＝徳広巌城　[学]高知三中〔大正10年〕卒、五高文科甲類〔大正13年〕卒、東京帝国大学文学部英文科〔昭和2年〕卒　[賞]日本芸術院会員〔昭和44年〕　[歴]8人弟妹(3男5女)の長男。昭和2年改造社に入社。雑誌「改造」の編集に従事する傍ら、同人誌「風車」「新作家」に小説を発表。8年第一創作集「薔薇盗人」を刊行。同年新しく創刊された「文芸」編集主任に就任したが、9年退社(10年正式退社)。私小説家で「明月記」「聖ヨハネ病院にて」「嬬恋ひ」など一連の"病妻もの"で知られ、生涯に300編近い作品を遺したが、全て短編で原稿用紙100枚を超える作品はない。「入社試験」「青春自画像」「伏字」など編集者時代を描いた作品もある。27年軽い脳出血で倒れ、37年再発後は寝たきりの生活を余儀なくされたが、40年「白い屋形船」で読売文学賞、49年には「ブロンズの首」で第1回川端康成文学賞を受賞した。他の著書に「田園通信」「開運の願」「聖書とアドルム」「ジョン・クレアの詩集」などがある。　[賞]芸術選奨文部大臣賞(第9回、昭和33年度)〔昭和34年〕「春の坂」

神林 浩　かんばやし・ひろし
医師 陸軍省医務局長
明治23年(1890年)～昭和41年(1966年)4月12日
[生]長野県　[学]東京帝国大学医科大学〔大正5年〕卒 医学博士〔昭和14年〕　[歴]大正5年陸軍軍医となり、陸軍省医務局衛生課長、支那総軍軍医部長などを経て中将となり、昭和18年最後の陸軍省医務局長となった。この間14年に論文「滲出性肋膜炎の成因及び誘因論」で医学博士。医務局衛生課長時代に小泉親彦医務局長を助け、陸軍首脳を動かして厚生省設立に尽力した。戦後長野県更級郡稲里村で開業。

神林 隆浄　かんばやし・りゅうじょう
僧侶(真言宗) 仏教学者
明治9年(1876年)7月7日～昭和38年(1963年)2月11日
[生]新潟県刈羽郡　[名]幼名＝由太郎　[専]仏教学　[学]真言宗新義派大学林〔明治34年〕卒、東京帝国大学印度哲学科〔明治41年〕卒 文学博士〔昭和32年〕　[歴]7歳で生地の永安寺に入り、10歳で得度。大和長谷寺に遊学、大学掛、東大と進み高楠順次郎に師事。この間豊山大学・中学で教え、大正2年ドイツ留学、エルンスト・ロイマンの下でインド学を研究。第一次大戦が始まり4年帰国。サンスクリットを荻原雲来に、チベット語を河口慧海に学んだ。豊山中学校長、豊山大学講師から15年大正大学教授となり、昭和2年から真言学研究室主任を18年間務めた。また15年野田市金乗院住職となり、真言宗豊山派事相専門道場長を務めた。この間「国訳一切経」中の大日経・金剛頂経など密教経典の国訳、解説、注解に当たった。著書に「密教学」「弘法大師の思想と宗教」「菩薩思想の研究」などがある。

神原 甚造　かんばら・じんぞう
大審院判事
明治17年(1884年)11月10日～昭和29年(1954年)4月2日
[生]香川県多度郡多度津村(多度津町)　[学]京都帝国大学法学部卒　[歴]司法官試補、大審院判事などを務め、京都帝国大学・早稲田大学・中央大学で刑法・民法を教える。昭和25年香川大学初代学長となった。

神原 泰 かんばら・たい
詩人 画家 美術評論家
明治31年（1898年）2月23日～平成9年（1997年）3月28日
[生]東京都 [学]中央大学商科卒，東京外国語学校専科卒 [歴]大正9年以来石油業界に入り、世界石油会議日本国内事務局長、鉱工業統計協力委員会委員長などを務めた。一方、大正6年第9回二科展に先駆的な抽象画を発表、10年個展を開き、日本初のアバンギャルデストの宣言「第1回神原泰宣言書」を発表。11年アクションを結成、13年三科造型美術協会創立に参加、のち造型に参加し、昭和2年脱退。次第に絵画制作から離れ、前衛美術紹介、評論、詩作を手がける。3年「詩と詩論」を創刊、のち脱退し、「詩・現実」を創刊。著書に「ピカソ礼讃」などがある。

神部 孝 かんべ・たかし
フランス文学者
明治34年（1901年）9月4日～昭和13年（1938年）6月15日
[生]静岡県駿東郡楊原村 [学]早稲田大学仏文科〔大正14年〕卒 [歴]仏文学者として活躍し、フローベールの「サランボー」、レオポルト・マビヨー「ユゴオ伝」などの訳書がある。

神戸 寅次郎 かんべ・とらじろう
民法学者 慶応義塾大学教授
元治1年（1864年）～昭和14年（1939年）5月17日
[生]駿河国北松野村（静岡県富士市） [学]慶応義塾大学卒 法学博士 [歴]明治32年慶応義塾最初の海外留学生として渡欧、ベルリン大学、ハーレ大学に学び、ハーレ大学ではドクトル・ユーリスの学位を受けた。35年帰国、36年から母校の教授として教壇に立つ。以来、昭和14年に亡くなるまで同職にあり、法学部長や学事顧問も務めた。民法の契約が専門で、「契約総則」「契約解除論」などの著書がある。

神戸 正雄 かんべ・まさお
財政学者 京都帝国大学名誉教授 関西大学学長
明治10年（1877年）4月19日～昭和34年（1959年）10月16日
[生]愛知県 [学]東京帝国大学法科大学政治学科〔明治33年〕卒 法学博士 [資]帝国学士院会員〔昭和5年〕 [歴]京都帝国大学法科大学助教授となり、ドイツ留学、明治40年教授となった。ドイツ正統派財政学の研究と紹介に努めた。昭和3年学士院恩賜賞を受賞、5年帝国学士院会員、大学辞任後（名誉教授）の12年関西大学学長となった。戦後22年京都市長を務め、34年文化功労者となった。著書に「租税研究」（全10巻）「改訂増補財政学」などがある。 [賞]帝国学士院恩賜賞〔昭和3年〕，文化功労者〔昭和34年〕

神戸 雄一 かんべ・ゆういち
詩人 小説家
明治35年（1902年）6月22日～昭和29年（1954年）2月25日
[生]宮崎県 [学]東洋大学中退 [歴]大正12年処女詩集「空と木橋との秋」を刊行。「ダムダム」などの同人になり、昭和に入って小説も書く。他の詩集に「岬・一点の僕」「新たなる日」などがあり、小説集に「番人」などがある。

冠 松次郎 かんむり・まつじろう
登山家 随筆家
明治16年（1883年）2月4日～昭和45年（1970年）7月28日
[生]東京府本郷区（東京都文京区） [歴]生家は幕末から続く質商。中学卒業後、家業に従事する傍ら富士山や日光などの登山に熱中した。明治42年登山家・植物学者の辻村伊助の紹介で日本山岳会に入会。穂高や白馬岳、立山など北アルプスの山々を好み、44年白馬岳から宇奈月方面に下った際、初めて黒部渓谷に接した。以来、同渓谷の探勝と紹介に力を注ぎ、大正14年黒部川下ノ廊下完全溯行をはじめとして、初登・初下降の記録や、十字峡、白竜峡など発見・命名した奇勝は数多く、“黒部の主”の異名をとる。またそれらの体験を紀行文として発表し、昭和3年「黒部渓谷」を刊行した。この間、大正8年の聖岳登山からカメラを携行して山岳写真を盛んに撮るようになり、「日本アルプス大観」「雲表を行く」などの写真集も上梓している。昭和28年日本山岳会名誉会員。37年80に近い高齢ながら最後の黒部行に出発し、黒四ダムや十字峡を訪れた。没後、生涯に撮影した700枚のガラス乾板や愛用の登山道具などが日本山岳会に寄贈された。著書は他に「立山群峯」「黒部」「峰・瀞・ピンカ」「渓」「山渓記」（全5巻）など多数。

甘露寺 受長 かんろじ・おさなが
明治神宮名誉宮司 宮内省掌典長
明治13年（1880年）10月5日～昭和52年（1977年）6月20日
[生]東京都 [学]東京帝国大学法科大学仏法科〔明治41年〕卒 [歴]伯爵甘露寺議長の長男。学習院初等科在学中、皇太子嘉仁親王（大正天皇）の御学友として宮中に出仕。明治43年東宮侍従となり、大正、今上2代の皇太子時代に仕えた。昭和元年侍従、14年侍従次長、20年宮内省御用掛、21年掌典長となり、34年退任後、明治神宮宮司、最後は同名誉宮司。現皇太子と美智子妃結婚の時、結婚を誓う盃に神酒を注ぐ役を夫婦で務めた。夫人満子は北白川宮能久親王第1王女。

【き】

紀 俊秀 きい・としひで
実業家 男爵 貴族院議員
明治3年（1870年）10月～昭和15年（1940年）9月20日
[出]和歌山県 [学]学習院卒 [歴]和歌山県日前・国懸神宮の宮司。大正12年和歌山市長。上水道の創設や交通機関の整備に力を注いだ。明治30～44年、大正14年～昭和15年貴族院議員を務めた他、博愛生命保険、万寿生命保険などの社長も歴任した。

木内 キヤウ きうち・きょう
教育家 日本初の女性校長といわれる
明治17年（1884年）2月14日～昭和39年（1964年）11月7日
[生]東京府浅草区（東京都台東区） [名]旧姓・旧名＝淡島，筆名＝木内月上 [学]東京府立女子師範〔明治36年〕卒，東京府立女子師範専攻科〔昭和2年〕卒 [歴]明治36年東京隅田小学校訓導となり、城東小、十思小を経て、昭和6年10月、板橋区志村第一小学校長となり、日本初の女性校長といわれた。この間全国連合女教員会副会長として女教員の地位向上に尽力、2年にはは汎太平洋婦人会議に出席した。校長在任中は男女共学を実施し、平等を貫いた。16年に辞任、滝野川に木内学園を設立、鳩の家園長となった。戦後23年には全国区から参議院議員に当選した。著書に「教育一路」がある。

木内 五郎 きうち・ごろう
彫塑家
明治31年（1898年）4月26日～昭和29年（1954年）10月10日
[生]東京都 [名]号＝悟良 [学]東京美術学校彫刻科〔大正12年〕卒 [歴]祖父・木村喜八は名人とうたわれた木工芸家で、父・半古も祖父同様木象嵌をもって一家をなした。早くから彫刻に興味を示し、東京美術学校彫刻科では建畠大夢に師事。日本彫塑家クラブで活躍した。作品に、「清明」（昭和11年）、「志じま」（同15年）、「遥けき懐ひ」（同16年）など。 [家]父＝木内半古（木工芸家），兄＝木内省古（木工芸家），祖父＝木内喜八（木工芸家）

木内 省古 きうち・しょうこ
木工芸家

明治15年（1882年）〜昭和36年（1961年）8月23日

生 東京府本所区（東京都墨田区）　名 通称＝友吉　専 木象嵌
歴 祖父・喜八、父・半古の下で象嵌、彫刻、指物などの技術を
習い、画法を前田貫業に、彫刻を竹内久一に学んだ。明治37
年から父に従い正倉院御物整理掛となり、天平美術の精髄に
触れて感動、廃絶した技法復元を志した。大正5年大日本水産
工芸協会を創立、水産材料を工芸に応用。同年朝鮮李王家美
術品製作所の招きで渡鮮、その工芸指導を行った。作品を日
本美術協会、彫工会、水産工芸協会などの展覧会に出品、い
ずれも優賞となった。11年「桐製四季図草花象嵌大鉢」を平
和記念東京博覧会に出品、好評を得た。さらに14年のパリ万
博、15年のフィラデルフィア万博、昭和5年のリエージュ万博
などすべて最高賞を受けた。27年助成の措置を講ずべき無形
文化財〈木画〉保持者に指定される。伝統工芸技術の保存に尽
くし、晩年日本工芸会理事として貢献した。　家 父＝木内半
古（木工芸家）、弟＝木内五郎（彫塑家）

木内 高音　きうち・たかね
児童文学者　編集者
明治29年（1896年）2月28日〜昭和26年（1951年）6月7日

生 広島県尾道市　出 長野県北佐久郡志賀村（佐久市）　学 早稲
田大学英文科〔大正8年〕卒　歴 尾道に生まれ、神戸、小樽と
移り住み、10歳より父の郷里・長野県北佐久郡で過ごす。早
稲田大学卒業後は広島で中学教師を務めた後、大学在学中
より傾倒していた鈴木三重吉主宰の雑誌「赤い鳥」編集を手
伝う。大正12年同誌に「お耳の薬」を発表して以来、32編の
作品を同誌に発表したが、創作よりも三重吉の綴り方教室や
綴り方読本の普及の業績で名高い。生前の宮沢賢治の作品を、
東京で初めて評価した編集者ともいわれる。その後、中央公
論社に移り、出版部長、「婦人公論」編集長などを歴任。のち
日本新聞協会に勤めた。童話集「ジョンの馬車」「スフィンク
ス物語」「無人島の少年」「水菓子屋の要吉」などがある。

木内 良胤　きうち・よしたね
日本文化放送協会常務理事　在イタリア大使館参事官
明治30年（1897年）〜昭和46年（1971年）7月9日

生 東京都　学 東京帝国大学法学部〔大正10年〕卒　歴 外務省
に入り、フランス、イタリア、中国、満州国、スイス、チェ
コスロバキアなどの勤務を経て、外務省儀典課長、イタリア
大使館参事官となり、昭和21年退官。戦後、電波三法の公布
後、民間放送事業の創立を図り、日本文化放送協会設立と共
に常務理事となった。民間放送局の発展に尽力。

木枝 増一　きえだ・ますいち
国文学者　奈良女子高等師範学校教授
明治24年（1891年）11月25日〜昭和24年（1949年）12月7日

生 京都　学 京都帝国大学文学部卒　歴 富山高校教授、奈良女
子高等師範学校教授、同校長、奈良女子大学文学部長などを
歴任。国文学者として国文法研究に従った。著書に「高等国
文法講義」「島崎藤村」など。

木々 高太郎　きぎ・たかたろう
⇒林 髞（はやし・たかし）を見よ

菊岡 義衷　きくおか・ぎちゅう
僧侶（天台宗）　毘沙門堂門跡　延暦寺執行
慶応1年（1865年）8月29日〜昭和11年（1936年）2月18日

出 越前国（福井県）　歴 大正5年天台宗西部大学学長兼比叡山
中学校校長となる。8年辞任。12年延暦寺執行、昭和2年宗機
顧問に任じられ、4年京都山科の毘沙門堂門跡となった。

菊岡 久利　きくおか・くり
詩人　小説家　画家

明治42年（1909年）3月8日〜昭和45年（1970年）4月22日

生 青森県弘前市　名 本名＝高木陸奥男、別号＝鷹樹寿之介　学
海城中学〔大正14年〕中退、第一外国語学校ロシア語科卒　歴
中学在学中、尾崎喜八らの「海」創刊に参加、昭和2年新居格
らと「リベルテール」を創刊した。千家元麿に師事、アナキ
ストグループに加わり、秋田鉱山争議などに活躍、自ら「豚
箱生活30回」と称する生活を送った。社会正義に燃える詩を
叙事的発想で書き、11年詩集「貧時交」、13年「時の玩具」を、
また詩文集「見える天使」などで才能を示した。のちムーラ
ン・ルージュ脚本部の時、戯曲「野鴨は野鴨」を書き上演さ
れた。画家としても知られる。戦後23年高見順らと「日本未
来派」を創刊、小説も書き「銀座八丁」「ノンコのころ」など
を刊行、のちラジオ東京、大映に勤めた。菊岡久利の筆名は
横光利一にもらった。

菊川 忠雄　きくかわ・ただお
労働運動家　総同盟総主事　衆議院議員
明治34年（1901年）3月1日〜昭和29年（1954年）9月26日

生 愛媛県越智郡　学 東京帝国大学経済学部〔大正15年〕卒　歴
東京帝国大学在学中、新人会に入り学生運動、卒業後、日本
労働総同盟（総同盟）の活動に参加。大正15年総同盟分裂、日
本労働組合同盟結成に参加。満州事変後の昭和7年、日本労働
組合会議結成で執行委員。9年全国労働組合同盟（全労）主事。
11年の総同盟、全労合同で出来た全日本労働総同盟（全総）総
主事。13年産業報国倶楽部を結成。戦後は日本鉱山労組組合
長として再建総同盟（日本労働組合総同盟）右派の一翼となっ
た。26年、総評結成で総同盟は解体され、解体反対の再建準
備委員となり、同年6月再建の総同盟総主事となった。戦後の
社会党結成にも参加、労働対策委員長、中央執行委員、組織局
労働部長を歴任。22年東京4区から衆議院選挙に当選、27、28
年にも当選した。29年9月26日、洞爺丸遭難事故で死亡した。
著書に「学生社会運動史」「労働組合組織論」などがある。

菊田 歌雄（1代目）　きくた・うたお
地唄箏曲家
明治12年（1879年）12月7日〜昭和24年（1949年）6月15日

生 大阪府野江　名 本名＝菊田うた、旧姓・旧名＝吉田　歴 6歳
の時、生母の弟菊田八重都勾当の養女となり、16歳で野川流三
弦、継山流箏曲を伝授され、胡弓も習い、バイオリンを黒田恋
琴に、ピアノを浜田キヌに、雅楽を大村恕三郎に学んだ。さ
らに七弦琴、八雲琴も修得した。大正4年相愛高等女学校嘱託
教諭、また大阪女子音楽学校（相愛女子大の前身）嘱託教員と
なり箏曲を教えた。7年邦楽同志会を組織、新日本音楽運動を
広めた。9年から大阪市立盲唖学校の嘱託も兼ね、14年から教
諭となった。昭和8年当道音楽会から箏曲の楽譜を採譜発行、
9年琴原琴治らと高等女学校箏曲科設置の運動を行い、10年設
立の箏曲音楽学校が大阪市から認可され、その教員を務めた。
家 養父＝菊田八重都勾当、養子＝菊田歌雄（2代目）

菊田 一雄　きくた・かずお
消費者運動家
明治38年（1905年）12月13日〜昭和45年（1970年）4月26日

生 朝鮮・咸鏡南道　名 本名＝金台郁　学 日本大学夜間部中退
歴 京城で苦学し、のち日本に渡り車夫などを経て、日本大学
夜間部に学ぶが中退。無産者運動に傾倒し、関東消費組合連
盟の中心人物として活動、富士吉田共働社の指導を行い、班
組織や共同購入活動など今日の生協運動の原型を作った。昭
和20年賀川豊彦らと日本協同組合同盟（現・日本生活協同組合
連合会）を設立、横浜生協（現・コープかながわ）の基礎を築
いた。著書に「日本の商人」などがある。

菊田 多利男　きくた・たりお
冶金学者

きくたけ 昭和人物事典 戦前期

明治26年（1893年）5月28日～昭和38年（1963年）12月17日
生宮城県仙台市 学東北帝国大学〔大正9年〕卒 理学博士 歴
東北帝国大学金属材料研究所から日本製鋼所を経て、大正12
年戸畑鋳物に入社。昭和15年日立製作所に合併され、同安来
工場長となった。戦後同社取締役、常務、日立中央研究所長、
同武蔵工場長、日立化工社長を歴任。日本学術会議会員、日
本金属学会会長を兼ねた。昭和15年「黒心可鍛鋳鉄を中心と
する鋳鉄の研究」で帝国学士院賞を受賞。安来市の和鋼記念
館建設に尽力した。 賞帝国学士院賞（第30回）〔昭和15年〕,
俵論文賞（第1回）〔昭和10年〕

菊武 祥庭　きくたけ・しょうてい
地唄箏曲家 作曲家
明治17年（1884年）1月7日～昭和29年（1954年）9月7日
生大阪 名本名＝勝井辰之助 幼少に失明して菊田勾当八
重一に師事。継山流箏曲、野川流三弦を伝授され、大正10年
当道友楽会を組織する。作曲活動にも力を注ぎ、その作品数
は100曲を超え、代表作に「雲雀の曲」「稚児桜」などがある。

菊竹 淳　きくたけ・すなお
ジャーナリスト 福岡日日新聞副社長・主筆
明治13年（1880年）12月16日～昭和12年（1937年）7月21日
生福岡県生葉郡福益村（うきは市吉井町） 名号＝菊竹六鼓
学東京専門学校（現・早稲田大学）英語政治科〔明治36年〕卒
歴明治36年福岡日日新聞（現・西日本新聞）入社。整理部記者、
編集長を経て、昭和3年編集主幹、4年編集局長。政友会系の
立場から政党政治擁護の論陣を展開、また地域暴力追放や廃
娼運動など社会的正義の実現に努めた。7年の五・一五事件の
際には一連の社説で軍部に対抗、言論界に不朽の名をとどめ
る。10年副社長兼主筆となる。終生同紙を舞台に反ファシズ
ムの言論活動を展開した。評伝に「記者ありき 六鼓・菊竹淳
の生涯」（木村栄文著）がある。 家長男＝菊竹貞吉（西鉄不動
産社長）, 孫＝菊竹淳一（九州大学名誉教授）

菊池 秋雄　きくち・あきお
園芸学者 京都帝国大学名誉教授
明治16年（1883年）1月28日～昭和26年（1951年）4月5日
生青森県弘前市 専果樹園芸学 学二高卒, 東京帝国大学農
科大学農学科〔明治41年〕卒 農学博士〔明治44年〕 青森県
りんごの開祖である菊池楯衛の長男。明治41年東京府立園芸
学校教諭となり、大正5年神奈川県農事試験場長となったが、
9年退職、園芸学研究のため欧米に留学。10年鳥取高等農業学
校教授を経て、15年京都帝国大学農学部教授となり、昭和2年
学部長、4年「日本梨品種、果皮ノ色及其遺伝ニ就テ」で農学
博士、同年大典記念京都植物園長兼任（24年まで）。13年園芸
学会長、14年学術研究会議会員を務め、18年定年退官、19年名
誉教授。同年京都府立高等農林学校校長となった。20年退職。
第1期日本学術会議会員。著書に「果樹園芸学〈上下〉」「北支
果樹園芸」「園芸通論」などがある。 家父＝菊池楯衛（青森
県りんごの開祖） 賞日本農学賞安藤賞〔昭和20年〕

菊池 勇夫　きくち・いさお
労働法・経済法学者 九州帝国大学教授
明治31年（1898年）6月21日～昭和50年（1975年）7月13日
生岩手県遠野 専社会法, 労働法, 社会保障法 学東京帝国大
学フランス法科〔大正11年〕卒 法学博士〔昭和22年〕 資日
本学士院会員〔昭和28年〕 歴国際労働機関（ILO）東京支局
員から昭和3年九州帝国大学助教授となり、4年教授。24年九
大総長となり、九大労働産業研究所長、他に日本労働協会理
事、日本法哲学会理事などを歴任。28年九大総長退職。同年
日本学士院会員。著書に「労働法の主要問題」「労働法」「労
働組合法」（共著）などがある。 家女婿＝高野雄一（国際法学
者）

菊池 華秋　きくち・かしゅう
日本画家
明治22年（1889年）5月16日～昭和21年（1946年）
生山形県 名本名＝菊池啓三郎 歴大正3年第8回文展に「も
みぢ」で初入選し、7年第12回展まで連続入選。10年第3回帝
展に入選し、以後入選を重ねる。昭和4年第10回帝展に「伝説
星月夜」で特選となり、6年帝展推薦。9年第15回帝展を最後
に官展出品から離れる。10年第一部会の結成に実行委員として
参加。他の作品に「いはやの湯」など。

菊池 寛　きくち・かん
小説家 劇作家 文芸春秋社創立者 大映社長
明治21年（1888年）12月26日～昭和23年（1948年）3月6日
生香川県高松市七番丁 名本名＝菊池寛、筆名＝菊池比呂士,
草田杜太郎 学京都帝国大学文科大学英文科〔大正5年〕卒
歴明治43年一高に入り、芥川龍之介、久米正雄、成瀬正一らを
知るが、大正2年友人の窃盗の罪を着て退学。同年京都帝国大
学英文科選科に進み、第三次、第四次「新思潮」に参加。5年
時事新報社社会部に入社。6年頃から本格的に創作を開始し、
7年「無名作家の日記」「忠直卿行状記」、8年「恩讐の彼方に」、
9年短編「蘭学事始」などを発表して、作家としての地位を確
立。また戯曲作家としても8年中村鴈治郎一座が上演した「藤
十郎の恋」や、「新思潮」時代の作を市川猿之助一座が9年に
上演した「父帰る」などが当たり、起伏に富むプロットと散
文的で簡潔な台詞が高い評価を受けた。9年の「真珠夫人」以
降は通俗小説にも手を染め、「火華」「第二の接吻」「東京行進
曲」などの話題作を次々と送り出し、一躍流行作家となった。
12年文芸春秋社を創刊して「文芸春秋」を創刊、斬新な編集
手法と内容で当時のジャーナリズムに多大な衝撃と影響を与
えた。一方、文学者の社会的地位向上の問題に関しても深い
関心を持ち、10年に劇作家協会と小説家協会を結成。15年に
は両者を合併して日本文芸家協会を組織した。昭和3年社会民
衆党から衆議院選挙に出馬するも落選。その後も文壇の大御
所として重きをなし、10年には日本文学振興会を設立、芥川
賞、直木賞、菊池寛賞を設け、新人発掘に功績を残した。12
年帝国芸術院会員（22年辞任）。戦時中は日本文学報国会や大
東亜文学者大会の役員を歴任。18年には大映社長に就任した。

菊池 恭三　きくち・きょうぞう
実業家 大日本紡績社長 貴族院議員（勅選）
安政6年（1859年）10月15日～昭和17年（1942年）12月28日
生伊予国西宇和郡川上村（愛媛県八幡浜市） 名幼名＝文造
学工部大学校（現・東京大学工学部）機械工学科〔明治18年〕
卒 工学博士〔大正4年〕 歴苗字帯刀を許された代々の庄屋・菊
池家の三男。明治4年伊予吉田藩士・鈴木家の養嗣子となった
が、6年勉強のために郷里を離れることを願うも許されなかっ
たことから生家に戻った。9年弟と大阪へ出て大阪英語学校に
入学。11年上京し、12年より工部大学校で機械工学を専攻し
た。18年4番の成績で卒業して海軍の横須賀造船所に入所。20
年大蔵省大阪造幣局に転じたが、平野紡績の紡績技術担当の
話を持ち込まれたため海外留学と引き替えにこれを了承。英
国・フランスで機械紡績技術を修得し、21年帰国して同社支
配人兼工務部長となった。22年尼崎紡績、23年摂津紡績の創
立に関与し、三社の支配人兼工務部長を兼務した。34年尼崎
紡績社長に就任。35年平野紡績が摂津紡績に合併され、大正4
年摂津紡績社長を兼任。7年尼崎紡績と摂津紡績を合併して大
日本紡績（現・ユニチカ）が発足、昭和11年まで社長、15年ま
で会長を務めた。この間、大正15年勅選貴族院議員。同年日
本レーヨン社長、昭和12年共同信託社長なども歴任した。 勲
藍綬褒章〔大正2年〕、紺綬褒章〔大正10年〕、勲四等瑞宝章
〔昭和9年〕、勲三等瑞宝章〔昭和17年〕

菊池 契月　きくち・けいげつ

日本画家

明治12年（1879年）11月14日～昭和30年（1955年）9月9日

［生］長野県下高井郡中野村（中野市）　［名］本名＝菊池完爾、旧姓・旧名＝細野　［賞］帝国美術院会員〔大正14年〕、帝国芸術院会員〔昭和12年〕、日本芸術院会員〔昭和24年〕　［歴］初め郷里の児玉果亭に南画を学び、明治29年京都に出て内海吉堂に学んだ後、菊池芳文に師事。31年の第4回新古美術品展覧会に「文珠」が1等になり、36年の第5回内国勧業博覧会で3等を受賞。39年芳文の女婿となった。40年第1回文展に「春暖」、第4回展に「供灯」、第6回展に「茄子」などを発表。大正7年帝展審査委員、京都市立絵画専門学校教授となる。11年に渡欧。14年帝国芸術院会員。同年菊池塾を主宰。昭和7年京都市立絵画専門学校並びに京都市立美術工芸学校校長。9年帝室技芸員、24年日本芸術院会員、25年京都市立美術大学名誉教授、27年東京芸術大学教授に就任。29年京都市名誉市民。大和絵の古典的画法を基礎に独自の画風を確立、歴史画、人物画に名作を残した。代表作に「青年像」（第1回毎日美術賞）「平和の群像」「原爆の子」「少女」など。

菊池 循一　きくち・じゅんいち

医師　宮内省御用掛

明治8年（1875年）8月11日～昭和35年（1960年）2月26日

［生］宮崎県　［専］耳鼻咽喉科　［学］五高医学部〔明治29年〕卒　医学博士〔昭和13年〕　［歴］明治33年東京帝国大学医科大学耳鼻咽喉科教室に入り岡田和一郎教授に師事、同年3月「臨床耳鼻咽喉診療書」を刊行。34年ドイツに留学、ドクトルの学位を得て36年帰国、東京日本橋で開業した。大正11年から宮内省御用掛となり昭和23年まで務めた。13年「耳翼に添加せる手掌の補聴量」で医学博士。

菊池 慎三　きくち・しんぞう

秋田県知事

明治20年（1887年）11月～昭和18年（1943年）4月11日

［生］愛媛県西宇和郡二木生村（西予市）　［歴］大正11年福井県警察部長、12年帝都復興院調査課長、14年東京府内務部長を経て、昭和4年秋田県知事。その後、東京市助役、横浜市助役となり、17年マレー半島セランゴール州司政長官。18年シンガポールでの会議の帰途、自動車事故死した。著書に「都市行政と地方自治」「地方自治と東京市政」「警察行政研究」などがある。

菊池 正士　きくち・せいし

物理学者　大阪帝国大学理学部教授

明治35年（1902年）8月25日～昭和49年（1974年）11月12日

［生］東京市本郷区本郷弓町（東京都文京区）　［専］原子核物理学　［学］東京高等師範学校附属中卒、一高卒、東京帝国大学理学部物理学科〔大正15年〕卒　理学博士（東京帝国大学）〔昭和7年〕　［資］日本学士院会員〔昭和32年〕　［歴］数学者で男爵の菊池大麓の四男。東京高等師範学校附属中学、一高、東京帝国大学を通じ、従兄弟の坪井忠二と学友。昭和3年理化学研究所の西川正治研究室に入り、同年世界ではじめて雲母の単結晶による電子線回折の実験に成功、この時、黒白の平行線が見られ"菊池線"と名づけられた。4～6年ドイツへ私費留学。7年帝国学士院メンデンホール記念賞を受賞。8年大阪帝国大学理学部助教授、9年教授。同大にサイクロトロンを建設、原子核実験の新しい展開に寄与した。太平洋戦争中は海軍でレーダー研究に従事し、18年海軍技師を兼務。25年米国コーネル大学、カリフォルニア大学に招かれ、帰国後阪大に200万電子ボルト・サイクロトロンを再建した。東京大学に原子核研究所を創設する案が浮上すると、29年東大教授を兼任して準備に入り、30年初代所長に就任。34～39年日本原子力研究所理事長、41～45年東京理科大学学長。43年原子力委員会核融合専門部会長として

核融合研究開発の基本計画をまとめた。26年文化勲章を受章。32年日本学士院会員に選ばれた。著書に「量子力学」「原子物理学概論」「物質の構造」「原子物理学本論」などがある。　［家］父＝菊池大麓（数学者・男爵）、祖父＝箕作秋坪（蘭学者）、女婿＝藤岡知夫（工学者）、義兄＝美濃部達吉（憲法学者）、鳩山秀夫（民法学者）、末弘厳太郎（民法学者）、平山復二郎（土木技術者）　［勲］文化勲章〔昭和26年〕　［賞］帝国学士院メンデンホール記念賞（第22回）〔昭和7年〕、文化功労者〔昭和27年〕、報公賞（第1回）〔昭和6年〕

菊池 武夫　きくち・たけお

陸軍中将　男爵　貴族院議員

明治8年（1875年）7月23日～昭和30年（1955年）12月1日

［生］宮崎県　［学］陸士（第8期）〔明治29年〕卒、陸大〔明治39年〕卒　［歴］男爵菊池武臣の嗣子。明治37年歩兵第23連隊付少尉、日露戦争に中隊長として従軍、40年第16師団参謀、大正2年陸大教官、9年歩兵第64連隊長、歩兵第11旅団長、13年奉天特務機関長を歴任。昭和2年中将で予備役となり勤労連盟を主宰、右翼政治家として活躍。6年貴族院議員、7年神武会を結成、大川周明と結び、8年第64議会でマルクス主義を講義する帝国大学の廃校を鳩山文相に要求。9年頭山満らと昭和神聖会を結成、10年第67議会で美濃部達吉東京帝国大学名誉教授を「学匪」と非難、天皇機関説排撃の先頭に立った。12年時局議会に関係、14年国民精神総動員中央連盟理事。戦後戦犯に指名されたが、22年9月釈放。

菊池 武憲　きくち・たけのり

弘南鉄道社長

明治11年（1878年）～昭和25年（1950年）

［生］青森県大光寺村（平川市）　［学］東京政治学校　［歴］旧家に生まれ、青山学院や政治家の星亨が主宰した東京政治学校に学んだのち帰郷。大正2年大光寺村議に当選、以来昭和4年まで4期務め、その間に南津軽郡議や政友会役員をも兼任するなど青森県の政界で活躍。その傍ら、尾上銀行や陸奥銀行で頭取を務め、財界でも重きを成した。大正13年代議士選挙に推されるが、親友の説得で鉄道事業を志すようになり代議士を断念、15年弘南鉄道を設立し初代社長に就任した。昭和2年に平賀経由の弘前・津軽尾上間で鉄道を開業し、さらに6年には駅から遠い地域のために直営バスの運行も開始、16年弘前市や中郡を中心とした弘南バスを創設し社長となった。終戦後も事業を拡大し、23年全線を電化、25年には弘南鉄道を津軽尾上から黒石まで延伸させるが、完成を見ずして没した。　［家］祖父＝菊池勘次郎（政治家）、父＝菊池健雄（政治家）、長男＝菊池武英（英文学者）、五男＝樽沢武任（実業家）、六男＝菊池武正（実業家）

菊池 知勇　きくち・ちゆう

綴方教育指導者　歌人

明治22年（1889年）4月7日～昭和47年（1972年）5月8日

［生］岩手県東磐井郡渋民村　［学］岩手師範〔明治43年〕卒　［歴］盛岡市城南小、東京市牛島小訓導を経て、大正8年慶応義塾大学幼稚舎に勤務。15年日本最初の綴方専門誌「綴方教育」「綴方研究」を創刊、綴方教育の研究と実践に尽くした。一方、明治43年若山牧水の「創作」に参加し、昭和2年「ぬはり」を創刊。歌集に「落葉樹」「山霧」などがある。

菊池 長右エ門　きくち・ちょううえもん

水産家　衆議院議員　宮古市初代市長

明治34年（1901年）1月16日～昭和49年（1974年）8月19日

［出］岩手県宮古市　［学］盛岡中〔大正9年〕卒　［歴］郷里の岩手県宮古で遠洋カツオ・マグロ漁業を軌道に乗せ、岩手県水産会会長、岩手県漁業組合連合会会長、全国漁業組合連合会理事を歴任。宮古通運社長、中央魚類社長も務めた。一方、宮古町

議、同町長、同市議、岩手県議を歴任し、昭和11年から衆議院議員に2選。政友会に所属した。16年初代宮古市長となった。

菊地 東陽　きくち・とうよう

応用化学者 オリエンタル写真工業社長
明治16年（1883年）2月4日〜昭和14年（1939年）4月5日
[生]山形県　[名]本名＝菊地学治　[専]写真化学　[歴]祖父は東北地方で最初の写真館を開いた写真師・菊地新学。明治31年東京・銀座の写真館で技術を習い、日本各地で修業、18歳で家業を継いだ。37年渡米。大正7年感光性乳剤の製造に成功、8年帰国してオリエンタル写真工業を創立し、取締役技師長となった。10年人像用印画紙の国産に成功、「オリエント」と名づけて販売。昭和4年社長となり、印画紙、乾板、フィルムの3本建製造販売態勢を確立した。　[家]父＝菊地宥清（写真師），祖父＝菊地新学（写真師）

菊池 朝三　きくち・ともぞう

海軍少将
明治29年（1896年）11月22日〜昭和63年（1988年）1月31日
[出]福島県　[学]海兵（第45期）〔大正6年〕卒　[歴]大正7年海軍少尉に任官。草創期の海軍航空隊のパイロットとして活躍。14年に一三式艦上攻撃機2機編隊の隊長として横須賀〜北京間の往復飛行に成功。日本人最初の海外飛行となった。昭和15年空母「鳳翔」、18年「瑞鶴」、19年「大鳳」の艦長を歴任。20年6月海軍総隊参謀副長。戦後は土浦市教育委員長や同市議会副議長を歴任した。

菊池 豊三郎　きくち・とよさぶろう

文部次官
明治25年（1892年）10月6日〜昭和46年（1971年）5月31日
[生]愛知県　[名]旧姓・旧名＝堀田　[学]高文〔大正1年〕合格、東京帝国大学法科大学政治科〔大正5年〕卒　[歴]大正7年京都市警視、8年文部省に入り宗教局第1課長、大臣官房文書課長、秘書課長、昭和7年実業学務局長、航海練習所長、普通学務局長、15年1月教学局長官、同年7月文部次官となった。19年退官。戦後28〜32年横浜市立大学長となり、その後日本教育テレビ（テレビ朝日）取締役、監査役、日本修学旅行協会長を務めた。

菊地 博　きくち・ひろし

ジャズ・ピアニスト 作曲家 編曲家
明治35年（1902年）〜昭和29年（1954年）6月
[生]東京都　[学]青山学院卒、東京音楽学校ピアノ科卒　[歴]大正年間松竹座やダンス・ホールで演奏活動。昭和4年上海に渡りジャズを習う。翌5年杭瀬舞踏場で上海セレナーダスを結成。8年上京、人形町ユニオン・ダンス・ホールに加入。一方、流行歌の作曲にも励み、ヒット曲に東海林太郎の「名月赤城山」、「琵琶湖哀歌」などがある。戦後、呉の米軍キャンプでジャズ界に復帰。川島良雄、平茂夫とともに日本ジャズ・ピアノの草分け。

菊池 良一　きくち・りょういち

衆議院議員
明治12年（1879年）10月〜昭和20年（1945年）2月25日
[出]青森県　[学]京都帝国大学法学部〔明治41年〕卒　[歴]中国との貿易業に携わったのち、弁護士業務に従事。(資)ボルネオ物産商会代表者、国民同盟総務を歴任し、大正4年衆議院議員に当選、通算7期を務めた。

菊仲 米秋　きくなか・べいしゅう

地唄箏曲家
明治16年（1883年）10月15日〜昭和27年（1952年）10月24日
[出]兵庫県神戸　[名]本名＝菊仲米吉、旧姓・旧名＝中村　[歴]幼時失明、7歳の時神戸の中島検校の門に入り、生田流箏曲、野

川流三弦を学んだ。明治25年京都盲唖院に入り古川滝斎の門下に転じ、29年大阪の菊仲勾当に再転門した。一方で胡弓を菊塚与市に習い、名古屋の寺島花野から箏組歌の秘曲を習得した。33年独立、神戸で開業、菊月を名のった。大正4年3代目菊仲を継ぎ米秋と改名。14年兵庫県立盲学校教諭、昭和6年日本当道音楽会本部長となった。作曲作品40曲余がある。27年門人と海に投身自殺。

菊原 琴治　きくはら・ことじ

地唄箏曲家
明治11年（1878年）12月25日〜昭和19年（1944年）3月25日
[生]大阪府堀江（大阪市）　[名]本名＝菊原徳太郎、旧姓・旧名＝播磨、布原、前名＝菊原次次　[歴]4歳で失明。明治19年9歳で菊原吉寿一（のちの菊植明琴）に入門、養子となったが、18歳で独立、菊原琴次（のち琴治）を名のった。野川流三弦本手を2代目菊仲繁寿一から習得、38年琴友会を創立した。39年本手会を創立、大正5年箏三弦本曲奨励会と改称。また大阪市立盲唖学校教官、当道音楽会本部長、関西三曲家協会会長を歴任。昭和11年箏曲音楽学校を創立、校長となった。同校を出た長女の初子と共に12年から大阪府立泉尾高等女学校で邦楽教官を務めた。戦後教科目が廃止され、閉鎖となった。古典伝承に尽力し、新邦楽の作曲も行い、"菊原四つ物"といわれる「摘草」「最中の月」「銀世界」「雲の峰」の4部作のほか、「春琴抄」「秋風の辞」など名作を生んだ。宮城道雄、谷崎潤一郎らに影響を与え、30年大阪天王寺に谷崎潤一郎撰、南木炭山書による「菊原琴治君の碑」が建てられた。大阪市は48年第6回上方芸能人顕彰として菊原琴治を表彰した。　[家]養父＝菊植明琴（地歌箏曲家），娘＝菊原初子（地歌箏曲家）

菊平 琴声　きくひら・きんせい

地唄箏曲家
明治27年（1894年）9月22日〜昭和25年（1950年）3月1日
[生]大阪府　[名]本名＝佐野朝秀　[歴]菊原琴治の門下で菊森琴線と双璧を称され、野川流の古格を守って津山撥を使用した。

菊森 琴線　きくもり・きんせん

地唄箏曲家
明治25年（1892年）9月1日〜昭和26年（1951年）1月13日
[生]兵庫県西宮　[名]本名＝米田儀三　[歴]菊原琴治の門下で菊平琴声と双璧を称され、三味線の名手として知られた。

菊谷 栄　きくや・さかえ

脚本家 洋画家
明治34年（1901年）〜昭和12年（1937年）11月10日
[生]青森県油川村（青森市）　[名]本名＝菊谷栄蔵　[学]青森中〔大正9年〕卒、川端画学校、日本大学芸術科　[歴]19歳で画家を志して上京、川端画学校で学ぶ傍ら、日大芸術科で演劇研究をする。昭和3年白日会に入選し、同年青森の松木屋デパートで個展を開く。青森市の洋画の草分け的な存在となる。5年浅草新カジノフォーリーに舞台装置家として参加。6年ピエール・ブリアント旗揚げで文芸部に所属。エノケン（榎本健一）の全盛期（昭和7〜12年）の脚本を手がけレビュー作家として知られた。主な作品に「リオ・リタ」「カルメン」「夏のデカメロン」「民謡六大学」「助六」などがある。

菊山 きく　きくやま・きく

地唄箏曲家
生年不詳〜昭和15年（1940年）9月5日
[生]兵庫県　[名]本名＝家門　[歴]2代目菊山検校に師事し、昭和初期に菊山の3代目を継承。三味線をよくした。　[家]養女＝菊山信栄（地唄箏曲家）

菊山 当年男　きくやま・たねお
陶芸家　芭蕉研究家　歌人
明治17年(1884年)11月2日～昭和35年(1960年)11月7日
[生]三重県上野市　[名]本名＝菊山種男　[歴]明治42年大阪朝日新聞に入社するが、大正3年帰郷して印刷業などを営み、「アララギ」に入会して斎藤茂吉に師事。また古伊賀焼の復興に尽力した。郷土の俳聖芭蕉を研究し、著書に「芭蕉亡命の一考察」「はせを」「芭蕉雑纂」「芭蕉研究」がある。

木子 七郎　きご・しちろう
建築家
明治17年(1884年)4月29日～昭和29年(1954年)
[生]東京都　[学]東京帝国大学工科大学建築学科〔明治44年〕卒　[歴]父は禁裏・御所の御用大工を勤める木子家の当主・木子清敬。明治44年大学卒業後、大林組設計部技師となるが、大正2年大林組を退職し、大阪に木子七郎建築事務所を開設。関西を中心に活躍したが、松山出身の実業家・新田長次郎の女婿となったことから、とりわけ愛媛県で多くの建物を設計した。作品に「萬翠荘」「松山高等商業学校」「石崎汽船本社」「内藤多仲邸」「愛媛県庁舎」「関西日仏学館」などがある。[家]父＝木子清敬(建築家)、兄＝木子幸三郎(建築家)、岳父＝新田長次郎(実業家)、義兄＝滋賀重列(建築家)　[勲]レジオン・ド・ヌール勲章シュバリエ章(フランス)〔昭和11年〕、赤十字勲功十字章(ドイツ)〔昭和13年〕、聖シルベストロ勲章(バチカン)〔昭和14年〕、紺綬褒章〔昭和19年〕

木崎 為之　きざき・ためゆき
衆議院議員
明治27年(1894年)9月1日～昭和55年(1980年)10月15日
[生]兵庫県　[学]東京帝国大学独法科〔大正9年〕卒　[歴]大正10年から12年女子学習院教授。昭和17年から20年衆議院議員1期を務め、のち大阪で弁護士となる。

木佐木 勝　きさき・まさる
編集者　「中央公論」編集長　改造社出版部長
明治27年(1894年)10月27日～昭和54年(1979年)1月10日
[生]東京都　[学]早稲田大学英文科〔大正8年〕卒　[歴]大正8年中央公論社に入社。滝田樗陰の下で「中央公論」の編集に従事し、14年に樗陰が没すると高野敬録、伊藤茂雄との合議による体制で同誌を引き継ぎ、昭和2年同誌編集長となる。4年同社に新設された出版部の部長就任を依頼されたが、固辞して退社。8年改造社に入社し、20年出版部長。同社解散後は文筆生活に入る。33年より中央公論社入社後から書き始めた詳細な日記を「図書新聞」に連載し、50年「木佐木日記」(全4巻、現代史出版会)として刊行。大正から昭和にかけてのジャーナリズムにおける貴重な史料として注目された。

貴司 悦子　きし・えつこ
児童文学者
明治36年(1903年)8月8日～昭和16年(1941年)1月14日
[生]大阪府三島郡春日村　[名]本名＝伊藤恵津、旧姓・旧名＝奇二　[学]大阪府立茨木高等女学校卒　[歴]貴司山治と結婚し、山治のすすめで童話創作をする。昭和11年「村の月夜」を刊行し、没後の17年「蟻の婚礼」が刊行された。[家]夫＝貴司山治(小説家)

貴志 喜四郎　きし・きしろう
実業家　大阪三品取引所常務理事
明治27年(1894年)2月6日～昭和8年(1933年)12月14日
[生]佐賀県嬉野町　[名]旧姓・旧名＝山口　[学]東京帝国大学法科卒　[歴]大学を卒業後、大阪の貴志米吉の養子となる。逓信省書記官を経て、大阪三品取引所の書記となり、のち常務理事に就任。一方、関東軍財務顧問となり、昭和7年建国間もない満州国政府の要請で大陸に渡る。8年12月帰路に玄界灘を航行中の船・景福丸から謎の投身自殺をした。

貴志 康一　きし・こういち
指揮者　作曲家　バイオリニスト
明治42年(1909年)3月31日～昭和12年(1937年)11月17日
[生]大阪府大阪市北区桜ノ宮(都島区東野田)　[名]別名＝ナギサヤスカズ　[学]甲南高等科〔大正15年〕中退、ジュネーブ音楽院〔昭和3年〕卒　[歴]11歳の時に世界的なバイオリニストであるミッシャ・エルマンの来日公演を聴いて感激し、バイオリンを習い始める。大正14年大阪三木楽器店ホールで初のリサイタルを開催。15年甲南高校を2年で中退してジュネーブ音楽院に留学。同院ではプルミエ・プリを受けるとともに同地の管弦楽団で3度独奏会を開くなど目覚ましい成績を残し、昭和3年首席で卒業。いったん帰国したが、同年ベルリンへ留学。4年一時帰国した際には名器ストラディバリウスを携えており、近衛秀麿の伴奏で放送出演やリサイタルを行って話題となった。この頃から作曲や指揮に興味が移り、ヴィルヘルム・フルトヴェングラーに指揮を学ぶ一方、パウル・ヒンデミットについて本格的に作曲活動を開始し、ベルリンのビルンバッハ社から日本人初の作品出版となった「七つの日本歌曲」をはじめ、短期間で交響曲「仏陀」、交響組曲「日本組曲」「日本スケッチ」、「バイオリン協奏曲」、バイオリン独奏曲「竹取物語」、ピアノ伴奏による歌曲「八重桜」を作曲、日本人に期待されていたエキゾチシズムを見事に表現するとともに、豊かな旋律に和声と複雑なリズムを駆使した巧みな作風で充実した仕事ぶりを見せた。9年にはベルリン・フィルを指揮してドビュッシーやリヒャルト・シュトラウスといった巨匠の作品と並び自作の交響曲「仏陀」を演奏するという栄誉に浴した。10年に帰国してからは近衛秀麿が退団したあとの新交響楽団(現・NHK交響楽団)などでタクトを振るうが、病を得、12年その才能を惜しまれながら28歳で急逝した。

岸 清一　きし・せいいち
弁護士　国際オリンピック委員会委員　貴族院議員(勅選)
慶応3年(1867年)7月4日～昭和8年(1933年)10月29日
[生]出雲国松江(島根県松江市)　[学]帝国大学法科大学〔明治22年〕卒　法学博士〔明治43年〕　[歴]明治26年弁護士試験に合格、以後、法曹界で活躍し、岩崎家、東京市などの顧問弁護士を務める。一方、43年嘉納治五郎とともに大日本体育協会(現・日本体育協会)を設立、大正10年には2代目会長に就任。また、4年～昭和8年東京弁護士会会長、大正13年～昭和8年国際オリンピック委員会(IOC)委員、7～8年貴族院議員などを歴任。我が国のスポーツ振興の先駆者で、極東大会や五輪に日本選手団長、大会役員としてたびたび参加した。[家]いとこ＝若槻礼次郎(首相)

岸 信介　きし・のぶすけ
商工次官　衆議院議員　商工相
明治29年(1896年)11月13日～昭和62年(1987年)8月7日
[生]山口県山口市八軒家　[出]山口県熊毛郡田布施町　[名]旧姓・旧名＝佐藤　[学]東京帝国大学法学部〔大正9年〕卒　[歴]大正9年農商務省に入省。14年同省の分離により商工省へ移り、昭和10年工務局長。11年満州国実業部総務司長、12年産業部次長、14年総務庁次長となり満州経営に辣腕を振い、東条英機、星野直樹、鮎川義介、松岡洋右と並び満州国の実力者"弐キ参スケ"の一人に数えられた。14年帰国して商工次官。16年東内閣の商工相となり、翌17年衆議院議員に当選。19年岡田啓介らと通じて東条内閣の倒閣に一役買い、内閣総辞職に追い込んだ。敗戦後、A級戦犯として逮捕されたが、起訴されずに23年釈放。追放解除後、28年衆議院議員に復帰。32年石橋湛山首相の病気退任後、岸内閣を組織した。[家]兄＝佐藤市郎(海軍中将)、弟＝佐藤栄作(首相)、孫＝安倍晋三(首相)、岸信夫(衆議院議員)、女婿＝安倍晋太郎(外相)、甥＝佐藤信二

263

（衆議院議員）

岸 道三　きし・みちぞう
実業家
明治32年（1899年）12月1日～昭和37年（1962年）3月14日
[生]北海道小樽市　[学]小樽中〔大正2年〕卒, 一高理科乙類〔大正15年〕卒, 東京帝国大学工学部鉱山学科〔昭和4年〕卒　[歴]一高ではボート部で名をあげ、"テロレン"の愛称で知られた。また、全寮委員長として関東大震災後の駒場への移転問題に当たった。東京帝国大学工学部を卒業後は学生課の嘱託となり運動部の世話をした。昭和6年名古屋合板常務、7年明治製革常務、8年南満州鉄道（満鉄）経済調査会嘱託、10年興中公司広東事務所長を務め、12年第一次近衛文麿内閣首相秘書官。内閣総辞職後は満鉄調査部嘱託となり、全日本科学技術統同会会長、大日本技術会理事長も兼務。敗戦時は鈴木貫太郎内閣の総合計画局参与。戦後は24年、同和鉱業副社長を経て、26年昭和天然瓦斯社長。30年より経済同友会代表幹事を務め近江絹糸争議の調停などに当たった。31年日本道路公団の初代総裁に就任。36年国際道路連盟からハイウェーマン賞が贈られた。

貴志 弥右衛門（2代目）　きし・やえもん
茶道家 甲南高等女学校名誉教頭
明治15年（1882年）2月～昭和11年（1936年）11月7日
[出]大阪府心斎橋　[名]幼名＝奈良二郎, 号＝泉松庵聴雪　[学]東京帝国大学卒　[歴]大阪心斎橋の洋反物商・貴志弥右衛門の長男に生まれ、幼名は奈良二郎。のち家業を継ぎ2代目を襲名。大正9年甲南高等女学校が創立されると教頭を務め、のち名誉教頭となる。一方、藪内流茶道を修め、11年京都の妙心寺に徳雲院を再興し、茶室聴雪居を設ける。また徳雲会を起こし、昭和4年から雑誌「徳雲」を主宰した。泉松庵聴雪と号し、茶湯三昧の生活を送った素封家として知られる。

貴司 山治　きし・やまじ
小説家
明治32年（1899年）12月22日～昭和48年（1973年）11月20日
[生]徳島県鳴門市鳴門町高島　[名]本名＝伊藤好市　[学]小卒　[歴]大正9年大阪時事新報の懸賞小説に入選、同社記者となったが、15年上京、同年「霊の審判」が朝日新聞の懸賞小説に入選。昭和3年無産者新聞に「舞踏会事件」を書いたのを機に日本プロレタリア作家同盟に参加、「忍者武勇伝」「ゴー・ストップ」「赤い踊り子」「同志愛」などを発表、労働者に特に好評だった。昭和9年プロレタリア作家同盟が解散後「文学案内」「詩人」などを創刊、その後思想転換、戦後は開拓農民運動に熱を入れたが、25年から再び大衆小説を書いた。「浪人絵巻」「美女千人城」のほか戯曲「石田三成」「洋学年代記」などがある。　[家]妻＝貴司悦子（児童文学者）

岸 良一　きし・りょういち
農林省農政局長
明治23年（1890年）5月2日～昭和37年（1962年）1月21日
[生]東京都　[学]一高卒, 東京帝国大学農科大学農学科卒　[歴]農商務省に入省。昭和7年関東軍特務部を経て、9年満州国政府実業部林務司長、12年7月産業部林野局長、11月農林省畜産局長、16年農政局長、17年馬政局長官を歴任。19年満州国林産公社理事長。21年帰国、28～34年参議院議員を務めた。

岸井 明　きしい・あきら
俳優
明治43年（1910年）10月13日～昭和40年（1965年）7月3日
[生]東京都　[歴]昭和5年日活現代劇部に入社、8年PCL（写真化学研究所, 現・東宝）に移った。182センチ、129キロの巨体を利した三枚目として売り出す。10年古川緑波が東宝に入ってコンビを組み、「歌う弥次喜多」などに出演。その後は歌うスターとしてビクター専属となり「ねえ君次第」「たばこ屋の娘」などがヒットした。エノケンと共演の「孫悟空」では猪八戒を演じ喜劇スターとして売ったが、35年の「水戸黄門」に出演後、眼底出血で倒れた。

岸田 国士　きしだ・くにお
劇作家 小説家 翻訳家 演出家 大政翼賛会文化部長
明治23年（1890年）11月2日～昭和29年（1954年）3月5日
[生]東京市四谷区右京町（東京都新宿区）　[学]陸士（第24期）〔明治45年〕卒, 東京帝国大学仏文科選科卒　[資]日本芸術院会員〔昭和28年〕　[歴]陸軍幼年学校本科を経て、士官候補生として久留米歩兵第四八連隊に配属される。明治45年士官学校を卒業。大正3年病気で休職し、6年東京帝国大学仏文科選科に入学。8年から12年まで渡仏し、演劇の勉強をする。13年戯曲「古い玩具」「チロルの秋」を発表し、注目される。以後、演劇、小説、翻訳の分野で幅広く活躍。戯曲としては「紙風船」「牛山ホテル」「浅間山」「歳月」などがあり、小説では「由利旗江」「双面神」「落葉日記」「暖流」などがあり、翻訳では「にんじん」「ルナアル日記」「カザノヴァ回想録」などがある。また昭和12年に久保田万太郎、岩田豊雄とともに文学座を創立。演劇指導者として、演出家としても新劇の育成に多大な貢献をした。15～17年大政翼賛会の文化部長を務めたため、戦後公職追放となる。追放解除後の25年"雲の会"を結成して文学の立体化運動を始めた。28年岸田演劇賞が創設され、29年没後から岸田国士戯曲賞となって今日に引継がれている。「岸田国士全集」（全10巻, 新潮社）「岸田国士全集」（戯曲7巻・小説11巻・評論随筆9巻, 岩波書店）がある。長女は詩人の岸田衿子、二女は女優の岸田今日子。　[家]長女＝岸田衿子（詩人）, 二女＝岸田今日子（女優）

岸田 辰弥　きしだ・たつや
劇作家 演出家 俳優
明治25年（1892年）9月15日～昭和19年（1944年）10月19日
[生]東京都　[学]暁星中卒　[歴]大正元年青山杉作らが結成した新劇団とりで社に参加。9年伊庭孝の新星歌劇団で活躍。小林一三の招きで宝塚音楽歌劇学校の教師となり、宝塚レビューの黄金時代を作った。昭和2～3年海外劇界視察のため欧米旅行。10年日劇ダンシング・チーム結成にかかわる。代表作に「モン・パリ」「イタリヤーナ」「ハレムの宮殿」「シンデレラ」など。著書に「少女歌劇脚本集」がある。　[家]父＝岸田吟香（ジャーナリスト・実業家）, 兄＝岸田劉生（洋画家）

岸田 日出刀　きしだ・ひでと
建築家 建築学者 随筆家 東京帝国大学教授
明治32年（1899年）2月6日～昭和41年（1966年）5月3日
[生]福岡県福岡市　[専]建築意匠, 建築史　[学]東京帝国大学工学部建築学科〔大正11年〕卒 工学博士（東京帝国大学）〔昭和3年〕　[歴]東京帝国大学助教授を経て、昭和4年教授。東京帝大建築学科の中核として辰野金吾、内田祥三らの伝統を継ぎ、32年千葉大学教授兼任、34年定年退官、東京大学名誉教授。橋梁美学など建築意匠に関する論文が多く、造形意匠の権威。この間、22～23年日本建築学会会長、23年日本学術会議会員、25年文化財保護審議会専門委員など歴任。24年芸術院賞受賞。前川国男、丹下健三など多くの後進を育てた。戦前の作品に震災後の東京帝国大学構内の一連の建築群があり、なかでも図書館と安田講堂が代表的。　[賞]日本芸術院賞（第6回）〔昭和24年〕「これまでの業績に対して」

岸田 正記　きしだ・まさき
衆議院議員
明治28年（1895年）12月～昭和36年（1961年）6月3日
[出]広島県　[学]京都帝国大学法学部卒　[歴]大連および奉天で不

動産業、百貨店経営に従事。昭和3年から衆議院議員に6期連続当選、その間第一次近衛内閣の海軍参与官、小磯内閣の海軍政務次官、翼賛政治会国防委員長、自由党総務等を歴任。戦後は28年に衆議院議員に当選して1期務めたほか、幾久屋商事社長、穏田マンション社長を歴任。［家］息子＝岸田文武（衆議院議員）、岸田俊輔（大蔵省証券局長）、孫＝岸田文雄（衆議院議員）、女婿＝宮沢弘（参議院議員）

岸本 綾夫　きしもと・あやお

陸軍大将 東京市長
明治12年（1879年）6月27日〜没年不詳
［生］岡山県岡山区四番町（岡山市）［学］陸士（第11期）〔明治32年〕卒、陸軍砲工学校高等科〔明治36年〕卒、東京帝国大学工科大学造兵学科〔明治42年〕卒　［歴］石見浜田藩士・岸本美時の二男。林園書院、名古屋幼年学校に学ぶ。明治33年陸軍砲兵少尉に任官。39年東京帝国大学造兵学科に編入。大正13年陸軍科学研究所第二部長、14年同第三部長、昭和3年陸軍省兵器局長、6年造兵廠長官を経て、9年技術本部長。11年陸軍大将。この間、技術研修のため欧米へ2回派遣された。予備役編入後、東京高等工学校（現・芝浦工業大学）総長に迎えられ、私立学校協会会長、職長教育指導協会会長なども務めた。17〜18年東京市長。19年満州製鉄理事長として赴任したが在任中に敗戦となり、20年11月八路軍に連行され、消息を絶った。防衛庁戦史室では22年死亡とし、遺族は連行の1年後の21年を命日としている。

岸本 栄七　きしもと・えいしち

盛文館創業者 大阪書籍雑誌取次組合組合長
安政2年（1855年）5月12日〜昭和6年（1931年）10月17日
［生］京都府京都市下京区東洞院松原　［出］大坂　京都に生まれ、幼くして大阪に移り、15歳の時、独力で貸本屋を営む。明治8年吉岡宝文館に入り、24年大阪の取次業、吉岡平助・柳原喜兵衛・梅原亀吉が共同で創業した盛文館書店の支配人となり、30年同書店の解散により個人経営で盛文館としてこれを引き継ぐ。昭和3年株式組織に改め社長に就任、書籍・雑誌の取次販売並びに出版を始める。大正3年大阪雑誌販売業組合が設立された際、創立委員を務め、初代幹事長となり、定価販売の実施に尽力した。9年大阪書籍商組合との合併により新設された大阪書籍雑誌商組合の組合長を務めた。また大阪参文社社長、京都書籍社社長、大阪書籍取締役、京都京盛社取締役を兼任し関西出版界の重鎮として活躍した。

岸本 鹿子治　きしもと・かねじ

海軍少将
明治21年（1888年）4月14日〜昭和56年（1981年）1月1日
［出］岡山県御津郡　［歴］戦艦「金剛」艦長、呉海軍工廠水雷部長などを経て、昭和15年予備役。のち三菱重工業に入社、長崎兵器製作所長などを務めた。海軍在職中に93式酸素魚雷や特殊潜航艇を開発。

岸本 正雄　きしもと・まさお

広島県知事 樺太庁長官
明治14年（1881年）10月〜昭和38年（1963年）5月20日
［学］二高卒、東京帝国大学法科大学〔明治39年〕卒　［歴］内務省に入省。大正11年秋田県知事、13年山形県知事、昭和2年岡山県知事、3年広島県知事、6年樺太庁長官を歴任した。

岸本 康通　きしもと・やすみち

弁護士 衆議院議員
明治11年（1878年）3月22日〜昭和5年（1930年）9月19日
［生］岡山県和気郡日土村（和気町）　［名］初名は蔦治郎　［学］日本大学法律科〔明治35年〕卒　［歴］明治36年判検事登用試験に合格、司法官試補となり、東京地裁ならびに東京区裁判所検事局詰

めになる。37年日露戦争では陸軍省理事試補に転じ、遼東守備軍軍事法廷判士、理事に進む。42年岡山に新設の第17師団法官部理事となり、同年大阪府警視に転じ警務課長兼保安課長、のち群馬県警察部長、佐賀県内務部長、三重県内務部長などを歴任。大正10年宇治山田市（現・伊勢市）市長となり1期、昭和3年衆議院議員（政友会）に当選、1期務める。のち弁護士を開業し、名古屋土地取締役、中村電気軌道取締役、三重工業取締役などを務めた。

金須 孝　きす・たかし

舞台美術家
明治40年（1907年）〜昭和13年（1938年）
［名］別名＝金須堯士　［学］東京高等工芸図案科卒　［歴］前衛座研究所を出た後、松竹大船撮影所に入社。映画美術の傍ら左翼劇場の舞台装置を手がけ、舞台にも立つ。左翼劇場、新築地美術部員をトラブ（TLAB）劇場美術労働者集団に組織して展覧会を開催、他の新劇団の大道具製作を請け負って劇団員の生活の資にしようと試み、また商業演劇の大道具師の手から新劇の装置を分離独立させようと努めた。昭和6年より築地小劇場内のプロレタリア演劇研究所で舞台美術論の授業を担当。11年新築地劇団の組織整備に伴い客員となり、12年文芸顧問団に加わった。舞台作品に「不在地主」「土」「浮標」など。映画作品に「港の日本娘」「浅草の灯」「朱と緑」「暖流」など。映画美術におけるモダニズムの開拓者である。

木津 無庵　きず・むあん

僧侶（真宗大谷派）仏教学者
慶応3年（1867年）2月18日〜昭和18年（1943年）9月12日
［生］越前国坂井郡三国町（福井県）　［名］本名＝木津祐精　［学］福井師範中退　［歴］政治運動を行ったため学校を退学となり、軍人を志願するが果せず、流浪の生活を送る。のち比叡山、高野山で修学し、本山より名古屋布教を命ぜられ赴任。同地に仏陀会を開いて講演布教に努めた。大正14年には仏教協会を設立、「新訳仏教聖典」を刊行し、昭和2年より全国の師範学校を巡講した。他の著書に「維摩経講纂」「仏教概観」「皇国の神と宗教」など。

北 一輝　きた・いっき

国家主義者
明治16年（1883年）4月3日〜昭和12年（1937年）8月19日
［生］新潟県佐渡郡湊町（佐渡市）　［名］本名＝北輝次郎、旧姓・旧名＝北輝次　［学］佐渡中学中退　［歴］佐渡中学を中退後、上京。社会主義思想に関心を抱き、明治39年「国体論及び純正社会主義」を執筆、独特の社会主義論を展開。同年孫文らの中国革命同盟会に入会し、以後、中国革命に尽力。44年辛亥革命がおこると上海に渡るが、大正2年国外退去を命ぜられる。8年「国家改造案原理大綱」（9年「日本改造法案大綱」と改題・刊行）を著し、国家社会主義運動の理論家、右翼運動の指導者として、皇道派青年将校から偶像視された。昭和6年の三月事件、十月事件に関係し、陸軍青年将校との関わりが深くなり、11年の二・二六事件では助言と指導を与えたとして、事件後検挙され、翌12年8月獄中で刑死した。獄中では読経三昧で、死生を超越し、諦観の境地であったと伝えられる。「北一輝著作集」（全3巻・みすず書房）がある。　［家］弟＝北昤吉（哲学者・政治家）

北 勝太郎　きた・かつたろう

衆議院議員
明治22年（1889年）9月〜昭和38年（1963年）2月21日
［出］北海道　［学］空知農学校農科〔明治44年〕卒　［歴］砂川町議、北海道議、奈井江村長を経て、昭和11年衆議院議員に当選、以来4期。28年参議院議員に転じ、1期務める。その間農林省委員、奈井江町農業協同組合長を務めた。　［家］息子＝北二郎（衆

議院議員），北修二（参議院議員），北良治（北海道奈井江町長）

喜多 源逸　きた・げんいつ
応用化学者　京都帝国大学名誉教授　浪速大学総長
明治16年（1883年）4月8日〜昭和27年（1952年）5月21日
⽣奈良県　専ビスコース，合成繊維，合成燃料，合成ゴム　学東京帝国大学工科大学応用化学科〔明治39年〕卒　工学博士〔大正8年〕　賞日本学士院会員〔昭和24年〕　歴明治41年東京帝国大学工科大学助教授，大正5年京都帝国大学工科大学助教授に転じ，翌年より2年間欧米留学。帰国後の大正10年京都帝大教授となり，昭和19年まで務める。この間，昭和5年同大化学研究所長，14年工学部長など要職を歴任。理化学研究所研究員も兼務。14年度，25年度の日本化学会会長を務めた。24年より浪速大学（現・大阪府立大学）総長。日本学士院会員，日本学術会議会員。著書に「油脂化学及試験法」「ナイロン」「ヴィスコース式人造絹糸」，共著に「有機製造工業化学」「有機工業化学」など。

喜多 孝治　きた・こうじ
衆議院議員　樺太庁長官
明治11年（1878年）2月〜昭和9年（1934年）3月8日
出大阪府北河内郡門真村（門真市）　学法学院卒　歴法学院高等法学科で国際法を専攻，通信事務官となり，通信省書記官。英米留学後，台湾総督府秘書官兼総督府参事官，殖産局長，台湾南州知事，樺太庁長官となった。国際観光委員会委員。昭和5年から衆議院議員に連続2選。政友会に所属した。

喜多 青子　きた・せいし
俳人
明治42年（1909年）10月27日〜昭和10年（1935年）11月21日
⽣兵庫県神戸市　学兵庫商卒　歴昭和6年「鶴鴿」に発表した「誓子論」から俳句へ出発。8年日野草城に師事，草城を選者に榎島沙丘，神生彩史，笠原静堂らと「ひよどり」を創刊。同誌は後に水谷砕壺の「青嶺」，幡谷東吾の「走馬燈」と合併し，昭和10年日野草城の「旗艦」となるが，同年26歳で夭折する。句集に「噴水」。

喜多 壮一郎　きた・そういちろう
衆議院議員　早稲田大学教授
明治27年（1894年）2月24日〜昭和43年（1968年）1月28日
⽣石川県　名筆名＝陳奮館主人　学早稲田大学英法科〔大正6年〕卒　歴欧米に留学後，大正11年早稲田大学教授。昭和11年石川県2区から民政党で総選挙に出馬，当選，以来4回当選。その間商工参与官，衆議院外務委員長，大政翼賛会総務局国民生活指導部長などを務めた。26年公職追放解除の後，27年改進党結成に参加，同党中央常任委員。日本スケート連盟会長なども務めた。

北 昤吉　きた・れいきち
哲学者　政治家　多摩帝国美術学校創立者
明治18年（1885年）7月21日〜昭和36年（1961年）8月5日
⽣新潟県佐渡　名別名＝礼華　学早稲田大学文学部哲学科〔明治41年〕卒　歴北一輝の弟。大正3〜7年早大講師，のち大東文化学院教授。7〜11年米国，ドイツに留学。大日本主義，アジア主義を唱え，14年「日本新聞」の創刊に参加，編集監督兼論説記者。昭和2年哲学雑誌「学苑」を創刊。3年祖国同志会を結成し，雑誌「祖国」を創刊，主宰した。この間，帝国音楽学校校長，大正大学教授を務め，10年多摩帝国美術学校（現・多摩美術大学）を創設。11年衆議院議員に初当選，以来8回当選，民政党に所属。戦後，自由党の結成に尽力。追放解除後，日本民主党，自由民主党議員として活動，自民党衆議院懲罰委員長，政調会長など歴任。著書に「光は東方より」「哲学概論」，また「明治天皇御製」のドイツ訳書を刊行した。　家兄＝北一輝（国家主義者）

北 蓮蔵　きた・れんぞう
洋画家
明治9年（1876年）〜昭和24年（1949年）12月21日
⽣岐阜県岐阜市　学東京美術学校西洋画科〔明治31年〕卒　歴山本芳翠の画塾，黒田清輝らの天真道場に学んだ後，美校に入り明治31年卒業して白馬会展に「魚売り」「遺児」などを発表。43年帝国劇場背景主任を委嘱され，洋画の背景画家第1号となり，大正3年まで従事した。昭和2年〜5年渡欧。国会議事堂の歴代議長肖像画を担当，代表作に「岩倉具視公病床行幸図」がある。

喜多 六平太（14代目）　きた・ろっぺいた
能楽師（喜多流シテ方）　喜多流14代目宗家
明治7年（1874年）7月7日〜昭和46年（1971年）1月11日
⽣東京都　名本名＝喜多六平太能心，旧姓・旧名＝宇都野，初名＝千代造　賞日本芸術院会員〔昭和22年〕，重要無形文化財保持者（能シテ方）〔昭和30年〕　歴旧幕臣・宇都野鶴五郎の二男に生まれる。母・まつは喜多流12代宗家静能の三女。明治12年喜多家宗家の養子となる。15年「鞍馬天狗」の子方で初舞台を踏み，17年喜多流14代宗家を継承，27年14代六平太を襲名。大正4年大正天皇即位祝賀能で「羽衣」を務めた。12年関東大震災で東京・飯田町の喜多舞台，装束，伝書などを失う。のち四谷に舞台再建。18年能楽協会設立委員長を務める。20年戦火で四谷舞台を失う。戦後，22年日本芸術院会員，28年文化勲章受章，30年人間国宝に認定される。同年喜多能楽堂が完成する。33年より日本能楽会会員。38年引退。力強い謡と型による絢爛として変幻自在の演技，曲ごとの内容把握を示す理知的な芸風で知られた。代表的な舞台に「清経」「鷺」「景清」「鉄輪」など。著書に「六平太芸談」がある。　家祖父＝喜多六平太（喜多流12代目宗家，能静），養子＝喜多実（喜多流15代目宗家），孫＝喜多六平太（16代目）（喜多流16代目宗家），喜多節世（能楽師）　勲文化勲章〔昭和28年〕　賞文化功労者〔昭和28年〕

北井 正雄　きたい・まさお
野球選手
大正2年（1913年）8月7日〜昭和12年（1937年）8月7日
⽣島根県　学関西大学卒　歴杵築中（現・大社高），米子鉄道管理局，関西大学を経て，プロ野球が始まった昭和11年阪急に投手兼外野手として入団。スリークォーターからのスライダーを武器にエースとして活躍し，沢村栄治（巨人）とも投げあったが，12年肺結核のため24歳の若さで急逝。実働2年間で31試合に登板，14勝10敗，80奪三振，防御率2.01の成績を残した。平成12年「忘れられた名投手—北井正雄と野球のぼせモンたち」（高井正秀著）が出版される。

北浦 圭太郎　きたうら・けいたろう
衆議院議員
明治20年（1887年）12月〜昭和29年（1954年）10月16日
出奈良県　学関西大学専門部法律科卒　歴小学校訓導，函館区裁検事等を歴任，昭和5年衆議院議員となり，戦前2期，戦後2期の通算4回当選，第一次吉田内閣の司法政務次官を務めた。また，弁護士として活動した。

北尾 亀男　きたお・かめお
小説家　劇作家
明治25年（1892年）8月25日〜昭和33年（1958年）2月8日
⽣東京市赤坂区（東京都港区）　学大倉商卒　歴明治41年「暗流」が「江湖」の懸賞に当選し，以後水野葉舟に師事し，「文章世界」記者となる。のち帝国飛行協会，演劇新潮編集部に入る。主な作品に「集散」「死刑囚」などがある。

北尾 日大　きたお・にちだい

僧侶（日蓮宗）

明治10年（1877年）6月28日～昭和21年（1946年）5月29日

[出]因幡国（鳥取県）　[名]字＝啓玉　[歴]芳心寺の河合日辰について出家。明治42年日蓮宗大学（現・立正大学）中等部教授となり、宗学を教える。大正8年同大学部、のち立正大学教授。昭和6年芳心寺住職。著書に「日蓮主義大観」、戯曲に「実録日蓮聖人一代記」がある。

北尾 鐐之助　きたお・りょうのすけ

紀行文学家 写真評論家 サンデー毎日編集長

明治17年（1884年）3月9日～昭和45年（1970年）9月6日

[生]愛知県名古屋市　[学]東京高等商業学校（現・一橋大学）中退　[歴]毎日新聞社に入社し、「サンデー毎日」「ホームライフ」編集長などを歴任。「サンデー毎日」では表紙写真を手がけ、PR映画「新聞時代」ではメガホンをとるなど、印刷、写真、映画など幅広い分野でモダンな感性を発揮、グラフィック・デザイン史に大きな足跡を残した。定年退社後は著述に専念。近畿一円を中心とした国内各地や、米国、中国などの海外諸国を舞台に優れた写真紀行集を発表した。昭和29年兵庫県文化賞を受賞。主著に「日本山岳巡礼」「国立公園紀行」「近畿景観」「近代大阪」「あめりか写真紀行」ほか。

北大路 魯山人　きたおおじ・ろさんじん

陶芸家 書家 篆刻家 料理研究家

明治16年（1883年）3月23日～昭和34年（1959年）12月21日

[生]京都府愛宕郡上賀茂村（京都市北区上賀茂北大路町）　[名]本名＝北大路房次郎、旧姓・旧名＝福田房次郎　[歴]京都上賀茂神社の社家の子として生まれる。若年から書を能くし、篆刻、陶芸でも一風を能む。大正8年古美術骨董を商う大雅堂美術店を京橋に開店、10年美食倶楽部を発足、14年からは東京赤坂に超高級料亭・星ケ岡茶寮を経営し、料理・食器などの指導に当たる。昭和2年北鎌倉に星岡窯を築いて焼いた食器は、その美食趣味の理想を最高度に生かすためのものであった。11年からは作陶に専念。自由奔放な生活態度、不遜な言動はしばしば世の非難を受けた。グルメ漫画「美味しんぼ」の海原雄山のモデル。　[家]孫＝北大路泰嗣（陶芸家）

北川 丞　きたがわ・すすむ

陸軍工兵伍長　"肉弾三勇士"の一人

明治43年（1910年）3月8日～昭和7年（1932年）2月22日

[生]長崎県佐々村　[歴]昭和6年久留米工兵第18連隊に入営。7年混成旅団工兵中隊に編入され、陸軍一等兵として第一次上海事変に出征。同年2月22日、廟行鎮の戦闘で歩兵の突撃路を作るため江下武二一等兵・作江伊之助一等兵と共に爆薬筒を抱えて突撃、敵の鉄条網を爆破し、戦死した。死後、二階級特進で伍長に進んだ。陸軍が覚悟の自爆と発表したため、肉弾（爆弾）三勇士として熱狂的に讃えられた。

北川 冬彦　きたがわ・ふゆひこ

詩人 映画評論家 翻訳家

明治33年（1900年）6月3日～平成2年（1990年）4月12日

[生]滋賀県大津市　[名]本名＝田畔忠彦　[学]東京帝国大学法学部フランス法律科〔大正14年〕卒、東京帝国大学文学部フランス文学科中退　[歴]南満州鉄道（満鉄）技師であった父の転勤で小学校入学後間もなく渡満。旅順中学時代には腎臓炎のため一年休学したが、その間に文学に親しんだ。のち帰国して三高文科丙類、東京帝国大学仏法科に学び、大正13年安西冬衛と知り合って詩誌「亜」を創刊。14年には処女詩集「三半規管喪失」を自費出版した。同年からは城戸又一らの「面」に拠って本格的に短詩運動を進め、さらに当時台頭しつつあったシュールレアリスムやキュビズムに共鳴し、昭和3年には春山行夫と「詩と詩論」を発刊して新散文詩運動を提唱するな

ど、徐々に詩壇で注目を集める存在となった。やがて左翼的活動にも共鳴し、6年日本プロレタリア作家同盟に参加。その後も長編叙事詩運動、モンタージュ詩法、新定型詩運動と常に現代詩革新の風を起こした。一方で2年キネマ旬報社に入り、以後は詩作と並行して映画批評も手がけ、映画は情感よりもむしろ知性に訴えるべき芸術を主張する独自の散文映画論を展開。また映画シナリオにおける芸術的自立性の確立とシナリオ作家の地位向上を目指し、12年シナリオ研究会を結成してシナリオ文学運動を進めた。戦後は25年1月日本現代詩人会初代幹事長に就任、5月第二次「時間」を創刊・主宰してネオ・リアリズム詩運動を推進。その詩業は国際的に評価も高く、英語、仏語、独語、露語、ノルウエー語など各国語に翻訳されている。　[賞]文芸汎論詩集賞（第3回）〔昭和11年〕「いやらしい神」

喜多川 玲明　きたがわ・れいめい

日本画家

明治33年（1900年）～昭和15年（1940年）6月19日

[生]京都府京都市　[学]京都市立美術工芸学校絵画科〔大正8年〕卒、京都市立絵画専門学校〔大正11年〕卒　[歴]菊池契月に師事し、昭和2年帝展に初入選。以後、帝展に入選を重ね、13年には新文展にも入選した。

北沢 五郎　きたざわ・ごろう

建築家 建築学者

明治22年（1889年）3月15日～昭和39年（1964年）9月29日

[生]長野県長野市　[専]地盤沈下　[学]東京帝国大学工科大学建築学科〔大正5年〕卒 工学博士　[歴]大正5年陸軍省技手、6年技師、11年警視庁技師、昭和4年保安部建築課長。11年退官し、三井合名会社技術顧問、16年三井不動産嘱託。この間、大正12年帝都復興院建築局技師を務め、関東大震災後の帝都の復興と整備に貢献した。一方、大正9年～昭和14年日本大学講師、5～21年東京工業大学講師を務め、後進の指導にあたったほか、地盤沈下の原因究明と対策に先駆者としての役割を果たした。23年渡部仁と共に協同建築研究所を設立。28年には北沢建築研究所を設立。建築作品に、「佐野病院」（昭和2年）、「三井別館」（同27年）、「北越製紙」（同28年）、「埼玉県庁舎・議事堂」（同30年）など。日本建築学会副会長、常議員を歴任し、35年名誉会員。　[賞]建築学会学術賞〔昭和14年〕「東京の地盤沈下とその対策」

北沢 収治　きたざわ・しゅうじ

版画家

明治23年（1890年）～昭和35年（1960年）4月

[生]長野県小諸市　[名]旧姓・旧名＝柏木、森山　[学]横浜商卒　[歴]小諸市の旧家・柏木家に生まれ、7歳で横浜の商家・森山家の養子に。のち商家をきらい版画家の道に進む。細井種生に石版画を学ぶ。大正8年第1回日本創作版画協会展で木版画が入選。のち結婚により北沢姓に。木曽福島、伊那、長野で教職の傍ら、日本版画協会設立に参加するなど活躍し、版画界の大家・長谷川潔からも日本を代表する作家の一人と評された。昭和20年退職ののち上田市に移るが、作品発表が途絶えたまま35年に亡くなる。平成元年から美術評論家・小崎軍司らの調査により家族の消息や遺作が発見され、2年小諸市のこもろ東急百貨店で版画を中心に作品77点の遺作展が開催される。

北沢 楽天　きたざわ・らくてん

漫画家

明治9年（1876年）7月20日～昭和30年（1955年）8月25日

[生]埼玉県大宮市　[名]本名＝北沢保次　[学]錦花小卒、絵画研究所大幸館　[歴]明治20年横浜の英文雑誌社に入り、オーストラリアの漫画家フランク・ナンケベルに漫画を学び、22年絵画研究所大幸館で洋画を学ぶ。28年ボックス・オブ・キューリ

オス社を経て、34年福沢諭吉に招かれて時事新報に入社、政治・風俗漫画を描く一方、日曜付録・時事漫画に「田吾作杢兵衛」を連載、人気を得た。38年雑誌「東京パック」を創刊、10数万部を発行し、ポンチ絵から漫画をジャンルとして独立させた。大正元年「楽天パック」「家庭パック」を創刊。昭和5年「楽天全集」を刊行、7年時事新報退社。戦時中は漫画奉公会の会長も務めた。戦後は故郷大宮で日本画を描いて自適した。その旧居は大宮市（現・さいたま市）に寄付され、市立漫画館となって公開されている。「楽天全集」（全7巻）がある。

北島 謙次郎　きたじま・けんじろう

拓務次官

明治26年（1893年）10月5日～昭和32年（1957年）11月24日

[生]佐賀県　[学]東京帝国大学法科大学政治学科〔大正6年〕卒　[歴]大蔵省に入り、昭和4年拓務省官房文書課長、同省殖産局長から11年南洋庁長官となり、15年拓務次官となった。戦後日本針布の監査役を務めた。

北島 浅一　きたじま・せんいち

洋画家

明治20年（1887年）1月1日～昭和23年（1948年）9月18日

[生]佐賀県牛津　[名]号＝朝一　[学]東京美術学校西洋画科〔明治45年〕卒　[歴]はじめ本郷洋画研究所に学んだ。美校を卒業後大正2年の第7回文展で「濁江の夕」が初入選。その後官展に出品を続け、9年渡欧、11年までパリに滞在、同年サロン・ドートンヌに「踊り場」が入選した。14年第6回帝展に出品の「外出の後」が特選となり、15年無鑑査となった。昭和4年片多徳郎、青山熊治らと第一美術協会を結成したが、片多らの死後退会。「パリーの踊子」「黒衣の婦人」などの代表作がある。

北島 多一　きたじま・たいち

細菌学者　免疫学者　北里研究所所長

明治3年（1870年）6月21日～昭和31年（1956年）10月11日

[生]石川県金沢　[名]号＝苔池　[学]東京帝国大学医科大学医学科〔明治27年〕卒　医学博士（東京帝国大学）〔明治37年〕　[歴]明治27年伝染病研究所助手、30年ドイツ留学、34年帰国。伝研で所長北里柴三郎を助け伝染病防止の研究を続けたが、大正3年同研究所移管の際、北里と共に辞め、北里研究所創設と同時に同副所長となった。また6年慶応義塾大学に医学部が設置され北里が初代医学部長になると、北島は教授主事として助け、昭和3年医学部長を継いだ。また北里没後の6年北里研究所長となった。この間、日本医師会2代目会長、恩賜財団済生会医務主管を兼ね、中央衛生調査会、学術研究会議、医薬制度調査会などの委員も務めた。28年文化功労者として表彰された。抗ハブ毒血清製造などの功績がある。著書に「マラリアの予防」、編著に「国民と結核」がある。[家]岳父＝小池正直（陸軍軍医総監）　[賞]文化功労者〔昭和28年〕

北白川宮 永久　きたしらかわのみや・ながひさ

皇族　陸軍大尉

明治43年（1910年）2月19日～昭和15年（1940年）9月4日

[生]東京都港区高輪　[学]陸士（第43期）〔昭和6年〕卒、陸大卒　[歴]北白川宮成久王の第一男子。母・房子は明治天皇の第七皇女。陸軍大尉として日中戦争に従軍、蒙疆張家口で戦死した。父の成久王、祖父の能久親王も不慮の死を遂げ、3代続いた悲劇として知られる。　[家]父＝北白川宮成久（陸軍大佐）、母＝北白川宮房子、祖父＝北白川宮能久（陸軍大将）

北白川宮 房子　きたしらかわのみや・ふさこ

皇族　明治天皇第七皇女　北白川宮成久王妃

明治23年（1890年）1月28日～昭和49年（1974年）8月11日

[生]東京都　[名]幼名＝周宮　[歴]明治天皇の第七皇女。明治42年北白川宮成久王と御結婚。大正11年成久王留学中のパリへ外遊。12年成久王、自動車事故で死去、自身も負傷、13年帰国。昭和15年第1男子永久王も張家口で事故死。義父の能久親王も戦病死され、悲劇の宮家といわれた。　[家]父＝明治天皇、夫＝北白川宮成久（陸軍大佐）、長男＝北白川宮永久（陸軍大尉）

北園 克衛　きたぞの・かつえ

詩人

明治35年（1902年）10月29日～昭和53年（1978年）6月6日

[生]三重県度会郡四郷村　[名]本名＝橋本健吉　[学]中央大学経済学部卒　[歴]大正12年頃から詩や絵画をはじめる。13年「GE・GJMGJGAM・PRRR・GJMGEM（ゲエ・ギムギガム・プルル・ギムゲム）」を創刊、編集同人。次いで「MAVO」や「文芸耽美」「薔薇・魔術・学説」「衣装の太陽」などに関係し、詩や評論などを寄稿した。昭和4年には第一詩集「白のアルバム」を刊行。以来、言葉のもつ意味や論理性などを廃し、ただ純粋に語それだけで絶対的な詩的空間を構築し、西脇順三郎や滝口修造、上田敏雄らとともに日本におけるシュルレアリスム運動を主導した。10年VOUクラブを結成し、機関紙「VOU」を発行。戦後も復刊した「VOU」に拠り、文字の配列に拠って視覚に訴えるコンクリートポエムを生み出すなど、詩的世界をより先鋭化させた。また写真に詩の可能性を見出し、紙くずやボール紙などを使って作られたダダ的なオブジェを撮影することによってポエジーを演出するという"プラスチック・ポエム"を創案。これらは北園自身「ラインやスタンザを必要としない詩そのものの形態」であると位置付けており、写真詩集「Moonlight in A bag」（41年）「Study of man by man」（53年）にまとめられた。その他、小説や俳句、絵画、美術評論の分野でも一家を成した。詩集は他に「若いコロニイ」「円錐詩集」「固い卵」「砂の鷲」があり、没後、「北園克衛全詩集」「北園克衛全写真集」が刊行された。　[家]兄＝橋本平八（彫刻家）　[賞]文芸汎論詩集賞（第8回）〔昭和16年〕「固い卵」

北田 正三　きただ・しょうぞう

登山家

明治26年（1893年）～昭和33年（1958年）7月

[生]熊本県　[学]関西学院大学専門部卒　[歴]明治26年阿蘇山麓に生まれる。大分中学を経て、関西学院大学専門部卒業。日本銀行総裁一万田尚登や西村英一らと親交があった。昭和3年カナディアン・ロッキーの無名峰に初登頂。北田の頭文字を取り、マウント・キャンプと命名された。33年阿蘇鷲ケ峰で遭難死。著書に「九州の山々」「阿蘇」など。

北田 正平　きただ・まさひら

衆議院議員

明治14年（1881年）5月～昭和14年（1939年）2月27日

[出]東京都　[学]京都帝国大学英法科〔明治39年〕卒　[歴]昭和5年千葉県から衆議院議員に当選、1期務めた。民政党に所属した。

木谷 千種　きたに・ちぐさ

日本画家

明治28年（1895年）～昭和22年（1947年）1月24日

[生]大阪府大阪市北区　[名]本名＝木谷英子、旧姓・旧名＝吉岡　[専]美人画　[学]清水谷高等女学校〔大正2年〕卒　[歴]大阪の唐物商の家に生まれる。高等女学校卒業後、東京の女性日本画家・池田蕉園に絵を学び、また北野恒富、野田九浦、菊池契月にも師事。明治45年第6回文展で「花譜」が初入選。その後文展、帝展に発表を続け、第7回帝展で浮世絵風の「浄瑠璃船」、第10回帝展では舞妓を描いた「祇園町の雪」などを発表、美人画の女流中堅作家として活躍した。昭和10年代以後「千種会」を結成した。大正9年近松門左衛門の研究家木谷蓬吟と結婚、その著「解説註釈大近松全集」の装幀も手がけた。　[家]夫＝木谷蓬吟（演劇研究家）

木谷 徳雄　きたに・とくお

スピードスケート選手

明治42年（1909年）～昭和22年（1947年）

［生］中国・安東市　［歴］昭和5年第1回全日本氷上選手権で2種目に優勝し総合優勝も達成。7年日本スケート陣が初めて参加した第3回冬季五輪レークプラシッド大会に出場。独特のロングストライド走法は他の選手にも大きな影響を与えた。19年中国・安東市の現地部隊に召集され終戦後ソ連に抑留。22年チタ州の収容所で肺炎のため死去。

木谷 蓬吟　きたに・ほうぎん

演劇研究家　浄瑠璃研究家

明治10年（1877年）4月4日～昭和25年（1950年）4月4日

［生］大阪府大阪市西区　［名］本名＝木谷正之助　［学］大阪高等商業学校卒　［歴］文楽の5代目竹本弥太夫の二男。一時神戸の貿易銀行に勤めたが、大正3年文芸同攻会を創立、近松門左衛門の研究に打ち込んだ。一方、浄曲名作演会も開いた。5年竹田出雲, 竹本播磨少掾らの墓碑を発見。11年より「大近松全集」（全16巻）の刊行を開始。13年同人誌「劇と其他」を、昭和4年には雑誌「大阪人」を発刊、ともに10号で終刊。父の「弥太夫日記」などを基に近松と文楽史の研究に没頭した。著書は他に「文楽今昔譚」「浄瑠璃研究書」「人間近松門左衛門」「近松と天皇劇」などがある。号の蓬吟は勤務した貿易銀行の「貿」「銀」をもじったものとされる。　［家］父＝竹本弥大夫（5代目）、妻＝木谷千種（画家）

木谷 実　きたに・みのる

棋士（囲碁）

明治42年（1909年）1月25日～昭和50年（1975年）12月19日

［生］兵庫県神戸市　［歴］大正10年上京、鈴木為次郎の内弟子となり、13年入段。15年春2段、同年夏3段、昭和2年4段。各棋戦に勝ち抜いて"怪童丸"の異名をとる。5年5段、9年6段に昇進。13年本因坊秀哉の引退碁の相手として不敗の名人を破り、翌年の呉清源との十番碁は世を熱狂させた。17年8段、31年9段に。32年第2期最高位戦をはじめ、第1期囲碁選手権、第3期最高位、第7回NHK杯のタイトルを獲得。本因坊戦には3度挑戦したがいずれも敗れた。この間多くの弟子を育成し、大竹英雄、石田芳夫らな花形棋士を生んだ。平成22年囲碁殿堂入り。　［家］娘＝小林礼子（棋士）、孫＝小林泉美（棋士）、女婿＝小林光一（棋士）

北野 吉内　きたの・きちない

東京朝日新聞編集副総長

明治25年（1892年）3月10日～昭和31年（1956年）3月15日

［生］山形県山形市　［名］旧姓・旧名＝佐藤　［学］東京外国語学校英語科〔大正3年〕卒　［歴］佐藤家に生まれ、大正5年北野量子と結婚、北野姓となった。ジャパンアドバイザー、万朝報社を経て、同年末東京朝日新聞社に入り、アサヒグラフ編集部、整理部次長から15年ニューヨーク特派員、昭和4年8月ドイツの飛行船ツェッペリン伯号が訪日した際、同号に乗って報道した。大阪朝日社会部長、東京社会部長、整理部長兼論説委員、編集局次長、大阪朝日編集局長兼記事審査部長、15年取締役、17年東京編集総務、18年編集副総長、20年総合計画室主幹、同年11月退社。23年公職追放、26年解除、27年東京イブニング・ニュース顧問、29年アサヒイブニング・ニュース取締役となった。

北林 トモ　きたばやし・とも

社会運動家

明治19年（1886年）4月25日～昭和20年（1945年）2月9日

［生］福岡県　［名］旧姓・旧名＝斎藤　［学］田隈村高小卒　［歴］大正9年ロサンゼルス郊外に住む北林芳三郎と写真結婚で結ばれた。農業に従事したのち洋裁業を営む。やがてプロレタリア芸術に関心を持つようになり、一時は米国共産党に入党。在米の画家である宮城与徳と親交を持ち、コミンテルンの指示により宮城が帰国すると、昭和12年後を追って帰国、東京・渋谷の洋裁学院に勤務。3年後に夫の郷里である和歌山県に移り住み、同地の軍事情報などを宮城に提供していたが、16年逮捕され、ゾルゲ事件発覚の端緒となった。治安維持法と国防保安法違反の罪で懲役5年の判決を受け和歌山刑務所に服役したが、20年極度の衰弱より執行停止となり保釈され、数日後に自宅で亡くなった。

北原 阿知之助　きたはら・あちのすけ

衆議院議員

慶応4年（1868年）3月～昭和22年（1947年）11月29日

［出］長野県　［歴］農業を営む。上郷村村長、下伊那郡会議員、同参事会員を務めた。また、下伊那郡方面委員会長、下伊那生糸販売連合会長、長野県信用組合連合会、同社会事業協会各理事を歴任。昭和5年衆議院議員初当選。以降3選。著書に「伊那名勝誌」。

北原 千鹿　きたはら・せんろく

彫金家

明治20年（1887年）5月16日～昭和26年（1951年）12月29日

［生］香川県高松　［名］本名＝北原千禄　［学］東京美術学校彫金科〔明治44年〕卒　［歴］大正3～10年東京府立工芸学校教諭。昭和2、3、4年の帝展で連続特選となり、5年推薦となった。6年から帝展、文展、日展の審査員を務め、24年日展参事。この間2年から日本美術協会展審査員を務めた。また大正末から昭和初期に新工芸研究会「无」同人として活躍、さらに工人社を創設、彫金の大家として高雅な作品を制作、新人育成に努めた。

北原 泰作　きたはら・たいさく

昭和天皇に部落差別撤廃を直訴した

明治39年（1906年）1月1日～昭和56年（1981年）1月3日

［生］岐阜県岐阜市　［学］日本大学専門部中退　［歴］大正末期の水平社運動で活動。昭和2年1月、岐阜歩兵第68連隊に入隊したが、同年11月、名古屋で行われた陸軍特別大演習の観兵式で昭和天皇に差別撤廃を直訴、逮捕された直訴事件の主役として知られる。部落解放同盟本部書記長、総理府同和対策審議会委員などを経て、国民融合をめざす部落問題全国会議代表幹事。

北原 武夫　きたはら・たけお

小説家　スタイル社創業者

明治40年（1907年）2月28日～昭和48年（1973年）9月29日

［生］神奈川県小田原市　［名］本名＝北原健男　［学］小田原中卒、慶応義塾大学文学部国文科〔昭和7年〕卒　［歴］内科医の長男。小田原中学在学中から文学に親しみ、川崎長太郎と同人誌を作るが1号で終わる。大正15年慶応義塾大学文学部に進んでからはフランス文学に傾倒。当初は「三田文学」に文芸評論や小説を寄せ、やがて大学内の同人誌「素質」一派に近付き、昭和6年「新三田派」を創刊した。7年都新聞社に入社。8年坂口安吾らと同人誌「桜」を出し長編「悪徳の街」を連載したが、2号で廃刊。宇野千代の勧めで作家生活に入る決心をし、11年都新聞を退社して宇野とスタイル社を起こして雑誌「スタイル」を発行。同誌を日本初の婦人ファッション専門誌として成長させた。13年「文芸」に寄稿した小説「妻」が宇野や井伏鱒二らに賞賛され、出世作となる。14年宇野と結婚。16年陸軍報道班員としてジャワ島へ赴いた。19年戦時の企業整備で「スタイル」は休刊を余儀なくされ、21年復刊すると爆発的な売行きを見せた。25年男性向けの「男子専科」を創刊したが次第に経営が悪化、32年会社更生法の適用を受けて再出発を図るも、34年倒産した。以後は執筆活動に専念し、39年宇野と離婚した。著書に「桜ホテル」「マタイ伝」「告白的女性論」などがある。

き

北原 鉄雄　きたはら・てつお
アルス創業者
明治20年（1887年）9月5日～昭和32年（1957年）3月28日
[生]福岡県柳川　[学]慶応義塾大学中退　[歴]詩人・北原白秋の弟。慶応義塾大学を中退後、出版を志して金尾文淵堂に勤務するが、大正4年兄を顧問として阿蘭陀書房を創業。芸術誌「ARS」を創刊するとともに兄の「わすれなぐさ」「雲母集」などを刊行。6年同社を他人に譲り、新たにアルスを創業、以後、兄の「兎の電報」「雀の卵」「トンボの目玉」などや「白秋全集」（全18巻）をはじめとして芸術・文芸・音楽・思想・写真・全集など幅広い分野にわたる出版活動を行った。10年三宅克己を顧問、高桑勝雄を主筆とし、一般アマチュアや初心者向けに編集された写真誌「カメラ」を、次いで11年雑誌「芸術写真研究」をそれぞれ発刊、芸術写真の高揚に大きく貢献した。同年兄と山田耕筰を主幹に「詩と音楽」を創刊。昭和2年には“円本ブーム”に乗じて「日本児童文庫」を刊行し、興文社の「小学生全集」と熾烈な販売合戦を繰り広げ、一時は訴訟にまで発展した。18年弟・義雄のアトリヱ社、従弟・正雄の玄光社などと合併し北原出版株式会社を設立した（のちアルスに改称）。　[家]兄＝北原白秋（詩人），弟＝北原義雄（アトリヱ社創業者），義弟＝山本鼎（洋画家），従弟＝北原正雄（玄光社創業者）

北原 夏江　きたはら・なつえ
女優
明治42年（1909年）9月3日～昭和13年（1938年）12月18日
[生]東京市深川区（東京都江東区）　[名]本名＝生草キミ子，前名＝九十九一子　[学]明川高小〔大正12年〕卒　[歴]大正13年小笠原プロダクションに入り、花川夏子の名で映画女優となり、「吹雪の夜」に出演。15年松竹蒲田に移り、「嘆きの薔薇」「三人の娘」などで助演。昭和2年九十九一子と改名、同年日活大将軍に転じ、北原夏江と名を改めた。「幸運」で川又堅太郎、「娘可愛や」に小泉嘉輔と共演してスターへの足がかりをつかみ、「近代クレオパトラ」にも脇役ながら出演。5年「嘘から嘘」で神田俊二と共演したあとは脇役にまわり、「海に散る花」「細君新戦術」など多数に出演。9年多摩川撮影所に移ってからもバイプレーヤーとして活躍、「花嫁寝台列車」「雛妓と坊ちゃん」などに出演した。

北原 白秋　きたはら・はくしゅう
詩人 歌人 童謡作家
明治18年（1885年）1月25日～昭和17年（1942年）11月2日
[生]福岡県山門郡沖端村大字沖端石場（柳川市）　[名]本名＝北原隆吉　[学]早稲田大学英文科予科〔明治38年〕中退　[資]帝国芸術院会員〔昭和16年〕　[歴]中学時代から「文庫」などに短歌を投書し、早大中退後の明治39年新詩社に入る。41年新詩社を退会、パンの会を興し、耽美主義運動を推進。「明星」「スバル」などに作品を発表し、42年第1詩集「邪宗門」を、44年抒情小曲集「思ひ出」を、大正2年第1歌集「桐の花」と詩集「東京景物詩」を刊行、以後詩歌各分野で幅広く活躍し、詩歌壇の重鎮となる。大正7年に創刊された「赤い鳥」では童謡面を担当し、千編に及ぶ童謡を発表すると同時に、創作童謡に新紀元を画した。また明治43年「屋上庭園」を創刊、以後も「朱欒」「地上巡礼」「ARS」「詩と音楽」「日光」「近代風景」など文学史上の重要な雑誌を多く創刊し、昭和10年には多磨短歌会を興し「多磨」を創刊した。詩、短歌、童謡、小説、評論、随筆、紀行など各分野で活躍し、生涯の著書は歌集「雲母（きらら）集」「渓流唱」「黒檜」、童謡集「トンボの眼玉」などを始め約200冊にのぼる。16年芸術院会員となったが、翌17年約5年にわたる闘病生活で死去した。没後の22年句集「竹林清興」が編まれた。「白秋全集」（全39巻・別巻1，岩波書店）がある。　[家]弟＝北原鉄雄（出版人），北原義雄（アトリヱ社創業者），義弟＝山本鼎（洋画家），従弟＝北原正雄（玄光社創業者），女婿＝岩崎英二郎（慶応義塾大学名誉教授）

北見 志保子　きたみ・しおこ
歌人 作詞家
明治18年（1885年）1月9日～昭和30年（1955年）5月4日
[生]高知県宿毛　[名]本名＝浜あさ子，別名＝山川朱実　[学]中国派遣教員養成所卒　[歴]大正14年小泉千樫に師事し、昭和2年「青垣」同人となる。また女流俳誌「草の実」にも参加。10年北原白秋に師事し「多磨」同人となる。歌集に「月光」をはじめ「花のかげ」「珊瑚」などがあり、初期の新体詩や小説に「朱実作品集」「国境まで」がある。

北村 兼子　きたむら・かねこ
ジャーナリスト 大阪朝日新聞記者
明治36年（1903年）11月26日～昭和6年（1931年）7月26日
[生]大阪府大阪市　[学]大阪外国語学校（現・大阪外国語大学）英語科卒，関西大学ドイツ法律科　[歴]20歳の時大阪朝日新聞社発行の「婦人」に投書して認められ、関西大学在学中に大阪朝日新聞社に入社。社会部記者として主に婦人参政権問題に取り組んだ。昭和2年退職。3年「婦人記者廃業記」を出版。同年汎太平洋婦人会議（ハワイ）、4年万国婦人参政権大会（ベルリン）に列席。5年立川の日本飛行学校に入校。訪欧飛行を決行せんと準備中の6年7月、27歳の若さで急逝。13冊の著作を残し、一貫して暴力主義への批判と徹底した反戦平和を訴えた。著書に「筆頭の蛇」「短い演説の草案及北村兼子演説集」「恋の潜航」「私の政治観」「情熱的論理」「大空に飛ぶ」など多数。平成12年大阪の通天閣で開催された「2000平和のための大阪の戦争展」で、記者時代や国際会議に出席した時の写真、作文草稿などの資料が展示された。

北村 喜八　きたむら・きはち
演出家 演劇評論家 劇作家
明治31年（1898年）11月17日～昭和35年（1960年）12月27日
[生]石川県小松市　[学]東京帝国大学文学部英文科〔大正13年〕卒　[歴]四高在学中に「心の歌」を刊行。東京帝国大学在学中、帝大劇研究会で自作「狂人を守る三人」を上演する。大正13年大学卒業後、築地小劇場に参加し、多くの作品を翻訳する傍ら演出もする。昭和4年築地小劇場分裂後は劇団築地小劇場の副主事となる。11年北村演劇研究所を開設、12年これを母体として芸術小劇場を主宰。一方、「海の呼声」などの戯曲や評論も発表し、文化学院、日本大学芸術科講師として後進を育成する。戦後は新演劇人協会常任幹事として新劇再建に尽力し、25年には国際演劇協会（ITI）日本センターを設立し、26年理事長に就任。著書に「表現主義の戯曲」「演出入門」や戯曲集「美しき家族」などがある。　[家]妻＝村瀬幸子（女優）

北村 久寿雄　きたむら・くすお
水泳選手
大正6年（1917年）10月9日～平成8年（1996年）6月6日
[生]高知県高知市　[学]高知商卒，京都帝国大学法学部政治学科〔昭和16年〕卒　[歴]高知商3年の昭和7年、ロサンゼルス五輪の競泳男子1500メートル自由形で金メダルを獲得。8年8月明治神宮競泳場における1000メートル自由形で世界記録を樹立。大学卒業後は一線を退く。戦後は22年労働省に入省、官房審議官、42年公共企業体等労働委員会事務局長を歴任。39年の東京五輪では日本水泳連外国委員長を務めた。　[賞]ヘルムス・ワールド・トロフィ〔昭和7年〕，朝日体育賞（昭和8年度）

北村 耕三　きたむら・こうぞう
建築家
明治10年（1877年）～昭和14年（1939年）6月27日
[出]京都府　[学]東京帝国大学工科大学建築学科〔明治36年〕卒
[歴]近衛公爵家臣・北村礼の長男。明治36年横浜の建築請負業・

清水満之助本店に入店し、建築技師となる。44年「第一銀行横浜支店」の設計・施工・監督に当たり、ルネサンス様式に近代建築の軽快味を加えた煉瓦造2階建を完成させた。大正元年渡欧。2年帰国し、清水組大阪支店長として赴任。6年退店。7年「理化学研究所本館」を建設。9年東京美術学校講師となり、10年内匠寮（宮内庁）に勤務し、12年の関東大震災で罹災した「葉山御用邸」の復旧工事に専念した。昭和3年「多摩御陵」を築造。他に、昭和大礼諸設備や、大宮御所、各宮家邸、帝室博物館などを造営した。

北村 小松　きたむら・こまつ

劇作家　シナリオ作家　小説家

明治34年（1901年）1月4日～昭和39年（1964年）4月27日

[生]青森県八戸市　[学]慶応義塾大学英文科〔大正13年〕卒　[歴]13歳の頃から写真を愛好。慶応義塾大学在学中に劇作家の小山内薫の知遇を得て以来、生涯の師と仰ぐ。師の勧めで戯曲に手を染め、大正10年帝劇創立十周年記念脚本に応募、入選した「借りた室」を皮切りに「ステッセル」「人物のいる街の風景」（15年）、「猿から貰った柿の種」（昭和2年）などを次々と発表し、劇作家としての地位を固める。また大正13年同大学卒業後に松竹蒲田撮影所脚本部に入り、五所平之助監督の「街の人々」（大正15年）、島津保次郎監督の「久造老人」（昭和2年）、牛原虚彦監督の「彼と東京」（3年）、小津安二郎監督の「お嬢さん」（5年）などの脚本を担当、アメリカ映画的な軽快さを日本映画にもたらした。昭和6年には日本初の本格トーキー映画「マダムと女房」（五所平之助監督）の原作・脚色を手がけた。模型飛行機づくりでも有名で、飛行機趣味から少年飛行兵の小説「燃ゆる大空」を書き、これが15年に映画化されてヒットした。太平洋戦争以後は脚本や戯曲から遠ざかり、少年小説やユーモア物を得意とした。著書に「北村小松シナリオ集」「南極海の秘密」「風雪の歌」、訳書にコールドウェルの「タバコ・ロード」、アメリア・イヤハートの「最後の飛行」などがある。

北村 沢吉　きたむら・さわきち

漢学者　国学者　広島文理科大学教授

明治7年（1874年）～昭和20年（1945年）

[生]高知県　[学]東京帝国大学文科大学漢学科〔明治35年〕卒　文学博士　[歴]清国政府に招聘されて北京師範学堂に約10年在職。帰国後、広島高等師範学校、広島文理科大学教授を務めた。昭和13年退官し、郷里に帰って著作を楽しんだ。主著に「儒学概論」「周易十翼精義」「論語義註及集義」「五山文学史稿」など。

喜多村 進　きたむら・すすむ

小説家

明治22年（1889年）9月14日～昭和33年（1958年）11月1日

[生]和歌山県和歌山市　[名]旧筆名＝南十三　[学]青山学院英文科卒　[歴]南葵文庫、帝国図書館に勤務し、昭和8年帰郷して文化活動をする。長編「籌」や短編集「青磁色の春」「紀州万華鏡」などの作品がある。

北村 西望　きたむら・せいぼう

彫刻家

明治17年（1884年）12月16日～昭和62年（1987年）3月4日

[生]長崎県南高来郡南有馬村（南有馬町）　[学]長崎師範〔明治35年〕中退，京都市立美術工芸学校（現・京都市立芸術大学）彫刻科〔明治40年〕卒、東京美術学校彫刻科塑造部〔明治45年〕卒　[賞]帝国美術院会員〔大正14年〕、帝国芸術院会員〔昭和12年〕、日本芸術院会員〔昭和22年〕　[歴]父は浄土真宗本願寺派の信者であり、西方の極楽浄土を望むという意味で"西望（にしも）"と命名されたが、人々が雅号と思い「せいぼう」と読むため、そう読ませることにした。明治36年京都市立美術工芸学校（現・京都市立美術大学）に入学。彫刻の同級に生

涯の親友でライバルとなる建畠大夢がいた。40年首席で卒業、建畠とともに東京美術学校彫刻科塑造部に進む。在学中の41年、第2回文展に「憤闘」が初入選。45年美校も首席で卒業、卒業制作「男」が学校買い上げとなる。大正5年第10回文展でロダン風のブロンズの裸体像「晩鐘」が特選首席となり、6年「光にうたれた悪魔」を無鑑査出品。8年新設された帝展の審査員。10年朝倉文夫と東京美術学校教授に就任。同年朝倉の東台彫塑会に対抗して建畠と曠社を結成し、11年西ケ原彫刻研究所を開設。14年帝国美術院会員、昭和12年帝国芸術院会員。15年全日本彫塑家連盟（のち日本彫塑会、現・日本彫刻会）が結成され、その委員長となる。19年朝倉とともに美校教授を定年退官。22年日本芸術院会員。勇壮な身ぶりの男性像を得意とした他、疎開中に石膏屋を呼ぶ不便から、粘土像から石膏像を造るのではなく、芯の木組みに直接石膏を塗りつけて削り形を整えていく"石膏直付法"を考案した。長崎の「平和祈念像」などで知られる。　[家]長男＝北村治禧（彫刻家）　[勲]文化勲章〔昭和33年〕　[賞]文化功労者〔昭和33年〕，文展二等賞（第9回）〔大正4年〕「怒濤」，文展特選（第10回）〔大正5年〕「晩鐘」

北村 又左衛門　きたむら・またざえもん

北村林業会長　衆議院議員

明治35年（1902年）9月26日～昭和60年（1985年）12月23日

[生]奈良県　[学]法政大学経済学部〔昭和3年〕卒　[歴]全国林業組合長などを歴任。昭和17年の翼賛選挙に奈良全県区から初当選、20年11月まで衆議院議員を務めた。

喜多村 緑郎　きたむら・ろくろう

新派俳優（女方）

明治4年（1871年）7月23日～昭和36年（1961年）5月16日

[生]東京府日本橋町（東京都中央区）　[名]本名＝喜多村六郎　[賞]日本芸術院会員〔昭和23年〕，重要無形文化財保持者（新派女方）〔昭和30年〕　[歴]11歳で商業見習いに出されたが、20歳で帰京、雑俳にこって鴬亭金升に入門。明治25年仲間らの素人芝居で北村みどりの名で伊井蓉峰の妹役を演じ俳優の道に入る。青柳捨三郎一座に入り喜多村緑郎を名のる。29年高田実、秋月桂太郎らと大阪道頓堀角座を本拠に成美団を結成、新派のリアリズム演劇術を開拓。39年帰京、本郷座出演から東京で活躍。佐藤紅緑や泉鏡花などと親交を深め、壮士芝居とは違った文学的な芝居を確立する。41年泉鏡花作「婦系図」をお蔦で初演。大正4年伊井、河合武雄とともに新派三頭目時代を築いた。昭和18年6代目尾上菊五郎と「一本刀土俵入」で20年ぶりに顔合わせし、初役お蔦を演じる。他の当たり役に「日本橋」のお孝、「松菊抄」のお栄、「残菊物語」の五代目尾上菊五郎、「不如帰」の浪子、新版「二筋道」のおすがなど。23年日本芸術員会員、30年人間国宝、同年文化功労者となる。31年には「婦系図」のお蔦を85歳で演じ話題となる。33年訪中日本演劇代表団の一員として中国演劇界を視察。著書に「芸道礼讃」「喜多村緑郎日記」がある。　[賞]文化功労者〔昭和30年〕

北本 正路　きたもと・まさじ

陸上選手

明治42年（1909年）～没年不詳

[生]和歌山県　[学]慶応義塾大学〔昭和8年〕卒　[歴]陸上の中・長距離選手として、昭和3年から4年間、1500メートル、2000メートル、3000メートル、5000メートル、1万メートルの5種目で日本記録を保持。7年ロサンゼルス五輪に出場して5000メートル棄権、1万メートル10位。戦前の陸上中・長距離界で"北本時代"と呼ばれる一時代を築いた。8年大同電力に入社。17年応召、18年3月独立工兵第三〇連隊少尉としてニューギニア各地を転戦。第五十一師団参謀部付として同師団の撤退作成を成功に導いた。ニューギニアのウエワク付近で敗戦を迎える。戦後の43年、「ニューギニア・マラソン戦記」を出版した。

北山 淳友　きたやま・じゅんゆう
仏教哲学者 マールブルク大学名誉教授
明治35年（1902年）1月29日～昭和37年（1962年）1月19日
[生]静岡県焼津　[学]宗教大学哲学科〔大正12年〕卒 Ph.D.　[歴]大正13年浄土宗より欧州留学を命じられ、フライブルク大学で哲学をフッサールに、インド哲学、梵語学をロイマンに学ぶ。昭和2年ハイデルベルク大学に移り、哲学をリッケルト、ヤスパース、インド哲学、チベット学をワレーザーに学び、ヤスパースのもとで「仏教の形而上学」をまとめ、Ph.D.を受けた。6年ヴォルフガング・ゲーテ大学で日本語、日本文化を教え、8年までマールブルク大学宗教学科オットーの助手を務めた。9年よりフランクフルトの文化形態学科で日本部門の指導に従事、15年マールブルク大学名誉教授となる。19年プラハのカレル大学に東洋学科創設のため招かれ、同主任教授としてチェコに移住。20年親独派とみなされて収容所に入れられるが、翌21年解放され、体育教会の委嘱で柔道を教え、また国立外国語学校の日本語講師に就任。この頃から著述に打ち込み、西洋哲学との対比における仏教哲学体系の構築、東西思想の交流、日本文化の紹介などに業績を残した。

北脇 昇　きたわき・のぼる
洋画家
明治34年（1901年）6月4日～昭和26年（1951年）12月28日
[生]愛知県名古屋市　[学]同志社中〔大正6年〕中退　[歴]大正8年鹿子木孟郎の下鴨画塾（京都）を経て、昭和5年津田青楓画塾に転じる。6年第19回二科展に初入選。7年独立美術京都研究所の設立に尽力、以後、独立美術展に出品。10年新日本洋画協会を結成。12年「独活（うど）」を独立美術展に出品、この頃よりシュールレアリスム的な作品を発表。14年美術文化協会の結成に参加。戦後は22年日本アヴァンギャルド美術家クラブ結成に参加、また京都新美術協会を創立。23年日本美術会京都支部長となり、関西の前衛画壇に大きな貢献を果たした。他の代表作に「空港」「クオ・ヴァディス」など。

吉川 潔　きっかわ・きよし
海軍少将
明治33年（1900年）11月3日～昭和18年（1943年）11月25日
[生]広島県広島市　[学]海兵（第50期）〔大正11年〕卒　[歴]駆逐艦「大潮」艦長のとき太平洋戦争が始まり、昭和17年2月バリ島沖海戦で奮戦して注目を浴びた。次いで同年駆逐艦「夕立」の艦長に転じたあとの11月には第三次ソロモン海戦において世界の海戦史にも稀なほどの大戦果をあげた。同年末新造駆逐艦「大波」の艦長に発令されたが、18年11月ニューアイルランド島南端のセント・ジョージ岬沖で撃沈され、艦と運命を共にした。死後2階級特進で少将に昇進。

吉川 祐輝　きっかわ・すけてる
作物学者 東京帝国大学名誉教授 東京農業大学学長
慶応4年（1868年）8月9日～昭和20年（1945年）2月26日
[生]伊予国松山（愛媛県松山市）　[学]帝国大学農科大学〔明治25年〕卒 農学博士（東京帝国大学）〔大正2年〕　[資]帝国学士院会員〔大正14年〕　[歴]明治26年農商務省農事試験場創立と同時に技師として採用され、29年同山陰支場長。34年東京帝国大学農科大学助教授に転じ、42年欧米へ留学、44年帰国して教授に昇任。大正14年農学関係で初の帝国学士院会員に選ばれた。昭和4年退官。3年東京農業大学学長、6年大日本農会副会頭。栽培稲の分類を完成させ、灌漑水温と水稲生育の研究を行う一方、「食用作物各論」「工芸作物各論」などを出版して作物学の体系化を図るなど、作物学研究の草創期に貢献した。また、日本作物学会の創立に尽くし、2年の創立から長く会長を務めた。

吉川 晴十　きっかわ・はるじゅう
冶金学者 海軍造兵少将 東京帝国大学教授
明治18年（1885年）8月6日～昭和27年（1952年）6月5日
[生]長野県諏訪郡玉川村（茅野市）　[学]一高〔明治40年〕卒, 東京帝国大学工科大学採鉱冶金学科〔明治43年〕卒 工学博士（東京帝国大学）〔大正12年〕　[歴]明治43年東京帝国大学採鉱冶金学科を恩賜の銀時計を受けて卒業し、海軍造兵中技士に任官。昭和2年呉海軍工廠製鋼部長、7年海軍造兵少将、8年東京帝国大学教授となった。この間、科学審議会委員、工業品規格統一調査会委員、特殊鋼製造技術委員、鉱工業総力発揮委員会委員、学術研究会議会員などを歴任。鋼の鍛造に関する冶金学的基礎原理を追求、鋼材鍛練作業の呼び方、表示の判定、鋼材検査方法の判定などに貢献した。　[賞]日本鉄鋼協会渡辺三郎賞（第2回）〔昭和15年〕

橘川 司亮　きっかわ・もりあき
中央度量衡検定所長 日本のメートル法の創始者
明治6年（1873年）～昭和12年（1937年）1月2日
[出]宮城県仙台市　[学]東京帝国大学理学部物理科卒　[歴]農商務省に入り、商工省に転じ、中央度量衡検定所長となる。昭和9年退職して日本度量衡協会理事となり、計量器工業組合理事長を兼任した。日本のメートル法の創始者と称され、その推進に尽力した功績は多大であり、全国の度量衡技師はいずれも薫陶を受けたといわれる。12年福島県飯坂温泉の火災のため焼死した。

吉慶堂 李彩（1代目）　きっけいどう・りさい
中国奇術師
明治12年（1879年）11月16日～昭和20年（1945年）3月10日
[生]中国・北京　[名]本名＝李徳福　[歴]明治30年代半ばに来日。36年頃から東京では三遊派、上方では三友派の寄席に出演。中国服から兎や水鉢入りの金魚を出す中国式の奇術と、愛嬌のある片言の口上で、長く人気を博した。昭和20年3月東京大空襲に遭い、亡くなった。

木戸 幸一　きど・こういち
侯爵 内大臣 厚相 文相 貴族院議員
明治22年（1889年）7月18日～昭和52年（1977年）4月6日
[生]東京都　[学]京都帝国大学法科大学政治学科〔大正4年〕卒　[歴]木戸孝允の養嗣子・孝正の子。大正4年農商務省に入省。商工省会計、文書各課長を経て、昭和5年宮内官に転じ、内大臣秘書官長兼宮内省参事官、8年宮内省宗秩寮総裁兼任。この間、大正6年侯爵を継ぎ、昭和20年まで貴族院議員。12年第一次近衛内閣の文相・厚相、14年平沼内閣の内相を歴任。15年6月内大臣に就任、昭和天皇の第一側近となり、重臣会議や後継首相の推挙に重大な発言力を持つようになる。同年第二次近衛内閣を成立させ、16年には東条英機陸相をその後継首班に推挙、内府の権限を強大なものにして政治主流に身を置いた。戦争末期には本土決戦派を抑えてポツダム宣言受諾を演出。戦後、A級戦犯として終身刑を宣告されたが、30年仮釈放、33年赦免。この間、27年に獄中から天皇退位を進言した。東京裁判に提出された日記は41年「木戸幸一日記」（全3巻）として公刊され、昭和政治史研究の基本資料となっている。　[家]祖父＝木戸孝允（政治家），二男＝木戸孝彦（弁護士），三女＝井上和子（宮内庁侍従職女官長），岳父＝児玉源太郎（陸軍大将・伯爵）

城戸 俊三　きど・しゅんぞう
馬術選手
明治22年（1889年）7月4日～昭和61年（1986年）10月3日
[生]宮城県仙台市東二番丁（一番町）　[学]陸士〔明治42年〕卒　[歴]昭和7年陸軍騎兵少佐、9年宮内省に入り、21年まで勤務。主馬寮厩務課長、主殿寮運輸課長などを歴任。この間、3年アム

ステルダム五輪、7年ロサンゼルス五輪に総合馬術選手として出場。ロス大会の時は、疲労した愛馬「久軍」をかばうため途中で棄権、話題になった。この事件で愛馬精神の手本として世界的名声を博した。宮内省時代は天皇陛下、皇太子殿下らのご乗馬指導にあたった。

城戸 四郎　きど・しろう
映画プロデューサー 松竹会長
明治27年(1894年)8月11日～昭和52年(1977年)4月18日
生 東京市京橋区築地(東京都中央区)　名 旧姓・旧名＝北村、別名＝赤穂春雄、虚空天外、鎌倉八郎　学 東京帝国大学法学部英法科〔大正8年〕卒　歴 精養軒を経営する北村家に生まれ、のち城戸家の養子となる。東京帝国大学法学部を卒業後、国際信託銀行を経て、大正10年親戚の大谷竹次郎に誘われて松竹キネマ合名社に入社。当初は経理面を担当したが、13年蒲田撮影所長に就任するとそれまで蒲田製作映画の主流であった新派悲劇調を排し、牛原虚彦や島津保次郎ら新進の監督を起用して庶民の生活感情に根ざした映画を作らせた。一方で赤穂春雄、虚空天外、鎌倉八郎などの筆名で脚本も執筆。新人の育成にも積極的で、五所平之助、小津安二郎、吉村公三郎、渋谷実、木下恵介らを監督に登用。こうして出来上がった、現代的な小市民の生活を明朗、リアル、ユーモラス、かつ叙情的に描いた新路線の作品群は撮影所の所在地にちなんで"蒲田調"と称され、昭和12年撮影所を大船に移転させたあとは"大船調"と呼ばれるようになった。また悲恋メロドラマの製作にも力を入れ、13年の川口松太郎原作・野村浩将監督「愛染かつら」や、28年～29年の菊田一夫原作・大庭秀雄監督「君の名は」などが大ヒット、女性の観客人口を増やすことに成功した。戦時中はいったん松竹を離れて大日本映画協会専務理事となり、映画の全般的な指導に従事。戦後の22年公職追放となったが、間もなく松竹の経営に復帰し、専務、26年副社長を経て、29年社長に就任。その後、一時社長職から退いたが、38年再任され、46年会長となった。

城戸 豊吉　きど・とよきち
実業家
明治24年(1891年)11月30日～昭和40年(1965年)7月14日
生 愛媛県伊予郡北山崎村(伊予市)　学 弓削商船中退　歴 大阪で売られていた鰹の削り節に注目し、大正6年郷里である愛媛県伊予郡に城戸商店(のちのヤマキ株式会社)を設立し、削り節"花かつお"の製造を開始。のち県内外に販路を拡大し、昭和10年には同郡中村に本社工場を新設するなど斯界の主要メーカーとして成長・発展を遂げた。15年全国削節工業組合連合会長。また地方自治の分野でも活躍し、郡中町長を務め、30年同町とその周辺自治体の合併により伊予市が誕生すると、その初代市長となった。

城戸 品郎　きど・ひんろう
映画監督
明治35年(1902年)～昭和10年(1935年)
歴 大正14年マキノ撮影所に入り、沼田紅緑に師事。昭和2年監督となり「鳴門秘帖」第4～6篇と最終篇、「運命」「裏切る登音」(3年)などを撮った。3年日本映画連盟嵐寛寿郎プロに参加、寛寿郎主演「鞍馬天狗」や「鬼神の血煙り」を撮る。4年右太衛門プロに移り「股旅草鞋」(4年)「命の灯」「難行苦行」(5年)。8年宝塚キネマに入り「怪傑荒法師」前・解決篇など2本撮ったが、結核で入院した。

城戸 元亮　きど・もとすけ
ジャーナリスト 東京日日新聞取締役会長
明治14年(1881年)5月12日～昭和41年(1966年)10月28日
生 熊本県　名 号＝碧仙　学 京都帝国大学法科大学〔明治39年〕卒　歴 大阪毎日新聞に入社、東京日日新聞の整理、政治部長などを経て、大正13年主幹、昭和8年本山彦一社長の死後、社長制を廃した取締役会会長に就任。社内紛争のため10ヶ月で退陣。この間、昭和の新年号を「光文」と誤報する事件で一時外遊したが、夕刊1面に中里介山の「大菩薩峠」を連載するなど紙面改革に尽力した。

鬼頭 数雄　きとう・かずお
野球選手
大正6年(1917年)5月20日～昭和19年(1944年)
生 愛知県名古屋　学 中京商卒, 日本大学中退　歴 昭和5年中京商業に入り、6年夏の甲子園に補欠で出場、2、3回は右翼7番と中堅9番で出場し3連覇。対明石中学との大延長戦で1安打、この大会4安打で余りふるわなかった。10年日本大学に進み、投手。11年大東京の4番打者で入団、ライオンと改称した12年秋、打率2位、盗塁22で島と並び1位、得点43で1位だった。15年巨人の川上と最後まで競い合って1厘差の打率.321で首位打者になった。16年南海に移籍したがふるわず、17年応召、19年サイパン島で戦死した。通算454試合出場、1759打数487安打、9本塁打、打率.277。　家 弟＝鬼頭政一(プロ野球監督)

鬼頭 仁三郎　きとう・にさぶろう
経済学者 東京商科大学附属商業専門部教授
明治33年(1900年)12月1日～昭和22年(1947年)9月29日
生 愛知県名古屋市　専 金融学　学 東京商科大学(現・一橋大学)〔大正14年〕卒, 東京商科大学研究科〔昭和3年〕卒　歴 東京商科大学図書館に勤め、昭和7年J.M.ケインズの「貨幣論」を翻訳刊行、10年東京商大附属商業専門部教授、15年東京商大教授を兼任した。17年「貨幣と利子の動態」を刊行。戦後20年東京商大附属商学専門部長、同商業教育養成所長となった。他の著書に「交易理論の基礎」「外国為替講義」など。

衣笠 貞之助　きぬがさ・ていのすけ
映画監督
明治29年(1896年)1月1日～昭和57年(1982年)2月26日
生 三重県亀山市　名 本名＝小亀貞之助、芸名＝藤沢守　学 笹山塾〔大正3年〕修了　歴 幼い頃から芝居好きで、明治42年藤沢守の芸名で初舞台を踏んでからは女形として活動。大正6年日活向島撮影所に女形専門の映画俳優として入社、7年衣笠貞之助と名のり小口忠監督「七色指輪」で銀幕デビューを果たしてからは「生ける屍」「金色夜叉」「己が罪」など5年間に100本以上の作品に出演、新派映画のスターとして人気となった。しかし、映画界が積極的に女優を採用するようになったため、9年「妹の死」で監督に転身。14年新国劇の沢田正二郎を主演に迎えた「月形半平太」が大ヒット。15年自身の独立プロ・衣笠映画連盟を設立し、日本最初のアバンギャルド映画とされる「狂った一頁」を監督。松竹の請負作である「照る日くもる日」で新人・林長二郎(長谷川一夫)に出会うと、昭和2年「お嬢吉三」、3年「海国記」など林の主演作品を連発して成功を収め、林を一躍スターダムに押し上げ、商業映画でも手腕を発揮した。一方で純粋映画への情熱は醒めず、3年抽象化されたセットによる実験的な時代劇「十字路」を製作、自身でフィルムをヨーロッパへ持っていき、日本映画初の国際進出作としてドイツや英国で公開、好評を得た。帰国後は松竹に迎えられ、7年のトーキー大作「忠臣蔵」が大当たり。林の主演作でも8年「二つ燈籠」「鯉名の銀平」、9年「一本刀土俵入り」などの話題作を続々と送り出し、その魅力を最大限に引き出した10年の「雪之丞変化」では松竹創立以来最高の配収をもたらす空前のヒット作となるとともに、軟派時代劇のスタイルを確立した。戦時中に東宝へも移籍。戦後は「地獄門」で29年のカンヌ国際映画祭グランプリとアカデミー賞外国語映画賞を獲得した。　家 妻＝千早晶子(女優)、弟＝衣笠十四三(映画監督)、甥＝佐野武治(映画照明技師)

きぬまき　　　　　　　　　　　　　　昭和人物事典 戦前期

衣巻 省三　きぬまき・せいぞう

詩人 小説家

明治33年（1900年）2月25日～昭和53年（1978年）8月14日

🅖兵庫県朝来郡粟鹿村村栄　🅢早稲田大学英文科中退　🅗佐藤春夫の門下生として、大正13年「春のさきがけ」を発表。のち「文芸レビュー」などに参加し、昭和9年から10年にかけて発表した「けしかけられた男」が第1回芥川賞候補作品となった。詩集に「こわれた街」「足風琴」、小説集に「バラピンの聖女」「黄昏学校」など。

杵家 弥七（4代目）　きねいえ・やしち

長唄三味線方 杵家派家元

明治23年（1890年）12月10日～昭和17年（1942年）12月17日

🅖東京市京橋区（東京都中央区）　🅝本名＝赤星よう　🅗2代弥七の門弟杵家弥寿治（のち初代七㟢）、12代杵屋六左衛門、5代勘五郎に師事、大正5年4代杵屋弥七を襲名。昭和2年杵屋を杵家と改称し、5年より〈きねいえ〉と呼ぶ。大正年間、三味線音楽の楽譜化に努め、12年三味線文化譜を完成して出版、大阪、東京に三味線女塾を開き、ラジオで文化譜の普及を図り、長唄発展に大きく貢献した。平成2年生誕百年記念演奏会が開催された。

杵屋 勝右衛門　きねや・かつえもん

長唄三味線方

明治34年（1901年）～昭和14年（1939年）10月18日

🅝本名＝石川吉治、前名＝杵屋勝松　🅗杵屋勝右衛門の子。昭和14年勝右衛門を襲名、歌舞伎座の立三味線などを務めた。

杵屋 勝五郎（5代目）　きねや・かつごろう

長唄唄方

明治31年（1898年）9月1日～昭和25年（1950年）8月8日

🅖東京市浅草区（東京都台東区）　🅝本名＝須原鎌次郎、前名＝坂田鎌次郎　🅗長唄三味線方である4代目杵屋勝五郎の子。自身は唄方となり、4代目杵屋佐吉に従って芝居や演奏会に出演。市川猿之助劇団の立唄も務めた。昭和2年5代目勝五郎を襲名した。　🅕父＝杵屋勝五郎（4代目）

杵屋 寒玉　きねや・かんぎょく

長唄三味線方 杵屋13代目宗家

明治3年（1870年）5月13日～昭和15年（1940年）3月23日

🅖東京都　🅝本名＝杵家安久利、初名＝杵屋吉之丞、前名＝杵屋喜三郎、杵屋六左衛門　🅗12代目杵屋六左衛門の長男。吉之丞、12代目喜三郎を経て、明治27年13代目六左衛門を襲名し杵屋宗家を継ぐ。大正8年寒玉と改名。三味線の名手で、歌舞伎座、帝国劇場で活躍。弟の5代目勘五郎とともに歌舞伎長唄の育成に尽力し、「春雨傘」「楠公」「五条橋」などを作曲。　🅕父＝杵屋六左衛門（12代目）、弟＝杵屋勘五郎（5代目）、息子＝杵屋六左衛門（14代目）

杵屋 五三郎（1代目）　きねや・ごさぶろう

長唄三味線方

明治22年（1889年）10月5日～昭和14年（1939年）11月5日

🅝本名＝小林鉦次郎　🅗5代目杵屋勘五郎の門弟。明治37年五三郎の名を許され、歌舞伎、帝劇に出演の一方、演奏会、レコードなどに広く活動、3代杵屋栄蔵と双璧をなした。作曲に「俊寛」がある。

杵屋 佐吉（4代目）　きねや・さきち

長唄三味線方 杵佐派家元

明治17年（1884年）9月17日～昭和20年（1945年）12月13日

🅖東京都　🅝本名＝武藤良二、前名＝杵屋浅吉　🅗6代目芳村伊三郎らに師事、明治32年明治座で初舞台。37年4代目佐吉を襲名し立三味線に昇進、松竹合名会社の長唄部長に就任。39年長唄音楽会を結成、委員長。40年明治座の囃子頭。45年長唄芙蓉会を設立、会長として長唄の家庭への普及に努めた。大正8年三味線を主奏とする器楽曲「三絃主奏楽」を発表、第1回の「隅田の四季」から「まつり」「水」「二つ巴」「五月雨」「伊勢参宮」など多くの名曲を残した。また楽器改良にも努め、電気三味線、セロ三味線、豪弦などを作った。長唄協会の設立にも尽力、戦争中は同協会会長を務めた。　🅕祖父＝杵屋佐吉（3代目）、息子＝杵屋佐吉（5代目）、孫＝杵屋佐吉（7代目）

杵屋 正次郎（4代目）　きねや・しょうじろう

長唄三味線方

生年不詳～昭和15年（1940年）2月12日

🅝本名＝大橋新太郎、前名＝杵屋彦次郎　🅗最も著名な3代目正次郎の子で、杵屋彦次郎を名のる。明治35年4代目正次郎を襲名した。　🅕父＝杵屋正次郎（3代目）

木下 義介　きのした・ぎすけ

衆議院議員 香川県知事

明治23年（1890年）1月～昭和47年（1972年）8月21日

🅖長崎県　🅢東京帝国大学英法科〔大正4年〕卒　🅗内務省に入り、宮崎県知事、香川県知事を歴任。昭和17年衆議院議員に当選1回。

木下 謙次郎　きのした・けんじろう

衆議院議員 関東庁長官

明治2年（1869年）2月28日～昭和22年（1947年）3月28日

🅖大分県　🅢司法省法律学校卒　🅗明治35年衆議院議員に当選、以来当選9回。国民党、新政会、改進党、政友会などに所属。通信省参政官、鉄道省参事官、政友本党総務などを経て、昭和4年田中義一内閣の関東庁長官となり、21～22年貴族院議員。食通として知られ庖技に長じ、中国料理に詳しかった。著書に「美味求真」がある。東京歯科医学専門学校理事、開成中学校理事も務めた。　🅕兄＝木下淳太郎（大分県議）、甥＝木下郁（大分県知事・衆議院議員）、木下哲（衆議院議員）

木下 成太郎　きのした・しげたろう

衆議院議員

慶応1年（1865年）8月～昭和17年（1942年）11月13日

🅖北海道　🅢帝国大学予備門　🅗厚岸町議、北海道議、水産組合長、政友会総務等を歴任。明治45年衆議院議員に当選、通算7期を務める。また、我国初の沃度加里製造に携わったのち農牧業を営み、北海道新聞の刊行、帝国美術学校を設立しその校主となるなど各方面で活動。

木下 茂　きのした・しげる

新山一証券会長

明治18年（1885年）8月28日～昭和41年（1966年）3月31日

🅖長崎県　🅢早稲田大学商学部〔大正2年〕卒　🅗三菱合資から小池合資、大正6年山一合資に入り、15年山一証券が設立されて取締役となった。専務を経て、昭和13年社長に就任。18年に山一と小池証券が合併され新山一証券会長となった。22年相談役。25～31年日本証券金融会長を務めた。

木下 寂善　きのした・じゃくぜん

僧侶（天台宗）

明治9年（1876年）～昭和17年（1942年）7月23日

🅖福井県今庄村　🅝号＝霊堂　🅢天台宗大学卒、京都法政大学卒　🅗京都妙法院・村田寂純門跡について修業。大正4年天台宗庶務部長となり、宗会議員、教学部長、総務などを経て、昭和7年京都東山大仏方広寺嵯峨二尊院住職の後、大阪市の古刹四天王寺住職選挙に当選、同寺五重塔復興に尽力した。その間、仏教連合会幹事、京都裁判所の借地借家調停委員なども務めた。

木下 季吉　きのした・すえきち

物理学者　東京帝国大学教授
明治10年（1877年）1月14日～昭和10年（1935年）11月28日
[出]熊本県　[学]東京帝国大学卒　[歴]長岡半太郎の指導を受け、明治38年欧州へ留学。W.フォークト、E.ラザフォードの下で研究し、41年帰国。大正11年東京帝国大学教授。12年α線の写真作用に関する研究で帝国学士院恩賜賞を受賞した。[賞]帝国学士院恩賜賞（第13回）〔大正12年〕

木下 孝則　きのした・たかのり

洋画家
明治27年（1894年）2月24日～昭和48年（1973年）3月29日
[生]東京市四谷区（東京都新宿区）　[学]京都帝国大学法科〔大正7年〕中退、東京帝国大学哲学科中退　[歴]大正10年フランスに留学し、帰国後の12年二科展で樗牛賞を受賞。13年二科賞を受賞。昭和3年から10年にかけてフランスに留学し、帰国後の11年一水会を創立。代表作に「読書」「バレーダンサー」などがある。[家]父＝木下友三郎（教育家）、弟＝木下義謙（洋画家）、叔父＝児島喜久雄（美術史家）　[賞]二科展樗牛賞〔大正12年〕、二科賞〔大正13年〕

木下 竹次　きのした・たけじ

新教育運動指導者
明治5年（1872年）3月25日～昭和21年（1946年）2月14日
[生]福井県　[名]旧姓・旧名＝川崎　[専]合科学習　[学]高等師範学校〔明治31年〕卒　[歴]福井県下で小学校準訓導を勤めた後、高等師範学校を卒業、奈良師範学校附属小学校主事、富山県師範学校教諭、同附属小学校主事、鹿児島師範学校、同女子師範学校長となった。このころ独自の学習法理論を形成。その後京都女子師範学校長を経て、大正8年奈良女子高等師範学校附属小学校主事となり、同校学習研究会を組織、特設学習時間を設け、低学年の大合科学習、中学年の中合科学習、高学年の小合科学習という学習法を実践、雑誌「学習研究」を通じて全国に広がり「奈良の学習」と呼ばれた。著書に「学習原理」「学習各論」「学習生活の指導原理」などがある。

木下 唯助　きのした・ただすけ

興行主　木下サーカスの創始者
明治15年（1882年）1月7日～昭和37年（1962年）2月11日
[生]香川県丸亀　[名]旧姓・旧名＝矢野　[歴]はじめ叔父の動物見せ物小屋うが、のち岡山で芝居小屋を営む興行主・木下藤十郎の目に留まり、その養子となる。明治35年中国大陸に渡り、清国の大連で軽業の一座を旗揚げ。37年の帰国後は一座を発展させ、軽業・曲馬団などを含む木下曲馬団（のちの木下サーカス）を結成した。さらに、大正8年には岡山に金馬館を開き、サーカスのみならず映画館経営なども手がける大興行主に成長。また、全国仮設興行協会会長なども歴任し、昭和期に隆盛を極める木下サーカス株式会社の礎を築いた。昭和23年に引退。[家]養父＝木下藤十郎（興行主）

木下 東作　きのした・とうさく

スポーツ評論家　大阪毎日新聞運動部長　大阪医科大学教授
明治11年（1878年）6月～昭和27年（1952年）6月19日
[生]京都　[専]運動生理学　[学]東京帝国大学医科大学〔明治36年〕卒　医学博士　[歴]明治36年東京帝国大学医化学教室助手、39年大阪府立高等医学校教諭、のち教授。41年に欧州出張、帰国後大阪府下の小中学校でスポーツ選手の実技を指導、神戸高等商業学校の体育顧問、東京高等師範学校講師を務め運動生理学を講じた。大正11年大阪医科大学教授を辞任、大阪毎日新聞社に入り、運動部長。13年日本女子スポーツ連盟を設立、陸上の人見絹代を育てた。15年スウェーデンの第2回女子オリンピック、昭和5年プラハの第3回、9年ロンドンの第4回各大会の団長を務めた。13年にはロンドンの国際陸上競技連盟総会に首席代表として出席。日本体育協会、大日本相撲協会、日本自転車連盟などの会長を務めた。[家]兄＝木下正中（産婦人科学者）

木下 双葉　きのした・ふたば

女優
明治43年（1910年）8月9日～昭和13年（1938年）8月30日
[生]東京市本所区押上町（東京都墨田区）　[名]本名＝光田貞子　[学]金城女学校〔大正15年〕卒　[歴]松竹蒲田から昭和4年東亜キネマ入社。「美男葛」前後篇、「黒蜥蜴の夢」で羅門光三郎の相手役。「時代の踊子」前後篇に嵐寛寿郎と、「新釈鈴木主水」で尾上菊太郎と共演、鉄火女で人気。6年東活肩代わりで「薩南大評定」、「評判影法師」で阿部九洲男と共演し大当たりをとった。同年宝塚キネマ入社、「時雨の長脇差」「神変稲妻峠」など阿部と夫婦共演。8年「涙の渡り鳥」主演。同年大都入社、「放浪旗本仁義」など夫婦共演多数。13年「喧嘩屋五郎兵衛」共演中、盲腸炎で倒れた。最後の共演は「呼子鳥千一夜」。[家]夫＝阿部九洲男（俳優）

木下 信　きのした・まこと

台湾総督府総務長官　長崎県知事　衆議院議員
明治17年（1884年）2月～昭和34年（1959年）6月27日
[生]長野県上伊那郡中箕輪村（箕輪町）　[学]東京帝国大学法科大学政治科〔明治42年〕卒　[歴]大正13年鳥取県知事、同年台湾総督府内務局長兼土木局長、同総督府交通局総長、昭和4年愛媛県知事、5年長崎県知事。6年台湾総督府総務長官。11年衆議院議員に当選。通算2期務めた。

木下 雅子　きのした・まさこ

洋画家
明治38年（1905年）～昭和11年（1936年）6月15日
[学]女子学習院卒　[歴]昭和2年二科会展に出品。木下義謙と結婚して渡仏、サロン・ドートンヌなどに出品した。[家]父＝倉地鉄吉（貴族院議員）、夫＝木下義謙（洋画家）

木下 杢太郎　きのした・もくたろう

詩人　皮膚科学者　東京帝国大学医学部教授
明治18年（1885年）8月1日～昭和20年（1945年）10月15日
[生]静岡県賀茂郡湯川村（伊東市）　[名]本名＝太田正雄、別号＝竹下数太郎、きしのあかしや、地下一尺生、堀花村、北村清六、桐下亭、葱南　[学]独逸学協会中学、一高卒、東京帝国大学医科大学〔明治44年〕卒　医学博士（東京帝国大学）〔大正11年〕　[歴]独逸学協会中学に入り、小説家となる長田秀雄らと美術や文学への関心を深めた。東京帝国大学医科大学では皮膚科を専攻したが、文芸への志望を棄てきれず、明治40年長田の紹介で与謝野鉄幹主宰の新詩社に参加し、41年には北原白秋らとパンの会を結成。42年創刊された「スバル」に小説「荒布橋」が掲載され、引き続き戯曲「南蛮寺門前」「和泉屋染物店」など南蛮風味とキリシタン趣味、耽美的情緒を持ち合わせた作品を次々と発表、白秋と共に耽美派の代表的存在となった。44年大学卒業後も皮膚医学の研究を続け、大正5年南満医学堂教授に就任、10～13年欧米に私費留学。帰国後は愛知医科大学教授、15年東北帝国大学医学部教授を経て、昭和12年東京帝国大学医学部教授。皮膚医学の権威であり、癩風菌の研究で医学博士号を取得した他、リヨン大学植物学教授ランゲロンと共同で糸状菌に関する分類法を発表するなど、数々の業績がある。同時にキリシタン史研究家としても活動し、その影響から発する南蛮風味はその文学にも大きな影響を与えた。文人としては劇作、小説、随筆、評論、翻訳と幅広く活躍したが、中でも明治40年の処女詩以来、印象主義の絵画理論を用いて我が国における印象詩を確立した詩人としての評価が高い。著書に小説集「唐草宝紙」「厩気集」、翻訳・美術論集「印象派以後」、評論集「地下一尺集」「雪櫚集」などがある。[家]

きのした　　　　　　　　　　　　昭和人物事典 戦前期

長男＝河合正一（建築学者），兄＝太田円三（土木技術者）

木下 立安　きのした・りつあん

俳人 理工図書創業者

慶応2年（1866年）11月1日〜昭和28年（1953年）6月8日

[生]紀伊伊都郡大谷村（和歌山県伊都郡かつらぎ町）　[名]号＝木下蘇子　[学]慶応義塾大学〔明治21年〕卒　[歴]明治32年1月大阪の鉄道協会内に鉄道時報局を設置して「鉄道時報」を創刊。7月東京に移転。34年より週刊とし、昭和17年に廃刊するまで鉄道業界紙として愛読された。出版も手がけ、明治34年に出した木下武之助編「鉄道曲線測量表 附布設法」は「木下の曲線表」として工学書のロングセラーとなった。同年鉄道時報局内に公益社を設立、「月刊最新時間表・旅行案内」を創刊。その後、大手時刻表3社が合併し、大正4年旅行案内社を設立した。8年株式会社に改組。11年鉄道時報局内にシビル社を設立。以後、鉄道関係、土木関係を中心とした出版活動を行う。昭和19年戦時の企業整備で他社を買収して鉄道時報局の理工図書を設立して社長。また、企業整備により社長を務めていた旅行案内社は東亜交通公社（現・JTB）に時刻表の発行権を譲渡した。22年社長を退く。俳人しては蘇子と号して大須賀乙字に師事、「鵬祭」「ましろ」同人。「蘇子句集」がある。

木原 玉汝　きはら・ぎょくじょ

薬理学者 新潟医科大学教授

明治27年（1894年）10月10日〜昭和21年（1946年）7月29日

[生]東京市城東区砂町（東京都江東区）　[学]東北帝国大学医学部〔大正12年〕卒　[歴]大正12年東北帝国大学薬理学教室に入り、14年東京帝国大学薬理学教室に移って林春雄の下で研究。同大講師を経て、昭和9年新潟医科大学教授。11〜12年欧米へ留学。18年樟脳の強心作用の本態に関する共同研究で帝国学士院賞を受賞した。21年在任中に亡くなった。　[賞]帝国学士院賞（第33回）〔昭和18年〕，報公賞（第3回）〔昭和8年〕

木原 七郎　きはら・しちろう

芸備日日新聞社長 広島市長 衆議院議員

明治17年（1884年）1月〜昭和26年（1951年）12月24日

[生]広島県　[学]早稲田大学専門部政治経済科〔明治39年〕卒　[歴]芸備日日新聞社に入り大正8年副社長、15年早速整爾社長の死去で社長となった。この間広島県議を経て、昭和5年衆議院議員に当選、以後12、17年にも当選、民政党に属した。戦時中、翼賛議員同盟、翼賛政治会、大日本政治会で活躍、戦後は日本進歩党に属した。20〜22年広島市長。

紀平 正美　きひら・ただよし

哲学者 国民精神文化研究所事業部長

明治7年（1874年）4月30日〜昭和24年（1949年）9月20日

[生]三重県安芸郡安濃町（津市）　[学]東京帝国大学文科大学哲学科〔明治33年〕卒 文学博士　[歴]国学院、東洋大学を経て、大正8年学習院教授となり、東京帝国大学、東京高等師範学校、東京商科大学などにも出講。ドイツ観念論哲学、特にヘーゲルの弁証法研究の先駆者で、「エンチクロペディ」の一部を訳出し、またヘーゲル哲学と仏教との結合を試み「無門関解釈」「行の哲学」などを著した。昭和7〜18年国民精神文化研究所事業部長として戦時体制下の日本主義を鼓吹した。戦後公職追放。著書は他に「自我論」（全2巻）、「認識論」「哲学概論」「三顧転入の論理」「日本精神」「人と文化」などがある。

木辺 孝慈　きべ・こうじ

僧侶 男爵 真宗木辺派第20世門主

明治14年（1881年）4月11日〜昭和44年（1969年）1月23日

[生]京都府京都市下京区　[名]旧姓・旧名＝大谷、幼名＝嶺麿、前名＝尊行　[歴]真宗本願寺派（西本願寺）第21世法主・光尊（明如）の二男。西本願寺筆頭連枝であったが、明治27年木辺淳慈

の養子となり、木辺派を継いで法名尊行を孝慈と改名。28年第20世門主（真宗木辺派管長）となった。29年男爵。生来の学問好きで、宗乗、余乗、普通学を麻田駒之助、前田慧雲、辻円証に学び、真宗教義を是山恵覚に、法華玄義・摩訶止観を天台沢田村徳海に、即身成仏義を真言宗玉山隆延に、唯識を法相宗佐伯定胤に、禅道を豊田毒湛に、哲学を野々村直太郎に学んだ。大正2年に広島へ巡教、11年には真宗開宗七百年記念伝導に出るなど地方巡教の旅を続けた。また荒廃した錦織寺再興のため維持会財団を組織、殿堂を修復した。著書に「宗祖の自行」「教行信証の大意」「御親教集」などがある。　[家]父＝大谷光尊（真宗本願寺派第21世法主），兄＝大谷光瑞（真宗本願寺派第22世法主），弟＝大谷光明（本願寺派管長事務代理），大谷尊由（貴族院議員），妹＝九条武子（歌人）

木見 金治郎　きみ・きんじろう

棋士（将棋）

明治10年（1877年）6月〜昭和26年（1951年）1月7日

[生]岡山県倉敷　[歴]神戸在住の棋士で、明治38年3段、40年4段、42年5段、大正2年6段、8年7段、13年8段となった。8段になって大阪に移住、門下の育成に当たった。東の関根金次郎一門に対する関西の巨頭で、鳥指流定跡の創始者であり、受け将棋の指し手として知られた。門下から神田辰之助、升田幸三ら多くの優れた棋士を輩出した。著書に数種の将棋指導書がある。

君島 一郎　きみじま・いちろう

朝鮮銀行副総裁

明治20年（1887年）4月16日〜昭和50年（1975年）4月25日

[生]栃木県塩原村（那須塩原市）　[学]東京帝国大学経済学部〔明治45年〕卒　[歴]宇都宮中から一高に進み、野球部に所属して二塁手として活躍。明治41年東京帝国大学に進学、45年日本銀行に入行。出納局長、文書局長を経て、大正15年朝鮮銀行副総裁に就任。昭和25年ライフアン工業監査役。明治時代の日本野球草創期の解明に取り組み、85歳だった47年に日本の野球を発祥からまとめた「日本野球創世記」を刊行した。平成21年特別表彰で野球殿堂入り。

君島 清吉　きみじま・せいきち

新潟県知事

明治22年（1889年）4月16日〜昭和41年（1966年）1月11日

[生]栃木県下都賀郡栃木町（栃木市）　[学]一高卒、東京帝国大学法科大学政治学科〔大正6年〕卒　[歴]大正6年奈良県工場監督官補に任官。内務省労働部労務課長、労政課長などを務めた後、昭和6年茨城県、7年香川県、8年宮崎県、10年群馬県、12年福島県、14年新潟県の各知事を歴任した。15年退官して産業報国会中央部総務局長、17年鉄道軌道統制会常務理事。東亜学院院長も務めた。

君塚 篁陵　きみずか・こうりょう

薩摩琵琶奏者 篁流宗家

明治24年（1891年）5月1日〜昭和10年（1935年）10月19日

[生]東京市本郷区（東京都文京区）　[名]本名＝君塚慶蔵　[歴]18歳で白山神社の祠官清水篁師に琵琶を学び、大正元年篁会を組織、篁流を興した。7年浅草公園映画館・大勝館の専属となり、映画琵琶を創始、琵琶映画劇の全盛時代現出に貢献した。のち千葉県市川市に住んで多くの門下を育成。昭和4年4月横浜の敷島座に出演した際負傷、肋骨カリエスを長く患った。

公森 太郎　きみもり・たろう

朝鮮銀行副総裁 中国銀行頭取

明治15年（1882年）3月6日〜昭和28年（1953年）2月25日

[生]岡山県都宇郡大内田村（岡山市）　[学]一高卒、東京帝国大学法科大学政治学科〔明治41年〕卒　[歴]明治41年大蔵省入省。

昭和5年日本興行銀行理事、12年朝鮮銀行副総裁を経て、15年中国銀行頭取に就任。

木村 浅七（2代目）　きむら・あさしち
衆議院議員
明治24年（1891年）11月10日〜昭和57年（1982年）3月3日
生栃木県足利市　学東京高等商業学校（現・一橋大学）〔大正2年〕卒　歴昭和11年から衆議院議員に連続2選、栃木県議会副議長を経て、26年から足利市長5期。

木村 伊兵衛　きむら・いへえ
写真家
明治34年（1901年）12月12日〜昭和49年（1974年）5月31日
生東京市下谷区下谷金杉上町（東京都台東区）　学京華商業〔大正8年〕卒　歴東京・下谷に製繊業を営む家に生まれ、京華商時代からベスト・ポケット・コダックなどで写真に親しむ。大正9年台湾に渡って砂糖問屋で働く傍ら、近くの写真館に出入りして営業写真の技術を学び、11年帰国。13年東京目黒に写真館を開業。14年「日本写真年鑑」創刊号に作品が掲載される。昭和4年神田今川橋に写真館を移転。5年から花王石鹸広告部嘱託。この頃、A型ライカを購入、我が国で最も早い段階のライカ使用者として下町のスナップショットを取り始めた。7年野島康三、中山岩太らと月刊写真雑誌「光画」を創刊。8年名取洋之助の興した日本工房に参加、同工房の第1回展「ライカによる文芸家肖像写真展」で注目される。9年名取と別れ中央工房を創設、本格的に報道写真家として活動を始め、また同年岡田桑三、渡辺義雄らと国際報道写真協会を設立。11年南満州鉄道（満鉄）の招きで中山と満州に赴き、日独合作映画「新しき土」のスチール写真を担当。12年林銑十郎首相を写した写真が「LIFE」の表紙に起用された。13年外務省の依頼で渡辺と中国・上海、15年満鉄の依頼で中山と満州を取材。16年東方社の写真部責任者となり、対外宣伝雑誌「FRONT」を担当。20年空襲によりほとんどのネガを失った。戦後は22年サン・ニュース・フォトス社に入り、名取の下で「週刊サンニュース」を手がけた。27年からは土門拳とともに「カメラ」の月例写真審査員となり、リアリズム写真運動を主導、戦後の写真界に大きな影響を与えた。土門とともに日本写真界で指導的な地位にあり、25年日本写真家協会創設に際し初代会長に就任。没後の50年、朝日新聞社により木村伊兵衛賞が創設された。　賞芸術選奨文部大臣賞〔昭和31年〕

木村 雨山　きむら・うざん
染色家
明治24年（1891年）2月21日〜昭和52年（1977年）5月9日
生石川県金沢市　名本名＝木村文二　専加賀友禅　学石川工業補習学校　賞重要無形文化財保持者（友禅）〔昭和30年〕　歴加賀染の名工上村松太郎（上村雲嶂）に師事、同時に南画家の大西金陽の下で絵画を学び、大正12年33歳で独立した。昭和3年染色による壁掛けや屏風を帝展に出品、9年には特選となった。戦後は日展、日本伝統工芸展を中心に活躍。友禅の伝統技法に現代感覚をとり入れた作風をうちたてた。30年重要無形文化財保持者に認定された。代表作に「縮緬地友禅訪問着『松』」「縮緬地友禅訪問着『梅』」「麻地友禅瓜模様振袖」など。　賞帝展特選〔昭和9年〕「一越縮緬地友禅訪問着『花鳥』」, パリ万博銀賞〔昭和12年〕

木村 鋭市　きむら・えいいち
外交官 駐チェコスロバキア公使 満鉄理事
明治12年（1879年）5月26日〜昭和22年（1947年）7月21日
生島根県神門郡古志村（出雲市）　名号＝圭峯、燕青　学東京帝国大学法科大学政治学科〔明治39年〕卒　歴島根師範学校在学中に寄宿生の同盟休校を指揮したため、放校処分を受け

た。上京して一高、東京帝国大学に学び、明治39年住友銀行に入社するが、41年退社。同年外交官試験に合格して外務省入り。大正8年のパリ講和会議や10年のワシントン軍縮会議で全権委員随員を務めた。12年駐米日本大使館一等書記官、同館参事官、14年亜細亜局長、昭和2年駐チェコスロバキア公使などの要職を歴任し、5年退官して多年の懸案であった鉄道問題解決のため南満州鉄道（満鉄）理事となるが、解決を見ないまま満州事変を迎えた。7年退任。敗戦による引き揚げの途中に発病し、故郷の出雲市で死去。著書に「世界大戦と外交」などがある。

木村 男也　きむら・おなり
病理学者 東北帝国大学教授
明治16年（1883年）2月10日〜昭和29年（1954年）6月29日
生山口県　専神経病理学、病理解剖学　学東京帝国大学医科大学〔明治42年〕卒 医学博士（東京帝国大学）〔大正5年〕　歴専攻は精神医学だったが、明治44年病理学研究のためドイツ、フランスに留学、大正4年東北帝国大学に病理学講座が新設されて教授となった。昭和18年馬来熱帯医学研究所長兼馬来医科大学長となりクアラルンプールに赴任。21年帰国し、22〜24年国立弘前病院長、のち仙台市中央保健所長。戦後は保健医学の面に活躍した。著書「小病理学総論」（全3巻）は多彩な病理学研究の成果。　家長男＝木村栄一（日本医科大学学長）

木村 岳風　きむら・がくふう
吟詠家
明治32年（1899年）10月20日〜昭和27年（1952年）7月1日
生長野県諏訪郡上諏訪町（諏訪市）　名本名＝松木利治、号＝源一岳、源八岳　学諏訪中（現・諏訪清陵高）中退　歴少年の頃から美声の持ち主で唱歌を好んだ。長野県の諏訪中学を3年で中退し、製糸会社・片倉組に入り、2年ほどで辞めて町役場に勤務した。のち上京して諏訪味噌、練炭販売、精麦業などを営む各種の職業を転々とした後、大正末から詩吟に専念。少年時代からの吃音を直すために長姉・まさから教わった詩吟と、役場勤務の折に先輩から指導を受けた朗吟と琵琶が、その後に吟詠家として大成する基となった。昭和2年国楽振興会を創立し、会長に堀内文次郎陸軍中将を迎え、自身は詩吟奨励部長となって全国に詩吟を広める旅を重ねた。11年日本詩吟学院を創設、独自の岳風流を起こし生涯吟道の普及に努めた。著書に「皇漢名詩の吟じ方」などがある。没後、48年諏訪市に生家を改築して木村岳風記念館が開館され、さらに、平成8年新館が完成し、遺墨を始め、愛用した琵琶・バイオリンなどが展示されている。

木村 一夫　きむら・かずお
走り高跳び選手
生年不詳〜昭和62年（1987年）11月4日
出兵庫県　学早稲田大学　歴早大在学中の昭和3年、アムステルダム五輪の陸上走り高跳びに日本代表として出場、1メートル88を跳んで6位に入賞した。7年ロサンゼルス五輪にも出場し、1メートル94をマークして再度6位入賞した。

木村 毅　きむら・き
文芸評論家 小説家
明治27年（1894年）2月12日〜昭和54年（1979年）9月18日
生岡山県勝南郡勝間田村（勝田郡勝央町）　学早稲田大学文学部英文科〔大正6年〕卒 文学博士（早稲田大学）〔昭和36年〕　歴小学生時代から文学に親しみ、「少年世界」などに投稿した。大学卒業後、大正7年1月に隆文館に入社したが、11月創立されたばかりの春秋社に入社し、12年まで勤務する。13年「小説の創作と鑑賞」を刊行し、14年には「小説研究十六講」及び第一創作集「兎と妓生と」を刊行。13年日本フェビアン協会を創設、また吉野作造、尾佐竹猛を中心に結成された明治

文化研究会に参加、「明治文化全集」の編集に貢献。以後、広範な分野で活躍し、大正から昭和初期にかけての円本全集の企画にも参加する。昭和3年から5年にかけて、ヨーロッパ各地を旅行。戦後も幅広く活躍し、早稲田大、上智大、明治大、立教大などで教鞭を執った。また23年には第3代の明治文化研究会会長に就任したほか、自由出版協会理事長、東京都参与、早大史編纂学外委員などを歴任。53年明治文化研究者として一時代を画した。他の著書に「樗牛・鷗外・漱石」「文芸東西南北」「明治文学展望」「大衆文学十六講」「日本スポーツ文化史」「日米文学交流史の研究」「丸善外史」や小説「ラグーザお玉」「旅順攻囲軍」「明治建設」などがある。

木村 吉太郎　きむら・きちたろう
衆議院議員
明治31年（1898年）5月～昭和12年（1937年）4月4日
⽣大阪府　学早稲田大学卒　歴大阪市議を経て、昭和11年衆議院議員に当選1回。民政党に所属した。

木村 久一　きむら・きゅういち
平凡社「大百科事典」編集長
明治16年（1883年）7月5日～昭和52年（1977年）2月28日
⽣山形県　専心理学、教育学　学東京帝国大学文科大学哲学科〔大正2年〕卒　歴麻布中学教諭、青山女学院、早稲田大学などで心理、教育学を講じた。早教育の提唱者。昭和6年下中弥三郎に請われ平凡社に入り、「大百科事典」編集長となった。エンサイクロペディアに事典の訳語を当てたのは木村の案といわれる。欧米の事典を参照して日本初の大規模な百科事典（全28巻）を完成させ、"百科事典の平凡社"の名を高めた。

木村 謹治　きむら・きんじ
ドイツ文学者 東京帝国大学教授
明治22年（1889年）1月2日～昭和23年（1948年）1月13日
⽣秋田県　学東京帝国大学文科大学独文科〔大正2年〕卒 文学博士〔昭和8年〕　歴大正2年四高教授となり、9～12年ドイツに留学。13年東京帝国大学助教授、昭和7年教授を歴任し、ドイツ文学者として活躍。ゲーテ研究に専念し、9年「若きゲーテ研究」を刊行。以後「ファウスト研究」「ウル・マイステル研究」「完成期のゲーテ」などを刊行した。また「和独大辞典」「木村・相良独和辞典」などを編纂。

木村 久寿弥太　きむら・くすやた
実業家 三菱合資総理事
慶応1年（1865年）12月2日～昭和10年（1935年）11月23日
⽣土佐国土佐郡石井村（高知県）　学帝国大学政治学科〔明治23年〕卒　歴明治23年三菱合資に入社、28年長崎支店長、次いで神戸支店長、本店炭礦部長、三菱鉱業監事、三菱製鉄社長、三菱製紙社長を歴任し、大正9年三菱合資専務理事、さらに11年総理事に就任。昭和10年に辞職するまで三菱銀行、三菱鉱業、三菱信託など三菱系諸会社の重役を兼ね三菱財閥の中枢として運営に当たった。その間、大正6年日本工業倶楽部の創立委員、昭和6年創立の全国産業団体連合会の顧問など諸種の公職も務めた。　家弟＝田岡嶺雲（社会評論家）

木村 小左衛門　きむら・こざえもん
衆議院議員 日本硝子窯業社長
明治21年（1888年）2月2日～昭和27年（1952年）2月28日
⽣島根県　名初名＝吉郎　学早稲田大学〔明治39年〕中退　歴木村長門守重成の末裔。農会長、郡会長、島根県農工銀行、山陰道産業、東京実用自動車社、島根貯蓄銀行などの各重役を務め、日本硝子窯業、興化工業各社長を歴任。大正13年衆議院議員となり以来当選7回。民政党に入り首相秘書官、拓務参与官などを経て、昭和20年進歩党政務調査会長、21年衆議院副議長、22年吉田茂内閣の農相、同年片山哲内閣の内相、

同年12月建設院総裁となった。その後民主党幹事長を務めた。

木村 五郎　きむら・ごろう
彫刻家
明治32年（1899年）5月5日～昭和10年（1935年）8月1日
⽣東京市神田区飯田町（東京都千代田区）　名旧姓・旧名＝鈴木　学蔵前高等工業学校附属工手徒弟学校中退　歴東京・神田の洋服商、鈴木家の8人兄妹の末っ子の五男。母が病気のため浅草の建具職人・木村家に預けられ、同家の養子となった。尋常小学校高等科に入る頃から建具の修業を始め、大正4年蔵前高等工業学校附属工手徒弟学校に入る。しかし、自身が養子であることを知り、義弟に家督を譲ろうと建具職を退く決心をし、6年より通いの外弟子として山本瑞雲に木彫を師事した。7年石井鶴三の知遇を得、8年には石井の推薦で、展覧会に入選経験を持つという内規を破る異例の形で日本美術院研究会員となった。10年「籤の川上の素盞雄尊」「習作」で院展初入選。以来、入選を重ね、13年院友、昭和2年同人に推された。日本各地の風俗を題材とした木彫の小品を手がけ、農民美術の普及のため各地で風俗人形の制作指導を行った。著書に「木彫技法」「木彫作程」がある。また、市川房枝と親交があり、市川の雑誌「婦選」の表紙やカットを生涯無料で提供した。　家岳父＝大内青巒（僧侶・仏教運動家）、義兄＝大内青坡（画家）、大内青圃（彫刻家）

木村 作次郎　きむら・さくじろう
美濃大正新聞社長 衆議院議員
明治5年（1872年）7月5日～昭和23年（1948年）12月20日
⽣岐阜県　名旧姓・旧名＝上田　学東京法学院、東京政治学校　歴旅館経営の一方、政治に関心、その一環として明治35年西濃週報を出した。36年美濃時報、39年美濃新聞、大正元年美濃大正新聞と改題、各社長を務めた。この間大垣町議、安八郡議、大垣市議、同議長、岐阜県議を歴任、大正9年新聞を利用して衆議院議員に当選、政友会に所属した。昭和11年にも衆議院に当選、当選3回。戦時中は翼賛議員同盟に属した。

木村 重友（1代目）　きむら・しげとも
浪曲師
明治15年（1882年）9月15日～昭和14年（1939年）8月13日
⽣神奈川県川崎市　名本名＝岩田甫　歴少年時代から浪曲や芝居が好きで、紺屋の職人から浪曲を志し29歳で初代木村重勝に入門、翌年真打ちとなった。大正12年「天保六花撰」で一躍名声を博し、関東節の第一人者といわれた。金襖、世話物、仁侠物など多彩な演題をこなし、「越の海角蔵」「北海奇聞」「文七元結」などを得意とし、大正後期、虎丸、楽燕、雲月と並び四天王といわれた。

木村 重治　きむら・しげはる
西洋史学者 立教大学学長
明治7年（1874年）5月4日～昭和42年（1967年）7月18日
⽣奈良県天理市　名号＝鹿峯　学立教学院専修科〔明治29年〕卒、ホバート大学（米国）〔明治33年〕卒、ハーバード大学〔明治36年〕卒 M.A.〔明治36年〕　歴明治30年渡米、ホバート大学に学びバチェラー・オブ・アーツを得、さらにハーバート大、ケンブリッジ神学校に学んでマスター・オブ・アーツとなった。37年帰国、立教、東京高等商業学校、山口高等商業学校各教授を経て、長崎高等商業学校校長となった。昭和5年立教大学経済学部教授となり、経済学部長を経て、7年学長に就任、11年まで務めた。戦後極東軍事裁判弁護人、財団法人グルー基金常務理事、日米協会幹事などを歴任。「西洋史眼」「米国近世史」などの著書がある。

木村 重松（1代目）　きむら・しげまつ
浪曲師

明治10年(1877年)～昭和13年(1938年)12月2日
生東京府神田区お玉池(東京都千代田区) 名本名=荻村勘太郎、旧姓・旧名=平木、前名=吉川繁之助、後名=木村重勝 歴8歳で丁稚奉公、諸々を転々。牛込の石屋に住み込んだ14歳の時、吉川小繁(後の桃中軒雲右衛門)に入門。その後木村重勝に入門、深川の柳川亭で初看板、25歳で真打ちとなった。やるせない関東節が人気を呼び、関東浪曲界の大立者となり、43歳の時浪花節組合の頭取となった。「新蔵兄弟」「大岡政談」「相馬大作」「豊川利生記」「安中草三」「慶安太平記」などが得意のネタで、阿部川町の師匠と呼ばれた。実子の若松丸に2代重松を継がせ、晩年2代木村重勝を襲名した。 家息子=木村重松(2代目)、妹=木村八重子(曲師)

木村 重 きむら・しげる
魚類学者 水産学者 上海自然科学研究所研究員
明治36年(1903年)～昭和52年(1977年)3月19日
出茨城県常総市 名中国名=穆千里 学山形高卒、東京帝国大学農学部〔大正15年〕卒 理学博士 歴東京帝国大学副手となり、昭和4年岸上鎌吉と揚子江の淡水魚調査を実施。6～13年上海自然科学研究所の研究員として中国各地の魚類を調査した。その後、上海を拠点に東南アジアで現地調査を行うが、戦後全ての資料を失って引き揚げ。東京大学水産学科講師を経て、在野の研究者として水族館や養魚場のコンサルタントを務めながら著作に専念した。著書に「魚紳士録」「魚ふしぎ不思議」などがある。また、小野寺信陸軍中佐の日中和平工作に関与したともいわれる。

木村 小舟 きむら・しょうしゅう
児童文学者 編集者
明治14年(1881年)9月12日～昭和30年(1955年)4月20日
出岐阜県加茂郡加治田村(富加町) 名本名=木村定次郎、初号=扶桑 歴教職の傍ら短編小説を執筆、明治31年教職を辞して文学に専念し、巌谷小波に師事。33年上京して博文館に入社、「幼年世界」記者となるが、同年廃刊のため「少年世界」に転じ、39年創刊の「幼年画報」の編集にも当たる。大正2年岐阜通俗図書館開館と共に館長に就任。3年博文館を退職して東亜堂に移り、営業を担当。8年同社の株式会社化に伴い経営の全般を担い、9年には合資会社明治出版社も興すが、11年業績の悪化により両社を解散した。以後は神田広文館で編集を手伝うのを経て、昭和3年小波が設立した千里閣出版部理事となり、「小波お伽全集」「大語圏」など師の文業の編集に専心参与した。12年頃より坂東書店発行の少年雑誌「興国少年」を編集。17年長らく少年文学に携わった自身の体験に基づき「少年文学史 明治編」を刊行。一方で古美術についての研究も行った。

木村 尚達 きむら・しょうたつ
司法官 司法相 検事総長 貴族院議員(勅選)
明治12年(1879年)5月27日～昭和22年(1947年)11月1日
生熊本県 名旧姓・旧名=東 学京都帝国大学法科大学独法科〔明治39年〕卒 歴明治39年司法省に入省。41年検事となり、岡崎、千葉各地裁検事を経て、44年ドイツ留学、大正3年帰国。その後東京地裁判事、同部長、司法書記官兼司法省参事官、大臣官房調査課付検事兼司法書記官、司法省刑事部長、大審院検事、司法省刑事局長などを経て、14年検事総長、15年米内内閣の司法相となる。この間、大本教事件、血盟団事件、五・一五事件、美濃部達吉の天皇機関説問題を手がけた。15～21年貴族院議員。21年公職追放、26年解除となり、法政大学教授を務めた。

木村 庄之助(19代目) きむら・しょうのすけ
大相撲行司 立行司
明治2年(1869年)～昭和7年(1932年)5月30日

出東京都墨田区両国 名本名=鬼頭多喜太、初名=式守多喜太、前名=式守錦之助、式守与太夫、式守伊之助 歴明治14年大相撲年寄先代若藤の門に入って行司となり、18年1月場所で式守多喜太を名のり初土俵。26年1月第2代式守錦之助、32年5月第5代式守与太夫を継ぐ。33年幕内格。大正11年1月場所で第13代式守伊之助を継ぎ、15年1月場所で第19代木村庄之助を襲名。東京大相撲協会設立にも尽力。昭和7年5月場所で引退。人望、手腕もあり、名行司として聞こえた。

木村 庄之助(20代目) きむら・しょうのすけ
大相撲行司 立行司
明治9年(1876年)12月3日～昭和15年(1940年)3月9日
生栃木県都賀郡上奈良部 名本名=後藤子之吉、前名=式守子之吉、式守錦太夫、式守与太夫、式守伊之助、別名=松翁 歴8代目式守伊之助の弟子となり、明治19年1月式守子之吉で初土俵。35年1月幕内格、42年6月三役格を経て、大正15年15代目伊之助、昭和7年20代目庄之助を襲名。双葉山・玉錦時代に活躍、品格・技量・識見ともに卓越し、日本相撲協会から"松翁"の尊称を受けた。

木村 庄之助(21代目) きむら・しょうのすけ
大相撲行司 立行司
明治22年(1889年)4月1日～昭和45年(1970年)11月25日
生長野県長野市稲荷山町 名本名=竹内重門、前名=式守与之吉、式守勘太夫、木村玉之助、式守伊之助、年寄名=立田川 歴井筒部屋に入り、のち伊勢ノ海部屋、時津風部屋に移籍。明治32年1月初土俵。大正11年幕内格、昭和2年三役格となり、14年1月17代目伊之助、15年5月21代目庄之助を襲名。26年5月引退、36年廃業。

木村 荘八 きむら・しょうはち
洋画家 随筆家
明治26年(1893年)8月21日～昭和33年(1958年)11月18日
生東京都墨田区両国吉川町 学京華中学校卒、白馬会葵橋洋画研究所 歴生家は牛鍋屋いろは。白馬会葵橋洋画研究所に学び、岸田劉生と交友。「薄命のロートレック」を翻訳しながら、大正元年フュウザン会展でデビュー。「エル・グレコ」「未来派及立体派の芸術」などを翻訳出版。その間、岸田や高村光太郎らと生活社展を開き、4年に草土社を結成。二科会にも出品したが、草土社解散後、12年に春陽会会員となり、13年「お七櫓にのぼる」昭和3年「パンの会」などを制作。同時に白井喬二の「富士に立つ影」、大仏次郎の「霧笛」など新聞小説の挿絵で名声を博し、特に永井荷風の「濹東綺譚」で頂点に達した。また随筆でも「明治挿絵変遷史」「東京の風俗」「東京繁昌記」などに健筆をふるった。「木村荘八全集」(全8巻、講談社)もある。 家父=木村荘平(牛鍋いろは創業者)、姉=木村曙(小説家)、兄=木村荘太(小説家)、弟=木村荘十(小説家)、木村荘十二(映画監督) 賞日本芸術院賞恩賜賞[昭和33年]「東京繁昌記」、院展樗牛賞(第5回)[大正7年]

木村 象雷 きむら・しょうらい
水泳選手
明治41年(1908年)2月9日～昭和61年(1986年)1月27日
出岡山県 学早稲田大学卒 在学中の昭和3年、アムステルダム五輪100メートル背泳に出場したが予選落ちした。

木村 信六 きむら・しんろく
考古学者
明治36年(1903年)12月25日～昭和16年(1941年)12月11日
生北海道島牧郡永豊村(島牧村) 学東京物理学校(現・東京理科大学) 歴北海道で生まれ、樺太へ移住。東京物理学校(現・東京理科大学)に進むも、両親の説得により帰郷し、警察官となった。傍ら、樺太の考古学を研究し、昭和8年本斗(現・

ネベリスク）に木村郷土研究所を設立。9年樺太西海岸の遺跡108ケ所の分布図「本斗郡先史時代遺物発見地名表」を発表した他、"オホーツク式土器"の命名にも寄与した。16年37歳で病死した。

木村 専一　きむら・せんいち
写真家　「フォトタイムス」主幹
明治33年（1900年）8月〜昭和13年（1938年）4月12日
⽣徳島県　歴森芳太郎に師事。師の紹介で写真之友社に入り、「写真之友」主幹、「写真文化」主筆を経て、大正12年オリエンタル工業（現・サイバーグラフィックス）に移り、宣伝課長となる。13年同社から月刊写真雑誌「フォトタイムス」が創刊されると、主幹に就任。同誌ははじめ懸賞写真と技術指導を専らとしていたが、昭和4年頃から彼の意向を反映し、「モダーン・フォトセクション」と題したコーナーを設けてフォトグラムを初めとする新技法や欧米の最新写真事情を紹介、日本における新興写真の成立に寄与した。5年には同誌での活動を足がかりに新興写真研究会を組織し、自ら会長を務めるとともに、機関紙「新興写真研究」を発刊。6年10月には写真事情視察のため渡欧、モホイ＝ナジやマン・レイら世界の前衛写真家と交遊したのみならず、彼らの作品を日本に持ち帰り、「フォトタイムス」誌上に紹介した。帰国後は武蔵野写真学校を創立し、写真教育の充実に努めた。

木村 仙秀　きむら・せんしゅう
江戸文化風俗研究家　集古会幹事
明治18年（1885年）9月10日〜昭和38年（1963年）
⽣青森県弘前市　名本名＝木村捨三　歴東京で表具屋を営む。その傍ら、古書の収集や江戸時代の研究を行った。明治45年頃からは、史学・風俗・民俗・考古趣味の集まりである集古会に参加し、同会の機関誌「集古」に江戸文学などに関する論考を発表。昭和時代に入ってからは同会の幹事としても活躍し、昭和19年頃に同会が活動を停止するまでその事務や会誌発行などを手がけた。また、稀書複製会叢書や松迺舎文庫蔵書展観目録などをはじめ、数多くの書物・目録で題を執筆している。その研究は、江戸の文学・風俗に留まらず絵画や商標、当時研究する者が少なかった邦楽にも及び、江戸研究の基礎確立に大きく力があった。著書に「木村仙秀集」全7巻、「江戸時代商標集」のほか、漫画家・宮尾しげをとの共著で「江戸庶民芸術風俗誌」がある。

木村 荘十　きむら・そうじゅう
小説家
明治30年（1897年）1月12日〜昭和42年（1967年）5月6日
⽣東京市神田区（東京都千代田区）　学慶応義塾大学中退　歴大正6年第一次大戦中に渡英。休戦後帰国し満州日日新聞政治部長、満蒙説論社経営などを経て、昭和7年「血縁」でサンデー毎日文芸賞、16年「雲南守備兵」で直木賞を受賞。他の作品に「嗤う自画像」「積乱雲」などがある。　家父＝木村荘平（牛鍋いろは創業者）、姉＝木村曙（小説家）、兄＝木村荘太（小説家）、木村荘八（洋画家）、弟＝木村荘十二（映画監督）　賞直木賞（第13回）〔昭和16年〕「雲南守備兵」、サンデー毎日大衆文芸賞（第11回）〔昭和7年〕「血縁」

木村 荘太　きむら・そうた
小説家　文芸評論家　随筆家
明治22年（1889年）2月3日〜昭和25年（1950年）4月15日
⽣東京都　名筆名＝久木今作、木村艸太　学華中卒　歴明治43年第二次「新思潮」に参加し「前曲」などを発表。白樺派にも近づき、一時"新しき村"で暮らした。大正2年告白小説「牽引」を発表。また「ロマン・ロラン全集」などを翻訳。12年の関東大震災以後は千葉県遠山村に住み、農耕と読書に日を過し、ここから「農に生きる」「林園賦」などを刊行する。

昭和25年「魔の宴」を刊行する直前に自殺した。　家父＝木村荘平（牛鍋いろは創業者）、姉＝木村曙（小説家）、弟＝木村荘八（洋画家）、木村荘十（小説家）、木村荘十二（映画監督）

木村 荘十二　きむら・そとじ
映画監督
明治36年（1903年）9月4日〜昭和63年（1988年）8月10日
⽣東京市芝区三田四国町（東京都港区）　学小卒　家父・木村荘平は子沢山で知られた牛鍋屋いろはの創業者で、男子には自身の"荘"の字の下に生まれた順から漢数字をつけていき、12番目の息子であることから荘十二と名付けられた。荘太、荘八、荘十といった兄たちの影響をうけて文学や音楽を愛好し、映画界入り。昭和3年大阪帝キネに入社、5年「質屋と花嫁と紳士」で監督に昇格するが、スタジオ火災でフィルムを失い、続いて撮影した「百姓万歳」が第一作となった。間もなく同社が新興キネマに合併され、7年ストライキを指導したかどで退職し、帰京。8年自身の独立プロ・音画芸術研究所を設立し、PCL（写真化学研究所、現・東宝）と提携して最後の傾向映画と言われた「河向ふの青春」を監督。その後はPCLの契約監督となり、「ほろよい人生」「只野凡児」などの軽喜劇を経て、11年に室生犀星原作「兄いもうと」、三好十郎原作「彦六大いに笑ふ」と文芸映画の佳作を発表して新境地を開き、同社を代表する監督の一人と目されるに至った。16年満州映画協会（満映）に招かれて渡満。戦後も同地に留まって新中国の文化工作に携わり、28年帰国してからは「森は生きている」などの児童映画や反核映画・記録映画を主に監督した。　家父＝木村荘平（牛鍋いろは創業者）、姉＝木村曙（小説家）、兄＝木村荘太（小説家）、木村荘八（洋画家）、木村荘十（小説家）

木村 武雄　きむら・たけお
衆議院議員　東亜連盟同志会理事長
明治35年（1902年）8月30日〜昭和58年（1983年）11月26日
⽣山形県米沢市　学明治大学政経学部法律学科〔大正15年〕卒　歴昭和4年米沢市議、6年山形県議を経て、11年山形1区から衆議院議員に当選。中野正剛の東方会に入り、同会農政部長、幹事を務めたが、15年除名。また、12年日本農民連盟を創立。14年石原莞爾のもとで東亜連盟協会を結成、理事長となった。18年東亜連盟同志会と改称。戦後、21〜26年公職追放。27年衆議院議員に復帰して通算12期。佐藤内閣の行政管理庁長官、北海道開発庁長官、田中内閣の建設相、国家公安委員長などを歴任した。行動力や歯に衣着せぬ発言から"元帥"や"放言居士"の異名をとった。

木村 恒　きむら・つね
小説家
明治20年（1887年）3月12日〜昭和27年（1952年）4月26日
⽣埼玉県北埼玉郡埼玉村（行田市）　学早稲田大学専門部政治経済科〔大正3年〕卒　歴東京朝日、大阪朝日などの記者をしながら「新小説」などに創作を発表し「狂人の妻」「女の秘密」などの著書がある。

木村 哲二　きむら・てつじ
病理学者　東京慈恵会医科大学名誉教授
明治17年（1884年）12月22日〜昭和44年（1969年）2月25日
⽣岡山県窪屋郡倉敷村（倉敷市）　専外科病理学、獣医病理学　学六高卒、東京帝国大学医科大学獣医学科〔大正3年〕卒　医学博士（東京帝国大学）〔大正12年〕　歴大正3年東京帝国大学病理学教室に入り、山極勝三郎と長与又郎に師事。5年助手、8年講師を経て、9年東京慈恵会医学専門学校教授、11年大学昇格により東京慈恵会医科大学教授。昭和7〜21年名古屋帝国大学教授。21年定年退官。また、東京歯科大学、帝国女子医学専門学校、日本医科大学各教授を歴任。獣医学・人体医学両方の病理学を学んだ珍しい経歴の持ち主で、グリコーゲンに

ついて優れた業績が多い。著書に「病理学総論」「病理学図譜」「養素及酵素」などがある。　賞ウィルヒョウ・山極賞(第13回)〔昭和10年〕

木村 富子　きむら・とみこ
劇作家 舞踊作家
明治23年(1890年)10月10日～昭和19年(1944年)12月26日
生東京市浅草区(東京都台東区)　名旧姓・旧名＝赤倉　学日本橋高等女学校卒　歴松井松翁に師事して劇作を学び、大正15年「玉菊」を発表。同年歌舞伎座で上演されて認められた。以後「心中雪夜話」「与三郎の月魄」などの戯曲のほか、従兄の2代目市川猿之助のために「高野物狂」「独楽」など多くの舞踊劇を書いた。戯曲集には「銀扇集」「草市」「すみだ川」など。　家夫＝木村錦花(劇作家)、おじ＝市川段四郎(2代目)、従兄＝市川猿之助(2代目)

木村 日紀　きむら・にちき
僧侶(日蓮宗) 立正大学教授
明治15年(1882年)12月25日～昭和40年(1965年)11月25日
生福井県南条郡武生町(越前市)　名号＝龍寛、慧晃院　専インド哲学、仏教学　学サンスクリット大学(カルカッタ)東洋学科〔大正3年〕卒　歴漢学塾や東洋大学で学び、立正安国会で田中智学の指導を受ける。明治41年日蓮宗留学生としてインドに渡りインド哲学を修め、のちサンスクリット大学で仏教哲学を講じた。昭和4年帰国後、立正大学教授となり、サンスクリット語、インド哲学、仏教学を講じた。傍ら18年より千葉県の日蓮宗日本寺住職を務めた。現代インド思想の研究者で、日本のラーマクリシュナ・ヴィヴェーカーナンダ協会会長、国際仏教協会理事長を歴任。著書に「印度現代思潮」「印度民族」「印度古代史」「印度経済事情」「優波尼沙土物語」のほか英文著作もある。

木村 日保　きむら・にっぽ
僧侶 顕本法華宗管長 統合宗学林高等部教授
明治11年(1878年)9月9日～昭和17年(1942年)5月5日
生千葉県　名字＝乾中、号＝尚信院、幼名＝三蔵　専仏教学　歴明治20年得度。宮谷檀林、哲学館などで哲学、仏学を学び、日蓮教学を修学した。統合宗学林高等部教授、同学院長、東洋大学、日本大学、立正大学などで哲学を講じた。また東京早稲田正法寺住職、品川本光寺住職を務め、顕本法華宗監督布教師、宗務総監から昭和10年同宗管長となった。社会事業にも尽力した。

木村 栄　きむら・ひさし
天文学者 国際緯度観測所初代所長
明治3年(1870年)9月10日～昭和18年(1943年)9月26日
生石川県金沢市　専位置天文学　学帝国大学理科大学星学科〔明治25年〕卒 理学博士　寛帝国学士院会員〔大正14年〕　歴明治32年万国測地学協会の要請で岩手県水沢に創立の国際緯度観測所初代所長となり、昭和16年まで務めた。明治34年地軸運動の解析的研究で緯度変化の二つの変動成分X、Yのほかに1年周期の第3成分Z項(木村項)を発見、世界の天文学者を驚かせた。これにより44年第1回帝国学士院恩賜賞を受賞。国際天文学連盟、国際測地学地球物理学連合の緯度変化委員長、大正11年～昭和12年国際緯度観測事業国際中央局長を兼任した。明治43年に英国王立天文学会友、大正15年帝国学士院会員。昭和12年第1回文化勲章を受章した。没後の45年国際天文学連合第14回総会は、月面クレーターの一つを「キムラ」と命名した。水沢市、金沢市に銅像がある。　家女婿＝茅誠司(物理学者)　勲文化勲章〔昭和12年〕　賞帝国学士院恩賜賞(第1回)〔明治44年〕、英国王立天文学会金メダル、朝日文化賞(昭和10年度)〔昭和11年〕

木村 秀興　きむら・ひでおき
衆議院議員
明治5年(1872年)10月～昭和16年(1941年)4月5日
出三重県　学東京帝国大学文科大学史学科〔明治30年〕卒　歴昭和3年より衆議院議員に2選。民政党に所属した。

木村 秀蔵　きむら・ひでぞう
実業家 アース製薬創業者
明治3年(1870年)4月1日～昭和20年(1945年)2月8日
出大阪府　名旧姓・旧名＝東　歴東家に生まれ、母の実家の木村姓を名のる。父の事業失敗により、11歳で大阪の薬種問屋・小寺商店に丁稚奉公に入った。16歳で夜学の薬学校に入り、薬剤師の資格を取得。明治25年大阪で外傷薬「チキウイロン」や塩酸を製造する工場を建てて独立。43年炭酸マグネシウムを製造するために、その材料である"にがり"を手に入れやすい製塩地に近い兵庫県赤穂に移った。大正5年炭酸マグネシウムの国産化に成功。14年株式会社木村製薬所(現・アース製薬)を設立。昭和4年除虫菊を原料に家庭用殺虫剤「アース」を、15年蚊取線香「アース渦巻」を発売。また、8年以降、京城、台北、新京、奉天といった旧植民地に進出した。戦後、同社は大塚製薬の傘下に入り、「ごきぶりホイホイ」「ダニアース」「アースノーマット」といった殺虫剤で知られる生活用品メーカーとして発展した。

木村 秀政　きむら・ひでまさ
航空工学者 東京帝国大学航空研究所教授
明治37年(1904年)4月13日～昭和61年(1986年)10月10日
生北海道札幌市　出青森県三戸郡五戸町　学東京府立四中〔大正10年〕4年修了、一高理科甲類〔大正13年〕卒、東京帝国大学工学部航空学科〔昭和2年〕卒 工学博士〔昭和20年〕　歴小学校時代から飛行機に憧れ、大正13年東京帝国大学航空学科に入学。昭和4年同大航空研究所に入り、12年航空技師、16年助教授兼航研所員を経て、19年教授兼所員に昇任。この間、「航研機」や「A-26」の設計に携わり、「航研機」は13年、「A-26」は18年に航続距離の世界記録を樹立。特に「A-26」は当時の世界記録1万2936キロを大幅に上回る1万6435キロを飛んだが、戦時下で国際航空連盟(FAI)と連絡が取れず非公認記録となった。また、12年には萱場資郎の依頼で計算から製図まで一人でこなした我が国初の無尾翼グライダー「HK1型」を設計。戦争末期には日本初のロケット戦闘機「秋水」の飛行試験の顧問を務めた。戦後は初の国産旅客機「YS11」の開発を実現した。　家長男＝木村翔(日本大学名誉教授)　賞毎日航空技術賞〔昭和20年〕

木村 文助　きむら・ぶんすけ
綴方教育指導者
明治15年(1882年)6月26日～昭和28年(1953年)12月11日
生秋田県　学秋田師範卒　歴秋田県内各地の小学校に勤めながら、綴方教育に打ち込む。初め、鈴木三重吉主宰の「赤い鳥」によって活動を展開、同誌に60篇余の指導作品を掲載した。大正7年～昭和3年北海道大野小学校校長を務める。4年指導文集「村の綴方」を発行。また、雑誌「綴方生活」「北方教育」にも寄稿。当時の郷土主義教育思潮をふまえ、「赤い鳥」の文芸リアリズムから生活主義への展開に寄与した。

木村 平右衛門　きむら・へいえもん
九州配電社長 衆議院議員
明治14年(1881年)2月～昭和28年(1953年)11月23日
出和歌山県　学東京高等商業学校(現・一橋大学)卒　歴九州水力電気社長、九州配電社長を歴任。大正4年衆議院議員も1期務めた。

きむら　　　　　　　　　　　　昭和人物事典 戦前期

木村 兵太郎　きむら・へいたろう
陸軍大将 陸軍次官
明治21年（1888年）9月28日〜昭和23年（1948年）12月23日
[生]埼玉県　[学]陸士〔第20期〕〔明治41年〕卒, 陸大〔大正5年〕卒　[歴]明治41年野砲第16連隊付となり, 陸大卒業後, ドイツ駐在, 砲兵監部部員, 昭和4年参謀本部部員。同年ロンドン軍縮会議随員, 10年から陸軍省整備局統制課長, 同兵器局長, 14第32師団長として中国済南に従軍, 15年関東軍参謀長。16〜18年東条英機陸相の下, 陸軍次官。19年ビルマ方面軍司令官, 20年5月大将。敗戦後, 東京裁判で "ビルマの屠殺者" としての責を問われ, 23年12月23日A級戦犯として絞首刑に処せられた。

木村 昌福　きむら・まさとみ
海軍中将
明治24年（1891年）12月6日〜昭和35年（1960年）2月13日
[生]鳥取県　[学]海兵（第41期）〔大正2年〕卒　[歴]昭和16年鈴谷艦長として, 南方作戦, ミッドウェー海戦, 第二次ソロモン海戦, 南太平洋海戦に参加。17年少将。18年第3水雷戦隊司令官としてニューギニア北岸ラエ輸送作戦従事中に重傷を負い, 帰国して療養。同年第1水雷戦隊司令官として, キスカ島に孤立無援となった陸海軍将兵約5000名の救出に成功。19年第2水雷戦隊司令官。20年連合艦隊付, 対潜学校長を経て, 防府海軍通信学校長となり, 終戦。同年中将に。戦後, 防府市で製塩会社を経営。

木村 正路　きむら・まさみち
物理学者 京都帝国大学名誉教授
明治16年（1883年）11月8日〜昭和37年（1962年）10月13日
[生]兵庫県神戸市　[専]実験分光学　[学]三高卒, 京都帝国大学理工科大学物理学科〔明治40年〕卒 理学博士〔大正7年〕　[資]帝国学士院会員〔昭和22年〕　[歴]明治40年京都帝国大学理工科大学講師, 42年助教授を経て, 大正4年米国へ留学。6年帰国して教授に昇進。昭和18年定年退官。24年立命館大学理工学部長, 28年同理事。また, 大正13年理化学研究所主任研究員となり, 木村研究室を主宰した。昭和22年帝国学士院会員。当初は無線電信電話や物質の電気伝導を研究したが, 米国へ留学した際, ジョンズ・ホプキンズ大学でウッドの薫陶を受けて以来, スペクトル線の超微細構造とゼーマン効果, 紫外帯, 蛍光物質, 結晶の吸収帯, アルカリ金属スペクトルなど, 一貫して分光学をライフワークとした。

木村 正義　きむら・まさよし
衆議院議員
明治23年（1890年）1月〜昭和27年（1952年）9月28日
[出]東京都　[学]東京帝国大学独法科〔大正4年〕卒　[歴]京都府久世郡長, 文部書記官, 文部省実業学務局長等を歴任。昭和7年から衆議院議員に4期連続当選, その間第一次近衛内閣の内務参与官, 米内閣の大蔵政務次官を務めた。四国地方行政協議会長ののち, 香川県知事, 政友会総務, 熊本中央信用金庫理事長を歴任する。著書に「公民教育」「職業指導」など。

木村 素衛　きむら・もともり
哲学者 教育学者 京都帝国大学教授
明治28年（1895年）3月11日〜昭和21年（1946年）2月12日
[生]石川県江沼郡橋立村（加賀市）　[学]京都帝国大学哲学科選科〔大正12年〕卒 文学博士〔昭和15年〕　[歴]大谷大学予科教授, 広島文理科大学教授などを経て, 昭和15年京都帝国大学教授。フィヒテを中心にドイツ観念論を研究, さらに教育論, 芸術論の分野に功績を残した。主著に「フィヒテ」「国民と教養」「表現愛」「独逸観念論の研究」「形成的自覚」「教育学の根本問題」など。　[家]三女＝張さつき（エッセイスト）

木村 義雄　きむら・よしお
棋士（将棋）
明治38年（1905年）2月21日〜昭和61年（1986年）11月17日
[生]東京市本所区（東京都墨田区）　[学]慶応普通部中退　[歴]大正5年第13世名人関根金次郎に入門, 6年初段。15年8段に昇る。昭和10年名人の世襲制が廃止され実力名人制が敷かれると第1位の成績を収め, 12年第1期名人に就任。以来5期10年名人位を保持。また13年より日本将棋連盟の前身である将棋大成会会長を務め, 戦後, 順位戦制度を提唱した。22年名人戦で敗れたが, 24年復位して3期保持し, 通算10期。1300局の公式対局を行い, 8割以上の勝率を残す。27年引退して第14世名人となった。　[家]三男＝木村義徳（棋士）

木村 芳人　きむら・よしと
鉄道技師 鉄道省仙台鉄道局長
明治17年（1884年）11月27日〜昭和32年（1957年）11月2日
[生]徳島県美馬郡脇町中町（美馬市）　[学]脇中〔明治34年〕卒, 五高卒, 東京帝国大学工学部土木工学科卒　[歴]鉄道院に入り, フランスに留学, のち鉄道省改良課長, 仙台鉄道局長を歴任して退官。昭和8〜12年青島公済鉄道事務所長, 13年横浜市電気局長。20年5月の戦災により横浜から帰郷。戦後は脇町議, 議長を務めた。大阪駅の設計者でもあった。

木本 主一郎　きもと・しゅいちろう
衆議院議員
明治8年（1875年）3月〜昭和14年（1939年）9月18日
[出]和歌山県　[学]東京専門学校（現・早稲田大学）政治科〔明治28年〕卒　[歴]和歌山県議, 同議長を歴任し, また, 阪和鉄道取締役を務める。昭和3年衆議院議員初当選。以降3選。政友会に所属した。　[家]甥＝高橋克己（農芸化学者）

木舎 幾三郎　きや・いくさぶろう
政治評論家 政界往来社社長
明治29年（1896年）8月1日〜昭和52年（1977年）2月8日
[生]広島県府中市　[歴]時事新報勤務を経て, 昭和5年政界往来社を設立し月刊誌「政界往来」を発行。同誌は戦時中も「大鵬」に誌名を変更して継続したが, 空襲で社が焼け休刊。21年誌名を戻して復刊するも間もなく公職追放に遭い, 休刊を余儀なくされた。25年追放解除, 27年同誌を復刊。旬刊の「政界レポート」, 日刊の「特別通信」も出した。大正期から昭和中期にかけて, 一貫して政治記者として政界の消息に通じ, "政界の生き字引" といわれた。著書に「近衛公秘聞」「戦前戦後」「政界の裏街道を往く」「政界五十年の舞台裏」などがある。

喜安 健次郎　きやす・けんじろう
鉄道次官
明治18年（1885年）11月4日〜昭和22年（1947年）8月29日
[出]愛媛県　[学]一高卒, 東京帝国大学法科大学法律学科〔明治45年〕卒　[歴]鉄道省に入省。昭和2年官房法規課長, 4年兼鉄道監察官, 6年監督局長を経て, 9年鉄道次官。15年退官。16年帝都高速度交通営団副総裁, 19年総裁, 21年辞職。　[家]岳父＝高根義人（商法学者）

木山 義喬　きやま・よしたか
漫画家
明治18年（1885年）1月9日〜昭和26年（1951年）4月24日
[出]鳥取県日野郡根雨村（日野町）　[学]鳥取二中〔明治37年〕卒　[歴]父は村長を務め, 母は旅館を取りしきる家に生まれる。明治37年, 19歳の時に洋画家を志して渡米, 当時移民の習慣で米国人にも呼びやすいようにと英語名ヘンリーを名のる。雑用係として働く傍らサンフランシスコ美術学校に学び, 風景画や人物画など多くの作品を描く。大正4年から9年にはいくつかの賞を受賞, ニューヨーク美術学生連盟の奨学金も受ける。

11年一時帰国、12年結婚し、娘が生まれるが1年ほどで離婚、13年単身サンフランシスコに戻りスタジオを開設。油絵を勉強する傍ら、明治37年米国西海岸の街にやって来た自身を含む4人の日本人の大正13年までの暮らしのありさまを描いた長編漫画「漫画北米移民史」を描き続けた。昭和2年再度帰国。6年再びサンフランシスコに戻るが、同年その漫画を「漫画四人書生」と改題し日米両国で出版。同書はアメリカ本の体裁で正確に見開き2頁に白黒12コマ分を1エピソードとする構成で全52エピソード、正味104頁に及ぶ漫画物語が展開され、漫画の吹き出しの中のことばは、米国人は英語、日本人は日本語の横書きで表されており、当時の渡米日系移民1世から見た国際社会と民族意識が丹念に描かれている。12年再々度帰国。以後、日米関係の悪化で再び米国に渡ることなく、26年死去した。

九州山 義雄　きゅうしゅうざん・よしお
力士
大正2年(1913年)10月20日～平成2年(1990年)5月30日
出福岡県山田市上山田(嘉麻市)　名本名＝大坪義夫　歴出羽海部屋から昭和5年春場所初土俵を踏み、9年には初の大正生まれ力士として入幕、13年小結に昇進。176センチ、88キロの小柄な体ながら、土俵いっぱいに暴れ回る相撲で人気があった。20年に廃業。プロレス界に転向し、レフェリーとして活躍した。

京極 杞陽　きょうごく・きよう
俳人　子爵　宮内省式部官
明治41年(1908年)2月20日～昭和56年(1981年)11月8日
生東京市本所区(東京都墨田区)　名本名＝京極高光　学東京帝国大学文学部〔昭和9年〕卒　歴旧但馬豊岡藩主を務めた京極家の14代目当主として生まれる。関東大震災では九死に一生を得たが、祖母、両親、弟妹らを失う。昭和12～21年宮内庁式部官を務め、21～22年最後の貴族院議員。一方、10～11年のヨーロッパ遊学中、ベルリンで高浜虚子と出会い、生涯の師弟関係となる。12年11月「ホトトギス」初巻頭。戦後は豊岡に住み、句誌「木兎」を主宰。句集には「但馬住み」「くくたち」「花の日に」などがある。　家祖父＝京極高厚(但馬豊岡藩主)、息子＝京極高晴(靖国神社宮司)

京山 恭為　きょうやま・きょうため
浪曲師
明治14年(1881年)5月17日～昭和16年(1941年)7月13日
生和歌山県　名本名＝野手為楠　歴2代目京山恭安斎に師事。新作読みとして活躍した。

京山 幸枝(1代目)　きょうやま・こうし
浪曲師
明治31年(1898年)～昭和25年(1950年)9月5日
生和歌山県有田市　名本名＝桑原実　歴父母を早く亡くし、9歳の秋、伯父の世話で京山幸玉に弟子入り。親のない悲しみを芸でいやし、持前の美声と熱心さで人気を得た。19の年には師匠の節回しを自在にあやつって「アンガラ節」を編み出し、自前の幸枝節とした。23歳で親友派の退会に出演、真打ちとなった。27歳ごろから手がけた「会津の小鉄」が大ヒット、小鉄の幸枝か幸枝の小鉄かといわれたが、岐阜巡業中に倒れた。　家女婿＝京山幸枝(2代目)

京山 若丸　きょうやま・わかまる
浪曲師
明治10年(1877年)～昭和31年(1956年)7月22日
生広島県白市村　名本名＝坂上仁三郎　歴22歳で大阪に出、2代京山恭安斎に弟子入りした。旧ものは読まず専ら「新談読み」で、明治維新をテーマにした自作自演の「乃木将軍」「召

集令」「江藤新平」「大西郷」などが得意で、新もの嫌いの大阪人にもうけた。咳呵、節回し、声よし、品格ありで、桃中軒雲右衛門、2代吉田奈良丸、京山小円と共に第1期黄金時代を築いた殊勲者。西宮市議を1期務めた。

清河 純一　きよかわ・じゅんいち
海軍中将
明治11年(1878年)1月7日～昭和10年(1935年)3月1日
出大阪府　学海兵(第26期)〔明治31年〕卒、海大卒　歴明治31年海軍少尉に任官。日露戦争に第1艦隊参謀長として出征。のち皇族付武官兼海軍軍令部参謀長となり、海軍大学校教官、大正11年軍令部第1班長、14年海軍大学校校長を経て、15年中将となり第5戦隊司令官、昭和2年鎮海要港部司令官、4年舞鶴要港部司令官を歴任、5年軍令部出仕となる。この間、軍令部作戦課長、ワシントン軍縮会議随員、国際連盟海軍代表(大正12年)なども務めた。

清川 正二　きよかわ・まさじ
水泳選手　ロサンゼルス五輪金メダリスト
大正2年(1913年)2月11日～平成11年(1999年)4月13日
生愛知県豊橋市　学東京商科大学(現・一橋大学)〔昭和11年〕卒　歴小学校の頃から近所の川で泳ぎ、昭和7年ロサンゼルス五輪100メートル背泳ぎで2位に1秒以上の差を付けて金メダルを獲得。同種目では入江稔夫が銀メダル、河津憲太郎が銅メダルと日本人が金銀銅を独占する圧勝ぶりを見せた。ベルリン五輪では同種目で銅メダル。21年から7年間、日本水泳チームのヘッドコーチを務めた。国際水泳連盟名誉主事を経て、44年国際オリンピック委員会(IOC)委員となり、理事、54年には日本人として初めて副会長に就任した。63年退任して名誉委員。平成元年日本人初のオリンピックオーダー銀賞を受けた。また大学卒業後、兼松に入社。海外支店勤務などを経て、昭和51年社長、53年取締役相談役。著書に「私のスポーツ記録」「オリンピックとアマチュアリズム」などがある。平成7年長年収集したオリンピックの資料を整理、分類し、"清川文庫"として目録にまとめた。

清沢 洌　きよさわ・きよし
ジャーナリスト　外交評論家
明治23年(1890年)2月8日～昭和20年(1945年)5月21日
生長野県南安曇郡北穂高村(安曇野市)　学米国ホイットウォース大学卒　歴小学校卒業後、内村鑑三の流れをくむ研成義塾で学び、明治39年16歳のとき渡米。邦字新聞記者などをしながらカレッジで政治経済学を修め、大正2年帰国して、9年「中外商業新報」外報部長。13～14年特派員として朝鮮・中国を視察。昭和2年「東京朝日新聞」企画部次長となるが、4年退社。以後はフリーの評論家として「中央公論」特派員、東洋経済新報社顧問などを務めた。強固なリベラリストとして時流に抗しての執筆活動とともに14年には三木清らと国民学術協会を結成するなど、戦争、軍部への批判を続け、戦時下の日記「暗黒日記」は戦後に出版(29年)されて高い評価を受ける。著書は他に「米国の研究」「自由日本を漁る」「アメリカは日本と戦はず」「現代世界通信」「外交史」など。

清 寛　きよし・かん
衆議院議員
明治20年(1887年)3月～昭和41年(1966年)9月30日
出岐阜県　歴名古屋市議を経て、昭和7年より衆議院議員に4期連続当選。岐阜新聞社、岐阜製紙、平湯温泉土地、濃飛印刷等の社長を務めた。

清瀬 一郎　きよせ・いちろう
弁護士　衆議院副議長　国民同盟幹事長　東京弁護士会会長
明治17年(1884年)7月5日～昭和42年(1967年)6月27日

きよせ

昭和人物事典 戦前期

〔生〕兵庫県 〔学〕京都帝国大学独法科〔明治41年〕卒 法学博士 〔歴〕弁護士を経て、大正9年衆議院議員に当選。以来革新倶楽部、革新党、改進党、日本民主党、自民党から出馬し14期。昭和3年衆議院副議長、東京弁護士会会長。7年国民同盟幹事長、のち時局同志会を経て、翼賛会・翼政会・日政会の総務。極東国際軍事裁判では日本人弁護団副団長、東条英機の主任弁護人を務めた。政界に復帰後は27年から衆議院議員を6期。改進党幹事長、日本民主党政調会長、第三次鳩山内閣の文相、'60年安保闘争時の衆議院議長等を歴任。教育委員の任命制、'60年安保条約の強行採択を敢行した。

清瀬 規矩雄　きよせ・きくお

衆議院議員

明治11年（1878年）10月～昭和19年（1944年）12月5日

〔出〕大分県 〔歴〕米国留学後、サンフランシスコ日米新聞記者、東京朝日新聞記者を経て、大正9年衆議院議員に当選、通算5期を務めた。その間農林大臣秘書官、阿部内閣の大蔵政務次官、政友会総務を歴任。豊国セメント取締役。

清瀬川 敬之助　きよせがわ・けいのすけ

力士

明治26年（1893年）11月1日～昭和42年（1967年）7月1日

〔生〕秋田県平鹿郡八沢木村（横手市）〔名〕本名＝三輪敬之助、旧姓・旧名＝守屋、年寄名＝伊勢ケ浜 〔歴〕楯山部屋に入り、明治44年春場所初土俵。大正6年夏新入幕、昭和4年引退、162勝142敗12分。

喜代三　きよぞう

歌手 女優

明治36年（1903年）10月12日～昭和38年（1963年）3月23日

〔生〕鹿児島県種子島 〔名〕本名＝中山嘉子、別名＝新橋喜代三 〔学〕小学校中退 〔歴〕大正5年家計のため芸者となり、台湾を経て鹿児島に戻り15年民謡小原節で名をあげる。昭和6年の「鹿児島小唄」が評判となり後の飯野海運社長俣野健輔の世話で東京・新橋からお披露目。ビクターから「小原節」を吹き込み、7年喜代三の名で「原良節」（キング）を発売。ポリドール専属となり新橋喜代三で「上野盆踊り唄」を発売。7年「わしゃ知らぬ」、9年「鹿児島小原節」がヒット。10年日活多摩川「青春音頭」に映画初出演、次いで日活京都「丹下左膳余話・百万両の壺」で大河内伝次郎と共演。「明治一代女」主題歌、「おでん地獄」、映画は「妻恋道中」など。12年作曲家・中山晋平と結婚、引退。戦後29年ビクター専属となり、本名・中山嘉子で「ひえつき節」などを発売。自伝「多情菩薩」がある。　〔家〕夫＝中山晋平（作曲家）

清滝 幸次郎　きよたき・こうじろう

池田銀行創業者

明治36年（1903年）12月31日～昭和59年（1984年）3月14日

〔生〕大阪府豊島郡池田町（池田市）〔学〕北野中卒、弘前高卒、京都帝国大学経済学部〔昭和3年〕卒 〔歴〕清滝辰吉の六男。小学5年の時に生家の本家で、池田実業銀行創業者・清滝徳兵衛の養子となった。北野中学、弘前高校から京都帝国大学経済学部に学び、恩師・河上肇に心酔。昭和5年体調を崩した養父の跡を継ぎ、26歳で池田実業銀行の2代目頭取に就任。6年能勢銀行、13年伊丹銀行を合併して業容を拡大させたが、戦時中の一県一行主義の原則によって大阪府下の店舗を住友銀行、兵庫県下の店舗を神戸銀行と合併させられ、同行は消滅した。21年小林一三邸を訪ねた折、小林より池田に新銀行を作るように促され、26年池田銀行を設立して初代頭取に就任。55年長男に頭取を譲り、取締役相談役に退く。この間、25年池田商工会議所の初代会頭となり、12期32年務めて全国商工会議所会頭在任の最長記録を作った。　〔家〕長男＝清滝一也（池田銀行頭取），養父＝清滝徳兵衛（池田実業銀行創業者）

清谷 閑子　きよたに・しずこ

小説家

明治23年（1890年）～昭和14年（1939年）3月24日

〔出〕大阪府 〔名〕本名＝早乙女まさを、旧姓・旧名＝杉本 〔歴〕結婚後、「月見草」が「時事新報」の懸賞に、「不死鳥」が「サンデー毎日」の懸賞に入選。また、鷲尾順敬に師事して仏典史学を研究、沢木興道にも学んだ。他の著書に「北の政所」などがある。

清野 謙次　きよの・けんじ

病理学者 人類学者 考古学者 京都帝国大学医学部教授

明治18年（1885年）8月14日～昭和30年（1955年）12月27日

〔生〕岡山県岡山市 〔学〕六高卒、京都帝国大学医科大学〔明治42年〕卒 医学博士（京都帝国大学）〔大正4年〕 〔歴〕大阪府立医学校校長を務めた清野勇の長男。明治42年京都帝国大学医科大学を恩賜の銀時計を受けて卒業、同大副手となる。44年助手に進み病理学研究のため欧米へ留学、大正3年帰国して講師、5年助教授を経て、10年教授に昇任。生体を染めて観察する生体染色法を開発、色素を取り込む細胞が全身に広く存在することを発見し“組織球性細胞”と命名して系統的に研究した。11年この研究により帝国学士院賞を受賞。一方、早くから考古学を志して日本の石器時代人骨の研究に没頭、収集した約1500体の人骨を統計的手法で調査し、小金井良精が唱えた石器時代人アイヌ説を否定、日本原人説を唱えた。また、古典の筆写を趣味としていたが、昭和13年社寺から大量の古文書を無断で持ち出した窃盗事件（清野事件）を起こして逮捕・収監され、その地位を失った。16年上京して太平洋協会嘱託となり、戦後は23年茨城県霞ケ浦の厚生科学研究所長、25年東京医科大学教授も務めた。著書に「日本石器時代人研究」「日本原人の研究」「日本人種論変遷史」「太平洋に於ける民族文化の交流」「日本考古学・人類学〈上下〉」「日本貝塚の研究」などがある。　〔家〕父＝清野勇（大阪府立医学校校長）〔賞〕帝国学士院賞（第12回）〔大正11年〕

清原 楓童　きよはら・かいどう

俳人

明治15年（1882年）1月6日～昭和23年（1948年）5月16日

〔生〕福岡県柳川 〔名〕本名＝清原伊勢雄 〔歴〕明治末より「ホトトギス」に投句を始め、大正4年博多毎日新聞俳選者となり、14年「木犀」を創刊し、主宰。昭和5年「ホトトギス」同人。同年朝鮮木浦俳句会の招きで渡鮮、木浦新聞に入社。朝鮮俳句界の指導に尽力。13年病気で帰郷、晩年は福岡俳壇の俳誌を指導。句集「楓童句集」がある。

清原 貞雄　きよはら・さだお

日本史学者 広島文理科大学教授

明治18年（1885年）1月10日～昭和39年（1964年）9月13日

〔生〕大分県速見郡南杵築村（杵築市）〔専〕明治思想史、神道史 〔学〕京都帝国大学文科大学史学科〔明治43年〕卒 文学博士（京都帝国大学）〔大正元年〕 〔歴〕京都帝国大学図書館司書、日本大学講師を経て、大正11年広島高等師範学校教授、昭和4年広島文理科大学教授、18年退官。著書に「明治時代思想史」「日本国民思想史」「国学発達史」「神道史」など。

清水 六兵衛（5代目）　きよみず・ろくべえ

陶芸家 京都工芸院院長

明治8年（1875年）3月6日～昭和34年（1959年）8月1日

〔生〕京都府京都市 〔名〕本名＝清水栗太郎、後名＝清水六和 〔専〕清水焼 〔学〕京都府画学校卒 〔歴〕帝国芸術院会員〔昭和5年〕 4代目六兵衛の長男。初め、幸野楳嶺に日本画を師事、明治21年京都府画学校に入学。卒業後、父に陶芸を学び、28年第4回内国勧業博覧会に出品した花瓶が初入選。アールヌーボーなど美術思想を学び、陶磁の改革運動に参画。大正2年5代目六

兵衛を襲名。昭和2年の帝展美術工芸部の新設に尽力した。画才に恵まれ、絵画意匠の絵付陶や釉薬の研究で新しい色調とモダンな感覚の創作陶芸が多い。大正11年にはフランスのサロン・ドートンヌ美術部会員に推薦され、昭和5年帝国美術院会員となった。21年隠居して六和と号した。　家父＝清水六兵衛（4代目）

清元 栄寿太夫（4代目）　きよもと・えいじゅだゆう
清元節太夫
明治28年（1895年）12月12日～昭和14年（1939年）5月27日
生東京都　名芸名＝桂寿郎　歴5代目延寿太夫の実子。大正6年4代目栄寿太夫を襲名。三味線を弾く時は桂寿郎の名を用いた。延寿太夫を継ぐ前に早世した。　家父＝清元延寿太夫（5代目），息子＝清元延寿太夫（6代目）

清元 延寿太夫（5代目）　きよもと・えんじゅだゆう
清元節太夫　清元高輪派5代目家元
文久2年（1862年）8月13日～昭和18年（1943年）5月22日
生江戸本所（東京都墨田区）　名本名＝斎藤庄吉，前名＝清元栄寿太夫　歴15歳で清元菊寿太夫に入門，明治23年12代目守田勘弥らの推薦で4代目延寿太夫の養子となり、翌年3代目栄寿太夫を名のる。30年歌舞伎座で5代目延寿太夫を襲名し永井素岳作「青海波」「柏若葉」を披露した。近世の名人といわれる美声の持主で、清元ブームの元祖となった。大正3年清元会を創立、素浄瑠璃の演奏会によって清元の音楽的地位の向上に努める。昭和16年軍隊に航空機「延寿号」を寄贈。没後孫の岡村清道が6代目を襲名した。レコード「五世延寿太夫清元名演集」（ビクター）がある。　家養父＝清元延寿太夫（4代目），息子＝清元栄寿太夫（4代目），孫＝清元延寿太夫（6代目）

清元 喜久太夫（2代目）　きよもと・きくたゆう
清元節太夫
明治15年（1882年）6月2日～昭和13年（1938年）5月15日
生愛知県　名本名＝狩野駒　歴妻の従兄が3代目清元梅吉。清元弥生太夫に師事し、2代目喜久太夫を継ぐ。

清元 太兵衛　きよもと・たへえ
清元節三味線方　清元清水流家元
明治6年（1873年）3月3日～昭和12年（1937年）2月6日
生東京都　名本名＝大高藤次郎，前名＝清元藤吉　歴初代梅吉の長男。4代目清元延寿太夫に入門し、藤吉を経て、昭和5年に別派・清水（きよみず）流を創始、太兵衛を名のったが一代で終わった。　家父＝清元梅吉（1代目）

桐竹 門造（5代目）　きりたけ・もんぞう
文楽人形遣い
明治12年（1879年）1月13日～昭和23年（1948年）1月24日
生兵庫県淡路島　名本名＝片山熊一，前名＝桐竹門治　歴明治39年4代目桐竹門造に入門し、門治を名のる。大正11年5代目門造を襲名。

桐竹 紋太郎（2代目）　きりたけ・もんたろう
文楽人形遣い
明治18年（1885年）11月29日～昭和31年（1956年）12月14日
生大阪府　名本名＝平尾辰之助，前名＝桐竹紋枝，桐竹辰造　歴初代桐竹紋十郎の弟子で、紋枝、紋太郎を名のる。昭和26年辰造に改名したが、27年には紋太郎に戻した。　家息子＝吉田簑助（3代目）

桐谷 正治　きりたに・まさはる
能楽師（宝生流シテ方）
明治20年（1887年）12月22日～昭和12年（1937年）11月1日
生兵庫県神戸　名旧姓・旧名＝加藤　歴16代目宝生九郎に師事。宝生流地謡方・桐谷鉞次郎の跡を継ぎ、地謡方専門で名調をもって知られた。

桐原 真二　きりはら・しんじ
野球選手
明治34年（1901年）8月22日～昭和20年（1945年）6月10日
出大阪府　学慶応義塾大学卒　歴大阪・北野中学で遊撃手として活躍し、慶応義塾大学でも遊撃手。大正13年主将となり、飛田穂洲早稲田大学監督と共に、中断していた早慶戦を復活させる。のち大阪毎日新聞に入社し、経済部長を務めた。ルソン島で戦病死した。この間、昭和59年野球殿堂入り。

桐谷 洗鱗　きりや・せんりん
日本画家
明治10年（1877年）9月1日～昭和7年（1932年）7月19日
生新潟県三島郡宮本町（長岡市）　名本名＝桐谷長之助，旧姓・旧名＝深見　学東京美術学校日本画科選科〔明治40年〕卒　歴明治30年上京し富岡永洗に入門。38年永洗没後は橋本雅邦に師事した。この間34年桐谷姓を継ぐ。40年文展に入選、41年京都、奈良の社寺をめぐり、43年「訪古画帖」を作る。この間京都の「日出新聞」に挿絵を描く。44年古代インド美術研究のためインドに渡り、タゴールらと交遊、岡倉天心とも会う。大正2年帰国、6年再びインドに渡り、アジャンタ壁画を摸写。文展には5年「仏地憧憬の旅」、6年「涼園」を出品、また12年「大震災絵巻」、昭和5年楽山荘壁画21面などを制作、仏画の権威として活躍。この間、3年ポーランド・ワルシャワでの日本宗教芸術展に作品100余点を出品。

桐生 悠々　きりゅう・ゆうゆう
ジャーナリスト　評論家　「信濃毎日新聞」主筆
明治6年（1873年）5月20日～昭和16年（1941年）9月10日
生石川県金沢市　名本名＝桐生政次　学東京帝国大学法科大学政治学科〔明治32年〕卒　歴明治33年博文館入社。以後、下野新聞、大阪毎日新聞、大阪朝日新聞、東京朝日新聞などを経て、43年から昭和8年まで途中数年のブランクがあるが、およそ20年間、信濃毎日新聞の主筆を務め、社説を書いた。この間、大正元年乃木希典将軍の殉死を社説で批判し論議を呼んだ。昭和8年論説「関東防空大演習を嗤ふ」が元で信濃毎日を退社。9～16年名古屋で「他山の石」という会員制のパンフレットを発行し、世を去る直前まで節を曲げないまま筆をとり続けた。生涯の友として徳田秋声がいる。戦後、その不屈の言論活動が再評価され、「畜生道の地球」「桐生悠々反軍論集」「桐生悠々自伝」「他山の石」（復刻版）などが刊行された。

木呂子 斗鬼次　きろこ・ときじ
春陽堂支配人
明治21年（1888年）3月21日～昭和32年（1957年）10月24日
生東京都　歴明治33年春陽堂に入社。"円本時代"に「明治大正文学全集」「日本戯曲全集」や「春陽堂文庫」を刊行した。石井研堂「明治事物起源」増訂版の際には再三督励に往訪したという。

金 容植　きん・ようしょく
サッカー選手
明治43年（1910年）～昭和60年（1985年）
出朝鮮　歴昭和4年抗日闘争の光州学生運動で退学処分を受ける。11年深い葛藤の末に、朝鮮サッカー界の反対を押し切る形でベルリン五輪のサッカー日本代表チームに朝鮮半島からただ一人出場。民族の壁を超えた団結で強豪スウェーデンを破り"ベルリンの奇跡"の立て役者の一人となった。戦後は韓国サッカー界のために力を尽くし、"韓国サッカーの父"と呼ばれる。

金田一 京助 きんだいち・きょうすけ
言語学者 国語学者 東京帝国大学教授
明治15年(1882年)5月5日〜昭和46年(1971年)11月14日
[生]岩手県盛岡市 [専]アイヌ語学, アイヌ文学 [学]東京帝国大学文科大学言語学科〔明治40年〕卒 文学博士 [資]帝国学士院会員〔昭和23年〕 [歴]東京帝国大学在学中からアイヌ語の研究を志し、卒業後は国学院、東京帝国大学、早大などで言語学、アイヌ語学などを講じる。昭和7年「アイヌ叙事詩ユーカラの研究」で学士院恩賜賞を受賞。23年帝国学士院会員となり、29年文化勲章を受章した。アイヌ語のほか言語学の面でも活躍し「言語研究」「国語音韻論」などを刊行したほか「明解国語辞典」や「辞海」を編集し、42年日本言語学会会長に就任。また、石川啄木との交友もあり、「石川啄木」なども刊行、随筆集としても「北の人」「心の小径」などがあり、「金田一京助全集」(全15巻, 三省堂)が刊されている。 [家]長男＝金田一春彦(国語学者) [勲]文化勲章〔昭和29年〕 [賞]帝国学士院恩賜賞〔昭和7年〕「アイヌ叙事詩ユーカラの研究」

金原 賢之助 きんばら・けんのすけ
経済学者 慶応義塾大学経済学部教授
明治30年(1897年)11月30日〜昭和34年(1959年)1月28日
[生]静岡県浜松市 [専]金融論 [学]慶応義塾大学理財科〔大正10年〕卒 経済学博士〔昭和12年〕 [歴]慶応義塾大学助手となり大正12年予科教員、14年欧米に留学、昭和4年慶大経済学部教授となった。戦後21年経済学部長となり26年まで3期務めた。のち常任理事として商学部設立に尽力した。著書、翻訳など多数。

金原 省吾 きんばら・せいご
美術史家 歌人 帝国美術学校教授
明治21年(1888年)9月1日〜昭和33年(1958年)8月2日
[生]長野県諏訪郡 [名]旧姓・旧名＝河西 [専]東洋美学, 東洋美術史 [学]早稲田大学哲学科〔大正6年〕卒 文学博士(早稲田大学)〔昭和30年〕 [歴]東洋美学、東洋美術史を専攻し、昭和4年より帝国美術学校教授。著書に「支那上代画論研究」などがある。また、アララギ派の歌人としても活躍した。

【く】

久我 篤立 くが・とくりゅう
僧侶 曹洞宗竜拈寺管長
文久3年(1863年)〜昭和19年(1944年)3月
[生]愛知県 [学]曹洞宗大学林〔明治18年〕卒 [歴]明治18年法尺寺住職、20年豊橋の竜拈寺管長となり、宗務局紀綱寮副司、公選宗会議員2回、特選同1回、軍人布教師、曹洞宗師家竜拈寺認可僧堂専門、僧堂開単、愛知県第二曹洞宗宗務所長を務め、また私立豊橋幼稚園長、愛知県社会教育委員、豊橋連合市会副議長、豊橋市仏教連合会顧問などを兼務した。晩年は大本山総持寺顧問、自治団体、社会事業の公職を務めた。大僧正。

陸 直次郎 くが・なおじろう
小説家
明治31年(1898年)1月12日〜昭和19年(1944年)8月11日
[生]東京市本郷区(東京都文京区) [名]本名＝野沢嘉哉 [学]早稲田大学文科中退 [歴]時事新報社社会部、読売新聞出版部に勤めた後、昭和6年ころから文筆活動に専念。梅津勘兵衛、佃政ら侠客と交際、遊侠の世界を描いた、いわゆる悪漢小説が多く、「殴られた宗俊」などが代表作。 [家]息子＝野沢那智(俳優・声優)

空閑 昇 くが・のぼる
陸軍少佐
明治20年(1887年)12月8日〜昭和7年(1932年)3月28日
[生]佐賀県佐賀市 [学]陸士(第22期)〔明治43年〕卒 [歴]明治43年陸軍歩兵少尉に任官。昭和3年少佐となる。7年の第一次上海事変に第九師団大隊長として出征。2月末、江蘇省江湾鎮の戦闘で重傷を負う。部下は戦死したとみて退却したが、中国軍の捕虜となり、兵站病院で看護を受けていた。その後、捕虜交換で送還され、軍法会議では無罪となったが、3月旧戦場でピストル自殺を遂げ、美談の主人公に祭り上げられた。 [家]従弟＝晴気慶胤(陸軍大佐)

九鬼 周造 くき・しゅうぞう
哲学者 京都帝国大学教授
明治21年(1888年)2月15日〜昭和16年(1941年)5月6日
[生]東京市芝区芝公園(東京都港区) [学]東京帝国大学文科大学哲学科〔明治45年〕卒 文学博士 [歴]生家は九鬼男爵家。東京帝国大学卒業後の大正元年から10年まで大学院生としてすごす。10年から昭和4年までヨーロッパに留学し、リッケルト、ハイデッガー、ベルクソンに学び、哲学を研究した。帰国後、京都帝国大学講師となり、10年教授に就任。5年『いき』の構造」を刊行したほか、10年「偶然性の問題」、14年「人間と実存」を刊行。死後「文芸論」「をりにふれて」「巴里心景」(詩歌集)が刊行された。哲学者であったが、これらの作品は芸術性に富み、明晰と構築の端正を示したものとして評価されている。「九鬼周造全集」(全11巻・別巻1)がある。 [家]父＝九鬼隆一(男爵)

九鬼 次郎 くき・じろう
詩人 歌人
大正3年(1914年)3月30日〜昭和15年(1940年)8月21日
[生]兵庫県神戸 [名]本名＝松田末雄 [歴]はじめ「愛誦」「蠟人形」などに詩を発表、地良田稠、小林武雄らを知った。杉浦翠子選の歌誌「香蘭」に参加、のち杉浦の「短歌至上主義」同人。足立巻一とも知り「神戸詩人」に詩を書いた。少年時代から結核性腹膜、脊椎カリエスなどで苦しんだ。

釘町 久磨次 くぎまち・くまじ
舞台美術家
明治39年(1906年)4月6日〜平成8年(1996年)6月28日
[生]佐賀県伊万里市 [名]本名＝釘町熊次 [専]歌舞伎, 文楽, 舞踊 [学]伊万里尋常小〔大正5年〕中退 [歴]芝居の興行関係の家に生まれ、子役も務めた。大正5年10歳の時、上京し大道具師の名人14代目長谷川勘兵衛の弟子になる。傍ら、背景画を数馬英一、2代目竹柴金作に学ぶ。13年金井由太郎とともに、金井大道具を設立、背景画の責任者となる。同時に舞台美術家としても活動を始める。昭和5年東京劇場の主代背景主任となり、以後、邦楽座、新橋演舞場、国立劇場等の背景主任を務めた。歌舞伎舞台美術の生き字引といわれる。29年金井大道具専務、45年非常勤取締役相談役。著書に「歌舞伎大道具師」。

釘宮 磐 くぎみや・いわお
鉄道技師 東京帝国大学第二工学部教授
明治21年(1888年)3月31日〜昭和36年(1961年)7月9日
[生]大分県杵築市 [出]東京都 [学]東京府立一中卒, 一高卒, 東京帝国大学工科大学土木工学科〔明治45年〕卒 [歴]大分県で生まれ、東京で育つ。明治45年鉄道院建設部に入る。大正10年欧米へ留学。14年内務省復興局隅田川出張所長に出向して永代橋、清洲橋、言問橋などの建設工事に携わり、その橋脚工事に空気ケーソン工法を導入して成果を上げた。15年鉄道省に復帰すると同工法を用いて木曽川や揖斐川の橋梁架換工事を手がけた。昭和4年熊本建設事務所長、9年信濃川電気事務所長を経て、11年下関改良事務所初代所長に就任して関門鉄

道トンネルの開通に尽力。16年下り線の貫通を果たし、同年退官。17〜23年東京帝国大学第二工学部教授を務めた。　賞朝日文化賞〔昭和16年〕「国鉄関門隧道の貫通工事」

釘本衛雄　くぎもと・もりお
ジャーナリスト　衆議院議員
明治13年（1880年）5月〜昭和24年（1949年）6月23日
生福島県　学早稲田大学卒　歴福島県議から昭和6年同議長となった。また福島民報主筆として大正、昭和初期にかけて論説、時評で活躍、「福島だより」は名文として大評判を得た。11年福島新聞社長となり、12年衆議院議員に当選、民政党、翼賛議員同盟に所属した。

草鹿任一　くさか・じんいち
海軍中将
明治21年（1888年）12月7日〜昭和47年（1972年）8月24日
生石川県　学海兵（第37期）〔明治42年〕卒、海大〔大正10年〕卒　歴砲術の専門家で、昭和13年支那方面艦隊参謀長、14年海軍教育局長などを経て、太平洋戦争開戦時は海軍兵学校長。17年南東方面艦隊長官。孤立無援のラバウルで自給自足体制を敷き、2年10ケ月の籠城生活を送った。戦後は製本業を営む傍ら、ラバウル方面遺族の相互援助、遺骨収集を行い、軍人恩給復活に尽力。また大和会を作り、日本精神復興を志した。37年軍恩連盟全国連合会名誉会長に就任。　家従弟＝草鹿龍之介（海軍中将）

草鹿龍之介　くさか・りゅうのすけ
海軍中将
明治25年（1892年）9月25日〜昭和46年（1971年）11月23日
生東京市下谷区（東京都台東区）　学海兵（第41期）〔大正2年〕卒、海大〔大正15年〕卒　歴昭和2年霞ヶ浦海軍航空隊教官となり、4年ドイツの飛行船ツェッペリンに同乗して太平洋を横断。以後鳳翔艦長、赤城艦長、第4連合航空司令官、第24航空戦隊司令官を経て、16年4月第1航空艦隊参謀長に就任、南雲忠一司令官の下で真珠湾攻撃の作戦にあたる。19年4月には連合艦隊参謀長となり、あ号作戦、レイテ作戦を計画した。敗戦直前に第5航空隊司令長官に就任。著書に「連合艦隊」「一海軍士官の半世紀」。　家父＝草鹿丁卯次郎（住友本社理事）、従兄＝草鹿任一（海軍中将）

草刈英治　くさかり・えいじ
海軍少佐
明治24年（1891年）6月1日〜昭和5年（1930年）5月20日
生福島県　学海兵（第41期）〔大正2年〕卒、海大（第26期）〔昭和3年〕卒　歴大正3年海軍少尉に任官。昭和3年軍令部参謀となり、翌年万国水路会議への出席を命ぜられてヨーロッパに出張。フランス語に堪能で、軍令部きってのフランス通であり、ロンドン軍縮会議を控えて軍令部にフランス班主任として勤務した。5年東海道線の車中で自決、ロンドン軍縮条約を巡る統帥権干犯問題が原因とされ、大きな話題となった。

草川信　くさかわ・しん
作曲家　バイオリニスト
明治26年（1893年）2月14日〜昭和23年（1948年）9月20日
生長野県長野市　学東京音楽学校甲種師範科〔大正6年〕卒　歴大正3年長野中学から東京音楽学校に入学してバイオリンを専攻、6年卒業後も母校に嘱託として勤める。9年東京府立第三高等女学校の教師となり、のち成蹊学園でも教える。10年東京音楽学校同期の成田為三の紹介で雑誌「赤い鳥」に参加するようになって本格的に童謡に取り組み、西条八十作詞の「お山の大将」、北原白秋作詞の「ゆりかごの歌」、百田宗治作詞の「どこかで春が」、中村雨紅作詞の「夕焼け小焼け」などをはじめ300曲以上の童謡を作曲。日中戦争のさなかの昭和14

年には出征する兵士を見送る情景を描いた富原薫作詞の「汽車ポッポ」を発表した、戦後は戦争と無関係な子どもによる機関車賛歌の歌詞に差し替えられた。8年音羽ゆりかご会会長。

草薙興宗　くさなぎ・こうそう
日本画家
明治37年（1904年）2月27日〜昭和11年（1936年）11月22日
生秋田県仙北郡豊川字天戸（中仙町）　名本名＝草薙清吉、別号＝崖仙、凸童、興業　学京都市立絵画専門学校選科〔昭和6年〕卒　歴6歳の頃、手本を見て義経の「一ノ谷攻め」を描き、小学校長であった俳人安藤鹵舟の勧めで、大正7年秋田の画家竹村篁邨に入門、凸童と号した。10年上京して、平福百穂画塾白日舎に入門。その後京都に移住し、15年京都絵画専門学校選科に入学。中村大三郎に師事し、興業と名のる。昭和6年第2回帝展に「東福寺終点」で初入選。8年第14回帝展に「気象台のある風景」、11年文展鑑査展に「奈良奥山の風景」で入選。洋画の手法を取り入れ、精密で清新な作品を発表し続けた。

草野俊助　くさの・しゅんすけ
植物学者　東京帝国大学農学部教授
明治7年（1874年）3月2日〜昭和37年（1962年）5月19日
出福島県　専菌類生態学、植物病理学　学東京帝国大学理科大学〔明治32年〕卒　理学博士〔大正2年〕　賞帝国学士院会員〔昭和20年〕　歴東京帝国大学農科大学実科講師を嘱託され、明治40年助教授。大正4年南洋のマーシャル、カロリン、マリアナ諸島の植物調査に従事。11年より2年間、欧米へ留学。14年白井光太郎の退官により農学部植物病理学講座の2代目教授に就任。昭和9年退官。6〜12年東京文理科大学教授を兼任。20年帝国学士院会員。大正14年と昭和5〜17年の14年間にわたって日本植物病理学会会長を務め、31年には日本菌学会を創設、初代会長となった。菌類の生態学を専門とし、クズの葉に寄生するシンキトリウムと、ナンテンハギに寄生するオルビジウムの生活史を研究。8年壺状菌類の生活史に関する研究で帝国学士院東宮御成婚記念賞を受賞した。　賞帝国学士院東宮御成婚記念賞（第23回）〔昭和8年〕

草野豹一郎　くさの・ひょういちろう
刑法学者　弁護士　大審院判事
明治19年（1886年）10月7日〜昭和26年（1951年）9月12日
生東京府麹町区（東京都千代田区）　学東京帝国大学独法科〔明治45年〕卒　歴刑事担当の裁判官を経て、大正13年大審院判事となった。共謀共同正犯論を判例として確立させるのに貢献した。この間中央大学、早稲田大学、東京商科大学で講義。戦後昭和20年退職、弁護士を開業、極東軍事裁判で佐藤賢了を弁護した。また21年からは中央大学教授を務めた。著書に「刑法原論」「刑事判例研究」などがある。

草笛美子　くさぶえ・よしこ
女優
明治42年（1909年）8月31日〜昭和52年（1977年）10月29日
出鳥取県　名本名＝朽木つな子　学扇町高等女学校〔昭和2年〕卒　歴宝塚音楽歌劇学校に入り、昭和2年花組公演「モン・パリ」で初舞台。少女歌劇団員として3年月組「イタリヤーナ」に歌手登場。以来「シンデレラ」などの舞台で活躍。9年小夜福子を相手の「トゥランドット姫」でプリマドンナといわれ、以後「アルペン・ローゼ」など代表作で活躍。15年恩師白井鉄造について退団。16年東宝「水滸伝」にエノケンと映画初共演。大映「歌ふ狸御殿」などに出演。戦後劇団草笛を率い、23年浅草・国際劇場「ハッピー・エンド・ハッピー」に水の江滝子らと共演。映画・オペレッタなどに出演。

草間偉　くさま・いさむ
土木工学者　東京帝国大学名誉教授

くさま　　　　　　　　　　　昭和人物事典 戦前期

明治14年（1881年）6月1日〜昭和47年（1972年）5月12日
[生]長野県松本市　[専]衛生工学, 上下水道　[学]一高卒, 東京帝国大学工科大学土木工学科〔明治39年〕卒 工学博士　[歴]卒業後, 九州鉄道会社に勤め, 別府線建設に従事。その後, 鉄道院で日豊線建設を担当。明治42年東京帝国大学助教授に就任。大正7年欧米各国に留学。8年米国イリノイ大学留学中に中島鋭治教授の健康がすぐれないため従来の鉄道学から中島が専門とする衛生工学の勉強に変更するよう指示を受け, コーネル大学で水理学を, ハーバード大学で微生物学を聴講, シカゴやニューヨーク, ロンドンの水道を視察, 下水の活性汚泥の新技術を学び, 9年帰国。10年教授となり, 中島教授の後継者として衛生工学を担当した。衛生工学専門でありながら, 高塔の設計で業績を残し, 学位論文は「無線電信柱の設計について」。衛生工学では活性汚泥法を研究した。昭和17年退官後は土木学会会長, 早稲田大学の土木工学科創設に際し初代主任教授を歴任。日本水道協会の活動にも尽力し, 高岡市, 前橋市, 名古屋市, 南満州鉄道（満鉄）, 福井市等の上下水道顧問も務めた。多くの後進を育て, 敬愛された。著書に「上下水道」, 共著に「土木施工法」などがある。　[賞]土木学会賞〔大正15年〕

草間 滋　くさま・しげる
病理学者 慶応義塾大学教授
明治12年（1879年）2月25日〜昭和11年（1936年）10月8日
[生]長野県筑摩郡寿村（松本市）　[学]東京帝国大学医科大学〔明治39年〕卒 医学博士〔大正3年〕　[歴]明治39年母校の東京帝国大学病理学教室を経て, 41年伝染病研究所に入る。43年ドイツに留学, フライブルク大学のアショフに師事する。大正元年熱帯病学研究所に転じて熱帯病学を研究。3年北里研究所部長, 8年慶応義塾大学教授となった。日本における病理細菌学の権威として知られた。

草間 八十雄　くさま・やそお
東京市幼少年保護所長
明治8年（1875年）〜昭和21年（1946年）
[生]長野県松本市　[学]和仏法律学校卒　[歴]警視庁勤務, 東京日々新聞等の記者, 内務省嘱託を歴任。大正11年東京市社会局嘱託, 昭和3年東京市主事, 社会局保護課勤務。8年幼少年保護所長。のち東京市の嘱託として数多くの社会調査に参画, 浮浪者・芸妓などの生活実態を広く明らかにし, 社会事業の基礎づくりに貢献した。著書に「近代都市下層社会」がある。

草光 信成　くさみつ・のぶしげ
洋画家
明治25年（1892年）4月5日〜昭和45年（1970年）12月21日
[生]島根県出雲市　[学]東京美術学校西洋画科〔大正5年〕卒　[歴]和田三造に師事し, 大正11年第4回帝展に「簾の影」を出品して初入選を果たす。12年より松江高校で図画科を教えた。その傍らで画業を研鑽し, 昭和2年の「四人の子等」, 昭和3年の「立像」で二年連続して帝展特選を受賞。さらに5年の第11回帝展に出品した「前庭」でも特選を受けた。13年には従軍画家として中国に赴任。20年から23年まで松江に疎開し, 農業を営むが, その間にも21年に島根洋画会の結成に参加。24年には京都市美術専門学校講師となるが, 間もなく上京して日展を中心に創作活動を続けた。30年新世紀美術会の創立に参画し, その委員を務めた。フォービズムの影響による強い色彩を用いた作風で知られ, 人物画から静物・風景画まで幅広く制作した。　[家]父＝草光萬平（島根県議）, 兄＝草光義質（弁護士）, 草光繁（地理学者）　[賞]帝展特選（第8回）〔昭和2年〕「四人の子等」, 帝展特選（第9回）〔昭和3年〕「立像」, 帝展特選（第11回）〔昭和5年〕「前庭」

久慈 次郎　くじ・じろう
野球選手
明治31年（1898年）10月1日〜昭和14年（1939年）8月21日
[生]岩手県盛岡市　[学]盛岡中卒, 早稲田大学〔大正11年〕卒　[歴]盛岡中の時野球を始め, 早大では谷口五郎とバッテリーを組み, 戦前最高の捕手といわれた。卒業後, ノンプロ球団・函館大洋倶楽部に入団。昭和2年の都市対抗野球創設以来, 監督兼捕手として9回出場。9年に米国の大リーグ選抜軍が来日した日米対抗野球では, 全日本の主将を務め, 沢村栄治とバッテリーを組んだ。この後間もなく函館大洋に戻り, 14年8月札幌円山球場での実業団大会の試合中, 相手捕手の牽制球がこめかみにあたって倒れ, 2日後に死去した。戦後, 22年の第18回都市対抗で, 敢闘賞にあたる久慈賞が創設され, また34年には特別表彰として沢村栄治らと共に初の野球殿堂入りを果たした。

櫛田 民蔵　くしだ・たみぞう
経済学者 大原社会問題研究所研究員
明治18年（1885年）11月16日〜昭和9年（1934年）11月5日
[生]福島県石城郡上小川村　[専]マルクス経済学　[学]東京外国語学校（現・東京外国語大学）ドイツ語科卒, 京都帝国大学法科大学経済学科〔明治45年〕卒　[歴]京都帝国大学在学中, 河上肇に師事。大正2年東京帝国大学助手, 6年大阪朝日新聞社の論説記者, 7年同志社大学教授。8年辞任後, 上京して東京帝大, 東京外語大などの講師。9年森戸事件を契機に教職を捨て, 大原社会問題研究所の研究員。10年同研究所留学生としてベルリンでマルクス主義を研究。11年帰国, 河上肇と価値論で論争を重ねながら「資本論」読解に本格的に取り組む。また労農派地代論を中心に講座派の野呂栄太郎らに厳しい批判を浴びせた。著書に「櫛田民蔵全集」（全5巻）など。　[家]妻＝櫛田ふき（婦人運動家）

串田 万蔵　くしだ・まんぞう
銀行家 三菱合資会社総理事 三菱銀行会長
慶応3年（1867年）2月10日〜昭和14年（1939年）9月5日
[生]江戸・日本橋　[学]大学予備門, ペンシルベニア大学政治経済科〔明治23年〕卒　[歴]米国で銀行業務を体験, 明治27年帰国, 第百十九銀行（三菱銀行の前身）に入り, 大阪支店支配人, 本店銀行部副部長兼深川出張所主任などを経て, 大正7年三菱銀行取締役会長となった。また東京手形交換所理事長, 東京銀行集会所会長, 東京商工会議所議員などを務めた。昭和10年三菱合資会社総理事となり, 12年同社改組で株式会社三菱社取締役相談役となった。他に政府委員会委員, 日本銀行参与, 日本工業倶楽部専務理事, 日本経済連盟専務理事も兼ねた。三菱系列の統帥者として財界に重きをなした。　[家]息子＝串田孫一（随筆家）, 孫＝串田和美（演出家）

九条 和子　くじょう・かずこ
女優
大正5年（1916年）11月29日〜昭和24年（1949年）7月29日
[生]東京市本郷区菊坂町（東京都文京区）　[名]本名＝酒井孝子　[歴]大正14年小学校に通う傍ら母宋子の所属する日活京都の子役となり, 「波荒き日」で映画初出演。以後「鳴門秘帖」「忠次旅日記・御用篇」「或る女の一生」などで愛らしい子役ぶりを見せた。5年母と離れて帝キネに転じ,「我武者羅甚内一番槍」「ごろつき船」などに小娘役を演じ, 現代劇「与えられた武器」にも出演。6年「生首供養」などに出演後間もなく退社し, 宝塚音楽歌劇学校に入る。五十鈴千代の名で宝塚少女歌劇団花組に所属し, 子役からの転身を果たした。

九条 日浄　くじょう・にちじょう
尼僧 瑞竜寺（日蓮宗）門跡
明治29年（1896年）10月28日〜昭和37年（1962年）9月20日

生東京都 名旧姓・旧名＝仙石, 幼名＝温子 学学習院女学部
中等科〔大正2年〕卒 歴九条道実公爵の養女となり、大正7年
京都村雲瑞竜寺で剃髪得度。9年日蓮宗瑞竜寺門跡となり、戦
前は村雲婦人会総裁として尊敬された。昭和37年京都から滋
賀県近江八幡に移転、主要建物を移築復元した。著書に「日
本婦人の信仰」。 家父＝仙石政敬（子爵）

鯨井 恒太郎 くじらい・つねたろう
電気工学者 東京帝国大学教授
明治17年（1884年）7月29日～昭和10年（1935年）7月22日
生埼玉県 専通信工学, 無線電信 学一高〔明治37年〕卒、東
京帝国大学工科大学電気工学科〔明治40年〕卒 工学博士（東
京帝国大学）〔大正7年〕 歴明治40年通信省電気試験所に入
り、41年東京帝国大学助教授を兼任。大正元年文部省から電
気工学研究のため欧米へ留学、4年帰国。7年教授に昇任。13
年～昭和3年東京市電気研究所初代所長を兼務。3年東北大学
工学部創設に際し電気工学科の設置に尽力。4年東京工業大学
設立とともに電気工学科主任教授を兼務。理化学研究所主任
研究員、電気学会副会長、日本ラジオ協会副会長、照明学会
会長なども歴任した。真空管発達以前から無線通信工学に取
り組み、鉱石検波器の研究に業績がある。明治44年「無線電
話機」、大正4年「周波数変換装置」を発明。理研では電気絶
縁材料の研究を指導。「整流器」「電気収塵機」「白熱電球利用
の光通信機」など多くの発明・特許がある。 賞帝国学士院
賞（第6回）〔大正5年〕、全国発明表彰進歩賞牌〔大正8年〕

葛生 能久 くずう・よしひさ
国家主義者 黒竜会代表
明治7年（1874年）7月25日～昭和33年（1958年）2月3日
生千葉県 歴明治34年内田良平らと政治結社「黒竜会」を組
織。民間団体として対露戦に備えた。また中国辛亥革命で袁
世凱と妥協を図った革命軍説得のため何回も中国へ渡った。
昭和6年黒竜会を中心とした大日本生産党の幹部となり、大政
翼賛会委員ともなった。戦後A級戦犯容疑で巣鴨拘置所に収
監され、23年釈放された。黒竜会刊「東亜先覚志士紀伝」（全
3巻）の監修者でもある。

楠田 一郎 くすだ・いちろう
詩人
明治44年（1911年）10月7日～昭和13年（1938年）12月27日
生熊本県 学早稲田大学仏文科卒 歴第三次「椎の木」「ヴァ
リエテ」「エチュード」「20世紀」「詩法」などに参加、昭和12年
「新領土」に加わり、連作「黒い歌」を発表。戦後、「荒地」同
人によりモダニズムの彗星として再評価された。遺稿集「楠
田一郎詩集」がある。

楠田 敏郎 くすだ・としろう
歌人
明治23年（1890年）4月26日～昭和26年（1951年）1月20日
生京都府宮津 名本名＝楠田敏太郎、別名＝檜山鳥夢、傷鳥
学京都農林 歴「秀才文壇」など多くの新聞雑誌を転々と
し、明治44年白日社に入り前田夕暮に師事、「流離」「山帰
来」などの歌集がある。

楠木 繁夫 くすのき・しげお
歌手
明治37年（1904年）1月20日～昭和31年（1956年）12月14日
生高知県高岡郡佐川町 名本名＝黒田進 学高知一中〔大正
11年〕卒、東京音楽学校声楽科〔昭和3年〕中退 歴医師の四
男。高知一中を6年かかって卒業した後、一浪して、大正13年東
京音楽学校乙種声楽師範科に入学。同科へ編入後、本科声楽科に進
んだが（同期に伊藤武雄と園田誠一がいた）、昭和3年学園紛
争の首謀者として友人の高木東六らと退学処分となった。以

後、大阪のツルレーベルから本名で「菖蒲踊り」「五月音頭」
を吹き込んだのを皮切りに、秋田登、大山利夫、浜口淳、藤
村一郎、東海林次郎、津村忠、長谷川史郎、徳山進、松平操
などの芸名で数多くのレコードを吹き込む。昭和9年テイチク
と契約、同社創業者の南口重太郎が"なんこう"繋がりで楠公
こと楠木正成を崇拝していたことから楠木正成にあやかって
楠木繁夫を名のった。古賀政男とのコンビで「国境を越えて」
「男ごころ」「影を慕いて」などを吹き込んだ後、10年「緑の
地平線」が大ヒットして一躍スター歌手の仲間入りを果たし
た。以降、ディック・ミネ、藤山一郎とテイチクを支えたが、
14年ビクター、17年コロムビアへ移籍。18年歌手の三原純子
と結婚。20年疎開先の岐阜県白川郷で敗戦を迎えた。戦後は
22年、自ら作曲した「思い出の喫茶店」で復帰。24年久保幸
江と歌った「トンコ節」がヒットしたが、同年テイチクへ移
籍。26年第1回「紅白歌合戦」に出場したが、その後は低迷し、
31年自宅物置で縊死した。他の代表曲に、「白い椿の唄」「ハ
イキングの唄」「慈悲心鳥の唄」「女の階級」「紅い燃ゆる地平
線」などがある。 家妻＝三原純子（歌手）

葛原 猪平 くずはら・いへい
実業家 満蒙冷造社長 衆議院議員
明治12年（1879年）12月～昭和17年（1942年）1月15日
出東京都 学東京高等商業学校（現・一橋大学）卒 歴東洋冷
蔵社長、満蒙冷蔵社長を歴任。昭和3年衆議院議員に当選1回。
政友会に所属した。

楠間 亀楠 くすま・きなん
文明社創業者
明治14年（1881年）6月10日～昭和35年（1960年）6月1日
生和歌山県有田郡五西月村（有田川町） 学和歌山師範卒、東
京高等商業学校（現・一橋大学）〔明治42年〕卒 歴和歌山師
範を卒業して教鞭を執ったが、上京して高等師範学校に入り、
2年後に東京高等商業学校に転じた。長岡、水戸、若松などの
商業学校に勤めた後、職を辞して上京。南光社、宝文館の修
業を経て、本郷で文明社を創業した。処女出版は「最新商業
教科書」で、商業関係の学校参考書を多く出版した。

楠目 橙黄子 くすめ・とうこうし
俳人
明治22年（1889年）5月8日～昭和15年（1940年）5月8日
生高知県高知市 名本名＝楠目省介 歴間組に入り、満州、
九州各地に転任、昭和6年代表取締役、11年朝鮮支店長となっ
た。朝鮮在任中の大正4年句作を始め「ホトトギス」に投句、
高浜虚子の教えを受けた。昭和2年「ホトトギス」同人。京城
日報俳壇選者。句集に「橙圃」がある。

楠本 保 くすもと・たもつ
野球選手
大正3年（1914年）12月19日～昭和18年（1943年）7月23日
生兵庫県明石郡魚住村（明石市） 学明石中卒、慶応義塾大学
〔昭和16年〕卒 歴魚住第二尋常高小（現・明石市立錦浦小）に
入学後、野球を始め、当初から速球投手として知られた。昭
和4年地元の明石中に入学。速球投手として名を馳せ、7年と
8年の春の選抜、夏の大会と合わせ、甲子園で200以上の三振
を奪い、全国のファンを魅了した。9年東京六大学の一つであ
る慶応義塾大学を受験するも不合格。一浪して合格し、野球
部に入部後、右翼手に転向。14年に学部2年で主将となり、同
年秋季リーグで、13年ぶりの優勝に貢献。15年も主将を務め、
日本の大学野球で戦前最後となったハワイ遠征にも参加。16
年卒業後はプロ入りせず、貿易会社・大正興業に入社して、台
湾のオール高雄でプレー。17年陸軍に召集されて中国・上海
に渡り、18年頭部貫通銃創をうけ戦死した。50年妻により思
い出などを綴った「楠本保を語る」が自費出版された。

楠本 長三郎　くすもと・ちょうざぶろう

内科学者 大阪帝国大学総長

明治4年(1871年)1月20日〜昭和21年(1946年)12月6日

[生]肥前国(長崎県)　[学]東京帝国大学医科大学〔明治33年〕卒 医学博士〔明治42年〕　[歴]明治33年東京帝国大学医科大学内科に入局、34年助手、38年大阪府立高等医学校教諭兼内科医長。39〜41年ドイツに留学し、ブレスラウ大学のローンベルク教授に師事し、内科学を修めた。大正4年大阪府立大阪医科大学教授、8年大阪医科大学教授、13年学長兼附属医院長。昭和6年大阪帝国大学創立に尽力、医学部長を経て、9年総長に就任。医学、理学、工学3学部を設け、微生物病研究所、産業科学研究所を付設するなど、大阪大学の基礎を築いた。17年日本医学会会頭。

楠山 義太郎　くすやま・よしたろう

東京日日新聞社社長

明治30年(1897年)6月〜平成2年(1990年)1月7日

[生]和歌山県　[学]早稲田大学政経学部〔大正9年〕卒　[歴]大正9年9月東京日日新聞社に入社。ロンドン特派員となり、昭和7年リットン調査団報告書をスクープ。その後、欧米部長、東京本社編集局長、取締役・主筆などを歴任。昭和26年12月退社。27年から衆議院議員を1期務めた。

久世 通章　くぜ・みちふみ

有職家 子爵 蹴鞠保存会会長 貴族院議員

安政6年(1859年)7月16日〜昭和14年(1939年)4月14日

[歴]参議久世通熙の子。慶応2年(1866年)加冠昇殿となり従五位上に叙される。明治8年父の死に伴って家督を相続し、16年殿掌に任ぜられ、次いで17年には子爵となった。有職故実・古儀典礼の調査に従事し、山科言縄から公家装束を伝授された。また蹴鞠の復興と伝承・普及に力を尽くし、同好の士を募って実技を行い、20年には明治天皇の天覧に浴した。39年には蹴鞠保存会を設立し、会長に就任。他方では貴族院議員も務めた。昭和8年には衣紋講究会の調査事務を嘱託され、宮内省図書寮の臨時有職調査でも講演を行っている。13年に隠居。著書に「有職衣紋写真図解」「蹴鞠」などがある。　[家]父＝久世通熙(政治家)

百済 文輔　くだら・ふみすけ

奈良県知事 川崎市長

明治16年(1883年)4月21日〜昭和27年(1952年)

[生]山口県厚狭郡高千帆村(山陽小野田市)　[学]京都帝国大学法科大学政経学科〔明治40年〕卒　[歴]東京府産業部長、同書記官、内務部長、北海道内務部長を経て、大正15年群馬県知事、昭和2年奈良県知事。その後、台湾総督府殖産局長、営林局長を務め、6年退官。同年〜7年川崎市長。

九津見 房子　くつみ・ふさこ

社会主義運動家 婦人運動家

明治23年(1890年)10月18日〜昭和55年(1980年)7月15日

[生]岡山県岡山市　[学]岡山高等女学校中退　[歴]県立岡山高等女学校時代に山川均の社会主義思想に共鳴して上京。大正10年近藤真柄らと日本初の社会主義婦人団体「赤瀾会」結成、のちに転向した共産党幹部・三田村四朗と結婚。昭和3年治安維持法違反で逮捕され、札幌刑務所で拷問にあう。8年釈放後は転向者の救援活動に従事。11年からソ連へ流す情報収集にあたり、三・一五事件、ゾルゲ事件に関連して昭和16年10月逮捕され、和歌山刑務所で服役した。著書に牧瀬菊栄による聞き書き「九津見房子の暦」がある。

工藤 敬三　くどう・けいぞう

彫刻家

明治21年(1888年)3月25日〜昭和26年(1951年)5月27日

[生]青森県西津軽郡深浦町　[名]本名＝工藤敬蔵、旧姓・旧名＝千崎　[歴]はじめ郷里青森県弘前の早坂寿雲から彫刻を学ぶ。次いで27歳で上京し、彫刻家の前田照雲や内藤伸らに師事した。明治41年頃から日本木彫会で作品を発表。昭和3年に「熊」で帝展入選を果たして以来、同展や院展などの官展に出品し、のち帝展無鑑査となった。その他、東奥美術社や六華会でも活躍。太平洋戦争中は弘前に疎開し、戦後も同地に留まって制作を続けた。特に仏像制作に優れ、体表的な作品に「聖観音」「神武天皇像」などがある。　[家]兄＝千崎如幻(僧侶)

工藤 繁造　くどう・しげぞう

彫刻家

生年不詳〜昭和11年(1936年)3月28日

[歴]農家に生まれ、自由労働者をしながら彫刻に取り組み、前田照雲に約1年間師事した以外は独力で勉強した。大正13年院展に入選。以来、「村童」「雪路」「山鳩」「添乳」「俵結ぶ男」「牡鶏」などほとんど毎年出品。昭和8年日本美術院院友に推薦された。青森県立弘前工業学校の彫刻図画嘱託教師も務めた。11年病気のため、37歳で夭折した。

工藤 俊作　くどう・しゅんさく

海軍中佐

明治34年(1901年)1月7日〜昭和54年(1979年)1月4日

[生]山形県東置賜郡屋代村(高畠町)　[学]興譲館中〔大正9年〕卒、海兵(第51期)〔大正12年〕卒　[歴]父は地主で、3人兄妹(2男1女)の二男。興譲館中学から海軍兵学校に進み(第51期)、同期には有泉龍之介、扇一登、大井篤、小園安名、実松譲、豊田隈雄らがいた。昭和10年駆逐艦の太刀風艦長、15年4月海軍砲術学校教官、横須賀鎮守府軍法会議判士を経て、11月駆逐艦の雷艦長。太平洋戦争では同艦長として南方戦線に従軍。17年3月スラバヤ沖海戦で乗艦を撃沈され、海上を漂う多数の連合国軍の軍艦乗組員を発見すると、救助活動に全力を尽くし、約420人を救助した。その後、アリューシャン攻略作戦などに従事。17年8月駆逐艦響艦長に転任、11月海軍中佐に昇進。12月横須賀鎮守府に転出して第一線を外れ、18年5月海軍予備学生採用試験臨時委員となった。19年末より体調を崩し、20年3月待命。

工藤 壮平　くどう・そうへい

書家 官僚 宮内省御用掛

明治13年(1880年)12月10日〜昭和32年(1957年)4月7日

[生]岡山県浅口郡占見新田村(浅口市)　[名]号＝文哉、双鳳軒主人　[学]東京帝国大学法科大学卒　[歴]官僚となり、朝鮮総督府総務課長、関東庁秘書課長、内大臣秘書官などを歴任。その一方で小野鵞堂門下の書家としても名を成し、のちには宮内省御用掛として皇后良子や高松宮妃・三笠宮妃に書道を教えた。大らかにして格調高い書風で知られる。

工藤 忠　くどう・ちゅう

大陸浪人 満州国侍従武官・宮内侍衛処長

明治15年(1882年)12月10日〜昭和40年(1965年)2月23日

[生]青森県板柳町　[名]本名＝工藤鉄三郎、別名＝鉄石　[学]錦城中学校〔明治36年〕卒、専修学校(現・専修大学)中退　[歴]東奥義塾を中退して上京し、錦城中学に入学。在学中、新聞人の陸羯南に接し、その影響で中国大陸に目を向ける。明治36年中学を卒業。39年樺太より徒歩でシベリアに渡り中国を周遊、以後たびたび大陸に渡り、中国の実状を観察するなど中国の革命運動に取り組むようになった。大正3年武漢革命が起こると蒋介石と共に南京城に籠城し、6年の第三革命では1万5000人の中国人を率いて山東省で蜂起、またシベリアや甘粛省でも活躍した。のち清朝復興を志し、昭和6年天津に軟禁されていた清朝最後の皇帝溥儀の救出に成功。7年満州国が建国されると陸軍中将・執政府侍従武官・宮内侍衛処長となって

溥儀の側近くに仕え、その信頼を得て"忠"の名を賜った。しかし中国人の利益を第一に考えたため、軍部に疎まれて16年宮内府顧問官に左遷、17年に帰国し近衛文麿らと謀って中国国民党との停戦を画策。戦後は社団法人全一教本部長や社団法人全真協会会長などを歴任した。

工藤 鉄男　くどう・てつお
衆議院議員
明治8年（1875年）8月〜昭和28年（1953年）6月16日
生青森県　名号＝日東　学日本大学卒，ロンドン大学卒　歴日本新聞、二六新聞の記者となり、明治38年日露戦争後の講和反対日比谷焼き打ち事件に連座。大正4年ロンドン遊学後、日大、東京歯科医学専門学校各講師、日華事業協会、海上企業組合などに関係。13年衆議院議員となり当選7回、参議院議員にも当選1回。民主党を経て、昭和22年同志クラブを結成、のち民自党に合流、同党顧問。その間文部参与官、厚生政務次官、23年第二次吉田茂内閣の行政管理庁長官となった。

工藤 十三雄　くどう・とさお
衆議院議員
明治13年（1880年）5月〜昭和25年（1950年）12月17日
田青森県　学東京帝国大学独法科　歴時事新報政治部記者、同社客員を経て、「陸奥新報」を経営。また東洋拓殖嘱託、弘前新聞社長を務める。大正13年衆議院議員に初当選。以来連続6回当選。その間、平沼内閣の鉄道政務次官を務めた。

工藤 富治　くどう・とみじ
航空技術者 実業家
明治22年（1889年）4月1日〜昭和34年（1959年）5月5日
生青森県下北郡大湊村（むつ市）　学大湊小高等科〔明治35年〕卒　歴明治36年海軍大湊水雷団修理工場に勤務し、見習工となる。41年海軍を退職、北海道に渡って職を転々としたのち、大正4年ロシアのアナトラ飛行機工場に入り、飛行機製作に従事。6年革命を避けてロシアを脱出、西欧各国を経てフランスに至り、10年ロシア時代の同僚であったドボワチーヌの飛行機工場に入社。以後、その主力技師・工場監督として活躍、ドボワチーヌと共作で「D1型」や「D33型」などの名機を製作し、高い評価を得た。昭和7年帰国、浜松飛行機製作所を経て、9年東京瓦斯電気工業に勤務し、小型旅客機「KR-6型千鳥号」などを製作。10年頃より東京帝国大学航空研究所の委嘱で長距離試作機「航研機」製作を手がけるが、学者陣との対立や病気のため12年の完成間際に辞職した（結果的に「航研機」は1万1651キロという長距離飛行の世界記録を樹立）。その後、青森に帰郷して16年に工藤航機製作所を設立、20年には工藤鋼機製作所に改組し大湊商工会理事などを務めた。

工藤 祐舜　くどう・ゆうしゅん
植物学者 台北帝国大学理農学部教授
明治20年（1887年）3月6日〜昭和7年（1932年）1月8日
生秋田県平鹿郡増田町（横手市）　専植物生態学　学横手中卒、七高造士館卒、東京帝国大学理科大学植物学科〔明治45年〕卒 理学博士〔大正12年〕　歴横手中学時代に植物に興味を持ち、七高在学中は屋久島の植物を調査した。東京帝国大学理科大学植物学科で松村任三に師事。明治45年東北帝国大学農科大学（現・北海道大学農学部）実科講師として北海道に赴任、6年助教授。宮部金吾の下で北海道の主要樹木の選定・解剖・図譜編集に携わった。14年欧米に出張、15年台湾総督府高等農林学校教授。昭和3年新設の台北帝国大学理農学部教授兼附属植物園長に就任、4年台湾総督府中央研究所技師を兼任。北樺太の植物相を調査して、フリードリッヒ・シュミットが指摘した温帯と亜寒帯の植物地理学上の境界線を確認し、同線を"シュミット・ライン"と呼ぶことを提案した。

久邇 邦久　くに・くにひさ
侯爵 貴族院議員
明治35年（1902年）3月10日〜昭和10年（1935年）3月4日
生東京都　学陸士卒　歴久邇宮邦彦王の第二王子に生まれ、邦久王と命名される。学習院中等科、東京府立第一中学校を経て、陸軍士官学校を卒業し、英国に留学する。大正12年陸軍歩兵少尉となり、のち大尉に昇進。この間、近衛歩兵第四連隊付、陸軍戸山学校付、参謀本部付となる。11〜12年貴族院議員（皇族）。同年皇族の身分を離れ、久邇の家名と侯爵を授けられた。昭和7年から再び貴族院議員（侯爵）。継嗣なく、大宮司・伯爵三条西実義嗣子・公正の二男・実栄が継承した。
家父＝久邇宮邦彦、妹＝皇后良子

久邇 俔子　くに・ちかこ
皇族 皇后良子の生母
明治12年（1879年）10月19日〜昭和31年（1956年）9月9日
田東京都　歴公爵島津忠義の第七女。明治32年久邇宮邦彦王と結婚、良子、智子（大谷光暢の妻）、信子（三条西公正の妻）を生む。戦争中は大日本婦人会総裁、大日本母子愛育会総裁などを務めた。昭和22年皇籍を離脱。家夫＝久邇宮邦彦、長男＝久邇朝融、娘＝皇后良子、大谷智子、三条西信子

国井 喜太郎　くにい・きたろう
商工省工芸指導所初代所長
明治16年（1883年）4月23日〜昭和42年（1967年）2月15日
生富山県　学東京高等工業学校卒　歴富山工芸学校校長を経て、昭和3年国立工芸指導所の初代所長に就任。建築家ブルーノ・タウトの招聘や各地指導所の設立に尽力し、工芸の大衆化・産業化を進めた。

国井 紫香　くにい・しこう
映画弁士 講談師
明治27年（1894年）〜昭和41年（1966年）4月26日
生東京都　名本名＝国井吉之助、旧姓・旧名＝響庭、別名＝神田伯知　学明治大学予科〔大正2年〕中退　歴内藤紫練について活動弁士を修業、無声映画全盛時代「東山三十六峰静かに眠るころ」の名調子で剣戟物を語った。しかしトーキーの出現で弁士は振るわず、昭和24年講談に転じた。一竜斎貞山（先々代）に師事したこともあり、神田一山の名で講談を演じ、25年2代目神田伯知を襲名した。29年なじみの浅草ロック座で引退興行、高座を退いた。講談弁友会創始者の一人。

邦枝 完二　くにえだ・かんじ
小説家
明治25年（1892年）12月28日〜昭和31年（1956年）8月2日
生東京市麹町区平河町（東京都千代田区）　名本名＝国枝莞爾、筆名＝双竹亭竹水　学東京外国語学校イタリア語科専修科〔大正3年〕中退　歴大正元年「三田文学」に「廓の子」を発表、以後「朱欒」「ARS」「秀才文壇」などに小説、戯曲、詩を発表。4年「時事新報」の記者になり、9年帝国劇場文芸部に移り、その間「三田文学」などに作品を発表するが、12年から文筆業に専念した。昭和3年発表の「東洲斎写楽」以降、大衆作家として流行作家となり、9年から10年にかけて「お伝地獄」を発表した。他の作品として「歌麿」「おせん」などがあり、戦後も「東京一代女」や「恋あやめ」などを発表した。　家娘＝木村梢（エッセイスト）、クニエダヤスエ（テーブルコーディネーター）、女婿＝木村功（俳優）

国枝 金三　くにえだ・きんぞう
洋画家
明治19年（1886年）2月1日〜昭和18年（1943年）11月20日
田大阪府大阪市　学大阪市立高等商業学校中退　歴在学中運動で右腕を負傷、左手で絵筆を持った。明治39年関西美術院

で鹿子木孟郎に師事。大正3年二科会第1回展から出品し、5年第3回展で初入選、12年同会会員となった。13年小出楢重、黒田重太郎らと大阪信濃橋洋画研究所創立に参加、昭和2年小出、鍋井克之らと全関西洋画展を結成、関西洋画壇の発展に尽力した。二科にも出品を続け、都会風景を多く描いた。

国枝 史郎　くにえだ・しろう
小説家 劇作家
明治21年（1888年）10月10日～昭和18年（1943年）4月8日
[生]長野県諏訪郡宮川村字茅野　[名]別名＝宮川茅野雄, 鎌倉彦郎, 西川菊次郎　[学]早稲田大学英文科中退　[歴]大学時代演劇に関心を抱き、大学を中退した大正3年大阪朝日新聞社に入り演劇担当記者となる。6年松竹座の座付き作者となったが、バセドー氏病により、9年退社して以後大衆文学の作家生活に入る。戯曲集「レモンの花の咲く丘へ」「黒い外套の男」のほか、小説「蔦葛木曽桟」「紅白縮緬組」「神州纐纈城」「神秘昆虫館」「娘煙術師」「建設者」など多くの著書、作品があり、「国枝史郎伝奇文庫」（全28冊）も刊行されている。

国枝 捨次郎　くにえだ・すてじろう
実業家 帝国燃料社長 衆議院議員
明治9年（1876年）1月～昭和12年（1937年）4月5日
[出]東京都　[歴]深川区議、東京市議を経て、昭和3年衆議院議員に当選。通算2期。政友会に所属した。

国枝 元治　くにえだ・もとじ
数学教育家 東京文理科大学名誉教授
明治6年（1873年）8月14日～昭和29年（1954年）9月11日
[生]愛知県名古屋市　[学]東京帝国大学理科大学数学科〔明治31年〕卒 理学博士〔大正8年〕　[歴]明治32年高等師範学校教授となり、大正13年英国、フランス、米国へ留学し、数学と数学教授法を研究、昭和4年帰国、同年東京文理科大学教授兼東京高等師範学校教授となった。15年退官、名誉教授。この間、東京物理学校、東京女子大学にも出講。大正8年には日本中等教育数学会（日本数学教育会の前身）創立に尽力、昭和5年オスロの万国数学会に出席、日本の数学教育について報告するなど我が国の数学教育界に貢献した。

国方 林三　くにかた・りんぞう
彫塑家
明治16年（1883年）2月11日～昭和41年（1966年）10月7日
[出]香川県　[名]本名＝国方林造, 号＝天海　[歴]太平洋画会研究所彫塑部で新海林太郎、北村四海に学ぶ。明治41年第2回文展に初入選。大正11年帝展審査員。昭和10年官展参与。25年日展参事。人体を多く扱い、初期の作品は生活風俗を主題としたものが中心。作品に、「焦心」（明治42年）、「もだえ」（同44年）、「わななき」（大正4年）、「母子」（昭和18年）がある。

国崎 定洞　くにさき・ていどう
公衆衛生学者 社会運動家 東京帝国大学医学部助教授
明治27年（1894年）10月5日～昭和12年（1937年）12月10日
[生]熊本県熊本市寺原町　[出]埼玉県　[名]筆名＝和田哲二, 山本三郎　[専]社会衛生学, 細菌学　[学]川越中〔明治45年〕卒, 一高三部〔大正4年〕卒, 東京帝国大学医学部〔大正8年〕卒　[歴]熊本市で生まれ、4歳の時に一家で長崎県対馬に転居。明治37年から姉の嫁ぎ先である埼玉県川越の田中家に寄留した。東京帝国大学医学部に学び、大正9年伝染病研究所技手となりインフルエンザなどの研究に従事。13年東京帝国大学助教授に抜擢され、衛生学講座を担任。早くから左傾し、15年和田哲二の筆名でレーニン「左翼小児病」の翻訳を刊行。同年社会衛生学研究のためドイツへ官費留学すると左傾に拍車がかかり、昭和2年ドイツ共産党に入党。4年には東京帝大助教授を退官し、以後ドイツで本格的に左翼運動に入る。7年秋頃にナチスの台頭のためモスクワへ入国、外国労働出版所で翻訳に従事したが、12年スターリンの大粛清によりスパイ容疑で逮捕・銃殺された。

国沢 新兵衛　くにさわ・しんべえ
実業家 日本通運社長 衆議院議員
元治1年（1864年）11月23日～昭和28年（1953年）11月26日
[生]江戸　[出]高知県　[学]帝国大学工科大学土木科〔明治22年〕卒 工学博士〔大正4年〕　[歴]九州鉄道会社に入社。その後、逓信省鉄道技師を経て、明治39年南満州鉄道（満鉄）創立とともに理事となり、副総裁、理事長を歴任。大正8年退任、9年高知県から衆議院議員に当選、政友会に属した。14年帝国鉄道協会会長、昭和3年朝鮮京南鉄道会長、12年日本通運初代社長となった。15年11月退任。　[家]兄＝国沢新九郎（洋画家）

国司 浩助　くにし・こうすけ
実業家 日本水産専務
明治20年（1887年）～昭和13年（1938年）4月2日
[生]兵庫県神戸市　[出]山口県　[名]旧姓・旧名＝乃美　[学]水産講習所卒　[歴]明治41年渡英してトロール漁法を研究。44年帰国、田村汽船漁業部に入社してトロール漁法を行う。大正8年共同漁業（のち日本水産）を設立。昭和2年我が国初のディーゼルトロール汽船を建造、5年には急速冷凍装置を取り入れるなど、トロール漁法発展の基礎を築いた。

国友 鼎　くにとも・かなえ
解剖学者 長崎医科大学名誉教授
明治10年（1877年）1月23日～昭和32年（1957年）1月14日
[生]大分県大野郡川登村（豊後大野市）　[名]旧姓・旧名＝岩田　[専]組織学, 胎生学　[学]五高医学科〔明治33年〕卒 医学博士（東京帝国大学）〔大正1年〕　[歴]明治37年長崎医学専門学校教授、大正12年長崎医科大学教授、昭和12年退官し、名誉教授。16年長崎市立博物館館長、17年長崎市議、23年日本大学講師も務めた。日本人胎児の臓器の大きさや重量に関する研究などで知られた。　[家]長男＝国友昇（眼科医）

久邇宮 朝融　くにのみや・あさあきら
皇族 海軍中将
明治34年（1901年）2月2日～昭和34年（1959年）12月7日
[学]海兵（第49期）〔大正10年〕卒, 海大（第30期）〔昭和7年〕卒　[歴]久邇宮邦彦王の第一王子に生まれる。大正11年海軍少尉に任官。昭和15年木更津海軍航空隊司令、17年高雄海軍航空隊司令、18年第十九連合航空隊司令官、19年第二十連合航空隊司令官、20年海軍中将。22年皇族の身分を離れた。　[家]父＝久邇宮邦彦（陸軍大将・元帥）, 妹＝皇后良子, 弟＝東伏見邦英（伯爵）, 岳父＝伏見宮博恭（海軍大将・元帥）

久邇宮 多嘉　くにのみや・たか
皇族 神宮祭主
明治8年（1875年）8月17日～昭和12年（1937年）10月1日
[生]京都府愛宕郡鴨村（京都市左京区）　[名]別称＝多嘉王　[歴]久邇宮朝彦親王の第五王子。明治40年子爵水無瀬忠輔の長女・静子と結婚。大正8年神宮祭主に任ぜられ、以来陛下の大御手代として神宮に奉仕した。　[家]父＝久邇宮朝彦, 兄＝賀陽宮邦憲, 久邇宮邦彦, 弟＝東久邇宮稔彦

国光 五郎　くにみつ・ごろう
衆議院議員
明治13年（1880年）9月～昭和26年（1951年）2月3日
[出]山口県　[学]東京帝国大学政治科〔明治39年〕卒　[歴]三重県属、山口県議、岩田村長等を歴任、明治45年衆議院議員に当選、通算4期を務めた。農業に従事し、県農会長、熊毛郡農会長、県購買販売組合連合会長、天安電燈取締役等を務めた。

国吉 信義　くによし・のぶよし

実業家　宇部市長　宇部曹達工業社長

明治15年（1882年）4月8日〜昭和47年（1972年）11月9日

[生]山口県厚狭郡宇部村（宇部市）　[学]下関商中退、東京高等工業学校機械科〔明治34年〕卒　[歴]六男として生まれる。明治29年下関商業学校に入るが1年半で辞め、東京に遊学。東京高等工業機械科に学んだ。34年石川島造船所浦賀分工場に勤務。同年下関要塞砲兵連隊に一年志願兵として入隊。36年佐世保海軍工廠の海軍技手となり、39年退職して家督を継ぐ。40年山口県宇部村収入役。41年東見初炭鉱設立と同時に取締役となり、大正11年副頭取。15年山口県議、昭和4〜10年宇部市長を務めた。10年東見初炭鉱副社長として実業界に復帰、12年社長。19年同炭鉱が宇部興産に合併されると同社取締役となった。この間、11年宇部曹達工業（現・セントラル硝子）の初代社長に就任。12年宇部市議、同時に市会議長。　[家]養子＝国吉五六（宇部曹達工業社長）、兄＝国吉亮之輔（宇部市長）

国吉 康雄　くによし・やすお

洋画家

明治22年（1889年）9月1日〜昭和28年（1953年）5月14日

[生]岡山県岡山市中出石町　[賞]米国芸術アカデミー外国人名誉会員　[歴]明治39年、17歳で渡米して苦労しながらアート・スチューデンツ・リーグなどで学ぶ。大正11年初個展をニューヨークで開催。14年と昭和3年渡欧。4年ニューヨーク近代美術館の"19人の現存アメリカ画家展"の一人に選ばれて米国画壇の脚光を浴び、8年アート・スチューデンツ・リーグ教授となる。18年「誰かが私のポスターを破った」でカーネギー国際展一等賞を、つづいて19年"合衆国の絵画1944展"で一等賞を受賞し、アメリカ具象絵画の代表作家となる。太平洋戦争中は日本向け短波放送で反戦を訴えるなど平和促進のために積極的に活動。当時の代表作に「夜明けが来る」がある。戦後アメリカ芸術家組合の初代会長を務めた。27年ベネチア・ビエンナーレ展に米国代表の一人として出品。作風は、後期印象派、アメリカ・プリミティブの牧歌調、フォークアートなど時代に応じて多岐にわたり、晩年にはカゼイン系の色を用いた仮面・道化を好んで描いた。終生日本国籍。　[賞]カーネギー国際展一等賞〔昭和18年〕

久野 収　くの・おさむ

評論家　哲学者

明治43年（1910年）6月10日〜平成11年（1999年）2月9日

[生]大阪府堺市　[学]京都帝国大学文学部哲学科〔昭和9年〕卒　[歴]京都帝国大学大学院在学中の昭和10年、中井正一、新村猛らと共に理論情報誌「世界文化」、11年新聞「土曜日」を創刊して京都を中心に人民戦線運動を始めるが、12年治安維持法違反に問われ獄中生活を2年間送る。出獄後は昭和高等商業学校の嘱託などを務める。戦後は評論家として雑誌、週刊誌などで日本の右傾化、軍国主義化に鋭い警鐘を鳴らした。「週刊金曜日」編集委員も務めた。

久野 豊彦　くの・とよひこ

小説家　評論家　経済学者

明治29年（1896年）9月12日〜昭和46年（1971年）1月26日

[生]愛知県名古屋市　[学]慶応義塾大学経済学部〔大正13年〕卒　[歴]大正12年「葡萄園」を創刊し、15年発表の「桃色の象牙の塔」で注目される。昭和2年「第二のレェニン」を刊行し、以後「聯想の暴風」「ボール紙の皇帝万歳」や評論集「新芸術とダグラスイズム」などを刊行。昭和7年頃から文壇を離れ、晩年は名古屋商科大学で経済学を講じた。

久野 寧　くの・やす

生理学者　名古屋医科大学教授

明治15年（1882年）3月30日〜昭和52年（1977年）12月30日

[生]愛知県　[学]愛知医学専門学校〔明治36年〕卒　医学博士　[賞]日本学士院会員〔昭和24年〕　[歴]1年間の兵役の後、東京帝国大学生理学教室に入り大沢謙二教授に師事、その後京都帝国大学医科大学に転じ、以後京都医学専門学校教授を経て、明治44年南満医学堂教授、次いで後身の満州医科大学、昭和12年名古屋医科大学教授となり、30年退官して名古屋大学名誉教授。京都府立医科大学教授、三重県立医科大学教授も務めた。英国生理学会、米国生理学会、ドイツ生理学会の各名誉会員。発汗生理学の開拓者で、体温調節の生理では世界的権威。著書に「熱帯生活問題」「汗」「気候と人生」などがある。　[家]長男＝久野洋（応用化学者）　[勲]文化勲章〔昭和38年〕　[賞]帝国学士院恩賜賞（第31回）〔昭和16年〕、文化功労者〔昭和38年〕

久原 房之助　くはら・ふさのすけ

実業家　政治家　政友会総裁　通信相

明治2年（1869年）6月4日〜昭和40年（1965年）1月29日

[生]山口県萩市唐樋町　[学]慶応義塾本科〔明治24年〕卒　[歴]森村組を経て、明治24年藤田組に入り、秋田の小坂鉱山の黒鉱精練に成功、鉱山の衰微を復興。32年藤田組支配人、33年小坂鉱山事務所長。38年独立し、茨城の赤沢鉱山を買収して日立鉱山と改称。44年久原鉱業所を創立し、各地の鉱山を買収、成功をおさめた。大正3年第一次大戦景気で石油・海運・造船などの分野に進出、日産コンツェルンを築いたが、戦後恐慌で大打撃を受ける。昭和2年田中義一首相の特使としてスターリンに会見。同年会社を義兄・鮎川義介に委ね、3年政友会に入り衆議院議員に当選、同年田中義一内閣の通信相を務めた。4年政友会分裂の際は正統派に属し、14年第5代総裁となった。戦後、公職追放を経て、27年政界に復帰、日中・日ソ国交回復国民会議議長などを歴任。通算5期。　[家]父＝久原庄三郎（実業家）、兄＝田村市郎（実業家）、孫＝朝吹京（ストーンウェル社長）、石井好子（シャンソン歌手）、石井公一郎（ブリヂストンサイクル会長）、石井大二郎（昭和海運会長）、叔父＝藤田伝三郎（藤田組創業者）、義兄＝鮎川義介（日産コンツェルン総帥・参議院議員）、女婿＝石井光次郎（衆議院議長）

久保 市三郎　くぼ・いちさぶろう

実業家　栃木県農工銀行頭取　貴族院議員（多額納税）

慶応3年（1867年）7月10日〜昭和31年（1956年）3月1日

[生]武蔵国三田ケ谷村（埼玉県羽生市）　[学]慶応義塾大学理財科〔明治26年〕卒　[歴]栃木県農工銀行頭取、下野新聞会長を歴任。明治40〜49年、昭和7〜14年多額納税の貴族院議員を務めた。

久保 角太郎　くぼ・かくたろう

宗教家　霊友会創立者

明治25年（1892年）1月7日〜昭和19年（1944年）11月18日

[生]千葉県小湊　[名]旧姓・旧名＝松鷹　[歴]宮内省出入りの大工の徒弟となり、苦学して宮内省の技手となった。その働きぶりが仙石子爵の目にとまり、仙石家の家令久保家の養子となり、宮内省営繕課に就職。行儀見習いに預けられた増子酉吉の影響で法華経に帰依、霊能者若月チセと知り、大正9年霊の友会を結成した。14年に横浜の法華行者西田俊蔵と、実兄小谷安吉の妻喜美らと大日本霊友会（現・霊友会）を設立、喜美が会長、自分は理事長に就任。万霊を供養し祖先を崇拝するという教義が信者をふやし、法華系新興宗教の草分けである霊友会の基礎を築いた。　[家]息子＝久保継成（霊友会会長）

久保 栄　くぼ・さかえ

劇作家　演出家　小説家

明治33年（1900年）12月28日〜昭和33年（1958年）3月15日

[生]北海道札幌市　[学]東京帝国大学独文科〔大正15年〕卒　[歴]府立一中時代から「ホトトギス」などに短歌を投稿し、一高在学中の大正7年「三人の木樵の話」が透谷賞に応募当選した。東京帝国大学在学中に翻訳した「ホオゼ」が上演されたのを

機会に、卒業後、築地小劇場文芸部に入り、小山内薫に師事した。昭和4年新築地劇団に参加、5年第一戯曲「新説国姓爺合戦」を上演。同年日本プロレタリア演劇同盟（プロット）に加盟し、以後プロレタリア演劇の面で活躍し、8年「五稜郭血書」を発表。プロレタリアへの弾圧強化で、9年プロットを解散し、新協劇団を結成、藤村原作の「夜明け前」を演出、リアリズム演劇の再出発となる。12年代表作「火山灰地」を刊行、13年に小野宮吉戯曲平和賞を受賞、同年新協劇団で初演。15年同劇団強制解散、2度検挙される。戦後は20年東京芸術劇場を設立。その後、劇団民芸に参加。また戯曲「林檎園日記」「日本の気象」などを発表する一方、評伝「小山内薫」や小説「のぼり窯」を発表。戯曲、小説、戯曲論、翻訳などの作品のほか、演出家としても幅広く活躍した。「久保栄全集」（全12巻、三一書房）がある。　圕透谷賞「三人の木樵の話」「悪魔と若き人麿」，小野宮吉戯曲平和賞〔昭和13年〕「火山灰地」

久保 佐四郎　くぼ・さしろう
人形作家
明治5年（1872年）〜昭和19年（1944年）3月9日
圉東京都　歴足が不自由なために人形師・吉野栄吉に人形作りを師事。昭和3年衣装人形の平田郷陽らと白沢会を結成、創作人形運動に参加。10年白沢会を発展させた日本人形社を設立、11年改組帝展に人形を出品。江戸末期に衰えた嵯峨人形の流れをくんで木彫盛り上げ彩色の人形を得意とした。近代人形運動の先駆者。埼玉県の笛畝人形記念美術館に嵯峨人形「人形遣い」「暫」「矢の根」、雛人形、芥子人形などが残るが、その他は戦災で焼失した。

久保 為義　くぼ・ためよし
映画監督
明治39年（1906年）11月15日〜昭和17年（1942年）2月5日
圉京都府京都市下京区　圖京都市立第一商〔大正14年〕卒　歴第一銀行を経てマキノプロダクションに入り、助監督。一商時代からの友人としてマキノ正博を助けた。昭和2年には脚本「メリケン物語」「漂泊の人」などを執筆、「学生五人男」飛躍篇で監督デビュー。兵役で一時中断、5年復帰したが、マキノは6年解散。宝塚キネマに移る。10年マキノ・トーキー設立に参加、マキノ正博と共同の「江戸噺鼠小僧」（10年）「国定忠治」（11年）「次郎長裸旅」（11年）「二階の花嫁」（12年）など12本を監督。しかし12年解散、J・Oで2本作った後応召、14年歩兵中尉、16年南方戦線に転戦、現地で戦死。

久保 天随　くぼ・てんずい
漢学者 漢詩人 評論家 台北帝国大学教授
明治8年（1875年）7月23日〜昭和9年（1934年）6月1日
圉東京府下谷御徒町（東京都台東区）　圂本名＝久保得二，別号＝兜城山人，秋碧吟盧主人　圖東京帝国大学文科大学漢学科〔明治32年〕卒 文学博士（東京帝国大学）〔昭和2年〕　歴早くから評論、紀行、美文を発表し、大正9年宮内省図書寮編修官となり、12年大東文化学院大学教授となる。昭和4年台北帝国大学教授に就任。その間「西廂記の研究」で文学博士となる。漢文・漢詩の評釈・入門・概論書を数多く書いた。中国戯曲の最初の紹介者。著書に「東洋通史」（全12巻）「日本儒学史」「近世儒学史」「老子新釈」「支那戯曲研究」、漢詩集「秋碧吟盧詩鈔」（全14巻）、紀行文集「山水美論」などがある。

久保 信　くぼ・まこと
フィギュアスケート選手
明治36年（1903年）8月19日〜平成3年（1991年）6月29日
圁北海道札幌市　圖明治大学政治経済学部卒　歴昭和5年の第1回全日本フィギュアスケート選手権男子シングルで優勝。のち北海道スケート連盟会長を務めた。

久保 勉　くぼ・まさる
哲学者 文献学者 東北帝国大学教授
明治16年（1883年）2月17日〜昭和47年（1972年）5月24日
圉愛媛県　圖海兵〔明治36年〕卒，東京帝国大学文科大学哲学科〔明治45年〕卒 文学博士〔昭和28年〕　歴海軍中尉として日露戦争に従軍。その後東京帝国大学に入学。在学中から恩師ケーベル博士と起居を共にし、亡くなるまで世話をした。その独文随筆を翻訳、のちに「ケーベル先生と共に」を著す。西洋哲学を専攻し、大正14年から昭和3年までドイツに留学。4年東北帝国大学助教授、15年教授、19年退官。28年東洋大教授、34年名誉教授。「プラトン国家篇」などの著書がある。

久保 盛丸　くぼ・もりまる
性研究家
明治25年（1892年）〜昭和30年（1955年）
圉愛媛県宇和島市　歴神社の神主の傍ら、性崇拝の研究に没頭し、性に関する研究本を大量に出版した奇人として知られる。大正4年処女作「南豫史」を自費出版。6年「久保盛丸」を発表以来研究に本格的に取り組み、8年「生殖崇拝論」（母本）、10年「生殖崇拝論」（子本）を出版。11年に出版した「性殖器崇拝話集成」が発禁となってからも少部数の自費出版本を非売品として出し続け、自らも“モリマラ”“凸凹寺法主”と名のった。戦後は22年「阿呆陀羅教」、26年「お篠権見」、40年「珍経」などを出版。カストリ誌「猟奇」などでも活躍し、「久保盛丸特集」と題した雑誌も出版された。それらの原稿をまとめた「秘話七夜」は唯一発禁にならず一般に販売された。　圂二男＝久保凸凹丸（凸凹寺2代目法主）

久保 良英　くぼ・よしひで
心理学者 広島高等師範学校教授
明治16年（1883年）4月22日〜昭和17年（1942年）11月12日
圉佐賀県藤津郡久間村　圖東京帝国大学文科大学哲学科心理学専修〔明治42年〕卒，クラーク大学卒　歴クラーク大講師、東京帝国大学講師、広島高等師範学校教授を歴任。帰国直後の児童教養研究所理事時代に「児童研究所紀要」を刊行、同研究所が閉鎖後も、多くの研究者が協力し昭和12年までに17巻が刊行され当時の児童心理の研究を網羅したものとして定評がある。ビネー式知能検査を標準化した。6年雑誌「応用心理研究」を創刊。「実験心理学精議」（全2巻）、「児童心理学」など多数の著書、論文がある。

窪井 義道　くぼい・よしみち
衆議院議員
明治25年（1892年）5月〜昭和24年（1949年）11月13日
圁山口県　圖東京帝国大学独法科〔大正7年〕卒　歴欧米各地に留学。大倉商事会社員となり、のち弁護士の業務に従事、国際工船漁業・黄海漁業・不二映画各社長となる。大正9年山口2区より衆議院議員に当選、通算5回当選。岡田内閣の海軍参与官、鈴木内閣の内務政務次官、内務省委員、松岡外務大臣欧州訪問の随員、大政翼賛会中央協力議員を歴任。第29回列国議会同盟会議（マドリード）に参列する。

窪川 稲子　くぼかわ・いねこ
作家
明治37年（1904年）6月1日〜平成10年（1998年）10月12日
圉長崎県長崎市八百屋町　圂本名＝佐田イネ，筆名＝佐多稲子　圖牛込小中退　歴小学入学時に母親を亡くし、大正4年一家で上京。小学5年からキャラメル工場やメリヤス工場などで働いた。のち最初の結婚に破れ、本郷のカフェに勤めるうち、そこに集う同人雑誌「驢馬」の中野重治、窪川鶴次郎らと知り合う。昭和4年窪川と結婚。夫の影響を受け、プロレタリア文学運動に入り、3年窪川いね子の名で処女作「キャラメル工場から」を「プロレタリア芸術」に発表。6〜7年東京モス

リン工場争議に取材した女工もの5部作でプロレタリア文学を代表する女流作家として活躍。6年日本プロレタリア文化連盟（コップ）に加盟、「働く婦人」の編集委員となる。7年には共産党に入党。11〜13年初長編「くれなゐ」を発表。革命運動と家庭生活の間で悩み、20年離婚。同年秋より筆名・佐多稲子を使用する。戦後、新日本文学会、婦人民主クラブに所属。21年共産党に再入党するが、26年除名され、30年にひとたび復党、39年再び除名された。自らの体験をもとに様々な問題作を書き、50年「時に佇つ」で川端康成文学賞、58年「夏の栞―中野重治をおくる」で毎日芸術賞受賞。ほかの代表作に「素足の娘」「私の東京地図」「みどりの並木道」「歯車」「女の宿」「渓流」「樹影」、随筆集「月の宴」などがあるほか、「佐多稲子作品集」（全15巻, 筑摩書房）「佐多稲子全集」（全18巻, 講談社）がある。　家長男＝窪川健造（テレビ映画監督）、二女＝佐多達枝（舞踊家）

窪田 空穂　くぼた・うつほ
歌人 国文学者 早稲田大学名誉教授
明治10年（1877年）6月8日〜昭和42年（1967年）4月12日
生長野県東筑摩郡和田村町区（松本市）　名本名＝窪田通治　学東京専門学校（現・早稲田大学）〔明治37年〕卒 文学博士　賞帝国芸術院会員〔昭和16年〕　歴東京専門学校を約1年で中退し、大阪の米穀仲買い商に勤務したが、明治30年生家に戻り、小学校の代用教員となる。このころ、同じ学校の太田水穂を知り、「文庫」に短歌を投じ、与謝野鉄幹に認められ新詩社社友となる。33年東京専門学校に復学し、文学活動を本格的に始める。36年「電報新聞」和歌欄選者となり、37年東京専門学校卒業と同時に社会部記者となる。この年受洗し、38年処女詩歌集「まひる野」を刊行。39年独歩社に入社。44年短編集「炉辺」を刊行。同年女子美術学校講師に就任。大正3年文芸雑誌「国民文学」を創刊。9年早大文学部講師、15年教授となり、昭和23年の定年退職まで務めた。この間、国文学者として研究を進める一方、作歌活動も盛んにし、多くの歌集を刊行した。「まひる野」のほか「濁れる河」「土を眺めて」「鏡葉」「冬日ざし」「冬木原」「老槻の下」などの歌集、「歌話と随筆」「明日の短歌」などの歌論、「新古今和歌集評釈」「万葉集評釈」「古典文学論」などの国文学の研究や小説など、著作は数多い。「窪田空穂全集」（全28巻・別1巻, 角川書店）及び「窪田空穂全歌集」がある。平成5年生家のある松本市和田に窪田空穂記念館が開館。　家長男＝窪田章一郎（歌人）、妻＝林圭子（歌人）　賞文化功労者〔昭和33年〕

久保田 金僊　くぼた・きんせん
日本画家 舞台装置家
明治8年（1875年）9月19日〜昭和29年（1954年）10月9日
生京都府京都市中京区東洞院　名本名＝久保田吉太郎　学同志社英学校、京都府画学校卒　歴父米僊、川崎千虎、幸野楳嶺らに学ぶ。従軍画家として、日清戦争、日露戦争、上海事変、日中戦争の現地に行き、多くの戦争写生画を描いた。一方画業の傍ら舞台装置にたずさわり、花柳舞踊研究会その他の装置を担当。日本舞踊協会顧問、日本劇画院幹事長などを務めた。著書に「日本のをどり」「踊の舞台装置」や編著「下谷上野」など。　家父＝久保田米僊（日本画家）、兄＝久保田米斎（日本画家）

久保田 敬一　くぼた・けいいち
男爵 鉄道省次官 貴族院議員（勅選）
明治14年（1881年）4月13日〜昭和51年（1976年）1月27日
出東京都　専鉄道橋梁　学東京帝国大学工科大学土木工学科〔明治38年〕卒 工学博士〔昭和8年〕　歴東京帝国大学工科大学卒業後、鉄道および橋梁の実習のため米国へ3年間留学。明治41年鉄道院に入り、42年技師。若松建設事務所建設部、技術部、工務局で鉄道橋梁の設計に従事。大正8年東京建設事務所所長となり、使われていなかった外国製の施工機械を上越線

の建設工事に導入して機械化の端緒を開く。その後も工事の機械化・近代化を進め、12年2月建設局線路調査課長、同年10月工事課長、13年名古屋鉄道局局長、昭和2年東京鉄道局局長。4年鉄道省運輸局長を歴任、6年鉄道次官となった。同年帝国鉄道協会副会長、7年鉄道弘済会初代会長を兼任。8年「本邦鉄道橋の沿革について」で工学博士の学位を受ける。同論文は日本の鉄道橋梁史をまとめたものだった。9年鉄道省退官。同年土木学会会長。11年父の死去に伴い男爵となり、13年勅選貴族院議員。戦争で中止された東京五輪の事務局長を務める。18年日本通運社長に就任し、21年退任した。都市対抗野球の創設にも尽力し、相模、厚木国際などゴルフ倶楽部理事長や会長を務めた。平山復二郎、平井喜久松とともに"鉄道三賢人"と称された。妻の雪は日本の近代土木の権威である広井勇の娘。　家父＝久保田譲（男爵）、岳父＝広井勇（土木工学者）

久保田 権四郎　くぼた・ごんしろう
実業家 クボタ創業者
明治3年（1870年）10月3日〜昭和34年（1959年）11月11日
生備後国御調郡大浜町（広島県尾道市）　名旧姓・旧名＝大出権四郎　歴明治23年同地で大出鋳物を開業して19歳で独立。27年大出鋳造所に改称、30年取引先の久保田燐寸器械製造所の主人・久保田藤四郎から養子に懇望されて久保田姓となり、社名も久保田鉄工所に改めた。33年立込丸吹法による鋳鉄管製造、37年「立吹回転式鋳造装置」の開発に成功し、鉄管メーカーとしての地位を固めた。大正3年には工作機械の製造を開始。やがてスチームエンジンや製鉄機械、農工用発動機、はかりなどにも進出して多角化を図り、株式会社に改組した昭和5年頃には鉄管分野のトップメーカーに成長。12年には堺に東洋一の発動機専門工場を開設し、全国シェアの5割以上を占めた。24年長男に社長を譲り退任した。　家長男＝久保田静一（久保田鉄工所社長）、二男＝久保田藤造（久保田鉄工所会長）　勲紺綬褒章〔大正12年〕、緑綬褒章〔昭和3年〕、勲五等瑞宝章〔昭和18年〕

久保田 宵二　くぼた・しょうじ
詩人 童謡作者
明治32年（1899年）6月2日〜昭和22年（1947年）12月26日
生岡山県川上郡富家村　名本名＝久保田嘉雄　学日本大学卒　歴郷里で教員となったが、大正14年上京。日本大学で学びながら童謡を書く。昭和6年専属作詞者として日本コロムビアに入社、8年「ほんとにそうならね」がヒット。童謡集に「忘れぬ日」「ねんねの小雀」「宵二童謡集」があるほか、評論として「現代童謡論」、また詩集「郷土」もある。

窪田 静太郎　くぼた・せいたろう
社会事業家 枢密顧問官
慶応1年（1865年）9月22日〜昭和21年（1946年）10月6日
生備前国（岡山県）　学帝国大学法科大学〔明治24年〕卒 法学博士〔大正5年〕　歴内務省に入り、明治36年衛生局長、43年行政裁判所評定官、大正11年長官となった。昭和7年枢密顧問官となり、以後、懲戒裁判所長官、文官高等懲戒委員長、議定官、宗秩寮審議官、日本赤十字社理事などを歴任した。一方、明治33年貧民研究会を発足、41年中央慈善協会設立に関与し、大正10年に改組された中央社会事業協会の副会長となり、以後、社会事業の育成に尽力した。「窪田静太郎論集」がある。

久保田 畯　くぼた・たおさ
福井県知事
明治30年（1897年）8月4日〜平成3年（1991年）5月27日
生熊本県　学東京帝国大学法科〔大正10年〕卒　歴昭和15年12月から約1年間、福井県知事を務めた。　家兄＝久保田豊（日本工営創業者）、甥＝田上万寿男（日本工営社長）

窪田 忠彦　くぼた・ただひこ

数学者　東北帝国大学教授

明治18年（1885年）2月～昭和27年（1952年）10月31日

生東京都　専幾何学　学東京帝国大学理科大学数学科〔明治41年〕卒　理学博士〔大正4年〕　賞日本学士院会員〔昭和22年〕　歴明治43年一高教授、44年東北帝国大学理学部助教授、大正4年教授となり、理学部長、評議員。昭和22年退官、名誉教授。我が国幾何学の第一人者で、欧文の論文だけで120余編、数学教育の発達にも尽力した。文部省統計数理研究所長も務めた。著書に「解析幾何学」「近世幾何学基礎論」「微分幾何学」などがある。

久保田 米斎　くぼた・べいさい

日本画家　舞台美術家

明治7年（1874年）8月18日～昭和12年（1937年）1月14日

生京都府　名本名＝久保田満明、別号＝米所、世音、皿彩、錦竹舎、幼名＝米太郎　学オークランド・ハイスクール（米国）卒　歴石田鴻斎の門人として詩文を学び、また俳諧、和歌にも堪能。原田直次郎に洋画、橋本雅邦に日本画を師事した。のち松竹合名会社に入社し、2世市川左団次のために「修善寺物語」「正雪の二代目」「頓豪阿闍梨」など、明治末期から昭和初期まで舞台装置を描いた。晩年には各デパート等の顧問として衣裳考証に従事し、また舞台装置の指導などに当たった。珍書古文献の収集家としても著名で、「歌舞伎」の表紙画を担当した。　家父＝久保田米僊（日本画家）、弟＝久保田金僊（日本画家）

久保田 勉之助　くぼた・べんのすけ

有機化学者　東京帝国大学教授

明治18年（1885年）11月3日～昭和37年（1962年）3月10日

生千葉県　名旧姓・旧名＝久松　学東京帝国大学理科大学化学科〔明治43年〕卒　理学博士　歴八高教授、理化学研究所研究員補を経て、昭和9年東京帝国大学教授。退官後、東邦大学理学部教授、千葉商科大学教授。大正8～11年サバチエの下で有機化学を研究した。昭和12年日本化学会会長。著書に「基準有機化学」「自然科学化学概論」、共訳にサバチエ「有機化学に於ける接触反応論」などがある。　賞日本化学会桜井賞〔大正14年〕

久保田 万太郎　くぼた・まんたろう

小説家　劇作家　演出家　俳人

明治22年（1889年）11月7日～昭和38年（1963年）5月6日

生東京市浅草区田原町（東京都台東区）　名俳号＝暮雨、傘雨、甘亭　学慶応義塾大学文学部〔大正3年〕卒　賞日本芸術院会員〔昭和22年〕　歴東京府立三中時代から文学に親しみ、暮雨の号で俳句を詠む。松根東洋城に師事し、東洋城選の「国民俳壇」に投句。明治44年小説「朝顔」、戯曲「遊戯」が「三田文学」に発表され、また「太陽」に応募した戯曲「Prologue」が当選し、作家として出発する。45年「浅草」を刊行し、以後小説、戯曲、俳句の面で幅広く活躍。大正期の代表作として「末枯」「寂しければ」などがあり、昭和初年代の作品として「大寺学校」「春泥」、10年代の作品として「釣堀にて」「花冷え」、戦後の作品として「市井人」「三の西」などがある。また、昭和7年築地座が結成されて演出も手がけるようになり、12年には岸田国士、岩田豊雄らと文学座を結成、亡くなるまで幹事を務めた。俳句の面では、2年第一句集「道芝」を刊行し、9年には水原秋桜子、富安風生といとう句会を発足させた。21年「春燈」を創刊・主宰。22年日本芸術院会員に選ばれ、32年文化勲章を受章。38年梅原龍三郎邸の宴席で倒れ、急逝した。他の句集に「もゝちどり」「わかれじも」「ゆきげがわ」「これやこの」「春燈抄」「冬三日月」「草の丈」「流寓抄」「流寓抄以後」「青みどろ」などがある。　勲文化勲章〔昭和32年〕　賞菊池寛賞（第4回）〔昭和17年〕

久保田 瑞穂　くぼた・みずほ

ゴルフ選手

大正6年（1917年）～昭和21年（1946年）

学明治大学　歴中学時代からスポーツ万能で、野球や水泳を得意とした。父の勧めによりゴルフを始め、一躍オールラウンドプレーヤーとして注目されるようになり、第1回関東アマ選手権チャンピオンの他、日本学生選手権でも2度優勝。中でも昭和13年日本アマ選手権で時の第一人者・佐藤儀一と死闘を繰り広げたことで知られ、惜敗したが、その技術と敢闘精神は高い評価を得た。また父が外遊から持ち帰った工具で自分のみならず友人やプロの道具のバランス調整やグリップの巻き替えを行うなど、競技以外にも熱心にゴルフ技術の研究を行い将来を嘱望されたが、30歳の若さで夭折した。

久保松 勝喜代　くぼまつ・かつきよ

棋士（囲碁）

明治27年（1894年）10月25日～昭和16年（1941年）12月15日

生兵庫県尼崎市（尼崎市）　歴尼崎・桜井藩の重臣の家に生まれる。4歳で囲碁を覚え、8歳の時、泉秀節に九子で勝つ。幼くして父を亡くすなどしたため囲碁を禁じられ、学業に専念するが、情熱を捨て切れず独学で力をつけた。大正3年中川方円社社長と二子の試験碁で1勝1敗、3段に。大阪、神戸に教室を開き、神戸土曜会の参加者には木谷実、村島義勝、橋本宇太郎、染谷一雄、瀬川良樹、田中不二男らそうそうたる棋士がいた。日本棋院設立後は大手合があるたびに上京して対局、昭和15年7段となった。著書に「苦闘十三年」がある。亡後の17年、日本棋院はその功績をたたえ、8段を追贈した。囲碁ばかりではなく連珠や将棋にもたけ、特に連珠は8段まで上り、大正11年には二抜社を創立して家元となった二抜き連珠という独特のゲームを考案。

熊岡 天堂　くまおか・てんどう

活動弁士

明治27年（1894年）1月15日～昭和49年（1974年）8月16日

生東京都　名本名＝熊岡清一　歴黒沢松声に師事。明治43年以降、日活や松竹の一流館で活動弁士として活躍、「滝の白糸」など人情物で知られた。

熊岡 美彦　くまおか・よしひこ

洋画家

明治22年（1889年）3月～昭和19年（1944年）10月1日

生茨城県石岡市　学東京美術学校西洋画科〔大正2年〕卒　歴美校では和田英作、藤島武二に師事。大正2年から文展に出品、8年第1回帝展に出品した「朝鮮服を着たる女」が特選となった。10年にも「抱かれたる子供」で帝展特選。14年第6回帝展出品の「緑衣」で賞を得た。15年渡仏し、昭和4年に帰国。7年東光会創立会員となる。10年熊岡洋画道場を設立した。文展、帝展、東光会に発表を続け、文展審査員となった。　賞帝国美術院賞（第1回）〔大正14年〕「緑衣」

熊谷 巌　くまがい・いわお

弁護士　衆議院議員

明治16年（1883年）9月～昭和8年（1933年）1月2日

出岩手県下閉伊郡宮古町（宮古市）　学東京帝国大学法科卒　歴東京府属、同南葛飾郡長、同荏原郡長、佐賀県警察部長、警視庁保安課長などを経て弁護士開業。大正13年より衆議院議員に連続4選、政友会に属した。

熊谷 五右衛門　くまがい・ごえもん

衆議院議員

慶応1年（1865年）6月～昭和17年（1942年）9月1日

出福井県　歴坪井村長、坂井郡会議員、福井県議、同議長、地方森林会議員を経て、丸岡町長を務める。また福井日報社長

も務める。明治45年衆議院議員に初当選。以来通算7回当選。

熊谷 三太郎　くまがい・さんたろう
実業家 熊谷組創業者 貴族院議員（多額納税）
明治4年（1871年）10月23日～昭和26年（1951年）5月1日
[出]福井県 [名]旧姓・旧名＝藤原 [歴]明治31年郷里・福井県の京都電灯宿布発電所の土木工事を請け負い、以後水力発電所や鉄道敷設工事を手がける。飛島組役員を経て、昭和13年熊谷組を創立。この間、大正14年福井市議、昭和14年多額納税の貴族院議員。　[家]息子＝熊谷太三郎（政治家）

熊谷 岱蔵　くまがい・たいぞう
内科学者 東北帝国大学総長
明治13年（1880年）7月19日～昭和37年（1962年）2月19日
[生]長野県東筑摩郡洗馬村（塩尻市）[専]結核 [学]長野県尋常中〔明治31年〕卒、一高三部〔明治35年〕卒、東京帝国大学医科大学〔明治39年〕卒 医学博士（東京帝国大学）〔大正5年〕 [資]帝国学士院会員〔昭和18年〕 [歴]明治40年東京帝国大学助手、41年助手となり、42年米国へ4ヶ月留学。44年ドイツへ私費留学、大正2年帰国して東北帝国大学医学専門部教授、4年昇任して同医科大学教授。昭和15年7代目総長に就任。16年結核研究などのため同大に抗酸菌病研究所を創設して同所長となった他、選鉱製錬研究所、科学計測研究所、航空医学研究所、高速力学研究所、非水溶液化学研究所、硝子研究所などを設置して東北大学発展の基盤を固めた。30年岩手医科大学理事長。内科学、特に結核の臨床科学的研究で知られ、26年より十年有余にわたって厚生省結核予防審議会委員長として結核予防行政を指導。結核の集団検診制度を確立させ、BCG接種の改良や気胸療法の普及、医療費公費負担制度の医療基準の改善など、我が国の結核対策に大きく貢献した。著書に「人工気胸療法」「筆のまゝ」などがある。　[家]弟＝青山徹蔵（外科学者）、熊谷直樹（眼科学者）[勲]勲一等瑞宝章〔昭和19年〕、文化勲章〔昭和27年〕 [賞]文化功労者〔昭和27年〕

熊谷 武雄　くまがい・たけお
歌人
明治16年（1883年）11月2日～昭和11年（1936年）8月11日
[生]宮城県本吉郡新月村（気仙沼市）[歴]少年時、及川義亮に歌を学び、明治44年「詩歌」創刊と同時に「白日社」同人となり、前田夕暮に師事。大正元年文芸誌「シャルル」発行、13年「日光」に加わった。夕暮に信頼され復刊「詩歌」が自由律運動に転じた時も定型を守った。歌集「野火」「閑古鳥」がある。　[家]孫＝熊谷龍子（歌人）

熊谷 直太　くまがい・なおた
弁護士 衆議院議員
慶応2年（1866年）7月21日～昭和20年（1945年）2月19日
[出]出羽国鶴岡城下（山形県鶴岡市）[学]帝国大学法科大学英法科〔明治30年〕卒 [歴]前橋・東京各地方裁判所判事、長崎・東京各控訴院判事を歴任、のち弁護士の業務に従事する。明治45年山形2区より衆議院議員に当選、通算9期。政友会に所属した。道路会議議員、加藤（高明）内閣、犬養内閣の司法政務次官を務め、政友会総務となる。満州派遣郡慰問議員団長として派遣される。

熊谷 二郎　くまがや・じろう
プロボクサー
明治42年（1909年）4月8日～昭和15年（1940年）
[出]青森県中津軽郡宵屋村 [歴]アマチュア全日本ウェルター級王者から、昭和5年プロに転向。米国へ遠征し、米国世界王者バニー・ロスとも対戦経験をもつ。6年「殺人」の異名をもつボビー・ウイルス（フィリピン）を日本人ボクサーとして初めて8回1分30秒でKO勝ちにした。以後拳闘の神様といわれる。

熊沢 光子　くまざわ・てるこ
社会運動家
明治44年（1911年）8月9日～昭和10年（1935年）3月25日
[生]愛知県 [学]愛知県立第一高等女学校〔昭和6年〕卒 [歴]昭和7年日本共産党家屋資金局の活動に従事、8年同党入党。このころ党中央委員の大泉兼蔵のハウスキーパーとなり、大泉への献身を党への忠誠と考え、尽くした。同年大泉のスパイ発覚でスパイ嫌疑をかけられ共に査問にかけられる。大泉にも同意させ自殺を考えるが9年1月決行の直前、大泉は逃亡、騒ぎ立てたため逮捕された。起訴後、獄中で首つり自殺を遂げた。

熊平 源蔵　くまひら・げんぞう
実業家 熊平製作所創業者
明治14年（1881年）6月24日～昭和53年（1978年）6月27日
[生]広島県広島市革屋町 [名]幼名＝為蔵 [学]広島市立高小〔明治27年〕卒 [歴]明治31年16歳で広島市に金庫の販売・修理の熊平商店を創業。33年父が亡くなり、その名・源蔵を継いだ。42年金庫業界で初めて通信販売を実施。昭和7年熊平商行を創業して満州国へいち早く進出、同国の金庫界で独占的な地位を築く。13年広島市に工場を建設して金庫やスチール家具の製造をはじめ、18年同工場を独立させて熊平製作所を設立。19年熊平商店を株式会社化。国内で金庫の生産が禁じられると、禁止されていない朝鮮や満州で生産を続けた。この間、大正15年～昭和5年広島商工会議所会頭兼広島県商工団体連合会会長。4年広島市議に当選、1期。20年原爆投下により店舗・工場に壊滅的な打撃を受け、また敗戦により海外で築き上げた一切の事業を失ったが、戦後は新技術の開発、海外への進出などで事業を再興、我が国の金庫業界のトップ企業に育て上げた。　[家]長男＝熊平清一（熊平製作所社長）、二男＝熊平武二（熊平製作所取締役・詩人）、孫＝熊平肇（熊平製作所社長）、熊平雅人（クマヒラ社長）[勲]紺綬褒章〔大正13年〕

熊本 利平　くまもと・りへい
熊本農場経営
明治13年（1880年）～昭和43年（1968年）
[生]長崎県壱岐島 [歴]明治36年朝鮮半島に渡り、農場支配人となる。やがて、全羅北道・群山市を中心に、朝鮮でも最大規模（約3000ヘクタール）の日本人所有農場・熊本農場を経営した。昭和9年韓国の農村医療の基礎を築き、"韓国のシュバイツァー"と呼ばれた医師・李最春を農場の診療所に招聘した。

久村 清太　くむら・せいた
化学者 実業家 帝国人造絹糸社長
明治13年（1880年）10月3日～昭和26年（1951年）9月1日
[生]山形県酒田市 [専]繊維化学 [学]荘内中〔明治31年〕卒、二高二部乙類〔明治36年〕、東京帝国大学工科大学応用化学科〔明治40年〕中退 [歴]表具師の長男。東京帝国大学応用化学科在学中から太陽レザー製造所で研究を行い、明治40年大学を中退。東京レザー合資会社設立に参加し、41年同社を合併した東レザー株式会社技師長となり、人絹製造の研究に従事。鈴木商店の金子直吉の庇護のもと、旧知の秦逸三と研究を進め、大正7年帝国人造絹糸（帝人）創立とともに取締役、昭和9年社長、20年会長。19年帝人航空工業（のち帝人製機、現・ナブテスコ）社長を兼務。23年化繊協会会長。

久米 桂一郎　くめ・けいいちろう
洋画家
慶応2年（1866年）8月8日～昭和9年（1934年）7月27日
[生]肥前国佐賀（佐賀県佐賀市）[歴]我が国洋画界の先達。明治7年上京、17年藤雅三に学び、19年渡仏。ラファエル・コランの門に入り印象派の技法を習得。26年帰朝し、27年黒田清輝と洋画研究の天真道場を創立し門人を養成。29年白馬会創立会員。31年東京美術学校教授。白馬会洋画研究所、白馬会展

を黒田、安藤仲太郎らとおこし、明治中期の洋画界のため尽力。また文展審査員としても活躍。初期にはコラン風の作品をかいていたが、中期以後は、主に教育・美術行政家として活躍した。大正11年～昭和6年帝国美術院幹事を務めた。代表作は「清水秋景図」「林檎拾い」「晩秋」など、著書に「方眼美術論」がある。　家父＝久米邦武（歴史学者），長女＝久米晴（久米美術館館長），孫＝久米邦貞（外交官）

久米 権九郎　くめ・ごんくろう
建築家
明治28年（1895年）12月1日～昭和40年（1965年）7月14日
生東京都　学学習院中等科〔大正3年〕卒，シュトゥットガルト州立工科大学（ドイツ）建築科〔昭和3年〕卒　工学博士（ドイツ）〔昭和4年〕　歴大正12年渡独、シュトゥットガルト州立工科大学建築科入学。勉学中もパウル・ボナッツ事務所で実務に従事。昭和4年帰国、渡辺仁と渡辺・久米建築事務所を開設したが、7年久米建築事務所を創設、独立した。大倉邸建設のため来日したドイツのブルーノ・タウトに助力、設計に当たった。21年住宅供給会社を設立、取締役社長。29年日本ドリゾール取締役社長。住宅団地計画の先駆者であり、事業家としても活躍した。代表作に「軽井沢万平ホテル」「東急代官山アパートメント」など。　家父＝久米民之助（土木技術者）　勲ドイツ文化二等勲章〔昭和6年〕

久米 正雄　くめ・まさお
小説家 劇作家 俳人 日本文学報国会事務局長
明治24年（1891年）11月23日～昭和27年（1952年）3月1日
生長野県小県郡上田町（上田市）　名本名＝久米三汀　学東京帝国大学英文科〔大正5年〕卒　歴大正3年芥川龍之介らと第三次「新思潮」を創刊し、4年に漱石の門下生となる。5年「父の死」「阿武隈心中」などの小説、戯曲を発表し、作家として出発。漱石の娘・筆子との失恋事件をテーマにした「螢草」を7年に発表、以後、新聞、婦人雑誌などに多くの作品を連載し、菊池寛とならぶ代表的な流行作家として活躍。8年小山内薫らと国民文芸会を起こし、演劇改良運動にも参加した。主な作品に「受験生の手記」「ある医師の良心」「破船」「学生時代」「牛乳屋の兄弟」（戯曲）の他、句集に「牧唄」「返り花」などがある。戦時中は日本文学報国会の常任理事、事務局長を兼務。戦後は川端康成らと鎌倉文庫をはじめ、社長を務めた。平成12年幼少期を過ごした郡山市に旧邸が移築され、久米正雄記念館が開館。"鎌倉文士"の一人で、昭和5年には「鎌倉音頭」（作曲・町田嘉章）を作詞した。　家養女＝音羽美子（女優）

久米 譲　くめ・ゆずる
俳優
明治32年（1899年）11月29日～昭和20年（1945年）
生東京市浅草区芝崎町（東京都台東区）　名本名＝折口虎次，別名＝浅尾工女次郎，粂西譲　歴11歳で新派俳優柴田善太郎に入門、翌明治42年歌舞伎俳優浅尾工左衛門に弟子入りし、浅尾工女次郎の名で主に女形を演じた。大正9年映画界入りし、国活巣鴨撮影所の吉野二郎監督に認められ、11年吉野と共に松竹に転じた。13年「難波の福」から粂西譲を名乗り、14年「和蘭陀お竜」の頃から久米譲と改名。15年松竹を退社し、巡業をしたのち日活大将軍に入り、「長恨」「江戸三国志」などに出演。のち新興キネマに転じ、昭和17年「大村益次郎」では江藤新平を演じた。その後大映に所属した。女形出身らしい柔軟さはあったが、剣戟万能の時代だったため晩年は脇役に終わった。

久米田 新太郎　くめだ・しんたろう
実業家 貴族院議員（多額納税）
明治3年（1870年）8月～昭和15年（1940年）8月3日
出鹿児島県　歴鹿児島郵船社長、大隅鉄道社長、鹿児島商工会議所会頭を歴任。昭和7～14年多額納税の貴族院議員を務めた。

久山 知之　くやま・ともゆき
衆議院議員
明治22年（1889年）4月1日～昭和43年（1968年）2月9日
生岡山県久米北条郡中北上村　学早稲田大学予科　歴岡山県議、岡山県交通互助会長等を経て、昭和3年から衆議院議員に6期連続当選、その間第一次近衛内閣の司法政務次官、司法省委員を務めた。高信銀行支配人、美作電化工業専務、久山工業所長、政友会総務等を歴任。

倉河 簫山　くらかわ・しょうざん
尺八奏者
明治19年（1886年）1月25日～昭和15年（1940年）3月27日
生大阪府　名本名＝倉川浩　歴明治40年より初代北原篁山に師事。大正2年上京、東京で都山流普及の先駆けとなった。

蔵重 久　くらしげ・ひさし
鹿児島県知事
明治23年（1890年）1月1日～昭和37年（1962年）
生山口県　学東京帝国大学法科大学法律学科〔大正3年〕卒　歴昭和5年茨城県、6年兵庫県内務部長を経て、10年沖縄県知事、13年鹿児島県知事。14年退官。

蔵園 三四郎　くらその・さんしろう
衆議院議員
明治2年（1869年）1月14日～昭和14年（1939年）4月6日
出鹿児島県　学明治大学　歴明治大学に学んだ後、弁護士として活躍。その後、神田区議、同議長を経て、大正13年衆議院議員に初当選。以来6回連続当選。その間、鉄道政務次官、鉄道会議議員を歴任し、南洋拓殖設立委員、薩摩製糸取締役なども務める。

倉田 一郎　くらた・いちろう
民俗学者
明治39年（1906年）10月28日～昭和22年（1947年）5月22日
生富山県　学富山県立工芸学校　歴作家を志して上京、大正14年処女作「太陽は輝けり」を出版。その後、文学を断念して昭和9年柳田国男に師事、民俗学研究に専念した。柳田は同年開始した全国的な民俗共同調査メンバーに彼を加え、以後、木曜会の主要メンバーとして積極的な活動に従事。11年「栃木県野上村語彙」を刊行。続いて柳田と共著の「分類漁村語彙」「分類山村語彙」を出した。この間、青山学院中学部、九段中学校の教師をしながら、戦時中は生活苦に悩んだが19年には「農と民俗学」を出版、民俗学の発展に尽力した。遺稿集「経済と民間伝承」がある。

倉田 潮　くらた・うしお
評論家 小説家
明治22年（1889年）7月10日～昭和39年（1964年）7月3日
生群馬県佐波郡玉村町　学東京帝国大学法科中退　歴職を転々としながら小説を書き、大正12年「新興文学」に「農民文学の提唱」を発表、翌13年「文芸と宗教」創刊号に小説「逃走」を発表したが発禁となった。しかし「新潮」「文壇」「文芸戦線」などに階級文芸や農民文芸などの評論を書き、喜劇風の小説「放浪」「肉魔」「老夫婦と小犬」などを発表した。他に「蝕まれたる魂」。

倉田 高　くらた・たかし
チェロ奏者
大正2年（1913年）6月30日～昭和20年（1945年）10月7日
出東京都　学東京音楽学校〔昭和11年〕卒　歴父は日本耐火

防腐社長で、茶人でもあった倉田耿介。芝中学から東京音楽学校に進み、平井保三とハインリッヒ・ヴェルクマイスターに師事した。昭和11年卒業すると間もなくパリへ留学し、モーリス・マレシャルに師事。12年レオポルド・ベラン国際音楽コンクールチェロ部門第1位。13年パリの一流オーケストラであったコンセール・ブーレに入団、第3チェロ奏者を務めた。15年リサイタルを開いて好評を得たが、第二次大戦勃発のため帰国。17年指揮者・作曲家として活躍していた尾高尚忠の妻の妹と結婚（女優・長岡輝子の妹にもあたる）、18年一人娘の澄子が誕生。スケールの大きいチェロ独奏者として活躍したが、戦争末期に結核を病み、敗戦後の20年10月に32歳の若さで早世した。 〔家〕長女＝倉田澄子（チェロ奏者）、父＝倉田耿介（実業家・茶人）、祖父＝越山太刀三郎（衆議院議員）、岳父＝長岡拡（英語学者）、義姉＝長岡輝子（女優）、義兄＝尾高尚忠（指揮者・作曲家） 〔賞〕レオポルド・ベラン国際音楽コンクールチェロ部門第1位〔昭和12年〕

蔵田 周忠　くらた・ちかただ
建築家 武蔵高等工業学校教授
明治28年（1895年）2月26日～昭和41年（1966年）3月7日
〔生〕山口県萩 〔名〕旧姓・旧名＝浜岡 〔学〕工手学校建築科〔大正2年〕卒、早稲田大学建築科〔大正10年〕選科修了 工学博士〔昭和35年〕 〔歴〕大正3年三橋四郎の建築事務所に入り、三橋後援の「建築世界」編集に従事。4年曽祢・中条建築事務所に移った。のち、関根要太郎と協同して設計に従事。9年には早稲田大学建築学科選科に入って研修、同年分離派建築会に参加。昭和5年設計事務所を開設。5～6年ドイツに留学、グロピウスに師事して建築設計を学んだ。ほとんど独学で建築設計の理論と方法を学び、我が国近代建築運動の理論的指導者の一人となり、ドイツ近代建築の思想紹介にも貢献した。昭和7年より武蔵高等工業学校教授として後進の指導に当たった。41年名誉教授。26～37年東京芸術大学美術学部教授。代表作に「聖シオン教会」「京王閣」「古仁所邸」など。著書に「欧州都市の近代相」「近代建築思想」「建築論」など多数。〔勲〕ローテ・クロイツ文化勲章（ドイツ）〔昭和8年〕

倉田 白羊　くらた・はくよう
洋画家
明治14年（1881年）12月25日～昭和13年（1938年）11月29日
〔生〕埼玉県浦和 〔名〕本名＝倉田重吉 〔学〕東京美術学校西洋画選科〔明治34年〕卒 〔歴〕はじめ黒田清輝、浅井忠らに師事、明治美術会、太平洋画会に参加、文展などに油絵を出品。大正4年日本美術院洋画部同人となったが後脱退、11年春陽会の創立に参加、同会員となった。山本鼎が創設した日本農民美術研究所の一員として長野県上田に移り、農村美術運動を推進、信州の風物を詩情豊かに写実的に描いた。また児童の自由画教育にも力を注いだ。代表作に「つゆはれ」「冬」「たそがれゆく」「たき火」「冬野」などがある。

倉田 百三　くらた・ひゃくぞう
劇作家 評論家
明治24年（1891年）2月23日～昭和18年（1943年）2月12日
〔生〕広島県三上郡庄原村（庄原市） 〔学〕一高〔大正2年〕中退 〔歴〕一高在学中に哲学論文を発表したが、大正2年結核にかかり療養のため中退する。4年西田天香が主宰する京都の一燈園に入り思索的な生活を続けた。5年「生命の川」を創刊し、戯曲「出家とその弟子」を連載。6年「出家とその弟子」を刊行し、大ベストセラーとなる。10年に刊行した論文・随想集の「愛と認識との出発」は青春の思索書として広く読まれた。13年結婚、同年「超克」では合理主義的な生き方を模索し、15年雑誌「生活者」を創刊するなど宗教と倫理の問題を追求したが、極度の強迫観念症に陥る。昭和4年回復後は国家主義に傾き、国民協会、新日本文化の会の幹部を務めた。14年大陸旅行中過労から発病。他の主な戯曲に「俊寛」「歌はぬ人」「赤い霊

魂」、小説に「親鸞聖人」や自伝「光り合ふいのち」、論集に「静思」「転身」「希臘主義と基督教義主義との調和の道」「絶対的生活」など。 〔家〕長男＝倉田地三（俳優）

倉知 鉄吉　くらち・てつきち
外交官 外務次官 貴族院議員（勅選）
明治3年（1870年）12月3日～昭和19年（1944年）12月22日
〔生〕加賀国金沢（石川県金沢市） 〔学〕帝国大学法科大学〔明治27年〕卒 〔歴〕明治27年に帝国大学法科大学を卒業し、内務省に入る。30年には外務省に移り、政務局参事官やドイツ大使館書記官・通商局参事官・政務局長などを歴任。明治の元勲・伊藤博文から篤く信任され、日韓併合に際してはその準備委員として外交文書の原案作成などに当たった。45年内田康哉外務大臣のもとで外務次官となり、大正2年退官。同年～昭和19年勅選貴族院議員を務め、中国への借款事業などを後援した。

倉塚 良夫　くらつか・よしお
土木工学者 北海道帝国大学名誉教授
明治12年（1879年）10月21日～昭和17年（1942年）11月17日
〔生〕福岡県 〔専〕衛生工学、港湾工学 〔学〕五高〔明治34年〕卒、東京帝国大学工科大学土木工学科〔明治37年〕卒 工学博士（東京帝国大学）〔大正9年〕 〔歴〕明治37年陸軍省第一師団経理部に入る。以後、関東州（満州）での土木事業や大連・旅順の上下水道整備に従事した。大正13年北海道帝国大学工学部創設に際して同教授に転じ、水工学第一講座を担当。昭和10年学部長。札幌市の水道敷設にも貢献した。著書に「浄水工学」がある。

倉富 勇三郎　くらとみ・ゆうざぶろう
司法官 男爵 貴族院議員（勅選） 枢密院議長
嘉永6年（1853年）7月16日～昭和23年（1948年）1月26日
〔出〕福岡県 〔名〕号＝城山 〔学〕司法省法律学校〔明治12年〕卒 法学博士〔明治41年〕 〔歴〕判事試験に合格、司法省に入り、民刑局長、同参与官、大審院検事、大阪控訴院検事長、東京控訴院検事長、韓国法務次官、同統監府参与官、同司法庁長官、朝鮮総督府司法部長官を歴任。大正2年第一次山本権兵衛内閣の法制局長官となり、3年勅選貴族院議員、9年枢密院顧問官で帝室会計審査局長を兼任、14年枢密院副議長、15年同議長となった。同年男爵。その後議定官、王公族審議会総裁となり、昭和9年退官、前官礼遇を受け、郷里福岡に引退。書をよくした。平成23年より「倉富勇三郎日記」（全9巻）が国書刊行会から刊行される。 〔家〕父＝倉富篤堂（漢学者）、兄＝倉富恒二郎（福岡県議）

倉成 庄八郎　くらなり・しょうはちろう
衆議院議員
明治25年（1892年）4月～昭和13年（1938年）4月22日
〔出〕長崎県 〔学〕日本大学専門部法科〔大正13年〕卒 〔歴〕長崎市議、長崎県議を経て、昭和11年から衆議院議員に連続2選。政友会に所属した。 〔家〕二男＝倉成正（衆議院議員）、孫＝倉成正和（衆議院議員）

倉橋 顕吉　くらはし・けんきち
詩人
大正6年（1917年）2月10日～昭和22年（1947年）6月28日
〔生〕高知県 〔名〕本名＝倉橋顕良 〔学〕京都府立第二中卒 〔歴〕京都のサークル誌「車輪」に詩を発表、岡本潤を知って「文化組織」に詩、エッセーを書いた。昭和17年渡満、満州電電、満州映画などに勤め、ロシア文学を学び、プーシキン、レルモントフなどを翻訳。21年帰国、「綜合文化」「コスモス」などに詩を発表した。死後「倉橋顕吉詩集」が出された。

倉橋 惣三　くらはし・そうぞう
幼児教育指導者　東京女子高等師範学校教授

明治15年（1882年）12月28日〜昭和30年（1955年）4月21日

[生]静岡県　[学]東京帝国大学文科大学哲学科〔明治39年〕卒，東京帝国大学大学院児童心理学専攻　[歴]明治43年東京女子高等師範学校講師となり，「婦人と子供」（のち「幼児の教育」）の編集を主宰。大正6年同校教授となった。同校附属幼稚園主事を3回務め，明治以来の形式化したフレーベル主義を改革。また「コドモノクニ」「キンダーブック」を監修した。昭和24年女高師を退官。戦後は教育刷新委員会委員，保育学会創設など，幼児教育の発展に尽くした。著作「倉橋惣三選集」（全4巻）がある。

倉橋 弥一　くらはし・やいち
詩人

明治39年（1906年）7月2日〜昭和20年（1945年）6月6日

[生]東京都　[学]高千穂高等商業学校卒　[歴]川路柳虹の指導をうけて「炬火」に詩作を発表。のちに「詩篇」「詩作時代」を創刊。詩集に「詩集訪問」「鉄」（共同詩集）など。小説に「孤島の日本大工」がある。

蔵原 惟人　くらはら・これひと
文芸評論家

明治35年（1902年）1月26日〜平成3年（1991年）1月25日

[生]東京市麻布区三軒屋町（東京都港区）　[名]筆名＝佐藤耕一，古川荘一郎，谷本清，柴田和雄，野崎雄三　[専]ロシア文学　[学]東京外国語専門学校露語科〔大正12年〕卒　[歴]在学中からロシア文学の研究に取組み，大正14年都新聞特派員としてソ連留学。帰国後，日本プロレタリア芸術連盟に所属し，昭和2年「文芸戦線」同人，4年日本プロレタリア作家同盟中央委員となり，プロレタリア文学の理論家として脚光を浴びる。全日本無産者芸術連盟（ナップ），日本プロレタリア文化連盟（コップ）の結成に当って中心的役割を果たす。7年治安維持法違反で検挙され懲役7年の刑を受ける。戦後，新日本文学会中央委員，日本共産党中央委員として活躍。52年共産党名誉幹部会委員。主著に「芸術論」「蔵原惟人評論集」（全10巻）がある。[家]父＝蔵原惟郭（教育家・政治家），妻＝中本たか子（小説家），従兄＝蔵原伸二郎（詩人），甥＝蔵原惟繕（映画監督），蔵原惟二（映画監督）

蔵原 伸二郎　くらはら・しんじろう
詩人　小説家

明治32年（1899年）9月4日〜昭和40年（1965年）3月16日

[生]熊本県阿蘇郡黒川村（阿蘇市）　[名]本名＝蔵原惟賢　[学]慶応義塾大学仏文科卒　[歴]早くから詩作をはじめ「三田文学」や「コギト」に発表し，昭和14年「東洋の満月」を刊行。のち「四季」同人となり，18年刊行の「戦闘機」で日本詩人賞を受賞。その後「乾いた道」「岩魚」などを刊行。ほかに初期の小説集「猫のゐる風景」「目白師」や評論集「東洋の詩魂」「蔵原伸二郎選集」などの著書がある。[家]従弟＝蔵原惟人（文芸評論家），伯父＝北里柴三郎（細菌学者・男爵）　[賞]詩人懇話会賞（第4回）〔昭和18年〕「戦闘機」，日本詩人賞（第3回）〔昭和19年〕「戦闘機」「天日の子ら」

倉光 俊夫　くらみつ・としお
小説家

明治41年（1908年）11月12日〜昭和60年（1985年）4月16日

[生]東京市浅草区（東京都台東区）　[学]法政大学国文科〔昭和8年〕卒　[歴]朝日新聞社会部，松竹演劇部・映画部勤務を経て作家活動に入り，昭和17年「連絡員」で第16回芥川賞受賞。55年から私誌「蚯蚓」を発行。主な作品に「怪談」「冷べたい水の村」「津軽三味線」などがある。[賞]芥川賞（第16回）〔昭和17年〕「連絡員」

倉元 要一　くらもと・よういち
衆議院議員

明治12年（1879年）12月〜昭和17年（1942年）11月12日

[出]静岡県　[学]明治大学専門部法律学科〔明治37年〕卒　[歴]大阪府属，滋賀・鳥取各県警部を経て，福井県立・坂井各郡長同理事官，静岡県浜名郡長，同理事官，文部大臣秘書官を歴任。浜名市議を経て，大正13年静岡3区より衆議院議員に当選，通算6期務める。平沼内閣の司法政務次官を務める。

栗井 饒太郎　くりい・ぎょうたろう
俳優

明治34年（1901年）10月15日〜昭和29年（1954年）1月29日

[生]東京市深川区（東京都江東区）　[名]本名＝井上金太郎　[学]東京府立三中中退　[歴]大正9年創立の大正活映の俳優養成所に入り，翌10年「蛇性の婬」「煙草屋の娘」などに助演。同年大活撮影所閉鎖のため京都のマキノ教育映画に入社。「一太郎やあい」「幸福は何処より」「大和平九郎」「火華」に主演したのち監督を志望，12年に「立派な父」で監督デビューを果たし，以後本名を名のる。のち東亜キネマ，阪妻プロ，マキノ御室，千恵蔵プロ，松竹下加茂などで監督を続け，昭和24年まで活躍した。監督としての代表作に「異人娘と武士」「道中秘記」「雪の夜話」「やらずの雨」など。

栗生 武夫　くりう・たけお
法制史学者　東北帝国大学法文学部教授

明治23年（1890年）〜昭和17年（1942年）5月2日

[生]東京都　[専]西洋法制史　[学]京都帝国大学独法科〔大正6年〕卒　法学博士〔昭和4年〕　[歴]大正14年東北帝国大学法文学部法史学講座の初代教授として赴任，亡くなるまで同職にあった。著書に「婚姻立法における二主義の抗争」「ビザンチン期における親族法の発達」「西洋立法史」「人格権法の発達」「一法学者の嘆息」「法の変動」「法律史の諸問題」「入会の歴史其他」などがある。

栗島 すみ子　くりしま・すみこ
女優　日本舞踊家　栗島派水木流宗家

明治35年（1902年）3月15日〜昭和62年（1987年）8月16日

[生]東京府豊多摩郡渋谷村（東京都渋谷区道玄坂町）　[名]本名＝池田すみ子，旧姓・旧名＝栗島，別名＝水木紅仙　[歴]幼い頃より舞踊を習い舞台を踏む。大正10年松竹蒲田に入社。「虞美人草」の主演でデビュー，この悲劇のヒロインで一躍スターにのし上り，「電工と其妻」「思い妻」などに主演。池田義臣監督のデビュー作「生さぬ仲」に主演してからは，同監督とのコンビ作が多く，やがて結婚する。昭和10年「永久の愛」を最後に引退を声明，翌年退社。その後は舞踊劇団で活躍後，栗島派水木流の宗家として日舞に専念した。31年「流れる」で約20年ぶりに映画出演した。　[家]夫＝池田義臣（映画監督），父＝栗島狭衣（新聞記者・文士劇役者），祖父＝綾瀬川山左衛門（1代目）（力士）

栗須 喜一郎　くりす・きいちろう
部落解放運動家

明治22年（1889年）1月17日〜昭和48年（1973年）5月13日

[生]和歌山県東牟婁郡本宮村（田辺市）　[名]本名＝栗須喜市郎　[歴]製靴職人をしていたが，大正11年大阪水平社結成に参加し，昭和9年全水（全国水平社）常任委員，のち17年まで，最後の全水府連委員長を務めた。この間12年に社会大衆党から大阪市議に当選，22年まで務める。戦後は社会党に入り，大阪市議，部落解放委員会府連委員長，大阪市同和事業促進協議会会長などを務めた。

栗須 七郎　くりす・しちろう
部落解放運動家　全国水平社中央委員

明治15年（1882年）2月17日～昭和25年（1950年）1月21日
[生]和歌山県東牟婁郡本宮村（田辺市） [歴]小学校代用教員を経て上京し、19歳で逓信省に入る。日露戦争で看護兵として出征し金鵄勲章を受ける。被差別運動とたたかい、大正11年全国水平社結成と同時に中央委員となり、部落解放運動の先駆者として活躍した。その思想と禁欲的行動から“水平の行者”の異名をとる。大阪無産大衆党員。著書に「水平審判の日」「水平宣言」「水平の行者」などがある。

栗田 健男　くりた・たけお
海軍中将
明治22年（1889年）4月28日～昭和52年（1977年）12月19日
[生]茨城県 [学]海兵（第38期）〔明治43年〕卒 [歴]昭和10年水雷校教頭、12年金剛艦長を歴任。17年中将となり、翌18年第二艦隊司令長官に就任。19年レイテ湾突入をはかったが、途中で断念、反転後退した。のちこの「栗田艦隊の反転」は太平洋戦史の謎として多くの論議がなされた。20年海軍兵学校校長。 [家]父＝栗田勤（漢学者）

栗田 元次　くりた・もとつぐ
日本史学者 広島文理科大学教授
明治23年（1890年）11月3日～昭和30年（1955年）12月1日
[生]愛知県愛知郡田代村（名古屋市千種区） [専]日本近世史 [学]東京帝国大学文科大学史学科〔大正3年〕卒 [歴]東京帝国大学史料編纂所史料編纂官補となり、「大日本史料」の編纂に従事。八高講師・教授、広島高等師範学校教授を経て、昭和4年広島文理科大学教授、21年八高高長、のち名古屋大学教授を歴任。著書に「綜合国史研究」（全3巻）「史的研究日本の特性」「新井白石の文治政治」など。

栗林 忠道　くりばやし・ただみち
陸軍大将
明治24年（1891年）7月7日～昭和20年（1945年）3月26日
[生]長野県 [学]陸士（第26期）〔大正3年〕，陸大〔大正12年〕卒 [歴]大正3年陸軍騎兵少尉に任官。昭和2年米国駐在、6年カナダ公使館付武官、陸軍省軍務局馬政課長、騎兵第2旅団長、第23軍参謀長を経て、19年第109師団長となり硫黄島作戦に参加、20年2月開始された米軍の攻撃で同3月戦死した。大将に進級。[家]孫＝新藤義孝（衆議院議員），永瀬秀樹（埼玉県議）

栗林 徳一　くりばやし・とくいち
実業家 貴族院議員（多額納税）
明治29年（1896年）3月9日～昭和56年（1981年）12月27日
[出]北海道室蘭市 [学]小樽高等商業学校〔大正7年〕卒 [歴]室蘭商工会議所会頭、昭和14～21年多額納税の貴族院議員などを歴任。戦後は南洋貿易会社を再発足させ木材輸入に尽力、また、オーストラリアで南洋真珠の養殖を手がけ話題となった。

栗原 荒野　くりはら・あらの
葉隠研究家
明治19年（1886年）3月10日～昭和51年（1976年）2月10日
[生]佐賀県浜玉町 [名]本名＝伊勢次郎 [学]明治学院神学部〔明治43年〕卒 [歴]陸軍幼年学校に入ったが、内村鑑三に傾倒、クリスチャンに転じた。明治43年郷里で新聞記者となり、西海新聞の発刊に加わり、佐賀毎日新聞を経て、大阪毎日新聞の初代佐賀支局長となった。昭和10年記者を辞め文筆生活に入った。この間4年に「原本鍋島論語葉隠全集」を見つけてから葉隠の研究に没頭。15年刊行の「校註葉隠」は葉隠研究の原典として高く評価された。このほか「葉隠の神髄」「葉隠講話」「物語葉隠」「葉隠のこころ」「九州万葉歌」などの著書がある。50年5月、89歳で35年ぶりに「校註葉隠」を復刻、出版した。佐賀市文化財専門委員も務めた。

栗原 悦蔵　くりはら・えつぞう
海軍少将
明治27年（1894年）3月31日～昭和62年（1987年）9月18日
[出]群馬県 [学]海兵（第44期）〔大正5年〕卒，海大〔昭和4年〕卒 [歴]大正6年海軍少尉に任官。昭和15年軍令部第二部第四課長、18年海軍省軍務局第四課長及び大本営報道部第一課長を経て、19年3月大本営報道部長。9月海軍省軍務局第四課長を兼務。20年5月海軍少将となり、情報局第一部副部長兼大本営報道部副長。11年予備役に編入。

栗原 鑑司　くりはら・かんし
応用化学者 明治専門学校教授
明治12年（1879年）2月15日～昭和9年（1934年）8月26日
[生]佐賀県唐津 [専]燃料化学 [学]東京帝国大学工科大学応用化学科〔明治38年〕卒 工学博士〔大正11年〕 [歴]明治38年東京帝国大学工科大学を卒業して、のち母校の助教授となり、43年欧米に留学し燃料工業を研究。45年帰国して明治専門学校（現・九州工業大学）教授となる。大正13年燃料工業視察のため再び欧米に出張した。その後、海軍省嘱託として燃料問題の研究に従事し、また満鉄オイルシェール工業の成立に尽くした。

栗原 正　くりはら・しょう
外交官 駐トルコ大使
明治23年（1890年）3月20日～昭和46年（1971年）6月7日
[生]茨城県久慈郡 [学]一高卒，東京帝国大学法科大学法律学科〔大正4年〕卒 [歴]外務省に入省。昭和9年調査部長、12年駐ルーマニア公使となり、駐ユーゴスラビア公使を兼務。13年東亜局長、14年駐スイス公使、15年駐トルコ大使。21年3月帰国、5月退官した。同年～26年公職追放。 [家]岳父＝菊池武夫（弁護士・教育家），田村豊（駐ポルトガル大使）

栗原 忠二　くりはら・ちゅうじ
洋画家
明治19年（1886年）10月21日～昭和11年（1936年）11月12日
[生]静岡県田方郡三島町（三島市） [学]韮山中卒，中央大学卒，東京美術学校西洋画科〔明治45年〕卒 [歴]明治45年渡英し、大正3年頃ロンドンでフランク・ブランギンに師事。国際美術協会展などに出品し、8年英国王立美術家協会準会員に推挙される。11年日本橋三越で水彩画展を開き、13年帰国。15年再渡英し、英国王立美術家協会正会員となり、昭和2年帰国した。3年東京朝日新聞社で滞欧作品展を開催、4年帝展に「羅馬の夕」を出品、同年第一美術協会創立に参加。8年築地洋画研究所を設立、主宰した。10年海軍省より上海事変記録画制作を依嘱され、「豊島沖海戦」などを制作。代表作に「リッチモンド」「陽陰の堤防」「野路」など。

栗原 彦三郎　くりはら・ひこさぶろう
刀匠 衆議院議員 日本刀学院創立者
明治12年（1879年）3月～昭和29年（1954年）5月5日
[生]栃木県安蘇郡閑馬村（佐野市） [名]号＝昭秀 [学]青山学院 [歴]幼少より田中正造の知遇を受け、明治24年正造に伴われ上京。大隈重信に薫陶を受け、さらに青山学院に学ぶ。在学中の29年12月鉱毒被災地を視察し、足尾鉱毒問題に尽くす。大正6年中外新論社長となり、「中外新論」を刊行。東京市赤坂区会議員、東京市会議員を経て、昭和3年第1回普選に民政党に属して栃木県第2区から当選、衆議院議員3期務める。政界引退後は、日本刀復興のため尽力し、戦争末期には神奈川県座間に日本刀学院を設立。戦後は郷里田沼で日本刀の復興に努め、27年には通商産業省より講和記念刀300口の制作許可を受け、全国の刀匠に作成させた。多くの門弟がいる。

栗原 安秀　くりはら・やすひで
陸軍歩兵中尉
明治41年(1908年)11月17日～昭和11年(1936年)7月12日
[生]佐賀県神埼郡境野村(神埼市)　[学]陸士(第41期)〔昭和4年〕卒　[歴]昭和4年陸軍歩兵少尉に任官。歩兵第一連隊付で連隊旗手を務め、7年中尉。8年戦車第二連隊付を経て、10年歩兵第一連隊付に再任。この間、陸軍隊付将校の国家改造運動に参加、皇道派青年将校の中心となり、8年には救国埼玉青年挺身隊事件を指導。11年の二・二六事件では青年将校中でも随一の急進論者として機関銃隊を率い、竹嶌継夫中尉、対馬勝雄中尉、池田俊彦少尉、林八郎少尉らと共に首相官邸を襲撃した。事件後、軍法会議で死刑判決を受け、同年7月12日に刑死した。

栗村 盛孝　くりむら・もりたか
昭和6年の学生訪欧機操縦士
生年不詳～昭和61年(1986年)6月15日
[出]神奈川県川崎市　[歴]法政大学学生だった昭和6年5月29日、日本学生航空連盟の代表として熊川良太郎と2人で飛行機「青年日本号」で羽田を出発、シベリア経由で欧州に向かいロンドン、パリを経て、ローマに8月31日到着、話題を呼んだ。

栗谷川 平五郎　くりやがわ・へいごろう
スキー選手
明治41年(1908年)11月4日～平成5年(1993年)2月20日
[生]北海道名寄市　[学]明治大学〔昭和6年〕卒　[歴]札鉄を経て、昭和3年明大に進学。同年日本スキー選手権ノルディック競技の30キロで優勝。4～6年大学選手権で3連勝。7年のレークプラシッド冬季五輪で日本代表になり、18キロで日本選手としては、最高の12位に。8年日本選手として初のホルメンコーレン大会に出場。同年選手生活を退き、札鉄スキー部監督に就任。戦後、道食糧事業協同組合に勤め、57年同組合専務を勇退。また47年の札幌冬季五輪で競技運営副本部長、55年のレークプラシッド冬季五輪ではノルディック競技日本代表を務めた。　[家]いとこ＝栗谷川健一(デザイナー)

栗山 重信　くりやま・しげのぶ
小児科学者 東京帝国大学教授
明治18年(1885年)12月7日～昭和52年(1977年)12月21日
[生]兵庫県飾磨郡余部村(姫路市)　[名]旧姓・旧名＝孝橋　[学]姫路中卒, 一高卒, 東京帝国大学医科大学〔明治44年〕卒 医学博士(東京帝国大学)〔大正9年〕　[歴]明治44年東京帝国大学医科大学副手となり、大正4～7年米国へ留学。ハーバード大学、エール大学、コロンビア大学で学ぶ。7年帰国して東京帝大講師、10年助教授を経て、11年教授。昭和21年定年退官後は国立第一病院副院長を務め、31～37年院長。4年日本小児科学会で「小児の生理学的性状の年齢的差異」の宿題報告をし、血清正常抗体量、免疫抗体量、過敏現象などの年齢的差異を詳しく発表。8～10年の流行性脳炎の流行では、流行性脳炎研究委員会委員として多くの報告を発表した。

栗山 茂　くりやま・しげる
外交官 駐ベルギー大使
明治19年(1886年)10月6日～昭和46年(1971年)2月3日
[生]福井県　[学]東京帝国大学法学部〔大正2年〕卒　[歴]大正2年外交官領事官試験に合格、3年外務省に入省。フランス、ベルギー、米国などに勤務。8年パリ平和会議、10年ワシントン会議各全権随員、昭和5年ロンドン海軍軍縮会議代表委員を務めた。8年外務省条約局長、12年スウェーデン公使となり、ノルウェー、デンマーク公使を兼任。14年ベルギー大使兼ルクセンブルク公使。15年退官。22年最高裁判所判事となり、31年定年退官した。在ハーグの常設仲裁裁判所裁判官も務めた。[家]長男＝栗山尚一(外交官), 兄＝有馬英二(内科医学者・政治家), 義弟＝内藤政道(宮内官)

栗山 泰音　くりやま・たいおん
僧侶(曹洞宗) 仏教学者 総持寺独住8世貫首
万延1年(1860年)4月28日～昭和12年(1937年)6月2日
[生]丹後国(京都府)　[名]旧姓・旧名＝村上, 道号＝雷澍, 諡号＝覚道行智禅師　[専]禅宗史　[歴]慶応元年(1867年)丹後長命寺(曹洞宗)の不老仙翁に従って出家。同寺の僧・村上松山の嗣法となる。次いで、明治8年堺県専門支校に入学し、森田悟由らに師事した。その後、長命寺や福島示現寺・石川芳春院・岩手正法寺などの住職を歴任。僧職の傍ら、曹洞宗の大本山・総持寺の歴史を研究し、24年本山歴史編纂委員に選ばれたほか、曹洞宗制度調査委員長・歴史編纂委員長などを務めた。また、同宗の宗務にも携わり、特選議員・宗務院人事部長・同総務などを経て、昭和9年には総持寺貫首(独住8世)に就任。編著に「岳山史論」「総持寺史」「梅崖芳話」などがある。

久留島 武彦　くるしま・たけひこ
児童文学者 口演童話家
明治7年(1874年)6月19日～昭和35年(1960年)6月27日
[生]大分県森町(玖珠町)　[名]旧筆名＝尾上新兵衛　[学]関西学院神学部〔明治27年〕卒　[歴]関西学院に入り、明治24年受洗。27年日清戦争に従軍し、その見聞記を尾上新兵衛の筆名で「少年世界」に連載する。33年「戦塵」の題名で出版。これを機に巌谷小波を知り、木曜会に参加。新聞記者、貿易商社社員などを経て、39年お伽噺を中心に子どものための文化運動を推進する団体“お伽倶楽部”を創設、40年お伽劇団を結成。日本最初の児童演劇“お伽芝居”を企画・演出し、各地を巡業して口演童話をひろめた。一方、43年には東京・青山に早蕨幼稚園を創立、幼児教育に尽し、ボーイスカウト運動など青少年の社会教育にも力があった。著書に童話集「お伽講談」「羊仙人」「童話久留島名話集」のほか、「通俗雄弁術」「童話術講話」など。没後の昭和36年、その業績を記念して久留島武彦文化賞が設けられた。

来島 良亮　くるしま・りょうすけ
土木技術者 東京府土木部長
明治18年(1885年)12月～昭和8年(1933年)11月22日
[出]山口県　[名]旧姓・旧名＝原田　[学]東京帝国大学卒　[歴]大正5年内務省に入り、雄物川、利根川の改修工事を指揮。昭和2年東京府土木部長となり、都市計画案を策定。のち仙台土木出張所長・北海道庁技師などを務めた。

来栖 三郎　くるす・さぶろう
外交官 駐米特命全権大使
明治19年(1886年)3月6日～昭和29年(1954年)4月7日
[生]神奈川県横浜市　[学]東京高等商業学校(現・一橋大学)領事科〔明治42年〕卒　[歴]外交官試験に合格し、明治43年外務省入省。漢口、ホノルル、ニューヨーク、シカゴ、サンチャゴ、ローマ、ハンブルクなどに在勤し、昭和11年駐ベルギー大使、14年駐ドイツ大使となる。15年日独伊三国同盟に調印。16年2月帰国。同年11月から駐米特命全権大使として野村吉三郎大使を補佐して日米交渉の難局に当ったが、開戦を避けることはできず、開戦後交換船で帰国。20年退官、22～26年公職追放。著書に「泡沫の三十五年」「日米外交秘話」がある。

呉 泉　くれ・いずみ
⇒呉 清源(ご・せいげん)を見よ

呉 建　くれ・けん
内科学者 東京帝国大学教授
明治16年(1883年)10月27日～昭和15年(1940年)6月27日
[生]東京府麹町区元園町(東京都千代田区)　[専]神経生理学　[学]

独逸学協会中〔明治33年〕卒, 一高〔明治36年〕卒, 東京帝国大学医科大学〔明治40年〕卒 医学博士 (東京帝国大学)〔大正3年〕 歴統計学者・呉文聡の長男。明治41年東京帝国大学副手、43年助手となり、44年ドイツ及びオーストリアに私費留学し、主にプラーグ大学のヘーリングの下で心臓病態生理学を研究。大正2年帰国して三井病院勤務を経て、3年東京帝国大学講師、8年助教授、9年九州帝国大学教授、14年東京帝国大学教授。自律神経の研究を中心課題とし、昭和2年脊髄副交感神経系を発見、14年その業績で帝国学士院恩賜賞を受賞。15年心筋梗塞により急逝した。絵画にも優れ、帝展・文展にたびたび入選し、没後には「呉建画集」も出版された。 家長男=呉守一 (日本大学名誉教授)、二男=呉文二 (日本銀行調査局長)、父=呉文聡 (統計学者)、弟=呉文炳 (経済学者)、祖父=呉黄石 (医師)、叔父=呉秀三 (精神医学者・医史学者)、女婿=根岸国孝 (一橋大学教授) 勲勲二等旭日重光章〔昭和15年〕 賞帝国学士院恩賜賞 (第29回)〔昭和14年〕、報公賞 (第1回)〔昭和6年〕

黒板 勝美　くろいた・かつみ

日本史学者 東京帝国大学名誉教授 日本古文化研究所長
明治7年 (1874年) 9月3日～昭和21年 (1946年) 12月21日
出長崎県東彼杵郡波佐見町 名号=虚心 専古文書学 学帝国大学文科大学国史科〔明治29年〕卒 文学博士 (東京帝国大学)〔明治38年〕 歴明治35年東京帝国大学文科大学講師、38年助教授・史料編纂官兼任を経て、大正8年～昭和10年教授。この間、東京経済雑誌社で「国史大系」の校訂に従事、また、明治29年以来史料編纂掛で奈良正倉院古文書を整理、「大日本古文書」の編纂に従事。38年「日本古文書様式論」で文博。エスペラント協会を自宅に設け、41年私費で渡欧。同年「国史の研究」出版。昭和4年「新訂増補国史大系」(全60巻) の著述編纂に着手。9年日本古文化研究所を創設し所長となり、藤原宮跡の発掘に着手。10年に退官、名誉教授。国宝保存会委員、日本考古学協会会長、帝室博物館顧問など歴任した。他の著書に「義経伝」「聖徳太子御伝」「虚心文集」(全8巻) などがある。 家甥=黒板伸夫 (清泉女子大学文学部教授)

黒岩 漁郎　くろいわ・ぎょろう

俳人
明治25年 (1892年) 1月5日～昭和20年 (1945年) 1月12日
生東京府麴町区 (東京都千代田区) 名本名=黒岩日出雄 歴長谷川春草・増田龍雨に句を学び、大正10年4月「俳諧雑誌」新人号に加えられる。15年3月万朝報社内に「さつき句会」を起こし、翌昭和2年4月俳誌「さつき」を創刊主宰した。「俳書総目録」の著作がある。 家父=黒岩涙香 (ジャーナリスト・小説家)

黒金 泰義　くろがね・やすよし

衆議院議員
慶応3年 (1867年) 7月13日～昭和16年 (1941年) 3月24日
生出羽国米沢 (山形県米沢市) 学東京帝国大学法科大学英法科〔明治29年〕卒 歴警視庁に入り、明治31年警視。山口県警部長、栃木県警部長を経て、39年依願退職するが、40年復職して北海道庁拓殖部長、大正元年群馬県知事、3年大分県知事、4年山口県知事を歴任。大正9年第14回衆議院選挙に山形県から出馬し、当選。14年内閣拓殖局長。昭和2年退職し、3年第16回衆議院選挙、5年第17回衆議院選挙で当選。通算3期。この間、浜口雄幸内閣の鉄道政務次官となり、党では憲政会政務調査会長、民政党総務を務めた。 家息子=黒金泰美 (衆議院議員)

黒川 兼三郎　くろかわ・けんざぶろう

電気工学者 早稲田大学教授
明治26年 (1893年) 11月30日～昭和23年 (1948年) 5月1日

生東京都 学早稲田大学理工科電気科〔大正5年〕卒 工学博士〔昭和4年〕 歴早稲田大学助教授を経て、教授。大正7年米国に留学、マサチューセッツ工科大学に学んだ。学位論文は「音響インピーダンス並ニ受話器ニ関スルニ三ノ研究」。昭和21年電気通信学会会長。著書に「電気回路交流現象論」「電磁原論」などがある。

黒川 フジ　くろかわ・ふじ

社会事業家 乳児保護協会会長
明治21年 (1888年) 6月13日～昭和38年 (1963年) 12月8日
生山口県 名本名=黒川フシ、旧姓・旧名=平口 歴関東大震災後の大正13年、夫の黒川直胤と神奈川県乳児保護協会を設立。以来、貧しい家庭の乳幼児保護及び養育に生涯を捧げる。母子福祉事業の促進をはかるため、昭和18年に愛児会館を開設。さらに、20年には白百合農園を開き、多角的な乳幼児保護事業を展開した。 家夫=黒川直胤 (社会事業家)

黒川 芳蔵　くろかわ・よしぞう

経済学者 同志社大学学長
明治24年 (1891年) 3月4日～昭和43年 (1968年) 2月4日
生京都府京都市 金金融論 学同志社大学政治経済学部経済科〔大正3年〕卒 歴大正9年同志社大学法学部に勤め、11年教授。法学部長。英国、ドイツ留学後、昭和16年同大学長となった。19年学長を退き、戦後商学部長を務め36年定年退職、名誉教授となった。

黒木 勘蔵　くろき・かんぞう

国文学者 近世演劇・芸能研究家 東京高校教授
明治15年 (1882年) 9月10日～昭和5年 (1930年) 10月8日
生長野県諏訪郡玉川村大字栗沢 (茅野市) 名旧姓・旧名=福田 学長野師範卒、早稲田大学文学部哲学科〔明治41年〕卒 歴大学在学中は哲学に没頭したが、卒業後に高野辰之の勧めで、歌謡、演劇研究に転じ、明治41年11月東京音楽学校邦楽調査嘱託となり、「近世邦楽年表」(全3巻) 編成に従事。大正4年同校国語科講師、12年早大国文科講師、14年東京高校教授。引き続き早大文学部で浄瑠璃史、近松研究の2講座を担当。編著に高野と共編の「近松門左衛門全集」(全10巻)、同「元禄歌舞伎傑作集」(全2巻)、「浄瑠璃名作集」(全2巻)、「近世演劇考説」「歌謡音曲集」「近世日本芸能記」「浄瑠璃史」などがある。

黒木 しのぶ　くろき・しのぶ

女優
明治43年 (1910年) 5月15日～昭和39年 (1964年) 1月15日
生北海道札幌市 名本名=石崎錦、旧姓・旧名=永田 学札幌市立高等女学校卒 歴札幌の北海タイムス社編集部勤務ののち上京し、銀座のフレデルマウスのホステスとなる。昭和7年スカウトされて日活太秦撮影所現代劇部に入社、同年「さらば東京」「一九三二年の母」「霧の夜の客間」「モダン・マダム行状記」などに助演。共演者の佐分利信と結婚し、9年引退した。 家夫=佐分利信 (俳優)、長男=石崎二郎 (俳優)

黒河内 四郎　くろこうち・しろう

鉄道技師 鉄道省工務局長
明治15年 (1882年) 7月13日～昭和35年 (1960年) 6月3日
生福島県 専鉄道保線 学東京帝国大学工科大学土木工学科〔明治40年〕卒 工学博士 歴通信省鉄道作業局に入る。大正4年鉄道事業研究のため欧米へ留学、特に鉄道保線について研究し我が国の保線業務の基礎を築いた。10年鉄道省信濃川電気事務所長、13年保線課長を経て、昭和4年建設局長、6年工務局長。9年退官。日本保線協会初代会長、土木学会会長や芝浦工業大学教授を歴任した。

黒崎 定三　くろさき・ていぞう

法制局長官 貴族院議員（勅選）

明治18年（1885年）2月16日～昭和23年（1948年）7月19日

[生]京都府 [学]東京帝国大学法科大学独法科〔明治44年〕卒 [歴]通信管理局書記となり、法制局参事官、恩給局審査官、法制局書記官を経て、昭和8年斎藤実内閣の法制局長官。9年勅選貴族院議員、14年平沼騏一郎内閣の法制局長官、16年第三次近衛文麿内閣の法制局長官となった。また企画院参与、議会制度審議会幹事長、土木会議議員、大蔵省委員などを務めた。

黒沢 貞次郎　くろさわ・ていじろう

実業家 技術者 黒沢商店創業者

明治8年（1875年）1月5日～昭和28年（1953年）1月26日

[出]東京都 [歴]明治24年渡米、ニューヨークのエリオットータイプライター社に入社。34年帰国して東京・銀座に黒沢商店を設立、仮名タイプライターなどを製作する。昭和6年国産初の印刷電信機（テレタイプ）を完成させる。また職住近接を理想として蒲田に工場村 "吾等が村" を建設した。著書に「タイプライターの沿革」がある。 [賞]毎日通信賞・印刷賞・写真賞通信賞（第2回）〔昭和15年〕「国産印刷電信機の完成」

黒沢 酉蔵　くろさわ・とりぞう

北海道興農公社社長 衆議院議員 酪農学園創立者

明治18年（1885年）3月28日～昭和57年（1982年）2月6日

[生]茨城県常陸太田市 [学]京北中〔明治38年〕卒 [歴]京北中学時代、田中正造の足尾鉱毒罹災民救済運動に参加。明治38年20歳で中学を卒業し渡道。札幌で4年間牧夫をしたあと自立し、大正4年札幌牛乳販売組合を結成して協同経済運動を始める。14年雪印乳業の前身の北海道製酪販売組合を設立、15年同組合連合会（酪連）に改組。昭和16年には北海道酪農の一本化に尽力し、北海道興農公社を設立し社長に就任。25年雪印乳業と北海道バターに分割、33年合併し雪印乳業となり相談役。この間、8年には酪農義塾（現・酪農学園）を設立して我が国 "酪農の父" といわれる一方、永らく道開発審議会会長として北海道開発にも貢献してきた。また札幌市議会副議長、衆議院議員（大政翼賛会推薦）、北海タイムス社長などを歴任。著書に「酪農学園の歴史と使命」、語録集「反芻自戒」、「田中正造全集」（編）など。

黒沢 良臣　くろさわ・よしたみ

精神医学者 熊本医科大学学長

明治15年（1882年）5月14日～昭和41年（1966年）9月10日

[生]山形県 [学]東京帝国大学医科大学医学部〔明治40年〕卒 医学博士〔大正12年〕 [歴]呉秀三門下で、東京府巣鴨病院、国立感化院武蔵野学院に勤めた後、東京府立松沢病院医長となり、昭和元年熊本医科大学教授、12年同大学長に就任。18年まで務め、陸軍司政長官、ジャワ熱帯医学研究所長を経て、25年国立国府台病院長。27～31年国立精神衛生研究所長を兼任。中枢神経系梅毒の組織病理学、保護児童の精神医学について研究した。 [家]息子＝黒沢良介（精神医学者）

黒島 亀人　くろじま・かめと

海軍少将

明治26年（1893年）10月10日～昭和40年（1965年）10月20日

[生]広島県 [学]海兵（第44期）〔大正5年〕卒、海大卒 [歴]昭和6年重巡洋艦「羽黒」砲術長、8年海軍省軍務局一課勤務、12年第二艦隊首席参謀、14年連合艦隊首席参謀、18年軍令部第二部長、19年兼第四部長、20年出仕兼部員。16年3月から1月にかけ、山本五十六連合艦隊司令長官の命を受けて真珠湾奇襲作戦を研究、その実現に尽力した。

黒島 伝治　くろしま・でんじ

小説家

明治31年（1898年）12月12日～昭和18年（1943年）10月17日

[生]香川県小豆郡苗羽村（小豆島町）[学]内海実業補習学校〔大正3年〕卒 [歴]内海実業補習学校卒業後、1年ほど船山醤油会社の醸造工になる。大正6年上京、建物会社に勤めながら小説の勉強をする。8年衛生兵として入隊し、10年シベリア出征するが、胸を患い同年除隊となる。一時帰省するが、再び上京、世田谷太子堂の壺井繁治・栄夫妻の家に寄宿する。14年「電報」「結核病室」を発表して注目され、15年「銅貨二銭」「豚群」を発表、「文芸戦線」同人。以後プロレタリア文学の文戦派作家として活躍する。昭和2年労農芸術家連盟（労芸）創立に参加。5年脱退し、文戦打倒同盟を結成、機関誌「プロレタリア」を発行、全日本無産者芸術連盟（ナップ）所属の日本プロレタリア作家同盟に参加。8年小豆島に帰り療養生活を送る。著書に「橇」「氷河」「パルチザン・ウオルコフ」「武装せる市街」などがある。戦後30年にシベリア出兵の時の記録が「軍隊日記」として刊行された。 [家]弟＝黒島光治（関西外国語大学教授）

畔田 明　くろだ・あきら

衆議院議員

明治18年（1885年）5月～昭和11年（1936年）12月19日

[出]長野県 [学]東京帝国大学法科大学政治科卒 [歴]尾崎行雄司法相秘書官を経て、大正13年衆議院議員に当選。通算2期。第二控室に所属した。

黒田 亮　くろだ・あきら

心理学者 京城帝国大学教授

明治23年（1890年）1月30日～昭和22年（1947年）1月5日

[生]新潟県南魚沼郡石打村（南魚沼市）[学]東京帝国大学卒 [歴]一高から東京帝国大学文学部哲学科心理学専修に進学。三省堂編集部、新潟高校教授などを経て、昭和3年京城帝国大学教授となる。研究対象は動物心理学から勘や禅、中国思想史にまで及び、東洋に独特な心理学研究法を明らかにしようと努めた。沢庵宗彭や鎌田鵬など中世の思想家を心理の立場から初めて見ようとした研究者として知られる。特に「勘の研究」（岩波書店）は類書が無く、本邦心理史上の古典として重視されている。他の著書に「動物心理学」「続勘の研究」「禅の心理」「唯識心理学」「支那心理思想史」など。

黒田 巌　くろだ・いわお

衆議院議員

明治39年（1906年）9月～昭和56年（1981年）4月27日

[出]兵庫県印南郡 [学]京都帝国大学法学部〔昭和7年〕卒 [歴]昭和17年衆議院議員に当選、1期務めた。大阪日本観光バス社長、日本原子力東海クラブ社長などを歴任。

黒田 越郎　くろだ・えつお

司法官

明治25年（1892年）12月20日～昭和9年（1934年）7月23日

[出]岐阜県 [学]京都帝国大学法学部法律学科〔大正10年〕卒 [歴]愛知一中、四高を経て、大正10年大学卒業後、司法省に入る。同年司法官試補となり水戸地裁詰、11年東京地裁詰、12年同予備判事、同年浦和区裁判所検事となる。13年下妻区、15年宇都宮区、同年東京区、昭和6年八王子区の各裁判所検事を歴任し幾多の事件に手腕を振るった。同年から再び東京区裁判所検事となり、東京地裁検事を兼ねる。9年帝国人絹会社の株式をめぐる政官財要人の汚職事件（帝人事件、大蔵省疑獄事件）の主任検事を担当し、追及された当時の斎藤実内閣は総辞職する。自身も過労のため、同年7月死去した。

黒田 乙吉　くろだ・おときち

新聞人 ソ連問題研究家

明治21年（1888年）12月19日～昭和46年（1971年）12月26日

[生]福岡県 [学]熊本師範卒 [歴]ハルビンに渡り、大阪毎日新聞

の通信員となった。大正6年大毎の海外留学生試験に合格して毎日新聞に入社、モスクワ特派員となり2月革命、10月革命を報道した。帰国後調査部長、校閲部長を務め、昭和18年定年退職、ソ連問題研究会専務理事、明治大学新聞科講師、国立国会図書館特別調査員などを務めた。著書に「ソヴィエト塑像」「北氷洋の探検」「悩める露西亜」などがある。

黒田 三郎　くろだ・さぶろう
黒田精工創業者
明治24年（1891年）12月22日〜昭和16年（1941年）8月15日
生福岡県三池郡高田村田尻（みやま市）　学早稲田工手学校機械科〔大正5年〕卒　歴高等小学校を卒業後、生家を離れて福岡県幸袋町の幸袋工作所に徒弟として入り、機械工を志す。普通5年の年季を3年で明け、三菱長崎造船所を経て、大正3年園池製作所に入社。在職中、早稲田工手学校機械科に学ぶ。13年退社し、14年東京・北蒲田でゲージ専門メーカーの黒田挟範製作所（現・黒田精工）を創業。昭和10年合資会社に改組。16年脳溢血のため49歳で急逝した。同社が総合精密機器メーカーと発展する基礎を築いた。　家長男＝黒田彰一（黒田精工社長）、義弟＝埋田重太郎（黒田挟範製作所社長）

黒田 善太郎　くろだ・ぜんたろう
実業家 コクヨ創業者
明治12年（1879年）2月7日〜昭和41年（1966年）3月27日
出富山県富山市　歴明治38年黒田表紙店を創業。以後、表紙と帳簿の一貫生産を考案して堅実に顧客を増やし、大正2年には洋式文具の時代の到来を見越して洋式帳簿の生産に着手。3年店名を黒田国光堂に改め、6年郷里・富山への誇りから商標を“国誉（コクヨ）”に統一。取り扱う商品を伝票、仕切書、複写簿、便箋など事務用帳簿・用紙類全般に拡大していき、政府の指導による複式簿記の推進で洋式帳簿類の需要が増大したこともあいまって、大きく業績を伸ばした。また、関東大震災を機に東京へ進出するとともに、紙問屋を介して流通する手法を確立し、全国規模のメーカーへと成長。同時に技術革新と新製品の開発を進め、昭和4年バインダーの製造・販売を開始した。14年オランダ領ジャワにジャワコクヨ商店を開設したのを皮切りに海外での事業展開を行い、16年新京の満州秀英印刷を買収して、17年満州国誉株式会社を設立した。戦後は紙製品工業の近代化・品質標準化をはかり、総合事務用品メーカーへと発展する礎を築いた。　家長男＝黒田暲之助（コクヨ社長）、三男＝黒田靖之助（コクヨ社長）、孫＝黒田章裕（コクヨ社長）、井上珠世（ピアニスト）、原丈人（デフタ・パートナーズグループ会長）

黒田 孝雄　くろだ・たかお
登山家 日本山岳会副会長
明治32年（1899年）1月1日〜昭和20年（1945年）8月18日
出東京都　学東京帝国大学卒　歴大正5年白馬岳登山、6年針ノ木・五色・薬師・双六・槍ケ岳を縦走。「ヒマラヤ主要登攀年譜」などの研究を残す。昭和13年日本山岳会副会長。20年8月、終戦後にルソン島で戦病死した。訳書に「登山談義」がある。

黒田 長成　くろだ・ながしげ
侯爵 貴族院議員 枢密顧問官
慶応3年（1867年）5月5日〜昭和14年（1939年）8月14日
生筑前国秋月（福岡県朝倉市）　学ケンブリッジ大学（英国）　歴明治11年家督を継ぎ、17年侯爵。同年〜22年ケンブリッジ大学に遊学。帰国後式部官となったが、23年辞任。25年貴族院議員となり、37年副議長に就任。大正13年枢密顧問官。宗秩寮審議官、議定官などを兼任した。　家長男＝黒田長礼（鳥類学者）、父＝黒田長知（筑前福岡藩主）

黒田 長礼　くろだ・ながみち
鳥類学者 侯爵 貴族院議員
明治22年（1889年）11月24日〜昭和53年（1978年）4月16日
生東京市赤坂区福吉町（東京都港区）　名筆名＝黒田雁月　学東京帝国大学理科大学動物学科〔大正4年〕卒 理学博士〔大正13年〕　歴筑前福岡藩主・黒田家の15代目当主。東京・羽田に鴨場を所有し、代々鳥類研究の伝統の家に育つ。昭和14年侯爵、貴族院議員となり、15年宮内省主猟官、のち農林省猟政調査官など歴任。琉球の鳥類に関する研究で理学博士。日本哺乳動物学会、日本生物地理学会を創立し、日本の動物学の創世期を築いた。22〜38年日本鳥学会会頭。日本、東アジアの鳥の分類、生態などに関する各種図鑑、鳥類、哺乳動物についての著書も多く、代表的な著作に「雁と鴨」「原色鳥類大図鑑」（全3巻）、「原色日本哺乳類図説」がある。　家父＝黒田長成（貴族院議員・侯爵）、長男＝黒田長久（山階鳥類研究所所長）、祖父＝黒田長知（筑前福岡藩主）、岳父＝閑院宮載仁（皇族・陸軍元帥）

黒田 舜義　くろだ・のりよし
建築史家 史蹟名勝天然記念物調査会書記
大正3年（1914年）1月2日〜昭和20年（1945年）2月26日
生静岡県磐田郡見付町（磐田市）　学名古屋高等工業高校建築科〔昭和10年〕卒　歴奈良県古社寺修理室に勤めて古社寺の歴史研究に従事し、14年史蹟名勝天然記念物調査会書記に任ぜられた。19年に国宝調査会事務嘱託となるが、間もなく兵役に応召して中部第三部隊に配属され、20年2月26日フィリピン・ルソン島のマニラにて戦死したと認定される。著書に「大和の古塔」があり、没後には遺稿をまとめた「春日大社建築史論」「この海のつづきの海を―黒田舜義遺韻」などが刊行されている。　家妻＝黒田康子（郷土史家）

黒田 英雄　くろだ・ひでお
大蔵次官 貴族院議員（勅選）
明治12年（1879年）9月2日〜昭和31年（1956年）11月1日
生岡山県津山市　学一高卒、東京帝国大学法科大学法律学科〔明治38年〕卒　歴明治38年大蔵省に入り、丸亀税務監督局長、大蔵大臣秘書官、臨時議員建築局理事、銀行局長、主税局長を経て、昭和2年大蔵次官となる。“事務大臣”“副大臣”の異名をとるなど、省内で一大勢力を張ったが、9年“帝人事件”に連座して休職。7年勅選貴族院議員。22年最初の参議院選挙に当選、1期務める。参議院財政、金融委員長のほか、東洋火災海上社長を務めた。　家父＝黒田一道（岡山県議）

黒田 鵬心　くろだ・ほうしん
美術評論家 東京家政大学教授 日仏芸術社主宰
明治18年（1885年）1月15日〜昭和42年（1967年）3月18日
生東京府荏原郡下馬引沢村（東京都世田谷区）　名本名＝黒田朋信　専美術史　学東京帝国大学文科大学哲学科〔明治43年〕卒　歴明治44〜大正3年読売新聞社に勤務、3〜6年趣味の友社児童教養研究部主宰、7〜13年三越に勤務。13年日仏芸術社を主宰、昭和6年まで5回にわたってフランス美術展を開催し、また14年から雑誌「日仏芸術」を発行、西欧美術の紹介に努めた。文化学院、東京女子専門学校で教壇に立ち、昭和24〜41年まで東京家政大学教授を務めた。著書に「日本美術史概説」「芸術概論」、「黒田鵬心選集」（全10巻、趣味普及会）など。

黒田 雅子　くろだ・まさこ
エチオピア皇太子妃候補
大正1年（1912年）9月25日〜平成1年（1989年）1月28日
学関東高等女学校〔昭和4年〕卒　歴千葉県の旧久留里藩主・黒田広志子爵の二女。昭和8年5月朝日新聞の「エチオピア皇帝のいとこリジ・アリア・アベベ殿下が日本女性を妃に望んでいる」との報道に、応募者350人の中から第1候補に選ばれ

るが、イタリアの干渉や宮内省の消極的態度のため辞退。幻の皇太子妃候補となった。10年にもモンゴル王子との結婚話が伝えられるが11年日本人のエンジニアと結婚。 〔家〕父＝黒田広志（子爵）

黒田 礼二　くろだ・れいじ
⇒岡上 守道（おかのえ・もりみち）を見よ

黒屋 政彦　くろや・まさひこ
細菌学者 ウイルス学者 東北帝国大学教授
明治30年（1897年）1月16日〜昭和42年（1967年）8月18日
〔生〕東京市神田区久右衛門町（東京都千代田区）　〔学〕東京帝国大学医学部医学科〔大正11年〕卒 医学博士〔昭和2年〕　〔歴〕大正11年東京帝国大学伝染病研究所技手となり、昭和4年ドイツへ留学。6年伝研技師、7年上海自然科学研究所研究員、13年東北帝国大学講師を経て、同年教授。35年退官。一般的な同定細菌学を脱し、化学的な手法を取り入れた研究は“脱線細菌学”とも呼ばれ、その手法を評価した熊谷岱蔵に東北帝大へ招聘されたという。同大では菌体成分の研究、抗生物質研究、ウイルス学研究などに従事。戦時中は陸軍主導の碧素委員会とは別に単独でペニシリンの開発を進め、19年初の国産ペニシリンによる治験実験報告を発表。28年には石田名香雄、白取剛彦らとセンダイウイルスを発見した。

桑木 彧雄　くわき・あやお
物理学者 科学史家 九州帝国大学名誉教授
明治11年（1878年）9月9日〜昭和20年（1945年）5月16日
〔生〕東京都　〔学〕東京帝国大学理科大学物理学科〔明治32年〕卒 理学博士（九州帝国大学）〔大正5年〕　〔歴〕東京帝国大学講師、助教授となり、日露戦争に応召従軍、明治39年明治専門学校教授となった。40年欧州留学、大正3年九州帝国大学教授。学術研究会議会員を務め、昭和13年九州帝大退官、松本高校校長となった。15年帝国学士院の「日本科学史」編纂事業に従事、16年日本科学史学会初代会長。ドイツ留学中に親交のあったアインシュタインの相対性理論の紹介者として知られる。また日本科学史に関する資料収集や三浦梅園、帆足万里らの科学的業績の発掘に努めた。著書に「物理学序論」「絶対と相対」「物理学と認識」「アインシュタイン伝」「科学史考」「黎明期の日本科学」などがある。　〔家〕兄＝桑木厳翼（哲学者）、女婿＝末綱恕一（数学者）

桑木 厳翼　くわき・げんよく
哲学者 東京帝国大学教授
明治7年（1874年）6月25日〜昭和21年（1946年）12月15日
〔生〕東京都　〔学〕帝国大学文科大学哲学科〔明治29年〕卒 文学博士〔明治35年〕　〔賞〕帝国学士院会員〔大正14年〕　〔歴〕明治32年一高教授、東京帝国大学助教授を経て、39年京都帝国大学哲学科教授。ドイツ留学後、大正3年東京帝大教授、昭和10年定年退官。21年勅選貴族院議員。この間、明治33年「哲学概論」37年「デカルト」大正6年「カントと現代の哲学」などを出版。8年吉野作造らの黎明会に入りデモクラシー運動に参加。西洋哲学史、新カント学派の哲学を日本に移植し、西田幾多郎らの形而上学的、主観主義的な京都学派の学風に対して合理主義的リベラリズムの立場をとり、文化主義を唱えて大正時代の思潮形成に影響を与えた。他に「哲学及哲学史研究」「倫理学の根本問題」など。　〔家〕娘＝小金井素子（歌人）

桑重 儀一　くわしげ・ぎいち
洋画家
明治16年（1883年）1月4日〜昭和18年（1943年）5月24日
〔生〕山口県　〔学〕カリフォルニア大学卒　〔歴〕米国のカリフォルニア大学に留学したのを経てフランスに渡る。洋画家として立ち、大正9年帝展に「書見する人」を出品し入選。以後も同展

を中心に旺盛な創作活動を続け、昭和6年には帝国美術院会員に選ばれた。その一方、太平洋美術学校で教鞭を執り、後進の指導・育成にも当たった。作品は他に、「画室に立てる女」「画室の閑暇」などがある。

桑島 主計　くわじま・かずえ
外交官 駐ブラジル大使
明治17年（1884年）3月4日〜昭和33年（1958年）9月24日
〔生〕香川県　〔学〕早稲田大学卒　〔歴〕明治41年外務省に入省。奉天領事官補、天津総領事、ホノルル総領事を経て、昭和9年東亜局長、12年オランダ公使、14年ブラジル大使を歴任した。

桑田 寛随　くわだ・かんずい
僧侶（浄土宗）知恩院住職 仏教専門学校校長
慶応3年（1867年）9月1日〜昭和14年（1939年）5月20日
〔出〕備後国（広島県）　〔名〕号＝済蓮社博誉了阿　〔学〕浄土宗学本校卒　〔歴〕京都・知恩院で養鸕徹定から法を継ぐ。明治31年大阪西福寺、昭和9年京都知恩寺の住職となる。この間、大正12年仏教専門学校（現・仏教大学）校長。

桑田 熊蔵　くわた・くまぞう
経済学者 社会政策学者 中央大学教授
明治1年（1868年）11月17日〜昭和7年（1932年）12月10日
〔生〕鳥取県　〔専〕社会政策学　〔学〕帝国大学法科大学〔明治26年〕卒　〔歴〕帝国大学卒業後、社会問題研究のためヨーロッパに留学し、帰国後は東京帝国大学講師、明治41年中央大学教授となる。日本最初の社会政策学の研究者で、明治29年社会政策学会を創立。また早くから工場法作成の調査をし、日露戦争後は地方改良運動にも関係する。明治45年友愛会が創立されると顧問となり、労使協調組合としての友愛会の育成に務めた。著書に「工場法と労働保険」「欧州労働問題の大勢」などがある。

桑田 権平　くわた・ごんべえ
実業家 日本スピンドル製造創業者
明治3年（1870年）10月7日〜昭和24年（1949年）9月13日
〔生〕東京府麹町三番町（東京都千代田区）　〔学〕ノーザンプトン市立高（米国）卒、ウスター工業大学（米国）機械科卒 工学博士（ウスター工業大学）〔昭和3年〕　〔歴〕父は東京帝国大学、祖父は蘭方医の桑田立斎。番町学校、慶応幼稚舎を経て、神田共立学校で英語を学び、漢文の素読も受けた。明治17年鉱山技師ライマンの厚意により13歳で米国に留学。ノーザンプトン市立高校、ウスター工業大学に学び、26年帰国。この間、日本語をほとんど忘れてしまい、家族への手紙にも英語を用いたという。27年大阪砲兵工廠に入り、陸軍のねじ規格制定に寄与した他、工具の標準化や集中生産システムの実施を上申した。36年退官して松方幸次郎に請われ川崎造船所に転じ、旧来の親方制度を廃するため賃金報奨制度を導入。また、作業の進行管理に伝票を用いるなどの改善策を実施して能率改善に努めた。43年退社。大正元年〜6年大阪瓦斯に勤務。6年紡績用スピンドルの試作に着手し、7年浦江製作所を設立。9年日本スピンドル製造所に改称し、10年合資会社、昭和9年株式会社に改組。14年社長を退き相談役となった。　〔家〕父＝桑田衡平（軍医）、祖父＝桑田立斎（蘭方医）

桑田 芳蔵　くわた・よしぞう
心理学者 東京帝国大学教授
明治15年（1882年）7月11日〜昭和42年（1967年）10月10日
〔生〕鳥取県倉吉市　〔専〕民族心理学　〔学〕東京帝国大学文科大学哲学科〔明治38年〕卒 文学博士〔大正10年〕　〔歴〕東京帝国大学助手、講師、助教授、教授となり、その間文学部長、東洋文化研究所所長を兼任。昭和18年定年退官後、大阪大学法文学部教授、同学部長、学長代理を経て、29年定年退官。東大、阪大

両名誉教授。日本心理学会評議員、副会長、会長を歴任、心理学の発展に貢献した。ブントの民族心理学を移入し発展させた民族心理学の先駆者。著書に「ブントの民族心理学」「民族精神の発達」「社会心理学の根本問題」などがある。　家父＝桑田藤十郎（貴族院議員），弟＝桑田六郎（東洋史学者）

桑田 義備　くわだ・よしなり
植物学者　京都帝国大学教授
明治15年（1882年）10月5日～昭和56年（1981年）8月13日
生大阪府　専植物細胞学　学東京帝国大学理科大学植物学科〔明治41年〕卒　理学博士〔大正6年〕　賞日本学士院会員〔昭和28年〕　歴東京帝国大学理科大学では藤井健次郎の下でイネやトウモロコシの細胞学的研究に従事。大正2年東京帝大理科大学助手、6年講師となり、同年米国へ留学。8年京都帝国大学助教授、11年教授。昭和19年定年退官。25年国立遺伝学研究所客員教授。一貫して細胞核分裂の機構解明に努め、核分裂の動的過程分析や染色体の構造研究に大きな功績を挙げ、我が国の細胞学・染色体研究の水準を世界的レベルまで引き上げた。29年主著「核分裂の進化」を刊行。28年日本学士院会員に選ばれ、37年には文化勲章を受章した。　家二男＝桑田道夫（洋画家）　勲文化勲章〔昭和37年〕　賞日本学士院賞（第43回）〔昭和28年〕，文化功労者〔昭和37年〕

桑野 通子　くわの・みちこ
女優
大正4年（1915年）1月4日～昭和21年（1946年）4月1日
出東京市芝区三島町（東京都港区）　学三田高等女学校〔昭和7年〕卒　歴森永製菓スウィート・ガール・ダンサーを経て、昭和9年松竹蒲田入社。清水宏監督で「金環蝕」でデビュー。「恋愛修学旅行」で大日方伝相手に主演。「大学の若旦那・日本晴れ」「東京の英雄」などで高杉早苗と競演。上原謙デビュー作「彼と彼女と少年達」以来コンビが続き、11年大船へ移って「船頭可愛や」「男性対女性」等に共演。12年幹部昇格。「淑女は何を忘れたか」、佐分利信と「男の償ひ」「兄とその妹」「戸田家の兄妹」等に共演、ベスト・ドレッサーぶりを発揮。14～16年にかけ「新妻問答」「愛の暴風」「元気で行かうよ」などに活躍。17年出産。18年「をぢさん」で復帰、21年「女性の勝利」撮影中倒れた。　家長女＝桑野みゆき（女優）

桑原 専渓　くわはら・せんけい
華道家　桑原専慶流13代目家元
明治33年（1900年）9月20日～昭和55年（1980年）11月7日
生京都府京都市　名本名＝桑原正　学京都府立第一商業専攻科〔大正11年〕卒　歴26歳の時にいけばなの道に入る。元禄時代の立花の名手霞春軒仙渓を祖とする家系を継ぐも、昭和5年勅使河原蒼風や中山文甫らと“新興いけばな宣言”を発表、新興いけばな協会設立。13年桑原専慶流13代家元継承、のち京都いけばな協会初代会長を務めた。革新的な立場から戦後の前衛いけばな時代には京都諸流の中心的存在として重きをなした。　家娘＝桑原素子（華道家），女婿＝桑原仙渓（桑原専渓流14代目家元）

桑山 鉄男　くわやま・てつお
逓信次官　貴族院議員（勅選）
明治14年（1881年）11月1日～昭和11年（1936年）2月20日
出愛媛県　学東京帝国大学法科大学独法科〔明治39年〕卒　歴明治39年逓信省に入り、事務官、京都郵便局監理課長、逓信省参事官兼逓信監察官、逓信大臣秘書官、文書課長などを歴任。この間、43年通信事業研究のためオーストリアへ留学、大正8年朝鮮へ出張した。9年初代簡易保険局長となり、13年逓信次官。のち退官して、昭和4年から貴族院議員（勅選）となり、傍ら弁護士を開業した。

群司 次郎正　ぐんじ・じろうまさ
小説家
明治38年（1905年）11月27日～昭和48年（1973年）1月10日
生群馬県伊勢崎市　名本名＝郡司次郎　学水戸中〔大正12年〕卒　歴大正12年東京の映画俳優学校に入り、一時心座に参加して新劇俳優を目指したが、のち作家に転向。昭和5年に発表した「ミス・ニッポン」「マダム・ニッポン」「ミスター・ニッポン」、6年の「侍ニッポン」の四部作がブームとなった。特に「侍ニッポン」は度々映画化されヒットした。戦時中は16～18年陸軍報道員としてスマトラ、ジャワに渡った。「発声満州」が発禁になってからはあまり作品を発表せず、晩年は船宿を経営。

【け】

慶松 勝左衛門　けいまつ・しょうざえもん
薬学者　東京帝国大学医学部教授
明治9年（1876年）9月21日～昭和29年（1954年）1月28日
生京都府府京都市　名旧姓・旧名＝慶松勝太郎　専有機合成化学　学京都一中〔明治28年〕卒、四高〔明治31年〕卒、東京帝国大学医科大学薬学科〔明治34年〕卒　薬学博士〔明治42年〕　歴生家は代々京都で薬種商・慶松衛生堂を営み、明治31年父が亡くなり家督を相続、10代目勝左衛門を名のった。37年内務省東京衛生試験所技師を経て、40年関東都督府技師となり、同中央試験所の創設に当たり、41年初代所長に就任。同年満州薬学会設立に伴い初代会頭。43年同中央試験所が南満州鉄道（満鉄）に移管。同年渡欧。44年帰国して衛生課長となり、大豆製油試験工場を建設。画期的なベンジン抽出法による溶媒製油工業の端緒を開いた。大正4年第一次大戦によりドイツを主な供給元としていた梅毒の特効薬・サルバルサンの輸入が途絶えるとその国産化に取り組み、有機砒素剤サルバルサン塩酸塩「アーセミン」を創製。これをいち早く供給するため、東京・日本橋に匿名組合アーセミン商会を創設。同社は第一製薬となり、今日の第一三共に発展した。渡欧中の9年、満鉄中央試験所所長に復帰。11年東京帝国大学医学部教授となり、薬品製造学講座を担当。昭和12年定年退官。11年日本薬学会会頭。18年医薬品統制社長。21年貴族院議員に勅選され、22年参議院議員に当選したが、すぐに公職追放にあり失職した。　勲勲二等瑞宝章〔昭和11年〕

食満 南北　けま・なんぼく
劇作家
明治13年（1880年）7月31日～昭和32年（1957年）5月14日
生大阪府堺市　名本名＝食満貞二　学早稲田大学文科中退　歴福地桜痴の弟子となり、のちに大阪松竹に入社し「桜のもと」など多くの歌舞伎脚本を発表。「作者部屋から」「大阪の贋治郎」などの著書がある。

煙山 専太郎　けむやま・せんたろう
西洋史学者　早稲田大学教授
明治10年（1877年）6月3日～昭和29年（1954年）3月21日
生岩手県九戸郡久慈（久慈市）　学東京帝国大学文科大学哲学科〔明治35年〕卒　歴明治35年早稲田大学講師となり、西洋政治史・近代史・現代史を専攻、44年文学部史学教授。大正11年ヨーロッパ各国を視察。昭和21年政治経済学部教授兼任となり、23年定年退職、名誉教授となった。25年文化女子短期大学学長。著書に「西洋最近世史」「近世無政府主義」「世界大勢史」（増補版）「英国現代史」「征韓論実相」「日本最近世史」などがある。　家妻＝煙山八重（社会事業家），岳父＝伊東圭介（衆議院議員）

けやま　　　　　　　　　　　昭和人物事典 戦前期

毛山 森太郎　けやま・もりたろう
衆議院議員
明治29年（1896年）3月～昭和61年（1986年）6月23日
出 愛媛県　学 宇和島中卒　歴 昭和17年から衆議院議員1期を務めた。

源田 実　げんだ・みのる
海軍大佐
明治37年（1904年）8月16日～平成1年（1989年）8月15日
生 広島県山県郡加計町（安芸太田町）　学 海兵（第52期）〔大正13年〕卒, 海大（第35期）〔昭和12年〕卒　歴 大正14年海軍少尉に任官。昭和3年第19期飛行学生となって以来航空畑を歩き、戦闘機パイロットとして活躍。優れた操縦技術の持ち主で、見事な編隊飛行は "源田サーカス" と呼ばれた。13年横須賀海軍航空隊飛行隊長、同年～15年英国駐在を経て、15年第一航空艦隊参謀となり、真珠湾攻撃の計画に参加。19年海軍大佐。20年精鋭揃いの第三四三航空隊司令となり終戦を迎えた。戦後は航空自衛隊に入り空将まで進んだ他、参議院議員を4期務めた。

【こ】

呉 昌征　ご・しょうせい
野球選手
大正5年（1916年）6月28日～昭和62年（1987年）6月7日
出 台湾・台南　名 本名＝石井昌征, 旧姓・旧名＝呉波　学 嘉義農林（台湾）卒　歴 戦前の中等野球大会に台湾・嘉義農林の選手として甲子園に出場、はだしでプレーをしたことで有名。昭和12年に巨人へ入団。俊足の好打者として活躍し、17、18年に連続首位打者。18年には最高殊勲選手に選ばれた。阪神へ移籍した19年には盗塁王。また、投手も兼任し、21年6月16日のセネタース戦で無安打無得点試合を達成。打者としてMVPとなり、投手としてノーヒットノーランを記録する球史に唯一の偉業を残した。2リーグに分かれた25年にはパ・リーグの毎日オリオンズに移り、この年、現在も日本記録として残る16試合連続得点をマークした。32年引退。その後、日本に帰化した。実働20年1699試合出場、打率.272、381盗塁。平成7年殿堂特別表彰に選出された。

呉 清源　ご・せいげん
棋士（囲碁）
大正3年（1914年）5月19日～平成26年（2014年）11月30日
生 中国福建省福州　出 中国北京　名 本名＝呉泉　歴 父から囲碁の手ほどきを受け、天才少年として話題になる。昭和3年14歳で来日し、瀬越憲作門下に入門。4年日本棋院に棋士3段と認定され、5年4段、7年5段。木谷実と鎬を削り、8年ともに従来なかった序盤構想である "新布石" を発表、布石理論に革命をもたらす。11年日本に帰化、呉泉を本名とした。14年7段。25年9段。戦前の木谷、戦中の雁金準一、戦後の橋本宇太郎、藤沢庫之助（朋斎）、坂田栄男らとの「打ち込み十番碁」にいずれも勝ち、碁界第一者として頂点を極めた。この勝負は10局勝ち越した相手を格下と認めるという過激なものだった。27年台湾に招かれ、名人を意味する大国手の称号を贈られる。研究熱心で、現代碁の発展に大きく寄与、本因坊、名人のタイトルとは無縁だったが、華やかな碁風は多くのファンを魅了した。戦後中国籍に戻ったが、54年日本に再帰化。36年にオートバイ事故で重傷を負い、後遺症が残るなかで現役を続け、59年古希を機に現役引退。"昭和の碁聖" と称えられ、平成19年中国の映画監督ティエン・チュアンチュアン（田壮壮）により、その生涯を描いた「呉清源 極みの棋譜」が製作・公開された。

小池 堅治　こいけ・けんじ
ドイツ文学者 二高教授
明治11年（1878年）4月9日～昭和44年（1969年）4月24日
生 福井県福井市　名 旧姓・旧名＝吉田, 号＝秋草　学 東京帝国大学文科大学独文科〔明治36年〕卒　歴 明治36年七高造士館教授、40年二高に転ず。山形高の教授を兼任するが昭和7年退官。レッシング「ミンナ・フォン・バルン・ヘルム」など多くの本を翻訳し、また森鷗外の「舞姫」など多くの日本文学作品の独訳もした。学問的な著作では「独逸表現主義文学の研究」がある。

小池 四郎　こいけ・しろう
社会運動家 衆議院議員 クララ社創業者
明治25年（1892年）3月21日～昭和21年（1946年）3月11日
生 東京市神田区錦町（東京都千代田区）　学 東京帝国大学工学部採鉱冶金科〔大正6年〕卒　歴 鈴木商店に入社、帝国炭業木屋瀬鉱業所長を務めたが、大正13年社会運動への参加を志して退職。上京して出版社クララ社を創立し、自著「英国の労働党」「非資本主義的人口論」、自訳のH.G.ウェルズ「汝の靴を見よ」、馬場二郎訳のウイットウォース「ニジンスキイの舞踊芸術」などを刊行。15年社会民衆党の創立に参加し、中央委員、中央執行委員、糖福岡県連会長などを歴任。昭和7年福岡県から衆議院議員に当選。通算2期。この間、国家社会主義への流れに加わり、同年赤松克麿らと日本国家社会党を結成したが、党内が日本主義派と国会社会主義派に分かれ後者が離党すると、前者を率いて愛国政治同盟を結成して総務委員長となった。11年同盟解散後、12年4月の総選挙で政治革新協議会の公認候補として当選。7月日本革新党の結党に参加した。その後、日本南方協会の稲作訓練所長となった。　家 妻＝小池元子（クララ洋裁学院院長）, 父＝小池学山（書家）

小池 仁郎　こいけ・にろう
衆議院議員
慶応2年（1866年）5月～昭和11年（1936年）1月24日
出 越後国中頸城郡潟町（新潟県上越市）　歴 明治初年新潟から北海道の根室町に移住。北海道会議員、根室水産会長、北海道水産会長、帝国水産副会長などを歴任、水産業界に重きをなした。大正4年から衆議院議員当選7回、民政党に所属し、逓信政務次官を務めた。

小池 正晁　こいけ・まさあき
陸軍軍医中将 男爵 貴族院議員
明治17年（1884年）2月23日～昭和16年（1941年）6月18日
生 東京都　学 九州帝国大学医学部〔明治42年〕卒 医学博士　歴 陸軍軍医総監を務めた小池正直の長男。明治43年陸軍軍医中尉、大正3年父の死後男爵を継いだ。東京第1、第二陸軍病院長、陸軍軍医学校教官、第一師団軍医部長、9年ヨーロッパ留学、昭和10年陸軍軍医中将、朝鮮軍医部長、12年予備役。13年貴族院議員となった。　家 父＝小池正直（陸軍軍医総監）, 弟＝小池正彪（三井銀行常務）, 四男＝小池正朝（順天堂大学教授）

小池 礼三　こいけ・れいぞう
水泳選手 ロサンゼルス五輪銀メダリスト
大正4年（1915年）～平成10年（1998年）8月3日
出 静岡県　歴 昭和7年ロサンゼルス五輪に16歳で出場。競泳男子200メートル平泳ぎで銀メダルを獲得、11年ベルリン五輪でも同種目で銅メダルを獲得。また30年朝日放送に入社。運動部長、ラジオ局長などを歴任。31年メルボルン五輪水泳監督、のち日本水泳連盟専務理事、顧問も務める。

小石 清　こいし・きよし
写真家

明治41年（1908年）3月26日〜昭和32年（1957年）7月7日
生 大阪府 歴 家業がバイオリンやライター、カメラを扱っていた高級洋品店だったこともあり、少年時代から写真に夢中になる。昭和3年浪華写真倶楽部に入会、5年同倶楽部展に手ブレの効果を利用した「進め」を出品して特選を受賞。以来、マン・レイやモホイ＝ナジの影響を受け、自身の詩を尖鋭的な感覚とフォトグラム、ソラリゼーション、赤外線写真など多彩な写真技法を自由に駆使して表現し、前衛写真の旗手として写壇に雄飛した。6年大阪市に小石アド・フォト・スタジオを開設。商業写真・報道写真でも才能を発揮し、同年「クラブ石鹸」で国際広告写真展で1等を受賞した。8年二重露光やフォトグラムといった前衛的な手法を駆使し、昭和初期芸術写真界における最高の収穫物との呼び声も高い写真集「初夏神経」を刊行。12年には鉄道省国際観光局の委嘱を受け、木村伊兵衛、渡辺義雄、原弘と共にパリ万国博覧会出品の写真壁画を制作した。13年内閣情報局と海軍省の委嘱で中国に従軍し撮影。15年第29回浪展で中国での写真を材料にした10枚連作「半世界」を発表。不思議な叙情性を帯びたこの写真群は、代表作であるとともに、日本の近代写真史上最も完成された表現とされる。19年報道写真協会から満州建国10周年写真使節の一員として満州に派遣される。戦後の32年、博多駅で転倒したことがもとによる脳内出血で49歳で死去した。 賞 国際広告写真展1等（第2回）〔昭和6年〕「クラブ石鹸」

小泉 迂外　こいずみ・うがい
俳人
明治17年（1884年）5月5日〜昭和25年（1950年）1月1日
生 東京府本所区（東京都墨田区） 名 本名＝小泉清三郎 歴 伊藤松宇に師事し、秋声会に参加。明治36年「サラシ井」を創刊。のち「にひはり」「俳諧雑誌」に拠る。昭和5年「俳陣」を創刊。著書に「最新俳句歳時記」「作句と連句の作り方」「俳句用語」などがある。

小泉 葵巳男　こいずみ・きしお
版画家
明治26年（1893年）6月〜昭和20年（1945年）12月7日
出 静岡県静岡市紺屋町 学 日本水彩画会研究所 歴 父は書家の小泉松庸。明治40年上京し、日本水彩画会研究所に学ぶ。戸張孤雁、織田一磨に師事。のちに堀越貫一の彫板所に入門し、恩地孝四郎の「月映」や永瀬義郎、山本鼎の作品に触れ、大正2年木版画を始める。7年日本創作版画協会の創立に参加。昭和4年春陽会版画部に出品する。6年日本版画協会創立会員。5〜12年に「東京百景」、17年「昭和大東京百図絵版画展」を東京などで発表、都会情緒あふれる木版画制作を続けた。20年「富士三十六景」を制作中に病気で倒れ、「二十三景」に終わった。 家 父＝小泉松庸（書家）

小泉 源一　こいずみ・げんいち
植物分類学者 京都帝国大学教授
明治16年（1883年）11月1日〜昭和28年（1953年）12月21日
生 山形県米沢市 学 東京帝国大学理科大学植物学科〔明治41年〕卒 理学博士〔大正2年〕 歴 東京帝国大学理科大学に入学して松村任三の下で分類学を専攻、小石川区戸崎町にあった牧野富太郎の家に住み、そこから大学に通った。大正2年「日本薔薇科植物考」で理学博士号を受ける。同大嘱託として標本室の整理にあたり、8年京都帝国大学助教授に赴任、植物学教室の創設に尽力。12年沖縄に5ケ月に及ぶ採集旅行に出かけ、約1800種を採集した。14年〜昭和2年欧米に留学。7年植物分類地理学会を創設。11年京都帝国大学教授に就任、18年退官。22年郷里の米沢市に帰り、同地で没した。この間、東亜の植物分類地理に関する多数の論文を発表、牧野、中井猛之進と共に日本の植物分類地理学の礎を築いた三大学者といわれる。
家 弟＝小泉秀雄（植物学者）

小泉 梧郎　こいずみ・ごろう
島根県知事 内務省警保局長
明治28年（1895年）8月24日〜昭和49年（1974年）3月4日
生 鳥取県 学 東京帝国大学法学部〔大正11年〕卒 歴 昭和17年島根県知事、19年岡山県知事を経て、内務省警保局長。日本スコッチライト社長なども務めた。

小泉 策太郎　こいずみ・さくたろう
ジャーナリスト 衆議院議員
明治5年（1872年）11月3日〜昭和12年（1937年）7月28日
出 静岡県賀茂郡南伊豆町 名 号＝小泉三申 歴 漁師の子として生まれる。小学校を卒業後、明治19年上京して鉄物商に丁稚奉公に入るが、20年帰郷して小学校教員となる。20年頃から文筆を志し、24年「静岡日報」記者となるが、間もなく辞して上京し、小説家・村上浪六に食客となった。27年板垣退助社長の「自由新聞」に入社し、幸徳秋水、堺利彦らと相識る。28年「めさまし新聞」に移り、史論家として注目されるようになった。31年「九州新聞」主筆となるが、のち三たび上京し、37年週刊「経済新聞」を創刊して成功したのを機に相場師・実業家として巨利を得る。45年静岡県から衆議院議員に当選、以後、連続7選。政友会に属し、顧問や総務を歴任しながら護憲三派の結成や田中義一の総裁就任などで暗躍するなど "政界の黒幕" と呼ばれたが、昭和3年田中義一と意見対立のため脱党。晩年は西園寺公望の伝記執筆に力を注いだ。
家 七男＝小泉淳作（日本画家）、八男＝小泉博（俳優）

小泉 信三　こいずみ・しんぞう
経済学者 慶応義塾塾長
明治21年（1888年）5月4日〜昭和41年（1966年）5月11日
生 東京市芝区三田（東京都港区） 学 慶応義塾大学政治科〔明治43年〕卒 経済学博士〔昭和9年〕 賞 帝国学士院会員〔昭和18年〕 歴 慶応義塾塾長を務めた小泉信吉の長男。早くに父を失い、晩年の福沢諭吉に親炙する。慶応義塾普通部に進み、以来大学までテニスに熱中。大学卒業後、大正元年経済学研究のため欧州に留学。5年帰国して慶応義塾大学部教授。昭和8年46歳の若さで塾長となり、14年からは藤原工業大学（のち慶応義塾大学工学部）学長を兼務。この間、山川均、河上肇、櫛田民蔵らと労働価値論について論争を行い、マルクス経済学批判の第一人者として名をあげた。太平洋戦争が勃発すると海軍に出征していた嗣子・信吉を失い、20年には自身も東京大空襲により大やけどを負った。22年慶応義塾塾長を退任、31年名誉教授。主な著書に「価値論と社会主義」「共産主義批判」「福沢諭吉」「平生の心がけ」「わが文芸談」などがあり、「小泉信三全集」（全26巻、文芸春秋）がある。 家 父＝小泉信吉（慶応義塾塾長）、長男＝小泉信吉、長女＝秋山加代（随筆家）、二女＝小泉タエ（随筆家）、義兄＝松本烝治（商法学者） 勲 文化勲章〔昭和34年〕

小泉 親彦　こいずみ・ちかひこ
陸軍軍医中将 厚相 貴族院議員（勅選）
明治17年（1884年）9月9日〜昭和20年（1945年）9月13日
生 福井県 学 東京帝国大学医科大学〔明治41年〕卒 歴 明治41年陸軍見習医官、42年二等軍医、昭和7年近衛師団軍医部長兼軍医学校教官、8年陸軍軍医学校校長、9年軍医総監、同時に陸軍省医務局長、13年予備役。16年第三次近衛文麿内閣の厚相、東条英機内閣でも留任、結核の予防、撲滅に尽力。19年辞任、勅選貴族院議員となり、次いで日本赤十字社理事となったが、20年9月13日割腹自決した。著書に「軍陣衛生」「実用工業衛生学」がある。 家 父＝小泉親正（陸軍軍医）

小泉 長三　こいずみ・ちょうぞう
小説家
明治11年（1878年）2月6日〜昭和16年（1941年）2月22日

生茨城県 歴仮名垣魯文の指導を受け、万朝報記者として活躍。少年倶楽部に「赤熱の鞭」を発表したのが45歳、以後500編以上の時代小説を書いた。代表作は「鬼三味線」「嬌殺本調子」(「続鬼三味線」)など。

小泉 秀雄　こいずみ・ひでお

植物分類学者 共立女子薬学専門学校教授
明治18年(1885年)11月1日～昭和20年(1945年)1月18日
生山形県米沢市 学盛岡高等農林学校〔明治38年〕中退 歴出羽米沢藩士の家に生まれる。盛岡高等農林学校に学ぶが、家の都合で中退して教員となり、山形県下の小学校で教える。明治41年東京の芝中学教授嘱託。44年北海道の上川中学に赴任、同年初めて大雪山に登ったのを皮切りに大雪山系の調査に着手、大雪山系の山々の命名も行い"大雪山の父"と呼ばれ、同山系の小泉岳にその名を残す。高知県立第三中学や長野県の松本女子師範学校でも教鞭を執り、昭和8年共立女子薬学専門学校講師を経て、教授。高山などの寒地植物(いわゆる高山植物)を中心に北はサハリンから南は台湾まで赴いて各地の植物を採集し、数々の新種を発見。生涯に渡って採集した標本は牧野富太郎に次ぐ約16万点を数え、国立科学博物館に収蔵されている。著書に「日本アルプスの寒地植物誌」「上伊那植物誌」「下伊那植物誌」「実地適用菊科植物検索表」などがある。　家兄＝小泉源一(植物分類学者)

小泉 丹　こいずみ・まこと

寄生虫学者 随筆家 慶応義塾大学医学部教授
明治15年(1882年)11月23日～昭和27年(1952年)10月21日
生京都府 学東京帝国大学理科大学動物学科〔明治40年〕卒 理学博士、医学博士〔昭和23年〕 歴明治40年内務省伝染病研究所、大正3年台湾総督府研究所などで寄生虫学、熱帯病を研究。13年慶応義塾大学医学部教授となった。戦後は定期的な集団蛔虫駆除策を提唱・推進し、蛔虫保有者を激減させた。蛔虫を中心に研究し、「蛔虫の研究」「進化学経緯」「日本科学史攷」「人体寄生虫」などを著した。また多数の随筆があり、「生物学巡礼」「野口英世」「科学的教養」などが広く読まれた。

小泉 又次郎　こいずみ・またじろう

衆議院副議長 逓信相
慶応1年(1865年)5月17日～昭和26年(1951年)9月24日
出神奈川県 学交郷校卒 歴鳶職の家に生まれる。小学校教師、地方新聞記者を経て、横須賀市議、神奈川県議。明治41年以来、衆議院議員当選12回。立憲同志会から憲政会に属し、幹事長、総務を務めて普選、護憲運動に尽力。大正13年～昭和2年衆議院副議長に就任、党籍離脱の先例を作る。3年民政党幹事長、翌年浜口内閣・第二次若槻内閣の逓信相。その後再び幹事長。9年横須賀市長。14年内閣参議。戦時中は翼賛政治会顧問、同代議士会長、小磯国昭内閣顧問などを務めた。20年勅選貴族院議員。著書に「普選運動秘話」など。　家孫＝小泉純一郎(首相)、女婿＝小泉純也(防衛庁長官)

小磯 国昭　こいそ・くにあき

陸軍大将 首相
明治13年(1880年)3月22日～昭和25年(1950年)11月3日
生栃木県宇都宮市 出山形県新庄市 学陸士(第12期)〔明治33年〕卒、陸大〔明治43年〕卒 歴日露戦争に出征、関東都督府参謀、のち参謀本部員として情報謀略を担当。大正5年清朝粛親王の宗社党を援けて、満蒙独立運動を展開。その後欧州で軍事研究に従事、6年「帝国国防資源」を著した。陸軍省整備局長を経て、昭和5年軍務局長となり、満州事変前後の軍の政治進出を推進。以後関東軍参謀長、10年朝鮮軍司令官等を歴任し、12年大将。13年予備役に編入。14年から平沼・米内内閣の拓相となり南方進出を主張。17年朝鮮総督。19年東条内閣倒壊後、米内光政とともに組閣の待命を受け首相と

なるが、20年4月総辞職。戦後、A級戦犯として終身刑に服役中、病死。自伝に「葛山鴻爪」がある。

小出 英経　こいで・ふさつね

侍従
明治31年(1898年)11月27日～昭和59年(1984年)11月24日
出東京都 学東京帝国大学文学部卒 歴昭和7年3月侍従となり、11年初代東宮傅育官、掌典次長などを歴任。20年8月14日、いわゆる玉音放送用の録音の際に、昭和天皇に代わってマイクテストを行い「本日は晴天なり」を3回復唱した。

小糸 源太郎　こいと・げんたろう

洋画家
明治20年(1887年)7月13日～昭和53年(1978年)2月6日
生東京市上野(東京都台東区) 学東京美術学校金工科〔明治44年〕卒、東京美術学校西洋画科〔大正3年〕中退 資日本芸術院会員〔昭和34年〕 歴東京・上野の老舗の料亭「揚出し」の長男。明治38年白馬会駒込研究所で藤島武二に師事。美校在学中の43年第4回文展で「魚河岸」が初入選。文展、帝展、光風会に出品、受賞したが、大正7年から病気療養のため8年間画壇を離れた。昭和5年第11回帝展で「暮春閑情」、6年第12回展で「糲祭図」が連続特選。同年光風会員となり、8年より帝展審査員。戦後は文展、日展の審査員を務め、美術団体連合展、日本国際美術展にも出品、29年前年の第2回日本国際美術展出品の「春雪」などにより日本芸術院賞を受賞、34年芸術院会員となった。35年日展理事、36年常務理事。40年文化勲章を受章した。44年改組日展の顧問。この間35年朝日新聞主催「小絲源太郎画業五十年展」が銀座松屋で開かれた。東京下町育ちのイキな情感で日本人独自の油彩画風を確立した。随筆もよくし「冬と虹」「猿と話をする男」「風神雷神」などがある。他の代表作に「嬋娟」「山粧ふ」「漁港尺雪」など。勲文化勲章〔昭和40年〕 賞日本芸術院賞(昭和28年度)〔昭和29年〕「春雪」、帝展特選〔昭和5年・6年〕

小糸 源六郎　こいと・げんろくろう

実業家 小糸製作所創業者
明治16年(1883年)7月10日～昭和49年(1974年)12月2日
生静岡県富士郡伝法村三日市場(富士市) 学伝法村尋常小〔明治25年〕中退 歴生家は半農半商で、6番目なので"源六郎"と名付けられた。村の小学校を1年で退校した後、沼津の砂糖問屋・木村商店に奉公。18歳で先輩に先んじて支配人格に抜擢された。大阪市で精米業を開いたのを経て、東京・日本橋の硝子問屋・宮崎商店に入店。その後、鉄道省官房研究所の小山技官よりフレネル式鉄道信号用レンズ作りを勧められ、その国産化に成功。大正4年京橋に小糸源六郎商店を創業し、鉄道車両用の照明器などを手がける。昭和5年小糸製作所に社名変更、11年株式会社に改組して社長に就任。日中戦争が始まると中国進出を図り、同地に大陸交通器材、小糸重機工業などを設立したが、敗戦により挫折。25年社長を退いたが、26年会長、28年社長に復帰。37年小糸電機を吸収合併した小糸製作所会長に就任。同社を世界有数の鉄道車両及び自動車用の照明電装品メーカーに育て上げた。　家二男＝小糸久弥(小糸製作所社長)、孫＝加藤順六(小糸製作所社長)、女婿＝加藤真一(小糸製作所社長)、甥＝大嶽孝夫(小糸製作所社長) 勲紺綬褒章〔昭和13年〕

小糸 のぶ　こいと・のぶ

小説家
明治38年(1905年)9月24日～平成7年(1995年)12月13日
出静岡県富士市 学静岡女子師範〔大正12年〕卒 歴昭和16年内閣情報局の国民映画脚本に「母子草」を応募し、情報局長賞を受賞。24年発表の「おもかげ」は直木賞候補作品となる。その他作品に「処女雪」「若い樹」「純愛の砂」などがある。

鯉沼 巌　こいぬま・いわお

秋田県知事
明治10年(1877年)1月～昭和8年(1933年)11月2日
生大分県速見郡山香村〔杵築市〕　名旧姓・旧名＝河野　歴河野家に生まれ、明治39年鯉沼家の養子となる。青森県内務部長、神奈川県警察部長を経て、昭和3年秋田県知事。

小岩井 浄　こいわい・きよし

政治学者 社会運動家 弁護士 東亜同文書院教授
明治30年(1897年)6月9日～昭和34年(1959年)2月19日
生長野県松本市　学東京帝国大学法学部〔大正11年〕卒　歴早くから社会主義に関心を抱き、東京帝国大学時代は新人会のメンバーとして活躍。卒業後弁護士となり、日農顧問弁護士として活躍、また共産党に入党し大阪支部長となる。大正12年の第一次共産党事件で検挙され、昭和2年の出獄後は労働農民党に参加。4年大阪市議となり、6年大阪府議となる。その間数回にわたって検挙され、戦時中は東亜同文書院教授などを歴任。戦後は愛知大学学長などを歴任した。著書に「労働者と国家」などがある。

郷 誠之助　ごう・せいのすけ

実業家 男爵
元治2年(1865年)1月8日～昭和17年(1942年)1月19日
生美濃国岐阜〔岐阜県岐阜市〕　学ハイデルベルク大学 哲学博士　歴明治17年ドイツに留学、7年余、ヘーゲル、ミルなどを研究。23年帰国後、農商務省の嘱託。28年日本運送社長となり、その再建を果たす。その後、日本メリヤス取締役、日本鋼管社長、入山採炭社長、王子製紙取締役などを歴任し、いずれも再建に成功。王子製紙では新聞用紙の国産に成功するなどその手腕が高く買われた。43年日本醤油醸造経営には失敗したが、44年東京株式取引所の理事長に就任。大正2年東京商業会議所特別議員、6年日本工業倶楽部の創立に参加し専務理事、11年日本経済連盟会常務理事、昭和5年日本商工会議所会頭。その後東京電燈の整理も手がけた。内閣参議、大蔵省顧問のほか、全国産業団体連合会、日本経済連盟会、日本貿易振興会の各会長を兼任。財界の集まり番町会の親分的リーダーであった。父の死後男爵を襲爵、明治44年から終生、貴族院議員を務めた。　家父＝郷純造(大蔵次官・男爵)、甥＝郷隆(大日本体育会理事長)、久富達夫(新聞人)

郷 隆　ごう・たかし

体育指導者 大日本体育会理事長
明治28年(1895年)10月26日～昭和19年(1944年)4月18日
生東京市深川区〔東京都江東区〕　学東京帝国大学医学部〔大正9年〕卒 医学博士〔大正14年〕　歴弟は毎日新聞政治部長や内閣情報局次長を務めた久富達夫で、実業家・郷誠之助は母方の伯父。在学中からボート選手で活躍、大正11年日本漕艇協会理事、15年大日本体育協会理事、昭和3年アムステルダム五輪のボート監督、5年体協専務理事となった。11年第12回東京五輪招致決定と同時に組織委員会競技部長となったが、13年7月東京五輪中止が決まった。17年体協が大日本体育会に吸収され、その理事長となった。　家弟＝久富達夫(新聞人)、祖父＝郷純造(大蔵次官・男爵)、伯父＝郷誠之助(実業家・男爵)

高 勇吉　こう・ゆうきち

チェロ奏者
明治34年(1901年)～昭和26年(1951年)6月18日
生東京都　学東京音楽学校〔大正10年〕卒　歴ドイツに2度遊学、ライプツィヒ音楽学校でユリウス・クレンゲルに学んだ。帰国後は独奏家および松山長谷夫、ジェームズ・ダンとのダスコー三重奏団員として活躍した。

甲賀 三郎　こうが・さぶろう

小説家
明治26年(1893年)10月5日～昭和20年(1945年)2月14日
生滋賀県蒲生郡日野町　名本名＝春田能為　学東京帝国大学工科大学応用化学科〔大正7年〕卒　歴和歌山の染料会社の技師をしていたが、大正9年農商務省臨時窒素研究所に移る。その傍ら小説を執筆し、12年「真珠塔の秘密」を発表し、以後「琥珀のパイプ」「支倉事件」「幽霊犯人」「体温計殺人事件」などを発表した。

纐纈 理一郎　こうけつ・りいちろう

植物生理学者 九州帝国大学農学部教授
明治19年(1886年)7月8日～昭和56年(1981年)1月20日
生岐阜県　学四高卒、東京帝国大学理科大学〔明治45年〕卒　歴大正8年植物生理学研究のため米国、英国、イタリアなどへ留学。10年九州帝国大学農学部開設に伴い、植物学講座の初代教授となる。昭和23年名誉教授、25年福岡女子大学教授。6年我が国最初の植物生理学書「生理植物学」を著すなど、植物水分生理学の権威として知られた。他の著書に「科学のあとくち」「植物水分生理概要」などがある。

郷古 潔　ごうこ・きよし

三菱重工業社長
明治15年(1882年)11月13日～昭和36年(1961年)4月28日
生岩手県水沢市〔奥州市〕　学東京帝国大学法科大学〔明治41年〕卒　歴明治41年三菱合資会社に入り商事部門、造船部門に勤務、三菱造船取締役から三菱航空機常務。昭和9年造船・航空機両社合併で三菱重工業となり筆頭常務に就任、16年初代社長。18年東条英機内閣の顧問となり社長を退任、会長、20年辞任。この間、艦船、兵器生産を指導、有名な戦闘機「零戦」も製作。20年末戦犯に指名されるが、21年4月釈放。朝鮮動乱とともに兵器生産協力会、後の日本兵器工業会会長となり、運輸省航空審議会会長、経団連防衛生産委員長などを歴任した。

皇后 良子　こうごう・ながこ

皇族 昭和天皇皇后
明治36年(1903年)3月6日～平成12年(2000年)6月16日
生東京都　名雅号＝桃苑、諡号＝香淳皇后　歴久邇宮邦彦親王の第一王女。学習院女学部中等科3年のとき、裕仁皇太子妃に内定のため退学、久邇宮家に特設された御学問所で"皇后学"を学んだ。大正13年1月26日皇太子妃、同15年12月25日昭和天皇即位とともに皇后となる。64年1月7日天皇崩御にともない皇太后に。歴代皇后の中で最長寿で、平成12年97歳で亡くなった。　家夫＝昭和天皇、長男＝天皇明仁、二男＝常陸宮正仁、長女＝東久邇成子、二女＝久宮祐子、三女＝鷹司和子、四女＝池田厚子、五女＝島津貴子、父＝久邇宮邦彦

上坂 熊勝　こうさか・くまかつ

解剖学者 岡山医科大学名誉教授
慶応3年(1867年)11月16日～昭和9年(1934年)7月27日
生加賀国金沢城下下主馬町〔石川県金沢市〕　名旧姓・旧名＝織田　専神経解剖学、実験神経学　学金沢医学校〔明治18年〕卒 医学博士〔東京帝国大学〕〔明治34年〕　歴明治26年帝国大学医科大学助手、29年四高講師、同年大阪府立医学校教諭、33年三高医学部講師を経て、34年岡山医学専門学校教授、大正11年岡山医科大学教授。昭和7年病のため退職。我が国の実験神経学の先駆者で、2年「脳神経起首の研究」で帝国学士院恩賜賞を受賞。光学、生物電気学、細胞の物理学、組織染色の研究など、研究領域は多岐にわたった。　賞帝国学士院恩賜賞(第3回)〔大正2年〕

こうさか　　　　　　　　　　　　　　　　　昭和人物事典　戦前期

高坂 正顕　こうさか・まさあき
哲学者　京都帝国大学教授
明治33年（1900年）1月23日〜昭和44年（1969年）12月9日
［生］鳥取県鳥取市　［学］京都帝国大学哲学科〔大正12年〕卒　文学博士　［歴］三高、同志社大学、京都帝国大学講師、東京文理科大学助教授を経て、昭和15年京都帝大教授、16年京都帝大人文科学研究所所長。中央公論の紙上座談会で、高山岩男らと戦争協力の哲学を説きジャーナリズムの寵児となり、大日本言論報国会の理事も務めた。21年公職追放。26年解除後は関西学院大学教授、30年京都大学教授を経て、36年東京学芸大学学長。41年中教審特別委主査を兼任。同年「期待される人間像」、また44年には「当面する大学問題への対応策」をまとめた。42年には国立教育会館館長も務めた。哲学者としてはカントの研究、西田幾多郎らの影響を強く受け、高山岩男らと京都学派を形成。主著に「民族の哲学」「カント学派」「歴史的世界」「高坂正顕著作集」（全8巻、理想社）などがある。　［家］息子＝高坂正堯（国際政治学者）、高坂節三（栗田工業社長）

香坂 昌康　こうさか・まさやす
東京府知事
明治14年（1881年）2月2日〜昭和42年（1967年）12月21日
［生］山形県米沢市　［学］一高卒、東京帝国大学法科大学法律学科〔明治41年〕卒　［歴］内務省に入省。大正12年福島県知事、14年愛媛県知事、昭和4年岡山県知事、6年愛知県知事を歴任し、7年東京府知事。同年新官僚グループ・国維会に参加。10年府知事を退任。11〜13年大日本連合青年団及び日本青年館理事長、17〜20年大東亜錬成院院長を務めた。

神代 峻通　こうじろ・たかみち
倫理学者　真言宗高野山大学教授
明治25年（1892年）7月19日〜昭和34年（1959年）6月20日
［生］愛知県名古屋市　［名］旧姓・旧名＝柴垣　［学］東京帝国大学文学部倫理学科〔大正9年〕卒　［歴］大正9年文部省普通学務局嘱託となり、青山学院、東洋大学、日本大学、東京女子大学などの講師の後、昭和2年真言宗高野山大学教授となり、文学部長、21年高野山真言宗経典翻訳局局員として、弘法大師経典の英訳に従事した。この間、大正10年から井上哲次郎の東亜協会、日本学会の主事を務め、また中島力造創設、桑木厳翼ら指導の読書会事務となり、地方講習会講師を務めた。さらにデューイ思想の批判解説、真言密教の研究でも多くの論文を書いた。死後「神代峻通講話集」が刊行された。

神代 種亮　こうじろ・たねすけ
書誌研究家
明治16年（1883年）6月14日〜昭和10年（1935年）3月30日
［生］島根県鹿足郡津和野町　［学］島根県師範〔明治37年〕卒　［歴］生家は石見津和野藩の馬廻を務めた家柄。島根県師範学校を卒業後、県内の小学校に勤務。明治44年上京してからは海軍図書館や慶応義塾大学図書館、一誠堂などに勤務する傍ら独学し、特に文字に明るく森鷗外、永井荷風、谷崎潤一郎、坪内逍遥らの著書の校正を手がけ、その技量と蘊蓄から"校正の神様"といわれた。大正13年石川巌と雑誌「書物往来」を発行し、編集人となる。昭和3年には「校正往来」を創刊した。また、明治文学・書誌研究に打ち込んで明治文化研究会の同人として重きをなし、「明治文化全集」（全24巻）の編集発行に貢献した。その人柄に関しては荷風「濹東綺譚」の作後贅言に詳しい。

神津 俶祐　こうず・しゅくすけ
地質学者　東北帝国大学教授
明治13年（1880年）6月5日〜昭和30年（1955年）2月11日
［生］長野県北佐久郡　［専］岩石学　［学］東京帝国大学理科大学地質学科〔明治38年〕卒　［賞］帝国学士院会員〔昭和7年〕　［歴］東京帝国大学大学院に入り御岳火山、乗鞍火山を調査した。明治40年農商務省地質調査所に入り、火成岩について研究、各地でアルカリ岩類を発見した。44年東京帝大講師、45年東北帝国大学理科大学に新設の地質学科講師となり、のち教授。大正2年欧米に留学、カーネギー地球物理学実験所、ケンブリッジ大学などで長石の研究を行い、帰国後、岩石鉱物学講座を担当した。昭和10年岩石鉱物鉱床学教室を設立、火成岩の熔融現象研究に従事。17年定年退官、名誉教授。この間、4年の北海道駒ケ岳噴火時、その調査指導に当たった。珪酸塩鉱物、特に月長石のX線研究などで業績を上げた。また日本岩石鉱物鉱床学会、日本火山学会の設立に尽力、日本地質学会会長（13年）も務めた。学士院会員。

高祖 保　こうそ・たもつ
詩人
明治43年（1910年）5月4日〜昭和20年（1945年）1月8日
［生］岡山県邑久郡牛窓　［名］本名＝宮部保　［学］国学院高等師範部〔昭和11年〕卒　［歴］昭和2年頃「椎の木」同人となり、8年詩集「希臘十字」を刊行。17年「雪」を刊行し文芸汎論賞を受賞。ほかに「禽のゐる五分間写生」「夜のひきあけ」「高祖保詩集」（岩谷書店）などの詩集がある。　［賞］文芸汎論賞〔昭和17年〕「雪」

香宗我部 寿　こうそがべ・ひさし
耳鼻咽喉科学者　北海道帝国大学教授
明治15年（1882年）10月31日〜昭和16年（1941年）12月14日
［生］東京府麹町区（東京都千代田区）　［学］京都帝国大学福岡医科大学〔明治41年〕卒　医学博士（九州帝国大学）〔大正12年〕　［歴］明治42年京都帝国大学福岡医科大学耳鼻咽喉科教室に入り久保猪之吉教授の指導を受けた。44年講師となり、同年6月日本赤十字社和歌山支部病院院長、大正2年公立札幌病院医長。8年スイスに留学、バーゼル医科大学のジーベンマン教授に師事、9年文部省在外研究員、10年北海道帝国大学助教授、11年帰国、教授となった。著書に「新耳鼻咽喉科学」がある。

古宇田 晶　こうだ・あきら
宮崎県知事
明治15年（1882年）4月〜昭和14年（1939年）11月13日
［出］東京都　［学］東京帝国大学卒　［歴］宮崎県警察部長などを経て、昭和2年同県知事に就任。同年普通選挙法成立後の初の県会議員選挙で、政友会の勢力拡大のため大規模な買収を行う。3年この責任を問われ、宮崎市長らと共に辞職した。

香田 勝太　こうだ・かつた
洋画家
明治18年（1885年）〜昭和21年（1946年）9月13日
［生］鳥取県　［学］東京美術学校西洋画科〔明治43年〕卒　［歴］大正15年〜昭和4年渡欧。のち文展無鑑査となる。女子美術学校教授も務めた。

小唄 勝太郎　こうた・かつたろう
歌手
明治37年（1904年）11月6日〜昭和49年（1974年）6月21日
［生］新潟県　［名］本名＝真野かつ、旧姓・旧名＝佐藤　［少女のころから美声で知られ、昭和4年上京、日本橋葭町から芸者に出た。座敷で歌ってスカウトされ、5年オデオンレコードで初の吹き込み。6年ビクター専属となり、8年「島の娘」が大ヒットした。その後も「東京音頭」「佐渡を想へば」「明日はお立ちか」「勝太郎守唄」など太平洋戦争の初期まで華々しく活躍。うぐいす芸者といわれ、"ハー"で始まる歌詞がヒットしたため、"ハー小唄の勝太郎"としてもてはやされた。戦後は後進の指導に当たった。

昭和人物事典 戦前期　　　　こうた

香田 清貞　こうだ・きよさだ
陸軍歩兵大尉
明治36年（1903年）9月4日～昭和11年（1936年）7月12日
生佐賀県小城郡三日月村（小城市）学陸士（第37期）〔大正14年〕卒　歴大正14年陸軍歩兵少尉に任官、歩兵第一連隊付となる。昭和9年大尉となり、10年末まで支那駐屯軍で北支の警備に当たり、同年12月歩兵第一旅団副官に転任となる。11年の二・二六事件では指揮者の一人として参加。当日、部下の丹生誠忠中尉に主力部隊150名の指揮を委ねて参謀本部や陸軍省一帯並びに陸相官邸を占拠させ、登庁を不可能にした。自身はすでに免官となっていた磯部浅一、村中孝次らと共に陸軍上層部との交渉に当たった。事件後、軍法会議で死刑判決を受け、同年7月12日に刑死した。

幸田 成友　こうだ・しげとも
日本史学者 慶応義塾大学名誉教授
明治6年（1873年）3月9日～昭和29年（1954年）5月15日
生東京府神田区（東京都千代田区）専日本近世史（社会経済史）学帝国大学文科大学史学科〔明治29年〕卒 文学博士〔昭和5年〕　歴明治34年大阪市史編纂長に抜擢され、実証史学の立場から43年「大阪市史」（5巻6冊）を完成させる。この中で大阪を"天下の台所"と初めて表現したとされる。大正7年宮内省臨時帝室編修官として「明治天皇紀」の編纂に協力。11年東京商科大学助教授となり、昭和5年教授、14年退官。15年慶応義塾大学教授、19年名誉教授。日本経済史、日欧通交史、書誌学などを講じた。この間、3～4年欧州に留学、貴重な文献資料を収集した。著書に「大塩平八郎」「江戸と大阪」「聖フランシスコ・サビエール小伝」、「幸田成友著作集」（全7巻・別巻1、中央公論社）など。　家兄＝郡司成忠（海軍大尉・開拓者）、幸田露伴（小説家）、姉＝幸田延（ピアニスト）、妹＝安藤幸（バイオリニスト）

迎田 秋悦　こうだ・しゅうえつ
漆芸家 帝展審査員
明治14年（1881年）～昭和8年（1933年）10月5日
生大阪府 出京都府 名本名＝迎田嘉一郎 専蒔絵 歴大阪の蒔絵師・迎田嘉兵衛（鉦三郎）の長男。明治21年京都へ移り、日本画を三宅呉暁に学ぶ。39年中沢岩太、浅井忠の指導のもとに杉林古香らと京漆園を結成、40年には神坂雪佳の佳美会結成に参加。大正13年京都美術工芸会同人となり、大正から昭和初期にかけて京都漆工界を指導した。昭和2年より帝展に出品、帝展工芸の設置に努め、6年帝展審査員となった。作品集に「京蒔絵文様集」がある。　家父＝迎田嘉兵衛（蒔絵師）　賞パリ万国博装飾美術工芸博金牌〔大正14年〕

合田 得輔　ごうだ・とくすけ
動物学者 東京帝国大学教授
明治34年（1901年）8月29日～昭和24年（1949年）12月4日
生山口県防府市 専動物発生学 学東京帝国大学理学部動物学科〔大正14年〕卒 理学博士〔昭和11年〕　歴ドイツのハイデルベルクに留学、マイヤーホフ教授の指導を受けた。のち東京帝国大学教授となり、日本動物学会会頭を務めた。動物細胞組織学、発生学の研究を進め、蛙の黒色素細胞、蛙の皮膚の特異な蛍光性物質の抽出などで知られる。著書に「組織学」「光と動物」「生物の研究」「五島実験動物学校訂版」などがある。

幸田 延　こうだ・のぶ
音楽教育家 ピアニスト
明治3年（1870年）3月19日～昭和21年（1946年）6月14日
生東京府下谷（東京都台東区）名別名＝幸田延子 学文部省音楽取調掛（第1期生）〔明治18年〕卒、ウィーン音楽院〔明治28年〕修了 賞帝国芸術院会員〔昭和12年〕　歴父・成延は幕

府の表坊主役を務め、長兄の成常は実業家、郡司家に入籍した次兄の成忠は海軍軍人となって千島探検を行い、四兄の成行は露伴と号した小説家、弟の成友は歴史学者、妹の幸はバイオリニストとしてそれぞれ名を成した。10歳の時に文部省音楽取調掛に勤務していたお雇い外国人・メーソンに音楽の才能を見出され、その個人指導でピアノや洋楽を学んだ。明治15年メーソンの勧めで同掛に入り、我が国初の女子留学生の一人である瓜生繁子らに師事。18年卒業すると研究科に在籍する傍ら同校助手となり、弱冠15歳で教える立場となった。22年第1回文部省留学生として渡米し、ボストンのニューイングランド音楽院でバイオリンを習得、24年にはウィーン音楽院に留学。28年帰国後は母校の助教授となり、32年教授に就任。"音楽教育界の大御所""上野の女王"と呼ばれ、滝廉太郎、本居長世、久野久子、三浦環ら次代を担う多くの俊英を育てるとともに、皇族の音楽指導にも当たるなど、明治音楽界における女性の第一人者として尊敬を集めた。42年退職し、以後は自宅に審声会を開き、ピアノの個人教授を行った。大正4年日本女性の手による初の交響曲「大礼奉祝曲」（混声四部合唱付）を作曲している。昭和12年音楽家として、また、女性として初めて芸術院会員に選ばれた。　家兄＝郡司成忠（海軍大尉）、幸田露伴（小説家）、妹＝安藤幸（バイオリニスト）、弟＝幸田成友（歴史学者）、甥＝高木卓（ドイツ文学者）、姪＝幸田文（小説家）

合田 平　ごうだ・ひとし
陸軍軍医総監
明治9年（1876年）7月～昭和9年（1934年）10月24日
生新潟県 学東京帝国大学医科大学〔明治36年〕卒　歴明治37年陸軍二等軍医となる。のち近衛師団軍医部長、大正13年東京第一衛戍病院院長、昭和3年陸軍軍医学校校長などを歴任。同年陸軍省医務局長を務め、4年軍医総監となった。

古宇田 実　こうだ・みのる
建築家 建築学者 神戸工業専門学校教授
明治12年（1879年）1月13日～昭和40年（1965年）2月16日
生東京都 学東京帝国大学工科大学建築学科〔明治35年〕卒　歴明治38年東京美術学校教授を経て、昭和4年神戸高校校長・教授、12年法隆寺国宝保存工事事務所所長、国宝保存会委員兼任。奈良、京都、鎌倉の文化財修復に当たった。22年神戸工業専門学校名誉教授、神戸大学名誉教授。25年杉野学園女子短期大学学長。主な建築作品に「神戸商工会議所」「男山八幡エジソン記念碑」「明石子午線標準塔」など。　家岳父＝渡辺渡（鉱山学者）、義兄＝横堀治三郎（鉱山学者）、加茂正雄（機械工学者）

幸田 露伴　こうだ・ろはん
小説家 随筆家 考証家 俳人
慶応3年（1867年）7月23日～昭和22年（1947年）7月30日
生江戸・下谷三枚橋横町 名本名＝幸田成行, 幼名＝鉄四郎, 別号＝蝸牛庵, 叫雲老人, 脱天子 学通信省電信修技学校〔明治17年〕卒 文学博士（京都帝国大学）〔明治44年〕 賞帝国学士院会員〔昭和2年〕, 帝国芸術院会員〔昭和12年〕　歴幸田家は代々、幕府表坊主の家柄。明治18年電信技手として北海道余市の電信局に赴任したが、20年辞任して帰京。22年「露団々」「風流仏」を発表し、天才露伴の名が定まる。同年12月読売新聞の客員となり、23年「対髑髏」「一口剣」を発表。同年11月国会新聞社に入社、6年間在籍して代表作の「いさなとり」（24年）「五重塔」（24～25年）「風流微塵蔵」（26～28年、未完）などを「国会」に発表、尾崎紅葉と並ぶ小説家として評判になった。30年代に入って文筆活動の重点を評論、随筆、校訂、編著に移しはじめ、評論に「一国の首都」（32年）、随筆集に「潮語」「長語」（34年）、校訂・編著に「狂言全集」（36年）などがある。36年長編「天うつ浪」（未完）などを書き、史伝でも「頼朝」「運命」「平将門」「蒲生氏郷」、戯曲「名和長年」の代表作を

残した。大正9年から「芭蕉七部集」の評釈を手がける。昭和12年71歳で第1回文化勲章を受章。同年芸術院創設と同時に会員。その後13年に「幻談」、15年には「連環記」など重厚な作品を発表した。他に「露伴全集」(全41巻、岩波書店) がある。また明治20年頃から句作を始める。一時「新小説」の俳句選者になったこともあるが結社には属さず、折に触れての吟懐と、歴史的主題を句に詠むことが多かった。「蝸牛庵句集」がある。　[家] 兄＝郡司成忠 (海軍大尉・開拓者)、弟＝幸田成友 (歴史学者)、妹＝幸田延 (ピアニスト)、安藤幸 (バイオリニスト)、二女＝幸田文 (小説家)、孫＝青木玉 (随筆家)　[勲] 文化勲章 (第1回)〔昭和12年〕

上月 良夫　こうつき・よしお

陸軍中将

明治19年 (1886年) 11月7日〜昭和46年 (1971年) 4月3日
[生] 熊本県　[学] 陸士 (第21期)〔明治42年〕卒、陸大〔大正6年〕卒　[歴] 第一次大戦の後ドイツ駐在、大正14年陸軍省軍事課員、昭和5年整備局課員、7年同局統制課長となり、軍需動員計画の制定に従事。13年整備局長、14年中将。第2軍司令官、第11軍司令官を経て、敗戦時は南鮮軍管区の第17方面軍司令官。戦後第1復員局次官、第1復員局長として復員業務に当たった。

幸徳 幸衛　こうとく・ゆきえ

洋画家

明治23年 (1890年) 1月17日〜昭和8年 (1933年) 2月16日
[生] 高知県幡多郡中村町 (四万十市)　[名] 号＝幸徳死影　[学] 東京英語正則学校、バークレー美術学校 (米国)、アート・イン・ステテュート (米国)、ロサンゼルス市立美術学校 (米国)、アカデミー・ジュリアン (フランス)　[歴] 中学2年で父を亡くし、叔父である社会主義者・幸徳秋水のもとに引き取られて東京英語正則学校で学ぶ。明治38年出獄した秋水とともに渡米し、39年秋水の帰国後も同地に残りバークレー美術学校に学んだ。40年からロサンゼルスの市立美術学校で彫塑を、アート・イン・ステテュートで絵画を学ぶ。44年秋水の刑死を機に、自ら死影と号した。大正7年パシフィック・コースト展に入選、9年ロサンゼルス美術館展でロビンソン賞を受賞。10年上山島城男らと日本人美術家団体・朱社を創設。13年2世女優の高橋松子と結婚するが、昭和2年妻子を残して渡仏し、アカデミー・ジュリアンに入学。同年秋のサロン・ドートンヌに入選。翌3年パリ・インターナショナル・アート・クラブ会員となり、春のサロン展にも入選。同年イタリアへ渡り、同地でアルコール中毒となり視力を失う。4年25年ぶりに帰国して入院・静養後、帰朝作品展を開く。5年高知市に移り、療養しながら県内各地を描き、6年個展を開催。8年大阪に移ったが、肺炎のため死去。米国では風景画を、フランスでは独特の風俗画を、高知では暗色の風景画を描いた。　[家] 叔父＝幸徳秋水 (社会主義者)　[賞] ロサンゼルス美術館展ロビンソン賞〔昭和9年〕

河野 浅八　こうの・あさはち

写真家

明治9年 (1876年) 12月〜昭和18年 (1943年)
[生] 熊本県松合村大見 (宇城市)　[歴] 20代の時に写真術を学ぶために渡米。ロサンゼルスの営業写真館で修行し、市内に写真材料店を開業。米国、パリ、ロンドンの写真サロンに出品し、入賞を重ねる。昭和7年英国王立写真協会展で「池の幻想」が第1席となり、ニューヨークタイムス誌の "世界写真家のベスト10" に選ばれた。9年帰国、郷里熊本で後進の指導に当たり、門下に楠田宗光、吉津良臣、雄川幸太郎、井上幾雄、大森元道などがいる。第二次大戦前海外の国際写真サロン入賞者の6割以上を熊本勢が占めるなど写壇に影響を及ぼした。死後、売却された生家から四つ切りサイズの写真67枚を収めたアルバムと1500枚にのぼるネガアルバムが発見され、不知火町に寄贈された。　[賞] 英国王立写真協会展第1席〔昭和7年〕「池の幻想」

野球人　日本野球連盟初代事務局長

明治17年 (1884年) 〜昭和21年 (1946年) 1月12日
[生] 石川県加賀市　[学] 横浜高卒、明治学院大学、早稲田大学卒　[歴] 早大野球部の主戦投手となり、明治38年安部磯雄野球部長に率いられ米国遠征に参加、新技巧を身につけて帰国。大正9年橋戸信らと日本運動協会を創設、専属野球団を作った。プロ野球球団の第1号だが、対抗チームがなく、経済的にも行き詰まり、大震災で解散。その後チームは阪神電鉄の専属となり、宝塚野球協会チームと改め、のちに出来た大毎チームと並んで大毎・宝塚時代を現出した。昭和4年同チームは解散すると、早大野球部総監督に迎えられた。16年森岡二朗日本野球連盟初代会長のもと、事務局長に就任。学生野球の育成から広くプロ野球界にも貢献、理論家、批評家として活躍した。35年野球殿堂入り。　[家] 義兄＝飛田穂洲 (野球評論家)

河野 慎吾　こうの・しんご

歌人

明治26年 (1893年) 4月11日〜昭和34年 (1959年) 1月21日
[生] 兵庫県赤穂郡赤松村　[学] 早稲田大学〔大正3年〕卒　[歴] 大正3年北原白秋の「地上巡礼」創刊に参加。7年「ザンボア」を創刊、のち「春皮」を主宰し、歌集に「雲泉」がある。

河野 省三　こうの・せいぞう

神官　国学者　国学院大学学長

明治15年 (1882年) 8月10日〜昭和38年 (1963年) 1月8日
[生] 埼玉県北埼玉郡騎西町　[名] 号＝紫雲　[学] 国学院師範部国語漢文歴史科〔明治38年〕卒、国学院大学研究科〔明治41年〕卒　文学博士 (国学院大学)〔昭和6年〕　[歴] 実家の埼玉県玉敷神社社司となり、神道学を研究。大正4年国学院大学講師となり、9年より教授、昭和10〜17年学長。この間、皇典講究所主事、理事も務めた。16年神祇院参与、19年学術会議会員。戦後、玉敷神社宮司、21年神社本庁顧問、21〜27年国学院大学教授、27年埼玉県神社庁長となった。著書に「国民道徳要論」「神道の研究」「国学の研究」「国体観念の史的研究」「神道文化史」「日本精神発達史」「国学史の研究」「旧事大成経に関する研究」「近世神道教化の研究」「神道研究集」などがある。

高野 虎市　こうの・とらいち

喜劇王チャップリンの秘書を務めた日本人

明治18年 (1885年) 〜昭和46年 (1971年)
[生] 広島県　[歴] 明治33年15歳の時に渡米。アルバイトでチャップリンの車の運転手をしたことがきっかけで、気に入られ、大正4年から昭和11年の「モダン・タイムス」まで約20年間秘書として活躍。無名だったジャッキー・クーガンやのち「モロッコ」の監督を務めたスタンバーグらを見い出し、エドナ・パービアンスとクーガンの共演作「キッド」(大正10年) ではチャップリンとともに編集も手がけた。「モダン・タイムス2」以降秘書を辞め、その後ロサンゼルスの日本人町の世話役などをして生活。44年単身広島に帰郷、46年84歳で死去した。

河野 寿　こうの・ひさし

陸軍航空兵大尉

明治40年 (1907年) 3月27日〜昭和11年 (1936年) 3月6日
[生] 長崎県佐世保市　[出] 熊本県　[学] 陸士 (第40期)〔昭和3年〕卒　[歴] 海軍少将・河野左金太の三男。昭和3年陸軍砲兵少尉に任官、横須賀重砲兵連隊付。同年所沢陸軍飛行学校機関科、のち操縦科に入る。10年航空兵大尉に昇進。11年の二・二六事件では牧野伸顕伯爵を殺害する任にあたり、部下7人と滞在先の湯河原町伊藤屋旅館別荘を襲撃したが失敗して重傷を負う。3月5日入院先で自殺を図り、翌日亡くなった。　[家] 父＝河野左金

太（海軍少将）、兄＝河野司（二・二六遺族会護国仏心会会長）、甥＝河野進（双流社代表・護国仏心会世話人代表）

河野 秀男　こうの・ひでお
貴族院議員（勅選）
明治7年（1874年）〜昭和13年（1938年）3月12日
出 信濃国（長野県）　学 東京法学院〔明治29年〕卒　歴 司法属となり、検査官補、衆議院書記官、会計検査院書記官、検査官、会計検査院部長などを経て、昭和8年同院長となった。13年退官、勅選貴族院議員。

河野 文彦　こうの・ふみひこ
航空技術者
明治29年（1896年）11月22日〜昭和57年（1982年）8月11日
生 栃木県大田原市　学 東京帝国大学工学部機械科〔大正10年〕卒　歴 三菱内燃機製造入社、機体設計課技師として、日本の航空機設計の草分けとなる。昭和12年東京〜ロンドンを94時間余で飛行、当時の世界記録を樹立した朝日新聞社機「神風号」の主任設計技師を務めた他、当時の世界最高水準であった「九六式艦上戦闘機」「零戦」など数々の軍用機を設計。戦後も「MU2機」や自衛隊の主力戦闘機であった「F104」ジェット戦闘機の製造に携わった。36年三菱日本重工社長、40年三菱重工業社長。

河野 通勢　こうの・みちせい
洋画家
明治28年（1895年）6月10日〜昭和25年（1950年）3月31日
生 群馬県伊勢崎　学 長野中卒　歴 洋画、デッサンを独習、大正3年二科会1回展から出品、5年長与善郎の紹介で岸田劉生を知り草土社展にも出品した。6年第11回文展に「自画像」が入選、7年草土社同人。13年春陽会賞を受賞、15年同会員。昭和2年岸田らと大調和会展を開き、春陽会を脱会、4年国画会会員となった。代表作には「ピクニック」などがあり、エッチングにも優れ、新聞小説の挿絵で風俗描写が評判となった。　家 息子＝河野通明（洋画家）、父＝河野次郎（洋画家）

河野 密　こうの・みつ
弁護士 衆議院議員
明治30年（1897年）12月18日〜昭和56年（1981年）1月4日
生 千葉県夷隅郡夷隅町　学 東京帝国大学法学部独法科〔大正11年〕卒　歴 朝日新聞記者、同志社大講師を経て、昭和2年日本労働党に入党、無産政党運動、労働組合運動に入る。6年弁護士を開業、11年には衆議院議員に当選。社会大衆党に所属。戦後、21〜26年公職追放。27年の総選挙で右派社会党から当選、政界に復帰した。通算12選。47年の総選挙で落選し、政界を引退。この間40年から43年まで社会党副委員長を務めた。著書に「日本の労働運動」「社会思想八講」などがある。

河野 与一　こうの・よいち
翻訳家 哲学者 東北帝国大学助教授
明治29年（1896年）9月12日〜昭和59年（1984年）7月6日
生 神奈川県横浜市　専 フランス文学　学 東京帝国大学哲学科〔大正10年〕卒　歴 三高、法政大学、東北大学各教授を歴任。13ヶ国語に通ずる博学で「プルターク英雄伝」「アミエルの日記」「イソップ物語」などの翻訳で有名。またフランス語教育にも優れ、三高時代に杉捷夫、河盛好蔵、水野亮、桑原武夫、三好達治らを育てた。著書に「学問の曲り角」「続学問の曲り角」など。

鴻池 善右衛門（12代目）　こうのいけ・ぜんうえもん
男爵 鴻池合名社長
明治16年（1883年）11月2日〜昭和29年（1954年）1月16日
出 大阪府大阪市　名 本名＝鴻池幸昌　歴 鴻池家12代目当主で、鴻池銀行頭取をはじめ、鴻池信託社長、三和銀行取締役などを歴任。　家 二男＝鴻池幸武（文楽研究家）

鴻池 忠治郎　こうのいけ・ちゅうじろう
鴻池組創業者
嘉永5年（1852年）8月10日〜昭和20年（1945年）8月8日
生 摂津国西成郡北伝法村（大阪府大阪市）　名 幼名＝伊之助　歴 明治4年父・鴻池藤七から家業の廻船問屋を引き継ぐとともに、土木や建設の人員を供与する個人営業を創業。31年頃から内務省の三池貞一郎主任技師らの要請により淀川改良工事に従事。大正7年株式会社鴻池組を、昭和11年合資会社鴻池組を設立。15年鴻池共業株式会社に改組した。　家 長男＝鴻池忠三郎（鴻池組社長）

鴻池 幸武　こうのいけ・よしたけ
文楽研究家
大正3年（1914年）7月15日〜昭和20年（1945年）4月18日
生 大阪府大阪市　学 早稲田大学文学部国文科〔昭和12年〕卒　歴 12代目鴻池善右衛門の二男。幼時から古典芸能に親しんだ。卒業後、早大演劇博物館に勤め、石割松太郎に師事して文楽の研究を続けた。文楽の技芸の低下を嘆き、名人の芸談収集に力を注ぐ。親交のあった武智鉄二に多大の影響を与えた。昭和19年召集され20年春フィリピンで戦死した。著書に「栄三自伝」「道八芸談」がある。　家 父＝鴻池善右衛門（12代目）（男爵）

鴻巣 盛広　こうのす・もりひろ
国文学者 四高教授
明治14年（1881年）3月1日〜昭和16年（1941年）11月6日
生 茨城県水戸市　学 五高卒、東京帝国大学〔明治39年〕卒　歴 七高造士館教授を経て、大正5年より四高教授。昭和16年退官し、同年に亡くなった。明治43年から昭和10年まで25年をかけて「万葉集全釈」（全6冊）を執筆。他の著書に「北陸万葉集古蹟研究」「万葉集語彙索引」などがある。

神鞭 常孝　こうむち・つねたか
満鉄理事
明治16年（1883年）2月24日〜昭和31年（1956年）6月27日
生 京都府　学 東京帝国大学政治科〔明治40年〕卒　歴 高文合格、大蔵省主税局関税課長を経て、大正11年横浜関税長。昭和2年退官後、南満洲鉄道（満鉄）理事となった。その後昭和製鋼所常務となり、12年辞任、13年北支那開発副総裁となった。

河本 大作　こうもと・だいさく
陸軍大佐 満鉄理事
明治15年（1882年）1月24日〜昭和30年（1955年）8月25日
生 兵庫県三日月　学 陸士〔第15期〕〔明治36年〕卒、陸大〔大正3年〕卒　歴 明治37年日露戦争に従軍。大正7年浦塩派遣軍参謀としてシベリア出兵に参加。11年ごろ結成された中堅将校グループ二葉会に参加。15年関東軍参謀、大佐として旅順に赴任。昭和3年6月張作霖の爆殺を謀り決行、この事件で田中義一内閣は総辞職し、責任者として5年7月予備役に編入された。大川周明と結び右翼団体神武会顧問となり、三月事件、十月事件に関係。7年満州国成立で南満洲鉄道（満鉄）理事、11年満州炭鉱理事長、18年山西省太原の山西産業社長を歴任。20年の敗戦後も閻錫山と結んで日僑倶楽部委員長となったが、24年5月中国共産党軍の太原占領とともに太原監獄に拘禁され、30年8月25日太原戦犯管理所で病死した。　家 娘＝河本将（ファッションデザイナー）

高山 岩男　こうやま・いわお
哲学者 京都帝国大学教授
明治38年（1905年）4月18日〜平成5年（1993年）7月5日

⽣山形県山形市　学京都帝国大学哲学科〔昭和3年〕卒 文学博士　歴昭和13年京都帝国大学助教授となり、高坂正顕、鈴木成高らと京都学派を形成、「文化類型学」「西田哲学」「世界史の哲学」などを発表。また太平洋戦争をめぐる“近代の超克”論争に参加。20年教授に就任するが、戦後追放。その後、神奈川大学、日本大学、東海大学各教授を歴任。55年から5年間秋田経法大学長を務め、名誉学長となる。他の著書に「ヘーゲル」「道徳とは何か」「日本民族の心」などがある。

高麗 貞道　こうらい・さだみち
フルート奏者
明治36年（1903年）～昭和47年（1972年）4月14日
⽣東京都　歴名古屋松坂屋少年音楽隊を経て、上京後、ハタノ・オーケストラに入団。のち、新響の創立に参加。昭和6年コロナ事件で退団。コロナ・オーケストラを経てポリドールに入社。以後、40数年間一貫してポリドールで活躍。東海林太郎の赤城山3部作「赤城の子守唄」「さらば赤城よ」「名月赤城山」でソロ演奏した。

紅露 昭　こうろ・あきら
弁護士 衆議院議員
明治20年（1887年）10月20日～昭和42年（1967年）6月15日
⽣徳島県　学法政大学法科〔大正3年〕卒、日本大学法科高等専攻科〔大正5年〕卒　歴税務署に勤めた後弁護士となった。昭和7年衆議院選挙に当選、政友会に所属。太平洋戦争中、翼賛議員同盟、翼賛政治会、大日本政治会に属し、政友会総務、同徳島県支部長を務めた。戦後日本進歩党に入り、当選4回。幣原喜重郎内閣の農林政務次官となったが21年公職追放となり、のち日本住宅福祉協会理事長を務めた。　家妻＝紅露まつ（参議院議員）

郡場 寛　こおりば・かん
植物生理学者 京都帝国大学理学部教授
明治15年（1882年）9月6日～昭和32年（1957年）12月15日
⽣青森県青森市栄町　学弘前中卒、二高卒、東京帝国大学理科大学植物学科〔明治40年〕卒 理学博士（東京帝国大学）〔大正1年〕　歴生家は青森県の酸ヶ湯温泉の湯主で旅館を営み、母は女将の傍ら高山植物の標本作りに励んだ。明治42年東京帝国大学理科大学副手、大正2年東北帝国大学農科大学講師を経て、4年教授に昇任。7年から2年半の欧米留学を経て、9年京都帝国大学教授に転じ、10年京都府立植物園初代園長を兼任。昭和16年理学部長。太平洋戦争開戦後の17年9月同大を定年退官すると、12月には陸軍司政長官（将官相当）として日本占領下のシンガポールに渡り、ラッフルズ植物園を改名した昭南植物園園長に就任。19年徳川義親総長の帰国後は羽柴田弥太と共に植物園・同博物館を管理し、捕虜収容所に入らず残留していた英国人植物学者のE.J.H.コーナー副館長らと手を携えて蔵書や標本の保全に当たり、同施設を戦火から守ることに尽力した。21年帰国。23年京大名誉教授、29年請われて郷里の弘前大学学長に就任した。植物生理学・生態学の分野で多岐にわたる研究を行い、逸見武雄、芦田譲治ら多くの弟子を育てた。　家母＝郡場ふみ子（植物研究家）

郡山 義夫　こおりやま・よしお
長野県知事
明治27年（1894年）～昭和62年（1987年）3月26日
⽣石川県金沢市　学東京帝国大学法学部〔大正11年〕卒　歴大正11年内務省入りし、鹿児島県警察部長、福岡県経済部長、大阪府学務部長などを経て、昭和18年1月から19年7月まで長野県知事。

古賀 龍視　こが・たつみ
小説家

明治28年（1895年）5月16日～昭和7年（1932年）11月28日
⽣福岡県　学早稲田大学文学部英文科卒　歴大正10年横光利一らと同人誌「街」を創刊、11年中山義秀、小島勗らが参加して「塔」を出し、短編「兄」「影」などを発表した。13年横光、川端康成ら創刊の「文芸時代」には同人とならず寄稿だけ。14年今東光、金子洋文らと“反動的思想行為に反抗する”同人誌「文党」を創刊、評論、随筆に活躍した。

古賀 恒吉　こが・つねきち
剣道家
明治16年（1883年）～昭和28年（1953年）8月16日
⽣佐賀県　学武徳会武術教員養成所〔明治42年〕卒　歴早くから戸田流陣内巌に師事。卒業後武徳会武術教員養成所助教授、四高、金沢医科大学、金沢高等工業学校などで師範を務めた。広島県武道主事、武徳会広島支部師範から昭和16年満州帝国武道会神武殿師範となった。大正10年教士、昭和12年範士。その間昭和4、9年の天覧武道試合に指定選士、審判員を務めた。

古賀 伝太郎　こが・でんたろう
陸軍騎兵大佐
明治13年（1880年）3月1日～昭和7年（1932年）1月9日
⽣佐賀県北川副村　名旧姓・旧名＝野方　学陸士（第15期）〔明治36年〕卒　歴明治35年陸軍士官学校に入り、37年陸軍騎兵少尉となる。昭和2年騎兵中佐に進み、3年騎兵第27連隊長として朝鮮羅山に赴任。満州事変に従軍し、7年1月錦州で敵の大軍と戦って戦死し、大佐に昇格。引率した軍は「古賀連隊」として名を残した。

古賀 春江　こが・はるえ
洋画家
明治28年（1895年）6月18日～昭和8年（1933年）9月10日
⽣福岡県久留米市　名本名＝古賀良昌、初名＝古賀亀雄　学宗教大学（現・大正大学）〔大正7年〕中退　歴浄土宗の寺の生まれ。明治45年上京、太平洋画会研究所・日本水彩画会研究所で石井柏亭らに師事。水彩画壇で活躍、のち油絵に転じ、大正6年二科展に「鶏小屋」が初入選。11年前衛集団・アクション結成。同年「埋葬」などで第9回二科賞を受け一躍脚光を浴びた。これをきっかけに作風も変り、クレーの影響を受けたメルヘン風の幻想画から、次いでシュールレアリスムの傾向を深め、東郷青児、児島善三郎らと“絵画に生きる新感覚派”といわれた。昭和4年二科展会員。アヴァン・ガルド洋画研究所を主宰した。他の代表作に「海」「夏山」「煙火」「素朴な月夜」など。平成4、8年回顧展。　賞二科賞（第9回）〔大正11年〕「埋葬」「二階より」

古賀 政男　こが・まさお
作曲家
明治37年（1904年）11月18日～昭和53年（1978年）7月25日
⽣福岡県三潴郡田口村（大川市）　名本名＝古賀正夫　学明治大学商学部〔昭和4年〕卒　歴生後間もなく父と死別し、5歳の時に長兄を頼って韓国に渡る。京城善隣商業在学中から音楽に関心を持ち、大正11年同校卒業後は大阪の兄の下で働くが、12年上京。苦学しながら明治大学に学び、マンドリン倶楽部を組織するとともに独学で作曲もはじめ、昭和3年同倶楽部の定期公演会に当時の流行歌手・佐藤千夜子を招いて自身の作詞作曲による処女作「影を慕いて」を発表。6年日本コロムビアの専属作曲家となり、以後、藤山一郎が歌う「酒は涙か溜息か」「キャンプ小唄」「丘を越えて」「影を慕いて」、松平晃の「サーカスの唄」などを作曲して大ヒットさせ、一躍“古賀メロディー”として人気を得た。9年テイチクに移籍してからは藤山一郎「東京ラプソディ」「男の純情」、楠木繁夫「慈悲心鳥」「女の階級」「人生劇場」、ディック・ミネ「望郷の歌」「人

生の並木道」、美ち奴「あゝそれなのに」などを軒並みヒットさせて黄金期を迎える。またその歌は、入江たか子主演・鈴木重吉監督の「貞操問答」の主題歌となった楠木の「白い椿の唄」や、杉狂児主演・大谷俊夫監督「のぞかれた花嫁」の挿入歌となったディック・ミネと星玲子の「二人は若い」などのように多くの映画に使用された。14年コロムビアに復帰してからは霧島昇「誰か故郷を想わざる」、藤山「青い牧場」、李香蘭「迎春歌」などを手がけるとともに、渡辺邦男演出の「新妻椿」「熱砂の誓ひ」、清水宏監督の「サヨンの鐘」など映画音楽も多数作曲。戦後も近江俊郎「湯の町エレジー」、楠木「トンコ節」、神楽坂はん子「ゲイシャワルツ」、村田英雄「無法松の一生」、北島三郎「東京五輪音頭」、島倉千代子「雨の坂道」、アントニオ古賀「わが心の歌」、美空ひばり「柔」「悲しい酒」など数々のヒット曲・名曲を生み、生涯で5000曲にものぼる歌謡曲を作曲した。　賞国民栄誉賞〔昭和53年〕

伍賀 満　ごが・みつる
海軍少将
明治18年(1885年)9月～昭和10年(1935年)11月8日
生岡山県上道郡可知村(岡山市)　学海大〔大正4年〕卒　歴海軍機関学校、海軍工機学校を経て、大正4年海軍大学校を卒業。「敷島」「金剛」「春日」各艦の分隊長などを務める。11年欧米に出張。帰国後、燃料廠部員、「多摩」、「日向」機関長、呉軍需部第2課長などを経て、昭和5年第2艦隊機関長、6年横須賀鎮守府機関長、8年連合艦隊兼第1艦隊機関長を歴任。9年少将となり、海軍大学校教官兼海軍技術会議議員などを務めた。軍艦の燃料に粉炭を用いた先覚者。

古賀 峯一　こが・みねいち
海軍大将・元帥
明治18年(1885年)4月25日～昭和19年(1944年)4月1日
生佐賀県有田町　学海兵(第34期)〔明治39年〕卒、海大〔大正6年〕卒　歴大正7年海軍省軍務局第1課員。9～11年フランス駐在。帰国して連合艦隊参謀。15～昭和3年再びフランス大使館付武官。帰国後、海軍大臣副官、青葉・伊勢各艦長、軍令部第3、第2各班長から第2部長。10年から第7戦隊司令官、練習艦隊司令官、12年軍令部次長。14年から第2艦隊、支那方面艦隊、横須賀鎮守府の司令長官を歴任。17年大将。18年山本五十六戦死後の連合艦隊司令長官。戦線縮小のキスカ撤退には成功したが、連合艦隊司令部移転の途中、飛行艇の事故で殉職。死後元帥に昇進。

小門 専治　こかど・せんじ
機械工学者 東北帝国大学工学部教授
明治28年(1895年)4月4日～昭和9年(1934年)
生滋賀県　学京都帝国大学工学部機械工学科〔大正8年〕卒 工学博士(東北帝国大学)〔昭和4年〕　歴大正8年東北帝国大学講師、9年助教授となり、同年機械工学研究のため欧米へ留

学。12年帰国して教授に昇任。金属硬度の測定法の研究で知られる。

黄金井 為造　こがねい・ためぞう
実業家 衆議院議員 日本酒造組合中央会会長
慶応1年(1865年)6月26日～昭和9年(1934年)10月14日
生相模国愛甲郡玉川村大字七沢(神奈川県厚木市)　学東京英和学校(現・青山学院大学)卒　歴明治15年上京して慶応義塾に入り、次いで高等商業学校に学び、さらに東京英和学校を卒業。32年神奈川県愛甲郡議となり、35年郡会議長などを経て、43年衆議院議員に当選1回。政友会に所属。酒造業、肥料商を営み、神奈川県酒造組合組長、神奈川県産牛馬組合組長、神奈川県農会会長を務める。また全国酒造組合連合会の設立に尽力し、大正3年同会設立から副会長を務め、昭和3年会長に就任。また4年日本酒造組合中央会の創立と共に会長となった。日本の酒造業の発展に多大な業績を挙げ、また農事畜産などへの貢献も偉大であると、全国各府県の有志者によって、同年京都府葛野郡松尾村の官幣大社・松尾神社外苑に銅像が建立された。名は為蔵とも書く。

小金井 素子　こがねい・もとこ
歌人
明治36年(1903年)6月27日～昭和15年(1940年)7月13日
生東京都　学津田塾大学卒　歴大正5年頃から竹柏会に入り、活躍。15年歌集「窓」を「心の華叢書」の一として刊行した。また、昭和初期の婦人文芸誌「火の鳥」の同人として小説を発表したが、歌文とも充分な完成をみずに夭折した。　家父＝桑木厳翼(哲学者)

小金井 芦洲(4代目)　こがねい・ろしゅう
講談師
明治21年(1888年)12月6日～昭和24年(1949年)1月8日
生東京市浅草区(東京都台東区)　名本名＝松村伝次郎、前名＝神田龍子、西尾麟慶　歴3代目神田伯龍の子。13歳の時父に死別、3代目芦洲の弟子に入り神田龍子と名のる。師の前名西尾麟慶の名を一時もらったが、昭和12年に4代目芦洲を襲名。悪声で人気は出なかったが、世話講談に優れ、渋さで芸通には喜ばれた。得意の演目は「鼠小僧次郎吉」。　家父＝神田伯龍(3代目)

古木 鉄太郎　こき・てつたろう
小説家
明治32年(1899年)7月13日～昭和29年(1954年)3月2日
生鹿児島県　名別名＝古木鉄也　学川内中〔大正6年〕卒　歴大正6年川内中学を卒業し、神戸高等商業学校や熊本高等工業学校を受験するが2年続けて失敗。郷里の高等小学校で代用教員をし、10年上京して改造社に入社。昭和3年退社して作家生活に入る。著書に「子の死と別れた妻」「紅いノート」「折舟」「大正の作家」などがある。　家息子＝古木春哉(文芸評論家)、義兄＝佐藤春夫(小説家)

黒正 巌　こくしょう・いわお
日本史学者 京都帝国大学教授
明治28年(1895年)1月2日～昭和24年(1949年)9月3日
生岡山県上道郡可知村(岡山市)　名旧姓・旧名＝中山　専日本経済史、農業史、農村社会史　学京都帝国大学経済学部〔大正9年〕卒 経済学博士(京都帝国大学)〔昭和4年〕　歴大学院に進み大正11年京都帝国大学講師、15年教授。その後、六高校長、昭和学園理事長、大阪経済大学学長、岡山大学教授などを歴任。また社会経済史学会理事、昭和8年日本経済史研究所を設立して理事を務めた。24年日本学術会議議員。著書に「百姓一揆の研究」「農業共産制史論」「経済論考」「封建社会の統制と闘争」「マックス・ウェーバー社会経済史原論」など。

国分 青厓　こくぶ・せいがい
漢詩人
安政4年（1857年）5月5日～昭和19年（1944年）3月5日
[生]陸前国仙台（宮城県仙台市）　[名]本名＝国分高胤, 字＝子美, 通称＝豁, 別号＝太白山人　[学]司法省法学校（1期）中退　[資]帝国芸術院会員〔昭和12年〕　[歴]早くから国学を学び、明治22年新聞日本に入社し時事問題を論じる。23年詩社星社を復興し、詩界の中心結社となって漢詩人として活躍。大正12年創立の大東文化学院教授となり、昭和12年帝国芸術院会員となった。

国領 五一郎　こくりょう・ごいちろう
労働運動家
明治35年（1902年）12月20日～昭和18年（1943年）3月19日
[生]京都府京都市上京区　[歴]小学校卒業後西陣織物工となり、大正9年友愛会に参加。西陣織物労働組合の組織に参加し、西陣織物労組執行委員。11年共産党に入党し、のち中央委員。各地の争議、また選挙を指導し、昭和3年モスクワでのプロフィンテルン大会に日本代表として出席。同年検挙され懲役15年に処せられたが、獄中で健康を害し18年死去した。　[家]弟＝国領巳三郎（労働運動家）

木檜 三四郎　こぐれ・さんしろう
衆議院議員
慶応4年（1868年）8月～昭和34年（1959年）8月14日
[生]群馬県吾妻郡岩島村　[学]早稲田大学政治科〔明治26年〕卒　[歴]町長、郡議、同議長、群馬県議、鉄道会議議員となり、また奥利根ホテル社長、日刊上野日日新聞社長を歴任。大正9年群馬2区より衆議院議員に当選、以来昭和12年まで7期務めた。憲政会党務委員長、民政党総務となる。第14回万国議院商事会議（ベルリン）に参列する。戦後参議院議員に当選、1期務めた。

木檜 恕一　こぐれ・じょいち
家具デザイナー インテリアデザイナー
明治14年（1881年）～昭和19年（1944年）
[生]群馬県　[学]東京高等工業学校建築科（現・東京工業大学）〔明治41年〕卒　[歴]東工大で木材工芸を研究。大正8年生活改善同盟委員となり、同会のスローガン“日本人のイス生活”の啓発を行う。10年東京高等工芸学校（現・千葉大学）創立とともに教員。またユニット形式の家具のデザインを手がけ、日本の近代家具、室内デザインの先駆者として合理主義的デザインを実践した。

木暮 武太夫　こぐれ・ぶだゆう
実業家 衆議院議員
明治26年（1893年）2月17日～昭和42年（1967年）7月10日
[生]群馬県伊香保町　[名]旧名＝正一　[学]慶応義塾大学理財科〔大正6年〕卒　[歴]三井銀行勤務、群馬県伊香保町議を経て、大正13年衆議院議員に当選、以来当選8回。第一次近衛文磨内閣、幣原喜重郎内閣の商工政務次官。昭和31年群馬地方区から参議院議員に当選、2期。参議院予算委員長、第二次池田勇人内閣の運輸相。他に伊香保自動車取締役、群馬大同銀行会長、関東いすゞ自動車販売社長などを歴任。　[家]父＝木暮武太夫（衆議院議員）

木暮 理太郎　こぐれ・りたろう
登山家 日本山岳会会長
明治6年（1873年）12月7日～昭和19年（1944年）5月7日
[生]群馬県新田郡強戸村寺井　[学]二高卒, 東京帝国大学哲学科中退　[歴]「ハガキ文学」の編集者の後、明治40年東京市嘱託となり「東京市史稿」の編集に従事。少年時代より山が好きで29年木曽駒、秩父などに登り、40年以後には田部重治をパートナーに、槍ケ岳から劔岳へ縦走、その後案内者なしに立山連峰完全縦走に成功した。また黒部川、奥秩父、奥利根など未踏の山々に挑戦。大正～昭和の日本山岳界発展に貢献した。「東京から見える山々」の新展望やヒマラヤ研究に指導的役割を果たし、昭和10年から第3代日本山岳会会長を務めた。「山の憶ひ出」（全2巻）「登山の今昔」「泰西名画鑑」などの著書がある。

古今亭 今輔（4代目）　ここんてい・いますけ
落語家
明治19年（1886年）5月21日～昭和10年（1935年）7月23日
[生]大阪府大阪市　[名]本名＝中島市太郎, 前名＝三遊亭右女助　[歴]上京して初代三遊亭円右に入門、三遊亭右女助を名のる。大正15年4代目古今亭今輔を襲名。スローテンポの関西弁で、飄逸な個性があった。昭和9年喉頭がんのため引退した。

古在 由直　こざい・よしなお
農芸化学者 東京帝国大学総長
元治1年（1864年）12月20日～昭和9年（1934年）6月18日
[生]京都府　[名]旧姓・旧名＝柳下　[学]駒場農学校〔明治19年〕卒 農学博士〔明治32年〕　[資]帝国学士院会員〔昭和6年〕　[歴]明治22年東京農林学校教授、23年農科大学助教授となり、農芸化学を担当、翌年足尾銅山の鉱毒分析を開始。28年から5年余ドイツに留学、ライプツィヒ大学に学び、ベルギーなどを経て帰国、32年東京帝国大学農科大学教授に就任。35年足尾鉱毒調査委員として栃木、群馬に出張し、土壌分析を行って被害農民の主張の正しさを立証した。44年東京帝国大学農科大学長、大正9年東京帝大総長となり、昭和3年辞任、名誉教授となる。6年帝国学士会会員。発酵化学等の分野で業績をあげた。また総長在任中は、教授定年制の創始、関東大震災後の大学復興案の策定などを行い、名総長とうたわれた。　[家]息子＝古在由重（哲学者）, 妻＝清水紫琴（小説家）, 孫＝古在由秀（東京大学名誉教授）

小坂 梅吉　こさか・うめきち
実業家 政治家
明治6年（1873年）11月～昭和19年（1944年）12月2日
[出]東京都　[学]工学院採鉱冶金科〔明治25年〕卒　[歴]京橋区議、同議長、東京市議、同参事会員、区教育評議員会議長、市学務委員長、同土地区画整理委員会議長、帝都復興院評議員を歴任する。昭和11年東京府3区より衆議院議員に当選。1期。また、14～19年多額納税の貴族院議員。磐城炭鉱取締役、新橋演舞場社長、大松閣社長を務めた。

小坂 順造　こさか・じゅんぞう
実業家 政治家 信越化学工業創業者
明治14年（1881年）3月30日～昭和35年（1960年）10月16日
[生]長野県上水内郡柳原村（長野市）　[学]日本中卒, 東京高等商業学校（現・一橋大学）〔明治37年〕卒　[歴]父・小坂善之助は信濃銀行頭取や信濃毎日新聞社長を務め、第1回衆議院選挙より連続3選した。38年日本銀行入行から1年余で父が病に倒れたため辞職して帰郷、信濃銀行の整理に携わったが、すぐ目処がついたため、39年日銀に復職。41年再び退職して信濃銀行取締役。44年3月30歳の若さで長野商業会議所会頭となり、7月信濃毎日新聞社長に就任。一方、45年衆議院議員に当選して以来7選。政友会に属したが、原敬没後に山本達雄に従って政友本党、民政党に移った。昭和7年から多額納税者として貴族院議員。この間、5年信濃電気、信越窒素肥料の経営を引き受け、6年両社の社長に就任。両社の経営再建に取り組み、12年信濃電気を、社長を務めていた長野電灯と合併させて長野電気とし、15年信越窒素肥料を信越化学工業として再出発させた。21年枢密顧問官。戦後は国策会社・日本発送電の最後の総裁を引き受け、26年同社の解体・清算と九電力会社への分

割に尽力。29～31年電源開発総裁を務めた。 家父＝小坂善之助（政治家・実業家）、弟＝小坂武雄（信濃毎日新聞社長・政治家）、長男＝小坂善太郎（政治家・実業家）、三男＝小坂徳三郎（政治家・実業家）、孫＝小坂憲次（衆議院議員）、義兄＝花岡次郎（衆議院議員）、義弟＝深井英五（日本銀行総裁）、関根善作（三菱銀行副頭取）、津野田是重（陸軍少将・衆議院議員）、今井文平（大倉商事会長）

小坂 武雄　こさか・たけお
信濃毎日新聞社長 衆議院議員
明治28年（1895年）1月23日～昭和46年（1971年）10月26日
生長野県 学東京帝国大学法学部〔大正8年〕卒 歴古河商事に勤めたが、大正13年兄順造の信濃毎日新聞に転じ常務、昭和4年兄の社長辞職により社長代行、17年県下の新聞を統合して社長となった。戦後公職追放となったが、26年会長となり34年には漢字テレタイプを導入し、新聞製作の機械化を進めた。この間、17～20年衆議院議員。また信濃放送顧問、長野放送取締役、長野商工会議所会頭などを務めた。 家父＝小坂善之助（政治家・実業家）、兄＝小坂順造（政治家・実業家）

小崎 弘道　こざき・ひろみち
牧師 同志社大学名誉教授
安政3年（1856年）4月14日～昭和13年（1938年）2月26日
生肥後国熊本本山町（熊本県） 名幼名＝太郎 学同志社英学校卒 歴明治9年熊本洋学校でジェーンズより受洗、牧師となり、明治、大正、昭和を通して日本プロテスタント教会形成に大きく貢献した代表的指導者の一人。上京して、12年東京京橋に新肴町教会を設立、13年東京第一基督教会（のちの日本基督教団霊南坂教会）を設立、26年まで牧師を務めた。また、植村正久らと東京基督教青年会（YMCA）を組織、会長となり、機関誌「六合雑誌」を創刊。キリスト教出版社警醒社も設立した。明治19年上流階級にも伝道し、番町教会を建て、儒教を基礎としてキリスト教を論じた「政教新論」を著す。23～30年新島襄のあとをうけて同志社総長。ほかに日本組合基督教会会長、日本基督教連盟会長を務めた。 家息子＝小崎道雄（牧師）

小崎 道雄　こざき・みちお
牧師 日本基督教団総会議長 霊南坂教会牧師
明治21年（1888年）11月16日～昭和48年（1973年）6月18日
生東京都 学オベリン大学、コロンビア大学、エール大学 歴明治45年渡米、オベリン大学、コロンビア大学、エール大学に学び、大正11年帰国。父が創設した霊南坂基督教会伝道師となり、副牧師を経て、昭和6年正牧師となった。日米開戦直前、日本基督教連盟の平和使節として渡米。日本基督教団が成立し東亜局長。21年教団総会議長となり4選され29まで在任。また日本基督教協議会議長となり、以後6回選ばれた。23年アムステルダム世界教会協議会第1回総会に日本代表として出席、その中央委員を務めた。 家父＝小崎弘道（牧師）

小桜 葉子　こざくら・ようこ
女優
大正7年（1918年）3月4日～昭和45年（1970年）5月12日
出東京市麴町区霞ケ関（東京都千代田区） 名本名＝池端具子、旧姓・旧名＝岩倉 学蒲田小卒 歴岩倉具視の曽孫で、大正14年7歳の時に小笠原プロに子役で入り、「極楽島の女王」などに出演。15年松竹蒲田に移り「秋の歌」「曲馬団の姉妹」、斎藤寅次郎監督「チンドン屋」などの喜劇に出演、島津保次郎監督「明日天気になぁれ」では飯田蝶子、吉川満子らを共演者に主役を演じるなど名子役として活躍。この間、舞踊・ダンスを家庭教師について勉学。昭和8年伏見信子主演「十九の春」以後、9年には「娘三人感激時代」で水久保澄子と共演、10年準幹部となり、「三人の女性」「吹けよ春風」「人生のお

荷物」に主演。11年「結婚の条件」「素晴らしき空想」に出演後、上原謙と結婚、引退した。長男は歌手・俳優の加山雄三。 家夫＝上原謙（俳優）、長男＝加山雄三（俳優）、母＝江間光括（女優）、孫＝池端信宏（キーボード奏者・作曲家）、山下徹大（俳優）、梓真悠子（女優）、池端えみ（女優）、曽祖父＝岩倉具視（政治家）

小島 烏水　こじま・うすい
登山家 紀行文家 浮世絵研究家 日本山岳会初代会長
明治6年（1873年）12月29日～昭和23年（1948年）12月13日
生香川県高松市 名神奈川県横浜市 名本名＝小島久太 学横浜商〔明治25年〕卒 歴横浜商業卒業後、横浜正金銀行に勤めながら、「文庫」に評論や紀行文を投稿し、明治30年文庫記者となる。文芸批評、社会評論、山岳紀行を数多く執筆。一方、35年日本人として槍ケ岳の初登頂に成功。38年日本山岳会を創立。明治30年代後半から大正期にかけて、日本アルプスの登頂に輝かしい記録を残す。大正4年正金銀行支店長として渡米し、米国各地の山を登る。昭和6年日本山岳会初代会長となり、10年名誉会員となる。「日本アルプス」（全4巻）をはじめ「扇頭小景」「日本山水論」「アルピニストの手記」「烏水文集」など著書は多く、また「浮世絵と風景画」「江戸末期の浮世絵」など浮世絵研究家としても知られている。「小島烏水全集」（14巻）がある。

古島 一雄　こじま・かずお
ジャーナリスト 政治家
慶応1年（1865年）8月1日～昭和27年（1952年）5月26日
生但馬国豊岡（兵庫県豊岡市） 名号＝一念、古一念 歴但馬豊岡藩の勘定奉行の家に生まれる。小卒後の明治12年上京、浜尾新の書生となり共立学校、同人社などに学ぶ。14年帰郷後、再び上京して杉浦重剛の塾に入り、21年杉浦の薦めで政教社に入社。雑誌「日本人」記者から「日本」記者となり、31年「九州日報」主筆を兼務。32年「日本新聞」に復帰。同紙では長谷川如是閑や正岡子規らを見いだし、紙面を提供して活躍の場を与えた。39年社内紛争のため退社、雑誌「日本人」に戻り誌名を「日本及日本人」としたが、41年「万朝報」記者に転じた。44年三浦梧楼や頭山満らに推され衆議院補選に当選して政界入りし、立憲国民党、革新倶楽部、政友会に所属して犬養毅の懐刀として活躍。三浦らと共に護憲三派連合の成立を斡旋し、大正13年第一次加藤高明内閣が成立すると犬養逓信相の下で逓信次官に就任。14年普通選挙法成立を機に政友会と革新倶楽部の合同を企て、これが成立すると犬養と共に政界を引退。昭和7～22年勅選貴族院議員。戦後は幣原喜重郎内閣の組閣に当たり入閣を要請されたが固辞、21年自由党総裁の鳩山一郎が公職追放されると後任総裁を懇請されたがこれも固辞して吉田茂を推薦。吉田を陰から援け、政界の指南番といわれた。著者に「一老政治家の回想」がある。

児島 喜久雄　こじま・きくお
美術史家 美術評論家 東京帝国大学教授
明治20年（1887年）10月10日～昭和25年（1950年）7月5日
生東京都 名西洋美術史 学学習院中等部卒、東京帝国大学文科大学哲学科〔大正2年〕卒、東京帝国大学大学院西洋美術史専攻修了 歴学習院在学中に三宅克己に師事し、水彩画を学ぶ。明治43年からは「白樺」同人として西洋美術の紹介記事を執筆。大正5年学習院講師、傍ら「美術新報」編集に従事。10年からヨーロッパ留学。15年帰国。東北帝国大学助教授、東京帝国大学助教授を経て、16～23年同大教授。20年国宝保存会委員、東大退職後は国立博物館評議員、早大講師、東京工大講師、長尾美術館館長などを歴任した。イタリア・ルネサンス美術、特にレオナルド・ダ・ビンチの権威。著書に「レオナルド研究」「西洋美術館めぐり」「希臘の鋏」「美術批評と美術問題」などがある。

児島 矩一　こじま・くいち
彫刻家

明治29年（1896年）3月3日〜昭和9年（1934年）10月6日

生岡山県川上郡成羽町大字下原新町（高梁市）　名号＝巨眼
学東京美術学校彫刻科塑造部〔大正11年〕卒, 東京美術学校研究科〔大正14年〕修了　歴学生時代から朝倉文夫に師事し, 大正11年第4回帝展に初入選。以後昭和8年第14回展まで10回入選。のち魂人社を興した。この間, 2年頃から叔父で洋画家の児島虎次郎の指示で明治天皇, 小村寿太郎, 松方正義らの胸像の制作にあたる。また今橋の欄干の龍の浮き彫りの原型も手がけた。他の作品に「静境」などがある。　家叔父＝児島虎次郎（洋画家）

児島 献吉郎　こじま・けんきちろう
中国文学者 京城帝国大学教授

慶応2年（1866年）6月20日〜昭和6年（1931年）12月22日

生備前国邑久郡宗三村（岡山県瀬戸内市）　学帝国大学文科大学附属古典講習科〔明治21年〕卒 文学博士〔大正10年〕　歴帝室博物館技手, 五高, 東京高等師範学校各教授を経て, 大正15年京城帝国大学漢文科主任教授に就任。著書に「支那大文学史」「支那文学史綱」などがある。

小島 善太郎　こじま・ぜんたろう
洋画家

明治25年（1892年）11月16日〜昭和59年（1984年）8月14日

生東京都　学パリ・グランショミエール卒　歴安井曽太郎に師事し, 大正7年二科会展に初入選。11年〜14年渡仏。帰国後, 昭和3年日本美術学校教授となり, 5年独立美術協会を創立。その後二科会審査員, 「1930年協会」創立会員。戦後は, 東京純心学園短期大学教授を務めた。代表作は「林中小春日」。著書に「若き日の自画像」「パリの微笑」など。昭和59年青梅市立小島善太郎美術館が開館。　賞二科賞〔昭和2年〕「林中小春日」

小島 威彦　こじま・たけひこ
哲学者 文部省国民精神文化研究所所員

明治36年（1903年）11月19日〜平成8年（1996年）12月1日

生東京都　学京都帝国大学文学部哲学科〔昭和3年〕卒, 東京帝国大学大学院〔昭和5年〕修了　歴戦前に世界創造社, スメラ学塾などを創立し, 戦後, 公職追放される。この間, 昭和8年7月中国研究旅行, 11年5月アフリカ一周研究旅行, 11年9月英仏独留学, 13年10月文部省国民精神文化研究所所員, 11年9月国際哲学研究会常任理事, 30年1月米欧留学, 39年4月明星大学教授。著書に「世界創造の哲学的序曲」がある。

小島 勗　こじま・つとむ
小説家 劇作家

明治33年（1900年）6月1日〜昭和8年（1933年）1月6日

生宮城県仙台市　出長野県　学早稲田大学文学部哲学科〔大正13年〕卒　歴大正11年「塔」を創刊し「水の中」を発表。14年日本プロレタリア文芸連盟に参加し「地平に現れるもの」を発表するが, 発禁となる。昭和2年労農芸術家連盟に参加, のち脱退。6年日本プロレタリア作家同盟に所属。代表作に「ケルンの鐘」や「群盗」などの戯曲があり, 著書に「遙かなる眺望」「ケルンの鐘」の2冊がある。

小島 棟吉　こじま・とうきち
武揚堂創業者

慶応3年（1867年）12月18日〜昭和26年（1951年）2月12日

生愛知県　歴明治28年上京して干橋の厚生堂に入る。30年日本橋に武揚堂書店を創業, 軍隊教育用図書の刊行を始める。38年陸軍参謀本部陸地測量部発行地図元売捌の権利を取得。また, 神社仏教関係の図書類の刊行も手がけ, 41年我が国初の「仏教大辞典」を刊行して注目を集めた。45年兵用図書株式会社を設立。大正12年の関東大震災により全焼したがいち早く再建し, 帝都復興第一号と報道されたこともあった。昭和12年株式会社武揚堂に改組して同社長。22年建設省地理調査所発行地図全国発売元売捌の資格を取得, 社会科学習用地図, 一般教科用図書, 地図類の出版・販売業務を再開した。

小島 利男　こじま・としお
野球選手

大正2年（1913年）10月12日〜昭和44年（1969年）6月1日

生神奈川県横浜市　出愛知県名古屋市　学早稲田大学〔昭和11年〕卒　歴久屋小4年で野球を始める。愛知商では2年からレギュラーとなり, エースで4番を打った。早大で肩を痛めて二塁手に転向。4番打者を務め, 東京六大学の首位打者を昭和9年（1シーズン制）と10年秋の2回獲得し, 通算打率は.343だった。11年三菱工業に入社するが, 8月に退社して, 阪神創立と同時に入団, 4番を打つ。12年イーグルスに移籍。13年応召。15年帰国し, 松竹歌劇団（SKD）のスター小倉みね子と結婚。16年黒鷲に復帰。戦後はパシフィックに復帰し3番を打ったが, 突如退団して電通に入社。25年西日本創立の際, プレイングマネージャーとして1年だけ球界に復帰。その後, 文化放送を経て, 33年札幌放送の設立に参画して専務を務めたが, 44年上京中に急死した。プロ野球選手としての成績は, 実働6年, 276試合, 949打数215安打, 4本塁打, 120打点, 打率.227だった。　家妻＝小倉みね子（松竹歌劇団員）

小島 智善　こじま・ともよし
衆議院議員

明治20年（1887年）1月〜昭和25年（1950年）3月7日

出福島県　学東京帝国大学法科大学英法科〔大正3年〕卒　歴昭和7年衆議院議員に当選, 1期務めた。政友会に所属した。

児島 フミ　こじま・ふみ
円盤投げ選手 砲丸投げ選手

大正5年（1916年）12月17日〜平成8年（1996年）6月7日

出鹿児島県肝属郡高山町（肝付町）　歴昭和9年6月砲丸投げで10メートル84の日本記録をマークして以来, 砲丸投げと円盤投げの両種目で活躍。11年ベルリン五輪に円盤投げで出場したが, 予選落ち。しかし直後のドイツ国際大会では優勝。26年第1回アジア大会では円盤, 砲丸の両種目で銀メダルに輝く。砲丸投げ17年, 円盤投げは15年も日本記録を保持した。その後は九州で陸上競技の指導に情熱を注ぎ, 43年には鹿児島県陸協理事長として同県のレベルアップに貢献した。島栖高等女学校, 鹿児島第一高等女学校各教員, 南日本新聞スポーツ担当記者, 愛知県立短期大学教授, 鹿児島経済大学教授を歴任。

小島 政二郎　こじま・まさじろう
小説家

明治27年（1894年）1月31日〜平成6年（1994年）3月24日

生東京市下谷区下谷町（東京都台東区）　名俳号＝燕子楼　学慶応義塾大学文学部卒　歴大正5年「オオソグラフイ」を発表以降, 三田派の新人として注目され, 大学卒業後は「赤い鳥」の編集を手伝い, その間に芥川龍之介を知る。12年「一枚看板」を発表し, 13年「含羞」を刊行, 以後中堅作家として活躍し「新居」「海燕」「眼中の人」「円朝」などを発表。大衆作家としても活躍する一方, 「大鏡鑑賞」や「わが古典鑑賞」など古典鑑賞にも新分野を開いた。そのほか「聖胎拝受」や「鴎外 荷風 万太郎」など先輩作家を描いた作品もある。また芥川と共に句作にも励み, 戦後はいとう句会に参加, 句集はないが, 「いとう句会句集」「木曜座談」, エッセイ集「場末風流」に収められている。

腰本 寿 こしもと・ひさし

野球指導者 慶応義塾大学野球部監督
明治27年（1894年）11月3日〜昭和10年（1935年）4月27日
回米国ハワイ島ヒロ・パ・イコウ 学慶応義塾大学法学部政治科〔大正8年〕卒 歴慶応普通部から慶応義塾大学まで名二塁手として活躍。大阪毎日新聞社に勤務後は同野球部主将を務めた。大正15年母校・慶大の野球部監督に就任。その独特の戦法から"和製マグロー"と呼ばれ、在任9年で7シーズン優勝を果たした。昭和42年野球殿堂入り。

五所 平之助 ごしょ・へいのすけ

映画監督
明治35年（1902年）2月1日〜昭和56年（1981年）5月1日
生東京市神田区鍋町（東京都千代田区） 名本名＝五所平右衛門、俳号＝五所亭 学慶応義塾商工学校〔大正10年〕卒 歴大正12年松竹蒲田撮影所に入社。14年師匠である島津保次郎監督監修のもと、自作の脚本で「南島の春」を監督しデビュー。以後、独特のリリシズムを醸し出した「寂しき乱暴者」（昭和2年）や身体障害者に暖かい愛情をそそいだ「からくり娘」（同年）、「村の花嫁」（3年）などで監督としての地歩を固めた。また大正15年の「街の人々」以来、「恥しい夢」「絹代物語」など田中絹代出演作品を多く手がけ、昭和6年日本初の本格的トーキー映画「マダムと女房」を発表し、主人公の奥さん役を務める絹代の下関なまりの甘いささやきが人気となった。7年実際の心中事件を扱った「天国に結ぶ恋」がヒット。8年にはサイレントで川端康成の名作「伊豆の踊子」を映画化、踊子を演じた絹代の好演や俳味あふれる字幕などが好評を博し、代表作となった。続いて「生きとし生けるもの」「人生のお荷物」「朧夜の女」「新道」などの話題作を撮るが、12年「花籠の歌」撮影中に倒れ、約3年間療養。15年舟橋聖一原作の「木石」で復帰するが、直後に契約問題から大映に移籍し、17年同社での第1作となる「新雪」を主題歌ともどもヒットさせた。戦時中は国策映画を作らず、幸田露伴原作の「五重塔」などを手がけ、戦争末期になって兵器生産に当たる少女たちを描いた「伊豆の娘たち」を製作したが、途中で終戦を迎えたため、これを一部手直しして人情喜劇に仕立て上げ、20年8月30日に公開、戦後初の封切り映画となった。戦後の28年には椎名麟三原作の「煙突の見える場所」でベルリン国際映画祭国際平和賞を受賞した。

古城 江観 こじょう・こうかん

日本画家
明治24年（1891年）〜昭和63年（1988年）10月25日
回鹿児島県出水郡高尾野町（出水市） 名本名＝古城三之助 歴日本美術家連盟所属。黒田清輝に認められ、大正7年第12回文展に入賞。欧州で研さんを積み、第3回帝展出品作「筏二題」は英国王室所属。「ジャワ漁村」はフランス国立美術館所蔵。太平洋戦争では従軍画家として戦争記録画「海南島」「海口上陸戦記録」などを描いた。

五条 珠実 ごじょう・たまみ

日本舞踊家 五条流初代家元
明治32年（1899年）2月6日〜昭和62年（1987年）8月2日
生秋田県秋田市 名本名＝荒川イネ、前名＝尾上要、花柳徳次、花柳珠実 学秋田高等女学校卒 歴義父母尾上幸右衛門、尾乃志の師匠5代目尾上菊五郎の縁で、明治43年上京して6代目尾上菊五郎に入門、尾上要と名のる。大正2年花柳徳太郎に師事し、8年花柳徳次となり「文ぐるい」「惜しむ春」でデビュー。昭和5年珠実と改名。16年6代菊五郎より五条の姓を許され、五条流を創始、家元。この間、大正13年「春信幻想曲」を発表、以来新舞踊運動の担い手として、先輩藤蔭静枝（のち静樹）とともに活躍、珠実会を経営して多くの佳作を発表している。他の代表作に「太鼓のリズム」「仏教東漸」「源氏供養」「ア

イヌの神々」など。著書に「珠実舞踊七十年」がある。 賞芸術選奨文部大臣賞〔昭和42年〕

古城 貞吉 こじょう・ていきち

漢学者 東洋大学教授
慶応2年（1866年）5月10日〜昭和24年（1949年）2月15日
生肥後国熊本（熊本県熊本市） 名号＝担堂 学第一高等学校中退 歴明治30年日報社（のち毎日新聞）に入り、上海、北京に転勤、北清事変で日本公使館に篭城、34年帰国。東洋協会殖民専門学校（現・拓殖大学）講師、39年東洋大学教授、昭和13年辞任。この間早大、日大、立大、大東文化学院、慶応義塾大学などで講師、東方文化学院東京研究所研究員、評議員を務めた。著書に「支那文学史」「肥後文献叢書」（全6巻）など。死後熊本県近代文化功労者に推された。

小杉 勇 こすぎ・いさむ

映画監督 俳優
明治37年（1904年）2月24日〜昭和58年（1983年）4月8日
生宮城県牡鹿郡石巻町旭町（石巻市） 名本名＝小杉助治郎 学日本映画俳優学校〔大正14年〕卒 歴大正14年日活大将軍に入社。15年「意気天を衝く」で映画デビュー。昭和4年内田吐夢監督「生ける人形」、溝口健二監督「都会交響楽」で、従来の二枚目とは異なった新スターとして登場。翌5年には作家・牧逸馬原作のメロドラマ「この太陽」に主演、大ヒットとなり、日活現代劇のトップスターとなる。7年従業員の大量解雇に反対して監督らと独立、新映画社を設立するが、間もなく挫折。その後、新興キネマを経て、10年日活に戻る。以後、内田監督とのコンビで「人生劇場」（11年）、「裸の街」「限りなき前進」（12年）、「土」（14年）、田坂具隆監督とは「真実一路」（12年）、「五人の斥候兵」「路傍の石」（13年）、「土と兵隊」（14年）などの名作につぎつぎと主演、男優ナンバーワンとなった。戦後は脇役に回る一方、23年には監督業に進出、新生東横（現・東映）を経て、26年新生日活の監督となり、「刑事物語」（35〜36年）「機動捜査班」（36〜38年）など刑事ものを中心に60本以上の娯楽映画を演出。41年に映画界を引退した。著書に「随想 銀幕劇場」がある。

小杉 放庵 こすぎ・ほうあん

画家 歌人 随筆家
明治14年（1881年）12月30日〜昭和39年（1964年）4月16日
生栃木県日光町（日光市） 名本名＝小杉国太郎、旧号＝小杉未醒、小杉放菴 学宇都宮中〔明治28年〕中退 資帝国美術院会員〔昭和10年〕、日本芸術院会員〔昭和12年〕（33年辞退） 歴二荒山神社宮司の六男として生まれ、16歳の時、洋画家五百城文哉の内弟子となる。明治33年吉田博に感化され上京、小山正太郎の不同舎に入る。未醒と号し、35年太平洋画会会員、40年「方寸」同人。41年文展初入選。のち受賞を重ねる。大正2〜3年渡欧。3年日本美術院を再興、洋画部同人となるが、9年院展を脱退、11年春陽会を結成し、以後、日本画の制作が中心となる。この間、大正6年から放菴、昭和4年から放庵を名のる。10年帝国美術院会員。20年戦災のため新潟県赤倉に移住。作品に「水郷」「豆の秋」「湧水」など、著書に「放庵画論」「東洋画総論」など。また歌人、随筆家としても知られ、歌集に「山居」「石」「炉」「放庵歌集」、反戦詩集「陣中詩篇」、随筆に「帰去来」「故郷」など多くの著作がある。装丁家としても知られた。 家息子＝小杉一雄（早稲田大学名誉教授）、小杉二郎（デザイナー）、孫＝小杉正太郎（早稲田大学教授）、小杉小二郎（洋画家）

小杉 未醒 こすぎ・みせい

⇒小杉 放庵（こすぎ・ほうあん）を見よ

小杉 余子　こすぎ・よし
俳人
明治21年（1888年）1月16日〜昭和36年（1961年）8月3日
生神奈川県藤沢市　名本名＝小杉義三　歴明治37年上京して中井銀行に勤務。18歳頃から俳句をはじめ「渋柿」同人となる。昭和10年「あら野」を創刊。著書に「余子句集」などがある。

小菅 剣之助　こすげ・けんのすけ
棋士（将棋）実業家 衆議院議員
元治2年（1865年）1月〜昭和19年（1944年）3月6日
生伊勢国四日市（三重県四日市市）　歴第11代名人伊藤宗印門に入り、のち第13代名人関根金次郎の兄弟子として明治中期に活躍、8段。昭和11年神田8段の昇格問題をめぐる将棋連盟と革進協会との紛争に調停者として活躍、将棋大成会設立に貢献した。一方株式市場で巨万の富を得、四日市鉄道、東海電線各重役、また四日市市議、衆議院議員1期にも選ばれた。のち名誉名人。

古関 裕而　こせき・ゆうじ
作曲家
明治42年（1909年）8月11日〜平成1年（1989年）8月18日
生福島県福島市大町　名本名＝古関勇治　学福島商〔昭和3年〕卒　歴小学校の担任で、唱歌教育に熱心だった遠藤喜美治との出会いにより音楽に開眼し、10歳から卓上ピアノで作曲を始める。昭和4年舞踊組曲「竹取物語」ほか4曲を英国チェスター楽譜出版社募集の作曲コンクールに応募し2等に入選、初めて国際的音楽コンクールに入賞した日本人として一躍注目を集めた。5年日本コロムビア専属作曲家となり上京、6年「福島行進曲」のレコードで作曲家デビュー。同年早稲田大学の応援歌「紺碧の空」を作曲、自身最初のヒット曲となり、早大を代表する応援歌として今日まで歌い継がれる曲となった。9年松平晃「利根の舟唄」が流行歌としての初のヒットとなり、10年には音丸が歌った「船頭可愛や」が大ヒット。昭和10年代に入ると国民歌謡「愛国の花」、戦時歌謡「露営の歌」「暁に祈る」「海の進軍」「若鷲の歌」「海を征く歌」「ラバウル海軍航空隊」などを書き、戦時下の国民に愛唱された。13年には亀井文夫監督の記録映画「戦ふ兵隊」で初めて映画音楽に着手。当時としては異端ともいえる厭戦的・反戦的な内容の画面に、自身の戦場体験に基づき音楽をつけ、戦後高い評価を受けた。「暁に祈る」「若鷲の歌」「決戦の大空へ」などは映画主題歌として書かれている。13年中支戦線に従軍、17年南方慰問団としてビルマやマレーに、19年にはインパール作戦の特別報道班員として再びビルマに派遣された。戦後のヒット曲に藤山一郎「夢淡き東京」「長崎の鐘」「長崎の雨」「ニコライの鐘」、渡辺はま子「雨のオランダ坂」、二葉あき子「フランチェスカの鐘」、伊藤久男「イヨマンテの夜」、岡本敦郎「高原列車は行く」などがあり、また阪神タイガースの球団歌「阪神タイガースの歌（六甲おろし）」、全国高等学校野球大会の歌「栄冠は君に輝く」、東京五輪の行進曲「オリンピックマーチ」など、スポーツの分野でも後世に残る曲を生み出した。　家長男＝古関正裕（音楽家）、伯父＝武藤茂平（実業家・貴族院議員）

小園 安名　こぞの・やすな
海軍大佐
明治35年（1902年）11月1日〜昭和35年（1960年）11月5日
生鹿児島県加世田市　学海兵（第51期）〔大正12年〕卒　歴霞ヶ浦航空隊を経て、横須賀航空隊分隊長、第12航空隊飛行隊長、第251航空隊司令、第302航空隊司令などを歴任する。昭和19年海軍大佐。戦後、厚木航空隊反乱の主謀者として軍法会議にかけられ、無期禁錮の刑になるが、28年恩赦により釈放された。

小平 権一　こだいら・ごんいち
衆議院議員 農林次官
明治17年（1884年）1月6日〜昭和51年（1976年）8月1日
生長野県諏訪郡米沢村　学東京帝国大学農科大学〔明治43年〕卒、東京帝国大学法科大学政治科〔大正3年〕卒 農学博士　歴大正3年農商務省入省、昭和7年経済更生部長を経て、13年農林次官に就任。14年退官して満州に渡り、16年満州国参議となるが、翌年帰国して衆議院議員に当選。　家長男＝小平邦彦（数学者）

小高 キク　こたか・きく
川端康成の小説「雪国」のヒロイン・駒子のモデル
大正4年（1915年）11月23日〜平成11年（1999年）1月31日
生新潟県三条市　名源氏名＝松栄　歴鍛冶屋の長女として生まれ、10歳の頃に長岡市に芸者の修業に出る。"松栄"の名で湯沢町で働いていた昭和9年、小説家の川端康成が同町を訪れ高半旅館のかすみの間に宿泊した際、執筆などを手伝った。12年川端がこの時の経験を小説「雪国」として発表、ヒロインの駒子のモデルとなった。15年郷里の三条市に戻り結婚、夫と和服仕立業を営んだ。

小高 吉三郎　こだか・きちさぶろう
スポーツ評論家 新聞人
明治18年（1885年）12月〜昭和39年（1964年）5月24日
生東京都　学早稲田大学英文科〔明治41年〕卒、東京外国語学校スペイン語科〔明治43年〕中退　歴明治45年横浜貿易新報社に入り、大正7年朝日新聞東京本社に移ってスポーツを担当、運動課長、運動部長となった。全国中等学校野球大会、日米氷上競技大会開催に努力、昭和3年アムステルダムの第9回オリンピック特派員、14年退社。また25年からサンケイ新聞嘱託。著書に「日本の遊戯」「スポーツの話」「芬蘭の運動競技」など。

小竹 無二雄　こたけ・むにお
有機化学者 大阪帝国大学理学部教授
明治27年（1894年）11月30日〜昭和51年（1976年）9月18日
生富山県　専天然物有機化学　学七高造士館〔大正6年〕卒、東北帝国大学理学部化学科〔大正9年〕卒 理学博士　資日本学士院会員〔昭和49年〕、ドイツ科学アカデミー会員　歴大正9年理化学研究所の真島利行研究室に入り、11年同助手。12年文部省からドイツへ留学、ウィーラントに師事してモルフィンの構造を研究。14年帰国、昭和2年理研主任研究員。6年大阪帝国大学の創設に参画、7年理学部教授となり有機化学講座を担当。24年大阪市立大学理工学部創設に際してその中心となり、初代学部長を務めた。30年両大を退官後はほぼ独力で大阪有機化学研究所を設立して所長に就任。37〜48年大阪府科学教育センター所長。33年から2期日本化学会会長。第3〜6期日本学術会議会員。がま毒や、ストリキニンなどのアルカロイドを始め、数多くの天然有機化合物の化学構造を研究した。著書に「有機化合物合成法」「有機化学〈上下〉」「有機化学実験法」や「科学者の心境」「蟇語」「誰でも一流科学者の心境」などがある。　家長男＝小竹宏志（金沢大学名誉教授）　賞帝国学士院賞（第34回）〔昭和19年〕、日本化学会真島褒賞〔昭和16年〕

古武 弥四郎　こたけ・やしろう
生化学者 大阪帝国大学名誉教授
明治12年（1879年）7月2日〜昭和43年（1968年）5月30日
生岡山県邑久郡本庄村（瀬戸内市）　名号＝五経　学大阪市東雲学校〔明治29年〕卒、大阪府立医学校〔明治35年〕卒 医学博士（京都帝国大学）〔大正2年〕　資ドイツ学士院会員〔昭和14年〕、日本学士院会員〔昭和24年〕　歴明治35年大阪府立医学校助手となって間もなく、京都帝国大学医化学教室で荒木寅

昭和人物事典 戦前期　　　こたま

三郎に師事。38年大阪府立高等医学校助教諭、41年教諭に進み、42〜44年ドイツへ留学。大正8年大阪医科大学教授、昭和6年大阪帝国大学医学部教授。8年同大微生物病研究所長、12年医学部長を務め、15年退官。20〜35年和歌山県立医学専門学校学長。24年日本学士院会員、36年文化功労者に選ばれた。有核アミノ酸の研究に取り組み、トリプトファンの代謝中間体であるキヌレニンの発見者として知られる。著書に「養素及酵素」「栄養及び治療から観た蛋白質とAmino酸」などがある。　家長男＝古武弥人（生化学者）、三男＝古武弥正（心理学者）　賞帝国学士院東宮御成婚記念賞（第23回）〔昭和8年〕、文化功労者〔昭和36年〕

小立 鉦四郎（2代目）　こだち・しょうしろう
南江堂社長
明治15年（1882年）11月18日〜昭和46年（1971年）9月28日
生神奈川県足柄下郡小田原町（小田原市）　名旧姓・旧名＝立田彦蔵　歴明治28年初代小立鉦四郎の嗣子となり、42年2月13日初代が亡くなると2代目を襲名。昭和9年株式会社に改組して社長。大正3年〜昭和19年全国医書組合組合長。　家長男＝小立正彦（南江堂社長）、三男＝小立武彦（南江堂社長）、四男＝小立滋（南江堂専務）、六男＝小立淳（南江堂社長）

小谷 喜美　こたに・きみ
宗教家 霊友会会長
明治34年（1901年）1月10日〜昭和46年（1971年）2月9日
生神奈川県三浦市　名号＝妙一　歴半農半漁の貧しい家に生まれ、小学校を5年で中退して住み込み奉公に出る。のち上京、夫の病気をきっかけに法華信仰に入る。大正14年久保角太郎らと大日本霊友会を設立し会長に就任。昭和11年には皇族と縁続きの九条日浄を総裁に迎え、以後急速に発展。戦後は麻薬所持で逮捕されたり、また選挙の際は教団をあげて保守党政治家を支援するなど、独裁的要素に不満が表面化、多くの分派が独立した。　家甥＝久保継成（霊友会2代会長）

小谷 澄之　こたに・すみゆき
柔道家 レスリング選手 講道館評議員
明治36年（1903年）〜平成3年（1991年）10月9日
出兵庫県　学東京高等師範学校（現・筑波大学）体育科〔昭和2年〕卒　歴昭和7年ロサンゼルス五輪レスリングフリースタイルのミドル級に出場、3回戦で敗退。五高助教授を経て、南満州鉄道（満鉄）に入社。また満州国文教府体育課長として体育行政にもあたり、のち東海大学武道科教授、講道館国際部参与などを務めた。柔道10段。

小谷 節夫　こたに・せつお
衆議院議員
明治18年（1885年）1月〜昭和34年（1959年）8月30日
出岡山県　学上海東亜同文院〔明治41年〕卒　歴古河鉱業社員として満州に駐在、のち青島にて貿易商天佑公司を営む。呉佩孚の政治顧問、岡山県私立金川中学校長、青島新報社長を歴任。昭和3年岡山2区より衆議院議員に当選。5期。内閣委員となる。著書に「実力の人原さん」「中華民国と帝国日本」などがある。

児玉 一造　こだま・いちぞう
実業家 東洋棉花会長
明治14年（1881年）3月20日〜昭和5年（1930年）1月30日
生滋賀県犬上郡彦根町（彦根市）　学滋賀商〔明治33年〕卒　歴丁稚奉公などを経て、県立滋賀商業卒。静岡商助教諭を経て、明治34年三井物産に入り、名古屋支店長、大阪支店棉花部長を歴任。大正9年棉花部を独立させ東洋棉花（後のトーメン）を創立し専務に就任。13年三井物産取締役、昭和2年東洋棉花会長となり、綿業界の再建に尽力した。また、豊田紡織、菊

井紡織各重役、諸種の公職に就いた。　家兄＝豊田利三郎（実業家）

児玉 九一　こだま・きゅういち
厚生次官
明治26年（1893年）8月3日〜昭和35年（1960年）5月23日
生山口県　学東京帝国大学法学部政治学科〔大正8年〕卒　歴陸軍大将で内相、文相なども務めた児玉源太郎の七男。昭和11年島根県知事、12年内務省神社局長、14年福岡県知事、15年愛知県知事を経て、16年厚生次官。中国地方総監から、20年10月広島県知事を兼任したが2週間で免官となった。　家父＝児玉源太郎（陸軍大将・政治家・伯爵）、兄＝児玉秀雄（貴族院議員）、児玉常雄（陸軍大佐・実業家）、岳父＝大森鍾一（内務総務官・男爵）、義弟＝大森佳一（島根県知事・男爵）

児玉 謙次　こだま・けんじ
銀行家 横浜正金銀行頭取 貴族院議員（勅選）
明治4年（1871年）11月7日〜昭和29年（1954年）2月13日
生香川県高松市　学高等商業学校（現・一橋大学）〔明治25年〕卒　歴会計検査院に勤め、明治27年横浜正金銀行（のちの東京銀行）に転じ、上海支店長、取締役を経て、大正11年頭取となった。昭和13年中支那振興総裁、14年勅選貴族院議員。20年幣原内閣の終戦連絡中央事務局総裁。また横浜銀行集会所理事長、横浜商工会議所顧問、輸出組合中央会長、日華実業協会会長、日本貿易振興協会会長なども務めた。

児玉 達童　こだま・たつどう
哲学者 駒沢大学教授
明治26年（1893年）6月4日〜昭和37年（1962年）1月30日
生神奈川県　名旧姓・旧名＝善浪　学東京帝国大学文科大学哲学科〔大正7年〕卒　歴大正10年曹洞宗大講師、14年駒沢大教授に就任。大正期哲学界の新カント主義的風潮のなかにあって、新カント学派の認識論的カント解釈に満足せず、認識論を越えて形而上学が可能であると主張。晩年は宗教的問題を扱い、仏教、特に道元の思想を研究した。著書に「哲学概論」「宗教の本質に関する哲学的研究」、訳書にボロウスキー「イムマヌエル・カントの生涯と性格」など。

児玉 常雄　こだま・つねお
陸軍大佐 実業家 大日本航空総裁
明治17年（1884年）3月29日〜昭和24年（1949年）10月3日
生東京都　学陸士〔明治38年〕卒、東京帝国大学工科大学機械科〔大正2年〕卒　歴昭和3年陸軍航空兵大佐となる。7年予備役退役後、民間航空業界に入り、満州航空副社長、13年社長。14年中華航空総裁を経て、18年大日本航空理事、総裁となった。　家父＝児玉源太郎（陸軍大将）、兄＝児玉秀雄（拓相・逓信相・内相・文相）

児玉 秀雄　こだま・ひでお
伯爵 貴族院議員 内相 文相
明治9年（1876年）7月19日〜昭和22年（1947年）4月7日
生山口県　学二高卒、東京帝国大学法科大学〔明治33年〕卒　歴児玉源太郎の長男。東京府立一中、二高を経て、明治33年東京帝国大学法科大学を卒業し、大蔵省に入省。34〜35年英国へ出張。日露戦争時には大本営御用掛、満州軍総司令部付などとして満州に赴き、38年朝鮮総督府書記官として占領地行政に取り組む。39年父の死により子爵を襲爵し、40年伯爵に昇る。同年朝鮮統監府会計課長となり、43年朝鮮総督府設置とともに総務局長に就任。44年貴族院議員。大正5年岳父・寺内正毅が組閣すると内閣書記官長に任ぜられ、7年賞勲局総裁、12年関東庁長官を経て、昭和4年朝鮮総督府政務総監となり、再び植民地行政に携わった。辞任後は貴族院研究会の領袖として活躍し、9年岡田啓介内閣の拓務相、12年林銑十郎内

こたま 昭和人物事典 戦前期

閣の逓信相、15年米内光政内閣の内相などを歴任。17年陸軍軍政最高顧問となりジャワに派遣された。19年小磯国昭内閣の国務相として入閣し、20年文相に転じた。成城中学校長なども務めた。戦後、公職追放中に死去した。　[家]父＝児玉源太郎（陸軍大将・伯爵），弟＝児玉常雄（大日本航空総裁），児玉九一（厚生次官），岳父＝寺内正毅（陸軍大将・首相）

こ

児玉 政介　こだま・まさすけ
厚生次官 石川県知事
明治24年（1891年）7月6日〜昭和53年（1978年）4月14日
[生]東京市芝区（東京都港区）[画]山口県萩市 [名]旧姓・旧名＝小幡 [学]東京帝国大学法科大学法律学科〔大正5年〕卒 [歴]内務省に入省。昭和2年欧米に留学。広島県・東京府の内務部長を経て、9年奈良県知事、10年秋田県知事、12年石川県知事を歴任。13年厚生省体力局長、14年軍事保護院副総裁となり、16年厚生次官に就任。20〜26年秋田市長を務めた。著書に「健康保険の研究」「社会保険論叢」「国籍法論」などがある。　[家]女婿＝佐々木喜久治（秋田県知事）

児玉 右二　こだま・ゆうじ
衆議院議員
明治6年（1873年）9月10日〜昭和15年（1940年）1月23日
[生]山口県美祢郡綾木村 [学]東京帝国大学法律科卒 [歴]サミュル・アンド・サミュル商会員、東京朝日新聞、岡山中国民報、大分中正日報、北京東報、東京日日通信、議会春秋などで各主筆を務めた。のち二六新報、大陸新聞通信、哈爾賓日日新聞各社長、国際銀公司理事。また通商公司を創設、その代表社員として日露貿易にも従事。大正6年群馬県から衆議院議員に当選し、のち山口県に転じて当選6回。

児玉 誉士夫　こだま・よしお
右翼運動家 実業家
明治44年（1911年）2月18日〜昭和59年（1984年）1月17日
[生]福島県安達郡本宮町 [歴]18歳で国粋主義運動に身を投じ、建国会、急進愛国党、大日本生産党などに参加。昭和4年の天皇直訴事件などで3回投獄されたが、戦時中は海軍航空本部の嘱託として中国の上海で「児玉機関」を組織し、中国各地で大量の戦略物資を調達。また戦後は20年12月からA級戦犯容疑で約3年間、巣鴨拘置所暮らしをした後、戦後の政財界の舞台裏で暗躍。ロッキード事件では検察側から脱税と外為法違反で懲役3年6月、罰金7億円を求刑されたが、55年9月から脳こうそくのため東京女子医科大学病院に入院、東京地検は58年4月、公判手続停止の決定を下した。

小辻 節三　こつじ・せつぞう
ヘブライ文化研究家
明治32年（1899年）2月3日〜昭和48年（1973年）10月31日
[生]京都府 [名]ユダヤ名＝アブラハム小辻 [歴]父は京都の賀茂神社の神官だが、聖書に惹かれて明治学院大学神学部へ進み、牧師となる。昭和2年渡米、大学でヘブライ語を修めるうちにユダヤの宗教や文化に傾倒。6年帰国。9年東京・銀座に聖書原典研究所を開いたが、3年後に閉鎖に追い込まれた。12年南満州鉄道（満鉄）総裁・松岡洋右に招かれて大連へ渡り、満鉄調査部顧問としてユダヤ人問題に取り組む。14年松岡の退任を受けて帰国。15年杉原千畝の "命のビザ" によりユダヤ人難民が日本へたどり着くとその支援に尽力、出国先が決まるまで滞在延長できるよう外務省に働きかけるなど、問題解決に心を砕いた。19年ユダヤ人と関わったことから憲兵隊の召喚を受け、拷問も経験。20年6月満州へ渡り、同地で敗戦を迎える。21年10月引き揚げ。34年ユダヤ教に改宗し、アブラハムの名を受ける。36年ヘブライ文化研究所を設立した。没後、遺言によって遺体はイスラエル・エルサレムの墓地に埋葬された。　[家]岳父＝岩根静一（畜産家・北海道開拓家）

小寺 鳩甫　こでら・きゅうほ
漫画家
明治22年（1889年）8月8日〜昭和37年（1962年）1月27日
[画]大阪府 [名]本名＝小寺蓮 [歴]大正14年「大阪パック」の主筆となり、昭和初期の同誌を毎号ひとりで執筆する。昭和10年代には「週刊朝日」に「ターちゃん」などの子ども漫画を描き、紙芝居も手がけた。

小寺 謙吉　こでら・けんきち
衆議院議員 浪速化学社長
明治10年（1877年）4月14日〜昭和24年（1949年）9月27日
[生]兵庫県神戸市 [学]神戸商〔明治27年〕卒 [歴]エール大、コロンビア大で法律、ジョンズ・ポプキンス大学で政治経済学を学び、ドイツ、オーストリアに学んで帰国。明治41年以来衆議院議員当選6回。その間神戸市議、44年郷里に三田中学を創立して理事。昭和5年の落選を機に実業界に転身、12年コデラ工業所設立。13年浪速化学社長、岩木金山を経営。戦後21年新日本新聞社長、22年から神戸市長。　[家]義弟＝長谷川久一（東京府知事）

小寺 源吾　こでら・げんご
大日本紡績社長
明治12年（1879年）9月7日〜昭和34年（1959年）6月15日
[生]岐阜県 [名]旧姓・旧名＝西松 [学]慶応義塾大学理財科〔明治36年〕卒 [歴]大正7年大日本紡績取締役、常務を経て、昭和11年社長、21年会長、同年辞任、25年相談役。この間日華産業代表取締役、日本レイヨン、新日本レイヨン、国策パルプ各取締役、日伯綿花、大阪商事各監査役、興銀参与理事。日経連、大阪商工会議所各顧問なども務めた。趣味は園芸。

小寺 融吉　こでら・ゆうきち
民俗芸能・舞踊研究家
明治28年（1895年）12月8日〜昭和20年（1945年）3月29日
[生]東京都 [学]早稲田大学英文科〔大正7年〕卒 [歴]学生時代から歌舞伎舞踊と民俗芸能の研究に専念し、大正11年「近代舞踊史論」を刊行。14年日本青年館の全国郷土舞踊と民謡大会の審査顧問、舞台監督となる。昭和2年「民俗芸術」を創刊。主な著書に「舞踊の美学的研究」「日本民謡辞典」、戯曲「真間の手古奈」などがある。　[家]兄＝小寺健吉（洋画家），弟＝中村伸郎（俳優）

小寺 酉二　こでら・ゆうじ
ゴルフ選手
明治30年（1897年）〜昭和51年（1976年）
[生]岐阜県 [学]慶応義塾大学卒 [歴]神戸一中、慶応義塾大学を経て、米国のプリンストン大学に留学。ここで第1回日本オープンの優勝者となるゴルフ選手・赤星六郎と知り合い、その手ほどきを受ける。大正14年帰国、慶応義塾中学普通部の英語教師や同大学のゴルフ部長を務めた。正確なアイアンが武器で、昭和7年日本アマ選手権ではベスト4に、8年関西アマ選手権では決勝に進出、英国人E.コーンズと名勝負を演じた。また5年には日本学生連盟を設立して理事長となり、戦後は29〜38年関東ゴルフ連盟理事長。ゴルフクラブ役員として相模、相模原、狭山各クラブで理事長を務めた。その後、英語力とルール知識を見込まれて日本ゴルフ協会常務理事となり、世界アマ、読売プロ、中日プロアマ招待など数多くの国際競技会を育て、戦後ゴルフ復興の立役者となった。

琴 糸路　こと・いとじ
女優
明治44年（1911年）11月5日〜昭和31年（1956年）
[画]東京市本郷区金助町（東京都文京区）[名]本名＝宮沢貞子，旧姓・旧名＝成田 [歴]幼時浅草・花屋敷の舞台に出、昭和3年

河合プロ (河合映画) 入社「青春散歩」「恋風に吹かれて」でデビュー。葉山純之輔の相手役で「悪縁道中記」「由比正雪」等。雲井竜之助と「貝殻一平」「維新前後」。5年「唐人お吉」、現代劇「憲兵大尉の娘」に好演。6年中野健二と「恋人形」「嘆きの春」「女工」、7年「忠魂肉弾三勇士」など共演。他に多くの主演を努め8年大都映画改称後もトップ女優として時代劇「颶風の剣士」「鞍馬天狗・雨中の騎士」「逢魔の辻」、現代劇「利根の夕焼」「霧の上海航路」、時局物などに活躍。17年ののちの大映に吸収され、「維新の曲」「鞍馬天狗横浜に現わる」「三代の盃」に阪妻、嵐寛、千恵蔵らと共演。18年「海ゆかば」出演後19年退社した。

後藤 朝太郎　ごとう・あさたろう
中国言語学者
明治14年 (1881年) 4月16日～昭和20年 (1945年) 8月9日
〔生〕愛媛県　〔学〕東京帝国大学言語学科〔明治39〕卒　〔歴〕大学院に進み、段玉裁の説文学派や比較・歴史言語学と結びつけ支那語の音韻組織を研究。また、110冊におよぶ中国の紹介書を出版。中国人民に同情し、軍部への反発を貫いた。昭和20年終戦直前、右翼に暗殺された。

後藤 磯吉 (1代目)　ごとう・いそきち
実業家　はごろもフーズ創業者
明治29年 (1896年) ～昭和21年 (1946年) 1月20日
〔生〕静岡県庵原郡由比町 (静岡市)　〔名〕旧姓・旧名＝志田　〔歴〕志田家に生まれ、大正11年26歳の時に静岡県清水で漁業縄問屋を営む後藤新太郎の婿養子となる。10代の頃から缶詰業を思い立ったといわれ、昭和6年2月渡米した際にマグロの油漬缶詰を持って行ったところ、米国人の間で大評判となったことから、帰国後の5月に後藤缶詰所 (現・はごろもフーズ) を創業してマグロ缶詰製造に着手。12月からは、みかん缶詰の製造も開始。創業当初から三井物産への売込みに成功し、初年度からマグロ缶詰1万缶を製造。7年には陸軍糧秣本廠の指定工場に選ばれ、以降は急速に業績を伸ばした。また、早くから後藤のイニシャルである "G" とともに地元の三保の松原に伝わる伝説にちなんで "羽衣の天女" を商標にしており、これがはごろもフーズの社名の元となった。12年後藤商行の商号で上海に出店し、漢口や大連にも出張所を設置。一方で11年から清水でハッピータクシーを経営し、15年市内のタクシー会社合同で設立された清水交通社長となった。17年後藤缶詰所の缶詰製造事業は戦時下の産業統制により静岡県缶詰株式会社に吸収され、同社相談役に就任。18年頃から後藤商店を名のって漁業部・中国での営業など缶詰以外の事業を継続した他、軍用消毒釜を製造していた日東製機や製材業の東海木工製作所などの経営にも当たった。　〔家〕養子＝後藤磯吉 (2代目)

後藤 一郎　ごとう・いちろう
気象学者　満州国観象台長
明治17年 (1884年) 1月～昭和9年 (1934年) 10月9日
〔出〕岐阜県　〔歴〕明治44年より中央気象台員、長崎測候所長、朝鮮総督府観測所長を歴任。満州国観象台の初代台長に就任したが、昭和9年出張途中に錦州で客死した。

後藤 映範　ごとう・えいはん
陸軍軍人
明治42年 (1909年) ～昭和21年 (1946年)
〔生〕大分県　〔学〕陸士中退　〔歴〕五・一五事件の参加者。第45連隊当時、菅波三郎中尉に私淑し、その影響下で国体研究に没頭。「日本改造法案」「自治民範」「日本精神の研究」などを愛読し、仲間の間では "今松陰" と呼ばれる。昭和7年五・一五事件では士官候補生12名の一人として参加、首相官邸を襲撃した。同年5月陸士退校、士官候補生を免ぜられる。翌8年第1師団軍法会議において禁錮4年の判決を受けた。

後藤 和儀　ごとう・かずのり
陸軍工兵大佐
明治18年 (1885年) ～昭和11年 (1936年) 4月27日
〔生〕愛知県名古屋市西区深井町　〔学〕陸士卒　〔歴〕明治40年陸軍工兵少尉となり、工兵第3大隊付、陸軍士官学校教官、工兵学校付、兵器本廠付などを歴任。昭和9年大佐となり伊藤本部隊管下の部隊長として満州に渡り、ハルビン市の水害を防ぐ松花江氾濫防止工事に当たる。駐満軍の間に発生した部下経理官の公金横領事件の責任を取り、11年4月帰国途中の大連で拳銃自殺した。

後藤 環爾　ごとう・かんじ
僧侶　浄土真宗西本願寺派本山執行長
明治4年 (1871年) 4月1日～昭和11年 (1936年) 2月23日
〔生〕伊予国 (愛媛県)　〔号〕号＝素雲　〔学〕仏教大学 (現・龍谷大学) 卒　〔歴〕伊予宇和島港外九島の称名寺の長男に生まれ、明治15年父が宿毛清宝寺の住職となったため父母と共に宿毛に移り住む。32年大学を卒業して帰郷。父の手伝いをしていたが、33年鎮西女学院を創設、35年京都本山教学所に入り、37年日露戦争には本願寺の従軍布教僧を命じられ第3軍司令部付として活動した。38年東京築地本願寺に務め、大正2年の関東大震災には被災者の宿泊所・簡易診療所を多数設置して救済に努めた。次いで復興局理事として灰燼に帰した築地本願寺の再建に取り掛かり、実業界の巨頭・藤原銀次郎を建築委員長に担ぎ出すことに成功、寺院の設計を東京大学教授・伊藤博圧に依頼、世界宗教建築の粋を取り入れた大寺院の建築を完成させた。昭和4～6年京都の本山執行長となり、浄土真宗西本願寺派の集会上首 (議長、最高責任者) として海外布教にも尽力。傍ら、千代田高等女学校・千代田女子専門学校・武蔵野女子学園を次々と創設、それらは後に武蔵野女子大学となった。また盲人の技術教育、少年保護、勤労婦人のための保育所、簡易宿泊所、さらに病院の設立と各方面に活躍した。

五島 慶太　ごとう・けいた
実業家　東急グループ創立者　運輸通信相
明治15年 (1882年) 4月18日～昭和34年 (1959年) 8月14日
〔生〕長野県小県郡青木村　〔名〕旧姓・旧名＝小林　〔学〕松本中〔明治33年〕卒、東京高等師範学校 (現・筑波大学) 英文科〔明治35年〕卒、東京帝国大学法科大学政治学科〔明治44年〕卒　〔歴〕明治44年農商務省に入省。45年土木建築家・久米民之助の長女と結婚し、廃絶していた久米の母方の姓である五島家を再興して小林から改姓。大正2年鉄道院に移り、監督局総務課長にまで進んだが、9年武蔵電気鉄道常務に転じた。荏原電気鉄道が創立されると、同専務も兼任。11年有馬電気軌道 (現・阪急電鉄) の小林一三の勧めにより荏原電鉄の目黒～蒲田間の工事を先に進め、同区間着工とともに社名を目黒蒲田電鉄と改めた。以後、線路の敷設とともに沿線の開発を進め、13年には武蔵電気鉄道株を買収して東京横浜電気鉄道を設立、専務。以降も買収を繰り返し、昭和8年川崎財閥から池上電鉄を譲り受け、9年には社長の早川徳次を追い出して東京地下鉄の経営権を掌握。さらに玉川電鉄など併行する私鉄各社を買収・合併して南東京の交通網を独占、強引な拡張手法から "強盗慶太" とあだ名された。11年目黒蒲田電鉄、東京横浜電気鉄道両社の社長となり、14年両社を合併。17年経営傘下にあった京浜急行や小田原急行も統合して東京急行電鉄株式会社 (東急) に改称、西東京の鉄道網を完全に押さえて "大東急" と称され私鉄経営のナンバーワンとなった。19年東条内閣の運輸通信相に就任。戦後は公職追放となり、26年解除。この間、集中排除法により東急は小田急、京王、京浜急行などに分割・再編。27年東急電鉄会長として復帰。以来、交通を中心に百貨店、土地開発、レジャーランド、映画などを含む多角的事業体の東急グループの強化・発展に尽くした。美術収集家とし

ても知られ、コレクションは死後に完成した五島美術館に収められている。　家長男＝五島昇（東急電鉄社長）、岳父＝久米民之助（土木建築家・政治家）

後藤 七郎　ごとう・しちろう
外科学者　陸軍軍医少将　九州帝国大学名誉教授
明治14年（1881年）9月7日～昭和37年（1962年）12月7日
生福岡県柳川　専消化器外科学　学京都帝国大学福岡医科大学〔明治40年〕卒　医学博士〔大正3年〕　歴陸軍見習医官で歩兵第一連隊配属、明治44年九州帝国大学講師兼任。大正5年陸軍三等軍医正、次いで軍医教官、8年九州帝大教授、のち医学部長、附属病院長、昭和17年退官し名誉教授。陸軍に復帰して軍医少将。胃、十二指腸潰瘍外科の権威で、日本初の輸血を実行した。

後藤 脩　ごとう・しゅう
松阪市長　衆議院議員
明治12年（1879年）8月11日～昭和32年（1957年）1月15日
出三重県　歴明治38年三重出版社を創設。大正10年松阪町議会議員、昭和2年三重県議会議員、5年合同瓦斯取締役、7年衆議院議員1期（政友会）などを経て、16年第3代松阪市長に当選、2期5年務めた。戦後、30年公選第5代市長にカムバックしたが、在任1年8ケ月で現職のまま死去。

後藤 真太郎　ごとう・しんたろう
座右宝刊行会社長
明治27年（1894年）5月28日～昭和29年（1954年）1月27日
生京都府岩滝町　学京都絵画専門学校卒　歴学生時代、小出楢重と親交を結び、また武者小路実篤の新しき村運動に参加。昭和2年上京、白樺派の作家達と交わり、のち座右宝刊行会を引き継ぎ主宰者となった。以後美学、美術史、建築、考古学関係の書籍及び画集などの専門出版社として特異な存在となった。8年には美術小団体「清光会」を創立、29年の第19回展までほぼ毎年展覧会を開いて注目された。戦後雑誌「座右宝」を創刊（19号で廃刊）。さらに26年より水野清一、長広敏雄の「雲崗石窟」（全15巻）、及び田村実造、小林行雄の「慶陵」（全2巻）の刊行を開始し、両書とも27年、29年の朝日文化賞及び日本学士院恩賜賞を受けた。他の主要刊行図書に「座右宝」「聚楽」「浜田青陵全集」（全4巻）など。自編著には「時代裂」（岡田三郎助共編）、「華岳素描」「旅順博物館図録」などがある。また東西古美術品を愛し、陶器の蒐集家としても知られた。

後藤 静香　ごとう・せいこう
社会教育家
明治17年（1884年）8月19日～昭和44年（1969年）5月15日
生大分県大野郡大野町　学東京高等師範学校（現・筑波大学）〔明治39年〕卒　歴長崎高等女学校、香川県女子師範に13年間勤務。大正7年上京、社会教育に専念し、長年月刊誌の発行、著作、講演などの活動を行った。昭和53年多数の著書が「後藤静香選集」（全10巻）にまとめられた。他の著書に「楽園」「生きる悦び」「道のしるべ」「権威」がある。

後藤 清郎　ごとう・せいろう
新聞人　岩手日報主筆
明治22年（1889年）1月21日～昭和20年（1945年）2月1日
出岩手県　学東京帝国大学卒　歴報知新聞社、東京日日新聞社（現・毎日新聞社）を経て、大正12年岩手日報社に入り、主筆として反官僚・反軍閥の論調を貫いた。財界人の経営介入に反発して同社を離れ、昭和13年「新岩手日報」（現・岩手日報）を創刊した。

伍堂 卓雄　ごとう・たくお
海軍造兵中将　商工相　鉄道相　農相　貴族院議員（勅選）
明治10年（1877年）9月23日～昭和31年（1956年）4月7日
生石川県金沢　学東京帝国大学工科大学造兵学科〔明治34年〕卒　工学博士　歴明治34年海軍造兵中技師に任官、海大教官、海軍造兵廠監督官、大正13年呉海軍工廠長、海軍造兵中将。昭和4年満州の昭和製鋼所社長、5年南満州鉄道（満鉄）理事。12年林銑十郎内閣の商工相兼鉄道相に就任。貴族院議員に勅選され、13年東京商工会議所会頭、14年阿部信行内閣の商工相兼農相。17年日本能率協会会長、18年商工組合中央会会長。20年軍需省顧問。戦後戦犯に指名されたが22年釈放、27年3月追放解除、以後、日本能率協会会長に復帰。著書に「国防資源論」「金属材料学」など。　家父＝伍堂卓爾（蘭方医）

後藤 文夫　ごとう・ふみお
貴族院議員（勅選）内相　大政翼賛会副総裁
明治17年（1884年）3月7日～昭和55年（1980年）5月13日
生大分県　学東京帝国大学政治学科〔明治41年〕卒　歴内務省に入り、内相秘書官、台湾総督府総務長官などを経て、昭和5～20年勅選貴族院議員。7年斎藤内閣の農相、9年岡田内閣の内相、18年東条内閣の国務相を歴任。この間近衛文麿らと新日本同盟を結成、大政翼賛会副総裁、東亜振興会副総裁、大日本防空協会理事長などを務めた。また11年二・二六事件の時は私邸にいて難を免れ、事件後首相臨時代理として事件処理をした。戦後、28年大分地方区から緑風会で参議院議員に当選。31年日本青年館理事長。　家息子＝後藤正夫（法相・統計学者）、後藤米夫（東京学芸大学名誉教授）

後藤 光蔵　ごとう・みつぞう
陸軍中将
明治29年（1896年）1月4日～昭和61年（1986年）12月12日
出大分県日田市　学陸士（第29期）〔大正6年〕卒　歴昭和8年侍従武官になり、歩兵第一連隊長などを歴任。第一総軍参謀副長当時の20年8月15日未明、降伏に反対する青年将校らが森赳近衛第一師団長を射殺、皇居を占拠する事件が発生（宮城事件）。間もなく鎮圧されたが、この難局に森師団長の後を受けて近衛第一師団長に就任、近衛師団の終戦処理に当たった。同師団解体に伴い、20年9月からは初代の禁衛府長官（皇宮警察の前身）を務めた。　家息子＝後藤光一郎（東京大学文学部教授）

後藤 安太郎　ごとう・やすたろう
実業家　オリジン電気創業者
明治31年（1898年）9月15日～昭和47年（1972年）11月29日
生静岡県富士郡須津村神谷（富士市）　学早稲田工手学校電工科〔大正4年〕卒　歴藤倉電線、鉄道省東京鉄道管理局などで鉄道信号の専門技術者として働き、鉄道自動信号の研究に従事。軌道回路、特にインピーダンスボンドの改良に尽くした。昭和2年日本信号に移り、技師長兼工場長。10年電元社創立に携わった後、13年富士電機製作所を創立してソルトバス電気炉を製造。同年同研究所を発展的解消し、富士電炉工業株式会社を創業した。16年3代目社長に就任。27年オリジン電気と社名変更。44年会長。この間、大正11年賀川豊彦の自伝「死線を越えて」に感激して賀川の下を訪ね、以来亡くなるまで指導を受けた。14年には日本MLT（日本救癩協会）を創設、昭和35年理事長となりハンセン病患者の支援に尽くした。　家長男＝後藤純一（オリジン電気社長）

後藤 泰彦　ごとう・やすひこ
彫刻家
明治35年（1902年）4月3日～昭和13年（1938年）7月29日
生熊本県　歴昭和4年妻子を郷里に残して単身上京。一時は田島亀彦に師事したが、のちに彫塑を独修。5年構造社展に初入選し、7年会友、9年会員。13年応召して日中戦争に従軍、中支戦線で戦死した。晩年の作品に「黎明」「李氏騎馬像」「永

井柳太郎氏像」などがある。

後藤 隆之助　ごとう・りゅうのすけ
昭和研究会代表世話人
明治21年（1888年）12月20日〜昭和59年（1984年）8月21日
生茨城県　学京都帝国大学〔大正8年〕卒　歴京都帝国大学時代から近衛文麿と親交を結び、近衛を団長とする大日本連合青年団に入り、昭和17年の大日本翼賛壮年団の創立に参画。8年に結成された近衛のブレーンといわれる昭和研究会を主宰し、蠟山政道、風見章、尾崎秀実、笠信太郎らの人材を集め、さらに人材養成のため昭和塾を創立した。12年の第一次近衛内閣の組閣参謀を務め、15年の第二次近衛内閣で大政翼賛会が結成された際、組織局長となった。しかし観念右翼の赤攻撃で、局長を辞任、昭和研究会、昭和塾も解散。戦後は昭和同人会を主宰。

後藤 亮一　ごとう・りょういち
衆議院議員
明治21年（1888年）12月〜昭和24年（1949年）3月29日
出岐阜県　学京都帝国大学哲学科〔大正6年〕卒　歴臨済宗妙心寺派宗会議長、宗務総長を経て、昭和5年より衆議院議員に連続2選。民政党に所属した。

小西 和　こにし・かなう
衆議院議員
明治6年（1873年）4月26日〜昭和22年（1947年）11月30日
生香川県寒川郡名村（さぬき市）　学札幌農学校〔明治25年〕卒　歴東京朝日新聞記者、日本海洋会理事、南満州製糖取締役社長などを歴任。明治45年香川1区より衆議院議員に8選。憲政会党務委員長、民政党総務となる。第14回万国議員商事会議（パリ）、第25回列国議会同盟会議（ベルリン）に参列する。著書に「日本の高山植物」、「瀬戸内海論」がある。

小西 健一　こにし・けんいち
ホッケー選手
明治41年（1908年）3月20日〜昭和61年（1986年）11月19日
出福岡県福岡市　学早稲田大学経済学部〔昭和7年〕卒　歴昭和7年のロサンゼルス五輪にフィールドホッケー代表として出場し銀メダルを獲得。8年からは日本スケート連盟、日本体協の各理事などを歴任し、47年の札幌冬季五輪では日本スケート代表チームの選手強化本部長を務めた。

小西 作太郎　こにし・さくたろう
朝日新聞印刷局長
明治25年（1892年）5月25日〜昭和60年（1985年）2月5日
生京都府京都市　学京都帝国大学工学部機械工学科〔大正7年〕卒　歴朝日新聞印刷部長、印刷局長などを歴任。三高時代に、全国高校野球選手権大会の前身である全国中等学校優勝野球大会の開催のきっかけを作り、大正4年の第1回大会（豊中）から審判委員を務めた。その後鳴尾、甲子園時代も大会運営に尽くし、高校野球の生みの親の一人といわれる。又朝日新聞の印刷局長のとき、従来の常識を破る「扁平活字」を考案、昭和16年から紙面に採用し、翌年から各紙も次々採用した。

小西 重直　こにし・しげなお
教育学者　京都帝国大学総長
明治8年（1875年）1月〜昭和23年（1948年）7月21日
生山形県米沢　名旧姓・旧名＝富所代吉、前名＝小西大吉　学東京帝国大学哲学科〔明治34年〕卒　文学博士〔大正2年〕ドイツに留学、フォルケルトに師事、教育学を研究。帰国して広島高等師範学校教授、文部省視学官、七高造士館主兼教授、大正2年京都帝国大学文学部教授、昭和2年文学部長兼成城学園総長。8年京都帝大総長となったが、滝川事件で辞任、

名誉教授。のち私立千葉工業大学長。著書「最新女子教育学」「学校教育」「労作教育」「小西博士全集」（全5巻）がある。

小西 得郎　こにし・とくろう
プロ野球監督
明治29年（1896年）7月10日〜昭和52年（1977年）6月9日
生東京市麴町区（東京都千代田区）　学明治大学商学科〔大正8年〕卒　歴明大時代は野球部の主将。大正8年大学卒業後も野球に係わり、都市対抗野球の実現に尽力、昭和2年の第1回大会では第1戦の球審を務めた。11年プロ野球が誕生し、12年大東京（後のライオン）、のち名古屋の監督。2リーグ制になって25年松竹ロビンスを率いてセリーグ優勝。日本シリーズで毎日に敗れ辞任。27年大洋監督、28年洋松監督。30年NHKラジオの野球解説者になり「なんと申しましょうか」の小西節でファンを楽しませた。46年野球殿堂入り。　家父＝小西増太郎（ロシア文学者）

小沼 治夫　こぬま・はるお
陸軍少将
明治32年（1899年）1月1日〜平成1年（1989年）1月17日
出栃木県　学陸士（第32期）〔大正9年〕卒、陸大〔昭和6年〕卒　歴太平洋戦争中、陸軍の作戦主任参謀としてガダルカナル島撤退作戦に従事。敗戦の昭和20年8月15日、東京・内幸町の日本放送協会から昭和天皇が終戦を告げる「玉音放送」が流された際は東部軍参謀副長としてスタジオで放送に立ち会った。　家長男＝小沼通二（慶応義塾大学名誉教授）

近衛 十四郎　このえ・じゅうしろう
俳優
大正5年（1916年）4月1日〜昭和52年（1977年）5月24日
生新潟県長岡市　名本名＝目黒寅彦、旧姓・旧名＝目黒寅一　学長岡工卒　歴昭和7年市川右太衛門プロ、次いで日活京都を経て、9年亜細亜映画に入り、「叫ぶ荒神山」でデビュー。10年大都映画に移り、「銀平くづれ格子」、「疾風蜥蜴鞘」3部作（10〜11年）、「真田十勇士」（前後篇、14年）、「宮本武蔵決戦般若坂」（17年）などに主演スターとして活躍。戦時統合のおりに一時映画界から離れたが、戦後28年松竹京都に入社、「花の生涯」でカムバック。豪快な殺陣をくりひろげる剣劇スターとして人気を得た。妻は女優水川八重子、長男松方弘樹、二男目黒祐樹とも俳優という芸能一家。　家妻＝水川八重子（女優）、長男＝松方弘樹（俳優）、二男＝目黒祐樹（俳優）、孫＝近衛はな（女優）、仁科克基（俳優）、仁科仁美（女優）

近衛 千代子　このえ・ちよこ
近衛文麿首相夫人
明治29年（1896年）1月11日〜昭和55年（1980年）9月16日
学学習院女子部卒　歴毛利高範の二女に生まれる。公爵・近衛文麿と結婚。戦前からゴルフを好む活発な女性で、自宅に侵入した強盗に説教する程の男勝りの面もあった。2男2女をもうける。昭和20年文麿自殺後も荻外荘を守った。　家夫＝近衛文麿（首相）、長男＝近衛文隆（陸軍中尉・ゴルフ選手）、二男＝近衛通隆（東京大学史料編纂所教授）

近衛 貞子　このえ・ともこ
公爵近衛篤麿の妻
明治4年（1871年）6月6日〜昭和30年（1955年）8月15日
歴旧加賀藩主・前田慶寧の六女。公爵・近衛篤麿の先妻（貞子の姉）が死没後、篤麿の後妻として嫁ぐ。明治31年指揮者秀麿を生む。夫の援助のもと、愛国婦人会の設立に尽力した。　家夫＝近衛篤麿（政治家・公爵）、息子＝近衛秀麿（指揮者）、父＝前田慶寧（加賀藩主）

近衛 直麿　このえ・なおまろ

雅楽研究家　詩人

明治33年（1900年）8月30日〜昭和7年（1932年）7月22日

生東京都　学早稲田大学文学部〔大正8年〕中退　歴政治家の近衛文麿の弟。近衛家は藤原北家の嫡流で五摂家の筆頭という名家であり、宮中においては雅楽も司ったことから、幼少より雅楽に親しむ。5歳で父と死別。暁星中学時代に津島文治（太宰治の兄）、今東光・日出海兄弟、サトウ・ハチローらと知り合ったことから文学に目覚め、5年近衛家に戻ってからは三木露風に詩の指導を受け、同年処女詩「メロディー、思い出す音」を書いた。8年早稲田大学文学科に入るが、すぐ中退。9年処女詩集「和絃」を刊行。10年からは戯曲にも手を染めた。一方で洋楽を志して早くからホルンをよくし、15年には兄・秀麿とともに新交響楽団（現・NHK交響楽団）を結成し、そのホルン奏者として演奏会に毎回出演するとともに同団の機関紙「曲目と解説」の編集にも従事した。その後、雅楽への関心を深め、昭和2年から久我民四郎に箏箱を、多忠龍に琵琶を師事。3年には兄の秀麿、箏曲家の宮城道雄と協力して「越天楽変奏曲」を編曲し、東京日日新聞主催の御大典奉祝音楽会で初演して好評を博した。4年病気のため新交響楽団を退団。5年雅楽同志会に参加したのを経て、6年雅楽同志協会を興し、それまで一般の耳に届かなかった雅楽の名曲をレコード録音やラジオで放送するなど雅楽の再興と普及に力を注いだ。傍ら、「音楽世界」「音楽春秋」などに雅楽に関する論考を寄稿するとともに雅楽曲の採譜を企て、「近衛直麿雅楽五線譜稿」などを著した。没後「近衛直麿遺稿集」「近衛直麿追悼録」が編まれた。　家父＝近衛篤麿（公爵・貴族院議長）、兄＝近衛文麿（首相）、近衛秀麿（指揮者・作曲家）、弟＝水谷川忠麿（春日大社宮司）、義兄＝大山柏（考古学者）、甥＝近衛秀健（近衛音楽研究所理事長）

近衛 秀麿　このえ・ひでまろ

指揮者　作曲家　子爵　新交響楽団創設者

明治31年（1898年）11月18日〜昭和48年（1973年）6月2日

生東京市麴町区（東京都千代田区）　学学習院高等科〔大正8年〕卒、東京帝国大学文学部哲学科〔大正11年〕中退　資日本芸術院会員〔昭和23年〕　歴政治家の近衛文麿の弟。近衛家は藤原北家の嫡流で五摂家の筆頭という名家であり、宮中においては雅楽も司ったことから、幼い頃から音楽や楽器に親しむ。バイオリンを末吉雄二、グスタフ・クローンらに師事、大正5年からは山田耕筰について作曲の基礎を学んだ。8年子爵を授けられ近衛本家から独立。9年山田が2度目の外遊から帰国した際、その歓迎会でワーグナー「ニュルンベルクのマイスタージンガー」前奏曲の指揮を行い、正式に指揮者デビューを果たした。また本格的に作曲を始め、「赤い鳥」を中心に、西条八十の詩に曲をつけた「烏の手紙」「犬と雲」、北原白秋の詩による「ちんちん千鳥」といった歌曲や童謡を発表した。12年渡欧し、滞在中の13年、ベルリン・フィルハーモニー交響楽団を指揮する機会が与えられ、モーツァルトの「劇場支配人」序曲やドビュッシーの「牧神の午後への前奏曲」などを指揮。同年第一次大戦後のインフレで安くなったオーケストラの楽譜を大量に買い込んで帰国し、近衛交響楽団を結成。14年同楽団を山田の日本交響楽団に合流させ、日本初の常設オーケストラとして定期公演や日露交歓管弦楽演奏会などを成功させたが、使途不明金問題で山田と袂を分かち、15年から新交響楽団（現・NHK交響楽団）を組織して以後10年間主宰。昭和5年シベリア鉄道経由で欧州を旅行。帰国後、新響内部で組合活動が発覚したのに伴って楽団員の大量離脱が発生（コロナ事件）、その後も再び新響の組合組織への改組問題に巻き込まれ、10年退団。フリーとなった後は海外に出、国際的に活躍した。20年ドイツの降伏により米軍の捕虜となり、同年末に帰国。23年日本芸術院会員。　家長男＝近衛秀健（作曲家・指揮者）、二男＝水谷川忠俊（作曲家・華道家）、父＝近

衛篤麿（公爵・貴族院議長）、兄＝近衛文麿（首相）、弟＝近衛直麿（雅楽研究家）、水谷川忠麿（春日大社宮司）、孫＝水谷川優子（チェロ奏者）

近衛 文隆　このえ・ふみたか

陸軍中尉　ゴルフ選手

大正4年（1915年）4月3日〜昭和31年（1956年）10月29日

学プリンストン大学　歴小学校のころからゴルフを始め、昭和6年16歳で日本アマチュア選手権に出場、3位でクオリファイし、史上最年少記録を作る。学習院中等部卒業後、米国の高校に留学。8年南北アマチュア・ゴルフ選手権でベスト8に進出し、全米の注目を集める。9年プリンストン大学に進み、政治学を専攻。一方、ゴルフ部に所属し、11年学内クラブ選手権準優勝、12年優勝。ゴルフ部キャプテンに選出され、13年同部を米東部大学リーグ優勝に導いた。同年帰国、父文麿の秘書官となり、15年応召。満州の砲兵連隊に中隊長として配属される。20年ソ連軍に逮捕され、抑留のまま、31年収容所で死去。抑留の間もゴルフスウィングの練習を欠かさなかったと伝えられている。　家父＝近衛文麿（首相）、妻＝近衛正子、弟＝近衛通隆（東京大学史料編纂所教授）

近衛 文麿　このえ・ふみまろ

公爵　首相　貴族院議長

明治24年（1891年）10月12日〜昭和20年（1945年）12月16日

生東京都　学一高〔明治45年〕卒、京都帝国大学法科大学政治学科〔大正6年〕卒　歴近衛家は藤原北家の嫡流で五摂家の筆頭という名家で、貴族院議長を務めた篤麿の長男。指揮者、作曲家の秀麿、雅楽研究家の直麿は弟。明治37年父を亡くし公爵を襲爵。一高から東京帝国大学に進むが、河上肇を慕って京都帝国大学に転学。大正5年貴族院議員。6年大学卒業後、内務省に入る。8年パリ講和会議に全権随員として出席。10年日本青年館を設立して理事長。昭和6年貴族院副議長、8年議長。この頃より革新派として期待を集め、次代の首相候補と目されるようになる。同年友人の後藤隆之助らがブレーン集団である国策研究機関・昭和研究会を設立。11年の二・二六事件の直後、首相の大命が降下したが拝辞。12年第一次内閣を組閣したが、日中戦争勃発に際して不拡大方針を維持できず、13年国民政府を対手にせずとの第一次近衛声明を出し、日中戦争の和平交渉は頓挫した。また、国家総動員法などを成立させた。14年1月総辞職。同月首相となった平沼騏一郎の後任として枢密院議長に就任。15年6月新党結成を決意して議長を辞任、同年7月米内内閣の総辞職を受けて第二次内閣を組閣。待望された近衛新党は、10月政党解消による大政翼賛会として発足。対外的には松岡洋右を外相に起用して日独伊三国軍事同盟、日ソ中立条約を調印した。しかし、日米交渉や独ソ開戦への対処で松岡外相と対立、16年7月松岡を外して第三次内閣を発足させる。日米交渉の妥結を試みるも思うようにいかず、10月内閣は総辞職した。太平洋戦争中の17年頃から早期和平を模索、20年2月早期終戦を昭和天皇に上奏した（近衛上奏文）。戦後、同年8月東久邇宮内閣の国務相を務め、10月には内大臣府御用掛として憲法改正案の起草に携わるが、次第に連合国軍総司令部（GHQ）の態度が変化。12月A級戦犯容疑に指名され、出頭日の早暁に服毒自殺した。　家父＝近衛篤麿（貴族院議長・公爵）、長男＝近衛文隆（ゴルフ選手・陸軍中尉）、二男＝近衛通隆（東京大学史料編纂所教授）、弟＝近衛秀麿（指揮者・作曲家）、近衛直麿（雅楽研究家）、水谷川忠麿（春日大社宮司）、孫＝細川護煕（首相）、近衛忠煇（日本赤十字社社長）

木島 桜谷　このしま・おうこく

日本画家

明治10年（1877年）3月6日〜昭和13年（1938年）11月3日

生京都三条室町　名本名＝木島文治郎、別号＝竜池草堂主人

[学]京都市立商中退 [歴]円山・四条派の今尾景年に師事、また漢詩を山本競愚に学んだ。明治32年全国絵画共進会に「瓜生兄弟」を出品、宮内庁買い上げとなった。その後京都美術協会展、新古美術品展などで毎回受賞した。40年第1回文展に「しぐれ」が2等賞、以後大正元年の第6回文展で「寒月」が2等賞になるなど毎回賞を得た。同年京都市立美術工芸学校教諭、2年の第7回文展では審査員、3年無鑑査。4年京都市立絵画専門学校教授となった。昭和8年第14回帝展に「峡中の秋」を出品、その後は画壇を離れ、漢籍に親しむ日々を送った。13年電車にはねられて死去。

小橋 一太　こばし・いちた
衆議院議員 文相 東京市長
明治3年(1870年)10月1日〜昭和14年(1939年)10月2日
[生]熊本県　[名]号＝杏城　[学]五高卒、東京帝国大学法科大学英法科〔明治31年〕卒　[歴]肥後熊本藩京都留守居役の長男。五高から東京帝国大学法科大学に進み、明治31年内務省に入省。43年衛生局長、大正2年地方局長、3年土木局長を経て、7〜11年の4年間にわたって内務次官を務め、水野錬太郎、床次竹二郎両内相を支えた。この間、9年政友会から衆議院議員に当選。通算3期。13年清浦奎吾内閣書記官長となり、政友会から分離した政友本党に参加、15年党幹事長。昭和2年民政党結成に参画。4年浜口雄幸内閣の文相となるも、間もなく越後鉄道疑獄事件で辞任した。12年東京市長に就任した。

小橋 かつえ　こばし・かつえ
社会事業家 博愛社社長
明治9年(1876年)2月8日〜昭和39年(1964年)2月19日
[生]和歌山県伊都郡見好村(かつらぎ町)　[名]本名＝小橋勝乃、旧姓・旧名＝山本　[学]プール女学校卒　[歴]教員として郷里・和歌山県の小学校に在職中にキリスト教徒(日本聖公会)となり、23歳で大阪のプール女学校に入学。同校校長トリストラムの感化を受け、卒業後は同校の裁縫教師を務めた。明治37年博愛社社長・小橋実之助と結婚し、夫の孤児救済事業を助けた。昭和8年に夫が没すると、その後任として第3代社長に就任。以後、事業の近代化を図って同社を財団法人化し、小児保育相談所や教会堂を開設するなど設備の拡充に力を注いだ。12年には軍人母子ホームを開き、出征軍人の遺族保護にも着手。戦中戦後の混乱期にあっても孤児たちの養育を続け、25年には社会福祉法人の認証を受けた。さらに低額診療所、虚弱児ホーム、幼児ホームを立て続けに新設するなど乳幼児への幅広い慈善事業を展開した。　[家]夫＝小橋実之助(社会事業家)

小橋川 仁王　こばしがわ・におう
陶芸家
明治10年(1877年)〜昭和27年(1952年)1月2日
[出]沖縄県　[歴]代々琉球王国の官窯の町である壺屋(現・那覇市)で陶芸に従事する。壺屋の草分けである壺屋七家の一つ・小橋川家の分家筋の3代目にあたる。釉薬の調合に優れた。

小畑 虎之助　こばた・とらのすけ
衆議院議員
明治27年(1894年)3月〜昭和30年(1955年)4月20日
[出]兵庫県　[歴]兵庫県議、同議長を歴任し、掛水銀行支配人、新日報社社長を務める。昭和11年衆議院議員初当選。以来通算4期務めた。

小早川 清　こばやかわ・きよし
日本画家
明治32年(1899年)8月29日〜昭和23年(1948年)4月4日
[生]福岡県福岡市　[歴]13歳で上田鉄耕に南画を学び、19歳の時上京、鏑木清方に師事し美人画を学ぶ。清方門下による郷土

会で研究に励み、大正13年帝展に「長崎のお菊さん」で初入選。その後も帝展に出品を続け、長崎を多く題材にとり、浮世絵やキリシタン文学の研究による考証をもとに異国情緒あふれる美人画を描いた。昭和8年歌手の市丸をモデルにした「旅亭涼宵」が帝展特選を受賞、以後現代風俗を題材とするようになり、文展や新文展にも出品。この他、日本画会、青衿会などにも会員として出品している。

小早川 欣吾　こばやかわ・きんご
法制史学者 京都帝国大学教授
明治33年(1900年)6月16日〜昭和19年(1944年)6月15日
[生]兵庫県神戸　[専]日本法制史　[学]京都帝国大学法学部〔昭和4年〕卒　[歴]昭和8年京都帝国大学法学部講師、19年人文科学研究所教授。著書に「日本担保法史序説」「明治制度論 公法之部」「近世民事訴訟制度の研究」など。

小早川 秋声　こばやかわ・しゅうせい
日本画家
明治22年(1889年)9月26日〜昭和49年(1974年)2月6日
[生]兵庫県神戸　[名]本名＝小早川盈麿　[学]京都市立絵画専門学校卒　[歴]父は鳥取県日野町の光徳寺住職で、母の実家がある兵庫県神戸で生まれる。谷口香嶠塾、山元春挙塾に学び、大正3〜6年中国、9〜12年欧州遊学。大正3年第8回文展出品の「だました後」が初入選。官展に出品を続け、昭和12〜16年中国、18年ビルマへ陸軍従軍画家として派遣され、戦争記録画を描いた。代表作「寂光の都」「ヴェニスの宵」などがある。

小早川 常雄　こばやかわ・ときお
京三製作所創業者
明治12年(1879年)7月21日〜昭和45年(1970年)2月
[生]広島県　[学]東京帝国大学工科大学電気工学科〔明治39年〕卒　[歴]明治40年芝浦製作所(現・東芝)に入社。技術部、商務部の各副部長を務め、大正7年京三商会を設立、代表社員。10年東京電気工業株式会社の代表取締役専務となり、15年京三製作所に社名変更。昭和15年会長、19年相談役に退く。　[賞]運輸大臣賞〔昭和15年〕

小林 朝治　こばやし・あさじ
洋画家 版画家 眼科医
明治31年(1898年)1月11日〜昭和14年(1939年)8月5日
[生]長野県須坂市　[学]金沢医科大学専門部〔大正14年〕卒　[歴]母校の金沢医科大学で眼科教室に勤務後、昭和2年より愛媛県吉田病院眼科医長を務め、金沢在住時に学んだ油彩の個展を開催。5年国画会展で版画「無花果」が入選、以後同展への出品を続けた。6年「吉田風物画帖」を出版。同年長野県須坂市に移住して眼科医を開業した。8年美術グループ十人社を結成、創作版画集「楪」を創刊。9年信濃創作版画協会設立会員となり、地域の版画振興に尽力。11年日本版画協会会員に推薦されたが、制作に行き詰まり、自殺した。また郷土玩具の版画収集に熱を入れ、雑誌「版画術」に信濃郷土玩具集、北陸郷土玩具集などを発表した。54年須坂市博物館で小林朝治回顧展、平成元年宮城県美術館で洲之内コレクション展が開催された。画集に「小林朝治版画作品集」がある。

小林 郁　こばやし・いく
教育家 社会学者
明治14年(1881年)8月29日〜昭和8年(1933年)5月22日
[学]東京帝国大学文科大学〔明治35年〕卒　[歴]広島高等師範学校で教鞭を執ったのち、明治44年より約10年間米国へ留学、シカゴ大学、イリノイ大学で社会学を学んだ。帰国後、大正11年東洋協会大教授、のち昭和4年拓殖大学図書館長・予科長、6年同大学専門部長などを務めた。また慶応義塾大学、中央大学、日本大学などで社会学を講じた。著書に「コムト」「社会

心理学」「社会学概論」などがある。

小林 一三　こばやし・いちぞう

実業家 阪急グループ創始者 商工相

明治6年（1873年）1月3日～昭和32年（1957年）1月25日

[生]山梨県北巨摩郡韮崎町（韮崎市）　[名]号＝逸翁　[学]慶応義塾〔明治25年〕卒　[歴]明治26年三井銀行に入社。40年箕面有馬電気軌道（現・阪急電鉄）を設立して専務となり、43年に梅田～宝塚間（阪急宝塚本線）及び石橋～箕面間（阪急箕面線）を開業するや沿線開発に着手。乗客を誘引するため沿線に動物園や大浴場などといった娯楽施設を次々と設置した他、45年少女だけで組織された宝塚唱歌隊を結成し、大正3年宝塚少女歌劇団（現・宝塚歌劇団）に発展させ、我が国初の西洋楽器のみによる日本物の唱歌劇・舞踏劇を上演した。なお、同団発足当初の脚本の大多数は、彼が手がけていたといわれる。7年箕面有馬電気軌道を阪神急行電鉄に改称し、昭和2年社長に就任。この間、大正9年起点の梅田駅に駅ビルを建設して白木屋などの百貨店や直営の食堂などを誘致するといった駅前の開発にも心血を注ぎ、さらに昭和4年に同駅に作った直営の阪急百貨店が大成功を収めると、その後の私鉄経営のモデルとされた。興行界にも乗り出し、7年東京宝塚劇場及び日比谷映画劇場を、12年PCL（写真化学研究所）を関連会社と合併させて東宝映画を創立、製作・配給・興行を一体化した経営形態で映画界に覇を唱えた。18年これらを合併し東宝を設立。一方、三井銀行の池田成彬の要請を受けて東京電灯（現・東京電力）副社長、社長となって再建に尽くし、他にも目蒲電鉄、東横電鉄、昭和肥料、三越、日本軽金属など各社の重役を歴任して“今様太閤”といわれた。15年第二次近衛文麿内閣に商工相として入閣。戦後、20年幣原喜重郎内閣の国務相兼復興院総裁となるが、21年公職追放となった。　[家]長男＝小林富佐雄（東宝社長），三男＝小林米三（阪急電鉄社長），孫＝松岡功（東宝会長），甥＝田辺節郎（宝塚映画製作所代表取締役）

小林 一郎　こばやし・いちろう

仏教思想家

明治9年（1876年）10月20日～昭和19年（1944年）3月18日

[生]神奈川県横浜市　[学]東京帝国大学文科大学哲学科卒　[歴]東京帝国大学の他、哲学館、東洋大学、日蓮宗大学、立正大学、中央大学で教鞭を執った。初め西洋哲学を研究し、「プラトーン」などを刊行したが、のち小林日薫の影響を受け、仏教特に日蓮主義に投じた。大正3年法華会を創設、機関誌「法華」を創刊し、法華思想普及のために多くの著述をなし、各地に巡講した。著書に「日蓮主義概論」「芭蕉翁の一生」「法華経大講座」（全13巻）、「易経大講座」（全12巻）、「小林一郎選集」など多数。

小林 錡　こばやし・かなえ

衆議院議員

明治21年（1888年）3月3日～昭和35年（1960年）10月25日

[出]愛知県　[学]日本大学法学部英法科〔明治45年〕卒，ベルリン大学〔大正15年〕卒 法学博士　[歴]東京地裁検事、弁護士、日本大学専門部長、同大法学部長等を歴任。昭和5年衆議院議員初当選、以来通算8期務めた。第一次吉田内閣の商工政務次官、衆議院法務委員長、裁判官弾劾裁判所裁判長の他、政友会幹事、日本進歩党、民主党各総務、自民党党紀委員長、国会秩序保持対策委員長等を歴任した。

小林 柯白　こばやし・かはく

日本画家

明治29年（1896年）10月～昭和18年（1943年）11月8日

[生]大阪府　[名]本名＝小林茂雄　[歴]明治45年上京、今村紫紅に師事、大正5年紫紅死去で安田靫彦についた。7年第5回院展で「峰坂山」初入選。9年第7回院展で「社家町の跡」、10年第8回院展「道頓堀の夜」、11年第9回院展「山」、12年第10回院展「蓮」、13年第11回院展「八瀬大原」が連続入選、同年同人となった。帝展、新文展にも出品。

小林 鎌太郎　こばやし・かまたろう

実業家 東洋インキ製造創業者

明治8年（1875年）3月～昭和13年（1938年）6月7日

[生]神奈川県横浜市　[歴]4歳で母、6歳で父を失い、海軍造兵廠に勤めていた高島某に嫁していた叔母に育てられた。明治19年上京して京橋の看板屋手伝いとなり、22年同じく京橋の寺本絵具店に入店。29年独立して日本橋で小林インキ店を開き、40年インキ業界初の株式会社である東洋インキ製造を創業。日本橋区議の細谷鎌太郎を初代社長とし、自身は営業部長に就任。42年取締役となり、大正9年専務、昭和9年社長。

小林 観爾　こばやし・かんじ

日本画家

明治25年（1892年）1月4日～昭和49年（1974年）12月23日

[生]長崎県南高来郡深江村（南島原市）　[学]京都市立絵画専門学校本科〔大正6年〕　[歴]京都市立美術工芸学校図案科、次いで京都市立絵画専門学校を卒業。さらに荒木十畝に師事し、日本画を学ぶ。大正13年第5回帝展に初入選して以来、同展を中心に活動し、14年の第6回同展では「芍薬」で特選を受けた。昭和6年ベルリン日本画展に出品。11年には「汀の夏」で文展鑑査展に入選するが、間もなく体を壊したため、画壇から遠ざかった。写実的な花鳥画を得意とし、その他の作品に「立葵」「軍鶏」「南庭」などがある。また、永平寺や久邇宮家の天井画なども手がけている。　[賞]帝展特選（第6回）〔大正14年〕「芍薬」

小林 絹治　こばやし・きぬじ

衆議院議員

明治21年（1888年）2月20日～昭和48年（1973年）3月28日

[生]兵庫県　[学]関西大学法学部卒，カリフォルニア大学大学院法科修了　[歴]中央新聞社主筆、同編集局長を経て、南満州鉄道（満鉄）秘書役、同ニューヨーク支店長などを務める。昭和5年衆議院議員に初当選。以来通算7期務める。この間広田内閣の農林参与官、農林省、農商務省各委員、衆議院地方行政委員長、第二次岸内閣の外務政務次官等を歴任。自民党相談役、外交調査会副会長、中南米問題調査会副会長等を務める。

[家]息子＝小林正巳（衆議院議員）

小林 久平　こばやし・きゅうへい

応用化学者 早稲田大学理工学部教授

明治8年（1875年）4月23日～昭和29年（1954年）2月7日

[生]新潟県長岡市　[専]石油化学，無機化学　[学]東京帝国大学工科大学応用化学科〔明治33年〕卒 工学博士（東京帝国大学）〔大正9年〕　[歴]明治35年東京帝国大学工科大学講師、36年東京高等商業学校講師兼務、38年清国湖南省長沙府遊学予備科教習、40年浅野石油技師、45年日本醋酸製造技師長、大正5年東洋薬品取締役を経て、7年早稲田大学理工学部教授。石油精製に用いられる酸性白土の発見と研究で知られる。15年工業化学会会長、昭和11～13年化学機械協会初代会長。著書に「石油及其工業〈上下〉」「酸性白土」「木材乾溜工業」「人造石油工業」などがある。　[賞]工業化学会有功賞〔大正11年〕，報公賞（第1回）〔昭和6年〕

小林 研一路　こばやし・けんいちろ

歌人

明治37年（1904年）～昭和47年（1972年）

[生]三重県四日市市赤水町　[名]本名＝小林賢一郎，別号＝菰野懸一郎　[学]小卒　[歴]家業の商店や農業を手伝う傍ら、独学で短歌を学ぶ。昭和3年三谷蘆華主宰の歌誌「鳥人」に参加。7年

蘆華の没後、同誌を離れた。10年菰野懸一郎の名で高橋俊人主宰の「菁藻」で作歌を再開したが2年後には同誌も離れ、以後は短歌から遠ざかった。「万葉集」を好み、相聞歌や家庭・百姓生活を多く詠んだことから万葉の歌人・山上憶良に比べられ、歌友から"憶良的歌人"と称された。

小林 謙五　こばやし・けんご
海軍中将
明治26年（1893年）3月22日〜昭和23年（1948年）4月23日
[出]東京都　[学]海兵（第42期）〔大正3年〕卒、海大卒　[歴]陸軍大将で男爵の中村覚の五男。駐米武官、戦艦「陸奥」艦長、第一艦隊参謀長などを務め、昭和20年旅順方面特別根拠地司令官。海軍中将。敗戦後ソ連に抑留され、23年4月23日シベリアで病死。　[家]父＝中村覚（陸軍大将・男爵）、兄＝中村謙一（鉄道技師・男爵）

小林 健治　こばやし・けんじ
東京地裁予審判事
明治34年（1901年）9月18日〜昭和63年（1988年）6月18日
[生]福島県　[学]東北帝国大学法文学科〔昭和4年〕卒　[歴]昭和5年以降、宇都宮、東京各地裁判事を経て、32年札幌地裁所長、36年東京高裁判事を歴任。戦時中の昭和18年、東京地裁予審判事時代、反東条派として逮捕された中野正剛代議士に対する拘置請求を却下したことで知られる。25年には田中角栄に炭管汚職事件で有罪判決を言い渡した。41年退官し、以後弁護士として活躍した。

小林 源太郎　こばやし・げんたろう
日本画家
明治16年（1883年）〜昭和26年（1951年）10月27日
[生]東京都　[学]東京美術学校日本画科選科〔明治41年〕卒　[歴]狩野芳崖、橋本雅邦と同門であった義理の祖父・結城正明に育てられる。大正元年小泉勝爾らと行樹社を結成し、グループ展を開催。10年山内神斧とともに朝鮮、中国を旅行。同年蒼空邦画会第1回展に出品。11年第一作家同盟に参加するなど、先鋭的な日本画研究グループに属する。12年からは商業広告図案も手がける。15年日本プロレタリア芸術連盟美術部に属して、プロレタリア芸術運動に携わる。昭和2年伊東深水の画塾で講師として日本絵画史を教える。13年成層絵画研究集団（のちの新壁画協会）を結成した。　[家]義祖父＝結城正明（日本画家）

小林 古径　こばやし・こけい
日本画家
明治16年（1883年）2月11日〜昭和32年（1957年）4月3日
[生]新潟県上越市　[名]本名＝小林茂　[賞]帝国芸術院会員〔昭和12年〕　[歴]少年時代、青木香葩らに歴史画を学び、明治32年上京、梶田半古の門に入り、日本絵画協会共進会に「村上義光」を出品して入選。40年第1回文展に「闘草」が入選。41年安田靫彦らと紅児会を結成、「重盛」「踏絵」などを発表。大正元年第6回文展の「極楽井」で注目された。3年日本美術院の再興院展に「異端」を出品、同人に推され「阿弥陀堂」「竹取物語」などを発表。11年美術院留学生として前田青邨らと渡欧、ロンドンで「女史箴図巻」を模写。翌年帰国。昭和10年帝国美術院会員、12年芸術院会員、19年帝室技芸員となった。また同年東京美術学校教授。戦後も東京芸大教授として26年まで在職。25年文化勲章受章。他に「いでゆ」「鶴と七面鳥」「清姫」「髪」「楊貴妃」などが有名。　[勲]文化勲章〔昭和25年〕　[賞]文化功労者〔昭和26年〕

小林 定義　こばやし・さだよし
ホッケー選手
生年不詳〜平成9年（1997年）5月23日
[学]明治大学　[歴]昭和7年ロサンゼルス五輪に選手として参加。39年東京五輪監督のほか母校・明治大学監督を務める。また、全国を回り高校ホッケー部を作り指導するなど、ホッケーの普及、振興に務めた。

小林 静雄　こばやし・しずお
能楽研究家
明治42年（1909年）9月29日〜昭和20年（1945年）1月24日
[生]東京都　[学]早稲田大学文学部国文科〔昭和7年〕卒、早稲田大学大学院〔昭和10年〕修了　[歴]千代田女子専門学校講師を務める傍ら、雑誌「観世」の編集主任となる。観世流謡本刊行では前付の解説を執筆。昭和19年教育召集され、続いて出征、20年フィリピンで戦死した。著書に「能楽史料」第1輯、「室町能楽記」「謡曲の鑑賞」「謡曲作者の研究」「世阿弥」「能楽史研究」などがある。

小林 静　こばやし・しずか
水戸証券創業者
明治17年（1884年）4月10日〜昭和40年（1965年）1月13日
[生]茨城県東茨城郡加倉井村（水戸市加倉井町）　[学]水戸中学卒　[歴]茨城県上中妻村の初代村長を務めた小林弥三郎の長男。大正2年水戸百四銀行に入行。3年同銀行が常磐銀行と合併。貸出主任として地元の証券業者と接する中で、証券業を正直かつ堅実に行えば世間のためにもなり、営業としても成り立つと考え、10年常磐銀行を退職し、肥料商であった岸正と証券業の小岸商会を設立した。11年株式会社に改組して代表取締役専務。15年小岸商会解散を決定、昭和2年自身の個人商店に移行して、店名を小林株式店と改めた。8年株式会社に改組して代表取締役専務に就任。13年県議選に立候補して選挙違反に問われ未決拘置となったため、相談役に退いた。17年小林証券に社名を変更、18年社長制を導入して初代社長となった。19年丸水証券を合併して水戸証券に社名変更。21年相談役に退く。26年水戸証券が協同証券を買収したのに伴い、水戸証券社長に復帰した。　[家]長男＝小林一郎（水戸証券社長）

小林 順一郎　こばやし・じゅんいちろう
国家主義者　陸軍砲兵大佐　翼賛政治会総務
明治13年（1880年）1月3日〜昭和38年（1963年）11月20日
[生]新潟県　[名]号＝勇堂　[学]陸士（第13期）〔明治34年〕卒　[歴]近衛野砲連隊付で日露戦争に従軍、明治42年フランス駐在、大正5年第一次大戦にフランス軍に従軍。8〜11年平和条約実施委員として欧州出張、帰国後、砲兵大佐で予備役。その後フランス鉄鋼会社日本代表で財を成し、それを資金に右翼運動の黒幕となり、昭和8年三六倶楽部を主宰、天皇機関説に反対、14年大東塾顧問、17年翼賛政治会総務、20年戦犯容疑で収容され、22年釈放。著書「陸軍の根本改造」がある。

小林 俊次郎　こばやし・しゅんじろう
機械工学者　九州帝国大学名誉教授
明治13年（1880年）9月30日〜昭和29年（1954年）10月11日
[生]兵庫県　[学]錦城中〔明治32年〕卒、三高〔明治35年〕卒、東京帝国大学工科大学機械工学科〔明治38年〕卒 工学博士（九州帝国大学）〔大正6年〕　[歴]明治38年長崎三菱造船所に入るが、43年退職。44年九州帝国大学講師、45年助教授となり、同年欧米へ留学。大正4年帰国して教授に昇任、機械工学第五講座を担任した。　[家]兄＝小林泰蔵（土木技術者）

小林 正盛　こばやし・しょうせい
僧侶（真言宗豊山派）長谷寺第66代住職
明治9年（1876年）6月11日〜昭和12年（1937年）6月18日
[生]茨城県古河市　[名]旧姓・旧名＝田口、前名＝小林聖盛、幼名＝正吉、号＝雨峰　[学]新義派大学林〔明治30年〕卒、東京専門学校英文科〔明治32年〕卒　[歴]田口忠八の五男に生まれ、

幼名は正吉。6歳の時に小林と改姓。古河の尊勝院に、次いで雨引山楽法寺に入り得度して聖盛の法名を授かり、のち正盛と改める。幼少から漢詩をよくし福井学圃に学ぶ。東京護国寺の豊山中学校校長、真言宗豊山派総本山長谷寺の宗務長などを経て、昭和5年同寺能化となる。この間、足利・鶏足寺住職も務め、鶏足寺の寺史研究や仏教の専門書を残す。また佐賀県鹿島に覚鑁生誕の遺跡を探し出し、大正2年誕生院を再興した。

小林 次郎　こばやし・じろう
貴族院書記官長
明治24年（1891年）8月～昭和42年（1967年）7月2日
[出]長野県　[学]東京帝国大学法科大学〔大正6年〕卒　[歴]貴族院守衛長の傍ら、貴族院、工務局、農商務、営繕、管財局の書記官を務めたほか、臨時震災救護事務局事務官、行政裁判所評定官、貴族院書記官長等も務める。昭和20年から22年に貴族院が廃止になるまで議員を務めた。

小林 省三郎　こばやし・せいざぶろう
海軍中将
明治16年（1883年）9月15日～昭和31年（1956年）4月22日
[生]新潟県　[学]海兵（第31期）〔明治36年〕卒、海大〔大正6年〕卒　[歴]大正6年呉鎮守府人事部長に配属され、横須賀鎮守府参謀などを経て、12年より利根、鳳翔、赤城の各艦長を歴任し、昭和3年航空本部教育長に就任。翌4年霞ケ浦航空隊司令となり、この時、後年の五・一五事件の革新青年将校と交わり、国家主義者として、6年の十月事件では海軍大臣に擬せられた。同年12月満州特務機関長、8年駐満海軍部司令官として満州における海軍の権限確保に努めた。9年中将、鎮海要港部司令官。11年の二・二六事件で海軍内の「皇道派」系の領袖とみられ、同年3月予備役に編入された。

小林 躋造　こばやし・せいぞう
海軍大将 貴族院議員（勅選）台湾総督 翼賛政治会総裁
明治10年（1877年）10月1日～昭和37年（1962年）7月4日
[生]広島県　[名]旧姓・旧名＝早川　[学]海兵（第26期）〔明治31年〕卒, 海大〔明治42年〕卒　[歴]大正2年から英米に駐在、「平戸」艦長、海軍省副官、9年英国大使館付武官、のち軍務局長を歴任。昭和2年ジュネーブ軍縮会議随員、帰国後練習艦隊司令官、艦政本部長、5年海軍次官、6年連合艦隊司令長官、8年大将、軍事参議官、11年予備役となり台湾総督。19年勅選貴族院議員、翼賛政治会総裁、小磯国昭内閣の国務相となった。　[家]おじ＝加藤友三郎（海軍元帥・首相），義弟＝新見政一（海軍中将）

小林 宗吉　こばやし・そうきち
劇作家
明治28年（1895年）8月1日～昭和26年（1951年）7月26日
[生]宮崎県宮崎市川原町　[学]慶応義塾大学中退　[歴]外務省に入ったが、のち劇作に専心。戦時中海軍経理学校に勤めた。大正11年作品「深川の秋」が新国劇で上演され、以後同劇団に「紀伊国屋文左衛門」を書き、「カインの末裔」を脚色、ロスタンの「剣客商売」翻案、「女優奈々子の裁判」を執筆した。

小林 孝行　こばやし・たかゆき
洋画家
大正4年（1915年）～昭和14年（1939年）1月13日
[歴]昭和7年二科会展に初入選。11年からは超現実主義風の作品を発表した。

小林 多喜二　こばやし・たきじ
小説家 左翼運動家
明治36年（1903年）10月13日～昭和8年（1933年）2月20日

秋田県北秋田郡下川沿村川口（大館市川口）　[名]別名＝堀英之助、伊東継、郷里基　[学]小樽高等商業学校〔大正13年〕卒　[歴]4歳で北海道に移住。小樽商業時代から短歌、詩、小品などを書きはじめ、小樽高等商業学校時代は詩や小説を書き「新興文学」などに投稿する。大正13年北海道拓殖銀行小樽支店に就職。また同人雑誌「クラルテ」を創刊。ゴーリキーなどの作品を通じてプロレタリア作家の自覚を持つようになる。昭和3年「一九二八年三月十五日」、4年「蟹工船」を発表。つづいて「不在地主」を発表して銀行を解雇され5年上京。共産党への資金援助で検挙される。6年保釈後は日本プロレタリア作家同盟書記長となり、非合法の共産党に入党し、地下生活に入る。8年2月20日築地署に検挙され、拷問死した。他の代表作に「工場細胞」「転形期の人々」「党生活者」などがあり、「右翼的偏向の諸問題」などの評論も多い。

小林 正　こばやし・ただし
脚本家
明治34年（1901年）～昭和7年（1932年）
[歴]大正15年日活大将軍で3作品ほど書くが、本領を発揮せずに昭和2年松竹蒲田に移り、「昭和時代」「海浜の女王」「悲恋剣闘」などを書く。4年再び日活に戻り、「都会交響楽」を畑本秋一と手がけ、オリジナル「汗」「生ける人形」、東亜や帝キネで「波浮の港」「まごころ」「太洋児出帆の港」を書く。5年「天国その日帰り」「ふるさと」、6年「ミスター・ニッポン」「ミス・ニッポン」「三面記事」「仇討選手」、7年「海に散る恋」「愛はどこまでも」「爆弾三勇士」と良質の脚本を書くが過労により死亡した。

小林 辰男　こばやし・たつお
物理学者 東京帝国大学教授
明治19年（1886年）8月28日～昭和53年（1978年）8月16日
[生]岡山県　[専]火災学、消防学　[学]東京帝国大学理科大学実験物理学科〔大正7年〕卒 理学博士〔大正13年〕　[歴]大正8年東京帝国大学教授、9年欧米留学、10年同大航空研究所員、昭和2年教授、13年から理学部教授兼任。戦後航研継承の理工学研究所員、21年所長。22年退官、23年消防庁消防研究所初代所長。消防審議会委員、日本火災学会会長も務めた。著書に「一般物理学」など。

小林 千代子　こばやし・ちよこ
ソプラノ歌手
大正2年（1913年）7月30日～昭和51年（1976年）11月25日
[生]北海道小樽市　[名]芸名＝小林伸江　[学]東洋音楽学校（現・東京音楽大学）〔昭和6年〕卒　[歴]昭和6年東洋音楽学校（現・東京音楽大学）を卒業。7年映画「涙の渡り鳥」の同名主題歌を歌って大ヒット。松竹少女歌劇に在籍して、水の江滝子らと黄金時代を築いた。日本ビクターに移籍後は「旅のつばくろ」「椿の丘」などを歌い、人気を博した。この間、9年女優の夏川静枝に婚約者だった作曲家の飯田信夫を奪われて話題となった。太平洋戦争末期の20年、父の郷里である新潟県吉田町（現・燕市）に疎開。終戦直後に地元の人たちを元気づけようと、銀の星少女歌劇団を設立。広告塔の役割を担う歌劇団が多い中で、演目重視・地域密着の歌劇団として活動した。23年上京し、恩師・三浦環の衣鉢を継いでクラシックの世界に戻り、25年芸名を小林伸江と改め、小林伸江歌劇団を結成。26年三浦環顕彰会を設立、42年からはマダム・バタフライ世界コンクールを主催した。

小林 貞吾　こばやし・ていご
彫刻家
大正2年（1913年）～昭和19年（1944年）
[生]長野県北佐久郡大里村（小諸市）　[学]太平洋美術学校　[歴]小学校高等科1年の夏休みから上田市の日本農民美術研究所に通

い、木彫の技術を学ぶ。昭和4年上京して吉田白嶺が主宰した私塾・木心舎で木彫を、太平洋美術学校でデッサンの基礎を習う。8年「みみづく」で院展に初入選。10年からは5回連続で入選を果たし、14年院友に推された。15年紀元二千六百年奉祝展にも入選。18年応召し、19年31歳の誕生日を目前にして中国で戦病死した。また同郷の日本画家・白鳥映雪との回覧文集を作り、詩歌やエッセイも執筆した。他の彫刻作品に「ペンキ屋」「農夫」「耕す人」など。

小林 照旭　こばやし・てるあき
実業家 日本製網創業者
明治9年（1876年）2月1日〜昭和27年（1952年）7月1日
⊞岡山県　歴明治43年広島県福山に西備綟織を興し、漁網用の綟網の改良・研究を進める。大正14年無結節組網機を開発、販路を国内外に拡大。昭和12年日本製網（現・日東製網）を設立した。

小林 輝次　こばやし・てるじ
社会運動家 経済学者 法政大学教授
明治29年（1896年）3月12日〜平成1年（1989年）8月22日
⊞栃木県安蘇郡犬伏町鐙塚（佐野市）　学京都帝国大学経済学部〔大正10年〕卒　歴早くから社会主義思想に関心を抱き、大学院に進むと同時に大原社会問題研究所に嘱託として入所する。大正11年から13年にかけて兵役に服し、12年法政大学講師、13年教授となる。その間、日本フェビアン協会、産業労働調査研究所などの創立に参加。15年左翼教授として大学を追われる。昭和2年叢文社に入社し「インタナショナル」の創刊に尽力し、以後「マルクス主義」などを編集する。戦後は共産党に入党し、世界経済研究所などで活躍するが、39年部分的核実験停止条約を支持して共産党から除名された。　家甥＝小林陽之助（共産党活動家）

小林 暢　こばやし・とおる
八十二銀行頭取 貴族院議員（多額納税）
明治12年（1879年）10月〜昭和10年（1935年）1月2日
⊞長野県更級郡信田村（長野市）　歴素封家に生まれ、小卒後、私塾に学ぶ。明治36年六十三銀行取締役として金融界に入り、長野商業銀行頭取、長野農工銀行頭取を経て、大正10年六十三銀行の第3代頭取に就任。以後昭和6年第十九銀行と合併して八十二銀行を創立し初代頭取となる。また大正14年には貴族院多額納税者議員に当選して国政にも参画した。

小林 秀雄　こばやし・ひでお
文芸評論家
明治35年（1902年）4月11日〜昭和58年（1983年）3月1日
⊞東京市神田区神田猿楽町（東京都千代田区）　学東京帝国大学文学部仏文科〔昭和3年〕卒　資日本芸術院会員〔昭和34年〕
歴一高在学中の大正13年「青銅時代」「山繭」の創刊に参加。昭和4年「改造」の懸賞評論が二席に入選し、以後評論家として活躍。7年川端康成らと「文学界」の創刊に参加。11年「ドストエフスキイの生活」で文学界賞を受賞。戦時中は、日本の古典文学に沈潜し、「無常といふ事」「平家物語」などのエッセイを執筆。戦後は、芸術論や音楽論、さらに文明批評なども手がけた。25年芸術賞を、27年「ゴッホの手紙」で読売文学賞を、33年「近代絵画」で野間文芸賞を、53年「本居宣長」で日本文学大賞を受賞し、42年には文化勲章を受章した。そのほかの代表作に「文芸評論」「私小説論」「モオツアルト」「『罪と罰』について II」「私の人生観」「考へるヒント」などがあり、翻訳の面においてもボードレール「エドガー・ポー」、ランボオ「地獄の季節」、アラン「精神と情熱とに関する八十一章」などがあり、著書は数多い。我が国近代批評の確立者、文壇の大御所といわれ、"批評の神様""言葉の魔術師"とも評された。また、大学入試で度々出題されて

"受験の神様"と呼ばれた。平成13年4月より新全集「小林秀雄全集」（全14巻・別巻2, 新潮社）が刊行される。　家妹＝高見沢潤子（劇作家・評論家・随筆家）、義弟＝田河水泡（漫画家）
勲文化勲章〔昭和42年〕　賞日本芸術院賞（第7回, 昭25年度）「小林秀雄全集」（創元社）, 文学界賞（第1回）〔昭和11年〕「ドストエフスキイの生活」

小林 秀穂　こばやし・ひでお
教育家 明治大学予科長
明治17年（1884年）12月24日〜昭和24年（1949年）4月15日
⊞兵庫県　学東京帝国大学英文科〔明治44年〕卒　歴大正11年愛知医科大学予科教授、13年予科主事、昭和3年明治大学予科長となり、一般教養と人間形成を目標に教育した。19年終身商議員、22年専務理事となり大学経営に専心。24年新制大学発足の設置準備委員として文学部委員長に推されたが急死。大学はその遺徳をしのんで小林記念館を建てた。

小林 秀恒　こばやし・ひでつね
挿絵画家
明治41年（1908年）4月17日〜昭和17年（1942年）9月10日
⊞東京市下谷区（東京都台東区）　名筆名＝清水望陽　学商業学校中退　歴日本画を池上秀畝に習い、次いで美人画を山川秀峰に師事。雑誌「キング」などに挿絵を描き、菊池寛の「貞操問答」で一躍スターとなった。その後は吉屋信子「男の償い」「妻の場合」「良人の貞操」などでマツゲの長い憂いを含んだ美人を描き評判となった。次いで小島政二郎の「清水次郎長」、久米正雄「白蘭の歌」、獅子文六「沙羅乙女」などの挿絵を担当、岩田専太郎に迫る存在となった。

小林 日吉　こばやし・ひよし
実業家 小林クリエイト創業者
明治38年（1905年）〜昭和21年（1946年）
⊞愛知県幡豆郡寺津村（西尾市）　歴五男として生まれる。洋紙卸商・福田商店を経て、昭和12年東京・田端で小林商店（現・小林クリエイト）として独立。国産初の工業用計測記録紙の製造に着手し、継ぎ目のない記録紙を考案した。

小林 房之助　こばやし・ふさのすけ
衆議院議員
明治24年（1891年）1月〜昭和61年（1986年）2月26日
⊞大阪府大阪市　学早稲田大学政経科卒　歴昭和12年から17年まで民政党、翼賛議員同盟所属の衆議院議員1期。

小林 正次　こばやし・まさつぐ
電気技術者 日本電気専務
明治35年（1902年）8月16日〜昭和50年（1975年）10月31日
⊞岡山県　学東京帝国大学工学部電気工学科〔大正15年〕卒 工学博士　歴大正15年日本電気（NEC）に入社。昭和20年研究所長、22年取締役研究所長、23年技師長兼任、26年理事、29年取締役研究所長兼技師長、31年常務を経て、専務。3年丹羽保次郎とNE式写真電送装置を開発、同年京都での昭和天皇即位式に際して大阪〜東京間の有線電送に大阪毎日新聞・東京日日新聞がこの方式を採用して成功を収める。他に送電管の研究・開発などに功績を残した。日本学術会議会員、防衛庁顧問、科学技術庁電子技術審議会会長などを歴任した。　賞全国発明表彰恩賜記念賞〔昭和8年〕、毎日通信賞（第6回）〔昭和19年〕「超短波送信真空管の研究」

小林 松助　こばやし・まつすけ
分析化学者 東北帝国大学教授
明治19年（1886年）5月11日〜昭和50年（1975年）2月24日
⊞京都府京都市　学京都帝国大学理工科大学純正化学科〔明治43年〕卒 理学博士（東北帝国大学）〔大正8年〕　歴明治44年

東北帝国大学助教授、大正4年米国へ留学。7年帰国して教授に昇任。昭和23〜33年近畿大学工学部教授。25年東北大学名誉教授。日本化学会、日本分析化学会の会長を歴任した。我が国の分析化学の先駆者で、その大系を講義と研究の両面で確立。液状アマルガム応用による容量分析法・重量分析法・内部電解法などの創始者として世界的に知られる。　賞日本化学会桜井賞〔昭和3年〕

小林 萬吾　こばやし・まんご
洋画家
明治3年（1870年）5月2日〜昭和22年（1947年）12月6日
生香川県三野郡詫間村（三豊市）　学東京美術学校選科〔明治42年〕卒　賞帝国芸術院会員〔昭和15年〕　歴原田直次郎、安藤仲太郎、のち黒田清輝らに師事、天真道場を経て白馬会会員となり作品を発表。明治37年東京美術学校助教授。44年欧州に留学、大正3年帰国、7年教授、東京高等師範学校教授兼任。文展に出品、帝展審査員となり、昭和15年帝国芸術院会員。代表作は「かどつけ」「物思」「渡船」など。

小林 光政　こばやし・みつまさ
文部省教学局長 読売新聞専務
明治25年（1892年）1月13日〜昭和37年（1962年）7月9日
生栃木県下都賀郡絹village（小山市）　学東京帝国大学法科大学独法科〔大正6年〕卒　歴警視庁、朝鮮総督府に勤務、大正13年正力松太郎に請われて読売新聞総務局長となったが、14年退社。同年台湾総督府保安課長、昭和3年帰国して警察講習所教授、4年警視庁官房主事、6年福岡県内務部長、7年埼玉県内務部長を経て、9年青森県知事、11年高知県知事、14年文部省教学局長。15年退官。同年読売新聞の九州日報合併で同社社長、17年読売新聞専務、18年日本放送協会常務理事、同年大阪翼賛会総務局長、19年読売新聞顧問で復社、20年専務兼主事。21年公職追放で退社した。　家義兄＝飯沼一省（内務次官）

小林 行昌　こばやし・ゆきまさ
商学者 早稲田大学教授
明治9年（1876年）11月29日〜昭和19年（1944年）6月2日
生長野県　学高等商業学校（現・一橋大学）〔明治30年〕卒、高等商業学校専攻部〔明治31年〕卒 商学博士〔昭和6年〕　歴大阪商業学校、横浜市立商業学校を経て、明治37年早稲田大学講師、44年教授。大正10年同専門部商科長。文部省臨時教員検定試験委員、日本経営学会理事長も務めた。商業学、貿易論研究開拓者の一人。著書に「高等商業数学」「倉庫論」「税関論」「商業売買論」「商品配給論」「関税経済論」などがある。

小林 愛雄　こばやし・よしお
訳詩家 詩人
明治14年（1881年）12月1日〜昭和20年（1945年）10月1日
生東京府本郷（東京都文京区）　学東京帝国大学英文科〔明治40年〕卒　歴『朝日文芸欄』に反自然主義の論を書き、明治42年文芸革新会に参加。上田敏、蒲原有明らの系列に属する象徴詩や、ブラウニング、ロセッティなどの英詩の翻訳を「帝国文学」「明星」などに発表。代表作に詩集「管絃」「余興劇脚本集」などがある。オペラの普及に力を注ぎ、「恋はやさし野辺の花よ」「ベアトリ姐ちゃん」「舟歌」などの訳詩で知られる。また我が国最初の歌劇団体「楽苑会」を組織、少女唱歌歌劇や少女対話劇の創作指導も手がけた。傍ら、大正15年今日の日本音楽著作権協会の母体の一つとなった日本作歌者協会を設立、自ら理事長を務めて作歌者の著作権保護に尽力した。常盤松高等女学校校長、早稲田実業校長などを歴任。

小林 好日　こばやし・よしはる
国語学者 東北帝国大学教授
明治19年（1886年）〜昭和23年（1948年）2月11日
生東京都　学東京帝国大学国文科卒　歴昭和10年東北帝国大学教授に就任。文法研究では特に助詞・助動詞に関心を持ち、概説書として「国語国文法要義」がある。文法史では室町以降の研究に努めて「日本文法史」を著わし、方言では東北方言を語彙の点からながめた「方言語彙学的研究」などの著書がある。他に論文集「国語学の諸問題」など。

小林 良正　こばやし・りょうせい
経済学者 専修大学教授
明治31年（1898年）3月1日〜昭和50年（1975年）12月29日
生東京都　専経済史　学東京帝国大学経済学部卒 経済学博士　歴専修大学で経済史を講義、一方東京帝国大学、明大の講師を務めた。昭和5年青年無産者新聞にカンパして治安維持法違反に問われ大学を辞職。野呂栄太郎主宰の「日本資本主義発達史講座」の執筆者として参加。日本資本主義論争では幕藩体制史、明治維新史の領域で活躍した。11年この講座に「日本封建制講座」を企画推進中、7月コム・アカデミー事件で平野義太郎らとともに検挙され釈放後、服部之総と花王石鹼嘱託となり同社の「五十年史」を共著。17年ジャカルタの海軍武官府に嘱託として赴任、インドネシア社会について調査。戦後、専修大学、明治大学に復帰した。学術会議会員、日独協会理事を務めた。定年後は「アジア的生産様式研究」を執筆。50年には向坂逸郎ら社会主義協会の日本共産党・講座派批判に反論、自費で「日本資本主義論争の回顧」を出版。他に「日本産業の構成」がある。　家父＝小林丑三郎（財政学者）

小日向 定次郎　こびなた・さだじろう
英文学者 広島文理科大学名誉教授
明治6年（1873年）10月4日〜昭和31年（1956年）2月4日
生東京都　名号＝是因　学東京帝国大学文科大学英文科〔明治34年〕卒　歴明治37年広島高等師範学校助教授、42年奈良女子高等師範学校教授、43年英国へ留学。44年帰国後、広島高師に復任し、昭和4年広島文理科大学教授に就任、17年名誉教授。著書に「英文学史」（全3巻）「英吉利文学点描」などがある。

小日山 直登　こひやま・なおと
実業家 運輸相 満鉄総裁
明治19年（1886年）4月24日〜昭和24年（1949年）8月29日
生福島県　学東京帝国大学英法科〔明治45年〕卒　歴大正元年南満州鉄道（満鉄）に入り、昭和18年総裁となった。また昭和製鋼所社長、鉄鋼統制会理事長を務めた。20年鈴木貫太郎内閣で運輸通信相（のち運輸相）、敗戦後も東久邇稔彦内閣の運輸相に留任。貴族院議員に勅選されたが、すぐに公職追放された。

駒井 喜作　こまい・きさく
部落解放運動家
明治30年（1897年）5月18日〜昭和20年（1945年）11月1日
生奈良県南葛城郡掖上村柏原（御所市）　歴被差別部落に生まれ、早くから放浪生活に入り、その中で社会主義を知って大正9年日本社会主義同盟に加盟する。10年佐野学の「特殊部落解放論」に強く刺激されて水平社創立の準備に取り組み、11年の全国水平社の創立大会では「水平社宣言」を朗読。以後水平社運動の本部員（中央執行委員）として活躍した。

駒井 重次　こまい・じゅうじ
衆議院議員
明治28年（1895年）2月23日〜昭和48年（1973年）11月12日
生東京都　学東京帝国大学経済学部商科〔大正9年〕卒　歴大蔵省に入り、前橋・亀戸・神田橋各税務署長、銀行検査官を務め昭和7年退官。同年計理士登録するとともに東京府2区か

ら衆議院議員（民政党）に選ばれ以来連続4回当選、大蔵委員を務めた。25年公認会計士試験に合格、日本大学講師、愛知大学教授、東京税理士会、日本税理士会各会長を務めた。

駒井 卓　こまい・たく
動物学者 遺伝学者 京都帝国大学理学部教授
明治19年（1886年）5月9日〜昭和47年（1972年）7月9日
生兵庫県姫路市　名旧姓・旧名＝福田　専動物分類学、動物遺伝学、人類遺伝学　学姫路中卒、東京高等師範学校（現・筑波大学）〔明治41年〕卒、東京帝国大学理学部動物学科選科〔大正6年〕修了 理学博士〔大正13年〕　賞日本学士院会員〔昭和23年〕　歴明治37年丘浅次郎に学ぶため東京高等師範学校に入り、41年卒業後は鹿児島の川辺中学や大阪の富田林中学で教員生活を送る。大正3年東京帝国大学理学部動物学科の選科に進み、6年修了。9年京都帝国大学理学部講師となり、12〜14年欧米へ留学、コロンビア大学のモーガンの下でショウジョウバエの遺伝学を学ぶ。14年教授に昇任して動物学第一講座を担任、昭和19年理学部長。21年退官。3〜7年東京帝国大学教授を兼務。25〜31年国立遺伝学研究所の第二研究部長となり、小熊捍・田中義麿と研究所の基礎確立に努めた。16年日本遺伝学会長。23年日本学士院会員。動物の分類系統学的研究、日本人の遺伝学的調査、動物遺伝学について研究。著書に「生物学叢話」「ダーウキン伝」「日本人の遺伝」「日本人を主とした人間の遺伝」「遺伝と家系」「遺伝学に基づく生物の進化」などがある。

駒井 徳三　こまい・とくぞう
満州国国務院総務長官心得
明治18年（1885年）6月10日〜昭和36年（1961年）5月13日
生滋賀県　学東北帝国大学農学部〔明治44年〕卒　歴南満州鉄道（満鉄）で農業開発事業を担当した後、外務省で対中国投資の監督事務に従事。昭和6年満州事変勃発直後に関東軍顧問となり、新設の関東軍統治部（直後に特務部と改称）の部長。馬占山ら現地有力者のかつぎ出しに大きな役割を果たし、満州国ができると国務院総務長官心得として創生期の統治機構と統治方針を作るが、笠本良明派や関東軍幕僚との摩擦により直ちに辞任。9年満州経営の人材育成のため宝塚に康徳学院を設立、8年資生堂に入り化粧法を実施、指導した。10年以降は国内で日中両国青年の実業教育に専念。敗戦後は公職追放解除の後、富士山麓の開発に取り組んだ。　家女婿＝宇都宮徳馬（参議院議員）

駒井 玲子　こまい・れいこ
美容家
明治41年（1908年）2月22日〜昭和17年（1942年）1月20日
出鳥取県　名本名＝浅沼清子、旧姓・旧名＝長谷川　学鳥取高等女学校中退　歴昭和4年上京し、マネキンガール（ファッションモデル）となる。7年女性の人材派遣組織ファム・フォン協会を創設、8年資生堂に入り化粧法を実施、指導した。　家父＝長谷川熊蔵（仏像彫刻家）、兄＝長谷川塊記（彫刻家）、妹＝山田寿子（労働運動家）

小牧 近江　こまき・おうみ
評論家 社会運動史家 フランス文学者
明治27年（1894年）5月11日〜昭和53年（1978年）10月29日
生秋田県土崎港（秋田市）　名本名＝近江谷駒、別名＝近江谷小牧　学暁星中学〔大正3年〕中退、パリ大学法学部〔大正7年〕卒　歴明治43年16歳のとき父と渡仏、パリ大学に学び、アンリ＝バルビュスの"クラルテ運動"に参加。大正8年に帰国、翌年外務省に入る。8年金子洋文らと「種蒔く人」を創刊、第三インターナショナル（コミンテルン）を日本で初めて紹介した。13年「種蒔く人」廃刊後は「文芸戦線」を創刊してプロレタリア文化運動に画期的な役割を果たす。昭和4〜14年トルコ大使館に勤務。14年インドシナに渡り、印度支那産

業取締役を経て、日本文化会館ハノイ事務局長となり、敗戦まで民族解放運動に協力した。戦後は中央労働学院長、法政大学教授を務めた。著書に「フランス革命の父ロベスピエール」「ふらんす革命夜話」「種蒔くひとびと」、小説「異国の戦争」、自伝「ある現代史」、訳書にバルビュス「クラルテ」「地獄」、シャルル＝ルイ・フィリップ「小さな町」などがある。

小牧 健夫　こまき・たけお
ドイツ文学者 詩人 九州帝国大学教授
明治15年（1882年）11月29日〜昭和35年（1960年）7月15日
生東京都　名別名＝小牧楚潮、初号＝小牧楚水　学東京帝国大学〔明治40年〕卒 文学博士〔昭和20年〕　歴愛媛県知事や内閣書記官長を務めた漢学者・小牧昌業の長男。四高、三高、学習院、水戸高校、武蔵高校各教授を経て、昭和7〜18年九州帝国大学教授。26年から明治大学、学習院大学教授。ドイツ・ロマン派文学研究を進め「ノヴァーリス」「ヘルダーリーン」「独逸文学鑑賞」「ドイツ浪漫派の人々」「ゲーテ雑考」などの著書のほかゲーテ「詩と真実」などの翻訳がある。一方河井酔茗の「文庫」同人で、小牧暮潮の名で叙情詩を発表、詩集「暮潮詩抄」、随筆「影ぼうし」「珊瑚樹」などがある。　家父＝小牧昌業（官僚・漢学者）

小町谷 操三　こまちや・そうぞう
商法学者 東北帝国大学教授
明治26年（1893年）1月1日〜昭和54年（1979年）1月5日
出長野県　専海商法　学東京帝国大学法学部〔大正6年〕卒 法学博士〔昭和4年〕　歴海商法を専攻し、東京地裁判事を経て、欧米に留学。大正13年東北帝国大学教授となり、のち愛知学院大学教授。法制審議会商法部会委員を務めた。著書に「運送法の理論と実際」「海商法研究」「イギリス会社法概説」「保険法の諸問題」などのほか、〈商法講義〉シリーズがある。

小松 清　こまつ・きよし
文芸評論家 フランス文学者
明治33年（1900年）6月13日〜昭和37年（1962年）6月5日
生兵庫県神戸市　学神戸高等商業学校中退　歴大正10年渡仏し、アンドレ・マルロオや、グエン・アイ・クォク（のちのホー・チ・ミン）の知遇を得る。昭和6年NRF日本派遣員として帰国、行動主義文学運動をおこし、10年「行動主義文学論」「文化の擁護」を刊行。12年再度渡仏し、15年に帰国。16年12月から17年にかけて拘留されるが、17〜21年インドシナに渡り、ベトナム独立運動に参加。戦後はマルロオ文学を多く翻訳して紹介し、また日本ペンクラブの再建などに力をそそいだ。

小松 月尚　こまつ・げっしょう
俳人 僧侶（真宗大谷派）
明治16年（1883年）7月18日〜昭和20年（1945年）3月20日
生石川県金沢市　名本名＝小松常丸　歴高浜虚子に師事して「ホトトギス」投句、昭和9年同誌同人。同年9月金沢から「あらうみ」が創刊され、雑詠選を担当。17、8年「北国新聞」の俳壇選を担当、以後北陸のホトトギス系俳人の重鎮として活躍。遺句集に「涅槃」がある。

小松 謙次郎　こまつ・けんじろう
貴族院議員（勅選）
文久3年（1863年）11月11日〜昭和7年（1932年）10月15日
出信濃国松代（長野県長野市）　学帝国大学法科大学〔明治21年〕卒　歴通信省に入り、参事官、為替管理局長、高等海員審判官、通信局長などを経て、明治33年次官となり、45年辞職。大正元年〜昭和7年勅選貴族院議員を務め、貴族院研究会に属した。大正13年清浦奎吾内閣の鉄道相となり、研究会幹部として活躍。昭和7年京城日報社長となったが、就任途中急死。

小松 耕輔　こまつ・こうすけ
作曲家 音楽評論家

明治17年（1884年）12月14日～昭和41年（1966年）2月3日

[生]秋田県由利郡玉米村（由利本荘市）　[名]号＝玉巌　[学]東京音楽学校本科器楽部〔明治39年〕卒，東京音楽学校研究科〔明治42年〕修了　[歴]明治34年上京して東京音楽学校選科に入学。39年山田源一郎、小林愛雄とオペラ研究を行う楽苑会を組織し、我が国初の本格的オペラ「羽衣」を作詞・作曲。同年同校を首席で卒業、学習院講師となり、41年助教授、大正13年教授に進み、昭和4年退職。大正期には葛原しげる、梁田貞と「大正幼年唱歌」「大正少年唱歌」（各12冊）などを出し続け、唱歌・童謡ブームを牽引。大正9年パリ音楽院作曲科へ留学、12年帰国すると東京シンフォニー管弦楽団を発足させた。関東大震災後には小林の詞による「帝都復興の歌」を作曲。14年作曲家組合結成に参加、昭和3年日本作曲家協会となり理事長に就任。また、欧州留学中に合唱の社会的・文化的な重要性を見出し、昭和2年弟の小松平五郎や清、牛山らと国民音楽協会を設立して合唱運動を推進、同年我が国初の合唱コンクールを開いた。「現代フランス音楽」「ワーグナー」「現代音楽の奔流」、日記を基にした自伝「音楽の花ひらく頃」「わが思い出の楽壇」など著書も多い。　[家]弟＝小松三樹三（バイオリニスト），小松平五郎（作曲家），小松清（音楽評論家）

小松 茂　こまつ・しげる
有機化学者 京都帝国大学教授

明治16年（1883年）8月3日～昭和22年（1947年）10月21日

[生]高知県香美郡奈半利村（奈半利町）　[学]京都帝国大学化学科〔明治40年〕卒 理学博士〔大正4年〕　[歴]京都帝国大学大学院の特費給費学生となり有機化学を専攻。大正4年理学博士となり、同年欧米に留学、9年帰国。母校・京都帝大の教授となる。渋柿タンニンのシブオールを分離した。15年帝国学士院東宮御成婚記念賞を受けた。　[賞]帝国学士院東宮御成婚記念賞（第16回）〔大正15年〕

小松 茂　こまつ・しげる
逓信次官

明治27年（1894年）3月9日～昭和60年（1985年）10月17日

[出]佐賀県　[学]一高卒、東京帝国大学法学部〔大正8年〕卒　[歴]大正8年逓信省に入省。昭和11年簡易保険局長、12年航空局長、13年大阪逓信局長、15年企画院第六部長、17年陸軍司政長官、18年9月逓信省航空局長官を経て、同年10月逓信次官。11月から19年4月まで通信院総裁。戦後は弁護士を務めた。

小松 真一　こまつ・しんいち
「虜人日記」の著者

明治44年（1911年）9月13日～昭和48年（1973年）1月10日

[生]東京市日本橋区横山町（東京都中央区）　[学]東京農大専門部農芸化学科〔昭和7年〕卒　[歴]大蔵省醸造試験研修員から昭和14年台湾製糖入社、15年工場長。18年明治製糖と合併。19年陸軍嘱託としてフィリピン全ビザヤ地区砂糖・酒精工場指揮主任官となってネグロス島に赴任、ブタノール研究所設立に当たった。20年3月、米軍上陸で山中に退却、5ケ月間彷徨の後、敗戦でレイテ島、ルソン島の捕虜収容所に収容された。この間に「虜人日記」を書き、骨壺に入れて帰国した。30年間、銀行の金庫に保管されていたが、死後1周忌に自家出版されて公刊。戦時下の日本人の見事な記録で、50年度毎日出版文化賞を受賞した。

小松 輝久　こまつ・てるひさ
侯爵 海軍中将

明治21年（1888年）8月12日～昭和45年（1970年）11月5日

[生]東京都　[学]海兵（第38期）〔明治42年〕卒，海大卒　[歴]父は北白川宮能久親王で、明治43年小松の姓を賜い華族に列せら

れ、侯爵。同年海軍少尉となり、「那智」艦長、海軍大学校教頭、第1水雷戦隊司令官、海軍潜水学校長を歴任し、昭和15年中将、旅順要港部司令官、18年佐世保鎮守府長官、19年海軍兵学校校長。他に貴族院議員。戦後は平安神宮宮司を務めた。　[家]父＝北白川宮能久（陸軍大将），兄＝竹田宮恒久（陸軍少将），甥＝竹田宮恒徳（陸軍中佐）

小松 緑　こまつ・みどり
外交評論家 著述家

慶応1年（1865年）9月7日～昭和17年（1942年）1月16日

[生]陸奥国（福島県）　[名]号＝霞南、桜雲閣主人　[学]慶応義塾大学〔明治20年〕卒　[歴]米国に留学し、エール大、プリンストン大学で政治学専攻、明治29年帰国。外務省に入り翻訳官、米国公使館書記官、シャム代理公使を務め、39年韓国統監伊藤博文に随行、外務部長。合併後朝鮮総督府外務部長、中枢院書記官長となり大正5年退官。以後中外公論社、中外商業新報社客員などを務め、著述に専念。昭和4年ジュネーブの第12回国際労働機関（ILO）総会に出席。著書に「日韓併合の裏面」「維新秘話」「外交秘話」などがある。

小松 茂藤治　こまつ・もとうじ
衆議院議員

明治21年（1888年）12月～昭和56年（1981年）3月1日

[出]福島県　[学]早稲田大学専門部法科〔明治43年〕卒　[歴]福島県議、同議長を経て、昭和17年衆議院議員に福島1区で当選。当選1回。

小松 弥六　こまつ・やろく
彫刻家

明治43年（1910年）3月3日～昭和20年（1945年）2月15日

[生]山形県飽海郡日向村草津（酒田市草津）　[学]日本美術学校彫塑科〔昭和8年〕卒、日本美術学校研究科〔昭和10年〕修了　[歴]山形県南遊佐村（現・酒田市）の彫刻家・高橋為吉に師事。昭和5年日本美術学校彫塑科に入学。10年同校研究科を修了し、のち同校の助教授となる。9年「春の丘」が第14回帝展に入選し、その後、新文展に4回入選。15年には紀元二千六百年奉祝展で「躍進」と題した裸婦像が入選した。他の作品に、「踊子の像」（酒田市光丘文庫正面入口）などがある。20年太平洋戦争で犠牲となり、34歳の若さで亡くなった。

小松原 道太郎　こまつばら・みちたろう
陸軍中将

明治19年（1886年）7月20日～昭和15年（1940年）10月6日

[生]神奈川県　[学]陸士（第18期）〔明治38年〕卒、陸大〔大正4年〕卒　[歴]明治42年ロシア派遣、大正5年参謀本部員となり対ロシア、ソ連諜報活動を担当。15年陸大教官、昭和2年ソ連大使館付武官、5年歩兵第五十七連隊長、7年関東軍司令部付（ハルビン特務機関長）、9年歩兵第八旅団長、11年近衛歩兵第一旅団長。12年陸軍中将となり、満州西北部配属、第二十三師団長となり対ソ連を準備。14年のノモンハン事件に独断で全師団を投入、本格的局地戦に拡大、全滅に近い打撃を被った。15年予備役。

五味 清吉　ごみ・せいきち
洋画家

明治19年（1886年）1月1日～昭和29年（1954年）8月19日

[生]岩手県盛岡市　[名]旧姓・旧名＝小原　[学]東京美術学校西洋画科〔大正2年〕卒　[歴]明治44年文展に初入選。大正2年東京美術学校を首席で卒業。文展で「ハチスとシオン」が3等賞になるなど入選を重ね、フランスに留学。昭和7年帝展無鑑査。旧東京駅、明治神宮聖徳記念絵画館の壁画を制作した。穏和な筆使いの印象派風作品で知られ、19年郷里の岩手県盛岡に疎開後は晩年まで岩手県画壇の指導に尽くした。代表作に「山

形秋田巡幸鉱山御覧」がある。

小南 又一郎　こみなみ・またいちろう
法医学者　京都帝国大学教授
明治16年（1883年）7月27日～昭和29年（1954年）11月6日
[生]京都府　[学]京都帝国大学医科大学〔明治41年〕卒　医学博士〔大正9年〕　[歴]京都帝国大学助手、助教授、岡山医科大学教授を経て、大正13年京都帝大教授、退官後名誉教授。昭和22年京都府立医科大学講師となり同校法医学教室を創設した。この間英国、フランス、スイスに留学、昭和9年にも欧米出張。第10、22次日本法医学会会長を務め、法医解剖鑑定、精神鑑定を多く行い、京都の小笛事件の最初の鑑定人を務めた。名書「実用法医学」がある。

小宮 豊隆　こみや・とよたか
ドイツ文学者　評論家　東北帝国大学法文学部教授
明治17年（1884年）3月7日～昭和41年（1966年）5月3日
[生]福岡県京都郡犀川村（みやこ町）　[学]一高卒、東京帝国大学文科大学独文科〔明治41年〕卒　[賞]日本学士院会員〔昭和26年〕　[歴]大学時代から夏目漱石を囲む木曜会に参加し、漱石に親炙する。明治42年ドイツ文学者として慶応義塾大学講師となり、大正9年海軍大学校教授、11年法政大学教授。12年ヨーロッパへ留学、13年帰国して東北帝国大学法文学部教授。昭和21年東京音楽学校校長に就任し、25～32年学習院大学教授。この間、評論家としても活躍し、「漱石全集」の編纂にも携わった。　[賞]日本芸術院賞〔昭和28年〕

小宮山 明敏　こみやま・あきとし
文芸評論家　ロシア文学者
明治35年（1902年）2月10日～昭和6年（1931年）9月30日
[生]岡山県御津郡金川町草生　[学]早稲田大学露文科〔大正15年〕卒　[歴]片上伸を慕って早大露文科に進む。在学中から建設者同盟に加入し、社会主義運動に入る。大正14年尾崎一雄らと「主潮」を創刊、先鋭な文芸評論で認められる。15年卒業と同時に早稲田高等学院講師となるが、健康を害して昭和4年休職、以来ロシア文学の翻訳・紹介に努める。一方、3年片上伸没後、その遺志をつぎプロレタリア文学運動の理論を展開、多くの文芸評論を発表。5年「文学革命の前哨」を刊行。同年プロレタリア科学研究所に入り、ナルプにも参加した。「現代日本文学史覚え書き」は未完に終った。

小村 欣一　こむら・きんいち
外交官　侯爵　貴族院議員
明治16年（1883年）5月13日～昭和5年（1930年）12月29日
[出]東京都　[学]東京帝国大学法科大学政治学科〔明治40年〕卒　[歴]外交官・小村寿太郎の長男として生まれる。明治40年東京帝国大学を首席で卒業し、外交官補となる。清国、英国在勤を経て、大正3年政務局第一課長、8年外務参事官、12年情報部次長、昭和2年情報部長などを歴任。4年拓務次官。この間、明治44年父の死により侯爵を継ぎ、貴族院議員も務めた。演劇通としても知られ、文化人に知己が多かった。　[家]父＝小村寿太郎（外交官）、弟＝小村捷治（ジャーナリスト・貴族院議員）、岳父＝平山成信（貴族院議員・男爵）

古村 啓蔵　こむら・けいぞう
海軍少将
明治29年（1896年）7月20日～昭和53年（1978年）2月7日
[生]長野県朝日村（辰野町）　[学]海兵（第45期）〔大正6年〕卒　[歴]昭和13年海軍大佐、16年重巡洋艦「筑摩」艦長。真珠湾攻撃、ウエーキ島攻略、印度洋作戦などを経て、17年ミッドウェー海戦、南太平洋海戦に参加。のち扶桑、武蔵の両艦長、第3艦隊参謀長、第1機動艦隊参謀長、第1航空戦隊司令官に。20年1月第2水雷戦隊司令官となり、4月の沖縄海上特攻作戦に参加。

のち、横須賀鎮守府参謀長。戦後は戦没者の慰霊顕彰と遺族の援護に専念した。

小村 俊一　こむら・しゅんいち
衆議院議員　斗南新聞社長
明治21年（1888年）9月～昭和33年（1958年）3月6日
[出]宮崎県　[学]東京高等商業学校（現・一橋大学）卒　[歴]飫肥町議、南那珂郡議、日南市森林組合長などを経て、昭和5年から衆議院議員を1期務めた。民政党に所属した。　[家]おじ＝小村寿太郎（外交官）

小村 捷治　こむら・しょうじ
ジャーナリスト　侯爵　貴族院議員
明治28年（1895年）5月15日～昭和47年（1972年）2月9日
[出]東京都　[学]東京帝国大学文学部支那文学科卒　[歴]外交官・小村寿太郎の二男。朝日新聞記者を経て、昭和9～22年貴族院議員。戦後は明治大学教授、国士舘大学教授などを務めた。この間、太平洋戦争中の18年に父や親族のことを書き記した手記「骨肉」を執筆したが、戦局の悪化や戦後の混乱から発表の機会を失ったまま没した。平成9年父の郷里である日南市の飫肥城歴史資料館書庫から手記が発見され、刊行された。　[家]父＝小村寿太郎（外交官）、兄＝小村欣一（外交官）

小村 雪岱　こむら・せったい
日本画家　挿絵画家
明治20年（1887年）3月22日～昭和15年（1940年）10月17日
[生]埼玉県川越町廓町（川越市）　[名]本名＝安並泰助、旧姓・旧名＝小村　[学]東京美術学校日本画科〔明治41年〕卒　[歴]明治36年荒木寛畝に入門。37年東京美術学校に入学、下村観山、松岡映丘に師事。43年国華社に入社、古画の摸写に従事。この間、40年泉鏡花と知り合い、大正3年泉鏡花の「日本橋」の装幀でデビュー、以後多くの装幀を制作。雪岱は鏡花の命名。7年資生堂に入り、ポスターや宣伝誌で活躍、日本調香水のデザインを担当。また市川左団次、6代目菊五郎らの舞台装置でも鬼才を発揮した。昭和7年以降、挿絵画家として邦枝完二とコンビを組み「江戸役者」「おせん」「お伝地獄」などに浮世絵的な筆をふるい "今春信" といわれた。10年国画院創立に参加、同人となる。

小室 要　こむろ・かなめ
耳鼻咽喉科学者　長崎医科大学学長
明治14年（1881年）3月～昭和10年（1935年）5月18日
[生]徳島県徳島市　[名]旧姓・旧名＝園田　[学]七高造士館卒、京都帝国大学〔明治41年〕卒　医学博士〔大正11年〕　[歴]七高造士館を経て、明治41年京都帝国大学を卒業し、同大耳鼻咽喉科に入局。43年徳島市の三宅病院を経て、大正2年長崎医学専門学校教授となり、8年欧米に留学。12年長崎医科大学教授となり、附属病院長を兼任。15年再び渡欧。昭和8年長崎医科大学学長に就任。聴器結核に関する研究で知られた。

小室 翠雲　こむろ・すいうん
日本画家
明治7年（1874年）8月31日～昭和20年（1945年）3月30日
[生]群馬県館林　[名]本名＝小室貞次郎、別号＝長与山人、徴人、佳麗庵　[専]南画　[賞]帝国美術院会員〔大正13年〕、帝国芸術院会員〔昭和12年〕　[歴]田崎草雲に南画を学び、草雲没後上京、日本美術協会委員となり、日本画会、南画会幹事を務めた。明治40年文展が開かれ、高島北海、荒木十畝らと正派同志会を組織して文展新派と対抗。41年第2回文展で「青山白雲」が3等賞となり、以来毎年入賞。大正3年から文展審査員、8年帝展審査員。10年田近竹邨、矢野橋林らと日本南画院を創立。13年帝国美術院会員、昭和6年渡欧、12年帝国芸術院会員、19年帝室技芸員。代表作に「広寒宮」「南航北馬」「田家新味」「寒

林幽居」「逍遥」などがある。　家父＝小室桂邨（日本画家），息子＝倉田光雲（洋画家）

小室 達　こむろ・とおる
彫刻家
明治32年（1899年）8月10日～昭和28年（1953年）6月18日
生宮城県柴田郡槻木町（柴田町）　学東京美術学校（現・東京美術大学）彫刻科塑造部〔大正13年〕卒　歴宮城県槻木町長を務めた小室源吾の三男。幼い頃から彫刻に才能を発揮し、中学時代には学校の依頼で校章を彫るまでになる。大正11年帝展に初入選。13年東京美術学校を首席で卒業し、14年「構想」で帝展特選。同年東台彫塑会会員。15年から帝展無鑑査。昭和8年伊達政宗生誕300年記念事業として騎馬像建立が計画されるとその制作を任され、10年仙台市の仙台城跡に「伊達政宗騎馬像」を完成させた。26年日本彫刻会結成に参加した。　家父＝小室源吾（槻木町長）　賞帝展特選（第6回）〔大正14年〕「構想」

米谷 半平（7代目）　こめたに・はんべい
銀行家　北国銀行初代頭取
明治25年（1892年）10月～昭和21年（1946年）12月21日
出石川県　学京都帝国大学卒　歴代々石川県で廻船業・金融業などを営んできた米谷家の7代。加能合同銀行頭取を経て、昭和18年北国銀行初代頭取に就任。

菰田 万一郎　こもた・まんいちろう
教育家　四高校長
明治15年（1882年）11月9日～昭和14年（1939年）3月6日
生長野県小県郡当郷（青木村）　名旧姓・旧名＝早川　学東京帝国大学文科大学哲学科〔明治40年〕卒　歴東京府立第二中学校教諭、山口高等商業学校教授、松江高校教授、浦和高校教授を経て、昭和3年文部事務官、4年同学生課長、督学官兼任、7年松江高校長、12年四高校長となった。

小森 七郎　こもり・しちろう
日本放送協会会長
明治6年（1873年）10月6日～昭和37年（1962年）9月26日
生栃木県塩藤村（茂木町）　学東京帝国大学卒　歴大正15年日本放送協会（NHK）常務理事、昭和11年会長、18年退任。その後、名誉会友。　賞文化功労者〔昭和31年〕

小森 敏　こもり・とし
舞踊家
明治20年（1887年）～昭和26年（1951年）10月
生兵庫県尼崎市　名別名＝柏木敏　学東京音楽学校卒　歴三浦環に声楽を師事、「釈迦」で環の相手役を務めた。その後帝国劇場歌劇部第1期生となり、ローシーについてダンスを修め、石井漠の「明暗」に助演。大正6年ニューヨークに渡り、11年パリに転じ、トシ・コモリの名で舞台に立ち「オリエンタル」「ケークウォーク」などの作品を発表。昭和11年帰国、12年小森敏舞踊研究所を設立、リサイタルや後進指導に努めた。作品に「カヴォット」「行列と舞踏調」「サーカスの道化師」など。また、門下の藤井公が小森敏を追想した「彼岸への対話」がある。

小森宮 章正　こもりみや・あきまさ
登山家
大正3年（1914年）～昭和15年（1940年）4月
出東京都　学慶応義塾大学卒　歴昭和8年の西穂高岳をはじめ剣岳、槍ケ岳などで高所雪上露営を行い、雪洞の実用化に努めた。昭和15年4月満州で戦病死。

小柳 司気太　こやなぎ・しきた
中国哲学者　大東文化学院学長
明治3年（1870年）3月11日～昭和15年（1940年）7月18日
生新潟県西蒲原郡　名旧姓・旧名＝熊倉　学東京帝国大学漢学科選科〔明治27年〕修了　文学博士〔大正10年〕　歴新聞記者を志し「東亜説林」を刊行したが失敗、広島尋常中学校教諭となり、真言宗中学校を経て、明治32年山口高校教授、37年学習院大学教授。大正10年中国出張、11年国学院大学教授、慶応義塾大学教授、15年大東文化学院教授、昭和15年同学長。講書始漢書進講。著書に「道教概論」「東洋思想の研究」「詳解漢和大字典」（共著）などがある。

小柳 牧衛　こやなぎ・まきえ
衆議院議員　兵庫県知事　新潟市長
明治17年（1884年）7月13日～昭和56年（1981年）12月21日
生新潟県北蒲原郡川東村（新発田市）　名旧姓・旧名＝小柳敏之助　学東京帝国大学法科大学政治学科〔明治42年〕卒　歴明治42年北海道庁に入り、大正13年3月青森県、6月山口県、14年神奈川県の内務部長を経て、15年青森県、昭和4年福島県、6年4月長崎県、8月兵庫県の各知事を歴任。12月退官。9～12年新潟市長。この間、11年旧新潟2区から衆議院議員に連続3選。平沼内閣で文部政務次官を務めた。30年参議院選挙新潟地方区補選で当選。通算2期。

小柳 美三　こやなぎ・よしぞう
眼科学者　東北帝国大学教授
明治13年（1880年）12月～昭和29年（1954年）2月25日
生東京都　学京都帝国大学医科大学〔明治41年〕卒　医学博士〔大正4年〕　歴浅山郁次郎に眼科学を師事、大正3年京都府立医学専門学校教授、4年大阪日赤病院眼科部長、6年東北帝国大学医学部設置による欧米視察後8年同大初代眼科学教授。昭和17年定年退官。この間、"フォクト・小柳型特発性葡萄膜"を発見するなど眼病理学分野で多くの業績をあげた。

小山 栄達　こやま・えいたつ
日本画家
明治13年（1880年）3月17日～昭和20年（1945年）8月18日
生東京府小石川区（東京都文京区）　名本名＝小山政治　歴初め来本多錦吉郎に洋画を学び、のち鈴木栄暁、小堀鞆音に師事、土佐派・狩野派の両派を学ぶ。歴史風俗画会で有識故実を研鑽、明治31年安田靫彦らと紫紅会を結成し、33年今村紫紅を迎え紅児会と改称し活動。38年上野で戦画展を開き注目され、同年～40年「報知新聞」挿絵の仕事に従事。同年東京勧業博覧会「宗任」が3等銅賞となる。44年第5回文展で「兵燹」が初入選。以後も文展、帝展に歴史画や武者絵を出品し入選を重ねた。昭和13年新文展に無鑑査出品となる。この間、紅児会、巽画会にも会員として多数出品。また大正6年町田曲江、矢沢弦月らと芸術社を組織した。主な作品に「大衆勢」「矢頃」「雷鳴之陣」「潮満つ夕」「鷲尾経春」など。

小山 完吾　こやま・かんご
ジャーナリスト　時事新報社長
明治8年（1875年）5月～昭和30年（1955年）7月23日
生長野県　学慶応義塾卒　歴ロンドン大学に留学後、妻の祖父・福沢諭吉が創設の時事新報社の記者となり、大正15年社長に就任。この間、明治45年衆議院議員（政友会）に当選、大正8年パリ講和会議に全権随員として出席した。昭和21年貴族院議員。著書に「小山完吾日記」がある。

小山 邦太郎　こやま・くにたろう
衆議院議員
明治22年（1889年）11月16日～昭和56年（1981年）3月24日
生長野県小諸市　学長野商〔明治39年〕卒　歴昭和3年長野

2区から衆議院議員に当選、通算6期。29年小諸市長、31年参議院議員に当選。 家弟＝小山敬三（洋画家）、孫＝井出正一（衆議院議員）、女婿＝井出一太郎（衆議院議員）

小山 松寿　こやま・しょうじゅ
衆議院議長　名古屋新聞社長
明治8年（1875年）1月29日～昭和34年（1959年）11月25日
生長野県与良町（小諸市）　名本名＝小山松寿　学東京専門学校（現・早稲田大学）邦語法律科〔明治28年〕卒　歴名前の読み方は"まつじゅ"が正しいが、一般的には"しょうじゅ"と呼ばれる。明治20年小諸を訪れた中江兆民の知遇を得、25年兆民から大隈重信を紹介され、大隈の創設した東京専門学校（現・早稲田大学）邦語法律科に入学。大隈夫人のお手許金学生として寄宿舎に起居した。29年父の死により小諸に戻り、30年母を伴い上京。共済慈善会授産場に勤めた。32年清国の福州に渡り、35年帰国。大阪朝日新聞に入ると初代名古屋通信部長に任命される。39年中京新報社長の山田才吉より同紙を譲り受けて名古屋新聞を創刊、初代社長に就任。40年新聞記者の経験がなかった旧友の与良松三郎をいきなり主筆に迎え、二人三脚で同紙を育て上げた。大正12年株式合資会社に改組。一方、明治40年～大正14年名古屋市議を務め、4年には衆議院議員に当選。以来連続10選。立憲民政党に属し、昭和4年党幹事長。5年衆議院副議長、12年衆議院議長となり、16年まで議長に4年5ケ月在職した。17年新聞統合により名古屋新聞は新愛知と合併、中部日本新聞（中日新聞）となり、新聞界の第一線を退いた。戦後の21年、公職追放となってからは中部の公職から身を退いた。 家岳父＝森英太郎（教育家）、義兄＝森一兵（名古屋新聞社長）、女婿＝小山龍三（中日新聞社主）、小山武夫（中日ドラゴンズオーナー）　勲勲一等瑞宝章〔昭和16年〕

小山 大月　こやま・たいげつ
日本画家
明治24年（1891年）～昭和21年（1946年）7月2日
生東京市神田区（東京都千代田区）　名本名＝小山光造　歴松本楓湖の安雅堂画塾に学び、大正3年今村紫紅らと赤曜会を結成、目黒派の1人として活動する。5年再興院展に初入選し、10年再び入選。以後、院展に12年「麗日春禽」、13年「春光熈々」「冬日林叢」、14年「浅春」「芍薬」、15年「梅雨」などの大作を発表、15年同人に推挙された。昭和に入ってからも院展に、13年「武蔵野六題」、17年「南方の花二題」などを発表している。装飾的な色彩と写実的な描写を組み合わせた花鳥画を描いた。

小山 武夫　こやま・たけお
医師　東宮侍医
明治23年（1890年）3月15日～昭和56年（1981年）11月7日
生岡山県上道郡財田村　学六高卒、東京帝国大学医科大学〔大正5年〕卒　歴千葉医学専門学校、千葉医科大学教授などを歴任。大正14年～昭和20年東宮侍医を務めた。その後、東京都の初代衛生局長、医師国家試験委員、東京都済生会中央病院名誉院長などを歴任。

小山 谷蔵　こやま・たにぞう
衆議院議員
明治9年（1876年）8月～昭和26年（1951年）1月1日
出和歌山県　学コロンビア大学卒 Ph.D.（コロンビア大学）　歴米国コロンビア大学に学ぶ。台湾総督府翻訳官、文部省副参政官、第二次若槻内閣の内務参与官、米内内閣外務政務次官などを歴任。明治45年衆議院議員に初当選。以来通算8回当選。

小山 昇　こやま・のぼる
洋画家

明治43年（1910年）～昭和19年（1944年）
生北海道札幌市　学札幌第一中卒、東京高等工芸学校　歴昭和2年東京高等工芸学校で学び、北海道美術協会展に初入選。5年1930年協会展に入選し、6年独立展にも入選。8年北海道独立美術作家協会の結成に参加する。13年自由美術家協会展に出品、14年同会会員となる。16年召集され、19年戦病死した。

小山 亮　こやま・まこと
衆議院議員
明治28年（1895年）2月～昭和48年（1973年）2月9日
出長野県　学弓削商船学校航海科〔大正9年〕卒　歴山下汽船武州丸に乗り組みイタリア海軍御用船として第一次大戦に参加。国際汽船に入社し、世界の各船路に就船する。退社後農村更生連盟を設立、農村運動に従事。小諸町議を経て、昭和11年長野2区より衆議院議員に当選、4期。文部省委員、大日本育英会評議員となる。また、旭海運社長、全国商船学校十一会会長、国民同忘会会長を務めた。

小山 松吉　こやま・まつきち
司法官　司法相　法政大学総長
明治2年（1869年）9月28日～昭和23年（1948年）3月27日
生常陸国（茨城県水戸市）　名旧姓・旧名＝高橋　学独逸協会学校専修科〔明治25年〕卒 法学博士〔昭和15年〕　歴明治26年司法官試補、29年検事、熊本、長崎、東京勤務。34年判事に転じ、長崎地方裁判所判事、同控訴院判事、同地裁部長、39年再び検事となり東京控訴院検事、神戸地方裁判所検事正、長崎控訴院検事長、大審院検事を経て、大正10年判検事登用試験弁護士試験各委員、13年検事総長に就任、以来在職8年に及ぶ。この間大逆事件、朴烈、虎ノ門事件などを扱った。昭和7年斎藤実内閣の司法相、8年司法赤化事件で辞表を提出するが天皇沙汰で留任。9年勅選貴族院議員、9～17年法政大学総長。著書に「刑事訴訟法提要」。 家孫＝山下洋輔（ジャズピアニスト）

五来 欣造　ごらい・きんぞう
政治学者　早稲田大学教授
明治8年（1875年）6月～昭和19年（1944年）8月1日
生茨城県　名俳号＝素川　学東京帝国大学法科大学仏法学科〔明治33年〕卒 政治学博士　歴フランス、ドイツに留学後、大正3年に帰国。読売新聞主筆、明治大学講師を経て、昭和2年早稲田大学教授。日本におけるファシズム研究の第一人者といわれ、昭和11年「滅教読本」を刊行して青少年の"思想国防隊"の編成を提唱した。また、「東西両京の大学」を著した明治期のジャーナリスト斬馬剣禅と同一人物であるとも言われている。著書に「フランス及びフランス人」「文明一新の先駆イタリア」など。

是枝 恭二　これえだ・きょうじ
社会運動家
明治37年（1904年）10月16日～昭和9年（1934年）6月10日
生鹿児島県鹿児島郡谷山村（鹿児島市）　名筆名＝秋山次郎　学東京帝国大学文学部社会学科　歴東京帝国大学時代新人会のリーダーとして活躍。大正15年の京都学連事件で検挙され懲役7年に処せられる。保釈出獄後、共産党に入党し、「マルクス主義」に秋山次郎の筆名で執筆、「無産者新聞」の編集主任となった。昭和3年の三・一五事件で検挙される。保釈出獄後も党活動をし8年再入獄し、9年堺刑務所で獄死した。

是山 恵覚　これやま・えかく
僧侶（浄土真宗本願寺派）　仏教学者
安政4年（1857年）～昭和6年（1931年）1月10日
生備後国（広島県）　専浄土真宗学　学本願寺派大教校　歴実家は広島県世羅郡の真行寺（浄土真宗本願寺派）。明治4年教

こん 昭和人物事典 戦前期

専寺住職の福間浄観に入門し、宗学を学ぶ。8年には師に従って京都に上り、西山別院内の教授校や大教校で学業を続けた。のち一時的に崇信学校の教員となるが、12年より大分の松島善譲に師事し、宗学研究を再開。21年父の死によって真行寺住職を継ぎ、寺内に光闡寮を開いて後進を指導した。29年真宗の大学林教授となり、次いで33年には仏教大学（のちの龍谷大学）教授に就任、浄土真宗学の第一人者といわれた。大正8年に教授の職を退いたのちは勧学寮長・宗学院長を歴任。著書に「往生論註講義」「往生礼讃講録」「安心決定録講話」などがある。

今 純三　こん・じゅんぞう
版画家 洋画家
明治26年（1893年）3月1日〜昭和19年（1944年）9月28日
⊞青森県弘前市　学太平洋画会研究所，本郷洋画研究所，早稲田工業学校〔大正2年〕卒　歴明治39年一家で上京。医師をめざすが断念、画家を志し岡田三郎助に師事。油彩画で文展や帝展に入選を重ねる。大正12年帰郷、関東大震災の東京市街をエッチングで描く。15年日本エッチング作家協会創立評議員。昭和2年青森師範図画科教授。14年再び上京。また岡田三郎助の紹介で小山内薫の自由劇場や島村抱月の芸術座で舞台装置も担当した。日本の銅版画の先駆者として知られる。代表作に第1回帝展（大正8年）の入選作となった「バラライカ」など。著書に「青森県画譜」「版画の新技法」がある。
家兄＝今和次郎（建築家），叔父＝今裕（北大第4代総長）

今 裕　こん・ゆたか
病理学者 北海道帝国大学総長
明治11年（1878年）10月1日〜昭和29年（1954年）2月5日
⊞青森県弘前　学二高医学部〔明治33年〕卒 医学博士　資帝国学士院会員〔昭和17年〕　歴京都帝国大学医科大学助手、台湾総督府医学校助教授を経て、明治42年東京慈恵会医学専門学校教授（病理学担当）、東京歯科医学専門学校教授兼任。大正10年北海道帝国大学教授となり医学部創設に尽力、12年同大学生監兼任、14年から医学部長を2期務め、昭和12年第4代総長。この間、欧米に3度留学。著書に「近世病理学総論」「近世病理解剖学」、訳編著に「ヒポクラテス全集」などがある。
賞帝国学士院賞（第24回）〔昭和9年〕

今 和次郎　こん・わじろう
建築学者 生活学者 建築家 早稲田大学名誉教授
明治21年（1888年）7月10日〜昭和48年（1973年）10月27日
⊞青森県弘前市百石町　学東京美術学校図案科〔明治45年〕卒　歴大正4年早稲田大学建築科助教授となり、9年教授、昭和31年建築学科主任、34年定年退職、名誉教授に。この間、柳田国男、石黒忠篤らと全国的な民家探訪・調査を行ったほか、人文地理学会、民家研究会（11年）、農村建築研究会（24年）の創設に参与。25年被服文化協会理事長、33年全日本建築士会初代会長、35年農山漁家生活改善研究所理事、47年日本生活学会初代会長も務めた。昭和2年には都市をフィールドとした慣習や流行の研究 "考現学"（モデルノロジオ）を提唱、銀座街頭での考現学調査などが有名。また、古い家政学にかわるものとして、人間生活そのものを対象とした "生活学" を提唱したことでも知られる。建築家としては、震災復興期にバラック装飾社を結成して手がけた一連のバラック建築などがある。著書に「都市改造の根本義」「日本の民家」「朝鮮の民家」「民俗と建築」「モデルノロジオ（考現学）」「考現学採集」「西洋婦人服装史」「草屋根」「服装研究」「家政のあり方」「造形感情」「ジャンパーを着て四十年」「生活学」などのほか、「今和次郎集」（全9巻、ドメス出版）がある。没後の50年、今和次郎賞が設けられた。　家弟＝今純三（版画家），叔父＝今裕（北海道大学総長）

金剛 巖（1代目）　こんごう・いわお
能楽師 金剛流シテ方宗家
明治19年（1886年）3月25日〜昭和26年（1951年）3月21日
⊞京都　名前名＝野村岩雄　歴金剛謹之輔の長男で、金剛右京亡き後、坂戸金剛は絶家となっていたが、観世、金春、宝生、喜多宗家の推薦で金剛流宗家を継いだ。生涯「道成寺」を60回近く演じ、華麗な能舞台を務めた。戦後、ステージの黒バックに照明を用いるなど新しい様式を試みた。能面、能装束の収集も有名で、7月末、金剛能楽堂で行う面や装束の虫干しを公開した。著書に「能と能面」など。　家父＝金剛謹之助，三男＝金剛巖（2代目）

金剛 右京　こんごう・うきょう
能楽師（金剛流シテ方）金剛流第23代目宗家
明治5年（1872年）10月〜昭和11年（1936年）3月27日
⊞東京麻布飯倉（東京都港区）　名幼名＝坂戸鈴之助、号＝氏慧　歴13〜16歳までに祖父金剛唯一の死、舞台の火災、父の死と相次ぎ、披露能もできないまま家元を継ぐ。30代前後は京都の金剛謹之輔に師事、食していた。39歳で右京を襲名、氏慧と名のった。大胆華麗な演技で、身軽な曲技の型も見せた。大正4年東京・市谷に金剛舞台を新築したが、ほどなく類焼。大和猿楽以来の伝統を継ぐ坂戸金剛は、遺言によって絶家となった。著書に「能楽芸話」がある。　家祖父＝金剛唯一

金光 摂胤　こんこう・せつたね
宗教家 金光教本部教会主管者
明治13年（1880年）8月5日〜昭和38年（1963年）4月13日
⊞岡山県金光町　学高小中退　歴金光教2代目取次者金光宅吉の長男。明治26年父の死で教導職試補となった。31年金光大陣（山神）の長女式子と結婚、40年金光教副管長となった。昭和9年同教の金光家邦管長が摂胤排斥を企てたことから内紛となり、摂胤を大教会所（本部）広前神前奉仕者に擁立して管長に辞任を迫る信仰自覚運動に発展した。この運動は全教的な支持を受け、10年摂胤は大教会所神前奉仕者に就任。以来4半世紀、食事と就寝以外、終日神前に座って参拝者の願いごとを神に取り次ぐ役目を果たした。16年管長、本部教会主管者となり、21年4月教主となった。24年には御取次成就信心生活運動を展開、信者から生き神と仰がれた。　家父＝金光宅吉（金光教2代目取次者）

権田 保之助　ごんだ・やすのすけ
社会学者 ドイツ語学者 日本大学芸術科講師
明治20年（1887年）5月17日〜昭和26年（1951年）1月5日
⊞東京都　学東京帝国大学哲学科〔大正3年〕卒　歴大正3年東京帝国大学哲学科を卒業後、独逸学協会学校教員となる。6年以降、帝国教育会の嘱託で活動写真や寄席、不良出版などに関する研究・調査を開始。8年には同会から米国商業経済局と交換すべき映画フィルムの選定及び撮影を委嘱された。同年東京帝国大学経済学部講師に任ぜられ、さらに助手となるが、10年大原社会問題研究所研究員に転じた。13年同所在外研究員として14年までヨーロッパに留学。帰国後は文部省から教育映画や民衆娯楽の調査を嘱託された。昭和14年日本大学芸術科講師に就任し、映画製作論について講義。傍ら内閣の演劇・映画・音楽等改善委員会委員や文部省専門委員、厚生省専門委員などを歴任。21年日本放送協会常務理事。ドイツ語辞典の編纂や、カール・ビュッヒャーなどの翻訳に当たる一方で、人間生活に娯楽の不可欠な意義を認めて学問対象として取り上げ、特に大正期以降の資本制下における民衆娯楽の重要性を、当時最も身近であった映画や寄席などの調査によって追求しようとした。著書に「民衆娯楽問題」「民衆娯楽論」といった大衆娯楽研究の先駆的業績をはじめ、「活動写真の原理及応用」「美術工芸論」「独逸文法」「日本教育統計」「権田保之助著作集」（全4巻）などがあり、訳書にカール・ビュッ

昭和人物事典 戦前期　　　　こんとう

ヒャー「経済的文明史論」「国民経済の成立」などがある。

渾大防 五郎　こんだいぼう・ごろう

映画プロデューサー

明治32年（1899年）7月21日〜昭和51年（1976年）7月19日

生岡山県岡山市　名筆名＝平戸洋太郎　学上智大学中退　歴
平戸洋太郎の筆名で友人大仏次郎の小説「浮世走馬燈」を脚
色、松竹で「夢の浮橋」の題で映画化された経験から映画界に
乗り出す。昭和4年帝国キネマ蒲瀬撮影所宣伝部に入社、5年
企画部長となり、広津和郎原作の「女給」（曽根純三）を映画化
してヒットさせた。その後も溝口健二監督「滝の白糸」、田坂
具隆監督「月よりの使者」、村田実監督「霧笛」などの名作を
送り出し、興行的にも成功を収めた。11年PCL（写真化学研
究所、現・東宝）に移り、13年J・Oスタジオ京都撮影所の総支
配人に就任。若手の才能を見つけるに敏で、今井正や中川信
夫らを登用して数々の作品を製作した。15年松竹下加茂撮影
所、17年中華電影公司閘北撮影所長に転じたが、19年現地で
召集され中国戦線を転戦。21年復員。23年日本映画社（日映）
製作局長を経て、27年東宝企画本部に入り、丸山誠治監督「男
ありて」などを手がけた。その後、34年東映テレビプロダク
ション所長、36年テレビ・映画脚本家養成講習会の運営責任
者、40年大阪毎日放送製作局顧問などを歴任。大仏より「鞍
馬天狗」の映画化権を任されており、各社で製作した。　家
兄＝渾大防小平（小説家）、義兄＝山本嘉次郎（映画監督）

紺谷 光俊　こんたに・こうしゅん

日本画家

明治23年（1890年）〜昭和20年（1945年）

生石川県金沢市　名本名＝紺谷嘉男　歴10歳の頃から高村右
暁に手ほどきを受け、主に花鳥画を描く。大正4年「雨のあと」
で文展初入選。大正半ばに金沢に帰郷し、13年に結成された
金城画壇の審査員を昭和19年まで務めた。平成17年金沢市の
市立中村記念美術館で没後60周年展が開催された。

近藤 英次郎　こんどう・えいじろう

海軍中将 衆議院議員

明治20年（1887年）9月12日〜昭和30年（1955年）12月27日

生山形県　学海兵（第36期）〔明治41年〕卒、海大（第19期）〔大
正8年〕卒　歴明治43年海軍少尉に任官。昭和7年航空母艦「赤
城」、8年「加賀」の各艦長、9年第三艦隊参謀長、10年上海特別
陸戦隊司令官、11年横須賀警備戦隊司令官、12年第三水雷戦
隊司令官、同年第十一戦隊司令官、13年横須賀鎮守府出仕を
経て、14年海軍中将。同年予備役に編入。17〜20年山形1区か
ら衆議院議員に当選、1期務めた。

近藤 清　こんどう・きよし

野球選手

生年不詳〜昭和20年（1945年）

学岐阜商卒、早稲田大学　歴岐阜商業で甲子園優勝を経験。早
大に進むと東京六大学リーグで4割を超す打率を残す打者と
して活躍。昭和18年10月〝最後の早慶戦〟として知られる試合
に3番レフトで出場。その後、出征して特攻隊に配属されて戦
死した。

近藤 孝太郎　こんどう・こうたろう

労働運動家 舞踊評論家

生年不詳〜昭和24年（1949年）

生愛知県岡崎市　学東京高等商業学校（現・一橋大学）卒　歴
日本郵船に入社し、ニューヨーク支店に赴任。帰国後退社し、
大正10年演劇と美術を勉強するためパリへ。11年岡崎に帰り
革新的な文化団体を作り多彩な活動を展開。岡崎師範で絵
の講師をする一方、社会主義に関する読書会も開催、革新の種
をまく。のち東京に出て、プロレタリア文化連盟で活躍。ま

た、「音楽新聞」「音楽世界」に舞踊会評を執筆し、日本舞踊
家連盟書記長も務めた。戦時中は石川造船所、戦後は共産党
直系の産別会議に入り、労組の文化活動を中心に活動を続け
た。著書に「働く者の絵画」「働く者の詩」などがある。

近藤 滋弥　こんどう・しげや

実業家 男爵 貴族院議員

明治15年（1882年）9月17日〜昭和28年（1953年）8月20日

出徳島県　学グラスゴー大学造船科〔明治42年〕卒　歴実業
家・近藤廉平の長男に生まれる。明治44年東京市電気局に入
り、東京鉄道の技師を経て、大正15年横浜船渠専務となる。の
ち三光紡績を設立して社長に就任。この間、私費で近藤記念
海事財団を作り海事の発展に尽くす。10年父が没し家督を継
いで男爵を襲爵。14年〜昭和22年貴族院議員。また茶道を嗜
み和敬会十六羅漢の会員となり茶人としても活動した。　家
父＝近藤廉平（実業家）

近藤 寿市郎　こんどう・じゅいちろう

実業家 衆議院議員 豊橋市長

明治3年（1870年）4月15日〜昭和35年（1960年）4月14日

出三河国（愛知県）　歴漢学・法律学を修める。高松村助役、
渥美郡議、愛知県議を経て、昭和7年衆議院議員（政友会）に
当選1回。のち豊橋市助役を経て、16年市長となる。戦後は豊
川用水の実現に尽力した。また雑誌「旭光」記者、東海日報記
記者、豊橋商業会議所書記長、豊橋牛乳組合長、豊橋織物工
業組合理事長、全国山林会連合会理事、豊橋魚市場取締役な
どを歴任。東海興業を創立し社長に就任するなど実業界でも
活躍した。

近藤 潤治郎　こんどう・じゅんじろう

中国文学研究家 早稲田大学高等師範部講師

明治18年（1885年）3月18日〜昭和30年（1955年）3月1日

生新潟県三島郡関原村　学早稲田大学高等師範部国語漢文科
〔明治41年〕卒　歴明治43年長岡中学校教諭、大正2年私立開
成中学校教諭、古城貞吉に師事、11年早稲田第一、第二高等
学院教授。14年高等学校高等科教員検定試験合格、昭和5年早
稲田大学高等師範部講師、6年上海出張、7年文学部講師、20
年退職。21年早稲田第一、二高講師に復帰。22年高等師範部
教授、高等学院教授、24年文学部兼担、28年大学院文学研究
科兼担。著書に「支那文学史」など。

近藤 駿介　こんどう・しゅんすけ

南洋庁長官 熊本県知事

明治23年（1890年）12月17日〜昭和41年（1966年）4月30日

生長崎県　学五高卒、東京帝国大学法科大学政治学科〔大正5
年〕卒　歴大正5年警視庁警視として官界入り。昭和6年青森
県、8年京都府の内務部長を経て、9年福井県、11年長野県、13
年石川県、14年熊本県の各知事を歴任。15年南洋庁長官。18
年退官。

近藤 壌太郎　こんどう・じょうたろう

滋賀県知事 神奈川県知事

明治27年（1894年）11月13日〜昭和52年（1977年）8月

生長野県埴科郡屋代町（千曲市）　学東京帝国大学法学部〔大
正9年〕卒　歴内務省に入省。青森県警保安課長、北海道土地
改良課長、群馬、香川、高知の警察部長などを経て、昭和15
年滋賀県知事、17年神奈川県知事を歴任し、19年退官。

権藤 成卿　ごんどう・せいきょう

農本主義思想家 制度学者

慶応4年（1868年）3月21日〜昭和12年（1937年）7月9日

生筑後国久留米（福岡県久留米市）　名本名＝権藤善太郎、号＝
聞々道人、聞々子　歴若いころ中国や朝鮮を旅行。明治35年

上京して内田良平らの黒龍会に参加、文筆活動に入る。41年中国人向けの「東亜月報」を発行。大正8年には「皇民自治本義」を著し農民自治を説き、9年自治学会を創立。昭和2〜5年金鶏学院講師で制度学を講義。4〜5年血盟団の井上日召らと親交、五・一五事件の時、63歳だったが、邸内を血盟団員に開放し、警視庁に留置される。6年日本村治派同盟、7年農本連盟の顧問となる。7年の農村救済請願運動や8〜9年の飯米獲得闘争に大きな影響を及ぼした。他の著書に「自治民範」「日本農制史談」など。　家父＝権藤松門（郷士・国学者），弟＝権藤震二（ジャーナリスト・実業家）

近藤 清治　こんどう・せいじ
応用化学者 東京工業大学教授
明治16年（1883年）1月31日〜昭和15年（1940年）6月25日
出三重県　専窯業工学　学東京帝国大学工科大学応用化学科〔明治39年〕卒 工学博士（東京帝国大学）〔大正8年〕　歴明治39年日本煉瓦製造に入社。43年退社、44年東京高等工業学校教授、大正4〜6年官命により米国へ留学。7年特許局技師兼任。昭和4年より東京工業大学教授を務めた。

近藤 天　こんどう・たかし
体操選手
明治44年（1911年）10月29日〜平成6年（1994年）1月23日
生東京市神田区（東京都千代田区）　学早稲田大学専門部法科〔昭和11年〕卒　歴昭和7年在学中に五輪初出場の日本体操チームの一員としてロサンゼルス五輪に参加。現役引退後は後進の指導にあたり、31年のメルボルン五輪、35年のローマ五輪では体操総監督を務めた。日東鉄工社長として実業の傍ら、体操競技の普及発展に貢献し、国際体操連盟副会長、JOC常任委員、アジア体操連合会長などを歴任。57年日本体操協会会長となり、平成3年名誉会長に就任。

近藤 信竹　こんどう・のぶたけ
海軍大将
明治19年（1886年）9月25日〜昭和28年（1953年）2月19日
生大阪府　学海兵（第35期）〔明治40年〕卒、海大〔大正8年〕卒　歴駐独大使館付武官、東宮武官兼侍従武官、「加古」「金剛」各艦長、海軍大学校教頭、連合艦隊参謀長。昭和10年海軍軍令部第1部長、日中戦争では第5艦隊司令長官、14年軍令部次長。太平洋戦争開戦時には第2艦隊司令長官としてマレー沖、ミッドウェー沖海戦などを指揮。18年海軍大将となり支那方面艦隊司令長官、軍事参議官を経て予備役となった。

近藤 柏次郎　こんどう・はくじろう
ピアニスト
明治33年（1900年）8月17日〜昭和7年（1932年）7月13日
学東京帝国大学卒 工学博士　歴中学時代からピアノを学び、杉山長谷夫らに師事、山田耕筰の推薦で、来日中のロランジの伴奏を行い、一躍楽壇に知られた。帝国大学卒業後一時日仏銀行に勤めたが、大正14年音楽研究のためパリ留学、アムールに師事。昭和4年帰国後はフランス派ピアニストとして活躍した。著書に「シャリアピンの生涯」などがある。

近藤 日出造　こんどう・ひでぞう
漫画家
明治41年（1908年）2月15日〜昭和54年（1979年）3月23日
生長野県稲荷山町（更埴市）　名本名＝近藤秀蔵　学高小卒　歴家業の洋品店の手伝いなどを経て、大正15年上京、昭和3年岡本一平の門下となる。以後九州日報の嘱託をして政治漫画を描き、7年杉浦幸雄、横山隆一らとプロダクション“新漫画派集団（のち漫画集団）”を結成、8年から「読売新聞」に得意の似顔絵を生かした時事漫画を描く。15年“新日本漫画家協会”が結成され、機関誌「漫画」の主筆となり、毎号表紙の時

局漫画を描き、ルーズベルトやチャーチルを“鬼畜”にたとえたりもしたが、大政翼賛会から漫画集団への援助を断わるなど漫画への理想論に忠実に生きた。戦後20年10月新漫画派集団が“漫画集団”として新生、その中心人物として後進を育てた。また「読売新聞」に政治漫画の連載をつづけた。39年日本漫画家協会初代理事長に就任し、同協会の発展に尽力。テレビ「春夏秋冬」の司会や週刊誌の対談などでも軽妙な味をみせた。著書に「にっぽん人物画」（正続）など。　家義兄＝横山隆一（漫画家），義弟＝横山泰三（漫画家）

近藤 兵太郎　こんどう・ひょうたろう
野球指導者
明治21年（1888年）〜昭和41年（1966年）5月19日
生愛媛県松山市　学松山商〔明治42年〕卒　歴母校の松山商業学校（現・松山商）野球部監督を務め、大正8年夏の甲子園で8強入り。同校での教え子に藤本定義、森茂雄らがいた。昭和3年から台湾の嘉義農林学校（現・嘉義大学）野球部で指導に当たり、当時台湾で野球をするのは日本人のみであったのだが、日本人、台湾人（漢人）、先住民が共にプレーすることにこだわった。6年全島中等学校野球大会を制して同校を甲子園初出場に導き、準優勝を飾った。その後、8年夏、10年センバツと夏、11年夏の計5回の甲子園出場を果たすが、17年野球部を退く。戦後の21年、郷里松山に引き揚げ、25年新田高校、愛媛大学の野球部監督を歴任。35年球界を退いた。戦後、日本統治時代の嘉義農林の準優勝は長らく忘れられていたが、平成26年台湾で嘉義農林の甲子園準優勝までの奮闘を描いた映画「KANO」（馬志翔監督）が公開され、再び注目を浴びる。

近藤 平三郎　こんどう・へいざぶろう
薬学者 陸軍薬剤監 東京帝国大学名誉教授
明治10年（1877年）12月11日〜昭和38年（1963年）11月17日
生静岡県賀茂郡松崎村（松崎町）　名号＝藤園　学一高〔明治30年〕卒、東京帝国大学医科大学薬学科〔明治33年〕卒 薬学博士（東京帝国大学）〔明治42年〕　賞日本学士院会員〔昭和28年〕　歴東京帝国大学薬学科卒業に際して恩賜の銀時計を受ける。陸軍薬剤官に任官、明治39年陸軍軍医学校教官となり、40年ドイツへ私費留学。ベルリン工科大学のリーベルマンの下で有機化学を専攻。44年帰国。大正4年乙卯の年にちなんで乙卯研究所を創立、同年東京帝大教授を兼任。10年薬学第二講座主任教授。15年陸軍薬剤監（少将相当官）に進み、同年予備役に編入。昭和13年乙卯研究所が財団法人の認可を受け理事長兼所長に就任。28年日本学士院会員に選ばれ、33年文化勲章を受けた。植物アルカロイドの化学構造研究で知られ、20数種の植物から40数種のアルカロイドを分離、そのうち32種が新発見で、3年には帝国学士院東宮御成婚記念賞を受賞した。また、長谷川秀治と抗結核薬「セファランチン」を開発した。　勲文化勲章〔昭和33年〕　賞帝国学士院東宮御成婚記念賞（第18回）〔昭和3年〕，文化功労者〔昭和33年〕

近藤 真柄　こんどう・まがら
婦人運動家 評論家 日本婦人有権者同盟会長
明治36年（1903年）1月30日〜昭和58年（1983年）3月18日
生東京都新宿区　名本名＝近藤まがら、旧姓・旧名＝堺真柄　学成女高等女学校〔大正9年〕卒　歴社会主義運動家・堺利彦の長女に生まれ、大正10年18歳のとき、山川菊栄、伊藤野枝らと、社会主義婦人運動をめざす赤瀾会（せきらんかい）を結成。11年日本共産党創立とともに入党。14年政治研究会婦人部勤務。昭和4年無産婦人同盟を結成。7年社会大衆婦人同盟書記長となり、婦人参政権獲得運動では市川房枝らと行動を共にした。戦後は日本婦人有権者同盟のリーダーとして政界浄化運動の先頭に立ち、46年から49年まで同会会長。著書に「わたしの回想」がある。　家父＝堺利彦（社会主義運動家），夫＝近藤憲二（アナキスト）

近藤 萬太郎　こんどう・まんたろう

農学者　大原農業研究所所長

明治16年（1883年）9月21日～昭和21年（1946年）11月7日

[生]岡山県邑久郡五明村（岡山市）　[名]号＝扇村　[専]種子学、穀物学、雑草学　[学]岡山中卒、六高卒、東京帝国大学農科大学農学科〔明治41年〕卒　農学博士〔大正4年〕　[賞]帝国学士院会員〔昭和21年〕　[歴]東京帝国大学大学院で種子学を研究。明治44年欧州へ留学、ベルリン農科大学などで学んだ。大正3年帰国し、実業家・大原孫三郎が設立した大原奨農会農業研究所（のち大原農業研究所）に招かれ、初代所長に就任。以後、30余年に渡って在職し、着実に実績を積んで同研究所を世界的民間研究機関に成長させた。その間にも作物学・種子学の研究を進め、生涯に約500編の報告・論文を発表。著書「米穀の性状と貯蔵」は名著として知られ、米穀検査における水分含量の限定や乾燥密封貯蔵法の普及につながった。デンマークのトルフペテルゼン、ドイツのノッベと並び世界の三大種子学者に数えられたという。昭和21年帝国学士院会員に選ばれたが、間もなく病没した。他の著書に「日本農林種子学」などがある。　[家]長男＝近藤洋逸（数学史家）、二男＝近藤研二（物理学者）、孫＝近藤篤三郎（ドイツ文学者）　[賞]農学賞〔昭和2年〕

近藤 光紀　こんどう・みつとし

洋画家

明治34年（1901年）～昭和23年（1948年）8月9日

[生]東京都本郷区（東京都文京区）　[学]東京美術学校西洋画科中退　[歴]曽宮一念に師事。大正13年帝展に初入選、以来同展に出品を続け、昭和10年無鑑査となる。この他、7年には新美術家協会会員となり、12年第1回一水展以来毎年出品、第3回展で一水会賞を受け、第5回展で会員となった。第4回文展では「少女像」で黒田子爵洋画奨励賞を受賞。以後一水会委員、日展委員として活躍した。

今野 大力　こんの・だいりき

詩人

明治37年（1904年）2月5日～昭和10年（1935年）6月19日

[生]宮城県伊具郡金山町　[名]号＝紫藻　[学]小学校卒業後、旭川新聞社、旭川郵便局などで働きながら詩作をし、昭和2年上京するが病気で帰郷し、北都毎日新聞社に入社し、4年の四・一六事件で検挙された友人の救援活動をする。4年再度上京し、労農芸術家連盟に参加するが、5年脱退し日本プロレタリア作家連盟に参加。7年のコップへの大弾圧で検挙され、駒込署で拷問のため中耳炎となり、重態のまま釈放された。のち共産党に入って地下活動をした。

金春 惣右衛門　こんぱる・そうえもん

能楽囃子方（金春流太鼓方）金春流太鼓21代目宗家

明治30年（1897年）7月22日～昭和17年（1942年）2月8日

[生]東京都　[名]本名＝金春林太郎、別称＝金春惣右衛門国泰、前名＝増見林太郎　[歴]金春流太鼓方20代・川井彦兵衛の女婿増見仙太郎の長男。明治41年初舞台。大正5年一時断絶していた金春流太鼓宗家を再興し、21代家元となる。昭和6年惣右衛門を襲名し、国泰を名のる。「金春流太鼓手附」を刊行するなど技法の公開と普及に努めた。　[家]長男＝金春惣右衛門（22代目宗家）

【さ】

西園寺 公望　さいおんじ・きんもち

政治家　公爵　元老

嘉永2年（1849年）10月23日～昭和15年（1940年）11月24日

[生]京都府京都市　[名]幼名＝美麿，号＝陶庵　[学]パリ第4大学（ソルボンヌ）卒　[歴]徳大寺公純の二男で、嘉永5年（1852年）西園寺師季の養子となる。慶応3年（1867年）王政復古の政変により新政府の参与となり、戊辰戦争にも従軍。明治3年パリ・コミューンの渦中にあるフランスへ渡り、パリ第4大学（ソルボンヌ）で学ぶとともに若き日のクレマンソーや中江兆民らと交わる。13年帰国し、14年明治法律学校（現・明治大学）を創立。また、フランス帰りの自由主義者として兆民とともに「東洋自由新聞」を創刊し社長となったが、明治天皇の咎めを受けて退社した。23年帝国議会発足当初より貴族院議員となり、26年副議長。27年第二次伊藤博文内閣に文相として入閣。28年外相を兼任。31年第三次伊藤内閣の文相。33年伊藤らと政友会を創立し、総務委員。同年枢密院議長となるが、36年辞職し、伊藤の後任として政友会総裁。39年桂太郎内閣退陣の後を受けて第一次西園寺内閣を組閣。44年第二次桂内閣のあと、第二次西園寺内閣を組織。この桂と交互に政権を担当した時期を“桂園時代”という。大正3年政友会総裁を原敬に譲って辞任。7年寺内閣退陣後も組閣の大命を受けたが拝辞し、代わりに原を推薦した。8年パリ平和会議首席全権に任ぜられ、ベルサイユ条約に調印。大正元年より元老として遇され、松方正義の没後は“最後の元老”として英国流の立憲君主主義と自由主義的な議会政治を実現するため、選挙により衆議院の多数派となった政党指導者を首相に推薦。昭和7年の五・一五事件以後は海軍大将の斎藤実、岡田啓介を推薦して超然内閣で陸軍や右翼の政治的進出を抑えようとしたが、11年の二・二六事件により挫折を余儀なくされた。12年陸軍大将の林銑十郎を推した後は首相推薦の責任を辞退し、以後は西園寺と内大臣が協議して首相を推薦する形となった。この間、明治17年侯爵、大正9年公爵。　[家]父＝徳大寺公純（公卿）、兄＝徳大寺実則（明治天皇侍従長）、弟＝住友友純（住友銀行創設者）、孫＝西園寺公一（政治家）、甥＝高千穂宣麿（英彦山神社座主・博物学者）

三枝 彦雄　さいぐさ・ひこお

物理学者　東北帝国大学教授

明治23年（1890年）1月～昭和23年（1948年）2月9日

[生]山梨県　[学]東北帝国大学理科大学物理学科〔大正4年〕卒　理学博士〔大正9年〕　[歴]大正7年東北帝国大学理学部講師、11年助教授、13年欧米出張、15年教授となった。学術研究会議会員。電媒質の理論と実験、水晶の電気的性質を追求、また高電圧発生のバン・デ・グラーフ装置を作り、仙台で最初の原子核研究を手がけた。著書「最近に於ける物理学の発達」「新電子論」「相対性理論」「電磁気学」「電磁場論」などがある。　[家]父＝三枝彦太郎（政治家）

三枝 博音　さいぐさ・ひろと

哲学者　科学史家

明治25年（1892年）5月20日～昭和38年（1963年）11月9日

[生]広島県山県郡本地村（北広島町）　[専]日本科学史　[学]東京帝国大学文学部哲学科〔大正11年〕卒　文学博士（九州大学）〔昭和28年〕　[歴]大正12年以来東洋大学、立正大学で教壇に立つ。昭和4年月刊誌「ヘーゲル及弁証法研究」を刊行。6年ドイツ留学、翌年帰国後、戸坂潤、岡邦雄らと唯物論研究会を設立。8年共産党シンパ事件で検挙されて、立正大、成蹊高校の教職を追われ、唯研を脱会したが、文学評論などにさまざまなペンネームで執筆活動。9年「日本に於ける哲学的観念論の発達史」を出版。11～12年「日本哲学全書」（全12巻）を編集。15年「技術史」、16年「三浦梅園の哲学」を刊行。17～24年「日本科学古典全書」（10巻, 朝日新聞社）の編集も担当。戦後は横浜市立大学学長、日本科学史学会会長などを務めた。

三枝 義夫　さいぐさ・よしお

宗教学者　明治大学教授

明治34年（1901年）3月27日～昭和19年（1944年）12月31日

茨城県多賀郡磯原町（北茨城市磯原本町）　学東京帝国大学文学部宗教学科〔大正15年〕卒　歴民間信仰研究会を組織し、日大、青山学院大学講師、明大教授を歴任。日本宗教学会の機関誌「宗教研究」に多くの論文を発表。特に当時ドイツ宗教哲学界の先端をいくとされたH.ショルツ「宗教哲学」を訳出、我が国の宗教学界に貢献した。著書に「基督時代の基督教」（昭和7年）など。また上野隆誠と協力して宗教学古典叢書刊行会を企画。没後の20年その第1巻として「宗教史大系」（三枝・上野監修）が刊行された。

西郷 準　さいごう・ひとし
野球選手
大正5年（1916年）～昭和20年（1945年）5月28日
学鹿児島二中（現・甲南高）卒, 立教大学〔昭和16年〕卒　歴西郷隆盛の孫で、京都市長を務めた西郷菊次郎の末子。鹿児島二中（現・甲南高）に進み甲子園出場を目指したが果たせず、昭和10年立教大に入学。同年秋、東京六大学リーグ戦の対帝大戦に先発投手として初出場、完投勝利を飾った他、ホームランを含む4安打を放つ活躍を見せた。その後、エース兼強打者として主将の座も担い、58試合に登板して18勝20敗2分の成績を収めた。打者としては、13年春に早大の南村不可止（のち巨人）、秋に法政の鶴岡一人（のち南海）と首位打者を争い2位となり、15年春にも2位となった。16年大学を卒業して帝国生命に入ったが、応召。20年5月フィリピンのルソン島で戦死した。　家父＝西郷菊次郎（京都市長）, 祖父＝西郷隆盛（政治家）

西条 八十　さいじょう・やそ
詩人 作詞家 フランス文学者
明治25年（1892年）1月15日～昭和45年（1970年）8月12日
生東京市牛込区払方町（東京都新宿区）　学早稲田大学英文科〔大正4年〕卒　賞日本芸術院会員〔昭和37年〕　歴早大在学中から「早稲田文学」などに作品を発表、「未来」同人となる。大正7年鈴木三重吉の「赤い鳥」創刊に参加、童謡「かなりあ」を発表。以後、北原白秋、野口雨情とならぶ大正期の代表的童謡詩人として、多くの童謡を発表した。8年第一詩集「砂金」を刊行、9年訳詩集「白孔雀」を刊行。10年早大英文科講師となり、13年ソルボンヌ大学に留学、帰国後早大仏文科助教授、昭和6年教授に就任。また、流行歌から軍歌まで幅広い分野で作詞家としても活躍し、「東京行進曲」（昭4年）、「東京音頭」「サーカスの唄」（昭8年）などがヒットした。戦後は早大を辞し、ランボーの研究に打ち込んだ。日本詩人クラブ初代理事長、日本音楽著作権協会会長など歴任。他の詩集に「見知らぬ愛人」「蠟人形」「西条八十詩集」「美しき喪失」「黄菊の館」「一握の玻璃」、「西条八十童謡全集」、評論集に「アルチュール・ランボオ研究」など。　家長男＝西条八束（陸水学者）、長女＝西条嫩子（詩人）、甥＝三村光一（港建設社長）、柳俊太郎（易学研究家）

斎田 元次郎　さいだ・もとじろう
美術ジャーナリスト
明治26年（1893年）8月17日～昭和26年（1951年）12月15日
生兵庫県多紀郡篠山町　学国学院大学師範部卒　歴大正8年から昭和6年末まで新聞社社会部美術記者として、やまと新聞、時事新報、読売新聞各社に勤務。7年より雑誌「塔影」「国画」を編集発行し、美術ジャーナリズムの分野で活躍、戦後は「純美」を主宰した。

斉藤 亮　さいとう・あきら
兵庫県知事
明治31年（1898年）11月～昭和27年（1952年）3月5日
生東京都　学東京帝国大学法学部独法科〔大正12年〕卒　歴昭和10年奈良県、12年石川県、14年北海道、16年大阪府の警

察部長を歴任した後、同年警視庁警務部長兼保安衛生部長、17年山形県知事、20年4月千葉県知事、10月兵庫県知事。

斎藤 阿具　さいとう・あぐ
歴史家 一高名誉教授
慶応4年（1868年）2月18日～昭和17年（1942年）3月1日
生武蔵国足立郡中尾村（埼玉県さいたま市）　専日蘭交渉史　学帝国大学文科大学史学科〔明治26年〕卒 文学博士〔大正10年〕　歴明治30年二高教授、36～38年ドイツ、オランダに留学、39年一高教授となり、昭和8年退官、同校及び東京外語講師を務めた。13年一高名誉教授。著書に「西力東侵史」「ツーフと日本」「西洋文化と日本」、訳述に「日本回想録（ツーフ）」「フィッセル参府紀行」がある。

斎藤 五百枝　さいとう・いおえ
挿絵画家
明治14年（1881年）12月21日～昭和41年（1966年）11月6日
生千葉県長生郡一宮町　学東京美術学校洋画科〔明治41年〕卒　歴白馬会洋画研究所に学び、岡田三郎助の指導を受けた。新聞のコマ絵などを描いていたが、大正3年講談社の雑誌「少年倶楽部」に抜擢され、創刊号から表紙絵を描く。昭和2年から吉川英治の「龍虎八天狗」と佐藤紅緑の「あゝ玉杯に花うけて」の挿絵を同時に受け持ち、一時代を画した。他の代表作に佐藤紅緑「紅顔美談」「少年讃歌」、大仏次郎「鞍馬天狗」がある。　賞野間挿絵奨励賞（第1回）〔昭和16年〕

斉藤 樹　さいとう・いつき
台湾総督府総務長官 警視総監 貴族院議員（勅選）
明治21年（1888年）6月26日～昭和26年（1951年）6月2日
生千葉県　学一高英法科〔明治45年〕、東京帝国大学法科大学英法科〔大正6年〕卒　歴大正6年東京府属となり、13年宮崎県警察部長、14年群馬県警察部長、15年警察講習所教授、昭和2年内務省警保局警務課長。4年欧米へ出張。6年奈良県知事、7年富山県知事、10年埼玉県知事、11年静岡県知事を歴任し、12年警視総監、15年台湾総督府総務長官。20年勅選貴族院議員。　家三男＝斉藤邦彦（外交官）、岳父＝小川平吉（政治家）、義兄＝宮沢裕（政治家）、義弟＝小川一平（衆議院議員）、小川平二（政治家）、小川平四郎（外交官）

斎藤 一男　さいとう・かずお
整形外科学者 東京教育大学教授
明治34年（1901年）10月10日～昭和28年（1953年）6月1日
生東京市芝区（東京都港区）　専スポーツ医学　学東京帝国大学医学部〔大正15年〕卒 医学博士　歴東京帝国大学整形外科教室に入り、昭和2年救護班員として上海極東大会派遣。5年日本医科大学講師となり、整形外科を開講、6年教授兼レントゲン科部長、7年第10回オリンピック大会に日本側医員としてロサンゼルスに派遣され、8年体育研究所技師、文部省運動医事相談所員、11年ベルリン国際スポーツ医学大会出席、15年日本整形外科学会会長、24年東京教育大学教授。日本におけるスポーツ医学のパイオニアとして知られる。著書に「新しい健康教育」がある。

斎藤 佳三　さいとう・かぞう
図案装飾家
明治20年（1887年）4月28日～昭和30年（1955年）11月17日
生秋田県　名本名＝斎藤佳蔵　学東京音楽学校中退、東京美術学校図案科〔大正2年〕卒　歴大正2年第一次大戦直前のドイツに渡り、ベルリン王立美術工芸学院に学ぶ。デア・シュトルムを知り、3年山田耕筰とともに作品を持ち帰り、日比谷美術館でデア・シュトルム木版画展を開き、カンディンスキー、キルヒナーらの表現主義的作品を紹介した。8年～昭和7年東京美校図案科講師を務め、工芸製作法、服装学、意匠学を講

じ、この間、3年帝展に初入選。5年頃には「午後のお茶の部屋」などのアール・デコ調の室内装飾も手がけた。一方、斎藤装飾美術研究所を設立、服飾分野などで活躍した。「世界の服飾史」「新しき民謡」などの著書のほか作曲も試みた。

斎藤 吉彦　さいとう・きちひこ

民俗学者 言語学者 詩人 慶応義塾文学部助手
明治37年（1904年）2月10日〜昭和5年（1930年）12月15日
[生]青森県弘前市 [学]弘前中〔大正10年〕卒、慶応義塾大学文学部仏文科〔昭和2年〕卒 [歴]弘前市随一の老舗旅館の長男として生まれる。弘前中時代に兄やその友人の影響で文学に傾倒し、一戸謙三らと親交を結ぶ。大正10年父の希望により慶応義塾理財科に進学するが、予科卒業後は文学部本科仏文科に転じ、柳田国男、折口信夫、西脇順三郎らの薫陶を受けて言語学や民俗学に没頭。卒業時は成績優良のため、フランス政府よりメダルを贈られ、同校文学部助手、予科講師となる。昭和3年「弘前新聞」に「津軽土俗方言私考」を発表。のち「上磯風国志」や「津軽方言辞典」の編纂に従事、津軽地方の民俗・方言研究の先駆として活躍したが、5年26歳で夭折した。6年その死を惜しんだ柳田らにより遺稿集「那姓久祁牟里」が編まれた。平成2年「斎藤吉彦全集」が刊行された。

斎藤 健一　さいとう・けんいち

労働運動家 総同盟中央委調査部長
明治33年（1900年）4月29日〜昭和11年（1936年）1月24日
[生]長野県西筑摩郡日義村 [歴]大正10年の横浜ドック争議で交渉委員として活躍し、のち横浜造船工組合を結成、主事。15年総同盟中央委員となり、以後総同盟の理論家として活躍し、調査部長などを歴任、総同盟の機関誌「日本民衆新聞」主筆、「労働経済」編集長などを務めた。

斎藤 賢道　さいとう・けんどう

微生物学者 大阪帝国大学名誉教授
明治11年（1878年）6月28日〜昭和35年（1960年）10月14日
[生]石川県金沢市 [専]発酵微生物学 [学]東京帝国大学理科大学植物学科〔明治33年〕卒 理学博士〔明治42年〕 [歴]明治37年より大気中や醸造物などに現れる微生物について研究。42年農商務省海外実業練習生としてドイツへ留学し、醸造業を実習。44年南満州鉄道（満鉄）中央試験場に入り、同所長を務め、昭和2年退職。4年大阪工業大学教授、8年大阪帝国大学教授に就任し、同大醸造学科の創設と発展に尽くした。15年定年退官後は23年まで長尾研究所主任研究員。のち大阪醸造学会会長。主な業績に「東洋醸造物中に現れる菌類の研究」で多くの酵母菌や不完全菌を発見したことや、「ケカビ属Mucor諸種間の交配研究」などがある。旧蔵書は大阪大学工学部に“斎藤文庫”として収蔵されている。著書に「工業用植物繊維」「応用菌学汎論」「要説醸酵生理学」「清酒醸造の菌学」「発酵菌類検索便覧」などがある。

斎藤 三郎　さいとう・さぶろう

啄木研究家 野球史研究家
明治28年（1895年）8月26日〜昭和35年（1960年）2月2日
[生]長野県下高井郡野沢温泉 [学]高小卒 [歴]大正2年上京し、すし屋で働きながら野球チームのエースとして活躍。12年頃新国劇の沢田正二郎にスカウトされ入団。昭和4年まで文芸部に在籍、野球部員としても活躍した。5年頃から啄木と野球史の研究を志し、「文献石川啄木」を17年に刊行。他の著書に「野球文献史話」「啄木文学散歩」などがある。34年野球体育博物館嘱託となる。

斎藤 昌三　さいとう・しょうぞう

書物研究家 随筆家
明治20年（1887年）3月19日〜昭和36年（1961年）11月26日

[生]神奈川県高座郡座間町（座間市） [名]旧姓・旧名＝斎藤政三、号＝桃葉、未鳴、少雨皀、湘南荘 [学]神奈川三中卒 [歴]大正4年から雑誌「樹海」を編集。発禁本や性神の収集・研究に打ち込み、5年発禁作品集「明治文芸側面鈔」を編んだ。6年米国貿易店・五車堂に入社したが雑誌の編集は続け、9年趣味誌「おいら」を創刊。12年独立し、ドイツ万年筆卸商の正鵠商会を開業したが、直後に関東大震災に遭い廃業。以後は神奈川県茅ケ崎に移住して筆一本で立ち、13年「おいら」の後継誌「いもづる」を発刊。14年より「書物往来」編集同人となり、同年大阪の青山堂太郎と提携して「愛書趣味」を創刊した。昭和3年明治文化研究会編集同人。6年岩本和三郎、柳田泉らと「書物展望」を創刊して書物展望社を設立し、岩本らが抜けた8年以降は個人による経営・編集で書物趣味の横溢した雑誌作りに手腕を発揮。凝った装丁により内田魯庵、徳富蘇峰、淡島寒月ら趣味人の随筆集や文芸書を刊行、愛書家に支持された。自身も「閑版書国巡礼記」「紙魚供養」といったの随筆集を出し、「現代日本文学大年表」「現代筆禍文献大年表」などを編纂した。

斎藤 清太郎　さいとう・せいたろう

西洋史学者 東京帝国大学教授
明治5年（1872年）2月〜昭和16年（1941年）10月16日
[生]岡山県 [学]東京帝国大学文科大学史学科〔明治28年〕卒 [歴]中学校教諭ののち明治41年東京女子高等師範学校教授、大正9年東京帝国大学助教授、12年教授、昭和7年退官。大学ではヨーロッパ近世、近代史を講じ、外交史に詳しく、米国、ロシアの歴史についても研究した。著書に「最近西洋近世史講話」「露西亜史講話」「モンロー主義の史的考察」などがある。

斎藤 善右衛門（10代目）　さいとう・ぜんえもん

斎藤報恩会理事長
明治20年（1887年）3月15日〜昭和17年（1942年）
[生]宮城県河南町 [歴]大地主・斎藤善右衛門家10代目当主。父の遺志を継ぎ、斎藤報恩会2代目理事長に就任。東北帝国大学の電気通信研究所や金属材料研究所の設立、チベット仏典の購入に資金を提供するなど、学術研究、産業開発、社会事業を助成した。

斎藤 惣一　さいとう・そういち

宗教家 日本YMCA同盟総主事
明治19年（1886年）7月9日〜昭和35年（1960年）7月5日
[生]福岡県小倉（北九州市） [学]東京帝国大学文科大学英文科〔明治44年〕卒 [歴]中学生の時洗礼を受け、五高時代、学生YMCA団体花陵会に入会。明治44年五高教授となったが大正6年退官、日本YMCA同盟主事に転進。10年総主事に就任。13年関東大震災後の会館復興のため一時東京YMCA総主事を務めた。昭和19年再びYMCA同盟に戻り31年まで総主事。この間、日米開戦直前、両国内の平和工作に当たったり、世界YMCA委員に選ばれ、世界教会協議会の国際会議に出席するなど、国際平和、日米親善に尽力した。戦後は引揚援護庁長官、太平洋問題調査会常務理事を務めた。31年日本YMCA同盟名誉総主事。著書に「海の外へ使して」「世界の現勢と基督教」などがある。

斎藤 素巌　さいとう・そがん

彫刻家
明治22年（1889年）10月16日〜昭和49年（1974年）2月2日
[生]東京市牛込区市ケ谷富久町（東京都新宿区） [名]本名＝斎藤知雄 [学]東京府立四中〔明治40年〕卒、東京美術学校西洋画科〔明治45年〕卒 [資]帝国美術院会員〔昭和10年〕、帝国芸術院会員〔昭和12年〕、日本芸術院会員〔昭和22年〕 [歴]大蔵省印刷局彫刻課長を務めた斎藤知三の三男。彫刻を志望したが父の反対に遭い、明治40年東京美術学校西洋画科に入学。

45年卒業して木築中学教諭となるが、同年父が亡くなったことから改めて彫刻の道を志し、大正2年教職を辞して渡英。ロイヤル・アカデミー・スクールでビーグラムに師事した。5年帰国し、6年第11回文展で「秋」が初入選、7年第12回展「敗残」で特選を受けた。8年第1回帝展には「朝暾」を無鑑査出品。同年朝倉文夫が結成した東台彫塑会に参加したが、14年同会が解散すると反帝展の立場を明らかにし、15年東台彫塑会で一緒だった日名子実三らと在野の彫刻団体・構造社を創立。翌年から毎年展覧会を開催し、そのテーマとして彫刻と建築の融和を試みた。自宅に事務所や研究所を置いて展覧会の運営いっさいを自ら取り組み、第6回展までに1万6000円の借金を背負った。昭和7年第6回展終了後に構造社を退会する意志を表明、残留会員により同社解散が宣言されたが、第6回展が終了すると解散宣言を撤回、8年には自身も会に復帰。10年帝国美術院会員となり、帝展改組を支持。19年戦局の悪化にともない構造社を解散した。この間、16年彫刻雑誌「日本彫塑」を刊行。戦後は21年第1回日展に出品以来同展を発表の場とした。　家父＝斎藤知三（大蔵省印刷局彫刻課長）　賞文展特選（第12回）〔大正7年〕「敗残」

斎藤 大吉　さいとう・だいきち

冶金学者 京都帝国大学名誉教授

明治5年（1872年）11月25日〜昭和24年（1949年）3月25日

生京都府　名旧姓・旧名＝難波　学山口高〔明治28年〕卒，東京帝国大学工科大学採鉱冶金科〔明治31年〕卒 工学博士（京都帝国大学）〔明治39年〕　歴難波家の三男で、明治30年斎藤家の養子となる。31年京都帝国大学理工科大学助教授、34年冶金学研究のためドイツへ留学。38年教授に昇任して帰国。昭和7年退官。2年学術研究会議会員。著書に「金属合金及其加工法」（全3巻）などがある。　賞製鉄功労賞〔大正14年〕、日本金属学会賞（第6回）〔昭和19年〕

斎藤 隆夫　さいとう・たかお

衆議院議員 内閣法制局長官

明治3年（1870年）8月18日〜昭和24年（1949年）10月7日

生兵庫県出石郡出石町　学東京専門学校（現・早稲田大学）行政科〔明治27年〕卒　歴エール大学院に留学し、帰国後弁護士を開業。明治45年立憲国民党から衆議院議員に当選し、以来13選。憲政会、民政党に属し、浜口内閣の内務政務次官、第二次若槻内閣の法制局長官、斎藤内閣で再び法制局長官を歴任したが、昭和11年二・二六事件直後の議会で"粛軍演説"を、また15年衆議院本会議で陸軍を非難する演説を行い、衆議院議員を除名された。17年翼賛選挙に非推薦で最高位当選。戦後、日本進歩党結成に参加、21年第一次吉田内閣、22年片山内閣で国務相として入閣した。23年民主自由党（民自党）創立に参加、総務会長、顧問を務めた。著書に「比較国会論」「帝国憲法論」「回顧七十年」など。平成2年日記が公開された。

斎藤 巍洋　さいとう・たかひろ

水泳選手

明治35年（1902年）〜昭和19年（1944年）9月5日

出大阪府岸和田市　学立教大学〔昭和2年〕卒　歴立教大在学中の大正12年第6回極東大会の100ヤード背泳に1分12秒で優勝。13年パリの第8回オリンピックに高石勝男と出場、100メートル背泳決勝に1分19秒8で6位、800メートル継泳決勝（4位）にも活躍。卒業後毎日新聞社運動部記者となり、同年高石と豪州に遠征、百ヤード背泳でシドニー、オーストラリア両選手権を制した。9年ブラジル海軍体育課に招かれ、水泳を指導、その後日本の水泳技術向上に尽力した。

斎藤 達雄　さいとう・たつお

俳優

明治35年（1902年）6月10日〜昭和43年（1968年）3月2日

生東京市深川区佐賀町（東京都江東区）　学華商中退　歴15歳でシンガポールに海外修業に出され、6年後に帰国。商社に勤めたのち大正12年松竹蒲田撮影所に入り、「狼の群」で俳優デビュー。その後、小津安二郎に認められて、昭和3年「若人の夢」に出演。以後、「会社員生活」「足に触った幸運」「東京の合唱」「生れてはみたけれど」「落第はしたけれど」「美人哀愁」「お琴と佐助」「人生のお荷物」「淑女は何を忘れたか」「浅草の灯」「南の風」「開戦の前夜」など太平洋戦争の前期にかけ400本以上の作品に主演、脇役として活躍、長身とシニカルな笑いが売りものだった。28年には監督に転じ「嫁ぐ今宵に」「お母さんの結婚」「純情社員」などを発表するが、監督としてはほとんど評判にならなかった。その後、俳優も続け、40年米国映画「ロード・ジム」に出演後、引退。

斎藤 玉男　さいとう・たまお

精神医学者 日本医科大学教授 ゼームス坂病院院長

明治13年（1880年）4月14日〜昭和47年（1972年）10月13日

生群馬県勢多郡宮城村苗ケ島（前橋市）　学二高卒、東京帝国大学医科大学〔明治39年〕卒 医学博士　歴明治40年東京府立巣鴨病院勤務を経て、東京帝国大学精神科助手、大正3〜5年欧米に留学。5年横浜脳病院顧問、王子脳病院顧問、6年日本医学専門学校教授となり、昭和19年まで務めた。この間、大正12年東京・品川に神経科ゼームス坂病院を開設。昭和6〜13年東京府立松沢病院副院長。雑誌「脳」に精神科医療について多くの論文を寄せ、精神医学界長老として活躍した。19年ゼームス坂病院を閉鎖し、郷里へ疎開。同病院には高村光太郎夫人の智恵子が入院、療養の傍ら切絵を作ったことでも知られる。

斉藤 知一郎　さいとう・ちいちろう

実業家 大昭和製紙創業者

明治22年（1889年）5月5日〜昭和36年（1961年）2月16日

生静岡県富士郡吉永村比奈（富士市）　学吉原町外八ケ村組合立高小〔明治34年〕中退　歴明治34年吉原町外八ケ村組合立高等小学校を中退して、製紙や茶の仲買、稲藁の売買に従事して家業を手伝う。大正3年から機械による製茶業を営んだが、9年火事により工場を失い、製紙原料の仲買業を専業とした。10年斉藤商店を創業し、11年斉藤兄弟商会に改称。昭和2年買収した寿製紙を昭和製紙に社名変更。3年同社の全株式を入手して社長に就任。同年斉藤兄弟製紙を株式会社に改組して斉藤商会とし、10年同社を昭和製紙に吸収合併。13年自らが社長を務める昭和製紙、昭和産業、駿富製紙の3社と、五弟・信吉が社長の岳陽製紙に大正工業を加えた5社を合併して大昭和製紙を設立、会長に就任。18年社長となった。　家長男＝斉藤了英（大昭和製紙社長）、二男＝斉藤滋与史（静岡県知事）、三男＝斉藤喜久蔵（大昭和製紙社長）、四男＝斉藤孝（大昭和製紙社長）、孫＝斉藤公紀（大昭和製紙社長）、斉藤斗志二（衆議院議員）、斉藤知三郎（大昭和製紙副社長）、斉藤四方司（茨城証券会長）　勲紺綬褒章〔昭和14年〕

斎藤 弔花　さいとう・ちょうか

新聞記者 小説家 随筆家

明治10年（1877年）2月8日〜昭和25年（1950年）5月3日

生大阪府高槻市　名本名＝斎藤謙蔵　学京都中学退学　歴金港堂、神戸新聞で記者などをし、明治42年神戸新聞社を退社。のち東京日日、関西日報などの記者をする。昭和17年「独歩と武蔵野」を刊行するなど、多くの著書がある。

斎藤 常三郎　さいとう・つねさぶろう

法学者 京都帝国大学教授

明治11年（1878年）11月20日〜昭和26年（1951年）7月22日

生福島県　学京都帝国大学法科大学独法科〔明治37年〕卒 法学博士〔大正14年〕　賞日本学士院会員〔昭和25年〕　歴大

阪地方裁判所判事、同控訴院判事を経て、大正8年辞任、神戸高等商業学校教授となった。再度の欧米遊学後、同校大学昇格で同大教授、さらに京都帝国大学教授に転じ、昭和13年定年退官、神戸商大名誉教授、弁護士となった。他に会津短期大学学長。25年学士院会員。破産法、和議法学の権威で、著書に「破産法及び和議法研究」「日本和議法論」などがある。

斎藤 藤四郎　さいとう・とうしろう
実業家　衆議院議員
明治19年（1886年）10月22日〜昭和10年（1935年）6月1日
[生]栃木県塩谷郡大宮村（塩谷町）　[歴]16歳の時宇都宮、東京にて肥料商の丁稚奉公、店員となる。のち大阪に出て、明治45年大阪化学肥料、大正3年日本化学肥料採取権を獲得し大阪グアノ会社社長、次いで大阪硫曹を創設し、数社の重役を兼務する。13年栃木県より衆議院議員に出馬し、当選2回。政友会に所属、特に肥料管理法案の通過に尽力した。

斎藤 寅次郎　さいとう・とらじろう
映画監督
明治38年（1905年）1月30日〜昭和57年（1982年）5月1日
[生]秋田県由利郡矢島町（由利本荘市）　[名]本名＝斎藤寅二郎　[学]明治薬学校〔大正9年〕中退　[歴]明治薬学校に通うが映画にのめり込んで学校を中退、星製薬宣伝部活動写真隊地方巡業部の映写技師募集に応じて九州などを回った。大正12年叔父で美術家の斎藤佳三の紹介により松竹蒲田撮影所に入り、大久保忠素監督について助監督となる。15年「桂小五郎と幾松」で監督に昇進。昭和3年初の喜劇映画「浮気征伐」を監督、以来、ナンセンス喜劇「全部精神異常あり」やドタバタ喜劇「子宝騒動」など、喜劇映画に優れた才能を見せ "喜劇映画の神様" とうたわれた。4年自作のコメディエンヌであった浪花友子と結婚。12年東宝に移籍、13年移籍第一作「エノケンの法界坊」が正月映画として公開され、大ヒット。21年戦後第一作「東京五人男」を監督、戦後初めて米国に輸出された日本映画となった。「モダン籠の鳥」「熊の八ツ切り事件」などは正味一日で作り上げたという早撮りぶりでも知られ、榎本健一、古川緑波、横山エンタツ、花菱アチャコ、柳家金語楼、渡辺篤、川田晴久、伴淳三郎、堺駿二、清川虹子、田端義夫ら錚々たる喜劇人たちを起用して生涯に200本を超える作品を手がけた。また美空ひばりを見出し、24年「のど自慢狂時代」で初めて映画に出演させたことでも知られる。

斎藤 直橘　さいとう・なおき
福井県知事　衆議院議員　福井市長
明治16年（1883年）5月8日〜昭和28年（1953年）10月20日
[出]宮崎県　[学]東京帝国大学法科大学〔明治43年〕卒　[歴]奈良県、富山県の内務部長を経て、昭和5年福井県知事。7年より衆議院議員に連続3選。民政党に所属した。また、10〜16年福井市長も務めた。

斎藤 春子　さいとう・はるこ
斎藤実首相夫人
明治6年（1873年）3月30日〜昭和46年（1971年）9月14日
[歴]海軍三元勲の一人、仁礼景範の長女。明治25年のちに海軍大将となる斎藤実と結婚。昭和7年夫が首相に就任。9年帝人事件のため内閣は総辞職。11年二・二六事件により内大臣を務めていた夫が殺害され、自身も3発の銃弾を受けて負傷した。その後事件の様子を記した手記を発表した。　[家]夫＝斎藤実（首相・海軍大将）、父＝仁礼景範（海軍中将）

斎藤 恒　さいとう・ひさし
陸軍中将
明治10年（1877年）11月16日〜昭和28年（1953年）3月8日
[生]石川県　[学]陸士（第10期）〔明治31年〕卒、陸大〔明治40年〕卒　[歴]明治40年参謀本部勤務となる。44年北京駐在を命ぜられ、以後は中国情報の専門家として上海駐在・吉林督軍顧問・参謀本部課長などを歴任。大正12年陸軍少将。14年関東軍参謀長に補任されるが、昭和3年6月に関東軍高級参謀らによる張作霖爆殺事件が起こると、事件と無関係ながら責任をとって東京湾要塞指令官に左遷された。4年陸軍中将となり、予備役編入。

斎藤 博　さいとう・ひろし
外交官　駐米大使　ロンドン海軍軍縮会議全権随員
明治19年（1886年）12月24日〜昭和14年（1939年）2月26日
[生]新潟県新潟市　[学]東京帝国大学法科大学〔明治43年〕卒　[歴]明治43年外務省に入り、大使館書記官、総領事として米英に駐在、パリ平和会議、ワシントン、ロンドン両軍縮会議随員などを経て、外務省情報部長。英大使館参事官、オランダ公使から昭和8年駐米大使に就任。両国共同宣言案の締結に努力したが不発。12年のパネー号撃沈事件では政府の調令を待たず謝罪放送を行い両国間の危機を救うなど、日米関係調整に努力したが任地で病死した。米政府はその死を悼み巡洋艦アストリア号で遺骨を日本へ護送した。

斎藤 実　さいとう・まこと
海軍大将　首相　内大臣　朝鮮総督
安政5年（1858年）10月27日〜昭和11年（1936年）2月26日
[生]陸奥国水沢（岩手県奥州市水沢区）　[学]海兵（第6期）〔明治12年〕卒　[歴]明治15年海軍少尉に任官。17年米国大使館付武官、19年より欧州へ出張し、21年帰国。30年「秋津洲」、31年「厳島」艦長を経て、31年海軍次官。33年海軍総務長官兼事務局長、36年艦政本部長兼務、同年海軍次官。37年軍務局長、38年教育本部長をそれぞれ兼務。39年第一次西園寺内閣の海相に就任して以来、第二次桂、第二次西園寺、第三次桂、第一次山本内閣と5内閣8年間にわたって在任。大正元年海軍大将に進んだが、3年シーメンス事件の責任を取って予備役に編入された。8年〜昭和2年と4〜6年朝鮮総督を務め、高揚する民族運動を背景に武断政治から文化政治へと舵を切った。2年ジュネーブ海軍軍縮会議全権委員、枢密顧問官。7年の五・一五事件後に組閣、政党と軍の中間的な挙国一致内閣を組織したが、9年帝人事件のため総辞職。10年内大臣に就任した。11年二・二六事件で暗殺された。　[家]妻＝斎藤春子、岳父＝仁礼景範（海軍中将）

斎藤 真　さいとう・まこと
医学者　愛知医学専門学校教授
明治22年（1889年）6月14日〜昭和25年（1950年）1月2日
[生]宮城県敷玉村（美里町）　[専]脳神経外科　[学]二高卒、東京帝国大学卒　医学博士〔大正12年〕　[歴]大正11年愛知医学専門学校教授となる。我が国脳神経外科の先駆者で、脊椎麻酔薬の開発などに取り組み、X線による血管撮影法・診断法に優れた。昭和11年日本外科学会会長。23年日本脳神経外科学会を設立、初代会長を務めた。

斎藤 宗宜　さいとう・むねのり
京都府知事
明治14年（1881年）4月〜昭和14年（1939年）12月20日
[生]静岡県　[学]東京帝国大学法科大学〔明治41年〕卒　[歴]大正12年宮崎県知事、昭和2年熊本県知事、6年大阪府知事、7年京都府知事を歴任。10年退官後は弁護士を務めた。

斎藤 茂吉　さいとう・もきち
歌人　精神科医　青山脳病院院長
明治15年（1882年）5月14日〜昭和28年（1953年）2月25日
[生]山形県南村山郡金瓶村（上山市金瓶）　[名]旧姓・旧名＝守谷、別号＝童馬山房主人、水上守暁　[学]開成中〔明治34年〕卒、一

高理科第三部〔明治38年〕，東京帝国大学医科大学〔明治43年〕卒 医学博士〔大正13年〕 賞帝国芸術院会員〔昭和12年〕 歴中学時代から作歌を志し、東京帝国大学医科入学後、伊藤左千夫を訪ね、本格的に歌を始める。医科大学卒業後は副手として精神病学を専攻し、大正6年長崎医学専門学校教授となり、11〜13年ドイツに留学。昭和2年養父の青山脳病院院長として継ぎ、20年まで務めた。一方、明治41年創刊の「アララギ」に参加し、活発な作歌、評論活動を始め、大正2年「赤光」を、5年には「短歌私鈔」を、8年には歌集「童馬漫語」などを刊行。以後幅広く活躍し、昭和9年から15年にかけて「柿本人麿」（全5巻）を刊行し、15年に帝国学士院賞を受賞。25年刊行の「ともしび」は第1回読売文学賞を受賞し、26年文化勲章を受章した。他の歌集に「あらたま」「寒雲」「白桃」「遍歴」「白き山」「ともしび」などがあり、他に多くの歌論書、随筆集「念珠集」などがある。「斎藤茂吉全集」（全56巻、第二次全36巻、岩波書店）がある。没後、斎藤茂吉文化賞、斎藤茂吉短歌文学賞が創設された。 家妻＝斎藤輝子（旅行家）、長男＝斎藤茂太（精神病医）、二男＝北杜夫（小説家）、孫＝斎藤茂一（精神科医）、斎藤章二（精神科医）、斎藤由香（エッセイスト） 勲文化勲章〔昭和26年〕 賞帝国学士院賞〔昭和15年〕「柿本人麿」、文化功労者〔昭和27年〕

斎藤 唯信　さいとう・ゆいしん

仏教学者 僧侶（真宗大谷派） 大谷大学名誉教授

元治1年（1864年）12月18日〜昭和32年（1957年）12月22日

生越後国蒲原郡関屋（新潟県新潟市関屋町） 名号＝不老仙 学真宗大学寮（高倉学寮）卒 文学博士〔大正15年〕 歴真宗大学寮で因明学、天台学、華厳学などを修め、明治22年上京、英語を学び、23年東京大谷教校副校長、同年9月哲学館講師、27年大谷校校長、28年真宗東京中学主幹兼教授。31年浄土宗高等学院教授、34年真宗大学教授となり、大正3年までに曹洞宗大学、東洋大学、豊山大学、宗教大学の各教授。同年京都の大谷大学教授に転じ、4年京都帝国大学文学部講師、12年大谷大学教授兼真宗大谷大教授として仏教概論を講じた。昭和5年大谷大名誉教授。一方明治18年念仏寺住職、大谷派本山の宗学院開設を指導、大正7年講師の学階を受け安居の本講を務めた。昭和19年郷里新潟へ帰った。著書に「仏教学概論」「仏教論理」「阿弥陀経講義」「選択集講義」「華厳学講要」「真宗の信仰と其教義」「浄土教史」「教行信証御自釈講要」「他力信仰の極地」などがある。

斎藤 由理男　さいとう・ゆりお

体操指導者

明治35年（1902年）6月13日〜昭和20年（1945年）7月14日

出秋田県象潟町 学秋田師範卒 歴デンマークに留学しデンマーク体操を身につけ、東京の玉川学園内に東洋分校を開き、デンマーク体操の普及に努めた。国鉄体操の創始者としても有名。

斎藤 与里　さいとう・より

洋画家

明治18年（1885年）9月7日〜昭和34年（1959年）5月3日

生埼玉県加須市 名本名＝斎藤与里治 歴京都の聖護院洋画研究所に学び、明治39年渡仏。パリのアカデミー・ジュリアンでジャン・ポール・ローランスに学ぶと共に後期印象派の影響を受けた。41年帰国、西欧的な個性表現を主張する評論、作品を発表。大正元年高村光太郎、岸田劉生らとフュウザン会を結成、新しい絵画運動を展開した。2年同会解散、5年第10回文展に出品した「収穫」が特選となり、以後官展系作家として活躍。8年大阪美術学校を創設。13年春陽会員となったが15年退会。別に槐樹社にも参加、昭和6年同会解散、7年東光会創立に参加。9年第15回帝展以後、審査員を務め、戦後は日展参事、評議員を務め、風景画を多く描いた。

斎藤 雷太郎　さいとう・らいたろう

俳優 文化運動家

明治36年（1903年）10月18日〜平成9年（1997年）6月7日

生神奈川県横浜市 歴小学校を4年で中退、東京・浅草で丁稚奉公の後、京都松竹下加茂撮影所で時代劇の大部屋俳優となった。昭和5年阪東妻三郎に認められ「からす組」に出演。従業員向けに「スタヂオ通信」を発刊。のち雑誌「世界文化」の中井正一、久野収らと合流、11年紙名を「土曜日」と改め隔週刊とした。淀川長治が映画を紹介、久野が人民戦線の動向を書いた同誌を京都市内の喫茶店に配り歩き、暗い時代の反ファシズム文化運動となる。12年治安維持法違反で逮捕され、同誌も終刊。半年後釈放。戦後京都で古物商を経営。他の映画出演に「土屋主税」など。映画監督・伊藤俊也による評伝「幻の『スタヂオ通信』へ」がある。

斎藤 瀏　さいとう・りゅう

歌人 陸軍少将

明治12年（1879年）4月16日〜昭和28年（1953年）7月5日

生長野県 名旧姓・旧名＝三宅 学陸士（第12期）〔明治33年〕卒、陸大〔明治42年〕卒 歴近衛歩兵第1連隊付となり、日露戦争に従軍して負傷。明治42年陸大卒業後、教育総監部課員、歩兵第47連隊長、第7師団参謀長、昭和2年少将、第11旅団長となり、3年山東出兵に参加、帰国後の5年予備役となった。11年の二・二六事件で青年将校に資金を調達、このため禁錮5年の刑を受け、13年出獄。一方、アララギ派の歌人としても有名で、日露戦争後、佐佐木信綱に師事、歌誌「心の花」の編集に従事、昭和14年倉田百三、佐藤春夫らと経国文芸会を設立、15年雑誌「短歌人」を創刊主宰した。19年長野県池田町に、次いで長野市に移住、晩年を送った。歌集「曠野」「霧華」「波濤」「四天雲晴」「慟哭」のほか著書に「万葉名歌鑑賞」「肉弾は歌ふ」「悪童記」「獄中の記」「無縫録」「名婦評伝」などがある。娘の史も歌人。 家長女＝斎藤史（歌人）

斎藤 龍太郎　さいとう・りゅうたろう

編集者 評論家 文芸春秋社専務 日本編集者協会会長

明治29年（1896年）4月24日〜昭和45年（1970年）7月8日

生栃木県宇都宮市大寛町 名本名＝船田龍太郎 学宇都宮中卒、早稲田大学西洋哲学科〔大正10年〕卒 歴中学時代から哲学に関心を持ち、早大ではニーチェを研究。大正8年頃から「蜘蛛」同人を経て、12年「文芸春秋」編集同人となり「テリヤ」などを発表。文芸春秋社員となり、昭和9年「文芸春秋」編集長、15年編集局長、18年専務。15年日本編集者会幹事長、16年日本編集者協会会長を務めた。戦後、同社が解散すると一線を退いて郷里の宇都宮に戻り、作新学院図書館長となった。著書に「ニイチェ哲学の本質」「ニイチェ論攷」などがある。 家妻＝船田小常（教育家）、岳父＝船田兵吾（作新学院創立者）

斎藤 良衛　さいとう・りょうえい

外交官 満鉄理事

明治13年（1880年）11月15日〜昭和31年（1956年）11月4日

生福島県 学東京帝国大学法科大学政治学科 法学博士 歴福島県士族医師・斎藤良淳の嗣子として生まれる。明治43年外務省に入り、大正7年通商局第1課長。同年9月課長室にて短銃狙撃事件に遭う。のち米国在勤、欧米局、情報部第1課長を経て、15年通商局長。昭和2年南満州鉄道（満鉄）理事を経て、第二次近衛内閣の外交顧問となり、15年松岡洋右外相の下で日独伊三国同盟締結交渉などに協力した。26年会津短期大学学長に就任。著書に「支那経済条約論」「近世東洋外交史序説」「欺かれた歴史」など。

斎村 五郎　さいむら・ごろう

剣道家

明治20年（1887年）5月4日〜昭和44年（1969年）3月13日
生福岡県福岡市 学修猷館中中退、大日本武徳会武術教員養成所〔明治42年〕卒 歴明治35年福岡市の遺愛堂で剣道修行、養成所卒業後宮崎中学で教師を勤め、44年京都の武徳会本部講習生となり、武徳会商議員楠正位の玄関番をしながら修行。大正2年精錬証、5年上京。昭和3年範士となり、警視庁、皇宮警察、陸軍戸山学校、早大、同高等学院、国士舘などで師範を務めた。8年教士、32年範士10段。この間4、9、15年の3回、天覧武道試合の審判員、指定選士として出場した。

佐伯 有義　さえき・ありよし
宗教学者 考証学者 国学院大学講師
慶応3年（1867年）10月24日〜昭和20年（1945年）9月25日
生越中国新川郡岩峅寺村（富山県中新川郡立山町）専神道史 学皇典講究所〔明治20年〕卒 文学博士（国学院大学）〔昭和19年〕 歴立山における山岳仏教・神道信仰の中心である岩峅寺に生まれる。明治20年皇典講究所を卒業後、宮内省掌典補や気多神社宮司を経て、37年宮内省掌典に就任。以後、皇室諸令附式起草事務嘱託などを務め、大正年間は大喪や大礼など皇室の祭礼事務に従事。また、一方では考証学者として「古事類苑」神祇部の編纂や六国史の校訂に携わっている。大正15年に退官。昭和2年国学院大学講師となり、次いで皇典講究所嘱託にも就任し特殊祭儀や礼典を調査・研究を進めた。19年「古代に於ける朝儀の祭祀に就きて」の論文で国学院大学より文学博士を授けられた。終生、近代の皇室典礼や祭祀の整備に尽力。

佐伯 郁郎　さえき・いくろう
詩人 内務省警保局図書課
明治34年（1901年）1月9日〜平成4年（1992年）4月19日
生岩手県江刺郡米里村（奥州市） 名本名＝佐伯慎一 学早稲田大学仏文科〔大正14年〕卒 歴大正15年内務省に入省。同省図書課、検閲課など一貫して出版検閲行政に関わり、特に昭和13年10月の「児童読物改善ニ関スル内務省指示要綱」の策定に重要な役割を果たした。戦時期には情報局文芸課で情報官も務め、児童雑誌の統廃合、日本少国民文化協会の設立などに活躍。児童文化運動の理論的指導者でもあった。戦後は郷里に帰り、48〜60年生活学園短期大学教授として児童文学を講じた。一方、大学在学中から詩作を始め、6年詩集「北の貌」を刊行。「詩洋」「文学表現」「風」同人。他の著書に詩集「極圏」「高原の歌」や「少国民文化をめぐって」などがある。

佐伯 顕二　さえき・けんじ
弁護士 大審院判事
明治25年（1892年）2月1日〜昭和58年（1983年）6月30日
出和歌山県那賀郡 学東京帝国大学法科大学法律学科〔大正6年〕卒 歴福井地裁所長、大審院判事の後、昭和27年東京高裁裁判長で退官。19年当時の衆議院議員、尾崎行雄の不敬罪事件・上告審に関与、「尾崎の演説は天皇に対する不敬の意図は認められない」と、無罪判決を下した。

佐伯 悟竜　さえき・ごりょう
僧侶 真言律宗管長
明治8年（1875年）8月24日〜昭和17年（1942年）9月6日
生京都府綴喜郡 名旧姓・旧名＝植村 学真言律宗大学林〔明治31年〕卒 歴明治20年大和西大寺の佐伯泓澄について得度、26年受成、30年潅頂を受け、39年佐伯泓澄の養嗣子となった。真言律宗宗会議員、同宗執事を経て、昭和3年西大寺住職、同宗管長となった。大僧正。

佐伯 定胤　さえき・じょういん
僧侶 仏教学者 法相宗管長 法隆寺住職
慶応3年（1867年）6月25日〜昭和27年（1952年）11月23日

生奈良県 名幼名＝角二郎 学奈良教師教校（奈良師範学校）〔明治17年〕卒 資帝国学士院会員〔昭和4年〕 歴6歳で法隆寺に入り得度、明治9年佐伯懐厳の養子となる。13〜17年奈良教師教校に学び、23年まで京都泉涌寺佐伯旭雅のもとで仏教学を修めた。26年法隆寺に帰任、法相宗学頭、勧学院院長を務め、31年法相宗管長事務取扱、35年大僧正、36年法隆寺住職（貫主）となり、昭和25年まで務めた。その間3度法相宗管長に選ばれ、のち法隆寺長老となった。昭和4年帝国学士院会員に選ばれた他、東京帝国大学、京都帝国大学などで唯識学を講じた。また24年には法隆寺金堂炎上に遭い、25年法隆寺を法相宗から分離、新たに聖徳宗を開き本山とした。「勝鬘経講義」の著述のほか「勝鬘経疏会本」「維摩講義疏会本」などを校定出版した。

佐伯 宗作　さえき・そうさく
山岳ガイド
明治30年（1897年）〜昭和10年（1935年）5月
回富山県芦峅寺 歴大正15年三高隊の黒部東沢露営のガイド、昭和10年京都帝国大学白頭山遠征に同行するなど大正末期から昭和初期にかけて活躍した立山の代表的な山岳ガイド。兄・栄作、弟・兵治も優れた立山ガイドとして知られる。昭和10年立山地獄谷で仲間のガイドが亜硫酸ガスのクレバスに落ち、その救出の際に中毒死した。 家長男＝佐伯宗弘（山岳ガイド）

佐伯 矩　さえき・ただす
栄養学者 国立栄養研究所初代所長 佐伯栄養専門学校創設者
明治9年（1876年）9月1日〜昭和34年（1959年）11月29日
生愛媛県新居郡氷見（西条市氷見） 学三高医学部〔明治31年〕卒、京都帝国大学医科大学 Ph.D.（エール大学）〔明治38年〕、医学博士〔明治45年〕 歴三高時代に生涯の師となる生化学者・荒木寅三郎と出会い、新陳代謝や栄養摂取など食生活に関する研究に没頭。明治35年内務省伝染病研究所に入所、北里柴三郎の下で大根から消化酵素"ラファヌスジアスターゼ"を発見。38年エール大学留学。のちヨーロッパ遊学を経て、44年帰国。大正3年私立栄養研究所創設、9年国立栄養研究所を開設し所長。13年国立栄養療院を設置し院長となり、15年退官。この間、10年栄養学会を創立、また13年には佐伯栄養学校を開設するなど日本における、栄養学研究・公衆栄養行政の創始者として国内外で活躍した。著書に英文の「世界の平和」「日本における栄養科学の進歩」などがある。文部省に"営養"を"栄養"に改めることを建言して"栄養"という言葉を定着させた他、"偏食""栄養食"などの言葉を生み出した。 家長女＝佐伯芳子（佐伯栄養学校長）、息子＝佐伯臥（東京慈恵会医科大学教授）、佐伯篤（佐伯栄養学校教授） 勲コマンドール・アル・メリト勲章（チリ）〔昭和6年〕

早乙女 光　さおとめ・ひかる
作曲家 松竹音楽部長
明治37年（1904年）1月27日〜昭和19年（1944年）5月7日
名本名＝早乙女武 歴堀内敬三のあとをうけて松竹音楽部長となる。主な音楽担当作品に島津保次郎監督「隣の八重ちゃん」、吉村公三郎監督「暖流」など。

坂 千秋　さか・ちあき
内務次官 北海道庁長官
明治28年（1895年）8月28日〜昭和34年（1959年）5月29日
生山口県 学東京帝国大学独法科〔大正8年〕卒 歴昭和10年岐阜県知事、内務省地方局長、14年兵庫県知事を経て、17年北海道庁長官。その後、内務次官、20年勅選貴族院議員。21年弁護士を開業。

さか　　　　　　　　　　　　　　　　　昭和人物事典 戦前期

坂 信弥　さか・のぶよし
警視総監
明治31年（1898年）12月23日～平成3年（1991年）2月22日
出 大阪府堺市　名 旧姓・旧名＝田中　学 東京帝国大学法学部〔大正13年〕卒　歴 内務省に入り、昭和7年北海道道路課長、次いで上海領事などを経て、16年大阪府警察部長、18年富山県知事、19年異例の若さで警視総監に就任。20年4月いったん辞任し、同年8月の敗戦直後再任された。占領軍対策の一環として、大森と向島に特殊慰安施設を作る陣頭に立つ。連合国軍総司令部（GHQ）の政治犯釈放要求に反対して20年10月辞職。26年公職追放解除後、33年から大阪商事（現・みずほ証券）社長を務めた。

酒井 伊四郎　さかい・いしろう
酒伊織産創業者
明治25年（1892年）1月2日～昭和27年（1952年）5月4日
出 福井県　名 本名＝酒井伊一郎　歴 昭和4年福井市で人絹糸と織物の精錬染色加工業を開始。9年酒伊織産（現・サカイオーベックス）を創業した。

酒井 宇吉（1代目）　さかい・うきち
一誠堂書店創業者
明治20年（1887年）12月9日～昭和15年（1940年）8月19日
生 新潟県長岡市　歴 明治32年博文館にいた兄を頼って上京し、東京堂書店の見習いとなる。36年郷里で兄と酒井書店を開く。39年上京して文陽堂書店を創業、大正2年神田に移り一誠堂と改称して古書販売を始める。12年関東大震災で被災するが、約2週間後には震災の焼け野原の中、天幕張りの仮店舗で営業を始め話題となった。震災により蔵書を失った人々や公共機関により空前の古書ブームが起こると大きく売り上げを伸ばし、14年には850ページにのぼる古書籍目録を出し評判を呼んだ。昭和6年古書店として当時唯一の4階建て社屋を建設。また店員の独立を奨励し、反町茂雄、八木敏夫、山田朝一ら多くの古典籍商、古書店主を輩出した。　家 長男＝酒井宇吉（2代目）、二男＝酒井正敏（書泉創業者）、孫＝酒井健彦（一誠堂書店代表社員）、兄＝酒井福次（芳文堂主人）、弟＝酒井嘉七（十字屋主人）

酒井 栄蔵　さかい・えいぞう
国家主義者
明治5年（1872年）1月～昭和14年（1939年）9月4日
生 岡山県　学 岡山中学中退　歴 関西俠客の小林佐兵衛大親分の下で修行、のち2代目を継いだ。実業界でも活躍。大正11年博徒を基盤に大日本正義団を結成、14年には国際労働機関（ILO）総会日本代表の随員になるなど特異な政治、思想運動を続けた。昭和3年大阪4区から総選挙に立ち社会民衆党の鈴木文治と争ったが落選。5年世界一周に出かけ、イタリアでムッソリーニと会見、帰国後、団員に黒の制服を着せファシスタ党に似せた。

酒井 嘉七　さかい・かしち
推理作家
生年不詳～昭和22年（1947年）
歴 外国貿易会社に勤務。昭和9年「亜米利加発第一信」で懸賞入選。作品に「空から消えた男」「ながうた勧進帳」、短編集「探偵十三号」がある。

酒井 潔　さかい・きよし
著述家
明治28年（1895年）～昭和27年（1952年）
生 愛知県名古屋市　名 本名＝酒井精一　専 悪魔学　歴 大正期に魔術、秘薬、性愛関連の膨大な文献を収集し、自らの個人誌「談奇」などに研究成果を発表。大正から昭和初期にかけてのエロ・グロ・ナンセンス文化を先導、梅原北明との交流でも知られる。著書に「愛の魔術」「降霊魔術」など。

酒井 憲次郎　さかい・けんじろう
飛行家 朝日新聞機一等操縦士
明治36年（1903年）～昭和7年（1932年）9月
出 新潟県新津市（新潟市）　学 長岡工卒　歴 大正11年逓信省航空局委託生として陸軍飛行学校に学び、14年一等飛行士となる。小樽新聞社を経て、昭和2年朝日新聞社に入社。新聞・写真原稿の空輸に携わる傍ら、同社が開設した国内初の商業航空で、東京立川～大阪間を結んだ“東西定期航空”にも従事。国内の延べ飛行時間・距離の新記録を樹立し、パリの国際飛行連盟より各国の最も優秀な記録を作った操縦士に与えられるハーモントロフィーを贈られた。米国の飛行家・リンドバーグが大西洋単独無着陸横断に成功すると北太平洋横断を志したが、6年リンドバーグ夫妻に先を越されたため断念。同年満州事変が勃発すると事変2日後の満州・奉天に民間機として最初に入り、以後同地と日本の間を70回以上往復。7年9月満州国独立の写真を空輸中に鳥取県沖で遭難した。平成14年千歳空港に最初に着陸した業績をたたえ、同空港広場にブロンズ像が設置される。　賞 ハーモントロフィー（昭和3年度）

酒井 鎬次　さかい・こうじ
陸軍中将
明治18年（1885年）11月4日～昭和48年（1973年）3月2日
生 愛知県　学 陸士（第18期）〔明治38年〕卒、陸大〔明治45年〕卒　歴 明治39年歩兵少尉、大正4～7年第一次大戦中のフランス駐在、8年から平和条約実施委員として欧州駐在。12年陸大教官、参謀本部員、国際連盟陸軍代表随員、歩兵第22連隊長、昭和6年陸大教官、9年同研究部長、混成第1旅団長、留守師団長、12年中将、14年第109師団長、15年予備役。18年召集で参謀本部付、19年召集解除。戦史、戦争理論の研究者で、敗戦前、近衛文麿の依頼で終戦を練った。著書に「戦争指導の実際」「戦争類型史論」。

坂井 三郎　さかい・さぶろう
海軍中尉
大正5年（1916年）8月26日～平成12年（2000年）9月22日
生 佐賀県佐賀市　学 青山学院中等部中退　歴 志願兵として昭和8年佐世保海兵団に入り、戦艦「霧島」「榛名」の砲手を経て、戦闘機操縦者となる。13年の初陣より敗戦まで零戦に乗って200回以上の空中戦に参加、敵機64機を撃墜し、1度も部下を戦死させなかった。敗戦時海軍中尉。戦後東京で印刷業に従事したが、AP通信の紹介で“ゼロファイターのサカイ”として米国で有名になる。28年「坂井三郎空戦記録」を出版、「サムライ」のタイトルで英訳され、生命を愛する技術者の正確な状況把握が米国人にも感動を呼び、ベストセラーになった。31年から米国、英国、ニュージーランドなどに持ち去られた零戦の返還運動に取り組み、講演活動に従事した。著書は他にベストセラーとなった「大空のサムライ」（正続）や「零戦の真実」がある。

酒井 三郎　さかい・さぶろう
大政翼賛会文化部地方班班長
明治40年（1907年）4月7日～平成5年（1993年）1月23日
生 静岡県　学 青山学院英文科〔昭和5年〕卒　歴 昭和5年大日本連合青年団本部を経て、8年後藤隆之助と共に近衛文麿のブレーン集団である国策研究機関・昭和研究会を設立、事務局を務める。15年大政翼賛会文化部地方班班長。戦後は参院緑風会設立に参加、26年日本民間放送連盟設立とともに総務部長となり、38年専務理事。46年音楽著作権協会理事長を務めた。54年「昭和研究会—ある知識人集団の軌跡」を著した。

阪井 盛一　さかい・せいいち
野球選手　慶応義塾大学野球部監督
生年不詳〜平成6年（1994年）11月24日

[出]兵庫県神戸市　[歴]昭和12年夏、兵庫・滝川中で別所毅彦投手とバッテリーを組み、甲子園ベスト4と活躍。太平洋戦争中の18年10月16日 "最後の早慶戦" として知られる学徒出陣壮行早慶戦に、慶応義塾大学野球部主将として出場した。24年春〜30年秋まで14季にわたって同部の監督を務め、26年秋、27年春の連覇を含め東京六大学で3度の優勝を果たした。有本義明、藤田元司、佐々木信也らを育てた。

坂井 青泉　さかい・せいせん
日本画家
明治35年（1902年）8月19日〜昭和31年（1956年）12月23日

[生]岐阜県不破郡　[名]本名＝坂井清　[学]東京美術学校日本画科〔昭和2年〕卒　[歴]父は日本画家の坂井藍涯。川合玉堂に師事し、昭和6年第12回帝展に「精進湖畔の村」で入選。唯一の官展出品となった。　[家]父＝坂井藍涯（日本画家）

坂井 大輔　さかい・だいすけ
衆議院議員
明治20年（1887年）10月〜昭和7年（1932年）5月9日

[出]福岡県福岡市　[学]早稲田大学卒　[歴]米国遊学、第一次大戦後の欧州を巡遊して帰国。外務省嘱託としてワシントン会議に出張。政友会に属し、大正から昭和初期にかけて福岡4区から衆議院議員に当選5回。政友会に所属し、通信参事官を務めた。

酒井 隆　さかい・たかし
陸軍中将
明治20年（1887年）10月18日〜昭和21年（1946年）9月13日

[生]広島県　[学]陸士（第20期）〔明治41年〕卒、陸大〔大正5年〕卒　[歴]歩兵第38連隊付、参謀本部員となり中国情報を担当。大正14年近衛師団歩兵第2連隊大隊長、昭和3年第6師団司令部付、4年天津駐屯歩兵隊長、7年参謀本部支那課長、9年支那駐屯軍参謀長となり、梅津・何応欽協定に尽力。12年歩兵第28旅団長、13年張家口特務機関長としてモンゴル工作に従事。14年興亜院蒙古連絡部長官。中将に進み、16年第23軍司令官、18年予備役。敗戦後の21年戦犯として南京で処刑された。

坂井 卓三　さかい・たくぞう
物理学者　東京帝国大学理学部教授
明治33年（1900年）12月12日〜昭和29年（1954年）9月18日

[生]静岡県　[専]理論物理学、物性物理学　[学]韮山中卒、八高卒、東京帝国大学理学部物理学科〔大正13年〕卒　理学博士〔昭和10年〕　[歴]大正13年東京帝国大学理学部助手、14年工学部講師、15年助教授、昭和4年理学部助教授を経て、14年教授。15年小林理学研究所所員兼務、学術研究会議会員。古典物理学、量子力学、統計力学、高分子物理学の理論的研究を進め、物性論の研究指導者の一人。著書「量子力学序論」「一般力学」「初等力学」などがある。

酒井 忠正　さかい・ただまさ
伯爵　貴族院副議長　農相
明治26年（1893年）6月10日〜昭和46年（1971年）2月16日

[生]東京市本郷区（東京都文京区）　[名]旧姓・旧名＝阿部元彦　[学]京都帝国大学法科大学〔大正7年〕卒　[歴]明治43年伯爵酒井忠興の養子となり、大正8年襲爵。9年司法相秘書、11年鉄道相秘書、12年貴族院議員。帝国農会会長、内閣調査局参与、昭和14年阿部信行内閣の農相、19年貴族院副議長。一方、安岡正篤に傾倒、自邸内に金鶏学院を創設、7年安岡と国維会を結成、国民精神総動員運動にも参加。翼賛会総務、翼賛協議員、翼賛会常任総務などを務め戦後戦犯として逮捕された。解除後27年からヒロポン患者更生の復光会会長、中央競馬会理事

長、横綱審議会委員長などを歴任。相撲の殿様といわれ著書に「相撲随筆」「日本相撲史」などがある。　[家]実父＝阿部正桓（備後福山藩主・伯爵）、養父＝酒井忠興（伯爵）、妻＝酒井美意子（評論家・随筆家）、長男＝酒井忠元（伯爵）

坂井 直　さかい・なおし
陸軍歩兵中尉
明治43年（1910年）8月13日〜昭和11年（1936年）7月12日

[生]三重県三重郡桜村（四日市市）　[学]陸士（第44期）〔昭和7年〕卒　[歴]陸軍少将・坂井平吉の長男。昭和7年歩兵第三連隊附となり、のち独立守備隊に転じて満州に渡る。9年陸軍中尉。10年歩兵第三連隊に復帰し、11年の二・二六事件に参加。当日、高橋太郎少尉、安田優少尉と共に約150名の下士官及び兵を指揮し内大臣であった斎藤実の私邸を襲い、斎藤を殺害。のち主力部隊を率いて一時陸軍省付近を占拠した。事件後、軍法会議で死刑判決を受け、同年7月12日に刑死した。　[家]父＝坂井平吉（陸軍少将）

酒井 正平　さかい・まさひら
詩人
明治45年（1912年）7月9日〜昭和19年（1944年）9月15日

[生]東京都港区三田四国町　[学]日本大学芸術科中退　[歴]北園克衛の「MADAME BLANCHE」に参加、田中克己、川村欽吾らと親交。昭和9年「20世紀」創刊、オーデン「死の舞踏」を饒正太郎と共訳で連載。また「詩法」「文学」「文芸汎論」「三田文学」などにも発表。12年楠田一郎らと「新領土」創刊。13年松竹洋画宣伝部、次いで愛宕書房勤務。17年応召、北支戦線から反戦詩を送ったがニューギニアで戦死。遺稿詩集「小さい時間」がある。

酒井 米子　さかい・よねこ
女優
明治31年（1898年）11月25日〜昭和33年（1958年）10月15日

[生]東京市神田区旭町（東京都千代田区）　[名]本名＝酒井よね　[歴]明治43年新時代劇協会（井上正夫）の「馬盗坊」に12歳で藤嶋芳枝の名で初舞台。続いて田中栄三の土曜劇場、市川猿之助の吾声会などに出演。松井須磨子の芸術座には須磨子の反対で入れなかった。その後、八千代の名で下谷の芸者に出たが、日活向島撮影所に迎えられて無声映画時代のスターになった。以後、溝口健二の「狂恋の女師匠」「日本橋」村田実の「お光と清二郎」辻吉朗の「杳掛時次郎」など時代劇女優の花形として活躍。トーキーへ転換の昭和初期には、酒井米子一座を作って地方を巡演。その後は主演の座を譲り、30年に溝口の「新・平家物語」にワンカットだけ出演した。

酒井 隆吉　さかい・りゅうきち
薬学者　北海道帝国大学医学部教授
明治22年（1889年）9月〜昭和9年（1934年）12月30日

[出]千葉県　[学]東京帝国大学薬学科〔大正4年〕卒　薬学博士　[歴]陸軍二等薬剤官、熊本医学専門学校教授などを経て、大正10年北海道帝国大学医学部附属病院薬剤局長兼同大教授に就任。昭和3年ドイツ・米国に留学し帰国後、薬学博士の学位を受ける。

坂上 正秋　さかうえ・まさあき
彫刻家
大正1年（1912年）11月11日〜昭和20年（1945年）8月1日

[生]富山県福光町（南砺市）　[学]富山県立工芸学校（現・高岡工芸高校）金属工芸科卒、東京美術学校彫刻科〔昭和12年〕卒　[歴]東京美術学校彫刻科で建畠大夢に師事。在学中、昭和10年の東邦彫塑展に「少女の首」、第3回直土会彫塑展に「習作」が入選。翌11年の第1回新文展にこの「習作」が入選し、以来4回連続入選した。他の作品に、「女」「静思」「女性」「軍鶏一

「軍鶏二」「くじゃく鳩」「裸婦」「雨の路」など。20年富山大空襲により、32歳の若さで逝去した。

阪上 安太郎　さかがみ・やすたろう
水球選手
明治45年（1912年）1月9日〜昭和59年（1984年）2月27日
〔出〕大阪府茨木市　〔学〕早稲田大学政経学部卒　〔歴〕昭和7年ロサンゼルス五輪、11年ベルリン五輪に水球選手として出場。ロサンゼルス五輪は予選リーグで敗退したが、ベルリン五輪では4位に入賞した。戦後、25年から高槻市長を2期。33年大阪3区から衆議院議員に当選、51年まで連続6選した。

榊 亮三郎　さかき・りょうざぶろう
梵文学者　京都帝国大学教授
明治5年（1872年）5月11日〜昭和21年（1946年）8月24日
〔生〕和歌山県那賀郡　〔学〕帝国大学文科大学博言学科〔明治28年〕卒, 東京帝国大学大学院梵語学専攻修了 文学博士　〔歴〕明治32年三高教授となり、40年京都帝国大学文科大学助教授、のち同教授に就任。仏教大、大谷大でも教鞭を執る。この間、梵語学研究のため2度にわたって長期渡欧。その帰途、インドの仏跡を訪ね、仏典の手写梵本を収集・研究、インド古代学の科学的研究の草分け的存在となった。著書に「梵語学」「弘法大師と日本文化」「榊亮三郎論集」など。

榊山 潤　さかきやま・じゅん
小説家
明治33年（1900年）11月21日〜昭和55年（1980年）9月9日
〔生〕神奈川県横浜市　〔歴〕大正13年時事新報社に入り、その傍ら小説を発表。昭和6年同人誌「文学党員」「新科学的文芸」に参加。7年「蔓草の悲劇」を発表して注目され、以後創作に専念。13〜14年長編小説「歴史」を発表し、作家的地位を確立する。14年同人誌「文学者」創刊にあたり、編集に従事。他の著書に「をかしな人たち」「上海戦線」「春扇」「ビルマの朝」などがあり、戦後も「明智光秀」「歩いている女」「ビルマ日記」などを発表した。初期には風俗小説や私小説、のちにルポルタージュや社会小説、歴史小説を手がける。趣味の囲碁の強さは有名で「文壇本因坊」戦でも繰り返し優勝した。　〔賞〕新潮社文芸賞（第3回）〔昭和15年〕「歴史」

坂口 安吾　さかぐち・あんご
小説家　評論家
明治39年（1906年）10月20日〜昭和30年（1955年）2月17日
〔生〕新潟県新津町大安寺（新潟市）　〔名〕本名＝坂口炳五　〔学〕東洋大学印度哲学科〔昭和5年〕卒　〔歴〕父は衆議院議員で、五峰の号で漢詩人としても知られた坂口仁一郎。少年時代から自由奔放で、新潟中学に進学したが2年で落第、翌年上京して豊山中学に転入。荏原尋常小学校教員（現・代沢小学校）で代用教員を務めた後、15年東洋大学に入学、アテネ・フランセにも通う。昭和6年短編「風博士」「黒谷村」を発表し、ファルス（笑劇）の精神を唱えて文壇にデビュー。牧野信一主宰の「文科」に参加、この頃から新進作家・矢田津世子と11年まで暮らす。13年半生の集大成ともいうべき長編「吹雪物語」を刊行。15年「現代文学」に参加、17年ブルーノ・タウトの日本の伝統文化礼賛に反発し「日本文化私観」を発表。21年、"生きよ、堕ちよ"と主張した「堕落論」と小説「白痴」「外套と青空」を書き、敗戦後の精神的虚脱状態にあった青年達に熱狂的に迎えられ、無頼派作家、新戯作派と呼ばれ流行作家となった。　〔家〕父＝坂口仁一郎（漢詩人・衆議院議員）、妻＝坂口三千代（随筆家）、長男＝坂口綱男（写真家）

坂口 右左視　さかぐち・うさみ
洋画家
明治28年（1895年）〜昭和12年（1937年）1月6日
〔生〕佐賀県唐津　〔歴〕関西美術院で鹿子木孟郎に一時学んだのち上京し、日本美術院研究所で学ぶ。大正7年日本美術院展に初入選。12年春陽会展に「風景」「春日」を出品して春陽賞、14年同展に「業」「洛西並丘」などで再び春陽賞を受賞。昭和6年同会会友となるが、9年退会。風景画を多く描き、異色の画風を示したが、世に容れられず不遇であった。

坂口 嘉兵衛　さかぐち・かへえ
ダイフク創業者
明治6年（1873年）〜昭和22年（1947年）
〔生〕滋賀県膳所（大津市）　〔歴〕32歳の頃に大阪に出て此花区新家で鋳造業を始める。大正9年西区本田町に移って機械工作に乗りだし、合資会社の坂口機械製作所を創業。昭和12年株式会社坂口機械製作所を設立した。その後、岩井商店と兼松の出資を受け、18年経営陣が兼松系で固まったことから社長を退任。19年兼松機工、22年大福工と社名を変え、59年ダイフクとなった。

坂口 康蔵　さかぐち・こうぞう
内科学者　東京帝国大学名誉教授
明治18年（1885年）12月2日〜昭和36年（1961年）7月28日
〔生〕東京都　〔学〕東京帝国大学医科大学〔明治42年〕卒 医学博士〔大正9年〕　〔歴〕東京帝国大学医化学教室で隈川宗雄教授に師事。青山内科に入局、東京帝大助教授。東京警察病院初代院長を兼任。昭和9年東京帝大教授に就任、附属病院長、医学部長を歴任、21年定年退官し、名誉教授。同年勅選貴族院議員、国立東京第一病院長となり、32年退職。糖尿病の権威で "坂口試験食" を考案、11年には日本内科学会で「邦人の糖尿及び糖尿病」を宿題報告。戦後は学研栄養失調症研究班長、学研結核班の化学療法委員長を務めた。　〔賞〕内科学会恩賜金記念賞〔昭和5年〕

坂下 仙一郎　さかした・せんいちろう
衆議院議員
明治9年（1876年）11月〜昭和22年（1947年）2月9日
〔出〕静岡県　〔学〕静岡県師範学校講習所卒　〔歴〕雄踏町議、同町長を経て、静岡県議となる。昭和11年衆議院議員に初当選。以来3回連続当選。この間浜松自動車組合長、郡畜産組合長などを務める。

坂田 三吉　さかた・さんきち
棋士（将棋）
明治3年（1870年）6月3日〜昭和21年（1946年）7月23日
〔生〕堺県舳松村（大阪府堺市）　〔名〕本名＝阪田三吉　〔歴〕生涯読み書きはできなかったが、将棋は全くの天才で、大正4年独学で8段に登る。この間、明治26年頃名を秘した関根金次郎13世名人（当時4段）に負け、以来打倒関根と日本一が生涯の目標となる。大正6年次期名人を決める対決で関根を破るが、その弟子土居市太郎7段に敗れ、名人への野望は絶たれた。14年かって関西名人を名のって東京棋界と絶縁するが、のち和解して昭和13年には第2期名人戦に出場し7勝8敗。晩年は不遇であった。没後、30年日本将棋連盟から名人位と王将位を追贈された。波瀾に富んだ激しい生涯は芝居・映画・歌謡曲の「王将」にもなって人気を呼んだ。門下に星田啓三、藤内金吾がいる。

阪田 誠盛　さかた・しげもり
陸軍参謀本部松機関長
明治33年（1900年）3月21日〜昭和50年（1975年）2月21日
〔生〕和歌山県田辺市　〔学〕北京民国大学〔昭和3年〕卒　〔歴〕昭和5年参謀本部調査班、6年関東軍参謀部に勤務（尉官待遇）、満州国自治指導部訓練所（後の大同学院）の教官も兼任。8年軍需品輸送機関「阪田組」を創設。12年日支変発生と同時に参謀本部に復帰。14年諜報活動や特殊工作を担当する松機関が

編成され副任。この間、資本金1億円の誠達公司など3社を興し、大陸に53支店を設置。20年松機関長となる。傍ら中国の戦争孤児のため多数の孤児院を建て、中国人子弟を教育。戦後蒋介石の大陸反攻を支援して海烈号事件を起こすが、無罪判決。以後、幅広く会社経営に携わるも、晩年は不遇のうちに死去。平成元年ノンフィクション小説「阪田機関出動スー知られざる対支課報工作の内幕」(熊野三平著)が出版された。

坂田 祐　さかた・たすく

教育家 関東学院初代学院長
明治11年(1878年)2月12日～昭和44年(1969年)12月16日
[生]秋田県鹿角郡大湯村 [陸]陸軍騎兵学校〔明治34年〕卒, 東京帝国大学文科大学哲学科宗教学専攻〔大正4年〕卒 [歴]明治35年陸軍士官学校の馬術教官となる。36年小石川インマヌエル教会で受洗。37年バプテスト派の東京学院(現・関東学院)高等科に第1回生として入学、のち日露戦争に応召。44年内村鑑三に入門。大学卒業後は東京学院に勤め、大正8年関東学院の創設に参画、初代学院院長に就任した。著書に「恩寵の生涯」「坂田祐と関東学院」(講演・説教集)など。

坂田 貞　さかた・ただす

貴族院議員(多額納税)
文久3年(1863年)8月～昭和12年(1937年)9月25日
[出]熊本県 [学]二松学舎 [歴]12歳の時坂田家の養子となる。熊本県議、八代郡議を経て、大正14年～昭和7年多額納税の貴族院議員。明治新田千拓、郡築干拓を手がけた。九州商業銀行取締役、九州新聞社監査役などを歴任。 [家]息子=坂田道男(衆議院議員)、孫=坂田道太(衆議院議長)

坂田 道男　さかた・みちお

経済学者 五高教授 衆議院議員
明治20年(1887年)5月18日～昭和48年(1973年)1月4日
[生]熊本県 [学]東京帝国大学独法科〔明治45年〕卒 [歴]英国、ドイツに留学後、五高講師、教授を務めたのち植柳村会議員、熊本県会議員を経て、昭和12年熊本2区から衆議院議員となった。戦後は八代市長となり、植柳漁業組合長、八代郡水産会評議員、同農会長、同実業団体連合会長、九州木材防腐社長などを務めた。 [家]父=坂田貞(貴族院議員)、長男=坂田道太(衆議院議長)

阪谷 希一　さかたに・きいち

子爵 満州国国務院総務庁長官代理 貴族院議員
明治22年(1889年)5月15日～昭和32年(1957年)11月6日
[生]東京都 [学]東京帝国大学政治学科〔大正3年〕卒 [歴]日本銀行に入り、大正13年調査局調査役を最後に退職。その後関東庁事務官、同財務課長、拓務省文書課長、拓相秘書官、殖産局局長心得などを経て、昭和7年満州国政府総務庁長官代理に就任。税制の統合、銀本位制の堅持など草創期の満州国の財政、通貨制度の基礎整備を指導した。また、満州中央銀行常任監事、南満州鉄道(満鉄)理事を務めた他、中国聯合準備銀行顧問として華北通貨金融工作に当たった。18年貴族院議員。子爵。戦後公職追放。 [家]父=阪谷芳郎(蔵相)、弟=阪谷俊作(図書館学者)、岳父=三島弥太郎(日本銀行総裁)

阪谷 俊作　さかたに・しゅんさく

図書館学者 市立名古屋図書館初代館長
明治25年(1892年)9月27日～昭和52年(1977年)2月15日
[出]東京都 [学]京都帝国大学卒 [歴]東京帝国大学附属図書館員を経て、大正12年市立名古屋図書館の初代館長となり、25年間務めた。この間、昭和8年郷土研究団体・むかしの会(のち郷土文化会)の設立。 [家]父=阪谷芳郎(蔵相)、兄=阪谷希一(子爵)

阪谷 芳郎　さかたに・よしろう

子爵 蔵相 貴族院議員
文久3年(1863年)1月16日～昭和16年(1941年)11月14日
[生]備前国(岡山県) [出]東京都 [学]東京大学政治学理財学科〔明治17年〕卒 法学博士 [歴]大蔵省に入り、主計局調査課長、予算決算課長、日清戦争では大本営付として戦時財政を運用、明治30年主計局長、34年大蔵省総務長官、36年次官、39年西園寺公望内閣の蔵相となり日露戦後の戦時公債を整理償還。40年男爵、蔵相辞任後洋行し、45～大正4年東京市長。5年パリ連合国経済会議に出席、6年貴族院議員、以後5選。昭和に入り軍部の財政拡張要求に反対、"彿虎(ヒットラー)にまんまと一ぱい喰はされて国をあやまる罪ぞ恐ろし"の狂歌がある。学校、学会など文化事業に多く関係し"百会長"といわれた。初の国勢調査や軍艦三笠の保存に尽力。16年子爵。 [家]長男=阪谷希一(植民地官僚)、二男=阪谷俊作(図書館学者)、岳父=渋沢栄一(実業家)

阪中 正夫　さかなか・まさお

劇作家
明治34年(1901年)11月1日～昭和33年(1958年)7月24日
[生]和歌山県那賀郡 [名]本名=坂中正雄 [学]粉河中中退 [歴]詩作を志して大正13年上京し「六月は羽搏く」を刊行。のち岸田国士に師事して劇作家となり、昭和3年処女作「鳥篭を毀す」を発表。「劇作」の同人にも加わり、7年「馬」を発表。作品は多く、その他の代表作に「田舎道」などがある。

坂西 由蔵　さかにし・よしぞう

経済学者 神戸高等商業学校教授
明治10年(1877年)12月4日～昭和17年(1942年)5月27日
[生]兵庫県城崎町 [学]東京高等商業学校(現・一橋大学)専攻部〔明治37年〕卒 経済学博士(東京商科大学)〔昭和8年〕 [歴]神戸高等商業学校講師を経て、明治39年教授。40年から3年間ドイツ、英国、米国に留学、ミュンヘンではブレンターノに師事。帰国後は経済原論、経済史を講じた。大正14年失明し教授を辞任したが講師を続け、その名講義は多くの学生に深い感銘を与えた。博士論文は「中世ヨーロッパ経済史」、著書に「企業論」「経済生活の歴史的考察」などがある。

坂根 田鶴子　さかね・たずこ

映画監督 日本初の女性映画監督
明治37年(1904年)12月7日～昭和50年(1975年)9月2日
[生]京都府京都市上京区河原町通今出川 [名]本名=佐久間田鶴子 [学]同志社女子専門学校英文科〔大正13年〕中退 [歴]父は発明家で資産家。2歳で母の実家である佐久間家を継ぐが、終生父の姓である坂根を名のった。大正13年20歳で産婦人科医と結婚するが、破局。昭和4年父がスポンサーとして活動写真を製作させていたことから、女性ながら日活太秦撮影所に監督助手として入社し、溝口健二につく。以来、溝口夫妻と公私に渡って親しいつき合いを続けながら溝口組の助監督・スクリプターを務め、溝口の移籍に従って新興キネマ太秦、日興東京、第一映画、新興キネマ東京、松竹と移る。この間、第一映画時代の11年に、32歳で溝口の監督補導を得て小杉天外原作の「初姿」を監督、日本初の女性映画監督となった。15年溝口の下を離れ、理研科学映画社に入社。滅び行くアイヌ民族の習俗を残そうと文化映画「北の同胞」を監督するが、戦時下で評価は得られなかった。17年満州に渡って満州映画協会(満映)に入り、啓民映画部監督として「勤労的女性」「室内園芸」「基本救急法」などを演出。20年同地で終戦を迎え、満映を引き継いだ東北電影公司に加わって「中ソ友好国民大会」やニュース映画などを製作。21年復員して松竹京都に入社したが、助監督としての入社を断られ編集課記録係に配属、再び溝口の下でスクリプターを務めた。37年定年退社後は大映の仕事を手伝い、46年同社倒産により引退した。

坂野 千里　さかの・ちさと

司法官　宮城控訴院長
明治26年（1893年）7月14日～昭和55年（1980年）12月3日
生福井県　学四高卒、東京帝国大学法科大学法律学科〔大正6年〕卒　歴福井県議を務めた坂野深の二男。昭和11年大審院検事、12年広島地裁所長、14年6月司法省調査部長、9月民事局長、18年宮城控訴院長を経て、20年9月司法次官、21年2月東京控訴院長。22年退官、27年弁護士登録。中央更生保護審査会委員長や日本電気監査役なども務めた。　家父＝坂野深（福井県議）、女婿＝江里口清雄（最高裁判事）、真田秀夫（内閣法制局長官）

佐賀ノ花 勝巳　さがのはな・かつみ

力士
大正6年（1917年）12月5日～昭和50年（1975年）3月28日
出佐賀県佐賀市八戸町　名本名＝北村勝巳、年寄名＝二所ノ関勝巳　歴二所ノ関部屋に入り、昭和9年夏場所初土俵。14年夏新入幕。19年優勝し、大関に昇進。27年引退し、二所ノ関部屋を継承。横綱・大鵬、大関・大麒麟らを育てた。200勝160敗1分、優勝1回。

坂間 棟治　さかま・むねじ

岐阜県知事　大阪市長
明治19年（1886年）4月～昭和49年（1974年）2月17日
出神奈川県　学東京帝国大学法科大学政治学科〔明治45年〕卒　歴愛媛県、宮城県、香川県、広島県、兵庫県、大阪府の内務部長を歴任。昭和7年高知県知事、10年1月岐阜県知事。6月大阪市助役に転じ、11～20年同市長。

酒巻 和男　さかまき・かずお

海軍少尉
大正7年（1918年）11月8日～平成11年（1999年）11月29日
生徳島県阿波郡阿波町（阿波市）　学海兵（第68期）〔昭和15年〕卒　歴昭和16年海軍少尉に任官。12月真珠湾攻撃に二人乗りの特殊潜航艇・甲標的に乗り込んで参加したが、進路を誤って海岸に漂着、日本人捕虜第1号となった。その存在は秘匿され、大本営発表は特別攻撃隊員を9人と偽り、戦死者9人は"九軍神"として戦意高揚のため喧伝された。戦後、21年トヨタ自動車工業（現・トヨタ自動車）に入社、44年ブラジルトヨタ社長に就任した。

佐上 信一　さがみ・しんいち

北海道庁長官
明治15年（1882年）12月19日～昭和18年（1943年）11月29日
生広島県佐伯郡五日市村（広島市）　学一高卒、東京帝国大学法科大学法律学科〔明治43年〕卒　歴明治43年内務省に入省。大正13年神社局長、14年岡山県知事、昭和2年長崎県知事、3年内務省地方局長、4年京都府知事、6～11年北海道庁長官。

坂本 一角　さかもと・いっかく

衆議院議員
明治30年（1897年）10月～昭和22年（1947年）4月8日
出東京都　学日本歯科医学専門学校〔大正10年〕卒　歴東京高等拓殖学校長、拓殖大学教授を務める。東京市議、同参事会員などを歴任。昭和3年第1回普通選挙で衆議院議員に初当選。以来通算4回当選。

阪本 牙城　さかもと・がじょう

漫画家
明治28年（1895年）12月1日～昭和48年（1973年）8月8日
出東京都あきる野市五日市　名本名＝坂本雅城　学東京府立二中卒　歴中外商業新報社（現・日本経済新聞社）、大阪夕刊新聞社などに勤務し、風俗漫画、諷刺漫画を描いた。昭和9年から3年間「幼年倶楽部」に「タンク・タンクロー」を連載、ユーモラスな球型ロボットの活躍が人気を呼び、ギャグ漫画の元祖といわれる。その後、同誌に「強情武士」、戦後に「がんがら先生」などを連載した。単行本に「ホラ貝ホラ太郎」「ジャンケンポンチャン」「しし王子の冒険」など。40代からは水墨画に専念した。

坂本 孝三郎　さかもと・こうざぶろう

労働運動家　新日本国民同盟常任中央委員
明治27年（1894年）1月17日～昭和10年（1935年）3月4日
生京都府京都市　名別名＝坂本幸三郎　学小卒　歴大正5年職工組合期成同志会を結成し、8年大阪鉄工組合を組織し、さらに日本労働組合連合を組織する。15年日本労農党に参加し、昭和4年日本大衆党から大阪市議に当選。8年には国際労働機関（ILO）総会に労働者側代表として出席した。その間の7年、新日本国民同盟の結成に参加し、常任委員となった。

阪本 釤之助　さかもと・さんのすけ

漢詩人　枢密顧問官
安政4年（1857年）6月24日～昭和11年（1936年）12月16日
生尾張国愛知郡鳴尾（愛知県名古屋市南区）　名旧姓・旧名＝永井、号＝阪本蘭園、字＝利卿、百錬、別号＝三橋　歴尾張藩士・永井匡威の三男。若くして漢学を青木樹堂、漢詩を森春濤に学ぶ。明治15年元老院議官の坂本政均の養子となり、23年家督を相続。35年福井県知事、40年鹿児島県知事。44年～大正6年名古屋市長。この間、明治44年勅選貴族院議員。大正9年～昭和7年日本赤十字社副社長、9年枢密顧問官。また、兄・久一郎とともに漢詩に長じ、阪本蘭園の名で漢詩人としても活躍、雑誌「百花欄」「漢詩春秋」などに作品を発表した。小説家・高見順は庶子。　家長男＝阪本瑞男（外交官）、二男＝阪本越郎（詩人・ドイツ文学者・心理学者）、息子＝高見順（小説家・詩人）、養父＝坂本政均（元老院議官）、兄＝永井久一郎（実業家・漢詩人）、弟＝大鳥久満次（神奈川県知事・衆議院議員）、孫＝高見恭子（タレント）、甥＝永井荷風（小説家）

坂本 志魯雄　さかもと・しろお

衆議院議員
明治4年（1871年）4月1日～昭和6年（1931年）4月11日
生高知県長岡郡瓶岩村（南国市）　歴中外商業新報記者、のち樺太庁嘱託となりアレクサンドロフスク港に出張。明治27年日清戦争には軍事探偵となり満蒙で活躍。29年フィリピン独立運動の際、台湾総督乃木希典の密命を帯びて活躍した。また中外石油会社取締役を務めた。昭和3年高知県から衆議院議員となり、政友会に属した。　家兄＝坂本素魯哉（政治家）

坂元 雪鳥　さかもと・せっちょう

能楽評論家　日本大学国文科教授
明治12年（1879年）4月25日～昭和13年（1938年）2月5日
生福岡県柳河城内村　名本名＝坂元三郎、旧姓・旧名＝白仁三郎、別号＝天邪鬼　学東京帝国大学国文科〔明治40年〕卒　幼少より父から喜多流の謡を習う。明治40年東京帝国大学を首席で卒業して朝日新聞に入社、社会部員となる。同年、漱石も入社して接する。30余年にわたって天邪鬼と号して能評欄を担当。42年朝日新聞を退社し、本格的に能評をはじめる。以後、雑誌「能楽」「謡曲界」などに執筆し、昭和8年から「能楽史料」を刊行。近世の貴重な能楽資料を翻刻した。没後「坂元雪鳥能評全集」（2巻）が刊行された。なお、大正14年日大、法大各講師、昭和3年日大国文科教授を歴任。

坂本 宗太郎　さかもと・そうたろう

衆議院議員
明治17年（1884年）12月15日～昭和43年（1968年）12月25日
生埼玉県秩父郡横瀬村（横瀬町）　学東京高等工業学校〔明治

41年〕卒　歴家業の絹織物業に携わり、"ほぐし捺染"といわれる染織技術を発明。昭和3年秩父織物同業組合長、6年秩父織物工業組合理事長。12年より衆議院議員に2選。

坂本 武　さかもと・たけし
俳優
明治32年（1899年）9月21日～昭和49年（1974年）5月10日
生兵庫県赤穂市阪越湊　名本名＝永石武平　学高小卒　歴時計屋に奉公したのち大正10年松竹下加茂撮影所に入社。14年蒲田に移り「噫河野巡査」で殺人犯を演じて話題になる。8年小津安二郎のいわゆる"喜八もの"の第1作「出来ごころ」、9年同「浮草物語」など多くの名作に脇役として出演。特に飯田蝶子とのコンビの長屋もので売った。14年に「子供の四季」。戦後は28年新東宝の「煙突の見える場所」、次いで「鶏はふたたび鳴く」「明日を作る少女」などに出演した。

坂本 俊篤　さかもと・としあつ
海軍中将 男爵 貴族院議員
安政5年（1858年）10月25日～昭和16年（1941年）3月17日
生武蔵国豊島郡渋谷宮益坂（東京都渋谷区）　出信濃国諏訪（長野県）　学海軍兵学寮（第6期）〔明治10年〕卒　歴信濃諏訪藩士の二男として生まれる。明治17年海軍中尉に任官。同年～20年フランスに留学。帰国後、26年海大教官兼軍務局1課、30年海大教頭、38年同校長、39年教育本部長を歴任して海軍内教育の充実に力を注いだ。同年中将。海大の創設時の功労者で、教官に陸軍の明石元二郎を招くなど、戦術・戦略家の育成に努めた。40年男爵。大正2年予備役に編入。6年～昭和14年貴族院議員を務め、石油資源の開発、軍縮問題などを研究した。

阪本 広太郎　さかもと・ひろたろう
神官 賀茂別雷神社宮司 神宮皇学館教授
明治13年（1880年）3月19日～昭和21年（1946年）1月1日
生堺県桜井（奈良県桜井市）　専神道史、考証学　学東京帝国大学文科大学国史選科〔明治41年〕修了　歴神宮皇学館本科を経て東京帝国大学文科大学に学び、明治41年同国史選科を修了ののち東京帝大史料編纂官補となる。大正2年に退官し神宮皇学館教授に就任、11年からは伊勢神宮禰宜となり、13年から15年までの間は同神部署長を務めた。その後、内務省神社局考証官・神社局考証課長・神社制度調査会幹事などを経て、昭和15年神祇院考証課長兼教務局祭務課長に就任。20年に職を辞し、賀茂別雷神社宮司となった。終生一貫して神道史や神社制度・祭礼の研究・考証に専念。編著に「伊勢参宮案内記」「神宮と式年遷宮」「神宮祭祀概説」などがある。

坂本 義鑑　さかもと・よしあき
海軍技術大佐
明治30年（1897年）8月10日～昭和63年（1988年）10月19日
出佐賀県唐津市　学東京帝国大学工学部〔大正12年〕卒　歴太平洋戦争末期、海軍技術大佐として人間魚雷「回天」の基本設計に携わった。　勲勲三等瑞宝章〔昭和13年〕

酒匂 秀一　さかわ・しゅういち
外交官 駐ポーランド大使
明治20年（1887年）2月2日～昭和24年（1949年）7月23日
生鹿児島県　学東京高等商業学校（現・一橋大学）専攻部〔明治44年〕卒　歴明治44年外務省に入り、外務書記官、ワシントン軍縮会議全権随員を経て、大正14年在ソビエト大使館一等書記官、昭和4年同大使館参事官、5年在カルカッタ総領事、11年駐フィンランド特命全権公使、12年駐ポーランド大使、15年退官、のち南洋協会理事長。外交界のロシア通として知られ、著書に「ロシアはどうなるか」がある。

左川 ちか　さがわ・ちか
詩人
明治44年（1911年）2月12日～昭和11年（1936年）1月7日
生北海道余市町　名本名＝川崎愛　学小樽高等女学校卒　歴上京して昭和5年ごろから作品を発表、百田宗治の「椎の木」、北園克衛の「マダム・ブランシュ」、春山行夫の「詩と詩論」などに寄稿。モダニズムの代表的女流詩人として嘱望されたが早世した。没後の11年に全作品80編を収めた「左川ちか詩集」が刊行された。　家兄＝川崎昇（「文芸レビュー」創刊者）

佐川 義高　さがわ・よしたか
孔版技術者
明治35年（1902年）10月21日～昭和46年（1971年）3月18日
生茨城県　名筆名＝草間京平　歴大正8年頃上京し、郵便集配などに従事し、9年文学青年仲間と同人歌誌「孔雀草」を創刊。有島武郎の後援で、12年孔版印刷の黒船社を興し研究と普及に没頭、今日行われている孔版技術の技法を創始した。昭和3年日本謄写印刷研究所を開き、9年日本謄写印刷科学研究所を創立。Z（ゼット）派孔版器材といわれる多種の器材を作り、孔版技術を広めた。著書に「佐川義高（草間京平）遺稿集」（昭48年）がある。

佐木 秋夫　さき・あきお
評論家 国民文化会議常任委員 宗教と社会研究会幹事
明治39年（1906年）11月16日～昭和63年（1988年）8月20日
生東京市麹町区（東京都千代田区）　専宗教学　学東京帝国大学文学部宗教学科〔昭和5年〕卒　歴不況の昭和初期、巣鴨学園、高田女塾で英語を教えながら日本戦闘的無神論者同盟、唯物論研究会により著述活動を行う。昭和12年三笠書房が出した唯物論全書の中の宗教論執筆を担当した。しかし日中戦争で文化統制が厳しく、著述を断念。13年青江舜二郎らと教育紙芝居協会を設立、印刷紙芝居を作って売った。教育紙芝居のほか、軍、官の要請で軍国紙芝居を作られた。戦後、極東軍事裁判で検事証言人として文化統制が紙芝居にまで及んだことを証言した。後、民主紙芝居人集団の設立に参加したが、31年ごろから国民文化会議の常任委員となり紙芝居から離れた。著書に「ロシア宗教社会史」「宗教学説」など。

向坂 逸郎　さきさか・いつろう
経済学者 九州帝国大学法文学部教授
明治30年（1897年）2月6日～昭和60年（1985年）1月22日
生福岡県大牟田市　名筆名＝南啓二　専理論経済学, マルクス経済学　学東京帝国大学経済学部〔大正10年〕卒　歴大正10年東京帝国大学助手となり、翌年ドイツに留学、マルクス主義者となる。14年九州帝国大学法文学部教授に就任するが、昭和3年共産党弾圧の三・一五事件のあおりで退官し、労農派の闘将として理論活動に専念。12年の人民戦線事件で検挙されたが、14年保釈。戦後九州大学に復帰。26年には山川均、大内兵衛らと社会主義協会を設立して機関誌「社会主義」を発刊、社会党左派に対する理論的影響力を強めた。また34、35年の三井三池闘争では組合側を指導。35年退官。40年より「唯物史観」発刊。戦後10年がかりでマルクスの「資本論」を翻訳、著書に「資本論体系」「地代論研究」「日本資本主義の諸問題」「経済学方法論」「社会主義と自由」「マルクス経済学の基本問題」「マルクス伝」など多数。　家弟＝向坂正男（経済企画庁総合計画局長）

匂坂 春平　さきさか・しゅんぺい
陸軍法務中将
明治16年（1883年）1月30日～昭和28年（1953年）8月19日
出静岡県　学明治法律学校〔明治35年〕卒　歴陸軍に入って法務官を務め、昭和5年第十二師団法務部長、7年第一師団法務部長。11年二・二六事件が起こると、反乱軍将校らを裁く

軍法会議の主席検察官を務めた。事件の全容解明に力を注ぎ、陸軍首脳部の関与を明らかにする検察側極秘資料を作成。この「匂坂資料」は事件から50年後の昭和63年に公開された。事件後は、13年関東軍法務部長、15年陸軍高等軍法会議法務官を務め、17年陸軍法務中将。20年予備役に編入。

崎山 嗣朝　さきやま・しちょう
弁護士 衆議院議員
明治41年（1908年）5月～昭和35年（1960年）6月4日
[出]沖縄県　[学]京都帝国大学独法科卒　[歴]弁護士業に従事。のち那覇市議、沖縄県議を経て、昭和5年に衆議院議員に初当選。以後、通算4回当選。

崎山 武夫　さきやま・たけお
実業家 衆議院議員
明治23年（1890年）11月～昭和9年（1934年）5月11日
[出]鹿児島県　[学]中央大学経済学部〔大正9年〕卒、日本大学法学科〔大正10年〕卒　[歴]鉄道書記官を務め、昭和3年より衆議院議員に連続3選。政友会に所属。南九州窯業取締役なども務めた。

佐久 節　さく・みさお
中国文学研究家 一高教授
明治15年（1882年）9月1日～昭和36年（1961年）1月20日
[生]茨城県　[学]東京帝国大学文科大学〔明治39年〕卒　[歴]明治学院、慶応義塾大、奈良女子高等師範を経て、大正8年一高教授。また東京帝国大学、大東文化学院、東洋大などの講師を兼ねた。のち日本女子大文学部教授となった。東方学会、斯文会の各顧問兼任。著書に「唐詩選新釈」「陶淵明の詩」「漢詩大観」「白楽天詩集訓釈」「文選訓釈」などがある。

作江 伊之助　さくえ・いのすけ
陸軍工兵伍長 "肉弾三勇士" の一人
明治43年（1910年）10月17日～昭和7年（1932年）2月22日
[生]長崎県北松浦郡平戸町　[歴]昭和5年久留米工兵第18大隊に入営。7年混成旅団工兵中隊に編入され、陸軍一等兵として第一次上海事変に出征。同年2月22日、廟行鎮の戦闘で歩兵の突撃路を作るため江下武二一等兵・北川丞一等兵と共に爆薬筒を抱えて突撃、敵の鉄条網を爆破し、戦死した。死後、二階級特進で伍長に進んだ。陸軍が覚悟の自爆と発表したため、肉弾（爆弾）三勇士として熱狂的に讃えられた。

作田 荘一　さくだ・しょういち
経済学者 京都帝国大学教授
明治11年（1878年）12月1日～昭和48年（1973年）2月9日
[生]山口県　[名]旧姓・旧名＝藤本　[専]経済学、国際法　[学]東京帝国大学法科大学〔明治38年〕卒 経済学博士〔昭和5年〕　[歴]大学院で国際法を学び、明治41～44年中国の武昌湖北法政学堂で経済学を教える。のち山口高等商業学校教授を経て、大正12年京都帝国大学経済学部助教授、満州の建国大学副総理となる。戦後は龍谷大学などに勤務した。　[家]長男＝作田啓一（社会学者）

作田 高太郎　さくた・たかたろう
衆議院議員
明治20年（1887年）5月～昭和45年（1970年）3月15日
[出]広島県　[学]中央大学法律科卒　[歴]税務署属・戦時保険局属の職についた後、弁護士業従事。昭和3年に広島3区から衆議院議員に初当選。以後、連続6回当選。広田内閣の文部参与官、阿部内閣の文部政務次官、大蔵省委員となる。また民政党総務、日本進歩党総務を務め、ほかに関東航空計器・和田製本工業各社長にもなった。

佐久間 鼎　さくま・かなえ
心理学者 言語学者 九州帝国大学教授
明治21年（1888年）9月7日～昭和45年（1970年）1月9日
[生]東京都　[学]東京帝国大学文科大学哲学科〔大正2年〕卒 文学博士〔大正12年〕　[賞]日本学士院会員〔昭和41年〕　[歴]大正7年まで大学院に在学、9年日本大学予科教授、文部省在外研究員としてドイツ、フランスに留学、14年帰国、九州帝国大学教授となり、同大附属図書館長、法文学部長を務め、昭和24年退官、名誉教授。駒沢大学教授を経て、27年東洋大学教授、学長となった。同大名誉教授。ベルリン派ゲシュタルト心理学を紹介、また日本語の音声学的研究に努めた。著書に「ゲシュタルトの問題と学説」「ゲシュタルト心理学」「日本音声学」「音声と言語」「日本語のかなめ」「日本語の言語理論」「佐久間鼎著作集」などがある。

作間 耕逸　さくま・こういつ
弁護士 衆議院議員 東京弁護士会会長
明治13年（1880年）5月～昭和26年（1951年）1月2日
[出]山口県　[学]日本大学法学部〔明治39年〕卒　[歴]弁護士業に従事。東京市議、東京弁護士会常議員会議長、日本弁護士協会理事、東京弁護士会会長を歴任、大正9年に東京府8区から衆議院議員に初当選。以後13年にも衆議院に当選している。昭和21年6月から22年5月まで勅選貴族院議員を務めた。

桜 富士子　さくら・ふじこ
女優
明治42年（1909年）1月2日～昭和6年（1931年）10月31日
[生]広島県広島市東白鳥町　[名]本名＝高橋はるみ　[学]広島市立高等女学校卒　[歴]大阪に出てカフェー日輪の女給となり、クイーンと呼ばれた。昭和4年東亜キネマにスカウトされて入社、翌5年冒険活劇「恋の狩人」で青木繁の相手役に抜擢され、デビュー。小唄映画「宮津小唄」で里見明の相手役を務め、「唇を拾った男」で岡田静江、椿三四郎と共演、「ガソリン娘」では主役を演じた。翌6年「大名古屋行進曲」で椿三四郎、歌川絹枝と共演を主な仕事とした他は、東活の「緑の地平線」に助演したのを最後に急逝した。

桜井 霞洞　さくらい・かどう
染色家
明治22年（1889年）2月15日～昭和26年（1951年）7月18日
[出]茨城県　[名]本名＝桜井幸太郎　[歴]鏑木清方、和田三造に学ぶ。大正9年染色芸術研究所を創立に参加。昭和5年帝展で「琉球那覇之図壁掛」が特選となる。6年から無鑑査。他の作品に「染色ハッピーコート」。　[賞]帝展特選〔昭和5年〕「琉球那覇之図壁掛」

柵瀬 軍之佐　さくらい・ぐんのすけ
実業家 衆議院議員
明治2年（1869年）1月15日～昭和7年（1932年）8月28日
[生]陸中国西磐井郡中里村（岩手県一関市）　[学]英吉利法律学校〔明治22年〕卒　[歴]山梨日日新聞主筆から明治25年嚶鳴社、さらに毎日新聞編集長に転じ、立憲改進党入党。その後赤羽万次郎と北国新聞を発刊。27年日清戦争には毎日新聞戦時通信員となった。31年大倉組台湾支店支配人、38年合名会社柵瀬商会を設立、石炭、火薬、銅鉄などを販売。40年以来衆議院議員当選6回。大正14年加藤高明内閣商工政務次官となり、昭和2年辞職、民政党相談役。商工審議会、関税審議会、肥料調査委員会各委員も務めた。

桜井 秀　さくらい・しげる
風俗史家
明治18年（1885年）9月～昭和18年（1943年）
[生]東京都　[学]国学院〔明治36年〕卒 文学博士　[歴]明治39年宮

本勢助、関保之助らと風俗史研究会を作った。のち内閣記録課、東京帝国大学史料編纂所、宮内省図書寮御用掛となった。風俗史研究に公家日記を引くなど、表面的な解説の域を脱した人生的の研究を進めた。論著に「日本服飾史」「綜合日本史大系」(第4巻平安朝・下)「鎌倉時代の風俗」(風俗史講座第4巻)「日本風俗史」(大日本史講座第15巻)「風俗史の研究」「日本風俗史概説」(岩波講座日本文学所収)などがある。

桜井 庄太郎　さくらい・しょうたろう
児童史研究者　社会学者
明治33年(1900年)～昭和45年(1970年)
[生]東京市深川区(東京都江東区)　[学]日本大学社会学科卒　[歴]母校その他で教壇に立つ。第二次大戦中、大日本青少年団本部に勤める。この時期「日本児童生活史」を刊行。日本における児童史通史の嚆矢となった。他の著書に「日本封建社会史」などがある。

桜井 祐男　さくらい・すけお
教育家
明治20年(1887年)11月4日～昭和27年(1952年)1月22日
[生]石川県　[学]石川師範学校〔明治44年〕卒　[歴]教員養成所講師、高等小学校訓導、石川師範附属小学校訓導、大正6年奈良女子高等師範附属小学校訓導。13年教育文芸社を設立して「教育文芸」を創刊、同年6月号に小説「培ひ」(ペンネーム里山敬夫)を発表したが、風俗壊乱とされて発禁処分。奈良を追われ14年兵庫県御影に私立御影児童の村尋常小学校を開設、教師と児童の自由を尊重する新教育運動を展開した。著書に「芸術的各科教授法」「わが生活・思想・教育」などがある。

桜井 忠温　さくらい・ただよし
随筆家　評論家　陸軍少将
明治12年(1879年)6月11日～昭和40年(1965年)9月17日
[生]愛媛県松山市　[名]筆名＝桜井落葉　[学]陸士(第13期)〔明治34年〕卒　[歴]松山中学を卒業後、神戸税関に勤めたが、明治33年陸軍士官学校に入校。35年陸軍少尉に任官。37年日露戦争に出征、旅順口の戦闘で右腕を負傷。38年左腕で書いた体験記「肉弾」が評判となり、少尉の身ながら破格の扱いで明治天皇への拝謁を許された。同書は英語など15ヶ国語に翻訳され、海外でも反響を呼んだ。大正13年陸軍省新聞班長。同年陸軍大佐。昭和2年陸軍少将に進み、予備役に編入。文筆をもって知られ、「桜井忠温全集」(全6巻)が編まれた。他の著書に「銃後」「雑嚢」「黒煉瓦の家」「草に祈る」「哀しきものの記録」などがある。　[家]兄＝桜井鷗村(英文学者・評論家)、弟＝桜井忠武(海軍機関中将)

桜井 天壇　さくらい・てんだん
ドイツ文学者　評論家　八高教授
明治12年(1879年)10月18日～昭和8年(1933年)9月10日
[生]新潟県　[名]本名＝桜井政隆　[学]東京帝国大学独文科〔明治37年〕卒　[歴]東京帝国大学在学中から「帝国文学」に関係する。卒業後は独文学者として学習院で教壇に立ち、明治42年八高教授。大正2年文部省留学生として渡独。ゲーテ「ファウスト」「ヴィルヘルム・テル」「レーナウ詩集」などの翻訳があり、没後「桜井政隆遺稿」が刊行された。

桜井 徳太郎　さくらい・とくたろう
陸軍少将
明治30年(1897年)6月21日～昭和55年(1980年)12月28日
[出]福岡県　[学]陸士(第30期)〔大正7年〕卒、陸大〔大正14年〕卒　[歴]満州事変中の中国大陸で第10師団参謀、太平洋戦争ではビルマ軍最高顧問を務め、宮崎の第102師団長で終戦。昭和11年の二・二六事件では臨時参謀として、決起した青年将校らのたてこもる首相官邸や山王ホテルに乗り込み、奉勅命令を伝

えて原隊復帰を説得した。また、36年には、当時の池田首相らの暗殺をはかったとされる旧軍人グループのクーデター計画 "三無事件" で逮捕されたが、不起訴となった。

桜井 兵五郎　さくらい・ひょうごろう
実業家　衆議院議員
明治13年(1880年)8月8日～昭和26年(1951年)2月11日
[生]石川県　[名]幼名＝正清　[学]早稲田大学政治経済科〔明治44年〕卒　[歴]石川県議を経て、大正4年衆議院議員に当選、選挙無効となったが5年再選。昭和6年以来連続9回当選、憲政会、民政党に属し、商工参与官、民政党総務、岡田啓介内閣の拓務政務次官を経て、15年党幹事長。また翼賛政治会、大日本政治会に属しビルマ派遣軍軍政顧問、翼壮会総務、20年鈴木貫太郎内閣の国務相となった。敗戦後A級戦犯として逮捕され、23年釈放。北日本耐火煉瓦、北陸毎日新聞、日本タイプライターなどの社長を務めた。　[家]三男＝桜井広明(石川県議)

桜井 安右衛門　さくらい・やすえもん
栃木県知事
明治31年(1898年)1月3日～平成6年(1994年)8月9日
[出]東京都　[学]東京帝国大学経済学部〔大正11年〕卒　[歴]昭和17年に栃木県知事、18年東京都の初代民生局長。43年東京ヘレン・ケラー協会理事長。　[家]四男＝桜井明夫(京都産業大学教授)

桜内 辰郎　さくらうち・たつろう
衆議院議員
明治19年(1886年)3月13日～昭和29年(1954年)11月14日
[生]島根県　[学]早稲田大学政治経済科卒　[歴]昭和3年東京府1区から民政党に属し衆議院議員に選出され、次期選挙にも当選。22年には東京都から参議院議員に当選した。国民民主党最高委員、参議院予算、大蔵、外務各委員長を務めた。このほか東海ラミー紡績社長、桜内商事社長、朝鮮産金社長なども歴任。

桜内 幸雄　さくらうち・ゆきお
実業家　弁護士　蔵相　農相　商工相　衆議院議員
明治13年(1880年)8月14日～昭和22年(1947年)10月9日
[生]島根県　[学]東京専門学校(現・早稲田大学)中退　[歴]岐阜新聞、愛知新聞などで記者を務めていたが、実業家の雨宮敬次郎に認められ、実業界に入り、大日本軌道、日本高架鉄道の設立に参画、明治40年東洋競馬会を起こして理事。また銚子、石巻、埼玉、逗子などで電燈会社を創業、43年日本電燈株式会社を設立、取締役。のち揖斐川電気、琴川電力、出雲電気各社長を務めた。他に支那興業、利根川水力など電力数十社の重役、相談役を兼ねた。その間大正9年以来衆議院議員(島根1区)当選8回、政友本党で政調会長、総務、民政党に合して初代幹事長、総務。昭和6年第二次若槻礼次郎内閣の商工相、14年平沼騏一郎内閣農相、15年米内光政内閣蔵相を歴任。翼政会、日政会各顧問、鈴木貫太郎内閣の顧問、20年枢密顧問官。21年公職追放。自伝に「蒼天一夕談」。　[家]四男＝桜内義雄(衆議院議員)

桜沢 如一　さくらざわ・ゆきかず
食養法研究家
明治26年(1893年)～昭和41年(1966年)
[生]京都府　[歴]16歳のころ、多くの病気に苦しんだが、食養法で回復。食養会に入会、明治以前の日本の食生活に盛り込まれた知恵を陰陽のキーワードを用いて "無双原理" という論理に高めた。この考えを世界に発表するため渡仏。昭和12年「食物だけで病気の癒る・新食養療法」を出版、300版を重ねる。戦後各国でマクロビオティックの食事法普及に努める。他の著書に「ゼン・マクロビオティック」など。

桜田 常久　さくらだ・つねひさ

小説家
明治30年（1897年）1月20日～昭和55年（1980年）3月25日
生大阪府大阪市　出熊本県　名筆名＝並木宋之介　学東京帝国大学文学部独文科〔大正12年〕卒　歴在学中同人雑誌に関係し、戯作に関心を抱く。昭和15年歴史小説「薤露の章」が芥川賞候補となったのち、16年「平賀源内」で第12回芥川賞を受賞。戦後は東京都町田で農地解放や農協運動に携わり、共産党より同町議に2選。29年同人誌「現在」を創刊・主宰。他の著書に「探求者」「安藤昌益」「画狂人北斎」などがある。　家父＝桜田正彦（判事）　賞芥川賞（第12回）〔昭和15年〕「平賀源内」

桜根 孝之進　さくらね・こうのしん

皮膚科学者 ローマ字ヒロメ会首唱者
明治3年（1870年）9月5日～昭和25年（1950年）10月11日
生和歌山県伊都郡笠田村（かつらぎ町）　学大阪医学校〔明治23年〕卒 医学博士〔明治42年〕　歴明治24年大阪医学校助手、31年助教諭を経て、33年教諭。36年大阪高等医学校教授。38～39年ドイツへ留学。大正3年大阪医科大学教授。15年退職。ローマ字論者で、ローマ字ヒロメ会の首唱者としてヘボン式ローマ字の普及に貢献した。

桜庭 青蘭　さくらば・せいらん

映画監督
明治32年（1899年）11月12日～昭和8年（1933年）10月
生秋田県秋田市　名本名＝桜庭喜八郎、別名＝大庭喜八　学日本大学美学科中退　歴東亜キネマ甲陽撮影所に助監督として入社。大正13年監督昇進、「宿命の闇」でデビュー。現代劇専門で原作、脚色も担当し、第10作「運命の小鳥」まで本名の桜庭喜八郎で監督した。15年の「六号室」から青蘭を名のり「悪魔の正体」撮影後休業。昭和7年大庭喜八の名で「嗚呼空閑少佐」「桃色ギャング」などを手がけた。他の作品に「金色の塔」（大14年）「黒ばらの女」（15年）「稲田一作・空腹の巻、満腹の巻」（昭7年）など。　家甥＝米沢正夫（映画監督）

桜庭 武　さくらば・たけし

柔道家 東京高等師範学校体育科教授
明治25年（1892年）～昭和16年（1941年）7月16日
出秋田県　学東京高等師範学校（現・筑波大学）専攻科卒　歴学校における柔道教育の開拓者。東京高等師範学校体育科第2部の主任教授として学校柔道の指導者養成にあたる一方、講道館において役員として嘉納治五郎館長を補佐した。著書に「最新柔道教範」「柔道史版」など。

佐後 淳一郎　さご・じゅんいちろう

俳人
生年不詳～昭和23年（1948年）
生滋賀県　名本名＝佐後武蔵　学関西大学英文科卒　歴大正12年ごろより句作、のち勝峯晋風に師事して「黄橙」同人。新興俳句勃興期、同誌における最も進歩的な作家として注目された。句集に「四季」がある。

佐郷屋 留雄　さごうや・とめお

右翼活動家
明治41年（1908年）12月1日～昭和47年（1972年）4月14日
生満州・吉林省　名改名＝佐郷屋嘉昭　学政治学校卒　歴船員となるが、ストに参加して解雇され満州に渡る。昭和5年岩田愛之助の愛国社に入り、同年11月14日東京駅頭で浜口雄幸首相を狙撃（翌年死去）、8年死刑判決を受けるが翌年恩赦で無期懲役、15年出獄。戦後29年井上日召らと護国団及び大日本護国団を組織、のち日本同盟に改組。36年には全日本愛国社団体会議議長となった。

迫水 久常　さこみず・ひさつね

内閣書記官長 大蔵省銀行保険局長
明治35年（1902年）8月5日～昭和52年（1977年）7月25日
生鹿児島県鹿児島市　学東京帝国大学法学部英法科〔大正15年〕卒　歴大正15年大蔵省に入省。昭和9年岳父岡田啓介首相の秘書官となり、二・二六事件が起こると首相救出に活躍。その後、15年理財局企画課長、16年企画院第一部第一課長、17年大蔵省総務局長、19年銀行保険局長などを務め、"革新官僚"を代表する一人と目された。20年岳父の要請により鈴木貫太郎内閣の内閣書記官長に就任、老齢の鈴木首相を支えて太平洋戦争終戦に尽力した。戦後の22～26年公職追放。衆議院議員、参議院議員となり池田内閣では経済企画庁長官、郵政相を務めた。また、二・二六事件や終戦までの経緯を記した「機関銃下の首相官邸」「大日本帝国最後の四カ月」を著した。　家岳父＝岡田啓介（首相・海軍大将）、従弟＝丹生誠忠（二・二六事件の青年将校）

左近司 政三　さこんじ・せいぞう

海軍中将 商工相 貴族院議員（勅選）
明治12年（1879年）6月27日～昭和44年（1969年）8月30日
生大阪府　学海兵（第28期）〔明治33年〕卒、海大〔明治45年〕卒　歴日露戦争に「磐城」航海長で従軍。海大卒業後第1艦隊参謀、練習艦隊参謀、大正7年以降オランダ、英国駐在、帰国後「矢矧」「長門」艦長、人事局第1課長、軍務局第1課長、昭和2年軍務局長、3年中将、5年ロンドン海軍軍縮会議首席随員、同年10月練習艦隊司令官、6年海軍次官、次いで第3艦隊司令長官、佐世保鎮守府司令長官、9年予備役。10年北樺太石油会社社長、16年第三次近衛文麿内閣の商工相、18年勅選貴族院議員、20年鈴木貫太郎内閣国務相で敗戦。

佐々 元十　ささ・げんじゅう

映画運動家 記録映画作家 雑誌編集者
明治36年（1903年）1月14日～昭和34年（1959年）7月7日
生広島県双三郡三次町（三次市）　名本名＝佐々木高成　学東京帝国大学文学部仏文科中退　歴昭和2年日本プロレタリア芸術連盟所属のプロレタリア劇場映画班として、小型映画による我が国最初のプロレタリア映画「メーデー」を製作した。3年「戦旗」に論文「玩具・武器―撮影機」を発売、プロレタリア映画運動を呼びかけ、4年には岩崎昶らと日本プロレタリア映画同盟（プロキノ）を結成、以後中心的な幹部として活動した。プロキノ解消後は評論活動のほか、「文化映画」編集長、映画日本社調査部長を務めた。

佐々井 一晁　ささい・いっちょう

社会運動家 やまともむすび総務委員長 衆議院議員
明治16年（1883年）2月22日～昭和48年（1973年）1月12日
生兵庫県氷上郡葛野村（丹波市）　名本名＝佐々井晃次郎　学神戸市パルモア英学院高等科〔明治41年〕卒　歴内務省嘱託をしていたが、昭和2年平凡社社友となり、懸賞論文「五十年後の太平洋」を「大阪毎日新聞」「東京日日新聞」に発表。7年下中弥三郎と経済問題研究会を設立し、同年新日本国民同盟創立で書記長。12年日本革新党を結成、総務委員。15年日本主義を主導して大日本党主宰となる。17年衆議院議員に当選、同時に大日本党を思想結社"やまともむすび"に改組、総務委員長に。敗戦後は引退生活を送る。また奥むめおと永年にわたり同居生活を続けていた。　家兄＝佐々井信太郎（二宮尊徳研究家）

笹井 幸一郎　ささい・こういちろう

愛媛県知事
明治18年（1885年）10月28日～昭和13年（1938年）10月15日
生新潟県　学東京帝国大学法科大学政治学科〔明治43年〕卒　歴佐賀県警察部長、警視庁保安部長、復興局経理部長を経て、

昭和4年奈良県知事、5年愛媛県知事。9～13年長崎市長を務めた。

笹井 醇一　ささい・じゅんいち

海軍少佐

大正7年（1918年）2月13日～昭和17年（1942年）8月26日

[生]東京府上落合（東京都新宿区）　[学]東京府立一中，海兵（第67期）〔昭和14年〕卒　[歴]昭和15年海軍少尉に任官。海軍航空隊のエースパイロットが揃った台南航空隊（台南空）の分隊長で、撃墜王の一人として知られる。17年8月ガダルカナル島上空で空戦中、戦死した。　[家]父＝笹井賢二（海軍造船大佐）

佐々井 信太郎　ささい・しんたろう

二宮尊徳研究家 報徳運動指導者 大日本報徳社副社長

明治7年（1874年）5月22日～昭和46年（1971年）8月9日

[生]兵庫県氷上郡中野村（丹波市）　[学]森山小中退 文学博士（国学院大学）〔昭和34年〕　[歴]井上尋常高小校長、神奈川県立第二中教諭などを務め、明治36年頃から二宮尊徳研究を始める。その後、神奈川県通俗教育主事、内務部社会課長を経て、大正11年～昭和4年東洋大学専門部教授、大正11年～昭和22年大日本報徳社副社長、27年一円融合会理事長、33年報徳福運社理事長を歴任。著書に「報徳教の根本義」「二宮尊徳研究」「新日本建設と報徳」など。　[家]弟＝佐々井一晁（社会運動家）

小砂丘 忠義　ささおか・ただよし

教育運動家

明治30年（1897年）4月25日～昭和12年（1937年）10月10日

[生]高知県長岡郡東本山村　[名]本名＝笹岡忠義，筆名＝祝木真探白日同人　[学]高知師範〔大正6年〕卒　[歴]大正6年郷里の小学校訓導になり、綴方を基本にすえた教育活動を始める。10年SNK協会、地軸社を結成、同人となり、雑誌「地軸」「極北」を創刊、同誌などに寄稿する（いずれも後に県学務課の圧力で停止）。また、児童文集「山の唄」「蒼空」などを発行。12年岡豊小校長、14年井村小校長となるが、同年退職し教育の世紀社同人を頼って上京、雑誌「教育の世紀」や「鑑賞文選」の編集に従事。昭和4年「綴方生活」（志垣寛主幹）を創刊し、全国の綴方教師を結集。5年志垣らと別れて郷土社を創立、「綴方生活」第二次宣言を発表し、生活綴方の実践運動に大きな影響をもたらした。さらに「綴方読本」を主宰して児童文の選評を行った。「綴方生活」の編集方針は全国の生活綴方教師の実践への指針となった。遺稿集に「私の綴方生活」。28年作文教育の発展を目的として“小砂丘忠義賞”（のち日本作文の会賞と改称）が創設された。

笹川 良一　ささかわ・りょういち

右翼活動家 国粋大衆党総裁 衆議院議員

明治32年（1899年）5月4日～平成7年（1995年）7月18日

[生]大阪府箕面市　[学]豊川村高小高等科〔大正3年〕卒　[歴]昭和6年右翼団体・国粋大衆党を結成して総裁となる。飛行場などを陸軍に献納して人脈を広げ、14年には国産機「大和号」でイタリアへ渡り、私淑するムッソリーニと会見。ムッソリーニ率いるファシスト党を真似て、私兵に黒の国防服を着せていた。17年の翼賛選挙で衆議院議員に当選、同年国粋大衆党を国粋同盟に改称。戦後、A級戦犯として巣鴨プリズンに収監され、23年釈放される。その後、全国に競艇を普及させ、莫大な資産を背景にした社会奉仕・青少年育成事業を展開した。政財界への影響力から“日本のドン”“政界のフィクサー”と呼ばれた。　[家]妻＝笹川鎮江（吟詠家），長男＝笹川堯（衆議院議員），三男＝笹川陽平（富士観光会長），孫＝笹川博義（衆議院議員）

笹川 臨風　ささかわ・りんぷう

歴史家 美術評論家 俳人 邦楽研究家

明治3年（1870年）8月7日～昭和24年（1949年）4月13日

[生]東京府神田末広町（東京都千代田区）　[名]本名＝笹川種郎　[学]帝国大学文科大学国史科〔明治29年〕卒 文学博士（東京帝国大学）〔大正13年〕　[歴]大学時代、政教社、東亜学院に出入りする一方、句作に励んだ。明治31年「帝国文学」の編集に携わる。34年宇都宮中学校長を経て、40年辞任、のち三省堂「日本百科大辞典」の編集に従事。42年文芸革新会結成を提唱。43年「万朝報」に歴史小説「日蓮上人」「山中鹿之助」や美術批評を発表。歴史家として活躍し、明治大、東洋大、駒沢大などの教授を歴任。また再興された日本美術院の幹理として尽力した。著書に「日本帝国史」「支那小説戯曲小史」「日本絵画史」「東山時代の美術」「南朝正統論」「俳人伝」などがある。また邦楽協会会長を務め、河東節・一中節・宮薗節など邦楽の保存にも尽した。

佐々木 岩次郎　ささき・いわじろう

建築家

嘉永6年（1853年）～昭和11年（1936年）12月29日

[生]山城国（京都府）　[資]帝室技芸員〔大正6年〕　[歴]明治2年田中平兵衛、木子棟斎に師事して神社仏閣の建築技術を習得し、29年内務省古社寺保存計画嘱託となる。43年日英大博覧会東京館設計監督のため渡英し、大正6年から帝室技芸員を務める。主な事蹟としては京都・東本願寺本堂の再建、芝・増上寺大殿の完成（昭和10年）があり、また嵐山法輪寺の多宝塔は最も心血を注いだ会心の作といわれる。

佐々木 家寿治　ささき・かじゅじ

衆議院議員

明治19年（1886年）12月7日～昭和29年（1954年）3月2日

[出]宮城県　[学]盛岡高等農林学校卒　[歴]宮城県議、同議長を経て、昭和7年より衆議院議員に2選。政友会に所属。24年宮城県知事を務めた。

佐崎 霞村　さざき・かそん

木彫家

明治11年（1878年）3月22日～昭和14年（1939年）1月9日

[生]東京都　[名]本名＝佐崎宗二　[歴]造園家・佐崎可村の二男。京都の大仏師・内藤光石に入門した後、上京して竹内久一に師事。大正11年帝展に初入選、昭和5年「執金剛神」で帝展特選となり無鑑査に推された。帝展には「聖観」「不動」「寂光」など薄肉彫刻仏像を出品。また、日本木彫会にも出品した。11年比叡山阿弥陀堂本尊の木彫丈六「如来像」を制作。13年浅草本願寺別院内陣蟇股彫刻を手がけた。　[家]父＝佐崎可村（造園家）　[賞]帝展特選（第12回）〔昭和6年〕「執金剛神」

佐々木 嘉太郎（3代目）　ささき・かたろう

実業家 陸奥鉄道社長 貴族院議員（多額納税）

明治12年（1879年）～昭和36年（1961年）

[生]青森県五所川原　[歴]早世した青森県五所川原の富豪・布嘉の後を継ぎ、3代目佐々木嘉太郎を襲名。初代嘉太郎が築いた財政的地盤を背景にして堅実な経営を行い、大正7年佐々木銀行を設立。さらに青森銀行頭取や陸奥鉄道株式会社社長・津軽鉄道取締役などを歴任し、地元実業界の中心として重きを成した。また、大正期に五所川原町議を2期務めたのを経て、昭和14年多額納税の貴族院議員となるなど、政界でも活躍。円満な性格で、地方の救済のためには私財を投じることも惜しまなかったことから、庶民に慕われた。しかし、戦時中の五所川原大火や戦後の財閥解体が重なり、急速に勢いを失った。

佐々木 菊太郎　ささき・きくたろう

弓道家

明治8年（1875年）6月15日～昭和40年（1965年）2月28日

[生]福岡県　[名]号＝護卒　[歴]父に弓道を習い、明治25年から山

さ

路道重師に日置流雪荷派を学んだ。大正5年大日本武徳会の精錬証、15年教士、昭和7年範士となり9段。京都帝国大学の弓道教師を務めたのち郷里福岡に帰り、門下を育成、九州各地、韓国へも指導行脚を続け、門弟には日本弓道連盟会長になった百合野稔範士10段らがいる。

佐々木 吉蔵　ささき・きちぞう
陸上選手
明治45年（1912年）3月10日〜昭和58年（1983年）1月23日
〔生〕秋田県大館市〔学〕東京高等師範学校（現・筑波大学）体育科〔昭和9年〕卒〔歴〕戦前、日本短距離界のエースとしてロサンゼルス五輪、ベルリン五輪に"暁の超特急"吉岡隆徳らとともに出場。後年はスターターとして活躍、東京五輪では男子100メートル決勝を一発の号砲でスタートさせた。五輪チームのコーチ、文部省体育課長、東京学芸大教授などを歴任。

佐々木 邦　ささき・くに
小説家 英文学者
明治16年（1883年）5月4日〜昭和39年（1964年）9月22日
〔生〕静岡県駿東郡清水町〔学〕明治学院高等部〔明治40年〕卒〔歴〕長年、六高、慶応義塾大学予科、明治学院高等部で英語教師を務め、昭和3年から作家として専念。学生時代から英米のユーモア小説に興味を持ち、自身も明治42年「いたづら小僧日記」を出版。文壇への進出は大正7年の「主婦采配記」からで、以後、講談社系の倶楽部雑誌、婦人雑誌、少年少女雑誌に次々と家庭的ユーモア小説を発表した。昭和11年辰野九紫らとユーモア作家倶楽部を結成、12年「ユーモアクラブ」を創刊。代表作に「珍品太郎日記」「苦心の学友」「愚弟賢兄」「地に爪跡を残すもの」「トム君・サム君」「村の少年団」などがある。戦後、再び明治学院大学教授となり、24年から37年まで英文学を講じた。国際マーク・トウェーン協会名誉会員。「佐々木邦全集」（全10巻・補巻5、講談社）がある。

佐々木 駒之助　ささき・こまのすけ
実業家 東洋拓殖総裁 貴族院議員（勅選）
明治6年（1873年）7月16日〜昭和29年（1954年）6月2日
〔生〕秋田県〔学〕慶応義塾大学理財科〔明治31年〕卒〔歴〕山口銀行常務、山口合資会社理事長、日本生命会長、共同火災会長を務め、昭和14年東洋拓殖総裁となった。19年辞任。20年2月貴族院議員に勅選されたが、戦後公職追放。

佐々木 志賀二　ささき・しがじ
貴族院議員（多額納税）
明治15年（1882年）2月5日〜昭和9年（1934年）9月18日
〔生〕岡山県和気郡和気村（和気町）〔学〕六高卒、東京帝国大学法科大学政治科〔明治42年〕卒〔歴〕朝鮮総督府に入り、中枢院属兼朝鮮総督府属、同試官、同道事務官となり、忠清北道財務部長、同第2部長、全羅北道・京畿道第2部長を歴任。大正9年岡山3区より衆議院議員に当選、1期。政友会に所属。また、14年多額納税により貴族院議員となる。昭和7年引退。

佐々木 俊一　ささき・しゅんいち
作曲家
明治40年（1907年）9月27日〜昭和32年（1957年）1月27日
〔生〕福島県双葉郡浪江町〔名〕本名＝佐々木駿一〔学〕東洋音楽学校中退〔歴〕東洋音楽学校でチェロと作曲を学ぶが中退。浅草の映画館でバンドに参加したのを経て、日本ビクターのオーケストラでドラムスを担当。一方で作曲も手がけ、昭和7年小林千代子が歌った処女作「涙の渡り鳥」は発売されると瞬く間に大ヒット。8年には小唄勝太郎が歌った「島の娘」もヒット、出だしを「ハァ」ではじめる歌い方は"ハァ小唄"といわれ、彼女の代名詞となった。その後は主に作詞家・佐伯孝夫とコンビを組み、藤山一郎「僕の青春」、児玉好雄「無情の夢」、

勝太郎「明日はお発ちか」など次々とヒットを飛ばし、作曲家としての地位を確立。特に灰田勝彦が歌ったものでは戦前の「燦めく星座」「新雪」から戦後の「アルプスの牧場」「野球小僧」まで、そのヒット曲のほとんどを作曲した。戦後も竹山逸郎と藤原亮子の「月よりの使者」、渡辺はま子「桑港のチャイナタウン」、小畑実「高原の駅よ、さようなら」などコンスタントに流行歌を書いた。

佐々木 新太郎　ささき・しんたろう
機械技術者 日本断接工業社長
明治20年（1887年）12月2日〜昭和26年（1951年）5月12日
〔出〕京都府〔学〕九州帝国大学卒〔歴〕大正5年三菱合資長崎造船所に入り、溶接技術の研究・開発にあたる。船体などの電気溶接、X線による検査法の確立・実用化に力を注いだ。のち日本断接工業社長、九州大学講師などを歴任した。〔賞〕日本造船学会賞造船協会賞〔大正15年・昭和4年〕「造船用各種鋼材の材質比較」「船底塗料使用に関する実験」，服部賞（日本鉄鋼協会，第6回）〔昭和11年〕「艦船用各種金属材料製造ならびに電気熔接の進歩」

佐々木 節　ささき・せつ
労働運動家 東京合同労組中央委員・政治部長
明治36年（1903年）〜昭和30年（1955年）7月
〔生〕東京府南葛飾郡大島町（東京都江東区）〔歴〕大正12年南葛労働会の結成に参加し、のちに総同盟関東地方評議会に加わる。14年東京合同労組が結成され、初代執行委員長となる。のち私生活の乱れから評議会を去り、昭和10年「労働事情」を創刊し、16年「内外労働週報」の主幹となった。

佐々木 千里　ささき・せんり
劇団主宰者 ムーラン・ルージュ主宰
明治24年（1891年）6月28日〜昭和36年（1961年）5月15日
〔生〕静岡県〔名〕本名＝勝間田兵吉、芸名＝外山千里、筆名＝緒方勝〔学〕陸軍戸山学校卒〔歴〕大正6年から外山千里の芸名で浅草オペラに出演する。のち玉木座に勤務し、昭和6年新宿に都会風の新喜劇を標榜して"ムーラン・ルージュ"を旗揚げ。19年松竹へ手渡すまで斎藤豊吉、阿木翁助ら劇作家や喜劇人を輩出させた。〔家〕養女＝須貝とし子（日本舞踊家）

佐々木 惣一　ささき・そういち
憲法学者 行政法学者 京都帝国大学名誉教授
明治11年（1878年）3月28日〜昭和40年（1965年）8月4日
〔生〕鳥取県鳥取市〔名〕俳号＝笹舟〔学〕京都帝国大学法科大学〔明治36年〕卒 法学博士〔賞〕帝国学士院会員〔昭和14年〕〔歴〕京都帝国大学講師、助教授を経て、大正2年教授。憲法、行政法を担当。昭和8年滝川幸辰教授の刑法思想をめぐる政府弾圧（滝川事件）に抗議して同僚とともに職を辞し、大学の自治を守った。また9年の森戸事件では、特別弁護人として学問研究の自由を説き森戸辰男を擁護した。立命館大学に移って、9〜11年学長を務めた後は、公法雑誌の編集と執筆に当たった。20年内大臣府御用掛として近衛文麿とともに帝国憲法改正考査に携った。21年貴族院議員に勅選され、新憲法審議に参加。22〜23年和辻哲郎と国体論争を展開した。27年文化勲章受章。初の京都市名誉市民。著書に「日本国憲法論」「天皇の国家的象徴性」など。〔家〕女婿＝秦忠夫（農学者）〔勲〕文化勲章〔昭和27年〕

佐々木 素雲　ささき・そうん
彫刻家
明治25年（1892年）3月28日〜昭和43年（1968年）12月23日
〔生〕秋田県〔名〕本名＝佐々木三之助〔学〕東京美術学校彫刻別科卒〔歴〕明治44年上京し、米原雲海に師事。29歳の時、東京美術学校彫刻別科に入学、朝倉文夫に塑像を学ぶ。大正15年帝

展に木彫「安痒」が初入選。以後帝展、新文展に出品を続けた。昭和20年郷里に疎開、戦後もそのまま秋田市で制作活動を続け、日彫展に作品を発表。傍ら地方美術の振興と文化財の保護に尽力。秋田県総合美術連盟の設立に携わり、県文化財専門委員などを務めた。代表作に「満州国皇帝勅額」、曹洞宗大本山総持寺「後醍醐天皇等身像」など。

佐々木 大樹　ささき・たいじゅ
彫刻家
明治22年(1889年)12月25日～昭和53年(1978年)11月8日
生富山県下新川郡愛本村(黒部市)　名本名＝佐々木長次郎　学富山県立工芸学校(現・高岡工芸高)木工科彫刻部〔明治41年〕卒, 東京美術学校彫刻科木彫部本科〔大正2年〕卒, 東京美術学校研究科〔大正3年〕修了　歴富山県立工芸学校(現・高岡工芸高校)木工科彫刻部から、明治41年東京美術学校彫刻科木彫部本科に進み、大正2年卒業。9年第2回帝展で「誕生の頃」が初入選で特選となる。11年第4回展「供養」で2回目の特選を受けて、12年より帝展無鑑査。昭和3年第9回帝展出品作「紫津久」で帝国美術院賞受賞。帝展、日本木彫会、新文展、日展に出品し、審査員も務める。伝統的な木彫の技を使い、歴史人物、仏像などの具象彫刻をよくした。一方、9年帝国美術学校教授、10年多摩帝国美術学校教授、26年多摩美術大学教授を務め、後進を指導。41年退職した。53年「平和の像」を制作中、死去した。　賞帝展特選(第2回)〔大正9年〕「誕生の頃」, 帝展特選(第4回)〔昭和11年〕「供養」, 帝展帝国美術院賞(第9回)〔昭和3年〕「紫津久」

佐々木 隆興　ささき・たかおき
医師 杏雲堂医院院長 京都帝国大学教授
明治11年(1878年)5月5日～昭和41年(1966年)10月31日
生東京府本所(東京都墨田区)　専内科学, 生化学, 病理学　学独逸学協会中〔明治28年〕卒, 一高医科〔明治31年〕卒, 東京帝国大学医科大学〔明治35年〕卒 医学博士(東京帝国大学)〔明治45年〕　資ドイツ学士院会員〔昭和11年〕, 帝国学士院会員〔昭和14年〕　歴佐々木東溟の二男。明治38～43年ドイツへ留学、ストラスブール大学やベルリン大学で学ぶ。大正2年京都帝国大学教授となるが、5年辞職して祖父・佐々木東洋が創設した杏雲堂病院院長に就任。傍ら、佐々木研究所を設立してアミノ酸の分解と合成、無筋静毒、癌原性化学物質など基礎医学の研究に取り組んだ。13年帝国学士院恩賜賞を受賞。昭和11年には吉田富三との共同研究で2度目の同賞を受賞した。10年財団法人癌研究所所長、14年財団法人佐々木研究所を設立して理事長兼所長。16年財団法人結核予防研究所所長。この間、11年ドイツ学士院会員、14年帝国学士院会員に選ばれ、15年には文化勲章を受章した。刀の鍔の収集でも知られた。家長男＝佐々木洋興(慶応義塾大学法学部教授), 祖父＝佐々木東洋(杏雲堂医院創立者), 養父＝佐々木政吉(医学者), 岳父＝渡辺廉吉(司法官), 女婿＝加藤成之(音楽美学者), 中川重雄(物理学者), 梶浦英夫(日本興業銀行副頭取)　勲文化勲章〔昭和15年〕　賞帝国学士院恩賜賞(第14回・26回)〔大正13年・昭和11年〕, 文化功労者〔昭和26年〕, 浅川賞〔大正2年〕, 日本化学会桜井賞〔大正9年〕, 報公賞(第5回)〔昭和10年〕

佐々木 昂　ささき・たかし
民間教育運動の指導者
明治39年(1906年)10月30日～昭和19年(1944年)8月31日
生秋田県　名本名＝佐々木太一郎　学秋田師範〔大正15年〕卒　歴小学校教員となるが、昭和4年教員を辞め、上京。労働芸術家連盟に加入。5年帰郷し、成田忠久の北方教育社同人となり、教壇にも復帰。以後、東北6県にわたる北方性教育運動の中心的担い手の一人として活躍。9年北日本国語教育連盟の結成に参画。さらに「生活学校」の生活教育運動に関わり、生活教育・生活綴方教育運動の理論家、指導者として活躍、14年教育科学研究会に合流。15年職業紹介所少年係に転出、同年末弾圧を受け治安維持法違反容疑で検挙、起訴された。「佐々木昂著作集」(全1巻)がある。

佐々木 孝丸　ささき・たかまる
演出家 劇作家 翻訳家
明治31年(1898年)1月30日～昭和61年(1986年)12月28日
生北海道標茶町　出香川県国分寺町　名筆名＝落合三郎, 香川晋　学アテネ・フランセ卒　歴実家は香川の寺で、僧職を嫌い5年間電信局に勤務。この間、独学でフランス語を修得。落合三郎の筆名でフランス小説の翻訳や小説・戯曲を創作。大正10年、プロレタリア文芸誌「種蒔く人」を創刊、同人として活躍。12年秋田雨雀らと新劇団・先駆座を結成、以後、新劇、プロレタリア演劇運動に挺進する。トランク劇場、前衛座、前衛劇場、左翼劇場を経て、プロット初代執行委員になる。主な演出出演に小林多喜二の「不在地主」、三好十郎の「炭塵」「斬られの仙太」などの他、戯曲、翻案劇も多い。戦後は養子千秋実の薔薇座に関係し、映画・テレビ俳優としても活躍。昭和25年日映演製作「暴力の街」で映画デビュー。以後各社の作品に脇役として出演、代表作に「山下奉文」「叛乱」「あなた買います」「重役の椅子」「月光仮面」(2部作)「森と湖のまつり」「女王蜂の怒り」「大東亜戦争と国際裁判」「人間の条件」「若き日の信長」など。テレビ出演に連続ドラマ「噴煙」がある戯曲作に「地獄の審判」「筑波秘録」「板垣退助」「慶安太平記後譚」など、著書に自伝「風雲新劇志」、訳書にスタンダール「赤と黒」、バルビュウス「クラルテ」などがある。革命歌「インターナショナル」の訳者としても知られる。　家娘＝佐々木踏絵(女優), 孫＝佐々木勝彦(俳優), 女婿＝千秋実(俳優)

佐々木 達治郎　ささき・たつじろう
物理学者 陸軍少将 東京帝国大学工学部教授
明治27年(1894年)8月25日～昭和48年(1973年)10月19日
生岡山県西北条郡津山町(津山市)　専航空物理学, 流体力学　学津山中卒, 陸士(第27期)〔大正4年〕卒, 東京帝国大学理学部物理学科〔大正11年〕卒 理学博士〔昭和4年〕　歴大正4年陸士第27期を卒業、同期には岡本清福、四手井綱正、辰巳栄一らがいた。同年陸軍砲兵少尉に任官、8年東京帝国大学に入学し、11年物理学科を卒業。12年同大航空研究所研究員となり、同年～14年欧米出張。昭和7年から東京帝大航空研究所教授、11～19年工学部教授を兼務。16年陸軍少将まで進み、同年予備役に編入。航空計測器、特に低温低圧を実現する風洞を設置して飛行機用速度計の誤差を自動的に補正する計器の開発に従事。また、世界に先駆けて風洞壁の影響に関する理論的研究に取り組み、高い評価を得た。戦後は文部省統計数理研究所所員となり、27～31年所長。分散していた施設を統合した他、いち早く計算機器開発の重要性に着目し、乱数作成機やリレー式万能自動計算機の開発を行った。著書に「航空計器」「流体力学」「弾性学」「航空物理学」「完全流体の流体力学」などがある。

佐々木 長治　ささき・ちょうじ
実業家 政治家 伊予鉄道会長
明治27年(1894年)2月～昭和45年(1970年)9月12日
出愛媛県　学東京高等商業学校(現・一橋大学)卒　歴伊方郵便局長、西宇和郡議、同郡農会長、八幡浜商工会議所会頭、八幡浜市長、愛媛県商工経済会会頭などを経て、大正13年衆議院議員に愛媛3区より初当選。以後2期連続して務める。政友会に所属。昭和14～22年多額納税の貴族院議員。また西南銀行、第29銀行、予州銀行各頭取等を歴任。また佐々木愛郷会を設立し、私立実践農業学校の経営、及び育英事業に尽力した。

佐々木 積　ささき・つもる
俳優

明治18年（1885年）3月3日～昭和20年（1945年）1月2日
生長野県　名本名＝佐々木百千万億　学早稲田大学露文科卒
歴文芸協会第一期生となり卒業公演「ハムレット」に出演。協会解散後の大正2年舞台協会を創設。5年ハルビンに渡り陸軍軍属として露語通訳となる。10年舞台協会が再興されて帰国する。13年同志座を結成。のち東亜キネマ、日活で活躍した。家二女＝夏川静枝（女優）、長男＝夏川大二郎（俳優）

佐々木 到一　ささき・とういち

陸軍中将
明治19年（1886年）1月27日～昭和30年（1955年）5月30日
生愛媛県松山市　学陸士（第18期）〔明治38年〕卒、陸大卒　歴大正7年青島守備軍司令部付、8年シベリア派遣軍司令部付、10年参謀本部員となり支那班に配属。広東駐在武官、北京公使館付武官補佐官、参謀本部付南京駐在員などを歴任。昭和4年歩兵第46連隊、5年歩兵第18連隊長、7年上海派遣軍参謀。満州国建国後、満州国軍政最高顧問、12年少将、旅団長として南京攻略戦に参加、13年中将、第3独立混成旅団長、北支憲兵司令官、14年第10師団長、16年予備役。大連で満州国協和会理事。20年7月現地召集、第149師団長として敗戦。ソ連軍戦犯として撫順に抑留中死去。中国通として知られ「支那陸軍改造論」「南方革命勢力の実相と其批判」「武漢乎南京乎」などがある。

佐左木 俊郎　ささき・としろう

小説家
明治33年（1900年）4月14日～昭和8年（1933年）3月13日
生宮城県玉造郡一栗村　学小学校卒　歴軽便鉄道の缶焚き、小学校代用教員などをしたのち18歳で上京、裁判所雇員などの職を転々。大正13年「首を失つた蜻蛉」が「文章倶楽部」に懸賞当選する。この頃から加藤武雄に近づき新潮社社員となって「文章倶楽部」「文学時代」の編集をする。その一方で農民文芸会に参加し、また「文芸戦線」にも参加。プロレタリア文学でも活躍するが、昭和4年十三人倶楽部に、5年新興芸術倶楽部に参加する。主な作品に「熊の出る開墾地」「黒い地帯」「都会地図の膨張」などがある。

佐々木 直吉　ささき・なおきち

海軍特務少尉 真珠湾攻撃の "九軍神"
大正2年（1913年）5月20日～昭和16年（1941年）12月8日
生島根県那賀郡国府村（浜田市）　学海軍潜水学校卒、海軍水雷学校高等科卒　歴昭和7年呉海兵団に入団。海軍水雷学校高等科を優秀な成績で終えた後、真珠湾攻撃に参加する特別攻撃隊隊員に指名される。16年12月8日未明の真珠湾攻撃の際、岩佐直治海軍大尉と二人乗りの特殊潜航艇「甲標的」に乗り込み、戦死。同時に戦死した7人と "九軍神" とされ、戦意高揚のため喧伝された。

佐々木 直次郎　ささき・なおじろう

翻訳家
明治34年（1901年）3月27日～昭和18年（1943年）5月24日
生石川県金沢　学東京帝国大学英文科〔大正14年〕卒　歴昭和6年9月から7年1月にかけて刊行した「エドガア・アラン・ポオ小説全集」は、ポーの本格的翻訳として注目された。他にスティーブンソン「宝島」「ジキル博士とハイド氏」、ディケンズ「二都物語」、ワイルドなどの翻訳がある。

佐佐木 信綱　ささき・のぶつな

歌人 国文学者
明治5年（1872年）6月3日～昭和38年（1963年）12月2日
生安濃津郡鈴鹿郡石薬師村（三重県鈴鹿市石薬師町）　名旧姓・旧名＝佐々木、号＝岳柏園　学帝国大学文科大学古典科〔明治21年〕卒　賞帝国学士院会員〔昭和9年〕、帝国芸術院会員〔昭

和12年〕　歴明治16年11歳で「文章作例集」を刊行。23年18歳から父・弘綱と共著で「日本歌学全書」（全12巻）の刊行に従事。24年弘綱没後、竹柏会を主宰し、31年「心の花」を創刊、和歌革新運動をおこす。36年第1歌集「思草」を刊行、以後、歌人、万葉学者、国文学者として幅広く活躍。昭和12年第1回の文化勲章を受章。歌人としては歌集「思草」「新月」「常磐木」「天地人」「山と水と」などを刊行、万葉学者としては「新訓万葉集」「評釈万葉集」などのほか「校本万葉集」（全25巻）を武田祐吉らと完成させた。歌学史研究としても「歌学論叢」「日本歌学史」「和歌史の研究」「近世和歌史」などを刊行。「佐佐木信綱全集」（全16巻）がある。また唱歌「夏は来ぬ」の作詞も担当した。昭和45年亀山市へ移築されていた生家が元の鈴鹿市石薬師町に再移築され、佐佐木信綱記念館が開館、61年資料館も併設される。　家父＝佐々木弘綱（国学者）、三男＝佐佐木治綱（歌人）、孫＝佐佐木幸綱（歌人）、女婿＝朝永研一郎（機械工学者）　勲文化勲章（第1回）〔昭和12年〕　賞帝国学士院恩賜賞〔大正6年〕、文化功労者〔昭和26年〕、朝日文化賞〔昭和5年度〕〔昭和6年〕

ささき・ふさ

小説家
明治30年（1897年）12月6日～昭和24年（1949年）10月4日
生東京都　名本名＝佐佐木房子、旧姓・旧名＝大橋　学青山学院英文科〔大正8年〕卒　歴大正元年受洗。8年聖書を児童向けに書き下ろした「イスラエル物語」を処女出版。次いで「葡萄の花」「断髪」を大橋房の名で出版。12年第9回万国婦人参政権大会出席のため渡欧、14年芥川龍之介の媒酌で佐佐木茂索と結婚。15年「ある対位」、昭和3年「女人芸術」に参加、「遠近」「ある日の出来事」「思ひ合はす」などを発表、5年には短編集「豹の部屋」を刊行。16年満州、北支旅行、18年伊東市へ疎開。戦後「おばあさん」「ゆがんだ格子」など。没後「ささきふさ作品集」が出された。　家夫＝佐々木茂索（小説家）、兄＝長岡隆一郎（貴族院議員・警視総監）

佐々木 平次郎　ささき・へいじろう

実業家 衆議院議員
明治6年（1873年）4月22日～昭和10年（1935年）4月21日
回秋田県由利郡金浦町（にかほ市）　歴北海道函館で漁業を経営。樺太定置漁業水産組合長、露領水産組合評議員を務め、北日本汽船、北海鉄道各重役、樺太漁業、佐々木倉庫、壽都鉄道各社長。早くから政友会に属し、大正6年北海道3区から衆議院議員に当選以来連続6選。議員代表としてウラジオ派遣軍慰問、日露漁業交渉のためウラジオに数回渡る。また漁業条約改訂顧問としてモスクワにも出張。

佐々木 味津三　ささき・みつぞう

小説家
明治29年（1896年）3月18日～昭和9年（1934年）2月6日
生愛知県北設楽郡下津具村　名本名＝佐々木光三　学明治大学政経科〔大正7年〕卒　歴大学時代「大観」の記者となり、「葦毛の馬」「馬を殴り殺した少年」などを発表し、文壇から注目される。その後「地主の長男」「呪はしき生存」などを発表し、大正12年「文芸春秋」同人となり、13年「文芸時代」同人となるが、生活のため大衆文学に転じ、昭和3年「右門捕物帖」を、4年「旗本退屈男」を連載して好評を得る。以後多くの大衆小説を発表し、代表作に「風雲天満双紙」などがある。

佐佐木 茂索　ささき・もさく

小説家 文芸春秋新社社長
明治27年（1894年）11月11日～昭和41年（1966年）12月1日
生京都府京都市上京区下立売千本西入稲葉町　学京都一中中退　歴生家は京都で種油製造業を営んだが倒産、高等小学校を卒業すると朝鮮の仁川へ渡り、英国系銀行に勤めた。大正7

年金子薫園の世話で新潮社に入社したが、8年中央美術社に移り「中央美術」編集主幹。9年時事新報社に入り、文芸部主任として14年まで勤める。この間、8年芥川龍之介の紹介で「新小説」に処女作「おぢいさんとおばあさんの話」を発表し小説家としてデビュー。以後「ある死、次の死」「選挙立合人」「曉日」などを発表して新進作家としての地位を固め、13年第一小説集「春の外套」を刊行した。14年女流作家の大橋房子(ささきふさ)と結婚。昭和4年文芸春秋社に入社し総編集長に就任、7年専務。10年芥川賞・直木賞を制定して両賞の銓衡委員となった。太平洋戦争末期に副社長を最後に身を退いたが、21年創業者の菊池寛が文芸春秋社の解散を決めると、それに反対する池島信平らの要請を受け文芸春秋新社を設立して社長に就任。22年公職追放に遭い辞任するも、23年追放解除により社長に復帰した。文士出身ながら経営に才能を発揮、菊池の道楽から出発した文芸春秋社が大手出版社へと脱皮する基礎を固めた。著書に「夢ほどの話」「天の魚」「南京の皿」「困った人達」がある。 家 妻=ささきふさ(小説家),義兄=長岡隆一郎(貴族院議員・警視総監)

佐々木 八十八　ささき・やそはち
実業家 レナウン創業者 貴族院議員(多額納税)
明治7年(1874年)5月2日〜昭和32年(1957年)9月19日
生 京都府京都市下京区　学 浪速英和学校　歴 べっこう商・和泉屋に生まれ、誕生日が八十八夜であったことから"八十八"と名付けられる。明治23年より舶来雑貨輸入商の大由商店で働く傍ら、夜学の浪速英和学校に学んだ。35年大阪・船場に舶来雑貨を扱う佐々木営業部を創業。大正12年英国皇太子のお召し艦として来日した英国巡洋艦レナウンより自社ブランドを「レナウン」と命名。同年の関東大震災を契機に急速に売り上げを伸ばし、15年東京・目黒にレナウン・メリヤス工業を設立。昭和6年株式会社東京佐々木営業部を設立。13年大阪と東京の佐々木営業部を合併して株式会社佐々木営業部に改組。メリヤス業界の最大手となったが、18年佐々木営業部を佐々木実業に、19年レナウン・メリヤス工業は東京編織に社名を改め、同年佐々木実業は江商(現・兼松)に吸収合併された。また、6年多額納税の貴族院議員となり、22年まで務めた。同年佐々木営業部は支配人であった尾上清により復活、30年レナウン商事、42年レナウンに社名変更。東証第一部上場のアパレルメーカーとして再建した。 家 三女=坂野惇子(ファミリア創業者),女婿=坂野通夫(ファミリア社長)

佐佐木 行忠　ささき・ゆきただ
神道家 侯爵 貴族院副議長
明治26年(1893年)7月26日〜昭和50年(1975年)8月10日
生 東京都　学 京都帝国大学〔大正6年〕卒　歴 明治43年侯爵。昭和11年皇典講究所所長、12年貴族院副議長、19年再任。この間国史編修院総裁、紀元二千六百年奉祝会副会長を務めた。戦後東京大神宮宮司、26年伊勢神宮大宮司となり、34年神社本庁第3代統理として神社本庁を指導。一方21年国学院大学長となり、34〜45年再任された。 家 祖父=佐佐木高行(侯爵)

佐々木 綾華　ささき・りょうか
俳人 僧侶(真宗大谷派)
明治30年(1897年)3月18日〜昭和47年(1972年)11月21日
生 東京都　名 本名=佐々木寛英　学 東洋大学卒　歴 内藤鳴雪・大谷句仏・水原秋桜子の指導を受ける。大正11年4月「破魔弓」を創刊、昭和3年7月「馬酔木」と改題後、9年6月まで発行責任者。馬酔木第1期同人。晩年は俳句より遠ざかり、句集はない。

佐々木 林風　ささき・りんぷう
日本画家 挿絵画家
明治17年(1884年)〜昭和8年(1933年)5月28日

生 新潟県新発田市　名 本名=佐々木璋松　学 東京美術学校日本画科〔明治40年〕卒　歴 寺崎広業に師事し、明治末期より帝国美術院展に出品。大正9年帝展に初入選、以後入選を重ねた。傍ら「日本少年」などに口絵や挿絵を描いた。

笹崎 僙　ささざき・たけし
プロボクサー
大正4年(1915年)3月25日〜平成8年(1996年)8月7日
生 北海道　歴 昭和9年プロデビュー。26連勝を記録し、"槍の笹崎"の異名をとった。18年引退し、審判員となるが、のちカムバックし、22年日本ライト級チャンピオン。24年引退。72勝(26KO)28敗14分。この間、22年に笹崎ジムを設立、ファイティング原田らを育てた。

佐々野 利彦　ささの・としひこ
体操選手
明治45年(1912年)〜昭和50年(1975年)7月12日
生 長崎県　学 日本体育大学卒　歴 昭和7年ロサンゼルス五輪に体操選手として出場。日本放送協会(NHK)運動部に勤務ののちも、世界体操選手権大会団長、ヘルシンキ・メキシコ両オリンピック体操監督、日本体操協会副会長などを務めた。

笹村 吉郎　ささむら・きちろう
実業家 新潟鉄工所社長
慶応3年(1867年)4月11日〜昭和35年(1960年)7月24日
生 長門国萩(山口県)　学 山口師範学校卒、東京高等工業学校機械科〔明治25年〕卒　歴 船木小学校校長を経て、明治21年上京、高等工業学校を卒業後、島根県銅ヶ丸鉱山に勤め、30年新潟鉄工所入社、技師長となり、43年同社が日本石油から独立、株式会社新潟鉄工所となって同社専務、昭和4年社長。この間大型ディーゼル機関の初の国産化に成功した。15年会長、19年会長を辞し取締役、24年相談役となった。 勲 緑綬褒章〔昭和19年〕

笹本 寅　ささもと・とら
小説家 ジャーナリスト
明治35年(1902年)5月25日〜昭和51年(1976年)11月20日
生 佐賀県唐津市　学 東洋大学中退　歴 大正14年春秋社に入社し、中里介山の「大菩薩峠」刊行にたずさわる。昭和6年時事新報社に入社し、8年「文壇郷土史(プロ文学篇)」を刊行。9年退社し、以後執筆生活に入る。13年海音寺潮五郎ら約20名の大衆作家とともに「二十七日会」(のち東京作家クラブ)を結成。14年同人誌「文学建設」創刊に参加。他の著書に「文壇手帖」「中里介山伝」などがある。 賞 野間文芸奨励賞(第1回)〔昭和16年〕「会津士魂」

笹森 順造　ささもり・じゅんぞう
教育家 青山学院院長
明治19年(1886年)5月18日〜昭和51年(1976年)2月13日
生 青森県弘前市若党町　学 早稲田大学政経学科〔明治40年〕卒、デンバー大学大学院修了 哲学博士(デンバー大)　歴 14歳でキリスト教の洗礼を受ける。早大卒業後の明治45年渡米、デンバー大学で学位を得た。「デンバー新報」主筆、米国南加中央日本人会書記長などを務め、帰国。大正11年から約18年間弘前市の東奥義塾長、昭和14年青山学院長、その後、東京女子大学理事、東京神学大学理事などを歴任。戦後政界に転じ、衆議院議員4期、参議院議員3期などを務めた。

指田 静　さしだ・しず
救世軍士官学校校長
明治15年(1882年)9月26日〜昭和59年(1984年)
生 群馬県前橋市　学 フェリス和英女学校本科〔明治37年〕・聖書科〔明治39年〕卒　歴 明治32年フェリス和英女学校の賃貸

さた　　　　　　　　　　　　　　昭和人物事典 戦前期

生となり、33年横浜海岸教会で受洗。フェリス和英女学校の本科、聖書科を終えた後は母校で教職に就く。やがて、廃娼運動に取り組んでいたキリスト教団体・救世軍に入り、41年英国に留学してロンドンの救世軍万国士官学校に入校。42年帰国。44年救世軍機関紙「ときのこゑ」編集長を務めていた指田和郎と結婚。同年東京婦人ホーム主任となったが、過労のため2年で職を離れ、夫の仕事を手伝った。大正12年関東大震災では夫を亡くすも、2児を姑に託し、自身は被災者救援に尽力。その後、救世軍士官学校教頭となり、昭和6年女性初の同校長に就任した。14年から10年間、フェリスの法人理事も務めた。

佐多 愛彦　さた・あいひこ
病理学者 大阪医科大学長
明治4年（1871年）9月17日～昭和25年（1950年）3月4日
⬜生鹿児島県 ⬜学鹿児島医学校〔明治21年〕卒、東京帝国大学医科大学選科卒 医学博士〔明治33年〕 ⬜歴外科学、病理学を学び、明治27年府立大阪医学校教諭となり、30年ドイツに留学、病理学、細菌学を修めた。33年大阪府立医学校長兼病院長となり、同校の昇格で大阪高等医学校長、次いで大阪医科大学学長となった。大正13年辞任。昭和5年第8回日本医学会会頭、ドイツのハレ自然科学帝国学士院会員、フライブルク大学名誉評議員、日独文化協会会長。

佐多 稲子　さた・いねこ
⇒窪川 稲子（くぼかわ・いねこ）を見よ

佐田 徳平　さだ・とくへい
水泳選手
明治40年（1907年）～昭和8年（1933年）12月17日
⬜学明治大学商科〔昭和7年〕卒 ⬜歴豊国中学より明治大学商科に進み、同大水泳部の主将となり、昭和3年アムステルダム五輪の800メートルリレーで日本チームの第3泳者として出場、2位となった。また先の大正15年、日米対抗水上競技大会で800メートルリレーの日本チームに高石勝男らと出場、世界記録を出した。これにより日本初の世界記録保持者の一員となったこともあり、日本の短距離水泳界に大きな足跡を記した。昭和7年同大を卒業後、阪神急行電鉄に勤めた。

佐竹 永陵　さたけ・えいりょう
日本画家
明治5年（1872年）5月5日～昭和12年（1937年）1月8日
⬜生東京浅草（東京都台東区） ⬜名本名＝佐竹銀十郎、旧姓・旧名＝黒田 ⬜歴祖父正木龍塘に書を学び、明治20年佐竹永湖に師事、谷文晁より佐竹永海、永湖と続く南北合派を学ぶ。のち32年師家を継ぎ佐竹姓となる。27年明治天皇の日本美術協会行幸の際、席上揮毫を行う画家7名に選ばれ、同年日本美術協会で銅賞を受賞。31年日本画会の結成に参加、評議員となり、39年松林桂月らと日本南宗画会を結成。40年文展開設に際して正派同志会の結成に参加し、評議員となる。文展では大正元年「夏景山水・冬景山水」が3等賞、2年「青緑山水」が褒状、4年「水墨山水」が再び3等賞を受賞。晩年は文展、帝展には出品せず、日本美術協会に出品、受賞を重ねると共に宮内省買上げとなり、同協会委員を務めた。また文晁の画風を研究し、その鑑定も行った。

佐竹 三吾　さたけ・さんご
貴族院議員（勅選）
明治13年（1880年）3月5日～昭和51年（1976年）5月24日
⬜生岐阜県 ⬜名旧姓・旧名＝佐藤 ⬜学東京帝国大学法科大学独法科〔明治38年〕卒 法学博士〔大正8年〕 ⬜歴農商務属、法制局参事官、南満州鉄道（満鉄）理事、鉄道院参事、鉄道省監督局長、大阪市電気鉄道部長、同電気局長、大正13年清浦奎

吾内閣の法制局長官。同年から昭和7年まで勅選貴族院議員。15年若槻礼次郎内閣の鉄道政務次官、昭和鉄道学校長、中央大学教授、拓殖大学講師を務めた後、大阪鉄道会社、南和電気鉄道会社、大鉄百貨店、大鉄映画劇場、阪急バス、琵琶湖観光各社長を歴任した。

佐竹 庄七　さたけ・しょうしち
衆議院議員
明治13年（1880年）3月～昭和21年（1946年）1月4日
⬜生大阪府 ⬜学大阪府師範学校〔明治34年〕卒 ⬜歴小学校訓導兼校長、大阪市北区済美連合区会議員、市衛生組合長同学務委員を務め、大正9年に大阪5区から衆議院議員に初当選、以来4期。民政党に所属した。また東邦護謨社長、浪速窯業重役、大阪産業無尽社長にもなる。またロンドンで行われた第26回列国議会同盟会議にも参列した。

佐竹 直太郎　さたけ・なおたろう
衆議院議員
明治4年（1871年）4月25日～昭和21年（1946年）12月27日
⬜生美濃国（岐阜県） ⬜名旧姓・旧名＝中島 ⬜学岐阜中〔明治24年〕卒 ⬜歴農業を営む。傍ら、高田町議、養老郡議を経て、明治40年岐阜県議となり、大正12年議長を務める。昭和3年から衆議院議員（政友会）に当選2回。牧田川下流改修促進会を作り大工事を完成させた。高田町助役、郡農会議員、地方森林会議員、土地収用審査委員なども務め、また真利銀行、西濃貯蓄銀行、養老遊園の各取締役を歴任した。

佐谷 有吉　さたに・ゆうきち
泌尿器科学者 皮膚科学者 大阪医科大学教授
明治17年（1884年）8月6日～昭和32年（1957年）9月23日
⬜生京都府 ⬜学東京帝国大学医科大学〔明治44年〕卒 医学博士（東京帝国大学）〔大正11年〕 ⬜歴大正3年京都府立医学専門学校教授、15年大阪医科大学教授、昭和12年附属病院長、15年医学部長、16年附属医学専門部長、21年定年退官。退官後、21～32年国立大阪病院長を務めた。この間、昭和7年欧米出張、9年微生物病研究所員兼務。15年雑誌「レプラ」を創刊し、大阪大学にハンセン病の研究を目的とした特殊皮膚病研究所を設立した。また泌尿生殖器結核、膀胱腫瘍の研究も進めた。著書に「新纂淋疾診断及治療法」などがある。

五月 信子　さつき・のぶこ
女優
明治27年（1894年）2月13日～昭和34年（1959年）7月21日
⬜生埼玉県北足立郡浦和町（さいたま市） ⬜名本名＝御手洗忍、旧姓・旧名＝前川しのぶ ⬜学浦和高等女学校卒 ⬜歴大正4年新日本劇東京座公演で初舞台。5年佐藤紅緑の日本座に参加。7年松竹合名社で新派女優幹部。国際新劇団等を経て、10年松竹蒲田入社。帰山教正監督「愛の骸」で映画デビュー。以後栗島すみ子、川田芳子らと共演、初期蒲田3大人気女優として諸口十九、勝見庸太郎とのコンビで活躍。12年大震災で京都下加茂に移り、13年蒲田に帰り「嬰児殺し」で主演。同年11月帝キネ転社。分離後東邦映画に入り、解散後14年7月夫の高橋義信と近代座を結成、舞台活動に専念。昭和3年マキノプロ御室と提携、マキノ正博「毒草」「鬼神」に主演、毒婦役第一人者となった。5年以後地方を巡業、高橋と離婚後9年五月信子一座を結成、19年近代座と改称、空襲で解散、引退。戦後カトリック入信、マリア御手洗の洗礼名で活躍した。

佐々 紅華　さっさ・こうか
作曲家
明治19年（1886年）7月15日～昭和36年（1961年）1月18日
⬜生東京都 ⬜名本名＝佐々一郎 ⬜学蔵前高等工業学校図案科〔明治40年〕卒 ⬜歴少年時代から音楽を好み、東京音楽学校に合

格するが、父に諭されて蔵前高等工業学校図案科に入学。明治43年日本蓄音器商会に入社。やがて児童向け創作オペラのレコード制作を志すようになり、大正2年退社して東京蓄音器の文芸部長に転じる。6年浅草公園にオペラの常打ち劇場として日本館ができると東京歌劇座を結成して浅草に進出、旗揚げ公演では自作のオペラ「カフェーの夜」を初演して評判を呼び、大正時代に一世を風靡した浅草オペラの草分け的存在となった。昭和初期に入ってからはレコード業界に転じ、流行歌の作曲家としてビクターに入社。自身が作曲し、時雨音羽が作詞した「君恋し」は大ヒットし、この歌を題材にした映画が日活、マキノ、松竹で競作された。以降も時雨とのコンビで「祇園小唄」「浪花小唄」などのヒット曲を量産。昭和5年日本コロムビアに移籍してからは流行歌への情熱も冷め、代わりに邦楽・洋楽の合奏による管弦楽曲を試みたほか、舞踊曲、舞踊小唄、新民謡などの作曲を進めた。8年埼玉県寄居に和風庭園を備えた3000平方メートル余りの自宅・枕流荘京亭を設計し、病で倒れるまで住んだ。他の作品に「お吉ざんげ」「うかれ猩」「雨やどり」「千鳥問答」「端午酒客」「桃の酒」「大阪音頭」などがある。

佐々 弘雄　さっさ・ひろお
法学者 政治評論家 九州帝国大学教授 熊本日日新聞社長
明治30年（1897年）1月23日〜昭和23年（1948年）10月9日
生熊本県熊本市　学東京帝国大学法学部政治学科〔大正9年〕卒　歴東京帝国大学助手、外務省嘱託を経て、九州帝国大学教授に就任するが、昭和3年九大事件で大学を追われる。その後、9年東京朝日新聞論説委員、のち同論説主幹、熊本日日新聞社長を歴任。11〜15年昭和研究会のメンバーとなり、新体制運動の理論家として活動。戦後、22年第1回参議院議員選挙（全国区）に立候補して当選。政治評論家としても知られ、著書に「日本ファッシズムの発展過程」「人物春秋」などがある。
家父＝佐々友房（衆議院議員）、息子＝佐々淳行（評論家・防衛施設庁長官）、娘＝紀平悌子（参議院議員）

佐々 三雄　さっさ・みつお
小説家
明治43年（1910年）3月7日〜昭和22年（1947年）2月24日
生愛知県名古屋市東区千種町　学早稲田大学露文科〔昭和10年〕卒　歴在学中「早稲田文科」同人として「峰」「憂碑」を、「早稲田文学」に「孤独の計」「献身」などを発表。昭和13年5編の連作私小説を「献身」に収録出版。平野謙、浅見淵、寺岡峰夫らが高く評価、その早世を惜しんだ。他に「昔の人に」「幼年の街」など。

薩摩 治郎八　さつま・じろはち
パリ日本館建設者
明治34年（1901年）4月13日〜昭和51年（1976年）2月22日
生東京市神田区駿河台（東京都千代田区）　名通称＝バロン薩摩　学オックスフォード大学　歴祖父は極貧から身を興し綿糸と外国貿易で巨富を築いた近江商人の薩摩治兵衛。大正7年英国のオックスフォード大学留学。9年パリに移り藤田嗣治、ラベル、ミロらと交際、藤原義江や原智恵子らのデビューを援助、湯水の如く金を使ったことからパリ社交界で"バロン薩摩"と呼ばれた。15年にレジオン・ド・ヌール勲章受章。昭和3年伯爵令嬢山田千代子と結婚、千代子を純銀の車に乗せ、カンヌの自動車エレガントコンクールで優勝。4年私財2億円を投じパリ大学都市に日本人留学生のための日本館を建設した。第二次大戦前、王子たちの招待でカンボジア、ラオス、ベトナムに出張。大戦中マルローら旧知の文化人をナチスドイツの手から守ったりしたが、26年無一文となって帰国。浅草に住み浅草座の踊子薩摩利子と結婚、随筆などを執筆。34年夫人の故郷徳島に阿波踊を見に出かけた折に脳卒中で倒れ、以来亡くなるまで徳島に住み、利子はミシンを踏んで薩摩を

養った。著書に半生記「せ・し・ぼん」の他、「巴里・女・戦争」「なんじゃもんじゃ」「ぶどう酒物語」などがある。　家祖父＝薩摩治兵衛（商人）　勲レジオン・ド・ヌール勲章〔大正15年〕

里 正義　さと・まさよし
畜産学者 北海道帝国大学教授
明治15年（1882年）7月14日〜昭和36年（1961年）1月28日
生三重県　専畜産製造学　学東北帝国大学農科大学〔明治42年〕卒 農学博士〔大正11年〕　歴東北帝国大学農科大学助手、助教授を経て、大正10年北海道帝国大学教授。昭和20年退官、名誉教授。また広島大学、山口大学各講師、下関大学海洋研究所長、国際酪農連盟常任委員なども務めた。牛乳の成分、加工、乳学の確立に尽くした。著書に「乳学」「乳業宝典」などがある。

佐藤 彰　さとう・あきら
小児科学者 東北帝国大学教授
明治19年（1886年）6月29日〜昭和40年（1965年）11月2日
生宮城県仙台市　専血液学　学宮城一中〔明治38年〕卒, 二高卒, 東京帝国大学医科大学〔大正2年〕卒 医学博士（東北帝国大学）〔大正8年〕　歴東京帝国大学小児科学教室、医化学教室に入り、大正5年米国ジョンズ・ホプキンズ大学へ留学。7年帰国して東北帝国大学の初代小児科教授に就任。昭和21年医学部長、23年定年退官。血液学の権威で、"佐藤・関谷反応"といわれるペルオキシダーゼ反応染色法は世界的に有名。臨床小児血液学を発展させ、また拡大聴診器（マグノスコープ）を発明した。著書に「具体的小児科学」がある。　家岳父＝榊俶（精神医学者）

佐藤 井岐雄　さとう・いきお
動物学者 広島文理科大学教授
明治35年（1902年）11月22日〜昭和20年（1945年）8月11日
生岐阜県郡上郡奥明方村（郡上市）　専両生爬虫類学　学郡山中〔大正9年〕卒, 広島高等師範学校理科三部〔大正15年〕卒, 広島文理科大学生物学科〔昭和7年〕卒 理学博士〔昭和16年〕　歴陸軍軍人の長男で、母の生地・福井と父の生地・岐阜から一文字ずつ取り"井岐雄"と名付けられた。大正15年長野中学教諭を経て、昭和4年広島文理科大学生物学科に入学、7年卒業して同助手となり、12年講師、18年助教授。教授昇任の2日前であった20年8月6日、爆心地から1キロ以内の十日市電停で被爆、全身に火傷を負い、11日に亡くなった。サンショウウオの系統と染色体の研究に大きな業績を残し、18年「日本産有尾類総説」を出版。サソリの精子形成における細胞内有形物質なども研究した。　家弟＝佐藤和韓鵄（植物生態学者）

佐藤 一英　さとう・いちえい
詩人
明治32年（1899年）10月13日〜昭和54年（1979年）8月24日
生愛知県中島郡萩原町（一宮市）　学早稲田大学英文科予科〔大正8年〕中退　歴ポーや三富朽葉に傾倒して詩を志す。大正11年「楽園」同人。また春山行夫らと名古屋で「青騎士」を創刊、詩集「晴天」「故園の森」を刊行。昭和3年上京し、雑誌に詩論を発表。7年「新詩論」を創刊。9年以降日本詩の韻律を研究、10年「聯」という五七調の定型詩を創作、「新韻律詩抄」を発行、13年聯詩社を設立。この頃から内容の上でも古典志向が見られ、古事記に取材した「大和し美し」や祖神崇拝をうたった「魂の楯」を発表。戦時中には戦争詩集「剣とともに」「みいくさの日」がある。25年「樫の葉」創刊、34年中部日本詩人連盟委員長、43年「韻律」主宰。ほかに詩集「終戦の歌—ヒロシマの瓦」「カシヲフの笑ひ」、訳詩「ポオ全詩集」など。一方、無名時代の宮沢賢治の才能を見い出し、長編童話を書くことを勧め、自ら編集・発行していた雑誌「児

さとう　　　　　　　　　　　　　　　　　　　昭和人物事典 戦前期

童文学」に「グスコーブドリの伝記」などを掲載したことでも知られる。生誕100年の平成11年肖像画が郵政省のふるさと切手に使用される。　賞詩人懇話会賞〔昭和14年〕

佐藤 市郎　　さとう・いちろう
海軍中将
明治22年（1889年）8月28日～昭和33年（1958年）4月12日
生山口県　学海兵（第36期）〔明治41年〕卒、海大〔大正9年〕卒　歴政治家・岸信介、佐藤栄作らの長兄で、3兄弟の中でも1番、海兵でも始まって以来の秀才といわれた。国際連盟海軍代表などを経て、海軍省教育局第一課長、呉鎮守府参謀長、海大教頭などを歴任。昭和13年中将、旅順要港司令部司令官の後、15年4月予備役。18年5月「海軍五十年史」を出版した。　家弟＝岸信介（首相）、佐藤栄作（首相）

佐藤 丑次郎　　さとう・うしじろう
憲法学者 東北帝国大学名誉教授
明治10年（1877年）5月28日～昭和15年（1940年）3月16日
生山形県鶴岡市　学京都帝国大学法科大学政治科〔明治36年〕卒 法学博士〔大正10年〕　歴京都帝国大学講師、助教授を経て、明治41年英国、ドイツ、フランスに留学。45年帰国して京都帝大教授。大正11年東北帝国大学に創設の法文学部初代学部長となった。昭和14年退官、同大名誉教授となり、仙台高等実務学校長を務めた。著書に「帝国憲法講義」「政治学」があり、学説は佐藤憲法といわれ、美濃部学説のあとをうけて一時主流をなした。　家息子＝佐藤明（東北大学教授）、佐藤功（上智大学名誉教授）

佐藤 運雄　　さとう・かずお
歯科学者 日本大学学長・理事長
明治12年（1879年）11月18日～昭和39年（1964年）1月1日
生東京府本所（東京都墨田区）　学東京歯科医学院〔明治31年〕修了、レーキフォーレスト大学（米国）歯学部〔明治34年〕卒、シカゴ大学医学部ラッシュ医科大学〔明治36年〕卒 医学博士〔昭和3年〕　歴明治36～41年東京歯科医学院講師、38～41年東京帝国大学講師、41年～大正元年南満州鉄道（満鉄）大連病院医長兼南満医学堂教授。4年文部省医術開業試験委員、5年東洋歯科医学院設立に参画、11年日本大学専門部歯学部歯科長。昭和8年日大理事、18年学長、20年理事長、22年名誉教授。日本歯科医師会会長、医道審議会委員、歯学部顧問を務め、32年国際歯科学士院会員、33年日大歯学部名誉顧問。

佐藤 亀八郎　　さとう・かめはちろう
実業家 宮城県農工銀行頭取 貴族院議員（多額納税）
明治4年（1871年）10月～昭和11年（1936年）7月15日
生宮城県名取郡中田村　学宮城県立農学校〔明治22年〕卒, 和仏法律学校（現・法政大学）卒　歴明治36年宮城県議となる。実業界方面では、大正14年宮城県農工銀行頭取に就任、数社の重役を兼ねる。昭和5年宮城県販売購買組合理事長となった。また宮城県会会長、宮城県産米改良協会会頭、帝国農会議員、仙台商工会議所議員など、幾多の公職・名誉職を務める。7年から没するまで多額納税者として貴族院議員に互選された。

佐藤 寛次　　さとう・かんじ
農政学者 東京農業大学学長
明治12年（1879年）1月26日～昭和42年（1967年）5月31日
生山形県米沢　学東京帝国大学農科大学農学科〔明治37年〕卒 農学博士〔大正8年〕　歴明治40年東京帝国大学助教授、大正11年教授、昭和12年農学部長、14年退官、名誉教授。同年東京農業大学学長となった。退任後同大名誉教授。この間農学会長、日本農業経済学会長、日本学術会議会員、大日本農会理事長、日本農学会長などを歴任した。著書に「農業評価学の一部」「産業組合講話」「信用組合論」など。

佐藤 観次郎　　さとう・かんじろう
ジャーナリスト 「中央公論」編集長
明治34年（1901年）8月19日～昭和45年（1970年）3月3日
生愛知県海部郡蟹江町　学早稲田大学政経学部経済学科〔昭和3年〕卒　歴昭和3年大学卒業後、ドイツ語翻訳や軍隊生活を経て、5年中央公論社に入社。9年「中央公論」編集長・幹事に就任、13年の石川達三「生きてゐる兵隊」事件では一時休職を命ぜられた。18年退社後は中京新聞取締役編集総務などを経て、政界に転じ、戦後の22年愛知県3区から衆議院議員に当選。以来通算8期。日本社会党に属した。　家長男＝佐藤観樹（衆議院議員）

佐藤 杏雨　　さとう・きょうう
俳人
明治9年（1876年）～昭和37年（1962年）6月26日
出京都府　名本名＝佐藤総吉　学京都府立医学校（現・京都府立医科大学）卒　歴軍医などを務めたのち、京都・福知山に病院を設立する。一方、俳人として石井露月に師事。福知山に俳星会を結成。昭和4年「芝蘭」、9年「芳草」、23年「余花」などの句誌を創刊・主宰した。著書に「昭和菜根譚」、句集に「杏雨句集」がある。

佐藤 清　　さとう・きよし
病理学者 東京女子医学専門学校教授
明治16年（1883年）10月3日～昭和43年（1968年）9月1日
生北海道札幌市　学千葉医学専門学校〔明治40年〕卒 医学博士（東京帝国大学）〔大正10年〕　歴明治41年陸軍三等軍医を経て、42年東京帝国大学病理学教室に入り長与又郎教授に師事。44年軍医学校教官、大正3年二等軍医、6年日本赤十字病院病理部長、13年熊本医科大学教授、15年東京女子医学専門学校教授となり、昭和2年文部省在外研究員としてドイツ・ベルリンに留学、フィッシャー教授に組織培養を学んだ。20年退職、恙虫病病原体の培養の研究、血液学の分野で業績を残した。著書に「実験血液病学」「図説血液学の臨床」などがある。　賞ウィルヒョウ賞（第9回）〔昭和6年〕

佐藤 清　　さとう・きよし
詩人 英文学者 京城帝国大学教授
明治18年（1885年）1月11日～昭和35年（1960年）8月15日
生宮城県仙台市　名号＝澱橋　学東京帝国大学英文科〔明治43年〕卒　歴早くから「文庫」などに詩を投稿し、明治38年刊行の詞華集「青海波」にその一部がおさめられる。のち「詩声」を主宰。大正3年「西灘より」を刊行。以後「愛と音楽」「海の詩集」「雲に鳥」などの人道主義的なおだやかな詩風の詩集がある。英文学者として関西学院、東京女子高等師範学校各教授を経て、大正15年から昭和20年まで京城帝国大学教授、24年青山学院大教授を歴任した。「佐藤清全集」（全3巻）がある。

佐藤 義亮　　さとう・ぎりょう
出版人 新潮社創業者
明治11年（1878年）2月18日～昭和26年（1951年）8月18日
生秋田県仙北郡角館町（仙北市）　名幼名＝儀助、号＝橘香, 妖堂, 浩堂　学積善学舎〔明治28年〕中退　歴明治29年新声社を興して文芸誌「新声」を創刊。次いで田岡嶺雲「嶺雲揺曳」、小島烏水「扇頭小景」、河東碧梧桐「俳句評釈」、田山花袋「ふるさと」などを刊行して本格的に出版業に乗り出したが、採算を度外視して本を出しつづけた結果、経済的に行き詰まり、36年新声社を手放す。37年再起を期して新潮社を創立し、雑誌「新潮」を創刊。明治後期に勃興した自然主義文学の潮流を受けて「二十八人集」を刊行したり、帰朝後の永井荷風の作品を「新潮」に掲載したりするなど、常に文学界の新しい潮流を先見する独自の勘と作家に対する面倒見の良さで業績

を上げ、文芸出版社としての基礎を固めた。大正3年には「新潮文庫」を発足、5年「文章倶楽部」を、7年大衆雑誌「日の出」を創刊。8年には「名作選集」「世界文学全集」「日本文学大辞典」を刊行するなど多彩な出版活動を行った。また島田清次郎の書下し長編小説「地上」が空前のベストセラーとなった。"円本ブーム"が起こったのを受けて、昭和2年には1冊1円の「世界文学全集」(全38巻)の刊行を開始、佐藤自身が一字一句にわたって訳文を検討し、38巻2万ページの訳文に、5校、6校まで朱筆を入れるなど渾身の力を込めて取り組み、全巻通して58万部の予約を獲得するなど大きな成功を収めた。 [家] 長男＝佐藤義夫(新潮社社長)、二男＝佐藤俊夫(新潮社社長)、孫＝佐藤亮一(新潮社社長)

佐藤 堅司　さとう・けんじ
武道研究家　駒沢大学教授
明治22年(1889年)5月25日〜昭和39年(1964年)3月15日
[生]千葉県千葉郡睦村(八千代市) [専]兵法史、西洋文化史 [学]東京帝国大学文科大学史学科西洋史学専攻〔大正7年〕卒 文学博士(駒沢大学)〔昭和35年〕 [歴]大正8年〜昭和14年陸軍教授を経て、日本武学研究所を設立、所長。19年駒沢大学教授。著書に「日本武学史」「孫子の思想史的研究」「孫子の体系的研究」など。

佐藤 謙三　さとう・けんぞう
バイオリニスト　評論家
明治25年(1892年)6月15日〜昭和27年(1952年)7月1日
[生]東京都 [学]東京音楽学校卒、ベルリン大学卒 [歴]東京音楽学校を卒業。ドイツ滞在中に指を故障したことから、帰国後は演奏活動を離れ、バイオリンに関する研究や評論に従事した。著書に「ヴァイオリン奏法の研究」「ヴァイオリン音楽史」などがある。

佐藤 賢了　さとう・けんりょう
陸軍中将
明治28年(1895年)6月1日〜昭和50年(1975年)2月6日
[生]石川県 [学]陸士(第29期)〔大正6年〕卒、陸大〔大正14年〕卒 [歴]米国駐在を経て陸大教官、軍務局員を歴任。昭和13年国家総動員法案の審議中の衆議院で、政府説明員として発言中に議員に対し「黙れ」と一喝し問題となった。第37師団長のとき敗戦。戦後A級戦犯として終身刑の判決を受けたが、31年釈放された。同年東急管財社長。著書に「大東亜戦争回顧録」「佐藤賢了の証言―対米戦争の原点」。

佐藤 吾一　さとう・ごいち
随筆家　日本放送協会仙台放送局長
明治18年(1885年)5月23日〜昭和10年(1935年)8月7日
[生]山形県東置賜郡沖郷村字露橋 [号]号＝北嶺 [学]東京帝国大学法科政治科〔明治42年〕卒、東京帝国大学大学院 [歴]二高を経て、明治42年東京帝国大学法科政治科を卒業、同年文官高等試験に合格し、さらに大学院で経済学を研究する。43年逓信省に入省。大阪中央郵便局長、九州通信局監督課長、名古屋郵便局第1課長、北海道通信局総務部長、横浜郵便局長、仙台通信局監督課長、広島通信局監督課長、逓信省参事官、通信書記官などを歴任。この間、大正7年野戦郵便局長としてシベリアに出征した。昭和2年依願免官後、日本放送協会(NHK)東北常務理事に4選し、9年仙台放送局長となった。文筆に秀で、北嶺・茫々楼主人などと号し、著書に「伊勢音頭恋刃の史的考證」、紀行文集「山より水へ」「西国ところどころ」、随筆「豆腐を語る」「落葉の掃き寄せ」などがある。

佐藤 功一　さとう・こういち
建築家　早稲田大学教授　日本女子大学教授
明治11年(1878年)7月2日〜昭和16年(1941年)6月22日
[生]栃木県下都賀郡国分寺村 [名]旧姓・旧名＝大越 [学]東京帝国大学工科大学建築科〔明治36年〕卒 工学博士〔大正8年〕 [歴]三重県技師ののち宮内省内匠寮御用掛を経て、明治42年早稲田大学に理工科が新設されて迎えられ、欧米視察、43年帰国して建築学科教授となった。一方、大正7年佐藤建築事務所を設立。11年「東京市政調査会館」(「日比谷公会堂」)懸賞に1等当選、以後「野村ビル」「マツダビル」「日清生命館」「飛行会館」「帝室林野局庁舎」「早稲田大学大隈記念講堂」など多くの建築物を設計した。ルネサンス様式を基調とした明快さとロマン主義の調和した作風を生み出した。14年日本女子大学住居学科教授。陶磁器の収集で有名。昭和16年の帝国芸術院会員の発令に先立って病没。著書に「住宅建築 衛生篇」、「佐藤功一全集」(全3巻)などがある。

佐藤 虹児　さとう・こうじ
写真家
明治44年(1911年)11月1日〜昭和30年(1955年)5月30日
[出]埼玉県熊谷市 [名]本名＝佐藤長吉、後名＝佐藤虹二 [学]熊谷商卒 [歴]12歳の時に店の従業員から写真の手ほどきを受け、13歳でソルントン・レフを持つ。昭和4年埼玉県立深谷商業学校を卒業後、家業である自転車卸商を手伝う傍ら、写真を撮り続けた。同年創立された熊谷白陽会の中心的メンバーとして当初より関わる。6年「カメラ」の月例に初入選、「写真月報」の月例では常連となる。「アサヒカメラ」にも写真を発表、8年創刊の「写真サロン」(玄光社)では編集主幹の斎藤鵠児に高く評価され、全国的に知られるようになった。12年に間宮精一らによって結成された東京写真作家連盟の創立同人として、近代的な芸術写真の推進者として活躍。類まれなる作画力のもとに、ローカル色とモダンな感覚とを横溢させ、独特の世界を表現した。15年にサンフランシスコ万国博覧会を記念した写真コンテストに「投網」を発表し、銅賞を獲得。戦後は号を虹二と改め、カメラ雑誌を中心に作品を発表する一方で、25年には埼玉県における第1回県展の審査員を務めるなど、地元の文化事業にも熱心であった。その作品は米国ヒューストン美術館や島根県立美術館にも所蔵されている。平成13年没後45年にして初の写真集が刊行された。 [賞]サンフランシスコ万国博覧会記念写真コンテスト銅賞〔昭和15年〕「投網」

佐藤 垢石　さとう・こうせき
随筆家　釣り師
明治21年(1888年)6月18日〜昭和31年(1956年)7月4日
[生]群馬県群馬郡東村(前橋市) [名]本名＝佐藤亀吉 [学]郁文館中〔明治40年〕卒、早稲田大学英文科〔明治40年〕中退 [歴]農家の三男で、幼い頃から利根川で鮎釣りを始め友釣りの名手といわれた。明治38年前橋中学在学中に校長排斥のストライキを指導して退学処分となり、上京。40年郁文館中学から早稲田大学に進むが間もなく中退、帰郷して前橋市第二銀行に勤務した。41年再度上京、42年前橋中学の先輩である平井晩村の紹介で報知新聞社に入社。44年背広を着用しなかったことで上層部と対立、豊橋支局に左遷。同年東京社会部に戻るが、今度は社会部長の野村隼人(胡堂)と喧嘩をし、前橋支局に飛ばされた。その後、小田原、甲府、静岡、水戸の各支局勤務を経て、大正13年前橋支局長。昭和3年退職後は下野新聞通信員、配達夫、煙突掃除人夫など職を転々とするが、報知時代の同僚の勧めで執筆した釣り随筆が好評を博し、以降は文筆生活に入った。4年「京都日之出新聞」主筆。また「報知新聞」嘱託となり、釣り欄を担当した。9年「鮎の友釣」を刊行。16年刊行の随筆集「たぬき汁」はベストセラーとなった。戦時中は郷里・群馬県に疎開。21年つり人社を設立して主幹となり、雑誌「つり人」を創刊した。

佐藤 幸徳　さとう・こうとく
陸軍中将
明治26年(1893年)3月5日〜昭和34年(1959年)2月26日

[生]山形県　[学]陸士（第25期）〔大正2年〕卒，陸大〔大正10年〕卒　[歴]第7師団参謀、参謀本部員、昭和12年歩兵第75連隊長、次いで第23師団歩兵団長、第67独立歩兵団長、17年中将、18年第31師団長となり、19年インパール作戦に参加、補給を断たれ独断で退却したため、牟田口第15軍司令官によって罷免され、軍法会議にかけられた。同年11月待命、第16軍司令部付となった。

佐藤 紅緑　さとう・こうろく
小説家 劇作家 俳人 児童文学者
明治7年（1874年）7月6日～昭和24年（1949年）6月3日
[生]青森県弘前市親方町　[名]本名＝佐藤洽六　[学]弘前中中退　[歴]明治26年上京し、27年日本新聞社に入社、子規に俳句の手ほどきをうける。28年帰郷し、東奥日報、陸奥日報、東北日報を経て、31年富山日報主筆となり、以後も万朝報などの記者を転々とする。37年「蕪村俳句評釈」を刊行。39年戯曲「侠艶録」、小説「行火」を発表して注目され、作家となる。大正12年外務省嘱託として映画研究のため外遊。昭和2年少年小説「あゝ玉杯に花受けて」を発表し、少年少女小説の大家となる。大衆小説、婦人小説、少年少女小説と幅広く活躍し、著書は数多く、代表作に「富士に題す」「乳房」などがあり、句集も「花紅柳録」などがある。晩年「ホトトギス」同人に迎えられた。[家]息子＝サトウハチロー（詩人），娘＝佐藤愛子（小説家）

佐藤 貞子　さとう・さだこ
民謡歌手
明治19年（1886年）11月25日～昭和25年（1950年）1月14日
[生]秋田県仙北郡田沢湖町神代　[歴]幼いころから評判ののどで民謡を歌い、15歳頃には生計が立つまでに。大正11年東京平和博覧会で秋田おばこを歌い、笛の名人であった父・笛王斉とともに1等賞に。樺太から九州まで全国で公演、各地で客を魅了し、秋田おばこの女王と呼ばれた。最盛期には座長を務め、横手の興行師・丸玉とともに一座を取り仕切った。

佐藤 三郎　さとう・さぶろう
海軍中将
明治18年（1885年）6月24日～昭和13年（1938年）8月19日
[出]福島県　[学]海兵（第34期）〔明治39年〕卒，海大卒　[歴]明治39年海軍少尉に任官し、以来累進して昭和10年海軍中将となる。その間米国大使館付武官、海軍軍令部出仕、軍務局課長などを経て、八雲艦長に就任。次いで横須賀鎮守府付、霞ケ浦海軍航空隊司令官及び海軍大学校長などを歴任。欧州大戦に参加して第3艦隊参謀となり、またロンドン軍縮会議では帝国全権随員を務めた。

佐藤 三吉　さとう・さんきち
外科学者 東京帝国大学名誉教授 貴族院議員（勅選）
安政4年（1857年）11月15日～昭和18年（1943年）6月18日
[生]美濃国大垣（岐阜県大垣市）　[学]東京大学医学部〔明治15年〕卒 医学博士〔明治24年〕　[資]帝国学士院会員〔明治42年〕　[歴]美濃大垣藩士の三男。明治4年上京、5年大学南校、6年大学東校に学ぶ。当初は鉱山学を学んだが医学に転じた。15年東京大学医学部を卒業後してスクリバ教授の助手となり、16年外科学研究のためドイツへ留学、ベルリン大学でベルクマンに学ぶ。20年帰国して帝国大学医科大学教授となった。34年附属病院長、大正7年医科大学学長、10年定年退官。11年勅選貴族院議員。外科医学の基礎的研究に努めた日本外科医学の先覚者。　[家]岳父＝小崎利準（岐阜県知事）

佐藤 繁彦　さとう・しげひこ
神学者
明治20年（1887年）9月24日～昭和10年（1935年）4月16日
[生]福島県会津若松市　[学]京都帝国大学卒　[歴]一高在学中に海老名弾正にキリスト教の洗礼を受ける。大正9年九州学院神学部講師となり、11～13年ドイツに留学。帰国後ルーテル教会に転じ、ルーテル神学専門学校の歴史神学の教授に就任。またルッター研究会を主宰、14年～昭和10年個人月刊誌「ルッター研究」を執筆、発行した。著書に「若きルーテル」「宗教体験の研究」「信仰の人マルティーン・ルッター」「ルッターの信仰及思想」など。

佐藤 秀一　さとう・しゅういち
社会運動家
明治35年（1902年）2月5日～昭和20年（1945年）2月24日
[生]大阪府大阪市浪速区　[歴]印刷工、店員などをしながら苦学し、大阪印刷労働組合に加入し、のち上京して評議会本部常任書記などを務める。その間共産党に入党し共産党フラクション責任者となる。昭和5年検挙され、11年仮出獄するが、以後共産党の再建運動に従事し、16年再検挙され獄中死した。

佐藤 重遠　さとう・じゅうえん
衆議院議員 目白学園理事長
明治20年（1887年）12月～昭和39年（1964年）1月5日
[出]東京都　[学]東京帝国大学政治科卒　[歴]大正13年宮崎1区より衆議院議員に初当選。以来通算4回当選。駿豆鉄道社長、国学院大学理事、目白学園（中学校・高校）を創立、理事長となる。政友会・日本自由党各宮崎県支部長、大蔵大臣秘書官、衆議院大蔵委員長等を歴任。

佐藤 昌介　さとう・しょうすけ
農政経済学者 男爵 北海道帝国大学総長
安政3年（1856年）11月24日～昭和14年（1939年）6月5日
[生]陸奥国花巻（岩手県花巻市）　[学]札幌農学校〔明治13年〕卒，ジョンズ・ホプキンズ大学 農学博士　[歴]戊辰戦争には少年鼓手として従軍。明治4年上京、大学南校、東京英語学校に学び、9年札幌農学校の第1期生となる。クラーク博士の影響を受けキリスト教に入信。卒業後、米国のジョンズ・ホプキンズ大学で農政学を専攻、19年帰国、札幌農学校教授となり、学長、総長を歴任。昭和5年の引退まで約50年間務め、北大育ての親といわれた。北海道農会長、八紘学院総裁なども務めた。11年には米国で開かれたロータリー・クラブ世界大会に出席。著書に「米国田政史」（英文）、「世界農業史論」（共著）がある。

佐藤 次郎　さとう・じろう
テニス選手
明治41年（1908年）1月5日～昭和9年（1934年）4月5日
[生]群馬県群馬郡長尾村（渋川市）　[学]早稲田大学政経学部卒　[歴]昭和5年硬式テニス日本ランキング1位となり、翌6年デ杯代表に。同年全仏オープンベスト4、全英オープン（ウィンブルドン）ベスト8。7年全豪オープンベスト4、全仏オープン4回戦進出。7、8年と2年連続してウィンブルドンでベスト4となり、8年ダブルスでは準優勝を飾った。同年全仏オープンベスト4、全米オープン4回戦進出。同年の世界ランキングで第3位となり、国民的英雄に。9年のデ杯では出場を辞退したが、協会の説得で出発、途中マラッカ海峡で投身自殺した。

佐藤 仁宗　さとう・じんそう
彫刻家
明治44年（1911年）～昭和17年（1942年）6月15日
[生]熊本県　[歴]昭和16年構造社展で構造賞を受賞。同年新文展に「男」で初入選するなど将来を嘱望されたが、17年31歳で亡くなった。

佐藤 惣之助　さとう・そうのすけ
詩人 作詞家
明治23年（1890年）12月3日～昭和17年（1942年）5月15日

〔生〕神奈川県橘樹郡川崎町砂子（川崎市）　〔学〕小学校高等科1年修了　〔歴〕早くから佐藤紅緑門下で句作をし、一方大正元年から詩作に転じ、5年詩集「正義の兜」を刊行、続いて「狂へる歌」を刊行し、詩壇で注目される。この頃白樺派の人道主義的傾向があったが、「満月の川」「深紅の人」あたりから、生命感あふれ、色彩の華やかな独自の世界を形成。詩話会の中心メンバー。14年からアンデパンダンの詩人グループ・詩之家を作り、昭和6年まで同人誌を刊行した。ほかに「荒鷲の娘」「華やかな散歩」「琉球諸島風物詩集」「情艶詩集」「水を歩みて」「トランシット」「愛国詩集」「怒れる神」など22冊の詩集がある。句集「螢蠅盧句集」「春羽織」など3冊、随筆集「蠅と螢」、釣りに関する本7冊と活躍は多伎にわたる。また昭和6年ごろから歌謡曲の作詞も手がけ、プロ野球・阪神タイガースの球団歌「六甲おろし」の他、「赤城の子守唄」「人生劇場」「湖畔の宿」など数々のヒット曲を生み、生涯に800余りの作品を残した。「佐藤惣之助全集」（全3巻、桜井書店）がある。　〔家〕義兄＝萩原朔太郎（詩人）

佐藤 大四郎　さとう・だいしろう
社会運動家
明治42年（1909年）11月22日〜昭和18年（1943年）5月10日
〔生〕東京市浅草区下平衛門町（東京都台東区）　〔歴〕一高時代に社会科学研究会に所属して活躍し、退学処分となる。昭和6年検挙され懲役2年執行猶予5年に処せられる。9年渡満し「満州評論」を編集する。のちに反満・抗日運動で16年に検挙され徒刑12年に処せられ、獄死した。

佐藤 武造　さとう・たけぞう
洋画家
明治24年（1891年）4月〜昭和47年（1972年）
〔生〕長野県瑞穂村　〔名〕別名＝サトー、タケ　〔歴〕中学時代に水彩画家丸山晩霞の講習を受けて画家を志す。大正3年にロンドンに渡り、絹地に水彩で画く絹画を開発。12年帰国した後、昭和7年〜14年再渡英した。また「瑞漆画（ずいしつが）」と称する漆絵も描いた。第二次大戦が始まるまで滞英し、ロンドンでは一種のスター的な画家だった。　〔家〕長男＝佐藤昭夫（デザイナー）

佐藤 達次郎　さとう・たつじろう
外科学者　教育家　東京医学専門学校初代校長
明治1年（1868年）11月7日〜昭和34年（1959年）7月20日
〔生〕福井県三方郡　〔名〕旧姓・旧名＝河合　〔学〕帝国大学医科大学〔明治29年〕卒　医学博士〔明治38年〕　〔歴〕男爵佐藤進の養子となり順天堂外科に勤め、明治30年欧州留学、大正7年東京医学専門学校初代校長となった。昭和18年順天堂医学専門学校創立で同校校長、理事長を歴任。また大正10年〜昭和32年女子美術大学の校長、学長、理事長を務めた。　〔家〕養父＝佐藤進（医師・男爵）

佐藤 千夜子　さとう・ちやこ
歌手
明治30年（1897年）3月13日〜昭和43年（1968年）12月13日
〔生〕山形県天童市　〔名〕本名＝佐藤千代　〔学〕東京音楽学校中退　〔歴〕作曲家の中山晋平に見込まれて音楽学校を中退、新民謡や童謡普及のため、中山、野口雨情らと全国各地を歌って回った。山形なまりが強く、中山も彼女を歌手として育てるのに苦労した。昭和3年ビクターがレコード史上初めての純国内制作盤として、佐藤の歌「波浮の港」「鴬の夢」を発売した。次いで4年に西条八十作詞・中山晋平作曲「東京行進曲」を同じビクターでレコーディング、当時としては驚異的な25万枚を売る大ヒットとなった。さらに「愛して頂戴」「紅屋の娘」なども次々ヒットした。この人気絶頂期にイタリアに渡り、オペラ歌手を志したが、大借金を抱えて5年ぶりに帰国。カムバック

を図ったが、すでに忘れられていた。戦後は生活保護を受ける身となった。

佐藤 千代　さとう・ちよ
小説家・佐藤春夫の妻
明治29年（1896年）10月24日〜昭和57年（1982年）7月22日
〔名〕旧姓・旧名＝石川　〔歴〕大正4年谷崎潤一郎と結婚、一女をうけたが、その後、谷崎の親友で小説家の佐藤春夫と恋に落ち、昭和5年8月「われら3人合議をもって…」と3人連名で声明を出し谷崎と離婚、佐藤と結婚し、いわゆる "夫人譲渡事件" として世間をにぎわせた。　〔家〕夫＝佐藤春夫（小説家）

佐藤 朝山　さとう・ちょうざん
彫刻家
明治21年（1888年）8月19日〜昭和38年（1963年）9月14日
〔生〕福島県相馬郡中村町（相馬市）　〔名〕本名＝佐藤清蔵、別号＝佐藤玄々、阿吽洞　〔賞〕帝国美術院会員〔昭和10年〕、帝国芸術院会員〔昭和13年〕　〔歴〕代々宮彫師で幼時から父や伯父に彫技を学ぶ。上京して、昭和37年に8年の年季で山崎朝雲の内弟子となった。大正3年再興第1回院展に「呪咀」「シャクンタラ姫」「野人」などを出品して同人に推される。以後院展木彫の中心的存在として活躍、木彫の「シャクンタラ姫とドゥシャンタ王」「愛染」「釈迦に幻れた魔王の女」など、官能的で神話的な作品を発表。11年日本美術院から派遣されてフランスに留学、ロダンの弟子であるエミール・アントワーヌ・ブールデルの下で彫刻を学んだ。13年帰国後伝統的な木彫に西洋のフォルムを盛り込んだ「ベコ」「田中氏像」「牝猫」「鷹」「哺牛」などを制作。昭和10年改組帝国美術院会員となり、11年第1回新文展にモニュメンタルな力作「八咫烏」を出品して政府買い上げとなる。13年帝国芸術院会員。紀元二千六百年記念事業として建立された「和気清麻呂像」を15年に完成させる。これは北村西望、朝倉文夫にも原型が委嘱され、3者競作となったが、他の二人の辞退で朝山のみ採用された。戦災で京都妙心寺に移住して仏像や小動物を制作したが発表はしなかった。35年に10年を費やした東京日本橋三越の「天女像」が完成。動物彫刻の名品を多く残した。なお、15年朝山の号を廃して本名の清蔵を名のり、戦後は玄々、阿吽洞と号した。

佐藤 恒丸　さとう・つねまる
陸軍医総監　内科学者
明治5年（1872年）8月28日〜昭和29年（1954年）4月16日
〔生〕東京下谷（東京都台東区）　〔学〕帝国大学医科大学〔明治29年〕卒　医学博士〔明治44年〕　〔歴〕明治30年陸軍三等軍医、東京帝国大学大学院に学び、40年ドイツ留学、大正11年陸軍軍医総監となった。この間、陸軍軍医学校教官、京城衛戍病院長、朝鮮駐在軍軍医部長、9年日本赤十字病院長、侍医頭兼侍医、昭和10年退官し、宮中顧問官。著書に「医学常識」「胸膜炎・腹膜炎」「小池正直伝」、訳書に「神経病臨床講義」などがある。

佐藤 哲三　さとう・てつぞう
洋画家
明治43年（1910年）〜昭和29年（1954年）6月25日
〔生〕新潟県新発田市　〔学〕新発田高小卒　〔歴〕独学で画を学び、第7回国画創作協会展に初入選、以来もっぱら国画展に出品。昭和5年第5回国画展の「赤帽平山氏」、第6回展の「郵便脚夫宮下君」が共に国画奨励賞、7年第7回展「大道商人」「汽関車」でO氏賞を受賞して会友となり、12年同人、18年会員となった。代表作に「農婦」「稲」「クンセイ」「原野」「残雪」「裸婦」など。

佐藤 鉄太郎　さとう・てつたろう
海軍中将　貴族院議員（勅選）
慶応2年（1866年）7月13日〜昭和17年（1942年）3月4日

さとう

昭和人物事典 戦前期

生出羽国田川郡鶴岡高町(山形県鶴岡市)　名旧姓・旧名＝下向　学海兵(第14期)〔明治20年〕卒、海大卒　歴鶴岡藩士の子として生まれ、佐藤家の養子となる。明治22年海軍少尉に任官し、25年大尉、赤城航海長、日清戦争の黄海海戦で負傷。その後、少佐時代に英米に駐在して戦史研究を進め、35年に「帝国国防論」を執筆。その海主陸従的な所論が陸軍側の反発を買うが、国防論の権威として知られる。日露戦争では第2艦隊参謀を務め、のち海大教官、第1艦隊参謀長、軍令部次長、海大校長などを歴任。大正5年中将に昇進し、12年予備役。昭和9～17年勅選貴族院議員。学習院教授も務めた。他の著書に「帝国国防史論」「国防新論」がある。

佐藤 敏夫　さとう・としお
医師　佐藤耳鼻咽喉科医院院長
明治9年(1876年)10月15日～昭和9年(1934年)7月30日
出新潟県　専耳鼻咽喉科学　学医学博士〔大正12年〕　歴ドイツに留学しドクトル・メジチーネの学位を受け、帰国後、東京の金杉病院副院長となる。40年佐藤耳鼻咽喉科医院を設立し院長となり、東京慈恵会医学専門学校教授を兼ねた。

佐藤 尚武　さとう・なおたけ
外交官　駐ソ大使　外相
明治15年(1882年)10月30日～昭和46年(1971年)12月18日
生大阪府　出青森県弘前市　名旧姓・旧名＝田中　学東京高等商業学校(現・一橋大学)〔明治37年〕卒　歴津軽藩士・田中坤六の二男に生まれ、外交官・佐藤愛麿の養子となる。明治38年外務省入り。ロシア在勤、ハルビン総領事、スイス公使館1等書記官、仏大使館参事官、ポーランド公使などを歴任。昭和2年国際連盟帝国事務局長。5年駐ベルギー大使、8年駐仏大使。12年林銑十郎内閣の外相に就任。日独防共協定で悪化した対ソ・対中関係の調整に乗り出したが、3ケ月で退陣。17年から終戦まで駐ソ大使。20年政府のソ連への和平工作依頼に対し、無条件降伏しかないことを進言した。敗戦後に帰国、枢密顧問官から22年青森地方区で参議院議員に当選、以来当選3回。24～28年参議院議長。著書に「回顧の八十年」がある。

サトウ・ハチロー
詩人　作詞家　児童文学作家
明治36年(1903年)5月23日～昭和48年(1973年)11月13日
生東京市牛込区(東京都新宿区)　名本名＝佐藤八郎、筆名＝陸奥速男、清水七郎、山野三郎、玉川映二、星野貞志、清水操六、並木せんざ　学立教中退　歴小説家・佐藤紅緑の長男。早稲田、立教など8つの中学を転々、自由奔放な生活を送りながら詩を作り、大正8年西条八十に師事。15年処女詩集「爪色の雨」で詩人としての地位を確立。同時にユーモア小説作家、軽演劇作者、童謡・歌謡曲の作詞家としても活躍。昭和29年童謡集「叱られ坊主」で芸術選奨文部大臣賞を受賞。32年野上彰らと木曜会を主宰して童謡復興運動に尽くし、雑誌「木曜手帖」を通じて後進の育成に努める。また、NHKラジオ番組「話の泉」のレギュラーとしても知られた。33年からTBS系で放送されたテレビドラマ「おかあさん」に毎回挿入された詩は評判となり3冊の詩集「おかあさん」にまとめられ、ベストセラーとなった。日本童謡協会会長、日本作詞家協会会長、日本音楽著作権協会会長を歴任。他の詩集に「僕等の詩集」、童謡に「うれしいひなまつり」「お山の杉の子」「ちいさい秋みつけた」、歌謡曲「麗人の唄」「二人は若い」「目ン無い千鳥」「リンゴの唄」「悲しくてやりきれない」などがある。
家父＝佐藤紅緑(小説家)、異母妹＝佐藤愛子(小説家)、妻＝佐藤房枝(女優)　賞芸術選奨文部大臣賞〔昭和29年〕「叱られ坊主」

佐藤 八郎　さとう・はちろう
ボート選手

生年不詳～昭和57年(1982年)12月13日
学日本大学　歴日大在学中、ボート部で主将として活躍。昭和3年アムステルダム五輪の日本初のボート選手団に参加した。

佐藤 春夫　さとう・はるお
詩人　小説家
明治25年(1892年)4月9日～昭和39年(1964年)5月6日
生和歌山県東牟婁郡新宮町(新宮市船町)　学慶応義塾大学予科文学部〔大正2年〕中退　資日本芸術院会員〔昭和23年〕　歴中学時代から「明星」「趣味」などに歌を投稿。中学卒業後、上京して生田長江に師事し、東京新詩社に入る。明治43年頃堀口大学と交わる。大正2年慶応義塾を中退、6年「西班牙犬の家」「病める薔薇」を発表し、作家として出発。「田園の憂鬱」「お絹とその兄弟」「都会の憂鬱」などを発表する一方で、10年には「殉情詩集」を刊行、15年には評論随筆集「退屈読本」を刊行した。昭和11年文化学院文学部長に就任。14年「戦線詩集」を刊行。17年「芸術」で菊池寛賞を受賞。23年日本芸術院会員となり、27年「佐藤春夫全詩集」で、29年「晶子曼陀羅」でそれぞれ読売文学賞を受賞し、35年には文化勲章を受けた。小説、詩、評論、随筆と幅広く活躍し、「車塵集」などの中国翻訳詩集もある。一方、5年8月当時谷崎潤一郎の妻だった千代と結婚、谷崎、佐藤、千代の3人連名の声明がいわゆる "夫人譲渡事件" として世間をにぎわせた。また門弟3000人といわれる文壇の重鎮的存在でもあった。作品集に「自選佐藤春夫全集」(全10巻、河出書房)「佐藤春夫全集」(全12巻、講談社)「定本佐藤春夫全集」(全36巻、別巻2、臨川書店)、「佐藤春夫全詩集」(講談社)、「佐藤春夫文芸論集」(創恒社)など。　家妻＝佐藤千代、長男＝佐藤方哉(慶応義塾大学名誉教授)　勲文化勲章〔昭和35年〕　賞菊池寛賞(第5回)〔昭和17年〕「芬夷行」

佐藤 秀三郎　さとう・ひでざぶろう
マラソン監督
明治35年(1902年)3月17日～昭和60年(1985年)1月7日
出新潟県　学東京高等師範学校(現・筑波大学)体育科〔大正15年〕卒　歴宮崎県、神奈川県の師範学校教諭などを務める傍ら、昭和11年、ベルリン五輪でマラソンの監督として孫基禎選手を優勝させるなど「マラソンの秀(ひで)さん」として知られた。戦後は神奈川県体育課長、社会教育部長などを歴任。著書に自伝「走りつづけて」がある。

佐藤 啓　さとう・ひらく
実業家　衆議院議員　山形民報社長
慶応4年(1868年)2月～昭和16年(1941年)4月21日
生出羽国村山郡(山形県)　学東京専門学校(現・早稲田大学)英語行政科〔明治23年〕卒　歴郷里の西山村村長となり、西村山郡の産牛畜産組合長を務めた。明治39年山形県議を経て、大正7年衆議院議員に当選、憲政会、民政党、国民同盟、第一議員倶楽部に所属し当選6回。この間、山形日報・山形民報社長、羽陽銀行取締役、三山電気鉄道取締役などを務めた。　家父＝佐藤里治(衆議院議員)

佐藤 正和　さとう・まさかず
地唄箏曲家
明治23年(1890年)9月27日～昭和21年(1946年)10月19日
生愛知県佐織町　名本名＝佐藤正　歴2歳で失明、9歳の時名古屋の小松景和に入門。大正2年独立して正和を名のる。9年名古屋市立盲唖学校訓導となった。のち国風音楽講習所所長も務め、名古屋での地唄、箏曲界の重鎮となった。作曲にも努め、西園流尺八の譜付を完成、また箏組歌全曲の楽譜を完成し、昭和16年「組歌全集」を刊行した。

佐藤 正　さとう・まさし
衆議院議員

明治17年（1884年）9月～昭和26年（1951年）1月12日
出東京都　学早稲田大学文学部哲学科〔明治42年〕卒　歴鉄道院総裁官房嘱託を経て、東北帝国大学・宮城県立工業学校講師となる。のち教育新聞社社長、日本社会教育協会専務理事、海外教育協会理事、日本特殊繊維・ボルネオ殖産の各社長を歴任する。昭和3年東京府6区から衆議院議員に初当選。以来4回当選。民政党に所属。その間岡田内閣の拓務参与官として南洋方面視察のため派遣される。著書に「日本民族性格概論」「近世社会運動」がある。

佐藤 正俊　さとう・まさとし
三重県知事　名古屋市長
明治19年（1886年）9月18日～昭和37年（1962年）5月3日
出福島県　学東京帝国大学法科大学〔大正2年〕卒　歴昭和9年満州国のハルビン特別市公署総務所長、11年香川県知事、12年三重県知事を歴任。14年名古屋市助役となり、17年市長。

佐藤 松平　さとう・まつへい
歌人
明治42年（1909年）6月20日～昭和12年（1937年）3月19日
生東京市京橋区八丁堀（東京都中央区）　学早稲田大学英文科〔昭和5年〕中退　歴佐藤信次郎の二男に生まれる。昭和4年早稲田二高から早稲田大学に進学するが、翌5年中退し印刷所に勤務、のち自ら印刷業を始めるが失敗、その後多くの職に就く。傍ら、4年新興短歌連盟の結成に参画、また歌誌「むらぎも」の発刊に尽力し、プロレタリア短歌運動の論客として活躍。その歌風は現実闘争の渦中から得た題材が主で、「新興歌人」「1930年版プロレタリア短歌集」などに社会的生活的特色のある短歌を発表した。晩年は雑誌「エラン」に関与した。

佐藤 安之助　さとう・やすのすけ
陸軍少将　俳人　衆議院議員
明治4年（1871年）1月21日～昭和19年（1944年）3月14日
生東京都　名旧姓・旧名＝高橋、筆名＝佐藤肋骨　学陸士（第6期）〔明治28年〕卒　歴高橋正兵衛の四男で、佐藤家の養嗣子となった。明治28年陸軍歩兵少尉に任官。長く在外武官を務め、大正5年スイス公使館付武官を経て、8年陸軍少将。10年臨時軍事調査委員長。11年退役。昭和3年衆議院議員に当選、1期。政友会に所属した。東洋協会理事、拓殖大学評議員、大阪毎日新聞社友なども務めた。支那通として知られ「満蒙問題を中心とする日支関係」「支那問題」などの著書がある。一方、近衛連隊に在職中に五百木瓢亭、新海非風らに刺激されて俳句の道に入り、正岡子規の薫陶を受けた。日清戦争で片足を失い、別号を隻脚庵主人また低囊ともいった。句集はないが「新俳句」「春夏秋冬」などに多く選ばれている。蔵書と和漢洋合わせて3千余冊と拓本1千余枚は拓殖大学に寄贈された。「佐藤文庫分類目録」（昭和44年）がある。

佐藤 弥太郎　さとう・やたろう
森林経営学者　京都帝国大学農学部教授
明治22年（1889年）11月22日～昭和46年（1971年）9月7日
生新潟県小千谷市　学東京帝国大学農科大学林学科〔大正2年〕卒　林学博士〔大正9年〕　歴東京帝国大学助手、講師を経て、大正13年京都帝国大学教授、昭和5年農学部長。24年退官し、25年名誉教授。16年学術研究会議会員。昭和初期にかけ欧州の森林天然更新技術が紹介され大論争になったが、慎重論を唱えた。しかし直ちに調査研究し、天然更新の利点、問題点解明に業績をあげた。著書に「スギの研究」。

佐藤 与一　さとう・よいち
衆議院議員
明治15年（1882年）1月～昭和15年（1940年）3月25日
出新潟県　学早稲田大学　歴亀田町議を経て新潟県議となる。

また沼垂銀行取締役、亀田町教育会長、新潟県青年団長等を歴任。昭和3年第1回普通選挙で初当選。以来通算5回当選。民政党に所属した。

佐藤 陽雲　さとう・よううん
漆芸家
明治27年（1894年）～昭和41年（1966年）
生新潟県村上　専村上堆朱　歴上京して岩佐芳舟に村上堆朱を学んだ後、警察官となった。やがて彫漆の仕事に戻り、日本工芸美術展に出品。大正15年工芸団体・无型に参加した。昭和2年帝展に初入選、8年帝展特選。12年からの新文展では第1回から無鑑査。同年実在工芸美術会の創立に際して同人となる。戦後は日展を中心に活動した。　賞帝展特選〔昭和8年〕

佐藤 儀一　さとう・よしかず
ゴルフ選手
明治32年（1899年）～昭和42年（1967年）
名別名＝佐藤、アーネスト　学カリフォルニア大学美術科　歴高小卒業後、16歳で渡米。カリフォルニア大学美術科に入学、デザイナーを志望する。水産会社に勤務する傍ら、25歳でゴルフを始め、米国のプロゴルファー、ジミー・ダンカンの指導を受ける。昭和10年36歳で帰国し、同年関西アマ選手権で優勝。11～13年日本アマ選手権で3連覇、16年4度目の優勝を果たす。卓越した小技と老練な駆け引きを持ち味とし、日本のアマゴルフ界にシビアなスコア優先主義を持ち込んだ。ソフト帽とパイプがトレードマークだった。戦後は芦屋、片山津、城陽、田辺、東名古屋などのコース設計を手がけた。

佐藤 肋骨　さとう・ろっこつ
⇒佐藤 安之助（さとう・やすのすけ）を見よ

里見 勝蔵　さとみ・かつぞう
洋画家
明治28年（1895年）6月9日～昭和56年（1981年）5月13日
生京都府京都市　学東京美術学校〔大正8年〕卒　歴大正6年二科会展に初入選。10年に渡欧し、ヴラマンクに師事。14年帰国。翌年前田寛治、佐伯祐三らと“1930年協会”を結成。昭和5年二科会会員を経て、6年林武らと独立美術協会創立に参画。12年同協会を脱退。奔放な色彩と激しいタッチを用いて主観を解放するフォービスムの画風は、昭和初期画壇に大きな影響を与えた。赤黄緑の強烈な色彩画風は独自なもの。戦後、34年国画会会員となる。絵画のほかに、「異端者の奇蹟」等のエッセイ集もある。　賞二科展樗牛賞〔大正14年〕、二科賞〔昭和2年〕

里見 岸雄　さとみ・きしお
国家主義者　立命館大学法学部教授
明治30年（1897年）3月28日～昭和49年（1974年）4月18日
生東京都　専憲法　学早稲田大学哲学科〔大正9年〕卒　法学博士（立命館大学）〔昭和17年〕　歴大正11年英仏独に遊学し、13年西宮に里見日本文化研究所を創立。昭和2年国体科学連盟を創設し、国体学を唱える。3年「国体に対する疑惑」を刊行。11年父を顧問に日本国体学会を起こし、会長に就任。16年立命館大法学部に国体学科を設け、主任教授となる。30年立正教団を創立。里見日本文化研究所を主宰した。著書は「日本国体学」（全13巻）「国体法の研究」「天皇とプロレタリア」「闘魂風雪七十年」「天皇とは何か—憲法・歴史・国体」など約200冊。　家父＝田中智学（仏教運動家・仏教学者）

里見 弴　さとみ・とん
小説家
明治21年（1888年）7月14日～昭和58年（1983年）1月21日
生神奈川県横浜市　名本名＝山内英夫　学東京帝国大学文科

大学英文科〔明治42年〕中退　資日本芸術院会員〔昭和22年〕　歴武郎、生馬との"有島三兄弟"の末弟だが、母の実家を継いで山内姓を名のる。生馬や志賀直哉の影響を受け、東京帝国大学英文科中退後の明治43年に雑誌「白樺」の創刊に参加。その後次第に「白樺」を離れたが、自前の"まごころ哲学"を貫き通し、「多情仏心」はじめ「安城家の兄弟」「かね」など数々の告白的自伝小説を残した。「極楽とんぼ」は戦後の代表作。日本芸術院会員となり、昭和34年に文化勲章を受章している。「里見弴全集」（全10巻、筑摩書房）がある。　家兄＝有島武郎（小説家）、有島生馬（洋画家）、四男＝山内静夫（映画プロデューサー）　勲文化勲章〔昭和34年〕　賞菊池寛賞（第2回）〔昭和14年〕

里見 甫　さとみ・はじめ
里見特務機関長 満州国通信社社長
明治29年（1896年）〜昭和40年（1965年）3月21日
生福岡県小倉　学東亜同文書院卒　歴中国・天津の京津日日新聞に入社。国策通信社・満州国通信社の設立に奔走し、昭和12年初代社長に就任。一方、上海を本拠に様々な謀略、テロ、アヘン密売に関わり、"アヘン王"として上海の闇社会に君臨した。戦争中は上海の民間特務機関・里見機関長として働いた。

里見 宗次　さとみ・むねつぐ
グラフィックデザイナー
明治37年（1904年）11月2日〜平成8年（1996年）1月30日
生大阪府大阪市住吉区帝塚山　学パリ国立美術学校〔大正15年〕卒　大正11年17歳で渡仏、12年日本人として初めてエコール・ド・ボザール（パリ国立美術学校）に入学。サロンに入選し、画家を目指したが、父の死により、自活のためグラフィックデザイナーに。ショパン広告社を経て、ラフレガット社アトリエ部長。昭和3年ゴロワーズの商業ポスターで1等賞を獲得。アール・デコを取入れてフランスGD界をリード、8年「6日間自転車競争」で不動の地位を確立。戦争直前に帰国し、外務省の嘱託でタイへ。戦後、23年再びパリに渡る。61年東京で在仏65年記念作品展を開いた。版画も手がける。パリ万博金賞など受賞多数。手がけたポスターは18万9千点を超える。平成2年日本で滞仏70周年個展。昭和56年自伝「のすどディアマン―ある広告美術家の歩いた道」を自費出版した。　賞パリ万博金賞〔昭和12年〕

里村 欣三　さとむら・きんぞう
小説家
明治35年（1902年）3月13日〜昭和20年（1945年）2月23日
生岡山県和気郡福河村（備前市）　名本名＝前川二亨　学関西中学〔大正7年〕中退　歴中学中退後、職工、人夫、電車従業員など各種の職業をしながら各地を転々とする。大正11年入営するが、水死を装って脱営し、里村欣三の名で満州を転々とする。大正13年創刊された「文芸戦線」に小品などを発表し、15年同人となって「苦力頭の表情」などを発表、文戦派のプロレタリア作家として活躍する。この頃の作品に「デマゴーグ」「動乱」「兵乱」などがある。昭和12年から2年間、中国各地を特務員として転戦し、15年「第二の人生」を刊行。17年マレー戦線に従軍し、18年「河の民」を刊行。20年フィリピン従軍中、戦線で死去した。

真田 穣一郎　さなだ・じょういちろう
陸軍少将
明治30年（1897年）11月21日〜昭和32年（1957年）8月3日
生北海道　学陸士（第31期）〔大正8年〕卒、陸大〔昭和2年〕卒　歴昭和13年陸相秘書官兼副官、14年支那事変で歩兵第86連隊長として出動、15年支那派遣軍作戦課長、16年陸軍省軍務局軍事課長。太平洋戦争に入り、17年4月軍務局軍務課長、同年

12月参謀本部作戦課長となり、ガダルカナル撤退を指揮した。18年8月少将。以後、参謀本部第1部長、軍務局長など重要ポストを歴任し、20年第2総軍参謀副長で敗戦。

真田 秀吉　さなだ・ひできち
土木技師 内務省東京土木出張所長
明治6年（1873年）5月5日〜昭和35年（1960年）1月20日
生広島県　学三高卒、東京帝国大学工科大学土木工学科〔明治31年〕卒 工学博士（東京帝国大学）〔大正9年〕　歴内務省に入省。淀川の改修工事に携わり、明治44年東京土木出張所に転じて、大正10年まで利根川の第3期改修工事を指揮。この間、3年欧米へ出張。13年大阪土木出張所長、昭和3年東京土木出張所長を務め、9年退官。著書に「日本水制工論」がある他、「明治以前日本土木史」「明治以降本邦土木と外人」「内務省直轄土木工事略史・沖野博士伝」などの編纂にも中心人物として深く関与した。　家岳父＝吉田彦六郎（化学者）

実松 譲　さねまつ・ゆずる
海軍大佐
明治35年（1902年）11月20日〜平成8年（1996年）12月20日
生佐賀県武雄市　学海兵（第51期）卒、海大〔昭和11年〕卒　歴プリストン大学留学、「五十鈴」航海長などを経て、海軍省副官兼大臣秘書官。開戦の時は、在米海軍武官補佐官としてワシントン駐在。のち大本営海軍参謀兼海大教官を歴任。編著に「海軍大将米内光政覚書」、著書に「新版 米内光政」「提督吉田善吾」「真珠湾までの365日」「あゝ日本海軍〈上・下〉」、訳書に「潰滅」「逆転」、共訳に「ニミッツの太平洋海戦史」など。

佐野 英造　さの・えいぞう
社会運動家
明治32年（1899年）7月10日〜昭和15年（1940年）12月2日
生京都府京都市上京区　学同志社大学神学部卒　歴大学卒業後大阪市今宮職業訓練所主任となり、大阪合成労働組合を結成。大阪一般労組などで活躍し、昭和4年共産党に入るが、同年の四・一六事件で検挙され懲役4年に処せられる。出獄後も全農全国会議派の統一戦線を指導し、12年の人民戦線事件で検挙され懲役4年に処せられた。

佐野 袈裟美　さの・けさみ
劇作家 評論家 社会運動家
明治19年（1886年）2月2日〜昭和20年（1945年）11月13日
生長野県埴科郡　学早稲田大学文学部英文科〔明治45年〕卒　歴早大時代から社会運動に入り、大正11年プロレタリア文芸雑誌「シムーン」を創刊し、12年「種蒔く人」同人となり、13年「文芸戦線」同人となる。その一方で政治運動に参加し、昭和4年結成されたプロレタリア科学研究所の中央委員となる。12年検挙され、のち再び検挙され、獄中で病をえて敗戦直後に死去した。著書に「支那歴史読本」「支那近代百年史」がある。

佐野 五風　さの・ごふう
日本画家
明治19年（1886年）〜昭和54年（1979年）
生京都府　学京都美術工芸学校卒　歴京都美術工芸学校で竹内栖鳳、山元春挙の指導を受ける。清雅雄健な筆致で独自の画風を生み、文展・帝展に常に作品を発表、昭和5年帝国美術院より無鑑査に推挙された。ボストン美術館にざくろの図と墨画数点が収蔵されている。

佐野 周二　さの・しゅうじ
俳優
大正1年（1912年）11月21日〜昭和53年（1978年）12月21日
生東京市神田区東紺屋町（東京都千代田区）　名本名＝関口正三郎　学立教大学予科〔昭和8年〕卒　歴1年間商社勤めをし

た後、昭和11年大船に移転した松竹に入社。同年「Zメン青春突撃隊」でデビュー。3作目の五所平之助監督「新道」（11年）で上原謙、佐分利信らと主役の一人を演じ、12年の「婚約三羽烏」でも美男3人がそろい松竹三羽烏の名をうたわれた。また「荒城の月」（12年）で高峰三枝子と、「淑女は何を忘れたか」（12年）では桑野通子と、「愛より愛へ」（13年）では高杉早苗と松竹の人気女優を相手役に好演し注目された。13年応召して中国に出征、16年帰還し「蘇州の夜」で李香蘭（山口淑子）と共演して大ヒット。17年には小津安二郎の「父ありき」で息子役を好演。その後2回応召したが、復員後、ただちに松竹に復帰、20年戦後佐々木康監督「そよ風」に並木路子と共演、並木が歌った「りんごの歌」がヒットした。28年フリーとなり、翌年佐田啓二、坂本武らとまどかグループを結成、映画製作も行う。戦後の代表作に「風の中の牝鶏」（23年）、「お嬢さん乾杯」（24年）、「カルメン故郷に帰る」「麦秋」（26年）、「大阪の宿」（29年）、「驟雨」（31年）、「暴れん坊街道」（32年）、「反逆児」（36年）などがある。40年以降はテレビを中心に活躍した。テレビの代表作に「あしたの家族」がある。タレントの関口宏は長男。　家長男＝関口宏（司会者・俳優）、二男＝佐野守（俳優）、孫＝関口知宏（俳優）

佐野 碩　さの・せき

演出家　全日本無産者芸術団体協議会（ナップ）委員長
明治38年（1905年）1月14日〜昭和41年（1966年）9月29日
生中国・天津　出大分県杵築市　学東京帝国大学法学部中退　歴東京帝国大学在学中、新人会に参加。大正14年マルクス主義芸術研究会を結成し、以後、プロレタリア演劇運動に従事。昭和5年全日本無産者芸術団体協議会（ナップ）委員長となるが、治安維持法違反で逮捕。6年偽装転向してソ連に渡り、メイエルホリドの助手を務めるが、スターリン粛清で12年にはソ連も追われ、フランス、米国を経て、14年メキシコに亡命した。以後、死ぬまで日本に帰らず、演出家として多くの俳優を育て、"メキシコ近代演劇の父"と呼ばれた。平成21年岡村春彦によって評伝「自由人 佐野碩」が刊行された。　家祖父＝後藤新平（政治家）、叔父＝佐野学（社会運動家・経済学者）

佐野 善作　さの・ぜんさく

商学者　東京商科大学学長
明治6年（1873年）8月29日〜昭和27年（1952年）5月1日
生静岡県　専商学、金融学　学高等商業学校（現・一橋大学）〔明治28年〕卒　商学博士〔明治44年〕　歴母校の助教授兼東京高等工業学校、専修学校各講師を勤め、明治30年コロンビア大、ロンドン大に留学、33年東京高等商業学校教授。43年ドイツ留学後大正3年母校校長に就任。9年大学昇格（東京商科大学）とともに教授兼学長となり、国立への移転に尽力した。昭和10年退任後名誉教授。また商工審議会委員、産業統制委員会委員、中央統計委員会委員、文教審議会委員なども務めた。同大ではその功績を称え佐野文庫を設立。著書に「銀行論」「取引所投機論」「商学通論」などがある。

佐野 武　さの・たけし

陸軍飛行大尉
明治44年（1911年）〜昭和10年（1935年）5月26日
生熊本県　学陸士卒　歴陸軍飛行中尉となり、昭和10年5月千葉県習志野で行われる近衛歩兵第1旅団連合演習に参加するため、峯岸勝軍曹操縦の偵察機に同乗して立川飛行場を離陸した直後に250メートルの高度から墜落し、2人とも殉職した。没後、大尉に昇進。

佐野 利器　さの・としかた

建築構造学者　建築家　東京帝国大学名誉教授
明治13年（1880年）4月11日〜昭和31年（1956年）12月5日
生山形県西置賜郡荒砥町（白鷹町）　名旧姓・旧名＝山口、通称＝佐野利器　専鉄骨・鉄筋コンクリート構造学、耐震構造学　学二高〔明治33年〕卒、東京帝国大学工科大学建築学科〔明治36年〕卒　工学博士〔大正4年〕　賞日本学士院会員〔昭和25年〕　歴明治36年東京帝国大学講師となり鉄筋コンクリート構造学を研究、39年助教授を経て、大正7年教授。昭和4年退官、16年名誉教授。この間、明治43年〜大正3年ドイツへ留学。4年工学博士号を受け、5年学位論文「家屋耐震構造論」を刊行。"震度"という尺度を初めて提唱した。同年明治神宮造営局参事、7年議院建築局技師を兼任。8年〜昭和14年日本大学高等工学校校長、3年日本大学理工学部教授兼学部長、4年清水組副社長、同年東京工業大学教授も務めた。明治42年竣工の「丸善ビル」の設計は日本最初の本格的鉄骨構造建築として有名。また、「両国国技館」や「東京駅」の鉄骨の計算も担当。関東大震災後は帝都復興院建築局長、東京市建築局長を兼ね、東京市内の小学校校舎全部を鉄筋構造で復興した。昭和4年から建築学会（現・日本建築学会）会長を通算3期務めると共に、ローマ字運動にも力を入れ国語審議会委員ローマ字分科会委員長を務めた。25年日本学士院会員。著書に「家屋耐震構造論」「住宅論」「耐震構造汎論」などがある。　家女婿＝中田亮吉（建築家）

佐野 秀之助　さの・ひでのすけ

鉱山学者　東京帝国大学名誉教授
明治20年（1887年）12月19日〜昭和30年（1955年）12月24日
生大阪府大阪市　学北野中卒、一高卒、東京帝国大学工科大学採鉱科〔明治45年〕卒　工学博士（東京帝国大学）〔大正15年〕　歴大正2年採鉱学研究のため欧米へ留学。4年帰国して明治専門学校教授、11年東京帝国大学工学部教授。昭和18年第一工学部長。23年名誉教授。同年石炭庁長官、25年秋田大学学長。著書に「採炭実技図解集」などがある。

佐野 文夫　さの・ふみお

社会運動家　日本共産党書記長
明治25年（1892年）4月18日〜昭和6年（1931年）3月1日
生山形県米沢市　出群馬県前橋市　学東京帝国大学文学部中退　歴国学院教師、南満州鉄道（満鉄）調査課図書館、外務省情報部などに勤務、この間社会主義思想に接近する。大正11年「無産階級」を創刊し、12年共産党に入党し書記長などを歴任する。昭和3年の三・一五事件で検挙され、5年保釈され間もなく死去した。

佐野 文子　さの・ふみこ

廃娼運動家
明治26年（1893年）〜昭和53年（1978年）
生島根県浜田市　学島根県立高等女学校補修科　歴明治42年旭川に嫁いでいた姉のもとに移り、上川尋常小学校の教師に。その後、私財をなげうって廃娼運動をおこなっていたピアソン夫人と共に、中島遊廓廃止運動に加わり、44年矯風会旭川支部長となる。大正2年夫・啓次郎の没後、本格的な廃娼運動を展開し、多くの娼妓たちを救済した。昭和17年から東条英機首相（当時）秘書。戦後は、旭川で婦人相談員、保護司、家裁家事調停委員などを務めた。

佐野 学　さの・まなぶ

社会運動家　経済学者　日本共産党中央委員長
明治25年（1892年）2月22日〜昭和28年（1953年）3月9日
生大分県杵築市　名筆名＝片島新、高岡幹夫　専経済思想史、経済史　学東京帝国大学法科大学政治学科〔大正6年〕卒　歴東京帝国大学在学中からマルキシズムに傾倒、新人会に参加。大正6年卒業後大学院で農政学を学び、7年南満州鉄道（満鉄）東亜経済調査局嘱託となる。8年早大講師に就任。11年創立直後の日本共産党に参加。12年第一次共産党事件直前にソ連に逃れ、日本共産党代表としてモスクワに駐在、コミンテルンの

さの   昭和人物事典 戦前期

会合に出席した。14年上海会議にも出席し、帰国、「無産者新聞」を創刊。1度入獄したが、下獄後もモスクワなどに行き、昭和2年日本共産党中央委員長。3年コミンテルン第6回大会で常任執行委員。4年上海で検挙され、裁判では公判闘争を展開したが、8年鍋山貞親と共に転向を声明し、党内外に衝撃を与えた。18年出獄。戦後は21年労農前衛党委員長、24年早大教授などを務め、また民族社会主義の立場から22年日本政治経済研究所を創立した。「佐野学著作集」(全5巻)がある。　[家]甥=佐野碩(演出家)

佐野 理平　さの・りへい
サッカー選手
大正1年(1912年)9月21日～平成4年(1992年)3月26日
[学]早稲田大学商学部〔昭和13年〕卒　[歴]ベルリン五輪にサッカーのゴールキーパーとして出場した。

佐野 隆一　さの・りゅういち
鉄興社会長
明治22年(1889年)8月1日～昭和52年(1977年)5月29日
[生]静岡県三島市　[学]東京高等工業学校応用化学科〔明治43年〕卒　[歴]横浜製糖、中村化学研究所、東北電化などで技師、技師長を務めた後、大正14年フェロアロイ製造の鉄興社を設立、代表社員となった。昭和3年株式会社に改組して専務、14年社長となり、我が国最大の総合電気化学メーカーに育成。37年会長。50年同社は東洋曹達工業と合併した。他に伊豆銀行頭取、日本ソーダ工業会名誉会長なども務めた。一方骨董類の収集家としても有名で、41年郷里三島市に佐野美術館を開設、刀剣、能面、古鏡など約1500点を収蔵。

佐波 亘　さば・わたる
牧師 日本基督教会大会議長
明治14年(1881年)4月24日～昭和33年(1958年)4月8日
[生]神奈川県横須賀　[学]東京帝国大学法学部中退、東京神学社卒　[歴]東京帝国大学在学中、植村正久牧師の教会に通いキリスト教に入信、明治41年受洗、大学を中退して伝道者の道を進む。神学社を卒業後、日本基督教大森教会に赴任、以来生涯をここで送った。この間大正3年植村正久の長女澄江と結婚。中国、満州、朝鮮、台湾など伝道旅行に出た。日本基督教会の大会議長を何度も務め、戦時中は日本基督教団に合同したが、戦後同教団を離れ、新しく日本基督教会創設に参画、大会議長を務めた。著書に「植村正久とその時代」がある。　[家]長女=佐波薫(「明日之友」編集長)、長男=佐波正一(東芝社長)、二女=中村妙子(翻訳家)、養父=佐波銀次郎(蘭学者)、岳父=植村正久(牧師)

佐分利 貞男　さぶり・さだお
外交官 駐中国公使
明治12年(1879年)1月20日～昭和4年(1929年)11月29日
[生]東京都　[学]東京帝国大学法科大学〔明治38年〕卒　[歴]明治38年外務省に入り、フランス在勤を経て、大正8年パリ講話会議全権委員随員となる。同年より米国在勤となり、ワシントン会議、日米移民問題に活躍、この間幣原喜重郎駐米大使の知遇を得る。13年帰国し、幣原外相のもとで通商局長となる。15年条約局長として中国国民革命の時期における"幣原外交"の推進に尽力した。昭和2年参事官としてジュネーブ海軍軍縮会議全権委員随員となり、同年から英国在勤。4年幣原が外相に再任すると中華民国特命全権公使に任命され、日華条約改訂交渉を開始。同年交渉打合せのため一時帰国中自殺した。　[家]岳父=小村寿太郎(外交官)

佐分利 信　さぶり・しん
俳優 映画監督
明治42年(1909年)2月12日～昭和57年(1982年)9月22日
[生]北海道空知郡歌志内村(歌志内市)　[名]本名=石崎由雄, 旧芸名=島津元　[学]正則英語学校〔大正15年〕卒, 日本俳優学校卒　[歴]昭和5年日活に入社して島津元の芸名で俳優となる。6年内田吐夢監督「日本嬢」に脇役として出演し、銀幕デビュー。同年の熊谷久虎監督「動員令」で主役に抜擢され、それまでの俳優にない朴訥な演技が注目された。8年日活を退社し、大阪劇団を経て、10年松竹に移籍。このとき、松竹には大監督である島津保次郎がいたため、画家・佐分信と怪死した外交官・佐分利貞男とにちなみ、佐分利信と改名した。以後、五所平之助監督「人生のお荷物」「朧夜の女」、清水宏監督「感情山脈」、島津監督「家族会議」「男性体女性」「兄とその妹」、野村浩将監督「人妻椿」「男の償ひ」、佐々木啓祐監督「荒城の月」などでいぶし銀のような渋い持ち味の二枚目を演じて人気を集めた。11年に五所監督の「新道」で上原謙、佐野周二と共演してからは"松竹三羽烏"として売り出され、再び3人が揃い踏みした同年の島津監督作品「婚約三羽烏」が大ヒットするなど、戦前の松竹における看板スターとなった。戦時中は吉村公三郎監督「暖流」や小津安二郎監督「戸田家の兄妹」、島津監督「日常の戦い」などで充実した演技を見せた。戦後は俳優業と両立しながら映画監督としても活躍した。

佐分 真　さぶり・まこと
洋画家
明治31年(1898年)10月8日～昭和11年(1936年)4月23日
[生]愛知県名古屋市　[学]東京美術学校洋画科〔大正11年〕卒　[歴]大正3年上京し、川端画学校に学ぶ。13年帝展初入選。昭和2年渡仏、一時帰国をはさみ、7年まで滞在。帰国後東宝劇場美術部嘱託に。主に帝展に発表し、6年「貧しきキャフェの一隅」、8年「画室」、9年「室内」が特選となる。

佐保 畢雄　さほ・ひつお
衆議院議員
明治13年(1880年)1月～昭和15年(1940年)9月9日
[出]長崎県　[学]早稲田大学政治経済科卒　[歴]農業を営む傍ら、佐世保市議、長崎県議を経て、鉄道大臣秘書官となる。また佐世保信託、佐世保土地、九州鉄工所、佐世保鉄工所、佐世保貯蓄銀行などの要職に就く。昭和5年長崎2区から衆議院議員に初当選、以後連続4回当選。政友会に所属。南洋方面視察、派遣軍慰問のため満州・北中国へ派遣された。

寒川 光太郎　さむかわ・こうたろう
小説家
明治41年(1908年)1月1日～昭和52年(1977年)1月25日
[生]北海道羽幌町　[名]本名=菅原憲光　[学]法政大学〔昭和4年〕中退　[歴]樺太と満州で新聞記者、東京で喫茶店経営などしたのち、父の勤める樺太庁博物館館員となる。昭和12年上京、創作にはげみ、14年「密猟者」によって芥川賞を受賞して作家活動に入る。「海峡」「草人」「北風ぞ吹かん」をあいついで刊行。太平洋戦争中は海軍報道班員として2度、南方に従軍。この頃の著書に、紀行文集「薫風の島々」などがある。19年、フィリピンで米軍の捕虜となり、22年に帰国。その後は、大衆小説に転じ、「吹雪と原始林」「蝦夷太平記」「荒野の剣士」などを発表。　[家]父=寒川繁蔵(植物学者)　[賞]芥川賞(第10回)〔昭和14年〕「密猟者」

佐村 嘉一郎　さむら・かいちろう
柔道家
明治13年(1880年)11月13日～昭和39年(1964年)11月6日
[生]熊本県熊本市　[歴]竹内三統流の父佐村正明に柔術を習い、明治31年講道館に入った。32年武徳会教授、36年第七高造士館柔道師範、次いで広島高等師範学校、武徳会武術専門学校、八高、福岡高校各師範を経て、昭和6年上京、講道館指南役となり、嘉納治五郎師範を助け、以後歴代館長に仕えた。大正

15年武徳会師範、昭和23年10段。優れた資質と抜群の技を備え、柔道界の重鎮としてその発達に尽くした。

鮫島 実三郎　さめじま・じつさぶろう
物理化学者 東京帝国大学理学部教授

明治23年（1890年）7月3日〜昭和48年（1973年）4月30日

[生]大阪府　[専]コロイド化学、界面化学　[学]八高卒、東京帝国大学理科大学化学科〔大正3年〕卒 理学博士〔大正14年〕　[資]日本学士院会員〔昭和33年〕　[歴]池田菊苗に師事。大正7年欧米へ留学、10年帰国して東北帝国大学理学部助教授、11年教授に昇任。12年には東京帝国大学理学部教授に迎えられ、昭和26年定年退官後は29年まで埼玉大学教授。その後、46年まで立教大学講師として教壇に立った。コロイド化学、界面化学分野を専門とし、同分野の我が国における開拓者の一人。炭が気体を吸収する現象についての詳細な研究を行い、この現象は固体表面における気体分子の吸着による界面現象とみることができず、むしろ炭を構成する原子間の隙間に気体分子が侵入して固溶体と似た状態を形成するものであるとして、"吸着"ではなく"収着"と呼ぶべきと提案した。著書に「物理化学実験法」「膠質学」「化学通論」「煙霧質」などがある。　[賞]日本学士院賞（第42回）〔昭和27年〕, 日本化学会桜井賞〔昭和13年〕

佐山 亮　さやま・りょう
俳優

明治44年（1911年）〜昭和20年（1945年）

[出]千葉県山武郡　[名]本名＝板倉良男　[学]東京美術学校、太平洋美術学校　[歴]昭和13年東宝に入社。伊丹万作監督「巨人伝」でデビュー。以後、「世紀の合唱」「田園交響楽」「沙羅乙女」「忠臣蔵」「上海陸戦隊」「樋口一葉」「村下村塾」などに助演。のち太平洋戦争に出征し、フィリピンで病死。

皿井 旭川　さらい・きょくせん
俳人 医師

明治3年（1870年）10月11日〜昭和20年（1945年）12月18日

[生]岡山県岡山市　[名]本名＝皿井立三郎　[学]三高医学部（現・岡山大学）卒　[歴]大正13年高浜虚子に師事、以後ホトトギスに拠り、昭和12年「ホトトギス」同人に推された。句集に「旭川句集」がある。　[家]甥＝島村元（俳人）

沢 重民　さわ・しげたみ
奈良県知事

明治34年（1901年）4月29日〜平成5年（1993年）12月21日

[出]三重県上野市（伊賀市）　[学]東京帝国大学法学部卒　[歴]内務省土木課河川課長、地方局監督課長、内務省会計課長などを経て、昭和18〜20年奈良県知事。厚生省衛生局長も務めた。

沢木 四方吉　さわき・よもきち
美術史家 慶応義塾大学文学部教授

明治19年（1886年）12月16日〜昭和5年（1930年）11月7日

[生]秋田県船川町　[名]別名＝沢木梢　[学]慶応義塾大学文学部〔明治42年〕　[歴]明治45年ヨーロッパへ留学し、大正5年帰国。慶応義塾大学文学部教授として西洋美術史を講ずる傍ら、衰運の「三田文学」を再建し、主幹を務めたこともあった。著書に「美術の都」「西洋美術史論攷」「ギリシア美術」など。教え子に小島政二郎、勝本清一郎らがいる。

沢口 悟一　さわぐち・ごいち
漆工芸研究家

明治15年（1882年）3月19日〜昭和36年（1961年）4月28日

[出]宮城県　[学]東京美術学校卒　[歴]東京工業試験所所員を経て、東京美術学校講師となる。昭和9年「日本漆工の研究」で帝国学士院賞を受賞。退官後は鳴子漆工常務を務めた。　[賞]帝国学士院賞〔昭和9年〕「日本漆工の研究」

沢崎 堅造　さわざき・けんぞう
経済思想史家 宣教師

明治40年（1907年）3月13日〜昭和20年（1945年）8月

[生]東京都　[学]京都帝国大学経済学部〔昭和5年〕卒　[歴]東京外国語学校在学中に洗礼を受ける。昭和16年京都帝国大学人文科学研究所助手。15年中国旅行で "隣人" 中国人に日本が犯している罪をつぐなわねばならぬと決意、17年福井二郎を中心にした熱河省伝道の集団に参加した。しかし官憲から不穏分子とみられ、20年7月末退去命令を受けた。その直後ソ連軍の進撃に遭い同年8月消息不明となった。キリスト教における経済思想の研究という新しい分野を切り拓き、死後40年に「キリスト教経済思想史研究」が刊行された。他に「熱河宣教の記録」「東亜政策と支那宗教問題」「新の墓にて」などがある。

沢崎 定之　さわざき・さだゆき
テノール歌手

明治22年（1889年）5月17日〜昭和24年（1949年）4月15日

[生]和歌山県　[学]東京音楽学校〔明治45年〕卒　[歴]アウグスト・ユンケル、ハンカ・ペツォルトに師事、39年小松耕輔のオペラ「霊鐘」初演に参加。東京音楽学校声楽科主任教授の傍らテノールの演奏活動を続けた。昭和10年欧米に2年間視察旅行、帰国後は合唱指導など教育に専念した。著書に「唱歌法原理」「基礎唱歌法」がある。

沢田 章　さわだ・あきら
日本史学者 国学院大学文学部教授

明治9年（1876年）2月3日〜昭和9年（1934年）12月31日

[生]愛知県中島郡法花寺村（稲沢市）　[名]旧姓・旧名＝桜木　[専]近代史、財政史　[学]国学院〔明治30年〕卒　[歴]京都の沢田家の養子。明治32年より東京帝国大学附属図書館に勤務し、33年からは同大学文科大学の助手を兼務。42年国学院大学の講師となり、大正12年同教授に昇進、その間、三井家の家史編纂にも関与した。昭和2年には国学院大学附属図書館長に就任。日本近代史及び財政史を専門とし、特に明治期における財政研究で著名。著書に「側面観幕末史」「明治財政の基礎の研究」「西陣織屋仲間の研究」「近世紅花問屋の研究」などがある。

沢田 伊四郎　さわだ・いしろう
龍星閣創業者

明治37年（1904年）1月10日〜昭和63年（1988年）10月8日

[生]秋田県鹿角郡小坂町　[学]東京外国語大学ドイツ語科中退　[歴]大正15年恩地孝四郎と詩と版画雑誌「港」（のち「風」と改題）を出す。昭和8年龍星閣を創業。限定本の出版で知られ、「限定版叢書」を刊行した。また、高村光太郎の詩集「智恵子抄」を企画し、16年初版を出版。40年「智恵子抄」の編集著作権を主張し著作権登録を行ったため、41年光太郎の遺族側から提訴、平成5年編集者側の敗訴が確定した。

沢田 牛麿　さわだ・うしまろ
北海道庁長官 貴族院議員（勅選）

明治7年（1874年）2月6日〜昭和33年（1958年）1月29日

[生]高知県高知市潮江町　[学]山口高〔明治29年〕卒, 東京帝国大学法律学科第三〔明治32年〕卒　[歴]明治32年陸軍省に入省。参事官、36年警察監獄学校教授兼任、37年東京府参事官第三部長、39年朝鮮統監府警視、同年書記官を兼務、42年鹿児島県内務部長。大正7年青森県、8年佐賀県、10年石川県、11年福岡県の各知事を歴任。昭和2年北海道庁長官。14年勅選貴族院議員。

沢田 兼吉　さわだ・かねよし
菌類学者 台北高等農林学校教授
明治16年(1883年)12月26日～昭和25年(1950年)

生岩手県盛岡市 専病害研究 学盛岡中(現・盛岡一高)卒 歴盛岡中学(現・盛岡一高)を卒業後、盛岡高等農林学校助手となる。のち台湾に渡り、台湾総督府農事試験場の技手を皮切りに、台北高等農林学校教授、台北帝国大学司書官、同大農学部講師を歴任。傍ら、台湾の変形菌を採集・研究し、菌類フローラの解明に貢献。その標本の一部は小畑四郎らによって昭和天皇に献上された。また、稲馬鹿苗病やイモチ病など同地の病害について考究するところがあり、稲籾種の消毒をはじめ病害虫の防除・駆除にも尽力した。大正3年からは「台湾博物学会報」に「台湾菌類資料」を連載。その他「台湾総督府中央研究所農業部報告」に連載した「台湾菌類調査報告」や、昭和6年に出版した「台湾産菌類目録」などは台湾の菌類について知る第一級の資料となっている。戦後は帰郷して盛岡農林専門学校で教鞭を執った。他の著書に「菠薐草露菌病と雑草との関係」「台湾に於ける罌粟病害調査」「書病攷」がある。なお、ウドンコ病菌科のSawadaea属は氏の名にちなむ。

沢田 清　さわだ・きよし
俳優
明治39年(1906年)4月22日～昭和50年(1975年)2月22日

生兵庫県神戸市 名本名＝石井晴正 歴大正4年市川九蔵の門下生となり、同年市川芳之助を名のって初舞台。昭和2年市川右太衛門プロに入り、若衆役者として注目されるように。のち日活太秦時代劇部に入り、沢田清と改名、「落花剣光録」で人気を得た。「隠密七生記」の椿源太郎は当たり役の一つで、その美剣士ぶりは話題を呼んだ。無声映画末期の頃までA級スターとして活躍するが、11年からは一座を組んで実演に努め、映画界へ復帰後は以前のような人気はなく、東映京都に所属し主に脇役として「弥太郎笠」「恋染め浪人」などに出演。

沢田 敬義　さわだ・けいぎ
内科学者 新潟医科大学学長
明治6年(1873年)12月3日～昭和27年(1952年)2月7日

生岐阜県岐阜市 学東京帝国大学医科〔明治32年〕卒 医学博士〔東京帝国大学〕明治38年〕 歴東京帝国大学卒業後、母校の助手となり、明治33～36年ドイツへ留学。帰国後、新潟市の竹山病院で診療活動に従事。43年新潟医学専門学校教授となり、大正3～13年附属医院長、11年新潟医科大学教授、附属医学専門部教授、14年～昭和6年学長、9年定年退官。新潟医科大学の創設に携わった。著書に「岐陽随筆」がある。平成14年遺族の許に残されていた自伝が出版された。 家岳父＝竹山九朗(竹山病院院長)、女婿＝金子義晁(同和病院院長)

沢田 吾一　さわだ・ごいち
数学者 歴史学者 東京高等商業学校教授
文久1年(1861年)9月23日～昭和6年(1931年)3月12日

生美濃国厚見郡一色村(岐阜県岐阜市) 専商品学、経済数学 学帝国大学理科大学物理学科〔明治24年〕卒、帝国大学大学院〔明治29年〕中退、東京帝国大学文学部国史学科〔大正12年〕卒 歴美濃国一色村(現・岐阜県岐阜市)に庄屋の長男として生まれる。明治15年陸軍省御用掛となり、参謀本部測量課に勤務。19年第一高等中学数学授業嘱託、20年同校教師。22年帝国大学在学中に東京数学物理学会から応募論文に対し関賞牌を授与される。25年四高教授、29年中央幼年学校附陸軍教授、30年東京高等商業学校教授を歴任。大正6年高等商業学校教授を退官、60歳にして古文書の魅力に惹かれ、9年東京帝国大学文学部国史学科に入学。昭和2年専門の数学的な方法を用いて奈良時代の民政経済の実態を研究した「奈良朝時代民政経済の数的研究」を発表、社会経済史研究に大きな影響を与えた。他の著書に「日本数学史講座」など。

沢田 茂　さわだ・しげる
陸軍中将
明治20年(1887年)3月29日～昭和55年(1980年)12月1日

生高知県 学陸士(第18期)〔明治38年〕卒、陸大〔大正3年〕卒 歴大正4年参謀本部付となり、シベリア出兵時にはオムスク機関、ウラジオ機関に属して特殊工作にあたった。14年野砲第22連隊大隊長、ハルビン特務機関長を務め、満州事変には野砲第24連隊長として戦闘に参加。昭和9年近衛師団参謀長、野戦重砲兵第1旅団長、ポーランド公使館付武官を経て、日中戦争時には第4師団長、13年中将、14年参謀次長となる。実質的な参謀本部の統括者として三国同盟、仏印進駐などにあたり、南方進出による日中戦争の処理を構想。15年第13軍司令官となり、17年病気のため予備役。戦後、第13軍司令官時代のドーリットル飛行隊処刑問題によりBC級戦犯となり、重労働5年の刑を受ける。

沢田 石民　さわだ・せきみん
日本画家
明治38年(1905年)3月15日～昭和19年(1944年)9月15日

生京都府船井郡 名本名＝沢田実 学京都市立美術工芸学校絵画科〔大正13年〕卒、京都市立絵画専門学校〔昭和2年〕卒 歴大正15年国画創作協会第5回展に「風景」で初入選。同年第1回聖徳太子奉讃美術展に「丘」で入選。国画創作協会展に入選を重ねた後、新樹社の結成に参加。第9回帝展に「風景」で入選。これが唯一の官展出品となった。昭和5年第2回聖徳太子奉讃美術展に入選。13年林司馬らと柏舟社を結成。17年三三美術団を結成。他の主な作品に「雪」など。18年召集され、19年ビルマで戦死した。

沢田 節蔵　さわだ・せつぞう
外交官 駐ブラジル大使
明治17年(1884年)9月9日～昭和51年(1976年)7月4日

生鳥取県岩美町 学東京帝国大学法学部〔明治42年〕卒 歴明治42年外務省に入り、電信課長、文書課長、英大使館書記官、米大使館参事官・ニューヨーク総領事を経て、昭和5年国際連盟日本事務局長、9～13年ブラジル大使となり14年退官。この間、ブラジルでの排日機運の緩和及び経済協力に尽力。太平洋戦争中は鈴木貫太郎内閣の顧問を務めた。戦後24年東京外国語大学長となり、29年ユネスコ総会日本代表を務めた。その後日本文化放送協会長、日伯中央協会長、世界経済調査会長、日赤顧問などを歴任した。 家弟＝沢田廉三(外交官)、沢田退蔵(経済人)

沢田 竹治郎　さわだ・たけじろう
弁護士 行政裁判所長官
明治15年(1882年)8月2日～昭和48年(1973年)3月11日

生岐阜県 学東京帝国大学卒 歴福岡県事務官補、愛知県理事官、岩手県警察部長、長野県警察部長などを経て、大正7年行政裁判所評定官となり、昭和17年部長、のち長官などを経て、22年最高裁判事に就任。27年退官し弁護士となり、法政大学講師を務めた。

沢田 利吉　さわだ・りきち
衆議院議員
明治12年(1879年)8月～昭和19年(1944年)2月14日

出北海道 歴黒松内村議、札幌市議、同参事会員等を経て、大正13年に衆議院議員に初当選。以後通算5期務める。その間平沼内閣の商工参与官、鉄道会議議員になる。また日本空罐問屋商業組合理事、南尻別電気、北海道日日新聞社等の社長にも就任。派遣軍慰問のため北中国へ派遣された。

沢田 廉三　さわだ・れんぞう
外交官 外務次官

明治21年（1888年）10月17日〜昭和45年（1970年）12月8日
生鳥取県 学東京帝国大学法科大学仏法科〔大正3年〕卒 歴大正3年外務省に入り、電信課長、在英大使館一等書記官、在フランス大使館参事官、在ニューヨーク総領事を経て、昭和11年満州国参事官。13年近衛文麿内閣の外務次官、14年駐フランス大使、18年初代駐ビルマ大使、19年小磯国昭内閣で再び次官。戦後公職追放、解除後の28年国連大使となり、国連加盟、日ソ国交回復予備交渉などに尽力した。30年外務省顧問、33年第4、第5次日韓会談首席代表も務めた。著書に「凱旋門広場」がある。 家妻＝沢田美喜（エリザベス・サンダース・ホーム創設者）、兄＝沢田節蔵（外交官）、弟＝沢田退蔵（経済人）

沢村 栄治　さわむら・えいじ
野球選手
大正6年（1917年）2月1日〜昭和19年（1944年）12月2日
生三重県宇治山田市（伊勢市） 学京都商（現・京都学園高）〔昭和9年〕中退 歴京都商（現・京都学園高）時代、甲子園に出場。在学中の昭和9年11月全米オールスター対全日本軍戦（静岡草薙球場）で投手に選ばれ、ゲーリッグの本塁打で1—0と敗れたが、ベーブルース、ゲーリッグから三振各1個、計9個を奪う大活躍。10年の米国遠征でもエースとして活躍し、高校を中退してプロ入り、大日本東京野球倶楽部（現・読売巨人軍）に入団。11年9月対大阪タイガース（現・阪神タイガース）戦で日本プロ野球初のノーヒットノーランを記録した。12年春には24勝4敗、防御率0.81で最多勝、防御率1位となり、初のMVPに選ばれる。13年から再度の軍隊応召で快速球を失い、19年2月退団。同年12月3度目の召集で戦死した。ノーヒットノーランを3回達成し、日本野球史上最高の投手といわれる。戦後、32年沢村賞が設置され、34年には第1回の野球殿堂入りを果たした。平成26年第1回京都野球殿堂入り。戦績は実働5年、105試合に登板し63勝22敗、554奪三振、防御率1.74。

沢村 宗十郎（7代目）　さわむら・そうじゅうろう
歌舞伎俳優
明治8年（1875年）12月30日〜昭和24年（1949年）3月2日
生東京築地（東京都中央区） 名本名＝沢村福蔵、初名＝沢村源平、前名＝沢村訥升、俳名＝高賀 歴4代目助高屋高助の養子となって明治14年初舞台。19年義兄の沢村訥子と大阪へ行き、25年3代目沢村訥升と改名、41年7代目宗十郎を襲名した。44年帝国劇場開場の時、7代目幸四郎、6代目梅幸らと幹部技芸員として招かれ、女方、二枚目で活躍したが、和事師として高名だった。 家養父＝助高屋高助（4代目）、長男＝助高屋高助（5代目）、二男＝沢村田之助（5代目）、三男＝沢村宗十郎（8代目）

沢村 寅二郎　さわむら・とらじろう
英文学者 八高教授
明治18年（1885年）3月28日〜昭和20年（1945年）7月6日
生京都府京都市新町 学東京帝国大学英文科〔明治43年〕卒 歴18歳の時叔父の菅野徳助を頼って渡米、バイオリン修業を志したが、断念して帰国、一高、東京帝国大学と進んだ。明治43年八高に勤め、抜群の英語力で沢寅と呼ばれる名物教授となった。大正12年上京、東京帝国大学と東京高等学校で教鞭を執った。昭和20年退官。東京空襲で甲府に疎開したが同年7月6日の甲府空襲で戦災死。シェークスピアの対訳、ウルフの「To the Lighthouse」注釈や訳本がある。

沢村 康　さわむら・やすし
農政学者 九州帝国大学教授
明治26年（1893年）8月29日〜昭和26年（1951年）5月12日
生東京都 学東京帝国大学農科大学〔大正6年〕卒、東京帝国大学法学部〔大正9年〕卒 法学博士 歴大正10年九州帝国大

学助教授となり、同年文部省在外研究員として英国、ドイツ、フランスに留学、帰国後の13年教授となり、農政学講座を担当、在職約30年。著書に「小作法と自作農創定法」「中欧諸国の土地制度及土地政策」「農業土地政策論」「農業団体論」「米価政策論」があり、没後「ロシア農地制度史」「協同組合論」が刊行された。

沢本 与一　さわもと・よいち
衆議院議員
明治13年（1880年）5月〜昭和10年（1935年）1月16日
出山口県 学東京専門学校（現・早稲田大学）政治科〔明治31年〕卒 歴新聞記者、内閣嘱託、久原鉱業会社秘書役兼北京出張所長、中華民国農政部実業顧問、次いで司法大臣秘書官、鉄道大臣秘書官、外務参与官などを歴任。昭和3年より衆議院議員に連続3選。民政党に所属した。東京市第二助役、同市高級嘱託も務めた。

沢本 頼雄　さわもと・よりお
海軍大将
明治19年（1886年）11月15日〜昭和40年（1965年）6月29日
生山口県 学海兵（第36期）〔明治41年〕卒、海大〔大正8年〕卒 歴明治43年海軍少尉に任官。「霧島」「常磐」「河内」分隊長を経て海大に入り、8年第3水雷戦隊参謀、9年少佐「薩摩」砲術長、10年軍務局第1課を経て、12年英国駐在、13年英国大使館付武官補佐官、中佐、14年「五十鈴」副長、15年人事局第1課、昭和3年大佐、「天龍」艦長、4年軍務局第1課長、7年「高雄」艦長、8年「日向」艦長、9年少将、10年海大幹事、11年艦政本部総務部長、12年第7戦隊司令官として日中戦争に参加、13年中将、14年海大校長、15年第2遣支艦隊司令官、16年海軍次官、日米開戦後も在任、東条英機内閣の下で戦争体制強化を図り、19年大将、軍事参議官、同年7月呉鎮守府長官となった。20年予備役、戦後、水交会理事長、同会会長を務めた。

沢山 精八郎　さわやま・せいはちろう
実業家 貴族院議員（多額納税）
安政2年（1855年）11月3日〜昭和9年（1934年）3月21日
出肥前国大村（長崎県大村市） 歴肥前大村藩士の長男に生まれる。長崎広運館で英学を修める。実業界に入り、長崎で船舶給水業を創業し、島原水電、沢山汽船、沢山兄弟商会などの社長となり、遠洋漁業社長、九州汽船社長、長崎銀行頭取、長崎製鉄所取締役などのほか、長崎商業会議所副会頭も務めた。一方、明治32年から長崎市名誉参事会員となり、長崎市議、長崎県議を務め、大正14年〜昭和7年貴族議員（多額納税）となる。また日蓮宗の信仰厚く、長崎に一寺を建立した。

佐原 篤介　さわら・とくすけ
新聞記者 中国問題研究家
明治7年（1874年）2月4日〜昭和7年（1932年）7月17日
生東京神田（東京都千代田区） 名本名＝佐原希元、筆名＝湿上槎客 学慶応義塾〔明治26年〕卒 歴明治26年弁護士となり、31年「時事新報」記者に転じ、32年同社特派員として上海に渡る。以来約30年間同地に留まり、「大阪毎日新聞」などの通信員として健筆を揮い、英字新聞「マーキュリー」の副主筆兼取締役も務める。また週刊「上海」を主宰し、上海の言論界に異彩を放った。一方、佐原研究室を設けて中国問題に関する多くの資料を蒐集し、政治・経済・外交ほかの調査・研究に尽力した。大正15年満州に移り盛京時報社長となり、満州の言論界にも重きをなし、満蒙問題にも貢献した。

寒川 恒貞　さんがわ・つねさだ
実業家
明治8年（1875年）6月26日〜昭和20年（1945年）1月30日
生香川県 名幼名＝安太郎 学京都帝国大学理工科大学電気

工学科〔明治35年〕卒　歴大学院で蓄電池の研究を始めたが明治36年退学、水力開発の技術者として活躍。40年箱根～横浜間送電線に日本初の鉄塔を考案。43年四国水力電気の創立に加わり監査役兼顧問、大正2年名古屋電燈顧問、7年東海電極を設立して社長となった。昭和16年会長。9年には世界最大18インチ人造黒鉛電極を完成。電気製鋼所、日本アルミニウム設立にも参画した。大正14年電気功労者として逓信大臣から表彰された。

三条 公輝　さんじょう・きんてる
公爵　掌典長　御歌所長　貴族院議員
明治15年（1882年）12月2日～昭和20年（1945年）11月10日
生東京府麹町区（東京都千代田区）　学東京帝国大学法科大学政治科〔明治45年〕卒　歴三条実美の三男に生まれ、明治25年分家として男爵。大正13年本家三条実憲の養子となり家督をつぎ、公爵を襲European。皇子傅育官、皇后宮事務官、同主事、昭和元年皇太后宮事務官、5年同庶務課長、6年掌典次長、8年掌典長を歴任。その後御歌所長を兼務。大正13年～昭和20年貴族院議員。　家父＝三条実美（内大臣）、息子＝三条実春（平安神宮宮司）

三笑亭 可楽（7代目）　さんしょうてい・からく
落語家
明治19年（1886年）1月31日～昭和19年（1944年）4月12日
生東京市京橋区（東京都中央区）　名本名＝玉井長之助、前名＝談洲楼燕福、談洲楼燕玉、柳家伝枝、桂才賀、桂文楽、春亭文枝、柳亭小左楽、滝亭鯉昇　歴11歳で銀座の時計屋に奉公する傍ら、銀座の店員仲間と笑花連という一座を作り、商家の座敷で無料出演していた。時計屋がつぶれたのを機に、2代目談洲楼燕枝に入門、燕福、燕玉を名のる。明治44年柳亭伝枝、大正3年桂才賀、7年5月桂文楽、12月春亭文枝と改名し、11年5代目柳亭左楽門下に移って柳亭小左楽。15年滝亭鯉昇を経て、同年末に7代目三笑亭可楽を襲名した。尊敬した3代目柳家小さんの演目を多く手がけ、昭和13年から評論家の安藤鶴夫が"可楽を聴く会"を主宰した。19年2階の梯子段から転落、3日後に亡くなった。本名の玉井長之助から"玉井の可楽"と呼ばれ、俳句をよくした。

三田谷 啓　さんだや・ひらく
社会事業家　大阪市社会局児童課長
明治14年（1881年）9月1日～昭和37年（1962年）5月12日
出兵庫県　学大阪府立高等医学校（現・大阪大学）卒　歴知的障害児のための治療教育学を富士川游に学ぶ。大正7年大阪市社会局児童課長となり、児童相談所などを創設した。9年月刊誌「母と子」を創刊。昭和2年芦屋に三田谷治療教育院を開き、4年日本母の会を設立。著書に「治療教育学」などがある。

三辺 金蔵　さんべ・きんぞう
会計学者　慶応義塾大学名誉教授　立教大学総長
明治13年（1880年）3月7日～昭和37年（1962年）4月25日
出神奈川県　学慶応義塾大学理財科〔明治41年〕卒　経済学博士〔昭和6年〕　歴慶応義塾大学助手となり、商工学校で英語、簿記を教え、明治42年慶大予科で経済原論担当。43年本科で商業学研究を講義。45年英国、ドイツに留学、帰国後、経済政策、経済原論のほか会計学を初めて講じた。昭和5～9年経済学部長を務め、18年名誉教授、立教大学総長となった。27年再び慶大学部、大学院で会計学などを講じた。のち千葉商科大学教授。簿記、会計学、経営分析などの著書がある。

三遊亭 円右（2代目）　さんゆうてい・えんう
落語家
明治24年（1891年）11月28日～昭和26年（1951年）8月27日
生東京市本郷区（東京都文京区）　名本名＝沢木松太郎、前名＝

三遊亭円子、三遊亭小円右　歴円子、小円右を経て、大正13年に円右を襲名。父の溺愛で大成しなかったという。　家父＝三遊亭円右（1代目）

三遊亭 円橘（5代目）　さんゆうてい・えんきつ
落語家
明治17年（1884年）11月5日～昭和34年（1959年）6月23日
生東京府下谷区（東京都台東区）　名本名＝豊永豊太郎、前名＝三遊亭右喜松、三遊亭円雀、三遊亭若円右、柳家芝楽　歴明治36年初代三遊亭円右に入門、右喜松。40年代の初め頃に円雀を名のり、大正5年若円右で真打ち。7年5代目柳亭左楽門下に転じて柳亭芝楽に改名したが、昭和2年睦会から落語協会への移籍に際して5代目円橘を襲名した。

三遊亭 円生（5代目）　さんゆうてい・えんしょう
落語家
明治17年（1884年）～昭和15年（1940年）1月23日
生東京府芝区神明（東京都港区）　名本名＝村田源治、前名＝橘家小円蔵、橘家円窓、橘家円蔵　歴4代目橘家円蔵に師事、小円蔵、円窓と名のって真打ちとなり、大正4年落語家として初めて渡米、巡演した。11年5代目円蔵、14年5代目円生を襲名した。巨体でデブの円生といわれ得意は「夢金」「首提燈」「花見の仇討」、3代目小さんの話風に似せて「らくだ」「しめこみ」を好演、人情ばなし「文七元結」、上方ばなし「三十石」は特に得意だった。

三遊亭 円馬（3代目）　さんゆうてい・えんば
落語家
明治15年（1882年）11月3日～昭和20年（1945年）1月13日
生大阪府大阪市北区大工町　名本名＝橋本卯三郎、初名＝月亭小勇、前名＝笑福亭都木松、立花家橘松、月亭小文都、立花家左近、朝寝坊むらく、橋本川柳　歴月亭都勇の子。明治20年7歳で月亭小勇を名のり初高座。21年笑福亭木鶴の門に入り、笑福亭小鶴、次いで都木松と改名。上京して音曲師立花家橘之助に師事、立花家橘松、同歌橘、同左近と名のった。43年真打ちとなり朝寝坊むらく。のち師匠橘之助と仲違い、橋本川柳となったが、大阪に帰り3代目三遊亭円馬を襲名した。名人芸をうたわれ、大阪落語を東京に紹介した功労者。門弟に8代目桂文楽。　家父＝月亭都勇（落語家）

三遊亭 円遊（3代目）　さんゆうてい・えんゆう
落語家
明治11年（1878年）8月28日～昭和20年（1945年）3月17日
名本名＝伊藤金三、前名＝三遊亭小蔵、三遊亭小伝遊、三遊亭三福、三遊亭金三、月の家円鏡　歴初代三遊亭小円遊に入り、小蔵を名のる。のち小伝遊を名のり、明治37年真打ちとなる。三福、金三、月の家円鏡を経て、大正14年3代目三遊亭円遊を襲名。得意な演し物は「野ざらし」「明烏」「転宅」「紙屑屋」など。

三遊亭 志ん蔵　さんゆうてい・しんぞう
落語家
明治18年（1885年）2月18日～昭和39年（1964年）10月10日
生大阪府天満　名本名＝田辺米三郎、前名＝雷門昇六、古今亭志ん蔵　歴大阪天満寺町に生花商の三男として生まれる。落語に凝り、桂文蝶らと同じ天狗連（素人落語）であったが、明治42年女性問題から家出をして上京、5代目雷門助六の門に入り、昇六を名のる。助六の他に"お化け左龍"と呼ばれた2代目柳亭左龍にも教えを受け、怪談噺に精進。43年助六の3代目古今亭志ん生襲名に伴い古今亭志ん蔵に改名。大阪と東京を行き来するが、関東大震災以後は大阪に定住、吉本興業に所属して桂派の三遊亭円子の内輪となり三遊亭志ん蔵を名のる。円子と組み日本各地を巡業、「四谷怪談」「牡丹灯篭」「お岩

「二人お岩」といった怪談噺が十八番で、夏のみならず一年中演じたことから "幽霊志ん蔵"、また夏しか売れない冷やし飴に喩えられ "冷やし飴志ん蔵" の異名をとった。手先が器用で幽霊やお化けの面を自作したほか、華道・遠山流の免許を持ち、カット画にも見事な腕前を見せた。晩年交通事故で足を骨折したことから高座に上がれなくなり、桂米朝の世話で松原市の大阪養老院に入った。

三遊亭 柳枝 さんゆうてい・りゅうし
漫才師 喜劇俳優
明治6年（1873年）12月～昭和36年（1961年）5月19日
生大阪府 名本名＝山本卯三郎、前名＝三遊亭柳歌 歴瀬戸内海の汽船のボーイから、2代目三遊亭柳枝に入門、柳歌、次いで三遊亭円子の預り弟子となり、柳枝を名のった。花柳一駒とコンビを組み、大正末期に、20歳すぎで座長となって全国を巡業した。昭和17年頃、女性漫才師のミヤコ蝶々と結婚。戦後は妻と柳枝劇団を結成して活動していたが、浮気が原因で離婚、蝶々は一座にいた南都雄二と一緒に去った。その後、同座の女優・南喜代子とのコンビで再スタート。また、松竹爆笑喜劇と称して、道頓堀の角座などで喜劇を演じた。居合抜きを得意とし、「大菩薩峠」の机竜之介の役を当たり芸とした。

【し】

椎尾 弁匡 しいお・べんきょう
宗教家 仏教学者 衆議院議員
明治9年（1876年）7月6日～昭和46年（1971年）4月7日
生愛知県春日井 名号＝椎名節堂 専インド哲学、仏教哲学、浄土教思想 学浄土宗高等学院〔明治31年〕卒、東京帝国大学哲学科宗教学専攻〔明治38年〕卒 文学博士 歴浄土真宗高田派円福寺椎尾順位の五男。明治21年名古屋の浄土宗瑞宝寺で得度。33年小石川表町に興学舎を設立、宗門子弟の勉学に供した。38年東京帝国大学卒後、浄土宗大学講師、翌年教授、40年浄土宗教学部長。大正2年名古屋に東海中学を設立、校長となった。15年大正大学設立と共に教授となり宗教学・哲学研究室主任。昭和2年学部長。11、17、27年の3期学長を務めた。一方3年の第1回普選から3回衆議院議員に当選。また、早くから仏教を現実生活に生かす宗教倫理運動として "共生運動" を起し、多くの信奉者を得て、昭和10年には財団法人共生会が設立され会長に就任。20年から大本山増上寺法主となった。晩年は財団法人芝生会会長、三康文化研究所所長を務めた。著書には「人間の宗教」「仏教哲学」「椎尾弁匡選集」（全10巻）などがある。

椎名 悦三郎 しいな・えつさぶろう
商工次官
明治31年（1898年）1月16日～昭和54年（1979年）9月30日
生岩手県水沢市（奥州市） 学東京帝国大学独法科〔大正12年〕卒 歴大正12年農商務省に入省。14年同省の分離により商工省へ移り、昭和8年満州国実業部へ転出。14年商工省に戻り、15年総務局長。16年東条内閣の岸信介商工相の下で商工次官。18年軍需省総動員局長、20年4月軍需次官となり陸海軍への物資調達などに従事。公職追放解除後の30年以来衆議院議員に連続当選（8回）。外相、通産相などを歴任し、47年自民党副総裁。40年の日韓基本条約締結の立役者で、党副総裁として49年三木内閣の生みの親にもなった。 家二男＝椎名素夫（参議院議員）、伯父＝後藤新平（政治家・伯爵）

椎野 修 しいの・おさむ
洋画家
大正2年（1913年）11月20日～昭和20年（1945年）3月27日

生佐賀県三養基郡鳥栖町（鳥栖市） 学熊本中〔昭和6年〕卒、東京美術学校油画科〔昭和13年〕卒 歴藤田嗣治に師事。東京美術学校在学中にシュール的な作品で二科展に入選して注目を浴びた。また、樺太を一人で旅行し約100点の風景画を描き、卒業後、福岡市の奈良屋小で教師を務める。応召後も、出征した南方の地で銃を抱いて眠る戦友や戦闘機の整備兵などを描き続けた。2度目の応召を受け、昭和20年3月ビルマ（ミャンマー）で戦死した。のち兄・力により散逸した作品が集められ、61年7～9月福岡市美術館で初の回顧展が開催され、「夜の橋」「子ども達」「博多港」など遺作約60点が展示された。 賞大東亜戦争銃後美術展最高賞〔昭和17年〕

塩入 亀輔 しおいり・かめすけ
音楽評論家
明治33年（1900年）～昭和13年（1938年）2月8日
生東京市京橋区築地（東京都中央区） 学早稲田大学独法科卒 歴ヴァイオリンを小林武光に学び、早大在学中から音楽評論を執筆。在学中に読売新聞社会部に入り、のち新交響楽団（現・NHK交響楽団）の機関誌「フィルハーモニー」の編集を経て、「音楽世界」の編集長を務めた。

四王天 延孝 しおうてん・のぶたか
陸軍中将 政治家
明治12年（1879年）9月2日～昭和37年（1962年）8月8日
生東京都北区赤羽 名旧姓・旧名＝西村 学陸大〔明治42年〕卒 歴日露戦争に従軍、第一次大戦では3年間フランス軍に従軍。帰国後は陸軍航空の発達に尽し、大正12年務局航空課長、13年から昭和2年まで国際連盟陸軍代表を務める。2年豊予要塞司令官。4年陸軍中将を最後に退役。その後は航空知識の普及やユダヤ問題の研究に当たった。17年衆議院議員に当選。著書に「四王天延孝回顧録」「ユダヤ思想及運動」。

塩沢 幸一 しおざわ・こういち
海軍大将
明治16年（1883年）3月5日～昭和18年（1943年）11月17日
生長野県 学海兵（第32期）〔明治37年〕卒、海大卒 歴日露戦争に従軍後の明治38年海軍少尉。海大卒業後駐英大使館付武官、帰国後海軍大学教官、大正12年務局第2、第1課長、「古鷹」艦長、再び駐英武官、昭和3年少将。4年以降第2、第1艦隊参謀兼連合艦隊参謀長、航空本部長、第5艦隊司令長官、佐世保鎮守府司令長官。日華事変でバイアス湾上陸を指揮、14年大将、横須賀鎮守府司令長官となった。 家父＝塩沢伊八郎（養命酒本舗主）

塩沢 昌貞 しおざわ・まささだ
経済学者 早稲田大学総長
明治3年（1870年）10月20日～昭和20年（1945年）7月7日
生茨城県 名旧姓・旧名＝関 学東京専門学校（現・早稲田大学）英語政治科〔明治24年〕卒、ウィスコンシン大学卒 哲学博士、法学博士〔明治42年〕 賞帝国学士院会員〔昭和9年〕 歴ウィスコンシン大で経済学を専攻、学位を得て明治33年帰国、母校で教え、34年ドイツのハレ、ベルリン両大学で経済学、財政学を研究。35年から母校早稲田大学の教務主任、教授、政治経済学部長を務め、大正12年総長となった。この間中等教育検定試験委員、経済調査会委員、海軍経理学校教授などを兼任。またジュネーブの国際労働機関（ILO）総会、プラハの社会政策国際会議などにも出席。15年小作調査会委員、協調会附属社会政策学院長、昭和7年日本学術振興会第3常置委員、9年帝国学士院会員。早大に30余年、学園の父といわれた。

塩田 団平 しおた・だんぺい
実業家 政治家 羽後銀行頭取

明治14年（1881年）4月1日～昭和38年（1963年）4月16日
 生秋田県雄物川町　学東京高等商業学校（現・一橋大学）専攻部修了　歴沼館町長、秋田県議を経て、大正15年、昭和5年と衆議院議員に当選2回。民政党に所属。14～22年多額納税の貴族院議員。羽後銀行頭取も務めた。

塩田 広重　しおた・ひろしげ
外科学者 東京帝国大学名誉教授 貴族院議員（勅選）
明治6年（1873年）10月14日～昭和40年（1965年）5月11日
 生京都府与謝郡宮津町（宮津市）　学東本願寺中卒、一高〔明治28年〕卒、東京帝国大学医科大学〔明治32年〕卒 医学博士〔明治44年〕　賞日本学士院会員〔昭和24年〕　歴7人弟妹の長男。母方の祖父である斎藤仙雅は、蘭方医・新宮涼庭の養子となった新宮涼閣の実兄で、祖父と、叔父で岳父となった斎藤仙也の影響で医師を志す。明治33年東京帝国大学助手、35年助教授を経て、40～42年私費でオーストリアのウィーン大学へ留学。大正3年日本医学専門学校勃発に日本赤十字社仏国派遣救護班医長として渡仏、パリで連合軍の負傷兵救護にあたって名を馳せた。5年帰国。6年東京帝大附属医院分院長兼外科医長を経て、12年東京帝大教授に就任して外科学第二講座を担任。昭和9年退官。大学同期で親友の稲田龍吉が内科を志望したことから外科の道を選び、医学界で"稲田内科・塩田外科"と並称されるに至った。5年東京駅で狙撃された浜口雄幸首相や、二・二六事件で叛乱軍に銃撃された鈴木貫太郎侍従長、青年に狙撃された平沼騏一郎と3人の首相を手術したことで知られる。この間、大正15年日本医科大学教授、昭和3～35年同学長を兼務。20年厚生省医療局長、21年勅選貴族院議員。24年日本学術会議会員、日本学士院会員。自伝「メスと鋏」がある。　家祖父＝斎藤仙雅（医師）、叔父＝斎藤仙也（医師）　賞文化功労者〔昭和29年〕

塩月 赳　しおつき・たけし
小説家 評論家
明治42年（1909年）1月12日～昭和23年（1948年）3月17日
 生宮崎県　学東京帝国大学美学科卒　歴太宰治と親しく「海豹」に加わり、「浪漫古典」に作品を発表、「散文」を主宰した。その後「政界往来」に勤務、東洋経済から北京に行き、戦後帰国。小説「或る幸福」、評論集「薔薇の世紀」があり、太宰「佳日」のモデル。太宰より3ケ月前に死去、薔薇忌が設定された。

塩月 桃甫　しおつき・とうほ
画家
明治19年（1886年）～昭和29年（1954年）1月30日
 生宮崎県児湯郡三財村（西都市）　名本名＝塩月善吉、旧姓・旧名＝永野、雅号＝木兆、痴銭　歴宮崎県師範学校卒、東京美術学校師範科卒　歴宮崎県師範学校卒業後、23歳の時塩月家の婿養子となり、同年東京美術学校師範科に入学。卒業後、大阪、松山で11年間教職に就いたのち、大正10年35歳の時台湾に渡る。以来終戦までの25年間1度も帰国せず、台湾美術界の重鎮、教育者として台湾総督美術展覧会（台展）を創設するなど振興と近代化に貢献した。昭和21年裸一貫で帰国。敗戦の混乱と飢餓の中にあっても精力的な創作意欲を持ち続け、ルオーを思わせる重厚な色彩と、奔放な筆致の作品を多数制作、フォービズムの異才として知られた。傍ら水墨画も得意とし木兆、痴銭の号で活躍した。

塩野 義三郎（2代目）　しおの・ぎさぶろう
塩野義製薬社長
明治14年（1881年）11月15日～昭和28年（1953年）10月3日
 生大阪府大阪市道修町　名旧姓・旧名＝塩野正太郎　学大阪高等商業学校〔明治35年〕卒　歴父・初代義三郎の薬問屋・

塩野義商店に入り、大正9年株式会社に改組、取締役となり、10年正太郎改め義三郎を襲名、社長となった。徒弟制度を廃止、新薬を発売、昭和18年塩野義製薬に改称した。戦後、23年から全社的な合理化に着手、27年には総合ビタミン剤のポポン錠（のちポポンS錠）を発売し知名度を高めた。日本医薬品配給統制会社社長、日本製薬団体連合会会長、医薬品販売協会会長、薬事振興会理事長、日本化学工業協会理事なども務めた。　家父＝塩野義三郎（1代目）、孫＝塩野芳彦（塩野義製薬会長）

塩野 季彦　しおの・すえひこ
司法官 司法相 大審院次長検事
明治13年（1880年）1月1日～昭和24年（1949年）1月7日
 生長野県　名旧姓・旧名＝山寺　学東京帝国大学法科大学独法科〔明治39年〕卒　歴明治41年検事となり、大阪・東京各区裁判所検事、司法参事官、東京控訴院検事、司法省行刑局長、名古屋控訴院検事長、昭和11年大審院次長検事を歴任。この間、シーメンス事件、三・一五事件、四・一六事件、東京市会疑獄事件などに携わる。12年林内閣、第一次近衛内閣、14年平沼内閣の3代にわたり司法相を務め、14年の一時逓信相を兼任した。同年8月下野して日本法理研究会を創設、主宰し、戦時司法体制のイデオロギー作りに当たった。　家長男＝塩野宜慶（東京高検検事長・法務事務次官）

塩野 直道　しおの・なおみち
算数教育家 文部省図書監修官
明治31年（1898年）12月25日～昭和44年（1969年）5月10日
 生島根県　学東京帝国大学理学部物理学科卒　歴松本高校教授を経て、大正14年文部省図書監修官に就任し、戦時下の国定教科書「小学算術」（昭和10年より使用、通称"緑表紙"）の編纂で中心的役割を果たす。20年金沢高等師範学校校長に就任、戦後公職追放を受け、27年解除、のち出版社啓林館取締役となる。また検定教科書「算数」を編集した。"緑表紙"は、今世紀初頭からの数学教育近代化の内容を取り入れており、算数教育に与えた影響は大きい。主著に「数学教育論」「日本の暗算」など。

塩谷 温　しおのや・おん
中国文学者 東京帝国大学名誉教授
明治11年（1878年）7月6日～昭和37年（1962年）6月3日
 生東京市下谷区仲徒士町（東京都台東区）　名号＝塩谷節山　専中国通俗文学　学東京帝国大学文科大学漢文科〔明治35年〕卒 文学博士〔大正9年〕　歴明治38年学習院教授、39年東京帝国大学文科大学助教授となり、ドイツ、中国に留学。大正9年「元曲研究」で文学博士、同年教授。昭和14年定年退官、名誉教授。大正8年以来、財団法人斯文会の理事、顧問として活躍、全国学生剣道連盟副会長、戦後は都内有数の各詩吟会顧問も務めた。専攻は中国文学で、元明時代の戯曲、小説の分野を開拓し、元刊の「全相平話」や「三言」を発見した。また「元人百種曲」の和訳を成し「西廂記」の歌訳を行った。著書に「新字鑑」「節山先生詩文鈔」などがある。　家祖父＝塩谷簣山（儒官）、父＝塩谷青山（＝時敏、漢学者）、息子＝塩谷桓（中国文学者）

塩谷 不二雄　しおのや・ふじお
内科学者 東京帝国大学教授
明治15年（1882年）7月26日～昭和38年（1963年）5月31日
 生東京都　学東京帝国大学医科大学〔明治40年〕卒 医学博士〔大正7年〕　歴東京帝国大学教授、附属病院小石川分院長、東京帝大病院第四内科医長、昭和18年退官。20年から渋川国立病院長、沼田国立病院長、23～36年国立高崎病院長を務めた。

塩原 時三郎　しおばら・ときさぶろう

通信院総裁　清水市長

明治29年（1896年）2月18日〜昭和39年（1964年）10月27日

［生］長野県更級郡八幡村（千曲市）　［名］旧姓・旧名＝和田　［学］東京帝国大学法学部法律学科〔大正9年〕卒　［歴］和田家に生まれ、塩原家の養子となる。通信省に入るが、昭和4〜7年清水市長を務める。10年満州国国務院総務庁人事処長、11年朝鮮総督秘書官、12年朝鮮総督府学務局長、16年厚生省職業局長、17年6月電気庁長官、11月通信省電気局長、18年軍需省電気局長、19年通信院総裁を経て、20年5月通信院総裁、8月辞職。同年弁護士登録。22〜26年公職追放。28年静岡1区から衆議院議員に当選、1期。37〜39年川南工業代表取締役。

塩原 又策　しおばら・またさく

実業家　三共社長

明治10年（1877年）1月10日〜昭和30年（1955年）1月7日

［生］長野県　［出］神奈川県横浜市　［学］横浜英和学校卒　［歴］横浜英語学校を卒業後、父と親密な間柄であった大谷嘉兵衛が経営する日本製茶会社に入り、実務を修業。明治30年父と大谷が共同出資で横浜刺繍株式会社を設立すると取締役支配人を任され、羽二重や刺繍ハンカチを外国商館に販売した。31年米国帰りの友人・西村庄太郎から強力消化酵素タカヂアスターゼの効能について知らされ、その輸入販売を決意。同年滞米中のタカヂアスターゼ発見者・高峰譲吉と契約して同薬の日本・中国・朝鮮での一手販売権を獲得し、32年西村、福井源次郎とともに匿名合資会社三共商店を設立。35年には高峰が発見したアドレナリンの一手販売契約を結んだほか、高峰の推薦で米国大手製薬会社パーク・デービス社と日本総代理店契約を締結し、社業の基礎を確立した。やがて製薬業に乗り出し、40年三共薬品合資会社（現・第一三共）に改組。大正2年株式会社化して高峰を社長に迎え、自身は専務に就任。さらに経営の多角化と積極戦略を進め、昭和4年社長に就任。一方で米国から合成樹脂ベークライトの特許権を獲得して工業化を進め、7年日本ベークライトを設立、会長となった。15年三共薬品会長に退き、21年まで在職した。　［勲］紺綬褒章〔大正4年〕

汐見 三郎　しおみ・さぶろう

財政学者　京都帝国大学教授

明治28年（1895年）2月9日〜昭和37年（1962年）12月4日

［生］大阪　［学］京都帝国大学法科大学政治学科〔大正7年〕卒　経済学博士〔昭和2年〕　［歴］大正7年大蔵省入省。10年京都帝国大学経済学部助教授となり、昭和3年教授に就任。日本租税研究会会長も務めた。著書に「日本財政の特殊問題」「統計学」「専売及官業論」「租税論」など。　［家］女婿＝新木文雄（福岡銀行頭取）

潮山 長三　しおやま・ちょうぞう

小説家

明治25年（1892年）1月1日〜昭和6年（1931年）4月6日

［生］愛知県名古屋市中区矢場町　［名］本名＝松村長之助　［学］名古屋市立商中退　［歴］名古屋新聞社に入り記者生活10余年、その間同紙に「闇の森心中」を連載、大正12年講談社から刊行。のち新愛知新聞社に移り、昭和4年上京して村松梢風に師事。他に「釣瓶心中」「五月闇の聖天呪殺」などがある。

志賀 暁子　しが・あきこ

女優

明治43年（1910年）6月17日〜平成2年（1990年）9月17日

［生］京都府京都市　［名］本名＝竹久悦子、前名＝城りえ子　［学］活水高等女学校卒　［歴］初めピアニストを志したが、東京人形町でダンサーをしている時、帝国キネマの中野英治と知り合い、彼の世話で帝国キネマに入った。城りえ子の名で昭和5年木村恵吾監督の「若き血に燃ゆるもの」に初出演したが振るわず、8年再び木村監督の勧めで新興キネマに入った。阿部豊監督の「新しき天」に志賀暁子の名で再デビュー。9年村田実監督に拾われ大仏次郎原作の「霧笛」に中野英治と共演、スターの座についた。次いで「山の呼び声」などに主演。ところが10年「霧笛」撮影中起こした堕胎事件が発覚、堕胎、死体遺棄などで起訴され、1年6月懲役2年執行猶予3年の判決を受けた。12年菊池寛の世話で「美しき鷹」に出演したが続かず、13年会津の素封家と結婚した。その後、新協劇団に参加したり、東映、大映で助演した。

志賀 亮　しが・あきら

皮膚科学者　北海道帝国大学名誉教授

明治22年（1889年）9月2日〜昭和28年（1953年）5月18日

［生］東京都　［専］性病科学，泌尿器科学　［学］東京帝国大学医科大学〔大正4年〕卒　医学博士　［林］学者・志賀泰山の三男。大正8年愛知県立医科大学専門学校教授、11年北海道帝国大学医学部助教授となり、ドイツ留学、ビュルツブルクでウーレンフート教授に血清学、化学療法を学ぶ。13年帰国し、北海道帝国大学医学部教授となり、皮膚泌尿器科学講座を担当。昭和10年同附属医院長、17年退官し、名誉教授。先天梅毒、腎臓結核、尿管結石などを広く研究した。著書に「泌尿器科学」「尿路と腎臓のレントゲン診断」「腎臓結核に就いて」などがある。　［家］父＝志賀泰山（林学者）

志賀 潔　しが・きよし

細菌学者　京城帝国大学総長

明治3年（1870年）12月18日〜昭和32年（1957年）1月25日

［生］陸前国仙台（宮城県仙台市）　［名］旧姓・旧名＝佐藤、幼名＝直吉　［学］一高〔明治25年〕卒、帝国大学医科大学〔明治29年〕卒　医学博士（東京帝国大学）〔明治38年〕　［賞］日本学士院会員〔昭和23年〕　［歴］陸奥仙台藩士・佐藤家の三男で、母方の志賀家を継ぐ。明治29年大学を卒業して伝染病研究所に入り、北里柴三郎に師事した。30年赤痢菌に関する最初の研究を発表。34年ドイツへ留学、エールリッヒの助手として化学療法の研究に従事。38年帰国、45年再び留学、エールリッヒの下で結核の化学療法を研究。大正2年帰国、3年伝研の文部省移管に際して北里とともに辞職、4年北里研究所創設に参画して第四部長。9年慶応義塾大学医学部教授となり、同年朝鮮総督府医院長として渡鮮、京城医学専門学校校長を兼務した。15年京城帝国大学が創立されると医学部教授、同学部長に就任、昭和4年同大総長。6年退官して北里研究所へ戻り、20年まで同研究所の一室で研究を続けた。この間、19年文化勲章を受章。23年日本学士院会員に選出された。著書に「細菌及免疫学綱要」「エールリッヒ伝」「或る細菌学者の回想」などがある。　［家］長男＝志賀直（台北帝国大学教授）、おば＝長谷理和（教育家）　［勲］文化勲章〔昭和19年〕　［賞］文化功労者〔昭和26年〕，ハーバード大学名誉学位〔昭和11年〕

志賀 志那人　しが・しなと

セツルメント運動家　大阪市社会部長

明治25年（1892年）9月7日〜昭和13年（1938年）4月8日

［生］熊本県　［学］東京帝国大学文学部〔大正5年〕卒　［歴］大正6年大阪キリスト教青年会主事となる。8年大阪市嘱託、9年主事。市民館開設の事業に関わり、10年開館とともに館長に就任。のち同館は北市民館となるが、北に広がる貧困者街を対象に独自のセツルメント事業を展開した。館内に診療室、図書室などを設置、市民のための金融機関として愛隣信用組合を作り、また母親達を中心に保育組合を作って活動。昭和10年大阪市社会部長に就任。遺著に「社会事業随想」がある。

志賀 直哉　しが・なおや

小説家

明治16年（1883年）2月20日～昭和46年（1971年）10月21日
[生]宮城県牡鹿郡石巻町（石巻市）　[出]東京市麹町区内幸町（東京都千代田区）　[学]東京帝国大学文学部国文学科〔明治43年〕中退　[資]日本芸術院会員〔昭和16年〕　[歴]慶応義塾出身の銀行員の二男に生まれるが、長男が早世したため、嗣子として育つ。父母とともに2歳で上京し、祖父のもとに同居、祖母に育てられ、祖父の感化を受けて育つ。明治22年学習院初等科入学。33年中等科5年生、17歳の時に内村鑑三の夏期講習の会員となり、40年24歳まで無教会派キリスト教の教えを聞く。中等科卒業時に落第して下の学年にいた武者小路実篤や木下利玄を知り、文学を志す。36年学習院高等科に進み、小説家を目指す。39年東京帝国大学文科大学英文科に入学。40年武者小路、木下らと文学研究会・十四日会を作り、41年処女作「或る朝」を執筆、武者小路らと回覧雑誌「望野」を始める。43年里見弴、園池公致らの「麦」、柳宗悦、郡虎彦を同人とする「桃園」、「望野」の三誌と、有島武郎らが加わりと「白樺」が創刊され、創刊号に「網走まで」を発表。同年職業や結婚をめぐって父と対立、大学を中退する。45年「大津順吉」を発表し、文壇に認められた。大正元年家を出て、以降尾道・大森山王・松江・京都・我孫子などを転々とし、創作からも遠ざかった。3年結婚。6年「城の崎にて」ほかで創作を再開、父とも和解した。「范の犯罪」「和解」「小僧の神様」などを発表する一方、唯一の長編「暗夜行路」を大正10年～昭和12年に発表。絶対的な自我肯定の世界を非私小説として描き“小説の神様”と呼ばれた。　[家]父＝志賀直温（実業家）　[勲]文化勲章〔昭和24年〕

志賀 勝　しが・まさる
アメリカ文学者 関西学院大学教授
明治25年（1892年）3月29日～昭和30年（1955年）8月1日
[生]愛媛県宇和島市　[学]関西学院英文学科〔大正10年〕卒 文学博士〔昭和30年〕　[歴]大正14年関西学院講師、昭和9年関西学院大学助教授、12年教授、のち英文科主任教授を歴任した。昭和6年オニールの「ダイナモ」を翻訳したのをはじめ、アメリカ文学の多くを日本に紹介し「現代英米文学研究」や「現代アメリカ文学論」を昭和10年代に著した。戦後もソーロー、エマーソン、ホイットマンなどを翻訳。また「アメリカ文学現実主義時代」など啓蒙的な著作をつぎつぎに発表し、若いアメリカ文学者に大きな影響を与えた。

志賀 靖郎　しが・やすろう
俳優
明治22年（1889年）9月9日～昭和15年（1940年）12月
[出]岡山県岡山市　[歴]新派を経て、大正6年「曙の歌」「文明の復讐」で映画に出演。創立したばかりの国活に入り、水谷八重子らと共演するが、10年再び新派へもどり舞台に出演。11年に松竹蒲田に招かれ、「散りにし花」で注目され、以後個性的な演技で「清水次郎長」「女と海賊」「村井長庵」など数々の作品で活躍。変わりものといわれ、映画人禁酒同盟の会長も務めた。

志賀 和多利　しが・わたり
衆議院議員
明治7年（1874年）10月～昭和20年（1945年）6月14日
[出]岩手県　[学]日本法律学校〔明治33年〕卒　[歴]司法官試補、検事代理となり、弁護士業にも従事。大正9年に岩手2区から衆議院議員に初当選、以来連続7期。その間、田中義一内閣の鉄道参与官、斎藤内閣の逓信政務次官になり、また政友会の総務も務めた。

四海 民蔵　しかい・たみぞう
歌人 四海書房創業者
明治23年（1890年）2月25日～昭和35年（1960年）1月30日
[生]神奈川県中郡吾妻村（二宮町）　[名]号＝多実三　[学]老松小高等科〔明治37年〕卒　[歴]小学校高等科を卒業後、出版を志して明治37年東京・神田の光風館に入社。大正3年同店主の上原才一郎の長女と結婚、長女が嗣いでいた四海家の入り婿となり、四海姓となる。15年同店を退き、四海書房を創業。歴史教育振興を期して雑誌「歴史教育」を創刊した他、歴史や考古学関係の専門書に力を入れ、後藤守一「日本考古学」「日本歴史考古学」、木代修一編「日本文化史図録」などを出版。日中戦争が始まるとアジア史にも視野を広げ、童話や少年文学なども手がけた。昭和15年株式会社に改組したが、19年戦時の企業整備により同社は北方社に統合された。この間、短歌を始め、大正6年歌誌「珊瑚礁」、8年「行人」、13年「日光」の創刊に同人として参加。戦後は出版界、歌壇から離れ、26年より豊島区議に3選。27年副議長、31年議長を務めた。　[家]岳父＝上原才一郎（光風館創業者）

紫垣 隆　しがき・たかし
国家主義者
明治18年（1885年）～昭和43年（1968年）1月
[出]熊本県下益城郡富合町（熊本市）　[学]熊本県立農学校中退　[歴]熊本の大地主の分家に生まれる。大石善喜、一木斎太郎、宮崎民蔵・滔天兄弟、杉山茂丸らの知遇を得、浪人として過ごす。昭和10年代あたりから熊本の政財界に隠然たる影響力を持ち、戦時中は天草で木造輸送船を造る国策会社を経営。37年武者小路実篤、尾崎士郎、安岡正篤らと“大凡会”を設立。40年台湾に渡り、同国総統だった蔣介石に面会してアジア平和を説いた。自叙伝に「大凡荘夜話」がある。　[家]従弟＝上塚司（衆議院議員）

志垣 寛　しがき・ひろし
編集者 教育評論家 文園社社長
明治22年（1889年）5月31日～昭和40年（1965年）12月21日
[生]熊本県　[学]熊本師範学校〔明治43年〕卒　[歴]教員、奈良女子高等師範学校訓導を経て同文社に入り、雑誌「小学校」編集主任。大正12年下中弥三郎らと実験学校児童の村小学校を創立、主事を務め、機関誌「教育の世紀」を発行。昭和2年平凡社に入り編集部長、「大衆文学全集」の仕事に従事。雑誌「平凡」の創刊に参加したが5号で廃刊、下中の世話で文園社社長となり「生活綴方」運動を推進、教育評論家協会専任理事として教育運動を続けた。戦後教育新聞、月刊誌「新しい中学校」を発行、教育世界会議、道徳教育連合の世話役で活躍した。著書に「教員物語」などがある。

鹿倉 吉次　しかくら・きちじ
毎日新聞専務 ラジオ東京社長
明治18年（1885年）3月21日～昭和44年（1969年）10月23日
[生]神奈川県中郡　[学]京北中学校中退, 慶応義塾大学〔大正2年〕中退　[歴]慶応義塾の学僕をしながら独学、大正3年大阪毎日新聞社に入り、販売部で九州・朝鮮などを担当、また販売店毎日会を作り、12～13年の大毎・大朝の百万部突破競争に活躍、15年販売部長となった。昭和3年高石真五郎編集主幹について外遊、13年常務・営業局長兼印刷局長、17年専務、戦後21年相談役。公職追放で相談役辞任、25年解除、民間放送計画で足立正、原安三郎らに請われ、朝日、毎日、読売、電通4者合流のラジオ東京（東京放送）出願から26年の創立に活躍、専務となった。同年12月民放ラジオ初開局、足立社長を助け30年テレビ兼営後もキー局として発展に尽くし、35年社長、40年取締役相談役。また毎日新聞最高顧問、全日本放送広告会委員長、民間放送連盟放送政策委員長などを務めた。

四方 博　しかた・ひろし
東洋史学者 京城帝国大学法文学部教授
明治33年（1900年）1月2日～昭和48年（1973年）5月13日

生兵庫県 専朝鮮社会経済史 学東京帝国大学経済学部〔大正12年〕卒 歴昭和元年～20年京城帝国大学法文学部助教授、教授を歴任。敗戦後帰国、愛知大学教授、名古屋大学経済学部長、岐阜大学学長、愛知県立大学学長を務めた。李朝500年間の正史「朝鮮王朝実録」(1893巻)から政治・経済の部分を整理・分類、平成元年高麗大学図書館で草稿が発見され、「類聚実録抄」(14巻・44冊)として刊行された。他の著書に「朝鮮社会経済史研究」など。

四方 龍文（7代目） しかた・りゅうぶん

鋳金家
明治1年(1868年)～昭和7年(1932年)7月17日
名旧姓・旧名＝広谷 歴5代目の二女四方タケを妻とし、大正10年7代目を相続。

四方 諒二 しかた・りょうじ

陸軍少将
明治29年(1896年)4月28日～昭和52年(1977年)12月13日
出兵庫県 学陸士(第29期)〔大正6年〕卒、東京外国語学校〔大正13年〕修了 歴大正6年陸軍歩兵少尉に任官。昭和2年陸軍憲兵大尉となり、15年憲兵司令部第二課長、16年中支那派遣憲兵隊長、17年東京憲兵隊長を歴任し、19年7月憲兵司令部本部長兼任。東条英機首相の下で"憲兵政治"を支えた。同年11月上海憲兵隊長に転じ、20年4月中支那派遣憲兵隊司令官。同年6月陸軍少将。23年復員。

志賀廼家 淡海 しがのや・たんかい

喜劇俳優
明治16年(1883年)～昭和31年(1956年)10月15日
生滋賀県滋賀郡堅田村(大津市) 名本名＝田辺耕治、筆名＝近江瓢鯰 歴美声の江州音頭芸人として明治末期から人気を得、一座を組んで九州、中国を巡演。37年曽我廼家十郎・五郎が日本最初の喜劇団として成功したのに刺激され、志賀廼家淡海一座を結成、浪花節劇から本格的な喜劇を目差した。大正6年に成金節を創作、舞台で歌ったのが全国に流行、淡海節といわれて人気は絶頂。8年松竹専属となった。劇団は昭和8年に解散、松竹家庭劇を結成した曽我廼家十吾・渋谷天外の一座に参加した。

鹿村 美久 しかむら・よしひさ

実業家
明治17年(1884年)5月～昭和14年(1939年)1月21日
生愛媛県 学東京高等商業学校(現・一橋大学)〔明治38年〕卒 歴欧米に3年間遊学後、三菱合資銀行部に入ったが、明治42年富士瓦斯紡績に転じ、大正9年常務。昭和2年富士電力へ専務で出向、5年再び富士瓦斯紡績の専務に復帰、13年社長となった。

志賀山 勢以（6代目） しがやま・せい

日本舞踊家 志賀山流14代目家元
万延1年(1860年)～昭和19年(1944年)
名本名＝山添ふさ、前名＝志賀山勢喜 歴5代目志賀山勢以の門人で、師の没後に志賀山流14代目を継ぐ。大正8年名を勢喜から勢以に改名した。 家孫＝志賀山勢以(7代目)

式 正次 しき・せいじ

新聞之新聞社創業者
明治27年(1894年)9月3日～昭和39年(1964年)12月20日
生福岡県山門郡三橋村(柳川市) 学早稲田大学商学部〔大正5年〕卒 M.A.(ノースカロライナ大学) 歴早稲田大学を卒業後、米国ノースカロライナ大学へ留学してマスター・オブ・アーツの学位を取得。帰国して函館商工会議所書記、「大正日日新聞」記者、「日本電報通信社」通信部記者を経て、大正13年月刊新聞業界誌「新聞之新聞」を創刊、14年日刊とした。昭

和6年精華書房を併設して図書の出版・販売業を営んだ。16年「文化情報」と改称したが、18年戦時統制で廃刊。戦後の21年3月復刊した。

敷島 大蔵 しきしま・おおくら

浪曲師
明治12年(1879年)7月12日～昭和13年(1938年)1月17日
生愛知県名古屋 名本名＝中村鉄次郎、前名＝早川燕平 歴早川辰燕に入門、燕平を名のった。明治39年都新聞で演芸3傑に選ばれ、歌舞伎座に出演。45年敷島大蔵に改名。中京の大看板で、「赤穂義士伝」を得意とした。昭和10年東京劇場で引退披露を行った。

式場 隆三郎 しきば・りゅうざぶろう

医師 美術評論家 式場病院創設者
明治31年(1898年)7月2日～昭和40年(1965年)11月21日
生新潟県中蒲原郡五泉町(五泉市) 専精神病理学 学新潟医学専門学校〔大正10年〕卒 医学博士〔昭和4年〕 歴新潟医学専門学校時代「白樺」に傾倒し、上京後、千家元麿らと交わり「虹」を創刊、また柳宗悦の民芸運動に参加する。精神科医としては、大宮脳病院院長、静岡脳病院長、国立国府台病院院長などを歴任後、千葉県国府台に式場病院を開業。精神病理学の研究の傍らゴッホ研究を行い、また昭和9年には「バーナード・リーチ」を刊行。精神病理と芸術表現との関連の著述によって、日本の美術批評に新たな領域を確立した。戦後、日刊紙「東京タイムズ」を創刊。21年には出版界にも進出し、娯楽雑誌「ロマンス」「婦人世界」「映画スター」など5種類の月刊誌を出版。晩年には「医家芸術」の編集長も務め、また放浪の画家・山下清を世に出したことで知られる。「文学的診療簿」「二笑亭綺譚」などの著書がある。 家弟＝式場倭文夫(精神科医)、式場俊三(随筆家)

式守 伊之助（16代目） しきもり・いのすけ

大相撲行司 立行司
明治25年(1892年)6月20日～昭和23年(1948年)12月3日
生山形県山形市七日町 名本名＝刀根亀吉、初名＝式守亀司、前名＝式守亀吉、式守錦之助、式守錦太夫、式守与太夫、年寄名＝立田川好永 歴幼少の頃に第代式守伊之助の弟子となり、のち養子に迎えられる。初めは力士志望だったが行司の道を選び、明治32年5月初土俵。初名は式守亀司で、式守亀吉を経て、43年1月第4代式守錦之助、大正11年1月場所で幕内格となり、5月第4代式守錦太夫、昭和2年1月第7代式守与太夫で三役格。7年10月第16代式守伊之助を襲名。大柄で、頭脳明晰、事務能力にも長け、13年5月場所で引退後は、年寄・立田川を襲名、大日本相撲協会理事を務めた。傍ら相撲茶屋も経営した。 家養父＝式守伊之助(9代目)

重井 鹿治 しげい・しかじ

社会運動家 衆議院議員
明治35年(1902年)1月5日～昭和41年(1966年)2月16日
生岡山県吉備郡日近村(岡山市) 名別名＝敏郎 歴大正14年政治研究会旭川支部の結成に参加し、以後日農の争議を指導、昭和3年の争議で懲役6ヶ月に処せられる。のち倉敷市に定住して活動し、11年倉敷市議に当選し、12年衆議院議員となるが人民戦線事件で検挙され懲役3年に処せられた。出獄後は司政官として北ボルネオに赴き、22年帰国。同年社会党から衆議院議員となった(1期)後、社会党岡山県連書記長、顧問を歴任した。 家妻＝重井しげ子(婦人運動家)

重藤 千秋 しげとう・ちあき

陸軍中将
明治18年(1885年)1月31日～昭和17年(1942年)7月26日
生福岡県 学陸士(第18期)〔明治38年〕卒、陸大〔大正7年〕卒

歴歩兵第19連隊付、大正12年支那公使館付武官補佐官から参謀本部付となり、広東、上海などに駐在、昭和5年参謀本部支那課長。国家改造をめざす中堅将校グループ桜会に入って橋本欣五郎とともに活動、6年の軍部クーデター三月事件、同十月事件（いずれも未遂）の首謀者となった。罪にはならず、歩兵第76連隊長、第11師団参謀長、歩兵第11旅団長を経て、12年台湾守備隊司令官となり、上海に出征した。13年中将で予備役。満州で甘粕正彦主宰の大東公司社長となり、その後満州労工協会会長。満蒙武力占有論で活躍。

繁野 天来　しげの・てんらい

詩人 英文学者 早稲田大学教授

明治7年（1874年）2月16日～昭和8年（1933年）3月2日

生徳島県　名本名＝繁野政瑠　学東京専門学校（現・早稲田大学）文学科〔明治30年〕退学、文部省中等教員検定英語科試験〔明治38年〕合格 文学博士〔昭和8年〕　歴早くから「少年園」などに詩を投稿する。明治28年頃から詩作を次々に発表し、30年には小説「重ね褄」を発表するなど幅広く活躍。35年三木天遊との共著詩集「松虫鈴虫」を刊行。京都の真宗中学、水戸中、愛知県立二中などの教諭を経て、大正10年早大教授に就任。著書は「ミルトン失楽園研究」ほか多くの訳書がある。

茂野 冬篁　しげの・とうこう

俳人

明治19年（1886年）5月28日～昭和20年（1945年）3月1日

生東京市京橋三十間堀（東京都中央区）　名本名＝茂野吉之助　学東京高等商業学校（現・一橋大学）卒　歴古河鉱業に勤めた。青木月斗に師事し「同人」に参加。句作のほか子規研究に力を注ぎ、資料、文献の蒐集に努力する。昭和9年の子規忌に墓誌銘碑を建立した。著書に「肺病に直面して」「随攻子規居士」がある。

重松 重治　しげまつ・じゅうじ

衆議院議員

明治3年（1870年）11月～昭和18年（1943年）2月4日

出大分県　歴柳ケ浦村議、宇佐郡議、大分県議、鉄道会議臨時委員を経て、大正9年から連続して7期衆議院議員を務める。また郡米穀商業組合長、国東鉄道、柳浦銀行の各取締役にもなった。

重松 俊章　しげまつ・しゅんしょう

東洋史学者 僧侶（真言宗豊山派）九州帝国大学法文学部教授

明治16年（1883年）11月18日～昭和36年（1961年）10月6日

生愛媛県　学東京帝国大学文科大学史学科〔大正2年〕卒　歴明治27年得度。大正7年豊山大学教授、9年松山高校教授ののち昭和2年九州帝国大学法文学部教授となった。19年退職して四国霊場五十一番熊野山石手寺住職、真如僧正となった。24年から松山商科大学教授。西域史、中国古代の民俗学的研究、白雲宗門、末尼教授、弥勒教匪、白蓮教匪など邪宗門研究の草分け。

重松 韺修　しげまつ・まさなお

国民総力朝鮮連盟実践部長

明治24年（1891年）4月～昭和50年（1975年）3月

生愛媛県松山市　学東洋協会専門学校京城分校〔大正4年〕卒　歴大正6年新義州地方金融組合見習理事、同年陽徳地方金融組合理事、10年平壌・平安南道連合会勤務、14年江東地方金融組合理事。昭和13年金融組合連合会本部教務部次務課長、のち京畿道支部長、連合会教育部長、国民総力朝鮮連盟実践部長などを歴任。21年帰国後、故郷で酪農を営む。著書に「朝鮮農村物語」などがある。

重光 葵　しげみつ・あつむ

造船工学者 東京帝国大学工学部教授

明治17年（1884年）10月10日～昭和41年（1966年）2月16日

生大分県　学東京帝国大学工科大学造船学科〔明治41年〕卒 工学博士（東京帝国大学）〔大正15年〕　歴明治41年四高教授、大正6年逓信局技師、10年欧米へ出張。14年～昭和4年東京帝国大学教授を兼務して航空学第二講座を担任。12～20年浦賀ドック取締役、16～27年名古屋造船取締役、17～21年同社長。日本海事協会理事長、造船協会会長も務めた。　家弟＝重光葵（外交官）

重光 葵　しげみつ・まもる

外交官 外務次官 外相

明治20年（1887年）7月29日～昭和32年（1957年）1月26日

生大分県速見郡杵築（杵築市）　学東京帝国大学法科大学独法科〔明治44年〕卒　歴明治44年外務省に入省。ポーランド領事、上海総領事を経て、昭和6年駐華公使となったが、翌年1月上海事変がおこり、4月の天長節祝賀式場で反日運動団体の爆弾で右脚を失った。その後、8年外務次官、11年駐ソ大使、13年駐英大使を歴任、日中戦争を拡大した近衛内閣には批判的であり、日独伊三国同盟にも反対であった。18年には東条内閣の外相となり、戦後の東久邇内閣まで留任した。20年9月ミズーリ号上で降伏文書に調印。21年A級戦犯として逮捕され、23年の東京裁判で禁固7年の判決を受け服役。25年仮釈放、26年刑期満了。27年追放解除後、改進党総裁に就任、同年衆議院議員に当選し、以後3回当選、29年日本民主党総裁となり、鳩山内閣の副総理・外相に就任し、31年の日ソ国交回復と国連加盟に尽力した。また国連総会で日本人として初めて演説をした。「昭和の動乱」「外交回想録」「巣鴨日記」などの著書がある。　家兄＝重光葵（造船工学者）、岳父＝林市蔵（大阪府知事）、甥＝田口壮（日本画家）

重宗 和伸　しげむね・かずのぶ

映画監督 プロデューサー

明治29年（1896年）7月27日～昭和46年（1971年）12月4日

生山口県岩国市　名本名＝重宗泰　学早稲田大学英文科中退　歴大正7年早稲田大学英文学科に進むが、映画や演劇好きが昂じて間もなく中退。12年創立されたばかりの松竹蒲田撮影所に入社し、野村芳亭監督の助手を務め、14年監督第一作「郊外の家」を撮る。昭和10年独立プロの東京発声映画製作所の設立とともに所長となり、文芸部長として八田尚之を、監督として豊田四郎、阿部豊らを招くや、豊田・八田コンビで撮影した12年の石坂洋次郎原作「若い人」が大ヒット。さらに同じコンビで13年林芙美子原作「泣蟲小僧」、阿部知二原作「冬の宿」、伊藤永之介原作の「鶯」、阿部監督・八木保太郎脚色による真船豊原作の「太陽の子」と文芸映画の佳作を次々と生み出した。その後、八田に代って八木が文芸部長となり、16年にはハンセン病療養所の女医の記録を豊田監督・八木脚本のコンビで映画化した「小島の春」が文部大臣賞を受賞するが、間もなく同社は東宝資本に吸収された。戦後は24年に鎌倉アカデミアを創立し、その映画科で後進育成に尽力した。　家兄＝重宗雄三（参議院議長・明電舎社長）、義弟＝村田武雄（シナリオ作家）

重森 三玲　しげもり・みれい

作庭家 茶道家 華道家 京都林泉協会会長

明治29年（1896年）8月20日～昭和50年（1975年）3月12日

生岡山県上房郡吉川村（吉備中央町）　専庭園史、茶道史、いけばな史　学日本美術学校研究科〔大正11年〕卒、東洋大学文学部哲学科卒　歴昭和2年岡山県に原始森林公園を創設。伝統芸術の研究を志し、4年京都に居を構えた。5年新興いけばな宣言をするなど、前衛いけばなの創作を提唱。茶の湯では9年「日本茶道史」を刊行し、実証的茶道を唱え、独自の創作的

茶道を実践した。庭園では7年に京都林泉協会を設立。この頃から庭に情熱を注ぎはじめ、作庭活動に取り組む。東福寺本坊方丈庭園、光明院の枯山水から、島根県庁庭園、民家の庭まで約一千余りの日本庭園を手がける。他の著書に「花道美学」「日本花道美術全集」(全9巻)「日本庭園史図鑑」(全26巻)「新しい生け花」「茶室茶庭辞典」「日本庭園史大系」(全35巻、共著)など。平成11年岡山県賀陽町(現・吉備中央町)に重森三玲記念館がオープンした。　家長男=重森完途(庭園研究家)、二男=重森弘淹(写真評論家)、孫=重森千青(造園家)

茂山 千五郎(10代目)　しげやま・せんごろう
狂言師　大蔵流茂山千五郎家10代目宗家
元治1年(1864年)9月27日〜昭和25年(1950年)2月5日
生京都　名本名=茂山正重、初名=茂山市蔵、後名=茂山千作　歴明治元年「柿山伏」のシテが初舞台。21年10代目千五郎を襲名。31年豊太閤三百年祭奉納能を4日間、金剛謹之助とともに全国の能楽師を集めて行い、44年には東本願寺宗祖六百五十年遠忌能を3日間、同様の形で張った。京都能楽界の世話役に任じ、また巌谷小波らとお伽倶楽部を創設、小学校などで子供狂言を巡演し、狂言普及に努めた。昭和21年隠居名千作と改めた。芸談集「狂言八十年」がある。　家父=茂山千五郎(9代目)、養子=茂山千作(3代目、11代千五郎)、孫=茂山千作(4代目、12代千五郎)、茂山千之丞(2代目)

茂山 忠三郎(3代目)　しげやま・ちゅうざぶろう
狂言師
明治28年(1895年)11月28日〜昭和34年(1959年)7月29日
生京都府京都市　名本名=茂山良一　歴2代目茂山忠三郎の実子。父が関西へ戻るのに従い、明治33年「靫猿」の猿で初舞台。長じて舞台活動、43年15歳で「三番三」、大正3年「釣狐」、昭和7年3代目忠三郎を襲名し、「花子」を披く。また小堀流遊泳術10段で、京都武徳会などで教師をした。　家父=茂山忠三郎(2代目)、妻=茂山梅窓(箏曲家)、兄=善竹弥五郎、二男=茂山忠三郎(4代目)、孫=茂山良暢(狂言師)

獅子 文六　しし・ぶんろく
小説家　劇作家　演出家
明治26年(1893年)7月1日〜昭和44年(1969年)12月13日
生神奈川県横浜市弁天通　名本名=岩田豊雄　学慶応義塾大学理財科予科〔大正2年〕中退　資日本芸術院会員〔昭和38年〕歴大正11年29歳で渡仏し演劇を学ぶ。14年帰国後は「近代劇全集」などの翻訳を行う傍ら、昭和2年新劇協会に入会、翌年新劇研究所を創設するが1年で解散。12年岸田国士らと文学座を興し、以来同座幹事として発展に尽力した。15年「近代劇以後」を刊行し、劇作家、演出家として岩田豊雄の本名で生涯活躍する。その傍ら獅子文六名で小説を発表し、「金色青春譜」「悦ちゃん」「南の風」などを発表。17年には唯一の本名で書いた作品「海軍」を発表。戦後も「自由学校」「てんやわんや」「娘と私」「大番」(全3巻)などユーモアあふれる作品を多く執筆した。「岩田豊雄演劇評論集」「岩田豊雄創作翻訳戯曲集」「獅子文六全集」(全16巻・別巻1、朝日新聞社)がある。　勲文化勲章〔昭和44年〕　賞日本芸術院賞(文芸部門、第19回)〔昭和37年〕、朝日文化賞〔昭和18年「海軍」〕

宍戸 左行　ししど・さこう
漫画家
明治21年(1888年)11月5日〜昭和44年(1969年)2月3日
生福島県　名本名=宍戸嘉兵衛　学福島中学　歴明治44年洋画修業のため渡米。洋画、漫画の技術を学ぶ。大正10年頃帰国し、毎夕新聞社に入社、同紙に政治風俗漫画を連載した。昭和4年渡米生活を綴った「漫画・漫談アメリカの横ッ腹」を出版し、注目を浴びた。5年以降「読売新聞」日曜版付録「読売サンデー漫画」にSF冒険漫画「スピード太郎」を連載、映画

的手法を駆使したこの漫画は、今日のストーリー漫画の先駆となった。

四島 一二三　ししま・ひふみ
福岡無尽創立者
明治14年(1881年)10月14日〜昭和51年(1976年)
生福岡県久留米市　歴農家の三男として生まれる。明治30年16歳で渡米。カリフォルニア州でレモン農園の支配人となり、大正7年帰国。13年福岡無尽を創立、専務。昭和11年社長、44年会長。この間、26年福岡相互銀行と改称。福岡市議も務めた。没後、同行は平成元年福岡シティ銀行、16年西日本シティ銀行となった。　家二男=四島司(福岡シティ銀行頭取)

四条 隆英　しじょう・たかふさ
男爵　安田生命保険社長　商工次官　貴族院議員
明治9年(1876年)2月〜昭和11年(1936年)1月2日
生京都府　名旧姓・旧名=二条　学東京帝国大学法科〔明治37年〕卒　歴二条斉敬の四男として生まれるが、のち四条隆平の養子となる。明治37年東京帝国大学卒業後、農商務省に入り、山林局書記官となり、大正8年工務局長、13年農商次官、14年〜昭和4年商工次官を歴任。その後、実業界に転じ、安田保善社理事となり、安田生命保険会社社長に就任。ほかに東京火災保険、帝国製麻各社長、日本工業倶楽部理事なども務めた。また貴族員議員に2回、公正会に属した。　家息子=四条隆貞(四条流司家40代)、孫=四条隆彦(四条流司家41代)

志鶴 忠夫　しずる・ただお
グライダー操縦者
生年不詳〜昭和56年(1981年)6月1日
歴日本グライダー界の草分け的存在。昭和8年熊本県で9帝式5型機を使って、日本初の滞空20分間の記録を作り、11年には大阪で9時間23分の滞空記録を残した。その後も日本帆走飛行連盟を舞台に後進の指導、民間グライダーの発展に尽くした。

信太 儀右衛門　しだ・ぎえもん
衆議院議員
明治15年(1882年)11月29日〜昭和45年(1970年)4月6日
生秋田県山本町　名号=稲波　学札幌農学校、早稲田大学政治経済科　歴金岡村長、秋田県議などを経て、大正13年秋田1区より衆議院議員に当選。以後、17年までに通算5回当選。また、体育協会顧問、秋田魁新聞社監査役なども歴任した。

志田 鉀太郎　しだ・こうたろう
商法学者　明治大学総長
慶応4年(1868年)8月20日〜昭和26年(1951年)3月13日
生江戸牛込(東京都新宿区)　学帝国大学法科大学〔明治27年〕卒　法学博士　歴明治31年学習院教授となり、東京高等商業学校、東京帝国大学、東京専門学校、明治法律学校、和仏法律学校などに出講。35年ドイツ・フランス留学、帰国後は清国に招かれ商法編纂に従事。明治13年明治大学総長となり、商学部設立に尽力、18年退職した。日本保険学会創立にも尽くした。著書「商法総論」「日本商法論」など多数。

志田 素琴　しだ・そきん
俳人　国文学者　東洋大学教授
明治9年(1876年)7月27日〜昭和21年(1946年)1月17日
生富山県上新川郡熊野村　名本名=志田義秀、旧姓・旧名=藤井、初号=虚白、別号=不遠舎　学東京帝国大学文科大学国文科〔明治36年〕卒　文学博士〔昭和12年〕　歴四高在学中に俳句を学び、昭和7年「東炎」を創刊。句集に「山萩」がある。国文学者としては、大学卒業後六高講師、教授を経て、大正14年成蹊高教授。昭和18年東洋大教授。また東京帝国大学、国学院大などで俳諧史を講じた。「俳文学の考察」「俳句と俳人

と」などの著書がある。

志田 順　しだ・とし

地球物理学者 京都帝国大学教授

明治9年(1876年)5月28日〜昭和11年(1936年)7月19日

［生］千葉県印旛郡佐倉(佐倉市)　［学］東京帝国大学理科大学物理学科〔明治34年〕卒　［歴］千葉県佐倉の士族の家に生まれる。広島高等師範学校教授、一高教授を経て、明治42年から京都帝国大学にて地球物理を研究。京都市に観測所を作りレボイル・パシュビッツの水平振り子を据えて地球潮汐を観測、その研究成果により、大正4年学士院恩賜賞を受賞。7年同大に地球物理学講座を新設、13年別府に京都帝国大学地球物理研究所、昭和3年阿蘇火山観測所を開設し多くの弟子を養成する一方、地震波の初動分布の規則性の発見や深発地震の研究など地震学の基礎を築いた。　［賞］帝国学士院恩賜賞(第19回)〔昭和4年〕

設楽 貞雄　したら・さだお

建築家

元治1年(1864年)7月3日〜昭和18年(1943年)12月15日

［生］陸奥国安達郡本宮(福島県本宮市)　［学］工手学校(現・工学院大学)造家学科〔明治22年〕卒　［歴］陸奥二本松藩士・設楽弥兵衛の二男で、父は戊辰戦争で戦死した。郷里で代用教員などをしていたが、明治21年東京の工手学校(現・工学院大学)造家学科の第1期生となる。24年日本土木会社に入社。25年宮内省内匠寮に出仕し、「帝室京都博物館」の現場に勤務。29年大阪の桑原政工業事務所に招かれ、山口半六の下で働く。32年山口の建築事務所開設に加わり、同事務所の支配人兼所長代理となった。33年山陽鉄道建築係長を経て、40年独立して神戸建築事務所(のち設楽建築工務所)を設立。大阪の新名所の一つとなった新世界の建築計画及び初代「通天閣」の設計を手がけた。44年大阪土地建物会社顧問となり、新世界娯楽場計画に参画。昭和8年設楽建築工務所を閉鎖。11年日本建築協会副会長を務めた。他の作品に、「西尾類蔵邸」(大正9年)、「長瀬商店」(現・「長瀬産業ビル」、昭和3年)などがある。

実川 延若(2代目)　じつかわ・えんじゃく

歌舞伎俳優

明治10年(1877年)12月11日〜昭和26年(1951年)2月22日

［出］大阪府大阪市難波新地　［名］本名=天星庄右衛門、前名=実川延二郎、俳名=正鴈　［賞］日本芸術院会員〔昭和25年〕　［歴］初代中村鴈治郎とともに戦前の関西歌舞伎界の大御所的存在であった。明治19年延二郎の名で初舞台、青年歌舞伎一座の座頭格として活躍、大正4年大阪浪花座で2代目延若を襲名した。父の芸風をよく継ぎ、和事の名手で、武道、実事も得意とし、大きな風ぼうと巧みな台詞回しで芸域の広さを誇った。　［家］父=実川延若(1代目)、長男=実川延若(3代目)

四手井 綱正　しでい・つなまさ

陸軍中将

明治28年(1895年)1月27日〜昭和20年(1945年)8月18日

［生］京都府　［学］陸士(第27期)〔大正4年〕卒　［歴］騎兵第23連隊付となり、大正15年ドイツ駐在、昭和4年陸軍大学校教官、6年参謀本部作戦課員、7年陸大兵学教官、10年侍従武官、14年騎兵第23連隊長など歴任。17年第1方面軍(満州)参謀長、18年中将、19年10月第94師団(シンガポール)団長、20年5月ビルマ方面軍参謀長、7月関東軍参謀副長となるが赴任途中で敗戦、同年8月18日台北で飛行機事故に遭った。著書に「戦争史概観」がある。

幣原 喜重郎　しではら・きじゅうろう

外交官 政治家 男爵

明治5年(1872年)8月11日〜昭和26年(1951年)3月10日

［生］大阪府北河内郡門真村(門真市)　［学］帝国大学法科大学法律学科英法科〔明治28年〕卒　［歴］明治28年農商務省に入るが、翌年外務省に転じた。電信課長、在オランダ・デンマーク公使などを経て、大正4年外務次官に起用され、8年駐米大使となり、10年ワシントン軍縮会議に全権委員として出席。病気静養などを経て、13年外相に就任。約5年3ケ月外相として在任し、義兄の加藤高明、第一次若槻、浜口、第二次若槻と続く民政党内閣で外交を担当。対米、対中政策の改善、ロンドン軍縮会議批准等に努め、「幣原外交」と呼ばれる親英米政策をとった。昭和6年の満州事変により、同年12月野に下る。この間、大正9年男爵、15年勅選貴族院議員。終戦の20年10月総理大臣として返り咲くが、翌年総辞職。その後進歩党総裁に迎えられ、22年衆議院議員に当選。24年衆議院議長となり、26年3月議長在任のまま急逝した。政治家としても、終始一貫した平和主義の外交理念をつらぬいた。著書に「外交五十年」がある。　［家］長男=幣原道太郎(国文学者)、兄=幣原坦(教育家)、岳父=岩崎弥太郎(三菱財閥創始者)、義兄=加藤高明(政治家)

幣原 坦　しではら・ひろし

教育家 台北帝国大学総長

明治3年(1870年)9月18日〜昭和28年(1953年)6月29日

［生］堺県茨田郡門真村(大阪府門真市)　［専］南島史、東洋史　［学］帝国大学文科大学国史科〔明治26年〕卒 文学博士〔明治37年〕　［歴］明治26年鹿児島造士館教授、30年山梨県立中学校長、33年東京高等師範学校教授、38年韓国政府学政参与官、39年文部省視学官、43年東京帝国大学教授兼任、大正2年広島高等師範学校長、9年文部省図書局長などを経て、昭和3年台北帝国大学初代総長となり、10年退官、名誉教授。17年興南錬成院(のち大東亜錬成院)初代総長、19年辞職。21年枢密顧問官。著書に「南島沿革史論」「朝鮮教育論」「植民地教育」「南方文化の建設」「極東文化の交流」など。　［家］弟=幣原喜重郎(外交官・政治家・男爵)

品川 緑　しながわ・みどり

ジャーナリスト

明治28年(1895年)〜昭和39年(1964年)

［生］福岡県朝倉郡　［歴］大正13年九州日報入社、昭和8年福岡日日新聞に移り25年に退職。一方では昭和初年から美術会と深い接触をもち、多くの画家を支えた。戦前戦後を通じて福岡の美術界の裏方として活躍した。

品川 良造　しながわ・りょうぞう

大阪変圧器副社長

明治25年(1892年)7月4日〜昭和27年(1952年)4月

［生］兵庫県加西郡北条町(加西市)　［学］神戸高等商業学校〔大正4年〕卒　［歴］大正4年神戸高等商業学校を卒業後、内田信也が経営する内田商事に勤め、神戸の素封家・品川家の養子となった。8年兄の政治・愛三が変圧器を専門とする大阪変圧器(現・ダイヘン)創業を計画するとこれに参加し、取締役支配人に就任して営業関係を担当。14年常務、昭和10年専務。19年健康上の理由から取締役に退き、小林政社長に就任。27年に亡くなると大阪変圧器副社長の称号を贈られた。　［家］兄=小林政治(実業家・小説家)、小林愛三(ダイヘン創業者)

品田 俊平　しなだ・しゅんぺい

宗教家 心教教祖

明治6年(1873年)6月7日〜昭和10年(1935年)4月14日

［生］新潟県柏崎比角　［歴］郷里の新潟県柏崎で呉服類の行商ののち、明治38年北越心理療院を開院。大正3年東京に移り、心教を開いた。昭和8年静岡県吉永村(富士市)に心教総本山を創設する。没後直ちに長男・聖平が2代目教主として継承した。著書に「人生の解決」などがある。　［家］長男=品田聖平(心教

2代目教主）

篠田 治策　しのだ・じさく
京城帝国大学総長
明治5年（1872年）10月12日～昭和21年（1946年）1月23日
[生]静岡県城東郡池新田村（御前崎市） [学]錦城中卒, 一高卒, 東京帝国大学法科大学法律学科（仏法）〔明治32年〕卒 法学博士（東京帝国大学）〔大正11年〕 [歴]明治32年弁護士登録。37年国際法事務嘱託として第三軍司令部付となり日露戦争に従軍。43年平安南道内務部長、大正4年同道第一部長を経て、8年同道知事。12年李王職次官、昭和7年李王職長官を務め、15年京城帝国大学総長に転じる。19年退任。 [家]長男＝篠田太郎（近代文学研究家）, 五男＝篠田勇治（静岡県農業試験場長）, 三女＝篠田喜久子（作家・歌人）, 弟＝篠田次助（陸軍中将）, 従弟＝鈴木梅太郎（農芸化学者）, 女婿＝野口明（お茶の水女子大学初代学長）, 世良晃志郎（東北大学名誉教授） [勲]勲一等旭日大綬章〔昭和15年〕

篠田 柏邦　しのだ・はくほう
日本画家
明治16年（1883年）10月29日～昭和44年（1969年）4月18日
[生]岐阜県稲葉郡 [名]本名＝篠田十一郎 [学]東京美術学校日本画科〔大正2年〕卒 [歴]中学卒業後、京都で今尾景年に師事。のち上京。大正2年東京美術学校日本画科卒業後、助手となり、8年助教授。昭和3年まで後進の指導にあたった。その間、大正6年第11回文展に「桃畑」で初入選。7年第12回文展、9年第2回帝展、11年第4回帝展に入選。昭和6～9年帝展に連続入選した。その後、官展には出品せず画壇を離れた。他の主な作品に「白川女」「苗とり」「砂丘の夕ぐれ」など。

篠田 英雄　しのだ・ひでお
哲学者 陸軍大学校教授
明治30年（1897年）6月27日～平成1年（1989年）12月26日
[生]千葉県千葉市 [専]カント研究, タウト研究, 仏教 [学]東京帝国大学哲学科〔大正14年〕卒 [歴]大正15～昭和19年陸軍大学校教授。訳書にカント「純粋理性批判」、ブルーノ・タウト「日本美の再発見」など。

篠田 実（1代目）　しのだ・みのる
浪曲師
明治31年（1898年）2月16日～昭和60年（1985年）9月23日
[出]京都府 [歴]明治42年早川浅吉に入門、浅右衛門となる。翌年本名の篠田実を名のる。大正末から昭和初期、浪曲「紺屋高雄」「倉橋伝助」「孝子・五郎正宗」などで一世を風びした。昭和43年引退。

篠原 英太郎　しのはら・えいたろう
内務次官 愛媛県知事 京都市長
明治18年（1885年）10月10日～昭和30年（1955年）3月7日
[生]長野県西筑摩郡木祖村（木曽郡木祖村） [学]東京帝国大学法科大学独法科〔明治44年〕卒 [歴]内務省に入省。官房文書課長、都市計画課長を経て、昭和2年山形県知事、文部省普通学務局長、6年岡山県知事、9年愛知県知事を歴任。12年林銑十郎内閣の内務次官。同年東京市助役となり、17～21年京都市長を務めた。戦後、公職追放。

篠原 助市　しのはら・すけいち
教育学者 東京文理科大学名誉教授
明治9年（1876年）6月6日～昭和32年（1957年）8月2日
[生]愛媛県周桑郡 [名]旧姓・旧名＝越智 [学]東京高等師範学校（現・筑波大学）〔明治38年〕卒, 京都帝国大学哲学科〔大正5年〕卒 文学博士〔昭和9年〕 [歴]愛媛県、福井県の小学校訓導、師範学校教諭を経て大学、大学院に学び、奈良女子高等師範学校教授となった。次いで東京高等師範学校、東北帝国大学各教授ののち昭和5年東京文理科大教授となり、文部省督学官、教育調査部長を兼任。16年退官、東京文理科大名誉教授。新カント派などドイツ批判哲学に依り、大正時代の教育改造運動、新学校運動に影響を与えた。昭和に入りファシズム化とともに民族主義的傾向に走ったが、敗戦で再び転向した。著書「批判的教育学の問題」「理論的教育学」「学校原論」「訓練原論」、自伝「教育生活五十年」がある。

篠原 秀吉　しのはら・ひできち
上毛新聞会長
明治19年（1886年）1月5日～昭和46年（1971年）7月8日
[生]群馬県前橋市 [学]早稲田大学政治経済学科〔明治44年〕卒 [歴]上毛新聞創業者である篠原叶の四男。大正5年上毛新聞編集局長兼主筆、12年埼玉新聞社長となり、15年上毛新聞第2代社長に就任。昭和14年株式会社に改組。40年会長。群馬観光社長の他、群馬県における文化・観光・社会福祉などの公職を歴任した。一方、講道館に入って嘉納治五郎に師事、講道館8段となり、群馬県柔道連盟会長も務めた。著書に「柔道閑話」。 [家]父＝篠原叶（上毛新聞創業者） [賞]武徳会梨本宮総裁一等有効章〔昭和9年〕

篠原 鳳作　しのはら・ほうさく
俳人
明治39年（1906年）1月7日～昭和11年（1936年）9月17日
[生]鹿児島県鹿児島市 [名]本名＝篠原国堅, 別号＝未踏, 雲彦 [学]東京帝国大学法学部政治学科〔昭和4年〕卒 [歴]東京帝国大学時代の昭和3年「ホトトギス」に投句し、のち「天の川」「京鹿子」などに投句するが、6年以降は「天の川」1本にしぼる。6年沖縄県立宮古中学教諭となる。7年吉岡禅寺洞を訪ね、8年「天の川」同人になると共に「傘火」を創刊。無季俳句を実践し、新興俳句運動を推進した。9年母校の鹿児島県立二中教諭となった。「篠原鳳作全句文集」がある。

篠原 義政　しのはら・よしまさ
衆議院議員
明治25年（1892年）1月～昭和18年（1943年）7月16日
[生]群馬県碓氷郡八幡村 [学]東京帝国大学英法科〔大正6年〕卒 [歴]長野県、東京府、内務省の職員を経て、内閣軍需局事務官、国勢院書記官を歴任。大正11年弁護士を開業した後、昭和7年群馬2区より衆議院議員に初当選。以後、17年まで連続4回当選。在任中は、内務省委員、大政翼賛会参与、同中央協会議員を務めた。著書に「日本はどうなる！」「満州縦横記」など。

篠原 陸朗　しのはら・ろくろう
衆議院議員
明治16年（1883年）3月～昭和41年（1966年）9月6日
[出]東京都 [学]東京帝国大学独法科卒 [歴]司法官試補、大蔵省、税務監査局事務官、大蔵省主計官、同書記官、長崎税関長、熊本税務監督局長を経て、昭和5年千葉1区より初当選。以後、通算4回当選する。在任中は、内閣委員、大東亜省委員に就任。小磯内閣では大東亜政務次官を務めた。また、ハーグ（オランダ）で開かれた第34回列国議会同盟会議などの国際会議にも参列した。

篠原 和市　しのはら・わいち
衆議院議員
明治14年（1881年）3月～昭和5年（1930年）8月14日
[生]長野県南佐久郡岸野村（佐久市） [学]小諸義塾卒 [歴]明治39年大阪毎日新聞社に入り、毎日電報の政治記者で活躍。その後東京日日新聞社に移った。大正12年退社、政界に入り、14年以来衆議院議員当選3回。司法大臣秘書官、内務大臣秘書官を務め、政友会幹事。

信夫 淳平　しのぶ・じゅんぺい

国際法学者　外交史家　早稲田大学教授
明治4年（1871年）9月1日～昭和37年（1962年）11月1日

[生]鳥取県　[学]高等商業学校（現・一橋大学）〔明治27年〕卒　法学博士　[置]帝国学士院会員　[歴]漢学者信夫恕軒の長男。外務省に入り書記官、総領事などを務めたが、日清戦争中、有賀長雄に師事して国際法、外交史を研究。大正6年退官、新愛知の主筆、顧問を経て、8年早稲田大学講師となり、国際法、外交史を講じた。10～12年中華民国政府顧問。昭和18年「戦時国際法講義」（全4巻）により帝国学士院恩賜賞を受賞。戦後26年早大教授となった。学士院会員。著書は他に「近世外交史」「小村寿太郎」などがある。　[家]父＝信夫恕軒（漢学者）、長男＝信夫韓一郎（新聞人）、三男＝信夫清三郎（政治学者）　[賞]帝国学士院賞恩賜賞〔昭和18年〕

四宮 兼之　しのみや・かねゆき

哲学者　九州帝国大学教授
明治17年（1884年）9月16日～昭和20年（1945年）12月30日

[生]愛知県名古屋市　[学]東京帝国大学文科大学〔明治44年〕卒　[歴]大正13年九州帝国大学教授、満州建国大教授に就任。また伊藤吉之助の後任として「哲学雑誌」の編集委員主任を務めた。

柴 浅茅　しば・あさじ

司法官　俳人
明治14年（1881年）1月1日～昭和44年（1969年）8月14日

[生]奈良県郡山　[名]本名＝柴碩文　[学]東京帝国大学仏法科卒　[歴]司法官として大審院検事、広島控訴院検事長などを歴任し、のち弁護士となる。明治29年頃から句作をし、没後の昭和44年「句集 陶々」が刊行された。

芝 葛盛　しば・かずもり

日本史学者　宮内省図書寮編修課長
明治13年（1880年）4月3日～昭和30年（1955年）7月13日

[生]東京府牛込（東京都新宿区）　[専]皇室史　[学]東京帝国大学文科大学国史科〔明治36年〕卒　[歴]雅楽師の芝葛鎮の長男として生まれる。大正3年宮内省図書寮編修官、15年編修課長。この間、「天皇皇族実録」286巻を編修。皇室史全般の研究調査に当たり、5年8月には「長慶天皇ヲ皇代ニ列シ奉ル議」を起草・上申し、同天皇の皇代登列の端を開いた。昭和16年退官し宮内省御用掛。21年帝国学士院の帝室制度史編纂事務を主宰、同事業の図書寮引き継ぎと同時に宮内庁調査員となり、同事業を統轄した。また国宝保存会委員、正倉院評議会会員、文化財専門審議会専門委員なども務め、文化財保護にも携わった。著書に「皇室制度」など。　[家]父＝芝葛鎮（雅楽師）、祖父＝谷森善臣（国学者）

柴 謙太郎　しば・けんたろう

日本史学者　三井家史編纂室編纂主任次席
明治12年（1879年）12月21日～昭和28年（1953年）3月21日

[生]大阪府西区（大阪市西区）　[専]経済史、外交史　[学]東京帝国大学文科大学史学科国史学専攻〔明治36年〕卒、東京帝国大学文科大学大学院　[歴]逓信省管船局の委嘱で海運史を研究。37年から約40年間に渡って三井家史編纂室（のち三井文庫）に勤務し、38年同編纂主任次席。昭和13年には三井物産沿革史編纂嘱託を兼務した。15年に三井文庫を退職。日本商業史・経済史・対外交渉史を主な研究対象とし、「史学雑誌」「歴史地理」「経済史研究」などの学術雑誌に多くの論文を発表している。

斯波 孝四郎　しば・こうしろう

実業家　三菱重工業初代会長
明治8年（1875年）1月24日～昭和46年（1971年）6月13日

[生]石川県金沢市　[学]東京帝国大学工科大学造船科〔明治32年〕卒　[歴]父は加賀藩家老で男爵。三菱合資造船所に入社、大正9年長崎造船所長、11年三菱造船取締役、14年常務。三菱造船、三菱航空機の合併に尽力、昭和9年三菱重工業創立で初代会長となった。17年造船統制会長。日本光学会長、三菱電機取締役や財界団体の要職を兼ねたが、戦後第一線を退いた。　[家]父＝斯波蕃（加賀藩家老）、兄＝斯波忠三郎（機械工学者）

志波 西果　しば・せいか

映画監督
明治33年（1900年）12月17日～没年不詳

[出]佐賀県佐賀市城内町　[名]本名＝志波頼之、別名＝志波裕之　[学]佐賀中卒　[歴]大正13年岡田時彦主演の「懐しの母」で映画監督デビュー。15年阪東妻三郎プロに招かれて時代劇「魔保露詩」を演出、さらに「尊王」「素浪人」と立て続けに阪妻主演の時代劇映画を製作し、映像作家としての地位を確立した。昭和2年「馬鹿野郎」を最後に同プロを退社したのちは直木三十五らの連合映画芸術協会に拠り、江戸川乱歩原作、前衛舞踏家の石井漠主演による異色作「一寸法師」を撮影するが、途中で投げ出し（同作は最終的に直木が監督を引き継いで完成させた）、日本映画プロダクションを創立。やがて日活太秦から帝キネに移り、明治のピストル強盗・清水定吉をモデルにした「時代の反逆児」や田中貢太郎原作の「旋風時代」とヒット作を連発したが、その後は右太衛門プロ、東活、朝日映画連盟、日活などを転々とするうちにトーキー化の波に乗りおくれ、11年大日本天然色映画で製作した「月形半平太」で色彩映画に先鞭をつけるもこれを最後に映画界から引退した。

斯波 忠三郎　しば・ちゅうざぶろう

機械工学者　男爵　東京帝国大学教授　貴族院議員
明治5年（1872年）3月8日～昭和9年（1934年）10月3日

[生]石川県金沢市　[専]船舶工学、舶用機関学　[学]一高〔明治24年〕卒、帝国大学工科大学機械工学科〔明治27年〕卒　工学博士（東京帝国大学）〔明治35年〕　[歴]加賀藩家老の長男。明治27年川崎造船所技師、29年帝国大学工科大学助教授となり、32年舶用機関学研究のため欧米へ留学。34年帰国、教授に昇任して舶用機関学第一講座を担任。大正12年同大航空研究所長。昭和7年退官。明治39年日本初の海底電線敷設船の設計・監督を嘱託された。同年、大正元年、11年、14年機械学会会長。明治40年家督を相続し、男爵を襲爵。大正6年貴族院議員。南満州鉄道（満鉄）顧問、日満マグネシウム、満州化学社長なども務めた。　[家]長男＝斯波正夫（貴族院議員）、二男＝斯波忠夫（化学者）、父＝斯波蕃（加賀藩家老）、弟＝斯波孝四郎（三菱重工業初代会長）、義兄＝進経太（造船技師）、義弟＝鈴木文太郎（解剖学者）

斯波 貞吉　しば・ていきち

ジャーナリスト　衆議院議員
明治2年（1869年）8月～昭和14年（1939年）10月14日

[生]福井県　[学]東京帝国大学文科大学英文科選科〔明治29年〕卒、オックスフォード大学卒　[歴]英留学を終えて盛岡中学校教諭、高輪仏教高等中学・同大学各教授を務め、明治30年万朝報に入り、英文記者、編集局長となった。社長黒岩涙香の下、石川半山、茅原華山らと大正初期の憲政擁護に健筆をふるい、黒岩没後は常務兼主筆。堺利彦らの週刊「平民新聞」英文欄も執筆。38年山路愛山らと国家社会党を創立。大正14年東京大勢新聞社を創立、社長に就任。同年東京府から衆議院補欠選挙に立候補、当選、憲政会、民政党に属し、当選6回。

芝 不器男　しば・ふきお

俳人
明治36年（1903年）4月18日～昭和5年（1930年）2月24日

[生]愛媛県北宇和郡明治村松丸　[名]本名＝太宰不器男、旧姓・旧名＝芝　[学]東北帝国大学機械工学科中退　[歴]大正14年「枯野」に投句、「ホトトギス」「天の川」に転じ、15年「天の川」同

人となる。昭和初期に彗星のように登場し俳壇に新風を吹き込んだ。昭和4年肉腫となり、以後療養生活を送ったが、翌年26歳の若さで死亡。没後の9年「不器男句集」が刊行された。他に「定本芝不器男句集」(飴山実編、昭森社刊)がある。平成14年芝不器男・俳句新人賞が創設された。

志波 安一郎　しば・やすいちろう
衆議院議員
明治6年(1873年)9月〜昭和7年(1932年)6月10日
[出]佐賀県　[学]三高卒　[歴]長崎県農工銀行監査役、佐賀県議などを経て、大正13年から衆院議員に連続4選。政友会に所属した。

芝木 好子　しばき・よしこ
小説家
大正3年(1914年)5月7日〜平成3年(1991年)8月25日
[生]東京都台東区浅草　[名]本名=大島好子　[学]東京府立第一高等女学校〔昭和7年〕卒　[賞]日本芸術院会員。三菱経済研究所に事務員として勤め、YMCAの文学講座を受講。昭和13年に「文芸首都」同人となり、16年に発表した「青果の市」で第14回芥川賞を受賞。戦後は東京・洲崎特飲街を舞台にした「洲崎パラダイス」など、一連の洲崎ものや、自己の血縁に焦点をあてた「湯葉」「隅田川」「華燭」などの作品により、独自の領域を開いた。また、工芸家、染色家などに題材を取り、女性の人生の相克を鮮やかに描き尽した、芸術家小説シリーズが有名。平成元年文化功労者に選ばれる。代表作に「夜の鶴」「染彩」「築地川」「面影」「冬の椿」「青磁砧」「隅田川暮色」のほか、「芝木好子作品集」(全5巻、読売新聞社)がある。[家]夫=大島清(経済学者)　[賞]芥川賞(第14回)〔昭和16年〕「青果の市」、日本芸術院賞恩賜賞(第38回・文芸部門)〔昭和57年〕、文化功労者〔平成1年〕

柴田 勝衛　しばた・かつえ
文芸評論家 新聞記者 大阪新聞社取締役主筆
明治21年(1888年)6月4日〜昭和46年(1971年)1月16日
[生]宮城県仙台市　[学]青山学院高等科〔明治42年〕卒　[歴]時事新報社に勤めていたが、大正8年読売新聞社に入社し、社会部長、整理部長などを経て、昭和5年編集局長となる。18年大阪新聞社に出向し、取締役主筆、32年社友。その傍ら文芸時評を記し、またパピニー「きりすと伝」など多くの翻訳をした。

柴田 勝太郎　しばた・かつたろう
化学技術者 経営者 東洋高圧工業社長
明治22年(1889年)2月3日〜昭和50年(1975年)11月10日
[生]兵庫県　[専]メチルアルコール合成　[学]東北帝国大学化学科〔大正4年〕卒　[歴]大正5年東京高等工業学校助教授。7年農商務省の臨時窒素研究所に移り、アンモニア合成の工業化を推進。昭和2年東京工業試験所技師、8年合成工業を設立し取締役兼工場長となりメチルアルコール合成工業を実現。13年東洋高圧工業に合併され、尿素樹脂、肥料の分野を開拓、同社社長に就任。戦後22年に公職追放で辞任。26年解除されて顧問に復帰。43年三井化学工業と合併した三井東圧化学の相談役となった。

柴田 敬　しばた・けい
経済学者 京都帝国大学教授
明治35年(1902年)9月2日〜昭和61年(1986年)5月22日
[生]福岡県福岡市大字春吉　[専]経済理論　[学]京都帝国大学経済学部〔昭和2年〕卒、京都帝国大学大学院経済学研究科修了 経済学博士〔昭和14年〕　[歴]京都帝国大学の河上肇のゼミでマルクス経済学を学び、卒業後、同大講師、助教授を経て、昭和14年教授。近代経済学とマルクス経済学の統合を目指した著書「理論経済学」が海外で評価されて渡米、ハーバード大に

留学。帰国後の21年依願退官、公職追放の指定を受けた。追放解除ののち、山口大、青山学院大、九州産業大教授を歴任。他の著書に「地球破壊と経済学」「ケインズを越えて」「転換期の経済学」など。[家]女婿=長坂健二郎(万有製薬社長)

柴田 桂太　しばた・けいた
植物生理化学者 東京帝国大学名誉教授
明治10年(1877年)9月20日〜昭和24年(1949年)11月19日
[生]東京府下駿河台(東京都千代田区神田駿河台)　[学]一高卒、東京帝国大学理科大学植物学科〔明治32年〕卒 理学博士〔明治37年〕　[賞]帝国学士院会員〔昭和14年〕　[歴]父は薬学者の柴田承桂で、弟は化学者の柴田雄次。家は代々名古屋で藩医を務めた家柄。明治40年一高教授、41年東北帝国大学農科大学教授、42年東京帝国大学理科大学講師、45年助教授を経て、大正7年教授。昭和8年理学部長。13年退官。同年〜21年日本植物学会会長、14年帝国学士院会員。この間、10年岩田正二郎の寄付で設立された岩田植物生理化学研究所所長を兼務し、16年より文部省資源科学研究所所長を務めた。我が国の植物生理化学の開拓者としてその基礎を築き、大正7年植物色素フラボノールの研究で帝国学士院恩賜賞を受賞した。[家]父=柴田承桂(薬学者)、弟=柴田雄次(化学者)、二男=柴田承二(薬学者)、女婿=上田良二(物理学者)、義弟=徳永重康(動物学者)　[賞]帝国学士院恩賜賞(第8回)〔大正7年〕

柴田 春光　しばた・しゅんこう
日本画家
明治34年(1901年)12月11日〜昭和10年(1935年)4月18日
[生]秋田県鹿角市毛馬内　[名]本名=柴田良吉、別号=良雲　[歴]大正4年上京し、働きながら日本美術学校に学ぶが間もなく帰郷。のち再上京、佐藤紫雲に師事し、良雲と称し、絵に精心する。大正8年山口博覧会に「玉手箱」で入選。その後、川崎小虎に師事し大和絵を学ぶ。12年第4回中央美術展に「東北の或る町」で入選。13年再興第11回院展に同じ構図の「東北の或る町」が入選。14年日本美術院第11回試作展に「馬車待ち」で院賞受賞。15年国画創作協会第5回展に「鉱山」で入選。昭和3年第9回帝展に「狭布の里」で初入選。以後、帝展に入選を重ねる。この間、4年福田豊四郎らと秋田美術会を結成。他の作品に「雪路の商い」「国上之草庵」「十和田路」など。[賞]日本美術院試作展院賞(第11回)〔大正14年〕「馬車待ち」

柴田 宵曲　しばた・しょうきょく
俳人
明治30年(1897年)9月2日〜昭和41年(1966年)8月23日
[生]東京市日本橋区久松町(東京都中央区)　[名]本名=柴田泰助　[学]開成中〔明治43年〕中退　[歴]上野図書館で文学書を読み、俳句、短歌を学ぶ。大正7年ホトトギス社に入社して編集に従事。寒川鼠骨が発起人となった宝井其角の句集「五元集」の輪講会で筆記をまとめたことから鼠骨に傾倒、その後ホトトギス社を離れて「子規全集」編纂に尽力した。また、江戸文化風俗研究家の三田村鳶魚の知遇を得、その下で筆記役として才能を発揮、数々の記録を残した。昭和10年「俳」を創刊・主宰。生前は句集を作らず、没後に「宵曲句集」が刊行された。著書に「俳諧随筆 蕉門の人々」「古句を観る」「子規居士」「明治の話題」「漱石覚え書」などがあり、平成2年には小沢書店から「柴田宵曲文集」(全8巻)が刊行された。[家]岳父=篠原温亭(俳人)

柴田 常恵　しばた・じょうけい
考古学者 慶応義塾大学講師
明治10年(1877年)7月18日〜昭和29年(1954年)12月1日
[生]愛知県春日井郡大曽根村(名古屋市東区)　[学]都文館中学史学館〔明治32年〕卒　[歴]明治39年東京帝国大学理科大学助手、大正9年内務省考査員、昭和2年文部省史蹟名勝調査嘱託、7年

慶応義塾大学講師。11年重要美術品等調査会委員、25年文化財専門審議会委員などを歴任。著書に「日本考古学」「石器時代の住居址」など。　家二女＝樋口恵子〔評論家〕

柴田 善三郎　しばた・ぜんざぶろう
大阪府知事　内閣書記官長　貴族院議員（勅選）
明治10年（1877年）11月14日〜昭和18年（1943年）8月25日
生静岡県　名旧姓・旧名＝佐藤　学一高卒、東京帝国大学法科大学政治学科〔明治37年〕卒　歴佐藤家の三男で、明治37年柴田家の養子となる。42年愛媛県警察部長、大正2年宮崎県内務部長、3年北海道庁拓殖部長、5年大阪府内務部長、8年朝鮮総督府学務局長を経て、11年三重県、12年福岡県、15年愛知県の各県知事を歴任。昭和4〜6年大阪府知事。7年斎藤実内閣の内閣書記官長となった。7〜18年勅選貴族院議員。

柴田 タカ　しばた・たか
陸上選手
生年不詳〜平成3年（1991年）3月11日
名後名＝鬼海タカ　学山形県女子師範卒　歴山形女子陸上競技の草分け。山形女子師範学校生時代の昭和7年、ロサンゼルス五輪に県内の女性としては初の代表に選ばれ、100メートルに出場した。予選落ちしたが、五輪前の代表選考会で12秒9の自己最高を記録、県記録としては28年まで21年間破られなかった。母校の山形四小教諭などを務めた。

芝田 徹心　しばた・てっしん
宗教学者　教育行政家
明治12年（1879年）2月25日〜昭和25年（1950年）2月6日
生三重県　学東京帝国大学文科大学哲学科〔明治36年〕卒、東京帝国大学大学院宗教哲学倫理学専攻　歴高輪仏教大学、順天中学、日蓮宗大学、曹洞宗大学で教え、明治41年第八高教授となり、愛知医学専門学校講師を兼務。大正6年文部省督学官、10年八高校長、昭和2年文部省図書局長、11年東京美術学校長、15年女子学習院長を歴任、21年退官、宮中顧問官となった。

柴田 徳次郎　しばた・とくじろう
国士舘大学総長
明治23年（1890年）12月20日〜昭和48年（1973年）1月26日
生福岡県筑紫郡那珂川町　学早稲田大学専門部　歴福岡・那珂川町長の四男として生まれるが、小学生の時父が破産。明治38年兄を頼って上京、牛乳配達をしながら苦学する。大正6年夜学塾・国士舘義塾を創立。のち高等部、中等部を開設、昭和4年剣道、柔道、国漢を専門科目とする4年制の専門学校を開校。

柴田 晩葉　しばた・ばんよう
日本画家
明治18年（1885年）9月〜昭和17年（1942年）8月
生滋賀県大津　名本名＝柴田成教、別号＝蘆村　学京都市立美術工芸学校絵画科〔明治41年〕卒、京都市立絵画専門学校〔明治45年〕卒　歴大正元年第6回文展第二科に「湖畔の春」で初入選。その後、文展に入選を重ねる。11年母校京都市立美術工芸学校助教諭。昭和2年第8回帝展に「谷間の温泉」で入選。6年第12回帝展に「釣り池」で入選。春挙画塾早苗会でも活躍した。

柴田 文次　しばた・ぶんじ
実業家　キーコーヒー創業者
明治34年（1901年）3月14日〜昭和49年（1974年）3月27日
生東京都　名旧姓・旧名＝木村　学佐原中中退　歴カフェ・パウリスタなどに勤めた後、大正9年独立して横浜にコーヒー商木村商店を開業。11年遠縁の商家の娘と結婚して柴田姓になったが、12年関東大震災で、店舗と妻子を含む養家ゆかりの

人々全員を亡くした。以降、商売のよき支援者であった養父の遺志に沿おうと、柴田姓を続けることを決意。養家跡地で商売を再開し、震災半年後の13年1月には東京支店、14年には大阪支店を開設。昭和3年店名を木村コーヒー店（のちのキーコーヒー）に改め、「キー」ブランドを採用。その後、国内各地をはじめ大連や京城といった海外植民地にも支店を開設して業界のトップメーカーに育て上げたが、戦争のためコーヒー豆の輸入が途絶。ほとんどの店舗・工場は空襲で焼失し、敗戦を迎えた。戦後は復興に尽力し、23年には天皇へのコーヒー献上の栄誉に浴した。

柴田 正重　しばた・まさしげ
彫刻家
明治20年（1887年）5月29日〜昭和17年（1942年）9月4日
生愛媛県宇和島市　名号＝桂華　歴京阪地方で工芸を修業したが、大正3年上京して白井雨山に入門。雨山没後は建畠大夢に師事した。9年「気の進まぬ日」、10年「後悔」で帝展特選。以後は無鑑査として連年出品し、14年帝展委員。　賞帝展特選（第2回・3回）〔大正9年・10年〕「気の進まぬ日」「後悔」

柴田 政太郎　しばた・まさたろう
篆刻家　刀工　秋田県議
明治17年（1884年）11月10日〜昭和28年（1953年）3月12日
生秋田県羽後町　名号＝果、木鶏、紫陽花　歴14歳頃から篆刻をはじめたといわれ、長じて果の号を用い、多くの篆刻を制作。その手にかかる印は犬養毅や張学良らにも愛用された。また、国工の称号を持つ刀工でもあり、古文献を漁って鎌倉時代前後に絶滅したといわれる鍛刀法を復活。さらに水素還元法などの科学的な技術を制作に導入し、昭和9年には帝展に鍛刀を出品して2位入賞を果たした。その活躍は以上に留まらず、自ら「一芸三年」と称し、剣道は四段、柔道は三段、謡曲は秋田における喜多流の重鎮で、同時に太鼓も修め、書は黄山谷の風を受け継ぎ、紫陽花と号して俳句も嗜んだ。発明家としても優れ、箸の製造機で特許を取得。その他にも、秋田県議を1期務めるなど、多才多芸の人であった。　賞帝展第2位〔昭和9年〕

柴田 貢　しばた・みつぎ
外交官
生年不詳〜昭和52年（1977年）12月
歴昭和14年から約3年間中国・上海の日本総領事館副領事を務める。17年ナチスドイツのゲシュタポ幹部が日本軍部、総領事館幹部に上海のユダヤ人難民1万7千人の虐殺計画を提案した会合に同席し、翌年その計画をユダヤ人難民に密告。その後ユダヤ難民は強制居住区に移転、計画は実現されぬまま消滅した。のち密告したことが発覚し、逮捕。本国に強制送還されたのち外務省で閑職に就き、終戦を前に辞職。52年67歳で病死。54年米国のユダヤ教の僧侶（ラビ）マービン・トケイヤーの著者「フグ・プラン」の中で、虐殺を阻止し、ユダヤ難民の命を救った日本人として紹介された。

柴田 弥一郎　しばた・やいちろう
海軍中将
明治22年（1889年）11月1日〜昭和56年（1981年）6月15日
生富山県　学海兵（第40期）〔明治45年〕卒、海大卒　歴大正2年海軍少尉に任官。昭和14年興亜院青島出張所長、15年企画院第二部長、16年同第六部長、17年同第五部長を経て、18年第二十四特別根拠地隊司令官となり、同年海軍中将に昇る。19年多賀城海軍工廠長、20年第二南遣艦隊司令長官。24年巣鴨プリズンに収監され、26年マヌス島裁判で無罪判決を受けた。太平洋戦争末期、インドネシア共和国の独立運動に協力、スカルノ初代大統領とも親交があった。

柴田 安子　しばた・やすこ

日本画家

明治40年（1907年）9月〜昭和22年（1947年）7月27日

[生]秋田県大曲　[出]東京市麹町区（東京都千代田区）　[名]本名＝最上　[学]千代田高等女学校卒　[歴]秋田の大地主に生まれる。幼い頃に東京に移り、高等女学校在学中に新興大和絵の松岡映丘に師事して、川端龍子の青龍社に出品。昭和10年青龍社展に「牧婦」で初入選。骨太で理知的な描写で日本画の革新に寄与するが、13年に甲状腺を発病。戦時中疎開生活の疲労から倒れ、21年に「めらほど」の他は全て自らの手で焼却した。

柴田 雄次　しばた・ゆうじ

無機化学者　東京帝国大学名誉教授

明治15年（1882年）1月28日〜昭和55年（1980年）1月28日

[生]東京府神田区駿河台（東京都千代田区）　[専]分光化学、錯塩化学、地球化学　[学]高等師範学校附属中〔明治33年〕卒、一高二部〔明治37年〕卒、東京帝国大学理科大学化学科〔明治40年〕卒　理学博士〔大正6年〕　[資]帝国学士院会員〔昭和19年〕　[歴]父は薬学者の柴田承桂で、兄は植物生理化学者の柴田桂太。家は代々尾張藩医を務めた家柄。明治40年東京帝国大学を卒業して大学院で有機化学を専攻したが、43年桜井錠二から無機化学研究のため留学するよう命じられ、研究分野を転向。大正2年帰国して東京帝大理科大学助教授、8年教授。昭和16年名古屋帝国大学教授を兼任、17年東京帝大を定年退官して名大教授専任、同大理学部長。24年東京都立大学の初代総長に就任。32年退任。19年帝国学士院会員、37年文化功労者に選ばれた。37〜45年日本学士院長。分光化学、錯塩化学、地球化学の我が国での先駆者で、2年金属錯塩の分光化学の研究で帝国学士院恩賜賞を受けた。著書に「分光化学」「無機化学攬要」「無機化学〈1〜3〉」「歌稿詩稿」などがある。　[家]長男＝柴田南雄（作曲家）、父＝柴田承桂（薬学者）、兄＝柴田桂太（植物生理化学者）、伯父＝永坂石埭（書家・漢詩人）、岳父＝杉村濬（外交官）、義弟＝徳永重康（動物学者）　[賞]帝国学士院恩賜賞（第17回）〔昭和2年〕、文化功労者〔昭和37年〕

芝辻 一郎　しばつじ・いちろう

山梨県知事　川崎市長

明治16年（1883年）6月6日〜昭和37年（1962年）1月12日

[生]千葉県　[学]一高〔明治38年〕卒、東京帝国大学法科大学政治科〔明治43年〕卒　[歴]昭和6年山梨県知事。10〜14年川崎市長を務めた。

柴原 浦子　しばはら・うらこ

助産婦　産児制限運動家

明治20年（1887年）5月27日〜昭和31年（1956年）10月31日

[生]広島県御調郡御調町　[名]本名＝柴原ウラ　[学]尋常小卒　[歴]大正3年助産婦の正規の資格を得て、広島県松永町（現・福山市）に助産院を開く傍ら、広島県などの依頼を受けて、近代衛生思想普及のために県内全域を講演して回るようになった。しだいに貧困や女性差別といった多くの社会上の欠陥に目を開かれ、地域婦人の要求に応じて産児調節指導を始めていく。6年「助産婦なき地区の開拓」を目指して、漁民の多い尾道に移住。10年、漁村改善運動を支援する意味で、土地の識者らが2階建ての公民館「尾崎倶楽部」を設立する。ここを拠点にして以後数十数年間幅広い社会事業を発展させた。さらに、不況の続く昭和初期には産児制限指導を求めて西日本全域から相談者が訪れるようになる。昭和5年には産児制限運動の指導者として大阪に迎えられ、運動の全国的指導者として勇名をはせた。

柴山 兼四郎　しばやま・かねしろう

陸軍中将

明治22年（1889年）5月1日〜昭和31年（1956年）1月23日

[生]茨城県　[学]陸士（第24期）〔大正1年〕卒、陸大〔大正11年〕卒　[歴]大正13年参謀本部員、昭和3年中国の張学良顧問補佐官となり、満州事変の計画に参加。中国公使館付武官補佐官を経て、12年陸軍省軍務課長、天津機関長、漢口特務部長となり、日中戦争中は裏工作に従事。16年中将、第26師団長、汪政権軍事顧問、陸軍次官兼兵站総監を務めた。戦後戦犯に指名されたが、26年仮釈放され、軍人恩給全国連合会会長となった。

渋川 驍　しぶかわ・ぎょう

小説家　文芸評論家

明治38年（1905年）3月1日〜平成5年（1993年）1月24日

[生]福岡県嘉穂郡穂波町　[名]本名＝山崎武雄、別名＝町田純一　[学]東京帝国大学文学部倫理科〔昭和5年〕卒　[歴]在学中、高見順、中村光夫らと共に「集団」を結成、同誌廃刊後、「日暦」同人に加わる。昭和9年「竜源寺」を発表し、広津和郎に激賞される。以後10年代には「樽切湖」「浅瀬」「外套」などを刊行。21年「柴笛」を刊行。戦中戦後を通じて、堅実な作風を固守し、近代文学の作家・作品論にも造詣が深い。自伝的長編小説「出港」で、58年度の第11回平林たい子賞を受賞。ほかの代表作に「銀色の線路」「議長ソクラテス」「黒南風」「ガラス絵」、評論として「森鷗外」「島崎藤村」「宇野浩二論」「書庫のキャレル─文学者と図書館」など。　[賞]芸術選奨文部大臣賞（第25回）〔昭和49年〕「宇野浩二論」

渋沢 敬三　しぶさわ・けいぞう

実業家　民俗学者　日本銀行総裁

明治29年（1896年）8月25日〜昭和38年（1963年）10月25日

[生]東京市深川（東京都江東区）　[名]号＝祭魚洞　[学]東京帝国大学経済学部〔大正10年〕卒　名誉文学博士（東洋大学）〔昭和38年〕　[歴]大正10年横浜正金銀行に入行。東京、ロンドン各支店に勤務。14年第一銀行に転じ、15年取締役、昭和7年常務、16年副頭取。この間、6年東京貯蓄銀行会長。17年蔵相に請われて日本銀行副総裁に就任、19年第16代総裁に就いた。戦後20年幣原内閣の蔵相になったが、21年公職追放。26年に解除。以後、国際電信電話会社初代社長、IOC国内委員会議長、文化放送会長、日本国際商業会議所会頭、日本航空相談役、金融制度調査会会長などを歴任し、財界の世話役を務めた。渋沢栄一の孫で、東京・三田の豪邸を率先、財産税で物納するなど、育ちの良い財界大物ぶりを発揮した。また生物学・民俗学への造詣も深く、自宅に"アチック・ミューゼアム・ソサエティ（のちの常民文化研究所）"を創立、多くの民俗学者を輩出させ、自らも日本民族学協会会長、日本人類学会会長を務めた。昭和6年襲爵（子爵）。著書に「豆州内浦漁民史料」（全2巻）「祭魚洞雑録」「日本魚名集覧」「絵巻による日本常民生活絵引」（全5巻、編著）「渋沢敬三著作集」（全5巻、平凡社）などがある。　[家]祖父＝渋沢栄一（実業家）　[賞]農学賞〔大正15年〕「豆州内浦漁民史料」

渋沢 元治　しぶさわ・もとじ

電気工学者　名古屋帝国大学総長

明治9年（1876年）10月25日〜昭和50年（1975年）2月22日

[生]埼玉県榛沢郡血洗島村（深谷市）　[学]東京府立中〔明治26年〕卒、一高〔明治30年〕卒、東京帝国大学工科大学電気工学科〔明治33年〕卒　工学博士（東京帝国大学）〔明治44年〕　[資]帝国学士院会員〔昭和13年〕　[歴]母は渋沢栄一の実妹。一高時代に電気工学を志し、東京帝国大学電気工学科在学中に国産第1号の回転変流機を製作した。明治34年古河足尾鉱業所に入るが、35年渋沢栄一の渡米に同行、ドイツのシーメンス社、スイスのチューリヒ工科大学、米国のゼネラルエレクトリック（GE）社などで修業した。39年帰国すると逓信省電気試験所に強電部門の技師として入所。大正3年第一部長、6年第三部長を経て、8年逓信省電気局技術課長に就任。12年の関東大震災直後には電灯の早期復旧に力を注いだ。この間、7年東京

帝大講師、8年教授を併任、13年同教授に専任。昭和4年工学部長、12年退官。13年電気工学出身として初めて帝国学士院会員に選出される。14年名古屋帝国大学創設に際して初代総長に就任、戦時下にあってその基礎固めに尽力した。21年退任。電気事業法（明治41年）及び改正電気事業法（昭和6年）など多くの電気事業法規の立案に関わった他、電気の国際規格統一を推進するなど電気事業行政に大きな足跡を残した。30年電気関係で初めて文化功労者に選ばれた。　🏠長男＝渋沢亨三（実業家）、伯父＝渋沢栄一（実業家）、岳父＝穂積陳重（法学者・男爵）　🎖勲一等瑞宝章〔昭和18年〕　🏆文化功労者〔昭和30年〕

渋谷 慈鎧　しぶや・じがい
僧侶　天台座主
明治9年（1876年）8月1日〜昭和22年（1947年）10月6日
🏛岡山県久米南条郡越尾村（久米郡美咲町）　🎓天台宗西部大学院卒　📖明治29年宝寿寺住職となる。44年比叡山中学教諭となり、のち比叡山専修院教授。その後、第249世天台座主に就任した。

渋谷 定輔　しぶや・ていすけ
詩人　農民運動家　全国農民組合中央委員
明治38年（1905年）10月12日〜昭和64年（1989年）1月3日
🏛埼玉県入間郡南畑村（富士見市）　🎓南畑高小〔大正9年〕卒　📖小作農の長男として生まれ、小学生時代から農業に従事。農民運動をする一方で、大正15年に詩集「野良に叫ぶ」を刊行。昭和3年日本非政党同盟を結成したが、間もなく全国農民組合に参加し、埼玉県連書記長になる。5年中央委員に就任。12年サハリンからソ連に越境を計画して逮捕され、5年の実刑を受ける。14年出獄。戦後、新日本文学会に参加し、30年日本農民文学会の結成に参加し、理事に就任。37年以後は東京と南畑を舞台に地域の市民運動に活躍した。45年記録文学「農民哀史」を刊行、ロングセラーとなる。57年より思想の科学研究会長。ほかの著書に「大地に刻む」「この風の音を聞かないか」など。　🏠妻＝渋谷黎子（社会運動家）

渋谷 徳三郎　しぶや・とくさぶろう
仙台市長
明治3年（1870年）〜昭和25年（1950年）10月2日
🏛宮城県黒川郡大松沢（大郷町）　🎓宮城師範卒、日本大学法科夜間部卒　📖菓子商の長男。宮城師範を卒業して小学校教師となり、23歳で郷里の校長を務めていたところを見込まれて上京。日本大学夜間部を卒業後、文部省事務官、普通学務局第一課長を務める。東京市役所教育部長に転じた後、小石川区長、麹町区長、京橋区長を歴任。昭和5年仙台市長に就任、3期12年務め、"仙台市中興の祖"といわれた。

渋谷 隆太郎　しぶや・りゅうたろう
海軍中将
明治20年（1887年）4月5日〜昭和48年（1973年）4月8日
🏛福井県　📛舶用機関学　🎓海軍機関学校（第18期）〔明治43年〕卒　📖明治43年海軍機関少尉に任官。大正8年海軍大学校選科学生。昭和12年海軍技術研究所理学研究部長、13年呉工廠造機部長、15年広工廠長を歴任し、15年海軍中将に進む。16年呉工廠長、18年艦政本部出仕（藤原行政査察使随員）を経て、19年艦政本部長に就任。20年11月予備役に編入。海軍艦艇のタービンの研究開発に取り組み、外国特許から自立した「艦本式（艦政本部式）タービン」開発の中枢を担うなど、我が国の蒸気・ガスタービン技術の基礎を固めた。戦後は生産技術協会を主宰して海軍の技術資料の収集に努め、「旧海軍技術資料」（全5冊）をまとめた。それらの資料は神戸大学に「渋谷文庫」として所蔵されている。

渋谷 黎子　しぶや・れいこ
社会運動家
明治42年（1909年）6月24日〜昭和9年（1934年）9月16日
🏛福島県伊達郡粟野村（伊達市）　📛旧姓・旧名＝池田ウメ子　🎓梁川高等女学校卒　📖早くから社会主義に関心を抱き、無産婦人解放運動に興味をもち、昭和4年上京し、5年渋谷定輔と結婚。以後も婦人運動をすすめた。　🏠夫＝渋谷定輔（詩人・農民運動家）

志摩 清英　しま・きよひで
海軍中将
明治23年（1890年）2月25日〜昭和48年（1973年）11月7日
🏛東京都　🎓海兵（第39期）〔明治44年〕卒、海大卒　📖大正元年海軍少尉に任官。昭和11年軽巡洋艦「大井」艦長、12年海軍通信学校教頭、14年舞鶴鎮守府参謀長、15年第十九戦隊司令官、17年第十六戦隊司令官を経て、18年海軍中将。同年横須賀通信学校校長。19年第五艦隊司令長官としてレイテ沖海戦に参加した。20年高雄警備府長官兼第一航空艦隊司令長官を務めた。

島 小太郎　しま・こたろう
陸軍特務機関員　インドネシア独立の英雄
生年不詳〜昭和23年（1948年）2月23日
🏛静岡県清水市（静岡市）　📛本名＝岸山勇次　🎓陸軍中野学校下士官1期生卒　📖陸軍中野学校を下士官第1期生として卒業、太平洋戦争中、特務情報工作員として南方に派遣された。敗戦後、インドネシア独立軍に投じ、第7方面軍茨木機関（茨木誠一指揮）の仲間とスマトラ島北東海岸地区で活躍、日本とインドネシア混成部隊を指揮してオランダ軍と戦った。昭和23年2月23日、ジャングルの中で手榴弾製造中に爆死した。インドネシア軍は国葬をもって葬り、インドネシア独立の英雄とたたえた。

島 徳蔵　しま・とくぞう
実業家
明治8年（1875年）4月20日〜昭和13年（1938年）11月3日
🏛大阪府　📖明治28年大阪の私塾を出て、家業の株式取引所仲買人となった。株式売買を続け、大正5〜15年大阪取引所理事長を務め、「北浜の島徳」として天才相場師といわれた。また第一次大戦後に続出した大小会社の発起人に名を連ね「会社屋」とも呼ばれた。さらに中国の天津、上海各取引所理事長のほか阪神電鉄社長など多くの事業を手がけた。昭和2年に取引所法違反事件に連座、8年には売塩事件、9年愛国預金銀行からも背任横領事件で入獄、破産申請を受けた。

島木 健作　しまき・けんさく
小説家　農民運動家
明治36年（1903年）9月7日〜昭和20年（1945年）8月17日
🏛北海道札幌市　📛本名＝朝倉菊雄　🎓東北帝国大学法学部選科〔大正15年〕中退　📖高等小学校中退後、様々な仕事をしながら苦学し、大正14年東北帝国大学に入学。東北学連に加入し、その中心人物としてオルグ活動をする。15年日本農民組合香川県連合会書記となって農民運動に挺身し、昭和2年日本共産党に入党。この頃から胸を病む。3年逮捕され、公判闘争中に転向、7年仮釈放されるが、肺の病に苦しむ。9年獄中体験を書いた「癩」「盲目」を発表し、第1創作集「獄」を刊行。以後作家として活躍し、11年「文学界」同人となり「終章」で文学界賞を受賞。12年長編「再建」「生活の探求」を刊行。その他の代表作として「黎明」「黒猫」「赤蛙」などがあり、「島木健作全集」（全15巻）が刊行されている。　🏆万朝報」懸賞小説（第1571回）〔大正9年〕「章三の叔父」、中央公論原稿募集（第2回）〔昭和9年〕「盲目」、文学界賞（第9回）〔昭和11年〕「終章」、透谷文学賞（第2回）〔昭和13年〕「生活の探求」

島崎 鶏二　しまざき・けいじ

洋画家

明治40年（1907年）9月8日〜昭和19年（1944年）10月10日

生東京市浅草区（東京都台東区）　歴島崎藤村の二男。川端画学校で藤島武二に師事、昭和3年二科展初入選。4年渡仏、6年帰国、写実的な技法で女性像を描いた。10年第22回二科展に「笛」「娘」「肖像（藤村像）」などを出品、同会会友。12年第24回二科展に「朝」「川辺」「野道」を出品、同会会員に推された。第29回展には「牧草」と精力的に作品を発表。太平洋戦争に軍属として従軍、19年フィリピンで飛行機事故に遭った。　家父＝島崎藤村（小説家）、弟＝島崎蓊助（洋画家）

島崎 こま子　しまざき・こまこ

島崎藤村の小説「新生」のモデル

明治26年（1893年）11月7日〜昭和54年（1979年）6月29日

生朝鮮・京城　囲長野県木曽郡南木曽町吾妻　名本名＝長谷川こま子　学三輪田高等女学校卒　歴父は文豪として知られる島崎藤村の兄。朝鮮の京城で生まれたため、こま子と命名されたといわれる。16歳の時に郷里である長野県吾妻村（現・南木曽町）から上京、三輪田高等女学校に学ぶ。20歳の時に妻を亡くした叔父・藤村の家の家事手伝いを始めたことをきっかけに藤村との関係を深め、子どもを宿すまでになる。大正7年藤村はこま子との関係をもとに小説「新生」を発表。藤村との別離のあと、14年から京都帝国大学YMCAの寮母となり、昭和2年学生運動の指導者だった長谷川博と結婚。献身的に学生運動や労働運動に携わる学生を支援したが、そのため特高警察に狙われ、東京に戻る。12年には過労のため街路で倒れ、救貧院に保護されるまで困窮した。戦後、共産党に入党し、職場離脱闘争で逃れてきた活動家をかくまい助けた。平成15年その半生を描いた「島崎こま子の『夜明け前』」が刊行された。　家夫＝長谷川博（法政大学教授）、叔父＝島崎藤村（小説家）

島崎 静子　しまざき・しずこ

随筆家 小説家・島崎藤村の妻

明治29年（1896年）11月8日〜昭和48年（1973年）4月29日

生東京市神田区（東京都千代田区）　名旧姓・旧名＝加藤、筆名＝河口玲子　学津田英学塾〔大正10年〕中退　歴父・浦島堅吉は医師で、内縁の妻であった加藤幹の二女として生まれる。幼い頃から病弱で、女学校を卒業後、3年間の療養生活を送り、津田英学塾に入る。大正10年学校を中退し、親友に誘われて小説家の島崎藤村を訪問。11年藤村が婦人雑誌「処女地」を創刊すると助手として編集に携わり、また、河口玲子の筆名で「エレン・ケエ女史の生涯」を翻訳し、スウェーデンの社会思想家エレン・ケイを紹介した。12年の廃刊後も藤村のもとに通い、昭和3年に25歳年上の藤村と結婚。その後も秘書的な役割を果たし、夫の執筆活動を支えた。夫の没後は晩年を過ごした神奈川県大磯の家に暮らし、「藤村の思い出」「藤村 妻への手紙」などを著した。　家夫＝島崎藤村（小説家）

島崎 藤村　しまざき・とうそん

小説家 詩人 日本ペンクラブ会長

明治5年（1872年）2月17日〜昭和18年（1943年）8月22日

生筑摩県第八大区五小区馬籠村（岐阜県中津川市）　囲東京都　名本名＝島崎春樹、別号＝無名氏、島の春、古藤庵、無声、枇杷坊、むせい、葡萄園主人、六窓居士　学明治学院〔明治24年〕卒　賞帝国芸術院会員〔昭和15年〕　歴馬籠宿の庄屋の家系に生れ、9歳で上京。明治学院卒業後、教員として明治25年明治女学校、29年東北学院、32年小諸義塾に勤める。その間、26年に北村透谷らと「文学界」を創刊。また30年に「若菜集」、以後「一葉舟」「夏草」「落梅集」の詩集を出版する一方、小説、散文も発表し、39年「破戒」を刊行。自然主義文学の代表的作家として、「春」「家」などを発表。大正2年渡仏し、帰国後に「新生」を、また「海へ」「エトランゼエ」などの紀行、感

想文を発表した。昭和4年から10年にかけては、大作「夜明け前」を発表。10年日本ペンクラブ初代会長。11年ヨーロッパに再遊、15年帝国芸術院会員となる。詩、小説、紀行文、感想と作品は数多く、他に「眼鏡」などの童話集もある。絶筆「東方の門」。「島崎藤村全集」（全12巻・別巻1、筑摩書房）がある。　家長男＝島崎楠雄（随筆家）、二男＝島崎鶏二（洋画家）、三男＝島崎蓊助（洋画家）、孫＝島崎緑二（画家）、姪＝島崎こま子（小説「新生」のモデル）

島崎 柳塢　しまざき・りゅうう

日本画家

慶応1年（1865年）5月4日〜昭和12年（1937年）1月21日

生江戸牛込（東京都新宿区）　名本名＝島崎友輔、別号＝栩々亭山人　歴儒者島崎酔山の子。曽祖父は太田南畝の実弟にあたる家系で、幼時より父に漢学を学び、書を高田竹山、詩を植村蘆洲に学んだ。明治12年桜井謙吉に洋画を学ぶが、のち日本画に転向、松本楓湖、川端玉章に師事。18〜25年大蔵省印刷局に出仕し、紋様図案、製版印刷に従事。29年、31年には三井呉服店の依頼で染織の意匠図案や友禅の染色法を研究。23年内国勧業博覧会で褒状を受け、24年日本青年絵画協会結成に参加、33年には无声会に加わる。40年東京勧業博覧会で「美音」が2等賞、41年文展で「おないどし」が3等賞となり、以後褒状を重ねる。43年川端画学校教授となり、晩年は日本美術協会理事を務めた。故実に通じ、特に衣裳研究に基づく美人画を得意とした。また夏目漱石とも親交があった。

島津 源蔵（2代目）　しまず・げんぞう

実業家 発明家 島津製作所初代社長

明治2年（1869年）6月17日〜昭和26年（1951年）10月3日

生福岡県　囲京都府　名本名＝島津梅治郎　歴京都で教育用理化学器械を製造する父・初代源蔵の下で、少年時代から発明の才を発揮。明治11年父と協力、日本最初の軽気球掲揚に成功した。27年父の死後、事業を継ぎ、大正6年島津製作所社長。9年蓄電池のための易反応性鉛粉製造法を完成、国産蓄電機の工業的生産に成功した。昭和3年発明協会特別賞を受け、5年日本十大発明家の一人として表彰された。　家父＝島津源蔵（島津製作所創業者）　賞帝国発明協会特別賞〔昭和3年〕「島津式感応起電機の発明」

島津 忠重　しまず・ただしげ

海軍少将 公爵 貴族院議員 島津興業会会長

明治19年（1886年）10月20日〜昭和43年（1968年）4月9日

囲鹿児島県　学海兵（第35期）〔明治40年〕卒、海大卒　歴薩摩藩主・島津忠義の長男に生まれ、明治31年公爵を嗣ぐ。41年海軍少尉となり、軍令部参謀、海軍大学校教官、海軍砲術学校教官、英国駐在武官、海軍艦政本部造兵造船監督長などのほか、学習院評議会議長、華族会館長を歴任。昭和4年ロンドン軍縮会議全権随員などを務め、10年少将で退役となる。明治44年〜昭和21年貴族院議員を務めた。戦後は島津興業会会長に就任。著書に「炉辺南国記」（昭32）がある。　家父＝島津忠義（薩摩藩主）、弟＝島津忠備（男爵）、島津忠弘（男爵）、祖父＝島津久光（薩摩藩国父）

島津 楢蔵　しまず・ならぞう

機械技術者 実業家 日本モータース設立者

明治21年（1888年）4月10日〜昭和48年（1973年）6月21日

囲大阪府大阪市　歴大阪市で貴金属商を営む実家に島津モーター部を設け、明治42年国産初のオートバイ「NS号」を完成させる。44年国産航空発動機「アンザニ型3気筒」を試作。大正5年帝国飛行協会主催の国産航空発動機製作競技会で1等に入賞（賞金2万円）。大正年間の航空エンジンの専門家として内外の飛行家のエンジン修理を一手に引き受けた。昭和3年量産型オートバイ「エーロファースト」を製作・販売した。11年

します 　　　　　　　　　昭和人物事典 戦前期

東洋工業に入社、「マツダ号」オート三輪を開発。

島津 久基　しまず・ひさもと
国文学者 東京帝国大学教授
明治24年（1891年）4月16日～昭和24年（1949年）4月8日
[生]鹿児島県　[学]東京帝国大学文科〔大正5年〕卒 文学博士〔昭和10年〕　[歴]大正8年一高教授、11～昭和2年東京帝国大学助教授、4年東洋大教授。二松学舎、明治大、九州大などを経て、18年東京帝大教授に就任。「源氏物語」研究の権威として知られ、労作「源氏物語講話」は国文学に新しい研究方法を提示した名著といわれる。他に「義経伝説と文学」「近古小説新纂」「現代語釈源氏物語」「国民伝説類聚」などの著書がある。

島津 保次郎　しまず・やすじろう
映画監督
明治30年（1897年）6月3日～昭和20年（1945年）9月18日
[生]東京市神田区駿河台（東京都千代田区）　[学]正則英語学校卒　[歴]大正9年松竹キネマに入社し、小山内薫の門下生となる。師と共に松竹キネマ研究所に移り、10年小山内総指揮・村田実監督の「路上の霊魂」で助監督を務めたあと、蒲田撮影所に移り牛原虚彦につく。同年「寂しき人々」で監督デビューを果たし、11年16本、12年16本と精力的に活動した。同年の関東大震災後、同社の取締役・城戸四郎の勧めで水谷八重子主演「お父さん」を監督。以後、「日曜日」「悪太郎」「村の先生」「茶をつくる家」など、サイレント時代における小味な小市民映画の佳作を立て続けに監督、城戸が主導する"蒲田調""大船調"と呼ばれる明るい家庭劇路線の先駆を成した。また菊池寛「新珠」、里見弴「多情仏心」など、文芸作品を映画化する場合もメロドラマ大作に仕上げ、商業映画として成功させた。昭和6年には米国から帰朝した上山草人の松竹入社第一作目「愛よ人類とともにあれ」前後編を監督し、作中の重要人物に田中絹代を抜擢。7年の「上陸第一歩」からはトーキー映画を手がけ、「嵐の中の処女」「隣の八重ちゃん」「その夜の女」「お琴と佐助」「家族会議」「朱と緑」「婚約三羽烏」「浅草の灯」など次々とヒットを飛ばした。15年東宝に移籍。終戦直後の20年9月、48歳で死去。19年の「日常の戦い」が遺作となった。齢30半ばにして"島津おやじ"の愛称で親しまれ、その下からは五所平之助、豊田四郎、吉村公三郎、木下恵介、佐伯清、関川秀雄ら優秀な監督を多く輩出した。　[家]長男＝島津昇一（映画監督）

島薗 順次郎　しまぞの・じゅんじろう
内科学者 東京帝国大学名誉教授
明治10年（1877年）3月12日～昭和12年（1937年）4月27日
[生]和歌山県和歌山市　[名]旧姓・旧名＝須藤　[学]東京帝国大学医科大学〔明治37年〕卒 医学博士〔大正4年〕　[歴]陸軍軍医として日露戦争に従軍し、戦病者、特に脚気患者の診療に携わる。東京帝国大学助手を経て、明治44年ドイツに留学し、内科医学を研究。大正2年帰国後、岡山医学専門学校教授。同年京都帝国大学教授に転じ、13年東京帝大教授に就任。島薗内科を主宰し、附属病院長も務めた。脚気の権威であり、ビタミンB1研究から栄養学へと研究を進めた。昭和4年日本初の交換教授としてベルリン大学に赴く。12年退官し名誉教授となった。　[家]長男＝島薗順雄（東京大学名誉教授）、四男＝島薗安雄（東京医科歯科大学名誉教授）、孫＝島薗進（東京大学名誉教授）　[賞]帝国学士院東宮御成婚記念賞（第16回）〔大正15年〕

島田 叡　しまだ・あきら
沖縄県知事
明治34年（1901年）12月25日～昭和20年（1945年）6月
[生]兵庫県　[学]東京帝国大学法学部〔大正14年〕卒　[歴]大正14年内務省に入り、佐賀県書記官を振り出しに主に警察畑を歩く。昭和19年大阪府内政部長となるが、沖縄県知事が出張名

目で離県し、そのまま帰任しなかったため、特に内務省から請われて、20年1月沖縄県知事に就任、米軍の上陸が必至とみられていた沖縄へ赴く。着任直後から米軍の上陸に備え、県民の疎開をはかる一方、自ら台湾に飛んで食糧の確保に全力を尽した。米軍が沖縄に上陸した後は繁多川の地下壕内で戦時行政に当たったが同年6月下旬沖縄本島南部の摩文仁丘付近で戦死した。26年島民により摩文仁丘に「島守の塔」が建立された。

島田 和夫　しまだ・かずお
小説家
明治42年（1909年）4月12日～昭和20年（1945年）3月24日
[生]山口県　[名]本名＝上野市三郎　[学]早稲田大学中退　[歴]昭和7年ごろ日本プロレタリア作家同盟に入り、9～13年同人誌「新文学」編集発行人となり長編、評論を書いたが、14年渡満。「四壁暗けれど」「漁火」のほか「県城の空」がある。

島田 鈞一　しまだ・きんいち
漢学者 東京文理科大学教授
慶応2年（1866年）7月15日～昭和12年（1937年）12月13日
[出]越後国（新潟県）　[名]字＝彦和、号＝穆　[学]帝国大学文科古典科〔明治22年〕卒　[歴]漢学者・島田篁村の長男に生まれ、幼時から漢学を修め、長じて藤沢南岳に学ぶ。明治27年から長年に渡り一高教授を務め、のち名誉教授となる。昭和4年東京文理科大学教授となり、東京高等師範学校講師を兼務、7年退官して東方文化学院東京研究所研究員、大正大学教授、智山専門学院講師、斯文会理事などを務め、学界に貢献した。著書に「春秋左氏伝新講」「論語全解」などがある。　[家]父＝島田篁村（漢学者）

島田 謹介　しまだ・きんすけ
写真家
明治33年（1900年）6月28日～平成6年（1994年）6月30日
[生]長野県松代町（長野市）　[団]風景写真　[学]長野中〔大正9年〕卒　[歴]医者の三男として生まれる。小学校1年の頃に父からピンホールカメラの作り方を教わり、夢中になる。長野中時代は画家を志したが、結核を患い、実家に帰って療養生活に入る。大正9年中学を卒業、東京美術学校に写真科があることを知り志望するが、募集のない年だったため、断念。同年父の知人であった東京朝日新聞写真部長の谷口徳次郎の紹介で同社社会部写真係となる。以来、報道カメラマンとして関東大震災、芥川龍之介の自殺、浜口雄幸首相狙撃事件、満州事変、阿部定事件など様々な事件を撮影。16年写真部デスク。30年定年退職後は、風景写真の世界に転じ、31年初の写真集「武蔵野」は絶賛を受け、日本写真協会年度賞を受賞。32年から1年間、「週刊朝日」に週刊誌として初めてのカラーグラビア企画である「日本カメラ風土記」を連載。41年国会写真部委員。心像風景の撮れる写真家として独自の地歩を築いた。写真集に「旅窓」「雪国」「信濃路」「五十鈴川」「四季」「京の叙情」「丘」など。

島田 磬也　しまだ・きんや
作詞家
明治42年（1909年）6月30日～昭和53年（1978年）11月20日
[生]熊本県熊本市　[名]本名＝嶋田、筆名＝村瀬まゆみ　[歴]少年時代より詩に親しみ、18歳のとき上京、西条八十に師事。詩集「詩灯」の中の一編が作曲家の松平信博の目にとまり、「当世娘気質」でデビュー。昭和9年「主婦の友」で牧逸馬の連載小説「地上の星座」映画化に際しての主題歌募集に応募、一等入選を果たす。12年「裏町人生」が大ヒット。同年奥多摩の小河内村がダム建設のために離村することを知って書いた「湖底の故郷」を発表、"社会歌謡"のはしりといわれる。18年応召。他のヒット曲に「女の階級」「波止場気質」「或る雨の午

後」「夜霧のブルース」などがある。　家父＝三浦十八公（俳人）

島田 啓三　しまだ・けいぞう
漫画家　児童漫画会会長
明治33年（1900年）5月3日〜昭和48年（1973年）2月11日
生東京都　名本名＝島田啓蔵　学川端画学校卒　歴米屋に奉公しながら独学で漫画を描き、大正6年「万朝報」に投稿し入選。その後、電車の車掌をしながら川端画学校で学んだ。のち北沢楽天に師事したが、昭和3年頃、朝日新聞の懸賞子供長編漫画に1位当選、児童漫画家の道に入る。8年から6年間に渡り「少年倶楽部」に連載した「冒険ダン吉」が大ヒット。また毎日新聞文化部嘱託として「東京日日新聞」に連載した「半ちゃん捕物帖」や「ネコ七先生」なども人気を博した。戦後も「プーチン・ターチン」「ターボーの珍冒険」など活躍を続け、児童漫画会を結成、会長を務めた。

嶋田 繁太郎　しまだ・しげたろう
海軍大将　海相
明治16年（1883年）9月24日〜昭和51年（1976年）6月7日
生東京都　学海兵（第32期）〔明治37年〕卒、海大〔大正4年〕卒　歴大正5年〜8年イタリア大使館付武官。帰国後、「多摩」、「比叡」各艦長、第二艦隊参謀長などを経て、昭和5年第一艦隊兼連合艦隊参謀長、7年第三艦隊参謀長、8年軍令部作戦部長。10年軍令部次長となり海軍軍縮条約の破棄を進めた。日中戦争開始後、第二艦隊司令長官、呉鎮守府司令長官、15年支那方面艦隊長官などを歴任。同年大将に進級。16年には横須賀鎮守府長官から東条内閣の海相に就任し、開戦を主張。19年2月軍令部総長を兼任したが、サイパン陥落で同年7月海相を辞任した。戦後A級戦犯として終身刑となるが、30年釈放。
家岳父＝筑紫熊七（陸軍中将）

島田 茂　しまだ・しげる
台湾銀行頭取
明治18年（1885年）9月22日〜昭和28年（1953年）9月26日
生岡山県西西条郡院庄村　学六高卒、東京帝国大学法科大学経済科〔明治45年〕卒　歴大蔵省に入り、鳥取税務署長、永代橋税務署長、名古屋、東京各税務監督局関税部長、大蔵書記官、特別銀行課長を経て、昭和2年台湾銀行理事となり、同年8月森広蔵の後継頭取として9年まで、政治問題化した同行の再建に尽力した。在任中は中華滙業銀行理事を兼務。辞任後満州生活必需品理事長、満州火災海上保険代表などを務めた。

島田 七郎右衛門　しまだ・しちろうえもん
衆議院議員
明治16年（1883年）1月〜昭和37年（1962年）7月25日
出富山県　学富山中卒　歴富山県議を経て、昭和7年より衆議院議員に連続2選。政友会に所属した。

島田 尺草　しまだ・しゃくそう
歌人
明治37年（1904年）9月16日〜昭和13年（1938年）2月23日
生福岡県嘉穂郡　歴大正8年パーキンソン病となり13年九州療養所（菊池恵風園）に入った。内田守人医官に歌の指導を受け、合同集「桧の影」に参加、昭和3年水甕社に入り、12年同人。呼吸困難、失明の苦痛などを歌にした。歌集「一握の藁」「櫟の花」、没後「島田尺草全集」が出された。

嶋田 青峰　しまだ・せいほう
俳人
明治15年（1882年）3月8日〜昭和19年（1944年）5月31日
生三重県志摩郡的矢村　名本名＝嶋田賢平　学東京専門学校（現・早稲田大学）哲学科〔明治36年〕卒　歴教員を経て、明

治41年国民新聞（東京新聞の前身）に入社。大正2年より「ホトトギス」の編集に参与し、11年篠原温亭とともに「土上」を創刊。のち新興俳句に転じ、ホトトギスから除名された。昭和16年の俳句事件では検挙された。著書に大正14年刊の「青峰集」をはじめ「海光」「子規・紅葉・緑雨」「俳句の作り方」などがある。　家弟＝嶋田的浦（俳人）

島田 忠夫　しまだ・ただお
童謡詩人
明治37年（1904年）6月〜昭和19年（1944年）
生茨城県水戸市　歴島木赤彦に師事、雑誌「童話」に童謡を投稿、西条八十、吉江喬松らに認められた。昭和3年童謡詩集「柴木集」を出版、俳画的叙情の作風を自ら童謡詩とし、昭和初めの童謡界に注目された。第2童謡詩集「田園手帖」がある。

嶋田 的浦　しまだ・てきほ
俳人
明治26年（1893年）1月22日〜昭和25年（1950年）4月11日
生三重県志摩郡的村（志摩市）　名本名＝嶋田裏　学東京外国語大学卒　歴在学中、当時「ホトトギス」の編集をしていた兄青峰と共に高浜虚子に師事。大正初期すでに「ホトトギス」で頭角を現わしたが、のち兄の青峰を助けて「土上」に拠る。晩年は宇治山田に隠栖し、「みその」を主宰した。没後の平成11年、初の句集が刊行される。　家兄＝嶋田青峰（俳人）

島田 俊雄　しまだ・としお
衆議院議員　農相　農商相　政友会幹事長
明治10年（1877年）6月18日〜昭和22年（1947年）12月21日
出島根県江津市　学東京帝国大学法科大学政治学科〔明治33年〕卒　歴東京市役所の吏員から弁護士に転じ、明治45年の総選挙に郷里から出馬、当選、以来衆議院議員当選9回。政友会に属し、昭和3年田中義一内閣の政友会幹事長。6年犬養内閣法制局長官。11年広田内閣の農相。翌年鳩山一郎らと政友会総裁代行委員。14年鈴木喜三郎総裁の任期満了に伴う後継総裁争いで中島知久平を推し、同会分裂を促進した。15年米内内閣の農相。翼賛会、翼政会などの顧問、衆議院予算委員長などを経て、小磯内閣の農商相。終戦時は衆議院議員。早大、中央大などで政治経済を講じ、「明義」「王道」など雑誌経営にも当たった。

島田 墨仙　しまだ・ぼくせん
日本画家
慶応3年（1867年）10月9日〜昭和18年（1943年）7月9日
生越前国（福井県）　名本名＝島田豊　歴明治29年上京、橋本雅邦に師事。同年日本絵画協会第1回展に処女作「雲竜」を出品、30年第2回展に「致城帰途」、36年内国勧業博覧会で「大石主税刺鼠之図」が3等銅賞となった。文展には第1回から出品、大正14年第6回展で委員に推され、昭和3年第9回展で審査員。帝展、改組後の文展、日本南画院、またイタリア、ドイツ、フランスの日本画展などに出品を続けた。他に「塙保己一」「大石良雄」「橋本左内先生」など、歴史画、人物画が多い。　賞帝国芸術院賞〔昭和18年〕「山鹿素行先生」

島田 芳文　しまだ・よしぶみ
作詞家
明治31年（1898年）2月11日〜昭和48年（1973年）5月3日
生福岡県　名本名＝島田義文、別名＝吉田潤平　学早稲田大学政経学部〔大正12年〕卒　歴中学時代、島田青峰に俳句、若山牧水に短歌を学ぶ。のち野口雨情に師事し、昭和2年処女詩集「農土思慕」刊行。その後は主に作詞家として活躍、大ヒットした「丘を越えて」の他、代表作に「丘」「ミラボー橋の下」など。

嶋中 雄作　しまなか・ゆうさく

出版人 中央公論社社長
明治20年（1887年）2月2日〜昭和24年（1949年）1月17日
［生］奈良県磯城郡三輪町（桜井市）　［名］本名＝島中雄作、筆名＝涙湖　［学］畝傍中卒、早稲田大学哲学科〔明治45年〕卒　［歴］明治45年島村抱月、金子筑水の紹介で反省社（大正3年より中央公論社）に入社し、約3年間にわたって滝田樗陰の下で「中央公論」の編集に従事。2年樗陰に進言し同誌の増刊号として「婦人問題号」を発行したところ好評を博したため、5年「婦人公論」創刊とともに主幹となり、婦人の地位向上と自立を掲げ、大正期の婦人運動の展開に大きな役割を果たした。樗陰没後の15年からは「中央公論」主幹も兼任。昭和3年同社の経営不振により麻田駒之助から社の経営を譲られ、2代目社長に就任。4年出版部を創設、同年刊行のレマルク著・秦豊吉訳「西部戦線異常なし」が20万部を超えるベストセラーとなり経営が安定。以後、8年の坪内逍遙訳「新修シェークスピヤ全集」、14年の谷崎潤一郎現代語訳「源氏物語」などの話題作を次々と出版して社業の基礎を固めた。雑誌「中央公論」も自由主義的な論調で「改造」とともに論壇をリードし、満州事変の勃発後には同誌上で日本の右傾化を警戒する論陣を展開。しかし軍部から言論統制の強化を受け、19年当局の命令により同誌及び「婦人公論」は廃刊、社も解散という“自発的廃業”に追い込まれた。戦後、社を再建した。　［家］長男＝嶋中鵬也（編集者）、二男＝嶋中鵬二（中央公論社社長）、兄＝島中雄三（社会運動家）

島中 雄三　しまなか・ゆうぞう

社会運動家 ジャーナリスト 評論家
明治14年（1881年）2月18日〜昭和15年（1940年）9月16日
［生］奈良県磯城郡三輪町（桜井市）　［歴］明治38年「火鞭」の同人となった頃から社会主義に関心を抱き、雑誌編集者としてすごす。大正12年政治問題研究会を作り、15年社会民衆党創立で執行委員となる。のち東京市議にもなり、東京市政刷新に関心をもった。　［家］弟＝嶋中雄作（中央公論社社長）

島峰 徹　しまみね・とおる

歯科学者 東京医学歯学専門学校校長
明治10年（1877年）4月3日〜昭和20年（1945年）2月10日
［生］新潟県　［学］東京帝国大学医科大学〔明治38年〕卒 医学博士〔大正3年〕　［歴］母校・東京帝国大学医科大学消化器病学副手、明治39年解剖学教室に入り歯牙解剖学を専攻。40年ベルリン大学に留学、42年ブレスラウ大学口腔外科教室助手。44年同大衛生学教室助手、大正元年ベルリン大学歯科研究科主任、3年帰国。4年文部省医術開業試験附属病院歯科医長、6年同附属病院長、9年海軍軍医学校教授。昭和3年東京高等歯科医学校の創立に際して校長となり、4年同附属病院長兼務。19年東京医学歯学専門学校校長となった。

島村 虎猪　しまむら・とらい

畜産学者 東京帝国大学名誉教授
明治15年（1882年）7月22日〜昭和40年（1965年）2月8日
［生］高知県土佐郡小高坂村（高知市）　［専］家畜生理学　［学］海南中卒、一高卒、東京帝国大学農科大学獣医学科〔明治41年〕卒 農学博士〔大正15年〕　［歴］明治41年東京帝国大学獣医学科卒業に際して恩賜の銀時計を受ける。同年麻布獣医学校講師、42年東京帝大農科大学実科講師、大正元年農科大学助教授を務め、7〜10年欧米へ留学。11年教授に昇任。昭和18年名誉教授。19〜27年日本獣産大学教授。14年学術研究会議会員。7〜24年日本畜産学会会長、23〜27年日本獣医師会会長を務め、我が国の家畜生理学の体系構築に貢献した。著書に「島村家畜生理学〈上下〉」「性ホルモンと家畜に於ける其応用」などがある。　［家］長男＝島村修（有機化学者）、弟＝島村治文（彫刻家）

島村 水之助　しまむら・みずのすけ

益文堂社長
明治25年（1892年）9月26日〜昭和37年（1962年）12月26日
［生］埼玉県　［歴］高等小学校卒業後16歳の時上京して兄の経営する益文堂に入り、取次業を修業。大正11年兄の死去に伴い家業を継承し経営に当る。鋭意営容の拡大発展をはかり、同業者の信望を得るに至る。昭和4年東京書籍商組合評議員に選出された。　［家］息子＝島村利一（益文堂書店社長）

島村 盛助　しまむら・もりすけ

英文学者 山形高校教授
明治17年（1884年）8月9日〜昭和27年（1952年）4月22日
［生］埼玉県南埼玉郡百間中村（宮代町）　［名］別名＝島村芩三　［学］東京帝国大学文科大学英文科〔明治42年〕卒　［歴］埼玉県の旧家に生まれる。東京帝国大学で英文学を学び、夏目漱石に師事した。下野中、埼玉中勤務を経て、大正9年山形高教授。11〜12年英国に留学。昭和19年退官。24年埼玉大学講師。この間、明治43年「ホトトギス」に小説「残菊」を発表。また読売新聞に「貝殻」を連載した。のち岩波書店の語学辞典である「岩波英和辞典」編纂に参画、11年刊行。15年アーノルド「亜細亜の光」を翻訳、島村芩三名義で出版した。晩年はミルトン「失楽園」の翻訳に取り組み、完成させた。

清水 郁子　しみず・いくこ

教育家 桜美林学園創立者
明治25年（1892年）10月2日〜昭和39年（1964年）6月24日
［生］島根県八束郡西津田村（松江市）　［名］旧姓・旧名＝小泉　［学］東京女子高等師範学校（現・お茶の水女子大学）〔大正4年〕卒、サンノゼ救世軍士官学校卒、オベリン大学神学部卒、ミシガン大学大学院卒　［歴］幼児期、一時的に他家の養女となったが、学齢期になると実家に戻った。小学生の時にB.F.バクストン設立の教会でキリスト教に触れた。明治44年に上京して東京女子高等師範学校に学び、大正4年に卒業。同年に植村正久より受洗。のち長崎や兵庫での教師生活を経て、東京帝国大学文学部の聴講生となる。この時、日本救世軍士官の山室軍平の説教に感銘を受け、米国に留学してサンノゼ救世軍士官学校を卒業。次いでオベリン大学で神学を、ミシガン大学大学院で教育学を学んだ。昭和5年に帰国して青山学院女子専門部教頭兼教授に就任。一方で教育評論家としても活動し、米国流の男女共学論を主張して多くの論文を発表した。8年日本教育者の代表としてハワイで開催された第3回汎太平洋婦人会議に出席。11年牧師の清水安三と結婚。同年中国に渡り、北京の崇貞学園園長として学園経営全般と教育に当たり、戦後の21年に帰国して東京町田に桜美林学園を創立し初代園長に就任、男女共学を実践した。著書に「男女共学論」「女性は動く」などがある。　［家］夫＝清水安三（教育家）

清水 かつら　しみず・かつら

童謡詩人
明治31年（1898年）7月1日〜昭和26年（1951年）7月4日
［生］東京都　［名］本名＝清水桂　［学］京華商卒、青年会館英語学校卒　［歴］はじめ東京・神田の中西屋に勤めていたが、小学新報が中西屋から独立した際同社に転じ、雑誌「少女界」「小学画報」の編集に従事。編集主任鹿島鳴秋の勧めで童謡を作り始め、大正8年頃から「少女号」を中心に作品を発表。作品の「靴が鳴る」「あした」「叱られて」「雀の学校」などはすべて弘田龍太郎によって作曲され、鳴秋らの童謡とともにレコード化され流布した。当時「赤い鳥」の創刊によって芸術童謡が勃興していたが、平明なかつらの童謡は大衆に広く親しまれた。関東大震災後、埼玉県和光市白子に移り住み、死去するまで創作活動をつづけた。

清水 亀蔵　しみず・かめぞう
彫金家
明治8年（1875年）3月30日～昭和23年（1948年）12月7日
生広島県豊田郡　名号＝清水南山　学東京美術学校彫金科〔明治29年〕卒　資帝国美術院会員〔昭和10年〕　歴明治29年東京美術学校研究科、32年塑像科に入り加納夏雄、藤田文蔵に師事、35年研究科を修了。42年香川県立高松工芸学校に勤めたが、病気で大正4年退職。四国八十八カ所を巡礼、奈良で古美術を研究。のち上京、大正天皇即位記念献納の金装飾太刀を製作中に没した岡部覚弥の後を次いで完成。8年～昭和20年東京美術学校教授。この間帝室技芸員、日本彫金会会長、帝国美術院会員を務めた。帝展第4科設置以来出品を続け、作品には香椎宮及住吉神社に納められた「黒味製鍍金の金燈篭」、第10回帝展の「梅花文印櫃」、戦後の「切嵌平象嵌毛彫額面十二神将図」「竜文花瓶」などがある。

清水 菊平　しみず・きくへい
機械工学者
明治20年（1887年）9月26日～昭和53年（1978年）3月20日
出東京都　専舶用機関学　学東京帝国大学工科大学機械学科〔明治44年〕卒　歴三菱重工長崎造船所に入り、造機設計部長、同所副長を歴任。ディーゼル機関の開発に従事。昭和7年新しい燃料供給方式による熱効率の高い「MSディーゼル機関」を完成させた（MSは三菱と清水の頭文字）。のち東京大学第二工学部教授。　賞日本造船学会賞造船協会賞〔昭和9年〕

清水 金一　しみず・きんいち
喜劇俳優
明治45年（1912年）5月5日～昭和41年（1966年）10月10日
生山梨県甲府市　田東京都　名本名＝清水武雄、旧姓・旧名＝清水雄三　歴シミキンの愛称で親しまれた浅草の人気俳優。浅草オペラ末期に劇界に入り、新興の小劇場レビューで水を得た。昭和9年大阪のレビュー劇団 "ピエルボーイズ" で森川信とともに座長になるが間もなく解散。その後は浅草 "笑の王国" オペラ館 "ヤパンモカル" などで順調に人気を博した。15年東宝映画に引き抜かれたが、戦時フィルム統制で売り出しそこねた。しかし浅草に戻って、堺駿二や田崎潤らと作った新生喜劇座が大当たり。暗い戦時色の中で、野放図な明るさが救いとなり、後の「ハッタおすぞ」などの受け台詞が子供たちの間で大流行した。

清水 銀蔵　しみず・ぎんぞう
衆議院議員
明治12年（1879年）1月～昭和12年（1937年）4月20日
生滋賀県野洲郡中里村（野洲市）　学東京専門学校（現・早稲田大学）英語政治科〔明治35年〕卒　歴愛国生命保険重役を経て、犬養毅に従って政界入りし、昭和2年9月衆議院選挙補選に滋賀県から当選、以来連続4選。6年政友会滋賀県支部長となり、同支部が設立した江州日日新聞社取締役も務めた。12年選挙期間中に亡くなった。

清水 行之助　しみず・こうのすけ
国家主義者　大化会会長
明治28年（1895年）1月24日～昭和56年（1981年）6月22日
生福岡県　学高小卒　歴青年時代に国家主義運動に入り、北一輝、大川周明らとともに活動し大正7年老壮会の結成に参加。8年猶存社の結成にも参加し、12年大化会会長、13年大行社を創立。14年大川周明の行地社に参加。辛亥革命の指導者である孫文の護衛にあたったこともあるといわれている。満州事変後は満州国開発に参加。昭和3年・5年総選挙に出馬するが落選。戦後は、日中貿易に関係し、東方興業倶楽部副社長などを務めた。

清水 重夫　しみず・しげお
和歌山県知事　三重県知事
明治27年（1894年）1月8日～昭和57年（1982年）10月13日
生埼玉県　学明治大学法科〔大正7年〕卒　歴大正10年内務省に入省。昭和4年国際連盟第8回の婦人児童保護委員会に日本代表として出席。朝鮮総督府事務官、内務省警保局防犯課長などを経て、14～15年和歌山県知事、17～19年海軍司政長官、20年4月～同10月三重県知事を歴任した。　家女婿＝中原鎮（警視総監）

清水 対岳坊　しみず・たいがくぼう
漫画家
明治16年（1883年）10月1日～昭和45年（1970年）1月18日
生長野県下伊那郡市田村（高森町）　名本名＝清水勘一　学准教員養成所、川端画学校　歴准教員養成所を出て小学校の教員となったが、明治35年「万朝報」に漫画を投稿したのが縁で、社主の黒岩涙香の勧めで上京。東京美術学校予科や川端画学校で藤島武二に洋画を学ぶ。42年万朝報社に入り政治漫画記者となる。自室から富士山が見えたので対岳坊と号した。また北沢楽天・岡本一平らと日本漫画会を結成する。大正11年退社し、講談社専属となり「キング」「少年倶楽部」などを中心に漫画や挿絵で活躍した。昭和19年から4年間郷里の長野県市田村に疎開し、東京移転後は日本漫画協会名誉会員となる。軽妙な水墨画や着彩日本画も描いた。

清水 隆次　しみず・たかじ
杖道家　神道夢想流杖道師範（25代）
明治29年（1896年）12月31日～昭和53年（1978年）6月22日
生福岡県京都郡犀川町　学大正2年福岡市の元黒田藩杖術師範神道夢想流杖道第24代師範・白石範次郎道場に入門、9年23歳で夢想流杖道免許皆伝、10年一心流鎖鎌術、一角流十手術、一達流捕縄術、短刀術の免許皆伝を受けた。昭和5年大日本武徳会杖道捕縄術錬士、10年教士。この間2年に東京警視庁の弥生神社奉納大会に招かれたのを契機に6年から警視庁嘱託武道講師となり、また講道館主・嘉納治五郎の要請で柔道4段以上に杖道を教えた。8年正式に警視庁警察官となった。35年改めて全日本剣道連盟の杖道範士、45年杖道9段となった。同年武道使節として全米を回り、47年には東南アジア各国を歴訪した。著書に「杖道教室」がある。

清水 武雄　しみず・たけお
物理学者　東京帝国大学教授
明治23年（1890年）7月12日～昭和51年（1976年）10月16日
生石川県　専素粒子物理学　学東京帝国大学理科大学実験物理学科〔大正3年〕卒　理学博士〔昭和2年〕　歴九州帝国大学工学部講師、東北帝国大学理学部講師を経て、大正6年塩見理化学研究所理学科兼物理学科部長となり、米英へ留学。11年帰国、塩見理研所長、14年東京帝国大学教授となり独創的な電磁気学を講じた。昭和11年理化学研究所主任研究員となり、寺田寅彦研究室を継承。23年定年前に東大を退官、25年清水研究所を創立。清水式電位計、白昼映写幕を発明した。21年日本数学物理学会が日本数学会と日本物理学会に分離した際、物理学会に委員長制を採用して初代委員長に推された。　賞帝国学士院東宮御成婚記念賞（第14回）〔大正13年〕、報公賞（第3回）〔昭和8年〕

清水 釘吉　しみず・ていきち
清水組社長
慶応3年（1867年）11月10日～昭和23年（1948年）9月7日
生江戸　名旧姓・旧名＝小野　学東京帝国大学工学部造家学科〔明治24年〕卒　歴清水建設の創業者。在学中に第一銀行大阪支店を設計。建築業の清水店（現・清水建設）3代目当主満之助の長女タケと結婚。清水家に入り、分家を創設、4代目

しみす　　　　　　　　　　　　　　　　昭和人物事典 戦前期

満之助の後見人となる。日清、日露戦争に従軍し、この間欧米を視察。明治42年石川島造船所取締役にも就任した。明治天皇の青山大葬場殿、大正天皇の新宿御苑葬場、関西日仏会館建設などを手がけ実績を重ねる。大正4年合資会社、昭和12年株式会社清水組とし、大手建設会社に発展させた。営業監督、店長を経て、15年まで社長。また大正11年より日本土木建築請負業者連合会会長も務めた。　勲エトアル・コマンドルノアル勲章〔昭和11年〕

清水 澄　しみず・とおる
公法学者 枢密院議長
慶応4年（1868年）8月12日～昭和22年（1947年）9月25日
生加賀国金沢（石川県金沢市）　専憲法学、行政法学　学帝国大学法科大学仏法科〔明治27年〕卒 法学博士〔明治38年〕　賞帝国学士院会員〔大正15年〕　歴明治27年内務省に入り、ドイツに留学。帰国後31年学習院教授、38年憲法学、行政法学の研究で法学博士。39年行政裁判所評定官、大正11年同長官。この間、東京帝国大学講師、帝国学士院会員、東宮御学問所御用掛となる。昭和9年枢密顧問官、10年帝国美術院長、16年高等捕獲審検所長官、19年枢密院副議長、21年枢密院議長を歴任。22年9月22日公職追放を受けた直後の25日、熱海で投身自殺した。　家息子＝清水虎雄（東洋大学教授）

清水 徳太郎　しみず・とくたろう
衆議院議員 和歌山県知事
明治15年（1882年）2月8日～昭和38年（1963年）11月28日
生富山県下新川郡大家庄村（朝日町）　学東京帝国大学法科大学政治科〔明治42年〕卒　歴鉄道院に入る。栃木県理事官、奈良・宮崎・山形県の警察部長、山形県内務部長を経て、昭和2年和歌山県知事。3年山形2区より衆議院議員に当選、以後連続5選。民政党に所属した。在任中、ジュネーブで開かれた第28回列国議会同盟会議やブリュッセルで開かれた万国議院商事会議評議員会議に出席した。著書に「最近欧米各国事情」がある。

清水 登之　しみず・とし
洋画家
明治20年（1887年）1月1日～昭和20年（1945年）12月7日
生栃木県下都賀郡国府村（栃木市）　学栃木中、成城中、アート・ステューデンツ・リーグ　歴陸士受験に失敗して明治40年渡米。職を転々としながら絵を学び、大正6年ニューヨークに出てアート・ステューデンツ・リーグに入学。10年第34回米国絵画彫刻展で「横浜風景」が受賞。米国を代表する画家となる。13年フランスに渡り、のち帰国。昭和5年独立美術協会の創設に参加した。作品に「プロクター座標」「支那街」「メリーゴーランド」「街の掃除夫」「薬を売る男」など。　家弟＝清水清（洋画家）　賞二科賞〔昭和5年〕

清水 多栄　しみず・とみひで
生化学者 岡山医科大学学長
明治22年（1889年）5月1日～昭和33年（1958年）1月30日
生東京都西多摩郡檜原村　名号＝美望　学四高卒、京都帝国大学医科大学〔大正4年〕卒　賞日本学士院会員〔昭和25年〕　歴荒木寅三郎門下で、大正9年ドイツ留学、H.ウィーラントに師事。12年岡山医科大学教授となり生化学教室を主宰。昭和3年再渡欧、15年岡山医大学長兼教授。20年学長は辞めたが、21年広島県立医学専門学校の校長を兼任、医大昇格、新制医大、国立への移管に尽力した。27年岡山大学長に再選された。日本学士院会員、日本学術会議会員。　賞帝国学士院東宮御成婚記念賞（第28回）〔昭和13年〕

清水 留三郎　しみず・とめさぶろう
衆議院議員

明治16年（1883年）4月～昭和38年（1963年）4月18日
出群馬県　学早稲田大学法科〔明治35年〕卒、ワシントン大学、ミネソタ大学　歴関東産業新聞社長、上野新聞社専務などを経た後、大正9年群馬1区より初当選。以後、連続7回の当選を果たした。在任中は、平沼内閣の外務政務次官、外務省委員を務めた。また、ベルリンで開かれた第15回万国議院商事会議に参列した。著書に「モダンジャパン」「緊迫セル国際事情」など。

清水 三男　しみず・みつお
日本史学者
明治42年（1909年）12月～昭和22年（1947年）1月27日
生京都府京都市下京区　名筆名＝山田浩　専日本中世史、荘園研究　学京都一中〔大正15年〕4年修了、三高文科乙類〔昭和3年〕卒、京都帝国大学文学部史学科〔昭和6年〕卒　歴京都帝国大学大学院で東寺百合文書の荘園研究に従事、昭和7年「中世に於ける若狭太良荘の農民」を発表、次いで播磨国矢野荘、丹波国大山荘などの論文を発表した。10年和歌山商業教師となったが、13年京都の「世界文化」グループと関係としたとして治安維持法違反容疑で逮捕され、14年懲役2年、執行猶予3年で釈放。その後、中世村落史の研究を進め、17年「日本中世の村落」を出版。18年召集され千島ホロムシロ島に出征。戦後、シベリアに抑留され、22年1月スーチャン捕虜収容所で病没。他の著書に「上代の土地関係」「中世荘園の基礎構造」などがある。　家義兄＝中村直勝（日本史学者）

清水 みのる　しみず・みのる
作詞家
明治36年（1903年）9月11日～昭和54年（1979年）12月10日
生静岡県浜松市　名本名＝清水実　学立教大学文学部卒　歴ポリドールに入社。宣伝部、文芸部に勤務する傍ら作詞をする。昭和14年「島の船唄」、つづいて15年出征する兵士の心情を歌った「別れ船」がヒット。以後、「旅のつばくろ」「森の水車」などを作詞。戦後、テイチクに移籍し、「かえり船」「星の流れに」「月がとっても青いから」などがヒットした。

清水 基吉　しみず・もとよし
小説家 俳人
大正7年（1918年）8月31日～平成20年（2008年）3月30日
生東京都　名本名＝清水基嘉　学東京市立一中中退、英語専門学校卒　歴胸部疾患で療養中の昭和16年「鶴」に参加し、石田波郷を知る。この頃から小説も書き始め、横光利一の門に入る。19年「雁立」で芥川賞を受賞。小説家としては「白河」「去年の雪」「夫婦万歳」などの作品がある。21年「鶴」同人となり、次いで「馬酔木」同人になる。33年「日矢」を創刊・主宰。34～50年電通に勤務ののち、平成3～16年鎌倉文学館館長。句集に「寒菜々」「宿命」「冥府」「遊行」、著書に「虚空の歌」「俳諧師芭蕉」「俗中の真」「意中の俳人たち」などがある。　賞芥川賞（第20回）〔昭和19年〕「雁立」

清水 芳太郎　しみず・よしたろう
発明家 九州日報社長
明治32年（1899年）～昭和16年（1941年）
生和歌山県東牟婁郡那智勝浦町　学早稲田大学政治経済学部卒　歴大学卒業後、三宅雪嶺主宰の政治評論誌「我観」の編集を担当。政治家・中野正剛が注目し、昭和3年28歳の時、九州日報（現・西日本新聞）の主筆に抜擢される。一方、民衆救済、生産力向上を媒介にした国家改造を目的に、発明に没頭。5年福岡市に清水理化学研究所を設立し、灸点探索器や高圧鍋、骨かまぼこ、もやし米などユニークな作品を次々発表。傍ら、クローン技術の出現を予見する「人間の改作」と題した連載記事や、50年後の福岡を予測した「五十年の眠」など科学信仰と未来への予見が交錯した文章を紙面で発表し、話題となっ

た。次第に軍事関連技術の開発に傾倒するようになり、15年九州日報社長を辞任し、立川市に陸軍の肝いりで理化学研究所を再建。無音機関銃や竜巻飛行機、濃霧透視機などを発明。16年軍用機で福岡に向う途上の遭難事故で死去。

清水 利太郎　しみず・りたろう
盆栽家
明治7年(1874年)3月27日～昭和30年(1955年)2月23日
生東京都文京区千駄木　名園号＝清水園　学学習院卒　歴明治40年に苔香園木部米吉と共に、同好会東洋園芸会を結成、盆栽雑誌「東洋園芸会」を創刊。大正10年盆栽将励会(のち国風盆栽展と改称)を発足させるなど、昭和に到るまで盆栽界の発展に寄与。大正14年に大宮市盆栽村に盆栽培養の新開地を求めて入殖、根付けの技法に革新をもたらし、整枝の名人と評された。

清水 竜山　しみず・りゅうざん
僧侶(日蓮宗)　仏教学者　立正大学学長
明治3年(1870年)1月15日～昭和18年(1943年)1月8日
生越前国今立郡国高村(福井県)　名幼名＝末助、法名＝日淵、号＝玄宗院、古愚、古梅、臥竜　歴祖山学院、天台宗大学林で7歳で父を失い、9歳の時に福井県開法寺住職・藤岡日尊(日蓮宗)の下で出家。日蓮宗の中山檀林・祖山学院などで宗学を修めたほか、天台宗大学院や京都園城寺で天台学を学ぶ。明治33年祖山学院講師となり、37年には宗内の学制改革に伴い日蓮宗大学院教授に就任。同大学院内に宗学研究所を設置して宗学研究を盛んにさせたほか、天台宗大学・浄土宗大学・日本大学にも出講し、日蓮教学を教えた。また、千葉県の日本寺住職も兼務。大正13年大学令により同大学院が立正大学に改組されると、同学部長に昇進。昭和4年には同学長に選ばれ、近代における日蓮教学の形成に大きな役割を果たした。16年に学長職を退き、日本寺住職に専念した。著書に「偽日蓮義真日蓮義」「本門本尊論」「立正安国論講要」などがある。

清水 良策　しみず・りょうさく
宮城県知事
明治26年(1893年)2月27日～平成1年(1989年)9月7日
生石川県七尾市　学京都帝国大学政治科〔大正5年〕卒　歴昭和7年和歌山県知事、9年満州国民生部総務司長、11年徳島県知事を経て、14年宮城県知事。15年退官して川崎重工業取締役。21年退社、30年から顧問。この間、22～25年健康保険組合連合会会長を務めた。　勲勲二等瑞宝章〔昭和15年〕

清水川 元吉　しみずがわ・もときち
力士
明治33年(1900年)1月13日～昭和42年(1967年)7月5日
生青森県北津軽郡三好村鶴ケ岡(五所川原市)　名本名＝長尾米作、前シコ名＝清水川米作、年寄名＝追手風　歴見湯潟部屋(二十山)に入門、大正6年1月初土俵、12年1月入幕、15年小結。昭和2年ある事件で誤解され破門されたが、父親が自殺したため相撲協会に詫びて嘆願し復帰が許された。3年10月29歳で幕下付から再出発、7年5月大関。横綱昇進を前に腰のけがで12年5月引退、年寄追手風を襲名した。幕内成績193勝130敗3分44休、勝率0.598、全勝優勝2回を含め優勝3回、大関在位6年12場所。右四つ左上手投が得意で人気があった。また玉錦、武蔵山、双葉山らが好敵手だった。40年1月年寄を定年退職。

志村 立美　しむら・たつみ
日本画家　挿絵画家
明治40年(1907年)2月17日～昭和55年(1980年)5月4日
生群馬県高崎市　名本名＝志村仙太郎　学神奈川県立高等工業学校図案科中退　歴大正13年山川秀峰に師事、美人画を研究。14年より雑誌、新聞などで活躍。昭和8年林不忘「丹下左

膳」の新聞連載の挿絵で人気を得た。武田麟太郎「風速五十米」、海音寺潮五郎「暴風の旗」、浜本浩「坂本龍馬」、丹羽文雄「家庭の秘密」「闘魚」、舟橋聖一「男」などの新聞小説の挿絵を多く書き、子母沢寛「菊五郎格子」などの装幀もした。画集「美人百態」がある。日本画院同人。出版美術連盟会長、日本出版美術連盟理事長を務めた。晩年は豊艶な美人画で新境地を拓き、挿絵の美人画では岩田専太郎と並び称された。

下位 春吉　しもい・はるきち
教育家　口演童話家
明治16年(1883年)～昭和29年(1954年)12月1日
学東京高等師範学校(現・筑波大学)卒　歴東京高等師範学校在学中、学友の葛原しげると、大塚講話会を創設、"講話のお父さん"と呼ばれる。大正4年イタリア・ナポリの東洋語学校に日本語教授として赴任、第一次大戦前線に出動。著書「お噺の仕方」は口演童話界に大きな影響を与えた。代表作に「ごんざ蟲」がある。

下出 民義　しもいで・たみよし
実業家　名古屋電燈副社長　貴族院議員(多額納税)
文久1年(1861年)12月～昭和27年(1952年)8月16日
出愛知県　歴名古屋市議、同参事会員、名古屋商業会議所議員を経て、大正9年愛知4区より衆議院議員に当選。昭和3～22年多額納税の貴族院議員。また、名古屋電燈副社長、愛知電気鉄道取締役、名古屋株式取引所相談役なども歴任した。　家長男＝下出義雄(大同特殊鋼社長・衆議院議員)

下出 義雄　しもいで・よしお
実業家　大同特殊鋼社長　衆議院議員
明治23年(1890年)5月～昭和33年(1958年)1月20日
出愛知県　学東京高等商業学校(現・一橋大学)専攻科〔大正4年〕卒　歴大同特殊鋼初代社長・下出民義の長男。大同特殊鋼社長、木曽川電力社長や名古屋証券取引所理事長、名古屋商工会議所副会頭などを歴任。父が創設した東邦商業学校(現・東邦高校)理事長・校長も務めた。また昭和17年衆議院議員に当選、1期。　家父＝下出民義(大同特殊鋼創設者・貴族院議員)

下川 一　しもかわ・はじめ
航空士
生年不詳～昭和60年(1985年)12月20日
歴海軍航空隊のベテランで、昭和14年航空界の快挙とされた毎日新聞社主催の世界一周飛行機「ニッポン号」の機関士兼航空士を務めた。

下川 凹天　しもかわ・へこてん
漫画家
明治25年(1892年)5月2日～昭和48年(1973年)5月26日
生沖縄県宮古島　名本名＝下川貞矩　学青山学院〔明治40年〕中退　歴名は「おうてん」ともいう。7歳の時に沖縄県宮古島の小学校校長であった父を亡くし、叔父を頼って上京。小学校卒業後、漫画家の北沢楽天の書生となって漫画を修業し、「楽天パック」でデビュー。のち楽天が主宰した初の漫画雑誌「東京パック」などに似顔絵や風刺漫画、女性風俗漫画を描き、人気作家となる。大正5年有名人の肖像を描いた「ポンチ肖像」を刊行。同年天然色活動写真(天活)からアニメーション映画の製作を依頼され、初の国産アニメ作品となる「芋川椋二・玄関番の巻」を製作、6年東京浅草のキネマクラブで上映された。数本のアニメを製作した後、アニメ界から引退。8年漫画に復帰し、新聞や雑誌に活躍。特に昭和5年「読売サンデー漫画」から連載を始めた「男やもめの巌さん」は昭和恐慌下の不況時代に失業した中年男性を描いて好評を博した。昭和の初年には「毎夕新聞」に女給・ダンサー・娼婦などの風俗画

を描いて、漫画発禁第1号になったことでも知られる。戦後は「東京タイムズ」などで風刺漫画を執筆し、33年からは「読売新聞」で「無軌道父娘」を連載。また「日本漫画新聞」なども発行。晩年は仏教画をよくした。

子母沢 寛　しもざわ・かん
小説家
明治25年（1892年）2月1日〜昭和43年（1968年）7月19日
[生]北海道厚田郡厚田村　[名]本名＝梅谷松太郎　[学]明治大学法学部〔大正3年〕卒　[歴]彰義隊残党の御家人の孫として生まれ、その回顧談を聞いて育つ。大学卒業後、新聞社、電気商などに勤め、読売新聞社を経て、大正15年から東京日日新聞社に勤務し、侠客ものを書き始める。昭和3年「新選組始末記」を刊行、7年「国定忠治」を発表し、股旅もの作家として独立し、8年東京日日新聞社を退社。9年「突っかけ侍」を都新聞に連載して以後は御家人を主人公にしたものに転じ、16年から6年がかりで「勝海舟」を発表、海舟の父小吉を扱った「父子鷹」「おとこ鷹」とともに代表作となる。作品は他に「逃げ水」「遺臣伝」など。37年幕末明治時代を背景にした一連の作品で菊池寛賞を受賞した。「子母沢寛全集」（全25巻、講談社）がある。

下条 康麿　しもじょう・やすまろ
貴族院議員（勅選）
明治18年（1885年）1月20日〜昭和41年（1966年）4月25日
[生]東京府日本橋区（東京都中央区）　[国]長野県下伊那郡　[学]東京帝国大学法科大学政治学科〔明治42年〕卒　経済学博士〔昭和6年〕　[歴]内務省に入り、内閣書記官、警保・統計局勤務を経て、大正12年内閣恩給局長、13年統計局長兼任。昭和4年浜口雄幸内閣の賞勲局総裁。この時、前総裁の天岡直嘉にからむ“売勲事件”が起こり大揺れの同局建て直しに努力、15年まで在任。その功により貴族院議員に勅選。戦後、22年の参議院選挙に全国区から出馬し当選、2期。23年吉田茂内閣の文相に就任するが、翌年法隆寺金堂火災で引責辞職。その後日大教授、郡山女子短期大学学長、日本人口学会・家族計画連盟各会長を務めた。著書に「社会政策の理論と施設」「日本社会政策的施設史」がある。　[家]長男＝下条進一郎（参院議員）、孫＝下条みつ（衆議院議員）

下田 憲一郎　しもだ・けんいちろう
ジャーナリスト　「東京パック」主宰
明治22年（1889年）12月11日〜昭和18年（1943年）9月12日
[生]秋田県横手市　[学]横手尋常高小〔明治36年〕卒　[歴]秋田県横手に酒造店の長男として生まれたが、父の没後に店は倒産。小学校卒業後、市内の書肆・大沢鮮進堂で約7年間修業し、次いで東江堂に勤めた。明治末年頃に上京し、代議士秘書などを経て、大正8年よりカラー漫画誌「東京パック」の編集に従事。同誌は12年に休刊するが、昭和3年自身が主宰となって復刊させ、以後、柳瀬正夢、大月源二らの活動を後援する傍ら、須山計一、松山文雄ら新進漫画家の育成に尽力。度重なる発売禁止・起訴などの弾圧や経営難などに苦しみながら社会風刺漫画の分野を守り、自らも「吐雲記」などを執筆して軍部や政府を批判した。しかし、満州事変勃発後は時流に抗しきれず軍隊慰問の雑誌となり、16年3月終刊。その後、後世に残すため、同誌に寄せられた漫画家の原画を妹に託した。

霜田 史光　しもた・しこう
詩人　小説家
明治29年（1896年）6月19日〜昭和8年（1933年）3月11日
[生]埼玉県北足立郡美谷本村（さいたま市南区松本）　[名]本名＝霜田平治　[学]日本工業学校建築科卒　[歴]「文章世界」に投稿した詩が選者の三木露風に認められ、露風主宰の詩誌「未来」同人となる。大正8年西条八十編集の「詩王」に参加、処女詩集「流れの秋」を刊行、口語自由詩人として出発。一方、野口雨

情らと民謡運動に傾倒し、て「日本民謡」を主宰、新民謡、童話などを発表をした。雨情との共編「日本民謡名作集」、童話集「夢の国」などがある。また14年頃から大衆文芸創作に従事、著作集「日本十大剣客伝」などがある。

下田 次郎　しもだ・じろう
教育学者　東京女子高等師範学校名誉教授
明治5年（1872年）3月6日〜昭和13年（1938年）3月24日
[生]広島県　[学]帝国大学文科大学哲学科〔明治29年〕卒　文学博士〔大正10年〕　[歴]明治32〜35年教育学・女子教育法研究のため独・仏・英国に留学。この間32年東京女子高等師範学校教授に就任、傍ら東京女子専門学校、帝国女子医学専門学校等の講師を兼ねた。昭和11年退官、名誉教授となる。女子教育の権威として知られた。著書に「女子教育」「新女訓」「西洋教育事情」「教育学」など。

下田 辰雄　しもだ・たつお
ボクシング評論家
生年不詳〜昭和61年（1986年）4月12日
[出]神奈川県横浜市　[歴]アマチュア・ボクシング界の草分けで、国際アマ連盟への日本加盟に尽力、日本人としては初めて国際審判員の資格を得た。昭和6年から読売新聞社の編集局運動部、事業本部の嘱託として、ボクシング評論に健筆を振るった。7年のロサンゼルス五輪では日本チームの役員を務めた。「ボクシングはサイエンスである」が一貫した持論で、“左は世界を制す”は名句としてたたえられた。日本体育協会会賓、日本ボクシング・コミッション理事。「ボクシング見聞記」「アメリカン・ボクシング」等の著書がある。

下田 文一　しもだ・ぶんいち
実業家
明治19年（1886年）3月〜昭和26年（1951年）7月1日
[生]長野県　[学]東京高等商業学校（現・一橋大学）専攻部〔明治45年〕卒　[歴]東亜同文書院教授ののち三井物産に入り、台北支店長代理、ニューヨーク支店、本店業務課長、奉天出張所長となった。その後日満亜麻取締役、日満鋼材監査役、南洋開拓理事、南国企業社長、南拓鳳梨社長、東洋アルミニューム、南洋アルミニューム各取締役などを経て、満州炭砿常務理事、満州合成燃料理事、チャライノール炭砿、日満商事各監査役を歴任した。

下田 将美　しもだ・まさみ
新聞人　随筆家　大阪毎日新聞編集主幹
明治23年（1890年）5月17日〜昭和34年（1959年）3月27日
[生]東京都　[名]旧姓・旧名＝本多　[学]慶応義塾大学理財科〔大正3年〕卒　[歴]時事新報社に入り、大正15年経済部長。その後大阪毎日新聞社副主幹、編集局顧問、営業局次長、昭和13年取締役、15年常務となり主筆、編集主幹、出版局長を兼任。敗戦で辞任、公職追放。その間日米通信社を務め、25年大有社を創立、社長となった。著書に「愛蘭革命史」「煙草礼讃」「今なら話せる」などがある。

下田 光造　しもだ・みつぞう
精神医学者　九州帝国大学教授
明治18年（1885年）3月14日〜昭和53年（1978年）8月25日
[生]鳥取県　[専]執着性格説　[学]東京帝国大学医科大学医学科〔明治43年〕卒　医学博士〔大正10年〕　[歴]東京帝国大学医科大学の呉秀三門下で精神病学を学ぶ。大正3年助手、6年講師、8年東京府立巣鴨病院医長、10年慶応義塾大学教授を経て、14年九州帝国大学教授。昭和11年附属医院長、16〜18年医学部長、20年定年退官。20〜26年米子医学専門学校初代校長、23〜26年米子医科大学初代学長、28〜32年鳥取大学学長を歴任した。てんかんの病理学を研究、大正11年ウォルフのトリオナール

による持続睡眠を改良、ズルフォナールによる持続睡眠療法を編んだ。また躁鬱病について昭和16年執着気質を提唱、戦後その創見が認められた。著書に「脳の発達と老衰」「異常児論」「精神衛生講話」「下田精神鑑定集」、共著に「最新精神病学」などがある。　家養子＝下田又季雄（神経学者）

下間 空教　しもつま・くうきょう
弁護士　僧侶（真宗大谷派）宗教法学者
明治11年（1878年）〜昭和6年（1931年）6月17日
学京都帝国大学法科卒　歴京都帝国大学法科を卒業して宗教専門の弁護士となり、宗教法規の第一人者といわれた。のち本願寺に入り、参務を務めた。

下永 憲次　しもなが・けんじ
陸軍大佐
明治23年（1890年）7月21日〜昭和24年（1949年）3月22日
生熊本県　学陸士（第23期）〔明治44年〕卒、東京外国語学校支那語科〔大正7年〕卒、東京外国語学校蒙古語科〔大正13年〕卒　歴歩兵第71連隊付、大正7年シベリア出兵に従軍4年。東京外国語学校で中国語、蒙古語を学び、14年北京駐屯兵隊副官、昭和9年蒙古軍顧問、10年満州国軍政部広報部長、14年大佐。19年予備役となったが、同年4月召集され第7野戦補充隊長となった。21年6月復員。著書に「蒙古語大辞典」（全3巻）がある。

下中 弥三郎　しもなか・やさぶろう
出版人　平凡社創業者
明治11年（1878年）6月12日〜昭和36年（1961年）2月21日
生兵庫県多紀郡今田村下立杭（篠山市）　号号＝芳岳、山雨楼主人　歴大正3年平凡社を創業して自著「ポケット顧問 や、此は便利だ」を出版。8年日本初の教員団体・啓明会（のち日本教員組合啓明会）を設立して自宅に事務所を置き、機関誌「啓明」を創刊。9年には我が国最初のメーデーに参加して代表演説を行い、他のメーデー主催団体と労働組合同盟会を結成するなど、労働運動、農民運動、婦人運動にも奔走した。12年平凡社を株式会社に改組して本格的に出版活動を始め、昭和初期の円本ブームにのって「現代大衆文学全集」（全60巻）、「世界美術全集」（全36巻）などを刊行。昭和6〜9年には「大百科事典」（全28巻）を出し、事典出版社としての地歩を固めた。昭和に入ると国家社会主義的な立場に立ち、新日本国民同盟や大亜細亜協会、東亜建設国民連盟などの結成に参加。15年には大政翼賛会中央協力会議議員に推され、第四委員会（文化）の委員となった。23年公職追放となり、26年同解除により平凡社社長に復帰した。　家三男＝下中直也（平凡社社長）、四男＝下中邦彦（平凡社社長）、孫＝下中弘（平凡社社長）、下中直人（平凡社社長）

下畑 卓　しもはた・たく
児童文学者
大正5年（1916年）1月30日〜昭和19年（1944年）4月10日
生兵庫県神戸市　学尼崎中卒　歴昭和10年大阪毎日新聞社に入社。14年同人誌「新児童文学」を創刊。のち東京朝日に転勤、「コドモアサヒ」の編集に従事。童話集「煉瓦の煙突」「みなとの風」があり、この中の「修学旅行」「大河原三郎右エ門」などが代表作。生活主義派の新人として嘱望されたが早世した。

下村 海南　しもむら・かいなん
朝日新聞副社長　国務相　貴族院議員（勅選）
明治8年（1875年）5月11日〜昭和32年（1957年）12月9日
生和歌山県和歌山市　名本名＝下村宏　学東京帝国大学法学部政治科〔明治31年〕卒　法学博士〔大正7年〕　歴逓信省に入省。貯金局長などを経て、大正4年台湾総督府民政長官。10年朝日新聞社に入社、11年専務、昭和5年副社長を歴任。緒

方竹虎と共に同社の近代化を推進した。広田弘毅内閣の拓相として有力視されていたが、軍の反対で実現せず、11年退社。12年勅選貴族院議員となり、20年4月鈴木貫太郎内閣の国務相兼情報局総裁に就任。この間、18年から日本放送協会会長を務め、終戦時に玉音放送を導いた。戦後、参議院選挙に出馬したが落選。平成2年昭和20年当時の手帳が見つかった。著書に「終戦秘史」「財政読本」など。また歌人でもあり、歌集に「芭蕉の葉蔭」「天地」「白雲集」「蘇鉄」などがある。　家息子＝下村正夫（演出家）

下村 湖人　しもむら・こじん
小説家　教育家　台北高校校長
明治17年（1884年）10月3日〜昭和30年（1955年）4月20日
生佐賀県神埼郡千歳村（神埼市）　名本名＝下村虎六郎、旧姓・旧名＝内田、旧筆名＝下村虎人　学東京帝国大学英文学科〔明治42年〕卒　歴少年時代から「明星」などに詩歌を投稿し、大学時代は「帝国文学」編集員となる。卒業後は教員となり、佐賀県の中学校長、台湾の台北高校校長などを務める。昭和6年台湾総督府官僚と衝突して教員を辞し、上京して大日本青年団講習所長を務め、12年から著述生活に入る。16年「次郎物語」を出版、好評を博したため、戦後も書きつぎ第5部までで未完に終わったが、教養小説として広く世に知られた。ほかに「人生を語る」「論語物語」「下村湖人全集」（全10巻、国土社）などがある。

下村 定　しもむら・さだむ
陸軍大将　陸相
明治20年（1887年）9月23日〜昭和43年（1968年）3月25日
生高知県　学陸士（第20期）〔明治41年〕卒、陸大〔大正5年〕卒　歴野砲第14連隊付、参謀本部員、大正8年フランス駐在（フランス陸大卒）、昭和4年ジュネーブ軍縮会議委員、参謀本部作戦課を経て、野戦重砲第7連隊大隊長。満州事変後、関東軍参謀。11年少将、参本第4部長、参本第1部長。16年陸大校長、17年第13軍司令官、19年西部軍司令官から北支方面軍司令官。20年5月大将、同年8〜11月東久邇・幣原内閣の陸軍大臣として陸軍解体に当たった。34年参議院議員。

下村 寿一　しもむら・じゅいち
教育行政家　東京女子高等師範学校長
明治17年（1884年）7月31日〜昭和40年（1965年）1月9日
生京都府　学東京帝国大学法科大学政治学科〔明治43年〕卒　歴文部省参事官、文部大臣秘書官、文部省宗教局長、同社会教育局長、同普通学務局長などを経て、昭和10年東京女子高等師範学校長、20年女子学習院長となった。戦後は大日本女子社会教育会理事、宗教法人審議会会長、文化財専門審議会副会長などを務めた。宗教局長時代には宗教制度の研究を進め、宗教団体法の基礎作りに尽力した。

下村 千秋　しもむら・ちあき
小説家
明治26年（1893年）9月4日〜昭和30年（1955年）1月31日
生茨城県稲敷郡朝日村（阿見町）　学早稲田大学英文科〔大正8年〕卒　歴読売新聞に入ったが4ケ月で退職。浅原六朗、牧野信一らと同人誌「十三人」を創刊、「ねぐら」などを発表、志賀直哉に認められた。大正13年第1創作集「刑罰」を刊行。以後創作に専念し、昭和2年脊椎カリエスになった妻との生活を描いた「彷徨」「炎天の下」などを発表したが、昭和初期プロレタリア文学の影響もあり、私娼の悲惨さを描いた「天国の記録」、ルンペン文学の先駆となった「街の浮浪者（ルンペン）」などを書くようになり同伴者作家として活躍。以後「暴風帯」「生々流転」などを経て、20年長野県穂高町に疎開、戦後帰京し農村に取材した小説を多く書き、27年には戦後教育を鋭く批判した「中学生」を発表。作品集に「しかも彼等は

行く」「彷徨」「中学生」などがある。

下村 宏　しもむら・ひろし
⇒下村 海南（しもむら・かいなん）を見よ

下元 鹿之助　しももと・しかのすけ
実業家 土佐電気製鋼社長 衆議院議員
明治8年（1875年）8月26日～昭和22年（1947年）10月22日
[生]高知県高岡郡東又村（四万十町）　[学]高知県立農林学校卒，東京蚕糸学校卒　[歴]20歳頃まで生家の農業を手伝ったのち高知県立農林学校・東京蚕糸学校に学び、養蚕技術を修める。その後、母校・高知県立農林学校の教師を経て高知県庁に入り、養蚕業の振興に力を尽くした。大正3年郷里・東又村村長となり、次いで4年に高知県議に選出され、副議長も務めた。一方、実業界でも活躍し、高知製糸株式会社支配人・高知瓦斯監査役・四国水電社長などを歴任。12年には土佐電気製鋼を設立し、その社長に就任した。13年衆議院選挙挙に立候補して当選。以後、3度に渡って議席を守り続け、高知における民政党の有力者として重きをなした。　[家]弟＝下元熊弥（陸軍中将）

下元 連　しももと・むらじ
建築家 大蔵省営繕技監
明治21年（1888年）12月16日～昭和59年（1984年）10月2日
[生]福岡県小倉（北九州市）　[学]一高二部甲類〔明治44年〕卒，東京帝国大学工科大学建築学科〔大正3年〕卒　[歴]大正3年大蔵省官房臨時建築課雇として入省。6年大蔵技師となり、昭和12年営繕管財局工務部第一技術課長、18年3月営繕技監、11月官房営繕課長。20年11月戦災復興院営繕技監、同営繕部長。21年退官し、23年東京・千代田区に下元建築事務所を設立。30～46年工学院大学教授。大正12年「日本専売局秦野工場」で我が国の官庁建築史上初めて鉄筋コンクリートを導入した他、関東大震災後の官庁建築復旧事業に手腕を振るい、昭和3年の「内閣総理大臣官邸」を始め、「内閣書記官長官舎」「警視庁庁舎」「内務省庁舎」「滝野川印刷局」「業平専売局工場」「横浜税関」「門司税関」「長崎税関」「会計検査院庁舎」「大蔵省庁舎」などを手がけた。　[勲]勲三等瑞宝章〔昭和16年〕

下八川 圭祐　しもやかわ・けいすけ
バス・バリトン歌手 昭和音楽短期大学創立者
明治35年（1902年）11月18日～昭和55年（1980年）3月18日
[生]高知県高岡郡黒岩村（佐川町）　[学]東洋音楽学校（現・東京音楽大学）声楽科〔大正15年〕卒　[歴]高知県の豪農の二男。高知県立第一中学から東京・神田の順天中学に転じ、明治大学専門部に進む。大正15年東洋音楽学校（現・東京音楽大学）声楽科を卒業。アッティリオ・ペレッティに師事した。昭和3年放送オペラ「アイーダ」でデビュー。5年東京・淀橋に下八川圭祐声楽研究所を開設。9年藤原歌劇団創設からバス・バリトン歌手として藤原義江と共演、11年帰朝した三浦環と「蝶々夫人」シャープレス役で共演、一躍有名となった。長く藤原歌劇団で活躍し、47年藤原の死後、同歌劇団の代表兼総監督を務めた。この間、15年東京声専音楽学校（昭和音楽芸術学院の前身）、44年学校法人・東成学園及び昭和音楽短期大学を創立。51年郷里・高知県の後進育成のため、下八川賞音楽コンクールが設立された。　[家]長男＝下八川共祐（東成学園理事長）

霜山 精一　しもやま・せいいち
弁護士 大審院長
明治17年（1884年）10月15日～昭和50年（1975年）3月12日
[生]岡山県岡山市　[学]一高卒，東京帝国大学法学部〔明治43年〕卒　[歴]大正2年東京地裁判事、13年大審院判事となり、札幌、広島各控訴院長、大審院部長、東京控訴院長、横須賀捕獲審検所長官を経て、昭和19年大審院長となった。戦後22年新憲法制定による最高裁判所発足と同時に判事となり、27年の警察予備隊違憲訴訟、28年の二俣事件などを手がけた。29年退官、弁護士となった。

釈 宗活　しゃく・そうかつ
僧侶（臨済宗）
明治3年（1870年）11月15日～昭和29年（1954年）7月6日
[生]東京府麹町（東京都千代田区）　[名]旧姓・旧名＝入沢，幼名＝譲四郎，別号＝輟翁，両忘庵　[歴]明治23年から鎌倉の円覚寺（臨済宗）に参禅し、今北洪川に師事。洪川没後は同寺の釈宗演について禅を学び、28年にはその印可を受けた。34年師の命により、洪川の死後に中断していた在家信者による坐禅修行会・両忘会の再興を任され、実業家・安田善次郎の後援のもと全国各地に会の支部を設置。また、39年には米国にも支部を設け、同国における禅学興隆・布教の嚆矢となった。その後も、同会の発展に力を注ぐが、在家での活動に行き詰まりを感じ、昭和22年に解散。

釈 迢空　しゃく・ちょうくう
⇒折口 信夫（おりくち・しのぶ）を見よ

釈 瓢斎　しゃく・ひょうさい
俳人
明治14年（1881年）9月26日～昭和20年（1945年）8月6日
[出]島根県安来　[名]本名＝永井栄蔵　[学]東京帝国大学卒　[歴]ながく大阪朝日新聞論説委員として「天声人語」に健筆をふるった。仏教や美術に造詣が深く、俳誌「趣味」を主宰、落柿舎保存にも尽力した。著書は「瓢斎随筆」「評註嵯峨日記」などの他、小説、宗教書、紀行随筆など多岐にわたる。

十一谷 義三郎　じゅういちや・ぎさぶろう
小説家
明治30年（1897年）10月14日～昭和12年（1937年）4月2日
[生]兵庫県神戸市元町　[学]東京帝国大学英文科〔大正11年〕卒　[歴]高校時代から文学を志し、大学入学の年、三宅幾三郎らと同人誌「行路」を創刊。大学卒業後東京府立一中に勤務。大正12年短編集「静物」を刊行。13年文化学院に移り、また新感覚派の「文芸時代」創刊に参加する。昭和3年代表作「唐人お吉」を発表。7年には「神風連」を発表。その他の作品に「仕立屋マリ子の半生」「生活の花」「心の夕月」などがある。　[賞]国民文芸賞〔昭和3年〕「唐人お吉」，渡辺賞（第3回）〔昭和4年〕

首藤 定　しゅとう・さだむ
実業家 美術品収集家 大連商工会議所会頭
明治23年（1890年）6月18日～昭和34年（1959年）2月14日
[生]大分県臼杵市　[学]東洋協会旅順語学校〔大正3年〕卒　[歴]明治44年友人と中国に渡り、大正3年東洋協会旅順語学校を卒業。関東都督府外事課勤務などを経て、染料、自動車会社などを経営。昭和13年大連商工会議所会頭に就任するなど実業家として大成。傍ら、30歳代から約20年かけ、中国や日本の骨とう品をはじめ日本画、洋画など様々な美術品を収集。首藤コレクションと称されたが、終戦直後、在留邦人の食糧難を救済するため、ソ連軍を相手にコレクションと雑穀を交換。22年大分県に引き揚げ後も、引き揚げ者の就職や権利擁護に私財を投じた。また、横綱・双葉山の後援会長も務めた。平成11年ロシア国立東洋美術館に保管されていた浮世絵と日本画約120点が約50年ぶりに里帰りすることになり、横浜のそごう美術館などで「ロシア国立東洋美術館所蔵 首藤コレクション 幻の日本画名品展」として初公開される。

首藤 正寿　しゅとう・まさかず
銀行家
明治12年（1879年）11月30日～昭和9年（1934年）10月21日

生大分県大野郡小富士村（豊後大野市）　学東京高等商業学校（現・一橋大学）〔明治36年〕卒　歴明治36年横浜正金銀行に入行、ボンベイ支店・ロンドン支店などに在勤の後、ボンベイ支店長、上海支店長を経て帰国、大阪支店副支配人、同支店長、本社副支配人などを歴任。大正8年パリ講和会議に随員として出席、12年台湾銀行理事となる。昭和2年大分銀行と二十三銀行が合併して大分合同銀行と改称した際、井上準之助日本銀行総裁の要請で頭取に就任するが、5年病気で退任。6年名古屋銀行副頭取兼常務、のち南満州鉄道（満鉄）理事に就任し国際経済通として前途が嘱望されたが間もなく病没した。

春藤 武平　しゅんどう・ぶへい
製塩家　内海塩業社長
明治17年（1884年）10月25日～昭和43年（1968年）3月11日
生岡山県児島郡八浜村（玉野市）　学東児高等小学校卒　歴明治32年15歳で製塩業の東野崎支店に入社。以来、製塩の技術革新を志し、大正7年台湾に渡って天日製塩法を実習した。帰国後、郷里岡山県の東野崎浜で製塩の改良を試み、工夫と苦心を重ねて昭和6年竹枝による枝条架式濃縮装置を考案した。その後も改良に次ぐ改良を加え、19年には枝条架式と斜層貫流式を組み合わせた流下式製塩法を編み出し、その企業化に成功。27年にはこの方法の優位性が日本専売公社に認められ、やがて全国の製塩業者もこれを採用したことにより日本における製塩の効率と生産性が大きく向上した。この間、昭和23年内海塩業取締役社長に就任。

春風亭 柳橋（6代目）　しゅんぷうてい・りゅうきょう
落語家　日本芸術協会会長
明治32年（1899年）10月15日～昭和54年（1979年）5月16日
生東京市本郷区本郷森川町（東京都文京区）　名本名＝渡辺金太郎、前名＝春風亭柳童、春風亭枝雀、春風亭柏枝、春風亭小柳枝　歴明治42年11歳で4代目春風亭柳枝に入門、柳童。大正4年枝雀に改名したのを経て、6年7代目春風亭柏枝で真打ちに昇進。期待の若手として人気を集め、師が落語睦会を結成すると、若手が不足していたことから抜擢され、10年4代目春風亭小柳枝、15年6代目春風亭柳橋を襲名。なお、柳橋の名はそれまで麗々亭の亭号を称していたが、以降は春風亭に変更となった。同時期に睦会で真打ちになった8代目桂文楽、桂小文治、3代目春風亭柳好とともに"睦の四天王"といわれ、昭和5年には柳家金語楼らと日本芸術協会（現・落語芸術協会）を設立して会長に就任。「うどん屋」を「支那そば屋」に改作したり、「掛取万才」に早慶戦を挿入したりするなど、古典落語を現代風にアレンジし、レコードやラジオなど当時最新のメディアを積極的に取り入れて昭和の名人といわれた。また、江戸訛りに代わる標準語の口調を用い、落語のさらなる大衆化にも貢献。戦後はNHKラジオの人気番組「とんち教室」のレギュラーとして親しまれた。弟子に3代目桂三木助、4代目柳亭痴楽、春風亭柳昇、7代目春風亭小柳枝らがいる。

春風亭 柳好（3代目）　しゅんぷうてい・りゅうこう
落語家
明治21年（1888年）4月24日～昭和31年（1956年）3月14日
生東京都　名本名＝松本亀太郎、初名＝柳亭燕吉、前名＝柳亭燕玉、柳亭燕雀、柳亭錦枝　歴明治45年2代目柳亭燕枝に入門、大正6年に5代目春風亭柳枝に転じ、3代目柳好と改名して真打ちに昇進。落語界の混乱の中で、演芸会社、睦会、芸術協会と所属が変わり、睦会時代には柳橋、文楽、小文治と並ぶ四天王となった。「がまの油」「野ざらし」が十八番で明るく、サービス精神にあふれた高座で人気を博した。ラジオ東京と専属契約、「穴どろ」の録音をすませた後、上野鈴本演芸場の楽屋に入り脳出血で急死。

春風亭 柳枝（6代目）　しゅんぷうてい・りゅうし
落語家
明治14年（1881年）1月～昭和7年（1932年）3月1日
出神奈川県　名本名＝松田幸太郎　学横浜高等商業学校卒　歴高等商業学校卒業後、貿易商社員となったが、近代落語の名人といわれた3代目柳家小さんに入門して落語を修業、のち4代目春風亭柳枝に師事、5代目柳枝を襲名したが、5代目柳亭左楽とまぎらわしいというので、6代目を称した。大井の師匠といわれた。

春風亭 柳枝（7代目）　しゅんぷうてい・りゅうし
落語家
明治26年（1893年）～昭和16年（1941年）1月14日
生東京都　名本名＝渡辺金太郎　歴明治中期、柳亭左楽の門に入り、左太郎と名のった。痴楽で真打ちとなり、小柄で明るい高座を務めた。その後芝楽と改め、柳枝となった。「エッヘッヘッ」という口ぐせから「エヘヘの柳枝」といわれた。

尚 順　しょう・じゅん
実業家　男爵　琉球新報創業者
尚泰26年（1873年）4月6日～昭和20年（1945年）6月16日
生琉球国首里（沖縄県那覇市）　名通称＝松山王子、号＝鷺泉　歴最後の琉球王である尚泰の四男。明治5～12年の琉球処分により父と上京したが、25年帰県。26年沖縄最初の新聞である琉球新報を創刊、社長。32年沖縄銀行を創設した他、船会社や農園など様々な事業を展開した。尚家の分家として男爵を授けられ、37年～大正4年貴族院議員。昭和20年6月沖縄戦の最中、避難壕の中で死去した。　家父＝尚泰（最後の琉球王），兄＝尚典（貴族院議員），六男＝尚詮（実業家）

城 夏子　じょう・なつこ
小説家
明治35年（1902年）5月5日～平成7年（1995年）1月13日
生和歌山県西牟婁郡すさみ町　名本名＝福島静、筆名＝福島しづか　学和歌山高等女学校〔大正8年〕卒　歴女学校時代から詩や小説を投稿、吉屋信子に憧れ、佐藤春夫の詩に感動していた。卒業後、文学を志して上京、「令女界」編集者となり、童話や小説も書き、大正13年「薔薇の小道」を刊行。長谷川時雨に出会い「女人芸術」に参加、また「輝ク」にも作品を発表。その後アナキストの影響を受けて「婦人戦線」に参加した。代表作に「白い貝殻」「野ばらの歌」「毯をつく女」「六つの晩年」「林の中の晩餐会」などのほか、随筆集「おてんば70歳」などがある。

松旭斎 天勝（1代目）　しょうきょくさい・てんかつ
奇術師
明治19年（1886年）5月21日～昭和19年（1944年）11月11日
生東京府神田区（東京都千代田区）　名本名＝金沢カツ、旧姓・旧名＝中井、野呂　歴尋常小学校卒業後、11歳で奇術師の松旭斎天一の一座に加わり、天勝を名のる。美貌と才能で次第に一座の花形になり、そのころ天一と同棲。明治34～38年欧米に巡業して人気を得、帰国後、スピーディーな欧米仕込みの新奇術を披露して、明治末には最高の人気女芸人となった。45年天一の死後、天勝一座を結成、支配人の野呂辰之助と浅草帝国館で旗揚げし、大正から昭和にかけて全盛時代を迎えた。当たり芸に「水中美人」「月世界突入」「サロメ」「京人形」などがある。しかし、結婚した野呂が数年で死亡、次第に衰退し、昭和9年引退を発表、11年姪に2代目天勝を譲った。また同年にはPCL（写真化学研究所, 現・東宝）映画「魔術の女王」に主演した。　家姪＝松旭斎天勝（2代目）

庄司 一郎　しょうじ・いちろう
衆議院議員

しようし　　　　　　　　　　　昭和人物事典 戦前期

明治25年（1892年）1月〜昭和39年（1964年）8月15日
出宮城県　学東北学院　歴新聞記者を経て、大河原町議、宮城県議、大河原町長、宮城司法保護委員会会長などを歴任。昭和12年宮城1区より衆議院議員に初当選。以後、24年まで連続5回当選。28年にも当選し、通算6回の当選を果たした。在任中は、大東亜委員、第二次吉田内閣の厚生政務次官、衆議院決算委員長を務めた。また、実業界では仙南日日新聞社長、東北自由新聞社長、宮城県印刷文化協会顧問などを歴任し、幅広い活躍をした。

し

庄司 乙吉　しょうじ・おときち
東洋紡績社長
明治6年（1873年）5月18日〜昭和19年（1944年）11月30日
生秋田県　学高等商業学校（現・一橋大学）〔明治30年〕卒　歴大日本綿糸紡績同業連合会（紡連）ボンベイ駐在員、紡連書記長を経て、大正元年大阪紡績支配人に転じ、大正6年同社後身の東洋紡績取締役、副社長、大正10年社長となった。15年退任して相談役。紡連委員長、同会長、内閣審議会参与も務めた。この間大正8年第1回国際労働機関（ILO）総会に武藤山治の顧問で渡米、14年支那特別関税会議随員、昭和12年には日米綿業会談、日蘭民間会商の日本側代表となり、日本綿業倶楽部会長を務めた。大正12年にギロチン団に狙撃されたことがある。

庄司 総一　しょうじ・そういち
小説家
明治39年（1906年）10月6日〜昭和36年（1961年）11月28日
生山形県　名筆名＝阿久見謙　学慶応義塾大学英文科〔昭和6年〕卒　歴三田派の作家として活躍し、昭和15年「陳夫人」第一部を刊行し、17年第二部を完成して大東亜文学賞を受賞。他の作品に「残酷な季節」や評伝「ロレンスの生涯」などがある。　賞大東亜文学賞次賞（第1回）〔昭和18年〕「陳夫人」

東海林 太郎　しょうじ・たろう
歌手
明治31年（1898年）12月11日〜昭和47年（1972年）10月4日
生秋田県秋田市　学早稲田大学商学部〔大正12年〕卒　歴大正12年南満州鉄道（満鉄）に入社し、8年間勤務。その間、オペラ歌手を志し独学。昭和5年満鉄を退職。東京で下八川圭祐に師事しクラシック音楽を勉強。8年音楽コンクールでオペラのアリアを歌い入賞。9年ポリドールから発売した「赤城の子守歌」が記録的な大ヒットとなり、一転して流行歌手となる。以後、13年までポリドールの専属として「国境の町」「旅笠道中」「野崎小唄」「麦と兵隊」「上海の街角で」など数多くのヒット曲を出し、ステージに、レコードに、放送に活躍。戦後、連合国軍総司令部（GHQ）のCIEは東海林をラジオでは積極的にとりあげないよう指令したため再登場が遅れた。40年キングレコードの「歌ひとすじ35年・東海林太郎傑作集」がLP売上げ記録を樹立したなどで復活し、なつメロブームに火をつけた。特に直立不動の姿勢、ロイドめがね、燕尾服での歌唱で知られ、亡くなるまで約2000曲を歌った。38年から没するまで日本歌手協会初代会長を務めた。

庄司 敏彦　しょうじ・としひこ
アイスホッケー選手
生年不詳〜平成5年（1993年）12月28日
出満州・大連　学満州医科大学卒　歴千葉・国立国府台病院長を経て、市川市で開業。アイスホッケーは、大学時代の昭和5年に欧州遠征、11年のガルミッシュ・パルテンキルヘン五輪に主将として出場。54年満州メモリアルズを結成し、55年カナダのコキットラム市へ遠征。62年米国カリフォルニア州サンタローザで、米、カナダ、日本の65歳以上が参加して開かれた国際老人アイスホッケー大会で銀メダルを獲得。その

後もアイスホッケーを通じた国際親善、青少年指導に努めた。

庄司 義治　しょうじ・よしはる
眼科学者 東京帝国大学医学部教授
明治22年（1889年）8月20日〜昭和56年（1981年）2月4日
出神奈川県足柄下郡真鶴町　学七高造士館卒、東京帝国大学医科大学〔大正3年〕卒 医学博士（東京帝国大学）〔大正12年〕　歴大正10〜12年欧米へ留学。14年岡山医科大学教授、15年九州帝国大学医学部教授を務め、昭和13年附属病院長。15年東京帝国大学医学部教授に転じ、22年附属病院長。25年定年退官。眼組織の紫外線吸収や水晶体たんぱく質の光学的研究、白内障の診断及び治療法研究などを行った。著書に「眼科診療ノ実際」「眼科薬用異変」「戦争と眼」「眼科学講義」などがある。

庄司 良朗　しょうじ・よしろう
衆議院議員
明治12年（1879年）12月〜昭和6年（1931年）6月22日
出静岡県駿東郡原町（沼津市）　学早稲田大学卒　歴沼津商業教諭を経て駿東郡会議員、同議長、静岡県会議員、同参事会員。駿豆新聞社社長兼主筆、のち静岡朝報を経営した。他に東駿銀行監査役、沼津市畜産組合長も務めた。大正13年以来静岡県2区から衆議院議員当選3回、政友会に属した。

正路 倫之助　しょうじ・りんのすけ
生理学者 京都帝国大学教授
明治19年（1886年）10月1日〜昭和37年（1962年）4月1日
生大阪府豊能郡　学東京帝国大学医科大学〔明治44年〕卒 医学博士〔大正3年〕　歴東京帝国大学産婦人科教室を経て、大正2年京都帝国大学医科大学生理学教室に移り、石川日出鶴丸教授に師事。助手、講師、4年助教授となり、7〜10年欧米に留学。10年教授となり、生理学第1講座を担当。昭和21年定年退官。同年兵庫県立医学専門学校教授、24年兵庫県立医科大学教授。また21〜31年兵庫県立医科大学学長兼兵庫県立医学専門学校校長を務めた。血液ガスの分析、水素イオン濃度の測定法に功績。著書に「膠質」「医用生理学」「PHの理論と測定法」「医学とはなにか」、共著に「生物の物理化学」「医科生理学」などがある。

昇塚 清研　しょうずか・せいけん
日本史学者 東京帝国大学史料編纂所史料編纂官
明治25年（1892年）7月8日〜昭和50年（1975年）10月13日
生富山県射水郡小杉町　専中世史、仏教史　学東京帝国大学文学部国史学科〔大正9年〕卒　歴金沢の四高を経て、大正9年に東京帝国大学文学部国史学科を卒業し、11年より同史料編纂掛史料編纂補助嘱託となって研究に従事。13年に同史料編纂官補となり、昭和17年同史料編纂官。昭和20年に同編纂所を退いたのち僧侶として、石川県羽咋市の妙成寺管長や富山県高岡市の妙国寺住職などを務めた。日本中世史及び仏教史を専攻。

庄田 鶴友　しょうだ・かくゆう
日本画家
明治12年（1879年）9月28日〜昭和23年（1948年）4月5日
生奈良県添上郡柳生村　名本名＝庄田常喜　学京都市立美術工芸学校絵画科〔明治31年〕卒　歴山元春挙に師事。明治32〜35年兵役につき、36年内国勧業博で褒状を受けるが、37年再び応召し日露戦争に従軍した。39年復員し、40年第1回文展に入選、以後第3回を除いて第12回まで毎年出品し、43〜45年大正3年、4年と褒状を受賞。この間明治43年京都市立絵画専門学校助教授、のち教授となり、大正11年まで務めた。8年池田桂仙らと日本自由画壇を結成、昭和6年同会を脱退し官展に復帰。8年帝展推薦となり、新文展にも無鑑査出品した。

昭和人物事典 戦前期　　　　　　　　　　　　　しようりき

勝田 主計　しょうだ・かずえ

財政家 政治家 文相

明治2年（1869年）9月15日〜昭和23年（1948年）10月10日

[生]伊予国松山（愛媛県松山市）　[名]俳号＝勝田宰州、勝田明庵　[学]一高政科〔明治25年〕卒、帝国大学法科大学政治科〔明治28年〕卒　[歴]明治16年松山中学に入学、同級に秋山真之、2級上に正岡子規がおり、親交を持った。19年上京、一高、帝国大学法科大学に学び、28年大蔵省に入省。29年高等文官試験に合格。31年函館税関長となり、34年フランスへ出張してロシア研究に従事。36年帰国して総務局文書課長、40年臨時国債整理局長、理財局長となり、朝鮮銀行や東洋拓殖の設立に力を注いだ。大正元年第三次桂内閣で大蔵次官となり、第一次山本内閣まで若槻礼次郎、高橋は清両蔵相に仕えた。3年勅選貴族院議員、4年朝鮮銀行総裁。5年寺内内閣の大蔵次官、間もなく蔵相となり積極財政を推進。中国北方政権（段祺瑞）を相手に西原亀三と組み西原借款を実施した。13年清浦内閣で再び蔵相となり、昭和3年田中内閣の文相。鈴木貫太郎とは明治34年の欧州へ出張する客船で同室して以来の昵懇の仲で、昭和20年鈴木内閣の組閣に際して蔵相就任を求められたが老齢を理由に断り、女婿の広瀬豊作を推薦した。また、一高時代に子規から勧められ句作を始め、明庵、宰洲と号した。著書に「黒雲白雨」「ところてん」「宰州句日記」などがある。　[家]四男＝勝田龍夫（日本債券信用銀行頭取）、女婿＝広瀬豊作（蔵相）、中野善敦（岐阜県知事）、玉置敬三（通産事務次官）

正田 貞一郎　しょうだ・ていいちろう

実業家 日清製粉創業者

明治3年（1870年）2月28日〜昭和36年（1961年）11月9日

[生]神奈川県横浜市　[出]群馬県館林市　[学]高等商業学校（現・一橋大学）〔明治24年〕卒　[歴]生家は群馬県館林において米文の名で米問屋を営み、明治に入って醤油醸造業に従事した。横浜で外国米輸入商をしていた正田作次郎の長男として生まれるが、翌年父が風邪をこじらせて26歳で亡くなり、群馬県館林の祖父の下で育てられた。明治17年上京、20年高等商業学校に入学。同級には小田柿捨次郎、長尾良吉、村瀬春雄らがいた。外交官を志望していたが、卒業直前に家業の醤油醸造業を担っていた叔父が急逝したことから本家の家業を手伝うことになった。33年館林製粉株式会社を創立、専務。40年日清製粉を合併、館林製粉の名前は地方的な名前に聞こえるからと日清製粉の名を残した。本社を東京に移して専務となり、大正13年社長、昭和11年会長、24年相談役。この間、4年大日本麦酒の植村澄三郎と発起人となり、我が国初の製パン用イースト製造会社・オリエンタル酵母工業を発足。また、6年日本栄養食料（現・日本農産工業）、11年日清製紙（現・アテナ製紙）なども設立した。17年東武鉄道会長。20年5月の東京大空襲で日本農産工業社長を務めていた四男・正田順四郎を失う。21年貴族院議員に勅選。　[家]二男＝正田建次郎（数学者）、三男＝正田英三郎（日清製粉社長）、四男＝正田英三郎（日本農産工業社長）、孫＝正田彬（慶応義塾大学名誉教授）、長男＝正田巖（日本銀行監事）、皇后美智子、二男＝正田修（日清製粉社長）、義弟＝正田卓治（オリエンタル酵母会長）

正田 淑子　しょうだ・よしこ

教育家 満州帝国道徳総会顧問

明治10年（1877年）1月〜昭和17年（1942年）1月15日

[生]栃木県佐野町（佐野市）　[学]日本女子大学〔明治37年〕卒、コロンビア大学大学院〔大正12年〕修了　[歴]明治37年に日本女子大学を卒業後、桜楓会で教育部長となる。43年米国に渡り、タイピストとして働きながらコロンビア大学に通った。大正12年同大学大学院を修了。帰国後は昭和8年に退職するまで母校日本女子大学に勤務し、教授や社会事業部長などを歴任。12年以降は満州で社会教化事業に携わり、満州帝国道徳総会顧問を務めた。著書に「賃金制度の諸問題」「図解的英文法」

などがある。

生野 嘉三郎　しょうの・かさぶろう

労働運動家 総同盟本部調査部長

明治35年（1902年）5月22日〜昭和41年（1966年）3月12日

[生]大分県大分市大字豊饒　[歴]大分監獄小使などを経て大分新聞社文選工となり、大正12年上京し神田郵便局事務員となる。14年遂友同志会に加入、同年神田郵便局のストライキをおこす。後「社会民衆新聞」「労働」などの編集を経て、「労働経済」「明日」などの編集長を務める。戦後は東芝堀川町工場労働組合役員などを歴任した。

松風軒 栄楽（1代目）　しょうふうけん・えいらく

浪曲師

明治26年（1893年）9月26日〜昭和55年（1980年）3月31日

[生]東京都　[名]本名＝松内富弥　[歴]宝集舎栄楽の子で、父に師事した。政治家・金子堅太郎の知遇を得、松風軒と命名された。3代目宮川左近と二枚看板で活躍し、品格ある芸風と温厚な人柄で知られた。昭和28年国際劇場の大会が東京での最後の舞台となった。「義士伝」「荒木又右衛門」などを得意とした。　[家]父＝宝集舎栄楽（浪曲師）

笑福亭 松鶴（5代目）　しょうふくてい・しょかく

落語家

明治17年（1884年）9月5日〜昭和25年（1950年）7月22日

[生]大阪府大阪市　[名]本名＝竹内梅之助、初名＝笑福亭小鶴、前名＝笑福亭枝鶴　[歴]明治36年4代目松鶴に入門。笑福亭光鶴を経て、大正7年2代目枝鶴、昭和10年5代目松鶴を襲名。オーソドックスな上方落語の血を継ぎ、豪放な風格と大ネタから珍しい噺まで持ちネタが多く、高座での第一人者であった。雑誌「上方はなし」（全49冊）の編纂で知られ、戦後の苦難の時代も実子の6代目松鶴、桂米朝ら若手を育て、上方落語界の盟主として奮闘した。平成8年上方演芸に貢献した人を顕彰する"上方演芸の殿堂"に入る。　[家]長男＝笑福亭松鶴（6代目）

正力 松太郎　しょうりき・まつたろう

読売新聞社主 貴族院議員（勅選）

明治18年（1885年）4月11日〜昭和44年（1969年）10月9日

[生]富山県射水郡枇杷首村（射水市）　[学]高岡中卒、四高卒、東京帝国大学法科大学独法科〔明治44年〕卒　[歴]大正2年警視庁に入庁。10年官房主事となり、後藤新平らの知遇を得るなど政界に人脈を構築。12年警務部長に昇進したが、同年に起こった虎の門事件の責任をとり、13年退職した。同年摂政宮（昭和天皇）の婚礼による特赦を受けるが、これを機に官界から離れ、後藤から10万円の融資を受け、13年経営不振の状態にあった読売新聞の社長に就任。以降、徹底的な合理化と大衆化を断行し、14年他紙に先駆けてのラジオ欄創設、15年日曜夕刊の発行、昭和5年色刷り漫画の連載開始、6年少年新聞の創刊など新たな企画を次々と進め、また囲碁・将棋欄、日曜夕刊のグラフ欄、スポーツ欄などを新設して紙面の刷新を図り、短期間で発行部数を激増させた。一方で、野球の振興にも努め、6年新聞拡張策の一環として米国から大リーグ選抜チームを招いて国内9都市で試合を行い、9年にはベーブ・ルースを含む全米選抜チームを再度来日させて全日本チームと戦わせた。さらに同年、この全日本チームに参加した選手を中心に我が国初のプロ野球球団となる大日本東京野球倶楽部（現・読売巨人軍）を設立し、日本のプロ野球興隆にも貢献。満州事変以降には見出しや紙面作りなどで独自のセンセーショナリズムを押し出して読者数をさらに増やし、朝日新聞・毎日新聞と並ぶ3大紙の一つに数えられるまでに至った。15年大政翼賛会総務となるが、16年に政府から出された戦時新聞統合案には断固として反対し、ついにこれを撤回させた。19〜21年勅選貴族院議員。戦後、A級戦犯容疑となったが、22年釈放。

しょうりゅう　　　　　　　　昭和人物事典 戦前期

21〜26年公職追放。その後、衆議院議員や初代科学技術庁長官などを務めた。　家長男＝正力亨（読売新聞グループ本社社主），女婿＝小林与三次（自治事務次官・読売新聞社長），関根長三郎（よみうりランド社長）

松柳亭 鶴枝（3代目）　しょうりゅうてい・かくし
落語家
明治30年（1897年）〜昭和22年（1947年）3月6日
名本名＝尾藤三五郎　歴大正2年頃に3代目柳家小さんに弟子入り。やがて2代目松柳亭鶴枝の門に転じ古長家鶴輔と名のり、百面相の芸を継承。師が亡くなった翌年の13年、3代目鶴枝を襲名した。太平洋戦争中に引退した。

昭和天皇　しょうわてんのう
第124代天皇
明治34年（1901年）4月29日〜昭和64年（1989年）1月7日
生東京市赤坂区（東京都港区）　学東宮御学問所　歴皇太子明宮嘉仁親王（のち大正天皇）と、皇太子妃節子（のち貞明皇后）の間に第一皇男子として生まれ、祖父の明治天皇より中国の古典「書経」から迪宮（みちのみや）裕仁（ひろひと）と命名された。幼時は海軍軍人で枢密顧問官を務めていた川村純義に養育され、明治41年学習院初等科に入り、院長・乃木希典の薫陶を受ける。修了後は東宮御所内に設置された東宮御学問所にて、御学問所総裁・東郷平八郎以下、一流の学者たちから様々な学問を学んだ。当初は歴史学の道を志したが、元老の西園寺公望が "歴史を深く研究すれば、危険な政治に巻き込まれる可能性がある" とし、生物学を趣味の学問とした。大正5年立太子の礼を行って皇太子となり、10年3月日本の皇太子として初めて欧州を歴訪、帰国後の10月大正天皇の病により摂政に就任。12年アナキスト・難波大助による狙撃事件（虎ノ門事件）が発生。13年久邇宮良子女王（皇后良子）と結婚。15年12月25日、父の崩御により25歳で皇位（124代）を継承、元号も昭和と改まった。昭和4年張作霖爆殺事件（満州某重大事件）が起こり、その責任者処分を巡って当時の田中義一首相（陸軍出身）を厳しく叱責したところ、内閣は総辞職し、田中も間もなく亡くなったことから、立憲君主制での自らの政治的関与に慎重な姿勢を示すようになった。11年天皇親政を求める青年将校たちによるクーデターである二・二六事件が起こると、反乱軍の鎮圧を命じ、当初鎮圧に消極的な姿勢を示していた陸軍首脳部に対し自ら近衛師団を率いて鎮定に当たってもよいとの意志を示した。12年からの日中戦争には拡大方針に必ずしも賛成ではなかったが内閣の決定を追認していき、日米戦争にも強い懸念を示したが、開戦を防ぐ決定的な役割を果たせず、16年の太平洋戦争開戦に至った。当初優勢に見えた戦局も間もなく悪化の一途を辿り、20年8月広島・長崎への原爆投下、ソ連の参戦を経て、ポツダム宣言受諾を巡る御前会議の席上で阿南惟幾陸相らの戦争継続意見を退けて終戦の意志を表明、戦争終結に決定的な役割を果たし、終戦の詔勅をラジオ放送に吹き込んで、15日その肉声により約4年に渡る戦争の終結を国民に伝えた。同年9月、連合国軍総司令部（GHQ）総司令官のマッカーサー元帥を訪ね、この時 "自分はどうなってもいいから国民を助けてほしい" と述べ、マッカーサーは大きな感銘を受けたといわれる。この時に撮影された、軍服を着て胸を張る大柄なマッカーサーと小柄でモーニングを着る天皇が並んでいる写真は、21年1月年頭の詔書において、天皇が "現御神" であるのは架空であるとした、いわゆる "人間宣言" と並び、国民に大きなショックを与えた。以後、ソフト帽に背広姿で各地を巡幸して祖国復興に働く国民を激励し、22年施行の日本国憲法では天皇を "国民統合の象徴" として位置づけられた。63年病に倒れ、64年1月7日早朝、87歳で崩御。在位は神話上の天皇を除くと歴代最長。　家父＝大正天皇、母＝貞明皇后、妻＝皇后良子、長男＝天皇明仁、二男＝常陸宮正仁、長女＝東久邇成子、二女＝久宮祐子、三女＝鷹司和子、四女＝池田厚子、五女＝島津貴子

白井 赫太郎　しらい・かくたろう
精興社創業者
明治12年（1879年）5月9日〜昭和40年（1965年）1月19日
生神奈川県西多摩郡小曽木村（東京都青梅市）　学神田簿記学校〔明治31年〕卒　歴郷里の成木銀行を経て、明治39年博文館の石版部である精美堂に入社、会計兼用度係長などを務める。大正2年独立して神田美土代町で東京活版所を創業。関東大震災後には神田錦町に工場を移して印刷機械を増設、13年より岩波書店の印刷を始めた。14年精興社に社名変更。昭和6年林栄堂の自動活字鋳造機を導入し、活字を1回限りの使用とした。7年郷里・青梅に分工場の精華堂工場を新設、8年には技術者養成のため同工場に精華学舎を開設した。20年4月海軍水路部から製本・印刷一体化の要請を受け、牧製本所との共同出資で精華堂工場をもとに株式会社大化堂を創立したが、27年再び分離し、大化堂の社名を精興社に改めて再出発した。　家義弟＝山田一雄（精興社社長）　勲紺綬褒章〔昭和19年〕

白井 喬二　しらい・きょうじ
小説家
明治22年（1889年）9月1日〜昭和55年（1980年）11月9日
生神奈川県横浜市　名本名＝井上義道　学日本大学政経科〔大正2年〕卒　歴大学卒業後、婦人雑誌「家庭之友」の編集者となり、主幹を経て、堀越化粧品本舗に入社、文書課長を務めたが、数年で退社。時代ものの大衆小説を書き、大正9年1月号の「講談雑誌」に「怪建築十二段返し」が掲載される。13年から昭和2年にかけて執筆された時代小説「富士に立つ影」は、中里介山の「大菩薩峠」と並び称される。他の作品に「新撰組」「祖国は何処へ」「盤嶽の一生」などがある。大正14年大衆小説家の親睦団体・二十一日会を結成し、15年には日本初の大衆文学系同人誌「大衆文芸」を長谷川伸、国枝史郎、直木三十五、江戸川乱歩らとともに発刊。戦前の大衆文学運動の指導者として活躍した。戦後の作品に「神曲」「天海僧正」など。44年第4回長谷川伸賞を受賞。　家妻＝井上鶴子（料理研究家）

白井 成允　しらい・しげのぶ
倫理学者 広島文理科大学教授
明治21年（1888年）2月6日〜昭和48年（1973年）8月25日
出岩手県　学東京帝国大学文科大学哲学科〔大正2年〕卒　歴愛知医学専門学校、二高、京城帝国大学の教授を経て、広島文理科大学教授。昭和4〜5年ドイツに留学。仏教学の造詣も深く、「歎異抄」研究の権威と評された。著書に「善の認識」「人格の理想」「聖徳太子の十七条憲法」など、訳書にカント「道徳哲学」他。

白井 茂　しらい・しげる
記録映画作家 日本映画社技術部長
明治32年（1899年）3月6日〜昭和59年（1984年）9月27日
生東京都　学甲進学舎英文選科卒，日本橋実業補習学校〔明治45年〕卒　歴大正9年松竹キネマ研究所に入所。同所解散後は水谷文次郎や小田浜太郎に師事し、10年東京シネマ商会製作の帰山教正監督「父を尋ねて」のカメラを担当した。関東大震災の際には記録フィルムを大量に残し、15年には東京〜大阪間で日本で初の空中撮影を敢行。昭和2年阪妻ユニバーサルの正カメラマンとなるが、ここも約1年で解散したため、以後はフリーとして小笠原、落合、高松の各プロダクションや文部省映画などに参加した。9年PCL（写真化学研究所）に入社して朝日ニュースの製作主任となり、12年には英国皇帝戴冠式の撮影に派遣され、その時に乗艦した最新鋭重巡洋艦「足柄」の記録映画「怒濤を蹴って」を作成して文部大臣賞を受賞。PCLが東宝に合併したのちは同社の撮影部長に就任。16年戦時体制により設立された日本映画社（日映）の文化映画部撮影課長に転じ、19年には技術部長に昇進した。戦後もニュー

ス映画に携わった。我が国の記録映画、ニュース映画カメラマンの草分けの一人。

白井 戦太郎　しらい・せんたろう

映画監督
生年不詳～昭和20年（1945年）8月6日
〔歴〕昭和2年創立の市川右太衛門プロで古海卓二に師事。同年「怒苦呂」で監督デビュー。5年「飛ぶ唄」などの傾向映画を撮るが、その後嵐寛寿郎プロ、亜細亜映画、大都映画と移り、娯楽時代劇に転じる。大都映画時代は「謎の泥人形」「ごろつき街道」「奇傑梁川庄八・前編」「春風浪士」などを監督し、人気を博す。また13年には水島道太郎主演の「ジャガ芋と剣戟」、16年近衛十四郎主演の「花火の舞」などを撮り、大都の剣戟スターも数多く手がけた。17年大映創立を機に参加し、池田富保のB班監督を務めた。20年「竜の岬」の監督を最後に応召され、赴任地の広島で被爆し死亡。

白井 松次郎　しらい・まつじろう

実業家 演劇興行主 松竹創立者
明治10年（1877年）12月13日～昭和26年（1951年）1月23日
〔生〕京都府京都市三条　〔名〕旧姓・旧名＝大谷　〔歴〕父は相撲興行に携わる。明治17年母方の祖父が京都・祇園座の売店の株を買い、一家も協力したことから、小学生ながら双子の弟・大谷竹次郎とともに父母の手伝いで場内の売り歩きを始める。30年長男ながら夷谷座の売店全ての権利を持っていた白井家の養子となるが、弟の入営により実川正若一座の巡業を手がけて興行の道に入り、35年元旦、新京極に明治座を開場、弟とその名を一字ずつ取って松竹合名社を設立。同座では新派俳優・静間小次郎と提携して十余年にわたって"静間演劇"を続演、新風を吹き込んだ。39年初代中村鴈治郎と手を結んで大阪への進出を図り、43年弟が上京して東京に地歩を固めると、自身は関西、弟は関東を担当することとなり、次々と劇場を買収して大正期には岡山、博多、名古屋にまで手を伸ばした。昭和3年松竹合名社の個人経営を解消して株式会社の松竹興行に改組。同年弟は市村座の経営を任され、4年には帝国劇場の経営を向こう10年の契約で引き受け、名実ともに我が国の演劇興行界に君臨することとなり、大阪の歌舞伎俳優、新派俳優のすべてと、東京の歌舞伎俳優の大半、文楽の経営などを押さえて一大演劇王国を築き、関東大震災、太平洋戦争と2度にわたる大難を乗り越えて歌舞伎・新派・文楽を守った。この間、大正9年松竹キネマ合名社を設立して嗣子の白井信太郎を社長に据え（自身は相談役）、映画製作にも進出。新劇の主導者である小山内薫と、明治座の改革に取り組んだ松居松葉の2人を責任者に迎え、小山内はキネマ俳優養成所所長も兼務。この養成所からは鈴木伝明や映画監督となった伊藤大輔らが出た。その後、一族の城戸四郎らの手により映画事業は大きな発展を遂げた。昭和6年松竹興行会長、12年同社と松竹キネマを合併、松竹を設立して会長（ともに弟が社長を務めた）。戦後は戦災で失った劇場の復興に取り組んだが、26年75歳で亡くなった。　〔家〕弟＝大谷竹次郎（松竹創立者）　〔紋〕紺綬褒章〔大正11年〕，藍綬褒章〔昭和3年〕，緑綬褒章〔昭和3年〕

白石 花馭史　しらいし・かぎよし

俳人
明治23年（1890年）3月～昭和22年（1947年）6月30日
〔生〕愛媛県西条町　〔名〕本名＝白石一美　〔歴〕新浜市の旧別子鉱山会社に昭和20年まで勤務。河東碧梧桐の新傾向俳句に傾倒、明治41年「日本俳句」に投句、「層雲」を経て、大正4年「海紅」創刊に参加、詩情豊かな作品を発表。昭和6年「波麗」を創刊主宰、9年8月号から「明治大正の全国新傾向句誌」を連載した。12年廃刊。

白石 虎月　しらいし・こげつ

僧侶（臨済宗）仏教学者
生年不詳～昭和29年（1954年）1月29日
〔生〕愛媛県伊予郡下灘村（伊予市）　〔専〕禅宗史　〔学〕早稲田大学英文科卒　〔歴〕明光寺住職を務める傍ら独学で日本禅宗史を研究し、昭和12年「禅宗編年史」正編を、次いで18年には同書の続編を刊行した。その他の編著に「東福寺誌」がある。

白石 実三　しらいし・じつぞう

小説家 随筆家
明治19年（1886年）11月11日～昭和12年（1937年）12月2日
〔生〕群馬県安中　〔学〕早稲田大学英文科〔明治42年〕卒、早稲田大学法科中退、東京外語露語専修科〔大正7年〕卒　〔歴〕大正7年開発社に入社、次いで博文館に入社し「寸鉄」の編集を担当した。その傍ら花袋の影響をうけた小説を発表。「養家」「母の骨」「兵舎生活」「K上等兵の死」などの作品があり、著書に「返らぬ過去」「姉妹」「武蔵野巡礼」などがある。　〔家〕義父＝森田思軒（翻訳家）

白石 多士良　しらいし・たしろう

実業家 土木技術者 白石基礎工事社長
明治20年（1887年）10月17日～昭和29年（1954年）7月6日
〔生〕東京市神田区駿河台（東京都千代田区）　〔専〕ニューマチックケーソン工法　〔学〕一高卒、東京帝国大学工科大学土木学科〔明治45年〕卒　〔歴〕東京帝国大学土木工学科教授・白石直治の長男。明治45年鉄道院に入り、日豊線建設、山手線複々線工事に従事。大正7年退職し、土木工学研究のため欧米に留学、圧気潜函工法（ニューマチックケーソン工法）など先進の建設技術を学ぶ。12年関東大震災直後に震災復興局嘱託となり、釘宮磐の下、隅田川の橋梁基礎工事に我が国では初となるニューマチックケーソン工法を導入し、復興に貢献。昭和8年白石基礎工業合資会社を設立、代表社員となり、13年白石基礎工事株式会社（現・オリエンタル白石）を設立して社長に就任。ニューマチックケーソン工法を用いて「東横百貨店」「第一生命本社ビル（旧GHQ本部）」「NHK東京内幸町会館」「三菱重工神戸ドック」などの基礎施工を手がけ、日本に同工法を導入・発展させた第一人者として知られた。傍ら、一高野球部時代に東京ゴルフ会（のち東京ゴルフ倶楽部）でゴルフを始め、米国でゴルフを学んだ赤星四郎、六郎兄弟に師事。6年には日本初のゴルフ教本とされる「正しいゴルフ」を著し、また雑誌「GOLF」を創刊してその編集主幹を務める。ゴルフを通じて築いた幅広い人脈は会社経営に生かされた。　〔家〕長男＝白石泰（白石社長）、二男＝白石俊多（白石会長）、父＝白石直治（土木工学者）、弟＝白石宗城（新日窒社長）、祖父＝竹内綱（政治家・実業家）、叔父＝吉田茂（首相）、岳父＝岩村高俊（内務官僚・政治家）

白石 寛　しらいし・ひろし

彫刻家
明治31年（1898年）～昭和19年（1944年）
〔歴〕昭和6年第4回プロレタリア美術大展覧会に「召集」「家族のピケ隊」など4点の彫刻の他、川越治武、宮本麟結との合作彫刻「俺達の美術」を出品。7年日本プロレタリア美術家同盟の第13回帝展への組織的な出品の方針を受け、彫刻「土木労働者同志朴像」を出品するが、同盟員の他作品と共に拒絶された。同年末の第5回プロレタリア美術大展覧会に帝展拒絶の「土木労働者同志朴像」の他、「食」「レーニン」「灰皿」「大黒村の正体」を出品。また同盟の指導的立場にあり、作家・山代巴やプロレタリア美術研究所の美術家・芳賀仭などにも影響を与えた。

白石 元治郎　しらいし・もとじろう

実業家 日本鋼管創業者

慶応3年（1867年）7月21日～昭和20年（1945年）12月24日
生 陸奥国白河郡釜子村（福島県白河市）　名 旧姓・旧名＝前山
学 帝国大学法科大学法律科〔明治25年〕卒　歴 前山家の二男
で、明治15年伯父・白石家の養嗣子となる。25年初代浅野総一
郎の経営する浅野商店に入り、27年浅野の二女と結婚。29年
浅野が東洋汽船を設立したのに伴ってその支配人となり、36年
取締役に選ばれ北米・南米への航路開拓や重油の輸入、カ
リフォルニアなどの海外油田の開発などに尽力。また、杉村
濬駐ブラジル公使の依頼でブラジル移民にも協力し、41年同
社の笠戸丸で第1回の移民団を同地へ送り込んだ。43年社の実
務を井坂孝に譲って同社専務を退任。45年我が国初の民営製
鉄会社である日本鋼管株式会社（現・JFEエンジニアリング）
を設立して社長に就任。第一次大戦中は好況の波に乗って会
社の基盤を固め京浜工業地帯形成の立役者の一人となったが、
戦後の不況に伴う鋼管株の暴落で経営不振に陥り、大正10年
大川平三郎に社長職を譲って副社長に退く。13年白石同族合
資会社を設立し、代表社員。鉄鋼業界の指導者として業界の
組織化・鉄鋼カルテルの強化を推し進め、昭和8年政府による
製鉄合同には反対の立場を鮮明にし、国策会社・日本製鉄の
成立に際しては不参加の立場を貫いた。10年昭和鋼管を合併
して日満鋼管を設立し、社長。同年には南洋鉄鋼会社を創立
し、同社長も兼ねた。11年大川の死により日本鋼管社長に復
帰、17年会長。　家 岳父＝浅野総一郎（1代目）

白岩 龍平　しらいわ・りゅうへい
実業家　日清汽船専務
明治3年（1870年）7月9日～昭和17年（1942年）12月27日
生 美作国吉野郡宮本村（岡山県美作市）　名 号＝子雲　歴 16歳
で上京。同県人の野崎武吉郎から学費を援助され、明治23年
荒尾精が上海に設立した日清貿易研究所の研究生として中国
に渡る。27年日清戦争の勃発に伴い、通訳官として広島大本
営附を命ぜられた。日清戦争終結後、知人の清国人とともに
上海と蘇州・杭州とを航路で結ぶ大東汽船会社を興し、次いで
36年には湖南省内地の水上交通である湖南汽船会社を設立し
た。41年には大東・湖南など4社を合併させて日清汽船会社を
創立し、その専務に就任。また、この間、明治31年に政治家・
近衛篤麿らとともに東亜同文会の創立に参画している。一貫
して日中友好に尽力し、日中戦争には反対の立場をとり続け
た。　家 妻＝白岩艶子（歌人）

白神 邦二　しらが・くにじ
衆議院議員
明治15年（1882年）11月10日～昭和9年（1934年）4月15日
生 岡山県浅口郡勇崎村（倉敷市）　学 東京商船学校中退　歴 大
正元年国民党大阪支部幹事長となり、7年大阪毎夕新聞社長に
就任。昭和7年岡山県から衆議院議員に当選し1期務めた。政
友会に所属した。

白上 佑吉　しらかみ・ゆうきち
東京市助役　富山県知事
明治17年（1884年）12月19日～昭和40年（1965年）1月24日
生 富山県東砺波郡出町（砺波市）　学 四高卒、東京帝国大学法
科大学政治学科〔明治43年〕卒　歴 林家の三男として父の任
地である富山県で生まれ、その上司であった白上家の養子と
なる。首相を務めた陸軍大将・林銑十郎は実兄。大正12年警
視庁官房主事、13年3月内務省警保局保安課長、5月兼内務監
察官、10月鳥取県知事を経て、15年富山県知事。昭和2年島根
県知事を発令されるが1日で退任。同年文部省実業学務局長、
4～6年東京市助役を務めた。　家 兄＝林銑十郎（陸軍大将・首
相）

白川 朋吉　しらかわ・ともきち
弁護士　実業家　琴平参宮電鉄社長　大阪市議会議長

明治6年（1873年）12月2日～昭和38年（1963年）1月30日
生 香川県豊田郡観音寺村茂木（観音寺市）　学 東京法学院（現・
中央大学）卒　歴 13歳で両親を失う。法律学校を卒業して、明
治31年弁護士を開業し、大正11年大阪弁護士会会長となる。
また大阪市議を務め、14年議長。傍ら、坂堺電鉄社長、琴平
参宮電鉄社長、琴平電鉄取締役、関西大学理事長、大阪復興
連盟会長などを務めた。大阪市名誉市民第1号となり、大阪府
から浪華賞を受賞。

白川 義則　しらかわ・よしのり
陸軍大将　男爵　陸相
明治1年（1868年）12月12日～昭和7年（1932年）5月26日
生 伊予国松山（愛媛県松山市）　学 陸士（旧1期）〔明治23年〕卒、
陸大〔明治31年〕卒　歴 明治24年少尉、陸大在学中に日清戦
争従軍。31年近衛師団参謀、ドイツ留学後、陸大教官となる。
日露戦争には歩兵第21連隊大隊長として従軍。大正2年以後、
中支派遣軍司令官、歩兵第9旅団長、陸軍省人事局長、陸士校
長、第1・11師団長、陸軍航空本部長、関東軍司令官を歴任。
この間、大正14年陸軍大将。昭和2年田中義一内閣の陸相、4
年軍事参議官、7年上海派遣軍司令官。上海事変停戦後の同年
4月29日、天長節記念式場で朝鮮人民族主義者尹奉吉が投げた
爆弾で重傷を負い、5月死去した。男爵。　家 妹＝船田ミサヲ
（女子教育家）

素木 得一　しらき・とくいち
昆虫学者　台北帝国大学名誉教授
明治15年（1882年）3月9日～昭和45年（1970年）12月22日
生 北海道函館　専 応用昆虫学、昆虫分類学　学 札幌農学校本科
〔明治39年〕卒　農学博士〔大正6年〕　歴 明治40年より台湾総
督府農事試験場昆虫部長を務め、大正6年殖産局附属植物検査
所長を兼務。15年台北帝国大学設立により在外研究員として
欧米へ留学。昭和2年帰国、3年台北帝大教授に就任して昆虫
学・養蚕学講座を担任。13年理農学部長。17年定年退官。22
年引き揚げ、23～24年日本応用昆虫学会会長。松村松年の最
初の門下生で、シロアリ目、直翅目、双翅目分類の権威。台湾
の農作物害虫の防除に貢献した。著書に「昆虫講話」「害虫・
益虫」「衛生昆虫」「基礎昆虫学」などがある。　家 妹＝素木
しづ（小説家）

白木 正博　しらき・まさひろ
産婦人科学者　東京帝国大学教授
明治18年（1885年）11月3日～昭和35年（1960年）11月2日
生 長野県南安曇郡三郷村（安曇野市）　学 東京帝国大学医科大
学〔明治44年〕卒　医学博士（東京帝国大学）〔大正10年〕　歴
東京帝国大学産婦人科教室に入り、大正4年助手、6年講師、財
団法人泉橋病院婦人科医長を経て、10年東京帝大助教授とな
り、15年九州帝国大学教授。昭和11年東京帝大教授、21年退
官。子宮がん治療に初めて放射線を採用した。著書に「白木
産科学」「白木産科手術学」「白木婦人科学」「子宮癌のレント
ゲン・ラジウム療法」などがある。　家 二男＝白木博次（神経
病理学者）

白沢 保美　しらさわ・やすみ
林学者　農林省山林局林業試験所長
明治1年（1868年）8月18日～昭和22年（1947年）12月20日
生 信濃国南安曇郡明盛村（長野県安曇野市）　専 造林学、樹木
分類学、樹木生理学　学 帝国大学農科大学林学科〔明治27年〕
卒、東京帝国大学大学院修了　林学博士〔明治36年〕　歴 名前
は「ほみ」「やすよし」ともよむ。帝国大学大学院在学中から
農商務省山林局の嘱託により森林植物の調査研究を始め、明
治30年東京帝国大学農科大学講師、農商務省技師。32年欧州
へ出張し、ドイツ、スイスで森林植物学を学んだ。35年帰国
し、41年より林業試験所長を務めた。昭和7年退官。日本林学

会会長、日本農学会会長、糧食研究会理事長を歴任し、退官に際して門下生から醵金された利息で日本林学会白沢賞が設けられた。明治から昭和にかけての林業行政・林学界で指導的な役割を担い、樹木分類学、樹木生理学、造林学に業績を残した。都市緑化事業に強い関心を持ち、東京市の街路樹や公園樹木のためにプラタナスやリリオデンドロンを大量に導入して戦前で10万本を超える街路樹整備に貢献した。21年貴族院議員に勅選されたが、22年没した。

白須 孝輔　しらす・こうすけ
詩人
明治38年(1905年)2月12日～昭和18年(1943年)3月19日
[生]東京都　[学]日本橋十思小卒　[歴]昭和2年前衛芸術家同盟に参加、日本プロレタリア作家同盟、プロレタリア詩人会に所属、「前衛」「戦旗」などに詩を発表した。作家同盟解散後、国際書房を創設、進歩的出版物を刊行した。詩集「ストライキ宣言」がある。

白勢 春三　しらせ・しゅんぞう
実業家 第四銀行頭取 貴族院議員(多額納税)
文久2年(1862年)12月～昭和16年(1941年)5月25日
[出]新潟県　[歴]新潟市議、衆議院議員を経て、昭和7～14年多額納税の貴族院議員。第四銀行頭取、新潟商業会議所会頭も務めた。

白土 松吉　しらと・まつきち
農業技術者
明治14年(1881年)10月2日～昭和31年(1956年)12月10日
[生]茨城県　[名]旧姓・旧名＝打越　[学]水戸農学校卒　[歴]茨城県の那珂郡農会技手としてサツマイモ増収の技術を研究し、昭和初期に1反当たり1000貫が収穫できる白土式甘藷栽培法を考案した。また乾燥芋の普及にも努めた。著書に「甘藷作論及栽培法」がある。

白鳥 庫吉　しらとり・くらきち
東洋史学者 東京帝国大学名誉教授
元治2年(1865年)2月4日～昭和17年(1942年)4月1日
[生]上総国長柄郡長谷村(千葉県茂原市)　[名]本名＝白鳥倉吉　[専]古代朝鮮史, 満州史, 西域史　[学]帝国大学文科大学史学科〔明治23年〕卒 文学博士〔明治33年〕　[資]帝国学士院会員〔大正8年〕　[歴]明治23年学習院教授、37年東京帝国大学文科大学教授兼任、大正10年東京帝大文学部教授専任、14年退官して名誉教授。この間、3～9年東宮御学問所御用掛を兼任、8年から帝国学士院会員となった。明治40年東洋協会学術調査部を設立、大正12年には岩崎久弥らと東洋文庫を設立して経営するなど、東洋学研究の推進に大きな業績を残した。門下はから多くの東洋学者が輩出した。昭和9年日本民族学会理事長。専攻分野は多岐にわたり、主に朝鮮、満州、モンゴル、中央アジア・オリエント、中国の歴史・文化にあり、日本古代史にも造詣が深かった。邪馬台国論争では九州説を主張し、京大の内藤湖南の畿内説と対立した。著書に「満州歴史地理」「朝鮮歴史地理」「西域史研究」「神代史の新研究」などのほか、「白鳥庫吉全集」(全10巻, 岩波書店)がある。　[家]孫＝白鳥芳郎(民族学者)

白鳥 敏夫　しらとり・としお
外交官 駐イタリア大使 衆議院議員
明治20年(1887年)6月8日～昭和24年(1949年)6月3日
[生]千葉県茂原市　[学]東京帝国大学法科大学経済学科〔大正3年〕卒　[歴]大正3年外務省入り。奉天領事官補、駐米大使館3等書記官、外務省事務官を経て、昭和4年本省情報部第2課長。この頃から陸軍に接近し、5年情報部長。対米英協調路線の幣原外交に造反、8年駐スウェーデン公使、13年駐イタリア大使となり、大島浩駐独大使と呼応して日独伊三国同盟の締結をリードした。外務省内の革新官僚として親枢軸外交を推進、白鳥派と呼ばれた。14年阿部信行内閣の野村吉三郎外相に罷免されたが、15年第二次近衛内閣の松岡外相誕生で同省顧問となり松岡のブレーンとなる。17年翼賛選挙で衆議院議員に当選、翼賛政治会総務も務める。戦後、A級戦犯として終身禁固の判決を受け服役中に病死した。著書に「日独伊枢軸論」など。

白鳥 広近　しらとり・ひろちか
社会運動家
明治31年(1898年)8月10日～昭和21年(1946年)3月17日
[生]千葉県夷隅郡上瀑村小土呂(大多喜町)　[歴]岡部電機に勤務中ストライキに参加したのを機に総同盟関東鉄工組合に参加し、関東合同労働組合の役員を多く歴任。満州事変以後は国家社会主義を推進し、勤労日本党を結党したりした。

白根 竹介　しらね・たけすけ
内閣書記官長 兵庫県知事 貴族院議員(勅選)
明治16年(1883年)5月25日～昭和32年(1957年)3月5日
[生]山口県　[学]一高卒, 東京帝国大学法科大学政治学科〔明治41年〕卒　[歴]埼玉県で郡長を務めた白根勝治郎の長男で、祖父は埼玉県令の白根多助。明治42年内務省に入る。大正5年山梨県、6年山形県の各警察部長、8年岐阜県、11年京都府、13年東京府の各内務部長を経て、同年岐阜県、15年石川県、昭和2年富山県、4年埼玉県、同年静岡県、6年広島県、同年兵庫県の各知事を歴任。10年岡田啓介内閣の書記官長に就任。11年勅選貴族院議員。　[家]父＝白根勝治郎(官僚), 祖父＝白根多助(埼玉県令), 叔父＝白根専一(内務次官), 河野忠三(奈良県知事), 従弟＝白根松介(宮内次官)

白根 松介　しらね・まつすけ
男爵 宮内次官 貴族院議員
明治19年(1886年)10月30日～昭和58年(1983年)7月28日
[出]東京都　[学]六高卒, 東京帝国大学法科大学政治学科〔明治44年〕卒　[歴]内務官僚・白根専一の二男。宮内省に入り、大正7年宮内書記官、10年宮内大臣秘書官、官房秘書課長兼務、14年官房庶務課長兼秘書課長、昭和5年総務課長、6年内匠頭、8年内蔵頭を経て、11年宮内次官。20年敗戦直前の空襲による皇居宮殿焼失の責任をとって辞任。同年より貴族院議員。戦後は日本赤十字社常任理事、中央更生保護審査会委員長などを歴任した。　[家]父＝白根専一(内務次官), 祖父＝白根多助(埼玉県令), 伯父＝白根勝治郎(官僚), 叔父＝河野忠三(奈良県知事), 従兄＝白根竹介(内閣書記官長)

白柳 秀湖　しらやなぎ・しゅうこ
小説家 評論家 史論家
明治17年(1884年)1月7日～昭和25年(1950年)11月9日
[生]静岡県引佐郡気賀町(浜松市)　[名]本名＝白柳武司, 別号＝哲羊生, 曙の里人, 目黒里人　[学]早稲田大学文学科〔明治40年〕卒　[歴]早くから文学者になることを志し、平民社の運動に参加。隆文館, 実業之世界社などに勤務し、明治41年論文集「鉄火石火」を刊行、42年創作集「黄昏」を刊行するが、のちに山路愛山の流れをくむ史論家として活躍し「財界太平記」「西園寺公望伝」「歴史と人間」などの著書がある。人物伝、人物志を得意とした。昭和17年日本文学報国会理事を務めたため、戦後、公職追放の処分をうけた。40年発表の「駅夫日記」(「黄昏」収録)がある。

白崎 礼三　しろさき・れいぞう
詩人
大正3年(1914年)1月28日～昭和19年(1944年)1月20日
[生]福井県敦賀市　[学]三高〔昭和11年〕中退　[歴]三高同級に織田作之助、1年上に田宮虎彦、青山光二らがいた。フランス象

徴派に親しみ第三次「椎の木」に参加、三高の「嶽水会雑誌」にも詩を発表。三高を中退して上京したが結核で帰郷、織田らと「海風」を創刊、詩を書いた。昭和16年再上京、「読物と講談」社に入り2年勤めたが、病状悪化で帰郷。没後青山らが「白崎礼三詩集」を刊行した。

陣 軍吉　じん・ぐんきち

衆議院議員
明治2年（1869年）2月～昭和18年（1943年）1月13日
出宮崎県　歴宮崎警察署長を務めた後、韓国政府に招かれて韓国政府警視に就任。その後、統監府警視まで務めて帰国。大正6年宮崎県国より出馬し初当選。13年まで3期連続当選、昭和12年までに通算5回当選した。また、静岡県磐田郡長、宮崎県農会議長なども歴任した。　家孫＝陣軍陽（書家）

神西 清　じんざい・きよし

小説家 評論家 翻訳家
明治36年（1903年）11月15日～昭和32年（1957年）3月11日
生東京市牛込区袋町（東京都新宿区）　専ロシア文学　学東京外国語学校（現・東京外国語大学）露語部科〔昭和3年〕卒　歴東京外語時代に「箒」を創刊し、早くから詩、戯曲、翻訳を発表。大学卒業後は北大図書館に勤務し、のち「山繭」に参加。北大を退職し、ソ連通商部に勤務。昭和5年「快復期」を発表、その一方で多くのロシア文学を翻訳し、13年ガルシンの翻訳で池谷信三郎賞を受賞。詩、小説、評論、翻訳と幅広く活躍し、小説の代表作に「灰色の眼の女」「春泥」「鸚鵡」「雪の宿り」「少年」などがあり、翻訳もチェーホフなど数多い。一高で知りあった堀辰雄の終生の友で、最高の理解者だった。　家娘＝神西敦子（ピアニスト）　賞芸術選奨文部大臣賞（第2回、昭和26年度）〔昭和27年〕、池谷信三郎賞（第3回）〔昭和13年〕

新城 新蔵　しんじょう・しんぞう

天文学者 京都帝国大学総長 上海自然科学研究所所長
明治6年（1873年）8月20日～昭和13年（1938年）8月1日
生福島県会津若松　専宇宙物理学、東洋天文学史　学二高卒、帝国大学理科大学物理学科〔明治28年〕卒 理学博士（京都帝国大学）〔明治42年〕　歴明治30年陸軍砲工学校教授、33年京都帝国大学理工学大学助教授となり、38年ドイツへ私費留学。40年教授に昇任。大正7年宇宙物理学講座を創設、12年理学部長を務め、14年退官。昭和4～8年京都帝大総長を務めた。10年上海自然科学研究所所長として赴任したが、13年南京で客死した。我が国の理論天文学の開拓者の一人で、中国の天文学史にも造詣が深かった。著書に「宇宙進化論」「迷信」「宇宙大観」「東洋天文学史研究」「戦国秦漢の暦法」などがある。
家孫＝荒木雄豪（京都産業大学名誉教授）、女婿＝荒木俊馬（天文学者）

新庄 祐治郎　しんじょう・ゆうじろう

滋賀県知事
明治16年（1883年）11月16日～昭和26年（1951年）2月2日
生京都府京都市上京区　学京都帝国大学独法科〔明治42年〕卒　歴大正13年和歌山県、14年広島県、15年愛知県、昭和2年福島県の内務部長を歴任。3年佐賀県知事、4年青森県知事を経て、6年滋賀県知事。

新城 和一　しんじょう・わいち

評論家 翻訳家 詩人 法政大学教授
明治24年（1891年）5月15日～昭和27年（1952年）4月7日
生福島県会津若松市　名筆名＝真城倭一　専ロシア文学　学東京帝国大学仏文科〔大正4年〕卒　歴一高在学中に校友会誌に詩を発表。明治45年から「詩歌」「朱欒」に詩や小説、翻訳を載せる。大正2年未来社に参加。「狂気」などの作品を発表して露風系の詩人の位置を占める。4年「白樺」に参加。「モ

オリス・パレス論」など評論分野にも進出。「ドストイエフスキイ人・文学・思想」を昭和18年に刊行。他に創作評論集「真理の光」、翻訳「『ユーゴオ詩集』第1巻抒情詩論」などの著書がある。

神道 寛次　じんどう・かんじ

弁護士 社会運動家
明治29年（1896年）11月20日～昭和46年（1971年）2月17日
生愛知県　学小卒　歴布施辰次法律事務所で手伝いながら大正11年独学で弁護士試験に合格。12年の亀戸事件で布施弁護士らと救援活動。13年兵役を終えて弁護士となり自由法曹団に参加、福田雅太郎大将狙撃事件、京都学連事件などの弁護活動を行う。三・一五事件、四・一六事件の弁護に当たった日本労農弁護士団の他の弁護士と共に、13年治安維持法違反で検挙された。戦後20年自由法曹団再建に加わり、三鷹事件、松川事件の弁護に当たった。この間、3年の第1回普選に労働農民党から立候補、4年新労農党の結成に参加。戦後は日本共産党から数回衆議院選挙に立候補した。

進藤 誠一　しんどう・せいいち

満州電信電話副総裁
明治22年（1889年）8月14日～昭和59年（1984年）2月12日
生岡山県岡山市　学六高卒、東京帝国大学法科大学政治科〔大正4年〕卒　歴逓信省に入省。昭和の初め簡易保険局の課長を務めていたころに、保険加入者の健康増進策としてラジオ体操放送を始めるよう提唱したことで知られる。昭和13年厚生省保険院初代長官に就任。退官後は満州電信電話副総裁を務めた。

進藤 信義　しんどう・のぶよし

神戸新聞社長
明治11年（1878年）3月3日～昭和26年（1951年）3月11日
生愛媛県　学東京専門学校（現・早稲田大学）　歴神戸新聞を振り出しに、大阪毎日新聞を経て、明治42年神戸新聞に主幹として返り咲き、30余年間社長を務め、同紙を地方新聞界の雄に育て上げた。その間、京都日日新聞、大阪時事新報を合併、三都合同新聞社を創設、力のある地方紙網を計画して買収の手を広げたが失敗した。以後は神戸新聞経営に専念、常にリベラルな立場を通す。天長節に皇室を讃える社説を掲載しないなど、当時の国策に迎合しなかったため、特高警察ににらまれ、株の譲渡を強要されて退任に追い込まれた。

神中 正一　じんなか・せいいち

外科学者 九州帝国大学教授
明治23年（1890年）1月30日～昭和28年（1953年）7月6日
生兵庫県神戸市　専整形外科学、生理学　学東京帝国大学医科大学〔大正3年〕卒 医学博士〔大正11年〕　賞日本学士院会員〔昭和25年〕　歴研究生活を経て、神戸で3年間開業。大正14年欧米留学。帰国後、九州帝国大学教授に就任。のち同大医学部長、附属温泉研究所員を兼任。昭和25年退官し、大阪厚生年金病院長を務めた。ドイツ医学万能の時代に英米やフランス、イタリアの整形外科を導入し、九大整形外科の基礎を作り、日本の整形外科発展にも寄与した。著書に「神中整形外科学」「整形外科手術書」など。　家二男＝神中寛（防衛医科大学名誉教授）

神保 重吉　じんぽ・じゅうきち

弁護士 衆議院議員
明治14年（1881年）2月～昭和32年（1957年）12月31日
出石川県　学石川県師範〔明治35年〕卒、日本大学専門部法律科〔大正4年〕卒　歴金沢市議、石川県議を経て、昭和11年衆議院議員に当選、1期。政友会に所属した。金沢弁護士会会長も務めた。

神保 日慈　じんぼ・にちじ

僧侶　日蓮宗管長　大本山法華経寺貫主

明治2年（1869年）～昭和12年（1937年）2月27日

[生]相模国足柄下郡大窪村（神奈川県）　[名]字＝弁静，号＝祐妙院　[歴]相模大窪村の農家に生まれ，14歳で得度。東京谷中情妙寺、泉州堺の本山妙国寺、東京浅草幸龍寺の住職を経て、昭和8年大本山法華経寺貫首となり晩年に及ぶ。同年～11年日蓮宗管長を務めた。大正3年「日蓮聖人御真蹟」を編集し刊行した。

神保 信彦　じんぼ・のぶひこ

陸軍中佐

明治33年（1900年）1月1日～昭和53年（1978年）

[生]山形県山形市　[歴]太平洋戦争中の昭和17年フィリピンのコレヒドール要塞陥落後、生田兵団参謀としてミンダナオ島を占領。捕虜にしたロハス財務長官を、マニラ比島方面軍司令部の一部幕僚による暗殺命令から守り救出に成功。このため中国河南戦線に回され、戦後済南で国民政府軍の戦犯として捕らえられた。このとき、独立フィリピン初代大統領となったロハスが蒋介石主席あて神保の助命嘆願親書を送り、22年3月無罪釈放され、3国を結ぶ国際秘話として話題になった。26年公職追放解除後、日比親善交流に活動、日本側戦犯死刑囚の減刑嘆願や、日比友好協会設立に尽力した。貿易事業も手がけ両国間を往来した。平成8年初代大統領の命を救った功績をたたえられ、フィリピン政府より遺族らに表彰状が渡された。

真保 正子　しんぼ・まさこ

やり投げ選手

大正2年（1913年）1月～平成7年（1995年）12月19日

[生]長野県上田市　[学]日本女子体育専門学校（現日本女子体育大学）〔昭和7年〕卒　[歴]昭和7年大阪府立泉尾高等女学校に就職。同年夏のロサンゼルス五輪に出場し、やり投げ4位入賞。終戦前後は大阪第二師範女子部で教員をしていた。大阪府教育委員会指導主事、大谷女子大学教授となり、56年定年。亡くなった夫の一族が経営する老人ホーム理事として、老人にフォークダンスを教えていた。

神保 格　じんぼう・かく

言語学者　音声学者　東京文理科大学教授

明治16年（1883年）4月18日～昭和40年（1965年）12月6日

[生]東京府下谷区（東京都台東区）　[学]東京帝国大学言語学科〔明治41年〕卒　[歴]明治41年東京高等師範学校教授、次いで東京文理科大学教授となり、大正11年欧米留学、昭和20年退官、21年東洋大学教授となった。日本音声学会会長。標準的な東京弁の持主で発音、アクセント、朗読法など標準語の普及に尽力した。著書に「言語学概論」「言語理論講話」「言語理論」「国語音声学」「国語音声学綱要」「国語発音アクセント辞典」「話言葉の研究と実際」「標準語研究」「言語心理学」、翻訳にエスペルセン「言語」、パルマー「現代言語学紹介」などがある。

新見 吉治　しんみ・きちじ

日本史学者　広島文理科大学名誉教授

明治7年（1874年）10月9日～昭和49年（1974年）11月4日

[生]愛知県名古屋　[専]日本近世史　[学]東京帝国大学文科大学史学科〔明治33年〕卒　文学博士〔大正5年〕　[歴]東京帝国大学史料編纂掛編纂委員嘱託を経て、明治36年広島高等師範学校教授となり、41年ドイツに留学、ライプツィヒ大学のランプレヒト教授について日本武家政治史を研究。のち学制改革で昭和4年広島文理科大学教授、13年退官、名誉教授。15年東洋大学文学部教授（～18年）、大倉精神文化研究所研究員（～20年，27～40年）。26年から徳川林政史研究所研究員（～48年）となり、下級士族の戸籍などを研究。36～44年愛知工業大学教授兼任。著書に「日本に於ける武家政治の歴史」「下級士族の研究」「壬申戸籍成立に関する研究」「旗本」などがある。

新名 丈夫　しんみょう・たけお

ジャーナリスト　毎日新聞記者

明治39年（1906年）11月3日～昭和56年（1981年）4月30日

[生]香川県高松市　[専]近代日本政治学　[学]慶応義塾大学政治学科〔昭和7年〕卒　[歴]昭和7年東京日日新聞社（現・毎日新聞社）に入社。太平洋戦争で日本の敗色が濃厚となった19年2月23日付毎日新聞で、政経部の海軍省担当キャップとして「竹槍では間に合わぬ」と軍部を批判。この記事に東条英機首相が激怒、新名記者は陸軍に懲罰召集された。これが有名な"竹槍事件"で、東宝映画「軍閥」（45年）のモデルとなった。著書に「政治」「太平洋戦争」「海軍戦争検討会議記録」など。

新村 出　しんむら・いずる

言語学者　国語学者　京都帝国大学名誉教授

明治9年（1876年）10月4日～昭和42年（1967年）8月17日

[生]山口県吉敷郡山口町（山口市）　[名]旧姓・旧名＝関口出，号＝重山　[学]東京帝国大学文科大学博言学科〔明治32年〕卒、東京帝国大学大学院国語学専攻〔明治37年〕退学　文学博士（京都帝国大学）〔明治43年〕　[賞]帝国学士院会員〔昭和3年〕　[歴]東京帝国大学文科大学助手、講師を経て、明治35年東京高等師範学校教授、37年東京帝大助教授を歴任、40年欧州に留学。42年帰国して京都帝国大学文科大学教授に就任、昭和11年に退官するまで、言語学を担当した。13年日本言語学会を創立、会長。西欧の言語学理論を取り入れ、日本の言語学・国語学の基礎を築いた。また、キリシタン文献を用いて中世日本語を研究し、語源研究に功績があった。「南蛮記」「日本吉利支丹文化史」「東方言語史叢考」など著書は70冊以上に及び、「新村出選集」（全4巻，甲鳥書林，養徳社）、「新村出全集」（全15巻，筑摩書房）がある。また「辞苑」「言林」「広辞苑」などの編纂に携った。31年文化勲章受章。　[家]二男＝新村猛（フランス文学者）、父＝関口隆吉（静岡県知事）、兄＝関口壮吉（実業家）、弟＝関口鯉吉（天文学者・気象学者）　[勲]文化勲章〔昭和31年〕

新明 正道　しんめい・まさみち

社会学者　東北帝国大学教授

明治31年（1898年）2月24日～昭和59年（1984年）8月20日

[生]台湾台北　[出]石川県金沢市穴水町　[専]ドイツ社会学　[学]東京帝国大学法学科〔大正10年〕卒　文学博士（大阪大学）〔昭和28年〕　[賞]日本学士院会員〔昭和51年〕　[歴]大正10年関西学院大学教授を経て、15年東北帝国大学助教授となる。昭和4～6年ドイツに留学。6年東北帝国大学教授。21年公職追放で教職を離れたが、26年講師に復帰し、27年再び教授。36年退官後は、明治学院大学、中央大学、立正大学、創価大学各教授を歴任。また28年東北社会学会創立にあたり、会長に就任。32年日本社会学会会長、38年、41年日本学術会議会員。ドイツ社会学の研究に力を注ぎ、その抽象性、非現実性を克服する新たな総合社会学として「新明社会学」を確立した。著書に「社会本質論」「社会学の基本問題」「社会学史」「綜合社会学の構想」などのほか、「新明正道著作集」（全10巻・別巻1）がある。

【す】

吹田 順助　すいた・じゅんすけ

ドイツ文学者　随筆家　東京商科大学教授

明治16年（1883年）12月24日～昭和38年（1963年）7月20日

[生]東京府牛込区（東京都新宿区）　[名]号＝芦風　[学]東京帝国大学文科大学独文科〔明治40年〕卒　文学博士　[歴]独文学者として札幌農大、七高造士館、山形高、東京商科大学、中大教授などを歴任。「ヘッベル」「ビーダーマイヤー文化」「ゲーテと東洋」などのほか、翻訳や詩文集「葦の曲」など多くの著書

すいた 昭和人物事典 戦前期

がある。

吹田 草牧　すいた・そうぼく
日本画家
明治23年（1890年）9月1日～昭和58年（1983年）11月8日
［出］大阪府大阪市　［名］本名＝吹田憲一　［歴］関西美術院で鹿子木孟郎に学ぶ。明治45年上京、葵橋洋画研究所で学ぶが、のち日本画に転向。大正3年京都に戻り、竹内栖鳳に入門、また先輩の土田麦僊の指導を受け、その画塾山南塾に学んだ。7年文展に初入選するが、8年国画創作協会展に「伊豆夏景」が入選し、以後同協会に出品、13年会友となった。昭和3年同協会日本画部解散に際し、新樹会結成に参加、さらに同会解散後は帝展に出品した。11年麦僊の死去による山南塾解散後、14年山南会を結成、主宰。戦後は日展に出品せず、34年東京に転居後は主に洋画を描いた。代表作に「聖子降誕」など。

須一 まさ子　すいち・まさこ
詩人
明治45年（1912年）1月1日～昭和8年（1933年）11月11日
［生］岡山県岡山市　［学］岡山商卒　［歴］店員として働く傍ら貧しい人々の暮らしを綴り詩作に励む。18歳の時同人詩誌「柚の実」を創刊、主宰した昭和8年22歳で病没。9年友人らにより遺稿詩集「須一まさ子遺稿詩集」が出版された。平成4年その才能を残し伝えようと詩人・坂本明子（「裸体」主宰）と開業医・岡崎澄衛（「石見詩人」同人）により同詩集が復刻され吉備路文学館や日本現代詩歌文学館などにも贈られた。

末川 博　すえかわ・ひろし
民法学者 随筆家 京都帝国大学教授
明治25年（1892年）11月20日～昭和52年（1977年）2月16日
［生］山口県玖珂郡玖珂町　［学］京都帝国大学法科〔大正6年〕卒 法学博士（京都帝国大学）〔昭和6年〕　［置］日本学士院会員〔昭和25年〕　［歴］大正9年京都帝国大学助教授となり、11年欧米に留学、14年教授となるが、昭和8年滝川事件に抗議して辞職。16年大阪商科大学教授。戦後、20年立命館大学教授、同年学長、23年総長に就任、44年まで務めた。この間、民主主義科学者協会会長、世界平和委員会評議員などを歴任。法学者としては「民商法雑誌」を主宰し、「六法全書」「法学辞典」などの編集に従事。主著に専門書「物権法」「権利侵害論」「不法行為並びに権利濫用の研究」「債権各論」（全2巻）「民法」（全3巻）「法と自由」「契約法」などの他、随筆集「真実の勝利」「平和のちかい」「末川博随筆全集」（全9巻）などがある。　［家］長男＝末川清（西洋史学者）、義兄＝河上肇（経済学者・思想家）

尾高 亀蔵　すえたか・かめぞう
陸軍中将
明治17年（1884年）9月28日～昭和28年（1953年）8月1日
［生］佐賀県　［名］旧姓・旧名＝大谷　［学］陸士〔第16期〕〔明治37年〕卒、陸大〔大正8年〕卒　［歴］大正7年関東軍参謀、14年第1戦車隊長、昭和4年英国駐在を経て、歩兵第61連隊長、第2独立守備隊司令官を歴任。11年中将、第19師団長となる。13年7月ソ満国境の張鼓峰事件で、同師団を指揮、独断でソ連軍を攻撃、大損害を被った。その後第12軍、第3軍各司令官を経て、16年軍事参事官、同年予備役。17年満州の建国大学副総長。

末次 逸馬　すえつぐ・いつま
放射線医学者 京都帝国大学教授
明治32年（1899年）1月6日～昭和25年（1950年）2月25日
［生］福岡県甘木市（朝倉市）　［学］京都帝国大学医学部〔大正14年〕卒 医学博士〔昭和8年〕　［歴］大正14年京都帝国大学医学部松尾内科副手となり、傍らX線物理学、深部レントゲン療法を学んだ。15年長崎医科大学講師。昭和2年文部省在外研究員としてドイツ、フランス、米国に留学。5年帰国して長崎医科大

学助教授、15年教授、16年京都帝国大学助教授を経て、20年教授。

末次 梧郎　すえつぐ・ごろう
司法官 大阪控訴院思想係検事
明治25年（1892年）～昭和10年（1935年）12月19日
［生］佐賀県　［学］東京帝国大学法科〔大正6年〕卒　［歴］大正8年検事となり、神戸地方検事局、大阪地方検事局を経て、昭和2年大阪控訴院検事に就任。島徳蔵の証券取引所違法事件、松島遊廓疑獄事件などで活躍。のち思想係検事を務め、共産党員を検挙した。10年満州国思想犯罪情況視察のため満州に渡り、1ケ月後に帰国したが、満州でチフスに罹ったのが原因で、同年12月没した。

末次 保　すえつぐ・たもつ
東都書籍社長
明治25年（1892年）2月5日～昭和26年（1951年）4月22日
［出］島根県　［学］東京帝国大学法科大学〔大正5年〕卒　［歴］三菱商事を経て、大正15年三省堂に入り、取締役業務部長を務める。昭和5年同社出資として東都書籍創立に際し専務（社長制なし）。14年三省堂常務、22年退社後は東都書籍社長となった。

末次 信正　すえつぐ・のぶまさ
海軍大将 内相
明治13年（1880年）6月30日～昭和19年（1944年）12月29日
［生］山口県徳山　［学］海兵（第27期）〔明治32年〕卒、海大〔明治42年〕卒　［歴］明治37年軍艦「磐城」分隊長で日露戦争に参戦。42年「肥前」砲術長、砲術学校教官、軍令部参謀を経て、大正3年英国駐在。帰国後、海大教官、第1艦隊参謀、「筑摩」艦長。12年少将、昭和2年中将、3年軍令部次長に就任、加藤寛治軍令部長とともにロンドン軍縮条約に強く反対した。5年舞鶴要港部司令官に左遷されたが、6年第2艦隊司令長官、8年連合艦隊司令長官兼第1艦隊長官、9年横須賀鎮守府長官、10年軍事参議官など歴任、大将。12年予備役。同年第一次近衛内閣の内務大臣。14年辞任。その後大東亜建設連盟会長、大政翼賛会中央協力会議議長など歴任。海軍内最強硬派の一人として知られ、我が国潜水艦戦術の権威であった。

末弘 厳太郎　すえひろ・いづたろう
民法学者 労働法学者 東京帝国大学法学部教授
明治21年（1888年）11月30日～昭和26年（1951年）9月11日
［生］山口県　［学］東京帝国大学法科大学独法科〔明治45年〕卒 法学博士〔大正9年〕　［歴］民法学者。労働法の権威。大審院判事であった末弘厳石の長男として山口県に生まれる。大正3年東京帝国大学助教授、7～9年から欧米留学。10年教授となり民法講座を担当。その後労働法の講座を持ち、社会学的法学の方法論を導入、11年に「物権法」（上下）を刊行して注目された。また民事法判例研究会を東京帝国大学に組織するなど、法学界に大きな足跡を残した。13年には東大セツルメントを設立、実践家としても活躍。2度法学部長を務め、昭和21年教授を辞し、22年初代中央労働委員会（中労委）会長に就任。25年4月に辞任するまで、電産、炭労、全官公労など大争議の調停役として手腕を振るい、労働組合法の立案者でもあった。またスポーツ界とも縁が深く、大正13年から昭和20年まで全日本水上競技連盟会長、16年から21年まで日本体育連盟理事長を務めた。他の著書に「農村法律問題」「労働法研究」「日本労働組合運動史」など。　［家］父＝末弘厳石（大審院判事）

末広 恭二　すえひろ・きょうじ
造船工学者 東京帝国大学工学部教授
明治10年（1877年）10月24日～昭和7年（1932年）4月9日
［生］東京府芝浜松町（東京都港区）　［学］日本中〔明治26年〕卒, 一高二部〔明治30年〕卒, 東京帝国大学工科大学造船学科〔明

治33年〕卒 工学博士（東京帝国大学）〔明治42年〕 〔賞〕帝国学士院会員〔昭和2年〕 〔歴〕末広鉄腸の二男。明治33年長崎三菱造船所に入社したが、34年東京帝国大学大学院に入り、35年助教授。42年応用力学研究のためドイツ・英国へ留学。44年帰国して教授に昇任、造船学第三講座を担任。大正14年～昭和7年同大地震研究所の初代所長を務めた。〔家〕長男＝末広恭雄（魚類学者）、二男＝末広重二（気象庁長官）、父＝末広鉄腸（ジャーナリスト・政治家）、兄＝末広重雄（法学者）。〔賞〕帝国学士院賞（第12回）〔大正11年〕、日本造船学会賞（懸賞論文、第2回）〔大正2年〕

末広 友若　すえひろ・ともわか
浪曲師
明治36年（1903年）～昭和20年（1945年）8月24日
〔生〕栃木県 〔名〕本名＝伊東秀雄、前名＝東家燕之丞 〔歴〕東家楽燕に師事し、燕之丞を名のる。のち末広友若に改名。将来を嘱望されたが、八高線の鉄道事故で亡くなった。門下に末広友成がいる。

末松 偕一郎　すえまつ・かいいちろう
衆議院議員 広島県知事
明治8年（1875年）6月18日～昭和22年（1947年）6月26日
〔生〕福岡県 〔学〕豊津中卒、五高卒、東京帝国大学法科大学独法科〔明治35年〕卒 〔歴〕旧豊前小倉藩医の三男。明治35年内務省に入省。大正4年徳島県知事、6年台湾総督府財務局長、9年同内務局長、12年滋賀県知事、14年茨城県知事、15年広島県知事を歴任。昭和2年退官。3年福岡3区より衆議院議員に当選。民政党に所属して連続5期務め、第二次若槻内閣で鉄道政務次官を務めた。弁護士としても活動、清国政府自治局顧問、九州歯科医学専門学校理事長などを務めた。〔家〕岳父＝大石正巳（衆議院議員）

末松 太平　すえまつ・たへい
陸軍大尉
明治38年（1905年）9月1日～平成5年（1993年）1月17日
〔生〕福岡県門司市 〔学〕陸士（第39期）〔昭和2年〕卒 〔歴〕陸士時代の大正14年ごろ、西田税を知り青年将校運動に関係。昭和2年少尉、青森の歩兵第5連隊配属。6年陸軍戸山学校に甲種学生として派遣され、青年将校らと右翼との会「郷詩会」に参加、同年秋の十月事件に連名。11年2月の二・二六事件には青森連隊所属の大尉で、直接参加はしなかったが、支援活動をしたため免官、禁錮4年の刑に服した。著書に「私の昭和史」がある。

末光 源蔵　すえみつ・げんぞう
実業家 奉天温泉社長
明治11年（1878年）～昭和7年（1932年）9月23日
〔生〕大分県鶴崎町 〔歴〕日露戦争後、台湾総督府巡査、のち警部を務め、明治44年中国に渡り関東都督府警部となり、鉄嶺、撫順、奉天（現・瀋陽）の警察署長を務める。退官後、実業界に入り、奉天で綿花工場を経営し、奉天温泉社長となる。傍ら、自治行政にも尽力し、大正14年推されて奉天地方委員会議長となり公共のために努力した。

菅 忠雄　すが・ただお
小説家 編集者 「文芸春秋」編集長
明治32年（1899年）2月5日～昭和17年（1942年）7月9日
〔生〕東京市小石川区竹早町（東京都文京区） 〔学〕上智大学文科予科中退 〔歴〕夏目漱石の旧友であるドイツ語学者・菅虎雄の二男。5歳頃から喘息を患う。逗子開成中学時代に父の教え子である芥川龍之介と親しみ、家庭教師として英語を教わった。上智大学文科予科に進むも中退、芥川に兄事して文学を志し、大正10年大仏次郎らと同人誌「潜在」を発行。13年父を通じて久米正雄や菊池寛を知り、文芸春秋社に入社。「文芸春秋」編集長、昭和6年「オール読物」編集長を歴任。小説家としては新感覚派が拠った「文芸時代」の創刊同人であり、同誌や「文芸春秋」に作品を発表して新進作家として地歩を固め、5年平凡社から刊行された「新進傑作小説全集」では「関口次郎・菅忠雄集」が立てられた。11年頃から結核に倒れ、17年に亡くなった。

菅 礼之助　すが・れいのすけ
実業家 俳人 古河合名理事
明治16年（1883年）11月25日～昭和46年（1971年）2月18日
〔生〕秋田県秋田市 〔名〕号＝菅裸馬 〔学〕東京高等商業学校（現・一橋大学）〔明治38年〕卒 〔歴〕明治38年古河合名会社に入り、大阪、門司支店長、本部販売部長を経て、大正7年古河商事取締役。昭和6年古河合名理事。14年帝国鉱業社長、次いで同和鉱業会長、全国鉱山会長を歴任。戦後21年石炭庁長官、22年配炭公団総裁に就任。公職追放となったが、解除後の27年東京電力会長、28年電気事業連合会会長。日本原子力産業会議会長、経団連評議会議長などを歴任。日本相撲協会運営審議会長も務め、横綱双葉山の後援者でもあった。一方、大正9年青木月斗主宰の「同人」創刊に加わり、昭和24年月斗の没後に主宰を継承した。句集「玄酒」「自註菅裸馬集」「裸馬翁五千句」、随筆「うしろむき」などがある。

菅井 一郎　すがい・いちろう
俳優 映画監督
明治40年（1907年）7月25日～昭和48年（1973年）8月11日
〔生〕京都府京都市六波羅 〔学〕京都中中退 〔歴〕大正14年日活京都に入り、「貧者の勝利」に出演してデビュー。脇役を数年続け、昭和6年内田吐夢監督「ジャン・バルジャン」のジャヴェール警部役や8年の溝口健二監督「滝の白糸」の高利貸し役で認められる。10年新興キネマに転じ、「愛怨峡」「仇なさけ」などに出演。14年俳優グループ第一協団を創立、フリーとなり、「閣下」「小島の春」「大地に祈る」などに演技派として活躍。戦後は「野良犬」「細雪」「麦秋」「偽れる盛装」「殺したのは誰だ」「夜の鼓」などに出演、名脇役として名だたる監督から引っぱりだことなる。溝口健二、新藤兼人、吉村公三郎作品に数多く出演した。29年には「泥だらけの青春」を監督した。

菅沢 重雄　すがさわ・しげお
実業家 佐原興業銀行頭取 貴族院議員（多額納税）
明治3年（1870年）4月～昭和31年（1956年）1月7日
〔生〕千葉県 〔歴〕明治29年千葉県議となり、久賀村長、37年衆議院議員1期を歴任。大正15年～昭和7年、14～22年多額納税の貴族院議員。

須賀田 礀太郎　すがた・いそたろう
作曲家
明治40年（1907年）11月15日～昭和27年（1952年）7月5日
〔生〕神奈川県横浜市 〔学〕関東学院中学部〔昭和2年〕中退 〔歴〕関東学院在学中より作曲家を志望。昭和3年より信時潔と山田耕筰に師事、6年からは菅原明朗に管弦楽法を習う。10年宮内省式部職楽部募集雅楽曲に「日本絵巻」が、11年NHK管弦楽曲懸賞に「祭典前奏曲」が入選して頭角を現し、国粋的な作品を多く創作。13年第2回新響邦人作品コンクールで入選した「交響的舞曲」は、小船幸次郎の指揮でワルシャワ、ヘルシンキでも紹介演奏された。16年NHKの委嘱で「葬送曲〈追想〉」を作曲、18年山本五十六の国葬で演奏された。作曲活動の傍ら、12～19年帝国高等音楽学校作曲科嘱託、横浜合唱団指揮者も務めた。19年栃木県田沼町に疎開、戦後も同地から離れず、同町女性コーラス団を指導するなど庶民的な活動に転換。27年44歳の若さで亡くなった。他の作品に「管弦楽のための〈東北と関東〉」「東和行進曲〈歓喜〉」「行進曲〈皇軍〉」「双龍交遊之舞」「交響曲第1番」「航空行進曲〈進撃〉」「序曲」など

すかなみ　　　　　　　　　　昭和人物事典 戦前期

がある。

菅波 三郎　すがなみ・さぶろう
陸軍歩兵大尉
明治37年（1904年）1月7日〜昭和60年（1985年）2月12日
[生]宮崎県　[学]陸士（第37期）〔大正14年〕卒　[歴]大正14年陸軍歩兵少尉に任官。昭和7年の五・一五事件では、"背後の大立者"として事件参加の陸軍側士官候補生の信望を一身に集めたとされる。10年鹿児島歩兵四十五連隊中隊長。11年の二・二六事件の直後、部下に反乱軍の行動を正当視するよう訓話するなど支援し、禁固5年の刑を受けた。15年刑期満了。17〜19年月刊誌「理想日本」を発行した。　[家]父＝菅波鶴治（弁護士）、兄＝菅波一郎（陸軍少将）、義弟＝宇都宮直賢（陸軍少将）、親泊朝省（陸軍大佐）

菅沼 定男　すがぬま・さだお
眼科学者 慶応義塾大学医学部教授
明治12年（1879年）3月〜昭和21年（1946年）
[生]新潟県上越市　[専]眼病理学　[学]京都帝国大学医科大学〔明治39年〕卒 医学博士（京都帝国大学）〔大正5年〕　[歴]京都帝国大学医科大学浅山郁次郎教授の眼科学教室を経て、明治43年新潟医学専門学校教授となり、大正元年ドイツに留学。8年慶応義塾大学医学部設置で初代眼科学教授に就任。昭和16年退任し、同大最初の定員外教授となった。この間、11年第40回日本眼科学会総会の開催校に慶大が選ばれ、総会会長に就任した。眼結核の病理組織学的研究で知られる。著書に「新撰眼科学〈上・下〉」「眼病理学〈上・下〉」「眼結核」「新撰眼科手術学」など。　[家]女婿＝植村操（眼科学者）

菅野 力夫　すがの・りきお
探検家
明治20年（1887年）2月9日〜昭和38年（1963年）3月
[生]福島県安積郡喜久田村（郡山市）　[歴]明治44年から昭和10年代前半にかけて、計8回世界探検の旅に出かけ、東南アジア、インド、ハワイ、ペルー、満州、モンゴル、樺太、シベリアなどを訪れた。その際には膨大な数の写真を撮影し、帰国するとカラー彩色した絵葉書として売り出し、また体験を講演会で語って評判を呼んだ。しかし、ほとんど文章を遺していないため次第に忘れられた存在となった。

菅村 太事　すがむら・たいじ
衆議院議員
文久3年（1863年）12月〜昭和9年（1934年）3月6日
[生]福島県　[歴]福島県の豪農で、福島県議、同議長を務めた。大正13年から衆議院議員に連続3選、昭和7年民政党支部長となった。

菅谷 北斗星　すがや・ほくとせい
将棋観戦記者
明治28年（1895年）11月27日〜昭和37年（1962年）1月21日
[生]栃木県　[名]本名＝菅谷要　[学]早稲田大学卒　[歴]将棋観戦記で活躍していた大崎熊雄の助手を経て、昭和2年将棋観戦専門記者として読売新聞に入社。12年の坂田三吉・木村義雄の京都南禅寺決戦を始め、多くの観戦記・随筆を手がけた。

菅谷 幽峰　すがや・ゆうほう
書家 鐘雲書道会創設者
明治25年（1892年）3月3日〜昭和35年（1960年）5月14日
[生]埼玉県　[名]本名＝菅谷正作、号＝二合庵、鐘雲居　[歴]近藤雪竹に師事。昭和10年鐘雲書道会を創設、「春墨」を創刊した。大日本書道院、日展などの審査員を歴任。隷書を得意とした。

菅原 教造　すがわら・きょうぞう
心理学者 美学者 服飾学者 東京女子高等師範学校教授
明治14年（1881年）2月25日〜昭和42年（1967年）8月20日
[生]新潟県　[名]号＝山羊　[学]東京帝国大学文科大学哲学科心理学専攻〔明治40年〕卒　[歴]明治40年東京帝国大学助手、大正9年東京女子高等師範学校教授、昭和23年戸板女子専門学校教授を務め、36年退職。著書に「服装文化論—きものは生きている—」など。

菅原 伝　すがわら・つたう
衆議院議員
文久3年（1863年）8月25日〜昭和12年（1937年）5月9日
[生]陸奥国遠田郡涌谷村（宮城県遠田郡涌谷町）　[学]大学予備門卒　[歴]明治19年渡米、パシフィック大学に入学したが、21年サンフランシスコで在米日本人愛国有志同盟会を結成。帰国後自由党に入り新聞「十九世紀」を発刊。26年再渡米。31年以来宮城県から衆議院議員当選16回。政友会に属し、この間「人民新聞」を発刊、社長。大正19年加藤高明内閣の海軍参与官、政友会総務。国有財産調査会、補償審査会各委員。　[勲]勲三等瑞宝章

菅原 通敬　すがわら・みちよし
枢密顧問官 貴族院議員（勅選）大蔵次官
明治2年（1869年）1月6日〜昭和21年（1946年）12月18日
[生]宮城県　[学]帝国大学法科大学〔明治28年〕卒　[歴]大蔵省に入り、沖縄県収税長、函館税務管理局長、同税関長、神戸税務監督局長、大蔵省参事官などを経て、明治42年主税局長、大正4年大蔵次官。その間2年には東北振興会を創立、会長。また信託事業を起こし、信託協会会長を務めた。5年〜昭和13年勅選貴族院議員。5年東洋拓殖会社総裁、13〜21年枢密顧問官。

菅原 裕　すがわら・ゆたか
弁護士
明治27年（1894年）10月9日〜昭和54年（1979年）9月15日
[生]長崎県　[名]旧姓・旧名＝小宮　[学]明治大学法学部〔大正7年〕卒　[歴]五・一五事件、永田鉄山軍務局長刺殺事件（昭和10年8月）の相沢三郎中佐を弁護。東京裁判荒木貞夫被告の主任弁護人、東京弁護士会会長、日本弁護士連合会副会長も務めた。著書に「相沢中佐事件の真相」がある。

杉 栄三郎　すぎ・えいざぶろう
博物館学者 帝室博物館総長
明治6年（1873年）1月4日〜昭和40年（1965年）6月7日
[生]岡山県哲多郡畑本村（新見市）　[学]一高卒、東京帝国大学法科大学政治学科〔明治32年〕卒 法学博士　[歴]大蔵省に入り、会計検査院検査官補を経て、明治35年清国政府の招きで京師大学堂教習となった。45年帰国、大正2年会計検査院検査官、7年宮内省書記官、11年図書頭、13年臨時御歴代史実考査委員会委員、諸陵頭兼任、昭和7年帝室博物館総長。14年退官して宮中顧問官。戦後26年国立博物館評議員会評議員、34年会長。

杉 狂児　すぎ・きょうじ
コメディアン
明治36年（1903年）7月8日〜昭和50年（1975年）9月1日
[生]福岡県福岡市地行東町　[名]本名＝杉禎輔　[歴]中学校中退して職を転々、南部邦彦の弟子となり浅草オペラに出演、松旭斎天勝一座に移り地方巡業。大正12年マキノ映画に入り「藩士河原乞食」「刀を抜いて」などに出演。次いで東亜キネマ、河合映画、帝国キネマを経て、昭和7年日活入社。コメディアンで売り出した。帝キネで「エンコの六」、日活で「花嫁日記」「のぞかれた花嫁」「あなたと呼べば」「ウチの女房にゃ髭がある」「あ、それなのに」「暢気眼鏡」など。戦後も脇役で活躍した。　[家]長男＝杉義一（俳優）

杉 健一　すぎ・けんいち

岩石学者　九州帝国大学教授
明治34年(1901年)5月15日～昭和23年(1948年)7月6日
生新潟県柏崎　学東京帝国大学理学部地質学科〔大正14年〕卒　歴大正14年東京帝国大学助手、昭和3年農学部講師、6年東京高等師範学校教授。14年九州帝国大学理学部地質学科教授となり、岩石学を担当。筑波、阿武隈山地など変成岩の研究、瀬戸内の火山岩、山陰、北九州の玄武岩研究で業績をあげた。　賞日本地質学会研究奨励賞〔大正15年〕

杉 琢磨　すぎ・たくま

横浜正金銀行監査役
明治15年(1882年)12月～昭和24年(1949年)4月22日
生岡山県阿賀郡畑木村(新見市)　学六高卒、東京帝国大学法科大学政治科〔明治42年〕卒　歴明治42年高等文官試験に合格して通信省に入省。大正天皇崩御の際に大喪使事務官、昭和天皇の即位では大礼使参与官を務めた。昭和4年退官。

杉井 幸一　すぎい・こういち

作曲家　編曲家
明治40年(1907年)～昭和17年(1942年)4月5日
生東京市芝区(東京都港区)　学東京帝国大学法科〔昭和5年〕卒　歴父は土建業の杉井組を経営。母は三味線、長唄、地唄に秀でていた。東京府立第五中学から静岡高校へと進む中で、カナダ人よりピアノを習う。浦和高校では寮歌を作曲するほど音楽好きだった。東京帝国大学法科では音楽部に所属してピアノを担当。昭和5年大学を卒業後すると大阪商船に勤め、勤務先のブエノスアイレスでバンドネオンに出会い、タンゴを研究。帰国後の7年、PCL(写真化学研究所、現・東宝)に入社。10年桜井潔のサクライ・イ・ス・オルケスタに参加し、アコーディオンとバンドネオンを奏でる一方、歌と編曲も手がけた。11年井田一郎の勧めでキングレコード専属となりキングオーケストラで活動する傍ら、アレンジャーとして手腕を発揮。日本民謡・歌謡・ジャズ・タンゴ・ラテンと縦横に活躍し、「旅愁」「安来節」「大湖船」「荒城の月」「草津節」など、内外の歌曲や民謡をオーケストラ化した〈サロン・ミュージック〉シリーズ(キング・1938～1942)では大半のアレンジを手がけて評判を呼んだ。15年には杉井幸一作品日本民謡交響楽を開催。歌手としての吹き込みもある。その後の活躍を期待されていたが、17年急性腎臓炎のため36歳で早世した。

杉浦 佐助　すぎうら・さすけ

彫刻家
明治30年(1897年)1月29日～昭和19年(1944年)
生愛知県蒲郡市神ノ郷町　名号＝南幽　歴明治44年地元の宮大工に弟子入り。大正7年資産家の貿易事業に参加して南洋群島のパラオに渡り、様々な事業に携わる。約10年後、事業は失敗に終わるが、そのまま同島に残留。昭和4年同島を訪れた彫刻家の土方久功の通訳となって共同生活を送り、師事。彫刻に取り組み、ユーモラスで幻想的な土彫作品を制作。14年一時帰国して東京・銀座で初個展を開催、高村光太郎らから絶賛を受け、光太郎から"南幽"の号を貫った。個展後、郷里で数ヶ月静養し、15年再びパラオに戻った。太平洋のヤップ、テニアンと移り住み、19年米軍の捕虜となり、要請を受けて洞窟に立てこもる日本軍に投降を呼びかけに向かったが、逆に殺されたといわれる。

杉浦 貞二郎　すぎうら・さだじろう

神学者　立教大学学長
明治3年(1870年)10月26日～昭和22年(1947年)4月24日
生越前国小浜町(福井県小浜市)　学立教学校〔明治25年〕卒、ペンシルベニア大学(米国)哲学博士(ペンシルベニア大学)、神学博士　歴明治19年兄・杉浦義道を頼って東京に出て立教

学校に入学、20年兄と同じ米国人宣教師チャニング・ムーア・ウィリアムズから洗礼を受ける。25年に卒業すると、すぐに米国へ渡り、ペンシルベニア大学、同大学院に学び、哲学博士号を取得。フィラデルフィア神学校にも学んだ。32年帰国。36年より陸軍大学校教授。大正12年立教大学学長事務取扱となり、昭和6年学長に就任したが、翌年辞任。その後、神学研究会を主宰。また、明治42年「神学之研究」(大正7年「神学研究」に改題)を創刊し、昭和16年12月の32巻まで続いた。聖公会東京教区の委員も務めた。　家兄＝杉浦義道(牧師)

杉浦 重雄　すぎうら・しげお

水泳選手
生年不詳～昭和63年(1988年)4月11日
出静岡県浜松市　歴ベルリン五輪水泳800メートルリレー優勝者。

杉浦 翠子　すぎうら・すいこ

歌人
明治18年(1885年)5月27日～昭和35年(1960年)2月16日
生埼玉県川越市　名本名＝杉浦翠、旧姓・旧名＝岩崎翠　学女子美術学校卒　歴13歳で上京、兄福沢桃介方に身を寄せ、女子美術学校、国語伝習所に学んだ。大正5年北原白秋についたが、「アララギ」「香蘭」を経て、昭和8年「短歌至上主義」を創刊、主宰した。歌集に「寒紅集」「藤浪」「生命の波動」、小説集「かなしき歌人の群」などがある。　家夫＝杉浦非水(図案家)、兄＝福沢桃介(実業家)

杉浦 武雄　すぎうら・たけお

衆議院議員
明治23年(1890年)5月～昭和38年(1963年)9月12日
出愛知県　学東京帝国大学法科大学法律科〔大正5年〕卒　歴司法官試補となる。後に東京地方裁判所検事代理、東京・前橋各地方裁判所判事、京城覆審法院判事を務める。また、弁護士も開業。大正13年衆議院議員初当選、以降6選。34年参議院当選、以降2選。拓務参与官、社会事業調査委員、日本民主党総務、自民党相談役、弾劾裁判所裁判員等を歴任した。

杉浦 非水　すぎうら・ひすい

商業美術家　グラフィックデザイナー
明治9年(1876年)5月15日～昭和40年(1965年)8月18日
生愛媛県松山市　名本名＝杉浦朝武、旧姓・旧名＝白石　学松山中〔明治27年〕卒、東京美術学校日本画選科〔明治30年〕卒　歴明治30年上京し、川端玉章、黒田清輝に師事。明治34年ヨーロッパのアール・ヌーボー様式工芸資料を見て、図案研究を始める。大阪三和印刷所図案部主任、39年都新聞社を経て、41年三越の嘱託となり、のち図案部主任としてポスターなどを手がける。大正11年欧州へ遊学、2年後帰国。14年商業美術団体・七人社創立に参加し校長を務める。昭和2年、月刊ポスター研究誌「アフィッシュ」を創刊。4年帝国美術学校工芸図案科長。7年煙草「響」のパッケージデザインを手がけ、以降、「桃山」「光」「扶桑」などのデザインを担当。9年三越を退社。翌10年帝国美術学校も辞任し、多摩帝国美術学校の創立に関わり、校長、図案科主任教授。25年多摩美術短期大学理事長に。明治・大正・昭和を通じて、グラフィック・デザインの確立と普及に先駆的役割を果した。代表作にカルピスの宣伝ポスター、三越新築のポスター、「明治大正名作展」ポスターなど。著書に「非水百花譜」20集など。　家妻＝杉浦翠子(歌人)　賞日本芸術院恩賜賞〔昭和30年〕

杉浦 義勝　すぎうら・よしかつ

物理学者　理化学研究所研究員
明治28年(1895年)5月15日～昭和35年(1960年)12月7日
生愛媛県松山市　専原子核物理学　学東京帝国大学理学部物

理学科〔大正9年〕卒 理学博士〔大正14年〕 歴日本光学に入社後、大正11年理化学研究所の長岡半太郎研究室に移る。15年欧州へ留学、ゲッティンゲン大学でM.ボルン、コペンハーゲン大学でN.ボーアに学ぶ。昭和2年帰国。理研で研究活動し、この間、学術研究会議会員、日本学術振興会委員などを務めた。戦後は立教大学理学部教授。留学中にボルンの下でハイトラー・ロンドンの理論による水素分子の計算を発表、これは誕生間もない量子力学応用の日本人による最初の優れた功績である。著書に「電磁光学」「量子光学」「電子物理学」、訳書にデュピュイ「ラヂウム・放射能・原子核エネルギー」などがある。 賞報公賞（第2回）〔昭和7年〕

杉浦 六右衛門（7代目） すぎうら・ろくえもん
実業家 小西六取締役会長
明治12年（1879年）8月4日～昭和17年（1942年）1月29日
生東京府日本橋室町（東京都中央区） 名初名＝甚太郎 学明治義会中学卒 歴小西六本店（現・コニカミノルタ）の創業者である6代目杉浦六右衛門（小西六右衛門）の子。明治37年欧米を歴訪し、各国の写真業界を視察。帰国後、38年に六右衛門を襲名。写真機材や感光材料の輸入で着実に成績を伸ばし、日本の写真材料業界に確固たる地位を築いた。また小西六の工場である六桜社を拠点に写真材料の国産化にも力を注ぎ、さくら印画紙やさくらフィルムを売り出した。大正12年には写真教育の拡充を図り、小西写真専門学校（のち、東京写真専門学校、現・東京工芸大学）を設立。昭和12年小西六を株式会社化、さらに同年六桜社日野分工場を増設した。16年会長。 家父＝杉浦六右衛門（6代目）、長男＝杉浦六右衛門（8代目）

杉江 重英 すぎえ・しげひで
詩人
明治30年（1897年）5月9日～昭和31年（1956年）6月4日
生富山県富山市 学早稲田大学英文科卒 歴大正9年瀬川重礼、宮崎孝政らと詩誌「森林」を創刊、編集代表者として活躍。その後「冬の日」も編集発行。詩集に「夢の中の街」「骨」「雲と人」「新世界」がある。初期の詩には萩原朔太郎の投影が見られるが、第二詩集の「骨」には乾いたニヒリズムが底流にある。

杉坂 幸月 すぎさか・こうげつ
小説家
明治35年（1902年）2月18日～昭和5年（1930年）12月7日
生岐阜県 学早稲田大学英文科卒 歴早大在学中の大正14年、尾崎一雄らと同人誌「主潮」を発刊、「歪める笑」「黒い手」などを発表した。その後「文芸域」「新正派」同人となり、小説を書いた。尾崎一雄の「アルバム」に登場する、家は真宗の寺。

杉田 禾堂 すぎた・かどう
鋳金家
明治19年（1886年）8月1日～昭和30年（1955年）7月29日
出長野県 名本名＝杉田精二 学東京美術学校〔明治45年〕卒 歴昭和3年、商工省工芸指導所嘱託第2部長、7年大阪府工技師を歴任した。また12年商工省貿易局嘱託として欧米に出張。作家としては、4年帝展に特選。のち帝展、新文展、日展の審査員を務める。26年全日本工芸美術家協会設立とともに初代委員長に就任した。

杉田 直樹 すぎた・なおき
精神医学者 名古屋帝国大学教授
明治20年（1887年）9月1日～昭和24年（1949年）8月29日
生東京府芝区（東京都港区） 専児童精神医学 学東京帝国大学医科大学〔明治45年〕卒 医学博士〔大正10年〕 歴大正2年東京帝国大学医科大学講師となり、同年文部省留学生としてドイツ、オランダ、英国で学んだ後、4年米国ウィスター研究所で精神医学を研究。7年帰国して東京帝国大学医科大学講師、10年助教授、昭和2年東京府立松沢病院副院長を経て、6年名古屋医科大学教授となり、精神医学講座を担当。14年名古屋帝国大学教授、21年愛知県立城山病院院長を兼任し、24年退官。児童精神医学の開拓者として知られ、12年名古屋に私費で八事少年寮を開設し、治療と教育にあたった。著書に「低能児不良児の医学的考察」「異常児童の病理」「大脳皮質の比較研究」「天才児の教育」「治療教育学」「誰か狂へる」「社会病理学」、共著に「最新精神病学」など。

杉田 久女 すぎた・ひさじょ
俳人
明治23年（1890年）5月30日～昭和21年（1946年）1月21日
生鹿児島県鹿児島市 名本名＝杉田久子、旧姓・旧名＝赤堀 学東京女子高等師範学校附属高等女学校〔明治41年〕卒 歴明治43年北九州・小倉中学の美術教師だった杉田宇内と結婚、二女をもうける。大正5年から俳句を始め、「ホトトギス」「曲水」に投句。高浜虚子に師事。家庭問題や病で一時休むが、昭和6年日本新名勝俳句懸賞募集で「谺して山ほととぎすほしいまま」により金賞受賞。7年俳誌「花衣」を主宰、「ホトトギス」同人。豊かな才能によって数々の優れた作品を示したが、その強い個性と、異常なほどの俳句への執着によって常軌を逸した行動があり、11年に日野草城らと同人を除名された。以後、次第に精神の安定を失い21年死去。没後の27年「杉田久女句集」（角川書店）が出版された。他に「久女文集」「杉田久全集」（立風書房）がある。 賞風景院賞〔昭和5年〕

杉田 益次郎 すぎた・ますじろう
美術史家
明治40年（1907年）～昭和22年（1947年）1月22日
生東京都 学上智大学卒 歴美術研究所に勤務を経て、ニューヨーク・メトロポリタン美術館東洋部にしばらく在勤するが、のち病を得て帰国。西洋美術史の研究を続け、訳書に「レオナルド・ダ・ヴィンチの絵画論」、ヴェルフリン「イタリヤとドイツ」などがある。

杉野 喜精 すぎの・きせい
実業家 山一証券創立者 東京株式取引所理事長
明治3年（1870年）9月6日～昭和14年（1939年）5月2日
生東京本所（東京都墨田区） 出青森県 学官立銀行事務講習所卒 歴陸奥津軽藩士の長男に生まれる。明治20年日本銀行に入行。愛知銀行、名古屋銀行取締役支配人。日露戦後の取付騒ぎで40年辞任。上京して日本橋に八幡屋株式店を開業。43年小池合資会社入社。大正6年小池国三のもとで山一合資会社を創立、12年株式会社に改組し、山一証券と改称、初代社長に就任、証券業を先駆的に推進した。昭和10年東京株式取引所理事長となった。

杉原 善之介 すぎはら・ぜんのすけ
小説家
明治31年（1898年）7月25日～昭和20年（1945年）3月10日
生東京市下谷区（東京都台東区） 名本名＝杉原善之助 学京華中学卒 歴白樺派に傾倒、大正4年「エゴ」に参加、5年「生命の川」、次いで昭和4年「竹」、6年「星雲」などの創刊に参画、創作のほか脚本、自伝小説などを発表した。20年の東京大空襲で死亡したと伝えられる。

杉原 泰蔵 すぎはら・たいぞう
ジャズ・ピアニスト
明治38年（1905年）～昭和50年（1975年）2月
生福岡県福岡市 歴大正末期に親戚でもある東京牛込のバン

ド屋"疋田"に入門。映画館でトロンボーンを吹いたのち、昭和3年頃、平茂夫に手ほどきを受けてピアノに転向。翌4年上海に渡り、ジャズに励む。7年テイチクに入社。楽長兼ピアニストとして活躍。傍ら、作編曲も手がける。戦後もテイチクに在籍するほか、自己のダンス・バンドを率いて活躍した。戦前派ピアニストの5指に数えられる一人。

杉原 千畝 すぎはら・ちうね
外交官
明治33年(1900年)1月1日～昭和61年(1986年)7月31日
[生]岐阜県加茂郡八百津町 [学]早稲田大学高等師範部英語科 [歴]大正8年外務省の官費留学試験に合格。ハルビンでロシア語を3年間学び、昭和14年在リトアニア・カウナス領事代理、15年在プラハ総領事代理、16年在ケーニヒスベルク総領事代理、18年在ルーマニア大使館三等書記官などを歴任。14～15年のカウナス領事代理時代、本省命令を無視して、約6500人のユダヤ人難民にビザを発給し続けた。20年8月ソ連軍に捕まり収容所に入れられ、22年4月帰国するが、6月訓令無視により外務省をやめさせられ、さまざまな職に就いた。国際交易株式会社取締役・モスクワ事務所長を15年務めた後、帰国。44年イスラエルに招待され、多くのユダヤ人の生命の恩人として勲章を授与された。没後の平成3年外務省により44年ぶりに名誉回復され、米国に逃れたユダヤ人グループから感謝状を贈られた他、リトアニアにはスギハラ通りが設けられた。10年には肖像画がユダヤ人救済に功績のあった各国の外交官ら4人とともにイスラエルの切手の図柄となり、発行された。同年米国・ロサンゼルスのサイモン・ウィーゼンタール・センターのホロコースト博物館に陶板肖像画が永久保存される。20年ポーランド政府より実質上の最高勲章であるポーランド復興勲章コマンドルスキ星十字型章を贈られた。28年没後30年を記念してイスラエルに名を冠したスギハラ通りができた。 [家]妻＝杉原幸子(歌人・「六千人の命のビザ」著者), 長男＝杉原弘樹(杉原千畝記念財団会長) [勲]勲五等瑞宝章〔昭和19年〕

杉村 広蔵 すぎむら・こうぞう
経済哲学者 東京商科大学助教授
明治28年(1895年)10月3日～昭和23年(1948年)1月8日
[生]北海道函館 [学]東京高等商業学校専攻部(現・一橋大学)〔大正10年〕卒 経済学博士〔昭和14年〕 [歴]大正10年東京商科大助手、14年助教授となり、左右田喜一郎の学問的伝統を継いで経済哲学、社会学、哲学を担当。15年～昭和2年ドイツのイエナ大学に留学。11年学位請求論文をめぐる白票事件を契機に退官したが、14年提出論文により学位を授与された。13年上海商工会議所理事、21年東京商科大講師、22年三菱商事監査役を務めた。著書に「経済哲学の基本問題」「経済倫理の構造」「社会主義の哲学」など。

杉村 鎮夫 すぎむら・しずお
林学者 台北帝国大学教授
明治21年(1888年)12月～昭和11年(1936年)9月3日
[生]熊本県熊本 [学]東京帝国大学農学部〔大正2年〕卒 [歴]大正2年東京帝国大学を卒業して朝鮮総督府技師となる。のち帝室林野局技師、農商務技師、農林技師などを歴任。昭和2年台湾総督府在外研究員として欧米に留学し、5年帰国後、台北帝国大学教授に就任した。

杉村 七太郎 すぎむら・しちたろう
外科学者 泌尿器科学者 東北帝国大学名誉教授
明治12年(1879年)12月19日～昭和35年(1960年)11月25日
[生]静岡県 [学]東京帝国大学医科大学〔明治39年〕卒 医学博士〔大正3年〕 [歴]東京帝国大学医科大学第2外科の佐藤三吉に師事し、明治40年助手となり、41年皮膚病学黴毒学の土肥慶蔵の下でも研究。42年より文部省外国留学生として欧州に留学。45年新潟医学専門学校皮膚泌尿器科学教授、大正5年東北帝国大学外科教授となり、13～15年及び昭和12～14年附属病院長を務めた。16年定年退官し、名誉教授。同年聖路加国際病院外科診療顧問、18～19年東京同愛記念病院外科診療顧問、20年秋田県立女子医学専門学校校長、23～28年秋田県立病院院長、28～32年東北労災病院院長を歴任。日本外科学会名誉会長。腎結核の研究で知られた。著書に「解体新書と小田野直武」など。 [家]養子＝杉村章三郎(法学者), 義兄＝岡田良平(文相), 一木喜徳郎(法学者)

杉村 楚人冠 すぎむら・そじんかん
新聞人 随筆家 朝日新聞調査部長
明治5年(1872年)7月25日～昭和20年(1945年)10月3日
[生]和歌山県和歌山市谷町 [名]本名＝杉村広太郎, 別号＝縦横 [学]英吉利法律学校(現・中央大学), 自由神学校先進学院〔明治26年〕卒 [歴]明治36年東京朝日新聞社に入社して編集局外電係となり、主筆・池辺三山の推挙で日露戦争後の満州・朝鮮を視察。40年には英国国王戴冠式の特派員としてロンドンに赴き、その時の紀行文「大英游記」が好評を博した。44年その発案により同紙に日本で初めて新聞編集資料の収集・整理を行う調査部が設置されると初代部長に就任。大正8年朝日新聞社の株式会社に伴って監査役となり、縮刷版の発行(8年)や読者からの苦情を受け付ける記事審査部の設置(11年)を提案するなど、同紙の近代化に貢献した。12年グラフ局を創設し、日本初の写真新聞雑誌である「アサヒグラフ」を創刊して編集長を兼ねた。同年編集局顧問。昭和12年朝日新聞社顧問。ユーモアに富む筆致で随筆家としても名高く、随筆集に「へちまのかは」「湖畔吟」「山中説法」「と見かう見」などがあり、他に「最近新聞紙学」や小説「うるさき人々」「旋風」などがある。 [家]四男＝杉村武(評論家・ジャーナリスト)

杉村 勇造 すぎむら・ゆうぞう
美術史家 満州芸文協会理事
明治33年(1900年)11月1日～昭和53年(1978年)9月29日
[生]東京都深川区亀住町 [専]中国文化史 [歴]大正8年無窮会漢学研究生となり、13年北京に留学、金石学、書誌学を学ぶ。昭和2年北京東方文化事業総委員会の図書籌備員となり、人文科学研究所図書館の設立に従事。7年満州国立図書館、国立奉天博物館開設に携わる。8年満日文化協会常務主事、16年同協会常務理事となる。この間、熱河に赴き「満州文大蔵経」などの稀覯書を発見、また輯安の高句麗墓陵、丸都城址、興安嶺の遼代帝王陵、遼陽の漢墓などの調査に参加し、建国大学講師も務めた。19年満州芸文協会理事となり、21年東京に引揚げた。戦後は国立博物館、大東文化大学などに務めた。中国在住は22年にわたり、日中の文化交流と友好に生涯尽力した。

杉村 陽太郎 すぎむら・ようたろう
外交官 国際連盟事務次長 国際オリンピック委員会委員
明治17年(1884年)9月28日～昭和14年(1939年)3月24日
[生]東京都 [出]岩手県 [学]東京帝国大学法科大学政治学科〔明治41年〕卒 法学博士 [歴]明治41年外務省入り。大正8年条約局第2課長、9年財務参事官を歴任。12年仏大使館参事官・国際連盟日本事務局次長兼政務部長、15年在スイス無任所公使・同事務局長。昭和2年国際連盟事務次長となり、6年の満州事変の勃発に際して、ドラモンド事務総長(英国)と共に、事態の収拾に尽力。その後8年駐スイス公使、9年駐イタリア大使、12年駐フランス大使を歴任。また大学時代から水泳、陸上などの万能選手で、明治38年毎日新聞主催の大阪湾10マイル遠泳に参加、2時間48分で優勝。昭和8年には国際オリンピック委員会(IOC)委員となり、オリンピック東京招致に尽力した。 [家]父＝杉村濬(外交官)

す

杉本 栄一　すぎもと・えいいち
経済学者 東京商科大学教授
明治34年(1901年)8月9日～昭和27年(1952年)9月24日
[生]東京都 [専]理論経済学 [学]東京商科大学(現・一橋大学)〔大正14年〕卒 [歴]昭和4～7年ドイツに留学、ベルリン大、キール大、フランクフルト大で学び、帰国後の14年東京商科大学教授となり、中山伊知郎と共に経済原論の並行講座を担当。ベルリン時代に親しかったケ・コルシュの示唆でマルクス経済学発展の一方向として計量経済学に着目、日本における計量経済学の基礎を築き、戦後の日本における近代経済学という用語の定着、近代経済、マルクス経済学論争に大きな役割を果たした。23年日本学術会議会員。著書に「米穀需要法則の研究」「理論経済学の基本問題」「近代経済学の基本性格」「近代経済学の解明」(上中)「近代経済学史」などがある。

杉本 国太郎　すぎもと・くにたろう
衆議院議員
明治8年(1875年)9月～昭和24年(1949年)4月13日
[出]秋田県 [歴]能代港町議、秋田県議を経て、昭和7年衆議院議員を1期務める。政友会に所属した。

杉本 五郎　すぎもと・ごろう
陸軍少佐
明治33年(1900年)5月25日～昭和12年(1937年)9月14日
[生]広島県 [学]陸士(第33期)〔大正10年〕卒 [歴]歩兵少尉に任官。歩兵第11連隊付、同連隊中隊長を経て、昭和12年8月少佐に進み、同連隊大隊長となって華北に出動したが、同年9月チャハル作戦中に山西省北部で戦死。葉隠武士道に傾倒した精神主義者として知られ、天皇のために死することが軍人の最高の美徳であると説いた。遺著に「大義」、伝記に「軍神杉本中佐」があり、殉皇・忠義の権化、軍人の鑑とされた。

杉本 三郎　すぎもと・さぶろう
彫刻家
明治31年(1898年)～昭和17年(1942年)10月22日
[生]東京都 [学]東京美術学校〔大正10年〕卒 [歴]はじめ木彫を森鳳声に学ぶ。東京美術学校を卒業後、帝展や新文展に出品。昭和16年無鑑査となったが、17年没した。

杉本 伝　すぎもと・つとう
水泳指導者
明治22年(1889年)10月22日～昭和54年(1979年)4月7日
[生]大阪府西成郡北野村(大阪市北区太融寺町) [学]日本体育専門学校(現・日本体育大学)卒 [歴]明治44年大阪府立茨木中教諭となって水泳指導にあたり、高石勝男選手などを育てた。大正13年パリ五輪の水泳、昭和3年アムステルダム五輪の飛込み、7年ロサンゼルス五輪の女子水泳各監督を歴任。26～30年天理短期大学教授を務めた。

杉本 盛　すぎもと・のぼる
水泳選手
大正3年(1914年)10月20日～平成1年(1989年)2月21日
[生]高知県香美郡赤岡町(香南市) [名]後名＝松村盛 [学]日本大学卒 [歴]昭和7年日大予科1年のとき、ロサンゼルス五輪に出場し水泳400メートル自由形で5位に入賞した。

杉本 良吉　すぎもと・りょうきち
演出家 社会運動家
明治40年(1907年)2月9日～昭和14年(1939年)10月20日
[生]東京府豊多摩郡大久保町(東京都新宿区) [名]本名＝吉田好正, 別名＝白浜黻 [学]早稲田大学文学部露文科中退 [歴]プロレタリア演劇で活躍し「文芸戦線」などに多くの評論を発表し、翻訳、演出の面でも活躍する。昭和4年東京左翼劇場委員長に選ばれ、6年共産党に入党し、地下活動に入る。8年検挙され、10年仮出獄。のち新協劇団に参加。13年コミンテルンとの連絡を志し、女優・岡田嘉子と樺太からソ連に渡ったが、同年1月3日スパイ容疑で逮捕。14年10月獄中で病死とされ、フルシチョフ時代の34年に名誉回復。平成元年銃殺だったことが明らかにされ、4年ロシア政府により詳細が発表された。主な演出に「北東の風」「彦六大いに笑う」、翻訳にキルション「風の街」など。

杉森 孝次郎　すぎもり・こうじろう
評論家 社会学者 政治学者 早稲田大学教授
明治14年(1881年)4月9日～昭和43年(1968年)12月8日
[生]静岡県 [名]旧姓・旧名＝白松孝次郎, 号＝南山 [学]早稲田大学文学科〔明治39年〕卒 文学博士 [歴]明治40年「早稲田文学」に「読伝習録」「昨今の文芸対道徳論に因みて」などを発表し、評論家として活躍。大正2年から8年にかけて文部省留学生としてドイツ、英国に留学する。帰国後は早大教授となり政治学者、社会学者として活躍したが、昭和19年早大を去り、27年駒沢大教授に就任した。

杉山 幹　すぎやま・かん
新聞人
明治19年(1886年)8月16日～昭和15年(1940年)8月29日
[生]山形県 [学]慶応義塾大学部政治科〔大正3年〕卒 [歴]大正3年大阪毎日新聞社に入り、7年欧米留学、9年帰国。のち整理部長、東京日日新聞経済部長を経て、昭和8年編集総務、9年取締役、11年編集主幹。

杉山 金太郎　すぎやま・きんたろう
実業家 豊年製油社長
明治8年(1875年)9月19日～昭和48年(1973年)3月10日
[生]和歌山県海草郡(和歌山市) [学]大阪商業学校(現・大阪市立大学)〔明治27年〕卒 [歴]明治27年米国人経営の貿易会社に入り、大正2年横浜支店支配人となった。6年退社、中外貿易を設立、専務となったが、第一次大戦後の不況で解散。13年に請われて神戸の鈴木商店が設立した豊年製油の社長に就任、苦況の同社を建てなおし、昭和29年まで30年間、文字通り全力投球した。同年息子の元太郎に社長を譲り、会長となり、42年会長辞任。晩年豊年リーバの設立に老いの執念を燃やしたが、経営は失敗に終った。 [家]息子＝杉山元太郎(豊年製油社長)

杉山 寿栄男　すぎやま・すえお
著述家
明治18年(1885年)7月12日～昭和21年(1946年)6月6日
[歴]著書に「アイヌ芸術 全三巻」「原始文様集」「日本原始繊維工芸史」、「アイヌ文様」(編)他。

杉山 常次郎　すぎやま・つねじろう
大日本図書社長
明治6年(1873年)10月9日～昭和37年(1962年)11月9日
[生]岐阜県 [歴]明治23年上京し、出版業を志して博文館に入社。その才能を社長・大橋新太郎に認められ、博文館25周年記念出版の7大叢書や長編講談などを企画して成功を収め、同社支配人を務めた。大正6年大日本図書取締役を兼務。その後、病気のため博文館を退社するが、12年請われて経営危機に陥っていた大日本図書専務に就任。直後の9月関東大震災に遭うが、倉庫が災厄を免れていたこともあっていち早く復興に着手し、中等教科書や教育図書を中心とした出版で頽勢の挽回に成功した。のち同社社長。昭和20年退任。博文館取締役、東京堂監査役、東京出版協会協議員、中等教科書協会幹事なども務めた。

杉山 直治郎　すぎやま・なおじろう

法学者 東京帝国大学名誉教授

明治11年(1878年)1月29日〜昭和41年(1966年)2月15日

〔生〕東京都　〔専〕比較法, フランス法　〔学〕東京帝国大学法科大学〔明治36年〕卒 法学博士　〔歴〕明治38年からフランス、ドイツ、スイスに留学、帰国後長崎高等商業学校教授。大正3年東京帝国大学講師、4年助教授、5年教授となり、比較法、フランス法講座を担当。昭和13年退官、名誉教授。パリ大、リヨン大、ボルドー大から名誉博士号。14年帝国学士院会員。日仏会館理事長を務めフランスとの文化交流に功績。戦後中央大学日本比較法研究所長も務めた。著書に「法源と裁判」「フランス法諺」など。

杉山 元　すぎやま・はじめ

陸軍大将・元帥 陸相

明治13年(1880年)1月2日〜昭和20年(1945年)9月12日

〔生〕福岡県　〔学〕陸士(第12期)〔明治33年〕卒, 陸大〔明治43年〕卒　〔歴〕明治34年陸軍歩兵少尉に任官。大正11年初代の陸軍省航空課長となり、陸軍航空育ての親となる。昭和3年事務局長、5年陸軍中将に進んで陸軍次官、7年第十二師団長、8年航空本部長、9年参謀次長兼陸軍大学校校長を経て、11年教育総監。同年陸軍大将。12年林銑十郎内閣の陸相として入閣、続く第一次近衛内閣でも留任。15年参謀総長に就任、陸軍三長官といわれた教育総監、陸相、参謀総長を全て経験することとなり、18年には元帥府に列せられ、元帥陸軍大将となった。19年2月東条英機首相の参謀総長兼務のため辞任、同年7月小磯国昭内閣の陸相となる。20年4月鈴木貫太郎内閣成立により本土決戦に備えて編成された第一総軍司令官に転じた。同年9月12日夫人と共に自決した。

杉山 長谷夫　すぎやま・はせお

バイオリニスト 作曲家

明治22年(1889年)8月5日〜昭和27年(1952年)8月25日

〔生〕愛知県名古屋市　〔名〕本名=杉山直樹、別名=杉山はせを、杉山長谷雄、木曾直樹、遠山春夫、長谷川椙美　〔学〕東京音楽学校器楽科〔大正2年〕卒　〔歴〕安藤幸、アウグスト・ユンケル、ハインリッヒ・ヴェルクマイスター、アレクサンダー・モギレフスキーらにバイオリンや作曲を学ぶ。東京音楽学校を卒業後はバイオリニストとして活躍し、高階哲夫、多基永、高勇吉、芝盂泰、多忠亮らと室内楽運動を展開。傍ら、暁星中学、俳優学校などで音楽を教え、大正末頃から昭和16年まで陸軍戸山学校でバイオリンを教えた。作曲家としても活動し、本領であるバイオリン曲のほか、軍歌、歌曲、歌謡曲、童謡も手がけ、抒情画家・蕗谷虹児の作詞による、花嫁になる女性の哀感を情緒的に表現した童謡「花嫁人形」(7年)は少女たちに広く愛唱された。歌謡曲では、3年自ら見出した詩人・勝田香月の詩、藤原義江の歌唱によって別れの寂しさを表現した「出船」がヒット。戦後は日本作曲家協会理事、日本音楽著作権協会理事などを歴任。酒を好み、貴公子然とした風格を持ち、軽妙洒脱でユーモアを含んだ語り口と人柄で"殿下"の愛称で親しまれた。他の歌曲作品に「つづみ」「大きな力」「月と花」「野の宝庫」「キャラバンの鈴」「ねんねのお里」「もの思い」「傷める紅薔薇」など、オーケストラ作品として「富士箱根の印象」がある。

杉山 英樹　すぎやま・ひでき

文芸評論家

明治44年(1911年)11月8日〜昭和21年(1946年)4月1日

〔生〕栃木県足利郡　〔名〕本名=杉山利一　〔学〕文化学院〔昭和7年〕　〔歴〕文化学院時代から労働運動に参加し、昭和7年検挙され9年に仮出獄する。出獄後、文芸評論を多く発表しはじめ、14年「槐」に参加。15年「現代文学」を創刊し「バルザックの世界」を発表する。著書に「人間と哲学」「バルザックの世界」「北

方の窓」があり、遺稿集に「作家と独断」がある。

杉山 平助　すぎやま・へいすけ

評論家

明治28年(1895年)6月1日〜昭和21年(1946年)12月21日

〔生〕大阪府大阪市　〔名〕筆名=氷川烈　〔学〕慶応義塾大学理財科〔大正2年〕中退　〔歴〕横浜や清水の税関に勤務する。その後闘病生活を送り、大正14年長編「一日本人」を刊行。昭和6年、氷川烈の筆名で「東京朝日新聞」の匿名批評「豆戦艦」を執筆して注目される。以後文芸評論で活躍し「氷河のあくび」「人物論」「文学的自叙伝」「文芸五十年史」などの著書がある。

杉山 元治郎　すぎやま・もとじろう

全国農民組合委員長 衆議院議員

明治18年(1885年)11月18日〜昭和39年(1964年)10月11日

〔生〕大阪府泉南郡北中通村(泉佐野市)　〔学〕東北学院神学部〔明治42年〕卒　〔歴〕若くして受洗し、牧師などをするが、大正9年頃から農民運動に入り、11年日本農民組合(日農)を創立し初代組合長、14年労働農民党を結成し初代中央執行委員長に就任。昭和2年全日本農民組合(全日農)結成と同時に執行委員となり、3年に日農と全日農の統一によって全国農民組合(全農)が結成されると初代委員長に選ばれる。7年全国労農大衆党から衆議院議員に初当選、11年・12年社会大衆党から当選、計9期務めた。戦後は社会党に参加し、30年には衆議院副議長となった。

杉山 好彦　すぎやま・よしひこ

航空士

大正4年(1915年)〜昭和31年(1956年)

〔生〕大阪府大阪市　〔出〕大阪府富田林市　〔学〕東京帝国大学経済学部〔昭和16年〕卒　〔歴〕400年続く大阪市の大地主の二男に生れる。昭和9年東京帝国大学入学と同時に、同大学航空研究会に入部。パイロットとしての頭角を現し、10年第2回日本学生航空選手権大会の着陸の正確さを競う部門で2位。12年操縦士試験に合格し、同年始まった盧溝橋事件を機に、13年まで軍属として中国北部戦線に早稲田大学の学生ら4人とともに従軍。14年には第6回同選手権大会の曲芸飛行で優勝するなど活動し、国民的ヒーローとなった。16年卒業後、陸軍の岐阜飛行隊に入隊し、ジャワやスマトラ方面を転戦。18年陸軍航空本部勤務の飛行訓練班教官・中尉として帰京したが鬱病が悪化し、20年帰省。終戦後は農地改革で経済基盤を失い、堺市浜寺の別邸で洋裁が中心の文化教室を開き、24〜27年住吉高の社会科教論も務めた。31年40歳の時、ピストル自殺。　〔家〕母=石上露子(歌人)

助川 啓四郎　すけかわ・けいしろう

衆議院議員

明治20年(1887年)8月〜昭和18年(1943年)10月5日

〔生〕福島県　〔学〕早稲田大学専門部政治経済科〔明治39年〕卒　〔歴〕購買組合、早稲田消費組合理事を経て帰郷。農業の傍ら、片曽根村長、船引町長、福島県議、片曽根実業公民学校長などを歴任。農村之青年社を創設、雑誌「農村之青年」を発刊した。昭和5年衆議院選挙に出馬、次点となったが、鈴木万次郎死去で繰り上げ当選。政友会に属し、戦時中は翼賛議員同盟、翼賛政治会に所属。当選5回。著書「米穀問題解決方策」「農村問題対策」がある。

須崎 芳三郎　すざき・よしさぶろう

ジャーナリスト

文久3年(1863年)11月9日〜昭和24年(1949年)4月28日

〔生〕武蔵国多摩郡砂川村(東京都立川市)　〔名〕号=黙堂　〔学〕帝国大学法科大学政治学科〔明治22年〕卒　〔歴〕明治22年渡辺洪基主宰の国家主義雑誌「利図新誌」編集記者となり、23年「近

江新報」主筆、27〜31年岡山県立中学校長を経て、同年8月大阪朝日新聞社に入るが、32年退社し欧米を旅行。34年「日本」新聞に入社、41年「報知新聞」に転じ論説を担当。大正5年12月発売禁止処分の社説「宮中闖入事件」は有名であり、常に時流に迎合することなく執筆活動を行い、8年編集顧問となり同社の重鎮として活躍した。昭和2〜11年取締役。著書に「露西亜侵略史」「教育革命論」など。

調所 五郎 ずしょ・ごろう
映画「天国に結ぶ恋」のモデル
明治42年（1909年）〜昭和7年（1932年）5月8日
出東京都 歴華族の分家に生まれ、慶応義塾大学経済学部理財科に在学中の昭和4年、素封家の娘である湯山八重子と出会い、恋愛関係に。八重子の胸の病気、両親の反対などで恋がかなわず、昭和7年5月、神奈川県大磯町の裏手にある小高い丘の松林の中で心中。この事件は「坂田山心中」と呼ばれ、同年純愛映画「天国に結ぶ恋」（松竹・五所平之助監督）として映画化され、大ヒット、同地は自殺の名所となった。

鈴江 言一 すずえ・げんいち
中国研究家 社会運動家
明治27年（1894年）12月31日〜昭和20年（1945年）3月15日
生島根県飯石郡 名筆名＝王子言、王枢之、王乃文 学明治大学別科中退 歴北京の邦字紙「新支那」の記者を経て、大正10年国際通信社北京支局記者となり、中国の多くの革命家や中江丑吉と親交。次いで南満州鉄道（満鉄）北京公所の研究生となり、「改造」などに中国問題を発表する。昭和9年外務省文化事業部の研究生、12年満鉄嘱託となったが17年、治安維持法違反容疑で関東軍憲兵隊に逮捕され、ハルビンに送られ、翌年釈放された。病気療法のため帰国後、間もなく死去。著書に「支那革命の階級対立」「孫文伝」などがある。

鈴木 章 すずき・あきら
彫刻家
明治39年（1906年）8月1日〜昭和8年（1933年）5月30日
生千葉県香取郡佐原町（香取市） 学佐原中〔大正13年〕卒、東京高等工芸学校（現・千葉大学）工芸図案科工芸彫刻部〔昭和3年〕卒 歴鈴木家の長男。佐原中学から東京高等工芸学校（現・千葉大学）工芸彫刻部に進み、寺畑助之丞に指導を受ける。同期には本郷新がいた。昭和3年卒業して大倉陶園に入社したが、構造社展に作品を出品したことがきっかけで間もなく退社し、斎藤素巖に師事。4年第3回構造社展に出品した「痩せた男」で研究賞、5年第4回展「櫛」、6年第5回展「新居格氏像」で構造賞を受けるなど将来を嘱望され、7年会員に推されたが、8年26歳の若さで病没した。 賞構造社展研究賞（第3回）〔昭和4年〕「痩せた男」、構造社展構造賞（第4回・5回）〔昭和5年・6年〕「櫛」「新居格氏像」

鈴木 一平 すずき・いっぺい
出版人 大修館書店創業者
明治20年（1887年）10月24日〜昭和46年（1971年）8月29日
生千葉県木更津市 学小卒 歴小学校卒業後に上京し、16歳から神田神保町の修学堂書店に入店して3年間修業。21歳で大修堂を創業したが、のち家業の米屋を継ぐため廃業した。27歳で修学堂に戻り出版業務万般を身につけ、大正7年神田錦町に大修館を再興し、出版業に乗り出す。当初から学生向けの参考書を主に出版し、12年に刊行した「受験準備・最も要領を得たる外国地理」をはじめとする諏訪徳太郎の「最要領」シリーズがヒット。昭和4年にはロングセラーとなる竹原常太編「スタンダード英和辞書」を刊行して辞書出版にも着手し、社業を固めた。9年株式会社に改組。一方で大正14年から大規模な漢和辞典の出版を企図し、諸橋轍次にその編纂を依頼。昭和3年「大漢和辞典の編纂及び出版」について契約を交わし、

18年ようやく第1巻の刊行を見たが、第2巻準備中の20年2月、空襲で事業所・印刷工場・組み置きの原版などを焼失した。戦後は英語に関する辞書の需要が急増したことから「スタンダード英和辞典」「スタンダード和英辞典」を復刻して会社の再建に成功。また、諸橋の「大漢和辞典」編纂・出版も戦火を免れた原稿などを元に作業を再開し、30年再び第1巻を上梓し、35年までに全13巻を完成させた。 家長男＝鈴木敏夫（大修館書店社長）、三男＝鈴木荘夫（大修館書店社長）、四男＝鈴木淑夫（衆議院議員）、五男＝鈴木康司（中央大学学長）

鈴木 梅四郎 すずき・うめしろう
実業家 衆議院議員
文久2年（1862年）4月26日〜昭和15年（1940年）4月15日
生信濃国水内郡安茂里村（長野県長野市） 学慶応義塾〔明治20年〕卒 歴時事新報記者、横浜貿易新報社長から三井銀行調査係長、横浜支店長を経て、王子製紙専務。この間明治43年に苫小牧に新聞用紙専門工場を建設した。日本殖民会社社長を兼任。晩成社を設立、育英事業に尽力。また社団法人実費診療所を創立した。45年に衆議院議員に立ち通算5期。犬養毅の国民党に属し党幹事。他に第一火災保険、三越など数社の重役を兼ねた。著書に「平和的世界統一政策」「医業国営論」「昭和維新の大国是」「立憲哲人政治」「福沢先生の手紙」などがある。

鈴木 梅太郎 すずき・うめたろう
農芸化学者 東京帝国大学教授
明治7年（1874年）4月7日〜昭和18年（1943年）9月20日
生静岡県榛原郡地頭方村（牧之原市） 学帝国大学農科大学農芸化学科〔明治29年〕卒 農学博士＝帝国学士院会員〔大正14年〕、ドイツ学士院会員〔昭和7年〕 歴帝国大学農科大学大学院で植物生理化学に取り組み、高等植物の体内でのタンパク質生成などを研究、我が国におけるタンパク質の先駆者とされる。また、当時流行していたクワの萎縮病の原因が害虫や微生物によるものではなく、葉の摘み過ぎや刈り込み過ぎによる栄養不良であることを発見し、クワの枯死に悩んでいた養蚕業界を救った。明治33年東京帝国大学農科大学助教授となり、34年欧州に留学、ベルリン大学のE.フィッシャーらに学んだ。39年帰国して盛岡高等農林学校教授、40年東京帝国大学農科大学教授に就任。この間、外国人と日本人の体格差を痛感してその原因を栄養学上に求め、日本人の主食である米のタンパク質の栄養価を研究。43年米ヌカから脚気に効果のある成分を抽出しアベリ酸と命名した（45年にイネの学名オリザ・サティバにちなみオリザニンと改名）。44年英国のC.フンクが同様の方法で同じ成分を発見、この論文は一躍世界の注目を集め、まだ邦文のみの発表であった鈴木の研究は影に隠れ、この栄養素の名はフンクが命名した "ビタミン" の名で国際的に定着した。大正5年理化学研究所創立委員となり、主任研究員を兼務。その研究室からは米を使わない酒である合成酒（理研酒）やビタミンAなどを送り出して理研の財政基盤を固めた。昭和12〜16年大陸科学院院長を兼務した。 家岳父＝辰野金吾（建築家）、従兄＝篠田治策（京城帝国大学総長）、篠田次助（陸軍中将） 勲文化勲章〔昭和18年〕 賞帝国学士院賞（第14回）〔大正13年〕

鈴木 悦次郎 すずき・えつじろう
労働運動家
明治33年（1900年）5月20日〜昭和15年（1940年）12月8日
生愛媛県新居郡角野村（新居浜市） 歴大正6年住友製鋼所に入職、10年の争議で大阪鉄工場争議、別子鉱山争議で入獄する。以後総同盟で活躍するが大正4年除名され、全国同盟および全国民衆党の結成に加わり、その間昭和9年の国際労働機関（ILO）総会に労働者側代表として参加した。

鈴木 貫太郎　すずき・かんたろう

海軍大将 首相 枢密院議長
慶応3年（1867年）12月24日〜昭和23年（1948年）4月17日

[生]和泉国大鳥郡久世村（大阪府堺市）[本]千葉県 [学]海兵（第14期）〔明治20年〕、海大〔明治31年〕卒 [歴]明治22年海軍少尉に任官。27年日清戦争に対馬水雷艇艇長として参加、日露戦争では第五駆逐隊、第四駆逐隊司令として従軍。大正2年舞鶴水雷隊司令官、第二艦隊司令官、海軍省人事局長を経て、3年第二次大隈内閣の海軍次官となり、シーメンス事件後の海軍粛正を行う。5年軍務局長を兼務。6年練習艦隊司令官、7年将官会議議員、海軍兵学校校長、9年第二艦隊司令長官、10年第三艦隊司令長官、11年呉鎮守府司令長官を経て、12年海軍大将。13年連合艦隊司令長官、軍事参議官を務め、14年軍令部長。昭和4年予備役に編入されると侍従長兼枢密顧問官に任ぜられ、昭和天皇の側近として長く仕えた。11年二・二六事件では反乱将校に襲撃を受けるも奇跡的に一命をとりとめた。19年枢密院議長。20年4月組閣の大命を受け、首相として太平洋戦争敗戦に導いた。　[家]長男＝鈴木一（侍従次長）、弟＝鈴木孝雄（陸軍大将）、女婿＝藤江恵輔（陸軍大将）

鈴木 喜三郎　すずき・きさぶろう

司法官 法相 内相 衆議院議員 政友会総裁
慶応3年（1867年）10月11日〜昭和15年（1940年）6月24日

[出]神奈川県川崎市 [名]旧姓・旧名＝川島 [学]帝国大学法科大学〔明治24年〕卒 [歴]明治24年司法省入り。26年判事に任ぜられ、東京地裁、東京控訴院、大審院各判事を歴任。検事に転じて辣腕をふるい本省刑事局長、大審院検事、法務局長を経て、大正3年司法次官に就任。10年平沼騏一郎の後任の検事総長。9年貴族院議員に勅選され、13年清浦内閣の法相。15年政友会に入り、昭和2年田中義一内閣の内相として特高警察の拡充、治安維持法の強化を図り、昭和3年の三・一五事件で共産党の弾圧を指揮した。また第1回普選では選挙干渉し、責任を問われて辞任。党内では義弟鳩山一郎の支持を得て中心に立ち、6年犬養内閣で法相から内相。7年衆議院選挙に当選。同年の五・一五事件後政友会総裁に選ばれたが、11年の総選挙に敗れ、14年総裁も辞任した。一方、右翼団体大日本国粋会の顧問・総裁を務めた。　[家]長男＝鈴木国久（裁判官）、義弟＝鳩山一郎（政治家）

鈴木 吉之助　すずき・きちのすけ

衆議院議員
明治20年（1887年）1月〜昭和26年（1951年）12月7日

[出]京都府 [学]日本大学商科卒 [歴]京都市議、同副議長、京都府議、同副議長、同市部会議長等を歴任。また京都市連合青年団評議員会議長、京都毎日新聞社長等を務める。昭和3年第1回普通選挙において衆議院議員に初当選。以来3回連続当選。政友会に所属した。

鈴木 空如　すずき・くうにょ

仏画家
明治6年（1873年）2月25日〜昭和21年（1946年）7月21日

[生]秋田県仙北郡長信田村小神成桜木（大仙市） [本]本名＝鈴木久治、前号＝長多 [学]東京美術学校卒 [歴]19歳の時に上京、長山蘭林に日本画を師事。明治27〜29年日清戦争に従軍後、岡倉天心に憧れて31年東京美術学校に入学。同級に平福百穂、松岡映丘らがいる。40年から法隆寺金堂の壁画模写に着手。以来、昭和7年まで、大壁縦約3メートル、横約2.5メートルを4図、小壁縦約3メートル、横約1.5メートルを8図、合わせて全12図を原寸大の全着彩で、傷や剥落など模写当時の保存状態をそのまま写したものを3組制作。他に薬師寺の吉祥天、法華寺の阿弥陀仏など、全国の古寺にある国宝級の仏画の模写を行った。

鈴木 庫三　すずき・くらぞう

陸軍大佐
明治27年（1894年）1月11日〜昭和39年（1964年）4月15日

[生]茨城県真壁郡明野町（筑西市） [専]軍隊教育学 [学]砲兵工科学校〔大正4年〕卒、陸士（第33期）〔大正10年〕卒、陸軍砲工学校高等科〔大正13年〕修了、日本大学文学部倫理教育学専攻〔昭和3年〕卒、東京帝国大学文学部〔昭和8年〕卒 [歴]極貧の生活の中から陸軍軍人として身を立てることを志し、苦学の末に砲兵工科学校、士官学校に入学。大正10年陸軍輜重兵少尉に任官。自らの体験から軍隊の私的制裁や古参兵の横暴をなくすために軍隊教育学の研究を始め、昭和5年には東京帝大陸軍派遣学生に選ばれ倫理学・教育学を専攻。軍内外で軽んじられていた輜重科に属していたこともあり、エリートで戦術本意の陸軍大学校出身者に対する内部批判者となった。13年陸軍省新聞班（のち情報部）に配属され雑誌指導を担当。以後、精力的に雑誌の検閲に従事し、自らの思想と相容れない自由主義雑誌などに徹底した言論統制を加えた。新聞雑誌用紙統制委員会幹事、日本出版文化協会文化委員、日本出版配給（日配）創立委員などを兼任して用紙・出版・流通の全行程に睨みを利かせ、"日本思想界の独裁者"とも呼ばれた。17年4月輜重学校付に転じ、20年大佐で敗戦を迎えた。

鈴木 敬一　すずき・けいいち

京都府知事
明治22年（1889年）〜昭和48年（1973年）11月29日

[出]愛知県 [学]東京帝国大学卒 [歴]内務省に入り、警視庁保安部長、都市計画部長を経て、富山県知事、熊本県知事、広島県知事を歴任。昭和11年京都府知事となり治水事業などを進める。退官後は樺太石炭鉱業社長などを経て、25〜37年住宅金融公庫総裁を務めた。

鈴木 賢二　すずき・けんじ

版画家 彫刻家
明治39年（1906年）1月〜昭和62年（1987年）11月15日

[生]栃木県栃木市平井町 [名]別名＝田原満 [学]東京美術学校彫刻科木彫部〔昭和4年〕中退 [歴]生家は豪農、父は銀行家。明治13年栃木中学を卒業し、川端画学校に入学。14年東京美術学校で木彫を専攻、高村光雲に学んだ。在学中からプロレタリア芸術運動に関わり、昭和13年日本無産者芸術家連盟（ナップ）設立に参加、4年日本プロレタリア美術家同盟（PP）の初代書記長に就任。同年山本宣治が暗殺されると、PP委員長であった橋浦泰雄の指示で山本のデスマスクをとった。また、同年学内で軍事教練反対のビラを撒いて退校処分を受けた。8年郷里に戻り、展覧会などに出品。帝展改組に不満を持つ第三部会員によって組織された第三部会に参加して第三部会展に出品、12年「渡部博士像」で第三部会展特選。また、9年下都賀工芸同好会を設立、21年日本美術会北関東支部長。版画も手がけ、24年日本版画運動協会を設立した。他の彫刻作品に「掠奪者」「農婦」など、著書に「鈴木賢二木版画集」「物売りの声がきこえる」などがある。　[家]長男＝鈴木徹（彫刻家） [賞]第三部会展特選〔昭和12年〕「渡部博士像」

鈴木 謙三　すずき・けんぞう

実業家 鈴木謙三商店設立者
明治39年（1906年）2月24日〜昭和50年（1975年）4月2日

[出]愛知県 [学]名古屋商業中退 [歴]大正7年から名古屋の薬種問屋に勤務。昭和7年独立し、医薬品卸商の鈴木謙三商店（現・スズケン）を設立。従来の薬局卸を病院・医院卸専門に切り替え、売上高を国内1位に伸ばした。また医療器具の分野にも進出した。

鈴木 憲太郎　すずき・けんたろう

衆議院議員

明治15年（1882年）9月〜昭和28年（1953年）1月17日
出宮崎県 学明治大学法律科〔明治37年〕 歴陸軍三等主計、岡富村長、延岡市長、宮崎県議、県農会長等を経て、昭和3年宮崎県より衆議院議員に初当選。以後3回当選した。また、延岡電気・神都電気興業各取締役等を務めた。

鈴木 祥枝　すずき・さかえ
東京海上社長
明治20年（1887年）〜昭和32年（1957年）2月11日
生香川県 学神戸高等商業学校〔明治40年〕卒 商学博士 歴東京海上に入社、昭和15年社長に就任。損害保険中央会理事長も務める。戦後公職追放を受け、解除後は日経連顧問、AIUジャパン会長、日本研磨材工業会長、東洋研削砥石工業会長などを歴任した。

鈴木 重次　すずき・しげつぐ
衆議院議員
明治20年（1887年）5月〜昭和26年（1951年）11月5日
出長崎県 学中学猶興館卒 歴長崎県議、同議長を経て、昭和17年衆議院議員に当選、1期。

鈴木 重吉　すずき・しげよし
映画監督
明治33年（1900年）6月25日〜昭和51年（1976年）10月17日
生東京都 学明治大学商学部〔大正12年〕卒 歴名は「じゅうきち」ともいう。明治大学商学部在学中から芸術写真を撮影し、写真家として知られていた。大正12年松竹蒲田撮影所に入って助監督となり、牛原虚彦監督につく。13年監督に昇進し、第一作として鈴木伝明主演の農村映画「土に輝く」を発表。昭和2年大日本ユニバーサル社に移り、さらに3年マキノ中京撮影所を経て、5年帝国キネマに入社。同年藤森成吉原作の「何が彼女をさうさせたか」を監督、浅草で5週連続上映されるなど当時としては記録的な大ヒット作となった。6年には同傾向の続編「何が彼女を殺したか」を製作し、好評を博した。その後、不二映画、日活、PCL（写真化学研究所、現・東宝）、第一映画、新興キネマを転々とし、13年には東和商事と組んで日中合作映画「東洋平和の道」を監督した。これがきっかけで14年満州映画協会（満映）に転じ、文化映画の製作に従事。20年華北電影北京撮影所長で敗戦を迎え、25年帰国した。

鈴木 氏亨　すずき・しこう
小説家 文芸春秋社専務
明治18年（1885年）10月2日〜昭和23年（1948年）1月15日
生宮城県仙台市 学早稲田大学卒 歴大正12年「文芸春秋」創刊とともに編集同人となり、菊池寛の秘書として同社の経営に参画。昭和3年文芸春秋社専務。小説家としては、童話・大衆小説・戯曲まで幅広く手がけ、著書に「酒通」「火線を越して」「江戸囃男祭 昭和草双紙」「菊池寛伝」「村田銃発明物語」などがある。

鈴木 島吉　すずき・しまきち
銀行家 朝鮮銀行総裁
慶応2年（1866年）6月25日〜昭和18年（1943年）11月24日
生静岡県 学慶応義塾〔明治22年〕卒 歴明治25年横浜正金銀行入行、天津、上海、神戸各支配人、副頭取を経て、大正14年朝鮮銀行総裁。昭和2年日本興行銀行第5代総裁となり、国際信託取締役会長、貯蓄銀行協会評議員会長、日仏会館理事を務めた。5年興銀を退職、千代田生命保険取締役、日本経済連盟監事を務めた。

鈴木 淳　すずき・じゅん
洋画家 童画家
明治25年（1892年）8月27日〜昭和33年（1958年）10月3日
生佐賀県 名本名＝鈴木淳 学東京美術学校西洋画科卒 歴美校在学の大正3年「花」が文展に初入選。以来、計10回入選し、昭和11年の招待展に「港」を出品して文展無鑑査となる。また大正7年創刊の「赤い鳥」に第5号から挿画表紙を描き、鈴木三重吉の知遇を受けた。三重吉の遺作「家なき子」の装画など力作として知られる。

薄 恕一　すすき・じょいち
医師 タニマチの元祖
慶応2年（1866年）12月19日〜昭和39年（1964年）11月7日
出筑前国糟屋郡席内村（福岡県古賀市） 名旧姓・旧名＝薄国蔵 専外科 歴黒田藩士の家の長男として生まれる。福岡時代から医学を学び、明治20年医者を目指して大阪に出る。約2年後に京都・三十三間堂前で他の医師と共同で診療を始め、25年大阪・谷町に移り薄病院を開業。京都で診察を始めた頃から貧乏人は無料の原則で診療を行った。また大阪医師会会長を12年間、大阪府議を28年間務め、議長も2度経験。戦後政界から離れ、昭和23年隠居。相撲好きで、無償で力士の治療に当たった他、自宅の中庭を幕内力士の稽古場に提供するなど自腹を切って力士らを応援した。このことから、面倒見のよさから相撲界で力士の後援者や贔屓筋のことを"タニマチ"と呼ぶようになった。アマチュア写真家でもあり、37年設立された浪華写真倶楽部の創立当時からの会員だった。

鈴木 正吾　すずき・しょうご
衆議院議員
明治23年（1890年）6月〜昭和52年（1977年）6月1日
出愛知県 学明治大学政治科卒 歴「読売新聞」記者、雑誌「第三帝国」「大観」編集長などを経て政界入り。昭和7年衆議院議員に初当選。戦後、追放解除されて政界に復帰したが、金権選挙に順応しようとせず、何度か落選の憂き目をみた。通算6回当選。晩年は尾崎行雄記念財団理事長、「尾崎咢堂全集」などを手がけた。

鈴木 鎮一　すずき・しんいち
バイオリン教育指導者 バイオリニスト
明治31年（1898年）10月17日〜平成10年（1998年）1月26日
生愛知県名古屋市 学名古屋商〔大正6年〕卒 歴父は鈴木バイオリン製造の創始者・鈴木政吉。卒業後は家業を手伝うようにと名古屋商業学校に進んだが、大正8年縁あって徳川義親侯爵の北千島行に同行。この旅行には北千島開拓の先駆者であった郡司成忠の実妹である幸田延も参加しており、徳川と幸田の勧めで音楽家の道に転じた。9年より安藤幸にバイオリンを師事。10年徳川と一緒に世界旅行に出発、ドイツで自ら選んだカール・クリングラーに師事し、以来8年間にわたって研鑽を積む。この間、医学者のハンス・ミハエルスや物理学者のアルバート・アインシュタインといった一流の学者たちと親しく交わり、人間的感化を受けた。帰国後は帝国高等音楽学院で教鞭を執る一方、弟の章、二三雄、喜久雄と鈴木カルテットを結成するなど演奏家として活動。昭和7年4歳の江藤俊哉を指導することになり、日本中の子どもが日本語を話しているという事実から、"才能は生まれつきのものでなく、幼児からの育て方しだいで決まる"という教育理論を創出。これを"才能教育"と命名し、バイオリンなどの音楽教育を通じて子どもたちの才能を伸ばす"鈴木メソード"を生み出した。"鈴木メソード"は米国を始め海外に広く普及し、門下からは江藤を始め、豊田耕児、志田とみ子、小林健次など多くの多くの名バイオリニストを輩出した。著書に「0歳からの才能教育」「愛に生きる」「歩いてきた道」などがある。家父＝鈴木政吉（バイオリン製作者），弟＝鈴木章（ビオラ奏者），鈴木二三雄（チェロ奏者），鈴木喜久雄（バイオリニスト）

鈴木 信太郎　すずき・しんたろう

官僚 長野県知事 長崎県知事 京都府知事

明治17年(1884年)11月〜昭和33年(1958年)6月27日

生山形県 学東京帝国大学法科大学法律科〔明治42年〕卒 歴母方祖父の養子となり、のち政治家・床次竹二郎の女婿となる。明治42年東京帝国大学を卒業、文官高等試験に合格して愛媛県警視、島根県警察部長、台湾総督府警視兼内参事官、内務省地方局府県課長などを勤める。のち奈良県・岐阜県・山梨県の知事を経て、昭和4〜6年長野県知事に就任。金解禁政策による政府緊縮予算を長野県も実施したため、知事と県会は反発することがあった。また5年は恐慌が深刻化する時期で、県の満州開拓事業を五大県是の1つとして天皇に上奏する。「不得要領、腹芸の知事」といわれ、経済不況下の県政に対し受け身の施策を特色とした。6年長崎県知事に転じ、10年京都府知事となる。鴨川の氾濫による水害からの復旧と川の改修などに努めた。翌11年広田内閣の人事異動で退任したが、京都市会で留任運動が起きた。　家岳父＝床次竹二郎(衆議院議員)

鈴木 信太郎　すずき・しんたろう

フランス文学者 東京帝国大学助教授

明治28年(1895年)6月3日〜昭和45年(1970年)3月4日

生東京市神田区(東京都千代田区) 学東京帝国大学文学部仏文科〔大正8年〕卒 文学博士〔昭和20年〕 賞日本芸術院会員〔昭和38年〕 歴在学中からフランス詩などを翻訳し、大正10年東京帝国大学講師となる。13年「近代仏蘭西象徴詩抄」を刊行し、14年から15年にかけて渡仏。昭和6年東京帝国大学助教授となり、22年教授、28年文学部長となって、31年定年退官。その後中央大学教授、東洋大学教授を務めた。この間、27年「ステファヌ・マラルメ詩集考」で読売文学賞を、29年「フランス詩法」で日本芸術院賞を受賞。37年日本フランス語フランス文学会の初代会長に就任し、38年日本芸術院会員となる。ヴィヨン、ボードレーヌ、ヴァレリーなど多くの訳詩集、「ヴィヨン雑考」などの研究書、「文学附近」などの随筆集と、著書は多くある。「鈴木信太郎全集」(全5巻補巻1、大修館)が刊行されている。　家息子＝鈴木道彦(文芸評論家) 賞日本芸術院賞(第11回)〔昭和29年〕「フランス詩法」

鈴木 朱雀　すずき・すざく

日本画家 ベルリン五輪銅メダリスト

明治24年(1891年)12月7日〜昭和47年(1972年)5月4日

生東京都 名本名＝鈴木幸太郎 歴野田九浦に歴史画を学ぶ。大正9年第2回帝展で「吟鳥」が初入選、以後官展を中心に出品を続けた。昭和3年第9回帝展に「雨月物語(蛇性の淫)」、7年の第13回帝展に「がらしや殿最後」、9年の第15回帝展に「小泉八雲」など主として歴史人物画を出品した。11年ベルリン五輪の芸術競技部門で、銅メダルを獲得。また、早くから「週刊朝日」「キング」などの雑誌で挿絵を手がけ、日本美術協会の委員も務め、煌土社にも出品した。　家弟＝鈴木寿雄(童画家)、姪＝鈴木未央子(童画家)

鈴木 澄子　すずき・すみこ

女優

明治37年(1904年)10月26日〜昭和60年(1985年)1月18日

生東京市下谷区(東京都台東区) 学女学校中退 歴舞台を経て、大正10年映画界に入り、栗原トーマス監督の「蛇性の婬」で鈴木すみ子の名でデビュー。その後マキノ映画で売り出し、昭和12年の「佐賀怪猫伝」に大友柳太朗と組んで主演したのが大当たりして後に“化け猫女優”として人気を博した。17年には鈴木澄子一座を結成している。戦後も映画や舞台で活躍する時期もあったが、晩年は孤独だった。

鈴木 清一　すずき・せいいち

洋画家

明治28年(1895年)〜昭和53年(1978年)11月

生茨城県水戸市 学東京美術学校西洋画科卒 歴水戸中学卒業後上京、赤坂溜池洋画研究所で黒田清輝に師事。やがて東京美術学校に入学、26歳の時に帝展に初入選。昭和6年神戸に移り、小磯良平らと交わり兵庫画壇の中心人物として活躍、16年神戸文化連盟常任委員、17年兵庫県新美術連盟常任委員長を歴任。戦後は戦争協力者として非難を浴び一切の画壇活動や展覧会への出品を行わず、兵庫女子短期大学や自宅で絵画を教えた。　家三男＝鈴木耕三(画家)

鈴木 清秀　すずき・せいしゅう

鉄道次官

明治27年(1894年)2月25日〜昭和49年(1974年)11月18日

出東京都 学一高卒、東京帝国大学法学部法律学科〔大正8年〕卒 歴昭和11年鉄道省大阪鉄道局長、12年監督局長を経て、15年鉄道次官。16年退官。17〜20年日本通運副社長、21〜36年帝都高速度交通営団総裁を務めた。

鈴木 善太郎　すずき・ぜんたろう

小説家 劇作家

明治17年(1884年)1月19日〜昭和26年(1951年)5月19日

生福島県郡山市 学早稲田大学英文科〔明治38年〕卒 歴国民新聞から東京朝日新聞記者となり、秋風と号した。大正7年短編小説集「幻想」を発表、雑誌「文章倶楽部」には菊池寛、野村愛正と並ぶ新進三作家として登場した。研究座などでの新劇運動に参加、11年欧米遊学後はフェレンツ・モルナールの紹介に貢献した。作品には「白鳥」「リリオム」「開かれぬ手紙」「芝居は誂向き」などのほか、長編「山荘の人々」、映画小説「人間」、短編集「紙屋橋」、戯曲集「鸚鵡」、演劇論集「愛の劇場」、童話集「迷ひ子の家鴨」などがある。

鈴木 宗作　すずき・そうさく

陸軍大将

明治24年(1891年)9月27日〜昭和20年(1945年)4月10日

生愛知県 学陸大〔大正8年〕卒 歴昭和3年陸軍省軍務局軍事課員、8年関東軍参謀、10年歩兵第4連隊長、12年教育総監部第2課長、13年中支那方面軍参謀副長、14年支那派遣軍参謀副長、15年参謀本部第3部長、16年第25軍参謀長などを歴任。19年第35軍司令官としてフィリピンのレイテ島防衛作戦を指揮したが、米軍の上陸を許し撤退。20年4月ミンダナオ島への脱出途中に戦死した。死後、大将に進級。

鈴木 荘六　すずき・そうろく

陸軍大将 枢密顧問官

元治2年(1865年)2月19日〜昭和15年(1940年)2月20日

生越後国(新潟県) 学陸士(第1期)〔明治23年〕卒、陸大卒 歴明治24年騎兵第四大隊付、27年同中隊長で日清戦争に従軍、日露戦争には第二軍参謀。41年参謀本部作戦課長、次いで騎兵第三旅団長、騎兵監。大正8年第五師団長、ロシア革命干渉でシベリアに出征。13年陸軍大将、台湾軍司令官などを経て、朝鮮軍司令官、15年参謀総長、昭和5年予備役。6年帝国在郷軍人会長、7年枢密院顧問官。

鈴木 素興　すずき・そこう

漆芸家

明治27年(1894年)9月17日〜昭和5年(1930年)9月8日

生高知県吾川郡富岡村(仁淀川町) 名本名＝鈴木金弘 学高知工業学校〔大正2年〕卒 歴土佐四条派の柳本素石に日本画を学び、素興の号を得る。大正4年上京し、東京美術学校漆工科教授・六角紫水について蒔絵および漆工芸全般を学び、日本画調の斬新なデザインで注目された。13年商工省工芸展覧会、その後の日本美術協会などに出品。昭和2年第8回帝展工芸部が設置されると、蒔絵文庫「古瀬の羊歯」などが連続入

選した。

鈴木 泰治　すずき・たいじ
詩人
明治45年（1912年）2月13日〜昭和13年（1938年）3月
[生]三重県三重郡四郷村室山（四日市市）　[名]本名＝鈴木泰悟、幼名＝澄丸　[学]大阪外国語学校独語部（現・大阪外国語大学）〔昭和7年〕中退　[歴]浄土真宗の古刹である法蔵寺に三男として生まれる。富田中時代の同級生に田村泰次郎らがおり、文学活動を始める。昭和5年大阪外国語学校に進んで左翼思想に目覚め、6年雑誌「プロレタリア詩」に階級闘争を呼びかける詩「赤い火柱」を発表。7年検挙され大学を中退。その後、郷里に戻るが思想犯として忌避され、転向者の屈折した感情を詩として表現する。9年「詩精神」同人。12年日中戦争の勃発により応召、13年中国・山西省で戦死した。平成14年生誕90年を機に初の作品集「プロレタリア詩人・鈴木泰治」が刊行された。

鈴木 大拙　すずき・だいせつ
仏教哲学者　禅思想家　宗教家
明治3年（1870年）10月18日〜昭和41年（1966年）7月12日
[生]石川県金沢市下本多町　[名]本名＝鈴木貞太郎　[学]帝国大学文科大学選科〔明治28年〕修了　文学博士〔昭和9年〕　[資]日本学士院会員〔昭和24年〕　[歴]高等中学中退後、石川県で教員をし、のち東京専門学校、帝国大学選科に進む。明治24年鎌倉円覚寺の今北洪川、釈宗演に師事、大拙の道号を受ける。30年から42年まで米国、ヨーロッパに学び、その間「大乗起信論」などを英訳し、仏教思想を欧米に広める。帰国後、学習院大学教授となり、大正10年真宗大谷大学教授に就任。同大で英文仏教雑誌「イースターン・ブディスト」を創刊。昭和9年文学博士となり、以後国際的に活躍し、24年から10年間、ハワイ大学などの講師として仏教哲学を講じた。24年日本学士院会員となり、文化勲章を受章した。主著に「禅思想史研究」（全4巻）「浄土系思想論」「日本的霊性」、「鈴木大拙未公開書簡」、「鈴木大拙全集」（全32巻、岩波書店）がある。　[勲]文化勲章〔昭和24年〕

鈴木 大麻　すずき・たいま
日本画家
明治34年（1901年）〜昭和50年（1975年）
[生]三重県桑名市　[名]本名＝鈴木友次郎　[歴]昭和2年再興第14回院展に「夏日」で初入選。4年日本美術院友となり、以後院展に入選を重ねる。15年紀元二千六百年奉祝美術展に「養蠶」で入選した。

鈴木 孝　すずき・たか
鈴木貫太郎首相夫人
明治16年（1883年）7月4日〜昭和46年（1971年）9月23日
[生]北海道札幌　[名]旧姓・旧名＝足立たか　[学]東京府立第二高等女学校師範科保育専攻卒　[歴]東京女子高等師範学校附属幼稚園（竹早幼稚園）を経て、明治38年〜大正4年侍女として迪宮（昭和天皇）、淳宮（秩父宮）に仕える。同年鈴木貫太郎と結婚。昭和11年二・二六事件で夫がとどめを刺されそうになった際、襲撃した安藤輝三陸軍大尉にとどめを刺さないよう頼み、そのため夫は重傷を負ったものの一命をとりとめた。20年4月夫は首相となり、日本を終戦に導いた。　[家]父＝足立元太郎（農商務官僚）、夫＝鈴木貫太郎（海軍大将・首相）

鈴木 孝雄　すずき・たかお
陸軍大将
明治2年（1869年）10月29日〜昭和39年（1964年）1月29日
[生]千葉県　[学]陸士（第2期）〔明治24年〕卒　[歴]明治25年野砲第1連隊付、日清戦争に従軍、30年第7師団副官、35年陸大教官、日露戦争に野砲第8・第10連隊大隊長で出征。45年野砲第21連隊長、大正3年事務局砲兵課長、10年陸士校長を経て第14師団長、13年技術本部長、昭和2年大将、8年予備役。13年靖国神社宮司、17年大日本青少年団長、27年偕行社会長などを務めた。　[家]兄＝鈴木貫太郎（海軍大将・首相）

鈴木 武雄　すずき・たけお
経済学者　京城帝国大学法文学部教授
明治34年（1901年）4月27日〜昭和50年（1975年）12月6日
[生]兵庫県神戸　[専]財政学、金融論　[学]東京帝国大学法学部政治学科〔大正14年〕卒、東京帝国大学経済学部大学院修了　経済学博士〔昭和36年〕　[歴]東京市政調査会研究員を経て、昭和3年京城帝国大学法文学部助教授。8〜10年欧米留学、10年教授、20年退官。戦後は武蔵大学教授、同学長。労農派系の財政・金融学者として知られる。

鈴木 楯夫　すずき・たてお
社会運動家　全国労農大衆党中央委員　名古屋市議
明治13年（1880年）1月3日〜昭和21年（1946年）1月15日
[生]愛知県海東郡井和村（あま市）　[学]橘小卒　[歴]小学校を卒業後、銀行の給仕、水利事務所、監獄の看守、警察官などの職業に就く。明治37年週刊平民新聞を読んで社会主義に目覚め、39年日本社会党に入党。40年上京して片山潜の週刊社会新聞発行所に寄宿し、片山と各地を遊説して歩いた。42年名古屋に戻り、名古屋通信社に入社。43年大逆事件の巻き添えを食い、押収された日記に天皇制批判の記載があったことから不敬罪で起訴され、懲役5年の判決を受け、名古屋監獄に収監された。大正元年明治天皇崩御による大赦で出獄。大正期には普通選挙運動に取り組み、8年労働時報、9年社会新聞、11年社会通信などの個人宣伝紙を発行して評論活動を行う。また、名古屋地方の無産政党運動にも積極的に関わり、昭和2年地方政党の労農民衆党結成に参加して書記長。3年同党は社会民衆党に合流、4年普通選挙による初の名古屋市議会選挙に立候補して当選。8年落選した。名古屋大学附属図書館に「鈴木楯夫文庫」がある。

鈴木 為次郎　すずき・ためじろう
棋士（囲碁）
明治16年（1883年）5月24日〜昭和35年（1960年）11月20日
[生]愛知県　[学]京北中学校卒　[歴]方円社に入り、日露戦争に志願兵として従軍。除隊後本因坊秀栄に師事、3段。大正3年碁を中断、シンガポールでゴム園を経営したが失敗、8年帰国、方円社員に復帰、10年6段。13年瀬越憲作らと「裨聖会」を結成。日本棋院創立に参加、一時棋正社に移ったが復帰し長老として棋院に尽くした。長考派で有名。古今の定石を集大成した「囲碁大辞典」（全3巻）を刊行。

鈴木 千久馬　すずき・ちくま
洋画家
明治27年（1894年）7月23日〜昭和55年（1980年）9月7日
[生]福井県福井市　[学]東京美術学校西洋画科〔大正10年〕卒　[資]日本芸術院会員〔昭和47年〕　[歴]美校在学中は藤島武二に師事。大正10年帝国美術院展に「緑蔭にて」が初入選。14年第6回帝展で「寝椅子の裸婦」が特選受賞して以来、昭和元年、2年と連続して特選を受賞。3年渡欧し、ブラマンクのフォービスムなどを学び、4年帰国。5年第5回1930年協会展に滞欧作38点を出品、また官展へも出品する。15年中野和高らと創元会を結成。戦後は創元会と日展に作品を発表し、32年「てっせん」などで日本芸術院賞受賞。日本的フォービスムといわれる画風に独自の境地を開いた。　[賞]日本芸術院賞〔昭和32年〕「てっせん」

鈴木 忠吉　すずき・ちゅうきち

衆議院議員
明治28年（1895年）12月9日～昭和37年（1962年）1月25日
［出］静岡県　［学］慶応義塾大学卒　［歴］昭和17年衆議院議員に当選、1期務める。20年東海自動車社長、25年会長。

鈴木 忠治　すずき・ちゅうじ

実業家　味の素創業者　メルシャン創業者　昭和電工社長
明治8年（1875年）2月2日～昭和25年（1950年）12月29日
［出］神奈川県三浦郡堀内村（葉山町）　［学］横浜商〔明治27年〕卒　［歴］初代鈴木三郎助の二男。生まれた年の末、二姉と父を流行病の腸チフスで亡くした。明治27年横浜商業学校を第3期生として卒業すると、母と兄・2代目三郎助が始めたヨード製造事業に参加。39年帝国肥料会社支配人。40年合資会社鈴木製薬所が設立されると業務執行役員となり、45年合資会社鈴木商店に社名変更。大正6年株式会社に改組されると同専務。明治41年兄が池田菊苗が発明したグルタミン酸ソーダの特許権共有者となり、42年「味の素」として製造・販売を開始すると、技術面の最高責任者として兄を支え、工業化に尽くした。昭和6年兄の死により、鈴木商店、東信電気各社長に。9年「味の素」の製造過程で出来る副産物を利用して合成清酒の開発を思いつき、昭和酒造（現・メルシャン）を創業。11年昭和肥料会長となり、14年同社と日本電気工業が合同して昭和電工が誕生。15年同社社長就任に伴い、鈴木商店社長を退任。18年内閣顧問。8人の息子たちは秀才揃いで"鈴木8兄弟"として有名。［家］長男＝鈴木三千代（メルシャン社長）、二男＝鈴木松雄（昭和電線電纜社長）、三男＝鈴木竹雄（東京大学名誉教授）、四男＝鈴木義雄（日揮社長）、五男＝鈴木治雄（昭和電工社長）、六男＝鈴木正雄（三菱自動車販売社長）、七男＝鈴木秀雄（野村証券顧問）、八男＝鈴木泰雄（多摩電気工業社長）、父＝鈴木三郎助（1代目）、母＝鈴木ナカ（実業家）、兄＝鈴木三郎助（2代目）、女婿＝竹内徳治（香川県知事）

鈴木 亜夫　すずき・つぎお

洋画家
明治27年（1894年）3月26日～昭和59年（1984年）12月7日
［生］大阪府　［学］東京美術学校西洋画科〔大正10年〕卒　［歴］白馬会葵橋洋画研究所に学び、大正5年二科会展に初入選。昭和4年一九三〇年協会、5年独立美術協会創立委員となる。代表作に「ターン・テーブル」「紫陽花」など。太平洋戦争中に大作「ラングーンの防空とビルマ人の協力」を描いた。戦後、41年～42年渡欧。

鈴木 貞一　すずき・ていいち

陸軍中将　企画院総裁
明治21年（1888年）12月16日～平成1年（1989年）7月15日
［出］千葉県山武郡芝山町　［学］陸士（第22期）〔明治43年〕卒、陸大〔大正6年〕卒　［歴］明治43年歩兵第18連隊長付、大正6年参謀本部付、9年からは中国問題を担当、支那班、作戦課、北京・上海駐在員を経て、15年歩兵第48連隊大隊長。昭和6年軍務局員・新聞班長から内閣調査局調査官、13年興亜院政務部長。16年4月からは企画院総裁として第二次、第三次近衛文麿内閣、東条英機内閣に留任。陸軍の代表的な政治軍人。戦後A級戦犯で終身刑となったが、30年9月出所。郷里に戻り、以後公職にはつかなかった。

鈴木 伝明　すずき・でんめい

俳優
明治33年（1900年）3月1日～昭和60年（1985年）5月13日
［生］東京市下谷区上野桜木町（東京都台東区）　［出］福島県　［名］本名＝鈴木伝明、別名＝東郷是也　［学］明治大学商科〔大正13年〕卒　［歴］大正9年に「路上の霊魂」でデビュー、日活京都の「慶境」に主演し、エキゾチックな容ぼうで話題を集めた。後、「金

色夜叉」「青春の歌」などに次々と主演、無声時代の大正末期にスポーツマンタイプの二枚目スターとしての地位を築いた。昭和に入ってからも「近代武者修行」「感激時代」で田中絹代と共演したりしたが、23年に「にっぽんＧメン」で片岡千恵蔵と共演した後はほとんど姿を見せていない。戦後、衆議院選挙と参議院選挙に2度ずつ立候補したが、いずれも落選。

鈴木 東民　すずき・とうみん

ジャーナリスト　読売新聞編集局長
明治28年（1895年）6月25日～昭和54年（1979年）12月14日
［生］東京都　［出］岩手県釜石市　［学］東京帝国大学経済学部〔大正13年〕卒　［歴］家は代々岩手県気仙郡唐丹村字川目（現・釜石市）で医業を営む。遠野中学、二高を経て、東京帝国大学では吉野作造博士の薫陶を受け、新人会・帝大新聞で活躍。大正13年帝大卒業後、大阪朝日新聞京都支局に入り、社会部記者となる。昭和4年日本電報通信社（現・電通）のドイツ特派員を経て、10年読売新聞に迎えられ、外報部長、論説委員を歴任。この間、日本軍閥の侵略戦争に反対するとともに反ナチの論陣を張り、戦後、新聞界を賑わした読売争議を闘争委員長として指導した。争議解決後、編集局長兼論説主幹。23年共産党に入党するが、2年後に脱党。その後岩手県知事選、衆議院選挙などに出馬するが落選し、30年5月釜石市長に当選、3期12年間市長を務める。公害阻止のため釜鉄とたたかい、42年市長選に敗れて釜石を追われた。著書に「ナチスの国を見る」など。

鈴木 利貞　すずき・としさだ

日本評論社社長
明治20年（1887年）8月23日～昭和42年（1967年）12月23日
［出］岩手県水沢市（奥州市）　［学］一関中卒　［歴］大正8年日本評論社に入社。14年創業者の茅原茂の没後に経営を引き継ぎ、15年評論や随筆を中心とした月刊経済誌「経済往来」を創刊。昭和3年株式会社に改組して社長に就任。"円本ブーム"の中で「社会経済大系」（全24巻）、「明治文化全集」（全24巻）、「現代法学全集」（全39巻）などを次々と刊行、社会科学分野を中心に戦前の出版界で独自の地位を築く一方、10年「経済往来」を「日本評論」に改題、室伏高信を主筆に迎えて「中央公論」「改造」に匹敵する総合誌に育てあげた。27年社長を退任。この間、20年日本出版協会の初代会長。［家］女婿＝鈴木三男吉（日本評論社社長）

鈴木 敏也　すずき・としや

国文学者　広島文理科大学教授
明治18年（1885年）10月13日～昭和20年（1945年）12月9日
［出］愛知県　［名］号＝菫村　［学］東京帝国大学卒　［歴］広島高等師範学校教授を経て、昭和4年広島文理科大学教授となる。20年8月広島で被爆。同年学長事務取扱に任命されたが、数日後に亡くなった。著書に「近世日本小説史」「近代国文学素描」などがある。

鈴木 友訓　すずき・とものり

実業家　日本ピストンリング創業者
明治10年（1877年）12月～昭和26年（1951年）1月10日
［生］和歌山県田辺市　［名］旧姓・旧名＝栗山　［歴］小学校を卒業し、12歳で上京。明治27年築地の海軍工廠の職工となって軍用船舶の機関（エンジン）を取り扱い、独力で舶用機関の勉強に従事。その姿勢を評価され、工廠の技師から坩堝炭素鋼、坩堝鋳鋼、可鍛鋳鉄などの製法の手ほどきを受けた。31年日本郵船横須賀ドックに移り、英国人技師について舶用機関学を学ぶとともに、米国航路の機関室勤務を命じられて実地での経験を積む。37年同志と東京・深川に秋月製作所を設立して支配人兼技師長に就任。またこの頃、結婚して鈴木家の養子となった。45年築地に鈴木製作所を創業。焼玉エンジンをはじ

すすき　　　　　　　　　　　　昭和人物事典 戦前期

め精米機や製粉機などを手がけ、特に鈴木式アイエキセル精米機が評判を呼んだが、大正12年関東大震災で工場を焼失。地方の売掛金を回収して、埼玉県川口町（現・川口市）に工場を建て再スタートを切った。昭和に入るとピストンリング製作に取り組み、6年日本ピストンリング製作所に改称してピストンリング専業メーカーとなり、9年日本ピストンリング株式会社に改組。すぐに陸海軍の指定工場となり、戦時下の軍需生産を担って成長の基盤を築いた。　家女婿＝田所鷹一（日本ピストンリング社長）

す

鈴木 虎雄　すずき・とらお
中国文学者 漢詩人 歌人 京都帝国大学名誉教授
明治11年（1878年）1月18日～昭和38年（1963年）1月20日
生新潟県西蒲原郡粟生津村（燕市）　名号＝鈴木豹軒、鈴木薬房　専詩賦　学東京帝国大学文科大学漢文科〔明治33年〕卒 文学博士〔大正8年〕　賞帝国学士院会員〔昭和14年〕　歴幼少から漢詩、漢文を学び、東京で根岸短歌会に参加。早大講師から台湾日日新聞社に赴き、38年東京に戻り東京高等師範学校講師、教授を経て、41年京都帝国大学助教授、大正8年教授となり、昭和13年名誉教授。中国文学者として活躍し、学位論文「支那詩論史」をはじめ「支那文学研究」「陶淵明詩解」など多くの著書がある。数千首にのぼる漢詩は「豹軒詩鈔」「豹軒退休集」に収められ、和歌集には「薬房主人歌草」がある。　家岳父＝陸羯南（ジャーナリスト・評論家）　勲文化勲章〔昭和36年〕　賞文化功労者〔昭和23年〕

鈴木 寅彦　すずき・とらひこ
衆議院議員
明治6年（1873年）3月23日～昭和16年（1941年）9月18日
出福島県会津若松市　学東京専門学校（現・早稲田大学）邦語政治科〔明治29年〕卒　歴日本曹達社長、北海道瓦斯会長、東京瓦斯・朝鮮鉄道各専務等を務めた。また、明治41年福島2区より衆議院議員に連続3選。昭和5年と7年にも当選、通算5期。民政党に所属した。

鈴木 花蓑　すずき・はなみの
俳人
明治14年（1881年）8月15日～昭和17年（1942年）11月6日
生愛知県知多郡半田町　名本名＝鈴木喜一郎　歴大正4年に上京、長く大審院の書記を務めた。俳句は7年頃から高浜虚子に師事、大正末から昭和初期にかけて「ホトトギス」で活躍し花蓑時代を築く。大阪朝日地方版、新愛知新聞俳壇の選者を担当、「アヲミ」を主宰した。酒好きで有名。「鈴木花蓑句集」の遺著がある。

鈴木 彦次郎　すずき・ひこじろう
小説家 岩手県教育委員長
明治31年（1898年）12月27日～昭和50年（1975年）7月23日
生東京都深川区島田町　学東京帝国大学国文科〔大正13年〕卒　歴大正10年川端康成らと第六次「新思潮」を刊行し創作活動を始める。13年「文芸時代」の創刊に参加し、「宗次郎は跛だ」「蛇」などを発表。新感覚派の衰退後は農民小説・歴史小説・大衆小説に転じ、とくに相撲小説を多く発表。「七月の健康美」「巨石」「闘魂一二所ノ関物語」など多くの著書がある。昭和19年盛岡に疎開、戦後はこの地で文化運動を活発に行い、岩手県立図書館長、岩手県教育委員長などを務めた。他に東京薬科大学教授、盛岡短期大学教授を歴任。　家父＝鈴木巌（衆議院議員）、弟＝鈴木小弥太（鹿島映画社長）

鈴木 英雄　すずき・ひでお
衆議院議員
明治10年（1877年）11月～昭和37年（1962年）3月8日
生神奈川県小田原　学東京帝国大学政治学科〔明治36年〕卒

歴農商務省に入り、水産局漁政課長、大臣官房会計課長、特許局長などを経て、昭和3年衆議院議員となり、当選4回。政友会、翼賛議員同盟に属した。19～21年小田原市長、小田原魚市場社長、日本魚網具社長なども務めた。27年小田原信用金庫理事長に請われ、取付け騒ぎを沈静、再建に成功。死後小田原市初の名誉市民。

鈴木 ひでる　すずき・ひでる
薬学者 日本初の女性薬学博士
明治21年（1888年）11月6日～昭和19年（1944年）12月27日
生愛知県碧海郡富士松村（刈谷市）　学豊橋高等女学校〔明治39年〕卒, 日本女子大学校教育学部〔明治43年〕卒 薬学博士（東京帝国大学）〔昭和12年〕　歴東京帝国大学教授の長井長義が日本女子大学校でも講義していたため、明治43年卒業後も長井の講義実験助手として化学教室に残る。大正元年文部省中等教員化学科検定、7年薬剤師試験に合格。9年から5年間、東京帝大薬学科で異例の女子専攻生として近藤平三郎の指導を受けた。昭和4年日本女子大学校教授。レモンヂソの揮発油成分であるベレリンの構造を決定し、12年同論文により我が国初の女性薬学博士となった。また、牧野富太郎の植物採集同好会にも参加した。

鈴木 啓久　すずき・ひらく
陸軍中将
明治23年（1890年）～昭和57年（1982年）12月5日
生福島県　学陸士（第23期）〔明治44年〕卒　歴昭和16年8月陸軍少将、20年4月陸軍中将。この間、中国・万里長城沿いに無作地帯を設定するなど、抗日根拠地や遊撃地区に対する“三光作戦”の指揮にあたった。満州で終戦を迎え同年8月ソ連軍の捕虜となり、25年中国に引き渡される。ハバロフスク、満州撫順で抑留生活を送る。31年特別軍事法廷で禁固20年の刑となるが、38年6月の満期前の37年帰国した。

鈴木 弘子　すずき・ひろこ
女優
生年不詳～昭和6年（1931年）3月20日
出宮城県仙台市　名芸名＝大町弘子　歴松屋デパートの店員だった時スカウトされ、昭和4年大町弘子の名で女優としてデビュー。蒲田撮影所の「脚線美スター」として売り出したが伸び悩み、女優を廃業、同撮影所の企画部員となる。6年3月20日、東海道線大磯駅近くの線路内で貨物列車にひかれて死亡。俳優・毛利輝夫との心中だった。

鈴木 富士弥　すずき・ふじや
衆議院議員
明治15年（1882年）11月26日～昭和21年（1946年）1月12日
出大分県　学東京帝国大学独法科〔明治39年〕卒　歴欧米を視察後弁護士開業。大正6年以来衆議院議員当選6回、憲政会、民政党に属し、内務参与官、党政調会長を務め、昭和4年浜口雄幸内閣の書記官長となった。

鈴木 筆子　すずき・ふでこ
日本舞踊家 日本舞踊鈴木流創始者
明治33年（1900年）12月24日～昭和50年（1975年）9月1日
生東京市牛込区（東京都新宿区）　名本名＝鈴木富天、旧姓・旧名＝前田　歴父は開業医。母は小説家広津柳浪の姪に当たる。演劇を志し、有楽座を経て、劇作家・坪内逍遙の主宰する文芸協会研究所で活動。その後、医師の鈴木留と結婚し、熊本県菊池郡に移った。昭和5年には同地で日本舞踏の鈴木流を創始。その伝統と近代的な感覚を兼ね備えた踊りは高く評価され、日本の舞踊界に新風を巻き起こした。

昭和人物事典 戦前期 　　　　　　　　　すすき

鈴木 文治　すずき・ぶんじ
労働運動家 日本労働総同盟会長 衆議院議員
明治18年（1885年）9月4日〜昭和21年（1946年）3月12日
生宮城県栗原郡金成村（栗原市）　学東京帝国大学法科大学政治学科〔明治43年〕卒　歴10歳で受洗。秀英舎（現・大日本印刷）、東京朝日新聞記者を経て、明治44年東京ユニテリアン派統一基督教弘道会幹事となる。大正元年友愛会を結成、10年日本労働総同盟と改称、昭和5年までその会長を務めた。この間、大正15年社会民衆党創立に参画、中央執行委員となり、昭和3年から衆議院議員に3回当選。15年党除名。また国際労働機関（ILO）総会代表に4回選ばれた。戦後は日本社会党結成に参加、21年の総選挙に立候補したが、選挙運動中に急死した。著書に「日本之労働問題」「国際労働問題」「労働運動20年」など。

鈴木 文史朗　すずき・ぶんしろう
ジャーナリスト 評論家 朝日新聞常務
明治23年（1890年）3月19日〜昭和26年（1951年）2月23日
生千葉県海上郡豊浦町（銚子市）　名本名＝鈴木文四郎　学銚子中〔明治42年〕卒、東京外国語学校（現・東京外国語大学）英語学科〔大正2年〕卒　歴大正3年「フーズフー・イン・オリエント」編集、4年三菱合資会社地所部を経て、6年東京朝日新聞社に入社。7年抜擢されてシベリア出兵の従軍記者となり、その後も特派員としてパリ講和会議、ロンドン軍縮会議、ワシントン軍縮会議などに派遣された。11年杉村楚人冠の下でグラフ局編集部長となり、雑誌「アサヒグラフ」の創刊・編集に従事。14年社会部長に就任し、大正から昭和という時代の変り目において第一線で活躍した。その後、昭和5年整理部長兼論説委員、9年編集総務、10年名古屋支社長などを歴任。17年政府の要請でジャワへ渡り、同地における新聞発行の基礎を固めた。帰国後、常務を経て、20年3月出版総局長。10月日本出版協会の初代会長に選ばれたが間もなく社内事情により辞退。戦後は21年「リーダーズ・ダイジェスト」日本版編集長に迎えられ、24〜25年同支社長。24年全国出版協会名誉会長。日本青年館理事長として青年運動にも尽力した。25年参議院議員に当選したが、間もなく病死した。著書に「米欧変転記」「文史朗随筆」「心を打つもの」などがある。

鈴木 文助　すずき・ぶんすけ
生化学者 東京帝国大学教授
明治20年（1887年）1月〜昭和24年（1949年）11月8日
生福島県　名旧姓・旧名＝荒木　学東京帝国大学農科大学農芸化学科〔明治45年〕卒 農学博士〔大正14年〕　歴大正12年京都帝国大学教授。昭和9年東京帝国大学教授となり、理化学研究所研究員兼務。著書に「生物化学」などがある。　家養父＝鈴木梅太郎（農芸化学者）　賞帝国学士院恩賜賞（第23回）〔昭和8年〕

鈴木 聞多　すずき・ぶんた
陸上選手
生年不詳〜昭和14年（1939年）7月10日
出埼玉県比企郡川島町　学慶応義塾大学　歴川越中時代、全国中等学校選手権大会で優勝。のち、慶応義塾大学時代の陸上部主将を務め、昭和10年ハンガリーで開かれた国際学生陸上大会で2位、ドイツで開かれた五ケ国対抗陸上大会では、欧州チャンピオンを破り、優勝。11年23歳の時ベルリン五輪に出場。当時世界記録が100メートル10秒3の時代に、10秒6で走り、4年後の東京五輪のエースと期待されたが、13年日中戦争のため陸軍に入隊し、14年中国で戦死。モンタの愛称で呼ばれた。

鈴木 政吉　すずき・まさきち
楽器製造家
安政6年（1859年）11月18日〜昭和19年（1944年）1月31日
生尾張国（愛知県）　歴三味線職人の家に生まれ、明治7年頃から三味線づくりに従事。愛知師範学校で初めてバイオリンを見て製作を始める。22年上京して東京音楽学校の外人教師に試作品を見せて称賛され、販売を始めた。33年頃には特殊機械を発明してバイオリン製造の機械化に成功。第一次大戦によってドイツ製品が途絶えた大正4、5年頃には欧米からの注文が殺到し、"鈴木バイオリン"の名は国際的なものとなった。その後チェロ、ビオラ、ギターなどの製造も始め、昭和5年鈴木バイオリン製造を設立、社長に就任。16年社長を辞し、晩年は名器の製作に力を注いだ。三男は"鈴木メソード"で知られるバイオリン教育指導者の鈴木鎮一。　家三男＝鈴木鎮一（バイオリン教育指導者）

鈴木 雅次　すずき・まさつぐ
土木工学者 内務技監 日本大学教授
明治22年（1889年）3月6日〜昭和62年（1987年）5月28日
生長野県東筑摩郡松本町（松本市）　専港湾工学, 土木計画学　学松本中〔明治41年〕卒、八高〔明治44年〕卒、九州帝国大学工科大学土木工学科〔大正3年〕卒 工学博士（九州帝国大学）〔昭和2年〕　歴大正3年内務省に入省。6年技師となり、9〜10年欧米へ留学。11年より鉄道技師兼務。昭和9年土木局第二技術課長、11年同第一技術課長、14年東京土木出張所長を経て、17〜20年内務技監。傍ら、5年から日本大学工学部教授を兼任、39年名誉教授。19年土木学会会長、38年日本港湾協会会長を歴任。港湾主任技師として全国の重要港湾の調査設計や地方港湾の監督指導に従事した他、土木事業の投資効果の計量化や土木計画学の創設などに貢献。43年には土木分野では初となる文化勲章を受章した。著書に「港湾工学」「港湾」「河」「土木屋さん」「愚直の道」などがある。　勲文化勲章〔昭和43年〕　賞文化功労者〔昭和43年〕

鈴木 幹太　すずき・みきた
南山堂創業者
明治14年（1881年）10月30日〜昭和25年（1950年）6月8日
生東京都　歴明治34年東京・本郷龍岡町に南山堂書店を創業、医学・薬学図書の出版と販売を始める。大正9年雑誌「治療及処方」（現・「治療」）を創刊。昭和初期に各科最高権威の著書を相次いで出版し、事業を急速に拡充。23年改組して株式会社南山堂とし、子息・鈴木正二に社長を譲った。　家息子＝鈴木正二（南山堂社長）

鈴木 道太　すずき・みちた
教育家
明治40年（1907年）8月1日〜平成3年（1991年）3月13日
生宮城県白石市　名本名＝鈴木銀一　専児童文化, 家庭教育　学宮城師範〔昭和2年〕卒　歴昭和2年仙台市郊外の七郷村荒浜小学校に赴任、貧しい子どもたちに接して生活綴方運動、土に根ざした文化運動を展開。謄写版刷りの児童文集「手旗」などを出し、県下の教育同人誌「カラマード」を主宰。8年宮城県内の綴方、国語教師を糾合し「国語教育研究」を創刊、また9年には宮城、秋田、山形、福島の教師を糾合、北日本国語教育連盟を結成、機関紙「教育・北日本」を創刊、青森、岩手の参加を得て東北地方に地方性教育の実践を広げた。14年教育科学研究会に参加、15年治安維持法違反容疑で検挙、起訴された。18年出獄、土木労務者、大河原町役場書記などをして敗戦。23年から宮城県児童福祉司となり教育、文化運動に活躍した。著書に「親と教師への子どもの抗議」「鈴木道太著作選集」（全3巻）などがある。

鈴木 宗忠　すずき・むねただ
宗教学者 哲学者 東北帝国大学教授
明治14年（1881年）7月28日〜昭和38年（1963年）7月31日

すすき　　　　　　　　　　　　　昭和人物事典 戦前期

す

〔生〕愛知県　〔名〕別名＝鈴木宗奕　〔専〕大乗仏教　〔学〕東京帝国大学
文科大学哲学科宗教学専攻〔明治40年〕卒 文学博士　〔歴〕大正2
年郷里の臨済宗妙心寺派東観音寺の住職となる。13年東北帝
国大学教授、昭和19年立正大学教授、27年駒沢大学教授、30
年日本大学教授を歴任。この間28年妙心寺派僧籍を脱籍した。
著書に「社会哲学の諸問題」「親鸞の生涯とその体験」「唯識
哲学研究」「基本大乗浄土仏教」など。

鈴木 茂三郎　すずき・もさぶろう
社会運動家 日本無産党書記長
明治26年（1893年）2月7日〜昭和45年（1970年）5月7日
〔生〕愛知県蒲郡市　〔名〕筆名＝薄茂人　〔学〕早稲田大学専門部政経
科〔大正4年〕卒　〔歴〕「報知新聞」「大正日日新聞」の政治・経済
記者を経て、大正9年渡米。在米中社会主義に関心を持ち、革
命直後のソ連に入り、11年帰国。同年日本共産党に入党。同
年12月東京日日新聞社に入社し、昭和3年まで勤務。この間、
2年山川均らと「労農」を創刊、執筆活動を続ける。3年無産
大衆党の結成に参加し書記長。以後 全日本大衆党、全国労農
大衆党などの役員を歴任。11年労農無産協議会（12年日本無
産党に改称）書記長となるが、12年12月人民戦線事件で検挙。
戦後は日本社会党の結成に加わり、21年から衆議院議員に当
選9回。24年書記長、26年委員長となり、分裂後は左派の委員
長。30年社会党統一後も委員長を務め、35年委員長辞任。41
年引退した。　　〔家〕三男＝鈴木徹三（法政大学名誉教授）

鈴木 安蔵　すずき・やすぞう
憲法学者
明治37年（1904年）3月3日〜昭和58年（1983年）8月7日
〔生〕福島県相馬郡小高町　〔専〕憲法史、憲法学史、政治学　〔学〕京
都帝国大学経済学部〔昭和2年〕中退 法学博士（京都大学）〔昭
和25年〕　〔歴〕京都帝国大学在学中から日本学生社会科学連合
会の主要メンバーになり、治安維持法違反容疑第1号（京都学
連事件）に問われたが、釈放後昭和2年大学を中退して独学で
政治学を学習。プロレタリア科学研究所、産業労働調査所に
参画。4年「第二無産者新聞」の活動で再び治安維持法違反と
され、7年まで投獄される。8年以降、憲法学研究に転じ、マ
ルクス主義憲法学者として活躍した。戦後、高野岩三郎らと
憲法研究会を作って現憲法に近い憲法草案を連合国軍総司令
部（GHQ）と内閣に提出したと護憲の論陣を張った。一方、
27年静岡大学教授、愛知大学教授兼任、42年定年退官、静岡
大学名誉教授、42〜51年立正大学教授を歴任。著書に「憲法
の歴史的研究」「日本憲法史研究」「史的唯物論と政治学」「比
較憲法史」「日本憲法学史研究」など。

鈴木 安孝　すずき・やすたか
衆議院議員
明治10年（1877年）9月15日〜昭和30年（1955年）2月27日
〔生〕宮城県桃生郡須江村（石巻市）　〔学〕和仏法律学校〔明治36年〕
卒　〔歴〕明治39年秋田地方裁判所判事となり、その後弁護士とな
る。秋田県会議員、秋田市長、同弁護士会長を務めた。昭和3
年衆議院議員初当選、以降3選。政友会に所属した。22年参議
院議員に当選。参議院郵政・法務各委員長に就任した。　〔家〕
長男＝鈴木一（衆議院議員）、娘＝西岡光子（弁護士）

鈴木 庸生　すずき・ようせい
工業化学者 理化学研究所主任研究員
明治11年（1878年）9月26日〜没年不詳
〔生〕石川県　〔学〕東京帝国大学理科大学〔明治35年〕卒 理学博士
〔昭和6年〕　〔歴〕東京帝国大学講師、南満州鉄道（満鉄）瓦斯作
業所長、中央試験所応用化学課長、鞍山製鉱所製造課長を経
て、大正11年理化学研究所に入り、12年より主任研究員。昭
和8年日本化学会長。　〔家〕岳父＝桜井錠二（化学者・男爵）

鈴木 義男　すずき・よしお
法律学者 弁護士 東北帝国大学教授
明治27年（1894年）1月17日〜昭和38年（1963年）8月25日
〔生〕福島県白河市　〔学〕東京帝国大学法科大学法律学科〔大正8
年〕卒 法学博士　〔歴〕東京帝国大学法学部助手、助教授を経て、
大正9年東京女子大学教授、13年東北帝国大学教授。のち弁護
士となり、帝人事件、人民戦線事件、ゾルゲ事件など担当。戦
後は日本社会党結成に参加、衆議院議員を7期務めた。22年片
山内閣の法相となり、23年芦田内閣でも留任。専修大学教授、
学長、理事長も歴任。35年民主社会党結成に参加。

鈴木 与平（6代目）　すずき・よへい
実業家 鈴与創業者 貴族院議員（多額納税）
明治16年（1883年）2月5日〜昭和15年（1940年）5月2日
〔生〕静岡県清水市（静岡市）　〔名〕旧姓・旧名＝山崎、幼名＝通太
郎　〔学〕東京高等商業学校（現・一橋大学）専攻科〔明治39年〕
卒　〔歴〕養家の鈴木与平商店に勤め、大正6年家督相続、6代目
鈴木与平を名のる。昭和11年株式会社鈴与商店（現・鈴与）に
改組。家業の回漕業を軸に倉庫業、海運業などを多角経営し、
14年までに鈴与倉庫、清水木材倉庫、駿遠塩業、清水運送、清
水食品、鈴与機械製作所、清水精機を次々設立。この間大正13
年から清水市会議員、昭和6年からは静岡県会議長、清水商工
会議所会頭を歴任。14年多額納税の貴族院議員。　〔家〕息子＝
鈴木与平（7代目）、孫＝鈴木与平（8代目）

鈴木 率道　すずき・よりみち
陸軍中将
明治23年（1890年）2月18日〜昭和18年（1943年）8月5日
〔生〕広島県　〔学〕陸士（第22期）〔明治43年〕卒、陸大〔大正7年〕
卒　〔歴〕明治43年野砲第5連隊付、参謀本部員を経てフランス駐
在、帰国後野砲第5連隊大隊長。大正14年参謀本部作戦課長、昭
和7年同課長となり、対ソ作戦計画を立案。日中戦争開戦後第
2軍参謀長、航空総務部長、航空本部第1部長、14年中将。太
平洋戦争中は航空兵団司令官、第2航空軍司令官を務め、18年
予備役。

薄田 泣菫　すすきだ・きゅうきん
詩人 随筆家
明治10年（1877年）5月19日〜昭和20年（1945年）10月9日
〔生〕岡山県浅口郡大江連島村（倉敷市連島町）　〔名〕本名＝薄田淳
介　〔学〕岡山県尋常中学校（現・岡山朝日高）中退　〔歴〕中学中退
後、明治27年上京し、漢学塾の助教をしながら独学研修する。
30年頃から「新著月刊」などに投稿し、32年「暮笛集」を刊
行、詩壇的地位を確立した。以後「ゆく春」「二十五絃」「白玉
姫」「白羊宮」などを刊行。大正元年大阪毎日新聞社に入社、
4年学芸部副部長になり、8年部長となったが、12年病気のた
め退職した。その間、4年からコラム「茶話」を連載し、好評
を得た。退職後は口述筆記で「太陽は草の香がする」「艸木虫
魚」など6冊の随筆を出したが、パーキンソン症候群の病床生
活で終った。「薄田泣菫全集」（全8巻、創元社）がある。

薄田 研二　すすきだ・けんじ
俳優
明治31年（1898年）9月14日〜昭和47年（1972年）5月26日
〔生〕福岡県福岡市西新町　〔名〕本名＝高山徳右衛門、幼名＝高山
徳太郎　〔学〕鹿島中　〔歴〕大正14年築地小劇場に入り、薄田研二
として「どん底」で初舞台、「役の行者」などにも出演した。
小山内薫の死後の昭和4年丸山定夫、土方与志らと新築地劇団
を結成、「西部戦線異状なし」などに主演。そのころ日本プロ
レタリア劇場同盟に加入し「土」の勘次など、左翼演劇の伝
統の中で好評を得た。15年逮捕され新築地は解散。その後大
映専属の映画俳優となり、17年丸山定夫と苦楽座を組織。戦
後は東京芸術劇場、新協劇団、中央芸術劇場を経て、34年村

山知義と東京芸術座を主宰した。共産党に入党。またススキダ演技研究所で後進を育てた。著書に「暗転―わが演劇自伝」など。　家妻＝内田礼子（女優）

薄田 美朝　すすきだ・よしとも
警視総監
明治30年（1897年）1月16日～昭和38年（1963年）4月16日
生秋田県男鹿市　学東京帝国大学法学部〔大正9年〕卒　歴大阪府属警部を振り出しに岡山、長崎、広島、京都各府県警察部長を経て、昭和12年警視庁警務部長、満州国治安部次長、総務部次長、さらに群馬、鹿児島各県知事を経て、18年東条内閣警視総監。戦後公職追放、解除後自由党政務調査会治安部長、自民党総務となり、27年以来衆議院議員に当選3回。

スタルヒン, ビクトル
Starhin, Victor
野球選手
大正5年（1916年）5月1日～昭和32年（1957年）1月12日
生ロシア・ペリム州ニジニタギル　出北海道旭川市　名別名＝須田博　学旭川中中退　歴ロシア革命で国を追われ、大正14年日本に亡命して旭川市で暮らす。小学校で野球を始め、投手として活躍。中学3年の昭和9年11月、国籍問題などから学校を中退して全日本に参加。11年巨人に入り投手となった。12年対イーグルス戦でノーヒットノーランを達成。14年、15年最高殊勲選手、13年、15年最優秀投手、14年42勝の日本記録を作る。戦時中は須田博と改名させられ、19年巨人を追放される。戦後は進駐軍の通訳となり、21年再建された巨人の入団要請には応じなかった。同年10月パシフィックに入団して球界に復帰。以後、太陽、大映など弱小球団を転々、30年トンボユニオンズの投手となり対大映戦に勝ち、プロ入り19シーズン目に日本初の300勝を達成、引退した。沢村栄治投手と並ぶ日本プロ野球の名投手で、35年野球殿堂入り。実働19年、586試合登板、通算303勝176敗、1960奪三振、防御率2.09。戦前に2度、日本国籍取得申請するが認められず、生涯を無国籍で生きた。

須藤 永次　すとう・えいじ
実業家 吉野石膏創業者
明治17年（1884年）6月21日～昭和39年（1964年）2月21日
生山形県東置賜郡宮内町（南陽市）　歴明治31年絹織物問屋・大友商店に奉公に出る。年季が明けると製糸工場の現場長を経て、43年蚕物一般の仲買商として独立、須藤永次商店を開いた。大正7年石黒七三郎と、山形県吉野村の吉野石膏採掘所を買収して吉野石膏採掘製造所に社名変更。10年には置賜郡是製糸の再建を引き受けて社長となり、製糸・石炭とも順調に発展していたが、昭和4年恐慌により須藤永次商店も倒産。一切の財産を失うが、石黒から共同事業であった吉野石膏採掘製造所の経営継続を勧められ、以後は同社の経営に専念。7年焼石膏の最大の得意先であった日本タイガーボード製造が競売に付されるとこれを落札。石黒に石膏事業とボード事業の両立を進言したが容れられなかったため、単独でのボード事業進出を決め、日本タイガーボード製造の代表社員となった。8年同社を株式会社に改組、12年には吉野石膏採掘製造所も吉野石膏株式会社とした。15年石黒が石膏事業から手を引くとその保有株を買い取り、名実ともに単独事業となった。17年日本タイガーボード製造を、戦時下の外国語忌避のため日本耐火ボード製造に社名変更。25年同社を吉野石膏に吸収合併。石膏プラスターの画期的量産に成功し、我が国の石膏業界発展に大きく貢献した。　家息子＝須藤恒雄（吉野石膏社長）、孫＝須藤永一郎（吉野石膏社長）

数藤 鉄臣　すどう・かねおみ
埼玉県知事

明治29年（1896年）9月～平成6年（1994年）
生島根県松江市　名旧姓・旧名＝村上　学一高卒, 東京帝国大学法科大学〔大正10年〕卒　歴村上家の二男で、一高教授を務めた数藤五城の養子となる。内務省地方局監査課長、警保局警務課長、官房文書課長を経て、昭和16年岐阜県知事、17年海軍司政長官、18年埼玉県知事。　家養父＝数藤五城（一高教授）

須藤 しげる　すどう・しげる
挿絵画家
明治31年（1898年）9月17日～昭和21年（1946年）2月3日
出愛知県　名本名＝須藤源重, 筆名＝重とも　歴中村岳陵に日本画を学ぶ。「少女画報」「少女倶楽部」などに作品を発表、吉屋信子「花物語」、加藤武雄「君よ知るや南の国」などの少女小説の挿絵で好評を得た。川口松太郎「愛染かつら」をはじめ、恋愛小説の挿絵も手がけた。

須藤 鐘一　すどう・しょういち
小説家
明治19年（1886年）2月1日～昭和31年（1956年）3月9日
生島根県能義郡比田村（安来市）　名本名＝須藤荘一　学早稲田大学英文科〔明治43年〕卒　歴報知新聞記者から大正2年博文館に入り「淑女画報」の編集主任を勤める。その傍ら自らも創作をし、7年「白鼠を飼ふ」を発表。8年「傷める花片」を刊行した。他の著書に「愛憎」「勝敗」「人間哀史」などのほか、句集「春待」など多くの著書がある。

須藤 新吉　すどう・しんきち
哲学者 一高教授
明治14年（1881年）7月4日～昭和36年（1961年）12月21日
生新潟県　学東京帝国大学文科大学哲学科〔明治41年〕卒, 東京帝国大学大学院　歴大正6年三高教授を経て、13年一高教授となり、心理学、論理学、哲学史、倫理学を担当。この間海軍大学校教授も兼任。昭和25年玉川大学教授に就任。主著に「ヴントの心理学」「論理学綱要」などがあり、特に「論理学綱要」は入門書として戦前戦後を通じ幅広く親しまれた。

須藤 政男　すどう・まさお
労働運動家
明治36年（1903年）～昭和12年（1937年）4月
生徳島県　出北海道　名別名＝須藤政尾　歴北海道・栗沢町の小学校に入り、置戸町の小学校を卒業。のち北見市で働き、大正9年頃札幌の夜学校で学んだ。14年樺太からソ連に入り、北樺太石油第八鉱業所で労働組合活動に従事。昭和4年ソ連共産党に入党。そこで中村善太郎や柚木勢吉らと知り合う。のち指導者として活動し7年永井二一、小石浜蔵、伊藤利三郎らをモスクワのクートベ（東洋勤労者共産主義大学）に送った。11年スパイ容疑で同共産党を除名され、12年逮捕、粛清された。のち息子のスドー・ミハイル・マサオヴィッチにより父の足跡が調査され、洋画家・村岡信明（スリコフ芸術大学名誉教授）と一橋大学教授・加藤哲郎の協力で日本での関係者探しが行われる。

須永 好　すなが・こう
農民運動家 日本農民組合理事
明治27年（1894年）6月13日～昭和21年（1946年）9月11日
生群馬県新田郡強戸村大字成塚（太田市）　歴大正9年から農民運動に参加し、10年強戸村は小作人組合を結成して組合長。11年日本農民組合（日農）創立大会で関東を代表して理事のひとりとなる。13年日農群馬県連合会創立大会で会長に就任。以後各地の農民運動を指導し、労働農民党にも参加するなど、戦前の農民運動をリードした。戦後は21年日農結成で会長になり、また社会党から衆議院議員に当選した。著書に「須永

すなかわ　　　　　　　　　　　昭和人物事典 戦前期

好日記」がある。

砂川 捨丸　すながわ・すてまる
漫才師
明治23年（1890年）12月27日〜昭和46年（1971年）10月12日
[生]大阪府三島郡味生村新在家（摂津市新在家）　[名]本名＝池上捨吉　[歴]明治35年兄の砂川千丸の江州音頭一座の芸人となり、38年万歳師として大阪松島の堀内席に出演。大正末から中村春代とコンビを組み、鼓と紋付姿でとぼけた高座を務め、いろもの漫才を確立した。最初のレコード吹き込み、串本節の全国普及に努め、万歳が漫才と改まった後も万歳発生期の芸を伝える古典的存在として人気を保った。平成8年上方演芸に貢献した人を顕彰する“上方演芸の殿堂”に入る。11年故郷・摂津市の大阪モノレール南摂津駅前に胸像が建造される。

砂田 重政　すなだ・しげまさ
弁護士 衆議院議員 政友会幹事長
明治17年（1884年）9月15日〜昭和32年（1957年）12月27日
[生]愛媛県　[学]法学院大学法律科〔明治37年〕卒　[歴]司法官補を経て弁護士開業。大正9年以来衆議院議員当選10回。国民党、政友会などに属し犬養毅内閣の農林政務次官、政友会総務、幹事長を務めた。その後翼賛会議会局審査部長。昭和17年議員を辞め、南方軍軍政顧問。戦後公職追放、解除後の27年衆議院議員に返り咲き、30年第二次鳩山一郎内閣の防衛庁長官となった。　[家]長男＝砂田重民（政治家）、甥＝砂田圭佑（衆議院議員）

砂谷 智導　すなや・ちどう
機械工学者 東北帝国大学教授
明治18年（1885年）1月3日〜昭和19年（1944年）6月21日
[出]富山県　[学]東京帝国大学工科大学機械工学科〔明治42年〕卒 工学博士（東北帝国大学）〔大正11年〕　[歴]明治44年鉄道院技手、大正4年技師を経て、5年東北帝国大学助教授。6年欧米へ留学。9年教授に昇任。

須之内 品吉　すのうち・しなきち
弁護士 衆議院議員
明治16年（1883年）11月〜昭和40年（1965年）11月20日
[出]愛媛県　[学]東京帝国大学英法科〔大正3年〕卒　[歴]弁護士を経て、昭和3年衆議院議員に当選。7年にも当選、通算2期。政友会に所属した。

栖原 豊太郎　すはら・とよたろう
機械工学者 九州帝国大学教授
明治19年（1886年）9月19日〜昭和43年（1968年）2月25日
[生]和歌山県　[学]東京帝国大学工科大学機械工学科〔明治43年〕卒 工学博士〔大正8年〕　[歴]大学院を経て、大正5年早稲田大学講師、6年海軍大学校教授、7年東京帝国大学助教授、8年教授。7〜8年欧米に出張。昭和9〜13年旅順工科大学教授、13〜21年九州帝国大学教授。22年慶応義塾大学教授。流体工学の研究に従事した。34年から三井造船、安川電機顧問を務めた。　[賞]朝日文化賞（昭和4年度）〔昭和5年〕

須磨 勘兵衛　すま・かんべえ
内外出版印刷専務
明治3年（1870年）2月16日〜昭和29年（1954年）11月2日
[生]京都府　[歴]生家は京都の老舗書肆・升勘。同家の整理により窮乏したため、六条活版製造所に入り印刷術と印刷所の経営法を学ぶ。明治41年独立して弘文社を設立。大正9年内外出版株式会社に改組し、主に政治・経済・法律などの学術書を出版した。15年常務を経て、専務。昭和2年内外出版印刷に社名変更。京都印刷同業組合組長、京都書籍雑誌商組合幹事なども務めた。

須磨 弥吉郎　すま・やきちろう
外交官 駐スペイン公使
明治25年（1892年）9月9日〜昭和45年（1970年）4月30日
[生]秋田県　[名]筆名＝梅花草堂主人　[学]東京帝国大学退学、中央大学法学部〔大正8年〕卒　[歴]大正8年外務省に入省。英、独などに勤務の後、在南京総領事、駐英国大使館参事官から外務省情報部長。昭和15年有田外相の放送内容事前漏洩事件で憲兵の取り調べを受けた。16年駐スペイン公使、終戦で帰国。公職追放解除後の28年に改進党から衆議院選挙に出馬、当選。民主党宣伝情報局長、自民党外交調査会、同政調会各副会長を歴任。ユネスコ日本理事長、スペイン文化協会会長なども務めた。随筆家、美術愛好家としても著名で、滞欧中に購入した西洋画350余点は須磨コレクションとして、平成6年長崎県立美術博物館に寄贈された。　[家]息子＝須磨未千秋（駐カナダ大使）

角 鴎東　すみ・おうとう
歌人
明治15年（1882年）6月29日〜昭和40年（1965年）4月10日
[生]三重県鳥羽町　[名]本名＝角利一　[歴]明治44年竹柏会に入会。太平洋戦争中から戦後の約7年間を、主要同人として「心の花」の編集を担当する。大正15年から昭和14年まで「青玉」を個人雑誌として刊行。また「かもめ通信」をも主宰する。歌集に大正13年刊行の「いしずゑ」がある。

角 源泉　すみ・げんせん
衆議院議員
明治4年（1871年）9月〜昭和17年（1942年）8月14日
[出]和歌山県　[学]和仏法律学校〔明治26年〕卒　[歴]司法官試補となり、のち通信事務官補、長野・熊本・札幌各郵便局長、札幌通信管理局長、台湾総督府通信局長など歴任し、台湾電力副社長となる。のち大阪市電気局長、新宮市長。昭和11年衆議院議員に当選1回。民政党に所属した。また弁護士も務めた。

鷲見 三郎　すみ・さぶろう
バイオリニスト
明治35年（1902年）7月27日〜昭和59年（1984年）11月26日
[生]鳥取県米子市　[歴]母はキリスト教徒で、洋楽に親しんで育つ。家業の傍ら、バイオリンを独学していたが、米子を訪れた関鑑子より上京を勧められた。大正13年上京。多久寅に師事する傍ら、映画館の楽士を務めた。15年新交響楽団（現・NHK交響楽団）創設に参加、第二バイオリン奏者に採用され、首席奏者も務めた。昭和初期よりバイオリン指導も始め、戦前は自由学園、戦後は日本大学、国立音楽大学、桐朋学園の「子供のための音楽教室」などで指導を行う。26年N響を退団後は教育活動に力を注いだ。門下からは実弟の四郎を始め、渡辺暁雄、鈴木秀太郎、徳永二男、室谷高広、丁讃宇、原田幸一郎ら多くのバイオリニストを輩出した。　[家]長男＝鷲見健彰（バイオリニスト）、二男＝鷲見康郎（バイオリニスト）、孫＝鷲見恵理子（バイオリニスト）、弟＝鷲見四郎（バイオリニスト）、鷲見五郎（ピアニスト）

住井 辰男　すみい・たかお
三井物産会長 三井財閥筆頭理事
明治14年（1881年）〜昭和37年（1962年）7月17日
[生]三重県　[歴]明治30年三井物産に入社。香港支店次長、本店参事、京城支店長を経て、昭和11年取締役となる。のち会長に就任。三井財閥筆頭理事も務めるなど、長年三井一筋に仕えた。

住田 智見　すみだ・ちけん
僧侶（真宗大谷派）大谷大学学長
明治1年（1868年）11月23日〜昭和13年（1938年）7月1日

〔生〕尾張国名古屋（愛知県）　〔専〕仏教　〔学〕真宗大学研究科〔明治27年〕卒　〔歴〕真宗大谷大学が大谷大学と改称した際、教授を辞し、真宗専門学校を創立。のち大谷大学学長を務めた。俳句・俳画をよくした。

住田 正雄　すみた・まさお

整形外科学者 九州帝国大学教授
明治11年（1878年）3月28日〜昭和21年（1946年）1月21日
〔生〕兵庫県津名郡　〔名〕号＝淡江漁夫　〔学〕東京帝国大学医科大学〔明治35年〕卒 医学博士〔大正2年〕　〔歴〕明治36年東京帝国大学第2外科教室に入局し佐藤三吉に師事、外科及び整形外科を修得。39年京都帝国大学福岡医科大学助教授となり、第2外科講座を担当。41〜45年ドイツに留学し、骨病理学、整形外科学を研究。帰国後の45年九州帝国大学教授となり、整形外科教室を創設。大正14年退官し、大阪市で住田病院を開業。結核性関節炎など骨格及び奇形の外科・病理学について研究した。著書に「盆栽道」がある。

隅田 満寿代　すみだ・ますよ

女優
明治7年（1874年）〜昭和11年（1936年）6月26日
〔生〕北海道　〔歴〕大正14年51歳で帝キネに入社。老け役として出演し、のちマキノプロ、河合映画、松竹下加茂、大衆文芸映画社などを転々とする。脇役ながらも現代劇部の幹部女優として活躍。昭和10年より新興東京撮影所に移り、出演を続けていたが11年山路ふみ子主演の「浮かれ桜」が最後の作品となった。

澄田 睞四郎　すみた・らいしろう

陸軍中将
明治23年（1890年）10月21日〜昭和54年（1979年）11月2日
〔生〕愛媛県宇和島　〔学〕陸士（第24期）〔明治45年〕卒、陸大卒　〔歴〕陸大を首席で卒業後、フランス陸軍大学に留学。野戦重砲兵学校校長、大本営参謀、仏印派遣団団長、第一軍司令官などを歴任。昭和15年大本営仏印派遣機関（仏印国境監視委員会）の責任者となり、翌16年南部仏印進駐を実現させた。戦後は青少年育成の団体・予山会会長を務めた。　〔家〕長男＝澄田智（日本銀行総裁・大蔵事務次官）、二男＝松井仁（アシックス商事会長）、孫＝澄田誠（イノテック社長）

住友 吉左衛門（16代目）　すみとも・きちざえもん

実業家 歌人 男爵 住友家16代目当主
明治42年（1909年）2月20日〜平成5年（1993年）6月14日
〔生〕大阪府大阪市　〔名〕本名＝住友友成、幼名＝厚、筆名＝泉幸吉　〔学〕京都帝国大学文学部史学科〔昭和8年〕卒　〔歴〕大正15年3月17歳で16代吉左衛門を継ぎ、住友家当主となり、住友合資会社代表社員・社長に就任。昭和12年株式会社に改組し、戦後の財閥解体まで住友本社社長を務めた。戦前から日常無務は総理事が執っていたが、戦後は一切の役職につかず、"象徴"として住友グループを束ねた。21年には長女が誘拐され大きな話題となった。また、3年より斎藤茂吉に短歌を師事、泉幸吉の筆名でアララギ派に所属。自然を題材にした歌が多く、歌集に「雲光」「途上」「急雪」「岬」などがある。　〔家〕父＝住友吉左衛門（15代目）、義兄＝西園寺公一（政治家）

住谷 天来　すみや・てんらい

牧師 新聞人
明治2年（1869年）2月16日〜昭和19年（1944年）1月27日
〔生〕群馬県前橋町　〔名〕本名＝住谷弥朔、号＝黙庵　〔歴〕前橋の幽谷義塾で学び、前橋教会でキリスト教に入信。群馬県の廃娼運動に参加。明治23年上京、内村鑑三らと親交を結び、日露戦争に対する"非戦論"に共鳴。42年帰郷、天来と改名し、前橋や伊勢崎で牧師を務めた後、大正7年から富岡市の甘楽教会

牧師。月刊「神の国」「聖化」を刊行。

炭山 南木　すみやま・なんぼく

書家
明治28年（1895年）3月25日〜昭和54年（1979年）11月23日
〔生〕香川県小豆郡苗羽村（小豆島）　〔名〕号＝無隣庵　〔学〕京都市立美術工芸学校〔大正4年〕卒　〔歴〕父・炭山芦州に漢籍と五法流書法の伝授を受け、のち川谷尚亨に師事。昭和9年から16年まで月刊紙「皇国書道」を発刊。20年日本書芸院副会頭、30年同初代理事長に。6年大阪府立夕陽丘高等女学校教諭、28年大阪障藤女子大教授、この間33年から3年間奈良教育大学教授も務めた。　〔賞〕日本芸術院賞〔昭和36年〕

須山 計一　すやま・けいいち

洋画家 漫画家 漫画研究家 社会運動家
明治38年（1905年）7月17日〜昭和50年（1975年）4月17日
〔生〕長野県下伊那郡　〔名〕別名＝宇野圭　〔学〕東京美術学校西洋画科〔昭和5年〕卒　〔歴〕大正15年柳瀬正夢、松山文雄らの日本漫画連盟に参加、昭和2年プロレタリア文芸連盟美術部に加盟、漫画、油彩画を出品。無産者新聞に漫画「アジ太プロ吉」を連載。3年以降プロレタリア美術展に宇野計の名で「トーマを排撃せよ」「祖国」などを出品。6年日本プロレタリア美術家同盟（ヤップ）中央委員、書記長となり、8年治安維持法違反で検挙、起訴され、懲役3年執行猶予5年の判決を受けた。16年から一水会に加盟、21年会員となった。また日本美術会に加盟、日本アンデパンダン展に出品、漫画評論、漫画史研究にも携わった。著書に「現代世界漫画集」「漫画の歴史」「日本の戯画」「漫画博物誌・世界」「同・日本」などがある。

陶山 密　すやま・みつ

脚本家
明治32年（1899年）1月19日〜昭和51年（1976年）1月9日
〔生〕新潟県長岡市　〔学〕東京外国語学校卒　〔歴〕朝日新聞東京本社で社会部記者をしていたが、仕事で知りあった城戸四郎に文才を買われ松竹キネマ蒲田撮影所に入社、脚本部員となる。後に新興キネマに移る。主な作品は「泣き濡れた春の女子」（昭8年）「東洋の母」（9年）「母の愛」（10年）「婦系図」「水上心中」「母の魂」「幾山河」「二死満塁」など。

諏訪 三郎　すわ・さぶろう

小説家 編集者
明治29年（1896年）12月3日〜昭和49年（1974年）6月14日
〔生〕福島県安積郡　〔名〕本名＝半沢成二　〔歴〕高小卒業後、上京して夜学に通学。大正7年中央公論社に入り、「中央公論」「婦人公論」の編集に従事。特に「婦人公論」編集主幹であった嶋中雄作に可愛がられ、有島武郎と心中した波多野秋子は同僚で交流があった。佐藤春夫に私淑して小説家を志し、12年その推輓によりライバル誌「改造」に諏訪三郎の筆名で「郊外の貧しき街より」を発表、小説家デビュー。13年川端康成、横光利一らと同人誌「文芸時代」を創刊した。14年中央公論社を退社後は「中外商業新報」の遊軍記者などを務めた。昭和5年以降は少女小説、婦人小説などの大衆作家に転じ、著書に「ビルヂング棲息者」「鬼愁十里」「大地の朝」「美しき山河」などがある。40年嶋中の十七回忌に招かれたことをきっかけに、嶋中との思い出を書いた手記を執筆して嶋中夫人に献呈。没後の61年、本名の半沢成二名義で「大正の雑誌記者――婦人公論記者の回想」として出版された。

諏訪 根自子　すわ・ねじこ

バイオリニスト
大正9年（1920年）1月23日〜平成24年（2012年）3月6日
〔生〕東京都　〔名〕本名＝大賀根自子　〔歴〕3歳より中島田鶴子、小野アンナに師事。昭和5年アレクサンダー・モギレフスキーに師

事。7年12歳で初のリサイタルを開催、"天才少女"として大きな話題を呼ぶ。11年渡欧、第二次大戦中もヨーロッパ各地で演奏活動を行い、日本人として国際的に活躍した最初のバイオリニストとなった。ナチス・ドイツの宣伝相を務めたゲッベルスから名器ストラディバリウスを贈られた。20年帰国後は井口基成、安川加寿子らと数多く共演した。35年以降は活動から遠ざかっていたが、56年バッハの「無伴奏バイオリンのためのソナタとパルティータ」新録音(LP3枚)を発表、再び注目を集めた。58年には23年ぶりにリサイタルを開いた。　家夫＝大賀小四郎(独協大学名誉教授)，妹＝諏訪晶子(バイオリニスト)

【せ】

清家 吉次郎　せいけ・きちじろう

衆議院議員

慶応2年(1866年)9月14日〜昭和9年(1934年)2月23日

出伊予国宇和郡喜佐方村(愛媛県宇和島市)　学愛媛師範卒　歴愛媛師範卒業後、教員となり、小学校長や郡視学を務める。明治44年政界に転身、愛媛県議となり3度議長を務めた。大正9年米騒動収拾の手腕を買われて吉田町長に就任、吉田病院や吉田中学(現・吉田高校)などを創設。昭和5年衆議院議員に当選、2期。政友会に所属。7年五・一五事件直後の帝国議会で荒木貞夫陸軍大臣に論戦を挑み、一躍その名が知られた。また愛媛農事社長、宇和島運輸監査役、第二十九銀行監査役などを歴任。著書に「欧米独断」「明治教育史」がある。

清草舎 英昌(3代目)　せいそうしゃ・えいしょう

講談師

明治8年(1875年)11月〜昭和12年(1937年)5月1日

生東京都　名本名＝岡本梅三郎、前名＝伊東燕旭　歴伊東燕旭堂の子で、燕旭を名のった。大正14年3代目清草舎英昌を襲名した。　家父＝伊東燕旭堂(講談師)，岡本貞次郎(俳優)

瀬尾 要　せお・かなめ

能楽師(宝生流シテ方)

明治24年(1891年)〜昭和9年(1934年)1月13日

生東京都　歴16世宝生九郎の門人。豪放磊落かつ天才肌であったが、放縦な性格で師より破門されたこともあった。泉鏡花の小説「歌行燈」の主人公のモデルともいわれる。

瀬尾 貞信　せお・さだのぶ

外科学者 千葉医科大学教授

明治19年(1886年)1月8日〜昭和21年(1946年)10月5日

生新潟県中頸城郡板倉町(上越市)　名旧姓・旧名＝島田　学東京帝国大学医科大学〔明治44年〕卒 医学博士〔大正13年〕　歴東京帝国大学佐藤外科入局、大正9年千葉県立千葉病院副院長、同年千葉医学専門学校教授、11年同校附属医院外科医長、12年千葉医科大学教授兼同大専門部教授。　賞日本外科学会三宅賞〔昭和7年〕、朝日文化賞(昭和19年度)〔昭和20年〕

瀬川 如皐(5代目)　せがわ・じょこう

劇作家

明治21年(1888年)〜昭和32年(1957年)11月11日

名本名＝川村千臣　歴4代目如皐の実子で、幼時から舞台に立ち、川上音二郎の欧米巡演に随行したりした。のち大阪松竹の文芸部に籍を置き、歌舞伎や新派の脚本を書き、演出面も担当した。如皐のほか春郎の名を使い、その作品は千余編に及んだ。　家父＝瀬川如皐(4代目)

瀬川 章友　せがわ・のりとも

陸軍中将

明治12年(1879年)3月〜昭和13年(1938年)2月22日

生山形県　学陸士〔明治33年〕卒、陸大卒　歴瀬川清の二男に生まれる。明治33年陸軍歩兵少尉となり、参謀本部付、教育総督部第2課長、歩兵第61連隊長、歩兵第3旅団長、昭和2年侍従武官などを歴任。6年陸軍士官学校校長、同年中将となり、7年教育総監付、同年第6師団留守司令官を務めた。

瀬川 秀雄　せがわ・ひでお

日本史学者 学習院名誉教授

明治6年(1873年)8月22日〜昭和44年(1969年)9月21日

生山口県玖珂郡錦見(岩国市)　学帝国大学文科大学史学科〔明治29年〕卒 文学博士〔明治35年〕　歴明治34年学習院教授となり、大正9年中等科長、10年高等科長、昭和5年辞職、名誉教授。また毛利公爵家三卿伝編纂所長、岩国徴古館館長、岩陽学舎理事長も務めた。著書に「西洋通史」「欧州諸国民発達史」「世界通史」「毛利元就伝」「吉川元春伝」などがある。

関 鑑子　せき・あきこ

アルト歌手 合唱指導者

明治32年(1899年)9月8日〜昭和48年(1973年)5月2日

生東京市本郷区竜岡町(東京都文京区)　名本名＝小野鑑子　学東京府立第二高等女学校〔大正6年〕卒、東京音楽学校本科声楽科〔大正10年〕卒　歴東京府立第二高等女学校を卒業し、大正6年東京音楽学校に入学。ハンカ・ペッツォルドに師事した。10年同校を首席で卒業、「椿姫」で初舞台を踏む。大正末期からプロレタリア芸術運動に参加、15年新劇俳優の小野宮吉と結婚。昭和4年プロレタリア音楽家同盟にも参画し、初代委員長に就任した。戦後の23年中央合唱団を創立、26年音楽センター主宰者になって"うたごえ運動"を展開。コーラスによる平和運動として全国的規模に広がり、29年には3万人大集会に発展した。編著のテキスト「青年歌集」は隠れたベストセラーになる。この運動の余波として東京・新宿を中心に"うたごえ喫茶"や"うたごえ酒場"が繁盛した。31年国際スターリン平和賞(のちの国際レーニン平和賞)を受賞。41年、45年のチャイコフスキー国際コンクール声楽部門の審査員を務めた。48年メーデー会場の壇上で倒れ、翌日に亡くなった。一人娘はソプラノ歌手の小野光子。　家夫＝小野宮吉(俳優)、長女＝小野光子(ソプラノ歌手)、父＝関如来(美術評論家)、妹＝関種子(ソプラノ歌手)、関淑子(社会運動家)、弟＝関忠孝(医療放射線技術者)、関忠亮(バス歌手)

関 金三郎　せき・きんざぶろう

スキー選手

大正6年(1917年)8月27日〜平成18年(2006年)6月21日

生長野県下高井郡山ノ内町　学長野商〔昭和10年〕卒　歴志賀高原の発哺温泉で生まれ、幼い頃からスキーに親しむ。高校に進学後競技スキー部を創設。昭和12年全日本スキー選手権滑降(成年の部)で優勝、15年に開催予定の札幌五輪候補選手に選ばれたが、日中戦争が始まり、同年20歳で徴兵、五輪出場の夢は実現せずに終わった。39年の東京五輪をきっかけに再び五輪へのあこがれが再燃し、以後志賀高原のまとめ役として長野五輪招致に奔走。長野五輪競技施設検討委員会委員長を務め、平成10年に開催された長野五輪の準備に尽くした。

関 精拙　せき・せいせつ

僧侶 臨済宗天龍寺派管長

明治10年(1877年)〜昭和20年(1945年)10月2日

生兵庫県浜坂町　歴兵庫県浜坂町に絵師の三男として生まれ、2歳で同地にあった天隣寺住職・関祖舜の養子となる。徳光院住職を経て、大正時代には達磨大師の足跡をたどる中国行脚

昭和人物事典 戦前期　　　　　　　　　　　　　　　　　　　せき

や、9ケ月にわたるインド仏跡巡拝などを行った。のち臨済宗天龍寺派7代目管長として関牧翁、山田無文ら多くの弟子を育て、第二次大戦後の臨済宗発展の基礎を築いた。書家、画家としても知られた。

関 忠孝　せき・ただたか
医療放射線技術者
明治35年（1902年）8月11日〜昭和49年（1974年）7月19日
⊞東京市牛込区南山伏町（東京都新宿区）　学独逸学協会中〔大正6年〕卒、上智大学哲学科〔大正13年〕中退　歴大正13年上智大学を中退して土井病院レントゲン科に勤務。昭和2年田代病院、5年市立大塚病院に移り、6年より日本レントゲン学会会長を務め、編集長を兼ねて機関誌「蛍光」の定期刊行を担った。17年西日本の日本放射線技術学会との合同にも参画。28〜32年日本放射線技師会、30〜32年日本放射線技術学会の各会長。34年都立豊島病院検査科長で退職した。　家父＝関如来（美術評論家）、姉＝関鑑子（アルト歌手・合唱指導者）、妹＝関種子（ソプラノ歌手）、関淑子（社会運動家）、弟＝関忠亮（バス歌手）

関 淑子　せき・としこ
社会運動家
明治41年（1908年）9月10日〜昭和10年（1935年）1月27日
⊞東京市本郷区千駄木（東京都文京区）　学津田英学塾卒　歴府立第二高等女学校を経て、津田塾に在学中の昭和2年8月、プロレタリア劇場の北海道公演に参加して検挙され、以来マルクス主義を研究。帰京後、木材関係の労組を経て、関東金属労組本部書記に就任。4年共産党員佐藤秀一と結婚。5年全協刷新同盟に参加、10月解散、日立亀戸工場と精工舎の労働者を組織する。6年日本共産青年同盟に参加。7年3月横浜で検挙され拷問に遇い危篤となり、釈放。同9月街頭連絡活動中に検挙、投獄。8年秋、肺結核で重態となり保釈され地下活動を開始する。刑は懲役3年に加え逃亡罪1年。9年12月党中央との連絡を回復し工場に入る準備をしていたが、10年1月住み込み先の火災で死亡。　家父＝関如来（美術評論家）、姉＝関鑑子（アルト歌手・合唱指導者）、兄＝関忠孝（医療放射線技術者）、妹＝関種子（ソプラノ歌手）、弟＝関忠亮（バス歌手）

関 直彦　せき・なおひこ
弁護士 貴族院議員（勅選）
安政4年（1857年）7月16日〜昭和9年（1934年）4月21日
⊞紀伊国（和歌山県）　学東京大学法科〔明治16年〕卒　歴福地源一郎の日報社に入り、明治21〜25年社長。23年以来和歌山から衆議院議員当選10回、31年憲政本党、以後立憲国民党、革新倶楽部、革新党に属した。大正元〜4年衆議院副議長。明治25年弁護士となり大正12年東京弁護士会長。昭和2〜9年勅選貴族院議員、7年安達謙蔵らと国民同盟結成。英国宰相ビーコンスフィールドの「コニングスビー」を「政党余談春鶯囀」として翻訳、著書「七十七年の回顧」がある。

関 一　せき・はじめ
社会政策学者 大阪市長 貴族院議員（勅選）
明治6年（1873年）9月26日〜昭和10年（1935年）1月26日
⊞静岡県伊豆　⊞東京府　学高等商業学校（現・一橋大学）〔明治26年〕卒 法学博士　歴神戸商業教諭、新潟商業教諭を経て、明治30年東京高等商業学校教授に就任。31〜33年ベルギーに留学。帰国後、交通政策、工業政策などを研究。大正3年大阪市助役に転出、都市改良、公設市場開設、市営住宅建設、市役所の機構改革（都市計画部の設置など）などを推進した。12年市長となり、御堂筋の整備、大阪商科大学の設置、総合大阪都市計画の策定などを行って大阪の都市基盤整備に務め、昭和6年には3選された。都市問題に関しては日本有数の権威とされ、九州帝国大学で都市問題の連続講義を行った。また、9年

からは勅選貴族院議員も務めた。　家孫＝関淳一（大阪市長）

瀬木 博信　せき・ひろのぶ
実業家 博報堂社長
明治35年（1902年）11月3日〜昭和46年（1971年）11月10日
⊞東京都　学明治大学商学部〔大正15年〕卒　歴大正15年博報堂入社。昭和6年取締役に就任。出版広告専業から一般商品広告へ進出を図る。14年社長となり、戦後は電波広告進出に情熱を傾けた。41年取締役。　家父＝瀬木博尚（博報堂創業者）、息子＝瀬木庸介（博報堂社長）、弟＝瀬木博政（博報堂名誉会長）

関 文月　せき・ぶんげつ
詩人
大正2年（1913年）7月10日〜昭和20年（1945年）3月11日
⊞東京府八王子（東京都八王子市）　名別号＝小舟　学立正大学国史科卒　歴日蓮宗善龍寺の生家に育ち、昭和4年ごろから詩や童謡を作り、10年童謡集「青い帽子」を出した。卒論は北村透谷で、在学中から透谷に傾倒、その透谷論は八王子の橋本義夫を通して色川大吉に知られ、再評価された。16年の太平洋戦争とともに召集され、ソ連捕虜となり病没。

関 靖　せき・やすし
日本史学者 神奈川県立金沢文庫長
明治10年（1877年）3月4日〜昭和33年（1958年）8月9日
⊞東京府神田（東京都千代田区）　名号＝晩翠　専日本中世文化史　学東京高等師範学校（現・筑波大学）〔明治39年〕卒 文学博士（日本史）〔昭和30年〕　歴山口、石川、神奈川の各県視学などを経て、大正7年広島師範教諭、14年神奈川県立平塚高等女学校教諭、昭和3年神奈川県社会教育主事、5年神奈川県立金沢文庫長となった。20年退職。この間、称名寺に伝わる古書、古文書の整理調査を行い「金沢文庫本図録」（全2巻）「金沢文庫古書目録」「金沢文庫古文書」（全12巻）などを公刊。他に「武家の興学」「金沢文庫の研究」「かねさわ物語」などがある。　賞日本学士院賞〔昭和28年〕「金沢文庫の研究」

関 保之助　せき・やすのすけ
考古学者 東京帝室博物館学芸員
慶応4年（1868年）4月10日〜昭和20年（1945年）5月26日
⊞江戸　名号＝花郷　専有職故実（武器・武具）　学東京美術学校専修科絵画科〔明治26年〕卒　歴東京美術学校助教授、帝国美術歴史編纂掛を経て、明治34年帝国大学史料編纂委員、大正8年京都帝室博物館学芸委員、11年同館列品課長、13年奈良帝室博物館列品課長、昭和8年東京帝室博物館学芸員を歴任。著書に「式正の鎧」など。

関 行男　せき・ゆきお
海軍中佐 海軍神風特別攻撃隊敷島隊指揮官
大正10年（1921年）8月29日〜昭和19年（1944年）10月25日
⊞愛媛県　学海兵（第70期）〔昭和16年〕卒　歴昭和18年第39期飛行学生として艦爆教程修了。宇佐海軍航空隊を経て、19年1月霞ヶ浦航空隊付教官、同年5月大尉となり、9月台湾の台南航空隊入隊、フィリピン201空分隊長となる。戦局の暗転する中、"捷一号"作戦が発令され、10月大西滝治郎第1航空艦隊司令長官の決断によって「神風特別攻撃隊」の隊長に任命された。同月25日敷島隊の5機を率いて出撃、米空母カリニン・ベイに体当りし戦死し、"特攻第一号""軍神"とされた。死後2階級特進をうけ、中佐。

関 与三郎　せき・よさぶろう
社会学者 哲学者 早稲田大学文学部教授
明治15年（1882年）4月14日〜昭和19年（1944年）4月19日
⊞富山県高岡市　学早稲田大学文学部社会学専攻〔明治39年〕

せ

卒。〔歴〕東京高等工業学校で教えたのち、大正9～11年欧州に留学。田中王堂教授を師とし、その影響を受ける。早稲田大学文学部教授として社会学を担当、のち同学部哲学科主任も務めた。論文に「原始社会に関する考察の二三」(早稲田大学文学部編「文学思想研究」)、「先見の心理」(同編「哲学年誌」)などがある。

瀬木 嘉一　せぎ・よしかず
放射線医学者
明治24年(1891年)7月25日～昭和49年(1974年)8月20日
〔生〕三重県桑名郡古美村(桑名市)　〔学〕愛知医学専門学校〔大正4年〕卒 医学博士(京都帝国大学)〔大正14年〕　〔歴〕大正5年東京順天堂病院で藤波剛一の指導を受け、8年東京帝国大学伝染病研究所でレントゲンと結核病理に関する研究に従事。12年放射線技師有志と蛍光会を結成、14年には日本レントゲン協会へと発展的改組した。同年東京・神田でレントゲン科を主として開業、昭和3年千代田区岩本町に移転。我が国の放射線医学の先覚者の一人で、その啓蒙と発展に貢献。没後、日本放射線技術学会瀬木賞が制定された。著書に「レントゲン先生の生涯」「科学の使徒レントゲン」などがある。

関口 蕃樹　せきぐち・しげき
外科学者 東北帝国大学名誉教授
明治13年(1880年)2月～昭和17年(1942年)2月6日
〔生〕東京都　〔専〕胸部外科　〔学〕東京帝国大学医科大学〔明治41年〕卒 医学博士〔大正8年〕　〔歴〕明治41年東京帝国大学第1外科教室に入局し、43年助手。45年大学院特待給付生となり、大正4年ドイツ、英国、米国に留学して内臓外科学を研究。6年東北帝国大学教授、昭和2～4年附属医院長、16年定年退官し名誉教授。この間、大正11年右下葉における結核結節の部分的肺切除術を国内で初めて成功させた。14年万国外科学会会員。著書に「外科臨床余瀝」、共編に「結核殊に肺結核」がある。

関口 志行　せきぐち・しこう
衆議院議員 俳人
明治15年(1882年)5月9日～昭和33年(1958年)12月21日
〔生〕群馬県新田郡木崎町(太田市)　〔名〕号=雨亭　〔学〕群馬中〔明治33年〕卒、二高卒、京都帝国大学英法科〔明治39年〕卒　〔歴〕明治44年山梨地裁判事となり、大正2年前橋で弁護士を開業。12年群馬県議。昭和5年衆議院議員に当選、1期。民政党に所属した。22年から前橋市長を3期務めた。また、松根東洋城に師事して雨亭の号で俳句もよくし、「雨亭句集」がある。群馬県俳句作家協会会長、前橋市立工業短期大学学長などを歴任。

関口 泰　せきぐち・たい
教育家 ジャーナリスト 登山家 朝日新聞政治部長
明治22年(1889年)3月1日～昭和31年(1956年)4月14日
〔生〕静岡県静岡市　〔学〕東京帝国大学法科大学〔大正3年〕卒　〔歴〕大正8年大阪朝日新聞社入社。調査部長、論説委員、政治部長を歴任し、昭和14年退社。20年教育研修所長兼文部省社会教育局長となる。民衆の立場から多くの論説を執筆し、著書に「時局と青年教育」「普選講座」「国民の憲法」「関口泰文集」など多数。その後、横浜市立大学の学長に迎えられた。登山家としても知られ、槍ケ岳、穂高、妙高、吾妻など縦走し、ユングフラウ、モンテローザなどにも登頂、日本山岳会誌「山岳」に研究・エッセイを多数発表した。憂鬱症にとりつかれ、31年に自殺。

関口 存男　せきぐち・つぎお
ドイツ語学者 法政大学文学部教授
明治27年(1894年)11月21日～昭和33年(1958年)7月25日
〔生〕兵庫県姫路市　〔学〕陸士(第27期)〔大正2年〕卒、上智大学哲学科〔大正8年〕卒　〔歴〕陸軍士官学校を卒業、歩兵少尉となる

が病のために休職。大正5年上智大学哲学科に入学、同時にアテネフランセでフランス語を学ぶ。11年法政大学講師、昭和8年文学部教授、18年退職。26～31年慶応義塾大学講師。6年「初級ドイツ語」誌を創刊、7年「新ドイツ語文法教程」を刊行し、ドイツ語教授法に新風をおこした。主な著書に「独作文教程」「接続法の詳細」などがあり、死後「冠詞―意味形態的背景より見たるドイツ語冠詞の研究」(全3巻)が出版された。一方翻訳者としても優れており、グリンメルスハウゼン、ゲーテ、シラーなどの作品の名訳を残した。若い頃は新劇にも関係し、踏路社の「幽霊」を演出したり、戯曲を書いたりした。ドイツ語の他、フランス語、ラテン語、サンスクリット語なども能くした。またNHKラジオ・ドイツ語講座の担当者としても知られた。

関口 八重吉　せきぐち・やえきち
機械工学者 東京工業大学教授
明治8年(1875年)8月29日～昭和24年(1949年)12月24日
〔生〕東京都　〔学〕東京高等工業学校〔明治29年〕卒 工学博士(東京帝国大学)〔大正10年〕　〔歴〕明治31年母校の東京高等工業学校助教授となり、35年機械工学研究のため米英へ留学、主にコーネル大学に学ぶ。38年帰国して教授に昇任。昭和4年大学昇格により東京工業大学教授。14年退任後、満州国顧問。明治30年代に旋盤の試作を指導、工作機械の国産化などに貢献した。

関口 鯉吉　せきぐち・りきち
天文学者 気象学者 東京帝国大学理学部教授
明治19年(1886年)1月29日～昭和26年(1951年)8月10日
〔生〕静岡県静岡市　〔専〕太陽物理学、天体物理学、大気物理学　〔学〕東京帝国大学理科大学星学科〔明治43年〕卒 理学博士〔昭和5年〕　〔歴〕初代静岡県知事や元老院議官を務めた関口隆吉の四男。明治43年朝鮮総督府観測所技師、大正8年中央気象台技師を経て、10～11年欧米へ留学。昭和3年天測課長。天文学をベースに気象学・海洋学関連の観測研究に従事し、特に太陽大気物理学、大気透過率、潮汐と地盤傾斜の研究で知られた。5年「太陽面現象の気象学的考察」で理学博士号を取得。11年東京帝国大学理学部教授となり、早乙女清房の後を受けて第4代東京天文台長を兼ねた。また、14年文部省専門学務局長となるなど、文部行政でも活躍。21年定年退官。晩年は帝国女子理学専門学校長も務めた。著書に「太陽」「天体」「太陽研究の新紀元」「天体物理学」「星と原子力」「私たちの太陽」などがある。　〔家〕父=関口隆吉(静岡県知事)、兄=関口壮吉(実業家)、新村出(言語学者・国語学者)、女婿=朝永振一郎(物理学者)、義兄=関口隆正(漢学者)

関戸 力　せきど・つとむ
スキー選手
生年不詳～昭和62年(1987年)11月23日
〔出〕北海道虻田郡狩太村(ニセコ町)　〔名〕後名=矢崎力　〔学〕小樽商卒　〔歴〕札幌鉄道管理局スキー部で距離、複合選手として活躍。昭和11年のガルミッシュ・パルテンキルヘン冬季五輪で複合日本代表。14年の全日本選手権距離18キロ優勝。戦後は全日本スキー連盟理事、札幌スキー連盟副会長、北海道スキー連盟副会長、51年のインスブルック五輪ではスキー監督を務めた。

関根 金次郎　せきね・きんじろう
棋士(将棋)
慶応4年(1868年)4月1日～昭和21年(1946年)3月12日
〔生〕下総国葛飾郡関宿(千葉県野田市)　〔歴〕12歳の時、将棋修業のため郷里を出、当時の11世名人伊藤宗印に入門、38年8段。終身名人制の時代で、小野五平12世名人が大正10年に死去し初めて13世名人となった。7段の頃から全国各地を歩き、多

数の免状を発行したが、大阪で坂田三吉と対戦し、5段半の免許を与えたという。大正6年の坂田三吉との名人位をかけた対決はのちに芝居・映画・歌謡曲の「王将」として有名になる。昭和10年には名人の世襲制度を廃止し、実力名人戦創設の提案を受け、自ら引退、短期名人制を確立。土居市太郎名誉名人、木村義雄14世名人ら多数の棋士を育てた。口述筆記の著書「棋道半世紀」がある。

関根 郡平　せきね・ぐんぺい
海軍少将
明治19年（1886年）8月1日〜昭和39年（1964年）8月25日
[生]埼玉県　[学]海兵〔明治42年〕卒、海大〔大正10年〕甲種卒　[歴]明治42年海軍兵学校を卒業後、「常磐」分隊長となる。大正10年に海軍大学校甲種を卒業し、砲術長として「日進」に配属。14年ブラジル大使館付武官、昭和3年軍令部第3班第5課参謀、6年海軍大学校教官兼軍令部参謀、7年軍事普及部幹事を歴任して10年戦艦「伊勢」艦長に就任、11年には少将に昇った。日本の国際連盟脱退以降は海軍のスポークスマンとして活躍、軍縮条約反対、海軍力増強の立場をとり、東亜新秩序建設・大東亜共栄圏の重要性を主張。著書に「皇国の危機 1936年に備へよ」などがある。

関根 正直　せきね・まさなお
国文学者 教育家 有職故実家
安政7年（1860年）3月3日〜昭和7年（1932年）5月26日
[生]江戸日本橋茅場町（東京都中央区）　[学]帝国大学文科大学古典講習科〔明治19年〕卒 文学博士〔明治42年〕　[賞]帝国学士院会員〔昭和3年〕　[歴]中村正直に私淑して改名。有職故実に詳しく、はじめ「古事類苑」の編纂に参画したのち、華族女学校教授、学習院教授、東京女子高等師範学校教授などを歴任。また大槻文彦の没後は新村出とともに「大言海」の完成に尽力した。著書に故実についての「有職故実辞典」「禁秘抄講義」「公事根源新釈」「装束甲冑図解」「宮殿調度図解」「服制の研究」、歴史物語の注釈「大鏡新註」「今鏡新註」、考証随筆「からすかご」など多数。　[家]息子＝関根秀雄（フランス文学者）、関根正雄（聖書学者）

関野 聖雲　せきの・せいうん
彫刻家
明治22年（1889年）5月2日〜昭和22年（1947年）10月28日
[生]神奈川県　[名]本名＝関野金太郎　[学]東京美術学校彫刻科選科〔明治44年〕卒　[歴]明治38年から高村光雲に彫刻を学び始め、39年東京美術学校に入学、44年卒業。大正2年第3回東京勧業博覧会技芸褒状、第27回彫刻競技会銅賞、3年同銀賞を受ける。4年第9回文展に「達磨」が初入選。以後、文展、帝展、新文展で活躍。9年第2回帝展「力光」、10年第3回帝展「寂境の夕」で2年連続特選受賞。10年母校・東京美術学校助教授となり、昭和7年教授。19年の退官まで木彫科で後進の指導にあたした。帝展、新文展、日展各審査員も務めた。仏教、神話をモチーフにしながら近代的で個性的な木彫作品を制作。光雲直系の木彫家として活躍した。他の作品に「鳶崛摩」「吉祥天」「聖徳太子」「大和禅師像」（絶作）など。　[賞]日展特選（第2回）〔大正9年〕「力水」、日展特選（第3回）〔大正10年〕「寂境の夕」

関本 諦承　せきもと・たいしょう
僧侶 教育家 西山浄土宗光明寺派管長
万延1年（1860年）〜昭和13年（1938年）
[生]紀伊国（和歌山県）　[名]号＝真空　[歴]14歳の時に出家し、郷里・和歌山県の総持寺の僧・岡学に師事。のち、高野山や奈良などで学び、明治41年に総持寺の住職となる。次いで、大正7年西山浄土宗の総本山である京都・粟生の光明寺に転じ、8年には西山浄土宗光明寺派管長となった。同年に西山専門学寮を設立し、12年に同校長に就任。女子教育にも力を注ぎ、同

年和歌山に修徳高等女学校を、昭和2年京都に西山高等女学校を創立した。著書に「西山国師御法話」「西山両部相承考」「信仰講話」などがあり、「関本諦承全集」全3巻がある。

関屋 貞三郎　せきや・ていざぶろう
宮内次官 貴族院議員（勅選）
明治8年（1875年）5月4日〜昭和25年（1950年）6月10日
[生]栃木県　[学]東京帝国大学法科大学英法科〔明治32年〕卒　[歴]昭和32年内務省に入省。33年台湾総督府参事官、内相秘書官、南満州鉄道（満鉄）創立委員、関東都督府民政部長、朝鮮総督府学務局長、同中枢院書記官長、宮内省宗秩寮審査官などを経て、大正8年静岡県知事、10年宮内次官となった。以来東宮外遊、東宮結婚、第十五銀行問題処理などに当たり、昭和8年辞任、勅選貴族院議員。17年日本学術振興会総務部長、18年大日本母子愛育会副会長兼理事長、21年枢密顧問官。

関屋 敏子　せきや・としこ
ソプラノ歌手
明治37年（1904年）3月12日〜昭和16年（1941年）11月23日
[生]東京市小石川区指ケ谷町（東京都文京区）　[学]東京女子高等師範学校附属高等女学校卒、東京音楽学校中退　[歴]父は実業家で、代々陸奥二本松藩の典医の家柄。母は歌舞伎の名優・15代目市村羽左衛門の実の妹で、祖父はフランス人のル・ジャンドル将軍、祖母は越前福井藩主・松平慶永（春嶽）の娘。4代目吉住小三郎に長唄、5代目藤間勘十郎に日本舞踊を習い、大正3年より三浦環に声楽を師事。三浦の発表会に出演して"天才音楽少女"と評されたが、間もなく三浦が留学したため指導は中断された。8年より音楽教師の長坂好子と、三浦の師であるアドルフォ・サルコリーに声楽を、また小松耕輔に作曲を、萩原英一にピアノを師事。10年東京音楽学校声楽科に入学するも、それまでサルコリーにイタリア式発声法を習っていたため、ドイツ系を主体とする同校の教師と関係が悪化し、1年余で中退。引き続きサルコリーにつき、14年初のリサイタルを開いた。昭和2年23歳でイタリアに留学、3年留学先のボローニャ大学で、その独唱を聴いた学長より無試験でディプロマを授与された。その後もスペインやイタリアでオペラの舞台に立ち、人種偏見が根強い当時においてオペラの主役を演じて絶賛を受けるという離れ業をみせる。4年帰国、5年には藤原義江と「椿姫」で初共演。また、原作者の川口松太郎に頼まれ、映画「子守唄」に主演。6年渡米してハリウッド・ボウルなどに出演、7年にはパリで「お夏狂乱」を自らオペラ化して初演した。9年帰国。13年三浦、佐藤美子の3人による「三大オペラの夕」で師と共演した。晩年は酷使により喉を痛め、結婚生活も3年余で協議離婚するなど恵まれず、16年11月37歳で睡眠薬自殺した。声楽家として名を馳せる一方で、デビューの頃より作曲にも取り組み、生涯に35曲程度の曲を遺した。　[家]祖父＝ル・ジャンドル（軍人）、伯父＝市村羽左衛門（15代目）　[賞]レオナルド・ダ・ヴィンチ芸術章〔昭和3年〕

関矢 留作　せきや・とめさく
農民運動家
明治38年（1905年）5月2日〜昭和11年（1936年）5月15日
[生]北海道江別町野幌（江別市）　[出]新潟県魚沼郡　[名]筆名＝星野慎一　[学]東京帝国大学農学部〔昭和4年〕卒　[歴]東京帝国大学在学中共青に加入し、卒業後は産業労働調査所に所属して農民部を担当。またプロレタリア科学研究所に属し、農業問題の責任者でもあった。昭和5年末共青関係で検挙され、8年に出所。出所後は農業に従事するなかで農民への啓蒙運動をした。

関屋 竜吉　せきや・りゅうきち
教育行政家
明治19年（1886年）7月2日〜昭和51年（1976年）11月5日

生岐阜県大垣 名旧姓・旧名＝一柳 学東京帝国大学法科大学政治学科〔明治44年〕卒 歴文部省に入り、大臣秘書官、参事官、図書官、督学官、書記官を経て、大正13年普通学務局長。昭和4年社会教育局長、9年国民精神文化研究所長となり、19年退官。同年財団法人日本女子会館設立、理事長。20年大日本女子社会教育会と改称、理事長、顧問。さらに日本女子社会教育会と改称、50年会長となった。

関山 利一 せきやま・りいち
棋士（囲碁）
明治42年（1909年）12月23日〜昭和45年（1970年）1月15日
生兵庫県 歴8歳で父の手ほどきを受け、15代井上因碩に師事。大正13年上京し、鈴木為次郎に入門。15年初段、昭和13年6段、16年第1期本因坊戦で勝ち上がり、加藤信7段と6番勝負の結果、3勝3敗。総合成績で第1期本因坊となり、利仙と号した。18年第2期で橋本宇太郎7段の挑戦を受けたが、第2局の最中に病で倒れた。以後は公式対局から退き、後進の指導にあたる。24年以降、関西棋院に属した。遺作集「傑作詰碁辞典」がある。 家女婿＝橋本昌二（囲碁9段）

瀬古 保次 せこ・やすじ
貴族院書記官長
明治20年（1887年）8月〜昭和39年（1964年）6月9日
生神奈川県 学東京帝国大学法科大学〔大正4年〕卒 歴大正4年東京府属となり、その後、貴族院書記官、内務省参事官、行政裁判所評定官、貴族院書記官長、賞勲局総裁などを歴任。昭和21〜22年貴族院議員となる。

瀬越 憲作 せごえ・けんさく
棋士（囲碁）
明治22年（1889年）5月22日〜昭和47年（1972年）7月27日
生広島県能美島 名号＝鯉城 歴明治41年上京、方円社に入り、大正11年鈴木為次郎らと裨聖会を結成。当時の本因坊秀哉に連勝するなど実力を発揮した。関東大震災後、碁界の分派を嘆き、坊派、方円社を握手させ、13年財閥大倉喜七郎を後援者に日本棋院を設立した。呉清源を招いたり、戦後混乱期には棋院理事長として、碁界の復興、発展に尽力した。また江戸時代の「御城碁譜」（全10巻）や「明治囲碁譜」を編集し、「瀬越囲碁教本」など多数の技術書を刊行した。昭和30年名誉9段、33年に棋士として初の紫綬褒章を受け、41年には勲二等瑞宝章を受章した。平成21年囲碁殿堂入り。

妹沢 克惟 せざわ・かつただ
地震学者 船舶工学者 東京帝国大学工学部教授
明治28年（1895年）8月21日〜昭和19年（1944年）4月23日
生山口県 専振動学 学東京帝国大学工学部船舶工学科〔大正10年〕卒 工学博士（東京帝国大学）〔大正13年〕 賞帝国学士院賞〔昭和18年〕 歴大正11年東京帝国大学助教授となり船舶工学科で振動論を研究し、13年日本造船学会賞・造船協会賞を受賞。14年同大に地震研究所が設立されると専任所員となり、昭和3年教授に昇進。地震波の数理解析的研究に取り組み、6年同研究で帝国学士院恩賜賞を受けた。7年米国へ留学、17年地震研究所長に就任。18年帝国学士院会員に選ばれたが、19年病死した。著書に「振動学」がある。 賞帝国学士院恩賜賞（第21回）〔昭和6年〕，日本造船学会賞・造船協会賞〔大正13年〕

瀬島 龍三 せじま・りゅうぞう
陸軍中佐
明治44年（1911年）12月9日〜平成19年（2007年）9月4日
生富山県西砺波郡松沢村（小矢部市） 学陸士（第44期）〔昭和7年〕卒、陸大〔昭和13年〕卒 歴妻の父は、首相を務めた岡田啓介海軍大将の義弟で、二・二六事件で岡田首相の身代わ

りとなって殺された松尾伝蔵陸軍大佐。昭和7年陸軍士官学校を2番、13年陸軍大学校を最優秀の成績で卒業し、14年より大本営参謀部員。太平洋戦争中は軍の中枢で作戦計画の策定に当たり、ガダルカナル島からの撤退では作戦立案の主任参謀を務めた。20年3月陸軍中佐。終戦直前の7月に関東軍参謀に転じ満州に赴任、9月ソ連軍の捕虜となり、31年に帰国するまで11年間にわたってシベリアに抑留された。この間、東京裁判にソ連側の証人として出廷した。戦後は伊藤忠商事に勤め、53年会長。56年からの第二次臨時行政調査会（土光臨調）を主導、中曽根康弘首相のブレーンを務めるなど“昭和の参謀”と飛ばれた。シベリア抑留帰りの元大本営参謀が、総合商社で航空機ビジネスなどを手がける山崎豊子の小説「不毛地帯」の主人公・壱岐正のモデルの一人とされる。 家岳父＝松尾伝蔵（陸軍大佐）

説教強盗 せっきょうごうとう
⇒妻木 松吉（つまき・まつきち）を見よ

瀬戸 英一（1代目） せと・えいいち
劇作家 劇評家 小説家
明治25年（1892年）7月21日〜昭和9年（1934年）4月11日
生大阪府大阪市曽根崎新地 名筆名＝闇太郎、碧虚郎 学大倉商中退 歴岡鬼太郎に師事し、闇太郎の筆名で国民新聞などに劇評を発表。大正元年伊井蓉峰一座の座付作者となり「報恩美談」を発表。5年松竹文芸部に入り「人来鳥」「小猿七之助」「夜の鳥」など約100編の作品を発表し、昭和6年発表の「二筋道」がヒットし、翌年にかけて8編の連作を上演した。花柳界の義理と人情をあつかった作品が多く、昭和期における新派劇復興のきっかけを作る。その傍ら第三次「劇と評論」の編集を担当し、また花柳小説も多く発表した。没後の11年「瀬戸英一情話選集」「瀬戸英一脚本選集」が刊行された。 家父＝瀬戸半眠（小説家），弟＝瀬戸英一（2代目）（俳優）

瀬戸口 藤吉 せとぐち・とうきち
作曲家
慶応4年（1868年）5月10日〜昭和16年（1941年）11月8日
生大隅国（鹿児島県垂水市） 歴明治15年軍楽隊に入隊し、楽長の中村祐庸、楽師の吉本光蔵から薫陶を受けた。19年三等楽手、21年二等楽手、22年一等楽手を経て、27年軍楽師。鳥山啓の詞に曲を付けるように田中穂積楽長から命を受け、29年10月15日奇しくも長女の誕生の日と同日に、その曲「軍艦」が完成。30年1月公の場で初演され、33年1月には同曲を吹奏楽による行進曲として改作して「軍艦行進曲（軍艦マーチ）」が完成、4月神戸での観艦式で初演された（歌詞のあるものが「軍艦」、歌詞のないものが「軍艦行進曲」となる）。39年米国殖民三百年記念万国陸海軍式典に楽長として派遣され、米国やヨーロッパ各国を訪問。その際に交響管弦楽団の演奏を聴いてその必要性を強く感じ、軍楽隊を管弦楽団編成とするために尽力、41年実現にこぎ着けた。同年初めて日比谷での公園奏楽を指揮した。44年英国国王の戴冠式に軍楽隊を率いて参列。大正6年海軍軍楽特務少尉で待命となり、7年予備役に編入。退役後は少年鼓笛隊の育成や、大学などでの管弦楽の指導に力を注いだ。この間、軍歌「敷島艦の歌」「日本海夜戦」「大和心は忘れねど」「艦船勤務」や、童謡「朝の港」「夢の汽車」「瑞穂国」「聖夜」「蟻の小径」「キューピー」「日の丸」などを作曲した。昭和12年内閣情報部から「愛国行進曲」が公募されると、先に第1位になった詞に曲をつけ、約1万曲に及ぶ作曲応募の中から選ばれて健在を示し、話題を呼んだ。 賞大日本音楽協会内閣総理大臣賞〔昭和13年〕

妹尾 義郎 せのお・ぎろう
仏教家 社会運動家
明治22年（1889年）12月16日〜昭和36年（1961年）8月4日

昭和人物事典 戦前期　　　　せん

せ

生広島県比婆郡東城町　学一高中退　歴結核のため一高を中退、明治44年法華経信仰に打ち込み闘病。大正7年回復して上京、本多日生に師事、8年日蓮主義青年団を組織。翌年機関誌「若人」を創刊、布教活動を続けたが、6年日蓮主義青年団を解体、新興仏教青年同盟を組織して委員長となった。9年東京市電争議を支援し、11年には加藤勘十の選挙を支援するなど無産、農民運動とかかわったが、同年予防拘禁され、人民戦線運動に対する弾圧で検挙、起訴された。控訴審で3年の実刑を受け入獄。17年仮出所、20年東京から長野県に移った。21年仏教社会主義同盟を結成、24年社会党入党。26年平和推進国民会議事務局長となり、日中友好協会、日朝協会役員として活躍。晩年結核の再発で松本市郊外の国立療養所で療養。35年病床で共産党に入党した。著書に「妹尾義郎日記」(全7巻)がある。

芹沢 光治良　せりざわ・こうじろう
小説家
明治29年(1896年)5月4日～平成5年(1993年)3月23日
生静岡県駿東郡楊原村(沼津市)　学東京帝国大学経済学部〔大正11年〕卒、ソルボンヌ大学〔昭和3年〕卒　賞日本芸術院会員〔昭和45年〕　歴大正11年農商務省に入るが、14年に退職し、フランスに留学、ソルボンヌ大学で学ぶ。昭和2年卒論完成直後に結核で倒れ、スイスで療養し、4年に帰国。5年「ブルジョア」が「改造」の懸賞小説に一等当選する。中央大学の講師をしていたが、7年に退職し、以後作家として活躍。代表作の「人間の運命」は全14巻の自伝的書下ろし大河小説で、39年芸術選奨文部大臣賞を受賞、全巻完結した43年に日本芸術院賞を受けた。また、長く日本ペンクラブ会長を務めた。　家三女=芹沢文子(ソプラノ歌手)、娘=芹沢玲子(ピアニスト)　賞「改造」懸賞創作1等(第3回)〔昭和5年〕「ブルジョア」、文学界賞(第12回)〔昭和12年〕「現代大衆文学の性格(特集)」(島木健作ほか3名と共に)

芹田 鳳車　せりた・ほうしゃ
俳人
明治18年(1885年)10月28日～昭和29年(1954年)6月11日
生兵庫県揖東郡津市場　名本名=芹田誠治、旧姓・旧名=児島　学日本大学商科卒　歴横浜生命保険会社に勤務し、同社の板谷生命改革時に支配人兼経理部長となり、のち取締役となる。終戦後の会社解散と同時に引退。高等商業学校在学中から「懸葵」などに投句し、明治44年「層雲」創刊と同時に同人となり、大正5年刊行の「雲の音」、9年刊行の「生ある限り」の句集があり、昭和29年遺句集「自画像の顔」が刊行された。

世礼 国男　せれい・くにお
教育家 沖縄研究家 詩人
明治28年(1895年)4月20日～昭和24年(1949年)1月23日
出沖縄県中頭郡与那城村(うるま市)　学沖縄県立第一中学卒　歴小学校訓導、中学校教師を経て、戦後知念高、コザ高各校長。教職の傍ら詩作を志すが、昭和8年沖縄の三味線音楽(野村流)の大家伊差川世瑞に入門。以後沖縄古典音楽の研究に携わる。従来の三味線譜に初めて声楽譜を付した楽譜、「声楽譜附工工四」(全4巻)、「湛水流声楽譜附工工四」を刊行。ほかに詩集「阿旦のかげ」などがある。

膳 桂之助　ぜん・けいのすけ
実業家 日本団体生命保険社長
明治20年(1887年)7月21日～昭和26年(1951年)11月25日
生群馬県佐波郡伊勢崎　学一高卒、東京帝国大学法科大学〔大正3年〕卒　歴農商務省に入り、労働、市場、蚕糸、能率各課長を務め、大正15年退官。日本工業倶楽部に転じ、昭和7年理事、全国産業団体連合会常務理事。8年日本団体生命保険を創立、

専務、社長を歴任。12年国際労働機関(ILO)総会に出席、13年産業報国連盟設立で理事、15年大日本産業報国会理事。戦後21年中央労働委員会の使用者側代表、勅選貴族院議員。同年第一次吉田茂内閣の国務相、経済安定本部総務長官、物価庁長官。22年全国区から参議院選挙に当選したが、公職追放となり当選辞退。　家父=膳好孝(歌人)

千 宗員　せん・そういん
茶道家
明治30年(1897年)～昭和11年(1936年)
名幼名=与太郎、号=不言斎　歴表千家12代家元惺斎の長男。病気がちだった父を、弟の覚次郎(のちの13代家元・即中斎宗左)とともに助け、昭和10年宗員の号を大徳寺より受ける。家督を相続する筈だったが、父に先立ち11年に39歳で急死した。　家父=千宗左(惺斎、表千家12代家元)、弟=千宗左(即中斎、13代家元)

千 宗左(12代目)　せん・そうさ
茶道家 表千家12代目家元
文久3年(1863年)～昭和12年(1937年)7月18日
生京都府　名号=惺斎、散翁　歴表千家11代碌々斎の長男。明治39年に焼失した不審庵を大正2年に再興した。好みの茶道具は歴代の中で最も多く、千家十職の作品の他、鎌倉彫、萩焼、膳所焼、薩摩焼などにも及ぶ。　家父=千宗左(碌々斎、11代家元)、二男=千宗左(即中斎、13代家元)

千 宗左(13代目)　せん・そうさ
茶道家 表千家家元(13代目)
明治34年(1901年)1月27日～昭和54年(1979年)8月29日
生京都府京都市　名幼名=覚次郎、号=即中斎　学京都帝国大学文学部史学科〔大正15年〕卒　歴表千家12代惺斎の二男。兄宗員が昭和11年に急死、続いて父・惺斎が12年に死去したため、同年家元を継いで表千家不審庵の第13代即中斎となる。不審庵は明治39年に火災で消失したため、昭和24年に財団法人不審庵を設立、理事長に就任。17年に千家同門会を発足させ、弟子家である長生会、吉祥会などを緩やかに統率、独自の茶風を定着させた。また表千家代々の遺物である史料の公開につとめ、46年には「元伯宗旦文書」を公開し、続いて「即中茶記」(3巻)「表千家」などを出版した。死後の55年に長男の岑一郎が第14代を継ぎ而妙斎宗左となる。　家父=千宗左(惺斎、12代家元)、長男=千宗左(而妙斎、14代家元)

千 宗室　せん・そうしつ
茶道家 裏千家家元(14代目)
明治26年(1893年)7月24日～昭和39年(1964年)9月7日
生東京市麻布区(東京都港区)　名幼名=政之輔、号=淡々斎、無限斎、碩叟　学同志社普通部〔大正2年〕卒　裏千家13代円能斎の長男。明治42年に玄句斎永世と称し、その後、玄句斎宗叔、淡々斎、無限斎と改称した。大正6年伊藤嘉代子と結婚。13年円能斎が死去したため、同年家元を継いで今日庵14代を襲名。14年大徳寺円山要宗から得度を受けた。昭和4年に東山桐蔭荘を落成、豊臣秀吉を顕彰して桐蔭会を作る。12年昭和北野大茶湯、15年千利休350年忌を催し、同年には裏千家全国組織の淡交会を設立。31年には茶道会館を建設し、これを記念して「茶道古典全集」(12巻)を刊行。また32年東京麹町に道場を建設するなど、茶道の近代化を進めた。同年紫綬褒章受章。33、34年には渡欧、渡米、海外への茶の湯普及に務め、国際茶道文化協会を設立。ブラジル政府からコマンドール勲章を受けた。著書に「風興集」「淡々随筆」など。　家父=千宗室(円能斎、13代家元)、長女=塩月弥栄子(茶道家)、二女=桜井良子(茶道家)、長男=千宗室(15代家元)、二男=納屋嘉治(淡交社会長)

千 宗守(9代目)　せん・そうしゅ
茶道家 武者小路千家12代目家元
明治22年(1889年)10月8日～昭和28年(1953年)7月21日
[生]京都府京都市中京区高倉通 [名]旧姓・旧名＝久田, 幼名＝嘉次, 号＝聴松, 愈好斎 [学]東京帝国大学文科大学国史科〔大正5年〕卒 [歴]千利休を祖とする三千家の一つで、武者小路千家(官休庵)家元。久田家10代宗悦の二男。5歳の時官休庵8代一指斎の養子となったが、10歳で死別、表千家の茶を学んだ。28歳で表千家11代碌々斎の5女恒子と結婚。大正8年30歳の時、9代官休庵宗守を継いだ。初祖千利休より数えて12代家元となる。茶の湯界初の東京帝国大学出の知識人で、ピアノ、フルートを趣味とし東京千駄木の久米邸を出張所に美茗会、京都では転石会を作って学者、文化人と交流。また「近代生活と茶道」と題して放送するなど茶の湯のPRに努めた。月刊誌「武者の小路」を主宰し、「茶道妙境」「利休居士の茶道」「茶道風与思記」など文筆の上でも活動、日記「愈好斎日記」(4巻)もある。 [家]実父＝久田宗悦(茶人), 養父＝千宗守(8代目)(一指斎, 11代家元), 長女＝千澄子(懐石料理研究家), 孫＝千宗守(11代目)(不徹斎, 14代家元), 後藤加寿子(料理研究家), 女婿＝千宗守(10代目)(有隣斎, 13代家元)

千石 興太郎　せんごく・こうたろう
産業組合中央会会頭 貴族院議員(勅選)
明治7年(1874年)2月7日～昭和25年(1950年)8月22日
[生]東京府日比谷(東京都千代田区) [学]札幌農学校〔明治28年〕卒 [歴]札幌農学校の助手として植物病理学の研究に従事、菌の新種“ウンシュラ・センゴクアイ”を発見。その後、明治39年松江に農業技師として赴任し、大正8年まで島根県の産業組合の推進に心を注ぐ。9年産業組合(農協の前身)中央会主事、15年主席主事、昭和9年理事、14年第7代会頭となり、“産組の独裁王”といわれる活躍ぶりだった。この間、昭和13年勅選貴族院議員。敗戦直後の東久邇内閣では農相に就任。のち公職追放。著書に「産業組合概論」「産業組合の陣営より」「我が農村建設」などがある。 [家]長男＝千石龍一(社会運動家)

仙石 政敬　せんごく・まさゆき
子爵 宮内省宗秩寮総裁 貴族院議員
明治5年(1872年)4月～昭和10年(1935年)9月16日
[学]東京帝国大学法科大学政治科〔明治31年〕卒 [歴]貴族院、大蔵省、宮内省各書記官、宮内省諸陵頭などを経て、大正12年内閣賞勲局総裁。14年宮内省宗秩寮総裁となり、昭和8年退官、9年貴族院議員。

仙石 貢　せんごく・みつぐ
満鉄総裁 貴族院議員(勅選)
安政4年(1857年)6月2日～昭和6年(1931年)10月30日
[出]土佐国(高知県) [学]工部大学校土木工学科〔明治11年〕卒 工学博士〔明治24年〕 [歴]東京府雇、工部省御用掛、鉄道権少技長、鉄道3等技師を歴任。明治21年欧米視察、29年逓信省鉄道技監、次いで鉄道局管理課長、同運輸部長。31年退官、筑豊鉄道、九州鉄道各社長、福島木材、猪苗代水力電気、日本窒素肥料各重役。41年以来高知県から衆議院議員当選3回、戊申倶楽部、国民党、同志会、憲政会に属した。大正3年大隈重信内閣の鉄道院総裁、13～15年第一次、第二次加藤高明内閣の鉄道相、昭和2年民政党結成に参画、4～6年南満州鉄道(満鉄)総裁。大正15年勅選貴族院議員。

千崎 如幻　せんざき・にょげん
僧侶(臨済宗) 米国での禅の普及に尽力
明治9年(1876年)10月5日～昭和33年(1958年)5月7日
[生]青森県西津軽郡一三村(五所川原市) [名]本名＝千崎愛蔵 [学]東奥義塾中退 [歴]明治22年12歳の時に東奥義塾に学ぶが、2年で中退。以後は独学で大蔵経などを読破して仏教への関心を深め、28年得度して名を如幻と改める。32年家庭の事情で学校に通えない子どもたちのために私塾・仏苗学園を開く。38年仏苗学園の赤字を解消する目的で渡米。のち各地で講話と座禅を行い、昭和3年にはサンフランシスコに禅堂・東漸禅窟を開いて本格的な禅の指導に乗り出す。太平洋戦争中は強制収容所に収用されたが、戦後ロサンゼルスに東漸禅窟を再興、臨済宗の禅僧でありながら流派にとらわれず、米国への禅の普及に生涯を捧げた。青森県一三村(現・五所川原市)に生まれたとされるが、自らはカムチャッカ半島に生まれたと弟子達に語っていた。

千田 是也　せんだ・これや
俳優 演出家
明治37年(1904年)7月15日～平成6年(1994年)12月21日
[生]神奈川県国府津(小田原市) [出]東京市四谷区(東京都新宿区) [名]本名＝伊藤圀夫 [学]東京府立一中〔大正11年〕卒, 早稲田大学専門部独文科〔大正13年〕中退, ラインハルト演劇学校(ドイツ) [歴]父は建築家の伊藤為吉で、舞踏家・伊藤道郎、舞台衣装家・伊藤祐司、舞台美術家・伊藤熹朔が兄、作曲家の伊藤翁介が弟という芸術一家に生まれる。関東大震災の際に千駄ケ谷で自警団の暴行を受けた経験があり、この事から“千駄ケ谷のコリアン”をもじり“千田是也”を芸名とした。大正13年築地小劇場創立と同時に参加、「海戦」(ゲーリング)で初舞台。15年いったん脱退、プロレタリア演劇活動に入る。昭和2年ドイツ留学してドイツの表現主義を学び、6年帰国、7年東京演劇集団を結成し、ブレヒト作「三文オペラ」を翻案した「乞食芝居」を上演、ドスのメ吉を主演。11年新築地劇団で左翼演劇のリーダーとして活躍。戦争中2年間獄中生活を送り、19年青山杉作らと俳優座を結成、演出活動にも従事。西欧近代古典劇上演の基盤を作ると共に、リアリズム演技の名教科書といわれる「近代俳優術」の刊行、25年俳優座養成所の発足、29年俳優座劇場の創設など、俳優座のリーダー的存在として活躍した。 [家]父＝伊藤為吉(建築家), 兄＝伊藤道郎(洋舞家), 伊藤祐司(衣装デザイナー), 伊藤熹朔(舞台美術家), 弟＝伊藤翁介(作曲家), 妻＝岸輝子(女優), 長女＝中川モモコ, 孫＝中川安奈(女優)

【そ】

宗 正雄　そう・まさお
育種学者 東京帝国大学教授
明治17年(1884年)5月25日～昭和55年(1980年)11月16日
[出]大分県大分市 [学]東京帝国大学農科大学農学科〔明治42年〕卒 農学博士 [歴]大正2年東京帝国大学助教授、12年教授。昭和19年定年退官後は東京農業大学教授、玉川大学教授を歴任。9～11年日本蚕糸学会会長を務めた。我が国の育種学の草分けで、カイコの獲得性免疫の研究で知られる他、植物の遺伝に関する論文も多い。著書に「育種学講義」「工芸作物学講義」などがある。

早乙女 清房　そうとめ・きよふさ
天文学者 東京帝国大学名誉教授
明治8年(1875年)12月5日～昭和39年(1964年)7月30日
[生]東京都 [専]位置天文学 [学]東京帝国大学理科大学星学科〔明治32年〕卒 理学博士〔大正11年〕 [資]日本学士院会員〔昭和22年〕 [歴]位置天文学を専攻し、明治39年文部省測地委員会より緯度変化観測を嘱託された。42年東京帝国大学講師、大正4年助教授を経て、11年教授兼東京天文台技師に就任。同年より英国、フランスへ留学し、14年帰国。昭和3年平山信の後任として第3代東京天文台長となった。11年退官。一方、明治34年インドネシア・スマトラ島での日食観測を皮切りに国内

昭和人物事典 戦前期　　　　　　　　　そかのや

外で天体観測を行い、43年のハレー彗星大接近に際しては中国・大連での遠征観測で多数の写真を撮影。昭和9年には自ら隊長となり、南洋諸島ローソップ島での皆既日食の遠征観測を実施した。11年天文台の日食観測業務嘱託として北海道の女満別で皆既日食を観測。22年日本学士院会員。また、天文時計研究の第一人者としても知られた。

相馬 一郎　そうま・いちろう
社会運動家
明治36年(1903年)11月29日〜昭和14年(1939年)11月13日
生秋田県鹿角郡小坂町小坂鉱山字杉沢　名筆名＝秋田三平　歴日立鉱山に勤務しているなかで友人川合義虎、丹野セツらと社会主義を知り、大正9年上京して亀戸で下宿屋を営みながら、自ら旋盤工として働き、また暁民会に参加。11年共産党に入党し、南葛労働協会の創立に参加する。亀戸事件後、労働運動の再建に尽力し、13年入ソしてクートベに入学、卒業後ソ連共産党員候補。昭和3年三・一五事件後の党再建のため帰国し、活動中に検挙され懲役10年に処せられた。のち獄中転向をし、陸軍情報局の仕事をしたが、自責の念から自殺した。

相馬 御風　そうま・ぎょふう
詩人 歌人 評論家
明治16年(1883年)7月10日〜昭和25年(1950年)5月8日
生新潟県西頸城郡糸魚川町(糸魚川市)　名本名＝相馬昌治　学早稲田大学〔明治39年〕卒　歴中学時代から本格的に短歌を学び佐佐木信綱の竹柏会に入会。明治34年中学卒業と同時に新詩社に入るが、36年に脱退し岩野泡鳴らと「白百合」を創刊。早大卒業集「睡集」を刊行。早大卒業後は「早稲田文学」の編集に従事。40年三木露風らと早稲田詩社を設立し口語詩運動をはじめ、41年「御風詩集」を刊行。以後、自然主義文学の詩人、評論家として活躍。評論家としての処女作は明治40年発表の「自然主義論に因みて」。44年早稲田大学講師となり欧州近代文芸思潮を講義。大正元年第一評論集「黎明期の文学」を刊行。5年「還元録」を刊行して批評の第一線から引退し、糸魚川に隠棲、トルストイや良寛の研究に没頭した。他に「大愚良寛」(大7年)、「相馬御風著作集」(全8巻・別2巻、名著刊行会)がある。早大校歌、童謡「春よ来い」の作詞者でもある。

相馬 孟胤　そうま・たけたね
子爵 式部官兼楽部長
明治22年(1889年)8月14日〜昭和11年(1936年)2月23日
生東京都　学東京帝国大学理学部植物学科〔大正4年〕卒、東京帝国大学大学院　歴大正8年家督を継ぎ襲爵。東京帝国大学で植物学を研究。のち宮内省に入り新宿御苑に勤務。11年式部官となり、朝香宮御用掛を、のち楽部長を兼ねる。欧米、インドを漫遊。能楽の大衆化を図り、昭和10年日比谷音楽堂で雅楽を公開した。　勲ビクトリア勲章(英国)〔昭和4年〕

相馬 半治　そうま・はんじ
実業家 明治製糖社長 明治製菓会長
明治2年(1869年)7月8日〜昭和21年(1946年)1月7日
生尾張国丹羽郡犬山町(愛知県犬山市)　名旧姓・旧名＝田中半治、下斗米半治　学東京盛門学校商業簿記学〔明治22年〕卒、東京工業学校(現・東京工業大学)応用化学科〔明治29年〕卒　歴5歳で母を亡くす。明治16年名古屋市の新道小学校を退学して小学校教員となる。18年上京して陸軍教導団に入り、19年卒業して陸軍二等軍曹。24年予備役に編入。25年東京工業学校(現・東京工業大学)応用化学科に入学したが、在学中に日清戦争が起こり応召して従軍。29年卒業して母校の助教授となり、33年文部省より糖業・石油業研究のため欧米留学を命じられた。36年帰国して教授。37年台湾総督府糖務局技師に転じ、東京高等工業学校教授を兼任。この間、31年下斗米家の

婿養子となり田中から改姓、38年には下斗米家の本姓である相馬に改姓した。39年明治製糖の創立に参加して専務となり、大正4年社長。昭和7年明糖事件のため社長を退いたが、11年復帰。一方、大正5年大正製糖を設立し、6年東京菓子と合併。13年同社を明治製菓に社名変更して会長に就任した。　勲藍綬褒章〔昭和3年〕

副島 千八　そえじま・せんぱち
商工省商務局長 東京株式取引所理事長
明治14年(1881年)8月15日〜昭和29年(1954年)2月15日
出佐賀県　学一高卒、東京帝国大学法科大学〔明治40年〕卒　歴農商務省に入省。大正8年官房会計課長、11年食糧局長、12年製鉄所次長、13年鉱山局長、14年商工省商務局長を歴任。退官後、昭和製鋼所専務を経て、9年大阪、14年東京株式取引所の各理事長、18年日本証券取引所副総裁を歴任。この間、12〜13年紀元2600年記念の万国博覧会事務総長。21年幣原喜重郎内閣に農相として入閣。同年勅選貴族院議員。　家息子＝副島有年(大蔵省関税局長)

副島 道正　そえじま・みちまさ
実業家 伯爵 貴族院議員 国際オリンピック委員会委員
明治4年(1871年)10月14日〜昭和23年(1948年)10月13日
生東京府芝区烏森(東京都港区)　学ケンブリッジ大学〔明治27年〕卒　歴明治21年渡欧、帰国後東宮侍従、式部官を経て、32年学習院で教え、38年辞任、同年伯爵。大正7〜14年、昭和11〜22年貴族院議員。また日英水力電気、早川電力、朝鮮水力電気、日本製鋼所、東亜海上保険などの取締役、京城日報社長を歴任。この間、昭和9年国際オリンピック委員会(IOC)委員となり、15年の東京五輪招致に尽力した(戦争で中止)。　家祖父＝枝吉忠佐衛門(国学者)、父＝副島種臣(外務卿・内相・伯爵)、伯父＝枝吉神陽(志士・国学者)

添田 敬一郎　そえだ・けいいちろう
衆議院議員
明治4年(1871年)8月28日〜昭和28年(1953年)10月20日
生福井県　学三高卒、東京帝国大学法科大学英法科〔明治31年〕卒　歴明治31年内務省に入省。40年山梨県内務部長、41年滋賀県内務部長、大正2年埼玉県知事、3年山梨県知事、5年山形県知事を経て、6年内務省地方局長、7年退官、財団法人協調会常務理事。12年衆議院選挙補選に当選、通算7期。民政党の総務、政調会長、岡田内閣の文部政務次官などを務めた。翼賛議員同盟、翼賛政治会、戦後は日本進歩党に所属。16〜21年住宅営団理事、21年協調会長となったが、公職追放に遭った。

添田 飛雄太郎　そえだ・ひゅうたろう
衆議院議員
元治1年(1864年)11月〜昭和12年(1937年)1月25日
出羽国(秋田県)　歴ドイツのチュービンゲン大学で政治、経済、法律学を学ぶ。秋田で県立中学校校長を務める。横荘鉄道取締役を務める。大正13年衆議院議員に初当選。以来連続5回当選。

曽我廼家 五郎　そがのや・ごろう
喜劇俳優 劇作家
明治10年(1877年)9月6日〜昭和23年(1948年)11月1日
生大阪府堺市　名本名＝和田久一、筆名＝一堺漁人、前名＝中村珊之助　歴歌舞伎俳優中村珊瑚郎の門下生となり、17歳で珊之助と名のって大阪浪花座で初舞台を踏む。大阪俄(にわか)の演技をもとに笑わせる芝居にとり組んでいたが、明治36年中村時代(のちの曽我廼家十郎)と知り合い、37年喜劇団・曽我廼家を結成、浪花座の旗上げ公演で曽我廼家五郎をなのる。日露戦争を題材にした「無筆の号外」が大当たりをとり、

曽我廼家喜劇の基礎を築く。大正2年十郎と別れてヨーロッパに遊び、そこで喜劇を見直し、帰国後、一時平民劇団と称したが、のち五郎劇に改称。喜劇という新しいジャンルを開拓し、今日の松竹新喜劇の始祖となった。一堺漁人の筆名で多くの脚本を自作自演し、代表作に「幸助餅」「張子の虎」「葉桜」「へちまの花」などがあり、「曽我廼家五郎喜劇全集」(全20巻、大鐙閣)が刊行されている。

曽我廼家 蝶六　そがのや・ちょうろく
喜劇俳優
明治11年(1878年)12月〜昭和12年(1937年)1月10日
凹大阪府　名本名＝中村熊吉　歴鍛冶屋職人であったが、明治38年初代曽我廼家五郎に弟子入りし、以来30余年間五郎と辛苦を共にし、昭和11年倒れるまで一座の三枚目として活躍した。

曽田 嘉伊智　そだ・かいち
福祉活動家 韓国孤児の父
慶応3年(1867年)〜昭和37年(1962年)3月28日
凹周防国(山口県)　歴明治38年朝鮮に渡る。大正10年鎌倉保育園の京城支部長となり、以来植民地下の朝鮮で孤児の保育活動に当たる。昭和22年一時日本に帰国。朝鮮戦争などで再入国が困難となるが、キリスト教関係者の尽力で、36年ソウルに帰り、37年3月同地で死去。没後、韓国の文化勲章を受章した。

外村 史郎　そとむら・しろう
ロシア文学者
明治23年(1890年)6月14日〜昭和26年(1951年)(？)
生福島県平市　名本名＝馬場哲哉、筆名＝大宮三郎　学東京外国語学校露語科〔大正3年〕卒、早稲田大学英文科〔大正7年〕卒　歴大正9年から昭和14年まで早大露文科講師、東京外語講師、外務省嘱託を経て、満州に渡る。敗戦後シベリアに抑留され、26年頃アレクサンドロフスク監獄の中で死去。「マルクス主義芸術理論叢書」(全12巻)を編集したほか、編著「ロシア語辞典」、訳書にフリーチェ「欧州文学発達史」ショーロホフ「静かなるドン」などがある。　家長男＝江川卓(ロシア文学者)

曽祢 武　そね・たけ
物理学者 立教大学教授
明治20年(1887年)3月1日〜昭和63年(1988年)9月23日
凹東京都　専物性物理学　学開成中卒、一高二部卒、東京帝国大学理科大学実験物理学科〔明治44年〕卒 理学博士　歴建築家・曽祢達蔵の長男。一高在学中から本多光太郎の知遇を得、その下で実験物理に取り組む。明治44年東京帝国大学実験物理学科を卒業後、東北帝国大学助手となり本多の下で純粋気体の磁性の研究に従事。明治44年反強性体のネール点での磁化率異常を世界で初めて観測。14年には帝国学士院東宮御成婚記念賞を受賞した。13年から昭和20年まで立教大学教授。23年から45年まで東京開成学園校長を務めた。　家父＝曽祢達蔵(建築家)、弟＝曽祢益(政治家)、義兄＝山川端(貴族院議員)、義弟＝仁田勇(物理化学者)　賞帝国学士院東宮御成婚記念賞(第15回)〔大正14年〕

園井 恵子　そのい・けいこ
女優
大正2年(1913年)8月6日〜昭和20年(1945年)8月21日
生岩手県岩手郡松尾村(八幡平市)　名本名＝袴田トミ　学小樽高等女学校〔昭和4年〕中退　歴昭和4年宝塚音楽歌劇学校に入り、5年宝塚少女歌劇団花組で「春のをどり」に初舞台。8年星組に移り「指輪の行方」で春日野八千代と共演。以来男役として活躍。14年雪組へ。前年から宝塚映画開始、「山と少

女」で映画デビュー。17年「ピノチオ」の出演を最後に宝塚を退団、苦楽座に参加、旗上げ公演の「玄関風呂」で好演。18年大映「無法松の一生」に阪東妻三郎と共演。20年苦楽座解散、続いて丸山定夫が結成した移動演劇隊桜隊に参加。広島市で公演中の同年8月6日に被爆、約2週間後に死亡した。平成8年大浦みずき元宝塚トップスターの協力で故人をしのぶコンサート「すみれの花咲く頃、タカラジェンヌと共に」が開催される。

園田 清秀　そのだ・きよひで
ピアニスト 音楽教育家
明治36年(1903年)5月5日〜昭和10年(1935年)12月8日
生大分県大分市　学東京音楽学校卒　歴生家は大分市の旅館で、オルガンの響きに憧れて東京音楽学校を志望、当時はオルガン科がなかったためピアノ科を受けて合格。昭和6年フランスへ留学、ロベール・カサドジュに師事した。留学中にヨーロッパ人の音感の良さに目をみはり、原因を幼い頃からの音楽環境に見いだして絶対音感早期教育の重要性を確信。帰国後はその実践に取り組み、10年東京で成果を発表して注目を集めたが、早世した。早期教育を施した長男・高弘は後年ピアニストとして国際的に活躍し、日本芸術院会員、文化功労者となった。　家長男＝園田高弘(ピアニスト)

園田 実　そのだ・みのる
海軍少将 男爵
明治17年(1884年)4月4日〜昭和12年(1937年)10月8日
学海兵(第34期)〔明治39年〕卒、海大(第16期)〔大正5年〕卒　歴明治40年海軍少尉に任官。昭和2年軍令部第六課長、4年北上艦長、6年榛名艦長、7年長門艦長。同年海軍少将に進み、海軍大学校教頭。8年横須賀鎮守府参謀長、9年海軍省教育局長、10年軍令部出仕。11年予備役に編入。　家岳父＝東郷平八郎(海軍大将・元帥)

薗部 一郎　そのべ・いちろう
林政学者 東京帝国大学名誉教授
明治14年(1881年)3月〜昭和25年(1950年)7月27日
生和歌山県　学東京帝国大学農科大学林学科〔明治38年〕卒 林学博士〔大正9年〕　歴盛岡高等農林学校、清国雲南省高等学堂各講師を経て、大正3年東京帝国大学助教授となり、演習林長、農学部長を務め、昭和16年退官、名誉教授。18年海軍司政長官としてマカッサル総合科学研究所長、20年大日本山林会会長。林業団体の統合、全国森林組合連合会創設などに尽力。著書に「林業政策」。

染谷 悦子　そめや・えつこ
社会運動家 歌人
明治32年(1899年)5月〜昭和9年(1934年)4月8日
生東京市日本橋区(東京都中央区)　名筆名＝藤井千代　学東京府立第一高等女学校補習科卒　歴大正9年静岡県沼津・静浦の医師・斉藤亨と結婚。夫は海水浴場として知られた同地で静浦遊泳協会を組織しており、その家は地元の若者たちのサロンとなっていた。大正後期における社会運動の流行がこのサロンにも及ぶと、彼女もその影響を受けて13年社会主義グループヘリオスに参加。昭和3年には頸椎カリエスを患うが、それでも運動から退くことはなく、5年の三・一五事件で検挙された同志の支援に奔走した。8年に離婚して上京し、東洋生命の外交員として働きながら運動家の後援を続けた。一方、藤井千代の筆名でさかんに口語破調の短歌を作り、歌人・大熊信行主催の「まるめら」同人として活躍。しかし、病気と生活苦に苛まれ、9年の春発作的に服毒自殺を図り、間もなく死去した。

昭和人物事典 戦前期　　たいら

染谷 進　そめや・すすむ

歌人

明治36年（1903年）2月12日〜昭和16年（1941年）8月4日

囲茨城県筑波郡谷井田村山谷　学早稲田大学国文科〔昭和2年〕卒　歴昭和3年から早大講師。窪田空穂に師事して都筑省吾、稲森宗太郎らと雑誌「槻の木」を創刊、短歌を発表した。また「国文学研究」や「早稲田文学」に記紀、万葉研究の論文を載せた。結核で早世したが、没後「染谷進歌集」が出された。

ゾルゲ, リヒアルト

Sorge, Richard

ゾルゲ事件の中心となったソ連のスパイ

明治28年（1895年）10月4日〜昭和19年（1944年）11月7日

囲ロシア・バクー（アゼルバイジャン）　学ベルリン大学, ハンブルク大学 政治学博士　歴父はドイツ人、母はロシア人。2歳の時ドイツに帰国。大正8年ドイツ共産党に入党、13年モスクワへ行きコミンテルンに所属、昭和5年から中国で諜報活動を行う。8年「フランクフルター・ツァイトゥンク」紙特派員として来日、ナチス党員としてドイツ大使館の私設情報担当として活躍。上海で知り合った朝日新聞記者・尾崎秀実らの協力で近衛文麿側近から日本の政治、外交、軍事の秘密情報を得、8年間諜報活動。16年宮城与徳、尾崎に続き国際スパイとして警視庁に摘発される（ゾルゲ事件）。東条英機内閣になった18年から非公開スピード審理され、治安維持法、国家保安法、軍機保護法など違反の理由で、19年尾崎とともに死刑に処せられた。戦後、39年ソ連はゾルゲに"ソ連邦英雄"の最高勲章を贈り、モスクワにはリヒアルト・ゾルゲ通りが作られた。

孫 基禎　そん・きてい

マラソン選手 ベルリン五輪金メダリスト

大正1年（1912年）8月29日〜平成14年（2002年）11月15日

囲朝鮮平安北道新義州（韓国）　学養正高等普通学校卒, 明治大学法学科〔昭和15年〕卒　歴日本統治下の朝鮮で生まれる。19歳の時、陸上競技の才能を認められて京城の養正高等普通学校に入り、本格的にマラソンに取り組む。昭和7年初マラソンで2位となり、10年2時間26分44秒の世界記録をマーク。11年ベルリン五輪に日本代表として出場、五輪記録の2時間29分19秒で金メダルを獲得。この時、「東亜日報」は胸の日章旗を塗りつぶした写真を掲載、軍部から10ケ月の発行停止処分を受けた（日章旗末消事件）。戦後は韓国籍となり、韓国陸上連盟理事長や同会長、韓国オリンピック委員会（KOC）委員などを歴任。ボストンマラソンで優勝した徐潤福らのランナーを育てるなど、韓国陸上界の発展に貢献した。平成23年国際オリンピック委員会（IOC）はホームページのメダリスト紹介で、説明文の発音を「ソン・キテイ」から韓国語に基づくローマ字表記に変更した。

孫田 秀春　そんだ・ひではる

労働法学者 東京商科大学教授

明治19年（1886年）3月13日〜昭和51年（1976年）11月10日

囲山形県　学東京帝国大学独法科〔大正4年〕卒 法学博士〔昭和5年〕　歴朝鮮銀行に勤め、大正6年東京高等商業学校教授となり、8年欧州留学。昭和2年東京商科大学、日本大学、29年専修大学各教授を歴任。また東洋音楽学校校長、文部省教学官を務めた。23年弁護士開業。著書「法学通論」「改訂労働法論」「国体の本義解説大成」「臣道の道解説大成」などがある。

【た】

大工原 銀太郎　だいくはら・ぎんたろう

農芸化学者 九州帝国大学総長 同志社大学総長

慶応4年（1868年）1月3日〜昭和9年（1934年）3月9日

囲信濃国上伊那郡南向村（長野県上伊那郡中川村）　名旧姓・旧名＝鈴木　専土壌肥料学　学帝国大学農科大学農芸化学科〔明治27年〕卒 農学博士〔明治44年〕　歴明治28年農商務省農事試験場技師、42年東京帝国大学農科大学講師となり、44年肥料研究のため英国・ドイツ・フランス・オーストリア・米国の5ケ国へ留学。大正6年特許局技師、10年九州帝国大学教授を兼任。12年朝鮮総督府勧業模範場長、15年九州帝大総長に就任。昭和4年退任して同志社大学総長。土壌学、肥料学を中心とする農芸化学を研究し、酸性土壌の研究は土地利用や作物収量増加に貢献した。また、土壌酸度測定法の大工原法を確立。

大乗寺 八郎　だいじょうじ・はちろう

俳優

明治42年（1909年）7月〜昭和32年（1957年）2月23日

出京都府京都市　名本名＝丹羽竹松、別名＝千葉三郎　学待鳳尋常高等小学校卒　歴昭和2年マキノプロへ入り、千葉三郎を芸名とする。翌年中根コメディプロダクションに参加し、同プロの解散後松竹下加茂へ。脇役ながら、「人形武士」「清水の小政」などに出演。11年に大都映画へ迎えられ、大乗寺八郎と改名。「浪人街の顔役」「旅情一夜噺」「祝言前夜」など多数の作品に出演し、精悍な魅力をもった美男の剣優として人気を得た。

胎中 楠右衛門　たいなか・くすえもん

衆議院議員

明治9年（1876年）9月22日〜昭和22年（1947年）3月22日

囲高知県安芸郡安芸町（安芸市）　歴農林審議会議員、米穀統制調査会委員、政友会総務を務め、昭和3年に神奈川3区から衆議院議員に初当選。以来連続4期務める。また第15回万国議院商事会議（ベルリン）に参列した。

大丸 民之助　だいまる・たみのすけ

曲芸師

明治24年（1891年）6月23日〜昭和11年（1936年）10月4日

名本名＝岩崎　専太神楽曲芸　歴大正年間に初代大丸大次郎と組み、寄席で太神楽曲芸や茶番を演じた。大次郎の没後は2代目春本助次郎、その後は息子の2代目大丸大次郎とコンビを組んだ。

大洋洲 呑海　たいようしゅう・どんかい

浪曲師

明治35年（1902年）1月〜昭和28年（1953年）6月16日

囲福岡県　名本名＝柴山繁太郎　歴9歳で敷島大蔵に弟子入り。主に名古屋以西で活躍し、師匠ゆずりの義士伝を得意とした。三味線は妻の柴山つたえ。門下に椿三四郎がいる。

平 貞蔵　たいら・ていぞう

経済評論家 労働運動家 法政大学教授 満鉄調査部参事

明治27年（1894年）8月7日〜昭和53年（1978年）5月26日

囲山形県長井市　名筆名＝一路除, 中野吾一　専経済学　学東京帝国大学法学部政治学科〔大正9年〕卒　歴東京帝国大学時代は新人会に属し、卒業後は社会思想社の結成に加わり、同人として「社会思想」の編集をする。日本労農党を支持し、のち法政大教授、南満州鉄道（満鉄）調査部参事などを歴任し、

441

昭和13年昭和塾を創設、戦後は総理府科学技術庁資源調査会委員、第一経済大学学長などを歴任した。

平 八郎　たいら・はちろう
ジャズ・ギタリスト
大正4年(1915年)～昭和30年(1955年)
生福島県福島市　歴兄の茂夫からバンジョーの手ほどきを受け、のちギターに転向。戦前はダンス・ホール出演のバンドで活動。昭和10年南里文雄とホット・ペッパーズに参加。12年頃コロムビア・ジャズ・バンドに参加して吹込みに専念した。

田岡 典夫　たおか・のりお
小説家
明治41年(1908年)9月1日～昭和57年(1982年)4月7日
生高知県土佐郡旭村　学早稲田第一高等学院中退, 日本俳優学校卒　歴早大中退後、パリで暮らし帰国して昭和6年日本俳優学校に入るという変わった経歴を持つ。13年田中貢太郎に師事し、「博浪沙」の編集に携わり、16年「しばてん榎文書」などを発表。17年短編「強情いちご」で直木賞を受賞。戦後は、長谷川伸主宰の新鷹会に参加、「権九郎旅日記」などの作品を発表。作品の大半は郷里土佐に取材したもので、異色の時代小説家として知られた。ほかの代表作に「腹を立てた武士たち」「かげろうの館」「小説野中兼山」などがある。　家叔父＝田岡嶺雲(批評家)　賞直木賞(第16回)〔昭和17年〕「強情いちご」

高井 観海　たかい・かんかい
僧侶 仏教学者 真言宗智山派管長
明治17年(1884年)7月1日～昭和28年(1953年)1月9日
生和歌山県那賀郡　学智山勧学院卒　歴赤井宝寿の門に入り明治29年得度。哲学館に学び井上円了、境野黄洋らについて仏教学、智山勧学院で倶舎、唯識を修学。大正元年智山勧学院教授となり、南都に留学、性相学を研究。昭和4年智山専門学校と改称され、同校長、18年大正大学との合併で同大教授。明治42年以来滋賀県海津の宝幢院住職。昭和17年真言宗智山派集議席、21年智積院化主同派管長となった。7年一等布教師、21年大僧正。著書に「小乗仏教概論」「即身成仏義講義」「密教事相大系」など。

高井 白陽　たかい・はくよう
漆芸家
明治28年(1895年)10月16日～昭和26年(1951年)7月22日
生新潟県新潟市　名本名＝高井栄四郎　学東京美術学校漆工科〔大正8年〕卒　歴昭和2年帝展初入選以来出品、その間特選2回、無鑑査となり、16年文展審査員、24年日展審査員となる。

高石 勝男　たかいし・かつお
水泳選手
明治39年(1906年)10月14日～昭和41年(1966年)4月13日
生大阪府　学早稲田大学商学部〔昭和5年〕卒　歴大正12年大阪の茨木中学時代、第6回極東大会で自由形440メートルなど3種目優勝。13年第8回パリ五輪で100メートル、1500メートル自由形各5位、800メートルリレー4位となり、日本人として初入賞。昭和3年アムステルダム五輪では100メートルで銅メダル、800メートルリレーで銀メダルを獲った。7年のロサンゼルス五輪では主将として6種目中5種目優勝の原動力に。36年水泳連盟会長、39年東京五輪後辞任。一方大学卒業後、三菱商事に入り、10年大阪製鋼に移り、12年取締役、26年社長となった。

高石 真五郎　たかいし・しんごろう
毎日新聞社長
明治11年(1878年)9月22日～昭和42年(1967年)2月25日
生千葉県鶴舞町　名号＝瓢々　学慶応義塾大学法学部〔明治34年〕卒　歴明治34年大阪毎日新聞社入社、外信部から35年海外留学、特派6年余。外信部長、主筆、会長を経て、昭和20年9月社長に就任、11月辞任。その間、明治38年日露戦争直後初の日本人特派員としてロシア入り。40年のハーグ万国平和会議では、韓国が独立要求キャンペーンのため密使を派遣していたことをスクープした。大正7年のパリ講和会議にも渡欧。昭和12年には近衛文麿首相の特使として渡米、中国問題で巡回講演するなど国際的新聞人として活躍した。また国際オリンピック委員会(IOC)委員として東京五輪、札幌冬期五輪招致に尽くした。　賞文化功労者〔昭和41年〕

高市 次郎　たかいち・じろう
フレーベル館創業者
明治9年(1876年)1月19日～昭和32年(1957年)1月21日
生愛媛県温泉郡小野村(松山市)　学愛媛尋常師範〔明治30年〕卒　歴愛媛県内の尋常小学校訓導を務め、明治39年幼稚園教育の和田実と出会う。40年上京し東京・飯田町に玩具保育用品の白丸屋を開店。翌年九段へ移りフレーベル館と改称。大正9年株式会社に改組。昭和2年「観察絵本キンダーブック」創刊、直販制をとり大成功となった。　家長男＝高市慶雄(フレーベル館社長)

高岡 熊雄　たかおか・くまお
農業経済学者 北海道帝国大学総長
明治4年(1871年)8月15日～昭和36年(1961年)12月29日
生島根県津和野　学札幌農学校〔明治28年〕卒 法学博士〔明治43年〕, 農学博士〔大正8年〕　資帝国学士院会員〔昭和9年〕　歴ドイツ留学後、明治37年札幌農学校教授となり、昭和8年北海道帝国大学総長、9年帝国学士院会員。この間農業経済学会会長、帝国農会特別議員、札幌市議、市参与、戦後は北海道総合開発計画の推進に当たった。日本の農業経済分析に統計学的方法を導入した。著書に「北海道農業論」「農政問題研究」などがある。　家兄＝高岡直吉(鹿児島県知事・札幌市長)

高岡 大輔　たかおか・だいすけ
衆議院議員
明治34年(1901年)9月15日～平成4年(1992年)7月10日
出新潟県村松町　学東京外国語学校印度語部拓殖科〔大正11年〕卒　歴新潟新聞、大倉土木の社員となる。大正15年日印協会に勤務。昭和11年新潟2区から衆議院議員に初当選。以来通算5回当選。その間、参謀本部嘱託、大東亜省委員等を務める。30年衆議院東南アジア視察団長として、32年には岸総理随行員として東南アジアを歴訪。著書に「素っ裸のガンジー」「印度の真相」がある。

高岡 智照　たかおか・ちしょう
尼僧 祇王寺(真言宗大覚寺派)庵主
明治29年(1896年)4月22日～平成6年(1994年)10月22日
生奈良県奈良市　名本名＝高岡辰子, 芸名＝千代葉, 照葉　歴明治41年大阪宗右衛門町の「加賀家」から、千代葉の名で舞妓となり美貌と才智で売れっ子に。また愛人に私男関係を疑われた際自らの左小指を切って送り、評判になる。44年東京新橋の「新叶家」から照葉と改名して半玉。"絵葉書美人"として赤坂の万竜と並び称され、自伝を著して文学芸者と呼ばれた。大正4年妓籍を去り、株式仲買人・小田末造と結婚。9年夫と共に渡米、1年間ニューヨークに滞在。12年映画「愛の扉」に出演。13年離婚後は、屋台のおでん屋、バーのマダム、松竹の女優などの傍ら「照葉懺悔」「白粉地獄」を上梓。昭和4年奈良に隠棲、ホトトギス門下に入る。9年に出家して、得度亮弘坊智照と改名。11年京都大覚寺塔頭祇王寺に入庵。以後、修行と布教の傍ら文筆活動をつづけた。著書に「金春日記」「黒

髪ざんげ」「尼生活」「祇王寺日記」「花喰鳥」「つゆ草日記」がある。瀬戸内寂聴の小説「女徳」、西川千麗の創作舞「祇王寺まんだら」のモデルとなった。45年権小僧正位。

高岡 又一郎　たかおか・またいちろう
建築業者 高岡組社長
明治7年（1874年）1月27日〜昭和17年（1942年）3月7日
[生]山形県鶴岡（鶴岡市）　[歴]日清戦争中の明治27年、陸軍教導団工兵科に入り、戦争末期に遼東半島と台湾に出征。退役後、36年東京建物に入社、天津に赴任し、日本租界の建物設計に従事した。日露戦争中の37年には日本軍占領下の新民府に入り、その軍政署嘱託技手となる。39年関東都督府が設立されると、陸軍部経理部付となり、42年まで所属した。その後、旅順の柳生組を経て、44年加藤洋行に入社。大連における同社の実質的な代表者として「在奉天日本総領事館」「長春ロシア領事館」など多数の建築工事を請け負った。大正8年加藤洋行工事部を譲り受け、高岡工事部を設立。以後、大連を拠点に満州有数の建築業者として活動。11年には久留弘文とともに高岡久留工務所を開設。昭和12年株式会社高岡組を設立し、社長に就任。この間、満州土木建築業協会副会長、満州建築協会副会長、大連商工会議所常議員などを歴任した。　[勲]勲六等瑞宝章〔昭和9年〕

高岡 隆心　たかおか・りゅうしん
僧侶 古義真言宗管長
慶応2年（1866年）12月15日〜昭和14年（1939年）10月19日
[生]越後国（新潟県中頸城郡）　[名]旧姓・旧名＝滝下　[学]真言宗古義大学林〔明治23年〕卒　[歴]高野山に入り高岡増隆について仏門に入った。大正9年高野山宝寿院門主修道院長、次いで勧学寮阿闍梨、古義真言宗宗会議員、勧学財団理事、同評議員を経て、昭和9年高野山金剛峰寺座主同宗管長となった。14年北支、満州、朝鮮へ慰問旅行。大正15年大学令による初代高野山大学学長。

高折 宮次　たかおり・みやじ
ピアニスト
明治26年（1893年）5月25日〜昭和38年（1963年）11月9日
[生]岐阜県　[学]東京音楽学校器楽科〔大正4年〕卒　[歴]大正14年ドイツ留学、レオニード・クロイツァーに師事、15年母校で教える。昭和25年北海道大学教授、31年北海道学芸大学教授、36年洗足学園大学教授を歴任。演奏活動のほか国内音楽コンクール審査員、8年ウィーンの国際音楽コンクール、12年ワルシャワの国際音楽コンクール各審査員を務めた。著書に「ピアノの弾き方」「ショパン名曲奏法」がある。

高垣 眸　たかがき・ひとみ
作家
明治31年（1898年）1月20日〜昭和58年（1983年）4月2日
[生]広島県尾道市　[名]本名＝高垣末男、別筆名＝田川緑、青海昕二、小野迪夫　[学]早稲田大学文学部英文学科〔大正9年〕卒　[歴]新聞記者を志して上京したがかなわず、大正12年青梅実科高等女学校（現・都立多摩高校）に英語教諭として赴任し、昭和11年まで青梅市で暮らす。教職の傍ら、少年向けの冒険小説を書き始める。大正14年の「竜神丸」を皮切りに「まぼろしの城」「豹の眼」などで一躍人気作家となる。のちに教師を辞し、作家に専念。昭和10年雑誌「少年倶楽部」に連載した「快傑黒頭巾」は51年テレビドラマ化された他、映画も多く作られた。戦後はむしろ大人向きに転じて漁業問題にも関心を持ち、「魚の胎から生まれた男」の著作もある。右眼失明後に書いたSF「燃える地球」が遺作となった。　[家]二男＝高垣葵（作家）

高垣 松雄　たかがき・まつお
英米文学者 立教大学教授
明治23年（1890年）12月13日〜昭和15年（1940年）9月13日
[生]神奈川県横浜市　[名]筆名＝杉田未来　[学]早稲田大学文科中退、立教大学英文科〔大正8年〕卒　[歴]ホノルル、シカゴ各大学に約2年留学、病気で帰国。闘病中、杉田未来の名で雑誌「英語研究」などに寄稿。昭和2年「アメリカ文学」を出版、日本における英国文学から独立した米国文学論として注目された。4年立教大学講師、11年英文学科長となる。数種の翻訳のほか雑誌「新英米文学」を刊行、「英語英文学講座」を出した。他の著書に「ドライサー」「サンドバーグ」など。

高神 覚昇　たかがみ・かくしょう
僧侶（真言宗智山派） 仏教学者
明治27年（1894年）10月28日〜昭和23年（1948年）2月26日
[生]愛知県海部郡　[学]智山勧学院〔大正5年〕卒　[歴]明治42年得度。大谷大学で華厳学、浄土教を学び、西田幾多郎に師事、東大寺勧学院で奈良仏教を研究。大正9年智山勧学院に勤め、12年教授。18年大正大学と合併後、同大学教授となった。一方、9年には東京放送局から般若心経の講義を放送、友松円諦と真理運動を起こしこて、月刊「真理」に執筆するなど仏教大衆化に貢献。15年一等布教師。著書に「価値生活の体験」「仏教序説」「密教概論」「般若心経講義」「仏教概論」「高神覚昇選集」（全10巻）がある。

高木 一三　たかぎ・いちぞう
蚕糸学者 東京高等蚕糸学校教授
明治21年（1888年）〜昭和25年（1950年）1月18日
[生]静岡県　[学]東京帝国大学農科大学〔大正3年〕卒 農学博士〔昭和15年〕　[歴]明治神宮造営局技師を経て、大正11年東京高等蚕糸学校教授、昭和24年東京農工大学教授。日本の桑栽培に理論的根拠と科学的系統づけを行った。著書に「栽桑学」。

高木 市之助　たかぎ・いちのすけ
国文学者 九州帝国大学法文学部教授
明治21年（1888年）2月5日〜昭和49年（1974年）12月23日
[生]愛知県名古屋市　[学]東京帝国大学文学部国文科〔明治45年〕卒 文学博士　[歴]洲本中学時代、大内兵衛、川路柳虹と同級。東京帝国大学の卒業論文は「叙事詩として見たる平家物語」。大正4年五高教授、9年文部省図書監修官、11年浦和高校教授、13年ヨーロッパ留学。昭和2年京城帝国大学教授、12年九州帝国大学教授となり法文学部長。21年退官、大分県日田市で太平学園を経営。23年学園を解散、日大教授となり、25年愛知女子短期大学学長、32年愛知県立女子大学長、40年フェリス女学院大教授、47年中京大学教授を歴任。この間、「日本古典全書」「万葉集大成」「平家物語講座」などの監修に当たり、日本学術会議会員、上代文学会会長を務めた。著書に英雄時代論争を巻き起こした「吉野の鮎」や「古文芸の論」「雑摩万葉」「貧窮問答歌の論」「国文学五十年」などがある他、「高木市之助全集」（全10巻、講談社）がある。

高木 逸磨　たかぎ・いつま
細菌学者 伝染病学者 東京帝国大学教授
明治17年（1884年）1月24日〜昭和35年（1960年）12月5日
[生]長崎県　[学]東京帝国大学医科大学〔明治43年〕卒 医学博士〔大正11年〕　[歴]明治44年東京市立駒込病院に勤め、大正3年伝染病研究所、7年朝鮮総督府医院、10年伝染病研究所技師となった。14年欧米留学。昭和2年東京帝国大学教授となり、伝研所員、8年駒込病院長兼務。13年には同仁会華北防疫所所長を務めた。19年東京帝大退官、22年横浜市立医学専門学校校長、24年横浜医科大学、のち横浜市立大学各学長。　[賞]帝国学士院東宮御成婚記念賞（第19回）〔昭和4年〕

たかぎ　　　　　　　　　　　　　　　昭和人物事典 戦前期

高木 菊三郎　　たかぎ・きくさぶろう
測量技術者
明治21年（1888年）10月27日〜昭和42年（1967年）2月8日
[出]東京都　[歴]明治39年参謀本部に勤め、日本アルプスの5万分の1地図の製作にあたる。山岳に関する古地図、錦絵、旅行記を収集し、登山の普及に努めた。日本山岳会名誉会員。著書に「日本地図測量小史」「地形図概論」などがある。

高木 粂太郎　　たかぎ・くめたろう
衆議院議員
慶応2年（1866年）10月〜昭和15年（1940年）3月4日
[生]静岡県那賀郡安良里村（西伊豆町）　[歴]安良里村議、静岡県議を経て、昭和11年から衆議院議員に2選。民政党に所属した。

高木 憲次　　たかぎ・けんじ
整形外科学者 東京帝国大学教授 肢体不自由児の父
明治21年（1888年）2月9日〜昭和38年（1963年）4月15日
[生]東京市下谷区池之端（東京都台東区）　[学]東京帝国大学医科大学〔大正4年〕卒 医学博士〔大正11年〕　[歴]東京帝国大学整形外科教室に入局、大正11年ドイツ留学を経て、13年東京帝国大学教授。昭和25年退官し名誉教授。27〜34年日本医科大学教授。この間、8年に関節鏡を開発、他にも先天性股関節脱臼、口蓋裂の研究に業績を残した。また、大正5年以来、東京の下町で肢体不自由児の診療、調査を続け肢体不自由児の父と呼ばれた。それまで不具、片端と呼ばれた障害を“肢体不自由”という新用語で表現することを提唱。昭和7年日本初の肢体不自由児学校・光明学校を設立、17年には東京・板橋に療育施設・整肢療護園を開設した。児童福祉法、身体障害者福祉法の制定にも力を入れ23年には日本肢体不自由児協会を設立、会長となった。没後に高木賞が制定され、毎年功労者、団体などに贈られている。

高木 孝一　　たかぎ・こういち
映画監督
明治36年（1903年）2月17日〜昭和49年（1974年）12月16日
[生]東京市日本橋区（東京都中央区）　[学]明治学院高等学部商業科卒　[歴]溝口健二の作品に魅せられ、昭和9年溝口の日活脱退、第一映画社移籍に伴い、その助監督になる。溝口の名作「浪華悲歌」「祇園の姉妹」では第一助監督を務めた。のち溝口と共に新興東京撮影所に移り、「愛怨峡」「露営の歌」「あゝ故郷」などの第一助監督を務めた後、14年「若き日の凱歌」（「若き日の感激」改題）で監督デビュー。15年新興の制作方針に反対して俳優らが一斉に脱退、第一協団を結成したが、監督としてただひとりこれに加わる。のち、南旺映画で「南風交響楽」「流旅の人々」、春秋映画社で「皇国の楯」などを第一協団のメンバーの出演で撮る。戦時中の統制で南旺映画が東宝に吸収されると、松竹京都の溝口のもとで「元禄忠臣蔵」のダビングなどに協力。戦後、松竹京都でいくつかの作品を発表したが、会社の方針の喜劇はその生まじめな作風に合わず、25年「君が心の妻」を最後に退社した。

高木 繁　　たかぎ・しげる
泌尿器科学者 九州帝国大学教授
明治14年（1881年）7月20日〜昭和21年（1946年）
[生]東京府神田区（東京都千代田区）　[学]京都帝国大学福岡医科大学（現・九州大学医学部）〔明治41年〕卒 医学博士（九州帝国大学）〔大正9年〕　[歴]福岡医科大学皮膚泌尿器科教室に入り、大正2年助教授に就任。5〜7年米国に留学し、泌尿生殖器病の研究に従事。13年九州帝国大学医学部で泌尿器科学講座の初代教授に就任。昭和8年「皮膚と泌尿」を創刊、また6年には九州皮膚科泌尿器科集談会を起すなど活躍し、17年定年退官した。皮膚疾患治療剤「グリテール」を開発。　[家]父＝山下順一郎（東京帝国大学教授）、長男＝高木健太郎（生理

学者・参議院議員）

高木 新平　　たかぎ・しんぺい
俳優
明治35年（1902年）11月3日〜昭和42年（1967年）4月21日
[出]長野県諏訪町　[名]本名＝高木慶吉　[歴]大正9年日活関西撮影所俳優養成所に入り、片岡慶左衛門と名のる。翌年牧野教育映画製作所の設立に参加し、マキノ映画と改組してから高木新平と改名。スピード感あふれる時代劇で話題を呼んだ「快傑鷹」で人気を得、のち「争闘」では屋上から向かいのビルに飛び移るシーンを熱演し、鳥人のニックネームがついた。以後、「刃光」「ロビンフッドの夢」などに主演し全盛期を作った。昭和2年高木新平プロダクションを創立し、「百鬼夜行」などで監督も務めたが、その後巡業に出たり、帝キネや宝塚キネマに移動したりを繰り返し、戦後は主に映画の脇役として出演した。

高木 誠司　　たかぎ・せいし
薬学者 京都帝国大学教授
明治27年（1894年）4月16日〜昭和49年（1974年）3月6日
[生]東京都　[専]薬品分析化学　[学]東京帝国大学医学部薬学科〔大正7年〕卒 薬学博士　[歴]昭和5年東京帝国大学助教授として薬品分析化学講座を新設する。14年京都帝国大学薬学科創設委員、同教授となり、薬品分析化学講座を主宰。25年名誉教授、大阪薬科大学理事長。分析化学に電気科学的方法を導入し、また硫化ソーダ法を創案するなどした。

高城 仙次郎　　たかぎ・せんじろう
経済学者 慶応義塾大学教授
明治14年（1881年）〜昭和9年（1934年）11月30日
[生]兵庫県神戸市　[名]旧姓・旧名＝武田　[学]エール大学卒、エール大学大学院修了 経済学博士　[歴]武田仙之助の二男に生まれ、のち高城忠行の養子となる。米国で学び、エール大学、同大学大学院を卒業。バチェラー・オブ・アーツ、マスター・オブ・アーツ、ドクトル・オブ・フィロソフィーの称号及び学位を受ける。帰国後、同志社教授を経て、明治44年慶応義塾（大正9年大学）教授となり、昭和9年経済学博士の学位を受け、立教大学講師も兼ねた。著書に「利子歩合論」「独逸戦後の財政及び金融」「利子歩合の重要問題」「物価問題」「金利概論」などがある。

高木 惣吉　　たかぎ・そうきち
海軍少将
明治26年（1893年）11月10日〜昭和54年（1979年）7月27日
[生]熊本県人吉市　[名]別名＝辰巳亥子夫　[学]海兵（第43期）〔大正4年〕卒、海大〔昭和2年〕卒　[歴]昭和5年財部彪海相秘書官、この間、ロンドン会議後の海軍、政界の経験をしたが、結核のため1年療養。12年臨時調査課長、14年海大教官、15年調査課長、17年舞鶴鎮守府参謀長、19年海軍省教育局長などを歴任。同年9月海軍省出仕となり、米内光政、井上成美らの内意を受けて終戦工作に動き、近衛文麿、細川護貞らと連絡、東条内閣の打倒に尽力、東条暗殺計画にも関係した。海軍合理主義派の一人で海軍少将（18年）。20年9月東久邇内閣の内閣副書記官長。戦後は著述活動に従事。著書に「太平洋海戦史」「私観太平洋戦争」「自伝的日本海軍始末記」「高木惣吉日記」などがある。

高木 卓　　たかぎ・たく
小説家 ドイツ文学者 音楽評論家
明治40年（1907年）1月18日〜昭和49年（1974年）12月28日
[生]東京市本郷区西片町（東京都文京区）　[名]本名＝安藤熙　[学]東京帝国大学独文科〔昭和5年〕卒　[歴]水戸高校、一高、東京大学教養学部、独協大学教授を歴任。この間、「作家精神」に

拠り文筆活動を続け、昭和5年「魔像」を発表し、11年発表の「遣唐船」が芥川賞候補となる。15年「歌と門の盾」で芥川賞を受賞したが辞退して話題を呼んだ。また音楽評論でも活躍し、他の著書に「ヴァーグナー」「郡司成忠大尉」「人間露伴」などがある。 家父＝安藤勝一郎（英文学者）、母＝安藤幸（バイオリニスト）、娘＝高木あきこ（詩人・童話作家）、伯父＝幸田露伴（作家）、郡司成忠（海軍大尉）

高木 武雄　　たかぎ・たけお
海軍大将
明治25年（1892年）1月25日～昭和19年（1944年）7月8日
出福島県　学海兵（第39期）明治44年 卒　大正元年海軍少尉に任官。昭和8年軽巡洋艦「長良」艦長、9年海軍省教育局第一課長、11年重巡洋艦「高雄」艦長、12年戦艦「陸奥」艦長を経て、13年第二艦隊参謀長、14年軍令部第二部長、16年第五戦隊司令官。17年海軍中将に昇る。同年スラバヤ沖海戦で敵艦隊の撃滅に成功し、陸軍のジャワ本島上陸作戦を支援した。同年馬公鎮守府司令長官、18年高雄警備府司令長官を経て、同年第六艦隊司令長官。19年サイパン島で戦死し、海軍大将に進級した。

高木 武　　たかぎ・たけし
国文学者 武蔵高校教授
明治12年（1879年）4月3日～昭和19年（1944年）2月26日
生熊本県　学東京帝国大学文科大学国文科〔明治42年〕卒, 東京帝国大学大学院〔大正3年〕修了 文学博士〔昭和2年〕　歴大学院修了後、松山、佐賀、武蔵各高校教授を歴任し、また東京商科大学、日本大学、二松学舎、実践女子専門学校、聖心女子学院、東洋大学などで国文学を講じた。大正4年「東西武士道の比較」を発表、軍記物語を研究。著書に「日本精神と日本文学」「新訳平家物語」「新訳増鏡」などがある。

高木 武　　たかぎ・たけし
銀行家
明治16年（1883年）8月9日～昭和49年（1974年）3月2日
生東京府京橋区（東京都中央区）　学高等小学校卒　歴明治31年父親の経営する日本製粉に入社し、大正9年専務となるが、昭和2年取締役を辞任。4年新田製粉社長となり、7年日本製粉との合併で社長を退任。この間の大正15年、相生無尽監査役となり、昭和8年同常務、14年専務となる。15年無尽会社八行の総合合併により、大日本無尽の専務となり、19年社長に就任。26年相互銀行法の施行に伴なう行名変更によって日本相互銀行となり、初代社長に就任し、36年相談役となる。また43年太陽銀行の、48年太陽神戸銀行の相談役となった。

高木 貞治　　たかぎ・ていじ
数学者 東京帝国大学名誉教授
明治8年（1875年）4月21日～昭和35年（1960年）2月28日
生岐阜県本巣郡一色村（本巣市）　専代数的整数論　学岐阜県尋常中〔明治24年〕卒, 三高本科〔明治27年〕卒、東京帝国大学理科大学数学科〔明治30年〕卒 理学博士（東京帝国大学）〔明治36年〕　賞帝国学士院会員〔大正14年〕　歴明治31年文部省の命でドイツへ留学。33年帰国して東京帝国大学助教授、37年教授に就任。昭和11年定年退官。16～22年藤原工業大学（現・慶応義塾大学）教授。大正9年「相対アーベル数体の理論」（第一論文）、11年「任意の代数的数体における相互法則」（第二論文）を発表。昭和2年この論文に触発されたドイツのエミール・アルティンが一般相互法則を証明、“高木・アルティンの類体論”と呼ばれる近代整数論の代表的理論の建設者として世界的に知られるようになった。近代日本が生んだ初の世界的数学者であり、4年アーベルの没後百年記念式典に際してノルウェーのオスロ大学より名誉博士の学位を授与された他、7年には“数学のノーベル賞”といわれるフィールズ賞の第1回選考委員に指名された。15年数学者として初めて文化勲章を受章。著書に「新撰算術」「代数学講義」「解析概論」「代数的整数論」「数の概念」などがある。　家息子＝高木佐知夫（東京大学名誉教授）、孫＝川合真紀（東京大学教授）　勲文化勲章〔昭和15年〕　賞文化功労者〔昭和26年〕

高木 献鳳　　たかぎ・どくほう
僧侶 臨済宗永源寺派管長
元治1年（1864年）6月10日～昭和30年（1955年）10月27日
生肥前国（佐賀県）　名旧姓・旧名＝納富, 前名＝宗逸, 号＝万松関　歴明治元年佐賀県の正法寺高木陽堂について得度し、国学や仏経祖録を修め、また四書五経や文選を学び、19年から36年まで久留米市の梅林寺東海献禅について禅宗専門学を修業する。その間の21年佐賀県父母寺住職となり、28年正法寺の、40年福岡市の承天寺住職となる。42年一等布教師、東風寺住職を経て、大正10年臨済宗永源寺派管長となり、11年永源寺住職となり、のち永源寺に禅堂を新築するなどした。

高木 利太　　たかぎ・とした
新聞記者 大毎専務
明治4年（1871年）1月19日～昭和8年（1933年）1月23日
生豊前国中津（大分県中津市）　学慶応義塾〔明治24年〕卒　歴豊前中津藩士・寅次郎の子に生まれる。明治24年大阪毎日新聞に入社。日清戦争には従軍記者となり戦況を報じた。28年農商務省特派員・志村源太郎、江口敬之助と共に南清に渡り、蘇州・杭州より重慶に至り新開港場を視察報道する。29年藤田組に転じたが、30年再び復社し、33年大阪の実業家数名と共に渡欧、パリ博覧会を視察、帰途米国を巡遊した。39年電報新聞売却の話を聞き本山社長と共に奔走、これを買収して毎日電報に改名し自ら主幹となる。のち本社経済部長、副主幹、営業局長などを歴任。大正7年専務に就任する。15年退任したが、昭和3年再び常務となり、7年退職した。

高木 友三郎　　たかぎ・ともさぶろう
経済学者 法政大学経済学部教授 北日本新聞主筆
明治20年（1887年）4月5日～昭和49年（1974年）5月12日
生富山県　学東京帝国大学法科大学政治科〔大正3年〕卒 経済学博士〔昭和8年〕　歴大阪毎日新聞などを経て法政大学教授となり、昭和13年経済学部長となる。その間の8年、「生の経済哲学」で経済学博士となる。19年北日本新聞主筆となり、26年法大名誉教授、35年北日本新聞会長に就任。著書に「文化哲学と経済学」「よりよき人生よりよき生活」などがある。

高木 信威　　たかぎ・のぶたけ
新聞記者 政治学者 中央大学教授
明治5年（1872年）10月25日～昭和10年（1935年）11月27日
生静岡県　名号＝清蔭　賞英国王立学芸協会終身会員〔昭和10年〕　歴明治25年より、国民新聞、国民之友、静岡新報、やまと新聞、中央新聞などの新聞、主筆を務め、東京日日新聞編集局長となる。大正11年中央大学講師、12年教授に就任し、昭和8年まで務めた。その間大正3年渡英、政治経済問題を研究し、5年帰国。10年 "Fellow of Royal Society of Arts" の称号を受けた。著書に「有為生活」など。

高木 半兵衛　　たかぎ・はんべえ
福知山市長 京都銀行頭取
慶応3年（1867年）～昭和31年（1956年）
歴造り酒屋を営む家に生まれる。大正10年から京都府福知山町の町長を務め、由良川の治水工事や上水道整備などを務め、昭和12年に市制が施行されると15年まで初代市長として活躍。一方でのちに京都銀行となる福知山銀行を興し、16年京都銀行初代頭取に就任。平成3年愛用した人力車が孫により市役所に寄贈され、6年からロビーに展示。

高木 八尺　たかぎ・やさか

米国史学者 東京帝国大学法学部教授

明治22年（1889年）12月25日〜昭和59年（1984年）4月28日

〔生〕東京都　〔出〕佐賀県　〔名〕旧姓・旧名＝神田　〔学〕一高卒、東京帝国大学法科大学政治学科〔大正4年〕卒 法学博士（東京帝国大学）〔昭和8年〕　〔賞〕日本学士院会員〔昭和23年〕　〔歴〕大正7年東京帝国大学講師となり、8年欧米へ留学。同年助教授。12年帰国し、13年教授に昇任。25年退官。21〜22年勅選貴族院議員。米国史研究のパイオニアで、日本の米国研究者のほとんどが"高木山脈"の裾野に位置するといわれる。また太平洋戦争前の日米摩擦の回避に尽力したことでも知られる。　〔家〕父＝神田乃武（英語学者）、弟＝神田盾夫（東京大学教授）　〔賞〕文化功労者〔昭和42年〕

高木 保之助　たかぎ・やすのすけ

日本画家

明治24年（1891年）〜昭和16年（1941年）8月16日

〔生〕東京市本郷区湯島（東京都文京区）　〔学〕東京美術学校日本画科選科〔大正8年〕卒　〔歴〕明治34年川端玉章に師事し、のち松岡映丘に師事。映丘門下の岩田正巳らによって大正10年結成された新興大和絵会に、12年より同人として参加、また木之華社にも同人として加わる。この間8年帝展に初入選、以後入選を続け、昭和3年「はまなすの浜」、4年「夏の粧」がともに特選を受賞。5年帝展推薦となり、新文展にも無鑑査出品した。また10年結成された国画院にも同人として参加し、12年第1回展に大作「燎乱の四季」を出品。大和絵の伝統を継ぐ花鳥画を得意とし、東台邦画会や日本画院にも出品した。

高木 義賢　たかぎ・よしかた

講談社専務

明治10年（1877年）11月8日〜昭和23年（1948年）7月19日

〔生〕徳島県　〔学〕徳島中卒　〔歴〕明治35年通信省通信局に勤務。天津郵便局、上海郵便局長などを経て、大正4年帰国。8年講談社に入社。経理部門を担当して同社の興隆を支えた。20年相談役。　〔家〕義姉＝野間左衛（講談社社長）

高木 喜寛　たかぎ・よしひろ

外科学者 男爵 東京慈恵会医科大学学長 貴族院議員

明治7年（1874年）10月11日〜昭和28年（1953年）1月22日

〔生〕東京都　〔学〕ロンドン大学セント・トマス病院医学校〔明治32年〕卒 医学博士〔大正12年〕　〔歴〕東京慈恵会医科大学創立者で海軍軍医総監・高木兼寛の長男。明治32年英国ロンドン大学セント・トマス病院医学校を卒業後、欧米各国を視察。35年帰国し私立東京病院副院長、36年東京慈恵医院医学校教員、大正9年東京病院院長、11年東京慈恵会医科大学教授。12年ロックフェラー財団の招きで渡米し、医学教育を視察。昭和17〜22年東京慈恵会医科大学学長。この間、大正9年男爵を襲爵、12年貴族院議員に選ばれる。また明治44年以来全国ラグビー協会初代会長を務めた。著書に「高木兼寛伝」がある。　〔家〕父＝高木兼寛（海軍軍医総監・男爵）

高木 陸郎　たかぎ・りくろう

実業家 南満鉱業会社社長

明治13年（1880年）10月19日〜昭和34年（1959年）8月10日

〔出〕福井県　〔学〕東京商工中〔明治30年〕卒　〔歴〕明治30年三井物産に入社。43年漢冶萍煤鉄公司日本商務代表を経て、大正3〜11年東亜通商会社社長。また、7年南満鉱業会社専務、11年〜昭和20年同社長。11〜20年中日実業副総裁、19〜20年大政翼賛会興亜総本部長、戦後は、26〜34年日本国土開発会社社長。　〔家〕岳父＝橋本綱常（陸軍軍医総監・子爵）

高北 新治郎　たかきた・しんじろう

実業家 高北製作所社長

明治20年（1887年）1月10日〜昭和43年（1968年）11月12日

〔出〕三重県　〔歴〕金物店で働き、のち農具の開発に携わる。大正2年犂（すき）の改良に成功し、製造を開始。昭和2年高北製作所の社長となり、高北式改良犂を朝鮮、台湾、満州にも販売した。

高楠 順次郎　たかくす・じゅんじろう

仏教学者 教育家 東京帝国大学教授

慶応2年（1866年）5月17日〜昭和20年（1945年）6月28日

〔生〕安芸国御調郡八幡村（広島県三原市）　〔名〕旧姓・旧名＝沢井、幼名＝梅太郎、洵、号＝雪頂　〔専〕インド学　〔学〕西本願寺普通教校〔明治22年〕卒、オックスフォード大学（英国）〔明治27年〕卒 文学博士　〔賞〕帝国学士院会員〔明治45年〕　〔歴〕明治13年より郷里の小学校教師を務める傍ら竜山会を興し、友人の花井卓蔵らと政治を談じる。18年京都へ出て西本願寺普通教校に入学。在学中の19年、仏教界の改革や禁酒を目的に反省会を組織し、20年「反省会雑誌」（「中央公論」の前身）を創刊。また同校の教官たちと欧米仏教通信社を開設。23年英国オックスフォード大学へ留学し、マックス・ミュラーに師事してインド学を研究。28年ドイツへ移り、ベルリン大学、ライプツィヒ大学でチベット・モンゴル・アルタイなどアジア各国語やインド哲学・西洋哲学などを学んだ。30年帰国後は東京帝国大学文学部講師となり、梵文学・言語学を担当。31年講師在職のまま末松謙澄逓信相の秘書官となる。32年教授、33年東京外国語校長を兼任。35年中央商業学校を設立し、校主に就任。45年帝国学士院会員。大正7年ルンビニー合唱団を創設。13年武蔵野女子学院を創立するとともに、仏教女子青年会を主宰した。昭和2年東京帝大を定年退官。6〜9年東洋大学学長。この間、大正13年から昭和9年まで「大正新修大蔵経」（全100巻）の研究・編集・刊行に力を注ぎ、その刊行組織として大正一切経刊行会を設立。7年改組して大蔵出版株式会社とし、仏教書出版を行った。「国訳南伝大蔵経」（全65巻）、「大日本仏教全書」（全151冊）、「ウパニシャッド全書」（全9巻126種）などの監修も行った。19年文化勲章を受章。著書に「パリ仏教文学読本」「宇宙の声としての仏教」などがある。　〔家〕弟＝沢井俊二（医師）　〔勲〕文化勲章〔昭和19年〕

高倉 徳太郎　たかくら・とくたろう

神学者 牧師 日本神学校校長

明治18年（1885年）4月23日〜昭和9年（1934年）4月3日

〔生〕京都府綾部　〔学〕東京帝国大学独法科中退、東京神学社〔明治43年〕卒　〔歴〕東京帝国大学在学中の明治39年植村正久より受洗。日本基督教会富士見町教会伝道師として植村を補佐。京都吉田教会、札幌北辰教会牧師を経て、大正7年東京神学社教授に就任。10〜13年英国留学、帰国後東京・大久保の自宅で伝道、これがのち日本基督教団戸山教会、移転改称し信濃町教会となり日本有数の教会に発展。14年植村の死後、東京神学社校長となり、昭和5年明治学院神学部を合併した日本神学校教頭、8年校長に就任。小塩力、赤岩栄、石島三郎ら多くの有力牧師を育て、戸坂潤、羽仁五郎とも交流し、自由学園にも協力した。植村、内村鑑三に続く伝道者として活躍、福音主義的伝道の神学の上に大きな役割を果たし、「福音的基督教」（2年）は日本プロテスタントの代表作とされた。晩年過労とうつ病のため自殺。「高倉全集」（全10巻）、「高倉徳太郎著作集」（全5巻）がある。

高桑 勝雄　たかくわ・かつお

写真家 日本写真協会理事

明治16年（1883年）9月29日〜昭和30年（1955年）2月5日

〔生〕長野県上田市　〔歴〕上田郵便局勤務時代に読書と英語の学習をはじめる。その傍ら、早くからアマチュア写真家として活動し、数々の原書から独自に写真術の専門的研究を行った。のち上京して芝電信局に勤めたが、「写真月報」の記者募集に応

じ、明治45年同誌発行元の小西本店(現・コニカミノルタ)に入社。秋山轍輔の下で同誌の編集に携わったのを経て、大正6年「写真の趣味」を創刊し、初心者の指導に心血を注いだ。10年アルスから発行された「カメラ」の主筆に就任し、口絵とコンテストと写真機のメカニズム記事を主軸に据え、現在のカメラ雑誌の基本スタイルを確立した。昭和4年写真術書専門の日本写真出版社を設立。15年写真雑誌の統合整備によって第一線から退き、戦時中は町会議員などを務めた。戦後、写真界に復帰し、日本写真協会理事などを歴任。また写真による国際親善の再開に尽力、国際写真作家協会(CPJ)を創設し、24年以降はパリやロンドンなど各国の有名写真サロンに日本人作家の作品を送り込んだ。29年日本写真協会賞受賞。著書に「フィルム写真術」など。

高階 哲夫　たかしな・てつお
バイオリニスト 作曲家
明治29年(1896年)3月5日～昭和20年(1945年)4月17日
生富山県中新川郡滑川町(滑川市)　名本名＝高階哲応, 旧姓・旧名＝瀬木三五郎, 筆名＝小田進吾　学富山師範〔大正3年〕卒, 東京音楽学校本科器楽部〔大正10年〕卒　歴瀬木家の三男で、高階家の養子となる。大正5年東京音楽学校予科に入学。本科器楽部ではバイオリンを専攻し、グスタフ・クローンに師事。10年の卒業式ではダビットの難曲「我は小さき鼓手なり」を独奏した。卒業後は東京女子音楽学校講師、日本音楽学校講師の傍ら、多基永、芝祐孟、杉山長谷夫らと室内楽運動を展開、11年には札幌での演奏会をきっかけに札幌のシンボルとでもいうべき歌「時計台の鐘」を作詞・作曲した。また、13年我が国の女優第1号である川上貞奴が川上児童楽劇団を結成すると、その音楽指導にも当たった。昭和3年牛原虚彦監督の映画「陸の王者」で初めて映画主題歌「栄冠の歌」を作曲。4年には松竹映画に堀内敬三、弘田龍太郎、杉山らと共に音楽顧問として招かれ、9年の退社までに、五所平之助監督の日本初のトーキー映画「マダムと女房」、島津保次郎監督「上陸第一歩」「嵐の中の処女」、小津安二郎監督「浮草物語」などの主題歌を手がけた。9年日本放送協会東京中央放送局の洋楽部員に迎えられ、同管弦楽団の指揮と作曲を担当。11年小田進吾の筆名で島崎藤村の詩に曲を付けた「朝」を発表、国民歌謡のヒット第1号となり、同じ筆名で薄田泣菫「白すみれ」、北原白秋「山は呼ぶ野は呼ぶ海は呼ぶ」などを作曲している。16年名古屋中央放送局管弦楽団指揮者に転じ、17年名古屋市で最後となったリサイタルを開催。20年49歳で名古屋で病没した。　家妻＝高階満寿(声楽家), 長女＝高階由美(声楽家), 伯父＝瀬木博尚(博報堂創設者)

高階 冨士夫　たかしな・ふじお
飛び込み選手
生年不詳～平成1年(1989年)9月28日
出大阪府大阪市　名後名＝辻冨士夫　歴昭和3年第9回アムステルダム五輪に日本人初の飛び込み選手として出場し、9位となった。

高階 瓏仙　たかしな・ろうせん
僧侶 曹洞宗管長
明治9年(1876年)12月15日～昭和43年(1968年)1月19日
生福岡県嘉穂郡臼井村　名勅号＝大鑑道禅師, 号＝玉堂　学曹洞宗大学林〔明治34年〕卒　歴明治23年福岡県臼井村の永泉寺高階默仙について得度する。34年より曹洞宗の内地留学生として京都で仏教研究をし、36年福岡県永泉寺住職。37年可睡斎日置默仙に4年に渡って随侍参禅し、38年静岡県崇信寺住職に就任。42年曹洞宗大学教授になるが、大正4年同大学を辞し、福岡県安国寺住職となる。その間の明治43年曹洞宗特選議員となり、以後宗議会議長、宗務院総務を歴任。昭和3年朝鮮布教総監、6年可睡斎住職、16年総持寺貫首、永平寺貫首、19年曹洞宗管長に就任。25年セイロンの第1回世界仏教徒会議に日本代表として出席し、32年全日本仏教会長に就任した。著書に「般若心経講義」「舌頭禅昧」などがある。

高島 菊次郎　たかしま・きくじろう
実業家 王子製紙社長
明治8年(1875年)5月17日～昭和44年(1969年)1月29日
生福岡県　学高等商業学校(現・一橋大学)〔明治33年〕卒　歴大阪商船、三井物産を経て、明治45年王子製紙に入社。苫小牧工場長などを経て、大正3年取締役に就任。以後常務、専務、副社長を経て、昭和13年社長に就任。17年中支振興総裁就任のため、社長を辞した。

高島 象山　たかしま・しょうざん
易者
明治19年(1886年)7月10日～昭和34年(1959年)11月25日
生岡山県久米北条郡山手村　名旧姓・旧名＝牧　歴明治19年農婦牧つまよの私生児として生まれ、岡山の漢学塾で易経を学んで23歳の時上京。自分では「高島呑象の門に入り大正3年呑象の死後、高島家に入籍した」と称したが、元祖高島嘉右門呑象に後継者はいない。高島易を名のる者が後を絶たないため、昭和5年警視庁によるインチキ易者の大検挙が行われたが7年8月30日高島姓の戸籍を作り、ニセ高島取り締まりを尻目に堂々と商売を続けた。東京神田駅前に高島易断総本部の看板を掲げ、易占界のトップにのし上がった。しかし、34年ノイローゼの青年に刺殺され、自分の運命は占えなかったといわれた。

高島 末五郎　たかしま・すえごろう
真珠養殖家
明治13年(1880年)～昭和26年(1951年)
出長崎県東彼杵郡波佐見町　歴大林湾で真珠の養殖を最初に手がけ、事業は成功、昭和12年の生産額は御木本を抜いて世界一となった。戦時中は大打撃を受けたが、24年再起、真珠王国長崎県の基礎を作った。

高島 兵吉　たかしま・ひょうきち
衆議院議員
慶応1年(1865年)6月15日～昭和21年(1946年)2月20日
生阿波国板野郡撫養町(徳島県鳴門市)　歴徳島県議を経て、大正6年4月に徳島2区から衆議院議員に初当選。以来通算5期。民政党に所属した。

高嶋 米峰　たかしま・べいほう
宗教家 教育家 随筆家 評論家 東洋大学学長
明治8年(1875年)1月15日～昭和24年(1949年)10月25日
生新潟県中頸城郡竹直村(上越市)　名幼名＝大円, 別号＝警醒子, 竹友, 竹有, 竹村　専真宗学　学哲学館(現・東洋大学)教育学部〔明治29年〕卒　歴父は浄土真宗西本願寺派の僧侶・高嶋宗明。新潟県高田(現・上越市)の興仁教校、京都の西本願寺立普通教校などを経て、明治26年上京し、哲学館(現・東洋大学)に学ぶ。卒業後は井上円了の著作助手となり、母校の機関誌「東洋哲学」に関わった。30年金沢の「北国新聞」記者となるが短期間で辞職し、帰京して再び「東洋哲学」に携わるとともに京華尋常中学で教鞭を執った。32年仏教清徒同志会を結成し、33年同会として大日本廃娼会に加盟した他、禁酒・禁煙運動などにも取り組んだ。また、「中央公論」の教育・社会欄に寄稿し、同年「新仏教」を創刊(大正4年まで)。34年鶏声堂書店を開業し、東洋大学や京北中学の教科書を販売。39年共同出資(のち個人経営)で丙午出版社を設立し、44年堺利彦の勧めで当時大逆事件のために獄中にあった幸徳秋水の著書「基督抹殺論」を出版した。大正元年「漢詩」を創刊。6年村上専精らとともに東京帝国大学印度哲学講座開設に尽力。昭和9年鶏声堂書店を閉店するとともに、丙午出版社を明治書

院に譲渡。一方で共立女子薬学専門学校、実践商業学校、東京美術学校などで教え、12年母校・東洋大学教授となり、18年学長に就任した。19年文学報国会理事長。著書に「般若心経講話」「一休和尚伝」「物の力心の力」「高嶋米峰自叙伝」などがある。家息子＝高嶋雄三郎（編集者）、父＝高嶋宗明（真照寺住職）

高須 四郎　たかす・しろう
海軍大将
明治17年（1884年）10月27日〜昭和19年（1944年）9月2日
生茨城県　学海兵（第35期）〔明治40年〕卒、海大〔大正8年〕卒　歴大正11年から15年にかけて英国に駐在。帰国後、海軍大学校教官などを務め、昭和5年から8年まで駐英大使館付武官となる。帰国後、第三艦隊参謀長、軍令部第三部長、第一航空戦隊司令官、練習艦隊司令官、駐満海軍部司令官などを歴任。15年第四艦隊司令官となり、16年第一艦隊司令官に就任。17年のミッドウェー作戦では警戒部隊を指揮し、同年南西方面艦隊司令長官となり、19年大将に昇進した。

高須 芳次郎　たかす・よしじろう
評論家　水戸学研究家
明治13年（1880年）4月13日〜昭和23年（1948年）2月2日
生大阪　名別名＝高須梅渓　学早稲田大学英文科〔明治38年〕卒 文学博士　歴明治30年浪華青年文学会を結成し「よしあし草」を創刊。31年上京し「新声」の編集にたずさわり、以後文芸評論、時事評論、美文、散文詩、翻訳と幅広く活躍。国民新聞、東京毎日新聞、二六新報などにも勤務し、34年刊行の「美文集」をはじめ「青春雑筆」「平家の人々」「近代文芸史論」「日本現代文学十二講」などの著書がある。昭和に入って「水戸学全集」などを編集し、水戸学研究者として「水戸学派の尊皇及び経論」などの著もある。

高杉 新一郎　たかすぎ・しんいちろう
海軍軍医中将
明治13年（1880年）1月21日〜昭和33年（1958年）4月25日
生岡山県阿賀郡砦部村（真庭市）　学一高卒、東京帝国大学医科大学〔明治39年〕卒 医学博士　歴海軍に入り、その傍ら東京帝国大学皮膚泌尿器科で研究をする。大正9年フランスに留学。帰国後、呉海軍病院長兼鎮守府軍医長、横須賀海軍病院長兼鎮守府軍医長、海軍軍医学校長、海軍省医務局長などを歴任し、昭和8年軍医中将。15年退役。20年日本医療団副総裁、医療団中央病院長に就任した。戦後は伊豆で開業した。

高瀬 梅吉　たかせ・うめきち
実業家　佐賀炭礦社長　衆議院議員
明治6年（1873年）9月〜昭和7年（1932年）11月29日
生茨城県水戸　学東京帝国大学〔明治32年〕卒　歴帝国商業銀行勤務、上海の東亜同文書院主席教授を経て、明治36年再び商業銀行に入って副支店長となり、43年朝鮮銀行に移り、大阪・東京支店長を経て、京城本店営業局長となった。のち東洋拓殖理事、北満電気取締役、佐賀炭礦社長を務め、中島鉱業取締役を兼務した。その後、乾燥木材社長となった。昭和5年茨城県から衆議院議員（民政党）に当選1回。

高瀬 文淵　たかせ・ぶんえん
評論家　小説家
文久4年（1864年）1月26日〜昭和15年（1940年）1月26日
生安房国（千葉県）　名本名＝黒川安治　学千葉師範〔明治14年〕卒　歴富津小学校長などを歴任してのち上京し、文筆生活に入り「廻瀾」「詩篇 若葉」などの小説を発表。その後は小説を書く傍ら評論家として理想主義的文学論を展開する。日本女学校の教壇に立ち、教科書編集にもたずさわる。他の作

品に「朝日影」「夕月夜」「富岡城」などがある。昭和5年日本文化協会を興し、9年「皇国の経論及規範」を刊行した。

高勢 実乗　たかせ・みのる
俳優
明治23年（1890年）12月13日〜昭和22年（1947年）11月19日
生北海道函館市会所前　名本名＝能登谷新一　学小卒　歴明治38年上京。新派劇のドサ回りや連鎖劇のころの映画に端役で出演。大正末、衣笠貞之助監督の「狂った一頁」に脇役を演じた。この後、松竹の林長二郎（長谷川一夫）映画に助演。昭和3年日活太秦に入社。伊藤大輔監督の日活時代劇に悪役で起用されたが、7年伊丹万作の「国士無双」でコミックな役柄に転じた。山中貞雄監督にも重用され、鳥羽陽之助と組んでコメディアンとして活躍。12年東宝に移ってからは珍扮装、珍セリフで喜劇役専門となり「アノネ、オッサン ワシャカーナワンヨ」は戦時中の流行語となった。他の主な出演作に「十字路」「素浪人忠弥」「国定忠治」「怪盗白頭巾」「日本一の殿様」「ロッパの大久保彦左衛門」「エンタツ・アチャコの人生は六十一から」など。

高田 耘平　たかだ・うんぺい
衆議院議員
明治6年（1873年）12月〜昭和32年（1957年）6月29日
生栃木県　学栃木県立中学校〔明治25年〕卒　歴農業をいとなむ傍ら村役場に勤め、荒川村助役、那須郡議、栃木県議などを歴任し、大正4年代議士に当選。昭和4年農林政務次官となり、9年民政党総務となる。戦時中は翼賛議員同盟などに参加し、戦後は日本進歩党に所属した。また烏山電気、黒羽木材などの取締役も務めた。

高田 恵忍　たかだ・えにん
僧侶（日蓮宗）立正大学教授
明治16年（1883年）6月〜昭和12年（1937年）5月29日
生静岡県富士市　名旧姓・旧名＝高田峯策　学日蓮宗大学〔明治44年〕卒　歴明治36年得度。43年富士市中里本妙寺に住み、大正2年本寺の同師龍泉山東光寺の歴世。3年日蓮宗大学中等科教諭、昭和3年身延山祖山学院教頭、4年立正大学学部及び予科教授となる。10年祖山学院教頭を辞任。著書に「日蓮宗の安心」「事一念三千観心義提要」、分担執筆に「日蓮聖人遺文全集講義」がある。

高田 畊安　たかた・こうあん
医師　南湖院院長
文久1年（1861年）8月19日〜昭和20年（1945年）2月9日
生丹後国中筋村（京都府舞鶴市）　名旧姓・旧名＝増山　専結核　学京都医学校本科〔明治17年〕卒, 東京帝国大学医学部〔明治23年〕卒 医学博士〔大正5年〕　歴丹後国の藩士の子。京都医学校を経て、明治23年東京帝国大学医学部を卒業。この間、15年に同志社教会で受洗。ベルツの助手として東京大学に残るが、肺結核にかかり辞職。全快後、29年に東京・神田に東洋内科医院、31年には神奈川・茅ケ崎に結核サナトリウム・南湖院を設立し、以後、結核診療に心血を注いだ。南湖院は東洋一といわれ、全国から患者が集まった。患者の中には国木田独歩、八木重吉らがいる。

高田 浩吉　たかだ・こうきち
俳優
明治44年（1911年）11月7日〜平成10年（1998年）5月19日
生兵庫県園田村（尼崎市東園田町）　名本名＝梶浦武一　学大阪商業学校〔大正15年〕中退　歴大正15年10月学校を中退、京都の松竹下加茂撮影所に研究生として採用され、同年11月「照る日くもる日」でデビュー。第1回主演作は昭和5年の「仇討破れ袴」。10年「大江戸出世小唄」で主演の他主題歌も歌い、

"歌う映画スター"第1号となる。同年「お琴と佐助」で田中絹代と共演、スターの座を不動のものとする。坂東好太郎とともに松竹時代劇の二本柱として活躍。戦後は脇役に回ることが多かったが、29年からの〈伝七捕物帖〉シリーズのヒットで人気を挽回した。 **家**二女＝高田美和（女優）、三女＝高田瞳（女優）、孫＝大浦龍宇一（俳優）

高田 早苗　たかだ・さなえ
政治学者 政治家 教育家 早稲田大学総長
安政7年（1860年）3月14日～昭和13年（1938年）12月3日
生江戸深川（東京都江東区）　**名**幼名＝銈之助、筆名＝松屋主人、号＝高田半峰　**学**東京大学文学部〔明治15年〕卒 法学博士〔明治34年〕　**賞**帝国学士院会員〔昭和3年〕　**歴**生家は江戸・深川で通船問屋を営み、曾祖父は国学者として著名な小山田与清。明治10年官費貸費生として東京大学に進学し、在学中の14年、小野梓の知遇を得、市島謙吉（春城）、天野為之らと小野を盟主とした鴎渡会の結成に参加。さらに小野から大隈重信を紹介され、15年大隈の立憲改進党結成にも参加した。大学卒業後の同年10月、大隈の東京専門学校（現・早稲田大学）創立に協力。16年には読売新聞に主筆として入社し、文芸に力を注いで購読者を倍増させた。23年国会開設に当たり全国最年少で衆議院議員に当選。以後6回当選し、大隈の懐刀として活躍、30年松方・大隈連立内閣（松隈内閣）で外務省通商局長、31年大隈・板垣連立内閣（隈板内閣）で文部省参事官、専門学務局長などを歴任。隈板内閣瓦解後に政界より身を引いてからは教育事業に専念し、40年早稲田大学の組織改正に伴って初代学長に就任。大正4年貴族院議員に勅選。同年学長を辞し、第二次大隈内閣に文相として入閣。7年名誉学長として復帰。12年前年に没した大隈の後を受けて同大総長となった。昭和6年総長を辞した。 **家**岳父＝前島密（官僚・政治家・男爵）、女婿＝二木保幾（理論経済学者）

高田 静雄　たかた・しずお
砲丸投げ選手
明治42年（1909年）3月5日～昭和38年（1963年）12月10日
出広島県　**学**広陵中中退　**歴**杉浦卯三に師事し、昭和2年から全日本陸上選手権砲丸投げで6回優勝。9年満州・大連で行われた日米対抗陸上競技大会で14メートル13センチの日本記録を樹立、戦後の24年まで記録を保持した。11年ベルリン五輪に出場。20年原爆で被爆した後は写真にも情熱を燃やし、34年「聖なる道」が第1回全日本写真サロン特選となった。またローマ五輪のスポーツ写真展にも入賞した。

高田 真治　たかだ・しんじ
中国哲学者 東京帝国大学教授
明治26年（1893年）8月6日～昭和50年（1975年）11月24日
出大分県　**名**号＝陶軒　**学**東京帝国大学文科大学支那哲学科〔大正6年〕卒 文学博士　**歴**水戸高校教授、京城帝国大学予科教授、同大助教授を経て、昭和4年東京帝国大学教授に就任。21年退官し、のち大東文化大学教授、国士舘大学教授を務めた。14年御講書始に漢詩進講。著書に「支那思想の研究」「儒教の精神」「中国哲学概論」、漢詩集「陶軒詩鈔」など。

高田 保　たかた・たもつ
劇作家 演出家
明治28年（1895年）3月28日～昭和27年（1952年）2月20日
生茨城県新治郡土浦町（土浦市）　**名**俳号＝羊軒　**学**早稲田大学英文科〔大正6年〕卒　**歴**早稲田大学英文科在学中から宇野浩二、片岡鉄兵らの新劇団美術劇場に参加。やがて「活動倶楽部」や「オペラ評論」の記者となり、古海卓二、根岸寛一らの知遇を得て映画界とも関わりを持つようになった。大正11年常盤興行演芸部に入り、同年新舞踏劇「案山子」が帝国劇場の戯曲懸賞に当選。13年戯曲「天の岩戸」を雑誌「新小説」

に発表したのを皮切りに、新劇協会で初演された「ジャッヅ」「公園の午後」などの社会風俗批評劇や喜劇「人魂黄表紙」といった秀作を次々と発表し、劇作家として認められるようになった。昭和初期には左傾化し、4年築地劇団に参加して小林多喜二「蟹工船」やレマルク「西部戦線異状なし」を脚色・上演するなどプロレタリア劇作家として活躍するが、5年共産党シンパとして検挙されて転向。以後は新国劇、新派、松竹などの商業演劇で活躍し、自作の戯曲「日本人」「日本の合奏」「八十八年目の太陽」や尾崎士郎「人生劇場」、火野葦平「麦と兵隊」、泉鏡花「瀧の白糸」といった作品を脚色・演出した。この間、映画監督としても活動。戦後の23年12月から「東京日日新聞」に随筆「ブラリひょうたん」を連載、ウィットとユーモアと反骨精神に富んだ筆致で終戦直後の社会や風俗を風刺し喝采を浴びた。

高田 利種　たかだ・としたね
海軍少将
明治28年（1895年）1月15日～昭和62年（1987年）10月25日
生鹿児島県種子島　**学**京北中、海兵（第46期）〔大正7年〕卒, 海大〔昭和5年〕卒　**歴**税務署長・高田利英の二男。京北中学から海軍兵学校（第46期）に進み、大正8年海軍少尉に任官。昭和5年海軍大学校を卒業。14年11月第二艦隊参謀から、15年11月軍務局第一課長となり、石川信吾同局第二課長らと海軍国防政策委員会第一委員会を形成、海軍部内の政策決定に大きな役割を果たした。17年7月第三艦隊参謀、18年6月連合艦隊参謀、19年2月横須賀航空隊副長、4月連合艦隊副長、9月同参謀副長を経て、10月海軍少将に昇任。20年5月軍務局次長兼軍令部第二部長に就任。戦後、生化学工業社長を務めた。 **家**兄＝高田利貞（陸軍少将）

高田 豊四郎　たかた・とよしろう
園芸家
明治18年（1885年）7月10日～昭和36年（1961年）11月3日
出鳥取県　**名**旧姓・旧名＝松原　**歴**日本各地を視察して梨栽培技術の研究と改良に努め、大正12年郷里鳥取県に梨園・不老園を開く。オールバック整枝法を考案し、黒斑病予防のためパラフィン紙袋の導入を進めた。

高田 正夫　たかだ・まさお
日本船長協会会長 長良丸船長
生年不詳～昭和57年（1982年）6月20日
歴戦前、太平洋航路の浅間丸船長を務め、昭和15～16年海軍の依頼で長良丸船長としてレーダーなどを受け取りにイタリアへ赴き、連合国側の爆撃を受けた。戦後は洞爺丸事件の海難審判の特別弁護人を務めた。著書に「帰ってきた長良丸」など。

高田 稔　たかだ・みのる
俳優
明治32年（1899年）12月20日～昭和52年（1977年）12月27日
生秋田県雄勝郡東成瀬村　**名**別名＝高田昇　**学**東洋音楽学校（現・東京音楽大学）〔大正7年〕中退　**歴**大正7年東洋音楽学校を中退、高田昇の名で浅草オペラに出演、同年のシベリア出兵に騎兵第8連隊から従軍、11年陸軍中尉で帰還。13年帝国キネマに入社、松本英一監督の「七日愛して」に本名でデビュー。その後、東亜キネマ、独立プロなどを経て、昭和4年松竹蒲田に入社。小津安二郎監督の「大学は出たけれど」で脚光を浴びた。松竹には当時、鈴木伝明、岡田時彦らがいた。不二映画から新興に移り「月よりの使者」で入江たか子と共演。12年東宝に転じ吉屋信子原作の「良人の貞操」や「吾亦紅」などに出演。戦後は「母恋星」「大東亜戦争と東京裁判」。45年「栄光への反逆」を最後に銀幕から引いた。

高田 元三郎　たかだ・もとさぶろう

ジャーナリスト　大阪毎日新聞常務
明治27年（1894年）1月1日～昭和54年（1979年）8月27日
生千葉県　学東京帝国大学文科大学英文学科〔大正6年〕卒
歴大正6年大阪毎日新聞入社。ニューヨーク、ロンドン各支局長を経て、昭和13年常務に就任。20年退社。その後、日米通信社社長、日本電報通信社顧問、日本放送連盟専務理事、日本電信電話公社経営委員長を歴任し、52年毎日新聞社取締役に再任。著書に「記者の手帖から」など。

高田 保馬　たかた・やすま

社会学者　経済学者　歌人　京都帝国大学教授
明治16年（1883年）12月27日～昭和47年（1972年）2月2日
生佐賀県小城郡三日月村（小城市）　学京都帝国大学文科大学哲学科社会学専攻〔明治43年〕卒　文学博士〔大正10年〕，経済学博士　歴大正3年京都帝国大学講師、10年東京商科大学教授、14年九州帝国大学教授を経て、昭和14年京都帝大兼任教授、5年専任教授。18年に設立された民族研究所初代所長を務め、20年終戦により廃官。21年名誉教授。戦後は26年大阪大学教授、30年大阪府立大学教授、38年龍谷大学教授を務めた。人間結合の研究を対象とする社会学の体系化を企て、日本の社会科学界に社会学の市民権を確立した。主な著書に「分業論」「社会学原理」「社会学概論」「社会関係の研究」「経済学新講」（5巻）など。明星派の歌人で数冊の歌集、随筆集もあり、母校、佐賀中学（現・佐賀西高校）の玄関前には、京大ゼミの門下生一同が建てた歌碑がある。　賞文化功労者〔昭和39年〕

高津 清　たかつ・きよし

電気工学者　逓信省電気試験所所長
明治14年（1881年）2月14日～昭和28年（1953年）3月17日
生山形県　学東京帝国大学電気工学科〔明治38年〕卒　工学博士〔昭和14年〕　歴明治38年逓信省電気試験所に入所し、明治41年電気事業研究のため、米国、ドイツなどに留学。帰国後、電気測定法の制定法の制定や電気計器の検定業務などに携わる。大正8年電気試験所第一部長となり、12年～昭和10年所長。この間、特許局技師を兼任し、抗告審判官も務めた。また日本電気協会計器東京試験所所長、電気学会会長、電信電話学会会長、照明学会会長なども歴任。

高津 正道　たかつ・せいどう

社会運動家　評論家　全日本無産党中央委員
明治26年（1893年）4月20日～昭和49年（1974年）1月9日
生広島県御調郡羽和泉村羽倉（三原市）　学正則学校、早稲田大学文学部哲学科〔大正9年〕中退　歴早大時代暁民会を結成し、放校処分となる。大正10年反軍ビラで検挙され禁錮8ヶ月に処せられる。11年共産党の創立に参加し、12年上海を経てソ連に渡る。13年帰国し禁錮10ヶ月に処せられ、昭和2年出獄後は共産党から離れ、日本無産党に参加。その後全国大衆党などを経て、全日本無産党中央委員などを歴任。戦後は社会党から衆議院議員となり、4回当選。32年以降同党顧問を務めた。

鷹司 信輔　たかつかさ・のぶすけ

鳥類学者　公爵　日本鳥学会第2代会頭
明治22年（1889年）4月29日～昭和34年（1959年）2月1日
生東京府麹町区（東京都千代田区）　学東京帝国大学理科大学動物学科〔大正3年〕卒　理学博士〔昭和18年〕　歴皇子傅育官、明治神宮宮司、神社本庁統理などを歴任。その間、明治45年飯島魁博士らと日本鳥学会を創立し、長く同会会頭を務め、また日本鳥類保護連盟、日本出版文化協会などの会長を歴任。著書に「飼ひ鳥」「飼鳥集成」「小鳥の飼い方」や共著「大東亜鳥類図譜」などがある。"鳥の公爵"のニックネームで知られる。　家父＝鷹司煕通（陸軍少将・公爵・大正天皇侍従

長），長男＝鷹司平通（交通研究家），いとこ＝松平頼則（作曲家），おじ＝松平頼孝（鳥類研究家・子爵）

高頭 仁兵衛　たかとう・じんべえ

登山家　日本山岳会会長
明治10年（1877年）5月20日～昭和33年（1958年）4月6日
生新潟県三島郡深沢村　名別名＝高頭式、字＝義明　歴豪農の嗣子に生まれる。幼時より登山に親しみ、探検時代の日本アルプスに足跡をのこす。日本古来の地誌紀行等の文献を収集し、明治39年「日本山嶽志」を刊行。38年には小島烏水、高野鷹蔵らと日本山岳会を創立し、その機関誌「山岳」の編集長を創刊号から永く務める。昭和8年第2代日本山岳会会長に就任。他の著書に「日本太陽暦年表」「御国の咄し」などがある。

高梨 二男　たかなし・つぐお

社会運動家　東京都議
明治29年（1896年）3月27日～昭和28年（1953年）7月5日
生静岡県田方郡韮山村（伊豆の国市）　歴大正6年足尾銅山に入り、8年大日本鉱山労働同盟会結成と共に幹事となり、騒擾恐喝強盗罪で10ヶ月の刑を受ける。その後も全国各地の鉱山の労働争議で活躍。昭和3年日本大衆党中央委員となり、11年より東京市議、東京府議。19年より東京都議（目黒区選出）に3選、22年副議長。戦後は秋田県の鉱山労組を組織化し、21年社会党中央委員・目黒支部長を務めた。

高西 敬義　たかにし・たかよし

土木技師　内務省大阪土木出張所長
明治16年（1883年）9月7日～昭和51年（1976年）3月25日
生茨城県　名旧姓・旧名＝桑田　学京都帝国大学理工科大学土木工学科〔明治40年〕卒　工学博士（京都帝国大学）〔大正13年〕　歴明治42年大蔵省臨時建築部に入り、神戸港の第1期工事に従事。森垣亀一郎主任技師と我が国で初めて鉄筋コンクリートケーソンの設計とヤードの築造にあたり、港湾工事でケーソン工法が用いられる嚆矢となった。大正8年官制改革により内務技師に転じ、引き続いて第2期工事の主任を務める。昭和3年神戸土木出張所長、9年大阪土木出張所長。14年退官して中国河北省の塘沽築港に取り組み、18年完成させて帰国した。　賞土木学会賞〔大正12年〕「繋船岸壁の構造及び之が築設に関する構造上の私見」

高野 岩三郎　たかの・いわさぶろう

統計学者　東京帝国大学教授　大原社会問題研究所所長
明治4年（1871年）9月2日～昭和24年（1949年）4月5日
生長崎県長崎市　学帝国大学法科大学政治学科〔明治28年〕卒　法学博士　賞帝国学士院会員〔大正14年〕　歴明治31年渡欧、ミュンヘン大学でマイヤー教授に師事、36年帰国して東京帝国大学教授となり、統計学を講じた。41年再渡欧。大正8年東京帝大経済学部創設に尽力したが、国際労働機関（ILO）総会代表問題で教授を辞任。9年大原社会問題研究所長となった。以来、日本統計協会会長として統計学の進歩、統計思想の普及に努める。また友愛会の顧問格として労働学校の育成、労働調査、無産政党の運動にも尽力。日本大衆党、社会大衆党顧問も務めた。戦後は日本社会党結成に安部磯雄、賀川豊彦らと幹旋役を務め同党顧問となった。さらに天皇制廃止などを内容とする日本共和国憲法私案要綱を発表、昭和21年日本放送協会会長に就任した。著書に「統計学研究」「本邦人口の現状及未来」「社会統計学史研究」「かっぱの屁」などがある。　家兄＝高野房太郎（労働運動家）

高野 源進　たかの・げんしん

広島県知事　警視総監
明治28年（1895年）3月15日～昭和44年（1969年）1月4日
出福島県　学一高卒、東京帝国大学法学部法律学科〔大正12

年〕卒　歴昭和10年警視庁刑事部長、12年愛知県経済部長、14年1月大阪府警察部長、9月警視庁警務部長、16年山梨県知事を経て、17年陸軍司政長官となりビルマ行政府官房長。18年防空総本部業務局長、19年大阪府次長を務め、20年6月広島県知事。8月の原子爆弾投下時は福山地方へ出張しており九死に一生を得た。10月警視総監、21年退官、弁護士登録。同年〜26年公職追放。

高野 佐三郎　たかの・ささぶろう
剣道家
文久2年（1862年）6月13日〜昭和25年（1950年）12月31日
生武蔵国（埼玉県秩父）　歴4歳で祖父に小野派一刀流の組太刀を教えられ、5歳の時藩主の前で組太刀56本を演じて銀子一封と「奇童」の2字を受ける。17歳の時甲源一刀流岡田定五郎の邪剣に破れて出郷、上京して山岡鉄舟の春風館道場に入門。明治19年警視庁剣道師範となり、師範学校、警察学校などの剣道教師を経て、29年九段に道場修道学院を開く。大正2年剣道範士の称号を受け、東京高等師範学校教授に就任。また早大などにも通った。この間、4回の天覧試合に優勝。昭和4年と9年の天覧武道試合には表審判を務めた。

高野 素十　たかの・すじゅう
俳人 法医学者 新潟医科大学教授
明治26年（1893年）3月3日〜昭和51年（1976年）10月4日
生茨城県北相馬郡山王村大字神住（取手市）　名本名＝高野与巳　学東京帝国大学医科大学〔大正7年〕卒 医学博士〔昭和11年〕　歴東京帝国大学法医学部教室に入局、同僚の水原秋桜子らと俳句を始める。高浜虚子に師事し、昭和2年以降急速に頭角を現し、秋桜子、山口誓子、阿波野青畝と「四S」と称された。7年新潟医科大学助教授となり、同年ドイツへ留学し、9年帰国して教授に就任。24年学長、改組して新潟大学医学部教授・学部長、28年奈良医科大学教授を歴任し、35年以降は俳句に専念。この間、28年より「桐の葉」雑詠選を担当、32年より「芹」を創刊・主宰。虚子の客観写生を忠実に継承した純写生派。句集「初鴉」「雪片」「野花集」と「素十全集」（全5巻、明治書院）がある。　家妻＝高野富士子（俳人）

高野 辰之　たかの・たつゆき
国文学者 演劇学者 作曲家 東京音楽学校教授
明治9年（1876年）4月13日〜昭和22年（1947年）1月25日
生長野県下水内郡永田村（中野市）　名号＝高野斑山　学長野師範〔明治30年〕卒 文学博士（東京帝国大学）〔大正14年〕　歴長野師範教師を2年で辞し上京。26歳で文部省国語教科書編纂委員となり、33歳より41歳まで文部省小学唱歌教科書編纂委員を務めた。また、明治43年東京音楽学校教授、大正15年東京帝国大学文学部講師、昭和2年大正大学教授などを兼任。日本の歌謡及び演劇史の研究、民俗芸能の研究に専念し、大正15年「日本歌謡史」「日本演劇之研究」を刊行した。他の著書に「浄瑠璃史」「歌舞音曲考説」「江戸文学史」「日本演劇史」（全3巻）などがあり、「近松全集」「元禄歌舞伎傑作集」「日本歌謡集成」（全12巻）などの編纂も手がけた。また、「春が来た」「春の小川」「故郷（ふるさと）」「朧月夜」などの文部省唱歌の作詞家としても知られ、校歌の作詞も全国100校以上に及ぶといわれる。　賞帝国学士院賞〔昭和3年〕「日本歌謡史」

鷹野 つぎ　たかの・つぎ
小説家 評論家 随筆家
明治23年（1890年）8月15日〜昭和18年（1943年）3月19日
生静岡県浜松市　名旧姓・旧名＝岸次　学浜松高等女学校〔昭和40年〕卒　歴明治42年遠江新聞記者の鷹野弥三郎と結婚し、大正6年から東京で生活。島崎藤村に師事し、11年短編小説集「悲しき配分」を出版。12年結核を発病、以後約20年間の闘病生活。他に「ある道化役」「太陽の花」、随筆評論集に「子供

と母の領分」「女性の首途」「幽明記」「鷹野つぎ著作集」（全4巻）などがある。

高野 孫左衛門　たかの・まござえもん
衆議院議員
明治32年（1899年）5月〜昭和43年（1968年）2月25日
回山梨県　学早稲田大学政治経済科　歴山梨県議を経て、昭和17年衆議院議員に当選1回。

高橋 明　たかはし・あきら
泌尿器科学者 東京帝国大学教授
明治17年（1884年）11月5日〜昭和47年（1972年）3月12日
生愛知県　専皮膚病学、黴毒病学　学京都帝国大学福岡医科大学〔明治42年〕卒 医学博士（東京帝国大学）〔大正6年〕　歴東京帝国大学大学院を経て渡欧し、帰国後の大正5年新潟医学専門学校教授に就任。11年新潟医科大学教授、15年欧米留学ののち、昭和2年東京帝国大学教授、15年附属病院長、17年医学部長、20年定年退官し名誉教授。21〜37年郵政省東京逓信病院長を務めた。また中央社会保険医療協議会などの委員を務め、日本性病予防協会長、野口英世記念会理事などを歴任した。日本の泌尿器科学の発展に大きな力があった。著書に「膀胱鏡図譜」「泌尿器科レントゲン図譜」など。

高橋 昂　たかはし・あきら
スキー選手
生年不詳〜平成4年（1992年）7月4日
回北海道札幌市　歴昭和3年スイス・サンモリッツの第2回冬季五輪にスキーの距離選手として初出場。のち札幌スキー連盟の創立にかかわるなど日本スキー界の発展に貢献した。

高橋 逸夫　たかはし・いつお
土木工学者 京都帝国大学教授
明治21年（1888年）1月〜昭和30年（1955年）5月11日
専応用力学, 橋梁工学　学京都帝国大学工科大学土木科〔大正2年〕卒 工学博士　歴大正4年京都帝国大学助教授、14年教授。この間、欧米に留学。のち岐阜大学教授を務めた。著書に「応用力学」。　賞土木学会賞〔大正10年〕

高橋 英吉　たかはし・えいきち
彫刻家
明治44年（1911年）4月13日〜昭和17年（1942年）11月2日
生宮城県牡鹿郡石巻町（石巻市）　学東京美術学校彫刻科木彫部〔昭和11年〕卒、東京美術学校研究科〔昭和12年〕中退　歴8人兄姉（5男3女）の末っ子の五男。石巻中学時代は美術以外の全教科をなげうち、机に立てた教科書に隠して彫刻に熱中。昭和5年上京、一浪の末に東京美術学校彫刻科木彫部に入学。11年「少女像」で文展に初入選。13年「潮音」で新文展特選、16年無鑑査となる。同年東邦彫塑院に参加。長女が生まれて間もなく応召、17年11月ガダルカナル島で戦死した。代表作に「黒潮閑日」「潮音」「漁夫像」の〈海を主題とする三部作〉があり、出身地の宮城県石巻市とガダルカナル島に「潮音」のブロンズ像が建つ。　家長女＝高橋幸子（版画家）　賞新文展特選（第3回）〔昭和14年〕「潮音」, 東邦彫塑院展東邦彫塑院賞・南条氏奨励賞〔昭和16年〕「仏像」

高橋 栄治　たかはし・えいじ
農芸化学者 北海道帝国大学教授
明治16年（1883年）8月10日〜昭和43年（1968年）9月22日
生北海道　専家畜栄養学　学札幌農学校農芸化学科〔明治40年〕卒 農学博士〔大正8年〕　歴明治42年東北帝国大学水産科教授となる。大正13年北海道帝国大学教授となり、昭和21年退官。この間、日本学術振興会委員、学術研究会議委員などを務めた。家畜の栄養学に関しての研究を行い、「家畜飼養

学」「家畜栄養と石灰」などの著書がある。退官後は北海学園大学教授、雪印乳業顧問を務めた。 家弟＝手島寅雄（栽培学者）

高橋 栄清（1代目）　たかはし・えいせい
箏曲家
慶応4年（1868年）4月23日〜昭和14年（1939年）11月10日
生江戸神田（東京都千代田区）　名本名＝高橋源太郎　4歳で失明し、明治18年2世山多喜松園に入門。19年栄松の芸名を許される。のち清章と改称するが、38年師の没後、その名を継いで栄清と改称。大正6年楽成会を設立し、有楽座で演奏会を続けた。12年山田流箏曲協会設立に伴ない副会長に就任。昭和12年一門の松調会を設立した。　家長女＝高橋栄清（2代目）

高橋 一男　たかはし・かずお
プロボクサー
明治38年（1905年）9月〜昭和57年（1982年）6月9日
生東京市神田区（東京都千代田区）　歴昭和初期のフライ級選手で「ブルドッグ」の異名を持ち、典型的なファイターとして人気があった。

高橋 堅　たかはし・かたし
生物学者　一高教授
明治8年（1875年）8月14日〜昭和21年（1946年）
生青森県西津軽郡稲垣村（つがる市）　専脊椎動物発生学　学四高卒、東京帝国大学理科大学〔明治34年〕卒　歴明治36年米国シカゴ大学へ留学し、ドクトル・オブ・フィロソフィーの学位を取得。41年帰国後、学習院教授となり、43年一高教授、同教頭を歴任。昭和11年退官。傍ら、脊椎動物の器官形成や神経系の研究に取り組み、静岡県下田に三井海洋生物研究所を開設。また、日本遺伝学会の設立にも尽くした。著書に「自然科学概説」などがある。　勲勲三等瑞宝章

高橋 亀吉　たかはし・かめきち
経済評論家　高橋経済研究所所長
明治24年（1891年）1月〜昭和52年（1977年）2月10日
生山口県都濃郡徳山村（周南市）　専日本近代経済史　学早稲田大学商科〔大正5年〕卒　経済学博士（拓殖大学）〔昭和33年〕　歴船大工の長男に生まれ、小学校卒業後、大阪・船場に丁稚奉公に出る。その後、朝鮮に渡り、城津の塩田商会に入るが、大商社入りを志して独学で大学受験資格をとり、大正5年早稲田大学を卒業。久原鉱業を経て、7年石橋湛山編集長の東洋経済新報社に入社、13年編集長に就任。15年独立して経済評論家となり、以来、一貫して在野のエコノミストとして活躍した。昭和初期の金解禁策をめぐって湛山らと政府の方針に真っ向から反対し、その後の事態から高橋らの主張が正しかったことが立証された。戦時中は近衛内閣のブレーンとして昭和研究会などに関与。戦後は、公職追放を経て、30年通商産業省顧問に就任。31〜48年拓殖大学経済学部教授。また池田勇人の高度経済成長政策のブレーンとしても活躍した。主な著書に「経済学の実際知識」「徳川封建経済の研究」「大正昭和財界変動史」（全3巻）「日本近代経済形成史」（全3巻）「日本近代経済発達史」（全3巻）など。東京都の証券会館にある証券図書館には1万3500冊におよぶ“高橋亀吉文庫”がある。　賞文化功労者〔昭和49年〕

高橋 喜惣勝　たかはし・きそかつ
小説家　歌人
明治43年（1910年）2月28日〜昭和27年（1952年）6月12日
生熊本県天草郡富岡町（苓北町）　名筆名＝国枝治　学法政大学中退　歴富岡小高等科卒業後、15歳で大阪に出てコークス会社の給仕などをしながら苦学する。その後、東京に出て法政大学に学び、小説や短歌の創作を始める。昭和9年歌集「天草灘」で文壇デビュー。19年小説「技術史」が芥川賞候補となった。

高橋 熊次郎　たかはし・くまじろう
衆議院議員
明治13年（1880年）9月〜昭和32年（1957年）11月13日
出山形県　学東京高等商業学校（現・一橋大学）〔明治36年〕卒　歴ブライアント・ストラットン商業大学（米国）に学ぶ。山形商業銀行、山形自由新聞社各取締役、上山電気社長を務める。山形県議を経て、大正13年衆議院議員に初当選。以来連続7回当選。その間、犬養内閣の外務参与官、土木会議員、農林省経済更生部参与、上山市長、政友会総務などを歴任。

高橋 敬視　たかはし・けいし
哲学者　倫理学者　松江高校教授
明治24年（1891年）3月17日〜昭和23年（1948年）10月10日
生宮城県　学京都帝国大学文科大学哲学科〔大正4年〕卒　歴二高、宮城県立工業学校講師を経て、大正5年二高教授、12年松江高教授となり、哲学概説、ドイツ語、ラテン語などを担当。14〜15年在外研究員としてドイツ、イタリア、フランスに留学。昭和3年島根師範講師を兼任した。ニコライ・ハルトマンの著書を多数邦訳し、ハルトマン哲学の紹介に貢献した。著書に「科学と宗教」「西洋哲学史講義」「ニコライ・ハルトマンの哲学〈世界哲学講座10〉」、訳書にハルトマン「倫理学綱要」「存在論の基礎付け」「歴史哲学基礎論」など。

高橋 敬美　たかはし・けいび
日本画家
明治25年（1892年）9月23日〜昭和53年（1978年）8月24日
生東京市浅草区（東京都台東区）　名本名＝高橋広吉、旧姓・旧名＝佐藤　学川端画学校　歴義兄で日本画家の山田敬中に絵画の指導を受ける。明治42年川端画学校に入学し、校主の川端玉章に師事。大正2年に玉章が没すると、松林桂月に入門して画技を磨いた。11年第4回帝展に出品した「野趣二題」で初入選し、以後しばしば同展で入選。その傍ら、大衆雑誌「キング」の挿し絵画家としても活躍した。戦前は甥の山田申吾や橋本明治・東山魁夷といった若手の画家たちと幅広く交遊するが、昭和20年戦災に遭って長野県下伊那郡に疎開。以来、飯田市を拠点に活動を進め、長野県展日本画部の審査員を務めたほか、南信美術会や十六夜会などの中心人物として地域文化の振興にも大きく貢献した。作品は他に「高原」「霜どけ頃」などがある。　家義兄＝山田敬中（日本画家），甥＝山田申吾（画家）

高橋 健二　たかはし・けんじ
ドイツ文学者　大政翼賛会文化部長
明治35年（1902年）9月18日〜平成10年（1998年）3月2日
生東京市京橋区（東京都中央区）　学一高卒、東京帝国大学文学部独文科〔大正14年〕卒　文学博士　賞日本芸術院会員〔昭和48年〕　歴成蹊高教授を経て、昭和6年ドイツへ留学、作家のヘルマン・ヘッセやエーリッヒ・ケストナーと交わる。17年岸田国士の後を受けて大政翼賛会の文化部長に就任。戦後は中央大学教授として教鞭を執り、52年から日本ペンクラブ会長を務めた。ヘッセやケストナーの翻訳・研究で知られる一方、森鷗外「高瀬舟」をドイツ語訳するなど、日本文学の紹介にも力を注いだ。48年日本芸術院会員、60年文化功労者に選ばれた。　賞芸術選奨文部大臣賞（第19回）〔昭和44年〕「グリム兄弟」，日本芸術院賞（第25回）〔昭和44年〕，文化功労者〔昭和60年〕

高橋 五山　たかはし・ござん
紙芝居作家　編集者　全甲社創業者

明治21年（1888年）～昭和40年（1965年）
生京都府京都市　名本名＝高橋昇太郎　学京都市立美術工芸学校卒、東京美術学校図案科卒　歴学年誌などの編集を経て、昭和7年全甲社を設立、月刊絵本を刊行する。10年「幼稚園紙芝居」の刊行を開始。次いで子どもを対象とした仏教紙芝居を刊行。戦後も紙芝居出版と紙芝居運動に力を注ぐ。37年その業績を顕彰する高橋五山賞が制定された。代表作に「ぶたのいつご」「けんかだま」など。

高橋 是清　たかはし・これきよ
政治家　財政家　蔵相
嘉永7年（1854年）閏7月27日～昭和11年（1936年）2月26日
生江戸芝露月町（東京都港区）　幼名＝和喜次　歴幕府御用絵師の川村庄右衛門の庶子で、陸奥仙台藩の足軽・高橋是忠の養子となる。慶応3年（1867年）仙台藩留学生に選ばれて米国へ渡るが、下僕として売られるなど苦汁をなめた。明治維新後帰国し、明治2年開成学校に入学するが、間もなく同校の三等教授手伝となり、14歳で英語を教える立場に。6年文部省に出仕。8年大阪英語学校校長、9年東京英語学校教員。14年農商務省に転じ、15年調査課長、17年商標登録所長、19年専売特許局長を務め、20年商標特許制度の創設に際して初代特許局長に任ぜられた。22年海外発展の礎となるべく官を辞し、ペルーに渡って銀山開発を行うが、廃鉱を買わされ失敗。帰国後の25年日本銀行に入行し、32年副総裁、38年勅選貴族院議員、39年横浜正金銀行頭取兼任などを歴任し、44年日銀総裁に就任。この間、松方正義蔵相を助けて金本位制の確立に尽力した他、日露戦争の戦費調達のためたびたび外債募集を成功させるなど、銀行家として手腕を発揮した。大正2年第一次山本内閣の蔵相として初入閣するとともに政友会に入党。7年原内閣でも蔵相を務め、10年原暗殺の後を受けて首相兼蔵相、政友会総裁に就任するが、11年閣内の不一致により総辞職。13年第二次護憲運動の高まりを受け、政友会の領袖として護憲三派を形成し、衆議院議員に鞍替え当選。同年護憲三派による加藤高明内閣が成立すると農商務相に任ぜられ、14年同省を農林省と商工省に分割して両省の大臣を兼ねた。同年政友会総裁を田中義一に譲って政界を引退するが、昭和2年金融恐慌を受けて田中義一内閣の蔵相に再任し、支払猶予令（モラトリアム）を公布して金融機関を救済すると恐慌の収束に尽力した。犬養内閣、斎藤内閣、岡田内閣でも留任し景気回復に努めたが、11年二・二六事件で暗殺された。この間、明治40年男爵、大正9年子爵。ふくよかな風貌から"だるま"の愛称で国民に親しまれ、日銀総裁の他に蔵相も5回も務め"財政の神様"とも呼ばれた。　家二男＝高橋是福（実業家）
勲大勲位菊花大綬章

高橋 是福　たかはし・これよし
実業家　帝国座社長
明治14年（1881年）6月～昭和10年（1935年）1月30日
学横浜商卒　歴高橋是清の二男に生まれる。三井物産に務めたが、のち米国に渡り実業界を視察して帰国。大正7年から日本酵素専務となり、また昭和5年帝都座を創設して社長を兼ねた。日本火薬製造の重役も兼任した。　家父＝高橋是清（政治家・財政家）

高橋 貞樹　たかはし・さだき
社会運動家
明治38年（1905年）3月8日～昭和10年（1935年）11月2日
生大分県速見郡御越町内竈（別府市）　名筆名＝永田幸之助、内田隆吉、小関敏、大畑徹　学東京商科大学（現・一橋大学）予科中退、レーニン大学卒　歴大正11年「前衛」同人として活躍し、日本共産党の創立に参加。以後共産党の理論家として活躍し、また水平社運動でも活躍する。12年全水無産青年同盟を結成し中央委員（のち除名）。15年訪ソし、昭和3年のコ

ミンテルン大会には日本代表として参加。同年帰国後は「マルクス主義」「無産者新聞」などに多くの指導的論文を発表した。4年の四・一六事件で検挙され、獄中転向をし、肺結核で執行停止となり、保釈後死去した。著書に「特殊部落一千年史」など。

高橋 貞次　たかはし・さだつぐ
刀匠
明治35年（1902年）4月14日～昭和43年（1968年）8月21日
生愛媛県西条市　名本名＝高橋金市、刀銘＝竜王子、竜泉　専日本刀　賞重要無形文化財保持者（日本刀）〔昭和30年〕　歴刀匠であり刀剣商の兄・徳太郎の影響を受け、大正6年15歳の時、帝室技芸員の月山貞一・貞勝父子の門に入る。8年17歳で東京の中央刀剣会の養成工に選ばれ、4年間修業。12年郷里の愛媛県西条に戻り独立。昭和10年第1回新作日本刀刀展内閣総理大臣賞。11年松山市石手に鍛錬場を建て、竜王子貞次の名で名刀を制作。宮中御用刀匠となり、18年皇室技芸員。42歳の時、熱田神宮大鍛刀場主任刀匠。この間、鎌倉の鶴岡八幡宮の神宝刀をはじめ、多くの御用宝刀を鍛造。戦後は日本刀の制作が禁じられたが、26年伊勢神宮式年遷宮の御神宝刀を鍛造し、30年53歳の時、重要無形文化財日本刀の保持者に認定された。日本刀の備前伝に優れ、特に刀身彫刻が巧く、現代刀匠の第一人者として知られた。　賞新作日本刀刀展内閣総理大臣賞（第1回）〔昭和10年〕、作刀技術発表会特賞〔昭和28年〕

高橋 里美　たかはし・さとみ
哲学者　東北帝国大学法文学部教授
明治19年（1886年）11月28日～昭和39年（1964年）5月6日
生山形県東置賜郡　学東京帝国大学文科大学哲学科〔明治43年〕卒　文学博士〔昭和23年〕　賞日本学士院会員〔昭和25年〕　歴大正4年六高（岡山）のドイツ語講師となり、のち教授。8年新潟高校教授を経て、10年東北帝国大学理学部助教授、14年ドイツへ留学。帰国後、昭和3年東北帝大法文学部教授となり、22年山形高校長を兼任。23年東北帝大を定年退官、山形高校長を辞任。24年より東北大学長を務めた。32年名誉教授。31年時価数百万円の蔵書約2000冊を郷里の山形大に寄贈したことは有名。33年文化功労者。世に高橋哲学といわれた独自の哲学体系を樹立、著書に「全体の立場」「体験と存在」「包弁証法」「哲学の本質」などがある。　賞文化功労者〔昭和33年〕

高橋 三吉　たかはし・さんきち
海軍大将
明治15年（1882年）8月24日～昭和41年（1966年）6月15日
生東京都　学海兵（第29期）〔明治34年〕卒、海大〔明治45年〕卒　歴艦隊勤務、砲術学校を経て海軍大学を卒業。のち欧米に出張する。第四戦隊、第一特務艦隊、横須賀鎮守府、第二艦隊などの参謀や、また砲術などの艦長を務め、大正15年連合艦隊参謀長となり、昭和3年第一航空戦隊司令官になる。4年から5年にかけて、海軍大学校長を務め、7年軍令部次長となる。8年第二艦隊司令長官、9年連合艦隊兼第一艦隊司令長官になる。11年大将となって軍事参議官となり、14年予備役編入となった。

高橋 寿太郎　たかはし・じゅたろう
海軍少将　衆議院議員
明治12年（1879年）1月～昭和20年（1945年）4月8日
出岩手県　学海大〔明治45年〕卒　歴海軍に入り海軍砲術学校長、海軍軍令部出仕などを経て、海軍少将まで累進する。昭和5年岩手1区より初当選。以後、17年までに通算4回当選。

高橋 純一　たかはし・じゅんいち
地質学者　東北帝国大学教授

明治20年（1887年）8月2日～昭和34年（1959年）7月9日
🔵岩手県 🟢東京帝国大学理科大学地質学科〔大正2年〕卒 理学博士〔大正11年〕 🟠新潟県立長岡中学、四高教諭を経て、大正10年東北帝国大学助教授に就任。11年米国およびフランスに留学し、帰国後の昭和2年教授となり、新設された石油鉱床学講座を担当。21年理学部長となり、24年定年退官して名誉教授。のち信州大学学長に就任した。著書に「石油鉱床学」「河川地理学」「水成岩序説」など。

高橋 俊乗　たかはし・しゅんじょう
教育学者 龍谷大学教授
明治25年（1892年）5月23日～昭和23年（1948年）6月16日
🔵大阪府 🟢大阪府立池田師範学校本科第二部〔明治45年〕卒, 京都帝国大学哲学科〔大正9年〕卒 文学博士（龍谷大学）〔昭和20年〕 🟠訓導をしていたが、大正4年京都帝国大学の哲学科選科生となり、教育学を専攻する。選科修了後、京都市立高等女学校に勤め、その傍ら高等学校卒業試験に合格して本科生となり、大学院に進学する。大正12年龍谷大学講師となり、昭和2年教授に就任。また京都帝大、大阪商大などの講師を兼務する。16年文部省編纂の「国史概説」の編集に参加、主な著書に「日本教育史」「日本教育文化史」などがある。

高橋 新吉　たかはし・しんきち
詩人 小説家 美術評論家 仏教研究家
明治34年（1901年）1月28日～昭和62年（1987年）6月5日
🔵愛媛県西宇和郡伊方町 🟢八幡浜商〔大正7年〕中退 🟠若い頃から放浪生活を送るが、挫折して故郷に帰る。大正9年「万朝報」の懸賞短編小説に「焔をかかぐ」が入選。同年ダダイスム思想に強い衝撃を受け、「ダダ仏問答」「断言はダダイスト」などを発表。12年「ダダイスト新吉の詩」を刊行、ダダイスムの先駆者となる。13年小説「ダダ」を刊行。昭和3年頃から禅の道にも入り、9年詩集「戯言集」を発表以後は東洋精神や仏教への傾倒を深める。戦後も「歴程」や「日本未来派」同人として旺盛な創作活動を展開。「定本高橋新吉詩集」など多くの詩集のほか、「無門関解説」「道元」「禅に学ず」の研究書や、小説「ダガバジジンギヂ物語」、美術論集「すずめ」など、著作は広い分野にわたる。57年「高橋新吉全集」（全4巻・青土社）刊行。🔴芸術選奨文部大臣賞（第23回・文学・評論部門）〔昭和48年〕「定本高橋新吉詩集」

高橋 真八　たかはし・しんぱち
陸軍中将
明治9年（1876年）7月～昭和13年（1938年）5月19日
🔵香川県 🟢陸士卒 🟠明治33年陸軍工兵少尉となる。陸軍砲工学校教官などを経て、昭和3年佐世保要塞司令官、4年陸軍砲工学校工兵科長などを歴任。7年築城本部長となり、中将に昇進した。築城の権威として知られる。10年予備役に編入された。

高橋 進　たかはし・すすむ
山岳スキーの先覚者
明治20年（1887年）～昭和11年（1936年）6月18日
🔵新潟県高田 🔵筆名＝翠郊 🟠明治44年初めてスキーを習い、大正13年には富士スキー登山を企てるも失敗。また全日本スキー選手権大会に毎回出場するなどスキーの普及、後進の指導に努めた。「スキーの家」「スキー術五十講」などの著書がある。

高橋 誠一郎　たかはし・せいいちろう
経済学者 慶応義塾大学名誉教授
明治17年（1884年）5月9日～昭和57年（1982年）2月9日
🔵新潟県 🔵神奈川県横浜市 🟢慶応義塾大学政治学科〔明治41年〕卒 経済学博士 🔴日本学士院会員〔昭和22年〕 🟠

明治41年慶応義塾大学部政治学科を首席で卒業すると母校の教員となり経済学を講じた。44年経済理論と経済史学研究のためロンドンに留学。大正9年大学令の発布により正式に慶応義塾大学が発足すると経済学部教授に就任、昭和9年～13年学部長。巧みな話術と、経済史上の人物や書物について逸話を交えながら談ずるという講義は学生たちから高い人気を誇り、また「経済学前史」「重商主義経済学説研究」といった浩瀚な研究書や、趣味の古書籍探索を生かした「古版西洋経済書解題」などの著書・論文を発表。19年名誉教授。戦後、21年より東京大空襲で負傷した同大塾長・小泉信三の残り任期を代行するかたちで同塾長代行・大学総長を務め、22年には第一次吉田茂内閣の文相に就任した。浮世絵蒐集でも知られ、その所蔵品は数十万を超すといわれる。🔴文化勲章〔昭和54年〕 🟣文化功労者〔昭和37年〕

高橋 清吾　たかはし・せいご
政治学者 早稲田大学教授
明治24年（1891年）3月3日～昭和14年（1939年）1月17日
🔵宮城県 🟢早稲田大学専門部政治経済科〔大正2年〕卒 政治学博士 🟠大正3年から7年にかけてコロンビア大学に留学し、帰国した7年早稲田大学講師となり、8年教授に就任。政治研究における実証的、科学的な立場から、政治科学の樹立のための先駆的役割をはたした。また東京市政調査会に参画し、著書に「現代政治の科学的観測」「政治科学原論」「現代政治の諸問題」などがある。

高橋 龍雄　たかはし・たつお
国語学者 茶道研究家 国学院大学教授
明治3年（1870年）10月20日～昭和21年（1946年）
🔵島根県簸川郡国富村（出雲市） 🔵号＝高橋梅園 🟢松江中4年修了, 国学院大学研究科〔明治39年〕卒 🟠郷里の島根県出雲で小学校教師を務めた後、明治31年国学院を卒業と同時に文検に合格。同年より早稲田中学に2年務めた。36年より三省堂大百科辞典の編集に従事。大正9年慶応義塾大学本科講師、予科教授を経て、13年国学院大学教授。著書に「大日本国号考」「茶道名物考」「国語音調論」「茶禅不昧公」などがある。

高橋 保　たかはし・たもつ
実業家 昭和人絹社長 衆議院議員
明治15年（1882年）3月8日～昭和47年（1972年）12月9日
🔵長野県東筑摩郡上川手村（安曇野市） 🟢松本中卒, 三高卒, 京都帝国大学理科大学電気工学科〔明治42年〕卒 🟠大学卒業後、伊那電鉄技師となったが、長野県下での水力発電に着目して独立。自身で主要河川の上流を調査し、数多くの水利権を獲得。大正6年小坂順造らによる長野電灯設立に際して水利権を出資するとともに取締役に就任。同年2代目鈴木三郎助が電気化学工業進出のため長野電灯に千曲川上流の水利権譲渡を申し入れ東信電気が発足すると同社取締役に転身。ここで鈴木家の人々や森矗昶と知り合い、昭和3年鈴木社長・森専務・高橋常務のトリオで昭和肥料を設立。9年昭和人絹を設立して社長に就任。12年呉羽紡績の人絹部門である龍山人絹と、三重人絹を相次いで吸収合併。14年同社は呉羽紡績に吸収され、19年呉羽紡績から旧昭和人絹錦工場が独立して呉羽化学が誕生した。この間、7年衆議院議員に当選、1期。政友会に所属。昭和電工副社長も務めた。

高橋 太郎　たかはし・たろう
陸軍歩兵少尉
大正2年（1913年）1月1日～昭和11年（1936年）7月12日
🔵石川県金沢市 🔵埼玉県浦和市（さいたま市） 🟢陸士〔昭和9年〕卒 🟠昭和9年陸軍歩兵少尉に任官。11年の二・二六事件に参加。当日、坂井直中尉、安田優少尉と共に約150名の下士官及び兵を指揮し内大臣であった斎藤実の私邸を襲い、斎

藤を殺害。さらに安田と共に兵約30名を率いて教育総監・渡辺錠太郎の私邸を襲撃し殺害した。事件後、軍法会議で死刑判決を受け、同年7月12日に刑死した。

高橋 千代　たかはし・ちよ
婦人運動家 教育家 新聞記者 新日本婦人協会副会長
明治23年（1890年）8月26日～昭和44年（1969年）3月3日
[生]山口県熊毛郡三井村（光市）　[名]旧姓・旧名＝山本千代　[学]徳基女学校（現・厚狭高）卒　[歴]在学中に17歳で高橋幾造（のち弁護士・教育家）と結婚。卒業後、中国蘭州大学に赴任する夫と共に中国へ渡り、明治41年に帰国して東京に住んだ。のち婦人運動に目覚め、大正9年平塚らいてうが主宰する新婦人協会の婦人参政権獲得運動に加わった。同協会解散後は12年に婦人参政同盟を設立し、理事として請願や署名活動などを展開。また、女性の法律知識向上を志し、女性も弁護士となれるように弁護士法改正を求めた。13年には明治大学内に無料法律講習会を開き、昭和3年東京神田の村田簿記学校内に女性弁護士養成を目的とした東京女子法学院を開設。これらの運動の結果、4年の明治大学女子部の開設、8年の弁護士法改正が実現した。この間、大正15年から「婦女新聞」記者としても活動。昭和8年には婦人参政同盟を離れて新日本婦人協会を結成し、機関誌「女性日本」の編集を担当した。戦後は婦人有権者同盟や婦人税制研究会、東京婦人愛市協会などに参加して婦人の政治知識向上に努めた。40年紫綬褒章を受章。著書に教育小説「教太郎」などがある。　[家]夫＝高橋幾造（教育家）

高橋 長七郎　たかはし・ちょうしちろう
実業家 衆議院議員
明治8年（1875年）3月～昭和19年（1944年）8月1日
[生]宮城県本吉郡志津川町　[学]慶応義塾　[歴]宮城県志津川町の旧家に生まれ、上京して慶応義塾に学ぶ。父が創業した製糸業を営む傍ら、生糸産地である志津川と横浜を結び、郷土を振興するため三陸鉄道（現・JR気仙沼線）の敷設に尽力。志津川町長、大正8年宮城県議を経て、9年衆議院議員に当選。政友会に所属。懸命に請願運動に取り組み、11年前谷地～気仙沼間、大船渡～山田町などが建設予定線に編入されたが、関東大震災や軍事予算の増強などで計画は度々凍結され、没後33年たった昭和52年にようやく全線開通が果たされた。

高橋 禎二　たかはし・ていじ
ドイツ文学者 四高教授
明治24年（1891年）5月6日～昭和28年（1953年）3月17日
[生]千葉県　[学]東京帝国大学独文科卒　[歴]四高教授。エルンスト・エルスターを訳述した「文学原論」によってドイツ文芸学を移入した。鴎外の歴史小説に触発されてシュテファン・ツヴァイク「マリー・アントアネット」（全3巻）、「ジョゼフ・フーシェ」「エラスムスの勝利と悲劇」「海洋の征服者マゼラン」などを翻訳した。

高橋 偵造　たかはし・ていぞう
農芸化学者 東京帝国大学教授
明治8年（1875年）9月2日～昭和27年（1952年）9月26日
[生]長野県　[専]醸造学　[学]東京帝国大学農科大学農芸化学科〔明治33年〕卒 農学博士〔明治40年〕　[賞]日本学士院会員〔昭和25年〕　[歴]大蔵省醸造試験所を経て、明治39年東京帝国大学助教授となり、大正11年教授に就任。のち農学部長などを務め、昭和11年退官し、名誉教授。この間、日本農芸化学会会長などを歴任し、25年学士院会員となった。火落菌に関する研究など清酒の腐造防止に関する応用菌学を研究し、醸造工業の発展に貢献した。

高橋 貞太郎　たかはし・ていたろう
建築家 高橋建築事務所所長
明治25年（1892年）6月26日～昭和45年（1970年）10月1日
[生]滋賀県　[学]東京帝国大学〔大正5年〕卒　[歴]大正5年滝川鉄筋コンクリート工務部技師となり、竹中藤右衛門に随行して渡米、木造規格住宅の調査を行う。ヨーロッパを経て帰国。6年明治神宮造営局技師を経て、10年宮内省匠寮技師、14年震災復興助成会社技師となり、昭和6年高橋建築事務所を開設。学士会館、日本生命館のコンペに当選。代表作に「上高地ホテル」「川奈ホテル」などがある。戦時中は建築を離れ、朝鮮で事業を起こしていたが、24年帰国後、事務所を再開し、「帝国ホテル新館」「芝パークホテル」などを設計した。

高橋 亨　たかはし・とおる
朝鮮文化研究家 京城帝国大学教授
明治11年（1878年）12月3日～昭和42年（1967年）9月4日
[生]新潟県中魚沼郡　[学]東京帝国大学文科大学漢文科〔明治35年〕卒 文学博士〔大正8年〕　[歴]明治36年朝鮮政府の招きで官立中学に勤務。大正5年大邱高等普通学校長となる。10年оф学官となり、1年半にわたり欧米の教育事情を視察し、15年から昭和14年まで京城帝国大学教授を務めた。翌年名誉教授。のち京城私立恵化専門学校長、京城経学院兼明倫錬成所長、朝鮮儒道連合会副会長などを歴任。24年福岡商科大学教授となり、25年天理大学教授に就任。39年名誉教授。また朝鮮学会副会長となり「朝鮮学報」を創刊。朝鮮文化研究と文化交流に尽くし、著書に「朝鮮儒学大観」「李朝仏教」などがある。

高橋 八郎　たかはし・はちろう
陸軍大尉 ビルマ独立義勇軍軍事顧問
大正3年（1914年）7月3日～昭和61年（1986年）4月20日
[生]兵庫県神戸市　[学]高松高等商業学校〔昭和11年〕卒　[歴]昭和13年歩兵少尉、第62連隊付。16年ビルマ工作を目的に設置された南機関に編入され、ビルマ独立義勇軍の軍事顧問となる。敗戦後の23年ビルマは英国から独立。30年よりビルマ国防省に勤め、教育訓練やビルマ国軍史編纂に従事、56年ビルマ国防省歴史研究所顧問などを歴任。

高橋 秀臣　たかはし・ひでおみ
衆議院議員
元治1年（1864年）4月～昭和10年（1935年）11月14日
[生]伊予国（愛媛県）　[学]明治法律学校法律政治学科修了　[歴]進歩党党報、憲政党党報の各記者、北陸タイムス社長兼主筆を歴任。東京市議を経て、昭和5年衆議院議員に当選、1期。民政党に所属した。著書に「日本帝国之富力」「日本の富力」などがある。

高橋 広江　たかはし・ひろえ
フランス文学者
明治29年（1896年）11月15日～昭和27年（1952年）8月20日
[生]岐阜県　[学]慶応義塾大学仏文科〔大正15年〕卒　[歴]仏文学者として慶応義塾大学予科、岐阜学芸大教授などを歴任。昭和5年頃から「三田文学」を中心に現代フランス文学を紹介、論評する。著書に「文化と風土」「現代文化の考察」「ヴァレリーの世界」など、ボードレール「巴里の憂鬱」やヴァレリーなどの翻訳がある。

高橋 文太郎　たかはし・ぶんたろう
民俗学者 民俗博物館創設者
明治36年（1903年）1月9日～昭和23年（1948年）12月22日
[生]東京都保谷市（西東京市）　[専]またぎ, 木地師　[学]明治大学卒　[歴]武蔵野鉄道（現・西武鉄道）退職後、またぎや木地師たちの民俗を研究。昭和14年渋沢敬三と協力して郷里の東京都保谷市（現・西東京市）に民俗博物館を創設した。著書に「山

たかはし　　　　　　　　　　　昭和人物事典 戦前期

の人達」がある。

高橋 正雄　たかはし・まさお
経済学者 九州帝国大学助教授
明治34年（1901年）11月21日～平成7年（1995年）9月10日
[生]宮城県仙台市　[学]東京帝国大学経済学部経済学科〔大正14年〕卒 経済学博士　[歴]東京帝国大学経済学部助手を経て、昭和3年九州帝国大学助教授となり、雑誌「労農」に参加。11～13年文部省在外研究員として欧米を視察。13年人民戦線事件の教授グループの一員として検挙（17年無罪）。15年上海に渡り、大陸新報嘱託として19年まで上海に在住。戦後は20年連合国軍総司令部（GHQ）嘱託、21～40年九州大学教授。30年都政調査会を創立して理事長となり、美濃部都政のブレーンも務めた。

高橋 馬相　たかはし・まそう
俳人
明治40年（1907年）11月1日～昭和21年（1946年）2月9日
[生]東京市本郷区（東京都文京区）　[名]本名＝高橋真雄　[学]慶応義塾大学医学部卒　[歴]慶応時代より三四子の名で句作、吉田楚史の指導をうけ、のち「鹿火屋」に入会。馬相の名は石鼎の命名による。南洋興発会社嘱託医としてテニュアンに勤務、その間も「鹿火屋」に投句を続ける。昭和16年より昼間槐柊、富沢逸草らと鹿火屋編集を担当。

高橋 万年　たかはし・まんねん
日本画家
明治30年（1897年）12月21日～昭和31年（1956年）8月10日
[生]秋田県秋田市　[名]本名＝高橋計治　[歴]16歳の時に郷里秋田を出て上京し、画家・寺崎広業の内弟子となる。間もなく病気のために帰郷を余儀なくされるが、創作活動は続け、大正12年「新月橋の雨」で院展初入選を果たした。のち再度上京し、日本美術院の院友として活躍。昭和11年以降は秋田に定住し、好んで田園風景を描いた。作品は他に「野山柴」「吹き飛ばし」などがある。

高橋 光威　たかはし・みつたけ
衆議院議員 「大阪新報」主筆
慶応3年（1867年）12月～昭和7年（1932年）4月9日
[生]越後国北蒲原郡（新潟県）　[学]慶応義塾法科〔明治26年〕卒　[歴]福岡日日新聞社に入り、間もなく渡欧、ケンブリッジ大などで法律、経済を学び、農商務省嘱託としてトラストについて研究、出版。また米国製鉄王カーネギーの著書を翻訳「米国繁昌記」として出版。カーネギーの招きで渡米、帰国後福日主事。のち原敬の「大阪新報」主筆となり、原内閣成立で内閣書記官長。明治41年以来新潟県から衆議院議員に連続8選。政友会に所属した。日魯漁業、大北漁業各監査役も務めた。

高橋 元吉　たかはし・もときち
詩人 煥乎堂社長
明治26年（1893年）3月6日～昭和40年（1965年）1月28日
[生]群馬県前橋市　[学]前橋中〔明治43年〕卒　[歴]地方取次・出版業・書店業の煥乎堂を創業した高橋常蔵の二男。明治43年前橋中学を卒業すると、父から一高志望を断念させられ東京・神田の三省堂機械標本部で修業。45年より煥乎堂で働く一方、文学に励み、中学の先輩である萩原朔太郎に親炙。大正5年「生命の川」同人となり、11年第一詩集「遠望」、12年第二詩集「耽視」を刊行。13年「大街道」を創刊し、15年「生活者」同人となった。昭和6年第三詩集「耶律」を刊行。38年第四詩集「高橋元吉詩集」で高村光太郎賞を受けた。この間、17年兄の死により煥乎堂の3代目社長に就任。経営難や店舗罹災を乗り越え、社の復興に尽力した。39年会長。戦後は群馬県の文化運動の中心的存在を担い、没後に高橋元吉賞（現・高橋元吉文化

賞）が設置された。　[家]長男＝高橋徹（煥乎堂社長）、父＝高橋常蔵（煥乎堂創業者）、兄＝高橋清七（煥乎堂社長）

高橋 元四郎　たかはし・もとしろう
衆議院議員
明治7年（1874年）10月～昭和8年（1933年）6月22日
[生]栃木県　[名]旧姓・旧名＝渡辺　[学]明治法律学校卒　[歴]印刷業に従事、のち鹿沼印刷会社社長。栃木県会議員、同副議長を務め、大正13年以来衆議院議員当選3回。民政党に属し、党会計監督、栃木県支部長などを務めた。

高橋 守雄　たかはし・もりお
長野県知事 熊本市長 警視総監
明治16年（1883年）1月1日～昭和32年（1957年）
[生]熊本県上益城郡矢部町（山都町）　[学]東京帝国大学法科大学独法科〔明治41年〕卒　[歴]大正11年熊本市長、14年滋賀県知事、15年長野県知事、昭和4年兵庫県知事、6年台湾総督府総務長官、同年警視総監を歴任した。戦後は熊本商科大学学長を務めた。

高橋 守平　たかはし・もりへい
衆議院議員
明治27年（1894年）10月～昭和35年（1960年）1月8日
[生]埼玉県児玉郡丹荘村（神川町）　[学]埼玉県師範学校〔大正5年〕卒　[歴]小学校訓導となる。その後、村農会長、郡農会長、県農会議員、丹荘村長を経て、昭和3年、第1回普通選挙において衆議院議員に初当選。以来連続6回当選。その間、岡田内閣の商工参与官、第一次近衛内閣の農林政務次官、農林省委員を歴任。また城西学園中学校理事・平凡社・東洋繊維各社長を務め、大政翼賛会中央協力会議員、日本進歩党総務を務める。

高橋 泰雄　たかはし・やすお
衆議院議員
明治20年（1887年）2月～昭和42年（1967年）9月6日
[生]埼玉県　[学]東京帝国大学独法科〔大正2年〕卒　[歴]浦和町議、同町長、埼玉県議を経て、浦和市長を歴任。また弁護士として浦和地方裁判所属弁護士会長を務める。昭和7年衆議院議員に初当選。以来通算4回当選。その間恩給金庫評議員、復興金融金庫設立委員、日本自由党総務、選挙対策副部長などを務める。

高橋 雄豺　たかはし・ゆうさい
読売新聞副社長
明治22年（1889年）11月3日～昭和54年（1979年）8月26日
[生]愛媛県　[専]警察制度,明治警察史　[学]北予中学 法学博士（中央大学）〔昭和33年〕　[歴]明治42年警視庁巡査となり、警察関係の職務を歴任。大正4年高等文官試験合格。昭和6～7年香川県知事を務める。8年警察時代の上司正力松太郎の経営する読売新聞社に入社、正力社長の腹心として主筆、副社長を務めた。20年敗戦後の読売争議により退社したが、30年副社長に復帰。経営の中心として、大阪読売新聞社会長なども兼任。40年副社長を辞して最高顧問となった。その後も選挙制度審議会会長など政府関係各種審議会の役職を務めた。著書に「明治警察史研究」（全4巻）など。

高橋 穣　たかはし・ゆたか
心理学者 倫理学者 東北帝国大学教授
明治18年（1885年）5月4日～昭和43年（1968年）5月6日
[生]香川県　[学]東京帝国大学文科大学〔明治42年〕卒 文学博士〔昭和23年〕　[歴]岩波書店の「哲学叢書」「哲学辞典」刊行に参加し、大正6年「心理学」を刊行。9年以降東京女子大、法政大、一高で心理学と倫理学を担当。14年から「思想」の編

集を手伝う。昭和5年東北帝国大学教授となり、倫理学を担当する。退官後、成城学園長を経て、27年学習院大教授に就任。著書に「心理学 道徳 教育」「二つの真理」などがある。

高橋 義次　たかはし・よしつぐ

弁護士 衆議院議員
明治15年（1882年）8月23日〜昭和44年（1969年）2月2日
[生]宮城県　[学]日本大学英法科〔大正4年〕卒　[歴]大正6年弁護士試験に合格し、以後弁護士業に従事し、東京弁護士会常議員、日本弁護士協会理事などを歴任。芝区議、東京市議を務め、昭和7年の衆議院選に民政党から立候補して当選する。当選2回。戦後の極東国際軍事裁判では海軍側の主任弁護人として活躍、また東京弁護士会長、日本弁護士連合会長なども務めた。

高橋 渉　たかはし・わたる

労働運動家 東京府議
明治24年（1891年）7月15日〜昭和49年（1974年）7月15日
[生]福島県信夫郡鎌田村（福島市）　[名]旧姓・旧名＝古山、幼名＝七五三　[歴]関東大震災後、労働運動に関心を抱くようになり、大正13年東京乗合自動車に勤務し、その労働組合に参加。昭和5年組合長となり、6年連合会会長となる。11年総同盟との合同による全日本労働総同盟結成で東京連合会会長に就任。この間、日本大衆党などに参加。11年社会大衆党から東京府議に当選した。

高畑 誠一　たかはた・せいいち

日商会長
明治20年（1887年）3月21日〜昭和53年（1978年）9月19日
[生]愛媛県喜多郡内子町　[学]神戸高等商業学校〔昭和42年〕卒　[歴]明治42年鈴木商店入店。明治末ロンドン支店長。大戦近い空気を察知して鉄鋼、砂糖、小麦などを買いつけ大きな利益をあげる。しかし昭和2年同社は倒産。翌3年日商を起こし桜井商店、白洋貿易、岩井産業などと合併、日商岩井を築き、15年専務、20年会長、38年相談役を務めた。

高畠 華宵　たかばたけ・かしょう

挿絵画家
明治21年（1888年）4月6日〜昭和41年（1966年）7月31日
[生]愛媛県宇和島裡町（宇和島市）　[名]本名＝高畠幸吉　[学]京都市立美術工芸学校日本画科中退、関西美術院中退　[歴]明治35年日本画家平井直水の門に入り、36年京都市立美術工芸学校日本画科に入学。39年上京し、新聞広告の図案等に執筆する。44年から津村順天堂の婦人薬"中将湯"の広告絵を手がける。大正3年「講談倶楽部」の挿絵を執筆し、以後講談社の全雑誌に執筆する。14年実業之日本社に移り「日本少年」「少女の友」「婦人世界」などに執筆、抒情味に満ちた美人画は、多くの女性ファンに親しまれた。昭和8年日本画に専念するため各地を旅行。39年兵庫県の養老施設・愛老園に入る。没後「高畠華宵名作画集」「画家の肖像」などが刊行された。作品の多くは弥生美術館（東京都文京区）、高畠華宵大正ロマン館（愛媛県東温市）に収められている。　[家]兄＝高畠亀太郎（政治家・実業家）

高浜 虚子　たかはま・きょし

俳人 小説家
明治7年（1874年）2月22日〜昭和34年（1959年）4月8日
[生]愛媛県松山市長町新丁　[名]本名＝高浜清、旧姓・旧名＝池内、初号＝放子　[学]二高〔明治27年〕中退　[賞]帝国芸術院会員〔昭和12年〕　[歴]中学時代から回覧雑誌を出し、碧梧桐を知り、やがて子規を知り、俳句を学ぶ。明治30年松山で「ホトトギス」が創刊され、31年東京へ移ると共に編集に従事。31年から32年にかけて写生文のはじめとされる「浅草寺のくさ

ぐさ」を発表。41年国民新聞社に入社し「国民文学欄」を編集。43年「ホトトギス」の編集に専念するため国民新聞社を退職。以後、俳句、小説と幅広く活躍。俳句は碧梧桐の新傾向に反対し、定型と季語を伝統として尊重した。昭和2年花鳥諷詠を提唱、多くの俳人を育てた。29年文化勲章を受章。「虚子句集」「五百句」「虚子秀句」などの句集、「鶏頭」「俳諧師」「柿二つ」「虹」などの小説のほか、「漱石氏と私」「定本高浜虚子全集」（毎日新聞社）など著書多数。　[家]長男＝高浜年尾（俳人）、二男＝池内友次郎（作曲家）、二女＝星野立子（俳人）、五女＝高木晴子（俳人）、六女＝上野章子（俳人）、兄＝池内信嘉（能楽師）、孫＝坊城中子（俳人）、稲畑汀子（俳人）　[賞]文化勲章〔昭和29年〕

高原 操　たかはら・みさお

新聞人 大阪朝日新聞主筆
明治8年（1875年）12月〜昭和21年（1946年）11月21日
[生]福岡県　[名]号＝蟹堂　[学]東京帝国大学文科大学哲学科〔明治34年〕卒、京都帝国大学法科大学〔明治39年〕卒　[歴]明治39年大阪朝日新聞社に入社、経済課に勤務し、大正5年経済部長に就任。7年取締役に就任し、臨時編集局長、9年編集局長、次いで大阪朝日新聞主筆となり、蟹堂の号で論陣をはり、昭和初期には軍部のファッショ化に抵抗し批判を続けた。昭和15年取締役を退任し、名誉主筆となった。

高松 亨　たかまつ・たかし

応用化学者 大阪工業試験所長
明治30年（1897年）4月1日〜昭和23年（1948年）3月9日
[生]福岡県久留米市　[専]光学ガラス　[学]九州帝国大学工学部〔大正10年〕卒 工学博士〔昭和10年〕　[歴]大正10年大阪工業試験所に入り、昭和18年所長。光学ガラスの基礎的な研究を行い、日本の光学ガラス製造技術の確立に貢献した。　[賞]朝日文化賞（第6回、昭和9年度）〔昭和10年〕、報公賞（第6回）〔昭和11年〕、窯業協会賞技術賞（第2回）〔昭和18年〕

高松 長三　たかまつ・ちょうぞう

海軍主計少将 衆議院議員
明治17年（1884年）7月〜昭和30年（1955年）1月12日
[生]栃木県塩谷郡北高見沢村（高見沢町）　[名]旧姓・旧名＝矢口　[学]宇都宮中卒、四高、東京帝国大学法科大学独法科〔明治42年〕卒　[歴]矢口家の三男で、高松家を継ぐ。海軍に入り主計畑を歩き、連合艦隊主計長、横須賀鎮守府軍需部長などを務めた。昭和11年衆議院議員に当選、1期。民政党に所属した。

高松 豊吉　たかまつ・とよきち

応用化学者 東京化学会会長
嘉永5年（1852年）9月11日〜昭和12年（1937年）9月27日
[生]江戸浅草阿部川町（東京都台東区）　[学]東京大学化学科〔明治11年〕卒 工学博士〔明治21年〕　[賞]帝国学士院会員〔大正12年〕　[歴]明治12年英国オーエンス大学に留学、14年ドイツ・ベルリン大学に転じて化学の研究に従う。15年帰国、東京大学講師となり、17年教授となった。19年帝国大学創立とともに同大学工科大学最初の応用化学講座を担当した。のち東京高工教授を務めて36年退官、東京瓦斯常務となり、42年〜大正3年社長に就いた。4〜13年東京工業試験所所長、昭和2〜5年東京化学会会長なども歴任。日本の応用化学の元老と呼ばれた。鴨井武「工学博士・高松豊吉伝」がある。

高松 政雄　たかまつ・まさお

建築家 病院建築研究所創立者
明治18年（1885年）11月5日〜昭和9年（1934年）3月11日
[生]神奈川県横浜市　[学]天王寺中〔明治36年〕卒、一高〔明治40年〕卒、東京帝国大学工科大学建築学科〔明治43年〕卒　[歴]明治43年東京帝国大学工科大学を卒業し、曽祢・中条事務所に

入所。チーフデザイナー的立場を築くとともに文筆活動も旺盛で、特に曽祢や中条が尽力していた建築家法案の制定運動に関する論文を多く書いた。曽祢・中条事務所で担当した主な作品に、「東京海上ビルディング本館」（大正7年）、「慶応義塾大学医学部附属病院」（同9年）、「札幌独立協会」（同10年）、「井上眼科病院」（昭和4年）、「講談社」（同8年）などがある。事務所在籍中の大正11年に自ら病院建築研究所を創立して病院建築に熱中し、約12年間に8棟の病院を設計した。議院建築の懸賞問題でも論陣を張った。昭和3年より早稲田大学建築学科で病院建築の講義を行う。

高松宮 宣仁　たかまつのみや・のぶひと

皇族 海軍大佐
明治38年（1905年）1月3日〜昭和62年（1987年）2月3日
[生]東京市赤坂区青山（東京都港区）　[学]海兵（第52期）卒, 海大〔昭和11年〕卒　[歴]大正天皇の第三皇男子。幼少時の称号光宮（てるのみや）。大正2年7月6日高松宮家を創立, 勅使により有栖川宮家の祭祀を継承。昭和5年2月4日徳川慶喜の孫娘で徳川慶久公爵の二女・喜久子と結婚。長じて海軍に入り, 大正14年海軍少尉に任官。戦艦「比叡」砲術長, 横須賀海軍航空隊教官, 大本営参謀などを務め, 終戦時は海軍大佐。太平洋戦争中は近衛文麿の女婿・細川護貞を通じて独自に情報を収集し, 近衛らの終戦工作を側面から支援した。戦後は宮家の統廃合により皇族として残った直宮の当主として, 兄である昭和天皇を支え, 連合国軍総司令部（GHQ）の高官や欧米のマスコミと交流して天皇制の護持に陰の役割を果たした。平成6年大正時代の少年期から晩年直後まで27年間にわたって記していた日記が見つかり, 喜久子妃の意思により「高松宮日記」として公刊され, 昭和史の第一級史料として知られる。　[家]妻＝高松宮喜久子, 父＝大正天皇, 母＝貞明皇后, 兄＝昭和天皇, 秩父宮雍仁, 弟＝三笠宮崇仁

高見 順　たかみ・じゅん

小説家 詩人
明治40年（1907年）1月30日〜昭和40年（1965年）8月17日
[生]福井県坂井郡三国町　[名]本名＝高間芳雄, 旧姓・旧名＝高間義雄　[学]東京帝国大学文学部英文学科〔昭和5年〕卒　[歴]日本プロレタリア作家同盟の一員として活躍した後, 昭和10年「故旧忘れ得べき」で作家として認められ, 10年代の代表的作家となる。戦時中は「如何なる星の下に」を発表。戦後も数多くの作品を発表。他の代表作に「今ひとたびの」「わが胸のここには」「生命の樹」「いやな感じ」などがある。詩人としては, 武田麟太郎らと「人民文庫」を創刊し一時, 詩を敵視した事もあったが, 22年池田克己らと「日本未来派」を創刊, 詩作を再開する。以後旺盛な詩作活動を展開し,「高見順詩集」「わが埋葬」「死の淵より」などの詩集に結実する。評論の部門でも活躍し,「文芸時評」「昭和文学盛衰史」などがある。また日本ペンクラブ専務理事を務め, 晩年は日本近代文学館の創立に参加, 初代理事長として活躍した。　[家]父＝阪本釤之助（漢詩人・貴族院議員）, 異母兄＝阪本越郎（詩人・ドイツ文学者・心理学者）, 従兄＝永井荷風（小説家）, 伯父＝永井久一郎（実業家・漢詩人）, 叔父＝大鳥久満次（神奈川県知事・衆議院議員）　[賞]文化功労者（死後追贈）〔昭和40年〕, 文学界賞〔昭和11年〕「文芸時評」

高見 之通　たかみ・ゆきみち

弁護士 衆議院議員
明治13年（1880年）3月〜昭和37年（1962年）10月30日
[出]富山県　[学]東京帝国大学英法科〔明治41年〕卒　[歴]大学卒業後, 弁護士に。その後, 東岩瀬町長, 富山県売薬同業組合長を務め, 大正6年衆議院議員に初当選。以来通算7回当選。政友会総務, 政友会本党党務委員長を歴任。著書に「信念の力」「偉行録・2巻」がある。

高光 大船　たかみつ・だいせん

僧侶（真宗大谷派）
明治12年（1879年）5月11日〜昭和26年（1951年）9月15日
[生]石川県石川郡北間　[学]真宗大学〔明治40年〕卒　[歴]石川県北間の富豪, 高木家に生まれ, 檀那寺の専称寺に養子として入る。大学を卒業し, 七尾で刑務所の教戒師を務め, 清沢満之に師事。地元の北陸をはじめ全国に真宗近代教学の教えを広めた。暁烏敏, 藤原鉄乗と並んで "加賀の三羽がらす" と呼ばれる。　[家]息子＝高光一也（洋画家）

高峰 筑風　たかみね・ちくふう

琵琶奏者 高峰流琵琶宗家
明治12年（1879年）5月2日〜昭和11年（1936年）4月21日
[生]福岡県福岡市博多区　[名]本名＝鈴木徹郎　[学]福岡県立工業学校卒　[歴]福岡藩士の子。幼少より吉田竹子に琵琶を学ぶ。明治40年上京, 神田立花亭などで好評を博す。大正元年筑前琵琶から分かれて新しく "高峰琵琶" を創始, 一世を風靡する。御前演奏も数回に及び, 新紘音楽学校長, 天声会長, 東京中央放送局名誉技芸員等も務めた。また俳優の沢村訥子と提携し "琵琶劇" を創始,「児島高徳」「高山彦九郎」などに出演。作曲の代表作に「小楠公」「日蓮上人」「宇治川」など。　[家]長女＝高峰三枝子（女優）

高嶺 俊夫　たかみね・としお

物理学者 東京帝国大学理学部教授
明治18年（1885年）9月5日〜昭和34年（1959年）5月12日
[生]東京府小石川区大塚（東京都文京区）　[専]分光学　[学]東京高等師範学校附属中学, 一高二部〔明治39年〕卒, 東京帝国大学理科大学実験物理学科〔明治42年〕卒 理学博士　[資]帝国学士院会員〔昭和22年〕　[歴]東京高等師範学校, 東京女子高等師範学校などの校長を務めた高嶺秀夫の二男。一高に合格した際は, 一高から七高造士館までの全受験者中で最高点を取ったという。東京帝国大学在学中は長岡半太郎に師事して分光学に取り組み, 大正4年京都帝国大学理科大学助教授に赴任, ロ・スルド法によるシュタルク効果の研究に従事した。7年助教授を辞して欧米へ留学, 量子力学の創始者の一人であるN.ボーアの下で1年間研究。10年帰国して東京帝国大学理学部助教授兼理化学研究所研究員に就任, 理化学研究所の主任研究員として高嶺研究室を開設。11年帝国学士院恩賜賞を受賞。13〜15年再び外遊, 帰国後は教授に進むが, 間もなく辞任して理研に専心。以来, 我が国の分光学の開拓者として多くの人材を輩出したが, 昭和27年理研の改組に伴い主任研究員を辞し, 研究室を解散した。22年帝国学士院会員。　[家]父＝高嶺秀夫（教育家）, 弟＝高嶺昇（名古屋大学教授）, 岳父＝阪谷芳郎（財政家・子爵）, 義弟＝土田誠一（倫理学者）　[賞]帝国学士院恩賜賞（第12回）〔大正11年〕

高宮 太平　たかみや・たへい

ジャーナリスト 京城日報社長
明治30年（1897年）〜昭和36年（1961年）7月22日
[生]福岡県福岡市　[歴]大正日日新聞, 読売新聞を経て, 朝日新聞社に入社。1920年代から30年代にかけて陸軍記者随一の存在として活躍。満州支局次長を経て, 昭和17年京城日報社長。内閣情報局嘱託も務めた。著書に「順逆の昭和史」「人間緒方竹虎」「軍国太平記」「米内光政」などがある。

高村 光太郎　たかむら・こうたろう

彫刻家 詩人 日本文学報国会詩部会会長
明治16年（1883年）3月13日〜昭和31年（1956年）4月2日
[生]東京府下谷区西町（東京都台東区）　[名]本名＝高村光太郎, 筆名＝篁砕雨　[学]東京美術学校彫刻科〔明治35年〕卒　[歴]彫刻家・高村光雲の長男。家業を継ぐため, 明治30年東京美術学校に進む一方, 文学にも目を開き, 篁砕雨の筆名で「明星」に短

歌や戯曲、詩を発表。35年美校を卒業、卒業制作は「獅子吼」。38年洋画科に再入学するが、39年海外へ留学。米国で荻原守衛と知り合い親交を深めた。40年英国、41年よりフランスに滞在し、ロダンに大きな影響を受けた。42年帰国後は文芸活動を活発に行い、パンの会やヒュウザン会（フュウザン会）にも参加。大正3年格調高い口語自由詩の詩集「道程」を刊行。同年画家・長沼智恵子と結婚。4年から彫刻に力を入れ、5年精神的な父といえるロダンの言葉を抜粋訳した「ロダンの言葉」を発表。多くの芸術志望の若者たちに影響を与えた。やがて日本の彫刻の見直しを進める中で肖像彫刻に可能性を見いだし、「老人の首」「中野秀人の首」「住友君の首」「黒田清輝像」「成瀬仁蔵像」「光雲胸像」などを制作。昭和6年頃から智恵子が精神を病み始め、7年自殺未遂を起こす。10年智恵子を病院に入院させたが病状は一進一退を繰り返し、13年病死した。16年亡き智恵子にまつわる詩を集めた第二詩集「智恵子抄」を発表、2人の愛の軌跡を綴ったこの詩集は多くの読者を獲得し、代表作の一つとなった。日中戦争が始まった頃から国粋主義に傾斜した言論活動を行い、愛国詩を多く発表。17年には日本文学報国会詩部会会長に就任した。20年4月の空襲でアトリエを焼失、宮沢賢治の縁を頼って、岩手県花巻の賢治の弟・宮沢清六方へ疎開。同地で敗戦を迎えた。10月には戦時中の言論活動に対する自責の念から同県太田村にこもり、27年まで農耕自炊生活を続けた。　家妻＝高村智恵子（洋画家），父＝高村光雲（彫刻家），姉＝高村素月（日本画家），弟＝高村豊周（鋳金家・歌人），甥＝高村規（写真家）　賞帝国芸術院賞（文芸部門、第1回）〔昭和16年〕「道程」

高村 智恵子　たかむら・ちえこ
洋画家 高村光太郎の妻
明治19年（1886年）5月20日～昭和13年（1938年）10月5日
生福島県安達郡安達町　名旧姓・旧名＝長沼　学日本女子大学家政科〔明治40年〕卒　歴日本女子大学在学中から油絵を習い、卒業後も太平洋画研究所に通う。「青鞜」とも関わりをもち、表紙絵なども描いた。大正3年彫刻家・詩人の高村光太郎と結婚後は織物製作に力を入れた。昭和6年頃から精神分裂症に悩み、千葉県九十九里浜で療養生活を送ったが、療養中は紙絵を多く作成。病弱であったが、夫婦愛は強く、その思いを光太郎が16年に「智恵子抄」としてまとめた。生家は安達町によって保存されている。平成7年には療養したゼームス坂病院（東京都品川区）跡地に "終焉の碑" が完成した。　家夫＝高村光太郎（詩人・彫刻家）

高村 豊周　たかむら・とよちか
鋳金家 歌人
明治23年（1890年）7月1日～昭和47年（1972年）6月2日
生東京都　学東京美術学校鋳造科〔大正4年〕卒　賞日本芸術院会員〔昭和25年〕，重要無形文化財保持者（鋳金）〔昭和39年〕　歴木彫家・高村光雲の三男で、詩人の高村光太郎は兄。明治41年鋳金家・津田信夫に入門。大正15年主観的表現を重視する工芸団体・无型（むけい）を組織。近代工芸運動を展開し、制作や評論を通してその中心人物となる。昭和2年より帝展に3回連続特選。8年より東京美術学校教授を務め、10年実在工芸美術会を組織、"用即美" を唱えた。戦後は25年日本芸術院会員、33年日展理事、39年人間国宝となった。代表作に「鼎」「朧銀花入 落水賦」「朱銅みすぢ花入」「藤村詩碑」など。また、短歌を好み「露光集」「歌ぶくろ」「おきなぐさ」「清虚集」の4歌集があり、「光太郎回想」「自画像」などの著書もある。39年には新年歌会始の召人として招かれた。　家父＝高村光雲（彫刻家），姉＝高村素月（日本画家），兄＝高村光太郎（詩人），息子＝高村規（写真家）　賞帝展特選〔昭和2年・3年・4年〕

高群 逸枝　たかむれ・いつえ
女性史研究家 詩人 評論家 社会運動家
明治27年（1894年）1月18日～昭和39年（1964年）6月7日
生熊本県下益城郡豊川村（宇城市）　名本名＝橋本イツエ　学熊本師範女子部〔明治43年〕退学、熊本女学校〔大正2年〕修了　歴小学校代用教員となり、大正7年「娘巡礼記」で文名をあげる。8年橋本憲三と結婚。9年上京し、女流詩人として文壇に登場、詩集「日月の上に」「放浪者の詩」を発表。女性史研究を志し、15年論文「恋愛創生」を執筆、新女性主義を提唱。昭和5年平塚らいてう等と無産婦人芸術連盟を結成、雑誌「婦人戦線」を主宰し評論活動を行う。6年「婦人戦線」廃刊後は夫の積極的な協力を得て、終生研究に専念した。著書に「大日本女性人名辞書」「母系制の研究」「招婿婚の研究」「女性の歴史」（4巻）「日本婚姻史」、随筆集「愛と孤独と一学びの細道」、自叙伝「火の国の女の日記」などがある。死後、夫の編集により「高群逸枝全集」（全10巻、理論社）が刊行された。

高谷 覚蔵　たかや・かくぞう
社会運動家
明治32年（1899年）1月1日～昭和46年（1971年）3月20日
生滋賀県大津市　学大阪高等工業学校卒　歴大正11年渡米し、米国共産党に入党。のち入ソしクートベに入学。のちカムチャッカの漁業企業で働らき、日本人への共産主義宣伝に従事する。昭和8年モスクワへ戻り、日本共産党との連絡のためヨーロッパ経由で帰国したが、成功せず上海に戻り、10年に帰国。同年検挙されたが、12年日本文化協会に入り、軍属として上海に派遣され、15年帰国し陸軍（ソ連情報）嘱託となって17年満州に渡り、敗戦直後に帰国。37年総合研究所に入り、また核兵器禁止平和建設国民会議副議長なども務めた。

高安 月郊　たかやす・げっこう
詩人 劇作家 評論家
明治2年（1869年）2月16日～昭和19年（1944年）2月26日
生大阪府大阪市東区瓦町　名本名＝高安三郎、別号＝愁風吟客　歴明治22年頃から歴史に取材した叙情詩を作り、また劇作を志す。「社会の敵」「人形の家」の一部訳載など、イプセンの最初の紹介者としても知られ、27年以降は劇作に専念。29年に上京して処女戯曲「重盛」を刊行。以後「真田幸村」「イプセン作社会劇」などを刊行し、また演劇改良運動にもとりくむ。昭和期に入ってからは劇作の筆を絶ち「東西文学比較評論」「東西文芸評伝」「日本文芸復興史」などを刊行。他の作品に「桜時雨」「後の羽衣」「ねざめぐさ」などがあり、詩集に「夜涛集」「春雪集」などがある。

高安 慎一　たかやす・しんいち
温泉医学者 九州帝国大学医学部教授
明治17年（1884年）6月18日～昭和48年（1973年）3月12日
生東京都　専温泉治療学　学四高〔明治37年〕卒、京都帝国大学福岡医科大学〔明治41年〕卒 医学博士〔大正9年〕　歴明治43年熊本医学専門学校教授となり、45年～大正2年欧州へ留学。10年熊本県立医学専門学校教授、13年熊本医科大学教授、14年九州帝国大学医学部講師、昭和元年教授。15年同大温泉治療学研究所長。18年鹿児島医学専門学校校長、23年国立亀川病院院長、25年改組により国立別府病院院長を歴任。37年退任。温泉治療学及び物理療法を専門とし、我が国温泉医学の開拓者の一人となった。

高安 道喜　たかやす・どうき
能楽囃子方（高安流大鼓方）高安流大鼓16代目宗家
明治12年（1879年）～昭和21年（1946年）
歴高安流15代目の没後、父の金春泰三や清水正徳の後援を受け、幼くして宗家を継ぐ。子が芸を継がず、安福春雄が宗家預りとなったため、高安本流の芸系は絶えた。　家父＝金春泰三（金春流太鼓18代目）

たかやす　　　　　　　　　　　　　　　　　　　昭和人物事典 戦前期

高安 六郎　　たかやす・ろくろう
演劇評論家 医師 能楽研究家
明治11年（1878年）12月12日〜昭和34年（1959年）1月21日
生大阪　名号＝吸江、弱法師　学東京帝国大学医科大学卒 医学博士　歴大学卒業後ドイツに留学。帰国後は家業を継いで高安病院内科医長に。その傍ら中村鴈次郎らと交遊を結びし、能、歌舞伎、文楽など伝統芸能の各分野にわたって評論活動をし、自ら観世流の謡曲を修めた。能楽資料の収集・研究面でも有名。昭和22年四ツ橋文楽座で初の天覧文楽のさいには解説を務めた。また、関西芸能界の長老として親しまれ、日本演劇協会関西支部長など公職多数兼任。著書に「光悦の謡本」。　家兄＝高安月郊（劇作家）

高柳 健次郎　　たかやなぎ・けんじろう
電子工学者
明治32年（1899年）1月20日〜平成2年（1990年）7月23日
出静岡県浜松市　専テレビ工学　学東京高等工業学校附属教員養成所電気科〔大正10年〕卒 工学博士　歴神奈川県立工教諭、浜松高等工業学校助教授、同教授、日本放送協会（NHK）技術研究所第三部長、浜松高専教授を歴任。昭和22年日本ビクターに入社、技師長、取締役、常務、専務、副社長を経て、最高技術顧問。この間、大正15年に世界で初めて電子ブラウン管を用いてテレビジョン受像に成功、昭和11年に完成。"テレビの父"と呼ばれる。著書に「テレビジョン工学」「テレビジョン」など。59年に私財を投じうって、電子技術者援助の高柳記念電子科学技術振興財団を設立した。　家長男＝高柳俊（高柳記念電子科学技術振興財団理事長）、二男＝高柳暁（筑波大学名誉教授）　勲文化勲章〔昭和56年〕　賞文化功労者〔昭和55年〕

高柳 賢三　　たかやなぎ・けんぞう
法学者 東京帝国大学教授
明治20年（1887年）5月11日〜昭和42年（1967年）6月11日
生埼玉県熊谷市　専英米法　学東京帝国大学法学部〔明治45年〕卒　資帝国学士院会員〔昭和13年〕、米国学士院名誉会員　歴東京帝国大学助教授となり、大正4年欧米に留学、11年教授。昭和13年帝国学士院会員。米国の違憲審査制度を研究し、司法権の優位を確立、戦後の新憲法の擁護が評価される。東京裁判では日本側弁護団のリーダー格で活躍。23年退官、24年成蹊大学学長。

高柳 光寿　　たかやなぎ・みつとし
日本史学者 東京帝国大学史料編纂所史料編纂官
明治25年（1892年）3月11日〜昭和44年（1969年）12月1日
生静岡県敷知郡浜松町（浜松市）　専日本中世史（戦国時代）　学国学院大学大学部国史科〔大正3年〕卒 文学博士（国学院大学）〔昭和36年〕　歴大正5年東京帝国大学文科大学史料編纂掛を経て、15年史料編纂所史料編纂官となった。傍ら国学院大学教授、大正大学教授を兼任。昭和27年3月史料編纂官を辞任後、30〜43年再び国学院大学教授を務めた。また鎌倉市史編纂主任、日本歴史学会初代会長、鎌倉市史編纂主任として活躍した。著書に「足利尊氏」「明智光秀」「青史端紅」「鎌倉市史」「新書 戦国戦記」（全10巻）「高柳光寿史学論文集」（上下、吉川弘文館）など多数がある。

高山 久蔵　　たかやま・きゅうぞう
労働運動家
明治28年（1895年）12月1日〜昭和33年（1958年）12月7日
生千葉県長生郡豊岡村南吉田（茂原市）　学開成中退　歴大正8年大日本機械技工組合を結成し、以後組合を拡大し争議の推進力となる。日本大衆党や全国大衆党にも参加していたが、中間派から右翼の方へ移っていった。国家社会主義、日本主義へと進み戦争協力をするようになる。その間、国際労働機

関（ILO）の労働者側代表として総会に出席もした。

高山 三路　　たかやま・さんろ
日本画家
明治36年（1903年）1月15日〜昭和38年（1963年）3月11日
生京都府京都市　名本名＝高山三郎　学京都市立美術工芸学校絵画科〔大正11年〕卒、京都市立絵画専門学校〔大正14年〕卒　歴京都市立絵画専門学校在学中の大正13年、国画創作協会第4回展に「風景」などで初入選。昭和4年西村五雲に師事し、五雲塾に入塾。5年第2回聖徳太子奉讃美術展に「早春麗日」で入選。同年第11回帝展に「初夏風趣」で初入選。以後、帝展、京都市展に入選を重ねる。11年秋の文展鑑査展に「御菩薩ケ池」で入選。16年東寺中学校で教鞭を執り、以後画壇を離れた。23〜27年東寺高校に勤務。他の作品に「残照」「初夏」など。

高山 精華　　たかやま・せいか
日本画家
明治18年（1885年）4月1日〜昭和25年（1950年）1月8日
生山形県西村山郡　名本名＝高山冨男　学京都市立絵画専門学校中退　歴父は彫刻家の高山冨重。明治38年京都に出て、鈴木松年に入門し、39年竹内栖鳳に師事。大正15年国画創作協会第5回展に「漁村」で初入選。昭和2年第6回展にも「紀伊の海」で入選。3年新樹社の結成に参加するが、6年の解散後は画壇を離れる。16年妻の郷里岡山県笠岡に移住した。　家父＝高山冨重（彫刻家）

高山 長幸　　たかやま・ながゆき
実業家 衆議院議員 東洋拓殖会社総裁
慶応3年（1867年）7月28日〜昭和12年（1937年）1月19日
出伊予国（愛媛県）　学慶応義塾〔明治22年〕卒　歴三井銀行に入行。本店副支配人、函館、深川、三池、長崎各支店長を歴任。明治41年以来衆議院議員当選6回。政友会に所属した。雨竜炭鉱、第一海上火災保険、大日本製糖、帝国商業銀行各重役を務め、昭和7年東洋拓殖会社総裁となった。

高山 正雄　　たかやま・まさお
法医学者 九州帝国大学総長
明治4年（1871年）5月〜昭和19年（1944年）
出長野県　学東京帝国大学〔明治30年〕卒　歴明治31年四高教授、32年東京帝国大学助教授を経て、36〜39年文部省の留学生として渡独、ベルリン大学とロストック大学で学ぶ。36京都帝国大学福岡医科大学助教授に転じ、39年教授に昇任。同校は九州帝国大学となり、大正8〜15年同大医科大学長。昭和6年定年退官。8年九州医学専門学校校長、9年長崎医科大学学長を務め、11年7月九州帝大総長に就任したが、同年11月辞職。血液証明法の高山試薬を考案した。　家岳父＝中浜東一郎（衛生学者）、女婿＝今永一（外科学者）

財津 愛象　　たからず・あいぞう
中国文学者 懐徳堂主任教授
明治18年（1885年）〜昭和6年（1931年）10月4日
生熊本県　学京都帝国大学文学部卒　歴母校の広島高等師範学校で教鞭を執り、のち大阪高校に転じる。昭和4年懐徳堂教授、次いで同主任教授となった。「十三経註疏索引」の編集を行った。

財部 静治　　たからべ・せいじ
統計学者 京都帝国大学教授
明治14年（1881年）1月3日〜昭和15年（1940年）7月7日
生鹿児島県　学京都帝国大学法科大学政治学科卒 法学博士　歴二高を経て、京都帝国大学に進み経済学を専攻。統計学の研究を行い、ドイツ、フランス、米国に留学し、大正4年母校で

ある京都帝大教授に就任。のち経済学部長。日本における統計学の先駆者の一人で、蜷川虎三ら多くの後進を育てた。京都大学に財部文庫がある。

財部 彪　たからべ・たけし
海軍大将 海相
慶応3年(1867年)4月7日～昭和24年(1949年)1月13日
[生]日向国(宮崎県)　[学]海兵(第15期)〔明治22年〕卒, 海大〔明治26年〕卒　[歴]日向都城藩士で歌人の財部実秋の二男。明治23年海軍少尉に任官。29年常備艦隊参謀、30年英国へ留学して32年より同国駐在、33年帰国。37年大本営参謀、40年英国出張、同年宗谷、41年富士の各艦長、同年第一艦隊参謀長、42年海軍次官。大正3年シーメンス事件の余波を受け一時待命となったが、4年第三艦隊司令官、同年旅順要港部司令官、6年舞鶴鎮守府、7年佐世保鎮守府、11年横須賀鎮守府の各司令長官を歴任。この間、8年海軍大将。12年から昭和5年10月の間に海相に3度就任。5年のロンドン軍縮会議には全権として出席、補助艦制限の条約に調印、反対派の攻撃の矢面に立ち海相を辞任した。7年予備役に編入。海軍の実力者・山本権兵衛の女婿であり、そのため異例のスピード出世を遂げたため、海軍内には批判もあった。　[家]父＝財部実秋(日向都城藩士・歌人), 岳父＝山本権兵衛(海軍大将)

田河 水泡　たがわ・すいほう
漫画家
明治32年(1899年)2月10日～平成1年(1989年)12月12日
[生]東京市本所区林町(東京都墨田区)　[名]本名＝高見沢仲太郎, 別名＝高見沢路直　[学]日本美術学校図案科〔大正14年〕卒　[歴]抽象画家として出発し反二科運動に参加、版画家、落語作家を経て、漫画家に転じ「少年倶楽部」を舞台に活躍した。代表作「のらくろ」は、昭和6年「少年倶楽部」に「のらくろ二等卒」を発表して以来、子どもたちの圧倒的な人気を集め、16年、軍の圧力によって筆を折るまで続いた。戦後も33年から雑誌「丸」で連載を復活、「続のらくろ漫画全集」を出した。その後は銅版画制作や滑稽画の研究を続け、「滑稽の構造」「滑稽の研究」を著す。門下に滝田ゆう、長谷川町子などを輩出。63年銅版画の個展を開く。代表作は「のらくろ」の他に「蛸の八ちゃん」「目玉のチビちゃん」「スタコラサッちゃん」「ダルマノコロ吉」など。平成元年「のらくろ」の著作権を山根兄弟と永田竹丸に譲る。3年「のらくろ一代記—田河水泡自叙伝」が出版された。　[家]妻＝高見沢潤子(劇作家), 長男＝高見沢邦郎(首都大学東京教授), 義兄＝小林秀雄(文芸評論家)

田川 大吉郎　たがわ・だいきちろう
ジャーナリスト 衆議院議員
明治2年(1869年)10月26日～昭和22年(1947年)10月9日
[生]長崎県東彼杵郡西大村(大村市)　[学]東京専門学校(現・早稲田大学)〔明治23年〕卒　[歴]報知新聞、都新聞の主筆を多年にわたって務め、その間日清、日露の両戦争に陸軍通訳として従軍した。明治41年尾崎行雄の知遇を受けて東京市助役となり、同年衆議院議員に初当選、以来9回当選。又新会、中正会、憲政会、革新倶楽部などに所属し、普選運動で活躍した。その間、基督教教育同盟理事、明治学院総理などを歴任。戦後は日本社会党に属し、世界平和協会理事長、民主外交協会副会長などを務め、昭和22年の東京都知事選に立候補した。著書に「都市政策汎論」がある。

多木 久米次郎　たき・くめじろう
実業家 政治家 多木製肥所社長
安政6年(1859年)5月28日～昭和17年(1942年)3月15日
[生]播磨国加古郡別府村(兵庫県加古川市別府町)　[歴]20歳で魚肥商の家業を継ぐ。明治23年過燐酸肥料(人造肥料)製造を始め、大正7年株式に改組し、多木製肥所社長。多木農工具、別府軽便鉄道社長も務める。また、自身の理想の実践として、朝鮮で4000町歩の模範農場を経営。この間、兵庫県農会長、加古郡会議長、兵庫県議を経て、明治41年衆議院議員に初当選。以降6選、政友会に所属した。貴族院には多額納税議員として昭和14年から17年まで在任。

滝 精一　たき・せいいち
東洋美術史家 東京帝国大学名誉教授
明治6年(1873年)12月12日～昭和20年(1945年)5月17日
[生]東京都　[名]号＝拙庵, 節庵　[学]東京帝国大学文科大学哲学科〔明治30年〕卒 文学博士(東京帝国大学)〔大正4年〕　[資]帝国学士院会員〔大正14年〕　[歴]大学院で美学を専攻し、東京美術学校、東京女子高等師範学校、京都帝国大学講師を経て、東京帝国大学文科大学講師となり、大正2年教授に就任し、美術史の講座を担当する。9年東宮御学問所御用掛、14年帝国学士院会員、昭和2年東京帝大評議員兼文学部長を歴任し、9年定年退官し名誉教授。この間、日本美術史、支那絵画史、印度仏教美術などを講義し、また文部省の古社寺保存会、国宝保存会、重要美術品等調査委員会委員などを歴任。また明治34年以来主催する「国華」編集にたずさわる。退官後は帝室博物館顧問、東方文化学院院長などを務めた。著書に「文人画概論」「滝拙庵美術論集」など。　[家]父＝関和亭(日本画家)　[賞]朝日文化賞〔昭和15年〕

多紀 道忍　たき・どうにん
僧侶(天台宗) 仏教音楽研究家
明治23年(1890年)1月24日～昭和24年(1949年)10月26日
[生]滋賀県　[名]本名＝竹内　[学]天台宗西部大学〔大正9年〕卒　[歴]明治36年仏門に入り、内外典を修学し、また声明を伝習。大学卒業後は叡山学院教授、比叡山専修院教授となり、宗政にも参加した。大原声明の研究に没頭し、声明の五線譜化に努力し、その保存と普及に貢献。住職としては比叡山五智院、庶那院を歴任、また比叡山華王院、浄蓮華院を兼務した。その間「天台声明大成」の編纂にかかわり、「天台声明の梗概」などを著した。

滝 正雄　たき・まさお
貴族院議員(勅選) 衆議院議員 企画院総裁
明治17年(1884年)4月14日～昭和44年(1969年)8月12日
[生]愛知県　[学]京都帝国大学法科大学政治学科〔明治44年〕卒　[歴]大学院で学び京都大、関西大の講師となるが、のちに床次竹二郎内相の秘書官として政界に入り、大正6年の総選挙で代議士となる。政友会、政友本党、民政党、政友会、昭和会に所属し、昭和12年企画院設置とともに初代総裁に就任するため、代議士を辞任。この間、当選7回で外務政務次官、法政局長官を歴任。14年貴族院議員に勅選され、戦時中は大政翼賛会総務などを歴任した。

滝井 孝作　たきい・こうさく
小説家 俳人
明治27年(1894年)4月4日～昭和59年(1984年)11月21日
[生]岐阜県高山町(高山市)　[名]俳号＝滝井折柴　[資]日本芸術院会員〔昭和35年〕　[歴]郷里の高山市の魚問屋で働きながら河東碧梧桐に師事。大正3年に上京後も新傾向の俳句を学び句作に専念したが、8年時事新聞記者、次いで「改造」の編集者となり、芥川龍之介や“生涯の師”志賀直哉に接してから作家を志し、9年に「弟」で文壇デビュー。10年から4年がかりで書いた「無限抱擁」(昭和2年刊行)は妻との恋の軌跡をさらけ出したもので、私小説の一つの典型とされ、川端康成からは日本一の恋愛小説と激賞された。10年の芥川賞創設以来、その選考委員を務める。35年日本芸術院会員、49年文化功労者に選ばれた。他の代表作に「欲呆け」「俳人仲間」「山茶花」、句集「折柴句集」「定本滝井孝作全句集」、随筆集「折柴随筆」「野

草の花」「志賀さんの生活など」など。「滝井孝作全集」(全12巻・別巻1、中央公論社)がある。　[家]二女＝小町谷新子(版画家)、女婿＝小町谷照彦(東京学芸大学名誉教授)　[賞]文化功労者〔昭和49年〕

滝内 礼作　たきうち・れいさく
弁護士
明治38年(1905年)1月10日～平成5年(1993年)11月2日
[生]北海道　[学]東北帝国大学法学部〔昭和3年〕卒　[歴]昭和3年司法官試補、8年札幌地裁判事。日本共産党に資金カンパをしたという理由で治安維持法違反に問われ、上告して争ったが懲役3年の刑を受け、福田力之助らと共に"赤化司法官事件"と騒がれた。戦後、弁護士となり、片山哲内閣の法務府大臣秘書官から、連合国軍総司令部(GHQ)民生局の示唆による暴力団解散などを任務とするポストである特別審査局長となった。26年辞職し弁護士に戻った。

滝川 政次郎　たきかわ・まさじろう
法制史学者 九州帝国大学教授 建国大学教授
明治30年(1897年)5月26日～平成4年(1992年)1月29日
[生]大阪府大阪市西区　[専]経済史、社会史　[学]東京帝国大学法学部独法科〔大正11年〕卒 法学博士(東京帝国大学)〔昭和9年〕　[歴]大正14年九州帝国大学助教授、昭和2年29歳で教授となるが、4年九大事件に連座して退職。以後、5年中大教授、9年満州国司法部法学校教授、15年建国大学教授を歴任。戦後弁護士となり、元海相・嶋田繁太郎の東京裁判弁護人を務めた。24年国学院大教授、28年近畿大学教授兼任、43年国学院大学を定年退職し、47年名誉教授。49年式内社研究会会長。著書に「法制史上より観たる日本農民の生活」「日本奴隷経済史」「律令の研究」「支那法制史研究」「日本法制史研究」「東京裁判を裁く」「遊行女婦・遊女・傀儡女」などがある。　[家]長男＝滝川叡一(裁判官)

滝川 幸辰　たきかわ・ゆきとき
刑法学者 京都帝国大学教授
明治24年(1891年)2月24日～昭和37年(1962年)11月16日
[生]岡山県岡山市　[学]京都帝国大学法科大学〔大正4年〕卒 法学博士〔昭和26年〕　[宜]日本学士院会員〔昭和28年〕　[歴]大正4年司法省に入省。司法官試補、京都地裁判事を経て、7年京都帝国大学助教授、13年教授。著書「刑法読本」や「トルストイの『復活』に現われた刑罰思想」と題した講演等により"赤化教授"とみなされ、いわゆる滝川事件に発展し、昭和8年辞職。11年より弁護士を開業し、戦後、21年京都帝大に復職。法学部長を経て、28年総長となり、32年退職し名誉教授。この間23年日本刑法学会初代理事長、28年日本学士院会員となる。

滝口 修造　たきぐち・しゅうぞう
美術評論家 詩人
明治36年(1903年)12月7日～昭和54年(1979年)7月1日
[生]富山県婦負郡寒江村大塚(富山市)　[学]慶応義塾大学英文科〔昭和6年〕卒　[歴]幼少より絵画を愛好。慶応義塾大学在学中から西脇順三郎やランボー、ブルトンの影響を受けて詩作を始め、同人誌「山繭」「衣裳の太陽」などに詩や評論を寄稿。昭和7年PCL(写真化学研究所、現・東宝)に入社。14年からは2年間にわたって日本大学講師を務めた。この間、さかんにダダイスムやシュルレアリスムの紹介と評論を行い、日本における前衛芸術運動の高揚に貢献。また写真に関する評論も執筆し、「フォトタイムス」誌上に掲載された「写真と超現実主義」「写真と絵画の交流」は写真表現の本質に迫ろうとする名文として名高い。13年永田一脩や阿部展也らと写真の理論研究を主とした前衛写真協会を設立。戦後、22年日本アヴァンギャルド美術家クラブを結成。「読売新聞」などでの美術評論

を執筆の他、線描デッサンやデカルコマニーなどの実作などを行い、評論と実作の両面において前衛芸術運動を牽引した。また東京・神田のタケミヤ画廊で新人の個展を企画し、石元泰博らが世に出るきっかけを作った。31年阿部展也、三瀬幸一、本庄光郎らと日本主観主義写真連盟を創立。34～37年美術評論家連盟会長。著書に「近代芸術」「新しい写真の考え方」(渡辺勉、金丸重嶺との共著)「幻想画家論」「シュルレアリスムのために」、詩集「妖精の距離」「滝口修造の詩的実験1927～1937」、訳書にブルトン「超現実主義と絵画」などがある。全集に「コレクション・滝口修造」(全13巻・別巻)がある。　[家]妻＝滝口綾子(詩人)、いとこ＝宮英子(歌人)

滝口 新太郎　たきぐち・しんたろう
俳優
大正2年(1913年)2月13日～昭和46年(1971年)10月24日
[出]東京市芝区(東京都港区)　[学]桜田小卒　[歴]大正14年新派の子役としてデビュー。翌年「狂った一頁」で映画にも初出演、松竹蒲田に所属し、松竹トーキー第2作の「若き日の感激」で人気を得る。昭和7年日活太秦時代劇部へ転じ、「長恨差風景」などに出演し、また現代劇「未来花」「愛刀小松五郎」などでも活躍した。17年には大映に移り、「婦系図」「成吉思汗」「海ゆかば」などで好演。終戦でソ連軍の捕虜となり、釈放後もソ連に残留しモスクワ放送の日本語課に勤務。樺太の日ソ国境を越えてソ連へ亡命した岡田嘉子と結婚した。

滝沢 静子　たきざわ・しずこ
女優
明治35年(1902年)4月8日～昭和27年(1952年)3月
[出]東京市赤坂区(東京都港区)　[歴]帝国劇場附属技芸学校5期生。大正4年「月影」初舞台。6年卒業、帝劇専属として舞台協会「結婚の前」に校長の娘などを演じ舞台を続けたが、12年の大震災で帝劇全焼、13年日活大将軍入社、「生れざりしならば」で映画デビュー。14年「岩見重太郎」で尾上松之助と共演するなど活躍。昭和2年以後、中年の脇役に回り、7年の争議で退社。8年千恵蔵プロに入り、「国定忠治」などに出演。12年日活吸収で戻り、「宮本武蔵」など老け役。17年大映に移籍、20年退社後、25年引退した。

滝田 菊江　たきた・きくえ
ソプラノ歌手
明治45年(1912年)～昭和24年(1949年)8月6日
[学]東洋音楽学校卒　[歴]昭和10年頃からオペラのステージに活躍し、戦後は藤原歌劇団の中心的存在となって「ドン・ジョバンニ」のドンナ・エルビラをはじめ、「お蝶夫人」のスズキなどで絶妙な舞台をみせた。

滝田 貞治　たきた・ていじ
国文学者 台北帝国大学教授
明治34年(1901年)～昭和21年(1946年)1月26日
[生]栃木県那須郡佐久山村(大田原市)　[専]井原西鶴研究　[学]東京帝国大学文学部国文学科〔昭和2年〕卒　[歴]昭和3年六高教授を経て、4年台北帝国大学に転じる。助教授で敗戦を迎え、引き揚げを目前に病没した。著書に「西鶴の書誌学的研究」などがある。

滝谷 善一　たきたに・ぜんいち
商学者 神戸商科大学教授
明治16年(1883年)6月30日～昭和22年(1947年)9月18日
[生]大阪府貝塚市　[学]東京高等商業学校(現・一橋大学)専攻部〔明治41年〕卒 商学博士〔昭和10年〕　[歴]神戸高等商業学校講師となり、明治43年同高商教授となり、昭和4年同校の改組で神戸商科大学教授となる。大正8年、高商に商業研究所を設け、その調査部長として20数年にわたって研究所の事業に献

身する。昭和17年定年退官するまで、2度にわたって欧米に留学。保険学、商業政策の分野で活躍した。退官後は東洋紡績が創設した経済研究所の初代所長となり、戦後は神戸市助役、神戸市最高顧問を歴任した。

滝本 誠一　たきもと・せいいち

経済史学者 慶応義塾大学教授

安政4年（1857年）9月27日〜昭和7年（1932年）8月20日

生江戸麻布龍土町（東京都港区）　出愛媛県　専日本近世史、日本経済史　学慶応義塾〔明治14年〕卒 法学博士〔大正7年〕
歴江戸の宇和島藩邸に生まれる。宇和島に戻って藩校・明倫館に学び、明治6年宇和郡の郡立不棄学校では中上川彦次郎に英語を学んだ。14年慶応義塾卒業生の資格を修得。和歌山自修私学校英語教師や東京朝日新聞記者、「東京公論」主筆、千葉での開拓事業などを経て、大正3年同志社大学教授、8年慶応義塾大学経済学部講師、9年教授。東京高等工商学校（現・芝浦工業大学）の初代校長も務めた。日本経済史研究の権威で、またヨーロッパ経済史、経済学史の研究にも従事。江戸時代を中心に日本の経済書を収集し、「日本経済叢書」36巻、「日本経済大典」54巻、「佐藤信淵家学全集」3巻などを編纂した。著書に「経済的帝国論」「日本経済史—徳川封建制度の経済的説明」「日本経済典籍考」「日本封建経済史」などがある。

多久 安信　たく・やすのぶ

千葉県知事

明治23年（1890年）1月7日〜昭和34年（1959年）3月2日

生佐賀県　学東京帝国大学法科大学政治科〔大正4年〕卒　歴昭和2年神奈川県学務部長、3年徳島県警察部長、4年福井県警察部長、5年和歌山県内務部長、6年警視庁官房主事、同年長崎県内務部長を経て、7年青森県知事、9年岡山県知事、12年千葉県知事。14年東京市教育局長、同助役も務めた。

田口 省吾　たぐち・せいご

洋画家

明治30年（1897年）〜昭和18年（1943年）8月14日

生秋田県角館町　学東京美術学校西洋画科〔大正10年〕卒　歴石井柏亭、安井曽太郎に師事し、昭和4年フランスに遊学、7年帰国。同年二科会員。帝展無鑑査。東京美術学校の講師も務めた。作品に「裸体」「市の日」など。　家父＝田口掬汀（小説家）

田口 壮　たぐち・そう

日本画家

明治43年（1910年）〜昭和20年（1945年）7月20日

生大分県宇佐郡安心院町（宇佐市）　名本名＝田口壮、別号＝胡舟、仳助　学京都市立絵画専門学校〔昭和11年〕卒　歴昭和8年京都市立絵画専門学校で榊原一洋の指導を受ける。9年には吉岡堅二、福田豊四郎、岩橋英遠らとともに新日本画研究会を作る。同年帝展に「喫茶室」で初入選。13年船田玉樹、芝正雄、下川千秋らと軌線美術を結成。続いて丸木位里、岩橋英遠、山岡良文らと歴程美術協会を創立。第1回展に「季節の停止」、第2回展に「病間スケッチA」を出品するが、再発した結核が重くなり帰郷。画風は明るい色彩、軽妙な描線でモダン、個性的な日本画家として評価される。　家叔父＝重光葵（外交官）

田口 竹男　たぐち・たけお

劇作家

明治42年（1909年）7月11日〜昭和23年（1948年）6月15日

生東京市芝区高輪（東京都港区）　学高輪中〔昭和2年〕卒　歴京都府庁に勤務していたが、昭和8年上京し東京中央電話局に勤務。その傍ら劇作家を志し「酒屋」「京都三条通り」などを発表。12年「劇作」同人となり編集を担当。戦後は京都新聞

に勤めながら劇作を発表。作品に「文化議員」などがある。没後「賢女気質」が刊行された。

田口 達三　たぐち・たつぞう

東京魚市場社長

明治16年（1883年）11月3日〜昭和42年（1967年）3月6日

生埼玉県南埼玉郡新和村大字末田（さいたま市）　家農家の二男。高等小学校を中退し、織物仲買や呉服の小売りを行っていた鳩ケ谷の和泉屋に奉公に出たが、数年後に倒産。上京して職を探すうちに遠戚の営む魚問屋・堺大商店に入って魚河岸入り。明治44年魚問屋の堺辰商店を創業。昭和10年東京魚市場株式会社を設立、社長。19年統制会社令により東京魚商業組合や東京都水産業会などと東京水産物統制会社を設立、理事総務部長。21年東京水産物会社に改組、社長。23年東都水産を設立して社長に就任した。著書に「魚河岸盛衰記」がある。

田口 文次　たぐち・ぶんじ

衆議院議員

慶応4年（1868年）4月〜昭和15年（1940年）5月31日

生佐賀県　学慶応義塾　歴慶応義塾および東京専門学校に学ぶ。杵島郡会議員、山口村長、佐賀県議、同議長、佐賀県農会長を歴任。大正13年衆議院議員に初当選。以来通算3回当選。政友会に所属した。

田口 正治　たぐち・まさはる

水泳選手 ベルリン五輪金メダリスト

生年不詳〜昭和57年（1982年）6月29日

歴昭和11年ベルリン五輪の男子競泳100メートル自由形4位、4×200メートル自由形リレーでは8分51秒5の世界記録を出して金メダルを獲得した。日本水泳連盟常務理事、ユニバーサル商事社長を務めた。

田熊 常吉　たくま・つねきち

発明家 実業家 タクマ創立者

明治5年（1872年）2月8日〜昭和28年（1953年）12月22日

生鳥取県東伯郡大誠村東園（北栄町）　家表具師の家に生まれ、私塾に学び、さまざまな職業を経て、32歳の時神戸で材木商を営む。製材用動力に困ったことから、明治44年ボイラーの改良に着手し、大正2年水管式ボイラー（タクマ式ボイラー）の特許を得た。のち汽車製造会社で工業化され、外国製ボイラーを駆逐、以後改良が加えられ、昭和4年東京での万国工業会議では世界最高のボイラーと評価された。のちさらに小型の「つねきちボイラー」を発明、11年田熊常吉研究所、13年田熊汽罐製造（現・タクマ）を設立した。

武井 群嗣　たけい・ぐんじ

厚生次官 山口県知事

明治22年（1889年）9月17日〜昭和40年（1965年）1月26日

生群馬県沼田市　学京都帝国大学法学部〔大正9年〕卒　歴昭和11年山形県知事、14年山口県知事、16年厚生省初代人口局長を経て、同年厚生次官。19年退官。31年弁護士を開業。

武井 晃陵　たけい・こうりょう

日本画家

明治23年（1890年）12月〜昭和17年（1942年）12月14日

生栃木県　名本名＝武井輝三　学東京美術学校日本画科選科〔大正6年〕卒　歴東京美術学校在学中の大正5年第10回文展に佐取姓で出品した「精舎の鐘の音」で初入選。7年第12回文展に「ゆく春」で入選。また、帝展には13年第5回から昭和5年第11回までに6回の入選を重ねた。他の作品に「小督」「浄舎の秋」「二尊院の秋」など。

武井 大助　たけい・だいすけ

海軍主計中将

明治20年（1887年）4月25日～昭和47年（1972年）3月30日

［生］茨城県　［学］東京高等商業学校（現・一橋大学）〔明治42年〕卒，コロンビア大学（米国）政治科〔大正8年〕卒　［歴］海軍に入り，主計畑を歩く。大正10年ワシントン軍縮会議全権随員。昭和8年海軍主計少将，12年海軍主計中将に昇り，13年海軍省経理局長。19年予備役編入となり，安田財閥の本社・安田保善社の常務理事に招かれ安田銀行社長を兼任。戦後，公職追放となるが，24年解除後，昭和産業社長，29年文化放送社長を歴任。また44年DIA協会会長，水交会顧問などを務めた。著書に「大東亜戦争前後」がある。

武井 武雄　たけい・たけお

童画家 版画家 童話作家

明治27年（1894年）6月25日～昭和58年（1983年）2月7日

［生］長野県諏訪郡平野村（岡谷市）　［学］諏訪中〔大正2年〕卒，東京美術学校洋画科〔大正8年〕卒　［歴］大正2年中学を卒業して上京，本郷洋画研究所に学ぶ。東京美術学校洋画科在学中から「赤い鳥」「子供之友」などで子ども向けの絵を描き，11年絵雑誌「コドモノクニ」の創刊に参画，創刊号では表紙と題字を手がける。14年初の個展「武井武雄童画展」を開き，自ら命名した"童画"の呼称を定着させた。昭和2年岡本帰一，村山知義らと日本童画家協会を創立。4年自作の玩具・工芸品の陳列したイルフ・トイス展を開催。9年「朝日新聞」で童話「赤ノッポ青ノッポ」を連載，独特の絵と文章で人気を集めた。16年日本童画家協会を解散して少国民文化協会を発足させ，幹事・幹事長を歴任。版画家としても活躍し，19年日本版画協会会員に推され，同協会展にも出品した。21年日本童画会，37年日本童画家協会を設立。38年美術著作権連合理事長。一方，10年個展「動物の展覧会」で小型本「十二支絵本」を制作・刊行して以来，紙・表紙・印刷に工夫をこらしたハガキ大の絵本「武井武雄私刊豆本」（のち「武井武雄刊本作品」）作りに力を入れ，作品は139冊に及ぶ。著書に童話「お噺の卵」「ラムラム王」，絵本「あるき太郎」，童話集「妖精伝奇」，画文集「戦中気侭帳」「戦後気侭帳」，エッセイ「本とその周辺」「日本の郷土玩具」などがある。平成10年岡谷市にイルフ童画館が開館した。

武井 武　たけい・たけし

電気化学者 東京工業大学教授

明治32年（1899年）7月15日～平成4年（1992年）3月12日

［生］埼玉県北足立郡与野町大戸（さいたま市）　［専］磁気材料　［学］浦和中〔大正6年〕卒，東京高等工業学校電気化学科〔大正9年〕卒，東北帝国大学理学部化学科〔昭和2年〕卒 理学博士〔昭和7年〕　［歴］大正6年無試験入学制度のあった東京高等工業学校に合格，加藤与五郎の薫陶を受ける。9年卒業して東北電化に入社したが，13年東北帝国大学化学科に進み，昭和2年卒業して東北帝大金属材料研究所助手となる。4年恩師の加藤に招かれ東京工業大学助教授，11年教授。戦後は公職追放に遭って教授を辞任したが，24年仁科芳雄の招聘により科学研究所研究員，28年同主任研究員に就任し，27年より慶応義塾大学工学部教授を兼任。44年同大名誉教授，52年東京工業大学名誉教授。53年文化功労者に選ばれた。36年電気化学協会会長，45年粉体粉末冶金協会会長。この間，5年世界初のフェライトマグネットを発見，以後も加藤と研究を進め，8年「OP磁石」を開発。加藤と並んで"フェライトの父"と称される。　［家］岳父＝大幸勇吉（物理化学者）　［賞］文化功労者〔昭和53年〕，帝国発明協会進歩賞〔昭和8年・13年〕

武井 直也　たけい・なおや

彫刻家

明治26年（1893年）6月16日～昭和15年（1940年）2月5日

［生］長野県諏訪郡平野村西堀（岡谷市）　［学］東京美術学校彫刻科〔大正9年〕卒　［歴］大正3年上京して戸張孤雁に師事。4年東京美術学校に入学し，9年卒業。この間在学中の7年，院展に「E先生」を出品し初入選，以後3年連続して入選。12年日本美術院研究会員。13年渡仏し，ブールデルに学び，東洋人初の塾長を務めた。昭和2年帰国，同年の院展に「露国亡命者シモノフスキーの肖像」など滞仏作を発表。7年日本美術院同人となるが，11年脱退して日本彫刻家協会創立に参加した。12年第1回新文展に「まどろむ女」，13年第2回展に「黎明」，14年第3回展に「髪」をいずれも無鑑査出品。大理石彫刻を主とした浪漫的で温和な作品を多作した。他の作品に「立女」「二人の女」「音楽家」「合奏」「ブールデル」などがある。　［家］長男＝武井斌（彫刻家）

武井 樸介　たけい・ぼくすけ

洋画家

明治18年（1885年）～昭和5年（1930年）6月5日

［生］東京都　［歴］白馬会洋画研究所，本郷洋画研究所に学び，昭和3年白日会会員となる。日本画も描いた。

武井 守成　たけい・もりしげ

ギタリスト 宮内省式部頭

明治23年（1890年）10月11日～昭和24年（1949年）12月14日

［生］鳥取県鳥取市　［学］東京外国語学校イタリア語科〔大正2年〕卒　［歴］父は貴族院議員，枢密顧問官などを務めた男爵・武井守正。東京外国語学校イタリア語科に学び，明治44年イタリアのトリノで開かれた博覧会に通訳兼世話人として参加した際に耳にしたギターの音色に感動し，帰国後，日本におけるギターの先駆者である比留間賢八に師事。次いで慶応義塾大学マンドリンクラブを主宰していた田中常彦に学び，大正5年田中らとともにシンフォニア・マンドリーニ・オルケストラ（SMO）を結成。同時に月刊誌「マンドリンとギター」（のち「マンドリン・ギター研究」に改題）を創刊した。一方，父と同じく自らも官僚となり，6年宮内省式部官を経て，10年から昭和6年まで宮内省楽部長を務めた。21年式部頭に就任。この間，一時は演奏活動から退いたが，日本人でなければ書けないギター曲の創作を志すようになり，大正8年から作曲活動を開始。12年SMOをオルケストラ・シンフォニカ・タケヰ（現・オルケストラ・シンフォニカ・東京）に改組し，指揮者を務めるとともに楽団の充実に努めた。同楽団では積極的に，自作を含めた日本人作曲家の作品を取り上げた他，多くの日本人演奏家を出演させており，指揮者として招かれた人の中には菅原明朗や大沼哲らがいた。また，マンドリン合奏コンクールや作曲コンクールなども主催し，ギター・マンドリン音楽の普及に力を注いだ。　［家］父＝武井守正（官僚・実業家・男爵）

武石 弘三郎　たけいし・こうざぶろう

彫刻家

明治10年（1877年）7月28日～昭和38年（1963年）5月11日

［生］新潟県蒲原郡中之島村（長岡市）　［学］東京美術学校塑造科〔明治34年〕卒　［歴］明治29年東京美術学校彫刻科に入学。32年新設の塑造科へ転科し，長沼守敬に師事。在学中，彫塑会に参加。34年卒業後，ベルギーに渡り8年間滞在，この間ブリュッセル国立美術学校で優等生となる。42年帰国，肖像彫刻を多く手がけ，文展，帝展に出品した。同年早稲田大学に開設された理工科・建築学科講師に就任。留学中に建築学を学び，彫刻と建築のあり方について考えるところがあり，以後，建築家と協力しながら，銅像や記念碑の制作を行う。しかし戦後は全く発表がなくなり，隠棲生活を送った。肖像彫刻の代表作に「秩父宮登山姿」「西園寺公像」「北白川宮像」「森鴎外像」「松本順・石黒忠悳像」「川端玉章像」などがある。

竹内 可吉　たけうち・かきち

企画院総裁 商工次官 軍需次官 貴族院議員
明治22年（1889年）2月28日～昭和23年（1948年）12月29日
生鹿児島県　学三高卒、東京帝国大学法科大学経済学科〔大正4年〕卒　歴農商務省に入省。昭和6年商工省工務局長兼臨時産業合理局第二部長、10年関東軍経済顧問、11年4月特許局長官を経て、10月商工次官となり、12月辞職。12年燃料局長官、13年臨時物資調整局次長、14年6月物価局次長、15年1月企画院総裁、7月退官。同年～21年勅選貴族院議員。19年軍需次官、20年退官。

竹内 賀久治　たけうち・かくじ

弁護士 教育家 法政大学総長
明治8年（1875年）10月13日～昭和21年（1946年）11月18日
生岡山県窪屋郡白楽市村（倉敷市）　名幼名＝駒次郎　学法政大学〔明治39年〕卒 法学博士〔昭和14年〕　歴明治24年に上京し、陸軍教導団に入る。以来、軍人として広島歩兵21連隊や東京湾要塞砲兵連隊に勤務。33年軍籍を退き、麻生中学校で教鞭を執りながら法政大学で法律を学んだ。35年岡山県佐良山の森林主事となるが、日露戦争の勃発で再び軍務につき、砲兵少尉として能美島砲台に配属。38年中国の大連に上陸するが、病気のため内地に帰還。その後、森林主事を辞して上京、44年には試験に合格して弁護士の資格を得た。以後、法律事務所に勤める傍ら、「法学志林」などの雑誌に特許法に関する論文を寄せた。大正8年同郷の検事総長平沼騏一郎の知遇を得、13年平沼を理事長に推戴して国本社を結成。その専務理事として国粋主義的運動を進め、東大新人会などの新進勢力と対抗した。15年には第二東京弁護士会の創立に参画し、昭和11年同会長。また、8年に起こった母校法政大学騒動の解決に功があり、同学長を経て、18年には同総長に就任、21年まで在任した。

竹内 勝太郎　たけうち・かつたろう

詩人
明治27年（1894年）10月20日～昭和10年（1935年）6月25日
生京都府京都市　学清和中中退　歴中学時代から文芸に関心を抱き、中学中退後は多くの職業を転々とする。大正2年上京し、7年京都の日出新聞記者となる傍ら詩作をし、13年「光の献詞」「讃歌」を刊行。京都市私立基督教青年会夜学校でフランス語を学び、ボードレールの詩を訳す。昭和3年刊行の「室内」で詩人としての地位を確立する。3年から4年にかけて渡仏し、ヴァレリーに傾倒する。帰国後京都美術館嘱託となり、6年「明日」を刊行。以後も「春の犠牲」などの詩集を発表し、日本に象徴主義の現代詩を確立。日本における象徴主義の最大の詩人の一人とされる。9年「芸術民俗学研究」「芸術論」を刊行。晩年の弟子に野間宏、富士正晴らがいる。没後、28年「黒豹」が刊行され、「竹内勝太郎全集」（全3巻、思潮社）がある。

武内 清　たけうち・きよし

社会運動家
明治35年（1902年）8月31日～昭和22年（1947年）11月10日
生北海道函館市　歴大正11年函館市電車掌となり、翌年頃から労働運動に参加し、14年函館合同労組の結成にあたる。のち小樽支部などでも活躍し、昭和2年共産党に入党。3年の三・一五事件で検挙され懲役6年に処せられる。出獄後は自由労働者となり、全評中央委員などをする。12年人民戦線事件で検挙され日米開戦もあって19年まで在獄した。戦後共産党に入党した。

竹内 金太郎　たけうち・きんたろう

弁護士
明治3年（1870年）2月11日～昭和32年（1957年）11月11日
生新潟県高田（上越市）　学東京帝国大学英法科〔明治33年〕卒　歴明治33年農商務省に入ったが、大正4年大浦兼武内相の疑獄事件に連座して辞任。東京日日新聞に入り編集主幹となった。42年10月伊藤博文暗殺を「伊藤薨去」の号外で速報した。その後、弁護士を開業、鈴弁殺し、阿部定事件、血盟団事件、二・二六事件、極東国際軍事裁判などの弁護人として活躍。尾崎秀実事件では尾崎をスパイでなく、愛国者として遇したことで知られ、阿部定は出獄後、竹内家に入り老夫妻の世話をするなど、かつて弁護した元被告たちに愛された。

竹内 茂代　たけうち・しげよ

医師 婦人運動家
明治14年（1881年）8月31日～昭和50年（1975年）12月15日
生長野県　名旧姓・旧名＝井出　学東京女子医学校〔明治40年〕卒 医学博士　歴代々名主を務めた井出家の長女。大正8年東京で井出医院を開業、傍ら市川房枝らと社会運動に参加、婦人参政権運動の財務理事を務めた。昭和21年東京1区から衆議院議員に女性として初めて当選、日本自由党に属し総務及び婦人部長を務めたが、1期だけで引退。以後医業に専念、文部省嘱託、厚生省体力審議会専門委員、引揚援護院参与、結核予防東京婦人委員会副委員長、日本女医会副会長のほか大妻専門学校講師などを歴任した。女子医学校創立者の吉岡弥生とは師弟でありライバルであった。著書に「吉岡弥生先生と私」「一般家庭看護学及一般育児学」などがある。

竹内 新平　たけうち・しんぺい

大東亜次官
明治27年（1894年）5月7日～昭和20年（1945年）4月1日
生静岡県榛原郡相良町福岡（牧之原市）　名旧姓・旧名＝山口郁之輔　学六高卒、東京帝国大学法学部法律学科（ドイツ法）〔大正10年〕卒　歴大蔵省に入省。昭和14年興亜院調査官華北連絡部経済第一局長、15年兼同経済第二局長、同年大蔵省理財局長、16年対満事務局次長を経て、17年大東亜省総務局長、19年大東亜次官。20年南方出張からの帰国に際して連合国軍から航行の安全が保証された緑十字船・阿波丸に乗船したが、誤って米軍の攻撃を受けて沈没、遭難死した。

竹内 栖鳳　たけうち・せいほう

日本画家
元治1年（1864年）11月22日～昭和17年（1942年）8月23日
生京都府御池通油小路（京都市）　名本名＝竹内恒吉、旧号＝棲鳳　賞帝室技芸員〔大正2年〕、帝国美術院会員〔大正8年〕、帝国芸術院会員〔昭和12年〕　歴料亭・亀政の一人息子。幼い頃から絵に親しみ、幸野楳嶺門下生時代、棲鳳の号を受け、新古美術会、日本絵画協会などに出品。明治26年シカゴ万国博、30年ベニス万国博に出品。32年京都市美術学校教諭。33年パリ万国博出品を機にヨーロッパ遊学、コロー、ターナーら西欧画家の作品から示唆を得る。帰国後号も西洋の西をとり栖鳳に改めた。34年円山四条派の技法にセピア調の写生的技法を加えた「獅子」、35年オランダの風景を描いた「和蘭春光」や「伊太利秋色」、36年「羅馬古城址真景」などを発表、京都に新風を吹き込んだ。40年文展審査員となり、同年「雨霽」、42年「アレタ立に」など名作を発表。一方、42年京都市立絵画専門学校（現・京都市立芸術大学）開設とともに教授を務め、多くの後進を育てた。また画塾竹杖会を主宰した。帝展審査員にもなり、大正2年帝室技芸員、8年帝国美術院会員。土田麦僊らが結成した国画制作協会顧問も務める。昭和9年東本願寺大寝殿障壁画「風竹野雀」「老柳眠鷺」「菁雀」を完成。12年第1回文化勲章受章。その後「斑猫」「夏鹿」など写生秀作、中国蘇州に取材した「城外風薫」や「潮来小暑」など名作がある。京都画壇近代化の祖として、西の栖鳳、東の大観と称された。　家長男＝竹内逸三（美術評論家）　勲文化勲章（第1回）〔昭和12年〕

竹内 端三　たけうち・たんぞう
数学者　東京帝国大学教授
明治20年（1887年）6月〜昭和20年（1945年）8月
[生]東京都　[専]虚数乗法　[学]東京帝国大学卒　[歴]五高、八高、一高の教授を経て、大正11年東京帝国大学教授。虚数乗法に関するクロネッカーの問題を解決したことで知られる。著書に「函数論」「極限論」がある。

竹内 悌三　たけうち・ていぞう
サッカー選手
明治41年（1908年）11月6日〜昭和21年（1946年）4月12日
[生]東京都　[学]東京府立五中卒、浦和高卒、東京帝国大学経済学部卒　[歴]東京府立五中（現・小石川高校）からサッカーを始める。浦和高校、東京帝国大学でプレー。昭和5年日本代表のDFとして極東大会に出場、中華民国と引き分けて優勝を経験。11年日本サッカー界初の国際舞台となったベルリン五輪には日本代表最年長の28歳で出場、主将を務め、初戦で優勝候補のスウェーデンを大逆転で破り、"ベルリンの奇跡"として話題となった。太平洋戦争後、シベリアに抑留され病死した。平成18年第2回日本サッカー殿堂入り。　[家]娘＝石井幹子（照明デザイナー）

竹内 時男　たけうち・ときお
物理学者　東京工業大学教授
明治27年（1894年）10月26日〜昭和19年（1944年）4月24日
[生]石川県金沢市　[学]東京帝国大学理科大学実験物理学科〔大正7年〕卒　理学博士〔昭和6年〕　[歴]東京高等工業学校講師、教授を務め、昭和3年欧米へ留学。5年昇格した東京工業大学助教授、のち教授。著書に「新原子論講話」「新量子力学及新波動力学論叢」「物理学夜話」「原子と宇宙」「理学新風景」「理学新報告」などがある。

武内 俊子　たけうち・としこ
童謡詩人
明治38年（1905年）9月10日〜昭和20年（1945年）4月7日
[生]広島県三原市　[学]広島女子専門学校中退　[歴]昭和5年頃から、野口雨情の門下生として童謡を作り始め、「赤い帽子白い帽子」「かもめの水兵さん」「船頭さん」「リンゴのひとりごと」を発表、河村光陽の曲でレコード化され、広く愛唱された。童謡集に「風」（昭8）がある。

竹内 友治郎　たけうち・ともじろう
衆議院議員
明治5年（1872年）10月〜昭和11年（1936年）11月10日
[生]山梨県　[歴]金沢郵便局長、樺太庁拓殖部長、独立第十三師団郵便部長、東京通信局長、朝鮮総督府通信局長、台湾総督府警務局長、農商務次官、田中内閣の陸軍政務次官を歴任。大正13年衆議院議員に初当選。以来4回連続当選。政友会に所属した。著書に「議会制新論」「東眼西視録」がある。

竹内 真　たけうち・まこと
近代文学研究家
明治36年（1903年）7月2日〜昭和18年（1943年）11月10日
[生]福井県城崎村（越前町）　[学]日本大学国文科〔昭和8年〕卒　[歴]在学中に湯地孝の指導を受け、体系的近代作家研究の方法を学ぶ。著書「芥川龍之介の研究」（昭和9年）は、実証主義の立場に立つ初の本格的芥川研究書とされる。他に「谷崎潤一郎序論」「無名作品の重要性」などを「評論」に発表した。

武内 義雄　たけうち・よしお
中国哲学者　東北帝国大学法文学部教授
明治19年（1886年）6月9日〜昭和41年（1966年）6月3日
[生]三重県四日市　[名]号＝述庵　[学]京都帝国大学文科大学支那哲学科〔明治43年〕卒　文学博士〔昭和3年〕　[資]帝国学士院会員〔昭和17年〕　[歴]大正8年から2年間中国留学、12年東北帝国大学教授、13年附属図書館長、昭和8年法文学部長、11年学生課長などを歴任、23年名誉教授。17年学士院会員、20年宮内庁御用掛。著書に「老子の研究」「諸子概説」「中国思想史」「論語之研究」「竹内義雄全集」（全10巻）がある。　[家]長男＝武内義範（宗教学者）　[賞]文化功労者〔昭和35年〕「中国哲学に対する貢献」

竹内 良一　たけうち・りょういち
俳優
明治36年（1903年）11月13日〜昭和34年（1959年）1月18日
[生]東京市赤坂区青山北町（東京都港区）　[名]本名＝外松良一　[学]学習院高等科〔大正12年〕卒　[歴]大正15年日活入社。昭和2年大評判となった「彼を繞る5人の女」に準主役で起用され認められる。3年岡田嘉子の相手役として出演した「椿姫」の撮影中に岡田と恋の逃飛行をし大騒ぎになる。日活融首、華族の礼遇を停止された。6年松竹蒲田入社、「天国に結ぶ恋」の主役で一躍人気スターになる。8年幹部俳優となるが10年新人スターの台頭の中退社。11年岡田とも別居。27年調布の自宅に演技研究室を作り教頭となる。

武内 了温　たけうち・りょうおん
宗教家　社会運動家　真宗大谷派宗務顧問
明治24年（1891年）12月20日〜昭和43年（1968年）1月15日
[生]兵庫県揖西郡布施村（たつの市）　[学]京都帝国大学哲学科〔大正5年〕卒　[歴]真宗大谷派・松林寺の長男として生まれる。大正7年滋賀県社会改良主任を経て、9年大谷派の社務所に入り、10年新設の社会科主事に就任。15年融和事業団体真身会を設立して部落差別問題に取り組み、昭和4年会長。一方、6年にはハンセン病患者救済運動団体・光明会を設立、会長として精力的な活動を行う。21年全国部落代表者会議発起人会議長。22年宗務顧問となり、大谷派の部落解放運動に大きな影響を与えた。

竹尾 秋助　たけお・しゅうすけ
西島製作所社長
明治14年（1881年）8月10日〜昭和34年（1959年）3月
[生]愛知県豊橋市　[学]京都帝国大学機械工学科〔明治43年〕卒　[歴]奥村電機商会理事兼副工場長を務めていた大正8年、藤田鉱業のポンプ・水車専門製作工場として大阪市西島町で西島製作所を設立し、所長に就任。昭和3年藤田鉱業から分離して株式会社に改組、同社常務。11年社長、30年会長を務めた。

竹尾 義麿　たけお・よしまろ
司法官　大邱地方法院長
明治9年（1876年）2月〜昭和9年（1934年）7月13日
[生]新潟県　[学]日本法律学校〔明治32年〕卒　[歴]明治32年日本法律学校を卒業して判事登用試験に合格し、36年判事となる。古川・仙台・大館・秋田など東北地方各地の裁判所判事を歴任。韓国統監府（のち朝鮮総督府）判事となり、以後朝鮮各地で判事を務め、平壌地方法院長、釜山地方法院長などを経て、昭和7年大邱地方法院長に転じた。

竹岡 勝也　たけおか・かつや
日本史学者　九州帝国大学法文学部教授
明治26年（1893年）11月10日〜昭和33年（1958年）9月30日
[生]山形県飽海郡上郷村（酒田市）　[名]旧姓・旧名＝阿部　[専]日本思想史（国学・神道）　[学]東京帝国大学文科大学史学科〔大正7年〕卒　[歴]大正8年内務省の嘱託を受けて神社調査事務をし、その傍ら法大、立大、東京女子大などの各大学で教える。昭和2年九州帝国大学法文学部助教授となり、4年教授。6年中国に、9年から11年にかけてドイツに遊学して精神史学を研究

する。21年九州大を退官。26年北海道大学教授となり大学院の設置に功績があり、30年東北大学教授、32年国学院大学教授を歴任。著書に「日本新文化史・平安末期扁」「近世史の発展と国学者の運動」「日本思想史の研究」「日本の人道主義の歴史」「創学校啓―国学の建設」などがある。 家兄＝阿部次郎（哲学者）

武岡 鶴代　たけおか・つるよ
ソプラノ歌手
明治28年（1895年）9月18日～昭和41年（1966年）9月30日
生岡山県東南条郡林田村（津山市）　学東京音楽学校〔大正6年〕卒、東京音楽学校研究科〔大正8年〕修了　歴米屋の六女。津山高等女学校から東京音楽学校に進み、ハンカ・ペッツォルド、マルガレーテ・ネトケ・レーヴェに師事。大正6年上真行奨励賞を受けて卒業、同年天皇・皇后両陛下の前で御前演奏を行う。8年同校研究科を修了。昭和4～5年文部省在外研究員としてドイツへ留学、テレーゼ・シュナーベルに師事。大正期から昭和中期にかけてソプラノ歌手として活躍、特にドイツ系の歌劇・歌曲に定評があった。また、大正15年東京高等音楽学院（現・国立音楽大学）の創立に参画、同教授として後進の指導にあたった。同校を優秀な成績で卒業した女子生徒に贈られる武岡鶴代賞に名を残す。

竹岡 信幸　たけおか・のぶゆき
作曲家
明治40年（1907年）7月31日～昭和60年（1985年）9月9日
生神奈川県　学明治大学商学部〔昭和8年〕卒　歴昭和2年明治大学マンドリンクラブに入り、先輩の古賀政男に師事。この頃から作曲・編曲の才能を発揮し、卒業後の8年キング、ポリドール専属の作曲家兼ギター奏者となる。9年詩人の佐藤惣之助が作詞し、東海林太郎が歌った「赤城の子守唄」が大ヒットし、一躍東海林をスターダムにのし上げるとともに、自らも作曲家としての地位を確立。同年コロムビアに入社してからも音丸「下田夜曲」、松平晃「人妻椿」、霧島昇「赤城しぐれ」などの流行歌を次々と送り出し、13年ミス・コロムビアの歌う「悲しき子守唄」は社会現象にもなった松竹の大ヒット映画「愛染かつら」の主題歌に選ばれ、広く歌われた。同年渡辺はま子が歌った「支那の夜」も大ヒットし、「赤城の子守唄」「悲しき子守唄」と並ぶ代表作となっただけでも、終戦直後にはその東洋風のメロディーが進駐軍の米兵たちに受け、「トルー・リー・ルール」と改題されて米国でリリースされた。戦後も藤山一郎・渡辺の「東京の夜」や島倉千代子の「東京の人よさようなら」などのヒット曲を手がけ、健在振りを示した。生涯に作曲した歌は約2000曲といわれ、都会風の洗練された曲調で、日本調と洋楽調とを巧みに使い分け、流行歌から抒情曲、戦時歌謡、童謡まで幅広いレパートリーを誇った。

竹越 与三郎　たけこし・よさぶろう
史論家 政治家
慶応1年（1865年）10月14日～昭和25年（1950年）1月12日
生武蔵国本庄（埼玉県本庄市）　名旧姓・旧名＝清野、号＝竹越三叉　学慶応義塾中退　歴同人社、慶応義塾に学び、明治16年時事新報に入社。のち「基督教新聞」「大阪公論新聞」を経て、23年徳富蘇峰の「国民新聞」発刊に参加、民友社の同人としても活躍。一方、史書「新日本史」（24・25年）「二千五百年史」（29年）を刊行、啓蒙的立場から文明史観の史論を展開した。陸奥宗光、西園寺公望の知遇を得、29～33年「世界之日本」主筆。32年渡欧。35年以来政友会から衆議院議員に5選。大正11年勅選貴族院議員となり、宮内省帝室編修官長を経て、昭和15年枢密顧問官。22年公職追放。著書は他に「日本経済史」（全8巻）「台湾統治史」「三叉小品」「読画楼随筆」など。

武定 巨口　たけさだ・きょこう
俳人
明治16年（1883年）2月22日～昭和16年（1941年）9月2日
生岡山県岡山市仁王町　名武定鋅七、別号＝鳥人、羊子坊　学岡山中中退　歴住友銀行、三十四銀行などに勤めた。明治33年ごろから俳句を武富瓦全に学び、青木月斗主宰の「車百合」に投句。35年松瀬青々の教えを受け、43年「宝船」を編集、青々没後の昭和12年「倦鳥」主幹となった。句集「つは蕗」「まほそ貝」などがあり、平明な句風は虚子らに影響を与えた。

竹下 勇　たけした・いさむ
海軍大将
明治2年（1869年）12月4日～昭和24年（1949年）7月6日
生鹿児島県　名旧姓・旧名＝山元　学海兵（第15期）〔明治22年〕卒、海大〔明治31年〕卒　歴薩摩藩士・山元家の二男で、竹下家の養子となる。明治23年海軍少尉に任官。35年米国公使館付武官となり、38年日露戦争後に帰国。40年須磨、41年春日、42年出雲の艦長、43年軍令部第四班長、大正元年筑波、敷島の艦長を経て、同年第一艦隊参謀長、2年軍令部第四班長兼海軍大学校教官、4年軍令部第一班長、5年第二戦隊司令官、6年第一特務艦隊司令官、7年軍令部次長。8年パリ講和会議に随員として参加し、9年国際連盟海軍代表となった。11年帰国して第一艦隊司令長官となり連合艦隊司令長官を兼務。12年海軍大将。13年呉鎮守府司令長官、14年軍事参議官。昭和4年予備役に編入。海軍在郷将官団体・有終会理事長や、大日本相撲協会（現・日本相撲協会）会長も務めた。　家岳父＝鮫島員規（海軍大将）

竹下 しづの女　たけした・しずのじょ
俳人
明治20年（1887年）3月19日～昭和26年（1951年）8月3日
生福岡県　出福岡県京都郡稗田村中川（行橋市）　名本名＝竹下静廼　学福岡女子師範卒　歴教職についたが、昭和8年夫と死別、福岡市立図書館司書となる。俳句は大正8年吉岡禅寺洞門に入り、「ホトトギス」に投句、昭和3年同人となる。12年学生俳句連盟を結成し「成層圏」を創刊。戦後は九大俳句会を指導。句集「颯」、「竹下しづの女句文集」がある。平成9年句集や短冊、書簡などの遺品200点が福岡県立図書館に寄託された。12年没後50年を記念して、回顧展が開催される。

竹下 豊次　たけした・とよじ
貴族院議員（多額納税）関東庁長官
明治20年（1887年）2月～昭和53年（1978年）4月25日
出宮崎県　学東京帝国大学法科大学〔明治44年〕卒　歴福岡県警視、八幡製鉄所・農商務省工場課長、長野県警察部長、台中州知事、関東庁長官などを経て、昭和14～22年多額納税の貴族院議員を務める。22年宮崎地方区から参議院議員に初当選、通算2期務める。第二次吉田内閣の労働政務次官、参議院運営・両院法規・内閣・建設各委員長、裁判官弾劾裁判所裁判員を歴任。

竹下 正彦　たけした・まさひこ
陸軍中佐
明治41年（1908年）11月15日～平成1年（1989年）4月23日
出熊本県熊本市　学陸士（第42期）〔昭和5年〕卒、陸大（第51期）〔昭和13年〕卒　歴昭和5年陸軍歩兵少尉に任官。19年陸軍中佐となり、20年4月陸軍省軍務局軍務課内政班長。同年8月の終戦前後に戦争継続を唱えて有志とクーデターを起こし（宮城事件）、8月15日に割腹自殺した義兄、阿南惟幾陸相の最期にも立ち会った。戦後は陸上自衛隊に入り、陸将にまで進んだ。　家父＝竹下平作（陸軍中将）、義兄＝阿南惟幾（陸軍大将）

たけしま　　　　　　　　　　　　昭和人物事典 戦前期

竹嶌 継夫　たけしま・つぎお
陸軍歩兵中尉
明治40年（1907年）5月26日〜昭和11年（1936年）7月12日
〔生〕滋賀県甲賀郡土山町南土山（甲賀市）〔学〕陸士（第40期）〔昭和3年〕卒　〔歴〕陸軍少将・竹嶌藤次郎の長男。昭和3年陸軍歩兵少尉に任官。6年満州事変に出征。9年8月豊橋の陸軍教導学校歩兵隊付となり、11年の二・二六事件に参加。当初は豊橋から静岡県興津にいた元老・西園寺公望を襲撃する予定であったが、決起直前に同志に反対者がいたため計画を変更して対馬勝雄中尉と上京、栗原安秀中尉らと共に首相官邸を襲撃した。事件後、軍法会議で死刑判決を受け、同年7月12日に刑死した。　〔家〕父＝竹嶌藤次郎（陸軍少将）

竹添 履信　たけぞえ・りしん
歌人 画家
明治30年（1897年）3月3日〜昭和9年（1934年）9月14日
〔生〕東京市小石川区（東京都文京区）〔名〕筆名＝嘉納登仙、二九一八　〔学〕東京高等師範学校附属中学卒　〔歴〕父は嘉納治五郎。嘉納登仙などの名で「創作」に短歌を発表した。また絵を国画会に出品し絵の研究にヨーロッパへも渡った。志賀直哉と親しく、梅原龍三郎は彼の脱俗ぶりを「天空海潤の人」と言った。没後に歌集「晴天」が出版された。　〔家〕父＝嘉納治五郎（柔道家）

竹田 敬方　たけだ・けいほう
日本画家
明治6年（1873年）2月7日〜昭和17年（1942年）12月4日
〔生〕東京銀座（東京都中央区）〔名〕本名＝竹田源次郎　〔歴〕はじめ日本画家の水野年方に人物画を、明治24年からは川端玉章に山水画を学ぶ。以来、画業に邁進し、青年絵画協会臨時展や内国勧業博覧会などで作品を発表。34年の春と秋には日本美術院と日本絵画協会の共催による連合絵画共進会で2回連続して二等褒状を受けた。この間、日本美術協会や日本画会・巽画会の会員としても活動し、34年文墨協会評議員。40年に文展が開設すると、新派に対抗して結成された正派同志会に参加し、評議員に推された。42年師・玉章が主宰する川端画学校の教諭に就任し、後進の指導にも尽力。また、明治絵画会の幹事・審査員も務めた。昭和2年の日本美術協会展に「秋景」を出品するなど、晩年に至るまで創作の手を休めることはなかった。作品は他に、「源義家過勿来関」「少女遊戯図」「暁霽」「塩原竜化瀑図」などがある。　〔賞〕連合絵画共進会二等褒状（第10回）〔明治34年〕「暁霽」、連合絵画共進会二等褒状（第11回）〔明治34年〕「朝霞・霜夜」

武田 五一　たけだ・ごいち
建築家 京都帝国大学教授
明治5年（1872年）11月15日〜昭和13年（1938年）2月5日
〔生〕小田県深津郡福山町（広島県福山市）〔学〕帝国大学工科大学造家学科〔明治30年〕卒 工学博士〔大正4年〕　〔歴〕明治32年東京帝国大学工科大学助教授となり、34年欧州に留学。36年京都高等工芸学校図案科教授に就任。大正8年京都帝国大学建築学科創設委員となり、9年学科開設と共に教授、昭和7年退官。名古屋高等工業校長も務めた。また、9年法隆寺国宝建築修理開始とともにその事務所長となった。教育の傍ら、旺盛な設計活動を行い、関西の建築界で重きをなす。オフィスビルから社寺建築まで約150件もの作品を残したほか、橋梁、街路施設、工芸デザインの分野でも活躍。アール・ヌーボーやセセッションをいち早く日本に紹介し、明治38年には「福島行信邸」を生んだ。関心は和洋を問わず、アーキテクトとして初めて茶室や数寄屋に目を開き、和風の伝統を踏まえた「東本願寺内事所」（大正12年）や「永平寺大光明蔵」（昭和4年）などの優れた作品を残した。他の主な建築物に「山口県旧県庁舎」（大正5年）、「京都帝大本館」（13年）、「東方文化学院京都

研究所」（現・京大人文科学研究所）（昭和5年）、「藤山雷太邸」（7年）、「日本赤十字社京都支部病院」（9年）など。国会議事堂の設計にも関与した。著書に「和洋住宅別荘建築法」「建築装飾及意匠の理論並沿革」「住宅建築要義」の他、「武田博士作品集」「武田五一博士論文選集」がある。　〔家〕岳父＝阪田貞一（機械工学者）

竹田 省　たけだ・しょう
商法学者 弁護士 京都帝国大学名誉教授
明治13年（1880年）9月13日〜昭和29年（1954年）2月26日
〔生〕富山県氷見市　〔学〕京都帝国大学法科〔明治39年〕卒 法学博士〔大正6年〕　〔資〕日本学士院会員〔昭和22年〕　〔歴〕司法官試補を経て、明治41年京都帝国大学助教授となる。45年から欧米に留学し、帰国後の大正4年教授に就任。昭和17年定年で退官し、名誉教授。弁護士を開業して同和火災海上、阪神電鉄、朝日放送などの役員を歴任。19年大日本弁護士報国会会長となり、22年学士院会員となった。著書に「商法総論」「商法総則」などがある。

武田 惣角　たけだ・そうかく
武道家
万延1年（1860年）10月10日〜昭和18年（1943年）4月25日
〔生〕陸奥国会津坂下（福島県河沼郡会津坂下町）〔名〕本名＝武田正義　〔歴〕会津藩士の家に生まれる。はじめ一刀流の剣客渋谷東馬に師事するが、明治6年直心影流の榊原鍵吉門下に転じた。8年より会津藩のもと家老西郷頼母から大東流合気柔術を学び、31年に免許を授かって以降、西郷の指示で同流合気柔術の普及に尽力。一カ所に道場を構えるのを好まなかったため、旅をしながら武者修行に打ち込み、無敗を誇った。その足跡は北海道から沖縄まで全国にあまねく及び、行く先々で講習会を開催。門弟の数は陸海軍人や警察官などを含めて3万人と言われ、その中から合気道の始祖植芝盛平や佐川幸義をはじめとする多くの武道家を輩出した。小柄ながら卓越した技術を持ち、現在もその流派は古流武術中で最も盛んだといわれている。

武田 忠哉　たけだ・ちゅうや
ドイツ文学者
明治37年（1904年）5月19日〜昭和19年（1944年）5月7日
〔生〕東京都　〔学〕東京帝国大学独文科〔昭和2年〕卒　〔歴〕有楽座の経営に参画し、京都で衣笠貞之助監督の下で映画撮影に従事。慈恵医科大学予科でドイツ語を教え、またドイツ大使館勤務などをした。主著に「ノイエ・ザハリヒカイト文学論」、他に「ドイツの思想雑誌における諸問題」などを「思想」に発表した。

武田 長兵衛（5代目）　たけだ・ちょうべえ
武田薬品工業社長
明治3年（1870年）〜昭和34年（1959年）8月4日
〔生〕大阪府　〔名〕幼名＝重太郎、後名＝和敬　〔歴〕13歳のときから家業の見習いを始め、使用人と一緒に荷揃えや発送に従事。明治37年、35歳のとき5代目長兵衛を襲名。41歳まで道修町で店員と共に起居。研究の重要なことを見抜き、大正3年には研究部を創設。7年武田製薬株式会社を創立、14年に武田長兵衛の個人営業と武田製薬とを合併させ、株式会社武田長兵衛商店を創立。昭和18年武田薬品工業株式会社と社名変更、同時に隠居し和敬と改名。"儲けよりも病人に効く薬"を第一義の経営理念とした武田薬品中興の祖。　〔家〕息子＝武田長兵衛（6代目）、孫＝武田国男（武田薬品工業社長）

武田 徳三郎　たけだ・とくさぶろう
衆議院議員
明治5年（1872年）2月〜昭和25年（1950年）5月23日

囲新潟県 学和仏法律学校卒 歴新聞記者を経て、大正9年
新潟4区より衆議院議員に当選。以後、昭和3年から12年まで
5期連続当選を果たした。

武田 正憲　たけだ・まさのり
俳優
明治23年（1890年）4月25日〜昭和37年（1962年）
囲東京市芝区（東京都港区）学早稲田大学専門部英文科〔明
治44年〕卒 歴坪内逍遙の文芸協会演劇研究所一期生、明治44
年文芸協会加入。新劇運動の推進者として活躍。大正2年吾声
会を創立しイプセン作「鴨」を上演、3年黒猫座創立シュニッツ
ラーの「恋愛三昧」を上演。4年新しい大衆新劇をめざし佐藤
紅緑を盟主に新日本劇を旗上げするが失敗。7年新日本劇を再
建主宰する一方原信子歌劇団を結成、一時代を作る。8年松竹
新派に招聘され新劇をやめ14年まで一座をひきいて活躍。戦
後時代劇等に出演。著書「諸国女ばなし」がある。

武田 祐吉　たけだ・ゆうきち
国文学者 国学院大学教授
明治19年（1886年）5月5日〜昭和33年（1958年）3月29日
生東京市日本橋区（東京都中央区）専上代文学、万葉集 学
国学院大学大学部国文学科〔大正2年〕卒 文学博士〔京都帝国
大学〕〔昭和6年〕歴小田原中学教諭となるが、大正5年東京
帝国大学の万葉集校訂の嘱託となり、佐佐木信綱らと「校本万
葉集」を刊行。9年国学院大学講師を経て、15年教授に就任。
また東京文理科大、広島文理科大、東大、大正大の講師も兼
務する。国学院大学の学監、図書館長、文学部長などを歴任
し、大学院審議会委員などの公職も務めた。他の著書に「神と
神を祭る者との文学」「万葉集校訂の研究」「万葉集全註釈」
（全16巻）、「国文学研究」（全4巻）「古事記研究」「記紀歌謡集
全講」、「武田祐吉著作集」（全8巻、角川書店）などがある。 賞
日本学士院賞〔昭和25年〕「万葉集校訂の研究」

武田 可一　たけだ・よしかず
野球選手
生年不詳〜昭和61年（1986年）4月6日
囲愛知県名古屋市 学名古屋商卒 歴市立名古屋商で投手と
して活躍。昭和2年名古屋鉄道管理局へ入り、都市対抗野球で
準優勝2回。9年に米大リーグが来日した際、全日本の一員と
してベーブ・ルースらを相手に投げた。

武田 義孝　たけだ・よしたか
体操選手
明治44年（1911年）〜昭和18年（1943年）8月
生愛媛県越智郡朝倉村朝倉上 学日本体育専門学校卒 歴松
山商業学校時代から体操選手として活躍。日本体育専門学校
（現・日本体育大学）に進むと、教員になるための勉強と器械
体操のトレーニングに励む。卒業後は東京都内の中学校で体
育教師として生徒を指導する傍ら、自らも体操に打ち込む。昭
和7年に行われたロサンゼルス五輪では体操の日本代表に選ば
れるが、初出場や慣れない海外大会ということもあり結果を
残せなかった。帰国後は一層トレーニングに励み、11年ベル
リン五輪では日本選手団体操部主将として選手たちを率いて
国別男子総合成績14チーム中9位、個人総合でも111人中43位
と欧米人に混じって好成績をあげて雪辱を果たし、のちの体
操王国日本の礎を築いた。

武田 徳晴　たけだ・よしはる
細菌学者 東京帝国大学教授
明治33年（1900年）7月16日〜昭和44年（1969年）5月12日
生徳島県 学東京帝国大学医学部〔大正15年〕卒 医学博士
〔昭和6年〕歴伝染病研究所技手となり、昭和10年台北医学
専門学校教授に就任。欧米に留学し、帰国後の13年台北帝国

大学教授となり、19年東京帝国大学教授、伝染病研究所所員
となる。31年伝染病研究所所長となった。36年名誉教授。菌
体内毒素、結核の菌体成分、結核の化学療法の研究で知られ
る。著書に「臨床細菌学検査法」がある。

武田 麟太郎　たけだ・りんたろう
小説家
明治37年（1904年）5月9日〜昭和21年（1946年）3月31日
生大阪府大阪市南区日本橋東 学東京帝国大学文学部仏文科
中退 歴東京帝国大学へ入学した大正15年、同人雑誌「辻馬
車」に参加し、中退した昭和2年から編集責任者となり、のち
「大学左派」「十月」の同人となる。3年頃から帝大セツルメン
トで働らき、検挙されたこともある。5年左翼イデオロギーに
もとづく風俗小説「暴力」「反逆の呂律」を刊行。西鶴の影響
を強く受け、7年「日本三文オペラ」を発表し、以後市井もの
ものの作家として活躍し、9年には名作「銀座八丁」を発表した。
11年時局的な動きに対抗し「人民文庫」を創刊したが、時局
の流れに勝てず、13年廃刊となった。その他の代表作に「釜
ケ崎」「勘定」「一の酉」「下界の眺め」などがあり、「武田麟
太郎全集」（全16巻、六興出版社）が刊行されている。

竹田宮 恒徳　たけだのみや・つねよし
皇族 陸軍中佐
明治42年（1909年）3月4日〜平成4年（1992年）5月11日
生東京都港区高輪 学陸士（第42期）〔昭和5年〕卒、陸大（第
50期）〔昭和13年〕卒 歴竹田宮恒久王の長男で、母は明治天
皇の第六皇女・昌子。昭和5年陸軍騎兵少尉に任官。馬術を得
意として陸軍馬術学校の教官も務めた。14年大本営参謀、18
年陸軍中佐に進級、同年関東軍参謀、20年第一総軍参謀。戦
後は皇籍を離れ、日本馬術連盟会長、日本スケート連盟会長、
日本オリンピック委員会（JOC）委員長、国際オリンピック委
員会（IOC）委員など、スポーツ界の中枢で活躍した。 家祖
父＝明治天皇、父＝竹田宮恒久（陸軍少将）、母＝竹田宮昌子、
三男＝竹田恒和（JOC会長）、岳父＝三条公輝（公爵）

竹田宮 昌子　たけだのみや・まさこ
皇族 明治天皇第六皇女 竹田宮恒久親王妃
明治21年（1888年）9月30日〜昭和15年（1940年）3月8日
名幼名＝常宮昌子 歴明治天皇の第六皇女。幼少より高輪御
殿に住み、佐々木高行夫妻より教育を受けた。明治41年4月30
日竹田宮恒久王と結婚。東京慈恵会、婦人共立育児会各総裁
を務めた。 家父＝明治天皇、夫＝竹田宮恒久（陸軍少将）、長
男＝竹田宮恒徳（皇族・陸軍中佐）

武富 時敏　たけとみ・ときとし
貴族院議員（勅選）
安政2年（1855年）12月9日〜昭和13年（1938年）12月22日
生肥前国（佐賀県）名号＝唇堂 歴明治初年東京に遊学し、
のち佐賀の乱に加わったが無罪となる。その後再上京し大学
南校に学び、また九州改進党の結成に参加。16年佐賀県議と
なり、18年議長に就任。23年の第1回総選挙で当選し、3回
から14回まで連続当選、大正13年貴族院議員に勅選される。こ
の間、農商務省商工局長、第一次大隈内閣の内閣書記官長、第
二次大隈内閣のち通信相、蔵相を務めた。紅木屋侯爵のあだ
名があった。 家長男＝武富敏彦（外交官）

武富 敏彦　たけとみ・としひこ
外交官 駐トルコ大使
明治17年（1884年）12月13日〜昭和39年（1964年）8月21日
生佐賀県佐賀郡 学一高卒、東京帝国大学法科大学政治学科
〔明治43年〕卒 歴政治家・武富時敏の長男。明治43年外交官
試験に合格。大正13年在サンフランシスコ総領事、昭和2年通
商局長、7年在米国大使館参事官を経て、8年駐トルコ大使。15

たけとみ　　　　　　　　　　　　　　昭和人物事典 戦前期

年退官。　家父＝武富時敏（政治家），岳父＝安達峰一郎（外交官）

武富 済　たけとみ・わたる
弁護士 衆議院議員
明治12年（1879年）4月～昭和12年（1937年）3月2日
生愛知県　名旧姓・旧名＝三浦　学東京帝国大学法科大学独法科〔明治37年〕卒　歴司法官試補，次いで検事任官，東京区兼地方裁判所検事。大審院検事事務取扱となり，明治43年の幸徳秋水の大逆事件で論功。その後弁護士開業，東京弁護士会常議員会議長。大正13年以来衆議院議員当選5回，民政党に属し，拓務参与官を務めた。

竹友 藻風　たけとも・そうふう
詩人 英文学者 東京文理科大学教授
明治24年（1891年）9月24日～昭和29年（1954年）10月7日
生大阪府大阪市　名本名＝竹友乕雄　学同志社大学神学部卒，京都帝国大学英文科卒　歴京都帝国大学卒業後渡米し，コロンビア大学で英文学を専攻。帰国後，東京高等師範学校，東京文理科大学，関西学院大学，大阪大学の教授を歴任。大正2年処女詩集「祈祷」を刊行。以後「浮彫」「鬱金草」などを刊行。また英文学者として10年刊行の「ルバイヤット」をはじめ「ギリシヤ詩華抄」や「神曲」の完訳などの翻訳がある。他に「アンデルセン童話集」「日本童謡集」など。

竹中 郁　たけなか・いく
詩人
明治37年（1904年）4月1日～昭和57年（1982年）3月7日
生兵庫県神戸市兵庫区永沢町　名本名＝竹中育三郎　学関西学院英文科〔昭和2年〕卒　歴関西学院在学中の大正13年，福原清，山村順らと海港詩人倶楽部を結成，詩誌「羅針」を創刊。14年処女詩集「黄蜂と花粉」でデビュー。昭和3年小磯良平と渡欧，本場のモダニズムを吸収し5年帰国。その間「明星」同人，「詩と詩論」の創刊同人となり，海外から寄稿。帰国後も「詩と詩論」のほか，「文学」「詩法」「新領土」などに詩を発表。7年に出版した詩集「一匙の雲」「象牙海岸」は当時の新詩精神運動の輝かしい成果の一つといわれた。8年創刊された「四季」に参加，同人となり，11年詩集「署名」，19年に「竜骨」を刊行。21年神港新聞属託となる。23年井上靖とともに児童詩の月刊誌「きりん」を創刊，主宰し，以後20余年継続刊行して子供たちの指導に力を尽した。ほかの詩集に「動物磁気」「そのほか」「子どもの言いぶん」「ポルカマズルカ」「竹中郁全詩集」がある。

竹中 英太郎　たけなか・えいたろう
挿絵画家
明治39年（1906年）12月8日～昭和63年（1988年）4月8日
生福岡県福岡市上名島町（中央区舞鶴）　学熊本中中退　歴赤貧の中で育ち，アナキズムに傾倒。熊本無産者同盟結成など労働運動に従事したが弾圧にあって，川端画学校と第一外国語学校に学ぶ傍ら，生活のために吉川英治らの推薦で挿絵を描き始めた。雑誌「新青年」に掲載された江戸川乱歩の「陰獣」でデビュー。乱歩，横溝正史，夢野久作などの怪奇推理小説の挿絵で一世を風靡するが，昭和10年反戦運動に参加するため，筆を折って大陸に渡る。満州で憲兵に捕まり，強制送還されてからは，妻の実家があった山梨県に住む。戦後は山梨日日新聞論説委員長，新聞労連副委員長などを務めた。平成2年三一書房から画集が刊行される。平成16年甲府市に湯村の杜竹中英太郎記念館が開館。　家長男＝竹中労（評論家）

竹中 源助　たけなか・げんすけ
実業家 竹中商店創業者
明治10年（1877年）～昭和33年（1958年）10月16日

出和歌山県　名旧姓・旧名＝川口兵四郎　歴明治36年綿糸商・竹中家の婿養子となり，45年家督を継ぐ。大正7年竹中商店を設立。昭和14年竹中養源会を作り，育英事業にも尽くした。

竹中 正一郎　たけなか・しょういちろう
マラソン選手
大正1年（1912年）～平成9年（1997年）4月7日
生インド・ボンベイ市　学慶応義塾大学文学部卒　歴昭和7年ロサンゼルス五輪の1万メートルに出場，決勝進出を果たす。優勝したフィンランドのレハティネン選手にコースを譲ったことで知られる。27年のヘルシンキ五輪にはマラソンコーチとして参加した。

竹中 彰元　たけなか・しょうげん
僧侶（真宗大谷派）
慶応3年（1867年）10月3日～昭和20年（1945年）10月21日
名旧姓・旧名＝竹中慈元　学真宗大学選科〔明治30年〕卒　歴明治18年岐阜県の明泉寺住職を務めた。昭和12年9月日中戦争に出征する兵士を見送る際に "戦争は罪悪であると同時に人類に対する敵であるからやめた方がよい" と述べ，10月には法要で "今度の戦争は侵略のように考える" と発言したことが，陸軍刑法の流言飛語に当たるとして有罪判決を受けた。所属する真宗大谷派も国に追随して処分を行ったが，没後の平成19年，処分を取り消して名誉を回復させた。

竹中 二郎　たけなか・じろう
機械工学者 東京帝国大学第二工学部教授
明治20年（1887年）4月17日～昭和34年（1959年）9月17日
生東京都　専材料力学，舶用機関学　学一高卒，東京帝国大学工科大学機械工学科〔明治43年〕卒　歴川崎造船所，早稲田大学，東京帝国大学などに勤め，昭和17年東京帝大第二工学部創設に際して教授に就任，応用力学第一講座を担任。23年定年退官後は千葉工業大学教授。19年日本機械学会会長。材料試験方法の確立や鉄鋼の応力・変形，塑性域の生成発達に関する実験的研究などに業績を残した。

竹中 藤右衛門　たけなか・とうえもん
竹中工務店社長
明治11年（1878年）7月25日～昭和40年（1965年）12月27日
生愛知県名古屋市　出兵庫県神戸市　学大阪商業学校〔明治30年〕卒　歴名古屋で代々棟梁として知られた竹中家12代藤五郎の二男に生まれる。明治23年家業の建築業を継ぎ，32年神戸に竹中藤五郎神戸支店を開き藤右衛門を襲名。42年神戸を本店として合名会社・竹中工務店に改組，大正12年大阪に本社を移す。昭和12年株式会社に改組し，社長に就任。20年会長，のち相談役に退く。竹中工務店中興の祖として役割を果たした。また新技術を摂取するとともに設計部を重視し，設計施工一貫の我が国建設業の特質の練磨に貢献した。昭和12年匿名組合 "共栄会" を結成，会長に就任。16年海外土木興業を設立，会長。21年朝日土木興業（現・竹中土木）を設立。この間，昭和10年日本土木建築請負業者連合会会長，24年朝日土地建物社長，34年建築業協会理事長，土木建築扶助会理事長などを歴任した。昭和21～22年勅選貴族院議員。36年財団法人竹中育英会を設立し教育にも力を注いだ。著書に「私の思い出」がある。　家長男＝竹中錬一（竹中工務店社長），二男＝竹中宏平（竹中工務店社長）

武内 作平　たけのうち・さくへい
衆議院議員
慶応3年（1867年）10月23日～昭和6年（1931年）11月8日
生伊予国今治（愛媛県今治市）　学関西法制学校卒，東京専門学校卒　歴明治30年大阪に法律事務所を開設，大阪地裁検事局所属弁護士を務め，大阪弁護士会会長。一方大阪土地建物，

岡山電気軌道、阪神電鉄各重役などを歴任。明治35年愛媛県から衆議院議員となり、以後大阪から当選8回。憲政会、民政党に属し、愛媛県民政党支部長。海軍、大蔵各政務次官、衆議院予算委員長、民政党総務を歴任。昭和6年第二次若槻礼次郎内閣の法制局長官となった。

竹腰 重丸　たけのこし・しげまる

サッカー選手

明治39年(1906年)2月15日～昭和55年(1980年)10月6日

[生]大分県　[学]東京帝国大学農業経済学科〔昭和4年〕卒　[歴]サッカー日本代表として、大正14年のマニラ極東大会、昭和2年の上海極東大会、5年の東京極東大会に出場、東京大会では主将を務めて初の優勝に輝いた。11年ベルリン五輪ではコーチを務める。戦前・戦後を通じてサッカーの普及と振興に尽くし、日本サッカー協会理事長や芝浦工業大学教授を歴任した。　[家]女婿＝浅見俊雄(東京大学名誉教授)

竹林 隆二　たけばやし・たかじ

水泳選手

明治42年(1909年)～平成7年(1995年)1月26日

[出]静岡県浜松市　[学]早稲田大学　[歴]昭和3年アムステルダム五輪水泳1500メートル自由形に出場、7年ロサンゼルス五輪水球で5位。

武林 文子　たけばやし・ふみこ

⇒宮田 文子(みやた・ふみこ)を見よ

武原 熊吉　たけはら・くまきち

化学者　東京高等師範学校教授

明治18年(1885年)8月～昭和32年(1957年)4月19日

[生]宮城県　[学]東京帝国大学化学科〔明治41年〕卒　[歴]明治42年東北帝国大学農科大学予科教授を経て、大正9年東京高等師範学校教授。昭和18年日本化学会会長。著書に「化学非金属化学」「理論無機化学」「有機化学」「化学提要」などがある。

竹原 唄風　たけはら・ちょうふう

日本画家

明治30年(1897年)～昭和22年(1947年)

[生]東京都浅草　[名]本名＝竹原竹太郎、別号＝竹原嘲風　[歴]大正7年21歳の時に「秋ひより」で文展初入選。帝展を中心に作品を発表して入選を重ね、昭和4年「豊秋禽喜」帝展特選。9年福田豊四郎、吉岡堅二らと美術人社を結成、季刊誌「美術人」を発刊した。

竹原 常太　たけはら・つねた

英語学者　神戸高等商業学校教授

明治12年(1879年)9月2日～昭和22年(1947年)6月29日

[生]岡山県御野郡泉田村(岡山市)　[学]レーク・フォレスト大学卒 Ph.D.〔大正4年〕　[歴]明治32年渡米し、大正4年ニューヨーク大学で論文「近松とシェークスピアの比較」によりPh.D.の学位を得る。5年帰国、7年神戸高等商業学校教授となり、昭和6年神戸高等工業学校教授を兼任。この間、大正13年サミュエル・ジョンソンの編纂方法に拠った画期的な「竹原スタンダード和英大辞典」を刊行。以後各種の辞典、中学校英語教科書の編纂にあたった。

竹久 夢二　たけひさ・ゆめじ

画家　詩人

明治17年(1884年)9月16日～昭和9年(1934年)9月1日

[生]岡山県邑久郡本庄村(瀬戸内市)　[名]本名＝竹久茂次郎　[学]早稲田実業専攻科中退　[歴]一時文学の道を目ざすが絵画に転じ、藤島武二の作品にあこがれ号を夢二とする。平民新聞の諷刺画で知られ、24歳のとき結婚した最初の妻・他万喜(たま

き)らをモデルに眼の大きな女性を描き、夢二の美人画として一世を風靡した。昭和6～8年欧米に旅行。代表作に「切支丹破天連渡来之図」、詩画集に「夢二画集」「どんたく」「昼夜帯」「露台薄暮」、詩歌集に「歌時計」「夢のふるさと」などがある。ポスターなどのグラフィック・デザインにも優れたものがある。没後もファン層は厚く、ドラマや映画にしばしば取り上げられている。平成6年には油彩画が、9年には日本画一点が、11年には商業デザイン450点が新たに発見された。　[家]二男＝竹久不二彦(画家)、孫＝竹久みなみ(染色家)

武部 欽一　たけべ・きんいち

文部省普通学務局長

明治14年(1881年)4月25日～昭和30年(1955年)8月2日

[生]石川県金沢　[学]東京帝国大学法科大学法律学科〔明治41年〕卒　[歴]明治42年山口県事務官となり、44年文部省参事官、さらに宗教局長、実業学務局長、普通学務局長、資源局参与、大礼使事務官、朝鮮総督府学務局長、文部省普通学務局などを歴任。昭和9年広島文理科大学学長に任じられたが、赴任せず辞任。その後大日本青年館理事、帝国教育会専務理事、共立女子学園理事を務める傍ら慶応義塾大学、東大の講師を務めた。

建部 遯吾　たけべ・とんご

社会学者　貴族院議員(勅選)　東京帝国大学教授

明治4年(1871年)3月21日～昭和20年(1945年)2月18日

[生]新潟県中蒲原郡　[名]号＝水城　[学]帝国大学文科大学哲学科〔明治29年〕卒 文学博士〔明治35年〕　[歴]東京帝国大学大学院に進み、明治31年東京帝国大学社会学講座の初代担当教授となる。37年我が国初の社会学研究室を設立。日露戦争にあたっては主戦論を主張。大正2年日本社会学院(学会)を結成し、主宰した。日本の社会学の開祖で、百科全書的な普通社会学を体系化した。11年退官。その後、衆議院議員から昭和12年勅選貴族院議員となる。主な著書に「理論普通社会学」(全4巻)や「応用社会学十講」などがある。

武部 六蔵　たけべ・ろくぞう

満州国国務院総務長官

明治26年(1893年)1月1日～昭和33年(1958年)1月19日

[生]石川県　[学]東京帝国大学法科〔大正7年〕　[歴]内務省に入り会計課長などを経て、昭和7年秋田県知事となり凶作対策を企画。11年満州国関東局司政部長、同局総長として満州国行政を推進。一時帰国、14年企画院次長、同総裁心得を経て、15年満州国国務院総務長官に就任。敗戦でソ連に抑留され、極東軍事裁判に検察側証人として出頭、28年中国に戦犯として引き渡された。31年7月20日禁錮20年の判決を受けてすぐ仮釈放され、8月帰国した。

武政 太郎　たけまさ・たろう

教育心理学者　東京高等師範学校教授

明治20年(1887年)1月13日～昭和40年(1965年)1月7日

[生]岡山県浅口郡船穂村　[学]東京高等師範学校(現・筑波大学)英語科卒、東京高等師範学校専攻科教育修身科卒、東京帝国大学文学部心理学科〔昭和2年〕卒 文学博士〔昭和16年〕　[歴]東京帝国大学大学院に進学、昭和4年東京文理科大学助教授となり、東京高等師範学校教授を兼任。6年から8年にかけて、心理学研究のため米国へ留学。23年東京文理大、東京高等師範を退職し、大妻女子大学教授となり、また講談社児童相談所長となった。主な著書に「教育心理学」「児童心理学」などがある。

竹村 勘忢　たけむら・かんご

機械工学者　東京帝国大学教授

明治15年(1882年)4月1日～昭和30年(1955年)11月2日

[生]石川県金沢市　[学]東京帝国大学工科大学機械工学科〔明治

38年〕卒 工学博士 歴鉄道省を経て、明治39年東京帝国大学助教授に就任。大正6年機械工学研究のため欧米に留学。帰国後の9年東京帝大教授となり、航空研究所員、国産振興会委員、東京博物館評議員などを歴任し、昭和17年定年退官し、名誉教授。同年日本大学教授に就任。

竹村 俊郎　たけむら・としお
詩人
明治29年（1896年）1月3日～昭和19年（1944年）8月17日
生山形県北村山郡大倉村　学山形中学卒　歴早くから「地上巡礼」「アルス」などに短歌を投稿し、大正8年処女詩集「葦茂る」を刊行。11年から14年にかけて外遊し、おもにロンドンに滞在。昭和14年に帰村し、没するまで大倉村長を務める。他の詩集に「鴉の歌」「麁草（あらくさ）」などがある。

竹村 龍之助　たけむら・りゅうのすけ
能楽囃子方（幸流小鼓方）
明治11年（1878年）4月13日～昭和29年（1954年）3月8日
生滋賀県　歴中西哲三、山崎一道、幸祥光に師事。京都を中心に活動した。

竹本 綾之助（2代目）　たけもと・あやのすけ
女義太夫節太夫
明治18年（1885年）1月23日～昭和34年（1959年）11月24日
生鳥取県　名本名＝石井かね、前名＝竹本金菊、竹本佳照　専義太夫節　歴11歳の時、豊沢新次郎の門に入り、15歳で竹本金菊を名のって大阪播重に出演した。上京後、明治31年に一たん引退した初代竹本綾之助の後を継いで、36年2代目を名のったが、38年24歳で結婚し、名跡を返した。その後48歳で復帰した時、初代も再演していたので、佳照の名で義太夫を演じ、昭和17年初代の死後、再び2代を襲名した。25年竹本素女らと女流義太夫連盟を設立、女義太夫復興に貢献、全盛時代を作った。

竹本 大嶋太夫（4代目）　たけもと・おおしまだゆう
義太夫節太夫（文楽）
明治12年（1879年）8月18日～昭和18年（1943年）11月23日
生大分県　名本名＝前沢友太郎、前名＝竹本好友太夫、竹本三笠太夫　専人形浄瑠璃　歴明治33年2代目竹本春子太夫に入門、好友太夫を名のる。38年明楽座に竹本三笠太夫の名で出演。大正6年4代目大嶋太夫を襲名した。

竹本 大隅太夫（4代目）　たけもと・おおすみだゆう
義太夫節太夫（文楽）
明治14年（1881年）10月27日～昭和27年（1952年）7月12日
生静岡県　名本名＝永田安太郎、前名＝竹本静太夫　歴20歳で鶴沢浅吉に入門。明治37年大阪に出て、3代目竹本大隅太夫に師事、静太夫を名のる。昭和2年4代目大隅太夫を襲名。相三味線に初代鶴沢道八を迎え、晩年は文楽座の重鎮として活躍した。

竹本 重太夫（5代目）　たけもと・しげたゆう
義太夫節太夫（文楽）
明治4年（1871年）5月5日～昭和20年（1945年）11月28日
生大阪府　名本名＝藤村角蔵　専人形浄瑠璃　歴竹本摂津大掾に師事し、明治25年に初舞台を踏む。昭和16年5代目重太夫を襲名した。

竹本 鏁太夫（5代目）　たけもと・しころだゆう
義太夫節太夫（文楽）
明治9年（1876年）3月3日～昭和15年（1940年）12月13日
生東京都　名本名＝井上市太郎、前名＝豊竹小政太夫、竹本識子太夫　専人形浄瑠璃　歴7歳の時に豊竹岡太夫に弟子入

り、小政太夫。15歳で竹本織太夫の門下に転じて識子太夫を名のった。その後、5代目鏁太夫を襲名。20歳で大阪へ出て3代目竹本伊達太夫に師事した。

竹本 津賀太夫（6代目）　たけもと・つがたゆう
義太夫節太夫（文楽）
元治1年（1864年）～昭和19年（1944年）2月21日
生大坂　名本名＝米谷安蔵　歴初め三味線弾きとして文楽に在職する。のち5代目津賀太夫に師事し、初代竹本和佐太夫を名のり、明治31年6代目竹本津賀太夫を襲名。東京の義太夫因会の会長を長く務めた。時代物の「仮名手本忠臣蔵」「伽羅先代萩」などを得意とした。

竹本 津太夫（3代目）　たけもと・つだゆう
義太夫節太夫（文楽）
明治2年（1869年）12月10日～昭和16年（1941年）5月7日
生福岡県　名本名＝村上卯之吉、前名＝竹本浜子太夫、竹本文太夫、竹本浜太夫　歴幼時から義太夫節を習う。明治14年大阪に出て3代目浜太夫の門に入り、浜子太夫を名のる。その後2代目津太夫に師事して文太夫。43年に4代目浜太夫から3代目津太夫を襲名した。大正13年に文楽座の第9世櫓下になり「熊谷陣屋」でお披露目。美声ではなかったが、豪快な語り口で名人といわれ、豊竹古靱太夫（後の山城少掾）と並び称された。息子村上多津二が4代目を継ぎ人間国宝に。家息子＝竹本津太夫（4代目）、孫＝竹本緑大夫

竹本 東広　たけもと・とうひろ
女義太夫節太夫
明治12年（1879年）～昭和15年（1940年）12月19日
生大阪府　名本名＝西山ゆき、前名＝竹本松繁　歴初代竹本東猿に入門する。最初松繁といったが、のちに東広と改めた。関西の大立物・豊竹呂昇の引退後、愛進館の座頭となり、大阪女流義太夫界の代表的存在として活躍。のち引退して朝鮮に渡り、京城で町の師匠をした。晩年は大阪に戻った。

竹本 土佐太夫（6代目）　たけもと・とさたゆう
義太夫節太夫（文楽）
文久3年（1863年）9月15日～昭和16年（1941年）4月2日
生土佐国（高知県）　名本名＝南馬太郎、前名＝竹本馬太夫、竹本伊達太夫　歴明治20年上京、後藤象二郎の書生となったが、後藤のすすめもあって3代目竹本大隅太夫に入門、馬太夫を名のった。21年に3代目竹本伊達太夫を継いで35年歌舞伎座に出演、尾上栄三郎の「孤火」で話題を呼んだ。大正3年から文楽座へ出るとともに、摂津大掾に師事。13年に6代目土佐太夫を襲名し、櫓下と同格の庵となった。天下茶屋の土佐太夫といわれ、古靱太夫、津太夫らと並び称された。昭和12年引退。

竹本 南部太夫（4代目）　たけもと・なんぶだゆう
義太夫節太夫（文楽）
明治28年（1895年）9月10日～昭和21年（1946年）2月3日
生愛知県名古屋市　名本名＝樋口広太郎、前名＝鶴沢寛君、竹本越名太夫　専人形浄瑠璃　歴大正4年三味線の2代目鶴沢寛治郎に弟子入りし、寛若。6年3代目竹本越路太夫の門に転じ、越名太夫を名のった。その後、3代目竹本伊達太夫（竹本土佐太夫）、さらに2代目豊竹古靱太夫（豊竹山城少掾）預りとなった。昭和5年4代目南部太夫を襲名した。

竹森 節堂　たけもり・せつどう
日本画家
明治29年（1896年）1月2日～昭和45年（1970年）2月2日
生青森県弘前市　名本名＝竹森規矩次郎　歴父の美信は狩野派系の日本画家、また本家筋には著名な日本画家竹森華堂がいる。明治40年頃から狩野派の八戸鶴静に師事、次いで寺島泉

岱に漢画を学んだ。大正8年彫刻家前田照雲に招かれて上京、東京美術学校助教授小泉勝爾に師事して画業を研鑽し、10年には若手美術家たちと白曜会を結成。昭和5年より蔦谷龍岬の許で大和絵を学び、龍岬主宰の東奥美術社では会の事務一般を任された。龍岬の死後に東奥美術社が解散すると12年には芸術院会員野田九浦の門下に移り、同年から18年まで連続して日本美術協会展に入選、また15年には同協会員になっている。19年帰郷、21年に青森県日本画家連盟を結成し、その代表に就任。以後は弘前ねぶた絵を数多く手がけ、日本画の技法を取り入れた優れた色遣いや構図でねぶた絵の芸術性を向上、後進たちに大きな影響を与えた。その画風は謹厳にして華やかで、美人画を得意とした。　家父＝竹森美信（日本画家）

竹脇 昌作　たけわき・しょうさく
アナウンサー
明治43年（1910年）9月5日～昭和34年（1959年）11月9日
生東京都　学青山学院英文科卒　歴昭和8年アナウンサー養成第1期生として日本放送協会（NHK）に入社。地方勤務をきらってNHKを退社、ニュース映画解説者となり、日英米のニュース映画を担当、特にパラマウント・ニュースは6年6月の第1号から第411号までほとんどを手がけた。戦後、ラジオ界に戻り32年4月からラジオ東京の「東京ダイヤル」のディスクジョッキーとなり、ニュースショー草創期の解説者として活躍。34年神経を病み、自宅で縊死した。平成4年息子の竹脇無我がナレーション集のCD「竹脇昌作が語る『日本かく戦えり』」を編集、発売した。　家長男＝竹脇義果（アナウンサー）、三男＝竹脇無我（俳優）

田子 一民　たご・いちみん
衆議院議長
明治14年（1881年）11月14日～昭和38年（1963年）8月15日
生岩手県盛岡市　学東京帝国大学法科大学政治学科〔明治41年〕卒　歴内務省に入り、警保局警務課長、地方局救護課長、社会局長などを経て、大正12年三重県知事となる。13年衆議院選挙挙に立候補するが落選、昭和3年の総選挙で当選、以来連続9回当選。鉄道政務次官などを歴任し、16年衆議院議長となる。戦後公職追放されたが、27年政界に復帰、農林大臣を務め、33年自民党顧問となる。また全国福祉協会長なども務めた。

蛸井 元義　たこい・もとよし
満州国協和会中央本部企画副局長
明治29年（1896年）～昭和17年（1942年）
生山形県　学東亜同文書院卒　歴南満州鉄道（満鉄）農事試験場勤務を経て、満州国の建国に参加、吉林省協和会総本部事務長、協和会中央本部企画副局長を務めた。

田郷 虎雄　たごう・とらお
劇作家　小説家
明治34年（1901年）5月25日～昭和25年（1950年）7月12日
生長崎県平戸町　学長崎師範卒　歴佐世保で小学校に5年勤め、結婚後の昭和2年一家で上京、代用教員をしながら文学を修業。戯曲「印度」が第4回「改造」懸賞創作に当選、6年4月号掲載。以後生活は苦しく、少女小説などを書いてしのいだ。戦時中、翼賛会所属作家として体制に協力したことを戦後深く恥じ、筆を折った。雑誌発表の戯曲「猪之吉」、少女小説「双葉と美鳥」、開拓文芸選書の1冊「蝦蛉子」所収の戯曲「満洲国」、小説「愛」などがある。

太宰 治　だざい・おさむ
小説家
明治42年（1909年）6月19日～昭和23年（1948年）6月13日
生青森県北津軽郡金木村大字金木字朝日山　名本名＝津島修治　学東京帝国大学仏文科〔昭和5年〕中退　歴津島有数の大地主の家に生まれ、父は貴族院議員、兄は衆議院議員を務めた。青森中時代から作家を志望し、弘前高を経て、東京帝国大学入学後、井伏鱒二に師事する。東京帝国大学在学中は共産主義運動に関係したが脱退、自殺未遂事件をおこした。昭和8年第一作「思ひ出」に続いて「魚服記」を発表、その後「猿面冠者」「ロマネスク」「道化の華」などを発表。10年佐藤春夫らの日本浪曼派に参加。同年都新聞の入社試験に落ちて自殺を図る。また「逆行」が第1回の芥川賞次席になり、作家としての地位をかためる。11年作品集「晩年」を刊行するが、同年芥川賞の選に洩れ再び自殺未遂。14年結婚、以後「富嶽百景」「走れメロス」「新ハムレット」「津軽」「お伽草子」などを発表し、15年には「女生徒」で透谷文学賞を受賞。戦後、22年に代表作となった長編小説「斜陽」や「人間失格」「ヴィヨンの妻」などを相次いで発表したが、23年6月遺稿「グッド・バイ」を残して山崎富栄と共に玉川上水で入水自殺を遂げた。無頼作家として人気があり、命日の桜桃忌には多くのファンが集まる。「太宰治全集」（全12巻、筑摩書房）がある。平成10年妻の遺品から未公開の遺書と代表作「人間失格」の草稿が発見された。同年、昭和53年より休止していた太宰治文学賞が復活。　家父＝津島源右衛門（貴族院議員）、娘＝津島佑子（小説家）、兄＝津島文治（政治家）、女婿＝津島雄二（政治家）

太宰 施門　だざい・しもん
フランス文学者　京都帝国大学文学部教授
明治22年（1889年）4月1日～昭和49年（1974年）1月11日
生岡山県児島郡柳田村　学東京帝国大学仏文科〔大正2年〕卒　文学博士（京都帝国大学）〔昭和6年〕　歴大正6年「仏蘭西文学史」を刊行。9～12年フランスへ留学。この間の10年、京都帝国大学文学部助教授に就任。昭和8年教授。

田坂 具隆　たさか・ともたか
映画監督
明治35年（1902年）4月14日～昭和49年（1974年）10月17日
生広島県豊田郡沼田村東村（三原市沼田町）　学三高中退　歴大正13年日活大将軍撮影所に入社、三枝源次郎、村田実、溝口健二、鈴木謙作らに助監督として師事したあと、15年「かぼちゃ騒動記」で監督デビュー。昭和2年「鉄腕記者」以後は脚本・山本嘉次郎とのコンビで15本を製作、昭和初期のサイレント時代において西洋的な雰囲気を持つスマートなメロドラマの名手として高く評価された。7年伊藤大輔、内田吐夢らの新映画社の設立に参加。同社解散後は新興キネマを経て、日活多摩川撮影所に復帰し、山本有三原作の「真実一路」「路傍の石」を立て続けに発表して大ヒットを飛ばした。以後は一貫してヒューマニズム思想のあふれる作品を撮り続け、13年「五人の斥候兵」がベネチア国際映画祭民衆文化大臣賞に選ばれ、日本初の外国映画祭受賞作となった。さらに14年の火野葦平原作「土と兵隊」や17年の「母子草」で文部大臣賞を受賞。太平洋戦争中は岩田豊雄（獅子文六）原作「海軍」や「必勝歌」など国策に順応した映画も撮影した。20年応召され郷里の広島で入隊、同地で原爆に遭い奇跡的に助かったが、その後長く原爆症に苦しんだ。戦後は24年「どぶろくの辰」で復帰、「長崎の歌は忘れじ」「陽のあたる坂道」「親鸞」「鮫」「五番町夕霧楼」「湖の琴」などを監督した。　家妻＝滝花久子（女優）、弟＝田坂勝彦（映画監督）　賞芸術選奨（第17回、昭和41年度）「湖の琴」、ベネチア国際映画祭大衆文化大臣賞〔昭和13年〕「五人の斥候兵」

田崎 浩一　たざき・こういち
映画監督
明治40年（1907年）6月～昭和20年（1945年）11月29日
生佐賀県東多久郡　学日本大学高等師範部地歴科卒　歴昭和

8年日活京都に助監督として入社。犬塚稔、辻吉朗についたあと、14年「真如」を撮り監督となる。主な作品に「灯火峠」「豪傑誕生」(14年)。特に嵐寛寿郎、志村喬主演の「右門江戸桜」は人気を博した。太平洋戦争に突入してからは日活を退社し、電通に入社して数々の文化映画を撮った。上記の他に「怒濤時代」「関東剣豪伝」など。　家甥=清川新吾(俳優)

田沢 田軒　たざわ・でんけん
美術記者 東京毎夕新聞編集局長
明治18年(1885年)2月23日～昭和27年(1952年)11月8日
生東京府麻布区宮下町(東京都港区)　名本名=田沢良夫　歴中学卒業後、軍隊生活を送り、大正5年東京毎夕新聞に入社。美術部を創設して美術部長となり、昭和12年外交部長を経て、編集局長となった。15年北京の東亜新報社に転じ、東京支社駐在員として美術、学芸欄の記事を担当した。25年産業経済新聞社に入社、美術部主任となった。

田沢 義鋪　たざわ・よしはる
社会教育家 青年団運動指導者 政治家
明治18年(1885年)7月20日～昭和19年(1944年)11月24日
生佐賀県藤津郡鹿島村(鹿島市)　学東京帝国大学法科大学政治科〔明治42年〕卒　歴高文行政科に合格し、明治43年静岡県属として安倍郡長に就任。地方自治振興をめざし、青年団の育成など青年教育に尽力する。大正4年内務省明治神宮造営局総務課長となり、修養団運動や労務者教育を推進する。9年内務省を退職し、労使協調のための団体・協調会の常務理事に就任。10年日本青年館理事、13年1月選挙浄化運動を目的とした新政社を創立。同年5月衆議院選挙に立候補するが落選。同10月東京市助役となり、15年大日本連合青年団常任理事に就任。昭和8年貴族院議員に勅選され、9年から11年にかけて大日本連合青年団理事長、日本青年館理事長を務める。10年壮年団中央協会を設立し、12年第1回壮年団全国協議会を開催。15～19年協調会常務理事。著書に「青年団の使命」「政治教育講話」「青年如何に生くべきか」「道の国日本の完成」(昭3年)、「田沢義鋪選集」(昭42年)などがある。

田島 勝太郎　たじま・かつたろう
衆議院議員
明治12年(1879年)8月～昭和14年(1939年)1月28日
出大分県　学東京帝国大学独法科〔明治39年〕卒　歴農商務属、水産講習所教授兼水産局書記官、農商務書記官、東京、福岡各鉱山監督局長、商工次官を歴任。昭和7年衆議院議員に初当選。以来連続3回当選。民政党に所属した。第一次近衛内閣では逓信政務次官を務める。また八幡市会議長、東京市助役、臨時産業審議会幹事長などを務めた。

田島 錦治　たじま・きんじ
経済学者 立命館大学総長 京都帝国大学教授
慶応3年(1867年)9月7日～昭和9年(1934年)6月28日
生江戸牛込赤城元町(東京都新宿区)　名号=赤城、守愚　学帝国大学法科大学政治学科〔明治27年〕卒 法学博士〔明治34年〕　賞帝国学士院会員〔大正14年〕　歴金井延に師事。明治30年より3年間ドイツに留学。33年京都帝国大学法科大学教授となり、34年法学博士、大正8年経済学部の分離独立に伴い初代学部長。14年学士院会員。昭和2年定年で京都大学を退官、立命館大学総長に就任。8年辞任後も講義は続けた。近代日本経済学確立者の一人で、社会政策学会創立者の一人。弓道でも知られ、大日本武徳会常議員兼監事を務めた。著書に「日本現時之社会問題」「最近経済論」「経済原論」「東洋経済学史」などがある。　勲勲二等瑞宝章〔大正13年〕

田島 直人　たじま・なおと
三段跳び選手 走り幅跳び選手 ベルリン五輪金メダリスト
大正1年(1912年)8月15日～平成2年(1990年)12月4日
生大阪府　出山口県岩国市　学山口高卒、京都帝国大学経済学部〔昭和11年〕卒　歴大阪で生まれ、4歳で父の故郷・岩国へ。岩国中から山口高に進み、山口高時代から走り幅跳びで活躍。昭和7年のロサンゼルス五輪では6位に入賞。8年京都帝国大学に入学。11年のベルリン五輪では、走り幅跳びで銅メダルを取ったあと、三段跳びで、16メートル00の世界記録で金メダルを獲得。この記録は15年間破られなかった。39年東京五輪の陸上ヘッドコーチを務め、41～58年中京大学教授。日本陸連常務理事、日本ユニバーシアード委員会委員長を歴任した。JOC名誉委員。　家妻=土倉麻(陸上選手)

田島 柏葉　たじま・はくよう
俳人 僧侶(真言宗豊山派)
明治33年(1900年)4月7日～昭和30年(1955年)1月7日
生東京市京橋区(東京都中央区)　名本名=田島三千秋、僧名=田島明賢　学日本大学法文学部〔大正15年〕卒　歴明治44年中野宝仙寺に入り、得度して明賢。大正10年根岸世尊寺に寄寓、日本大学予科に通学。12年多摩は政宝性院住職。昭和3年から住職の傍ら、東京都立農業高校に英語教師として勤務。俳句は大正13年から増田龍雨に師事、「俳諧雑誌」の選をうける。昭和5年「春泥」に投句。11年白水郎の後援により「春蘭」創刊号から雑詠選者、翌年辞し、梓月を顧問に。「不易」創刊。18年休刊。24年から「春燈」に所属。著書に「花もみじ」、句集に「多摩川」がある。

田島 隆純　たじま・りゅうじゅん
僧侶(真言宗豊山派) 仏教学者
明治25年(1892年)1月9日～昭和33年(1958年)7月24日
生栃木県下都賀郡　名号=雪渓　学豊山大学〔大正8年〕卒 文学博士(パリ大学)　歴13歳で仏門に入る。チベット語を修め、大正12年豊山大学(現・大正大学)に奉職し、昭和3年教授となり、仏教学部長、真言学研究所主任などを歴任。6年から11年にかけてヨーロッパに留学し、ソルボンヌ大学、パリ大学などで学んだ。16年にはキリスト者と共に訪米して日米間の平和維持のため遊説する。24年には巣鴨拘置所の教誨師となり、戦犯の助命運動に努め、30年大僧正になった。東京・江戸川区の正真寺住職。著書に「大日経の研究」「両部曼荼羅及密教教理」などがある。

田下 政治　たしも・まさじ
衆議院議員
明治19年(1886年)6月～昭和28年(1953年)9月4日
出新潟県　学札幌中〔明治37年〕卒　歴新潟県議などを経て、昭和17年衆議院議員に当選、1期務める。

田尻 愛義　たじり・あきよし
外交官 大東亜次官
明治29年(1896年)11月28日～昭和50年(1975年)10月29日
生島根県多伎町　学東京高等商業学校(現・一橋大学)商業教員養成所卒　歴外務省政務局長を最後に退職。この間、中国在勤が長く、中国通として有名だった。「回想録」(原書房)がある。

田代 皖一郎　たしろ・かんいちろう
陸軍中将
明治14年(1881年)10月1日～昭和12年(1937年)7月16日
生佐賀県小城郡多久村　学陸士(第15期)〔明治36年〕卒, 陸大〔大正2年〕卒　歴明治37年陸軍歩兵少尉となり日露戦争に出征。大正2年参謀本部付となり、歩兵第30連隊長、参謀本部課長を経て、昭和5年第27旅団長、6年支那駐在武官などを務め、7年の上海事変では臨時上海派遣軍参謀長となりテロで倒れた派遣軍司令官・白川義則大将を助け、早期に事件を収拾して

高く評価された。9年中将に進むと共に憲兵司令官となり、10年第11師団長を務める。11年支那駐屯軍司令官に任じられたが重病のため香月清司中将にその職を譲り、12年7月天津で病没した。

田代 古崖　たしろ・こがい
日本画家
明治15年(1882年)6月25日～昭和11年(1936年)8月26日

［生］東京府大森　［名］本名＝大森常次郎　［歴］義太夫の三味線ひきであった母親が梶田半古の師匠であった縁で、明治28年頃半古の画塾に入門。31年半古の高岡赴任に同行する。同年より日本絵画協会の日本美術院との連合絵画共進会に褒状受賞を重ね、33年第9回展に「寛永美人」、35年第12回展に「天岩屋戸」で銅牌を受賞。36年新設の研究会白光会の中心メンバーとして活動する。40年東京勧業博覧会で褒状を受ける。大正3年第8回文展に「歌舞伎」で初入選。以後、文展に連続入選。13年第5回帝展に「交易船」が入選。再興院展でも入選を重ねた。他の作品に「クダラゴト」「扇つくり」「二階桟敷」など。

田代 正治　たしろ・しょうじ
衆議院議員
明治25年(1892年)9月～昭和58年(1983年)11月11日

［出］新潟県　［歴］函館市議、北海道議を経て、昭和12年から4年間、北海道3区選出の衆議院議員を務めた。

田代 四郎助　たしろ・しろうすけ
生化学者 シンシナティ大学教授
明治15年(1882年)2月12日～昭和38年(1963年)6月12日

［生］鹿児島県薩摩郡上東郷村(薩摩川内市)　［学］鹿児島一中〔明治34年〕卒、シカゴ大学〔明治42年〕卒 医学博士(京都帝国大学)〔大正12年〕　［歴］明治34年鹿児島一中を卒業して渡米。42年シカゴ大学を卒業(4年間の課程を3年間で繰り上げ卒業)し、A.P.マシューズ教授の助手となった。大正7年シンシナティ大学医学部助教授を経て、14年教授に就任、日本人の米国大学正教授第1号となった。昭和27年名誉教授、28年米国へ帰化。神経組織の二酸化炭素発生の研究に携わり、二酸化炭素の微量測定法を確立した。13年帝国学士院東宮御成婚記念賞を受賞。［賞］帝国学士院東宮御成婚記念賞(第14回)〔大正13年〕

田制 佐重　たせい・すえしげ
教育学者
明治19年(1886年)～昭和29年(1954年)

［生］山形県　［学］早稲田大学卒　［歴］教育学、特に教育社会学の草分けで、母校で教鞭を執った。デューイの教育思想を早い時期に翻訳、紹介した。啓蒙的著作も多い。著書に「学校教育社会化」「教育社会学の思潮」「教育社会学概論」、訳書にデューイ「民主主義と教育」、ベンサム「功利論」などがある。

多田 鼎　ただ・かなえ
学僧 大谷派伝道院院長
明治8年(1875年)10月3日～昭和12年(1937年)12月7日

［生］愛知県宝飯郡五井村(蒲郡市)　［名］法名＝慶悟、諡号＝信斯院　［学］真宗大学研究院〔明治33年〕卒　［歴］真宗大学に在学中、信仰の問題で煩悶し、東京に住む浄土真宗の学僧で思想家の清沢満之を訪問。のち清沢が主宰する浩々洞の同人となって精神主義運動を進め、機関誌「精神界」の発行に携わった。明治34年清沢が真宗大学の学監となったのに伴い、招かれて同教授に就任。36年清沢が没すると辞職し、37年千葉教院を開いた。その後、愛知県に帰って三河同朋会を組織し、雑誌「みどりご」を刊行しながら著述や教化活動を展開。大正13年には真宗大谷派伝道院の初代院長に任ぜられた。著書に「正信偈本義」などがある。

陀田 勘助　だだ・かんすけ
詩人 日本共産党東京地方委員長
明治35年(1902年)1月15日～昭和6年(1931年)8月22日

［生］栃木県下都賀郡栃木町万(栃木市)　［名］本名＝山本忠平　［学］開成中夜間部〔大正7年〕中退　［歴］大正11年村松正俊と詩のパンフ「ELEUTHERIA」を創刊したが、そのため内務省雇を免職となり、家業の洋裁業に従事。12年松本淳三らと詩誌「鎖」を発行、編集に加わった。「種蒔く人」「無産詩人」や朝日、読売など新聞に革命的詩を発表し認められた。14年アナーキズム系詩誌「黒旗」を編集。昭和の初めから詩作をやめて労働運動に転じ、3年共産党に入党、東京合同労組執行委員長となり4年の四・一六事件に関連して逮捕された。

多田 武雄　ただ・たけお
海軍少将 海軍次官
明治23年(1890年)10月7日～昭和28年(1953年)3月3日

［生］岩手県　［学］海兵(第40期)〔明治45年〕卒　［歴］井上良馨海軍元帥副官、「蔦」「楢」各艦長、練習艦隊参謀を経て、昭和9年「鶴見」艦長となり、ついで「霧島」艦長、第三遣支艦隊参謀長、興亜院調査官などを務め、15年海軍少将に昇進する。16年第二十一航空戦隊司令官に就任、17年南西方面艦隊参謀長兼第二南遣艦隊参謀長、18年第十三航空隊参謀長を兼任。19年に帰国し、航空本部総務部長、海軍省軍務局長を務め、20年海軍次官に就任した。　［家］弟＝多田力三(海軍機関中将)

多田 駿　ただ・はやお
陸軍大将
明治15年(1882年)2月24日～昭和23年(1948年)12月16日

［生］宮城県　［学］陸士(第15期)〔明治36年〕卒、陸大〔大正2年〕卒　［歴］参謀本部部員、陸軍大学校教官を経て、昭和3年野砲兵第四連隊長となり、第十六師団参謀長を経て、7年関東軍司令部付となって満州国軍最高顧問になる。以後支那駐屯軍司令官、第十一師団長となり、12年参謀次長。日中戦争に際しては不拡大方針を主張する。その後第三軍司令官、北支那方面軍司令官を歴任し、16年大将に昇進、軍事参議官となるが、同年予備役編入となった。　［家］義兄＝河本大作(陸軍大佐)

多田 北烏　ただ・ほくう
商業美術家 挿絵画家
明治22年(1889年)～昭和23年(1948年)1月1日

［生］長野県松本　［名］本名＝多田嘉寿計　［学］蔵前高等工業学校図案科選科卒、川端画学校卒　［歴］凸版印刷図案部を経て、市田オフセット印刷意匠部長、東京図案研究所長などを歴任。大正11年実用美術研究所サン・スタディオを創設、商業美術の向上と後進の指導に努力した。また新興日本童画協会常務委員、全日本産業美術連盟常任委員を務め、実用版画美術協会を主宰した。北烏風美人画を生むとともに「幼年倶楽部」「キンダーブック」などにも描き、かわいい幼児像は人気を博した。著書に「多田北烏図案集」などがある。

多田 満長　ただ・みつなが
衆議院議員
明治19年(1886年)4月14日～昭和26年(1951年)2月9日

［生］千葉県君津郡昭和町　［学］早稲田大学政治経済科〔明治44年〕卒　［歴］大日本通信社を創立して社長に就任。昭和5年千葉1区から衆議院議員となり、以後4期連続当選し、戦後は日本進歩党に属した。この間、逓信参与官、外務政務次官、大政翼賛会参与などを歴任した。

多田 裕計　ただ・ゆうけい
小説家 俳人
大正1年(1912年)8月18日～昭和55年(1980年)7月8日

［生］福井県福井市江戸上町　［学］早稲田大学仏文科卒　［歴］横光利

一に師事し、同人雑誌「黙示」に参加。昭和15年上海中華映画に入社し上海へ。16年「長江デルタ」で第13回芥川賞を受賞。その後の作品に「アジアの砂」「叙事詩」「小説芭蕉」などがある。俳句は28年「鶴」に参加、37年俳誌「れもん」を創刊主宰し、句集に「浪漫抄」「多田裕計句集」、評論集に「芭蕉・その生活と美学」などがある。　賞芥川賞（第13回）〔昭和16年〕「長江デルタ」

多田 礼吉　ただ・れいきち
陸軍中将 技術院総裁
明治16年（1883年）9月3日〜昭和31年（1956年）5月13日
生静岡県　名旧姓・旧名＝鈴木　専造兵学　学陸士（第15期）〔明治36年〕卒、東京帝国大学理科大学実験物理学科〔大正2年〕卒 工学博士（東京帝国大学）〔大正15年〕　歴明治37年陸軍砲兵少尉に任官。43年東京帝国大学に学び、大正2年卒業。9年欧州へ留学。昭和6年観測具に関しての世界的発明をする。7年陸軍少将に進み陸軍科学研究所第一部長。9年兵器局長、11年陸軍中将。同年陸軍科学研究所長、14年技術本部長。16年予備役に編入。20年5〜9月技術院総裁。著書に「南方科学紀行」「将来戦と科学新兵器」などがある。

但野 寛　ただの・ひろし
スキー選手
生年不詳〜昭和61年（1986年）9月6日
出北海道旭川市　歴ガルミッシュ・パルテンキルヘン五輪（昭和11年）の距離スキーに出場、12、13年には全日本50キロに連勝した。のち北海道新聞社入りし、車両部長などを歴任、44年退職。

多々良 外茂三　たたら・ともぞう
狂言師
明治24年（1891年）8月19日〜昭和22年（1947年）4月10日
生石川県金沢市　歴明治期に金沢から東京に進出。同郷の藤江又喜の門に入り、師が亡くなると末広会を継承した。

立 作太郎　たち・さくたろう
国際法学者 外交史家 東京帝国大学教授
明治7年（1874年）3月15日〜昭和18年（1943年）5月13日
生東京都　学東京帝国大学法科〔明治30年〕卒 法学博士〔明治38年〕　賞帝国学士院会員〔大正9年〕　歴大学院で国際公法を専攻し、明治33年からヨーロッパへ留学する。東京帝国大学助教授を経て、37年教授に就任し、国際法、外交史を担当、国際法の理論を体系化する。また外務省、海軍省の顧問としても活躍し、大正7年のベルサイユ講話会議、10年のワシントン海軍軍縮会議などに随員として参加し、昭和10年常設仲裁裁判所判事となった。著書に「平時国際法論」「戦時国際法論」などがある。

館 哲二　たち・てつじ
内務次官 東京府知事
明治22年（1889年）5月10日〜昭和43年（1968年）9月27日
出富山県　名旧姓・旧名＝木津　学高岡中卒、一高卒、東京帝国大学法科大学政治学科〔大正3年〕卒　歴木津家の二男で、明治44年館家に婿入り。大正3年内務省に入省。昭和6年鳥取県知事、9年石川県知事、10年内務省神社局長、12年東京府知事を経て、13年第一次近衛内閣の内務次官。続く平沼内閣でも留任した。22年4月初の公選富山県知事となったが公職追放に遭い、11月退職。26年より参議院議員を通算3期務めた。　家長男＝館龍一郎（東京大学名誉教授）

立川 太郎　たちかわ・たろう
衆議院議員
明治17年（1884年）4月〜昭和35年（1960年）7月31日

出広島県　学東京帝国大学政治科〔明治45年〕卒、東京帝国大学法律科〔大正10年〕卒　歴警視庁、弁護士を経て、牛込区議、東京市議となる。昭和3年東京府第1区より衆議院議員に当選。政友会に所属し、11年まで4期連続当選を果たした。また、日本紡績などの取締役も務めた。

橘 糸重　たちばな・いとえ
ピアニスト 歌人
明治6年（1873年）10月18日〜昭和14年（1939年）9月1日
生三重県鈴鹿郡亀山町南崎（亀山市）　名別名＝橘糸重子　学東京音楽学校〔明治25年〕卒　賞帝国芸術院会員〔昭和12年〕　歴父は代々伊勢亀山藩の典医。生後間もなく父を亡くし、明治7年母、姉とともに上京。25年東京音楽学校卒業後、研究生となりピアノの授業を補助。29年高等師範学校附属音楽学校助教授。英語とドイツ語を得意とし、師ケーベル博士のかげの力となり演奏教育に尽力した。34年〜昭和3年東京音楽学校教授を務める。一方、明治15年歌人・佐々木弘綱、佐佐木信綱父子のもとを訪ね、のち雑誌「心の花」系の歌人としても活躍。31年助教授時代、選科（ピアノ科）に入学してきた島崎藤村と出会う。のち藤村の小説「家」に主人公・小泉三吉の女友達・曽根のモデルとして書かれ、文壇で恋愛関係が噂になったことを恥じ、以後独身を貫いた。昭和12年帝国芸術院会員。14年死去、「心の花」が橘糸重追悼号を出版した。　家甥＝鈴木昭（埼玉大学名誉教授）

橘 旭翁（2代目）　たちばな・きょくおう
筑前琵琶奏者 橘流宗家
明治7年（1874年）10月6日〜昭和20年（1945年）7月25日
生福岡県　名本名＝橘一定　学法政大学卒　歴幼少から父について琵琶を学び、父の没後に2代目旭翁を襲名。妹婿の旭宗と協力して五弦琵琶を考案、その普及に尽力した。昭和15年引退して、実子の定友に宗家を譲った。代表作に「橘中佐」「銀杏の樹蔭」「高松城」「五条橋」など。　家父＝橘旭翁（1代目）、息子＝橘旭翁（3代目）

橘 孝三郎　たちばな・こうざぶろう
農本主義者
明治26年（1893年）3月8日〜昭和49年（1974年）3月30日
生茨城県水戸市　学一高文科乙類〔大正4年〕中退　歴地主の父市五郎は茨城県内で有数の資産家。一高在学中、農村改革を志し中退。郷里に帰って兄弟と農業に従事。昭和2年ごろから農村を講演して回り、理想の農村を目指して後藤成卿、林正之らの協力で4年愛郷会を設立、月刊「農村研究」を発行。また茨城県内に24支部500人の農民を集め小農経営に努めた。5年「農村学前編」を著す。6年には愛郷会を愛郷塾とし塾長となったが経営不振。7年血盟団の井上日召を知って右翼運動家に転進し、五・一五事件に参加、東京周辺の変電所爆破を図ったが失敗。満州に逃げたが自首し、9年無期懲役。15年恩赦で出獄、愛郷塾再興を図って農民運動に復帰した。著書に「愛国革新主義」がある。

立花 高四郎　たちばな・こうしろう
⇒橘 高広（たちばな・たかひろ）を見よ

橘 小夢　たちばな・さゆめ
挿絵画家
明治25年（1892年）〜昭和44年（1969年）
生秋田県秋田市　名本名＝加藤熙　歴漢学者の長男として生まれる。生来病弱で幼時から物語や奇談、絵草紙、錦絵を好んだ。上京後洋画を黒田清輝に学んだのち川端画学校で日本画を川端玉章に師事。次第に美人画に傾斜し挿絵画の道に。大正から昭和10年代にかけ日本の物語や民話、絵草紙、また歌舞伎などの芸能をもとに、魔性や官能を魅惑的、退廃的

に描く挿絵画家として活躍したが、その妖美な画風は戦時下では受け入れられず発禁処分の対象ともなった。晩年は療養生活の傍ら家族宛てに「地獄太夫」などの屏風の大作を遺した。平成5年直木賞作家の皆川博子らの協力を得て長男・加藤真彦により所蔵品を集めた初の回顧展・橘小夢展が東京・文京区の弥生美術館で開催された。

橘 純一　たちばな・じゅんいち
国文学者　二松学舎教授
明治17年（1884年）2月25日〜昭和29年（1954年）1月9日

[出]東京都　[名]旧姓・旧名＝小島　[専]古代文学　[学]東京帝国大学文科大学国文科〔明治42年〕卒　[歴]橘守部の嗣を引く橘家の養子となり、大正10年独力で「橘守部全集」（全13巻）を刊行。東京帝国大学助手を経て、陸軍幼年学校教授。日本大、東洋大、二松学舎専門学校、東京商科大、駒沢大、日本女子大、立教大、跡見学園短期大などの教壇に立ち、二松学舎大名誉教授となる。主な著書に「挿註大鏡通釈」「正註つれづれ草通釈」などがある。

立花 俊道　たちばな・しゅんどう
仏教学者　駒沢大学学長
明治10年（1877年）10月17日〜昭和30年（1955年）4月2日

[生]佐賀県　[学]曹洞宗大学林〔明治36年〕卒, セイロン・ピヂョノダヤ・カレッジ, オックスフォード大学 哲学博士〔大正11年〕　[歴]明治36年曹洞宗大学林を卒業してセイロン（現・スリランカ）に渡り、パーリ語や原始仏教を学ぶ。次いで大正8年にはインドシナ・タイ・ビルマなどを経て、英国のオックスフォード大学に留学し、同大学から哲学博士号を授与される。11年に帰国したのち曹洞宗大学・駒沢大学・東洋大学・早稲田高等学院の講師・教授を歴任し、昭和12年駒沢大学学長に就任。16年にいったん退任するが、20年に再び同大学の学長職に就き、22年まで務めた。その一方で八王子の松門寺住職としても活躍。原著に「巴利語文典」「原始仏教と禅宗」「仏教の要諦」などがある。

橘 樸　たちばな・しらき
ジャーナリスト　中国研究家
明治14年（1881年）10月14日〜昭和20年（1945年）10月25日

[生]大分県臼杵市海添　[学]五高〔明治34年〕中退, 早稲田大学〔明治36年〕中退　[歴]明治34年北海タイムス社に入社。39年満州に渡り、次いで北京に渡って中国社会に強く関心をいだく。「遼東新報」記者、「日華公論」主筆、南満州鉄道（満鉄）嘱託などを歴任し、評論家として活躍。この間、大正13年「月刊支那研究」を創刊。昭和6年「満州評論」を創刊、主幹。7年満州国協和会創立とともに理事、15年昭和研究会に参加。敗戦後、奉天で客死した。著書に「土匪」「道教」「満州と日本」「支那社会研究」「支那思想研究」「中国革命史論」などがある。

橘 外男　たちばな・そとお
小説家
明治27年（1894年）10月10日〜昭和34年（1959年）7月6日

[生]石川県金沢市　[出]群馬県高崎市　[学]中学中退　[歴]素行が悪く中学を退学させられ、21歳の時は刑務所にも入る。出獄後は医科機械輸出業など多くの仕事を転々とし、大正11年「太陽の沈みゆく時」を刊行して作家となる。昭和11年「酒場ルーレット紛擾記」が「文芸春秋」の実話募集に入選し、13年「ナリン殿下への回想」で直木賞を受賞。戦時中は満州で過ごしたが、戦後帰国してからは怪奇幻想小説に力を入れ、代表作に「陰獣トリステサ」「青白き裸女群像」などがあり、他に自伝「私は前科者である」「ある小説家の思い出」がある。　[賞]直木賞（第7回）〔昭和13年〕「ナリン殿下への回想」

橘 高広　たちばな・たかひろ
映画評論家　警視庁検閲係長
明治16年（1883年）〜昭和13年（1938年）1月8日

[生]香川県　[名]筆名＝立花高四郎　[学]早稲田大学部文学科〔明治40年〕卒　[歴]当初、新聞記者であったが、大正3年米国の従弟から映画雑誌を送られたのをきっかけに映画研究を志す。そのため記者を辞め警視庁に入り、映画、演劇、出版物の検閲に携わる。6年8月東京市による映画観覧のグレード制導入に関与。8年警視庁部内誌「自警」編集に携わった他、出版警察、映画検閲に関する記事を多数執筆した。文部省嘱託も兼任し、社会学者の権田保之助とならび教育映画の専門家といわれた。昭和4年南満州鉄道（満鉄）の招聘で大連を視察。7年検閲全般についての随筆「これ以上は禁止」を刊行。記者出身であることからメディアと検閲との仲介役を自任した。8年神楽坂署長を最後に退官、文筆生活に入る。同年映画関係の和洋図書コレクションを慶応義塾図書館へ譲渡。12年満州映画協会嘱託として京都出張中に脳卒中で倒れ、13年死去した。他の著書に「現代映画の話」「民衆娯楽の実際研究」などがある。

立花 良介　たちばな・りょうすけ
新興キネマ社長　阪妻プロ社長
生年不詳〜昭和40年（1965年）2月10日

[出]福岡県　[学]カーチス飛行学校（米国）卒　[歴]大正末期から昭和の初めにかけて活動写真の製作・配給を手がける。昭和2年米国のカーチス飛行学校を卒業し民間飛行家としても名が知られるようになる。また中国の革命家・孫文らと親交があった。　[家]甥＝阪東妻三郎（俳優）

橘ノ円都　たちばなの・えんと
落語家
明治16年（1883年）3月3日〜昭和47年（1972年）8月20日

[生]兵庫県神戸　[名]本名＝池田豊次郎, 前名＝桂団寿, 橘家円歌　[歴]兵庫県神戸に代々つづく大工の家に生まれる。16歳から三味線の稽古を始め、素人落語に熱中して親から勘当される。明治38年2代目桂文治の入門、桂団寿の名で初高座。45年拠点を大阪から神戸に移し、橘ノ円の門に入り橘家円歌を名のる。大正6年上京した折に三遊亭円歌との混同を避けるために改名を勧められ、橘ノ円都を名のる。昭和初期に一時引退したが、5代目笑福亭松鶴に請われて復帰、楽語荘に参加。ラジオにも精力的に出演した。戦後も上方落語の長老として活躍し、後進の指導に力を注いだ。得意演目に「寝床」「軒付け」「浄瑠璃息子」「猫の忠信」「けつね」などがある。平成15年上方演芸の殿堂入り。

橘家 菊春（1代目）　たちばなや・きくはる
漫才師
明治33年（1900年）8月〜昭和27年（1952年）

[名]本名＝市田菊江　[歴]夫の橘家太郎とコンビを組み、音曲漫才を演じた。　[家]夫＝橘家太郎（漫才師）

橘家 小円太（5代目）　たちばなや・こえんた
落語家
明治10年（1877年）3月〜昭和36年（1961年）10月31日

[名]本名＝戸塚韓次郎, 前名＝西国坊明花, 立花家橘弥, 橘家円弥　[歴]尺八奏者・一睡軒花堂の甥。西国坊明学に入門、明花。上京して立花家橘之助の門に入り、橘弥。さらに4代目橘家円蔵門に転じて円弥を名のった。帰郷後、5代目橘家円太郎の門に入り、明治41年5代目小円太を襲名。ラッパを吹いて高座にあがり、噺のあとの独特の"見せる都々逸"を呼んだ。　[家]おじ＝一睡軒花堂（尺八奏者）

橘家 文三　たちばなや・ぶんぞう
落語家

明治4年（1871年）1月25日〜昭和19年（1944年）12月20日
名本名＝町井定吉、前名＝柳亭左朝、柳亭左福、橘家仲蔵、橘家扇蔵、橘家小円蔵、柳亭燕福、柳亭燕橘、柳亭小燕枝、入船米蔵、橘家文蔵、橘家円治、橘家円勝、後名＝橘家寿朗　歴柳亭左伊竜に入門、左朝。左福を名のった後、4代目橘家円蔵の門下に転じて、仲蔵、扇蔵、明治32年小円蔵。2代目柳亭燕枝の門に移ると燕福、燕橘を経て、40年4代目小燕枝。やがて入船米蔵を名のり、4代目円蔵の門に戻って文蔵、大正4年文三。その後も円治、円勝と名を変えて再び文三に戻り、晩年は柳家金語楼の身内で寿朗を名のった。

立原 道造　たちはら・みちぞう
詩人
大正3年（1914年）7月30日〜昭和14年（1939年）3月29日
生東京市日本橋区橘町（東京都中央区）　学東京帝国大学建築学科〔昭和12年〕卒　歴一高在学中から短歌や小説を書き、昭和7年から詩作をはじめ、手製の詩集「さふらん」を作った。9年東京帝国大学に入学し、同人雑誌「偽画」を創刊、小説「間奏曲」を発表。「四季」にも詩を発表し、10年「未青年」を創刊。12年卒業し、建築士として石本建築事務所に勤務、卒業設計は3年連続辰野金吾賞（銅賞）を受賞。第一詩集「萱草に寄す」を5月に刊行し、12月に「暁と夕の詩」を刊行。秋から体調をこわし、14年3月に死去。入院中第1回の中原中也賞を受けた。「立原道造全集」（全6巻、角川書店）がある。平成5年、11年未発表の原稿が発見された。　賞中原中也賞（第1回）〔昭和14年〕

辰井 梅吉　たつい・うめきち
新聞経営者　大阪朝日新聞専務
明治2年（1869年）4月12日〜昭和17年（1942年）1月27日
生大阪　名旧姓・旧名＝石井　学慶応義塾大学部理財科〔明治26年〕中退　歴明治19年内閣官報局簿記帳係となり、官報局長高橋健三の書生となる。22年創刊の「国華」の経理を担当し、25年慶応義塾に入るが、26年中退。28年辰井伊兵衛の養子となり、同年朝日新聞社に入社。会計兼用度を担当し、38年用度課長、43年監工課長を兼任。大正5年経理課長兼監工課長となり、11年相談役、12年常任監査役を経て、昭和5年大阪朝日新聞営業局長取締役となり、8年には印刷局長を兼任し、9年専務、12年取締役、15年相談役となって朝日ビルディング社長を兼務した。

龍居 松之助　たつい・まつのすけ
庭園研究家　造園家
明治17年（1884年）1月9日〜昭和36年（1961年）2月16日
生東京市京橋区築地（東京都中央区）　名号＝龍居枯山　専近世庭園史　学東京帝国大学文科大学史学科〔明治44年〕卒　歴青山学院高等師範、日本女子大学教授として文化史を講ずる。大正7年北京を中心とする住宅、庭園の視察旅行を行い、同年日本庭園協会を創立した。9年龍居庭園研究所を創設、庭園の設計や古名園の修理・復旧に努めた。13年同志と私立東京高等造園学校を設立。さらに日本造園学会、日本造園士会の設立に参加、早稲田大学理工学部、早稲田高等工学校で造園史を講じた。昭和9年史蹟名勝天然記念物調査委員、26〜32年文化財専門審議会名勝部会委員を務めた。造園学校は17年東京農業大学と合併し、農大教授を32年まで続けた。著書に「大江戸の思い出」「文化観日本史」「日本名園記」「近世の庭園」などがある。

立田 清辰　たつた・きよとき
千葉県知事
明治23年（1890年）8月〜昭和17年（1942年）7月28日
生岐阜県吉城郡　学東京帝国大学法科大学〔大正5年〕卒　歴主に警察畑を歩き、昭和8年山梨県内務部長、宮城県総務部長

などを務める。11年鳥取県知事、14年千葉県知事。16年退官して住宅営団理事。

龍田 静枝　たつた・しずえ
女優
明治36年（1903年）2月11日〜昭和37年（1962年）1月21日
出山形県南村山郡金瓶村（上山市）　名本名＝塩野静枝　学日本女子大学校中退　歴大正13年小笠原プロ入社。小笠原明峰監督「落葉の唄」でデビュー。「天馬嘶く」で主役。高松プロに移り、時代劇「涙の黎明」などに出演。昭和2年松竹蒲田入社、「新珠」「当世気質」「美女の秘密」など島津保次郎作品に多く出演。他には斎藤寅次郎「愛して頂載」「アラ！　その瞬間よ」、五所平之助「女給哀史」などに出演。モダンガールの走りとして人気を得た。5年に幹部。6年から脇に回り、11年退社。引退後銀座でバーを開店。

竜田 峻次　たつた・しゅんじ
スキー選手
生年不詳〜平成3年（1991年）1月1日
出北海道　歴名スキー・ジャンパーとして有名で、昭和11年のガルミッシュ・パルテンキルヘン五輪で77メートルの最長不倒距離を記録して8位。33年から12年間早大スキー部監督。また35年スコールバレー、43年グルノーブル冬季五輪スキー監督を務めた。

辰野 九紫　たつの・きゅうし
小説家
明治25年（1892年）7月16日〜昭和37年（1962年）8月6日
生鳥取県鳥取市　名本名＝小堀竜二　学東京帝国大学法科卒　歴会社員生活を10年間していたが、昭和4年「青バスの女」を発表して作家生活に入り、以後「養子は辛い！」などのユーモア小説を発表した。

辰野 隆　たつの・ゆたか
フランス文学者　随筆家　東京帝国大学文学部教授
明治21年（1888年）3月1日〜昭和39年（1964年）2月28日
生東京市赤坂区（東京都港区）　学東京帝国大学法科〔大正2年〕卒、東京帝国大学文科フランス文学科〔大正5年〕卒　文学博士〔昭和5年〕　賞日本芸術院会員〔昭和23年〕　歴東京帝国大学法科を卒業後、文科に移り、大正5年フランス文学科卒。母校で副手、講師を経て、10年助教授となり、フランスに留学。帰朝直後の12年、東京帝大で最初のフランス文学の講座担当者となった。昭和6年教授、23年退官。この仏文科からは、渡辺一夫、小林秀雄など多くの学者・文学者が輩出した。その後は中央大学教授としてフランス文学を講じた。フランス文学の紹介、翻訳から随筆まで多くの著作を残し、主著に「信天翁の眼玉」「ボオドレエル研究序説」「佛蘭西文学」（2巻）、訳書にロスタン「シラノ・ド・ベルヂュラック」、モリエール「孤客」、ボーマルシェ「フィガロの結婚」などがある他、「辰野隆選集」（全5巻、改造社）「辰野隆随想全集」（全5巻、福武書店）がある。　家父＝辰野金吾（建築家）　賞文化功労者〔昭和37年〕

辰馬 鎌蔵　たつま・けんぞう
土木技師　内務技監
明治15年（1882年）2月13日〜昭和34年（1959年）5月11日
生大阪府　名旧姓・旧名＝中尾　学京都帝国大学工科大学土木工学科〔明治40年〕卒　歴内務省に入省。大阪土木出張所で瀬田川や安治川、下関土木出張所で遠賀川の改修工事に従事。大正5年東京土木出張所に転じて利根川の第3期改修工事に携わり、7年多摩川改修主任。昭和3年名古屋土木出張所長、9年東京土木出張所長を経て、11年内務技監。14年退官。13年土木学会会長。

辰巳 栄一　たつみ・えいいち
陸軍中将
明治28年(1895年)1月19日～昭和63年(1988年)2月17日
[生]佐賀県 [学]陸士(第27期)〔大正4年〕卒, 陸大〔大正14年〕卒 [歴]大正15年教育総監部付、昭和8年関東軍参謀兼駐満州国大使館付武官補佐官、駐英国大使館付武官、東部軍参謀長、第12方面軍参謀長から在中国第3師団長の時敗戦、陸軍中将。21年復員。英国駐在時代、吉田茂大使を知った。戦後、連合国軍総司令部(GHQ)にソ連軍事情報を提供する大陸問題研究所評議員となり、25年の警察予備隊発足の時、吉田首相に招かれ下林定ら旧軍将官らと、旧軍人の追放解除リストづくりに従事した。その後、49年から52年まで偕行社会長を務めた。

巽 聖歌　たつみ・せいか
童謡詩人 歌人
明治38年(1905年)2月12日～昭和48年(1973年)4月24日
[生]岩手県紫波郡日詰町 [名]本名＝野村七蔵 [歴]家業の鍛冶屋で働きながら文学を志し、大正12年から「赤い鳥」に童謡を発表する。13年から14年にかけて時事新報社に勤務し、昭和4年にアルスに入社。5年「チチノキ」を、15年には「新児童文化」を創刊、童謡詩人として活躍する。代表作に「たきび」がある。童謡集に「雪と驢馬」「春の神様」「おもちゃの鍋」などがあり、他に「今日の児童詩」などの評論もある。 [家]妻＝野村千春(洋画家) [賞]児童文化賞(第3回)〔昭和16年〕

伊達 源一郎　だて・げんいちろう
政治家 鳥類研究家 ジャパンタイムス社長
明治7年(1874年)3月15日～昭和36年(1961年)7月15日
[生]島根県能義郡井尻村(安来市) [名]号＝樸堂 [学]同志社本科政治科〔明治32年〕卒 [歴]明治32年に卒業ののち一時愛媛県下の小学校で英語を教えた。33年「国民新聞」に入社、外報部に配属され、45年に編集局長となる。大正4年に国際通信社報道部長。次いで7年「読売新聞」に転じて主筆に就任し、日本全権随員としてパリ平和会議を取材した。帰国ののち外務省嘱託となり、省内に情報部を創設。9年には中国関係情報を専門とした東方通信社を設立。さらに同社を国際通信社と合併させ、15年に日本新聞連合を発足させた。その後、昭和6年に国民新聞社長、7年にジャパンタイムス社長を歴任。戦後、20年に帰郷して島根新聞社長となり、28年まで在任した。その間、22年島根県から参議院議員に当選し、緑風会に所属。国会では内閣委員長や外務委員として活躍。26年には吉田茂首相の要請により、サンフランシスコ講和会議の全権委員代理として外国新聞対策に当たった。他方、鳥類の研究家としても一家を成し、その収集にかかる1600点以上の鳥類標本は島根県立博物館に伊達コレクションとして所蔵されている。

伊達 里子　だて・さとこ
女優
明治43年(1910年)10月11日～昭和47年(1972年)10月23日
[出]神奈川県横須賀市汐入町 [名]本名＝石川三枝 [学]文化学院中学部〔昭和2年〕卒 [歴]昭和4年松竹蒲田入社。「ダンスガールの悲哀」に川崎弘子と共演デビュー。5年ナンセンス喜劇のヒロインとして「エロ神の怨霊」「精力女房」「何が彼女を裸にしたか」などに主演。6年準幹部。五所平之助「マダムと女房」で熱演。7年日活太秦に移り、「真珠夫人」主演。8年「三万円五十三次」全3篇に大河内伝次郎と共演以来時代劇に転じ、「丹下左膳」前後篇など姐御役に大活躍。9年前進座、10年フリーとなり、PCL(写真化学研究所, 現・東宝)専属。12年東宝映画となって助演を続け、戦後新東宝に転じ、27年引退した。

伊達 順之助　だて・じゅんのすけ
大陸浪人 檀一雄の小説「夕日と拳銃」のモデル
明治25年(1892年)～昭和23年(1948年)9月9日
[生]岩手県 [名]中国名＝張宗援 [学]麻布中学, 慶応中学, 攻玉社中学, 立教中学, 海城中学 [歴]伊達政宗の子孫にあたり、岩手・水沢藩主宗敦の三男。父の影響で9歳頃から射撃の訓練をする。大変な乱暴者で麻布、慶応、攻玉社、立教、海城など当時の名門中を転々。立教中時代に拳銃で不良を射殺、華族礼遇停止処分を受ける。その後、満州に渡り、馬賊の頭目となり、大正5年頃パブジャップ将軍の蒙古独立軍に参加。14年には張作霖軍の少将となり中国に帰化、満州事変時に、日本軍の別働隊として華北国境を転戦、鬼将軍と呼ばれる。昭和13年満州国軍大将を自称して、中国人部隊・山東自治連軍総司令として天津に入るが、15年日本軍により解体。敗戦まで青島で海軍顧問の待遇を得るが、戦後、中国軍に逮捕され、23年上海で銃殺される。檀一雄「夕日と拳銃」のモデル。 [家]父＝伊達宗敦(陸奥水沢藩主)

伊達 正男　だて・まさお
野球選手
明治44年(1911年)2月25日～平成4年(1992年)8月30日
[出]大阪府大阪市 [学]早稲田大学商学部〔昭和8年〕卒 [歴]市岡中学時代捕手、投手。大正13、14年選抜大会、14、15年夏の甲子園大会に出場。東京六大学リーグでも投手兼捕手を務め、首位打者も獲得。昭和6年秋には来日した全米チームと対戦、球史に残る投球をした。その後も選抜出場チームの選考委員、選抜大会、甲子園大会の審判等歴任。戦後は監督兼投手としてオール大阪で都市対抗野球出場。30～34年阪急ブレーブスコーチを経て、野球殿堂特別表彰委員。平成元年自ら殿堂入りした。著書に「私の昭和野球史」。

伊達 豊　だて・みのる
児童劇作家
明治30年(1897年)5月7日～昭和36年(1961年)10月12日
[生]東京都 [学]早稲田大学英文科〔大正12年〕卒 [歴]大正12年以降、早大演劇博物館に勤め、坪内逍遥に師事。昭和8年には日本児童劇協会結成に尽力、事務局を担当して機関誌「児童劇」の編集に従事、逍遥の後継者として活躍した。協会は16年戦時統制で解散。著書に「家庭及学校用児童劇」「みのる児童劇」などがある。

立川 談志(6代目)　たてかわ・だんし
落語家
明治21年(1888年)12月18日～昭和27年(1952年)2月7日
[出]東京都駒込 [名]本名＝竹内栄次郎 [歴]明治43年5代目三升家小勝門下を経て、大正2年3代目三遊亭円馬門下に。のち、小勝門下に戻り、夢の屋市兵衛を名のる。6年6代目談志を襲名。「反対俥」が十八番で、通称“俥屋(くるまや)の談志”で親しまれた。

建川 美次　たてかわ・よしつぐ
陸軍中将 駐ソ大使
明治13年(1880年)10月3日～昭和20年(1945年)9月9日
[生]新潟県新潟市 [名]旧姓・旧名＝野崎 [学]陸士(第13期)〔明治34年〕卒, 陸大〔明治42年〕卒 [歴]明治34年騎兵第9連隊付となり、38年日露戦に出征。将校斥候の隊長としてロシヤ軍の背後に潜入、横断。山中峯太郎の「敵中横断三百里」(昭和5～6年「少年倶楽部」連載)のモデルになった。陸大卒業後、英国駐在、インド駐在武官。昭和6年参謀本部第2部長時代、陸軍の桜会を中心とする三月事件を主謀、十月事件に連座。その後ジュネーブ軍縮会議に派遣され、7年中将、8年第10、10年第4師団長を歴任。11年二・二六事件後の粛軍人事により、予備役。東亜建設国民連盟、大亜細亜協会の幹部となり「興亜運動」を指導。15年第二次近衛文麿内閣の駐ソ大使、19年翼賛政治会総務、大日本翼賛壮年団団長。

立野 信之　たての・のぶゆき

小説家　評論家

明治36年(1903年)10月17日〜昭和46年(1971年)10月25日

🏠千葉県五井町(市原市)　🎓関東中学中退　📖中学時代から「国民文学」などに短歌を投稿する。中学中退後は「簇生」「千葉文化」「新興文学」などの創刊に参加する。大正13年入営し、除隊後はプロレタリア文学の作家、評論家として活躍し、短編「標的になった彼奴」「軍隊病」や評論「プロレタリア文学の新しき前進方向」などを発表。昭和3年「戦旗」編集委員、のち日本プロレタリア作家同盟書記などを歴任し、5年治安維持法違反で検挙されたが、転向を表明し執行猶予となる。転向後は「友情」「流れ」などを発表し、戦後は現代史に取材した「太陽はまた昇る─公爵近衛文麿」や28年直木賞受賞の「叛乱」や「黒い花」「赤と黒」「壊滅」「明治大帝」「日本占領」などを発表した。41年まで日本ペンクラブ専務理事を務めた。　🏆直木賞(第28回・昭27年度)〔昭和28年〕「叛乱」

建畠 大夢　たてはた・たいむ

彫刻家

明治13年(1880年)2月29日〜昭和17年(1942年)3月22日

🏠和歌山県有田郡城山村(有田川町)　📛本名＝建畠弥一郎　🎓京都美術工芸学校(現・京都市立芸術大学)〔明治40年〕卒、東京美術学校彫刻選科〔明治44年〕卒　🏆帝国美術院会員〔昭和2年〕、帝国芸術院会員〔昭和12年〕　📖明治30年大阪に出て大阪医学校に学ぶが、伯父・小林山郷の影響を受けて彫刻家を志し、36年京都美術工芸学校(現・京都市立芸術大学)に入学。40年卒業して東京美術学校彫刻選科第2学年に転入。在学中の41年、第2回文展に出品した「閑静」で三等賞を受け文部省買い上げとなり、44年卒業後の第5回文展に出品した「ながれ」も三等賞で文部省買い上げとなった。その後も文展で受賞を重ねる。大正8年帝展審査員となり、以後毎年審査員を務める。9年母校・東京美術学校教授に就任(歿年まで)。10年北村らと新たに曠野社を結成。昭和2年帝国美術院会員、12年帝国芸術院会員に選出。15年門下で組織する彫刻団体・直土会を結成。16年第1回展を開催、大須賀力、黒田嘉治、山本稚彦、安田周三郎ら戦後の具象彫刻界で活躍する後進を育てた。初期文展以来、朝倉文夫、北村西望とともに官展系の三羽烏として知られ、裸婦像、童女像など堅実な写実の造形作品を残した。　👪長男＝建畠覚造(彫刻家)、三男＝建畠嘉門(建築家)、孫＝建畠朔弥(彫刻家)、建畠晢(美術評論家・詩人)　🏆文展特選(第10回)〔大正5年〕「絶望」

竪山 利邦　たてやま・としくに

航空技術者　川崎航空機工業取締役

生年不詳〜昭和61年(1986年)6月13日

🏠鹿児島県鹿児島市　📖川崎航空機工業の飛行機工作部門の責任者として「87式重爆撃機」、国産初の「88式陸軍偵察機」(昭和3年採用)や、「88式軽爆撃機」を生むなど、我が国航空機産業草創期の第一人者。88式シリーズは昭和7年までに計1180機製作された。陸軍の「92式戦闘機」、「95式戦闘機」の製作責任者。18年に同社取締役に就任、21年退任した。

帯刀 貞代　たてわき・さだよ

婦人運動家　婦人問題研究家

明治37年(1904年)6月7日〜平成2年(1990年)3月31日

🏠島根県飯石郡掛合村(雲南市)　📛別姓＝織本　🎓松江市立女子技芸学校〔大正9年〕卒、島根女子師範中退　📖小学校代用教員を勤め、大正13年上京。本郷のカフェで働き、14年織本侃と結婚(昭和9年離婚)。夫と共に日本労農党に入り労働運動を続ける。昭和2年全国婦人同盟(のち無産婦人同盟)を結成し、書記長となる。「女人芸術」にも数々の評論を発表。また4年には女工たちの教育のために東京・亀戸に"労働女塾"を開く。その後、無産運動に加わり2度検挙される。戦後は、文筆活動により女性解放のために活躍。37年新日本婦人の会結成呼びかけ人の一人となり、代表委員を務める。著書に「日本の労働婦人問題」「これからの婦人」「日本の婦人」「ある遍歴の自叙伝」など。

田所 広泰　たどころ・ひろやす

思想運動家　歌人

明治43年(1910年)9月28日〜昭和21年(1946年)6月18日

🏠東京都　🎓東京帝国大学〔昭和6年〕卒　📖昭和6年内務大臣秘書官補佐となるが、小田村事件が起こると、その支援のために全国的な学生運動を展開し、15年近衛文麿らを顧問として日本学生協会を創立、その理事長に就任した。この間伊藤述史の日本学研究所所員を経て、16年精神科学研究所を創立して理事長となる。太平洋戦争が勃発すると、東条内閣を徹底して批判し、18年検挙され、翌年も拘置されて健康状態が悪化、終戦後の21年疎開先の岩手県で死去した。著書に小田村寅二郎編「憂国の光と影─田所広泰遺稿集」がある。

田中 阿歌麿　たなか・あかまろ

湖沼学者　日本陸水学会初代会長

明治2年(1869年)9月30日〜昭和19年(1944年)12月1日

🏠東京築地(東京都中央区)　🎓ブリュッセル市立大学理学部地理学科〔明治26年〕卒　理学博士　📖中村敬宇の私塾に学び、明治17年父・田中不二麿子爵に従って渡欧する。外交官の修業をしていたが、アルプスの山湖を巡歴して地理学に傾倒し、ブリュッセル市立大学に入学。卒業後コンゴ植民地の地理研究をし、28年帰国。以来、山中湖を皮切りとし全国各地の湖沼を研究する。専修大学、中央大学、早稲田大学、京都帝国大学などで教え、昭和6年日本陸水学会を創立、初代会長となった。主な著書に「諏訪湖の研究」「日本北アルプス湖沼の研究」などがある。　👪父＝田中不二麿(政治家)、長男＝田中薫(地理学者)

田中 逸平　たなか・いっぺい

回教帰依者　大東文化学院教授

明治15年(1882年)〜昭和9年(1934年)9月15日

🏠東京都　📛号＝天籟道人　🎓台湾協会学校(現・拓殖大学)〔明治35年〕卒　📖明治37年日露戦争に際し、陸軍通訳となって特別任務に従った。大正12年アジアの復興を志して中国人回教徒と共に聖地メッカに赴き、日本人としては2人目の回教徒となった。14年帰国し、大東文化学院教授に就任。昭和8年再び聖地巡礼を行い、サウジアラビアのネジド国王とも会見した。著書に「回教及び大亜細亜主義」「高天原雑記」など。

田中 栄八郎　たなか・えいはちろう

実業家　日産化学工業社長

文久3年(1863年)8月16日〜昭和16年(1941年)3月16日

🏠武蔵国三芳野村(埼玉県坂戸市横沼)　📛旧姓・旧名＝大川　📖祖父・大川平兵衛は神道無念流を極めた剣術の名人で、その腕を買われて武蔵川越藩士となった。母は尾高惇忠の妹で、渋沢栄一は母の妹の夫。明治8年一家で上京、12年兄・大川平三郎が勤務していた王子製紙に職工として入社。16年同社前にあった飯屋の一人娘と結婚、田中姓となった。28年王子製造所を設立して社長に就任、29年関東酸曹に改称。31年王子製紙が三井財閥に乗っ取られ兄が同社を放逐されると、ともに退社。以後、兄の事業を助けて大川財閥の発展に尽くし、中央製紙副社長、日本フエルト社長、大日本人造肥料社長、日出紡織社長などを歴任。昭和12年大日本人造肥料が日本産業と合併、新設の日本化学工業、間もなく社名変更した日産化学工業の社長となった。　👪兄＝大川英太郎(実業家)、大川平三郎(実業家)、伯父＝尾高惇忠(実業家)、叔父＝渋沢栄一(実業家)

田中 王城　たなか・おうじょう

俳人

明治18年（1885年）5月30日〜昭和14年（1939年）10月26日

生京都　名本名＝田中常太郎　学早稲田大学商科卒　歴子規を知って俳句を作り始め、中川四明に師事、大学入学後は虚子に学んだ。「ホトトギス」同人となって虚子門下の去来といわれたが、卒業後京都で書画骨董商・寸紅堂を経営した。大正7年ごろから再び句作を始め、9年「鹿笛」を創刊主宰し、関西俳壇の門下を育てた。ホトトギス課題句選者。昭和15年1周忌記念に「王城句集」が出された。

田中 海応　たなか・かいおう

学僧

明治11年（1878年）5月29日〜昭和44年（1969年）2月21日

生大阪府堂島（大阪市北区）　専真言宗豊山派の歴史　学早稲田大学英文学科〔明治38年〕卒　歴明治26年奈良県能満院（真言宗）の慶雲海量について得度。東京音羽高等中学林・新義派大学林を経て、早稲田大学英文学科に学ぶ。38年に同大学を卒業後は豊山尋常学院や豊山中学校・豊山大学で教鞭を執り、大正10年に大正大学教授となった。その傍ら、昭和2年より真言宗豊山派の教学部長を務める。14年に同大学を退き、以後は「豊山全書」全21巻の編纂・刊行に専念。18年同派の別格本山である佐賀県鹿島の誕生院住職となり、39年には同派勧学に就任した。同派の歴史及び事相、真言宗に精通し、「長谷寺」「豊山小史」「鹿島誕生院史」「秘密事相の解説」など著書・論文も多い。

田中 寛一　たなか・かんいち

教育心理学者 東京文理科大学教授

明治15年（1882年）1月10日〜昭和37年（1962年）11月12日

生岡山県赤坂郡窪田村　学東京高等師範学校（現・筑波大学）卒、京都帝国大学文科大学哲学科〔大正2年〕卒 文学博士　歴大正8年東京高等師範学校教授、昭和4年東京文理科大学教授。教育測定、知能について研究を進め、田中ビネー式知能検査法、田中B式知能検査法などを普及させた。戦後23年田中教育研究所を設立、所長に就任。日大文学部教授、玉川大学長も務めた。著書に「人間工学」「教育測定学」「教育的統計法」など。　賞文化功労者〔昭和35年〕

田中 完三　たなか・かんぞう

三菱本社社長

明治19年（1886年）1月20日〜昭和61年（1986年）1月9日

出新潟県　学東京高等商業学校（現・一橋大学）〔明治41年〕卒　歴三菱合資に入社。大正7年、旧三菱商事設立に伴い移籍し、昭和4年常務、15年会長、18年社長、20年三菱本社社長。終戦直後の混乱期、占領軍指令で三菱財閥の持株会社の三菱本社から創業者一族の岩崎家が追放され、四代目社長・岩崎小弥太（三菱財閥の創業者・岩崎弥太郎の弟弥之助の長男）から三菱グループ総帥・三菱本社の社長を受け継いだ。財閥解体の渦中で、三菱本社清算までの最後の社長としてらつ腕を振るった。

田中 義一　たなか・ぎいち

陸軍大将 男爵 首相 政友会総裁

元治1年（1864年）6月22日〜昭和4年（1929年）9月29日

生長門国萩（山口県萩市）　名幼名＝音熊、号＝素水　学陸士（旧第8期）〔明治19年〕卒、陸大〔明治25年〕卒　歴長州藩士・田中信佑の三男。明治7年萩町役場の給仕となり、9年前原一誠が起こした萩の乱に参加した。赦されて小学校の代用教員や判事の書生を経て、15年上京。16年陸軍教導団に入り、19年陸軍士官学校を卒業して陸軍少尉に任官。25年陸軍大学校を卒業。日清戦争には歩兵第二旅団副官、第一師団参謀として出征。31年ロシアへ留学。35年帰国後すると参謀本部ロシア課主任となり、36年陸軍大学校教官を兼ねるが、37年日露戦争

開戦とともに大本営参謀、満州軍参謀に転じた。42年軍務局軍事課長、43年陸軍少将に進み歩兵第二旅団長。44年軍務局長となり上原勇作陸相の下で2個師団増設を推進したが失敗。大正元年歩兵第二旅団長に再任し、4年陸軍中将に昇進して参謀次長。一方で欧米視察での知見から青年団の必要性を悟り、5年全国の青年団を統一して全国青年団中央部を組織し、その理事長に就任した。7年原内閣に陸相として入閣し、シベリア出兵を指揮。10年陸相を辞任するとともに陸軍大将に進んだ。12年第二次山本内閣に陸相として入閣。この頃から政界入りを模索し、14年高橋是清の推薦で政友会総裁に迎えられ、15年勅選貴族院議員。昭和2年第一次若槻内閣の崩壊に伴い首相に就任し、政友会を率いて組閣し外相・拓務相を兼任。4年7月総辞職し、9月急死した。この間、大正9年男爵。　家長男＝田中龍夫（衆院議員）、孫＝小沢克介（衆院議員）、岳父＝大築尚志（陸軍中将）、女婿＝小沢太郎（衆院議員・山口県知事）

田中 喜作　たなか・きさく

美術史家

明治18年（1885年）2月7日〜昭和20年（1945年）7月1日

生京都府京都市　学京都市立美術工芸学校中退、関西美術院中退　歴明治41年関西美術院中退後渡仏し、パリのアカデミー・ジュリアンに学ぶ。42年帰国し美術批評と近世日本絵画史の研究に入り、浮世絵の研究家として知られる。昭和2年美術研究所所員となり、19年東京美術学校教授に就任。著書に「ルノアール」「マイヨールの芸術」「浮世絵概説」などがある。　家兄＝田中豊蔵（美術史家）

田中 絹代　たなか・きぬよ

女優

明治42年（1909年）11月29日〜昭和52年（1977年）3月21日

生山口県下関市　歴2歳の時に父を失う。幼い頃から筑前琵琶の手ほどきを受け、13歳で大阪に出て少女琵琶歌劇団の女優となる。やがて映画女優を目指すようになり、大正13年松竹下加茂撮影所に入所、野村芳亭監督「元禄女」で映画デビューを果たした。続いて同年の清水宏監督「村の牧場」で早くも主演に抜擢。14年同社蒲田撮影所に移ってからは島津保次郎監督「勇敢なる恋」を皮切りに五所平之助監督「恥しい夢」「絹代物語」「銀座の柳」「伊豆の踊子」「人生のお荷物」、小津安二郎監督「大学は出たけれど」「東京の女」「非常線の女」、野村監督「婦系図」、島津監督「お琴と佐助」など数多くの作品に出演し、純情可憐な娘を好演して同社の看板スターとしての地位を確立した。この間、昭和6年には我が国初のトーキー映画となる五所監督「マダムと女房」で主演を務め、甘ったるいような声で全国の映画ファンを魅了。さらに13年上原謙と共演した野村浩将監督による恋愛メロドラマ「愛染かつら」は戦前の日本映画最大のヒットとなり、その後4本の統編が製作された。戦後は年齢を経るに従って演技派として成長し、27年の溝口健二監督「西鶴一代女」はベネチア国際映画祭国際賞に輝いた。28年には新東宝製作の「恋文」で監督に挑戦して日本における本格的な劇映画の女流監督第1号となった。50年熊井啓監督「サンダカン八番娼館・望郷」でベルリン国際映画祭最優秀女優賞を受賞。我が国の映画史上最大の女優といわれる。昭和初年、映画監督の清水宏と結婚したが間もなく離婚した。　家従弟＝小林正樹（映画監督）　賞芸術選奨文部大臣賞〔昭和49年〕

田中 清玄　たなか・きよはる

日本共産党中央委員長

明治39年（1906年）3月5日〜平成5年（1993年）12月10日

生北海道函館市新川町　出福島県　名筆名＝田中清玄　学東京帝国大学文学部哲学科〔昭和4年〕中退　歴昭和2年東京帝国大学在学中に共産党に入党。4年同党再建中央ビューロー委員長となり、武装闘争を指導。5年2月母が息子を諫めるため

割腹自殺し、7月逮捕される。9年母の諫死などにより獄中で転向を発表、党を除名された。16年出所、静岡県三島の龍沢寺に入山、山本玄峰の下で4年間禅を修行。以後、反共主義者として活動。19年神中組を設立、22年三幸建設工業と改称し、社長。戦後は"政商""黒幕""怪物""右翼"などと呼ばれ、昭和史の様々な場面に姿をみせた。　[家]二男＝田中愛治（早稲田大学教授）

田中 謹左右　たなか・きんぞう

洋画家

明治41年（1908年）4月3日〜昭和10年（1935年）4月25日

[生]岡山県岡山市　[学]祇祇尋常小卒　[歴]大正11年京都に出て、鹿子木孟郎に師事。13年上京。15年春陽会展に初入選した。昭和7年渡仏。8年春陽会会友となる。　[賞]春陽会賞〔昭和5年〕

田中 邦治　たなか・くにじ

衆議院議員

明治16年（1883年）10月〜昭和35年（1960年）2月4日

[生]長野県上高井郡小山村（須坂市）　[歴]長野県須坂町長、長野県議を経て、昭和11年から衆議院議員に2選。33年須坂市長となる。

田中 国重　たなか・くにしげ

陸軍大将

明治2年（1869年）12月17日〜昭和16年（1941年）3月9日

[生]鹿児島県　[学]陸士（第4期）〔明治26年〕卒、陸大〔明治33年〕卒。近衛騎兵大隊付となり、日清戦争に出征する。明治33年騎兵第二連隊中隊長、35年参謀本部部員となり、37年満州軍参謀として日露戦争に従軍する。39年米国大使館付、大正3年侍従武官、6年英国大使館付となり、8年から10年にかけてベルサイユ、ワシントン両会議随員となる。11年第十五師団長に、14年近衛師団長に、15年台湾軍司令官となり、昭和4年大将となって予備役編入となった。8年在郷軍人右翼団体明倫会の総裁に就任した。

田中 啓爾　たなか・けいじ

地理学者　東京文理科大学教授

明治18年（1885年）12月8日〜昭和50年（1975年）1月5日

[生]東京府牛込区払方町（東京都新宿区）　[学]福岡師範〔明治40年〕卒、東京高等師範学校（現・筑波大学）本科地理歴史部〔明治45年〕卒　理学博士〔昭和30年〕　[歴]明治45年長崎県師範教諭を経て、大正4年東京高等師範附属中学に勤務。9〜12年文部省在外研究員として欧米へ留学。帰国後、12年東京高等師範教授となり、昭和4年東京文理科大学助教授、12年教授を兼務。22年定年退官。また、2年より立正大学講師として事実上の地理主任教授の役割を果たし、22年正式に同教授に迎えられた。40年退職。2つの大学の地理学教室を育成して多くの門下を輩出、22年国立公園審議会委員、27〜29年日本地理学会会長。著書に「地理学の本質と原理」「多摩御陵附近の地誌」「塩および魚の移入路─鉄道開通前の内陸交通」や「地理学論文集」（全4巻）などがある。

田中 慶太郎　たなか・けいたろう

文求堂取締役　日本古書組合理事長

明治13年（1880年）4月28日〜昭和26年（1951年）9月15日

[学]京都府京都市　[学]東京外国語学校（現・東京外国語大学）支那語科卒　[歴]文久元年（1861年）祖父田中治兵衛が京都に文求堂を創業。明治34年慶太郎が東京・本郷に移して家業を興し、常に清国との間を往来し古書のほか書画骨董硯墨を輸入して産をなした。博覧強記の上書物に対する見識が高く、内藤湖南、犬養毅などと親交があった。著書に「羽陵余譚」、また多くの秘籍を襲蔵したが、戦時の特別買上で都立図書館の所蔵になった。　[家]長男＝田中乾郎（文求堂社長）

田中 源　たなか・げん

衆議院議員

明治9年（1876年）10月〜昭和22年（1947年）8月19日

[出]東京都　[歴]農業を営む。昭和8年所有地1万坪（約3.3ヘクタール）を公園敷地として東京市に寄贈、のちの行船公園（江戸川区）になった。葛西村議、南葛飾郡議・議長、東京市議、東京府議・議長などを経て、11年から衆議院議員に当選3回。葛西村長も務めた。

田中 好　たなか・こう

衆議院議員

明治19年（1886年）12月〜昭和31年（1956年）5月14日

[生]京都府船井郡園部町城南町　[学]立命館大学専門部法律科〔明治43年〕卒　[歴]幼くして父を失い、苦学して立命館大学に進む。卒業後、京都府属、兵庫県属、内務属、内務省土木事務官、臨時震災救護事務局事務官兼鉄道省事務官を歴任。京都府の交通網整備など土木・道路行政に携わり、日本の道路法の基礎を築く。昭和11年衆議院議員に初当選。以来通算4回当選。この間土木会議議員、商工省委員、厚生省行政委員、衆議院厚生委員長等を務めた。また東京合同自動車社長、日本女子鉄道学校長等も務めた。

田中 広太郎　たなか・こうたろう

大阪府知事

明治21年（1888年）11月4日〜昭和43年（1968年）1月17日

[出]奈良県　[学]東京帝国大学法科大学政治学科〔大正2年〕卒　[歴]内務省に入省。昭和3年東京府助役、6年静岡県知事、10年長崎県知事、12年愛知県知事、21年大阪府知事を歴任。22年地方自治連盟理事長。

田中 貢太郎　たなか・こうたろう

小説家　随筆家

明治13年（1880年）3月2日〜昭和16年（1941年）2月1日

[生]高知県長岡郡三里村仁井田（高知市）　[名]号＝桃葉、虹蛇楼　[歴]小学3年修了後、漢学塾に通い、代用教員や新聞記者などを務め、明治36年上京。病のため一度帰郷し、40年再上京する。42年に刊行された田岡嶺雲の「明治叛臣伝」の調査、執筆に協力。45年雑文集「四季と人生」を刊行。大正3年「田岡嶺雲・幸徳秋水・奥宮健之追懐録」を発表して注目を浴び、以後「中央公論」に多くの実録ものを発表。さらに怪談ものや大衆小説を多く発表し、「怪談全集」「奇談全集」「旋風時代」「峨眉往来」「朱唇」などの作品がある。昭和5年随筆雑誌「博浪沙」を創刊。また俳句も桂月に学び、句集に「田中貢太郎俳句集」がある。没後、生前の業績に対して菊池寛賞が与えられた。　[賞]菊池寛賞（第3回）〔昭和15年〕

田中 耕太郎　たなか・こうたろう

商法学者　東京帝国大学教授

明治23年（1890年）10月25日〜昭和49年（1974年）3月1日

[生]鹿児島県鹿児島市　[学]東京帝国大学法学部独法科〔大正4年〕卒　法学博士〔昭和5年〕　[賞]日本学士院会員　[歴]内務省勤務を経て、大正6年東京帝国大学助教授、12年教授として商法を担当。著書「世界法の理論」は有名で、近代法学の発展に貢献。戦後は第一次吉田内閣の文相や参議院議員、初代最高裁判官などを歴任した。　[家]岳父＝松本烝治（商法学者）　[勲]文化勲章〔昭和35年〕

田中 五呂八　たなか・ごろはち

川柳作家

明治28年（1895年）9月20日〜昭和12年（1937年）2月10日

[生]北海道釧路市　[名]本名＝田中次俊　[学]札幌農科大学林業専門科〔大正7年〕中退　[歴]明治公債会社旭川支店を経て、小樽新聞社に入社。「大正川柳」誌に投句を続け、大正12年小樽

で「氷原」を創刊。"新興川柳"と名づけ、伝統的な「うがち」「こっけい」「からみ」を否定、近代的な短詩型文学への脱皮を提唱した。15年以後五呂八らの純芸派に対し、鶴彬らプロレタリア派が分派して対立、昭和初期にかけて論争を展開したが、ファシズムの台頭と大正デモクラシーの退潮で新興川柳運動も下火となり、6年休刊した。11年に再刊。評論に「新興川柳論」がある。

田中 早苗　たなか・さなえ
翻訳家
明治17年(1884年)～昭和20年(1945年)5月
[生]秋田県　[歴]「新青年」初期以来の翻訳家。訳書にコリンズ「白衣の女」、ガボリオ「ルルージュ事件」「河畔の悲劇」「ルコック探偵」、ガストン・ルルー「オペラ座の怪」など。

田中 三郎　たなか・さぶろう
映画評論家 キネマ旬報社長 木曜会主宰
明治32年(1899年)6月4日～昭和40年(1965年)8月6日
[出]広島県　[学]静岡中〔大正6年〕卒, 東京高等工業学校応用化学科(現・東京工業大学)〔大正9年〕卒　[歴]父は梨本宮家の馬術指南役であった。静岡中学から東京高等工業学校に進み、応用化学を専攻。傍ら、活動写真や音楽に熱中し、在学中の大正8年に級友・田村幸彦らと映画の同人雑誌「キネマ旬報」を創刊。9年卒業後は大阪の芝川商店化学薬品部や松竹の外国部に勤めながら同誌の発行に当たるが、11年以降は同誌に専念し、13年には「キネマ旬報ベストテン」を開始するなど"映画の羅針盤"として親しまれた。14年には映画批評を主体とした雑誌「映画往来」を発刊。昭和2年株式会社キネマ旬報を創設し、社長に就任。一方で映画鑑賞会の開催や優秀映画の表彰、映画研究会・木曜会の主宰、映画ライブラリ設立などを企画・実行し映画文化の発展に貢献した他、双葉十三郎、内田岐三雄、岸松雄ら多くの映画批評家・映画人を育成した。15年戦時の出版統制のため「キネマ旬報」を廃刊、日本映画雑誌協会理事長となる。19年大日本映画協会参与。戦後「キネマ旬報」の誌名を友田純一郎に譲った。

田中 茂穂　たなか・しげほ
動物学者 東京帝国大学教授
明治11年(1878年)8月16日～昭和49年(1974年)12月24日
[生]高知県上街　[名]号＝南水　[専]魚類分類学　[学]東京帝国大学理科大学動物学科〔明治37年〕卒 理学博士〔昭和6年〕　[歴]来日中のジョルダン博士の魚類研究に協力し、のち米国に留学。昭和13年東京帝国大学教授、三崎臨海実験所所長を兼任。日本魚類分類学の開拓者で、著書に「日本産魚類図説」(48巻)「日本魚学」「実用魚介方言図説」などがある。

田中 重之　たなか・しげゆき
長崎県知事
明治31年(1898年)12月15日～昭和60年(1985年)4月9日
[出]埼玉県　[学]東京帝国大学法学部法律学科〔大正11年〕卒　[歴]石川県知事を昭和15年から17年まで、長崎県知事を同年から19年まで務めた。31～47年埼玉県教育委員長。

田中 治吾平　たなか・じごへい
神道家
明治20年(1887年)12月26日～昭和48年(1973年)5月9日
[生]岐阜県揖斐郡　[学]神宮皇学館〔明治40年〕卒, 東洋大学〔明治45年〕卒　[歴]学問と信仰の一致に立つ教育を求めて国教学館を創立し、のち信仰体験を深め、自ら創始した鎮魂斎庭修行によって、鎮魂の霊法を施した。昭和4年新たに霊感を得て無上神道を唱え、教化活動に専念した。著書に「神代之思想」「日本民族の信仰」「無上神道」などがある。

田中 静壱　たなか・しずいち
陸軍大将
明治20年(1887年)10月1日～昭和20年(1945年)8月24日
[生]兵庫県　[学]陸士(第19期)〔明治40年〕卒, 陸大〔大正5年〕卒　[歴]昭和9年第4師団参謀長、10年歩兵第5旅団長、13年憲兵司令官、14年第13師団長、15年憲兵司令官、17年第14軍司令官などを歴任して、18年大将、19年陸大校長兼軍事参議官となるが20年3月第12方面軍司令官兼東部軍管区司令官に就任。本土決戦時の関東地方防衛の責任者となった。終戦時、宮城を占領した反乱将校の説得にあたり、鎮圧に成功後自決した。

田中 寿一　たなか・じゅいち
教育家 浜松高等工業学校教授
明治19年(1886年)10月5日～昭和35年(1960年)11月11日
[出]福岡県　[学]東北帝国大学卒　[歴]東北帝国大学助教授、浜松高等工業学校教授を務める。大正15年名古屋高等理工科講習所を開設、のち名古屋専門学校などを経て、昭和24年名城大学に発展させ、理事長に就任した。

田中 省吾　たなか・しょうご
農林省食品局長
明治29年(1896年)1月31日～昭和42年(1967年)10月9日
[生]岐阜県　[学]京都帝国大学〔大正13年〕卒　[歴]内務省に入省。土木局道路課長、河川課長、昭和17年佐賀県知事、農林省食品局長を経て、昭和20年10月香川県知事。その後、横浜市助役、34年横浜商工会議所会頭。

田中 省吾　たなか・しょうご
洋画家
明治30年(1897年)～昭和18年(1943年)8月14日
[生]秋田県　[学]東京美術学校西洋画科〔大正10年〕卒　[歴]昭和4年フランスに留学し、7年帰国。7年の二科展に滞欧作を出品し、会員に推された。主な作品に「裸体」「娘と子供達」「小梨咲く高原」などがある。

田中 四郎　たなか・しろう
日本出版文化協会常務理事
明治34年(1901年)1月26日～昭和20年(1945年)8月15日
[生]和歌山県和歌山市東釘貫町　[学]和歌山商〔大正7年〕卒, 神戸高等商業学校〔大正11年〕卒　[歴]和歌山商業時代の大正6年、全国学生相撲大会未成年の部で優勝。7年神戸高等商業学校でも相撲部に在籍して黄金時代を担い、8年全国学生相撲大会で個人・団体とも優勝に輝いた。11年鈴木商店に入社したが、昭和2年同社が倒産。4年山陽電気軌道運輸課長、7年栗本鉄工所営業主任、8年支配人を経て、15年取締役。この間、8年鈴木商店支配人であった金子直吉の二女と結婚。16年旧知の飯島幡司が日本出版文化協会専務理事に就任すると、請われて同協会常務理事業務局長に就任。18年同協会が日本出版会に発展的解消するまで在籍した。19年旧鈴木系の中心会社である太陽産業常務となったが、20年2月召集を受けて陸軍少尉に任官。8月15日早朝、朝鮮・清津に上陸したソ連軍との戦闘の最中、銃撃を受け戦死した。歌人としてもアララギ派の中で特異な位置を占め、歌集「青野」がある。　[家]岳父＝金子直吉(実業家)

田中 新一　たなか・しんいち
陸軍中将
明治26年(1893年)3月18日～昭和51年(1976年)9月24日
[生]新潟県　[学]陸士(第25期)〔大正2年〕卒, 陸大〔大正12年〕卒　[歴]大正2年歩兵少尉、教育総監部課長、昭和3年ソ連駐在、9年関東軍参謀本部付ベルリン駐在、11年陸軍省軍務局課員から兵務課長、12年軍事課長、14年駐蒙軍参謀長、15年参謀本部第1部長、日米開戦を強硬に主張。16年中将。ガダルカナル戦

た

たなか　　　　　　　　　　　　　　　　　　　　昭和人物事典 戦前期

で東条英機陸相の撤退論と対立、第1部長を解任され17年南方軍総司令部付となり、18年第18師団長、ビルマ方面軍参謀長、20年東北軍管区指令部付となった直後、プノンペン付近で飛行機事故のため重傷し敗戦。戦後、朝鮮戦争では作戦のエキスパートとして米軍に協力、日本再軍備計画に参画した。

田中 新吾　たなか・しんご
農芸化学者 大蔵省専売局技術課長
明治12年(1879年)～昭和28年(1953年)8月10日
[生]和歌山県那賀郡安楽川村(紀の川市)　[学]東京農科大学卒　[歴]明治38年大蔵省専売局に入る。以来、製塩技術の改良・研究に努め、40年千葉県津田沼、42年山口県三田尻の試験場長を歴任、「ST式塩釜」を開発したほか真空式蒸発法やカナワ式製塩の工業化に成功するなど製塩業の発展に大きく貢献した。また、加圧式蒸発法や海水利用工業についても研究。大正12年同局技術課長であった奥健蔵の後任となり、塩業の近代化に尽力。昭和12年に退官、26年日本塩学会が発足すると、初代会長に就任した。

田中 善立　たなか・ぜんりゅう
衆議院議員
明治7年(1874年)11月～昭和30年(1955年)2月20日
[出]愛知県　[学]東京哲学館〔明治28年〕卒　[歴]大谷派本願寺の中国福建省泉州布教所駐在員として布教活動に携わる。明治45年衆議院議員に当選、以来通算7回当選。この間、海軍省副参政官、第一次若槻内閣文部政務次官、鉄道会議員、憲政会総務、愛知県中央鉄道会社社長などを歴任。著書に「台湾及南方支那」がある。　[家]三女＝田中君枝(洋画家)

田中 孝子　たなか・たかこ
社会学者 東京市結婚相談所所長
明治19年(1886年)4月1日～昭和41年(1966年)12月17日
[生]千葉県野田市　[名]旧姓・旧名＝高梨　[専]結婚生活　[学]スタンフォード大学文学部〔大正4年〕卒, シカゴ大学社会学科修士課程修了　[歴]日本女子大学校に在学中の明治42年、叔父で実業家の渋沢栄一を団長とする経済使節団に随行し、米国に渡る。使節団の帰国後も同地に留まり、スタンフォード大学文学部・シカゴ大学社会学科修士課程で社会学を修めた。大正7年に帰国後、母校日本女子大学校教授に就任、結婚生活に関する社会学的考察を専門とした。9年早稲田大学の哲学教授田中王堂と結婚。さらに同年10月には日本政府の顧問として国際労働機関(ILO)総会に出席した。夫と死別後の昭和8年より東京市結婚相談所の初代所長を務め、37年まで在職。著書に「新しき結婚生活」「結婚相談」などがある。　[家]夫＝田中王堂(哲学者)、叔父＝渋沢栄一(実業家)、叔母＝渋沢兼(渋沢栄一夫人)

田中 武雄　たなか・たけお
衆議院議員
明治21年(1888年)6月26日～昭和45年(1970年)2月26日
[生]兵庫県姫路市　[学]青山学院高等科卒　[歴]欧米に留学し、帰国後鉄道相秘書官となる。大正9年、兵庫県から衆議院議員となり、以後7回当選し、憲政会、民政党に所属する。その間、外務参与官、拓務政務次官などを歴任し、またストックホルムで催された第19回列国議会同盟会議や汎太平洋商業会議などに出席。さらに南米視察議員団長なども務め、戦後は幣原内閣の運輸相を務めた。また岩見銀行頭取なども歴任した。

田中 武雄　たなか・たけお
拓務次官 貴族院議員(勅選)
明治24年(1891年)1月17日～昭和41年(1966年)4月30日
[生]三重県　[学]明治大学法律学部〔明治45年〕卒　[歴]大正3年内務省に入り、長野県警視、昭和11年朝鮮総督府警務局長、14

年拓務次官などを歴任し、19年小磯内閣の内閣書記官長となる。その間、軍需省、技術院、総力戦研究所などの参与も歴任し、20年貴族院議員に勅選される。21～26年公職追放。戦後は社団法人中央日韓協会会長などを務めた。

田中 蛇湖　たなか・だこ
俳人
明治5年(1872年)1月5日～昭和30年(1955年)6月12日
[生]千葉県山武郡丘山村(東金市)　[名]本名＝田中謙蔵　[歴]明治42年虚子、鳴雪に師事し、「ホトトギス」同人となる。また「渋柿」「ツボミ」「アラレ」などにも加わり、東洋城、稲青らと句作を共にし、「閑古鳥」を十余年間主宰した。「蛇湖句集」「含輝」のほか著書「石井周庵先生伝」「亡妻を語る」「落椿」などがある。

田中 忠夫　たなか・ただお
中国研究家
明治27年(1894年)～昭和39年(1964年)
[生]山口県　[学]山口高等商業学校卒　[歴]山口高等商業学校講師、南満州鉄道(満鉄)社員を経て、著述業に転じ、大正11年中国に渡り経済事情の調査に従事。15年武漢で第一次国内革命戦争に遭遇、国民革命軍総政治部の副主任であった郭沫若と知り、総政治部国際編訳局の仕事に協力、劉少奇ら中国共産党の指導者とも会う。昭和4年帰国。東亜経済調査局嘱託となったが、再度中国に渡り、上海で国民党臨時革命行動委員会の宣伝活動に協力。8年福建人民政府の名目上の顧問となる。12年日中戦争勃発後約2年半北京で拘置され、釈放後南京の大使館で中国文献の翻訳に従事。敗戦後帰国し、語源研究に没頭した。「支那経済研究」(大正8年)から「現代支那の基本的認識」(昭和11年)、「支那現下の政治動向」(12年)に至る当時の中国の現状分析を中心とした著作多数。

田中 長三郎　たなか・ちょうざぶろう
農学者 台北帝国大学教授
明治18年(1885年)11月3日～昭和51年(1976年)6月28日
[生]大阪府大阪市　[専]果樹園芸学, 柑橘類の分類学的研究　[学]東京帝国大学農科大学〔明治43年〕卒 農学博士〔昭和7年〕, 理学博士〔昭和29年〕　[歴]上田蚕糸専門学校講師、九州帝国大学講師、宮崎高等農林学校教授を経て、昭和4年台北帝国大学教授。19年定年退官。戦後連合国軍総司令部(GHQ)嘱託を経て、東京農業大学教授となり、30年大阪府立大学教授に就任、同大農学部の発展に尽力した。柑橘類の分類学的研究で知られ、温州蜜柑の枝変り現象の発見から英文「温州蜜柑譜」を完成させるなど、柑橘に関しての多くの研究業績がある。著書に「柑橘学」「果樹分類学」などがある。　[賞]農学賞〔昭和9年〕

田中 務　たなか・つとむ
物理学者 東京帝国大学理学部教授
明治18年(1885年)10月17日～昭和48年(1973年)11月20日
[生]佐賀県　[専]物理実験学, 分光学, 天体物理学　[学]東京帝国大学理科大学実験物理学科〔明治42年〕卒 理学博士〔昭和2年〕　[歴]二高教授、新潟高校教授を経て、昭和2年東京帝国大学理学部教授。22年退官後は新潟大学教授、東京理科大学教授を務めた。物理実験学の講義を担当する一方、発展期における分光学、特に2分子原子の研究で業績を上げた。天体物理学にも造詣が深く、2～14年東京天文台技師を兼務した。

田中 鉄三郎　たなか・てつさぶろう
満州中央銀行総裁 朝鮮銀行総裁
明治16年(1883年)1月20日～昭和49年(1974年)12月2日
[生]佐賀県　[学]東京帝国大学政治科〔明治40年〕卒　[歴]明治42年日本銀行に入行し、大正6年から9年にかけてロンドン代理

店監督役付を務め、昭和4年ロンドン代理店監督となる。以後8年に帰国するまで多くの会議に参加し、国際連盟財政委員会委員などを歴任。帰国後、文書局長、大阪支店長を経て、10年理事に就任。11年日銀を退職、満州中央銀行総裁に就任。17年朝鮮銀行総裁となり、20年退職。戦後は追放されたが、解除後外務省顧問、日本海外移住振興株式会社社長などを歴任した。著書に「恐慌渦中の国際経済」などがある。

田中 伝左衛門（10代目）　たなか・でんざえもん
歌舞伎長唄囃子方 田中流10世家元
明治13年（1880年）2月2日〜昭和30年（1955年）2月22日
生東京都　名本名＝赤田礼三郎、前名＝田中源助、柏扇吉、俳名＝田中涼月　歴明治25年、9代目伝左衛門に入門し田中源助を名のって、東京歌舞伎座に出勤。その後5代目尾上菊五郎の弟子分となり初代柏扇吉と改名する。44年田中伝左衛門を襲名し、帝国劇場の専属となる。昭和に入って初代中村吉右衛門一座の鳴物主任を務め、18年初代涼月を名のったが、21年家督を譲り、29年芸界を引退した。　家父＝三遊亭金朝（落語家）、長男＝田中涼月（2代目）、二男＝田中伝左衛門（11代目）

田中 都吉　たなか・ときち
外交官 駐ソ大使 中外商業新聞社長 貴族院議員（勅選）
明治10年（1877年）1月26日〜昭和36年（1961年）10月3日
生京都府宮津市　学高等商業学校（現・一橋大学）専攻部領事科〔明治31年〕卒　歴明治31年外交官試験に合格して外務省に入る。領事官補、領事、参事官などを歴任し、大正10年通商局長となり、以後情報部次長、11年外務次官、12年退官。13〜14年ジャパン・タイムズ社長などを経て、14年から昭和5年にかけて駐ソ大使となる。8年退官し中外商業新聞社長になり、17年日本新聞協会会長に就任した。18〜21年勅選貴族院議員、21〜26年公職追放。

田中 徳次郎　たなか・とくじろう
実業家 合同電気会社副社長
明治9年（1876年）5月15日〜昭和8年（1933年）5月15日
生愛知県名古屋市　学慶応義塾〔明治28年〕卒　歴明治28年横浜の若尾幾造商店、30年三井銀行を経て、43年九州電気会社に転じ、取締役兼支配人。45年合同により九州電燈鉄道会社常務。大正11年東邦電力会社創立とともに専務に推され、10年在職。昭和5年九州鉄道会社専務、7年合同電気会社副社長に就任した。そのほか九州耐火煉瓦、九州送電などの重役を務め、東京商工会議所議員に選ばれた。

田中 豊蔵　たなか・とよぞう
美術史家 京城帝国大学文学部教授
明治14年（1881年）10月2日〜昭和23年（1948年）4月26日
生京都府京都市　名号＝倉琅子、倉浪子、滄琅子　専東洋美術　学東京帝国大学文科大学支那文学科〔明治41年〕卒　歴国華社編集員、文部省古社寺保存調査嘱託、慶応義塾大学講師、東京美術学校講師などを歴任し、昭和3年京城帝国大学文学部教授となる。美学美術史を担当し、国宝保存委員会、東京帝国大学講師を務めた。17年退官し、美術研究所長事務取扱となり、21年国立博物館附属美術研究所長兼東京都美術館長となる。著書に「日本美術の研究」「中国美術の研究」などがある。　家弟＝田中喜作（美術史家）

田中 比左良　たなか・ひさら
挿絵画家 漫画家
明治23年（1890年）8月25日〜昭和49年（1974年）8月21日
生岐阜県　名本名＝田中久三　学名古屋通信官吏員練習所卒　歴電信技手、ゴム会社宣伝部長を経て、大正10年「主婦之友社」に入社、13年間在籍。松城天龍に南画を学び、昭和初年代の女性風俗を描き、また家庭ユーモア小説を独特のエロチシ

ズムで表現した。連載漫画「甘辛新家庭」「モガ子とモボ郎」のほか、多くの新聞小説の挿絵を描き、挿画に佐々木邦「愚弟賢兄」、中野実「女軍突撃隊」などを手がけた。「漫彫」と称するレリーフ式漫画を考案。著作活動もし、ユーモア小説「涙の値打」や「女性美建立」などの著書もある。

田中 斉　たなか・ひとし
ジャーナリスト
明治30年（1897年）10月4日〜昭和41年（1966年）12月27日
生愛知県　名旧姓・旧名＝鈴木　学明治大学専門部商科〔大正9年〕卒、ジョンズ・ホプキンズ大学大学院〔大正12年〕修了　歴大正14年新愛知新聞に入り経済部長、昭和5年主幹兼編集局長に就任。新愛知が国民新聞を買収した後は、その経営にたずさわる。17年の新聞統合で両社を退社。この間職業野球の東京軍オーナー、名古屋軍代表も務めた。戦後、衆議院議員となるが公職追放となる。戦前から明大講師を務め、31年教授となり、41年商学部長となった。

田中 博　たなか・ひろし
実業家 京都電燈社長
慶応2年（1866年）8月10日〜昭和32年（1957年）6月15日
生越後国（新潟県）　名旧姓・旧名＝長谷川　歴明治42年京都電灯に支配人として入り、43年取締役、45年常務、大正15年副社長、昭和2年社長を歴任し、16年相談役に退く。一方、大正8年日本水力設立にあたり取締役、9年大阪送電監査役。12年両社の合併により大同電力取締役となり、昭和14年まで務めた。また電気協会会長、京都商工会議所会頭、都ホテル社長も務め、京都財界に重きをなした。

田中 文男　たなか・ふみお
耳鼻咽喉科学者 岡山医科大学学長
明治16年（1883年）5月21日〜昭和38年（1963年）10月4日
生兵庫県　学京都帝国大学医科大学〔明治41年〕卒 医学博士（京都帝国大学）〔大正6年〕　歴明治43年岡山医学専門学校教授兼岡山県立病院耳鼻咽喉科部長を経て、大正2〜6年米国のエール大学及びハーバード大学へ留学。11年岡山医科大学教授、12〜14年附属病院長、14年〜昭和6年学長を務めた。15年退官し、岡山市に耳鼻咽喉科病院を開設。戦後は岡山県教育委員長となった。著書に「鼻咽喉気管食道病学」「一般医学と関係ある耳鼻咽喉科疾患の療法に就ての最近の進歩」「慈悲則医心」「喉頭癌の療法」などがある。　家岳父＝和辻春次（医学者）、義兄＝和辻春樹（造船技師・京都市長）

田中 穂積　たなか・ほずみ
経済学者 早稲田大学総長 貴族院議員（勅選）
明治9年（1876年）2月〜昭和19年（1944年）8月22日
生長野県　学東京専門学校（現・早稲田大学）邦語政治科〔明治29年〕卒 法学博士〔明治43年〕　歴東京日日新聞を経て、明治34年母校の留学生として欧米に留学し、コロンビア大学からマスター・オブ・アーツの学位を受け、37年から早大で経済学、財政学の講義をし、商科科長、商学部長などを歴任し、昭和6年から19年まで総長に就任した。この間の14年には勅選貴族院議員となり、著書に「財政学」「租税論」などがある。

田中 正之輔　たなか・まさのすけ
大同海運社長
明治22年（1889年）12月23日〜昭和44年（1969年）10月18日
生兵庫県　学京都帝国大学法学部〔大正5年〕卒　歴大正6年山下汽船に入社。昭和4年常務となり、5年大同海運設立に際し常務に就任し、13年社長。18年相談役などを経て、24年会長。ほかに高千穂商船社長、昭和タンカー取締役などを歴任。

たなか　　　　　　　　　　　　　　　　　　　　昭和人物事典 戦前期

田中 勝　たなか・まさる
陸軍砲兵中尉
明治44年（1911年）1月16日〜昭和11年（1936年）7月12日
生山口県豊浦郡長府町（下関市）　学陸士〔昭和8年〕卒　歴昭和8年陸軍砲兵少尉に任官。10年砲兵中尉に進む。11年の二・二六事件に参加、兵士を率いて新聞社を回り各社の在社責任者に「蹶起趣意書」を手交し、それを全国に通信するよう命令した。事件後、軍法会議で死刑判決を受け、同年7月12日に刑死した。

田中 万吉　たなか・まんきち
洋画家
明治28年（1895年）4月1日〜昭和20年（1945年）10月15日
出香川県　学修道中卒　歴日本水彩画会研究所で学ぶ。大正13年渡仏し、アカデミー・コラロッシュ洋画研究所で修業。昭和9年二紀会を創設に参加した。

田中 貢　たなか・みつき
衆議院議員
明治24年（1891年）10月〜昭和36年（1961年）12月21日
出広島県　学東京帝国大学政治科〔大正6年〕卒 商学博士　歴社会政策研究のため欧米に留学。その後明治大学教授、東京帝国大学経済学部講師、大日本産業報国会理事、鉄道省経済諮議員、内閣調査局参与、内務省委員等を歴任。昭和5年衆議院議員に初当選。以来通算5回当選。著書に「日本工業政策」「繭糸糸ノ将来」「商業政策」「商工政策及財政」「鉄鋼及機械工業」「独逸物価政策」「工業政策」等がある。

田中 弥助　たなか・やすけ
第一法規出版創業者 衆議院議員 俳人
明治16年（1883年）3月6日〜昭和18年（1943年）10月9日
生長野県上水内郡芹田村（長野市）　名号＝田中美穂　学芹田小尋常科〔明治26年〕卒　歴明治26年小学校を卒業して長野市の中村活版所に入る。43年長野新聞に移り、活版石版部を創設して主幹となった。大正元年同社支配人を兼務。この間、加除式出版の合名会社・令省社の設立に参画、6年大日本法令出版創立発起人となり、副社長に就任（社長は実兄）。14年長野新聞活版石版部を田中印刷合名会社に改称し、昭和7年同社を大日本法令出版へ合併。15年同社長。同社を加除式法令出版の一方の雄に育て上げ、18年戦時の企業整備で同業の20余社を統合して第一法規出版を設立、社長に就任。また、大正12年より長野県議を2期務め、昭和11年衆議院議員に当選、1期。政友会に所属。長野商工会議所会頭、長野商工会連合会会長なども歴任した。中村活版所の工員時代から俳句を趣味とし、島田九万字と「葉月」「山」を創刊。臼田亜浪主宰「石楠」の創刊同人で、美穂と号して一家をなした。　家長男＝田中重弥（第一法規出版社長・衆議院議員）、四男＝田中富弥（第一法規出版社長）、兄＝田中喜重郎（大日本法令出版社長）

田中 保　たなか・やすし
洋画家
明治19年（1886年）5月13日〜昭和16年（1941年）4月24日
生埼玉県岩槻市　学埼玉県立第一中（現・浦和高校）卒　歴明治37年18歳で中学を卒業後、単身渡米。シアトルで転々と職を変えて苦学しながらフォッコ・コダマの画塾へ通い修業と研鑽ののち、"裸婦の田中"といわれるように裸体画の研究、制作に専念。大正6年詩人のルイーズ・ゲブハルト・カンと結婚。9年夫人とともにパリに移住、多くの画廊、各サロンへ出品を続け、昭和4年ソシエテ・ナシオナル・デ・ボザールの会員に推挙された。藤田嗣治とともに声価を高め、"肖像、裸婦、風景、花の画家…"として脚光を浴びたが、日本画壇とは無縁のまま日本には帰らなかった。昭和51年伊勢丹美術館において初めて日本で紹介された。平成9年埼玉県立近代美術館で「画

家タナカ・ヤスシ」展が開催される。

田中 ゆき　たなか・ゆき
実業家 十字屋店主
明治14年（1881年）11月20日〜昭和31年（1956年）11月21日
生東京都　歴明治31年夫の伝七とともに京都で楽器店十字屋を開業。大正3年の夫の没後はその跡を嗣いで店を経営し、現在のオルゴールに似た構造を持つ紙腔琴や楽譜・大正琴などを製造・販売した。また、雑誌「音楽世界」を発行し、音楽界の発展と楽器の普及に大きく貢献。太平洋戦争後は器楽教育運動の旗手として活躍し、昭和27年には京都市立音楽短期大学（のちの京都市立芸大）の創立を後援した。

田中 之人　たなか・ゆきんど
プロボクサー
生年不詳〜昭和18年（1943年）12月
名本名＝呉庚煥　歴昭和9年日本の慶応義塾大学に留学。学費のためプロボクシングの世界に。日本名・田中之人の名でデビュー。フライ級とバンタム級で活躍し、13年と15年にピストン掘口とも対戦した。太平洋戦争中の18年海軍軍属として徴用され、同年12月戦死。平成3年妹の呉玉順が韓国の戦争犠牲者遺族として東京地裁に補償請求訴訟を起こした原告団に加わり、補償金で韓国の若いボクサーのための基金作りを目指す。

田中 豊　たなか・ゆたか
土木工学者 東京帝国大学教授
明治21年（1888年）1月29日〜昭和39年（1964年）8月27日
生長野県　専橋梁工学　学東京帝国大学工科大学土木工学科〔大正2年〕卒 工学博士（東京帝国大学）〔昭和4年〕　賞日本学士院会員〔昭和24年〕　歴鉄道省技師、東京帝国大学助教授を経て、昭和9年教授に就任。橋梁工学の分野の研究をし、日本学士院会員にも選ばれた。23年定年退官した後は科学技術協議会委員などを歴任した。

田中 養達　たなか・ようたつ
衆議院議員
明治18年（1885年）6月〜昭和31年（1956年）10月3日
出滋賀県　学愛知県立医学専門学校〔明治41年〕卒　歴京都帝国大学産婦人科教室へ入り、医師として活躍。その後、坂田郡会議員、滋賀県議、同参事会員を歴任。第15回衆議院議員補欠選挙で当選以来通算5期務める。

田中 芳雄　たなか・よしお
応用化学者 東京帝国大学工学部教授
明治14年（1881年）3月9日〜昭和41年（1966年）5月8日
生埼玉県入間郡脚折村（鶴ケ島市）　専工業化学、石油化学、油脂化学　学郁文館中〔明治32年〕卒、一高〔明治35年〕卒、東京帝国大学工科大学応用化学科〔明治38年〕卒 工学博士（東京帝国大学）〔明治44年〕　賞帝国学士院会員〔昭和13年〕　歴埼玉県議を務めた田中万次郎の三男。明治38年東京帝国大学応用化学科卒業に際して恩賜の銀時計を受ける。同年母校講師、39年助教授となり、大正4年欧米へ留学。6年帰国、7年教授に昇任。昭和7年工学部長。16年定年退官。4年より東京工業大学教授を兼任。石油・油脂・ゴムなどについて研究。13年帝国学士院会員、36年文化功労者に選ばれた。著書に「化学工業総論」などがある。　家父＝田中万次郎（埼玉県議）　賞帝国学士院賞（第17回）〔昭和2年〕，文化功労者〔昭和36年〕

田中 良雄　たなか・よしお
住友本社常務理事
明治23年（1890年）〜昭和39年（1964年）10月7日
生富山県射水郡浅井村　学東京帝国大学〔大正4年〕卒　歴大

正4年住友総本店(現・住友本社)に入社。人事部人事課長、人事部長を経て、昭和12年住友電線製造所(現・住友電気工業)専務、16年住友本社常務理事に就任。22年退職、大阪市教育委員長を務めた。著書に「私の人生観」「人間育成」「雑草苑」「職業と人生」などがある。

田中 義能　たなか・よしとう
神道学者 教育家 帝国女子専門学校校長
明治5年(1872年)9月12日〜昭和21年(1946年)3月4日
[生]山口県　[学]東京帝国大学文科大学哲学科〔明治36年〕卒 文学博士〔大正11年〕　[歴]国学院大学講師、教授として、明治36年から昭和17年まで神道学を講じる。また大正10年から昭和8年まで東京帝国大学助教授として同大学で最初の神道学を講義する。ほかにも東洋大学教授、日本大学講師、帝国女子専門学校長などの職につき「神道史綱要」「神道哲学変遷史」「武士道概説」などの著書がある。　[家]息子=田中義男(陸将)、四女=次田万貴子(作家)

田中 義麿　たなか・よしまろ
遺伝学者 九州帝国大学教授
明治17年(1884年)9月26日〜昭和47年(1972年)7月1日
[生]長野県東筑摩郡片丘村(塩尻市)　[専]昆虫遺伝学、蚕糸学　[学]松本中〔明治34年〕卒、東北帝国大学農科大学〔明治42年〕卒 農学博士〔大正6年〕、理学博士(京都帝国大学)〔昭和21年〕　[賞]日本学士院会員〔昭和32年〕　[歴]明治42年東北帝国大学農科大学動物学教室助手となり、44年27歳の若さで助教授に抜擢される。大正2年同大に我が国初の遺伝学の科目が設置されると、この講義を担当した。8〜11年欧米へ留学。留学中に九州帝国大学助教授に配置換えとなり、13年同教授に昇任。昭和20年定年退官、22年福岡農業専門学校校長。24〜31年国立遺伝学研究所研究第一部長となり、小熊捍・駒井卓と研究所の基礎確立に努めた。32年日本学士院会員。大正4年日本育種学会、10年日本遺伝学会創立に際して幹事として関わり、昭和14年日本遺伝学会会長。カイコの遺伝学の研究で知られ、サクサン(柞蚕)の品種改良にも従事した。著書に「蚕の遺伝講話」「蚕の生理講話」「遺伝学」「基礎遺伝学」などがある。　[家]長男=田中克己(人類遺伝学者)、二男=田中潔(医学者)　[勲]勲二等瑞宝章〔昭和12年〕　[賞]日本蚕糸賞(第2回)〔昭和7年〕、大日本蚕糸会蚕糸科学功績賞〔昭和20年〕

田中 頼三　たなか・らいぞう
海軍中将
明治25年(1892年)4月27日〜昭和44年(1969年)7月9日
[生]山口県　[名]旧姓・旧名=本間　[学]海兵(第41期)〔大正2年〕卒　[歴]本間家の三男で、田中家の養子となる。大正3年海軍少尉に任官。昭和7年横須賀鎮守府首席参謀、12年第二駆逐隊司令、同年軽巡洋艦「神通」艦長、13年馬公要港部参謀長、14年戦艦「金剛」艦長、16年第六潜水戦隊司令官、16年第二水雷戦隊司令官。17年スラバヤ沖海戦、ミッドウェー作戦を経て、ガダルカナル島に転戦。同年6月輸送作戦遂行中に圧倒的に優勢な米国艦隊を破り、のちにルンガ沖夜戦と名付けられる。米国の戦史学者モリソン博士などから"不屈の猛将"と高く評価された。19年海軍中将。　[家]父=本間源三郎(衆議院議員)、女婿=平塚清一(空将)

田中 隆吉　たなか・りゅうきち
陸軍少将
明治26年(1893年)7月9日〜昭和47年(1972年)6月5日
[生]島根県安来市　[学]陸士(第26期)〔大正3年〕卒、陸大〔大正11年〕卒　[歴]大正3年第23連隊付、12年参謀本部付、昭和2〜7年北京、張家口、上海に研究員として駐在。7年1月上海で日本人僧侶襲撃事件を画策、これにより第一次上海事変を引き起こした。同年野砲第4連隊大隊長、10年関東軍参謀となり、

11年の綏遠事件、13年7月の張鼓峰事件の主動的役割を果たした。14年兵務課長、15年陸軍少将、第1軍参謀長から兵務局長となったが、首相兼陸相の東条英機と対立、17年9月予備隊編入。20年3月召集、羅津要塞司令官で敗戦。戦後、極東軍事裁判(東京裁判)の検事側証人として軍部の内幕暴露の証言を行った。著書に「太平洋戦争敗因を衝く」「日本軍閥暗闘史」「裁かれる歴史」など。

田中 隆三　たなか・りゅうぞう
衆議院議員 文相 枢密顧問官
元治1年(1864年)10月〜昭和15年(1940年)12月6日
[生]秋田県　[学]東京帝国大学法科大学英法科〔明治22年〕卒　[歴]農商務省に入り、鉱山監督官、衆議院書記官、法制局参事官、農商務省鉱山局長、行政裁判所評定官などを経て、農商務次官で退官。弁護士をしたのち実業界に入り、藤田鉱業、富士生命保険などの重役に就任する。その後政界に入り、衆議院議員に7選。民政党に所属し、浜口内閣、第二次若槻内閣で文相を務めた。昭和8年引退。11年枢密顧問官となった。趣味の古銭蒐集鑑定でも有名。

田中 亮一　たなか・りょういち
衆議院議員
明治23年(1890年)8月〜昭和20年(1945年)12月26日
[出]佐賀県　[学]早稲田大学政治経済科〔大正4年〕卒　[歴]千歳村長、神埼郡議、佐賀県議を経て、昭和3年佐賀1区より衆議院議員初当選。通算5回当選を果たした。幣原内閣において、海軍政務次官、第二復員政務次官を務めた。

田中舘 愛橘　たなかだて・あいきつ
地球物理学者 東京帝国大学名誉教授 貴族院議員
安政3年(1856年)9月18日〜昭和27年(1952年)5月21日
[出]陸奥国(岩手県二戸市)　[名]別名=田中舘政府　[学]東京大学数学物理学星学科〔明治15年〕卒 理学博士　[賞]帝国学士院会員〔明治39年〕　[歴]明治16年東京大学助教授となり、22〜23年英国のグラスゴー大学、ドイツのベルリン大学に留学。24年帰国後教授に就任し、大正6年まで務めた。この間、明治24年の濃尾大地震には根尾谷断層を発見し、以後震災予防調査会の中心となって活躍、日本全国の地磁気測定に大きな業績を残した。日本の学術上、重力、地磁気、地震、測地、度量衡、航空の諸方面での創始者であり、また万国地球物理学会議など多くの国際会議にたびたび出席し、学術の外交官として活躍した。"日本の科学技術の父"と称される。大正14年帝国学士院会員選出の貴族院議員、15年太平洋学術会議副会長。一方、明治18年に「羅馬字用法意見」を刊行、ローマ字つづり方の理論を主張し、42年日本式ローマ字運動の団体を芳賀矢一らと結成した。昭和19年第1回文化勲章受章。随筆に「葛の根」がある。　[家]養嗣子=田中舘秀三(地質学者)　[勲]文化勲章〔昭和19年〕　[賞]文化功労者〔昭和26年〕、朝日文化賞〔昭和19年〕

田中舘 秀三　たなかだて・ひでぞう
地質学者 火山学者 東北帝国大学教授
明治17年(1884年)6月11日〜昭和26年(1951年)1月29日
[生]岩手県　[名]旧姓・旧名=下斗米　[学]東京帝国大学理科大学地質学科〔明治41年〕卒 理学博士　[歴]明治43年イタリアに行き、6年間留学、ベスビオス火山を研究。帰国後、北海道帝国大学、東北帝国大学、ナポリ大学などの講師、助教授、教授を歴任し、火山学、湖沼学、経済地理学を講じ、のち万国火山学会副会長となる。一方、ローマ字運動にも尽力し、戦後連合国軍総司令部(GHQ)の経済学嘱託を務めた。著書に「日本のカルデラ」「マリアナ・イタリアの火山」「東北地方の経済地理研究」などがある。　[家]養父=田中舘愛橘(物理学者)

たなつく　　　　　　　　　　　　　昭和人物事典 戦前期

棚次 辰吉　たなつぐ・たつきち

実業家 大阪手袋工業創業者
明治7年(1874年)10月15日～昭和33年(1958年)5月19日
田香川県白鳥村　歴大阪で手袋の製造技術を学び、明治30年メリヤス加工のミシンを考案。大正5年大阪手袋工業を創業した。

棚橋 影草　たなはし・えいそう

俳人
明治32年(1899年)12月1日～昭和45年(1970年)9月9日
生福岡県福岡市　名本名=棚橋陽吉　学九州帝国大学医学部卒　歴九州帝国大学医学部教授、のち講師。貝の血液研究でも知られる。昭和の初めから吉岡禅寺洞を師として「天の川」幹部同人となり、新興俳句の隆盛期に評論などで活躍した。一時横山白虹の後を継ぎ「天の川」を編集。昭和13年以後目を病み、句作から離れた。句集に「洲」がある。

棚橋 寅五郎　たなはし・とらごろう

実業家 工業化学者 日本化学工業創業者
慶応2年(1866年)9月4日～昭和30年(1955年)12月11日
生越後国古志郡川西村(新潟県長岡市)　学帝国大学工科大学応用化学科〔明治26年〕卒 工学博士〔大正4年〕　歴帝国大学工科大学応用化学科の卒業論文に海藻からヨードカリを製造する研究を選び、特許を取得。明治26年大学を卒業すると実業界に身を投じ、立川勇次郎、竹原雄之助と棚橋製薬所と麻布製薬を創業。40年日本化学工業、大正2年電炉工業を設立。4年日本製錬株式会社を設立して棚橋製薬所と麻布製薬の事業一切を継承。昭和10年日本製錬が日本化学工業を合併、同時に第二次日本化学工業を設立。19年日本製錬と第二次日本化学工業を合併して日本化学工業を新社名とした。20年会長。また、荘内電気、鉄興社、東邦電化、昭和特殊製鋼などの経営にも携わった。この間、ヨウ素の研究から、その副産物である塩素酸カリウム、硝酸カリウムの創製に進み、明治43年硝酸バリウム、大正2年リン製造の工業化に成功。我が国化学工業の先駆者であり、明治40年日本化学工業創業時に初めて"化学工業"という言葉を用いた。また「化学工業時報」を創刊した。この間、昭和10～12年電気化学協会会長。14年十大発明家の一人として宮中に招かれ、賜餐を受けた。　家長男=棚橋幹一(日本化学工業社長)、孫=棚橋純一(日本化学工業社長)、岳父=銀林綱男(埼玉県知事)、女婿=大塚寛治(日本化学工業社長)、北岡寿逸(経済学者)、小沢儀明(地質学者)　勲紺綬褒章〔昭和17年〕、藍綬褒章〔昭和19年〕　賞帝国発明協会帝国表彰有功賞〔大正8年〕、帝国発明協会地方表彰優等賞〔大正11年〕、帝国発明協会地方表彰特等賞〔昭和10年〕、帝国発明協会恩賜記念賞〔昭和13年〕、軍需大臣表彰〔昭和20年〕

田辺 至　たなべ・いたる

洋画家
明治19年(1886年)12月21日～昭和43年(1968年)1月14日
生東京府神田区(東京都千代田区)　学東京美術学校西洋画科〔明治43年〕卒　歴東京美術学校在学中に黒田清輝に師事、第1回文展に入選。研究科を経て助手となるが、一時学校を離れて石井柏亭らとともに大正3年二科会を発足させた。4年文展に戻り、7年「ギター」「七面鳥」で特選となる。8年東京美術学校助教授。11～13年文部省在外研究員として渡欧、エッチングの技法を持ち帰り、銅版画の日本移入に先駆をなした。昭和2年第8回帝展出品の「裸体」で帝国美術院賞受賞。3～19年東京美術学校教授。9年白潮会を結成、11年より海軍嘱託として戦争記録画を制作した。戦後は美術団体に属さず、鎌倉美術クラブ代表や神奈川県立美術館運営委員などを務めた。　家兄=田辺元(哲学者)　賞文展特選(第12回)〔大正7年〕「七面鳥」「ギター」、帝国美術院賞(第8回)〔昭和2年〕「裸体」

田辺 潔　たなべ・きよし

労働争議の煙突男
明治36年(1903年)1月2日～昭和8年(1933年)2月14日
生北海道釧路市浦見町　学神奈川県立一中退　歴中学3年の時結核になり帰郷、腺病質を自然療法で克服。社会運動に身を投じ職場を転々。昭和2年横浜市電信号手になるが、3年解雇。新労農党に入り、横浜合同労組に加盟。5年10月富士紡績川崎工場で378人の解雇をめぐって40数日のストライキが発生したが、争議応援にかけつけ、11月16日40メートルの大煙突の上に登り、赤旗を振って演説、会社側の煙攻め、水攻めに耐え滞空5日間。21日天皇お召列車が煙突の下を通るということで、会社側も折れて争議解決。これにより"煙突男"第1号となり、堺利彦が"階級闘争の即興詩人"と賛えたことで知られる。家宅侵入罪で逮捕・起訴され、6年2月懲役3年、執行猶予3年の判決。以後、全協横浜合同労組、ソヴェート友の会、借家人組合で活躍。7年末に行方不明になり、8年2月14日横浜山下橋下で死体となって発見された。絞殺痕があったが警察は溺死と発表した。

田辺 熊一　たなべ・くまいち

衆議院議員
明治7年(1874年)1月25日～昭和15年(1940年)4月17日
出新潟県　学東京法学院〔明治34年〕卒　歴巻町長、新潟県議を経て、明治41年衆議院議員に初当選。以来通算9回当選。この間、鉄道会議議員を務め、また日本馬匹改良株締役、日清紡績取締役、東武銀行監査役、政友会総務などを務める。

田辺 九万三　たなべ・くまぞう

日本ラグビー協会理事長 東邦電力専務
明治21年(1888年)3月9日～昭和30年(1955年)6月12日
生相模国浦賀(神奈川県横須賀市)　学慶応義塾卒　歴慶応義塾の英語教師クラークが明治32年、日本初のラグビーを塾生に導入。当時からラグビーを始め、不敗のYCAC(横浜外人)チームを破るため、ニュージーランドラグビーからヒントを得、独得のFWセブンシステムを創案、41年初めて外国人チームを倒した。44年慶大主将。卒業後、東邦電力に勤め、同社専務。大正15年日本ラグビーフットボール協会設立、理事長、昭和28年会長を務めた。長らく日本ラグビー界のトップにあった。

田辺 七六　たなべ・しちろく

実業家 衆議院議員 政友会幹事長
明治12年(1879年)3月1日～昭和27年(1952年)8月1日
生山梨県　歴山梨県下の農村開発、製糸養蚕業に尽くす一方で、東北電力常務、千代田製紙社長、東京発電常務、関東瓦斯取締役などを歴任。大正4年県議となり、13年衆議院議員に当選、7期務めた。政友会幹事長などを歴任し、戦時中は翼賛議員同盟会などに参加し、戦後は日本進歩党に属した。　家息子=田辺国男(衆議院議員)、孫=田辺篤(山梨県議)、義兄=小林一三(実業家)

田部 重治　たなべ・じゅうじ

英文学者 登山家
明治17年(1884年)8月4日～昭和47年(1972年)9月22日
生富山県富山市外山室村　名旧姓・旧名=南日　学東京帝国大学英文科〔明治41年〕卒　歴明治大、中央大、国学院大、日蓮宗大、東洋大、法政大、武蔵野女子大、実践女子大等の教授を歴任。英文学者としてペイターの研究家としても知られる一方、四高時代から山に親しみ、登山家としても有名。「中世欧州文学史」「ペイター」などのほか、「日本アルプスと秩父巡礼」「わが山旅五十年」などの随筆があり、翻訳家としてはペイター「文芸復興」、ワイルド「獄中記」などがある。　家兄=南日恒太郎(英学者)、田部隆次(ハーン研究家)

田辺 重三　たなべ・じゅうぞう

哲学者　九州帝国大学教授

明治28年（1895年）8月6日～昭和50年（1975年）9月21日

［生］大分県　［学］東京帝国大学文学部哲学科〔大正8年〕卒　［歴］昭和5～7年ドイツに留学。京城帝国大学、九州帝国大学各教授を経て、34年以後聖心女子大学教授を務めた。訳書にリッケルト「歴史哲学」、カント「論理学」などがある。

田辺 孝次　たなべ・たかつぐ

美術史家

明治23年（1890年）～昭和20年（1945年）4月16日

［生］石川県金沢市　［専］工芸史　［学］東京美術学校彫刻科〔大正2年〕卒　［歴］大正7年東京美術学校美術史研究室の助手となり、8年教授。13年から2年間、工芸史研究のため欧米諸国へ留学。昭和2年より東京高等工芸学校講師を兼務。昭和12～13年再び渡欧。14～17年石川県立工業学校校長を務めた。著書に「伊太利亜彫刻史」「美術随筆 巴里から葛飾へ」などがある。

田辺 忠男　たなべ・ただお

経済学者　東京帝国大学教授

明治24年（1891年）8月11日～昭和42年（1967年）3月20日

［出］石川県　［学］一高卒、東京帝国大学法科大学経済学科〔大正5年〕卒　経済学博士（立教大学）〔昭和19年〕　［歴］大正5年三井合名、7年横浜ゴムを経て、9年専修大学教授。昭和2年東京帝国大学経済学部助教授に転じ、4～5年交通政策研究のためフランス、ドイツへ留学。6年教授に昇任。14年退官。16～18年企画院調査官。22～23年公職追放。32～36年高崎経済短期大学学長を務めた。著書に「労働組合運動」、訳書にヴィルヘルム・レキシス「経済原論」、ゾムバルト「プロレタリア的社会主義」などがある。

田辺 竹雲斎（1代目）　たなべ・ちくうんさい

竹工芸家

明治10年（1877年）6月3日～昭和12年（1937年）5月26日

［生］兵庫県尼崎　［出］大阪府堺市　［名］本名＝田辺常規　［歴］尼崎藩殿医の三男に生まれる。明治28年19歳のとき初代和田和一斎について竹技を学び、25歳で一家をなす。輸出工芸に力をいれたが、大正中期より美術作品に力作を発表、また門下の養成に努める。昭和3年堺美術界を組織し、日本画・工芸の展覧会を開催した。代表作にパリ万博出品の「瓢形花籠」（大正14年）など。　［家］息子＝田辺竹雲斎（2代目）、孫＝田辺竹雲斎（3代目）　［賞］大阪府実業功労者〔昭和7年〕、パリ万国現代装飾美術工芸博覧会銀賞〔大正14年〕「瓢形花籠」

田部 長右衛門（22代目）　たなべ・ちょうえもん

貴族院議員（多額納税）

明治11年（1878年）1月～昭和31年（1956年）6月11日

［生］島根県能義郡母里村（安来市）　［名］旧姓・旧名＝宇山　［学］早稲田大学政治科〔明治36年〕卒　［歴］宇山家に生まれ、21代目田部長右衛門の養子となる。大正15年家督を相続。昭和14年より多額納税の貴族院議員を務めた。　［家］二男＝田部長右衛門（23代目）、養父＝田部長右衛門（21代目）

田辺 南龍（5代目）　たなべ・なんりゅう

講談師

明治11年（1878年）3月9日～昭和29年（1954年）10月8日

［生］東京府神田区（東京都千代田区）　［名］本名＝関川正太郎、前名＝宝井琴紅、真龍斎鏡水　［歴］明治23年宝井琴凌（4代目馬琴）に入門して講談を修業、後、真龍斎貞水の門下となり鏡水を名のり、39年に5代目南龍となった。地味だが篤実な人柄で、同業者の世話をよくした。安藤鶴夫に認められ昭和28年初めて設けられた芸術祭賞の大衆芸能部門賞を受賞した。

田辺 元　たなべ・はじめ

哲学者　京都帝国大学名誉教授

明治18年（1885年）2月3日～昭和37年（1962年）4月29日

［生］東京府神田区猿楽町（東京都千代田区）　［学］東京帝国大学哲学科〔明治41年〕卒　文学博士〔大正7年〕　［賞］日本学士院会員〔昭和22年〕　［歴］東京帝国大学数学科から哲学科に転じ、大正2年東北帝国大学理学部講師に就任。4年「最近の自然科学」を、7年「科学概論」を刊行。8年西田幾多郎に招かれて京都帝国大学文学部に移り、11～13年ヨーロッパ留学をする。13年「カントの目的論」を刊行し、学問的地位を確立。昭和2年教授に昇任し、20年まで哲学講座を担当。この間、7年「ヘーゲル哲学と弁証法」、9年「社会存在の論理」を発表。西田の後継者として、西田哲学につづく“田辺哲学”を樹立し、アカデミー哲学の最高峰となる。退官後も「懺悔道としての哲学」「政治哲学の急務」「種の論理の弁証法」「実存と愛と実践」「ヴァレリイの芸術哲学」「哲学入門」「マラルメ覚書」などを刊行した。25年文化勲章を受章。「田辺元全集」（全15巻、筑摩書房）がある。平成14年作家の野上弥生子と60代半ばから約10年間に渡って続けられた往復書簡がまとめられ、「田辺元・野上弥生子往復書簡」として刊行された。　［家］弟＝田辺至（洋画家）　［勲］文化勲章〔昭和25年〕

田辺 治通　たなべ・はるみち

大阪府知事　内相　貴族院議員（勅選）

明治11年（1878年）10月17日～昭和25年（1950年）1月30日

［生］山梨県　［学］一高卒、東京帝国大学法科大学仏法科〔明治38年〕卒　［歴］明治38年逓信省に入省。大正8年大阪逓信局長、同年東京通信局長、13年通信局長を経て、昭和2～3年大阪府知事。8年満州国参議、12年参議府副議長を務めた。14年1月平沼内閣に内閣書記官長として入閣、4月には逓信相に転じる。15年より勅選貴族院議員。16年第三次近衛内閣の内相に就任。大日本飛行協会会長なども務めた。

田辺 尚雄　たなべ・ひさお

音楽学者　音楽評論家　国学院大学教授

明治16年（1883年）8月16日～昭和59年（1984年）3月5日

［生］東京府四谷区（東京都新宿区）　［名］旧姓・旧名＝本岡、筆名＝田辺禎一　［専］日本音楽、東洋音楽　［学］東京帝国大学理科大学理論物理学科〔明治40年〕卒　［歴］明治から昭和にかけての日本、東洋音楽研究の第一人者。東京帝国大学大学院で音響学、音響心理学などを学ぶ一方、田中正平の邦楽研究所に入り、邦楽・邦舞の実技を習得した。東洋音楽学校、東京盲学校、宮内省楽部雅楽練習所各講師などを経て、大正12年国学院大学教授。傍ら、9年より正倉院や宮中の楽器の調査、アジア各国における音楽調査、朝鮮李朝の雅楽の存続活動などに従事。昭和2年成和音楽会の創立に参加、新日本音楽興隆に努めた。11年東洋音楽学会を創立、長い間会長を務める一方、戦後は武蔵野音楽大学、東京学芸大学などの教壇に立った。56年文化功労者。著書に「西洋音楽講話」「日本音楽講話」「東洋音楽の研究」「東洋音楽史」「日本の音楽」「音楽音響学」「三味線音楽史」「日本の楽器」、「田辺尚雄自伝」など多数。58年東洋音楽研究を対象に田辺尚雄賞が創設された。　［家］長男＝田辺秀雄（音楽評論家）　［賞］帝国学士院賞〔昭和4年〕「東洋音楽の研究」、文化功労者〔昭和56年〕

田辺 平学　たなべ・へいがく

建築学者　東京工業大学教授

明治31年（1898年）1月17日～昭和29年（1954年）2月3日

［生］京都府東山　［専］耐震・耐爆構造　［学］京都一中、愛知一中卒、八高〔大正8年〕卒、東京帝国大学工学部建築学科〔大正11年〕卒　工学博士〔昭和4年〕　［歴］大正11年神戸高等工業学校講師となり、建築構造学研究のため、ドイツ、英国、米国に2年間留学。14年教授となり、昭和4年東京工業大学教授を兼任、6

年東京工業大学専任教授となる。9年同大建築材料研究所所員
併任。13年内務省専門委員、15年海軍省建築局嘱託、18年企
画院委員、20年帝都改造委員会委員、戦後対策審議会委員を
歴任。22年東京工大建築材料研究所所長、41年名誉教授。耐
震、耐爆構造の権威で、コンクリート部材による都市不燃化
を希求した。また、イタリア建築研究でも知られた。著書に
「ドイツ―防空・科学・国民生活」「空と国―防空見学・欧米紀
行」「防空教室」「不燃都市―防空都市建設の世界的動向と我
国の進路」「明日の都市」「都市再建の新構想」「耐震建築問答」
「耐火建築」「火風地震」「家・地震・台風」「鉄筋コンクリー
ト構造」などがある。　家妻＝田辺繁子（法学者）、長男＝田
辺昇学（建設省都市局公園緑地課長）　賞日本建築学会賞〔昭
和15年〕

田辺 宗英　たなべ・むねひで
後楽園スタジアム社長
明治14年（1881年）12月17日～昭和32年（1957年）3月18日
生山梨県　学早稲田大学中退　歴明治44年東京電燈に入社。
その後商事会社などの経営にたずさわり、昭和11年創立の後
楽園スタジアム専務に就任。17年社長となり、スポーツ、娯楽
の殿堂を築いた。また、初代日本ボクシングコミッショナー
にもなった。43年野球殿堂入り。

田辺 盛武　たなべ・もりたけ
陸軍中将
明治22年（1889年）2月26日～昭和24年（1949年）7月11日
生石川県　学陸士（第22期）〔明治43年〕卒、陸大卒　歴第16
師団参謀、陸大教官、整備局動員課長、歩兵第34連隊長など
を経て、昭和12年日中戦争の開始後は第10軍参謀長として南
京攻略戦に参加。14年中将、第41師団長。16年参謀次長、18
年第25軍司令官としてスマトラの防衛にあたる。敗戦後、戦
犯としてメナドで刑死した。

田部 隆次　たなべ・りゅうじ
英文学者
明治8年（1875年）10月20日～昭和32年（1957年）12月20日
生富山県　名旧姓・旧名＝南日　学東京帝国大学英文科〔明
治32年〕卒　歴四高、学習院、津田塾大教授などを歴任。「小
泉八雲全集」の校訂をし、別巻の「小泉八雲」を執筆。翻訳に
ブロンテの「ジェーン・エイア」（角川文庫）などがある。　家
長兄＝南日恒太郎（英語学者）、弟＝田部重治（英文学者）

谷 狂竹　たに・きょうちく
尺八奏者
明治15年（1882年）6月21日～昭和25年（1950年）12月14日
生大阪府枚方　名本名＝谷武雄、旧姓・旧名＝伊丹　歴高槻士
族の出である開業医の三男に生まれる。宮川如山に師事。大
正6年長男を亡くし以後、生涯を虚無僧で通す。行動範囲は国
内はもとより中国、タイ、インド、ハワイなど海外までに及
んだ。師如山の「阿字観」を長管で吹いたために破門された。

谷 三三五　たに・ささご
陸上選手
明治27年（1894年）5月9日～昭和31年（1956年）7月24日
生岡山県和気郡伊里村（備前市）　学明治大学卒　歴大正5年
220ヤードの日本記録を出し、13年パリ五輪に出場、200mで2
次予選に進出した。大正から昭和にかけての我が国陸上短距
離界の第一人者で、極東大会に5回出場、100メートル10秒8の
記録をもつ。「暁の超特急」と呼ばれた吉岡隆徳選手のコーチ。

谷 譲次　たに・じょうじ
⇒林 不忘（はやし・ふぼう）を見よ

谷 寿夫　たに・ひさお
陸軍中将
明治15年（1882年）12月23日～昭和22年（1947年）4月26日
生岡山県小田郡上稲木村（井原市）　学陸士（第15期）〔明治34
年〕卒、陸大〔大正1年〕卒　歴明治37年日露戦争に従軍。大
正4年駐英国大使館付武官補佐官、8年陸大教官、9年インド駐
箚武官、昭和3年第3師団参謀長、4年参謀本部課長、5年ロン
ドン軍縮会議全権委員随員、7年参謀本部付、8年近衛歩兵第2
旅団長。9年中将に昇進、東京湾要塞司令官、10年第6師団長、
12年中部防衛司令官。14年予備役に編入。20年第59軍司令官
兼中国軍管区司令官。この間、12年の蘆溝橋事件の際に第6師
団長（北支方面軍）として保定を攻略。その後、中支那に転
用され（中支方面軍）、主力として南京攻略戦を指揮。この
時、市民を大量虐殺したとして（南京大虐殺）、戦後BC級戦犯
に指名され、刑死した。また陸大教官を務めていた大正13年
に日露戦争20周年を記念して専科学生10人のみに多くの機密
資料を駆使した日露戦史を講義した。講義録は敗戦まで極秘
扱いの文書とされたが、戦後の昭和41年「機密日露戦史」と
して刊行され、注目を集めた。

谷 正之　たに・まさゆき
外交官 外務次官 外相 情報局総裁
明治22年（1889年）2月9日～昭和37年（1962年）10月26日
生熊本県上益城郡　学東京帝国大学法科大学政治学科〔大正
2年〕卒　歴外交官試験に合格し、書記官や参事官を歴任。昭
和5年アジア局長となり、11年オーストリア公使を経て、14年
外務次官、16年東条内閣の情報局総裁、17年同内閣の外務大
臣兼情報局総裁となる。18年から20年にかけて中華民国大使
に就任。戦後は公職追放となったが、29年外務省顧問となり、
30年アジア・アフリカ会議代表代理、31年駐米大使、大蔵省
顧問、国連第11回総会代表となった。

谷 豊　たに・ゆたか
"ハリマオ"の異名を馳せたマレーの義賊
明治44年（1911年）11月6日～昭和17年（1942年）3月17日
生福岡県福岡市　歴1歳の時両親と共にマレー半島トレガン
ヌに移住。昭和7年、8歳の妹を暴徒に惨殺され、翌年一家は
帰国。10年に"敵を討つ"と単身マレーに戻り、盗賊団に身を
投じ、"快傑ハリマオ（マレー語で虎の意味）"の異名で恐れら
れる首領となったといわれる。17年疫病に冒されて死後、日
本新聞が、日本軍マレー作戦をゲリラ支援した英雄ともては
やしたことから、広く一般にも知られるようになる。実態は
日本軍の戦意高揚のための宣伝であったが、映画（「マライの
虎」）、浪曲、レコード化されるなど"大東亜の英雄"として偶
像化されるに到った。

谷口 廻瀾　たにぐち・かいらん
漢学者 教育家 東京帝国大学嘱託
明治13年（1880年）9月5日～昭和17年（1942年）3月10日
生島根県　名本名＝谷口為次、旧姓・旧名＝山村、別号＝黙渓
学島根師範学校〔明治35年〕卒　歴在学中、父の山村勉斎や
浅田柳村・梅野典之らに漢学を学ぶ。明治35年に同校を卒業
後、小学校訓導となるが、間もなく文検を受けて合格し、国漢
教師として大社中学・松江中学に勤務。その一方で雑誌「島
根教育」「島根評論」などで評論の執筆や漢詩の選者などを担
当した。昭和6年漢学研究のため、中国・大連第一中学校に赴
任。帰国後、9年に東京帝国大学嘱託となり、国漢学研究を進
めた。「詳解漢和辞典」などの編集に携わったほか、「島根儒
林伝」「論語と教養」「山中鹿介」などの著書がある。　家父＝
山村勉斎（儒学者）

谷口 喜作　たにぐち・きさく
俳人

明治35年(1902年)6月16日〜昭和23年(1948年)5月25日
[生]神奈川県横浜市保土ケ谷 [出]東京市下谷区黒門町(東京都台東区) [名]幼名＝弥之助, 別号＝怙寂, 閑心亭 [歴]15歳で父を失い母と家業の菓子店「うさぎや」を継いだ。河東碧梧桐に師事、「海紅」「三昧」などに句や文章を書いた。晩年永井荷風とも親しく、滝井孝作の「積雪」「風物誌」などの装幀も手がける才人であった。

谷口 幸治郎　たにぐち・こうじろう
能楽囃子方(石井流大鼓方) 石井流大鼓宗家代理
明治26年(1893年)4月15日〜昭和22年(1947年)10月31日
[生]京都 [歴]昭和20年父・喜三郎の死去により石井流大鼓宗家代理を継ぐ。 [家]父＝谷口喜三郎(石井流大鼓宗家代理), 弟＝谷口喜代三(石井流大鼓宗家代理)

谷口 三郎　たにぐち・さぶろう
土木技師 内務技監
明治18年(1885年)4月7日〜昭和32年(1957年)8月13日
[生]広島県 [学]京都帝国大学工科大学土木工学科〔明治42年〕卒 [歴]北海道庁に入り、小樽や留萌の築港を担当。大正4年内務技師となり、7年大阪土木出張所で淀川改修を担当。昭和9年内務省土木局第一技術課長、11年東京土木出張所長を経て、14年内務技監。17年退官後は中国大陸で治水工事を指導、戦後も中国政府より厚い信頼を受けて同地に残り、23年引き揚げ。25年日本建設機械化協会の初代会長に就任した。著書に「土木施工法」などがある。

谷口 善太郎　たにぐち・ぜんたろう
作家
明治32年(1899年)10月15日〜昭和49年(1974年)6月8日
[生]石川県能美郡国府和気(白山町) [名]筆名＝磯村秀次, 須井一, 加賀耿二, 田井善三 [学]高小卒 [歴]大正10年京都で清水焼工場に就職、11年京都府陶磁器従業員組合に加入、陶磁器工ストライキを指導。12年日本共産党京都支部創立に参加、13年京都労働学校を設立。昭和3年三・一五事件で検挙されたが、結核で出所。病臥中に磯村秀次の名で「日本労働組合評議会史」を書く。また須井一、加賀耿二の筆名で「綿」「清水焼風景」などの小説を発表。15年中央公論特派員として中国を視察、16年大映に入社。戦後は共産党再建に参加、24年衆議院議員に当選。25年のレッドパージで追放されるが、27年解除。35年総選挙で当選、以後連続6回当選。同党中央委員も務めた。

谷口 武　たにぐち・たけし
児童文学作家 教育家 和光学園校長
明治29年(1896年)〜昭和35年(1960年)
[生]香川県三豊郡財田村 [学]香川師範卒 [歴]大正13年小原国芳の求めに応じて上京。成城小学校、玉川学園の教師となる。その間イデア書院の児童図書や玉川学園出版部の「児童図書館叢書」の編集に携わる。昭和7年京都帝国大学で哲学と教育学を学ぶ。10年から20年にかけて和光学園の2代目校長を務める。戦後、和光中学の初代校長に就任。のち大阪府の教育界で活躍した。作品に「イエス・キリスト」「イソップ動物園」など。

谷口 腆二　たにぐち・てんじ
細菌学者 大阪医科大学教授
明治22年(1889年)2月15日〜昭和36年(1961年)2月12日
[生]新潟県三島郡大川津村(燕市) [名]旧姓・旧名＝藤田 [学]東京帝国大学医科大学〔大正3年〕卒 医学博士(東京帝国大学)〔大正11年〕 [歴]大正4年伝染病研究所技手、5年内閣防疫官、6年内務省衛生局勤務を経て、8年渡欧。10年帰国して伝染病研究所技師、昭和2年大阪医科大学教授。18年大阪帝国大学微生物病研究所長、26年大阪大学医学部長を歴任した。27年定年退官。鼠咬症病原体、フォルスマン反応とワッセルマン反応の機序などの血清学的研究などで知られ、4年「鼠咬症の研究」で帝国学士院東宮御成婚記念賞を共同受賞。33年デング熱の研究で浅川賞を受けた。 [勲]勲二等瑞宝章〔昭和20年〕 [賞]帝国学士院東宮御成婚記念賞(第19回)〔昭和4年〕

谷口 尚真　たにぐち・なおみ
海軍大将
明治3年(1870年)3月17日〜昭和16年(1941年)10月30日
[生]広島県 [学]海兵(第19期)〔明治25年〕卒, 海大〔明治35年〕卒 [歴]明治35年7月常備艦隊参謀、日清戦争では「高雄」に乗り組み、37年7月少佐、日露戦争では軍令部参謀。38年10月から42年7月まで米国公使館付武官。大正2年海軍省副官、4年以降、軍艦「生駒」「常磐」「榛名」各艦長。6年少将、人事局長。9年馬港要港部・練習艦隊各司令官。15年呉鎮守府長官。昭和3年大将、第1艦隊兼連合艦隊司令長官。5年軍令部長、軍事参議官を経て、8年予備役。条約派に近い立場をとったことから、東郷元帥の不評を買ったといわれる。 [家]岳父＝柳楢悦(数学者・海軍少将)

谷口 吉彦　たにぐち・よしひこ
経済学者 京都帝国大学教授
明治24年(1891年)3月24日〜昭和31年(1956年)12月12日
[出]和歌山県 [名]号＝南溟 [専]商業政策, 貿易政策 [学]京都帝国大学経済学部〔大正11年〕卒 経済学博士 [歴]和歌山高等商業学校教授、京都帝国大学教授、大阪市立大教授、甲南大教授、香川大学長を歴任。著書に「配給組織論」「貿易統制の研究」など。

谷崎 十郎　たにざき・じゅうろう
俳優
明治29年(1896年)9月3日〜昭和52年(1977年)7月6日
[生]米国ワシントン州オリンピア [名]本名＝谷内義清, 前名＝谷崎千代麿 [学]東京薬学校〔大正6年〕中退 [歴]明治35年米国で事業家として大成功した父と共に一家で帰国。父の作った自転車販売会社をまかされていたが、学習院時代の親友の誘いで映画界に入る。大正14年日活大将軍撮影所入社。昭和2年「鳴門秘帖」法月弦之丞役で注目される。3年マキノプロにスターとして入社。6年マキノ解散後は右太衛門プロへ。8年には早くも引退、以後悠々自適な生活を送る。阪妻に似たマスクで注目をうけたが同時に災いもした。恰幅ある時代劇スターだった。

谷崎 潤一郎　たにざき・じゅんいちろう
小説家
明治19年(1886年)7月24日〜昭和40年(1965年)7月30日
[生]東京市日本橋区蠣殻町(東京都中央区) [学]東京府立一中(現・都立日比谷高)卒, 一高卒, 東京帝国大学国文科〔明治44年〕中退 [資]帝国芸術院会員〔昭和12年〕, 米国文学芸術アカデミー名誉会員〔昭和39年〕 [歴]幼少時代から和漢の古典に親しみ、一高在学中「校友会雑誌」に「狆の葬式」などを発表。東京帝国大学在学中の明治43年、第二次「新思潮」を創刊し、創刊号に「誕生」を発表、さらに「刺青」などを発表。後「スバル」同人となる。44年「秘密」を発表、永井荷風に激賞され、新進作家としてデビューする。ロマン派的な立場から唯美的、退廃的な作品を多く発表。戦前の代表作に「お艶殺し」「異端者の悲しみ」「痴人の愛」「卍」「吉野葛」「春琴抄」「盲目物語」「武州公秘話」「陰翳礼讃」などがある。この間、昭和5年に離婚した妻・千代が佐藤春夫と結婚する旨の3名連署の声明文を発表、その経緯は「蓼喰ふ虫」にまとめられている。10年から「源氏物語」の口語訳を始め、16年に完結、以後も「新訳」「新々訳」と“谷崎源氏”に力を注いだ。戦争中は「細雪」を執筆、軍部の圧力で完成しなかったが、戦後の23年に完結。戦後も「少将滋幹の母」「過酸化満俺水の夢」「鍵」「瘋

たになか　　　　　　　　　　　　　　昭和人物事典　戦前期

癩老人日記」などを発表し、旺盛な作家活動を示した。［家］
弟＝谷崎精二（小説家・英文学者）、妻＝谷崎松子（「倚松庵の
夢」の著者）　［勲］文化勲章〔昭和24年〕　［賞］文化功労者〔昭和
26年〕

谷中 安規　たになか・やすのり
版画家
明治30年（1897年）1月18日〜昭和21年（1946年）9月9日
［生］奈良県桜井市初瀬　［学］豊山中〔大正7年〕中退　［歴］6歳で母
と死別、明治37年父と朝鮮に渡る。単身帰国し、中学校に通
うが学資が続かず中退、以後放浪生活を続ける。長谷川巳之
吉に画才を認められ、永瀬義郎の影響で木版画の道に入る。
密教画風の幻想的作風で注目され、昭和3年日本創作版画協会
第8回展に入選、6年には日本版画協会の創立に参画。版画誌
「白と黒」「版芸術」に精力的に作品を発表した。挿画、装本
家としても知られ、特に内田百閒「王様の背中」（9年）、佐藤
春夫「FOU」（11年）の装丁は傑作であった。また北原白秋
に認められた歌人でもあった。生涯貧困と孤独のうちに生き、
戦後の21年東京都北区滝野川のバラックで餓死した。

谷原 公　たにはら・いさお
衆議院議員
明治17年（1884年）9月〜昭和57年（1982年）11月6日
［出］徳島県　［学］明治大学法律科〔大正3年〕卒　［歴］小学校長、川
上村長、徳島県議を経て、大正13年5月から昭和20年12月まで
の間に徳島1区から衆議院議員に当選4回。徳島弁護士会長な
ども務めた。

谷村 直雄　たにむら・ただお
弁護士
明治37年（1904年）1月30日〜平成1年（1989年）6月9日
［生］東京府豊多摩郡中野村（東京都中野区）　［名］旧姓・旧名＝谷
郎　［学］中央大学法科〔昭和2年〕卒　［歴］大正15年司法試験合
格。角田空平と四谷法律相談所を開設。三・一五事件、四・
一六事件など共産党弾圧事件の救援・弁護に従事。昭和7年共
産党への資金提供と選挙事務長承認等の容疑で検挙され懲役
2年執行猶予3年に処せられた。戦後、再建自由法曹団幹事と
なり三鷹事件などの政治的弾圧事件の裁判に関与、また共産
党に入党した。30年から3期渋谷区議を務めた。

谷村 豊太郎　たにむら・とよたろう
海軍造兵中将 東京帝国大学工学部教授
明治18年（1885年）11月3日〜昭和47年（1972年）3月28日
［生］滋賀県　［専］造兵学　［学］三高卒、東京帝国大学工科大学造兵学
科〔明治44年〕卒 工学博士（東京帝国大学）〔大正11年〕　［歴］
明治44年海軍造兵中技士に任官。昭和8年横須賀海軍工廠造兵
部長、9年艦政本部第一部長、13年第六部長を兼務。12年海軍
造兵中将となり、16年予備役に編入。大正12年〜昭和16年東
京帝国大学工学部教授を兼ね、退役後は藤原工業大学、慶応
義塾大学の工学部長を務めた。大砲の専門家。著書に「計算
図表学」などがある。

谷山 恵林　たにやま・けいりん
社会事業研究家
明治24年（1891年）1月18日〜昭和13年（1938年）12月26日
［生］石川県河北郡　［学］東京帝国大学文科大学哲学専攻科〔大正5
年〕卒　［歴］東京帝国大学文学部社会事業調査掛、天台宗大学、
宗教大学、日本大学、大正大学などの講師を歴任した。著書
に「日本社会事業大年表」「日本社会事業史」などがある。

田沼 義三郎　たぬま・ぎさぶろう
日本金属工業創業者
慶応3年（1867年）1月15日〜昭和24年（1949年）1月3日
［生］越後国高田（新潟県上越市）　［学］第一高中〔明治23年〕　［歴］
明治17年東京大学予備門に入り、23年第一高等中学を卒業。
同期には夏目漱石や正岡子規がいた。大学には進まず三井物
産に入り、上海・香港・横浜の各支店に勤務。30年東洋汽船
会社、43年南満州鉄道（満鉄）に入社。満鉄では中村是公総裁
に認められ、満鉄代表として営口水道電気社長、大連汽船社
長、南満製糖取締役などを歴任した。大正7年帰国、8年愛国
生命保険に入社して取締役、専務。13年東京市長となってい
た中村に請われ、13年東京市助役に就任。15年助役を辞して
酒匂砂利、三光家具、大正製作といった赤字会社の社長とな
り再建に奔走、さらに日本電熱線製造と横浜工業の社長にも
就いた。日本電熱線製造の再建策として横浜工業に国内最大
の高周波誘導式電気炉の導入を決めたが、電熱線材料だけを
作るには大きすぎて能力を生かし切れないことから、ステン
レス鋼に着目。これを電気炉で製造して日本電熱線製造と横
浜工業の両社に供給する新会社を設立することにし、昭和7年
ステンレス鋼の専業メーカーとして日本金属工業株式会社を
設立、社長に就任した。19年相談役、20年辞任。21年再び相
談役。

種田 山頭火　たねだ・さんとうか
俳人
明治15年（1882年）12月3日〜昭和15年（1940年）10月11日
［生］山口県佐波郡西佐波令村（防府市八王子）　［名］本名＝種田正
一、法名＝耕畝　［学］早稲田大学文学科〔明治37年〕中退　［歴］
早大中退後、帰郷して父の経営する酒造業を営む。大正2年荻
原井泉水に師事し、「層雲」に初出句、5年選者に加わる。同
年種田家が破産し、流転生活が始まる。この間母や弟の自殺、
離婚、父の死、神経衰弱などの不運に見舞われ、13年禅門に
入り、14年熊本県の報恩寺で出家得度し、耕畝と改名。15年
行乞（ぎょうこつ）流転の旅に出、句作を進め、昭和6年個人
誌「三八九」を刊行。7年経本造りの「鉢の子」を刊行、以後
全7冊の経本版句集を刊行。7年より山口県小郡村其中庵、山
口市湯田風来居、松山市一草庵と転々し、その間全国各地を
行脚し、句と酒と旅に生きた。句集に「草木塔」「山行水行」
「柿の葉」「孤寒」「鴉」、日記紀行集に「愚を守る」「あの山越
えて」など。「山頭火全集」（全11巻、春陽堂書店）などがある。

種村 佐孝　たねむら・すけたか
陸軍大佐
明治37年（1904年）12月9日〜昭和41年（1966年）3月10日
［出］三重県　［学］陸士（第37期）〔大正14年〕卒、陸大〔昭和10年〕
卒　［歴］騎兵25連隊付を経て、陸軍大学校を卒業。昭和11年騎
兵学校教官となり、12年北支那方面軍参謀、14年参謀本部員
となり戦争指導班に所属する。19年大佐となり、20年第17方
面軍参謀として朝鮮に渡り、終戦後25年までシベリアに抑留
された。28年日記「大本営機密日誌」を刊行した。

頼母木 桂吉　たのもぎ・けいきち
東京市長 衆議院議員 通信相 報知新聞社長
慶応3年（1867年）10月10日〜昭和15年（1940年）2月19日
［生］安芸国（広島県）　［名］旧姓・旧名＝井上　［学］東京第一高等中
学校（一高）卒　［歴］米国に留学し、帰国後浅草区議、東京市議
を務める。また報知新聞記者、同社営業部長を経て実業界に
入り、東京毎日新聞社、帝国通信社などの社長を歴任。大正4
年東京市より衆議院議員となり、連続9回当選。この間、公友
倶楽部、憲政会に所属し、大正11年憲政会幹事長、13年同総
務、14年〜昭和2年通信政務次官、4年民政党総務などを歴任
し、11年広田内閣の通信大臣となる。のち報知新聞社長、14
年東京市長となった。　［家］養子＝頼母木真六（政治家）、妻＝
頼母木駒子（バイオリニスト）

田畑 修一郎　たばた・しゅういちろう

小説家

明治36年（1903年）9月2日〜昭和18年（1943年）7月23日

囲島根県益田町（益田市）　函本名＝田畑修蔵　学早稲田大学英文科〔昭和2年〕中退　歴学生時代から宇野浩二に師事。大正15年玉井雅夫（火野葦平）らと同人誌「街」創刊、「林檎樹の猫」を発表。昭和6年蔵原伸二郎らと「雄鶏」創刊、7年「麒麟」と改題。同年「鳥羽家の子供」「父母系」発表。9年丹羽文雄らと「世紀」、翌年「木靴」を創刊。作品集「鳥羽家の子供」が中山義秀の「厚物咲」と13年上半期芥川賞を競う。他に短編集「乳牛」「悪童」「蜥蜴の歌」、長編「医師高間房一氏」「郷愁」、紀行「出雲・石見」、童話「さかだち学校」など。「田畑修一郎全集」（全3巻）がある。

田畑 昇太郎　たばた・しょうたろう

柔道家

明治17年（1884年）4月6日〜昭和25年（1950年）5月25日

囲大阪府　学京都法政大学専門部〔明治44年〕卒　歴明治33年講道館に入門して修業し、38年武徳会助教授に、45年武道専門学校教授になり、大正15年武徳会範士となり、昭和23年最高位の十段に昇進。足車、内股などを得意とし、9年天覧試合に出場。21年の武徳会解散後は、京都府柔道連盟会長として活躍した。

田原 正人　たはら・まさと

植物細胞学者　東北帝国大学教授

明治17年（1884年）7月13日〜昭和44年（1969年）2月17日

囲山梨県甲府市　学一高卒、東京帝国大学理科大学植物学科〔明治41年〕卒　理学博士〔大正6年〕　歴東京帝国大学理科大学で藤井健次郎について細胞学を専攻。明治41年同大副手、八高勤務を経て、大正10年東北帝国大学理学部生物学教室設立に際して助教授となり、同年欧米へ留学。12年帰国して教授に昇任。昭和21年定年退官後は、29年まで横浜市立大学教授を務めた。染色体の形態学、裸子植物・海草類の胚発生の研究に従事し、中でも、キク属の染色体の倍数性の発見で名高い。また、大学在学中の明治40年、同期の桑田義備とともにウニの単為生殖に日本で初めて成功した。著書に「植物形態学汎論」「一般植物学」「細胞学総論」などがある。

田渕 豊吉　たぶち・とよきち

衆議院議員

明治15年（1882年）2月23日〜昭和18年（1943年）1月15日

囲和歌山県御坊（御坊市）　学早稲田大学政治科〔明治41年〕卒　歴ベルリン大学、ライプツィヒ大学、ミュンヘン大学などに学ぶ。大正9年衆議院議員に初当選して以来、通算5期務める。

田部 武雄　たべ・たけお

野球選手

明治39年（1906年）3月28日〜昭和20年（1945年）5月

囲広島県広島市　学明治大学〔昭和7年〕卒　歴広島広陵中学の野球部に入ったが、大正12年夏の満州遠征に加えられず中退、単身渡満、営口実業団チームでプレー。15年秋大連実業の1番二塁手で内地転戦。広陵へ復校して昭和2年春の中等選抜大会決勝に投手、3番で出場、本塁打を放ったが敗れた。3年明大に入り春の第1戦に遊撃手で出場し優勝。4年春の渡米参加、5年春対慶大2回戦に投手で快勝。6年全米大リーグ選抜軍との試合に右翼手、投手で4回出場。7年卒業、藤倉電線入社、夏の都市対抗に出たが0敗。10年沢村、三原、水原らと共に巨人入団。160センチの小躯で105試合に110盗塁という大記録を残したが、巨人と衝突、第2回渡米後解職。再び大連に渡り、15、17年の2回、大連実業から都市対抗に登場、投手、内外野手で活躍。19年現地応召、20年5月の沖縄戦で戦死した

といわれる。44年野球殿堂入り。

田部井 健次　たべい・けんじ

社会運動家　労働農民党書記長

明治31年（1898年）4月2日〜平成7年（1995年）9月14日

囲群馬県前橋市　学明治大学専門部政治学科〔大正14年〕卒　歴労働農民党時代の大山郁夫と起居を共にし、昭和4年新労農党中央執行委員となる。5年書記長に就任し、6年全国労農大衆党の結党に参加するなどしたが、10年運動から身を退いた。

田保橋 潔　たぼはし・きよし

歴史学者　京城帝国大学教授

明治30年（1897年）10月14日〜昭和20年（1945年）2月26日

囲北海道函館　専東アジア国際政治史、朝鮮史、日本近現代史　学東京帝国大学文学部国史学科〔大正10年〕卒　歴維新史料編纂官補、東京帝国大学史料編纂所史料編纂官補を経て、大正13年京城帝国大学予科講師となって、欧州に留学。大正2年帰国して助教授、3年教授となる。近代日本の対外関係史、朝鮮近代外交史を研究し、朝鮮総督府朝鮮史編纂委員会の編纂主任を務めた。著書に「近代日本外国関係史」「近代日支鮮関係の研究」「近代日鮮関係史の研究〈上下〉」「朝鮮統治史論稿」「日清戦役外交史の研究」などがある。

玉井 喬介　たまい・きょうすけ

実業家　三菱重工業社長

明治18年（1885年）11月22日〜昭和31年（1956年）4月12日

囲三重県津　学東京帝国大学造船科〔明治41年〕卒　歴三菱造船所に入り、昭和7年長崎造船所副所長となり、9年所長となる。三菱重工業に改組後、15年常務、専務を経て、20年社長に就任。21年辞任し、のち三菱日本重工業会長に就任した。

玉井 幸助　たまい・こうすけ

国文学者　東京高等師範学校教授

明治15年（1882年）10月15日〜昭和44年（1969年）1月11日

囲新潟県柏崎市　専平安朝文学（日記文学）　学新潟師範学校〔明治38年〕卒、東京高等師範学校（現・筑波大学）国語漢文科〔明治42年〕卒　文学博士　歴明治43年東京高等師範学校助教諭兼訓導となる。大正4年同校教諭となり、14年教授に就任。昭和21年定年退官後、日本女子専門学校教授、37年昭和女子大学長に就任。平安鎌倉女流日記文学の研究に先駆的役割を果し、著書に「更級日記錯簡考」「日記文学の研究」などがある。

玉井 周吉　たまい・しゅうきち

実業家　中外商船社長

明治12年（1879年）9月〜昭和10年（1935年）4月22日

囲兵庫県神戸　歴12歳で親戚の廻船問屋に奉公し、明治36年横浜石炭商会に船舶係として入る。44年山下汽船への改組と共にその取締役兼東京支店長、大正8年常務、14年退社して北海道鉱業を興し常務となり経営に当たる。昭和3年同社を住友家に譲渡解散し、独力で中外商船を創立して社長となり、また東海運送会社監査役を兼ねた。

玉井 是博　たまい・ぜはく

東洋史学者　京城帝国大学教授

明治30年（1897年）5月25日〜昭和15年（1940年）12月21日

囲愛知県　学東京帝国大学文学部東洋史学科〔大正11年〕卒　歴大谷大学予科教授、五高教授、京城帝国大学助教授を経て、教授。東洋史を専攻し、欧米にも留学。また朝鮮総督府臨時歴史教科用図書調査委員会委員なども歴任。没後「支那社会経済史研究」が刊行された。

玉井 藤一郎　たまい・とういちろう

飛行家　羽田飛行機研究所創設者

明治27年（1894年）9月6日～昭和53年（1978年）2月11日
田三重県　名名＝照高　歴東京上空を飛行中に墜落死した兄・玉井清太郎の遺志を継ぎ、大正7年羽田飛行機研究所を設立。10年横浜市生麦に玉井飛行場を移転、宣伝飛行と操縦士の養成にあたった。　家兄＝玉井清太郎（飛行家）

玉川 みちみ　たまがわ・みちみ
女優
大正2年（1913年）8月1日～昭和9年（1934年）11月24日
田京都府京都市鳴滝　名本名＝奥野ミチミ　歴大正13年下加茂小在学中、松竹下加茂に子役入社。「高野長英」でデビュー。14年撮影所閉鎖で退社。昭和3年日活大将軍に入り「蔚山沖の海戦」に山本嘉一らと共演。撮影所が太秦に変わって7年「恋人満開」に田中春男と組んで主演。「二人の新学士」で市川春代と共演。8年舞台に転じたが、9年新興キネマ入社、「パパの青春」に月田一郎と共演。同年8月結核で退社。

玉置 吉之丞　たまき・きちのじょう
衆議院議員
明治19年（1886年）8月～昭和36年（1961年）4月7日
田和歌山県　歴和歌山県議を経て、昭和7年衆議院議員に初当選、以来2期務める。政友会に所属。22年参議院議員に転じ1期。傍ら、昭南工業社長、和歌山県商工会議所会頭を歴任。

玉城 末一　たまき・すえかず
日本画家
明治30年（1897年）～昭和18年（1943年）
生大阪府堺市　学京都市立美術工芸学校絵画科卒、京都市立絵画専門学校（現・京都市立芸術大学）研究科〔大正10年〕修了　歴大正11年帝展に「小使部屋」で初入選、15年～昭和3年国画創作協会展に出品。解散後は帝展に出品した。代表作に「宇吉」「百日紅と少女」など。

玉城 盛重　たまぐすく・せいじゅう
俳優 舞踊家
尚泰21年（1868年）3月1日～昭和20年（1945年）
生沖縄県　専琉球舞踊　歴明治11年兄の後を追って那覇の思案橋際の小屋に入り、冠船芸能の出演者らから宮廷舞踊や組踊を習得、37年頃まで沖縄芝居に出演した。端正な顔立ちと芸風で沖縄の市川団十郎と呼ばれ人気を集めた。のち琉球古典舞踊の伝授に努め、昭和11年東京代々木で開催された琉球芸能大会に参加した。

玉田 昇次郎　たまだ・しょうじろう
香川県知事
明治25年（1892年）5月～昭和13年（1938年）2月16日
学東京帝国大学法科大学政治学科〔大正8年〕卒　歴昭和11年福岡県総務部長を経て、12年香川県知事となるが、間もなく亡くなった。

玉田 美郎　たまだ・よしお
陸軍中将
明治24年（1891年）9月23日～平成1年（1989年）8月26日
田新潟県　学陸士（第25期）〔大正2年〕卒　歴大正2年陸軍歩兵少尉に任官。7年シベリア出兵に従軍。昭和11年陸軍戦車学校教官を経て、13年戦車第四連隊長としてノモンハン事件に従軍。15年公主嶺学校戦車教導隊長、16年陸軍少年戦車兵学校長、19年海上機動第二旅団長を経て、20年陸軍中将。同年第九十六師団長で敗戦を迎える。戦後は糸魚川市教育長を務め、37年退任。著書に「ノモンハンの真相」がある。　家息子＝玉田弘毅（明治大学名誉教授）　勲勲二等瑞宝章〔昭和19年〕

玉錦 三右衛門　たまにしき・さんえもん
力士
明治36年（1903年）11月15日～昭和13年（1938年）12月4日
生高知県高知市農人町　名本名＝西内弥寿喜　歴大正5年二所ノ関部屋に入門、8年1月初土俵、15年1月入幕。昭和5年夏張出大関、正大関になり3場所連続優勝したが、性格粗暴を理由に横綱になれなかった。しかし素行をあらため、7年10月第32代横綱となる。現役中から二所ノ関部屋の親方となり100人を越す大部屋に育てた。優勝9回。

玉野 知義　たまの・ともよし
衆議院議員
明治9年（1876年）2月8日～昭和20年（1945年）2月7日
生岡山県和気郡東片上村（備前市）　学閑谷黌中退　歴和気郡役所書記・片上町助役を経て、明治33年に26歳の若さで片上町長に就任。のち実業に転じ、土管会社や酒造業などを経営した。大正2年政友会所属の岡山県議となり、連続3回当選。県政に参与する一方、片上鉄道常務や和気郡農会長・二度目の片上町長なども兼ね、片上鉄道の敷設や片上湾の浚渫などを進めるなど、地域産業の発展に尽くした。昭和2年県会議長。3年には衆議院議員に選出され、5年と7年の衆議院選挙に敗れたものの、12年の総選挙では政友会の分派である昭和会から出馬して再選。17年に政界を引退するまで、一貫して政友会系の政党人であった。

玉ノ海 梅吉　たまのうみ・うめきち
力士
大正1年（1912年）11月30日～昭和63年（1988年）10月23日
生長崎県東彼杵郡西大村町（大村市新城町）　名本名＝藤平梅吉　歴二所ノ関部屋に所属。昭和5年10月初土俵を踏み、10年春新入幕。14年現役のまま二所ノ関を襲名し、20年秋関脇で引退。大関佐賀の花、神風、力道山らを育てた。26年廃業し、30年から57年までNHK解説者を務めた。

玉林 晴朗　たまばやし・せいろう
著述家
明治31年（1898年）～昭和20年（1945年）
生東京都　名本名＝玉林繁　歴著書に「蜀山人の研究」「文身百姿」「下谷と上野」「伝記聚芳」「伝記と文化」「秋色と秋色桜」、校訂に「浮世絵師歌川列伝」がある。

玉松 一郎　たままつ・いちろう
漫才師
明治39年（1906年）2月～昭和38年（1963年）5月30日
田大阪府　名本名＝河内山一二三　歴無声映画の伴奏のドラマーをしていた昭和元年、ミス・ワカナと駆落ち同然の結婚をして大阪から九州に逃げる。3年2人でコンビを組み北九州一帯で、人気漫才師に。のち大阪に戻り、吉本興業に所属。ミス・ワカナのしゃべくりと歌に、アコーディオンを伴奏し、一言二言相づちを打つという女性上位の上方漫才で人気を得る。14年新興キネマ演芸部の設立と同時に引き抜かれ、コンビで映画にも出演。19年に離婚したが、21年ミス・ワカナが急死するまでコンビはそのまま続けられた。平成9年大阪府立上方演芸資料館（ワッハ上方）の上方演芸の殿堂入りを果たす。同年、昭和21年2月～8月に書かれた地方公演の旅日記「旅のつれづれ」が晩年の弟子・松森和夫により公表された。

田丸 節郎　たまる・せつろう
化学者 東京工業大学教授
明治12年（1879年）11月1日～昭和19年（1944年）8月5日
生岩手県盛岡市　学東京帝国大学理科大学化学科〔明治37年〕卒 理学博士　歴明治41年から大正6年にかけて、ドイツのハーバーの許でアンモニア合成の研究にたずさわる。6年帰国し、

理化学研究所研究員となり、昭和4年東京工大教授に就任した。　家兄＝田丸卓郎（物理学者）、息子＝田丸謙二（化学者）

田丸 卓郎　たまる・たくろう
物理学者　ローマ字論者　東京帝国大学教授
明治5年（1872年）9月29日～昭和7年（1932年）9月22日
生岩手県　学帝国大学理科大学物理学科〔明治28年〕卒　理学博士〔明治39年〕　賞帝国学士院会員〔大正14年〕　歴五高、京都帝国大学理工科大学助教授を経て、明治33年東京帝国大学理科大学助教授となる。34～38年ドイツのハイデルベルク大学に留学し、40年東京帝大理学部教授に就任。飛行機の計器関係に業績があり、本多光太郎らと中等教育用物理用語の審議にもあたった。大正5年航空学調査会委員、10年航空評議会評議員、12年航空研究所長事務取扱を歴任。また、明治38年頃からローマ字論者となり、39年「日本式羅馬字」を発表、42年田中館愛橘らと日本のローマ字社を設立し、日本式ローマ字運動を推進した。昭和5年文部省臨時ローマ字調査会委員となり、ローマ字綴り方統一に尽力。主著に「ローマ字国字論」「ローマ字文の研究」「RIKIGAKU」全2巻など。

田宮 嘉右衛門　たみや・かえもん
実業家　播磨造船所社長
明治8年（1875年）8月29日～昭和34年（1959年）4月13日
生愛媛県　学高等小学校卒　歴住友別子銅山に入社したが、明治25年大阪へ出て区役所、神戸商品取引所などを転々とし、37年鈴木商店に入る。38年神戸製鋼所支配人となり、昭和9年社長に就任。戦後は公職追放されたが、解除後播磨造船所社長、神戸銀行取締役などを歴任。また経済同友会名誉会員なども務めた。神戸市葺合区に「田宮記念館」がある。

田宮 猛雄　たみや・たけお
公衆衛生学者　東京帝国大学医学部教授
明治22年（1889年）1月31日～昭和38年（1963年）7月11日
生大阪府大阪市　学市岡中〔明治39年〕卒、四高〔明治43年〕卒、東京帝国大学医科大学医学科〔大正4年〕卒　医学博士〔大正13年〕　賞日本学士院会員〔昭和38年〕　歴土佐藩典医の家柄。市岡中学の第1期生で、同級に小出楢重と信時潔がいた。大正5年伝染病研究所技手、7年技師となりツツガムシ病研究に従事。13年欧米に留学、15年医学博士号を取得。昭和2年東京帝国大学医学部教授に就任。20年学部長。24年退官、25年名誉教授。また、伝染病研究所所長も務め、19年所長。24年山梨医学研究所初代所長、25年4月日本医師会会長に就任したが、7月連合国軍総司令部（GHQ）の医薬分業命令に反対して会長を辞任。27年再選。28～36年日本医科大学教授。29年米政府から研究費を受け、地方性リケッチア症研究に取り組んだ。37年国立がんセンター初代総長。38年日本学士院会員。　家二男＝田宮信雄（東北大学名誉教授）、弟＝田宮博（植物生理学者）、岳父＝清水一郎（宮城控訴院長）、義弟＝清水文彦（東京医科歯科大学名誉教授）、ウィルヒョウ賞（第9回）〔昭和6年〕

田宮 知耻夫　たみや・ちちお
放射線医学者　新潟医科大学教授
明治29年（1896年）2月2日～昭和41年（1966年）2月14日
生兵庫県神戸市　学一高三部〔大正5年〕卒、東京帝国大学医学部〔大正9年〕卒　医学博士〔昭和3年〕　歴大正14年新潟医科大学レントゲン科創設のため助教授として赴任。同年レントゲン医学研究のためドイツへ留学。昭和3年帰国し、我が国初の放射線科教授となる。15年日本医学放射線学会の設立に尽力。18年ジャカルタ医科大学教授兼附属病院長（陸軍司政長官）。22年横浜市立医学専門学校教授、24年横浜医科大学教授、33年小田原市立病院長を歴任した。著書に「新撰レントゲン診断学入門」「肺結核のレントゲン診断図説〈上下〉」「胸部鑑別レントゲン診断学」などがある。

田村 秋子　たむら・あきこ
女優
明治38年（1905年）10月8日～昭和58年（1983年）2月3日
生東京市下谷区西町（東京都台東区）　名本名＝伴田秋子、旧姓・旧名＝田村　学神田高等女学校〔大正12年〕卒　歴劇作家・田村西男の長女。大正12年「大尉の娘」に出演して初舞台を踏み、13年築地小劇場の研究生となる。14年俳優・友田恭助と結婚。昭和4年築地小劇場を創立した劇作家・小山内薫の死による同劇場分裂を前に夫と脱退し、5年劇団新東京、7年築地座を旗揚げ。田中千禾夫作の「おふくろ」、岩田豊雄（獅子文六）演出の「にんじん」などで名女優としての評価を高めた。11年岸田国士の勧めで夫は築地座を解散、12年岸田、岩田、久保田万太郎の3人を中心として文学座が発足したが、直後に徴兵された夫が戦死。以後、演劇の第一線を退き遺児の養育に専念。太平洋戦争末期の19年、長野県内山村に疎開して敗戦を迎えた。戦後、生計を立てるために再び女優に復帰したが、29年「牛山ホテル」を最後に舞台を引退、32年木下恵介監督「風前の灯火」を最後に映画からも引退した。　家夫＝友田恭助（俳優）、父＝田村西男（劇作家）

田村 市郎　たむら・いちろう
実業家　日本汽船社長
慶応2年（1866年）1月～昭和26年（1951年）11月28日
生長門国（山口県萩市）　名旧姓・旧名＝久原　歴明治後半よりトロール漁業と北洋漁業に進出し、田村汽船漁業部、日魯漁業を設立。大正に入ってからはトロール漁業に専念し、大正6年共同漁業を支配下に収め、各種漁業、加工、販売部門を兼営した。その後日本汽船社長に就任。のち鮎川義介の日産コンツェルンに参加、昭和8年日本水産の形成に尽力した。　家弟＝久原房之助（実業家）

田村 憲造　たむら・けんぞう
薬学者　東京帝国大学名誉教授
明治22年（1889年）2月18日～昭和28年（1953年）8月19日
生愛知県渥美郡二川町（豊橋市）　専日本産樟脳　独逸協会中学卒、一高卒、東京帝国大学医科大学医学科〔大正3年〕卒　医学博士　賞日本学士院会員〔昭和25年〕　歴大正6年東京帝国大学助手となり、薬物学教室に勤務。8年文部省留学生として2年間欧米で学ぶ。13年教授に就任。昭和20年兵気退官、22年名誉教授。日本産樟脳の研究で新強心剤「ビタカンファー」を発見創成、またジギタリスの有効成分の研究でも知られ、医学の進歩に尽した。編書に「日本薬理学文献集」がある。　賞帝国学士院賞（第33回）〔昭和18年〕、報公賞（第3回）〔昭和8年〕

田村 駒治郎（2代目）　たむら・こまじろう
実業家　田村駒社長
明治37年（1904年）2月21日～昭和36年（1961年）1月21日
生大阪府大阪市東区　名幼名＝駒太郎　学市立天王寺商卒　歴大正10年田村駒に入社。昭和6年初代駒治郎の死去に伴い、2代目を襲名し社長に就任。9年太陽レーヨンを設立し社長。この間、大正15年欧米を視察した際、米国の大リーグ野球に出会う。昭和12年にはプロ野球チーム大東京の経営に加わり、以後ライオン（朝日）軍、太陽ロビンスなどと名前を変えながら独力で経営。松竹の協力を仰いで、25年松竹ロビンスを優勝させた。その後球団経営が困難になり、28年大洋捕鯨との合併を機に身をひいた。45年野球殿堂入り。　家孫＝田村次郎（慶応義塾大学教授）

田村 彩天　たむら・さいてん
日本画家

たむら　　　　　　　　　　　　　　昭和人物事典 戦前期

明治22年（1889年）10月～昭和8年（1933年）10月10日
生石川県金沢市　名本名＝田村外喜雄、旧姓・旧名＝福島　学
東京美術学校日本画科〔明治45年〕卒　歴寺崎広業に師事す
る。大正9年第2回帝展に「春日午後」で初入選、以後帝展に
「暮春の雨」「斑鳩の春」で入選、14年第6回に「夢殿」で特選
となり、昭和2年第8回でも「鳳池春宵」で再び特選となる。
また大正15年第1回聖徳太子奉讃美術展に「報春麗雨」、昭和5年
第2回に「鳥の駒」を無鑑査出品する。4年帝展推薦となり、審
査員も務めたが、6年第12回帝展の「鵜飼」が最後となった。
この間、日本画会を創立するなど画壇に寄与するところが多
かった。

田村 新吉　たむら・しんきち
実業家 貴族院議員（多額納税）
文久3年（1863年）12月～昭和11年（1936年）11月9日
生大坂中之島（大阪府大阪市）　学ショトクワ文学会理文科（米
国）〔明治17年〕卒　歴明治10年神戸の輸出茶商に勤務。17年
渡米、21年バンクーバーに日加貿易店を開業。30年神戸に本
店を移し、各地に支店を設け、欧米、中国、南洋に業務を拡張
した。また日加合同貯蓄銀行、日加信託、日本精米、東京内燃
機工業各株式会社を経営。カナダ政府名誉事務官、44年神戸
商業会議所副会頭、のち会頭となった。大正4年神戸市から衆
議院議員当選、7年臨時国民経済調査会委員などを務めた。8
年ワシントンの国際労働機関（ILO）総会資本家代表、14年多
額納税の貴族院議員となった。

田村 俊子　たむら・としこ
小説家
明治17年（1884年）4月25日～昭和20年（1945年）4月16日
生東京府浅草区蔵前（東京都台東区）　名本名＝佐藤俊子、別
名＝佐藤露英、田村とし子、市川華紅、中国名＝左俊芝　学日
本女子大学国文科〔明治34年〕中退　歴日本女子大学を中退
後、幸田露伴に入門し、同門の田村松魚と知り合う。明治36
年「露分衣」を発表。その後、舞台女優となったが、44年「あ
きらめ」が大阪朝日新聞の懸賞小説に一等当選し、以後作家
となり、「誓言」「木乃伊の口紅」「女作者」「炮烙の刑」など
を発表。大正7年「破壊した後」の発表後、カナダのバンクー
バーに行き、民衆社を経営したりする。昭和11年帰国し、作
家として復帰するが、中央公論社特派員として中国に渡り、後
に上海で華字女性雑誌「女声」を刊行したりした。没後の26
年北鎌倉の東慶寺に墓が建てられ、36年には建碑に伴い、印
税を基金にした田村俊子賞が創設された。

田村 西男　たむら・にしお
小説家 劇作家 劇評家
明治12年（1879年）2月11日～昭和33年（1958年）1月21日
生東京府日本橋区（東京都中央区）　名本名＝田村喜三郎　学
東京法学院（現・中央大学）卒　歴明治36年から「文芸倶楽部」
などに小説を書き、40年滑稽文芸誌「笑」を創刊して花柳小
説を発表した。また中央新聞の演芸欄を担当、毎日派文士劇、
演芸通話会の文士劇で活躍した。花柳小説集「芸者」「又芸者」
「芸者新話」「半玉」「芸者花鏡」などのほか、戯曲「椀久」「実
話伊勢音頭」などがある。　家長女＝田村秋子（女優）

田村 春吉　たむら・はるきち
皮膚科学者 名古屋医科大学学長
明治16年（1883年）4月～昭和24年（1949年）5月17日
生東京都　学東京帝国大学医科大学〔明治43年〕卒 医学博士
〔大正7年〕　歴明治44年東京帝国大学皮膚病学黴毒学教室に
入り、衛生学及び病理学教室でも研究に従事。大正5年愛知県
立医学専門学校教授に就任。9～12年英国、フランス、スイス
に留学。12年愛知医科大学教授、15年附属医院長、昭和6年名
古屋医科大学教授を経て、7年学長。14年名古屋帝国大学創立

と同時に同大教授、医学部長に就任。21年には総長となった。

田村 秀吉　たむら・ひできち
衆議院議員
明治28年（1895年）4月～昭和30年（1955年）10月9日
出徳島県　学東京帝国大学大学院政治科修了　歴内務省、青
森県、帝都復興院などに務める。その後、弁護士として活躍。
また大東亜研究所を主宰。昭和11年衆議院議員初当選。以来
3回連続当選。その間、大蔵省委員、小磯内閣の大蔵参与官を
歴任。著書に「経済難局と軍費節約」「電力国家管理の現状と
将来」がある。

田村 寛貞　たむら・ひろさだ
音楽学者
明治16年（1883年）9月6日～昭和9年（1934年）9月28日
生宮城県仙台市　学東京帝国大学文学部哲学科〔明治40年〕
卒　歴陸軍教授兼東京音楽学校講師となり、大正4年二条厚基
らと音楽奨励会を結成、洋楽の紹介に務める。その後から昭和
2年までドイツを視察し、帰国後東京帝国大学で音楽理論、音
楽美学を教える。著書に「リッヒャルト・ワーグナー」「ベー
トーヴェンの第九ジュムフォニー」、訳書に「ハンスリックの
音楽美論」がある。

田村 実　たむら・みのる
衆議院議員
明治22年（1889年）2月28日～昭和16年（1941年）10月1日
生高知県長岡郡新改村（香美市）　学高知県立農業学校〔明治
40年〕卒　歴土陽新聞記者を経て、大正8年高知市議となり、
のちには高知県議も務めた。11年以降は高知県水産会長・高
知織物同業組合長・同地方森林会議員を歴任し、米国やメキ
シコの産業を視察するなど高知の農林水産業の振興・発展に
尽力。昭和7年第18回総選挙に当選して衆議院議員となり、2
期を務めた。政友会に所属。　家三男＝田村良平（衆議院議
員）、孫＝田村公平（参議院議員）

田村 怜　たむら・みのる
弁護士 衆議院議員
明治27年（1894年）10月3日～平成3年（1991年）11月19日
生三重県伊勢市　学東京帝国大学法学部独法科〔昭和10年〕卒
歴三重県会議長を経て、昭和17年衆議院議員に当選。戦後は
弁護士に専念し、三重弁護士会長を4期務めた。　家長男＝田
村元（衆議院議員）、孫＝田村欣也（日本土建社長）、田村憲久
（衆議院議員）

為藤 五郎　ためとう・ごろう
教育評論家 「教育週報」主幹
明治21年（1888年）2月1日～昭和16年（1941年）7月4日
生福岡県築上郡三毛門村（豊前市）　学東京高等師範学校（現・
筑波大学）〔明治44年〕卒　歴小倉師範学校教諭から鹿児島師
範学校教諭、東京日日新聞記者、博文館の「中学世界」主筆、
同「太陽」編集長などを経て、大正14年教育週報社を創立、「教
育週報」の主幹となった。この間、下中弥三郎の教員組合啓
明会会員、「教育の世紀社」同人となり、雑誌「教育の世紀」
「教育週報」誌上で、教育の民衆化を掲げて教育評論活動を続
けた。昭和3年より連続3期東京府会議員を務め、12年には東
京市議もかねた（1期）。著書に「民衆教育論」「教育の社会性」
などがある。

多門 二郎　たもん・じろう
陸軍中将
明治11年（1878年）9月10日～昭和9年（1934年）2月15日
生静岡県　学陸士（第11期）〔明治32年〕卒、陸大〔明治42年〕
卒　歴明治33年歩兵少尉任官、日露戦争では歩兵第4連隊付中

尉で出征、戦争中大尉となり歩兵第3旅団副官。42年以後歩兵第63連隊付、陸士教官、第6師団参謀、歩兵第62連隊大隊長、陸大教官。シベリア出兵の際には、大正9年尼港（ニコラエフスク）派遣隊長、多門支隊長、サハリン州派遣軍参謀として転戦。10年歩兵第2連隊長、11年歩兵第6旅団長と進み、14年参謀本部第4部長となる。陸軍大幹部、昭和4年中将、陸軍大学校校長を経て、5年第2師団長。6年満州駐屯、満州事変では関東軍主力部隊の長としてチチハルや錦州攻略など初期の主要作戦を指揮した。7年帰還、8年予備役編入。

ダリヤ・サガーラ

⇒水島 早苗（みずしま・さなえ）を見よ

俵 国一　たわら・くにいち

冶金学者 東京帝国大学名誉教授
明治5年（1872年）2月28日～昭和33年（1958年）7月30日
生浜田県那賀郡原井村（島根県浜田市）　専鉄冶金学　学一高〔明治27年〕卒、東京帝国大学工科大学採鉱冶金学科〔明治30年〕卒 工学博士（東京帝国大学）〔明治36年〕　資帝国学士院会員〔大正14年〕　歴明治30年東京帝国大学工科大学助教授、32年冶金学研究のためドイツへ留学、35年帰国して教授に昇任。41年海軍大学校教授兼任。大正12年東京帝大工学部長。14年帝国学士院会員。昭和7年退官。鉄冶金学の草分けで、ドイツより金属顕微鏡を輸入して鉄鋼の顕微鏡組織研究を導入。古来からの砂鉄精錬法の実証的研究や日本刀の科学的研究で知られる。著書に「鉄と鋼」「日本刀の科学的研究」などがある。　家兄＝俵孫一（政治家）、岳父＝加藤弘之（政治学者）　勲文化勲章〔昭和21年〕　賞帝国学士院賞（第11回）〔大正10年〕、文化功労者〔昭和26年〕、日本鉄鋼協会製鉄功労賞〔大正14年〕、日本金属学会賞（第5回）〔昭和18年〕

田原 淳　たわら・すなお

病理学者 九州帝国大学名誉教授
明治6年（1873年）7月5日～昭和27年（1952年）1月19日
生大分県東国東郡西安岐村（国東市）　名旧姓・旧名＝中嶋　専心臓病学　学一高三部〔明治30年〕卒、東京帝国大学医科大学〔明治34年〕卒 医学博士（東京帝国大学）〔明治41年〕　歴代々庄屋を務めた中嶋家に生まれ、母の妹の夫である田原春塘の養子となる。明治35年東京帝国大学医科大学副手となり、36年ドイツへ私費留学。マールブルク大学で病理学者L.アショフに師事。人間や哺乳動物の心臓が拍動する仕組みについて研究、刺激伝導の中心にある房室結節という特殊な心節を発見した。これを心臓刺激伝導系と命名、別名"田原結節"と名づけられ、心臓ペースメーカーが作用する心臓の組織構造を解明したことから"ペースメーカーの父"とも呼ばれる。39年研究成果をまとめ、ドイツの出版社から「哺乳動物心臓の刺激伝導系」（平成2年邦訳刊行）として刊行した。明治39年帰国して京都帝国福岡医科大学助教授、41年教授に昇任して病理学第二講座を担当。44年官制改正により九州帝国大学教授。大正3年心臓刺激伝導系の発見により帝国学士院恩賜賞を受賞した。昭和5年医学部長、6年同大附属温泉治療学研究所初代所長。8年退官。　家養父＝田原春塘（医師）　賞帝国学士院恩賜賞（第4回）〔大正3年〕

俵 次雄　たわら・つぎお

社会運動家
明治25年（1892年）4月～昭和10年（1935年）
生東京市芝区新銭座町（東京都港区）　名旧姓・旧名＝鶴岡　歴大正3年友愛会に参加し、多くの争議を指導する。9年純労働者組合結成に参加し、アナキズム系の闘士となる。のち反総同盟＝自由連合系の代表として活躍。13年全国借家人同盟結成に参加。14年農民労働党の結党に参加、のち日本労農党、社会大衆党などの中央委員。昭和7年新日本建設同盟に参加。その間、高田町議、豊島区議を務める。　家妻＝秋月静枝（ア

ナキスト）、兄＝鶴岡貞之（労働運動家）

俵 孫一　たわら・まごいち

衆議院議員 商工相 民政党幹事長
明治2年（1869年）5月7日～昭和19年（1944年）6月17日
出島根県浜田市　学帝国大学法科大学英法科〔明治28年〕卒　歴明治42年朝鮮総督府臨時調査局副総裁、以後、三重・宮城県知事、北海道庁長官を歴任して政界に入る。大正13年憲政会・民政党から衆議院議員に初当選後、通算6回当選。加藤内閣の鉄道・内務各政務次官を経て、昭和4年民政党幹事長となり、浜口内閣に商工相として入閣。辞任後も党総務、政調会長を務め、党長老として戦前の政党政治に力を尽くした。太平洋戦争2年目、17年の翼賛選挙では推薦を受けながらも落選した。　家弟＝俵国一（冶金学者）、孫＝俵孝太郎（政治評論家）

俵田 明　たわらだ・あきら

実業家 宇部興産創立者
明治17年（1884年）11月13日～昭和33年（1958年）3月21日
生山口県宇部市　学工手学校本科卒、工手学校高等科電工科卒　歴大正4年沖ノ山炭鉱に入り、現場技術者として坑内電化を指導するなど、経営の近代化に努め、昭和3年専務に就任。17年沖ノ山炭鉱、宇部セメント製造など4社を合併させて宇部興産を設立し、社長に就任。戦後はナイロンの原料分野に進出するなどして、宇部興産を発展させた。他に宇部市議、中国電力取締役、経団連、日経連各常任理事などを務めた。

団 琢磨　だん・たくま

実業家 男爵 三井合名会社理事長
安政5年（1858年）8月1日～昭和7年（1932年）3月5日
生筑前国福岡荒戸町（福岡県）　名旧姓・旧名＝神尾駒吉　学マサチューセッツ工科大学（米国）鉱山学科卒 工学博士〔明治32年〕　歴12歳で国家の養子となる。明治4年旧福岡藩主黒田長知の従者として岩倉使節団とともに渡米し、そのまま留学。マサチューセッツ工科大で鉱山学を修め、11年に帰国後、大阪専門学校、東京帝国大学で教鞭を執ったが、17年に工部省三井鉱山局次席に転じたあと三池鉱山局技師。その間、大型ポンプの導入を進言して炭坑技術調査のため渡欧。三池鉱が三井に売却されたあと三井三池炭鉱社事務長に就任すると、デーヴィポンプを強行採用して業績をあげた。以後、26年三井鉱山合資会社専務理事、42年三井合名会社参事、44年三井鉱山会長を経て、大正3年益田孝の後任として三井合名会社理事長に就任、三井財閥の事業を統括した。また6年日本工業倶楽部初代理事長、12年日本経済連盟理事長、昭和3年会長となって財界のリーダー役を務め、浜口内閣の労働組合法案に反対する。しかし三井ドル買い事件で反財閥糾弾のヤリ玉にあがり、7年3月血盟団員菱沼五郎の凶弾により倒れた。昭和3年男爵。　家長男＝団伊能（実業家・政治家）、二男＝団勝磨（発生生物学者）、孫＝団伊玖磨（作曲家）、団まりな（大阪市立大学教授）

丹下 ウメ　たんげ・うめ

有機化学者 日本初の女性化学者
明治6年（1873年）3月17日～昭和30年（1955年）1月29日
生鹿児島県鹿児島市　名別名＝丹下梅子　専栄養化学　学鹿児島県立師範〔明治24年〕卒、日本女子大学校〔明治37年〕卒、東北帝国大学理科大学化学科〔大正6年〕卒、東北帝国大学大学院〔大正9年〕修了 Ph.D.（ジョンズ・ホプキンズ大学）〔昭和2年〕、農学博士（東京帝国大学）〔昭和15年〕　歴3歳の時に事故で右目を失明した。明治24年鹿児島県立師範学校を首席で卒業し、小学校教師を務める。34年日本女子大学校に入学、37年第1期生として卒業すると同校に講義に来ていた長井長義の助手となり母校に残った。大正元年女性に初めて門戸を開いた文部省中等化学教員検定試験に合格、2年初めて女子

学生を受け入れた東北帝国大学に入り、真島利行の指導で有機化学を研究。9年大学院を修了して同校助手となり、10年文部省・内務省の留学生として渡米、コロンビア大学、ジョンズ・ホプキンズ大学で栄養化学を学び、学位を取得。昭和4年帰国、5年日本女子大教授に就任。また、同年理化学研究所の鈴木梅太郎研究室嘱託となった。15年ビタミンB2複合体の研究で農学博士号を取得。26年大学を退職した。我が国の化学分野での初の女性学者として知られる。

丹下 茂十郎　たんげ・もじゅうろう
衆議院議員
明治13年(1880年)8月～昭和13年(1938年)2月4日
[生]愛知県　[歴]20歳で学校中退、愛知県技手、同県属、農商務省事務官補、滋賀県産業主事、同理事官などを経て、大正13年以来衆議院議員当選6回。政友会に属し愛知県党幹事長。その後大蔵参与官を務めた。

ち

談洲楼 燕枝(2代目)　だんしゅうろう・えんし
落語家
明治2年(1869年)2月25日～昭和10年(1935年)7月6日
[名]本名＝町田銀次郎, 前名＝柳家小山三, 柳家小三治, 柳亭小燕枝, 柳亭燕枝　[歴]快楽亭ブラック一座に入り快楽を名のる。のち2代目禽語楼小さん門下となる。柳家小山三、2代目小三治、柳亭小燕枝を経て、明治34年2代目柳亭燕枝を襲名。45年2月柳亭を談洲楼に改めた。

檀野 礼助　だんの・れいすけ
衆議院議員 日魯漁業専務
明治8年(1875年)8月～昭和15年(1940年)3月20日
[出]長崎県　[学]東京帝国大学法科大学英法科〔明治32年〕卒　[歴]昭和3年より衆議院議員を1期務めた。第一控室に所属した。

丹波 秀伯　たんば・ひでお
新聞人 朝日新聞総務部長
明治23年(1890年)10月19日～昭和49年(1974年)10月3日
[生]三重県　[学]東京帝国大学法科大学経済選科〔大正4年〕卒　[歴]財政経済新報社を経て、大正9年朝日新聞社に入社し、整理部次長、横浜支局長、校閲部長、経済部長、論説委員、総務部長、本社参与などを歴任。国策パルプ工業の創設に協力し、戦時下の困難な新聞経営を資財面で補佐する。昭和24年退社し、社友。国策パルプ取締役、日本テレビ放送網取締役などを歴任し、39年朝日新聞社取締役、42年から46年まで朝日ビルディング代表取締役会長を務めた。

【ち】

千賀崎 義香　ちがさき・よしか
蚕糸学者 農林省蚕糸試験場病理部長
明治18年(1885年)10月9日～昭和32年(1957年)11月2日
[生]熊本県熊本市　[学]東京帝国大学農科大学〔明治44年〕卒 農学博士〔大正14年〕　[歴]農商務省蚕種製造所勤務を経て、農林省蚕糸試験場病理部長。昭和21年退官後、研究員。蚕病に細菌学的研究法を導入した。　[賞]日本農学賞〔昭和20年〕

近角 常観　ちかずみ・じょうかん
僧侶(真宗大谷派)
明治3年(1870年)3月24日～昭和16年(1941年)12月3日
[生]滋賀県　[学]東京帝国大学文科大学哲学科〔明治31年〕卒　[歴]真宗大谷派西源寺に生まれ、宗門改革運動に参加したが、明治30年入信。33年東本願寺留学生として、欧米の宗教界を視察する。35年帰国し、求道学舎を設立。親鸞上人の信仰を大衆化させ、大正4年求道会館を設立した。昭和2年、4年の宗教法案に反対して、これを廃案させた。この間3年真宗大谷派本山革新を推進。著書に「懺悔録」「人生と信仰」などがある。
[家]息子＝近角聡信(物理学者)

力石 雄一郎　ちからいし・ゆういちろう
大阪府知事
明治9年(1876年)6月30日～昭和8年(1933年)3月17日
[生]愛媛県喜多郡大洲町(大洲市)　[学]一高卒, 東京帝国大学法科大学法律学科〔明治33年〕卒　[歴]伊予大洲藩士の長男で、上京して中学に入る。明治33年内務省に入省し、43年～大正2年長野県内務部長を務め、県庁・県会議事堂の建設に尽力した。岐阜県内務部長を経て、3年長野県知事、4年大分県知事、6年茨城県知事、10年宮城県知事、昭和2年秋田県知事、3年新潟県知事を歴任し、同年大阪府知事を務めた。

千倉 豊　ちくら・ゆたか
千倉書房創業者
明治26年(1893年)11月15日～昭和28年(1953年)7月16日
[生]福岡県山門郡瀬高町上庄(みやま市)　[歴]明治41年三池銀行に入行。43年満州へ渡りパイジス商会、大正元年藤原商会に勤める。2～4年兵役に就き、5年鈴木商店に入ったが、13年退社して渡欧。15年日本評論社に入社して出版界入り、同社取締役営業部長を務めた。昭和4年千倉書房を創業、処女出版物は高田保馬「価格と独占」、美濃部達吉「行政裁判法」、那須皓「日本農業論」など。同年井上準之助蔵相の著書「国民経済の立直しと金解禁」が数十万部のベストセラーとなり、社業の基礎を固めた。また、「商学全集」「経営学大系」「工業経営全書」「会計学大系」「日本経済政策大系」「千倉常識講座」など大部の企画出版を相次いで刊行、経済・経営畑で独自の地位を築いた。同郷の政治家・中野正剛の著書を出版した縁で、8年九州日報社社長を引き受けたが、10年退任した。　[家]妻＝千倉悦子(千倉書房社長), 長男＝千倉孝(千倉書房社長), 弟＝高山雄一(千倉書房副社長)

地崎 宇三郎(2代目)　ちざき・うさぶろう
実業家 小樽新聞社長 地崎組社長
明治30年(1897年)1月2日～昭和26年(1951年)6月29日
[生]北海道札幌市　[名]旧姓・旧名＝晴次　[学]秋田鉱専(現・秋田大学)中退　[歴]大正8年独断で工事の益金をつぎ込み、大農法による農業の改革を試みたが失敗、父から勘当された。のち各地を転々としたが、昭和初期に小樽市に戻り、モノレール構想をひっさげて財界に進出。小樽～定山渓間自動車道路を建設、株式会社化して社長となる。昭和11年父の死後間もなく親類縁者に相続を宣言、生地・北海道札幌市で父が創立した土建業・地崎組(のちの地崎工業)社長を継ぎ、2代目宇三郎を名のる。12年当時の北海道を代表する小樽新聞社の社長にも就任し、本道財界・言論界の重鎮の地位を占めた。ほかに北方文化出版社長、北海道造船社長、北海道新聞社取締役などを務める。戦後、21年衆議院議員に当選してからは社長業を長男・九一(3代目宇三郎)に譲り政治活動に専念。民主党結成に奔走するが、幹事長就任直後に公職追放となった。芦田内閣生みの親の一人といわれる。また東京神田の古本を戦災から守る目的で始めた「地崎文庫」は、のち札幌学院大学に移管され、歴史研究に供されている。著書に「間宮海峡埋立論」がある。　[家]父＝地崎宇三郎(1代目), 長男＝地崎宇三郎(3代目)

秩父宮 雍仁　ちちぶのみや・やすひと
皇族 陸軍少将
明治35年(1902年)6月25日～昭和28年(1953年)1月4日
[生]東京都　[学]陸士(第34期)〔大正11年〕卒, 陸大(第43期)〔昭和6年〕卒　[歴]大正天皇の第二皇男子。幼少時の称号淳宮(あ

つのみや）。大正11年秩父宮家を創立。14年オックスフォード大学に留学。昭和3年9月28日松平恒雄長女・勢津子とご結婚。陸大卒業後、中隊長、大隊長、参謀本部付・南支派遣軍参謀などを務めた。12年天皇名代として、英国王ジョージ6世の戴冠式にご参列。15年陸軍大佐・参謀本部付の時、肺結核を発病、以後療養生活に入る。20年陸軍少将。スポーツの宮様として親しまれ、日本陸上競技連盟、日本ラグビー協会などの総裁も務めた。 家父＝大正天皇、母＝貞明皇后、兄＝昭和天皇、弟＝高松宮宣仁、三笠宮崇仁

千野 一雄　ちの・かずお
チノー創業者
明治22年（1889年）12月28日〜昭和30年（1955年）6月9日
生東京市神田区錦町（東京都千代田区）　学練成尋常高等小〔明治36年〕卒　歴父・千野米吉は、帝国大学の磨工として田中館愛橘や大森房吉と親しく、独立後は遠心沈殿器用硝子回転計や電気遠心分離器などの国産化に成功した技術者。明治36年練成尋常高等小学校を卒業し、日本橋のいわし屋田中鉄次郎商店に入社。大正2年出向先の旭鉱薬向島工場出火の責任を取って同社を退社。同年父の工場の一隅を改造して千野製作所（現・チノー）を創業、理化学器械、電気器械、電気計測器の製造・販売に従事。12年関東大震災で自宅や営業所、作業場が全焼。昭和11年株式会社に改組して社長。戦前は電気炉や真空ポンプといった理化学器械の多種少量生産で成長したが、戦後は電気計測器専業メーカーに転換した。 家女婿＝青木清（千野製作所社長）、千野七郎（千野製作所常務）

茅野 蕭々　ちの・しょうしょう
ドイツ文学者 歌人 詩人 慶応義塾大学教授
明治16年（1883年）3月18日〜昭和21年（1946年）8月29日
生長野県上諏訪町　名本名＝茅野儀太郎、別号＝暮雨　学東京帝国大学独文科〔明治41年〕卒 文学博士〔昭和11年〕　歴中学時代から詩稿を投稿し、一中時代「明星」に短歌を発表。大学卒業後、三高講師となり、明治42年教授に就任。大正9年慶応義塾大学教授となり、11年から日本女子大教授を兼務する。13年から14年にかけてドイツ留学をする。帰国後「ファウスト物語」「リルケ詩抄」などを次々と翻訳刊行する一方「独逸浪曼主義」、ライフワークとなった「ゲョエテ研究」などを執筆。他の著書に「朝の果実」「茅野蕭々歌抄」などがある。 家妻＝茅野雅子（歌人）　賞日本ゲーテ賞〔昭和19年〕

千葉 亀雄　ちば・かめお
評論家 ジャーナリスト
明治11年（1878年）9月24日〜昭和10年（1935年）10月4日
生山形県酒田市　名号＝江東、莫愁、露靉火　学早稲田高師部中退、東京外語中退　歴「文庫」「日本」「日本及日本人」の記者をしたあと国民新聞、時事新報、読売新聞、東京日日新聞（現毎日新聞）等の学芸部長や編集局長を歴任。読売時代には「婦人」欄を設けて婦人問題にも多大の関心を示した。一方、文芸評論家としても活躍し、大正13年には「世紀」に「新感覚派の誕生」と題する評論をのせ、横光利一、川端康成らの文学グループを“新感覚派”と名付けている。また立教大学などで教鞭を執った。著書に「悩みの近代芸術」「異性を観る」「明治の文学」「大正文学概説」「ペン縦横」「新聞十六講」など。

千葉 省三　ちば・しょうぞう
児童文学者
明治25年（1892年）12月12日〜昭和50年（1975年）10月13日
生栃木県河内郡篠井村　学宇都宮中卒　歴中学時代から「文章世界」などに投稿し、卒業後栃木県の小学校代用教員をする。大正3年上京し、日月社、植竹書院を経て、6年コドモ社に入社。9年「童話」が創刊され、その編集に当ると共に、創刊号に「めくら鬼」「沙漠の宝」を発表し、童話作家として出

発した。以後「虎ちゃんの日記」などを発表し、昭和4年「トテ馬車」を刊行。以後、少女小説や通俗小説も書いたが、「地蔵さま」「竹やぶ」などを発表。18年疎開した頃から筆を絶ったが、43年「千葉省三童話全集」全6巻に対して、サンケイ児童出版文化賞が贈られた。

千葉 胤明　ちば・たねあき
歌人
元治1年（1864年）6月11日〜昭和28年（1953年）6月25日
生肥前国（佐賀県）　賞帝国芸術院会員　歴明治25年御歌所に入り、40年寄人となる。大正5年から8年にかけて「明治天皇御集」を編纂。昭和12年芸術院会員となり、御歌所廃止の後も宮内庁御用掛を務めた。 家父＝千葉元祐（歌人）

千葉 胤次　ちば・たねつぐ
弓道家
明治27年（1894年）1月2日〜昭和34年（1959年）7月6日
生宮城県　名号＝宏斉　学早稲田大学　歴6歳より柳生心眼流柔術を学び、13歳で講道館に入門し、柔道6段となる。また9歳より弓道の日置流を学び、のち小笠原清道師の門に入り、小笠原流弓道、礼法を修める。昭和4年大日本武徳会から弓道教士、13年範士の称号を授与される。範士10段。15年の紀元2600年奉祝天覧演武大会に弓道の参加を実現させる。この間、東京市に勤め、電気局秘書、労働課長、目黒区などの区長、市議会事務局長などを経て、大政翼賛会局長となり、終戦と同時に退官。また武道振興会委員、国民体育審議会委員、宮内省師範、全日本弓道連盟会長など、多くの役職を歴任した。

千葉 胤成　ちば・たねなり
心理学者 東北帝国大学教授
明治17年（1884年）9月21日〜昭和47年（1972年）3月18日
生宮城県　専意識心理学　学京都帝国大学文科大学〔明治42年〕卒 文学博士〔大正11年〕　歴京都帝国大学講師、大正6年助教授を経て、12年東北帝国大学教授に就任。戦時中は満州の建国大学教授となる。戦後は新潟大学、日本大学、駒沢大学などで教鞭を執った。固有意識説を中心とした心理学の体系化に功績があり、日本心理学会の創設にも尽力した。

千葉 春雄　ちば・はるお
教育評論家
明治23年（1890年）5月5日〜昭和18年（1943年）7月10日
生宮城県　学宮城師範〔大正2年〕卒　歴宮城県下の小学校教員を経て、大正10年東京高等師範学校附属小学校訓導となる。昭和4年国定教科書を批判して退職、厚生閣編集顧問となる。6年「教育・国語教育」を刊行。8年東花書房を設立、子どもの綴り方雑誌「綴り方倶楽部」を創刊。読み方、綴り方を主とする教育評論家として活躍した。

千葉 命吉　ちば・めいきち
教育家
明治20年（1887年）3月26日〜昭和34年（1959年）12月29日
生秋田県　学秋田県師範学校〔明治38年〕卒　歴愛知県第一師範学校、奈良女子高等師範学校附属小学校訓導を経て、大正9年広島師範学校附属小学校主事となる。10年県知事の忌諱にふれ辞任し、ベルリン大学へ留学、独創学を研究。欧米をまわって昭和2年帰国し、立正大学講師となり、また独創学会を設立した。晩年は神職についた。著書に「創造教育の理論及び実際」「独創教育学」、訳書にデューイ「哲学の改造」などがある。

千葉 勇五郎　ちば・ゆうごろう
牧師 神学者
明治3年（1870年）8月13日〜昭和21年（1946年）4月21日

生宮城県仙台　学青山学院卒　神学博士　歴明治23年受洗し、青山学院卒業後の明治26年渡米し、ユルビー大学、ロチェスター神学校で学ぶ。帰国後、尚絅女学院、同志社女学校、福岡神学校、東京学院に勤め、関東学院に迎えられ、昭和7年院長、のち名誉院長となる。また日本バプテスト東部組合理事長、日本バプテスト教会常置委員長などを歴任、四谷教会の牧師を務めた。著書に「現代新訳聖書註解」「パウロ伝」「ヨハネ福音書」などがある。

千葉 了　ちば・りょう

新潟県知事

明治17年（1884年）3月2日～昭和38年（1963年）11月8日

生宮城県仙台市　学東京帝国大学法科大学政治科〔明治41年〕卒　歴秋田県警察部長、朝鮮京畿道警察部長、朝鮮総督府事務官、同監察官兼参事官を経て、大正12年新潟県内務部長、13年三重県知事、昭和2年長野県知事。一旦退官したが、6年広島県知事として復帰、7～10年新潟県知事。その後、東洋協会で東洋問題を研究した。著書に「朝鮮独立運動秘話」がある。

千葉 良導　ちば・りょうどう

僧侶

明治15年（1882年）1月15日～昭和31年（1956年）5月20日

出京都府　名旧姓・旧名＝山本　学浄土宗大学卒　歴明治39年京都知恩寺で北条弁旭から法を受ける。大正15年仏教専門学校教授に就任。昭和22年京都金戒光明寺の住職、黒谷浄土宗初代管長となった。著書に「新編往生浄土論註」などがある。

千原 楠蔵　ちはら・くすぞう

ジャーナリスト

生年不詳～昭和20年（1945年）3月12日

学東亜同文書院〔大正10年〕卒　歴大正10年大阪朝日新聞社の支那部に入社。15年東京朝日新聞に移り、支那部、欧米部に所属した。漢口や南京の特派員なども務め、昭和14年退社。陸軍軍人の石原莞爾と交流を持ち、19年石原の主張を載せた反東条英機のパンフレットを配ったことから憲兵隊に検挙され、20年3月収容先の陸軍刑務所で獄死した。

中条 精一郎　ちゅうじょう・せいいちろう

建築家　国民美術協会初代会頭　日本建築士会会長

慶応4年（1868年）4月18日～昭和11年（1936年）1月30日

生出羽国米沢（山形県米沢市）　学東京帝国大学工科大学建築科〔明治31年〕卒　賞英国王立建築家協会（RIBA）名誉会員　歴明治32年文部省技師となり、札幌農学校図書館などの設計に従事。36年退官して英国のケンブリッジ大学に留学、40年帰国。再び文部省技師となったが、翌年辞し、曽祢達蔵と共に曽祢・中条建築事務所を開設。昭和戦前期における民間最大の設計事務所として多くの作品を手がけた。代表的なものに「慶応義塾大学図書館」「東京海上ビルディング本館」「日本郵船本社ビル」「旧岩崎家熱海別邸」など。大正2年国民美術協会を創立、会頭就任。13年～昭和8年再任。また大正3年には辰野金吾らと日本建築士会（現・日本建築家協会）を創設、建築士法の制定運動に力を注いだ。英国王立建築家協会（RIBA）名誉会員ともなった。家父＝中条政恒（安積開拓の功労者）、長女＝宮本百合子（作家）　勲レジオン・ド・ヌール勲章〔昭和4年〕

中条 百合子　ちゅうじょう・ゆりこ

⇒宮本 百合子（みやもと・ゆりこ）を見よ

中馬 興丸　ちゅうま・おきまる

医師　衆議院議員

明治4年（1871年）2月～昭和11年（1936年）3月14日

生摂津国尼崎（兵庫県）　名旧姓・旧名＝天崎　学東京帝国大学医学部〔明治31年〕卒　歴兵庫県立姫路病院副院長を務めた後、尼崎市に病院を開業した。尼崎市医師会長、尼崎訓盲院長を兼任。朝鮮平安漁業取締役。大正14年以来衆議院議員当選3回。民政党に所属した。

長 勇　ちょう・いさむ

陸軍中将

明治28年（1895年）1月19日～昭和20年（1945年）6月23日

生福岡県　学陸士（第28期）〔大正5年〕卒、陸大〔昭和3年〕卒　歴昭和4年歩兵第48連隊中隊長となり、のち参謀本部付で支那課に勤務。軍内革新派桜会の中心人物で、国家改造案の作成委員となる。6年十月事件に参加。その後北京、漢口の駐在を経て、8年台湾歩兵第1連隊大隊長、第16師団参謀となり、日中戦争の勃発で上海派遣軍参謀兼中支那方面軍参謀となる。13年歩兵第74連隊長、14年第26師団参謀長、17年第10歩兵団長、19年沖縄の第32軍参謀長となる。20年中将になるが、6月の沖縄戦で戦死した。

長 延連　ちょう・えんれん

兵庫県知事　警視総監

明治14年（1881年）8月4日～昭和19年（1944年）4月22日

生静岡県　学京都帝国大学法学部仏法科〔明治40年〕卒　歴高知県、山梨県、福岡県の各警察部長、大分県、山口県、京都府の各内務部長を経て、大正11年岡山県知事、12年島根県知事、13年石川県知事、昭和2年兵庫県知事を歴任。6年犬養内閣の警視総監に就任。退官後は東京乗合自動車会社社長、復興建築助成社長を務めた。

長 世吉　ちょう・つぎよし

貴族院議員（勅選）　貴族院書記官長

明治17年（1884年）2月～昭和38年（1963年）10月8日

出東京都　学京都帝国大学法科大学〔大正3年〕卒　歴京都府久世郡長、貴族院書記官兼内務省参事官、貴族院書記官長などを歴任。昭和13～22年勅選貴族院議員を務めた。

長 寿吉　ちょう・ひさよし

歴史学者　九州帝国大学名誉教授

明治13年（1880年）8月4日～昭和46年（1971年）3月21日

生大分県日田市　名号＝帖雪　学東京帝国大学史学科〔明治37年〕卒　文学博士　歴東京帝国大学講師となり、41年奈良女子高等師範学校教授に就任。大正元年から3年にかけて欧州に留学し、帰国後学習院教授となる。14年九州帝国大学法文学部教授兼図書館長となり、この年再度欧州に留学。昭和15年定年退官して名誉教授。21年上智大講師、29年教授、40年退職。著書に「史学概論」「西洋近世史」などがある。　家父＝長三洲（漢詩人・書家）

血脇 守之助　ちわき・もりのすけ

歯科学者　東京歯科医学専門学校校長

明治3年（1870年）2月1日～昭和22年（1947年）2月24日

生千葉県我孫子　学慶応義塾別科〔明治23年〕卒　歴新聞記者を経て、新潟県三条町で3年間英語の教師をする。その頃歯科医を希望し、明治26年高山歯科医学院に入学し、28年歯科医術開業試験に合格。その後中国に渡って歯科医学を施し、33年高山歯科医学院を東京歯科医学院と改称、40年には東京歯科医学専門学校として校長に就任。昭和18年名誉校長。21年東京歯科大学に昇格して名誉学長に就任した。日本歯科医師会の初代会長なども歴任。

陳 清水　ちん・せいすい

プロゴルファー

明治43年（1910年）1月25日～平成6年（1994年）1月8日

生台湾　名本名＝神原清水　学台湾淡水公学校卒　歴長身を

生かしたパワフルなプレーヤー。台湾でゴルフのキャディーとなり、昭和2年来日し、プロゴルファーとして活躍。9年、10年関東プロゴルフ選手権で優勝。11年米国のマスターズに参戦し、20位に入り、全米オープンでも45位となり、戦前の東洋人としては最高位。12年日本オープンプロ、17年、28年日本プロ、31年関東プロの各シニア選手権で優勝。その後、第一線を退き、後進の指導にあたる。また、自らの愛称チック・チンをブランド名にしたオーダーメイドゴルフクラブの販売を手がけて成功。48年日本に帰化。

【つ】

堆朱 楊成（20代目）　ついしゅ・ようぜい
漆芸家
明治13年（1880年）8月28日～昭和27年（1952年）11月3日
[生]東京都　[名]本名＝堆朱豊五郎、号＝経畦　[専]彫漆（堆朱彫）　[資]日本芸術院会員〔昭和24年〕　[歴]彫漆を兄の19代楊成、絵画を佐竹永湖、牙彫を石川光明に学び、漆芸作家として修業する。明治29年20代楊成を襲名。40年東京勧業博覧会で「彫漆香合三点」が2等賞になり、大正3年東京大正博覧会に「堆朱彫」を出品して2等賞になる。また、パリ万国博覧会、ニューヨーク万国博覧会にも出品して受賞し、10年の農商務省第9回工芸展で1等になる。昭和8年の第14回帝展では審査員となり、また文部省美術審査員、文展審査員、日展審査員なども務め、日本芸術院会員にもなった。他の代表作に「牡丹堆朱盆」「乾漆木蓮図硯箱」など。　[家]父＝堆朱楊成（18代目）、兄＝堆朱楊成（19代目）

塚越 賢爾　つかごし・けんじ
航空機関士
明治33年（1900年）11月8日～昭和18年（1943年）7月7日
[出]東京都　[歴]昭和2年東京朝日新聞社に入社。12年同社が試みた亜欧連絡飛行に"神風号"を操縦、飯沼正明操縦士と共に4月6日午前2時12分4秒、東京・立川飛行場を離陸、12の都市を経て日本時間の10日午前0時30分、ロンドンのクロイドン飛行場に着陸した。国産機による初の国際航空世界記録を樹立、神風ブームを巻き起こした。太平洋戦争さなかの18年、日独軍事連絡便としてA26型機でベルリンに向かう途中、消息を絶った。

塚崎 直義　つかざき・なおよし
弁護士
明治14年（1881年）5月10日～昭和32年（1957年）3月26日
[生]大分県　[学]京都帝国大学法科〔明治41年〕卒　[歴]明治42年弁護士開業。専門は刑事事件で、帝劇女優月岡静枝の放火、足尾銅山争議、甘粕憲兵大尉事件、五・一五事件などの弁護人を務めた。この間、大正15年渡欧、陪審制と困窮者の訴訟費用救助などについて調査。昭和5年東京弁護士会会長。戦後、最高裁裁判官任命諮問委員会委員となり、22年8月最高裁判事。25年10月の尊属殺人罪合違憲の大法廷判決で合憲説をとった。26年2月勇退。29年日弁連会長。著書に「我等の陪審裁判」など。

塚田 一甫　つかだ・いっぽ
新聞人　内閣情報局第一部長
明治30年（1897年）1月1日～昭和45年（1970年）1月6日
[生]長野県松本　[学]早稲田大学政経学部〔大正12年〕卒　[歴]大正12年毎日新聞社に入社し、経済部長、政経部長、編集局次長などを経て、昭和19年内閣の情報局第一部長となる。戦後、毎日新聞社に復帰して取締役、常務を経て、22年代表取締役となるが、同年公職追放される。この間日本放送協会理事、日本映画社取締役を兼任し、追放解除後、富民協会理事長、

本4H協会常務理事などを歴任した。著書に「国家総動員法の解説」がある。

塚田 攻　つかだ・おさむ
陸軍大将
明治19年（1886年）7月14日～昭和17年（1942年）12月18日
[生]茨城県　[学]陸士（第19期）〔明治40年〕卒、陸大〔大正3年〕卒　[歴]陸軍省軍務局課員、参謀本部員などを経て、昭和3年参謀本部作戦部長となる。10年参謀本部第三部長となり、日中戦争が勃発すると中支那方面の参謀長となって作戦を指導。13年中将。15年参謀次長となり南方作戦の計画にあたる。16年11月南方軍総参謀長。17年12月第11軍司令官の時、飛行機事故のため中国で死去した。大将に進級。

塚原 政次　つかはら・せいじ
心理学者　広島文理科大学学長　広島高等師範学校校長
明治5年（1872年）～昭和21年（1946年）
[生]兵庫県　[専]児童心理学　[学]東京帝国大学文科大学哲学科〔明治30年〕卒、東京帝国大学大学院児童心理学専攻　文学博士〔大正13年〕　[歴]明治34年ドイツ、米国に留学。帰国後広島高師教授、文部省督学官、静岡、東京各高校校長を歴任。昭和9年広島文理科大学長兼広島高師校長、10年東京高校名誉教授となる。著書に「児童及び青年の心理学的研究」「児童の心理及び教育」など。

塚原 大応　つかはら・だいおう
僧侶（天台宗）　四天王寺貫主
文久3年（1863年）～昭和6年（1931年）10月3日
[生]尾張国東春日井郡小牧（愛知県）　[歴]天台宗の僧となり、昭和2年前貫主・吉田源応の死去の後を受けて、京都三千院門跡から大阪四天王寺に移り住職となる。晩年、天王寺高等女学校校長を兼任。仏教和衷会、各社会事業に関与した。6年危篤となって、本山から大僧正を授かる。

塚原 富衛　つかはら・とみえ
日本精神文化研究所常任理事
明治41年（1908年）1月24日～平成10年（1998年）
[生]東京都新宿区　[学]岩倉鉄道学校（現・岩倉高）電気科〔大正12年〕卒　[歴]学校卒業後、市電の技術者となったが、大正15年国民新聞の脚本募集で首席に入選。岡本綺堂のもとで文学修業をする。昭和15年上海毎日新聞社論説委員。16年尾崎士郎と国民文化建設協会を設立。同年総合雑誌「公論」の編集顧問。17年平凡社の社長だった下中弥三郎の依頼により日本精神文化研究所を創立、常任理事。また中国から復員後の25年仁科芳雄博士に協力して日本ユネスコ協会会を創立、初代書記長を務めた。37年下中記念財団を創立。38年茅誠司東大学長とともに小さな親切運動本部を創立、専務理事・本部長を経て、61年代表に就任。平成6年退任。著書に「ローマ・カルタゴ百年戦争史」「道は遙か」「小さな親切あれこれ」などがある。

塚原 二四三　つかはら・にしぞう
海軍大将
明治20年（1887年）4月3日～昭和41年（1966年）1月10日
[生]山梨県　[学]海兵〔明治41年〕卒、海大〔大正9年〕卒　[歴]第二艦隊参謀となり、以後主に航空畑を歩く。昭和6年から1年間ジュネーブに出張。帰国後、赤城艦長、航空本部総務部長を務め、日中戦争勃発以後は第二連合航空隊、第一連合航空隊の各司令官として作戦を指揮し、15年鎮海要港部司令官になり、16年第十一航空艦隊司令長官に就任。太平洋戦争開始後は、南方での航空作戦を指揮し、17年航空本部長、19年軍令部次長、横須賀鎮守府司令長官となり、20年大将に昇進し、軍事参議官となった。

塚原 夜潮　つかはら・やちょう
俳人
明治33年（1900年）2月19日〜昭和18年（1943年）2月6日
[生]岡山県小田郡金浦村　[名]本名＝塚原禧男　[学]笠岡商〔大正6年〕卒　[歴]神戸の貿易商・下里商店に就職、大正7年神戸摩耶会に出席し「ホトトギス」に拠る。9年呉海軍工廠に就職。昭和2年秋桜子門に入り、7年「馬酔木」同人、9年「渦潮」を創刊。26年長男哲の手により「塚原夜潮句集」が刊行された。

塚本 虚明　つかもと・きょめい
俳人
明治13年（1880年）4月27日〜昭和14年（1939年）10月24日
[生]大阪府大阪市南区阪町　[名]本名＝塚本槌三郎、別号＝甘雨堂　[歴]三十四銀行に入り39年間勤務。明治31年「ホトトギス」に投句。34年松瀬青々の「宝船」同人、同誌改題「倦鳥」にも参加、武定巨口と並び称された。句集「玉蟲」がある。

塚本 小四郎　つかもと・こしろう
機械工学者　旅順工科大学教授
明治8年（1875年）1月30日〜昭和7年（1932年）10月17日
[生]滋賀県　[学]東京帝国大学工科大学機械工学科〔明治32年〕卒　工学博士〔大正9年〕　[歴]明治40年帝国鉄道庁技師となり、大正3年英国・ドイツへ出張を命じられ、主として鉄道事業の金属材質調査法を研究する。13年旅順大学附属工学専門学校教授となり、15年旅順工科大学教授に就任した。

塚本 清治　つかもと・せいじ
貴族院議員（勅選）
明治5年（1872年）11月5日〜昭和20年（1945年）7月11日
[出]兵庫県姫路市　[名]旧姓・旧名＝河田　[学]姫路中卒、三高卒、東京帝国大学法科大学英法科〔明治35年〕卒　[歴]河田家の二男で、塚本家の養子となる。大正2年京都府内務部長、4年内務監察官、同年神社局長、9年地方局長兼務、10年地方局長専任、11年社会局長官、12年内務次官。13年退官。同年加藤高明内閣の法制局長官、14年内閣書記官長となった。15年勅選貴族院議員。　[家]女婿＝式村義雄（大蔵省金融局長）

塚本 三　つかもと・ぞう
ジャーナリスト　衆議院議員
明治22年（1889年）4月21日〜昭和27年（1952年）8月25日
[生]愛知県名古屋市　[名]旧姓・旧名＝井筒　[学]名古屋中学〔明治40年〕卒　[歴]日本陶器に入社し、森村組を経て、大正9年名古屋新聞政治記者となり、11年編集長、総務部長となる。10年以降名古屋市議に4回当選し、副議長、議長などを歴任。昭和12年衆議院議員となり、1期務める。22年から名古屋市長に2選、27年全国市長会長になった。

塚本 靖　つかもと・やすし
建築学者　建築家　東京帝国大学名誉教授
明治2年（1869年）2月15日〜昭和12年（1937年）8月9日
[生]京都府京都市　[名]幼名＝巳之吉　[専]建築意匠・装飾　[学]帝国大学工科大学造家学科〔明治26年〕卒　工学博士（東京帝国大学）〔明治36年〕　[寛]帝国芸術院会員〔昭和12年〕　[歴]明治26年帝国大学工科大学大学院に進学。主として建築意匠・装飾を研究し、特に日光廟の建築・装飾の実測研究に当たった。32年東京帝国大学工科大学助教授となり建築学研究のため欧州に留学。35年帰国し、大正9年教授に就任。明治39年、41年渡航し中国建築を研究、43年日英博覧会の事務として渡英した。同年特許局技師を兼任、のち朝鮮、満州を歴遊。大正9〜12年、14年〜昭和4年東京帝大工学部長、昭和4年定年で退官し名誉教授。建築学の権威として知られ、12年帝国芸術院会員。大正12〜13年建築学会（現・日本建築学会）会長も務めた。論著中、「日光廟装飾論」は特に著名。主な建築作品は「柴田邸

支那館」など。

津軽 義孝　つがる・よしたか
馬術選手
明治40年（1907年）12月18日〜平成6年（1994年）8月22日
[生]東京都　[学]東北帝国大学理学部中退　[歴]旧男爵徳川義恕の二男で、大正8年津軽家の養子となり伯爵を継ぐ。幼時から馬の世話をしながら育ったという根っからの動物好きで、学習院高等科、東北帝国大学中退後、宮内庁下総御料牧場、日本中央競馬会馬事公苑などに勤務し競争馬の育成を手がけた。昭和7年のロサンゼルス五輪には馬術の日本代表として出場した。
[家]父＝徳川義恕（大正天皇侍従）、兄＝徳川義寛（昭和天皇侍従長）、妹＝北白川祥子（皇太后宮女官長）、四女＝常陸宮華子

都河 龍　つがわ・しげみ
婦女界社創業者
明治13年（1880年）6月2日〜没年不詳
[生]広島県　[学]東洋大学〔明治36年〕卒　[歴]大学卒業後、電報通信社の校正掛から博報堂に入り、「教育新聞」の編集に当たる。明治40年香川県の商業学校で教師となるが、間もなく辞めて再上京し同文館に入社。雑誌「婦女界」の編集担当となり手腕を発揮、大正2年同誌の編集営業の一切を引受けて独立し婦女界社を創立。個人経営となるや業務を改善、誌面を刷新して、毎月数十万部を発行する盛況を示した。昭和18年企業整備で解散。戦後の21年、二男の都河吉生が復刊したが時代のずれもあって間もなく休刊した。

月形 龍之介　つきがた・りゅうのすけ
俳優
明治35年（1902年）3月18日〜昭和45年（1970年）8月30日
[生]宮城県遠田郡小牛田村（美里町）　[名]本名＝門田潔人、前名＝中村東鬼蔵、門田東鬼蔵　[学]三田英語学校　[歴]大正9年中村東鬼蔵を名のり、尾上松之助主演「仙石権兵衛」の端役で銀幕デビュー。11年牧野教育映画製作所に入り、13年「栗飯の焚ける間」「雲母阪」「討たるる者」と立て続けに阪東妻三郎と共演して頭角を現す。この頃、芸名を門田東鬼蔵としたが、脚本家の寿々喜呂九平の命名で月形龍之介に改名。14年牧野省三が設立したマキノプロに移り、15年の行友李風原作「修羅八荒」のヒットで時代劇スターとしての地位を確立した。昭和3年ツキガタプロダクションを設立し、月形陽候に名を改めて時代劇映画を製作・出演した。4年同プロダクションを解散後は芸名を龍之介に戻し、松竹下加茂撮影所に入社。6年トーキー映画の時代の到来を見越して再び独立し、奈良県生駒に月形プロダクションを設立、「暁の市街戦」で全編PCLトーキーを導入するなど野心的な作品を発表したが、そのために多額の負債を背負い、間もなくプロダクションを解散。曽我廼家五九郎劇団や東活映画などを経て、8年日本の俳優で初めてフリーとなるが長続きせず、以後、新興キネマ、マキノトーキー、連合映画社、日活太秦撮影所などを転々とした。12年には志波西果監督による日本初のカラー時代劇「月形半平太」で主演。17年大映京都に入って脇役としての活動が主となるが、全日本映画俳優協会関西支部長を務めるなど関西時代劇界で重きをなした。　[家]長男＝月形哲之介（俳優）

月田 一郎　つきた・いちろう
俳優
明治42年（1909年）10月11日〜昭和20年（1945年）9月27日
[出]山口県岩国町（岩国市）　[学]法政大学〔昭和4年〕中退　[歴]大学時代映画俳優を志し松竹蒲田のスター鈴木伝明に師事。昭和4年中退し松竹入社、「山の凱歌」で端役デビュー。5年小津監督「落第はしたけれど」の大学生役に抜擢。6年“31年型美男子”と売り出されるが伝明の不二映画創立について松竹退社。8年解散後は新興キネマへ。9年第一映画社に参加。11年

共演者だった山田五十鈴と結婚、のちの瑳峨三智子をもうける。11年第一映画社解散後は新興京都へ。13年東宝へ移籍。17年山田と離婚した。　家娘＝嵯峨三智子

次田 潤　つぎた・うるう
国文学者　一高教授
明治17年（1884年）4月26日〜昭和41年（1966年）4月9日
生岡山県岡山市　学東京帝国大学文科大学文学部〔明治42年〕卒　歴県立鹿児島第二中学校、釜山中学校教諭を経て、神宮皇学館、七高造士館、佐賀高、学習院教授となる。昭和7年一高教授に就任、19年定年退官し、24年立正大学教授となる。また東京文理科大学、日本女子大学などの講師も歴任。「古事記新講」「万葉集新講」「日本文学通史」などの著書がある。　家長男＝次田真幸（国文学者），二男＝次田香澄（国文学者）

次田 大三郎　つぎた・だいさぶろう
内務次官　内閣書記官長　貴族院議員（勅選）
明治16年（1883年）3月18日〜昭和35年（1960年）9月15日
生岡山県邑久郡東幸西村（岡山市東区西大寺水門町）　名幼名＝七五三郎　学六高卒、東京帝国大学法科大学政治科〔明治42年〕卒　歴明治42年内務省に入省。茨城県属、石川県事務官、内務書記官、大正13年茨城県知事、14年内務省土木局長・地方局長、昭和6年警保局長、内務次官などを経て、同年貴族院議員に勅選される。11年法制局長官、20年国務大臣兼内閣書記官長などを歴任。戦後は公職追放されたが、解除後首都建設委員などを歴任した。平成2年岡山市の母校・関西高校で日記が発見された。

月輪 賢隆　つきのわ・けんりゅう
僧侶（浄土真宗本願寺派）　仏教学者　龍谷大学教授
明治21年（1888年）5月25日〜昭和44年（1969年）8月25日
生秋田県仙北郡仙南村　学仏教大学考院院〔大正3年〕卒　文学博士〔昭和26年〕　歴大正15年高野山大学教授となり、昭和4年から30年まで龍谷大学教授。その後種智院大学教授を務める。その間、西山専門学校教授、西本願寺勧学、京都女子専門学校講師、宗学院講師なども務める。チベット仏教を研究し、没後「仏典の批判的研究」が刊行された。

次井 晨　つぐい・しん
スキー選手
明治45年（1912年）3月6日〜平成16年（2004年）3月7日
出新潟県　学高小卒　歴日本のアルペンスキー草創期の選手として活躍し、昭和11年全日本選手権回転種目の初代王者となる。スキー振興に尽くし、59年新潟県スキー連盟会長、平成4年名誉会長。

津久井 龍雄　つくい・たつお
国家主義者　政治評論家
明治34年（1901年）2月4日〜平成1年（1989年）9月9日
生栃木県大田原市　学早稲田大学英文科〔大正2年〕中退　歴早大中退後、国家社会主義を唱えた高畠素之に入門。大正15年赤尾敏らと建国会を創立、昭和5年には天野辰夫らと愛国勤労党、児玉誉士夫らと急進愛国党を組織。6年全日本愛国者共同闘争協議会を結成、8年赤松克麿らと国民協会を設立、出版部長を務める。12年から「やまと新聞」等に執筆。戦時中は政党を離れ、新聞・雑誌で活動。戦後、公職追放を経て、27年赤尾敏と東方会を組織した。著書に「日本国家主義運動試論」「日本的社会主義の提唱」「右翼」「私の昭和史」「証言・昭和維新」などがある。

筑紫 熊七　つくし・くましち
陸軍中将
文久3年（1863年）1月25日〜昭和19年（1944年）1月21日
生肥後国（熊本県）　学陸士（旧第9期）〔明治21年〕卒　歴明治27年要塞砲兵第二連隊付、32年参謀本部本部員などを経て、日露戦争では大本営参謀を務める。大正2年兵器局長に、10年技術本部長などを歴任し、12年予備役編入となる。昭和9年満州国参議府副議長となり、14年平沼内閣で国民精神総動員中央連盟理事長に就任した。著書に「台風に直面して」がある。

佃 血秋　つくだ・けっしゅう
映画監督　脚本家
明治37年（1904年）〜昭和26年（1951年）5月30日
出富山県氷見郡氷見町（氷見市）　名本名＝佃順　学高岡中（現・高岡高）中退　歴大正12年帝国キネマ脚本部に入り「血戦」「白藤権八郎」などを執筆。14年「お半長右衛門」で監督デビュー。その後は脚本・脚色の仕事を中心とし、松竹蒲田撮影所、阪妻プロダクション、東亜キネマなどに所属。戦後は映倫事務局に勤務し、「ドレミファ先生」を執筆後、昭和26年長野県で急病のため死去。主な監督作品に「恋の鳥」、脚本に「帰らぬ笹笛」「君恋し」「哀恋日記」、脚色に「籠の鳥」「嵐」「怪談げらげら草紙」など。

筑土 鈴寛　つくど・れいかん
国文学者　僧侶（天台宗）　大正大学教授
明治34年（1901年）9月28日〜昭和22年（1947年）2月12日
生東京府北多摩郡神代村（東京都調布市）　名初名＝寛也　専宗教芸文学、東漸院住職　学国学院大学学部国文学科〔大正15年〕卒　歴私立天台宗中学校や国学院大学予科に学び、大正13年東漸院住職となる。15年国学院大学学部国文学科を卒業して東京帝国大学文学部副手、同予科・専門教授を経て、19年大正大学学部教授に就任。中世における宗教芸文研究の第一人者で、22年に宗教芸文学会を設立した。著書に「慈円—国家と歴史及び文学」「宗教芸文の研究」「中世芸文の研究」「筑土鈴寛著作集」などがある。　家孫＝安原真琴（日本文学研究者），女婿＝安原顕（編集者）

筑波 藤麿　つくば・ふじまろ
神官　日本史学者　侯爵
明治38年（1905年）2月25日〜昭和53年（1978年）3月20日
生東京市麹町区（東京都千代田区）　専日本古代史　学東京帝国大学文学部国史学科〔昭和2年〕卒　歴山階宮菊麿王の第3子。昭和3年臣籍降下、筑波家を創立し侯爵。自邸に筑波国史研究部を創設、4〜17年毎年「国史関係文献目録」を刊行。16年史蹟名勝天然記念物調査会会長。21年靖国神社宮司となる。著書に「日唐交通とその影響」など。　家父＝山階宮菊麿（山階宮第2代），息子＝筑波常治（科学評論家）

筑波 雪子　つくば・ゆきこ
女優
明治39年（1906年）6月10日〜昭和52年（1977年）6月6日
生東京府荏原郡入新井村（東京都大田区）　名本名＝佐藤ゆき子　歴初め新橋・日乃家から叶栄の名で芸妓に出て売れっ子となる。大正13年松竹蒲田に入社、「黄金地獄」に芸妓役でデビュー。天性の美貌と芸熱心から人気も急上昇して、川田芳子、栗島すみ子、五月信子に次ぐスター女優となり、15年の俳優昇格式では準幹部に推された。昭和2年蒲田を脱退するが3年には復帰、5年幹部に昇進した。のち新派などに加わって舞台出演も多くなり、舞台は11年まで続いた。11年阪妻プロの「風流小唄侍」で阪妻の相手役を務めたのが最後の映画となり、その後大阪で再び芸妓となった。16年新派に復帰、翌年引退、実業家・寺田甚吉と結婚した。

津雲 国利　つくも・くにとし
衆議院議員

明治26年（1893年）10月18日〜昭和47年（1972年）11月4日
生東京都青梅市 学東京府立第二中学校卒、安田保善社銀行員養成所〔大正2年〕卒 歴安田、古河の銀行員、下野銀行相談役、下野新聞社顧問、下野日日新聞社顧問などを歴任し、昭和3年衆議院議員となり、以後当選8回。その間、拓務政務次官、政友会幹事、翼賛政治会常任総務などを歴任。その後防共護国団事件に関係して議員を除名された。戦後公職追放されたが、28年自由党から衆議院議員に返り咲いた。38年落選。

津下 剛　つげ・たけし

日本史学者 京都帝国大学農学部講師嘱託
明治38年（1905年）2月〜昭和14年（1939年）7月9日
生熊本県熊本市 専近代農業史 学東京帝国大学農学部農業経済学科〔昭和3年〕卒 歴熊本の五高理科甲類を経て、東京帝国大学農学部農業経済学科に学び、昭和3年に卒業したのち京都帝国大学農学部で副手嘱託となった。10年大谷大学より学部教授・同予科教授を嘱託され、さらに12年には京都帝大農学部講師嘱託・台北帝国大学文政学部講師嘱託に就任。江戸・明治時代における農業史の研究で注目されるが、35歳という若さで没した。没後、18年に遺稿をまとめた「近代日本農史研究」が刊行された。

津下 紋太郎　つげ・もんたろう

実業家
明治3年（1870年）4月7日〜昭和12年（1937年）9月20日
生備前国児島郡藤戸（岡山県倉敷市） 学同志社普通部〔明治23年〕卒、同志社本科神学部〔明治26年〕卒 歴備前国藤戸村で商家・津下豊次郎の長男として生まれる。小学校卒業の前年、京都同志社の神学生・亀山昇の持っていたウエブスターの辞書や金文字の洋書を見て向学心を起こす。亀山の影響で、明治17年岡山の協会で金森通倫から洗礼を受け、18年同志社普通部に入学。26年本科神学部を卒業し普通部で教鞭を執る。傍ら、協会で説教をしていたが、31年退社し帰郷。奈良県吉野の山林地主・土倉庄三郎の子・龍次郎が同志社の同窓だった関係で、32年土倉家の台湾事業総支配人となり、山林開墾、樟脳の生産などの事業に携わる。40年退社し帰国。のち日本製鉄専務、宝田石油専務、大正10年〜昭和8年日本石油専務を歴任。この間、大正6年カルピス製造会長、のち日本工業会社社長などを務めた。また石油流通の権威として、昭和9年満州国財務部顧問に就任、同国の石油専売制を実現させた。著書に「津下紋太郎自伝」がある。

津崎 尚武　つざき・なおたけ

衆議院議員
明治15年（1882年）5月〜昭和37年（1962年）8月29日
出鹿児島県 学東京帝国大学法学部政治学科〔明治42年〕卒 歴長野県属兼視督、更級郡長、長野県理事官、視学官を歴任した後、ニューヨーク土地建物社員、東亜産業取締役を務める。大正9年衆議院議員となり、以来昭和21年まで当選7回。平沼内閣厚生政務事官、大政翼賛会中央協力会議員、国際開発協会理事長、人口食糧協会会長などを務める。著書に「想と相」「どうなるか満州国」がある。

都路 華香　つじ・かこう

日本画家
明治3年（1870年）12月23日〜昭和6年（1931年）8月4日
生京都府 名本名＝辻宇之助 資帝国美術院会員〔大正14年〕 歴友禅描きの子として生まれ、幸野楳嶺に師事。文展には第1回より毎回出品し、明治20年代から30年代にかけて内国勧業博覧会で受賞を重ねるなど早くから頭角をあらわした。大正12年帝展委員、14年帝国美術院会員となる。また明治末から没年まで京都市立美術工芸学校（現・京都市立芸術大学）で後進の指導にあたり、大正15年以後は校長を務めた。代表作に

「松間の月」「東菜里の朝、万年台の夕」「静渡の図」など。 家息子＝都路華明（日本画家）

辻 嘉六　つじ・かろく

実業家 日本化学産業代表取締役 政友会後援者
明治10年（1877年）3月〜昭和23年（1948年）12月21日
生岐阜県岐阜市 歴郷里の中学校を中退して上京し、鉱業その他の事業にたずさわり、大正11年日満実業（のち日本化学産業）を創立、代表取締役に就任。また児玉源太郎、原敬らの知遇を得、政友会系大物政治家と密接な関係を持ちつづけ、昭和20年の日本自由党創立に関与、政界の黒幕的存在として活躍。有望な政治家に貢ぐのを好み、亡命中の孫文、黄興などを援助した。戦後、衆議院不当財産取引調査委員会でその政治献金を追及された。 家長女＝辻トシ子（コンサルタント）

辻 寛治　つじ・かんじ

内科学者 京都帝国大学名誉教授
明治14年（1881年）9月19日〜昭和35年（1960年）6月2日
生島根県 学京都帝国大学医科大学〔明治39年〕卒 医学博士〔大正7年〕 歴明治43年京都帝国大学助教授となり、欧州留学後の大正6年教授に就任。14年名誉教授。ホルモン、気管支喘息、動脈硬化などの研究を行い、日本内分泌学会を創設して初代会長となる。また日本結核病学会会頭、日本内分泌学会名誉会長などを歴任した。

辻 吉朗　つじ・きちろう

映画監督
明治25年（1892年）8月24日〜昭和20年（1945年）12月8日
生秋田県平鹿郡川西村 名芸名＝市川芝喜蔵 学大成中学 歴大正6年日活京都で市川芝喜蔵の芸名で時代劇の俳優となるが、間もなく助監督を経て監督となる。尾上松之助主演の時代劇を手がけていたが、大正15年松之助の没後に作った「修羅八荒」あたりから持ち味を出してくる。昭和4年「沓掛時次郎」がヒットし、続いて「金四郎半生記」「傘張剣法」「維新暗流史」などを次々と製作し、傾向映画としての時代劇の有力な監督となった。その後は次第に活気を失い、14年に「海援隊」で久しぶりに調子をとり戻した。18年松竹下加茂に転じ、マキノ真三と共同で「海賊旗吹っ飛ぶ」を監督した。

辻 順治　つじ・じゅんじ

作曲家
明治15年（1882年）7月1日〜昭和20年（1945年）4月13日
生山形県西田川郡鶴岡（鶴岡市） 学大山尋常高小〔明治29年〕卒 歴明治30年大山尋常高等小学校臨時教員となる。32年辞職し、33年陸軍戸山学校軍楽隊に入隊。43年遣英陸軍軍楽隊員（テナー・サックス担当）として派英。昭和2年陸軍戸山学校軍楽隊隊長（楽長）に就任。7年定年退官。ポリドール吹込所長、ビクター洋楽部長を歴任した。主な作曲作品に「進軍」「爆弾三勇士」「工兵の歌」「上海派遣軍の歌」「愛国機」などがある。

辻 善之助　つじ・ぜんのすけ

日本史学者 仏教史家 東京帝国大学史料編纂所所長
明治10年（1877年）4月15日〜昭和30年（1955年）10月13日
生兵庫県姫路元塩町（姫路市） 学東京帝国大学文科大学国史学科〔明治32年〕卒 文学博士（東京帝国大学）〔明治42年〕 資帝国学士院会員〔昭和7年〕 歴東京帝国大学を出てすぐ同大学の史料編纂員となったが、昭和4年史料編纂掛が史料編纂所と改称されるとその初代所長に就任し、我が国の史料編纂事業の発展に貢献。一方、明治44年東京帝大助教授となり、大正15年〜昭和13年教授、昭和7年帝国学士院会員。のち、立正大、上智大教授を歴任。また文化財保護にも尽力し、文化財専門審議会会長を務めた。在学中から仏教史への関心が深く、

それまで教義史中心だった日本仏教史を政治、経済、社会と関連づけて研究し、いわゆる“辻仏教史学”を打ち立てた。明治43年には三重県の高田専修寺で親鸞の真蹟30数点を発見、紹介している。主著の「日本仏教史」（全10巻）は東大での30年に及ぶ講義をもとにした仏教通史で、編集・校訂本としては「神仏分離史料」「大乗院寺社雑事記」「鹿苑日録」「多聞院日記」がある。このほか「親鸞上人筆蹟の研究」「田沼時代」「日本仏教史之研究」「人物論叢」「本願論」「日本文化史」（全7巻・別録4巻）、そして未完の「国史大辞典」（4巻まで）など著書は数多い。　家二男＝辻達也（横浜市立大学名誉教授）　勲文化勲章〔昭和27年〕　賞帝国学士院恩賜賞〔大正10年〕「日本仏教史之研究」

辻 永　つじ・ひさし
洋画家
明治17年（1884年）2月20日〜昭和49年（1974年）7月23日
生広島県広島市柳町　出茨城県　学水戸中卒、東京美術学校西洋画科〔明治42年〕卒　賞帝国芸術院会員〔昭和22年〕　歴福井の中学校図画教師を経て、弟の山羊園で山羊の作品を制作、山羊の画家として知られた。明治41年の第2回文展以来、官展系の画家として活躍。大正7年光風会会員、のち会長。9年渡欧、以後風景画家の傾向を強めた。昭和22年帝国芸術院会員。33年社団法人日展が設立され、理事長となった。主な作品に「飼われたる山羊」「無花果畑」「ブルージュの秋」など。著書に草花の写生による「万花図鑑」「万花譜」などがある。　賞文化功労者〔昭和34年〕

辻 兵吉　つじ・ひょうきち
秋田銀行頭取　貴族院議員（多額納税）
明治8年（1875年）11月〜昭和26年（1951年）2月23日
出秋田県　歴辻兵吉の長男。大正15年家督を相続。昭和7年より多額納税の貴族院議員。秋田銀行頭取、秋田商工会議所会頭などを歴任した。　家父＝辻兵吉（秋田銀行頭取）

辻 政信　つじ・まさのぶ
陸軍大佐
明治35年（1902年）10月11日〜昭和43年（1968年）7月20日
生石川県山中町　学陸士（第36期）〔大正13年〕卒、陸大〔昭和6年〕卒　歴陸士を首席、陸大を2番で卒業し、歩兵第7連隊中隊長として、昭和7年上海事変に出征。参謀本部に転じ、11年関東軍参謀部付、12年同参謀、13年少佐。14年のノモンハン事件では積極攻勢を主導するが大敗を喫す。15年支那派遣軍総司令部付、中佐。16年参謀本部に転じ、南方作戦を研究。太平洋戦争の緒戦では第25軍参謀としてマレー上陸作戦を敢行し、17年には参謀本部作戦班長としてガダルカナル作戦を指導。18年大佐。19年第33軍（ビルマ）参謀となりインパール作戦の事後処理にあたった。バンコクで敗戦を迎え、そのままタイ僧に変装して23年まで地下に潜行。帰国後、逃走記録「潜行三千里」を刊行し、ベストセラーとなった。27年衆議院議員（4期）、34年参議院議員（1期）に当選。36年4月東南アジア旅行中にラオスで消息をたつ。その後、ソ連機でハノイへ向ったともいわれるが不明。43年7月20日死亡宣告がなされた。　家女婿＝堀内光雄（衆議院議員）

辻 マツ　つじ・まつ
教育家　東京女子高等師範学校教授　YWCA会長
明治15年（1882年）11月23日〜昭和40年（1965年）11月18日
生福島県　名旧姓・旧名＝小此木　学女子高等師範学校〔明治38年〕卒、女子英学塾〔明治40年〕卒　歴文部省留学生として渡英。帰国後、東京女子高等師範学校教授、戦後、津田塾大学教授、のち津田塾大学理事、塾長代理を歴任。一方、明治44年から日本キリスト教女子青年会（YWCA）中央委員を務め、大正14年日本YWCA同盟委員長、昭和5年世界YWCA常任委員・副会長を歴任。

辻阪 信次郎　つじさか・しんじろう
実業家　大阪府議
明治18年（1885年）1月〜昭和11年（1936年）1月23日
歴大阪府多額納税者・辻阪芳之助の弟に生まれ、大正2年分家した。喜久屋食料品店社長、五花街土地建物社長、虎尾信託取締役などを務め、大阪財界の実力者となる。大阪府議、大阪市議となり、府会議長を4回務める。昭和10年大阪税務疑獄の被疑者として逮捕され、11年1月刑務所内で自殺した。

辻野 久憲　つじの・ひさのり
翻訳家　評論家
明治42年（1909年）5月28日〜昭和12年（1937年）9月9日
生京都府舞鶴　学東京帝国大学文学部仏文科卒　歴在学中から「詩・現実」同人。創刊号に「現代フランス文学の二主潮―外在的現実か内在的現実か」を執筆。昭和5年の第2冊、6年の第5冊にジョイスの「ユリシイズ」を伊藤整、永松定と共訳で連載。第一書房に勤め、「セルパン」編集長。萩原朔太郎の「氷島」に覚え書きを書き、第二次「四季」に同人として参加。翻訳に「ジイド全集」18巻の「地の糧」「アミンタス」、モーリヤック「ペルエイル家の人々」、ジャック・リヴィエール「ランボオ」などがある。詩人としては、「詩・現実」に「夕映」「新秋の記」などの作品を発表するほか、「詩と詩論」「作品」「創造」などにも発表。死の直前受洗した。

対馬 勝雄　つしま・かつお
陸軍歩兵中尉
明治42年（1909年）11月15日〜昭和11年（1936年）7月12日
生青森県青森市造道　歴昭和4年陸軍歩兵少尉に任官、6年満州事変に出征。7年中尉に昇進、9年豊橋の陸軍教導学校付となり、11年の二・二六事件に参加。当初は豊橋から静岡県興津にいた元老・西園寺公望を襲撃する予定であったが、決起直前に同志に反対者がいたため計画を変更して竹嶌継夫中尉と上京、栗原安秀中尉らと共に首相官邸を襲撃した。事件後、軍法会議で死刑判決を受け、同年7月12日に刑死した。

津島 寿一　つしま・じゅいち
大蔵次官　日本銀行副総裁
明治21年（1888年）1月1日〜昭和42年（1967年）2月7日
生香川県坂出市　学東京帝国大学法科大学政治学科〔明治45年〕卒　歴大蔵省に入り、昭和2年には欧米駐在の財務官となって金解禁に伴うクレジット設定の衝にあたる。9年に帰国後は理財局長を経て、岡田内閣の大蔵次官、日本銀行副総裁、北支開発会社総裁を歴任。太平洋戦争の終戦前後に蔵相を務め公職追放となったが、解除後は外務・大蔵両省顧問となり、26年日比賠償全権委員、27年外債会議日本首席代表としてフィリピン、インドネシアとの賠償交渉や米英との外債処理協定をまとめた。28年には参議院選挙全国区に当選、岸内閣の防衛庁長官を務めている。一方、多芸多才で知られ、日本棋院総裁、日本庭球協会会長、日本オリンピック委員会委員長、日本体育協会会長なども歴任し、著書に「閑適生活（全3巻）」がある。

辻村 秋峰　つじむら・あきみね
挿絵画家
明治4年（1871年）〜昭和23年（1948年）
生大阪府堺市　名本名＝辻村又男　歴筒井年峰門下で絵の手ほどきを受ける。明治37年2月久保田小塊とともに児童美育会を結成、日本で初めての絵雑誌「お伽絵解こども」を発行した。同年朝日新聞大阪本社に入社。大正12年「コドモアサヒ」の編集に携わる。昭和2年朝日新聞社会事業団の創設にともない計画部次長に就任。子ども博覧会や農繁期託児所助成など

つしむら　　　　　　　　　　　　　　昭和人物事典 戦前期

少年保護事業に力を注いだ。

辻村 みちよ　つじむら・みちよ
食品化学者
明治21年（1888年）9月17日～昭和44年（1969年）6月1日
[生]埼玉県北足立郡桶川町（桶川市）[学]東京女子高等師範学校（現・お茶の水女子大学）理科［大正2年］卒 農学博士（東京帝国大学）〔昭和7年〕[歴]小学校教師の二女。明治35年桶川尋常高等小学校を卒業し、37年加納尋常高等小学校勤務。やがて東京府立女子師範、東京女子高等師範理科に学び、大正2年卒業。横浜高等女学校、埼玉女子師範教諭・舎監を経て、9年32歳の時に化学の研究者を目指して退職。女子の入学例がないため無給で北海道帝国大学の食品研究室に入り、11年東京帝国大学医学部に移り生化学を研究、12年理化学研究所研究生として鈴木梅太郎博士のもとで緑茶の化学成分に関する研究に従事。昭和4年緑茶の渋み成分であるカテキンを結晶として取り出すことに成功し、化学構造を解明した。7年「緑茶の化学成分について」で東京帝国大学から博士号を受け、女性の農学博士第1号となった。24年お茶の水女子大学教授となり、25年家政学部創設に伴い学部長に就任。30年退官、実践女子大学教授。34年新たな「タンニンII」を発見した。

辻村 もと子　つじむら・もとこ
小説家
明治39年（1906年）2月11日～昭和21年（1946年）5月24日
[生]北海道岩見沢 [学]日本女子大学国文科〔昭和3年〕卒 [歴]「火の鳥」を経て、「文芸主潮」同人。昭和3年「春の落葉」を処女出版。17年に北海道開拓の青年を描いた長編「馬追原野」を発表、他に短編集「風の街」がある。

辻本 卯蔵　つじもと・うぞう
弘道館創業者
明治7年（1873年）10月22日～昭和33年（1958年）10月24日
[生]奈良県宇陀郡松山町（宇陀市）[歴]明治23年大阪に出て出版社に入り、翌年積善館に転じ15年間斯業に精励し、38年上京本郷に弘道館を開く。帝大哲学会の「哲学雑話」の発行を引請け、「東亜の光」「婦人と子供」さらには「帝国教育」を発行した。書籍出版では帝大教授の教育哲学宗教などの学術書を世に送った。昭和6年株式会社に改組した。 [家]弟＝辻本経蔵（新思潮社創業者）

辻本 豊三郎　つじもと・とよさぶろう
実業家 福助足袋社長 衆議院議員
明治14年（1881年）1月～昭和34年（1959年）6月30日
[生]大阪府 [名]旧姓・旧名＝北川 [歴]明治28年足袋製造卸商・丸福（現・福助）に商業見習いとして入店。30年創業者辻本福松の養子となり、続いて、福松の長女ますと結婚。34年から経営の大半を委ねられる。福松とともに広告、景品付き売り出しなど思い切った手を打ち、売上げを伸ばす。"一市一町一店主義"の販売基本方針を掲げて東京にも進出。33年商標を福助に改め、大正4年合名会社にして社長に就任。大正8年株式会社に改組し、近代工場を建設し、今日の礎を築いた。昭和5年衆議院議員に当選、民政党に所属して1期務める。13年社長を辞任。

辻本 満丸　つじもと・みつまる
応用化学者 登山家 商工省東京工業試験所第二部長
明治10年（1877年）12月4日～昭和15年（1940年）4月24日
[生]東京府本郷（東京都文京区）[専]油脂化学 [学]一高〔明治30年〕卒、東京帝国大学工科大学応用化学科〔明治34年〕卒 工学博士〔大正4年〕[歴]明治35年農商務省工業試験所技手、39年技師を経て、大正14年官制改革により商工省東京工業試験所第二部長。昭和5年定年退官。明治34年農商務省より本邦産植物油類の調査を嘱託されて以来、動植物油脂化学に関する

研究に従事。39年にはクロコザメの肝油中から新しい炭化水素を発見してスクアレンと命名した。一方、志賀重昂の「日本風景論」を愛読して登山に親しみ、日本山岳会に設立当初から入会した。39～40年会報「山岳」に当時あまり知られていなかった南アルプスの写真を含む記録を掲載。41年小鳶山、42年薬師岳にも登り、同じく写真とともに紹介して薬師岳のカールの全容を明らかにした。43年夏にも後立山縦走などを行った。 [賞]帝国学士院恩賜賞（第10回）〔大正9年〕，日本化学会桜井褒章〔大正7年〕

辻山 治平　つじやま・じへい
茨城県知事
明治30年（1897年）5月16日～昭和49年（1974年）7月29日
[生]岩手県胆沢郡水沢町（奥州市）[学]東京帝国大学法学部〔大正11年〕卒 [歴]昭和16年徳島県知事、17年茨城県知事。同県教育委員長も務めた。

都築 文男　つづき・ふみお
俳優 関西新派劇座長
明治16年（1883年）12月27日～昭和21年（1946年）1月13日
[生]東京都 [名]本名＝都築七五三太郎 [歴]はじめ草創期の新派で名女形として知られた児島文衛に師事。のち新派の重鎮村田正雄（初代）の門下となり、明治末期頃に伊井蓉峰と並ぶ同派の看板役者として人気を集めた。大正期以後は活動の拠点を上方に据え、大正13年関西新派劇を結成、その座長として活躍した。喜劇俳優・藤山寛美を子役時代に見出したことでも知られる。昭和21年中国で死去。

津田 信夫　つだ・しのぶ
鋳金家
明治8年（1875年）10月23日～昭和21年（1946年）2月17日
[生]千葉県佐倉 [名]号＝大寿 [学]東京美術学校鋳金科〔明治33年〕卒 [賞]帝国美術院会員，帝国芸術院会員〔昭和12年〕[歴]東京美術学校助教授を経て、大正8年教授に就任。12年から3年間、ヨーロッパに留学。帝展に工芸部設置のため尽力し、昭和2年その審査員となる。10年帝国美術院会員、12年帝国芸術院会員となる。19年東京美術学校を定年退官。またフランスからアカデミー勲章及びエトアール・ノアール勲章を贈られた。代表作に東京日本橋の鋳造装飾獅子・麒麟などがある。

津田 信吾　つだ・しんご
実業家 鐘紡社長
明治14年（1881年）3月29日～昭和23年（1948年）4月18日
[生]愛知県 [名]旧姓・旧名＝西山 [学]慶応義塾大学政治学科〔明治40年〕卒 [歴]鐘淵紡績に入社し、昭和4年取締役となり、5年副社長、同年社長となる。鐘紡のコンツェルン化を進めた。また日本銀行参与理事、大日本紡績連合会会長などを歴任した。

津田 晴一郎　つだ・せいいちろう
マラソン選手
明治39年（1906年）7月26日～平成3年（1991年）9月20日
[出]島根県松江市 [学]慶応義塾大学政経学部〔昭和6年〕卒 [歴]松江中、慶応大で陸上競技の長距離選手として活躍。昭和3年アムステルダム五輪で6位に入り4位の山田兼松選手とともに日本マラソン界初の入賞を果たす。4年後のロサンゼルス五輪でも5位に入賞。24年スポーツニッポン新聞社の創刊に参画し大阪本社初代社長に就任、41年まで取締役、監査役を歴任。また、日本陸連のマラソンコーチなどを務め、びわ湖毎日マラソンや全国高校駅伝、玉造毎日マラソンの創設発展にかかわる。

津田 青寛　つだ・せいかん
箏曲家
明治15年（1882年）3月1日～昭和21年（1946年）4月21日

生京都 名本名＝津田甚之助 歴3歳で失明し、6歳で井上福栄に師事する。のち松坂春栄に師事し、明治43年皆伝書を受け、芸名を富栄とした。箏曲ばかりでなく平曲やバイオリンも学び、作曲も志した。全国箏曲連盟理事長なども務め、代表作に「小夜砧」「初秋」「秋の色」などがある。

津田 正周　つだ・せいしゅう
洋画家
明治40年（1907年）〜昭和27年（1952年）1月19日
生京都府 歴昭和4年〜8年渡仏。9年新時代洋画展を結成。10年〜11年再渡仏した。14年春陽会会友となるが、17年以降画壇を離れた。

津田 青楓　つだ・せいふう
日本画家 洋画家 随筆家
明治13年（1880年）9月13日〜昭和53年（1978年）8月31日
生京都府京都市富小路 名本名＝津田亀次郎、旧姓・旧名＝西川 歴谷口香嶠に日本画を、鹿子木孟郎、浅井忠に洋画を学び、明治40年農商務省海外練習生として渡仏、ジャン・ポール・ローランスに師事。45年帰国後、有島生馬らと二科会創立に参加、夏目漱石、河上肇と交友。大正14年津田洋画塾を開設、15年「研究室の河上肇」を発表。昭和6年「ブルジョワ議会と民衆政治」、また「疾風怒濤」などを発表、社会風刺的な絵を描いたが、小林多喜二が殺された8年には「犠牲者」を制作、発表は戦後になった。同年検挙され、釈放後、二科会を脱退、日本画に転じ、傍ら随筆を書いた。著書に「書道と画道」「老画家の一生」「漱石と十弟子」などがある。

津田 左右吉　つだ・そうきち
日本史学者 思想史家 早稲田大学名誉教授
明治6年（1873年）10月3日〜昭和36年（1961年）12月4日
生岐阜県加茂郡下米田村（美濃加茂市下米田） 名本名＝津田親文 専明治維新研究, 古代史 学東京専門学校（現・早稲田大学）政治科〔明治24年〕卒 文学博士（東京帝国大学）〔大正11年〕 賞日本学士院会員〔昭和22年〕 歴中学教員、南満州鉄道（満鉄）満鮮地理歴史調査室研究員などを経て、大正7年から昭和15年まで早大教授。明治維新研究を生涯の課題とし、合理的思考方法に基づく、日本・中国思想史研究の体系を築きあげた。また、日本上代史、神代史を実証的に研究。特に戦前タブーだった天皇制にメスを入れ、15年「古事記及び日本書紀の研究」「神代史の新しい研究」など4冊が発禁処分となり皇室の尊厳を冒瀆したとして出版法違反に問われた（津田左右吉事件）。17年有罪判決、上告して19年免訴となる。戦後も記紀・中国思想研究を刊行。24年文化勲章受章。他の主著に「朝鮮歴史地理」（全2巻）「文学に現はれたる我が国民思想の研究」（全4巻）「道家の思想と其の開展」「日本上代史研究」「上代日本の社会及び思想」「左伝の思想史的研究」「論語と孔子の世界」「日本の神道」「儒教の研究」（全3巻）などのほか、「津田左右吉全集」（全33巻、岩波書店）がある。 勲文化勲章〔昭和24年〕 賞文化功労者〔昭和26年〕

津田 白印　つだ・はくいん
日本画家 社会事業家 僧侶（浄土真宗西本願寺派）
文久2年（1862年）4月1日〜昭和21年（1946年）2月15日
生備中国笠岡（岡山県笠岡市） 名本名＝明導、幼名＝峯丸、別号＝白道人、吸江山人、黄薇山人、甘露窟主人 歴笠岡の浄心寺（浄土真宗）住職・津田明海の子として生まれ、豊前で仏教学や漢学を修業。その傍ら、明治13年から長崎派の南画家・成富椿屋に師事し、文人画を習った。24年奈良監獄の教誨師となり、少年囚を教導。この時から、青少年の社会環境改善を志すようになり、33年に辞職して郷里笠岡の本林寺内に孤児収容施設甘露育児院を開いた。同院は間もなく実家の浄心寺に移管。その経営は、彼の描いた絵の収入や信徒からの寄附な

どで賄われた。大正12年淳和女学校（現・岡山龍谷高等学校）を創立し、校長に就任。13年には長年に渡る社会・教育事業が高く評価され、宮内省より表彰を受けた。また慈善・教育活動の一方で、資金難に喘いでいた学校の経営を補助するために絵筆をとり続け、たびたび個展を開催した。その画風は伝統的な南画の流れを汲みながら大胆な構図と高い品格を持ち、特に花卉や山水などに秀作が多い。 賞宮内省表彰〔大正13年〕，文部大臣表彰〔昭和15年〕，合同新聞社文化賞〔昭和18年〕

蔦見 丈夫　つたみ・たけお
映画監督
明治34年（1901年）7月31日〜昭和11年（1936年）6月26日
生東京市芝区西久保（東京都港区） 名芸名＝蔦村繁 学明治学院中退 歴劇作家・小山内薫の書生となるがその後職を転々とする。大正9年再び小山内を頼って松竹キネマ研究所監督部に入所。翌10年には「路上の霊魂」（村田実監督）に出演する。その後松竹蒲田撮影所に移り、大久保忠素の助監督を経て、13年「少女の悩み」で監督デビュー。昭和5〜6年のトーキー初期には「仮名屋小梅」「もの云はぬ花」を監督した。他に「二輪の雪割草」（大14年）「鉄腕」（15年）「濡衣」（昭2年）などがある。

蔦谷 竜岬　つたや・りゅうこう
日本画家
明治19年（1886年）7月28日〜昭和8年（1933年）10月7日
生青森県弘前 名本名＝蔦谷幸作 学東京美術学校日本画科選科〔明治43年〕卒 歴寺崎広業に師事。大正4年文展に初入選し、7年「御堂の朝」が文展特選となる。8年第1回帝展に無鑑査出品、続いて9年「霜の大原」、10年「浦の御座船」がいずれも帝展特選となる。13年帝展委員となり、以後帝展に出品。昭和4年、6年の帝展では審査員を務めた。大和絵的な装飾性を盛り込みながら、清楚な水墨画的妙味の風景画を得意とした。また京都、奈良を度々旅行し、古美術や建築を研究した。他の作品に「雨情三題」「妙音慈雨」など。

土浦 亀城　つちうら・かめき
建築家 土浦亀城建築事務所社長
明治30年（1897年）6月29日〜平成8年（1996年）1月29日
生茨城県水戸市 学一高卒、東京帝国大学工学部建築学科〔大正11年〕卒 歴大阪高等工業学校助教授などを務めた土浦市松の長男で、日本画家の横山大観は親戚にあたる。父が満州工科大学で英語を教えていたことから、中学までを満州で過ごした。一高から東京帝国大学工学部建築学科に進み、在学中に遠藤新の知遇を得て、フランク・ロイド・ライトが手がける「帝国ホテル」の現場に出入りするようになり、ライトに弟子入り。大正11年遠藤を介して知り合った吉野作造の長女・信子と結婚。12年渡米してライトの建築事務所に勤め、15年帰国して大倉土木（現・大成建設）に入社。昭和8年退社し、9年土浦亀城建築事務所を開設。バウハウスの影響を受け、伝統にとらわれないシンプルな設計で戦前モダニズムを代表する建築家であり、インターナショナルスタイル派の旗手として知られた。主な作品に「トクダビル」「野々宮アパート」「土浦亀城邸（東京都品川区）」「強羅ホテル」「埼玉医科大学」（斎藤喜三郎と共同設計）などがある。 家妻＝土浦信子（建築家）、父＝土浦市松（大阪高等工業学校助教授）、弟＝土浦稲城（建築家）、岳父＝吉野作造（政治学者）

土浦 信子　つちうら・のぶこ
建築家
明治33年（1900年）9月22日〜平成10年（1998年）12月11日
生宮城県仙台市 出東京市小石川区（東京都文京区） 名本名＝土浦信, 旧姓・旧名＝吉野信 学女子高等師範附属高等女

学校〔大正8年〕卒　歴女子高等師範附属高等女学校に学び、卒業後の大正11年、吉野家に出入りしていた建築家土浦亀城と結婚。12年夫と渡米。フランク・ロイド・ライトに師事して基本的な製図の知識や技術を習得、ライトからは実の娘のようにかわいがられた。正規の建築教育は受けておらず、米国の通信教育で技能教育コースを修了した。15年帰国。夫の代表作である「トクダビル」「土浦亀城邸」を共同設計し、昭和4年朝日新聞社主催の「新時代の中小住宅」懸賞で甲種銀賞に入選するなど女性建築家の先駆けとして活動したが、夫が独立して建築事務所を営むようになると次第に建築から遠のいた。12年野島康三のもとに集った女性たちで結成されたレディス・カメラ・クラブに参加。戦後は抽象画を趣味とした。平成10年夫と同じ98歳で亡くなった。　家夫＝土浦亀城（建築家）、父＝吉野作造（政治学者）、妹＝赤松明子（婦人運動家）、祖父＝吉野年蔵（宮城県古川町長）、叔父＝吉野信次（政治家）

土岡 春郊　つちおか・しゅんこう

日本画家

明治24年（1891年）10月20日〜昭和34年（1959年）5月22日

出福井県　名本名＝土岡泉　学東京美術学校卒　歴花鳥画制作と鳥類の生態研究に力を注ぎ、"鳥の春郊"の異名をとった。昭和2年から10年にかけて本格的な鳥類画集「鳥類写生図譜」を刊行した。　家弟＝土岡秀太郎（前衛美術運動指導者）

土川 善澂　つちかわ・ぜんちょう

僧侶（浄土宗）　知恩院住職

元治1年（1864年）9月4日〜昭和5年（1930年）3月3日

生越前国福井（福井県福井市）　歴13歳で得度。明治27年以来、浄土宗立の大学、専門学校などの教授、校長を務め、44年明照大師の称号を受ける。のち本山副議長、大本山専修道場の上首、審議院議長を務めた。さらに家政高等学校長、大僧正、准司教を経て、浄土宗の最高学階である勧学に上り、昭和3年知恩院住職となった。　家息子＝江藤澄賢（清浄華院法主）

土倉 麻　つちくら・あさ

陸上選手

大正3年（1914年）6月11日〜平成20年（2008年）4月20日

名後名＝田島麻　学京都府立第一高等女学校卒　歴京都府立第一高等女学校在学中の昭和7年、ロサンゼルス五輪の陸上女子短距離代表となり、400メートルリレーで5位に入賞した。女子100メートルは予選落ち。その後、ベルリン五輪陸上男子三段跳び金メダリストの田島直人と結婚した。　家夫＝田島直人（三段跳び選手・走り幅跳び選手）

土田 耕平　つちだ・こうへい

歌人　童話作家

明治28年（1895年）6月10日〜昭和15年（1940年）8月12日

生長野県諏訪郡上諏訪町　学東京中学〔大正4年〕卒　歴諏訪中学を3年で中退し、玉川小学校教諭となる。同校にいた島木赤彦に師事し、大正2年上京して東京中学に入学。卒業後郷里の小学校に勤務したが、健康を害し10年迄伊豆大島で療養する。その後は上諏訪、明石、大和郡山、東京などを転々として郷里に帰る。歌集「青杉」「斑雪」、童話集「鹿の眼」「原っぱ」などがある。昭和25年信濃毎日新聞社から「土田耕平童話集」が刊行された。

土田 誠一　つちだ・せいいち

倫理学者　神宮皇学館教授

明治20年（1887年）2月21日〜昭和20年（1945年）10月2日

生秋田県　学東京帝国大学文科大学哲学科〔大正4年〕卒、東京帝国大学大学院　歴大正8年東京帝国大学文学部助教授となり、14年文部省海外研究員として独、英、米国に留学。昭和2年帰国し、東京高等師範学校教授兼東京帝大助教授、7年神宮皇学館教授となる。9年成蹊学園理事。著書に「矢島史談」「国家と道徳」「神道と日本 世界国家の理想」など。　家息子＝土田国保（警視総監）、土田直鎮（日本史学者）、土田正顕（東京証券取引所社長）　勲勲四等瑞宝章〔昭和20年〕

土田 麦僊　つちだ・ばくせん

日本画家

明治20年（1887年）2月9日〜昭和11年（1936年）6月10日

生新潟県佐渡郡新穂村（佐渡市）　名本名＝土田金二、別号＝松箔　学京都市立絵画専門学校〔明治44年〕卒　賞帝国美術院会員〔昭和9年〕　歴17歳で京都の智積院に入り修業したが、得度式前日、画家になる決意をして出奔、鈴木松年の門の入り、のち竹内栖鳳に師事。明治21年第2回文展で「罰」が3等入選。42年京都市立絵画専門学校設立とともに入学、中井言太郎らに師事。43年後期印象派の影響を受けて洋画・日本画の研究会・黒猫会、44年仮面会を結成。卒業制作「髪」は第5回文展で注目された。大正7年村上華岳、小野竹喬らと新日本画の樹立を目ざして国画創作協会を設立。10年から12年の欧州旅行後の「舞妓林泉図」は近代感覚に根ざした清新な様式美を確立して近代日本画の代表作とされ、"舞妓の麦僊"といわれる。昭和3年の協会解散後は帝展に復帰し、5年帝展審査員となり、日本画の近代化に貢献。9年帝国美術院会員。ほかに「湯女」「三人の舞妓」「大原女」「島の女」など。　家弟＝土田杏村（思想家）

土田 万助　つちだ・まんすけ

農業指導者　貴族院議員（多額納税）

明治2年（1869年）1月6日〜昭和17年（1942年）6月15日

出出羽国大雄村（秋田県横手市）　歴父祖の事業を継いで農業振興に尽くし、米の検査制度の確立や品質改良、耕地整理、植林などを行った。秋田県議を経て、大正7年〜昭和7年多額納税の貴族院議員を務めた。　家長男＝土田荘助（衆議院議員）

土田 友湖（10代目）　つちだ・ゆうこ

袋物師　千家十職・土田家10代目

万延1年（1860年）〜昭和15年（1940年）

名本名＝土田阿さ　歴千家十職の一つで、茶入の袋など茶道具を製作する7代目土田友湖の長女に生まれる。8代目の妻で、9代目の母にあたる。　家父＝土田友湖（7代目）、夫＝土田友湖（8代目）、二男＝土田友湖（9代目）

槌田 龍太郎　つちだ・りゅうたろう

無機化学者　大阪帝国大学教授

明治36年（1903年）4月20日〜昭和37年（1962年）5月9日

生京都府京都市　専錯塩化学　学京都一商〔大正10年〕卒、三高理科甲類〔大正14年〕卒、東京帝国大学理学部化学科〔昭和3年〕卒　理学博士〔昭和13年〕　歴昭和4年東京帝国大学副手、5年助手を経て、6年東京府立高校教授。7年英国及びドイツに留学、10年帰国して大阪帝国大学助教授、11年教授となり化学第五講座を担任。13年金属錯塩の分光化学系列を発見、14年発表した「簡易原子価説」は当時認められなかったが、化学結合論の先駆をなすものであった。20年富山県の立山山麓に疎開、農業に関心を深め、硫安の多量使用に反対して尿素使用を提唱。また、原水爆禁止運動にも参加した。32年内定した関西地区研究用原子炉宇治設置に反対し、その危険性を警告・告発した。教育にも熱心で雑誌「化学」の創刊に努力し、同誌に多くの論説を発表した。35年日本学術会議会員。一方、戦後間もなく錯塩の分子構造を学生に教えるために折り紙で立体を作った経験から、正六角形や星形など正方形以外の様々な形の折り紙を考案。"折り紙の名人"としても有名になった。著書に「化学外論〈上〉」「金属化合物の色と構造」「化学者槌田龍太郎の意見」などがある。　家二男＝槌田敦（資源物理学

者),三男＝槌田劭(京都精華大学教授)

土屋 右近　つちや・うこん
土屋信明堂創業者 東京書籍雑誌小売商業組合理事長
明治13年(1880年)7月2日〜昭和29年(1954年)1月19日
［生］長野県下高井郡平岡村字間長瀬(中野市)　［名］号＝梅泉　［歴］高等小学校を中退して働きに出、仲買商となったが、明治30年上京。職工生活の後、露天古本業や貸本業を始め、44年浅草向柳原町に信明堂を起こし、新刊書籍販売を始める。大正11年東京雑誌販売連合会幹事。昭和7年小売業者を株主とする卸業の共同書籍株式会社を設立して常務。16年戦時統制により東京書籍雑誌小売商業組合が設立されると初代理事長に就任した。四男の妻の父は、金の星社創業者の斎藤佐次郎。

土屋 源市　つちや・げんいち
衆議院議員
明治21年(1888年)7月1日〜昭和43年(1968年)7月8日
［生］岡山県阿賀郡実村(新見市)　［学］岡山県立農学校〔明治41年〕卒　［歴］岡山県議を経て、昭和17年衆議院議員を1期務めた。

土屋 正三　つちや・しょうぞう
農林省農務局長 群馬県知事
明治26年(1893年)8月2日〜平成1年(1989年)2月6日
［生］静岡県下田市　［専］警察制度、選挙制度　［学］東京帝国大学法科大学法律学科〔大正6年〕卒　［歴］大正6年高文行政科に合格。内務省に入り、昭和10年山梨県知事、12年群馬県知事を経て、14年農林省農務局長。15年退官後は日本輸出農産物副社長。戦後は27〜35年国立国会図書館専門委員、36年選挙制度審議会委員、警察大学校名誉教授などを務めた。

土屋 清三郎　つちや・せいさぶろう
医師 衆議院議員
明治15年(1882年)4月〜昭和21年(1946年)3月3日
［出］千葉県　［学］東京慈恵院医学校、済生学舎卒　［歴］警視検疫医、岐阜県技師等を経たのち、医業に従事するとともに日本之医界社を経営して「日本之医界」「(英文)ジャパン・メヂカル・ウォールド」「(華文)東亜医学」などの雑誌を主宰。牛込区議ののち、大正6年衆議院議員に当選、通算8期を務めた。

土屋 喬雄　つちや・たかお
経済学者 東京帝国大学教授
明治29年(1896年)12月21日〜昭和63年(1988年)8月19日
［生］東京都　［名］旧姓・旧名＝大原　［専］日本経済史、経営史　［学］東京帝国大学経済学部〔大正10年〕卒 経済学博士　［資］日本学士院会員〔昭和49年〕　［歴］幼少のとき父と死別し、苦学して東京帝国大学を卒業。大正13年東京帝大助教授を経て、昭和14年教授に就任。"労農派"の代表的経済史家として、"講座派"の服部之総と"日本資本主義論争"を行った。32年定年退官し、以後、明治大学教授、駒沢大学教授、城西大学教授を歴任。また日本経済史の資料編集にも力を注いだ。著書に「日本経済史概要」「日本社会経済史の諸問題」「日本経済史概要」「日本資本主義史上の指導者たち」など。

土屋 竹雨　つちや・ちくう
漢詩人 大東文化大学学長
明治20年(1887年)4月10日〜昭和33年(1958年)11月5日
［生］山形県鶴岡市　［名］本名＝土屋久泰、字＝子健　［学］東京帝国大学政治科〔大正3年〕卒　［資］日本芸術院会員〔昭和24年〕　［歴］幼時より漢詩を作り、東京帝国大学時代、大須賀筠軒、岩渓裳川の指導をうける。卒業後は伊那鉄道会社、帝国蓄電池社などに勤め、また大東文化協会の幹事となり、昭和3年芸文社を創立して「東華」を創刊、主宰した。6年大東文化学院講師となり、唐詩、古詩源を講じ、10年教授に就任、後に学院総

長、学長となる。著書に「大正五百家絶句」「昭和七百家絶句」「日本百人一詩」などがある。

土屋 信民　つちや・のぶたみ
司法官 関東庁高等法院長
明治6年(1873年)3月23日〜昭和8年(1933年)5月21日
［生］東京都　［学］東京帝国大学法科〔明治32年〕卒　［歴］明治32年司法官試補となり、東京区裁判所検事代理・判事、東京地裁判事・部長代理、東京控訴院判事などを歴任して、39年関東都督府法院判官に転任。この間、34年から一高講師を兼務した。大正4年関東庁地方法院長、13年関東庁高等法院長を務める。昭和3年欧米各国へ出張を命じられ、4年帰国。満州国の建国に際し立法に参画した。

土屋 文明　つちや・ぶんめい
歌人 国文学者
明治23年(1890年)9月18日〜平成2年(1990年)12月8日
［生］群馬県西群馬郡上郊村保渡田(高崎市)　［名］号＝蛇床子、榛南大生　［学］東京帝国大学文科大学哲学科心理学専攻〔大正5年〕卒　［資］日本芸術院会員〔昭和37年〕　［歴］中学時代から短歌を作り、明治41年伊藤左千夫を頼って上京。42年「アララギ」に初めて歌が掲載される。大正6年「アララギ」選者、昭和5年より編集兼発行人。大正14年第一歌集「ふゆくさ」を出版。一方で教壇にも立ち、法政大学予科教授、明治大学文学部教授を務めた。戦後は「アララギ」の選歌を一人で担当、多くの歌人を輩出した。その作風は短歌の精神主義にとどまらず、客観的な現実凝視を特質とし、「山谷集」で歌壇に確固とした地位を確立。以後、「韮菁集」「山下水」「青南集」「続青南集」「続々青南集」など刊行。その歌論は「短歌入門」に詳しく、「万葉集私注」(全20巻)にみられる万葉研究の業績も大きい。昭和37年日本芸術院会員、59年文化功労者に選ばれ、61年文化勲章を受章。平成2年100歳で長逝した。　［家］妻＝土屋テル子(歌人)　［勲］文化勲章〔昭和61年〕　［賞］日本芸術院賞(第9回・文芸部門)〔昭和27年〕「万葉集私注」,文化功労者〔昭和59年〕

土屋 正直　つちや・まさなお
子爵 三ツ輪銀行頭取
明治14年(1881年)1月〜昭和13年(1938年)12月6日
［歴］旧常陸土浦藩主・土屋子爵家の当主。明治25年家督を継いだ。

土屋 寛　つちや・ゆたか
衆議院議員 尾道市長
明治13年(1880年)12月〜昭和25年(1950年)11月12日
［出］広島県　［歴］栗原村長、広島県議、尾道市長などを務める一方、農林省経済更生部参与、雑品物価専門委員、一般農林水産物価格形成専門委員、食料農林水産物価格形成専門委員を歴任。昭和5年以来衆議院議員に4回当選。派遣軍慰問議員団長として南支那を訪ねる。

筒井 徳二郎　つつい・とくじろう
俳優
明治14年(1881年)〜昭和28年(1953年)
［生］大阪府大阪市北区富島町　［名］芸名＝千島小二郎　［歴］豊臣時代から続く大阪の老舗材木商の家に生まれるが、勘当され役者の道に進む。明治33年新派役者としてデビュー。剣劇俳優として活躍し、新国劇以上に激しい殺陣を売りとしていた。昭和5年1月一座22人を率い、米国ロサンゼルスの日系人興行師の招きで渡米。筋を単純にし、セリフを少なく、身体演技を強調した演目で、歌舞伎「鞘当」、「京人形」の翻案、剣劇の国定忠治物などを上演した。ロス公演、ニューヨーク公演ののち、パリでも成功を収め、1年3ケ月の間に欧米22ケ国70ケ所余を巡業した。王侯貴族から一般庶民にまで感銘を与え、"世

界の剣劇王"といわれた。

堤 寒三　つつみ・かんぞう
漫画家
明治28年（1895年）4月15日〜昭和47年（1972年）3月19日
[生]熊本県　[名]本名＝堤幹蔵　[学]早稲田大学英文科〔大正8年〕卒　[歴]映画界に入って助監督になるが、のち漫画に進み、東京日日新聞、読売新聞、朝日新聞と漫画記者を歴任する。時事漫画のほかスポーツ、議会レポート漫画を得意とし、昭和8年新鋭漫画グループを結成。12年報国漫画倶楽部を組織して軍部に積極的に協力。戦後は西日本新聞の嘱託となって政治漫画を執筆した。また28年シャムネコクラブの理事長となった。

堤 千代　つつみ・ちよ
小説家
大正6年（1917年）9月20日〜昭和30年（1955年）11月10日
[生]東京都　[名]本名＝堤文子　[歴]先天的な心臓障害のため自宅で独学する。昭和14年投稿の「小指」が「オール読物」に掲載され14年下半期の直木賞候補作品となり、15年「小指」ほかで直木賞を受賞。他の作品に「再会」「夕雀草」「柳の四季」などがある。　[賞]直木賞（第11回）〔昭和15年〕「小指」

堤 真佐子　つつみ・まさこ
女優
大正6年（1917年）8月10日〜昭和51年（1976年）8月4日
[出]東京都　[名]本名＝堤雅子　[歴]昭和5年日本劇場の附属音楽舞踊学校を卒業。7年オリエンタル映画社の「浪子」で映画デビュー。8年PCL（写真化学研究所、現・東宝）入社「ほろよひ人生」に準主役。10年「すみれ娘」などに主演、千葉早智子に次ぐ二本柱となった。12年東宝映画となり、徳川夢声の「雷親爺」、霧立のぼるの「四ツ葉のクローバ」などに助演共演し、庶民的な味を見せた。17年の「南海の花束」を最後に退社。戦後も東宝、松竹などに出演した。

堤 正義　つつみ・まさよし
機械工学者　大阪工業大学学長
明治7年（1874年）7月24日〜昭和18年（1943年）11月14日
[生]東京府芝佐久間町（東京都港区）　[名]旧姓・旧名＝佐久間　[専]舶用機関学　[学]帝国大学工科大学機械工学科〔明治30年〕卒　工学博士〔大正4年〕　[歴]明治31年逓信技師、33年舶用機関学研究のため英国へ留学。大正14年大阪高等工業学校校長、昭和4年大学昇格により大阪工業大学学長。　[家]四男＝堤和正（大阪日立冷機社長）、兄＝加茂厳雄（海軍中将）、岳父＝加太邦憲（司法官）

堤 康次郎　つつみ・やすじろう
実業家　西武鉄道創立者　衆議院議員
明治22年（1889年）3月7日〜昭和39年（1964年）4月26日
[生]滋賀県愛知郡下八木村（愛荘町）　[学]早稲田大学政経学科〔大正2年〕卒　[歴]早大在学中から桂太郎主導による立憲同志会の創立に関与するなど政界とつながりを持つ。大正2年卒業後は雑誌、造船、真珠養殖を手がけ、6年東京ゴムを設立して実業界入り。7年軽井沢、8年箱根の土地開発事業に着手し、9年箱根土地（のち国土計画興業、現・コクド）を創業し、高田農商銀行を傘下におさめる。10年からは群馬県嬬恋・満座の開発も行った。関東大震災後は大泉、小平、国立など東京近郊の土地の学園都市化にも力を注いだ。昭和3年多摩湖鉄道を設立、15年経営再建に当たっていた武蔵野鉄道、20年には西武鉄道を合併して西武農業鉄道を称したが、21年西武鉄道に改名、西東京の鉄道業界に覇を唱え、"西武王国"と呼ばれるまでに至った。18年近江鉄道の株を買収し、同社長に就任。この間、7年熱海峠〜箱根峠間に日本初の有料自動車専用道路を建設、10年元箱根〜小涌谷間を開業させた。一方、政界にも意欲を

示し、大正13年地元の滋賀県から衆議院議員に当選。憲政会（民政党）に属し、昭和7〜9年斎藤実内閣の拓務政務次官。戦後は21〜26年公職追放となったが、27年再び衆議院議員に当選、戦前戦後を通じ通算13期。28年衆議院議長。事業哲学は"感謝と奉仕"だったが、戦後の皇籍離脱のため困窮した旧宮家の土地を買い占めてその土地にホテルを作り、一連のプリンスホテルを建設するなどの強引な事業手法から"ピストル堤"の異名をとり、同じく"強盗慶太"と称された東急の五島慶太との箱根・伊豆地方の開発競争は"箱根山の合戦"と呼ばれ、社会の耳目を集めた。　[家]二男＝堤清二（西武セゾングループ総帥）、三男＝堤義明（西武鉄道グループ総帥）、五男＝堤猶二（インターコンチネンタルホテルジャパン社長）、二女＝堤邦子（セゾンコーポレーション取締役）、女婿＝小島正治郎（西武鉄道社長）　[勲]勲三等瑞宝章〔昭和9年〕、旭日中綬章〔昭和15年〕

常岡 良三　つねおか・りょうぞう
細菌学者　京都府立医科大学学長
明治12年（1879年）7月4日〜昭和19年（1944年）4月27日
[生]三重県　[専]血清学、衛生学　[学]京都府立医学校〔明治31年〕卒　医学博士（京都帝国大学）〔大正6年〕　[歴]明治34年京都府立医学校助手、36年京都府立医学専門学校助教諭。37年日露戦争に軍医として従軍。39年京都府立医専教諭、大正2〜4年欧州留学を経て、12年京都府立医科大学教授に就任。昭和14年学長となり、17年定年退職。細菌学を専門とし、また常岡式電気孵卵器を創始した。

恒藤 恭　つねとう・きょう
法哲学者　京都帝国大学教授
明治21年（1888年）12月3日〜昭和42年（1967年）11月2日
[生]島根県松江市　[名]旧姓・旧名＝井川　[学]京都帝国大学法科〔大正5年〕卒、京都帝国大学大学院国際法専攻修了　法学博士　[賞]日本学士院会員〔昭和24年〕　[歴]大正8年同志社大教授、昭和4年京都帝国大学教授となるが、8年滝川事件で辞職。15年大阪商科大学教授、戦後は21年大阪商大学長、24年大阪市立大総長。法理学の権威で、「批判的法哲学の研究」など独自の基礎理論を確立した。24年日本学士院会員、41年文化功労者に選ばれた。　[賞]文化功労者〔昭和41年〕

常ノ花 寛市　つねのはな・かんいち
力士　日本相撲協会理事長
明治29年（1896年）11月23日〜昭和35年（1960年）11月28日
[生]岡山県岡山市西中山下　[名]本名＝山野辺寛一、年寄名＝藤島、出羽海秀光　[歴]明治42年出羽海部屋に入門。43年1月場所で初土俵を踏み、大正4年6月場所で新十両、6年5月場所で新入幕。勝気な性格と努力で、13年1月場所後に第31代横綱に昇進。速攻の技能派力士で、大正末期から昭和初期にかけて、衰退気味の角界人気を支え、出羽海一門全盛時代の象徴だった。昭和5年5月場所で引退。幕内在位34場所、幕内成績221勝58敗8分6預68休。優勝10回。引退後に年寄藤島を襲名、のち7代目出羽海を継ぐ。春秋園事件後は取締役として難問に対処し、その後、相撲協会理事長に推され、戦中戦後の苦境を乗り切った。32年相撲協会のあり方が国会問題に発展したときは、国技館内で割腹自殺を図った。　[家]妻＝山野辺シズヨ（相撲茶屋十七番藤しま家経営者）

恒松 於菟二　つねまつ・おとじ
衆議院議員
明治23年（1890年）2月〜昭和45年（1970年）1月9日
[出]島根県　[学]明治大学政治経済学科〔大正2年〕卒　[歴]島根県議、県会議長などを経て、昭和17年衆議院議員。当選1回。
[家]息子＝恒松制治（経済学者・島根県知事）

角田 和男　つのだ・かずお
海軍中尉
大正7年（1918年）10月11日〜平成25年（2013年）2月14日
生千葉県安房郡豊田村（南房総市）　歴小作農の二男。昭和9年第5期予科練習生として横須賀海軍航空隊に入隊。13年飛行練習生教程を卒業、戦闘機操縦員として空母・蒼龍に乗組、中国戦線に赴き、17年海軍飛行兵曹長。のちフィリピンで特攻隊員に編入され数々の特攻攻撃に直掩として参加し、多くの死を見届けた。20年台湾で敗戦を迎える。戦後は茨城県の開拓地に入植、農業を営む傍ら、戦死したかつての部下、戦友らの慰霊の行脚を続けた。平成元年手記「修羅の翼─零戦特攻隊員の真情」を出版した。

角田 竹涼　つのだ・ちくりょう
俳人
明治25年（1892年）5月16日〜昭和5年（1930年）5月11日
生東京市神田区（東京都千代田区）　名本名＝角田龍雄　歴父竹冷、母栄子の影響で早くから俳句に親しんだ。また古俳書に関心、昭和3年「俳句講座」に「俳書解題」を連載し、のちまとめて出版した。他に「竹冷文庫」「俳書集覧」などを校訂。どの結社にも属さず、研究に専心。没後父の弟子の麦人が「竹涼集」を刊行。　家父＝角田竹冷（俳人）

津野田 知重　つのだ・ともしげ
陸軍少佐
大正6年（1917年）2月1日〜昭和62年（1987年）7月26日
生広島県広島市　学陸士（第50期）〔昭和12年〕卒、陸大（第56期）〔昭和17年〕卒　歴陸軍少将津野田是重の三男。昭和13年陸軍歩兵少尉に任官、17年陸軍大学校を卒業。18年支那派遣軍参謀、19年陸軍少佐となり大本営陸軍部参謀。同年柔道家の牛島辰熊と東条英機首相の暗殺を計画したが未遂に終わり、憲兵隊に逮捕された。20年軍法会議で免官と禁固2年執行猶予2年の判決を受けた。　家父＝津野田是重（陸軍少将）

角田 柳作　つのだ・りゅうさく
日本文化研究家　コロンビア大学日本文化研究所所長
明治10年（1877年）1月28日〜昭和39年（1964年）11月29日
生群馬県勢多郡津久田村（渋川市）　学東京専門学校（現・早稲田大学）〔明治29年〕卒　歴仏教研究に専念し、明治42年仏教伝道のためハワイに渡り、大正7年米国に渡る。昭和3年コロンビア大学に日本文化研究所を創設してその中心人物となり、ハーバート・ノーマン、ドナルド・キーンなどの人材を輩出。生涯を異国においた。著書に「井原西鶴」、「Sources of the Japanese Tradition」（共著）など。

椿 貞雄　つばき・さだお
洋画家
明治29年（1896年）2月10日〜昭和32年（1957年）12月29日
生山形県米沢市　学正則中卒　歴大正2年上京、岸田劉生の作品に感動、3年自作を持って劉生宅を訪ね、認められて弟子入り。同年巽画会15回展に4作品を出品、うち1点が1等賞なしの2等賞となった。4年草土社結成に参加、中川一政らと春陽会を創立、巽画会、二科会などに出品する傍ら、船橋町立小学校の図画教師なども務めた。また武者小路実篤ら白樺同人とも交遊。武者小路「運命と碁をする男」や倉田百三「赤い霊魂」など装丁も手がける。昭和2年劉生らと第1回大調和会展を開き、春陽会を退会。3年第2回展で大調和会展は解散。4年国画会会員として招かれた。7年渡欧、ルーベンスやレンブラントに触れ、次第に師を離れた。29年から長崎、鹿児島へ写生旅行。32年第31回国展に「桜島風景」などを出品した。随筆集「画道精進」の著作もある。

椿本 説三　つばきもと・せつぞう
実業家　椿本興業創業者
明治23年（1890年）4月22日〜昭和41年（1966年）1月13日
生奈良県　名号＝池馬　学神戸商〔明治41年〕卒、神戸高等商業学校〔明治45年〕卒　歴明治45年内外綿に入社、大正4年上海支店に赴任したが、綿糸の取引で失敗し退社。その後、人力車や自転車関連のゴム製品を取り扱っていた井田ゴム商店大阪支店に勤務する兄・三七郎を手伝ったことがきっかけで、自転車用チェーンの製造をはじめ、6年大阪市南区に椿本工業所を創業。8年椿本商店に改称し、兄を店主に据えて自身は支配人となった。自転車チェーンの他、エボナイトやファイバーといった電気絶縁材料や重油の燃焼装置なども手がけ、14年にはJOBK大阪放送局の開局に合わせてラジオ部門を新設しラジオ受信機「アンコール」を製造。昭和3年不況による業績の低迷を打開するため、自転車用チェーン製造を止めて機械用のローラーチェーン及びコンベヤチェーンの製造に切り替え、南浜の工場を同商店から分離して椿本チエインを設立。6年兄の死を機に椿本商店・チエインの経営を兼ね、同年海軍省の指定工場となって業績を伸ばし、13年商店を株式会社化して社長に就任した。一方、14年東洋鋼球製造株式会社（現・ツバキ・ナカシマ）を創立、16年椿本チエインを株式会社に改組して、それぞれ社長を兼務。18年には椿本商店を椿本興業に社名変更した。戦時中は軍需会社に指定され、軍用品の製造に従事。戦後は財界でも活躍した。　家兄＝椿本三七郎（椿本興業社長）、甥＝椿本照夫（椿本興業社長）

津原 武　つはら・たけし
衆議院議員
明治1年（1868年）10月〜昭和28年（1953年）5月20日
出京都府　学関西法律学校卒、和仏法律学校卒　歴宮津町議、与謝郡議、同議長、京都府議、宮津町長等を歴任。大正4年衆議院議員に当選、通算5期を務めた。また弁護士業務に従事、京都府弁護士会副会長のほか、丹後織物、丹後縮緬同業組合長、加悦鉄道社長、丹後縮緬工業組合理事長を務めた。

円谷 英二　つぶらや・えいじ
特撮監督
明治34年（1901年）7月5日〜昭和45年（1970年）1月25日
生福島県岩瀬郡須賀川町（須賀川市）　名本名＝円谷英一　学須賀川町立第一尋常高小〔大正5年〕卒、神田電機学校〔大正9年〕卒　歴大正8年枝正義郎の紹介で天然活動写真（9年国際活映に変更）に入社、枝正に師事して撮影術や現像術を修める。12年小笠原プロダクションを経て、15年京都の衣笠映画連盟に入り、昭和2年林長二郎（長谷川一夫）のデビュー作「稚児の剣法」でカメラマンとして一本立ち。3年同連盟解散により松竹京都撮影所、7年日活に移り、さらに9年招かれてJ・Oスタジオに入社。この間、米国の怪獣特撮映画「キングコング」に強い影響を受けて特殊撮影技術者として生きることを決意し、10年の田中喜次監督「かぐや姫」あたりからトリック撮影に意欲を見せるようになった。11年長編記録映画「赤道を越えて」では監督を務めた。12年伊丹万作、アーノルド・フランク共同監督による日独合作映画「新しき土」では我が国で初めて本格的なスクリーンプロセスを使用。同年から同社を吸収した東宝の所属となり、森岩雄の要請で特殊技術課を創設して初代課長に就任。以後、特殊技術専門となり、木村荘十二演出の「海軍爆撃隊」ではじめて"特殊撮影"としてクレジットされた。戦時中には阿部豊監督「燃ゆる大空」、山本嘉次郎監督「加藤隼戦闘隊」などといった航空戦記映画で特殊技術を担当。特に17年に製作された山本監督の「ハワイ・マレー沖海戦」では、真珠湾攻撃の空襲と米軍艦隊の壊滅を迫力ある特撮シーンで描き出し高い評価を受けた。戦後は、戦時下に陸海軍の嘱託として軍事教材映画を製作したために公職追放の指定を受けた。その後も「ゴジラ」をはじめ数々の特撮映画を

つふらや　　　　　　　　　　　昭和人物事典 戦前期

手がけ、38年円谷特技プロ（現・円谷プロダクション）を設立し、社長に就任。41年にはテレビ特撮映画「ウルトラQ」「ウルトラマン」（監修）が人気を呼び、怪獣ブームを巻き起こした。　[家]長男＝円谷一（特撮監督・円谷プロ社長）、二男＝円谷皐（円谷プロ社長）、三男＝円谷粲（円谷映像社長）、孫＝円谷浩（俳優）、円谷一夫（円谷プロ会長）、円谷憂子（歌手）、円谷昌弘（円谷プロダクション社長）　[賞]日本カメラマン協会賞（特殊技術賞）〔昭和15年〕「燃ゆる大空」

円谷 弘　つぶらや・ひろし
社会学者 日本大学教授
明治21年（1888年）1月7日～昭和24年（1949年）11月1日
[生]秋田県角館町　[学]京都帝国大学文学部哲学科卒 文学博士〔昭和9年〕　[歴]文部省実業学務局に勤め、大正8年日本大学教授を兼務する。その後ベルリン大学に留学し、帰国後日大の専任教授となり、社会学を講じる。「我国資本家階級の発達に関する研究」「集団社会学原理」などの著書がある。

壺井 栄　つぼい・さかえ
小説家 童話作家
明治32年（1899年）8月5日～昭和42年（1967年）6月23日
[生]香川県小豆郡坂手村（小豆島町坂手）　[名]旧姓・旧名＝岩井栄　[学]内海高小〔大正2年〕卒　[歴]尋常小学校卒業後、郵便局、村役場などに勤務し、大正14年上京、壺井繁治と結婚する。昭和3年から全日本無産者芸術連盟（ナップ）の運動に加わり、佐多稲子、宮本百合子らを知る。10年「月給日」を、11年「大根の葉」を発表して作家となり、16年「暦」で新潮社文学賞を受賞。17年童話「十五夜の月」を刊行し、26年「柿の木のある家」で児童文学者協会児童文学賞を受賞するなど、童話作家としても活躍。27年「二十四の瞳」を発表、30年映画化されて一大ブームを起こした。30年「風」で女流文学者賞を、32年「母のない子と子のない母と」で芸術奨励を受賞。その他の代表作として「妻の座」「右文覚え書」「補襁」「岸うつ波」などがある。他に「壺井栄全集」（全10巻、筑摩書房）、「壺井栄全集」（全12巻、文泉堂出版）。　[家]夫＝壺井繁治（詩人）　[賞]芸術選奨文部大臣賞（第2回）〔昭和26年〕「母のない子と子のない母と」、新潮社文芸賞（第4回）〔昭和16年〕「暦」

壺井 繁治　つぼい・しげじ
詩人 評論家
明治30年（1897年）10月18日～昭和50年（1975年）9月4日
[生]香川県小豆郡苗羽村（小豆島町）　[学]早稲田大学文学部英文科中退　[歴]大学在学中から中央郵便局や出版社などに勤務し、大正13年萩原恭次郎、岡本潤らと「赤と黒」を創刊。アナキスト詩人として活躍したが、その後プロレタリア運動の進展と共にマルキシズムに転向。三好十郎らと左翼芸術同盟を組織し、昭和3年全日本無産者芸術連盟（ナップ）に参加、「戦旗」の編集に当たった。治安維持法違反などで、数回にわたって検挙、投獄。9年転向出獄し、10年サンチョ・クラブを結成、"村長"として風刺文学運動を続けた。戦後は新日本文学会に参加。37年詩人会議グループを結成し、「詩人会議」創刊。「壺井繁治全詩集」（全1巻、国文社）のほか、散文詩集「奇妙な洪水」、評論集「抵抗の精神」「現代詩の精神」などがある。53年、48年制定の詩人会議賞が名称変更し、壺井繁治賞となった。　[家]妻＝壺井栄（小説家）

坪井 誠太郎　つぼい・せいたろう
鉱物学者 地質学者 東京帝国大学教授
明治26年（1893年）9月8日～昭和61年（1986年）9月22日
[生]東京市芝区（東京都港区）　[出]東京市本郷区（東京都文京区）　[専]結晶光学、岩石学　[学]東京府立一中卒、一高卒、東京帝国大学理学部地質学科〔大正6年〕卒 理学博士〔昭和15年〕　[賞]帝国学士院会員〔昭和17年〕　[歴]人類学者の坪井正五郎の長男

で、東京・芝で生まれ、本郷で育つ。大正6年東京帝国大学助手となり、8年鬱陵島で極東最初の白榴石を記述した。10年欧米へ留学、直後に助教授に昇任。12年帰国して岩石鉱学講座を担任、昭和3年教授に就任。14～20年国立科学博物館館長を兼務。29年東大退官後は34年まで岡山大学温泉研究所所長を務めた。造岩鉱物の化学組成を調べるため多くの光学的研究方法を考案、これらを通じて火山岩の石基の組成がマグマの組成を示すとの考えを発表し、9年帝国学士院恩賜賞を受賞。17年帝国学士院会員、53年文化功労者に選ばれた。著書に「岩石学」「偏光顕微鏡」などがある。　[家]長男＝坪井正道（薬学者）、父＝坪井正五郎（人類学者）、弟＝坪井忠二（地球物理学者）、祖父＝坪井信良（蘭方医）、岳父＝平山信（天文学者）　[賞]帝国学士院恩賜賞（第24回）〔昭和9年〕、文化功労者〔昭和53年〕、日本地質学会研究奨励賞〔大正8年〕

坪上 貞二　つぼがみ・ていじ
外交官 駐タイ大使
明治17年（1884年）6月1日～昭和54年（1979年）5月28日
[生]佐賀県　[学]東京高等商業学校（現・一橋大学）〔明治42年〕卒　[歴]第1回国連総会全権随員、アジア局第2・第3課長、官房会計課長、文化事業課長、拓務次官などを経て、昭和12年満州拓殖公社総裁に就任。次いで16年から大使館に昇格した初代タイ大使を19年まで務めた。

坪田 譲治　つぼた・じょうじ
児童文学作家 小説家
明治23年（1890年）3月3日～昭和57年（1982年）7月7日
[生]岡山県御野郡石井村島田（岡山市）　[学]早稲田大学英文科〔大正4年〕卒　[賞]日本芸術院会員〔昭和39年〕　[歴]小川未明に師事して児童文化の創作に努め、昭和2年鈴木三重吉主宰の「赤い鳥」に童話「河童の話」を発表してデビュー。10年「改造」に発表した短編小説「お化けの世界」が出世作に。11年中編小説「風の中の子供」を朝日新聞に、13年長編小説「子供の四季」を都新聞に連載して文壇に登場、15年には「善太と三平」がベストセラーとなった。戦後は「魔性のもの」などを発表。30年「坪田譲治全集」（全8巻）で芸術院賞受賞、39年芸術院会員となる。38年には童話雑誌「びわの実学校」を創刊。他の著書に童話集「魔法」「狐狩り」「かっぱとドンコツ」「ねずみのいびき」、「坪田譲治全集」（全12巻、新潮社）、「坪田譲治童話全集」（全12巻・別巻1、岩崎書店）などがある。　[家]息子＝坪田正男（びわの実文庫主宰）、坪田理基男（児童文学作家）　[賞]日本芸術院賞（第11回、昭29年度）〔昭和30年〕「坪田譲治全集」、新潮社文芸賞（第2回）〔昭和14年〕「子供の四季」

坪田 勝　つぼた・まさる
劇作家
明治37年（1904年）9月4日～昭和16年（1941年）3月18日
[生]東京都　[学]早稲田大学英文科卒　[歴]早大に入った大正15年「街」の創刊号に戯曲「トロイの木馬」を発表、岸田国士が激賞した。新進劇作家として注目されたが、父の没後、後継実業家となった。代表作5編と田畑修一郎作年譜を収めた遺稿集「トロイの木馬」が昭和17年に出された。

坪山 徳弥　つぼやま・とくや
衆議院議員
明治23年（1890年）11月～昭和45年（1970年）12月28日
[出]栃木県　[学]宇都宮中〔明治43年〕卒　[歴]陸軍砲兵中尉となり、帝国軍人教育会地方委員等を務めた。また農業に従事し、栃木県馬匹畜産組合連合会副会長、姿川村長、栃木県議、議長等を歴任。昭和7年衆議院議員に当選、通算3期を務めた。戦後の37年には参議院議員に当選。

妻木 新平　つまき・しんぺい
小説家
明治38年（1905年）5月6日〜昭和42年（1967年）3月28日
生鹿児島県出水郡西長島村　名本名＝福永隼人　学日本大学芸術科卒　歴「短篇小説」同人、戦時中の統合でこれが「文芸主潮」、さらに「日本文学者」となったが、これを組織した日本青年文学者会事務局長を務めた。戦後、「碑」同人。著書に「妻の従軍」、長編「村の国葬」などがある。

妻木 松吉　つまき・まつきち
説教強盗
明治34年（1901年）12月13日〜平成1年（1989年）1月29日
生山梨県甲府市　歴幼い時から苦労を重ね、のち左官となって上京。大正15年失業し、同年8月1日から80回以上にのぼる強盗を働くが、人を傷つけず、押し入った先で盗難予防の説教をするという手口から説教強盗と呼ばれ、市井の人気者になる。昭和4年2月23日逮捕され、翌5年一審の無期懲役で服役。模範囚として過ごし、24年出所、以後防犯講演の講師も務めた。

妻沼 岩彦　つまぬま・いわひこ
建築家
明治11年（1878年）〜昭和11年（1936年）
生山形県　学シラキュース大学（米国）卒　歴米国のシラキュース大学を卒業後、ニューヨークのトローブリッジ・アンド・リビングストン事務所、パレル・ホフマン事務所に入る。大正7年独立し、ニューヨークの五番街に建築事務所を開設。昭和11年に没するまでニューヨークを拠点に設計活動を続けた。日本での主な作品に、「立教大学池袋キャンパス計画配置図」など。

津村 京村　つむら・きょうそん
劇作家　小説家
明治26年（1893年）8月17日〜昭和12年（1937年）4月5日
生兵庫県明石市　名本名＝津村京太郎　歴小学校卒業後、独学で小説、戯曲の創作をし、大正10年演劇雑誌「人と芸術」を創刊。自伝小説「結婚地獄」、戯曲集「死の接吻」「異風心中」「二頭馬車」などの著書がある。

津村 重舎（1代目）　つむら・じゅうしゃ
実業家　津村順天堂創業者　貴族院議員（多額納税）
明治4年（1871年）7月5日〜昭和16年（1941年）4月28日
生奈良県宇陀郡伊那佐村大字池上（宇陀市）　名旧姓・旧名＝山田　歴兄はロート製薬創業者の山田安民。父方の縁戚である森田家の養子となったが、血縁に当たる養母が亡くなったため、叔父（父の弟）の養子となって津村家を継いだ。明治26年母の実家・藤村家に奈良時代から伝わる婦人専門薬「中将湯」を売り出そうと東京・日本橋で津村順天堂を創業。創業後すぐに郵便報知新聞に大々的な広告を打って「中将湯」の知名度向上を図り、28年には中将姫の図柄を入れた我が国初のガスイルミネーション看板を店舗に設置。さらにいち早くアドバルーンを宣伝に用いるなど“PRの天才”と呼ばれた。昭和11年株式会社に改組。明治38年東亜公司を設立して取締役、大正2年社長となり、日中貿易に従事。5年には合資会社アーセミン商会設立に関与して代表社員に就任。7年第一製薬株式会社（現・第一三共）に改組すると、8年社長。この間、明治37年〜大正15年東京市議（5期）、明治43年〜大正14年小石川区議（4期）を兼ね、14年からは多額納税議員として貴族院に議席を持ったが、昭和11年二・二六事件に際しての粛軍演説が陸軍の反発を招き、貴族院で初めて懲罰委員会にかけられることとなったため、議員を辞職した。また、大正13年津村研究所と薬用植物園を創設、特に植物園は最盛期には23万坪という東洋一の広さを誇り、我が国の生薬学研究に貢献した。　家長男＝津村重舎（2代目）、二男＝津村重孝（ツムラ副社長）、三

男＝津村幸男（ツムラ副社長）、孫＝津村昭（ツムラ社長）、風間八左衛門（ツムラ社長）、兄＝山田安民（ロート製薬創業者）、弟＝津村岩吉（津村敬天堂経営）　勲紺綬褒章〔大正11年・昭和6年・16年〕、勲四等瑞宝章〔昭和9年〕

津村 信夫　つむら・のぶお
詩人
明治42年（1909年）1月5日〜昭和19年（1944年）6月27日
生兵庫県神戸市　学慶応義塾経済学部予科卒　歴慶応義塾大学在学中に肋膜炎を患い、療養中に文学に親しみ、以後、茅野蕭々、室生犀星を師と仰ぐ。昭和7年「小扇」を発表し、新進詩人としての評価を得る。9年第二次「四季」に参加。10年慶大経済学部を卒業後、東京海上火災保険に入社、同年第一詩集「愛する神の歌」を自費出版。15年随筆「戸隠の絵本」を、17年第二詩集「父のゐる庭」を、19年第三詩集「或る遍歴から」を刊行。信州の風土に深い愛情を抱き、平明で優しい言葉を用いる抒情詩人として知られる。「津村信夫全集」（全3巻、角川書店）がある。　家兄＝津村秀夫（映画評論家）、義父＝茅野蕭々（詩人）

津山 英吉　つやま・えいきち
横浜正金銀行常務
明治10年（1877年）7月21日〜昭和9年（1934年）8月30日
出東京都　学慶応義塾卒　歴横浜正金銀行に入行し、本店欧米課長、東京支店支配人を経て、昭和6年取締役となる。のち常務。

鶴 彬　つる・あきら
川柳作家　社会運動家
明治42年（1909年）1月1日〜昭和13年（1938年）9月14日
生石川県河北郡高松町　名本名＝喜多一二　学高松小高等科〔大正12年〕卒　歴17歳で川柳に興じ、新興川柳で社会批判をする。昭和3年上京し、川柳を通して非合法活動に入る。5年入営し、金沢第七連隊で無産青年読書会を組織、赤化事件をおこし衛戍監獄に2年入る。8年除隊、以後プロレタリア川柳人として雑誌「川柳人」「川柳時代」などに、時流に立ち向かう作品を発表しつづけた。12年12月反戦川柳によって治安維持法違反容疑で検挙され、13年9月野方刑務所で、赤痢にかかって死去した。「鶴彬句集」、「鶴彬全集」（全1巻、たいまつ社）がある。平成10年「鶴彬全集」（増補改訂版）が復刻出版された。

鶴岡 一人　つるおか・かずと
野球選手
大正5年（1916年）7月27日〜平成12年（2000年）3月7日
生広島県呉市　名名＝山本一人　学広島商卒、法政大学〔昭和14年〕卒　歴広島商を経て、法大時代から天才ぶりを発揮、昭和14年内野手として南海に入団。新人で本塁打王となる。15年応召。戦後、復員とともに、21年近畿日本（のち南海、現・ソフトバンク）の監督兼4番打者として活躍。27年現役を引退。選手として、実働8年、754試合出場、2681打数790安打、61本塁打、467打点、打率.295。最高殊勲選手（MVP）3回、打点王1回。43年まで南海の監督を務め、この間、リーグ優勝11回、日本シリーズ優勝2回を飾る。監督としては、通算23年、2994試合1773勝1140敗81分、勝率.609。監督通算1773勝は日本最多記録。21年から33年までの登録名は山本一人。一軍と二軍を能力に応じて分けるファーム制度の生みの親でもある。40年野球殿堂入り。　家息子＝山本泰（法政大学野球部監督）

鶴岡 和修　つるおか・かずのぶ
衆議院議員
明治23年（1890年）8月〜昭和43年（1968年）3月9日
生東京都　学東京帝国大学文学部支那文学科〔大正5年〕卒　歴亀戸町長、東京府会議員、亀戸町議を経て、昭和3年東京府6

区より衆議院議員に1回当選。無所属。光塵授産場理事長、缶詰製造工場・千葉食料社社長も務めた。

鶴ケ嶺 道芳　つるがみね・みちよし
力士
明治45年（1912年）1月17日〜昭和47年（1972年）3月18日
⊞鹿児島県熊毛郡中種子町　图本名＝下家道義、旧シコ名＝種子ケ島、星甲、年寄名＝井筒友康　歴昭和6年5月初土俵を踏み、9年1月新十両、12年5月入幕。188センチ、101キロと軽量ながら右四つ、つり出しを得意とし、20場所幕内に在位、22年6月引退。最高位は前頭2枚目。幕内成績は99勝139敗24休。実弟の薩摩洋も十両まで進み、兄弟関取として評判をとった。引退後、9代目井筒親方として星甲、2代目鶴ケ嶺、元関脇逆鉾、大雄、錦桜らを育て、井筒部屋中興の祖と呼ばれた。　家息子＝下家義久（「相撲」編集長）、弟＝薩摩洋時久（力士）

鶴沢 観西翁　つるざわ・かんさいおう
義太夫節三味線方（文楽）
元治1年（1864年）10月2日〜昭和21年（1946年）8月5日
⊞大坂　图本名＝梅本和三郎、前名＝鶴沢小寛、鶴沢文吾、野沢和三郎　歴11歳で5代目鶴沢寛治に入門、小寛。その後、文吾、野沢和三郎、八兵衛などを名のり、昭和17年観西翁に改名した。

鶴沢 道八（1代目）　つるざわ・どうはち
義太夫節三味線方（文楽）
明治2年（1869年）6月27日〜昭和19年（1944年）11月28日
⊞大阪府島之内　图本名＝浅野楠之助、初名＝鶴沢吉松、前名＝鶴沢友松　專人形浄瑠璃、三味線　歴9歳の時2代目鶴沢吉右衛門に入門、次いで鶴沢勝七に師事、友松と名のった。明治15年松島文楽座に入り、17年彦六座に転じた。このころから名人2代目豊沢団平の芸に傾倒し、その教えを受けた。その後七五三太夫、伊達太夫（後の7代目土佐太夫）らの三味線を弾き、39年退座、大正13年御霊文楽座の3代目竹本津太夫の相三味線に迎えられ、道八と改名した。昭和初期の名人の一人といわれる。

鶴沢 友次郎（6代目）　つるざわ・ともじろう
義太夫節三味線方（文楽）鶴沢派家元
明治7年（1874年）1月7日〜昭和26年（1951年）10月8日
⊞京都府東洞院五条　图本名＝山本大次郎、初名＝小庄、前名＝鶴沢大造、鶴沢猿糸　歴10歳で7代目鶴沢三二の弟子となり、明治19年竹本長尾太夫を頼って大阪に出、5代目豊沢広助に入門。同年小庄を名のる。22年竹本さの太の相三味線となり、26年亡父大造を継ぎ、31年4代目豊沢猿糸と改名。45年6代目鶴沢友次郎を襲名した。のち3代目津太夫を長く弾いた。　家父＝鶴沢大造（文楽三味線方）

鶴田 吾郎　つるた・ごろう
洋画家
明治23年（1890年）7月8日〜昭和44年（1969年）1月6日
⊞東京都　学早稲田中中退　歴倉田白羊について洋画を学び、明治38年白馬会研究所に入り、39年太平洋画会研究所に移って中村不折に師事する。大正元年京城日報社に入社し、5年まで朝鮮、大連、ハルビンなどを歩く。9年の第2回帝展に「盲目のエロシェンコ像」が入選し、以後官展に出品。昭和5年欧州を旅行。戦時中は「神兵、パレンバンに降下す」などの戦争記録画を多く描く。戦後は日本各地を歩いて、日本国立公園30点を完成させた。30年日本山村美術協会を創立、代表。

鶴田 知也　つるた・ともや
小説家
明治35年（1902年）2月19日〜昭和63年（1988年）4月1日

⊞福岡県小倉市　学東京神学社神学校〔大正11年〕中退　歴植村正久の神学校を中退後、大正12年名古屋に移り、葉山嘉樹の指導の下、労働組合運動に従事する。昭和2年に労農芸術家連盟に加入し、機関誌「文芸戦線」同人となる。以後、プロレタリア作家の道を歩み、11年にアイヌ民族の運命を描いた「コシャマイン記」で第3回芥川賞受賞、その神謡風の文体で独自の領域を拓いた。戦後は酪農業の専門家として生きたが、28年の「社会主義文学」の発行や、29年に日本農民文学会の結成にかかわるなど、農民文学、児童文学者としても活躍。39年より農業問題研究会議事務局長、43年から「農業・農民」編集長を務めた。著書に「鶴田知也作品集」（新時代社）「鶴田知也作品選」（非売品）の他、「百草百木誌」「野草譜」などの画文集がある。　家弟＝福田新生（洋画家）　賞芥川賞（第3回）〔昭和11年〕「コシャマイン記」

鶴田 安雄　つるだ・やすお
テニス選手
大正3年（1914年）1月22日〜昭和50年（1975年）8月11日
⊞佐賀県　学慶応義塾大学卒　歴佐賀師範学校在学中に硬式テニスを始め、昭和6年兄・登と組んで全国中等学校庭球大会ダブルスに優勝。戦前・前後に掛けて全日本ダブルス優勝3回、全日本学生ダブルス優勝4回。32年以来デビスカップ監督を3回務めた。

鶴田 義行　つるた・よしゆき
水泳選手
明治36年（1903年）10月1日〜昭和61年（1986年）7月24日
⊞鹿児島県鹿児島市伊敷町　学明治大学法学部〔昭和7年〕卒　歴昭和3年アムステルダム、7年のロサンゼルス両五輪の200メートル平泳ぎで前人未踏の連続優勝を成し遂げた。戦後、愛媛新聞社に入り、東京支社長、監査役、相談役を歴任。勲四等旭日小綬章、紫綬褒章などを受章し、43年には米国フロリダ州の「国際水泳殿堂」入り。55年モスクワで開かれた国際オリンピック委員会総会で、オリンピック・オーダー「銀」を受賞。

鶴殿 霞汀　つるどの・かてい
写真家 男爵 貴族院議員
明治24年（1891年）11月12日〜昭和31年（1956年）6月26日
图本名＝鶴殿家勝　学京都帝国大学法科大学経済科〔大正6年〕卒　歴五摂家の一つ・九条家の支族で、父・忠善の代から鶴殿を称す。明治28年父の死により家督を継ぎ、男爵となる。京都帝国大学法科大学に学ぶ。昭和18〜22年貴族院議員を務めた他、梅田製鋼所取締役、大阪無線監査役、日本造船監査役などを歴任。写真家としても一家を成し、独自にゴム印画を研究して東京写真研究会主催の研展に毎回作品を発表。神戸に居を構えたことから神戸写友会にも参加し、同会25周年記念撮影大会では「富士」で1等を獲得。5年に開かれた梅阪鶯里らの銀鈴社第3回展では、妻の輝子とともに出品している。音楽や絵画も愛好した。　家父＝鶴殿忠善（貴族院議員）、妻＝鶴殿輝子（写真家）、義弟＝藤田彦三郎（実業家）　賞神戸写友会25周年記念撮影大会第1等「富士」

鶴見 三三　つるみ・さんぞう
細菌学者 名古屋帝国大学教授
明治13年（1880年）3月3日〜昭和26年（1951年）9月13日
⊞栃木県芳賀郡久下田町字犬根田（真岡市）　專ウイルス学　学東京帝国大学〔明治38年〕卒 医学博士（東京帝国大学）〔大正7年〕　歴明治45年南満医学堂教授、大正2〜4年欧米に留学、4年南満州鉄道（満鉄）衛生課長、昭和4年外務省嘱託（国際連盟保健委員）、12年名古屋医科大学教授、14年名古屋帝国大学教授、22年名古屋大学教授、24年名古屋椙山女学園大学学長を兼任。この間、昭和12年に英国から帰国した際、英国立

医学研究所で8年に分離されたインフルエンザウイルス株を持ち帰った。著書に「明日の日本」「欧州の動きと支那事変」「予防医学」がある。 勲レジオン・ド・ヌール勲章（フランス）〔昭和2年〕

鶴見 祐輔 つるみ・ゆうすけ
評論家 小説家 衆議院議員
明治18年（1885年）1月3日〜昭和48年（1973年）11月1日
生岡山県 出群馬県新町 学東京帝国大学法学部政治科〔明治43年〕卒 歴内閣拓殖局、鉄道院に勤務。大正15年退官後、海外の対日世論緩和のため、欧米や豪州、インド各国の大学を歴訪し、太平洋会議にも毎回出席して民間外交の推進に努めた。昭和3年以来衆議院議員に4回当選し、米内内閣の内務政務次官から戦時中は翼政会、日政会顧問となり、戦後は進歩党結成に参加して幹事長に就任したが、のち公職追放となる。解除後の28年から参議院議員1期、その間第一次鳩山内閣の厚相を務めた。英語に堪能で「チャーチル」「現代日本論」を英文で書いたほか、政治評論、小説・伝記ものなどベストセラーになった著書も多い。主なものは「母」「子」「ブルターク英雄伝」「英雄待望論」「自由人の旅日記」「後藤新平」（全4巻）「感激の生活」など。 家長女＝鶴見和子（社会学者・上智大学名誉教授）、長男＝鶴見俊輔（評論家）、義父＝後藤新平（政治家）

【て】

ディック・ミネ
歌手
明治41年（1908年）10月5日〜平成3年（1991年）6月10日
生徳島県徳島市 名本名＝三根徳一、別名＝三根耕一 学荏原中卒、立教大学商学部〔昭和7年〕卒 歴父は各地の中学校長を歴任した教育家・三根円次郎。立教大学交響楽団でバイオリンを担当するが上達せず、ジャズに鞍替えしてジャズバンドのハッピー・ナインを結成。この頃、温泉地でシャムの男爵 "バロン・ディック・マーラー" と称していたずらをしたことがきっかけで、歌手デビューの際に "ディック・ミネ" を名のった。卒業後、逓信省に入り、勤めながらスタジオ奏者を続け、昭和9年テイチクに入社。ディック・ミネの名で「ダイナ」で歌手デビュー。この録音では訳詞・編曲・ギターの弾き歌いなど一人で何役もこなし、大ヒットした。以後も「二人は若い」「人生の並木路」「旅姿三人男」などヒットを飛ばし、楠木繁夫、藤山一郎とともにテイチクを支えた。戦時中は芸名を三根耕一とした。日本ジャズ及び和製ポップスの草分けの一人で、戦後の代表作に「夜霧のブルース」「長崎エレジー」「雨の酒場で」「火の接吻」などがある。54年から平成元年日本歌手協会長。プレイボーイぶりでも知られた。 家父＝三根円次郎（教育家）

貞明皇太后 ていめいこうたいごう
皇族 大正天皇皇后
明治17年（1884年）6月25日〜昭和26年（1951年）5月17日
生東京神田（東京都千代田区） 学華族女学校中等科修了 歴御名節子（さだこ）。五摂家の一つ、九条公爵家道孝の四女。高円寺の農家で育ち、明治33年に16歳で皇太子嘉仁親王（大正天皇）と結婚。裕仁親王（昭和天皇）をはじめ、秩父宮、高松宮、三笠宮の4皇子を出産。この嫡出の男子の相次ぐ誕生により、皇室の一夫一婦制が宮中に初めて確立。45年7月30日明治天皇の死去に伴う嘉仁親王践祚により皇后になった。病弱な大正天皇と若い摂政を助けて宮中をとりしきり、国際親善にも尽力。終生の事業として養蚕の奨励、救ライ（ハンセン病）事業、灯台職員の慰問を続け、大正天皇死後は皇太后として大宮御所で起居した。その和歌、漢詩は「貞明皇后御集」にまとめられている。 家夫＝大正天皇、長男＝昭和天皇、二男＝秩父宮雍仁、三男＝高松宮宣仁、四男＝三笠宮崇仁

出口 王仁三郎 でぐち・おにさぶろう
宗教家 大本教聖師
明治4年（1871年）7月12日〜昭和23年（1948年）1月19日
生京都府穴太村（亀岡市） 名旧姓・旧名＝上田喜三郎 歴少年時代言霊学を学ぶ。代用教員、牛乳販売業などに従事したが、明治31年神秘体験を重ねて病気治しの布教活動を始める。同年丹波郡綾部町の出口なをと会い、32年なをを教主とする金明霊学会を設立、会長となり、翌年娘すみと結婚。36年なをの "筆先" によって王仁三郎と改名。大正5年皇道大本と称し、6年には機関誌「神霊界」を発刊、活発な布教活動を行った。"下からの世直し" を訴えたため10年及び昭和10年不敬罪などで2度の弾圧を受けた（第一次・第二次大本事件）。ねばり強い法廷闘争の後、17年保釈。戦後、21年愛善苑の名称で再建。また、生涯に10万首近いとされる驚異的な数の歌を詠んだ。歌集に「霧の海」「言華」「浪の音」、口述書に「霊界物語」（81巻）「天祥地瑞」、他に「出口王仁三郎全集」（全8巻）「出口王仁三郎著作集」（全5巻）がある。 家妻＝出口すみ（2代目教主）、長女＝出口直日（3代目教主）、孫＝出口聖子（4代目教主）、出口和明（愛善苑責任役員・作家）、出口利明（愛善苑責任役員）、義母＝出口なを（大本教開祖）、女婿＝出口日出磨（大本教尊師・教主補）、女婿＝出口伊佐男（大本教総長）

出口 すみ でぐち・すみ
宗教家 大本教教主（2代目）
明治16年（1883年）2月3日〜昭和27年（1952年）3月31日
生京都府何鹿郡本宮町（綾部市） 名別名＝出口澄子 歴明治25年大本教の開祖、母・出口なをの神がかりに会う。33年金明霊学会会長・上田喜三郎（出口王仁三郎）と結婚し、大正7年なをの死後、大本教2代目教主となる。大正6年から機関誌「神霊界」を発行。"下からの世直し" を訴えて10年及び昭和10年の2度不敬罪などで厳しい弾圧に遭う（第一次・第二次大本事件）。第二次大本事件では投獄され、6年余り獄中生活を送った。戦後、愛善苑の名で再興した。著書に「おさながたり」。 家母＝出口なを（大本教開祖）、夫＝出口王仁三郎（大本教聖師）、長女＝出口直日（3代目教主）、孫＝出口聖子（4代目教主）、出口和明（愛善苑責任役員・作家）、女婿＝出口日出磨（大本教尊師・教主補）、出口伊佐男（大本教総長）

手島 栄 てしま・さかえ
逓信次官
明治29年（1896年）12月10日〜昭和38年（1963年）4月18日
生鳥取県 学東京帝国大学法律科〔大正11年〕卒 歴大正11年逓信省に入り昭和12年経理局長、15年管理局長、16年航空局長官、逓信次官などを歴任し、18年退官。戦後実業界に入り、20年国際電気通信社長、日本郵便逓送顧問などを歴任。31年参議院議員となり2期当選。その間郵政大臣を務めた。

手島 太郎 てしま・たろう
ボート選手
生年不詳〜平成10年（1998年）2月16日
歴昭和11年ベルリン五輪ボート代表。

手代木 隆吉 てしろぎ・りゅうきち
弁護士 衆議院議員
明治17年（1884年）1月1日〜昭和42年（1967年）3月31日
生北海道 名号＝胡山 学北海道師範学校〔明治39年〕卒、中央大学法学部〔大正7年〕卒 歴小学校訓導、校長を経て、大正10年判検事登用試験に合格し、弁護士および弁理士を開業。13年憲政会に所属して衆議院議員に当選し、以来6回当選。そ

の間、拓務参与官、司法政務次官などを歴任。戦後、日本生活資財、松前タルク陶石社長となった。

手塚 岸衛　てづか・きしえ
自由ケ丘学園創立者
明治13年（1880年）7月13日～昭和11年（1936年）10月7日
⊞栃木県　学東京高等師範学校（現・筑波大学）〔明治41年〕卒　歴福井、群馬、京都女子の各師範学校教師を経て、大正8年千葉師範附属小学校主事となる。この学校で、東京高等師範学校の篠原助市の支援を受けて、9年から教科の自学主義の徹底、課外的な自由学習、学校自治集会と学級自治の3領域にわたって自主自由教育を実施、試験や通知簿の廃止などの改革を行った。さらに全国的に自由教育運動を展開、その指導者となる。15年千葉県大多喜中学校長となるが、陸軍の配属将校と軍人教員に扇動された生徒たちの校長排斥運動のため辞職。昭和3年東京に自由ケ丘学園（自由ケ丘の地名の起源となる）を創設した。死後、学園は小林宗作に引き継がれトモエ学園となる。

手塚 寿郎　てづか・じゅろう
経済学者 小樽高等商業学校教授
明治29年（1896年）4月12日～昭和18年（1943年）5月3日
⊞栃木県　学小樽高等商業学校卒、東京高等商業学校（現・一橋大学）卒　歴大正10年母校の小樽高等商業学校教授に就任。「ゴッセン研究」を翻訳して我が国の経済学界にオーストリア学派を導入した。

出淵 勝次　でぶち・かつじ
外交官 貴族院議員（勅選）駐米大使
明治11年（1878年）7月25日～昭和22年（1947年）8月19日
⊞岩手県盛岡　学東京高等商業学校（現・一橋大学）専攻部〔明治35年〕卒　歴外務省に入り、京城理事庁理事官、ドイツ大使館書記官などを歴任し、その間政務局第一課長として中国問題を担当。大正7年大使館一等書記官となり米国に駐在し、9年には第一次大戦後最初の代理大使としてベルリンに行き、翌10年のワシントン会議では全権を補佐した。12年アジア局長、13年外務次官となり、昭和3年駐米大使となる。10年特派大使としてオーストラリア、ニュージーランドに赴いたのち外交官を退く。11年勅選貴族院議員。22年の参議院議員選挙で当選するが、3ヶ月後に死去した。　家弟＝葛西勝弥（獣医学者）、義父＝菊地武夫（陸軍中将）、女婿＝朝海浩一郎（外交官）

寺井 久信　てらい・ひさのぶ
実業家 日本郵船社長
明治20年（1887年）11月15日～昭和33年（1958年）11月30日
⊞和歌山県　学東京帝国大学法科大学経済科〔大正2年〕卒　歴大正2年日本郵船に入社。昭和3年カルカッタ支店長、6年上海支店長、8年本社貨物課長、10年南洋海運専務、13年5月日本郵船取締役、11年副社長を経て、17年社長に就任。19年船舶運営会総裁、内閣顧問を兼任。戦後、公職追放で社長を退き、26年相談役に復帰した。著書に「船荷証券」「海洋運送」などがある。　家長男＝寺井久美（海上保安庁長官）

寺内 寿一　てらうち・ひさいち
陸軍大将・元帥 伯爵 陸相
明治12年（1879年）8月8日～昭和21年（1946年）6月12日
⊞東京都　本山口県　学陸士（第11期）〔明治32年〕、陸大〔明治42年〕卒　歴オーストリア、ドイツに駐在後、大正8年伯爵。11年近衛師団長、昭和2年朝鮮軍参謀長、5年第5師団長、9年台湾軍司令官などを歴任し、10年大将・軍事参議官に昇進。11年広田内閣の陸相に就任。12年衆議院で軍部独裁化を非難した浜田国松代議士と"腹切り問答"を展開、同年内閣総辞職。7月勃発した日中戦争の全面化に伴い、北支那方面軍総司令官と

なり、13年軍事参議官。16年太平洋戦争開戦後は南方軍総司令官として南方作戦全体を指揮、インパール作戦などを強行した。18年元帥となる。敗戦後シンガポールに抑留され、そのまま死去した。「元帥寺内寿一」（寺内寿一刊行会）がある。　家父＝寺内正毅（陸軍元帥・首相）

寺内 萬治郎　てらうち・まんじろう
洋画家
明治23年（1890年）11月25日～昭和39年（1964年）12月14日
⊞大阪府大阪市　学東京美術学校西洋画科本科〔大正5年〕卒　賞日本芸術院会員〔昭和35年〕　歴明治42年白馬会葵橋洋画研究所に入り黒田清輝に師事。東京美術学校では藤島武二の指導を受ける。大正7年文展に初入選。11年耳野卯三郎らと金塔社を結成。14年第6回帝展で「裸婦」が、昭和2年第8回帝展で「インコと女」が、それぞれ特選となる。昭和初期から埼玉県浦和に住む。4年光風会会員となり、同会をはじめ帝展、新文展の審査員を歴任。戦後は23年ごろより裸婦制作一筋に打ち込み、26年第6回日展出品の「横臥裸婦」および一連の裸婦作品によって日本芸術院賞を受賞した。35年日本芸術院会員、日展理事。東京美術学校などの講師として後進の指導にも当たった。「コドモノクニ」「幼年倶楽部」の挿絵画家としても親しまれた。　賞日本芸術院賞〔昭和26年〕、帝展特選（第6回）〔大正14年〕「裸婦」、帝展特選（第8回）〔昭和2年〕「インコと女」

寺尾 幸夫　てらお・さちお
小説家
明治22年（1889年）8月30日～昭和8年（1933年）1月1日
⊞東京市小石川区（東京都文京区）　名本名＝玉虫孝五郎、号＝戯象　学早稲田大学英文科中退　歴在学中から博文館の「冒険世界」に戯象の名で書いた。大学を中退して読売新聞社に入り社会部長を務めたが昭和6年退社、作家活動に入った。「細君解放記」「結婚適齢期」「高女物語」「愛は何処まで」「夫唱婦随」などユーモア小説を多く書いた。

寺尾 とし　てらお・とし
社会運動家
明治34年（1901年）11月13日～昭和47年（1972年）1月30日
⊞愛媛県宇和島市　名本名＝寺尾齢、旧姓・旧名＝若松、別名＝荒木忍、清家齢、若松齢　学日本女子大学〔昭和2年〕卒　歴郷里で小学校代用教員を勤め、大正12年清家敏住と結婚。早大入学の清家を追って日本女子大に入学、社会科学研究会を組織、昭和2年卒業後、労農党書記、3年日本共産党に入党、4年四・一六事件で検挙された。清家が転向したため保釈出獄の6年離婚し、旧姓若松に戻り、8年共産党東京市委員として非合法活動を続け、袴田里見の下で10年2月まで「赤旗」を発行した。その前年新聞記者・田岡好と結婚したが10年に検挙され、非党員の田岡を守るため転向、15年出獄。田岡は18年戦死。戦後復党し、23年寺尾五郎と結婚。25年の党分裂時、国際派に属し除名され、六全協に復党、さらに中共派として寺尾と共に41年除名された。自伝「伝説の時代」がある。　家夫＝寺尾五郎（思想史家・社会運動家）

寺尾 博　てらお・ひろし
農学者 農商務省農事試験場長
明治16年（1883年）9月2日～昭和36年（1961年）7月16日
⊞静岡県　専作物学　学東京帝国大学農科大学〔明治42年〕卒 農学博士〔大正9年〕　歴農商務省農事試験場技手から技師、昭和16年同場長となり21年退官。同年貴族院議員に勅選され、その後22年第1回参議院選挙に全国区で当選、緑風会に所属。この間「稲の不稔性に関する突然異変及遺伝現象の研究」で農学博士。秋田県の陸羽支場に勤めた明治43年、稲の純系栽培を試み、人工交配によって水稲耐冷性品種「陸羽132

号」の育成に成功、昭和9年東北地方を襲った大冷害に耐え、前年の豊作でその多収性を発揮した。18年「水稲冷害の生理的研究」で学士院賞を受賞した。退官後、農電研究所顧問となり、水稲の電熱育苗法の研究と普及に尽力した。著書に「植物育種要説」「農の理法」などがある。 [賞]帝国学士院賞（第34回）〔昭和19年〕

寺尾 実　てらお・みのる
社会運動家
明治38年（1905年）～昭和19年（1944年）
[生]長崎県長崎市　[学]東京殖民貿易語学校〔大正15年〕中退　[歴]長崎市の貿易商富田商店に奉公に出、大正10年同店経営の大阪市内原商事会社に勤務。12年郷里に帰り長崎市電鉄会社に勤務。同年退職して上京し、牛込郵便局電報配達夫になる傍ら東京殖民貿易語学校に入学。その間アナキズムに接近し、15年黒色青年連盟に加入。昭和2年郵便局を解雇され、以後キネマ旬報社などを転々としながらアナキズムの実践活動に入る。7年「無政府主義読本」を独力で企画、発表。8年日本無政府共産主義者連盟に参加するが、9年離党。10年の無政府共産党事件で検挙され、懲役3年6ケ月に処せられた。

寺岡 璋浩　てらおか・あきひろ
寺岡製作所創業者
明治23年（1890年）5月～昭和20年（1945年）4月11日
[生]東京都品川区　[学]荏原中学、東京外語学校（現・東京外国語大学）朝鮮語科中退、中央大学卒　[歴]父は外国航路の船長で、長男として生まれる。東京府立第一中学から荏原中学に転校、東京外語学校（現・東京外国語大学）朝鮮語科に進んだが、朝鮮併合により朝鮮で日本語が普及し始めると朝鮮語を学んでもあまり役に立たないと見切りを付け、中央大学に転じた。卒業後は横浜税関に勤めたが、2年ほどで退職。日本ブラック製作所を経て、大正10年ブラックテープ製造の寺岡製作所を創業。昭和12年合資会社、18年株式会社に改組。粘着テープ専門メーカーとして発展する基礎を築いた。 [家]長男＝寺岡基之（寺岡製作所社長）、四男＝寺岡正光（寺岡製作所常務）、孫＝寺岡敬之郎（寺岡製作所社長）、義弟＝松永金太郎（寺岡製作所社長）

寺岡 謹平　てらおか・きんぺい
海軍中将
明治24年（1891年）3月13日～昭和59年（1984年）5月2日
[出]山形県　[学]海兵（第40期）〔明治45年〕卒、海大卒　[歴]大正2年海軍少尉に任官。昭和12年空母蒼龍、13年赤城の各艦長を務め、18年海軍中将。19年2月練習連合航空総隊司令官、8月第一、11月第三航空艦隊司令長官を歴任。20年9月予備役に編入。 [家]おじ＝寺岡平吾（海軍少将）、岳父＝福原鐐二郎（文部次官）

寺岡 峰夫　てらおか・みねお
文芸評論家
明治42年（1909年）12月13日～昭和18年（1943年）1月15日
[生]京都府京都市　[名]本名＝寺尾博　[学]早稲田大学英文科〔昭和13年〕卒　[歴]在学中から「早稲田文科」の中心として活躍。のち改造社に入り、第三次「早稲田文学」にも関係。稲門出身の文芸評論家として注目されたが、早世した。評論集「文学求真」がある。

寺崎 武男　てらさき・たけお
洋画家 版画家
明治16年（1883年）～昭和42年（1967年）
[生]東京都　[学]東京美術学校西洋画科卒　[歴]明治40年農商務省実業生として渡欧し、イタリアに滞在。ベネチアを拠点にフレスコ画、テンペラ画、エッチング、水彩画、版画など幅広く

制作を行い、大正5年帰国。7年山本鼎ら日本創作版画協会を設立した他、テンペラ画会、洋風版画会、日本版画協会などの創設に参加。戦後、疎開先の館山市で千葉県立安房高校美術教諭を務めた。晩年は法隆寺輪堂の壁画を描いた。作品に「房州の海」「安房開拓神話」など。 [家]二男＝寺崎裕則（オペラ演出家）

寺崎 留吉　てらさき・とめきち
植物学者 植物画家
明治4年（1871年）6月20日～昭和20年（1945年）1月4日
[生]大阪府大阪市北区老松町　[学]帝国大学理科大学選科〔明治29年〕修了　[歴]明治30年香蘭女学校教員（理科担当）、35年日本中学教員、昭和15年退職。その間大正2～10年東京小石川区会議員。北海道、千島、樺太、台湾、香港、朝鮮、満州、中国の山野で植物を採集、写生し、2100種に解説をつけて昭和10年「日本植物図譜」として刊行。さらに13年1899図を描いて「続日本植物図譜」として自主刊行した。14年から5年間、南方植物の図を主に描き、春陽堂から続々編として刊行目前、印刷所が空襲に遭い未刊となった。52年既刊、未刊の図を集大成、平凡社から「寺崎日本植物図譜」として出版された。

寺崎 英成　てらさき・ひでなり
外交官 宮内省御用掛
明治33年（1900年）12月21日～昭和26年（1951年）8月21日
[生]神奈川県　[学]東京帝国大学法学部大学院〔大正10年〕中退　[歴]外務省入省。ワシントンの日本大使館在勤中、米国人グエンドレン・ハロルドと知り合い結婚。のち、上海、ハバナ、北京など在外勤務を経て、再びワシントンに戻り、一等書記兼ニューヨーク領事となり、野村吉三郎大使を補佐して対米交渉に当った。日米開戦後、昭和17年8月、妻グエン、娘マリ子と共に帰国、外務省の政務局第7課長に。敗戦後、21年2月宮内省御用掛（通訳）に任命され、天皇とマッカーサー元帥との会見の通訳を務めると共に、米国側へ戦犯関係の極秘情報を提供した。柳田邦男作「マリコ」の主人公のモデルであり、この作品はNHKでテレビドラマとして放送された。平成2年遺品の中から太平洋戦争前後の昭和天皇の独白記録が発見され、話題を呼んだ。 [家]兄＝寺崎太郎（外務事務次官）

寺沢 厳男　てらさわ・いずお
心理学者 東京文理科大学教授
明治13年（1880年）10月19日～昭和45年（1970年）12月19日
[生]徳島県板野郡北灘村　[専]体育心理学　[学]徳島県立師範学校簡易科〔明治33年〕卒 文学博士〔昭和4年〕　[歴]昭和6年東京文理科大学教授。

寺沢 寛一　てらざわ・かんいち
物理学者 東京帝国大学理学部教授
明治15年（1882年）7月15日～昭和44年（1969年）2月5日
[生]山形県米沢市　[専]数理物理学　[学]大成中卒、一高二部〔明治38年〕卒、東京帝国大学理科大学理論物理学科〔明治41年〕卒、東京帝国大学大学院〔大正2年〕満期退学 理学博士〔大正6年〕　[賞]日本学士院会員〔昭和26年〕　[歴]明治43年一高講師、大正2年応用力学研究のため欧米へ留学。6年帰国して東北帝国大学理科大学講師、同大工学専門部教授を経て、7年東京帝国大学理科大学教授に就任。理学部長、同大地震研究所及び航空研究所各所長を歴任。昭和18年定年退官。24～34年電気通信大学初代学長。26年日本学士院会員に選ばれた他、学術研究会議会員、航空評議会評議員、科学審議会委員、科学振興調査会委員、科学技術審議会委員などを歴任。数理物理学を専門としたが、弾性力学、流体力学の分野でも優れた業績を残した。著書に「自然科学者のための数学概論」「初等力学」「力学通論」などがある。

てらし　　　　　　　　　　　　　　昭和人物事典 戦前期

寺師 義信　てらし・よしのぶ
陸軍軍医中将
明治15年 (1882年) ～昭和39年 (1964年) 8月13日
生鹿児島県　名旧姓・旧名＝伊藤　学京都帝国大学医科大学
〔明治43年〕卒 医学博士〔大正14年〕　歴明治43年陸軍に入り、航空医学を専攻。昭和8年軍医監、11年軍医総監 (12年軍医中将と改称)。この間イタリアに出張、陸軍航空本部員、所沢飛行学校研究部員、第三師団、第一師団各軍医部長、陸軍軍医学校長などを歴任、14年退官。15年佳木斯 (ちゃむす) 医科大学長。戦後埼玉県武蔵町で内科・小児科医を開業した。　家従弟＝古垣鉄郎 (駐仏大使)

寺島 健　てらしま・けん
海軍中将 貴族院議員 (勅選) 通信相
明治15年 (1882年) 9月23日～昭和47年 (1972年) 10月30日
生和歌山県　学海兵 (第31期)〔明治36年〕卒、海大〔大正3年〕卒　歴「敷島」に乗り、海大卒業後軍令部参謀、フランス駐在、第3艦隊参謀。大正11年フランス大使館付武官、「山城」艦長、第2艦隊・連合艦隊各参謀長、昭和5年海軍省教育局長、7年軍務局長、中将、8年練習艦隊司令官。ロンドン軍縮会議で条約締結の立場をとったため、9年条約派一掃の人事で予備役となった。浦賀ドック社長、大日本兵器社長を経て、16年東条英機内閣の通信相兼鉄道相、18年勅選貴族院議員。　家義父＝尾本知道 (海軍中将)、義兄＝山岡豊一 (海軍中将)、尾本知 (海軍少将)

寺島 権蔵　てらしま・ごんぞう
ジャーナリスト 衆議院議員
明治21年 (1888年) 1月18日～昭和15年 (1940年) 4月9日
生富山県　学早稲田大学政治科〔大正2年〕卒　歴大正2年扶桑通信社に入り、独立通信記者を経て、東京毎日新聞政治部長。13年民政党所属衆議院議員となり、広田弘毅内閣の商工参与官を務め、14年から富山県三日市町長を兼任、それぞれ5期。昭和2年富山県米穀商同業組合連合会会長、5年富山日報、魚津製氷各社長。また日本海員掖済会三日市委員長、日本新聞協会評議員などを務めた。

寺島 実仁　てらしま・じつじん
哲学者 僧侶 (真言宗智山派) 大正大学助教授
明治39年 (1906年) 1月22日～昭和19年 (1944年) 6月5日
生愛知県　学東京帝国大学文学部哲学科〔昭和7年〕卒　歴昭和11年智山専門学校講師、18年同校の大正大合併に伴い同大学講師、19年助教授となる。その間14年東京浅草観蔵院住職に就任。訳書にマックス・シェーラー「哲学的世界観」、ハイデガー「存在と時間」(上・下) など。

寺島 柾史　てらしま・まさし
作家
明治26年 (1893年) ～昭和27年 (1952年)
生北海道根室　名本名＝寺島政司、筆名＝白木陸郎　学高等工業学校卒　歴新聞記者生活を経て文筆活動に入る。近代史を扱った歴史小説のほか科学史・科学解説など数多くの著書がある。主な著書に、少年SF「極北の怪工場」「人造人間」「空の荒鷲」「海底の魔城」「海賊船」など。

寺瀬 三楽　てらせ・さんらく
彫刻家
明治7年 (1874年) ～昭和8年 (1933年)
画長野県飯山市　名本名＝寺瀬恒吉、号＝一徹、曲川、三楽　専奈良彫　学東京美術学校木彫科卒　歴家は代々仏壇彫りで、祖父も父も彫刻をやり、その合作「仁王像」が長野県箕作の常慶院にある。明治27年20歳の時に上京し、東京美術学校木彫科で竹内久一に入門、彫刻の基礎を学び、橋本雅邦から絵を

習う。25歳で奈良に移り、31年東大寺に寄寓して仏像を研究。35年日本美術協会展で「太古の自活」が受賞し、大正10年同展の「羽衣」像が宮内省皇后職買い上げとなる。23年の同展で「熊野」が受賞、晩年には日本美術院に「能楽花筐」などが入選した。奈良彫に秀作を残した。弟子には甥の寺瀬黙山がいる。　家甥＝寺瀬黙山 (彫刻家)

寺田 市正　てらだ・いちまさ
衆議院議員
明治9年 (1876年) 4月～昭和33年 (1958年) 8月21日
画鹿児島県　学明治法律学校〔明治33年〕卒　歴時事新報記者、自由通信社主幹、同副社長を務める。大正13年から衆議院議員に当選8回。平沼内閣拓務政務次官を務め、派遣軍慰問議員団として満州および中支那へ派遣される。また、川内市長も務めた。

寺田 鼎　てらだ・かなえ
小説家 翻訳家
明治34年 (1901年) 2月6日～昭和11年 (1936年) 12月7日
生鹿児島県日置郡吉利村　歴米国人家庭で生活し英語に堪能。外人ガイド、外国商社などに務めた後パラマウント社に入った。やがて映画批評家となり「空想部落」の脚色上演などから、翻訳家に転じた。主な翻訳にA.ホープの「ゼンダ城の虜」、M.ゴールド「金のない猶太人」、G.タリー「人生の乞食」などがある。

寺田 寅彦　てらだ・とらひこ
物理学者 随筆家 東京帝国大学教授
明治11年 (1878年) 11月28日～昭和10年 (1935年) 12月31日
生東京市麹町区平河町 (東京都千代田区)　画高知県高知市　名筆名＝吉村冬彦、藪柑子、牛頓、寅日子、木螺山人　学五高卒、東京帝国大学理科大学実験物理学科〔明治36年〕卒 理学博士〔明治41年〕　賞帝国学士院会員〔大正14年〕　歴明治29年高知中学から五高に入学し、夏目漱石に英語と俳句を、田丸卓郎に数学と物理を学び、大きな影響を受けた。32年東京帝国大学理科大学に進学。同年漱石の紹介で正岡子規の知遇を得、子規が主宰する「ホトトギス」に小品文「星」を発表。36年大学院に進んで実験物理学を専攻する傍ら、たびたび漱石の自宅を訪問し、漱石の小説「吾輩は猫である」の水島寒月や「三四郎」の野々宮宗八のモデルともいわれた。37年東京帝大理科大学講師、42年助教授を経て、同年～44年ドイツへ留学。大正5年教授に就任。この間、明治41年「尺八の音響学的研究」で理学博士。大正6年ラウエの論文に影響されてX線回折の研究を進め、この研究で帝国学士院恩賜賞を受けた。13年から理化学研究所の研究員を兼務。音響学、地震学、地球物理学などの実験的研究で業績を残す一方で、電気火花、硝子の割れ目、金平糖など、ユニークな研究を行った。一方、8年胃潰瘍による入院から退院した後は科学随筆などを盛んに執筆するようになり、9年吉村冬彦の筆名で「中央公論」に「小さな出来事」を発表。科学的精神と芸術的な香気をもつ作風で高い評価を受け、「天災は忘れた頃にやってくる」という言葉でも知られる。　家岳父＝阪井重季 (陸軍中将)、女婿＝関四郎 (国鉄常務理事)　賞帝国学士院恩賜賞 (第7回)〔大正6年〕

寺田 登　てらだ・のぼる
水泳選手 ベルリン五輪金メダリスト
大正6年 (1917年) ～昭和61年 (1986年) 9月26日
生静岡県磐田郡福田町 (磐田市)　名本名＝伊藤登　学慶応義塾大学法学部卒　歴小学校時代に飛入りで水泳大会に出場して1位になったことから競泳を始める。名門の見付中学 (現・磐田南高) 在学中に全国優勝。昭和11年慶応予科2年の時にベルリン五輪に出場、1500メートル自由形で本命視されていた米国のメディカを20メートル以上も引きはなし、19分13秒7の

タイムで金メダルを獲得した。大学卒業後は伊藤家の婿養子になり、別珍の仕上げなどの仕事をした。

寺畑 助之丞　てらはた・すけのじょう
彫刻家
明治25年(1892年)11月19日〜昭和45年(1970年)6月6日
〔生〕富山県高岡市伏木　〔学〕東京美術学校彫刻科本科〔大正7年〕卒　〔歴〕大正9年朝鮮総督府技師となり、総督府新庁舎一般建築彫刻を担当する。朝鮮美術展覧会の第2回〜4回で評議員・審査員を、第5回で参与・審査員を務める。また東京高等工芸学校、東京工業専門学校の教授も務めた。構造社彫刻部会員だったが、昭和10年絵画部と彫刻部の分裂に伴い絵画部と活動を共にし、11年新たに新構造社を発足、彫刻部・工芸部の代表となる。この他、海軍に嘱託として勤務した他、興亜造型文化連盟常務理事。戦後は日本彫塑家クラブ理事、愛知県常滑日本陶芸研究所所長などを務め、日本美術家連盟会長でもあった。代表作に「母と子」など。

寺村 五一　てらむら・ごいち
出版人　白水社常務
明治35年(1902年)8月25日〜昭和52年(1977年)10月31日
〔生〕東京府日本橋区蛎殻町(東京都中央区)　〔出〕千葉県市原郡五井町(市原市)　〔学〕五井尋常高小尋常科〔大正4年〕卒　〔歴〕大正13年白水社に入社、昭和5年同社の株式会社改組に際して取締役、8年常務取締役専務を経て、46年社長。常務時代から経営の実質的運営と責任を担って同社中興の功労者となり、フランス文学専門であった同社に思想書や演劇関係書など新路線を打ち出し、ルナール全集、岸田国士訳の「にんじん」「ルナアル日記」「博物誌」や、ロジェ・マルタン・デュ・ガール著、山内義雄訳の「チボー家の人々」といったロングセラーを送り出した。太平洋戦争中は出版団体・東京十社連盟の中心的存在として活躍し、満州国に設立された新京出版の誕生にも努めた。

照井 栄三　てるい・えいぞう
バリトン歌手
明治21年(1888年)6月5日〜昭和20年(1945年)5月
〔出〕岩手県　〔名〕別名＝瓔三,詠三　〔歴〕米国、フランスで学び、大正15年帰国。フランス歌曲の紹介を行った他、昭和9年には高村光太郎の詩を大阪中央放送局からラジオ放送し、放送による現代詩朗読の領域を開拓した。20年5月の東京大空襲に遭い亡くなった。著書に「詩の朗読」などがある。

照内 豊　てるうち・ゆたか
医化学者　慶応義塾大学教授
明治6年(1873年)2月10日〜昭和11年(1936年)3月25日
〔生〕福島県　〔学〕東京帝国大学医学部〔明治32年〕卒 医学博士(東京帝国大学)〔明治42年〕　〔歴〕明治33年内務省伝染病研究所に入り、37〜41年ドイツに留学。41年伝染病研究所技師、大正3年北里研究所化学部長、8年慶応義塾大学教授を務めた。昭和8年退職。特に脚気症・ビタミンの研究で知られた。著書に「医化学要綱」「栄養の基礎知識」などがある。

暉峻 義等　てるおか・ぎとう
労働科学者　産業医学者　倉敷労働科学研究所所長
明治22年(1889年)9月3日〜昭和41年(1966年)12月7日
〔生〕兵庫県印南郡伊保村(高砂市)　〔学〕豊岡中〔明治41年〕卒,七高造士館〔明治43年〕卒,東京帝国大学医科大学〔大正6年〕卒 医学博士〔大正13年〕　〔歴〕明治43年東京帝国大学医科大学に進むが、44年結核を病み療養生活に入る。大正3年東京帝大に再入学、6年卒業して生理学教室で永井潜の指導を受ける。7年警視庁嘱託となり貧民窟を調査、8年大原社会問題研究所に入り、八王子で女工や乳児死亡調査を行った。10年同社研

の医学部門として倉敷労働科学研究所が創立されると所長に就任。労働と栄養の観点から労働者、農民、開拓民の生活を調査した。研究所は12年財団法人日本労働科学研究所、昭和16年大日本産業報国会労働科学研究所に改組され、19年大政翼賛会国民運動局長となった。戦後、労働科学研究所を再建したが、23年公職追放、25年解除され健康社会建設協議会を設立して理事長、30年アジア産業保健会議を創立して事務総長を務めた。著書に「社会衛生学」「産児調節論」「勤労と文化」、訳書にハーヴェイ「動物の心臓ならびに血液の運動に関する解剖学的研究」などがある。

照国 万蔵　てるくに・まんぞう
力士
大正8年(1919年)1月10日〜昭和52年(1977年)3月20日
〔生〕秋田県雄勝郡雄勝町　〔名〕本名＝大野万蔵,旧姓・旧名＝菅,年寄名＝荒磯,伊勢ケ浜万蔵　〔歴〕双葉山全盛期と重なったため優勝回数は少ないが、安定感に溢れるふっくらとしたアンコ型の力士で、昭和10年初土俵、18歳で十両、20歳で入幕、23歳で大関、18年1月23歳で横綱に昇進し、最年少記録を全て更新した。25年9月初優勝。26年全勝優勝。そのリズミカルなとりくちは、"桜色の音楽"と形容された。28年引退後は相撲協会理事を務めた。幕内在位32場所、271勝91敗74休。日常生活でも物腰が柔らかく角界の紳士と呼ばれた。　〔家〕義父＝幡瀬川邦七朗(力士)

曄道 文芸　てるみち・ぶんげい
実業家　民法学者　京都帝国大学教授
明治17年(1884年)12月20日〜昭和41年(1966年)8月11日
〔生〕石川県　〔学〕帝国大学法科大学〔明治24年〕卒 法学博士　〔歴〕明治44年〜大正3年ヨーロッパに留学。4年京都帝国大学教授となり、退官後、明治大学教授、愛国生命社長などを歴任した。著書に「日本民法総論」「大審院民事判例批評」など。

出羽ケ嶽 文治郎　でわがたけ・ぶんじろう
力士
明治35年(1902年)12月20日〜昭和25年(1950年)6月9日
〔生〕山形県上山市永野　〔名〕本名＝斎藤文治郎　〔学〕小学校卒　〔歴〕好角家の青山脳病院院長、斎藤紀一に連れられて上京、相撲取りとなり、斎藤家の養子に。小学生時代から体は大きかったが、おとなしく、東京の子供たちからは「田舎っぺ」といじめられた。しかし角界に入ってからは仲間から「文ちゃん」と親しまれる。また身長203センチ、体重195キロという巨体に物を言わせたさば折りや浴びせ倒しを武器に関脇まで昇進し、人気抜群。だが昭和8年に腰を痛めてからは転落一途で6年後には廃業、その時の地位は三段目だった。

出羽湊 利吉　でわみなと・りきち
力士
明治40年(1907年)3月20日〜昭和39年(1964年)5月17日
〔出〕秋田県秋田市　〔名〕本名＝佐藤利吉,年寄名＝浜風　〔歴〕出羽海部屋に入り、昭和3年夏場所初土俵。10年春新入幕、19年引退。121勝120敗1分、優勝1回。

天光軒 満月(1代目)　てんこうけん・まんげつ
浪曲師
明治27年(1894年)10月15日〜昭和24年(1949年)4月30日
〔生〕佐賀県三養基郡基山町　〔名〕本名＝西依幾蔵　〔学〕小卒　〔歴〕幼少のころから浪曲師を志し、小学校を出ると同時に地方回りの一座に加わって修業。17歳で独立し、その美声を認められて大阪の浪曲定席「天満の国光席」に出演するチャンスに恵まれ、席の名にちなんで"天光軒満月"と命名された。150センチ足らずの小男ながら、腹からほとばしる美声のため名声は関東にも知れわたり、「父帰る」「常陸丸」「召集令」「近藤

てんちゅう　　昭和人物事典 戦前期

勇」などの名作を残している。

天中軒 雲月（1代目）　てんちゅうけん・うんげつ
浪曲師
明治28年（1895年）3月～昭和20年（1945年）4月6日
生 佐賀県唐津市　名 本名＝原田定治　歴 10歳で浪曲の道に入り、12歳のとき早川勘之助の養子となる。芸名は九州出身の大浪曲師、桃中軒雲右衛門からとった。養父の薫陶のもとに雲月節を作り出し、天才少年浪曲師として雲右衛門の没後は九州全土に名前をとどろかせた。明治44年に初めて上京すると、両国国技館で尾上菊五郎らと共演する機会にも恵まれ、短時日のうちに関東の浪曲愛好家たちをも魅了した。やがて浪曲界四天王の一人とまで称され、大正期における浪曲の黄金時代を作りあげた。「赤穂義士伝」「佐倉義民伝」などを得意とし、口演のあと都々逸や米山甚句などの余興をしたことでも知られた。昭和6年再起不能の病いに倒れる。　家 養父＝早川勘之助

天中軒 雲月（2代目）　てんちゅうけん・うんげつ
浪曲師
明治42年（1909年）10月14日～平成7年（1995年）10月28日
生 東京市浅草区千束町（東京都台東区）　名 本名＝伊丹とめ、初名＝藤原朝子、前名＝天中軒雲月嬢、後名＝伊丹秀子　歴 兄と義姉が浪曲師で、6歳の時に藤原朝子として初舞台。18歳で天中軒雲月の名跡を預かる興行師・永田貞雄と結婚、天中軒雲月嬢を名のる。昭和9年2代目天中軒雲月を襲名。次いで帝蓄に属し、「乃木将軍墓参」「杉野兵曹長の妻」がヒットする。子供、青年、娘、老人の声を場合によって使いわけ、"七色の声"として一世を風靡した。太平洋戦争中は「祖国の花嫁」「九段の母」など映画や実演で活躍。22年永田と離婚、同時に伊丹秀子と改名し、31年引退興行を行った。　家 二女＝天中軒雲月（3代目）、義姉＝雲井式部（浪曲師）

天満 芳太郎　てんま・よしたろう
社会運動家
明治34年（1901年）1月28日～昭和44年（1969年）9月6日
生 北海道　学 札幌北九条小卒、正則英語学校中退　歴 札幌や京都で丁稚をし、大正8年東京の藤倉電線見習工などとして働く。関東大震災後、社会運動に入り、労働農民党を経て無産大衆党などに参加し、日本運輸労働組合主事、全労中央委員、社会大衆党東京府連執行委員などを歴任した。戦後は社会党福島県連結成に参加した後、上京し、全国中小企業労働組合総連合中央委員・東京地連書記長などを務めた。

天竜 三郎　てんりゅう・さぶろう
力士
明治36年（1903年）11月1日～平成1年（1989年）8月20日
生 静岡県浜名郡神久呂村大久保（浜松市）　名 本名＝和久田三郎　学 高小卒、川手工手学校電気科中退　歴 出羽海部屋に入り、大正9年春場所初土俵。昭和3年5月入幕、5年5月関脇に昇進。美男力士で角界随一の理論家として知られた。7年1月日本相撲協会に対して運営の近代化を要求して東京・大井町の中華料理屋・春秋園にたてこもり、ストライキをうつ（春秋園事件）。これには大関・大の里をはじめ、40人近くの関取が従ったが、決裂。新興力士団を結成し、大日本関西相撲協会を作って興行をうったが、協会の圧力と引き抜きのため12年解散した。13年満州にわたって張総理秘書などを務め、戦後帰国。27年からTBSの相撲解説者を務めた。著書に「相撲一路」「相撲風雲録」がある。

【と】

土居 明夫　どい・あきお
陸軍中将
明治29年（1896年）6月30日～昭和51年（1976年）5月10日
生 高知県高知市　学 陸士（第29期）〔大正6年〕卒、陸大卒　歴 ポーランド、ソ連駐在から昭和13年駐ソ大使官付武官、15年参謀本部ロシア課長、作戦課長を経て、16年陸軍少将。18年関東軍情報部長、20年上海の第13軍参謀長、中将。ソ連通として知られ敗戦後、国民政府国防部顧問として南京滞在。21年7月帰国。25年大陸問題研究所を創立、所長となり雑誌「大陸問題」を刊行した。31年元軍人視察団の一人として中国訪問。40年当時ベトナム戦争について「軍事力だけでは失敗する」と言い、米国の武力と並行した社会改革の必要を説いた。戦犯追及を逃がれた旧軍人の一人。　家 四男＝土居征夫（日本電気常務）

土井 伊惣太　どい・いそうた
恒星社厚生閣創業者
明治32年（1899年）8月13日～昭和43年（1968年）5月31日
生 香川県善通寺市　名 筆名＝土居客郎　歴 13歳の頃から大阪の書店に勤務し、のち上京して警醒社編集部に入る。天文学者・山本一清の著書「星座の親しみ」に感激して天文関係の出版を志すようになり、昭和6年独立して恒星社を創業、その処女出版として山本の「初等天文学講話」を刊行した。恒星社の社名も山本の命名による。以後、天文学関係の書籍を専門に扱い、11年の「図説天文講座」、13年の荒木俊馬「天文と宇宙」などは長く版を重ねた。19年戦時の企業整備により厚生閣と合併して恒星社厚生閣に改組し、社長に就任。戦後も天文学を中心とした学術書の出版に当たった。また、土居客郎の筆名でアマチュア天文家としても知られた。

土居 市太郎　どい・いちたろう
棋士（将棋）
明治20年（1887年）11月20日～昭和48年（1973年）2月28日
生 愛媛県松山市　歴 明治40年に関根金次郎名人に入門したあと43年4段、大正6年には8段に昇進、早見と早指しで"天才"ともうたわれ、7年坂田三吉にも勝って関根の次の名人と目された。昭和15年名人戦で木村義雄に敗れる。60歳の時、再度名人戦リーグに参加するが、これを最後に引退。29年に名誉名人の称号を受ける。著書に「土居市太郎実戦集」「将棋作戦学」があり、門下には金子9段ら一流棋士9人がいた。　勲 勲四等瑞宝章〔昭和20年〕

戸井 嘉作　とい・かさく
衆議院議員
文久2年（1862年）1月～昭和20年（1945年）4月27日
出 神奈川県　学 甲府神官学校　歴 横浜商品倉庫、横浜可鍛鉄製作所を設立してそれぞれの専務に就任。横浜市議、道路会議議員、民政党総務となり、大正4年衆議院議員に当選、通算7期を務めた。

土居 光知　どい・こうち
英文学者 古典学者 東北帝国大学教授
明治19年（1886年）8月29日～昭和54年（1979年）11月26日
生 高知県長岡郡十市村（南国市十市）　学 東京帝国大学文科大学英文科〔明治43年〕卒　賞 日本学士院会員〔昭和24年〕　歴 東京女子大や東京高等師範学校の教授をしながら欧米に留学。帰国後、大正13年東北帝国大学教授に迎えられ、英文学のみならず西欧の新しい文学理論によって日本文学を研究し直し、

国語学はじめ日本の英文学や言語学にも多大な影響を与えた。昭和23年定年退官、津田塾大学教授。24年学士院会員。数多くの著作のうち大正11年の「文学序説」は比較文学、文化史の方法により、日本文学は叙事詩、抒情詩、物語、演劇と評論の4段階が3回反復されるという仮説を提示して文学研究に刺激を与えた。また、昭和11年の「基礎日本語」はオグデンの「基礎英語」に啓発されて1000余の語彙で日本語表現を試みた画期的なもの。このほか「シェイクスピア」「英文学の感覚」「評伝D.H.ロレンス」「日本音声の実験的研究」「古代伝説と文学」「文学の伝統と交流」「神話・伝説の研究」などの著書がある。チャタレー裁判では弁護側証人を務めた。「土居光知著作集」(全5巻、岩波書店)もある。

土井 権大　どい・ごんだい
衆議院議員
明治12年(1879年)11月～昭和13年(1938年)2月1日
学早稲田大学英語政治科〔明治36年〕卒　歴農業に従事。傍ら北米、ブラジル移民事業を推進した。大正6年以来衆議院議員当選6回。政友会に所属。日本興業会社代表取締役も務めた。
勲藍綬褒章

土居 章平　どい・しょうへい
新潟県知事
明治25年(1892年)10月6日～昭和53年(1978年)11月9日
生岡山県西北条郡苫田村(津山市)　名旧姓・旧名＝八木　学津山中学、六高卒、東京帝国大学法科大学法律学科〔大正8年〕卒　歴八木家の五男に生まれ、叔父の土居家を継ぐ。昭和13年山梨県知事、15年石川県知事、16年新潟県知事。18年退官後は弁護士を務めた。

土肥 正幹　どい・せいかん
映画監督
明治34年(1901年)～昭和16年(1941年)1月14日
生静岡県磐田郡二俣　名本名＝鈴木桃作、共同筆名＝梶原金八　学法政大学中退　歴大正15年頃マキノに入社、曽根純三に師事。昭和3年曽根と共に河合映画に移る。同年監督に昇進し「盲暦」「仁侠小町奴」(4年)など12本ほど撮って河合を退社。京都に帰り、帝キネ、新興に移ったのち12年今井映画に入社。同年「雲霧仁左衛門・前後篇」がヒットする。のち今井映画が東宝に吸収されたため東宝京都撮影所に移り、13年「花嫁組合」などを撮った。

土井 武夫　どい・たけお
航空技術者
明治37年(1904年)10月31日～平成8年(1996年)12月24日
出山形県山形市　学東京帝国大学工学部航空学科〔昭和2年〕卒　歴昭和2年川崎造船所飛行機部に入社。8年まで同社に在籍したドイツ人主任設計者フォークトに師事。フォークトの帰国後は設計陣の中心となり、陸軍の戦闘機「飛燕」「九五式戦闘機」などの設計に携わった。戦後は自動車設計などを経て、32年からは国産旅客機「YS11」の設計チームも参加。41年より名城大学教授を務めた。

土井 辰雄　どい・たつお
カトリック枢機卿 東京大司教
明治25年(1892年)12月22日～昭和45年(1970年)2月21日
生宮城県仙台市　名洗礼名＝ペトロ　学二高〔大正3年〕卒、ウルバノ大学卒　歴明治35年父母姉妹弟と共に受洗。大正3年司祭を志しローマのプロパガンダ神学校に留学、哲学と神学を研究。帰国して10年に司祭に叙階され、盛岡四ツ家、一関、気仙沼、会津若松各教会の司祭を歴任。昭和9年ローマ教皇庁の日本駐在使節パウロ・マレラの秘書を経て、13年日本人として初めて東京大司教に叙階された。カトリック教会は16年日本天主公教団と改称、統理者として国策に協力、教団維持に努めた。20年には多くの教会が空襲で全焼したが、東京カテドラルを再建し、35年教皇ヨハネス23世により日本人初の枢機卿に親任された。

土井 十二　どい・とおじ
法医学者 同志社大学法学部教授
明治27年(1894年)4月16日～昭和41年(1966年)12月22日
生大阪府大阪市淀川区　専刑法学、医事法制学　学大阪医科大学〔大正10年〕卒、同志社大学法学部〔大正13年〕卒 医学博士　歴京都帝国大学医学部法医学教室で小南又一郎教授に師事、昭和2年講師。6年同志社大学法学部講師となり、助教授を経て、14年教授、18年法学部長、19年から初代法文学部長兼務、21年辞職。その後、大阪大学医学部、和歌山県立医科大学講師を経て、26年和歌山医科大学法医学教授となった。36年日本法医学会名誉会員。法医学分野では窒息論の研究で知られる。著書に「刑法提要各論」「医事法制学の理論とその実際」「国民優生法」、共著に「法医学提要」などがある。

土井 晩翠　どい・ばんすい
詩人 英文学者 二高名誉教授
明治4年(1871年)10月23日～昭和27年(1952年)10月19日
生宮城県仙台市北鍛冶町　名本名＝土井林吉　学東京帝国大学文科大学英文科〔明治30年〕卒　資日本芸術院会員〔昭和22年〕　歴質商を営む旧家に生まれ、幼時より「八犬伝」「太閤記」「日本外史」等に親しむ。立町小学校教師佐藤時彦に漢籍を教わった後、家業に従事しつつ書籍を耽読、「新体詩抄」や自由民権思想の影響を受ける。明治21年仙台英語塾から第二高等中学校(のち二高)に編入卒業、27年上京。帝国大学在学中の29年、「帝国文学」第二次編集委員として漢語を用いた叙事詩を発表、藤村と併び称される詩人となった。30年郁文館中学の教師。31年「荒城の月」を作詞。32年処女詩集「天地有情」を出版。外遊後、37年二高教授となり、大正13年には東北帝国大学講師を兼任し、英語・英文学を講じ、昭和9年退官。一方、カーライルやバイロンの翻訳を発表、またギリシャ文学に興味を持ち、15年ホメーロスの「イーリアス」「オデュッセーア」を全訳出版。この間家族を次々に失い、心霊科学に興味を持つ。20年7月空襲で蔵書3万冊余を焼失した。ほかの代表作に「星落秋風五丈原」「万里長城の歌」、詩集に「暁鐘」「東海遊子吟」「曙光」「天馬の道」がある。25年文化勲章受章。　家二女＝中野信子(中野好夫夫人)、孫＝中野好之(富山国際大学教授)　勲文化勲章〔昭和25年〕

土居 通次　どい・みちつぐ
徳島県知事 室蘭市長
明治17年(1884年)12月22日～昭和27年(1952年)1月23日
生北海道勇払郡苫小牧町(苫小牧市)　学札幌一中卒、二高卒、東京帝国大学法科大学〔明治45年〕卒　歴島根県、群馬県、福井県、滋賀県の内務部長を歴任し、昭和4年徳島県知事。13～20年室蘭市長。

都井 睦雄　とい・むつお
津山三十人殺しの犯人
大正6年(1917年)3月5日～昭和13年(1938年)5月21日
生岡山県苫田郡加茂町　歴幼時両親に死別して祖母の手で育ち、小学校では秀才だったが進学できず、徴兵検査も軽い肺結核のため丙種。昭和13年5月21日未明、まず自宅で祖母の首を斧で切り落としたあと、鉢巻に2本の懐中電灯を牛の角のように差し、腰に日本刀、腕に9連発の猟銃をかかえ、一夜の岡山県津山市北方の山村内の11軒を走り回り、日ごろ自分を邪魔者扱いしていた村人たちを次々と射殺、刺殺したすえ、自殺した。横溝正史の「八つ墓村」はこの事件から発想した作品で、事件は松本清張の「闇に馳ける猟銃」などのドキュメン

といはな　　　　　　　　　　　　　昭和人物事典 戦前期

トにもなっている。

樋端 久理雄　といばな・くりお
海軍中佐
明治36年（1903年）8月1日〜昭和18年（1943年）4月18日
［生］香川県大川郡松原村（東かがわ市）　［学］海兵（第51期）〔大正12年〕卒、海大卒　海軍大学校を首席で卒業。のち飛行科士官、航空隊教官、駐仏武官補佐、ジュネーブ軍縮会議委員などの海外勤務のほか、軍政、軍令の要職をこなし明治海軍の秋山真之の参謀に匹敵する逸材といわれた。昭和18年4月18日連合艦隊航空参謀として山本五十六長官とともに戦死。

土肥原 賢二　どいはら・けんじ
陸軍大将 教育総監 奉天特務機関長
明治16年（1883年）8月8日〜昭和23年（1948年）12月23日
［生］岡山県　［学］陸士（第16期）〔明治37年〕卒、陸大〔明治45年〕卒　［歴］大正2年より度々中国に駐在。昭和3年から奉天督軍顧問や奉天特務機関長として満州事変に参画し満州建国に暗躍。7年歩兵第9旅団長を経て、8年再び奉天特務機関長となり関東軍の謀略を担当、10年排日機関の解散を要求して土肥原・秦徳純協定を結び、冀東防共自治政府を樹立させた。このため中国人の怨念の的となり"東洋のローレンス"とまで呼ばれる。その後12年第14師団長、13年には大本営直属の謀略機関として土肥原機関を設立。14年第5軍（満州東部）司令官、15年軍事参議官、陸士校長。16年大将に昇任。太平洋戦争中は16年航空総監、18年東部軍司令官、19年第7方面軍（シンガポール）司令官、20年教育総監、第12方面軍司令官兼第1軍総司令官などを歴任。戦後、東京裁判でA級戦犯として起訴されたが、裁判中1度も証言台に立たず沈黙を通し、23年12月23日絞首刑に処せられた。　［家］孫＝佐伯裕子（歌人）

藤 勝栄　とう・かつえい
衆議院議員
明治19年（1886年）5月〜昭和11年（1936年）7月12日
［出］福岡県　［学］福岡農〔明治39年〕卒　［歴］農業に従事。筑紫郡会議員、那珂村会議員、福岡県会議員を経て、昭和11年衆議院議員に当選、政友会に所属して1期務める。他に郡農会長、県農会長、帝国農会、福岡県養蚕業組合連合会評議員など歴任。

桃雲閣 呑風　とううんかく・どんぷう
浪曲師
明治23年（1890年）〜昭和40年（1965年）10月8日
［生］東京市芝区（東京都港区）　［名］本名＝福田鶴松　［歴］素人の天狗連で鳴らした後、プロの浪曲師となり、明治43年桃中軒雲右衛門を慕って桃雲閣呑風を名のった。雲右衛門風に長髪姿で舞台に立ち、「義士伝」「佐倉義民伝」などを得意とした。

道川 茂作　どうがわ・もさく
マラソン選手
明治33年（1900年）〜昭和19年（1944年）
［生］青森県中郡堀越村（弘前市）　［歴］幼時より健脚で足が速く、小学校卒業後、農業を手伝いながら弘前市内の病院長お抱えの車夫となる。のちマラソン選手となり、大正13年北日本マラソン選手権大会で優勝、15年の明治神宮大会におけるマラソン競技では2時間38分10秒で優勝し、この年の日本最高記録を更新した。昭和2年中国・上海で開催された第8回極東大会では、日本代表として1万メートル競争に出場、序盤から先頭に立ち他選手に圧倒的な差を付けて優勝。しかし、のちオリンピック出場を逃すなど晩年は不遇で酒浸りとなり、19年44歳の若さで死去。

東儀 民四郎　とうぎ・たみしろう
雅楽師 宮内省楽部楽師

明治9年（1876年）3月25日〜昭和7年（1932年）11月14日
［歴］明治19年宮内省伶人となり、37年楽部雅楽師兼楽師。昭和3年雅楽普及をめざした雅楽普及会を創設、雑誌「雅楽」を発刊した。　［家］父＝四辻公賢（堂上公家）、養父＝東儀季熙（宮内省初代楽長）、息子＝東儀和太郎（雅楽師）、東儀博（雅楽師）

東儀 哲三郎　とうぎ・てつさぶろう
雅楽師 指揮者 バイオリニスト
明治17年（1884年）1月30日〜昭和27年（1952年）4月20日
［生］東京府神田区三崎町（東京都千代田区）　［学］宮内省楽部卒、東京音楽学校〔明治38年〕卒　［歴］幼少から宮内省雅楽部に出仕し、御前演奏をした。音楽学校でユンケルに師事、バイオリンを専攻。卒業後同校提琴科教師となる。大正4年山田耕筰、小松耕輔らと音楽普及会を創設、定期演奏会を開いた。また岩崎家の援助でフィルハーモニーを主宰、三越管弦楽団を組織して満州まで演奏旅行を行った。10年宝塚音楽歌劇学校の指揮者となり、オーケストラ編成などに尽力、関西音楽界の発展に寄与。晩年毎日音楽コンクール審査員、顧問を務めた。　［家］祖父＝東儀美濃守清彰（雅楽師）

道家 斉一郎　どうけ・せいいちろう
経済学者 専修大学総長 衆議院議員
明治21年（1888年）6月〜昭和17年（1942年）3月28日
［出］東京都　［学］京都帝国大学法科大学政治科〔大正4年〕卒 経済学博士　［歴］久原鉱業参事、帝都復興院参事、東京市統計課長、文書課長、電気局労働課長を経て、専修大学常務理事、経済学部長、学長、総長を歴任。また、東京市議を経て、昭和12年衆議院議員に当選1回。著書に「参考統計学」「売春婦論考」「欧米女見物」「経済統計学」などがある。

道源 権治　どうげん・ごんじ
衆議院議員
明治2年（1869年）1月〜昭和32年（1957年）12月7日
［出］山口県　［学］東京専修学校　富田村議、村長、山口県議を経て、明治37〜44年多額納税の貴族院議員。昭和5年衆議院議員に当選、1期。民政党に所属した。県信用組合連合会長、郡農会長、富田町教育会長、恩賜財団済生会評議員等を歴任。

東郷 茂徳　とうごう・しげのり
外交官 外相 貴族院議員（勅選）
明治15年（1882年）12月7日〜昭和25年（1950年）7月23日
［生］鹿児島県東市来町美山　［学］東京帝国大学文科大学独文科〔明治41年〕卒　［歴］朝鮮からきた陶工の末裔で、5歳頃まで一家は"朴"と名のっていた。大正元年外務省に入り、昭和8年欧米局長。この間、国際連盟総会全権随員、ジュネーブ軍縮会議全権委員を務める。また、大正11年ドイツ人の妻エディと結婚。昭和9年から欧亜局長、12年駐独大使、13年駐ソ大使を歴任後、16年10月東条内閣の外相兼拓務相に起用され、最終段階を迎えていた日米交渉にあたったが、まとまらなかった。同年暮れの開戦に先立ち、対米宣戦布告文を米国に手交するよう日本大使館に訓電したが、暗号解読が遅れ、真珠湾攻撃には間に合わなかった。17年に東条内閣の大東亜省設置に反対して辞任後、勅選貴族院議員となる。20年4月鈴木貫太郎内閣で再度外相となり、軍部の本土決戦論に対してポツダム宣言受諾を強調、終戦工作に従事。戦後、A級戦犯として東京裁判で20年の禁固刑を受け、拘禁中に病没した。遺書に「東郷茂徳外交手記—時代の一面」がある。平成10年鹿児島県東市来町美山の生家近くに元外相東郷茂徳記念館が設立された。　［家］孫＝東郷茂彦（国際ジャーナリスト）、東郷和彦（駐オランダ大使）、女婿＝東郷文彦（駐米大使）

東郷 青児　とうごう・せいじ
洋画家

明治30年（1897年）4月28日～昭和53年（1978年）4月25日

生鹿児島県鹿児島市 名本名＝東郷鉄春 学青山学院中等部〔大正3年〕卒, リヨン美術学校 賞日本芸術院会員〔昭和35年〕 歴『文章世界』「秀才文壇」などに“こま絵”を投稿していたが, 大正5年二科展初入選, 二科賞を受賞。同年より有島生馬に師事。8年から昭和3年まで渡仏して未来派運動に参加。帰国後, 二科展に滞欧作品を発表して認められ, 5年二科会会員となる。戦時中二科会は解散させられ, 戦後同会を再建, 以後その中心となって活躍し, 36年には会長となる。32年壁画「創生の歌」で芸術院賞を受賞。35年芸術院会員, 52年文化功労者。優美で上品な女性像で人気を博した。文筆も多く「手袋」「恋愛株式会社」「半未亡人」「他言無用」などの著書のほか, コクトーの「怖るべき子供たち」の翻訳もある。51年東京・西新宿に安田火災東郷青児美術館（現・東郷青児記念 損保ジャパン日本興亜美術館）が開館。53年には東郷青児美術館大賞が創設された。平成10年生誕100周年を記念して同美術館で回顧展が開催された。 家娘＝東郷たまみ（洋画家） 賞日本芸術院賞（第13回）〔昭和32年〕「創生の歌」, 文化功労者〔昭和52年〕, 二科賞〔大正5年〕「パラソルさせる女」

東郷 彪　とうごう・ひょう

園芸家 侯爵 貴族院議員

明治16年（1883年）2月～昭和44年（1969年）6月5日

生東京都 学東京高等農学校〔明治44年〕卒 歴日本海海戦勝利の立役者である東郷平八郎の長男。生まれたときの顔が幕末の水戸学者・藤田東湖に似ていたので, その幼名から彪と名付けられる。父母ともに庭いじりを好み, その血をより濃く受け継いだようで, 熊本済々黌在学中はさして勉学が出来なかったことから進路を心配した父が同校長の井芹経平に相談したところ,「この子は植木屋にすればよい」と言われたという。その後, 東京高等農学校に進み, 明治44年卒業後は興津の農商務省園芸試験場に勤務。大正2年英国に留学し, 帰朝後の5年以降は宮内省に出仕し内匠寮嘱託, 式部官, 主猟官, 内匠寮御用掛, 大礼使典儀官などを歴任した。昭和9年父の死去により侯爵を襲爵。さらに貴族院議員となり, 火曜会に属し22年まで在職した。宮内省勤務時は主に宮中の植木の管理をしており, 侯爵位を持つ珍しい植木屋であった。著書に「吾が父を語る」がある。 家父＝東郷平八郎（海軍大将・元帥・侯爵）

東郷 平八郎　とうごう・へいはちろう

海軍大将・元帥 侯爵

弘化4年（1847年）12月22日～昭和9年（1934年）5月30日

生薩摩国鹿児島城下加治屋町（鹿児島県鹿児島市） 歴薩摩藩士として薩英戦争, 戊辰戦争に参加し, 明治4年英国へ留学。国際法などを修め, 11年帰国して海軍中尉に任官。「浪速」艦長時代の27年, 日清戦争開戦直前の遭遇戦で, 停船に応じない約1100人の清国兵を乗せた英国籍の商船・高陞号を撃沈。英国籍の船を沈めたことから対日世論は悪化したが, 間もなく戦時国際法に則った行為であることが判明すると, 一転評価を高めた。日露戦争開戦直前の36年, 第一艦隊兼連合艦隊司令長官に就任。以来, 日露戦争を通じて海軍の指揮を執り, 旅順港封鎖作戦などを実施。37年海軍大将に進み, 同年の日本海海戦では世界最強と謳われたロシアのバルチック艦隊に完勝,“アドミラル・トーゴー”の名を世界に轟かせた。38年軍令部長, 42年軍事参議官。大正2年元帥に列せられ, 元帥海軍大将となった。3年東宮御学問所総裁となり, 皇太子裕仁（昭和天皇）に帝王学を授けた。その後, 神格化されて海軍内に絶大な影響力を持ち, 昭和5年のロンドン海軍軍縮条約に反対して軍政に容喙するなど悪影響を及ぼした。この間, 明治40年伯爵, 昭和9年死去に際して侯爵を授けられた。 家長男＝東郷彪（園芸家）, 二男＝東郷実（海軍少将）, 岳父＝海江田信義（官僚）, 従弟＝柴山矢八（海軍大将）, 甥＝東郷吉太郎（海軍中

将）

東郷 実　とうごう・みのる

農学者 衆議院議員 政友会中島派幹事長

明治14年（1881年）11月12日～昭和34年（1959年）7月31日

生鹿児島県 学札幌農学校本科〔明治38年〕卒 農学博士〔大正8年〕 歴ベルリン大学に留学, 帰国後明治39年台湾総督府技師, 大正8年養蚕所所長, 10年総督官官房調査課長などを務めた。大正13年以来鹿児島2区から衆議院議員に当選8回。政友会に属し, 犬養毅内閣の逓信参与官, 斎藤実内閣の文部政務次官となり, 政友会総務, 政調会長, 同中島派幹事長などを務めた。また東京商科大学, 日本, 東洋各大講師, 小作調査会委員, 戦時中は翼政会総務, 同代議士会長などを歴任した。戦後公職追放, 解除後の昭和27年衆議院議員に返り咲き自由党総務となった。著書に「日本植民論」。

東条 カツ　とうじょう・かつ

東条英機首相夫人

明治24年（1891年）～昭和57年（1982年）5月29日

出福岡県 学日本女子大学卒 歴陸軍軍人の東条英機と結婚, 3男4女をもうける。昭和16年夫が首相に就任すると, 国防婦人会会長などを務めた。23年暮れに夫が刑死した後は戦前からの自宅で目立たぬ生活を心がけた。 家夫＝東条英機（首相・陸軍大将）, 二男＝東条輝雄（三菱自動車工業社長）, 孫＝東条由布子（環境保全機構理事長）, 東条英勝（演歌歌手）, 東条正成（専修大学教授）

東条 貞　とうじょう・ただし

衆議院議員

明治18年（1885年）2月～昭和25年（1950年）11月29日

出北海道 歴室蘭タイムス記者, 北海中央新聞記者, 北見実業新聞記者を経て, 日刊網走新聞を創刊。のち農牧業に転じ, 北海水産工業取締役に就任。網走町議, 北海道議となり, 昭和5年衆議院議員に当選, 通算5期を務めた。その間拓務大臣秘書官, 阿部内閣の逓信参与官, 逓信省委員を務めた。著書に「網走築港調査書」「北見之林業」など。

東条 英機　とうじょう・ひでき

陸軍大将 首相

明治17年（1884年）12月30日～昭和23年（1948年）12月23日

生東京都 出岩手県盛岡市 学陸士（第17期）〔明治38年〕卒, 陸大〔大正4年〕卒 歴陸軍中将を務めた東条英教の三男。明治38年第17期生として陸軍士官学校を卒業し, 歩兵少尉に任官。大正4年陸軍大学校を卒業。8～11年スイス, ドイツに駐在。昭和3年陸軍省整備局動員課長, 4年歩兵第一連隊長, 6年参謀本部編成動員課長, 9年歩兵第二十四旅団長など歴任。10年関東憲兵隊司令官, 12年関東軍参謀長。満州時代は鮎川義介, 星野直樹, 岸信介, 松岡洋右と並ぶ満州国政財界の実力者と目され, 5人の名をとって“弐キ参スケ”呼ばれた。13年5月近衛改造内閣で板垣征四郎陸相の下, 陸軍次官となり, 6月航空本部長を兼務。12月陸軍航空総監。統制派に属し, 能吏ぶりから“カミソリ東条”とも呼ばれた。15年第二次近衛内閣の陸相に就任, 日独伊三国同盟の締結, 援蒋ルート切断, 対南方武力行政などの政策を推進した。第三次近衛内閣でも留任。この間, 16年1月“生きて虜囚の辱を受けず”の一節で知られる訓令「戦陣訓」を示達。日米交渉に際しては陸軍の強硬論を代表して近衛内閣に追い込み, 10月首相兼陸相兼内相に就任, 太平洋戦争開戦の最高責任者となった。同月大将に昇任。一時的に外相, 文相, 商工相, 軍需相も兼ね, 19年2月には陸軍の作戦を指導する参謀総長を兼任して国務と統帥の最高地位を一手に握ったが, 7月サイパン島が陥落した直後に内閣を総辞職して予備役となった。敗戦後の20年9月, 戦犯容疑者として連合国軍総司令部（GHQ）に逮捕される際, ピ

とうしよう　　　　　　　昭和人物事典 戦前期

ストル自殺を図ったが失敗。極東国際軍事裁判（東京裁判）において侵略戦争の謀議と実行の罪を問われ、23年12月23日A級戦犯として絞首刑に処せられた。　家父＝東条英教（陸軍中将）、妻＝東条カツ、二男＝東条輝雄（三菱自動車工業社長）、孫＝東条由布子（環境保全機構理事長）、東条英勝（演歌歌手）、東条正城（専修大学教授）

東条 操　とうじょう・みさお
国語学者 広島高等師範学校教授
明治17年（1884年）12月14日～昭和41年（1966年）12月18日
生東京府浅草区（東京都台東区）　名旧姓・旧名＝村松　専日本方言学　学東京帝国大学文科大学国文学科〔明治43年〕卒　歴東京帝国大学在学中に上田万年の講義を聴いて生涯の方言研究を決意し、大正2年に東京帝大助手となって橋本進吉に師事。のち静岡高校在職中の昭和2年、「日本方言地図、国語の方言区画」をまとめた。6年には柳田国男、橋本進吉とともに研究誌「方言」を創刊、また15年の日本方言学会（会長・柳田国男）創立に向けて奔走している。日本の方言研究の土台を築いた学者で、広島高等師範学校、学習院大の教授と東大講師を歴任。今も方言研究の基本的資料とされるその著書、「全国方言辞典」と「標準語引分類方言辞典」はともに千葉大の大岩正仲教授の協力によるもの。

藤堂 祐範　とうどう・ゆうはん
僧侶（浄土宗）
明治9年（1876年）7月9日～昭和20年（1945年）7月2日
出京都府　名号＝天蓮社章誉仁阿　歴明治34年京都で浄土宗の信重院に住職となる。大正7年京都帝国大学図書館司書。浄土宗の諸典籍、中でも「選択集」の書誌学的研究に力を注いだ。著書に「選択集大観」「浄土教版の研究」などがある。

藤堂 良譲　とうどう・よしのり
実業家 旭電化工業社長
明治16年（1883年）8月1日～昭和22年（1947年）8月21日
生三重県　学京都帝国大学理工科大学〔明治42年〕卒　歴日本製麻に入社したが、のち中国四川省高等師範学校講師、京都帝国大学理科講師、東京電化工業所講師を経て、大正6年旭電化工業創立と同時に入社。取締役兼技師長などを経て、昭和18年社長となった。関東電化専務、東亜化学製錬、台湾有機合成、旭軽金属などの取締役も兼ねた。

東野辺 薫　とうのべ・かおる
小説家
明治35年（1902年）3月9日～昭和37年（1962年）6月25日
生福島県二本松　名本名＝野辺慎一　学早稲田大学高等師範部国漢科卒　歴昭和16年「国土」が東京日日新聞の懸賞小説に入選し、「サンデー毎日」に掲載される。19年「和紙」で芥川賞を受賞。戦後は郷里の高校教諭を務める傍ら、県文学会会長を務めた。他の作品に「栄雅堂」「人生退場」などがある。　賞芥川賞（第18回）〔昭和19年〕「和紙」

桃原 茂太　とうばる・しげた
弁護士 衆議院議員
明治25年（1892年）11月18日～昭和30年（1955年）2月28日
生沖縄県　学東京帝国大学卒　歴東洋殖産、日蘇石油の役員を経て、昭和9年郷里の沖縄に帰り、弁護士を開業。17年衆議院議員。戦後は琉球海運を創設し、社長に就任。25年沖縄社会大衆党の創立に参画した。

当真 嗣合　とうま・しごう
ジャーナリスト 衆議院議員
明治17年（1884年）11月10日～昭和21年（1946年）8月24日
出沖縄県首里　学国学院中退　歴明治39年琉球新報に入り、

大正4年退社して沖縄朝日新聞社を設立した。昭和4年民政党から「窮乏の沖縄救済」を叫んで衆議院議員に当選、以後沖縄航路の改善、沖縄県振興15年計画の実現に尽力。著書に「沖縄の経済難局と其対策」。

当間 重剛　とうま・じゅうごう
那覇市長
明治28年（1895年）3月25日～昭和46年（1971年）10月20日
生沖縄県那覇市　学京都帝国大学仏法科〔大正9年〕卒　歴神戸、長崎、那覇各地裁判事を経て、昭和8年那覇市助役、14年那覇市長に当選、大政翼賛会沖縄県支部長となった。戦後は沖縄県民政府経済部長、法務部長、琉球上訴裁判所判事から28年再び那覇市長に当選。31年10月比嘉秀平首席が急死、11月琉球政府行政首席に任命され、軍用地問題について米国側と折衝、一応収拾した。退任後沖縄テレビ放送社長を務めた。「当間重剛回想録」がある。

堂前 孫三郎　どうまえ・まごさぶろう
労働運動家
明治18年（1885年）9月2日～昭和38年（1963年）10月2日
学小学校卒　歴大阪砲兵工廠に入職、のち汽車会社に勤務。大正5年職工組合期成同志会を結成。また8年には大阪鉄工組合を結成し、組合を除名されて国際労働機関（ILO）労働者側代表として渡米する。のち日本木煉瓦工場長・支配人となるが、昭和3年ごろ退職。この間、日本木材就職者組合を結成し組合長。また日本労農党、日本大衆党に参加。6～8年大日本生産党に入党した。8年日刊紙「日の丸」を発行し、愛国労兵隊を組織。著書に「米国労働組合論」「総評反省小記」などがある。

東宮 鉄男　とうみや・かねお
陸軍大佐
明治25年（1892年）8月17日～昭和12年（1937年）11月14日
生群馬県宮城村　学陸士（第27期）〔大正4年〕卒　歴近衛歩兵第3連隊から、大正9年志願して歩兵第50連隊に転じ、シベリアに出征。12～13年自費で広東に留学。14年大尉、15年奉天の独立守備隊第2大隊中隊長となり、昭和3年河本大作大佐の張作霖爆殺に関与した。4年歩兵第10連隊中隊長、6年満州事変ぼっ発で吉林軍顧問、7年関東軍司令部付となり、日本人の満州移民を推進、第一次武装移民416人を佳木斯に入植させた。8年少佐、9年満蒙開拓青少年義勇軍の前身大和村北進寮を饒河に創設。12年歩兵第2連隊付、同第102連隊大隊長（中佐）として出征、同年杭州湾北岸で戦死、大佐に昇進。

東明 柳舟（1代目）　とうめい・りゅうしゅう
長唄演奏家 東明流分家家元
明治15年（1882年）～昭和24年（1949年）3月20日
生東京都　名本名＝高橋楊子　歴東明流創始者・平岡吟舟の二女に生まれる。作曲に夫・高橋義雄（箒庵）の作詞による「梅」「此君」「苫船」などがある。　家父＝平岡吟舟（実業家・邦楽作曲家）、夫＝高橋義雄（実業家）

堂本 印象　どうもと・いんしょう
日本画家
明治24年（1891年）12月25日～昭和50年（1975年）9月5日
生京都府京都市　名本名＝堂本三之助　学京都市立絵画専門学校（現・京都市立芸術大学）〔大正10年〕卒　資帝室技芸員〔昭和19年〕、日本芸術院会員〔昭和25年〕　歴少年時代に西陣織の図案工として働く。大正8年在学中に第1回帝展に入選、9年西山翠嶂に師事。10年第3回帝展で「調鞠図」が特選、11年には「訶梨帝母」で帝展無鑑査、14年「華厳」で帝国美術院賞受賞。昭和9年画塾・東丘社を設立して主宰、11年からは京都市立絵画専門学校（現・京都市立芸術大学）教授を務めた。

524

戦後は大阪四天王寺、高野山根本大塔などの壁画、柱絵、襖絵、天井画などを制作、また染織、陶芸、彫刻、建築、金工も行った。36年文化勲章受章。41年京都・衣笠山の自宅に自作を収めるために堂本美術館を設立した（平成3年京都府に寄贈）。他の代表作に「冬朝」（昭和7年）、「雲収日昇」（13年）、「新聞」（25年）、「メトロ」（28年）、「交響」（36年）、「聖徳太子」シリーズ（最高裁判所、49年）など。　家兄＝堂本漆軒（漆芸家）、弟＝堂本四郎（堂本美術館理事長）、甥＝堂本元次（日本画家）、堂本尚郎（洋画家）　勲文化勲章〔昭和36年〕

頭山 秀三　とうやま・ひでぞう
国家主義者　天行会会長　日本主義青年会議結成者
明治40年（1907年）〜昭和27年（1952年）7月21日
生東京都　学東京農業大学卒　歴昭和6年東亜民族の提携・武道精神の鼓吹を目的に天行会を創設、会長となる。翌年の五・一五事件に際しては、海軍中尉の古賀清志、中村義雄から計画を打ち明けられ、拳銃等を調達して後援。また児玉誉士夫、岡田利ららとの独立青年社による重臣暗殺計画が判明して検挙され、禁固3年の刑を受けた。15年には大森曹玄らと日本主義青年会議を結成、のち大政翼賛会参与となる。戦後は27年から街頭で愛国有志の演説会の展開を始めたが、1ケ月ほどで交通事故で死去した。三島由紀夫の小説「奔馬」の主人公のモデルといわれる。　家父＝頭山満（国家主義者）

頭山 満　とうやま・みつる
国家主義者　右翼の総帥
安政2年（1855年）4月12日〜昭和19年（1944年）10月5日
生筑前国福岡（福岡県福岡市）　名旧姓・旧名＝筒井、号＝立雲　学興志塾　歴福岡藩士の子として生れる。興志塾に学び、西郷隆盛の大陸政策に共鳴、明治8年矯志社を結成。萩の乱に参加して入獄していたため西南の役には参加できなかった。12年向陽社を組織し、国会開設運動を推進。14年箱田六輔、平岡浩太郎らと玄洋社を結成、自由民権運動の一派として活動し、大陸進出を主張する大アジア主義を唱え、金玉均、孫文、ボースらの亡命者を助けた。その後、国家主義に移行、22年条約改正問題や対露開戦論などを論じ、日本国家主義運動の中心人物として活躍した。終始公職につかず在野生活を続け、右翼の巨頭として政界の黒幕であった。　家三男＝頭山秀三（国家主義者）

遠江灘　とおとみなだ
女相撲力士
明治26年（1893年）〜昭和17年（1942年）5月
生山形県西置賜郡白鷹村　名本名＝平井とり　歴10代半ばで石山女相撲に入り、痩身ながら最高位の大関まで昇進。頭取亡き後、独立を許され、昭和3年女太夫元として第一北洲倶楽部女角力協会（平井女相撲）を旗揚げ。横綱がなかった女相撲の前例を破って一代横綱・遠江灘を名のり大評判となった。姉御肌の気性から多くの人々に慕われ興行も成功を収めたが、酒好きから体調をくずし、晩年は主に踊りの三味線を弾いた。娘・トキヨも双葉川のシコ名で戦後も活躍した。

遠山 郁三　とおやま・いくぞう
皮膚科学者　東京帝国大学教授
明治10年（1877年）3月1日〜昭和26年（1951年）1月2日
生岐阜県　学東京帝国大学医科大学〔明治35年〕卒　医学博士〔大正3年〕　歴東京帝国大学皮膚科教室を経て、明治40年仙台医学専門学校、45年東北帝国大学附属医学専門学校教授。大正6〜8年欧米留学。この間、7年東北帝大教授となり、皮膚病徴毒学講座を担当。9〜11年医学部長。10年欧米、11年中国へ出張。15年東京帝大皮膚科学教授となり、昭和12年定年退官。宮内省嘱託も務めた。12〜17年東京逓信病院長、のち立教大学学長。また日本皮膚科学会理事長、同名誉会頭、日本性病予防協会会頭などを務めた。連圏状枇糠疹を新疾患として報告、皮膚科学領域に生化学的研究を採り入れるなど多くの業績を残した。著書に「各国性病予防並に優生施設」「黴毒療法の実際」「丹毒の診断と療法」、共著に「彩色皮膚病図譜」「横痃の診断及治療」「性病の常識」などがある。

遠山 喜一郎　とおやま・きいちろう
体操選手
明治42年（1909年）11月22日〜平成11年（1999年）9月15日
生茨城県　学東京高等師範学校（現・筑波大学）〔昭和9年〕卒　歴熊本師範教諭時代の昭和11年、ベルリン五輪男子体操に出場。個人総合72位、団体総合9位の他、徒手84位、跳馬62位、つり輪35位、あん馬70位、平行棒61位、鉄棒85位。戦後は千葉大学教授、東京女子体育大学教授、日本体操協会副会長などを務めた。

遠山 芳蔵　とおやま・よしぞう
バイオリニスト
生年不詳〜昭和51年（1976年）
生愛知県名古屋市　歴大正8年ドイツに留学。帰国後、遠山トリオを編成して全国で演奏活動を行い、昭和10年頃宮内省楽部に籍を置くなど、大正から昭和にかけて、バイオリン演奏のパイオニアとして活躍。戦後は名古屋で弟子の育成に情熱を傾けた。また生前室内楽を中心に総譜やパート譜など楽譜231冊を収集。平成3年長男・祐三（中部日本放送編成局制作部専任部長）によりこれらが名古屋芸術大学に寄贈され遠山蔵書として保管される。

富樫 常治　とがし・つねじ
農業技術者　神奈川県農事試験場長
明治10年（1877年）2月14日〜昭和31年（1956年）5月16日
生山形県飽海郡北平田村曽根田（酒田市）　学東京帝国大学農学科卒　歴明治35年から神奈川県農事試験場に勤務。40年県農業技師となり、昭和9年農事試験場長。17年退職。梨の「菊水」「八雲」、桃の「富士」「白鳳」の新種や「相模半白キュウリ」などを開発した。著書に「神奈川県園芸発達史」などがある。

富樫 寅平　とがし・とらへい
洋画家
明治39年（1906年）2月27日〜昭和26年（1951年）8月26日
出新潟県新発田市　学新発田商卒　歴一九三〇年協会展に入選し、昭和3年上京。6年から独立展に出品した。18年会員となる。　賞独立賞〔昭和12年〕「水浴」

渡嘉敷 守良　とかしき・しゅりょう
琉球芸能役者　琉球舞踊家
明治13年（1880年）8月13日〜昭和28年（1953年）10月4日
生沖縄県　歴7歳で舞台に立ち、冠者芸能役者から組踊や宮廷舞踊を習う。明治34年真境名由祚や弟の守長らとともに好劇会を作り、38年劇団・球陽座を結成して座長となり、座付作家として活動。また伊良波尹吉・鉢嶺喜次とともに伊渡嶺座を作り、活躍した。作品に「長者の大主」「今帰仁由来記（なきじんゆらいき）」などがある。　家弟＝渡嘉敷守礼（俳優・劇作家）、二男＝渡嘉敷守章（琉球舞踊家）

戸上 研之　とがみ・けんし
走り高跳び選手
生年不詳〜昭和61年（1986年）8月10日
出熊本県山鹿市　歴昭和11年のベルリン五輪に走り高跳びの選手として出場した。

とかみ　　　　　　　　　　　昭和人物事典 戦前期

戸上 信文　とがみ・のぶふみ

実業家 戸上電機製作所創業者
明治28年（1895年）5月13日〜昭和42年（1967年）8月9日
【生】熊本県熊本市 【学】三菱工業学校機械科卒、東京電機学校（現・東京電機大学）電気科〔大正2年〕卒 【歴】各地の水産・農林学校の初代校長を歴任した教育家・戸上信次の長男。長崎の三菱工業学校機械科を卒業した後、上京して東京電機学校（現・東京電機大学）電気科に入学。学校の先輩に横河電機製作所を起こした横河一郎がおり、たびたび工場を訪れて指導を受けた。大正5年真崎鉄工所電気部に入社。7年電気部が分離独立して日本電機鉄工となり、自動開閉器の研究に没頭。戸上式自動配線装置などを開発した。14年不況で会社が倒産の危機に瀕したため、会社支配人は、特許の実施権買い取りとそれに伴う独立を特許権所有者である戸上に勧め、同年戸上電機製作所を創業。80件余にのぼる特許、実用新案を持った。佐賀経済同友会代表幹事、佐賀県経営者協会会長なども務めた。 【家】長男＝戸上一（戸上電機製作所社長）、父＝戸上信次（教育家）、弟＝戸上信之（戸上電機製作所取締役）、孫＝戸上信一（戸上電機製作所社長）

外狩 素心庵　とがり・そしんあん

美術評論家 中外商業新報参事
明治26年（1893年）〜昭和19年（1944年）4月21日
【生】愛知県 【名】本名＝外狩顕章 【学】曹洞宗大学卒、二松学舎〔大正2年〕卒 【歴】大正2年中外商業新報社入社、美術記者として活躍。13年学芸部長、昭和3年参事、18年嘱託。南画をよくし、公募展にも発表、古美術に詳しかった。また漢詩、俳句にも親しみ、編著に「竹田」「観音五十首」「崋山先生百年展若干記」「童品二十品」「続相軒庵美術集成図録」などがある。

戸川 秋骨　とがわ・しゅうこつ

英文学者 随筆家 評論家 慶応義塾大学教授
明治3年（1870年）12月18日〜昭和14年（1939年）7月9日
【生】肥後国玉名郡岩崎村（熊本県玉名市） 【名】本名＝戸川明三、別名＝戸川棲月、早川鷗水、蒼梧桐、長帆、かげろふ 【学】明治学院〔明治24年〕卒、東京帝国大学英文科選科〔明治31年〕卒 【歴】明治26年「文学界」の創立に参加し評論、随筆を発表。また明治女学校、山口高校で教鞭を執る。東京帝国大学時代には「帝国文学」編集員となる。38年渡欧し、40年帰国後は明治学院、東京高等師範学校、慶応義塾大学などの講師を経て、43年から慶大教授を務めた。同年フレデリック・ロリエの「比較文学史」を翻訳刊行し、他に「エマーソン論文集」「マコーレー論文集」「デカメロン」（「十日物語」）などを訳し、翻訳家として知られた。他の著書に「英文学精講」「英文学覚帳」、「変調論」「二万三千哩」「能楽礼賛」などがある。 【家】長女＝戸川エマ（評論家）、従弟＝大野洒竹（俳人）

土岐 嘉平　とき・かへい

大阪府知事 京都市長
明治8年（1875年）2月16日〜昭和21年（1946年）3月22日
【生】和歌山県 【学】東京帝国大学法科大学政治科〔明治34年〕卒 【歴】内務省に入省して高知県知事、大阪府知事、北海道庁長官などを歴任し、昭和2年第10代の京都市長に就任。我が国初の中央卸売市場開設に立ち会った他、大礼記念京都美術館（現・京都市美術館）建設計画を立案、市バスを走らせ、京都大博覧会を開催した。5年には下水道築造に着手。またそれまでの上京区、下京区を分割して左京区、中京区、東山区を作り、新たに右京区と伏見区を新設、伏見市など周辺27市町村を京都市域に編入して現在の京都市につながる礎を築き、"京都市政中興の主"と称される。

土岐 銀次郎　とき・ぎんじろう

埼玉県知事

明治27年（1894年）3月〜昭和51年（1976年）4月1日
【生】和歌山県 【名】旧姓・旧名＝三宅 【学】東京帝国大学法科大学政治科〔大正6年〕卒 【歴】三宅家の二男で、大正5年土岐家の養子となる。昭和10年富山県知事、13年埼玉県知事。退官後、戦時物資活用協会理事長。

土岐 善麿　とき・ぜんまろ

歌人 国文学者
明治18年（1885年）6月8日〜昭和55年（1980年）4月15日
【生】東京府浅草区松清町（東京都台東区） 【名】号＝土岐哀果 【学】早稲田大学英文科〔明治41年〕卒 文学博士〔昭和23年〕 【資】日本芸術院会員〔昭和29年〕 【歴】明治41年読売新聞社に入社。社会部記者、社会部長を歴任後、大正7年朝日新聞社に移り、昭和15年論説委員で定年退職。また、父から作歌の手ほどきを受け、金子薫園選の「新声」歌壇に投稿。薫園が結成した白菊会にも参加した。早大時代は若山牧水らと北斗会を結成。明治43年哀果の号で出した処女歌集「NAKIWARAI（泣き笑い）」はヘボン式ローマ字3行わかち書きの新体裁と社会性の濃い内容で当時の歌壇、特に石川啄木に衝撃を与え、社会派短歌の先駆的役割を果たした。啄木とは親しく交わり、没後も遺歌集「悲しき玩具」や「啄木遺稿」「啄木全集」刊行に関わるなど、その顕彰に努めた。昭和11年大日本歌人協会創立に参加。22年戦中の研究の成果である「田安宗武」（全4巻）で帝国学士院賞を受賞。24〜36年国語審議会会長、26年東京都立日比谷図書館長を務めた。戦後の歌集に「秋晴」「夏草」「冬凪」「春野」「遠隣集」「歴史の中の生活者」などがある。 【家】姪＝藤崎美枝子（俳人） 【賞】帝国学士院賞〔昭和22年〕「田安宗武」（全4巻）

斎 辰雄　とき・たつお

十種競技選手
明治37年（1904年）3月31日〜昭和42年（1967年）10月26日
【生】徳島県那賀郡今津村（阿南市） 【学】三重高等農林学校卒 【歴】昭和3年十種競技の日本記録（6886・1825点）をマーク。同年のアムステルダム五輪に出場。7年ロサンゼルス五輪予選に日本新（7469・595点）で優勝するが、「五輪での入賞は無理」と代表からもれる。この時の記録は以後26年間破られなかった。戦後、徳島新聞社勤務などを経て、27年中京商（現・中京大中京高）に就職し、中京大学創立に際し高校、大学の監督として陸上界に復帰。のち選手に絵でフォームを説明するため墨絵を始め、"筆の魔法"とも評されるスポーツ墨絵画家として知られた。中尾隆行、早瀬公忠など多くの選手を育てた。

土岐 政夫　とき・まさお

帝室博物館総長
明治25年（1892年）4月1日〜昭和40年（1965年）3月5日
【生】福岡県朝倉郡安川村 【学】東京帝国大学法科大学〔大正7年〕卒 【歴】大正8年司法官試補、東京地方検察庁検事、同地方裁判所判事を経て、12年宮内省に入り内匠寮に勤め、大臣官房秘書課長、昭和15年内匠頭、19年帝室博物館総長となり、21年8月退職。一時博物館で宮内省御用掛を務め、のち横浜地方裁判所、同家庭裁判所調停委員となった。

時野谷 常三郎　ときのや・つねさぶろう

歴史学者 京都帝国大学教授
明治14年（1881年）12月〜昭和17年（1942年）12月21日
【生】茨城県 【学】東京帝国大学文科大学西洋史学科〔明治40年〕卒 文学博士 【歴】明治40年陸軍教授、大正7年中国に出張。8年奈良女子高等師範学校教授。15〜昭和3年欧米に留学、8年京都帝国大学教授、16年定年退官。著書に「ビスマルクの外交」「現代の世界史」「欧州史蹟観」「日本文化史」「明治時代」などがある。

常盤 大定　ときわ・だいじょう

仏教学者　僧侶（真宗大谷派）東京帝国大学教授

明治3年（1870年）4月8日～昭和20年（1945年）5月5日

[生]宮城県伊具郡丸森町　[名]号＝榴邱　[専]中国仏教史　[学]東京帝国大学文科大学哲学科〔明治31年〕卒　文学博士〔大正10年〕[歴]仙台で父と同じ真宗大谷派住職の伯父の養子になった。明治41年東京帝国大学印度哲学科講師となり中国仏教を研究、大正9年から中国へ5回渡って仏教史跡を調査、15年東京帝大教授、昭和6年退官後、東洋大学教授、14年浅草本願寺別院輪番兼大谷派東京出張所長となり、仏教文化講座を開いた。16年東本願寺から最高学階「講師」を受け、17年輪番を退任、日本仏学院を設立。20年病気のため仙台へ帰った。著書に「支那仏教史蹟並に詳解」「支那仏教の研究」「支那に於ける仏教と儒教道教」などがある。

常盤 操子　ときわ・みさこ

女優

明治30年（1897年）11月9日～昭和34年（1959年）9月

[出]大阪府大阪市　[名]本名＝粟津ゆき　[歴]大正11年松竹女優養成所1期生。12年浪花座「妹背山」初舞台。13年卒業、松竹専属。14年大阪南地演舞場の新劇座公演「狐」に花柳章太郎らと共演。昭和3年日活太秦時代劇部入社。「清水次郎長」のあと「斑蜘蛛」に久米譲と主演。4年「大闘陣」で清川荘司の相手役。千恵蔵プロ出向で稲垣浩監督「瞼の母」で好演。7年大争議で退社したが千恵蔵プロで活躍。11年JO入社「新しき土」に母役。東宝になった後13年日活京都復帰「王政復古」「宮本武蔵」。大映合併後も老け役に活躍。戦後大映京都在籍、26年退社。

常磐井 堯猷　ときわい・ぎょうゆう

僧侶　梵語学者　男爵　真宗高田派管長　京都帝国大学教授

明治5年（1872年）3月～昭和26年（1951年）1月27日

[生]東京都　[名]旧姓・旧名＝近衛　[学]文学博士〔大正9年〕[歴]明治19年小学校を終えてドイツ留学、シュトラスブルク大でマックス・ミュラー博士に17年間師事、哲学、梵文学を専攻、英国、欧州各国を歴巡。帰国後は京都帝国大学教授となり、梵語を教えた。大正2年養父の後を受け真宗高田派管長となり、8年男爵を襲爵。帝国東洋学会の創設者で、生涯梵文学研究を続け「梵語辞典」（全11巻）を刊行した。[家]養父＝常磐井堯煕（男爵・高田専修寺第21代住職）

常磐津 兼太夫（7代目）　ときわず・かねたゆう

常磐津節太夫

明治20年（1887年）～昭和19年（1944年）8月18日

[生]東京都　[名]本名＝渡辺徳次郎、前名＝常磐津小吾妻、常磐津麒麟太夫　[歴]2代目常磐津和佐太夫（のち呂僊翁）の門に入り、小吾妻、麒麟太夫を経て、大正15年空白だった7代兼太夫を名のった。声は高いが低音がよく、放送にたびたび出演、世話物の道行、蔵出物が得意で、多くの弟子を育てた。

常磐津 三蔵（2代目）　ときわず・さんぞう

常磐津節三味線方

明治11年（1878年）2月25日～昭和20年（1945年）2月17日

[生]東京都　[名]本名＝長沢長三郎、前名＝常磐津小和佐、常磐津式松　[歴]2代目常磐津和佐太夫に弟子入り。小和佐、式松を経て、2代目三蔵を襲名した。"根岸の三蔵"と称された。[家]娘＝黛節子（舞踊家）

常磐津 松尾太夫（3代目）　ときわず・まつおだゆう

常磐津節太夫

明治8年（1875年）9月7日～昭和22年（1947年）7月13日

[生]神奈川県逗子　[名]本名＝福田兼吉、前名＝常磐津小和登太夫、常磐津三登勢太夫　[歴]6代目岸沢式佐に師事。常磐津小和

登太夫を経て、明治33年2代目三登勢太夫を襲名。35年常磐津林中の門下となり、39年3代目松尾太夫を襲名。44年帝国劇場専属を経て、昭和5年松竹専属となる。「お夏狂乱」「椀久色神送」などの名曲を初演した。[家]長男＝常磐津三東勢太夫、二男＝常磐津千東勢太夫、孫＝常磐津松尾太夫（4代目）

常磐津 文字太夫（7代目）　ときわず・もじたゆう

常磐津節太夫　常磐津節15代目家元

明治30年（1897年）2月2日～昭和26年（1951年）5月4日

[生]東京都　[名]本名＝常岡鉱之助、前名＝常磐津小文太夫、常磐津小文字太夫　[歴]6代目常磐津文字太夫の養子となり、4代目小文太夫を経て、大正14年9代目小文字太夫、15年7代目文字太夫を襲名。作品に「権八」「宗五郎」など。[家]父＝常磐津小政太夫、養父＝常磐津文字太夫（6代目）、長男＝常磐津文字太夫（8代目）、四男＝常磐津浪花太夫、孫＝常磐津文字太夫（9代目）

徳川 家達　とくがわ・いえさと

公爵　徳川家16代目当主　貴族院議長　日本赤十字社社長

文久3年（1863年）7月11日～昭和15年（1940年）6月5日

[生]江戸　[名]幼名＝徳川亀之助　[歴]徳川家16代目当主。明治元年第15代徳川慶喜の大政奉還に伴い宗家を継ぎ家達と改名。同年駿河府中城主として70万石を賜封され、2年版籍奉還で静岡藩知事、3年廃藩置県で藩知事を退いた。10～15年英国に留学。17年公爵、23年貴族院議員、36～昭和8年貴族院議長。その間大正3年組閣の内命を辞退。11年第一次大戦後のワシントン軍縮会議に全権委員で出席。昭和11～14年国際オリンピック委員会（IOC）委員を務め、アジア初の東京五輪招致に尽力したが、幻の大会に終った。また16代様として日本赤十字社長、恩賜財団済生会、東京慈恵会、日米協会各会長を務めた。妻泰子は近衛文麿の伯母。[家]父＝徳川慶頼（田安家当主）、長男＝徳川家正（外交官）、弟＝徳川達孝（田安家当主）

徳川 家正　とくがわ・いえまさ

外交官　公爵　貴族院議員　駐トルコ大使

明治17年（1884年）3月23日～昭和38年（1963年）2月18日

[生]東京都　[学]東京帝国大学法科大学政治科〔明治42年〕卒　[歴]明治42年外務省に入り、在中国公使館一等書記官、在英国大使館一等書記官、参事官を経て、大正14年在シドニー領事、昭和4年駐カナダ全権公使、9年駐トルコ全権大使、12年退官。15年公爵を襲爵し貴族院議員となり、21年最後の貴族院議長を務め、麝香間祗候。のち日本水難救済会会長。[家]父＝徳川家達（徳川家16代目当主・貴族院議長）

徳川 圀順　とくがわ・くにゆき

貴族院議長

明治19年（1886年）12月13日～昭和44年（1969年）11月17日

[生]東京都　[名]字＝子行、号＝濤山　[学]陸士〔明治43年〕卒　[歴]水戸徳川13代目当主。少尉任官、近衛歩兵第1連隊付、大正3年予備役。明治44年貴族院議員、昭和19年議長、21年公職追放で辞任。一方軍務を退いてからは日本赤十字社に入り、大正7年副社長、昭和19年社長、21年辞任。その間皇典講究所長、水戸育英会総裁。22年常磐興業を創立、社長となった。[家]父＝徳川篤敬（水戸藩主・侯爵）、妻＝徳川彰子（日本衛生婦人会会長）、長男＝徳川圀斉（水府明徳会会長）、二男＝徳川圀禎（陸軍少佐）、弟＝徳川宗敬（参議院議員）

徳川 達孝　とくがわ・さとたか

伯爵　侍従長　貴族院議員

慶応1年（1865年）5月25日～昭和16年（1941年）2月18日

[歴]松平慶頼の四男。兄家達の徳川家継承で田安家当主に。明治17年伯爵を継ぎ、30年貴族院議員となり、衆議院議員選挙法改正調査会委員を務めた。大正3年～昭和3年侍従長。のち日

本弘道会会長。伯爵。　图父＝徳川慶頼（田安家当主），兄＝徳川家達（徳川家16代目当主），息子＝徳川達成（伯爵），孫＝徳川宗賢（学習院大学教授）

徳川 武定　とくがわ・たけさだ
海軍技術中将　子爵　東京帝国大学教授
明治21年（1888年）10月12日～昭和32年（1957年）11月29日
專造船工学　学八高卒，東京帝国大学工科大学造船学科〔大正5年〕卒　工学博士〔昭和5年〕　歴最後の水戸藩主・徳川昭武の二男で，子爵を授けられる。大正5年東京帝国大学造船学科を卒業し，7年海軍造船大技士に任官。11～13年英国へ私費留学。昭和7年海軍造船大佐，11年海軍技術研究所造船研究部長。13～19年東京帝国大学教授を兼務。13年海軍造船少将，17年海軍技術中将となり，海軍技術研究所長を務めた。20年4月予備役に編入。潜水艦の耐圧強度の研究を重ね，日本海軍の潜水艦設計の権威として知られた。图父＝徳川昭武（水戸藩主），祖父＝徳川斉昭（水戸藩主），岳父＝徳川達孝（侍従長・伯爵）　賞日本造船学会賞造船協会賞〔昭和8年〕

徳川 夢声　とくがわ・むせい
放送芸能家　俳優
明治27年（1894年）4月13日～昭和46年（1971年）8月1日
生島根県益田市　田東京市赤坂区（東京都港区）　名本名＝福原駿雄，別号＝夢諦軒　学東京府立一中〔明治45年〕卒　歴大正2年弁士・清水霊山に入門，福原霊川の名で見習い弁士となる。4年東京・赤坂溜池の葵館に所属し，館名にちなみ徳川夢声に改名。6年同館の主任弁士に昇格，以来知的で巧緻な話術により山の手のインテリ層のファンから強い支持を受け，8年の弁士番付では生駒雷遊とならび，横綱に挙げられるまでに至った。傍ら14年の東京放送局開局当時からラジオにも出演し，物語を朗読。昭和2年大辻司郎，山野一郎，松井翠声，古川緑波らとナヤマシ会を組織し，漫談や寸劇などにも乗り出した。やがて映画もトーキーの時代になると弁士不要の時代の到来を予知し，8年俳優に転向。同年緑波，山野らと笑の王国を結成し，浅草・常盤座で旗揚げ。また同年PCL（写真化学研究所，現・東宝）の木村荘十二演出の「ほろよい人生」以来，銀幕にもたびたび登場。12年には久保田万太郎，岸田国士，岩田豊雄（獅子文六）らと文学座の結成に加わり，その第1回公演では杉村春子と二人きりでクルトリーヌ作の「我家の平和」を演じ，高い評価を受けた。14年NHKラジオで吉川英治の「宮本武蔵」を朗読し，絶妙な間のとり方で"間を以て生命とする"という余人の追求を許さぬ新しい話芸のスタイルを確立。戦後も引き続いて俳優，朗読家，漫談家，タレント，司会者としてテレビやラジオで活躍，お茶の間に親しまれた。また"雑学の大家"と言われたほどの該博な知識と，独特のユーモアの持ち主で，風俗評論や随筆，俳句などでも手腕を発揮し，24年には直木賞候補にも挙げられ，26年より「週刊朝日」でスタートした連載対談「問答有用」は8年400回に及ぶロングランとなった。

徳川 宗敬　とくがわ・むねよし
伯爵　貴族院議員
明治30年（1897年）5月31日～平成1年（1989年）5月1日
生東京向島（東京都墨田区）　名旧姓・旧名＝徳川敬信　学東京帝国大学農学部林学科〔大正12年〕卒　農学博士〔昭和16年〕　歴出身は御三家の一つ，水戸徳川家。二男のため，大正5年20歳で一橋徳川家の養子となり，9年池田仲博侯爵の長女と結婚，12代目当主に。宮内省官吏，ベルリン留学を経て，貴族院議員。戦後昭和22年参議院議員となり，41年伊勢神宮大宮司，51年神社本庁統理。この間一貫して緑の保護運動に力を注ぎ，国土緑化推進委員会理事長も務める。また59年には家宝品5600点を茨城県立歴史館に寄贈した。　图妻＝徳川幹子（茨城県婦人会館顧問），父＝徳川篤敬（侯爵）

徳川 義親　とくがわ・よしちか
政治家　植物学者　侯爵
明治19年（1886年）10月5日～昭和51年（1976年）9月6日
生東京都　名幼名＝錦之丞　学東京帝国大学文科大学史学科〔明治44年〕卒，東京帝国大学理学部植物学科〔大正3年〕卒　歴越前福井藩主・松平慶永の五男。明治41年尾張徳川家の養子となり，侯爵を継ぐ。44年東京帝国大学史学科，大正2年同植物科を卒業。3年徳川生物学研究所，12年徳川林政史研究所を設立。この間，貴族院議員として治安維持法制定に反対し，貴族院改革案を起草するなど，革新貴族として活動。昭和6年右翼の清水行之助に請われて三月事件のためにクーデター決行資金を提供。大川周明らと国家改造に乗り出し，二・二六事件の際には青年将校の意を天皇に伝えようとして失敗した。太平洋戦争が始まると志願してマレー軍政顧問となりシンガポールに赴任。マレー半島の占領行政に携わる傍ら，昭南博物館館長・植物園園長に就任して両施設を戦火から守った。戦後は日本社会党結成に協力。公職追放後，名古屋市長選に立候補したが落選。大正10年マレー半島に旅行した時に現地の国王と虎や象の狩猟を楽しみ，"虎狩りの殿様"の異名をとった。自伝「最後の殿様」のほか，「じゃがたら紀行」「江南ところどころ」などの著書がある。研究や趣味で写真をたびたび撮っていたようで，木曽地方の林業生産の様子をはじめ，洋行時や北海道での熊狩り，アイヌたちとの交流などを写したものが現在彼の創立した徳川林政史研究所に保存されている。　图父＝松平慶永（越前福井藩主），息子＝徳川義知（尾張徳川家20代目当主・徳川黎明会会長）

徳川 好敏　とくがわ・よしとし
陸軍中将　飛行家　男爵
明治17年（1884年）7月24日～昭和38年（1963年）4月17日
出東京都　学陸士（第15期）〔明治36年〕卒　歴明治43年臨時軍用気球研究会委員となり，飛行機購入とその操縦技術修得のため欧州へ出張。帰国後，代々木練兵場で日本初の飛行を行う。大正11年飛行学校教官となり，昭和2年飛行第一連隊長。以後，明野飛行学校長，所沢飛行学校長などを経て，19年召集されて陸軍航空士官学校長。終戦後は，日本航空機操縦士協会名誉会長，航空同人会会長等を歴任。なお，昭和3年男爵を授けられた。

徳川 義寛　とくがわ・よしひろ
侍従
明治39年（1906年）11月7日～平成8年（1996年）2月2日
生東京市牛込区（東京都新宿区）　学東京帝国大学文学部美学美術史学科〔昭和5年〕卒　歴尾張藩主の一門で，旧男爵家の長男。ドイツ・ベルリン大学哲学科に3年間留学。帰国後帝室博物館研究員を経て，昭和11年侍従となる。終戦前夜の近衛師団の反乱（宮城事件）の際，殴打されながらも昭和天皇の玉音放送の録音盤を守った話は著名。戦後は，44年侍従次長，60年侍従長に就任し，63年退官。平成11年終戦前後の天皇や宮中の動きを分刻みで記録した日記が「徳川義寛終戦日記」として出版された。　图父＝徳川義恕（大正天皇侍従），弟＝津軽義孝（伯爵），妹＝北白川祥子（宮内庁女官長），義父＝三条公輝（掌典長）

徳川 慶光　とくがわ・よしみつ
公爵　貴族院議員
大正2年（1913年）2月6日～平成5年（1993年）2月6日
学東京帝国大学文学部支那哲学科〔昭和13年〕卒　歴江戸幕府の大政を奉還した徳川家15代将軍・慶喜の孫。昭和13年宮内省（現・宮内庁）に入り図書掛を務めた。18～22年貴族院議員。　图長男＝徳川慶朝（無窮会参与），祖父＝徳川慶喜（江戸幕府第15代将軍），姉＝高松宮喜久子，妹＝榊原喜佐子，女婿＝平沼赳夫（衆議院議員）

禿氏 祐祥　とくし・ゆうしょう

僧侶（浄土真宗本願寺派）仏教学者 書誌学者

明治12年（1879年）6月24日～昭和35年（1960年）9月3日

[生]福井県　[学]高輪仏教大学〔明治36年〕卒 文学博士〔昭和25年〕　[歴]大正3年「仏教大辞彙」編集主任、9年龍谷大学図書館長、同大教授、京都女子専門学校、相愛女子専門学校各講師。昭和22年龍谷大名誉教授。23年真宗史編纂所主監。文化財専門審議員も務めた。仏教経典関係書誌学の権威。著書に「東洋印刷史序説」「古梓残葉」（編）「東洋文化史」「仏教史」などがある。

徳重 浅吉　とくしげ・あさきち

日本史学者 大谷大学教授

明治26年（1893年）3月15日～昭和21年（1946年）8月9日

[生]鹿児島県曽於郡財部村　[専]維新史　[学]京都帝国大学文学部史学科国史学専攻〔大正14年〕卒　[歴]大正6年に広島高等師範学校地理歴史部を卒業したのち、広島・愛媛・京都の各府県の中学校などで教員を務める。大正11年から京都帝国大学文学部国史学専攻に学び国史学専攻、14年に卒業して京都帝大文学部副手と大谷大学予科教授嘱託を兼任。のち大谷大学学部教授嘱託・大谷大学予科教授を経て、12年専任の大谷大学学部教授に就任、19年からは大谷大学研究所所員を兼ねた。明治維新期における政治・文化・思想・宗教史を研究。著書に「維新精神史研究」「維新政治宗教史研究」「日本文化史の研究」などがある。

徳田 剣一　とくだ・けんいち

日本史学者 東京帝国大学史料編纂所業務嘱託

大正1年（1912年）7月31日～昭和10年（1935年）8月28日

[生]愛知県中島郡稲沢町（稲沢市）　[名]旧姓・旧名＝梶浦　[専]中世史，水運史　[学]東京帝国大学文学部国史学科〔昭和10年〕卒　[歴]生後間もない大正2年に徳田家の養子となる。八高文科甲類を経て、東京帝国大学文学部国文学科に学び、昭和10年に卒業して東京帝大史料編纂所第七部に勤務。日本中世史、特に水運の発達に関する研究を行い、新進の研究者として注目されるが、同年24歳で夭折した。著書に「中世に於ける水運の発達」がある。

徳田 昂平　とくだ・こうへい

実業家 徳田証券社長 日本証券取引所総裁

明治11年（1878年）5月～昭和26年（1951年）10月5日

[生]山梨県東八代郡八代町（笛吹市）　[歴]大正7年より徳田証券社長として証券業界で重きをなし、東京商工会議所副会頭、日本証券取引所総裁などを歴任。昭和21～22年勅選貴族院議員を務めた。

徳田 貞一　とくだ・さだかず

地質学者

明治26年（1893年）6月8日～昭和20年（1945年）5月28日

[生]鳥取県気高郡青谷町（鳥取市）　[専]構造地質学　[学]鳥取一中卒、八高〔大正2年〕卒、東京帝国大学理科大学地質学科〔大正5年〕卒 理学博士〔昭和3年〕　[歴]大正5年北海道炭礦汽船会社に入ったが、同年三井鉱山会社に転じた。以来、鉱山技師として国内をはじめ、シベリア・中国・モンゴル・朝鮮・フランス領インドシナなどアジア各地の地下資源調査に従事。傍ら、日本列島の雁行構造に関する論文を10編以上発表、和紙を使った実験は寺田寅彦に激賞された。昭和8年には太平洋学術会議から招聘され、招待講演を行った。また、中学3年の夏に単身無銭旅行を行い、11年その経験を「十一国無銭旅行記」として出版した。

徳田 秋声　とくだ・しゅうせい

小説家

明治4年（1871年）12月23日～昭和18年（1943年）11月18日

[生]石川県金沢市横山町二番丁　[名]本名＝徳田末雄　[学]四高〔明治24年〕中退　[賞]帝国芸術院会員〔昭和12年〕　[歴]明治28年上京して博文館に入り、同郷の泉鏡花の勧めで尾崎紅葉に入門。32年紅葉の推薦により読売新聞社に入社。33年「雲のゆくへ」で小説家としての地位を確立。36年紅葉の死後、自然主義へと移行、「新世帯」「黴」「爛」「あらくれ」などを発表して自然主義文学の巨匠と目された。大正15年妻の急死後、若い作家志望の山田順子と親しくなり、"順子のもの"の一連の作品を書く。以後、私小説・心境小説に手を染め、「仮装人物」は名作とされる。戦時中は軍情報局の弾圧をうけ、「縮図」は未完のまま中絶した。膨大な数の作品を残し、川端康成から"小説の名人"と評された。　[家]長男＝徳田一穂（小説家）、女婿＝寺崎浩（小説家・詩人）　[賞]菊池寛賞（第1回）〔昭和13年〕「仮装人物」

徳田 八十吉（1代目）　とくだ・やそきち

陶芸家

明治6年（1873年）2月20日～昭和31年（1956年）2月20日

[生]石川県小松市　[名]旧姓・旧名＝二木　[専]九谷焼　[歴]少年時、家業の染色業を手伝いながら、荒木探令に日本画を学んだ。義姉の嫁ぎ先の松雲堂松本左平に師事、九谷焼絵付を5年間修業。古九谷、吉田屋窯をめざして釉薬の研究を続け、深厚釉という新しい色調を出すのに成功。明治30年から各種美術展でたびたび受賞。大正～昭和にかけ、宮中、各宮家への献上品など、九谷を代表する陶芸作家となった。昭和28年無形文化財保持者。　[家]養子＝徳田百吉（2代目八十吉）、孫＝徳田八十吉（3代目）

徳田 隣斎　とくだ・りんさい

日本画家

明治13年（1880年）11月～昭和22年（1947年）

[生]京都府　[名]本名＝徳田甚太郎　[歴]前川文嶺、竹内栖鳳に師事。明治40年第1回文展に「夏山欲雨」で入選、翌年の第2回展では三等賞を受賞した。大正9年には帝展に初入選、以後8回入選。この間、京都市立絵画専門学校で後進の指導にもあたった。

徳富 蘇峰　とくとみ・そほう

評論家 新聞人 歴史家 大日本言論報国会会長

文久3年（1863年）1月25日～昭和32年（1957年）11月2日

[生]肥後国上益城郡津森村杉堂（熊本県上益城郡益城町）　[出]肥後国葦北郡水俣（熊本県水俣市）　[名]本名＝徳富猪一郎　[学]熊本洋学校卒、同志社英学校〔明治13年〕中退　[賞]帝国学士院会員〔大正14年〕（昭和21年辞退）、帝国芸術院会員〔昭和12年〕（21年辞退）　[歴]熊本洋学校に学び、14歳の最年少で熊本バンドに参加。同志社を中退して明治14年郷里熊本に自由民権を旗印に大江義塾を開く。19年に上京して「将来之日本」を刊行。20年民友社を創立し、「国民之友」を創刊、23年には「国民新聞」を発刊して平民主義を唱え、一躍ジャーナリズムのリーダーとなる。しかし、次第に国家主義的な論調に変貌しはじめ、日清戦争には国民新聞社をあげてジャーナリズム方面から協力した。日清戦後は内務省参事官になるなどして変節を非難されたが、桂内閣の論客として「国民新聞」に健筆をふるい、皇室中心の思想を唱えた。44年勅選貴族院議員、大正2年には政界を離れ、以後評論活動に力を注いだ。昭和4年経営不振から国民新聞社を退社。徳富の唱えた皇室中心の国家主義思想は十五年戦争下の言論・思想界の一中心となり、17年からは大日本言論報国会会長、日本文学報国会会長を務める。戦後はA級戦犯容疑者、公職追放の指名を受け、熱海に引き籠った。主著に「吉田松陰」「杜甫と弥耳敦」、「近世日本国民史」（全100巻）など。明治・大正・昭和3代にわたって言論界のオピニオン・リーダーとして重きをなした。　[家]父＝

とくなか   昭和人物事典 戦前期

徳富一敬（漢学者），弟＝徳冨蘆花（小説家），伯母（母方）＝竹崎順子（教育家），叔母＝矢島楫子（教育家），義兄＝湯浅治郎（キリスト教社会運動家），従兄＝横井時雄（牧師・ジャーナリスト），海老名弾正（牧師・同志社総長），女婿＝三宅驥一（植物学者）　勲文化勲章〔昭和18年〕　賞帝国学士院賞恩賜賞（第13回）〔大正12年〕「近世日本国民史」

徳永 重康　とくなが・しげやす
動物学者 早稲田大学理工学部教授
明治7年（1874年）8月～昭和15年（1940年）2月8日
生東京都　名旧姓・旧名＝吉原　学東京帝国大学理科大学動物学科〔明治33年〕卒 理学博士〔明治35年〕，工学博士〔昭和3年〕　歴東京帝国大学大学院を経て，早稲田大学理工学部教授となり，早稲田高等工業学校長，東京帝大講師などを兼務。昭和8年第一次満蒙学術調査研究団長として熱河地方に赴き，翌9年北満で人骨，石器を発掘するなど，4ヶ月にわたる総合調査を行った。11年その大報告書「第一次満蒙学術調査報告」を公刊。　家息子＝徳永康元（言語学者）　賞朝日文化賞（昭和11年度）〔昭和12年〕

徳永 直　とくなが・すなお
小説家
明治32年（1899年）1月20日～昭和33年（1958年）2月15日
生熊本県飽託郡花園村（熊本市）　学錦城学館〔大正2年〕中退　歴小学校6年で印刷工となり，印刷工場を転々とし，また熊本専売局職工，熊本電気の見習い工などもする。大正8年労働運動で検挙され，9年熊本印刷労働組合創立に参加する。10年島原時事新報社に入るが，すぐに解雇されて上京，博文館印刷所（のちの共同印刷）などに勤務し，労働運動に参加。15年の共同印刷争議に敗北するが，その体験をもとに，昭和4年「太陽のない街」を「戦旗」に発表し，ナップ系の作家としての活躍を始める。以後「能率委員会」「失業都市東京」「戦列への道」などを発表するが，8年に転向し，「冬枯れ」「はたらく一家」「八年制」などを発表。戦時中は18年「光をかかぐる人々」を刊行。戦後は新日本文学会に参加し，21年共産党に入党する。戦後の作品としては「妻よねむれ」「日本人サトウ」「静かなる山々」「草いきれ」などがある。　家長男＝徳永光一（岩手大学名誉教授），娘＝徳永街子（女優）

得能 文　とくのう・ぶん
哲学者
慶応2年（1866年）8月27日～昭和20年（1945年）2月8日
生富山県　学東京帝国大学文科大学哲学選科〔明治25年〕修了　歴四高，東洋大，日大，東京帝国大学，東京高等師範学校などの講師や教授を歴任。昭和3年刊行の「現今の哲学問題」をはじめ「哲学概論」「浅人零語」などの著書がある。

徳山 璉　とくやま・たまき
歌手 コメディアン
明治36年（1903年）7月27日～昭和17年（1942年）1月28日
生神奈川県藤沢市　学東京音楽学校声楽科〔昭和3年〕卒　歴東京音楽学校声楽科に学び，四家文子と同期。はじめバリトン歌手として御前演奏に出演。卒業後，武蔵野音楽学校教授となり，渡辺はま子，中野忠晴，松平晃らの歌手を育てた。昭和6年日本ビクターに入社，流行歌「叩け太鼓」でデビュー。同年「侍ニッポン」「ルンペン節」が大ヒット。7年「満州行進曲」「天国に結ぶ恋」，9年「さくら音頭」，15年「隣組」（国民ラジオ歌謡）などレコード歌手として活躍。一方バリトン歌手として藤原義江のオペラ，近衛秀麿指揮の新交響楽団にも出演。さらに古川緑波とコンビの軽演劇にも出た。　家息子＝徳山陽（ジャズピアニスト）

戸倉 ハル　とくら・はる
女子体育指導者 東京女子高等師範学校教授
明治29年（1896年）11月9日～昭和43年（1968年）9月16日
生香川県那珂郡南村（丸亀市）　学東京女子高等師範学校（現・お茶の水女子大学）〔大正13年〕卒　歴ダンス指導の第一人者。東京女子高等師範学校教授，お茶の水女子大学教授を経て，日本女子体育大学教授。ダンスの研究指導に専念し，戦時下，学校におけるダンス廃止論が起こった時堂々と所信を述べて廃止論を退けたことは有名。著書に「うたとあそび」「学校ダンス創作集」などがある。

戸栗 郁子　とぐり・いくこ
東京ローズと呼ばれた第二次大戦中の日系2世アナウンサー
大正5年（1916年）7月4日～平成18年（2006年）9月26日
生米国カリフォルニア州ロサンゼルス　学カリフォルニア大学生物学科卒，カリフォルニア大学大学院生物学専攻博士課程　歴本名はアイバ・イクコ・トグリで，日系1世の両親は雑貨商を営む。昭和16年7月祖母の病気見舞いのため米国から来日したが，太平洋戦争開戦で帰国出来なくなり，生活のためやむなく東京放送（NHK国際局）に勤務，アナウンサーの訓練を受ける。英語力を見込まれて，18年11月から日本が米国前線向けに流していたラジオ宣伝放送「ゼロ・アワー」のアナウンスを担当，米軍兵士には“東京ローズ”の愛称で親しまれた。20年7月同盟通信社勤務のP.J.ダキノと結婚してポルトガル国籍に。日本敗戦後，複数いたとされる“東京ローズ”の中でただ一人名のり出て連合国軍に逮捕され，23年米国に送還された。その後，反逆罪で起訴され，24年連邦裁で禁錮10年，罰金1万ドル，米国市民権剥奪の判決を受けた。ウエストバージニア州のアルデソン女囚刑務所に服役中は医学者として病気の囚人の介護にあたり，“アルデソンの聖女”と呼ばれた。29年仮釈放，32年に監視期間終了，以後はシカゴで父と暮らした。52年フォード米国大統領による特赦で市民権を回復した。

床次 竹二郎　とこなみ・たけじろう
衆議院議員 鉄道相 通信相
慶応2年（1866年）12月1日～昭和10年（1935年）9月8日
生薩摩国鹿児島（鹿児島県鹿児島市）　学帝国大学政治科〔明治23年〕卒　歴徳島県・秋田県知事を経て，内務官僚の出世コースを歩み，明治44年西園寺内閣の原敬内相の次官に就任，大正2年には鉄道院総裁となった。同年政友会入りし，現職官吏の入党として話題に。翌3年には衆議院議員に当選（以後通算8回）。この間7年原内閣，次いで高橋内閣の内相となり折からの社会運動の高揚に対抗した。原の死後は政権志向を強め，なりふりかまわず政界を遊泳したが，結局は失敗。13年に清浦内閣を支持して政友会を割り政友本党を結成して総裁に就任，のち憲政会と合流して民政党を発足させたが，翌年脱党，新党の画策も思うにまかせず，昭和4年政友会に復帰し顧問。6年犬養内閣の鉄道相，さらに9年には党議に反して岡田内閣の通信相となったため政友会を除名され，通信相在任のまま急逝した。　家二男＝床次徳二（衆議院議員・徳島県知事）

所 貞一郎　ところ・ていいちろう
文雅堂創業者
明治20年（1887年）9月21日～昭和44年（1969年）1月1日
生大阪府大阪市豊後町　歴明治36年独立して小さな書籍雑誌店を開く。大正2年事業の発展と共に東区内淡路町に移転。昭和4年大阪書籍雑誌商組合総会で対立する小売組合を破り，以後推されて大阪書籍雑誌商組合副組合長となる。なお弟・国松，栄太郎の2人は東京において書籍雑誌商文雅堂を経営した。　家弟＝所国松（文雅堂主人）

戸坂 潤　とさか・じゅん
哲学者 評論家

明治33年（1900年）9月27日〜昭和20年（1945年）8月9日
生東京市神田区松下町（東京都千代田区）　学京都帝国大学文学部哲学科〔大正13年〕卒　歴一高理科から京都帝国大学哲学科に進学、西田幾多郎、田辺元のもとで数理哲学を専攻。昭和4年大谷大教授となり、「科学方法論」を出版。この頃からマルクス主義の影響下に入り、5年共産党員田中清玄をかくまって検挙される。6年法政大講師となり、7年岡邦雄、三枝博音らと唯物論研究会を創設。委員長として13年の解散に至るまで「唯物論研究」の刊行をはじめ、多岐にわたる研究・批評を展開。特に「日本イデオロギー論」（10年）では日本ファシズムの本質を解析、治安維持法下での究極の抵抗を試みた。唯研の代表としての責を問われ13年に再検挙、19年懲役3年の刑で東京拘置所へ下獄し、20年8月9日悪条件の長野刑務所で獄死。その著作は「戸坂潤全集」（全5巻・別巻1、勁草書房）にまとめられている。

登坂 良作　とさか・りょうさく
弁護士　衆議院議員
明治24年（1891年）1月〜昭和57年（1982年）11月11日
出北海道　学東京帝国大学英法科卒　歴戦前、衆議院議員に2回当選、政友会に所属した。昭和17〜21年函館市長を1期。

戸沢 民十郎　とざわ・たみじゅうろう
弁護士　衆議院議員
明治11年（1878年）5月〜昭和27年（1952年）9月23日
生香川県小豆郡安田村（小豆島町）　学東京帝国大学法学部独法学科〔明治42年〕卒　歴弁護士を営む。高松市議、香川県議を経て、大正13年から衆議院議員に連続5回当選。民政党に所属し、第二次若槻内閣司法政務参与官、南満州太興理事、日支合弁天図鉄道公司総弁を歴任する。

利岡 中和　としおか・ちゅうわ
キリスト教伝道者
明治21年（1888年）5月15日〜昭和48年（1973年）10月11日
生高知県高岡郡上ノ加江村（中土佐町）　学陸軍経理学校〔大正6年〕卒、東京帝国大学経済学部　歴明治38年大阪の川口基督教会で洗礼を受け、日本聖公会信徒となる。大正6年に陸軍経理学校を卒業後、陸軍依託学生として東京帝国大学経済学部に入学。在学中、日本救世軍の山室軍平の講演に感銘を受け、9年陸軍主計大尉で軍を退いて伝道活動を開始。10年には伝道や集会の場として東京淀橋の丸ビル内に汁粉屋を開業した。12年「コルネリオ通信」を創刊、さらに13年にはコルネリオ会を創設し、軍人に対するキリスト教伝道に尽力。昭和16年に利岡の兵役応召によって同会機関誌は休刊するが、同会の軍人伝道は軍人義会の協力を得て着実な成果を上げ、戦後のキリスト教自衛官幹部会に受け継がれていく。「利岡中和遺稿集」がある。

利光 鶴松　としみつ・つるまつ
実業家　小田急電鉄創業者　衆議院議員
文久3年（1863年）12月31日〜昭和20年（1945年）7月4日
生豊後国大分郡植田村（大分県大分市）　学明治法律学校（現・明治大学）卒　歴明治20年代言人試験に首位合格して神田猿楽町に代言人事務所を開設。31年には衆議院議員となり（2期）、同年憲政党の結成に際して幹事に挙げられた。33年立憲政友会結党に参加。この間、雨宮敬次郎らとともに32年東京市街鉄道を創立。のち実業界での活動に主軸を移すようになり、38年東京市街鉄道取締役を経て、39年同社と東京電気鉄道、東京電車鉄道を合併させて東京鉄道会社（東京都電の前身）を設立した。また、日光で鉱山開発に当たったのがきっかけで、43年鬼怒川水力電気を創業して同社長。44年東京鉄道会社を東京市の市有に移管させ、その精算人会長として後始末に奔走した。同年京成電車会長。大正9年地下鉄の敷設を目論んで東

京高速鉄道を設立し、高架地下併用式電気鉄道を併願したが、土砂の廃棄先が決まらず断念。代わりに東京から厚木を経て、小田原方面に至る鉄道の敷設を画策し、12年小田原急行鉄道を創立、社長となり、昭和2年新宿〜小田原間の本線を全線開通させ、さらに4年には江ノ島線を開通させた。8年からは中国・山東省で金山開発に乗り出し、15年には帝都電鉄、鬼怒川水力を合併、小田急電鉄株式会社に改組して社長となったが、戦争の勃発に伴う中国での金山経営の行き詰まりから、16年社長職を五島慶太に譲り退任した。　家娘＝伊東静江（教育家）

戸田 海笛　とだ・かいてき
彫刻家　日本画家
明治21年（1888年）〜昭和6年（1931年）3月25日
生鳥取県会見郡両三柳村（米子市）　名本名＝戸田久輝　歴米子中中退　歴少年時代から芸術を志したが家人の反対に遭い、家出・放浪を繰り返した。明治42年上京して米原雲海に入門、大正4年文展に初入選。以来、続けて入選した。12年彫刻研究のためフランスへ留学。四条派の絵画にも優れ、彫刻の傍らパリのサロン・ナショナルの会員に推挙された。羽織袴でパリを闊歩して名物男として知られたが、昭和6年同地で客死した。渡仏直前に千住・勝専寺に住職を訪ね、自らの小指を断ちガラス瓶にアルコール漬けにして自作の法名・温玉院龍誉文輝海笛居士と共に預け酒宴を張って出発したという。のち同寺に小指碑が建立された。

戸田 定代　とだ・さだよ
テニス選手
明治39年（1905年）〜平成4年（1992年）3月17日
出愛媛県松山市　歴大正14年の第7回マニラ極東大会に出場、テニスの女子選手の初の海外遠征を経験、全日本選手権では昭和3、11年の2回優勝するなど日本の女子テニス選手の草分け的存在。

戸田 三郎　とだ・さぶろう
哲学者
明治34年（1901年）5月1日〜昭和12年（1937年）6月24日
生広島県　学東京帝国大学法学部独逸法学科〔大正12年〕卒、京都帝国大学文学部哲学科〔大正15年〕卒　歴東洋大学ドイツ語講師、東京電燈社員を経て、著述業に専念。論文に「ディルタイ著『哲学の本質』の邦訳に就いての質疑」（「哲学研究」）、「懐疑と信仰」（同）、訳書にディルタイ「哲学とは何か」、ニーチェ「人間的あまりに人間的」など。

戸田 帯刀　とだ・たてわき
カトリック神父
生年不詳〜昭和20年（1945年）8月18日
出山梨県　学ウルバノ神学大学卒　歴司祭を志し、カトリック受礼後の大正12年、ローマのウルバノ神学大に留学、昭和3年帰国した。16年2月、札幌光星学園の創立者ヴェンセスラウス・キノルド司教の後任として、東京からカトリック札幌教区長兼光星学園理事長に。戦争のまっただなかで軍国主義に抵抗、留学で身につけた国際的視野から、学校関係者に平和の大切さを訴えた。しかし、それらの言動で「戦争非協力者」とされ、17年3月警察によって逮捕。3ケ月後無罪となり、19年10月横浜に移る。横浜教区長として戦争直後の20年8月16日、戦時中軍部に接収されていた横浜山手教会と教区会館の返却を強く求めたが、受け入れられず18日射殺死体で発見された。家甥＝戸田寿一（セコム創業者）

戸田 貞三　とだ・ていぞう
社会学者　東京帝国大学文学部教授
明治20年（1887年）3月6日〜昭和30年（1955年）7月31日

〔生〕兵庫県朝来郡 〔学〕東京帝国大学文科大学哲学科〔明治45年〕卒 文学博士〔昭和13年〕 〔歴〕富山薬学専門学校講師、大正8年大原社会問題研究所員、9年東京帝国大学文学部講師、欧米留学。11年帰国して助教授、昭和4年教授、文学部長を務め22年退官、名誉教授。23年東京家政学院長。社会教育連合会会長、総理府世論調査審議委員長を務め、28年東洋大学教授、29年社団法人中央調査社会長。また15年から日本社会学会会長として、社会学を社会哲学から分離し社会科学として確立、日本社会学の発展に貢献した。著書に「社会調査」「家族の研究」「家族と婚姻」「家族構成」などがある。 〔家〕兄＝戸田正三（衛生学者）

戸田 由美 とだ・よしみ
衆議院議員
明治19年（1886年）6月～昭和40年（1965年）7月23日
〔出〕長野県 〔学〕慶応義塾大学理財科〔明治43年〕卒 〔歴〕南信毎日新聞社専務兼主筆、南信緬糸紡績専務、信産館製糸取締役を歴任する。内閣総理大臣秘書官を務め、大正13年から衆議院に4回当選。国民同盟に所属。満鮮蒙古方面視察のため派遣される。また大宮市長も務めた。

栃木山 守也 とちぎやま・もりや
力士
明治25年（1892年）2月5日～昭和34年（1959年）10月3日
〔生〕栃木県下都賀郡藤岡町（栃木市） 〔名〕本名＝中田守也、旧姓・旧名＝横田、年寄名＝春日野 〔歴〕明治43年出羽海部屋に入門し、44年2月場所で初土俵。大正3年1月場所で新十両、4年1月場所で新入幕を果たす。6年1月場所後に大関に昇進し、大関で2場所連続優勝して、7年1月場所後に第27代横綱となった。身長173センチ、体重103キロで当時としてもそれほど大きくないが、双はずしの押し相撲、堅実な取り口を武器に、横綱を15場所務めた。3場所連続優勝直後の14年5月場所初日の2日前に突然引退した。幕内在位22場所、幕内成績は166勝23敗7分4預24休。優勝9回の中には5場所連続がある。引退後は春日野部屋を経営、日本相撲協会取締役を務め、2人の横綱と大関、関脇を育成。一方、引退7年後の昭和6年の第1回大日本相撲選手権時の横綱玉錦、関脇天竜を現役力士を連破して優勝し、話題を投げた。

戸塚 九一郎 とつか・くいちろう
内務省九州地方総監
明治24年（1891年）3月27日～昭和48年（1973年）10月13日
〔生〕静岡県小笠郡掛川町（掛川市） 〔学〕掛川中学、一高卒、東京帝国大学法科大学独法科〔大正6年〕卒 〔歴〕父・祖父ともに静岡県掛川町長を務めた。大正6年内務省に入省。昭和2年警視庁衛生部長、4年兵庫県、5年京都府の学務部長、6年大分県警察部長、同年兵庫県、7年福岡県の内務部長を経て、9年徳島県知事、11年山口県知事、14年4月宮城県知事、9月北海道庁長官、19年福岡県知事を歴任。20年九州地方総監。戦後は22年公職追放に遭い、26年解除。27年衆議院選挙静岡1区に自由党から立候補して当選、連続3期務めた。同年第四次吉田内閣の労相となり、28年建設相、北海道開発庁長官を兼務。同年第五次吉田内閣でも建設相兼北海道開発長官として留任した。 〔家〕長男＝戸塚康一郎（クラレ専務）、二男＝戸塚陽式（テレビ静岡社長）、岳父＝和田潤（沖縄県知事）、甥＝戸塚進也（衆議院議員）

戸塚 文卿 とつか・ぶんけい
カトリック司祭 医師 著述家
明治25年（1892年）2月11日～昭和14年（1939年）8月17日
〔生〕神奈川県横須賀 〔学〕東京帝国大学医科大学〔大正5年〕卒 〔歴〕一高時代に受洗。大正10年北海道帝国大学助教授、同年パリのパスツール研究所に留学、13年サン・スルピス神学校で

司祭に叙階され帰国。聖ヨハネ汎愛病院の経営と診療の傍ら著述。昭和5年月刊誌「カトリック」編集長、「カトリック新聞」社長。6年国際聖母病院初代院長、10年九十九里浜に海上寮病院を開設、14年東京小金井に桜町病院を設立。司祭、医師、著述家として活躍した。著書に「戸塚文卿著作集」（全5巻、中央出版社）がある。 〔家〕父＝戸塚環海（海軍軍医総監）

戸塚 道太郎 とつか・みちたろう
海軍中将
明治23年（1890年）4月21日～昭和41年（1966年）3月6日
〔生〕東京都 〔学〕海兵（第38期）〔明治43年〕卒、海大〔大正11年〕卒 〔歴〕膠州航海長、第3艦隊参謀から対馬、児島、平戸、大井、木曽、磐手の各航海長を歴任。昭和8年以降、軍令部第二部第三課長、那智艦長を経て、11年館山海軍航空隊司令となり、航海畑から航空へ転じた。日中戦争開始以後は第一連合航空隊司令官、横須賀航空司令、第二、第一航空戦隊の各司令官として戦闘指導にあたった。太平洋戦争期には第十一連合航空隊司令、第六航空艦隊長官・北東方面艦隊長官兼第十二航空艦隊長官、航空本部長として航空戦の指導にあたった。のち横須賀鎮守府長官を経て、20年予備役となった。

鳥取 春陽 とっとり・しゅんよう
作曲家 演歌師
明治33年（1900年）12月16日～昭和7年（1932年）1月16日
〔生〕岩手県下閉伊郡刈屋村（宮古市） 〔名〕本名＝鳥取貫一、別名＝奈良貫一、鳥羽貫一 〔学〕高小卒 〔歴〕14歳で上京。演歌師となり、大正6年初めて作った曲に歌詞を付けてもらうために添田唖蟬坊のもとを訪ね、唖蟬坊の長男・添田さつき（知道）が歌詞を書いた「みどり節」が処女作となる。その後、「ピエロの唄」「浮草の旅（シーハイルの歌）」「馬賊の唄」「復興節」など次々と流行歌を書き、中でも11年頃に作られた「籠の鳥」は映画化されて大当たりとなり、主題歌として大流行した。13年頃大阪に拠点を移し、"東の添田さつき、西の鳥取春陽"と並び称された。15年には日本蓄音器商会（コロムビア・レコード）の子会社であるオリエントレコードと専属契約を結び、これは我が国最初の専属作曲家第1号とされる。昭和初期に入ると、新民謡や正岡容の作詞による行進曲もの、カフェー歌謡などの流行歌を次々と書き、「ストリートガール」「望郷の歌」でいち早くジャズの手法を導入。自作自演の演歌師から流行歌の作曲家へと移行した先駆者であり、また、その音楽的才能から作詞・作曲・歌・演奏の全てをこなせるシンガー・ソングライターの嚆矢として、昭和初期の歌謡界を代表する作家の一人となった。昭和5年にはそれまでの活動の集大成といえる楽譜集「モダン流行小唄集」を出版、同年には「思い直して頂戴な」もヒット。大阪から上京して東京を舞台に活躍しようとした矢先、7年結核のため31歳で病没した。

十時 弥 ととき・わたる
教育家 社会学者 五高校長
明治7年（1874年）6月6日～昭和15年（1940年）4月29日
〔生〕福岡県 〔学〕東京帝国大学文科大学哲学科〔明治32年〕卒 〔歴〕学習院、三高各教授、広島高校校長を経て、昭和7年五高校長となった。

都鳥 英喜 ととり・えいき
洋画家
明治6年（1873年）11月26日～昭和18年（1943年）11月12日
〔生〕千葉県印旛郡佐倉町 〔歴〕洋画家でいとこの浅井忠に師事。明治美術会に出品して認められ、明治23年通常会員となる。日清戦争に従軍したのち東京時事新報社で美術記事や報道画を担当。太平洋画会結成に参加し、35年京都高等工芸学校教授となった浅井に従い同校講師として東京から京都に移住。36年聖護院洋画研究所で指導にあたる。以後関西美術会、関西

美術院で活躍。一方太平洋画会、文展、帝展、新文展でも無鑑査となった。大正8〜10年渡欧、昭和5年京都高等工芸学校教授となり、16年退官。印象派風の風景画で知られる。 家 いとこ＝浅井忠（洋画家）

等々力 巳吉　とどりき・みよし
洋画家
明治26年（1893年）〜昭和34年（1959年）
生 長野県南安曇郡柏原村（安曇野市） 学 高小卒 歴 松本女子職業学校（現・松本美須々ヶ丘高校）の教師を務めていたが、昭和3年退職しパリに留学。ダゲールなどに師事、この時から好んで裸婦像を描く。12年従軍画家として満州や北京を回り、兵士達や従軍看護婦の姿、風景などを描き、日本国内の新聞に発表した。他の作品に油彩「髪の毛を持つ裸婦」「槍ヶ岳遠望」などがある。平成13年二女が長野県・穂高町柏原の自宅で代表作約10点を公開展示する。

刀祢館 正雄　とねだち・まさお
大阪朝日新聞取締役
明治21年（1888年）4月20日〜昭和18年（1943年）1月27日
生 三重県 学 神戸高等商業学校〔明治43年〕卒 歴 川崎銀行預金課長、勝田造船営業課長を経て、大正12年同窓後輩の石井光次郎（朝日新聞営業部長）に請われ東京朝日新聞社に入社、関東大震災後の販売部門建て直しに奮闘。大阪朝日新聞社営業局長を経て、昭和14年取締役、次いで常任監査役となった。著書に「新聞経営研究」「朝日精神私論」、歌集「旅」「故郷」などがある。

外村 繁　とのむら・しげる
小説家
明治35年（1902年）12月23日〜昭和36年（1961年）7月28日
生 滋賀県神崎郡南五個荘村大字金堂（東近江市） 名 本名＝外村茂 学 東京帝国大学経済学部〔昭和2年〕卒 歴 江戸時代から続く近江商人の旧家に育つ。三高時代、文芸部の委員となり、梶井基次郎、中谷孝雄らを知る。東京帝国大学在学中の大正14年、梶井、中谷らと「青空」を創刊し「母の子等」を発表。昭和11年江州商人の世界を書いた「草筏」が第1回芥川賞候補作品となり、13年同作品で池谷信三郎賞を受賞。「草筏」は長編3部作で、第2部「筏」は31年野間文芸賞を受賞、第3部「花筏」は33年に刊行された。また35年には「澪標」で読売文学賞を受賞した。地味な私小説作家であるが、他に「夢幻泡影」「最上川」「落日の光景」「濡れにぞ濡れし」などの作品がある。平成10年生家の蔵を利用した外村繁文学館が開館。 賞 池谷信三郎賞（第5回）〔昭和13年〕「草筏」

登張 竹風　とばり・ちくふう
ドイツ文学者 評論家 随筆家 二高教授
明治6年（1873年）10月2日〜昭和30年（1955年）1月6日
生 広島県能美島 名 本名＝登張信一郎 学 東京帝国大学〔明治30年〕卒 歴 山口高校、東京高等師範学校教授を歴任し、高山樗牛とともにニーチェ主義を唱えたが、その超人論が危険思想と見られたため、高師教授を辞職。「やまと新聞」記者、「新小説」同人を経て、明治43年二高教授に就任後はドイツ語学に専念し、昭和2年退官まで名物教授として勤めた。著書に「ニーチェと詩人」「大独日辞典」など。訳書にニーチェ「ツァラトゥストラ如是経序品」、ハウプトマン「沈鐘」（泉鏡花と共訳）などがある。 家 二男＝登張正実（ドイツ文学者）

土肥 米之　どひ・よねゆき
愛媛県知事
明治31年（1898年）3月20日〜平成2年（1990年）7月24日
生 広島県 学 東京帝国大学法学部〔大正11年〕卒 歴 昭和17年1月から18年6月まで鳥取県知事、20年4月から同年10月まで愛媛県知事に任命された。

飛島 文吉　とびしま・ぶんきち
飛島組創立者 貴族院議員（多額納税）
明治9年（1876年）11月30日〜昭和14年（1939年）3月10日
生 福井県 学 豊島小尋常科〔明治20年〕卒 歴 明治21年家業の石工職に就く。22年父文次郎が土木請負業を専業として飛島組を設立、28年より石工職を辞め、父と共に土木請負業に従事。大正5年社長に就任し、8年北海道鉄道工事、11年長野県の高瀬川水力発電工事などを請負い、社業を軌道にのせた。昭和5年日本電気社長。7年多額納税の貴族院議員となったが、11年選挙違反で起訴され辞任。 家 息子＝飛島斉（飛島建設社長）

飛田 穂洲　とびた・すいしゅう
野球評論家 早稲田大学野球部初代監督
明治19年（1886年）12月1日〜昭和40年（1965年）1月26日
生 茨城県東茨城郡大場村（水戸市） 名 本名＝飛田忠順 学 水戸中（現・水戸一高）卒、早稲田大学法科〔大正2年〕卒 歴 水戸中（現・水戸一高）から早大へ進み、二塁手として活躍。大正7年読売新聞に入社。8年から早大野球部監督を務め、14年に36戦全勝の記録を樹立。15年朝日新聞嘱託となり、終生、甲子園の中等野球（現在の高校野球）と神宮球場の大学野球観戦記に健筆をふるい "学生野球の父" と呼ばれる。早大教授、郷里の大場村村長などを歴任。評論家としての活動を続け、昭和35年野球殿堂入りした。著書に「熱球三十年」「球道半生記」などのほか、「飛田穂洲全集」（全6巻）がある。 家 二男＝飛田忠英（東大野球部主将）

戸部 良祐　とべ・りょうすけ
衆議院議員
明治8年（1875年）7月〜昭和9年（1934年）12月19日
生 石川県鹿島郡鹿西町（中能登町） 学 陸軍教導団歩兵科〔明治33年〕卒、明治法律学校 歴 四高助教授、石川県議などを経て、昭和5年衆議院議員に当選。1期務めた。民政党に所属した。 家 息子＝戸部新十郎（作家）

富岡 犀川　とみおか・さいせん
俳人
明治12年（1879年）9月18日〜昭和34年（1959年）10月26日
生 長野県戸隠 名 本名＝富岡朝太 学 長野師範卒、広島高等師範学校卒 歴 滋賀、鹿児島、富山の師範学校教師、青島中学校を経て、昭和3年大阪市視学。俳句は高浜虚子に師事、4年「かつらぎ」創刊に参加、16年から編集を担当。動植物の季題解説「花鳥」、句集「戸隠」、妻砧女との夫婦句集「琴瑟」などがある。専攻が博物学で、世界的な珍草戸隠升麻を発見、大正天皇の東宮時代、台覧に供した。

富岡 定俊　とみおか・さだとし
海軍少将 男爵
明治30年（1897年）3月8日〜昭和45年（1970年）12月7日
生 長野県 学 海兵（第45期）〔大正6年〕卒、海大（第27期）〔昭和4年〕卒 歴 男爵である富岡定恭海軍中将の長男で、大正6年襲爵。7年海軍少尉に任官。主として軍令畑を歩いたが、18年連合艦隊最後の旗艦となった軽巡洋艦「大淀」艦長となる。同年海軍少将。19年12月から豊田副武総長・大西滝次郎次長の下で終戦まで軍令第一部長を務めた。戦後は第二復員省史実部長の後、史料調査会を設立して理事長となり、海軍史資料の収集・保存・研究に努める一方、海上自衛隊の創設に尽力している。著書に「開戦と終戦」など。 家 父＝富岡定恭（海軍中将）

とみかわ　　　　　　　　　昭和人物事典 戦前期

富川 盛武　とみかわ・せいぶ
剣道家
明治28年(1895年)3月19日～昭和13年(1938年)10月1日
[生]沖縄県島尻郡与那原町　[学]沖縄県立第一中(現・首里高)〔大正4年〕卒、大日本武徳会武専剣道科〔大正7年〕卒　[歴]武専卒業後、膳所中学、長崎中学の教師を歴任。大正9年熊本23連隊に入隊。除隊後今津中学(滋賀県)教師。15年沖縄に戻り女子師範学校、県立一高等女学校の教師を経て、昭和2年沖縄県立第二中学校剣道教師に。8年教士、13年6段に昇段。日支事変勃発のため、13年5月召集され、10月蘆山附近で戦死を遂げた。剣道7段を追贈、沖縄剣道界の灯台とたたえられ、胸像が武徳殿にかざられている。

富崎 春昇　とみざき・しゅんしょう
地唄箏曲家
明治13年(1880年)9月12日～昭和33年(1958年)2月2日
[生]大阪府　[名]本名＝吉倉助次郎、前名＝富吉春琴　[賞]日本芸術院会員〔昭和23年〕、重要無形文化財保持者(地歌)〔昭和30年〕　[歴]祖父は文楽人形遣い・吉田玉造、父は同じく玉助。幼時に失明し、明治22年8歳で富崎宗順に入門、生田流箏曲を学ぶ。18歳で内弟子となって富吉春琴を許され、30年継山流箏組歌、32年野川流三弦本手の伝授を受ける。37年宗順の死去に伴い、富筋として2代目富崎を継ぎ、39年富崎春昇を名のる。大正6年東京の有楽座で地歌名曲独演会を催して好評を博し、居を大阪から東京に移した。その後、温心会を主宰し、昭和5年笹川臨風の古典鑑賞会に出演、15年の日本三曲協会創立とともに副会長に就任。古典の継承とともに新作にも意をそそぎ、作曲に「春の江の島」「楠昔噺」「蓬生」「吉野太夫」などがある。30年人間国宝、32年文化功労者。　[妻]妻＝富崎美喜(地唄箏曲家)、娘＝富崎冨美代(地唄箏曲家)、父＝吉田玉助(文楽人形遣い)、祖父＝吉田玉造(文楽人形遣い)　[賞]文化功労者〔昭和32年〕

富崎 美喜　とみざき・みき
地唄箏曲家
明治20年(1887年)～昭和14年(1939年)11月22日
[生]大阪府大阪市船場　[名]初名＝菊美喜　[歴]10歳で菊塚与市に師事。大正6年地唄箏曲家の富崎春昇と結婚。7年以降は東京に住み、春昇と名コンビを謳われた。　[家]夫＝富崎春昇(地唄箏曲家)

富沢 有為男　とみさわ・ういお
画家 小説家
明治35年(1902年)3月29日～昭和45年(1970年)1月15日
[生]大分県大分市　[学]東京美術学校西洋画科中退　[歴]岡田三郎助に師事。大正9年新愛知新聞入社。昭和2年渡仏、4年帰国。10年帝展初入選。井伏鱒二らと親しくなり、佐藤春夫に知遇される。11年美術誌「東陽」に「地中海」を発表し、第4回芥川賞受賞。12年「地中海・法廷」、13年武漢作戦従軍記「中支戦線」を中央公論に発表、以後右傾化。14年尾崎士郎らと「文芸日本」を創刊。戦後「俠骨一代」が高倉健主演で映画化された。他の作品に長編「白い壁画」、作品集に「法律の轍」「ふるさと」「富沢有為男選集」(集団形星刊)、評論集「芸術論」がある。　[家]息子＝冨沢暉(陸将)　[賞]芥川賞(第4回)〔昭和11年〕「地中海」

富田 愛次郎　とみた・あいじろう
広島県知事
明治18年(1885年)12月～昭和29年(1954年)11月3日
[生]愛知県　[学]京都帝国大学独法科〔大正2年〕卒　[歴]内務省社会局労働部長、社会部長、中央職業紹介事務局長を経て、昭和10年三重県知事、12年広島県知事。

富田 毅郎　とみた・ぎろう
バスケットボール選手
明治37年(1904年)～昭和60年(1985年)12月6日
[生]高知県　[学]早稲田大学理工学部卒　[歴]在学中、最初の米国遠征早大バスケットボールチーム主将として活躍した。昭和5年大日本バスケットボール協会(現・日本バスケットボール協会)の創設に尽力し、22年の改組後は初代理事長などを務めた。

富田 熊作　とみた・くまさく
美術商
明治5年(1872年)～昭和28年(1953年)5月
[生]兵庫県川辺郡中谷村(猪名川町)　[歴]酒造業を営む家に生まれる。小学校卒業後明治30年神戸の貿易会社員として渡英。36年大阪の老舗の古美術商・山中商会に入社。大正11年50歳で退社するまでロンドン支店長を務めた。同年帰国後京都市内で美術商を始める。13年スイスの実業家で美術品収集家アルフレッド・バウアーの来日時案内役を務めたことをきっかけにバウアーの信頼を得て、優れた鑑識眼と収集手腕で1930年代にかけ中国陶磁の名品を買い集めた。さらにバウアーと並びヨーロッパの2大中国陶磁器コレクションを作ったパーシィバル・ディヴットの収集も手伝った。　[家]養子＝富田健治(内閣書記官長)

冨田 渓仙　とみた・けいせん
日本画家
明治12年(1879年)12月9日～昭和11年(1936年)7月6日
[生]福岡県福岡市博多区下川端町　[名]本名＝冨田鎮五郎、別号＝久鼓庵、久鼓山人、渓山人　[歴]明治24年頃より衣笠探谷に狩野派を学んだ後、29年17歳の時、京都に出て四条派の都路華香に入門、のち富岡鉄斎に指導をうけた。35年第8回新古美術展に「蒙古襲来」を出品、奇抜さと荒っぽさで京都画壇に躍り出た。大正元年「鵜船」で第6回文展に初入選、横山大観に認められて3年より再興・院展に出品、4年日本美術院同人となった。7年第5回院展に出品した「南泉散猫狗子仏性」の六曲一双は高い評価を受けた。次いで「嵯峨八景」「列仙伝」「幻化」「紙漉き」など、人物、風景、仏画、仏典、花鳥画へ筆を進め「御室の桜」(昭8年)の名作を生み、晩年には万葉に取り組んだ。昭和10年帝国美術院会員となるが、翌年6月辞退。死の5ケ月前帝展に発表した「万葉春秋」が最後の作品となった。他に「宇治川之巻」「風神雷神」「伝書鳩」「嵐峡兩麗」などがある。また俳人・河東碧梧桐らと交友があり、俳誌「土」の表紙絵を20年間担当した。

富田 健治　とみた・けんじ
内閣書記官長 貴族院議員(勅選)
明治30年(1897年)11月1日～昭和52年(1977年)3月23日
[生]兵庫県　[学]京都帝国大学政治科〔大正10年〕卒　[歴]内務省に入り、大阪府警察部長、内務省警保局長、長野県知事を歴任。その後第二次、第三次近衛内閣の書記官長を務め、近衛の退陣から戦後の自殺まで、その側近として終始した。この間、昭和16年には貴族院議員に勅選され、戦後は追放解除後の27年に衆議院議員となってからは自由党、のち自民党に属して当選4回。著書に「敗戦日本の内幕」がある。　[家]養父＝富田熊作(美術商)

富田 敦純　とみた・こうじゅん
僧侶 真言宗豊山派管長
明治8年(1875年)5月2日～昭和30年(1955年)7月29日
[生]長野県水内郡水内村(長野市)　[名]旧姓・旧名＝松尾　[学]哲学館(現・東洋大学)〔明治30年〕卒、真言宗新義派大学林卒　[歴]明治15年長野県更府村長勝寺の富田容純の徒弟となる。35年哲学館の卒論を「新義真言宗史綱」として出版。44年真言

534

宗豊山派宗務長、同派集議などを経て、昭和7年同派管長となり、大僧正。大正3年から東京中野宝仙寺住職。一方9年豊山大学長となり、15年同大と大正大学合同で、大正大学教授となった。のち感応幼稚園、中野高等女学校を設立、昭和26年宝仙学園短期大学長に就任。著書に「秘密辞林」「密教百話」など。

富田 幸次郎　とみた・こうじろう

衆議院議長 ジャーナリスト 高知新聞社長・主筆
明治5年（1872年）11月1日〜昭和13年（1938年）3月23日
[生]高知県安芸郡川北村　[名]俳号＝双川　[学]芸陽学舎〔明治22年〕卒　[歴]板垣退助の自由民権運動に参加、高知で「土陽新聞」主筆、次いで「高知新聞」を創刊、社長兼主筆となる。明治41年以来高知県から衆議院議員当選10回、憲政会幹事長、民政党総務、同幹事長を務めた。昭和6年臨時行財政審議会委員。同年第二次若槻礼次郎内閣の危機に、安達謙蔵らと政・民協力内閣工作に参画。8年復党し、常任顧問。12年以来没するまで衆議院議長を務めた。その間帝国通信社、日本高速度鋼、日本紡織機各社長。また教科書調査会、選挙革正審議会各委員を務めた。

富田 繁蔵　とみた・しげぞう

労働運動家 全日本労働組合総同盟副中央委員
明治33年（1900年）3月〜昭和21年（1946年）12月27日
[生]山形県山形市旅籠町　[学]東京工学校電気科〔大正9年〕卒　[歴]東京芝浦製作所に入社し、友愛会に参加。10年芝浦労働組合創立委員、社会主義団体ヴァガボンド社結成。雑誌「自由人」の編集などに関わる。関東大震災の被災で解雇されたのちは人夫などをしながら、被解雇者で電機労働組合を結成。大正13年関東労働組合連合会主事、昭和11年社会大衆党全国委員、14年全日本労働組合総同盟副中央委員などを歴任。

富田 千代　とみた・ちよ

社会事業家 更生会病院創立者
明治23年（1890年）8月25日〜昭和17年（1942年）4月
[生]福井県坂井町　[歴]富田病院院長・富田敦貴と結婚。障害をもった子どもを育てる苦悩から、夫とともに精神病院、結核療養所の建設運動を始める。昭和5年夫が急逝した後も運動を進めて、6年更生会病院を、7年には平岡脳病院を開設した。精神衛生の啓蒙運動に携わるなど、人間愛に満ちた社会福祉事業家として活躍した。

富田 常雄　とみた・つねお

小説家
明治37年（1904年）1月1日〜昭和42年（1967年）10月16日
[生]東京市小石川区富坂（東京都文京区）　[名]筆名＝伊皿木恒夫、日夏恒夫　[学]明治大学商学部〔昭和2年〕卒　[歴]明大卒業後、劇団心座の文芸部に参加し、多くの作品を脚色し、また「U9号」などを発表。昭和5年頃から少年雑誌に「トンカツ大将」などの読物小説を書く。17年に書いた「姿三四郎」が大ベストセラーとなり、翌18年黒沢明により映画化された。24年「面」「刺青」で直木賞を受賞。以後大衆文学作家として活躍し、「白虎」「風雲物語」「弁慶」「熊谷次郎」などを発表した。
[家]父＝富田常次郎（柔道家）　[賞]直木賞〔第21回〕〔昭和24年〕「面」「刺青」

富田 八郎　とみた・はちろう

実業家 衆議院議員 滋賀県酒造組合初代会長
明治9年（1876年）10月4日〜昭和22年（1947年）11月29日
[出]滋賀県　[名]旧姓・旧名＝松島　[学]東京専門学校（現・早稲田大学）卒　[歴]松島家に生まれ、のち富田忠利の養子となり酒造業を継ぐ。滋賀県酒造組合を設立し初代会長に就任。伊香病院の設立、木之本実科高等女学校の創立、木之本〜海津間

25キロメートルの湖岸道路建設などに尽力した。木之本町長を経て、昭和3年衆議院議員（政友会）に当選1回。また伊香相救社理事・社長、江北銀行頭取のほか、木之本製糸、滋賀県農工銀行、滋賀県合同貯蓄銀行、江州日日新聞社の各取締役などを務めた。

富田 昌子　とみた・まさこ

三原山投身自殺の"死の案内人"
大正2年（1913年）〜昭和8年（1933年）4月28日
[学]実践高等女学校　[歴]昭和8年1月9日、病苦のため伊豆大島の三原山火口に身を投げた女学校1年先輩の3年生、真許三枝子から、1人旅では怪しまれるからと頼まれて投身場所まで同行。約1ケ月後の2月12日には同級生の松本貴代子の投身自殺にも立ち会わされる。だが、このことが明るみに出て"死の立会人""三原山に死を誘う女"などと書き立てられたため、学校は退学となり、ノイローゼの末に病死した。またこの2人の死は、三原山投身ブームのきっかけとなり、前年の7年に自殺9人、未遂30人だったのが、8年には未遂を含めて投身者は944人を数え、三原山は日本一の自殺の名所となった。

富田 雅次　とみた・まさじ

生化学者 台北帝国大学教授
明治22年（1889年）8月7日〜昭和42年（1967年）12月20日
[生]兵庫県加古郡野口村（加古川市）　[名]旧姓・旧名＝高木　[専]胎生化学　[学]三高三部〔明治44年〕卒, 京都帝国大学医科大学医学科〔大正3年〕卒 医学博士（京都帝国大学）〔大正10年〕　[賞]ドイツ自然科学学士院レオポルディナ外国会員〔昭和10年〕、日本学士院会員〔昭和33年〕　[歴]大正4年京都帝国大学助手、9年欧米へ留学。12年帰国して長崎医科大学教授となり、昭和10年台北帝国大学教授、16年医学部長。17年退官、19〜21年山口県立医学専門学校校長。24年4月神戸女子薬科大学教授、8月神戸大学文理学部教授。30年定年退官で神戸女子薬科大学教授専任、35年芦屋女子短期大学教授。33年日本学士院会員に選ばれた。卵胚を用いた胎生化学の研究で世界的に高い評価を受け、11年には帝国学士院東宮御成婚記念賞を受賞。また、生体塩基、特にカルニチンの化学構造の決定で知られ、晩年はアミノ酸の結晶構造の研究に取り組んだ。　[賞]帝国学士院東宮御成婚記念賞（第26回）〔昭和11年〕

富田 満　とみた・みつる

牧師 日本基督教団初代統理
明治16年（1883年）11月5日〜昭和36年（1961年）1月15日
[生]愛知県春日井市　[学]神戸中央神学校〔明治42年〕卒　[歴]少年時代に受洗。日本基督教会神戸教会、同徳島教会の牧師を経て、米国のプリンストン大学神学部に留学。帰国後日本基督教会芝教会牧師となった。日本基督教会大会課長、日本基督教連盟総会議長も務めた。昭和16年宗教統制でプロテスタント各派が合同、日本基督教団を結成し統理に就任した。当初旧教派温存の部制を置いたが文部省の圧力で部制を解消、伊勢神宮に参拝するなど戦時体制に協力して教団を維持した。戦後芝教会牧師に復帰。著書に「冨田満説教集」がある。

富田 勇太郎　とみた・ゆうたろう

銀行家 満州興業銀行初代総裁
明治16年（1883年）8月12日〜昭和21年（1946年）2月24日
[生]福岡県　[学]東京帝国大学法科大学政治学科〔明治41年〕卒　[歴]大蔵省に入り、大正5年理財局国債課長、7年国庫課長を経て、13年理財局長に就任。以後、10年間に渡って同職にあり、西原借款の整理、金融恐慌の沈静化、金解禁・再禁止の処理など、経済的混乱の中で金融行政に携わる。昭和11年満州興業銀行初代総裁に転じた。また20年大蔵省財政顧問を務めた。
[家]義兄＝三宅正太郎（司法官）

富塚 清　とみつか・きよし

機械工学者 航空工学者 東京帝国大学教授

明治26年（1893年）11月3日〜昭和63年（1988年）3月9日

[生]千葉県 [専]内燃機関学 [学]一高卒、東京帝国大学工学部機械工学科[大正6年]卒 工学博士（東京帝国大学）[昭和7年] [歴]大正7年東京帝国大学工学部助教授となり、10〜12年欧米へ留学。10年同大航空研究所員を兼務。昭和7年教授に昇任。21年退職、27年名誉教授となり、28年法政大学教授、28〜39年明治大学教授。我が国の航空エンジン研究の草分けで、内燃機関とりわけ2サイクルエンジンの権威として知られる。東京帝大航研時代は「航研機」の製作にも関わった。航空工学、機械工学、技術教育に関する著書が多数ある他、「オートバイの歴史」という著書もあり、25歳頃から80歳まで実際に乗りこなし、新型オートバイのテスト役を務めたこともある。また大の風呂好きで、湯まわり生活設備機器メーカー・ノーリツに請われ、同社技術研究所の初代所長も務めた。他の著書に「航空原動機」「航空用計測器」「科学教育の改善」「二サイクル機関の研究」「内燃機関の歴史」「ある科学者の戦中日記」などがある。 [家]弟＝富塚剛（山梨大学名誉教授）、岳父＝波多野高吉（大審院検事）、従弟＝波多野正（東北大学名誉教授） [勲]勲二等瑞宝章[昭和19年]

富永 恭次　とみなが・きょうじ

陸軍中将

明治25年（1892年）1月2日〜昭和35年（1960年）1月14日

[出]長崎県 [学]陸士（第25期）[大正2年]卒、陸大[大正12年]卒 [歴]歩兵第23連隊付、参謀本部付を経て、大正14年関東軍司令部付で満州里に駐在。3年ソ連大使館付武官補佐官、5年参謀本部に戻り、軍内革新グループ「一夕会」に参加。12年関東軍参謀、14年参謀本部第4部長、第1部長となる。日中戦争拡大派で、15年北部仏印進駐強硬論を唱え、海軍と対立。16年人事局長、中将。太平洋戦争開戦後、東条英機首相の陸軍次官。19年第4航空軍司令官となり特攻作戦を計画したが、米軍フィリピン上陸を前に自分だけ逃げ出して批判され20年5月予備役に。同月7日召集され、満州の第139師団長で敗戦、シベリア抑留となり、30年4月帰国。

富永 時夫　とみなが・ときお

野球選手 テトラ社長

生年不詳〜昭和63年（1988年）6月3日

[出]長崎県長崎市 [歴]大正15年から昭和7年まで早大野球部に在籍し名遊撃手として活躍。6年ゲーリッグ、オドールらの米国大リーグ選抜チーム来日の際、全日本メンバーに選ばれ、9年にベーブルースが来日した日米野球大会にも出場した。卒業後、社会人野球の日本コロムビアでも活躍。退社後、20年に映画フィルムに日本語字幕を入れるテトラを設立、業界の草分け的存在だった。 [家]妻＝神島きみ（テトラ社長）

富本 憲吉　とみもと・けんきち

陶芸家

明治19年（1886年）6月5日〜昭和38年（1963年）6月8日

[生]奈良県生駒郡安堵村（安堵町） [専]色絵磁器 [学]東京美術学校図案科[明治42年]卒 [資]重要無形文化財保持者（色絵磁器）[昭和30年] [歴]奈良県安堵村の旧家に生まれ、10歳で家督を継ぐ。明治41年ロンドンに留学、43年帰国、バーナード・リーチに会う。大正2年頃から作陶と研究の生活に入り、4年安堵に本窯完成、初窯を焚く。15年柳宗悦らの来訪を受け、日本民芸美術館設立趣意書に連署する。昭和2年国画会会員となり工芸部を創設。3年祖師谷の初窯に成功。5年東京で「富本憲吉作陶展」を開き安価品を特売。6年ロンドンでバーナード・リーチと合同展を開く。11年九谷で色絵磁器の研究と制作を始め、16〜17年頃代表的作品を多く制作し、四弁花連続模様を完成した。19年母校の東京美術学校教授。戦

後、21年芸術院会員を辞し京都に移り、22年新匠美術工芸会（現・新匠工芸会）を結成。25年より京都市立美術大学教授。平安窯銘で日常食器の頒布会を始める。色絵磁器の名人で、色絵、白磁に独創的なデザインを創作。古九谷陶器の現代化など近代的技法を開発研究し、26年には金銀の同時焼き付けに成功した。30年重要無形文化財保持者（人間国宝）に認定される。36年文化勲章受章。代表作に「赤地金銀彩羊歯模様蓋付飾壺」（28年）、「色絵金銀彩羊歯模様八角飾箱」（34年）、「色絵金彩羊歯模様飾壺」（35年）など。 [家]妻＝富本一枝（青鞜社）、二女＝富本陶（ピアニスト） [勲]文化勲章[昭和36年]

富本 豊前（2代目）　とみもと・ぶぜん

富本節三味線方 富本新派2代目家元

明治19年（1886年）〜昭和27年（1952年）11月30日

[生]東京都 [名]本名＝坂田とく、前名＝富本都路 [歴]初代豊前（坂田らく）の養女。2代都路を経て、2代豊前を襲名。初代豊前や3代都路（日高よね）の三味線を弾いた。初代豊前の死後、昭和8年8月2代家元を継いだ。古風で穏やかな三味線。 [家]養母＝富本豊前（1代目）

富安 風生　とみやす・ふうせい

俳人

明治18年（1885年）4月16日〜昭和54年（1979年）2月22日

[生]愛知県八名郡金沢村（一宮市） [名]本名＝富安謙次 [学]東京帝国大学法科大学独法科[明治43年]卒 [資]日本芸術院会員[昭和49年] [歴]逓信省に入って、大正7年福岡為替貯金支局長時代に俳句を知り、9年「ホトトギス」に初入選する。11年「土上」に参加し、また東大俳句会に参加しなどして、昭和3年「若葉」主宰。4年「ホトトギス」同人。8年第一句集「草の花」を刊行。12年「十三夜」を刊行し、逓信次官を最後に官界を退職。17年日本文学報国会俳句部幹事長。戦後は25年から1年間、電波監理委員会委員長に就任した。他の句集に「松籟」「村住」「古稀春風」「喜寿以後」「傘寿以後」「米寿前」「年の花」「季題別富安風生全句集」などがあり、随筆集に「艸魚集」「淡水魚」「野菊晴」などがある。45年日本芸術院賞を受賞した。「富安風生集」（全10巻、講談社）がある。 [家]甥＝県有（陶芸家・俳人） [賞]日本芸術院賞[昭和45年]

冨吉 栄二　とみよし・えいじ

衆議院議員

明治32年（1899年）7月6日〜昭和29年（1954年）9月26日

[生]鹿児島県始良郡清水村（霧島市） [学]研数学館高等科[大正9年]卒 [歴]学校教員となり、25歳の時、小作農仲間に推され鹿児島県議に当選。大正13年日本農民合始良郡連合会を組織、14年日農鹿児島県連と改称、主事から会長となった。昭和11年鹿児島県から全国農民組合に推され衆議院議員に当選、12年社会大衆党から再選した。戦後社会党に属し、中央執行委員。21年衆議院議員に当選、計6期務め、22年片山哲内閣の逓信相。29年北海道視察の帰途、9月26日の洞爺丸事故で遭難死した。

戸村 よしを　とむら・よしお

看護婦 日赤福井病院監督

明治17年（1884年）7月16日〜昭和46年（1971年）4月18日

[生]福井県福井市 [学]福井県立福井病院看護婦養成所卒、日本赤十字社福井支社救護員養成所卒 [歴]救護看護婦となる。大正2年には福井県内ではじめて産婆の資格を取得。12年の関東大震災では、約4ヶ月に渡って罹災地での救護医療活動に従事した。14年日本赤十字社福井支部病院の設立に伴い、その初代婦長に就任。日中戦争が勃発すると救護班員として広島の宇品港と上海間を航行する病院船に勤務した。昭和18年日赤福井病院監督となり、退職後も医療活動に献身、寝たきり老人の介護などに当たった。25年ナイチンゲール記章を受賞。

留岡 清男　とめおか・きよお
教育家 教育学者 大政翼賛会青年部副部長
明治31年(1898年)9月16日～昭和52年(1977年)2月3日
[生]東京府北豊島郡巣鴨(東京都豊島区) [学]東京帝国大学文学部哲学科〔昭和12年〕卒 [歴]社会事業家・留岡幸助の四男。東京農業大学、法政大学教授となったが、昭和4年父の病気で非行少年の更生施設・北海道家庭学校を継ぎ、教育農場を運営。一段落の後、8年から城戸幡太郎に協力、雑誌「教育」を創刊、12年教育科学研究会を設立した。17年に大政翼賛会青年部副部長、翼賛青年団理事、18年日本出版会理事などを務めたが、戦後、家庭学校に復帰、校長、理事長に就任した。一方、27～37年北海道大学教育学部教授、46～47年北星学園女子短期大学学長、旭川大学教授などを歴任。北海道家庭学校は50年度社会福祉賞を受けた。著書に「生活教育論」「村づくりと人」「教育農場五十年」などがある。 [家]父＝留岡幸助(社会事業家),兄＝留岡幸男(警視総監)

留岡 幸男　とめおか・ゆきお
警視総監
明治27年(1894年)～昭和56年(1981年)5月3日
[生]岡山県 [学]東京帝国大学〔大正8年〕卒 [歴]社会事業家・留岡幸助の三男。香川、新潟、神奈川各県警部長などを経て、昭和14年秋田県知事、15年内務省地方局長、16年から17年まで第49代警視総監、21年北海道庁長官を歴任。 [家]父＝留岡幸助(社会事業家),弟＝留岡清男(教育家)

留田 武　とめだ・たけし
バリトン歌手
明治44年(1911年)～昭和18年(1943年)8月23日
[学]武蔵野音楽学校(現・武蔵野音楽大学)弦楽器専攻卒 [歴]武蔵野音楽学校(現・武蔵野音楽大学)では弦楽器を専攻。昭和13年バリトン歌手としてデビューして以来、藤原歌劇団の主役歌手として活躍した。15年山田耕筰のオペラ「夜明け」に出演。

友枝 高彦　ともえだ・たかひこ
倫理学者 東京文理科大学教授
明治9年(1876年)11月4日～昭和32年(1957年)7月7日
[生]福岡県 [学]東京帝国大学文科大学〔明治34年〕卒 [歴]大学院に進み、英国、米国、ドイツに留学、大正3年帰国。東京高等師範学校教授、5年東京帝国大学教授兼務。昭和4年東京文理科大学教授、日独文化協会主事、交換教授として再三ドイツに赴任。東京教育大学退官後、山梨県立都留文科短期大学長となった。東京教育大学名誉教授。訳書にティリーの「倫理学概論」。

友田 恭助　ともだ・きょうすけ
俳優
明治32年(1899年)10月30日～昭和12年(1937年)10月6日
[生]東京市日本橋区蛎殻町(東京都中央区) [名]本名＝伴田五郎 [学]早稲田大学文科〔大正9年〕中退 [歴]錦城中学から早稲田大学文科に進み、同大在学中の大正6年、米国帰りの畑中蓼坡に師事。8年新劇協会の第1回公演「叔父ワーニャ」で初舞台を踏む。9年舞台「青い鳥」の大阪公演に参加するため大学を中退。同年末、初代水谷八重子、夏川静江らと師走座を旗揚げ、10年わかもの座と改称。13年小山内薫、土方与志、和田精、汐見洋、浅利鶴雄の同人6人で築地小劇場を創立、第1回公演はラインハルト・ゲーリング「海戦」。以後、「狼」「夜の宿」「愛欲」「大寺学校」などに出演。14年田村秋子と結婚。昭和4年小山内の死により築地小劇場が分裂、5年劇団新東京を創立。7年夫妻で築地座を旗揚げした。12年9月岸田国士、久保田万太郎、岩田豊雄(獅子文六)らと文学座を創立したが、直前に召集令状を受けていたことから、文学座発会式がそのまま戦地への歓送会となった。10月上海郊外で戦死した。 [家]妻＝田村秋子(女優)

朝永 三十郎　ともなが・さんじゅうろう
哲学者 京都帝国大学名誉教授
明治4年(1871年)2月9日～昭和26年(1951年)9月18日
[生]長崎県東彼杵郡川棚町 [学]東京帝国大学哲学科〔明治31年〕卒 文学博士〔大正2年〕 [資]日本学士院会員〔昭和23年〕 [歴]真宗大学(現・大谷大学)教授を経て、明治40年京都帝大助教授。42年～大正2年ヨーロッパ諸国に留学し、帰国後京大教授に就任。西洋近世哲学史研究の先駆者として大正5年「近世に於ける『我』の自覚史」を刊行し、名声を博す。昭和6年京大退官後は大谷大学教授、23年学士院会員となる。他の主な著書に「哲学綱要」「カントの平和論」「ルネッサンス及び先カントの哲学」などがある。 [家]長男＝朝永振一郎(物理学者),兄＝朝永正三(機械工学者)

友部 泉蔵　ともべ・せんぞう
和歌山県知事
明治20年(1887年)7月1日～昭和16年(1941年)4月1日
[生]茨城県水戸市 [学]東京帝国大学法科大学経済科〔明治45年〕卒 [歴]埼玉県、神奈川県の警察部長、福井県内務部長、内務省保安課長を経て、昭和4～5年和歌山県知事。その後、台湾総督府、関東庁の各警務局長を歴任。8年退官。

友松 円諦　ともまつ・えんたい
宗教家 仏教学者 大正大学教授
明治28年(1895年)4月1日～昭和48年(1973年)11月16日
[生]愛知県名古屋市 [名]旧姓・旧名＝友松諦春,幼名＝春太郎 [学]宗教大学(現・大正大学)〔大正8年〕卒,慶応義塾大学文学部史学科〔大正13年〕卒 [歴]明治37年9歳のとき東京深川の浄土宗安民寺の住職をしていた叔父・友松諦常の養子となり、大正6年同寺の住職となる。宗教大、さらに慶応義塾大学史学科に学び、宗教大と慶大の講師に。昭和2年から独仏両国(ハイデルベルク大、ソルボンヌ大)に留学、帰国翌年の7年に仏教法政経済研究所を設立して浄土の存在を否定したため浄土宗から排斥された。8年明治仏教史編纂所・国際仏教協会設立。9年からJOAKラジオ放送を通じて「法句経講義」などをわかりやすく説いて大人気を呼び、20年余にわたり在家仏教の真理運動の全国的普及に努めた。20年に大正大学仏教学部教授・仏教学科長となるが、戦後は公職追放を受け、22年大正大学を辞職。同年東京神田に神田寺を創建し、主管となり、29年全日本仏教会創立とともに事務総長に就任。34年には盲人伝道を目的とした慈眼協会を設立した。著書に「法句経講義」「現代人の仏教概論」「仏教に於ける分配の理論と実際」(上・中)「仏教経済思想」(3巻)「月照」、「友松円諦選集」など100余点がある。

戸谷 敏之　とや・としゆき
歴史学者 日本常民研究所
明治45年(1912年)7月～昭和20年(1945年)9月
[生]長野県埴科郡松代町(長野市) [専]経済史 [学]法政大学経済学部〔昭和14年〕卒 [歴]一高に学び、昭和8年東京帝国大学経済学部に合格するが、左翼運動に関与していたことが判明して一高卒業と東京帝大入学の資格を取り消される。9年法政大学予科に進み、同大経済学部で小野武夫や大塚久雄に師事。14年日本常民研究所に入り、近世農業技術史や土地制度史などに関する論文を発表。19年補充兵として応召、フィリピンに派遣される。20年9月敗走中に流弾により戦死した。著書に「近世農業経営史論」「イギリス・ヨーマンの研究」などがある。

豊岡 佐一郎　とよおか・さいちろう
劇作家 演出家

明治30年(1897年)4月1日～昭和12年(1937年)5月25日
[生]大阪府大阪市 [学]早稲田大学英文科〔大正7年〕卒 [歴]早大卒業後大阪に帰り、大正9年同人誌「作と評論」を創刊、戯曲「転生」「功名」などを発表。坪内士行の戯曲研究会(芸術協会)に参加、昭和2年に七月座を興し、関西の新劇運動を展開した。5年新興演劇同人、10年大阪の新劇団を集結して大阪協同劇団を興しその中心となった。戯曲集「郊外生活者の朝」、遺稿集「功名」。

豊国 福馬　とよくに・ふくま
力士
明治26年(1893年)8月26日～昭和17年(1942年)5月5日
[出]大分県大分市 [名]本名＝高橋福馬, シコ名＝陸錦, 小野川, 年寄名＝九重 [歴]大正4年1月場所で初土俵、8年1月場所で新十両、10年5月場所で新入幕、昭和2年5月場所で大関に昇進。錦絵に見るような風貌で典型的な四つ相撲を得意とした。5年10月場所で引退。幕内在位26場所、幕内成績は162勝87敗1分1預31休。引退後は年寄九重を襲名し、12年廃業した。

豊沢 仙糸(4代目)　とよざわ・せんし
義太夫節三味線方
明治9年(1876年)4月26日～昭和21年(1946年)4月11日
[生]大阪府大阪市東区久宝寺橋筋 [名]本名＝中井庄吉, 前名＝豊沢小作, 豊沢猿治郎 [歴]明治18年豊沢広作(6代広助・名庭絃阿弥)の門に入り、豊沢小作を名のった。26年2代猿治郎を襲名、彦六座、稲荷座、明楽座、堀江座など非文楽系小屋に出演、3代竹本大島太夫、2代竹本春子太夫らの三味線を弾いた。大正3年3代竹本伊達太夫(六代土佐太夫)の相三味線を務め、二人一緒に近松座から御霊文楽座に移り、翌月4代目仙糸を襲名。舞台を退いたが13年復座、6代竹本弥太夫の相三味線を弾き、弥太夫の死後は2代豊竹つばめ太夫(8代竹本綱太夫)を務めたが、その後は太夫を決めなかった。世話物、景事物に優れ、「河庄」の前弾きは絶品といわれた。

豊島 長吉　とよしま・ちょうきち
栃木県知事
明治20年(1887年)1月～昭和24年(1949年)
[出]香川県 [学]東京帝国大学法科大学独法科〔大正2年〕卒 [歴]神奈川県警察部長を経て、昭和6年栃木県知事。東京市理事も務めた。

豊島 逃水　とよしま・とうすい
歌人
明治28年(1895年)9月15日～昭和7年(1932年)5月12日
[生]長野県伊那郡高遠 [名]本名＝豊島烈 [学]松本中学卒, 慈恵院 [歴]生家は開業医で医学を学んだが、大正3年窪田空穂創刊の文芸雑誌「国民文学」に参加。歌集に「ゆく春」「五月の空」がある。

豊島 雅男　とよしま・まさお
力士
大正8年(1919年)12月23日～昭和20年(1945年)3月10日
[出]大阪府大阪市南区高津町 [名]本名＝西村雅雄 [学]大阪興国商卒 [歴]大阪興国商時代、柔道3段の腕前を見込まれ出羽海部屋にスカウトされる。昭和12年1月場所、本名の西村で初土俵。15年5月場所十両昇進、豊島に改名。16年5月場所入幕、17年1月には初顔合わせの横綱双葉山を倒すなど大敢闘、夏場所には西小結となる。18年夏関脇に進むがその後スランプとけがで伸び悩み、三役と平幕を往復。最終場所となった19年11月初日、双葉山を上手投げで破り2度目の土を付けた。20年東京大空襲で現役のまま戦災死。最高位関脇、幕内在位8場所、幕内成績61勝49敗、得意手は左四つ、押し出しだった。

豊島 与志雄　とよしま・よしお
小説家 翻訳家
明治23年(1890年)11月27日～昭和30年(1955年)6月18日
[生]福岡県朝倉郡福田村小隈(甘木市福田町) [学]東京帝国大学仏文科卒 [歴]東京帝国大学在学中の大正3年、芥川龍之介らと第三次「新思潮」をおこし「湖水と我等」を発表。6年「生あらば」を刊行して、作家として認められた。以後「蘇生」「微笑」「反抗」「野ざらし」「人間繁栄」などを刊行。「レ・ミゼラブル」や「ジャン・クリストフ」などの翻訳もした。陸軍幼年学校、法政大学、東京帝大などで教え、昭和7年明治大学教授に就任。13年「白い朝」を刊行、また8年には評論集「書かれざる作品」を刊行。小説、戯曲、評論、翻訳、児童文学と幅広く活躍した。戦後は日本ペンクラブの再建に努力し、幹事長として活躍する一方で、「高尾ざんげ」「白蛾」「山吹の花」などを発表した。 [家]二男＝豊島澂(光風社創業者), 孫＝志摩のぶこ(児童文学作家)

豊田 収　とよだ・おさむ
衆議院議員
明治15年(1882年)11月～昭和44年(1969年)7月24日
[出]鳥取県 [学]東京帝国大学独法科〔明治43年〕卒 [歴]オックスフォード大学に留学。鉄道書記官、鉄道監察官を歴任する。昭和3年から衆議院議員に連続6回当選。岡田内閣大蔵参与官、鉄道会議議員、土木会議議員、鈴木内閣東亜政務次官となる。また、青山学院大学講師・中央大学講師なども務めた。

豊田 勝蔵　とよだ・かつぞう
福井県知事 樺太庁長官
明治15年(1882年)12月～昭和14年(1939年)11月23日
[出]山口県 [学]東京帝国大学法科大学法律学科〔明治41年〕卒 [歴]大正13年福井県知事、15年樺太庁長官、昭和2年台湾総督府局長などを歴任した。

豊田 喜一郎　とよだ・きいちろう
実業家 トヨタ自動車工業創業者
明治27年(1894年)6月11日～昭和27年(1952年)3月27日
[生]静岡県浜名郡吉津村(湖西市) [学]二高卒, 東京帝国大学工学部機械科〔大正9年〕卒 [歴]トヨタグループの始祖・豊田佐吉の長男。大正9年東京帝国大学工学部機械科を卒業して豊田紡織に入社。自身も当時の日本においては有数の技術工学者、かつ父譲りの“発明狂”であり、父のG型無停止杼換式豊田自動織機開発にも携わった(近年の研究では上海で紡織業の経営に邁進していた父に代わってこの自動織機のほとんどを仕上げたともいわれている)。13年取締役を経て、15年32歳で豊田自動織機製作所の設立に関わり常務となる。昭和4年の欧米出張に際し、欧米の自動車事情を視察。帰国後の5年に父が死去、その遺志を継いで4馬力のガソリンエンジンを完成。また、欧米で得た知見から国産乗用車の製造事業を起こすため、社内に自動車研究室を置いてプレス機械や鋳造施設の増設を開始した。8年同室を自動車部に改編して本格的に自動車製造に着手し、10年「A1型試作自動車」「G1トラック」を、11年には初の量産乗用車である「AA型自動車」を開発。12年同部を独立させてトヨタ自動車工業を設立し、常務を経て、16年社長に就任。この間、13年愛知県挙母町(現・豊田市)に自動車専用工場を建設。14年には大衆中型自動車「新日本号」を開発して国産乗用車の興隆に力を尽くすが、戦時下に入って軍部の要請によりトラックの生産を主とせざるを得なくなり、当初の目的を果せなかった。戦後の25年、未曽有の経営危機と労働争議のために豊田織機の石田退三に社長を譲って退陣したが、27年争議が一段落したため、社長に復帰。その直後に脳溢血により急死した。 [家]父＝豊田佐吉(実業家・発明家), 妹＝豊田愛子, 長男＝豊田章一郎(トヨタ自動車社長), 二男＝豊田達郎(トヨタ自動車社長), 孫＝豊田章男(トヨタ自動車

社長), 義弟＝豊田利三郎(豊田自動織機製作所初代社長), 女婿＝斉藤滋与史(衆議院議員・静岡県知事)

豊田 旭穣　とよだ・きょくじょう
琵琶楽演奏家
明治24年(1891年)1月1日～昭和29年(1954年)10月7日
[生]岡山県笠岡町 [名]本名＝豊田静枝子 [専]筑前琵琶 [学]福岡高等女学校卒 [歴]幼少から母の豊田旭楠に琵琶を学び、明治37年福岡に移住、安部旭州に師事、39年宗家初代橘旭翁の門に入った。高等女学校卒業後41年上京、宗家の元で修業を続けながら、演奏、教授に活躍。大正8年旭穣会を創立、大正、昭和の筑前琵琶の女王といわれた。 [家]母＝豊田旭楠

豊田 三郎　とよだ・さぶろう
小説家
明治40年(1907年)2月12日～昭和34年(1959年)11月18日
[生]埼玉県南埼玉郡川柳村柿木(草加市) [名]本名＝森村三郎 [学]東京帝国大学独文科〔昭和5年〕卒 [歴]「赤い鳥」編集部を経て、昭和8年紀伊国屋書店出版部に入社し「行動」編集長となる。その傍ら「弔花」などの作品を発表し、行動主義文学の代表的作家となった。のち湘南中学教員となり、また従軍する。戦後日本文芸家協会書記局長に就任。他の主な作品に「北京の家」「青年時代」「行軍」「黒白」「仮面天使」「好きな絵」などがある。 [家]妻＝森村浅香(歌人), 長女＝森村桂(小説家) [賞]文学報国会小説部会賞(第1回)〔昭和19年〕「行軍」

豊田 副武　とよだ・そえむ
海軍大将
明治18年(1885年)5月22日～昭和32年(1957年)9月22日
[生]大分県 [学]海兵(第33期)〔昭和38年〕卒, 海大〔大正6年〕卒 [歴]昭和5年戦艦「日向」艦長、8年連合艦隊参謀長、10年海軍省軍務局長、14年艦政本部長などを経て、16年大将に進む。19年殉職した古賀峯一大将の後を受けて連合艦隊司令長官に就任、同年10月レイテ沖海戦を指揮するが失敗。20年5月最後の軍令部総長となり、徹底抗戦を図るが実現しなかった。戦後、戦犯として逮捕されたが、24年無罪となった。著書に「最後の帝国海軍」がある。

豊田 貞次郎　とよだ・ていじろう
海軍大将 外相 貴族院議員(勅選)
明治18年(1885年)8月7日～昭和36年(1961年)11月21日
[生]和歌山県 [学]海兵(第33期)〔明治38年〕卒, 海大〔大正8年〕卒 [歴]明治39年海軍少尉、44～大正3年英国に駐在、オックスフォード大に留学。帰国後第4戦隊参謀、英国大使館付武官を経て、昭和2年ジュネーブ軍縮会議随員、4年ロンドン軍縮会議随員、5年横須賀鎮守府参謀長、6年軍務局長、7年広島工廠長、11年呉工廠長、12年佐世保鎮守府司令長官、13年航空本部長、15年第二次近衛文麿内閣の海軍次官、16年大将、商工相となり予備役。16年7月第三次近衛内閣外相。同年12月～20年7月日本製鉄社長。同年4月には鈴木貫太郎内閣の軍需相兼運輸通信相となり敗戦。11月勅選貴族院議員となったが、公職追放。

豊田 豊吉　とよだ・とよきち
衆議院議員
明治23年(1890年)2月～昭和18年(1943年)11月11日
[出]茨城県 [学]早稲田大学商科〔大正6年〕卒 [歴]著述業を営む。阿部内閣大蔵参与官、東京市助役、大蔵省委員、大政翼賛会東京市支部参与を歴任。第30回列国議会同盟会議(イスタンブール)に参列する。この間、昭和5年から衆議院議員を連続4期務めた。著書に「対支懸案の真相」がある。

豊田 久吉　とよだ・ひさきち
水泳選手 ロサンゼルス五輪金メダリスト
生年不詳～昭和51年(1976年)10月7日
[出]山口県大島郡 [名]本名＝峰島久吉 [学]日本大学 [歴]昭和7年ロサンゼルス五輪の競泳男子4×200メートル自由形リレーに出場、8分58秒4の世界記録を出して金メダルを獲得した。のち峰島姓となり、湘南学園で体育教師を務めた。54年水泳のコーチ中に心不全で倒れ、亡くなった。

豊田 実　とよだ・みのる
英文学者 九州帝国大学教授
明治18年(1885年)9月16日～昭和47年(1972年)11月22日
[生]福岡県吉井町 [学]青山学院神学科〔明治45年〕卒, 東京帝国大学文科大学英文科〔大正5年〕卒 文学博士〔昭和6年〕 [歴]青山学院、東京女子高等師範学校教授を歴任し、大正12年～14年欧米に留学。帰国後九州帝国大学教授となり、昭和20年定年退官まで在職。21年青山学院院長、24年からは初代大学長を務めた。英文学者として活躍し、日本英学史学会初代会長。「英語音声学概論」「日本英学史の研究」などの著書がある。 [家]長女＝三宅春恵(ソプラノ歌手)

豊田 利三郎　とよだ・りさぶろう
実業家 トヨタ自動車工業初代社長
明治17年(1884年)3月5日～昭和27年(1952年)6月3日
[出]滋賀県彦根 [名]本名＝児玉 [学]神戸高等商業学校卒, 東京高等商業学校(現・一橋大学)卒 [歴]伊藤忠商事に入社。28歳でマニラ支店長に抜擢される。32歳でトヨタグループの始祖・豊田佐吉の長女・愛子と結婚、豊田家の婿養子となる。大正7年豊田紡織の常務として実権を握る。9年以降の世界的恐慌を乗り切り、15年豊田自動織機製作所の初代社長となり、近代的な豊田企業グループとしての脱皮に尽す。昭和14年トヨタ自動車工業初代社長。16年会長に。 [家]妻＝豊田愛子, 長男＝豊田幸吉郎(豊田自動織機製作所専務), 二男＝豊田大吉郎(豊田通商会長), 三男＝豊田信吉郎(豊田紡織社長), 兄＝児玉一造(東綿創立者), 岳父＝豊田佐吉(トヨタグループ創始者)

豊竹 駒太夫(7代目)　とよたけ・こまたゆう
義太夫節太夫(文楽)
明治15年(1882年)2月20日～昭和16年(1941年)3月31日
[生]大阪府 [名]本名＝辻田万蔵, 前名＝豊竹小富太夫, 豊竹富太夫 [歴]幼少で失明、地唄を習ったが、明治20年3代目豊竹富太夫(6代目駒太夫)の門に入り、小富太夫を名のった。師匠の上京で豊沢松太郎らにけいこを受け、31年2代目竹本津太夫の預かり弟子として御霊文楽座で初舞台。35年4代目富太夫、大正3年7代駒太夫を襲名。「国性爺」の楼門、「忠臣蔵」の身売り、「昔八丈」の鈴ケ森など立端場の名手といわれた。

豊福 環　とよふく・たまき
小児科医 東京済生会中央病院小児科長
明治6年(1873年)3月23日～昭和7年(1932年)3月25日
[生]岡山県吉野郡馬杉村(美作市) [学]東京帝国大学医科大学〔明治36年〕卒 医学博士(東京帝国大学)〔大正2年〕 [歴]明治36年東京帝国大学医科大学を卒業し、小児科学教室に入る。41年ウィーン大学に留学。大正2年学位を取得。東京済生会中央病院小児科長を務め、臨床小児科医療に尽力した。済生会乳児院院長も務めた。

鳥居 清忠(4代目)　とりい・きよただ
浮世絵師 鳥居派7代目宗家
明治8年(1875年)3月28日～昭和16年(1941年)8月3日
[生]東京府神田旅籠町(東京都千代田区) [名]本名＝斎藤長吉, 別号＝南陵, 薫斎, 劇雅堂, 粋舎, 卍廼舎 [歴]19歳の時から芝居の看板絵を描き始め、のちには歌舞伎座・新富座・明治座などの仕事を一手に引き受けた。 [家]父＝鳥居清貞, 息子＝

と

とりい　　　　　　　　　　　　　　　　　　昭和人物事典 戦前期

鳥居清忠（5代目），孫＝鳥居清光

鳥居 清種（2代目）　とりい・きよたね
浮世絵師
明治11年（1878年）～昭和19年（1944年）9月17日
名本名＝保坂庄吉，初名＝清春　歴浮世絵師・鳥居清貞の門人となる。芝居番付などを描いた。肉筆芝居絵もある。

鳥井 信治郎　とりい・しんじろう
実業家 サントリー創業者
明治12年（1879年）1月30日～昭和37年（1962年）2月20日
生大阪府大阪市東区（中央区）　学大阪商〔明治25年〕中退　歴明治32年鳥井商店を開業。当初はぶどう酒の製造・販売を中心とし，39年スペイン産ワインをベースに「向獅子印甘味葡萄酒」を開発。同時に店名も寿屋洋酒店に改めた。以降もぶどう酒の改良を重ね，40年には「赤玉ポートワイン」を製造・発売，これを主力製品に酒類食料品問屋の大手・祭原商店と提携して関東に進出し急成長を遂げた。大正8年樽に詰めたままであったリキュール用アルコールを試飲したところ美味であったため，「トリスウイスキー」と命名して販売，これが好評をもって迎えられたことから，本格的なウイスキー製造を志す。10年店を株式会社寿屋（現・サントリーホールディングス）に改組し，代表取締役に就任。積極的な広告戦略で知られ，11年「赤玉ポートワイン」の宣伝ポスターには日本初の美人ヌード写真を使用し，話題となった。13年英国でスコッチウイスキー製造を学んだ竹鶴政孝を招聘し，日本初の本格的ウイスキー醸造所である山崎工場を開設してウイスキーの醸造に着手。昭和4年には日本初の国産ウイスキー「サントリー白札」を発売した。また，ビールの低価格販売を始めるが，大手ビール会社の反撃に遭って売上げが落ち，9年にはビール事業のすべてを東京麦酒に譲渡した。戦時中には軍需会社に指定され，海軍用ウイスキーや航空燃料用のブチルアルコール，エチルアルコールを生産した。　家長男＝鳥井吉太郎（寿屋副社長），二男＝佐治敬三（サントリー社長），三男＝鳥井道夫（サントリー副社長），孫＝鳥井信一郎（サントリー社長），佐治信忠（サントリー社長）

鳥居 龍蔵　とりい・りゅうぞう
人類学者 考古学者 上智大学教授
明治3年（1870年）4月4日～昭和28年（1953年）1月14日
生阿波国徳島（徳島県徳島市船場町）　学観善小〔明治10年〕中退 文学博士（東京帝国大学）〔大正10年〕　歴煙草大問屋の二男として生まれる。小学校を二度落第したが，好奇心旺盛で国・漢学，歴史地理，化学，英語などを独学。早くから考古学に興味を持ち，明治19年日本人類学会に入会，同会幹事・坪井正五郎と交通を始めた。25年上京，26年標本整理係として東京帝国大学理科大学人類学教室に入り，同教室の主任であった坪井に師事。31年東京帝大理科大学助手，38年講師を経て，大正11年助教授となり，人類学教室第2代主任に就任。13年同大を辞職したのちは家族で鳥居人類学研究所を設立。その後，国学院大学教授，上智大学教授・文学部長，東方文化学院東京研究所評議員・研究員を歴任。昭和14年北京の燕京大学に客員教授として招聘され，26年に帰国するまで中国で暮らした。この間，明治28年遼東半島で支石墓（ドルメン）を発見したのを皮切りに，台湾・千島・中国・蒙古・シベリア・満州・沖縄など東アジア一円を60余年にわたって探検・調査し，多大な業績を上げた。また，29年の台湾調査ではじめて写真を活用。写真を科学的かつ合理的に利用し，アミ族，プユマ族といった先住民の人類学的特徴を捉えるため，単純化された背景の前で撮影する方法をとった。著書に「千島アイヌ」「有史以前の日本」「人類学上より見たる我が上代の文化」「考古学上より見たる遼之文化・図譜」，自伝「ある老学徒の手記」などの他，「鳥居龍蔵全集」（全12巻・別巻1）がある。昭

和40年鳴門市に鳥居記念博物館が開館した。　家妻＝鳥居きみ子（人類学者），長男＝鳥居龍雄（人類学者）　勲フランス教育功労勲章（パルム・アカデミック）〔大正9年〕

鳥養 利三郎　とりかい・りさぶろう
電気工学者 京都帝国大学総長
明治20年（1887年）2月8日～昭和51年（1976年）9月24日
生徳島県板野郡堀江村（鳴門市）　学徳島中〔明治39年〕卒，三高〔明治42年〕卒，京都帝国大学理工科大学電気工学科〔明治45年〕卒 工学博士（京都帝国大学）〔大正14年〕　賞日本学士院会員〔昭和24年〕　歴大正元年京都帝国大学講師，3年助教授を経て，12年教授に昇任して電気工学第三講座を担任。昭和16年学部長，18年同大工学研究所長。20～26年総長を務めた。この間，大正14年「特別高圧変圧器ノ設計ニ就テ」で博士号を取得，その後，非振動変圧器，衝撃波や高周波焼き入れ等の研究・実用化に努める。総長となってからは戦後の大学制度改革に取り組んだ。産学協同の熱心な提唱者で，退官後は島津製作所，日本電池の取締役として産学協同を実践した。昭和36～40年日本ユネスコ国内委員会会長を務めた。　家岳父＝小倉公平（電気工学者）　賞文化功労者〔昭和42年〕

鳥潟 隆三　とりがた・りゅうぞう
外科学者 免疫学者 京都帝国大学教授
明治10年（1877年）8月20日～昭和27年（1952年）2月19日
生北海道函館　出秋田県　名号＝五稜　学京都帝国大学医科大学〔明治37年〕卒 医学博士（京都帝国大学）〔明治43年〕　歴京都帝国大学外科教室に入り，明治39年助教授，42年日本赤十字社大阪支部病院外科医長，45年～大正6年スイスに留学し，ベルン大学で血清細菌学を研究，免疫学上の新説インペジン学説を提唱した。3年大阪府立高等医学校教諭，9年京都帝国大学講師を経て，11年教授となり，外科学第1講座を担当。13年定年退官。学説に基づき「コクチゲン」を創製し，また平圧開胸術を創案した。日本外科学会名誉会長。著書にインペジン学説に関する3部作（独文）がある。他の著書に「外科学臨牀講義」「鳥潟外科学総論」「免疫元及び免疫方法」「免疫概論」などがある。　家父＝鳥潟精一（函館病院医師），従兄＝鳥潟右一（電気工学者）

鳥越 彦三郎　とりごえ・ひこさぶろう
鳥越製粉創業者
生年不詳～昭和17年（1942年）2月20日
歴裕福な家庭の二男に生まれる。明治10年米穀・日用雑貨を取り扱いを始め，のち鳥越彦三郎商店と称した。昭和10年株式会社鳥越商店（現・鳥越製粉）を設立，長男・繁が社長となり，自身は取締役となった。15年米穀商から製粉・精麦業に転換したのを見届け，17年に没した。　家長男＝鳥越繁（鳥越製粉社長），孫＝鳥越繁喜（鳥越製粉社長），鳥越俊雄（鳥越製粉専務）

鳥山 喜一　とりやま・きいち
東洋史学者 京城帝国大学教授
明治20年（1887年）7月17日～昭和34年（1959年）2月19日
生東京市本郷区（東京都文京区）　専渤海史，日渤関係史　学東京帝国大学文科大学史学科〔明治44年〕卒 文学博士　歴中央大学講師を経て，大正8年新潟高校教授，昭和3～20年京城帝国大学教授。4年欧米へ留学。渤海史の研究で知られる。戦後は，21年四高校長。金沢大学法文学部長，富山大学学長，東洋大学教授などを歴任。中国に再三調査旅行をし，著書の少年向けの中国史「支那小史―黄河の水」は戦前戦後を通じ版を重ねた。　家息子＝鳥山新一（鳥山研究所所長）

十和田 操　とわだ・みさお
小説家

明治33年（1900年）3月8日〜昭和53年（1978年）1月15日
[生]岐阜県恵那郡口明方村　[名]本名＝和田豊彦　[学]明治学院高等学部文芸科〔大正13年〕卒　[歴]卒業後志願兵として岐阜の歩兵連隊に入隊し、除隊後時事新報社会部記者となる。昭和4年「葡萄園」に参加。11年発表の「判任官の子」は芥川賞候補作品となる。12年朝日新聞社出版部に入社、以後も作家として活躍した。他の主な作品に「屋根裏出身」「平時の秋」「老兵従軍旅誌」「いつお前は嫁に行く」「十和田操作品集」などがある。

【 な 】

内貴 清兵衛　ないき・せいべえ
実業家
明治11年（1878年）〜昭和30年（1955年）
[出]京都府　[学]和仏法律学校（現・法政大学）卒　[歴]京都市長を務めた内貴甚三郎の長男として生まれる。京染呉服問屋を継ぎ、洛北や城南に広大な土地を保有した。島津製作所、日本電池、京都織物などの役員も歴任。　[家]父＝内貴甚三郎（京都市長）

内藤 濯　ないとう・あろう
フランス文学者 翻訳家 随筆家 東京商科大学教授
明治16年（1883年）7月7日〜昭和52年（1977年）9月19日
[生]熊本県熊本市　[名]筆名＝内藤水濯　[学]東京帝国大学仏文科〔明治43年〕卒　[歴]陸大、一高教授を経て、大正11年から14年にかけてフランス留学をし、帰国後は昭和3〜19年東京商科大学教授、25〜47年昭和女子大学教授を歴任。フランス文学研究の草分け的存在としてフランス近代詩を多く紹介したほか文学座等の劇団にも関係し、ラシーヌ、モリエール、ラ・ロシュフーコー等を翻訳。特に戦後のサン＝テグジュペリ「星の王子さま」（28年）は名訳とうたわれ、ひろく読者に愛された。著書に「未知の人への返書」「星の王子とわたし」「ロマン・ローランの思想と芸術」など。　[家]長男＝内藤初穂（作家）、二男＝内藤幸雄（関東学院大学学長）　[勲]レジオン・ド・ヌール勲章シュバリエ章〔昭和6年〕

内藤 久一郎　ないとう・きゅういちろう
衆議院議員
明治38年（1905年）3月12日〜平成1年（1989年）10月20日
[出]新潟県　[学]早稲田大学経済学部〔昭和5年〕卒　[歴]石地町長、新潟県議を経て、昭和11年新潟3区から衆議院議員に当選、民政党に所属して1期務めた。

内藤 湖南　ないとう・こなん
東洋史学者 京都帝国大学名誉教授
慶応2年（1866年）7月18日〜昭和9年（1934年）6月26日
[生]陸奥国鹿角郡毛馬内村（秋田県鹿角市十和田毛馬内町）　[名]本名＝内藤虎次郎　[学]秋田師範高等科〔明治18年〕卒 文学博士〔明治43年〕　[賞]帝国学士院会員〔大正15年〕　[歴]旧南部藩の藩儒の家に生まれる。明治18年秋田師範卒業後、小学校教育に従事。20年上京、「明教新誌」の編集に従事。27年大阪朝日新聞に入り、以後、「台湾日報」主筆、「万朝報」主幹、「大阪朝日新聞」記者を経て、40年京都帝国大学講師となり、42年教授に就任。大正15年帝国学士院会員、京都帝大を定年退官。昭和2年京都帝大名誉教授。4年東方文化学院京都研究所（現・京都大学人文科学研究所）評議員。この間、数次にわたり、中国、朝鮮、満州、欧州を訪問、敦煌文書などを調査した。狩野直喜とともに、東洋史・支那学における京都学派を育てた。主著に「近世文学史論」「日本文化史研究」「清朝史通論」「支那論」「支那史学史」「中国絵画史」などがある他、「内藤湖南

全集」（全14巻、筑摩書房）がある。書家としても知られる。

内藤 三郎　ないとう・さぶろう
奈良帝室博物館長
明治24年（1891年）7月〜昭和16年（1941年）8月8日
[生]山口県　[学]京都帝国大学英法科〔大正8年〕卒　[歴]秋田県警察部長、栃木県警察部長、昭和10年皇宮警察部長。次いで滋賀県総務部長、福島県総務部長を経て、16年奈良帝室博物館長。　[家]父＝内藤正明（陸軍中将）

内藤 伸　ないとう・しん
彫刻家
明治15年（1882年）10月1日〜昭和42年（1967年）8月21日
[生]島根県飯石郡吉田町（雲南市）　[名]旧姓・旧名＝渡部、号＝山上居、藤人、申人、西郷　[学]東京美術学校彫刻科選科〔明治37年〕卒　[賞]帝国美術院会員〔昭和2年〕、帝国芸術院会員〔昭和12年〕、日本芸術院会員〔昭和21年〕　[歴]島根県吉田町・渡部の二男に生まれ、松江・内藤家の養子となる。20歳で上京、高村光雲に師事して木彫制作を始め、明治37年東京美術学校彫刻科選科を卒業。41年第2回文展で「安住と迷想」が初入選。以後、大正2年まで文展に出品するが、この間、平櫛田中、米原雲海らが結成した日本彫刻会の第4回展に「藤原時代の女丈」、第5回展に「木の実」を出品。3年再興日本美術院に平櫛らと参加し、第1回展に「独房」他を出品。平櫛らとともに同人に推され、6年まで院展に出品したが、8年退会。以後は帝展、新文展、日展に出品し、官展系の有力な木彫作家として活躍。9年第2回帝展の審査員を務め、昭和2年帝国美術院会員。6年日本木彫会を創立・主宰（27年再興）。21年日本芸術院会員。33年日展顧問。36年木彫会を解散。一刀ごとに気合いをこめる〝気刀彫〟の彫法を創案し、新古典主義的作品を得意とした。代表作に「芳醇」「山上」「獅子」「光明皇后」「防人」など。歌集「山並」もある。27年病に倒れて松江に戻ってからは、ほとんど活躍できなかった。

内藤 藤一郎　ないとう・とういちろう
仏教美術史家
明治29年（1896年）〜昭和14年（1939年）5月13日
[生]大阪　[学]早稲田大学卒　[歴]「美術史」「東洋美術」「仏教芸術」などに仏教美術について寄稿。飛鳥朝の彫刻に関する論文が多く、仏教伝来の経路をたどって、ギリシャ彫刻との比較を行った。著書に「飛鳥時代の美術」「日本仏教絵画史」（飛鳥篇・奈良朝前期篇・奈良朝本期篇）、「四天王寺と美術」「概説日本古美術史」「法隆寺研究金堂篇 一」「法隆寺壁画の研究」などがある。

内藤 豊次　ないとう・とよじ
実業家 エーザイ社長
明治22年（1889年）8月15日〜昭和53年（1978年）3月20日
[生]福井県丹生郡糸生村（越前町）　[学]武生中〔明治36年〕中退　[歴]明治44年神戸の英人薬局タムソン商会に入社。大正4年第一次大戦の影響でタムソン商会の先行きが危ぶまれたため、東京の田辺元三郎商店（現・田辺三菱製薬）に転じ、薬業貿易で手腕を発揮した。昭和4年取締役、10年常務。この間、新薬開発にも着手し、芳香ひまし油「カストロール」を皮切りに、鎮痛剤「サロメチール」、ビタミンA剤「ハリバ」などを開発、また、栄養剤「エビオス」の宣伝も手がけるなど薬の宣伝分野でも活躍、高い血圧を安全な血圧に導く薬「アニマザ」を売り出した際には、広告に使う言葉として〝高血圧〟という言葉を創り出した。この間、11年ハリバの特許料で桜ケ岡研究所を、次いで16年日本衛材を設立。18年田辺を定年退職し、19年桜ケ岡研究所と日本衛材を企業合同させ新しく日本衛材が誕生、社長に就任。30年エーザイに社名変更した。　[家]長男＝内藤祐次（エーザイ社長）、三男＝内藤幸次（エーザイ専務）、孫＝

ないとう　　　　　　　　　　昭和人物事典　戦前期

内藤晴夫（エーザイ社長）

内藤 秀次郎　　ないとう・ひでじろう
リンナイ創業者
明治26年（1893年）～昭和23年（1948年）11月6日
歴名古屋ガスで技術を担当していたが、大正7年退社。9年同じく名古屋ガスを退社した林兼吉と林内商会を創業、経営責任者に就任。自宅内に設けた作業場で「林内式石油ガスコンロ」「コンロ兼用応用ストーブ」を製造・発売した。その後、新工場を建設し、都市ガス用器具の製造・販売を開始。昭和15年林内航空機製作所、25年林内製作所、46年リンナイと社名変更した。　家二男＝内藤明人（リンナイ社長）

直井 武夫　　なおい・たけお
ソ連研究家　翻訳家　内閣調査局ソ連班主任
明治30年（1897年）1月3日～平成2年（1990年）8月22日
生香川県丸亀市　学同志社大学神学部〔大正8年〕中退　歴大正11年山川均の勧めで上京、水曜会、政治研究会などで実践運動。昭和2年日本共産党入党。三・一五事件で検挙され、コミンテルンを批判して転向、懲役3年執行猶予5年の判決を受けた。10年内閣調査局に入ってソ連班主任。その後参謀本部に転じソ連研究を続けたが、16年の企画院事件で検挙された。北支那開発本社嘱託で敗戦。戦後は民主労働者協会に属し、ソビエト批判の翻訳や著作を続けた。32年日本文化フォーラムを創設、雑誌「自由」を発行。後、民主労働者協会理事長となった。

直木 燕洋　　なおき・えんよう
俳人
明治9年（1876年）12月～昭和18年（1943年）2月11日
出兵庫県神戸市　名本名＝直木倫太郎　学東京帝国大学工学部卒 工学博士　歴大学卒業後、欧州に留学する。地方公務員、満州国参議、大陸科学院長などを歴任。一方、俳句は正岡子規に師事した。

直木 三十五　　なおき・さんじゅうご
小説家
明治24年（1891年）2月12日～昭和9年（1934年）2月24日
生大阪府大阪市南区内安堂寺町　名本名＝植村宗一, 筆名＝直木三十一, 直木三十二, 直木三十三, 竹林賢七, 村田春樹　学早稲田大学英文科中退　歴明治44年早稲田大学英文科予科に入学したが、のち除籍される。大正7年トルストイ全集刊行会（のち春秋社）を設立し、雑誌「主潮」を創刊。同社が分裂すると、鷲尾雨工とともに冬夏社を、三上於菟吉とともに元泉社を興したがいずれも失敗に終わった。関東大震災後、大阪に戻りプラトン社に入社、月刊誌「苦楽」の編集に従事するとともに、同誌の創刊号に「仇討十種」を連載して本格的に創作活動を開始。この間、31歳の時に自身の年齢にちなむ直木三十一の筆名で「時事新報」に月評を書き、以後年齢が増えるごとに筆名を改め、34歳の誕生日に三十四で署名したが編集者の手違いで三十五にされてしまい、それからは直木三十五で定着した。14年プラトン社退社後、親交のあった根岸寛一の紹介で牧野省三を知り、一時は映画業界で働く。昭和初期からは文筆活動に専念し、4年「週刊朝日」に「由比根元大殺記」を連載して作家としての地位を確立し、5年～6年にかけて東京日日新聞に発表した「南国太平記」で時代小説の花形作家となった。以来、時代小説では「荒木又右衛門」などの仇討ちものから、「楠木正成」「源九郎義経」などのそれまでにあまり人が手をつけなかった戦国以前の時代を扱ったものまで幅広く手がけ、さらには時局小説や現代小説にも手を染めて「青春行状記」「日本の戦慄」「光・罪と共に」などの作品を次々と発表した。「直木三十五全集」（全21巻, 改造社）「直木三十五作品集」がある。没後の10年、友人の菊池寛によっ

て直木三十五賞が設けられた。　家弟＝植村清二（新潟大学名誉教授）, 甥＝植村鞆音（テレビ東京常務）

直木 松太郎　　なおき・まつたろう
プロ野球規則委員
明治21年（1888年）1月24日～昭和22年（1947年）4月7日
生京都府　学慶応義塾大学卒　歴在学中の明治43年米国の野球規則を翻訳出版。大正6年ルールの疑義解釈を米国2大リーグ総裁に求め、権威ある「野球規則書」を完成。また独自の試合記録法を考案、全国球界に採用された。卒業後も野球部育成に努め、門外不出の「慶大野球部秘伝」をまとめ選手に技術を伝えた。さらに実戦も指揮、明治43年来日以来不敗のシカゴ大学を破った。大学野球理事として、六大学リーグ結成、早慶戦復活などに貢献、六大学リーグ規則委員、戦後のプロ野球規則委員にもなった。昭和45年野球殿堂入り。

中 勘助　　なか・かんすけ
小説家　詩人　随筆家
明治18年（1885年）5月22日～昭和40年（1965年）5月3日
生東京市神田区東松下町（東京都千代田区）　学一高卒, 東京帝国大学文科大学国文科〔明治42年〕卒　歴一高を経て、東京帝国大学英文科に入学するが、2年の時に国文科に転じ、夏目漱石の教えを受け、以後師事する。大正元年「夢の日記」で文筆生活に入り、2年漱石の推薦で自らの幼少年期を描いた小説「銀の匙」が「東京朝日新聞」に連載され、認められる。10年「提婆達多」、11年「犬」を発表。以後は主に随筆や詩を書いた。文壇とは一線を画し、生涯孤高を保った。他の作品に、童話集「鳥の物語」、詩集「琅玕」「飛鳥」、随筆「しづかな流」「街路樹」「蜜蜂」「余生」などがある。昭和40年「中勘助全集」の完結と長年にわたる業績により朝日文化賞を受賞した。

中 助松　　なか・すけまつ
衆議院議員
明治36年（1903年）10月～昭和28年（1953年）7月31日
出富山県　学明治大学政治経済科〔昭和3年〕卒　歴神奈川県議、同副議長を経て、昭和17年の翼賛選挙で衆議院議員に当選。戦後は27年から衆議院議員に2選。通算3期務めた。

中 平四郎　　なか・へいしろう
彫刻家
明治24年（1891年）12月26日～昭和24年（1949年）9月5日
生群馬県邑楽郡小泉村（大泉町）　名号＝古泉　歴農家の四男で、生まれつき耳が不自由で言葉も自由に話すことができなかった。小泉高等小学校を3年修了後、家業の農業を手伝うが、大正2年新聞に掲載されていた川上邦世の内弟子募集の広告に目を留め、無断で上京。熱意が認められて門下となり、4年「新月」が巽画会展に入選。13年「読売」で院展に初入選。14年師を失う。昭和3年日本美術院研究会員となり、院展への出品を続けた。11年院友。10年の帝展改組後、院展から平櫛田中や佐藤朝山が帝展第三部会員となっていたことから、11年2月裸体婦人像「山ノ場」を帝展に出品したが落選。9月帝展と絶縁後の院展に再び同作を出品すると今度は入選し、話題を呼んだ。同じく木彫の古藤正雄「ミスT子立像」、矢崎虎夫「銃剣術のポーズ」の2点も同じ経過をたどった。木彫の牛の像に優れ、田中をして「牛に関しては中君に及ばない」と言わしめた。他の作品に「北海道の熊」「牡牛」「静」などがある。

仲 みどり　　なか・みどり
女優
明治42年（1909年）6月18日～昭和20年（1945年）8月24日
生東京市日本橋区（東京都中央区）　学ウェルミナ女学院（現・大阪女学院高）卒, 女子英学塾（現・津田塾大学）中退　歴父は

東京・日本橋の老舗塗料問屋・熊野屋の2代目で、関東大震災に被災して一時大阪に在住。女子英学塾(現・津田塾大学)を中退後、剣劇の手伝いやカフェー経営を経て、昭和6年プロレタリア演劇研究所の第一期生となる。のち東京左翼劇場に所属し、9年同劇場が中央劇場に改名した際に行われた記念公演「斬られの仙太」でお蔦役を演じ、好評を博した。15年新築地劇場、17年苦楽座に転じ、さらに20年には移動劇団桜隊に参加。同年8月6日巡業で訪れた広島で原爆に遭い、爆心地から700メートルの堀川町で被爆。8日夕方に広島駅から復旧された最初の列車に乗り込み、10日朝に帰京。16日東京帝国大学附属病院に入院、世界で初めての原爆症患者と診断されたが、病状が好転しないまま24日に亡くなった。死後、臓器標本の一部やカルテが米軍に接収されたが、48年返還された。被爆60年後の平成17年、広島大学原爆放射線医科学研究所からカルテの英訳報告書が発見された。

仲 賢礼　なか・よしのり
国文学者
明治44年(1911年)10月7日～昭和18年(1943年)1月16日
[生]東京都　[出]兵庫県　[学]東京帝国大学国文科〔昭和9年〕卒　[歴]昭和8年明治文学会幹事となり、機関誌「リーフレット明治文学」(第4号以降「評論」と改称)の編集にあたる。山室静発行の文芸誌「批評」同人ともなったが、10年代に入り大連に移った。

永井 威三郎　ながい・いさぶろう
育種学者 東京高等農林学校教授
明治20年(1887年)11月18日～昭和46年(1971年)9月14日
[生]東京都　[学]東京帝国大学農科大学農学実科〔明治41年〕卒 農学博士〔大正11年〕　[歴]漢詩人・実業家の永井久一郎の三男で、小説家・永井荷風の実弟。明治41年農商務省海外実業練習生として米国へ留学。マサチューセッツ州立農科大学でバチェラー・オブ・サイエンス、コーネル大学でマスター・オブ・サイエンス・イン・アグリカルチャーを取得。のち渡独してハイデルベルク大学で学び、大正6年農事試験場技師、昭和10年東京高等農林学校教授、23年日本大学教授。イネの遺伝研究で知られ、著書に「植物の遺伝と変異」「日本稲作講義」「水陰草」「日本の米」などがある。　[家]父＝永井久一郎(漢詩人・実業家),兄＝永井荷風(小説家)

中井 一夫　なかい・かずお
弁護士 衆議院議員
明治22年(1889年)11月20日～平成3年(1991年)10月18日
[生]大阪府大阪市　[名]雅号＝中井和堂　[学]東京帝国大学英法科〔大正6年〕卒　[歴]京都、神戸各地裁判事ののち弁護士を開業。兵庫県議に2選の後昭和3年以来衆議院議員に8選し、内務参与官、司法政務次官を歴任。のち、神戸市長も務めた。

永井 荷風　ながい・かふう
小説家 随筆家
明治12年(1879年)12月3日～昭和34年(1959年)4月30日
[生]東京府小石川区金富町(東京都文京区)　[名]本名＝永井壮吉,別号＝断腸亭主人,石南居士,鯉川兼待,金阜山人　[資]日本芸術院会員〔昭和29年〕　[歴]漢詩人・実業家の永井久一郎の長男で、母方の祖父は儒学者の鷲津毅堂。明治31年広津柳浪に師事して小説家を志す一方、6代目朝寝坊むらくや福地桜痴に弟子入りして落語家、歌舞伎作者の修業もした。エミール・ゾラの「野心」「地獄の花」「夢の女」「女優ナナ」を翻訳して注目を集め、36年父の勧めで渡米して約5年間を米国とフランスで過ごした。41年帰国。同年小説集「あめりか物語」が好評を博したが、続く「ふらんす物語」は納本とともに発禁処分となった。両作で文名を高め、「孤」「すみだ川」「冷笑」などにより自然主義文学全盛の文壇に新風を吹き込み、耽美派を代表する作家と目された。43年上田敏、森鷗外の推薦で慶応義塾大学部文科教授に就任、「三田文学」を創刊。大正2年にはフランス翻訳詩集「珊瑚集」を刊行。一方、大逆事件などを契機に次第に江戸戯作の世界へ韜晦、一時結婚した八重次(藤蔭静樹)をはじめ、多くの芸妓と交情を重ねて「新橋夜話」など花柳界ものを多く発表した。5年教授を辞して「三田文学」からも手を引き、作家活動に専念。大正期の代表作に「腕くらべ」「おかめ笹」、随筆として「日和下駄」「下谷叢話」などがある。昭和に入ると小説「つゆのあとさき」「ひかげの花」「濹東綺譚」などで健在を示し、大家としての地位を確立。やがて戦時体制が強まると、その作風から作品の発表は難しくなったが、時代に迎合することなく密かに執筆活動を続けた。昭和20年東京大空襲で東京・麻布にあった自宅の偏奇館が焼失。最晩年は文化勲章を受け、日本芸術院会員となったが、時勢に背を向け、孤高で偏奇な生き方を貫き通した。大正6年以来書き続けた日記「断腸亭日乗」も有名。　[家]養子＝永井永光(作家),父＝永井久一郎(漢詩人・実業家),祖父＝鷲津毅堂(儒学者),叔父＝坂本釤之助(漢詩人・貴族院議員),従兄弟＝高見順(小説家),阪本越郎(詩人・ドイツ文学者・心理学者)　[勲]文化勲章〔昭和27年〕

永井 来　ながい・きたる
陸軍中将
明治10年(1877年)1月7日～昭和9年(1934年)2月14日
[生]山口県玖珂郡広瀬村　[名]旧姓・旧名＝楊井　[学]陸士(第8期)〔明治29年〕卒,陸大〔明治36年〕卒　[歴]永井勝正の養嗣子となる。明治29年陸士卒業後、歩兵少尉となり、大正15年陸軍中将に累進。その間陸軍大学校を卒業、駐仏大使館付武官補、歩兵第4連隊大隊長、陸軍歩兵学校教官、駐仏大使館付武官、参謀本部課長、陸軍歩兵学校長、歩兵第13旅団長など歴任し、昭和5年第9師団長。当時部内屈指の仏国通。

長井 源　ながい・げん
弁護士 衆議院議員
明治27年(1894年)8月～昭和41年(1966年)9月19日
[出]三重県　[学]明治大学法学部法律科〔大正12年〕卒　[歴]松阪市議、三重県議、同副議長を経て、昭和11年三重2区より衆議院議員に当選。6期。司法省委員、衆議院懲罰委員長となる。また三重県弁護士会長、日本進歩党総務委員、改進党両院議員総会長、日本民主党代議士会長、自民党総務を歴任。

永井 準一郎　ながい・じゅんいちろう
大分県知事 千葉市長
明治15年(1882年)7月7日～昭和30年(1955年)2月21日
[生]千葉県長狭郡吉尾村(鴨川市)　[学]東京帝国大学法科大学独法科〔明治41年〕卒　[歴]大正8年高知県警察部長、10年新潟県警察部長、11年徳島県内務部長、13年大阪府警察部長を経て、14～15年大分県知事。退官後は千葉県鴨川町長、大連市助役を務め、昭和8～21年千葉市長。

長井 庄一郎　ながい・しょういちろう
大東館社長
明治17年(1884年)10月7日～昭和9年(1934年)11月24日
[歴]上田屋書店創業者・長井庄吉の長男。目黒書店で修業した後、家業の上田屋書店に入る。大正14年破綻した書籍取次業・至誠堂に上田屋・東京堂・東海堂・北隆館が出資して新たに創立された大東館に専務として入社、のち社長に就任。同社は書籍取次を専門とし、4大取次の一角を占める一方で「俳句大観」「英語発音学」などの出版も行った。　[家]父＝長井庄吉(上田屋書店創業者)

中井 宗太郎　なかい・そうたろう
美術史家 美術評論家 京都市立絵画専門学校校長

な

明治12年(1879年)9月19日～昭和41年(1966年)3月16日
[生]京都府京都市下京区 [学]東京帝国大学哲学科美学美術史〔昭和41年〕卒 [歴]明治42年新設の京都市立絵画専門学校講師、土田麦僊、村上華岳らの国画創作協会創立(大正7年)で竹内栖鳳らと顧問となり、機関誌「制作」を刊行。8年教授、昭和17年校長、24年退職。29～35年立命館大学文学部教授。40年日本共産党に入党。戦後はとくに新しい日本史学の研究を進め、浮世絵や大津絵に打ち込んだ。著書に「日本絵画論」「東洲斎写楽」「司馬江漢」などがある。

中井 猛之進　なかい・たけのしん
植物分類学者 東京帝国大学教授
明治15年(1882年)11月9日～昭和27年(1952年)12月6日
[生]岐阜県厚見郡岐阜町(岐阜市) [出]山口県美祢郡綾木村(美東町) [学]東京帝国大学理科大学植物学科〔明治40年〕卒 理学博士〔大正2年〕 [歴]小石川植物園事務掛などを務めた堀誠太郎の長男。明治41年東京帝国大学理科大学助手、大正6年講師、11年助教授を経て、12年から2年間、米国、フランス、スウェーデンなどに留学。14年帰国。昭和2年教授に昇任、5年理学部附属植物園長。松村任三より朝鮮の植物研究を勧められ、大正2年朝鮮総督府よりその調査を委託された。以来、台湾植物研究の早田文蔵と並ぶ、日本外地である朝鮮植物研究の権威と目され、その成果は「朝鮮森林植物篇」(全22巻)に結実した。11年には薬用植物調査のためインドネシア、セイロンへ、昭和8年には第一次満蒙学術調査団の熱河探検に副団長として参加するなど各地の調査に当たった。また、欧米留学中には各国の主要な植物標本館を訪ね、江戸時代に日本の植物を研究したケンペル、ツュンベルク、フランシェらの標本を精密に研究。小泉源一も同様の研究を行い、この結果、従来判然としなかった先人の命名による不明植物の正体の多くを明らかにした。植物の分類体系についても独自の見解を抱いて500編を超える論文を著し、日本産植物図譜として「東亜植物図説」(未完)の編纂に携わった。太平洋戦争中の17年、陸軍司政長官(将官相当)として占領地であるインドネシア・ジャワ島のボイテンゾルグ(現・ボゴール)植物園長に赴任。21年帰国。22年東京科学博物館館長、24年新制度により国立科学博物館館長を務めた。 [家]三男＝中井英夫(作家)，父＝堀誠太郎(植物学者)，女婿＝前川文夫(植物学者) [賞]帝国学士院桂公爵記念賞(第17回)〔昭和2年〕

中井 哲　なかい・てつ
俳優
明治15年(1882年)～昭和8年(1933年)6月12日
[出]愛知県豊橋 [歴]文芸協会演劇研究所の2期生で、芸術座に入り、大正2年「アルト・ハイデルベルヒ」で初舞台。その後新国劇に移り、主に脇役として活躍。昭和4年に、新国劇を主宰していた沢田正二郎が急逝したため座長格となった。当り役は「坂本龍馬」の桂小五郎など。

永井 亨　ながい・とおる
社会学者 中央労働学園学長
明治11年(1878年)12月14日～昭和48年(1973年)10月19日
[生]東京都 [学]東京帝国大学法科大学〔明治36年〕卒 経済学博士〔大正14年〕 [歴]農商務省参事官、鉄道省経理局長などを経て、大正9年協調会常務理事、15年辞任、中央労働学園学長、昭和26年人口問題研究会理事長、人口学会会長、人口問題審議会会長、日本大学教授、専修大学教授などを歴任。著書に「社会政策綱領」「日本国体論」「日本人口論」などがある。 [家]父＝永井岩之丞(裁判官)

永井 潜　ながい・ひそむ
生理学者 台北帝国大学医学部教授
明治9年(1876年)11月14日～昭和32年(1957年)5月17日
[生]広島県賀茂郡 [名]号＝静山 [学]東京帝国大学医科大学〔明治35年〕卒 医学博士〔明治44年〕 [歴]明治36年から3年間ドイツ、英国、フランスに留学。帰国後東京帝国大学助教授となり生理学第2講座主任、大正4年教授。昭和12年定年退官、台北帝国大学医学部教授、医学部長、13年中国国立北京大学医学院の責任者となった。戦後帰国。生理学に物理化学の実験技術、理論を導入した。著書に「生物学と哲学との境」「人生論」「生命論」などがある。

永井 一孝　ながい・ひでのり
国文学者 早稲田大学名誉教授
慶応4年(1868年)8月8日～昭和33年(1958年)12月16日
[生]長野県西筑摩郡福島町 [名]旧姓・旧名＝池谷，号＝空外 [学]東京専門学校(現・早稲田大学)文学科〔明治26年〕卒 [歴]文学科の第1回生として卒業。明治28年東京専門学校の講師となり、40年早大教授となる。高等師範部、高等予科で国文学を担当。昭和18年定年退職して名誉教授。門下に山口剛、竹野長次、佐々木八郎らがいる。著書に「日本文学史」「国文学書誌」「枕草子新釈」などがある。

永井 瓢斎　ながい・ひょうさい
新聞人 俳人
明治14年(1881年)～昭和20年(1945年)8月
[生]島根県安来市 [名]本名＝永井栄蔵 [学]東京帝国大学経済科卒 [歴]明治45年大阪朝日新聞入社、社会部長、京都支局長を経て、大正13年から「天声人語」専任となり、約10年間健筆をふるい、名文で一世を風靡した。また小説「弘法大師」連載中の直木三十五死去のため、その続きを書いた。昭和11年退社、宗教新聞「中外日報」に執筆、立命館大学講師も務めた。俳句、俳画をよくし、俳誌「趣味」を発刊。京都嵯峨野にある向井去来の別荘落柿舎保存会を組織して大修理を行った。 [家]兄＝永井万助(新聞人)，甥＝木幡久右衛門(島根新聞社長)

永井 ひろ　ながい・ひろ
作曲家 小唄永井派家元
慶応4年(1868年)6月15日～昭和11年(1936年)5月24日
[生]江戸 [名]本名＝永井婦久 [歴]もと新橋の芸妓でひろの名がある。蓼胡蝶の勧めで、昭和9年永井派を興して家元となる。「都離れて」「恋しき人」「苗売り」など作詞・作曲の佳品が多く、大正期の小唄界に足跡を残した。

永井 賓水　ながい・ひんすい
俳人
明治13年(1880年)9月23日～昭和34年(1959年)11月15日
[生]愛知県碧海郡大浜町 [名]本名＝永井四三郎 [歴]大浜三鱗支配人。大正2年高浜虚子に入門、3年「ホトトギス」入選、昭和24年同人。大正10年碧海吟社から「アヲミ」を創刊主宰、鈴木花蓑らを選者に迎えた。昭和7年休刊、12年復刊、のち富安風生を選者に迎えたが、17年廃刊。句集に「古稀記念七十句」「永井賓水句集」がある。

中井 平三郎　なかい・へいさぶろう
版画家
明治30年(1897年)～昭和18年(1943年)3月
[専]エッチング [学]関西美術院，川端画学校 [歴]大正7年関西美術院に学び、9年上京。川端画学校に通い、銅版画を研究する。13年京都へ戻り、太田喜二郎に師事。昭和11年文展監査展に初入選。のち京都エッチング協会を創立し、15年日本エッチング作家協会評議員となった。

長井 真琴　ながい・まこと
仏教学者 東京帝国大学教授
明治14年(1881年)7月28日～昭和45年(1970年)8月8日

生 福井県 学 東京帝国大学文科大学哲学科 (印度哲学要修)〔明治40年〕卒 文学博士〔大正12年〕 歴 大正8年東京帝国大学文科大学講師、昭和2年助教授、9年教授となり、パーリ語、インド仏教担当。17年退官。この間東洋、日本、立正各大学で講じ、京浜女子大教授も務めた。17年中央商業学校校長、32年中央商科短期大学学長、のち東洋大仏教学部教授。パーリ語、パーリ語聖典の権威で、高楠順次郎、水野弘元との共著のパーリ文テキスト「サマンタパーサーディカー」(全7冊)はロンドンのパーリ聖典協会から出版された世界の労作。またテキスト「独習巴利語文法」があり、著書には「根本仏典の研究」「釈迦伝」「仏教戒律の真髄」。さらにチルダースのパーリ語辞典を底本とした「日本語によるパーリ語辞典」は原稿完成のまま未出版。

永井 松三　　ながい・まつぞう
外交官 外務次官
明治10年 (1877年) 3月5日～昭和32年 (1957年) 4月19日
生 愛知県 学 東京帝国大学法科大学〔明治35年〕卒 歴 明治35年外務省に入り、外務書記官、英国大使館参事官。大正11年通商局長、駐スウェーデン公使兼ノルウェー、デンマーク、フィンランド公使。昭和3年駐ベルギー大使、5年外務次官、8年駐ドイツ大使などを歴任、11年退官。この間国際連盟第9回総会日本代表、ロンドン軍縮会議全権などを務めた。12年には五輪東京大会組織委員会事務総長となったが、日中戦争の激化に返上。戦後、国際オリンピック委員会 (IOC) 委員、体協顧問、南洋協会理事を歴任。 家 娘＝須山節子 (宮内庁御用掛)、女婿＝須山達夫 (駐トルコ大使)

永井 万助　　ながい・まんすけ
新聞人 外交評論家 東京朝日新聞外報部長
明治12年 (1879年) 5月8日～昭和30年 (1955年) 4月4日
生 島根県 名号＝朴公 学 立教院英語専修学校高等師範科〔明治35年〕卒 歴 郷里で家業の酒造業に就き、松江市の修道館で英語を教えた。明治45年外務大臣官房報告課嘱託となり、翻訳に従事。大正3年東京朝日新聞社外報部に転じ、11年論説班員を兼務、欧米に派遣され、ローザンヌ会議の報道などで活躍。13年～昭和4年外報部長、9年退社。著書に「明治大正史」(外交編) がある。 家 弟＝永井瓢斎 (新聞人)

中井 光次　　なかい・みつじ
島根県知事 大阪市長
明治25年 (1892年) 10月5日～昭和43年 (1968年) 4月9日
生 静岡県三島市 学 東京帝国大学法科大学英法科〔大正6年〕卒 歴 大正6年内務省に入省。岡山県学務部長、鳥取県、千葉県、新潟県、兵庫県の各警察部長、三重県、京都府の各内務部長、大阪府総務部長を歴任し、昭和11年島根県知事。同年大阪市第一助役に転じ、20年最後の官選大阪市長に就任。21年退職。22年大阪地方区から参議院議員に当選、1期。国民民主党に所属した。26年再び大阪市長となり、以来連続3選。38年退任。27年全国市長会会長。

永井 雄三郎　　ながい・ゆうざぶろう
応用化学者 東京帝国大学教授
明治30年 (1897年) 3月16日～昭和54年 (1979年) 5月9日
生 栃木県宇都宮市 専 石油 学 東京帝国大学卒 歴 航空研究所員を経て、昭和6年東京帝国大学教授に就任。この間、国産石油を合成した航空機用ガソリン "永井ガソリン" を発明し、13年国産機日本号で62時間23分の長距離飛行の世界記録を樹立。さらに鯨油を原料とした飛行機の潤滑油を発見した。27年東京都立大学教授、36年総長を務め、この間、東京大学理工学研究所長を兼任した。また日本油済学会会長、航空技術審議会委員、37年石油学会会長を歴任。宇都宮大学工学部の創設にも尽力した。

永井 柳太郎　　ながい・りゅうたろう
衆議院議員 拓務相 通信相 鉄道相 民政党幹事長
明治14年 (1881年) 4月16日～昭和19年 (1944年) 12月4日
生 石川県金沢市 学 早稲田大学〔明治38年〕卒、オックスフォード大学 歴 明治39年オックスフォード大学に留学。42年帰国し早大教授となり植民政策・社会政策を担当。44年雑誌「新日本」主筆となる。大正9年憲政会から衆議院議員に当選し、8期務めた。雄弁、隻脚の大衆政治家として常に時流と共に歩む。昭和6年民政党幹事長、7年斎藤内閣の拓相、12年第一次近衛内閣の通信相、14年阿部内閣の通信相兼鉄道相などを歴任。15年脱党して東亜新秩序論者に変貌し、太平洋戦争中は大政翼賛会興亜局長、翼賛政治会常任総務、大日本教育会長などを務めた。普通選挙実現を説いて原内閣を批判した「西レーニン、東に原敬」の演説が特に有名で、「永井柳太郎氏大演説集」(大日本雄弁会編) がある。 家 長男＝永井道雄 (教育学者・文相)、孫＝鮫島宗明 (衆議院議員)

永井 了吉　　ながい・りょうきち
右翼運動家
明治26年 (1893年) 6月2日～昭和54年 (1979年) 1月17日
生 千葉県 学 東京帝国大学工学部〔大正9年〕卒 歴 内務省に入ったがすぐ辞め、事業を興して失敗。昭和7年勤皇維新同盟を結成、総理となり「日本起つ乎」を刊行、のち発禁処分に。8年の右翼クーデター神兵隊事件でスパイと疑われたが、のち指導者の一人・前田虎雄と親交を結ぶ。9年西郷隆秀らの直心道場に関係。雑誌「核心」相談役に。10年中国・天津の大東公司社員。11年二・二六事件に関与、以後時局協議会、大日本生産党、影山正治の大東塾などに関係した。14年満州新京市の土地開発株式会社重役。戦後も右翼団体で活動した。

中井 励作　　なかい・れいさく
官僚 実業家 日本製鉄初代社長
明治12年 (1879年) 1月3日～昭和43年 (1968年) 2月18日
生 熊本県天草 学 東京帝国大学法科大学独法科〔明治36年〕卒 歴 明治38年農商務省に入り、大正8年特許局長、9年山林局長、13年農商務次官を経て、同年官営八幡製鉄所長官となった。昭和8年日本製鉄株式会社法公布により、9年1月八幡中心の財閥系製鉄所が合同され、日本製鉄株式会社創立、取締役社長兼会長に就任、日鉄を大拡張した。14年辞任してビーチコークス社長、成城学園理事を務めた。自伝「鉄と私 半世紀の回想」がある。

中井川 浩　　なかいがわ・ひろし
衆議院議員
明治33年 (1900年) 9月～昭和24年 (1949年) 11月3日
生 茨城県 学 日本大学、早稲田大学 歴 茨城県議、文部大臣秘書官、商工大臣秘書官を経て、平沼内閣陸軍参与官、小磯内閣厚生政務次官、土木会議員、文部省委員、対国民政府答訪特派大使随員を務める。この間、昭和7年から衆議院議員に4回当選。翼賛政治会衆議院部次長となり、派遣軍慰問のため満州へ派遣される。また、いばらぎ新聞社取締役も務めた。

中泉 行徳　　なかいずみ・ゆきのり
眼科学者 眼科医 東京帝国大学助教授
明治4年 (1871年) 1月5日～昭和20年 (1945年) 4月12日
生 東京都 名 旧姓・旧名＝後藤朝太郎 学 帝国大学医科大学〔明治28年〕卒 医学博士〔大正10年〕 歴 武蔵忍藩で剣術指南役だった後藤弥兵衛の四男。明治25年陸軍軍医監中泉正の養子となる。28年東京帝国大学を卒業、29年眼科へ入り河本重次郎教授に師事。35年助教授。43～45年ドイツに留学。大正10年に医学博士の学位を受け、退職。退職するまでの20年間、河本教授を補佐した。11年東京・西銀座で開業する一方、日本眼科学会幹事として、その発展に努め、昭和5年東京眼科

なかいま　　　　　　　昭和人物事典 戦前期

医師会会長に就任した。　　家長男＝中泉正徳（東京大学放射線科教授）、二男＝中泉行正（眼科医）

仲井間 宗一　　なかいま・そういち
弁護士 衆議院議員
明治24年（1891年）3月13日～昭和40年（1965年）12月2日
生沖縄県　学日本大学専門部法律科卒　歴大正11年在学中に弁護士試験合格、12年那覇で弁護士開業。那覇弁護士会長を経て、昭和5年以来衆議院議員当選4回。この間文部参与官、大政翼賛会東亜部副部長。また国語審議会、教育審議会、化学振興調査会各委員を務めた。29年米軍占領下、琉球政府の上訴裁判所首席判事、同中央教育委員会委員長、琉球大学理事長などを務め、晩年は沖縄政界の長老として重きをなした。

中江 丑吉　　なかえ・うしきち
中国学者 中国古代思想研究者
明治22年（1889年）8月14日～昭和17年（1942年）8月3日
生大阪府曽根崎　学七高造士館卒、東京帝国大学法学部〔大正3年〕卒　大正3年袁世凱の法律顧問有賀長雄の秘書として北京に渡り永住。翌年秘書を辞任し、以後定職を持たなかった。8年五四運動の際、曹汝霖を救った。父の友人西園寺公望や南満州鉄道（満鉄）の研究費で学究生活を送り、ヘーゲルやマルクスに傾倒、中国古代史の研究に従事。また潜行中の佐野学、片山潜らを泊め、中国革命の協力者鈴江言一の学習を助けた。太平洋戦争中、近衛文麿首相らの招きには応ぜず、軍国主義日本の崩壊を予言していた。蔵書6800余冊は中江文庫として京大人文科学研究所に寄贈。著書に「中国古代政治思想」、鈴江言一編「中江丑吉書簡集」がある。　家父＝中江兆民（思想家）

中江 勝治郎　　なかえ・かつじろう
実業家 三中井百貨店創業者
明治5年（1872年）～昭和19年（1944年）
生滋賀県神崎郡南五ケ荘村金堂（東近江市）　歴滋賀県の呉服小間物商・中井屋の長男として生まれる。15歳から呉服行商の見習いとして修業を積み、明治30年家督を相続。早くから朝鮮半島での商売に着目し、44年京城（現・ソウル）に呉服本店を移した。大正期に入ると元山、釜山、平壌などに次々と支店を設置。3人の中江姓の兄弟と岳父の奥井和兵衛が共同出資したことから、それぞれの名前を取り"三中井"という社名になったと言われ、大正11年株式会社三中井呉服店を設立。13年米国で商業視察を行い、呉服屋から百貨店への業種転換を決断。朝鮮半島や中国大陸へ積極的に出店し、一大流通チェーンを展開して"百貨店王"と呼ばれ、外地の一流デパートとして広く知られた。没後は国内に販売拠点を持たなかったため、敗戦を境に一挙に没落した。

中尾 勝男　　なかお・かつお
社会運動家
明治34年（1901年）2月5日～昭和29年（1954年）8月22日
生東京市本郷区（東京都文京区）　学錦城商〔大正9年〕卒　歴中央新聞、やまと新聞社、万朝報社の文撰工をし、大正11年出版従業員組合に参加。13年関東印刷労働組合を組織し、14年委員長、共同印刷争議などを指導する。15年評議会中央委員、同年共産党中央委員候補。昭和2年コミンテルン大会で入ソし、日本共産党中央委員。帰国後組織の再編に取り組む。3年の三・一五事件で検挙され懲役7年に処せられる。12年仮釈放され、上海の野田経済研究所に勤務した。

長尾 秀一　　ながお・しゅういち
丸三証券創業者
明治18年（1885年）2月9日～昭和42年（1967年）7月19日
生兵庫県川辺郡尼崎町（尼崎市）　名旧姓・旧名＝楳泉元偓　歴明治33年父の文箱から15円を持ち出して友人と2人で出奔、横浜に出た。生糸仲買店・渡辺商店に勤めたのを皮切りに、生糸現物取引や、実業家・梅浦精一の息子である梅浦脩が経営した外国人専門商店・ミカド商会のセールスマンなどを経験。43年山文証券会長となる野口清三郎の世話で多田岩吉が代表を務める丸三商店に入り、同年婿養子となり長尾姓を名のった。大正9年多田が亡くなると共同経営者の吉田政四郎が跡を継ぎ吉田政四郎商店となったが、14年には吉田が急逝したため、長尾秀一商店と商号を改め事業を継承した。昭和19年入サ証券を吸収して丸三証券株式会社に改組、社長に就任。23年会長。自伝に「兜町好日」がある。　家長男＝長尾貫一（丸三証券社長）、孫＝長尾栄次郎（丸三証券社長）

中尾 純利　　なかお・すみとし
パイロット
明治36年（1903年）2月25日～昭和35年（1960年）4月26日
生鹿児島県　歴逓信省陸軍委託操縦訓練生の第1期生。所沢陸軍飛行学校を首席で卒業後、三菱重工業のテストパイロットを務める。また、ドイツのルフトハンザ航空で最新の無線航法を学んだ。昭和14年毎日新聞社が企画した飛行機「ニッポン号」による世界一周に機長として参加、成功に導く。27年米軍に接収されていた東京飛行場（東京国際空港、成田空港）が我が国に変換されると、初代の空港長に就任した。34年病のため任期途中で退任、半年後に亡くなった。　家孫＝中尾貴子（舞踊家）

永尾 宋斤　　ながお・そうきん
俳人
明治21年（1888年）8月16日～昭和19年（1944年）5月13日
生大阪　名本名＝永尾利三郎、旧姓・旧名＝栗原、旧号＝秋峰、芋法師ほか　学大阪商業卒　歴記者の後、尼崎市立図書館員となり、市史編集に従事。明治末から作句を始め、青木月斗、石井露月らの指導を受け、「びくん」「囀り」などを発行。大正5年月斗主宰の「カラタチ」、次いで「同人」を編集。15年「早春」を創刊主宰した。死後「定本宋斤句集」が発刊された。

長尾 巧　　ながお・たくみ
地質学者 古生物学者 北海道帝国大学教授
明治24年（1891年）3月9日～昭和18年（1943年）8月28日
生福岡県田川郡伊田町（田川市）　専白亜紀層、第三紀層、炭田地層　学東京高等師範学校（現・筑波大学）卒、東北帝国大学理科大学地質学科〔大正10年〕卒 理学博士　歴東北帝国大学講師となり、フランス留学から帰国後、昭和5年創設された北海道帝国大学理学部教授、のち東北帝国大学教授。北海道、樺太から九州にかけて分布する白亜紀層、第三紀層を研究、特に第三紀層の層序学的・古生物学的研究に主力を注いだ。水陸両棲の動物デスモスチルスの化石や白亜紀の草食恐竜トラコドンの化石も発掘。大正15年～昭和3年に発表された「九州古第三紀層の層序」をはじめとする一連の論文は、九州各炭田の地質、化石、成因などについて初めて総括的、系統的に研究・考察したもので、その後の炭田開発に大きな役割を果した。現在でも古典的文献として学術的に高く評価され、参照されている。　賞日本地質学会研究奨励賞（大正14年度）

中尾 都山（1代目）　　なかお・とざん
尺八奏者 作曲家 都山流初代宗家
明治9年（1876年）10月5日～昭和31年（1956年）10月10日
生大阪府茨田郡枚方町（枚方市）　名本名＝中尾琳三　母は波多野流平曲家・寺内検校の娘で、家事の傍ら子女に地唄筝曲を教えており、邦楽に親しんで育った。やがて納屋に放置されていた尺八を手にして独学し、明治27年頃に虚無僧として修行の旅に出た。29年大阪・天満で尺八指南を始め、都山流を名のって初の尺八演奏会を開催。37年日露戦争における

広瀬武夫中佐の戦死を伝え聞いて、その有様を讃えるため「青海波」を作り、「春風」「岩清水」と次々に作曲。38年から都山流尺八宗家として門人に免状を出し、一時の制度廃止の後、職格制度（44年）や評議員制度（大正6年）を持つ組織的な家元体制を確立、一大流派に育て上げた。また、これまでに楽譜の必要性を感じて多くの演奏家のもとを訪ねて歩き、独自の尺八楽譜記譜法を考案しており、明治41年尺八教則書や尺八楽譜を公刊、好評を博した。大正4年箏曲家の米川琴翁夫妻とロシアへの演奏旅行を行い、5年からはたびたび朝鮮・満州への演奏旅行を行った。11年東京に進出し、宮城道雄らの新日本音楽運動にも力を貸した。昭和5年演奏活動を休止し、以降は門人の育成に専念。地唄楽曲との合奏普及にも努め、15年日本三曲協会設立に伴い副会長に就任した。他の作曲作品に「磯馴松」「霜夜」「春の光」「寒月」「若葉」「朝霧」「八千代」「夜の懐」などがある。　家妻＝中尾都山（3代目）、息子＝中尾都山（2代目）、孫＝中尾都山（4代目）　賞日本芸術院賞〔昭和28年〕

中尾 白雨　なかお・はくう
俳人
明治42年（1909年）2月～昭和11年（1936年）11月26日
生静岡県浜松市　名本名＝中尾正彦　学明治学院中学部卒　歴代用教員となるが病床に伏せる。昭和7年水原秋桜子門に入り、10年「馬酔木」同人。没後の12年「中尾白雨句集」が刊行された。

長尾 半平　ながお・はんぺい
鉄道技師 禁酒運動家 鉄道院理事 衆議院議員
慶応1年（1865年）7月28日～昭和11年（1936年）6月20日
生越後国村上（新潟県村上市）　学帝国大学工科大学土木工学科〔明治21年〕卒　歴越後村上藩士の長男。明治21年内務省に入り、土木監督署勤務、山形県土木課長、埼玉県土木課長を経て、31年台湾総督府技師に転じ、民生部土木課長、台北市区計画委員、臨時台湾基隆築港局技師、42年土木局長。43年後藤新平の招聘で鉄道院技師に転じる。鉄道博物館掛長を兼務し、鉄道博物館設立にも尽力。大正2年鉄道員管理部長、九州鉄道管理局長、鉄道院理事、5年中部鉄道管理局長、8年西シベリア鉄道国際管理委員会副院長。10年後藤が東京市長となると、東京市参与、同電気局長に就任。昭和5年衆議院議員に選出され、民政党に所属。若くして洗礼を受けており、社会事業や教育・文化事業にも貢献。日本禁酒同盟、東京キリスト教青年会各理事長に推され、禁酒運動にも力を注いだ。

中尾 万三　なかお・まんぞう
薬学者 陶磁研究家
明治15年（1882年）11月30日～昭和11年（1936年）7月30日
生京都　学東京帝国大学薬学科卒 薬学博士　歴南満州鉄道（満鉄）中央試験所に勤務し、昭和3年から外務省東方文化事業部に所属、上海自然科学研究所研究員として薬学研究に従事。また陶磁器の化学的分析に関心を寄せ、「支那陶磁源流考」等を著すなど東洋古陶磁研究に業績を残した。他の著書に「漢書芸文志より本草衍義に至る本草書目の考察」「西域系支那古陶磁の考察」「食療本草の考察」「朝鮮高麗陶磁考」など。

長尾 豊　ながお・ゆたか
児童劇作家・研究家
明治22年（1889年）4月12日～昭和11年（1936年）1月30日
生東京市浅草区（東京都台東区）　名筆名＝尾島満、越原富雄　学中学3年中退　歴有楽座日日に脚本を書き、研究劇団トリデ社で俳優活動しながら独学、尾島満、趣原富雄などのペンネームで著述。のち児童文学、児童演劇に文筆をふるった。著書に「お話あそびと小さい劇」「児童劇指導の実際」などがある。

長尾 良吉　ながお・りょうきち
実業家 鐘淵紡績社長
明治3年（1870年）10月26日～昭和12年（1937年）1月22日
生兵庫県　学高等商業学校（現・一橋大学）〔明治24年〕卒　歴明治33年鐘淵紡績（後のカネボウ）に入社し、取締役兼取引係長、常務、副社長を経て、昭和5年1月武藤山治の後を受けて社長となるが、同年7月病気のため退任。その後、川崎造船所、オリエンタル・ホテル、ベルベット石鹼などの取締役を務めた。

長岡 住右衛門（5代目）　ながおか・すみえもん
陶芸家
明治6年（1873年）～昭和35年（1960年）4月21日
名通称＝国、号＝長岡空味　専楽山焼　歴明治12年父が早世したため楽山焼8代を継ぐ。26年祖父の死後に作陶を始め、名人を謳われた。　家父＝長岡住右衛門（4代目、号＝長岡空入）、祖父＝長岡住右衛門（3代目、号＝長岡空斎）

長岡 春一　ながおか・はるかず
外交官 駐フランス大使
明治10年（1877年）1月16日～昭和24年（1949年）1月30日
生山口県　学東京帝国大学法科大学仏法科〔明治33年〕卒 法学博士〔明治41年〕　歴明治33年外務省に入り、参事官、外務書記官、人事課長、大正10年チェコ、12年オランダ各国公使、14年条約局長などを経て、15年ドイツ大使。その後国際連盟理事会帝国代表、フランス大使を歴任。昭和8年待命、9年日蘭会商日本代表、10年ハーグの常設国際司法裁判所裁判官となったが、13年日本が国際連盟と協力関係を絶ったため辞任、帰国。

長岡 半太郎　ながおか・はんたろう
物理学者 大阪帝国大学総長 貴族院議員
慶応1年（1865年）6月28日～昭和25年（1950年）12月11日
生肥前国大村（長崎県大村市）　学帝国大学理科大学物理学科〔明治20年〕卒 理学博士〔明治26年〕　資帝国学士院会員〔明治39年〕　歴肥前大村藩士の子で、明治7年一家で上京。20年帝国大学理科大学物理学科の唯一の卒業生となり、23年帝大助教授。26年ドイツへ留学し、29年帰国して教授に昇任、応用数学講座（34年理論物理学講座に改称）を担任。大正15年定年退官。昭和6年大阪帝国大学創立に際して初代総長に就任。同大理学部の他、東北帝国大学理学部の創設にも大きく関与している。大正6年理化学研究所の創設に際しては物理学部長を務め、11年より主任研究員として長岡研究室を主宰。磁気歪と光の回折の研究から出発して、原子論、地球物理学、コイルの研究など、理論物理学・実験物理学の両分野にまたがって研究を続け、生涯に約300点の論文を発表。明治36年W.トムソンの原子模型に対し、何ら実験的根拠を伴わないまま、"土星型原子模型仮説"を提唱、これは6年後にE.ラザフォードによって実験的に明らかにされた。その後は原子の分光学的研究を進め、水銀から金を作り出す実験を続けた。この実験は成功しなかったが、その精密な実験データはW.パウリらの核スピンの提唱の基礎データとなった。また、本多光太郎との磁気歪の実験的研究から発見された"長岡＝本多効果"や、コイルの誘導係数の計算に用いる"長岡係数"などに名前を残す。この間、明治39年帝国学士院会員に選ばれ、昭和14～23年同院長。9年から帝国学士院選出の貴族院議員。12年第1回文化勲章を受章した。　家長男＝長岡治男（理化学研究所理事長）、二男＝長岡正男（日本光学工業社長）、四男＝長岡順吉（東京水産大学教授）、五男＝嵯峨根遼吉（物理学者）、八男＝長岡振吉（豊橋技術科学大学教授）　勲文化勲章〔昭和12年〕

永岡 秀一　ながおか・ひでかず
柔道家
明治9年（1876年）9月7日～昭和27年（1952年）11月22日

生岡山県岡山市 歴11歳で起倒流柔術を学び、明治25年上京、講道館に入門、26年初段。横捨身を得意とし、各流名人を連破。館長嘉納治五郎を助け、指南役となり、大正2年大日本武徳会範士、5年〜昭和10年東京高等師範学校教授。また8年警視庁柔道指南役。9年嘉納館長に随って欧米巡遊。また京都武徳専門学校教授を務めた。12年講道館10段。13年嘉納館長没後も、同館最長老として歴代館長を補佐した。

長岡 隆一郎　ながおか・りゅういちろう
弁護士 貴族院議員（勅選）満州国国務院総務庁長
明治17年（1884年）1月15日〜昭和38年（1963年）11月1日
生東京都 学東京帝国大学法科大学独法科〔明治41年〕卒 歴内務省に入り、和歌山県警察部長、内務省都市計画、土木各局長、社会局長官を歴任。昭和4年一時警視総監、同年勅選貴族院議員となり、交友倶楽部に属した。9年関東州関東局総長、10年満州国国務院総務庁長となった。15年弁護士開業。著書に「世界の動き」「社会問題と地方行政」「官僚二十五年」などがある。家妹＝ささきふさ（小説家）、義弟＝佐佐木茂索（小説家）

中垣 虎児郎　なかがき・こじろう
エスペランチスト 著述家
明治27年（1894年）4月20日〜昭和46年（1971年）11月15日
生熊本県 名別名＝河野直道、西東なほみち 学京城中臨時小学校教員養成所 歴明治41年兄の蔵書の中にあった「世界語（エスペラント）」を見つけ、世界共通の言葉を目指して作られたエスペラントに興味を持つ。大正11年朝鮮の京城で小学校教師をしていた時にエスペラントを学習、のちエスペラントに専念するために教職を捨てる。昭和4年プロレタリア科学研究所の夏期語学講習会でエスペラント講師を務め、また同研究所が企画して鉄塔書院から発行された「プロレタリア・エスペラント講座」の編集・校正に携わる。5年日本プロレタリア・エスペラント協会設立に参画、6年同会が発展して日本プロレタリア・エスペラント同盟（ポエウ）となる渦中で中心的役割を果たした。7年ポエウが政治路線をとるようになり、幹部が次々に検挙され活動停止状態に追い込まれると、同年エスペラントに重点をおく他のメンバーと日本エスペラント文芸協会（のち日本エスペラント文学研究会）を設立。12年エスペラントを教えていた中国人留学生が抗日運動に係わったことから検挙され、1年間ほど拘留される。その後、経済情報社、改造社、小山書店などに勤務。戦時中は秋田県に疎開して農耕生活を送った。戦後、第二次日本エスペラント協会設立に関与した。著書に「エスペラント初等講座」「エスペラント翻訳実験室」などがある。

中川 愛氷　なかがわ・あいひょう
邦楽評論家
明治5年（1872年）〜昭和24年（1949年）10月15日
生愛媛県 名本名＝中川良平 歴日本最初の婦人雑誌「女鑑」の記者となり、明治42年頃から邦楽各流の家元などを集め定期的な演奏会を催す。晩年には美術雑誌「芸術」を発行した。主著に「声曲全書」「三絃楽史」がある。

中川 一政　なかがわ・かずまさ
洋画家 随筆家 詩人
明治26年（1893年）2月14日〜平成3年（1991年）2月5日
生東京市本郷区西方町（東京都文京区）学錦城中〔明治45年〕卒 歴大正3年油彩の初めての作品「酒倉」が巽画会に入選。4年岸田劉生らと草土社を結成。12年春陽会結成と共に客員となる。文展審査員を務め、のちに二科会を経て、春陽会の顧問の存在となる。油絵具、岩絵具、水墨を自由に駆使して独特な文人画の世界を描き、枯れた味わいが高く評価される。代表作に「春花図」「漁村凱風」「野娘」など。新聞小説「人生

劇場」（尾崎士郎）「天皇の世紀」（大仏次郎）などの挿絵を担当。また文章も巧みで、10代で懸賞小説に当選、「早稲田文学」に詩、短歌を発表。絵画制作の傍ら、文芸誌を創刊したり、「美術の眺め」「うちには猛犬がいる」など多くの随筆を書いたりし、「中川一政文集」（全5巻）がある。昭和36年宮中歌会始の召人を務める。ほかに詩集「見なれざる人」、歌集「向ふ山」、画文集「中川一政画集」など。晩年は造形的な書にも独特の境地を開いた。61年「墨蹟一休宗純」を出版。家息子＝中川鋭之助（舞踊評論家）、中川晴之助（TBS制作局参与）、孫娘＝中川安奈（女優）、義弟＝千田是也（俳優）賞文化勲章〔昭和50年〕

中川 寛治　なかがわ・かんじ
衆議院議員
明治30年（1897年）3月〜昭和59年（1984年）11月29日
生富山県 学早稲田大学政経科〔大正8年〕卒 歴昭和17年衆議院議員、20〜21年富山県泊町（現・朝日町）町長を務めた。

中川 紀元　なかがわ・きげん
洋画家
明治25年（1892年）2月11日〜昭和47年（1972年）2月9日
生長野県上伊那郡朝日村（辰野町）名本名＝中川紀元次、旧姓・旧名＝有賀 学諏訪中卒、東京美術学校彫刻科〔明治45年〕中退 歴明治45年美校彫刻科を中退後、洋画に転向、本郷洋画研究所、太平洋画会研究所などに学び、石井柏亭、正宗得三郎に師事。大正4年第2回二科展に「清水先生の像」が初入選、8年から2年間フランスに留学、アンリ・マチスに師事。その間、二科展に出品、9年第7回展の「ロダンの家」ほか4点で樗牛賞、10年第8回展「立てる女」ほか7点を出品、二科賞を受けた。11年古賀春江ら二科の前衛的メンバーによるグループ“アクション”の結成で、新しい美術運動を推進した。12年二科会員に推されたが、昭和8年同会を退会、無所属となり、10年に復帰した。この間、大正11年より文化学院、昭和4〜13年帝国美術学校教授として後進の指導にあたった。戦後22年旧二科の有志と二紀会を結成。38年日本芸術院恩賞賞を受賞。作品は他に「坐る女」「栗色の帽子」など。賞日本芸術院賞恩賜賞〔昭和38年〕、二科展樗牛賞（第7回）〔大正9年〕、二科展二科賞（第8回）〔大正10年〕

中川 健蔵　なかがわ・けんぞう
文部次官 台湾総督 貴族院議員（勅選）
明治8年（1875年）7月16日〜昭和19年（1944年）6月26日
生新潟県 名旧姓・旧名＝山本 学一高仏法科卒、東京帝国大学法科大学独法科〔明治35年〕卒 歴山本家の二男で、中川家の養子となる。明治35年内務省に入省。大正6年逓信省通信局長、8年南満州鉄道（満鉄）理事、12年香川県知事、13年熊本県知事、14年北海道庁長官を経て、昭和4年7月東京府知事となったが、10月浜口内閣の文部次官に転出。7年台湾総督。11年より勅選貴族院議員。14〜18年大日本航空総裁を務めた。家長男＝中川清吾（日本郵船監査役）、三男＝中川晃成（日本電気専務）、四男＝中川哲郎（東邦石油社長）、五男＝中川融（外交官）

中川 小十郎　なかがわ・こじゅうろう
教育家 立命館大学創立者 貴族院議員（勅選）
慶応2年（1866年）1月4日〜昭和19年（1944年）10月7日
生丹波国北桑田郡馬路村（京都府亀岡市）学帝国大学法科大学〔明治26年〕卒 歴文部省に入省し、西園寺公望文相の秘書官から京都帝国大学書記官として、京都帝大創立事業に従事。のち加島銀行理事、朝日生命相談役を経て、再び京都帝大書記官、西園寺首相の秘書官、樺太庁事務官を歴任。大正元年台湾銀行副頭取、9年頭取となり、辞任後の14年勅選貴族院議員となった。この間、明治33年私立京都法政学校設立。大正

2年立命館大学と改称、昭和6年職制改革により初代立命館総長となる。　〔賞〕教育功労賞〔昭和8年〕

中川 重雄　なかがわ・しげお
水泳選手
生年不詳～平成4年(1992年)1月26日
〔出〕愛知県名古屋市熱田区　〔歴〕昭和7年米国で開かれたロサンゼルス五輪の200メートル平泳ぎで6位に入賞した。

中川 重春　なかがわ・しげはる
衆議院議員
明治23年(1890年)6月16日～昭和38年(1963年)11月5日
〔生〕秋田県男鹿市　〔学〕早稲田大学専門部政治経済科　〔歴〕船川港町漁業組合長、中川汽船社長、船川電気社長、東北木材興業社長、羽後銀行取締役を歴任し、秋田県議、船川港町長、男鹿市長を務めた。この間、昭和11年から衆議院議員に4選され、第一次吉田内閣で通信政務次官となった。また第33回列国議会同盟会議にも参列した。

中川 浄益(10代目)　なかがわ・じょうえき
金物師 千家十職・中川家10代目
明治13年(1880年)～昭和15年(1940年)5月17日
〔生〕越後国高田(新潟県)　〔名〕本名＝中川淳三郎、法名＝紹心、別号＝鎚鋳軒　〔歴〕千家十職の一つで、金属工芸の茶道具を製作し、近代の名工といわれた。

中川 末吉　なかがわ・すえきち
実業家 古河電気工業社長 日本軽金属社長
明治7年(1874年)11月6日～昭和34年(1959年)4月9日
〔生〕滋賀県　〔名〕旧姓・旧名＝赤塚　〔学〕東京専門学校(現・早稲田大学)卒、エール大学〔明治41年〕卒　〔歴〕明治21年古河鉱業本店に入り、36年渡米、41年古河へ帰宅、足尾銅山営業販売係長、大正3年古河系横浜電線常務、6年古河銀行専務、10年古河電気工業専務、14年同社長。13年には横浜護謨社長、昭和15年日本軽金属社長、古河合名理事も歴任。また横浜商議所会頭も務めた。戦後追放、26年解除後は古河系企業相談役となった。

中川 正左　なかがわ・せいさ
昭和高等鉄道学校校長 鉄道次官
明治14年(1881年)10月3日～昭和39年(1964年)1月19日
〔出〕奈良県　〔学〕一高卒、東京帝国大学法科大学法律学科〔明治38年〕卒　〔歴〕大正7年鉄道院運輸局長、9年鉄道省運輸局長を経て、12年鉄道次官。13年退官、昭和2年まで東京地下鉄道副社長。5～17年昭和高等鉄道学校校長、27年東京交通短期大学学長を務めた。　〔家〕岳父＝中村雄次郎(陸軍中将・男爵)

中川 善之助　なかがわ・ぜんのすけ
民法学者 エッセイスト 東北帝国大学教授
明治30年(1897年)11月18日～昭和50年(1975年)3月20日
〔生〕東京市神田区美土代町(東京都千代田区)　〔専〕親族法、身分法　〔学〕東京帝国大学法学部独法科〔大正10年〕卒　〔賞〕日本学士院会員〔昭和39年〕　〔歴〕大正11年東北帝国大学助教授を経て、昭和2年教授に就任。戦後、22年の親族法・相続法の大改正で指導的役割を果たした。主著に「身分法の基礎理論」「身分法の総則的課題」「日本親族法」「親族法」(2巻)「相続法」(2巻)など。またエッセイストとしても優れ、「雪やけ陽やけ」『「女大学」批判』「民法風土記」などがある。

中川 知一　なかがわ・ともかず
生理学者 大阪帝国大学教授
明治25年(1892年)3月1日～昭和8年(1933年)4月27日
〔生〕愛媛県今治市　〔学〕松山中〔明治42年〕卒、大阪府立高医〔大正4年〕卒 医学博士(大阪医科大学)〔大正12年〕　〔歴〕大正4年大阪府立高等医学校を卒業して同校内科に勤務。5年東京帝国大学に内地留学して物理学及び物理化学を修める。9年欧米へ留学して生理学を研究。11年帰国して大阪医科大学教授。

中川 望　なかがわ・のぞむ
大阪府知事 貴族院議員(勅選)
明治8年(1875年)3月15日～昭和39年(1964年)4月1日
〔出〕宮城県　〔学〕二高卒、東京帝国大学法科大学法律学科〔明治34年〕卒　〔歴〕内務省に入省。大正2年神奈川県内務部長、3年内務省衛生局長を経て、6年山口県知事、10年鹿児島県知事、12年大阪府知事。昭和4年復興局長官、14年勅選貴族院議員、22年枢密顧問官。7～21年日本赤十字社副社長も務めた。　〔家〕岳父＝大森鍾一(内務総務長官・男爵)、義兄＝大森佳一(島根県知事・男爵)

中河 与一　なかがわ・よいち
小説家
明治30年(1897年)2月28日～平成6年(1994年)12月12日
〔生〕東京都　〔出〕香川県坂出町(坂出市)　〔学〕早稲田大学英文科〔大正11年〕中退　〔歴〕初め、スケッチや短歌に熱中し「朱欒」に投稿。大正7年上京し、本郷美術研究所に通う。11年歌集「光る波」を刊行。10年頃から小説を発表し、12年発表の「或る新婚者」で作家としての地位を確立。13年川端康成らと「文芸時代」を創刊し新感覚派運動に参加、「刺繍せられた野菜」などを発表。昭和12年「愛恋無限」で第1回の透谷文学賞を受賞。13年代表作「天の夕顔」を発表、人気を集めた。戦時中は「文芸世紀」を主宰。評論面でも「形式主義芸術論」「フォルマリズム芸術論」の著書があり、他の歌集に「秘帖」「中河与一全歌集」がある。戦後は「失楽の庭」「悲劇の季節」「探美の夜」などの作品があり、「中河与一全集」(全12巻、角川書店)も刊行されている。　〔家〕前妻＝中河幹子(歌人)、二男＝中河原理(音楽評論家)、二女＝池田まり子(歌人)　〔賞〕透谷文学賞(第1回)〔昭和12年〕「愛恋無限」

中川 芳江　なかがわ・よしえ
女優
明治19年(1886年)2月10日～昭和28年(1953年)4月7日
〔出〕東京市小石川区(東京都文京区)　〔名〕本名＝谷芳子　〔学〕高等小学校4年卒　〔歴〕明治44年女優劇に加入、45年京都・大正座女優劇に参加。大正9年松竹キネマ合名社蒲田入社、10年「一太郎やあい」の母役、11年夫の賀古残夢監督「金色夜叉」でも母を演じた。12年現代劇部設立で芦屋撮影集合所へ移り、賀古の「噫！森鴎導・鉄路の露」で松本泰輔と夫婦役で主演。マキノキネマ、東亜と移り、14年賀古と東亜甲陽に転じ、15年衣笠映画聯盟に参加。下加茂で「十字路」、昭和10年「雪之丞変化」出演。15年引退。

中川 吉造　なかがわ・よしぞう
土木技術者 内務技監・東京土木出張所所長 土木学会会長
明治4年(1871年)4月6日～昭和17年(1942年)8月1日
〔生〕奈良県北葛城郡高田町(大和高田市)　〔専〕河川、利根川改修工事　〔学〕帝国大学工科大学土木工学科〔明治29年〕卒 工学博士　〔歴〕明治29年内務省技師となり、第一区(東京)土木監督署に入って地方土木工事の監督と利根川改修にあたる。33年利根川改修第一期工事の主任となり、第二期工事の主任も務めた。大正8年東京第二土木出張所所長、12年東京第一土木出張所所長を兼務。同年統合した東京土木出張所所長。15年工事主任として難航していた利根川の改修工事を完成させる。昭和3年内務技監で退官。9年退官。この間、渡欧してドナウ川の鉄門などを視察。内務技監として治水事業に関与し、特に利根川には退官するまでの40年間にわたり改修工事に関わった。この間、5年土木学会会長の他、港湾協会、河川協会、道

路改良会の副会長なども務めた。また、郷里・奈良県高田町(大和高田市)の上水道敷設や河川改修にも尽力した。著書に「日本最古の閘門に就て」がある。

中川 芳太郎　なかがわ・よしたろう
英文学者 八高教授
明治15年(1882年)5月10日〜昭和14年(1939年)7月10日
[生]愛知県名古屋市 [学]東京帝国大学英文科〔明治39年〕卒 [歴]母校の八高で教え、定年退官まで勤めた。同期に小山内薫、森田米松(草平)、辻村鑑らがいる。夏目漱石の弟子で、卒業論文に漱石は最高点をつけた。漱石の「文学論」は中川が講義ノートから原稿を書き、漱石が校閲した。著書に「英文学風物誌」「欧羅巴文学を併せ観たる英文学史」など。

な

仲木 貞一　なかぎ・ていいち
劇作家 演劇評論家
明治19年(1886年)9月11日〜昭和29年(1954年)4月28日
[生]石川県金沢 [学]早稲田大学英文科卒 [歴]読売新聞記者を経て、大正3年芸術座舞台主任、6年新国劇座付き作者。その後東京中央放送局、松竹キネマなどに関係、12年日本大学講師。翻訳にメーテルリンク「室内」、グレゴリー夫人「ヒヤシンス・ハルヴュー」、チェーホフ「結婚申込」など。戯曲「空中の悲劇」「飛行曲」「マダムX」「暁」「祭の夜」「柿実る村」「山賊と首」「春霞墨田堤」など。著書に「須磨子の一生」「蝕める恋」のほか「映画劇作法」など。 [家]息子＝仲木繁夫(映画監督)

中桐 確太郎　なかぎり・かくたろう
教育家 哲学者 早稲田大学教授
明治5年(1872年)11月15日〜昭和19年(1944年)4月1日
[生]福島県信夫郡(福島市) [名]号＝確堂 [学]東京専門学校(現・早稲田大学)文学科〔明治26年〕卒 [歴]大西祝、坪内逍遙らに師事、同級に金子筑水らがいた。明治36年早稲田大学講師、昭和2年教授となり、論理学、教育史、倫理学、英語などを講じた。17年退職。日本温浴史についての研究も。著書に「論理学綱」(撰)、「光明祈願にそへて」(撰)などがある。

長坂 金雄　ながさか・かねお
出版人 雄山閣出版創業者
明治19年(1886年)5月7日〜昭和48年(1973年)12月3日
[生]山梨県北巨摩郡武川村(北杜市) [名]号＝雄鳳 [学]武川尋常高小〔明治33年〕卒 [歴]明治43年上京、高利貸の書生、信用金庫の集金係などを経て、「内報新聞」の外交となり、傍ら独力で「大日本銀行会社沿革史」「神社沿革史」「学校沿革史」の予約出版を行う。大正5年国史講習会を組織して「国史講習録」(全15巻)を企画し、刊行終了後の9年、機関誌「中央史壇」発刊を機に社名を雄山閣に改称。10年の三田村鳶魚「足の向く侭」を皮切りに歴史学・国語学・美術・書道関係の単行本を刊行した他、15年「考古学講座」(全34巻)、昭和2年「日本風俗史講座」(全26巻)、4年「大日本史講座」(全18巻)、6年「日本絵巻物集成」(全22巻)「書道講座」(全28巻)「大日本地誌大系」(全40巻)など全集・講座ものの予約出版で社業の基礎を固めた。7年雑誌「歴史公論」を創刊。10年株式会社に改組して社長。戦時中は他の歴史関係書籍出版社4社を合併統合する一方、書道部門を新設の大日本書道出版に移行するが、20年出版活動を中断。22年活動を再開した。 [家]長男＝長坂一雄(雄山閣出版会長)

長崎 謙二郎　ながさき・けんじろう
小説家 弁士
明治36年(1903年)11月19日〜昭和43年(1968年)6月14日
[生]京都 [名]本名＝本名＝長崎謙二, 別名＝川路謙, 草薙一雄 [学]小学校中退 [歴]役所の給仕などで自活しながら独学、活動写真の弁士となった。川路謙の名で東京、大阪、京都、岡山の一流館で活躍、活弁界に新風をもたらしたが、無声映画がトーキーに変わるとともに小説界に転身。昭和16年発表の「元治元年」が代表作で、他に「風流女剣伝」「平安情歌」「夜ざくら浪人」「青空花頭巾」などがある。戦後は邦枝完二の下仕事などをし、ふるわなかった。

長崎 惣之助　ながさき・そうのすけ
運輸通信次官 鉄道次官
明治29年(1896年)6月25日〜昭和37年(1962年)11月7日
[生]秋田県秋田市 [学]東京帝国大学法科〔大正9年〕卒 [歴]大正9年鉄道省に入り東鉄局長、運輸局長、昭和16年同省次官。運輸通信省発足で鉄道総局長官、20年同省次官を歴任。戦後、内閣調査局長官となったが、公職追放。26年解除後は30年まで第3代国鉄総裁を務めた。

中崎 俊秀　なかざき・としひで
医師 衆議院議員 水戸市長 茨城県医師会会長
明治7年(1874年)12月〜昭和20年(1945年)7月21日
[出]茨城県 [学]東京医学専門学校済生学舎〔明治30年〕卒 [歴]医師を開業。その後、鯉渕村長を務め、日露戦争においては陸軍三等軍医となった。復員後、水戸市議、茨城県議、水戸市長を歴任。昭和3年茨城1区より衆議院議員に当選し、通算5期を務めた。また、茨城県医師会長、日本医師会議員をも務めた。

中里 介山　なかざと・かいざん
小説家
明治18年(1885年)4月4日〜昭和19年(1944年)4月28日
[生]神奈川県西多摩郡羽村(東京都羽村市) [名]本名＝中里弥之助, 別号＝羽村子, 石雲生, 遊於 [学]西多摩小学校高等科卒 [歴]幼少の頃から古典を耽読し、明治30年12歳で上京して書生となり、その後何度か上京、帰村をくり返す。東京電話局の交換手、キリスト教の伝道、小学校の代用教員などをしながら「万朝報」に新体詩を投稿。キリスト教的社会主義の思想から幸徳秋水、山口孤剣らに接し、「平民新聞」の懸賞小説で「何の罪」が佳作で入選。「平民新聞」の寄稿家から38年「直言」の編集同人となり、その年火鞭会を組織し、39年「今人古人」を刊行。同年都新聞社に入社し、大正11年まで社員として活躍する。「都新聞」には「高野の義人」「島原城」などを連載、大正2年から「大菩薩峠」を連載する。「大菩薩峠」は「隣人之友」などに書きつがれたが、昭和19年の急逝で未完の大作となった。都新聞退職後は隣人学園を創設し、昭和3年に羽村に西隣村塾を開設した。大正15年「隣人之友」を創刊し、昭和10年には「峠」を創刊。11年衆議院選挙に立候補したが落選。第二次大戦中、日本文学報国会の加入をことわり、日露戦争以来の反戦主義者としての思想をつらぬいた。「中里介山全集」(全20巻, 筑摩書房)がある。

中里 恒子　なかざと・つねこ
小説家
明治42年(1909年)12月23日〜昭和62年(1987年)4月5日
[生]神奈川県藤沢市 [名]本名＝佐藤恒, 旧姓・旧名＝中里 [学]神奈川高等女学校〔大正14年〕卒 [資]日本芸術院会員〔昭和58年〕 [歴]昭和3年処女作「砂上の塔」を「創作月刊」に発表、同年創刊の女性だけの同人誌「火の鳥」に参加。兄が戦前では珍しい国際結婚をしたことから、これをテーマにした「乗合馬車」を13年に発表。女性初の芥川賞を受賞した。「此の世」「歌枕」「わが庵」「時雨の記」、短編集「花筐」などが代表作。透徹した目で人生、風土をみつめた作風に定評がある。58年日本芸術院会員。「中里恒子全集」(全18巻, 中央公論社)がある。 [賞]芥川賞(第8回)〔昭和13年〕「乗合馬車」, 日本芸術院賞恩賜賞(第31回, 昭49年度)〔昭和50年〕「わが庵」

仲里 陽史子　なかざと・よしこ
箏曲家
明治25年（1892年）〜昭和21年（1946年）8月2日
[生]沖縄県那覇西村（那覇市）[歴]沖縄で箏曲の名手と言われた伊波興厚に入門。師の没後、その業を引き継ぎ、後継者の指導に当たった。また、箏曲家の大湾ユキラとともに琉球箏曲の整理・編纂を行い、昭和15年「琉球箏曲工工四」を刊行。これと同時に琉球箏曲興陽会を設立するなど、箏曲の振興と発展に尽くすところがあった。20年満州に渡るが、敗戦で引き揚げる途中、朝鮮半島北部で没した。

長沢 英一郎　ながさわ・えいいちろう
英語学者　学習院教授
明治22年（1889年）1月30日〜昭和40年（1965年）11月5日
[生]群馬県[学]立教大学文科[大正2年]卒、東京帝国大学英文学科[大正5年]卒[歴]同級に芥川龍之介、久米正雄らがいた。東北学院を経て、大正8年学習院に転じ、11年教授となり、昭和24年退職。東京学芸大教授、実践女子大英文科長、38年川村短期大学教授。著書に「英作文便覧」、訳書に「アリババとアラジン」、ホーソーン「伝記物語」、ラム「ユリシーズの冒険」など。

中沢 毅一　なかざわ・きいち
生物学者　駿河湾水産生物研究所主宰
明治16年（1883年）11月21日〜昭和15年（1940年）10月18日
[生]山梨県東山梨郡加納岩村（山梨市）[専]水産学[学]甲府中[明治34年]卒、一高理科乙類[明治39年]卒、東京帝国大学理科大学動物学科[明治42年]卒[歴]素封家の長男として生まれ、14歳で洗礼を受ける。明治43年農商務省水産講習所に入り、同年技師となり甲殻類の研究に従事。大正4年禁漁期のサクラエビの生態調査を実施、調査結果を発表して駿河湾内の漁場の将来性を説いた。6年辞職して郷里で帰農したが再び上京し、9年一高講師、10年科学啓蒙誌「科学知識」編集主任を務める。昭和3年サクラエビの不漁によって地元より調査依頼を受け、静岡県蒲原町に私設の駿河湾水産生物研究所を設立。サクラエビの好不漁と富士川の水質・水量の因果関係を指摘し、製紙工場の排水による水質汚濁にも警告を発した。5年昭和天皇に進講。8年東京慈恵会医科大学予科教授。著書に「神・人・人間」などがある。　[家]二男＝中沢厚（民俗学者）、三男＝中沢護人（科学技術史家）、孫＝中沢新一（宗教学者・思想家）、女婿＝網野善彦（歴史家）

中沢 見明　なかざわ・けんみょう
僧侶（浄土真宗本願寺派）
明治18年（1885年）4月12日〜昭和21年（1946年）1月21日
[生]三重県[専]仏教史[学]仏教中学中退[歴]三重の古刹である暁覚寺の第16世住職を務めた。学僧として親鸞や郷土史の研究を「史学雑誌」に発表。大正11年「史上之親鸞」を刊行、実証性を重んじた親鸞の思想・行動の研究書の嚆矢とされ、小説家・吉川英治の処女作「親鸞」にも影響を与えたといわれる。また同書を推挙した辻善之助東京帝国大学教授により同大に招かれるが辞退した。その後も「龍大論叢」「高田学報」「歴史公論」「中外日報」などに研究結果を発表した。他の著書に「古事記論」「真宗源流史論」がある。　[家]甥＝武内義範（京都大学名誉教授）

永沢 信之助　ながさわ・しんのすけ
金港堂社長
明治16年（1883年）3月7日〜昭和28年（1953年）12月18日
[生]京都府京都市[学]立命館大学法学部卒[歴]明治36年立命館大学法学部を卒業して書肆五車楼に入り、池辺義象らとともに若菜会の短歌・文芸雑誌「さをしか」の編集に携わる。のち母校の立命館大学が発行する「法政時論」「経済時報」の編集

を担当して認められ、中川小十郎の勧めで東京の金港堂に入社。大正3年独立して京都に金港堂を開業。当初は新刊書籍・雑誌販売を行っていたが、11年ごろから中等教科書や学習参考書の出版もはじめ、着実に社業を発展させた。昭和4年京都書籍雑誌商組合長、翌5年同相談役を務めたほか、京都出版協会会長、全国書籍商連合会幹事、京都中等教科書協会理事長などを歴任し、京都の出版業界のために尽くした。

中沢 佑　なかざわ・たすく
海軍中将
明治27年（1894年）6月28日〜昭和52年（1977年）12月21日
[生]長野県[学]海兵（第43期）[大正4年]卒、海大[昭和3年]卒[歴]大正5年海軍少尉に任官。軍令、軍政の両畑を歩き、昭和11年連合艦隊参謀、12年軍令部第一部第二課長、14年同部第一課長、15年重巡洋艦「足柄」艦長、16年第五艦隊参謀長を経て、17年海軍少将に進み海軍省人事局長。18年から軍令部第一部長、19年第二十一航空戦隊司令官、20年高尾警備府参謀長などを歴任後、海軍中将で予備役に編入。

長沢 佑　ながさわ・たすく
詩人　社会運動家
明治43年（1910年）2月17日〜昭和8年（1933年）2月17日
[生]新潟県中蒲原郡[学]五箇小[大正11年]卒[歴]小学校卒業後塾で学び、大正12年呉服屋に奉公したが、15年上京し、文学に関心を抱く。昭和3年帰郷し全農新潟県連合会南部地区書記となる。6年ごろから文学の面でも活躍し、詩「貧農のうたへる詩」や作品集「蕗のとうを摘む子供等」などがある。7年プロレタリア作家同盟新潟支部書記長となり、機関紙「旗風」を創刊。再三検挙され、栄養失調などのため23歳で死亡した。

中沢 弘光　なかざわ・ひろみつ
洋画家
明治7年（1874年）8月4日〜昭和39年（1964年）9月8日
[生]東京府芝源助町（東京都港区）[学]東京美術学校西洋画選科[明治33年]卒[資]帝国美術院会員[昭和5年]、日本芸術院会員[昭和22年]　[歴]新設まもない東京美術学校で黒田清輝の指導を受け、明治29年白馬会、のち光風会創立に参加。明治〜昭和の3代にわたり、文展、帝展、日展と我が国近代美術界の表通りを歩き続け、秀れた画業を残す。大正11〜13年ヨーロッパに滞在。帝国美術院会員、帝室技芸員、文化功労者となった。代表作品に「おもいで」「まひる」など。ほかに与謝野晶子著「常夏」「日光」「舞姫」、正宗白鳥著「落日」など挿絵の仕事も多く手がけた。　[賞]文化功労者[昭和32年]

永沢 富士雄　ながさわ・ふじお
野球選手
明治37年（1904年）9月13日〜昭和60年（1985年）3月19日
[生]北海道函館市[学]函館商[歴]函館商から大洋オーシャンに入り、強打者として活躍。大リーグの来日に伴い全日本に選ばれ、日米野球終了後は大日本東京野球倶楽部（現・読売巨人軍）の結成に参加。昭和10年米国遠征のために渡米、4ケ月間に63都市を回り計109試合をこなす強行日程の中、唯一全試合出場を果たした。守備の名手として知られ、球団公式戦初試合では4番を打った。退団後は函館新聞社に勤務して運動部長を務め、函館オーシャン監督として都市対抗本大会にも出場した。実働8年、339試合出場、789打数158安打、5本塁打、96打点、打率.200。

中沢 弁次郎　なかざわ・べんじろう
農民運動家
明治24年（1891年）7月7日〜昭和21年（1946年）11月28日
[生]埼玉県児玉郡丹荘村（神川町）[学]長野県養蚕学校卒[歴]農業指導員として岩手、宮城の農村を巡回していたが、23歳で

なかさわ　　　　　　　　　　　　　昭和人物事典 戦前期

上京、雑誌記者の傍ら東京商工附属専修学校などで学ぶ。大正5年雑誌「食糧評論」を主宰し、13年政治研究会創立に参加。15年中部日本農民組合長。同年労農民衆党を設立して委員長。のち、日本農民党に属した。昭和3年全日本農民組合会長に就任。5年日本農民組合顧問となって第一線を退いた。11年愛国労働農民同志会農民部長、14年愛国政治同志会理事。

中沢 良夫　　なかざわ・よしお
応用化学者 京都帝国大学名誉教授
明治16年（1883年）9月19日〜昭和41年（1966年）8月28日
生東京都 専無機化学工業、電気化学工業 学三高〔明治36年〕卒、東京帝国大学工科大学応用化学科〔明治39年〕卒 工学博士（九州帝国大学）〔明治45年〕 歴中沢岩太の長男。明治44年九州帝国大学教授、大正3年京都帝国大学教授となり、工学部長を経て、昭和19年退官、名誉教授。京都工芸繊維大学学長、京都工業短期大学学長を歴任。12年度の工業化学会会長も務めた。著書に「炭化石炭の工業的製造」がある。一方、三高野球部の三塁手で活躍、大正4年全国中等学校野球大会の創設に尽力、昭和23年全国高校野球連盟（現・日本高校野球連盟）創設に伴い会長となった。高校野球生みの親。平成3年野球殿堂入り。26年第1回京都野球殿堂入り。 家父＝中沢岩太（応用化学者）

中沢 米太郎　　なかざわ・よねたろう
棒高跳び選手
生年不詳〜昭和59年（1984年）2月5日
出大阪府 歴大正11年岸和田中5年の時、棒高跳びで日本記録を樹立。昭和3年アムステルダム五輪に出場、棒高跳びに3メートル90の記録で6位入賞した。36〜48年岸和田市長3期。近畿市長会会長も務めた。

中沢 亮治　　なかざわ・りょうじ
農芸化学者 台北帝国大学理農学部教授
明治11年（1878年）12月18日〜昭和49年（1974年）12月2日
生東京府日本橋区（東京都中央区） 学東京帝国大学農科大学農芸化学専科〔明治38年〕卒 農学博士 歴醸造試験所を経て、明治44年台湾総督府研究所、大正10年中央研究所醸造科長、昭和12年理農学部長。この間5年から台北帝国大学理農学部教授を兼任。14年退任後、武田薬品工業顧問。また19年財団法人発酵研究所設立に参加、初代所長となった。著書に「発酵および生物化学文献集」がある。 賞農学賞〔昭和10年〕

中島 敦　　なかじま・あつし
小説家
明治42年（1909年）5月5日〜昭和17年（1942年）12月4日
生東京市四谷区箪笥町（東京都新宿区） 歴大学卒業後、横浜高等女学校の教師に就任。一高時代から同人雑誌には属さず に創作をし、また幅広く文学を学ぶ。昭和9年「虎狩」を中央公論社の公募に応募し、選外佳作となる。11年「狼疾記」「かめれおん日記」を書く。一高時代から喘息に苦しみ、転地療養を目的に16年休職、南洋庁の国語教科書編集書記としてパラオに赴く。17年「山月記」「文字禍」が「古譚」の総題で「文学界」に発表されて評価される。以後、作家として立つことを決意し、同年「光と風と夢」「南島譚」を刊行したが、12月に死去した。遺作に名作「李陵」がある。没後の23年から24年にかけて「中島敦全集」（全3巻、筑摩書房）が刊行され、毎日出版文化賞が与えられた。 家祖父＝中島撫山（漢学者）

中嶋 亥太郎　　なかじま・いたろう
陸上選手
生年不詳〜平成5年（1993年）5月20日
出静岡県御殿場市 学早稲田大学卒 歴陸上400メートルで日本人初の50秒を切る49秒0を記録、昭和7年のロサンゼルス

五輪陸上競技の200メートル、1600メートルリレー、400メートルリレー3種目に出場。うち、リレー2種目はいずれも5位に入賞した。

中島 栄次郎　　なかじま・えいじろう
評論家 詩人
明治43年（1910年）8月18日〜昭和20年（1945年）5月7日
生大阪府大阪市天王寺 学京都帝国大学文学部哲学科〔昭和9年〕卒 歴大阪高校時代の同級生に保田与重郎、田中克己らがいる。昭和7年保田、田中らと雑誌「コギト」を創刊。10年保田、亀井勝一郎らと文芸雑誌「日本浪曼派」を創刊。その創刊号に「浪曼派の機能」を執筆。リアリズム、リベラリズム、ロマン、象徴などをテーマにニーチェ、ソクラテス、芭蕉、川端康成など古今東西の作品を対象に活発な評論活動を展開。同人に参加した太宰治、伊東静雄、檀一雄をはじめ文学界に大きな影響を与えた。他に「新潮」「文学界」にも執筆。日本大学大阪専門学校教授も務めた。

中島 莞爾　　なかじま・かんじ
陸軍砲工兵少尉
大正1年（1912年）10月19日〜昭和11年（1936年）7月12日
生佐賀県小城郡小城町（小城市） 学陸軍砲工学校 歴昭和9年陸軍砲工兵少尉に任官、鉄道第二連隊付となる。陸軍砲工学校に在学中の11年、二・二六事件に参加。当日、中橋基明中尉と共に約100名の下士官及び兵を指揮し高橋は清蔵相の私邸を襲撃して殺害、次いで中橋、栗原安秀中尉、池田俊彦少尉などの将校と軍用トラック3台、兵約60名を率いて東京朝日新聞を襲い新聞発行を止めた。さらに日本電報通信社、国民新聞社、報知新聞、東京日日新聞社、時事新報社を襲い、蹶起趣意書を配布、その掲載を要求した。事件後、軍法会議で死刑判決を受け、同年7月12日に刑死した。

中島 清　　なかじま・きよし
ドイツ文学者
明治16年（1883年）10月6日〜昭和41年（1966年）12月19日
生佐賀県佐賀郡神野村 学東京専門学校（現・早稲田大学），神田ドイツ語専修学校、小石川ドイツ学院 歴大正12年頃からゲーテ、クライスト、グリルパルツァー、ヘッベル、ヴァーグナー、ルートヴィヒ、ハウプトマン、シュニッツラーなど、またアルツィバーシェフ「サーニン」（上・下）などを訳す。昭和8年「ゲーテの生涯」を刊行、翌年筆を折って南米、ドイツ等を遍歴した。

中島 久万吉　　なかじま・くまきち
政治家 実業家 男爵 商工相
明治6年（1873年）7月24日〜昭和35年（1960年）4月25日
生神奈川県横浜市 学明治学院中退、高等商業学校（現・一橋大学）〔明治30年〕卒 歴土佐藩士で海援隊に入り、明治に至って初代衆議院議長を務めた中島信行の長男。生母・初穂は陸奥宗光の妹で、継母は自由民権運動家の中島俊子（岸田俊子）。8歳で父の郷里の高知に移り、伯父の久家種平に論語や大学の素読を受けた。12歳で東京に帰り、東京一致英和学校及びその後進である明治学院に学ぶ。同校中退後は継母の紹介で高等商業学校校長の矢野二郎に師事、同校に通った。明治30年東京株式取引所に入社。34年第一次桂内閣における桂太郎首相秘書官に就任。37年貴族院議員。39年西園寺公望に請われて首相秘書官を留任。しかし従兄の古河潤吉の病死により、その嗣子・古河虎之助の補佐役として古河鉱業に入社。44年横浜電線製造（古河電工）、大正6年横浜護謨製造（横浜ゴム）の設立に参画した。5年日本工業倶楽部創設に伴い専務理事。昭和5年臨時産業合理局常務顧問として産業合理化運動を推進。7年斎藤実内閣に商工相として入閣。9年貴族院において足利尊氏を讃美したとして菊池武夫らの攻撃を受けたため

552

大臣を辞任、帝人事件にも連座して、一時政財界から退いた。戦後は公職追放を免れ、22年日本貿易会を設立。30年文化放送会長。　家父＝中島信行（政治家），養母＝中島俊子（自由民権運動家），伯父＝陸奥宗光（政治家・外交官）

中島 今朝吾　なかじま・けさご
陸軍中将
明治15年（1882年）6月15日～昭和20年（1945年）10月28日
生大分県　学陸士（第15期）〔明治36年〕卒，陸大〔大正2年〕卒　歴砲科出身で、大正9年ベルサイユ平和条約実施委員としてドイツに駐在。その後野砲第7連隊長、習志野学校長、憲兵司令官を歴任した。昭和12年宇垣一成の組閣に際し、陸軍の強硬意見を代表し、宇垣に辞退を勧告した。同年第16師団長となり、南京攻略戦に参加、南京虐殺に関わった。13年大本営や政府首脳あてに停戦・和平要請の建白書を提出、同年第4軍司令官（満州）になるが、翌14年予備役となる。

中島 重　なかじま・しげる
政治学者 関西学院教授
明治21年（1888年）5月3日～昭和21年（1946年）5月29日
生岡山県上房郡松山村　名旧姓・旧名＝柳井　学六高卒、東京帝国大学法科大学〔大正5年〕卒　歴六高在学中受洗。大正6年同志社大学講師となり、のち法学部教授。昭和4年学内紛争で辞任、5年関西学院教授となった。英国を中心に唱えられた多元的国家論を紹介、また賀川豊彦らと社会的キリスト教運動の指導者となり、雑誌「社会的基督教」を編集した。著書に「多元的国家論」「神と共同社会」「発展する全体」などがある。

永島 孝雄　ながしま・たかお
社会運動家
明治44年（1911年）11月2日～昭和17年（1942年）10月9日
生朝鮮・咸興　学京都帝国大学文学部哲学科　歴京都帝国大学在学中、学友会の活動に参加し検挙されて停学処分となる。復学後の昭和10年共産主義者のグループを結成し「学生評論」を刊行。13年京都人民戦線派に対する弾圧で検挙され懲役3年に処せられたが、服役中結核が重くなって仮釈放され、間もなく死去した。

中島 琢之　なかじま・たくし
衆議院議員
明治18年（1885年）3月29日～昭和31年（1956年）7月15日
生岡山県南東条郡高野村　学一高卒、東京帝国大学医科大学〔明治43年〕卒　歴大正3年帰郷して開業。昭和4年津山市議会議長を経て、5年衆議院議員に当選。民政党に所属し1期務めた。10年から津山市長を2期。戦後、26年再び津山市長に当選。岡山県医師会長も務めた。

中島 知久平　なかじま・ちくへい
実業家 政治家
明治17年（1884年）1月1日～昭和24年（1949年）10月29日
生群馬県新田郡尾島村（太田市）　学海軍機関学校〔明治41年〕卒，海大〔明治45年〕卒　歴明治35年郷里を出奔、37年海軍機関学校に合格。40年卒業し、41年海軍機関少尉に任官。44年海軍大学校に進む頃には飛行機に興味を持ち、45年米国、大正3年フランスへ出張して航空界を視察。6年郷里の群馬県太田町に飛行機研究所を設立して所長に就任。7年中島飛行機製作所に改称。間もなく川西清兵衛の出資を得て、同年合資会社の日本飛行機製作所となったが、8年川西と対立して日本飛行機製作所を解散、中島飛行機製作所として再スタートを切った。昭和6年中島飛行機株式会社に改組。以来、20年に第一軍需工廠として国家管理下におかれるまで、陸軍の九七式戦闘機、一式戦闘機「隼」、二式単座戦闘機「鍾馗」、四式戦闘機

「疾風」、海軍の九七式艦上攻撃機、艦上攻撃機「天山」、艦上偵察機「彩雲」など、数々の飛行機を生産する国内最大の航空機メーカーに育て上げ、敗戦まで我が国最大の生産機数を誇った。20年8月の敗戦直後、社名を富士産業に改称。一方、5年衆議院議員に当選、政友会に入党。6年犬養毅内閣が成立すると1期ながら商工政務次官に抜擢され、12年第一次近衛文麿内閣の鉄道相として初入閣した。13年には政友会総裁に就任した。敗戦直後の東久邇稔彦内閣で軍需相、商工相を務めたが、同年A級戦犯に指定された。22年解除。没後の25年、富士産業は12社に解体され、富士重工業やリズムなどになった。　家養子＝中島源太郎（衆議院議員）、弟＝中島喜代一（中島飛行機社長）、中島門吉（中島飛行機取締役）、中島乙未平（富士産業社長）、孫＝中島洋次郎（衆議院議員）

中島 鉄蔵　なかじま・てつぞう
陸軍中将
明治19年（1886年）10月12日～昭和24年（1949年）7月25日
生山形県　学陸士（第13期）〔明治38年〕卒，陸大〔大正7年〕卒　歴歩兵第29連隊付を経て陸大卒。大正8年歩兵学校教官、10年フランス駐在、15年陸大教官、昭和5年参謀本部課長、8年侍従武官、12年参謀本部総務部長。13年中将、参謀本部次長となり、ノモンハン事件には、2度渡満、関東軍の事件拡大を中止するよう命令した。その責任をとり、事件後の14年関東軍司令官とともに予備役編入。18年陸軍司政長官としてジャワ赴任。

中島 董一郎　なかじま・とういちろう
実業家 キユーピー創業者 中島董商店創業者
明治16年（1883年）8月22日～昭和48年（1973年）12月19日
生愛知県幡豆郡大宝村（西尾市）　学東京府立尋常中〔明治35年〕卒、水産講習所（現・東京海洋大学）〔明治40年〕卒　歴明治42年缶詰会社・若菜商店に入社。45年農商務省の海外実業練習生に応募、大正元年合格して渡欧。ロンドンで2年、米国で1年実地に学んだ。この間、行きの船中でオレンジ・マーマレードを口にして将来の販売製造を決意し、米国ではマヨネーズに興味を持った。5年帰国。7年缶詰仲次業の中島商店を創業。はじめは堤商店の「あけぼの印」、つづいて北洋漁業の「D印」鮭缶詰を販売。昭和13年株式会社中島董商店に改組。昭和初年には、みかん缶詰を送り出して大ヒットとなる。また、大正8年食品工業株式会社を設立し、14年より本格的にマヨネーズの製造を開始。"キユーピーマヨネーズ毎日の食膳に"のキャッチフレーズで「キユーピーマヨネーズ」を売り出し、発売当初は年間売り上げ以上の広告費を投じてPRに努め、我が国にマヨネーズを定着させた。　家長男＝中島雄一（キユーピー会長）、弟＝石川辰二郎（福久緑商会店主）、伯父＝田宮鈴太郎（男爵）

中島 徳蔵　なかじま・とくぞう
倫理学者 東洋大学学長
文久4年（1864年）2月2日～昭和15年（1940年）5月31日
生上野国佐位郡今井村（群馬県）　学東京帝国大学文科大学哲学科専科卒　歴大正15年東洋大学学長に就任、東洋大学の中興の祖としてその発展に尽くし、さらに東京工業大学、日本大学、跡見学園大学、共立女子大学などで道徳倫理学を講じた。実践倫理を説いては当時第一人者といわれ、丁酉倫理会の組織とその発展にも寄与した。著書に「倫理学概論」「実践倫理講話」「論語の組織的研究」など。

中島 直人　なかじま・なおと
小説家
明治37年（1904年）4月20日～昭和15年（1940年）12月13日
生米国・ハワイ　学早稲田大学英文科中退　歴少年時代をハワイですごし、「新科学的文芸」「木靴」などの同人となる。「ワ

なかしま　　　　　　　　　　昭和人物事典 戦前期

イアワ駅」「キビ火事」などの作品があり、昭和11年「ハワイ物語」を刊行。同年ハワイに渡り、さらにサンフランシスコ郊外の日本人学校校長になったが、交通事故で死去した。

長島 毅　　ながしま・はたす
司法官 大審院長
明治13年（1880年）6月8日～昭和23年（1948年）3月18日
⊞神奈川県横浜市 ⚫東京帝国大学法科大学独法科〔明治39年〕卒 ⚫明治39年横浜正金銀行に入り、神戸支店、本店に勤めたが、44年司法省に入省。大正2年判事となり、東京、横浜各地方裁判所判事、司法省参事官、書記官、昭和3年民事局長、8年札幌控訴院長、9年広島控訴院長を歴任。10年岡田啓介内閣の司法次官となった。12年大阪控訴院長、15年大審院部長、16年大審院長、19年退官。戦後、公職追放。 ⚫甥＝長島敦（最高裁判事）

中島 葉那子　　なかしま・はなこ
詩人
明治42年（1909年）12月20日～昭和14年（1939年）4月20日
⊞北海道夕張郡角田村（栗山町）⚫本名＝更級はなゑ、筆名＝南条美鈴 ⚫早くから詩や短歌を作り、南条美鈴の筆名で高等女学校講義録の短歌欄に投稿。のち詩作に専念し、農民運動の影響を受けて農民側に立った激しい詩を数多く作った。昭和5年頃から詩人・竹内てるよと交流。また、小柄沙皎主宰の詩誌「くさみち」や更科源蔵主宰の詩誌「北緯五十度」などにも作品を投稿した。6年更科と結婚し、2女をもうけるが、14年29才の若さで死去。作品に「幼な物がたり」「馬鈴薯薯階級の詩」などがある。 ⚫夫＝更級源蔵（詩人）

中島 治康　　なかしま・はるやす
野球選手
明治42年（1909年）6月28日～昭和62年（1987年）4月21日
⊞長野県松本市中山 ⚫早稲田大学卒 ⚫昭和3年松本商のエースとして甲子園で優勝。早大では一塁手、外野手として活躍。9年巨人に入団。13年秋の史上初の三冠王をはじめ、MVP1回、首位打者2回、本塁打王2回、打点王4回獲得。18年シーズン途中に監督を兼任し、優勝。25年大洋に移籍し、26年引退。通算871試合、3296打数889安打、57本塁打、491打点、打率.270。引退後は読売新聞社嘱託として、主にアマ野球の評論、育成を行った。38年殿堂入り。

中島 広吉　　なかしま・ひろきち
林学者 北海道帝国大学農学部教授
明治22年（1889年）3月10日～昭和48年（1973年）11月29日
⊞東京都 ⚫測樹学、森林経理学 ⚫東北帝国大学農科大学林学科〔大正2年〕卒 林学博士〔大正12年〕 ⚫昭和2年から2年間欧米に留学。東北帝国大学農科大学助教授、改組により北海道帝国大学助教授を経て、4年教授。同大演習林長、農学部長を歴任。27年退官後は北海道学園大学教授。日本学術会議会員、中央森林審議会委員なども務めた。森林立木材積表を作り、また単木の成長量を査定する樹幹析解法を明らかにし、広く利用された。著書に「森林立木材積表」「森林経理学新講」「樹幹析解」「林価算法及森林較利学」などがある。

中島 鵬六　　なかしま・ほうろく
弁護士 衆議院議員
明治18年（1885年）2月～昭和6年（1931年）2月17日
⊞宮城県 ⚫本名＝中嶋鵬六 ⚫東京帝国大学独法科〔明治45年〕卒 ⚫弁護士を営む。仙台産馬畜産組合長、馬政委員会委員を務める。この間、大正9年から衆議院議員を通算3期務めた。政友会に所属した。

中島 実　　なかじま・みのる
眼科学者 名古屋帝国大学教授
明治26年（1893年）9月14日～昭和26年（1951年）2月26日
⊞長崎県島原 ⚫東京帝国大学医学部〔大正8年〕卒 医学博士〔大正15年〕 ⚫東京帝国大学眼科学教室を経て、大正10年東京女子医学専門学校講師、次いで熊本医学専門学校講師、教授。13年愛知県立医科大学助教授。昭和2年金沢医科大学教授となり、3年欧州留学。帰国後、眼科学、特に網膜の化学的研究に新分野を開拓。15年名古屋帝国大学教授、25年東京大学教授となった。 ⚫長男＝中島彰（眼科学者）

中島 守利　　なかしま・もりとし
衆議院議員
明治10年（1877年）10月15日～昭和27年（1952年）1月28日
⊞東京都 ⚫独学して東京の新宿郵便局長、新宿町長となり、明治42年から東京府会議員。大正9年以来衆議院議員当選6回、政友会に属した。昭和3年東京市会疑獄に連座、9年有罪となり議員失格。戦後自由党から衆議院議員当選3回、党衆議院議員総会長を務めた。

中島 弥団次　　なかじま・やだんじ
衆議院議員
明治19年（1886年）6月13日～昭和37年（1962年）12月21日
⊞高知県 ⚫東京帝国大学政治科〔明治45年〕卒 ⚫内務省に入り青森県属ののち、大蔵省に転じ専売局事務補、参事などを経て、大正13年同郷の先輩浜口雄幸蔵相の秘書官となり、昭和2年民政党結成で浜口総裁秘書。3年第1回普通選挙に東京府2区から当選、以来連続6回当選。その間浜口首相秘書官、第二次若槻礼次郎内閣の鉄道参与官、広田弘毅内閣の大蔵政務次官を歴任した。戦時中は翼政会、日政会各総務を務め、戦後公職追放、25年解除。また大洋漁業顧問、淀川製鋼所取締役、東京貿易監査役なども務めた。

永嶋 暢子　　ながしま・ようこ
婦人運動家 新聞記者
明治30年（1897年）1月16日～昭和21年（1946年）1月4日
⊞青森県八戸 ⚫本名＝永嶋ヨネ、筆名＝轟木歌、松池美代、新島まち、木下淳子、陸奥光代 ⚫青森県立実科高等女学校卒 ⚫卒業後上京し、大正9年平塚らいてうらの新婦人協会の婦人運動に加わる。関東大震災における被災者の救済活動を機として東京連合婦人会が発足すると、その常任書記として会の中心的な役割を担った。この頃からマルクス主義に傾倒し、学習会や講座などにも参加。また婦人運動の傍ら評論家としても活動し、「婦人公論」などに寄稿。14年婦女新聞社に入社し、次いで昭和4年には女性運動家の神近市子の後任として「女人芸術」の社会時評欄担当となり、女性や労働の問題など社会の矛盾を鋭く批判した。その後、モップル（国際赤色救援会）や日本労働組合全国協議会（全協）に拠ってマルクス主義的な運動を展開するが、9年全協の繊維女工オルグ中に検挙。2年の獄中生活を経て、出所ののち13年中国に渡り、「月刊満州」「鉱工満州」などの編集に携わりながらも運動を続け、17年9月の第一次満鉄事件に連座して逮捕された。終戦後は孤児の収容施設開設を志すが、果たせず病死した。一説にはロシア軍侵入に際して自殺したとも言われている。

中島 良貞　　なかじま・よしさだ
放射線医学者 九州帝国大学医学部教授
明治20年（1887年）4月9日～昭和46年（1971年）1月5日
⊞長崎県南高来郡 ⚫九州帝国大学医科大学〔大正3年〕卒 医学博士（九州帝国大学医科大学）〔大正12年〕 ⚫大正4年九州帝国大学武谷内科に入り、14年欧米留学、レントゲン学を研究。昭和2年帰国して助教授、4年国立大学に初の放射線科を創設、教授となった。11年福岡市で開いた第3回日本放射線医

学会会長、18年改組の日本医学放射線学会長、19年九州帝国大学医学部附属病院長、21年医学部長となったが、20年の生体解剖事件の戦争責任を負って22年3月、教授を辞し退官。島原市で中島医院を開業、33年病院に拡張。九州大学名誉教授、日本医学放射線学会名誉会員、日本放射線技術学会名誉顧問。著書に「医学レントゲン学講義」(全3巻)がある。

仲小路 彰　なかしょうじ・あきら
思想家
明治34年(1901年)2月26日～昭和59年(1984年)9月1日
生 東京都　学 東京帝国大学文学部哲学科〔大正13年〕卒　歴 政治家・仲小路廉の二男。昭和2年春陽堂入社。新カント派の研究、伊藤吉之助編「哲学小辞典」(昭和5年)の項目執筆など、地道な研究者として出発したが、のち国粋主義運動に関与した。著書に「世界史話大成」「日本世界主義体系」など。　家 父＝仲小路廉(政治家)

長末 友喜　ながすえ・ともき
洋画家
大正5年(1916年)～昭和24年(1949年)8月1日
生 福岡県田川郡赤池町　学 八幡工〔昭和11年〕卒　歴 3歳の時父を亡くし、高小卒業後15歳で八幡製鉄所の日雇い労働者となり、傍ら八幡工に通学。21歳の時日中戦争に召集され、中国山西省に派遣。22歳で兵役解除。その頃シュールレアリスム絵画の巨匠・福沢一郎著「シュールレアリスム」と長谷川三郎著「アブストラクト」に影響を受け画家に。昭和15年24歳の時、福沢一郎が結成した美術文化協会の第1回展から出品。「季節の貢」や「戦野の生態」など日中戦従軍の体験をもとに戦乱の時代にあえて人間の苦しみを描いた作品が、のち超現実主義絵画の重要な作品の一つに数えられている。本格的なシュールレアリスムの道をゆく画家として中央からもその才能を嘱望されたが、戦時下の思想弾圧で失意と彷徨の旅を続け写実の世界に遁走。24年無頼の酒好きが災いし、山口県豊浦郡の角島で写生中、砂浜で泥酔したまま33歳の若さで死去。「角島にて」などの作品が北九州市立美術館に所蔵されている。

中田 薫　なかだ・かおる
法制史学者　東京帝国大学名誉教授
明治10年(1877年)3月1日～昭和42年(1967年)11月21日
生 鹿児島県　学 東京帝国大学大学院日本法制史専攻・比較法制史専攻　法学博士〔明治43年〕　資 帝国学士院会員〔大正14年〕　歴 明治35年東京帝国大学助教授、41年英国、ドイツ、フランスに留学、帰国後44年教授となり、法制史講座を担任。「日本庄園の系統」など法制史に業績をあげた。大正14年帝国学士院会員。昭和12年定年退官し名誉教授。戦後21年勅選貴族院議員、文化勲章受章。著書に「法制史論集」(全4巻)、「徳川時代の文学に見えたる私法」「庄園の研究」「村及び入会の研究」などがある。　勲 文化勲章〔昭和21年〕　賞 文化功労者〔昭和26年〕

中田 覚五郎　なかた・かくごろう
植物病理学者　九州帝国大学農学部教授
明治20年(1887年)11月1日～昭和14年(1939年)11月14日
生 栃木県河内郡富屋村(宇都宮市)　学 四高卒、東京帝国大学農科大学〔明治45年〕卒　農学博士(東京帝国大学)〔昭和2年〕　歴 明治45年朝鮮総督府勧業模範場技手となり、大正5年朝鮮総督府農林学校教諭を兼任、7年官制改正により水原農林専門学校教授。8年欧米へ留学、10年1月九州帝国大学農学部助教授に任じられ、10月帰国、11年教授に昇任して植物病理学講座を担任。15年から朝鮮総督府勧業模範場技師を兼任。昭和10年東京帝国大学農学部講師、12年同教授を兼任。朝鮮の農学界に大きな功績を残す一方、タバコ病害に関しては煙草立枯病の病原菌を決定し、立枯病と混同されてきた空胴症

を明らかにした。著書に「煙草病害論」「作物病害図編」などがある。

仲田 勝之助　なかだ・かつのすけ
美術評論家　浮世絵研究家
明治19年(1886年)1月28日～昭和20年(1945年)12月25日
生 東京神田(東京都千代田区)　学 早稲田大学英文科卒、東京帝国大学美学美術史科卒　歴 はじめ読売新聞社に入社し、のち朝日新聞調査部に移り、美術批評、書評などを担当。日本美術、東洋美術を専門とし、岡本一平らとの共著「漫画と訳文」や「写楽」「絵本の研究」などの著書がある。　家 弟＝仲田定之助(美術評論家・実業家)

永田 キング　ながた・きんぐ
コメディアン
明治42年(1909年)～没年不詳
生 京都府　名 本名＝永田儀一　歴 大正13年中学を退学して俳優を志す。妹のミス・エロ子との漫才でデビューした後、徐々にコント・ショウ的なものに移る。昭和7年吉本興業専属となる。9年映画「爆笑王キング万歳」に出演。10年東京へ進出、14年新興キネマ演芸部に移籍。グルーチョ・マルクスを意識した、体を使って動き回る芸で人気を博したが、戦後にヒロポンに手を出して体調と精神の均衡を崩したといわれる。息子3人と野球コントを行い、43年「テレビ演芸場」に出演したが、その後の消息は不明。出演作に、映画「かっぽれ人生」「開化の弥次喜多」などがある。

中田 邦造　なかた・くにぞう
日比谷図書館長　石川県立図書館長
明治30年(1897年)6月1日～昭和31年(1956年)11月5日
生 滋賀県　専 社会教育、図書館、読書運動　歴 石川県社会事業主宰、石川県立図書館長、東京帝国大学司書官、日比谷図書館長を歴任。戦中、戦後青年層への読書運動に挺身した。

永田 絃次郎　ながた・げんじろう
テノール歌手
明治42年(1909年)9月7日～昭和60年(1985年)8月17日
生 朝鮮平安南道　名 本名＝金永吉　学 陸軍戸山学校卒　歴 平壌の栗問屋の二男。昭和4年渡日、朝鮮出身者として初めて陸軍戸山学校軍楽隊の生徒となり、首席で卒業。軍楽隊を離れた後、オペラ歌手を志して下八川圭祐に師事。9年、10年音楽コンクール声楽部門に出場して2年連続で第2位となった。11年藤原歌劇団のオペラ「蝶々夫人」で世界的プリマドンナ・三浦環の相手役に抜擢され、オペラ歌手としての地位を固めた。16年日夏英太郎監督の映画「君と僕」に主演。23～33年藤原歌劇団に在団し、藤原義江に次ぐ主役級として多くの舞台に立った。戦後は在日本朝鮮人連盟に参加、金永吉の名で朝鮮中央芸術団のリーダーとしても活躍した。34年から在日朝鮮人の帰国運動に参加、35年自身も第六次船の副団長として家族とともに北朝鮮に帰国。同国から功勲俳優の名誉称号を受けたが、数年後消息を絶った。平成16年北朝鮮の音楽雑誌「音楽世界」に評伝が掲載され、死亡が伝えられた。22年在日音楽プロデューサーにより「さよなら公演」などの音源が発売され、CDに復元された。　賞 音楽コンクール第2位(第3回)〔昭和9年〕、音楽コンクール第2位・名誉賞(第4回)〔昭和10年〕

仲田 定之助　なかだ・さだのすけ
美術評論家　彫刻家　実業家　三共産業社長
明治21年(1888年)7月2日～昭和45年(1970年)11月11日
生 東京府日本橋(東京都中央区)　学 錦城中〔明治39年〕中退　歴 美術評論家となった兄・勝之助の影響もあり少年時代から美術に関心を持つ。中学を中退して貿易会社の高田商会に入

り、大正8年三工商会専務。勤務しながら、11年ドイツに留学。第一次大戦後の新興美術に興味を持ち、ワイマール・バウハウスを訪問するなど、ヨーロッパの最先端美術に接した。13年帰国後、美術雑誌にバウハウスの紹介記事を発表する一方、「女の首」「首」などドイツ彫刻の影響を受けた作品を制作。14年三科造型美術協会員に迎えられ、同年第2回三科展に彫刻「ブーベンコップのヴィナス」を出品。15年中原実、玉村善之助らと単位三科を結成し、翌年の第1回展に立体構成の作品を発表。また、舞台美術を担当するなど、幅広い分野で活躍。昭和2年洋画家・三島菊代(仲田好江)と結婚。その後は実業界に転じ、8年昭和鉄合金取締役、11年専務、13〜22年三共産業社長、17年昭和鉱石綿社長、27年昭和鉄合金、三共産業各取締役、36年石綿工業会副理事長、45年まで昭和鉱石綿社長。同年明治下町風俗を記録した「明治商売往来」で日本エッセイスト・クラブ賞を受賞。他の著書に「ピカソ」「下町っ子」などがある。（家妻=仲田好江(洋画家)、兄=仲田勝之助(美術評論家)

永田 稠　ながた・しげし
移民事業家　日本力行会会長
明治14年(1881年)12月30日〜昭和48年(1973年)1月2日
生長野県諏訪郡豊平村(茅野市)　学東京専門学校(現・早稲田大学)中退　歴大正11年信濃海外協力設立に参画。13年ブラジルにアリサンサ移住地を建設。著書に「南米一巡」「信濃海外移住史」。

中田 重治　なかだ・じゅうじ
キリスト教伝道者　日本ホーリネス教会創立者
明治3年(1870年)10月3日〜昭和14年(1939年)9月24日
生陸奥国弘前(青森県弘前市)　学東京英和学校(青山学院)中退　歴東奥義塾普通科で本多庸一に感化されキリスト教に入信。その後上京し、東京英和学校(青山学院)で神学を学ぶ。北海道で伝道した後、明治29年渡米、D・L・ムーディ聖書学院に学び、31年帰国。34年神田に中央福音伝道館を創立、東洋宣教会と改称、大正6年さらに日本ホーリネス教会と改称、初代監督となった。翌年内村鑑三らとキリスト再臨信仰の運動を展開、キリスト教界に衝撃を与えた。昭和8年ホーリネス教会は聖教会ときよめ教会に分裂、きよめ教会の終身総理となった。「中田重治全集」(全7巻)がある。

永田 助太郎　ながた・すけたろう
詩人
明治41年(1908年)2月11日〜昭和22年(1947年)5月2日
生東京市牛込区(東京都神田佐栖木町)　学麻布中学中退　歴中学の時結核にやられ茅ヶ崎で療養中、詩集「温室」をまとめた。その後「詩法」「20世紀」「新領土」などに参加。狂暴なアバンギャルドと評され、反逆精神に富んだ詩を書いた。童話「月姫と月王子」のほか翻訳「タイタイ昔話」がある。

永田 善三郎　ながた・ぜんざぶろう
衆議院議員
明治18年(1885年)6月〜昭和25年(1950年)12月6日
出静岡県　学早稲田大学政治経済科　歴「台湾日日新報」記者、「満州日日新聞」編集長、永田鉱業社長、大連関東報社長、静岡民友新聞社社長を務める。大正13年から衆議院議員に当選5回。民政党に所属した。満州経済調査委員、広田内閣海軍参与官となったほか、第15回万国議院商事会議(ベルリン)に参列した。

永田 蘇水　ながた・そすい
「キネマ王国」編集発行人
明治31年(1898年)〜昭和35年(1960年)
生長野県　名本名=永田敬三　歴長野県・木曽川堤近くで水泳場や貸しボート業などを営む家に生まれる。活動写真好きが高じ、大正14年同好の仲間とキネマ王国社を発足。尾西市を拠点に活動を続け、地元の祭りなど実写映画を撮影するほか、ニュース映画を製作。傍ら、15年映画雑誌「キネマ夜話」を創刊。一時休刊を経て、昭和2年「キネマ王国」と改題し、3年1月旬刊誌として新年号から復刊。編集発行人を務め、名古屋や岐阜などの映画同人向けに発行を続けた。13年40歳で結婚。その前には雑誌の発行をやめ、新聞販売店や喫茶店、貸ボートなどを経営。35年61歳で死去。平成11年尾西市歴史民俗資料館の「尾西の今昔一卯年展」で、一宮市豊島図書館が収蔵している4冊の「キネマ王国」が展示された。

永田 鉄山　ながた・てつざん
陸軍中将
明治17年(1884年)1月14日〜昭和10年(1935年)8月12日
生長野県　学陸士(第16期)〔明治37年〕卒、陸大〔明治44年〕卒　歴陸大を抜群の成績で卒業し、大正2年から約10年間、ドイツ、デンマーク、スウェーデン、スイスに駐在。12年参謀本部に入ったあと教育総監部課員、陸大教官、警備動員課長、第3連隊長を経て、昭和3年軍務局軍事課長、さらに参謀本部第2部長と歩兵第1旅団長を歴任し、9年に軍務局長に就任。10年8月皇道派の陸軍中佐・相沢三郎に斬殺された。幼年学校、士官学校、陸大を首席で通し、「鉄山の前に鉄山なく、鉄山のあとに鉄山なし」といわれた俊才の合理主義者。軍務局長としては軍事総動員体制の基礎を築いたが、林陸相一派のいわゆる統制派に属し、皇道派からの攻撃目標となっていた。死後、中将に進級。

中田 篤郎　なかた・とくろう
法医学者　大阪医科大学名誉教授
明治17年(1884年)2月12日〜昭和27年(1952年)12月4日
生兵庫県出石郡合橋村(豊岡市)　学大阪府立高等医学校〔明治43年〕卒　医学博士　歴大阪府立高等医学校病理学教室に入り、助手、大正3年助教授となり、4年からスイス、オランダ、イタリアなどで8年間法医学を研究。9年大阪医科大学法医学講座初代教授となり、昭和18年退官、名誉教授。18〜20年徳島県立医学専門学校初代校長、20〜26年官立徳島医学専門学校初代校長、23年徳島医科大学初代学長、26〜27年徳島大学初代学長兼医学部長を務めた。この間、大正15年に起きた小笛事件の鑑定を担当した。著書「中田新法医学」のほか火傷、熱傷などの研究業績がある。

長田 秀雄　ながた・ひでお
詩人　劇作家　小説家
明治18年(1885年)5月13日〜昭和24年(1949年)5月5日
生東京府神田(東京都千代田区)　学明治大学独文科　歴明治37年「文庫」同人となり、38年新詩社に入って「春愁」などの詩作を発表。41年パンの会を興し、42年から「スバル」に作品を発表。43年発表の戯曲「歓楽の鬼」を発表して注目され、以後「琴平丸」「飢渇」などを発表。大正9年には「大仏開眼」を発表した。7年には芸術座の脚本部員となり、8年には新劇協会の創立に尽力。9年から昭和3年まで市村座顧問となり、9年新協劇団に参加した。また「金の船」「赤い鳥」などに童話、童話劇を発表して活躍した。　家祖父=長田穂積(国学者)、父=長田足穂(医師)、弟=長田幹彦(小説家)

永田 秀次郎　ながた・ひでじろう
貴族院議員(勅選)　俳人　拓務相　鉄道相　東京市長
明治9年(1876年)7月23日〜昭和18年(1943年)9月17日
生兵庫県緑町(淡路島)　名俳号=永田青嵐　学三高法学部〔明治32年〕卒　歴明治35年郷里の州本中学校長を振り出しに、大分県視学官、福岡県内務部長、京都府警察部長、三重県知事などを経て、大正5年内務省警保局長となり、7年の米騒

動に対処、退官して勅選貴族院議員となる。その後、東京市長後藤新平に請われて助役となり、12年市長に就任して大震災に遭遇、いったん辞任し、昭和5年市長に返り咲いた。その後、帝国教育会長、教科書調査会長、拓殖大学長などを歴任。11年選挙粛正連盟理事長から広田内閣の拓務相となり、さらに阿部内閣の鉄道相を務めたあと、17年陸軍の軍政顧問としてフィリピン滞在するが、マラリヤに罹り帰国。三高時代から高浜虚子と親しくして俳句をよくし、著書に「青嵐随筆」「浪人となりて」「永田青嵐句集」(遺句集)がある。 家息子＝永田亮一(衆議院議員)、孫＝永田秀一(兵庫県議)

永田 広志　ながた・ひろし
哲学者　唯物論者
明治37年(1904年)4月1日〜昭和22年(1947年)9月7日
生長野県　名筆名＝君島慎一　学東京外国語学校露文科〔大正13年〕卒　歴外語卒業後から文筆活動に入り、ソ連のマルクス主義哲学論争などを翻訳、紹介。昭和4年プロレタリア科学研究所の哲学部に所属。6年反宗教闘争同盟、戦闘的無神論者同盟にも参加、7年戸坂潤らと唯物論研究会を創立、弁証法研究会責任者として、弁証法の諸問題や日本思想史を唯物史観の見地から解明した。13年戸坂らと共に治安維持法違反で検挙されたが、病気のため入獄せず敗戦となった。戦後も我が国の民主主義発展のための評論を続けた。著書に「日本唯物論史」「現代唯物論」「永田広志選集」(全7巻)、「永田広志日本思想史研究」(全4巻)、「日本封建制イデオロギー」「日本哲学思想史」などがある。

長田 幹彦　ながた・みきひこ
小説家
明治20年(1887年)3月1日〜昭和39年(1964年)5月6日
生東京市麹町区飯田町(東京都千代田区)　学早稲田大学英文科〔明治45年〕卒　歴早大在学中に新詩社社友となり、小説「冷灰」などを発表。明治41年「スバル」に参加し、44年「澪」を、45年「零落」を発表して作家となり、大正5年「澪」を刊行。祇園や舞妓など、いわゆる情話文学として「祇園」「鴨川情話」などを刊行。後に通俗小説に転じて「祇園宵待草」などを刊行し、11年「幹彦全集」全6巻を刊行。以後も「不知火」「女優部屋」「小説明治天皇」などを発表。また14年創設された東京中央放送局の文芸顧問となってラジオドラマを書き、昭和14年には日本ビクター蓄音機の顧問となって「祇園小唄」など歌謡曲の作詩もし、27年には超心理現象研究会を創設した。 家祖父＝長田穂積(国学者)、父＝長田足穂(医師)、兄＝長田秀雄(詩人・劇作家)

中田 瑞穂　なかた・みずほ
外科学者　俳人　新潟医科大学教授
明治26年(1893年)4月24日〜昭和50年(1975年)8月18日
生島根県鹿足郡津和野町　名俳号＝中田みづほ　専脳神経外科学　学暁星中学、六高卒、東京帝国大学医科大学〔大正6年〕卒　医学博士(東京帝国大学)〔大正14年〕　資日本学士院会員〔昭和43年〕　歴東京帝国大学近藤外科教室に入局。大正11年新潟医科大学助教授となり、14年から2年間欧米へ留学。昭和2年教授、31年定年退官。脳外科学の権威で、我が国で初めて大脳半球切除手術(いわゆるロボトミー手術)を行い、28年には新潟大に我が国初の脳神経外科を開設した。日本外科学会会長、日本脳神経学会会長を歴任。42年文化功労者、43年日本学士院会員に選ばれた。俳句は、大正5年以来高浜虚子に師事。富安風生、山口青邨、水原秋桜子らと東大俳句会を再興。「ホトトギス」同人。昭和4年「まはぎ」を創刊・主宰。句集に「春の日」「刈上」、著書に「脳腫瘍」「脳手術」「脳腫瘍の診断と治療」などがある。 賞文化功労者〔昭和42年〕

永田 良吉　ながた・りょうきち
衆議院議員
明治19年(1886年)9月〜昭和46年(1971年)5月11日
出鹿児島県　学鹿児島県立加治木中学校卒　歴農業の傍ら大隈鉱山を経営する。鹿児島県議、鹿屋市長を務め、昭和3年から衆議院議員に当選8回。第31回列国議会同盟会議(ブリュッセル)、第20回万国議院商事会議(ロンドン)に参列する。また鹿児島県養蚕連合組合長、帝国飛行協会評議員などを務めた。

中田 駿郎　なかだ・ろくろう
衆議院議員
明治15年(1882年)4月〜昭和32年(1957年)8月12日
生静岡県榛原郡勝間田村(牧之原市)　学東京法学院(現・中央大学)〔明治34年〕卒　歴弁護士となり、静岡市議を経て、昭和5年衆議院議員に当選、第一控室に所属して1期務めた。

中谷 宏運　なかたに・こううん
彫刻家
明治23年(1890年)〜昭和20年(1945年)1月21日
生富山県高岡市　学高岡工芸学校〔明治41年〕卒、東京美術学校彫塑科〔大正2年〕卒　歴大正12年東京府立実科工業学校教論を退職。14年第4回帝展に初入選。以来、帝展や新文展に「影」「ほとり」「姿」「竚立」「髪」「櫛けづる」などを出品、新文展無鑑査。昭和6年東京市からの献上品「震災記念堂」の模型を制作した。「沢柳政太郎像」「杵屋勝之助像」「国分勘兵衛像」「楽翁公像」「斎藤弥九郎先生像」などもある。 賞白日展白日賞(第5回)〔昭和3年〕

中谷 貞頼　なかたに・さだより
弁護士　衆議院議員
明治20年(1887年)2月〜昭和29年(1954年)11月21日
出高知県　学東京帝国大学独法科〔大正2年〕卒　歴広島県警、警視庁に勤務ののち弁護士となる。明治漁業取締役、日本活動写真取締役、露領水産組合副会長を務め、日露漁業協約会議では漁業者代表最高顧問としてモスクワへ赴く。大正13年から連続4期衆議院議員を務めた。政友会に所属した。 家息子＝中谷健(大旺建設社長)、孫＝中谷元(衆議院議員)

中谷 秀　なかたに・しゅう
鳥取県知事
明治18年(1885年)8月〜昭和48年(1973年)9月11日
生島根県那賀郡渡津村(江津市)　学明治大学法学部〔大正3年〕卒　歴愛知県内務部長を経て、昭和9〜11年鳥取県知事を務めた。

中谷 孝雄　なかたに・たかお
小説家
明治34年(1901年)10月1日〜平成7年(1995年)9月7日
生三重県一志郡七栗村(津市)　学東京帝国大学独文科中退　歴東京帝国大学時代に梶井基次郎と同人誌「青空」を創刊し、「春着」「土民」などを発表。佐藤春夫に師事し、昭和7年創刊の「麒麟」同人となり「春の絵巻」を発表。9年「春の絵巻」を発表して認められ、10年保田与重郎の「日本浪曼派」同人となる。以後「都の花」「死とその周囲」などを発表。戦後も「業平系図」「梶井基次郎」などを著し、43年「招魂の賦」で芸術選奨を受賞した。平成3年俳誌「鈴」を創刊。義仲寺無名庵庵主。 家妻＝平林英子(小説家)　賞芸術選奨文部大臣賞(第19回)〔昭和43年〕「招魂の賦」

中谷 武世　なかたに・たけよ
衆議院議員
明治31年(1898年)7月1日〜平成2年(1990年)10月24日
生和歌山県和歌山市　学東京帝国大学法学部卒　歴昭和2年

なかつか　　　　　　　　　　　　　昭和人物事典 戦前期

法政大学講師を経て、7年教授に就任。8年大亜細亜協会を設立して常任理事となる。17年衆議院議員に当選。戦後は改進党中央常任委員となり、総選挙に4度立候補したが、いずれも落選した。49年日本アラブ協会会長に就任した。

中塚 一碧楼　　なかつか・いっぺきろう
俳人
明治20年（1887年）9月24日～昭和21年（1946年）12月31日
⏚岡山県玉島町勇崎（倉敷市）　⏚本名＝中塚直三　⏚早稲田大学文科高等予科〔明治44年〕中退　⏚早大商科時代から「ホトトギス」などに投句する。明治44年早大文科に進み、「試作」を創刊。大正2年処女句集「はかぐら」を刊行。4年創刊の「海紅」に参加し、その編集をする。俳句の新傾向運動において自然主義的作品を発表し、俳誌「試作」「第一作」によって自由律俳句をこころみた。他の句集に「朝」「多摩川」「一碧楼一千句」などがある。　⏚義弟＝中塚響也（俳人）

中塚 響也　　なかつか・きょうや
俳人
明治21年（1888年）8月31日～昭和20年（1945年）5月28日
⏚岡山県浅口郡勇崎村　⏚本名＝中塚謹太郎　⏚明治42年中塚一碧楼と乱礁会を結成。のち水曜会に属して河東碧梧桐に師事した。一碧楼の妹清と結婚して上京。大正4年「海紅」に参加したが、以後は俳壇を離れた。昭和10年定型俳誌「渚」を発刊したが15年廃刊。　⏚父＝中塚一郎（玉島町長）、義兄＝中塚一碧楼

中塚 竹禅　　なかつか・ちくぜん
尺八奏者 尺八史研究家
明治20年（1887年）10月3日～昭和19年（1944年）5月2日
⏚北海道江差町　⏚本名＝中塚一観、号＝古調庵　⏚初代川瀬順輔に師事。その後、尺八史研究に専念するようになり雑誌「三曲」に多数執筆。その中で昭和11年7月号から37回連載した「琴古流尺八史観」の業績は大きい。

中土 大至良　　なかつち・だいしろう
日本画家
明治35年（1902年）～昭和21年（1946年）
⏚昭和4年第10回帝展に「大岩口」で初入選。5年第11回帝展に「下梨村」、同年第2回聖徳太子奉讃美術展、11年秋の文展鑑査展に「古御嶽の夏」、17年第5回新文展に「湖畔の冬」で入選。戦後、21年春の第1回日展に「春首」で入選したが、同年亡くなった。

永戸 政治　　ながと・まさじ
新聞人 東京日日新聞取締役主筆
明治24年（1891年）1月6日～昭和31年（1956年）10月28日
⏚福島県郡山　⏚大正10年米国留学から帰国、連合通信社に入ったが、11年東京日日新聞に転じ、欧米部員、論説委員、副主筆、取締役主筆を歴任。外交、国際問題に健筆をふるった。昭和21年に社是「毎日憲章」制定に尽力。その後公職追放、解除後に客員、28年相談役となった。

長門 美保　　ながと・みほ
ソプラノ歌手 舞台演出家
明治44年（1911年）6月23日～平成6年（1994年）11月11日
⏚福岡県北九州市若松区　⏚本名＝鈴木美保、筆名＝横山房美　⏚東京音楽学校声楽科〔昭和8年〕卒　⏚少女時代をドイツで過ごし、日本女子大学附属の豊明小学校、高等女学校を経て、昭和4年東京音楽学校声楽科に入学。本科在学中、学校の春期演奏会にマーラー「交響曲第2番」のソプラノソリストとして出演し、デビュー。9年第3回音楽コンクール声楽部門第1位。11年日比谷公会堂でデビューリサイタルを開催。研究科卒業

後は藤原義江に請われて「ラ・ボエーム」のミミ役を演じて以来、「パリアッチ」「ローエングリン」「フィデリオ」などを次々と主演。藤原歌劇団と共演することが多く、藤原からも団員になるように再三依頼されたが、フリーを貫いた。声量があり、エネルギッシュに歌う様から、当時日本が誇った戦艦長門になぞらえられ、“軍艦”のあだ名で呼ばれた。戦後間もなく長門美保歌劇団を作り、21年11月旗揚げ公演で「蝶々夫人」を上演。22年ウェーバー「魔弾の射手」を日本初演したのを始め、サリバン「ミカド」、メノッティ「泥棒とオールドミス」などを日本初演。また、佐藤美子、四家文子、関種子とコンセールfを結成し、邦人作品の紹介や新人歌手の育成にも力を注いだ。48年スメタナ賞、51年ヤナーチェック賞、同年カーン芸術賞、57年ポーランド芸術最高金賞を受けるなど、海外でも評価を受けた。　⏚夫＝鈴木雄詞（長門美保歌劇団理事長）　⏚音楽コンクール声楽部門第1位（第3回）〔昭和9年〕

中西 牛郎　　なかにし・うしお
宗教思想家 扶桑教大教正
安政6年（1859年）1月18日～昭和5年（1930年）10月18日
⏚肥後国（熊本県）　⏚号＝蘇山　⏚幼少より中村直方、平河駿太に漢学、木村弦雄に漢学、洋学を学ぶ。のち東京の勧学義塾で英語を修め、さらに同志社に転学。明治14年神水義塾を開き、傍ら済々黌で教鞭を執る。政党が起こると「紫溟雑誌」「紫溟新報」記者となり、また仏教を研究した。21年米国へ遊学、帰国後西本願寺文学寮の教頭となり、その傍ら雑誌「経世博義」を刊行して国粋主義を鼓吹した。井上円了、村上専精らに代表される「破邪顕正」運動の最盛期に、「宗教革命論」「組織仏教論」「宗教大勢論」「仏教大難論」「新仏教論」などを刊行し、宗教文壇の一方の雄と見られた。のち「大阪毎日新聞」「東京日日新聞」の記者となり、32年清国政府官報局翻訳主任、同年天理教の教典編述に従事、また台湾の土地調査局、台湾総督府の嘱託として活躍。昭和2年神道扶桑教権大教正となり、同教の教典の撰述に従い、次いで同教大教正に就任した。

中西 悟堂　　なかにし・ごどう
僧侶（天台宗）歌人 詩人 野鳥研究家
明治28年（1895年）11月16日～昭和59年（1984年）12月11日
⏚石川県金沢市長町　⏚幼名＝富嗣、旧筆名＝中西赤吉　⏚仏教、詩歌、野鳥研究　⏚天台宗学林修了、曹洞宗学林〔大正6年〕修了　⏚明治44年16歳の時、東京都下深大寺で得度し天台宗僧徒となり悟堂と改名。昭和42年権僧正となる。一方、大正4年内藤鋠作の抒情詩社に入社。詩や小説を手がけたが、15年思想状況への懐疑から山中にこもる。昭和3年頃より野鳥と昆虫の生態を研究し始め、9年柳田国男らと日本野鳥の会を創設。以来50年間、“かごの鳥”追放はじめ愛鳥運動と自然保護一筋の人生で、鳥類保護法の制定にも一役買い、晩年は“野鳥のサンクチュアリ（聖域）”造成に情熱を燃やした。永年務めた日本野鳥の会の会長は55年に辞任、翌年名誉会長となったが、この間、国際鳥類保護会議日本代表、日本鳥類保護連盟専務理事なども務めた。詩人、歌人としても知られ、詩集に「東京市」「花巡礼」「山岳詩集」「叢林の歌」、歌集に「唱名」「悟堂歌集」などがある。ほかに「野鳥と生きて」「定本野鳥記」（全16巻）「野鳥と共に」など野鳥や自然に関する著書が数多くある。　⏚文化功労者〔昭和52年〕

仲西 三良　　なかにし・さぶろう
衆議院議員
明治23年（1890年）3月～昭和31年（1956年）12月6日
⏚福島県　⏚京都帝国大学法学部〔大正9年〕卒　⏚東京地方裁判所予備判事、札幌区裁判所検事、人事調停委員、借地借家調停委員、金銭債務調停委員、内閣委員を務め、また弁護士を営んだ。昭和11年から連続3期衆議院議員に選出された。福島県農会議員、矢吹町長なども務めた。

中西 利雄　なかにし・としお

洋画家

明治33年（1900年）12月19日～昭和23年（1948年）10月6日

[生]東京市京橋区（東京都中央区）　[専]水彩画　[学]東京美術学校洋画科〔昭和2年〕卒　[歴]在学中の大正11年日本水彩画会展に初入選、以後同展に出品。13年「優駿出場」で帝展特選。昭和3～6年ヨーロッパ留学をし、水彩画を制作してサロン・ド・ドートンヌに入選。9年光風会審査員となる。同年帝展に「優駿出場」を出品、初の特選となった。11年新制作派協会創立に参加。他の代表作に「婦人帽子店」「トリエール風景」があり、豊島与志雄や大仏次郎らの本の装幀もした。

中西 用徳　なかにし・もちよし

司法官 大審院部長

明治3年（1870年）1月1日～昭和10年（1935年）12月9日

[生]三重県　[学]帝国大学卒　[歴]栃木区裁判所で検事から判事となる。のち東京控訴院部長判事、大阪控訴院部長判事、京都地裁所長、大阪地裁所長、長崎控訴院長などを歴任。昭和3年大審院部長に就任した。

長沼 賢海　ながぬま・けんかい

日本史学者 九州帝国大学名誉教授

明治16年（1883年）3月22日～昭和55年（1980年）7月14日

[生]新潟県高田（上越市）　[専]日本中世史, 日本宗教史　[学]東京帝国大学文科大学史学科〔明治40年〕卒　[歴]大正元年東京府立一中教諭を経て、9年広島高等師範（現・広島大学）教授に就任。12年ヨーロッパに留学した後、13年から昭和18年まで九州帝国大学法文学部の国史学科初代教授としてその創設に尽力。19年同大名誉教授。その後27年～41年久留米大教授を務めた。日本宗教史、日本海賊史研究に先駆的役割を果たした。著書に「日本宗教史の研究」「日本文化史の研究」「日本の海賊」「松浦党の研究」「聖徳太子論攷」「日本海事史研究」など。

長沼 権一　ながぬま・ごんいち

衆議院議員

明治20年（1887年）9月～昭和27年（1952年）4月26日

[出]新潟県　[学]新潟中〔明治37年〕卒　[歴]道上村長を経て、昭和17年衆議院議員を1期務めた。

長沼 直兄　ながぬま・なおえ

開拓社創業者

明治27年（1894年）11月16日～昭和48年（1973年）2月9日

[生]群馬県　[学]東京高等商業学校（現・一橋大学）卒　[歴]商社勤務を経て、文部省内に設置された英語教授研究所（現・一般財団法人語学教育研究所）の理事となり、初代所長ハロルド・パーマーの秘書的な役割を果たす。大正13年同研究所の研究業績の出版を目的に設立された日本YMCA開拓社が日本YMCA出版会と開拓社に分離した際、開拓社を作り、昭和2年株式会社に改組。以降、英語専門書、辞書、検定教科書、参考書など語学関係の専門出版社として語学教育の発展に寄与した。21年我が国初の日本語学校（現・言語文化研究所附属東京日本語学校）を設立した。

長沼 妙佼　ながぬま・みょうこう

宗教家 立正佼成会創始者

明治22年（1889年）12月25日～昭和32年（1957年）9月10日

[生]埼玉県北埼玉郡志多見村（加須市）　[名]本名＝長沼マサ　[歴]18歳の時上京。昭和11年庭野日敬の勧めで霊友会に入信。13年会長小谷喜美と対立して霊友会を去り、庭野と共に村山日襄を会長として大日本立正交成会を設立。18年副会長に就任。死後の35年妙佼にちなんで立正佼成会と改称。

中根 駒十郎　なかね・こまじゅうろう

出版人 新潮社専務

明治15年（1882年）11月13日～昭和39年（1964年）7月18日

[生]愛知県矢作（岡崎市）　[歴]明治28年郷里の小学校を卒業後上京、神田の大鳴学館に学ぶ。31年義兄の佐藤儀助（義亮）の新声社（のちの新潮社）に入り、以後佐藤の片腕となり新潮社の発展に尽くした。昭和22年支配人を退き顧問となる。夏目漱石、島崎藤村、芥川龍之介ら作家たちの信頼も厚く、その多彩な交友の逸話は「駒十郎随聞」に残されている。　[家]義兄＝佐藤義亮（新潮社創設者）

中根 貞彦　なかね・さだひこ

銀行家 三和銀行初代頭取

明治11年（1878年）2月4日～昭和39年（1964年）1月24日

[生]大分県臼杵　[名]旧姓・旧名＝片切　[学]東京帝国大学法科大学政治科〔明治38年〕卒　[歴]日本銀行に入り、営業局調査役、ロンドン代理店監査役、国庫局長、大阪支店長を経て、昭和3年理事。大阪における銀行合同を説き、三十四、山口、鴻池3行の合併をあっせん、8年三和銀行実現で初代頭取となり、20年まで務め、以後相談役。三和信託社長、大阪手形交換所委員長、日銀参与、ダイハツ工業監査役、房総油脂工業会長なども務めた。

中根 龍太郎　なかね・りゅうたろう

俳優 コメディアン

明治34年（1901年）12月26日～昭和19年（1944年）8月30日

[出]京都府京都市上京区御池栄町　[名]本名＝山口龍太郎　[歴]大正5年オペラコミック一座に弟子入り後、原信子歌劇団、石井漠舞踊団を経て、13年マキノキネマへ入社。「超現代人」に初主演。14年「影法師」の盲の権松は彼の当たり役。「或る日の仇討」以来52Kgの軽量杉狂児と、86Kgの巨体の彼とはデカチビコンビとなり、太ったコメディアンとして人気を得た。昭和3年「合点勘次」はマキノでの代表作。同年退社し中根コメディプロダクションを創立するが4年再びマキノへ。6年解散後は赤沢キネマに参加。7年以降、映画を離れるがコメディアンとして舞台でも活躍した。

長野 朗　ながの・あきら

国家主義者 拓殖大学教授

明治21年（1888年）4月3日～昭和50年（1975年）

[生]静岡県　[学]陸士（第21期）〔明治42年〕卒　[歴]支那駐屯軍に属し資源調査に従事。陸軍歩兵大尉となるが、大正10年待命。東方通信社員、日本経済連盟嘱託などを経て、昭和14年興亜院嘱託となる。この間大川周明らの猶存社、行地社に加盟。4年寺田稲次郎らと日本国民党を、6年風見章、橘孝三郎らと日本村治派同盟を結成。分裂後農本主義の立場から農本連盟、自治農民協議会などを組織した。7年農村恐慌の激化する中で農村救済請願署名運動を展開。10年自治講究会を結成したが振るわなかった。拓殖大教授を務めるが、戦後22年公職追放となる。のち、中国調査所を設置し、機関誌「思想戦」を発刊。28年全国郷村会議を組織し、委員長に就任。著書に「支那の労働運動」など。

長野 宇平治　ながの・うへいじ

建築家 日本建築士会初代会長

慶応3年（1867年）9月1日～昭和12年（1937年）12月14日

[生]越後国高田（新潟県上越市）　[学]帝国大学工科大学（東京帝国大学工科大学）造家学科〔明治26年〕卒 工学博士〔大正4年〕　[歴]明治27年奈良県嘱託となり、28年和風の「奈良県庁舎」を設計。33年日本銀行技師長となり、同行名古屋支店、同京都支店、同函館支店などの設計を担当。傍ら、靖国神社記念門案（40年）、台湾総督府庁舎計画案（42年）を設計、日本独自の折衷様式を創造した。また昭和2年にはジュネーブの国際連盟

なかの　　　　　　　　　　　　　　　　　　　　　昭和人物事典 戦前期

本部の競技設計募集に日本からただ一人応募。晩年の作品に
「日本銀行本店」の増築工事、「大倉精神文化研究所」（現・「横
浜市大倉山記念館」）がある。大正2年長野建築事務所を設立、
6年日本建築士会（現・日本建築家協会）初代会長を務めた。

中野 英治　　なかの・えいじ
俳優
明治37年（1904年）12月5日～平成2年（1990年）9月6日
[生]広島県呉市　[名]本名＝中野栄三郎　[学]慶応義塾普通部中退、
法政大学商科　[歴]法大野球部を経て、天勝野球団に入団、セ
ミ・プロとして活躍。大正14年日活野球部に入ったのがきっ
かけで、「大地は微笑む」の主役に抜きされ、強烈な個性の
二枚目としてデビュー。村田実、溝口健二監督に気に入られ、
「灰燼」「摩天楼」などに出演。昭和5年帝キネに移り、「若き
血に燃ゆるもの」「霧笛」「神風連」などに出演。俳優に嫌気
がさして、戦後は自らプロダクションを作り、映画製作を手
がけたが、その後隠棲を続けた。萩原葉子の「葦草の家」
に登場する一人物のモデルともいわれる。　[家]長男＝長谷部健
（俳優、本名逸見竜治）

永野 修身　　ながの・おさみ
海軍大将・元帥 海相
明治13年（1880年）6月15日～昭和22年（1947年）1月5日
[生]高知県高知市　[学]海兵（第28期）[明治33年]、海大（第8期）
〔明治43年〕卒　[歴]日露戦争では旅順砲撃に参加。明治44年清
国に派遣され、大正2年から米国に駐在してハーバード大学に
学んだが、9年大使館付武官となり、有数な米国通となる。進
歩的なアイデアマンで、砲術の新機軸を編みだし、米国流
の人事管理論を使って人事考課法を刷新、また昭和3年海兵校
長時代には実験的教育法のダルトン・プランを導入した。そ
の後軍令部次長を経て、6年ジュネーブ軍縮会議全権委員、10
年にはロンドン軍縮会議全権となって日本の同会議からの脱
退を通告した。11年広田内閣の海相、12年連合艦隊司令長官
となり、軍事参議官を経て、16年海軍軍令部総長に就任。対
米開戦に際しては海軍部内の強硬意見を代表、開戦後は太平
洋戦争の海軍作戦の最高責任者となる。19年元帥。戦後、A
級戦犯に指名されたが裁判中に病死した。

永野 清　　ながの・きよし
大分県知事 別府市長
明治17年（1884年）8月29日～昭和10年（1935年）9月8日
[生]大分県西国東郡高田町（豊後高田市）　[学]東京帝国大学法科
大学〔明治44年〕卒　[歴]昭和6～7年大分県知事を務めた。10
年別府市長となったが、すぐに死去した。大分県の官選知事
で唯一の県出身者。

中野 金次郎　　なかの・きんじろう
興亜火災海上社長
明治15年（1882年）5月20日～昭和32年（1957年）10月30日
[生]福岡県若松　[学]若松高小〔明治28年〕卒　[歴]石油などの行商
を営んだあと、明治30年筑豊鉄道へ入社。38年叔父の会社で
ある巴組の肥後・門司支店をまかされ海運業に乗り出す。大
正9年内国運輸相談役、12年専務となり、経営のたて直しをは
かり、13年社長に就任。昭和3年通運業界大合同を行い、国際
通運を設立して社長となるが、12年同社を含め7社が合併し日
本通運が設立されたため社長を退く。19年海上火災保険4社を
合併、興亜海上火災運送保険を設立し、社長に就任。戦後公
職追放となり、解除後、26年巴組汽船を中野汽船に改組、社
長となる。財界でも活躍し日本工業倶楽部評議員、東京商工
会議所副会頭などを歴任した。

中野 桂樹　　なかの・けいじゅ
彫刻家

明治26年（1893年）1月27日～昭和40年（1965年）2月6日
[生]青森県西津軽郡川除村蓮川（つがる市）　[名]本名＝中野健作
[学]東京美術学校彫刻別科〔大正10年〕卒　[歴]少年時代から弘
前の彫刻家・早坂寿雲に木彫の手ほどきをうけ、寿雲の実弟
である前田照雲の私塾・六花会にも学ぶ。同門には三国慶一
がいた。大正7年上京して太平洋画会研究所に入り藤井浩佑に
塑造を学び、東京美術学校彫刻別科の朝倉文夫教室に籍を置
いて彫塑修業の本格的基礎を沢田政広らと研修。この間、7年
文展に初入選し、12年東台彫塑展で東日大毎賞を受賞。昭和
4年「慈眼」、5年「瑞応」、6年「浄薫」で連続3回帝展特選に輝
き、6年以来無鑑査。15年太平洋美術学校教授。戦後も日展に
出品し、「鹿」が政府買上げとなる。また、6年日本木彫会の
創立に参画して以来、36年に解散するまでその中核の存在と
して活躍した。　[賞]東台彫塑展東日大毎賞〔大正12年〕、帝展
特選（第10回・11回・12回）〔昭和4年・5年・6年〕「慈眼」「瑞
応」「浄薫」

中野 江漢　　なかの・こうかん
中国民俗研究家
明治22年（1889年）～昭和25年（1950年）2月20日
[生]福島県　[名]本名＝中野吉三郎　[歴]大正の初期26歳で北京に
渡り、中国民俗の研究を続け支那風物研究会を主宰、「支那風
物叢書」を刊行した。また民俗随筆を北京新聞や京津日日新
聞に発表するなど、北京存在30余年。帰国後も中国事情を紹
介、民俗、民話に基づく不老長寿、催情薬の研究に打ち込ん
だ。著書に「北京繁昌記」（全3巻）、「支那の売笑」「支那の馬」
「支那の社会」「支那の予言」「支那の珍薬秘薬」（全2巻）、小浜
氏照と共著の「万里の長城」などがある。　[家]長男＝中野達
（国学院大学文学部教授）

中野 重治　　なかの・しげはる
詩人 小説家 評論家
明治35年（1902年）1月25日～昭和54年（1979年）8月24日
[生]福井県坂井郡高椋村（坂井市）　[名]筆名＝日下部鉄　[学]東京
帝国大学独文科〔昭和2年〕卒　[歴]四高時代から創作活動をし、
東京帝国大学入学後は大正14年「裸像」を創刊。新人会に参
加し、林房雄らと社会文芸研究会を結成、15年マルクス主義
芸術研究会へと発展。同年「驢馬」を創刊し「夜明け前の
さよなら」「機関車」などの詩を発表。昭和2年「プロレタリア
芸術」を創刊、3年蔵原惟人らと全日本無産者芸術連盟（ナッ
プ）を結成し、プロレタリア文学運動の中心人物となった。6
年日本共産党に入党。7年弾圧で逮捕され、2年余りの獄中生
活を送る。転向出所後は「村の家」「汽車の罐焚き」「歌のわ
かれ」「空想家とシナリオ」などを発表。戦後は新日本文学会
の結成に参加し、荒正人らと"政治と文学論争"を展開。また
22年日本共産党から立候補して3年間参議院議員としても活躍
した。　[家]妻＝原泉（女優）、妹＝中野鈴子（詩人）

中野 正三　　なかの・しょうぞう
柔道家
明治21年（1888年）～昭和52年（1977年）12月
[生]新潟県　[学]日本大学殖民科卒　[歴]明治38年講道館に入門、
昭和14年武徳会範士、52年講道館10段。この間明治43年警視
庁柔道部師範、大正5年慶応義塾大学柔道部師範、また宮内省
皇宮警察部、日本大学柔道部、東京医学専門学校などで柔道
を指導。内股、跳ね腰、背負投げ、払い釣り込み足による左
右技など、左右同様に利かす技の名手といわれた。晩年は講
道館相談役、日本柔道連盟顧問を務めた。

中野 四郎　　なかの・しろう
彫刻家 創型会代表
明治34年（1901年）11月15日～昭和43年（1968年）2月13日
[生]東京市京橋区（東京都中央区）　[学]東京美術学校彫刻科木彫

部〔昭和3年〕卒　歴大正12年東京美術学校彫刻科木彫部に入学し、特待生に認定され高村光雲に師事、塑造は北村西望に学んだ。昭和3年の卒業時には卒業制作「春陽」が学校買い上げとなった。同年第9回帝展に「裸女立像」が初入選し、以後第14回展まで毎回入選。8年帝展出品作「春日裸女」から木彫にかわって塑像となる。16年無鑑査となって官展系の中堅作家として活躍。18年には「博愛の使徒（白衣の天使）」が日本赤十字社に置かれ、20年戦力増進に励む炭坑夫「戦士」が全国各所に設置された。一方、8年美術学校の同級生、森大造、村井辰夫らと木彫の研究団体・九元社を結成、中心的メンバーとして毎年同展に作品を発表。初期の木彫作品には写実主義的な作品が多いが、晩年には主にセメントを駆使してバロック風の堅実な造型に特色を示した。

中野 正剛　なかの・せいごう
衆議院議員　東方会総裁
明治19年（1886年）2月12日〜昭和18年（1943年）10月27日
生福岡県福岡市　名幼名＝甚太郎、号＝耕堂　学早稲田大学政経科〔明治42年〕卒　歴東京朝日新聞に入り、政治評論を執筆。大正5年東方時論社に移り、主筆兼社長に就任。日本外交を批判した「講話会議を目撃して」がベストセラーとなる。9年以来衆議院議員に当選8回。革新倶楽部、憲政会から民政党に移り遊説部長。この間、大蔵参与官、通信政務次官、民政党総務などを歴任。昭和6年安達謙蔵と共に脱党し、7年国民同盟を結成、ファシズムに走る。11年から全体主義政党・東方会（のち東方同志会）総裁として"アジア・モンロー主義"的な運動を展開、南進論、日独伊三国同盟を提唱。15年大政翼賛会総務となるが、その権力強化に反発して17年を脱会。18年「戦時宰相論」を執筆して東条内閣を批判、憲兵隊の取調べを受け割腹自決した。雄弁で筆も立ち大衆の人気があった。　家弟＝中野秀人（詩人・評論家）、息子＝中野泰雄（亜細亜大学名誉教授）、義父＝三宅雪嶺（雑誌「日本及日本人」主宰）

中野 宗助　なかの・そうすけ
剣道家
明治18年（1885年）7月〜昭和38年（1963年）3月2日
生福岡県　学大日本武徳会武術教員養成所（京都）卒　歴早くから長崎市の高尾鉄叟範士門下で修行。武徳会養成所を卒業後、助手、助教授となり明治43年精錬証、大正5年教士、昭和2年範士。6年朝鮮総督府剣道師範。昭和の3回の天覧武道試合には指定選士、審判員として出場。戦後帰国し32年全日本剣道連盟10段。

中野 大次郎　なかの・だいじろう
詩人
明治41年（1908年）11月23日〜昭和9年（1934年）12月12日
生福島県　名別名＝永崎貢　学東京帝国大学卒　歴昭和2年「読売新聞」の懸賞応募に詩「烏」で一等入選を果たす。高見順らと「大学左派」を創刊。また日本プロレタリア作家同盟に参加、「文学新聞」の編集に従事した。

長野 高一　ながの・たかいち
衆議院議員
明治26年（1893年）3月19日〜昭和49年（1974年）3月1日
生愛媛県今治　学私立大成中学校〔明治44年〕中退　歴上京し大正11年東京自転車同業組合を結成、組合長となり、自転車税撤廃運動を展開。14年下谷区会議員、次いで東京府会議員、東京市会議員を務め、中小企業振興に尽力。昭和11年東京第2区から衆議院議員に当選、連続3回当選。19年小磯国昭内閣第1部長を務めた。戦後公職追放。上野信用金庫、朝日信用金庫理事長、上野観光連盟会長などを歴任。

中野 猛雄　なかの・たけお
衆議院議員
明治16年（1883年）11月〜昭和25年（1950年）8月27日
生熊本県　学早稲田大学政治経済科〔明治40年〕卒　歴宮地岳村長、熊本県議を経て、昭和3年以来衆議院議員に連続4回当選。政友会に所属した。また中西銀行取締役、肥州窯業社長、九州新聞社長なども務めた。

中野 武二　なかの・たけじ
野球選手
明治18年（1885年）〜昭和22年（1947年）3月21日
生東京都　学一高卒、東京帝国大学　歴東京高等師範学校附属中時代から野球選手として活躍、一高入学と同時に正二塁手。守備のうまさは、難攻不落の旅順砲台老鉄山に因んで中野老鉄山といわれた。寄席に通い、丸一の曲芸にバッティングのヒントを得たという。主将も務めたが、早慶両チームに敗れて発奮、卒業後一高チームの強化に尽力、大正7年名コーチとして投手内村祐之を擁する一高黄金時代を築いた。その後東京クラブの重鎮として、また審判の先覚者として活躍。早慶戦、米国学生チームとの交歓試合に主審を務めた。昭和47年野球殿堂入り。

中野 忠晴　なかの・ただはる
作曲家　歌手
明治42年（1909年）5月27日〜昭和45年（1970年）2月19日
生愛媛県大洲市　学武蔵野音楽学校（現・武蔵野音楽大学）卒　歴武蔵野音楽学校卒業時にクルト・ワイルの「三文オペラ」を歌って脚光を浴び、昭和7年日本コロムビアに入社。同年「夜霧の港」で歌手デビュー。8年母校の卒業生とコロムビア・リズム・ボーイズを結成、「山の人気者」が大ヒットし、以後、リズム・ボーイズとジャズソングを多く歌う。12年には服部良一作・編曲の「山寺の和尚さん」が大ヒットする。他に「小さな喫茶店」「タイガー・ラグ」「バンジョーで唄えば」「チャイナ・タンゴ」などで知られる。戦後はノドを痛めたため、作曲家に転向。キングレコードに専属し、三橋美智也の「ああ新撰組」「手まり数え唄」「達者でナ」「赤い夕陽の故郷」、若原一郎の「おーい中村君」、松島詩子の「マロニエの並木路」などを作曲。平成22年戦前の46曲を網羅したCD2枚組「中野忠晴とコロムビア・ナカノ・リズム・ボーイズ」がリリースされた。

中野 種一郎　なかの・たねいちろう
衆議院議員
明治9年（1876年）9月〜昭和49年（1974年）1月24日
生京都府　学西山派仏教専門学校卒　歴伏見町議、京都市議、伏見市長を経て、昭和7年衆議院議員を1期務める。政友会に所属した。

中野 敏雄　なかの・としお
貴族院議員（多額納税）
明治31年（1898年）11月22日〜平成11年（1999年）11月1日
生佐賀県武雄町（武雄市）　学慶応義塾理財科卒、七高造士館〔大正10年〕卒、東京帝国大学文学部社会学科〔大正14年〕卒、東京帝国大学法学部哲学科〔昭和3年〕卒　歴昭和3年西園寺公望秘書、松本剛吉貴族院議員秘書の書生を経て、4年仁寿生命保険に入社。10年唐津炭鉱を創設。西九州炭鉱社長も務め、九州の約400の弱小炭鉱を整理統合し、西日本石炭統制組合理事長として、生産と販売に奮闘。14年から6年余、多額納税者として貴族院議員を2期務めた。29年初代武雄市長に就任。一方、学生の頃から囲碁が強く、55年には6段に。　家岳父＝木村欽一

中野 登美雄　なかの・とみお

公法学者 早稲田大学総長
明治24年（1891年）7月13日〜昭和23年（1948年）5月21日
⽣北海道札幌市　学早稲田大学政治経済科〔大正5年〕卒 法学博士　歴米国、ドイツ、フランスに留学。大正12年早大助教授、13年教授、昭和19〜21年総長。政治学的な憲法学説を唱え、著書「統帥権の独立」「戦時の政治と公法」などは軍国主義時代の理論的憲法学の成果。天皇大権についての英文著書もある。

中野 友礼　なかの・とものり

実業家 日本曹達創業者
明治20年（1887年）2月1日〜昭和40年（1965年）12月10日
⽣福島県大沼郡川西村（三島町）　名旧姓・旧名＝神尾　学一高中等教員養成所〔明治41年〕卒　歴旧陸奥会津藩士・神尾家に生まれ、3歳で叔母に当たる中野家の養子となる。明治41年京都帝国大学理学部化学研究室助手となり、大正2年中野式食塩電解法を発明して特許を取得。その後、実業界に転じ、3年保土谷曹達を設立するが、間もなく退社。9年日本曹達を創業して常務。大正末から昭和初期にかけて工場などの新設や、他社の合併を進めるとともに、苛性ソーダ製造の副産物を利用した塩素工業や、電解技術を応用した金属製錬、アンモニア法ソーダ、人絹パルプなど関連する技術・分野をたどる "芋づる式" の多角経営を積極的に進めて事業を拡大、満州事変以降の重化学工業勃興の波に乗って急速に業績を伸ばした。昭和11年日本曹達社長に就任、12年には傘下の企業は23社を超え、新興財閥である日曹コンツェルンを形成した。しかし、戦争が進むに従って自身の組織内に銀行を持たないことに起因する資金的基盤の脆弱さを露呈し、急速な会社の進展に資金がついていけず経営が悪化したため、15年社長を辞任。戦後は公職追放に遭い、財閥指定により日曹コンツェルンは解体された。

中野 寅吉　なかの・とらきち

衆議院議員
明治12年（1879年）4月〜昭和37年（1962年）7月5日
⽣福島県　学早稲田大学法律科〔明治34年〕卒　歴北海道庁、台湾総督府、韓国統監府、朝鮮総督府、警視庁で警部を歴任する。また日本電気窯業、東洋ペイントの取締役を務め、のち僧侶となった。大正9年から通算6期衆議院議員に選出された。

長野 長広　ながの・ながひろ

衆議院議員
明治25年（1892年）4月〜昭和40年（1965年）3月23日
⽣高知県　学高知県立農林学校〔明治42年〕卒　歴文部省社会教育官、宇都宮高等農林学校教授を歴任する。昭和11年から衆議院議員に当選7回。戦後、第一次吉田内閣文部政務次官、片山内閣内務政務次官、衆議院文部委員長、日本進歩党総務委員、民主党国会対策委員長、自由党総務などを務めた。著書に「農村教育新論」など。

中野 並助　なかの・なみすけ

弁護士 検事総長
明治16年（1883年）〜昭和30年（1955年）5月23日
⽣群馬県　学東京帝国大学法科大学〔明治42年〕卒　歴函館、富山、大阪、横浜等各地検で多くの捜査を手がけ、のち福井、札幌、東京の各地検検事正となる。昭和15年広島、16年大阪の各高検検事長を経て、19年検事総長に就任。21年公職追放により退官し、弁護士となった。

中野 治房　なかの・はるふさ

植物生態学者
明治16年（1883年）1月10日〜昭和48年（1973年）5月25日
⽣千葉県東葛飾郡湖北村（我孫子市）　学東京府立一中卒、一高卒、東京帝国大学理科大学植物学科〔明治42年〕卒 理学博士〔大正5年〕　歴大正6年東京帝国大学理科大学副手、8年七高造士館教授となり、11年ドイツへ留学してG.ハーベルラントの下で植物の生理解剖学を研究。13年帰国途中にジャワ、インドに出張して熱帯の植物群落に接した。同年東京帝大助教授を経て、昭和9年教授に昇任。18年退官。戦後は請われて郷里の千葉県湖北村長を務め、25〜34年東邦大学理学部長。植物個体の生理作用と環境条件の関係を巡る実験生態学と、植物群落の生態学的研究に取り組み、我が国の植物生態学の基礎を築いた。著書に「植物生理及生態学実験法」「草原の研究」などがある。

中野 文照　なかの・ふみてる

テニス選手
生年不詳〜平成1年（1989年）12月30日
⽣岐阜県瑞浪市　学法政大学卒　歴テニスの全日本シングルス優勝2回、昭和12年全米オープン4回戦進出、13年全仏オープン4回戦進出、デビス杯（デ杯）代表4回の輝かしい実績を持つ。現役を退いた後もコーチとしてテニスの普及に尽力した。

中野 邦一　なかの・ほういち

弁護士 衆議院議員 新潟県知事
明治17年（1884年）10月25日〜昭和40年（1965年）4月13日
⽣佐賀県佐賀郡西与賀村（佐賀市）　名旧姓・旧名＝本村　学東京帝国大学法科大学英法科〔明治42年〕卒　歴本村家の長男で、母が志士・中野方蔵の姪であったことから中野家を継ぐ。警視庁に入庁。愛媛県、秋田県の内務部長を経て、大正15年秋田県知事、昭和4年石川県知事、6年岡山県知事、同年新潟県知事を歴任。その後、弁護士や東京市第二助役を務め、11年より衆議院議員に2選。第一控室に所属した。著書に「中野方蔵先生」「皇道之真意義」などがある。

中野 礼四郎　なかの・れいしろう

日本史学者 教育家 早稲田中学校長
明治5年（1872年）5月1日〜昭和39年（1964年）2月28日
⽣佐賀県　専中世史　学帝国大学文科大学国史科〔明治29年〕卒　歴旧肥前佐賀藩士の家に生まれ、熊本の五高を経て、明治29年帝国大学文科大学国史科を卒業。30年同郷の政治家大隈重信の斡旋によって早稲田中学校教諭となり歴史を担当、以後東京専門学校教授・早稲田中学校教頭を歴任した。大正3年外遊に出かけた早稲田中学校長大隈信常に変わって校長代理を務め、6年には同校長に就任、昭和10年までの約20年間に渡って在職し、同校の発展に尽力した。歴史学者としては日本中世史を専攻、また佐賀藩や早稲田学園に関する伝記・修史事業にも携わっている。編著に「東洋西洋教育史」「鍋島直正公伝」「佐賀藩銃砲沿革概要」などがあり、市島謙吉との共編で「大隈侯八十五年史」がある。

永野 若松　ながの・わかまつ

長崎県知事
明治31年（1898年）5月7日〜昭和52年（1977年）
⽣福岡県　学五高〔大正8年〕卒、東京帝国大学工学部電気工学科〔大正12年〕卒・法学部政治学科〔大正13年〕卒　歴大正12年東京帝国大学工学部電気工学科を卒業し、同年高文行政科試験に合格。13年編入した法学部を卒業、内務省に入省。警視庁刑事部長、特高部長、内務省保安課長、昭和17年福井県知事、東海地方協議会参事、内務省防空総本部総務局長を経て、20年4月長崎県知事。8月9日、防空壕の中で広島に投下された原子爆弾について協議している最中、長崎に原爆が投下された。直後から被災者救援と被災地復旧に取り組み、21年退任した。

昭和人物事典 戦前期　　　　　　　　　　　　　　　　　　　　　　　なかまち

中橋 徳五郎　なかはし・とくごろう

政治家 実業家 内相 商工相

文久1年（1861年）9月10日〜昭和9年（1934年）3月25日

[生]加賀国金沢（石川県金沢市）　[名]旧姓・旧名＝斎藤、号＝狸庵　[学]金沢専門学校文学部卒、東京大学選科〔明治19年〕卒　[歴]大学院で商法専攻。明治19年判事試補となり横浜始審裁判所詰。20年農商務省に移り、参事官、22年衆議院制度取調局出仕となり欧米出張。帰国後衆議院書記官、通信省参事官、同監査局長、鉄道局長を歴任。31年岳父で大阪商船社長の田中市兵衛の要請で同社長に就任。台湾航路の拡大など社運をばん回、大正3年まで務めた。傍ら日本窒素、宇治川電気などで重役、熊本県水俣町に窒素肥料工場を建設。さらに渋沢栄一らと日清汽船を創設、取締役。一方衆議院議員当選6回、政友会に入り、7年原敬、10年高橋は清両内閣の文相を務めた。13年政友本党、14年政友会復党。昭和2年田中義一内閣の商工相、6年犬養毅内閣内相となった。　[勲]勲一等旭日桐花大綬章

中橋 基明　なかはし・もとあき

陸軍歩兵中尉

明治40年（1907年）9月25日〜昭和11年（1936年）7月12日

[生]東京都　[出]佐賀県　[学]陸士〔第41期〕〔昭和4年〕卒　[歴]陸軍少将・垂井明平の二男で、中橋家を継ぐ。昭和4年陸軍歩兵少尉に任官。7年中尉に進み、9〜10年満州に駐在。10年近衛歩兵第三連隊付。11年の二・二六事件に参加、当日は中島莞爾少尉と共に約100名の下士官及び兵を指揮し高橋は清蔵相の私邸を襲撃、自ら蔵相を殺害した。事件後、軍法会議で死刑判決を受け、同年7月12日に刑死した。　[家]父＝垂井明平（陸軍少将）

仲浜 藤治　なかはま・とうじ

労働運動家 日本労働総同盟中央委員

明治33年（1900年）3月2日〜昭和8年（1933年）7月26日

[生]千葉県海上郡三川村（旭市）　[学]小学校卒　[歴]大正6年上京し芝浦製作所、汽車会社などに勤務。総同盟関東鉄工組合に加盟し14年から組合活動に専念。中央合同労働組合長、運輸労働組合長、総同盟中央委員などを歴任した。別子銅山争議に参加したのをはじめ、岡谷山一組製糸、野田醤油、シンガーミシン、東京劇場などの大争議を指導した。

中原 中也　なかはら・ちゅうや

詩人

明治40年（1907年）4月29日〜昭和12年（1937年）10月22日

[生]山口県吉敷郡山口町下宇野令村（山口市湯田温泉）　[学]東京外語専修科仏語部〔昭和8年〕修了　[歴]中学時代から短歌を作り、大正11年共著で歌集「末黒野」を刊行。12年県立山口中学を落第し、立命館中学に転入。「ダダイスト新吉の歌」に出会い、ダダの詩を書き始める。京都に来ていた富永太郎と親交を結び、フランス象徴派の詩人ボードレールやランボーを学ぶ。14年上京、小林秀雄を知る。以降詩作にはげみ、昭和3年初期作品の代表作「朝の歌」（大正15年作）を発表。11年河上徹太郎、大岡昇平らと同人誌「白痴群」を創刊し、「寒い夜の自画像」などを発表。9年第一詩集「山羊の歌」を刊行。10年「歴程」「四季」同人となる。11年11月長男文也を失ってから神経衰弱が高じ翌年1月病院へ。さらに10月結核性脳膜炎を発病し、30歳の若さで死亡。没後の13年第二詩集「在りし日の歌」が刊行された。古風な格調の中に近代的な哀愁をたたえた詩風により、昭和期の代表的詩人として評価されている。他に訳詩集「ランボオ詩集」、「中原中也全集」（全5巻・別巻1、角川書店）、「新編中原中也全集」（全5巻・別巻1、角川書店）などがある。平成6年生家跡地に中原中也記念館が開館。　[家]弟＝中原思郎、伊藤拾郎（ハーモニカ奏者）

中部 幾次郎　なかべ・いくじろう

実業家 林兼商店創業者

慶応2年（1866年）1月4日〜昭和21年（1946年）5月19日

[生]播磨国明石城下東魚町（兵庫県明石市）　[歴]生家は鮮魚運搬業・林兼を営み、早くから家の後継ぎとして家業を手伝い、商売を覚える。明治14年母の実家から姉の婿を迎えてからは、父や姉婿を援けたが、19年姉婿が亡くなったため一家の責任を負う立場となった。38年我が国初の石油発動機付き鮮魚運搬船である新生丸を建造。大正期に入っては漁業の直営・多角経営化を進め、大正5年下関に中部鉄工所を設立して漁船、船舶用機関、漁業用機械の製造に着手した他、方魚津での農業経営、捕鯨業への進出、冷蔵庫設計・製造、長崎や朝鮮半島近海での機船底曳網漁業などを開始。8年彦島の吉野鉄工所を買収して林兼造船鉄工所を開業し、重油を使用した無水発動機の専売特許を取得した。14年株式会社林兼商店を設立して社長に就任。以後、台湾漁業や蟹工船経営、ブリの養殖事業、ディーゼル機関製作など次々に新事業をはじめ、日本水産や日魯漁業と並ぶ総合水産会社に発展させた。戦時下においては政府が打ち出した海洋漁業統制策に反対しつづけた。昭和20年12月林兼商店を大洋漁業（現・マルハニチロ）と改称。5〜18年下関商工会議所会頭を務め、21年勅選貴族院議員となったが、その直後に没した。　[家]長男＝中部兼市（大洋漁業社長）、二男＝中部謙吉（大洋漁業社長）、三男＝中部利三郎（大洋漁業副社長）

中部 兼市　なかべ・かねいち

大洋漁業社長

明治25年（1892年）2月15日〜昭和28年（1953年）3月25日

[生]兵庫県明石市　[歴]謙吉らと共に林兼商店を設立。遠洋・近海漁業に尽力。その後、大洋捕鯨を設立。戦前戦後を通じて日本捕鯨のため努め、二万トン級鯨母船"日新丸"を建設。下関市会議員、下関商工会議所会頭なども務めた。下関漁港の生みの親。　[家]父＝中部幾次郎（林兼商店創立者）、弟＝中部謙吉（大洋漁業社長）、中部利三郎（大洋漁業副社長）　[勲]紺綬褒章〔昭和17年〕

仲摩 照久　なかま・てるひさ

新光社創業者

明治17年（1884年）3月5日〜昭和17年（1942年）3月25日

[生]大分県　[学]日本大学法科卒　[歴]明治43年「美人画報」を創刊。廃刊後は「飛行少年」記者や博報堂社員を経て、大正5年新光社を創業。「世界少年」や科学雑誌の草分けである「科学画報」などの雑誌を発行すると共に単行本も手がけ、高楠順次郎「国訳大蔵経」の刊行を企画したが、関東大震災で頓挫した。その後、叢書「万有科学大系」などの失敗により社運が傾き、15年経営破綻。以降は誠文堂の小川菊松が社長となって再建に当たり、自身は同社で書籍編集に専念。引き続き「科学画報」を発行した他、昭和5年雑誌「世界知識」の創刊、「万有科学大系」の復活刊行、「科学画報叢書」の発売などを進めた。10年経営の全てを小川に譲渡したことにより同社は誠文堂に吸収合併され、新たに設立された誠文堂新光社の編集局長に就任。退社後は麹町に太陽閣を設立して出版に携わり、また鼻の治療薬の販売などを行ったりしたが、中風に罹り再起はかなわなかった。

仲町 貞子　なかまち・さだこ

小説家

明治27年（1894年）3月22日〜昭和41年（1966年）6月16日

[生]長崎県南高来郡大三東村（島原市）　[名]本名＝柴田オキツ、筆名＝宮本のり　[学]長崎県立高等女学校〔明治44年〕卒　[歴]2歳で受洗。大正6年頃郷里を出て7年医師と結婚し、京都に在住。昭和初年に別府で知り合った詩人・北川冬彦と結婚して上京するが、後に離婚。10年頃文芸批評家・井上良雄と同棲

し、13年結婚。その間6年頃から小説を手がけ、「磁場」「麺麭」などの同人として作品を発表し、11年小説集「梅の花」を刊行。14年に随筆集「蓼の花」を刊行した。のち文芸活動を停止し、プロテスタントの信仰生活に入る。「仲町貞子全集」（砂子屋書房）がある。　家夫＝井上良雄（文芸評論家）

長松 篤棐　ながまつ・あつすけ
実業家　男爵　東京火災保険社長　貴族院議員
元治1年（1864年）4月15日〜昭和16年（1941年）4月16日
生周防国吉敷郡矢原村（山口県山口市）　学東京大学選科〔明治17年〕中退、ブルツブルヒ大学（ドイツ）〔明治20年〕卒　歴元老院議官を務めた長松幹の二男。明治17年ドイツに留学、ブルツブルヒ大学で植物生理学の始祖とされるJ.ザックスの下で我が国で初めて植物生理学を学び、植物の葉緑体の作用に関する研究により学位を取得。20年帰国、学習院教授に就任。23年植物学の教科書として「植物学」を編纂・刊行したが、同年学習院の学制改革に伴い、教授を非職となった。26年財界に転じて東京火災保険に取締役として入社。44年1月常務、7月副社長を経て、昭和6年社長。また、帝国海上社長、東洋火災社長なども歴任し、安田財閥系の保険会社で重きをなした。大正7年には東京報知機（現・ホーチキ）設立に際して会長に就任。一方、明治36年襲爵して男爵となり、37年〜大正14年、昭和2〜7年貴族院議員を務めた。　家父＝長松幹（元老院議官）、長男＝長松太郎（広島市助役）、岳父＝米倉一平（実業家）、叔父＝松野礀（林学者）

長松 英一　ながまつ・ひでかず
解剖学者　名古屋医科大学教授
明治25年（1892年）6月21日〜昭和28年（1953年）11月26日
生東京都　学愛知県立医学専門学校〔大正4年〕卒　医学博士〔大正13年〕　歴大正12年愛知医科大学助教授、14年欧州留学、昭和6年名古屋医科大学教授となった。硝子軟骨などについて研究。著書に「横観人体解剖模型図譜」「関節運動より見たる筋学」などの他、「愛の人ベートーヴェン」「仏蘭西家庭童話集」（全4巻）などがある。

永松 英吉　ながまつ・ひできち
ボクシング選手
大正3年（1914年）8月4日〜平成4年（1992年）11月18日
出熊本県熊本市　学明治大学卒　歴明治大学ボクシング部で活躍し、ベルリン五輪に出場。東京五輪、メキシコ五輪各コーチ、ミュンヘン五輪監督を務めた。モスクワ体育大学でボクシングを研究し、日本アマチュアボクシング連盟競技力向上委員長、審判部委員長、国際審判員、常任理事、専務理事などを歴任。著書に「ボクシングの科学的トレーニング」「ボクシング」。　家妻＝菅原都々子（歌手）

永見 徳太郎　ながみ・とくたろう
劇作家　南蛮美術研究家
明治23年（1890年）8月5日〜昭和25年（1950年）11月20日
生長崎県長崎市銅座　名号＝夏汀、幼名＝良一　学大阪商業学校（現・大阪市立大学）中退　歴長崎の豪商である永見家の四男で、明治39年兄の死により6代目徳太郎を継ぐ。大阪商業学校（現・大阪市立大学）中退後、長崎で倉庫業・貿易業などを営み、また銀行や信託会社など数十にわたる会社の重役などを務めた。大正7年マレー半島にゴム園を開業。10年長崎市議に当選。長崎の素封家として“銅座の殿様”と呼ばれ、竹久夢二、芥川龍之介、菊池寛ら長崎を訪れた文化人たちと交友を持った。15年ゴム園経営に失敗して東京に移住、以後は執筆活動に専念。一方、アマチュア写真家でもあり、明治末から大正初期にかけて写真集「夏汀画集」（全3冊）を出版した。昭和7年蒐集した古写真をまとめて「珍しい写真」を刊行。また歌舞伎座における舞台写真撮影を唯一許され、6代目尾上菊

五郎などを撮影した。25年熱海で失踪。戯曲集「愛染岬」「月下の砂漠」「阿蘭陀の花」、随筆集「南蛮長崎草」など多くの著書があり、南蛮趣味の蒐集でも知られた。

永見 俊徳　ながみ・としのり
陸軍中将
明治21年（1888年）2月19日〜昭和46年（1971年）3月2日
出東京都　学陸大卒　歴第一次上海事変では派遣軍参謀長として出征。昭和12年西部防衛参謀長、13年第27歩兵団長などを経て、昭和15年第55師団長。この間、14年陸軍中将。満州国軍事顧問、華北行政学院副院長なども務めた。

永見 隆二　ながみ・りゅうじ
脚本家
大正1年（1912年）〜昭和26年（1951年）1月20日
生岩手県宮古市　名本名＝永見隆　学日本大学芸術科卒　歴映画会社、新聞社などに投稿した小説が映画化されたのをきっかけに、成瀬巳喜男に招かれPCL（写真化学研究所、現・東宝）に入社。「お嬢さん」（大正12年）「美しき出発」（14年）等ヒット作を執筆する。その後日活多摩川で「風の又三郎」、日活が大映に変わってから「歴史」「シンガポール総攻撃」などを執筆した。他に「チョコレートガール」「赤い唇赤い頬」（共に原作）などがある。

中牟田 三治郎　なかむた・みちろう
彫刻家
明治25年（1892年）8月6日〜昭和5年（1930年）4月13日
生福岡県早良郡姪浜三ケ町（福岡市）　名号＝城火　学福岡工業学校（現・福岡工）建築科〔明治44年〕卒、東京美術学校彫刻科塑造部〔大正10年〕卒　歴福岡工業学校（現・福岡工）で建築を学び、明治44年卒業後は南満州鉄道（満鉄）に入社するが、彫刻家を志して上京。武石弘三郎に師事し、しばらくは生僪、のち城火と号す。大正5年東京美術学校彫刻科塑造部に入学して白井雨山に学ぶ。旺盛な読書量で文章にも優れ、短編小説公募に応募して当選したこともあった他、原書を読みたいためにフランス語やロシア語も学んだ。10年美校を首席で卒業したが、病のため一時帰郷して静養。同年第3回帝展に卒業制作「近代人」を出品して初入選し、以後第5回展まで連続入選を果たした。また、11年より京都帝国大学工学部建築学科に彫塑実習講師として勤務。昭和2年構造社に入会。同人たちとの初顔合わせのため上京した際最初の喀血に見舞われ、以後は病と闘いながら制作を続ける。第1回構造社展に10点、3年第2回展に5点、4年第3回展に3点出品。5年3月第2回聖徳太子奉讃展に出品したが、4月妻や斎藤らに看取られながら、結核のため37歳で死去した。

中村 明人　なかむら・あけと
陸軍中将
明治22年（1889年）4月11日〜昭和41年（1966年）9月12日
生愛知県　学陸士（第22期）〔明治43年〕卒、陸大〔大正11年〕卒　歴歩兵第6連隊付、大正11年歩兵第6連隊中隊長、13年教育総監部課員、14〜昭和3年ドイツ駐在。以後陸大教官、陸軍省人事局恩賞課長、関東軍兵事部長、第3軍参謀長などを経て、13年軍務局長、兵務局長、14年中将。15年第5師団長となり、北部仏印進駐で越境問題を起こした。16年憲兵司令官、18年タイ駐屯第38軍司令官、20年第18方面軍司令官で終戦。回想録「ほとけの司令官」がある。

中村 歌右衛門（5代目）　なかむら・うたえもん
歌舞伎俳優
慶応1年（1865年）12月29日〜昭和15年（1940年）9月12日
生江戸本所請地町（東京都墨田区）　名本名＝中村栄次郎、初名＝中村児太郎、前名＝中村福助、中村芝翫、俳名＝魁玉、梅玉

昭和人物事典 戦前期　　なかむら

歴4代目中村芝翫の養子。明治8年初代中村児太郎を名のって初舞台。14年4代目福助、34年5代目芝翫と改名し、44年5代目歌右衛門を襲名。容貌、品位に優れ、名女方と謳われ、明治の団・菊（9代目団十郎、5代目菊五郎）なきあとの歌舞伎界を統率し、明治後期・大正・昭和初期にかけて歌舞伎界を代表する名優となった。歌舞伎座幹部技芸委員長、日本俳優協会会長。当たり役は「桐一葉」の淀君やお三輪など。一時期「不如帰」などの現代劇も演じた。「中村歌右衛門自伝」がある。　家養父＝中村芝翫（4代目）、養子＝中村福助（5代目、成駒屋系）、二男＝中村歌右衛門（6代目）、孫＝中村芝翫（7代目）

中村 円一郎　なかむら・えんいちろう

実業家 大井川鉄道社長 貴族院議員（勅選）
慶応3年（1867年）6月～昭和20年（1945年）2月23日
生遠江国青柳村（静岡県榛原郡吉田町）　歴代々醤油製造を業とする家に生まれ、長じて家業を継いだ。その一方で茶の販売も手がけ、静岡県茶連議員や同会長を歴任。さらに日本製茶株式会社を創立し、明治32年のパリ万博をはじめ、ヨーロッパの各地を出張・視察して日本茶の販路拡大に努めた。40年日本共同株式会社を設立。次いで茶の再製を開始し、静岡県再製茶業組合長となって静岡県の茶業振興に尽力した。大正6年貴族院議員に勅選、以後3期を務めた。また茶業振興と地域発展を目的として大井川鉄道を開業し、その初代社長に就任。昭和8年シカゴ万博副団長、9年には万国博覧会議員代表を務めるなど、日本の産業の紹介に大きく貢献した。　勲緑綬褒章、紺綬褒章、勲三等瑞宝章

中村 魁車　なかむら・かいしゃ

歌舞伎俳優
明治8年（1875年）12月21日～昭和20年（1945年）3月13日
生大阪府　名本名＝桂栄太郎、前名＝中村成太郎、俳名＝桂荘　歴初代中村雁治郎に師事。明治13年初代中村成太郎を名のり、大阪浪花座で初舞台を踏む。32年初代市川左団次を頼って東京に移り、同年9月に明治座で行われた「夢物語筐碑」で4役をこなすなど好演。37年大阪に戻り、大正3年には中村魁車に改名、3代目中村梅玉と共に師の相手役を長く務めた。本来は女形を得意としながら、立役・敵役・老役をもこなすという器用な役者で、粘り気と心の強さがある芸風は、日本画家・富岡鉄斎や民俗学者・折口信夫らに高く評価された。特に「河庄」の小春、「心中宵庚申」のおかる、「鏡山」のお初、「寺子屋」の戸浪・重の井が当たり役として知られる。昭和10年の師の没後も、上方歌舞伎界の重鎮として活躍するが、20年3月の大阪空襲に遭い死去した。　家養子＝中村成太郎（2代目）

中村 嘉寿　なかむら・かじゅ

衆議院議員
明治13年（1880年）11月～昭和40年（1965年）12月30日
出鹿児島県　学ニューヨーク大学卒　歴紐育日米週報社員となり、ポーツマス平和会議に参列、ニューヨークに法律事務所を開く。雑誌「海外之日本」を創刊し社長となった他、東洋文化学会代表、海外貿易振興会代表、法政大学教授を務める。大正13年から衆議院議員に当選6回。民主党会計監督、衆議院図書館運営委員長を歴任し、第16回万国議院商事会議に参列する。著書に「伊藤公」、訳書に「単純生活」など。

中村 歌扇（1代目）　なかむら・かせん

女優
明治22年（1889年）8月15日～昭和17年（1942年）10月14日
生東京市日本橋区（東京都中央区）　名本名＝青江久、前名＝中村歌昇　興行師青江俊蔵の養女となり、明治33年新富座「先代萩」千松で初舞台。34年浅草美園座で歌扇と改め「義経腰越状」の五十の娘芝居の人気女優となった。39年には活動写真連鎖劇に出演、41年M・パテー商会製作映画「狩場曙」に

一座で出演。大正5年養父が神田劇場を開場し、座頭となり、歌舞伎、新派劇などで活躍した。当たり役は「染分手綱」の重の井、「野崎」のお光、「阿波鳴門」のお弓、「先代萩」の政岡など。　家義妹＝中村歌江

中村 勝麻呂　なかむら・かつまろ

日本史学者 東京帝国大学史料編纂所史料編纂官
明治8年（1875年）3月9日～昭和19年（1944年）3月25日
生滋賀県犬上郡彦根町（彦根市）　専外交史　学東京帝国大学文科大学史学科〔明治34年〕卒、東京帝国大学大学院　歴明治41年東京帝国大学史料編纂掛史料編纂官に就任、次いで立教大学教授を兼任し、大正末期頃には吉野作造が主宰した明治文化研究会に参加。昭和10年東京帝大史料編纂所を定年退官、以後は「幕末外国関係文書」などの編纂に当たった。日本外交史を専門としたほか、幕末の大老井伊直弼の研究でも知られ、祖父中村不能斎の跡を受けて旧彦根藩主井伊家より井伊大老関係史料の収集・整理・調査を委嘱されている。著書に「井伊大老と開港」「井伊大老茶道談」「至誠の人井伊大老」「史学研究録」などがある。　家祖父＝中村不能斎（日本史学者）、子＝中村英勝（西洋史学者）

中村 要　なかむら・かなめ

天文学者 京都帝国大学理学部助手
明治37年（1904年）4月1日～昭和7年（1932年）9月24日
生滋賀県滋賀郡真野村（大津市）　専火星観測、反射鏡研磨　学同志社中〔大正10年〕卒　歴同志社中学在学中より天文学に強い興味を抱く。大正10年卒業後、京都帝国大学宇宙物理学教室の無給助手となって以来、独学で天文学を学び、研究と観測に没頭。視力に優れていたため肉眼でも小惑星を突き止めるほどの観測力の持ち主だったと言われ、同年～15年にかけて日本人で初めて系統的に火星を観測し、多数のスケッチを残した。この成果は海外専門誌に英文で発表、業績はのちの宮本正太郎京大教授の研究に引き継がれた。また、手先の器用さから285個の反射望遠鏡と10個の観測用レンズを自ら製作、大学の研究用だけでなく、当時の天文愛好家への普及に力を注いだ。現在でも望遠鏡の一部は"中村鏡"として大切に保管されている。火星観測及び反射鏡研磨の分野では日本の第一人者となったが、失明や生家の窮状などが重なり、29歳で自ら命を絶った。

中村 金雄　なかむら・かねお

プロボクサー
明治42年（1909年）1月18日～平成5年（1993年）5月15日
生東京都　学専修大学卒　歴大正12年日本拳闘倶楽部入門。大正15年から昭和8年まで全日本バンタム級チャンピオン。サウスポーで人一倍練習熱心であったことで有名、"ナックアウト・アーティスト"の異名をとる。8年ピストン堀口に敗れ引退。戦績は24連勝を含む46勝（34KO）13敗10分。のち専修大師範、審判員、日本経済新聞記者、評論家として活躍。著書に「ボクシング入門」「拳の世界」など。

中村 翫右衛門（3代目）　なかむら・かんえもん

俳優 前進座幹事長
明治34年（1901年）2月2日～昭和57年（1982年）9月21日
生東京市下谷区竹町（東京都台東区）　名本名＝三井金次郎、初名＝中村梅丸、前名＝中村梅之助　歴2代目中村翫右衛門の二男に生まれ、明治38年中村梅丸の名で初舞台。43年5代目中村歌右衛門の門下となり、同年11月歌舞伎座で3代目中村梅之助に改名。大正9年19歳で3代目翫右衛門を襲名。昭和4年雑誌「劇戦」を編集発行したことから歌舞伎界内部の反発を受け、師の5代目歌右衛門から破門されて、5年松竹を脱退。6年歌舞伎の封建性に反旗をひるがえして2代目河原崎長十郎らと大衆路線の劇団・前進座を創立。古典歌舞伎のほか、新歌舞伎、現

代劇、翻訳劇、映画にも積極的に取りくんだ。戦後は24年に団員らが日本共産党に集団入党したほか、3年間中国で潜行したり、長十郎を思想的対立から除名したりした。だが、5代目河原崎国太郎とともに前進座の代表として活躍し、55年に劇団創立50周年記念公演を東京歌舞伎座で実現、57年には東京吉祥寺に前進座劇場を建設した。45年よりテレビにも積極的に出演した。代表作に舞台「俊寛」「吃又」「佐倉義民伝」(宗五郎)、映画「人情紙風船」「阿部一族」「怪談」「いのちぼうにふろう」など。著書に「愛人の記」「人生の半分」「劇団五十年」などがある。　家父＝中村翫右衛門(2代目)、長男＝中村梅之助(4代目)

中村 儀三郎　なかむら・ぎさぶろう

理論物理学者 北海道帝国大学教授

明治26年(1893年)7月19日～昭和9年(1934年)3月19日

生岩手県盛岡市　専量子力学　学三高卒、京都帝国大学理学部物理学教室〔大正9年〕卒、京都帝国大学大学院〔大正11年〕修了　歴雑貨問屋の三男に生まれる。三高時代に、1年間休学して吃音を矯正。大正11年京都帝国大学講師、のち助教授。この頃、のちにノーベル物理学賞を受賞する湯川秀樹を指導した。昭和3年新設の北海道帝国大学教授に抜擢され、前段としてドイツ・イエナ大学に留学。光学機器製造会社カール・ツァイスから援助を受け、水素化リチウム分子の電子軌道を発見。原子より複雑な特定分子の構造を明らかにした。研究成果はドイツ物理学会誌に掲載され、高い評価を受けた。4年肋膜炎を患い入院、5年帰国。半年間の療養生活を経て、同年8月北海道帝国大学へ赴任。当時の日本には1台もなかった高分解能赤外分光器を購入し、研究にとりかかるが、9年1月に肋膜炎が再発し、3月死去した。

中村 吉右衛門(1代目)　なかむら・きちえもん

歌舞伎俳優

明治19年(1886年)3月24日～昭和29年(1954年)9月5日

生東京府浅草区象潟町(東京都台東区)　名本名＝波野辰次郎、俳名＝秀山　資日本芸術院会員〔昭和22年〕　歴明治30年中村吉右衛門を名のり市村座で初舞台。35年歌舞伎座の座付となり、9代目市川団十郎と同座して指導を受ける。38年名題に昇進、41年二長町の市村座に入座、6代目菊五郎と共に人気を二分し、"菊吉時代""二長町時代"を築いた。大正10年市村座を脱退して松竹に所属、「二条城の清正」「蔚山城の清正」「熊本城の清正」の三部作で"清正役者"とも呼ばれた。18年中村吉右衛門一座を結成。近代的知性に裏打ちされ、深刻で飄逸、科白のうまさは絶品とされた。昭和26年文化勲章を受章。また、俳句をよくし、高浜虚子に師事して「ホトトギス」同人。句集に「吉右衛門句集」がある。他の著書に「吉右衛門自伝」「吉右衛門日記」がある。　家父＝中村歌六(3代目)、弟＝中村時蔵(3代目)、中村勘三郎(17代目)、孫＝松本幸四郎(9代目)、中村吉右衛門(2代目)、女婿＝松本白鸚(1代目)　勲文化勲章〔昭和26年〕

中村 吉次　なかむら・きちじ

俳優

明治25年(1892年)3月20日～昭和14年(1939年)12月21日

生秋田県土崎町(秋田市)　名別名＝小島倉雄、中村吉治、中村健峰　学秋田中中退　歴明治40年中学を中退して上京、新派の寺島倉次郎一座に入り、東京・真砂座で初舞台。大正8年日活向島撮影所に入り、溝口健二の第2回作品「故郷」(12年)では女形の老母を演じた。関東大震災後は日活京都に移り、現代劇、時代劇を問わず多くの作品に老け役で出演。好演した作品に「砂絵呪縛」(昭和2年)「丹下左膳」(8年)などがあるが、伊藤大輔監督「忠次旅日記・信州血笑編」(2年)では息子の名子役・中村英雄と親子共演した。南旺映画「空想部落」(14年)が最後の映画となった。　家息子＝中村英雄(俳優)

中村 吉蔵　なかむら・きちぞう

劇作家 小説家 演劇研究家

明治10年(1877年)5月15日～昭和16年(1941年)12月24日

生島根県鹿足郡津和野町　名号＝春雨　学東京専門学校(現・早稲田大学)英文学哲学科卒 文学博士〔昭和17年〕「日本戯曲技巧論」　歴家業の魚問屋兼旅館業を継いだが、文学を志し、明治29年大阪に上り大阪市郵便為替貯金管理所に勤め「文庫」などに投稿。30年浪華青年文学会をおこし「よしあし草」を創刊。32年上京し東京専門学校に入学。34年「大阪毎日新聞」の懸賞小説に「無花果」が入選し、以後作家として活躍。39年欧米に留学し、近代劇へ関心を深める。帰国後は戯曲作家として活躍し、大正2年芸術座舞台監督となり、大正6年以降は劇作に専念、9年にはイプセン会を主宰した。小説に「小羊」「のぞみの星」などがあり、戯曲に「剃刀」「飯」「井伊大老の死」などがある。

中村 京太郎　なかむら・きょうたろう

盲人教育家

明治13年(1880年)3月25日～昭和39年(1964年)12月24日

生静岡県浜松　学東京盲唖学校〔明治31年〕卒、英国盲人高等師範学校〔大正3年〕卒　歴幼時失明。明治33年東京盲唖学校教員となり、34年台湾で盲教育に従事。45年英国留学、フランス、ドイツ、ロシアの盲教育、盲人福祉事業を視察して帰国。大正8年点字新聞「あけぼの」を刊行。11年大阪毎日新聞の週刊「点字大阪毎日新聞」創刊で初代編集長となり、昭和18年定年退職後も編集顧問を務め、点字毎日の発展に貢献。4年文部省の盲学校用図書編纂委員として点字教科書制作に協力、盲人国際会議に4回出席。戦後も盲人教育、福祉、厚生事業に従事した。

中村 恭平　なかむら・きょうへい

教育家 東京物理学校校長

安政2年(1855年)5月21日～昭和9年(1934年)1月21日

生三河国渥美郡田原町(愛知県田原市)　学東京大学理学部物理学科〔明治11年〕卒　歴三河田原藩士の家に生まれる。明治11年東京大学を卒業して長崎師範学校教諭、文部省属、福島師範学校校長、新潟県尋常中学校校長などを経て、36年東京帝国大学助教授となり学生監を兼務、40年学生監専任、大正4年同大の書記官となる。この間、明治14年中村精男らと東京物理学講習所を設立し、以来の維持・経営に当たり講師として授業を担当した。東京帝国大学退任後の昭和5年から、その後身の東京物理学校(現・東京理科大学)校長に就任し同校の発展に貢献した。

中村 清　なかむら・きよし

陸上選手

大正2年(1913年)6月1日～昭和60年(1985年)5月25日

生朝鮮・京城　学早稲田大学卒　歴大学時代中距離選手として活躍。昭和11年のベルリン五輪1500メートルに出場、翌年同種目でマークした3分56秒8の日本記録は、14年間破られなかった。戦争の22年から早大駅伝部(競走部の前身)駅伝コーチをはじめ、陸連ヘッドコーチ、実業団の東急、エスビー食品や早大競走部の監督を務め、瀬古利彦、佐々木七恵選手ら数多くの我が国トップランナーを育て上げた。「マラソンは芸術だ…」「人生は八百転び」など、数々の言葉を残している。

中村 啓次郎　なかむら・けいじろう

衆議院議長

慶応3年(1867年)10月～昭和12年(1937年)5月22日

生紀伊国和歌山(和歌山県)　学東京英語学校卒　歴明治27～8年の日清戦争に陸軍省雇員で従軍、占領地総督府付。遼東還付ののち、台湾に渡航、台北弁護士会長となった。41年第10

回総選挙以来衆議院議員当選6回、通信政務次官、衆議院議長を務めた。田中義一内閣当時、不戦条約文中の「イン・ザ・ネームス」(人民の名において)が問題となり、収拾に尽力した。昭和11年立候補を辞退、政界から引退した。

中村 敬之進　なかむら・けいのしん

厚生次官 愛媛県知事

明治28年(1895年)9月9日〜昭和53年(1978年)4月12日

🄴山口県　🄰一高卒、東京帝国大学法学部法律学科〔大正11年〕卒　🄷内務省に入省。昭和12年企画院内政部長、14年第三部長、同年内務省警保局保安課長、15年愛媛県知事、16年厚生省人口局長、18年勤労局長を経て、20年厚生次官。戦後は大中物産社長、会長や新宿御苑保存協会会長を務めた。

中村 研一　なかむら・けんいち

洋画家

明治28年(1895年)5月14日〜昭和42年(1967年)8月28日

🄸福岡県宗像郡南郷村光岡(宗像市)　🄰東京美術学校西洋画科本科〔大正9年〕卒　🄱日本芸術院会員〔昭和25年〕　大正3年京都に出て鹿子木孟郎の内弟子となったが、4年上京、東京美術学校に入学。9年第2回帝展で「葡萄の葉蔭」が初入選、11年大正博覧会で「若き画家」3等賞、12年第3回帝展「涼しきひま」が特選となった。13年渡仏、昭和2年サロン・ドートンヌ会員。3年帰国。同年第9回帝展で「裸体」が特選、同11回展「弟妹集ふ」が帝国美術院賞を受賞。4年中村正ân海軍少将の長女・富子と結婚。同年光風会会員、6年以後帝展、文展各審査員。12年軍艦で訪英。戦時中は戦争画の名作といわれる「コタ・バル」や「安南に憶う」などを描いた。20年5月戦災により東京・代々木の自宅とアトリエが全焼、小金井に転居。戦後も日展に出品、妻をモデルとした婦人像を描き、同展審査員、常務理事などを務めた。25年日本芸術院会員。時評や随筆もよくし、共著に「絵画の見方」がある。平成元年妻により小金井市に中村研一記念美術館が建設されたが、16年資金難のために閉館し、土地・建物・作品が市に寄贈され、18年中村研一記念小金井市立はけの森美術館として生まれ変わった。　🄴妻=中村富子、弟=中村琢二(洋画家)、義父=中村正ân(海軍少将)　🄱帝展特選(第3回・9回)〔大正12年・昭和3年〕「涼しきひま」「裸体」、帝国美術院賞(第11回)「弟妹集ふ」

中村 謙一　なかむら・けんいち

鉄道技師 男爵 鉄道省建設局長 貴族院議員

明治15年(1882年)2月17日〜昭和18年(1943年)2月26日

🄴東京都　🄰東京帝国大学工科大学土木工学科〔明治38年〕卒　🄷陸軍大将で男爵の中村覚の長男。通信省鉄道作業局に入る。明治41年鉄道院技師、大正2年鉄道事業研究のため欧米へ留学。8年鉄道院新庄建設事務所長、秋田建設事務所長、12年熱海建設事務所長を経て、同年建設局線路調査課長、13年同局計画課長、15年同局長。昭和4年退官して貴族院議員となった。15年土木学会会長、17年鉄道工事統制協力会初代会長。著書に「近世橋梁学」がある。　🄴父=中村覚(陸軍大将)、弟=小林謙五(海軍中将)

中村 孝助　なかむら・こうすけ

歌人

明治34年(1901年)11月11日〜昭和49年(1974年)4月1日

🄴千葉県千葉郡誉田村　🄰誉田村小高等科2年卒　🄷大正14年から「土の歌」と題する行分け口語歌を発表し、15年に刊行。農民歌人として、昭和期に入ってプロレタリア短歌運動に参加した。歌集「野良に戦ふ」は発禁処分に。他に「日本は歌ふ」など。

中村 孝太郎　なかむら・こうたろう

陸軍大将 陸相

明治14年(1881年)8月28日〜昭和22年(1947年)8月29日

🄴石川県　🄰陸士(第13期)〔明治34年〕卒、陸大〔明治42年〕卒　🄷明治35年少尉、歩兵第36連隊大隊副官で日露戦争に従軍。第一次大戦に第1師団第5兵站司令部参謀で出征。大正8年中佐、9年スウェーデン公使館付武官。12年陸軍省副官、昭和4年朝鮮軍参謀長、7年支那駐屯軍司令官、同年中将となり第8師団長、10年教育総監部本部長。12年林銑十郎内閣の陸軍大臣となったが病気のため退任、軍事参議官、13年大将。のち朝鮮軍司令官、東部軍司令官を経て、18年予備役。

中村 幸之助　なかむら・こうのすけ

電気工学者 東京工業大学初代学長

明治5年(1872年)6月16日〜昭和20年(1945年)1月11日

🄴宮城県仙台市　🄰二高卒、東京帝国大学工科大学電気工学科〔明治31年〕卒 工学博士〔大正8年〕　🄷明治32年東京高等工業学校教授となり、33年電気機械製造法研究のため欧米へ留学。35年帰国。大正15年同校長、昭和4年大学昇格により東京工業大学の初代学長に就任した。　🄴二男=中村小弥太(三菱アルミニウム副社長)

中村 孝也　なかむら・こうや

日本史学者 東京帝国大学教授

明治18年(1885年)1月2日〜昭和45年(1970年)2月5日

🄴群馬県高崎　🄱日本近世史　🄰東京帝国大学文科大学史学科〔大正2年〕卒、東京帝国大学大学院〔大正7年〕修了 文学博士(東京帝国大学)〔大正15年〕　🄷14歳で小学校教員、その後苦学して東京帝国大学、同大学院に進み江戸時代史を専攻。大正8年日本女子大学教授、一高講師、14年東京帝大史料編纂掛史料編纂官、昭和10年東京帝大助教授兼史料編纂官、13年東京帝大教授、20年定年退官、27年明治大学教授を歴任。著書に「江戸幕府鎖国史論」「元禄時代観」「元禄・享保時代における経済思想の研究」「荘園発生・成熟・解体史」(全3巻)「近世生活史」「徳川家康文書の研究」(全4巻)「徳川家康の臣僚」などがある。また短歌をよくし、校歌を多作詞した。　🄱日本学士院賞〔昭和37年〕「徳川家康文書の研究」

中村 古峡　なかむら・こきょう

小説家 医師

明治14年(1881年)2月20日〜昭和27年(1952年)9月12日

🄴奈良県生駒　🄱本名=中村蓊、筆名=胆駒古峡　🄱変態心理、精神医学、異常心理　🄰東京帝国大学英文科卒、東京医学専門学校〔昭和3年〕卒　🄷夏目漱石門下生として東京朝日新聞社に入社したが、作家への夢が断ち難く、明治43年退社し、長編「殻」を朝日新聞に連載。大正2年同作品を出版し好評を博す。6年文学を棄て、日本精神医学会を組織し、月刊機関誌「変態心理」を創刊。健康と病気、正常と異常の区別を排した精神医学と変態心理学の必要を説き、現代の異常心理研究の草分けとして偉大な業績を残した。また千葉市に中村古峡療養所(のちの中村古峡記念病院)を開院。昭和12年には詩人・中原中也が入院した。著書に「変態心理の研究」「二重人格の女」などの他、作家としての作品に「甥」「永久の良人」などがある。平成11年「変態心理」全巻の復刻版が出版された。　🄴養子=中村民男(中村古峡記念病院院長)

仲村 権五郎　なかむら・ごんごろう

北米移民指導者

明治23年(1890年)12月25日〜昭和40年(1965年)9月23日

🄴沖縄県　🄰南カリフォルニア大学法科卒　🄷明治39年ハワイへ渡り、同年ロサンゼルスに転住。書生として働きながら大学を出て、大正9年〜10年ロサンゼルスの日本領事館嘱託をする傍ら、南カリフォルニア大日本人学生会の中心人物とし

なかむら　　　　　　　　　　　　　　　昭和人物事典 戦前期

て活躍。12年インペリアルバーレー日本人産業組合幹事。13年ロサンゼルスに法律・通訳事務所を開き、日本人土地所有禁止令や排日移民法問題などの対策に奔走し、邦人移民の権利擁護、生活擁護の法律相談役を務めた。昭和13年～16年南加中央日本人会会長。日米開戦により強制収容されるが、戦後解放され、21年法律通訳事務所を開設、在米沖縄救援連盟会長として郷里救援などに尽力した。

中村 茂　　なかむら・しげる
アナウンサー
明治34年（1901年）4月2日～昭和53年（1978年）2月6日
⽣東京都　学東京商科大学（現・一橋大学）専門部〔大正12年〕卒　歴大正12年日蘭貿易に入社、ジャワ支店勤務を経て、15年日本放送協会（NHK）に入局。昭和11年二・二六事件の際には反乱軍に帰順を呼びかけた「兵に告ぐ」（香椎浩平戒厳司令官名儀）という歴史に残る放送（2月29日）を担当した。のち札幌中央放送局長、25年放送文化研究所長を歴任し、31年退職。のち電波タイムス社社長を務めた。

中村 獅雄　　なかむら・ししお
キリスト教思想家 日本聖書神学校教授
明治22年（1889年）1月22日～昭和28年（1953年）1月15日
⽣東京都　学明治学院高等部卒　歴独学で哲学、神学を修め、キリスト教哲学の研究に専念した。日本基督教女子専門学校教授、日本聖書神学校教授、東京女子大学、横須賀学院各講師を務めた。著書に「基督教の哲学的理解」「信・望・愛」「主の祈請解」などがある。

中村 七三郎（5代目）　　なかむら・しちさぶろう
歌舞伎俳優 俳人
明治12年（1879年）8月28日～昭和23年（1948年）7月29日
⽣東京府日本橋区（東京都中央区）　名本名＝安田直次郎、前名＝中村扇玉　歴割鷹百尺（ひゃくせき）の子として生まれる。初め中村雁次郎の門下に客分として入り扇玉を名のる。大正9年5代目中村七三郎を襲名し、10年吉右衛門一座に加わる。俳句は吉右衛門と共に高浜虚子に師事し、「ホトトギス」に投句。また、遠藤為春らと「五月雨会」を結成した。「中村七三郎句集」がある。　家弟＝安田靫彦（日本画家）

中村 七十　　なかむら・しちじゅう
彫刻家
明治44年（1911年）～昭和16年（1941年）10月20日
⽣長野県上伊那郡朝日村（辰野町）　名本名＝中村永男　学東京美術学校彫刻科塑造部卒、東京美術学校研究科〔昭和12年〕修了　歴生家は代々の宮大工で、木彫家でもあった中村董斎の長男。幼い頃から父に木彫を習い、朝日尋常高等小学校を卒業後、上京して清水三重三、斎藤素厳に師事した。昭和4年東京美術学校塑造部に入り、師・清水の娘をモデルにした「長いたんも」で構造社展に初入選。6年から七十の号を名のり、8年「女の首」で帝展初入選。10年「女胸像」で第1回東邦彫塑院展で特選を受けた。12年「裸婦」で第1回日彰展に入選。同年から3回連続で新文展入選。16年文展無鑑査となったが、同年アトリエで急逝した。　賞東方彫塑院展特選（第1回）〔昭和10年〕「女胸像」　家父＝中村董斎（彫刻家）

中村 純九郎　　なかむら・じゅんくろう
北海道庁長官 貴族院議員（勅選）
嘉永6年（1853年）7月3日～昭和22年（1947年）12月18日
出肥前国（佐賀県）　学司法省法学校卒　歴明治40年福井県知事、45年広島県知事、大正2年北海道庁長官を歴任。9年～昭和22年勅選貴族院議員。

中村 順平　　なかむら・じゅんぺい
建築家 建築学者 横浜高等工業学校教授 中村塾主宰
明治20年（1887年）8月29日～昭和52年（1977年）5月24日
⽣大阪府大阪市江戸堀　学名古屋高等工業学校建築科〔明治43年〕卒　資日本芸術院会員〔昭和50年〕　歴明治43年曽祢・中条建築事務所に入り、「如水会館」などを担当。中条精一郎の援助を得て大正9年渡仏し、翌年エコール・デ・ボザールに入学、13年には日本人として初めてフランス政府公認建築士（D.P.L.G.）の資格を得た。13年帰国、関東大震災で壊滅した東京市再興計画案を発表、高い評価を得た。14年新設の横浜高等工業学校建築学科の教授となり、昭和22年辞任。東西の"古典"を重視するボザール流の教育を行う一方、私塾・中村塾を開いて船舶の内装設計の手ほどきもした。戦後は東京駅の進駐軍RTO待合室、横浜銀行本店、山口銀行本店などの壁面彫刻を手がけた。昭和33年芸術院賞、50年芸術院会員。著書に「建築学総説篇」「建築学技術篇」「建築という芸術」など。　賞日本芸術院賞（第15回）〔昭和33年〕「建築界に尽くした業績」

中村 春楊　　なかむら・しゅんよう
日本画家
明治24年（1891年）4月19日～昭和12年（1937年）5月4日
⽣京都府京都市　名本名＝中村新太郎　歴山元春挙に師事。大正7年文展に「朝あらし」で初入選。10年には帝展に「南うけたる梅」で入選した。14年からは帝展に7回連続入選した。

中村 四郎　　なかむら・しろう
徳島県知事 宮内省警衛局長
明治28年（1895年）11月12日～平成1年（1989年）2月3日
出鹿児島県　学第一鹿児島中〔大正4年〕卒、七高造士館一部甲類〔大正7年〕卒、東京帝国大学法学部政治学科〔大正10年〕卒　歴大正10年内務省に入省。昭和15年徳島県知事。16年皇居の警衛・消防・防空を一体化するため旧宮内省皇宮警察部を組織改正した同省警衛局の初代局長に就任。19年から同省の車馬を管理する主馬寮のトップである主馬頭を務めた。

中村 新太郎　　なかむら・しんたろう
地質学者 京都帝国大学名誉教授
明治14年（1881年）4月21日～昭和16年（1941年）12月8日
⽣東京府下谷区御徒町（東京都台東区）　学東京帝国大学理科大学地質学科〔明治39年〕卒　理学博士　歴明治39年広島範学校講師、41年農商務省地質調査所技師、44年朝鮮総督府技師。大正8年京都帝国大学助教授、9～11年英国などに留学。帰国後教授となり、新設の理学部地質学鉱物学教室で地史学講座担当。昭和16年定年退官、名誉教授。常磐炭田、赤石山地などの地質構造解明に貢献した。15年には日本地質学会会長を務め、小川琢治と雑誌「地球」を創刊。

中村 震太郎　　なかむら・しんたろう
陸軍少佐
明治30年（1897年）7月4日～昭和6年（1931年）6月26日
⽣新潟県　学陸士（第31期）〔大正8年〕卒、陸大〔昭和3年〕卒　歴歩兵第58連隊付となり、陸士教官を経て、昭和3年大尉に進級。5年参謀本部付（兵站班勤務）、6年参謀本部員となる。同年満蒙作戦計画立案のため、兵要地誌調査の目的で変装して東部蒙古を旅行中、中国の屯墾軍によって殺害された。死後少佐に進級。この事件は軍部により「中村大尉事件」として喧伝されたため国内の排外主義的運動は高揚し、関東軍による満蒙武力占領の口実となった。

中村 甚哉　　なかむら・じんや
部落解放運動家
明治36年（1903年）1月2日～昭和20年（1945年）8月20日

〔生〕奈良県磯城郡川西村　〔名〕本名＝中村福麿　〔学〕八尾中〔大正8年〕中退　〔歴〕西光寺住職の二男に生まれる。甚哉は僧侶。八尾中を4年で中退し、翌大正11年奈良県水平社が結成されると同時に加入し、水平社運動に参加。全国水平社青年同盟中央委員。12年川西村の水平社・国粋会の大争闘事件で検挙され、懲役10ヶ月に処せられた。出獄後、全水本部理事。昭和3年入営するが脱走し、懲役1年に処せられた。また三・一五事件にも連坐し懲役6年に処せられた。9年出獄して水平社運動に復帰。日中戦争が始まると、大日本青年党に入り、13年日本主義を標榜する「新生運動」を創刊。のち海軍工廠に徴用されるが脱走し、憲兵に逮捕され、拷問死した。

中村 精一　なかむら・せいいち
実業家
明治10年（1877年）8月29日～昭和12年（1937年）8月8日
〔生〕広島県　〔学〕東京帝国大学法科〔明治37年〕卒　〔歴〕明治37年東京帝国大学を卒業して直ちにドイツに留学。帰国後、農商務省に入り保険課に勤務、のち早稲田大学・中央大学・東京帝大の講師となった。明治漁業の役員などを務め、大正15年安田保善社に入り、帝国海上火災保険・第一火災海上保険など海上火災保険数社の監査役を兼ねた。また日蓮宗に深く帰依していた。昭和12年7月ボルネオ水産専務として英領北ボルネオの事業地へ出張中、8月急性肺炎で客死した。

中村 清二　なかむら・せいじ
物理学者 東京帝国大学名誉教授
明治2年（1869年）9月24日～昭和35年（1960年）7月18日
〔生〕越前国（福井県鯖江市）　〔専〕光学、結晶学　〔学〕帝国大学理科大学物理学科〔明治25年〕卒 理学博士〔明治40年〕　〔資〕帝国学士院会員〔大正14年〕　〔歴〕一高を経て、明治33年東京帝国大学理科大学助教授、36年ドイツ、フランスへ留学、39年帰国し、44年教授、のち理学部長。大正14年帝国学士院会員、また学術研究会議員、日本学術振興会委員などを務め、昭和5年定年退官、名誉教授。専攻は光学と結晶学で、日本初の光弾性実験を試み、地磁気、測地の研究、湖湾などに起こる水波の定常振動（セイシ）の調査を行った。大正12年に関東大震災後の復興計画にも尽力。学士院の「明治前日本科学史」編纂委員も務めた。著書に「物理学実験法」「中村物理学」「体験の物理学」「自然と数理」「田中館愛橘先生」「幕末明治の隠れたる科学者松森胤保伝」などがある。　〔賞〕文化功労者〔昭和28年〕

中村 清太郎　なかむら・せいたろう
山岳画家 登山家
明治21年（1888年）4月30日～昭和42年（1967年）12月20日
〔生〕東京市浅草区（東京都台東区）　〔学〕東京高等商業学校（現・一橋大学）卒　〔歴〕府立三中時代より山を好み、画家を志して本郷絵画研究所に学ぶ。明治42年、小島烏水らと赤石山脈を初縦走したのを始め、黒部五郎、聖岳などの初登山など、北アルプスその他に足跡を残す。大正6年にはセレベスのカラバット火山に登る。日本の近代登山黎明期に活躍し、多くの山岳画や「山岳渇仰」「山岳浄土」などの著書がある。昭和11年、日本山岳画協会を創立、25年日本山岳会名誉会員となる。

中村 善太郎　なかむら・ぜんたろう
西洋史学者 東北帝国大学法文学部教授
明治12年（1879年）6月～昭和7年（1932年）12月5日
〔出〕京都府　〔学〕東京帝国大学卒　〔歴〕三高教授を経て、大正11年の東北帝国大学法文学部創設に加わり、教授・学部長に就任。昭和7年大類伸と共に日本初の専門誌「西洋史研究」を発行した。著書に「千島樺太侵略史」などがある。

中村 大三郎　なかむら・だいざぶろう
日本画家
明治31年（1898年）～昭和22年（1947年）9月14日
〔生〕京都府京都市　〔学〕京都市立美術工芸学校絵画科〔大正5年〕卒、京都市立絵画専門学校〔大正8年〕卒　〔歴〕西山翠嶂に師事。大正7年第12回文展で「懺悔」初入選。8年第1回帝展「双六」出品、第2回展「静夜閑香」、第4回展「灯籠大臣」が特選。13年京都市立美術工芸学校教諭、14年京都市立絵画専門学校（現・京都市立芸術大学）助教授、のち教授。桃山風美人画から現代的美人画に移り、15年「ピアノ」次いで「編物」「婦女」などを発表。昭和3年第9回帝展では審査員。13年ごろから能楽の世界に取材、「弱法師」「三井寺」「野々宮」などがある。　〔家〕岳父＝西山翠嶂

中村 泰祐　なかむら・たいゆう
僧侶 臨済宗建仁寺派管長
明治19年（1886年）5月7日～昭和29年（1954年）1月3日
〔生〕山梨県　〔号〕名＝夾山、室号＝樹下居　〔学〕臨済宗七派連合般若林〔明治38年〕卒　〔歴〕明治30年山梨県塩山向岳寺で得度。39～大正4年鎌倉円覚寺僧堂で禅を修め、河野霧海の法をついだ。10年山口市洞春寺住職、13年臨済宗南禅寺派管長、昭和21年同宗建仁寺派管長、建仁寺住職。大正10年以来同宗建仁寺派宗会議員、宗務取締り。昭和2年山口育児院を設立、社会福祉事業に尽くした。3年八王子市広園寺僧堂師家委嘱、18年山口県仏教会理事長。

中村 民雄　なかむら・たみお
野球選手
大正6年（1917年）1月16日～平成15年（2003年）5月20日
〔出〕熊本県熊本市　〔学〕熊本工卒　〔歴〕昭和7年熊本工で夏の甲子園に出場。社会人野球の全京城を経て、プロ野球選手となり、11～12年セネタース、17年大洋、18年西鉄に在籍し、捕手、一塁手を務めた。実働4年、188試合出場、646打数148安打、打率.229。引退後、23～35年母校の野球部監督を務めた。

中村 地平　なかむら・ちへい
小説家
明治41年（1908年）2月7日～昭和38年（1963年）2月26日
〔生〕宮崎県宮崎市　〔名〕本名＝中村治兵衛　〔学〕東京帝国大学美術史科〔昭和8年〕卒　〔歴〕学生時代同人誌「あかでもす」「四人」を発行。井伏鱒二に師事し、昭和7年「熱帯柳の種子」を発表。9年都新聞社に入社し文化部記者として2年半勤務、のち日本大学芸術学部講師となる。この間、日本浪曼派に参加し、12年「土龍どんもぐっくり」、13年「南方郵信」を発表。戦時中は陸軍報道班員としてマレーに1年間滞在する。戦後は「日向日日新聞」の編集総務を経て、宮崎県立図書館長、のち宮崎相互銀行社長となった。主な著書に「小さな小説」「長耳国漂流記」「台湾小説集」「義妹」「八年間」などのほか、「中村地平全集」（全5巻、皆美社）がある。

中村 鎮　なかむら・ちん
建築家
明治23年（1890年）10月20日～昭和8年（1933年）8月19日
〔生〕福岡県糸島郡波多江村（糸島市）　〔学〕早稲田大学理工科建築学科〔大正3年〕卒　〔歴〕大正4～6年陸軍経理局技手、あめりか屋技手、東京コンクリート会社技師、日本セメント工業技師などを務めた。学生時代から建築雑誌に寄稿、アール・ヌーボーなど、大正初めに欧米から流入した前衛的なデザインの芸術的価値を擁護、野田俊彦の建築非芸術論と対立、"俊鎮論争"を引き起こすなど、建築界の論客として知られた。大正10年中村建築研究所を設立、コンクリート・ブロック建築の設計に力を入れ"チン・ブロック"と呼ばれた。15年都市美協会を設立。その後表現主義から合理的デザインに傾斜した。主

な作品に「安治川第一弥生館」（大阪, 大11年）、「本郷基督教会堂」（15年）、「大阪島之内教会堂」（昭2年）など。雑誌「建築評論」の編集長も務めた。著書に「中村鎮遺稿」がある。

中村 鶴蔵（3代目）　なかむら・つるぞう
歌舞伎俳優
明治17年（1884年）10月15日〜昭和7年（1932年）7月12日
[生]東京府浅草区（東京都台東区）　[名]本名＝桐ケ谷栄次郎、初名＝中村亀松、前名＝市川喜三造、俳名＝秀鶴、秀雀　[歴]13代目中村勘三郎に入門し、明治28年師が没す。29年東京・明治座に中村亀松（初代）を名のって初舞台を踏む。30年2代目市川段四郎（初代市川猿之助）の門人となり市川喜三造と改名するが、のち中村一門に復帰し2代目中村鶴蔵の門人となり、師の没後の44年、明治座「妹背山婦女庭訓」で3代目鶴蔵を襲名し名題に昇進。敵役を得意とし東京の舞台に勤めた。当り役は「権三と助十」の勘太郎など。自由劇場・文芸座にも参加、多様な演技力を示した。のち烏会を旗揚げし「三番叟」に因んだもののみを上演した。4代目中村鶴蔵は実弟。[家]弟＝中村鶴蔵（4代目）

中村 鶴蔵（4代目）　なかむら・つるぞう
歌舞伎俳優
明治32年（1899年）4月18日〜昭和20年（1945年）12月7日
[生]東京浅草（東京都台東区）　[名]本名＝桐ケ谷権三郎、初名＝中村亀松、俳名＝秀雀　[歴]歌舞伎役者となり、明治44年東京・明治座で3代目中村亀松を名のり初舞台を踏む。昭和6年2代目河原崎長十郎らと前進座の創立に参画し、芸達者な世話物の役者を務め、また座の中核として座員の演技指導に尽くした。兄の没後、8年4代目中村鶴蔵を襲名。29年長男・貫一郎が5代目中村鶴蔵を襲名した。[家]長男＝中村鶴蔵（5代目）、兄＝中村鶴蔵（3代目）

中村 哲哉　なかむら・てつや
獣医学者 農林省獣疫調査所所長
明治21年（1888年）2月〜昭和23年（1948年）5月9日
[生]埼玉県南埼玉郡須賀村（宮代町）　[専]家畜病理学　[学]東京帝国大学農科大学獣医学科〔大正2年〕卒 農学博士（東京帝国大学）〔大正12年〕　[歴]大正2年農商務省獣疫調査所に入所。6年農商務技師、10年獣疫調査所技師第一部長となり、同年欧米へ留学。昭和16年同所長。戦後の22年同所が家畜衛生試験場と改称されると初代場長に就任したが、23年病のため急逝した。我が国の鶏病学の祖と評され、大正14年東京府下で発生した鶏ペスト（高病原性鳥インフルエンザ）の病原ウイルスを初めて分離した他、昭和5年日本初の鶏病専門書「最新家禽衛生」を刊行した。他の著書に「家畜伝染病学」などがある。

中村 テル　なかむら・てる
登山家
明治37年（1904年）8月23日〜平成21年（2009年）5月3日
[生]北海道夕張　[名]本名＝佐藤テル　[学]桜井女塾〔大正10年〕卒　[歴]父は北海道の夕張で鉱山を経営。事業の失敗により福島県喜多方へ出て小学4年までを過ごし、やがて上京。大正10年英文タイプと翻訳の腕を生かして古河鉱業に入社。13年日本フォード自動車に秘書として転じ、OLの草分けとして働く。昭和12年佐藤信彦と結婚。戦後は士官待遇で連合国軍総司令部（GHQ）の憲兵裁判所の法廷通訳兼裁判官秘書を務め、裁判所のあった神奈川県葉山に転居。朝鮮戦争勃発を機に退職すると女性下着の勉強のため米国へ留学。帰国後は下着メーカーに勤務し、ファッション・アドバイザー兼デザイナーなどを務めた。一方、昭和2年女性として初めて冬の富士山に登頂するなど、女性登山家の草分けとして知られる。6年我が国初の女性山岳会である東京YMCA山岳会が発足すると初代会長に就任。36年ニュージーランドに日本女子親善隊を率いた。

平成元年日本人留学生の世話をするためオーストラリアに単身移住、11年帰国。編著に「女五人ニュージーランドを行く」、共著に「誰でも行ける楽しいヒマラヤ」がある。

中村 時蔵（3代目）　なかむら・ときぞう
歌舞伎俳優
明治28年（1895年）6月6日〜昭和34年（1959年）7月12日
[生]大阪府大阪市　[名]本名＝小川米吉郎、前名＝中村米吉　[資]日本芸術院会員〔昭和32年〕　[歴]明治33年2世中村米吉として初舞台、大正5年市村座で3代目時蔵を襲名する。このころから兄吉右衛門の女房役を務め、4代目市川男女蔵（のちの3代目左団次）と人気を分けた。その後、当代随一の女形と称されたが、特に世話女房役が得意で、芸術院会員に推された翌年に他界。[家]父＝中村歌六（3代目）、兄＝中村吉右衛門（1代目）、弟＝中村勘三郎（17代目）、長男＝中村歌六（4代目）、二男＝中村時蔵（4代目）、三男＝小川三喜雄（映画プロデューサー）、四男＝萬屋錦之介、五男＝中村嘉葎雄　[賞]日本芸術院賞〔昭和25年〕

中村 徳二郎　なかむら・とくじろう
白揚社創業者
明治26年（1893年）2月18日〜昭和23年（1948年）10月3日
[生]埼玉県南埼玉郡大相模村（越谷市）　[歴]明治45年上京し、表神保町の福岡書店で修業。大正6年独立し、表神保町に書籍取次業の三徳社を設立。次いで自著「温泉案内」を皮切りに出版業にも乗り出した。10年社名を白揚社に改めてからは「レーニン著作集」や昇曙夢の「ロシヤ語講座」など、主に左翼的出版物を出すようになり、インテリ層に知られる存在となった。満州事変以降の左翼出版弾圧にも屈せず出版を続けたが、やがて休業。戦後に活動を再開し、株式会社に改組した。　[家]二男＝中村浩（白揚社社長）

中村 登音夫　なかむら・とねお
弁護士 東京地検思想部長検事
明治34年（1901年）3月24日〜昭和44年（1969年）5月8日
[出]東京都　[学]一高卒、東京帝国大学法学部法律学科〔大正14年〕卒　[歴]東京地裁検事を振り出しに、台湾、名古屋、東京で検事を歴任。昭和18年12月東京控訴院検事、同月〜20年4月大審院検事事務取扱。東京地検思想部長検事時代の18年10月、中野正剛衆議院議員の逮捕事件を担当。予審判事に勾留請求を行うが、議会召集日当日で会期中の不逮捕特権を楯に請求を棄却される。東条英機首相は中野に対して積極的に取り調べを行わなかったことに怒り、当時43歳であった中村に懲罰召集を行い、20年1月北支那派遣特別警備隊付となる。同年4月東京区裁判所検事、21年2月金沢地裁検事正、6月退職、7月弁護士登録。21〜26年公職追放。戦後は第二東京弁護士会副会長を務めた。

中村 とよ　なかむら・とよ
陸軍特務機関員
大正1年（1912年）〜昭和13年（1938年）7月14日
[生]群馬県利根郡白沢村　[学]天理教学校　[歴]昭和12年日中戦争が勃発すると、陸軍特務機関員に志願。特務機関長・浜之上秋の部下となり、男装して宣撫班員を務めた。中国・青島での任務に就き、次いで徐州に移るが、13年同市大同街で敵襲に遭い、戦死。浜之上はその死を惜しみ、徐州雲竜山に高さ1丈7尺の石碑を建立した。

中村 直人　なかむら・なおんど
洋画家 彫刻家
明治38年（1905年）5月19日〜昭和56年（1981年）4月22日
[生]長野県小県郡神川村（上田市）　[歴]小学校を卒業後、大正9年上京して彫刻家・吉田白嶺の内弟子となり、15年日本美術

院展に「清韻」が初入選。昭和5年「道化役者」で第1回日本美術院賞を受賞、木彫でモニュメント作品を実現したとして高く評価された。11年日本美術院彫刻部同人。14年聖戦美術展覧会で陸軍大臣賞。木彫の名手で、「防人」「草薙剣」「九軍神像」などを制作。戦後は院展のほか、日展、アンデパンダン展などにも出品。26年日展出品作「禿鷹」が日本美術院買い上げとなる。一方、従軍画家として中国大陸を回り、水墨画家としても注目された。17年には岩田豊雄（獅子文六）が朝日新聞に連載した小説「海軍」の挿絵を担当。27年暮れにパリに移住して絵画制作に重点を置くようになり、28年に開いた個展をフランスの新聞が絶賛、日本でも話題になり画家としての名声を高めた。39年帰国、40年二科会絵画部会員。55年「会合」で二科展総理大臣賞を受賞。パリ在住時代に培った単純化された形を独特のリズム感で描く画風を展開した。　賞院展第2賞（第17回）〔昭和5年〕「道化役者」、帝展帝国美術院賞〔昭和7年〕「道化役者」

中村 信以　なかむら・のぶしげ
富貴堂創業者
明治8年（1875年）1月3日〜昭和37年（1962年）1月1日
生京都府　歴明治29年北海道に渡り、32年富貴堂を開業。大正末には全国でも有名な書店になり、さらに楽器、文房具なども販売、昭和5年に合資会社とした。また大正8年に北海道書籍雑誌商組合を組織、組合長として、出版物運賃低減運動を展開。札幌市創建80周年、開道90周年に開拓・文化功労者として表彰された。　家弟＝中村従吉（陸軍大佐）、孫＝中村康（富貴堂社長）、女婿＝中村富蔵（富貴堂社長）

中村 梅玉（3代目）　なかむら・ばいぎょく
歌舞伎俳優
明治8年（1875年）1月14日〜昭和23年（1948年）3月18日
生大阪府北新地　名本名＝笹木伊之助、初名＝中村政治郎、前名＝中村福助、俳名＝三雀　歴日本芸術院会員〔昭和22年〕明治13年2代目中村政治郎の名で道頓堀の中座で初舞台。19年父について上京、5年にわたり東京各座に出演。帰阪後、1代目中村鴈治郎一座で育ち、40年4代目中村福助（高砂屋系）を襲名、鴈治郎の女房役を務めた。昭和10年3代目梅玉を襲名、東西の舞台で活躍した。6代目菊五郎に日本一の女房役といわれ、当たり役に「吃又」のおとく、「河庄」の小春、「先代萩」の政岡など。　家養父＝中村梅玉（2代目）、長男＝中村福助（5代目、高砂屋系）

中村 美穂　なかむら・びすい
歌人
明治28年（1895年）12月11日〜昭和16年（1941年）9月5日
生山梨県　名本名＝中村時次郎　歴盲・聾唖学校教員、のち校長。大正4年「アララギ」に入会、島木赤彦に師事。昭和3年1月「みづがき」を創刊。歌集に「仏顔」「空明」がある。

中村 英雄　なかむら・ひでお
俳優
大正8年（1919年）7月10日〜昭和18年（1943年）1月3日
生東京市浅草区光明町（東京都台東区）　学京都市立商業実習学校　歴大正13年三枝源次郎監督「死生を越えて」で日活の子役としてデビュー、多くの作品に出演し名子役の評判をとる。昭和13年東宝に転じ「幼い英雄たち」に主演、14年「工海陸戦隊」などに助演するが、のち応召。近衛歩兵の衛生伍長としてインドネシア南部に進駐、シンガポール、ジャワと転戦したのち18年ジャワ島マラン南方にあった陸軍病院で戦病死した。　家父＝中村吉次（俳優）

中村 福助（5代目）　なかむら・ふくすけ
歌舞伎俳優
明治33年（1900年）5月10日〜昭和8年（1933年）8月11日
生東京都　名本名＝中村慶次、初名＝中村児太郎、俳号＝梅苔、啾雨　歴東京の成駒屋中村福助の5代目（高砂屋福助は別人）。明治37年2代目中村児太郎を名のり「仮名書太平記」で初舞台。大正5年「娘道成寺」の白拍子で5代目福助を襲名。美貌で気品をそなえ、若女方を得意とした。　家養父＝中村歌右衛門（5代目）、弟＝中村歌右衛門（6代目）、息子＝中村芝翫（7代目）

中村 福之丞　なかむら・ふくのじょう
歌舞伎俳優
明治37年（1904年）5月15日〜昭和19年（1944年）3月6日
生東京都　名本名＝青木関次　歴名脇役として知られた6代目大谷友右衛門の弟。明治42年初舞台を踏み、大正9年中村福之丞を襲名。女方として活躍した。　家兄＝大谷友右衛門（6代目）

中村 不二男　なかむら・ふじお
衆議院議員
明治24年（1891年）2月〜昭和16年（1941年）5月9日
出長崎県　学長崎県立長崎中〔明治42年〕卒　歴長崎県議を経て、昭和7年から衆議院議員に当選3回。民政党に所属した。また長崎日日新聞社取締役を務めたほか、長崎女子商業学校を設立した。

中村 不折　なかむら・ふせつ
洋画家　書家
慶応2年（1866年）7月10日〜昭和18年（1943年）6月6日
生江戸京橋（東京都中央区）　出長野県　名本名＝中村鈇太郎、別号＝孔固亭、豪猪先生、環山　賞帝国美術院会員〔大正8年〕、帝国芸術院会員〔昭和12年〕　歴少年時代、父の郷里・長野高遠町で真壁雲郷に南画を学んだ。明治20年上京、十一字会研究所に入り、洋画家小山正太郎、浅井忠らに師事。明治美術会に出品。また正岡子規の世話で日本新聞社で日本初の新聞挿絵を描いた。34年渡仏、ラファエル、コランにデッサンを、ジャン・ポール・ローランスに人体表現を学び、38年帰国。太平洋画会に属し、歴史画を多く描く傍ら、太平洋美術学校長、美術協会幹事、審査員を務めた。森鷗外、夏目漱石ら作家と交流、小説の挿絵も描いた。また40年の文展開設以来委員、審査員を務め、大正8年には帝国美術院会員、昭和12年帝国芸術院会員となった。代表作は「瞋蘭亭図」「羅漢図」「廓然無聖」「邯鄲（盧生の夢）」などがある。一方書道でも日下部鳴鶴や前田黙鳳に伍して談書会を組織、健筆会を結成、六朝書の研究に取り組んだ。泰東書道院学術顧問を務め、昭和11年書に関する中国の古文物1万余点を納めた書道博物館を東京・根岸の自宅に設立、書道普及にも尽力した。著書に「六朝の書法」「学書三訣」、自伝「僕の歩いた道」がある。

中村 又七郎　なかむら・またしちろう
衆議院議員
明治17年（1884年）1月26日〜昭和38年（1963年）6月7日
生新潟県西頸城郡柳形村（糸魚川市）　学早稲田大学政経科〔明治40年〕卒　歴新潟県糸魚川町議、町長、新潟県議を経て、昭和17年衆議院議員に当選1回。29〜36年糸魚川市長を務めた。

中村 宗雄　なかむら・むねお
民法学者　早稲田大学教授
明治27年（1894年）8月9日〜昭和50年（1975年）8月10日
生東京市神田区三崎町（東京都千代田区）　名号＝茶涯学人　専民事訴訟法　学早稲田大学政治経済科〔大正4年〕卒、早稲田大学独法科〔大正6年〕卒 法学博士　賞日本学士院会員〔昭和24年〕　歴弁護士を経て、ウィーン大学などに留学。大正12年早大助教授、13年教授となり民事訴訟法を講じた。退任

なかむら　　　　　　　　　　昭和人物事典 戦前期

後名誉教授、国士舘大学教授。日本学士員会員、民事訴訟学会会長。著書に「民事訴訟法」「実体法学と訴訟法学」などがある。

中村 武羅夫　なかむら・むらお
編集者 小説家 評論家
明治19年（1886年）10月4日〜昭和24年（1949年）5月13日
⽣北海道空知郡岩見沢村（岩見沢市）　学岩見沢小〔明治36年〕卒　歴明治36年札幌に出て画家を志し、佐々木泉渓に入門。この頃、小栗風葉「青春」を読んで文学志望に転換し、38年帰郷後は「文庫」「新声」などに投稿した他、同人雑誌「暁光」（のち「北海文学」）を発刊。同年より代用教員となるが、39年「文章世界」に投稿した小説が次点佳作に選ばれ、40年教職を辞して上京、風葉に師事した。41年真山青果の紹介で新潮社に入社、「新潮」の訪問記者として活躍する一方、編集者としても手腕を発揮し、同年国木田独歩が死去すると同誌の独歩特集号を編集した。42年同誌上での訪問記をまとめた「現代文士 廿八人」を刊行。大正初期には「新潮」編集の中心となる傍ら小説を書き続け、10年長編「人生」の第一部「悪の門」を上梓。以後、大正・昭和初期の通俗小説において人気作家となった。14年岡田三郎、尾崎士郎、今東光らと文芸誌「不動調」を創刊。同誌終刊後の昭和4年には後継誌「近代生活」を興し、新興芸術派の中心人物となった。5年評論集「誰だ？ 花園を荒す者は！」を刊行し、プロレタリア文学の在り方を批判。17年日本文学報国会が結成されると常任理事、事務局長を歴任。21年新潮社を退社、24年「三未亡人」執筆中に死去した。他の著書に小説「獣人」「地霊」「嘆きの都」や回想録「明治大正の文学者たち」などがある。

中村 豊　なかむら・ゆたか
細菌学者 北海道帝国大学医学部教授
明治21年（1888年）7月25日〜昭和49年（1974年）6月14日
⽣東京市下谷区（東京都台東区）　学一高〔明治41年〕卒、東京帝国大学医科大学〔大正1年〕卒 医学博士（東京帝国大学）〔大正11年〕　歴大正2年東京帝国大学医科大学副手、3年同大伝染病研究所技手、6年技師、9年東京帝大助教授となり、同年細菌学研究のため欧米へ留学。10年北海道帝国大学助教授、11年教授に昇任。昭和6〜8年、14〜16年医学部長。24年北海道立衛生研究所長を兼任。26年大学退官後も、40年まで北海道立衛生研究所長を務めた。痘瘡及び痘瘡ウイルスの研究で知られる。著書に「細菌学血清学検査法」「細菌学免疫学講本」などがある。　家兄＝中村謙吾（医師）、弟＝細谷省吾（細菌学者）　勲勲二等瑞宝章〔昭和17年〕

中村 良三　なかむら・りょうぞう
海軍大将
明治11年（1878年）7月26日〜昭和20年（1945年）3月1日
⽣青森県弘前市土手町　学海兵（第27期）〔明治32年〕、海大〔明治43年〕卒　歴日露戦争には「扶桑」分隊長として参加。第二艦隊、第一艦隊の各参謀、軍令部作戦課長を経て、大正6〜8年英国駐在武官。軍令部第三班長、海軍大学校校長、昭和5年第二艦隊司令長官。佐世保鎮守府、呉鎮守府各長官を歴任し、9年大将となり軍事参議官兼艦政本部長。11年予備役。15年米内内閣の内閣参議を務めた。

中谷 宇吉郎　なかや・うきちろう
物理学者 随筆家 北海道帝国大学教授
明治33年（1900年）7月4日〜昭和37年（1962年）4月11日
⽣石川県加賀市片山津　専雪氷学、低温物理学　学四高卒、東京帝国大学理学部物理学科〔大正14年〕卒 理学博士（東京帝国大学）〔昭和6年〕　歴小学校進学に際して、7歳で実家から10キロほど離れた九谷焼職人・浅井一毫宅に預けられた。大正14年東京帝国大学理学部物理学科を卒業して理化学研究所の

寺田寅彦研究室に入り、電気火花の研究に従事。昭和3〜5年英国留学を経て、5年北海道帝国大学理学部助教授、7年教授となり、10年低温研究室が出来ると人工雪の研究に着手、13年人工雪の結晶の製作に成功、雪氷研究の第一人者となる。16年北海道帝大低温科学研究所主任研究員。戦時下には航空機の着氷防止研究にも従事した。27年米国雪氷永久凍土研究所（SIPRE）顧問研究員。29年ハーバード大学から英文「雪の結晶」を出版。32年からグリーンランドの氷冠の研究を行う。戦後は21年農業物理研究所を創設し、食糧増産を目指すユニークな活動にも取り組んだ。また、映画「雪の結晶」「霜の花」の製作を指導した。随筆家としても知られ、「冬の華」など多くの随筆集を出し、「中谷宇吉郎随筆選集」（全3巻、朝日新聞社）がある。「雪は天から送られた手紙である」という言葉で知られる。平成6年加賀市片山津に"中谷宇吉郎 雪の科学館"が開館した。　家二女＝中谷芙二子（ビデオアーティスト・彫刻家）、弟＝中谷治宇二郎（考古学者）　賞帝国学士院賞（第31回）〔昭和16年〕、報公賞（第8回）〔昭和13年〕

中谷 治宇二郎　なかや・じうじろう
考古学者
明治35年（1902年）1月21日〜昭和11年（1936年）3月22日
⽣石川県江沼郡作見村片山津（加賀市）　専先史学、縄文時代　学東京帝国大学理学部人類学科選科〔昭和2年〕卒　歴大学卒業後、東北の石器時代遺跡を調査。昭和4年フランスに留学。27歳で著した「日本石器時代提要」は高く評価された。他の著書に「注口土器ノ分類ト其ノ地理的分布」「日本石器時代文献目録」「日本先史学序史」「日本縄文文化の研究」がある。平成6年遺稿集「考古学研究の道—科学的研究法を求めて」が出版された。　家兄＝中谷宇吉郎（物理学者）

長屋 順耳　ながや・じゅんじ
教育家 女子学習院長
明治7年（1874年）2月3日〜昭和26年（1951年）8月19日
⽣岐阜県大垣　学東京帝国大学文科大学英文科〔明治30年〕卒　歴明治31年四高教授、37年広島高等師範学校教授。39年文部省留学生として英国、米国に遊学、40年帰国。43年文部省視学官、大正6年同督学官、8年東京外国語学校校長、昭和7年退官、東京外大名誉教授。同年から16年まで女子学習院長、15年宮中顧問官。

永安 百治　ながやす・ももじ
長野県知事
生年不詳〜昭和18年（1943年）1月10日
⽣兵庫県　歴小学校卒業だけの学歴で兵庫県属となり、24歳で高文行政科試験に合格。内務省労働課長を経て、昭和13年香川県知事、17年長野県知事。18年在職中に亡くなった。

中山 岩太　なかやま・いわた
写真家
明治28年（1895年）8月3日〜昭和24年（1949年）1月20日
⽣福岡県柳川市　学東京美術学校臨時写真科〔大正7年〕卒　歴大正4年東京美術学校臨時写真科に第1期生として入学し、7年首席で卒業。同年11月農商務省海外実業練習生として渡米。カリフォルニア州立大学に学んだ後、8年ニューヨークに移り、菊地東陽の助手となる。9年日本から来た幼なじみの千住正子と結婚。10年五番街に鈴木らかんとらかんスタジオを開設し、肖像写真家として人気を得る。15年妻と共にパリに移住。モンパルナスに住み、画家の藤田嗣治、海老原喜之助、未来派の画家エンリコ・プランポリーニ、シュルレアリスト・マン・レイやその愛人であったキキなどとも交流、ヨーロッパ・モダニズムの最先端に触れ、芸術写真の道に進む確信を深める。昭和2年シベリア鉄道で大陸を横断して帰国し、4年芦屋にパリのアトリエを模したスタジオを開設。5年ハナヤ勘

兵衛、紅谷吉之助らと芦屋カメラクラブを設立、同地を拠点に関西の新興写真運動の中心的人物として活躍した。7年には野島康三、木村伊兵衛らと月刊写真雑誌「光画」を創刊、多くの耽美的な傑作を発表。日本における芸術写真の第一人者だったが、戦争へと傾斜していく中で芸術写真の発表が困難となり、次第に酒量も増えていった。戦後、活動を再開したが、24年脳出血のため53歳で急逝した。全日本写真連盟理事。代表作に「上海から来た女」「デーモンの祭典」などがあり、作品集に「中山岩太写真集―光のダンディズム」がある。60年兵庫県立近代美術館で「写真のモダニズム・中山岩太展」が開催され、若い人達の人気を集めた。　家妻=中山正子(英語教育家)　賞国際広告写真展1等商工大臣賞(第1回)〔昭和5年〕「福助足袋コマーシャル・フォト」

中山 悦治　なかやま・えつじ
実業家 中山製鋼所創業者
明治16年(1883年)7月15日～昭和26年(1951年)12月25日
生福岡県　学豊国中学校〔明治32年〕中退　歴製糸工事、炭鉱、行商など職を転々、大正8年尼崎で亜鉛鍍金製造工場を始めて成功、12年中山悦治商店を創立、社長となった。その後薄鉄板製造に進出、昭和9年中山製鋼所と改称。14年溶鉱炉を完成、鉄鋼業界有数の会社とした。また社会、育英事業に多額の私財を寄付。15年には中山報恩会を設立、19年中山学園浪速工業学校(浪速工業高校の前身)を設立、運営した。　家息子=中山育雄(中山製鋼所社長)

中山 義秀　なかやま・ぎしゅう
小説家
明治33年(1900年)10月5日～昭和44年(1969年)8月19日
生福島県西白河郡大信村　名本名=中山議秀　学早稲田大学英文科〔大正12年〕卒　賞日本芸術院会員〔昭和42年〕　歴大学卒業後昭和8年まで、三重県立津中学、成田中学で英語教師をする。その間「塔」などの同人雑誌で活躍し、11年「電光」を刊行。13年「厚物咲」で芥川賞を受賞。以後作家として幅広く活躍し「碑」「美しき囮」などを発表。戦後も「テニヤンの末日」「少年死刑囚」などを発表する一方で戦国武将もの、剣豪ものなどを書くようになり「平手造酒」「戦国武将録」などを発表。39年「咲庵」で野間文芸賞を受賞し、40年には日本芸術院賞を受賞した。その他の代表作として「信夫の鷹」「台上の月」「芭蕉庵桃青」などがあり、自伝「私の文壇風月」もある。42年芸術院会員となった。平成4年には生地福島県大信村によって中山義秀文学賞が創設され、5年同地に記念文学館が開館した。　賞芥川賞(第7回)〔昭和13年〕「厚物咲」、日本芸術院賞(第22回・文芸部門)〔昭和40年〕「咲庵」

中山 久四郎　なかやま・きゅうしろう
東洋史学者 東京文理科大学名誉教授
明治7年(1874年)2月10日～昭和36年(1961年)9月7日
生長野県北佐久郡馬瀬口村(御代田町)　名旧姓・旧名=中村、号=東山学人　学東京帝国大学文科大学漢学科〔明治32年〕卒 文学博士(東京帝国大学)〔大正14年〕　歴明治35年ドイツ留学、37年帰国。38年広島高等師範学校教授、40年東京高等師範学校教授となり、のち東京帝国大学講師、史料編纂官を兼任。昭和4年東京文理科大学教授、15年退官し、16年名誉教授。満州国軍官学校教頭、私大講師などを務めた。著書には東洋史中等教科書、参考書のほか「世界印刷通史」(全2巻)「唐音十八考」「読史広記」「日本文化と儒教」「支那史籍上の日本史」「日本儒学年表」など。　家二男=中山正(数学者)

中山 佐之助　なかやま・さのすけ
福岡県知事
明治9年(1876年)2月29日～昭和15年(1940年)12月10日
生香川県　学東京帝国大学法科大学〔明治37年〕卒　歴昭和2年茨城県知事、同年石川県知事、6年福岡県知事。

中山 省三郎　なかやま・しょうざぶろう
詩人 ロシア文学者
明治37年(1904年)1月28日～昭和22年(1947年)5月30日
生茨城県真壁郡紫尾村酒寄　学早稲田大学露文科卒　歴大学時代「街」などを創刊し、卒業後はロシア文学、特にプーシキン、ツルゲーネフなどの翻訳、紹介に努め、ツルゲーネフ「散文詩」「猟人日記」やメレジコフスキー「永遠の伴侶」など多くの翻訳書がある。また詩人としても活躍し、詩集として「羊城新鈔」「水宿」などがある。児童文学関連では大正11年に雑誌「夕焼」を出して童謡を書き、児童自由詩集「蝙蝠の唄」(大川)の出版に尽力した。

中山 正善　なかやま・しょうぜん
天理教真柱(2代目)
明治38年(1905年)4月23日～昭和42年(1967年)11月14日
生奈良県天理市　学東京帝国大学文学部宗教学科〔昭和4年〕卒　歴大正14年父のあとを継いで管長に就任。戦時中は宗教統制の強化のため、天理教の神話「泥海古記」の廃棄を余儀なくされるが、戦後は「おふでさき」に則った復元運動を主導。海外布教にも努めたほか、内外の古文献、文化財の収集で知られ、天理図書館、天理参考館を設立。天理大教授、図書館協会、水泳連盟の役職などを務めた。　家息子=中山善衛(天理教3代目真柱)、長女=中山もと(天理教本部婦人)、父=中山新治郎(天理教初代真柱)

中山 晋平　なかやま・しんぺい
作曲家
明治20年(1887年)3月22日～昭和27年(1952年)12月30日
生長野県下高井郡日野村新野(中野市)　名筆名=萱間三平　学長野県師範講習科〔明治36年〕卒、東京音楽学校本科ピアノ科〔明治45年〕卒　歴小学校の代用教員となるが音楽の勉強を志して19歳で上京。島村抱月の書生となり、東京音楽学校で本居長世らに師事した。大正3年抱月主宰の芸術座での「復活」公演で、自身が作曲した「カチューシャの唄」(詞・相馬御風)が松井須磨子によって劇中歌として歌われ、記録的な大ヒットとなる。さらに「ゴンドラの唄」「さすらいの歌」「酒場の唄」といった流行歌を次々と生み出し、作曲家としての名声を確立。大正中期には童謡運動に身を投じ、9年頃から野口雨情作詞による「船頭小唄」「黄金虫」「シャボン玉」「あの町この町」「兎のダンス」「雨降りお月さん」「雲の蔭」「証城寺の狸囃子」や、北原白秋「砂山」「アメフリ」、西条八十「肩たたき」「毱と殿さま」、浅原鏡村「てるてる坊主」などの童謡を次々と発表、童謡運動をリードした。昭和初期には雨情の提唱した新民謡の創作に力を入れ、「中野小唄」「甲州音頭」「天竜下れば」などの新民謡は地方の観光地のPRソングとして脚光を浴びた。昭和4年ビクター専属となってからは西条とのコンビで「東京行進曲」「銀座の柳」などを手がけ、8年の「東京音頭」は当時だけで100万枚以上の売上げを記録するという昭和初期を代表するヒット曲となった。日本の伝統的な音階に立脚した親しみやすいメロディーは"晋平節"と呼ばれる。　家妻=喜代三(歌手)

中山 太一　なかやま・たいち
実業家 貴族院議員(多額納税)
明治14年(1881年)11月17日～昭和31年(1956年)10月18日
生山口県　歴小学校卒業後、民間学者・桂弥一のもとで学ぶ。17歳で門司に渡り、大分、神戸の商店で働き、明治36年神戸に中山太陽堂(現・クラブコスメチックス)を創立。和製化粧品を改良、39年クラブ洗粉、クラブ化粧品を発売、成功した。宣伝、広告、科学的経営管理を提唱、大正8年その宣伝機関としてプラトン社を創業、婦人雑誌「女性」、大衆娯楽雑誌「苦

なかやま　　　　　　　　　　　　　　　　　　昭和人物事典 戦前期

楽」を創刊、また単行本も発行した。大正12年には中山文化研究所を設立し、幅広い文化啓蒙運動を展開。昭和14年株式会社に改組、社長となった。29年相談役。14年多額納税貴族院議員。産業経理協会理事、大阪商工会議所常議員、大阪実業クラブ理事長などを歴任した。

中山 忠直　　なかやま・ただなお
詩人 思想家
明治28年（1895年）4月26日～昭和32年（1957年）10月2日
[生]石川県　[名]筆名＝中山啓　[学]早稲田大学商科卒　[歴]幼時から宇宙に興味を持ち、明治43年ハレー彗星接近のとし初めて詩作。自然主義的な歌からSF味の強いファンタスティックな詩で評価された。人類が滅び来る「地球を弔ふ」、火星への憧れを託した「未来への遺言」などがある。初めマルキシズムに影響されるが、大正初期勤皇社会主義という極右思想に転じ、30歳の時、皇漢医学の名称で漢方医となり、中山胃腸薬など多くの薬品を製造、販売した。思想家としては日本人＝ユダヤ人同祖説を唱え、天皇はユダヤの血を引いているとの書を書き、発禁処分となる。他の著書に「日本芸術の新研究」「漢方医学の新研究」など。

中山 太郎　　なかやま・たろう
民俗学者
明治9年（1876年）11月13日～昭和22年（1947年）6月13日
[生]栃木県梁田郡梁田村（足利市）　[名]本名＝中山太郎治、旧姓・旧名＝相場　[学]東京専門学校（現・早稲田大学）邦語法律学科〔明治32年〕卒　[歴]報知新聞社や博文館に勤務する傍ら、柳田国男に師事して民俗学を学ぶ。退職後は研究・執筆に専念。南方熊楠、折口信夫、N.ネフスキーらと交流し、金田一京助と北方文明研究会を組織。文献資料を用いて一種の社会史や文化史を描く学風で、同時に先駆的な着眼と幅広い関心を持っていた。「日本民俗学」（全4巻）「日本民俗学辞典」「売笑三千年史」「日本巫女史」「日本盲人史」「日本婚姻史」「万葉集の民俗学的研究」など著書多数。

中山 稲青　　なかやま・とうせい
俳人
明治12年（1879年）9月29日～昭和20年（1945年）2月7日
[生]埼玉県安行　[名]本名＝中山健三郎　[歴]農業に従事。酒竹の流れをくむ翠風会に属したが、日本派に転じて正岡子規の教えを受けた。明治35年俳誌「アラレ」を創刊、また「睡蓮」、「善」などを主宰した。「稲青句集」がある。

中山 呑海　　なかやま・どんかい
映画監督
明治26年（1893年）5月23日～昭和25年（1950年）8月20日
[生]佐賀県唐津　[名]本名＝中山森三、改名＝中山盛光　[学]明治大学中退　[歴]ジャーナリストを経て、松旭斎天勝一座、楽劇座その他で舞台監督を務める。大正12年大阪の瓢箪山に俳優養成所を建てるが、間もなく東京に戻り、カジノ・フォーリー、たまき座の文芸部に所属。14年京都の日活大将軍撮影所に入社、「尽忠の叫び」を第一作に時代劇の監督をする傍ら俳優としても出演。代表作に「丸橋忠弥」「一剣横行」など。　[家]妻＝水町庸子（女優）

中山 秀三郎　　なかやま・ひでさぶろう
土木工学者 東京帝国大学名誉教授
元治1年（1864年）12月24日～昭和11年（1936年）11月19日
[生]尾張国（愛知県）　[学]帝国大学工科大学土木工学科〔明治21年〕卒 工学博士（東京帝国大学）〔明治32年〕　[賞]帝国学士院会員〔昭和9年〕　[歴]明治21年関西鉄道技師を経て、23年帝国大学工科大学助教授。29年河海工学研究のため欧米へ留学し、31年帰国して教授に就任。大正15年退官、名誉教授。13

年土木学会会長。この間、明治32年内務技師となり、同年着工の横浜港埠頭工事にケーソン工法を我が国で初めて使用した。昭和9年帝国学士院会員。

中山 博道　　なかやま・ひろみち
剣道家
明治6年（1873年）2月～昭和33年（1958年）12月14日
[生]石川県　[歴]郷里の斎藤理則に山口一刀流を学び免許取得。18歳で上京、神道無念流根岸信五郎門下となり、明治35年免許皆伝。41年教士、大正9年範士となった。その間東京本郷に有信館を開き門弟を育成。警視庁、皇宮警察、海軍兵学校、東大・明大・三菱道場など20数カ所の師範を兼ねた。また大森流の長谷川英信流居合術、神道夢想流棒術の奥儀を極め、居合術範士、杖術範士となり、剣術を含めた3範士は明治以来ただ一人。昭和4、9、15年の天覧試合で審判員を務めた。　[家]父＝中山源之丞（勤皇家）

中山 福蔵　　なかやま・ふくぞう
衆議院議員
明治20年（1887年）6月～昭和53年（1978年）10月13日
[生]熊本県　[出]大阪府　[学]東京帝国大学法科卒　[歴]昭和7年衆議院議員に初当選し、以降3選。第一控室に所属。戦後、参議院議員を2期務めた。　[家]妻＝中山マサ（衆議院議員）、長男＝中山太郎（衆議院議員）、五男＝中山正暉（衆議院議員）、孫＝中山泰秀（衆議院議員）

中山 文甫（1代目）　　なかやま・ぶんぽ
華道家 未生流中山文甫会会長
明治32年（1899年）9月16日～昭和61年（1986年）10月16日
[生]大阪府大阪市　[名]本名＝中山文三　[歴]未生流に所属、早くから進歩的ないけ花作家としてモダニズムいけ花の先頭に立つ。未生流専務となり、昭和5年「新興いけばな宣言」発表に参加。23年「前衛挿花個展」を開き、いけ花に初めて前衛の名を冠した。29年未生流の伝統から決別し、未生流中山文甫会を設立、会長となる。著書に「日本のいけばな」がある。　[家]父＝中山三甫（華道）、息子＝中山景甫（未生流中山文甫会会長）

中山 平次郎　　なかやま・へいじろう
考古学者 病理学者 九州帝国大学名誉教授
明治4年（1871年）6月3日～昭和31年（1956年）4月29日
[生]京都府　[出]静岡県　[学]東京帝国大学医科大学医学科〔明治33年〕卒 医学博士〔明治40年〕　[歴]明治34年東京帝国大学助手となり、36年ドイツ、オーストリアへ留学、3年間病理学を修め、39年京都帝国大学福岡医科大学教授に就任。病理学を講じ、傍ら北九州を中心とする弥生式土器文化の研究に没頭。魚釣りの針から病原菌に侵され、医学を断念、昭和6年教授を辞任、名誉教授となった。この間、大正元年「福岡付近の史跡」を「福岡日日新聞」（「西日本新聞」の前身）に連載（30回）。考古学界では野の人であり、「考古学雑誌」への論文掲載は3年に実現、4年には鴻臚館平和台説を掲載するなど、九州考古学界が夜明け前のころから先見の明を発揮、「九州北部に於ける先史原史両時代中間期間の遺物に就いて（1）～（4）」（考古学雑誌）など200余編の論文を残した。福岡県史蹟名勝天然記念物調査委員。著書に「古代乃博多」など。

中山 正男　　なかやま・まさお
小説家 出版人 第一世論社社長
明治44年（1911年）1月26日～昭和44年（1969年）10月22日
[生]北海道常呂郡佐呂間町　[学]専修大学法科〔昭和8年〕中退　[歴]昭和8年大学を中退し独力で陸軍画報社を設立、雑誌「陸軍画報」を刊行。日中戦争中、南京城攻略戦に従軍して書いた「脇坂部隊」は当時ベストセラーになった。34年第一世論社社長。戦後、下中弥三郎らの後援で若者たちのための"日本ユー

スホステル"運動を推進した。著書には自伝的小説「馬喰一代」「続馬喰一代」「無法者」のほか「一軍国主義者の直言」などがある。

中山 昌樹　なかやま・まさき

宗教家 翻訳家 文学者
明治19年（1886年）4月10日～昭和19年（1944年）4月2日
生三重県 学明治学院神学部〔明治43年〕卒 歴牧師となり大連に赴任。東京下谷、京都吉岡で牧会に従事。大正8年明治学院教会牧師、11年同学院高等学部英文学科教授を経て、高等部長となった。早くからダンテの研究に専念、著書「文芸復興の三大芸術家」、翻訳にダンテ「神曲」カルバン「基督教綱要」（初の邦語全訳）、さらにアウグスチヌス、フランチェスコ、ミルトンなどの翻訳、紹介に努めた。

中山 龍次　なかやま・りゅうじ

日本放送協会常務理事
明治7年（1874年）1月1日～昭和37年（1962年）6月29日
出新潟県 学東京郵便電信学校乙科〔明治25年〕卒 歴明治25年通信技手として電気試験所に入る。31年通信技師。43年東京中央電話局長、45年3～12月欧州出張、大正2年～昭和3年中国政府交通部顧問、昭和3年退官。9～12年日本放送協会常務理事業務局長。22年新潟県十日町町長となり、29年市制施行により初代市長となった。　家二男＝中山次郎（通信省電務局長）

永代 静雄　ながよ・しずお

ジャーナリスト
明治19年（1886年）2月12日～昭和19年（1944年）8月10日
生兵庫県 学早稲田大学 歴明治41年東京毎夕新聞に入社。中央新聞に転じるが、大正7年毎夕新聞社会部長となり、8年編集局長に就任。新聞研究所を創立し、昭和15年に閉鎖。また伝書鳩の飼育普及に努め、雑誌「普鳩」を発行した。翻訳に「死ぬる土」、小説に「都会病」などがあり、雑誌「中外」にも評論「比較的上出来」（大正7年）などを発表。田山花袋「蒲団」の横山芳子のモデルである岡田美知代と結婚、芳子の相手の田中秀夫のモデルでもある。

長与 又郎　ながよ・またお

病理学者 男爵 東京帝国大学総長
明治11年（1878年）4月6日～昭和16年（1941年）8月16日
生東京府神田駿河台北甲賀町（東京都千代田区） 名号＝看山 学東京帝国大学医科大学〔明治37年〕卒 医学博士〔明治44年〕 賞帝国学士院会員〔昭和11年〕 歴父は蘭方医で内務省衛生局長や元老院議官を務めた長与専斎で、8人兄姉（5男3女）の三男。一高に進み、はじめは法科を志したが父の希望により医科に転じ、明治37年東京帝国大学医科大学を卒業。山極勝三郎に病理学を学び、40年ドイツのフライブルク大学へ留学。42年帰国、43年東京帝大医科大学助教授、44年教授。医学部長、大正8年伝染病研究所長を兼任。昭和4年癌研究会癌研究所を創設して所長、9年東京帝国大学総長。11年帝国学士院会員。心臓・肝臓研究の権威で、ツツガムシの研究でも知られ、同病の病原体をリケッチア＝オリエンタリスと命名した。平成8年日本癌学会に癌の臨床ならびに社会医学に関連する優れた業績をあげた研究者に贈られる長与又郎賞が創設された。　家四男＝長与健夫（病理学者）、父＝長与専斎（蘭方医）、兄＝長与称吉（医師）、弟＝岩永裕吉（同盟通信初代社長）、長与善郎（小説家）　賞ウィルヒョウ賞（第9回）〔昭和6年〕

長与 善郎　ながよ・よしろう

小説家 劇作家 評論家
明治21年（1888年）8月6日～昭和36年（1961年）10月29日
生東京市麻布区宮村町（東京都港区） 学東京帝国大学英文科

（大正2年）中退 賞日本芸術院会員〔昭和23年〕 歴明治44年「白樺」の同人となり「春宵」「亡き姉に」などを発表する一方、人道主義の論客としても活躍。大正5年から6年にかけて発表した「項羽と劉邦」で文壇的地位を確立し、以後「青銅の基督」「竹沢先生と云ふ人」などを発表。小説、戯曲、評論、随筆と幅広く活躍。昭和8年明治大学講師として東洋思想を講じ、10年から12年には南満州鉄道（満鉄）の嘱託となって3度満州、中国を旅行、東洋への親近感から「韓非子」「東洋芸術の諸相」を刊行。戦後も幅広く活躍し、34年刊行の「わが心の遍歴」で読売文学賞を受賞した。　家父＝長与専斎（蘭方医）、兄＝長与称吉（医師）、長与又郎（病理学者・東大総長）、岩永裕吉（同盟通信初代社長）

仲吉 良光　なかよし・りょうこう

首里市長
明治20年（1887年）5月23日～昭和49年（1974年）3月1日
生沖縄県首里（那覇市） 学早稲田大学〔明治45年〕卒 歴明治45年琉球新報記者となり、2年後退社。大正4年当真嗣合らと「沖縄朝日新聞」を創刊、編集長となった。8年東京日日新聞に移り、12年から米国で記者活動。昭和15年首里市長に就任した。戦後、米軍収容所に入れられ、米軍司令官に沖縄の日本復帰を請願した。収容所を出て米軍任命によって戦後初の首里市長となった。直ちに祖国復帰運動を始め、危険人物視され、沖縄を追われるように21年上京、沖縄諸島復帰期成会を結成、マッカーサー司令部などへ陳情運動を続けた。48年帰郷したが、復帰への貢献により45年沖縄タイムスの自治功労賞を受けた。著書に「沖縄祖国復帰運動記」など。

長良 治雄　ながら・はるお

野球選手
生年不詳～昭和20年（1945年）
学慶応義塾大学法学部 歴昭和10年岐阜商業4年のとき、甲子園で全国優勝。慶応義塾大学法学部に入り野球部で活躍。17年学生結婚、同年繰り上げ卒業と同時に入隊。20年沖縄で戦死。

半井 清　なからい・きよし

大阪府知事 横浜市長
明治21年（1888年）3月31日～昭和57年（1982年）9月3日
出東京都 名旧姓・旧名＝福井 学一高卒、東京帝国大学法科大学独法科〔大正2年〕卒 歴岡山県出身の衆議院議員・福井三郎の長男で、母の実家である半井姓を継ぐ。大正2年内務省に入省。8年より朝鮮総督府で宗教課長、官房文書課長、学務課長を務める。14年福島県、昭和3年栃木県、4年大阪府の各内務部長を経て、6年1月佐賀県知事。12月宮崎県知事に任命されたがこれを不服として辞表を提出、未赴任に終わった。7年栃木県知事、9年宮城県知事、10年社会局長、11年神奈川県知事、13年北海道庁長官、14年大阪府知事を歴任。16～21年最後の官選横浜市長。戦後は公職追放に遭い、解除後の27年横浜商工会議所会頭。34年横浜市長に再び当選したが、38年飛鳥田一雄に敗れ落選、1期。39年横浜信用金庫理事長、52年会長。　家父＝福井三郎（衆議院議員）

名川 侃市　ながわ・かんいち

弁護士 衆議院議員 第一東京弁護士会長
明治16年（1883年）6月～昭和19年（1944年）8月19日
出広島県 学明治大学法律科〔明治36年〕卒 歴東京地裁部長判事などを経て、弁護士に転身。第一東京弁護士会長を務めた。第15期衆議院選挙補選から6期連続当選。犬養毅内閣司法参与官、斎藤実内閣鉄道政務次官や政友会総務を歴任した。

南雲 正朔　なぐも・せいさく

弁護士 衆議院議員

なくも　　　　　　　　　　　　　　　　　　　昭和人物事典 戦前期

明治36年（1903年）1月～昭和29年（1954年）4月7日
出北海道 学中央大学法学部〔昭和3年〕卒 歴弁護士を営む。昭和11年以来衆議院議員に当選3回。商工省委員、鈴木内閣大東亜参与官を務めた他、中国方面を視察している。

南雲 忠一　なぐも・ちゅういち
海軍大将
明治20年（1887年）3月25日～昭和19年（1944年）7月8日
生山形県米沢 学海兵（第36期）〔明治41年〕卒、海大〔大正9年〕卒 歴海兵卒後、主として水雷畑を歩き、第1水雷戦隊参謀、那珂艦長、軍令部第2課長、高雄・山城艦長、第1水雷戦隊司令官、水雷学校長など歴任。昭和14年中将、15年海大校長。16年4月第1航空艦隊長官となり、同年12月の真珠湾攻撃やインド洋作戦、ミッドウェー海戦、ソロモン海戦で空母機動隊を指揮した。日本海軍としては初の大打撃を受けたミッドウェー海戦では暗号の漏えいと索敵の不完全などで作戦失敗の責任を問われる。17年11月佐世保鎮守府長官に転じるが、18年10月第1艦隊司令長官として再び前線に出、19年3月中部太平洋方面艦隊長官に就任。最後の戦場となった19年7月のサイパン島玉砕戦では、「我ら玉砕もって太平洋の防波堤たらん」との別辞の無電を残して自刃した。死後、大将に昇進。

名倉 謙蔵　なぐら・けんぞう
医師
慶応2年（1866年）～昭和14年（1939年）4月23日
出江戸・千住 学東京大学卒 歴東京・千住の「骨接ぎなら千住の名倉」といわれた医院の5代目医師。明治30年代の1日の患者は数百人にのぼり、5軒の宿屋が近くに開業した。昭和6年の全国金満家大番付にその名がある。

納言 恭平　なごん・きょうへい
小説家 評論家
明治33年（1900年）5月12日～昭和24年（1949年）7月6日
生熊本県玉名郡天水町 名本名＝奥村五十嵐 学熊本高等工業学校卒 歴八幡製鉄所に勤務していたが、大正7年上京し新潮社に勤務して「文学時代」「日の出」の編集に従事する。昭和14年同人誌「文学建設」に参加し、24年捕物作家クラブの発起人となる。主な作品に「七之助捕物帖」「神風連の妻」などがある。

梨本宮 伊都子　なしもとのみや・いつこ
皇族 梨本宮守正王妃
明治15年（1882年）2月2日～昭和51年（1976年）8月19日
生イタリア・ローマ 出佐賀県 歴佐賀鍋島藩の第19代で当時イタリア大使だった鍋島直大侯爵の二女としてローマで生まれる。7歳で華族女学校に入学。明治33年久邇宮朝彦親王の第四皇子で"ひげの宮様"として知られた梨本宮守正王と結婚、34年長女の方子誕生。昭和50年明治・大正・昭和の三代の天皇の素顔を描いた「三代の天皇と私」を出版、翌年94歳で亡くなった。平成元年17歳の時から死去の2ケ月前までの78年間にわたる日記が公開された。 家夫＝梨本宮守正（陸軍大将・元帥）、長女＝李方子（朝鮮李王朝皇太子妃）、父＝鍋島直大（肥前佐賀藩主・侯爵）、祖父＝鍋島直正（肥前佐賀藩主）

梨本宮 守正　なしもとのみや・もりまさ
皇族 陸軍大将・元帥
明治7年（1874年）3月9日～昭和26年（1951年）1月1日
生東京都 名幼称＝多田宮 学陸士（第7期）〔明治29年〕卒、フランス陸軍大学卒 歴久邇宮朝彦親王の第四皇子で、明治18年梨本宮家2代目を継ぐ。日露戦争の前後2回渡仏、フランス陸軍大学に学び、日露戦争には参謀本部付、第三軍司令部付として参戦。大正5年歩兵第一旅団長、6年第十六師団長、8年軍事参議官を歴任、12年陸軍大将となり、昭和7年元帥府に列

せられ元帥陸軍大将となる。12～20年臨時伊勢神宮祭主。また大日本武徳会、日仏協会、防空協会等の各総裁を歴任。戦後、皇族ではただ一人の戦犯容疑者として巣鴨拘置所に入所したが、4ケ月後に釈放される。21年に皇籍を離脱した。"ひげの宮様"として知られた。 家父＝久邇宮朝彦、妻＝梨本宮伊都子、長女＝李方子（朝鮮李王朝皇太子妃）

那須 章弥　なす・あきや
土木技術者
明治14年（1881年）～昭和9年（1934年）5月2日
学東京帝国大学工科大学土木科〔明治38年〕卒 歴横須賀、呉の海軍工廠技師を経て、明治43年川崎寛美男爵が東京の芝区田町に川崎鉄鋼を起こすとその工場組織の整備に関与し、大正3年同社に入社、工場副長兼技師長となり、21年間勤務する。この間、工場関係の新案特許を8件取得するなど会社の盛運に貢献、また国語国字改良運動に尽力し、昭和5年カナモジカイを動かし専売局でタバコの名前に外国語をもちいないように提案、実現させた。8年10月製鉄会社を解職され、9年5月東京の渋谷区大山町の自宅でピストル自殺した。著書に「珪藻土講話」などがある。

那須 皓　なす・しろし
農業経済学者 農政学者 東京帝国大学教授
明治21年（1888年）6月11日～昭和59年（1984年）3月29日
生東京都 学東京帝国大学農科大学〔明治44年〕卒 農学博士 歴大正6年東京帝国大学農科大学助教授を経て、11年教授。昭和21年まで務めた。戦後は32年から駐インド大使を務め、この縁で、37年に設立されたアジア救ライ協会の初代理事長にも就任した。 賞マグサイサイ賞〔昭和42年〕

那須 弓雄　なす・ゆみお
陸軍中将
明治25年（1892年）6月27日～昭和17年（1942年）10月26日
出東京都 学陸大卒 歴昭和15年歩兵第三旅団長、同年歩兵第二旅団長。17年ガダルカナル島奪回のため出陣したが、米軍の猛烈な砲火を浴びて戦死した。

那須 義雄　なす・よしお
陸軍少将
明治30年（1897年）9月26日～平成5年（1993年）11月14日
出熊本県 学陸士（第30期）〔大正7年〕卒 歴太平洋戦争開戦の昭和16年12月8日、陸軍歩兵第五十六連隊長として、海軍機動部隊のハワイ・真珠湾奇襲攻撃の約1時間前にマレー半島コタバルへ敵前上陸した作戦を指揮した。

夏川 静枝　なつかわ・しずえ
女優
明治42年（1909年）3月9日～平成11年（1999年）1月24日
生東京市芝区桜田本郷町（東京都港区西新橋） 名本名＝飯田静江、旧姓・旧名＝佐々木、旧芸名＝夏川静江 学文化学院中等部〔大正13年〕中退 歴新劇俳優を父にもち、大正5年小杉天外作「銀笛」に子役として初舞台。9年民衆座「青い鳥」や帝劇「レ・ミゼラブル」などに出演。11年舞台協会、13年築地小劇場に参加。昭和2年日活に入社。看板女優として、「彼をめぐる五人の女」「椿姫」「結婚二重奏」「激流」「ふるさと」「心の太陽」などに主演。9年東宝劇団創立と同時に移籍し、以後は舞台を中心に活躍。12年結婚し、一時芸能界を退く。15年豊田四郎監督に請われ名作「小島の春」に主演し、高い評価を得る。戦後はフリーとなり、脇役として数多くの映画・テレビに助演。静かな語り口で気品あふれる演技を見せた。 家夫＝飯田信夫（作曲家）、長女＝夏川かほる（女優）、父＝佐々木積（俳優）、弟＝夏川大二郎（俳優）

名取 忠愛　なとり・ちゅうあい

山梨貯蓄銀行頭取 貴族院議員（多額納税）

慶応2年（1866年）10月～昭和23年（1948年）8月21日

出 山梨県　歴 甲府市議、市長を歴任。甲府商業会議所会頭も務めた。昭和4～16年多額納税の貴族院議員。

名取 洋之助　なとり・ようのすけ

写真家 アートディレクター

明治43年（1910年）9月3日～昭和37年（1962年）11月23日

生 東京市芝区高輪（東京都港区）　学 慶応義塾普通部卒、ミュンヘン美術工芸学校　歴 実業家・名取和作の三男として生まれる。昭和3年慶応義塾普通部を卒業してドイツに留学、ミュンヘン美術工芸学校に学ぶ。写真ジャーナリズムに興味を持ち、6年ライカを手に入れてユダヤ人写真家ランズホーフから写真の手ほどきを受ける。ミュンヘン市立博物館の火災現場跡の写真が「ミュンヘナー・イルストリーテル・グラッセ」（ミュンヘン絵入り新聞）に掲載されてデビュー。間もなくベルリンにあるウイルシュタイン社の契約写真家となり、7年同社特派員として帰国。8年満州事変取材後は日本に留まり、同年木村伊兵衛、伊奈信男、原弘、岡田桑三と日本工房を設立。9年分裂後、第二次日本工房を再建し、写真を主体とする海外向け日本紹介のグラフ誌「NIPPON」を創刊。土門拳、亀倉雄策、山名文夫らを育て、戦前では他に類を見ない質の高いものにした。11年ベルリン五輪取材のためドイツへ渡り、帰路に米国を撮影。12年「日本の兵士」が「LIFE」の表紙を飾り、同年日本人初の同誌契約写真家となった。14年日本工房を国際報道工芸に改組。その後、支那派遣軍の要請で日本軍の宣撫工作に従事。20年南京で敗戦を迎え、21年帰国。22年日本の「LIFE」を目指して「週刊サンニュース」を創刊、編集長に就任。25年「岩波写真文庫」を創刊に参画、独自の組写真による編集で34年までに286冊を刊行。34年以降は講談社「世界美術大系」の仕事でヨーロッパに取材を重ね、37年写真集「ロマネスク」を発表した。　家 父＝名取和作（実業家・銀行家）、娘＝名取美和（バーン・ロム・サイ代表）

名取 和作　なとり・わさく

富士電機製造社長

明治5年（1872年）4月28日～昭和34年（1959年）6月4日

生 長野県　学 慶応義塾大学理科〔明治29年〕卒、コロンビア大学経済学専攻　歴 明治30年古河鉱所に入り、32年慶応義塾第1回留学生として米国留学、35年母校教授。41年退職、東京電力に入社。大正6年日本絹布常務。12年富士電機製造を設立、社長となり、昭和6年相談役、のち監査役、取締役。また3年には時事新報社取締役、6年社長、7年退任。21～22年勅選貴族院議員。鐘紡取締役、三越常務、信越化工取締役なども務めた。　家 三男＝名取洋之助（写真家）

七海 又三郎　ななうみ・またさぶろう

新聞経営者 東京日日新聞常務 日本新聞配給会理事長

明治16年（1883年）7月14日～昭和47年（1972年）5月20日

生 岡山県　名 旧姓・旧名＝森吉　学 閑谷黌〔明治35年〕中退　歴 大阪毎日新聞社に入り、大正14年東京日日新聞販売部長、営業局長を経て、昭和13年常務、17年日本新聞配給会理事長、19年退職。この間、大正末～昭和初期、東日の紙数100万部達成に成功、"販売の鬼"といわれた。戦後公職追放、解除後の27年松本製紙社長、37年会長、39年相談役。

難波田 春夫　なにわだ・はるお

経済学者 東京帝国大学経済学部助教授

明治39年（1906年）3月31日～平成3年（1991年）9月1日

出 兵庫県氷上郡氷上町（丹波市）　学 東京帝国大学経済学部〔昭和6年〕卒 経済学博士　歴 昭和6年東京帝国大学経済学部副手、7年助手を経て、14年助教授に就任。国家主義的経済学に傾斜し、13～18年に刊行した著書「国家と経済」はベストセラーとなった。戦後は、東洋大学や早稲田大学教授を歴任した。

那波 利貞　なば・としさだ

東洋史学者 京都帝国大学教授

明治23年（1890年）8月1日～昭和45年（1970年）10月20日

生 徳島県徳島市　名 別名＝誠軒学人、字＝復夜　教 敦煌文学　学 京都帝国大学文科大学史学科〔大正4年〕卒 文学博士〔昭和13年〕　歴 大正9年三高講師、10年教授。昭和3年京都帝国大学文学部講師、4年助教授、6～8年フランス留学。ペリオ収集の敦煌文書3540点中、ペリオの手許の600点を除いて写録して帰国、敦煌学の中心的存在となった。13年教授となり人文科学研究所員を兼任、28年定年退官。

鍋井 克之　なべい・かつゆき

洋画家 随筆家

明治21年（1888年）8月18日～昭和44年（1969年）1月11日

生 大阪府大阪市西区　名 旧姓・旧名＝田丸　学 天王寺中〔明治41年〕卒、東京美術学校西洋画科〔大正4年〕卒　歴 白馬会洋画研究所で長原孝太郎に学び、大正3年二科会展に入選。卒業制作「秋の連山」で二科賞を受賞後、11年に渡仏。帰国後の13年小出楢重らと共に大阪で信濃橋洋画研究所（のち中之島洋画研究所と改称）を設立、関西画壇の重鎮となる。戦後宮本三郎らと二紀会を結成。風景画を得意とし、昭和24年「朝の勝浦港」で芸術院賞を受賞。浪速短期大学教授、浪速芸術大学教授を務め、後進の育成にも尽くした。宇野浩二とは中学時代から親交し、その著書の大半の装幀を手がけ、画筆の傍ら随筆にも健筆をふるった。随筆集に「富貴の人」「寧楽雑帖」「閑中忙人」など。

鍋島 直明　なべしま・なおあきら

陸軍少将 男爵 貴族院議員

明治2年（1869年）12月25日～昭和12年（1937年）11月19日

出 肥前国佐賀（佐賀県佐賀市）　学 陸士卒　歴 佐賀藩一門の出で、家は代々同藩の家老を務めた。明治28年家督を相続し、男爵となる。長崎外国語学校を経て、陸軍士官学校を卒業。26年陸軍騎兵少尉となり、近衛騎兵連隊中隊長、載仁親王・恒久王の皇族付武官、騎兵第6連隊長などを務めた。この間、日清戦争・日露戦争にも従軍。大正8年少将となり、同年予備役に編入される。11年貴族院議員となり公正会に属した。

鍋島 直縄　なべしま・なおただ

子爵 貴族院議員

明治22年（1889年）5月6日～昭和14年（1939年）4月29日

出 佐賀県　学 東京外国語学校〔明治44年〕卒　歴 大正3年ドイツ留学、ザクセン国立ターラント林科大学、ミュンヘン大学林科に学ぶ。帰国後貴族院議員となり、研究会幹事、常務委員を務めた。その間司法大臣秘書官、海軍省参与官を経て、昭和11年広田弘毅内閣の内務政務次官。土木会議議員、中央社会事業委員会委員も歴任。大正13年以降佐賀第百六銀行頭取。　家 父＝鍋島直大（肥前佐賀藩主）、息子＝鍋島直紹（参議院議員）、養父＝鍋島直彬（肥前鹿島藩主）

鍋島 直映　なべしま・なおみつ

侯爵 貴族院議員

明治5年（1872年）7月17日～昭和18年（1943年）12月7日

出 東京永田町（東京都千代田区）　学 学習院卒、ケンブリッジ大学（英国）　歴 最後の肥前佐賀藩主・鍋島直大の長男で、鍋島本家12代目当主。明治24年英国留学、ケンブリッジ大学より学位を受ける。37年以降は外務省嘱託、韓国統監府嘱託を務める。大正10年父の死去で家督を継ぎ、同年から昭和18年まで貴族院議員。　家 父＝鍋島直大（肥前佐賀藩主）、祖

父＝鍋島直正（肥前佐賀藩主）

鍋島 直泰　なべしま・なおやす

侯爵 ゴルフ選手 貴族院議員
明治40年（1907年）10月3日〜昭和56年（1981年）4月1日
画東京都　学東京帝国大学文学部西洋史科〔昭和6年〕卒　歴
昭和6年宮内庁に入り、式部官兼主猟官を務めた。18〜22年貴
族院議員。アマゴルファーの草分けとして知られ、日本アマ
チュア選手権に8年から3連覇、36年には横浜の程ケ谷カント
リー倶楽部で半ラウンドに2度もホールインワンの日本初記録
を作った。チョウの研究家としても有名。妻・紀久子は明治
天皇の孫で、昭和天皇のいとこにあたる。

鍋山 貞親　なべやま・さだちか

社会主義運動家 日本共産党指導者
明治34年（1901年）9月1日〜昭和54年（1979年）8月18日
生大阪府東成郡鯰江村（大阪市城東区）　学小学校〔大正3年〕
卒　歴大阪でメリヤス職工などをし、社会主義運動に参加。
評議会教育部長を務め、大正11年日本共産党入党。昭和2年モ
スクワのコミンテルンに派遣され、帰国後党中央常任委員に。
4年四・一六事件で検挙され、8年獄中佐野学と共同転向声明
を発表、大量転向のきっかけを作る。15年皇紀2600年恩赦で
出獄。20年北京に移り、そこで敗戦を迎えた。戦後、世界民
主研究所を設立し反共理論家として活躍。著書「社会民主主
義との闘争」「左翼労働組合と右翼との闘争」「私は共産党を
すてた」「転向十五年」（共著）など。

生江 健次　なまえ・けんじ

劇作家 小説家
明治40年（1907年）11月24日〜昭和20年（1945年）7月26日
生兵庫県神戸市　学慶応義塾大学卒　歴慶応義塾大学在学中
の昭和2年戯曲「部落挿話」、評論「藤森成吉小論」を発表。ボ
ルシェビキに走り、「戦旗」の編集に従事、6年「ナップ」に
「過程」を発表。転向後は文芸春秋社に入ったが、18年報道班
員としてフィリピンに渡り20年ルソン島で餓死。作品「過程」
は戦後「全集・現代文学の発見」に再掲された。　家父＝生
江孝之（社会運動家、廃娼運動の草分け）

鉛 市太郎　なまり・いちたろう

無機化学者 大阪帝国大学教授
明治16年（1883年）1月16日〜昭和26年（1951年）3月21日
生大阪府堺市　専無機工業化学　学堺中学、三高卒、東京帝国
大学工科大学応用化学科〔明治39年〕卒 工学博士（京都帝国
大学）〔大正13年〕　歴父は実業家の鉛市兵衛。明治39年東京
帝国大学応用化学科を恩賜の銀時計を受けて卒業。同年大阪
住友伸銅所技師となり、43年辞職してドイツへ私費留学。大
正4年帰国、5年南満州鉄道（満鉄）中央試験所電気化学課長、
9年辞職。昭和4年大阪工業大学教授、のち大阪帝国大学教授。
16年工業化学会会長を務めた。　家長男＝鉛好一（神戸製鋼
所理事）、父＝鉛市兵衛（実業家）

浪岡 具雄　なみおか・ともお

オーム社代表
明治13年（1880年）11月27日〜昭和18年（1943年）1月20日
生福島県田村郡三春町　歴『電気之友』社員、中央電気協会書
記長を経て、大正11年オーム社の株式会社改組に伴い代表取
締役専務。昭和9年退任した。

並河 成資　なみかわ・しげすけ

稲品種改良家
明治30年（1897年）8月16日〜昭和12年（1937年）10月14日
生京都府　学東京帝国大学農学科〔大正13年〕卒　歴農林省
農事試験場に入り、昭和6年新潟県長岡市の農試水稲試験地主

任技師として"農林1号"を育生。早生、多収、良質の3つの長
所を兼備したイネの画期的な優良品種で、越後平野の米作を
安定させ、全国的に注目された。これが戦後改良されて"コシ
ヒカリ"となった。7年兵庫県姫路市の農試中国試験地コムギ
育種主任に栄転したが、京都郊外でナゾの自殺を遂げた。第
二次大戦後、顕彰会が結成され、新潟県農事試験場に胴像が
立てられた。

並川 義隆　なみかわ・よしたか

滋賀県知事
明治31年（1898年）4月11日〜昭和50年（1975年）1月2日
生京都府　学京都帝国大学法学部〔大正11年〕卒　歴島根県、
富山県の総務部長を経て、昭和17〜18年滋賀県知事。戦後は
日台貿易社長を務めた。

名村 源之助　なむら・げんのすけ

名村造船所創業者
明治11年（1878年）2月13日〜昭和43年（1968年）7月18日
生兵庫県揖西郡御津村苅屋（たつの市）　歴父が築港工事に失
敗して家産を失い、不遇の内に亡くなったため、13歳で母の妹
婿が経営していた鍛冶屋へ預けられ、明治26年15歳から神戸
造船所で働く。その後、大阪鉄工所に勤めて200人近い部下を
持つ職長となったが、44年独立、大正2年名村造船鉄工所を創
業。第一次大戦による造船ブームにより経営基盤を確立。昭
和6年株式会社に改組し、名村造船所に社名変更した。17年会
長。創業から会長在任中に亡くなる約60年間で赤字を出した
のは、昭和恐慌下で村尾船渠を買収した6年と、敗戦の年であ
る20年だけであった。　家長男＝名村源（名村造船所社長）

名寄岩 静男　なよろいわ・しずお

力士
大正3年（1914年）9月27日〜昭和46年（1971年）1月26日
生北海道小樽市　画北海道名寄市　名本名＝岩壁静男、年寄
名＝春日山　歴立浪部屋に入り、昭和7年5月初土俵、12年1月
新入幕。闘志あふれる真面目一途な土俵で、17年5月場所後に
大関に昇進。双葉山、羽黒山と立浪三羽烏といわれたが、こ
の頃から腎臓病と糖尿病が悪化、ケガにも悩まされて2場所で
陥落。不屈の闘志で戦後の21年初場所にはカムバックしたも
のの、病気再発のため22年11月場所では大関としては未曽有
の全敗を喫した。しかし相撲を天職と心得ての一途な土俵態
度に人気は急上昇。年齢と体調から三役復帰は不可能との予
想に反して29年1月、関脇に返り咲くと人気は絶頂に達し、同
年9月引退。幕内成績は292勝279敗33休。敢闘賞2回。31年新
国劇で「大関・名寄岩」が上演された。

奈良 静馬　なら・しずま

講談社取締役
明治19年（1886年）7月12日〜昭和22年（1947年）3月12日
生大分県　学早稲田大学英文科卒　歴早稲田大学英文科卒業
後の大正5年ハワイに渡る。8年米国本土に移り、中央加州学
園協会理事長、フレスノ学園長などを歴任。この間、スタン
フォード大学でマスター・オブ・アーツ、マスター・オブ・
フィロソフィーの学位を取得した。帰国後の昭和5年、講談社
に入社。6年欧米の出版業界を視察。また野間清治社長の命を
受け、同代表として日本雑誌協会に参加し、のち同協会の
会長代行に就任した。日本出版文化協会理事なども務め、戦
後は日本出版協会の設立に際して中心的な役割を果たした。

奈良 武次　なら・たけじ

陸軍大将 男爵
慶応4年（1868年）4月6日〜昭和37年（1962年）12月21日
生下野国（栃木県）　学陸士（第11期）〔明治22年〕卒、陸大〔明
治32年〕卒　歴主に砲兵畑を歩いて日露戦争にも参加。その

前後にドイツに駐在し、帰国後は軍務局砲兵課長、支那駐屯軍司令官、軍務局長などを歴任。大正7年12月第一次大戦後のパリ講和会議に参謀本部付として派遣されたあと、9年7月昭和天皇裕仁の皇太子時代の東宮武官長となる。10年3月から半年間の皇太子の欧州訪問には供奉員を務めたが、11年から昭和8年に予備役となるまでは侍従武官長として側近にあった。その間、大正13年大将に昇進。のち男爵。昭和11年12月国体擁護在郷将校会を結成、組閣問題をめぐって宇垣一成内閣を流産に導いた。12～21年枢密顧問官、のち軍人援護会会長を務めた。平成10年日記及び回顧録（大正元年～昭和37年）が公刊される。

楢崎 勤　ならさき・つとむ
小説家　編集者
明治34年（1901年）11月7日～昭和53年（1978年）12月1日
[生]山口県萩市　[学]中学（京城）卒　[歴]大正14年新潮社に入社し、翌年から「新潮」の編集に従事。以来20年間、編集主幹中村武羅夫の下で敗戦の年まで、ほとんど一人で編集実務を取り仕切った。傍ら、「近代生活」の同人に参加、「白粉草が春菊になつた話」「神聖な裸婦」「相川マユミといふ女」「希望」など創作を発表して、新興芸術派の作家としても活躍した。戦後、昭和21年読売新聞社文化部に移り、図書編集部長などを歴任。退職後「作家の舞台裏」を刊行した。

成清 信愛　なりきよ・のぶえ
実業家　衆議院議員
明治19年（1886年）1月～昭和21年（1946年）10月10日
[生]福岡県山門郡小川村（みやま市）　[学]早稲田大学法科〔大正1年〕中退　[歴]金鉱業、酒造業を営む傍ら、大分県山林会副会長、日出町長などを務め、大正7～14年多額納税の貴族院議員。昭和3年衆議院議員に当選、政友会に所属して1期務めた。また、宇佐参宮鉄道、朝陽銀行などの要職にも就いた。

成田 忠久　なりた・ただひさ
教育運動家
明治30年（1897年）9月22日～昭和35年（1960年）10月24日
[生]秋田県八竜町　[学]東北学院専科卒、逓信官通信技術者講習所卒　[歴]秋田郵便局に勤務、第一次大戦では通信兵として出征。大正10年秋田県の浜田小学校代用教員となり、生活綴方教育運動を始める。14年秋田市で豆腐製造業を始め、その傍ら昭和4年北方教育社を創立、5年「北方教育」を創刊。9年岩手、宮城の教師と交流、10年東北6県を連ねる北日本国語教育連盟を結成、機関誌「教育・北日本」を創刊、北方性教育運動をおこし、全国的反響をよんだ。13年破産し上京、モナス社に勤める。戦後は平凡社に勤務し、「綴方風土記」を編集した。

成田 為三　なりた・ためぞう
作曲家
明治26年（1893年）12月15日～昭和20年（1945年）10月29日
[生]秋田県秋田郡森吉町米内沢（北秋田市）　[学]東京音楽学校〔大正6年〕卒　[歴]東京音楽学校在学中の24歳の時、林古渓の詩「浜べ」をもとにしてデビュー作となる「浜辺の歌」を作曲、代表曲となった。大正6年佐賀師範学校に赴任するが1年で帰京し、赤坂小学校に勤務。傍ら、童話雑誌「赤い鳥」を通じて数多くの童謡を発表するようになり、弘田龍太郎、草川信らと大正童謡運動の中心となって活躍。特に8年に発表した西条八十の詩による「かなりや」は今もなお歌い継がれている。10～14年ドイツへ留学。昭和6年から小松耕輔とともに「新日本小学唱歌」を毎月刊行した他（第10集まで）、「すみれ」などの女声合唱曲も多く手がけた。童謡や声楽曲によって名高いが、むしろ器楽曲を本領とし、また日本でいち早く合唱に二部輪唱、三部輪唱、カノン形式を取り入れた作曲家としても

知られる。

成田 努　なりた・つとむ
朝鮮食糧営団理事長
明治25年（1892年）9月26日～昭和50年（1975年）1月7日
[出]東京都　[学]東亜同文書院〔大正3年〕卒　[歴]昭和11年東洋パルプ専務、15～17年全国米穀商業組合連合会理事長、16～17年東京糖油工業社長、17年食糧国防団総裁兼本部長、18～19年朝鮮食糧営団理事長、20～21年中央食糧営団総裁。戦後は、30年農用地開発機械公団理事長、36年愛知用水公団理事長、41～42年新東京国際空港公団初代総裁を歴任した。

成田 衝夫　なりた・ひらお
中国哲学者　弘前高校教授
明治8年（1875年）～昭和20年（1945年）
[出]和歌山県和歌山市　[学]東京帝国大学文科大学漢学科〔明治33年〕卒　[歴]和歌山師範学校教授嘱託となるが、のち日露戦争に従軍。明治40年明倫中学校教諭となり、和歌山高等女学校、富山県立魚津中学校教諭を経て、大正10年弘前高校（現・弘前大学）教授に就任。昭和16年退官した。この間12年に設立された紀州文化研究所の研究員として漢文学の振興に尽力。陽明学の影響を受け、哲学を「世界現象の根本原理を究明し、実践（道徳）の道を教えるもの」としてとらえた。論文に「易論を論じて邵子先天後天之学に及ぶ」がある。

成松 和一　なりまつ・わいち
俳優
明治38年（1905年）～昭和19年（1944年）
[生]東京都　[歴]同志座を経て、大正15年高松プロに入社。映画「辻斬縦横組」（15年）「観音堂の仇討」（同）などで脇役を務めたが、昭和3年創立された千恵プロに移った。以後「放浪三昧」（3年）「一本刀土俵入」（6年）「国定忠治」（8年）などに出演、千恵プロになくてはならぬ脇役として活躍したが、9年に引退した。

成沢 玲川　なるさわ・れいせん
編集者　「アサヒグラフ」編集長
明治10年（1877年）12月14日～昭和37年（1962年）10月20日
[生]長野県上田市　[名]本名＝成沢金兵衛、幼名＝金弥　[学]上田中学中退　[歴]青年時代に内村鑑三に心酔し、その門下生となる。明治39年に渡米し、邦字新聞「央州日報」を経営。この間に写真術を習得、同紙の写真部長を兼務する傍ら、在米同胞の活動状態を数多く撮影した。大正2年帰国。のち佐佐木茂索と教育誌「子宝」を編集した。7年東京朝日新聞社に入社。12年週刊グラフ誌として復活した「アサヒグラフ」の編集長となり、同誌が日本を代表するグラフ雑誌となる基礎を築いた。15年には「アサヒカメラ」の初代編集長に就任。写真及びカメラの総合雑誌化を図って成功し、現在も続く息の長い雑誌となっている。また岡田桑三、村山知義とともにドイツ工作連盟主催「映画と写真国際展」の日本招聘に尽力し、昭和6年にはその写真部門だけを「独逸国際移動写真展」として東京・大阪で開催。当時欧米の最先端だった近代写真の粋を集めたこの展覧会は、安井仲治や木村伊兵衛ら次代の新進作家たちに多大なる影響を与えた。9年日本放送協会報道部長。戦時中は大日本写真報国会理事長なども務め、戦後「日本写真年報」の編集などに従事した。著作に「新撰渡米案内」（北沢寅之助との共著）「新聞戦線」「音と影」などがある。[家]弟＝立木真六郎（写真家）、甥＝品川力（ペリカン書房主人）、品川工（版画家）

成島 勇　なるしま・いさむ
衆議院議員
明治24年（1891年）5月～昭和31年（1956年）2月11日
[出]千葉県　[学]東北帝国大学農学科〔大正4年〕卒　[歴]千葉県議などを経て、農林省委員、農商務省委員、日本進歩党民情部

なるせ　　　　　　　　　　　昭和人物事典 戦前期

長、政務調査会長、総務委員会副会長を務める。この間、昭和12年から衆議院議員に当選3回。

成瀬 正一　　なるせ・しょういち
フランス文学者 小説家 九州帝国大学法文学部教授
明治25年（1892年）4月26日〜昭和11年（1936年）4月13日
🔲神奈川県横浜市　🎓東京帝国大学英文科〔大正5年〕卒　📖東京帝国大学在学中、菊池寛らと第四次「新思潮」を創刊。「骨晒し」など理想主義的作品を発表。大正10〜14年フランスに留学。14年九州帝国大学講師、15年教授となり、以後同大でフランス文学を講じた。著作に「仏蘭西文学研究」、訳書にロマン・ロラン「トルストイ」などがある。

成瀬 達　　なるせ・とおる
貴族院書記官長 日本生命保険社長
明治18年（1885年）6月28日〜昭和26年（1951年）8月16日
🔲東京府牛込区若宮町（東京都新宿区）　🎓東京帝国大学法科大学政治学科〔明治42年〕卒　📖実業家・成瀬隆蔵の長男。明治43年農商務省に入省。のち貴族院で議事課長を務め、大正14年貴族院書記官長。昭和12年日本生命保険社長、25年阪神電鉄社長。🏠父＝成瀬隆蔵（三井同族会理事）、弟＝成瀬雄吾（第一火災海上保険社長）、弘世現（日本生命保険社長）

成瀬 無極　　なるせ・むきょく
ドイツ文学者 随筆家 劇作家 京都帝国大学教授
明治17年（1884年）1月1日〜昭和33年（1958年）1月4日
🔲東京都　📛本名＝成瀬清　🎓東京帝国大学文科大学独文科〔明治40年〕卒 文学博士〔昭和5年〕　📖ドイツ文学者として、三高、京都帝国大学、慶応義塾大学などの教授を歴任。大正10年ドイツへ留学し、12年帰国。昭和6年日本ゲーテ協会を作り、10年会長に就任。代表的な著書に「近代独逸文芸思潮」「疾風怒濤時代と現代独逸文学」「文芸に現はれた人間の姿」などがあるほか、トーマス・マン、ハウプトマンなどの翻訳でも知られる。戦後は横綱審議委員なども務めた。自伝的な著書に「四十歳」「五十歳の男」、戯曲「七十歳の男」がある。没後「無極集」が刊行された。

鳴海 要吉　　なるみ・ようきち
歌人
明治16年（1883年）6月29日〜昭和34年（1959年）12月17日
🔲青森県黒石町（黒石市）　📛号＝帆羊、漂羊、うらぶる、浦春　🎓青森師範第二講習所〔明治40年〕卒　📖明治37年処女詩集「乳涙集」を自費出版。翌年島崎藤村を頼って上京するが、神経衰弱が高じ帰郷。下北郡下高等小学校に赴任し、結婚する。42年口語歌「半島の旅情」を発表。同年渡道するが、のちに再上京し、大正3年ローマ字歌集「TUTINI KAERE」を刊行。口語歌運動の先覚者として15年口語歌雑誌「新緑」を創刊し、昭和7年「やさしい空」を刊行した。他に歌集「歌を作る人」、童話集「芽生をうゑる」がある。

成宮 喜兵衛　　なるみや・きへえ
ゴルフ選手
明治36年（1903年）〜昭和46年（1971年）
🔲京都府　📖京都の老舗呉服問屋である成宮商店に総領息子として生まれる。昭和元年頃からゴルフを始め、やがて毎週末には京都から大阪まで車を飛ばし、飛行機で上京して関東の一流コースを回るほど打ち込む。7年の日本アマ選手権では関西人として初のチャンピオンとなり、17年の同大会でも優勝。上流階級の人々が大勢を占めていた当時のゴルフ界において町人出身として異色の存在であり、ゴルフの他に小唄、謡曲、能仕舞などでも玄人はだしの腕前をみせ、その豪放磊落な性格で人気を博した。戦後はいち早く関西学生ゴルフ振興のために成宮杯を創設、若手育成に尽力した。

縄田 尚門　　なわた・しょうもん
陸上指導者
明治30年（1897年）2月8日〜昭和43年（1968年）4月29日
🔲山口県宇部市厚南区　🎓早稲田大学政経学部〔昭和3年〕卒　📖早大在学中に陸上800メートル、1500メートル、5000メートルの3種目で日本記録を樹立。昭和3年早大卒業後、読売新聞運動部記者となる。11年のベルリン五輪にはコーチとして参加。15年日本陸上競技連盟技術部長。戦後は故郷に帰り農業に従事。浜村秀雄、貞永信義らを国際的ランナーに育て上げ、36年山口県陸上競技協会会長に就任。

南 昇竜　　なん・しょうりゅう
マラソン選手
大正1年（1912年）〜平成13年（2001年）2月20日
🔲朝鮮　🎓明治大学　📖朝鮮半島で生まれ、東京で学生時代を過ごす。大学入学後に日本の貴族の後援を受け、昭和11年ベルリン五輪男子マラソンに日本人選手として出場して銅メダルを獲得。のちボストンマラソンにも出場した。戦後は韓国陸上連盟理事を務め、韓国陸上界に大きく貢献した。

南江 治郎　　なんえ・じろう
詩人 人形劇研究家
明治35年（1902年）4月3日〜昭和57年（1982年）5月26日
🔲京都府亀岡市　📛筆名＝南江二郎　🎓早稲田大学中退　📖坪内逍遙、小山内薫らに学び、大正10年処女詩集「異端者の恋」を出版、13年「新詩潮」を主宰。以来、昭和8年まで南江二郎の筆名で、詩作を行う。一方、日本で初めての現代人形劇雑誌「マリオネット」（5〜6年）、「人形芝居」（7〜8年）を編集、発行した。9年日本放送協会（NHK）に入局、企画部長、編成局長、理事を歴任し、28年顧問となる。著書に「世界の人形劇」、詩集に「南枝の花」「壺」「観自在」、訳書に「イェーツ舞踊詩劇集」、評論に「レミード・グウルモンの研究」などがある。

南郷 三郎　　なんごう・さぶろう
実業家 ジャパン・ゴルフ・アソシエーション初代チェアマン
明治11年（1878年）〜昭和50年（1975年）10月2日
🎓東京高等商業学校（現・一橋大学）卒　📖日本海軍育ての親ともいわれる南郷茂光の二男として生まれる。兄は講道館2代目館長となる南郷次郎で、その影響で10歳の頃から嘉納塾に寄宿。東京高等商業学校卒業後は大阪商船に入社。明治33年日本綿花（現・双日）に入り、監査役から昭和7年社長、16年から相談役。他に神戸桟橋社長、日本綿糸布輸出組合理事長、貿易統制会長、日中輸出入協会理事長などを歴任。一方でテニス、柔道、ボートなど様々なスポーツを愛好したが、大正13年のちに日本ゴルフ協会に発展するジャパン・ゴルフ・アソシエーションの初代チェアマン、昭和2年関西ユニオン初代チェアマンを務めるなど、ゴルフ界に大きな足跡を残し、舞子、鳴尾、甲南、茨木、広野、湯河原、瑞浪、伊豆スカイラインといった多くのゴルフコース創設にも関わった。　🏠父＝南郷茂光（海軍主計大監・元老院議官）、兄＝南郷次郎（柔道家・海軍少将）、甥＝南郷茂章（海軍軍人）、南郷茂男（陸軍軍人）

南郷 次郎　　なんごう・じろう
柔道家 海軍少将 講道館館長（2代目）
明治9年（1876年）12月21日〜昭和26年（1951年）3月5日
🔲東京都　🎓海兵（第26期）〔明治31年〕卒　📖明治33年海軍少尉に任官。大正5年東伏見宮依仁親王付武官、8年春日、同年香取艦長、9年軍令部副官、11年海軍少将。13年予備役に編入。傍ら、叔父・嘉納治五郎の指導を受け、明治15年講道館に入門。35年遠洋航海の途中にメルボルンで柔道を実演、"ジュードー"の名を流布させた。昭和13年第2代講道館長となり、少年部・女子部の強化や高等柔道教員養成所を開設、海外普及な

どに努めた。21年引退。講道館3段。　家長男＝南郷茂章（海軍少佐）、二男＝南郷茂男（陸軍中佐）、父＝南郷茂光（海軍主計大監・元老院議官）、叔父＝嘉納治五郎（柔道家）

南条 歌美　なんじょう・うたみ
作詞家
明治32年（1900年）5月23日〜昭和48年（1973年）5月30日
生徳島県三好郡池田町（三好市）　出福岡県　名本名＝富永ヨシエ、筆名＝赤染歌恵　学福岡高等女学校卒　歴父の転職により徳島から福岡に移り女学校を卒業。間もなく結婚したが、若くして夫と死別。その傷心を文筆による自立に転じ上京。レコード会社へ日参し、昭和10年、デビュー曲「夢のあと」がレコーディングされる。以来「梅と兵隊」「月の塹壕」「霧の四馬路」などの軍国歌謡、一転して「飛梅の賦」「筑紫の名月」などの舞踊小唄や歌謡小唄の作詞を手がける。戦前、戦中にかけただ一人の女流作詞家として自立を果たし、戦後も「博多子守唄」「バッテン節」などレコーディング。42年暮れ、東京から帰郷。約6年間、ふるさと徳島で余生を送り、48年5月、74歳の生涯を閉じた。

南条 三郎　なんじょう・さぶろう
小説家
明治39年（1906年）11月12日〜昭和32年（1957年）5月22日
生岡山県岡山市　名本名＝安井徳雄　学早稲田大学国文科〔昭和6年〕卒　歴毎日新聞社「小学生新聞」の編集、高校教師などを経て、昭和12年「明暗二人影」が、13年「浮名長者」が、21年「艶影」が「サンデー毎日」大衆文芸部門に入選。時代小説を多数発表し、他の作品に「断雲」「本阿弥一門」などがある。　賞千葉亀雄賞（第2回）〔昭和14年〕「断雲」

南洞 邦夫　なんどう・くにお
スピードスケート選手
大正5年（1916年）12月4日〜平成23年（2011年）8月12日
生満州奉天　学早稲田大学商学部卒　歴満州中央銀行に勤め、昭和20年同行閉鎖に伴い帰国。一方、11年ドイツのガルミッシュ・パルテンキルヘンで開かれた冬季五輪に、スピードスケート選手として出場。戦後は母校・早大スケート部などスピードスケートの監督を2度務めた他、日本スケート連盟理事長、日本カーリング協会会長、東京都スケート連盟会長を歴任。平成6年リレハンメル五輪では日本選手団団長を務めた。

難波 清人　なんば・きよと
衆議院議員
明治21年（1888年）8月28日〜昭和15年（1940年）10月11日
生岡山県上道郡平井村（岡山市）　学明治大学法律科〔大正2年〕卒　歴中外商業新報（現・日本経済新聞）の記者を務め、経済市場部長も務めた。大正15年衆議院議員に当選、通算3期。犬養毅の側近として知られた。

難波 英夫　なんば・ひでお
社会運動家
明治21年（1888年）2月5日〜昭和47年（1972年）3月7日
生岡山県　名筆名＝熊谷丑太　歴16歳で検定試験に合格、代用教員となったが、明治45年朝鮮の京城日報記者となり、大正6年帰国。7年東京時事新報社に入り、8年大阪時事新報社社会部長に転じ、部落差別問題を取り上げ、11年全国水平社創立に参加。15年東京毎夕新聞社編集局長。昭和2年労働農民党中央常任委員となり、3年日本共産党入党、第1回普選に立候補したが落選。コミンテルン第6回大会（ソ連）の国際赤色救援会決議を持ち帰った。4年「解放運動犠牲者救援運動の意義と任務」を熊谷丑太の筆名で雑誌「マルクス」に発表。同年治安維持法違反で逮捕され、8年保釈中に再び検挙された。戦後は部落解放同盟中央委員、勤労者生活擁護会、日本労農

運動救援会などの指導者となり、なかでも松川事件無罪判決運動では活躍した。著書に「救援運動物語」「南英・私の生活記録」（歌集）などがある。

南部 忠平　なんぶ・ちゅうへい
三段跳び選手 ロサンゼルス五輪金メダリスト
明治37年（1904年）5月24日〜平成9年（1997年）7月23日
生北海道札幌市南3条西1丁目　学早稲田大学専門部商科〔昭和4年〕卒　歴中学時代、陸上競技で全国優勝し、アムステルダム五輪三段跳びで4位。昭和6年走り幅跳びで7メートル98の世界記録を樹立。この記録は45年まで日本記録として残っていた。7年のロサンゼルス五輪では三段跳びで15メートル72の世界記録で金メダルを獲得。毎日新聞運動部長を最後に34年定年退職。のち、東京五輪陸上監督、日本陸連強化委員長の他、京都産業大学教授、鳥取女子短期大学学長を務めた。58年IOCのオリンピック功労章銀賞を受賞。　家娘＝南部敦子（陸上五種競技記録保持者）

【に】

新居 格　にい・いたる
評論家
明治21年（1888年）3月9日〜昭和26年（1951年）11月15日
生徳島県　学東京帝国大学政治科卒　歴読売新聞、大阪毎日新聞、東洋経済新報などの記者を経て、大正12年文筆生活に入る。アナキズムの立場で、社会評論から文芸評論まで幅広く活躍。13年には安部磯雄らと日本フェビアン協会を結成、14年には日本プロレタリア文芸連盟にも参加した。同年「文芸批評」を創刊。黒色青年連盟などの運動にも協力、文化学院の教授も務めた。昭和初期には「モボ」「モガ」などの新語を作って流行させた。戦後の昭和23年、東京・杉並区長選に立候補して当選、杉並を理想的な文化地域にしようと数々の改革に手をつけたが、現実とのギャップに在職1年足らずで辞職。一方、手がけた生活協同組合運動はその後の住民運動のさきがけとなった。著書に「左傾思潮」「月夜の喫煙」「季節の登場者」「アナキズム芸術論」「区長日記」、訳書にパールバック「大地」、スタインベック「怒りの葡萄」などがある。

新島 章男　にいじま・あきお
朋文堂社長
明治31年（1898年）1月8日〜昭和37年（1962年）9月13日
出大分県玖珠郡森町（玖珠町）　歴大正2年上京、金港堂書籍に入り、9年まで勤める。10年東京・芝白金に朋文堂を設立して図書の通信販売を始めたが、12年図書雑誌の小売業、昭和6年には出版業に進出。学習参考書から次第に山岳関係の図書出版や山岳雑誌「山小屋」「ケルン」「探検」などを発行し、登山文化の発展に寄与した。戦後は穂高涸沢に近代的な山小屋を建設し、登山の普及に貢献。また全日本スキー連盟評議員も務めた。　家息子＝新島淳良（早稲田大学教授）

新島 清　にいじま・きよし
ラグビー選手
大正4年（1915年）4月30日〜平成10年（1998年）11月10日
生福岡県福岡市博多区土居町　学明治大学卒　歴福岡中学（現・福岡高校）に進学し、ラグビー部へ入部。早くからレギュラーとなり、各中学大会などで活躍し、卒業後は門司鉄道管理局に就職。2年間の社会人生活を経て、昭和11年明治大学へ入学し、同大ラグビー部でフォワードとして活躍。史上最強のフォワード第三列と評され、14年主将を務めた。日本代表メンバーにも選出された。卒業後、安川・松本合名会社（現・安川電機）に入り、社会人ラグビーを続けるが、21年九州ラグ

にいしま　　　　　　　　　　　　　　　昭和人物事典 戦前期

ビー協会旗上げに参加するため帰郷。家業の酢醸造業を受け継ぐ傍ら、母校ラグビー部のコーチとしても後進の育成に励んだ。

新島 善直　にいじま・よしなお
林学者 北海道帝国大学教授
明治4年（1871年）7月23日〜昭和18年（1943年）2月7日
[生]東京府小石川小日向台（東京都文京区）　[専]森林保護学　[学]帝国大学農科大学林学科〔明治29年〕卒 林学博士〔明治42年〕
[歴]明治31年東京帝国大学農科大学助手。32年札幌農学校教授となり、実地教育と研究を目的とした演習林の設置に尽力、34年から37年にかけて北海道内の雨竜、天塩、苫小牧の森林が同校の演習林として移管され、今日の北海道大学演習林の先駆けとなった。38年造林学及び森林保護学研究のためドイツへ留学。41年帰国、官制改正により東北帝国大学農科大学教授、北海道帝国大学教授となり、林学第二講座を担当。昭和9年定年退官して16年まで北星女学校校長を務めた。森林昆虫の権威で、特に害虫のキクイムシ類、コガネムシ類の研究で知られた。また、簡易傘伐便新法や蝦夷松天然更新法といった新技術の考案、道内における鉄道暴風雪林へのドイツトウヒの導入などにも功績を残した。　[家]三男＝溝口裕（防衛医科大学校名誉教授）

新関 健之助　にいぜき・けんのすけ
漫画家
明治33年（1900年）〜昭和28年（1953年）
[生]東京都台東区浅草　[名]筆名＝新関青花　[学]東京府立第三中卒　[歴]区役所勤務、挿絵画家を経て漫画に専念する。戦前は新関青花名で「トッカン水兵」「象さん豆日記」などを出版。戦後は「小学三年生」などの雑誌に幼年漫画を数多く描いた。代表作に動物漫画「かば大王さま」がある。

仁井田 益太郎　にいだ・ますたろう
民法学者 東京帝国大学教授 貴族院議員（勅選）
明治1年（1868年）10月5日〜昭和20年（1945年）1月17日
[出]陸奥国平（福島県いわき市）　[学]帝国大学法科大学〔明治26年〕卒 法学博士　[歴]明治26年司法官試補、のち判事となり、海軍経理学校、学習院で教鞭を執る。ドイツ・英国に留学後、京都帝国大学教授を経て、東京帝国大学教授となる。東京帝大評議員、法典調査会委員などのほか、東京弁護士会会長、第二東京弁護士会会長などを歴任。また家事審判制度調査委員会委員、弁護士審査委員会委員も務めた。日本の民事訴訟制度を確立し、「仁井田法学」と称される。昭和9年から勅選貴族院議員。著書に「民事訴訟法大綱」などがある。　[家]甥＝仁井田陞（中国法制史学者）

新美 南吉　にいみ・なんきち
童話作家 児童文学者
大正2年（1913年）7月30日〜昭和18年（1943年）3月22日
[生]愛知県知多郡半田町（半田市）　[名]本名＝渡辺正八　[学]東京外国語学校（現・東京外国語大学）英語部文科〔昭和11年〕卒　[歴]中学時代から鈴木三重吉の「赤い鳥」に投稿、昭和6年「正坊とクロ」「張紅倫」、7年「ごんぎつね」「のら犬」が入選した。この間、巽聖歌らの童謡雑誌「チチノキ」同人となる。11年郷里の安城高等女学校で教鞭を執り、童話・童謡・詩・小説など創作活動を続けたが、結核のため短い生涯に終る。死後その民芸品的な名作群の多くは知人らの手により刊行された。主な作品に「赤いろうそく」「川」「屁」「ごんぎつね」「手ぶくろを買いに」「花のき村と盗人たち」「おじいさんのランプ」「牛をつないだ椿の木」「大岡越前守」「和太郎さんと牛」「久助君の話」などがあり、全集に「校定 新美南吉全集」（全12巻, 大日本図書）がある。

新見 政一　にいみ・まさいち
海軍中将
明治20年（1887年）2月14日〜平成5年（1993年）4月2日
[生]広島県安佐郡川内村温井（広島市）　[学]海兵（第36期）〔明治41年〕卒　[歴]明治43年海軍少尉に任官。昭和6年4月大井艦長、10月八雲艦長、8年摩耶艦長、9年海軍大学校教官、10年呉鎮守府参謀長、11年第二艦隊参謀長。12年英国王ジョージ6世の戴冠式に参列。同年教育局長、14年海軍中将に進み、海軍兵学校長、16年第二遣支艦隊司令長官、17年舞鶴鎮守府司令長官。19年予備役に編入。同年大日本学徒海洋航練振興会副会長兼中央本部長。戦後は37年より海上自衛隊幹部学校で戦史の講話を行い、55年93歳まで教壇に立った。59年97歳の時には「第二次世界大戦戦争指導史」を出版。傍ら、54年より旧海軍の軍人が"日本はなぜ勝算なき第二次大戦に突入して敗北したか"を研究した集まり・海軍反省会の最高顧問を務めた。平成5年106歳で長逝した。　[家]義兄＝小林躋造（海軍大将）　[勲]勲一等瑞宝章〔昭和17年〕

新村 英一　にいむら・えいいち
舞踊家
明治30年（1897年）〜昭和54年（1979年）6月3日
[生]長野県諏訪市　[名]本名＝三木富蔵　[歴]旧家に生まれるが没落し、東京に働きに出る。大正7年21歳で渡米、皿洗いで生活の糧を得る。ダンスホールで初めて踊ったのをきっかけに、クラシック、モダン、スパニッシュなどのレッスンを受け、12年デニーション舞踊学校に入校。創作舞踊の発表を始める。昭和5年ニューヨークでリサイタルを開き、ヨーロッパ20ケ国を巡演。7〜15年全米とカナダで公演し高い評価を受ける。15年にはニューヨークのカーネギーホール内に舞踊学校バレエ・アート・ニムラ スタジオを開設し多くのダンサーを育てた。一方、戦前戦後を通じて宝塚歌劇団や歌舞伎の米国公演、さらには諏訪地方の精密機械工業の米国進出に尽力。47年私財を拠出、諏訪市がニムラ舞踊賞基金を設立し、48年ニムラ舞踊賞が創設された。

新村 龍翠　にいむら・りゅうすい
日本画家
慶応2年（1866年）10月15日〜昭和14年（1939年）
[生]信濃国（長野県伊那郡辰野町）　[名]本名＝新村吉太郎, 旧姓・旧名＝赤羽, 別号＝松庵道人　[歴]赤羽家に生まれ、のちに新村家の養子となる。明治25年上京して荒木寛畝に師事、花鳥画を学ぶ。日本美術協会共進会や日本画会月例会で受賞し、36年大阪の第5回全国勧業博覧会に出品した「水禽図」で一等褒状を受ける。のち、日本画会会員となり、帰郷後は辰野町において画業を続け、各地の展覧会で受賞を重ねる。昭和3年南画家を中心とした信濃美術会展を開催。晩年は松庵道人と号した。師伝の花鳥画を中心に「芙蓉遊禽図」「達磨図」「芦雁図」などの作品がある。　[家]息子＝新村友畝（日本画家）

丹生 誠忠　にう・まさただ
陸軍歩兵中尉
明治41年（1908年）10月15日〜昭和11年（1936年）7月12日
[生]鹿児島県鹿児島市　[学]陸士（第43期）〔昭和6年〕卒　[歴]日露戦争で活躍した陸軍中将・大久保利貞の孫。昭和6年陸軍歩兵少尉に任官。11年二・二六事件に参加、当日は主力部隊150名を率いて参謀本部や陸軍省一帯並びに陸相官邸を占拠、登庁を不可能にした。事件後、軍法会議で死刑判決を受け、同年7月12日に刑死した。当時の岡田啓介首相の秘書官である迫水久常とは従兄弟の間柄で、岡田首相とも縁戚であった。　[家]祖父＝大久保利貞（陸軍中将）, 従兄＝迫水久常（政治家）

贄川 他石　にえかわ・たせき
俳人

慶応4年（1868年）4月8日〜昭和10年（1935年）12月21日
生駿河国（静岡県駿東郡清水町）　名本名＝贄川邦作、初号＝稲香、別号＝孤山堂、碧雲堂　歴俳諧を箕田凌頂（狐仙堂凌頂）に学び、明治26年より師匠の「俳諧鳴鶴集」の編集を担当、31年これを復刊して「鳴鶴集」を主宰した。連句研究でも大正昭和時代における第一人者として知られ、編著に「芭蕉全集」「尾張・美濃俳諧史」などがある。駿豆鉄道専務、静岡県議などの公職にもつき、晩年は郷里の清水村村長も務めた。没後、連句集「水のひびき」が刊行された。

二階堂 清寿　にかいどう・せいじゅ
日本女子体育大学学長
明治15年（1882年）〜昭和51年（1976年）8月14日
生宮城県　専体育教育　学宮城師範卒　歴師範卒業後、文検に合格、広島高等師範学校附属小学校訓導となる。のち宮城女子師範附属小学校主事、教頭、学務課長を務めたあと、昭和16年日本女子体育大学学長に就任した。

仁木 他喜雄　にき・たきお
作曲家 編曲家
明治34年（1901年）11月14日〜昭和33年（1958年）5月13日
生北海道札幌市　学東洋音楽学校　歴郷里・札幌の札幌阪急少年音楽隊で活動したのち上京。東洋音楽学校に学んだほか、横浜の六崎市之介率いる六崎中央音楽団でドラムを習得した。大正9年我が国における常設ダンスホールの先駆けである横浜・鶴見の花月園のバンドにドラム奏者として参加。10年には日本のジャズ草創期のバンドであるハタノ・オーケストラに加入した。14年日本交響楽団を経て、15年新交響楽団（現・NHK交響楽団）が創設されるとティンパニ奏者として入団し、昭和15年まで在団。ジャズ、クラシックの両方に精通した打楽器プレイヤーとして活躍した。傍ら近衛秀麿、大中寅二らに作・編曲を学び、8年頃から日本コロムビア専属の編曲家として数多くのレコード歌謡を手がける。早くからジャズの楽譜を研究したこともあってジャズ風のアレンジで力量を発揮した。作曲家としては、15年二葉あき子と高橋祐子による「めんこい仔馬」（詞・サトウハチロー）がヒットしたのをはじめ、「高原の月」「蘇州の夜」など戦時歌謡全盛期にもかかわらずモダンで明るい曲を作り、大衆に愛唱された。愛称は“キニ”。

仁木 独人　にき・どくじん
新劇運動家 俳優
生年不詳〜昭和14年（1938年）1月26日
生東京都　名本名＝井上豪太郎　学拓殖大学卒　歴昭和5年新築地劇団に入り、「夜」で初舞台を踏む。同劇団の日本プロレタリア演劇同盟（プロット）加盟と共にプロレタリア演劇運動に参加。7年左翼劇場所属となり、9年プロット解放後は新協劇団で活動、営業宣伝部長を兼務した。映画では、12年PCL（写真化学研究所、現・東宝）の「東海道は日本晴れ」に出演。

西 英太郎　にし・えいたろう
実業家 衆議院議員 九州窯業社長
元治1年（1864年）9月3日〜昭和5年（1930年）8月4日
生肥前国（佐賀県）　歴肥前佐賀藩士の子。佐賀県毎日新聞、九州窯業の各社長を務めるなど、早くから実業家として知られた。小城郡議、佐賀県議を長く務めた後、第11回総選挙の補選で衆議院議員となり、昭和5年に没するまで当選6回。憲政会総務、民政党顧問を歴任した。

西 健　にし・けん
電気工学者 東京帝国大学教授
明治20年（1887年）12月3日〜昭和19年（1944年）5月3日
生京都府　出埼玉県　名旧姓・旧名＝志方　学東京帝国大学工科大学電気工学科〔明治45年〕卒 工学博士〔大正13年〕　歴司法官・志方鍰の長男。西秋雄の養子となる。東京帝国大学助教授を経て、大正11年教授。12年から理化学研究所主任研究員を兼務。昭和12年電気学会会長。高電圧現象、特に耐電圧に関する基礎研究に貢献した。著書に「高電圧工学」。　家父＝志方鍰（司法官）、弟＝志方益三（化学者）

西 晋一郎　にし・しんいちろう
倫理学者 広島文理科大学名誉教授
明治6年（1873年）3月29日〜昭和18年（1943年）11月13日
生鳥取県鳥取市　学東京帝国大学哲学科〔明治32年〕卒 文学博士　歴明治35年広島高等師範学校教授、昭和4年広島文理科大学教授。在職38年、退職後名誉教授。西欧道徳と東洋道徳の折衷を考えた倫理学者で、著書に「倫理学の根本問題」「実践哲学概論」「東洋倫理」「国民道徳講話」「忠孝論」などがある。

西 晴雲　にし・せいうん
日本画家
明治15年（1882年）8月17日〜昭和38年（1963年）4月25日
生島根県大田市　名本名＝西村外作　歴絵画や彫刻を志して独学し、明治35年奈良で6年に渡って彫刻を修業した。やがて眼病にかかり日本画に転向、上京して吉嗣拝山の許で南画を学んだ。大正3年中国に渡って金清源に師事、8年からは斉白石の門下に移って南画の修業に励み、当時の中国のスタイルを取り入れた独自の水墨画を確立。その傍ら、王源翁について書を修める。12年呉昌碩の知遇を得て上海に移り、上海滬上会員となるとともに土地の学校で書画を教えた。昭和5年には上海南画院を創立。この頃より西晴雲を名のる。また、12年以降はたびたび日本でも個展を開いた。ジャーナリスト徳富蘇峰やサントリー社長鳥井信治郎らの知遇を得、20年に帰国したのちは鳥井の邸内にあるアトリエで画業に邁進。33年には島根県太田市にある長福寺の壁画を書き上げた。37年には郷里に西晴雲美術館が建てられるが、38年肉腫癌で死去。画のほか陶磁器制作にも優れた腕を見せ、中国の風物を好んで絵付けした。

西 成甫　にし・せいほ
解剖学者 エスペランチスト 東京帝国大学名誉教授
明治18年（1885年）7月12日〜昭和53年（1978年）8月17日
生東京市本郷区切通坂町（東京都文京区）　学東京帝国大学医科大学〔明治41年〕卒 医学博士〔大正6年〕　歴大正4年東北帝国大学教授、11年東京帝国大学教授、昭和20年名誉教授、21年前橋医学専門学校校長、23年前橋医科大学学長、24〜36年群馬大学学長、のち東邦大学医学部教授。一方、日本エスペラント学会理事長も務め、エスペラントの普及に尽力した。著書に「小解剖学」「人体解剖図譜」など。

西 竹一　にし・たけいち
馬術選手 陸軍大佐 ロサンゼルス五輪金メダリスト
明治35年（1902年）7月12日〜昭和20年（1945年）3月22日
生東京都　出鹿児島県　名通称＝バロン西　学陸士（第36期）〔大正13年〕卒　歴男爵の三男に生まれ、学習院初等科から陸軍広島幼年学校に入り、大正10年陸軍士官学校に入学。13年陸軍騎兵少尉に任官。昭和2年騎兵中尉に進級。7年イタリアで買った愛馬ウラヌスとともに、ロサンゼルス五輪の馬術競技に出場し、大障害飛越個人で金メダルを獲得、バロン・ニシの名を世界にとどろかせた。8年から騎兵学校教官。11年のベルリン五輪は個人では20位どまりだったが、大障害団体で6位入賞に貢献。18年中佐、19年戦車第26連隊長として硫黄島に出征し、20年3月、ロサンゼルス五輪水泳自由形の銀メダリスト・河石達吾とともに戦死、大佐に進級。愛馬ウラヌスはその1週間後に東京で病死している。　家父＝西徳二郎（男爵・外相）　賞朝日体育賞〔昭和7年〕

にし　　　　　　　　　　　　　昭和人物事典 戦前期

に

西 貞一　にし・ていいち
陸上選手
生年不詳～平成13年（2001年）2月3日
出京都府京都市　歴昭和7年ロサンゼルス五輪で陸上男子1600メートルリレーの5位入賞メンバー。のち日本陸上競技連盟審議員を務めた。

西 春彦　にし・はるひこ
外交官 外務次官
明治26年（1893年）4月29日～昭和61年（1986年）9月20日
生鹿児島県加世田市（南さつま市）　名別名＝西城南　学東京帝国大学法科大学独法科〔大正7年〕卒　歴大正7年外務省に入省。昭和14年欧亜局長、15年駐ソ公使を経て、太平洋戦争開戦直前の16年10月外務次官に就任。17年退官。19～20年駐満公使。戦後は極東軍事裁判で開戦時の外相であった東郷茂徳の特別弁護人として開戦の共同謀議説を否定した。28年駐オーストラリア大使、30年駐英大使を歴任し、33年退官。　家女婿＝平原毅（駐英大使）

西 雅雄　にし・まさお
社会運動家
明治29年（1896年）4月24日～昭和19年（1944年）4月16日
生岡山県勝田郡梶並村（美作市）　学高梁中〔大正4年〕卒　歴朝鮮に渡って大正5年まで江原道庁の臨時雇をし、のち上京して秀英舎の文撰工となる。この頃ドイツ語を独習。また社会主義に近づき、山川均の個人雑誌「社会主義研究」の編集主任となり、水曜会に参加。11年共産党に入党するが、翌年第一次共産党事件で検挙され入獄した。昭和3年の三・一五事件でも検挙されたが、この間「マルクス主義」誌の編集発行人を務め、マルクス、エンゲルス、レーニンの多くの翻訳をした。その後南満州鉄道（満鉄）調査部に入ったが、17年満鉄調査部事件で検挙され、獄死した。著書に「英国労働党発達史」、訳書にエンゲルス「ドイツ農民戦争」「家族・私有財産及び国家の起源」、「スターリン・ブハーリン著作集」（共編訳）など。　家妻＝貝原たい（婦人運動家）

西 義一　にし・よしかず
陸軍大将
明治11年（1878年）1月1日～昭和16年（1941年）4月15日
生福島県　学陸士（第10期）〔明治31年〕卒、陸大〔明治42年〕卒　歴第2師団後備野砲中隊長（大尉）で日露戦争に従軍。陸大卒業後野砲第11連隊大隊長、東宮武官、侍従武官。昭和2年野戦重砲第3旅団長、3年中将、技術本部総務部長。6年第8師団長となり7～9年満州事変に出征、次いで大将、10年軍事参議官。11年二・二六事件で反乱軍との交渉に当たり、事件後教育総監。同年病気で予備役。

西内 貞吉　にしうち・ていきち
数学者 京都帝国大学名誉教授
明治14年（1881年）12月27日～昭和44年（1969年）10月4日
生高知県　学京都帝国大学理工科大学〔明治39年〕卒 理学博士〔昭和8年〕　歴五高から東京帝国大学に1年在学。京都帝国大学卒業後、明治40年同大講師、43年京都高等工芸学校教授、大正4年京都帝大理工科大学助教授、7年同教授となり、数学第2講座担当。昭和17年定年退官し、名誉教授。

西浦 進　にしうら・すすむ
陸軍大佐
明治34年（1901年）12月4日～昭和45年（1970年）11月5日
生東京都　学陸士（第34期）〔大正11年〕卒、陸大〔昭和5年〕卒　歴昭和6年10月陸軍省軍務局軍事課員、9～12年中国、フランス駐在。帰国後、軍事課予算班長、同課高級課員。16年大佐となり10月東条英機陸相秘書官、17年軍事課長、19年支

那派遣軍参謀、南京で敗戦。戦後、連合国軍総司令部（GHQ）の委嘱で戦史資料収集に当たり、25年防衛庁戦史室長となった。死去するまで「大東亜戦争戦史叢書」などの刊行を推進した。

西尾 重喜　にしお・しげき
早大ラグビー部監督
生年不詳～昭和56年（1981年）11月21日
学早稲田大学〔昭和5年〕卒　歴昭和7年早大ラグビーが初めて全国制覇したときの監督で、早大伝統の揺さぶり戦法を完成させた。

西尾 正　にしお・ただし
推理作家
明治40年（1907年）12月12日～昭和24年（1949年）3月10日
生東京都　名旧筆名＝三田正　学慶応義塾大学経済学部卒　歴当初、三田正の筆名で「ぷろふいる」誌に評論を発表。昭和9年「陳情書」で小説家としてデビュー、「新青年」を中心に執筆した。代表作に「青い鴉」「骸骨」「海蛇」など。

西尾 寿造　にしお・としぞう
陸軍大将 東京都長官
明治14年（1881年）10月31日～昭和35年（1960年）10月26日
生鳥取県　学陸士（第14期）〔明治35年〕卒、陸大〔明治43年〕卒　歴歩兵第40連隊付となり日露戦争に従軍。明治43年軍務局課員、大正1～3年軍事研究のためドイツ派遣。14年歩兵第40連隊長、15年教育総監部第1課長、昭和5年陸軍省軍事調査委員長、7年参謀本部第4部長、9年関東軍参謀長、11年参謀次長、12年近衛師団長、13年教育総監、14年大将となり支那派遣軍総司令官、18年予備役、19年東京都長官を務めた。

西岡 竹次郎　にしおか・たけじろう
新聞人 衆議院議員
明治23年（1890年）5月28日～昭和33年（1958年）1月14日
生長崎県長崎市　名旧姓・旧名＝手島　学早稲田大学法科〔大正5年〕卒　歴在学中、都新聞記者となり、青年急進党を結成、「普選即行、治安警察法撤廃」を主張。大正5年雑誌「青年雄弁」を発行。6年普通選挙期成同盟幹事、8年青年改造連盟を結成、普選運動に尽力。この間検挙投獄7回。10年ロンドン大学留学、帰国後13年衆議院議員に当選、中正倶楽部に属したが、選挙法違反で失脚。昭和3年の総選挙で議員に復帰、政友会所属。戦時中は興亜議員同盟に属し、当選6回。一方大正13年「長崎民友新聞」を創刊、戦時統合で「長崎日報」となり、19年同紙会長。戦後「長崎民友新聞」を復刊、社長。22年公職追放、25年解除、26年長崎県知事に当選、30年再選した。　家妻＝西岡ハル（参議院議員）、長男＝西岡武夫（参議院議員）、息子＝西岡公夫（長崎県議）

西開地 重徳　にしかいち・しげのり
海軍飛行兵曹長
大正9年（1920年）4月21日～昭和16年（1941年）12月11日
出愛媛県　歴昭和16年12月太平洋戦争の緒戦である真珠湾攻撃に零戦パイロットとして参加、攻撃開始から4時間以上を経た現地時間の7日正午頃に真珠湾のあるオアフ島から西に約200キロのニイハウ島に不時着した。日米開戦を知らない島民に助けられ、通訳してくれた養蜂業者の日系2世、原田義雄（ハラダ・ヨシオ）の家に滞在。やがて開戦を知った島民により原田家で監視下に置かれたが、不時着時に軍艦の位置を示した海図とピストルを奪われたことを知ると、原田に訴えて12日午後4時頃に同家を脱出。原田とともに海図を持ち去った島民に返還を迫るが受け入れられず、海図処分のために2人は島民の家に放火したことから全島民に追われ、11日自決。13日に山中で遺体で発見された。

584

西垣 晋作　にしがき・しんさく

林学者 東京帝国大学農学部講師
明治19年（1886年）4月7日～昭和44年（1969年）10月29日
[生]奈良県　[専]森林工学, 森林利用　[学]東京帝国大学農科大学林学科〔明治42年〕卒 林学博士〔大正9年〕　[歴]大学院を経て、母校・東京帝国大学農学部講師となり、昭和12年退官。この間、中央林業懇話会会長、日本林業経営者協会顧問、日本土地山林取締役などを務めた。森林工学の草分け的存在で、林道工法の基礎を築く。大正時代には架空索道最大張力計算法、鉄索の太さの実用的算出法などを明らかにした。著書に「林学講義録」「曲線設定便覧」「道路鉄道曲線設定法」などがある。

西方 利馬　にしかた・としま

衆議院議員
明治16年（1883年）3月～昭和48年（1973年）11月8日
[生]山形県　[学]中央大学法律科〔大正8年〕卒　[歴]山形県議、内閣東北局委員、内務省委員等のほか、中山葡萄・山形新聞社各社長を歴任。大正13年衆議院議員に初当選、以来6期。政友会総務も務めた。

西川 一草亭　にしかわ・いっそうてい

華道家 随筆家
明治11年（1878年）1月12日～昭和13年（1938年）3月20日
[生]京都府京都市中京区押小路麩屋町橘町　[名]本名＝西川源治　[歴]明治37年、27歳のとき、京都で図案雑誌「小美術」を出す一方、去風流の挿花教授を始め、やがて浅井忠や幸田露伴らが弟子入り。また日出新聞や「ホトトギス」に芸術論を投稿すると、大正に入って夏目漱石も仲間に加わった。去風流は家元を継承すると数年のうちにサロン的の大会派に成長、その勢いは東都にも及んで九条武子夫人はじめの上流夫人らが集まるようになり、家元である一草亭は大正から昭和初期にかけての華道界の風雲児となる。幅広い文化活動を行い、昭和6年に創刊した「瓶史」は総合美術雑誌のはしりともいうべきもの。著書に「風流生活」「風流百話」「落花帯記」などがある。　[家]弟＝津田青楓（画家）

西川 一三　にしかわ・かずみ

太平洋戦争中の西域潜入特務調査工作員
大正7年（1918年）9月17日～平成20年（2008年）2月7日
[生]山口県阿武郡阿東町（山口市）　[歴]修猷館中〔昭和11年〕卒　[歴]南満州鉄道（満鉄）大連本社に入社するが、昭和16年退社。綏遠に設置された辺境青年育成塾・興亜義塾に入塾、モンゴル人になりきる教育を受ける。18年卒業と同時に張家口駐蒙大使館調査部に籍を置き、特務調査工作員として西域に潜入。蒙古人ラマ僧に変装して内蒙、寧夏、甘粛、青海、チベット、ブータン、西康、シッキム、インド、カシミール、ネパールの各地を8年にわたって潜行。24年インドで逮捕、送還される。帰国後、「秘境西域八年の潜行」を刊行。ラサでのラマ僧修業、ヒマラヤを徒歩で7回越えた稀有の体験など、大探検家たちの西域探検記にはない貴重な記録文学となった。他に「秘境チベットを歩く」がある。33年頃より岩手県で美容器材卸売業を経営した。

西川 光二郎　にしかわ・こうじろう

社会主義者 修養家 「自働道話」主宰
明治9年（1876年）4月29日～昭和15年（1940年）10月22日
[生]名東県津名郡佐野村（兵庫県淡路市）　[名]号＝白熊　[学]札幌農学校、東京専門学校（現・早稲田大学）英語政治科卒　[歴]中学時代にキリスト教に入信、札幌農学校で新渡戸稲造、内村鑑三の影響を受け、東京専門学校在学中に社会主義に傾倒する。卒業後、片山潜に協力して雑誌「労働世界」を発行。社会主義協会、社会民主党、平民社への参加を経て、明治40年代

には幸徳秋水、堺利彦らの直接行動論に対し、片山潜らとともに議会政策派を代表した。大逆事件後転向し、大正3年自働道話社を興して「自働道話」を主宰、以後は精神修養家として著述活動などに従事した。孔子学会会長。著書に「日本之労働運動」（共著）「人道の戦士社会主義の父カールマルクス」「改革者の心情」「心懐語」など。　[家]妻＝西川文子（婦人運動家）

西川 貞一　にしかわ・さだいち

衆議院議員
明治35年（1902年）2月27日～平成3年（1991年）9月25日
[生]山口県美祢市　[名]雅号＝日月荘閑人　[歴]関門日日新聞編集局長を経て、昭和11年以来衆議院議員当選4回。20年大蔵参与官。27年宇部時報社に入社。社長、42年会長を歴任。

西川 正治　にしかわ・しょうじ

物理学者 東京帝国大学名誉教授
明治17年（1884年）12月5日～昭和27年（1952年）1月5日
[生]神奈川県南多摩郡八王子町（東京都八王子市）　[専]X線結晶学、回折結晶学、原子核物理学　[学]商工中〔明治37年〕卒、一高理科〔明治40年〕卒、東京帝国大学理科大学実験物理学科〔明治43年〕卒 理学博士〔大正5年〕　[置]帝国学士院会員〔昭和12年〕　[歴]織物問屋の三男。東京帝国大学を卒業後、大正2年より寺田寅彦の勧めでX線回折の研究に取り組んで先駆的な業績を挙げ、6年32歳の若さで帝国学士院賞を受賞。同年欧米へ留学。9年帰国。11年1月理化学研究所主任研究員となり、6月東京帝大助教授、13年教授に昇任。昭和20年定年退官、22年名誉教授。24年理研を退所。回折結晶学の国際的な開拓者の一人として知られる一方、原子核物理学の研究にも従事。10年には理研で長岡半太郎研究室、仁科芳雄研究室と共同で原子核実験室を開設し、サイクロトロンやコッククロフト加速装置の建設に着手した。12年帝国学士院会員。25年日本結晶学会を創立して初代会長に就任。26年文化勲章を受章した。　[家]長男＝西川哲治（物理学者）、三男＝西川正夫（武田薬品化学研究所長）、四男＝西川恭治（広島大学名誉教授）　[勲]勲二等瑞宝章〔昭和19年〕、文化勲章〔昭和26年〕　[賞]帝国学士院賞（第7回）〔大正6年〕

西川 勉　にしかわ・つとむ

著述家 詩人
明治27年（1894年）6月30日～昭和9年（1934年）8月1日
[生]愛媛県宇摩郡金田村　[学]早稲田大学英文科〔大正5年〕卒　[歴]文筆家として立ち、主として詩、童謡、評論、翻訳等を発表、数編の小説もある。昭和4年読売新聞社に入り、囲碁欄を担当した。萩原恭次郎らと親交があり、「グウルモンの詩」（「文章世界」大正8年）、「聯想詩派一私観」（「日本詩人」14年）、「聯想詩派提唱の根拠」（「日本詩人」15年）などがある。また創作童謡の少ないことを「童謡及び童話界の現状」（「早稲田文学」10年）で指摘し、西条八十と共に「日本童謡選集」を編集した。翻訳に「メエテルリンク童話集」「母を尋ねて三千里」などがある。

西川 満　にしかわ・みつる

詩人 作家 日本天后会総裁
明治41年（1908年）2月12日～平成11年（1999年）2月24日
[生]福島県会津若松市　[学]早稲田大学文学部仏文科〔昭和8年〕卒　[歴]昭和9年から17年まで台湾日日新報に勤務し、文化欄を担当する。その傍ら9年「媽祖」を、15年「台湾文芸」を創刊。10年処女詩集「媽祖祭」を刊行し、12年刊行の「亜片」で文芸汎論詩集賞の詩業功労賞を受賞。17年刊行の小説「赤嵌記」で台湾文化賞を受賞。戦後は21年「会真記」が夏目漱石賞佳作となる。天上聖母算命学を創唱して、台湾に魁星桜文庫を設立し、44年「生命の塔」阿佐谷大聖堂を建立した。他の著書

に「中国小説集〈上下〉」、「西川満全詩集」などがある。 家
長男＝西川潤（早稲田大学教授） 賞文芸汎論詩集賞・詩業功
労賞（第4回）〔昭和12年〕、台湾文化賞〔昭和18年〕「赤嵌記」

西川 義方　にしかわ・よしかた
内科学者 宮内省侍医
明治13年（1880年）6月28日〜昭和43年（1968年）8月27日
生和歌山県 学東京帝国大学医科大学〔明治39年〕卒 医学博
士〔大正7年〕 歴明治40年東京帝国大学衛生学教室に入り、
横手千代之助教授の下で細菌学を学ぶ。第2内科を経て、41年
和歌山県の新宮病院院長、大正3年東京帝国大学病理学教室に
入り、7年日本医学専門学校教授兼附属病院長。欧米出張から
戻り、15年日本医科大学教授、昭和20年東京医学専門学校副
校長、附属淀橋病院院長、21年東京医科大学副学長、附属病院
長。この間、大正8年〜昭和21年宮内省侍医として大正天皇、
貞明皇后の健康管理にあたった。主著「内科診療ノ実際」は
大正11年の初版以来、昭和48年までに70版以上を重ねた。他
の著書に「救護第一線」「欧洲医学遍路」「看護の実際」「強肺
健康法」「温泉と健康」「肺結核の家庭療法」「温泉読本」など
がある。 家長男＝西川一郎（宮内庁侍医）、弟＝西川義英（外
科学者）

錦洋 与三郎　にしきなだ・よさぶろう
力士
明治33年（1900年）7月5日〜昭和35年（1960年）3月1日
生鹿児島県姶良郡福山町（霧島市） 名本名＝豊平才蔵 歴大
正6年5月場所で初土俵。14年1月場所で新入幕、のち関脇に昇
進したが、昭和7年脱退して革新力士団に参加した。

錦織 久良子　にしごり・くらこ
世界平和母性協会長
明治22年（1889年）〜昭和24年（1949年）2月6日
生新潟県佐渡 学女子師範卒、女子専門学校卒 歴教師を経
て、結婚後社会運動、婦人運動などに尽力、全関西婦人連合会
幹事、世界平和母性協会会長などを務めた。また歌人、随筆
家としても知られた。歌集「六畳の王国」、随筆「魂のささや
き」、伝記「愛の人石井十次」「新島襄先生」などがある。 家
夫＝錦織貞夫

西崎 キク　にしざき・きく
日本初の女性水上飛行士
大正1年（1912年）11月2日〜昭和54年（1979年）10月6日
生埼玉県児玉郡七本木村（上里町） 名旧姓・旧名＝松本キク
学埼玉女子師範卒 歴埼玉県に農家の二女として生まれる。
埼玉女子師範を卒業後、昭和4年神保原小学校教師となった
が、教え子とのサイクリングの折に立ち寄った群馬の尾島飛
行場で複葉練習機を見て飛行家に憧れ、両親の猛反対を押し
切って転身。6年東京・深川の第一飛行学校に入学、さらに愛
知県新舞子の安藤飛行機研究所実習生となり、8年2等飛行士
免許を取得、我が国の女性飛行機女性パイロット第1号となっ
た。同年新舞子から郷里への凱旋飛行を実施して利根川に着
水、大歓迎を受けた。9年東京・州崎の亜細亜航空学校で陸上
機免許を取得。同年10月白鳩号を駆って羽田から満州の新京
への単独飛行を行い、10年には日本女性飛行家の海外飛行第1
号としてパリの国際航空連盟から民間パイロットの最高栄誉
であるハーモン・トロフィーを贈られた。12年樺太への訪問
飛行に挑むが、津軽海峡に不時着、近くを航行していた貨物
船に助けられ、九死に一生を得た。その後、戦時体制に入っ
ていく中で民間飛行が難しくなり、飛行人生に終止符を打っ
た。13年結婚して満州の開拓村に入植、「開拓の花嫁」「開拓
団の子どもたち」などの映画にも出演。21年引き揚げ後は郷
里で中学校教師を務める傍ら、農業に従事した。36年開墾体
験記「酸性土壌に生きる」を執筆、開拓十五周年記念体験記

特選農林大臣賞を受賞。50年自伝「紅翼と拓魂の記」を刊行
した。 賞ハーモントロフィー（昭和9年度）〔昭和10年〕

西崎 弘太郎　にしざき・こうたろう
薬学者 東京女子薬学専門学校校長
明治3年（1870年）5月〜昭和13年（1938年）8月17日
出備前国（岡山県） 学帝国大学卒 薬学博士 歴二高教授、東
京衛生試験所技師などを経て、明治39年横浜衛生試験所所長、
大正11年東京衛生試験所所長となり、特許局技師を兼任。こ
の間、オランダのハーグで開催された万国阿片会議に日本代
表として出席、第一次大戦には重要医薬品の自給策として合
成研究と実地指導に当たる。また警視庁技師、特許局審査官、
臨時震災救護事務局事務官などを務め、昭和7年退官。8年東
京女子薬学専門学校（現・明治薬科大学）校長に就任して女子
薬学教育に専念した。 家長女＝西崎緑（1代目）（日本舞踊
家）、孫＝西崎義展（映画プロデューサー）

西住 小次郎　にしずみ・こじろう
陸軍歩兵大尉
大正3年（1914年）1月13日〜昭和13年（1938年）5月15日
出熊本県 学陸士（第46期）〔昭和9年〕卒 歴昭和9年陸軍歩
兵少尉に任官。11年中尉に進み、12年戦車第五小隊長。13年
徐州会戦で戦死、大尉に進級。没後は軍神として知られ、菊
池寛に「西住戦車長伝」がある。

西田 郁平　にしだ・いくへい
弁護士 衆議院議員
明治15年（1882年）2月〜昭和31年（1956年）8月11日
出和歌山県 学東京帝国大学仏法科〔明治43年〕卒 歴海軍
主計中尉の後、弁護士となる。和歌山市議、同議長、和歌山
商工会議所顧問を務め、昭和5年から衆議院議員に3期選出さ
れた。

西田 幾多郎　にしだ・きたろう
哲学者 京都帝国大学名誉教授
明治3年（1870年）4月19日〜昭和20年（1945年）6月7日
生加賀国河北郡宇ノ気村字森（石川県かほく市） 名号＝寸心
学帝国大学文科大学（現・帝国大学文学部）〔明治27年〕卒 文
学博士〔大正2年〕 寛帝国学士院会員〔昭和2年〕 歴明治
32年四高教授、42年学習院教授、43年京都帝国大学助教授を
経て、大正2年教授となり、昭和3年に退官。明治44年に刊行
した「善の研究」で〝純粋経験〟を提示し、哲学界のみならず、
広く一般に注目される。その後、「自覚に於ける直観と反省」
（大正6年）から、さらに西洋哲学に禅をとり入れて発展させた
〝無の論理〟、〝場所の論理〟を展開、独創的な〝西田哲学〟の体
系を築いた。昭和15年文化勲章受章。他の著書に「働くもの
から見るものへ」「一般者の自覚的体系」「哲学の根本問題」「哲
学論文集」（全7巻）、「西田幾多郎全集」（全19巻、岩波書店）な
どがある。平成2年大東亜宣言（昭和18年）直前に書かれ、内
容に戦争讃美が含まれているか否かで論議の的になっていた
「世界新秩序の原理」の草稿が発見された。 家孫＝西田幾久
彦（東京銀行常務）、上田薫（都留文科大学名誉教授） 勲文化
勲章〔昭和15年〕

西田 修平　にしだ・しゅうへい
棒高跳び選手 ロサンゼルス五輪・ベルリン五輪銀メダリスト
明治43年（1910年）3月21日〜平成9年（1997年）4月13日
生和歌山県 学早稲田大学卒 歴大学入学後、日本の棒高跳
びをリード。昭和7年のロサンゼルス五輪、11年のベルリン五
輪で銀メダルを獲得。ベルリンから帰国後、銅メダルを獲得
した大江季雄選手と互いにメダルを折半してつなぎ〝友情の
メダル〟として有名になった。卒業後、日立製作所に入社。戦
後は日本陸上競技連盟の常務理事、理事長として、後進の指

導に貢献した。

西田 精　にしだ・せい
土木工学者　九州帝国大学名誉教授
明治10年（1877年）6月5日〜昭和19年（1944年）10月7日
[出]島根県意宇郡雑賀町（松江市）　[専]衛生工学，水道工学　[学]松江尋常中〔明治29年〕卒，五高〔明治32年〕卒，東京帝国大学工科大学土木工学科〔明治35年〕卒　工学博士（九州帝国大学）〔大正4年〕　[歴]明治35年朝鮮の京釜鉄道技師補，36年同技師，38年横浜鉄道技師を経て，41年東京帝国大学工科大学助教授に転じ，43年欧米へ留学。上下水道や都市塵芥処理などの研究・調査に従事し，留学中の44年九州帝国大学工科大学助教授となり，大正2年帰国後に教授昇任。昭和12年退官。九州一円の都市の上下水道の調査・設計・工事を指導した。兄は小泉八雲と親交があり「西田千太郎日記」を遺した西田千太郎。　[家]兄＝西田千太郎（教育家）

西田 泰介　にしだ・たいすけ
砲丸投げ選手
明治43年（1910年）9月12日〜昭和61年（1986年）3月10日
[生]岡山県英田郡大原村　[学]東京文理科大学〔昭和9年〕卒　[歴]東京文理科大学時代，砲丸投げで活躍。"暁の超特急"といわれた吉岡隆徳，佐々木吉蔵と同期で，三羽がらすと呼ばれた。各地の教師を務めたのち，昭和21年文部省入省。オリンピック課長，同審議官，国立競技場の理事を歴任。東京女子体育大学長，日本体育施設協会副会長を務めた。

西田 武雄　にしだ・たけお
版画家
明治27年（1894年）7月11日〜昭和36年（1961年）7月26日
[生]三重県一志郡七栗村森　[学]横浜商卒　[歴]6歳の頃横浜市の大川福松の養子となる。在学中の大正3年文展に初入選し，翌4年西田家へ戻る。7年本郷美術研究所に入り岡田三郎助に師事。10年中国へ旅行し，11年帰国。14年画廊「室内社」を開き，昭和13年には広山インキ株式会社を設立。18年恩地孝四郎らと版画奉公会を創立。同年室内社が戦災にあい郷里に疎開。画廊経営，日本近代美術の研究など多方面で活躍する一方，エッチングを独習してその普及に努めた。7年雑誌「エッチング」を創刊，門下からは駒井哲郎など多くのエッチャーが出ている。著書に「エッチングの描き方」「画工志願」など。

西田 天香　にしだ・てんこう
宗教家　一燈園創始者
明治5年（1872年）2月10日〜昭和43年（1968年）2月29日
[生]滋賀県長浜市　[名]本名＝西田市太郎　[歴]滋賀県長浜の紙問屋に生まれる。明治24年北海道に渡り，開拓事業の監督となるが，小作農と資本主との紛争に苦悩を深め，3年余で辞職。懐疑と求道の放浪生活を送る。トルストイの「我が宗教」に啓発され，人生の理想は"無心"と悟る。明治38年京都に"一燈園"を設立，托鉢，奉仕，懺悔の生活に入った。大正6年その教話集「懺悔の生活」がベストセラーとなる。その後，中国や北米にも進出，すわらじ劇団を設立した。戦後は22年参議院議員となり，緑風会結成に参加。「西田天香選集」（全5巻）がある。

西田 直二郎　にしだ・なおじろう
日本史学者　京都帝国大学教授
明治19年（1886年）12月23日〜昭和39年（1964年）12月26日
[生]大阪府西成郡清堀村（大阪市天王寺区）　[専]日本文化史　[学]京都帝国大学文科大学史学科〔明治43年〕卒，京都帝国大学大学院修了　文学博士（京都帝国大学）〔大正13年〕　[歴]内田銀蔵に日本文化史を学ぶ。大正4年京都帝国大学講師，8年助教授。9〜12年ケンブリッジ大学，ベルリン大学で学び，コンド

ルセーらの影響を受ける。帰国後の13年京都帝大教授。以後20年間京大国史を指導。実証主義史学や文献史学を批判し，歴史を精神の相において捉えようとする独自の西田史学を展開，いわゆる"文化史観"を提唱し，昭和7年「日本文化史序説」を著した。8年の京大滝川事件を機に，それまでの自由主義的な歴史学から国家主義へ転向。戦前，戦中は国民精神文化研究所員を兼ね，"日本精神"を説き京大の日本精神史講座を担当したため，戦後，戦争責任を問われ公職追放となった。解除後，27年京大名誉教授となり，その後，京都女子大，滋賀大教授を歴任。著書は他に「日本文化史論考」「京都史蹟の研究」「後醍醐天皇宸翰集」など。

西田 信春　にしだ・のぶはる
社会運動家
明治36年（1903年）1月12日〜昭和8年（1933年）2月11日
[生]北海道樺戸郡新十津川村橋本（新十津川町）　[学]東京帝国大学〔昭和2年〕卒　[歴]東京帝国大学在学中新人会に所属し，昭和2年卒業後は全日本鉄道従業員組合本部書記となり，東京鉄道管理局内の各支部を指導。同年12月共産党に入り1年間の兵役後「無産者新聞」の編集などをする。4年の四・一六事件で検挙され，6年に保釈出獄。7年九州の共産党再建の責任者となり，8年検挙され，福岡署で虐殺された。官憲がこの事を隠していたので，戦後調査されるまで，消息不明とされていた。

西田 博太郎　にしだ・ひろたろう
応用化学者　桐生高等工業学校校長
明治10年（1877年）8月1日〜昭和28年（1953年）1月26日
[生]東京府下谷（東京都台東区）　[出]島根県松江市　[専]染色化学，繊維化学　[学]松江中卒，東京帝国大学工科大学応用化学科〔明治34年〕卒　工学博士（東京帝国大学）〔大正3年〕　[歴]東京下谷で生まれ，9歳の時に島根県松江へ移る。明治34年印刷局へ入ったが，36年辞して欧州へ留学し染色化学を研究。38年帰国，名古屋高等工業学校教授となった。42年日本セルロイド人造絹糸技師長，大正2年同専務，3年日本毛糸紡績主任技師を務め，4年文部省からロシアに派遣され，5年帰国して桐生高等染色学校教授，7年校長。9年官制改正により桐生高等工業学校校長兼教授。昭和20年退職。著書に「近世染法―理論応用」（全5編）や「人造絹糸の話」「工業概論」「工場管理」などがある。

西田 政治　にしだ・まさじ
推理作家　翻訳家
明治26年（1893年）8月31日〜昭和59年（1984年）2月9日
[生]兵庫県神戸市　[名]別名＝秋野菊作，花園守平，八重野潮路　[学]関西学院高等商業科〔大正5年〕卒　[歴]大正9年に創刊された雑誌「新青年」に八重野潮路のペンネームで入選，秋野菊作の筆名で推理時評，戦後は花園守平の名で短編を執筆。日本の推理小説の草分け的存在で，ビーストン，チェスタトン，カー，クイーンの紹介に努めた。昭和23年に関西探偵作家クラブが創設されると会長に就任。海野十三，横溝正史らとともに推理小説ブームの火付け役となり，日本推理作家協会の名誉会員だった。主な作品に「湯原御殿殺人事件」，短評的時評に「雑草庭園」，翻訳にビーストン「マイナスの夜光珠」，カー「皇帝の嗅煙草入」「火刑法廷」，クイーン「神の燈火」「帝王死す」など多数。

西田 税　にしだ・みつぎ
国家主義者　陸軍少尉
明治34年（1901年）10月3日〜昭和12年（1937年）8月19日
[生]鳥取県米子市　[学]陸士（第34期）〔大正11年〕卒　[歴]大正11年騎兵少尉。陸士時代から右翼活動に入り，青年アジア同盟を作り，頭山満，大川周明らに師事した。同年北一輝と出会って心酔，北の「日本改造法案大綱」を聖典視する。14年10月陸

軍少尉、同年病気で軍職を退く。昭和2年北の援助のもとに自宅に士林荘を設立。革新軍人の獲得に努め、同年「天剣党規約」を軍・民急進分子に秘かに配布（天剣党事件）したが憲兵隊が探知、弾圧された。5年宮内省怪文書事件で有罪となり軍籍離脱。6年陸海軍若手革新将校と民間右翼で郷士会を作り、7年5月15日の五・一五事件では決起自重論を唱えたため、血盟団員川崎長光に撃たれて重傷。その後も武装決起には北とともに自重論であったが、11年の二・二六事件で検挙され、特別軍法会議では陸軍主流の強引な主張で12年8月に死刑となる。

西谷 勢之介　にしたに・せいのすけ

詩人

明治30年（1897年）1月15日〜昭和7年（1932年）

生奈良県　名別号＝碧落居, 更然洞　歴大阪時事、大阪毎日、福岡日日などで記者を続け、大正12年大阪で「風貌」を創刊主宰。13年詩集「或る夢の貌」を発表。昭和初期にかけ佐藤惣之助の「詩の家」、中村漁波林の「詩文学」に属し、また「文芸戦線」「不同調」などに詩や随筆を寄稿。3年に発表した「虚無を行く」が野口米次郎に認められて師事した。著書に詩集「夜明けを待つ」「俳人漱石論」「俳人芥川龍之介論」「天明俳人論」などがある。

西出 武　にしで・たけし

レスリング選手

大正2年（1913年）12月21日〜平成7年（1995年）10月3日

出東京都　学早稲田大学法学部〔昭和13年〕　歴昭和8年から3年連続日本選手権フェザー級で優勝。卒業後、日立製作所、相模工業を経て、30年TBSに入社。運動部長、報道局長を歴任。のち、JOC常任委員、永楽倶楽部専務理事などを務める。

西出 朝風　にしで・ちょうふう

歌人

明治17年（1884年）10月6日〜昭和18年（1943年）3月14日

生石川県大聖寺町　名本名＝西出一　学慶応義塾普通部中退　歴明治34年初めて口語歌を作り「ミドリ」に発表。以後小説、詩などを中心から主として口語歌を「文章世界」「早稲田文学」などに発表し、次いで純正詩社を創立。大正3年俳句誌「新短歌と新俳句」を、13年「新短歌」を、昭和3年「今日の歌」を創刊。歌集に「半生の恋と餓」「少年の歌」などがある。

仁科 芳雄　にしな・よしお

物理学者 理化学研究所主任研究員

明治23年（1890年）12月6日〜昭和26年（1951年）1月10日

生岡山県浅口郡里庄町　専原子核物理学、宇宙線物理学　学六高二部甲類〔大正3年〕卒, 東京帝国大学工科大学電気工学科〔大正7年〕卒 理学博士（東京帝国大学）〔昭和5年〕　賞日本学士院会員〔昭和23年〕　歴大正7年大学を卒業して理化学研究所研究生となり、10年欧州へ留学。英国ケンブリッジ大学のE.ラザフォード、12年からデンマークのコペンハーゲン大学のN.ボーアの下で研究を行い、量子力学の誕生に立ち会った。昭和3年O.クラインとX線の自由電子による散乱断面積を計算する“クライン＝仁科の公式”を発表。同年帰国して理研の長岡半太郎研究室に所属。4年世界的な理論物理学者であるW.ハイゼンベルク、P.ディラックの来日を実現させ、量子力学の紹介に尽力。6年主任研究員となり仁科研究室を創設、我が国の原子核物理学の理論的・実験的研究を主導。門下から朝永振一郎、坂田昌一らを輩出、我が国の原子核物理学の父とも称される。12年小サイクロトロンを完成させ、14年核分裂を追試。19年には大サイクロトロンを完成させ、1600万ボルトの重陽子を得た。宇宙線の研究では、12年のウィルソン霧箱による宇宙線中のミュー中間子の発見・質量測定などで知

られる。太平洋戦争下では陸軍の委託を受けて“ニ号研究”と呼ばれる原爆開発計画を進め、20年8月広島と長崎に原爆が投下されると現地調査を実施、8月8日に広島に落とされた爆弾が原爆であると断定した。19年4〜9月通信院電波局長を兼務。21年文化勲章を受け、23年日本学士院会員に選ばれた。　家長男＝仁科雄一郎（物理学者）、二男＝仁科浩二郎（物理学者）　勲文化勲章〔昭和21年〕　賞朝日文化賞（昭和19年度）〔昭和20年〕

西納 楠太郎　にしの・くすたろう

農民運動家

明治31年（1898年）1月20日〜昭和16年（1941年）（？）

生大阪府泉南郡北中通村（岸和田市）　学早稲田大学法科中退　歴大正12年頃から農民運動に参加し、13年日農総本部書記となる。昭和3年全農中央常任委員となるなど、農民運動で活躍した。6年全農が分裂すると全国会議派結成に参加。9年全農総本部に復帰し、大阪府連常任委員となる。11年「全国農民組合15年小史」の執筆を担当。

西野 恵之助　にしの・けいのすけ

日本航空輸送社長 白木屋呉服店社長

元治1年（1864年）8月23日〜昭和20年（1945年）3月3日

出京都府　学慶応義塾本科〔明治20年〕卒　歴福沢諭吉のすすめにより、明治20年山陽鉄道に入社。鉄道事業の改良に尽力、食堂車、寝台車、赤帽制などを創案推進。40年帝国劇場創設のため専務に就任、芝居茶屋を廃し、洋風椅子とし、女優学校設立など国際的な劇場を発足させる。大正2年東京海上保険に転じ兼営部長として火災保険、自動車保険を創設、6年東洋製鉄創立に参画。10年白木屋呉服店社長。昭和3年日本航空輸送会社創立に際し、社長に就任。明治近代化を推進した新しいタイプの専門経営者として、また「創業の偉才」と評される。

西野 元　にしの・げん

大蔵次官 十五銀行頭取 貴族院議員（勅選）

明治8年（1875年）11月29日〜昭和25年（1950年）8月3日

生茨城県水戸市　学東京帝国大学法科大学政治科〔明治35年〕卒　歴大蔵省に入り、参事官、臨時国債整理局書記官。英国、欧米諸国に出張後、主計局予算課長、大正5年横浜税関長、主計局長を経て、11年大蔵次官、13年退官、勅選貴族院議員。14年錦鶏間祗候を受け、十五銀行頭取となった。昭和2年の金融恐慌で休業となった十五銀行の復興に尽力。16年勧業銀行総裁、21年退任、枢密顧問官となった。著書に「会計制度要論」「予算概論」がある。

西野 忠次郎　にしの・ちゅうじろう

内科学者 慶応義塾大学名誉教授

明治11年（1878年）5月26日〜昭和36年（1961年）7月6日

生山形県南置賜郡南原村（米沢市）　名旧姓・旧名＝藤田　学米沢中学興譲館〔明治29年〕卒、四高三部〔明治32年〕卒, 東京帝国大学医科大学〔明治36年〕卒 医学博士（東京帝国大学）〔大正3年〕　賞日本学士院会員〔昭和33年〕　歴明治37年東京帝国大学病理学教室助手、38年三浦内科に入局。39年北里柴三郎の伝染病研究所に嘱託として移り、43年山形市立済生館に赴任して内科部長、同館長。大正3年山形県知事・馬淵鋭太郎の山口県転勤に従い、山口県立病院、日本赤十字山口支部病の院長を務めた。7年欧米へ出張、9年北里門下随一の臨床家として慶応義塾大学医学部の内科学主任教授に迎えられる。昭和19年同医学部長兼病院長、21年名誉教授。同年国立東京第二病院長。25〜35年日本内科学会理事長。33年日本学士院会員に選ばれる。第3期日本学術会議会員。神経系疾患及び感染症に関する研究で業績を上げた。　家養子＝西野重孝（宮内庁侍医長）, 義弟＝大麻唯男（政治家）, 添田滋（三菱地所

取締役）

西野 みよし にしの・みよし
教育家 東京女子高等師範学校教授
明治12年（1879年）8月1日～昭和34年（1959年）11月30日
[出]宮城県 [名]旧姓・旧名＝恵比寿 [学]東京女子高等師範学校（現・お茶の水女子大学）卒 [歴]山形、宮城、東京の高等女学校教師を経て、大正15年母校である東京女子高等師範学校教授となる。昭和4年女性として初めて文部省督学官に就任。のち視学官。

西野 藍雨 にしの・らんう
俳人
明治22年（1889年）9月～昭和22年（1947年）11月4日
[生]徳島県 [名]本名＝西野治平 [歴]内藤鳴雪に俳句の指導を受け「藻の花」同人となり、次いで河東碧梧桐に師事。一時中断し、昭和9年「愛染」を創刊した。

西ノ海 嘉治郎（3代目） にしのうみ・かじろう
力士
明治23年（1890年）11月2日～昭和8年（1933年）7月28日
[生]鹿児島県西国分村浜ノ市松山（霧島市） [名]本名＝松山伊勢助，シコ名＝源氏山大五郎，年寄名＝浅香山 [歴]明治43年1月場所、名門井筒部屋から源氏山のシコ名で初土俵。大正4年1月場所で新十両、5年1月場所で新入幕。のち西ノ海嘉治郎と改名し、12年1月場所で優勝同点で第30代横綱に昇進。昭和3年10月場所で引退。幕内在位30場所、幕内成績は134勝60敗2分2預105休、優勝1回。引退後は年寄浅香山を襲名した。

西原 一策 にしはら・いっさく
陸軍中将 仏印派遣監視委員会団長
明治26年（1893年）4月18日～昭和20年（1945年）1月23日
[生]広島県 [学]陸士（第25期）〔大正2年〕卒，陸大〔大正11年〕卒 [歴]陸大卒業後、昭和2年フランス駐在。6年ジュネーブ会議代表随員、10年騎兵第1連隊長、12年参謀本部課長、同年8月上海派遣軍参謀、15年大本営参謀（仏印監視委団長）、15年騎兵学校長、16年騎兵集団長、同年中将、17年戦車第3師団長、19年機甲本部長などを歴任。15年、日本のフランス領インドシナ（仏印）進駐に当たって派遣された西原機関（仏印派遣監視委員会）の長として活躍。その使命は、仏印を通過する日本軍のための補給と飛行場使用にあったが、西原・マルタン協定を結ぶことで成功した。

西原 利夫 にしはら・としお
機械工学者 京都帝国大学工学部教授
明治27年（1894年）3月21日～昭和54年（1979年）3月12日
[生]京都府 [専]金属材料学，精密工学 [学]京都帝国大学工科大学機械工学科〔大正7年〕卒 工学博士 [資]日本学士院会員〔昭和25年〕 [歴]大正7年京都帝国大学講師、8年助教授を経て、12年欧米へ留学。14年教授に昇任。昭和20年工学部長、32年名誉教授。同志社大学教授も務めた。25年日本学士院会員。金属材料の疲労に関する研究で知られ、我が国の金属疲労研究の水準を世界的に高めた。また、常に独特の新しい試験機を試作しながら研究を行い、組合せ応力による疲労やベルト伝導、軸受などの分野でも業績を上げた。 [家]二男＝西原宏（京都大学名誉教授）

西堀 一三 にしぼり・いちぞう
茶道研究家 花道研究家
明治36年（1903年）1月3日～昭和45年（1970年）1月7日
[生]滋賀県 [学]京都帝国大学国史科卒，京都帝国大学大学院日本精神史専攻 [歴]大学院在学中から生け花作家・西川一草亭に私淑、昭和6年一草亭が季刊誌「瓶史」を発行するに当たり、請われて編集を担当。歴史、美術、文化の一流執筆陣による特異の雑誌を作った。その間「茶道全集」（全15巻）の編集に従事。花道、茶道の流れに日本文化の精神的系譜を求め、古書解文により研究業績を残した。著書に「日本花道史」「日本茶道史」などがある。

西松 唯一 にしまつ・ただいち
火薬学者 東京帝国大学教授
明治14年（1881年）5月6日～昭和26年（1951年）9月16日
[生]愛媛県下浮穴郡麻生村（伊予郡砥部町） [学]松山中卒，六高卒，東京帝国大学工科大学火薬科〔明治40年〕卒 工学博士 [歴]明治41年から昭和17年まで東京帝国大学助教授、教授として火薬学教室を主宰。工業爆薬の性能試験法や炭鉱爆薬の検定法を定め、雷管や電気雷管の研究に優れた業績を残した。煙火製造技術指導及び災害防止、軍用火工兵器、民間の農業用火薬製造育成などにも貢献。著書に「火薬学」がある。

西村 伊作 にしむら・いさく
教育家 文化学院創立者
明治17年（1884年）9月6日～昭和38年（1963年）2月11日
[生]奈良県北山村 [出]和歌山県新宮市 [学]明道中（広島市）〔明治36年〕卒 [歴]明治24年濃尾大地震で両親を失い、母方の吉野の大山林地主西村家に相続人として引き取られる。叔父大石誠之助の影響で平民社の活動に参加、45年大逆事件との関連で約1ケ月拘留された。和歌山県新宮で山林業を営んでいた時、そこを訪れる文化人と親しく交際、大正10年長女が高等女学校へ進学する時、我が子のために自由で芸術的な雰囲気にみちた理想の学校を創ることを決意。与謝野鉄幹・晶子夫妻、石井柏亭、河崎なつ等の協力により東京・駿河台に日本初の男女共学制学校、文化学院を創立、校長に就任。昭和16年長女石田アヤに校長を譲り、校主となる。学院には当時の一流の学者、芸術家を教師として招き、卒業生からは、三宅艶子、飯沢匡、青地晨など多数の文化人を輩出した。戦時下の18年不敬罪で検挙、学院も強制閉鎖されるが、21年再開した。著書に「教育の理想」「楽しき住家」「我子の教育」「生活を芸術として」「我に益あり―西村伊作自伝」など多数。 [家]長女＝石田アヤ（教育家），叔父＝大石誠之助（社会主義者・医師）

西村 燕々 にしむら・えんえん
俳人
明治8年（1875年）8月31日～昭和31年（1956年）10月30日
[生]滋賀県滋賀郡大津町 [名]本名＝西村繁次郎 [歴]明治35年岡野知十に入門、あふみ吟社を結成、俳誌「近江かぶら」を発行。43年西胡桃太の「裂帛」を編集。大正元年中国民報に入社、15年夕刊編集長となる。昭和5年より「唐辛子」を編集、のち主宰。地方俳史研究家として有名。著書に「森々庵松後」「千那」「近江・北陸俳諧史」など。

西村 月杖 にしむら・げつじょう
俳人
明治24年（1891年）12月22日～昭和45年（1970年）2月3日
[生]大阪府 [名]本名＝西村茂，別号＝西村雪骨 [歴]「曲水」初期、雪骨の俳号で活躍、昭和6年、月杖と改める。その後新興俳句運動に傾斜。「曲水」を離れ昭和11年「句帖」を創刊。戦時中、文学報国会俳句部会に協力した責任を感じ、戦後、俳句を断った。

西村 弘敬 にしむら・こうけい
能楽師（高安流ワキ方）
明治20年（1887年）9月9日～昭和48年（1973年）3月14日
[生]愛知県名古屋市 [歴]西村大蔵の孫で、祖父に師事。昭和初年に高安流宗家を継承した。 [家]祖父＝西村大蔵（高安流ワ

にしむら　　　　　　　　　　　　　昭和人物事典 戦前期

キ方）

西村 五雲　にしむら・ごうん
日本画家
明治10年（1877年）11月6日〜昭和13年（1938年）9月16日
🅢京都府京都市　🅝本名＝西村源次郎　🅟帝国芸術院会員〔昭和12年〕　🅗明治23年岸竹堂に入門、32年より竹内栖鳳に師事。40年第1回文展に「白熊」を出品、以後文展、帝展に出品。大正14年帝展審査員、昭和8年帝国美術院会員、12年帝国芸術院会員。その間、京都市立美術工芸学校教諭、京都絵画専門学校教授。また画塾晨鳥社を主宰した。竹堂、栖鳳らの画風を継いだ独自の花鳥画で、他に代表作「日照雨」「秋茄子」「午間」「秋興」などがある。

西村 茂生　にしむら・しげお
衆議院議員
明治18年（1885年）2月〜昭和41年（1966年）7月18日
🅞山口県　🅛農商務省水産講習所養殖科、東京帝国大学理科大学　🅗岩国町議、山口県議、同副議長を経て、昭和3年衆議院議員に初当選。以降7期務めた。6年には犬養内閣の海軍参与官、14年には平沼内閣の陸軍政務次官となる。ほかに岩国市長、岩国商工会長、岩国証券会社重役、自由党総務などをも務めた。

西邑 昌一　にしむら・しょういち
サッカー選手
生年不詳〜平成10年（1998年）3月22日
🅞兵庫県神戸市　🅛早稲田大学卒　🅗昭和11年日本サッカー界初の国際舞台となったベルリン五輪に日本代表として出場。初戦で優勝候補のスウェーデンを大逆転で破り、"ベルリンの奇跡"として話題となった。51年から3年間、読売クラブ（現・ヴェルディ）の監督を務め、日本リーグの2部から1部に昇格させた。

西村 彰一　にしむら・しょういち
農林省農政局長
明治31年（1898年）5月〜昭和33年（1958年）11月24日
🅞長野県上水内郡古牧村（長野市）　🅝旧姓・旧名＝永井　🅛松本高卒、東京帝国大学農学部・法学部卒　🅗農林省山林局長を経て、昭和19年2月富山県知事、同年7月農林省農政局長、次いで馬政局長官、開拓局長官。戦後は大東文化大学などで教鞭を執り、30年衆議院議員に社会党から当選。党企画部長、長野県委員長を務めた。

西村 真次　にしむら・しんじ
日本史学者 人類学者 早稲田大学文学部教授
明治12年（1879年）3月30日〜昭和18年（1943年）5月27日
🅞三重県宇治山田市（伊勢市）　🅝号＝西村酔夢　🅟日本古代史・文化史　🅗東京専門学校（現・早稲田大学）国漢文科・英文科〔明治38年〕卒 文学博士（早稲田大学）〔昭和7年〕　🅗大正7年早大文学部講師となり、11年教授。昭和3年史学科教授主任となり、早大史学の基礎を築いた。また一時、朝日新聞記者を務め、冨山房の雑誌「学生」編集にも従事。16年帝国学士院明治前期日本科学史編纂委員。動物学、人類学、考古学のほか、日本船舶と幅広い研究に従事。著書に「日本古代船舶の形式」「神話学概論」「日本古代社会」「世界文化史」「日本文化史概論」「人類学汎論」「万葉集の文化史的研究」「日本古代経済」などがある。

西村 新八郎　にしむら・しんぱちろう
巴屋化粧品製造所社長
明治24年（1891年）7月28日〜昭和41年（1966年）11月3日
🅞岡山県　🅛岡山商（現・岡山南高）〔明治41年〕卒　🅗大阪の

雑貨問屋に勤めたあと、大正4年独立。その後巴屋化粧品製造所の共同経営者、昭和3年社長に就任。7年フランスの香水を輸入販売する金鶴香水社長も兼任。8年日本初の植物油を使った丹頂チックを発売、宣伝広告にも力を入れ男性化粧品メーカーとしての基盤を築いた。24年巴屋を合併、34年丹頂（現・マンダム）と改称。36年会長。🅗息子＝西村彦次（マンダム社長）、西村育雄（マンダム社長）、孫＝西村元延（マンダム社長）

西村 青児　にしむら・せいじ
俳優
明治39年（1906年）3月30日〜昭和23年（1948年）
🅞北海道小樽市　🅝本名＝西村清司、旧芸名＝日向錦之助　🅛小樽中卒　🅗大正13年東亜キネマ甲陽撮影所に入社。15年宝塚国民座に転じたが、昭和2年東亜に復帰。日向錦之助の芸名で「夜光珠を繞る女性」（2年）「恋に立つ」（3年）など多くの作品に準主演で出演したあと、4年に退社した。5年松竹蒲田に入社、西村青児と改名し、渋い脇役として「風の中の子供」（12年）「暖流」（14年）などに出演。戦後は松竹大船で「リラの花忘れじ」（22年）「秘密」（23年）などに出演したが、23年に死亡したと伝えられる。

西村 琢磨　にしむら・たくま
陸軍中将
明治22年（1889年）9月15日〜昭和26年（1951年）6月11日
🅞福岡県　🅛陸士（第22期）〔明治43年〕卒、陸大卒　🅗大正11年軍務局課員、12年関東大震災の関東戒厳司令部付。昭和7年五・一五事件で判士長、11年二・二六事件では兵務課長として反乱軍に対した。15年陸軍中将。16年6月近衛師団長、第25軍に編入、マレー作戦に参加、17年6月予備役。18年ビルマのシャン州長からマドラ州長となって敗戦、スラバヤ収容所に入れられ、シンガポールの軍事裁判で「責任は指揮官の自分にある」と主張、終身刑の判決を受けた。さらにマヌス島のオーストラリア側軍事裁判で26年6月11日死刑を執行された。

西村 辰五郎　にしむら・たつごろう
東雲堂書店社長 学習社専務 日本読書新聞社社長
明治25年（1892年）4月9日〜昭和34年（1959年）3月22日
🅞東京都　🅝旧姓・旧名＝江原、号＝陽吉　🅗明治37年東京・東雲堂書店の創業者である西村寅次郎の養子となる。一方で幼少時から詩歌に親しみ、自身も長じてから陽吉の号で歌人としても知られた。同書店はもともと小学生向けの参考書を主に出版していたが、石川啄木や土岐善麿らとの交流から啄木の「一握の砂」「悲しき玩具」、土岐の「万葉短歌全集」、斎藤茂吉の「赤光」、北原白秋の「思ひ出」などの詩歌集や文芸誌「生活と芸術」なども手がけ、明治後期から大正期においては日本有数の文芸書出版社と目されるようになった。大正14年教科書関係の無謀な競争防止を目的に関係5社を糾合して学習社が設立されると、専務に就任。昭和12年東京出版協会によって創立された日本読書新聞社の社長に推され、「日本読書新聞」の創刊・発行に当たった。また同年には検閲当局と出版業界との連絡機関として出版懇談会が組織され、その実行委員を務めた。歌集に「都市居住者」「街路樹」などがある。🅗養父＝西村寅次郎（東雲堂書店創業者）、孫＝長嶋亜希子（長嶋茂雄夫人）

西村 丹治郎　にしむら・たんじろう
衆議院議員
慶応2年（1866年）10月2日〜昭和12年（1937年）12月20日
🅞備前国吉備郡秦村福谷（岡山県総社市）　🅝旧姓・旧名＝板野　🅛東京専門学校（現・早稲田大学）〔明治23年〕卒　🅗エール大学に留学し、政治、経済学を学び帰国。数年間新聞、雑誌に筆を執り、明治35年以来衆議院議員当選14回、国民党、のちに

民政党に属した。昭和6年第二次若槻礼次郎内閣の農林政務次官となり、他に文政審議会、米穀調査会各委員を務めた。列国議会同盟会議に出席し、欧米を視察した。

西村 俊成　にしむら・としなり
「幼年倶楽部」編集長
明治34年（1901年）3月13日～昭和52年（1977年）12月13日
歴 大正15年講談社に入社。昭和11～18年「幼年倶楽部」編集長を務めた。

西村 敏彦　にしむら・としひこ
鋳金家
明治22年（1889年）～昭和22年（1947年）
生 東京都　学 東京美術学校〔大正3年〕卒　歴 父は彫金家の西村雲松で、2代目雲松を名のったこともある。明治42年東京美術学校に入学。大正8年に創設された装飾美術家協会で活動した後、15年工芸団体・無型に創立同人として参加した。また、帝展に工芸品を設置する動にも取り組み、昭和3年帝展に初入選。その後、実在工芸美術会にも参加し、無鑑査、会友となった。　家 父＝西村雲松（鋳金家）

西村 房太郎　にしむら・ふさたろう
教育家 東京府立一中校長
明治7年（1874年）9月15日～昭和43年（1968年）2月9日
生 長崎県　学 東京帝国大学史学科〔明治33年〕卒　歴 島根県第一中学校教諭、同校長、千葉県立千葉中学校長を経て、昭和7年東京府立第一中学校の第11代校長となった。16年依願退職。

西村 真琴　にしむら・まこと
生物学者 北海道帝国大学理学部教授 全日本保育連盟理事長
明治16年（1883年）3月26日～昭和31年（1956年）1月4日
出 長野県東筑摩郡里山辺村（松本市）　学 松本中卒、広島高等師範学校〔明治41年〕卒 博士号（コロンビア大学）〔大正9年〕、理学博士（東京帝国大学）　歴 広島高等師範学校を卒業後、京都で小学校教師、同校長を務める。明治43年満州に渡り、大正元年南満医学堂（のち奉天医科大学）の生物学教授となり満州の生物分布調査を手がけた。4年渡米してコロンビア大学で植物学を修め、9年同大で博士号を取得。10年北海道帝国大学理学部教授に就任、北海道の生物分布やアイヌの調査にあたり、マリモの研究で東京帝国大学より理学博士号を受けた。昭和2年退官して「大阪毎日新聞」論説委員学芸部顧問に迎えられ、3年には昭和天皇即位の大礼記念博覧会に我が国初の人造人間「学天則」を出品。ゴム管を通した圧搾空気で表情を変え、さながら人間のように微笑み、頷き、評判を呼んだ。その後、独自の生命哲学から保育の重要性に目を開き、11年全日本保育連盟を結成、理事長に就任して保育振興に尽くし、20年には戦火で親を失った中国人孤児を引き取り中国児童愛育所を設置した。26年スライド「蛙の観察」で文部省第1回幻燈シナリオコンクール最優秀作品賞を受賞。　家 二男＝西村晃（俳優）

西村 まさ　にしむら・まさ
日本女子ゴルフ界の先駆者
生年不詳～平成3年（1991年）
生 東京市麻布区（東京都港区）　学 東京府立第三高等女学校　歴 18歳で神戸の西村旅館の3代目西村貫一に嫁ぐ。大正9年世界周遊で訪れたロンドン近郊でゴルフを見かけ、帰国後すぐに夫がゴルフを始める。二男出産ののちゴルフを始め、夫から日本一を目指すようにとそれまで習っていた長唄、茶道、華道などの女性のたしなみごと一切をやめさせられ、洋装でゴルフに専念。大正14年から神戸カントリークラブ婦人選手権5連勝のほか、日本の女性で初めてスコア70台をマークし、ホールインワンも達成するなど日本女子ゴルフ界の先駆者として知られる。　家 夫＝西村貫一（ゴルフ選手）、息子＝西村雅貫

（甲南カメラ研究所創業者）、西村雅司（西宮写真研究所所長）

西村 雅之　にしむら・まさゆき
彫刻家
明治18年（1885年）11月～昭和17年（1942年）3月16日
生 東京府神田区（東京都千代田区）　名 本名＝西村平蔵　歴 明治45年木彫を林美雲に学び、美雲没後は高村光雲に師事した。また、松岡映丘について大和絵風の彩色を研究した。文展無鑑査。

西村 幸生　にしむら・ゆきお
野球選手
明治43年（1910年）11月10日～昭和20年（1945年）4月3日
生 三重県宇治山田市（伊勢市）　学 宇治山田中（現・宇治山田高）卒、関西大学〔昭和12年〕卒　歴 大正12年から宇治山田中（現・宇治山田高）で投手として活躍後、名古屋鉄道局に2年在籍。昭和6年関西大に入学。同年から始まった関西六大学リーグでは2回優勝。7年秋のシーズン後、東京六大学の明早慶法を連破、ハワイ遠征でも大活躍した。12年大阪タイガース（現・阪神タイガース）に入団。同年の対イーグルス第2戦にプロ初登板して勝利。巨人戦に闘志を燃やし、秋には対巨人戦7勝のうち5回登板、防御率、勝率、勝数で投手3冠王に輝いた。その後も"巨人キラー"として、同郷の巨人のエース沢村栄治と投げ合い、12年24勝6敗、13年20勝6敗とタイガース優勝の原動力となった。14年10勝9敗で退団、15年満州新京電電に迎えられたが、19年3月現地応召、20年4月3日フィリピンで戦死。剛球に加え、キレのよいシュート、カーブを投げ、55勝した。52年野球殿堂入り。

西村 陽吉　にしむら・ようきち
歌人
明治25年（1892年）4月9日～昭和34年（1959年）3月22日
生 東京市本所区相生町（東京都墨田区）　名 本名＝西村辰五郎　学 高等小学校卒　歴 日本橋東雲堂書店に勤務し、のち養子となる。牧水「別離」、啄木「一握の砂」など明治期大正期に詩歌の多くの本を出版。また「生活と芸術」に短歌を発表、社会主義思想に基づく生活派短歌の歌人として知られた。「都市居住者」「街路樹」など6冊の歌集があり、他に評論集「新社会の芸術」がある。

西村 好時　にしむら・よしとき
建築家
明治19年（1886年）1月22日～昭和36年（1961年）4月29日
生 神奈川県横浜市　学 東京帝国大学工科大学建築学科〔明治45年〕卒　歴 真水工務所、日本建築技師を経て、大正2年曽祢中条建築事務所嘱託となり、大正博覧会の設計に参加。3年清水組設計部技師に転じ、第一銀行関係の設計を担当。9年第一銀行技師、建築課長となり、各支店設計を担当。昭和6年退社して西村建築事務所を設立した。同年日本建築士会理事。代表作に東京・丸の内の「第一銀行本店」、「台湾銀行本店」「満州中央銀行総行」など。著書に「銀行建築」がある。

西村 楽天　にしむら・らくてん
漫談家
明治18年（1885年）5月～昭和29年（1954年）2月20日
生 東京都　名 本名＝西村吉成　歴 無声映画時代に活動写真弁士として活躍、トーキー出現で失職。奇術の松旭斎天勝一座の司会者に転じ、司会の新分野を開拓。その後は漫談家となり高座に立つとともに、日中事変では慰問団を組織、一線の兵士を慰問した。演芸界の世話役としても活躍。

西山 翠嶂　にしやま・すいしょう
日本画家

明治12年（1879年）4月2日～昭和33年（1958年）3月30日
[生]京都府伏見　[名]本名＝西山卯三郎　[学]京都府画学校〔明治32年〕卒　[賞]帝国美術院会員〔昭和4年〕、帝国芸術院会員〔昭和12年〕、帝室技芸員〔昭和19年〕　[歴]明治26年竹内栖鳳に師事。28年第4回内国勧業博覧会で「平軍驚水禽」が褒状、40年第1回文展「広寒宮」で3等賞。大正5年第10回文展「未笄の女」が特選、次いで「短夜」「落梅」が連続特選となり、8年帝展審査員、京都市立絵画専門学校教授、昭和8年同校長、のち名誉教授。また帝国美術院会員、帝国芸術院会員、帝室技芸員を務めた。この間大正10年に画塾「青甲社」を創立、堂本印象、上村松篁ら多くの門弟が輩出。他に「木槿」「くらべ馬」「牛買い」「洛北の秋」などがあり、著書に「太朴無法」。
[勲]文化勲章〔昭和32年〕　[賞]文化功労者〔昭和32年〕

西山 哲治　にしやま・てつじ
教育家 新教育運動家
明治16年（1883年）2月13日～昭和14年（1939年）12月15日
[生]兵庫県　[学]哲学館卒、ニューヨーク大学教育科卒　[歴]小学校准教員、「教育実験界」記者を経て、明治39年渡米、ニューヨーク大学からドクター・ペダゴギーの学位を得た。帰国後45年東京巣鴨に私立帝国小学校、同幼稚園を創立、中流以上の子弟を対象に個性と自治を重んじ、子供の権利を主張する教育を実践。また人形病院を創立、人形供養を行った。大正15年東洋大教授。著書に「悪教育之研究」「自学主義各科教授原論」「子供の権利」「トルストイと教育改造論」「現代新教育汎論」「人形と教育」「子供の喧嘩」などがある。

西山 庸平　にしやま・ようへい
教育学者
明治5年（1872年）2月26日～昭和14年（1939年）12月9日
[生]高知県香美郡田村（南国市）　[学]高知中退　[歴]独学で教員資格をとり、夜須、大篠小学校長などを経て、大正12年から大阪市の泉尾第三、同第一小学校長などを務め、のち中国・天津の教育行政顧問に、語学や教育心理学をおさめ、独自の学習指導法を確立し、昭和6年「西山庸平著作集」を刊行。没後、15年日中両国の人たちにより夜須町の夜須中学校に胸像が建てられ、63年の50回忌には同町で記念資料展やしのぶ会、講演の顕彰事業が催された。さらに平成2年同町は古里の偉人をたたえ、県教育界の発展を目指し西山庸平記念賞を設けた。

西脇 順三郎　にしわき・じゅんざぶろう
詩人 英文学者 慶応義塾大学教授
明治27年（1894年）1月20日～昭和57年（1982年）6月5日
[生]新潟県北魚沼郡小千谷町（小千谷市）　[学]慶応義塾大学理財科〔大正6年〕卒,オックスフォード大学〔大正14年〕中退 文学博士〔昭和24年〕　[賞]日本芸術院会員〔昭和36年〕,米国芸術科学アカデミー外国名誉会員〔昭和48年〕　[歴]大正7年慶応義塾大学予科教員となり、11年留学生として渡英。14年英文詩集「Spectrum」をロンドンで刊行。同年帰国し、翌年慶大文学部教授に就任。以降、英文学を講じる傍ら、「詩と詩論」「文学」などに数々の詩論を発表、ダダ、シュールレアリスムなど日本での新しい新詩運動の中心的存在となる。昭和8年詩集「Ambarvalia」を刊行、詩人としての評価を確立する。10年以降はほとんど詩作をしないが、戦後、22年に「旅人かへらず」を刊行後は、旺盛活発な詩作を展開し、晩年まで詩魂は衰えなかった。36年日本芸術院会員、46年文化功労者に選ばれた。　[賞]文化功労者〔昭和46年〕

西脇 晋　にしわき・しん
衆議院議員
明治15年（1882年）1月～昭和8年（1933年）12月19日
[出]東京都　[学]東京帝国大学法科大学独法科〔明治40年〕卒　[歴]大蔵省、税務監督官、東京監督局関税部長、税務監督官を歴

任。弁護士、弁理士として活動し、第15回衆議院議員補選で愛知2区から当選。民政党に所属して連続4期務めた。

二反長 音蔵　にたんおさ・おとぞう
ナニワの阿片王
明治8年（1875年）7月1日～昭和26年（1951年）8月7日
[出]大阪府福井村（茨木市）　[名]旧姓・旧名＝川端　[専]阿片栽培　[歴]大阪府福井村（現・茨木市）の篤農家で、国家のためと信じ、台湾が日本の統治下となった翌年の明治29年内務省衛生局長だった後藤新平に、台湾の阿片中毒患者の治療に使うために阿片を国内産でまかなうよう進言。ケシ栽培の試験園に指定され、私財を投じて品種改良と普及に尽力。関西が阿片生産の中心地となり、"ナニワの阿片王"の異名をとる。戦況が悪化した中国にも出向いて指導にあたった。のち、日本軍の阿片政策は戦争犯罪だったとする考えが強まり、茨木市で阿片栽培と音蔵について実態調査が進められる。児童文学作家の二男・半が著わした伝記「戦争と日本阿片史 阿片王二反長音蔵の生涯」がある。　[家]二男＝二反長半（児童文学作家）

新田 恭一　にった・きょういち
野球選手 ゴルフ選手
明治31年（1898年）～昭和61年（1986年）1月9日
[出]広島県　[学]慶応義塾大学卒　[歴]大正5年慶応普通部時代に全国中等学校野球大会にエースとして出場し、優勝。慶応義塾大学主将を務め、卒業後に渡米して野球と同時にゴルフを学び、昭和10年にゴルフのアマチュア・チャンピオン。ゴルフからヒントを得たゴルフスイングの新田理論は有名。27年プロ野球松竹ロビンス監督。巨人、近鉄などのコーチも務めた。

新田 潤　にった・じゅん
小説家
明治37年（1904年）9月18日～昭和53年（1978年）5月14日
[生]長野県上田市　[名]本名＝半田祐一　[学]東京帝国大学英文科〔昭和5年〕卒　[歴]学生時代「文芸交錯」を刊行。昭和8年「日暦」を創刊し「煙管」を発表。9年「片意地な街」を、11年「崖」を発表し新進作家として認められる。11年「人民文庫」の創刊に参加、同年「片意地な街」を刊行。戦後は風俗的な小説に傾いた。他の作品に「姉妹」「東京地下鉄」「わが青春の仲間たち」など著書は数多い。

仁田 大八郎　にった・だいはちろう
実業家 伊豆銀行頭取 衆議院議員
明治4年（1871年）10月7日～昭和20年（1945年）3月1日
[生]伊豆国仁田（静岡県田方郡函南町）　[名]幼名＝甲子郎、号＝黙堂　[学]帝国大学農学部〔明治28年〕卒　[歴]仁田家は伊豆国仁田の名家として知られる。明治28年東京大学農学部を卒業後、韮山中学校講師を経て、29年家督を継ぎ、37代大八郎を襲名。以後、報徳の精神に基づいて産業組合の結成・農業教育・耕地整理などを中心に、農村の振興に尽力。同年仁田信用組合を設立し、農村金融の安定化をはかった。また同年静岡県東部初の電灯事業となる駿豆電気会社を開業。35年には農村の子弟教育のために私財を投じて田方農林高校を創立し、その校長となった。その後、静岡県信連会長や産業組合中央会静岡支部長・伊豆畜産販売購買利用組合長などを歴任し、静岡県の経済・産業・農業の発展に寄与。昭和7年衆議院議員に当選、政友会に所属して1期務めた。13年伊豆銀行頭取（のち合併して静岡銀行）。　[家]長男＝仁田孝（政治家）、孫＝仁田昭（農業指導者）

新渡戸 稲造　にとべ・いなぞう
教育家 農学者
文久2年（1862年）8月8日～昭和8年（1933年）10月15日
[生]陸奥国盛岡城下鷹匠小路（岩手県盛岡市下ノ橋町）　[名]幼

名＝稲之助、別名＝太田稲造　学札幌農学校〔明治14年〕卒 Ph.D.（ハレ大学）〔明治23年〕、農学博士〔明治32年〕、法学博士〔明治39年〕　賞帝国学士院会員〔大正14年〕　歴明治10年札幌農学校に第2期生として入学。同期に内村鑑三がおり、11年内村と米国メソジスト監督教会のハリスのもとで受洗し、キリスト教徒となる。卒業後は東京大学文学部に進むが、17年同大を退学して単身渡米、アレゲニー大学、ジョンズ・ホプキンズ大学に学んだ。20年札幌農学校助教授となり、同年ドイツへ移り農政学・農業経済学を修めた。24年帰国後は札幌農学校教授として農政学と植民論を担当。27年札幌に遠友夜学校を設立。33年世界的名著として名高い「武士道」（英文）を刊行。34年台湾の民政長官となった後藤新平に招かれ、同総督府技師・殖産課長として同地の風土に合った殖産政策を進め、特に糖業の振興に大きく貢献した。36年京都帝国大学教授、39年～大正2年一高校長を務め、明治42年からは東京帝国大学教授を兼任。大正5年東京貿易植民学校長、6年拓殖大学学監。この間、日本の高等教育に自由主義的、人格主義的教育主義の学風をおこして生徒たちに多くの感化を与えた。8年国際連盟の設立に伴い事務次長に選ばれて渡欧し、15年に辞任するまで各地の領土問題の解決や連盟の発展に力を尽くした。昭和8年カナダで開催された太平洋問題調査会会議に出席後、同地で客死した。　家父＝新渡戸稲三（十和田市開拓の祖）、祖父＝新渡戸伝（篤農家）、いとこ＝新渡戸稲雄（昆虫学者）

蜷川 新　にながわ・あらた
国際法学者　駒沢大学教授
明治6年（1873年）5月15日～昭和34年（1959年）8月17日
生静岡県　学東京帝国大学法学部〔明治34年〕卒 法学博士（東京帝国大学）〔大正1年〕　歴大蔵省に勤め明治35年辞職、新聞記者となり、日露戦争に国際法顧問として従軍、以後韓国宮内府勤務。パリ留学後、同志社大学、駒沢大学各教授、日本赤十字社顧問、ジュネーブの赤十字社連盟理事を務め、ベルサイユ、ジュネーブなどの国際会議に列席。戦後公職追放。国際マーク・トウェン協会名誉会員。著書に「日本憲法とグナイスト談話」「列強の外交政策」「ビスマルク」「維新前後の政争と小栗上野の死」「満州における帝国の権利」「天皇」などがある。

蜷川 虎三　にながわ・とらぞう
経済学者　政治家　京都帝国大学経済学部教授
明治30年（1897年）2月24日～昭和56年（1981年）2月27日
生東京市深川区入船町（東京都江東区）　専統計学　学水産講習所（現・東京水産大）〔大正6年〕卒、京都帝国大学経済学部〔大正12年〕卒、京都帝国大学大学院経済統計学専攻修了 経済学博士〔昭和10年〕「統計利用における基本問題」　歴生家は材木商。昭和2年京都帝国大学助教授、3年から2年間ドイツに留学、14年教授となり、20年はじめから1年ほど経済学部長を務めた。23年芦田内閣のとき中小企業庁の初代長官に就任。第二次吉田内閣の25年2月に辞任し、同年4月京都府知事選に社会党公認、共産党や労組を含む全京都民主戦線統一会議（民統）推薦で立候補し初当選、全国初の革新知事となった。2期以降は無所属で当選しており、連続7期28年間京都府知事の座を守り続けた。7選は当時では初の多選記録、また28年間、"反中央、反権力"の姿勢を貫き通した。統計学専攻の経済学博士で、著書に「統計利用における基本問題」「水産経済学」「統計学概論」「中小企業と日本経済」「憲法を暮らしの中に」などのほか、「蜷川虎三回想録」がある。

二宮 治重　にのみや・はるしげ
陸軍中将　文相
明治12年（1879年）2月17日～昭和20年（1945年）2月17日
生岡山県津高郡仲泉村　学陸士（第12期）〔明治33年〕卒、陸大〔明治43年〕卒　歴歩兵第20連隊付となり、日露戦争に従軍。大正7年軍務局課員、8年陸大教官兼参謀本部員、10年参謀本部課長、14年英国大使館付武官。参謀本部第2部長、同総務部長、昭和5年中将、参謀次長。6年宇垣一成内閣をめざす三月事件の首謀者となり、7年第5師団長となったが、皇道派から排撃され、9年中将で予備役。のち鮮満拓殖・満拓公社総裁となり、19年小磯国昭内閣の文相となったが、在職中に病死した。

二宮 洋一　にのみや・ひろかず
サッカー選手
生年不詳～平成12年（2000年）3月7日
画兵庫県神戸市　学慶応義塾大学卒　歴慶応義塾大学時代4年連続関東大学リーグ優勝。昭和11年から戦前戦後20年に渡り日本代表FWとして活躍。26年ニューデリーで開かれた第1回アジア大会のサッカーに監督兼選手として出場、6ケ国中3位になった。29年日本初のW杯への挑戦となった予選に出場した。現役引退後、慶大サッカー部総監督、日本サッカー協会幹事などを務めた。

仁部 富之助　にべ・とみのすけ
鳥類研究家　農業改良家
明治15年（1882年）12月15日～昭和22年（1947年）1月11日
生秋田県由利郡岩城町（由利本荘市）　学秋田県農業学校〔明治34年〕卒　歴秋田県大曲の農商務省農事試験場陸羽支場に農業技師として勤め、稲の寒冷地品種の育種に従事する傍ら、付近の鳥類の観察を始めた。稲の品種改良（「陸羽132号」）の研究が完了すると陸羽支場を離れ、大正14年から農商務省より鳥獣調査の委嘱を受けて野鳥の生態研究に専念。「動物学雑誌」「鳥」「野鳥」などに多くの論文を発表。著書に「野の鳥の生態」（全3巻）がある。徹底した観察と科学的態度により、日本の野外鳥類生態研究に先駆的な業績を残し、"鳥のファーブル"といわれた。

仁保 亀松　にほ・かめまつ
法学者　関西大学学長　京都帝国大学名誉教授
慶応4年（1868年）4月2日～昭和18年（1943年）9月26日
生三重県　学帝国大学法科大学〔明治26年〕卒 法学博士〔明治34年〕　歴明治30年ドイツへ留学、33年帰国して京都帝国大学教授。大正10年中国大陸を視察。昭和3年退官して名誉教授となり、同年関西大学学長に就任。

丹羽 市太郎　にわ・いちたろう
労働運動家　日本労働総同盟副会長
生年不詳～昭和12年（1937年）8月22日
名筆名＝孤舟　歴大阪砲兵工廠職工で、大正8年向上会創設に参加。11年砲兵工廠を解雇され、以後労働運動に専念した。昭和6年日本労働総同盟の創立で常務理事、のち副会長。9年組合会議評議員。この間、国際労働機関（ILO）総会代表顧問などを務めた。

丹羽 重光　にわ・しげてる
機械工学者　東京帝国大学名誉教授
明治14年（1881年）6月12日～昭和41年（1966年）10月9日
生愛知県名古屋市　学東京帝国大学工科大学機械工学科〔明治38年〕卒 工学博士〔大正11年〕　歴芝浦製作所を経て、明治41年東京帝国大学助教授となり、大正9～12年米国、英国、ドイツに留学。12年東京帝国大学教授となり、昭和13～16年工学部長、17年定年退官し名誉教授。22～28年慶応義塾大学教授。機械学会長、空気調和・衛生工学会長も務めた。著書「機構学」がある。

丹羽 七郎　にわ・しちろう
内務次官

にわ　　　　　　　　　　　　　昭和人物事典 戦前期

明治18年（1885年）3月31日～昭和10年（1935年）7月7日
⊞福島県　学東北帝国大学農学部〔明治43年〕卒，京都帝国
大学法科大学政治学科〔大正3年〕卒　歴大正2年文官高等試
験に合格，3年京都帝国大学法科大学政治科を卒業。内務省に
入り，内務書記官，土木局港湾課長，明治神宮造営局書記官，
鉄道書記官，復興局書記官などを歴任。昭和4年岩手県知事，
のち埼玉県知事，内務省土木局長，6年社会局長官を経て，9
年内務次官に就任した。

丹羽 文雄　にわ・ふみお
小説家
明治37年（1904年）11月22日～平成17年（2005年）4月20日
⊞三重県四日市市　学早稲田大学国文科〔昭和4年〕卒　資日
本芸術院会員〔昭和40年〕　歴浄土真宗の寺に長男として生
まれる。小学1年生の時に生母が旅役者と駆け落ちし，生き別
れた母への思慕が生涯の作品のモチーフとなった。大正12年
第一早稲田高等学院，15年早大国文科に進み，先輩だった尾
崎一雄との出会いから小説家の道を志す。在学中は田畑修一
郎，火野葦平らの同人誌「街」や，尾崎，浅見淵らの「新正統
派」などに参加，15年「街」に処女作「秋」を発表。卒業後は
実家の寺に戻り僧侶生活の傍ら執筆を続け，昭和7年「文芸春
秋」に掲載された「鮎」で文壇デビュー。同時に生家から出
奔して上京し，「贅肉」「海面」「甲羅類」「愛慾の位置」など
酒場のマダムとの愛欲を描いた“マダムもの”の作品で作家的
地位を確立。17年海軍報道班員として赴いた南方戦線でツラ
ギ沖海戦に遭遇し負傷，この経験から執筆した「海戦」で第
2回中央公論賞を受賞。しかし“情痴作家”として見られてい
たため，戦時下では度々発禁処分を受けた。戦後は抑圧から
放たれて風俗作家としての本領を発揮し，旺盛な執筆活動を
開始。生涯の執筆量は原稿用紙12万枚，著書500冊，新聞小説
50本にのぼり，同人誌「文学者」の雑誌代を全額出資して若
い作家・評論家に発表の舞台を提供した他，日本文芸家協会
理事長，会長を務めるなど，名実とも文壇の中心人物として
活躍した。　家妻＝丹羽綾子（随筆家），長女＝本田桂子（料
理研究家），孫＝丹羽多聞アンドリウ（テレビプロデューサー）
勲文化勲章〔昭和52年〕　賞中央公論社文芸賞（第2回）〔昭和
18年〕「海戦」

丹羽 保次郎　にわ・やすじろう
日本電気専務
明治26年（1893年）4月1日～昭和50年（1975年）2月28日
⊞三重県飯南郡松阪町（松阪市）　学三重県立工〔明治43年〕
卒，八高二部甲類〔大正2年〕卒，東京帝国大学工科大学電気工
学科〔大正5年〕卒 工学博士（東京帝国大学）〔大正15年〕　歴
大正5年大学を卒業，恩賜の銀時計を受ける。同年通信省電気
試験所に入所。13年日本電気に移り，同年～14年米国ベル電
話研究所に留学。昭和2年日本電気技術部長，7年技師長，8年
取締役，14年研究所長，16年常務を経て，21年専務。22年公職
追放に遭ったが，24年解除され，日本電気関連会社の東北金属
工業社長。同年東京電機大学の初代学長に迎えられ，30年同
大を運営する電機学園理事長。34～40年日本科学技術情報セ
ンター理事長。3年小林正次とNE式写真電送装置を開発，同
年京都での昭和天皇即位式に際して大阪～東京間の有線電送
に大阪毎日新聞・東京日日新聞がこの方式を採用して成功を
収める。11年のベルリン五輪では，ベルリン～東京間約8000
キロの短波無線写真電送を実現。12年写真電送装置に関する
研究によって帝国学士院恩賜賞を受賞した。また，17年電気通
信学会，18年日本電波協会，25年金和会，27年電写研究会，29
年テレビジョン学会，32年日本音響学会，36年日本工学会，45
年日本規格協会などの会長を歴任。50年IEEE東京支部総会に
出席中，心筋梗塞で倒れ急逝した。　家長男＝丹羽登（東京
大学名誉教授），孫＝斎藤宏文（宇宙航空研究開発機構教授），
義兄＝鳥潟右一（電気工学者），女婿＝岡村総吾（電気工学者），
斎藤成文（電子工学者）　勲文化勲章〔昭和34年〕　賞帝国学

士院恩賜賞（第27回）〔昭和12年〕，文化功労者〔昭和34年〕，全
国発明表彰恩賜記念賞〔昭和8年〕，電気通信学会功績賞（第6
回）〔昭和16年〕，大阪毎日新聞・東京日日新聞通信賞（第4回）
〔昭和17年〕

丹羽 洋岳　にわ・ようがく
歌人
明治22年（1889年）3月9日～昭和48年（1973年）3月9日
⊞青森県黒石市　名本名＝丹羽繁太郎，別号＝駒一，草一　歴
神経性疾患のために高等小学校を中退。のち短歌に打ち込み，
「明星」「スバル」「新潮」などの文芸誌に投稿して石川啄木や
金子薫園らの添削を受けた。また，大正5年には青森県黒石に
ある彼の自宅を歌人・若山牧水が訪れ，朗詠を伝授されてい
る。昭和6年同地の青荷温泉に移住し，ランプの宿を開業。そ
の宿には親交のあった劇作家・秋田雨雀や版画家・棟方志功
をはじめ数多くの文人墨客が訪れた。一方で作歌も続
け，和田山蘭・加藤東籬とともに大正・昭和期の青森県歌壇
を主導。戦後は津軽短歌社に加わり，昭和34年第1回青森県文
化賞を受賞した。歌集に「山上静観」「氷紋」「山霊」，詩文集
に「峡谷断章」などがある。

忍頂寺 務　にんちょうじ・つとむ
邦楽研究家
明治19年（1886年）12月8日～昭和26年（1951年）10月4日
⊞兵庫県津名郡志筑町（淡路市）　学神戸高等商業学校卒　歴
実業に従事したが，趣味として三味線音楽，とくに小唄と清
元節の研究に熱中。昭和5年初めてのまとまった清元節研究書
として評価の高い「清元研究」を刊行した。

【ぬ】

額田 坦　ぬかだ・ひろし
陸軍中将
明治28年（1895年）9月5日～昭和51年（1976年）9月21日
⊞岡山県邑久郡船明飯井　学陸士（第29期）〔大正6年〕卒，
陸大〔昭和3年〕卒　歴陸軍省補任課長を経て，昭和15年独
立歩兵第11連隊長。17年参謀本部総務部長，翌年同第3部長。
20年陸軍省人事局長（陸軍中将）。戦後は，23年巣鴨拘置所入
所の後，戦争受刑者世話会，全国戦争犠牲者援護会各常務理
事，千鳥ケ淵戦没者墓苑奉仕会理事長などを務めた。著書に
「陸軍に裏切られた陸軍大将」「陸軍省人事局長の回想」など
がある。

額田 六福　ぬかだ・ろっぷく
劇作家
明治23年（1890年）10月2日～昭和23年（1948年）12月21日
⊞岡山県勝田郡勝間田町　名本名＝額田六福　学早稲田大学
英文科〔大正9年〕卒　歴17歳の時右手首を手術で失い，また
脊椎カリエスを病み，その静養中に劇作を志し，大正5年上京
し岡本綺堂門下生となる。同年「新演芸」の歌舞伎座用脚本
の募集に応じ「出陣」が1等に入選。11年「冬木心中」「真如」
を発表，それぞれ市村座，帝劇で上演され，以後劇作家とし
て活躍。歌舞伎・新派・新国劇の脚本を多く手がけ，翻案劇
「白野弁十郎」は新国劇の当たり狂言となる。昭和5年より戯
曲誌「舞台」を主宰。作品には映画化されたものも多い。「額
田六福戯曲集」がある。　　家娘＝額田やえ子（翻訳家）

忍滑谷 快天　ぬかりや・かいてん
仏教学者 宗教家
慶応3年（1867年）12月1日～昭和9年（1934年）7月11日
⊞武蔵国北多摩郡東村山村字久米川（東京都東村山市）　学慶

応義塾文学科〔明治26年〕卒 文学博士〔大正14年〕 歴曹洞宗の僧。曹洞宗中学林、同高等中学林、曹洞宗大学林、慶応義塾大学などで講義し、大正6年雑誌「達磨禅」を創刊、主宰。9年曹洞宗大学（現・駒沢大学）学長に就任。その間明治44年から大正3年まで英・米に留学し、仏教思想の海外への普及に努めた。禅の研究、特に歴史的な研究に業績を残した。著書に「禅学批判論」「禅の妙味」「禅学思想史」（全2巻）、「朝鮮禅教史」など。

抜山 平一　ぬきやま・へいいち
電気工学者 東北帝国大学電気通信研究所所長
明治22年（1889年）9月23日～昭和40年（1965年）8月18日
生東京都 専電磁気学、電気音響工学 学東京帝国大学工科大学電気工学科〔大正2年〕卒 工学博士（東京帝国大学）〔大正13年〕 歴大正2年東北帝国大学専門部講師となり、文部省在外研究員として米国、英国に留学。大正8年東北帝国大学工学部教授。昭和7年工学部長、10年同大附属電気通信研究所初代所長に就任。28年名誉教授。電磁気、超音波、通信などの研究で知られ、NA式磁歪振動装置を創作した。25年電波監理委員会委員、電波技術審議会会長となって、電波行政を指導、テレビジョン方式を決定した。この間、14年電気通信学会会長、23年電気学会会長、29年日本学術会議会員。著書に「電気音響機器の研究」「電磁気学」「科学技術生活」「学術計画と技術計画」などがある。 賞朝日文化賞（昭和10年度）〔昭和11年〕、電気通信学会功績賞（第2回）〔昭和12年〕、毎日通信賞・印刷賞・写真賞通信名誉賞（第2回）〔昭和15年〕

布 利秋　ぬの・としあき
ジャーナリスト 旅行家
明治20年（1887年）8月～昭和50年（1975年）6月15日
生愛媛県北宇和郡吉野村（松野町） 学早稲田大学政治経済科〔明治44年〕卒 歴八幡浜商業高校卒業後、上京して早稲田大学に入学。23歳の時に渡米、外務省特務通信員、中央新聞社海外派遣員として昭和2年までの18年間に55ケ国を訪問。大正3年東洋人排斥の推進者であったシオドア・ルーズベルト大統領に移民法改正と東洋人差別撤廃を訴え、それがならなければ決闘をもって黒白を決したいとの文章を送り、国外追放処分となる。また第一次大戦では唯一の日本人従軍記者として取材を行う。帰国後は鎌倉に住み、執筆・講演活動に従事、「改造」「文学時代」「世界公論」などの雑誌に寄稿。5年「日本没落か」を刊行、天皇制などに言及したことから間もなく発禁処分を受けた。21年戦後最初の衆議院選挙に無所属で出馬して当選。民主党拡大準備会代表を務めたが、24年落選。1期。著書は他に「世界地理風俗」「北支案内記」。

布井 良助　ぬのい・りょうすけ
テニス選手
生年不詳～昭和20年（1945年）7月21日
学神戸高等商業学校 歴関西の豪商の息子で、少年時代から硬式テニスの英才教育を受けた。昭和7年全日本選手権優勝。8年全英選手権（ウィンブルドン）に佐藤次郎と組んでダブルスに出場、準優勝。

沼田 市郎　ぬまた・いちろう
農民運動家 「ソ連内情旬刊」編集長
明治32年（1899年）3月8日～昭和50年（1975年）3月5日
生香川県仲多度郡琴平町 学小卒 歴大正13年日農香川県連合会の常任書記となり、日農の組織化に尽力する。14年の金蔵寺事件で起訴され懲役1年2ケ月に処せられる。15年モスクワのクートベに入学して3年間学び昭和3年帰国。同年検挙され8年まで投獄される。13年国民思想研究所に入所し、「ソ連内情旬刊」編集長を務めた。戦後は日朝協会長野支部理事長

などを歴任した。

沼田 嘉一郎　ぬまた・かいちろう
衆議院議員
明治11年（1878年）8月～昭和12年（1937年）11月12日
出大阪府 歴大阪市議、借地借家調停委員などを経て、大正13年から衆議院議員に連続3期当選。政友会に所属した。

沼田 一雅　ぬまた・かずまさ
彫刻家 工芸家
明治6年（1873年）5月5日～昭和29年（1954年）6月5日
生福井県福井市木田新町 名本名＝沼田勇次郎 学大阪府立北野学院〔明治15年〕卒 歴明治15年頃から彫刻に興味を抱き、24年上京し、東京美術学校教授で木彫家の竹内久一に師事。26年東京彫工会第9回彫刻競技会で1等賞を受賞し、以後、11回、14回、15回で銀賞を受賞した。また日本美術協会展覧会でも26年に1等賞、30年に銀牌を受賞。27年東京美術学校鋳造科蠟型助手となり、29年助教授に就任。33年パリ万博で鋳銅彫刻「猿廻し置物」が1等金牌を受賞して一躍脚光を浴びた。36年海外窯業練習生として渡仏、国立セーヴル陶磁器製作所で陶磁器彫刻を研究。39年帰国、42年東京美術学校教授となった。大正10年再び渡仏し、セーヴル陶磁器製作所および欧州へ視察旅行に出かけた。昭和8年から帝展、新文展審査員。10年京都に居住し、京都高等工芸学校、商工省京都陶磁器試験所において彫刻を指導。16年神奈川県茅ケ崎市に移り、セーヴル様式の窯を築いて陶磁制作に専念した。陶磁器と彫刻を融合した新たな表現形式として陶彫の分野を開拓し、"陶彫の父"と称される。 勲レジオン・ド・ヌール勲章シュバリエ章〔昭和6年〕 賞日本芸術院賞恩賜賞〔昭和29年〕、東京彫工会彫刻競技会1等賞（第9回）〔明治26年〕、日本美術協会展1等賞〔明治26年〕、パリ万国博覧会1等金牌〔明治33年〕「猿廻し置物」

沼田 多稼蔵　ぬまた・たかぞう
陸軍中将
明治25年（1892年）4月18日～昭和36年（1961年）11月15日
生広島県 学陸士（第24期）〔明治45年〕卒、陸大〔大正8年〕卒 歴近衛歩兵第3連隊付、参謀本部付、軍務局課員などを経て、大正14年イタリア駐在。昭和3年陸軍省整備局動員課員、木曜会に参加。満州事変後関東軍参謀（特務部）、9年イタリア大使館付武官。13年華中の第11軍参謀副長、帰国して14年企画院第1部長、16年中将。太平洋戦争開戦後第12師団長、南方軍総参謀長を歴任。戦後22年戦犯として収容され、25年仮釈放。著書に「日露陸戦新史」。 家義父＝井戸川辰三（陸軍中将）

【ね】

根井 三郎　ねい・さぶろう
在ウラジオストック総領事代理
生年不詳～平成4年（1992年）
学ハルビン学院 歴満州ハルビンのロシア語専門学校・ハルビン学院で学び、第二次大戦中リトアニアでビザを発行して多数のユダヤ人を救った外交官・杉原千畝の1期後輩にあたる。在ウラジオストック総領事代理などを務めた。戦後は法務省に移り、名古屋入国管理事務所（現・管理局）所長を最後に引退。ウラジオストック時代、外務省の指令に反してユダヤ人避難民に通過ビザを発行したことから"もう一人のスギハラ"として知られる。

根上 博　ねがみ・ひろし
水泳選手
大正1年（1912年）8月3日～昭和55年（1980年）6月7日
出北海道余市郡余市町　学立教大学経済学部〔昭和11年〕卒
歴水泳選手としては異色の北海道余市町出身。昭和9年男子1000メートル自由形で世界記録を樹立。400、800メートルの日本記録は、戦後、古橋広之進に破られるまでの10年間、保持された。11年のベルリン五輪400メートル自由形で5位に入賞した。12年入営、陸軍主計少尉としてノモンハン事件に従軍。16年再び応召、ビルマ・タイ国境で終戦を迎えた。

根岸 寛一　ねぎし・かんいち
映画プロデューサー　満州映画協会理事
明治27年（1894年）11月1日～昭和38年（1963年）4月28日
生茨城県筑波郡小田村（つくば市）　名旧姓・旧名＝立花寛一
学早稲田大学政治経済学部〔大正4年〕卒　歴大正2年根岸興業部を主宰する叔父・小泉丑治の援助により早稲田大学に学び、卒業後は読売新聞社会部記者となるが、叔父の勧めにより7年根岸興行部に入社。9年根岸歌劇団を作り浅草オペラの黄金時代を現出させ、沢田正二郎率いる新国劇を浅草に招聘して大当たりをとったが、12年関東大震災の被害と別部門での負債が重なり興行部は松竹に吸収合併されるに至った。昭和6年新聞連合演芸部長に迎えられ、10年日活監査役兼多摩川撮影所長となり、間もなく製作担当取締役に就任。内田吐夢監督「人生劇場・青春篇」「土」、田坂具隆監督「真実一路」「路傍の石」、熊谷久虎監督「蒼氓」などの良心的な力作を相次いで出して日活多摩川撮影所の黄金時代を作り出し、映画プロデューサーとして縦横の腕を振るう一方で、その人柄から“多摩川撮影所の父”として所員たちに慕われた。13年内紛により日活を辞すと出来たばかりの満州映画協会（満映）理事に招かれ、約7年間にわたって甘粕正彦理事長の下で運営実務に従事したが、やがて満州の苛烈な風土により結核を病み、20年6月社団法人日本映画社専務理事として帰国。21年退任した。

根岸 正　ねぎし・ただし
ボート選手
大正1年（1912年）8月22日～昭和60年（1985年）12月16日
出東京都　学東京帝国大学電気科〔昭和13年〕卒　歴昭和11年のベルリン五輪ボート競技のエイトに出場した東京帝国大学クルーの主将で、戦後長年にわたって東大や北大の監督、漕艇協会の強化部長、理事長などを務めた。

根岸 佶　ねぎし・ただし
経済学者　東京商科大学教授
明治7年（1874年）8月9日～昭和46年（1971年）7月22日
生和歌山県　学東京高等商業学校（現・一橋大学）貿易科卒　経済学博士〔昭和8年〕　歴明治34年上海の東亜同文書院創立と共に教授に就任。毎年学生の修学旅行を指導して中国各省の実地調査をまとめ、5年後「支那経済全書」（10巻）を編纂した。41年病のため帰国し、東亜同文会理事となる。44年朝日新聞社に入社、この頃原敬に信用される。大正5年東京商科大学教授となり、8年ワシントン会議に随員として出席。のち一橋大学名誉教授となった。著書に「支那特別関税の研究」「支那ギルドの研究」「中国社会に於ける指導層―耆老紳士の研究」「買辨制度の研究」「上海のギルド」などがある。

根津 嘉一郎（1代目）　ねず・かいちろう
実業家　根津コンツェルン総帥　貴族院議員（勅選）
万延1年（1860年）6月15日～昭和15年（1940年）1月4日
生甲斐国山梨郡正徳寺村（山梨県山梨市）　歴山梨県議などを務める傍らで山林業も経営し、明治25年頃から甲州財閥の先輩・若尾逸平の“株は将来性を買え、灯り（電力）と乗りもの（鉄道）を買え”という言葉に影響されて株取引に熱中、機敏

な才覚を発揮して巨利を得た。26年有信貯蓄銀行を設立。やがて東京に進出して若尾財閥系の実業家として活動。37年には衆議院議員に当選、憲政会に属し以後、通算4期を務める。一方で鉄道経営にも乗り出し、38年東武鉄道社長に就任、徹底した合理化、冗費の節約、借金の返済などを行うとともに、東上鉄道（現・東武東上線）との対等合併、40年利根川架橋による日光・鬼怒川方面への路線の延伸を進めるといった“内に消極、外に積極”の方針により、赤字続きであった同社の再建に成功した。のちには南海電鉄、東京地下鉄道、南朝鮮鉄道など内外の私鉄24社を支配下に収め、“鉄道王”といわれた。業績不振の会社の株を買収して経営再建を図ることで事業を拡大し、“ボロ買い一郎”とも揶揄されたが、東京瓦斯、帝国石油、太平生命保険、昭和火災保険、国民新聞などの重役を歴任した他、館林製粉（現・日清製粉）、日本麦酒鉱泉（現・アサヒビール）、富国強兵保険（現・富国生命保険）などを創立して、いわゆる“根津コンツェルン”を形成。“事業で社会から得た利益を社会に還元する”という持論から教育事業にも力を注ぎ、大正10年根津育英会を設立し、同年我が国初の7年制高等学校である武蔵高校を創立。15年勅選貴族院議員。東京米穀商品取引所理事長、東京商工会議所副会頭、日本実業協会長なども務めた。また、古美術愛好家としても知られ、没後、根津美術館が設立された。　家長男＝根津嘉一郎（2代目）（東武鉄道社長）、孫＝根津公一（東武百貨店社長）、根津嘉澄（東武鉄道社長）

根本 博　ねもと・ひろし
陸軍中将
明治24年（1891年）6月6日～昭和41年（1966年）5月24日
生福島県　学陸士（第23期）〔明治44年〕卒、陸大〔大正11年〕卒　歴明治44年陸士第23期を卒業。同期には酒井直次、小畑英良、岡田資、橋本欣五郎らがいた。昭和4年参謀本部支那班長。6年の三月事件、十月事件に関与した。13年北支那方面軍参謀副長、14年3月興亜院華北連絡部次長、12月第二十一軍参謀長、15年南支那方面軍参謀長を経て、16年陸軍中将に進み、第二十四師団長。19年2月第三軍司令官、11月駐蒙軍司令官となり、20年北支那方面軍司令官兼駐蒙軍司令官として敗戦を迎えた。この時、8月15日の敗戦後も満州や中国に侵攻した日本軍や在留邦人を襲うソ連軍に対し、麾下の部隊に抗戦を指示。ソ連軍の攻撃をくい止めさせ、在留邦人4万人を乗せた列車と線路を守り抜いた。21年8月復員。24年敗戦時に邦人救済を支援した蒋介石及び国民党軍に報いようと台湾に密航。“林保源”を名のって国民党軍の対中共作戦を援助し、国共内戦の事実上の最終戦である金門戦争（古寧頭戦役）において国民党軍の勝利に貢献した。27年帰国。平成22年、台湾当局が根本の功績を公式に認めた。

【 の 】

能見 愛太郎　のうみ・あいたろう
実業家　朝鮮無煙炭会社社長
明治3年（1870年）9月～昭和7年（1932年）7月10日
生兵庫県　学帝国大学工科大学採鉱冶金科〔明治27年〕卒　工学博士　歴明治27年三菱合資に入社、大正6年臨時北海道調査課長となり、翌7年三菱鉱業創設とともに常務に就任するが、11年辞任。この間4年以来北海道空知郡美唄炭坑の開発、経営に従事し、7年美唄鉄道創立と同時に取締役となった。のち11年九州炭鉱汽船社長、昭和2年朝鮮無煙炭会社社長に就任した。

野上 一郎　のがみ・いちろう
ラグビー選手
明治45年（1912年）5月10日～昭和59年（1984年）7月29日

生京都府 学早稲田大学商学部〔昭和11年〕卒 歴昭和6年から10年まで早大ラグビー部のSOとして活躍。早大が完成させたばかりの揺さぶり戦法のかなめとなり、10年には主将を務めた。日本代表として9年の豪州学生選抜、11年のニュージーランド学生選抜戦に出場し4キャップを記録、"戦前最高のSO"といわれた。

野上 俊夫　のがみ・としお

心理学者 京都帝国大学名誉教授
明治15年（1882年）5月2日〜昭和38年（1963年）5月24日
生新潟県 専青年心理学 学東京帝国大学文科大学哲学科〔明治39年〕卒 文学博士〔大正7年〕 歴京都帝国大学講師、助教授、大正6年教授、文学部長を歴任、昭和17年退官、名誉教授。以後浪速大学、京都女子大学各教授。米国の青年心理学者スタンレー・ホールの我が国の継承者で、「具体的人性の研究」「実験心理学講義」（共著）「青年心理学講話」「道徳思想の発達」「女子最新教育学」「青年の心理と教育」などの著書がある。

野上 豊一郎　のがみ・とよいちろう

英文学者 能楽研究家 法政大学教授
明治16年（1883年）9月14日〜昭和25年（1950年）2月23日
生大分県北海部郡臼杵町（臼杵市） 名号＝野上臼川 学東京帝国大学文科大学英文科〔明治41年〕卒、東京帝国大学大学院修了 文学博士〔昭和5年〕「能、研究と発見」 歴明治42年法政大学講師、大正9年教授となり、昭和13年日英交換教授としてケンブリッジ大学で世阿弥について講義する。戦後22年総長に就任。夏目漱石に師事して、一時小説も書いたが、のち英文学研究、能楽研究に進んだ。英文学者としては英文学のみならず、ドイツ、フランス、ギリシャ文学の研究・紹介に尽力。27年にその独創的な能研究の功績を記念して、野上記念法政大学能楽研究所が設立された。著書に「翻訳論」「クレオパトラ」「シェバの女王」「能の再生」「能の幽玄と花」「世阿弥元清」「花伝書註解」「漱石のオセロ」、編著に「能楽全書」（全6巻）「解註 謡曲全集」、訳書にロティ「お菊さん」、スウィフト「ガリバーの航海」などがある。 家妻＝野上弥生子（小説家）、長男＝野上素一（イタリア文学者）、二男＝野上茂吉郎（理論物理学者）、三男＝野上燿三（原子核物理学者）

野上 弥生子　のがみ・やえこ

小説家
明治18年（1885年）5月6日〜昭和60年（1985年）3月30日
生大分県北海部郡臼杵町（臼杵市） 名本名＝野上ヤエ、旧姓・旧名＝小手川 学明治女学校〔明治39年〕卒 資日本芸術院会員〔昭和35年〕 歴16歳で上京、明治女学校を卒業。明治39年同郷の野上豊一郎（英文学者、戦後法大総長）と結婚し、夏目漱石の門下となる。40年処女作「縁」で文学デビュー。一時は平塚らいてうの「青鞜」に参加。大正末から昭和初期にかけて「海神丸」「大石良雄」や「真知子」などを書き、作家としての地歩を固めた。昭和11年から20年がかりで完結した「迷路」（全6巻）は10年代を舞台に軍国主義下に苦悩する左翼転向者の魂の軌跡を描いた大河小説。また37、38年にかけて権威者と芸術家との葛藤を描いた長編「秀吉と利休」は野上文学の最高傑作とされている。46年文化勲章受章。 家夫＝野上豊一郎（英文学者・法大総長）、長男＝野上素一（イタリア文学者）、二男＝野上茂吉郎（理論物理学者）、三男＝野上燿三（原子核物理学者） 勲文化勲章〔昭和46年〕 賞文化功労者〔昭和40年〕

野川 隆　のがわ・たかし

詩人
明治34年（1901年）4月23日〜昭和19年（1944年）12月23日
生千葉県千葉市 出岐阜県大垣市 学東洋大学中退 歴父は森鷗外と東京帝国大学医学部の同窓で一高医学部教授を務め、のち岐阜県大垣で開業。アバンギャルド詩人として兄の野川孟、画家の玉村善之助と「エポック」「ゲエ・ギム・ギガム・プルルル・ギムゲム」を創刊、「文党」「戦旗」「太鼓」などに詩を発表。全日本無産者芸術連盟（ナップ）に所属、コミュニズム詩人として活動。昭和8年治安維持法違反容疑で検挙され、懲役2年執行猶予3年の判決を受けた。出獄後、ドイツによるゲルニカ爆撃を告発する詩や近衛内閣に対する風刺詩を書く。12年満州にわたり、中国人農民へ低利で耕作や生活資金を貸し付ける農事合作社に身を投じ、中国人農民の生活改善に力を注いだ。また満州日日新聞嘱託も務めた。16年運動の拡大を恐れた関東軍により検挙され、19年病死した。平成15年文芸評論家の西田勝により満州の図書館から詩や小説などが発見された。詩集に「九篇詩集」、小説「屯子に行く人々」などがある。 家兄＝野川孟（詩人）

野口 明　のぐち・あきら

教育家 二高校長
明治28年（1895年）〜昭和54年（1979年）9月3日
生東京都 学二高卒 歴宮内庁大臣秘書、侍従、帝室林野局管理部長を経て、昭和18年先代の阿刀田二高校長をはじめ先輩の懇請により、母校・二高校長に就任。24年東北大学に統合され、最後の二高校長となるが、生徒たちより"永遠の二高校長"と慕われた。同年〜29年初代お茶の水女子大学長。退官後、白梅短期大学学長を務めた。その後は、かつて画家を志したこともあり、好きな絵と旅を楽しんだ。54年死の直後、教え子の手になる「野口明画集」「野口明文集」が、平成13年、昭和25年以降同窓会機関紙に連載されていた随筆をまとめた「追憶の二高」が刊行された。

野口 明　のぐち・あきら

野球選手
大正6年（1917年）8月6日〜平成8年（1996年）10月5日
出愛知県名古屋市 学明治大学中退 歴昭和8年の全国中等学校野球選手権大会（現・全国高校野球選手権大会）で中京商（現・中京大中京高）が優勝した時のメンバー。明治大学を経て11年にプロ入りし、阪急、中日などで主に捕手として活躍した。打点王1回、最多勝1回。投手としては48勝40敗、防御率2.54。打者としては、4666打数1169安打、61本塁打、572打点、打率.251。30年、31年と中日監督を務め、退団後は社会人の王子製紙春日井の監督などを務めた。野球で有名な野口四兄弟の長男で、弟にプロ通算237勝を挙げた二郎らいる。 家弟＝野口二郎（プロ野球選手）

野口 雨情　のぐち・うじょう

詩人
明治15年（1882年）5月29日〜昭和20年（1945年）1月27日
生茨城県多賀郡北中郷村磯原（北茨城市磯原町） 名本名＝野口英吉、雅号＝北洞 学東京専門学校（現・早稲田大学）英文科〔明治35年〕中退 歴中学時代から詩作、句作を始め、明治38年日本で初めての創作民謡集「枯草」を刊行。40年三木露風らと早稲田詩社を結成。同年北海道に渡り、北鳴新聞、小樽日報社、北海タイムス社、胆振新報社と移り、42年帰郷。その後、郷里で植林事業に専念した後、大正8年から童謡を書き始める。9年上京、キンノツノ社に入社し、「金の船」（のち「金の星」）を中心に、白秋、八十らと近代童謡の基礎をかため、以後も童謡、地方民謡の創作と活躍した。代表作に「船頭小唄」「十五夜お月さん」「七つの子」「波浮の港」「紅屋の娘」などがあり、著書に詩集「朝花夜花」「都会と田園」、民謡集「別後」「極楽とんぼ」「雨情民謡百篇」、童謡集「十五夜お月さん」「青い眼の人形」、ほかに「童謡作法問答」「童謡の作りやう」「童謡教本」や「定本野口雨情」（全8巻、未来社）などがある。 家長男＝野口存弥（国文学者）、伯父＝野口勝一（代議士）

のくち　　　　　　　　　　　昭和人物事典 戦前期

野口 栄三郎　　のぐち・えいざぶろう
実業家 興亜石油社長
明治18年(1885年)12月23日〜昭和43年(1968年)6月28日
生宮城県仙台市 学京都帝国大学法科大学法律学科〔明治44年〕卒 歴三菱合資会社に入り、銀行部勤務、小樽支店長、参事を経て、昭和2年北樺太石油支配人となったが、8年退社、東洋商工株式会社を設立、社長に就任。翌年東洋商工石油、16年興亜石油と改称、航空揮発油製造への進出を図り、日本曹達との提携を策した。戦時中は麻里布製油所の建設を指揮、戦後は米国カルテックス社と興亜石油との提携へ尽力した。

野口 援太郎　　のぐち・えんたろう
教育家 教育運動家 城西学園理事長 新教育協会会長
明治1年(1868年)9月18日〜昭和16年(1941年)1月11日
生筑前国鞍手郡(福岡県) 学福岡尋常師範学校〔明治23年〕卒、高等師範学校文学科〔明治27年〕卒 歴京都府下視学、福岡尋常師範教諭などを経て、明治34年兵庫県第2師範学校長となり、校名を姫路師範と改め、師範教育の改革に努力。大正3年ドイツ、フランス、米国留学。8年帝国教育会専務主事、10年教育養護同盟を組織、12年教育の世紀社を創設、13年池袋児童の村小学校を設立、校長となり、自由教育を実践。14年城西学園長、昭和2年城西学園中学校を創設、校長兼務。5年新教育協会を創立、会長。9年目白学園小学校設立、11年東京児童の村小学校と改称。13年城成学園理事長を辞任、名誉校長。著書に「自由教育と小学校教具」「私の教育思想と其実際」「新教育原理としての自然と理性」などがある。

野口 兼資　　のぐち・かねすけ
能楽師(宝生流シテ方)
明治12年(1879年)11月7日〜昭和28年(1953年)10月4日
生愛知県名古屋市 出東京都 名本名＝野口政吉 資日本芸術院会員〔昭和25年〕 歴謡を祖父、型を松本金太郎に師事。明治25年7代目宝生九郎の内弟子となり、20年にわたって厳しいけいこを受ける。昭和6年兼資に改名。枯淡味のある芸風は、宝生流能楽の代表的名手として "気合の喜多六平太、位の野口兼資" と言われた。「定家」「楊貴妃」「求塚」などを得意とし、そのリズム感と、芸の艶は比類がなかったと言う。22年秘曲「姨捨」で芸術院賞受賞。著書に「黒門町芸話」「兼資芸説」がある。 家祖父＝野口庄兵衛(能楽師) 賞日本芸術院賞(第4回)〔昭和22年〕

野口 起世志　　のぐち・きよし
日本画家
大正2年(1913年)〜昭和23年(1948年)3月
生長野県 歴昭和8年伊東深水に師事。15年青衿会第1回展に「黙禱」を出品。18年第6回新文展に「夏日」で初入選。第2回戦争美術展で海軍大臣賞を受賞。召集され、中国・上海に赴くが病気のため帰国。21年秋の第2回日展に「南瓜柵」で入選。23年34歳で急逝。 賞戦争美術展海軍大臣賞(第2回)〔昭和18年〕

野口 源三郎　　のぐち・げんざぶろう
スポーツ指導者 体育学者 東京高等師範学校教授
明治21年(1888年)8月24日〜昭和42年(1967年)3月16日
生埼玉県 学東京高等師範学校(現・筑波大学)〔大正4年〕卒 歴在学中から陸上競技選手として活躍。長野県松本中学校教諭となり、大正6年東京で開催の第3回極東大会で十種競技に優勝。7年東京高等師範学校嘱託、9年第7回アントワープ五輪日本選手団主将。10年大日本体育協会主事となり、全国の中学校を巡回、陸上競技の普及に努めた。12年上海極東大会、13年パリ五輪の選手団監督。14年東京高師教授となり体育教師の養成に当たり、体協、陸連の役員も務めた。昭和24年東京教育大教授、25年体育学部長、27年名誉教授。32年内閣スポーツ振興審議会委員。のち、埼玉大体育学部長、順天堂大教授。著書に「オリンピック陸上競技法」「競技運動の心理」「新中学校体育」など。

野口 謙次郎　　のぐち・けんじろう
日本画家
明治31年(1898年)〜昭和22年(1947年)5月21日
生佐賀県 学東京美術学校日本画科〔大正12年〕卒 歴結城素明に師事。在学中の大正10年の帝展に「初秋」で初入選、以後入選を重ねた。昭和9年には「奥入瀬」で帝展特選となる。11年秋には文展招待展に「上高地の秋」を招待出品。戦後は、21年秋の第2回日展に「龍峡」で入選した。

野口 謙蔵　　のぐち・けんぞう
洋画家
明治34年(1901年)6月17日〜昭和19年(1944年)7月5日
生滋賀県蒲生郡桜川村(東近江市) 学彦根中卒、東京美術学校西洋画科〔大正13年〕卒 歴黒田清輝、和田英作に師事。大正13年帰郷し、日本画を学び始める。西洋の写実主義を日本画に融合することを試みた平福百穂に師事。昭和4年帝展に「梅干」で初入選、以後6年「獲物」、8年「閑庭」、9年「霜の朝」で連続して特選を受賞。また槐樹社展にも出品する他、8年より東光会に出品し、9年同会会員となる。生涯郷里の田園にあって制作を続け、作品は油彩で描いた日本画、あるいは南画と評された。没後、歌集「凍雪」が刊行された。 家伯母＝野口小蘋(南画家)

野口 遵　　のぐち・したがう
実業家 日窒コンツェルン創設者
明治6年(1873年)7月26日〜昭和19年(1944年)1月15日
生石川県金沢市 学帝国大学工科大学電気工学科〔明治29年〕卒 歴帝国大学工科大学で電気工学を専攻し、卒業後は福島県の電灯会社でカーバイドの研究に従事したのを経て、シーメンス日本支社に入社。明治39年鹿児島県の曽木滝を水源とした水力発電の曽木電気を設立、その余剰電力でカーバイドを生産することを構想していたところ、かつて勤務していたシーメンスで新しいカーバイド製造法(フランク・カロー法)が開発されたことを知り、41年同社と交渉してその特許を取得に成功、日本窒素肥料(現・チッソ)を設立。以降も水力電気の開発を基礎とし、その電力を利用して工場を増やすという方式で業績を伸ばし、大正10年には宮崎県延岡に我が国初のアンモニア合成工場を建設。さらにそこで製造されたアンモニアを有効に活用するため、ドイツのベンベルグ社が考案した人工絹糸製造の技術を導入して、昭和6年銅アンモニアレーヨン糸「ベンベルグ」の製造を開始、同年日本窒素肥料延岡工場を分離独立して延岡アンモニア絹糸(現・旭化成)を設立し、社長に就任した。昭和期に入ってからは安価な労働力と豊富な水力資源を求めて朝鮮半島に進出し、朝鮮総督・宇垣一成の協力を得て鴨緑江流域の水力発電を中心とした大規模な工業地帯開発に着手。特に同江下流域にある興南を朝鮮半島屈指の工業都市に育て上げた。戦前期には日本窒素を中心に朝鮮窒素肥料・朝鮮火薬などといった直系14社、傍系17社を擁し、それらの社長を兼ねて日窒コンツェルン(野口財閥)を形成して "朝鮮の事業王" の異名をとり、自ら興南に本籍を移して先頭に立って事業を指揮していたが、15年脳溢血で倒れ帰国した。16年には私財3000万円を投じて化学工業調査を目的とした野口研究所を東京に開設し、"電気化学工業の父" と呼ばれる。また、同じく私財500万円を朝鮮総督府に寄付して朝鮮奨学金を設立した。 勲勲一等瑞宝章〔昭和17年〕

野口 二郎　　のぐち・じろう
野球選手
大正9年(1920年)1月6日〜平成19年(2007年)5月21日

生愛知県名古屋市 学中京商〔昭和14年〕卒 歴中京商（現・中京大中京高）で投手となって剛腕で鳴らし、昭和12年夏の甲子園決勝では熊本工の川上哲治投手との投げ合いを制して優勝、13年春の選抜ではノーヒットノーラン1試合を含む4試合連続完封で史上初の春夏連覇に貢献した。14年法大を中退して兄・明と同じ東京セネタースに入団。ルーキーイヤーでいきなり33勝を挙げて新人最多勝記録を作り、17年には527回1/3を投げて、プロ野球記録のシーズン19完封を含む40勝17敗、防御率1.19、264奪三振の成績を残し最多勝と奪三振王を獲得。日本球界でシーズン40勝を挙げた投手は他にスタルヒン、稲尾和久の2人だけ。またこの年の5月24日対名古屋戦では、1安打完封勝利の翌日ながらプロ野球記録の延長28回334球を投げ抜いた（試合は4対4で引き分け）。入団5年で156勝を積み上げ、その連投を苦にせず勝ち星を重ねる姿から"鉄腕"の異名を取った。また打撃でも活躍し、登板のない日は野手として出場。野手として1000試合以上に出場した稀有な投手。28年引退。実働12年で、投手としては517試合登板、237勝139敗、防御率1.96。投球回2000以上での通算防御率では、藤本英雄の1.90に次ぐ記録。打者としては1098試合、3348打数830安打、368打点、打率.248。最多勝1回（17年）、最優秀防御率2回獲得（15年、16年）。平成元年野球殿堂入り。兄に加え、弟の昇、渉も野球で活躍し"野口四兄弟"として勇名を馳せ、兄弟全員がプロ入りしており、兄とは阪急時代にバッテリーを組んだこともある。　家兄＝野口明（プロ野球選手），弟＝野口昇（プロ野球選手），野口渉（プロ野球選手）

野口 進　のぐち・すすむ

プロボクサー　日本ウェルター級チャンピオン
明治40年（1907年）6月12日〜昭和36年（1961年）
出東京市本郷区根津宮永町（東京都文京区）　歴体格にめぐまれ素人相撲で横綱を張っていたが、大正13年プロボクサーに誘われ、同年フィリピンのファイティング・チゴラとの闘いで12回戦引き分けとなる。昭和2年ヤング・ジャクソン（米国）に3回KO勝ち、日本ウェルター級チャンピオンを獲得。10年現役を引退。通算成績は56戦35勝（9KO）7敗14分。25年目黒区に野口ボクシングジムを創設し、東洋太平洋フライ級チャンピオンの三迫仁志や、佐々木貞雄、金平正紀などを育てた。36年には二男の野口恭が日本フライ級チャンピオンを獲得し、日本初のプロボクシング親子王者となった。　家長男＝野口修（キックボクシング創始者），二男＝野口恭（プロボクサー），孫＝野口勝（プロボクサー）

野口 伝兵衛　のぐち・でんべえ

農民運動家
明治30年（1897年）3月5日〜昭和20年（1945年）1月6日
生新潟県中蒲原郡（五泉市）　学新潟師範〔大正5年〕卒　歴新潟県下の小学教員をしていたが、大正14年上京し蓮野川大門小学校に勤める。15年木崎農民学校主事に就任。同校解散後は新潟市で日農県連常任書記として活躍。昭和3年の三・一五事件で検挙され、出獄後の4年全農県連書記長に就任。13年日本農民連盟新潟県農民連盟の主事となり、14年東亜連盟協会本部員として東京に住み、18年軍需会社に入社した。著書に「戦時農業政策論」。

野口 光彦　のぐち・みつひこ

御所人形作家
明治29年（1896年）2月23日〜昭和52年（1977年）8月6日
生東京都　名本名＝野口光太郎　歴祖父の弟子小泉寛司に師事。明治45年3世清雲斎を継ぐ。昭和初期の人形復興で、五芸会、戌会などの同人として活躍、同門の平田郷陽らと美術人形運動を興す。昭和12年第1回文展に「村童」「砂丘に遊ぶ子供」で特選。以後新文展、日展、日本伝統工芸展などに出品。14年ベルギー国際人形展に「富士雛」を出品、ベルギー

政府買い上げ、17年第6回文展に「歓喜童児」を出品、宮内省買い上げとなるなど高い評価を受け、御所人形の伝統の上に、近代風の造形感覚を表現することに成功した。日本人形作家協会代表、日本工芸会正会員などを務めた。

野口 米次郎　のぐち・よねじろう

詩人　慶応義塾大学名誉教授
明治8年（1875年）12月8日〜昭和22年（1947年）7月13日
生愛知県海部郡津島町（津島市）　名別名＝Yone Noguchi　学慶応義塾中退　歴明治26年19歳で渡米し、苦学して28年サンフランシスコの日本字新聞記者となる。ポー、ホイットマン、キーツらの詩に親しみ、29年第一詩集「Seen and Unseen」を刊行、以後ヨネ・ノグチの名で米詩壇で注目される。続いて「The Voice of the Valley」「From the Eastern Sea」を刊行。37年アメリカ新聞の報道員として日露戦争の取材で帰国。同年「帰朝の記」を刊行。38年慶応義塾大学英文科教授に就任し、のち名誉教授。帰国後日本詩を作るようになり「二重国籍者の詩」「林檎一つ落つ」「最後の舞踏」など多くの詩集を刊行したほか「英詩の推移」「ポオ評伝」などの著書もある。　家息子＝ノグチ，イサム（彫刻家），甥＝野口進（金城学院大学教授）

野坂 参三　のさか・さんぞう

日本共産党中央委員
明治25年（1892年）3月30日〜平成5年（1993年）11月14日
生山口県萩市　名旧姓・旧名＝小野、変名＝岡野進　学慶応義塾大学理財科〔大正6年〕卒　歴神戸商時代大逆事件に遭遇し影響を受ける。大学卒業後友愛会書記となり、機関誌「労働及産業」を編集。大正8年渡欧し、9年英国共産党入党。帰国後、日本労働総同盟顧問を経て、11年日本共産党の創立に参画。12年第一次共産党弾圧事件で検挙。出獄後、産業労働調査会を設立し所長。昭和3年三・一五事件で再び検挙。6年同党中央委員となりコミンテルン日本代表として非合法裏にソ連に渡り、"32年テーゼ"の作成に携わる。8年同執行委員会幹部会員。10年第7回大会に日本代表として出席、15年までモスクワのコミンテルンで活動した。同年中国で日本人反戦同盟を組織。戦後、21年帰国、衆議院議員に当選するが、25年マッカーサー命により公職追放となる。地下活動を経て、30年六全協で第一書記、33年党中央委員会議長。31年から衆・参両院議員を通算25年務めた。57年議長を宮本顕治に譲って名誉議長となるが、平成4年戦前の同志密告事件が発覚して除名された。著書に「亡命十六年」「野坂参三選集」（全2巻）、自伝「風雪のあゆみ」（全8巻）など。　家妻＝野坂龍（日本共産党名誉中央委員）

野坂 浩　のさか・ひろし

体操選手
生年不詳〜平成16年（2004年）8月19日
歴体操選手として昭和11年のベルリン五輪に出場。日本体操協会創始者の一人で、日本体操界躍進の基礎を築き上げた。

野崎 丹斐太郎　のざき・にいたろう

実業家　内海塩業株式会社社長
明治25年（1892年）4月18日〜昭和51年（1976年）9月8日
生岡山県児島郡味野村（倉敷市）　学七高造士館卒、京都帝国大学文科大学卒　歴七高造士館、京都帝国大学文科大学に学ぶ。大正14年岡山における製塩業のリーダーだった祖父・野崎武吉郎が急逝したため、その家業と土地経営を継承。以来、塩業の経営に奮励努力し、昭和3年岡山県味野浜にカナワ式の製塩場を開設。その後も真空式や流下式など新しい製塩法を次々と取り入れ、製塩業の技術革新をはかった。9年には個人経営だったのを法人組織化し、株式会社野崎事務所に改組。さらに21年には同社を内海塩業株式会社に改称、妹婿の船橋清

賢に社長職を譲り、自らは会長に就任した。41年再び社長となり、イオン交換樹脂膜法の導入という製塩法の大改革を成し遂げた。47年に引退。この間、昭和45年に財団法人竜王会館を設立し、学術文化の振興に当たった。　家祖父＝野崎武吉郎（塩業家）

野沢 吉五郎（9代目）　のざわ・きちごろう
義太夫節三味線方（文楽）
明治21年（1888年）9月20日～昭和25年（1950年）9月19日
生京都府京都市四条御幸町　名本名＝真次恒三、前名＝野沢常造、野沢兵内、後名＝野沢吉兵衛　歴明治34年5代目野沢吉兵衛に入門し、常吉、のち常造を名のる。39年3代目兵内、大正6年9代目吉五郎を経て、昭和23年8代目吉兵衛を襲名。

野沢 吉兵衛（7代目）　のざわ・きちべえ
義太夫節三味線方（文楽）
明治12年（1879年）11月22日～昭和17年（1942年）4月23日
生大阪府西横堀　名本名＝竹中卯之助、通称＝夙川、前名＝野沢兵市、野沢市治郎、野沢吉三郎　歴明治24年3代目野沢吉三郎（6代目野沢吉兵衛）に入門、兵市を名のった。24年彦六座へ出演。34年野沢市次郎、41年4代目吉三郎を経て、大正15年7代目吉兵衛を襲名した。明治38年以降、3代目竹本伊達太夫（6代目竹本土佐太夫）の相三味線を務め、名コンビをうたわれた。昭和12年引退。

野沢 吉弥（8代目）　のざわ・きちや
義太夫節三味線方（文楽）
明治13年（1880年）6月14日～昭和31年（1956年）2月26日
生大阪府　名本名＝佐藤小三郎、前名＝野沢吉子、野沢八助　専人形浄瑠璃、三味線　歴明治23年3代目野沢吉三郎（6代目野沢吉兵衛）に弟子入り、吉子。34年3代目八助を、大正5年8代目吉弥を襲名した。竹本静太夫（4代目竹本大隅太夫）や6代目竹本弥太夫の相三味線を務めた。

野沢 房二　のざわ・ふさじ
東亜同文書院教授
生年不詳～昭和31年（1956年）
学東京帝国大学卒　歴上海の東亜同文書院教授を経て帰国、父親が創業した野沢セメント（現・ノザワ）に入社、のち専務に。一方、ゾルゲ事件で逮捕された尾崎秀美と上海で交遊があったことから、昭和17年神戸市の自宅で18人目のスパイとして逮捕される。東京・三田署で特高警察の過酷な拷問を受けたが否認を貫き、18年釈放。戦後米軍情報機関からも尋問を受ける。体調が悪化した30年頃から口述で自叙伝を執筆。平成8年口述手記と特高の内部資料が公になり、逮捕から釈放までの詳しい事情が判明した。

野島 康三　のじま・やすぞう
写真家
明治22年（1889年）2月12日～昭和39年（1964年）8月14日
生埼玉県浦和市（さいたま市）　名号＝熙正　学慶応義塾大学理財科中退　歴銀行家の裕福な家庭に育つ。日本橋区常磐小学校から慶応義塾大学普通部に入学、予科を経て、大学部理財科に在学中、病気のため中退。最初は油絵を描いていたが、明治41年から写真を始める。東京写真研究会の前身である写真品評会の第2回展に出品したのが展覧会に発表した最初で、43年頃同会に入会。ゴム印画やブロムオイル印画などピグメント印画法を用いた芸術写真を多数制作、静物や人物、ヌードを含む多くの作品を多く残した。大正4年日本橋人形町に山村静村と共に三笠写真館を開設するが、9年には吉川富三に譲渡。8年神田神保町に兜屋画堂を開き、岸田劉生、バーナード・リーチなどの絵画作品を扱った。9年に閉鎖したのちは自宅のサロンを解放し、岸田、万鉄五郎、梅原

龍三郎らの展覧会を開く。美術コレクターでもあり、画集の出版など、写真技術を活かした美術プロデュースも手がけた。9年九段の野々宮写真館を壇上新吉の後を継いで経営。昭和3年福原信三、梅原、川路柳虹らと共に国会の創立に尽力。7年自ら出資して、中山岩太、木村伊兵衛らとともに新しい写真の創造をめざした写真雑誌「光画」を創刊した（第2号より伊奈信男も参加）。18冊で廃刊となるも近代写真史のなかに大きな足跡を残した。8年に銀座紀伊国屋ギャラリーで第1回個展、10年に第2回個展を開催。日本写真会同人、芦屋カメラクラブ同人、日本写真研究会会員。戦時中は国家の為の報道写真を拒んで写真界から引退。戦後は国画会写真部に出品を続けた。作品展に「女の顔・20点」（昭和8年）など。

野尻 三郎　のじり・さぶろう
洋画家
大正5年（1916年）～昭和17年（1942年）
生愛知県　学帝国美術学校本科西洋画科〔昭和14年〕卒　歴昭和11年グループ "表現" を結成。14年帝国美術学校本科西洋画科を卒業後、同会を解散し、九室会展に参加。のち二科会展に初入選するが、17年26歳で夭折。

野尻 抱影　のじり・ほうえい
星の研究家　随筆家　英文学者
明治18年（1885年）11月15日～昭和52年（1977年）10月30日
生神奈川県横浜市　名本名＝野尻正英　学早稲田大学文学部英文科〔明治39年〕卒　歴甲府中学校の英語教師となり、明治45年東京・麻布中学校に転じる。大正8年研究社に入社、雑誌の主幹、編集部長を務めた。傍ら、天文随筆を執筆。昭和13年から7年間、東日天文館の解説者。15年から早稲田大学文学部講師。19年研究社を退社。31年五島天文博物館理事。この間、11年に日本の星の名を集めた「日本の星」を著す。また新発見の第9番惑星プルートに "冥王星" という訳名を提案、学術用語に採用された。著書には星座を解説した処女作「星座巡礼」や「星座神話」「星と東西文学」「野尻抱影の本」（全4巻、筑摩書房）などがあり、星の文化史的、民俗学的な研究で名声を博した。　家弟＝大仏次郎（小説家）

能代 八郎　のしろ・はちろう
作曲家
明治33年（1900年）3月12日～昭和19年（1944年）3月11日
生北海道室蘭市　名本名＝佐藤久助、旧筆名＝佐藤富房　歴父母の故郷であり、自身も一時期住まいした秋田県の出身を自称するが、実際は北海道室蘭で生まれたといわれる。幼少時に両親と離れ、10歳頃には兄弟散り散りとなったため、小学校卒業ののち音楽を身に付ける。無声映画時代の大正14年から昭和2年の頃には室蘭の映画館で楽隊長などを務め、バイオリン、コルネット、トロンボーンを演奏。傍らメジロ音楽会を主宰して市民に音楽を指導した。またこの頃から作曲も行い、自作の「大国館マーチ」が好評を博した。12年佐藤富房の筆名でデビュー。13年にテイチク・レコードに移籍してからは能代八郎を名のる。歌謡曲の作曲家として活躍し、14年塩まさるが歌う「九段の母」がヒットした。他の作品に東海林太郎「陣中髭くらべ」、上原敏「流砂の護り」、小野巡「涯なき泥濘」「西湖の月」「音信はないか」、美ち奴「身代り警備」などがある。なお、戦時中から戦後にかけてヒットした「ズンドコ節」の元歌といわれる「銀座八丁」の作曲者であり、戦後にリリースされた田端義夫の「ズンドコ節（街の伊達男）」に作曲者としてクレジットされている。

能代潟 錦作　のしろがた・きんさく
力士
明治28年（1895年）4月5日～昭和48年（1973年）6月8日
生秋田県山本郡藤里町　名本名＝石田岩松、年寄名＝立田山

〔歴〕大正3年錦島部屋に入門。4年初土俵。けいこ熱心で知られ、昭和2年には秋田県出身では初の大関に昇進、翌3年名古屋場所で初優勝。11年引退。230勝171敗10分。「郷土の名力士」として藤里町湯の沢の歴史民俗資料館に化粧まわしや写真などが展示されている。

能勢 亀太郎　のせ・かめたろう
洋画家
明治26年(1893年)12月17日〜昭和17年(1942年)11月23日
〔生〕鳥取県　〔名〕旧姓・旧名＝清水　〔学〕東京美術学校西洋画科〔大正8年〕卒　〔歴〕大正8年東京美術学校西洋画科卒業後、14年〜昭和2年渡欧した。帰国後、帝展に6回入選し、8年白日会会員となった。

野田 九浦　のだ・きゅうほ
日本画家
明治12年(1879年)12月22日〜昭和46年(1971年)11月2日
〔生〕東京市下谷区(東京都台東区)　〔名〕本名＝野田道三　〔学〕東京美術学校日本画科選科〔明治30年〕中退　〔置〕日本芸術院会員　〔歴〕寺崎広業に師事。白馬会研究所で洋画、日本美術院研究生として日本画を学ぶ。明治40年第1回文展で「辻説法」が2等賞。大正6年第11回文展「抄見詣」が特選。その後も官展で受賞、審査員となった。明治40〜大正5年大阪朝日新聞で挿絵を描いた。昭和22年帝国芸術院会員、24年日展常務理事。また、25〜29年金沢市立美術工芸大学教授を務め、30年名誉教授となる。代表作に「旅人」「恵林寺の快川」「見性寺の蕪村」などがある。

野田 清武　のだ・きよたけ
徳島県知事
明治34年(1901年)2月15日〜昭和38年(1963年)5月13日
〔学〕東京帝国大学法学部政治学科〔大正13年〕卒　〔歴〕主に満州国で官吏として活動。昭和16年満州国四平省次長を経て、農林省資材部長、17年徳島県知事。20年東北地方副総監。34年愛知用水公団副総裁。

野田 高梧　のだ・こうご
脚本家
明治26年(1893年)11月19日〜昭和43年(1968年)9月23日
〔生〕北海道函館市　〔出〕長崎県　〔学〕早稲田大学英文科〔大正6年〕卒　〔歴〕大正13年松竹蒲田撮影所脚本部に入社。広津柳浪「骨ぬすみ」の脚色を振出しにプロの脚本家となり、14年に高田保演出の「水の影」を手伝う為に連合映画芸術家協会に移った以外は、一貫して松竹に籍を置き、新派悲劇、メロドラマ、喜劇、青春映画など様々なジャンルの脚本を多作し、松竹蒲田・大船脚本部の中軸作家として活躍。城戸四郎撮影所長の下で小市民の生活を明朗に描いたホームドラマを社風として確立、撮影所の地名から“蒲田調”“大船調”と呼ばれた。昭和10年脚本部長。13年上原謙・田中絹代主演の「愛染かつら」(野村浩将監督)が「花も嵐も…」の主題歌とともに爆発的な大ヒットとなり、戦前の日本映画で最高の興行的成功を収めた。21年退社してフリー。日本映画界屈指の名コンビとして知られる小津安二郎とは小津の監督昇進第1作「懺悔の刃」からの付き合いで、戦後は「晩春」から「麦秋」「東京物語」「早春」「彼岸花」「お早よう」「秋日和」と続き、小津の遺作となった「秋刀魚の味」まで全13作品を共作した。25年シナリオ作家協会委員長。　〔家〕兄＝野田鶴雄(海軍造兵中将)、野田九甫(日本画家)、長女＝立原りゅう(脚本家)、女婿＝山内久(脚本家)　〔賞〕芸術選奨文部大臣賞〔昭和36年〕

野田 俊作　のだ・しゅんさく
衆議院議員
明治21年(1888年)5月14日〜昭和43年(1968年)7月27日
〔生〕福岡県　〔学〕東京帝国大学経済科〔大正2年〕卒　〔歴〕南満州鉄道(満鉄)東京支店庶務課長を経て、大正13年以来衆議院議員当選6回、政友会に属した。鉄道参与官、司法政務次官、政友会総務を歴任。その間朝鮮紡績、満州製麻、電通各取締役、西日本新聞社監査役を務めた。戦争中は議席を離れ、戦後昭和21年勅選貴族院議員から福岡県知事となった。22年第1回以来参議院議員当選3回、緑風会、のち自民党に属し、参議院外務委員長を務めた。　〔家〕父＝野田卯太郎(政治家・実業家)

野田 清一郎　のだ・せいいちろう
電気工学者 旅順工科大学学長
明治16年(1883年)10月6日〜昭和43年(1968年)5月10日
〔生〕岡山県上道郡九蟠村(岡山市)　〔名〕旧姓・旧名＝赤枝　〔学〕六高卒, 京都帝国大学理工科大学電気工学科〔明治41年〕卒 工学博士(京都帝国大学)〔大正9年〕　〔歴〕明治43年京都帝国大学助教授となり、大正8年電気工学研究のため欧米へ留学。9年熊本高等工業学校教授、15年旅順工科大学教授、昭和6年学長。16年依願退職、名誉教授。のち航空科学専門学校長、電気研究所長を経て、24年大阪工業大学学長となった。近畿大学教授も務めた。

野田 半三　のだ・はんぞう
洋画家
明治19年(1886年)〜昭和21年(1946年)
〔生〕東京都　〔学〕早稲田中〔明治37年〕卒, 東京美術学校西洋画科〔明治41年〕卒　〔歴〕三宅克己に師事し、明治41年東京美術学校西洋画科を卒業。大正10〜12年渡欧し、帰国後、15年静岡高校教授に就任。

野田 英夫　のだ・ひでお
洋画家
明治41年(1908年)7月15日〜昭和14年(1939年)1月12日
〔生〕米国・カリフォルニア州サンタクララ　〔出〕熊本県　〔名〕米国名＝ノダ, ベンジャミン　〔学〕熊本中〔大正15年〕卒, カリフォルニア美術専門学校〔昭和6年〕中退　〔歴〕日系移民の子としてカリフォルニアで生まれる。明治44年熊本に帰国し、大正15年熊本中を卒業後、渡米。昭和4年カリフォルニア美術専門学校に入学。6年ニューヨークへ出て、ウッドストック村に住み、テンペラ画などを学ぶ。その後、ディエゴ・リベラの助手などを務め、前衛的な絵画思考、社会主義的な思想の影響を受けた。一方、恐慌下の美術家救済のために政府が行った壁画制作事業「移民」に加わり、壁画の手法を身につけた。ウッドストック美術協会展、ホイットニー全米美術展などで賞を受ける。9年と11年に帰国し二科展に出品、12年新制作協会会員となる。代表作に「雑誌を読む女」「ウッドストックの少女」「初冬」「二人の子供」「サーカス」など。　〔家〕甥＝野田哲也(版画家)　〔賞〕ウッドストック美術協会賞〔昭和7年〕「ウッドストックの少女」, マリア・ストーン賞〔昭和7年〕「初冬」

野田 文一郎　のだ・ぶんいちろう
弁護士 衆議院議員
明治5年(1872年)3月〜昭和35年(1960年)3月9日
〔出〕広島県　〔学〕関西法律学校〔明治27年〕卒　〔歴〕司法官試補、神戸地方裁判所、大阪控訴院各判事を歴任、その後弁護士に。大正9年衆議院議員に兵庫1区から当選以来通算6期。その間浜口内閣の商工参与官、内閣調査局参与を務める。また神戸市長、神戸弁護士会長も務めた。

野田 別天楼　のだ・べってんろう
俳人
明治2年(1869年)5月24日〜昭和19年(1944年)9月26日
〔生〕岡山県邑久郡磯上村　〔名〕本名＝野田要吉　〔歴〕明治22年頃から俳句を始め、30年から正岡子規の指導を受け「ホトトギス」

などに投句。のち松瀬青々の「倦鳥」同人となり関西俳壇で活躍。大正9年句集「雁来紅」を刊行。昭和9年「足日木」を、10年「雁来紅」を創刊。句集「野老」などのほか「俳人芭蕉」の著書がある。この間、大正11年に報徳商業学校校長となる。

野田 義夫　のだ・よしお

教育学者　親和高等女学校校長

明治7年(1874年)7月7日～昭和25年(1950年)11月1日

[生]福岡県八女郡　[学]東京帝国大学文科大学哲学科〔明治32年〕卒　[歴]明治37年広島高等師範学校教授となり、41年文部省留学生として渡欧。帰国後、奈良女子高等師範学校教授、文部省勤務、日本大学講師などを経て、昭和11年親和高等女学校校長に就任。関西学院大学講師も務めた。主著に「教育学概論」「日本教育の検討」「日本国民性の研究」など。

野田 律太　のだ・りつた

労働運動家

明治24年(1891年)9月12日～昭和23年(1948年)3月16日

[生]岡山県児島郡小串村小串(岡山市)　[学]高等小学校1年修了　[歴]村役場の給仕など多くの仕事を転々とし、のち大阪鉄工所・砲兵工廠などで働く。大正5年日本兵器製造会社で職工期成同志会に加入し、6年吉田鉄工所で友愛会に参加。以後友愛会のオルグなどで活躍し多くの争議を指導し、また組合を結成。12年総同盟大阪連合会常任となり、また産児制限研究会なども組織。14年無産政党組織準備委員会に評議会代表として出席。昭和2年汎太平洋労働組合代表となったが検挙される。3年の三・一五事件で検挙され執行猶予となる。7年社会自由党を結成、のち労働調査所の関西支所長を経て、「工場世界」の編集主幹となる。戦後は社会党香川県連の結成に参加し労働組合部長となる。著書に「労働者の明日」「評議会闘争史」「労働運動千一夜」などがある。

野中 清　のなか・きよし

朝鮮銀行総裁

明治5年(1872年)8月～昭和38年(1963年)2月12日

[生]福岡県　[学]東京帝国大学法科大学〔明治31年〕卒　[歴]横浜税関事務官、大蔵省参事官、神戸税関長などを経て、専売局長官となり、大正12年退官。その後産業組合中央金庫副理事長、朝鮮銀行総裁を務めた。

野中 五郎　のなか・ごろう

海軍大佐

明治43年(1910年)11月18日～昭和20年(1945年)3月21日

[生]東京都　[学]海兵(第61期)〔昭和8年〕卒　[歴]海軍航空隊の搭乗員としてアッツ島、ラバウル、マーシャル群島と激戦の地を回り、昭和18年11月少佐に昇進。19年新設された"人間爆弾"の神風特別攻撃隊長を命じられる。20年3月21日、最速の特攻兵器、人間ロケット「桜花」を擁した神雷部隊の隊長として鹿屋基地(鹿児島県)を出撃、そのまま消息を断ち部隊は全滅と報告された。死後大佐に昇進。　[家]兄＝野中四郎(陸軍大尉・二・二六事件主謀者の一人)

野中 四郎　のなか・しろう

陸軍歩兵大尉

明治36年(1903年)10月27日～昭和11年(1936年)2月29日

[生]岡山県岡山市　[学]陸士(第36期)〔大正13年〕卒　[歴]陸軍少将・野中勝明の四男。大正13年陸軍歩兵少尉に任官、歩兵第一連隊付となり、14年歩兵第三連隊に転任。昭和8年大尉に進み、9年歩兵第三連隊中隊長となる。11年の二・二六事件の際は約500名の下士官及び兵を指揮し、警視庁を占拠した。反乱失敗後の2月29日、陸相官邸で拳銃自決。「蹶起趣意書」の骨子となった決意書を書き、参加将校中の最先任者として「蹶起趣意書」に代表として名を記した。　[家]父＝野中勝明(陸軍

少将)、弟＝野中五郎(海軍大佐)

野中 季雄　のなか・すえお

海軍造船中将　九州帝国大学名誉教授

明治7年(1875年)3月26日～昭和34年(1959年)10月7日

[出]熊本県山鹿市　[学]五高卒、東京帝国大学工科大学造船学科〔明治32年〕卒　工学博士〔大正8年〕　[歴]明治32年海軍造船中技士に任官。35～38年英国に駐在。43年造船督官として英国へ出張。大正3年呉工廠造船部長。12年海軍造船中将に進み、予備役に編入。13年九州帝国大学教授となり造船学第二講座を担任。昭和9年退官。　[家]岳父＝吉村長策(海軍技師)

野中 忠太　のなか・ちゅうた

実業家　日満育英会如蘭塾創設者

明治19年(1886年)～昭和26年(1951年)7月11日

[学]市立長崎商業学校卒　[歴]学校を卒業して長崎三菱造船所に勤務。退職して一時貿易商となったが大正4年渡満。6年満州物産会社社長、昭和7年満州土地建物株式会社社長、16年には満州大陸自動車交通株式会社社長に。18年満州娘に日本婦道を教えるための「如蘭塾」を佐賀県武雄市に設立(戦後、27年に解散、清香奨学会として再出発)。22年9月奉天から帰国。

野中 徹也　のなか・てつや

衆議院議員

明治26年(1893年)1月～昭和18年(1943年)2月27日

[出]埼玉県　[学]東京帝国大学政治科〔大正8年〕卒　[歴]欧州と米国に留学し、政治経済学を専攻。高千穂高等商業学校講師、時事新報記者を経て、内務大臣秘書官となる。昭和3年衆議院議員に当選。以来5期連続務めた。平沼内閣の文部参与官、国民同盟総務を歴任した。著書に「貨幣本質論」がある。　[家]甥＝野中英二(衆議院議員)

野長瀬 忠男　のながせ・ただお

実業家　帝国発条創業者

明治11年(1878年)3月18日～昭和34年(1959年)12月9日

[生]和歌山県西牟婁郡近野村近露(田辺市)　[学]近野村小学校を卒業後、軍人を志して上京。成城中学に入ったが中退し、明治36年渡米。オハイオの工業学校などで学び、45年鋼の焼き入れ及び鋼製品製法の専門技術を身につけて帰国。東京鋼材(現・三菱製鋼)の技術者を経て、大正4年東京・向島に帝国発条製作所を創業して鉄道車両用スプリングなどの製造を開始。昭和6年帝国発条株式会社に改組、9年大同電気製鋼所(現・大同特殊鋼)と合併した。この時、車輪部門を切り離して東京車輪製作所を創業、16年阿部鉄工所を合併して車輪工業株式会社と社名変更。17年3月石井太吉に社長を譲って会長に退き、9月には高妻俊秀に会長を譲って退任した。没後の39年、同社は東都製鋼、東都造機、東都鉄溝と合併してトピー工業となった。　[家]弟＝野長瀬晩花(日本画家)

野々村 戒三　ののむら・かいぞう

歴史学者　能楽研究家　早稲田大学教授

明治10年(1877年)9月7日～昭和48年(1973年)11月21日

[生]大分県速見郡南杵築村(杵築市)　[名]号＝芦舟、芥愛　[専]キリスト教史、能楽史　[学]東京帝国大学文科大学史学科〔明治34年〕卒　[歴]立教中学教諭、京都府立第三中学教頭、三高教授、関西学院高等学部文学部長、早大第一高等学院長、早大教授(大正14年～昭和20年)、立教大教授を歴任。また文化財保護委員会専門審議委員、能楽協会顧問を務めた。キリスト教史、能楽を研究し、著書に「基督教史の研究」「パウロ研究」、「校註世阿弥十六部集」「能楽古今記」「狂言集成」(共編)「金春十七部集」「近畿能楽記」「能苑日渉」「狂言三百番集上下」(共編)「能楽史話」「能の今昔」などがある。

野原 桜州　のはら・おうしゅう

日本画家

明治19年（1886年）～昭和8年（1933年）2月28日

生岐阜県揖斐郡　名本名＝野原安司　学東京美術学校日本画科〔明治42年〕卒　歴画家を志し、上京。美術研精会展、真美会展などで受賞を重ね、美術研精会、明治絵画会会員となる。明治44年帰郷。大正5年第10回文展に「醍醐の花見」で初入選。8年京都に移住。11年第4帝展に「鵜」で入選。昭和2年、7年岐阜で個展を開催。

野原 休一　のはら・きゅういち

エスペランチスト　山口県豊浦小学校教諭

明治4年（1871年）11月10日～昭和23年（1948年）6月29日

生山口県長府（下関市）　学高等師範学校卒　歴明治39年に日本エスペラント協会に入会。40年以降は山口県の豊浦小学校教諭となり、物理・化学を教えた。その傍らでエスペラントの研究を進め、「日本書紀」「方丈記」などをエスペラント語に翻訳。エスペラントを通じて日本の紹介をするとともに、国内での普及にも尽力した。　賞小坂賞〔昭和14年〕

信時 潔　のぶとき・きよし

作曲家

明治20年（1887年）12月29日～昭和40年（1965年）8月1日

生大阪府　名旧姓・旧名＝吉岡　学東京音楽学校本科器楽部チェロ専攻〔明治43年〕卒、東京音楽学校研究科器楽部〔明治45年〕・作曲部〔大正4年〕修了　賞帝国芸術院会員〔昭和17年〕　歴牧師・吉岡弘毅の三男で、明治31年大阪北教会の四長老の一人、信時義政の養子となり、少年の頃から教会で行われる音楽会で、讃美歌や琴曲、軍楽による越後獅子など、和洋混合の音楽に親しんだ。39年東京音楽学校本科器楽部に入り、チェロを専攻。研究科の器楽部と作曲部に進み、大正4年同校助教授。9～11年ドイツに留学してゲオルク・シューマンに師事。12年教授に進む。同校本科の作曲部創設に尽力し、昭和7年創設と同時に教授を辞し、講師となった。12年日本放送協会の委嘱により、大伴家持の歌をもとに「海ゆかば」を作曲。13年国民歌謡「国こぞる」を発表。15年には皇紀二千六百年奉祝芸能祭制定の演奏会にて、北原白秋の詩による交声曲「海道東征」を全曲初演。17年山田耕筰、安藤幸、今井慶松と並んで芸術院会員に選ばれた。18年南京で開かれた中日文化協会全国文化代表大会に参加。代表曲である「海ゆかば」をはじめ、「春の弥生」「あかがり」「深山には」「小倉百人一首より」「東北民謡集」など古謡、古典文学を素材とした声楽曲が多く、生涯に作曲した作品は約1000曲にのぼる。作曲においてはバッハを敬愛して、切りつめた最低限の表現によって最大限の感動を与える道を探求した。　家父＝吉岡弘毅（牧師）　賞文化功労者〔昭和38年〕、朝日賞〔昭和18年〕

延原 謙　のぶはら・けん

翻訳家　編集者　小説家

明治25年（1892年）9月1日～昭和52年（1977年）6月21日

生岡山県津山市　名本名＝延原謙　専推理小説　学早稲田大学理工学部電気科〔大正4年〕卒　歴大阪市電鉄部、日立製作所、逓信省電気試験所などに勤務する傍ら、英米推理小説を翻訳し、コナン・ドイル「緋色の研究」「四つ署名」などを紹介する。のち、博文館編集部に入社し、昭和3年11月から4年7月まで「新青年」の編集長を務めた。13年中国に渡り貿易業に従事し、戦後は雄鶏社の「雄鶏通信」編集長を経て、翻訳に専念。主な訳書に、コナン・ドイル「シャーロック・ホームズ全集」の全訳の他、エラリー・クイーン「Xの悲劇」、ヴァン・ダイン「ベンスン殺人事件」、アイルズ「殺意」などがある。創作では「れえむつま」「氷を砕く」などがある。

信正 義雄　のぶまさ・よしお

弁護士　衆議院議員　滋賀弁護士会会長

明治30年（1897年）8月23日～昭和60年（1985年）12月2日

出奈良県　学関西大学〔大正11年〕卒　歴大津市議、同市会議長、滋賀県議、同県会副議長を経て、昭和17年5月～20年12月衆議院議員。戦前から戦後にかけ滋賀弁護士会会長を通算6期務めた。

昇 曙夢　のぼり・しょむ

ロシア文学者　翻訳家

明治11年（1878年）7月17日～昭和33年（1958年）11月22日

生鹿児島県瀬戸内町芝（加計呂麻島）　名本名＝昇直隆　学ニコライ正教神学校〔明治36年〕卒　歴ニコライ正教神学校卒業後、母校の講師となり、陸軍士官学校や早大、日大などでも教鞭を執った。明治37年「露国文豪ゴーゴリ」を、40年には「露西亜文学研究」を刊行。二葉亭四迷、内田魯庵に続く世代のロシア文学者として活躍し、ロシア文学の翻訳・紹介に努めた。太平洋戦争後は、郷里の奄美群島の祖国復帰運動に尽くした。著書に翻訳集「白夜集」「六人集」、「露国現代の思潮及文学」「露国革命と社会」「ろしや風土誌」「ロシア・ソヴィエト文学史」などがある。

野間 左衛　のま・さえ

講談社社長

明治16年（1883年）9月16日～昭和30年（1955年）8月1日

生徳島県徳島市　名旧姓・旧名＝服部　学徳島師範〔明治34年〕卒　歴明治34年徳島県立師範女子部を首席で卒業して小学校教師となる。40年当時沖縄県視学であった野間清治と結婚。42年夫が大日本雄弁会（現・講談社）を創業。以来、同社の発展を支えたが、昭和13年夫と長男が相次いで亡くなったため3代目社長に就任。同時に株式会社に改組し、夫の遺志に基づいて財団法人野間奉公会を設立、野間賞を制定した。太平洋戦争下の難局にあってよく遺業を守り、20年10月養嗣子・省一に社長を譲った。2番目の妹は同社専務の高木義賢と結婚した。　家夫＝野間清治（講談社創業者）、長男＝野間恒（講談社社長）、養嗣子＝野間省一（講談社社長）、義弟＝高木義賢（講談社専務）

野間 清治　のま・せいじ

出版人　講談社創業者　報知新聞社長

明治11年（1878年）12月17日～昭和13年（1938年）10月16日

生群馬県山田郡新宿村（桐生市）　学群馬師範〔明治33年〕卒、東京帝国大学文科大学臨時教員養成所〔明治37年〕卒　歴母方の祖父は幕末の剣客・森要蔵。明治28年小学校の代用教員を経て、29年群馬県立尋常師範学校に入った。33年卒業して母校の訓導となり、35年東京帝国大学文科大学臨時教員養成所に入学、37年卒業すると沖縄中学教諭、39年沖縄県視学を務め、40年東京帝国大学法科大学首席書記に就任。42年学内の緑会弁論部の発会演説会が開かれたのを機に演説の模範を示す雑誌の発行を思いつき、大日本雄弁会を設立。43年雑誌「雄弁」を創刊。44年講談社を設立して「講談倶楽部」を発刊。以後、大日本雄弁会と講談社の2つの名前を併用したが、大正14年大日本雄弁会講談社と改称。この間、“おもしろくて、ためになる”を謳い、「少年倶楽部」「面白倶楽部」（昭和3年「富士」に改題）「現代」「婦人倶楽部」「少女倶楽部」「キング」「幼年倶楽部」の“九大雑誌”を相次いで創刊。アカデミックな“岩波文化”に対応する、大衆向けの“講談社文化”で一時代を築いた。5年にはキングレコードを設立して音楽分野にも進出。同年報知新聞社長にも就任して、同紙の再建を手がけた。13年入浴中に急性狭心症になり急逝。長男・野間恒が事業を継いだが、1ケ月も立たないうちに直腸癌のため30歳で亡くなった。　家妻＝野間左衛（講談社社長）、長男＝野間恒（講談社社長）、祖父＝森要蔵（剣客）、甥＝森寅雄（剣道家）

野間 信凞　のま・のぶひろ

実業家　瀬戸内運輸会社社長

明治13年（1880年）4月19日〜昭和37年（1962年）4月23日

生愛媛県越智郡大島　学松山中学校卒　歴家業を継ぎ、船舶製造・製塩業を経営。のち離島の不便な交通事情を改善するため、明治44年東予運輸会社を設立して旅客事業を開始し、瀬戸内海の離島と本州・四国とを結ぶ定期船を就航させた。また、今治の特産物であるタオルの輸送も手がける。太平洋戦争中に企業統制がはじまると、瀬戸内海の沿岸小型船事業を統合させて昭和18年に瀬戸内海機船会社を創立。また陸上交通事業でも活躍し、同年に今治以東のバス事業が統合するのに際して瀬戸内運輸会社を興し、その社長に就任した。

野間 恒　のま・ひさし

講談社社長

明治42年（1909年）4月24日〜昭和13年（1938年）11月7日

生東京都　歴講談社創業者・野間清治の長男。父の意思により小学校卒業後は上級学校へ進まず、その下で英才教育を受ける。昭和9年東京府選士により天覧武道大会剣道の部で優勝。10年講談社に入社。12年秋より病に倒れ、13年2月陸軍中将町尻量基の長女と結婚したが、6月病が再発。10月父が急逝したため2代目社長に就任するも、その22日後に死去した。没後、母が3代目社長を継承。16年妻が南満州鉄道（満鉄）勤務の高木省一と再婚し、20年野間省一が4代目社長に就任した。　家父＝野間清治（講談社創業者）、母＝野間左衞（講談社社長）、岳父＝町尻量基（陸軍中将）

野村 益太郎　のむら・えきたろう

動物学者　東北帝国大学理学部教授

明治19年（1886年）6月25日〜昭和18年（1943年）9月28日

生岩手県紫波郡日詰町（紫波町）　学盛岡中卒、一高卒、東京帝国大学理学部動物学科〔明治44年〕卒 理学博士〔大正15年〕　歴明治44年御木本真珠養殖場に入る。その後、岩手県立福岡中学講師、宮城県の佐沼中学教諭などを経て、北海道帝国大学農学部助手、同大予科教授を務め、大正11年東北帝国大学理学部生物学教室の新設に際して助教授として赴任し、米国ハーバード大学などに2年間留学。15年教授に昇任。ミミズ研究で知られ、"ミミズ博士"として親しまれた。著書に「動物学講義」「現代動物教科書教授用書」などがある。

野村 兼太郎　のむら・かねたろう

経済学者　慶応義塾大学経済学部教授

明治29年（1896年）3月20日〜昭和35年（1960年）6月22日

生東京市日本橋区（東京都中央区）　専日本近世史・経済史　学慶応義塾大学部理財科〔大正7年〕卒 経済学博士（慶応義塾大学）〔昭和12年〕　資日本学士院会員〔昭和25年〕　歴慶応義塾大学助手となり、大正11年欧州留学、14年帰国して教授。昭和18年経済学部長、19年図書館長を歴任。また5年社会経済史学会の創設に参画、のち代表理事を務めた。25年学士院会員、27年ユネスコ国内委員会委員。著書に「英国資本主義の成立過程」「概観日本経済思想史」「徳川封建社会の研究」「五人組帳の研究」「村明細帳の研究」などがある。

野村 嘉六　のむら・かろく

弁護士　衆議院議員

明治6年（1873年）8月10日〜昭和27年（1952年）1月17日

生富山県　名旧姓・旧名＝野村安次郎　学東京法学院〔明治26年〕卒　歴明治35年富山区裁判所判事となり、富山地裁、大津地裁各判事を経て、39年退官。弁護士となり、41年富山県弁護士会会長。44年富山県会議員、45年衆議院議員となり、以来連続10回当選。この間大正14、15年加藤高明内閣、第一次若槻礼次郎内閣の各商工参与官、昭和4年浜口雄幸内閣の文部政務次官を歴任。民政党総務、鉄道会議議員を務め、21年

勅選貴族院議員。また9年から半年富山市長を務めた。

野村 吉三郎　のむら・きちさぶろう

海軍大将　外相　駐米大使　枢密顧問官

明治10年（1877年）12月16日〜昭和39年（1964年）5月8日

生和歌山県和歌山市　学海兵（第26期）〔明治31年〕卒、海大卒　歴海兵教官等を経て、明治39年以降オーストラリア、ドイツに駐在。第一次大戦中は米国大使館付武官。のち軍令部次長、呉・横須賀両鎮守府長官などを歴任し、昭和7年第3艦隊長官として上海事変に参加、天長節爆弾事件で片眼となる。8年大将に進み軍事参議官。12年予備役、学習院長。14年阿部内閣の外相。15年第二次近衛内閣では駐米大使となり、16年太平洋戦争開戦直前の日米交渉に当たった。19〜21年枢密顧問官。敗戦後は日本ビクター社長に就任、29年には参議院議員に当選し、吉田茂の側近を務めた。著書に「米国に使して」がある。

野村 公雄　のむら・きみお

彫刻家　歯科医

明治40年（1907年）〜昭和31年（1956年）2月7日

生東京都　学東京美術学校彫刻科塑造部選科〔昭和5年〕卒、東京歯科医学専門学校〔昭和5年〕卒　歴大正14年東京美術学校彫刻科塑造部選科に入学、同期に古賀忠雄、安田周三郎など。この頃、東京歯科医学専門学校にも入学し、昭和5年両校を同時に卒業。同年より構造社展に出品し斎藤素巌に師事。7年第6回展「セルパン」で構造社賞受賞して会員となった。また、12年第1回新文展に「兄弟」を出品し、以降無鑑査待遇を受けた。16年1月辻晋堂、長沼孝三ら若手彫刻家と共に青年彫刻家同盟を立ち上げるが、3月彫刻の統制団体・全日本彫塑家連盟に抱合される。戦争が激しくなる中、19年構造社も解散を余儀なくされ、社を代表して情報局へ解散届を提出した。戦後は日展に発表したこともあるが、病身となり制作は少なく、家業の歯科医を続けた。浮彫彫刻を主とし、他の構造社展出品作に「ヴィナスの発見」「花束」、新文展出品作に「砲をだいてまどろむ」「いくさのには」、戦後日展出品作に「主イエス」「サロメ」などがある。　賞構造社展構造社賞（第6回）〔昭和7年〕「セルパン」

野村 行一　のむら・こういち

東宮職御用掛

明治17年（1884年）2月4日〜昭和32年（1957年）7月29日

生福井県　名旧姓・旧名＝加藤　学東京帝国大学卒　歴大正13年学習院高等科教授に就任。15年から3年間の欧州留学の後、東宮職御用掛となる。また日光に疎開中の皇太子（天皇明仁）の教育掛を務める。昭和24〜32年東宮大夫となり、東宮侍従長を兼ねた。

野村 胡堂　のむら・こどう

小説家　音楽評論家

明治15年（1882年）10月15日〜昭和38年（1963年）4月14日

生岩手県紫波郡彦部村　名本名＝野村長一、俳号＝薫舟、別名＝野村あらえびす　学東京帝国大学法科中退　歴明治45年報知新聞社入社、社会部長、文芸部長を歴任。大正2年胡堂名義の処女作を発表。代表作「銭形平次捕物控」は昭和6年4月から32年8月まで書き続けられ、岡本綺堂の傑作「半七捕物帳」としばしば対比される。綺堂が英国型なのに対し、胡堂は米国型のユーモア感覚を持つといわれる。不気味な怪奇譚「奇談クラブ」も代表作の一つ。24年捕物作家クラブ結成以来会長を務めた。33年菊池寛賞受賞、35年には紫綬褒章を受章。"あらえびす"の別名で音楽評論にも健筆を振るい、名著「名曲決定盤」などがある。38年1億円を投じて財団法人野村学芸財団を設立、育英奨学金や学術研究の助成を図った。　家二女＝松田瓊子（小説家）

野村 治一良　のむら・じいちろう

日本海汽船社長

明治8年（1875年）12月23日〜昭和40年（1965年）12月7日

生滋賀県　歴明治38年大阪商船東洋課長、昭和2年摂津商船を設立。そのほか北日本汽船会長、日本海汽船社長、北海道開発、栗林商会、函館船渠、横浜港運各監査役。日通理事、名村汽船取締役、商船運輸監査役などを歴任。

野村 駿吉　のむら・しゅんきち

ゴルフ選手

明治22年（1889年）9月4日〜昭和38年（1963年）5月13日

生東京都　学神戸高等商業学校〔明治44年〕卒　歴三井物産に入社するが、大正10年退社して渡米、三菱石油の創立に参画。昭和8年野村事務所を設立、米カルテックス社のただ一人の日本人重役として業界で活躍。ゴルフ界では、2年日本アマ優勝。創成期の東京ゴルフ倶楽部の会員で、日本ゴルフ協会理事、副会長として日本のゴルフの発展に尽くした。またR&A（英国ゴルフ協会）初の日本人会員にも推挙され、ゴルフの国際舞台には欠かせなぬ存在であった。　家父＝野村龍太郎（鉄道院副総裁）

野村 淳治　のむら・じゅんじ

公法学者　東京帝国大学教授

明治9年（1876年）6月8日〜昭和25年（1950年）12月15日

生石川県　学東京帝国大学法科大学〔明治33年〕卒　法学博士〔明治43年〕　賞日本学士院会員〔昭和21年〕　歴明治34年東京帝国大学助教授となり、ドイツ、フランスに留学。帰国後の42年教授に進み、行政法、国法学を講じた。昭和12年定年退官。早大、中央大、法政大でも教えた。17年南洋学院院長、21年日本学士院会員。貴族院議員に推されたが、追放令に該当。辞職した。著書に「比例代表法」。

乃村 泰資　のむら・たいすけ

乃村工芸社創業者

明治6年（1873年）3月28日〜昭和23年（1948年）12月10日

生香川県高松市八阪町　歴少年時代から細工ものが得意で、自作の舞台模型を巧みに操って人々を驚かせたという。明治25年高松の歓楽座大道具方の世界に入り、「塩原多助」の舞台で、馬の日から涙を落とすからくりを考案するなど、様々な新機軸を打ち出した。45年熊本で菊師の田島勘右衛門と出会って菊人形の世界に転身。大正6年乃村菊花園の名で堺市で菊人形を興業。13年読売新聞社長に転じたばかりの正力松太郎からの招聘により、同社が東京・両国国技館で開催した納涼博覧会の演出を担当。以来東京を本拠として毎年国技館での催事を手がけ、昭和11年の催事では一世一代の大からくり「夏の両国に雪が降る」を演出した。この間、10年頃に社名を乃村工芸社とし、17年日本軍事工芸株式会社を設立。戦後の20年12月社名を乃村工芸社に戻した。

野村 徳七（2代目）　のむら・とくしち

実業家　野村財閥創始者　貴族院議員

明治11年（1878年）8月7日〜昭和20年（1945年）1月15日

生大阪府大阪市　名幼名＝信之助、号＝野村得庵　学大坂商〔明治28年〕中退　歴父は大阪で銭両替商・野村徳七商店を営んでいた初代野村徳七。明治37年野村徳七商店を継承、40年2代目徳七を襲名。両替商から証券業に転身、いち早く調査部を設置するなど昔ながらの株屋から脱却を図った。日露戦争の株価狂乱時には、戦後の暴落を予想して株式投資で巨万の富を得、社業を基礎を築いた。41年欧米に外遊。大正6年野村徳七商店を改組して株式会社野村商店（現・岩井コスモ証券）を、7年大阪野村銀行（現・りそな銀行）、14年野村証券を設立。第一次大戦の好況でも莫大な富を稼ぎ、また、戦後の暴落をうまく回避し、8年末頃にはおよそ3000万円の資産を保有した。11年野村合名会社を設立、同社を中心に一代で数十社に及ぶ野村財閥を築き上げた。昭和3年貴族院議員に勅選。また、茶道、能楽などの趣味にも打ち込み、京都・南禅寺に名園を有する碧雲荘は国の重要文化財に指定された。　家長男＝野村徳七（3代目）、孫＝野村文英（野村建設工業社長）、父＝野村徳七（1代目）、弟＝野村実三郎（野村商店創業者）、野村元五郎（野村銀行頭取）、義兄＝八代祐太郎（敷島紡績社長）、甥＝野村恵二（野村生命保険社長）、野村康三（野村海外事業社長）　勲紺綬褒章〔大正10年〕、勲三等瑞宝章〔昭和4年〕、旭日中綬章〔昭和9年〕、勲二等瑞宝章〔昭和15年〕、旭日重光章〔昭和20年〕

野村 俊夫　のむら・としお

作詞家

明治37年（1904年）12月21日〜昭和41年（1966年）10月27日

生福島県　名本名＝鈴木喜八　学福島商中退　歴福島民友新聞記者として同郷の文芸欄を担当。傍ら、「北方詩人」などに参加して詩を発表。昭和6年上京、同郷の友人である作曲家・古関裕而と組んだ「福島行進曲」でデビュー。14年コロムビア専属となり、以後、2000曲にのぼる作品を作った。代表曲に「忠治子守唄」「暁に祈る」「索敵行」「湯の町エレジー」「東京だよおっかさん」などがある。

野村 直邦　のむら・なおくに

海軍大将　海相

明治18年（1885年）5月15日〜昭和48年（1973年）12月12日

生鹿児島県　学海兵（第35期）〔明治40年〕卒、海大〔大正9年〕卒　歴第2戦隊参謀、駆逐艦「白雲」艦長。海大卒業後大正11年ドイツ駐在。帰国後第1潜水隊参謀、艦政本部員。昭和4年ドイツ大使館付武官、次いで「羽黒」「加賀」艦長、潜水学校長、第2潜水戦隊司令官。10年連合艦隊参謀長、軍令部第3部長などを経て、15年日独伊三国同盟軍事委員となり、18年までドイツ駐在。軍事参議官、横須賀鎮守府長官ののち19年大将。東条英機内閣末期の数日間、海相を務めたあと、海上護衛司令官、海運総監となった。戦後愛郷連盟会長。著書に「潜水艦U511号の運命」。

野村 秀雄　のむら・ひでお

ジャーナリスト　朝日新聞論説委員

明治21年（1888年）1月8日〜昭和39年（1964年）6月20日

生広島県三次市　学早稲田大学専門部卒　歴国民新聞社を経て、大正9年朝日新聞社入社。博覧強記で知られ、政治部長時代、取材体制の近代化、政治記事の刷新に成果をあげた。論説委員、経済、東亜部長、ジャワ新聞社長などを歴任。終戦時の役員総辞職の際、代表取締役として残り、事後処理に当たったが、昭和21年退任した。その後、熊本日日新聞社長、国家公安委員などを経て、33年NHK会長に就任した。NHKでは「アカだ」という非難、圧力に抵抗、また暴力番組追放にも力を入れ、殺人場面は避けるよう指示した。「政治部記者だよ」が口ぐせで、38年新聞文化賞を受けた。

野村 英夫　のむら・ひでお

詩人

大正6年（1917年）7月13日〜昭和23年（1948年）11月21日

生東京都　名洗礼名＝アッシジ・フランシスコ　学早稲田大学法学部卒　歴立原道造と親交、堀辰雄に師事。立原の没後詩作を始め「四季」に寄稿。戦後は「四季」「カトリック思想」「望楼」「高原」などに小説を発表。カトリック文学の世界を築く。没後に「野村英夫詩集」「野村英夫全集」、詩集「司祭館」などが刊行された。

野村 博　のむら・ひろし

有機化学者　東北帝国大学教授

明治19年（1886年）9月1日〜昭和44年（1969年）3月3日
⬚生愛知県名古屋市　⬚学京都帝国大学理工科大学純正化学科〔明治42年〕卒　理学博士〔大正8年〕　⬚歴大正3年東北帝国大学助教授、15年教授となった。昭和23年定年退官、25年名誉教授。有機化学、ショウガの辛味成分の研究で有名。　⬚賞帝国学士院東宮御成婚記念賞（第23回）〔昭和8年〕，日本化学会桜井賞〔大正15年〕

野村 浩将　のむら・ひろまさ
映画監督
明治38年（1905年）8月16日〜昭和54年（1979年）7月8日
⬚生京都府京都市左京区黒谷町　⬚名本名＝野村員彦　⬚学早稲田大学商科卒　⬚歴大正13年松竹蒲田撮影所に助監督として入社し、牛原虚彦に師事。昭和4年監督に昇進し、本名の野村員彦名義で鈴木伝明・田中絹代主演の「鉄拳制裁」を発表。初期は主に「令嬢と与太者」「初恋と与太者」といった〈与太者〉シリーズなどの喜劇を手がけた。昭和6年姉の死を契機に、姓名判断に従って野村浩将に改名。やがて松竹蒲田のドル箱であるメロドラマを撮るようになり、11年佐分利信・川崎弘子主演による大作「人妻椿」、12年の佐分利・絹代主演の「男の償い」が好評を博した。13年には川口松太郎原作、絹代・上原謙主演でメロドラマ大作「愛染かつら」を監督、戦前の日本映画を代表する空前の大ヒットとなり、同作の続編「続愛染かつら」「愛染かつら完結編」も監督して松竹きっての娯楽派監督との評価を得た。しかし戦後はふるわず、24年松竹を退社。以後は新東宝で「夢よもう一度」を作ったのを皮切りに、東宝、東映、大映などを転々としながら、歌謡映画の「湯の町悲歌」「影を慕いて」や、原点の喜劇に回帰した「与太郎と天使」などを製作し、手なれた演出で冴えをみせた。日米映画で製作した34年「恐怖の罠」を最後に映画界の一線から身を退いた後は、テレビ映画や教育映画を手がけたが、47年には火災報知器会社の社員に転じ、機器の設備や点検に従事した。他の監督作品に「会社員首よけ戦術」「夢みる頃」「彼女は何を覚えたか」「蘇州の夜」「三太郎頑張る」「シミキンの結婚選手」「野戦看護婦」「祇園物語」「絶海の裸女」などがある。

野村 芳亭　のむら・ほうてい
映画監督　松竹蒲田撮影所所長
明治13年（1880年）11月13日〜昭和9年（1934年）8月23日
⬚生京都府京都市　⬚名本名＝野村象蔵　⬚歴父は閏芳と号した江戸の歌川派の流れを汲む画家で、京都で劇場用の背景や看板、パノラマ画を描いていた。父の死後にその雅号を受け継ぎ、芝居絵の制作に従事。父の関係から松竹の創業者・白井松次郎、大谷竹次郎兄弟とも親交があった。明治30年稲畑勝太郎が日本で初めてシネマトグラフをもたらした際に映写試験の助手を務め、のちにはその経験を生かして映画と舞台が同時に見られる連鎖劇の監督及び興行などを手がけた。その後、新派劇を上演していた本郷座の座頭などを務めるが、大正9年松竹が本格的に映画製作に取り組むようになると白井信太郎に招聘されて松竹蒲田撮影所創立とともに入社し、映画監督となる。10年「夕刊売」「法の涙」を監督してヒットを飛ばし、同年その実績を買われて同撮影所所長に就任。製作者としては"理想は高く、手は低く"をモットーに通俗的な作品を数多く世に送り出す一方、自らも監督業を続け、「永遠の謎」「夫として妻として」「母」などの大型メロドラマや新派調の悲劇映画を続々と製作した。また若き日の伊藤大輔が脚本を手がけた11年の「清水次郎長」や12年の「女と海賊」などのように、それまで歌舞伎俳優の占有物であった時代劇映画に新派俳優を起用するなど時代劇の写実化をはかったことでも知られる。12年関東大震災で蒲田撮影所が使用不可能になるといったん京都に移り、間もなく再建された蒲田に戻るが、彼の新派悲劇調の作風に批判的な城戸四郎が同所の経営に参画するようになると、京都の下加茂撮影所所長に転じた。15年現代部の筆頭監督として蒲田に復帰。以後は、同年の「カラボタン」や、

昭和4年鶴見祐輔の小説を映画化した「母」、7年林長二郎（長谷川一夫）主演の「金色夜叉」、8年久米正雄原作「沈丁花」などのヒット作を立て続けに飛ばし、松竹映画のドル箱といわれた。9年「街の暴風」完成後の試写会に出席中、脳溢血で倒れ、そのまま没した。映画監督・野村芳太郎は長男。他の監督作品に「地獄船」「嬰児殺し」「大尉の娘」「島の娘」「東京音頭」「婦系図」「地上の星座」などがある。　⬚家長男＝野村芳太郎（映画監督）

野村 政夫　のむら・まさお
児童劇作家　小説家
明治42年（1909年）〜昭和21年（1946年）
⬚生東京都　⬚名別名＝野村正雄　⬚学早稲田大学文学部中退　⬚歴坪内逍遙の児童劇運動の影響を受けて自宅に私設学園を開設。「子供のドラマ」などの児童劇脚本のシリーズを数多く刊行する。また、朗読法の指導書を始め、大衆小説などまで幅広く執筆活動を行う。昭和21年5月劇団童話座を結成して「小公子」を公演。その後間もなく急逝した。著書に「児童劇の作り方と指導法」「学校劇研究」など。

野村 又三郎（11代目）　のむら・またさぶろう
狂言師　和泉流野村又三郎家11代目
元治2年（1865年）3月15日〜昭和20年（1945年）1月15日
⬚生京都　⬚名本名＝野村信英、初名＝広之助　⬚歴明治3年「伊呂波」のシテで初舞台。その後大阪に移り、40年11代又三郎を襲名。大正6年には東京に移住、東京と地盤のあった名古屋地区で活躍した。軽妙な芸風で、和泉流長老として重きをなした。　⬚家父＝野村又三郎（10代目），三男＝野村又三郎（12代目）

野村 無名庵　のむら・むめいあん
演芸評論家
明治21年（1888年）8月23日〜昭和20年（1945年）5月25日
⬚生東京市牛込区二十騎町（東京都新宿区）　⬚出東京市日本橋区（東京都中央区）　⬚名本名＝野村元基、旧姓・旧名＝野村元雄、筆名＝武島十郎、原町十三、原町重三、林七十郎、芸名＝古今亭元輔　⬚学東京府立一中中退　⬚歴東京・牛込で生まれ、物心がつく頃に日本橋に移り住む。本名は元雄で、のち元基に改名。谷崎潤一郎は小・中学校時代の同期生で、東京府立一中では別々のクラスの級長を務めた。父の事故死により中学を5年生で中退、医者の住み込み書生や、3代目古今亭今輔に弟子入りして元輔の名で寄席芸人などを経て、日本演芸通信社に入社。演劇記者として「都新聞」などに寄稿する一方、落語や講談の創作にも従事した。演芸評論家としては落語のサゲの分類に業績を残した。昭和20年5月、東京大空襲で亡くなった。著書に「落語通談」「本朝話人伝」「大江戸隣組」などがある。

野村 茂久馬　のむら・もくま
実業家　高知鉄道社長　貴族院議員（多額納税）
明治2年（1869年）12月28日〜昭和35年（1960年）2月11日
⬚生高知県安芸郡奈半利村（奈半利町）　⬚歴豪農の長男として生まれる。明治23年上京、各種専門学校に学ぶが、24年学業を断念して帰郷。30年内国通運高知取引店に就職、以来海洋運送に携わる他、バス路線や鉄道事業など幅広く手を広げ、"土佐の交通王"と呼ばれた。昭和7〜22年多額納税の貴族院議員を務めた。　⬚家六男＝野村好久（高知通運社長）

野村 洋三　のむら・ようぞう
実業家　ホテル・ニューグランド会長
明治3年（1870年）1月20日〜昭和40年（1965年）3月24日
⬚生岐阜県　⬚学東京専門学校（現・早稲田大学）文科卒　⬚歴中学を中退して大阪に出、実用英語を勉強。京都の古美術商の丁稚奉公などを経て、一旦故郷に帰る。その後、東京専門学校に

入学、傍ら英語学校に通う。英語力が認められて日本製茶会社に通訳として入り、明治23年渡米。27年横浜に外国人相手の古美術店「サムライ商会」を開業。大正15年ホテル・ニューグランド創立で取締役となり、昭和13年会長。戦時下の非常事態の中、ホテルを守り抜き、敗戦後はその復興に尽力した。また横浜商工会議所会頭、横浜日米協会長などを歴任、横浜の経済、文化発展に寄与した。

野村 吉哉　のむら・よしや
詩人 童話作家
明治34年（1901年）11月15日〜昭和15年（1940年）8月29日
生京都府京都市 歴叔父に従って東京、満州と転住、染物屋や玩具店の小僧をしながら大正末期から詩作を始めた。ダダイスム詩運動に参加、「ダムダム」「感覚革命」「新興文学」などに詩、評論などを寄稿。晩年「童話時代」を刊行主宰した。詩集「星の音楽」「三角形の太陽」などがある。没後童話集「柿の木のある家」（昭16）、評論集「童話文学の問題」（昭18）などが刊行された。放浪時代の林芙美子と親しかった。

野元 甚蔵　のもと・じんぞう
陸軍の特務機関員としてチベットに潜入
大正6年（1917年）3月22日〜平成27年（2015年）1月31日
生鹿児島県揖宿郡山川町浜児ケ水（指宿市）　学鹿屋農〔昭和10年〕卒 歴昭和10年満州に渡り、同年10月アバカ特務機関にモンゴル語研究生として配属される。14年関東軍の要請によりチベットに潜入。1年半の滞在ののち、満州国治安部分室蒙古班に勤務。19年同分室北京駐在事務所に勤務するが、日本の敗戦で20年9月に帰国。のち山川町農協に勤務。平成13年チベット滞在時の手記をまとめた「チベット潜行1939」を出版した。

野元 為輝　のもと・ためき
海軍少将
明治27年（1894年）8月29日〜昭和62年（1987年）12月19日
生東京都 学海兵（第44期）〔大正5年〕卒、海大（第27期）〔昭和4年〕卒 歴大正8年海軍少尉に任官。同期に大野竹二、黒島亀人、小島秀雄、松田千秋らがいた。昭和10年軍令部出仕となり、戦艦大和・武蔵の設計に携わる。12年木更津航空隊副長、13年第三戦隊参謀、14年第四戦隊参謀を経て、千歳艦長、筑波航空隊司令、17年瑞鶴艦長、18年練習航空総隊参謀長。20年第九百三航空隊司令として敗戦を迎えた。　家長男＝野元菊雄（国立国語研究所長）

野依 秀市　のより・ひでいち
ジャーナリスト 実業之世界社社長 衆議院議員
明治18年（1885年）7月19日〜昭和43年（1968年）3月31日
生大分県下毛郡中津町（中津市）　名別名＝不屈生、一寸法師、四尺八寸生、芝野山人　学慶応商業卒 歴呉服店主の二男。明治36年3度目の出奔で上京、慶応義塾商業夜学校に通った。在学中の38年、同校で知り合った石山賢吉らと三田商業研究会を設立して雑誌「三田商業界」を創刊。出版・ジャーナリズムの世界に足を踏み入れ、広告獲得に才能を発揮して頭角を現した。39年石山と対立して同誌を離れ日本新聞社の広告主任に転じたが、40年退社して「大日本実業評論」を創刊。間もなく同誌を隆文館の「活動之日本」と合併させ同社に移り、41年同誌を「実業倶楽部」に改題。同年三田商業研究会に復帰して社長に就任、「三田商業界」を「実業之世界」に改題した。同誌の他に「女の世界」「世の中」「探偵雑誌」「野依雑誌」などの雑誌を創刊。この間、東京電灯の料金値下げ問題にからむ恐喝罪などでたびたび入獄し、獄中で浄土真宗に帰依したことから「真宗の世界」「ルンビニ」「仏教思想」といった仏教雑誌も出した。昭和7年には日刊紙「帝都日日新聞」を創刊。社会悪とみなした相手に対して言論攻撃を加える〝敵本意主義の喧嘩ジャーナリズム〟を特徴とし、大正・昭和期のジャーナリズムにおいて独自の地位を築いた。太平洋戦争下では東条英機内閣を攻撃し、19年「帝都日日新聞」は廃刊に追い込まれた。大正13年衆議院選挙に立候補して以来、政界にも進出を図り、昭和7年大分1区から衆議院議員に初当選、戦後も含め通算2期務めた。

則井 万寿雄　のりい・ますお
弁護士 衆議院議員
明治12年（1879年）10月24日〜昭和11年（1936年）10月16日
生岡山県上房郡川面村　学明治法律学校〔明治33年〕卒 歴明治40年弁護士を開業、大正12年岡山県議に当選し、30年議長となる。昭和9年衆議院議員に当選、政友会に所属して1期務めた。

乗杉 嘉寿　のりすぎ・よしひさ
教育行政家 東京音楽学校校長
明治11年（1878年）11月19日〜昭和22年（1947年）2月1日
生富山県 学東京帝国大学哲学科〔明治37年〕卒、東京帝国大学大学院実践哲学科修了 歴明治41年五高教授、大正2年文部省督学官、6年英国、米国に1年半留学、フランス、ドイツを回って帰国。以後文部省図書官兼督学官、同事務官、文部大臣秘書官、昭和12年初代社会教育課長を歴任。13年松江高校校長。この間3年東京音楽学校校長。6年再び欧米出張。また日本教育音楽会長、音楽会館理事長を兼務した。

則元 卯太郎　のりもと・うたろう
衆議院議員
明治24年（1891年）11月〜昭和19年（1944年）7月16日
出長崎県 学東京帝国大学英法科〔大正6年〕卒 歴長崎市議、長崎県議を経て、昭和12年から衆議院議員に2選。

野呂 栄太郎　のろ・えいたろう
経済学者 社会運動家
明治33年（1900年）4月30日〜昭和9年（1934年）2月19日
生北海道夕張郡長沼村（長沼町）　学慶応義塾大学予科理財科〔大正15年〕卒 歴在学中から産業労働調査所や総同盟の労働学校に関わる。京都学連事件に連座して大正15年逮捕され、懲役10ケ月の判決を受けた。昭和5年日本共産党に入党。同年「日本資本主義発達史」を刊行。マルクス主義分析家としての名を高め、32テーゼにそった「日本資本主義発達史講座」の中心執筆者となり、講座派の基礎を作った。7年地下活動に入り、8年以後党中央委員会責任者として活動。8年11月特高に逮捕され、9年2月拷問のため死去。「野呂栄太郎著作集」（全3巻、三一書房）「野呂栄太郎全集」（全2巻、新日本出版社）がある。　家弟＝横路節雄（衆議院議員）、甥＝横路孝弘（衆議院議員）

野呂 良一呂　のろ・りょういちろう
洋画家
明治37年（1904年）9月18日〜昭和17年（1942年）
生東京都 学本郷洋画研究所 歴清原重以知、富田温一郎に師事し、本郷洋画研究所に学ぶ。昭和3年白日会展で白日賞を受賞。7〜15年白日会会員。創元会にも出品した。　賞白日会展白日賞〔昭和3年〕

【は】

灰田 勝彦　はいだ・かつひこ
歌手 俳優
明治44年（1911年）8月20日〜昭和57年（1982年）10月26日

はいやま　　　　　　　　　　　　　昭和人物事典 戦前期

生ハワイ・ホノルル　名本名＝灰田稔勝　学立教大学経済学部〔昭和11年〕卒　歴大正12年12歳で帰国。立教大学時代に兄・晴彦（のち有紀彦）が率いるハワイアン・バンド、モアナ・グリークラブでウクレレを弾きながら歌い、昭和11年に日本ビクターから「ブルームーン」でデビュー。ハワイアンとジャズの歌手として出発するが、その後流行歌手に転向。15年に東宝映画「秀子の応援団長」の主題歌「燦めく星座」が大ヒットして人気者に。代表曲はほかに「森の小径」「鈴懸の径」「新雪」「野球小僧」「アルプスの牧場」などだが、伸びのある裏声が特徴で、日本の流行歌に都会の香りを持ち込んだ。12年の東宝ミュージカル映画「たそがれの湖」以来、映画俳優としても活躍。他の出演作に「新雪」「歌う野球小僧」「銀座カンカン娘」などがある。また野球狂としても知られた。　家兄＝灰田有紀彦（作曲家）

灰山 元章　　はいやま・もとあき
野球選手
明治45年（1912年）7月～昭和62年（1987年）11月27日
生広島県佐伯郡廿日市町桜尾（廿日市市）　学慶応義塾大学卒　歴広島商で投手として活躍。昭和4、5年夏の甲子園では2年連続優勝。6年の全国選抜中等野球大会では坂出商を相手に、選抜初の無安打無得点試合（ノーヒットノーラン）を達成し、優勝投手となった。慶応義塾大学では一塁手として活躍。卒業後はプロ入りし、ライオンなどに在籍。25年創設された広島カープの二軍コーチも務めた。

パヴロワ、エリアナ
Pavlova, Eliana
バレリーナ
明治32年（1899年）3月22日～昭和16年（1941年）5月3日
生ロシア・コーカサス・チフリス　歴白系ロシア人貴族の出身。8歳からチフリスのバレエ学校で、またサンクトペテルブルクの帝室バレエ学校教授（舞踊教師）にクラシックバレエを学んだ。ロシア革命により、母と妹を連れ、ハルビン、上海経由で大正9年来日、日本にクラシック・バレエを紹介するとともに、有楽町にあった邦楽座などで公演を行い、とりわけ「瀕死の白鳥」は多くの観客に涙と感動を誘った。昭和2年鎌倉七里ケ浜に日本で初のバレエスクールを開設、江川幸一、藤田繁のほか、東勇作、服部智恵子、橘秋子、貝谷八百子らのちに日本バレエ界に開花した多くの舞踊家を育てた。12年には日本に帰化し、霧島エリ子の日本名を名のる。間もなく日中戦争が始まると日本軍慰問のため戦場に狩り出され、16年中国大陸で病死した。　家妹＝パヴロワ、ナジェージダ（バレリーナ）

羽下 修三　　はが・しゅうぞう
彫刻家
明治24年（1891年）6月1日～昭和50年（1975年）5月17日
生新潟県中蒲原郡川内村（五泉市）　名号＝大化、蜀独楽　学新潟中〔明治42年〕卒、東京美術学校彫刻科木彫部本科〔大正10年〕卒　歴代々醸造業を営んだ家の二男。新潟中学卒業後は代用教員となるが、彫刻家を志し、大正5年東京美術学校彫刻科本科に入学。10年卒業し、同年「光明へ」で帝展初入選。以来連続入選を続け、昭和4年「春を萌ゆる」、5年「爛漫」で2年続けて特選に輝いた。8年帝国美術院より永久無鑑査に推薦された。一方、2年母校の講師となり、11年助教授。19年退職。20年疎開のため郷里に帰ったあとは地元にとどまり、日展や県展に出品を続けた。代表作に平等寺薬師堂「薬師如来像」や「二千六百年を舞う」などがある。　賞帝展特選（第10回・11回）〔昭和4年・5年〕「春を萌ゆる」「爛漫」

芳賀 まさお　　はが・まさお
漫画家

明治38年（1905年）7月8日～昭和40年（1965年）11月2日
生青森県　名本名＝芳賀真雄　学弘前中卒、川端画学校卒　歴昭和3年青森市の東奥日報社に入社、漫画を担当。その後上京、5年末から子供漫画を描き、「幼年倶楽部」「少年倶楽部」などに作品を発表。15年から吉本三平が「幼年倶楽部」に連載していた動物漫画「コグマノコロスケ」を引き継いで執筆した。戦後は中村書店、講談社で書き下ろしの仕事のほか、「漫画少年」を中心に動物を人に見たてた「愛犬クロ」「カッパ太郎」「半ぽん太捕物帖」などを描いた。単行本は「カバサン」（14年）、「南極のペンちゃん」（15年）などがある。

萩原 英一　　はぎわら・えいいち
ピアニスト
明治20年（1887年）11月30日～昭和29年（1954年）6月21日
生東京府京橋区（東京都中央区）　学東京音楽学校〔明治43年〕卒、ベルリン王立音楽院卒　歴明治44年留学、ピアノ、トロンボーンを学び、山田耕作と親交。大正3年帰国、母校ピアノ科講師となり、5年教授、のちピアノ科主任教授。東京音楽学校吹奏楽団設立に尽くした。戦後東京芸大嘱託。編著に「バイエル・ピアノ教則本」がある。

萩原 恭次郎　　はぎわら・きょうじろう
詩人
明治32年（1899年）5月23日～昭和13年（1938年）11月22日
生群馬県勢多郡南橘村（前橋市南橘町）　名本名＝金井恭次郎、旧姓・旧名＝萩原、号＝葉歌　歴中学時代から短歌を作り、大正5年創刊の「キツネノス」に参加。「文章世界」などに詩や短歌を投稿。7年「現代詩歌」に参加。8年日本赤十字社群馬県支部事務員となったが、病気のため半年で退職。10年上京、未来派などの前衛詩に関心を抱き、12年「赤と黒」を創刊。その後「ダムダム」「マヴォ（MAVO）」などに参加し、アナキズム系の詩人として活躍、14年第一詩集「死刑宣告」を刊行。昭和3年29歳で帰郷し、煥乎堂書店企画部長となる。6年第二詩集「断片」を刊行し、7年個人雑誌「クロポトキンを中心にした芸術の研究」を創刊し、代表作といわれる『もうろくづきん』を発表。晩年思想転向し、13年戦争詩「亜細亜に巨人あり」を発表した。

萩原 朔太郎　　はぎわら・さくたろう
詩人
明治19年（1886年）11月1日～昭和17年（1942年）5月11日
生群馬県東群馬郡前橋北曲輪町（前橋市）　名号＝美棹、咲二　学五高〔明治41年〕中退、六高〔明治43年〕中退、慶応義塾大学予科〔明治43・44年〕中退　歴父親は開業医、母は武家の出身で、群馬県前橋の裕福な家庭に生まれる。前橋中時代から短歌に励み、回覧雑誌や「新声」「文庫」「明星」などの文芸雑誌に投稿。五高、六高、慶応義塾大学などに学ぶが、ことごとく中退。漂泊生活を経て、大正2年前橋に帰郷。この頃、西洋音楽に興味を惹かれてマンドリンやギターを習い、マンドリン・オーケストラを設立して運営・指揮・編曲・作曲などに取り組んだ。同年北原白秋主宰の「朱欒」を通じて生涯の友となる室生犀星と知り合い、3年山村暮鳥と3人で人魚詩社を創設して「卓上噴水」を、5年には犀星と「感情」を創刊。6年処女詩集「月に吠える」を刊行して詩壇の注目を集め、12年第二詩集「青猫」を発表し、詩人としての地位を確立。14年一家で上京、15年から〝文士村〟と呼ばれた馬込に居住したが、昭和4年妻が男と出奔したため離婚し、2人の娘を連れて郷里の前橋に戻った。間もなく父を失い、家督を相続。8年個人雑誌「生理」を創刊。10年には堀辰雄の創刊した詩誌「四季」の中心的な同人に迎えられ、三好達治、丸山薫、立原道造、神保光太郎、阪本悦郎ら若い詩人たちからの尊敬を集めた。晩年は〝日本回帰〟の色彩を強め、日本浪曼派などに属した。16年夏頃より体調を崩し、17年55歳で没した。定型詩－

非定型詩、文語体－口語体という日本の近代詩の過渡期において、日常的な口語を用いて微妙な感覚や鋭敏な意識を表現した詩人として高い評価を得、西条八十から"日本口語詩の真の完成者"と評された。他の詩集に「純情小曲集」「氷島」「宿命」があり、評論・随筆集に「詩の原理」「純正詩論」「郷愁の詩人与謝蕪村」「日本への回帰」「帰郷者」、警句集「新しき欲情」「虚妄の正義」「絶望の逃走」などもある。長女は小説家の萩原葉子で、エッセイスト・演出家の萩原朔美は孫にあたる。　家長女＝萩原葉子（小説家）、孫＝萩原朔美（エッセイスト・演出家）、義弟＝佐藤惣之助（詩人）　賞透谷文学賞（第4回）〔昭和15年〕「帰郷者」

萩原 雄祐　はぎわら・ゆうすけ

天文学者 東京帝国大学教授
明治30年（1897年）3月28日～昭和54年（1979年）1月29日
生大阪府大阪市　専天体力学　学今宮中（旧制）卒、一高卒、東京帝国大学理学部天文学科〔昭和5年〕卒 理学博士（東京帝国大学）〔昭和5年〕　歴大正10年東京帝国大学助手兼東京天文台技手を経て、12年助教授。同年より欧米へ留学、ケンブリッジ大学のベーカー、エディントン、ハーバード大学のバーコフらに親炙。14年帰国後、昭和2年東京天文台技師、10年東京帝大教授。19年帝国学士院会員に選ばれる。21年から東京天文台長を兼任。36年国際天文学連合副会長。すぐれた指導力を発揮して研究施設・設備の拡充に力を尽くし、日本の天文学を世界的レベルに押し上げる一方、天体力学の世界の権威として知られ、35年には全米科学アカデミーが世界で最も優れた天文学者に贈るJ.C.ワトソン・メダルを受賞した。　家岳父＝深井英五（日本銀行総裁）　勲文化勲章〔昭和29年〕　賞文化功労者〔昭和29年〕

羽黒山 政司　はぐろやま・まさじ

力士
大正3年（1914年）11月18日～昭和44年（1969年）10月14日
生新潟県西蒲原郡松永村羽黒（新潟市）　名本名＝小林政治、年寄名＝立浪政司　歴上京して両国の風呂屋の三助をやっている時立浪親方にスカウトされて入門。昭和9年1月の初土俵以来各段ごとに優勝、わずか7場所で入幕。入幕6場所目に大関。16年横綱となる。怪力と細心緻密な相撲の巧さで強みを発揮、双葉山と同時代であったため強さの印象が薄いが、名寄岩とともに「立浪三羽ガラス」といわれた。優勝7回。戦後は千代の山とともに大相撲の人気を支えた功績は大きい。28年引退後は立浪部屋を継いだ。　家女婿＝羽黒山宏（関脇）

箱崎 文応　はこざき・ぶんのう

僧侶（天台宗）
明治25年（1892年）4月7日～平成2年（1990年）2月6日
生福島県小名浜町（いわき市）　歴家計を支えるため流転の生活を送り、昭和5年青森で漁に出た際海坊主に遭遇。水難者の霊を回向するため比叡山へ赴き、奥野玄道、小森文諦両師につく。6年得度。9年から見よう見まねで山を歩き、15年10月、無動寺千日回峰行を満行。さらに17年吉野大峰・峰百日を満行、19年には天正18年（1590）以来途絶えていた飯室回峰行を復興。その後も比良八講を起こし、9日間の断食を繰り返すなど行に努めた。吉野、木曽、御岳、富士山に籠（ろう）山、穴を掘って住み、草や木の実を食べて修行するなど異端の行者といわれた。のち比叡山横川の飯室谷にひきとられ、山田恵諦の弟子となった。戒名は「一行三昧院」。

羽衣 歌子　はごろも・うたこ

歌手
明治35年（1902年）4月5日～昭和54年（1979年）9月7日
生青森県　名本名＝加藤絢　学東洋音楽学校卒　歴昭和初期にソプラノ歌手となり、浅草オペラ館や常磐座に出演。男性歌手・田谷力三の相手役として活躍した。昭和6年には詩人西条八十の作詞・塩尻精八の作曲による「女給の歌」が大ヒットとなった。その他にも「ウクレレの音」「エロ感激時代の歌」などで小ヒットを飛ばす。「東京音頭」で知られる歌手の三島一声と結婚するが、のちに離婚。戦後はセミリタイア状態が続いたが、41年三越名人会に出演して「浅草オペラ」を歌い、芸術祭奨励賞を受賞した。晩年は自宅でピアノを教えていたという。

挟間 茂　はざま・しげる

内務次官 日本出版会会長
明治26年（1893年）3月24日～昭和62年（1987年）12月3日
出広島県福山市吉津町　名旧姓・旧名＝三谷　学六高卒、東京帝国大学法学部英法科〔昭和8年〕卒　歴内務省に入省。昭和10年社会局社会部長、11年衛生局長、13年茨城県知事、14年1月土木局長、4月地方局長を経て、15年第二次近衛内閣の内務次官に就任。16～17年大政翼賛会組織局長。19年出版関係の統制機関である日本出版会の2代目会長となり、戦時下における出版非常措置要綱の策定や出版配給の指導監督などに当たった。戦後は公職追放に遭い、34～40年日本住宅公団総裁。日本図書教材協会会長、図書教材研究センター理事長なども歴任した。　家長男＝挟間敬夫（岩城硝子監査役）

硲 慈弘　はざま・じこう

仏教史学者 大正大学教授
明治28年（1895年）6月16日～昭和21年（1946年）4月16日
生和歌山県伊都郡信太村（橋本市）　学天台宗大学卒　歴叡山中学校を経て天台宗大学に学び、同卒業後は内地留学生として東京帝国大学などの聴講生となる。この間、仏教学者の島地大等に師事し、大いにその影響を受けた。大正15年より大正大学講師を務め、同天台学研究室副主任を経て、昭和6年大正大学教授に就任。その後、天台学研究室主任・大正大学専門部師範科長・天台宗教学研究所長などを歴任した。日本における仏教の展開を研究、特に天台宗史の調査・研究で大きな足跡を残し、没後の昭和23年に刊行された遺著「日本仏教の開展とその基調」はその後の天台宗研究の基礎となった名著として名高い。その他の著書に「天台宗史概説」「伝説の比叡山」などがある。

土師 清二　はじ・せいじ

小説家 俳人
明治26年（1893年）9月14日～昭和52年（1977年）2月4日
生岡山県邑久郡国府村（瀬戸内市）　名本名＝深谷静太、旧姓・旧名＝赤松　学小学校高等科中退　歴明治37年から岡山市の商店に丁稚奉公に出る。44年石川安次郎を頼って上京し、書生の傍ら三田英語学校に通う。中国民報を経て、大阪朝日新聞に入社。大正11年「旬刊朝日」を創刊し、土師清二の筆名で、処女作「水野十郎左衛門」を連載。15年退社して作家専業となり、翌昭和2年の「砂絵呪縛」で一躍流行作家となった。代表作は他に「青鷺の霊」「津島牡丹」「風雪の人」、「土師清二代表作選集」（全6巻、同光社）など。また少年時代より俳句に親しみ、晩年まで句作を続けた。句集に「水母集」「土日会句集」がある。

橋浦 泰雄　はしうら・やすお

民俗学者 社会運動家 画家
明治21年（1888年）11月30日～昭和54年（1979年）11月21日
生鳥取県岩美郡大岩村（岩美町）　学鳥取高等小学校卒　歴家業の養蚕と雑貨商を手伝いながら社会主義思想を知る。弟時雄を通じて片山潜らを知り、大正9年の日本社会主義同盟創立に参加。10年の第2回メーデーで60日間拘留される。14年日本プロレタリア文芸連盟の結成に参加。昭和3年日本プロレタリ

ア美術同盟の結成に参加、中央委員長となり、同時にナップ中央委員長に就任。5年共産党に入党。この間日本民俗の研究も続け、10年民間伝承の会の創立に参加。戦後ただちに生活協同組合の結成に着手し、21年東京都生協連合会初代理事長となり、また日ソ協会杉並支部会長などを歴任。著書に「五島民俗図誌」「民俗探訪」「月ごとの祭り」などがある。　家 弟＝橋浦時雄（社会運動家），妹＝橋浦はる子（婦人運動家）

橋川 正　はしかわ・ただす

仏教史学者 僧侶（真宗大谷派） 大谷大学教授
明治27年（1894年）1月30日〜昭和6年（1931年）9月6日
生京都府京都市　名号＝流泉　学真宗大谷大学専修科〔大正6年〕卒、真宗大谷大学研究科　歴京都の本願寺に生まれる。大正9年父の死により仏願寺住職、常葉幼稚園長となる。10年真宗大谷大学（現・大谷大学）予科教授を経て、13年同大教授。昭和2年同大に国史研究会（国史学会）を設立。日本仏教史・文化史的な研究を導入した他、三浦周行に師事して郡史・寺史の編纂にも従事した。著書に「上宮太子御記の研究」「日本仏教文化史の研究」「日本仏教と社会事業」など。

橋川 時雄　はしかわ・ときお

中国文学者 東方文化事業総委員会総務委員署理
明治27年（1894年）3月22日〜昭和57年（1982年）10月19日
生福井県　名号＝酔軒，子雍　学福井師範学校〔大正2年〕卒 文学博士　歴大正7年北京に渡り、北京大学で聴講。11年〜昭和2年漢字紙「順天時報」記者として学芸を担当。2年文字同盟社を主宰し、漢文、日文併蔵の「文字同盟」を6年まで発行した。3〜20年日中両国共同の東方文化事業総委員会に勤務、総務委員署理として北京人文科学研究所の運営にあたり、「続修四庫全書提要」（漢文）編纂を主宰した。21年帰国、京都女子大学教授、27年大阪市立大学教授を経て、二松学舎大学文学部教授を務め、のち同大学名誉教授となる。著書に「陶集版本源流攷」（漢文、6年）、編纂に「中国文化界人物総鑑」（15年）などがある。

橋爪 捨三郎　はしづめ・すてさぶろう

実業家 鐘淵紡績副社長
慶応3年（1867年）11月4日〜昭和5年（1930年）9月15日
出陸奥国会津（福島県）　学帝国大学法科大学〔明治28年〕卒　歴会津藩士の三男に生まれる。明治28年大学を卒業して直ちに三井物産に入り、のち上海紡績に転じる。32年同社が合併した鐘淵紡績に移り、のち副支配人、支配人を経て、大正7年取締役となる。昭和2年常務、のち副社長に就任し、社運の隆盛に貢献した。

橋田 邦彦　はしだ・くにひこ

生理学者 教育行政家 東京帝国大学教授 文相
明治15年（1882年）3月15日〜昭和20年（1945年）9月14日
生鳥取県鳥取市　名旧姓・旧名＝藤田、号＝無適　学東京帝国大学医科大学〔明治41年〕卒 医学博士　歴藤田家に生まれ、17歳のとき橋田家に入る。幼少より漢学を学ぶ。鳥取一中、一高を経て、東京帝国大学医科大学に進み、明治42年同大助手。大正2年からヨーロッパへ留学（ストラスブルク大学、チューリヒ大学）。帰国後の7年、東京帝大医学部助教授、11年教授。昭和12年一高校長を兼ねる。15年第二次近衛内閣の文相となり、16年国民学校令を公布、「臣民の道」を文部省から刊行。同年第三次近衛・東条内閣で再任、教育審議会を廃止、戦時家庭教育指導要項を定め、大東亜建設文教政策を発表。中学・高校の年限短縮、学制改革勅令案を決定、18年内閣改造で文相辞任。19年教学錬成所長。「行としての科学」「正法眼蔵釈意」（2巻）など禅に関する著書がある。泉鏡花の「日本橋」の医学士葛木晋三は橋田の性格がモデルとされる。20年連合国軍総司令部（GHQ）の戦犯指名を受け、警察の迎えが来た際に

服毒して20分後に死亡した。　家兄＝藤田敏彦（生理学者）

橋谷 義孝　はしたに・よしたか

微生物学者 実業家 日本発酵工業社長
明治21年（1888年）2月13日〜昭和50年（1975年）3月5日
出鳥取県　専酵母　学東北帝国大学農科大学卒　歴大日本麦酒に入社し、名古屋、吹田工場長を歴任。酵母の研究に取り組み、昭和5年薬用酵母剤「エビオス」を創製。のち日本発酵工業社長、吹田商工会議所会頭などを歴任した。著作に「酵母学」、編著に「微生物工業」などがある。　賞農学賞〔昭和14年〕

橋本 宇太郎　はしもと・うたろう

棋士（囲碁）
明治40年（1907年）2月27日〜平成6年（1994年）7月24日
生大阪府大阪市　歴大正9年瀬越憲作8段に入門。11年入段、昭和17年7段、29年9段。軽妙華麗な碁風で“天才宇太郎”と呼ばれる。18年第2期本因坊を獲得。その後第5期・第6期本因坊の他、十段位2期、王座3期を獲得した。25年9月同志とともに関西棋院の独立を宣言、日本棋院と激しく対立した。60年〜平成6年関西棋院理事長。詰碁の創作でも第一人者だった。

橋本 英吉　はしもと・えいきち

小説家
明治31年（1898年）11月1日〜昭和53年（1978年）4月20日
生福岡県　名本名＝白石亀吉　学高等小学卒　歴郵便局員、豆腐行商などを経て、三井田川鉱業所に入り支柱夫を8年ほどする。大正11年上京し、13年博文館でモノタイプ工として入社するがストライキで解雇され、その後労働運動のオルグ活動をする。15年「炭脈の昼」を発表し、昭和2年文芸春秋社に入社。プロレタリア文学運動に参加し「嫁支度」「棺と赤旗」などを発表し、5年「市街線」を発表。6年共産党に入党し、検挙されたこともある。その他の作品に「衣食住その他」「炭坑」などがあり、戦後も「富士山頂」などを発表した。

橋本 永邦　はしもと・えいほう

日本画家
明治19年（1886年）9月20日〜昭和19年（1944年）5月6日
生東京府木挽町（東京都中央区）　名本名＝橋本乾　学東京美術学校日本画科卒　歴寺崎広業、下村観山に師事。明治33年巽画会展に入選、40年第1回文展で3等賞となるが、大正3年日本美術院再興に参加、研究会員となる。以後院展に出品し、10年日本美術院同人。能に画題を求めた作品を多く制作した。作品に「五月雨」「水郷の夏」「邯鄲」「二人静」など。　家父＝橋本雅邦（日本画家）、兄＝橋本秀邦（日本画家）

橋本 関雪　はしもと・かんせつ

日本画家
明治16年（1883年）11月10日〜昭和20年（1945年）2月26日
生兵庫県神戸市　名本名＝橋本関一、幼名＝成常　賞帝室技芸員〔昭和9年〕、帝国美術院会員〔昭和10年〕、帝国芸術院会員〔昭和12年〕　歴明治28年片岡公曠に四条派の画風を学び、36年竹内栖鳳に師事する。41年文展に初入選し、以後大正6年まで連続して受賞し、8年帝展審査員となる。昭和9年帝室技芸員、10年帝国美術院会員、12年芸術院会員。広く古典や歴史、花鳥風月に題材をとり人気を得た。代表作に「寒山拾得」「玄猿」「香妃戎装」など。また京都・建仁寺方丈襖絵六十面を制作。著書に「南画への道程」「白沙村人随筆」などがある。一方、古今東西の膨大な美術コレクターとしても知られる。　勲レジオン・ド・ヌール勲章シュバリエ章〔昭和6年〕　賞朝日文化賞（昭和14年度）〔昭和15年〕「軍馬二題」、文展特選〔大正5年・6年〕「寒山拾得」「倪雲林」

橋本 凝胤　はしもと・ぎょういん

僧侶 仏教学者 法相宗第126代管長
明治30年（1897年）4月28日〜昭和53年（1978年）3月25日
[生]奈良県生駒郡平群村（平群町）　[学]宗教大学（現・大正大学）〔大正12年〕卒、東京帝国大学印度哲学科〔大正14年〕卒　[歴]明治37年7歳で法隆寺住職・佐伯定胤について得度。上京して宗教大、東京帝国大学を卒業。昭和14年薬師寺管主となり、18年法相宗第126代管長に就任、大僧正に進む。以後、42年に高田好胤に管長を譲り薬師寺長老となるまで勤める。戦前戦後を通じて各種委員会・審議会で幅広く活躍、日本仏教文化協会長も務め、38年には核禁宗教使節として渡欧。また飛鳥平城京保存会理事長、奈良をまもる会代表を務め古都保存運動に尽力した。仏教学者としては唯識学の権威として「大正新脩大蔵経」の編纂に参画、「仏教教理史の研究」などを刊行した。

橋本 欣五郎　はしもと・きんごろう

陸軍大佐 衆議院議員
明治23年（1890年）2月19日〜昭和32年（1957年）6月29日
[生]福岡県　[学]陸士（第23期）〔明治44年〕卒、陸大〔大正9年〕卒　[歴]満州里特務機関長、トルコ公使館付武官など歴任の後、昭和5年参謀本部ロシア班長。同年根本博中佐、長勇大尉らを中心に桜会を結成、未発に終わったクーデター計画三月事件（6年）および十月事件の主謀者。9年陸軍大佐。十月事件では行政処分。11年の二・二六事件後の寺内粛軍人事で予備役とされたが、12年の日中戦争で砲兵連隊長として召集。揚子江上の英国砲艦レディバード号砲撃事件を引きおこし退役となった。以後大日本赤誠会を組織し、17年の総選挙に当選。18年翼賛政治会総務を務める。戦後A級戦犯として終身刑を科されたが、30年仮出獄。31年参議院選挙全国区に立候補したが落選。中野雅夫著「橋本大佐の手記」は戦後発見された手記を紹介、解説したもの。

橋本 国彦　はしもと・くにひこ

作曲家 バイオリニスト 指揮者
明治37年（1904年）9月14日〜昭和24年（1949年）5月6日
[生]東京市本郷区（東京都文京区）　[出]大阪府　[名]筆名＝泉浩二、泉治二、足利龍之助、池田一郎　[学]大阪府立一中卒、東京音楽学校本科器楽部〔昭和2年〕卒、東京音楽学校研究科〔昭和3年〕修了　[歴]東京音楽学校本科器楽部でバイオリンを専攻し、安藤幸、ケーニッヒらに師事。ラウトルップに指揮法の指導を受けた。昭和2年「橋本国彦歌曲集第一集」を刊行、同年同科卒業後は研究科に進み、本格的に作曲を勉強。フランス歌曲に刺激され、フランス印象派による朗唱様式のスタイル等を取り入れたモダンな歌曲を発表し、日本の現代歌曲に大きな影響を与えた。特に西条八十の歌詞による「お菓子と娘」は自身の代表作であるとともに昭和初期における日本のモダンな文化を表象する一曲として名高い。4年ラウトルップのピアノ伴奏による「ソナタの夕」でバイオリニストとしてもデビュー。同年母校東京音楽学校講師となるとともに「尋常小学唱歌」改訂の編纂委員に任じられ、「スキーの歌」（詞・林柳波）などを作曲した。5年新興作曲家連盟の創設に参加する一方、ビクターの専属作曲家として泉浩二、足利龍之助などいくつかの筆名を使い分けてレコードやラジオ、映画用の歌謡曲も手がけ、「ラヂオ小唄」「大大阪地下鉄行進曲」「母の歌」などがヒット。9年ウィーンへ留学、日本への帰途には、ロサンゼルスに立ち寄ってシェーンベルクに親しく教えを受け、戦時下に十二音技法による曲を試作したともいわれている。12年に帰国後も旺盛に創作活動を進め、15年皇紀二千六百年の奉祝曲として「交響曲ニ調」を発表。戦前から戦中にかけては時節柄、戦意高揚を目的とした楽曲が多くなり、「大日本の歌」「英霊讃歌」「勝ち抜く僕等少国民」などを手がけた。この間、東京音楽学校作曲科主任教授に就任し、芥川也寸志、団伊玖磨、矢代秋雄らを育てるが、戦後は戦争協力に

対する責任をとらされて、22年退職。24年44歳の若さで病没した。

橋本 圭三郎　はしもと・けいざぶろう

実業家 日本石油社長 貴族院議員（勅選）
慶応1年（1865年）9月23日〜昭和34年（1959年）2月14日
[生]新潟県長岡市　[学]帝国大学法科大学政治学科〔明治23年〕卒　[歴]明治23年司法省に入省。法制局参事官を経て、大蔵省に転じ、主税官、38年横浜税関長、40年臨時国債整理局長、主計局長、44年大蔵次官、大正2年農商務次官を歴任、2年退官。5年宝田石油社長、10年日本石油と合併後同副社長、15年〜昭和19年社長。この間、9年満州石油理事長、14年東亜燃料工業設立で初代会長、16年帝国石油創立で初代総裁。大正元年〜昭和21年勅選貴族院議員。戦後22年公職追放、26年解除。

橋本 賢輔　はしもと・けんすけ

航空工学者 九州帝国大学工学部教授
明治20年（1887年）11月1日〜昭和15年（1940年）2月6日
[出]宮城県　[学]東京帝国大学工科大学造船学科〔明治44年〕卒　[歴]大正10年海軍技師を経て、九州帝国大学工学部教授。

橋本 五郎　はしもと・ごろう

推理作家
明治36年（1903年）5月1日〜昭和23年（1948年）5月29日
[生]岡山県邑久郡牛窓町　[名]本名＝荒木猛、別名＝荒木十三郎、女銭外二　[学]日本大学美学科中退　[歴]大正15年「れてーろ・えん・ら・かーヴぉ」を発表し、以後「赤鰊のはらわた」「海竜館事件」「疑問の三」などを発表。昭和3年から7年にかけて「新青年」を編集する。12年から13年にかけて支那事変で出征し、その後も報道班員として徴用された。戦後は筆名を女銭外二と改めて「二十一番街の客」などを発表した。

橋本 淑　はしもと・しゅく

プロボクサー
明治44年（1911年）1月25日〜昭和22年（1947年）4月5日
[出]茨城県那珂郡額田　[歴]昭和2年帝拳に入門。5年三田竜三を破って日本フェザー級チャンピオンに。同年「殺人」と冠されたボビー・ウィルス（フィリピン）を下す。6年渡米、17戦14勝3敗の好成績で帰国。戦争の激化で試合がなくなり、活躍の場を失った。

橋本 進吉　はしもと・しんきち

国語学者 東京帝国大学教授
明治15年（1882年）12月24日〜昭和20年（1945年）1月30日
[生]福井県敦賀郡敦賀町（敦賀市）　[学]東京帝国大学文科大学言語学科〔明治39年〕卒 文学博士（東京帝国大学）〔昭和9年〕　[歴]東京帝国大学助手、助教授を経て、昭和4年教授、18年定年退官。この間、9年「文禄元年天草版吉利支丹教義の研究」で文博。上代特殊仮名遣の解明から上代語研究に大いに貢献した。また国語文法論に新しい体系を打ち立て、"橋本文法"といわれた。著書は「古本節用集の研究」「新文章別記」「古代国語の音韻について」「国語学概論」「文字及び仮名遣の研究」など。「橋本進吉博士著作集」（全11巻、岩波書店）がある。

橋本 清吉　はしもと・せいきち

内務省警保局長
明治31年（1898年）8月14日〜昭和30年（1955年）7月2日
[生]三重県　[学]一高卒、東京帝国大学法学部政治学科〔大正11年〕卒　[歴]内務省に入省。昭和13年警保局保安課長、同年福島県知事を経て、15年第二次、第三次近衛文麿内閣の警保局長。17〜19年岡山県知事。戦後、21〜27年公職追放。解除後の28年衆議院議員に当選、改進党に所属、当選2回。

はしもと　　　　　　　　　　　　昭和人物事典 戦前期

橋本 清之助　　はしもと・せいのすけ
貴族院議員（勅選）
明治27年（1894年）2月9日〜昭和56年（1981年）7月10日
[出]東京都 [学]日本橋十思小高等科〔明治40年〕卒 [歴]小学校
卒業だけの学歴で、新聞記者から戦前の岡田内閣、後藤文夫
農相の秘書官となり、翼賛政治会事務局長、昭和19年勅選貴
族院議員を歴任。戦後、原子力産業会議設立の中心として奔
走、初代代表常任理事。日本の原子力産業の育ての親といわ
れた。

橋本 善太　　はしもと・ぜんた
農業指導者
明治25年（1892年）6月25日〜昭和31年（1956年）7月23日
[出]岩手県 [学]盛岡農学校卒 [歴]蚕種製造を営む。岩手農政社
の運動に参加。昭和14年世界初の年間無休産卵鶏を産出した。
[家]弟＝橋本八百二（洋画家）

箸本 太吉　　はしもと・たきち
衆議院議員 万朝報専務・主筆
明治25年（1892年）7月〜昭和36年（1961年）7月25日
[出]石川県 [学]日本大学政治科 [歴]中外商業新報社政治部記者
を経て、万朝報社常務、専務兼主筆を務めた。昭和3年衆議院
議員に当選。以来5選される。14年平沼内閣の外務参与官、外
務省委員に就任。また、日本大学総長秘書、日本加工紙工業
会会長、大倉電気取締役も務めた。

橋本 朝秀　　はしもと・ちょうしゅう
彫刻家
明治32年（1899年）8月26日〜昭和35年（1960年）1月31日
[生]福島県安達郡二本松町（二本松市）[名]本名＝橋本秀次 [学]
本郷絵画研究所 [歴]大正8年上京し、山崎朝雲に師事。木彫を
学ぶ一方、本郷絵画研究所でデッサンを学ぶ。14年第6回帝展
で「幻想」が入選、昭和5年第11回展「法悦」で特選となり、
翌6年無鑑査出品した「悉地」も再び特選を受賞。以後無鑑査
となり、18年第6回新文展で審査員を務めた。この間、4年イン
ド、10年中国雲崗石窟などの仏蹟をめぐり仏像を研究。23年
日展に「飛天」（政府買上げ）を出品、29年日展出品作「華厳」
で翌30年日本芸術院賞を受賞。伝統的な木彫技法をもって清
雅な作品を残した。また、25年日展参事、33年評議員。東邦
彫塑院、日本彫刻家倶楽部、日本美術協会などにも参加した。
[賞]日本芸術院賞（第11回、昭29年度）〔昭和30年〕「華厳」、帝
展特選（第11回）〔昭和5年〕「法悦」、帝展特選（第12回）〔昭和
6年〕「悉地」

橋本 富喜良　　はしもと・ときすけ
労働運動家
明治34年（1901年）1月7日〜昭和47年（1972年）5月12日
[生]千葉県山武郡鳴浜村本須賀（山武市）[学]北海道帝国大学予
科〔大正9年〕中退 [歴]昭和2年東京市河川課枝川出張所に勤
務し、3年東京市従業員組合に加盟、5年執行委員・政治部長
となる。6年全国労農大衆党大会で中央執行委員、8年
東京市従業員組合委員長に選ばれる。12年人民戦線事件で検
挙、不起訴釈放後は出版社などに勤務。戦後静岡県下の社会
党組織を結成し、静岡県連合会書記長、会長を歴任、中
央委員も務めた。

橋本 虎之助　　はしもと・とらのすけ
陸軍中将
明治16年（1883年）6月6日〜昭和27年（1952年）1月26日
[生]石川県 [学]陸士（第14期）〔明治35年〕卒、陸大〔明治43年〕
卒 [歴]参謀本部部員となり、大正2年ロシア出張、第一次大戦に
従軍。8年参謀本部ロシア班員、11年ロシア大使館付武官。参
謀本部欧米課長、昭和6年参謀本部第2部長、7年関東軍参謀長、

8年中将、9年林銑十郎陸相の次官、10年近衛師団長、11年予
備役。12年満州国参議府副議長、13年協和会中央本部長。戦
後中国の戦犯としてハルビン抑留。

橋本 文雄　　はしもと・ふみお
法学者 東北帝国大学法文学部助教授
明治35年（1902年）〜昭和9年（1934年）9月13日
[生]兵庫県出石郡資母村（豊岡市）[団]社会法 [学]同志社中〔大
正10年〕卒、山口高等商業学校〔大正12年〕卒、京都帝国大学
経済学部〔昭和2年〕卒 法学博士〔昭和9年〕[歴]昭和5年東北
帝国大学法文学部助教授となり、社会法の講座を担当。資本
主義法体系中における社会法の位置づけを試み、9年「社会法
と市民法」を発表。その後の社会法の理論に大きな影響を与
えた。同年病没。他の著書に「社会法の研究」がある。　[家]
岳父＝毛戸勝元（法学者）

橋本 平八　　はしもと・へいはち
彫刻家
明治30年（1897年）10月17日〜昭和10年（1935年）11月1日
[生]三重県四郷村（伊勢市）[歴]高等小学校卒業後、明治45年宇
治山田市（現・伊勢市）で植物生態学、園芸学を学ぶ。大正4年
同市の初代三宅正直、亀田圭介に彫刻を学ぶ。高等小学校の
代用教員を経て、8年上京、内閣印刷局に勤務。局長池田数八
を介して、9年佐藤朝山の内弟子となり、以後6年間朝山の家
に住み込む。11年第9回院展に「猫」を初出品して入選し、日
本美術院研究所彫刻部に入る。12年の関東大震災後は一時奈
良に住み、寺社宝物を調査。13年第11回院展にブロンズ「猫」
を出品して日本美術院院友となる。14年朝山から独立、15年
郷里に戻り、以後定住して創作活動を続ける。昭和2年第14回
院展にエジプト彫刻を思わせる「裸形少年像」を出品して日本
美術院同人に推される。6年岐阜県高山で偶然円空仏に接して
感銘を受け、ノミ跡を残す作風のなかに精神性の高い木彫の
名作を作り出した。10年帝展改組に際し無鑑査となるが、同
年脳内出血のため39歳で死去した。日本の木彫の伝統と西欧
の塑像の特質とを融合させながら、当時の木彫界に新風を送
り込み、近代彫刻の中で最初に円空仏の優れた彫刻性を見出
した。他の代表作に「花園に遊ぶ天女」など。実弟で詩人の
北園克衛による遺稿集「純粋彫刻論」がある。　[家]弟＝北園
克衛（詩人）

橋本 邦助　　はしもと・ほうすけ
洋画家
明治17年（1884年）1月2日〜昭和28年（1953年）1月7日
[生]栃木県 [学]東京美術学校西洋画科〔明治36年〕卒 [歴]明治
40年開設の文展に「ともしび」など3点が入選。44年パリに留
学し、帰国後は日本画に新境地を開拓した。39年より「文章
世界」の表紙、挿絵も担当し、また田山花袋の「生」「妻」な
どの諸作に書いた口絵は名作といわれる。

橋本 正次郎　　はしもと・まさじろう
柔道家
明治25年（1892年）3月28日〜昭和23年（1948年）9月20日
[生]岡山県 [名]号＝聖泉 [学]東京高等師範学校（現・筑波大学）
〔大正11年〕卒 [歴]明治41年上京し講道館入門、嘉納治五郎
に師事する。東京高等師範学校卒業と同時に助教授、昭和16
年教授となり柔道指導者の養成に尽力した。14年武徳会範士、
20年講道館9段。浮技、大外刈を得意技とし、第1回明治神宮
大会壮年組決勝での怪我をおしての敢闘は有名である。21年
高師退官後、講道館常任役主席。

橋本 正治　　はしもと・まさはる
札幌市長
明治6年（1873年）5月17日〜昭和31年（1956年）10月8日

[生]福井県 [学]東京帝国大学法科大学政治学科〔明治34年〕卒 [歴]吉田家の二男で、橋本家の養子となる。大正6年鹿児島県知事、10年山口県知事。13年退官。14年呉市長となり、昭和2年から10年間、札幌市長を務めた。 [家]長男＝橋本俊彦（北海道大学名誉教授）

橋本 増吉　はしもと・ますきち
東洋史学者 慶応義塾大学名誉教授
明治13年（1880年）6月12日～昭和31年（1956年）5月19日
[生]長崎県諫早市 [名]号＝明南外史 [専]中国古代暦法史, 日本古代史 [学]東京帝国大学文科大学支那史学科〔明治41年〕卒 文学博士（東京帝国大学）〔昭和16年〕 [歴]在学中、羽田亨、原田淑人らと東洋史談話会を創立。卒業後東京高等女学校嘱託教諭、早稲田大学文学部講師、慶応義塾大学予科教員、同大史学科講師などを経て、大正9年慶大文学部教授となった。昭和15年東洋文庫研究員、東洋大学教授兼任。19年慶大名誉教授。その間、大亜細亜協会理事。20年東洋大学長。戦後21年公職追放、27年解除。のち慶大に復帰。著書に「東洋史上より見たる日本上古史研究」「支那古代暦法史研究」などがある。

橋本 夢道　はしもと・むどう
俳人
明治36年（1903年）4月11日～昭和49年（1974年）10月9日
[生]徳島県板野郡北方藍園村 [名]本名＝橋本淳一 [学]高小卒 [歴]大正7年上京し肥料問屋などに勤め、のち銀座の月ケ瀬創業に参加。一方、荻原井泉水に師事、5年プロレタリア俳句運動をおこし「旗」を創刊。16年俳句事件で検挙され、18年まで投獄される。戦後新俳句人連盟に参加。現代俳句協会顧問を務めた。句集に「無礼なる妻」「良妻愚母」「無類の妻」などがある。38年に"あんみつ"を考案したことでも知られる。

橋本 以行　はしもと・もちつら
海軍中佐
明治42年（1909年）10月14日～平成12年（2000年）10月25日
[生]京都府京都市 [学]海兵（第59期）〔昭和6年〕卒 [歴]昭和8年海軍少尉に任官。9年中尉として初めての潜水艦勤務、16年「伊24潜」の水雷長として真珠湾攻撃に参加。17年潜水学校甲種学生となり、その後「呂31潜」「伊158潜」「呂44潜」「伊58潜」の各艦長を歴任。20年7月末にテニアン島への原子爆弾輸送の極秘任務を終えてレイテ島へと向かっていた米国の重巡洋艦「インディアナポリス」を撃沈した。最終階級は海軍中佐。

羽塚 啓明　はずか・けいめい
雅楽研究家 僧侶（真宗大谷派）
明治13年（1880年）4月13日～昭和20年（1945年）11月1日
[生]愛知県名古屋 [歴]父祖の代より雅楽を愛好、管弦歌舞に精通した。「日本古典全集」の「楽家録」および「続教訓抄」の校訂、解題を担当。ほかに「近衛家蔵五絃譜管見」など多数の論文を発表した。 [家]兄＝三条商太郎（雅楽研究家），弟＝羽塚堅子（声明研究家）

蓮田 善明　はすだ・ぜんめい
国文学者
明治37年（1904年）7月28日～昭和20年（1945年）8月19日
[生]熊本県熊本市外植木町 [学]広島文理科大学卒 [歴]広島高等師範学校卒業後、幹部候補生として入隊し、のち岐阜二中、諏訪中教諭となり、昭和7年広島文理科大に入学。10年台湾台中商業に赴任するが、13年成城高校に転じる。この間の8年「国文学試論」を創刊。13年召集され中支で負傷して帰還するが、18年南方戦線に派遣され、終戦をマレーで迎えたが、その翌日ピストル自殺する。著書に「鷗外の方法」「予言と回想」「古事記学抄」などがある。

蓮沼 蕃　はすぬま・しげる
陸軍大将
明治16年（1883年）3月26日～昭和29年（1954年）2月20日
[生]石川県 [名]旧姓・旧名＝宮崎 [学]陸士（第15期）〔明治36年〕卒, 陸大〔明治44年〕卒 [歴]騎兵第10連隊少尉で日露戦争に従軍。参謀本部員、騎兵第9連隊長などを経て、大正14年侍従武官となった。昭和6年騎兵学校教育部長から騎兵集団長、騎兵監、13年大本営直属の駐蒙兵団司令官、14年侍従武官長、15年大将となった。

蓮沼 門三　はすぬま・もんぞう
社会教育家 修養団創立者・主幹
明治15年（1882年）2月22日～昭和55年（1980年）6月6日
[生]福島県 [学]東京都師範（現・東京学芸大学）〔明治40年〕卒 [歴]3歳の時、母の再婚により高橋姓から蓮沼姓となる。郷里で代用教員をし、明治36年上京、師範学校に入学。39年同窓生と瞑想、流汗、偉人崇拝を三本柱とする社会教育団体「修養団」を設立、機関誌に「向上」を創刊した。新道、キリスト教、仏教を融合し、さらに一宗一派にとらわれない「白色倫理運動」を展開。工場や海軍工廠における労働者の精神教育、朝鮮や満州で「善化運動」を推進。その思想は渋沢栄一や田沢善鋪の共感を呼び、昭和の初めの20年間、修養団運動は最も活発化した。戦後、一時「親和連盟」を名のり、東京青年文化会館の運営にも参画した。著書に「蓮沼門三全集」（全12巻）、「明魂」「永遠の遍歴蓮沼門三自伝」など。

荷見 安　はすみ・やすし
産業組合中央金庫理事長
明治24年（1891年）4月6日～昭和39年（1964年）2月22日
[生]茨城県 [学]東京帝国大学法学部〔大正5年〕卒 [歴]大正5年農商務省に入り米穀局長, 馬政局長官を歴任、昭和14年農林次官。15年退官して産業組合中央金庫（後の農林中金）理事長、29年初代の全国農協中央会会長となった。この間、大正7年の米騒動の処理、食糧増産計画、耕地整理法の改正、食糧管理法作成、米の取引所廃止などにかかわる。米に対する造詣が深く、米は国民生活の根本につながるもので商取引の対象にすべきでないという考えを持ち続け、米の神様といわれた。昭和36年の自由米構想には強く反対したことで知られる。著書に「米穀政策論」「米と人生」などがある。

長谷 健　はせ・けん
小説家 児童文学者
明治37年（1904年）10月17日～昭和32年（1957年）12月21日
[生]福岡県柳川市下宮永 [名]本名＝藤田正俊, 旧姓・旧名＝堤 [学]福岡師範卒 [歴]福岡県下の小学校に5年間勤務。昭和4年上京して浅草小学校などに勤務する。その傍ら「白墨」などの同人雑誌に参加し、14年「あさくさの子供」を発表。15年教職から退き作家生活に入るが、疎開して郷里の小学校に勤務。24年上京し「静かなる怒涛」などを上梓。32年東京作家クラブ事務局長となる。また児童文学でも「虹の立たない国」などの作品を書いた。郷里の先輩北原白秋の伝記小説3部作に取り組み、「からたちの花」「邪宗門」に続く「帰去来」執筆中に交通事故死した。 [賞]芥川賞（第9回）〔昭和14年〕「あさくさの子供」

長谷 江児　はせ・こうじ
詩人
明治40年（1907年）4月22日～昭和7年（1932年）6月30日
[生]高知県高岡郡上ノ加江町 [名]本名＝長谷寅松 [歴]青年団活動の傍ら、虚無的でロマンチックな詩を書き、同人誌に発表。昭和7年6月思想的な行き詰まりなどから高知市種崎で自殺した。同年8月親友・吉門進らの手によって詩碑が建てられた。詩集に「虚無とロマン」がある。

は

長谷 宝秀　はせ・ほうしゅう

学僧　真言宗連合京都大学教授

明治2年（1869年）12月〜昭和23年（1948年）2月17日

生讃岐国（香川県）　学高野山大学林〔明治31年〕卒　歴早くから仁和寺の僧・土宜法竜に師事する。長じて高野山大学林に学び、卒業後は明治33年から約50年に渡って京都の真言宗連合京都大学で教鞭を執った。古義真言宗に通暁し、数々の経典・仏書の校訂・編集・著述・刊行に尽力した碩学で、人材の育成にも大きく貢献。また、祖風宣揚会・而真会・密教事典編纂会などにも参加し、近代における真言宗の支柱として活躍した。没後、昭和36年に第1回密教学芸賞を受賞。編著に「弘法大師全集」「真言宗安心全書」「慈雲尊者全集」などがある。

長谷川 海太郎　はせがわ・うみたろう

⇒林 不忘（はやし・ふぼう）を見よ

長谷川 栄作　はせがわ・えいさく

彫刻家

明治23年（1890年）10月26日〜昭和19年（1944年）10月6日

生東京市浅草区小島町（東京都台東区）　名号＝芳洲　歴伯父は陸軍大将乃木希典。明治37年象牙彫刻家島村俊明門下の吉田芳明に師事。翌年から芳洲と号し、東京木彫工会、日本美術協会等に出品。40年木彫「河辺」が東京府勧業博覧会で褒状を受け、大正3年「夢」が第8回文展で初入選。4年第9回展「春よ永劫なれ」で三等賞、7年第12回展で「地上に在る誇り」が特選を受賞。11年には北村西望の曠朗会に参加したが、同年中に脱退し、昭和6年梅檀社を結成。10年東邦彫塑院を組織。11年帝国美術院参与となり、17年まで官展で活躍した。　家伯父＝乃木希典（陸軍大将）　賞文展三等賞（第9回）〔大正4年〕「春よ永劫なれ」，文展特選（第12回）〔大正7年〕「地上に在る誇り」

長谷川 治　はせがわ・おさむ

野球選手

大正5年（1916年）6月9日〜平成5年（1993年）5月10日

生和歌山県　出奈良県五条市　学明治大学　歴海南中学時代野球部で活躍。昭和8年から3年連続、主戦として春の選抜大会に出場。9年夏の甲子園で神戸一中を相手に無安打無得点試合を達成。明治大学時代には六大学で4年連続優勝に貢献。21年プロ野球の近畿グレートリング野球団（福岡ダイエーホークスの前身）に入団、1年間在籍。退団後、和歌山県で日本通運に就職。転勤先で桐蔭、海南、日高、御坊商工などの監督を歴任。40年には市立和歌山商高監督として準優勝。定年退職後、56年那賀高校監督に就任。

長谷川 一夫　はせがわ・かずお

俳優

明治41年（1908年）2月27日〜昭和59年（1984年）4月6日

生京都府紀伊郡堀内村（京都市伏見区桃山）　名本名＝長谷川一夫、前名＝中村一夫、嵐佳寿夫、林長丸、林長二郎　歴京都・伏見の造り酒屋に生まれる。5歳の時、生家が副業で経営していた芝居小屋で、代役として初舞台を踏む。中村一夫、嵐佳寿夫を経て、大正7年初代中村鴈治郎の門に入り、林長丸の名で関西歌舞伎の若手として活躍。昭和2年松竹下加茂に入社。芸名を林長二郎として「稚子の剣法」で映画デビュー、初々しい美剣士ぶりと歌舞伎の所作を取り入れた華麗なチャンバラで、たちまち人気を得、つづく衣笠貞之助監督「お嬢吉三」「鬼あざみ」などで大スターとなる。松竹で11年間に約120本に出演、特に衣笠監督の作品に優れたものが多く、なかでも一人三役を演じた「雪之丞変化」（3部作、10〜11年）は映画史上空前のヒット作となり、代表作となった。12年東宝に移籍。撮影の帰路、暴漢に顔を切りつけられる事件に遭う。13年林

長二郎の芸名を返上し、本名の長谷川一夫を名のり、「藤十郎の恋」で再起。以後、「鶴八鶴次郎」「白蘭の歌」「支那の夜」「蛇姫様」「昨日消えた男」「男の花道」「婦系図」などの娯楽作品に出演、人気を不動のものとする。戦後も主に時代劇に出演し、「銭形平次捕物控」シリーズ（全18作、24〜38年）を当たり役としたほか、カンヌ国際映画祭グランプリを獲得した「地獄門」（衣笠監督、28年）、「近松物語」（溝口健二監督、29年）などの名作でも好演技を見せた。　家長男＝林成年（俳優）、長女＝長谷川季子（女優）、二女＝長谷川稀世（女優）、孫＝長谷川かずき（女優）、姪＝長谷川裕見子（女優）　賞国民栄誉賞〔昭和59年〕

長谷川 かな女　はせがわ・かなじょ

俳人

明治20年（1887年）10月22日〜昭和44年（1969年）9月22日

生東京市日本橋区本石町（東京都中央区）　名本名＝長谷川かな　学小松原小学校高等科卒　歴明治42年東洋城選の「東京日日新聞」俳壇に投句して入選する。43年俳人・長谷川零余子と結婚。大正2年夫・零余子と共に東洋城門下から虚子門下に移り、大正初期「ホトトギス」女流俳句隆盛の一翼となる。10年零余子が「枯野」を創刊すると共に移り、昭和5年に「水明」を創刊、没年まで主宰した。3年以後、埼玉県浦和市に住む。30年浦和市名誉市民になり、41年紫綬褒章を受章。句集に「龍胆」「雨月」「胡笛」「川の灯」「定本かな女句集」「牟良佐伎」などがあり、文集に「雨月抄」「小雪」などがある。　家夫＝長谷川零余子（俳人）

長谷川 久一　はせがわ・きゅういち

東京府知事　警視総監

明治17年（1884年）1月7日〜昭和20年（1945年）8月25日

生岡山県川上郡吹屋村（高梁市）　出東京都　学一高英法科卒，東京帝国大学法科大学政治学科〔明治40年〕卒　歴衆議院議員を務めた長谷川芳之助の長男。4歳の時、父の転勤で上京。明治41年内務省に入り、同年から2年間、欧米に私費留学。44年三重県、45年千葉県の警察部長、大正元年警視庁第二部長、2年同保安部長、5年岐阜県内務部長、7年内務監察官兼内務省参事官、8年4月土木局工営課長、12月同局河川課長、11年同局長。12年石川県、13年和歌山県、昭和2年3月長崎県、5月静岡県の各知事を歴任し、6年12月東京府知事に就任。1ケ月後の7年1月、桜田門事件で辞職した長延連に代わり警視総監に転じたが、半月で辞任した。　家父＝長谷川芳之助（衆議院議員）、義兄＝小寺謙吉（衆議院議員）

長谷川 清　はせがわ・きよし

海軍大将

明治16年（1883年）5月7日〜昭和45年（1970年）9月2日

生福井県　学海兵（第31期）〔明治36年〕，海大〔大正3年〕卒　歴「三笠」乗組、「笠置」分隊長などを経て海大卒。大正6年米国駐在。11年人事局課員、12年米国大使館付武官、15年「日進」艦長、「長門」艦長後、横須賀鎮守府参謀長、第2潜水戦隊司令、艦政本部第5部長などを歴任。昭和7年ジュネーブ軍縮会議派遣、9年海軍次官、11年第3艦隊長官、12年支那方面艦隊長官となり、日中戦争作戦を指揮。13年横須賀鎮守府長官、14年大将、15年台湾総督、19年軍事参議官、20年予備役。

長谷川 光太郎　はせがわ・こうたろう

東亜新報北京本社論説委員

明治21年（1888年）〜昭和53年（1978年）

生静岡県　学早稲田大学商学部卒　歴報知新聞記者を経て、万朝報、国民新聞の各編集局長、東亜新報北京本社論説委員を歴任。昭和22年日本証券新聞嘱託。著書に「兜町盛衰記」など。

長谷川 才次　はせがわ・さいじ

ジャーナリスト　外交評論家
明治36年（1903年）10月1日〜昭和53年（1978年）3月10日
⬛生青森県青森市大町　⬛学東京帝国大学法学部英法科〔昭和3年〕卒　⬛歴昭和4年新聞連合社に入社、11年電通と合体した同盟通信社外信部部長、12年ロンドン支局長、17年外信部長、20年海外局、報道局各局長などを歴任。ポツダム宣言受諾を内外に最初に発信した話は有名。敗戦によって国策通信社であった同盟通信社が解散されると、時事通信社を設立して社長に就任。46年まで務めた。47年内外ニュース社を創設して社長に就任。この間、NHK解説委員としても活躍し、NHK放送番組審議会委員長なども務めた。著書に「世界政治の焦点」、訳書にハンキー「戦犯裁判の錯誤」、パーキンズ「アメリカの外交政策」など。

長谷川 時雨　はせがわ・しぐれ

劇作家　小説家　随筆家
明治12年（1879年）10月1日〜昭和16年（1941年）8月22日
⬛生東京府日本橋区（東京都中央区）　⬛名本名＝長谷川ヤス　⬛歴厳しい教育方針で育てられ、明治30年結婚したが、それに破れて文筆生活に入り、小説、歌舞伎脚本、舞踊劇、劇評などの分野で幅広く活躍した。34年処女小説「うづみ火」が「女学世界」に当選し、38年処女戯曲「海潮音」が「読売新聞」の懸賞で特選となる。41年「覇王丸」が日本海軍協会の脚本懸賞に当選し、44年には史劇「さくら吹雪」（旧題「操」）が歌舞伎座で上演され劇作家として認められる。45年舞踊研究会を結成、また「シバヰ」を創刊。大正3年狂言座を結成。5年頃から三上於菟吉と同棲し、美人伝の仕事に専念し、「美人伝」「近代美人伝」「名婦伝」などを刊行。傍ら「童話」などに児童劇「やつてみつこ」などを執筆する。また、12年岡田八千代と「女人芸術」を創刊したが、関東大震災のため2号で中絶、昭和3年に三上於菟吉の協力で復刊させ、林芙美子、円地文子らを育てた。8年には婦人団体・輝ク会を結成するなど、幅広く活躍した。その他の代表作に「落日」「ある日の午後」「旧聞日本橋」などがあり、「長谷川時雨全集」（全5巻、日本文林社）も刊行されている。　⬛家妹＝長谷川春子（洋画家）

長谷川 春草　はせがわ・しゅんそう

俳人
明治22年（1889年）8月19日〜昭和9年（1934年）7月11日
⬛生東京都　⬛名本名＝長谷川金太郎、通称＝長谷川金之助　⬛歴文庫派の詩人であったが、のちに渡辺水巴門下生となり「曲水」に参加、その一方で「俳諧雑誌」を編集。昭和6年、銀座出雲橋畔に料亭「はせ川」を経営。句集に「春草句帖」があり、没後「長谷川春草句集」が刊行された。

長谷川 仁　はせがわ・じん

画商　日動画廊創業者
明治30年（1897年）10月9日〜昭和51年（1976年）10月27日
⬛生茨城県笠間市　⬛学明治学院神学部〔大正14年〕卒　⬛歴牧師を経て、昭和3年洋画商の道に入り、6年東京有楽町に東京画廊を開設。9年日動画廊と改称。藤田嗣治をはじめ、海老原喜之助、児島善三郎の最初の個展を開催するなど新人、中堅画家に広く門戸を開放した。47年故郷の笠間市に笠間日動美術館を開設。48年にはパリに支店を開く。洋画壇の発展に貢献するとともに、近代洋画の移入にも尽力した洋画商の草分け的存在。　⬛家妻＝長谷川林子（日動画廊会長）、息子＝長谷川徳七（日動画廊社長）

長谷川 伸　はせがわ・しん

小説家　劇作家
明治17年（1884年）3月15日〜昭和38年（1963年）6月11日
⬛生神奈川県横浜市太田日の出町　⬛名本名＝長谷川伸二郎、のち伸、別筆名＝山野芋作、長谷川芋生、浜の里人　⬛学小学校中退後、小僧、土方、石工などをし、その間に文学の勉強をする。以後、内外商事週報、ジャパン・ガゼットなどの臨時雇い記者を務め、明治42年横浜毎朝新聞を経て、44年都新聞に移り、「都新聞」紙上に「横浜音頭」などを発表。大正11年「サンデー毎日」に「天正殺人鬼」他短編を発表。13年発表の「作手伝五左衛門」以降、長谷川伸の筆名を使う。同年発表の「夜もすがら検校」が出世作となり、14年都新聞を退社して作家活動に入る。以後、「沓掛時次郎」（昭和3年）、「瞼の母」（5年）、「一本刀土俵入」（6年）など股旅物の戯曲や「紅蝙蝠」（5〜6年）、「刺青判官」（8年）などの時代小説で一時代を画す。とくに股旅物は沢田正二郎の舞台上演や映画化で人気を博した。やがて史実を尊重した歴史小説へと傾倒し、「荒木又右衛門」（11〜12年）や「相楽総三とその同志」（15〜16年）などを発表。戦後はさらに徹底した史伝体の「日本捕虜志」（24〜25年）を書き、31年同書および多年の文学活動で菊池寛賞を受賞、37年には多年にわたる演劇界への貢献で朝日文化賞を受賞した。また戦前から二十六日会、新鷹会など研究会を自宅で開き、山手樹一郎、山岡荘八、村上元三ら多くの後進を育てた。「長谷川伸全集」（全16巻、朝日新聞社）がある。遺志により財団法人・新鷹会と長谷川伸賞が設立された。　⬛家義弟＝三谷隆正（教育家）、三谷隆信（昭和天皇侍従長）

長谷川 雪香　はせがわ・せっこう

日本画家
明治6年（1873年）〜昭和12年（1937年）4月
⬛生佐賀県唐津　⬛名本名＝長谷川サダ　⬛歴父は唐津藩の狩野派絵師・長谷川雪塘。7歳から父に手ほどきを受け、明治23年父が亡くなったため長崎に移住。大正3年より「グラバー図譜」160枚を4年がかりで描いた。昭和3年長崎美術展に出品。仏画のほか、「騎馬武者之図」などの作品がある。　⬛家長谷川雪塘（日本画家）

長谷川 素逝　はせがわ・そせい

俳人
明治40年（1907年）2月2日〜昭和21年（1946年）10月10日
⬛生大阪府　⬛出三重県津市乙部　⬛名本名＝長谷川直次郎、別号＝七葉樹生　⬛学京都帝国大学文学部国文科卒　⬛歴中学時代に俳句をはじめ、京大三高俳句会によって句作をし、昭和3年「京鹿子」に、4年「ホトトギス」に入選する。大学院に進んだが、7年三島野重砲兵連隊に幹部候補生として入営する。9年母校の津中学教諭となり、8年「京大俳句」の創刊に参加するが、主張傾向を異にして11年同誌を去る。12年砲兵少尉として出征するが、病気で13年除隊となる。14年「砲車」を刊行。以後「三十三歳」「暦日」「定本素逝句集」や評論集「俳句誕生」を刊行した。

長谷川 卓郎　はせがわ・たくろう

教育家　編集者　「キング」編集長
明治12年（1879年）5月23日〜昭和27年（1952年）6月16日
⬛生群馬県佐波郡剛志村（伊勢崎市）　⬛学群馬師範〔明治33年〕卒　⬛歴群馬女子師範訓導などを経て、大正3年剛志小学校校長。及川平治が提唱した動的教育の実践に尽くし、その成果を「教育の実際」にまとめた。11年師範学校時代の級友である野間清治に招かれ、大日本雄弁会講談社（現・講談社）に入社。雑誌「キング」編集長などを務めた。

長谷川 テル　はせがわ・てる

エスペランチスト　反戦活動家
明治45年（1912年）3月7日〜昭和22年（1947年）1月14日
⬛生山梨県猿橋町（大月市）　⬛名筆名＝緑川英子, Verda Majo　⬛学奈良女子高等師範学校〔昭和7年〕中退　⬛歴奈良女子高等師範学校でエスペラントに熱中。昭和7年卒業前に思想問題で逮

615

捕され、女高師を中退させられる。その後、エスペラント学会で奉仕活動に従事。傍ら「エスペラント文学」の創刊に参加。11年在日中国人劉仁と結婚、中国へ。12年日中戦争が勃発、エスペラントをもって中国解放を、という信念に従い、戦火の拡大につれ上海、香港、広東、漢口そして奥地の重慶へと苦難の道を歩む。この間、抗日反戦放送のアナウンサーとして活躍した。19年「たたかう中国にて」を刊行。敗戦後、上海を経て、内戦下の東北を目指し、佳木斯で活動したが、22年手術事故のため死亡。54年遺児の劉星、劉暁蘭が来日し話題になった。「長谷川テル作品集」(54年)がある。

長谷川 天渓　はせがわ・てんけい
文芸評論家 英文学者
明治9年(1876年)11月26日～昭和15年(1940年)8月30日
[生]新潟県刈羽郡高浜町(柏崎市)　[名]本名＝長谷川誠也　[学]東京専門学校(現・早稲田大学)文科〔明治30年〕卒　[歴]博文館に勤務し「太陽」「文章世界」「譚海」などを編集。傍らニーチェの論文を翻訳紹介し、明治34年「文壇の個人主義」を発表。次いで「現文壇の欠点」「科究的精神の欠乏」などを発表し、38年文芸評論集「文芸観」を刊行。39年「幻滅時代の芸術」、41年「現実暴露の悲哀」などを発表し自然主義文学論を展開、41年第二評論集「自然主義」を刊行。43年「万年筆」を刊行し、その年博文館から派遣されて出版事業研究のため英国に留学し、大正元年帰国、同社の幹部となって評論壇から遠ざかる。帰国後早大英文科の講師を兼ねたこともある。昭和期に入ってからはフロイトに関心を抱き、「文芸と心理分析」「遠近精神分析観」などを刊行し、精神分析の啓蒙的役割を果たした。また国語国字問題の研究でも知られる。

長谷川 伝次郎　はせがわ・でんじろう
写真家
明治27年(1894年)3月3日～昭和51年(1976年)1月15日
[生]東京市日本橋区小伝馬町(東京都中央区)　[学]東京高等師範学校(現・筑波大学)附属中学校〔明治44年〕卒　[歴]東京・日本橋小伝馬町の老舗高級和家具商の長男として生まれ、カメラ好きの叔父の影響で写真に興味を持つ。明治44年東京高等師範附属中学を卒業後、家業を継ぐ。この頃から登山に熱中、南アルプス縦走や、赤城山登山などに赴く。大正2年東宮御成婚のための婚礼家具を納めるなど、家業も順調であったが、12年の関東大震災により店を閉じ、北海道で牧場を経営。14年インドのビスクワバラティ大学芸術科に留学して工芸美術を学んだ。昭和2年には4ケ月かけて中部ヒマラヤを横断、チベットに入り、カイラース峰を1周。3年カシミール州スリナガールからナンガ・パルバットへ旅し、同峰南面全景の撮影に成功。4年帰国、同年国画会会員に推された。6年北千島学術探検隊に参加、7年「ヒマラヤの旅」を出版。9年松坂屋社長の伊藤次郎左衛門のインド仏跡旅行に随行し、国産のさくら赤外フィルムを使ってダージリンからカンチェンジュンガの遠距離撮影に成功した。10年観光局の依頼により白馬岳、立山でスキー映画を撮影。12年にはスキー写真集「クリスチャニア」を刊行。仏教美術、日本建築の撮影にも熱心で、桂離宮や法隆寺仏像を撮影、23年各地で大和古寺彫刻写真展、26年全日本写真連盟委員、28年米国で法隆寺彫刻写真展、以後「美しき薩摩」(日本橋三越)など各地で写真展を開いた。著書に「印度」「仏蹟」「満州紀行」「法隆寺の彫刻」「コナラクの彫刻」「蘇る大和の仏像」などがある。

長谷川 利行　はせがわ・としゆき
洋画家
明治24年(1891年)7月9日～昭和15年(1940年)10月12日
[生]京都府京都市淀下津町　[学]耐久中(和歌山県)〔大正8年〕中退　[歴]早くから詩歌に親しみ、大正8年歌集「木葦集」を出版。10年ごろ上京、画家を志すが、貧困と放浪の生活が続く。12年第1回新光洋画会展に「田端変電所」を出品、初入選。15年から二科展、帝展などに入選。昭和2年「麦酒屋」「酒売場」「鉄管のある工場」を第14回二科展に出品して樗牛賞受賞。この頃から終生住みついた下町の底辺を描き続け、3年には1930年協会展で「瓦斯会社」「地下鉄道」が同協会賞受賞。「岸田国士の像」「ナチュール・モルト」など強い色彩を駆使した独自の画風を確立、日本のフォービズムを代表する画家となった。しかし8年頃から放浪生活を始め、生活は貧窮を極め、飲酒にふけり、場末の木賃宿を転々とした。12年一水会展に「ノア・ノア」を出品したが、その後は個展をしばしば開いた。14年胃を病み、15年窮民として東京市養育院板橋本院で孤独の死を遂げた。「長谷川利行画集」(協和出版)「長谷川利行未発表作品集」(東広企画)、「長谷川利行全文集」(五月書房)などが刊行されている。　[賞]樗牛賞〔昭和2年〕，1930年協会賞〔昭和3年〕

長谷川 如是閑　はせがわ・にょぜかん
評論家 ジャーナリスト 思想家
明治8年(1875年)11月30日～昭和44年(1969年)11月11日
[生]東京府深川扇町(東京都江東区)　[名]本名＝長谷川万治郎，旧姓・旧名＝山本，別号＝胡恋，胡蓮，如是閑叟　[学]東京法学院(現・中央大学)邦語法学科〔明治31年〕卒　[資]帝国芸術院会員〔昭和22年〕　[歴]木場の生まれ、生家は材木商。9歳で曽祖母の養子となり長谷川姓に。中央大学の前身東京法学院在学中に結核をわずらい、その間、新聞「日本」に投稿、社長の陸羯南に投稿を認められる。明治35年日本新聞社に入ったが、4年後、社内紛争のため三宅雪嶺らとともに退社。40年から雑誌「日本及日本人」同人として小説を中心に寄稿。41年鳥居素川に迎えられ大阪朝日新聞社に入り「天声人語」や小説、紀行で自由主義評論家として知られた。大正3年社会課長、5年部長に就任。余りにも多忙な彼を見かねた友人が“是クノ如ク閑ナリ”の筆名を贈った。池辺三山、大山郁夫らと寺内毅内閣を非立憲内閣と批判し憲政擁護運動を支持したが、7年の米騒動の際、白虹筆禍事件で鳥居、大山らと退社。翌年大山らと雑誌「我等」を創刊、後「批判」と改題。9年の東大森戸事件では、大学の自治、言論の自由を主張。昭和7年出版した「日本ファシズム批判」は発禁処分を受けたが、治安維持法下、満州事変勃発の厳しい政治状況の中で、一貫して国家主義思想を批判、民主・反専制の論陣を張った。「批判」終刊後は読売新聞で「一日一題」を執筆。10年には日本ペン倶楽部の創立に参画。このころから日本文化研究に専念。11年「本居宣長集」を編集解題、13年「日本的性格」を刊行した。戦後は21年勅選貴族院議員、22年帝国芸術院会員、23年文化勲章受章、26年文化功労者に指定され、29年東京都名誉都民に推された。著書は他に「現代国家批判」「現代社会批判」「ある心の自叙伝」などのほか、「長谷川如是閑選集」(全8巻，栗田出版社)、「長谷川如是閑集」(全8巻)がある。　[家]父＝山本金蔵(浅草花屋敷創設者)，兄＝山本笑月(ジャーナリスト)，弟＝大野静方(画家)　[勲]文化勲章〔昭和23年〕　[賞]文化功労者〔昭和26年〕

長谷川 信義　はせがわ・のぶよし
野球指導者
生年不詳～平成1年(1989年)3月10日
[出]京都府京都市　[学]明治大学卒　[歴]昭和9年の第8回都市対抗野球で全大阪の主将、右翼手として優勝に貢献。その後、大阪・浪華商(現・大体大浪商)の監督として12年の第14回選抜中等学校野球大会で優勝。和歌山・海草中(現・向陽高)の監督となった15年夏の第26回全国中等学校優勝野球大会にも優勝。また6年から12年まで、同大会の審判委員を務めた。戦後23年の1年間プロ野球大陽ロビンスの監督、25年から35年までパ・リーグ審判員。

長谷川 昇　はせがわ・のぼる
洋画家
明治19年(1886年)5月11日～昭和48年(1973年)8月26日

生福島県会津若松 出北海道小樽 学札幌中卒、東京美術学校西洋画科〔明治43年〕卒 歴明治41年在学中に「海辺」が第2回文展初入選。第4回文展で「白粉」入選。44年パリに渡りファン・ドンゲンらと交友、大正4年帰国。同年日本美術院洋画部同人となり、同展に「オランヂュ持つ女」「オペラの踊子」出品。10年再渡欧、11年春陽会の創立に参加、同人。昭和2年外遊、パリの画廊で個展。4年春陽会展に滞欧作品を発表。13年春陽会を脱会、16年文展に参加、審査員。以後文展、日展に出品、日展理事、32年日本芸術院会員。戦後文楽人形絵、歌舞伎役者絵を描いた。代表作に「裸婦」「おをぎ」など。

長谷川 初音　はせがわ・はつね

牧師 神戸女学院宗教主事
明治23年（1890年）5月15日〜昭和57年（1982年）2月18日
出長崎県平戸市 名旧姓・旧名＝藤原 学京都女子師範卒, 東京女子高等師範学校（現・お茶の水女子大学）文科卒 歴明治45年東京中央バプテスト教会で受洗。岡山県井原町立女学校、兵庫県姫路日ノ本女学校教師を経て、大正8年神戸松蔭女学校教師、9年神戸女学院教師となり、昭和16年まで同学院で宗教主事を務めた。この間、牧師長谷川敞と結婚、4年組合基督教会伝道師となり、10年同教会初の女性牧師となった。神戸女学院退職後は芦屋浜教会、西宮香櫨園教会、六甲キリスト教会を設立した。著書に「エパタ」「漱石作品中の女性像」など多数。 家弟＝藤浦洸（作家）

長谷川 春子　はせがわ・はるこ

洋画家
明治28年（1895年）2月28日〜昭和42年（1967年）5月7日
生東京市日本橋区（東京都中央区） 学双葉高等女学校卒、アテネ・フランセ中退 歴鏑木清方、梅原龍三郎に師事し、昭和4年フランスに留学。6年に帰国し国画会に出品し、12年同人となる。戦時中は女流美術家奉公隊長として活躍。代表作に「源氏物語絵巻」などがあり、著書に「大ぶろしき」「恐妻塚縁起」などがある。 家姉＝長谷川時雨（作家）

長谷川 巳之吉　はせがわ・みのきち

出版人 劇評家 詩人 第一書房創業者
明治26年（1893年）12月28日〜昭和48年（1973年）10月11日
生新潟県三島郡出雲崎町 名旧姓・旧名＝安部 学高小1年修了。安部家に生まれ、生後間もなく漁師の長谷川家の養子となる。高等小学校を修了後、地元の十板銀行出雲崎支店で働く傍ら、文学を愛好。大正3年上京、明治商業銀行や鹿児島の検潮所などを経て、5年太陽通信社に入り、雑誌「黒潮」の編集に当たった。7年玄文社に移り、「新演芸」「詩聖」劇と評論」などの編集に従事、また森鷗外の訳詩集「蛙」などの出版を担当する一方、足しげく劇場に通い「読売新聞」などに劇評を寄稿した。11年退社。12年第一書房を創業して同郷の松岡譲の長編「法城を護る人々」を刊行。間もなく起きた関東大震災で打撃を受けるが、太田黒元雄の後援を受けて大田黒「洋楽夜話」、堀口大学「月下の一群」、土田杏村「恋愛論」、三好達治「測量船」など文芸・芸術関係の書籍で経営を軌道に乗せた。また、採算を省みず「近代劇全集」「牧野信一全集」「小泉八雲全集」など22種の全集・叢書を刊行。独特の美装は今日でも高い評価を受ける。昭和5年PR誌「伴侶」を創刊、6年同誌を「セルパン」に改題して10銭で売り出し、ヨーロッパ文化の粋を紹介した。11年井上静一編「伊太利語辞典」は我が国最初の伊語辞書でイタリアのカヴァリエーレ勲章を受章。12年パール・バック「大地」が映画化され、ベストセラーとなった。14年神奈川県鵠沼に転居。16年銀座に第一書房販売会社を設立し、小売業を開始。同年「セルパン」の誌名を「新文化」に改めるが、戦時下の出版統制に嫌気が差し、19年2月盛業中にもかかわらず突如廃業に踏み切った。戦後は出版から離れ自適の生活を送った。 勲イタリア・カバリエーレ

勲章〔昭和11年〕

長谷田 泰三　はせだ・たいぞう

財政学者 東北帝国大学法文学部教授
明治27年（1894年）10月29日〜昭和25年（1950年）5月22日
生大阪府大阪市 学東京帝国大学法科大学経済学科〔大正8年〕卒 歴東京帝国大学副手から、大正14年東北帝国大学法文学部助教授となり、昭和2年留学。5年帰国して教授に昇任。14〜17年東京帝大教授兼任。戦後は24年東北大学経済学部初代学部長。

長谷部 鋭吉　はせべ・えいきち

建築家
明治18年（1885年）10月7日〜昭和35年（1960年）10月24日
生北海道札幌市 学東京帝国大学工科大学建築学科〔明治42年〕卒 歴貴族院議員を務めた長谷部辰連の三男。父が山形県知事になるとともに山形に移り、さらに東京へと居を移した。明治42年住友総本店臨時建築部（のち営繕課）に入り、野口孫市、日高胖の薫陶を受け、その伝統を受け継ぎながら、「住友銀行本店」「泉屋博古館」などを手がけた。不況期の昭和8年、竹腰健造らとともに住友から独立し、長谷部・竹腰建築事務所を設立。マネジメントの面でも活躍した。戦争末期、住友土地工務株式会社に吸収合併、20年敗戦とともに日本建設産業株式会社に改称、取締役となり、23年退職。さらに25年には日建設計工務株式会社となり顧問に。関西建築界の隆盛に尽力した。他の主な作品に、「住友銀行京都支店」「日本生命本社ビル」「日本神学校」「銀座松坂屋」「伊予銀行本店」などがある。戦後、キリスト教に帰依し、カトリック教徒となった。 家父＝長谷部辰連（貴族院議員・山形県知事）、義兄＝大沢三之助（建築家）

長谷部 言人　はせべ・ことんど

人類学者 解剖学者 東北帝国大学名誉教授
明治15年（1882年）6月10日〜昭和44年（1969年）12月3日
生東京府麴町区（東京都千代田区） 専自然人類学 学一高卒、東京帝国大学医科大学〔明治39年〕卒 医学博士（東京帝国大学）〔大正3年〕、理学博士（東京帝国大学）〔昭和21年〕 賞日本学士院会員 出版社十一堂の経営者で、無鉛白粉（御園白粉）を開発した長谷部仲彦の長男。明治39年京都帝国大学助手、41年助教授、大正2年新潟医学専門学校教授、4年東京帝国大学副手を経て、大正5年東北帝国大学助教授、9年教授。10年欧州へ留学。昭和8年医学部長。解剖学者の傍ら、早くから人類学に興味を持ち、人類学に生理学的、理化学的研究を導入。大正から昭和初期にかけて南洋のミクロネシア諸島などに出張して住民の身体計測などを行った他、石器時代日本人の研究、明石原人の研究など業績は多い。また、先史学や民俗学などにも詳しく、2年「自然人類学概論」「先史学研究」を著した。13年東京大理学部に人類学講座担任教授として迎えられ、14年人類学科を創設。18年定年退官。19年東北帝大名誉教授。26〜43年日本人類学会会長。24〜29年日本学術会議会員。 家四男＝長谷部楽爾（陶磁器研究家）、父＝長谷部仲彦（出版人・化学者）、祖父＝長谷部恕連（岐阜県令）

支部 沈黙　はせべ・ちんもく

詩人 童謡詩人
明治25年（1892年）〜昭和44年（1969年）
生宮城県 名本名＝支部貞助 学札幌師範中退 歴小学校教師を務め、三木露風の手引きで渡島当別近辺の小学校にも勤めた。昭和3年童謡集「ありのお城」を刊行。生活綴方の指導や児童文集発行にも業績を残す。詩集に「路草」がある。没後の50年に「支部沈黙選集上・下」が刊行された。

秦 逸三　はた・いつぞう

化学者 実業家 帝国人造絹糸常務
明治13年（1880年）12月14日～昭和19年（1944年）5月25日
[生]広島県安芸郡海田町　[専]繊維化学　[学]広島一中〔明治32年〕卒, 一高二部〔明治37年〕卒, 東京帝国大学工科大学応用化学科〔明治41年〕卒　[歴]明治33年上京。一高に入り, 寮では鳩山秀夫, 杉村陽太郎, 早船慧雲, 内田祥三らと同室であった。37年東京帝国大学医科大学薬学科に入学するが, 38年工科大学応用化学科に転科。41年樟脳専売局神戸製造所技手となるが, すぐに兵役に就き, 第五師団輜重兵第五大隊に入隊。42年除隊。同年神戸税関鑑定官補, 45年米沢高等工業学校講師を経て, 大正2年教授。鈴木商店の金子直吉の援助を受け, 旧知の久村清太と人造絹糸の研究に従事。5年退職して人造絹糸業視察のため欧米に出張。7年帝国人造絹糸（帝人）取締役兼米沢工場技師長に就任。昭和9年常務となり, 第二帝国人造絹糸社長。17年両社を退職。

畑 英太郎　はた・えいたろう

陸軍大将
明治5年（1872年）7月25日～昭和5年（1930年）5月31日
[生]北海道　[出]福島県　[学]陸士（第7期）〔明治29年〕卒, 陸大〔明治36年〕卒　[歴]父は会津藩士畑能賢。歩兵少尉に任官し, 累進して陸軍中将となる。日露戦争では大尉で従軍し, 戦後英国, インドに派遣される。帰国後, 陸大教官, 陸軍技術審査部議員, 歩兵第56聯隊長, 航空局次長, 軍務局長等を歴任。大正15年宇垣陸相のもとで陸軍次官を務め, 昭和3年第1師団長, 4年関東軍司令官に就任。死去とともに大将に進級した。　[家]弟＝畑俊六（陸軍大将・元帥）

秦 佐八郎　はた・さはちろう

細菌学者 慶応義塾大学医学部教授 北里研究所副所長
明治6年（1873年）3月23日～昭和13年（1938年）11月22日
[生]島根県美濃郡都茂村（美都町）　[名]旧姓・旧名＝山根　[学]三高三部〔明治28年〕卒 医学博士（東京帝国大学）〔明治45年〕　[賞]ドイツ自然科学院会員〔大正15年〕, 帝国学士院会員〔昭和8年〕　[歴]山根家の八男で, 明治20年秦家の養子となる。28年岡山県にあった三高三部を卒業し, 30年岡山県立病院に勤務。31年私立伝染病研究所に入り, 北里柴三郎の下で細菌学を専攻。32年伝研が国立に移管され, 40年伝研第三部長。同年ドイツへ留学し, コッホ研究所のワッセルマンの下で免疫学を研究。42年フランクフルトの国立実験治療研究所に移り, エールリッヒの下で化学療法の研究を行い, 43年エールリッヒと梅毒（スピロヘータ感染症）の化学療法剤「サルバルサン」を創成した。同年帰国。大正4年鈴木梅太郎の協力を受けて「サルバルサン」の国産に成功。この間, 3年北里研究所創設に参加, 9年慶応義塾大学医学部創設と同時に教授となり, 細菌学を講じた。昭和6年北里研究所副所長。8年帝国学士院会員に選ばれた。我が国の化学療法の始祖。　[家]女婿＝秦藤樹（微生物学者）

畑 俊六　はた・しゅんろく

陸軍大将・元帥 陸相
明治12年（1879年）7月26日～昭和37年（1962年）5月10日
[生]東京都　[出]福島県　[学]陸士（第12期）〔明治33年〕卒, 陸大〔明治43年〕卒　[歴]父は会津藩士畑能賢。明治37年日露戦争に出征して負傷。参謀本部員, 45年からドイツ, スウェーデン駐在。大正7年中佐, 10年大佐, 野砲16連隊長。12年参謀本部課長兼軍令部参謀, 15年少将。昭和3年参謀本部第1部長, 8年第14師団長, 10年航空本部長, 11年台湾軍司令官, 12年軍事参議官, 教育総監を歴任し陸軍大将。13年中支派遣軍司令官, 14年侍従武官長, 同年阿部内閣及び米内内閣の陸相。三国同盟を強硬に主張して15年辞職。16年支那派遣軍司令官, 19年元帥。20年第2総軍司令官として敗戦を迎える。23年A級戦犯

として終身刑の判決を受け, 29年病気で仮出所。後, 偕行社会長となる。続現代史資料「畑俊六日誌」（みすず書房）の他, 伝記に梅谷芳光の「忠鑑畑元帥」がある。　[家]兄＝畑英太郎（陸軍大将）

畑 正吉　はた・しょうきち

彫刻家
明治15年（1882年）2月12日～昭和41年（1966年）6月24日
[生]富山県高岡市　[学]東京美術学校彫刻科〔明治39年〕卒　[歴]明治40～43年農商務省海外練習生としてヨーロッパへ留学。44年文展に「歳三十」を出品し初入選, 大正2年同展に「某人肖像」で褒状。大正元年東京美術学校教授に就任し, 9年より1年間米国へ留学。11年東京高等工芸学校（現・千葉大学）教授となり, 昭和16年退官後も長く同校の講師を務めた。この間, 6年帝国美術院推薦となり, 10年帝展改組により, 日名子実三らと第三部会を組織。また20年まで造幣局, 賞勲局に嘱託として多くの記念メダル彫刻を製作。12年に制定された文化勲章のデザインも手がけた。日本彫刻家連盟, 能美会などにも参加, 戦後日本彫塑会会員として同展や日展に出品を続けた。晩年彫刻に力を入れ, 能彫会に属し, 28年, 30年に能彫の個展を開催した。　[賞]文展褒状〔大正2年〕「某人肖像」

秦 真次　はた・しんじ

陸軍中将
明治12年（1879年）4月6日～昭和25年（1950年）2月24日
[生]福岡県　[学]陸士（第12期）〔明治33年〕卒, 陸大〔明治42年〕卒　[歴]歩兵第46連隊付となり, 日露戦争に従軍, 第1軍兵站部副官となった。のち参謀本部員となり, 大正3年オーストリア公使館付武官, 5年オランダ公使館武官, 11年歩兵第21連隊長, 12年第3師団参謀長, 15年歩兵第15旅団長などを歴任。昭和2年奉天特務機関長, 6年中将にすすみ, 兵器本廠付（陸軍次官補佐）。7年憲兵司令官となり, 荒木貞夫陸相のもとで皇道派の中心人物として力をふるい, 青年将校の国家改造運動を庇護した。9年林銑十郎が陸相になると, 仙台第2師団長に遠ざけられ, 10年予備役に編入。退役後は神官となった。

畑 足子　はた・たるこ

聾教育家
明治12年（1879年）～昭和13年（1938年）
[生]東京都　[学]成美女学校〔明治41年〕卒, 楽石社吃音矯正所修了　[歴]大正9年吃音矯正教師免許を取得し, 同年オーガスト・ライシャワーが東京・牛込福音教会会堂に開設した日本聾唖学校教員となる。11～13年米国クラーク聾学校師範部に留学。当時日本では考えられなかった口話による聾教育法を習得して帰国, 我が国に初めて口話法をとり入れ, 日本聾教育史に新時代を画した。

秦 豊吉　はた・とよきち

翻訳家 小説家 演劇プロデューサー
明治25年（1892年）1月14日～昭和31年（1956年）7月5日
[生]東京市日本橋区（東京都中央区）　[名]筆名＝丸木砂土　[学]東京帝国大学法科大学独法科〔大正6年〕卒　[歴]三菱商事勤務の傍ら, ゲーテ「ファウスト」や, レマルク「西部戦線異状なし」などの翻訳を行う。小林一三の知遇を得, 昭和8年東京宝塚劇場に転じ, ショーや東宝国民劇の制作を担当, 15年社長に就任。戦後, 帝都座で初のストリップ「額縁ショー」をプロデュース, 評判となる。23年公職追放となるが25年復帰, 帝国劇場社長となり, 帝劇ミュージカルなどで腕をふるい, 日劇ダンシングチームを育てた。また, 丸木砂土の筆名で随筆, 小説, 読物などを多く発表した。小説の代表作には「半処女」「新妻早慶戦」など。著書に「独逸文芸生活」「伯林・東京」「劇場二十年」などがある。　[家]叔父＝松本幸四郎（7代目）

秦 豊助　はた・とよすけ

衆議院議員　拓務相

明治5年（1872年）8月27日～昭和8年（1933年）2月4日

[生]東京築地（東京都中央区）　[名]号＝嘯月盡心庵　[学]帝国大学法科大学〔明治29年〕卒　[歴]内務省に入り、明治36年福井県参事官、以後長崎県内務部長、45年秋田、大正3年徳島各県知事を歴任。4年退官。以後衆議院議員当選7回、政友会に属し党幹事長、総務を務めた。13年海軍政務次官、14年商工政務次官、昭和6年犬養内閣の拓務相となった。国光生命会社取締役も務めた。

秦 彦三郎　はた・ひこざぶろう

陸軍中将

明治23年（1890年）10月15日～昭和34年（1959年）3月20日

[生]三重県　[学]陸士（第24期）〔明治45年〕卒、陸大〔大正8年〕卒　[歴]大正11年参謀本部ロシア班員となり、15年ソ連大使館付兼スウェーデン公使館付武官補佐官、昭和5年ポーランド公使館付武官、8年参謀本部ロシア班長、9年ソ連大使館付武官、11年陸軍省軍務局員。日中戦争が始まってハルビン特務機関長、15年関東軍参謀副長、16年10月中将。太平洋戦争に入って第34師団長、18年参謀次長、20年関東軍参謀長となり、敗戦後ソ連に抑留され、31年12月復員した。陸軍切ってのロシア通といわれ、著書に「隣邦ロシア」「苦難に堪えて」などがある。

羽田 武嗣郎　はた・ぶしろう

衆議院議員　羽田書店創業者

明治36年（1903年）4月28日～昭和54年（1979年）8月8日

[出]長野県小県郡和田村（長和町）　[学]福島中〔大正11年〕卒,新潟高文科甲類〔大正15年〕卒、東北帝国大学法文学部法律学科〔昭和4年〕卒　[歴]父は群馬・熊本・千葉・福島の師範学校校長を歴任し、その転任に従って各地で育つ。昭和4年東京朝日新聞社に入社、政治部記者を務める。12年衆議院議員に初当選。直後に政治家以外の正業を持つことを考え、学生時代から親炙していた同県人岩波茂雄の支援を得て羽田書店を創業。岩波は好意で発売元も引き受けてくれた。13年飯沼正明「航空随想」、松田甚次郎「土に叫ぶ」を処女出版、続いて宮沢賢治「風の又三郎」「グスコーブドリの伝記」などを出した。後にみすず書房を開く小尾俊人、相田良雄はここの出身。また、21年郷里で新聞「信州民報」を発刊した。衆議院議員は通算8期務めた。　[家]長男＝羽田孜（首相）、孫＝羽田雄一郎（参議院議員）、父＝羽田貞義（福島師範学校校長）、岳父＝神津藤平（長野電鉄社長）

畑 桃作　はた・ももさく

衆議院議員

明治29年（1896年）7月～昭和24年（1949年）3月5日

[生]群馬県北甘楽郡富岡町（富岡市）　[学]富岡中〔大正6年〕卒　[歴]大正12年群馬県議となり、昭和2年副議長。7年より衆議院議員に2選。政友会に所属した。

畑井 新喜司　はたい・しんきし

動物学者　東北帝国大学名誉教授

明治9年（1876年）3月2日～昭和38年（1963年）4月19日

[生]青森県東津軽郡小湊村（平内町）　[学]東北学院理科専修部〔明治31年〕卒、シカゴ大学（米国）〔明治34年〕卒 Ph.D.（シカゴ大学）〔明治36年〕　[歴]明治31年一高教授であった五島清太郎に師事し、同校に助手として勤務。32年辞職して渡米、シカゴ大学で動物学を専攻。36年東洋人として初めて同大でドクター・オブ・フィロソフィの学位を取得、助手として大学に残り比較神経学講座を分担。40年ペンシルベニア大学附属ウィスター研究所専任講師、大正3年助教授を経て、9年教授。在米中はシロネズミを神経学・分類・遺伝・生理・生化学など幅広い視点から研究し、シロネズミが動物実験材料として広く用いられる基盤を固めた。14年にはこの業績により帝国学士院賞を受賞。10年帰国して東北帝国大学教授となり、世界的植物学者であったハンス・モーリッシュの招聘や、国内で初めて植物学・動物学を一つの教室にまとめて"生物学"教室とするなど、理学部生物学科の創立を主導した。13年青森県の浅虫温泉に臨海実験所を開設して初代所長を兼務。昭和13年定年退職。この間、9年パラオ熱帯生物学研究所長を兼ね、18年まで在職。妻は渡辺学園創立者である渡辺辰五郎の四女で、渡辺学園理事長や東京家政大学初代学長も務めた。没後の41年、その業績を称えて太平洋学術会議に"畑井メダル"が創設された。"ミミズ博士"として知られ、著書に「みみず」がある。　[家]二男＝畑井小虎（古生物学者）、孫＝畑井喜司雄（日本獣医生命科学大学教授）、安田紫気郎（建築家）、安田富士郎（東京水産大学教授）、岳父＝渡辺辰五郎（渡辺学園創立者）、女婿＝安田周三郎（彫刻家）　[賞]帝国学士院賞（第15回）〔大正14年〕

畠山 一清　はたけやま・いっせい

実業家　荏原製作所創業者

明治14年（1881年）12月28日～昭和46年（1971年）11月17日

[生]石川県金沢市　[名]号＝即翁　[学]四高卒、東京帝国大学工科大学機械工学科〔明治39年〕卒　[歴]明治39年東京帝国大学工科大学機械工学科を首席で卒業すると、氷砂糖の製法などを開発した発明家・鈴木藤三郎の鈴木鉄工所に技師長として入社したが、43年同社解散により退職。同年大学に渦巻ポンプ研究で知られる恩師・井口在屋を訪ねると、その事業化を手がけていた国友製作所を紹介され、同社に技師長として入社。しかし、45年同社も倒産したため、大正元年井口を主幹に迎え、ゐのくち式機械事務所を創設してポンプの設計に従事。9年事務所の事業を継承した株式会社荏原製作所を設立。世界的なポンプメーカーに育て上げ、その後同社は環境総合エンジニアリングメーカーに発展した。また、昭和10年宇野鉄工所社長、15年会長。21年勅選貴族院議員。一方、能楽や茶の湯をたしなみ、茶器や美術品を収集、35年畠山文化財団、39年畠山記念館を設立した。　[勲]紺綬褒章〔大正12年〕、緑綬褒章〔昭和15年〕

畠山 孝　はたけやま・たかし

ボート選手

大正5年（1916年）9月22日～平成10年（1998年）10月29日

[出]宮城県本吉郡唐桑村（気仙沼市）　[学]早稲田大学商学部〔昭和14年〕卒　[歴]気仙沼中では柔道部主将。早稲田第二高等学院でボートを始め、早大時代の昭和11年ベルリン五輪に出場。卒業後も南満州鉄道（満鉄）勤務の傍ら明治神宮大会で優勝。13年5月～19年3月唐桑町長を務めたのち、46年から宮城県議に5選、60年議長。平成3年引退。　[家]二男＝畠山和純（宮城県議）

幡瀬川 邦七郎　はたせがわ・くにしちろう

力士

明治38年（1905年）6月1日～昭和49年（1974年）5月12日

[出]秋田県湯沢市八幡　[名]本名＝大野邦七郎、旧姓・旧名＝佐藤、年寄名＝千賀ノ浦、楯山　[歴]大正11年5月場所で初土俵、昭和3年3月場所で入幕。恵まれない体と非力をカバーすべく猛稽古で技を磨き、千変万化の取り口と切れ味で"相撲の神様"といわれ、関脇5場所、小結4場所を務めた。15年1月場所を最後に引退。伊勢ケ浜部屋の年寄千賀ノ浦を経て、43年まで年寄楯山を務め、相撲協会の理事として戦後の相撲復興に尽くした。　[家]女婿＝照国万蔵（第38代横綱）

畠田 昌福　はただ・しょうふく

新潟県知事

明治30年（1897年）6月26日～昭和51年（1976年）7月14日

[生]兵庫県津名郡仮屋町（洲本市）　[学]東京帝国大学法学部〔大

正11年〕卒　歴昭和16年愛媛県知事、17年陸軍司政長官、20年2月内務調査官を経て、4月新潟県知事。21年公職追放。

畑中 健二　はたなか・けんじ
陸軍少佐
明治45年（1912年）3月28日〜昭和20年（1945年）8月15日
出京都府船井郡京丹波町　学陸士（第46期）〔昭和9年〕卒　歴地主の二男。昭和9年陸士第46期を卒業。同期には西住小次郎、晴気誠、堀栄三、益田兼利らがいた。昭和17年フィリピンに出張し、戦傷を受ける。同年陸軍少佐となり、18年陸軍省兵務局課員、19年軍務局課員。20年8月14日深夜から15日にかけて、森赳近衛第一師団長を殺害して偽の師団長命令を出し近衛兵を指揮、皇居を占拠するなどクーデターを図った（宮城事件）。同事件の首謀者で、ポツダム宣言受諾阻止と太平洋戦争の継戦を図ったが、事態の沈静化を受け、玉音放送の直前に皇居前で自決した。同事件を描いた映画「日本のいちばん長い日」に主要人物の一人として登場する。

は 羽渓 了諦　はたに・りょうたい
仏教学者　僧侶（浄土真宗本願寺派）龍谷大学学長
明治16年（1883年）8月17日〜昭和49年（1974年）8月13日
生福井県遠敷郡　名旧姓・旧名＝向島、号＝青浜　専アジア仏教史（西域仏教）　学京都帝国大学文科大学哲学科〔明治42年〕卒　文学博士〔昭和9年〕　歴京都帝国大学大学院を経て副手、大正12年講師、昭和2年宗教学第三講座新設で助教授、10年教授。この間仏教大、臨済宗大、同志社大、真言宗京都大各講師。さらに大正10年龍谷大、昭和6年大谷大各教授を務めた。11年龍谷大学長。京大、龍谷大、京都女子大各名誉教授。大正7年中国出張、欧米、インドへ留学。また13年、15年には仏教遺跡調査のため満州、中国へ出張した。著書に「釈尊の研究」「西域之仏教」「阿弥陀仏の信仰」「仏教の現代的意義」「仏教学概論序説」「仏教教育学」「超世の本願」などがある。

波多野 鍈次郎　はたの・えいじろう
バイオリニスト　指揮者
明治26年（1893年）5月27日〜昭和21年（1946年）1月
生東京市芝区（東京都港区）　学東洋音楽学校卒　歴卒業と同時に東洋汽船の船のバンドに参加。大正11年東京シンフォニー、14年日本交響楽協会、15年新響の創立時に参加。日本の交響楽運動草創期に活躍する。また、昭和の初期から終戦まで、一貫して自己のハタノ・オーケストラを率いて帝国ホテルで演奏するなど活躍し、その名を全国に広めた。　家兄＝波多野福太郎（バイオリニスト）、息子＝波多野章（トランペッター）

波多野 鼎　はたの・かなえ
経済学者　九州帝国大学法文学部教授
明治29年（1896年）3月30日〜昭和51年（1976年）9月29日
生愛知県小牧市　学東京帝国大学法科〔大正9年〕卒　経済学博士〔昭和21年〕　歴東京帝国大学在学中、第2期新人会の同人。南満州鉄道（満鉄）東亜経済調査局員、同志社大学教授を経て、大正14年九州帝国大学法文学部講師、昭和5年助教授、9年教授。戦後、22年社会党から参議院議員に当選。同年片山内閣の農相に就任した。34年から民社党誕生の思想の母体である民主社会主義研究会議の議長を務めた。

波多野 乾一　はたの・けんいち
ジャーナリスト　中国研究家
明治23年（1890年）12月23日〜昭和38年（1963年）12月29日
生大分県　名筆名＝榛原茂樹　学東亜同文書院政治科〔大正1年〕卒　歴大正2年大阪朝日新聞社に入社。大阪毎日新聞北京特派員、北京新聞主幹、時事新報北京特派員など中国専門記者として活躍。昭和7年外務省嘱託。戦後サンケイ新聞論説

委員。著書に「中国共産党史」（全7巻）、「現代支那の政治と人物」「支那の政党」「支那劇大観」などがある。

波多野 貞夫　はたの・さだお
海軍中将
明治14年（1881年）5月21日〜昭和17年（1942年）1月7日
生長野県　専火薬学　学海兵（第28期）〔明治33年〕卒　工学博士（早稲田大学）〔昭和14年〕　歴明治33年海軍兵学校を首席で卒業し、35年海軍少尉に任官。同期に永野修身、左近司政三らがいた。41年からフランス・ドイツに駐在し、火薬の調査研究に従事。大正元年呉工廠検査官、3年海軍火薬試験所長。8年舌禍事件により待命となったが、9年海軍技術本部に出仕、同年海軍火薬廠研究部長、12年同廠長。昭和2年海軍中将に進んだ。7年予備役に編入。著書に「中小工業の工場経営と管理」「独逸職業競争」などがある。宗教哲学者・波多野精一の実弟。　家兄＝波多野精一（宗教哲学者）、岳父＝有田義資（三重県知事）

波多野 重太郎　はたの・じゅうたろう
巌松堂書店創業者
明治8年（1875年）10月30日〜昭和33年（1958年）8月18日
生静岡県引佐郡都田村（浜松市北区）　歴幼少時に父母を失い、祖父と共に郷里・引佐郡の奥山半僧坊の境内で絵草紙や雑貨を商う。明治27年上京し、はじめ果物青物商を営むが、28年貸本業をはじめ、34年麻布十番に古書店を開業。37年神田神保町に進出して新本の取扱いもはじめ、同年の勅題「巌上の松」にちなんで店名を巌松堂とした。41年伊地知茂七「ロシア小史」、川島信太郎「外交官受験提要」の刊行を皮切りに出版業にも乗り出し、法律・経済書の専門書肆として名をなした。一時店名を三書楼に改めたが、44年巌松堂に戻した。その後、大阪や満州にも支店を出すが、大正12年の関東大震災により神田神保町の本店が全焼。同年株式会社化して出版・新本販売・古書販売の3事業部体制を敷いた。昭和13年長男の一に社長職を譲る。戦後、出版による戦争協力を追及された一が公職追放に遭うと、22年社長に復帰。従来の事業と並行して書籍の取次業を開始するが、書籍代の回収が出来ず多額の負債を抱え、24年倒産。25年二男・完治の妻である波多野勤子の協力で会社を再建。30年出版・新本販売・古書販売の3事業を、それぞれ巌松堂出版、巌松堂図書、波多野巌松堂に分割した。　家長男＝波多野一（巌松堂社長）、二男＝波多野完治（心理学者）、孫＝波多野里望（国際法学者）、波多野誼余夫（認知科学者）

波多野 精一　はたの・せいいち
宗教哲学者　京都帝国大学教授
明治10年（1877年）7月21日〜昭和25年（1950年）1月17日
生長野県松本市　学東京帝国大学哲学科〔明治32年〕卒　文学博士　賞日本学士院会員〔昭和24年〕　歴在学中ラファエル・ケーベルに師事、近世哲学史を専攻。明治33年東京専門学校（現・早稲田大学）講師となり、34年「西洋哲学史要」を出版。35年植村正久から洗礼を受ける。37年早大から派遣されてドイツ留学、39年帰国。留学中A.ハルナック、E.トレルチに学び神学に関心を持つ。40年東京帝国大学哲学科講師となり、41年「基督教之起源」を出版。大正の初めからギリシャ思想の研究に力を注ぐ。大正6年早大の紛争で辞職。同年京都帝国大学哲学科教授に就任、宗教哲学を担当。ドイツ観念論の崩壊を説き、人格主義的な宗教哲学を唱道した。昭和10年「宗教哲学」、15年「宗教哲学序論」、18年「時と永遠」の3部作を出版。12年京都帝大を退官。戦後は、同志社大と関西学院大の講師を経て、22年玉川大学学長に就任。24年日本学士院会員。「波多野精一全集」（全6巻、岩波書店）がある。

幡谷 正雄　はたや・まさお
英文学者
明治30年（1897年）1月20日～昭和8年（1933年）6月17日
[生]島根県浜田市顕正寺　[学]早稲田大学英文科〔大正9年〕卒　[歴]在学中、逍遙、抱月の指導を受ける。のち千葉師範で5年間教え、辞任後は雑誌「文芸研究」「イギリス文学」「日本女性」を編集。主著に「ウイリアム・ブレイク」「ブレイク詩集」、その他「ポオ短編集」「ワーズワス詩集」「エリヤ随筆講義」など多数。

バチェラー 八重子　ばちぇらー・やえこ
キリスト教伝道者 歌人
明治17年（1884年）6月13日～昭和37年（1962年）4月29日
[生]北海道有珠アイヌコタン　[名]幼名＝向井フチ　[学]香蘭聖書学校（のちの香蘭女学校）卒　[歴]アイヌ出身で父は北海道有珠の豪族向井富蔵（アイヌ名モロッチャロ）。7歳で洗礼を受け、13歳の時札幌に出てバチェラー学園で教育を受ける。父を失い、明治39年ジョン・バチェラー（バチラー）の養女となる。41年養父母とともに渡英し、1年間滞在。帰国後香蘭聖書学校に学び、伝道師の資格を受け、北海道の日高、胆振などの聖公会教会に勤め、傍らバチェラーに従い、北海道各地をはじめ、樺太にも伝道旅行をした。アイヌ語、日本語、英語を自由に使いこなし、アイヌに対する布教や、また大正8年頃からは美唄・夕張炭鉱に働く朝鮮人の伝道にも活躍した。歌人としては、アイヌ民族の悲しみを詠んだ歌集「若き同族（ウタリ）に」（昭和6年）があり、新村出、佐佐木信綱、金田一京助が序文を寄せている。　[家]養父＝バチェラー，ジョン（宣教師・アイヌ研究家）

蜂須賀 正韶　はちすか・まさあき
侯爵 貴族院副議長
明治4年（1871年）3月8日～昭和7年（1932年）12月31日
[生]東京都　[出]徳島県　[学]ケンブリッジ大学　[歴]阿波徳島藩主蜂須賀茂韶の長男に生まれる。蜂須賀家17代目当主。明治19年英国に留学、ケンブリッジ大学で政治・経済・文学を学ぶ。26年帰国、宮内省に出仕、式部官兼主猟官、皇后職主事などを歴任し、大正7年襲爵後、貴族院議員となる。13年～昭和5年貴族院副議長を務めた。　[家]父＝蜂須賀茂韶（貴族院議長・侯爵），長男＝蜂須賀正氏（鳥類学者）

蜂須賀 正氏　はちすか・まさうじ
鳥類学者 探検家 侯爵 貴族院議員
明治36年（1903年）2月15日～昭和28年（1953年）5月14日
[生]東京都　[出]徳島県　[学]ケンブリッジ大学動物学専攻〔昭和2年〕卒 理学博士〔昭和27年〕　[歴]阿波徳島藩主・蜂須賀家の18代目当主。幼年期から生物に興味を持ち、大正9年渡英、ケンブリッジ大学で動物学を学び、以後通算18年外国生活を送る。この間、アイスランド、エジプト、コンゴ、フィリピンなどで鳥獣の調査を行い、昭和27年「絶滅鳥ドードーの研究」で学位を受ける。狩猟家と探検家も兼ねた。日本生物地理学会会頭、日本鳥学会誌「鳥」編集委員、日本鳥類保護連盟会長を歴任。一方、8年侯爵襲封後、貴族院議員となり、18年まで務めた。主著に「ドードーとその一族」「日英鳥目録」「フィリピン群島の鳥類相」「埃乃産鳥類」「世界の涯」「南の探検」「海南島鳥類目録」など。　[家]父＝蜂須賀正韶（貴族院副議長・侯爵）

蜂谷 輝雄　はちや・てるお
外交官 自由インド仮政府担当公使
明治28年（1895年）10月4日～昭和54年（1979年）7月2日
[生]東京都　[学]東京高等商業学校（現・一橋大学）専攻部領事科〔大正8年〕卒　[歴]大正8年外交官試験に合格。昭和13年3月外務省文化事業部長を経て、12月駐ポーランド大使館参事官と

なるが、14年ドイツのポーランド侵攻により大使館引き揚げとなり、10月初代駐ブルガリア公使となった。15年帰国、16年台湾総督府外事部長。19年スバス・チャンドラ・ボース率いる自由インド仮政府担当の特命全権公使となり、20年3月ビルマのラングーンに着任。21年8月バンコクより帰国。23年退官後、かつての上司であった吉田茂首相の秘書官となる。33年日米協会主事、36～54年同専務理事。　[家]父＝蜂谷和輔（弁護士）

鉢蠟 清香　はちろう・せいこう
育種技術者
明治35年（1902年）4月29日～昭和17年（1942年）1月10日
[出]富山県　[学]東京農業大学〔大正14年〕卒　[歴]新潟県農事試験場で水稲の品種改良に取り組む。昭和6年亜加成資と共に極早生で良質・多収性の農林第1号を育種した。

八田 一朗　はった・いちろう
レスリング選手
明治39年（1906年）6月3日～昭和58年（1983年）4月15日
[生]広島県江田島　[学]早稲田大学政経学部〔昭和7年〕卒　[歴]学生時代に柔道からレスリングに転向し、昭和7年のロサンゼルス五輪に日本代表として初出場。戦後25年から33年間日本アマチュアレスリング協会会長。「ライオンとにらめっこ」「そるぞ！」など独得の選手強化法で戦後のレスリング黄金時代を築き、27年のヘルシンキ五輪以来、計16個の五輪金メダルをもたらしたが、35年のローマ五輪で惨敗したときには、自ら丸坊主となって帰国。40年には参議院議員に当選し、スポーツ議員第1号となった。一方、俳句もよくし高浜虚子に師事、30年「ホトトギス」同人。句集に「俳気」がある。58年3月までレスリング協会会長を務め、翌4月に76歳で亡くなった。

八田 高容　はった・こうよう
日本画家
明治15年（1882年）2月～昭和19年（1944年）
[生]京都府　[名]本名＝八田竹次郎、別号＝青翠　[歴]14歳で竹内栖鳳に師事。明治40年第1回文展に「冬の朝」で入選。以後、官展を中心に制作発表し、文展、帝展に入選を重ねる。昭和4年帝展推薦。5年第2回聖徳太子奉讃美術展に「春四題」を無鑑査出品。11年秋の文展招待展に招待出品、12年及び17年新文展に無鑑査出品。19年戦時特別文展の「山林収穫」が最後の官展出品となった。他の作品に「三友」「炭焼き」「林間明月」など。

八田 善之進　はった・ぜんのしん
内科学者 枢密顧問官
明治15年（1882年）2月1日～昭和39年（1964年）1月7日
[生]福井県　[学]東京帝国大学医科大学〔明治42年〕卒 医学博士〔大正6年〕　[歴]母校の東京帝国大学医化学教室、青山内科、愛知医学専門学校教諭を経て、宮内省侍医となった。大正10年皇太子渡欧に随伴、昭和12年侍医頭から官内省御用掛、枢密顧問官を歴任。また日本大学医学部創設に参画、3年日大医学科教授、のち医学科長、同駿河台病院長を務めた。退職後健康保険横浜中央病院長、28年社会保険中央病院長、38年辞職。

八田 宗吉　はった・そうきち
衆議院議員
明治7年（1874年）10月～昭和13年（1938年）1月16日
[出]福島県　[名]旧姓・旧名＝八田吉之丞　[学]福島中卒　[歴]日本化学工業、福島県農工銀行、会津電力などの重役を務めた。大正6年以来衆議院議員当選6回、政友会に属し、福島県政友会顧問を務めた。

八田 三喜 はった・みき

教育家 新潟高校校長
明治6年（1873年）10月30日～昭和37年（1962年）1月28日
⊞石川県金沢市 ⬜四高本科第二部理科〔明治27年〕卒，東京帝国大学文科大学哲学科〔明治31年〕卒 ⬜明治31年佐渡中学校長，34年東京府立第三中学校長となる。大正5～7年学業視察のため欧米へ出張。8年新潟高校教授として創立事務に当たり、9年同校の初代校長に就任。リベラリストで"赤い校長"の異名をとったが、昭和7年前年に起こった学生ストライキの責任を取り辞職した。著書に「戦時行脚青い赤毛布」などがある。 ⬜長男＝八田元夫（演出家・劇作家）

八田 元夫 はった・もとお

演出家 劇作家 東演代表者
明治36年（1903年）11月13日～昭和51年（1976年）9月17日
⊞東京市本郷区（東京都文京区） ⬜東京帝国大学美学科〔大正15年〕卒 ⬜在学中から演劇記者となり、秋田雨雀の先駆座に参加、大正15年トランク劇場に演出助手兼俳優として参加。全国映画従業員組合東支部委員長、プロレタリア戯曲研究会に参加。昭和6年新築地劇団演出部に入り、「検察官」「天祐丸」「どん底」などの演出を担当した。15年新築地劇団の強制解散で検挙、懲役2年執行猶予3年の判決。出獄後、丸山定夫らの移動劇団桜隊に参加。20年8月応召した男優の穴埋めのため滞在先の広島から東京へ帰っていたことから原爆を逃れたが、丸山ら広島にいた桜隊の仲間は全滅した。原爆投下後、広島へ駆けつけ丸山と奇跡的に再会、その最期を看取った。21年第二次新協劇団に参加、スタニスラフスキー・システムの研究と実践を続け34年下村正夫と東京演劇ゼミナール（劇団東演の前身）を創設した。 ⬜父＝八田三喜（教育家）

八田 与一 はった・よいち

農業土木技師 台湾に東洋一のダムを建設
明治19年（1886年）～昭和17年（1942年）5月8日
⊞石川県金沢市今町 ⬜東京帝国大学土木工学科卒 ⬜東京帝国大学土木工学科卒業後、台湾総督府土木局に勤務。大正9年から10年間にわたって台湾の農業用水システム建設に携わり、当時東洋一と言われた烏山頭ダムと総延長1万6000キロにのぼる灌漑用水路建設を指揮。乾期には土地が荒れ、雨期には洪水となる台湾西部の嘉南平原を生産性の高い穀倉地帯に変えることに成功したことから、現地の農民に"嘉南大圳の父"と呼ばれる。昭和17年水利事業調査でフィリピンに向かう途中、乗船が米潜水艦に沈められ戦死。今日でも一部の中学の歴史教科書に取り上げられている他、命日の5月8日には追悼式が営まれている。

八田 嘉明 はった・よしあき

貴族院議員（勅選） 満鉄副総裁
明治12年（1879年）9月14日～昭和39年（1964年）4月26日
⊞東京府小石川区（東京都文京区） ⬜東京帝国大学工科大学土木科〔明治36年〕卒 ⬜山陽鉄道、鉄道庁技師、鉄道省路線調査課長を経て、大正12年同建設局、15年鉄道次官となった。昭和4年退官、勅選貴族院議員。7年南満州鉄道（満鉄）副総裁、12年東北興業会社総裁。13年第一次近衛文麿内閣の拓務相、14年平沼騏一郎内閣で商工相兼任、日本商工会議所会頭。16年帝国石油総裁。同年東条英機内閣の鉄道相、18年逓信相、運輸通信相を務めた。戦後公職追放、解除後日本縦貫高速自動車道協会長、日本高架電鉄会長となった。 ⬜息子＝八田豊明（熊谷組専務）、八田恒平（大和副社長）

服部 岩吉 はっとり・いわきち

衆議院議員
明治18年（1885年）11月～昭和40年（1965年）11月24日
⊞滋賀県 ⬜農業・酒造業を営む傍ら滋賀県金勝村長、県議

を務め、昭和7年から衆議院議員に当選4回。第一次吉田内閣の厚生政務次官、日本自由党代議士会副会長を歴任する。また滋賀県畜産組合連合会長、大津酒税組合理事長、滋賀県知事も務める。

服部 宇之吉 はっとり・うのきち

中国哲学者 文教行政家 京城帝国大学総長
慶応3年（1867年）4月30日～昭和14年（1939年）7月11日
⊞陸奥国二本松（福島県二本松市） 🏷号＝随軒 ⬜帝国大学文科大学哲学科〔明治23年〕卒 文学博士 ⬜帝国学士院会員〔大正6年〕 ⬜三高、東京高等師範学校各教授ののち文部省に入り、大臣秘書官、視学官、高等教育会議幹事、東京帝国大学助教授を務めた。明治32年から中国、ドイツに留学、帰国後の35年東京帝大教授。また清国政府から北京大学堂師範総教習に招かれ、大正4年にはハーバード大学教授に。13年東京帝大文学部長、15年京城帝国大学総長兼任。退官後は国学院大学教授、東方文化学院長、斯文会理事、日華学会理事などを歴任。中国哲学の礼の思想体系化に貢献した。著書に「清国通考」「東洋倫理綱要」「孔子及孔子教」「支那学研究」などがある。

服部 英太郎 はっとり・えいたろう

社会政策学者 東北帝国大学法文学部教授
明治32年（1899年）4月29日～昭和40年（1965年）12月20日
⊞和歌山県和歌山市 ⬜東京帝国大学法学部政治学科〔大正12年〕卒 経済学博士〔昭和26年〕 ⬜東北帝国大学法文学部助手、大正13年助教授となり、社会運動史、社会政策論を講じた。昭和5年欧米に留学、7年帰国。10年教授に昇任。17年思想問題で辞職、治安維持法違反容疑で検挙。戦後の21年東北帝大に復職、25年経済学部長。38年定年退官。福島大学学長も務めた。大河内一男の社会政策論批判で有名。

服部 英明 はっとり・えいめい

衆議院議員
明治12年（1879年）3月～昭和27年（1952年）12月31日
⊞愛知県 ⬜東京帝国大学独法科〔明治40年〕卒 ⬜大学卒業後、弁護士として働く。東京第一弁護士会評議員、麻布獣医畜産学校および麻布獣医専門学校理事、同教授を務める。大正13年衆議院議員に当選以来通算4期。

服部 教一 はっとり・きょういち

衆議院議員
明治5年（1872年）7月20日～昭和31年（1956年）6月21日
⊞奈良県 ⬜高等師範学校〔明治32年〕卒 ⬜教育行政研究のため欧米各国に留学した。帰国後は、陸軍教授等を経て、文部省視学官兼書記官、鹿児島県・高知県・北海道庁各内務部長を歴任した。昭和5年衆議院議員に当選、以来2選される。22年には参議院議員にも当選した。また、北海道拓殖鉄道を創立して社長に就任、北海道高等専修学校および札幌法律学校等を設立、各校長となった。

服部 金太郎 はっとり・きんたろう

実業家 服部時計店創業者 貴族院議員（勅選）
万延1年（1860年）10月9日～昭和9年（1934年）3月1日
⊞江戸 ⬜明治14年東京・京橋に服部時計店（現・セイコーホールディングス）を開業、3年目の17年には「東京高名時計商繁盛鏡」なる番付に名前が載るまでに至った。25年本所石原町に精工舎を設立して時計の製造に着手。27年には銀座4丁目角の旧朝野新聞社社屋を買い取り服部時計店を改築、特に屋上の"服部の時計台"は銀座のランドマークとして知られる存在となった。大正2年初の国産腕時計となる「ローレル」を開発。第一次大戦を機に欧米からの受注も増加、「セイコー」ブランドの製品が世界中に普及し、"日本の時計王"とも呼ば

れる。12年関東大震災で工場や自邸を失うが、目覚時計・蓄音機製造といった新規事業の開拓や9型腕時計「セイコー」、高級懐中時計「セイコーシャ」などの新製品開発を進めて社業を復興させた。昭和2～9年勅選貴族院議員。5年私財を投じて財団法人服部報公会を設立した。[家]長男＝服部玄三(服部時計店社長)、二男＝服部正次(服部時計店社長)、孫＝服部謙太郎(服部時計店社長)、服部礼次郎(セイコー社長)、服部一郎(セイコー電子工業社長)、女婿＝篠原三千郎(東京光学機械社長)、牛塚虎太郎(東京市長)　[勲]紺綬褒章〔大正9年〕、勲三等旭日中綬章〔昭和6年〕

服部 健三　はっとり・けんぞう

薬学者　東京帝国大学教授

明治18年(1885年)～昭和17年(1942年)3月25日

[出]大阪府　[学]東京帝国大学卒　薬学博士　[歴]薬学者・丹波敬三に師事し、衛生裁判化学を研究する。第一次大戦中に薬品製造に努める。欧米留学を経て、大正12年東京帝国大学教授となり、酵素化学・コロイド化学を導入した。また日本衛生化学会の創立常務委員を務めた。

服部 之総　はっとり・しそう

日本史学者　プロレタリア科学研究所所員

明治34年(1901年)9月24日～昭和31年(1956年)3月4日

[生]島根県那賀郡木田村(浜田市)　[名]本名＝服部之総　[専]明治維新史、仏教史　[学]東京帝国大学文学部社会学科〔大正14年〕卒　[歴]浄土真宗寺院に生まれる。大正14年東京帝国大学副手、昭和2年産業労働調査所所員、3年労農党書記局長、5年中央公論社初代出版部長を経て、6年プロレタリア科学研究所所員となる。この間、三・一五の共産党弾圧の際、検挙されるが釈放され、唯物史観の立場で維新を論じた「明治維新史」を刊行。7年刊行開始の「日本資本主義発達史講座」において講座派の代表的論客となる。13年唯物論研究会事件で検挙され戦時下での執筆を断念、同年花王石鹸に入社して上海に渡る。宣伝部長を経て、17年取締役。戦後21年三枝博音らと鎌倉大学校(のち鎌倉アカデミアと改称)を創立、教授となると同時に学界に復帰。24年日本共産党に入党、25年離党。26年日本近代史研究会を設立、翌27年法大教授に就任。他の著書に「黒船前後」「親鸞ノート」「明治の政治家たち」「蓮如」などのほか、「服部之総著作集」(全7巻、理論社)「服部之総全集」(全24巻、福村出版)がある。

服部 伸　はっとり・しん

講談師　浪曲師

明治13年(1880年)6月2日～昭和49年(1974年)12月14日

[生]東京府浅草区今戸(東京都台東区)　[名]本名＝服部辰次郎、前名＝浪花亭駒子　[歴]12歳で浪曲師浪花亭駒吉に入門、小吉と名のり、18歳で真打ちとなり駒子と改名。明治末年から一心亭辰雄と称し、江戸前の威勢のよいせりふ、優れた時代感覚と品のよさで人気を博す。昭和10年55歳の時ノドを痛めて講談師に転向、作家長谷川伸から一字をもらって服部伸を芸名とした。浪花節時代に得意とした「は小町」「関の弥太ッペ」「一本刀土俵入」「大石東下り」などを読み、90歳を過ぎても本牧亭で高座を務めた。

服部 卓四郎　はっとり・たくしろう

陸軍大佐

明治34年(1901年)1月2日～昭和35年(1960年)4月30日

[生]山形県　[学]陸士(第34期)〔大正11年〕卒、陸大〔昭和5年〕卒　[歴]昭和4年参謀本部勤務となった時課長が東条英機大佐。9年からフランス駐在。14年中佐、関東軍参謀、15年参謀本部員、16年作戦課長、17年東条陸相秘書官、東条参謀総長(兼任)のもとで作戦課長。敗戦を大佐、歩兵第65連隊長として中国で迎える。21年復員、同年第1復員局史実調査部長、資料整理部

長、22年5月から27年8月まで連合国軍総司令部(GHQ)歴史課に兼務。また再軍備に当たってGHQ参謀ウイロビーの指示を受け、陸士出身者400人を人選して越中島(東京深川)に乗り込んだが、吉田首相とGHQ民政局長ホイットニーの反発にあい挫折。27年退官、のち史実研究所を設立、所長。著書「大東亜戦争全史」(全4巻)がある。

服部 受弘　はっとり・つぐひろ

野球選手

明治43年(1910年)1月23日～平成3年(1991年)12月5日

[出]愛知県　[学]日本大学　[歴]昭和14年捕手として名古屋軍(現・中日)に入団。16年飛距離の出ないボールのなかで8本塁打を打ち、本塁打王に輝く。兵役を経て、戦後の21年再入団、竹内愛一監督の勧めで投手に転向。この年14勝を挙げ、24年、25年には2年連続20勝以上を記録した。プロ通算15年(投手としては10年)、112勝65敗、540奪三振、防御率2.81。背番号10は中日の永久欠番となっている。

服部 文四郎　はっとり・ぶんしろう

経済学者　早稲田大学教授

明治11年(1878年)1月8日～昭和30年(1955年)2月16日

[生]滋賀県　[学]東京専門学校(現・早稲田大学)英語政治科〔明治35年〕卒、プリンストン大学大学院〔明治39年〕修了 Ph.D.(プリンストン大学)〔明治39年〕、経済学博士〔昭和3年〕　[歴]米国留学後、早稲田大学留学生として英国、フランス、ドイツに渡り、明治41年帰国。42年早大講師、次いで教授となり、貨幣論、金融論、経済原論を担当。昭和2年から同大専門部政経科長。21年専修大学学監、26年千葉商科大学長、27年明治学院大初代経済学部長。この間、ジャパン・タイムズ社長、東京市場協会理事長。著書に「国際貿易と金融」「貨幣銀行為替論」「日本経済の基礎知識」「貨幣論」「国際金融論」「経済学原論」などがある。

服部 希信　はっとり・まれのぶ

林業経済学者　京都帝国大学農学部助教授

明治34年(1901年)11月1日～昭和14年(1939年)1月28日

[生]愛知県幡豆郡一色町　[学]盛岡高等農林学校林学科〔大正13年〕卒、京都帝国大学農学部農林経済学科〔昭和4年〕卒　[歴]大正13年大阪大林区署嘱託となり、同年兵役に就く。15年京都帝国大学に進み、昭和4年卒業して同大助手、13年講師を経て、14年助教授に昇るが、間もなく没した。小農における林業、近世諸藩の林政史などの研究で、理論、実証両面にわたり林業経済学の先駆的業績を残した。著書に「林業経済研究」がある。

服部 嘉香　はっとり・よしか

詩人　歌人　詩論家　国語学者　早稲田大学教授

明治19年(1886年)4月4日～昭和50年(1975年)5月10日

[生]東京市日本橋区浜町(東京都中央区)　[名]筆名＝服部嘉香、初期別号＝楠山、幼名＝浜二郎　[専]日本象徴詩史、近代詩、書簡史　[学]早稲田大学英文科〔明治41年〕卒 文学博士(早稲田大学)〔昭和35年〕　[歴]中学時代から詩歌を作り、明治38年「口語詩小史」を刊行。早稲田大学在学中、早稲田文学社に関係し、40年詩草社を創立。41年卒業後、関西大学講師。45年詩歌研究会を結成、大正2年「現代詩文」を創刊。昭和12年早稲田大学教授に就任。25年「詩世紀」を創刊。28年詩集「幻影の花びら」を発表し、以後「銹朱の影」「星雲分裂史」「バレーへの招宴」などを刊行。歌人としては窪田空穂に師事し「まひる野」会員となる。35年歌集「夜鹿集」を刊行した。また国語問題協議会理事、日本詩人クラブ理事長なども歴任した。

服部 良一　はっとり・りょういち

作曲家　指揮者

明治40年（1907年）10月1日〜平成5年（1993年）1月30日
[生]大阪府大阪市本庄 [名]作詞家名＝村雨まさを [学]大阪市立実践商〔大正13年〕卒 [歴]大正12年大阪の鰻屋・出雲屋が結成した少年音楽隊に入り頭角を現す。15年大阪中央放送局のフィルハーモニックオーケストラ団員となり、同指揮者であったソ連の作曲家エマヌエル・メッテルに認められて週一回の自宅レッスンに通い、作曲理論を学んだ。一方でジャズの洗礼も受け、サックス演奏と編曲で名を馳せ、昭和6年タイヘイ・レコード専属作曲家。8年上京、やがて編曲・作曲の才能を見込まれ、12年の「別れのブルース」（歌・淡谷のり子）が最初のヒット曲となった。以後、霧島昇とミス・コロムビアの「一杯のコーヒーから」、高峰三枝子「湖畔の宿」、霧島昇・渡辺はま子の「蘇州夜曲」などが次々とヒット。太平洋戦争中は敵性音楽とされたジャズをルーツとする作風から逼塞を余儀なくされたが、19年中支派遣軍報道部の嘱託として中国へ渡り、20年8月の終戦間際には文化工作と称して上海で外国人オーケストラを指揮し、李香蘭を迎えて本格的なシンフォニック・ジャズ作品「夜来香幻想曲」を発表した。戦後も「東京ブギウギ」「銀座カンカン娘」（ともに笠置シヅ子）「青い山脈」（藤山一郎）などが大ヒット。ジャズ、ブルース、タンゴといった海外のポピュラー音楽の要素を取り入れた“服部メロディ”で日本のポップスの基礎を築き、他にも「山寺の和尚さん」や、霧島昇「胸の振り子」、二葉あき子「夜のプラットホーム」「バラのルムバ」、灰田勝彦「東京の屋根の下」など多くのヒット曲を送り出し、また村雨まさをの名で作詞も手がけた。 [家]長男＝服部克久（作・編曲家），孫＝服部隆之（作曲家） [賞]国民栄誉賞〔平成5年〕

初山 滋　はつやま・しげる
童画家 版画家
明治30年（1897年）7月10日〜昭和48年（1973年）2月12日
[生]東京市浅草区田原町（東京都台東区） [名]本名＝初山繁蔵 [学]小卒 [歴]着物の柄の下絵画工として丁稚奉公。10歳で狩野探令に大和絵を学び、後風俗画家井川洗厓の弟子として挿絵の手ほどきを受ける。大正8年小川未明監修の童話雑誌「おとぎの世界」において北原白秋らの挿絵で頭角を現した。その画風は、甘く幻想的で詩情にあふれ、アール・ヌーボー的とも見られたが、師宣などの浮世絵の初山的摂取による独特のものであった。大正中期から太平洋戦争中にかけ、絵雑誌、童話雑誌、児童文学書に膨大な量の童画を執筆、優れた作品を残した。画集「初山滋作品集」絵本「たべるトンちゃん」「もず」などがある。

鳩山 一郎　はとやま・いちろう
衆議院議員 文相
明治16年（1883年）1月1日〜昭和34年（1959年）3月7日
[生]東京都文京区 [学]東京帝国大学法科大学英法科〔明治40年〕卒 [歴]東京市議から、大正4年衆議院議員（政友会）に当選。昭和6年犬養、7年斎藤内閣の文相に就任。8年京都帝国大学の滝川事件当時の文相として大学の自治に介入。9年大蔵省疑獄事件に連座。政友会分裂の折には久原派の中核となった。戦後、自由党結成に参加し初代総裁となるが、組閣寸前に公職追放となる。のち鳩山派を率いて、29年日本民主党を結成。同年ようやく首相就任の夢を果たし、保守合同を実現、自由民主党を結成して初代総裁に就任した。31年ソ連を訪れ国交を回復、また国連加盟を実現した。衆議院議員通算15期。 [家]妻＝鳩山薫（共立女子学園理事長），父＝鳩山和夫（衆議院議長・早大総長），母＝鳩山春子（共立女子大創立者），弟＝鳩山秀夫（東大教授・衆議院議員），長男＝鳩山威一郎（参議院議員），長女＝古沢百合子（家庭生活研究会会長），五女＝渡辺信子（日本フィルハーモニー交響楽団顧問），孫＝鳩山由紀夫（衆議院議員），鳩山邦夫（衆議院議員），渡辺康雄（ピアニスト），渡辺規久雄（ピアニスト），岳父＝寺田栄（貴族院議員），女婿＝渡辺暁雄（指揮者）

鳩山 春子　はとやま・はるこ
教育家 共立女子大学創立者
文久1年（1861年）3月23日〜昭和13年（1938年）7月12日
[生]信濃国松本（長野県松本市） [名]旧姓・旧名＝多賀 [学]東京女子師範（現・お茶の水女子大学）〔明治14年〕卒 [歴]明治14年東京女子師範教師となり、同年鳩山和夫と結婚。友人らを招く日本最初の結婚披露宴を行った。19年共立女子職業学校（現・共立女子学園）を創立、教授となり、大正11年同校6代目校長に就任。この間、明治28年大日本女学会を創立、地方の女子に通信教育を行う。昭和3年共立女子専門学校（現・共立女子大学）、11年同高等女学校を設立、校長となるなど女子教育に尽くした。13年長男・一郎の妻薫があとを継ぎ学園理事長となった。著書に「自叙伝」がある。 [家]夫＝鳩山和夫（衆議院議長・東京大学教授），長男＝鳩山一郎（首相），二男＝鳩山秀夫（東京大学教授・衆議院議員），孫＝古沢百合子（家庭生活研究会会長），鳩山威一郎（参議院議員）

鳩山 秀夫　はとやま・ひでお
民法学者 弁護士 東京帝国大学教授 衆議院議員
明治17年（1884年）2月7日〜昭和21年（1946年）1月29日
[生]東京都 [学]東京帝国大学法科〔明治41年〕卒 法学博士〔大正6年〕 [歴]明治41年東京帝国大学講師、43年助教授。44年〜大正3年欧州留学。5年教授となり民法講座担当。10、11年に国際連盟総会随員として参加。15年辞職して弁護士に転じ、昭和7年千葉2区から衆議院選挙に当選した。政友会に所属。ドイツ民法学の論理を用いて日本民法を体系づけ、著書に当時の学界に大きな影響を与えた「日本債権法総論」「日本債権法各論」（全2巻）や「日本民法総論」などがある。 [家]父＝鳩山和夫（衆議院議長），母＝鳩山春子（共立女子大創立者），息子＝鳩山道夫（半導体技術者），兄＝鳩山一郎（首相），義姉＝鳩山薫（共立女子学園理事長），姪＝古沢百合子（家庭生活研究会会長），甥＝鳩山威一郎（参議院議員）

羽鳥 重郎　はとり・じゅうろう
医師 台湾総督府医院医長
明治4年（1871年）1月16日〜昭和32年（1957年）3月24日
[生]上野国（群馬県） [名]号＝眠鰐 [専]流行病・風土病の調査・研究 [学]帝国大学選科 [歴]明治26年23歳の時に医術開業試験を受けて合格。31年日本郵船の船医となるが、32年台湾に移り、39年台湾総督府海港検疫医官、42年防疫医官などを務める。流行病や風土病の系統的な調査・研究に従事し、台湾における恙虫病を発見、風土病の防止に力を尽くした。大正15年台湾総督府医院医長兼中央研究所技師などを歴任。昭和5年台南済生医院、6年花蓮港で内科小児科を開業するが、15年閉院。21年帰国。著書に「台湾通俗衛生」「眠鰐自叙回想録」などがある。

花岡 萬舟　はなおか・まんしゅう
洋画家
生年不詳〜昭和20年（1945年）
[名]本名＝田中亀一，別名＝陳張波 [歴]昭和初期に中国大陸に渡り、絵を描く傍ら、陳張波の名前で中国人になりすまして諜報活動にも従事。中国戦線に従軍して戦争画を描き、国内巡回展を行って国威発揚を図った。昭和16年傷痍軍人らに絵画を指導する組織・忠愛美術院を組織した際、東京・上鷺宮に自宅兼アトリエを建設。20年広島の原爆により亡くなったという。

花岡 芳夫　はなおか・よしお
日本燐寸産業社長 実教出版社社長
明治20年（1887年）1月3日〜昭和47年（1972年）8月5日
[生]東京都 [学]東京帝国大学法科大学独法科〔大正4年〕卒 [歴]茂木舎名本店に入社。リヨン支店勤務を経て、東京株式取引

所調査課長。その後、商工省貿易通信員としてボンベイ、ミラノに駐在。帰国後、大阪府立貿易館館長、大同燐寸常務、日本燐寸工業組合理事長を歴任、戦時中は日本燐寸共販社長、日本燐寸統制社長、戦後、日本燐寸産業社長、実教出版社長を歴任。

花木 伏兎　はなき・ふくと
俳人
明治17年（1884年）5月1日～昭和18年（1943年）3月1日
[生]大阪府大阪市天王寺夕日丘　[名]本名＝花木鶴太郎　[歴]帝キネで映画監督、脚本作家として活動したのち、桃谷順天堂の宣伝部主任を務めた。16歳頃から作句を始め、「半面」初期の俳人として岡野知十の指導を受ける。大正5年青木月斗の「カラタチ」創刊と共に参加、幹部同人として活躍した。「花木伏兎句集」がある。

葉梨 新五郎　はなし・しんごろう
実業家　衆議院議員
明治34年（1901年）2月20日～昭和31年（1956年）3月27日
[生]東京都　[学]明治大学専門部中退、国士舘大学専門部中退　[歴]私立弘学館副館長、中央新聞、日本電報通信の記者、関東庁長官秘書官などを経て、昭和7年茨城1区から衆議院選挙に当選、政友会、戦後自由党に属し、当選5回。衆議院補助金等の臨時特例等に関する法律案特別委員長、同労働委員長、日本自由党総務を務めた。他に富士インキ、栄養化学工業、大稲計器各常務、新興採炭取締役会長、大阪時事新報、桜川紡績、日東農産、三綱商会などの社長を歴任。　[家]長男＝葉梨信行（衆議院議員）

花園 兼定　はなぞの・かねさだ
英語学者
明治19年（1886年）2月13日～昭和19年（1944年）12月2日
[生]東京府浅草区（東京都台東区）　[名]号＝緑人　[学]早稲田大学英文科［明治43年］卒　[歴]「ジャパン・タイムス」「ヘラルド・オヴ・エイシャ」などの記者を経て、大正8年東京日日新聞に入社。ニューヨーク特派員として活躍後、約3年間「英文毎日」の編集に携わる。昭和3年より早稲田高等学院講師、早大高等師範部講師を兼任。著書に「日本の新聞とその先駆者」「異人の言葉」「洋学百花」などがある。

花田 仲之助　はなだ・ちゅうのすけ
陸軍中佐　社会教育家　報徳会創立者
万延1年（1860年）6月10日～昭和20年（1945年）1月2日
[生]薩摩国（鹿児島県）　[学]陸士（旧6期）［明治16年］卒　[歴]明治10年西南戦争に参加。17年歩兵第9連隊付、23年歩兵第3連隊付、27年日清戦争に従軍。30～32年清水松月と変名して西シベリアに入り、ロシア軍の動向調査。32年少佐で予備役。報徳会の主唱者となり、34年郷里鹿児島で会作りに従事。37年日露戦争に応召、38年中佐、後備23連隊大隊長、大本営幕領を務めた。のち全国各地を巡講、報徳会普及に努め、国民精神作興の指導者となった。昭和14年平沼騏一郎内閣下の国民精神総動員中央連盟理事。著書に「報徳実践修養講話」。

花田 長太郎　はなだ・ちょうたろう
棋士（将棋）
明治30年（1897年）～昭和23年（1948年）2月28日
[生]北海道　[歴]関根金次郎門で、大正14年8段、「寄せの花田」といわれ、華麗な攻めと、将棋理論は高い評価を得た。第1期名人戦で木村義雄に敗れた。門下に塚田正夫ら。昭和37年日本将棋連盟から9段追贈。

花田 比露思　はなだ・ひろし
歌人　ジャーナリスト　教育家
明治15年（1882年）3月11日～昭和42年（1967年）7月26日
[生]福岡県朝倉郡安川村（朝倉市）　[名]本名＝花田大五郎　[学]京都帝国大学法科大学［明治41年］卒　[歴]大阪朝日新聞に入り調査部長兼論説委員として、時の寺内内閣を攻撃したが、大正7年の米騒動にからんだ白虹筆禍事件で連帯責任を取って辞任。のち大正日日新聞、読売新聞などに勤め、13年京都帝国大学学生監に招かれた。その後、和歌山高等商業学校校長をはじめ、福岡商科大学、大分大学、別府大学各学長を歴任、教育界に貢献した。大正4年には歌誌「潮騒」（10年に「あけび」と改題）を主宰し歌人として活躍。歌集に「さんげ」、歌論集に「歌に就ての考察」「万葉集私解」など。

花田 政春　はなだ・まさはる
大蔵省専売局長官
明治25年（1892年）3月27日～昭和58年（1983年）9月1日
[生]鹿児島県鹿児島市　[学]東京帝国大学法学部［大正6年］卒　[歴]昭和15年2月から翌年9月まで、現在の専売公社総裁にあたる大蔵省専売局長官を務めた。

花田 陽一郎　はなだ・よういちろう
プロボクサー
大正4年（1915年）9月6日～昭和41年（1966年）
[出]東京都芝新橋　[歴]昭和8年アマのフライ級チャンピオンからプロに転向し、翌9年フライ級チャンピオン。戦争末期に一度引退したが、戦後カムバック、フライ級及びバンタム級の二階級を制覇。23連戦し、24年白井義男（のち世界フライ級チャンピオン）に敗れるまで15年間にわたり日本王座を保持した。その俊敏な動きから“いま牛若”といわれ、ウエイトに関係なくフライ級からミドル級の選手まで相手にして戦うなど風変わりな記録も持つ。92勝（1KO）37敗25分。

花田 凌雲　はなだ・りょううん
仏教学者　龍谷大学学長
明治6年（1873年）1月5日～昭和27年（1952年）11月29日
[生]広島県　[名]号＝衆甫　[歴]新聞記者や興正寺円頓学寮講師などを経て、大正3年仏教大学の講師となる。10年には西本願寺の執行に任ぜられ、浄土真宗の宗政に参画した。のち勧学や安居総理などを歴任し、昭和6年龍谷大学学長に就任。この間、たびたび西本願寺で「唯識三十頌」の副講を勤めたほか、安居で「浄土論」の講義を行い、真宗きっての仏教学者として知られた。著書に「仏教提要」「最近異解異安心問題の検討」などがある。

花菱 アチャコ　はなびし・あちゃこ
漫才師　喜劇俳優
明治30年（1897年）2月14日～昭和49年（1974年）7月25日
[生]福井県勝山町　[出]大阪府　[名]本名＝藤木徳郎、前名＝花菱五郎　[歴]生後すぐに大阪に移り、小学校を出て材木商などに奉公。大正2年花菱五郎の名で関西新派の山田九州男一座に入り、3年喜劇一座の鬼笑会加入。4年菅原家千代丸とコンビで漫才師に転向。15年相方を千歳家今男に変え吉本興行に入社。座長漫才人気投票で1位となった。昭和6年横山エンタツと新コンビを組み、羽織袴を背広に改め話術1本の“しゃべくり漫才”の典型を作り、なかでも「早慶戦」「象の卵」は一世を風靡した。9年中耳炎を患いコンビを解消、10年アチャコ劇団を結成し、エンタツと映画、劇団で共演、人気を博した。22年劇団解散、27年NHK連続ラジオドラマ「アチャコの青春手帖」、「お父さんはお人好し」で戦前以上の人気を回復、喜劇俳優として舞台、映画、ラジオ、テレビと幅広く活躍した。「ムチャクチャでございまするがな」の流行語を生んだ。自伝「遊芸稼人」がある。平成8年上方演芸に貢献した人を顕彰する“上方演芸の殿堂”に入る。

花房 太郎　　はなぶさ・たろう

海軍少将 子爵 貴族院議員

明治6年(1873年)4月19日～昭和7年(1932年)8月22日

生備前国岡山(岡山県岡山市)　学海兵卒　歴外交官・花房義質の長男。明治31年海軍少尉となる。32年軍艦磐手回航委員として英国に出張。37年日露戦争には快速巡洋艦千歳の航海長として活躍。44年皇族付武官兼軍事参議官副官などを務め、日独戦争には若宮艦長、さらに若宮艦長兼艦隊航空隊司令を務める。大正6年父の跡を継いで子爵となる。10年少将。14年から貴族院議員となり、傍ら日本赤十字社理事として社会事業に貢献した。　家父=花房義質(外交官)

花見 朔巳　　はなみ・さくみ

日本史学者 東京帝国大学史料編纂所史料編纂官

明治14年(1881年)9月23日～昭和21年(1946年)4月27日

生福島県耶麻郡小符根村(喜多方市)　中中世史　学東京帝国大学文科大学史学科〔明治39年〕卒　歴開成中学校などで教鞭を執る傍ら日本史の研究を続け、「名古屋市史」編纂委員や「越佐史料」編纂主任などを歴任。大正11年東京帝国大学史料編纂掛(のち史料編纂所に改称)に入り、史料編纂官補を経て、14年史料編纂官に就任、昭和17年まで在職した。安土桃山時代史を専門としたほか、福島県会津地方における郷土史に関しても優れた論考を発表している。編著に「国史講習録 安土桃山時代」「日本近世史説」「男爵山川先生伝」「安土桃山時代史」「日本武将伝」「大日本地誌大系新編会津風土記」などがある。

花谷 正　　はなや・ただし

陸軍中将

明治27年(1894年)1月5日～昭和32年(1957年)8月28日

生岡山県勝北郡広戸大岩村　学陸士(第26期)〔大正3年〕卒、陸大〔大正11年〕卒　歴参謀本部員となり、昭和3年関東軍参謀、歩兵第37連隊大隊長などを務め、5年奉天特務機関長(関東軍司令部付)となる。関東軍参謀の後任石原莞爾と共に満蒙占領計画に参画し、6年柳条湖の鉄道爆破の謀略を担当した。7年参謀本部員、歩兵第35連隊大隊長、8年中佐、済南駐在武官、10年関東軍参謀、次いで歩兵第43連隊長、14～15年満州国軍顧問などを経て、18年中将、第55師団長(仏印)、20年第18方面軍参謀長などを歴任。23年復員。

花柳 寿輔(2代目)　　はなやぎ・じゅすけ

日本舞踊家 花柳流2代目家元

明治26年(1893年)10月3日～昭和45年(1970年)1月22日

生東京市浅草区(東京都台東区)　名本名=花柳芳三郎、歌舞伎俳優名=尾上菊太郎、後名=花柳寿応　貴重要無形文化財保持者(歌舞伎舞踊)〔昭和35年〕、日本芸術院会員〔昭和37年〕　歴初代花柳寿輔の二男に生まれ、5歳の時から舞踊の手ほどきを受け、10歳で父と死別。明治37年6代目尾上梅幸、6代目尾上菊五郎の門弟となり尾上菊太郎を名のる。43年歌舞伎界を離れ、父の後を継ぎ大正7年2代目寿輔を襲名し、花柳流2代目家元を継承。13年には花柳舞踊研究会を作り意欲的に作品を発表し、舞踊界に新風を送った。14年歌舞伎座付の振付師となり、2代市川猿之助(後猿翁)一座の振付を担当、猿翁十種と呼ばれる「独楽」「黒塚」などの新舞踊を振付した。戦後は昭和24年第二次日本舞踊協会を結成、会長、理事としても活躍。32年に日本芸術院賞を受賞。33年ブリュッセル万博に文化使節として一行とともに出演。35年人間国宝の認定を受け、37年日本芸術院会員。38年娘のわかばに寿輔の名を譲り、自分は寿応と改名。他の代表作品に「夢殿」「新編越後獅子」「花咲く春」「綾の鼓」「外記猿」「土蜘」など。著書に「寿輔芸談」がある。46年生前の業績を記念して花柳寿応賞(のち花柳寿応新人賞)が制定された。　家父=花柳寿輔(1代目)、長女=花柳寿輔(3代目)、弟=花柳芳次郎(4代目)、義弟=花柳寿楽、

甥=花柳芳次郎(5代目)　賞日本芸術院賞(昭和31年度)〔昭和32年〕

花柳 章太郎　　はなやぎ・しょうたろう

新派俳優(女方)

明治27年(1894年)5月24日～昭和40年(1965年)1月6日

生東京市日本橋区(東京都中央区)　名本名=青山章太郎、俳名=章魚、柳花洞〔明治42年〕卒　貴重要無形文化財保持者(新派女方)〔昭和35年〕、日本芸術院会員〔昭和36年〕　歴小学校在学中の明治41年、新派の女方・喜多村緑郎に師事し、42年新富座で初舞台。大正4年本郷座の泉鏡花原作「日本橋」のお千世で好評を博し、6年幹部に昇進。8年6代目尾上菊五郎に市村座入りを誘われるが、喜多村と新派を守る決意をする。10年新派の革新をめざして新劇座を結成。関東大震災後は一時関西で活躍し、昭和2年帰京して浅草松竹座で松竹新劇団を旗揚げした。4年水谷八重子と初共演。8年「滝の白糸」で水芸を採り入れて好評を得る。「婦系図」で喜多村から引き継いだお蔦を初演。14年柳永二郎、伊志井寛らと新生新派を組織して従来の新派から脱皮する。同年溝口健二監督の映画「残菊物語」に主演。以後、戦後の新派大合同を経て、晩年にいたるまで座頭として活躍し、初代水谷八重子とともに新派の人気とイメージを高めた。また芸域が広く、新派最後の名女方だった。他の当り役に「明治一代女」のお梅、「大つごもり」のおみね、「鶴八鶴次郎」の鶴次郎、「婦系図」の早瀬主税、「歌行燈」の喜多八、「遊女夕霧」の夕霧、「佃の渡し」のおきよ、「天守物語」の富姫など。39年自らの当り芸「花柳十種」を選定。この間、35年人間国宝に認定され、36年日本芸術院会員、39年文化功労者に選ばれた。絵や文をよくし、「技道精路」「きもの」「役者馬鹿」など著書も多い。　家長男=花柳喜章(俳優)、二男=花柳武始(俳優)　賞日本芸術院賞(昭和29年度)〔昭和30年〕、文化功労者〔昭和39年〕、文部大臣賞(第1回)〔昭和14年〕「残菊物語」

花柳 寿美(1代目)　　はなやぎ・すみ

日本舞踊家

明治31年(1898年)2月11日～昭和22年(1947年)2月8日

生岐阜県　名本名=大橋勇、前名=花柳寿勇　歴4歳から西川流師匠につき、明治43年上京、新橋「竹の家」から芸者に出た。花柳徳太郎に入門、のち寿輔の門に入り、花柳寿勇、14年寿美と改名。美ぼうで「新橋雛妓七人娘」の一人といわれたが、舞踊家になるため妓籍を離れ、13年花柳舞踊研究会に参加、15年自身の新舞踊研究会「曙会」を興し、新舞踊運動を展開、豪華けんらんの舞台を見せた。振付、自演の「火炎のお七」「吉田御殿」「お菊さん」「花火」「三枚絵」「八雲起出雲阿国」などがある。　家養女=花柳寿美(2代目)

羽仁 五郎　　はに・ごろう

歴史学者 評論家

明治34年(1901年)3月29日～昭和58年(1983年)6月8日

生群馬県桐生市　名旧姓・旧名=森　学東京帝国大学文学部国史学科〔昭和2年〕卒　歴大正10年渡欧、ドイツ・ハイデルベルク大学で歴史哲学を学ぶ。昭和2年東京帝国大学卒業後、同大史料編纂所嘱託、日本大学・自由学園講師となり、3年日本大学教授、史学科を創設。三木清らとの討論により、歴史問題と唯物史観の構想に開展。同年「新興科学の旗の下に」の創刊に参画、4年プロレタリア科学研究所創立に参加。6年マルクス主義学者として「日本資本主義発達史講座」では明治維新を執筆し、人民史観的考察で維新史研究に新時代を画す。その後も人民の抵抗精神を標榜し、治安維持法違反で2度逮捕され、終戦を獄中で迎えた。戦後、歴史研究会の再建に尽力、「日本人民の歴史」(24年)をまとめた。また22年には無所属で参議院議員に当選。国立国会図書館の創設、破防法反対、学問・思想の自由保障委員会の中心になるなど精力的に活躍。2

期務めた後は著作に専念。23年より3期、日本学術会議会員。43年の「都市の論理」は大学紛争の全共闘運動に大きな影響を与えた。他に「転形期の歴史学」「歴史学批判序説」「明治維新」「ミケルアンヂェロ」などのほか、「羽仁五郎歴史論著作集」(全4巻、青木書店)「羽仁五郎戦後著作集」(全3巻、現代史出版会)がある。　家妻＝羽仁説子(評論家・教育家)、長男＝羽仁進(映画監督)、長女＝羽仁協子(コダーイ芸術教育研究所所長)、孫＝羽仁未央(映画監督・エッセイスト)、羽仁カンタ(市民運動家)、岳父＝羽仁吉一(自由学園創設者)、妻の母＝羽仁もと子(自由学園創設者)、義妹＝羽仁恵子(自由学園学園長)、甥＝森喜作(菌学者・森産業創立者)、森寛一(日本きのこ研究所所長)

羽仁 もと子　はに・もとこ

教育家 自由学園創立者
明治6年(1873年)9月8日〜昭和32年(1957年)4月7日
生青森県三戸郡八戸町(八戸市)　名旧姓・旧名＝松岡　学東京府立第一高等女学校〔明治24年〕卒、明治女学校高等科卒　歴明治22年上京、新設の東京府立第一高等女学校に入学。在学中の23年、築地明石町教会で洗礼を受ける。24年同校を卒業して明治女学校高等科に学んだ。郷里の小学校や盛岡女学校で教鞭を執った後、31年報知新聞社で婦人記者第1号として活躍。34年同じ報知新聞記者であった7歳下の羽仁吉一と結婚・退社。36年夫婦で協力して「家庭之友」(当初は内外出版協会から刊行)を創刊。37年には家計簿を創案し出版した他、39年「家庭女学講義」、40年「青年之友」など家庭向けの雑誌を編集した。41年「家庭之友」を「婦人之友」に改め、42年婦人之友社を設立。以降はその経営と編集に専念し、大正3年「子供之友」、4年「新少女」(9年「まなびの友」)など少女向けの雑誌も刊行した。10年長女・説子が小学校を終えたのを機に「婦人之友」の主張を実現する場として、夫と自由学園を創立。学校には一人の雇人もおかず、子どもたち自らが知識・技術・信仰を自発的に身につけるという生活中心のユニークな教育を実践的に追求し、昭和2年小学校、10年男子部、13年北京生活学校を開設するなど、学校の規模を徐々に拡大した。戦後は24年に男子最高学部、25年女子最高学部を開き、文部省の基準によらない独自の総合的な学園構想実現へ努力した。　家夫＝羽仁吉一(自由学園創設者)、娘＝羽仁説子(評論家)、羽仁恵子(自由学園園長)、孫＝羽仁進(映画監督)、羽仁協子(コダーイ芸術教育研究所長)、女婿＝羽仁五郎(歴史学者)、曽孫＝羽仁未央(映画監督・エッセイスト)

羽仁 吉一　はに・よしかず

教育家 出版人 自由学園創立者 婦人之友社創業者
明治13年(1880年)5月1日〜昭和30年(1955年)10月26日
生山口県佐波郡三田尻村(防府市)　学周陽学舎〔明治26年〕中退　歴明治30年上京して矢野龍渓の書生となり、33年報知新聞社に入社、34年同紙編集長。同年日本初の婦人記者・松岡もと子と結婚。間もなく報知新聞社を退社し新潟の「高田新聞」主筆に転じるが、35年には東京に戻った。36年夫婦協力して雑誌「家庭之友」を創刊(当初は内外出版協会から刊行)、その後も39年「家庭女学講義」、40年「青年之友」など家庭向けの雑誌を編集。一方で、36年「電報新聞」を発刊(39年「毎日電報」に改題)、政治部長となった。41年「家庭之友」を「婦人之友」に改め、42年婦人之友社を設立。以降は社主として経営と編集に専念し、大正3年「子供之友」、4年「新少女」(9年「まなびの友」に改題)など少女向けの雑誌も刊行した。10年「婦人之友」の主張を実現する場として妻と自由学園を創立、生涯教育・社会教育分野でも先駆的役割を果たし、昭和2年小学校、10年男子部、13年北京生活学校、24年男子最高学部、25年女子最高学部を開設と学校の規模を徐々に拡大した。　家妻＝羽仁もと子(自由学園創立者)、娘＝羽仁説子(評論家)、羽仁恵子(自由学園園長)、孫＝羽仁進(映画監督)、羽仁協子(コダーイ芸術教育研究所所長)

羽生 雅則　はにゅう・まさのり

内務次官
明治22年(1889年)12月10日〜昭和46年(1971年)8月8日
生山梨県　名旧姓・旧名＝奥秋　学東京帝国大学法科大学法律学科〔大正5年〕卒　歴台湾総督府に所属し、のち東京府学務局長、北海道拓殖部長、大阪府経済部長、福井、三重各県知事を歴任し、昭和12年第一次近衛内閣の内務次官に就任。退官後は日本綿スフ織物社長、日本陶磁器工業組合・全国輸出羽二重工業組合各理事長などを務めた。

羽田 亨　はねだ・とおる

東洋史学者 京都帝国大学総長
明治15年(1882年)5月15日〜昭和30年(1955年)4月13日
生京都府　名旧姓・旧名＝吉村　学東京帝国大学文科大学史学科〔明治40年〕卒 文学博士〔大正11年〕　賞帝国学士院会員〔昭和11年〕　歴明治42年京都帝国大学講師、大正2年助教授を経て、13年教授。この間、欧州で敦煌文書の調査研究・史料収集に従事。昭和11年帝国学士院会員、13年京都帝大総長、20年名誉教授。同年〜23年東方文化研究所所長。20年12月勅選貴族院議員を組織して会長。大正11年から勅選貴族院議員。昭和2年勧銀勢力の権威で、28年文化勲章を受章した。　家長男＝羽田明(東洋史学者)　勲文化勲章〔昭和28年〕

馬場 鍈一　ばば・えいいち

財政家 蔵相 文相 貴族院議員(勅選)
明治12年(1879年)10月5日〜昭和12年(1937年)12月21日
生東京府芝区(東京都港区)　出東京府神田区三崎町(東京都千代田区)　学東京帝国大学法科大学〔明治36年〕卒 法学博士　歴高文をトップでパスし大蔵省入り。税関事務官、韓国総監府財政監査官などを経て法制局に転じ、参事官兼行政裁判所評定官から加藤友三郎内閣の法制局長官。大正11年から勅選貴族院議員。昭和2年勧銀総裁。岡田内閣の審議会委員を経て、広田内閣の蔵相に起用され、軍事費の大幅な支出増を許したことで知られる。また税制改革による増税案を発表したため猛烈なインフレを呼び、内閣崩壊の原因となった。その後軍部の強い要請で、12年に第一次近衛内閣の文相に就任。

馬場 一衛　ばば・かずえ

青森県知事 門司市長
明治14年(1881年)12月2日〜昭和19年(1944年)3月30日
生熊本県熊本市　学東京帝国大学政治科〔明治41年〕卒　歴大正4年群馬県警察部長、8年同県内務部長、10年警視庁に入って刑事部長、警務部長を務める。12年青森県知事。門司市長も務めた。

馬場 敬治　ばば・けいじ

経営学者 東京帝国大学経済学部教授
明治30年(1897年)3月22日〜昭和36年(1961年)8月10日
生大阪府　学東京帝国大学工学部電気工学科〔大正9年〕・経済学部〔大正12年〕卒 経済学博士〔昭和25年〕　歴大正14年東京帝国大学助教授、昭和6年教授。32年定年退官。我が国の経営学の草分けで、特に理論科学としての経営学を確立した。

馬場 愿治　ばば・げんじ

司法官 弁護士 中央大学学長
万延1年(1860年)8月14日〜昭和15年(1940年)11月13日
生陸奥国大沼郡(福島県)　学東京大学法学部〔明治18年〕卒 法学博士〔大正7年〕　歴東京始審裁判所判事、横浜地方裁判所部長、東京控訴院判事、同控訴院部長、浦和地方裁判所長、函館、広島各控訴院長から大審院部長となった。明治32年英米に留学。大正12年退官して弁護士開業。その後中央大学法学部教授、同理事、同大学長を歴任した。

馬場 孤蝶　ばば・こちょう
英文学者 翻訳家 随筆家
明治2年（1869年）11月8日～昭和15年（1940年）6月22日
[生]高知県高知市中島町西詰 [名]本名＝馬場勝弥 [学]明治学院普通部〔明治24年〕卒 [歴]明治24年、高知の共立中学英語教師となるが、翌年上京して日本中学に勤務し、島崎藤村らの「文学界」に参加する。小説、評論、随筆、詩の分野で幅広く発表し、その一方で英文学者として「イリアード」などの翻訳もする。28年彦根中学に赴任し、さらに浦和中学を経て、日本銀行文書課に勤務。晩年の昭和11年「明治文壇回顧」を刊行した。 [家]兄＝馬場辰猪（自由民権家）

馬場 恒吾　ばば・つねご
ジャーナリスト 政治評論家
明治8年（1875年）7月13日～昭和31年（1956年）4月5日
[生]岡山県邑久郡牛窓町長浜（瀬戸内市） [学]東京専門学校（現・早稲田大学）英語政治科〔明治33年〕中退 [歴]明治33年ジャパンタイムズ社入社。42年渡米して「オリエンタル・レビュー」という日本紹介の英文雑誌を刊行したが続かず、大正2年帰国、ジャパンタイムズに戻り編集長。翌年徳富蘇峰の国民新聞社に転じ、外報部長、編集局長、政治部長、理事を歴任。その間、パリ講和会議に特派員として随行。13年退社、社会大衆党顧問として普選運動、無産運動に参加。新聞、「中央公論」「改造」などに政治評論、人物論を書き、リベラルな論陣を張った。戦争中一時執筆を禁止されたが、節を曲げなかった。昭和20年正力松太郎社長がA級戦犯で退社後の読売新聞社長に迎えられ、読売争議の解決に当たった。26年社長を辞任、顧問となる。24～26年日本新聞協会会長を務め、26年第1回新聞文化賞を受けた。著書に「現代人物評論」「議会政治論」「自伝点描」など。

馬場 元治　ばば・もとはる
弁護士 衆議院議員
明治35年（1902年）12月21日～昭和43年（1968年）6月23日
[生]長崎県南高来郡南串山町 [学]東京帝国大学法学部〔大正14年〕卒 [歴]弁護士を開業し、長崎市会、県会議員を経て、昭和11年長崎1区から総選挙に当選、19年小磯国昭内閣の厚生参与官。戦後公職追放、解除後自由党衆議院議員に復帰、通算10期。衆議院法務委員長を経て、30年第三次鳩山一郎内閣の建設相。他に自由党総務、自民党基本問題調査会副会長、代議士会長などを務めた。

羽原 正一　はばら・しょういち
農民運動家 全農総本部常任書記
明治35年（1902年）3月15日～平成7年（1995年）10月7日
[生]大阪府大阪市此花区伝法町 [学]大阪府立西野田職工学校卒 [歴]大正12年文芸誌「芽」を創刊。その後農民運動に参加し、15年日農香川県連書記、昭和4年全農総本部書記などを歴任。同年四・一六事件で検挙される。出獄後は全農全国会議派に所属したが、10年全農総本部へ復帰。常任書記となり、12年の解散まで活動した。この間、多くの小作争議に参加し、たびたび検挙される。戦後は大阪市の福島医療生活協同組合吉野診療所理事長などを務めた。著書に「農民解放の先駆者」など。

羽原 又吉　はばら・ゆうきち
日本史学者 農林省水産講習所教授
明治15年（1882年）12月5日～昭和44年（1969年）3月19日
[生]大分県直入郡都野村（竹田市） [専]日本漁業経済史 [学]東京帝国大学理科大学動物学科〔明治42年〕卒 経済学博士（慶応義塾大学）〔昭和25年〕 [歴]明治45年北海道庁技師として小樽水産試験場勤務。大正7年農林省水産講習所嘱託となり、昭和7年同所教授。水産業、漁村社会などの史料を長年にわたり踏査・収集し、日本漁業史学を創始した。17年退官後、慶応義塾大学、東大講師を務め、26年日本常民文化研究所常務理事に就任。著書に「魚市場論」「日本古代漁業経済史」「日本漁業経済史」（全4冊）「日本近代漁業経済史」など。 [賞]日本学士院賞〔昭和30年〕

浜井 松之助　はまい・まつのすけ
大阪屋号書店創業者
明治7年（1874年）11月18日～昭和19年（1944年）4月15日
[生]島根県松江市 [歴]生家はろうそく店。大阪の呉服屋へ丁稚奉公に出た後、台湾で測量技師をしていたが、明治37年日露戦争の勃発を知り一旗揚げようと雑貨商として満州へ渡る。やがて競争相手のなかった書店経営に目を着け、38年遼東半島の営口で大阪屋号書店を開業。志を立てた大阪にちなんで大阪屋を名のっていたが、日本商社に多かった“号”を付け“大阪屋号書店”とした。以後、奉天、新京、旅順、大連から朝鮮各地へと支店を広げ、南満州鉄道（満鉄）の発展に伴って業容も急拡大。44年仕入部の東京進出を図り、大連本店を弟・浜井金次郎に任せて自身は東京へ移った。大正初め頃より出版業も始め、満州・支那関係の書籍や囲碁・将棋書を中心に刊行、新刊目録として「内務省納本月報」も刊行した。外地専門の書籍取次店として盤石の地位を築いたが、昭和7年脳出血で倒れ半身不随となり、以後は長い闘病生活を送った。16年日本出版配給の設立により取次部門は消滅、出版部門だけが残った。 [家]二男＝神田山陽（2代目），孫＝浜井修（東京大学名誉教授），浜井武（光文社常務），浜井誠（TBS番組部副部長），甥＝浜井良（大阪屋号書店社長）

浜井 良　はまい・りょう
大阪屋号書店社長
明治45年（1912年）3月22日～昭和43年（1968年）3月16日
[生]東京市日本橋区（東京都中央区） [学]巣鴨高等商業学校〔昭和7年〕卒 [歴]大阪屋号書店創業者・浜井松之助の甥。同書店大連店主であった父の死後、昭和7年よりその跡を継いで経営に当たり、満州での業績を伸ばすとともに中国関係図書の出版にも着手した。傍ら、満州書籍雑誌商組合幹事や関東州出版会理事などを歴任し、20年関東州書籍配給株式会社の創立に参画したが、業務開始後間もなくして召集され、同社も解散した。22年東京・品川で大阪屋号書店を再興し、引き続き囲碁・将棋関係の書籍を出版した。 [家]伯父＝浜井松之助（大阪屋号書店創業者），従兄＝神田山陽（2代目）

浜尾 四郎　はまお・しろう
探偵小説家 弁護士 子爵 貴族院議員
明治29年（1896年）4月20日～昭和10年（1935年）1月29日
[生]東京都 [学]東京帝国大学独法科〔大正12年〕卒 [歴]東京帝国大学卒業後検事局に勤務し、昭和3年弁護士を開業。その傍ら探偵小説を書き、4年「彼が殺したか」を発表。以後「殺人小説集」「殺人鬼」などを刊行。子爵で、8年貴族院議員になった。 [家]父＝加藤照麿（男爵），弟＝京極高鋭（音楽評論家），古川緑波（喜劇俳優）

浜口 雄幸　はまぐち・おさち
首相 衆議院議員 民政党総裁
明治3年（1870年）4月1日～昭和6年（1931年）8月26日
[生]高知県長岡郡五台山村唐谷（高知市） [名]旧姓・旧名＝水口 [学]帝国大学法科大学政治学科〔明治28年〕卒 [歴]山林官水口胤平の三男に生まれ、明治21年高知県安芸郡田野町の旧郷士浜口家の養子となる。三高、東京帝国大学卒業後、大蔵省に入り、専売局長官を経て、大正元年逓信次官、3年大蔵次官となる。4年政界に転じ高知から衆議院議員に当選、憲政会きっての財政通として活躍。加藤内閣の蔵相、若槻内閣の蔵相・内相を経て、昭和2年民政党初代総裁に選ばれ、4年首相に就任。金融恐慌のなかで、軍縮・緊縮財政と金解禁を断行。“ライオ

ン宰相"の異名をとる。深刻な不況と社会不安の激化した5年11月、東京駅で右翼青年に狙撃されて重傷を負う。容態が悪化して翌6年首相・総裁を若槻に譲り、8月死去。 家長男=浜口雄彦(銀行家)、二男=浜口巖根(銀行家)、女婿=大橋武夫(国務相) 勲勲一等旭日桐花大綬章

浜口 儀兵衛(10代目)　はまぐち・ぎへえ
実業家 ヤマサ醤油社長 貴族院議員(多額納税)
明治7年(1874年)4月24日～昭和37年(1962年)1月31日
生和歌山県　名号=梧洞　学東京帝国大学理科専科卒　歴大学在学中、欧米各国を歴遊し、英国で発酵学者グラハムに化学を学ぶ。明治26年から浜口儀兵衛商店(現・ヤマサ醤油)の10代目として経営にあたり、業務の拡張、品質の向上を図って近代企業としてのヤマサ醤油の発展に尽力。28年開業250年にして宮内省御用達の許可を受ける。39年浜口合名会社に改組、昭和3年ヤマサ醤油を創設、社長。18年長男(第11代儀兵衛)に社長を譲り、会長となった。また大正14年～昭和14年多額納税の貴族院議員を務めた。　家父=浜口儀兵衛(9代目)

浜口 富士子　はまぐち・ふじこ
女優
明治42年(1909年)9月～昭和10年(1935年)10月9日
出東京市神田区(東京都千代田区)　名本名=鈴木富士子　学一ツ橋高等女学校卒　歴新国劇の研究生となり、キネマ旬報の「モダンガール懸賞募集・美人投票」に当選。昭和4年日活太秦現代部入社。阿部豊監督「蒼白き薔薇」でデビュー。5年村田実「摩天楼・愛慾篇」に中野英治の相手役で好演、日活トーキー第1作「ふるさと」など次々主演。しかし共演した神田俊二と同棲したことから陰がさし、6年「新婚超特急」、7年の「旅は青空」主演程度で、正式結婚後の8年退社。9年日活に復帰したが病気に倒れた。

浜崎 定吉　はまざき・さだきち
実業家 大阪株式取引所理事長
明治4年(1871年)1月～昭和9年(1934年)10月29日
出東京府　名旧姓・旧名=関根　学帝国大学卒　歴東京府士族・関根源平の二男に生まれ、先代卯三郎の養子となる。明治29年住友銀行に入行。船場支店支配人、本店営業部支配人、住友電線取締役などを経て、昭和6年大阪株式取引所理事長となる。安田信託取締役、大興電気取締役を兼任した。

浜田 国太郎　はまだ・くにたろう
労働運動家 日本海員組合組合長
明治6年(1873年)10月25日～昭和33年(1958年)3月15日
生愛媛県越智郡生名村　歴12歳から船員生活に入り、明治26年日本郵船に入社、火夫長として各船を転乗。39年日本郵船の火夫長を糾合して機関部倶楽部を創立。のちに他社の船員にも呼びかけて組織を拡大し、日本船員同志会と改称して、45年のストライキに勝利。以後海上労働運動の指導者となり、大正3年友愛会に参加。9年ジェノバで催された第2回国際労働機関(ILO)総会に船員代表顧問として出席。帰国後船員団体の大同団結にのり出し、10年日本海員組合を創立し副組合長となり、昭和2年組合長に就任。10年組合長を辞任し、その後は宗教運動に関心を抱き、12年僧籍に入る。戦後は青少年の補導・教育に努めた。

浜田 国松　はまだ・くにまつ
衆議院議長
慶応4年(1868年)3月10日～昭和14年(1939年)9月6日
生伊勢国宇治山田市(三重県伊勢市)　名号=孤松　学東京法学院(現・中央大学)〔明治24年〕卒　歴弁護士から政界に入り、明治37年以来衆議院議員に当選12回。立憲国民党、革新倶楽部、政友会に所属。この間、大正6年衆議院副議長、14年

政友会総務、昭和2年田中義一内閣の司法政務次官、9～11年衆議院議長を務めた。同じ三重2区の"憲政の神様"尾崎行雄とともに、清廉な政治家として憲政の擁護に尽力。自由主義的雄弁家として知られ、12年第70議会で寺内寿一陸相に腹切りを賭けて発言の誠実さを問うた、"腹切り問答"で一躍有名になった。

浜田 耕作　はまだ・こうさく
考古学者 京都帝国大学総長
明治14年(1881年)2月22日～昭和13年(1938年)7月25日
生大阪府古市郡古市村(羽曳野市)　名号=浜田青陵　学東京帝国大学文科大学史学科〔明治38年〕卒 文学博士(京都帝国大学)〔大正7年〕　賞帝国学士院会員〔昭和6年〕　歴明治42年京都帝国大学文科大学講師となり、大正2年助教授、6年教授。同年より3年間、英・仏・伊に留学し、考古学を研究。昭和5年文学部長を経て、12年総長。在任中の翌13年、57歳で死去。考古学と美術を結び付けた功績で知られ、京都帝大に日本初の考古学講座を創設。62年浜田青陵賞が制定された。主著に「通論考古学」「百済観音」「東亜文明の黎明」「天正遣欧使節記」「考古学研究」「東洋美術史研究」などがある他、「浜田耕作著作集」(全7巻、同朋舎出版)。　家長男=浜田稔(菌類学者)、二男=浜田敦(国語学者)

浜田 駿吉　はまだ・しゅんきち
ホッケー選手
明治43年(1910年)10月19日～平成21年(2009年)12月7日
生兵庫県神戸市　学慶応義塾大学経済学部〔昭和8年〕卒　歴中学3年から慶応普通部に転入し、ホッケーを始める。慶応義塾大学時代にGKとして日本代表に選ばれ、昭和7年ロサンゼルス五輪に出場、我が国国体競技初のメダル(銀メダル)を獲得。11年ベルリン五輪にも出場した。大学卒業後は錦華紡績(のち大和紡績、現・ダイワボウホールディングス)に入り、35年取締役、39年常務。41年オーエム製作所顧問に転じ、同年社長、52年会長。

浜田 庄司　はまだ・しょうじ
陶芸家
明治27年(1894年)12月9日～昭和53年(1978年)1月5日
生神奈川県橘樹郡高津村溝ノ口(川崎市)　名本名=浜田象二　専民芸陶器、益子焼　学東京高等工業学校窯業科〔大正5年〕卒　賞重要無形文化財保持者(民芸陶器)〔昭和30年〕　歴大正5年京都市立陶磁器試験場に勤め、釉薬の研鑽を積む。6年バーナード・リーチに出会い、7年千葉県我孫子の工房を訪ね、柳宗悦らに出会う。9年リーチの誘いで渡英、セント・アイブスで作陶。12年ロンドンで個展開催。13年帰国後は栃木県の益子に定住し、益子焼の改良発展に尽力。14年沖縄壺屋の新垣栄徳の工房に通い、赤絵を始める。同年以降、柳宗悦、河井寛次郎らとともに民芸運動を推進。昭和4年以降国画会展(現・国展)に出品。11年日本民芸館開館。30年人間国宝に認定され、43年文化勲章受章。37年日本民芸館長、49年日本民芸協会会長となる。また52年には世界中で収集した民芸作品を集めた益子参考館を開設し、館長、理事長を務めた。素朴で力強い作風で、国際的に最も知られた作家の一人。代表作に「赤絵糖黍紋花瓶」「塩釉紋押花瓶」「飴釉白青十字掛大鉢」など。　勲文化勲章〔昭和43年〕　賞芸術選奨文部大臣賞〔昭和27年〕「壺」

浜田 幸雄　はまだ・たかお
大蔵省専売局長官 満鉄理事
明治31年(1898年)8月1日～昭和49年(1974年)3月23日
生高知県高知市　学東京帝国大学法学部卒　歴大正11年大蔵省入省。専売局長官、南満州鉄道(満鉄)理事、東北興業総裁などを経て、昭和24年に衆議院選挙に出馬したが落選。27年

は

自由党から当選し、5期務めた。46年参議院議員に転じる。

浜田 恒之助　はまだ・つねのすけ
京都府知事
明治3年（1870年）9月19日〜昭和20年（1945年）4月28日
生土佐国安芸郡奈半利村（高知県安芸郡奈半利町）　名号＝奈水　学東京帝国大学政治科〔明治29年〕卒　歴高知尋常中学校・三高を経て、東京帝国大学政治科に学び、明治29年に卒業して高等文官試験に合格。以来、一貫して内務官僚として活躍し、奈良県警察部長・北海道第一部長などを歴任、43年には富山県知事に任ぜられ、さらに宮城や広島の各県知事なども務めた。大正12年拓殖局長官となり、次いで15年には京都府知事に就任。同在任中、京都府立女子専門学校の設立や産業の振興などに当たり、よく府政に尽くした。また、昭和2年の丹後大地震に際しては、被災地復旧のために復興課を設置。退官後は伊豆修善寺に隠棲した。

浜田 尚友　はまだ・ひさとも
衆議院議員
明治42年（1909年）6月〜昭和63年（1988年）3月3日
生鹿児島県国分市　学早稲田大学政経学部政治科卒　歴昭和7年東京日日新聞社（現・毎日新聞社）に入社。その後、厚生大臣秘書官などを経て、17年に鹿児島2区から衆議院議員に初当選、2期務めた。戦後は国分市会議長などを経て政治評論家として活動した。

浜田 広介　はまだ・ひろすけ
児童文学作家
明治26年（1893年）5月25日〜昭和48年（1973年）11月17日
生山形県東置賜郡屋代村（高畠町）　名本名＝浜田広助　学早稲田大学英文科〔大正7年〕卒　歴米沢中学在学中、短歌グループ「果樹林社」を結成し、「秀才文壇」に短歌や小説を投稿。大正3年から「万朝報」に短編小説を投稿。6年、処女作童話「黄金の稲束」が大阪朝日新聞の「新作お伽噺」に入選、児童文学へ進むきっかけとなる。7年早大卒業後、春秋社の「トルストイ全集」の校正に従事。8年「良友」誌の編集者、作家となる。10年実業之日本社に入社。のち、関東大震災で退社、文筆活動に入る。東北人らしいねばりと誠実な人柄をもって大正、昭和の50年以上を約1000編におよぶ童話を書き続け、戦後の児童文学の盛況をもたらす先駆の役割を務めた。代表作に「ないた赤おに」「椋鳥の夢」「大将の銅像」「ひろすけ童話読本」「ひらがな童話集」など。昭和30年日本児童文芸家協会を設立し、初代理事長、41年会長となり、没するまで児童文学の普及と創作活動を推進した。"ひろすけ童話"の全容は「ひろすけ幼年文学全集」（全12巻）と「浜田広介全集」（全12巻）にみることができる。平成元年功績を讃え、ひろすけ童話賞が創設された。　家娘＝浜田留美（国際学友会日本語学校講師）　賞児童文化賞〔第1回・幼年物〕〔昭和15年〕「ひらがな童話集」，野間文芸奨励賞〔第2回〕〔昭和17年〕「りゅうの目の涙」

浜田 本悠　はまだ・ほんゆう
宗教学者 立正大学教授
明治24年（1891年）4月5日〜昭和46年（1971年）10月3日
生石川県　学東京帝国大学文科大学哲学科宗教学専修〔大正7年〕卒　歴ライプツィヒ大学、マールブルク大学、ケンブリッジ大学客員教授を経て、立正大学教授、宗教問題研究所所長、宗教学会理事などを歴任した。著書に「満州国之宗教」「人類は祈る」など。

浜田 増治　はまだ・ますじ
商業美術家
明治25年（1892年）10月15日〜昭和13年（1938年）11月27日

生大阪　学東京美術学校彫刻科中退　歴大正3年頃から抽象表現主義の絵画を制作していたが生活は成り立たず、少年雑誌の挿絵や漫画を描く。ライオン歯磨の広告部に入って図案を描き、のち装飾会社の顧問となり装飾設計に携わる。関東大震災後は中央新聞に入社、美術部で漫画と美術批評に従事。11年"実用美術"を提唱し、日本で最初の商業美術運動を展開した。15年商業美術家協会を結成、会長に就任。昭和3年「現代商業美術全集」を編集長として編纂し、4年には商業美術研究所を創立。この全集編纂がきっかけとなって第1回国際広告写真の審査委員となり、以来毎回委員を務めた。広告写真論なども執筆。7年文部省より商業教員講習会講師を任じられ、これを契機に京北実業の特別講師となったほか、商業美術塾塾長としても活躍した。

浜田 義明　はまだ・よしあき
ボート選手
明治35年（1902年）11月9日〜昭和62年（1987年）8月30日
生高知県幡多郡奥内村弘見（大月町）　学東京高等師範学校（現・筑波大学）卒　歴高知師範を経て、東京高等師範学校時代の昭和3年、アムステルダム五輪にボート選手として出場。同師範卒業後、愛媛師範教諭、東京都社会教育課長を経て、46年中京女子大副学長。58年10月高知県スポーツの殿堂入り。

浜田 与助　はまだ・よすけ
宗教哲学者 同志社大学教授
明治23年（1890年）8月5日〜昭和42年（1967年）7月13日
生和歌山県新宮市三輪崎町　学京都帝国大学文学部哲学科選科〔大正8年〕卒　歴大正8年同志社大学文学部神学科講師、13年助教授を経て、15年教授。昭和2〜3年ドイツ・フライブルク大学に留学。のち関東学院大学教授を務めた。著書に「波多野宗教哲学」「基督教と人間」「人間の問題—現代人の課題」などがある。

浜野 徹太郎　はまの・てつたろう
弁護士 衆議院議員
明治18年（1885年）7月〜昭和49年（1974年）1月21日
生兵庫県　学中央大学専門部法律科〔大正5年〕卒　歴多年小学校訓導、弁護士業を経て、昭和5年衆議院議員に当選。以来5期務めた。平沼内閣の司法参与官、司法省委員、鈴木内閣の司法政務次官を歴任した。また、神戸弁護士会長も務めた。

浜橋 文作　はまはし・ぶんさく
労働運動家
明治18年（1885年）6月3日〜昭和38年（1963年）10月5日
生大分県南海部郡東上浦村津井（佐伯市）　学小学校卒　歴明治41年八幡製鉄所に製缶工見習いとして入社、のち工長となる。大正8年八幡製鉄所同志会結成に参画し、11年常任理事、昭和2年執行委員長。同年地方政友社会民政党創立に参加し、3年社会民衆党八幡支部副支部長、4年八幡市議に当選。この間第14回国際労働機関（ILO）総会に労働代表随員として出席。7年組合会議九州地方協議会委員、11年組合会議執行委員。8年日本製鉄従業員組合の結成に参加し、11年組合長に就任。戦後は区長などを歴任した。

浜松 小源太　はままつ・こげんた
洋画家
明治44年（1911年）3月26日〜昭和20年（1945年）4月28日
生秋田県大館市谷地町　学秋田師範専攻科〔昭和5年〕卒　歴大館女子小、板橋区志村小などで教鞭を執りながら、独立美術の講習会に参加して絵画を学んだ。昭和10年新造型第2回展に「巣篭る女」で入選、会友となる。11年同郷の内田慎蔵、長谷川善四郎らとエコール・ド・東京創立会員となり、第1回展に「失風景」を出品。13年創紀美術協会創立会員。戦時

中は前衛絵画の弾圧を避けるため、18年軍属の日本語教授としてビルマへと渡る。20年ラングーンで現地召集され、4月に戦死した。この間、19年作詞を担当した「ビルマ独立1周年の歌」が現地で放送された。

浜本 浩　はまもと・ひろし
小説家
明治24年（1891年）4月20日〜昭和34年（1959年）3月12日
[生]愛媛県　[出]高知県高知市　[学]同志社中学部〔明治42年〕中退　[歴]博文館に入るが、のち南信日日新聞、信濃毎日新聞、高知新聞の記者を歴任し、大正8年改造社京都支局長になる。昭和7年改造社を辞して作家活動に入り、「十二階下の少年達」「浅草の灯」などを発表。戦時中は海軍報道隊員としてラバウルなどに従事した。　[賞]新潮社文芸賞（第1回）〔昭和13年〕「浅草の灯」

葉室 鉄夫　はむろ・てつお
水泳選手　ベルリン五輪金メダリスト
大正6年（1917年）9月7日〜平成17年（2005年）10月30日
[出]福岡県福岡市　[学]日本大学経済学部〔昭和15年〕卒　[歴]日大予科3年の昭和11年、ベルリン五輪の200メートル平泳ぎに出場し、2分41秒5の五輪記録で金メダル。12年日本選手権200メートル平泳ぎで2分40秒4の世界記録を樹立して優勝、以来15年に引退するまで200メートル平泳ぎ世界ランキング1位に君臨した。大学卒業後は福岡日日新聞社を経て、21年毎日新聞記者となり、のち運動部副部長。47年退社後、大阪サンタマリアスイミング校長、高石市教育委員。平成元年米国水泳殿堂入り。妻の葉室三千子も水泳選手。　[家]妻＝葉室三千子（水泳選手）

葉室 早生　はむろ・はやお
満州国司法参事官
明治32年（1899年）〜昭和54年（1979年）
[生]佐賀県　[歴]南満州鉄道（満鉄）を経て、満州国司法参事官。満州国皇帝と関東軍司令官、同参謀長との間の通訳を担当した。戦後、シベリアに抑留され、昭和25年帰国。その後、東京地方検察庁などに勤めた。著書に「大陸の微苦笑」「満州国壊滅秘記」などがある。

早川 三郎　はやかわ・さぶろう
警視総監
明治21年（1888年）4月8日〜昭和48年（1973年）4月19日
[生]神奈川県　[学]東京府立三中卒、六高卒、東京帝国大学法科大学独法科〔大正4年〕卒　[歴]内務省に入り、主に各県の警察畑を歩む。大正14年香川県、昭和2年岡山県、3年広島県の各警察部長を経て、4年2月内務省警保局警務課長、7月奈良県内務部長。6年佐賀県、8年三重県、10年鹿児島県、11年広島県の各知事を歴任。12年広田内閣で警視総監を務めた。13〜14年中華民国新民会中央指導部次長、16〜18年帝都高速交通営団理事、17〜21年東京市議、東京都議。21年愛知県知事となり東海北陸地方事務局長を兼ねたが、公職追放に遭った。

早川 二郎　はやかわ・じろう
歴史家　社会運動家
明治39年（1906年）1月26日〜昭和12年（1937年）11月8日
[生]東京府西多摩郡吉野村（東京都青梅市）　[名]本名＝小出民声　[専]日本古代史、歴史理論　[学]東京外国語学校（現・東京外国語大学）露語部〔昭和4年〕卒　[歴]昭和5年プロレタリア科学研究所に加盟。7年唯物論研究会に入会し、10年幹事となる。同年ソビエト商務館員の日本語教師を務める。「唯物史観世界史教程」などソビエト歴史学文献の翻訳の傍ら、日本歴史・文化史の研究に従事。新進の歴史家として重きをなした。著書に「古代社会史」「日本歴史読本」「日本古代史の研究」、「早川二郎著作集」（全4巻、未来社）など。

早川 雪洲　はやかわ・せっしゅう
俳優
明治19年（1886年）6月10日〜昭和48年（1973年）11月23日
[生]千葉県安房郡七浦村（南房総市）　[名]本名＝早川金太郎、英語名＝Hayakawa, Sessue　[学]海城中卒、シカゴ大学〔大正2年〕卒　[歴]明治42年米国に渡り、シカゴ大学で政治学を専攻するが演劇に興味を抱く。誘われて邦人劇団に加わり巡業中、トーマス・インスに認められ、大正3年パラマウント社に入社。「タイフーン」「ザ・チート」などに主演し人気スターとなる。その後渡欧して映画・舞台で活躍し、昭和7年帰国。12年「新しき土」に出演後、渡仏、フランス映画「ヨシワラ」などに出演。24年帰国し、「レ・ミゼラブル」「山下奉文」など日本映画に出演する一方、32年にはデービッド・リーン監督の「戦場にかける橋」で日本将校を好演し国際的に知られた。日本が生んだ最大の国際映画スターであった。自伝に「武者修行世界をゆく」がある。　[家]妻＝青木鶴子（女優）、息子＝早川雪夫（放送作家）、二女＝平井冨士子（クラシックバレエ指導者）

早川 徳次　はやかわ・とくじ
実業家　東京地下鉄道社長
明治14年（1881年）10月14日〜昭和17年（1942年）11月29日
[生]山梨県　[学]早稲田大学法科〔明治41年〕卒　[歴]雑誌「太平洋」、佐野鉄道を経て、明治45年高野登山鉄道支配人となった。大正3年辞任、大隈重信に紹介されて鉄道院嘱託となり、2年間ロンドンに地下鉄の研究に赴任。帰国後の6年東京軽便地下鉄道の名で地下鉄敷設免許を申請、8年許可され、9年東京地下鉄道株式会社を創設、常務。13年専務。昭和2年日本最初の地下鉄・上野〜浅草間を開通、9年には新橋〜浅草間を全通させた。後社長となったが、渋谷〜新橋間（東京高速鉄道）の五島慶太との経営権抗争に敗れ、15年社長を辞任した。我が国地下鉄の先駆者。

早坂 久之助　はやさか・きゅうのすけ
カトリック司教　長崎純心聖母会創立者
明治16年（1883年）9月14日〜昭和34年（1959年）8月3日
[生]宮城県仙台市　[学]二高文科〔明治38年〕卒　[歴]カトリック一家に育ち、幼時受洗。二高卒業後ローマのウルバノ大学に留学、明治44年司祭となり帰国。弘前、函館、仙台などの教会を経て、大正10年駐日ローマ教皇使ジャルディニ大司教秘書。昭和2年長崎司教となり、同年10月ローマ聖ペトロ大聖堂で教皇ピオ11世から日本人初代司教として祝聖された。3〜8年長崎教区長を務め、9年長崎純心聖母会を創立。12年病気のため引退、仙台に隠せいした。

林 郁彦　はやし・いくひこ
病理学者　長崎医科大学学長
明治13年（1880年）3月18日〜昭和38年（1963年）1月13日
[出]山口県玖珂郡高森村（岩国市）　[名]旧姓・旧名＝岩本　[専]病理解剖学　[学]京都帝国大学〔明治38年〕卒　医学博士（京都帝国大学）〔大正5年〕　[歴]明治41年長崎医科大学教授を経て、大正元年〜3年ドイツのフライブルク大学に留学。14年長崎医科大学学長に就任。昭和9年退官し、14年東亜医科大学院長、16年退職。29年三重県立医科大学教授、31年講師、32年退職。　[家]息子＝林一郎（長崎大学名誉教授）

林 逸馬　はやし・いつま
小説家
明治36年（1903年）6月23日〜昭和47年（1972年）9月2日
[生]福岡県　[学]東京帝国大学文学部社会学科〔昭和3年〕卒　[歴]時代小説「大虚」が福岡日日新聞の懸賞小説1等に当選して同社に入った。社会部、調査部、文化部に勤めながら「九州文

学」「芸林」同人として作家活動を続けた。九州文学賞の「筑後川」のほか、「サルと人間の間」「危険な娘」「旅宿」「九州むかしむかし」などの著書がある。ドストエフスキー研究でも知られる。　【賞】九州文学賞（第4回）〔昭和19年〕「筑後川」

林 逸郎　はやし・いつろう

弁護士

明治25年（1892年）9月5日～昭和40年（1965年）2月5日

【生】岡山県　【学】東京帝国大学法学部〔大正9年〕卒　【歴】大正9年弁護士開業。東京第二弁護士会長、昭和37年日本弁護士連合会会長を務めた。この間、戦前には軍や右翼に顔が広く、井上日召らの血盟団事件、五・一五事件、神兵隊事件、大本教事件など右翼関係の大事件の弁護を担当。戦後は極東軍事裁判で橋本欣五郎を弁護し、32年にはジラード事件の主任弁護人を務めた。また東条英機以下の「殉国七士の墓」建立にも尽力した。著書に「敗者」など。

林 歌子　はやし・うたこ

社会事業家 婦人運動家 日本基督教婦人矯風会会頭

元治1年（1864年）12月14日～昭和21年（1946年）3月24日

【生】越前国（福井県）　【学】福井女子師範〔明治13年〕卒、立教高等女学校卒　【歴】郷里で初等教育に当たるが、離婚、愛児の死を契機に上京。立教高等女学校に学び、キリスト教に入信し、明治20年聖公会主教C.M.ウィリアムズより受洗。25年博愛社に入り、創立者小橋勝之助の後をうけて孤児の養育事業に従い、同社の基礎を固めた。32年日本基督教婦人矯風会大阪支部を設立。以来婦人ホームの設立、廃娼運動、婦人参政権獲得運動、平和運動など生涯にわたり矯風会の運動の中心として活動、奉仕事業に献身し、"大阪のジェーン・アダムズ"と呼ばれた。昭和13年日本基督教婦人矯風会第5代会頭。戦前・戦中にかけては満州から中国中部にかけて実践の足をのばし、北京で医療セツルメント建設、孤児救済などの事業を行った。

林 要　はやし・かなめ

経済学者 同志社大学教授

明治27年（1894年）5月3日～平成3年（1991年）12月26日

【生】山口県　【学】東京帝国大学法学部〔大正9年〕卒　【歴】東大新人会に入り、学生運動で活躍。大正9年大原社会問題研究所助手となり、「日本労働年鑑」の編集に従事。12年同志社大教授となるが、昭和11年大学を追われ、13年には執筆を禁止されて農業に従事する。戦後、愛知大教授、関東学院大教授を歴任。著書に「金融資本」「おのれ・あの人・この人—サンチョ・パンサ回想録」など。

林 喜右衛門（11代目）　はやし・きえもん

能楽師（観世流シテ方）

明治23年（1890年）～昭和6年（1931年）9月20日

【生】京都府　【歴】観世流の素謡の師範、京都観世五軒家・林家の11代目を継ぐ。昭和6年9月京都観世能楽堂で天鼓十手を演じたのが最後の舞台となった。

林 儀作　はやし・ぎさく

実業家 新聞記者 衆議院議員

明治16年（1883年）2月～昭和10年（1935年）1月20日

【生】新潟県佐渡郡相川町（佐渡市）　【出】北海道　【名】号＝濁川　【歴】「北海新聞」「函館新聞」の記者・編集長を経て、大正7年「函館日日新聞」創刊に加わり、理事・主筆となる。号は濁川。さらに東洋印刷社長、函館共働宿泊所理事長、私立の函館東部職業紹介所長などを務め、また北海道議、函館市議に選ばれた。昭和7年北海道から衆議院議員（政友会）に当選1回。

林 癸未夫　はやし・きみお

経済学者 早稲田大学教授

明治16年（1883年）9月17日～昭和22年（1947年）10月26日

【生】岡山県高梁市　【名】旧姓・旧名＝藤井　【学】早稲田大学法学部〔明治38年〕卒 経済学博士〔昭和2年〕　【歴】古河鉱業会社に入社、労働問題の調査研究に当たり、大正9年欧米を視察。10年帰国して早大政治経済学部で社会政策、工業政策を講じ、12年教授となった。同大図書館長、政経学部長、常務理事、昭和21年総長代理などを務め、東京女子大、津田英学塾に出講した。国家社会主義の理論体系樹立に努めた。またジャーナリズムにも活躍、社会政策学界に貢献。著書に「社会政策新原理」「国際労働運動史」「工業経済政策」「社会問題各論」「国家社会主義原理」「国家社会主義論集」など。随筆「天邪鬼」がある。

林 久治郎　はやし・きゅうじろう

外交官 駐ブラジル大使

明治15年（1882年）10月17日～昭和39年（1964年）7月23日

【生】栃木県　【学】早稲田大学英語政治科卒　【歴】明治39年外交官試験に合格。天津、済南各領事、駐英大使館二等書記官、福州、漢口各総領事、駐シャム（タイ）公使を歴任。昭和3年奉天総領事に赴任すると、軍部の外交介入を批判し、平和的解決に努めたが、6年柳条湖事件が起こり満州事変が勃発、7年駐ブラジル大使に転出した。11年退官。第二次大戦中の17年ジャワの陸軍司政長官に任じられ、敗戦により20年退官した。手記に「満州事変と奉天総領事」がある。

林 毅陸　はやし・きろく

外交史学者 慶応義塾大学学長 衆議院議員

明治5年（1872年）5月1日～昭和25年（1950年）12月17日

【生】佐賀県東松浦郡肥前町（唐津市）　【名】旧姓・旧名＝中村　【学】慶応義塾大学文学科〔明治28年〕卒 法学博士　【賞】帝国学士院会員〔昭和11年〕　【歴】明治29年慶応義塾大学理財科講師。34年パリ政治学校に留学、43年慶大政治科主任教授。45年以後衆議院議員に当選4回。政友会に所属した。ベルギーの万国議員商事会議代表、大正8年パリのベルサイユ講和会議日本委員、10年ワシントン軍縮会議全権委員随員。12年慶大学長となり、昭和8年まで在任。11年帝国学士院会員、21年枢密顧問官。外交史の開拓者で著書に「欧州最近外交史」。

林 桂一　はやし・けいいち

数学者 九州帝国大学工学部教授

明治12年（1879年）7月2日～昭和32年（1957年）7月2日

【生】新潟県中頸城郡板倉村（上越市）　【専】構造解析　【学】一高〔明治33年〕卒，京都帝国大学理工科大学土木工学科〔明治36年〕卒 工学博士（京都帝国大学）〔明治45年〕　【歴】明治36年住友別子鉱業所に入社。大正元年九州帝国大学工科大学助教授に任命され欧米へ留学、6年帰国して教授に昇任、土木工学第五講座を担任。昭和14年退官。戦後は日本大学工学部教授を務めた。著書に「数値計算」「高等函数表」「円及双曲線函数表」「ベッセル函数表」「数値計算と解析」などがあり、その関数表は"林さんの表"として多くの工学者や数学者、物理学者に利用された。大正10年から昭和8年にかけてドイツで6冊の関数に関わる著書を出版している。

林 権助　はやし・ごんすけ

外交官 男爵

安政7年（1860年）3月2日～昭和14年（1939年）6月27日

【生】陸奥国若松（福島県会津若松市）　【学】帝国大学法科大学卒　【歴】会津藩士の家に生まれる。明治20年外務省入り。北京公使館首席書記官から通商局長を経て、32年駐韓国公使となり、以後対韓外交の第一線で過ごし、37年の日韓議定書から日韓協約など日韓合併の基礎を作った。39年駐清国公使、41年駐英大使を経て、大正5年駐中国公使に復し、寺内内閣が進めた対中強硬外交にも現地にあって協力した。8年関東府長官に就任、

北方軍閥の援助に奔走。9年駐英大使。退官後、14年宮内省御用掛となり再渡欧、留学中の秩父宮親王の補導に当たる。昭和4年宮内省式部長官、9年から枢密顧問官。著書に「わが七十年を語る」がある。

林 茂木　はやし・しげき
国産自動車製作の先駆者
明治17年（1884年）8月15日～昭和53年（1978年）3月1日
[生]高知県幡多郡橃浦村（大月町）　[学]宿毛尋常高小卒　[歴]明治32年佐賀県の松浦鉱業所芳ノ谷工場の炭坑に見習工として勤務したのち、35年呉海軍工廠に就職して造機部機械工場で応用製図学の研究に専念。42年上京、国産自動車の研究をしていた山田鉄工所に入り、独学で4人乗り2気筒の自動車3台を開発。これが国産自動車第1号といわれる。その後、同鉄工所は国末自動車製作所、東京自動車製作所となり、工場長兼設計主任を務めた。大正3年の大正博覧会には16人乗り前向きシートの乗合自動車を出品し、二等銀牌を受賞。4年林自動車製作所を設立し、12年から陸軍技術本部の指定工場として、水陸両用戦車、随伴砲牽引車、無線操縦船装置などの軍用車両の試作に取り組んだ。昭和10年頃にコンクリート、バイブレーターの製作に成功し、以後バイブレーター専業メーカーとなり、林バイブレーター、今日のエクセンの礎を作った。

林 重義　はやし・しげよし
洋画家
明治29年（1896年）4月29日～昭和19年（1944年）3月16日
[生]兵庫県神戸市　[学]京都市立絵画専門学校〔大正5年〕中退　[歴]絵画専門学校中退後、関西美術院に移り、鹿子木孟郎に洋画を師事。大正12年から二科展に出品。フランスに留学中の昭和4年二科会友に推され、5年帰国。滞欧作品を二科に出品。その後脱退、独立美術協会を創立したが、超現実派の流行で脱退、13年から文展に出品。14年霜林会を結成、17年国画会会員、文展審査員を務めた。　[賞]二科賞（第13回展）〔大正15年〕

林 倭衛　はやし・しずえ
洋画家
明治28年（1895年）6月1日～昭和20年（1945年）1月26日
[生]長野県上田市　[歴]日本水彩画研究所に学び、大正5年二科展に「サンヂカリスト」他を出品し初入選。6年樗牛賞、7年二科賞受賞。8年出品した「出獄の日の大杉栄氏」が治安紊乱のかどで陳列撤回された。10年から5年間渡欧。帰国後、春陽会会員。昭和3年～5年再び渡欧。6年満州・朝鮮を写生旅行。9年春陽会退会。12年改組第1回文展の審査員を務めた。　[家]娘＝林聖子（「風紋」のママ）

林 七六　はやし・しちろく
衆議院議員
明治8年（1875年）9月～昭和25年（1950年）2月9日
[生]長野県諏訪郡平野村（岡谷市）　[学]岡谷学校中等科〔明治23年〕卒　[歴]平野村議、長野県議を経て、昭和5年衆議院議員に当選、政友会に所属して1期務めた。20年岡谷市長となる。

林 甚之丞　はやし・じんのじょう
実業家 日本鋼管鉱業創業者
明治18年（1885年）～昭和35年（1960年）3月17日
[生]北海道　[歴]大正12年日本鋼管の白石元治郎の援助を受け日本レールを設立。昭和12年日本鋼材社長となり、翌13年全国鋼材商業組合が設立され、理事長。16年南洋鉄鉱取締役となり、次いで南洋鉄鉱を鋼管鉱業と改め取締役社長に就任した。17年鋼管鉱業社長兼日本鋼管南方事業部長としてマレー半島の鉄鉱山を視察。19年鋼管鉱業、武蔵野石灰、日鋼満俺、日東満俺の4社を合併して日本鋼管鉱業を設立、社長に就任。24年日本鋼管に入り、取締役から会長兼副社長となった。

林 銑十郎　はやし・せんじゅうろう
陸軍大将 首相 陸相
明治9年（1876年）2月23日～昭和18年（1943年）2月4日
[生]石川県金沢市　[学]陸士（第8期）〔明治29年〕卒，陸大〔明治36年〕卒　[歴]日露戦争に従軍後、大正2年ドイツに留学、4年から1年間英国に駐在。その後、7年歩兵第57連隊長、14年歩兵第2旅団長、昭和2年陸大校長、3年教育総監部本部長、4年近衛師団長、5年朝鮮軍司令官を歴任。6年満州事変の際、独断で朝鮮軍を満州に越境派遣し問題となる。7年大将。同年教育総監を経て、9年斎藤内閣の陸相に就任。続く岡田内閣にも留任したが、皇道派を排して統制派を登用したことから相沢事件が発生、辞任した。12年2月広田内閣総辞職後、宇垣内閣が陸軍の反対で流産したため、首相となって組閣したが、僅か4ケ月で総辞職においこまれた。15年内閣参議、17年大日本興亜同盟総裁。　[家]女婿＝中田勇吉（北陸銀行頭取）

林 大八　はやし・だいはち
陸軍少将
明治17年（1884年）9月15日～昭和7年（1932年）3月1日
[生]静岡県浜松　[出]山形県　[学]陸士（第16期）〔明治37年〕卒　[歴]陸軍少佐時代は麻布第3連隊に属し秩父宮所属の大隊長を務める。大正13年満州軍閥張作霖傘下の吉林督軍（軍事長官）張作相の顧問となり7年間務め、有数の中国通であった。昭和6年陸軍大佐となる。満州事変の時、歩兵第7連隊長として従軍し、7年3月上海で戦死、少将に進級した。　[家]二男＝林八郎（陸軍少尉）

林 髞　はやし・たかし
生理学者 推理作家 慶応義塾大学名誉教授
明治30年（1897年）5月6日～昭和44年（1969年）10月31日
[生]山梨県甲府市　[名]筆名＝木々高太郎　[専]大脳生理学　[学]慶応義塾大学医学部〔大正13年〕卒 医学博士　[歴]加藤元一教授の門下に入り神経生理学を専攻。昭和7年ソ連留学、パブロフの下で条件反射理論を学び、日本へ紹介。条件反射を手がかりに大脳生理に迫った。慶応義塾大学講師、助教授を経て、21年教授に就任。40年に大学を退職。文筆の才にも恵まれ、木々高太郎の筆名で9年海野十三の勧めで発表した「網膜脈視症」が精神分析を扱った特異な探偵小説として注目される。12年に「人生の阿呆」で第4回直木賞を受賞。23年「新月」で第1回探偵作家クラブ賞を受けた。“探偵小説芸術論”を展開し、論理的遊戯であると主張する甲賀三郎と論争、“推理小説”の名称を提唱。28～30年探偵作家クラブ会長を務め、江戸川乱歩賞の選者も務めた。また医学啓蒙書も多数執筆、「頭のよくなる本」（35年）はベストセラーとなる。他の小説に「青色鞏膜」「文学少女」などがあり、「木々高太郎全集」（全6巻，朝日新聞社）がある。　[賞]直木賞（第4回，昭和11年度）〔昭和12年〕「人生の阿呆」，児童文化賞（少年少女物，第1回）〔昭和14年〕「私達のからだ」

林 唯一　はやし・ただいち
挿絵画家
明治28年（1895年）1月27日～昭和47年（1972年）12月27日
[生]香川県高松市　[学]関西商工学校卒　[歴]松原三五郎、徳永仁臣に洋画を学び、大正末期から「少女の友」「婦人世界」などに挿絵を執筆。また新聞小説、通俗小説などに挿絵を多く執筆する。昭和5年「林唯一挿絵選集」を刊行。戦時中は海軍報道班員として南方に従軍。著書に「爆下に描く」がある。日本挿画家協会委員長などを務め、晩年には油彩を制作した。

林 達夫　はやし・たつお
評論家 思想家 東方社理事長
明治29年（1896年）11月20日～昭和59年（1984年）4月25日
[生]東京都　[専]西洋精神史，美学美術史　[学]一高〔大正8年〕中

退, 京都帝国大学文学部哲学科選科美学美術史学専攻〔大正11年〕卒 歴外交官・林曽登吉の長男で, 2歳から6歳までを米国シアトルで過す。一高在学中には校友会雑誌を編集。京都帝国大学卒業後の大正12年, ブセット「イエス」を翻訳・刊行。13年より東洋大学教授として文化史を講じる一方, 法政大学, 津田塾大学, 立教大学などにも出講。昭和2年から岩波書店の雑誌「思想」編集に携わり, 同誌のスタイルを確立した。6年ソヴィエート友の会結成に伴い出版部長としてグラフ誌「ソヴィエートの友」の編集に従事。7年唯物論研究会の設立に参画し, 幹事となった。18年東方社理事長に就任, 対外宣伝誌「FRONT」の発行に当たる。戦後は, 29～33年平凡社「世界大百科事典」編集長として水際だった手腕を発揮, 戦後初の本格的百科事典(全32巻)を完成させた。自らを"知のチチェローネ(水先案内人)"と任じ, 自由主義的かつ我が国には稀な"百科全書派"として思想界に大きな影響を与えた。 家長男=林巳奈夫(京都大学名誉教授), 父=林曽登吉(外交官), 弟=林三郎(軍事評論家), 義兄=和辻哲郎(思想家)

は

林 千蔵 はやし・ちとせ
女優
明治25年(1892年)8月22日～昭和37年(1962年)8月21日
出東京市芝区琴平町(東京都港区) 名本名=河野千蔵 学日本女子大学英科〔明治42年〕入学 歴文芸協会演劇研究所に入り, 大正2年2期生で卒業, この間有楽座で協会公演「故郷」に松井須磨子と初舞台。文芸座公演など新劇初期に活躍。9年国活角筈撮影所に入り細山喜代松監督「短夜物語」に映画初出演。高勢実を相手に「湖畔の乙女」主演。次いで巣鴨撮影所に。11年松竹蒲田へ招かれ「小夜嵐」に主演。「二つの道」以後母親役から脇役に回り, 昭和5年退社。8年日活太秦に入り「未来花」で母役。17年「母の顔」で主演。

林 敏夫 はやし・としお
俳優
大正4年(1915年)5月14日～昭和20年(1945年)8月13日
生大阪府大阪市南区玉屋町 学浪花中 歴7歳の時, 大阪・中座「寺小屋」の菅秀才で初舞台。昭和8年松竹下加茂に入社し, 「初陣」で映画デビュー。9年「夜襲本能寺」に出演。12年舞台に復帰。19年応召, 20年戦死。 家息子=林与一(俳優), 父=林又一郎(歌舞伎俳優), 祖父=中村鴈治郎(1代目), 叔父=中村鴈治郎(2代目)

林 仙之 はやし・なりゆき
陸軍大将
明治10年(1877年)1月5日～昭和19年(1944年)5月31日
生熊本県 学陸士(第9期)卒, 陸大〔明治41年〕卒 歴歩兵第13連隊中隊長で日露戦争に従軍。陸大卒業後, 陸大教官, 歩兵第41連隊長などを経て, 大正15年朝鮮軍参謀長。以後陸士校長, 教育総監部本部長, 第1師団長, 東京警備司令官などを歴任, 昭和9年大将となり予備役, 12年大日本傷痍軍人会会長。

林 信雄 はやし・のぶお
弁護士 衆議院議員
明治32年(1899年)5月5日～昭和49年(1974年)12月1日
生福岡県 学明治大学法律科〔大正9年〕卒 歴郷里の福岡県小倉市で弁護士開業, 日本弁護士会理事。一方福岡県会議員, 小倉市長を務め, 司法省委員。昭和17年翼賛政治体制協議会推薦で福岡4区から衆議院議員に当選。戦後も1回当選, 自由党所属。

林 八郎 はやし・はちろう
陸軍歩兵少尉
大正3年(1914年)9月25日～昭和11年(1936年)7月12日
生東京府目白(東京都豊島区目白町) 生山形県 学陸士(第47期)〔昭和10年〕卒 歴陸軍少将・林大八の二男。昭和7年上海事変で父が戦死。10年陸軍歩兵少尉に任官。11年の二・二六事件に参加, 当日は栗原安秀中尉, 竹嶋継夫中尉, 対馬勝雄中尉, 池田俊彦少尉らと共に首相官邸を襲撃した。事件後, 軍法会議で死刑判決を受け, 同年7月12日に刑死した。 家父=林大八(陸軍少将)

林 春雄 はやし・はるお
薬学者 国立公衆衛生院長
明治7年(1874年)2月25日～昭和27年(1952年)1月1日
生愛知県 名旧姓・旧名=二宮 学東京帝国大学医科大学〔明治30年〕卒 医学博士 賞帝国学士院会員〔昭和14年〕 歴母校・東京帝国大学医科大学の薬物学教室で高橋順太郎に師事。明治35年ドイツ留学, 薬理学を研究。38年帰国, 京都帝国大学福岡医科大学教授, 41年東京帝国大学教授となり薬物学第2講座を担当。伝染病研究所長, 医学部長を経て, 昭和9年定年退職。12年逓信病院創設に参画, 初代院長, 13年国立公衆衛生院初代院長, 21年勅選貴族院議員。晩年日本学士院第2部長。 家四男=林厳雄(応用物理学者)

林 久男 はやし・ひさお
ドイツ文学者 三高教授
明治15年(1882年)5月～昭和9年(1934年)12月2日
生長野県 名号=鷗南 学東京帝国大学文科〔明治41年〕卒 歴七高造士館, 二高, 三高の教授を歴任し, 大正11年文部省在外研究員として欧米に留学。13年帰国し, 教授の傍ら創作, 評論の筆をとった。著書に「芸術より生活へ」(11年), 「ゲーテの面影」(昭和3年)など。

林 博太郎 はやし・ひろたろう
教育学者 伯爵 貴族院議員 満鉄総裁
明治7年(1874年)2月4日～昭和43年(1968年)4月28日
生東京府芝(東京都港区) 学東京帝国大学文科大学哲学科〔明治32年〕卒 文学博士〔大正8年〕 歴明治32年ヨーロッパ留学, 教育学研究。37年学習院教授, 39年東京高等商業学校教授, 宮内省式部官兼務, 40年伯爵。大正8年東京帝国大学教授, 昭和7～10年南満州鉄道(満鉄)総裁, 文部省教科書調査会長兼務。その間大正3年から昭和22年まで貴族院議員を務め, 予算委員長, 文政審議会委員, 議会制度審議会委員を歴任。また帝国教育会長, 理科少年団創設などに尽力。戦後霞会館監事, 39年高千穂商科大学理事長, さらに東海大教授を務めた。 家祖父=林友幸(山口藩士・伯爵) 勲勲一等瑞宝章〔昭和11年〕

林 房雄 はやし・ふさお
小説家
明治36年(1903年)5月30日～昭和50年(1975年)10月9日
生大分県大分市大分港 名本名=後藤寿夫, 別名=白井明 学五高卒, 東京帝国大学法学部中退 歴大正8年五高在学中からマルキシズムに傾倒, 12年東京帝国大学に進んで新人会の活動家となる。14年日本共産党の機関誌「マルクス主義」の編集に携わり, 15年「文芸戦線」に初期プロレタリア文学の代表作といわれる短編で処女作となる「林檎」を発表。その後, 「絵のない絵本」「N監獄署懲罰日記」などを発表, 昭和4年「東京朝日新聞」に「都会双曲線」を連載, 新進作家として地歩を固めた。5年共産党シンパ事件で検挙され, 1年9ヶ月を獄中で過ごす。7年出獄し, 獄中で構想した伊藤博文と井上馨を描いた長編「青年」を執筆。8年小林秀雄らと雑誌「文学界」を創刊。9年に3度目の獄中生活を送るが, 11年プロレタリア作家廃業を宣言した。戦後, 公職追放されたが, 25年「息子の青春」, 29年「息子の縁談」などの中間小説で復活。39年には「大東亜戦争肯定論」を発表して大きな話題を呼んだ。他の代表作に「壮年」「西郷隆盛」などがある。 賞文学界賞(第13

回)〔昭和12年〕「乃木大将」

林 不忘　はやし・ふぼう

小説家 翻訳家

明治33年(1900年)1月17日〜昭和10年(1935年)6月29日

[生]新潟県佐渡郡相川町(佐渡島)　[名]本名＝長谷川海太郎, 別筆名＝谷譲次, 牧逸馬　[学]函館中〔大正6年〕中退　[歴]大正7年渡米、オハイオ・ノーザン大学に籍を置き各地を放浪、13年帰国。14年谷譲次の筆名で「ヤング東郷」を書き、つづいて林不忘の筆名で探偵雑誌に時代物を書いて文名を認められた。さらに牧逸馬の筆名で海外推理小説の翻訳や通俗小説を書いた。谷譲次名ものに「テキサス無宿」「めりけんじゃっぷ商売往来」「もだん・でかめろん」など“めりけんじゃっぷもの”がある。昭和2年から東京日日新聞に「新版大岡政談」(林不忘名)を連載し大衆文壇の花形作家となる。同年外遊。帰国後の5年東京日日新聞に長編小説「この太陽」「七つの海」を連載、さらに婦人雑誌に進出して7年から「地上の星座」(牧逸馬名)を連載、大ヒットした。時代小説では「丹下左膳」(林不忘名)が人気を博し、片目片腕の怪剣士は大河内伝次郎の映画とともに記憶される。また「世界怪奇実話」(牧逸馬名)では実録小説の分野を開拓するなど、一人数役をこなし、“文壇のモンスター”といわれた。作品は「一人三人全集」(全6巻, 河出書房新社)に収められている。　[家]父＝長谷川淑夫(函館新聞社長), 弟＝長谷川潾二郎(洋画家), 長谷川濬(ロシア文学者), 長谷川四郎(作家)

林 芙美子　はやし・ふみこ

小説家 詩人

明治36年(1903年)12月31日〜昭和26年(1951年)6月28日

[生]山口県下関市田中町　[名]本名＝林フミコ, 別筆名＝秋沼陽子　[学]尾道高等女学校〔大正11年〕卒　[歴]大正11年上京、売り子、女給などさまざまな職を転々としながら、詩や童話を発表。この時期、アナキスト詩人、萩原恭次郎、高橋新吉らと知りあい大きな影響を受ける。13年7月友谷静栄と詩誌「二人」を創刊。昭和3年から4年にかけて「女人芸術」に「放浪記」を発表して好評をうける。4年詩集「蒼馬を見たり」を刊行。5年刊行の「放浪記」はベストセラーとなり、作家としての立場を確立した。5年中国を、6年から7年にかけてはヨーロッパを旅行。6年「風琴と魚の町」、10年「泣虫小僧」「牡蠣」、11年「稲妻」など秀作を次々と発表。戦争中も従軍作家として、中国、満州、朝鮮を歩く。戦後は戦前にまさる旺盛な創作活動をはじめ、「晩菊」「浮雲」などを発表、流行作家として活躍したが、「めし」を「朝日新聞」に連載中、持病の心臓弁膜症に過労が重なって急逝した。「林芙美子全集」(全16巻, 文泉堂)(全23巻, 新潮社)や「林芙美子全詩集」がある。平成2年新宿区が邸宅を買い取り、林芙美子記念館として一般公開。

林 平四郎　はやし・へいしろう

貴族院議員(多額納税)

安政4年(1857年)11月〜昭和16年(1941年)12月11日

[出]山口県　[歴]明治22年以降山口県議、下関市議、商業会議所議員、同会頭などを歴任。大正14年〜昭和14年多額納税の貴族院議員を2期務め、また、大正4年から衆議院議員を2選。長州鉄道、山陽電気軌道、下関倉庫、関門汽船などの重役、下関取引所理事長を務めた。　[家]息子＝林佳介(衆議院議員), 孫＝林義郎(衆議院議員), 林孝介(サンデン交通社長)

林 平馬　はやし・へいま

衆議院議員

明治16年(1883年)11月6日〜昭和47年(1972年)3月19日

[生]福島県　[学]日本体育会体操学校〔明治40年〕卒, 日本大学法律科〔大正2年〕卒　[歴]小学校訓導、京城陶器専務、財団法人協調会参事、同修養団、日本体育会各理事などを経て、昭和3年福島2区から衆議院議員となり、当選7回。民政党、戦後日本進歩党、国民協同党、日本民主党に所属、国協党中央常任委、日本民主党顧問を務めた。この間14年平沼騏一郎内閣鉄道参与官、22年片山哲内閣の国務相となった。著書に「大国民読本」「天皇制と輿論」「再軍備は是か非か」「終戦運動秘録」などがある。

林 明善　はやし・めいぜん

洋画家

明治32年(1899年)9月18日〜昭和13年(1938年)3月28日

[出]愛知県名古屋市　[学]智山大学卒　[歴]大正14年上京し、川端画学校に学ぶ。帝展、文展鑑査展などに入選した。

林 弥三吉　はやし・やさきち

陸軍中将

明治9年(1876年)4月8日〜昭和23年(1948年)8月31日

[生]石川県　[学]陸士(第8期)〔明治29年〕卒, 陸大〔明治36年〕卒　[歴]明治30年歩兵少尉、歩兵第18旅団副官として日露戦争に従軍。39年軍務局課員、42年ドイツ駐在、大正2年陸大教官。参謀本部員、浦塩派遣軍参謀、歩兵第37連隊長などを経て、10年陸軍省軍事課長。11年中国公使館付武官、14年歩兵第3旅団長、昭和2年中将、歩兵学校長、3年第4師団長、5年東京警備司令官、7年予備役。12年宇垣一成組閣の参謀役を務めたが、陸相を任命できず流産。　[家]女婿＝安藤狂四郎(京都府知事)

林 芳信　はやし・よしのぶ

医師 国立療養所多磨全生園園長

明治23年(1890年)4月18日〜昭和52年(1977年)11月1日

[生]岡山県西北条郡香々美南村(苫田郡鏡野町)　[専]ハンセン病, 皮膚科学　[学]関西医学院前期科〔明治43年〕修了, 東京医学講習所後期科〔大正1年〕修了 医学博士(慶応義塾大学)〔昭和8年〕　[歴]大正3年東京・多摩のハンセン病施設である第一区府県立全生病院の医員となり、昭和6年光田健輔の後任として同院長に就任。16年同病院の国立移管に伴い国立療養所多磨全生園園長、39年名誉園長。

林 頼三郎　はやし・らいざぶろう

大審院長 貴族院議員(勅選) 中央大学総長

明治11年(1878年)9月6日〜昭和33年(1958年)5月7日

[生]埼玉県行田市　[名]旧姓・旧名＝三輪　[学]東京法学院〔明治29年〕卒 法学博士〔大正9年〕　[歴]明治30年司法省に入省。東京地裁部長、大審院検事、大正10年刑事局長、13年司法次官などを経て、昭和7年検事総長、10年大審院長。11年広田弘毅内閣の法相、12年勅選貴族院議員、13年枢密顧問官となり、中央大学総長。戦後22年公職追放、解除後27年再び中大総長となり3選。私立学校振興会長、法制審議会委員を兼任。著書に「刑事訴訟法論」「日本陪審法要義」「刑法総論」などがある。

林 柳波　はやし・りゅうは

童謡詩人 教育家 薬学者

明治25年(1892年)3月18日〜昭和49年(1974年)3月27日

[生]群馬県沼田市　[名]本名＝林照寿　[学]明治薬科大学卒　[歴]在学中より詩や俳句に手を染め、大正12年頃野口雨情と出会い童謡や民謡も書くようになる。童謡誌「しゃぼん玉」に寄稿。「うみ」「おうま」「うぐいす」などで知られる。一方、明治薬科大学の講師となり学校の運営にも参画して、母校の発展に寄与。国民学校音楽教科書編集委員、日本詩人連盟相談役、図書館長などを歴任。平成11年柳波賞が創設される。　[家]妻＝林きむ子(日本舞踊家)

林 路一　はやし・ろいち

衆議院議員

明治23年(1890年)8月〜昭和13年(1938年)6月27日

は

員に当選。通算4期。広田内閣の拓務参与官となる。台湾拓殖設立委員、旭川市街軌道監査役も務めた。

林田 哲雄　はやしだ・てつお

農民運動家　全国農民組合中央委員

明治32年（1899年）10月6日～昭和33年（1958年）2月14日

⊞愛媛県周桑郡小松町　学大谷大学中退　歴寺の二男に生まれる。在学中社会問題に関心を抱き自由人連盟、日本社会主義同盟に加盟して放校処分となる。大谷派本願寺の社会事業研究所に入り、大谷大学図書館に勤めたが、大正11年帰郷して日農に参加、15年日農愛媛県連合会を組織し会長。昭和2年日農中央委員及び労働農民党中央委員となり、3年全国農民組合結成と同時に中央委員となる。4年の四・一六事件で検挙されたが無罪となった。7年間に逮捕70数回、獄中生活5年2ヶ月におよぶ。13年、17年小松町議に当選。戦後社会党に参加し、21年から衆議院議員を1期務めた。　家妻＝林田スエ子（農民運動家）

林家 正蔵（7代目）　はやしや・しょうぞう

落語家

明治27年（1894年）3月31日～昭和24年（1949年）10月26日

⊞東京市三の輪（東京都台東区）　名本名＝海老名竹三郎、前名＝柳家小三治　歴天狗連と呼ばれるセミプロだったが、大正9年頃に落語研究家で速記者の今村信雄の紹介で初代柳家三語楼に入門、柳家三平を名のる。時代風俗を取り入れたギャグで頭角を現し、13年7代目柳家小三治で真打ち。昭和5年東京落語協会に所属する3代目柳家小さんが弟子に小三治を襲名させたいとして名跡の返還するように求めたが応じず、小三治が2人いる"二人小三治"の事態となり、5年調停により7代目林家正蔵を襲名した。同年柳家金語楼、春風亭柳橋らと芸術協会を結成、理事長となる。古典落語の改作で人気を集め「源平」「反対俥」などを得意とした。後、東宝名人会専属となった。長男は落語家の初代林家三平。　家長男＝林家三平（1代目）（落語家）、孫＝海老名美どり（タレント）、泰葉（歌手）、林家正蔵（9代目）（落語家）、林家三平（2代目）（落語家）

林屋 友次郎　はやしや・ともじろう

実業家　仏教学者　駒沢大学教授

明治19年（1886年）5月15日～昭和28年（1953年）12月21日

⊞石川県金沢市　学慶応義塾大学理財科〔明治43年〕卒　文学博士　歴三菱合資会社銀行部、東京府農工銀行専務などを経て、大正4年東京鋼材社長。15年辞任後財界を離れ、昭和17年まで駒沢大学教授を務め、仏教研究、著述に従事。論文集「仏教研究」「信仰確立の基礎」「般若心経講義」、漢訳仏典の目録に関する学位論文を「経録研究」「異説経録の研究」にまとめ出版。雑誌「歓喜」に多くの信仰文を書いた。戦後実業界に復帰、会社整理の官選整理委員や管理人として活躍。

早山 与三郎　はやま・よさぶろう

実業家　早山石油創業者

明治2年（1869年）8月10日～昭和17年（1942年）3月4日

⊞大阪府　名旧姓・旧名＝北野　歴貧乏な養家に育ち小学校にも行けず、大阪の石油商に奉公。のち東京、新潟の製油所に勤め精製技術を学んだ。明治32年独立、新潟で潤滑油を生産、日米礦油合資会社の下請けを経て、大正5年同社事務担当社員となった。昭和10年森矗昶（森コンツェルン総帥）の出資協力で早山石油株式会社を創立、社長に就任。旭・新津石油商社との合併による昭和石油設立を前に病没。　家息子＝早山洪二郎（昭和石油社長）

葉山 嘉樹　はやま・よしき

小説家

明治27年（1894年）3月12日～昭和20年（1945年）10月18日

⊞福岡県京都郡豊津村（みやこ町）　名本名＝葉山嘉重　学早稲田大学高等予科文科〔大正2年〕中退　歴大正2年早大高等予科文科に入学したが、すぐに中退し、カルカッタ航路の貨物船水夫の見習いとなる。足を負傷し、その後門司鉄道管理局、明治専門学校、名古屋セメント会社に勤務し、10年名古屋新聞社会部記者となるが、愛知時計の労働争議で退職し、争議団に加わって逮捕され、禁錮2ケ月の判決で名古屋監獄に服役。12年第一次共産党事件で検挙され、13年から14年にかけて懲役7ケ月で巣鴨刑務所に服役。獄中で小説を執筆し、14年「淫売婦」を、15年「セメント樽の中の手紙」を「文芸戦線」に発表、15年「海に生くる人々」を刊行し、プロレタリア文学の代表的作家として活躍。プロレタリア文学運動の末期には作家クラブを結成したが、その後天竜峡、上伊那、中津川へ移り、「今日様」「山谿に生くる人々」「海と山と」などを発表。昭和19年山口村の開拓団の一員として満州に渡り、敗戦後の10月列車内で脳溢血をおこして客死した。他の著書に「葉山嘉樹日記」「葉山嘉樹随筆集」「葉山嘉樹全集」（全6巻、筑摩書房）などがある。　賞渡辺賞（第1回）〔昭和2年〕

速水 御舟　はやみ・ぎょしゅう

日本画家

明治27年（1894年）8月2日～昭和10年（1935年）3月20日

⊞東京市浅草区浅草茅町（東京都台東区池之端）　名本名＝速水栄一、旧姓・旧名＝蒔田、号＝禾湖、浩然　学育英尋常高小〔明治40年〕卒　歴浅草の質屋の二男として生まれる。早くから絵を志し、小学校卒業後、松本楓湖の安雅堂画塾に入門。巽画会、紅児会に拠り頭角を現わす。新南画の理論を実践し、大正3年号を御舟と改め、姓も母方の速水を名のる。同年より再興・院展に「近村」「洛外六題」「洛北修学院村」などを出品。横山大観、下村観山らの激賞を浴び、6年に23歳で日本美術院同人に推される。8年市電にひかれ左足切断の災禍にあうが、以前にも増して制作に熱中、フォービスム、キュビスムなどの洋画派の理論や中国の院体画など幅広く摂取し、新画境の創造に撤した。昭和5年欧州を遊歴、帰国後は人物画、水墨・花鳥画に高い品格を示す。他の代表作に「京の舞伎」「炎舞」「翠苔緑芝」「名樹散椿」「白日夢」などがある。　勲ウフィチャーレ・コローナ四等勲章（イタリア）〔昭和5年〕

速水 滉　はやみ・ひろし

心理学者　論理学者　京城帝国大学総長

明治9年（1876年）10月23日～昭和18年（1943年）6月27日

⊞岡山県岡山市　学五高等、東京帝国大学文科大学哲学科〔明治33年〕卒　文学博士〔大正10年〕　歴明治34年山口高校教授、40年一高講師、42年教授を経て、大正13年京城法学専門学校教授。同年心理学研究のため欧米へ留学。15年京城帝国大学法文学部教授兼学部長となり、昭和11年総長に就任。16年定年退官し、名誉教授。「岩波哲学辞典」心理学に関する項目を執筆。著書に「現代之心理学」「ヴント氏心理学要領」「論理学」などがある。

原 泉　はら・いずみ

女優

明治38年（1905年）2月11日～平成1年（1989年）5月21日

⊞島根県松江市　名本名＝中野政野、旧姓・旧名＝原、旧芸名＝原泉　学白潟小卒　歴10歳で母と死別。継母とうまくいかず、17歳で上京、プロレタリア運動や左翼演劇に共鳴し、昭和3年東京左翼劇場の研究生となる。5年詩人・中野重治と結婚。9年新協劇団に創立メンバーの一人として参加。15年同劇団の強制解散にからんで治安維持法違反で逮捕されたこともある。戦後、同劇団の再建に参加。25年からフリー。舞台や映画の老け役にユニークな演技を展開した。代表出演作に舞台「夜明け前」「火山灰地」、映画「女の園」「名もなく貧しく美

しく」、テレビ「宮本武蔵」など。中野重治との往復書簡「愛しき者へ」がある。　家夫＝中野重治（詩人・作家）

原 邦造　はら・くにぞう
実業家　愛国生命社長　明治製糖社長
明治16年（1883年）6月19日～昭和33年（1958年）3月30日
生大阪府高槻　名旧姓・旧名＝田中　学京都帝国大学法科〔明治40年〕卒　歴明治40年南満州鉄道（満鉄）に入社。42年銀行家・原六郎の養子となる。45年東京貯蔵銀行取締役、大正13年愛国生命社長となった。また三井銀行、三井生命、王子製紙、第百銀行、東武鉄道などの各取締役、満鉄監事などを務め、昭和6年国際商業会議所日本代表、7年明治製糖社長。太平洋戦争中は交通営団総裁を兼務。19年愛国生命と日本生命の合併で財界引退。戦後は室町物産（現・三井物産）会長、電源開発初代総裁、日本航空初代会長、日本銀行政策委員などを歴任。　家養父＝原六郎（銀行家）

原 邦道　はら・くにみち
対満事務局次長　野村銀行社長
明治23年（1890年）12月11日～昭和51年（1976年）10月10日
生島根県　学東京帝国大学法科大学経済科〔大正5年〕卒　歴大蔵省に入り預金部監理課長、運用課長、大阪、東京の税務監督局長、対満事務局次長などを務め、昭和14年退官。民間に転じ日本製鉄副社長、日本証券取引所副総裁を経て、19年野村合名総務理事、次いで野村銀行社長、野村証券会長も兼ねた。戦後追放、解除後の27年日本長期信用銀行頭取、32年会長、34年辞任。のち大和不動産会長、大和銀行相談役を務めた。

原 耕　はら・こう
医師　衆議院議員
明治9年（1876年）2月7日～昭和8年（1933年）8月3日
生鹿児島県　学大阪高等医学校〔明治35年〕卒　歴明治35年神戸市衛生課巡市医となる。のち在米国領事館に勤務し、帰国後、郷里・鹿児島県の枕崎に医院を開業する。一方、村議、枕崎町議を務める。川辺郡医師会長、鹿児島県医師会代議員、日本医師会代議員などを歴任し、昭和3年から衆議院議員（政友会）に当選2回。南薩銀行取締役も務めた。また鰹漁業経営者としてインドネシアのアンボン島周辺の南方漁場を開拓した。

原 三郎　はら・さぶろう
ボート選手
生年不詳～昭和62年（1987年）1月18日
出神奈川県　学早稲田大学　歴早大時代の昭和7年、ロサンゼルス五輪ボートのエイト代表。9年都新聞（現・東京新聞）に入社、運動部長、地方部長、工務局長、事業担当取締役などを歴任。40年から3期6年間、日本漕艇協会理事長を務めた。

原 静枝　はら・しずえ
女優
大正4年（1915年）9月27日～昭和10年（1935年）1月8日
生東京都　名本名＝原田静枝　学相愛高等女学校卒　歴昭和7年新進女優・桂珠子の推薦により新興キネマに入社、桂珠子主演「太陽の娘」で映画デビュー。身長165センチ、体重60キロという日本女性としては珍しく大柄な体軀で注目され、以後も桂珠子主演「ふらんす人形」、鈴木澄子主演「俠艶録」（8年）、「春の目醒め」（9年）などで特異なパーソナリティを発揮した。10年1月兵士を見送る京都駅ホームで起きた死者76名という群衆転倒事件の折、その犠牲者のひとりとして圧死し、溝口健二監督「神風連」（9年）が最後の映画となった。

原 脩次郎　はら・しゅうじろう
実業家　政治家　鉄道相　拓務相
明治4年（1871年）5月14日～昭和9年（1934年）3月6日
生京都府綾部町　学東京法学院中退　歴台湾総督府の台南県弁務署長、同警視を経て退官。実業界に入り、花蓮港電気社長、花蓮港木材、東台湾木材各重役、塩水港製糖監査役などを務めた。明治45年妻の郷里・茨城県から衆議院議員当選、民政党に属し総務となる。昭和6年第二次若槻礼次郎内閣の拓務相、次いで鉄道相となった。

原 石鼎　はら・せきてい
俳人
明治19年（1886年）3月19日～昭和26年（1951年）12月20日
生島根県簸川郡塩冶村（出雲市）　名本名＝原鼎、別号＝鉄鼎　学京都医学専門学校中退　歴高等小学校時代より句作を始め、京都医学専門学校中退後、貯金局に勤めたり電気局の図工などをし、大正元年～2年吉野の次兄の医療を手伝う。その間「ホトトギス」などに句作を発表、"深吉野（みよしの）"時代"の俳風を開花。放浪生活を送ったのち、4年に上京、ホトトギス社に入社し、編集に従事。6年東京日日新聞社に入社、俳句欄を担当。10年「鹿火屋（かびや）」を創刊する。昭和12年句集「花影」を刊行。ほかに評論「俳句の考へ方」「言語学への出発」、句集「深吉野」「原石鼎全句集」（沖積舎）などの著書がある。平成5年奈良県吉野村によって深吉野賞が創設された。　家妻＝原コウ子（俳人）、養子＝原裕（俳人）

原 節子　はら・せつこ
女優
大正9年（1920年）6月17日～平成27年（2015年）9月5日
生神奈川県横浜市保土ケ谷月見台　名本名＝会田昌江　学横浜市立高等女学校（現・桜丘高）〔昭和9年〕中退　歴横浜市立高等女学校2年生の昭和10年、義兄の熊谷久虎監督の勧めで映画界入りし、日活に入社。同年田口哲監督「ためらふ勿れ若人よ」で女優デビュー、"原節子"の芸名はこの時の役名にちなみ、多摩川撮影所長だった根岸寛一に命名された。阿部豊監督「緑の地平線」「白衣の佳人」、山中貞雄監督「河内山宗俊」などで注目を集め、11年アーノルド・ファンク監督の日独合作映画「新しき土」の主役に抜擢される。12年3～7月渡欧。帰国後はJ.O.スタヂオ、同年合併により東宝映画専属となり、彫りが深く瞳が大きい西洋人的な美貌を生かして、伊丹万作監督「巨人伝」、山本薩夫監督「田園交響楽」などの翻案ものに出演。戦時下では山本嘉次郎監督「ハワイ・マレー沖海戦」、今井正監督「望楼の決死隊」などに出演した。戦後は、21年黒沢明監督の戦後第1作「わが青春に悔なし」、吉村公三郎監督「安城家の舞踏会」、24年今井監督「青い山脈」、小津安二郎監督「晩春」、26年黒沢監督「白痴」、小津監督「麦秋」、成瀬巳喜男監督「めし」などに主演。輝くばかりの美貌と気高さに加えて演技力の面でも円熟期を迎え、名実ともに日本を代表する女優の一人となった。28年には小津監督と自身の代表作となる「東京物語」に出演。37年42歳の若さで銀幕から姿を消すと、平成27年に95歳で亡くなるまでの50年間、公の場には登場せず、マスコミなどの取材にも応じなかったため、"伝説の大女優"として神秘的なイメージを保ち続けた。　家兄＝会田吉男（映画カメラマン）、義兄＝熊谷久虎（映画監督）

原 惣兵衛　はら・そうべえ
弁護士　衆議院議員
明治24年（1891年）1月～昭和25年（1950年）1月30日
出兵庫県　学日本大学専門部法律科〔大正7年〕卒、ベルリン大学、ミュンヘン大学　歴ドイツに留学の後、弁護士となる。大正13年以来衆議院議員に当選6回。阿部内閣の鉄道政務次官、司法省委員、政友会総務、南米視察議員団長を歴任し、第29回列国議員同盟会議（マドリード）に参列した。また東京毎日新聞社副社長も務めた。

原 達平　はら・たつへい

編集者　日本雑誌協会書記長

明治18年（1885年）12月7日～昭和16年（1941年）5月11日

［生］新潟県西頸城郡上早川村（糸魚川市）　［学］早稲田大学英文科〔明治44年〕卒　［歴］実業之日本社に入社、「少女の友」編集主任を務めた。昭和3年頃に退社、6年より日本雑誌協会書記長。

原 玉重　はら・たましげ

弁護士　衆議院議員

明治29年（1896年）7月5日～昭和58年（1983年）7月31日

［生］岐阜県　［学］中央大学法律学科〔大正9年〕卒　［歴］大正10年三木武吉法律事務所で弁護士開業。三木に従って政界に転じ、昭和11～20年東京1区選出の衆議院議員。31～39年原子燃料公社副理事長を務めた。

原 伝　はら・つとう

経済史学者　日本経済史研究所員

明治33年（1900年）10月25日～昭和9年（1934年）2月15日

［生］島根県飯石郡鍋山村（雲南市）　［専］農村経済史　［学］京都帝国大学経済学部〔大正15年〕卒、京都帝国大学大学院〔昭和5年〕中退　［歴］大正15年大学を卒業後、東京貯蓄銀行や東亜ゴムに勤務したのを経て、昭和2年京都帝国大学大学院に入学、農村経済を専攻し資料調査のために全国各地を巡った。5年同大学院を退学して京都帝大農学部農林経済研究室副手に転じ、8年には日本経済史研究所員となって地方経済史の資料収集及び研究に当たる。著書に「松江藩経済史の研究」、共編に「出雲歴史地理叢説」などがある。

原 乙未生　はら・とみお

陸軍中将

明治28年（1895年）6月12日～平成2年（1990年）11月16日

［生］福岡県　［学］陸士（第27期）〔大正4年〕卒、陸軍砲工学校〔大正7年〕卒、東京帝国大学工学部〔大正11年〕卒　［歴］大正4年陸軍砲兵少尉に任官。陸軍砲工学校、東京帝国大学工学部に学び、我が国の国産戦車第1号の試作から戦車開発に従事。"戦車の神様"といわれ、昭和16年陸軍第四技術研究所、17年相模造兵廠の両所長を務めた。18年陸軍中将。敗戦時は中国軍需監理局長官。

原 信子　はら・のぶこ

ソプラノ歌手

明治26年（1893年）9月10日～昭和54年（1979年）2月15日

［生］青森県八戸市大工町　［学］東京音楽学校声楽科中退　［歴］青森県に生まれ、1歳の時に一家で上京。東京音楽学校で三浦環、アドルフォ・サルコリーらに声楽を師事。在学中の大正元年、サルコリーらの上海公演に随行してヴィクトリア劇場で「蝶々夫人」に出演してデビュー。その後、帝国劇場歌劇部（帝劇オペラ）のプリマドンナとなり「カヴァレリア・ルスティカーナ」「魔笛」「連隊の娘」などを歌う。5年歌劇部解散後は赤坂のローヤル館（ローシーオペラ）で活躍。7年原信子歌劇団を創設、大正期の浅草オペラで活躍。欧米に外遊して数多くの「蝶々夫人」の舞台を踏み、昭和3年から8年までイタリアのミラノ・スカラ座の専属となった。帰国後、藤原歌劇団で「トスカ」「ミニヨン」などに出演、27年団伊玖磨作曲の「夕鶴」初演では、つうを演じた。

原 弘毅　はら・ひろたけ

民俗学者　姫路高校教授

明治15年（1882年）～昭和13年（1938年）

［生］広島県　［専］ドイツ民俗学研究　［学］東京帝国大学文科大学卒　［歴］東京高等師範学校、八高などのドイツ語教授を歴任し、ベルリン大学へ留学。帰国後、姫路高校教授となる。留学時代に購入した数多くの民俗学関係蔵書は神戸大学に寄贈され「原

文庫」となった。

原 弘　はら・ひろむ

グラフィックデザイナー

明治36年（1903年）6月22日～昭和61年（1986年）3月26日

［生］長野県飯田市　［学］東京府立工芸学校印刷科（現・東京都立工芸高）〔大正12年〕卒　［歴］昭和8年名取洋之助、木村伊兵衛、岡田桑三、伊奈信男とともに報道写真の実践を目的とする日本工房を設立、日本から海外への報道写真配信や「ライカによる文芸家肖像写真展」「報道写真展」などの展示を行ったが、木村らと脱退、翌9年に中央工房、国際報道写真協会を創設。16年には東方社の設立に加わり、17年に同社より創刊された対外宣伝グラフ誌「FRONT」ではデザイン責任者を務めた。のち、東京府立工芸勤務、東京写真専門学校（現・東京工芸大学）、帝国美術学校各講師を経て、27～45年武蔵野美術大教授。35年日本デザインセンター設立に参加、44～50年社長を経て顧問となる。日本のグラフィック・デザインの草分けで、とくにブック・デザイナーとしては、平凡社「世界大百科事典」をはじめ、多くの事典や全集のデザインを手がけ、この種の出版物の基本型として大きな影響を与えた。

原 夫次郎　はら・ふじろう

衆議院議員

明治8年（1875年）6月14日～昭和28年（1953年）11月26日

［生］島根県　［学］和仏法律学校〔明治29年〕卒、グルノーブル大学法科卒、パリ大学大学院修了　［歴］弁護士となり、5年間の留学後、東京地裁、東京控訴院各検事を経て、法相秘書官となる。その後、首相秘書官、法制局参事官を歴任して退官。大正9年衆議院議員当選以来8回当選。民政党総務、昭和9年岡田啓介内閣の司法政務次官。戦後、公職追放、解除後の22年郷里島根県の初代公選知事となった。

原 平三　はら・へいぞう

日本史学者　文部省維新史料編纂官

明治41年（1908年）4月30日～昭和20年（1945年）4月19日

［生］長野県小県郡上田町（上田市）　［名］旧姓・旧名＝山崎　［専］近世史、近代史　［学］東京帝国大学文学部国史学科〔昭和8年〕卒　［歴］文部省維新史料編纂事務局に入り、幕末・維新期の研究に従事。のち維新史料編纂官補を経て、昭和16年には同編纂官に就任するが、兵役に応召。19年東部第三部隊に配属され、20年フィリピン・ミンダナオ島で戦死した。幕末維新史の諸相に通じたが、特に洋学や海外交渉の研究で顕著な業績を残している。著書に「幕末洋学史の研究」がある。

原 祐三　はら・ゆうぞう

経済評論家　早稲田大学教授

明治35年（1902年）2月27日～平成6年（1994年）3月24日

［出］長野県　［専］経済学、貨幣金融、証券論　［学］早稲田大学商学部〔大正13年〕卒　［歴］大正13年～昭和18年9月経済雑誌ダイヤモンド社勤務、取締役編集局長・主筆を最後に退職。13～24年企画院、商工省、物価局、大蔵省国民貯蓄局などで諸種の委員、嘱託などに任命され、戦時戦後の物価、物資統制に関する調査立案、行政実務に参画。18～20年国営特殊法人日本証券取引所嘱託（参事待遇）調査部付、23～34年東京都商工指導所商業部長。一方、15～47年早稲田大学講師、教授を経て、徳山大学教授、創価大学教授を歴任。この間、東京経済大学、亜細亜大学などの教授も務めた。著書に「新景気変動論」がある。

原 嘉道　はら・よしみち

法学者　政治家　弁護士　枢密院議長　法相

慶応3年（1867年）2月18日～昭和19年（1944年）8月7日

［生］長野県上高井郡　［学］帝国大学法科大学英法科〔明治23年〕卒

法学博士　歴農商務省に入り参事官、鉱山監督官から、明治26年弁護士開業。民事訴訟の花形として活躍、また刑事事件でも"豚箱事件"で友人の木内京都府知事を弁護、小林大阪検事長を人権侵犯で辞職に追い込んだ。この間三井、三菱、興銀などの顧問を兼ね財界に信を得た。昭和2年田中義一内閣の法相となり、治安維持法に死刑条項を追加。6年枢密院顧問官、13年副議長、15年議長。16年独ソ開戦後の御前会議で松岡洋右とともに対ソ開戦を唱えた。また5～13年中央大学総長を務めた。19年男爵。著書に「弁護士生活の回顧」。　家長男＝原寛（植物分類学者）

原 龍三郎　はら・りゅうざぶろう

応用化学者　東北帝国大学教授
明治21年（1888年）7月15日～昭和43年（1968年）12月30日
生石川県金沢市材木町　専工業化学　学土浦中学，一高二部卒，東京帝国大学工科大学応用化学科〔大正2年〕卒　工学博士（東北帝国大学）〔大正14年〕　資日本学士院会員〔昭和32年〕　歴大正2年九州帝国大学工科大学講師、3年助教授、6年東北帝国大学助教授を経て、8年欧米へ留学。11年教授に昇任。昭和19年同大非水溶液化学研究所初代所長、22年退官。29年日本化学会会長。32年日本学士院会員、38年文化功労者に選ばれた。我が国の工業化学の草分けの一人で、窒素固定、青化物、ソーダ、液態アンモニア溶液、高圧化学など幅広い研究に取り組み、炭酸ソーダやアンモニアなどの製造法の研究に成果を残した。　賞文化功労者〔昭和38年〕

原口 徠　はらぐち・きたる

銀行家　男爵　勧業銀行常務理事
明治16年（1883年）10月～昭和11年（1936年）4月22日
学東京高等商業学校（現・一橋大学）卒　歴明治43年勧業銀行に入行。昭和9年常務理事に就任。　家父＝原口兼済（陸軍中将）

原口 純允　はらぐち・すみちか

衆議院議員
明治31年（1898年）2月14日～昭和55年（1980年）3月23日
生鹿児島県　学東京帝国大学商業学科〔大正10年〕卒　歴満州で満州青年同志会を組織して関東軍の青年将校らと結び、二・二六事件の時には内乱罪に問われたが、予審で免訴となった。昭和17年鹿児島2区より衆議院議員に初当選、2期務める。戦後、鹿児島酸素会社を設立、社長。のち相談役。

原口 竹次郎　はらぐち・たけじろう

南支・南洋経済専門家
明治15年（1882年）2月28日～昭和26年（1951年）2月16日
生佐賀県小城郡　出長崎県佐世保市　学早稲田大学文学部〔明治38年〕卒，ハートフォード神学校（米国）〔明治43年〕卒　心理学博士（コロンビア大学）　歴早稲田大学卒業時は文学科総代として答辞を読み、卒業と同時に特待生に選ばれて3年間欧米に留学。母校・早稲田大学文学部哲学科講師となり、大正5年教授に昇格するが、翌年の"早稲田騒動"の当事者の一人として解任された。8年台湾総督府に就職し、統計官、調査課長を務める。昭和11年定年後は南太平洋貿易の役員となり、南支・南洋経済専門家として論文を発表。太平洋戦争勃発に際してセレベス島で敵性外国人として逮捕、戦争中はオーストラリアのタトゥラ日本人収容所で過ごした。戦後、帰国して連合国軍総司令部（GHQ）に勤務、戦犯関係調査にあたったほか、オランダ大使館顧問を務めた。南方調査の先駆者として業績が著名。平成23年三女・原口歌の遺産をもとに早稲田大学に原口記念アジア研究基金が創設された。　家妻＝原口鶴子（心理学者）、三女＝原口歌（国立音楽大学名誉教授）

原口 初太郎　はらぐち・はつたろう

衆議院議員
明治9年（1876年）1月～昭和24年（1949年）4月30日
出東京都　学陸士（第8期）〔明治29年〕卒、陸大卒　歴明治30年陸軍砲兵少尉となる。青島守備軍参謀、野砲兵第十七連隊長、駐米大使館付武官、陸軍技術会議員を歴任、昭和5年予備役となる。7年衆議院議員初当選。以降3選。議員当選後は、恩給金庫評議員等となった。20～21年勅選貴族院議員。

原口 亮平　はらぐち・りょうへい

会計学者　神戸商業大学学長
明治11年（1878年）4月14日～昭和26年（1951年）1月29日
出兵庫県　学東京高等商業学校（現・一橋大学）卒　歴神戸高等商業学校校長、後身の神戸商業大学（現・神戸大学）教授、学長を歴任。銀行簿記、会計監査などの研究で知られた。

原田 和周　はらだ・かずひろ

洋画家
明治28年（1895年）～昭和11年（1936年）1月16日
生静岡県磐田市　歴大正6年日本美術院洋画部院友となり、11年から春陽会展に出品した。

原田 熊雄　はらだ・くまお

男爵　貴族院議員　西園寺公望の秘書
明治21年（1888年）1月7日～昭和21年（1946年）2月26日
生東京都　出岡山県　学京都帝国大学法科大学政治科〔大正4年〕卒　歴明治43年男爵を襲爵。学習院高等科、大学同級の木戸幸一、近衛文麿と共に"園公三羽烏"といわれた。学生時代から西園寺公望のもとに出入りして信頼を得る。大正11年日本銀行に入行、13年外遊後、加藤高明首相の秘書官。のち西園寺公望の秘書となり、昭和15年11月の死去まで、西園寺の耳目として政党政治の擁護と対英米協調路線を信奉する西園寺の意を受けて動き、常に軍部と対立、政財界や宮中の最高首脳間を情報収集に飛び回った。この間、昭和6年貴族院議員。時局悪化の折、病床に伏し、昭和の政局の真相を書き残す必要を感じ、近衛夫人泰子を秘書として口述筆記を続け、その整理には親戚である作家里見弴があたった。この「原田日記」は東京裁判で検事側の証拠として提出され、天皇陛下の供覧にもふされた。一般には「西園寺公と政局（原田日記）」（全8巻・別巻1、岩波書店）として公刊され、昭和前期の第1級の政治史資料となった。　家父＝原田豊吉（地質学者）、祖父＝原田一道（陸軍少将・男爵）、女婿＝勝田龍夫（日本債券信用銀行頭取）

原田 熊吉　はらだ・くまきち

陸軍中将
明治21年（1888年）8月8日～昭和22年（1947年）5月28日
生東京都　学陸大〔大正5年〕卒　歴昭和7年関東軍参謀、10年近衛歩兵第4連隊長、13年中支那派遣軍特務部長、14年中将。15年第35師団長、17年第27師団長を歴任。同年第16軍司令官としてジャワ占領後の軍政を担当。18年ジャワの住民指導者に政治参加許可を通知。19年司令官告諭で軍政協力団・ジャワ奉公会を結成。20年第55軍司令官、次いで四国軍管区司令官となり本土防衛軍を指揮。同年5月シンガポールで戦犯に指名され、刑死。

原田 慶吉　はらだ・けいきち

ローマ法学者　東京帝国大学教授
明治36年（1903年）7月30日～昭和25年（1950年）9月1日
生兵庫県神戸市　学東京帝国大学法学部〔大正15年〕卒　歴東京帝国大学助手となり、ローマ法を専攻。昭和4年助教授、11～13年ベルリン大学留学、ローマ法、楔形文字法、さらにアッシリア学などを研究。14年教授。ローマ法の世界的権威。

著者に「楔形文字法の研究」「ローマ法」「ローマ法の原理」「日本民法典の史的素描」などがある。

原田 亨一　はらだ・こういち
日本史学者 武蔵高校教授
明治30年（1897年）1月6日〜昭和13年（1938年）1月31日
[生]高知県高知市　[専]日本古代史　[学]東京帝国大学文学部国史学科〔大正15年〕卒　[歴]三高の理科を病気で中退し、六高の文科に入り直し、東京帝国大学の国史で演劇史を研究した。同大文学部副手を経て、昭和4年武蔵高校教授。著書に「近世日本演劇の源流」がある。

原田 佐之治　はらだ・さのじ
衆議院議員
明治7年（1874年）3月26日〜昭和11年（1936年）11月20日
[生]徳島県徳島市国府町　[学]慶応義塾大中退　[歴]明治36年徳島県議に当選、大正2年議長。7年より衆議院議員に5選。民政党に所属した。徳島県酒造試験所理事長、徳島倉庫社長なども務めた。

原田 譲二　はらだ・じょうじ
詩人 ジャーナリスト
明治18年（1885年）3月26日〜昭和39年（1964年）2月10日
[生]岡山県後月郡西江原村（井原市）　[名]筆名＝原田ゆづる　[学]早稲田大学英文科　[歴]読売新聞社を経て、大正3年報知新聞社に入社。4年東京朝日新聞社に移り、昭和5年論説委員、9年編集局長、15年西部本社代表を歴任。21年岡山から衆議院議員選挙に立候補したが落選、同年貴族院議員に勅選された。詩人としては、「新声」派を経て、のち「文庫」派として活躍。作家としては、「文庫」「早稲田文学」「新古文林」などに小説を発表した。

原田 治郎　はらだ・じろう
美術研究家
明治11年（1878年）12月2日〜昭和38年（1963年）7月25日
[生]山口県　[学]カリフォルニア大学　[歴]明治38年名古屋高等工業学校講師、のち同校教授及び八高教授となり、英語を講じた。昭和2年帝室博物館嘱託、戦後、東京国立博物館事務官に任ぜられ、28年にわたって英文列品目録や解説の編集事務、渉外事務にあたった。この間、米国でのセントルイス万博、サンフランシスコ博覧会、日本古美術展覧会に要員として出張。またオレゴン大学をはじめ米国の諸大学、美術館において、日本文化に関する講演を行うなど、生涯の大半を日米文化交流に努めた。

原田 祖岳　はらだ・そがく
僧侶 曹洞宗大学教授
明治4年（1871年）10月13日〜昭和36年（1961年）12月12日
[生]福井県小浜　[名]号＝大雲　[学]曹洞宗大学林〔明治33年〕卒　[歴]福井県小浜にある仏国寺の原田祖道について得度し、のちその法を嗣ぐ。明治34年に曹洞宗大学林を卒業したのち、丘宗潭や秋野孝道ら曹洞宗の高僧たちの許に参禅。次いで京都南禅寺の豊田毒湛にも師事し、臨済禅を学んだ。44年母校曹洞宗大学林の教授に就任。この頃、曹洞教会雑誌「昇華」誌上において曹洞宗の学僧・忽滑谷快天と正信問題について論争を交わしている。その後、千葉県長安寺・盛岡報恩寺を経て、大正11年福井発心寺17世の住職となり、さらに京都宮津の智源寺住職も兼任。公案禅を主張し、多くの僧を指導したが、昭和12年智源寺を辞して発心寺の隠寮赫照軒に入った。著書に「参禅の階梯」「普勧坐禅儀講話」「無門関提唱録」などがある。

原田 武一　はらだ・たけいち
テニス選手

明治32年（1899年）5月16日〜昭和53年（1978年）6月12日
[生]岡山県窪屋郡中洲村　[学]慶応義塾大学〔大正13年〕中退、ハーバード大学特別科〔大正14年〕修了　[歴]大正12年第2回全日本庭球選手権シングルス優勝。13年パリ五輪でシングルスのベスト8。15年清水善造と組みデビスカップに出場、インターゾーン決勝に進出。この年世界ランキング3位。昭和3年大阪毎日新聞社運動部に入り、4年全日本選手権シングルス優勝。19年退社。30年日本デ杯チーム監督、39年ジュニア原田杯を創設。著書に「テニスの原点」。

原田 棟一郎　はらだ・とういちろう
神戸新聞社長
明治13年（1880年）3月〜昭和19年（1944年）5月14日
[生]大阪　[学]日本中学校卒　[歴]高橋健三に師事。明治31年大阪朝日新聞に入り、同紙に評伝「西太后」を発表。40年上海特派員、44年ニューヨーク特派員以後整理部長、連絡部長、外報部長を経て、大正8年監査役、14年編集主幹、昭和5年取締役、10年九州支社長、12年常務。17年退社して神戸新聞社長となった。漢詩、書道に長じ著書に「紐育」「新聞道」「米国新聞史論」「米国の朦朧主義」などがある。

原田 正夫　はらだ・まさお
三段跳び選手 ベルリン五輪銀メダリスト
大正1年（1912年）9月22日〜平成12年（2000年）1月22日
[回]京都府京都市　[名]後名＝藤江正夫　[学]七高造士館卒、京都帝国大学法学部〔昭和11年〕卒　[歴]七高造士館・京都帝国大学時代にかけて短距離から跳躍まで多面にわたり活躍し、田島直人とともに関西の陸上競技界で有名になる。大学在学中の昭和9年、日米対抗大阪大会に15メートル75で2位。同年極東大会で三段跳びの世界記録を樹立。11年のベルリン五輪では三段跳びで15メートル66を跳んで銀メダルをとった。戦後は東京証券代行社長、日立情報システムズ代表取締役を務めた。

原田 三夫　はらだ・みつお
科学評論家
明治23年（1890年）1月1日〜昭和52年（1977年）6月13日
[生]愛知県名古屋市　[学]東京帝国大学理科大学植物学科〔大正5年〕卒　[歴]愛知一中から札幌農学校に進み、有島武郎に師事。明治43年肺病のため中退後は八高、東京帝国大学理科大学に入学し、生物学を専攻した。大正5年卒業後、東京府立一中教諭、雑誌「少年科学」編集、民衆園芸経営など職を転々。傍ら、児童向き、一般向きの通俗科学書の著述に従事し、9年より「子供の聞きたがる話」叢書の刊行を開始した（11年全10巻完結）。同年東京で科学知識普及協会の雑誌「科学知識」の編集や学芸活動写真社で教育映画の制作などに携わり、12年新光社の「科学画報」創刊に参画。13年誠文堂の「子供の科学」創刊と共に初代編集主幹となり、子ども向けの分かりやすい編集方針で部数を伸ばした。一方、国民図書の「最新科学講座」の発刊にも関わるが、これが元で誠文堂社主・小川菊松と対立し、昭和3年「子供の科学」「科学画報」の編集より手を引いた。以降は教育映画の撮影や東京図書の科学雑誌「面白い理科」の編集などに当たり、9年「面白い科学」を創刊するが、間もなく同誌が「子供の科学」に吸収されたため、顧問として誠文堂新光社に復社。17年日刊工業新聞の「国民科学グラフ」顧問。戦中戦後も子ども向けの科学啓蒙書執筆に力を注ぐ一方で、28年日本宇宙旅行協会を設立、30年同理事長に就任。39年退任して、千葉県大原町に隠棲。著書に「オルフェの琴はもたねど」「原子力と宇宙旅行の話」「宇宙ロケット」「科学に基づく現代の宗教」「キリスト教を審く」などがある。　[家]息子＝前谷惟光（漫画家）

原田 義雄　はらだ・よしお
真珠湾攻撃に参加した日本人パイロットを匿ったために亡く

なった日系人
生年不詳～昭和16年（1941年）12月13日
歴日系2世。米国ハワイ州のニイハウ島で養蜂業を営む。昭和16年12月8日太平洋戦争の緒戦である真珠湾攻撃に参加した零戦が同島に不時着、操縦士の西開地重徳を助け、自宅に滞在させた。不時着時に軍艦の位置を示した海図とピストルを奪われたことを知った西開地から奪回を訴えられると、ともに海図を持ち去った島民のもとを訪れたが返還は受け入れられず、海図処分のために2人は島民の家に放火したことから全島民に追われ、同月13日に山中で遺体で発見された。

原田 淑人　はらだ・よしと
考古学者　東京帝国大学教授
明治18年（1885年）4月5日～昭和49年（1974年）12月23日
生東京府神田区（東京都千代田区）専東洋考古学 学東京帝国大学文科大学東洋史学科〔明治41年〕卒 文学博士（東京帝国大学）〔昭和14年〕 置帝国学士院会員〔昭和18年〕 歴東京帝国大学副手、講師を経て、大正10年助教授。14年浜田耕作らと東亜考古学会を創立。昭和10年帝室博物館学芸委員・鑑査官を兼ね、13年東京帝大教授に就任。18年帝国学士院会員となる。21年東京帝大を退官、同年聖心女子専門学校教授、23～46年聖心女子大学教授。また、日本考古学会会長、訪中考古学視察団長、高松塚古墳調査会会長などを歴任。生涯、考古学、東西文化交流史、東洋古代服飾・装身具の研究に従事し、文化財調査保存に力を尽した。著書に「支那唐代の服飾」「東亜古文化研究」「東亜古文化論考」「東亜古文化説苑」。

針塚 長太郎　はりづか・ちょうたろう
教育家　上田蚕糸専門学校校長
明治4年（1871年）11月30日～昭和24年（1949年）9月21日
生群馬県 学帝国大学農科大学農学科〔明治29年〕卒 歴官界に入り、拓殖務省・横浜生糸検査所・文部省実務教育局兼高等師範学校教授・視学官などを歴任。明治39年より2年間ドイツ・米国に留学し、帰国後は官立上田蚕糸専門学校の創立準備に当たった。43年同校の創立とともに初代校長に就任。以後、28年に渡って在職し、後進の育成と蚕糸業の発展・振興に力を尽くした。この間、信濃教育会長や大日本蚕糸会学芸委員・蚕糸中央会特別議員なども兼任している。昭和13年退官。

播磨 楢吉　はりま・ゆうきち
翻訳家
明治16年（1883年）～昭和27年（1952年）
歴大正初期、時事新報特派員としてペトログラードなどで活躍。終焉前後のトルストイの紹介文を「新潮」「トルストイ研究」に訳載した。晩年はロシア史周辺の研究に努めた。訳書にイリア・トルストイ「子の見たる父トルストイ」、ア・ヤクボフスキー、グレコフ「金帳汗国史」、著書に「蒙古共和国の現勢」などがある。

春川 忠吉　はるかわ・ちゅうきち
昆虫学者　京都帝国大学農学部教授
明治20年（1887年）2月18日～昭和43年（1968年）12月22日
生新潟県中魚沼郡中条村（十日町市）専応用昆虫学、個体群生態学 学小千谷中〔明治40年〕卒、一高〔明治43年〕卒、東京帝国大学農科大学農学科〔大正2年〕卒 農学博士（東京帝国大学）〔大正14年〕 歴大正3年横井時敬の勧めで新設された財団法人大原奨農会農業研究所に入り種芸部病理昆虫主任、10年昆虫部の独立により同部長。9年文部省から農業昆虫学研究のため欧米へ留学、12年帰国。15年京都帝国大学講師、昭和4年大阪農業研究所昆虫部長、11年京都帝大教授。22年定年退官して岡山農業専門学校校長、24年岡山大学教授兼初代農学部長。32年岡山大を定年退官。16年学術研究会議会員。応用昆虫学に生態学的研究方法を導入、特に害虫ニカメイチュウ

の生息密度についての研究は我が国の個体群生態学の先駆的業績として高い評価を得た。 賞日本学術協会賞〔昭和10年〕

春木 一郎　はるき・いちろう
法制史学者　東京帝国大学教授
明治3年（1870年）1月～昭和19年（1944年）3月6日
生京都府 学帝国大学法科大学〔明治27年〕卒 法学博士 置帝国学士院会員〔大正9年〕 歴ヨーロッパ留学後の明治34年、京都帝国大学教授。43年東京帝国大学講師から教授となり、ローマ法、英法を講じた。語学の天才といわれ、英仏独伊、ラテン語をよくし、「ユスチニアヌス法典」の研究に取り組み、同法典を翻訳した。 家養父＝春木義彰（検事総長・貴族院議員）

春野 百合子（1代目）　はるの・ゆりこ
浪曲師
明治33年（1900年）6月20日～昭和21年（1946年）3月26日
生福岡県博多 名本名＝森八重、前名＝都花子 歴幼いころから父の指導を受け、都花子の名で9歳の年から浪曲の道に入る。15歳で単身大阪へ出て、春野百合子と改名。中川伊勢吉の指導を受けた。17歳で井上晴夢（2代目広沢虎吉）が作った松島女流団・成美会のスターとして冨士月子と共に売り出し、関西女流浪曲家として君臨した。美声で、節・会話とも見事で、その上美貌が加わり、舞台での品格は他の追随を許さなかった。後に関東に移るが、女流の最高権威の座は揺るがなかった。 家父＝東三光（祭文語り）、夫＝吉田奈良丸（2代目）、長女＝春野百合子（2代目）

春山 作樹　はるやま・さくき
教育学者　東京帝国大学教授
明治9年（1876年）8月13日～昭和10年（1935年）12月29日
生大阪府大阪市上町 学東京帝国大学文科大学哲学科〔明治33年〕卒、東京帝国大学大学院教育学専攻修了 文学博士〔大正9年〕 歴国学者の姫路博士春山弟彦の二男。明治37年広島高等師範学校教授を経て、大正元年～4年文部省研究生として欧米に留学。8年東京帝国大学文学部教授に就任。日本教育史を教化史の立場から開拓、特に教化における家庭の役割を重視した。社会教育、職業教育、男女共学など教育改革の諸問題についてもユニークな教育論を展開。また言動のユニークさも有名で、赤門名物教授の一人にあげられていた。吉野作造らとも親交があり、大正デモクラットでもあった。著書に「芸術教育論」「教育学講義」「日本教育史論」など。

春山 武松　はるやま・たけまつ
美術評論家
明治18年（1885年）7月15日～昭和37年（1962年）8月22日
生兵庫県姫路 専美術史（日本絵画史）学東京帝国大学文科大学哲学科美学専攻〔大正3年〕卒 歴東京帝国大学大学院に進み、大正7年東京朝日新聞社客員となり、美術批評を執筆。8年大阪朝日新聞社学芸部に転じ関西在住。15年美術研究のためインドなどへ派遣された。昭和15年定年退職、同社客員となり、19年まで美術批評を書いた。著書に「宗達と光琳」「光悦と乾山」「法隆寺の壁画」「日本上代絵画史」「平安朝絵画史」「日本中世絵画史」などがある。

番 伸二　ばん・しんじ
小説家
明治41年（1908年）11月3日～昭和24年（1949年）11月5日
生東京市麹町区（東京都千代田区）名本名＝古川真治 学立教大学史学科卒 歴昭和6年サンデー毎日大衆文芸賞に佳作入選、以後「オール読物」などに維新物や明治物を書き作家活動。9年「新興大衆文芸」発刊の編集委員を務めた。戦後、「浅草の女たち」「我等九人の楽団員」など現代風俗小説を多く書

いた。

半谷 三郎　はんがや・さぶろう
詩人
明治35年（1902年）9月27日〜昭和19年（1944年）3月24日
［生］福島県　［名］本名＝半谷悌三郎　［学］早稲田大学英文科卒　［歴］百田宗治の「椎の木」、次いで「時間」「麺麭」などの同人として活躍。昭和5年「ナプキン」（茨城県古河町ナプキン社）を編集、百田や堀辰雄らが寄稿。また「詩と詩論」などにも寄稿した。詩集「発足」のほか「詩壇時評」「新叙事詩説再論」「現実主義詩論」などがある。

坂西 利八郎　ばんざい・りはちろう
陸軍中将　中国政府顧問　貴族院議員（勅選）
明治3年（1870年）12月16日〜昭和25年（1950年）5月31日
［生］和歌山県　［名］号＝菊潭　［学］陸士（第2期）〔明治24年〕卒、陸大〔明治33年〕卒　［歴］明治25年陸軍砲兵少尉、野砲第6連隊付となり28年日清戦争に従軍。35年参謀本部員として清国派遣、37年袁世凱政権顧問。41年帰国し、ヨーロッパへ出張。43年野砲第9連隊長となり、44年から北京駐在武官、大正10年中将、12年黎元洪大統領顧問、13年中国政府顧問となり、昭和2年まで北京に滞在した。支那通として青木宣純の後継者となり、中国併呑論を主張した。同年予備役、勅選貴族院議員となり21年まで務めた。講演集「隣邦を語る」がある。

半沢 洵　はんざわ・じゅん
植物学者　北海道帝国大学名誉教授
明治12年（1879年）1月9日〜昭和47年（1972年）9月25日
［生］北海道札幌市　［専］雑草学、応用菌学　［学］札幌農学校〔明治34年〕卒　農学博士〔大正4年〕　［賞］日本学士院会員〔昭和45年〕　［歴］明治35年札幌農学校助教授、40年官制改正により東北帝国大学農科大学助教授。44年応用菌学研究のため欧米へ留学、大正3年帰国。5年教授に昇任、応用菌学講座を担任。7年官制改正のため北海道帝国大学教授。昭和13年農学部長、16年定年退官。26年天使女子短期大学教授、27年北海学園大学教授、35年名寄女子短期大学学長、38年北海道栄養短期大学教授を歴任。45年日本学士院会員。初期は植物病理学を専攻してアブラナ、大豆、落花生、バラ科植物の菌核病や果樹のモリニア病、タマネギの乾腐病などを研究。明治43年には名著として知られる「雑草学」を著した。応用菌学分野では "半沢式改良納豆製造法" を考案、従来の藁で包む方法を改め、純粋培養の菌を用いた量産システムを生み出した。　［家］息子＝半沢道郎（北海道大学名誉教授）

半田 義之　はんだ・よしゆき
小説家
明治44年（1911年）7月2日〜昭和45年（1970年）8月1日
［生］神奈川県横浜市　［学］前橋中学校卒　［歴］国鉄職員となりながら文学を志し、「文芸首都」などに参加。昭和14年に「鶏騒動」を発表。太平洋戦争中は陸軍報道班員としてラバウルに派遣される。戦後は新日本文学会に参加し、のち民主主義文学同盟に参加。作品集に「虚無の式典」「幸福な切符」や「国鉄幹線」などがある。　［賞］芥川賞（第9回）〔昭和14年〕「鶏騒動」

半田 良平　はんだ・りょうへい
歌人
明治20年（1887年）9月10日〜昭和20年（1945年）5月19日
［生］栃木県北犬飼村深津　［名］旧号＝暁声　［学］東京帝国大学英文科〔明治45年〕卒　［歴］私立東京中学校に勤務。明治38年窪田空穂を中心とする十月会の結成に参加。大正3年「国民文学」創刊とともに同人。以後空穂系歌人として活躍し、8年処女歌集「野づかさ」を上梓。昭和23年遺歌集「幸木」が出版された。ほかに「半田良平全歌集」がある。　［賞］日本芸術院賞（第

5回）〔昭和23年〕「幸木」

坂東 好太郎　ばんどう・こうたろう
歌舞伎俳優　映画俳優
明治44年（1911年）5月4日〜昭和56年（1981年）11月28日
［生］東京市神田区（東京都千代田区）　［名］本名＝本間健太郎、初名＝沢村健太郎　［歴］大正11年沢村健太郎を名のって初舞台、13年坂東好太郎と改名。昭和6年松竹下加茂撮影所に入って二枚目時代劇スターとなり、林長二郎（のち長谷川一夫）、高田浩吉とともに美男三羽ガラスとして人気を集めた。主な作品は岡田嘉子と共演の「お静礼三」、田中絹代と共演の「浪花女」など。戦後23年からは大映、日活、新東宝、東映と移り、37年歌舞伎に復帰後は老練な脇役として貴重な存在だった。最後の舞台は56年4月、東京・歌舞伎座での「元禄忠臣蔵＝南部坂雪の別れ」の落合与右衛門介。　［家］父＝守田勘弥（13代目）、妻＝飯塚敏子（女優）、長男＝坂東吉弥（2代目）、三男＝坂東弥十郎（1代目）

坂東 幸太郎　ばんどう・こうたろう
衆議院議員
明治14年（1881年）4月〜昭和49年（1974年）10月20日
［出］北海道　［学］早稲田大学政治経済科卒　［歴］旭川市議、同議長を経て、大正13年衆議院議員に初当選し以来連続当選9回。阿部内閣鉄道参与官、衆議院治安委員長、衆議院地方制度委員長、民政党遊説副部長、日本自由党総務、民主党代議士会長を歴任する。また、旭川商工会議所会頭なども務めた。雑誌「旭川評論」を発刊したほか「旭川回顧録」「議会の内幕」の著書がある。　［家］息子＝坂東徹（旭川市長）

坂東 秀調（3代目）　ばんどう・しゅうちょう
歌舞伎俳優
明治13年（1880年）11月7日〜昭和10年（1935年）9月22日
［生］東京府日本橋区蠣殻町（東京都中央区）　［名］本名＝金子勝太郎、前名＝市川升次郎、坂東勝太郎　［歴］美声であったので、初め長唄を志したが、19歳で9代目市川団十郎に入門、明治29年市川升次郎の名で初舞台。後、2代目秀調の女婿となり、32年坂東勝太郎と改名、37年3代目秀調の名を継いだ。市川左団次の自由劇場や伊井蓉峰一座に招かれ、新劇や翻訳劇もこなす女方として重用された。　［家］二男＝坂東高麗蔵（10代目）、三男＝坂東三津五郎（9代目）、義父＝坂東秀調（2代目）

坂東 寿三郎（3代目）　ばんどう・じゅさぶろう
歌舞伎俳優
明治19年（1886年）12月10日〜昭和29年（1954年）9月24日
［生］大阪府島之内　［名］本名＝坂東与三郎、前名＝坂東長次郎、俳号＝菊翠　［歴］明治24年坂東長次郎を名のり大阪角座「紅屋騒動」の踊り子役で初舞台。大正元年浪華座「桜吹雪」の織田信行で3代寿三郎襲名。以来3代市川寿海と並び関西劇壇に "双寿時代" を作った。12年女優を加えた研究劇団第一劇場を主宰、進歩的な新劇運動を展開、多くの勧皇劇も手がけた。「御所桜」の弁慶、「陣屋」の熊谷、「忠臣蔵」の由良之助、「心中宵庚申」の半兵衛などが当り役。　［家］父＝坂東寿三郎（2代目）　［賞］日本芸術院賞〔昭和28年〕

阪東 妻三郎　ばんどう・つまさぶろう
俳優
明治34年（1901年）12月14日〜昭和28年（1953年）7月7日
［生］東京市神田区橋本町（東京都千代田区）　［名］本名＝田村伝吉、愛称＝阪妻、前名＝片岡千久満、沢村紀千助、阪東要二郎、監督名＝岡山俊太郎　［学］日本橋高小〔大正5年〕卒　［歴］大正5年小学校を卒業して11代目片岡仁左衛門に弟子入り、片岡千久満の名をもらって歌舞伎の舞台を踏む。その後、地方巡業や端役で映画に出たが、11年東京青年歌舞伎団を作り、阪東妻三

郎を名のった。12年マキノ映画製作所に入社。同年「紫頭巾・浮世絵師」に出演、端役ながらそのニヒリストぶりが注目を浴び、続いて沼田紅緑監督「鮮血の手型」前後編で初めて主演、リアルな立ち回りが評判となった。14年阪東妻三郎プロダクションを設立。同年二川文太郎監督の「江戸怪賊伝・影法師」「雄呂血（おろち）」、15年志波西果監督「尊王」で剣戟俳優として人気を確立。旧来ない大胆で激しい殺陣で新しいチャンバラ映画を生み出して"阪妻"の名は全国に広まり"剣戟王"と呼ばれた。昭和12年プロダクションを解散して日活京都へ移り、16年稲垣浩監督の「江戸最後の日」では勝海舟役を好演。17年田口哲監督の「将軍と参謀と兵」で現代劇に初挑戦した。18年稲垣の「無法松の一生」で富島松五郎役、23年伊藤大輔監督の「王将」で坂田三吉役を演じ、無知な庶民ながらも純粋な心を持つ人間像を描き出し、日本映画を代表する名優の一人となった。28年勝海舟の父に扮した時代劇「あばれ獅子」の撮影中に倒れ、51歳で急逝した。他の代表作に「血煙高田の馬場」「牢獄の花嫁」「おぼろ駕籠」「大江戸五人男」などがある。岡山俊太郎の名で監督も手がけた。　[家]長男＝田村高広（俳優）、三男＝田村正和（俳優）、四男＝田村亮（俳優）、孫＝田村幸士（俳優）

坂東 彦三郎（6代目）　ばんどう・ひこさぶろう

歌舞伎俳優
明治19年（1886年）10月12日～昭和13年（1938年）12月28日
[生]東京府日本橋区浜町（東京都中央区）　[名]本名＝坂東英造、前名＝尾上栄三郎、俳号＝梅朝、薪水、楽善　[歴]明治29年明治座で尾上英造を名のり初舞台。36年6代目尾上栄三郎と改め歌舞伎座で「曽我対面」の八幡三郎役。42年坂東家に養子入り。大正4年市村座で6代目彦三郎襲名、「助六」の意休などを披露。一時独立したが、主に6代目尾上菊五郎一座に属した。時代物の脇役、老け役が得意で当たり役は「近江源氏」の和田兵衛、「太功記」光秀など。故実芸談に明るく、余技の時計研究家で有名。　[家]父＝尾上菊五郎（5代目）、兄＝尾上菊五郎（6代目）

板東 三百　ばんどう・みつお

小説家
明治39年（1906年）9月1日～昭和21年（1946年）10月15日
[生]北海道旭川市　[名]旧姓・旧名＝赤坂　[学]東北帝国大学国文科卒　[歴]宇野浩二に師事。保高徳蔵を知って「文芸首都」同人となり、昭和14年同誌に「兵村」を発表、芥川賞候補となった。のち、上京して教員生活をはじめた。傍ら小説を書き、創作集に「兵村」「兵屋記」「屯田兵物語」、短編集「雪みち」がある。

坂東 三津五郎（7代目）　ばんどう・みつごろう

歌舞伎俳優 日本舞踊家 坂東流家元
明治15年（1882年）9月21日～昭和36年（1961年）11月4日
[生]東京都新富町（東京都中央区）　[名]本名＝守田寿作、前名＝坂東八十助、俳名＝是好　[賞]日本芸術院会員〔昭和23年〕、重要無形文化財保持者（歌舞伎舞踊）〔昭和30年〕　[歴]新富座座主・12代目守田勘弥の長男。明治22年2代目坂東八十助の名で初舞台。舞踊を2代目藤間勘右衛門、花柳勝次郎に師事。25年頃から4代目中村芝翫、9代目市川団十郎の薫陶を受け、39年7代目坂東三津五郎を襲名、舞踊坂東流家元となる。中村座座頭となり、6代目尾上菊五郎、初代中村吉右衛門らと活躍。舞踊は軽妙、高雅であり、6代目菊五郎とコンビの「棒しばり」「三社祭」など多くの名舞台を残した。大正10年市村座を脱退したが、その後も菊吉と歌舞伎の舞台で共演。昭和23年日本芸術院会員、30年第一次人間国宝に認定。32年「寒山拾得」の舞台で倒れ、以後引退。35年文化功労者。坂東流家元として、武原はん、吾妻徳穂など多くの人材を育てた。著書に「三津五郎舞踊芸話」「三津五郎芸談」など。　[家]父＝守田勘弥（12代

目）、長男＝坂東三津五郎（8代目）　[賞]文化功労者〔昭和35年〕

坂内 青嵐　ばんない・せいらん

日本画家
明治17年（1884年）～昭和11年（1936年）7月18日
[生]福島県会津若松　[名]本名＝坂内滝之助　[学]東京美術学校日本画科〔明治41年〕卒　[歴]東京帝国大学史料編纂所で肖像画の模写にあたる。大正7年第12回文展に「胡蝶」で初入選。14年第6回帝展に「先覚照影」で入選。以後、帝展に入選を重ねる。「茶屋四郎二郎」「鈴屋の翁」「大近松」「井伊大老」など歴史肖像画を多く手がけた。

【ひ】

東 奭五郎　ひがし・せきごろう

会計学者 神戸高等商業学校教授
慶応1年（1865年）7月17日～昭和22年（1947年）12月3日
[生]肥前国彼杵郡三浦村（長崎県大村市）　[学]高等商業学校（現・一橋大学）〔明治20年〕卒　[歴]5人兄妹（4男1女）の末っ子。明治17年長崎館山外国語学校を中退して上京、東京外国語学校附属高等商業学校に編入。20年卒業して函館商業学校、長崎商業学校の教諭となり、31年東京高等商業学校教授、36年神戸高等商業学校教授。41年より2年間、欧米に留学。大正5年教授を辞し、東京・丸の内に会計事務所を開設。昭和2年計理士法が施行されると第1回登録者となった。16年引退。この間、大正11年日本会計士会を設立、理事長に就任。著書に我が国初の会計学書「商業会計」や、「新案・詳解商業簿記」などがある。

東浦 庄治　ひがしうら・しょうじ

農政学者 帝国農会幹事長・総務部長
明治31年（1898年）4月8日～昭和24年（1949年）9月2日
[生]三重県　[学]東京帝国大学経済学部〔大正12年〕卒　[歴]安田信託銀行を経て、帝国農会に入り、大正14年参与。農政、経済各部長を経て、昭和15年幹事長兼総務部長。傍ら東京帝国大学農学部実科講師、東京農大講師を兼任。また産業組合中央会主事、農地開発営団理事、中央農業会理事を歴任。戦後全国農業会理事。22年には参議院議員に当選、緑風会に属し、同会会務委員を務めた。著書に「日本農業概論」「農業団体の統制」「日本産業組合史」「日本農政論」などがあある。

東久邇宮 聡子　ひがしくにのみや・としこ

皇族 明治天皇第九皇女 東久邇宮稔彦王妃
明治29年（1896年）5月11日～昭和53年（1978年）3月5日
[名]幼名＝泰宮聡子　[歴]明治天皇の第九皇女。麻布御殿で教育を受け、大正4年東久邇宮稔彦王と結婚。夫の陸軍中将昇進により陸海軍将校夫人会総裁を務めた。戦後の昭和20年8月、夫が初めての皇族内閣を組織して首相となり敗戦処理に当たったが、同年10月連合国軍総司令部（GHQ）指令で総辞職。22年皇籍を離脱、事業失敗などで、共に苦労された。　[家]父＝明治天皇、夫＝東久邇宮稔彦（陸軍大将）　[勲]勲一等宝冠章〔大正4年〕

東久邇宮 稔彦　ひがしくにのみや・なるひこ

皇族 陸軍大将
明治20年（1887年）12月3日～平成2年（1990年）1月20日
[生]京都府京都市　[学]陸士（第20期）〔明治41年〕卒、陸大（第26期）〔大正3年〕卒　[歴]久邇宮朝彦親王第九男子。明治39年東久邇宮の称号を賜る。41年陸軍歩兵少尉に任官。大正3年陸軍大学校を卒業後、9年からフランスに7年間留学し、自由主義の気風を身につけた。15年帰国。昭和8年第二師団長、9年第四師

団長、10年軍事参事官、12年航空本部長兼務を経て、13年第二軍司令官として日中戦争に従軍。14年陸軍大将に昇進、16年太平洋戦争勃発とともに防衛総司令官。20年8月の敗戦後、首相として初の皇族内閣を組閣し、降伏文書調印と軍隊の復員・解体などの終戦処理にあたったが、連合国軍総司令部（GHQ）側の占領政策に対して調整がとれず、10月総辞職。22年皇籍を離脱した。平成元年102歳で亡くなった。 [家]父＝久邇宮朝彦, 兄＝賀陽宮邦憲, 久邇宮邦彦, 久邇宮多嘉, 岳父＝明治天皇

東伏見 邦英　ひがしふしみ・くにひで
伯爵 貴族院議員
明治43年（1910年）5月16日～平成26年（2014年）1月1日
[生]東京都 [名]後名＝東伏見慈洽 [学]学習院大学, 京都帝国大学文学部国史科〔昭和9年〕卒 文学博士（京都大学）〔昭和31年〕 [歴]久邇宮邦彦王の第三男子。昭和5年貴族院議員となるが、6年皇族を離れて東伏見の姓となり議員も退任。学習院大学から京都帝国大学に進み、国史を専攻。古文書を読む一方、発掘調査にも携わる。14～22年同大講師、大正大学講師を務めた。この間日光で修行し、20年7月に天台宗の門跡寺院・青蓮院で得度。戦後は長く青蓮院門主を務めた。 [家]父＝久邇宮邦彦（陸軍大将・元帥）, 兄＝久邇宮朝融（海軍中将）, 姉＝皇后良子

東坊城 恭長　ひがしぼうじょう・やすなが
映画監督 俳優
明治37年（1904年）9月9日～昭和19年（1944年）9月22日
[生]京都府京都市 [出]東京市四谷区（東京都新宿区） [学]慶応義塾大学〔大正13年〕中退 [歴]大正13年華族仲間の小笠原プロダクションにアルバイトとして入り2本の映画に出演する。これを契機に同年、日活京都へ入社。「青春の歌」で本格デビュー。線は細いが気品ある二枚目として、時に準主役級で出演する。昭和2年、恋の逃避行をした竹内良一の代役として「椿姫」に主演したあと俳優をやめる。「旅芸人」で監督デビュー。以後、監督・脚本家の道を歩む。6年妹の入江たか子と入江プロ設立。15年、健康上の理由で映画界を離れた。主な脚本作品に「靴」「第二の母」、監督作品に「鉄路の狼」「まごころ」「僕には恋人があります」「浅草悲歌」など。 [家]妹＝入江たか子

東山 千栄子　ひがしやま・ちえこ
女優
明治23年（1890年）9月30日～昭和55年（1980年）5月8日
[生]千葉県千葉市 [名]本名＝河野せん, 旧姓・旧名＝渡辺 [学]学習院女学部〔明治40年〕卒 [歴]裁判官で貴族院議員を務めた渡辺暢の二女。明治32年母の弟である国際法学者・寺尾亨の養女となり、東京で暮らす。40年学習院女学部を卒業、42年商社員・河野通久郎と結婚して夫の任地モスクワへ行き、モスクワ芸術座の「桜の園」などを観て、演劇への目を開かれた。大正6年ロシア革命のため帰国。14年35歳で創立間もない築地小劇場の第2期研究生に合格し、ユージン・オニール「皇帝ジョーンズ」の貴婦人役で初舞台。15年メーテルリンク「タンタジールの死」で初主演。昭和2年「マクベス」のマクベス夫人、チェーホフ「桜の園」でラネーフスカヤ夫人を演じ、注目を集める。特にラネーフスカヤ夫人は初演から38年の俳優座公演まで310回も出演し、彼女自身にとどまらず、日本のラネーフスカヤ夫人を代表する演技となった。昭和5年劇団新東京、19年俳優座の創立に参加、また新築地劇団や文学座にも客演。約半世紀にわたり演劇のほか映画やテレビでも活躍し、26年度芸術選奨文部大臣賞、33年日本新劇俳優協会会長、41年文化功労者に選ばれた。他の舞台の代表作に「フィガロの結婚」の伯爵夫人、「女の平和」のヒロイン、森本薫脚色「陳夫人」など、映画の代表作に小津安二郎の「麦秋」「東京物語」などがある。 [家]実父＝渡辺暢（裁判官・貴族院議員）, 養父＝寺尾亨（国際法学者）, 伯父＝寺尾寿（天文学者） [賞]芸術選奨文部大臣賞（昭26年度）〔昭和27年〕「桜の園」, 文化功労者〔昭和41年〕

匹田 鋭吉　ひきた・えいきち
衆議院議員
慶応4年（1868年）4月～昭和19年（1944年）11月9日
[出]岐阜県 [学]東京専門学校（現・早稲田大学）政治経済科〔明治21年〕卒 [歴]岐阜日日新聞社長兼主筆となり、土木会議議員、日本石炭設立委員等を経て、大正4年衆議院議員に当選、以来7期務めた。政友会総務に就任。

匹田 秀雄　ひきた・ひでお
社会運動家 弁護士
明治35年（1902年）1月19日～昭和22年（1947年）2月12日
[生]東京市下谷区坂本町（東京都台東区） [学]中央大学専門部法科卒 [歴]小学校代用教員をしていたが、のち司法試験に合格し弁護士となる。社会民衆党、社会大衆党の中央委員を務め、昭和12年東京市議に当選。この間総同盟の弁護士として野田大争議などを支援。戦後は社会党に入り、農地改革など法律上の問題に尽力した。

疋田 芳沼　ひきた・ほうしょう
日本画家
明治11年（1878年）～昭和9年（1934年）
[生]愛知県 [歴]明治40年第1回文展に「熊」で入選。42年第3回文展に「牧童」で三等賞を受賞。以後、文展に入選、褒状を重ねる。大正9年第2回帝展に「山」で入選。昭和7年帝展推薦。他の作品に「立話し」「寧楽の春」「虎」など。

樋口 季一郎　ひぐち・きいちろう
陸軍中将
明治21年（1888年）8月20日～昭和45年（1970年）10月11日
[生]兵庫県 [名]旧姓・旧名＝奥沢 [学]陸士（第21期）〔明治42年〕卒, 陸大〔大正7年〕卒 [歴]明治42年歩兵少尉。浦塩派遣軍司令部付、参謀本部員、朝鮮軍参謀を経て、大正14年ポーランド公使館付武官。昭和8年東京警備司令部付、歩兵第41連隊長、10年第3師団参謀長、12年ハルビン特務機関長、13年参謀本部第2部長、14年中将、第9師団長。17年北部軍司令官。18年北方軍、19年第5方面軍、20年2月北部軍管区併置の各司令官として対米、対ソ作戦の最高指揮官を務めた。ハルビン特務機関長を務めていた13年、ナチスの迫害を逃れてシベリア鉄道でやってきたユダヤ難民の入国を満州国に認めさせ、16年までに数千人を鉄道ルートで天津に逃れさせた。没後の46年戦前の手記が「アッツ・キスカ軍司令官の回想録」として刊行された。 [家]孫＝樋口隆一（音楽評論家・指揮者）, 樋口紀美子（ピアニスト）

樋口 静雄　ひぐち・しずお
歌手
明治44年（1911年）～昭和48年（1973年）1月12日
[生]大分県日田 [歴]昭和12年キングレコードから「軍旗の歌」で歌手デビュー。13年「チンライぶし」がヒット。「同期の桜」の原曲である「戦友の唄」など、軍国歌謡を数多く歌った。戦後は「長崎シャンソン」などを出したが、23年芸能界を引退した。

樋口 長市　ひぐち・ちょういち
教育学者 東京高等師範学校教授 東京聾唖学校校長
明治4年（1871年）～昭和20年（1945年）
[生]長野県安曇郡丸田村（松本市） [専]特殊教育 [学]長野県尋常師範〔明治27年〕卒, 高等師範学校〔明治32年〕卒 [歴]大阪府師範学校、同附属小学校主事、東京府師範学校主事を経て、東京高等師範学校教諭、附属小学校第三部長を経て、教授に

昇任。大正8年から2年間、欧米へ留学。14年～昭和12年東京聾啞学校校長として特殊教育を実践した。著書に「自学主義の教育法」「欧米の特殊教育」「生活教育学」「特殊教育学」などがある。

樋口 銅牛　ひぐち・どうぎゅう
漢学者 書家 俳人
慶応1年(1865年)12月20日～昭和7年(1932年)1月15日
[生]筑後国久留米(福岡県久留米市)　[名]本名＝樋口勇夫, 別号＝得川, 東涯　[歴]父は旧久留米藩士漢学者源深。鹿児島県立二中で教鞭を執り、のち九州日報記者となる。明治41年東京朝日新聞社会部に入社。中塚一碧楼とともに「朝日俳壇」選者を務めた。「漢字雑話」などの読物も連載。大正元年退社後は、早大、国学院大、法政大学等の講師を務めた。著書に「俳句新研究」がある。書家としても名高く、泰東書道院総務の職にあった。

樋口 典常　ひぐち・のりつね
衆議院議員
慶応4年(1868年)1月～昭和21年(1946年)5月8日
[出]福岡県　[学]東京法学院〔明治23年〕卒　[歴]福岡県議、台湾総督府評議会員を経て、明治45年衆議院議員に当選。以来4期務めた。岡田内閣の鉄道政務次官、台湾製塩取締役、台湾農林社長を歴任した。

比佐 昌平　ひさ・しょうへい
衆議院議員
明治17年(1884年)3月～昭和16年(1941年)11月23日
[出]福島県　[学]早稲田大学政治経済科〔明治41年〕卒　[歴]著述業を営み、大正13年衆議院議員に初当選し以来連続6回当選。第二次若槻内閣、第一次近衛内閣で陸軍参与官を歴任したほか、球恤審査会審査員を務めた。

久恒 貞雄　ひさつね・さだお
実業家 久恒鉱業社長 貴族院議員(多額納税)
明治3年(1870年)4月～昭和25年(1950年)5月10日
[出]大分県　[歴]大正9年久恒鉱業株式会社を創立、社長になる。14年衆議院議員、昭和7年から14年まで多額納税の貴族院議員を務める。

久富 達夫　ひさとみ・たつお
内閣情報局次長 毎日新聞政治部長 日本出版会初代会長
明治31年(1898年)10月2日～昭和43年(1968年)12月29日
[生]東京市深川区西森下町(東京都江東区)　[名]旧姓・旧名＝郷　[学]東京府立一中〔大正6年〕卒, 一高二部卒, 東京帝国大学工学部造兵学科〔大正11年〕卒・法学部政治学科〔大正14年〕卒　[歴]兄は大日本体育会理事長を務めた郷隆で、実業家・郷誠之助は母方の伯父。一高から東京帝国大学造兵学科に進み、大正11年卒業すると法学部に入り直し、14年卒業。この間、久富家を継ぎ、また、帝国大学新聞の創始者の一人となる。同年大阪毎日新聞社に入社、15年アフリカに特派され紙上に「東アフリカの旅」を連載。昭和4年東京日日新聞(現・毎日新聞)政治部に転じて主に海軍関係を取材、6年政治部副部長、9年同部長に抜擢される。13年編集総務、14年編集局理事。15年近衛文麿首相に望まれて内閣情報局次長に転じ、16年1月大政翼賛会宣伝部長も兼務したが、10月近衛内閣総辞職と共に退任。17年日本出版文化協会専務理事、18年日本出版会の初代会長。同年大日本出版報国団団長、19年日本放送協会(NHK)専務理事を経て、20年再び内閣情報局次長。同年8月太平洋戦争敗戦に際し、玉音放送の実施を下村宏情報局総裁に進言した。22年公職追放に遭い、27年解除後は日本航空協会副会長、日本教科図書販売社長などを務める一方、アマスポーツ界の重鎮として、33年国立競技場会長、35年JOC委員などを歴任。東京五輪の開催に尽力した。柔道8段。　[家]兄＝郷隆(大日本体育会理事長), 祖父＝郷純造(大蔵次官・男爵), 伯父＝郷誠之助(実業家・男爵)

久留 弘三　ひさとめ・こうぞう
社会運動家
明治25年(1892年)8月12日～昭和21年(1946年)3月2日
[生]鹿児島県　[学]早稲田大学政経学科卒　[歴]在学中友愛会に参加し、卒業と同時に友愛会本部副主事となり、大正7年友愛会関西出張所主任、神戸連合会主務となって関西地方で活躍。10年の川崎・三菱両造船所の争議を指導。争議後総同盟をはなれて労働文化協会を結成し、労働学校校長として、労働者教育、失業者救済を行った。12年ヨーロッパ各国を訪問し、13年帰国。14年神戸一般労働組合を結成し、15年結成の日本労働組合総連合に参加。同年の日本労農党結党で中央委員となった。昭和4年熱海に退き駿豆民衆党の結成に参加。満州事変後は国家社会主義に身を投じ、12年日本革新党総務委員。

久松 潜一　ひさまつ・せんいち
国文学者 東京帝国大学教授
明治27年(1894年)12月16日～昭和51年(1976年)3月2日
[生]愛知県知多郡藤江村(東浦町)　[学]東京帝国大学文学部国文学科〔大正8年〕卒 文学博士(東京帝国大学)〔昭和9年〕　[資]日本学士院会員〔昭和22年〕　[歴]一高教授などを経て、大正13年東京帝国大学助教授、昭和11年教授。30年退官。アカデミックな国文学研究の大成者とされ、幅広い視野から和歌史や文学評論史に数多くの業績を残した。主著「日本文学評論史」で14年帝国学士院賞を受賞。41年文化功労者に選ばれた。　[家]孫＝久松洋一(歌人), 岳父＝佐佐木信綱(歌人・歌学者)　[賞]帝国学士院賞〔昭和14年〕「日本文学評論史」, 文化功労者〔昭和41年〕

土方 梅子　ひじかた・うめこ
舞台衣装家
明治35年(1902年)1月～昭和48年(1973年)12月11日
[生]東京都　[歴]日本銀行総裁・三島弥太郎と、軍人・大山巌の長女信子の二女として東京に生まれる。大正7年16歳で伯爵・土方久明の長男・与志と結婚し、夫の築地小劇場創立に加わり、衣装部主任を務め舞台衣装家として活躍した。のち夫が社会主義に傾向し、昭和6年新築地劇団を率いて日本プロレタリア劇場同盟に参加、7年夫婦とも検挙された。8年夫と共に渡欧、モスクワに入り国崎定洞、野坂龍、片山ヤスらと共に外国労働者出版所に勤務していたが、12年スターリン粛清により国外追放になる。その後も夫の良き理解者として常に行動を共にし、16年帰国。夫は9年爵位剝奪、帰国後は終戦まで投獄されるが、この間家を守り、2児を養育した。　[家]父＝三島弥太郎, 夫＝土方与志, 長男＝三島敬太(日ソ協会理事長), 祖父＝三島通庸, 大山巌, 兄＝三島通陽, 義父＝土方久明(伯爵)

土方 成美　ひじかた・せいび
経済学者 東京帝国大学経済学部教授
明治23年(1890年)7月10日～昭和50年(1975年)2月15日
[生]兵庫県姫路市　[名]旧姓・旧名＝町田　[専]財政学, 経済原論　[学]東京帝国大学法科大学経済学科〔大正4年〕卒, 東京帝国大学大学院修了 経済学博士〔大正13年〕　[歴]大正6年東京帝国大学助教授となり欧米留学、10年帰国して経済学部教授。昭和8年経済学部長(2期)、14年の平賀粛学で休職、16年免官。20年中央大教授、39年同大退官、のち独協大教授などを務めた。マルクス主義者との論争で有名。著書に「わが国民所得の構成」「マルクス価値論の排撃」「財政学原理」「新経済学原理」「経済体制論」「ケインズ経済政策批判」「学界春秋記―マルクシズムとの抗争三十余年」がある。

ひ

土方 久徴 ひじかた・ひさあきら

銀行家 日本銀行総裁 貴族院議員（勅選）

明治3年（1870年）9月14日～昭和17年（1942年）8月25日

[生]三重県 [学]帝国大学法科大学英法科〔明治28年〕卒 [歴]日本銀行に入り、明治30年英国、ベルギー留学。帰国後秘書役、国債、営業各局長、ロンドン、ニューヨーク各代理店監督役を経て、44年理事。大正7年日本興業銀行総裁、12年辞任、15年日銀副総裁、昭和3年第12代総裁となった。在任7年の間、浜口内閣の金解禁政策に協力、犬養内閣の下、低金利政策を進めた。9年勅選貴族院議員。10年総裁辞任。 [家]兄＝土方雄志（伊勢菰野藩主・子爵）

土方 久功 ひじかた・ひさかつ

彫刻家 民族学研究家

明治33年（1900年）7月13日～昭和52年（1977年）1月11日

[生]東京市小石川区林町（東京都文京区） [学]学習院中等科〔大正6年〕卒、東京美術学校彫刻科塑造部〔大正13年〕卒 [歴]陸軍砲兵大佐・土方久路の二男で、伯父は宮内相を務めた土方久元。海軍大将の柴山矢八は母方の祖父にあたる。結核のため退役した父を看病していたが、大正8年周囲の反対を押し切って東京美術学校彫刻科に入学。13年卒業後は二科展、院展などに出品。昭和2年丸善画廊で初の個展を開催したが、彫刻界の現状に嫌気がさし、ゴーギャンの著書「ノアノア」の影響もあって、4年パラオ島に渡る。以来、同地で彫刻や絵画などを制作、原住民の芸術や風土を作品に反映させた。一方、民族芸術や民族学的な調査も行い、学校で子どもたちに木工も教えた。14年一時帰国後、再びパラオへ戻り、のち北ボルネオに渡るも、19年病気のため帰国。パラオのコロールでは作家・中島敦と親交を結んだ。戦後は木彫レリーフに新展開をみせ、30～51年新樹会展へ出品した。"日本のゴーギャン"といわれている。主な作品に「パラオ連作」「仁王」「洗身池」など。著書に「パラオの神話伝説」「サテワヌ島民話」「流木」などがある。 [家]祖父＝柴山矢八（海軍大将）、伯父＝土方久元（宮内相）

土方 寧 ひじかた・やすし

法学者 東京帝国大学名誉教授 貴族院議員（勅選）

安政6年（1859年）12月12日～昭和14年（1939年）5月18日

[生]土佐国佐川町（高知県高岡郡佐川町） [専]イギリス法 [学]東京大学法学部〔明治15年〕卒 法学博士〔明治24年〕 [資]帝国学士院会員〔明治39年〕 [歴]明治16年東京帝国大学助教授、20年英国留学、24年帰国して教授となり、民法、英法を講じた。44年学長に就任。大正14年退官、名誉教授。明治18年には穂積陳重らと英吉利法律学校（のちの中央大）創立に参画、同教授兼任。39年帝国学士院会員、大正11年～昭和14年勅選貴族院議員。 [家]養子＝土方成美（経済学者）

土方 与志 ひじかた・よし

演出家 俳優 社会運動家

明治31年（1898年）4月16日～昭和34年（1959年）6月4日

[生]東京市赤坂区赤坂表町（東京都港区） [名]本名＝土方久敬 [学]東京帝国大学国文科〔大正11年〕卒 [歴]伯爵の家に生まれ、少年時代より演劇創作に意欲的に取り組む。ベルリン大学に留学し、表現主義演劇とメイエルホリドの洗礼を受ける。祖父の莫大な負債をかかえるという重荷をはね返し、大正13年小山内薫と共に築地小劇場を創設。第1回公演のゲーリング「海戦」の演出を手がけ、新劇活動の基礎を築いた。小山内の死後、左翼演劇に傾倒、昭和9年第1回ソ連作家大会での演説のため爵位を剥奪される。12年パリに亡命。16年帰国と同時に逮捕され、敗戦まで獄中生活を送る。戦後共産党に入党、新協劇団、東京芸術劇場などの演出を担当したほか、日ソ文化連絡協会会長、舞台芸術学院副校長などを務める。著書に「演出者の道」「なすの夜ばなし」など。 [家]祖父＝土方久元（宮

内相） [賞]国民文芸賞〔大正14年〕

菱刈 隆 ひしかり・たかし

陸軍大将

明治4年（1871年）11月16日～昭和27年（1952年）7月31日

[生]鹿児島県 [名]旧姓・旧名＝菱刈幸吉 [学]陸士（第5期）〔明治27年〕卒、陸大〔明治35年〕卒 [歴]歩兵第3連隊付少尉となり日清戦争従軍、陸大卒後歩兵第26連隊中隊長、第1軍参謀として日露戦争従軍。戸山学校教官、軍務局課長、大正3年歩兵第4連隊長、7年第23旅団長、9年戸山学校長、13年第8師団長を歴任し、昭和4年大将。5年関東軍司令官、6年軍事参議官、8年再び関東軍司令官兼満洲国大使となり、日満議定書に調印。9年予備役に編入、偕行社社長、のち大日本忠霊顕彰会会長。

菱沼 五郎 ひしぬま・ごろう

右翼運動家

大正1年（1912年）8月20日～平成2年（1990年）10月3日

[生]茨城県那珂湊市 [名]後名＝小幡五郎 [学]岩倉鉄道学校〔昭和4年〕卒 [歴]井上日召門下生として、昭和7年20歳の時血盟団事件に加わり、財界大立者の三井合名理事長、団琢磨を射殺。無期懲役の判決を受けるが、15年特赦で出所、小幡家の養子となる。その後右翼運動から離れて、戦後大洗町で漁業会社を経営。34年地元漁業界などに推されて茨城県議に当選。以来連続8期。この間、48～50年県会議長を務めた。

菱野 貞次 ひしの・ていじ

社会運動家

明治31年（1898年）6月13日～昭和15年（1940年）4月17日

[生]京都府京都市下京区東七条 [学]崇仁小学校卒 [歴]印刷工としてアナキズム系の京都印刷工組合を組織し、のち京都日出新聞社に入るが、大正11年の争議で解雇される。同年全国水平社創立大会に参加し、次第にアナからボルへ転じる。15年労働農民党中央委員となり、昭和4年労農大衆党から京都市議に当選。その間、多くの運動を指導した。5年全国大衆党中央委員、6年全国労農大衆党中央委員。7年新日本国民同盟に参加、のち愛国労働農民同志会に参加し、13年日本革新党京都連合会副会長を務めた。

泥谷 文景 ひじや・ぶんけい

日本画家

明治32年（1899年）1月25日～昭和26年（1951年）2月11日

[生]香川県丸亀市 [名]別号＝尺蠖堂其中、五鐘洞 [歴]明治42年大阪に出て南画家の姫島竹外に入門。大正15年九州に拠点を移し、鹿児島・延岡・都城などを転々としながら画業に励んだ。昭和4年にはじめて朝鮮半島・中国を旅行、以後しばしば同地に遊んだ。13年東京世田谷の烏山に転居。画壇との交渉が薄かったが、朝鮮旅行中に知り合った高島屋社長・飯田直次郎の助力を受けて17年以来毎年個展を開催した。同年北鎌倉に移るが、戦後は病気のため制作から遠ざかった。画集に「文景外史画集」「五鐘堂文景花鳥画冊」などがある。

菱山 修三 ひしやま・しゅうぞう

詩人 フランス文学者

明治42年（1909年）8月28日～昭和42年（1967年）8月7日

[生]東京都 [名]本名＝本居雷章 [学]東京外国語学校（現・東京外国語大学）仏語科〔昭和7年〕卒 [歴]早くから詩作をはじめ、堀口大学に師事する。昭和6年処女詩集「懸崖」を刊行。批評精神も旺盛で、17年「文芸管見」を刊行。以後「荒地」「望郷」「豊年」など多くの詩集を刊行し、戦後も「夢の女」「恐怖の時代」「不信の時代」などを刊行。またフランス文学の翻訳も多く、ヴァレリーの詩集を多く翻訳した。 [家]兄＝菱山辰一（ジャーナリスト） [賞]文芸汎論詩論賞（第4回）〔昭和14年〕「荒地」

肥州山 栄　ひしゅうざん・さかえ

力士

明治39年(1906年)8月25日〜昭和55年(1980年)9月11日

囲長崎県佐世保市　名本名＝松本栄　歴昭和2年出羽海部屋に入門、6年新入幕、双葉山時代に活躍した。20年6月に引退し、郷里に戻って漁業を営んだ。115勝119敗。

ピストン堀口　ぴすとんほりぐち

プロボクサー

大正3年(1914年)10月7日〜昭和25年(1950年)10月24日

生栃木県芳賀郡中村　名本名＝堀口恒男　学早稲田大学専門部　歴昭和7年中学校を卒業すると同時に、"ボクシングの父"渡辺勇次郎を慕って上京。日本拳闘倶楽部の内弟子となり、アマチュアで2勝し、翌8年早大在学中にプロに転向。以来無敗の快進撃を続け、9年日本フェザー級チャンピオン、11年東洋フェザー級チャンピオンとなり、日本ボクシング界第1期黄金時代を築き、独特のピストン戦法で一世を風靡し"拳聖"とまでいわれた。戦後も試合を続け、23年日本ミドル級チャンピオンとなるが、25年列車にはねられて死亡した。通算戦績は176戦138勝(82KO)24敗14分で、最多試合数と47連勝の2つの輝かしい記録を打ちたてている。　家弟＝堀口宏(プロボクサー)、長男＝堀口昌信(ピストン堀口道場会長)、二男＝堀口正躬(ピストン堀口道場会長)、孫＝堀口昌彰(プロボクサー)

肥田 景之　ひだ・かげゆき

衆議院議員　大東鉱業社長

嘉永3年(1850年)2月〜昭和7年(1932年)4月3日

生日向国都城(宮崎県都城市)　歴藩校で和漢、兵学を修め、のち鹿児島造士館教授、都城神社祠官、鹿児島県警部などを歴任。その後第五国立銀行支配人、大東鉱業社長、日本電気興業、北海道瓦斯、内外化学薬品、大北電機、横浜正金銀行各重役を務めた。この間、宮崎県から衆議院議員当選5回、中央倶楽部に属した。国民外交同盟に参加、満蒙問題にもかかわった。

飛田 周山　ひだ・しゅうざん

日本画家

明治10年(1877年)2月26日〜昭和19年(1944年)5月22日

生茨城県多賀郡　名本名＝飛田正雄、別号＝月居　歴明治29年久保田米遷、30年竹内栖鳳門下となり、その後橋本雅邦に師事。33年から日本絵画協会・日本美術院連合絵画共進会に受賞を重ねる。39年文部省依頼で国定教科書の挿絵を重ね、昭和16年まで続けた。その間官展に出品、明治40年第1回文展で「維摩」が初入選、大正6年第11回文展に「幽居の秋」、8年第1回帝展に「神衆」がそれぞれ特選となった。10年帝展推薦、13年帝展委員、14年より帝展審査員、昭和10年帝国美術院指定。13年川崎小虎らと日本画院を結成、創立同人となる。他に「わたつみの宮」「伝説の淵」「山月滞雨」「天女の花」などの代表作がある。

肥田 琢司　ひだ・たくし

衆議院議員

明治22年(1889年)2月〜昭和38年(1963年)5月6日

生広島県　歴広島毎夕新聞社長を経て、昭和3年より衆議院議員を通算4期務めた。

比田井 天来　ひだい・てんらい

書家

明治5年(1872年)1月23日〜昭和14年(1939年)1月4日

生長野県北佐久郡　名本名＝比田井象之、通称＝鴻、字＝万象、子瀟、別号＝大撲山人、画沙道人　資帝国芸術院会員〔昭和12年〕　歴上京して二松学舎で漢学、日下部鳴鶴に書を学んだ。明治34年文部省検定試験に合格、師範学校講師、文部省

検定委員となった。昭和7年東京美術学校で教え、10年書道芸術社、12年大日本書道院を設立、法律書などを出版した。一方、碑法帖を収集して古典を研究、剛毛筆を使用して書法を一新、天来書道を確立した。独創性を重視したため門下から前衛書家が多く輩出した。12年帝国芸術院会員。著書に「学書筌蹄」「天来翁書話」などがある。　家妻＝比田井小琴(かな書家)、長男＝比田井南谷(前衛書家)

日高 昌克　ひだか・しょうこく

日本画家　医師

明治14年(1881年)8月14日〜昭和36年(1961年)7月20日

生和歌山県日高郡御坊村　名本名＝日高昌克、旧姓・旧名＝木村　学京都府立医学専門学校〔明治38年〕卒　歴在学中から水彩画を嗜む。明治38年に同校を卒業ののち耳鼻科医となり、和歌山病院耳鼻科長を経て、44年和歌山市に耳鼻科医院を開業。大正3年より日本画家阪井芳泉に入門し、四条派の画風を学ぶとともに、独自に南画や北宋画・浮世絵などを研究した。橋本関雪や富岡鉄斎の画に傾倒し、入門を願うが果たせず、8年には知人を介して土田麦僊や入江波光・榊原紫峰ら著名な日本画家の知遇を得た。10年黒島社を興し、公募展を開催。その傍ら帝展などにも出展し、昭和2年の「風景」で画画創作協会第6回展に初入選、同協会の解散後は新樹社や南紀美術会などで活動した。やがて水墨画を描くようになり、11年頃から日高昌克を名のる。13年医院を長男に譲り、以後は画業に専念した。14年美術工芸学院教授。戦後は南海美術院を結成し、個展を中心に画作を続け、32年からは米国のフィラデルフィアやサンフランシスコなどでも個展を開催、好評を博した。

日高 信六郎　ひだか・しんろくろう

外交官　登山家　駐イタリア大使

明治26年(1893年)4月10日〜昭和51年(1976年)6月18日

生神奈川県　囲福岡県　名旧姓・旧名＝高橋　学東京帝国大学法学部政治学科〔大正8年〕卒　歴幼いときに北九州に移る。大正8年外務省に入り、南京総領事、上海総領事、南京公使、駐イタリア大使、外務省研修所長などを歴任。登山家としても知られ、10年28歳の夏、モン・ブランに日本人として初めての登頂をする。日本国連協会副会長、日本ネパール文化協会会長、日本山岳会会長なども務めた。著書に「朝の山残照の山」がある。

日高 只一　ひだか・ただいち

英文学者　早稲田大学教授

明治12年(1879年)3月23日〜昭和30年(1955年)1月12日

生広島県　名号＝未徹　学早稲田大学英文科〔明治38年〕卒　歴明治41年早大講師、大正10年から2年間英米に留学、帰国後教授となり、文学部長、理事を務め、退職後名誉教授。昭和24年立正大教授。英文学会、外国文学協会に属し、学術研究会議会長を務めた。著書に「英文学印象記」「アメリカ文学概論」「文学の背景」「スコット評伝」「人間解放と文学」、翻訳「アイヴァンホー」などがある。

常陸岩 英太郎　ひたちいわ・えいたろう

力士

明治33年(1900年)3月9日〜昭和32年(1957年)7月21日

囲東京市日本橋区蠣殻町(東京都中央区)　名本名＝桜井英太郎、年寄名＝境川　歴大正6年1月初土俵、12年5月入幕。14年5月関脇、昭和2年5月大関に昇進。栃木山仕込みの正攻法の押し相撲で3年1月初優勝を飾り、一時は江戸っ子横綱誕生かと期待されたが病気に悩まされ、人気大関で終わった。6年3月場所後、引退。年寄境川を襲名した。

人見 絹枝　ひとみ・きぬえ

陸上選手 日本初の女子五輪選手
明治40年（1907年）1月1日〜昭和6年（1931年）8月2日
⬚生岡山県御津郡福浜村（岡山市福成）　⬚学岡山県立高等女学校（現・操山高）卒，二階堂体操塾（現・日本女子体育大学）卒　⬚歴岡山県立高等女学校（現・操山高）時代，走り幅跳びで4メートル67の日本記録を出す。大正13年二階堂体操塾（現・日本女子体育大学）に入学後は三段跳びで10メートル33の世界記録をマーク。15年大阪毎日新聞社に入社。同年8月スウェーデン・イエーテボリで開催された第2回万国女子陸上競技大会に一人で遠征，走り幅跳びで5メートル50の世界記録を出し，立ち幅跳びでも優勝，円盤投げ2位，100メートルヤード走3位などの成績を残し，個人総合優勝した。昭和3年日本選手権で，100メートルで12秒2，走り幅跳びで5メートル98の世界記録をマーク。同年の陸上競技に女子種目が初めて採用されたアムステルダム五輪では，日本人女性として初めて五輪に出場。最も得意な走り幅跳びが五輪競技から外され，100メートルに出場するも決勝に進出できず，未経験だった800メートルに出場，2分17秒6の世界タイ記録を出し，銀メダルを獲得した。5年第3回万国女子陸上競技大会に選手団団長として参加，団体4位，個人2位となった。この大会で他選手の遠征費工面に奔走し，無理がたたって肺を患い，翌6年24歳で亡くなった。文才にもたけ，著書に「スパイクの跡」がある。

人見 少華　ひとみ・しょうか

日本画家
明治20年（1887年）2月25日〜昭和43年（1968年）
⬚生京都府船井郡富本村　⬚名本名＝勇市　⬚学京都市立絵画専門学校〔明治45年〕卒，京都市立絵画専門学校研究科〔大正3年〕修了　⬚歴明治35年から田中一華に師事し，日本画を学ぶ。また同年，俳人不識庵聴秋翁のもとで書僕となった。京都市立美術工芸学校を卒業後，京都市立絵画専門学校に進み，画技を研鑽。在学中の42年には「八百屋のかど」を第3回文展に出品し，初入選を果たすとともに褒状を受けた。大正3年に同校研究科を修了したのちも文展などを中心に作品を発表。10年日本南画院が結成されると，その第1回展から出品を続け，13年には同会の同人となった。のち大東南宗院や南画鑑賞会・平安書道会などでも活動。花鳥画を得意とした。江戸後期の画家池大雅の研究でも知られる。作品は他に，「日盛り」「藤なみ」「月中香夢」などがある。　⬚賞文展褒状（第3回）〔明治42年〕「八百屋のかど」

人見 東明　ひとみ・とうめい

詩人 日本女子高等学院創立者
明治16年（1883年）1月16日〜昭和49年（1974年）2月4日
⬚生岡山県上道郡宇野村　⬚名本名＝人見円吉　⬚学早稲田大学高等師範部英文科卒　⬚歴在学中に相馬御風，三木露風らと早稲田詩社を結成。明治42年には読売新聞社に入社して，山村暮鳥らと自由詩社を設立した。44年「夜の舞踏」，大正3年には「恋ごころ」を刊行。9年日本女子高等学院（現・昭和女子大学）を創立する。10年「愛のゆくへ」を出してからは教育に重点をおき，昭和5年日本女子高等学院理事長となる。戦後は，26年に昭和女子大学理事長に就任，また日本詩人クラブの理事をも務め，その後の詩集に「学園の歌」「東明詩集」などがある。　⬚家妻＝人見緑（教育家）

日名子 実三　ひなご・じつぞう

彫刻家
明治26年（1893年）10月24日〜昭和20年（1945年）4月25日
⬚生大分県北海部郡臼杵町（臼杵市）　⬚学臼杵中〔明治45年〕卒，慶応義塾大学部理財科〔明治45年〕中退，東京美術学校彫塑科塑造部〔大正7年〕卒　⬚歴明治45年慶応義塾大学部理財科に進むが，画家への道を諦めきれず無断で中退。大正2年東京美術

学校西洋画科受験に失敗したため，彫刻科を受け直して合格。入学間もなく朝倉文夫の塾に入り，卒業まで朝倉家の居候となった。7年首席で卒業。「晩春」で第1回帝展に初入選して以来，連続で入選し，13年特選相当の"優れた新人"に沢田政広，安藤照とともに選ばれた。この間，8年師の朝倉が結成した東台彫塑会に参加したが，14年師が同会の解散を宣言したため，15年斎藤素巌らと在野の彫刻団体・構造社を創立。昭和2〜4年渡欧。7年構造社を脱退，8年朝倉が抜けた後の帝展に復帰。10年帝展改組により朝倉の復帰が濃厚となると脱退し，石川確治，小倉右一郎らと第三部会を結成。15年国風彫塑会と改めた。20年脳出血のため急逝した。「織田選手像」「ラグビー」などスポーツを題材とした彫刻を多く手がけた他，スポーツや裸婦，神話などを題材としたメダル制作にも力を注ぎ，我が国の第一人者と目された。6年に手がけた，八咫烏が足でサッカーボールを押さえている大日本蹴球協会（現・日本サッカー協会）のシンボルマークの図案は，サッカーが定着した今日に至って，一層よく知られている。記念碑にも優れた作品が多く，宮崎市の「八紘之基柱」（現・「平和の塔」）は四銭切手や十銭札の図案にも用いられた。彫刻の代表作に「廃墟」「女」「腰かけた女」「宗麟公」などがある。　⬚家長男＝日名子太郎（聖徳大学名誉教授）

日夏 英太郎　ひなつ・えいたろう

脚本家 映画監督
明治41年（1908年）9月21日〜昭和27年（1952年）9月9日
⬚生朝鮮・咸鏡南道　⬚名本名＝許泳，別名＝ドクター・フユン　⬚歴昭和初期にマキノ御室撮影所に入り，昭和6年日夏英太郎の名前で「マキノ大行進」の編集を手がけた。マキノ映画解散後は山上伊太郎に師事して時代劇の脚本を執筆し，正映マキノで助監督も務めるが，8年二川文太郎の推薦で松竹下加茂撮影所に入社。以後は二川や衣笠貞之助のもとで映画作りを学び，12年衣笠監督「大阪夏の陣」に助監督として参加するが，誤って姫路城の石垣を爆破してしまい，実刑を受ける。15年新興京都企画部に入社し，吉田信三監督「千両役者」などの脚本を担当。さらに朝鮮人志願兵を讃美するシナリオ「君と僕」の映画化を企画するが，会社に容れられなかったため，16年朝鮮に渡り，朝鮮軍指令部後援のもと自ら監督となって同作を完成させた。17年新興を退社し，報道班員として日本軍政下のジャワに赴き，住民宣撫用の演劇脚本などを手がけた。18年オーストラリア人捕虜に対する日本軍の人道的処遇を描いた嘘のドキュメンタリー映画「Calling Australia（豪州への呼び声）」を撮影したが，戦後には逆にオーストラリア軍がこの映画をもとにして「Nippon Presents」を作り，日本軍が俘虜に母国にとって不利な映画へ出演させるという不当な労働をさせた証拠として東京裁判の証拠に採用された。戦後はインドネシアにとどまってドクター・フユンと改名し，「天と地の間に」「レストランの花」といった映画を製作し，キスシーンを盛り込むなど，話題となった。他方，22年インドネシア初の映画演劇学校・キノドラマ・アトリエを設立するなど，インドネシア映画人の育成に情熱を傾けた。他のシナリオ作品に吉野二郎監督「処女爪占師」，勝見正義監督「紅蝙蝠」，二川監督「辻斬ざんげ」，木村恵吾監督「佐渡おけさ」などがある。

日夏 耿之介　ひなつ・こうのすけ

詩人 英文学者
明治23年（1890年）2月22日〜昭和46年（1971年）6月13日
⬚生長野県下伊那郡飯田町（飯田市）　⬚名本名＝樋口圀登，別号＝黄眠，溝五位　⬚学早稲田大学英文科〔大正3年〕卒 文学博士〔昭和14年〕　⬚歴早大在学中の大正元年，西条八十らと「聖杯」を創刊，詩作を発表し，6年「転身の頌」を刊行。9年「ワイルド詩集」を翻訳し，10年「黒衣聖母」を刊行。11年早大文学部講師に就任。昭和14年「美の司祭」で文学博士となる。この間「大鴉」「海表集」「院曲サロメ」などを翻訳刊行する。象徴詩人として活躍する一方，翻訳，評論と幅が広く，15年頃か

昭和人物事典 戦前期　　　　ひょうとう

ら研究評論の仕事が多くなり、16年「輓近三代文学品題」、19年「鷗外文学」などを刊行した。27年「明治浪曼文学史」「日夏耿之介全詩集」で日本芸術院賞を受賞。　賞日本芸術院賞（文芸部門・第8回）〔昭和27年〕「明治浪曼文学史」「日夏耿之介全詩集」

火野 葦平　ひの・あしへい
小説家
明治39年（1906年）12月3日〜昭和35年（1960年）1月24日
生福岡県若松市（北九州市若松区）　名本名＝玉井勝則　学早稲田大学文学部英文科中退　歴中学時代から創作を試み、大正14年童話集「首を売る店」を刊行。のち「聖杯」「文学会議」などに加わる。昭和4年家業の玉井組を継ぎ、石炭沖仕となる。6年ゼネストを指導、翌年逮捕され転向。9年から火野葦平の筆名を使用。12年中国へ出征、出征直前に詩集「山上軍艦」を刊行、出征中「糞尿譚」で芥川賞を受賞。従軍中「麦と兵隊」「土と兵隊」「花と兵隊」の兵隊三部作を発表し、以後も多くの戦争小説を書く。太平洋戦争中はフィリピン、ビルマで従軍。18年原田種夫の編集による詩集「青狐」を刊行。23年戦争協力者として追放を受け、25年に解除。解除後は多忙な作家生活に入り、「花と龍」「赤い国の旅人」「革命前後」などを発表。34年「革命前後」で日本芸術院賞を受賞したが、35年に睡眠薬自殺をした。　家長男＝玉井闘志、三男＝玉井史太郎（河伯洞管理人）、甥＝中村哲（ペシャワール会現地代表）　賞芥川賞（第6回）〔昭和12年〕「糞尿譚」、日本芸術院賞（文芸部門・第16回）〔昭和34年〕「革命前後」、朝日新聞文化賞〔昭和15年〕「麦と兵隊」「土と兵隊」「花と兵隊」、福岡日日新聞文化賞〔昭和15年〕「麦と兵隊」「土と兵隊」「花と兵隊」

日野 厚　ひの・あつし
図案家
明治19年（1886年）〜昭和22年（1947年）
生新潟県　学東京工業教員養成所図案科卒　歴明治44年〜大正5年愛知県立陶器学校に図案科教諭として勤務し、それまでの陶磁器にはない大胆な図案を導入・指導して瀬戸の陶芸界に影響を与えた。大正9年大倉陶園の設立に際して支配人となり、11年東京高等工芸学校（現・千葉大学）が設立されると図案科講師となった。農展、商工展などの審査員も歴任した。

日野 草城　ひの・そうじょう
俳人
明治34年（1901年）7月18日〜昭和31年（1956年）1月29日
生東京市下谷区山下町（東京都台東区）　名本名＝日野克修　学京都帝国大学法律学科〔大正13年〕卒　歴大正7年「ホトトギス」雑詠に入選し、9年鈴鹿野風呂と「京鹿子」を創刊。13年「ホトトギス」の課題句選者となり、昭和2年第一句集「草城句集 花氷」を刊行。4年「ホトトギス」同人となる。新興俳句運動を主導した一人で、9年新婚初夜をテーマとしたエロティックな連作「ミヤコ・ホテル」10句を発表、話題を呼ぶ。10年「旗艦」を創刊・主宰。11年連作俳句、無季俳句を主張したため「ホトトギス」を除名された。15年の京大俳句事件で「旗艦」を廃刊し、俳壇を去るが、戦後復帰して21年「春」を刊行。24年より「青玄」を主宰。晩年は病臥し、それまでとは違う静謐な句境に至った。30年「ホトトギス」同人に復帰。他の句集に「青芝」「昨日の花」「人生の午後」などがある。　家妻＝日野晏子（俳人）、女婿＝室生幸太郎（俳人）

日野原 善輔　ひのはら・ぜんすけ
牧師
明治10年（1877年）3月12日〜昭和33年（1958年）6月21日
出山口県萩市　歴14歳の時に宣教師ケイ・ハーランの感化を受け、洗礼を受ける。関西学院の普通学部、高等学部に学び、山口の歩兵第二十四連隊に入隊し、2年間の兵役に服した。明治34年米国のトリニティー大学（現・デューク大学）文学部に留学。38年帰国後は大阪西部メソジスト教会牧師、神戸メソジスト教会牧師などを歴任し、以後50年間にわたって伝道活動に従事。昭和15年広島女学校（のち広島女学院）院長に就任。26年退任。33年渡米中に同地で客死した。遺稿集「いのちの響き」がある。　家二男＝日野原重明（医師）

日比野 士朗　ひびの・しろう
小説家
明治36年（1903年）4月29日〜昭和50年（1975年）9月10日
生東京都　学八高〔大正12年〕中退　歴兵庫県で代用教員をし、大正15年1年志願して歩兵第一連隊に入隊。昭和9年河北新報に入社し東京支社勤務となった翌12年応召する。除隊後、軍隊体験をもとに創作集「呉淞クリーク」を刊行し、以後作家として活躍。文化奉公会、大政翼賛会で活躍したが、戦後は文筆活動から退いた。　賞池谷信三郎賞（第6回・昭和14年度）「呉淞クリーク」

日森 虎雄　ひもり・とらお
ジャーナリスト
明治32年（1899年）〜昭和20年（1945年）5月24日
出熊本県下益城郡砥用町（美里町）　歴山村の農家に生まれたが、若くして海外雄飛を志す。台湾を経て、大正11年上海に渡る。春申社に入り社主・西本省三の薫陶を受け、昭和3年「上海日日新聞」記者となる。日中戦争から太平洋戦争にかけて、南満州鉄道（満鉄）、軍、大使館の援助のもとに日森研究所を設立し、中国の政治情報、特に中国共産党に関する情報の収集に従事した。20年軍との関係が悪化し、「帰りなん、いざ」の一文を「上海大陸新報」に投じて帰国した。同年5月の東京大空襲で亡くなった。著書に「中国遊撃運動現勢」「中共二十年史」「現代支那の政党」など。

百武 源吾　ひゃくたけ・げんご
海軍大将 九州帝国大学総長
明治15年（1882年）1月28日〜昭和51年（1976年）1月15日
生佐賀県　学海兵（第30期）〔明治35年〕卒、海大〔大正2年〕卒　歴明治35年海兵卒の第30期。海軍少尉で三笠に乗組み日露戦争に参加。大正4年米国駐在、6年帰国し海軍大学校教官、多摩・春日各艦長、軍令部参謀、国際連盟海軍代表、第五戦隊司令官などを歴任したのち、昭和6年、軍令次長に就任。翌7年海軍大学校長に転じ、以後練習艦隊司令官、佐世保鎮守府司令長官、艦政本部長、横須賀鎮守府司令長官を歴任し、12年大将に昇進。13年軍事参議官を経て、17年予備役に。20年招かれて九州帝国大学総長に就任した。終始日米開戦に反対した良識派の代表ともいえる海軍軍人。　家兄＝百武三郎（海軍大将）

百武 三郎　ひゃくたけ・さぶろう
海軍大将 侍従長 枢密顧問官
明治5年（1872年）4月28日〜昭和38年（1963年）10月30日
生佐賀県　学海兵（第19期）〔明治25年〕卒、海大〔明治33年〕卒　歴佐賀藩士の家に生まれる。ドイツで3年間軍政を学んだあと、第3艦隊参謀長、佐世保鎮守府司令長官を歴任。大正15年軍事参議官、昭和3年海軍大将となって間もなく予備役に編入され、その後11年二・二六事件で襲撃された鈴木貫太郎の後をうけ侍従長に就任。19年8月まで昭和天皇側近として在職した。同年9月枢密顧問官。　家弟＝百武源吾（海軍大将）、百武晴吉（陸軍中将）

兵藤 静枝　ひょうどう・しずえ
女優
明治45年（1912年）3月4日〜昭和9年（1934年）2月9日
生東京府豊多摩郡渋谷町（東京都渋谷区）　学渋谷小高等科

〔大正15年〕卒 歴昭和3年16歳で松竹蒲田に入社。五所平之助監督「親父とその子」などに脇役で顔を出していたが、7年1月封切りの成瀬巳喜男監督「女は袂を御用心」に助演して以来、不美人というキャラクターを生かして大いに活躍するようになる。しかし8年五所監督「愛撫」に出演したあと腹膜炎と脚気を病み、翌年21歳の若さで死去した。他の出演映画に「相弟樹」「乳姉妹」「島の娘」「十九の春」など。

兵本 善矩 ひょうもと・よしのり
小説家
明治39年（1906年）11月3日～昭和42年（1967年）2月21日
生奈良県五条 歴昭和7年「布引」でデビュー。以後「一代果て」「鞄の男」などを発表、注目されるが、その後は流離、放浪の生活を重ね、消息も不明だった。

平井 章 ひらい・あきら
熊本県知事
生年不詳～昭和45年（1970年）8月2日
歴厚生省保険局長、石川県知事、熊本県知事を歴任し、昭和21年退官。40年東京厚生年金会館長。 家長男＝平井聖（東京工業大学名誉教授）

平井 毓太郎 ひらい・いくたろう
小児科学者 京都帝国大学医科大学教授
慶応1年（1865年）10月11日～昭和20年（1945年）1月12日
生志摩国答志郡堅神村（三重県鳥羽市） 名旧姓・旧名＝木場 学帝国大学医科大学〔明治23年〕卒 医学博士〔明治37年〕 賞帝国学士院会員〔昭和19年〕 歴明治2年平井家の養子となる。23年帝国大学医科大学を卒業すると内科教室に入局、24年助手。25年義兄の死により郷里・三重に戻って内科医院を開業したが、27年その才を惜しんだ恩師・青山胤通の推薦により京都府立医学校教諭に就任し、内科第二部長を兼務。32年ドイツへ留学。35年帰国して新設の京都帝国大学医科大学教授となり、小児科学講座を担当。大正14年退官。昭和2年大原記念倉敷病院院長。大正12年乳幼児が罹患する、脳膜炎のようで脳膜炎ではないという原因不明の脳障害疾患（俗称・所謂脳膜炎）の原因が母親が使用する含鉛白粉による鉛中毒症であることを発見、昭和7年この業績により帝国学士院賞を受賞。10年含鉛白粉の販売禁止により難病"所謂脳膜炎"は消滅した。19年帝国学士院会員。 家養子＝平井金三郎（小児科学者） 賞帝国学士院賞（第22回）〔昭和7年〕

平井 喜久松 ひらい・きくまつ
鉄道技師 鉄道院工務局長 満鉄副総裁
明治18年（1885年）11月22日～昭和46年（1971年）1月27日
生北海道 学東京帝国大学工科大学土木工学科〔明治43年〕卒 工学博士 歴鉄道技術者・官僚の平井晴二郎の三男。明治43年鉄道院に入り、北海道建設事務所に勤務後、大正4年から2年間米国へ留学。帰国後、技師として工務局に勤務。昭和2年工務局改良課長、7年東京改良事務所長、9年工務局長。14年退官し、華北交通理事。19年南満州鉄道（満鉄）副総裁となる。戦後は鉄道建設興業（現・鉄建建設）、興和コンクリート、日本構造橋梁研究所などの社長、鉄道施設協会会長、日本交通協会副会長などを歴任。28年には土木学会会長も務めた。大正末期から昭和初期にかけての鉄道交通改良工事の最盛期に、幹線の増設や操車場の増設、駅舎の改良などに尽くし、久保田敬一、平山復二郎とともに"鉄道三賢人"とも称された。著書に「鉄道」、共著に「高等土木工学」がある。 家父＝平井晴二郎（鉄道技術者）

平井 金三郎 ひらい・きんざぶろう
小児科学者 長崎医科大学教授
明治17年（1884年）2月27日～昭和47年（1972年）3月23日

生石川県金沢市 名旧姓・旧名＝岩村 学京都一中卒、三高卒、京都帝国大学医科大学〔明治42年〕卒 医学博士（京都帝国大学）〔大正9年〕 賞日本学士院会員〔昭和40年〕 歴各地の県会・知事を歴任した男爵岩村高俊の三男。大正2年からドイツへ留学。4年帰国、5年指導教授であった平井毓太郎の女婿となる。同年佐々木研究所所員となり佐々木隆興のアミノ酸研究を助けた。11年日赤滋賀支部病院小児科医長、12年同病院副院長兼小児科医長を経て、14年長崎医科大学教授。昭和19年退官。40年日本学士院会員。著書に「細菌ニヨル『アミノ』酸ノ分解」がある。 家父＝岩村高俊（内務官僚・政治家）、兄＝岩村透（美術評論家）、弟＝竹腰健造（建築家）、岳父＝平井毓太郎（小児科学者）、伯父＝岩村通俊（貴族院議員・男爵）、林有造（衆議院議員） 賞帝国学士院賞（第36回）〔昭和21年〕

平井 功 ひらい・こう
詩人
明治40年（1907年）5月10日～昭和7年（1932年）10月1日
生東京市神田区（東京都千代田区） 名筆名＝最上純之介、飛来鴻 歴東京神田に軍医の子として生まれる。兄は小説家・演芸評論家として知られる正岡容。小学生時代、植物学に関心を抱き、北アルプスで新種を発見。14歳で西条八十、日夏耿之介に師事。大正11年詩集「孟夏飛霜」を刊行、英国のチャタトン、オーストリアのホーフマンスタール、フランスのランボーに比せられた。また日夏監修の雑誌「東方芸術」「汎天苑」などに翻訳などを発表。17～18世紀英文学本収集でも有名で、昭和4年游牧印書房を設立して雑誌「游牧記」を編集。5年府立高校の図書館に勤務。その後、共産党のシンパとなり思想問題で検挙されたが、拘留中に病を得て、釈放1週間後に急逝した。他に未完詩集「驕子綺唱」、遺稿「炉辺子残藁」がある。 家兄＝正岡容（小説家）

平井 武雄 ひらい・たけお
洋画家
明治15年（1882年）～昭和18年（1943年）10月26日
出北海道 学東京美術学校西洋画科〔明治40年〕卒 歴渡米し、帰国後に日本水彩画会の創立に参加。大正14年～昭和4年女子美術専門学校講師を務めた。

平井 肇 ひらい・はじめ
翻訳家
明治29年（1896年）5月17日～昭和21年（1946年）7月7日
生岐阜県 専ロシア文学 学早稲田大学露文科中退 歴早くからゴーゴリの作品の翻訳をし「ディカニカ近郷夜話」（上下）、「肖像画」「狂人日記」「外套」などほとんどの作品を翻訳した。ほかにノビコフ・プリボイの「二つの魂」などの翻訳もし、晩年は南満州鉄道（満鉄）に勤務し「東方評論」の編集に当った。

平井 房人 ひらい・ふさんど
漫画家
明治36年（1903年）～昭和35年（1960年）7月17日
出福島県 歴宝塚少女歌劇団美術部勤務の傍ら、叙情絵はがきを出版。昭和13年「大阪朝日新聞」に「家庭報国・思ひつき夫人」を連載。他の作品に「花百合ダン子」などがある。

平泉 澄 ひらいずみ・きよし
日本史学者 神官 東京帝国大学教授
明治28年（1895年）2月16日～昭和59年（1984年）2月18日
生福井県大野郡平泉寺村（勝山市） 専日本中世史 学東京帝国大学文科大学史学科〔大正7年〕卒 文学博士（東京帝国大学）〔大正15年〕 歴大正12年東京帝国大学講師、15年助教授、昭和10年教授。この間、4～5年ヨーロッパに留学、独・仏の

代表的歴史家を歴訪。日本中世史に社会経済史学の方法を取り入れて新領域を開く。講師時代に国粋主義に傾き、皇国史観の主導者となり、7年右翼思想団体の朱光会を組織。20年大学を辞職し平泉寺に帰り、57年まで白山神社の宮司を務めた。25年に歴史雑誌「芸林会」を発刊。26年からは日本学協会を主宰。28年神道史学会設立。著書は「中世に於ける精神生活」「中世に於ける社寺の社会的活動」「我が歴史観」「国史学の骨髄」「建武中興の本義」「萬物流転」「物語日本史」など多数。　家長男＝平泉洸（金沢工業大学名誉教授），三男＝平泉渉（衆議院議員）　勲勲三等瑞宝章〔昭和15年〕

平出 英夫　ひらいで・ひでお
海軍少将
明治29年（1896年）2月9日～昭和23年（1948年）12月15日
生青森県　学海兵（第45期）〔大正6年〕卒，海大〔大正13年〕卒　歴大正15年フランスに駐在。昭和4年練習艦隊副官。11年イタリア大使官付武官。13年大佐。15年軍事普及部第二課長を経て、7年暮より軍務局第四課長兼大本営報道部第一課長となり、対英米開戦論を煽動。太平洋戦争開戦後は海軍側の大本営発表の立役者として脚光を浴びた。18年軍令部第三部第八課長、同年12月フィリピン大使館付武官、19年少将に昇進し南西方面艦隊参謀副。19年11月軍令部出仕。20年予備役。

平生 釟三郎　ひらお・はちさぶろう
実業家 政治家 教育家 文相
慶応2年（1866年）5月22日～昭和20年（1945年）10月27日
生美濃国稲葉郡加納（岐阜県岐阜市）　名旧姓・旧名＝田中　学高等商業学校（現・一橋大学）〔明治23年〕卒　歴美濃加納藩士の田中家に生まれ、明治19年平生家の養子となる。26年神戸商業学校校長を経て、27年東京海上火災に入社し大阪支店の設立に当たり、30年同支店長、33年神戸支店長兼務、大正6年専務となった。この間、兵庫県武庫郡の有志の懇請を受け、明治43年甲南幼稚園、44年甲南小学校を設立。さらに久原房之助の後援を受けて大正8年甲南中学校を新設し、12年には中学校を廃して7年制の甲南高校を創立した。14年には東京海上火災取締役を辞して教育事業に専念することとなり、15年甲南学園理事長に就任。昭和6年経営危機にあった川崎造船の建て直しを要請されて実業界に復帰し、8年同社長。10年には会社再建団の一環として従業員教育の効率化を図るため、同社の企業内教育機関である川崎東山学校を設立した。10年貴族院議員に勅選。11年には広田内閣に文相として入閣し、義務教育年限の延長や国定教科書の値下げなどを図ったが、内閣自体は短命に終わった。その後、12年日本製鉄会長、鉄鋼連盟会長、15年大日本産業報国会長、大政翼賛会総務、16年重要産業統制団体協議会会長などを歴任した。17年枢密顧問官。

平岡 権八郎　ひらおか・ごんぱちろう
洋画家
明治16年（1883年）3月3日～昭和18年（1943年）1月6日
生東京府下谷区（東京都台東区）　歴白馬会研究所で洋画を学び、明治43年第4回文展出品の「コック場」で3等賞、第11回文展「大隅氏の肖像」で特選。以後帝展、新文展に出品、昭和12年新文展無監査。その後光風会会員。他の代表作に「老給仕たち」など。料亭花月楼を経営し、新橋演舞場取締役も務めた。

平岡 養一　ひらおか・よういち
木琴奏者
明治40年（1907年）8月16日～昭和56年（1981年）7月13日
生兵庫県武庫郡須磨村（神戸市）　学慶応義塾大学経済学部〔昭和5年〕卒　歴父は実業家。6歳の時に次姉からピアノの手ほどきを受けるが、慶応普通部時代に指導を受けていたジェームス・ダンから"指が短く、手も大きくならないだろうから"

と指導打ち切りを通告され、ショックを受けた。間もなく、映画館の楽士が演奏する木琴に魅せられ、指が短くても奏でられることから、これに熱中。大学在学中の昭和3年には帝国ホテル演芸場で初のリサイタルを開催し、4年日本放送協会大阪中央放送局で放送デビューした。5年大学を卒業して単身渡米、米国でも木琴の社会的地位は高くなく生活に窮したが、NBCのゴールデンタイムに披露した演奏が評判を呼び、日本人として初めて同局と専属契約を結んだ。以来、17年に戦時交換船で帰国するまで11年半にわたって日曜を除く毎朝、木琴演奏を放送し、"米国の子どもはヒラオカの木琴で目を覚ます"とまでいわれた。11年にはニューヨークのタウンホールでリサイタルを開催、ソロ演奏の他、ニューヨーク・フィルの四重奏団とも共演して「ニューヨーク・タイムズ」など各紙で絶賛を受けた。戦後は日本で演奏活動を続けたが、38年米国に戻り永住権を取得した。木琴音楽の地位向上に大きく貢献、"日本の民謡からバッハまで"と表現される多くのレパートリーを誇った。　家伯父＝平岡吟舟（実業家・邦楽作曲家）

平賀 周　ひらが・しゅう
衆議院議員 石川県知事
明治15年（1882年）7月21日～昭和32年（1957年）9月12日
生千葉県　学東京帝国大学法科大学英法科〔明治42年〕卒　歴内務省に入り、宮城県警察部長、大阪府内務部長、内務省監察官などを歴任。大正13年退官後は弁護士をとなり、昭和3年大阪府から衆議院議員に当選1回。政友会に属し、6年犬養毅内閣の下で石川県知事に就任したが、7年五・一五事件で犬養首相が暗殺されたため退任した。

平賀 譲　ひらが・ゆずる
海軍造船中将 船舶工学者 男爵
明治11年（1878年）3月8日～昭和18年（1943年）2月17日
生東京都　出広島県　学一高卒、東京帝国大学工科大学造船学科〔明治34年〕卒、グリニッジ海軍大学（英国）造船科〔明治41年〕卒 工学博士（東京帝国大学）〔大正8年〕　賞帝国学士院会員〔昭和8年〕　歴父は旧安芸広島藩士で、海軍主計官を務めた。東京帝国大学を卒業し、海軍造船中技士に任官。明治38年から3年間、英国のグリニッジ海軍大学造船科へ留学。帰国後は海軍艦政本部で艦艇設計に従事する傍ら、大正7年より東京帝国大学教授を兼務。8年海軍造船大佐となり、9年より基本計画主任。12～13年欧米へ出張。14年海軍技術研究所所長となり、15年海軍造船中将に進む。昭和6年予備役に編入。大正時代に海軍が推し進めた八八艦隊計画の基本計画を手がけ、大正10～11年に開催されたワシントン会議で主力艦保有量を制限されると、限られた排水量に強力な火力を装備した軽巡洋艦「夕張」、重巡洋艦「古鷹」「妙高」などを設計し、世界的な注目を集めた。退官後も大和型戦艦の設計に助言を与えるなど、我が国の主力艦設計に長く携わり、"軍艦の父"といわれた。予備役編入後は東京帝大教授に専念、昭和10年工学部長を経て、13年総長に就任。同年河合栄治郎教授の筆禍事件で経済学部内に対立が生ずると、教授会の決定によらず、両派の中心であった河合・土方成美両教授を休職処分とする"平賀粛学"を断行した。18年在職のまま死去し、男爵を追贈された。　家長男＝平賀謙一（建設省建築研究所所長）、兄＝平賀徳太郎（海軍少将）、女婿＝佐治敬三（サントリー社長）　賞帝国学士院賞（第18回）〔昭和3年〕

平川 虎臣　ひらかわ・こしん
小説家
明治36年（1903年）10月25日～昭和44年（1969年）5月2日
生熊本県　歴放浪生活をする中で上司小剣に師事し、昭和9年「生き甲斐の問題」「手紙」「花」などを発表し、14年「神々の愛」を刊行。昭和10年代に多く活躍し、著書に「愛情浪曼」「花と門」「母郷」などがあり、他に詩集「涙多き人生」（昭7）がある。

平川 末男　ひらかわ・すえお

プロボクサー

生年不詳〜昭和60年（1985年）5月27日

[出]石川県　[歴]昭和8年日仏対抗戦・日本代表決定戦で伊藤将恵を1回KO。のちに日本王者と認められる。"ジャガー"の異名をとる強打者で、デビュー直後には大豪・田中禎之助を17度もダウンさせたこともある。日本ライト級チャンピオン。引退後は静岡県沼津市でたばこ店を経営。

平川 清風　ひらかわ・せいふう

新聞人 大阪毎日新聞常務・編集主幹 「華文毎日」主幹

明治24年（1891年）4月7日〜昭和15年（1940年）1月26日

[生]熊本県熊本市　[学]東京帝国大学法科大学〔大正4年〕卒　[歴]大阪毎日新聞社に入社。上海特派員、整理部長、社会部長、編集総務などを経て、昭和13年常務・編集主幹、華文毎日主幹兼任。孫文、汪兆銘らと親交、東亜問題に卓見。

平川 松太郎　ひらかわ・まつたろう

弁護士 衆議院議員

明治10年（1877年）5月〜昭和18年（1943年）5月19日

[出]神奈川県　[学]東京法学院卒　[歴]弁護士となり、逓信大臣秘書官を経て、大正13年衆議院議員に選出され、以来連続当選7回。昭和6年第二次若槻内閣逓信参与官、14年平沼内閣逓信政務次官を務める。また民政党総務、大政翼賛会中央協力会議員となった。

平櫛 田中　ひらくし・でんちゅう

彫刻家

明治5年（1872年）1月15日〜昭和54年（1979年）12月30日

[生]岡山県後月郡西江原村（井原市西江原町）　[名]本名＝平櫛倬太郎、旧姓・旧名＝田中、旧雅号＝田仲　[資]帝国美術院会員〔昭和10年〕，帝国芸術院会員〔昭和12年〕，帝室技芸員〔昭和19年〕　[歴]田中家に生まれ、明治15年平櫛家の養子となった。人形師・中谷省古に木彫の手ほどきを受け、その二男である中谷球次郎を通じて高村光雲に師事。実際の指導は受けず、兄弟子である米原雲海に強い影響を受けながら、独自に研究を進めた。また正式に入門したわけではなかったので、"雲"の字は貰わなかった。この頃から号を田仲とし、人形師の系譜を大切に、その伝統を現代に生かそうと苦闘を続けた。41年第1回日本彫刻会展で「活人箭」が岡倉天心に認められ、大正初年までは仏教彫刻を多く手がける。大正3年再興第1回院展に「横笛堂」「禾山笑」などを出品して日本美術院展に同人として迎えられ、以後院展に出品を続けた。同年号を田中に改める。9年第7回院展出品作「転生」は大正期の代表作。昭和初期には肖像彫刻を手がけ、昭和9年の「浅野長勲公寿像」では寄木極彩色を取り入れ、以後彩色彫刻が多くなった。10年帝国美術院会員となるが、11年辞表を提出、12年帝国芸術院会員、17年文展審査員、19年帝室技芸員、19〜27年東京美術学校教授。高村光雲によって確立された近代木彫を、大正から昭和にかけて展開、発展させ、人の動きを的確にとらえたダイナミックな像を多く制作した。54年に107歳で亡くなるまで制作活動に従事し、芸術家の最長寿記録を持つ。　[勲]文化勲章（第22回）〔昭和37年〕，[賞]文化功労者（第4回）〔昭和29年〕，野間美術賞（第2回）〔昭和17年〕，文展三等賞（第5回）〔明治44年〕「維摩一黙」

平坂 恭介　ひらさか・きょうすけ

動物学者 台北帝国大学教授

明治20年（1887年）12月2日〜昭和40年（1965年）5月7日

[生]東京都　[専]海産動物、軟体動物　[学]七高造士館卒、東京帝国大学理科大学動物学科卒　[歴]農商務省水産局技手、御木本真珠養殖場技師を経て、大正12年八高教授。15年台湾総督府高等農林学校教授となり、同時に在外研究員として1年10ヶ月

を欧米諸国で過ごした。昭和3年帰国と同時に創設された台北帝国大学教授に就任。戦後は23年まで中国の国立台湾大学理学院教授。帰国後、連合国軍総司令部（GHQ）経済科学局顧問を経て、24年新潟大学理学部教授。同大理学部附属佐渡臨海実験所の創設にも尽力し、理学部長も務めた。34年定年退職。海産動物一般に造詣が深く、赤潮の原因である原生動物から、肺魚やジュゴン、コマッコウなどの海獣に関する論文125編を発表した。特に軟体動物に詳しかった。

平沢 直吉　ひらさわ・なおきち

東京堂取締役

明治15年（1882年）12月28日〜昭和39年（1964年）11月10日

[生]新潟県　[歴]明治39年東京堂に入店。大正7年株式会社改組に伴い取締役。9年社内に寺子屋的な塾を開き、昭和2年東京堂教習所を開設して店員たちを学ばせ、人材を育成した。同教習所は10年実践商業学校となり、今日の実践学園中学・高校へと発展した。

平沢 与之助　ひらさわ・よのすけ

朝日酒造創業者 新潟県議

明治18年（1885年）11月2日〜昭和15年（1940年）9月4日

[出]新潟県　[歴]生家は新潟県長岡の蔵元・久保田屋。明治36年父が亡くなると母が家業を主導。38年長岡中学を卒業し、同年一年志願兵として高田連隊に入営。除隊後は母の指導のもと、弟・順次郎と力を合わせて家業をもり立て、大正9年個人経営から朝日酒造株式会社に改組して社長に就任。大正末期から昭和初期にかけて清酒「朝日山」が次々に品評会で入賞し、全国的な知名度を上げた。12年より新潟県議に3選。　[家]長男＝平沢達夫（朝日酒造社長）、孫＝平沢亨（朝日酒造社長）、弟＝平沢順次郎（朝日酒造社長）

平島 敏夫　ひらしま・としお

満鉄副総裁 衆議院議員

明治24年（1891年）11月4日〜昭和57年（1982年）2月14日

[生]宮崎県　[学]一高卒、東京帝国大学法科大学英法科〔大正7年〕卒　[歴]大正11年南満州鉄道（満鉄）に入社。昭和7年衆議院議員に当選、1期（同10年まで）。10年満州国共和会中央事務局次長、11年同総務部長、12年錦州省次長、13〜17年満鉄理事、17年満州電業副理事長、18年同理事長、20年満鉄副総裁。31年宮崎地方区より参議院議員に連続3回当選。

平嶋 信　ひらしま・まこと

画家

明治12年（1879年）〜昭和32年（1957年）4月10日

[生]福岡県福岡市　[学]修猷館卒　[歴]鳥飼八幡の宮司に生まれる。上京して小山正太郎の画塾・不同舎で青木繁、坂本繁二郎らと学び、佐賀県立小城中（現・小城高）の美術教師となる。大正9年頃大陸に移住し、大連洋画研究所を設立。関東州庁嘱託として教科書編纂に携わる傍ら満州国展に出品、満州国内の代表的な画家となる。昭和22年帰国、無所属で故郷の風景画にとりくみ、31年個展。姪ツギが青木繁に求婚されたことで知られる。

平田 紀一　ひらた・きいち

群馬県知事 富山市長

明治19年（1886年）3月17日〜昭和13年（1938年）5月28日

[生]福島県大沼郡高田町（会津美里町）　[学]東京帝国大学法科大学独法科〔明治44年〕卒　[歴]内務省図書課長、都市計画課長を経て、昭和4年山梨県知事、6年群馬県知事。退任後、神宮皇学館長を務め、10〜11年富山市長。

平田 内蔵吉　ひらた・くらきち

詩人

明治34年（1901年）4月26日〜昭和20年（1945年）6月12日
⬜生兵庫県赤穂市 ⬜学京都帝国大学文学部哲学科〔大正15年〕卒，京都府立医科大学卒 ⬜歴薬種商の長男。本居宣長，平田篤胤を研究し「真の哲学」を出版。以後民間治療・東洋運命学の研究の一方，詩作し，詩集「大君の詩」「考える人」「美はしの苑」を刊行。その他「民間治療全集」（全6巻）「弁証法教典―中心生活法」など著書多数。沖縄戦線に散った。

平田 松堂　ひらた・しょうどう
日本画家 伯爵
明治15年（1882年）2月2日〜昭和46年（1971年）6月9日
⬜生東京都 ⬜名本名＝平田栄二，別号＝足穂庵 ⬜学東京美術学校日本画科選科〔明治39年〕卒 ⬜歴伯爵・平田東助の二男。川合玉堂に師事。明治40年第1回文展に「ゆく秋」で初入選。43年第4回「秋の色」，45年第6回「木々の秋」で褒状。大正3年第8回「小鳥の声」，4年第9回「松間の春・松間の秋」で3等賞，5年第10回「群芳競妍」特選など初期文展で華々しく活躍。15年第7回帝展で審査員。10年〜昭和7年東京美校教授。大日本図画手工協会会長，文部省図画教科書編纂委員を務めた。⬜家父＝平田東助（政治家・伯爵），長男＝平田克己（ヨット選手），二男＝松下正治（松下電器産業社長），三男＝三島義温（トヨタ南東京オート社長），弟＝平田昇（海軍中将），祖父＝伊東昇廸（蘭方医）

平田 晋策　ひらた・しんさく
軍事評論家 児童文学者
明治37年（1904年）3月6日〜昭和11年（1936年）1月28日
⬜生兵庫県赤穂町加里屋 ⬜学龍野中中退 ⬜歴赤穂に薬種商を営む家に生まれる。竜野中中退後，社会運動に参加。上京後早大聴講生となり，早大建設者同盟に参加したが大正10年暁民共産党事件で検挙された。転向後仏教に傾倒，「愚禿親鸞」「親鸞教の精髄」などを出版。さらに昭和5年から「国防の危機」「労農赤軍」などを出版，軍事評論家となった。また少年倶楽部の依頼で「昭和遊撃隊」「新戦艦高千穂」など少年少女向き軍事冒険小説も書いた。衆議院選挙に立候補し，運動中遭難。追悼文集に「平田晋策氏を偲ぶ」がある。⬜家甥＝平田寛（科学史家）

平田 篤次郎　ひらた・とくじろう
芝浦製作所社長
明治5年（1872年）10月2日〜昭和25年（1950年）12月12日
⬜生群馬県 ⬜学慶応義塾正科〔明治26年〕卒 ⬜歴北海道炭礦汽船に入社。明治30年三井工業部芝浦製作所に入社。33年三井物産に転勤となり，木材部長から台湾支店長，大阪支店長を経て，大正3年三井物産取締役，昭和2年東洋レーヨン取締役を経て，5年芝浦製作所社長に就任。折からの大恐慌を産業合理化とカルテル化によって乗り切り，同社再建に成功した。12年東京電気社長山口喜三郎に社長を譲り相談役として両社の合併実現に協力し，14年両社が合併して東芝が設立された。

平田 のぶ　ひらた・のぶ
教育家 婦人運動家
明治28年（1895年）3月30日〜昭和33年（1958年）4月14日
⬜生広島県 ⬜学三原女子師範学校〔大正4年〕卒 ⬜歴広島師範学校附属小学校に奉職，大正9年新婦人協会広島支部結成のリーダとなった。13年上京，教育の世紀社実験学校・池袋児童の村小学校訓導を経て，昭和2年から全国小学校女教員会機関誌「かがやき」の編集に従事，また婦人消費組合協会，婦人セツルメントの活動に参加した。6年深川同潤会アパートに子供の村保育園を開設。子供を預ける父母の啓蒙のため父様学校，母様学校を併設した。戦後は焼失した保育園の再建に苦闘し，33年自殺した。

平田 昇　ひらた・のぼる
海軍中将
明治18年（1885年）12月1日〜昭和33年（1958年）5月19日
⬜生東京都 ⬜学海兵（第34期）〔明治39年〕卒，海大〔大正9年〕卒 ⬜歴伯爵・平田東助の三男。明治36年海軍兵学校に入り，45年水雷学校高等科を卒業後，霧島分隊長となる。大正9年海軍大学校を卒業し，第一艦隊参謀，那智艦長などを経て，昭和8年第一潜水戦隊司令官，10年侍従武官を務め，12年海軍中将となる。14年佐世保鎮守府長官，15年第六艦隊長官。16年南遣艦隊長官として南部仏印進攻に当たる。太平洋戦争開始後は，横須賀鎮守府司令長官。17年軍事参議官を経て，18年予備役に退き，在郷軍人会副会長となった。⬜家父＝平田東助（政治家・伯爵），兄＝平田松堂（日本画家），祖父＝伊東昇廸（蘭方医），甥＝平田克己（ヨット選手），松下正治（松下電器産業社長），三島義温（トヨタ南東京オート社長）

平田 良衛　ひらた・よしえ
社会運動家
明治34年（1901年）12月12日〜昭和51年（1976年）6月29日
⬜生福島県相馬郡金房村小谷（南相馬市）⬜学東京帝国大学文学部独文科〔大正15年〕卒 ⬜歴労働農民党城西支部で活躍し，昭和3年産業労働調査所に入り「インタナショナル」を編集。4年プロレタリア科学研究所の創設に参加し「プロレタリア科学」編集委員。6年共産党に入党し農民協議会議長となるが，7年検挙され11年まで在獄する。出獄後帰郷し，12年「農村だより」を創刊。その後，理研映画社，中華電影公司などに勤務。戦後共産党に入り，初代福島県委員長，福島県開拓者連盟委員長などを歴任，さらに小高町議，副議長などを歴任した。40年「農村だより」を復刊。著書に「農人日記」がある。

平塚 広義　ひらつか・ひろよし
台湾総督府総務長官 東京府知事 貴族院議員（勅選）
明治8年（1875年）9月2日〜昭和23年（1948年）1月26日
⬜出山形県 ⬜学山形中卒，二高卒，東京帝国大学法科大学政治学科〔明治35年〕卒 ⬜歴旧出羽新庄藩士の長男。明治41年新潟県，43年神奈川県の各警察部長，大正元年愛媛県，3年新潟県，5年兵庫県の各内務部長を経て，同年栃木県知事，11年長崎県知事，12年兵庫県知事を歴任。14年〜昭和4年東京府知事，7〜11年台湾総督府総務長官を務めた。14年より勅選貴族院議員。⬜家息子＝九重京司（俳優），弟＝平塚英吉（農芸化学者）

平塚 らいてう　ひらつか・らいちょう
婦人解放運動家 評論家
明治19年（1886年）2月10日〜昭和46年（1971年）5月24日
⬜生東京市麹町区三番町（東京都千代田区）⬜名本名＝奥村明，旧姓・旧名＝平塚 ⬜学日本女子大学家政科〔明治39年〕卒 ⬜歴与謝野晶子，生田長江らに教えを受ける。明治41年に森田草平と心中未遂事件（煤煙事件）を起こしたのち，禅と英語の勉強に没頭。44年女性だけの文芸雑誌「青鞜」を創刊。「元始女性は太陽であった」という創刊の辞をかかげ，婦人解放運動の源流となる。大正2年「新しい女」を発表し，「円窓より」を刊行。3年画家・奥村博史と同棲（後結婚），4年「青鞜」の編集をおりる。エレン・ケイの思想に共鳴，7年与謝野晶子との母性保護論争では母性主義を主張。9年市川房枝，奥むめおらと新婦人協会を結成，婦人参政権運動の歴史的な第一歩を踏み出す。昭和4年婦人だけの消費組合"我等の家"を設立し，理事長。5年高群逸枝らの無産婦人芸術連盟に加盟。戦中は茨城に疎開。戦後は28年日本婦人団体連合会（婦団連）の初代会長となり，37年新日本婦人の会代表委員。また，世界連邦主義の立場で恒久平和実現の呼びかけを行い，30年世界平和アピール七人委員会結成をはじめ，国際民主婦人連盟などで婦人運動の先達者として活躍した。⬜家夫＝奥村博史（画家），父＝平塚定二郎（会計検査院第二部主管），孫＝築添正生（金工

ひらぬま　　　　　　　　　　　　　　昭和人物事典 戦前期

家）

平沼 騏一郎　ひらぬま・きいちろう
首相 司法官 枢密院議長 国本社社長
慶応3年（1867年）9月28日〜昭和27年（1952年）8月22日
⬚生美作国津山（岡山県津山市）　⬚名号＝機外　⬚学帝国大学法科
大学英法科〔明治21年〕卒 法学博士〔明治40年〕　⬚歴明治21
年司法省に入り、38年大審院検事、44年検事局長、45年から
10年間検事総長、大正10年大審院長を歴任。12年第二次山本
内閣の法相となり、13年勅選貴族院議員、15年枢密院副議長。
同年男爵。その後、昭和11年枢密院議長、14年首相、15年第
二次近衛内閣の内相、20年枢密院議長を歴任。この間、大逆
事件、シーメンス事件、治安維持法、企画院事件など狂信的と
もみえる社会主義運動の抑圧、弾圧を行い、復古の日本主義
を掲げた国本社（大正13年〜昭和11年社長）を組織して軍部・
右翼に支持された。リベラル派の西園寺らと対立し、帝人事
件・国体明徴運動において影で糸を引いたといわれる。敗戦
後、A級戦犯として終身刑を宣告され巣鴨に拘置されたが、
27年病気のため仮出所後死去した。著書に「平沼騏一郎回顧録」
など。独ソ不可侵条約後内閣退陣時の「複雑怪奇」の言が有
名。　⬚家孫＝平沼赳夫（衆議院議員）

平沼 亮三　ひらぬま・りょうぞう
実業家 スポーツ功労者 貴族院議員（多額納税）
明治12年（1879年）2月25日〜昭和34年（1959年）2月13日
⬚生神奈川県横浜市西区平沼町　⬚学慶応義塾大学〔明治31年〕卒
⬚歴幼少からスポーツが好きで26種目をこなし、慶応普通部で
野球部選手。明治36年横浜市議、44年神奈川県議、大正4年、
13年衆議院議員、昭和7年より多額納税の貴族院議員。26年か
ら横浜市長2期。財界では古河電気、麒麟麦酒、玉川電鉄、横
浜ゴムなどの重役を歴任。傍ら大正4年大日本体育協会理事、
14年全日本陸上競技連盟を創立、会長。同年体協副会長、昭
和5年全日本体操連盟会長。7年ロサンゼルス五輪、11年ベル
リン五輪の日本選手団長。また大正3年慶応野球部の米国遠征
引率、14年東京六大学野球連盟結成時に副会長、のち会長を
務めた。戦後昭和20年体協会長、21年公職追放、解除後27年
体協名誉会長。30年の第10回神奈川国体に横浜市長として77
歳の高齢で聖火リレー最終ランナーを務めた。54年野球殿堂
入り。著書に「スポーツ生活六十年」。　⬚家孫＝石坂浩二（俳
優）　⬚勲文化勲章〔昭和30年〕

平野 桑四郎　ひらの・くわしろう
衆議院議員
元治1年（1864年）5月〜昭和9年（1934年）7月18日
⬚生長野県伊那郡栗矢村（阿智村）　⬚歴智里村長、伍和村長、長
野県議を経て、昭和7年衆議院議員を1期務めた。政友会に所
属した。

平野 小剣　ひらの・しょうけん
部落解放運動家 全国水平社中央執行委員
明治24年（1891年）9月13日〜昭和15年（1940年）10月25日
⬚生福島県信夫郡浜辺村腰の浜（福島市）　⬚名本名＝栃木重吉
⬚学小卒　⬚歴東京で印刷工として働き、大正7年印刷工組合信
友会に加盟して労働運動を始める。11年全国水平社の創立に
参加し綱領を起草。中央執行委員として活躍するが、13年除
名。アナキスト系の全水解放連盟結成に関係したが、昭和初
期、右翼運動に転換。内外更始倶楽部幹部となり軍と結び
つき、日中戦争中は大陸浪人として暗躍した。

平野 千恵子　ひらの・ちえこ
浮世絵研究家 ボストン美術館東洋部助手
明治11年（1878年）5月4日〜昭和14年（1939年）4月4日
⬚生東京府麹町区（東京都千代田区）　⬚出新潟県　⬚学華族女学校

卒、女子師範国語漢文専修科卒、女子英学塾〔明治40年〕卒、シ
モンズカレッジ（米国）〔大正5年〕卒　⬚歴大正5年米国ボスト
ンのシモンズカレッジ卒業後、ボストン美術館の東洋部助手
となる。浮世絵版画の研究をつづけ、昭和14年18年間の研究
の集大成「鳥居清長の生涯と其作品」を刊行した。

平野 万里　ひらの・ばんり
歌人
明治18年（1885年）5月25日〜昭和22年（1947年）2月10日
⬚生埼玉県北足立郡遊馬村　⬚名本名＝平野久保　⬚学東京帝国大
学工学部応用科学科〔明治41年〕卒　⬚歴早くから文芸誌に投
稿をし、東京新詩社に入って与謝野寛に師事する。明治40年
歌集「若き日」を刊行。卒業後は横浜硝子に就職するが南満
州鉄道（満鉄）を経て、大正元年ドイツに留学し4年の帰国後
は農商務省技師となる。その間も創作行動を続け、昭和5年創
刊の「冬柏」発行主任となる。16年「古今朗詠集」を刊行。文学にお
いては、生涯を新詩社と共にした。

平野 学　ひらの・まなぶ
社会運動家
明治31年（1898年）6月28日〜昭和40年（1965年）7月19日
⬚生大分県東国東郡国東町田深　⬚名本名＝村林学　⬚学早稲田大
学政治経済科〔大正12年〕卒　⬚歴在学中暁民会に参加し、大
正12年の建設者同盟の改組でこれに合流。卒業後農民運動に
入り「農民運動」の編集に参加。農民運動社で近衛騎兵連隊
に拘引され29日間拘留される。のち「大衆」同人となり労農
欄を担当。15年日本労農党に参加、中央執行委員、機関紙部
長に就任。以後無産各党の本部にあって、昭和12年東京市議
に当選。戦後は社会党に入り社会国東支部を結成した。

平野 光雄　ひらの・みつお
衆議院議員
明治14年（1881年）1月〜昭和33年（1958年）7月26日
⬚出静岡県　⬚学慶応義塾大学政治科卒　⬚歴時事新報記者などを
経て、第14期衆議院総選挙の補選に当選。6期務め、岡田内閣
通信参与官、民政党総務を歴任する。昭和17年引退。また日本
茶精取締役、伊勢製茶監査役、東亜防水布製造会長も務めた。

平野 義太郎　ひらの・よしたろう
法学者 平和運動家 東京帝国大学助教授
明治30年（1897年）3月5日〜昭和55年（1980年）2月8日
⬚生東京市京橋区築地（東京都中央区）　⬚専マルクス主義法学
⬚学東京帝国大学法学部〔大正10年〕卒 法学博士、名誉法学博士
（フンボルト大学）　⬚歴大正12年東京帝国大学助教授となり、
昭和2〜4年ドイツに留学、フランクフルト社会科学研究所に学
ぶ。5年再建共産党シンパ事件で逮捕され免官となった。7年
野呂栄太郎らと「日本資本主義発達史講座」の編集に参画。マ
ルクス主義法学者として「法律における階級闘争」（大正14年）
により唯物史観の立場から法律の階級制を取り上げて注目さ
れ、日本資本主義論争における講座派の理論的支柱となった。
戦後は昭和21年民主主義科学者協会創立に参加。原水爆禁止
やベトナム反戦など平和運動に生涯を捧げた。　⬚家祖父＝平
野富二（実業家）

平野 力三　ひらの・りきぞう
農民運動家 衆議院議員 日刊農業新聞社長
明治31年（1898年）11月5日〜昭和56年（1981年）12月17日
⬚生岐阜県揖斐郡大和村（揖斐川町）　⬚学拓殖大学中国語科〔大
正9年〕卒、早稲田大学政経科〔大正12年〕卒　⬚歴大正15年4月
全日本農民組合結成、同年10月日本農民党を設立して幹事長
を務める。昭和3年全日本農民組合を組織、同年日本大衆党結
党とともに幹事長となったが、4年に除名される。その後、皇

道会を結成して常任幹事となり、11年衆議院議員に当選。以来通算7期。22年片山内閣の農相となったが、戦時中、皇道会に関わったとして半年で罷免され、23年公職追放となった。25年追放解除で政界に復帰。　家妻＝平野成子（参議院議員）

平野 亮平　ひらの・りょうへい
専売局長官　岩井産業副社長
明治12年（1879年）12月10日〜昭和40年（1965年）2月11日
出長野県　学東京帝国大学法科大学政治学科〔明治39年〕卒　歴明治40年大蔵省に入省。大正10年専売局経理部長、12年事業部長を経て、同長官。岩井産業副社長、塩業組合中央会会長も務めた。

平林 たい子　ひらばやし・たいこ
小説家
明治38年（1905年）10月3日〜昭和47年（1972年）2月17日
生長野県諏訪郡中洲村（諏訪市）　名本名＝平林タイ　学諏訪高等女学校〔大正11年〕卒　歴13歳で作家を志し県立諏訪高等女学校に首席で入学。土屋文明に学び、国木田独歩や志賀直哉に傾倒。卒後上京して電話交換手、女給などを転々。堺利彦の知遇を得るほか、アナキスト等と交わり、山本虎三と満州・朝鮮を放浪。帰国後の昭和2年懸賞小説に「嘲る」が入選、同年「文芸戦線」に発表した「施療室にて」でプロレタリア作家として認められ、以後体験に根ざす反逆的作品で、昭和期の代表的女流作家となった。12年には人民戦線事件で検挙される。戦後は反共的姿勢に転じ、文化フォーラムの本委員として活動、安保反対闘争、松川事件の無罪判決などを批判して活動、物議をかもす。代表作に「かういふ女」「地底の歌」「秘密」「敷設列車」「私は生きる」のほか、「平林たい子全集」（全12巻・潮出版社）がある。死後、平林たい子文学賞が設定された。　賞日本芸術院恩賜賞（第28回・文芸部門）〔昭和46年〕、朝日新聞懸賞小説〔大正15年〕「残品」、渡辺賞（第3回）〔昭和4年〕

平林 武　ひらばやし・たけし
地質学者　東京帝国大学工学部教授
明治5年（1872年）1月14日〜昭和10年（1935年）4月26日
生兵庫県神戸市　専鉱床学　学三高卒、東京帝国大学理科大学地質学科〔明治31年〕卒　工学博士（東京帝国大学）〔大正8年〕　歴明治36年東京帝国大学工科大学助教授となる。39年農商務省技師、45年鉱山監督署技師を兼務。大正4年海外出張を経て、7年東京帝大教授に就任、官制改正後も引き続き応用地質学講座を担当した。また日本各地の鉱床を調査し、黒鉱鉱床と亜鉛鉱床の分布を総括、黒鉱・黄鉱・珪鉱を定義した。

平林 治徳　ひらばやし・はるのり
国文学者　大阪府女子専門学校校長
明治22年（1889年）1月21日〜昭和34年（1959年）12月2日
生愛知県名古屋市　名旧姓・旧名＝佐藤　学東京帝国大学文科大学国文学科〔大正3年〕卒、東京帝国大学大学院〔大正6年〕修了　歴大正6年八高教授、8年女子学習院、学習院各教授、13年大阪府女子専門学校教授、昭和3年校長。24年学制改革で大阪女子大学長、30年再選された。大阪市の社会教育事業にも貢献。著書に「講和源氏物語」（上中下）、「三田浄久」、共編「日本説話文学索引」がある。

平林 彪吾　ひらばやし・ひょうご
小説家
明治36年（1903年）9月1日〜昭和14年（1939年）4月28日
生鹿児島県姶良郡日当山村（霧島市）　名本名＝松元実　学日本大学高工建築科卒、日本大学社会学科卒　歴復興局建築技手を経て、喫茶店、撞球場などを経営。昭和2年詩誌「第一芸術」を発行。左翼的同人誌「尖兵旗」、「大学前衛」同人、6年

プロレタリア作家同盟に加盟。10年6月「鶏飼ひのコムミュニスト」が文芸懸賞作品に入選。11年伊藤整らと第二次「現実」創刊、「高い精神」を発表。さらに武田麟太郎主宰の「人民文庫」に「肉体の罪」を発表、文庫賞受賞。他に「輪血協会」「月のある庭」など。14年1月「長篇文庫」に「光ある庭」を連載し始めたが、病に倒れた。作品集は「月のある庭」のみ。　賞人民文庫賞〔昭和13年〕

平福 百穂　ひらふく・ひゃくすい
日本画家　歌人
明治10年（1877年）12月28日〜昭和8年（1933年）10月30日
生秋田県仙北郡角館町横町（仙北市）　名本名＝平福貞蔵　学東京美術学校日本画科専科〔明治32年〕卒　賞帝国美術院会員〔昭和5年〕　歴幼時父・穂庵から画技を学び、明治27年上京し、川端玉章の門に入る。33年同志と自然主義を唱える无声会（むせいかい）を結成。庶民の生活を題材に写実性の強い作品を制作。西洋画のデッサンも学ぶ。大正2年无声会を解散、5年金鈴社等を創立。一方、文展、帝展に出品し、数多く賞を受け、帝展審査員も務めた。昭和5年欧州旅行、同年帝国美術院会員、7年東京美術学校教授。またその軽快なスケッチ風の挿絵と漫画味とにより、近代挿絵界に新風を吹きこむ。四条派、南画、洋画を消化し尽し、画境、技巧、着想は群を抜いた。アララギ派の歌人としても知られ、歌集「寒竹」がある。代表作は「荒磯」「予譲」「七面鳥図」など。　家父＝平福穂庵（日本画家）　賞文展特選（第11回）〔大正6年〕「予譲」

平松 市蔵　ひらまつ・いちぞう
弁護士　第一東京弁護士会会長
明治13年（1880年）4月〜昭和19年（1944年）7月18日
生岡山県都宇郡中庄村鳥羽（倉敷市）　学東京専門学校（現・早稲田大学）法律科〔明治36年〕卒　歴農家の二男として生まれる。早くに父を失うが、明治32年上京して東京専門学校（現・早稲田大学）で法律を学ぶ。36年卒業して弁護士となり、小川平吉（のち政治家）の事務所を経て、独立。昭和10年第一東京弁護士会会長。五・一五事件では官選弁護人を務めた。

平山 岩彦　ひらやま・いわひこ
衆議院議員
慶応3年（1867年）8月〜昭和17年（1942年）5月11日
出肥後国（熊本県）　歴熊本県議、県参事会員を経て、衆議院議員を第11期補欠選挙以来4期務めた。民政党に所属した。

平山 清次　ひらやま・きよつぐ
天文学者　東京帝国大学名誉教授
明治7年（1874年）10月13日〜昭和18年（1943年）4月8日
出宮城県仙台市　専暦学　学帝国大学理科大学星学科〔明治30年〕卒　理学博士〔明治44年〕　賞帝国学士院会員〔大正14年〕　歴明治39年東京帝国大学助教授。大正4年米国へ留学し、エール大学のE.ブラウンに天体力学を、ワシントンの海軍天文台で天体暦を修める。さらにブラウンの示唆で小惑星の運動とその起源に関する研究を行い、7年には固有離心率、固有軌道傾斜角がほぼ等値となる小惑星のグループを発見、これらを同じ一つの母惑星の崩壊から生じた小惑星のファミリー（族）であるとの仮説を立てて米国の天文学雑誌に発表、大きな反響を呼んだ。この小惑星のファミリー（族）を、現在ではその名にちなんで"平山族" "ヒラヤマ・ファミリー"と称する。8年東京帝大教授に昇任。昭和10年定年退官。暦学の泰斗としても知られ、日本・中国の古暦法を研究したほか、明治末年から大正期にかけて神宮暦の編纂にも従事。大正9年からは東京天文台の編暦主任も兼務した。著書に「一般天文学」「暦法及時法」「小惑星」など。月のクレーター「ヒラヤマ」は、彼と平山信の名前にちなむ（二人の間に血縁関係はない）。

ひらやま

平山 為之助　ひらやま・ためのすけ
実業家　衆議院議員　津軽鉄道社長
明治7年(1874年)1月～昭和35年(1960年)3月18日
🅖青森県北郡栄村(五所川原市)　🅗慶応義塾中退　🅗五所川原の素封家・平山家の10代目。栄村議、北郡郡会議員、青森県議を経て、衆議院議員を1期務めた。政友会に所属した。実業界でも活躍し、昭和3～22年津軽鉄道社長をはじめ、五所川原銀行頭取などを歴任。

平山 復二郎　ひらやま・ふくじろう
土木技術者　鉄道省建設局長
明治21年(1888年)11月3日～昭和37年(1962年)1月19日
🅖東京市本郷区(東京都文京区)　🅟鉄道、トンネル、コンクリート　🅗東京府立一中卒、一高卒、東京帝国大学工科大学土木工学科〔明治45年〕卒　🅗明治45年鉄道院建設部に入る。大正9～11年欧米各国へ留学、トンネル工事、コンクリート工法、工事の機械化などを学ぶ。帰国後、鉄道省教習所講師を務め、12年の関東大震災後は帝都復興院技師、13年復興局土木部初代道路課長、工務課長を兼務し、道路計画、区画整理など復興事業に尽力。昭和2年鉄道省に戻り、4年岡山建設事務所所長。6年熱海建設事務所所長となり、8年丹那トンネル工事を完成させる。その後、東京帝国大学工学部講師、仙台鉄道局長を経て、12年建設局長を務め、13年退官。同年南満州鉄道(満鉄)理事、満州電業理事、17年満州土木学会副会長などを歴任した。　🅗弟=平山孝(鉄道官僚)、岳父=菊池大麓(数学者・男爵)、義兄=美濃部達吉(憲法学者)、鳩山秀夫(民法学者)、末弘厳太郎(民法学者)、義弟=李家孝(三菱製鋼会長)

平山 蘆江　ひらやま・ろこう
小説家　随筆家
明治15年(1882年)11月15日～昭和28年(1953年)4月18日
🅖兵庫県神戸市　🅝本名=平山壮太郎、旧姓・旧名=田中　🅗東京府立四中退　🅗明治40年都新聞社(現・東京新聞社)に入社。花柳・演芸欄の担当記者として活躍する傍ら、作家として、大正14年には直木三十五、長谷川伸らと第一次「大衆文芸」を創刊、大衆文芸開拓へのきっかけとなった。昭和5年都新聞社を退社し、作家活動に専念。歴史小説や怪談を手がけた。代表作品に「西南戦争」「唐人船」などがある。また都々逸の洒脱さを好み、東京神田で都々逸学校を開くなど、その発展のために尽力したことでも知られる。　🅗曽孫=平山瑞穂(小説家)

鰭崎 英朋　ひれざき・えいほう
挿絵画家
明治14年(1881年)8月25日～昭和43年(1968年)11月22日
🅖東京府京橋区入船町(東京都中央区)　🅝本名=鰭崎太郎、別号=晋司、絢堂　🅗右田年英、川端玉章らに師事、明治33年から朝日新聞連載の栗島狭衣「相撲評話」の挿絵を担当、相撲ファンの評判となった。34年鏑木清方らと烏合会を結成、ここを足場に美人画家として活躍したが、その後、新聞小説の挿絵、単行本の口絵、国定教科書の挿絵などを画いた。後藤宙外「思ひぞめ」、泉鏡花「婦系図」「続風流線」、柳川春葉「生さぬ仲」などの代表作がある。昭和3年日本挿画家協会の結成で委員となった。

広池 千九郎　ひろいけ・ちくろう
歴史家　教育家　広池学園創立者
慶応2年(1866年)3月29日～昭和13年(1938年)6月4日
🅖豊前国下毛郡鶴居村永添(大分県中津市大字永添字八並)　🅟東洋法制史　🅗中津市校卒　法学博士〔明治45年〕　🅗明治13年永添小学校助教となり、18年大分師範の応講試業(教員資格検定試験)に合格、形田小学校、万田尋常小学校、中津高

等小学校訓導を務める。24年大分県立教育会の中に日本で最初の教員互助会を設立するなど地域の教育改善に取り組んだ。25年歴史家を志し京都に出て、月刊誌「史学普及雑誌」を発行。28年上京し、「古事類苑」編纂に従事。38年早稲田大学講師、48年神宮皇学館教授を経て、41年支那法制史研究のため中国に渡る。大正2年天理教育教育顧問、天理中学校校長に就任。4年退職し、以後全国各地で講演を行った。昭和10年道徳科学専攻塾(広池学園)を創設した。主著に「道徳科学の論文」「支那文典」「東洋法制史序論」「日本文法てにをはの研究」などのほか、「広池博士全集」(全4巻)がある。　🅗長男=広池千英(倫理学者)、孫=広池千太郎(教育学者)

広江 恭造　ひろえ・きょうぞう
大阪中央放送局長
明治10年(1877年)8月9日～昭和10年(1935年)12月27日
🅖鳥取県日野郡根雨町(日野町)　🅗東京外国語学校　🅗明治38年通信省に入省。43年業務課長に抜擢され通信官吏練習所教官を兼ねる。大正5年佐賀郵便局長、8年神戸中央郵便局長を務め、13年欧州へ留学。「通信協会雑誌」及び「交通」の主筆も兼ねた。のち大阪中央放送局常務理事、同局長を務めた。

広江 八重桜　ひろえ・やえざくら
俳人
明治12年(1879年)3月11日～昭和20年(1945年)10月8日
🅖島根県能義郡赤江村(安来市)　🅝本名=広江直治、別号=蚕頭庵　🅗松江中学中退　🅗松江中学時代から作句し、のち河東碧梧桐に師事。碧梧桐選「続春夏秋冬」「日本俳句鈔」に多数の句が入集する。新傾向俳句を経て、昭和10年中塚響也らと「渚」を創刊後は定型俳句に復帰した。個人句集はない。

広尾 彰　ひろお・あきら
海軍大尉　真珠湾攻撃の"九軍神"
生年不詳～昭和16年(1941年)12月8日
🅖佐賀県鳥栖市　🅗海兵卒　🅗真珠湾奇襲攻撃計画のため特別に編成された第六艦隊(潜水艦部隊)特別攻撃隊に参加、昭和16年12月8日未明の真珠湾攻撃の際、片山義雄二等兵曹と二人乗りの特殊潜航艇「甲標的」に乗り込み、戦死。同時に戦死した7人と"九軍神"とされ、戦意高揚のため喧伝された。

広岡 宇一郎　ひろおか・ういちろう
弁護士　衆議院議員
慶応3年(1867年)7月～昭和16年(1941年)4月8日
🅞兵庫県　🅗日本法律学校卒　🅗弁護士を営む。大正4年衆議院議員に初当選し、連続6回当選。田中内閣通信政務次官、道路会議員、鉄道会議員、臨時海事法令調査委員を歴任する。また政友本党総務、政友会顧問も務めた。

広川 松五郎　ひろかわ・まつごろう
染色工芸家　画家
明治22年(1889年)1月29日～昭和27年(1952年)11月2日
🅖新潟県三条市　🅗東京美術学校図案科〔大正2年〕卒　🅗大正14年、パリ万国現代装飾美術工芸博覧会に出品、銀賞受賞。15年工芸団体「无型」(むけい)を創立、同人となる。昭和2年、第8回帝展で特選をうけ、翌年無鑑査となり、以後帝展、新文展に出品をつづけ、帝展審査員にもあげられた。7年母校東京美術学校助教授、10年同校教授、24年東京芸術大学教授。25年日展参事。25年に唯一の染織研究団体「示風会」を創立。蠟染、友禅染、染め革など様々な技法を駆使し、新しい染色工芸における様式を作り出した戦前工芸界の重鎮。代表作に「藤染文武紋壁掛」「手織つむぎ友禅壁掛」などがある。　🅑パリ万国現代装飾美術工芸博覧会銀賞〔大正14年〕

昭和人物事典 戦前期　　　　　　　ひろせ

宏川 光子　ひろかわ・みつこ
女優
大正7年（1918年）2月25日〜昭和47年（1972年）10月14日
出東京府豊多摩郡渋谷町（東京都渋谷区）　名本名＝広田光子
学猿楽尋常高小高等科〔昭和6年〕中退　歴昭和8年日本劇場附属舞踊音楽学校卒業。沢村兄弟プロの「少年忠臣蔵」に映画初出演後、浅草・松竹座のエノケン一座に入り榎本健一の相手役。11年PCL（写真化学研究所）の「エノケンの近藤勇」「エノケンの千万長者」正続などに共演。PCLが東宝となり「エノケンの法界坊」などに相手役。18年日劇のエノケン一座「音楽は楽し」出演後、現役を退き結婚。戦後森川信一座などにゲスト出演した。

広沢 虎造（2代目）　ひろさわ・とらぞう
浪曲師
明治32年（1899年）5月18日〜昭和39年（1964年）12月29日
生東京市芝区白金（東京都港区）　名本名＝山田信一、旧姓・旧名＝金田、前名＝広沢春児、広沢天勝、広沢天華　歴少年時代から浪花節を好み、19歳のとき大阪に下り、2代広沢虎造の門に入り修業。大正11年、23歳で真打ちとなり、2代虎造を襲名して上京。それまで関西節であった節調を関東節に改め、研究を重ねていわゆる"虎造節"を創出。「清水次郎長伝」はその節調を短的に表現しており誰にも馴染めるメロディと、ケレン（笑い）を交えた巧みな会話で、老幼男女を問わず、初めて浪曲を聴く者をも傾倒させ、日本中にその名声を高めた。浪曲の舞台のみでなく、レコード、放送でも人気を博し、遂には映画、芝居にも出演したが、昭和33年脳溢血で倒れ再起不能となり、39年死去。「清水次郎長伝」によって、浪曲を広く一般大衆に知らした功労者であり、昭和浪曲界最高の人気者だった。　家二男＝山田二郎（アナウンサー）

広島 晃甫　ひろしま・こうほ
日本画家
明治22年（1889年）11月23日〜昭和26年（1951年）12月16日
生徳島県徳島市　名本名＝広島新太郎、別号＝滉人　学東京美術学校日本画科〔昭和40年〕入学　歴高松工芸学校で蒔絵を、美校時代白馬会洋画研究所で洋画も学んだ。明治42年万鉄五郎らとアブサント会を結成、大正5年長谷川潔らと日本版画倶楽部を創設。8年第1回帝展「青衣の女」他1点が特選、第2回で「夕暮の春」特選。以後新文展、日展などにも出品、審査員を務めた。

広島 定吉　ひろしま・さだきち
社会主義経済学者
明治29年（1896年）9月22日〜昭和39年（1964年）9月17日
生宮崎県　学早稲田大学政治学科〔大正13年〕卒　歴昭和初期にかけマルクス主義文献、ソビエトの弁証法的唯物論などの翻訳に当たり、日本のマルクス主義発展に貢献。戦後は日ソ親善協会常任理事、日ソ翻訳出版協会懇話会役員を務めた。訳書にレーニン「哲学ノート」、ミーチン他監修「史的唯物論」、ミーチン監修「弁証的唯物論」など。著書に「マルクス経済学読本」「唯物史観」「資本論の弁証法」「経済学史」などがある。

広瀬 五郎　ひろせ・ごろう
映画監督
明治37年（1904年）3月8日〜昭和47年（1972年）8月16日
生三重県　学三重三中退　歴大阪で中川紫郎監督と出会い大正11年帝キネに入社。中川の助監督を務めたのち13年監督昇進。現代劇「深山の父親」でデビューするが以後はほとんど時代劇作品を監督。14年中川紫郎映画製作所に移り「室町御所」などを手がけた。同年東亜キネマに転じ団徳麿の怪異なメイクアップと演技でユニークな作品を作った。とりわけ昭和3年の「新版・大岡政談」は伊藤大輔、大河内伝次郎のコ

ンビに対抗した傑作といわれた。5年団徳麿が東亜を脱けてから広瀬も退社。松竹、阪妻プロ、新興キネマと転々とし10年マキノ・トーキーに入社。翌年団徳麿と再会し佳作「切られお富」を撮る。マキノ・トーキー解散後も今井映画、松竹京都と移るが16年映画界を去る。

広瀬 習一　ひろせ・しゅういち
野球選手
大正11年（1922年）3月15日〜没年不詳
生滋賀県大津市　学大津商　歴昭和10年大津商入学と同時に野球部に入部。5年生の時春の選抜に出場。新学期後、投手に転向。地元企業の旭ベンベルグに入社。同時に傘下の実業団チーム大津晴嵐会に入団。社会人2年目の都市対抗野球予選で敗退したのを機に、16年巨人に入団。同年黒鷲（イーグルス）戦で先発デビュー。12対0の完封勝利をおさめ、球史上初の初登板完封勝利投手となった。入団1年目に8勝をあげ、チームの3年連続優勝に貢献。このオールスターにあたる東西対抗戦でも活躍し、第3戦で殊勲選手に選ばれた。入団2年目にも21勝をあげチームの優勝に貢献。太平洋戦争で17年兵役に就き、のち戦死した。

弘世 助太郎　ひろせ・すけたろう
実業家　日本生命保険社長
明治4年（1871年）12月9日〜昭和11年（1936年）3月9日
生近江国彦根（滋賀県彦根市）　学第三高等中学校卒　歴三菱合資銀行部、勧業銀行勤務、日本倉庫支配人を経て、明治33年山口銀行副支配人となる。41年日本生命保険取締役、大正8年専務、昭和3年社長に就任し、没年まで務めた。同社の戦前における興隆期を築いた。この他、生命保険協会理事長、関西信託、三和銀行、日本無線電信、都ホテル、大阪ホテル、大阪毎日新聞などの重役も兼任した。　家父＝弘世助三郎（日本生命保険創業者）、養子＝弘世現（日本生命保険会長）　勲シュバリエ・ド・ランラン勲章〔昭和2年〕

広瀬 操吉　ひろせ・そうきち
詩人
明治28年（1895年）10月30日〜昭和43年（1968年）12月17日
生兵庫県印南郡　学姫路師範卒　歴師範を出て関西芸術院、本郷洋画研究所に学んだ。はじめ千家元麿の「詩」同人となり、大正10年4月からその後継誌「詩の家」の編集に従事した。牧歌的な詩風で詩集「雲雀」「空色の国」のほか美術評論書がある。

広瀬 為久　ひろせ・ためひさ
衆議院議員
明治9年（1876年）2月〜昭和16年（1941年）3月1日
出岩手県　歴仙人製鉄所社長、京浜電力常務などを経て、大正9年衆議院議員に当選。以来連続5期。政友会に所属した。また仙人山郵便局長、地方森林会議員、鉄道会議議員を歴任。

広瀬 亜夫　ひろせ・つぎお
機械工学者　大阪高等工業学校校長
明治11年（1878年）5月24日〜昭和16年（1941年）8月3日
生奈良県　名旧姓・旧名＝菅田　学京都帝国大学工科大学機械工学科〔明治36年〕卒　工学博士（京都帝国大学）〔昭和2年〕　歴明治37年北野中学教授、38年大阪瓦斯を経て、39年造幣局に入る。大正8年鋳造部長、12年作業部長を歴任。昭和12年退官。14年大阪高等工業学校の初代校長に就任した。

広瀬 哲士　ひろせ・てつし
フランス文学者　慶応義塾大学教授
明治16年（1883年）9月9日〜昭和27年（1952年）7月26日
生岡山県勝南郡瓜生原村　学一高卒、東京帝国大学文科大学

仏文科〔明治40年〕卒　歴明治43年慶応義塾大学仏文科の教授になり、昭和9年に退職。3年雑誌「仏蘭西文学其他」を創刊。著書に「新フランス文学」、訳書にテーヌ「芸術哲学」などがある。

広瀬 藤四郎　ひろせ・とうしろう
ホッケー監督
明治36年（1903年）8月23日〜平成3年（1991年）8月27日
生東京都　出岩手県　学早稲田大学政経学部〔昭和4年〕卒　歴王子製紙に勤務していた昭和7年、ロサンゼルス五輪にホッケーの監督として参加、準優勝に導いた。神崎製紙会長、日本ホッケー協会副会長を務めた。　家長男＝広瀬俊樹（王子製紙常務）

広瀬 東畝　ひろせ・とうほ
日本画家
明治8年（1875年）2月26日〜昭和5年（1930年）1月27日
生高知県高岡郡佐川村（佐川町）　名本名＝広瀬済、字＝公美、別号＝燕石　歴初め南画を天野痩石に学び燕石と号した。明治31年24歳で上京して荒木寛畝に日本画を師事して南北合派を修め、東畝と号す。32年から日本美術協会などの展覧会に出品して入賞、37年セントルイス万国博覧会で銀牌を受賞して、日本美術協会会員となり、日本画会委員、読画会幹事、のち土陽美術会本部会員などを務める。40年文展開設では旧派の正派同志会の結成に評議員として参加、44年第5回文展に「よぶかたへ」で初入選、以後文展に、大正7年第12回まで毎回入選。帝展にも、10年第3回から毎回入選した。15年第1回聖徳太子奉讃美術展に「春浅」が入選。昭和2年帝展委員となり、第8回帝展に「池畔」を無鑑査で、4年第10回帝展にも「深山の朝」を出品した。花鳥画を得意とし、その作品は数回宮内省に買い上げられた。一方、東京高等工業学校図案科助教授、のち教授、東京女子高等師範学校教授を務め、後進の指導にも当たった。他の代表的な作品に「谷間の雪」「逸気横生」「信州焼ケ岳」「深山の秋」「霜おくころ」などがある。

広瀬 徳蔵　ひろせ・とくぞう
弁護士 衆議院議員
明治11年（1878年）5月〜昭和8年（1933年）5月8日
生大阪府北木幡町　学関西法律学校（夜間部）〔明治34年〕卒　歴明治35年判検事、弁護士試験に合格、判事となった。39年退官し、弁護士開業。一方宝塚尼崎電気鉄道取締役、東神火災保険、城北土地、大阪土地建物、境川運河などの監査役を務めた。また大阪府会議員、同議長、大阪市参事会員を経て、大正13年以来大阪府から衆議院議員当選4回。昭和5年万国議員会議日本派遣議員団長として欧米を漫遊。7年民政党総務、のち同党大阪支部長、顧問を務めた。

広瀬 豊作　ひろせ・とよさく
大蔵次官 蔵相
明治24年（1891年）11月17日〜昭和39年（1964年）4月12日
生石川県金沢市　学東京帝国大学法科大学独法科〔大正6年〕卒　歴大蔵省に入り、預金部運用課長などを経て、昭和11年理財局長、のち主計局長。預金部資金局長後、15年第二次近衛文麿内閣の大蔵次官。16年退官、弁護士登録。陸軍嘱託でシンガポールに赴任。20年鈴木貫太郎内閣蔵相となるが、敗戦で辞任。その後、23〜36年日野ヂーゼル工業会長、前田育徳会理事長、公安審査委員を務めた。著書に「無尽業法講義」「市街地信用組合論」「会計法」「朝鮮産業開発問題」。

広瀬 久忠　ひろせ・ひさただ
内務次官 厚生次官 厚相 貴族院議員（勅選）
明治22年（1889年）1月22日〜昭和49年（1974年）5月22日
生山梨県　学東京帝国大学法科大学政治科〔大正3年〕卒　歴内務省に入省。昭和5年東京府内務部長、6年三重県知事、8年埼玉県知事、9年内務省土木局長、11年社会局長官を経て、12年内務次官、13年厚生次官。14年平沼騏一郎内閣の厚相、15年米内光政内閣の内閣法制局長官を務める。同年〜21年勅選貴族院議員。19年7月小磯国昭内閣に厚相として入閣、20年2月からは国務相兼内閣書記官長。8月東京都長官となるが、21〜26年公職追放。28年以来参議院議員を通算2期務めた。家父＝広瀬久政（衆議院議員）、弟＝川村茂久（甲府市長）、長男＝広瀬久重（日本銀行理事）、二男＝広瀬駿二（大蔵省証券局長）、叔父＝広瀬猛（陸軍中将）、岳父＝河村金五郎（宮内次官）

広瀬 政治　ひろせ・まさじ
謡曲研究家
明治27年（1894年）5月14日〜昭和27年（1952年）9月8日
生三重県　学東京帝国大学工科大学冶金学科〔大正7年〕卒　歴学生時代に観世流の小沢良輔に師事。金属関係の製造企業に勤務する傍ら謡曲の研究に従事する。昭和9年には謡曲の音響物理学的解明をおこない、「謡の教え方と習い方」「節の研究」などの著書がある。没後その功績をたたえて、広瀬記念能楽賞（34〜43年度）が設けられた。

広田 花崖　ひろた・かがい
小説家
明治20年（1887年）〜昭和26年（1951年）
生神奈川県中里村（横浜市）　名本名＝広田鉄五郎　歴陸軍の技手として宮城県の農場に赴任中事故で下半身不随になり、横浜に戻って執筆活動に入る。「少年界」などの児童雑誌に、時代小説や探偵小説を執筆。また、キリスト教に傾倒し、宗教書の翻訳を手がけたり、カキの栽培法の本も出版するなど幅広く活動。一方、農村に文化を伝えたいと新聞販売を始める傍ら、「横浜貿易新報」（現・神奈川新聞）の記者としても活躍。昭和26年64歳で死去。

広田 寒山　ひろた・かんざん
俳人 皮膚科学者 東京医学専門学校教授
明治22年（1889年）12月2日〜昭和21年（1946年）8月28日
生宮城県仙台市　名本名＝広田康　学医学博士　歴仙台一中在学中から乙字に兄事し、二高に入学して奥羽百文会に加わり、碧梧桐選「日本俳句」に投句。新傾向変調後乙字に就き、昭和7年志田素琴の「東炎」同人となる。長崎医学専門学校、京城医学専門学校各教授、東京大久保病院皮膚科部長を経て、東京医学専門学校教授。句集に「落日」がある。

広田 弘毅　ひろた・こうき
首相 外交官 外相 貴族院議員（勅選）
明治11年（1878年）2月14日〜昭和23年（1948年）12月23日
生福岡県福岡市鍛冶町　名本名＝広田弘毅、幼名＝丈太郎　学東京帝国大学法科大学政治学科〔明治38年〕卒　歴玄洋社と接して国権論に影響される。明治39年外務省に入省、外交官補となり、翌年北京へ赴任、外交官としての生活を開始する。大正12年欧米局長、15年駐オランダ公使、昭和5年駐ソ連大使を経て、8年から斎藤内閣及び岡田内閣の外相。中国に"広田三原則"を提示するなど大陸における権益拡大に努めた。11年岡田内閣のあとを受け組閣し、首相となる。"庶政一新"をスローガンに、軍部大臣現役制の復活、日独防共協定の調印、国防増強の"馬場財政"などを推進。12年1月寺内陸相と浜田国松の"腹切り問答"後総辞職し、勅選貴族院議員。同年6月第一次近衛内閣の外相、15年米内内閣の参謀。東条英機を首相に推すなど軍事路線を進めた。敗戦後、東京裁判でA級戦犯として、文官中唯一人絞首刑を宣告され、23年12月23日処刑された。

広田 不孤斎　ひろた・ふっこさい

古美術商 壺中居店主

明治30年（1897年）～昭和48年（1973年）6月22日

出富山県八尾町今町（富山市）　名本名＝広田松繁　歴商人の二男として生まれる。明治42年12歳で上京して、同郷の古美術商・神通薫隆堂の小僧となる。大正6年主人が亡くなり店が廃業したため、同じく同郷の繭山龍泉堂に移る。12年独立、13年東京神田に盟友の西山保と共同で壺中居を設立。中国古陶磁に関しては国内随一の目利きと呼ばれ、店は西山に任せて自身は仕入れに集中し、二人三脚で店を育て上げたが、昭和8年西山が亡くなるとやむなく店の切り盛りも手がけるようになり、5年後に店を甥に譲って41歳で隠居生活に入った。32年鎌倉に居を構えて尚半亭と命名、併設した茶室・松喜庵に多くの知友を招きもてなした。47年コレクション約500点を東京国立博物館に寄贈。著書に「世界の骨董遍歴」、自伝「歩いた道」などがある。不孤斎の号は、郷里に公民館を寄贈した際に東洋陶磁研究家の奥田誠一より贈られた。

弘田 龍太郎　ひろた・りゅうたろう

作曲家

明治25年（1892年）6月30日～昭和27年（1952年）11月17日

出高知県安芸市　学東京音楽学校本科器楽部ピアノ科〔大正3年〕卒　歴東京音楽学校本科器楽部で本居長世に師事。在学中の大正2年、童謡「鯉のぼり」を作曲。6年同校に作曲部が新設されると再入学し、修了後は同校の講師を務めた。7年師・本居らが結成した如月社に加わり、また宮城道雄らの新日本音楽運動にも参加。器楽曲から歌曲、歌劇まで幅広い作品を書き、中でも舞踊音楽に関しては初代若柳吉三郎に「柳」「姥捨山」など、6代目尾上菊五郎に「生贄」「刺客」などを提供、それまで邦楽器の独壇場であった舞踊の伴奏に洋楽器を取り入れた他、振り付けも指導した。8年外国留学へした成田為三に代わり童話雑誌「赤い鳥」の作曲担当となってからは、童謡を中心に作曲。ヨナ抜き音階による日本的旋律を用いた作風で知られ、特に相馬御風「春よ来い」、鹿島鳴秋「浜千鳥」「お山のお猿」「金魚の昼寝」、清水かつら「靴が鳴る」「あした」「雀の学校」「叱られて」などは今日でも広く愛唱されている。昭和2～4年楽譜叢書「弘田龍太郎童謡小曲選集」全24冊を刊行した。3年文部省在外研究員としてドイツに留学、4年帰国して東京音楽学校教授となるが2ケ月で辞職し、以後は作曲に専念した。　家岳父＝高安月郊（詩人・劇作家）

広津 和郎　ひろつ・かずお

小説家 評論家

明治24年（1891年）12月5日～昭和43年（1968年）9月21日

生東京市牛込区矢来町（東京都新宿区）　学早稲田大学英文科〔大正12年〕卒　窓日本芸術院会員〔昭和25年〕　歴小説家・広津柳浪の二男。10歳からの4年間で8回転居し、3回も小学校を変わった。麻布中学時代には「万朝報」や「女子文壇」の懸賞小説にたびたび入選。早稲田大学英文科在学中の大正元年、舟木重雄、葛西善蔵らと同人誌「奇蹟」を創刊し「夜」「疲れたる死」などの短編や翻訳を発表。2年モーパッサンの「女の一生」を翻訳・刊行。トルストイ「戦争と平和」の翻訳にも携わり、評論「怒れるトルストイ」なども発表。雑誌「洪水以後」に執筆した文芸時評でまず文芸評論家として認められたが、6年「中央公論」に発表した短編小説「神経病時代」で新進作家の仲間入りを果たす。以後、「二人の不幸者」「死児を抱いて」「崖」「波の上」などの作品を執筆。昭和初年にプロレタリア文学が全盛となると"同伴者作家"として「風雨強かるべし」などを書き、戦争の時代が近付くと「どんな事があってもめげずに、忍耐強く、執念深く、みだりに悲観もせず、楽観もせず、行き通してゆく」"散文精神"を説き、時代と対峙した。戦後は米軍占領下で起こった鉄道往来妨害事件・松川事件の被告たちを援助するとともに、文筆活動を通じて事件の真相を世間に訴え、最高裁での全員無罪判決に大きく貢献。それらの文章は「松川裁判」に結実した。　家長女＝広津桃子（小説家）、父＝広津柳浪（小説家）

広津 政二　ひろつ・まさじ

実業家 共同証券専務 内外投資社長

明治19年（1886年）4月25日～昭和8年（1933年）6月13日

学東京帝国大学卒　歴朝鮮銀行、東洋拓殖に務め、大正15年ヤサカ商会を設立。昭和3年共同証券専務、次いで内外投資社長となり、日興商事取締役も兼ねた。

広橋 真光　ひろはし・まさみつ

伯爵 東条英機首相秘書官

明治35年（1902年）12月11日～平成9年（1997年）5月21日

出東京都　学京都帝国大学法学部英法科〔大正15年〕卒　歴広橋伯爵家の長男。昭和2年内務省に入省。15年群馬県学務部長から、16～19年東条英機首相秘書官を務める。その後、民政局貯蓄課長、20年神奈川県経済第二部長、21年埼玉県内務部長を経て、22年官選最後の千葉県知事となった。平成2年秘書官を務めていた当時の東条首相の日々の行動を詳細に記録したメモの全容が「東条内閣総理大臣機密記録」として刊行された。　家父＝広橋賢光（伯爵・貴族院議員）

広浜 嘉雄　ひろはま・よしお

法学者 東北帝国大学教授

明治24年（1891年）1月20日～昭和35年（1960年）8月3日

生三重県　学京都府立師範学校〔明治44年〕卒、京都帝国大学法学部〔大正11年〕　法学博士　歴京都帝国大学助手から、大正13年東北帝国大学助教授、昭和6年教授となり民法、法理学担当。独自の法理論を唱え、経験法学概念を導入。戦時中は神社振興調査会委員、文部省思想審議会委員として皇国思想の普及に務めた。戦後公職追放となり、名古屋で弁護士開業。著書に「私法学序説」「法理学」「日本的私法制度論考」などがある。

樋渡 清廉　ひわたし・きよかど

書家

明治3年（1870年）11月10日～昭和28年（1953年）4月22日

出鹿児島県　学東京専門学校（現・早稲田大学）卒　歴長年にわたって第一鹿児島中学（現・鶴丸高校）国漢教師を務めた。沖永良部島の和泊にある西郷隆盛碑など数多くの碑文を手がけた。

【ふ】

深井 英五　ふかい・えいご

日本銀行総裁 枢密顧問官 貴族院議員（勅選）

明治4年（1871年）11月20日～昭和20年（1945年）10月21日

生群馬県高崎市　学同志社〔明治24年〕卒　歴国民新聞社、民友社に勤務。その後、松方正義の秘書を経て、明治34年日本銀行に転じ、検査局調査役、理事、副総裁を経て、昭和10年第13代日銀総裁に就任。この間、大正8年パリ講和会議、10年ワシントン軍縮会議の全権委員随員、昭和8年ロンドン国際経済会議の全権委員を務めた。一貫して"高橋財政"を支えてきたが、11年の二・二六事件で高橋が暗殺され、12年2月総裁を辞任。同年貴族院議員に勅選され、13年枢密院顧問官に任命される。著書に「通貨調節論」「人物と思想」「回顧七十年」などがある。　家女婿＝萩原雄祐（天文学者）

深尾 淳二　ふかお・じゅんじ

造船技術者 航空技術者 三菱重工業常務

ふかお　　　　　　　　　　　　　　　昭和人物事典 戦前期

明治22年（1889年）2月2日～昭和52年（1977年）10月17日
🅖滋賀県栗太郡大路井村（草津市）🅛東京高等工業学校機械科〔明治42年〕卒　🅗明治42年三菱神戸造船所に入所。深尾式メタリックパッキングやクロームニッケル鋳鉄、深尾式船尾管などを発明して特許を取得するなど頭角を現し、大正15年三菱造船長崎造船所、昭和8年三菱航空機名古屋製作所に転じた。9年同発動機部長となり と低迷していた発動機部門の再建に取り組み、従来の水冷式を空冷式に転換。軍の干渉を排した独自開発を主導し、わずか4ケ月で「A8」と称する新発動機を完成させた。これを改造した「A8C」は「金星」と命名され、海軍の審査を驚異的な成績で通過して制式に採用され、前例のない380台の大量注文を受けた。以後も「金星」系発動機は性能を向上させ、より大型の「火星」、小型の「瑞星」系発動機のベースとなった。13年三菱重工業名古屋発動機製作所長。16年取締役、18年常務。20年取締役、21年退任。

深尾 隆太郎　　ふかお・りゅうたろう
実業家 男爵 日清汽船社長 貴族院議員 日本サッカー協会会長
明治10年（1877年）1月9日～昭和23年（1948年）4月17日
🅖高知県　🅛高等商業学校（現・一橋大学）卒　🅗明治32年大阪商船会社に入社。大正9年専務、12年副社長、昭和4年日清汽船社長。この間、朝鮮郵船取締役兼務。3年貴族院議員。議院制度調査会委員、内閣調査会参与、海軍協会理事、日本サッカー協会2代会長などを務めた。平成17年第1回日本サッカー殿堂入り。

深作 安文　　ふかさく・やすぶみ
倫理学者 東京帝国大学教授
明治7年（1874年）9月13日～昭和37年（1962年）12月9日
🅖茨城県　🅛東京帝国大学哲学科〔明治33年〕卒 文学博士　🅗明治45年東京帝国大学助教授、のち教授となり、昭和10年定年退官後、東京商科大学講師。水戸学の権威で著書に「国民道徳要義」「社会思想の倫理学的考察」などがある。

深沢 吉平　　ふかざわ・きっぺい
衆議院議員
明治18年（1885年）8月15日～昭和32年（1957年）12月15日
🅤山梨県　🅗北海道音江村（現・深川市）に入植。北海道議、道参事会員を務め、昭和11年以来衆議院議員に3選される。また北海道興農公社取締役なども務めた。

深沢 索一　　ふかざわ・さくいち
版画家
明治29年（1896年）9月4日～昭和22年（1947年）1月12日
🅖新潟県西蒲原郡巻町　🅛中央商卒　🅗木版画を始め、大正11年第4回日本創作版画協会展に入選。引き続き同会、日本版画協会、春陽会、日展などに出品。昭和4年から「新東京百景」の制作刊行に参加、7年まで続けた。風景画に長じ、また装本にも活躍、森田たま「もめん随筆」、尾崎喜八、中川一政らの随筆集を装丁した。　🅒ベルリン美術オリンピック銅賞〔昭和11年〕

深沢 新一郎　　ふかざわ・しんいちろう
京城高等法院院長
明治8年（1875年）9月～昭和9年（1934年）9月1日
🅤長崎県東彼杵郡三浦村（大村市）　🅛東京帝国大学法科大学法律学科〔明治36年〕卒　🅗明治36年司法官試補に任官。大正元年朝鮮総督府書記官、9年京城覆審法院検事、12年総督府事務官兼参事官、13年京城覆審法院検事、14年大邱覆審法院院長、昭和4年総督府法務局長を経て、7年京城高等法院長。

深沢 豊太郎　　ふかざわ・とよたろう
衆議院議員

明治28年（1895年）5月～昭和19年（1944年）12月19日
🅤静岡県　🅛明治大学卒、ベルリン大学　🅗栃木県会書記長、農林大臣秘書官、東京市議を経て、昭和5年衆議院議員に初当選。19年に没するまで連続5回当選。拓務省委員、大東亜省委員を歴任。また明治大学評議員、順天中学理事も務めた。

深田 修造　　ふかだ・しゅうぞう
映画監督
明治36年（1903年）4月6日～昭和17年（1942年）
🅖千葉県八日市場市塩町　🅛早稲田大学英文科卒　🅗大正15年松竹蒲田撮影所に入社し池田義信に師事。昭和8年監督に昇進し2年後の10年「妹の告白」で監督デビュー。以後、蒲田から大船にかけて20本の作品を監督する。14年新興キネマに移り「夢ならぬ恋」前後篇の大作を監督するが不評に終わる。主な作品に「大学の赤ん坊」（10年）「女のいのち」（11年）「幸福の素顔」（12年）「まごころ繁昌記」（14年、以上松竹大船）、「狂乱の娘芸人」（15年）「母よ歎くなかれ」（17年、以上新興）など。

深谷 美保子　　ふかや・みほこ
挿絵画家
明治36年（1903年）～昭和12年（1937年）4月3日
🅗幼い頃にかかった右足関節の疾患により、松葉杖に頼る身となる。少女期に母を、女学校卒業頃に医師だった父を失う。そのため女子美術学校進学を断念して洋画を独習。「少女の友」に投稿していたところ、編集長の岩下小葉に認められる。昭和5年頃より、挿絵、口絵などに筆を振るい抒情画家として人気を得た。自伝的エッセイに「不具を悲しむ少女達へ」がある。

蕗谷 虹児　　ふきや・こうじ
挿絵画家 詩人
明治31年（1898年）12月2日～昭和54年（1979年）5月6日
🅖新潟県　🅝本名＝蕗谷一男　🅛新津高小卒、グラン・ショミエール卒　🅗大正4年上京し、尾竹竹坡に師事。竹久夢二の紹介で9年「少女画報」に挿絵画家としてデビュー。14年渡仏してパリのグラン・ショミエールに学び、以後昭和4年まで同地で活躍。抒情的な挿絵を描き、その詩画集は多くの女学生に愛された。自作挿絵入り詩集に「孤り星」「睡蓮の夢」「悲しき微笑」などがある。戦後は東映動画撮影所に入り、映画製作にも携わった。また、童謡「花嫁人形」は広く愛誦され、自伝小説に「花嫁人形」がある。

福井 久蔵　　ふくい・きゅうぞう
国語・国文学者
慶応3年（1867年）11月18日～昭和26年（1951年）10月23日
🅖兵庫県　🅝号＝白陽子、楽山、小松園、瑤光書屋　🅛神戸師範学校卒 文学博士　🅗明治28年国語科教員免状下附。東京府立第一中、学習院教授、駒沢大、早稲田大、津田英学塾各講師を経て、昭和女子大教授。著書に「日本文法史」「国語学史」「和歌連歌俳諧研究」。

福井 謙三　　ふくい・けんぞう
洋画家
明治37年（1904年）4月19日～昭和13年（1938年）8月3日
🅖兵庫県神戸市　🅛東京美術学校西洋画科〔昭和4年〕卒　🅗昭和3年帝展に初入選。渡仏後、春陽会展に出品した。

福井 甚三　　ふくい・じんぞう
衆議院議員
明治7年（1874年）12月～昭和20年（1945年）1月18日
🅤奈良県　🅗衆議院第14期総選挙の補選で初当選し、当選7回。昭和14年阿部内閣内務参与官となった他、土木会議員、政友会総務を務める。また生駒土地、大阪商品市場、大和日

報の社長を歴任した。

福井 直秋　ふくい・なおあき

音楽教育家 武蔵野音楽学校初代校長

明治10年（1877年）10月17日～昭和38年（1963年）12月12日
[生]富山県中新川郡宮川村（上市町）　[学]東京音楽学校甲種師範科〔明治35年〕卒　[歴]明治44年東京府立第三中学校教諭となり、学校唱歌、発声法などを研究、「音程教本」「初等和声学」などを著し、初期の音楽教育に尽力した。大正11年日本教育音楽協会を設立、昭和4年武蔵野音楽学校を創設、初代校長に就任した。7年専門学校に認可され、24年武蔵野音楽大学となり初代学長。長男は東京芸術大学学長、二男武蔵野音楽大学学長、娘はピアニストと、音楽一家で、多年にわたって音楽教育に貢献した。著書は他に「楽典教科書」「和声学教科書」などがある。　[家]長男＝福井直俊（東京芸術大学学長），娘＝若尾輝子（ピアニスト），二男＝福井直弘（武蔵野音楽大学学長）

福井 行雄　ふくい・みちお

陸上選手

明治35年（1902年）10月25日～昭和58年（1983年）3月9日
[生]岡山県苫田郡高田村（津山市）　[学]東京高等師範学校（現・筑波大学）卒　[歴]教師を務めながら、大正から昭和初期にかけ陸上競技ハードル界の第一人者として活躍、110メートル障害、400メートル障害で計10回の日本新を記録。とくに東京高等師範学校在学中の大正15年、200メートル低障害で24秒3の世界記録をマークした。昭和11年のベルリン五輪では日本選手団陸上競技コーチを務めた。38～43年作陽音楽大学教授。

福井 利吉郎　ふくい・りきちろう

美術史家 東北帝国大学法文学部教授

明治19年（1886年）3月10日～昭和47年（1972年）12月1日
[生]岡山県倉敷市　[名]旧姓・旧名＝岡　[学]京都帝国大学文科大学哲学科〔明治43年〕卒　[歴]明治44年内務省古社寺保存調査に参画、古社寺保存会委員、国宝保存会委員、文化財保護審議会専門委員を歴任、昭和43年辞任まで文化財保存に尽力した。大正13年東北帝国大学法文学部教授。昭和23年名誉教授。同年兵庫県立美術研究所所長。この間、慶応義塾大学、日大講師などを務め、欧米、インドに在留。また21～23年連合軍総司令部民間情報教育局美術顧問。日本美術史、特に絵巻物、水墨画、尾形光琳などの研究に業績をあげた。著書に「仏教美術」「美術」「絵巻物概説」（岩波講座）、「水墨画」（岩波講座）、訳書にG・B・サムソン「日本文化史」など。

福岡 青嵐　ふくおか・せいらん

日本画家

明治12年（1879年）～昭和29年（1954年）12月11日
[生]熊本県　[名]本名＝福岡義雄　[学]東京美術学校日本画科〔明治36年〕卒　[歴]昭和8年に初めて第5回青竜展に「匠童話」を出品。10年青竜社社人。13～16年の第10～13回展に「明恵伝」連作、21年18回展「奥の細道」、20回展「李白、陸游」、25回展「良寛と芭蕉」など29年の26回展まで出品を続けた。代表作は他に「コラコラ塚夜話」「逸勢の女」などがある。

福岡 益雄　ふくおか・ますお

金星堂創業者

明治27年（1894年）9月17日～昭和45年（1970年）12月24日
[生]京都府京都市　[名]号＝真寸夫　[歴]父はなく、看護婦の母の手で育てられる。小学校中退後、京都の古本屋・山中巌松堂に奉公したが、22歳で上京。関西出版書籍の卸売で知られた富田文陽堂に入店。大正7年独立して書籍卸商の上方屋書店を創業。傍ら、金星堂の名で出版も行い、田山花袋「小春艶」「春雨」「かの女」などを刊行した。10年以降は出版活動を本格化させ、「随筆感想叢書」「金星堂名作叢書」などを出版。関東大

震災で店舗や在庫を焼失し危機に瀕するが、川端康成、横光利一ら新感覚派に接近し、13年雑誌「文芸時代」を創刊。横光「御身」、川端「伊豆の踊子」、金子洋文「鴎」、宇野千代「幸福」など同誌に集った作家たちの著作を刊行、モダニズム文学の出版に先駆的な業績を残した。また、「ジイド全集」「チェーホフ全集」などの全集類や、カメラ誌「アマチュア」、将棋誌「将棋講座」なども発行。昭和19年同社は戦時の企業整備により国民図書刊行会に統合され、同常務に就任。戦後は大学教科書、学習参考書などを出版し、日本書籍出版協会副会長などを務めた。句集「牡丹の芽」「白牡丹」がある。

福士 幸次郎　ふくし・こうじろう

詩人 民俗学者

明治22年（1889年）11月5日～昭和21年（1946年）10月11日
[生]青森県弘前市　[学]青森三中〔明治38年〕中退、国民英学会〔明治41年〕卒　[歴]明治38年上京して佐藤紅緑の知遇を得、詩作を発表。大正2年「生活」を発行。3年口語自由詩による第1詩集「太陽の子」を刊行し、詩人としての地位をかためる。同年「ラ・テール」を創刊し、6年詩話会を結成。9年第2詩集「展望」を刊行、この頃から詩作より詩評、詩歌論を展開する。12年関東大震災を機に帰郷。津軽に住んでその地方的特色を発現した文化運動の実行を始め、「地方文化パンフレット」を刊行。また方言による詩を提唱、津軽在住の詩人達に方言詩の伝統を残した。昭和2年再び上京、5年詩論「日本音数律論」を刊行。やがて民俗学研究に専念するようになり、全国を旅行して、その成果を17年「原日本考」として刊行。他の著書に「郷土と観念」「ねぶた」、「福士幸次郎著作集」（全2巻、津軽書房）などがある。

福士 政一　ふくし・まさいち

病理学者 日本医科大学名誉教授

明治11年（1878年）1月30日～昭和31年（1956年）6月3日
[生]山口県豊浦郡（下関市）　[名]旧姓・旧名＝尾畑、号＝鼓山　[専]病理解剖学　[学]東京帝国大学医科大学医学科〔明治39年〕卒 医学博士（東京帝国大学）〔大正4年〕　[歴]明治39年東京帝国大学病理学教室助手、山極勝三郎に師事。43年仙台医学専門学校講師となり、同年よりドイツに留学、ベルリン大学病理学校室助手、大正3年金沢医学専門学校教授、5年日本医学専門学校教授を経て、昭和2年日本医科大学教授。18年退職し、名誉教授。この間、東京大学医学部講師、三井慈善病院病理部長、日本歯科医学専門学校教授、東洋女子歯科医学専門学校教授などを兼任。日本病理学会会長、全国大学教授連盟理事も務めた。著書に「産婆看護に必要なる生理解剖学」、共著に「近世臨床血液病学」などがある。奇術、馬術、日本画に趣味。

福島 経人　ふくしま・けいじん

華道家

明治32年（1899年）8月14日～昭和35年（1960年）2月20日
[出]佐賀県　[学]日本大学中退　[歴]池坊流華道を学ぶ。一時、国風池坊を称したが、昭和16年国風華道瓶花福島流を創始。戦後は国風華道と称した。

福島 繁三　ふくしま・しげぞう

埼玉県知事

明治21年（1888年）10月～没年不詳
[生]栃木県　[名]旧姓・旧名＝阿久津　[学]東京帝国大学法科大学〔大正3年〕卒　[歴]阿久津家に生まれ、福島家の養子となる。滋賀県、香川県の警察部長、青森県、秋田県の内務部長を経て、昭和7～8年埼玉県知事。

福島 四郎　ふくしま・しろう

「婦女新聞」発行者

明治7年（1874年）～昭和20年（1945年）2月15日

ふくしま　　　　　　　　　昭和人物事典 戦前期

[生]兵庫県　[学]早稲田専門学校〔明治31年〕卒　[歴]明治33年まで教員生活を送り、同年「婦女新聞」を発刊。大正8年「女子高等教育門戸解放の請願」を帝国議会に提出。9年「婦女新聞」を雑誌形式に改める。昭和2年母子扶助法の請願。17年42年間続けた「婦女新聞」を廃刊。生涯を男女の地位の不公正不合理是正のために闘い、女性の向上のために捧げた。著書に「婦人界三十五年」「正史忠臣蔵」がある。

福島 舎子　ふくしま・すてこ
ピアニスト
生年不詳～平成6年（1994年）6月21日
[出]東京都　[学]東京音楽学校卒　[歴]昭和初期にクラシックの演奏活動を始め、草分け的存在として活躍した。　[家]息子＝佐藤修（日本放送出版協会専務）、福島稔（さくら銀行常勤監査役）

福島 清三郎　ふくしま・せいざぶろう
柔道家
明治23年（1890年）2月～昭和25年（1950年）8月27日
[生]熊本県　[歴]18歳の頃より扱心流柔術を学ぶ。明治43年武徳会武術教員養成所に入所、同年講道館に入門。技に優れ、跳腰、絞技を得意とした。武道専門学校教授を務めたほか、舞鶴海軍機関学校、竜谷大学、平安中学校等で柔道を教えた。昭和23年講道館9段に列する。

福島 政雄　ふくしま・まさお
教育学者 広島文理科大学教授 建国大学教授
明治22年（1889年）2月15日～昭和51年（1976年）2月3日
[生]熊本県　[学]東京帝国大学文科大学哲学科〔明治45年〕卒 文学博士〔昭和8年〕　[歴]文部省を経て、大正6年二高ドイツ語教師、次いで広島高等師範学校教授、14年欧州留学、昭和4年広島文理科大学教授。16年満州の建国大学教授、18年退官。ペスタロッチ教育学の草分け。

福田 英助　ふくだ・えいすけ
東京新聞創立者
明治13年（1880年）10月30日～昭和30年（1955年）6月22日
[生]栃木県足利　[歴]早くから機業に従事、福田合資会社、両野工業を設立。大正8年楠本正敏男爵から都新聞を引き継いで社長。昭和17年国民新聞と合併、社団法人東京新聞社を設立、20年社長となった。　[家]息子＝福田恭助（東京新聞社長）

福田 勝治　ふくだ・かつじ
写真家
明治32年（1899年）1月17日～平成3年（1991年）12月26日
[生]山口県佐波郡中関村（防府市中関町）　[学]周陽中卒　[歴]父を早くに亡くし、中学卒業後、大正9年上京して高千穂製作所（現・オリンパス）に入社、体温計製作に携わる。ベス単（ベスト・ポケット・コダック・カメラ）を入手して写真を制作、12年の関東大震災以後、写真家を志して退社。大阪・堺に移り写真館を経営したのち大阪の広告代理店・青雲社で広告写真の研究・制作に携わった。西亀久二に私淑して、構成派の表現スタイルを取り入れ、15年大阪毎日新聞社主催の第1回日本写真美術展に出品した「静物」でイルフォード・ダイヤモンド賞受賞。昭和2年「アサヒカメラ」の月例で静物写真「燗瓶」が1等となるなど静物写真に独自の作風を展開した。堺や広島で営業写真を手がけた後、8年に再び上京。ヨーロッパのモダニズム写真の影響をうけて広告写真を制作し、11年から「アサヒカメラ」に「カメラ診断」と題して連載を開始。モデルに原節子や入江たか子などを用いたこの連載は好評を得、12年アルスより「女の写し方」として出版されベストセラーとなり、耽美的ともいえる女性表現に新境地を開いて女性写真の第一人者の地位を確立。戦後も人間性の解放と肉体の賛美を理念に、女性写真の分野で活躍した。　[賞]日本写真美術展

イルフォード・ダイヤモンド賞（第1回）〔大正15年〕「静物」

福田 堯穎　ふくだ・ぎょうえい
僧侶（天台宗）仏教学者 大正大学学長
慶応3年（1867年）9月16日～昭和29年（1954年）11月17日
[生]江戸・青山　[名]旧姓・旧名＝篠脇　[学]天台宗大学林〔明治28年〕卒　[歴]明治14年東京・谷中の天王寺で得度。29年大学林副講師、33年天台宗東部大学黌講師。天台宗大学に改称後も教えた。大正大学設立に尽力し、天台学研究室主任を経て、昭和7年第4代学長となった。17年名誉教授。その間叡山大、東大、東洋大で天台学、密教学を担当。比叡山金勝院、天王寺各住職。台密、円戒の権威。著書に「戒密綱要」「伝教大師」「天台学概論」がある。

福田 狂二　ふくだ・きょうじ
社会運動家
明治20年（1887年）6月14日～昭和46年（1971年）11月13日
[生]島根県簸川郡久多美村東福（出雲市）　[名]別名＝福田素顕　[学]早稲田大学政治経済学部中退　[歴]明治37年平民懇親会に参加し、同年日本労働党を結成。大正3年日本労働党を結成。同年大井憲太郎の普通選挙同盟会に加わる。7年暴行で逮捕され、3年間服役。12年進め社を創立し、「進め」を創刊。昭和2年日本労農党（のち日本大衆党）に参加するが、4年除名され右翼になる。平沼騏一郎に師事、神道の教師となり、名を素顕と改めた。10年「皇道日本」を創刊、戦後は防共新聞社を設立、「防共新聞」を発行し反共運動を展開した。著書に「福田素顕憂国論集」がある。

福田 恵一　ふくだ・けいいち
日本画家
明治28年（1895年）～昭和31年（1956年）6月20日
[生]広島県福山市　[名]号＝福田丁土　[学]東京美術学校図画師範科〔大正6年〕卒　[歴]東京美術学校卒業後、中学や陸軍幼年学校で教鞭を執る。大正12年頃から京都に通って西山翠嶂に師事し、創作に専念。13年「うすれ行く斜陽に暮る」で帝展に初入選。歴史人物画の大作を得意とし、14年「豊公」、昭和3年「文覚」、4年「重盛」と3回帝展特選に選ばれた。戦後は病気がちだったことと、戦後民主主義の中で歴史人物画がすたれたことから次第に忘れられていった。　[賞]帝展特選（第6回・9回・10回）〔大正14年・昭和3年・4年〕「豊公」「文覚」「重盛」

福田 啓二　ふくだ・けいじ
海軍技術中将 東京帝国大学工学部教授
明治23年（1890年）12月1日～昭和39年（1964年）3月29日
[生]東京都　[学]東京帝国大学工科大学造船学科〔大正3年〕卒　[歴]海軍造船総監・福田馬之助の二男。大正3年海軍造船中技士に任官。9～12年英国に駐在。昭和15年海軍造船中将に進み、16年艦政本部第四部長、18年同技術監。20年9月予備役に編入。17～20年東京帝国大学工学部教授を兼務。艦艇の基本計画に参画し、特に大和型戦艦の基本計画者として知られる。　[家]父＝福田馬之助（海軍造船総監）

福田 五郎　ふくだ・ごろう
衆議院議員
明治10年（1877年）9月～昭和6年（1931年）6月23日
[出]佐賀県　[学]京都帝国大学法科〔明治38年〕卒　[歴]司法省に入り、福岡地方、小倉区各裁判所判事を経て、熊本区、熊本地方、福島区、福島地方、仙台区、神戸地方各裁判所検事などを務めた。その後退官し、海運業を経営。大正13年以来衆議員当選3回、憲政会、のち民政党に属し、逓信参事官を務めた。

福田 滋次郎　ふくだ・しげじろう
日本書院創業者

明治11年(1878年)10月1日～昭和15年(1940年)8月7日
<u>出</u>富山県富山市　<u>学</u>東京商卒　<u>歴</u>東京商業学校卒業後、郷里へ帰り富山十二銀行に勤めたが、再び上京。東京・麹町で日本書院を営み、出版及び書籍雑誌の販売に従事。大正10年東京書籍商組合評議員となり、東京雑誌販売組合副組長、東京図書雑誌小売組合副組長などを歴任。北隆館社長・福田良太郎の親戚にあたる。編著書に「勢揃ひ 短篇奇談」「学窓閑話」などがある。

福田 徳三　ふくだ・とくぞう
経済学者 東京商科大学教授
明治7年(1874年)12月2日～昭和5年(1930年)5月8日
<u>生</u>東京府神田元柳原町(東京都千代田区)　<u>専</u>経済原論、経済史、社会政策論　<u>学</u>高等商業学校(現・一橋大学)研究科〔明治29年〕卒 経済学博士(ミュンヘン大学)〔明治33年〕,法学博士〔明治38年〕　<u>資</u>帝国学士院会員〔大正11年〕　<u>歴</u>神戸商業学校の教師の後、明治29年高等商業学校講師。31年ドイツへ留学、ミュンヘン大学でブレンターノ教授の下で経済学を専攻。留学中に「日本経済史論」(独文)と「労働経済論」を刊行。34年帰国後、東京高等商業学校教授となったが、37年校長と衝突し退職。43年東京高商に講師として復帰、大正8年東京商科大学教授。マルクス主義経済学にも関心を示し、労働者階級のストライキ権を擁護した。同年吉野作造らと黎明会を組織、急進的な雑誌「解放」の編集に従事。民本主義運動の指導者・自由主義者として多くの論説を発表し、河上肇とのデモクラシー論争は当時のジャーナリズムを沸かせた。11年帝国学士院会員。14年第6回万国学士院連合会に出席。著書は「福田徳三経済学全集」(全6巻)ほか、「唯物史観経済史出発点の再吟味」「厚生経済研究」など。

福田 虎亀　ふくだ・とらき
衆議院議員 山梨県知事
明治17年(1884年)7月27日～昭和45年(1970年)2月15日
<u>出</u>熊本県玉名郡伊倉町(玉名市)　<u>学</u>東京帝国大学法科大学卒
<u>歴</u>昭和6年山梨県知事。7年衆議院議員に当選、1期。国民同盟に所属。21年熊本市長。

福田 雅之助　ふくだ・まさのすけ
テニス選手 テニス評論家
明治30年(1897年)5月4日～昭和49年(1974年)12月21日
<u>出</u>東京都　<u>学</u>早稲田大学商学部〔大正8年〕卒　<u>歴</u>早中、早大時代軟式庭球の名手。大正8年増田貿易に入り硬式に転向。11年第1回全日本選手権大会でシングルスに優勝。12年高田商会に転じニューヨーク支店に勤め、12～14年までデ杯選手としてアメリカ・ゾーンに出場し、初めてイースタン・グリップを日本に紹介した。13年パリの第8回オリンピックに出場。昭和2年東京日日新聞(毎日)に特嘱で入り、テニスの技術批評を続けた。著書に「テニス」「庭球五十年」。　<u>家</u>妻＝田村芙美子(テニス選手)

福田 連　ふくだ・むらじ
地質学者 大陸科学院地質調査所初代所長
明治25年(1892年)～昭和44年(1969年)
<u>出</u>栃木県矢板市　<u>専</u>岩石、鉱物　<u>学</u>宇都宮中卒、東北帝国大学地質学専攻　<u>歴</u>昭和12年大陸科学院地質調査所初代所長を務める。中国大陸の鉱床調査に従事し、岩石・鉱物の研究が多くある。著書に「地形図の研究」「実験鉱物地質学」「泰と馬来の鉱山行脚」「地形図の読み方と見方」などがある。

福田 米三郎　ふくだ・よねさぶろう
歌人
明治42年(1909年)10月～昭和21年(1946年)12月2日
<u>生</u>奈良県奈良市　<u>歴</u>大正13年「郷愁」に作品を発表。昭和2

年歌集「地下鉄サム」を刊行(発禁)、再度応召、北朝鮮で終戦。21年帰還したが、間もなく病没。「新日本短歌」同人。歌集「指と天然」がある。

福田 良太郎　ふくだ・りょうたろう
北隆館社長
明治17年(1884年)4月2日～昭和31年(1956年)3月1日
<u>生</u>富山県富山市　<u>名号</u>＝不可解屋　<u>学</u>東京商工中〔明治35年〕卒　<u>歴</u>北隆館創業者・福田金次郎の長男。明治24年7歳の時に父に伴われ上京、35年東京商工中学を卒業して北隆館に入社。37年近衛歩兵第一連隊に入営、38年除隊。大正8年北隆館の株式会社改組と同時に専務となり、昭和15年社長に就任。戦前の四大取次店の一つに数えられたが、16年戦時の企業整備により日本出版配給に統合された。取次業の傍らで出版も行い、牧野富太郎「日本植物図鑑」に代表される植物・動物・昆虫などの図鑑出版に定評があった。23年北隆館書店社長。また、不可解屋(わからずや)と号し、「恵比寿大黒天奉祠」「家紋」「地蔵」「閻魔」「金解禁」「観世音」「嘘」といった二十数冊の自著小冊子を作って知人に配布した。著書に「北隆館五十年を語る」がある。　<u>家</u>二男＝福田元次郎(北隆館社長)、三男＝福田喜三郎(北隆館社長)、父＝福田金次郎(北隆館創業者)

福富 正男　ふくとみ・まさお
弁護士 鉄道監督局長
明治14年(1881年)9月11日～昭和8年(1933年)11月8日
<u>生</u>高知県土佐郡一宮村(高知市)　<u>名</u>旧姓・旧名＝平山、号＝城山　<u>学</u>東京帝国大学法科大学独逸法律科〔明治40年〕卒　<u>歴</u>明治40年鉄道院に入る。大正3年ドイツ・米国に留学。帰国後、西部鉄道管理局庶務課長・同教習所長・総裁官房人事課長・中央教習所長・名古屋鉄道局長などを歴任し、一貫して鉄道行政に携わった。13年には東京鉄道局長となり、次いで昭和2年鉄道監督局長に就任。4年に依願免官し、その後は弁護士として活動した。

福留 繁　ふくとめ・しげる
海軍中将
明治24年(1891年)2月1日～昭和46年(1971年)2月6日
<u>生</u>鳥取県　<u>学</u>海兵(第40期)〔明治45年〕卒、海大〔大正15年〕卒　<u>歴</u>艦隊勤務、海兵教官などを経て、「磐手」航海長、軍令部員、昭和7年欧米出張、帰国後連合艦隊参謀、軍令部第1部第2課長、10年軍令部作戦課長。13年支邦方面艦隊参謀副長、「長門」艦長から14年連合艦隊参謀長、16年軍令部作戦部長となり真珠湾攻撃作戦計画に参画。17年中将、18年連合艦隊参謀長、19年パラオからダバオへ向かう途中、搭乗機不時着水し、ゲリラに捕虜となったが釈放され、同年6月第2航空艦隊司令長官となり特攻攻撃を敢行。20年1月第13航空艦隊司令長官、2月第10方面艦隊・第1南遣艦隊司令長官兼任で敗戦。戦後水交会理事長。著書に「海軍の反省」「史観真珠湾攻撃」「海軍生活四十年」。

福永 恭助　ふくなが・きょうすけ
小説家 国語学者
明治22年(1889年)3月11日～昭和46年(1971年)12月22日
<u>生</u>東京都　<u>専</u>国語国字問題　<u>学</u>海兵(第36期)〔明治41年〕卒
<u>歴</u>少佐で退役し、海軍生活から取材した少年向き海洋小説、戦記小説などを発表。一方、国語国字問題に関心を持ち、口語化運動にたずさわった。著書に「大洋巡航物語」「口語辞典」(共著)などがある。

福原 信三　ふくはら・しんぞう
実業家 写真家 資生堂社長 日本写真会初代会長
明治16年(1883年)7月25日～昭和23年(1948年)11月4日
<u>生</u>東京市京橋区出雲町(東京都中央区銀座)　<u>学</u>千葉医学専門

学校薬学科〔明治39年〕卒 歴資生堂の創業者である福原有信
の三男として生まれる。幼い頃から絵画を学び、13歳の時に
石井鼎湖に入門。画家を志したが、明治36年家業を継ぐため
に千葉医科専門学校薬学科（現・千葉大学）に入学。中学時代
から写真を始め、31年宮内幸太郎の主宰する東洋写真会に入
り、上野竹之台陳列館の写真展に出品する。41年渡米、コロン
ビア大学で薬学を修めた後、大正2年パリに渡り、製薬・化粧
品製造法・写真技術などを学び、画家の藤田嗣治などと交流を
深めた。同年帰国。4年福原資生堂（のち資生堂に改称）を継
ぐと、医薬分業を説いて資生堂化粧品部を設立。10年弟の路
草、掛札功、太田黒元雄らとともに写真芸術社を創立、機関誌
「写真芸術」を創刊。国内外の写真や絵画を紹介し、対象を光
のハーモニーのなかに捉える「光と其諧調」を主唱して新しい
芸術写真の方途を示した（同名の単行書として刊行）。同年滞
欧時に撮影した2000枚のネガをもとに写真集「巴里とセーヌ」
を刊行、大型の温セピア調のコロタイプ印刷によるこの写真
集は日本の芸術写真の草分けとして高い評価を得る。12年の
関東大震災で被災し「巴里とセーヌ」の印画やネガなどすべて
焼失し、「写真芸術」も廃刊。13年日本写真会を結成、初代
会長。昭和3年資生堂社長に就任。15年に退任するまで "品質
本位、共存、小売り、堅実、徳義尊重" の五大主義を経営理念
に化粧品総合本舗の基礎を築いた。また同社のマーク "花椿"
を考案。14年国画会の写真部創設に寄与し、写真界の指導者
として大きな足跡を残した。写真集に「西湖風景」（昭和6年）
「松江風景」（10年）「布畦（ハワイ）風景」（12年）「武蔵野風物」
（18年）があり、エッセイ集に「写真を語る」「写真芸術」など。
家父＝福原有信（資生堂創業者）、弟＝福原路草（写真家）

福原 鶴三郎（3代目）　ふくはら・つるさぶろう

長唄囃子方 福原流鶴三郎派家元
明治6年（1873年）3月5日〜昭和14年（1939年）
生静岡県藤枝 名本名＝小田友太郎、前名＝福原鶴太郎 歴
米屋の息子に生まれ、2代目宝山左衛門の門弟となる。明治38
年3代目を襲名。太鼓の名人と称された。　家息子＝福原鶴三
郎（4代目）

福原 百之助（5代目）　ふくはら・ひゃくのすけ

長唄囃子方 福原流百之助派5代目家元
明治17年（1884年）7月11日〜昭和37年（1962年）11月26日
生東京都 名本名＝若林市太郎、前名＝若林福太郎 歴明治
29年2代目宝山左衛門に14歳で入門、笛・鼓を学ぶ。大正6年
5代目福原百之助を襲名。2代目市川猿之助一座の囃子頭を務
め活躍する。「黒塚」「二つ巴」「春の宵」など作曲。昭和3年
篠笛の奏法を音符化し「篠笛教則本」をまとめる。東京芸術
大学講師として笛・鼓を指導する一方で、藤囃子についての
詳細な記録「黒美寿」を残している。長唄協会副会長・相談
役・顧問を歴任。　家父＝福原百之助（4代目）、長男＝宝山左
衛門（4代目）

福原 鐐二郎　ふくはら・りょうじろう

帝国美術院長 学習院院長 貴族院議員（勅選）
慶応4年（1868年）6月25日〜昭和7年（1932年）1月17日
出伊勢国（三重県） 学帝国大学法科大学英法科〔明治25年〕
卒 賞帝国美術院会員〔大正13年〕 歴明治32年ドイツ、フ
ランスに留学。通信省から内務省参事官に転じ、次いで奈良
県に移り奈良帝室博物館理事を兼ね、文部省に入って視察官・
書記官、専門学務局長などを務め、44年文部次官となる。こ
の間、34年欧州各国を視察した。大正5年〜昭和7年勅選貴族
院議員。九州帝国大学工科大学学長、東北帝国大学総長、学
習院院長、帝国美術院長、宮中顧問官、文政審議会委員な
どを歴任した。　家女婿＝寺岡謹平（海軍中将）

福原 路草　ふくはら・ろそう

写真家 資生堂副会長
明治25年（1892年）1月16日〜昭和21年（1946年）9月29日
生東京市京橋区（東京都中央区） 名本名＝福原信辰 学慶応
義塾大学文学部仏文科〔大正6年〕卒 歴資生堂の創業者であ
る福原有信の四男で、福原信三の弟。慶応義塾大学文学部仏
文科に学び、久保田万太郎、村松梢風ら文学青年たちと交友を
持ち、路草と号した。大正10年兄や太田黒元雄らと写真芸術
社を結成、同年太田黒と京都へ撮影旅行をした頃から写真に
本格的に取り組みはじめる。11年渡欧、ロンドンでE.O.ホッ
ペや王立写真サロン、ロンドン写真サロンの作品に触れ、帰国
後の12年に「巨匠写真展覧会」（資生堂陳列場）を開催。13年
兄とともに日本写真会の創立に参画。昭和2年資生堂常務を経
て、15年副会長。この間、10年資生堂ギャラリーで初の個展
を開き、12、14年にも同ギャラリーで個展を開催。「光と其諧
調」の表現を基調としながらも、レンズの鮮明な表現を巧み
に取り入れ、端正な空間感覚を反映した風景表現を得意とし
た。特に山や樹木など自然の事物を主題にした作品には鋭い
造形感覚が見られ、近代的な写真意識がうかがわれる。戦時
中は長野県の豊科に疎開。戦後は日本写真会の再建総会で議
長を務め、同会副会長となったが、疎開先で死去した。　家
父＝福原有信（資生堂創業者）、兄＝福原信三（資生堂社長・写
真家）

福村 久　ふくむら・ひさし

小説家
大正3年（1914年）6月29日〜昭和21年（1946年）5月19日
生兵庫県神戸市灘区湊町 学早稲田大学仏文科〔昭和15年〕卒
歴日本放送協会勤務。在学中から北条誠らと「阿房」のメン
バーで、昭和12年「水品の嘆き」、13年「トマトみのる頃」、16
年「藤棚のある家」、「ある夫妻」などを発表。「早稲田大学」
にも「花をたべる鼠たち」「二つの朝」などを書いた。17年に
「隣人」を刊行。早稲田系新人として嘱望されたが、戦後病に
倒れた。

福森 白洋　ふくもり・はくよう

写真家
明治20年（1887年）10月20日〜昭和17年（1942年）3月3日
生高知県香美郡赤岡町 名本名＝福森憲一 学高知商〔明治
37年〕卒 歴大阪商船などを経て、大正元年米井商店に入社。
中島商会設立にも参画。6年初めてカメラを手にし、高野山や
兵庫県の須磨海岸などを撮影。11年浪華写真倶楽部展に出品
した「堤の雪」で最高賞をとり写壇にデビュー。同年米谷紅
浪らと天弓会を設立。ブロムオイル画法を用いた風景写真で
知られた。昭和4年コダック・ジャパンに入り、東京本社宣伝
部長などを務める。16年退社して日本写真感光材料統制の創
立に尽力、常務に就任。「アサヒカメラ」などの写真雑誌にも
寄稿した。作品集に「大正のロマン・ブロムオイルの世界—
福森白洋作品回顧」がある。

福山 秀賢　ふくやま・しゅうけん

編集者 桜書房創業者
明治30年（1897年）2月21日〜昭和56年（1981年）6月19日
生石川県 歴石川県の曹洞宗寺院に生まれ、15歳で大本山総
持寺の僧堂に入る。21歳で東京の一喝社に入社し雑誌「禅」の
編集に従事。大正11年講談社に入社、「婦人倶楽部」編集責任
者を経て、昭和5年中央公論社に移る。同期に八重樫昊、藤田
親昌がいた。同年「婦人公論」編集主任に就任。在任中、広
津和郎の小説「女給」を掲載したが、モデルとされた菊池寛
が反駁文を送ってきたためにタイトルをセンセーショナルな
ものに変更したことから、菊池は怒り心頭に発して同社に乗り
込み嶋中社長に抗議した。この時、菊池に殴打されたことで
話題を呼んだ。16年桜書房を創業。戦後はロマンス社「婦人

世界」編集長、28年からは長く「大法輪」編集長を務め、晩年まで現役で活躍した。

福良 虎雄　ふくら・とらお
ジャーナリスト 夕刊大阪新聞常務・編集主幹
明治3年（1870年）10月22日～昭和16年（1941年）9月13日
⊞徳島県　图号＝竹亭　学徳島中学校卒　歴明治26年報知新聞社、36年大阪毎日新聞社に転じ、通信部記者。44年東京日日新聞に転任、政治兼通信部長。大正8年ワシントンの第1回国際労働機関（ILO）総会に特派員として活躍。9年帰国、大阪毎日新聞内国通信部長。14年退社して夕刊大阪新聞相談役、のち主幹、常務編集主幹となった。

袋 一平　ふくろ・いっぺい
ソ連映画・文化研究者 ロシア文学者
明治30年（1897年）10月27日～昭和46年（1971年）7月2日
⊞東京都　学東京外国語学校〔大正11年〕卒　歴昭和5～6年ソビエトに滞在。早くからソビエト映画を中心として映画批評、研究を発表し、7年「露西亜映画史略」を刊行。また「エイゼンシュタイン映画論」などを翻訳した。戦後は映画の仕事はもとよりオストロフスキー「いかに鋼鉄は鍛えられたか」などの文学書も翻訳した。

福家 守明　ふけ・しゅみょう
僧侶（天台宗）
明治16年（1883年）2月28日～昭和27年（1952年）12月21日
⊞香川県　图幼名＝五百之助、号＝琴谷　歴明治29年得度。大円坊守明と改名、40年天台宗西部大学で2年聴講、淳瑛に師事し仏籍を学ぶ。園城寺一山singwang光坊、永観寺、不動院、近松寺などの住職を歴任、総本山執事長を経て、昭和19年大僧正となり、園城寺161代長吏に就任。天台3宗派合同時代、第2代天台宗管長となったが、3派還元で寺門宗初代管長、26年再選された。　图息子＝福家俊明（第162代園城寺長吏）、福家英明（第163代園城寺長吏）、娘＝柿本多映（俳人）

富士 辰馬　ふじ・たつま
ロシア研究家
明治25年（1892年）2月8日～昭和17年（1942年）9月3日
⊞静岡県田方郡川西村（伊豆の国市）　学東京外国語学校露語科〔大正4年〕卒　歴東京外国語学校露語科に学んだ後、高田商会、日露協会、ツエントロサユーズ横浜支店などを経て、大阪朝日新聞社に入社。大正11年シベリア撤兵時にウラジオストックへ派遣され、赤軍の司令官に直接会見して無血入城の遵守を確認するなど、数々のスクープをものにした。その後、国民新聞外報部長、調査部長、万朝報編集局長などを務め、文筆業に転じる。昭和9年外務省に入り、調査部第三課で働いた。著書に「新興露国の種々相」「レーニン線上を進むソウエート連邦」「五箇年計画の実績と展望」などがある。

冨士 月子　ふじ・つきこ
浪曲師
明治31年（1898年）3月29日～昭和51年（1976年）8月19日
⊞北海道函館　图本名＝飯田ハル　歴雲右衛門の浪曲を聴いて魅せられ、女流浪曲師を志して16歳で上京。きまった師にはつかず、我流の節と調子で、ネタは講釈師の旭堂麟生に教えを受ける。22歳の時に大阪に行き、2代目広沢虎吉の薫陶を受けて人気は爆発的に上がった。女流団体・成美会に所属して冨士月子を名のり、初代春野百合子と関西女流浪曲の人気を二分した。女流に似合わず金襴物、世話物、仁侠物もこなし、巧みな節回しと会話の明瞭さに定評がある大看板として活躍した。第6回上方演芸の殿堂入り。

藤井 章　ふじい・あきら
倫理学者 東京外国語学校教授
明治27年（1894年）7月4日～昭和36年（1961年）5月9日
⊞福井県遠敷郡　学東京帝国大学文学部倫理学専攻〔大正8年〕卒　歴大正20年福井県立小浜中学教諭を経て、13年東京外語に転じ、昭和22年まで教授を務めた。その間、4～6年英国などに留学した。著書に「道徳への思慕」「社会倫理学序説」「最近倫理及び哲学の諸問題」、訳書にマーカス・ドッズ「世界三聖の思想」などがある。

藤井 乙男　ふじい・おとお
国文学者 俳人 京都帝国大学名誉教授
慶応4年（1868年）7月14日～昭和20年（1945年）5月23日
⊞淡路国（兵庫県洲本市）　图号＝藤井紫影　専江戸文学　学帝国大学文科大学国文科〔明治27年〕卒 文学博士〔明治45年〕　資帝国学士院会員〔昭和5年〕　歴明治34年四高教授、41年八高教授、42年京都帝国大学講師、44年京都帝国大学講師を歴任。昭和3年退官し、名誉教授、広島文理科大学講師。5年帝国学士院会員。俳句は在学中正岡子規を知り新聞「日本」に投句、筑波会に参加。金沢では北声会を指導、北国新聞の俳壇選者。晩年京都では「懸葵」に拠った。著書に「単林子伝記」「近松門左衛門」「諺の研究」「江戸文学研究」「江戸文学叢説」「風俗文選通釈」、句集「かきね草」など。

藤井 清水　ふじい・きよみ
作曲家 民謡研究家
明治22年（1889年）2月17日～昭和19年（1944年）3月25日
⊞広島県安芸郡焼山村（呉市）　学東京音楽学校〔大正5年〕卒　歴東京音楽学校在学中から日本風のスタイルを模索し、山田耕筰からは"この人は私が日本で知っている作曲家の中でも最も優れた人であろう"と評価された。大正5年小倉高等女学校の音楽教師として赴任する傍ら作曲に励み、山田の推薦により9年以降には「消えてあとなき」「影ふめば」「云われぬ嘆き」「紡車」などの歌曲がセノオ楽譜として出版された。楽浪曲（改良された浪曲）の研究・演奏や宝塚歌劇団の歌劇作曲などに取り組んだ後、15年上京。以降は作曲に専念。青年時代から作曲のための素材として民謡に着目し、郷里・広島の民謡を採譜。昭和3年には新日本民謡研究会に参加、新民謡の創作も行った。16年からは日本放送協会（NHK）の嘱託となり、町田佳声と共同して全国的な規模に及ぶ民謡の録音と採譜に従事、「日本民謡大観」関東編・東北編を編纂した。19年腸捻転のため急死。クラシック、歌謡曲、歌劇、童謡、新民謡など幅広いジャンルを手がけて生涯に1800曲以上を作曲したといわれる。

藤井 啓一　ふじい・けいいち
弁護士 衆議院議員
慶応3年（1867年）12月～昭和28年（1953年）6月18日
⊞長門国（山口県）　学東京法学院卒　歴弁護士となり、破産管財人、民事調停委員、山口弁護士会長を務める。山口県議を経て、大正9年以来衆議院議員に3回選出された。民政党に所属。また下関市商業会議所顧問、朝鮮勧業取締役、長州鉄道取締役も歴任した。

藤井 健次郎　ふじい・けんじろう
遺伝学者 東京帝国大学名誉教授
慶応2年（1866年）10月5日～昭和27年（1952年）1月11日
⊞加賀国金沢（石川県金沢市）　専細胞遺伝学　学帝国大学理科大学植物学科〔明治25年〕卒 理学博士〔大正2年〕　資帝国学士院会員〔昭和14年〕　歴明治28年帝国大学理科大学助手となり、34年欧州へ留学。38年帰国して助教授に進み、44年教授に昇任。大正2年実業家・野村徳七の寄付により我が国初の遺伝学講座が開設されると、その初代担当教授となった。

ふしい　　　　　　　　　　　　　昭和人物事典 戦前期

昭和2年定年退官。細胞核の中の染色体のらせん構造や、紡錘体原形質の研究で知られる我が国の遺伝学・細胞学の始祖であり、"遺伝子"という言葉の命名者でもある。4年より門下の和田文吾が理事を務める和田薫幸会の助成を受けて国際細胞学雑誌「Cytologia（キトロギア）」を創刊、亡くなるまで編集主幹として活躍した。25年文化勲章を受章。形態学、器官学、化石学、染色体学、細胞学、顕微手術など幅広い分野に通じた。　【勲】文化勲章〔昭和25年〕　【賞】文化功労者〔昭和26年〕

藤井 健治郎　ふじい・けんじろう
倫理学者 京都帝国大学文学部教授
明治5年（1872年）9月10日〜昭和6年（1931年）1月15日
【生】山形県　【名】旧姓・旧名＝石川、号＝館山　【学】東京帝国大学哲学科〔明治31年〕卒 文学博士　【歴】明治39年ドイツに留学、40年帰国し、早稲田大学教授となる。大正2年京都帝国大学教授に転じ、昭和4年文学部長に就任。社会学、経済学の研究も進め、マルクス主義批判を試みた。「唯物史観」の訳語はその創始したものである。主著に「主観道徳学要旨」「国民道徳論」「リップス倫理学の根本問題」があり、「藤井博士全集」（全8巻）がある。　【家】兄＝石川貞吉（精神医学者）

藤井 五一郎　ふじい・ごいちろう
大審院判事
明治25年（1892年）11月1日〜昭和44年（1969年）10月29日
【生】山口県下関市　【学】東京帝国大学法科大学〔大正7年〕卒　【歴】司法官試補となり、刑事裁判官として昭和初期の重大事件を多く担当した。7年の血盟団事件では酒巻貞一郎裁判長辞任の後を受け、被告の思想に理解を示した訴訟指揮で収拾し話題となった。河上肇の治安維持法違反事件では法廷で河上先生と呼んだことで知られる。また9年の帝人事件では無罪判決を下した。東京地方刑事地方裁判所長、蒙古連合自治政府司法部次長、東京控訴院部長、大審院判事を歴任。敗戦を機に退官。弁護士となり、極東軍事裁判弁護団に加わり、星野直樹を担当。27年公安調査庁発足と共に初代長官となった。37年まで10年間在職、退官後は再び弁護士に戻った。

藤井 厚二　ふじい・こうじ
建築家 建築学者 京都帝国大学教授
明治21年（1888年）12月8日〜昭和13年（1938年）7月17日
【出】広島県福山市　【学】東京帝国大学工学部建築学科〔大正2年〕卒 工学博士〔大正15年〕　【歴】大正2〜8年竹中工務店に勤務。8年欧米諸国遊学。9年京都帝国大学に招かれ、10年助教授、15年教授に就任。建築環境工学の開拓者の一人で、日本の気候風土と室内環境の関係に注目し、換気・熱伝導・採光などの基礎的研究で先駆的業績をあげた。また実作の設計も積極的に行い、住宅を中心に50件余の作品がある。それらを通じて日本の気候・生活・建築材料と西洋的な空間構成とを融合させる手法を提示した。また京都・大山崎に4期にわたって自邸を兼ねた実験住宅を建設、研究と設計双方に資した。主著に「日本の住宅」「聴竹居図案集」「続聴竹居図案集」など。また大山崎に窯を造り、"藤焼"と称して作陶を重ねた。

藤井 浩佑　ふじい・こうゆう
彫刻家
明治15年（1882年）11月29日〜昭和33年（1958年）7月15日
【生】東京府神田錦町（東京都中央区）　【名】本名＝藤井浩佑、別号＝藤井浩祐　【学】東京美術学校彫刻科本科〔明治40年〕卒　【賞】帝国美術院会員〔昭和11年〕、帝国芸術院会員〔昭和12年〕、日本芸術院会員〔昭和22年〕　【歴】父藤井祐敬は九条家出入りの唐木細工師。初め不同舎で満谷国四郎にデッサンを学ぶが、のち彫刻に転じ、第四中学を経て、明治40年東京美術学校彫刻科本科を卒業。同年第1回文展に「狩」で初入選。43年第4回展「髪洗」、44年第5回展「鏡の前」、大正元年第6回展「潭」、

2年第7回展「坑内の女」、3年第8回展「トロを持つ坑婦」がいずれも三等賞を受賞。5年第3回院展に出品して日本美術院同人に推されたが、昭和11年日本美術院を退会し、同年帝国美術院会員、翌12年帝国芸術院会員となる。14年新文展第三部作家協会結成に参加。戦後、日本芸術院会員。文展、日展を通じ審査員を歴任。日展常務理事を務めた。一貫して抒情的な女性裸体像を制作した。著書に「彫刻を彫る人へ」「琵琶の葉と犬」などがある。浩佑、浩祐のいずれも号として用いる。　【家】父＝藤井祐敬（唐木細工師）

藤井 真信　ふじい・さだのぶ
大蔵次官 蔵相
明治18年（1885年）1月1日〜昭和10年（1935年）1月31日
【生】徳島県　【学】東京帝国大学法科大学法律科〔明治42年〕卒　【歴】大蔵省に入り、明治45年欧米出張、帰国後大蔵書記官、主税局経理課長、大蔵大臣秘書官、東京税務監督局長などを経て、昭和2年主税局長、4年主計局長。9年5月大蔵次官、次いで7月岡田内閣の蔵相となり、高橋は清財政を継承、非常時日本の財政建て直しに尽力。10年度予算折衝中、過労で倒れた。

藤井 静雄　ふじい・しずお
テニス選手
生年不詳〜昭和57年（1982年）2月13日
【出】鳥取県　【学】関西大学　【歴】昭和9年全日本学生ダブルス、関西学生シングルス1位。12年に門鉄入り。21年の第1回国体から第26回和歌山国体まで、25回選手として出場。26年に岩田屋に移り、40年に退職。九州テニス協会常務理事、九州学生テニス協会副会長を務めた。

藤井 甚太郎　ふじい・じんたろう
日本史学者 文部省維新史料編纂事務局首席編纂官
明治16年（1883年）3月25日〜昭和33年（1958年）7月9日
【出】福岡県福岡市　【専】日本近代史　【学】東京帝国大学文科大学史学科〔明治42年〕卒　【歴】東京帝国大学大学院で幕末史を研究、傍ら渋沢編纂所で「徳川慶喜公伝」編集に参加。大正3年文部省維新史料編纂事務局に勤務し、維新史料編集に従事、昭和15年首席編纂官となり20年まで務めた。また尾佐竹猛、吉野作造らの明治文化研究会にも参加、「明治文化全集」刊行に尽力。第二次大戦後の20年実践女子専門学校教授、21年校長、24年法政大教授、33年名誉教授。この間、27年から開国百年記念文化事業会理事を務めた。日本歴史地理学会会長、日本近代史学会会長を歴任。著書に「明治維新史講話」「日本憲法制定史」がある。

藤井 誠治郎　ふじい・せいじろう
大東館取締役
明治23年（1890年）9月7日〜昭和36年（1961年）1月11日
【生】千葉県海上郡飯岡町（旭市）　【学】千葉市立高小〔明治37年〕卒　【歴】佃煮商の二男。明治39年上京して日本橋の至誠堂に入る。大正13年至誠堂の破産整理のため設立された取次業・大誠堂支配人を経て、14年大東館創立に参加して業務部長支配人、昭和9年取締役。同社代表者の一人となり、東京書籍商組合評議員、東京雑誌販売組合幹事などを歴任。16年同社の日本出版配給統合に伴い常任監査役、19年理事。24年同社の閉鎖機関指定により特殊清算人補佐として残務整理に従事。28年閉鎖機関解除により特殊清算から普通清算に移ると、同清算代表者に選任された（35年清算終了）。この間、25年出版取次懇話会の設立に際して会長に就任、28年日本出版取次協会に改組して同理事長。回想録「回顧五十年」がある。

藤井 崇治　ふじい・そうじ
電気庁長官 大政翼賛会実践局長
明治27年（1894年）7月1日〜昭和50年（1975年）3月18日

国広島県 学京都帝国大学法学部〔大正10年〕卒 歴通信省に入り、昭和8年関東庁通信局長、14年電気庁第一部長、16年電気庁長官、17年退官。18年大政翼賛会実践局長。戦後、日本発送電副総裁になったが、21年公職追放。29年電源開発副総裁として復帰、33年総裁に就任。39年退任。

藤井 達吉　ふじい・たつきち

工芸家 帝国美術学校教授
明治14年(1881年)6月6日～昭和39年(1964年)8月27日
生愛知県碧海郡棚尾村(碧南市)　歴美術学校進学が許されず、服部七宝店(名古屋)に就職。明治37年七宝作品出陳のためセントルイス万博に赴く。38年帰国。大正元年バーナード・リーチらとヒュウザン会を創立。学歴も社会的背景もないまま、伝統に捕われない斬新なデザインで、刺繍作品、絵、紙工芸を発表、注目される。7年工芸界発展のために津田青楓らと運動を起こし、昭和2年帝展に第4部工芸部を設置させるが、社会的栄達を得るためと誤解され、その潔癖さ故、生涯出品はせず、"悲運の工芸家"と呼ばれた。4～12年帝国美術学校図案工芸科教授。この間陶芸はじめ各地の伝統工芸を調査。25年愛知県西加茂郡小原村に自費を投じて小原農村美術館を建設。

藤井 達也　ふじい・たつや

衆議院議員
明治21年(1888年)7月～昭和9年(1934年)12月16日
出青森県 学東京帝国大学独法科, シカゴ市ノースウエスタン大学法科〔大正9年〕卒 Ph.D.(ノースウエスタン大学)　歴昭和3年に衆議院議員に初当選し、政友会に所属して連続3期務める。犬養内閣の内務参与官。また中央衛生会臨時委員、保健衛生調査会委員、都市計画中央委員会委員も歴任した。

藤井 種太郎　ふじい・たねたろう

倫理学者
明治14年(1881年)11月22日～昭和43年(1968年)6月22日
生東京都 学京都帝国大学文科大学哲学科卒 文学博士 歴明治専門学校教授となり、大正7年学習院教授、9年広島高等師範学校教授を経て、昭和7～21年宮中顧問官、内親王傅育掛長を務めた。その後、25年福岡学芸大学教授、28年同大学学長に就任し、32年退職。著書に「カント倫理の批判」など。

藤井 得三郎　ふじい・とくさぶろう

実業家 竜角散社長
明治11年(1878年)1月～昭和44年(1969年)1月10日
生愛知県 学山吹高等小学校(名古屋市)〔明治25年〕卒 歴大正9年家業の医薬品製造に従事、昭和3年藤井得三郎商店(のちの竜角散)専務、9年社長、38年会長。

藤井 斉　ふじい・ひとし

海軍大尉 国家主義者
明治37年(1904年)8月3日～昭和7年(1932年)2月5日
生佐賀県 学海兵(第53期)〔大正14年〕卒 歴8歳の時、祖父の死で山口半六に預けられ、大アジア主義思想の影響を受ける。昭和3年中尉、第13駆逐隊付を経て、翌年飛行学生となる。海軍革新派の先駆者で、海兵時代から国家革新運動を行い、3年海軍最初の行動組織・王師会を結成、後の血盟団事件、五・一五事件に大きな影響を与えた。5年大村航空隊付となり、7年上海事変に従軍。空母「鳳翔」から出撃後、墜落炎上して戦死した。

藤井 真澄　ふじい・ますみ

劇作家
明治22年(1889年)2月5日～昭和37年(1962年)1月10日
生岡山県津高郡芳賀村 学早稲田大学専門部政経科〔大正2年〕卒 歴在学中から日蓮主義、社会主義に傾倒し、大正6年中央公論社を退職し、劇作に熱中。8年「黒煙」を創刊し戯曲「窟」「日本第一の智者」などを発表。労働文学の代表的作家となるが、関東大震災以後日本民族主義に没入する。戯曲集「民本主義者」「妖怪時代」や歴史小説「超人日蓮」などの著書がある。

藤浦 洸　ふじうら・こう

詩人 作詞家
明治31年(1898年)9月1日～昭和54年(1979年)3月13日
生京都府 出長崎県平戸町 学同志社大学神学部中退、慶応義塾大学文学部〔昭和2年〕卒 歴若いころは小説家を志し、尾崎士郎らと交際して雑誌「令女界」や「若草」に少女小説、音楽物語などを執筆。その間、音楽評論家の伊庭孝に師事し、浅草オペラの舞台に立つ。昭和5年からコロムビア文芸部のエドワードの私設秘書になり、ジャズソングの訳詩を手がける。12年作詞した「別れのブルース」(作曲・服部良一、歌・淡谷のり子)が大ヒットし、一躍名声を博した。13年コロムビアに入社。以後「一杯のコーヒーから」「南の花嫁さん」「懐しのブルース」「別れても」「水色のワルツ」など多くのヒット曲を作詩。また美空ひばりの初期のヒット曲「悲しき口笛」「東京キッド」「私は街の子」など多くを手がけた。戦後はNHK「二十の扉」「私の秘密」などのラジオ、テレビ番組回答者としても活躍、39年NHK放送文化賞を受けた。著書に「なつめろの人々」など。

藤生 安太郎　ふじお・やすたろう

衆議院議員
明治28年(1895年)8月～昭和46年(1971年)12月7日
出佐賀県 学東京外語学校支那語科卒 歴月刊雑誌「道義」を主宰。昭和7年以来衆議院議員を連続4期。衆議院議長秘書、米内内閣の通信参事官、通信省委員を務める。講道館柔道7段の腕をもち、陸軍士官学校、東京高校、拓殖大学で柔道師範を歴任する。他に武道公論社長、国政審議調査会理事長、国際発明社長も務めた。

藤岡 勝二　ふじおか・かつじ

言語学者 東京帝国大学名誉教授
明治5年(1872年)8月12日～昭和10年(1935年)2月28日
生京都府 学東京帝国大学文科大学博言学科〔明治30年〕卒 文学博士〔明治45年〕 歴明治34年ドイツに留学、38年帰国後東京帝国大学助教授となり、43年教授に就任。昭和8年退官し名誉教授。アジア諸民族の言語、特にアルタイ系言語を研究、上田万年のあとを継いで日本の言語学界に貢献した。満州語の研究に特に力を注ぎ「満文老檔」を邦訳。著書に「羅馬字手引」「国語研究法」「大英和辞典」(全2巻)などがある。

藤岡 淳吉　ふじおか・じゅんきち

社会運動家 共生閣創業者
明治35年(1902年)6月28日～昭和50年(1975年)5月7日
生高知県安芸郡安田村(安田町) 学安田村高小卒 歴大正6年神戸の鈴木商店に入社、7年の米騒動で鈴木商店が焼き討ちされた事件から社会問題に関心を抱く。10年堺利彦の書生となる。11年日本共産党に入党、12年第一次共産党事件で国外逃亡、中国の長春で逮捕された。13年出獄。15年出版社共生閣を設立し、レーニン「国家と革命」を皮切りに、昭和15年までマルクス、エンゲルスらの文献約500点を刊行した。戦後は彰考書院を設立、堺・幸徳秋水訳「共産党宣言」などを出版。また、民主主義出版同志会を結成して戦犯出版社の追及を行い、21年新聞及出版用紙割当委員会が改組されると新委員に選任された。　家二男＝藤岡啓介(辞書編纂者・翻訳家), 孫＝中川右介(作家・編集者)

藤岡 忠仁　ふじおか・ちゅうじ

応用化学者 京城帝国大学理工学部教授

明治29年（1896年）〜昭和24年（1949年）4月9日

[生]青森県弘前　[学]東京帝国大学工学部応用化学科〔大正8年〕卒 工学博士〔昭和18年〕　[歴]東京衛生試験所技師を経て、昭和14年京城帝国大学理工学部教授、21年慶応義塾大学工学部教授。

藤岡 長和　ふじおか・ながかず

俳人 熊本県知事

明治21年（1888年）5月13日〜昭和41年（1966年）3月6日

[生]奈良県　[名]号＝藤岡玉骨　[学]東京帝国大学法科大学政治科〔大正3年〕卒　[歴]奈良県の旧家に生まれる。内務省に入り、昭和8年佐賀県、9年和歌山県、11年熊本県各知事を歴任。14年退官し、南都銀行取締役となる。俳句をたしなみ、「かつらぎ」創刊より参加。21年より毎日新聞大和俳壇選者。句集に「玉骨句集」、句文集「瑠璃」がある。　[家]妹＝高橋英子（歌人）、義弟＝高橋克己（農芸化学者）

藤岡 長敏　ふじおか・ながとし

兵庫県知事

明治27年（1894年）8月19日〜昭和40年（1965年）2月21日

[生]奈良県　[学]京都帝国大学法学部英法科〔大正9年〕卒　[歴]東京府総務部長、警視庁警務部長を経て、昭和13年香川県知事、内務省計画局長、同防空局長、17年静岡県知事、東京都交通局長、20年兵庫県知事。35年警察大学校名誉教授。著書に「交通警察論」「交通整理の話」などがある。

藤岡 兵一　ふじおか・ひょういち

鳥取県知事 浜松市長

明治18年（1885年）4月2日〜昭和32年（1957年）1月5日

[生]石川県　[学]東京帝国大学法科大学政治科〔明治42年〕卒　[歴]内務省に入省。大正12年高知県知事、15年栃木県知事、昭和2年鳥取県知事、3年関東庁警務局長。17〜21年浜松市長を務めた。

藤岡 文六　ふじおか・ぶんろく

労働運動家

明治25年（1892年）3月15日〜昭和31年（1956年）3月6日

[生]長崎県北高来郡諫早村（諫早市）　[学]小学校中退　[歴]16歳で坑夫生活に入り田川炭坑などで働く。大正8年友愛会九州出張所の常任委員となり多くの争議に参加。9年の八幡製鉄所争議で検挙され懲役1年執行猶予に処せられた。出所後は神戸に行き多くの争議に参加。15年日本労農党に参加し、総同盟を除名される。その後日本大衆党、全国労農大衆党などで中央執行委員を歴任。昭和7年国家社会主義を支持して中間派の戦列から離れ、日本国家社会党中央執行委員、愛国政治同盟総務委員などを歴任した。

藤岡 光長　ふじおか・みつなが

林学者 東京帝国大学教授

明治18年（1885年）2月12日〜昭和30年（1955年）7月16日

[生]愛媛県　[専]森林利用学　[学]東京帝国大学農科大学林学科〔明治42年〕卒、東京帝国大学大学院修了 林学博士〔大正9年〕　[歴]農商務省に入り、山林局、林業試験場を経て、大正9年九州帝国大学助教授、12年教授。15年東京帝国大学教授。昭和7年から林業試験場長を兼ね、退官後名誉教授。日本林学会名誉会長、林業科学技術振興所長を務めた。

藤蔭 静枝（1代目）　ふじかげ・しずえ

日本舞踊家 藤蔭流創始者

明治13年（1880年）10月13日〜昭和41年（1966年）1月2日

[生]新潟県新潟市　[名]本名＝内田八重、前名＝藤間静枝、後名＝

藤蔭静樹　[歴]8歳で市川登根に舞踊の手ほどきを受け、明治31年上京、32年市川久米八の門に入り、36年川上音二郎、貞奴の芝居で初舞台。舞踊家を志し、42年2代目藤間勘右衛門に入門、43年藤間静枝の名を許された。生活のため新橋の芸妓・八重次となり、名取で歌も詠む上に美貌を兼ね備えた "文学芸者" として評判を呼ぶ。大正3年永井荷風と結婚したが、翌年離婚。6年藤蔭会を創設、「四季の山姥」などの作品を発表、その後「出雲於国」「朧の清水」「秋の調べ」などを上演、舞踊界に新風を送った。15年朝鮮、満州で公演、昭和4年にはパリ公演を行いヨーロッパに初めて日舞を紹介した。6年家元から抗議をうけ藤間姓を返上、藤蔭静枝と名のり、新舞踊の流派・藤蔭流を創始。32年門弟美代枝に静枝名を譲り静樹を名のったが、2世と不和となり33年藤蔭流宗家となった（のち姪が2代目を名のる）。35年紫綬褒章、39年文化功労者、40年勲四等宝冠章を受けた。作品には他に「思凡」「落葉の踊り」「蛇身厭離」「お蝶夫人」「巴里戦士のパイプ」などがある。佐佐木信綱に師事して和歌にも長じ、歌集「明けゆく空」がある。　[家]元夫＝永井荷風（小説家）　[賞]文化功労者〔昭和39年〕、国民文芸賞〔昭和6年〕

藤懸 静也　ふじかけ・しずや

美術史家 東京帝国大学文学部教授

明治14年（1881年）2月25日〜昭和33年（1958年）8月5日

[生]茨城県西葛飾郡古河（古河市）　[名]号＝獅奇庵、獅子庵　[専]浮世絵研究　[学]東京帝国大学文科大学史学科〔明治43年〕卒 文学博士（東京帝国大学）〔昭和9年〕　[歴]東京帝国大学大学院で日本美術史を専攻し、大正6年国学院大学教授、13年東京帝大史料編纂掛所員。昭和2年帝室博物館学芸委員となり、欧米諸国の日本美術資料調査のため外遊。3年文部省初代国宝鑑査官。9年東京帝大文学部教授となり、16年退官。戦後は国華社主幹、文化財専門審議会専門委員、文化財保護委員会委員長などを歴任。主な著書に「浮世絵大家画集」「浮世絵の研究」などがある。

藤川 禎次　ふじかわ・ていじ

農業技術者

明治28年（1895年）5月8日〜昭和21年（1946年）11月15日

[出]兵庫県　[学]兵庫農学校卒　[歴]昭和3年兵庫県農事試験場技手を経て、酒米試験場主任となる。7年から同僚技師とともに新品種「山田錦」を試作した。

富士川 游　ふじかわ・ゆう

医史学者 医師

慶応1年（1865年）5月11日〜昭和15年（1940年）11月6日

[生]安芸国沼田郡長楽寺村（広島県広島市安佐南区）　[名]旧姓・旧名＝富士川充人　[学]広島医学校〔明治20年〕卒 文学博士〔大正3年〕、医学博士（京都帝国大学）〔大正4年〕　[歴]上京して明治生命保険会社保険医となる。明治31年ドイツのイエナ大学に留学し神経病学および理学療法を研究、ドクトル・メディチーネの学位を得て33年帰国、東京・日本橋の中洲養生院内科医長となる。23年頃より医史学の研究を始め、和漢の古医書を収集、37年には日本医学史の本格的研究「日本医学史」を完成、のち同書で学士院恩賜賞を受賞。大正7年慶応義塾大学医学部講師、13年中山文化研究研究所長を経て、昭和2年日本医史学会設立、13年理事長に就任。他に芸備医学会、日本内科学会、日本児童研究会、癌研究会、看護学会、人性学会、日本医師協会などを創立。また「普通衛生雑誌」「医談」「芸備医事」「治療新法」などの雑誌も創刊した。著書は他に「日本疾病史」「日本医学史綱要」「皇国医事年表」「電気療法」「医術と宗教」「教育病理学」「性欲の科学」など多数。宗教、児童問題についても学識が深かった。「富士川游著作集」（全10巻、思文閣出版）がある。　[家]息子＝富士川英郎（ドイツ文学者）、孫＝富士川義之（英文学者）　[賞]帝国学士院恩賜賞（第2

昭和人物事典 戦前期　　　　　　　　　　ふした

回)〔明治45年〕

藤川 勇造　ふじかわ・ゆうぞう
彫刻家
明治16年(1883年)10月31日～昭和10年(1935年)6月15日
生香川県香川郡高松古新町(高松市)　学高松工芸学校木彫科〔明治36年〕卒、東京美術学校彫刻科本科〔明治41年〕卒　賞帝国美術院会員〔昭和10年〕　歴漆芸家の長男で、大伯父は讃岐高松藩の名工玉楮象谷。明治31年高松工芸学校漆工科に入学するが、32年彫刻科に転じ、36年卒業。41年東京美術学校彫刻科本科を卒業して農商務省海外練習生として渡仏。42年よりアカデミー・ジュリアンでジャン・ポール・ローランスに師事してデッサンを学ぶ。晩年のロダンに認められて、大正元年ごろから弟子兼助手を務めたが、5年病気のため帰国。滞仏中に「シュザンヌ」「兎」「ブロンド」などを制作。8年二科会に初の彫刻家会員として迎えられ、彫刻部を創設して指導に当たり、菊池一雄らを育てた。11年より同会に毎年出品。昭和4年二科番衆技塾開設後、同塾彫刻部を指導。10年帝国美術院会員となり、同年二科会を退会して名誉会員。ロダンの浪漫的作風を学んだが、そのままは受け継がず、動きを抑えた自然主義的傾向を基調とした独自の作品を制作した。主な作品に「詩人M」「女(浮彫)」「Mr.ボース」、肖像彫刻に「松平頼寿伯銅像」「若槻礼次郎男銅像」など。　家妻＝藤川栄子(洋画家)、大伯父＝玉楮象谷(漆芸家)

藤実 人華　ふじざね・にんげ
診断と治療社創業者
明治12年(1879年)9月1日～昭和38年(1963年)1月23日
生福岡県　名号＝艸宇　学哲学館卒　歴日露戦争に出征したのち哲学館に入り、井上円了に師事。卒業後は医薬品輸入事業に従事したが、大正3年第4回日本医学会総会を機に近世医学社を創業し、日本初の臨床総合雑誌「近世医学」を創刊。12年の関東大震災をきっかけとして誌名を「診断と治療」に改め、さらに社名も診断と治療社に変更した。その後も、昭和8年単科雑誌としては日本初となる産婦人科誌「産科と婦人科」、12年初の小児科誌「小児科診療」をそれぞれ出版した。この間、10年社屋を東京・丸の内に移転。戦後の25年には同社を株式会社化した。他方、艸宇の号でホトトギス派の俳人としても知られ、句集に「寒桜」「掛頭巾」などがある。

藤沢 幾之輔　ふじさわ・いくのすけ
衆議院議長 商工相 貴族院議員(勅選)
安政6年(1859年)2月16日～昭和15年(1940年)4月3日
生陸奥国仙台(宮城県仙台市)　名号＝成天　学宮城英語学校卒　歴茂松法学舎にも学び、明治12年司法試験合格、弁護士開業。22年仙台市会議員となり、議長。宮城県会議員、議長を経て、25年以来衆議院議員当選13回。改進党系に属し、憲政本党議員、立憲同志会総務、憲政会総務、民政党総務、衆議院予算委員長などを歴任し、大正15年第一次若槻礼次郎内閣の商工相、昭和5年衆議院議長、6年勅選貴族院議員、9年から枢密顧問官を務めた。

藤沢 桓夫　ふじさわ・たけお
小説家
明治37年(1904年)7月12日～平成1年(1989年)6月12日
生大阪府大阪市　学東京帝国大学文学部国文科〔昭和5年〕卒　歴大阪高校在学中から「猟人」などの同人雑誌を創刊し、大正14年「辻馬車」に参加して「首」などを発表。横光利一、川端康成ら新感覚派の影響をうけたが、後にプロレタリア文学に移り「ローザになれなかった女」「傷だらけの歌」などを発表。その後健康を害し、昭和8年以降大阪に定住し、新聞、雑誌の連載小説を書き、大阪文壇の大御所的存在となる。将棋、麻雀、競馬など趣味が広い。「傷だらけの歌」「辻馬車時代」「新

雪」「大阪自叙伝」「回想の大阪文学」などの著書のほか、「藤沢桓夫長編小説選集」(全20巻、東方社)がある。　家祖父＝藤沢南岳(漢学者)、父＝藤沢黄坂(漢学者)

藤沢 親雄　ふじさわ・ちかお
国家主義者 九州帝国大学法文学部教授
明治26年(1893年)9月18日～昭和37年(1962年)7月23日
回東京都　一高卒、東京帝国大学法科大学法律学科〔大正6年〕卒　歴数学者・藤沢利喜太郎の長男。大正9年国際連盟事務局員などを経て、14年九州帝国大学法文学部教授。昭和5年辞職、7～17年国民精神文化研究所嘱託。16年4月大政翼賛会東亜局庶務部長、9月同会中央訓練所調査部長。戦後は、30～36年日本大学教授を務めた。著書に「全体主義と皇道」「我が国体と世界新秩序」「日本的思惟の諸問題」「日本民族の政治哲学」などがある。　家父＝藤沢利喜太郎(数学者)、弟＝藤沢威雄(企画院第七部長)、祖父＝藤沢親之(内務省社寺局長)

藤沢 古実　ふじさわ・ふるみ
歌人 彫刻家
明治30年(1897年)2月28日～昭和42年(1967年)3月15日
生長野県上伊那郡箕輪村三日町上棚(上伊那郡箕輪町)　名本名＝藤沢実、別号＝葉山雫、天田平三、木曽馬吉　学東京美術学校彫刻科〔大正15年〕卒　歴大正3年土田耕平を頼って上京、神田正則英語学校3年に編入するとともに、土田を通して島木赤彦の知遇を得、土田や赤彦、横山重らと起居を共にして歌誌「アララギ」の編集を手伝った。筆名は土田命名の葉山雫、赤彦命名の木曽馬吉を経て、10年藤沢古実と改めた。やがて「アララギ」編集の中心を担うようになり、その後、9年転校先の藤村中学を卒業して東京美術学校彫刻科に入学。14年「処女峯」で帝展に初入選。15年卒業制作「少女立像」が母校に買い上げとなった。同年師・赤彦が死の床につくと病床で後事を託され、そのデスマスクを制作した。昭和2年第一歌集「国原」を刊行。3年若年の彫刻モデルとの恋愛が新聞沙汰となり「アララギ」を追われたが、5年師の高弟として「赤彦全集」(全8巻)を完成させた。14年より「国土」を創刊・主宰。一方、彫刻家としては、4年塊人社結成に参加。9年「静立」で帝展特選となり、12年帝展から改組した新文展無鑑査。20年5月の東京大空襲でアトリエを焼失したが、戦後も日展に出品を続け、たびたび入選した。　賞帝展特選〔昭和9年〕「静立」

藤島 武二　ふじしま・たけじ
洋画家
慶応3年(1867年)9月18日～昭和18年(1943年)3月19日
生薩摩国鹿児島(鹿児島県鹿児島市池之上町)　名号＝芳洲、玉堂　賞帝国美術院会員〔大正13年〕、帝室技芸員〔昭和9年〕、帝国芸術院会員〔昭和12年〕　歴明治17年上京。翌18年川端玉章に入門、日本画を学ぶが、23年曽山幸彦らにつき、洋画に転じる。29年黒田清輝の推薦によって東京美術学校助教授に抜擢され、また白馬会会員となる。38年文部省留学生としてフランス・イタリアへ渡り、43年帰国して教授に就任。45年本郷洋画研究所を設立。以降、剛直な筆致による明るい色調の作風を展開、官展系の指導的画家となる。大正8年帝展審査員、13年帝国美術院会員、昭和9年帝室技芸員、12年第1回文化勲章受章。代表作に「天平の面影」「蝶」「チョチャラ」「黒扇」「芳恵」「大王崎に打ち寄せる怒涛」「東海旭光」「耕到天」など。　勲文化勲章(第1回)〔昭和12年〕

藤田 明　ふじた・あきら
水球選手
明治41年(1908年)1月1日～平成13年(2001年)5月29日
生広島県広島市　学早稲田大学商学部〔昭和7年〕卒　歴大学時代に水球の日本代表選手として活躍。昭和7年ロサンゼルス

五輪に日本代表チームの主将兼コーチとして出場、4位入賞。27年ヘルシンキ五輪では水泳総監督を務めた。48〜59年日本水泳連盟会長。この間、51年モントリオール五輪日本選手団副団長、57年ニューデリーアジア大会日本選手団長。日本オリンピック委員会名誉委員。日本水連とスイミングクラブの関係を改善し、ジュニア選手の育成に尽力した。一方、大学卒業後、横浜ゴムに入社。名古屋支店長、大阪支店長を経て、37年日本ゼオン常務、44年専務、47年関東ゴム加工社長を歴任した。

藤田 寛雅　ふじた・かんが
仏教史学者 大正大学文学部助教授
明治43年(1910年)5月21日〜昭和26年(1951年)5月4日
〔生〕埼玉県北足立郡鴻巣町(鴻巣市)　〔学〕東京帝国大学文学部国史学科〔昭和8年〕、東京帝国大学文科大学大学院　〔歴〕鹿児島県立第二鹿児島中学校教諭や「鹿児島県史」編纂事務臨時委員嘱託を経て、昭和13年大倉精神文化研究所員嘱託となる。14年以降明治大学・大正大学・東洋大学で講師を務め、19年大正大学文学部助教授に就任。戦後は文部省教科書執筆委員なども務めている。専門は仏教史及び仏教美術で、「歴史地理」「東洋美術」「日本仏教史学」などの学術誌に多くの論文を寄稿。編著に「国史通観」などがある。

富士田 吉次(3代目)　ふじた・きちじ
長唄唄方
生年不詳〜昭和24年(1949年)
〔名〕本名＝上松たね　〔歴〕父、2代目富士田吉次の没後に3代目を襲名し、富士田の家元を預かっていたが、後継者がなく、昭和24年没して以来中絶している。　〔家〕父＝富士田吉次(2代目)

藤田 謙一　ふじた・けんいち
実業家 日本商工会議所初代会頭 貴族院議員(勅選)
明治6年(1873年)1月5日〜昭和21年(1946年)3月12日
〔出〕青森県弘前市　〔名〕旧姓・旧名＝明石　〔学〕明治法律学校(現・明治大学)〔明治27年〕卒　〔歴〕大蔵省に入省。明治29年たばこ企業・岩谷商会に転じ支配人となる。政財界に顔が広く、台湾塩業の専務を経て、第一次大戦時の大正初期には大日本塩業、日活、東洋製糖、東京護謨などで重役を務める。昭和3年日本商工会議所会頭、勅選貴族院議員。同年国際労働機関(ILO)総会の日本代表、4年売勲疑獄で検挙、起訴され、9年有罪確定後、財界を引退。晩年堤康次郎の伊豆箱根土地(のち国土開発興業)の初代社長を務め、初期西武系諸事業の発展に尽力した。

藤田 耕雪　ふじた・こうせつ
俳人 実業家 藤田組副社長
明治13年(1880年)12月〜昭和10年(1935年)9月18日
〔生〕大阪府　〔名〕本名＝藤田徳二郎　〔学〕ニューヨーク大学卒　〔歴〕帰国後、兄の平太郎を援け藤田組の経営に当たり、副社長となる。藤田鉱業社長などを兼務。一方、妻の春宵女とともに高浜虚子に師事し、「ホトトギス」同人。大正13年から水原秋桜子、阿波野青畝らと課題吟選者に推された。句集「耕雪句集」がある。　〔家〕父＝藤田伝三郎(藤田組創業者)、兄＝藤田平太郎(藤田組社長)

藤田 茂　ふじた・しげる
陸軍中将
明治22年(1889年)〜昭和55年(1980年)4月11日
〔生〕広島県　〔学〕陸士(第23期)〔明治44年〕卒　〔歴〕昭和13年陸軍大佐、のち少将。19年中国河南省帰徳の騎兵第四旅団長、20年中将となり、第59師団長に就任。北朝鮮で終戦を迎え、戦犯としてソ連軍の捕虜となる。25年7月中国に引き渡され撫順で抑留生活を送る。31年特別軍事法廷で禁固18年の刑とな

るが、38年2月の刑期満了前の33年に帰国。後半生を日中友好運動にささげ、50年までに3回訪中。周恩来中国首相とも親しかった。中国帰還者連絡会会長も務めた。

藤田 西湖　ふじた・せいこ
忍術家 甲賀流忍術14世
明治32年(1899年)8月〜昭和41年(1966年)1月4日
〔生〕東京都　〔名〕本名＝藤田勇治　〔学〕日本大学宗教科卒　〔歴〕甲賀忍者の江州和田伊賀守の14代目。祖父に忍術を習い、7歳で山伏と山野に生活、8歳で千里眼といわれた。早大文科に入ったが奇行のため退学、各大学を転々、日大卒業後、東京日日、やまと、国民、中外商業などで新聞記者生活。傍ら忍術の奥義研究に没頭。畳針200本を体に刺したり、天井に張りつくなど忍術を実演。のち陸軍中野学校創設に参加、敵地潜入などスパイ術策を指導、陸士、陸・海大でも講義した。

藤田 辰治郎　ふじた・たつじろう
愛三工業創業者
明治13年(1880年)4月〜昭和24年(1949年)8月
〔出〕岐阜県養老郡牧田村(大垣市)　〔学〕名古屋高等工業学校(夜間部)卒　〔歴〕明治37年陸軍造兵廠名古屋工廠に勤務。43年名古屋高等工業学校夜間部を卒業し、大正13年藤田製作所を設立。豊田自動織機製作所の下請けとして、紡織機用リングやスピンドルの製造に従事した。昭和2年株式会社に改組して社長に就任。13年豊田自動織機製作所と平田紡績の協力を得て愛三工業を設立、初代社長に就任した。19年退任。

藤田 太郎　ふじた・たろう
洋画家
明治34年(1901年)3月22日〜昭和19年(1944年)10月7日
〔生〕高知県香美郡山北村　〔学〕高知師範学校本科〔大正10年〕卒　〔歴〕師範学校を出て、高知県下各地の小学校で図画を教えていたが、後に梅原龍三郎らが活躍する図画会に参加。大阪・大丸の図案部に勤めながら新文展(後の日展)に油絵「シマウマ」「春」などを発表、最後は同展無鑑査にまでなった。

藤田 嗣治　ふじた・つぐはる
洋画家
明治19年(1886年)11月27日〜昭和43年(1968年)1月29日
〔生〕東京市牛込区新小川町(東京都新宿区)　〔名〕洗礼名＝レオナール・フジタ　〔学〕東京美術学校西洋画科本科〔明治43年〕卒　〔資〕ベルギー王立アカデミー会員〔昭和34年〕　〔歴〕明治43年白馬会展に入選。大正2年渡仏、キュビズム全盛の時代に影響を受ける。白色を用いた裸婦を描き、8年サロン・ドートンヌに初出品し全作入選、一躍パリ画壇の注目を集め、同会会員に推される。9年からエコール・ド・パリで活躍。10年サロン・ドートンヌ審査員、11年サロン・デ・チュイルリー会員。昭和4年一時帰国し、翌年再渡欧、6〜8年中南米を歴遊。8年帰国し、9〜16年二科会会員。16年帝国芸術院会員(34年辞任)。太平洋戦争中は陸軍省嘱託として多くの戦争記録画を描く。戦後、画壇の一部から戦犯の糾弾を受け、24年米国経由でパリに行き、以後帰国することはなかった。30年仏国籍を得、34年カソリックの洗礼も受ける。晩年は宗教壁画を手がけた。代表作に「自画像」「アコーデオンのある静物」「わが画室」「友情」「メキシコのマドレーヌ」「カーニバルの後」「猫」「アッツ島玉砕」「シンガポール最後の日」や壁画「秋田年中行事」があり、仏ランスのノートル・ダム・ド・ラ・ペ礼拝堂設計なども手がけた。　〔家〕妻＝藤田君代、父＝藤田嗣章(陸軍医大)、兄＝藤田嗣雄(法制史学者)　〔賞〕朝日文化賞〔昭和18年〕

藤田 斗南　ふじた・となん
邦楽評論家

明治24年（1891年）9月30日〜昭和27年（1952年）8月17日
生大阪　名本名＝藤田久太郎　歴19歳で楽器商を経営。朝鮮、中国を往来し、宮城道雄や吉田晴風と親交。大正6年より大阪に住み、雑誌「楽界春秋」「芸術通信」「芸海」などを出し、邦楽評論に活躍した。昭和16年日本音楽文化工作研究所を開設、箏曲の当道音楽会、関西三曲家協会の世話役をして活躍。箏曲、地唄の研究家としての業績もある。著書に「三味線組唄」「当道資料」「箏曲と地唄の味ひ方」「名曲解題」「箏曲と地唄の鑑賞」などがある。

藤田 信雄　ふじた・のぶお
米国本土を爆撃した唯一の日本人
明治44年（1911年）〜平成9年（1997年）9月30日
出大分県西国東郡真玉町（豊後高田市）　歴潜水艦「伊25潜」の潜水艦掌飛行長だった昭和17年9月、零式小型水上偵察機で出撃し、オレゴン州ブルッキングス市郊外の森林などを爆撃。9月9日と29日の2回にわたって攻撃を行い、米国本土を爆撃したただ1人の日本人となった。当時は海軍兵曹長。37年同市から"英雄の功績をたたえたい"と招待される。以後、日米親善に尽力。平成9年同市の名誉市民に選ばれた。没後の10年爆弾投下地のオレゴン州の山林に遺灰が埋葬された。

藤田 尚徳　ふじた・ひさのり
海軍大将 侍従長
明治13年（1880年）10月30日〜昭和45年（1970年）7月23日
生東京都　学海兵（第29期）〔明治34年〕卒、海大〔明治45年〕卒　歴大正15年海軍省人事局長、昭和5年艦政本部長、7年海軍次官、9年呉鎮守府長官を歴任し、11年海軍大将に昇進。14年予備役となり、明治神宮宮司を経て、19年侍従長に就任。以後、敗戦をはさみ21年5月まで昭和天皇の測近を務めた。著書に「侍従長の回想」（36年）がある。

藤田 文江　ふじた・ふみえ
詩人
明治41年（1908年）9月29日〜昭和8年（1933年）4月24日
生鹿児島県大名瀬村（奄美市）　出台湾　学鹿児島第二高等女学校卒、鹿児島女子師範卒　歴奄美大島で生まれる。大正12年14歳までを過ごした台湾から鹿児島第二高等女学校に転入し、詩作を始める。鹿児島女子師範に進学、15年七高造士館教授であった新屋敷幸繁が発行する詩誌「南方楽園」に参加。また、「牧神」「くれない」などにも作品を発表。昭和8年万国婦人子供博覧会に応募した詩が一等に選ばれ、コロムビアによりレコード化された。同年4月腹部の激痛のため24歳で急性。通夜の席に第一詩集「夜の声」が届いたという。

藤田 平太郎　ふじた・へいたろう
実業家 男爵 藤田組社長 貴族院議員
明治2年（1869年）10月7日〜昭和15年（1940年）2月23日
出長門国（山口県）　学慶応義塾、ロイヤル・カレッジ・オブ・サイエンス鉱山科〔明治28年〕・採鉱・冶金学科〔明治29年〕修了　歴藤田組創業者・藤田伝三郎の長男。慶応義塾に学んだ後、明治21年英国へ留学し、ロイヤル・カレッジ・オブ・サイエンスの鉱山科及び採鉱・冶金学科を修了。30年帰国。32年藤田組支配人、38年副社長を経て、45年父の死により社長に就任。大正7年〜昭和4年貴族院議員。　家妻＝藤田富子（藤田美術館館長）、父＝藤田伝三郎（実業家）、岳父＝芳川顕正（官僚・政治家・伯爵）

藤田 まさと　ふじた・まさと
作詞家
明治41年（1908年）5月12日〜昭和57年（1982年）8月16日
生静岡県榛原郡三崎町　名本名＝藤田正人　学明治大学〔昭和3年〕中退　歴9歳の時中国の大連に渡り、大連商業時代は

投手として全国中等学校野球大会で甲子園に出場した。明大中退後の昭和3年ポリドールに入社、制作部長、文芸部長を歴任しながら作詞にも取り組む。10年の「旅笠道中」「明治一代女」の大ヒットで一躍人気作詞家となり、その後も「妻恋道中」「麦と兵隊」「大利根月夜」などを書いている。戦後も「岸壁の母」「傷だらけの人生」などのヒットがあり、死の直前まで作詞家として活躍する一方、54年には71歳で自分のレコードを出し、歌手としてもデビューした。

藤田 元春　ふじた・もとはる
地理学者 三高教授
明治12年（1879年）2月4日〜昭和33年（1958年）4月13日
生京都府桑田郡鶴ケ丘村（南丹市）　専歴史地理学　学京都師範〔明治33年〕卒、京都帝国大学文科大学史学科〔大正9年〕卒　文学博士（京都大学）〔昭和22年〕　歴小学校訓導、中学地理教員資格を得て中学教諭。大正9年京都帝国大学助手、14年三高教授兼大阪高校教授。昭和18年退官。25年山梨大学講師、30年教授、31年退官。また立命館大教授も務めた。小川琢治、内藤湖南に師事、歴史地理学の新分野を開拓した。著書に「日本地理学史」「日本民家史」「平安京変遷史」「尺度綜考」「上代日支交通史の研究」「日支交通の研究 中・近世篇」などがある。

藤田 隆治　ふじた・りゅうじ
日本画家 ベルリン五輪銅メダリスト
明治40年（1907年）4月13日〜昭和40年（1965年）1月28日
生山口県豊浦郡豊北町（下関市）　歴日本画家としては無名だった昭和11年、ベルリン五輪芸術部門で銅メダルを獲得。新進画家として脚光を浴びる。戦後間もなく実弟の死を機に北九州市に転居、中央画壇での活躍は途切れる。52歳で結婚、58歳で他界。その教えを受けた日本画家・笠青峰が師の没後30年を記念して受賞作「アイスホッケー」を復元、五輪100周年のアトランタの博物館に展示された。

藤田 亮策　ふじた・りょうさく
考古学者 京城帝国大学教授
明治25年（1892年）8月25日〜昭和35年（1960年）12月12日
生新潟県古志郡上北谷村（見附市）　専朝鮮考古学　学東京帝国大学文科大学史学科〔大正7年〕卒　歴文部省維新史料編纂所、宮内省諸陵寮を経て、大正11年朝鮮総督府博物館主任として朝鮮半島に渡り、15年京城帝国大学助教授に就任した。欧米留学を経て、昭和7年同大教授。この間朝鮮各地から満州東北部にかけて遺跡古墳の発掘調査に業績をあげた他、宝物、古墳等の保存令の制定など朝鮮古文化の保存調査に力を尽くした。戦後の24年東京芸術大学教授となり、23年設立された日本考古学協会の初代委員長を務めた。34年退任後、奈良国立文化財研究所長に就任し、平城京の調査保存などに力を注いだ。著書に「朝鮮古文化綜鑑」「朝鮮考古学研究」「朝鮮学論考」他多数。

藤田 若水　ふじた・わかみ
弁護士 広島市長 衆議院議員
明治9年（1876年）12月11日〜昭和26年（1951年）12月29日
生愛媛県新居郡中萩町（新居浜市）　学東京専門学校（現・早稲田大学）行政科〔明治31年〕卒　歴明治34年大阪で弁護士を開業、36年広島市へ移る。41年広島県議、43年広島市議、大正2年広島弁護士会会長を歴任し、第15回の衆議院議員補欠選挙で当選。通算5期務めた。昭和14〜18年広島市長。

藤塚 鄰　ふじつか・ちかし
中国哲学者 京城帝国大学名誉教授
明治12年（1879年）6月〜昭和23年（1948年）12月24日
生岩手県前沢町　名旧姓・旧名＝佐々木、号＝素軒　学東京

帝国大学文科大学支那哲学科〔明治41年〕卒 文学博士〔昭和11年〕 歴大学院に1年在学、明治42年八高教授となり、大正10年中国留学。15年京城帝国大学教授、昭和6年法文学部長となったが病気で辞任。13年御講書始漢書進講、15年名誉教授となり大東文化学院教授、23年斯文会理事長、大東文化学院専門学校総長となった。著書に「日鮮清の文化交流」「清朝文化東伝の研究」などがある。

藤浪 鑑　ふじなみ・あきら
病理学者 京都帝国大学名誉教授
明治3年（1870年）11月29日〜昭和9年（1934年）11月18日
生愛知県名古屋市 名幼名＝鑑太郎、号＝五洋 専がん研究 学一高〔明治24年〕卒、帝国大学医科大学〔明治28年〕卒 医学博士（東京帝国大学）〔明治34年〕 置帝国学士院会員〔昭和4年〕 歴旧尾張藩医・藤浪万得の長男。帝国大学医科大学卒業後、同大病理学教室に入り山極勝三郎の下で学ぶ。明治29年ドイツへ留学、ウィルヒョウの日本人最後の門弟となった。33年帰国して京都帝国大学医科大学の初代病理学教授に就任。昭和5年退官、6年名誉教授。この間、明治37年広島県片山地方の風土病（片山病）を研究、剖検によって門脈枝内に日本住血吸虫体を証明して治療法・予防法を完成させ、同病撲滅に貢献した。大正7年「日本住血吸虫症の研究」で帝国学士院賞を受賞。家鶏肉腫の実験的研究でも知られ、ノーベル医学・生理学賞受賞者であるラウスとほぼ同時期にウイルスによる発がん実験の成功を収め、ウイルス発がんの先駆的な業績とされる。また、キリスト教の信仰篤く、昭和3年ドイツのハイデルベルク大学から名誉神学博士号を受けた。4年帝国学士院会員。 家長男＝藤浪修一（名古屋市立大学教授）、二男＝藤浪得二（大阪大学名誉教授）、弟＝藤浪剛一（放射線医学者）、岳父＝猪子止戈之助（外科学者）、義弟＝今村新吉（精神医学者）、女婿＝森茂樹（病理学者） 賞帝国学士院賞（第8回）〔大正7年〕

藤浪 和子　ふじなみ・かずこ
小説家
明治21年（1888年）10月〜昭和54年（1979年）7月27日
生東京府駒込千駄木林町（東京都文京区） 名旧姓・旧名＝物集和子、別筆名＝藤岡一枝 学跡見高等女学校卒 歴10代の頃姉と共に二葉亭四迷、夏目漱石に小説を、河東碧梧桐に俳句を師事する。明治43年「ホトトギス」に「かんざし」を発表。44年平塚らいてう5人で「青鞜」を発刊。青鞜社の事務所を駒込の自宅に引き受ける。「青鞜」に「七夕の夜」「一夜」「おきみ」（藤岡一枝名義）などを発表する。しかし、45年物集邸が警察の手入れを受け、「青鞜」が発禁になったため、手を引く。のちに医学者藤浪剛一と結婚。昭和9年から都内の墓所を探索し、15年「東京掃苔録」を発行。東京の掃苔書としては網羅的で信用度の高いものとして、戦後も八木書店、東京大学出版会から復刻が出ている。 家父＝物集高見（国学者）、兄＝物集高量（国史学者）、夫＝藤浪剛一（レントゲン学者）

藤浪 剛一　ふじなみ・ごういち
放射線医学者 慶応義塾大学医学部教授
明治13年（1880年）6月〜昭和17年（1942年）11月29日
生愛知県名古屋市 専レントゲン学 学岡山医学専門学校〔明治39年〕卒 医学博士（東京帝国大学）〔大正4年〕 歴明治42年欧州に留学し、ウィーン大学でレントゲン学を研究。45年帰国、順天堂医院レントゲン科長となり、草創期のレントゲン学界に尽力。大正9年慶応義塾大学医学部教授となり理学的の診療科主任。12年日本レントゲン学会、昭和2年日本医史学会、10年日本温泉気候学会などの創立に参加。オーストリア・レントゲン学会名誉教授。著書に「温泉知識」「日本衛生史」「れんとげん学」「紫外線療法」、共著に「内臓レントゲン診断学」などがある。 家兄＝藤浪鑑（病理学者）、妻＝藤浪和子（青

轄発起人）、岳父＝物集高見（国学者）

藤浪 与兵衛（3代目）　ふじなみ・よへえ
演劇小道具方
明治24年（1891年）3月21日〜昭和27年（1952年）12月24日
生東京市浅草区（東京都台東区） 名本名＝藤波藤三郎、幼名＝喜三郎 学東京府立一中卒 歴明治40年代はじめより画家・松岡映丘に師事。主に鎧の製作に従事。明治末年からは歌舞伎のみならず、新派、新国劇、オペラ、バレエ、新劇などの小道具も手がけた。また、有職故実、時代考証に関する造詣も深く、それを小道具製作に適用した。昭和9年3代目与兵衛を襲名。23年藤浪小道具店を株式会社に改め社長に就任。著書に「小道具藤浪与兵衛」がある。 家父＝藤浪与兵衛（2代目）、長男＝藤浪与兵衛（4代目）

藤沼 庄平　ふじぬま・しょうへい
貴族院議員（勅選）衆議院議員 警視総監 東京府知事
明治16年（1883年）2月17日〜昭和37年（1962年）1月2日
生栃木県 名旧姓・旧名＝若田部 学東京帝国大学法科大学政治科〔明治42年〕卒 歴昭和43年内務省に入り、岡山県都窪郡長、奈良・鹿児島・京都・大阪各府県警察部長、茨城県知事、内務省警保局長を歴任し、大正12年虎ノ門事件で辞職。昭和2年新潟県知事となり、3年栃木県から衆議院選挙に当選、政友会に属した。7年東京府知事、同年5月警視総監。8年勅選貴族院議員。11年広田弘毅内閣の内閣書記官長。武徳会理事長。戦後東京都長官兼警視総監、枢密顧問官などを務めた後公職追放。のちニッポン放送顧問を務めた。

藤野 七蔵　ふじの・しちぞう
実業家 藤野製綿創業者
明治18年（1885年）7月1日〜昭和26年（1951年）4月26日
出広島県 歴家業の製綿業を継ぐ。昭和3年藤野製綿を設立し、販路を朝鮮や満州などに拡大した。13年日本製綿工業組合初代理事長。

藤野 秀夫　ふじの・ひでお
俳優
明治11年（1878年）5月16日〜昭和31年（1956年）2月11日
出東京市京橋区出雲町（東京都中央区） 名本名＝島田卯平 学中学中退 歴明治27年初舞台を踏んで以来いくつかの一座を経て、大正6年日活向島撮影所入社。「白萩」に主演デビュー。温厚な人柄で誰にでも愛される正統派二枚目として多くの作品に主演。新派劇全盛期を作りだす。11年仲間と共に退社し国活巣鴨撮影所を経て、松竹蒲田に入社。川田芳子・水谷八重子などの相手役として主演し好評を得る。14年以降は年齢のせいか主演作は少なくなるが、島津保次郎をはじめとする一線級の監督に重用される。昭和4年大幹部に。俳優陣の長老的存在だった。

藤野 恵　ふじの・めぐむ
文部次官 鹿児島県知事
明治27年（1894年）4月16日〜昭和24年（1949年）10月9日
生広島県 学六高卒、東京帝国大学法学部政治学科〔大正8年〕卒 歴大正12年臨時震災救護事務局事務官、13年内務省社会局事務官、昭和3年兼社会局書記官・社会部福利課長、6年社会部保護課長、10年香川県知事、11年文部省実業学務局長、12年普通学務局長、14年鹿児島県知事、15年教学局長官、17年文部省総務局長を経て、19年文部次官。20年退官。

藤牧 義夫　ふじまき・よしお
版画家
明治44年（1911年）〜昭和10年（1935年）9月2日
生群馬県館林市 学館林尋常高小卒 歴尋常高等小学校を卒

業後、上京。商業図案などを独学で学んだ。昭和7年、21歳のとき版画界の重鎮・小野忠重に師事。8年「給油所」で帝展初入選。新版画集団に所属、「赤陽」「出を待つ女」や「都会風景」「白ひげ橋」「給油所」など町の暮らしを描いた版画を発表し、注目された。10年60メートルに及ぶスケッチ「隅田川絵巻」(全4巻)を完成の後、9月2日失踪。同日を命日とする。

富士松 加賀太夫 (8代目)　ふじまつ・かがたゆう
新内節太夫・三味線方 新内節富士松派家元
安政6年(1859年)2月29日〜昭和9年(1934年)4月15日
[生]江戸　[名]本名=小林鎌吉、前名=鶴賀小秀太夫、鶴賀直太夫、吾妻路宮古太夫　[歴]7代目加賀太夫の実弟。鶴賀秀太夫に学び、鶴賀小秀太夫、鶴賀直太夫を経て、大正2年4代目吾妻路宮古太夫を名のり、明治末期から大正にかけて兄の7代目加賀太夫の三味線をひく。昭和5年7代目の没後8代目加賀太夫を襲名。　[家]兄=富士松加賀太夫(7代目)、息子=富士松加賀太夫(9代目)

富士松 薩摩掾 (2代目)　ふじまつ・さつまのじょう
新内節太夫
文久2年(1862年)5月22日〜昭和14年(1939年)10月25日
[生]江戸四谷(東京都新宿区)　[名]本名=小林カツ　[歴]5代目富士松加賀太夫に入門、加賀富を経て、明治8年加賀千代の名を貰う。その後、17年魯遊、大正10年松老、15年再び魯遊を経て、昭和5年2代目薩摩掾を襲名。初代とは何の関係もない。古風な浄瑠璃で「梅の由兵衛」などを得意とした。

富士松 薩摩掾 (3代目)　ふじまつ・さつまのじょう
新内節太夫
明治3年(1870年)6月9日〜昭和17年(1942年)
[生]神奈川県横浜　[名]本名=井上金太郎、前名=富士松東掾　[歴]2代目の没後3代目薩摩掾を襲名。

富士松 長門太夫 (1代目)　ふじまつ・ながとだゆう
新内節太夫
明治9年(1876年)〜昭和13年(1938年)5月21日
[生]山口県萩　[名]本名=田村百合熊、前名=富士松新登太夫、富士松明石太夫　[歴]鶴賀加賀蔵に学び、新登太夫、明石太夫を経て、富士松長門太夫。昭和8年独立して家元となる。　[家]娘=田村喜代子(新内節太夫・2代目富士松長門太夫)

伏見 直江　ふしみ・なおえ
女優
明治41年(1908年)11月10日〜昭和57年(1982年)5月16日
[生]東京市深川区(東京都江東区)　[名]本名=伏見直枝　[歴]新派の旅役者・伏見三郎の二女。3歳から舞台を踏み、「銀の雨」で映画界にデビュー、丹下左膳シリーズでは女スリにふんし、鉄火女の迫力と凄艶な色気で、姐御女優ナンバーワンの声価を得た。戦後は旅まわり一座で活動を続けたが、昭和47年に映画「新座頭市物語・折れた杖」に出演したのが最後だった。

伏水 修　ふしみず・しゅう
映画監督
明治43年(1910年)12月5日〜昭和17年(1942年)7月9日
[出]大阪府大阪市　[名]本名=伏水次男　[学]関西学院文学部社会学科〔昭和7年〕卒　[歴]昭和7年関西学院文学部社会学科を出てすぐ日活太秦撮影所に助監督として入社し、青山三郎に師事。9年PCL(写真化学研究所、現・東宝)に移り、11年岡田敬と共同で「あきれた連中」を監督してデビューを果たす。優れた音楽の才能も持ち、それを生かして同年「歌ふ弥次喜多」(岡田と共同監督)「歌の世の中」「東京ラプソデー」、12年「風流演歌隊」、13年「世紀の合唱」など、歌ものの映画を得意とした。15年には当時人気絶頂にあった李香蘭、長谷川一夫共

演による構想雄大なるラブロマンス「支那の夜」前後篇を監督。これは戦前の日本映画における空前の大ヒットとなった。17年には「青春の気流」を製作するが、同年肺結核のために31歳の若さで急死。モダンな音楽場面に才気を示し、他の作品に「たそがれの湖」「軍港の乙女たち」「船出は楽し」「東京の女性」などがある。

伏見宮 博恭　ふしみのみや・ひろやす
皇族 海軍大将・元帥
明治8年(1875年)10月16日〜昭和21年(1946年)8月16日
[生]東京都　[学]海兵(第16期)〔明治23年〕卒、キール海軍大学校(ドイツ)卒　[歴]伏見宮家は北朝第3代崇光天皇の皇子栄仁親王を祖とし、明治維新前に創立された宮家中で最も古く、博恭王はその23代。海軍兵学校第16期で、明治22年から4年間、ドイツへ留学。27年海軍少尉に任官。41年から3年間、英国に駐在。43年「朝日」、45年「伊吹」艦長。大正2年横須賀鎮守府艦隊司令官、3年海軍大学校校長、8年第二艦隊司令長官を経て、11年海軍大将。13年佐世保鎮守府長官、14年軍事参事官。昭和7年軍令部長となり、同年元帥府に列し元帥海軍大将となる。8年軍令部総長と改名され、16年4月まで海軍統帥の最高責任者として昭和天皇を補佐した。　[家]父=伏見宮貞愛(陸軍大将・元帥)、祖父=伏見宮邦家

藤村 作　ふじむら・つくる
国文学者 東京帝国大学名誉教授 東洋大学学長
明治8年(1875年)5月6日〜昭和28年(1953年)12月1日
[生]福岡県山門郡柳河町　[専]江戸文学　[学]東京帝国大学文科大学国文科〔明治34年〕卒 文学博士〔大正8年〕　[歴]七高造士館、広島高等師範学校教授を経て、明治43年東京帝国大学助教授となり、大正11年教授。昭和9年東洋大学学長に就任。紫式部学会会長、国語教育学会会長、日本文学協会会長なども歴任した。また、関東大震災直後、雑誌「国語と国文学」を創刊、国語国文学における学術雑誌のはしりとなる。主著は「上方文学と江戸文学」「近世国文学序説」、「日本文学大辞典」(編)、「訳註西鶴全集」など。　[家]娘=近藤宮子(「チューリップ」の作詞者)

藤村 トヨ　ふじむら・とよ
女子体育指導者 東京女子体育専門学校校長
明治10年(1877年)6月16日〜昭和30年(1955年)1月18日
[生]香川県坂出町　[学]東京女子高等師範学校(現・お茶の水女子大学)理科中退、東京女子医学専門学校〔大正9年〕卒　[歴]病弱で進学できず、明治35年体操で健康になったことから体育に強い関心を持ち、37年体操教員検定試験で女性最初の合格者となった。同年東京女子体操音楽学校に就職、41年校長となる。傍ら大正4年東京女子医学専門学校に入って医学を修め、昭和3年から3年間海外視察。6年にドイツのワルター女史を迎えてドイツ体操を奨励。19年東京女子体育専門学校(現・東京女子体育大学)校長に就任、"女子体育は女子の手で"をモットーに女子体育指導者養成に尽力した。

藤村 富美男　ふじむら・ふみお
野球選手
大正5年(1916年)8月14日〜平成4年(1992年)5月28日
[生]広島県呉市　[学]呉港中卒　[歴]呉港中2年の時エースとなり、昭和7〜10年4年連続甲子園に出場。この間、9年には優勝投手となる。11年大阪タイガース創立と同時に投手として入団。肩をこわして三塁手に転向、以来"物干し竿"といわれた38インチ(97センチ)の長いバットで阪神の中心選手として活躍。24年には打率.332、46本塁打、142打点の当時としては驚異的な成績で最高殊勲選手に選ばれたのを初め、33年に引退するまで首位打者1回、本塁打王2回、打点王5回獲得。通算実働17年で、1556試合、打率.300、224本塁打、1126打点。また、21

ふしむら　　　　　　　　　　　昭和人物事典 戦前期

年と30～32年の3年間は監督も兼任した。その後、38年国鉄、39～40年東映のコーチをつとめた。49年野球殿堂入り。　家
弟＝藤村隆男（プロ野球選手），息子＝藤村雅美（高校野球監督），孫＝藤村一仁（大学野球選手）

藤村 義一　ふじむら・よしかず
海軍中佐
明治40年（1907年）2月24日～平成4年（1992年）3月18日
生大阪府和泉市　名後名＝藤村義朗　学海兵（第55期）〔昭和2年〕卒，海大（第37期）〔昭和15年〕卒　歴昭和3年海軍少尉に任官。15年駐ドイツ日本大使館付武官補佐官となり、18年海軍中佐に進級。19年6月駐フランス日本大使館付武官補佐官、10年駐ドイツ日本大使館付武官補佐官兼務。20年ドイツの敗勢によりスイスへ移ると、米国の戦略情報機関の責任者アレン・ダレスと和平交渉を行った。23年ジュピターコーポレーションを設立し、社長。西村京太郎の小説「D機関情報」のモデルにもなった。

藤本 喜久雄　ふじもと・きくお
海軍造船少将
明治21年（1888年）1月12日～昭和10年（1935年）1月9日
出石川県　学四高卒、東京帝国大学工学部造船学科〔明治44年〕卒　歴明治44年海軍中技士となる。同年横須賀工廠付、大正5年造船監督官を経て、6年英国のグリニッジ海軍大学に留学。10年帰国、昭和2年海軍造船大佐に進み艦政本部四部基本計画主任。8年海軍造船少将。新技術の導入に積極的であったが、用兵側の過大な性能要求を受け入れた軍艦設計を行った結果、9年復元性不足による水雷艇友鶴の転覆事件が発生（友鶴事件）。責任者として処分を受け、同年予備役に編入され、間もなく亡くなった。

藤本 幸太郎　ふじもと・こうたろう
統計学者 保険学者 東京商科大学名誉教授
明治13年（1880年）7月4日～昭和42年（1967年）6月1日
生福井県　学東京高等商業学校（現・一橋大学）専攻部〔明治38年〕卒 商学博士〔大正9年〕　歴明治43年からドイツ、英国に留学。母校・東京高等商業学校の教授となり、のち東京商科大学教授、昭和16年名誉教授。この間、大正9年に我が国最初の商学博士となった。昭和24年日本統計学会会長も務めた。著書に「統計学」「海上保険論」「経済統計」などがある。

藤本 定義　ふじもと・さだよし
プロ野球監督
明治37年（1904年）12月20日～昭和56年（1981年）2月18日
出愛媛県　学早稲田大学〔昭和4年〕卒　歴松山商、早大時代は名投手として鳴らし、大鉄、東鉄を経て、昭和11年巨人監督としてプロ野球界入り。在籍7年間（9シーズン）で7度優勝し、巨人の第1期黄金時代を築いた。群馬県茂林寺球場での"月夜の千本ノック"の猛練習は今も語り草。戦後は太陽、金星、大映、阪急の監督を歴任、36年には阪神の監督となり、翌年には15年ぶりに優勝させた。43年阪神監督を最後に引退したが、巨人時代には三原脩、水原茂、千葉茂、川上哲治らの名選手を育てている。49年殿堂入り。監督年数31シーズンは史上最多、1657勝は歴代3位、優勝3回。著書に「実録プロ野球四十年史」がある。

藤本 捨助　ふじもと・すてすけ
衆議院議員
明治27年（1894年）12月12日～昭和38年（1963年）9月11日
生香川県大内郡引田村（東かがわ市）　学東北帝国大学法文学部〔昭和2年〕卒　歴法律学研究のため、米国・英国・ドイツに2年間留学する。帰国後、高松高等商業学校教授、大阪商科大学講師を歴任。昭和12年から衆議院議員を2期務め、国家総

動員審議会委員となる。戦後は30年以来連続当選3回。進歩党政務調査副会長、自民党総務、衆議院社会労働委員長を歴任した他、社会保障制度審議会会長を務めた。著書に「日本民法総論」など。　家息子＝藤本孝雄（衆議院議員）

藤本 長蔵（1代目）　ふじもと・ちょうぞう
藤丸創業者
明治6年（1873年）～昭和20年（1945年）
生富山県礪波郡本保村（高岡市）　歴農業、養蚕業などを経て、明治30年北海道の下帯広村（現・帯広市）に入植、呉服店を経営。金銭トラブルに巻き込まれ一旦故郷・富山に帰るが、33年北越呉服株式会社を設立して再び下帯広村に戻った。大正5年藤丸呉服店に名称変更、帯広駅前の土地を買い集めて昭和7年には藤丸百貨店を開業し、北海道有数の百貨店に育て上げた。　家養子＝藤本長蔵（2代目）（藤丸会長）、孫＝藤本善雄（藤丸社長）

藤本 英雄　ふじもと・ひでお
野球選手
大正7年（1918年）5月10日～平成9年（1997年）4月26日
生朝鮮釜山　出山口県下関市彦島　名本名＝中上英雄　学明治大学卒　歴昭和17年巨人に入り、18年34勝11敗、防御率0.73で最多勝と防御率第1位を獲得した。19年、21年には監督を兼任。22年中日を経て、23年再び巨人に戻り、25年6月28日には日本初の完全試合を達成した。実働13年、投手としては367試合登板、200勝87敗、防御率1.90。打者としては549試合、1257打数312安打、15本塁打、151打点、打率.245。50年野球殿堂入り。　賞沢村賞〔昭和24年〕

藤本 二三吉　ふじもと・ふみきち
俗曲師
明治30年（1897年）11月23日～昭和51年（1976年）10月29日
生東京市浅草区（東京都台東区）　名本名＝藤本夫美　歴12歳から半玉として千葉市内の花柳界に入り、大正4年東京・日本橋葭町から二三吉の名で芸者に出た。美声の鶯芸者として鳴らし、常盤津、小唄、端唄、歌謡曲を歌い、13年初めてレコードに吹き込んだ。昭和3年ビクター専属、8年日蓄（のちコロムビア）専属。ヒット曲に「祇園小唄」「浪花小唄」「女給の唄」「唐人お吉」「侍ニッポン」がある他、その演奏を収録したものに「藤本二三吉のすべて」（コロムビア）がある。

藤本 光清　ふじもと・みつきよ
教育家
明治22年（1889年）1月17日～昭和39年（1964年）8月12日
出鳥取県　学鳥取師範卒　歴鳥取中学教員などを経て、大正12年東京市教育局に勤務。昭和3年ラジオ体操考案委員となる。同年11月本放送で1～3回までを担当し、体操を指導した。

藤本 了泰　ふじもと・りょうたい
仏教史学者 僧侶（浄土宗） 大正大学文学部教授
明治25年（1892年）3月4日～昭和20年（1945年）3月16日
生茨城県猿島郡岩井村（岩井市）　名号＝摂連社心誉常阿　学東京帝国大学文科大史学科国史学専修〔大正4年〕卒　歴明治40年に得度、東京増上寺で堀尾貫務から宗脈・戒脈を授けられる。大正7年東京帝国大学文科大史学科国史学専修を卒業後、10年同大史料編纂所に史料編纂補助嘱託（のち史料編纂官補）として入り、昭和4年まで勤務した。学究生活の一方、僧職としても活動し2年に京都帰命院住職、3年に東京芝天徳寺住職を歴任。15年大正大学文学部教授。近代的な研究法を用い、それまで不明瞭な部分が多かった浄土教の歴史解明に大きく貢献した。編著に「浄土宗大年表」などがある。　家父＝藤本典了（高声寺住職）

藤森 静雄　ふじもり・しずお
版画家
明治24年（1891年）8月1日～昭和18年（1943年）5月28日
[生]福岡県久留米市　[学]中学明善校〔明治43年〕卒，東京美術学校西洋画科〔大正5年〕卒　[歴]在学中から木版画を始め、恩地孝四郎らと詩画同人誌「月映」を刊行。福岡県立嘉穂中学校図画教師となり、大正7年日本創作版画協会創立に参加、11年上京、春陽会、日本版画協会などで活躍。昭和4～7年刊行の「新東京百景」を分担制作、9年「大東京十二景」完成。10年福岡日日新聞連載の近松秋江「孔雀荘」の木版挿絵を担当。15年帰郷。

藤森 成吉　ふじもり・せいきち
小説家 劇作家 俳人
明治25年（1892年）8月28日～昭和52年（1977年）5月26日
[生]長野県諏訪郡上諏訪町角間　[名]俳号＝山心子　[学]東京帝国大学独文科〔大正5年〕卒　[歴]大正3年処女長編小説「波」（後「若き日の悩み」）で鈴木三重吉に認められ、4年「新潮」に「雲雀」を発表。5年岡倉由三郎の長女のぶ子と結婚、六高講師となるが半年で辞任。7年「山」で文壇に復帰。その間、大杉栄の影響で日本社会主義同盟に関係、自ら労働生活を体験、その記録「狼へ」を「改造」に、また15年「新潮」に戯曲「磔茂左衛門」を発表。昭和2年「何が彼女をさうさせたか」が好評で、時の流行語となった。3年全日本無産者芸術連盟（ナップ）に参加、日本プロレタリア作家同盟の初代委員長となり、プロレタリア文学運動との関わりを深める。ソビエトに潜行し世界文学者会議に出席、帰国後検挙され転向。10年代は歴史小説「渡辺崋山」や戯曲「江戸城明渡し」「北斉」などを執筆。戦後、新日本文学会の結成に参加、24年共産党入党。長編「悲しき愛」「独白の女」などを発表した。一方、大正7年頃から句作を始め、句集「蟬しぐれ」「天翔ける」、句文集「山心」、俳句・短歌・詩を収めた「詩曼陀羅」がある。ほかに童話集「ピオの話」など。

藤森 良蔵　ふじもり・りょうぞう
数学教育家
明治15年（1882年）7月～昭和21年（1946年）11月22日
[生]長野県上諏訪　[学]東京物理学校〔明治36年〕卒　[歴]長野商業学校に数学教師として赴任。その後上京、考へ方社という参考書出版社を設立、明治43年「幾何学学び方考へ方と解き方」を刊行、"考え方主義"を世に問い、受験界に新風を注入。続刊の代数学の姉妹参考書とともにベストセラーとなった。大正3年日土講習会を開設、予備校の先駆となり、6年雑誌「考へ方」を創刊、"受験の神様"といわれた。高等数学の大衆化にも熱意を傾注、昭和4年林鶴一博士を迎えて第一次日土大学講習会を開き、9年第七次講習会には数学界の権威高木貞次郎博士を迎えるなどした。11年「高数研究」を創刊、大学数学解放を訴えた。　[家]弟＝藤森省吾（教育家）

藤山 一郎　ふじやま・いちろう
歌手
明治44年（1911年）4月8日～平成5年（1993年）8月21日
[生]東京市日本橋区蛎殻町（東京都中央区）　[名]本名＝増永丈夫　[学]東京音楽学校声楽科〔昭和8年〕卒　[歴]昭和4年東京音楽学校に入学して声楽を専攻し、梁田貞に師事。しかし、折からの恐慌で生家の呉服屋が倒産、一家を支える必要性が出てきたことから、6年歌手として古賀政男作曲の「キャンプ小唄」を吹き込み、コロムビアからデビュー。当時、東京音楽学校ではアルバイトは御法度であったことから、友人の名前と日本一の富士山にちなみ、藤山一郎の芸名を名のった。同年に発表した古賀作曲の「酒は涙か溜息か」「丘を越えて」、7年の「影を慕いて」が大ヒット。8年同校を首席で卒業後、ビクターと契約して本格的に歌手となり、「赤い花」「僕の青春」などを発表。11年テイチクに移って古賀とのコンビを復活させ、同年「東京ラプソディー」「男の純情」、12年「青春日記」「白バラは咲けど」など多くのヒットを飛ばし、流行歌手として東海林太郎と人気を二分した。14年コロムビアに移籍。戦時中は海軍少佐総統官として南方慰問団に参加。20年インドネシアのスラバヤで敗戦を迎えた。戦後も「長崎の鐘」「青い山脈」などの大ヒットを放ち、平成4年にはスポーツ選手以外で初めて生前に国民栄誉賞を受賞した。　[賞]国民栄誉賞〔平成4年〕

藤山 雷太　ふじやま・らいた
実業家 大日本製糖社長 貴族院議員（勅選）
文久3年（1863年）8月1日～昭和13年（1938年）12月19日
[生]肥前国松浦郡大里村（佐賀県伊万里市）　[学]長崎師範〔明治13年〕卒，慶応義塾〔明治20年〕卒　[歴]佐賀藩士の三男に生まれる。長崎師範卒業後、郷里で小学校教師を務め、のち上京して慶応義塾に学ぶ。明治20年帰郷し、同年佐賀県議に選ばれ、次いで議長となり、外国人居留地買収問題などで活躍。のち上京、25年実業界に転じて師の福沢諭吉のすすめで三井銀行に入り、諭吉の義兄・中上川彦次郎を助けて三井財閥の改革にあたる。中上川に抜擢され芝浦製作所所長に就任、さらに中上川の内命で王子製紙の乗取りに成功。三井を去ったのち、東京市街電鉄、日本火災、帝国劇場などの創立に参加。42年大日本製糖会社（日糖）の不始末による破綻のあとをうけ、渋沢栄一の推挙で同社社長に就任し、再建に成功、一躍財界に重きをなした。以来、日糖を中心に台湾製糖、パルプ業の発展に貢献、藤山コンツェルンの基礎を築いた。大正6～14年東京商業会議所会頭。12年勅選貴族院議員。他に藤山同族社長、大日本製氷会長、日印協会理事、また三井、安田、共同の各信託会社の相談役、取締役を務めるなど、その活動は多岐にわたり、財界の一方の雄として活躍した。著書に「満鮮遊記」「熱海閑談録」などがある。　[家]長男＝藤山愛一郎（実業家・政治家），二男＝藤山勝彦（大日本製糖会長），息子＝藤山洋吉（日東化学工業副社長）

藤原 岩市　ふじわら・いわいち
陸軍中佐
明治41年（1908年）3月1日～昭和61年（1986年）2月24日
[生]兵庫県　[学]陸士（第43期）〔昭和6年〕卒，陸大（第50期）〔昭和13年〕卒　[歴]昭和6年陸軍歩兵少尉に任官。太平洋戦争直前の16年10月、タイのバンコクへ派遣され、"F機関"を設立。秘密結社のインド独立連盟（IIL）と手を結び、英国軍内のインド兵に対する投降作戦に従事。やがて帰順兵を組織したインド国民軍（INA）創設を援助し、インド独立運動支援を図ったが、18年転任。19年陸軍中佐。同年陸軍大学校教官、20年第二総軍参謀、同年第五十七軍参謀。戦後は陸上自衛隊に入り、調査学校長や第一師団長を務めた。41年退任。"F機関"の"F"は藤原の頭文字と英国植民地下のインド人への自由（Free）に由来する。

藤原 教悦郎　ふじわら・きょうえつろう
法医学者 九州帝国大学教授
明治16年（1883年）11月28日～昭和14年（1939年）11月5日
[生]島根県　[学]京都帝国大学福岡医科大学〔明治43年〕卒 医学博士（九州帝国大学）〔大正10年〕　[歴]大正3年京都帝国大学福岡医科大学助教授、9～11年欧州に留学、10年論文「血球凝集素及び沈降素の異同」にて九州帝国大学最初の医学博士を受領。11年新潟医科大学教授兼附属医学専門部教授を経て、昭和7年九州帝国大学教授。著書に「新法医学」がある。

藤原 喜代蔵　ふじわら・きよぞう
教育史家
明治16年（1883年）4月1日～昭和34年（1959年）2月18日
[出]鳥取県　[歴]明治42年「明治教育思想史」を発表、注目を集

ふしわら 昭和人物事典 戦前期

める。英国留学後の45年、「大英国の教育」を発表。雑誌「帝国教育」編集を手がけ、昭和12年には出版業を創業。17～19年「明治大正昭和教育思想学説人物史」を刊行した。

藤原 銀次郎　ふじわら・ぎんじろう
実業家 政治家
明治2年（1869年）6月17日～昭和35年（1960年）3月17日
[生]長野県安茂里村（長野市）　[学]慶応義塾〔明治23年〕卒　[歴]明治28年三井銀行に入社。32年三井物産に転出し、44年それまでの経験と紙・パルプ業に明るいことを買われて業績不振に陥っていた三井系の王子製紙専務に就任。大正9年会社再建に成功して社長となり、昭和8年にはライバル会社であった富士製紙、樺太製紙との製紙大合同を実現させることにより王子製紙を日本の製紙の90％を占める巨大企業に成長させ、"製紙王"の異名をとった。13年会長。この間、内閣顧問、海軍顧問などを歴任し、昭和4～21年勅選貴族院議員。15年には米内内閣に商工相として初入閣し、18年東条内閣の国務相、19年小磯内閣の軍需相を歴任。一方、14年古稀を機に私財を投じ、工業への貢献と英語・数学など基礎を重視した工学教育を行うため横浜・日吉に藤原工業大学を設立。同校は19年学園に工学部を必要としていた母校・慶応義塾大学に寄付され、同大工学部となった。

藤原 咲平　ふじわら・さくへい
気象学者 中央気象台長 東京帝国大学教授
明治17年（1884年）10月29日～昭和25年（1950年）9月22日
[生]長野県諏訪市　[学]東京帝国大学理科大学理論物理学科〔明治42年〕卒 理学博士〔大正4年〕　[賞]帝国学士院会員〔昭和12年〕　[歴]明治44年中央気象台技師となり、大正9年「大気中における音波の異常伝播」を発表、学士院賞を受賞。同年ノルウェーに留学、V.ビエルクネス教授に師事、極前線論を学び、さらに英国のN.ショウの下で渦巻きの研究に従事し、11年帰国。中央気象台測候技術官養成所（現・気象大学校）主事を経て、13年東京帝国大学教授、15年地震研究所員兼務。同年「雲を摑む話」、昭和4年「雲」を刊行。16年代6代中央気象台長となり戦時下の気象事業を統括。この間、風船爆弾の研究に参画。22年気象台長を退任、参議院選挙に立候補したが公職追放となり、以後執筆活動に専念した。独創的な渦巻きに関する研究が有名。"お天気博士"として一般にも親しまれた。他の著書に「渦巻の実験」「日本気象学史」「群渦―気象四十年」など。　[賞]帝国学士院賞（第10回）〔大正9年〕

藤原 孝夫　ふじわら・たかお
神奈川県知事
明治29年（1896年）11月20日～昭和58年（1983年）5月8日
[生]岡山県御野郡鹿田村（岡山市）　[学]岡山中卒、六高卒、東京帝国大学法学部政治学科〔大正9年〕卒　[歴]大正10年内務省に入省。同年11年官房会計課長、12年山梨県知事、13年傷兵保護院計画局長、14年厚生省労働局長、15年内務省警保局長、16年千葉県知事、17年軍事保護院副総裁、19～21年神奈川県知事。公職追放解除後は厚生省中央環境衛生適正化審議会会長、日本自然保護協会理事長、国立公園協会会長や合同物産社長を務めた。　[家]孫＝奥野信亮（衆議院議員）、女婿＝奥野誠亮（政治家）

藤原 松三郎　ふじわら・まつさぶろう
数学者 東北帝国大学名誉教授
明治14年（1881年）2月14日～昭和21年（1946年）10月12日
[生]三重県津市　[専]代数学、数学史　[学]津中〔明治32年〕卒、三高〔明治35年〕卒、東京帝国大学理科大学数学科〔明治38年〕卒 理学博士〔大正3年〕　[賞]帝国学士院会員〔大正14年〕　[歴]明治40年一高教授となり、同年ドイツ、フランスへ留学。44年帰国して東北帝国大学理科大学教授に就任。昭和17年定年

退官。代数解析を専門とし、方程式の "根の領域" に関する研究や、微分方程式を満足する "冪級数の算術的研究" に業績を挙げた。また、同僚の林鶴一と欧文誌「東北数学雑誌」を発刊した。林の没後はその収集による和算書の "後始末" のために和算研究に進み、関孝和の業績に対する支那数学の影響や、我が国に移入された支那算書の調査などに取り組んだ。20年戦災で福島市に移住し、翌年病没した。著書に「代数学」「常微分方程式論」「行列及び行列式」「日本数学史要」などがある。

藤原 義江　ふじわら・よしえ
テノール歌手
明治31年（1898年）8月21日～昭和51年（1976年）3月22日
[生]大阪府　[名]芸名＝戸山英二郎　父は英国人で、母は芸者。生まれて間もなく父と別れ、母のもとで育つが、様々な人に引き取られ、各地を転々とする少年時代を送る。また、明治学院中等部、京北実業、早稲田実業、中野聖書学院など学校も転々とした。大正6年新国劇の旗揚げ公演に参加、戸山英二郎の芸名を名のった。7年大阪公演中に初めてみたローシー歌劇団のオペラに魅せられ、新国劇を無断で脱退して上京、浅草オペラの世界に身を投じた。9年イタリアへ留学。10年英国ロンドンへ渡り、吉田茂らの後援を得て独唱会を開催。12年米国を経て、帰国。この直前、朝日新聞に "我等のテナー" と題した生い立ちが連載されており、そのおかげもあって帰朝リサイタルは大成功を収め、一躍注目を集めた。その後、欧米を遍歴。15年米国ビクターと専属契約を結び、「荒城の月」を日本人初の "赤盤" でリリースした。昭和5年「椿姫」でオペラ初舞台を踏み（ヴィオレッタは関屋敏子）、9年藤原歌劇団を創立して第1回公演として「ラ・ボエーム」を上演。以後、イタリア・オペラを中心に、日本のオペラ運動を推進。戦後は日本オペラの海外公演も行った。39年舞台を引退。また、作曲家・山田耕筰と組んで「からたちの花」「待ちぼうけ」など日本歌曲の普及にも貢献、特に「出船の港」は一世を風靡した。軍歌「討匪行」の作曲・歌唱でも知られる。人妻であった宮下あき子との "世紀の恋" は世間をにぎわせ、5年正式に結婚したが、28年離婚。"我等のテナー" の愛称で昭和を代表する歌手として活躍し、楽壇では "旦那" の通称で呼ばれた。　[勲]イタリア・カバリエーレ勲章〔昭和7年〕、レジオン・ド・ヌール勲章〔昭和17年〕　[賞]日本芸術院賞〔昭和23年〕

藤原 米造　ふじわら・よねぞう
衆議院議員
明治23年（1890年）3月～昭和5年（1930年）1月9日
[出]兵庫県　[学]神戸高等商業学校〔明治45年〕卒　[歴]昭和3年衆議院議員に当選、第一控室に所属して1期務めた。

藤原 亮子　ふじわら・りょうこ
歌手
大正6年（1917年）3月1日～昭和49年（1974年）1月27日
[生]山口県萩　[名]本名＝藤原亮、別名＝有原ユリ子　[学]東洋音楽学校本科〔昭和13年〕卒　[歴]原信子に師事。東洋音楽学校に在学中からアルト歌手としてオペラに出演。昭和13年卒業後、日本ビクターの専属歌手となる。「泣いて居る」でレコード界にデビュー。細かく美しい節回しを特徴として、戦前から戦後にかけて多くのヒット曲を出し、男性歌手とのデュエットでも知られた。「婦系図の歌」「勘太郎月夜唄」「誰か夢なき」「月よりの使者」などがある。日本歌手協会理事を務めた。

布施 勝治　ふせ・かつじ
ジャーナリスト
明治19年（1886年）10月16日～昭和28年（1953年）11月27日
[出]新潟県　[学]東京外国語学校露語部〔明治40年〕卒　[歴]大正5年東京日日新聞（現・毎日新聞）に入り、モスクワ、欧米特派員を務めた。ロシア革命の予言・取材などでロシア通の記者

として著名。9年レーニンと会見、第1回会見記は発売禁止、2回目は6月10日に掲載され、昭和45年万国博で展示された。15年取締役、21年公職追放、26年解除後は産業経済新聞社論説委員。著書「労農露国より帰りて」「ソヴェート東方策」「スターリン伝」がある。

布施 現之助　ふせ・げんのすけ

解剖学者　東北帝国大学医学部教授

明治13年（1880年）1月24日〜昭和21年（1946年）12月12日

⽣北海道小樽市　学東京帝国大学医科大学〔明治38年〕卒　医学博士〔大正3年〕　資帝国学士院会員〔昭和21年〕　歴明治40年ドイツ留学、44年帰国して新潟医学専門学校教授となり、大正2年ドイツ再留学。4年東北帝国大学医学部教授兼同大附属医学専門学校教授、14年医学部長。昭和3年欧州視察、16年依願退官。19年帝国学士院会員。脳の微細構造の研究に専心、著書「人脳の顕微鏡的解剖図譜〈1〉延髄」は国外でも著名、「東北大学解剖学研究室業績集」に46編の論文掲載。　賞帝国学士院恩賜賞（第11回）〔大正10年〕

布施 辰治　ふせ・たつじ

弁護士　社会運動家

明治13年（1880年）11月13日〜昭和28年（1953年）9月13日

⽣宮城県牡鹿郡蛇田村（石巻市）　学明治法律学校（現・明治大学）〔明治35年〕卒　歴判検事試験に合格、司法官試補となり宇都宮地裁に赴任したが、1年で辞任、明治36年弁護士となる。大正中期から数多くの労働・農民・水平・無産運動被告の弁護、救援活動、人権擁護運動に活躍。44年の東京市電争議、大正7年の米騒動、亀戸事件、朴烈大逆事件、再三弾圧にあった共産党事件など、官憲と対決する姿勢を貫く。捜査機関の被疑者に対する拷問による自白強要を激しく攻撃する論文を公表、このため2度も検挙され服役し、昭和7年には弁護士資格を奪われた。敗戦により資格復活、自由法曹団顧問、三鷹事件弁護団長などを務める。ほかにプラカード事件、松川事件、メーデー事件の弁護人も務めた。著書に「噫々刑事裁判の時弊 司法機関改善論」「法廷より社会へ 生きんが為に」「死刑囚十一話」などがある。

布施 長春　ふせ・ちょうしゅん

挿絵画家　漫画家

明治37年（1904年）〜昭和21年（1946年）

⽣東京都　歴新聞、雑誌に時代小説の挿絵を描く一方、別名で漫画を発表。また、新国劇の舞台装置を手がけるなど、多方面で活躍。画担当に「曽我兄弟」がある。

二上 兵治　ふたがみ・ひょうじ

貴族院議員（勅選）　枢密顧問官

明治11年（1878年）2月25日〜昭和20年（1945年）11月19日

⽣富山県　学東京帝国大学卒　歴逓信書記官を経て、枢密院書記官に転じ、同議長秘書官、大正5年同書記官長となり、枢密院の特権擁護のため画策、伊東巳代治の智嚢として活躍した。13年勅選貴族院議員。昭和9年書記官長を辞任、行政裁判所長官を経て、14年枢密顧問官となる。

二木 謙三　ふたき・けんぞう

細菌学者　東京帝国大学教授

明治6年（1873年）1月10日〜昭和41年（1966年）4月27日

⽣秋田県秋田市　学旧姓・旧名＝樋口　専伝染病学　学山口高〔明治30年〕卒、東京帝国大学医科大学〔明治34年〕卒　医学博士（東京帝国大学）〔明治42年〕　資日本学士院会員〔昭和26年〕　歴出羽秋田藩医・樋口順泰の二男で、同じく医師の家柄である二木家の養子となる。明治35年東京帝国大学医科大学副手、東京市立駒込病院医員となり、同病院勤務中の38年、志賀潔発見の赤痢菌と異なる3種の赤痢菌（駒込A・B1・B2菌

と名付けられる）を発見、赤痢病原多元説の基礎を確立した。38〜41年ドイツに留学。42年駒込病院副院長、同年東京帝大講師、大正3年伝染病研究所技師、同年東京帝大助教授兼任、8年駒込病院長、10年東京帝大教授兼任、12年日本医科大学教授兼任。15年日本伝染病学会初代会長。昭和2年東京帝大教授専任、8年退官。23〜37年豊島岡女子学園理事長。鼠咬症の病原スピロヘータの病原体の分離に成功し、4年共同研究「鼠咬症の研究」で帝国学士院東宮御成婚記念賞を受賞。日本脳炎の研究でも知られる。26年日本学士院会員に選ばれ、30年文化勲章を受章。29年日本伝染病学会に感染症に対する研究振興を目的とした二木賞が創設された。病弱な体質を克服するため、腹式呼吸、玄米食、一食主義などの二木式健康法を考案し、著書に「健康への道」がある。　家父＝樋口順泰（医師）、孫＝二木謙一（国学院大学名誉教授）、義弟＝遠山祐三（東京大学教授）　勲文化勲章〔昭和30年〕　賞帝国学士院東宮御成婚記念賞（第19回）〔昭和4年〕，文化功労者〔昭和30年〕

二木 成抱　ふたぎ・せいほう

漆芸家

明治17年（1884年）〜昭和29年（1954年）

⽣石川県金沢市　名本名＝二木一喜　専蒔絵（加賀蒔絵）　歴山本利成に師事して蒔絵を修業。昭和3年第9回帝展に初入選、以後、帝展と新文展に入選を重ねる。五十嵐道甫や清水九兵衛に私淑して作風を学んで、加賀蒔絵の伝統技法を受け継ぎながら近代的写実の構図に取り組んだ。代表作に「蒔絵秋草図飾棚」がある。

二木 保幾　ふたつぎ・やすき

理論経済学者　早稲田大学教授

明治25年（1892年）〜昭和9年（1934年）9月21日

⽣長野県南安曇郡明盛村（安曇野市）　学早稲田大学政経学部〔大正3年〕卒　歴大正3年朝日新聞社に入社、外務省などを担当。また、大隈内閣後援会遊説部を組織し、雄弁会会長に推される。8年母校・早稲田大学の留学生として欧米を遊学、帰国後は11年同校講師、12年教授となり、13年経済学部教務主任。第3代総長・高田早苗の娘と結婚するなど、"やがて早稲田を背負う人"と評されたが、42歳で病死した。　家岳父＝高田早苗（政治学者・政治家・教育家）

二葉 かほる　ふたば・かおる

女優

明治4年（1871年）10月7日〜昭和23年（1948年）1月22日

出東京市神田区五軒町花屋敷（東京都千代田区）　名本名＝鈴木ふく　歴24歳で大阪の舞台に立ち、大正5年新派の中野信近一座の連鎖劇出演。のち日活向島の活動写真に出た。52歳の12年松竹蒲田入社、島津保次郎「人肉の市」などに母親役で活躍。震災で下加茂、蒲田に戻り祖母役。14年準幹部となり、「恋妻」「征服者」等で母役を演じる一方「紅燈の影」「カラボタン」で老妓を演じた。昭和15年フリーとなり東宝の「馬」。17年大映京都入社「無法松の一生」で老婆を好演。戦後も老婆役で出演。

双葉山 定次　ふたばやま・さだじ

力士

明治45年（1912年）2月9日〜昭和43年（1968年）12月16日

⽣大分県宇佐郡天津村（宇佐市下庄）　名本名＝龝吉定次、年寄名＝時津風定次　歴昭和2年15歳の立浪部屋に入門。7年入幕、11年関脇、12年1月大関、次いで同年5月第35代横綱となる。20年33歳で引退するまでの成績は、12回の優勝のうち全勝優勝8回、276勝68敗。特に11年1月場所7日目から14年1月場所4日目に安芸ノ海に敗れるまでの69連勝という未曽有の快記録を樹立。精神と土俵を一体化した相撲道の奥義を究め、威風堂々たる土俵で国民的英雄となった。引退後は21年時津風

を襲名、時津風部屋を興し若手の育成にあたる一方、32年日本相撲協会理事長となり、協会の改革に尽くした。一時呉清源とともに璽光尊の新興宗教（璽宇教）を信じ、22年1月警察の手入れ（璽光尊事件）で話題となったこともある。

二見 甚郷　ふたみ・じんごう
衆議院議員 駐タイ公使
明治21年（1888年）10月16日〜昭和43年（1968年）11月17日
[出]宮崎県　[学]東京帝国大学法科大学政治学科〔大正4年〕卒　[歴]昭和3年衆議院議員に当選、政友会に所属して1期務めた。駐タイ公使、宮崎市長、宮崎県知事なども歴任。34年参議院議員に当選し、1期務めた。

二見 直三　ふたみ・なおぞう
滋賀県知事 盛岡市長
明治21年（1888年）10月〜昭和28年（1953年）12月30日
[生]岩手県　[学]東京帝国大学法科大学〔大正4年〕卒　[歴]宮城県内務部長、北海道庁土木部長を経て、昭和11年滋賀県知事、同年台湾総督府警務局長。18年盛岡市長。

二村 定一　ふたむら・ていいち
ジャズ歌手 俳優
明治33年（1900年）6月13日〜昭和23年（1948年）9月12日
[生]山口県下関市中之町　[名]本名＝林貞一　[学]大阪医科専門学校中退　[歴]幼い頃から謡曲の上手な少年として知られる。20歳の時に上京、大正9年根岸歌劇団に入団して浅草オペラで活躍。日本のジャズ歌手の草分けであり、昭和3年「私の青空」「アラビヤの唄」「君恋し」、6年「洒落男」が大ヒットし、全国区に。オペレッタ（ミュージカル）を志して、8年浅草で榎本健一とともにエノケン一座を結成、副座長格で参加。その後、独立して終戦時は満州などで公演。戦後、エノケン一座に復帰したが、公演途中で病死した。

二荒 芳徳　ふたら・よしのり
内務官僚 伯爵 貴族院議員（勅選）
明治19年（1886年）10月26日〜昭和42年（1967年）4月21日
[生]愛媛県　[名]旧姓・旧名＝伊達、前名＝九郎、筆名＝二荒空山　[学]東京帝国大学法科大学政治学科〔大正2年〕卒　[歴]明治42年伯爵。大正3年内務省に入り、静岡県理事官、宮内省事官、東宮御所御用掛などを経て、14年より勅選貴族院議員。戦後厚生省顧問、飯野海運監査役などを務めた。一方、戦前に11年少年団日本連盟初代理事長となり、昭和16年大日本少年団連盟に統合され副団長、戦後24年ボーイスカウト日本連盟として再建、顧問、30年同総コミッショナーも務めた。著書に「非教者の教育論」「わが魂をかへりみて」などがある。　[家]父＝伊達宗徳（伊予宇和島藩主・侯爵）、女婿＝井上光貞（日本史家）

淵上 白陽　ふちがみ・はくよう
写真家 満州国資政局弘報処技術科長
明治22年（1889年）〜昭和35年（1960年）2月8日
[生]熊本県　[名]本名＝淵上清喜　[歴]大正8年神戸市に白陽写真場を開業、9年には芸術写真研究を目的とする神戸赤窓会を組織した。11年白陽画集社を設立して月刊写真雑誌「白陽」を創刊、同年同誌の愛読者を中心に日本光画芸術協会を結成。関東大震災以後、美術家・岡本唐貴や画家・浅野孟府らとの交流から画面上で被写体を幾何学的に構成する手法に傾倒し、やがてこれら"構成派"の中心的人物として大正後期の写壇で一世を風靡した。昭和3年一家を挙げて満州・大連に移住、南満州鉄道（満鉄）総裁室弘報課嘱託となり、満鉄の宣伝・広報に携わった。7年には八木沼丈夫とともに関東軍嘱託として満州国の建国宣伝を担当し、同国建国後は資政局弘報処技術科長に就任。さらに8年同国のプロパガンダ雑誌「満州グラフ」が創

刊されると、その編集に従事した。一方、同地のアマチュア写真家指導にも力を入れ、7年満州写真作家協会を設立し、12年には協会機関誌「光る丘」を発行。16年満鉄を退社し、帰国。その後、華北交通の東京支社嘱託となり月刊「北支画刊」の監修を手がけた。

淵上 毛銭　ふちがみ・もうせん
詩人
大正4年（1915年）1月13日〜昭和25年（1950年）3月9日
[生]熊本県葦北郡水俣町（水俣市陣内）　[名]本名＝淵上喬　[学]青山学院中学部中退　[歴]14歳から東京で学生生活を送るが、昭和10年頃から結核性カリエスのため生家で闘病生活をする。14年「九州文学」同人となり、また「日本談義」などに詩作を発表。18年詩集「誕生」を刊行。戦後は「歴程」に参加、また水俣文化会議をおこした。他に「淵上毛銭詩集」がある。

淵田 忠良　ふちだ・ただよし
編集者 講談社常務
明治20年（1887年）9月27日〜昭和28年（1953年）12月15日
[生]長野県小県郡　[学]早稲田大学英文科　[歴]上田中学から早稲田大学英文科に学ぶ。大日本雄弁会（現・講談社）の雑誌「雄弁」創刊当時から編集事務を手伝い、明治45年正式に入社して社員第1号となる。看板雑誌である「講談倶楽部」「キング」編集長を歴任する一方、「面白倶楽部」「雄弁」「婦人倶楽部」の編集長を兼務したこともあり、同社の事実上の総編集長であった。編集した雑誌の合計は527冊にのぼるといわれる。

淵田 美津雄　ふちだ・みつお
海軍大佐
明治35年（1902年）12月3日〜昭和51年（1976年）5月30日
[生]奈良県　[学]海兵（第52期）〔大正13年〕卒、海大卒　[歴]昭和13年日華事変に参加、海軍少佐となる。15年第三航空戦隊参謀、16年赤城飛行隊長、同年ハワイ攻撃飛行機隊総指揮官を務め、海軍中佐。17年ラバウル方面作戦、ポートダーウィン作戦、インド洋方面作戦、ミッドウェー作戦に参加するが、負傷し入院。18年第一航空艦隊参謀となり、「あ号作戦」に参加。19年連合艦隊参謀・南方総軍参謀となり、海軍大佐に進む。戦後復員省史実調査部員となり、23年占領軍総司令部歴史課に嘱託として勤務。その後キリスト教に入信し、欧米諸国を遍歴して福音伝道に従事、42年郷里に帰り、農耕に従事した。

筆谷 等観　ふでや・とうかん
日本画家
明治8年（1875年）2月〜昭和25年（1950年）11月10日
[生]北海道小樽　[名]本名＝筆谷儀三郎、別号＝白夢楼、太虚堂　[学]東京美術学校日本画選科〔明治33年〕卒　[歴]大久保に住んだ美術卒業生の若手グループ大久保一党の一人として活動。大正3年日本美術院再興に際しこれに参加、第1回展に入選して院友となり、以後同展に出品を続け、5年同人となる。昭和18年まで院展に出品し、戦後は日展にも出品、委員を務めた。風景画と共に仏教や道教に画題を求めた作品も多く描いた。作品に「苦行より成道へ」「龍灯」「五丈原」など。

舟岡 省五　ふなおか・せいご
解剖学者 京都帝国大学医学部教授
明治23年（1890年）6月12日〜昭和49年（1974年）12月12日
[生]奈良県　[名]旧姓・旧名＝細田　[専]応用解剖学、組織学　[学]京都帝国大学医科大学〔大正3年〕卒 医学博士〔大正10年〕　[歴]大正12年京都帝国大学教授となり、昭和17〜19年医学部長。第二次大戦の直前「東亜星座における日本」（独文）を出版、欧米の植民政策を批判し、敗戦とともに辞職。25年岐阜県立医科大学教授、のち名誉教授。他に生活科学研究所所長、理事長、日本組織学会会長なども務めた。応用解剖学の権威で、結核

治療薬「ヤトコニン」を創薬した。著書に「組織学総論」、共著に「フィンランド建国史話」など。　家岳父＝舟岡英之助（生理学者）

船越 義珍　ふなこし・ぎちん
空手家
尚泰21年（1868年）11月10日〜昭和32年（1957年）4月26日
生琉球国首里（沖縄県那覇市）　名号＝松濤　歴少年時代から、武術の達人・安里安恒、糸洲安恒に師事し、唐手（空手）を習う。一方、小卒後は独学、19歳の時に小学校準訓導検定試験に合格し、以後離沖まで30余年教員生活を送る。その間も空手修行をつづけ、沖縄尚武会会長に就任。大正11年東京お茶の水で開かれた古武・体育道展覧会に招待され、沖縄の秘技 "空手" を公開演試した。そのまま東京に止まり、初め明正塾を小石川に設け、昭和9年本郷に松濤館を、さらに10年目白雑司ケ谷に道場を開いた。14年自派を松濤流と名づける。また慶大、早大、拓大、日本医大など空手部を新設、師範を務めた。戦後、22年日本空手協会が設立されると同時に最高師範となった。著書「琉球拳法唐手」「空手道教範」「空手道一路」などがある。

船越 春珉　ふなこし・しゅんみん
鋳金家
生年不詳〜昭和15年（1940年）12月16日
出東京都　歴東京で彫金業を営みながら鋳金作家としても活動。日本美術協会、東京彫工会、日本金工協会会員となり、出品。また帝展にも出品、昭和11年には無鑑査となる。代表作に「彫金花瓶 群蝶」。

船越 光之丞　ふなこし・みつのじょう
外交官 男爵 貴族院議員
慶応3年（1867年）2月21日〜昭和17年（1942年）8月14日
生安芸国安佐郡（広島県）　学二松学舎、独逸協会学校　歴父は男爵の船越衛で、山県有朋の娘と結婚した。二松学舎、独逸協会学校に学び、明治19〜26年ドイツに留学。27年外務省に入省。45年在ドイツ大使館参事官、大正3年1月男爵を襲爵、8月ベルリンを退去。5年3月駐メキシコ特命全権公使に任じられるが未赴任のまま退官。同年から昭和7年まで貴族院議員を務めた。著書に「日独国交断絶秘史」がある。　家父＝船越衛（貴族院議員・男爵）、岳父＝山県有朋（陸軍大将・元帥・首相）

船田 一雄　ふなだ・かずお
実業家 三菱本社理事長
明治10年（1877年）12月7日〜昭和25年（1950年）4月18日
生愛媛県上浮穴郡久万町東明神　学東京帝国大学独法科〔明治39年〕卒　歴愛媛県久万町の庄屋の子として生まれる。父が伊予土佐横断道路開削の請負人となり家産を傾けたため、苦学をして松山中学、五高、東京帝国大学へと進む。卒業後、司法試験に合格して検事となるが、明治43年三菱合資会社に入社。のち三菱鉱業に移り、大正13年常務。昭和6年三菱合資理事となり、11年三菱商事会長、18年三菱本社理事長に就任。戦後は三菱財閥の解体を推進した。また日本郵船、三菱銀行、三菱重工、三菱倉庫、三菱商事、三菱電気、日本アルミ各取締役、南洋拓殖参与理事、日本木材、帝国石油各顧問、中支那振興監事なども務めた。　家女婿＝渡辺文夫（東京海上火災保険社長）

船田 亨二　ふなだ・きょうじ
ローマ法学者 京城帝国大学教授
明治31年（1898年）1月13日〜昭和45年（1970年）3月14日
生栃木県宇都宮市　学東京帝国大学法学部英法科〔大正10年〕卒 法学博士〔昭和18年〕　歴大正15年京城帝国大学助教授、

昭和3年教授となり、ローマ法を担当。戦後21年公職追放中の兄・船田中の地盤栃木1区から衆議院選挙に立候補、当選3回、改進党所属。23年芦田内閣の行政調査部総裁（行政管理庁長官に改変）兼賠償庁長官。兄の追放解除で学界に復帰、東京大学講師、作新学院長を務めた。著書に「ローマ法入門」「羅馬法」（全5巻）「法思想史」「法律思想史」などがある。"船田三兄弟" の二番目。　家長男＝船田周（農業工学者）、父＝船田兵吾（作新学院創立者）、兄＝船田中（衆議院議長）、妹＝船田小常（作新館高等女学校創立者）、弟＝藤枝泉介（衆議院副議長）、妻＝船田文子（主婦連副会長）、義兄＝竹山道雄（評論家）、甥＝船田譲（栃木県知事）　賞日本学士院賞恩賜賞〔昭和45年〕「羅馬法」

舟田 三郎　ふなだ・さぶろう
登山家
明治32年（1899年）〜昭和54年（1979年）
生大分県大分市長堀町　歴東京都　学早稲田大学理工学部卒　歴岩登りと積雪期登山のパイオニア。早稲田大学山岳部の創設当時からのリーダー的存在。大正8年槍ケ岳から穂高縦走、双六谷より薬師、剣岳単独行、11年7月槍ケ岳北鎌尾根。13年1月厳冬期槍ケ岳初登頂、同年4月西穂高積雪期初登。15年1月蓮華岳、スバリ岳スキー登山、昭和5年前穂高登山。また、10〜14年スイスに留学、ヨーロッパ・アルプスに足跡を残す。ガイドレス登山を提唱し、学生登山会にネオ・モダン・アルピニズムを導入。著書に「スキー登山」「岩登り」などがある。

船田 三郎　ふなだ・さぶろう
哲学者 慶応義塾大学名誉教授
明治14年（1881年）2月26日〜昭和25年（1950年）5月26日
生福島県　専歴史哲学，ドイツ哲学　学東京帝国大学文科大学哲学科〔明治39年〕卒　歴明治40年慶応義塾大学予科部教員、のち文学部教授。大正11〜13年ドイツに留学し歴史哲学を研究。昭和19年退職し、名誉教授。

船田 中　ふなだ・なか
衆議院議員 大政翼賛会政策局内政部長
明治28年（1895年）4月24日〜昭和54年（1979年）4月12日
生栃木県宇都宮市　学東京帝国大学法科大学英法科〔大正7年〕卒　歴大正7年内務省入省。昭和3年東京市助役、4年市長代理を経て、5年衆議院議員に初当選、以来当選15回。戦前は政友会に属し、12年第一次近衛内閣の法制局長官。15年大政翼賛会政策局内政部長。戦後、公職追放を受け、解除後の26年政界に復帰。衆議院議長を2回務めた。　家父＝船田兵吾（作新学院創立者）、長男＝船田譲（栃木県知事）、孫＝船田元（衆議院議員）、弟＝船田享二（ローマ法学者・政治家）、妹＝船田小常（教育家）、藤枝泉介（衆議院副議長）、岳父＝元田肇（政治家）、甥＝船田周（農業工学者）

船津 辰一郎　ふなつ・たついちろう
外交官 南京政府経済顧問
明治6年（1873年）8月9日〜昭和22年（1947年）4月4日
生佐賀県杵島郡須古村（白石町）　学佐賀松陰学舎卒　歴明治22年に大鳥圭介公使の書生として北京や朝鮮漢城に赴く。その傍らで中国語や朝鮮語を修め、27年外務省留学生試験に合格。29年芝罘領事館書記生となり、以後は中国語の才能を買われて主に対中国外交を担当、温厚な人柄のため中国人の知己が多かった。大正15年在ドイツ大使館参事官を最後に退官し、在華日本紡績同業会総務理事に転じた。日中戦争が勃発すると対中和平工作に尽力。その後、上海特別市政府顧問・南京政府経済顧問などを歴任し、終戦後は中国居留の日本人の安全確保と帰国に力を尽くした。

船橋 栄吉　ふなばし・えいきち

バリトン歌手 作曲家

明治22年(1889年)12月15日〜昭和7年(1932年)12月22日

🟤兵庫県　🎓東京音楽学校本科声楽部〔明治43年〕卒、東京音楽学校音楽研究科〔明治45年〕修了・ピアノ研究科〔大正3年〕修了　🏛音楽を志して上京、東京帝国大学事務局で給仕として働く傍ら、外山国彦に師事。明治39年東京音楽学校予科に入学、当初はピアノを学んだが、その歌声を聴いた三浦環に声楽部を勧められ、本科に進んからでは声楽を専攻した。本科卒業後は声楽専攻研究科、ピアノ専攻研究科を修了し、母校で教鞭を執った。大正5年「皇后行啓演奏会」では貞明皇后の前で独唱を披露。6年助教授に昇進。13年同校定期演奏会においてベートーヴェン「交響曲第9番」が本邦初演された際には独唱者を務めた。14年文部省在外研究員としてベルリン音楽院に留学。昭和2年帰国後は教授に就任し、声楽科の主任教授を務めた。以降は演奏活動を減らして後進の指導に力を注ぐとともに、文部省検定委員や同視学官、音楽教科書編集委員などを務め、今日も歌い継がれている「牧場の朝」をはじめとする文部省唱歌の作曲にも当たったが、7年43歳で没した。他の作曲作品に「時の流れ」「大東京市歌」「皇軍の歌」などがある。　👪長女=船橋豊子(ピアニスト)

舟橋 聖一　ふなはし・せいいち

小説家 劇作家

明治37年(1904年)12月25日〜昭和51年(1976年)1月13日

🟤東京市本所区横網町(東京都墨田区)　🎓東京帝国大学文学部国文科〔昭和3年〕卒　📖日本芸術院会員〔昭和42年〕　🏛東京帝国大学国文科時代「朱門」同人となり、大正14年村山知義、河原崎長十郎らと劇団心座を結成、戯曲集「愛欲の一匙」を発表する。15年戯曲「白い腕」を「新潮」に掲載して文壇にデビュー。その後明大教授を務めながら小説を書き始め、昭和8年阿部知二らと雑誌「行動」を創刊、行動主義を唱えて「ダイヴィング」を発表、注目を集める。13年「木石」で認められ、以後「悉皆屋康吉」「雪夫人絵図」「芸者小夏」「花の生涯」「絵島生島」「ある女の遠景」などの代表作を書いた。「新・忠臣蔵」は平成11年NHK大河ドラマ「元禄繚乱」の原作。他に伝記「岩野泡鳴伝」、自伝小説「真贋の記」、「舟橋聖一選集」(全13巻、新潮社)がある。昭和42年日本芸術院会員。相撲愛好家で長く横綱審議委員会委員長を務めた。　👪弟=舟橋和郎(脚本家)　🏅文化功労者〔昭和50年〕

降旗 正男　ふりはた・まさお

ガラス工芸家

生年不詳〜昭和23年(1948年)

🎓東京高等工芸学校　🏛東京高等工芸学校で立体図案を学び、大倉陶園、各務クリスタル製作所図案部に勤務した。第3回文展、紀元二千六百年奉祝美術展に入選。昭和18年にはガラス工芸関係の芸術保存資格者に認定された。優れた意匠感覚に高い評価を得たが、22年はっとり和光での新作展が最後となり、翌年病気のため夭折した。

古井 喜実　ふるい・よしみ

内務次官 愛知県知事

明治36年(1903年)1月4日〜平成7年(1995年)2月3日

🟤鳥取県八頭郡郡家町(八頭町)　🎓東京帝国大学法学部〔大正14年〕卒　🏛内務省に入り、昭和17年地方局長、18年茨城県知事、19年警保局長、20年6月愛知県知事を経て、終戦時は内務次官。その後弁護士となり、27年より衆議院議員に11回当選。池田内閣の厚相、大平内閣の法相などを歴任し、日中国交正常化にも尽力した。　👪岳父=阪本釤之助(漢詩人・貴族院議員)

古市 春彦　ふるいち・はるひこ

社会運動家 満州国協和会総務部長

明治24年(1891年)3月15日〜昭和18年(1943年)1月9日

🟤鹿児島県熊毛郡南種子村(南種子町)　🎓五高卒、京都帝国大学法科大学〔大正8年〕卒　🏛農業に従事していたが、20歳で志をたてて上京し錦城中学に入る。在学中友愛会の賛助会員となる。五高を経て、京都帝国大学に入るが友愛会運動を続ける。卒業後の大正10年に上京、出版社・隆文館に勤めるが、13年福岡の西南学院商科長となる。15年退職。のち全国大衆党、全国労農大衆党で中央委員・福岡県連合会委員長を務め、昭和7年社会大衆党の結党に参加したが、のち満州国協和会で働き総務部長などを歴任した。

古河 従純　ふるかわ・じゅうじゅん

古河林業社長 古河鉱業社長

明治37年(1904年)〜昭和42年(1967年)8月24日

🟤東京都　🎓ハーバード大学卒　🏛古河鉱業社長、旭電化社長、帝国生命社長などを歴任。　👪父=古河市兵衛(古河財閥創設者)、兄=古河虎之助(古河財閥3代目当主)、長男=古河潤之助(古河電気工業社長)、二男=古河久純(古河林業社長)、四男=古河建純(富士通取締役)

古川 竹二　ふるかわ・たけじ

教育学者 東京女子高等師範学校教授

明治24年(1891年)〜昭和15年(1940年)2月10日

🟤長崎県　📖血液型と気質　🎓東京帝国大学文科大学哲学科〔大正5年〕卒　🏛大学院に籍を置き、教育史、教育思想を研究。大正7年東京女子高等師範学校訓導、10年教諭兼教授、昭和11年専任教授となる。大正の終りごろより血液型と気質の研究に取り組み、"血液型が気質の最大の基盤である"という学説を唱えた。主著に「血液型と気質」「血液型と民族性」などがある。

古河 虎之助　ふるかわ・とらのすけ

実業家 男爵 古河財閥3代目当主

明治20年(1887年)1月1日〜昭和15年(1940年)3月30日

🟤東京都　🎓慶応義塾普通部〔明治36年〕卒、コロンビア大学　🏛明治38年義兄古河潤吉(2代目当主)の養子となり、同年潤吉の死で3代目当主となった。40年留学先より帰国し、大正2年古河合名代表社員、6年東京古河銀行、古河商事、旭電化工業を設立、社長となり、古河コンツェルンを確立、7年分離後の古河鉱業社長も兼任。昭和3年義弟吉村万治郎に総帥を譲り、6年古河銀行を第一銀行に譲渡、古河鉱業社長に復帰、12年古河合名会社を設立した。14年日本軽金属を創業。政友会系に所属。一方、孤児育英のための明徳会を創設するなど社会事業にも尽力して褒章多数。大正4年男爵。　👪父=古河市兵衛(銅山王・古河財閥創設者)、養父=古河潤吉(古河財閥2代目当主)、弟=古河従純(古河鉱業社長)、岳父=西郷従道(政治家・軍人)、義弟=吉村万治郎(古河鉱業社長)

古川 緑波　ふるかわ・ろっぱ

喜劇俳優

明治36年(1903年)8月13日〜昭和36年(1961年)1月16日

🟤東京市麹町区麹町五番町(東京都千代田区)　📛本名=古川郁郎、別名=古川ロッパ　🎓早稲田大学英文科中退　🏛貴族院議員を務めた加藤照麿男爵の六男で、祖父は東京大学初代綜理(総長)を務めた政治学者の加藤弘之。のち南満州鉄道(満鉄)役員の古川武太郎の養子となる。少年時代から文筆に親しみ、小学校時代には緑波の号を考案。また映画に熱を上げ、16歳の頃から「キネマ旬報」に投稿をはじめ、早稲田大学英文科在学中には文芸春秋社が発行した雑誌「映画時代」の編集に携わった。傍ら素人芸人としても活躍し、大正15年活動弁士の徳川夢声らを中心としたナヤマシ会に参加、従来よりの

声色に "声帯摸写" の名を与えた。「映画時代」休刊後は菊池寛や小林一三の勧めで喜劇俳優としての活動を本格化させ、昭和8年夢声らとともに笑の王国を結成。作者として「見世物王国」「王国博覧会」を手がける一方、丸顔にロイド眼鏡という鷹揚な風貌と知的で品のあるインテリ芸人として人気を集めた。10年東宝に引き抜かれて古川緑波一座を作り、舞台「ガラマサどん」「歌ふ弥次喜多・東海道小唄道中」が大当たりとなり、さらにこれらがPCL（写真化学研究所、現・東宝）で映画化されてこちらもヒット。以来、喜劇人として "エノケン" こと榎本健一と並び称される存在となり、戦前・戦中の芸能界において絶大な人気を誇った。また日記魔としても知られ、没後の62年に刊行された「古川ロッパ昭和日記」（全4巻、晶文社）は当時の風俗、世相、食糧事情、芸能界の様子などがこと細かに記載され、文化史の一級資料として名高い。　家父＝加藤照麿（貴族院議員）、兄＝浜尾四郎（小説家）、京極高鋭（音楽評論家）、長男＝古川清（演劇プロデューサー）、祖父＝加藤弘之（東京大学初代綜理）

古沢 磯次郎　ふるさわ・いそじろう
東京新聞編集局長　大日本興亜会弘報部長
明治36年（1903年）2月13日～平成2年（1990年）5月7日
生北海道旭川市　専労働経済　学早稲田大学専門部政経学科〔大正14年〕卒　歴大正14年国民新聞社に入社。昭和3年都新聞に移る。11年論説委員、13年政治部長、16年編集局長。17年都新聞と国民新聞が合併して東京新聞が誕生すると同編集局長。18年内閣情報局嘱託となり日本新聞会編集部長、20年大日本興亜会弘報部長に出向。20年矢部貞治らと協同組合運動と協同主義政党結成を進め、21年早稲田大学政経学部で協同組合講座を担当。23年から10年間、日本経済新聞論説委員。33～41年日本労働協会監事、同理事。42年より近代化政策研究会を主宰した。　家長男＝古沢篤輔（安田生命保険常務）

古沢 元　ふるさわ・げん
小説家
明治40年（1907年）12月11日～昭和21年（1946年）5月3日
生岩手県和賀郡沢内村　名本名＝古沢玉次郎、別筆名＝秦巳三雄〔二高〔昭和3年〕中退　歴昭和5年上野壮夫とともに「戦旗」編集に携わり、「高知の漁民騒動」を秦巳三雄のペンネームで発表。その後、古沢元のペンネームで「日暦」「人民文庫」同人、「人民文庫」廃刊後、「槐」「麦」「正統」同人。「麦」の「紀文抄」が直木賞候補となる。代表作は「びじゃもんだて夜話」。日本青年文学者会常任委員となるが、終戦の年に応召、シベリアに抑留されて翌年病死した。　家長男＝古沢襄（共同通信社常務理事）

古島 義英　ふるしま・よしひで
弁護士　衆議院議員
明治18年（1885年）6月～昭和37年（1962年）8月31日
生埼玉県　学日本大学法律科〔明治39年〕卒　歴司法官試補を経て、弁護士に。昭和5年衆議院議員に初当選。以来通算7回当選。

古荘 幹郎　ふるしょう・もとお
陸軍大将
明治15年（1882年）9月14日～昭和15年（1940年）7月21日
生熊本県　学士官（第14期）〔明治35年〕卒、陸大〔明治42年〕卒　歴明治35年近衛歩兵第4連隊付少尉となり、日露戦争に従軍、負傷。42年陸大卒業後参謀本部員、44年欧州駐在。大正12年参謀本部編制動員課長、次いで陸軍省軍事課長、人事課長。昭和7年参謀本部第1部長、11年陸軍次官となり、中国南京政府の孤立化をはかり北部諸省の自治工作を指揮。航空本部長を経て、13年第21軍司令官となり、広東攻略作戦を指揮。

14年大将、軍事参議官。

古田 俊之助　ふるた・しゅんのすけ
実業家　住友本社代表・総理事
明治19年（1886年）10月15日～昭和28年（1953年）3月23日
生東京都　名旧姓・旧名＝井上　学東京帝国大学工科大学採鉱冶金科〔明治43年〕卒　歴古田敬徳の養子となり、明治43年住友合名入社。住友金属工業専務を経て、昭和13年住友本社専理事。16年代表兼総理事となり、19年小磯国昭内閣顧問。また住友鉱業、住友金属工業など同系列会社会長、大阪商船、大日本航空などの取締役を歴任した。25年関西経済連合会顧問、26年大阪商工会議所顧問も務めた。

古田 つね子　ふるた・つねこ
水泳選手
生年不詳～平成26年（2014年）5月23日
生静岡県磐田郡竜洋町（磐田市）　名本名＝鈴木つね子　学中泉高等女学校（現・磐田西高校）水泳部在籍時の昭和11年、女子競泳選手として静岡県から初めてベルリン五輪に出場したが、100メートル自由形・女子4×100メートル自由形リレーとも予選落ちした。五輪後の日本選手権では100メートル自由形で日本記録を出すなど、女子短距離界の第一人者として活躍した。

古田 康治　ふるた・やすはる
陸上選手
生年不詳～平成20年（2008年）6月8日
生福岡県直方市　学関西大学卒　歴鞍手中学時代から三段跳び選手として活躍。八幡製鉄（現・新日鉄住金）に入社後、ベルリン五輪110メートル障害に出場。その後、八幡製鉄監督、全日本実業団ヘッドコーチ、東京五輪の強化コーチを経て、昭和40年代の半ばからは九州陸上競技協会の競技部長、総務部長を歴任し、61年理事長に就任。48～63年日本陸連理事や、福岡陸協理事長も兼任した。

古野 伊之助　ふるの・いのすけ
新聞人　同盟通信社社長　貴族院議員（勅選）
明治24年（1891年）11月13日～昭和41年（1966年）4月24日
生三重県三重郡　学早稲田大学専門部政治学科〔大正2年〕中退　歴15歳で上京、米AP通信社東京支局で給仕などをして、早大専門部に学んだあと国際通信社に入社、北京、ロンドン各支局長を歴任。大正15年からは国際通信社を改組した連合通信社で専務理事・岩永裕吉を助ける。昭和10年に同盟通信社が設立されると、社長に就任する岩永とともに同社に移った。14年に岩永が死亡したあと2代目社長に就任。太平洋戦争中は大政翼賛会総務、20年勅選貴族院議員などの要職に就きながら、国策通信社の社長として腕を振るった。戦後はA級戦犯容疑で収監されたが、間もなく無罪となり、追放解除後は日本電信電話公社経営委員長のほか時事通信社、電通、東京タイムズなどの重役を務める。

古野 繁実　ふるの・しげみ
海軍少佐　真珠湾攻撃の "九軍神"
生年不詳～昭和16年（1941年）12月8日
生福岡県遠賀郡遠賀村字虫生津（遠賀町）　学海兵（第67期）〔昭和14年〕卒　歴真珠湾奇襲攻撃計画のため特別に編成された第六艦隊（潜水艦部隊）特別攻撃隊に参加、昭和16年12月8日未明の真珠湾攻撃の際、横山薫範一等兵曹と二人乗りの特殊潜航艇「甲標的」に乗り込み、戦死。同時に戦死した7人と "九軍神" とされ、戦意高揚のため喧伝された。

古野 周蔵　ふるの・しゅうぞう
社会運動家

ふるはた　　　　　　　　　　昭和人物事典 戦前期

明治25年（1892年）9月8日〜昭和39年（1964年）8月19日
［生］福岡県企救郡尾倉町（北九州市）　［学］東京帝国大学英法科
〔大正8年〕卒　［歴］大阪で弁護士を開業し、大正9年大阪労働学
院を河上丈太郎らと設立。総同盟大阪連合会法律顧問となり、
11年から日農にも関係する。12年火曜会を設立し、13年政治
経済学会と改称発展させる。社会民衆党、全国大衆党中央執
行委員をも務め、昭和4年大阪市議となり、戦後も大阪自由人
権協会理事長などを歴任した。　［家］妻＝古野しく（大阪市議）

古畑 種基　ふるはた・たねもと
法医学者 血清学者 東京帝国大学教授
明治24年（1891年）6月15日〜昭和50年（1975年）5月6日
［生］三重県南牟婁郡相野谷村（紀宝町）　［別名］＝古畑熊南　［学］
和歌山中〔明治42年〕卒、三高三部〔明治45年〕卒、東京帝国
大学医科大学〔大正5年〕卒 医学博士（東京帝国大学）〔大正12
年〕　［賞］日本学士院会員〔昭和22年〕、米国法医学会名誉会員
〔昭和47年〕　［歴］三重県相野谷村長の二男。大正6年東京帝国
大学法医学教室に入室、同年助手。10年法医学研究のため渡
欧、13年金沢医科大学教授。昭和11年師である三田定則の退
官に伴い東京帝国大学教授に就任。27年東京医科歯科大学医
学部教授、28年同医学部長。法医学・血清学の権威で、ABO
式以外のST式、Rh式、Q式、E式、ルイス式など各種の血液型
の分類法を確立し、血液型物質の系統発生学的研究分野を開
拓した。18年帝国学士院恩賜賞、31年文化勲章を受ける。ま
た、35〜47年警察庁科学警察研究所長を務め、警察科学の発
展強化に尽力。約800件にのぼる刑事・民事の事件鑑定に携わ
り、帝銀事件の毒物鑑定や下山事件の他殺説の主張などで知
られる他、25年には中尊寺の藤原4代のミイラから血液型と指
紋を検出、謎解明に貢献した。20年日本遺伝学会会長、27年
日本犯罪学会初代会長、31年日本人類遺伝学会初代会長。著
書に「簡明法医学」「犯罪と法医学」「血液型学」「法医学ノー
ト」などがある。　［家］四男＝古畑和孝（東京大学名誉教授）、
父＝古畑虎之助（三重県相野谷村長）、岳父＝大槻弌（大阪薬学
専門学校校長）　［勲］文化勲章〔昭和31年〕　［賞］帝国学士院恩
賜賞（第33回）〔昭和18年〕、文化功労者〔昭和31年〕

降旗 元太郎　ふるはた・もとたろう
衆議院議員 信濃日報社長
元治1年（1864年）5月〜昭和6年（1931年）9月15日
［生］信濃国東筑摩郡本郷村（長野県松本市）　［学］東京専門学校
（現・早稲田大学）卒　［歴］明治19年本郷蚕種業組合を創立し、
組合長。当時農商務省は繊維の細い秋蚕が米国で不評として、
廃止の方針を出したが、抗争2年後、同省の非を認めさせた。
以来東筑農事政良会長、信濃蚕業伝習所長、帝国蚕糸取締役な
どを歴任。一方扶桑新報、内外新報など新聞を発行、信濃日
報社長となる。その間長崎県会議員、同参事会員を経て、29
年普選期成同盟会を組織、31年以来長野県から衆議院議員当
選11回。山下倶楽部専任幹事を経て、憲政会結成に尽くし幹
事。のち陸海、鉄道各政務次官、民政党顧問を歴任した。

古海 忠之　ふるみ・ただゆき
満州国国務院総務庁次長・企画局長
明治33年（1900年）5月5日〜昭和58年（1983年）8月23日
［生］京都府　［学］東京帝国大学法学部政治学科〔大正13年〕卒　［歴］
大正13年大蔵省入省。銀行局特別銀行課、宇都宮税務署長、昭
和4年東京幸橋税務署長、7年大蔵事務官営繕管財局に勤務。同
年7月満州国に派遣され、国務院総務庁主計処総務科長兼特別
会計科長となる。10年主計処長、12年満州国協和会指導部長
を兼任。15年国務院経済部次長、16年総務庁次長。満州国の
事実上の〝副総理〟と呼ばれた。20年ソ連軍により逮捕され、
シベリアに抑留。25年からは中国の撫順監獄に収容され、31
年禁固18年の判決を受ける。38年釈放され帰国。帰国後は岸
信介らに請われて東京卸売センター（TOC）設立に尽力、43年

社長、53年会長。著書に「忘れ得ぬ満州国」、共著に「獄中の
人間学」がある。

古谷 一晁　ふるや・いっちょう
日本画家
明治23年（1890年）8月18日〜昭和41年（1966年）
［生］京都府　［名］本名＝古谷藤三　［学］京都市立美術工芸学校絵画
科〔明治42年〕卒、京都市立絵画専門学校〔明治45年〕卒　［歴］
在学中の明治42年、第3回文展に「花屋の庭」で初入選。以後、
文展に入選を重ねる。大正9年第2回帝展に「小雨降る港」で
入選。以後、帝展に入選を重ねる。15年第1回聖徳太子奉讃美
術展に「芽出し頃」で入選。昭和5年第2回展に「麓の路」を無
鑑査出品。7年帝展推薦。11年秋の文展招待展に「市立つ前」
を招待出品。13年から新文展にも無鑑査出品。17年第5回新文
展の「高原雨後」が最後の官展出品となった。他の作品に「ひ
なが」など。

古屋 健一　ふるや・けんいち
アイスホッケー選手
生年不詳〜昭和63年（1988年）9月1日
［出］東京都　［歴］昭和11年ドイツのガルミッシュ・パルテンキルヘ
ン五輪大会に初めて参加したアイスホッケーチーム代表選手。

古屋 正寿　ふるや・せいじゅ
日本画家
明治18年（1885年）〜昭和18年（1943年）4月30日
［生］山梨県東山梨郡　［学］東京高等師範学校（現・筑波大学）〔明
治44年〕卒　［歴］東京高等師範で教鞭を執る傍ら、大正3年の再
興第1回院展に入選。13年には帝展に入選、以後入選を重ね、
昭和4年「暮秋」で特選となる。12年からは、新文展に無鑑査
出品を重ねた。

古屋 慶隆　ふるや・よしたか
衆議院議員
明治12年（1879年）12月〜昭和20年（1945年）3月10日
［出］岐阜県　［学］明治大学法律科卒　［歴］町議、所得税調査委員を
経て、大正4年衆議院議員に当選。以来当選9回。加藤高明内
閣、第一次若槻内閣の鉄道参与官を務め、昭和6年1月民政党
総務、同年4月第二次若槻内閣内務政務次官となる。その後国
民同盟に移り総務を務める。　［家］息子＝古屋亨（衆議院議員）、
古屋茂（数学者）

降矢 芳郎　ふるや・よしろう
電気工学者 九州帝国大学工学部教授
明治3年（1870年）4月2日〜昭和12年（1937年）10月11日
［生］信濃国小県郡泉田村（長野県上田市）　［名］旧姓・旧名＝増田
　［学］一高〔明治27年〕卒、東京帝国大学工科大学電気工学科〔明
治31年〕卒 工学博士（東京帝国大学）〔明治40年〕　［歴］増田家
の二男で、降矢家の養嗣子となる。明治36年から3年間、文部
省留学生として欧米に派遣される。留学中、スイスのチュー
リヒ大学ウェーバー教授主宰の電気研究所で約1年間蓄電池に
関する研究を行った。39年帰国し約1年間京都帝国大学理工科
の臨時講師を務め、40年新設の仙台高等工業学校教授となり、
電気工学科長として創立事務を兼務する。44年新設の九州帝
国大学教授に転じ電気工学主任として創立事務を兼務。一方、
大正12年同志と共に福岡市に九州電気工学校設立を計画し、推
されて理事長兼代表者として創立の任に当たったが、14年九
州帝大工学部長に就任と同時にこれを辞す。この間、8〜9年
官命により電気工業視察のため北米・中米を巡遊、12年秋に
南満州・華北の電気事業を視察した。

豊 時義　ぶんの・ときよし
雅楽師 宮内省楽部楽長

明治6年（1873年）11月14日〜昭和26年（1951年）4月24日
🔲京都 🔲竜笛 🔲帝国芸術院会員〔昭和12年〕 🔲明治17
年宮内省式部職雅楽部雅楽生、31年雅楽手兼楽手、40年楽師、
昭和7年楽部楽長。11年退官、引き続き楽部嘱託。12年帝国芸
術院会員（雅楽）。左舞、笛、琵琶、コントラバスを担当した
が、家業の笛に優れていた。 🔲父＝豊時鄰（宮内省雅楽師）

【へ】

兵隊ばあさん　へいたいばあさん
⇒井上 其子（いのうえ・そのこ）を見よ

鼈甲斎 虎丸（2代目）　べっこうさい・とらまる
浪曲師
明治5年（1871年）8月20日〜昭和20年（1945年）10月15日
🔲三重県四日市市 🔲本名＝森寅之助、前名＝鼈甲斎吉之助、
別名＝鼈甲斎鶴堂 🔲初代鼈甲斎虎丸に入門、吉之助を名の
る。明治28年2代目虎丸を襲名。3代目を譲った後は、初代鶴
堂を名のった。「村井長庵」「安中草三郎」を得意とした。

鼈甲斎 虎丸（3代目）　べっこうさい・とらまる
浪曲師
明治18年（1885年）6月4日〜昭和13年（1938年）5月5日
🔲東京都品川区 🔲本名＝荒井正三郎、前名＝鼈甲斎吉右衛門
🔲子供のころから長唄、旧劇・新派の女形をしたあと浪曲師
を志し、20歳のとき、2代鼈甲斎虎丸に入門。吉右衛門という
芸名で節まねを得意としていたが、25歳で3代虎丸を襲名。そ
の後は「2代虎丸節」に創意を加えて独自の「3代虎丸節」を
作り上げる。また初代以来の「安中草三郎」の浪曲化で人気
を得るなど、楽燕、重友、雲月ら四天王の長として、大正末
から昭和11年にかけての浪曲の第2黄金時代を築き上げた。
得意のネタは「伊達騒動」「左甚五郎」「柳橋五人斬り」など。

別所 梅之助　べっしょ・うめのすけ
牧師 文筆家 青山学院教授
明治4年（1871年）12月12日〜昭和20年（1945年）3月1日
🔲東京下谷（東京都台東区） 🔲聖書学 🔲東京英和学校英語
神学部〔明治25年〕卒 🔲豊橋、川越で教会牧師を歴任し、明
治30年「護教」の編集、経営にあたる。34年青山学院教授とな
り国漢を担当。傍ら各派共通の讃美歌委員になり、36年、42
年、昭和6年と3度にわたって「讃美歌」の編集、刊行に努め
た。著書に「聖書動物考」「聖書民俗考」、随想集「武蔵野の
一角に立ちて」、歌集「ひとりの歌」などがある。

別府 総太郎　べっぷ・そうたろう
栃木県知事
明治18年（1885年）5月17日〜昭和6年（1931年）5月16日
🔲山口県 🔲東京帝国大学卒 🔲福岡県理事官、群馬県理事
官・視学官を務め、大正6年内閣書記官。のち会計課長、内閣
拓殖事務局長を経て、島根県知事、奈良県知事を歴任。昭和
2〜3年栃木県知事に就任、鬼怒橋の架け替えや宇都宮第二高
等女学校の新設などに貢献した。

別府 丑太郎　べふ・うしたろう
鉄道省経理局長 西武鉄道社長
明治5年（1872年）8月4日〜昭和9年（1934年）1月12日
🔲高知県土佐郡宇治村（いの町） 🔲高知県尋常中学校〔明治
22年〕卒 🔲高知地方裁判所の書記を経て、明治29年農商務省
特許局に入り、同庶務課長や審査官を務める。40年日本大博
覧会事務官。また43年の日英博覧会の際にも文書課長として
運営に携わった。大正3年鉄道院に移り、以後は鉄道院参事・

同調査課長・同理事などを歴任。9年鉄道省への改変に伴い、
経理局長となった。14年コマンドール・クーロンヌ勲章を受
章。民間の鉄道会社や各種団体の委員・役員も務め、昭和6年
西武鉄道社長に就任した。 🔲コマンドール・クーロンヌ勲
章〔大正14年〕

逸見 重雄　へんみ・しげお
経済学者 社会運動家 日本共産党中央委員
明治32年（1899年）7月2日〜昭和52年（1977年）10月16日
🔲北海道松前郡福山町 🔲東京帝国大学経済学部中退, 京都
帝国大学経済学部中退 🔲在学中、社会科学研究会に所属し、
大正15年京都学連事件で逮捕され、禁錮8ケ月、執行猶予2年
に処せられたが、控訴審で無罪となる。のち野呂栄太郎ととも
もに産業労働調査所の再建に当り、昭和6年共産党に入党、7年
共産党フラクションの結成に参加し地下活動に入る。8年党中
央委員となり政治局員となったが、9年検挙される。12年仮保
釈出獄後、太平洋協会嘱託となり、16年ベトナムに渡航。帰
国後刑が確定し、懲役5年の刑に処せられるが、20年病状悪化
のため出獄。戦後は中央労働学園経営の労働専門学校教諭と
なり、26年法政大学社会学部教授、のち学部長、45年定年退
職。著書に「帝国主義と民族民主革命」「道標」などがある。

逸見 享　へんみ・たかし
版画家
明治28年（1895年）1月29日〜昭和19年（1944年）10月19日
🔲和歌山県和歌山市 🔲和歌山商〔大正2年〕卒、中央大学〔大
正5年〕卒 🔲ライオン歯磨意匠部に勤める傍ら、木版画を始
め、大正8年日本創作版画協会に入選。日本版画協
会、春陽会などに出品。昭和4〜7年「新東京百景」、14年「新
日本百景」制作に参加。また大手拓次詩集「藍色の蟇」など、
本の装丁でも活躍。詩作にも励み昭和17年には詩画集「水韻
譜」を出版した。

逸見 広　へんみ・ひろし
小説家
明治32年（1899年）1月19日〜昭和46年（1971年）11月23日
🔲山形県河北町 🔲早稲田大学独文科〔大正15年〕卒 🔲早
稲田高等学院講師となり、その傍ら文学活動に専念する。昭
和10年発表の「悪童」は芥川賞候補作品となり、他に「死児
を焼く二人」「風鈴を争ふ」「委ぬる者」「村の倫理」などの作
品がある。戦後は新制早稲田高等学院教頭、早大教育学部教
授を歴任した。

逸見 猶吉　へんみ・ゆうきち
詩人
明治40年（1907年）9月9日〜昭和21年（1946年）5月17日
🔲栃木県下都賀郡谷中村（栃木市） 🔲本名＝大野四郎 🔲早
稲田大学政経学部〔昭和6年〕卒 🔲中学時代「蒼い沼」「二
人」「VAK」などを発行し、ランボーの「母音」、チェホフの
短編、メレジュコフスキーの「ミシェル・バクーニン」など
を翻訳。昭和2年「鴉母」発行。翌年北海道を旅行し、4年代
表作「ウルトラマリン」連作の第1編「報告」を「学校」に発
表、次いで「学校詩集」に「ウルトラマリン」連作を一括寄
稿。このころ草野心平、高村光太郎らを知り、6年「弩」を発
刊、7年季刊「新詩論」発行で編集委員。10年同人8名と「歴
程」を創刊。14年ハルビンに渡り満州生活必需品配給会社に
勤務、「満州浪漫」同人。18年関東軍報道班員となり新京で敗
戦を迎えた。草野心平編「逸見猶吉詩集」がある。

ほうさわ　　　　　　　　昭和人物事典 戦前期

【ほ】

朴沢 三二　ほうざわ・さんじ
動物学者 東北帝国大学理学部教授 朴沢学園女学校校長
明治18年（1885年）～昭和22年（1947年）
[生]宮城県仙台市　[専]海綿動物　[学]四高卒, 東京帝国大学理学部動物学科卒　[歴]大正10年東北帝国大学理学部に生物学科が創設される時に, 外国留学中のところ, 教授に任じられて帰国, 翌年新設の第二講座（動物学通論）を担当。東京帝国大学時代の研究である発声器の解剖図は, 飯島魁の「動物学提要」に転載され, 今日も古典的研究として引用されている。海綿動物門・石灰海綿網に入るカイメン類を研究, 陸奥湾の動物調査, 天然記念物としての動物保護にも貢献し, 特に宮城県内横山不動池のウグイ, 魚取沼の鉄魚の保存に尽力した。一方, 朴沢家の創設にかかる朴沢松操女学園校理事長及び第4代校長を併任, 妻とともに女子教育にも寄与した。著書「日本動物分類〈第二巻 第一編〉」などがある。　[家]妻＝朴沢綾子
（朴沢学園学園長）

宝生 新　ほうしょう・しん
能楽師（下掛宝生流ワキ方）下掛宝生流10代目宗家
明治3年（1870年）10月23日～昭和19年（1944年）6月10日
[生]東京日本橋（東京都中央区）　[名]本名＝宝生朝太郎, 諱＝忠英　[学]共立学校, 東洋英和学校　[資]帝国芸術院会員〔昭和12年〕　[歴]父からスパルタ教育を受け, 明治8年6歳の時「猩々」で初舞台に立ったが, 16歳でこの道を離れ, 医学や語学を志しての学業と色々な極道の末, 30歳近くなってから能に復帰。江戸前の美貌と優れた美声であらゆるシテをもり立てて能の水準を高め, 38年父の死により10代目宗家を継いだ。稀代のワキの名人で, 昭和12年に帝国芸術院が創設されると, 先代梅若万三郎とともに能楽界から初の会員に選ばれた。夏目漱石も一時弟子をしていた。著書に「宝生翁新自伝」。レコードもある。　[家]父＝宝生金五郎（＝英周, 9代目宗家）, 長男＝宝生哲（＝彰彦, 11代目宗家）, 孫＝宝生閑（ワキ方）, 女婿＝宝生弥一（ワキ方）, 伯父＝宝生新朔（8代目宗家）

北条 民雄　ほうじょう・たみお
小説家
大正3年（1914年）9月22日～昭和12年（1937年）12月5日
[生]朝鮮・京城　[出]徳島県　[名]別名＝秩父号一〔昭和4年〕　[学]小学校高等科〔昭和4年〕卒　[歴]小学校卒業後上京。薬問屋の住込み店員, 臨時工などをして働く傍ら法政中学に学ぶ。昭和7年徳島に帰り, 農業に従事しながら文学に没頭。20歳のとき癩を発病し, 9年多磨全生園に入院。川端康成を介して11年に「いのちの初夜」を発表, たちまち文壇の注目を集める。その後ハンセン病をテーマにした小説, 随筆を次々と発表したが, 23歳の若さで死去した。他の作品に「間木老人」「癩院受胎」「猫料理」「道化芝居」などがあり, 「北条民雄全集」（全2巻, 創元社）もある。

坊田 寿真　ほうだ・かずま
作曲家 音楽研究家
明治35年（1902年）10月10日～昭和17年（1942年）2月3日
[生]広島県安芸郡本庄村（熊野町）　[専]童謡　[学]広島師範乙種講習科〔大正9年〕卒　[歴]大正9年小学校教師となり, 10年北原白秋の詩に曲をつけた「げんげの畑に」, 11年山口利司作詞の「かに」が雑誌「赤い鳥」に入選。12年教職を辞して上京, 東洋音楽学校師範科に入るが, 同年の関東大震災で帰郷して再び教職に就く。昭和4年再び上京。童謡作曲の他, 音楽教育の分野でも活躍。また, 児童合奏の先駆けでもあり, ラッパや

太鼓で編成した楽団は映画化され, 海外でも放映された。全国のわらべ歌の採譜及びその教材化にも力を注ぎ, 郷土童謡の収集と研究を通じて新たな童謡を作るべきことを説き, 7年に「日本郷土童謡名曲集」, 13年「日本子守唄集」を編纂した。14年病気療養のため帰郷。16年に刊行した「日本旋律と和声」は日本伝統音楽研究の先鞭として高く評価された。他の作曲作品に「月見草」「日暮れ時」「鐘が鳴る」など, 著書に「心理化作業化 唱歌総合教育」「音楽教育 郷土化の理論と実際」「やさしい独唱と輪唱曲集」「ヌリエ・シャウカ」などがある。

方等 みゆき　ほうとう・みゆき
詩人
明治29年（1896年）3月1日～昭和33年（1958年）9月8日
[生]富山県射水郡新湊（射水市）　[名]本名＝高松翠　[学]京都女子高等専門学校卒　[歴]卒業後, 船員を務める夫と結婚し二男一女を儲ける。しかし, 間もなく夫と死別, 郷里の富山に戻り, 高岡市立高等女学校の国語教師を務めた。その傍らで詩作を行い, 昭和5年「8号のカンパス」が懸賞文芸詩の第一等を受賞。「日本海詩人」や佐藤惣之介主宰の「詩の家」, 高林清一主宰の「海」といった詩誌を中心に活躍し, 同年9月長谷川時雨主宰の「女人芸術」に「やもめは」を発表して高い評価を受けて以来, 中央詩壇でも名を知られるようになった。6年から12年まで「女人詩」を主宰・発行し, 後進の指導に当たるとともに生田花世・永瀬清子・深尾須磨子ら女流文学者との交流を深めた。その間, 7年に詩集「しんでれら」を出版。やがて, 戦時下となって次第に詩から遠ざかり, 戦後は東京に住んだ。

宝来 市松　ほうらい・いちまつ
日本興行銀行第7代総裁
明治14年（1881年）11月3日～昭和31年（1956年）6月22日
[生]大阪府　[学]東京帝国大学法科大学政治科〔明治40年〕卒　[歴]明治40年住友銀行に入行。大正2年日本興業銀行に転じ, 13年理事, 昭和10年副総裁, 12年第7代総裁に就任。日中戦争中, 臨時資金融通部を設置するなど, 資金供給に腕をふるった。15年辞任。のち商工組合中央金庫理事長。

帆刈 芳之助　ほかり・よしのすけ
越山堂創業者
明治16年（1883年）1月10日～昭和38年（1963年）12月3日
[生]新潟県　[名]筆名＝夏川清丸　[学]新潟中卒, 早稲田大学中退　[歴]新潟中学卒業後に上京し, 秀英舎の活版職工となる。いったん帰郷して長岡日報社に勤務するが, のち再び上京し, 早稲田大学に学ぶも中退。のち長岡日報社に復帰したのを皮切りに新聞記者生活を再開, 三たび東京に出て「時事新報」を経て, 「やまと新聞」に入り, 政治記者を務めた。その後, 記者を辞して原稿執筆などで生計を立てたが, 大正4年書籍小売店を開業。8年越山堂を創業して出版業に乗り出し, 特に生田春月の「日本近代詩集」「泰西名詩名訳集」の発行で読書人に支持された。雑誌「ナカヨシ」「少女界」「日本の子供」や江原小弥太による「新約」といった翻訳書なども刊行。同社廃業後は出版タイムス社の書籍編集などを手伝い, 昭和4年ガリ版刷りの出版業界紙「出版研究所報」を創刊。15年にはいち早く戦時統制を見越して同業の「出版通信」などと合同し, 「出版同盟新聞」に改編した。戦後の21年「帆刈出版通信」を発刊し, 没するまで出版報道と論説を続けたが, 没後の41年に廃刊した。著書に「趣味の偉人伝」「文協改革史」, 夏川清丸名義の「出版人の横顔」などがある。

朴 烈　ぼく・れつ
朝鮮独立運動家
明治35年（1902年）3月12日～昭和49年（1974年）1月17日
[生]朝鮮慶尚北道梧泉里（韓国）　[学]京城高等普通学校師範科

〔大正8年〕中退　歴本名は朴準植（パク・ジュンシク）。中学の頃から民族独立の思想に目覚め、京城高等普通学校師範科在学中の大正8年、三・一運動に参加。同年弾圧を逃れて日本に渡り、日本人アナキスト、共産主義者らと交流し労働運動の支援などを行う。10年朝鮮人左翼結社・黒涛会を組織、11年無政府主義者の朝鮮人の会・黒友会を結成。同年春、朝鮮人の解放運動に共感を持つ金子文子と同棲、共に「太い（ふてい）鮮人」などを発行。12年4月不逞社を組織。12年9月1日の関東大震災に際して金子と共に保護検束され、皇太子爆殺を画策していたして大逆罪の容疑をかけられ、15年3月大審院で死刑判決を受ける（朴烈事件）。同年4月御大典の恩赦で無期懲役に減刑となったが、金子は獄中で自殺。この間、予審中での2人の写真が獄外に持ち出され、当局の取調べが手ぬるいとして右翼・国家主義者らによって若槻内閣の倒閣運動に利用された（怪写真事件）。戦後の昭和20年10月出獄。21年1月新朝鮮建設同盟を結成し委員長、同年10月これを在日本朝鮮居留民団（のちの民団）に改組し初代団長となる。24年団長選挙で落選し、25年韓国へ帰国。同年朝鮮戦争の際に北朝鮮へ連行され、そのまま北朝鮮に留った。

保坂 玉泉　ほさか・ぎょくせん
僧侶（曹洞宗）　仏教学者
明治20年（1887年）5月15日～昭和39年（1964年）8月28日
生新潟県　学曹洞宗大学〔大正2年〕卒　文学博士〔昭和32年〕歴明治35年得度。大正2年曹洞宗研究生として法隆寺佐伯定胤に倶舎、唯識、因明を学ぶ。5年曹洞宗大（現・駒沢大学）講師、次いで第1中学林校長、14年駒沢大教授。中国仏教視察後、昭和2年新潟県観音寺住職。この間曹洞宗宗会議員、宗務院人事部長、教学部長を経て、10年駒沢大教授再任。さらに世田谷中学校長、栃木県祥雲寺住職から32年駒大総長。同年大教師。35年東京都府中市観音寺勧請、39年日本仏教会の仏書贈呈国際親善使節団長として欧州17ケ国訪問。同年北海道岩見沢に駒沢大学教養部を設立した。著書に「道元禅師聖講話」「唯識根本教理」「根本仏教講話」「仏教学概論」「禅学研究」などがある。

星 哲六　ほし・てつろく
映画監督
明治36年（1903年）5月5日～昭和24年（1949年）4月23日
生岡山県岡山市　名本名＝俣野哲一　歴大正15年衣笠映画連盟に入社し、俳優から脚本・助監督までをこなす。昭和3年松竹下加茂撮影所に移り監督となり、衣笠映画連盟との提携作品「篝火」でデビュー。以後、16年まで右太衛門プロに応援して出向した以外は同撮影所で松竹で監督を務め、時代劇を中心に50本あまりの作品を手がけた。同撮影所閉鎖後は映画界を離れた。他の作品に「振袖火事」「天草四郎」「高原の丘」「狼火」などがある。

星 一　ほし・はじめ
実業家　星製薬創業者　衆議院議員
明治6年（1873年）12月25日～昭和26年（1951年）1月19日
画福島県いわき市　学高等商業学校（現・一橋大学）卒、コロンビア大学（米国）政治経済科〔明治34年〕卒　歴明治27年に渡米、7年間の留学中に英字新聞「ジャパン・アンド・アメリカ」を発刊。34年に400円を携えて帰国、製薬事業に乗り出し、43年星製薬を設立、のち星薬学専門学校（星薬科大学）を建学した。星製薬を"クスリハホシ"のキャッチフレーズで代表的な製薬会社に仕立て上げ、後に"日本の製薬王"といわれた。一方、41年衆議院議員（政友会）に初当選。後藤新平の政治資金の提供者となるなど関係を深め、その世話で台湾産阿片の払い下げを独占した。そのため、大正13年に後藤が失脚したあと、召喚・逮捕（のち無罪）などが続き、昭和6年には破産宣告をする。12年以後衆議院議員に連続3回当選。戦後、22年

4月第1回参議院選挙で全国区から出馬、48万余票を得票してトップ当選。当時、「名前が覚えやすいから」と陰口をたたかれた。26年米国で客死。　家長男＝星新一（SF作家）、二男＝星協一（日揮常務）

星 廉平　ほし・れんぺい
衆議院議員
明治19年（1886年）1月～昭和42年（1967年）6月23日
画宮城県　学宮城県立第二中学校卒　歴宮城県議を経て、大正13年衆議院議員に初当選、以来当選3回。政友会に所属した。また東北電燈、黒沢尻電力の役員も務めた。

星島 義兵衛　ほしじま・ぎへえ
実業家　岡山県農工銀行頭取　岡山商工会議所初代会頭
明治18年（1885年）12月17日～昭和43年（1968年）7月25日
生岡山県児島郡藤戸村（倉敷市）　学東京高等商業学校（現・一橋大学）専攻部銀行科〔大正2年〕卒　歴素封家・星島謹一郎の長男に生まれる。父が経営する星島銀行に入り、実業界で活躍する父に代わって銀行経営に当たる。傍ら、岡山電気軌道、中国鉄道などの役員を務めた。大正14年岡山県農工銀行取締役となり、昭和3年頭取に就任、19年日本勧業銀行と合併し顧問に退く。この間、岡山ロータリークラブを創立して初代会長、11年日本赤十字社評議員となり同岡山県副支部長を務めた。18年岡山県商工経済会会頭に就任、のち岡山商工会議所を創立し初代会頭となる。また岡山県観光協会会長、岡山県社会福祉協議会初代会長、岡山商工信用組合理事長、山陽学園理事長・校長のほか多数の会社役員などを歴任。乗馬を好み、大正6年岡山乗馬クラブを組織し、長逝するまで岡山馬術連盟会長を務めた。　家父＝星島謹一郎（政治家）、弟＝星島二郎（政治家）

星田 三平　ほしだ・さんぺい
推理作家
大正2年（1913年）2月2日～昭和38年（1963年）5月31日
生愛媛県松山市　名本名＝飯尾伝　歴昭和5年「新青年」に「せんとらる地球市建設記録」で探偵作家としてデビューし、数編の探偵小説を書く。代表作「エル・ベチョオ」は17才の時の作という。職業作家をめざし上京するが挫折し筆を折った。

保科 孝一　ほしな・こういち
国語学者　東京文理科大学名誉教授
明治5年（1872年）9月20日～昭和30年（1955年）7月2日
生山形県米沢市　学東京帝国大学文科大学国文学科〔明治30年〕卒　歴東京帝国大学助手を経て、明治35年東京高等師範学校教授兼東京帝国大学助教授。44年ドイツ、フランス留学。昭和5～15年東京文理科大教授、15年退官し名誉教授。また明治31年から文部省嘱託として国語調査、国語教科書編集に従事。文部省学務局国語調査主任、臨時国語調査会幹事、数次の国語審議会の幹事、幹事長、委員を歴任。年来の主張であった漢字制限、仮名遣改訂を実現した。文部省の国語政策に深くかかわり、晩年まで国語改良事業の力となった。大正6～13年雑誌「国語教育」を主宰し、著書に「国語学精義」「国語教授法精義」「新体国語学史」「国語問題五十年」「ある国語学者の回想」などがある。

保科 善四郎　ほしな・ぜんしろう
海軍中将
明治24年（1891年）3月8日～平成3年（1991年）12月24日
生宮城県角田市　学海兵（第41期）〔大正2年〕卒、海大〔大正14年〕卒　歴大正3年海軍少尉に任官。昭和5年米国駐在、エール大学で学び、6年駐米国大使館付武官補佐官。10年軍務局第一課長、13年支那方面艦隊参謀副長、同年重巡洋艦「妙高」艦長、同年「鳥海」艦長、14年戦艦「陸奥」艦長を経て、15年兵

ほしな 昭和人物事典 戦前期

備局長。18年海軍中将。20年3月軍務局次長、5月同局長。戦後は、30年宮城1区から衆議院議員に4回当選。

保科 武雄　ほしな・たけお
スキー選手
生年不詳〜昭和58年（1983年）10月7日
〔生〕新潟県　〔学〕早稲田大学　〔歴〕早大在学中の昭和3年日本が初めて冬期オリンピックに参加した第2回サンモリッツ五輪（スイス）に、スキーの距離競技選手として出場。続く第3回レークプラシッド五輪（米国）でも代表に選ばれた。

星野 あい　ほしの・あい
女子教育家
明治17年（1884年）9月19日〜昭和47年（1972年）12月5日
〔生〕神奈川県横浜　〔出〕群馬県沼田　〔学〕フェリス英和女学校卒，女子英学塾〔明治39年〕卒，ブリンマー・カレッジ理学部〔明治45年〕卒　〔歴〕生後間もなく両親の生家・群馬県沼田に移る。明治30年キリスト教受洗。大正元年女子英学塾に勤め、7年コロンビア大学教育学部に留学、学位を得て帰国。8年英学塾教頭、14年塾長代理を経て、昭和4年塾長。8年津田英学塾に改称し、18年理系学部を増設して津田塾専門学校設立に尽力、23年津田塾大学初代学長となった。27年退任し名誉学長。汎太平洋東南アジア婦人協会日本委員、国際基督教大学評議員、日本国際協会婦人部委員なども務めた。

星野 喜代治　ほしの・きよじ
朝鮮銀行副総裁
明治26年（1893年）11月11日〜昭和54年（1979年）10月14日
〔出〕福島県　〔学〕一高卒、東京帝国大学法科大学法律学科〔大正7年〕卒　〔歴〕大蔵省に入省。昭和10年銀行局普通銀行課長、11年3月特別銀行課長兼官房秘書課長兼蔵相秘書官を経て、11月銀行局検査課長。13年朝鮮銀行理事に転じ、20年同副総裁。22〜26年公職追放。28年閉鎖機関朝鮮銀行特殊清算人となり、32年日本不動産銀行頭取、36〜44年同行会長を務めた。

星野 貞次　ほしの・さだじ
耳鼻咽喉科学者 京都帝国大学教授
明治18年（1885年）8月15日〜昭和43年（1968年）10月31日
〔生〕東京市牛込区（東京都新宿区）　〔名〕旧姓・旧名＝塚原　〔学〕京都帝国大学医科大学〔明治43年〕卒 医学博士（京都帝国大学）〔大正7年〕　〔歴〕京都帝国大学外科教室を経て、明治44年耳鼻咽喉科教室に移り、大正2年南満州鉄道（満鉄）大連医院医長、3年南満医学堂教授兼任。5年新潟医学専門学校教授、6〜10年欧米留学。11年新潟医科大学教授、13年京都帝国大学教授となり、耳鼻咽喉科臨床会を創立した。昭和11〜12年附属病院長、15〜20年北野病院理事長兼任、16〜20年京都帝国大学結核研究所長兼任、20年定年退官。同年高知県立女子医学専門学校校長、23年三重県立医学専門学校校長、三重県立医科大学学長、25〜36年三重県立大学学長を務めた。この間、13年第10回日本医学総会準備委員長、15年結核研究所開設準備委員長。前庭機能の研究者として知られる。監輯に「星野耳鼻咽喉科学」がある。

星野 準二　ほしの・じゅんじ
社会運動家
明治39年（1906年）10月28日〜平成8年（1996年）5月3日
〔生〕鹿児島県肝属郡垂水町（垂水市）　〔名〕筆名＝星野祐二　〔学〕福山中学2年修了　〔歴〕上京し、薬局などで働く傍ら夜間開成中学に通い、文芸・思想に関心を抱く。のち京都、大阪で働き、昭和2年上京。4年黒色戦線社創設に参加。この間「行動者」を発行。「黒色文芸」「黒色戦線」などアナキズム系機関誌に関与した。6年、従来のアナキズム運動に対する批判から農村青年社を創立、自主分散主義の全村運動を始める。その後無政

府共産党事件のあおりなどで逮捕されたりし、運動から遠去かった。

保篠 龍緒　ほしの・たつお
翻訳家 小説家
明治25年（1892年）11月6日〜昭和43年（1968年）6月4日
〔生〕長野県　〔名〕本名＝星野辰男　〔学〕東京外国語学校仏語科〔大正3年〕卒　〔歴〕文部省に入り、通信教育調査委員となる。大正6年神田の書店で題名に惹かれて購入したルブランの「怪紳士」を読んでルパンものに関心を抱き、7年からその訳書を出版。文部省退職後、朝日新聞社に転じ、昭和2年「アサヒグラフ」編集長。のち同社出版編集部長、日本映画社常務理事を歴任。4〜5年平凡社より「ルパン全集」（全12巻、別巻2）を個人訳で刊行した他、数多くのルパンもの翻訳を手がけた。ルブランから正式に翻訳権を取得し、こなれた翻訳で我が国に“怪盗ルパン”を定着させた。また小説も手がけ、「山又山」「黄面具」などがある。

星野 輝興　ほしの・てるおき
官僚 掌典職祭事課長
明治15年（1882年）1月15日〜昭和32年（1957年）10月14日
〔生〕新潟県刈羽郡半田村（柏崎市）　〔学〕柏崎高等小学校卒　〔歴〕独学して皇典講究所司業の資格を取得し、明治41年宮内省図書寮に入る。図書寮雇・式部職掌典部掌典補などを経て、大正15年掌典となる。大正天皇の大喪儀や昭和天皇即位の儀の運営で中心的役割を果たす。昭和4年神社制度調査委員会幹事となり、15年には掌典職祭事課長に就任。17年依願退職の後は祭祀学会に拠り、「祭祀は日常生活の精髄」であるとして日本祭祀学を提唱、宮中や神社などの祭祀について研究を進めた。著書に「祭祀の本領」「日本の祭祀」などがある。

星野 直樹　ほしの・なおき
満州国国務院総務長官 内閣書記官長 貴族院議員（勅選）
明治25年（1892年）4月10日〜昭和53年（1978年）5月29日
〔生〕群馬県利根郡沼田町　〔出〕神奈川県横浜市元町　〔学〕東京帝国大学法科大学〔大正6年〕卒　〔歴〕大学を出て大蔵省に入り、岸信介とともにキレ者とうたわれた。昭和7年満州国の日本人官吏となり、実業界の鮎川義介らと協力して産業計画を推進。12年には国務院総務長官となり、関東軍参謀長に就任した東条英機とともに満州国の財政経済を統轄。満鉄総裁を務めた松岡洋右を含め、岸、鮎川、東条と並んで満州国政財官界の実力者“弐キ参スケ”の一人に数えられた。15年に日本に帰り近衛内閣の国務相・企画院総裁となるが、16年企画院事件の責任をとって辞職、勅選貴族院議員。同年東条内閣の書記官長に就任、東条側近として大きな発言力を持った。戦後はA級戦犯となり、23年3月に終身刑を宣告されたが、30年に釈放される。その後は政界入りは断ってダイヤモンド社社長のあと、旭海運社長、東京国際・羽田東急各ホテル社長などを歴任した。大の巨人軍ファンで、正力松太郎に屋根つき野球場の計画を持ちかけたこともある。　〔家〕弟＝星野芳樹（静岡新聞編集主幹）

星野 仁十郎　ほしの・にじゅうろう
アイスホッケー選手
明治41年（1908年）3月16日〜昭和61年（1986年）7月22日
〔出〕栃木県日光市　〔歴〕昭和7年の冬季五輪レークプラシッド大会にアイスホッケーの選手として出場し、39年の冬季五輪インスブルック大会ではアイスホッケー日本チームの監督を務めた。日光市の市長を44年から3期12年務めた。

星野 勇三　ほしの・ゆうぞう
園芸学者 北海道帝国大学名誉教授
明治8年（1875年）10月30日〜昭和39年（1964年）11月2日

生山形県 学札幌農学校〔明治34年〕卒 農学博士 歴北海道帝国大学農学部助教授、のち附属農場長兼任、昭和13年名誉教授、月寒学院院長。著書に「果樹栽培講義」など。

ボース, ラス・ビハリ
Bose, Rash Behari
インド独立運動家
明治19年（1886年）3月15日～昭和20年（1945年）1月21日
生インド・ベンガル州スカルダハ 学ドウブレ・カレッジ, モルトン・カレッジ中退 歴生家は代々武士の階級に属した。明治43年以降英国からのインド独立運動に参加。大正元年インド総督ハーディングの暗殺計画に加わり、ラホール反乱に敗れ、4年日本に亡命。アジア各国の欧米列強からの独立運動を支援していた大アジア主義者で、右翼の大物として知られた頭山満らの支援により地下活動に入り、東京・新宿でパン屋の中村屋を経営する相馬愛蔵・黒光夫妻にかくまわれる。7年中村屋の長女・俊子と結婚し、12年日本に帰化。14年長崎市で全アジア民族会議を開催、インド民族独立アピールを宣言し、アジア連帯構想を確認。新宿に在京アジア人のための寮"アジア郷"を開設するなど、日本で暮らしながらインド独立運動の指導者として活動。太平洋戦争が勃発すると日本軍と共同でインド独立運動を進め、昭和18年シンガポールに成立した自由インド仮政府の最高顧問に就任。またインドで独立運動を行っていたインド国民会議派元議長のチャンドラ・ボースと手を結んでインド国民軍（INA）を創設した。中村屋にインドカレーの製法を直伝、恋と革命のインドカレー"カリーライス"（カレーライス）として同店の名物となった。 家義父＝相馬愛蔵（中村屋創業者）、義母＝相馬黒光（随筆家）

穂積 忠 ほずみ・きよし
歌人
明治34年（1901年）3月17日～昭和29年（1954年）2月27日
生静岡県 学国学院大学卒 歴女学校教師を経て、三島高等女学校校長となる。一方、韮山中学時代に北原白秋の「詩と音楽」に投稿、認められて門下となり、「日光」「香蘭」「多磨」などに出詠。「多磨」廃刊後は「中央線」に参加。国学院大では折口信夫に師事、民俗学を学んだ。昭和14年第1歌集「雪祭」を刊行、多磨賞、歌人協会賞を受賞した。没後、第2歌集「叢」が弟子たちにより出版された。 家息子＝穂積隆信（俳優）

穂積 五一 ほずみ・ごいち
社会教育家
明治35年（1902年）3月26日～昭和56年（1981年）7月17日
生愛知県豊橋市 学東京帝国大学法学部〔昭和4年〕卒 歴東京帝国大学教授上杉慎吉を指導者とする学生の恩想団体「七生社」（大正14年結成）の育成にあたり、この結社の学生宿舎「至軒寮」（戦後「新星学寮」と改称）の主監として、留学生の世話をする傍ら、アジア民族運動にも参加した。昭和32年アジア学生文化協会を創設し、理事長に就任。さらにアジア文化会館を創設し、アジア、アフリカ、ラテンアメリカなどから2万人を超える留学生を受け入れ、国際交流に貢献した。 家弟＝穂積七郎（衆議院議員）

穂積 重遠 ほずみ・しげとお
民法学者 男爵
明治16年（1883年）4月11日～昭和26年（1951年）7月29日
生東京市深川区（東京都江東区） 学東京帝国大学法科大学独法科〔明治41年〕卒 法学博士〔大正6年〕 賞帝国学士院会員〔昭和12年〕 歴東京帝国大学を卒業したあと母校の講師から明治43年助教授となり、45年から4年間、独・仏・英国に留学。大正5年東京帝国大学教授となってからは民法講座、法理学講座を担当する。10年東京帝大法学部に判例研究会を結成。12年には東京帝国大学セツルメントの創立に参加。法学

部長を3回務め、昭和18年に定年退官、名誉教授。19年貴族院議員。民法、とくに家族法の研究に打ちこむ一方、法律の大衆化をはかって「私たちの民法」「百万人の法律学」「民法読本」など平易な法律書を積極的に書いた。主著に「法理学大綱」「離婚制度の研究」「親族法」「相続法」。また異色の研究として"縁切寺"といわれる鎌倉・東慶寺の貴重な資料を「離縁状と縁切寺」にまとめた。戦後、20年8月東宮大夫兼東宮侍従長となり、皇太子の教育にあたる。24年には最高裁判事に就任、真野毅とともに尊属殺人を違憲とする少数意見で注目される。「歌舞伎思出話」の著書もある粋人だった。大正15年男爵襲爵。 家二男＝穂積重行（大東文化大学名誉教授），二女＝岩佐美代子（鶴見大学名誉教授），父＝穂積陳重（法学者），弟＝穂積真六郎（実業家・政治家）

細合 秀穀 ほそあい・しゅうこく
日本画家
明治27年（1894年）1月～昭和22年（1947年）12月
生三重県鈴鹿 名本名＝細合忠四郎、別号＝秀谷 歴16歳の時上京。池上秀畝の伝神洞画塾に入門し、花鳥画を学ぶ。大正4年第9回文展に「くるみ」で初入選。5年第10回文展に「真昼」で入選。13年第5回帝展に「春蘭」で入選し、以後帝展に入選を重ねる。昭和5年第2回聖徳太子奉讃美術展に「春暖」で入選。11年秋の文展鑑査展に「潮間」、14年第3回新文展に「孔雀」で入選。20年東京大空襲で被災し、妻の実家のある伊那に疎開。他の作品に「閑庭」など。

細井 肇 ほそい・はじめ
新聞記者 評論家
明治19年（1886年）2月～昭和9年（1934年）10月19日
生東京都品川区 名号＝吼唖 歴18歳で長崎新聞記者。明治40年朝鮮に渡り、内田良平らの合邦促進運動を支援。44年週刊朝日記者となり、一方「大国民」を経営。大正元年東京朝日新聞社に入り、政治部記者を7年務め、8年騒乱状態続年朝鮮へ再渡航。9年自由討究社を興し、朝鮮民族について研究、12年朝鮮問題をかかげて全国を講演旅行した。大正2年ジュネーブ軍縮会議の斎藤全権に随行。5年日旦社を設け、「人の噂」を発行、のち「人と国策」主宰。国民外交協会、独立国策協会、時局懇談会などで国事に奔走した。著書に「朝鮮文化史論」「朝鮮問題の帰趨」「女王閔妃」「国太公の眦」「日本の決意」などがある。

細江 逸記 ほそえ・いっき
英語学者 大阪商科大学教授
明治17年（1884年）9月28日～昭和22年（1947年）3月11日
生三重県津市 学東京外国語学校英語部〔明治39年〕卒 文学博士 歴石川県立第一中学を経て、明治41年大阪府立北野中学、大正3年大阪高等商業学校助教授。その後、東京外国語学校講師、東京府立一中出講。8年大阪高等商業学校教授に復帰。12～14年英国へ留学。昭和6年大阪商科大学教授、9年京都帝国大学文学部講師、19年大阪商大退官。著書に「英文法汎論」「動詞時制の研究」「動詞叙法の研究」。またシェークスピアの「ジュリアス・シーザー」「マクベス」などの注釈がある。

細川 嘉六 ほそかわ・かろく
評論家 社会運動家
明治21年（1888年）9月27日～昭和37年（1962年）12月2日
生富山県下新川郡泊町（朝日町） 学東京帝国大学法学部政治学科〔大正6年〕卒 歴住友総本店に入社後、読売新聞、東京帝国大学助手を経て、大正10年大原社会問題研究所研究員となった。植民地問題、労働問題の研究、調査に従事。15年ヨーロッパ留学、モスクワで会った片山潜に勧められ、帰国後、富山県から始まった米騒動の研究に専念。昭和8年共産党シンパとして治安維持法違反で検挙され有罪判決。大原社研の解散

後、南満州鉄道(満鉄)調査部嘱託、昭和研究会にも参加、風見章、尾崎秀実らと中国研究所を設立したが、17年雑誌「改造」8、9月号に発表した「世界史の動向と日本」が陸軍情報部の忌諱にふれ、共産主義者の疑いで検挙され、横浜事件の発端となった。20年釈放され日本共産党に入党、22年全国区参議院議員に当選、25年再選、共産党国会議員団長を務めた。26年占領軍命令で公職追放された。社会科学研究所長も務めた。著書には「アジア民族論」「植民史」のほか「細川嘉六著作集」(全3巻)などがある。

細川 ちか子　ほそかわ・ちかこ
女優
明治38年(1905年)12月31日〜昭和51年(1976年)3月20日
[生]東京市麴町区内幸町(東京都千代田区)　[名]本名=横田冬,旧芸名=細川知歌子　[学]香蘭女学校〔大正12年〕卒　[歴]結婚して1女をもうけたあと、新劇を志して大正14年築地小劇場に入り、「各人各説」で伏見直江らとともに初舞台。15年「ホーゼ」で丸山定夫の妻の役に選ばれたのが縁で離婚し翌年丸山と結婚。昭和4年には丸山らとともに新築地劇団を設立、山本安英と同劇団女優の2本柱として活躍したが、結核で倒れる。このため丸山は福田良介の名でエノケン一座に身売りし、PCL(写真化学研究所、現・東宝)の第1回トーキー映画「ほろよい人生」に出演。これに伴い彼女もPCLの専属として「乙女ごころ三人姉妹」などに出演した。この間、丸山とも別れ、9年からは新協劇団に参加、「夜明け前」や「アンナ・カレーニナ」で名声を博した。この頃、実業家の藤山愛一郎と結ばれ2子をもうけている。15年の新協劇団の強制解散後は舞台を離れていたが、戦後の25年に劇団民芸が創立されるとその客員となり、「かもめ」「桜の園」「セールスマンの死」「炎の人」などに出演した。映画は東映の「限りなき情熱」をはじめ数多くの作品に助演し、名演技を残している。　[家]父=横田虎彦(衆議院議員),兄=横田豊秋(俳優)

細川 藤右衛門　ほそかわ・とうえもん
数学者　広島文理科大学教授
明治29年(1896年)9月29日〜昭和20年(1945年)8月6日
[生]高知県長岡郡十市村(南国市)　[名]旧姓・旧名=土居,筆名=市村柳浦　[学]高知県師範学校本科一部〔大正6年〕卒、東北帝国大学理学部理学科〔昭和3年〕卒　理学博士〔昭和14年〕　[歴]高知県師範学校在学中から数学に興味があり、卒業後、高知県下の小学校の訓導を経て、大正10年数学科中等学校教員試験検定に合格。のち高知工業学校などで教鞭を執るが、更なる数学研究を志して14年東北帝国大学理学部理学科に入学。昭和3年卒業後は同大学院に進んだ。6年北海道帝国大学理学部講師嘱託。9年広島高校教授に就任、19年には広島文理科大学教授も兼任し、理論物理学研究所主任を務めた。この間、14年に波動幾何学の論文で理学博士号を取得。数学の他にも相撲や講談・芝居などに通じ、豪放磊落な性格で親しまれたが、20年8月6日の広島への原爆で圧死した。著書に「射影幾何学」などがある。

細川 碧　ほそかわ・みどり
作曲家
明治39年(1906年)5月15日〜昭和25年(1950年)8月21日
[生]東京市牛込区(東京都新宿区)　[学]東京府立一中卒、東京音楽学校本科声楽科卒、東京音楽学校研究科〔昭和4年〕卒　[歴]中学在学中から梁田貞に作曲を習う。大正12年東京音楽学校本科声楽科に入学し、ペツォールド夫人、レーヴェ夫人に声楽の指導を受けたほか、作曲を信時潔に学んだ。同科卒業後は研究科作曲部に進み、引き続き信時に師事。昭和4年卒業と同時に文部省在外研究員としてオーストリアに留学し、5年間にわたりウィーン音楽芸術単科大学で学長フランツ・シュミットの薫陶を受けた。9年同大学優等賞を受賞。同地ではウィー

ン及びブダペスト放送局より自作品を演奏するとともに日本音楽についての講演も行い、特に「交響詩〈法の夕〉」は恩師シュミットから"日本のストラヴィンスキー"と激賞されるなど高い評価を受けた。11年に帰国してからは母校・東京音楽学校教授として主に作曲理論を教え、創作面でも13年と19年に交響楽的作品の発表会を開催するなど旺盛に活動した。戦後、21年東京音楽学校を辞職。他の作品に「小組曲〈日本の物語〉」「交響組曲〈富士〉」「交響楽詩〈明治天皇御製組曲〉」「交響楽詩〈大和路〉」「交響楽詩〈から松〉」「ピアノ協奏曲ハ長調」などがある。

細川 護立　ほそかわ・もりたつ
美術収集家　侯爵　国宝保存会会長　貴族院議員
明治16年(1883年)10月21日〜昭和45年(1970年)11月18日
[生]東京都　[出]熊本県熊本市　[学]東京帝国大学法学部中退　[歴]旧熊本藩主・細川護久の四男。藩士の子弟を教育、多くの英才を育てる。大正3年襲爵(侯爵)、貴族院議員となる。一方、東京地学協会会長、国宝保存会会長、戦後は正倉院評議員、文化財保護委員、ヌビア遺跡保護協力委員長、東洋文庫理事長などを歴任した。また、古美術品の研究者・コレクターとしても有名で、学術研究の振興に貢献。そのコレクションは"永青文庫"として知られる。　[家]父=細川護久(熊本藩知事),長男=細川護貞(美術収集家・永青文庫理事長),孫=細川護熙(首相),近衛忠煇(日本赤十字社副社長)

細田 源吉　ほそだ・げんきち
小説家
明治24年(1891年)6月1日〜昭和49年(1974年)8月9日
[生]東京都　[出]埼玉県　[学]早稲田大学文学部英文科〔大正4年〕卒　[歴]日本橋の洋服反物問屋に3年間丁稚奉公をし、その後苦学しながら大学へ進む。卒業後春陽堂に入社、「新小説」「中央文学」の編集に携わる。その間小説を執筆し、大正7年「空骸」、8年「死を悼んで行く女」を発表して文壇に登場。9年「死を悼む女」を刊行し、以後「罪に立つ」などを発表。13年「未亡人」、14年「本心」を刊行しプロレタリア作家へ成長して行く。15年「文芸行動」を創刊。プロレタリア文学作家としては「誘惑」「この人達の上に」「陰謀」などの作品がある。昭和7年検挙されて転向し、戦後は執筆をせず府中刑務所の篤志面接委員を務めた。また少年時代から俳句に親しみ、戦後の26年つゆ草句会を興して主宰。句集に「松柏」がある。

細田 民樹　ほそだ・たみき
小説家
明治25年(1892年)1月27日〜昭和47年(1972年)10月5日
[生]東京都　[学]早稲田大学英文科〔大正4年〕卒　[歴]早くから「文章世界」などに詩文を投稿する。卒業後徴兵で広島騎兵第五連隊に入営し、3年間をすごす。除隊後作家活動に入り、大正13年「或兵卒の記録」を刊行。プロレタリア文学に属し「悩める破婚者」「赤い曙」「黒の死刑女囚」「真理の春」「生活線ABC」などを次々と刊行。戦後も「広島悲歌」などを刊行した。

細田 富男　ほそだ・とみお
陸上選手
生年不詳〜平成20年(2008年)7月27日
[出]山梨県　[歴]昭和27年ヘルシンキ五輪陸上100メートル、200メートルに出場、両種目で2次予選に進出した。

細田 義勝　ほそだ・よしかつ
作曲家
明治37年(1904年)7月3日〜昭和41年(1966年)4月11日
[生]愛媛県東宇和郡卯之町(西予市)　[学]愛媛師範〔大正11年〕卒　[歴]小学校教師を経て、昭和2年上京。映画館で無声映画の

楽士などを務め、9年ビクターに入社。11年渡辺はま子に提供した「忘れちゃいやよ」が大ヒットしたが、軍国主義の風潮が強まる中、官能的だと発売禁止になる。コミックソングの草分け「江戸っ子部隊」は古川緑波一座により舞台化された。また銭湯で鼻歌を歌っていた警視庁巡査の小野巡や、大学生の鶴田六郎をスカウトするなど話題を呼んだ。戦後は日本コロムビア、テイチクなどで活躍。他のヒット曲に「生命線ぶし」「カタカナ忠義」などがある。

細野 長良　ほその・ながよし
司法官 大審院長
明治16年（1883年）1月7日〜昭和25年（1950年）1月1日
〔生〕富山県富山市　〔学〕京都帝国大学法科大学独法科〔明治41年〕卒 法学博士〔昭和10年〕　〔歴〕明治41年大阪地裁判事補となった後、ドイツのライブティヒ、ミュンヘン両大学留学。帰国して東京地裁判事、東京控訴院判事、同部長を経て、大正14年8月大審院判事、昭和15年広島控訴院院長、21年大審院院長、22年8月退官した。この間、司法の独立を守るため裁判所の司法省からの分離を主張した。19年2月の全国裁判所長官会合で東条英機首相が、裁判官の自由主義的傾向を非難したのに対し、これに反論する意見書を法相に提出した。戦後、司法行政権は司法省から裁判所に移され、細野を中心とする裁判官グループの主張と運動が実った。

細山 喜代松　ほそやま・きよまつ
映画監督
明治21年（1888年）11月20日〜昭和16年（1941年）8月1日
〔生〕東京都　〔学〕慶応義塾大学中退　〔歴〕桝本清の新劇運動に参加し、大正元年創立した日活に師の桝本と共に入社する。桝本の助手を経て、3年監督に昇進。「カチューシャ」でデビュー、大ヒットし続編も作られた。4年まで日活で活躍するが退社し、4年ほど映画界から離れる。その後8年に国活創立の際誘いをうけて入社。監督として「短夜物語」で復帰する。12年国活崩壊後は、日活向島、日活京都、帝キネ、東邦映画、東亜キネマ甲陽、阪妻プロと転々とする。昭和7年富士発声映画社で撮った「午前二時半」が最後の監督作品となる。

堀田 鼎　ほった・かなえ
千葉県知事 台湾総督府交通局総長
明治16年（1883年）9月〜昭和17年（1942年）
〔生〕福島県安積郡河内村（郡山市）　〔学〕東京帝国大学土木工学科〔明治41年〕卒・法科〔明治45年〕卒　〔歴〕明治45年内務省に入省。茨城県、和歌山、愛知県の各内務部長を経て、昭和3年滋賀県知事、4年群馬県知事、6年千葉県知事、7年台湾総督府交通局総長を歴任した。

堀田 璋左右　ほった・しょうぞう
歴史学者
明治4年（1871年）〜昭和33年（1958年）
〔生〕香川県丸亀　〔学〕東京帝国大学国史科〔明治32年〕卒　〔歴〕父は丸亀藩士・堀田勝親。大学在学中、京極家編纂の「西讃府志」（61冊）を1冊とし、付録「生駒家分限帳」「丸亀役列録」を出版した。日本大学、国学院大学などの講師を歴任。著作に「横浜市史」「名古屋市史」「条里坪割考」「印度史」「井上馨伝」「山梨県史」「群馬県史」「日本歴史地理要覧」「吾妻鏡国訳註解」「丸亀市史」などがある。

堀田 健男　ほった・たけお
内務省国土局長
明治36年（1903年）2月23日〜昭和41年（1966年）11月28日
〔学〕東京帝国大学法学部仏法科〔大正14年〕卒　〔歴〕内務省に入省。昭和17年奈良県知事、企画院部長、地方参事官、内務省国土局長を経て、21年静岡県知事。日本製菓社長、大正生命

保険社長も務めた。　〔家〕岳父＝林市蔵（大阪府知事）

堀田 正昭　ほった・まさあき
外交官 駐イタリア大使
明治16年（1883年）7月1日〜昭和35年（1960年）7月25日
〔生〕東京都　〔学〕東京帝国大学法科大学仏法科〔明治42年〕卒　〔歴〕明治42年外務省に入り、イタリア、オランダ、ドイツ勤務を経て、昭和9年特命全権公使兼国際会議帝国事務局長としてスイス駐箚。同年12月ジュネーブ一般軍縮会議随員、12年駐イタリア大使、13年駐アルバニア公使兼任。15年10月依願免官、18年外務省事務嘱託を歴任。戦後、26〜29年外務省顧問。

堀田 正恒　ほった・まさつね
伯爵 貴族院議員
明治20年（1887年）10月21日〜昭和26年（1951年）3月16日
〔生〕東京府麻布（東京都港区）　〔名〕旧姓・旧名＝鍋島　〔学〕東京帝国大学法科大学政治学科〔大正4年〕卒、東京帝国大学大学院〔大正7年〕修了　〔歴〕伯爵堀田正倫の養子。大学院に進み、大正7〜昭和21年貴族院議員、研究会に属した。この間、大正9年第6回万国議員商事会議に出席、10年海軍参事官、昭和6年犬養毅内閣の海軍政務次官、斎藤実、岡田啓介両内閣にも留任。大日本農会会頭、帝国農会特別議員、東京農大理事も務めた。　〔家〕父＝鍋島直柔（子爵）、養父＝堀田正倫（伯爵）

堀田 正彦　ほった・まさひこ
映画監督
生年不詳〜昭和14年（1939年）1月21日
〔名〕本名＝堀田正孝　〔歴〕昭和11〜13年新興キネマ京都撮影所で、時代劇「海道百里」「猿飛旅日記」「忍術太平記」「柳生旅日記」など6本を監督する。

堀田 弥一　ほった・やいち
登山家 日本初のヒマラヤ登頂に成功
明治42年（1909年）1月30日〜平成23年（2011年）2月23日
〔出〕富山県黒部市　〔学〕魚津中卒、立教大学商学部経済学科〔昭和7年〕卒　〔歴〕魚津中学から立教大学に進み、山岳部で活躍。昭和5年北アルプス、鹿島槍ケ岳に冬季初登頂。その後も積雪期の後立山連峰、剣岳、黒部、穂高連峰などで冬山の経験を積む。10年冬の鹿島槍ケ岳で、ヒマラヤ登山で外国隊が採用していた複数の前進キャンプを設ける極地法登山を行う。翌11年秋、日本初のヒマラヤ遠征を行った立教大登山隊長として北インドの未踏峰ナンダ・コート（6867メートル）に挑戦、隊員5人とシェルパ1人を含む6人全員が初登頂に成功した。同隊は戦前唯一のヒマラヤ遠征隊で、日本の近代登山史に実績を残した。29年第二次マナスル（8163メートル）踏査隊の隊長も務めたが、登頂はならなかった。

補永 茂助　ほなが・しげすけ
日本史学者 東京女子高等師範学校教授
明治14年（1881年）6月20日〜昭和7年（1932年）10月20日
〔生〕愛知県渥美郡大崎村（豊橋市）　〔専〕日本思想史　〔学〕東京帝国大学文科大学哲学科〔明治39年〕卒 文学博士〔大正14年〕　〔歴〕大正2年から6年までイエナ大、ロンドン大、オックスフォード大に留学。13年東京女子高等師範学校教授に就任。また東京文理科大、国学院大各講師を務めた。日本思想史の研究を通して神道と国民道徳との関係を研究し、特に外国人の神道観検討において業績があった。著書に「日本倫理思想の系統」「日本思想の研究」「神道の根本主義」「天照大神の神学的研究」など。

堀 英四郎　ほり・えいしろう
英語学者 慶応義塾大学教授
明治7年（1874年）11月24日〜昭和38年（1963年）7月6日

[生]愛媛県今治市　[学]東京専門学校（現・早稲田大学）英文科〔明治27年〕卒　[歴]明治17年徳冨蘆花の英語塾に学び、21年上京、東京英語学校入学、東京専門学校（現・早稲田大学）で坪内逍遙の講義を受け、神田の国民英学会で英語を教えた。27年東京府立城北中学、30年岡山県立第1中学校に勤め、35年江田島海軍兵学校教授。大正5～昭和20年慶応義塾大学教授。この間、7～16年日本放送協会（NHK）英語講座担当。24～29年戸板女子短期大学英文科長。著書に「正しい英語会話」など。

堀 栄三　ほり・えいぞう
陸軍中佐
大正2年（1913年）10月16日～平成7年（1995年）6月5日
[生]愛知県名古屋市　[名]旧姓・旧名＝伊藤　[学]陸士（第46期）〔昭和9年〕卒, 陸大（第56期）〔昭和17年〕卒　[歴]伊藤家に生まれ、陸軍中将堀丈夫の養嗣子となる。昭和9年陸軍騎兵少尉に任官。18年大本営陸軍部参謀となり、第二部（情報部）のドイツ課、ソ連課、米英課に勤務。19年フィリピンの第十四方面軍参謀として出張、大勝利とされていた台湾沖航空戦が戦果誤認であることを見抜いて中央に打電したが握りつぶされた。その後も米軍の侵攻ルートなどを各種情報から読み解いて的中させ“マッカーサーの参謀”と渾名された。戦後は奈良県吉野に隠棲するが、29年自衛隊に入隊、国外班長、駐独防衛駐在官、統幕第二室（情報室）室長などを歴任し、42年退官した。[家]養父＝堀丈夫（陸軍中将）

堀 啓次郎　ほり・けいじろう
実業家 大阪商船社長 阪神電鉄社長 貴族院議員（勅選）
慶応3年（1867年）1月3日～昭和19年（1944年）10月8日
[生]加賀国金沢（石川県）　[学]帝国大学法科大学〔明治26年〕卒　[歴]大阪露油入社。明治28年大阪商船に転じ、29年仁川支店長、次いで神戸、上海各支店長、運輸課長を経て、40年取締役、44年副社長、大正3年社長となった。折から第一次大戦時の積極経営で豪州航路、南米航路、欧州航路を開設、昭和5年ニューヨーク急行航路に新鋭船の畿内丸型を配して外国船を圧倒、日本海運界の興隆に貢献した。9年相談役、阪神電鉄社長。また住銀、日清汽船各取締役、日本船主協会会長、7～19年勅選貴族院議員も務めた。

堀 小多満　ほり・こたま
小唄家元
明治9年（1876年）～昭和16年（1941年）2月23日
[生]東京都　[名]本名＝堀たま　[歴]向島の芸妓から、横山さきについて小唄を習得。大正5年小唄稽古所を開き独立。翌6年堀派を創流、小唄家元の第一号となった。

堀 正平　ほり・しょうへい
剣道家
明治21年（1888年）12月2日～昭和38年（1963年）12月27日
[出]熊本県　[学]武術教員養成所　[歴]中学教員を経て、昭和2年海軍省呉鎮守府剣道師範。15年皇紀2600年記念天覧試合などに出場した。剣道範士9段。著作に「大日本剣道史」などがある。

堀 辰雄　ほり・たつお
小説家
明治37年（1904年）12月28日～昭和28年（1953年）5月28日
[生]東京市麹町区（東京都千代田区）　[学]東京帝国大学国文科〔昭和4年〕卒　[歴]一高時代、芥川龍之介、室生犀星に師事する機会を得る。東京帝国大学在学中の大正15年、中野重治らと「驢馬」を創刊。コクトー、アポリネール、ランボーらの翻訳を旺盛に発表。昭和2年「ルウベンスの偽画」を発表。4年「コクトオ抄」を刊行し、「文学」同人となる。5年第一短編集「不器用な天使」を刊行したが、その後大喀血をし、死までの長い療養生活に入る。8年「四季」を創刊。プルーストやリルケの影響を受けると共に、王朝文学への深い関心をしめし、抒情的な作風を作りあげた。他の代表作に小説「聖家族」「恢復期」「燃ゆる頬」「美しい村」「風立ちぬ」「かげろふの日記」「菜穂子」、エッセイ「大和路・信濃路」などがあり、「堀辰雄全集」（全8巻・別2巻, 筑摩書房）などが刊行されている。また、詩作は多くないが、立原道造、津村信夫など後のマチネ・ポエティクの詩人たちに影響を与えた。「堀辰雄詩集」がある。　[家]妻＝堀多恵子（随筆家）　[賞]中央公論社文芸賞（第1回）〔昭和17年〕「菜穂子」

堀 経夫　ほり・つねお
経済学者 大阪商科大学教授
明治29年（1896年）4月20日～昭和56年（1981年）9月18日
[生]北海道函館市　[専]経済学史, 社会思想史　[学]京都帝国大学経済学部〔大正9年〕卒　[資]日本学士院会員〔昭和41年〕　[歴]大正11年東北帝国大学法文学部助教授、14年教授、昭和7年大阪商科大学教授、23年関西学院大学教授、29年経済学部長、30年学長、41年名誉教授、四国学院大学学長、44年芦屋大学教授。この間、大正12～14年英国、フランス、ドイツ、米国に留学。経済史学会代表幹事、ロバアト・オウエン協会会長などを歴任。昭和41年日本学士院会員となり、48年には宮中講書始めの進講者に選ばれ、「経済学の父アダム・スミス」を講じた。

堀 悌吉　ほり・ていきち
海軍中将
明治16年（1883年）8月16日～昭和34年（1959年）5月12日
[生]大分県杵築市　[名]旧姓・旧名＝矢野　[学]杵築中中退, 海兵（第32期）〔明治37年〕卒, 海大〔大正7年〕卒　[歴]杵築中在学中に海兵に合格し、明治37年第32期を首席で卒業。同期に親友の山本五十六がいた。第一次大戦中の大正5年までフランスに駐在。帰国後は海大に学び、10年ワシントン会議随員、15年国際連盟海軍代表を務めたあと、昭和4年山梨勝之進海軍次官の下で軍務局長に就任。5年のロンドン軍縮会議に際しては海軍の方針を起案、軍艦の保有比率死守を唱える艦隊派を抑え、条約の調印・批准に奔走した。6年第三戦隊司令官、7年第一戦隊司令官を経て、8年海軍中将。軍縮推進の立場を堅持する海軍の良識派の代表的人物であり、将来の海軍大臣候補と目されたが、9年条約派一掃の人事のため予備役に編入された。その後、11年日本飛行機社長、16年浦賀ドック社長を務めた。

堀 文平　ほり・ぶんぺい
実業家 富士瓦斯紡績社長
明治15年（1882年）2月10日～昭和33年（1958年）1月1日
[生]岡山県真島郡垂水村　[学]東京高等商業学校（現・一橋大学）〔明治37年〕卒　[歴]大阪商船、福島紡績を経て、明治45年大阪莫大小（メリヤス）の創立に参画、常務となり、昭和6年明正紡織と改称、社長就任。16年同社と富士紡合併で富士瓦斯紡績社長、22年会長。また満州紡績社長、日本紡績協会委員長、経団連副会長、日経連常任理事、大阪商工会議所顧問なども務めた。著書に「ステープルファイバーの現状及び将来」「吾国の繊維工業と輸出」など。

堀 義路　ほり・よしみち
応用化学者 北海道帝国大学工学部教授 藤原工業大学教授
明治29年（1896年）2月7日～昭和47年（1972年）10月17日
[生]東京府三田（東京都港区）　[学]東京帝国大学工学部応用化学科〔大正9年〕卒　[歴]東京帝国大学講師、農商務省技師、文部省在外研究員を経て、大正13年北海道帝国大学工学部講師、14年教授。在任中重水製造の研究を始め、昭和9年日本で初めてその濃縮に成功した。17年新設の藤原工業大学（現・慶応義塾大学工学部）教授となった。21年退職、23年経済安定本部資源

調査会委員となり、この間月刊「化学工業」を主宰。産業計画会議専任委員、電力中央研究所理事、工業開発研究所理事長、米国のPower Reactor Development Co.副社長、世界エネルギー会議特別委員会議長等を歴任。我が国のエネルギー源を石炭から石油と原子力に転換させた陰の功労者。

堀井 梁歩　ほりい・りょうほ
翻訳家 農民運動家
明治20年（1887年）10月15日〜昭和13年（1938年）9月13日
生秋田県河辺郡仁井田村（秋田市仁井田）　名本名＝堀井金太郎　学一高〔明治40年〕中退　歴一高時代、ホイットマン、エマーソンらの自由思想に共鳴。退学し3年間渡米。帰国後農民の自立、自活に目覚め秋田県仁井田村の雄物川岸の荒れ地開墾に取り組むが、水害のため約10年で行き詰まる。この間農民啓発の書や雑誌を刊行、詩の訳業も進めた。また農民同盟の結成を呼びかけ、同時に提唱した消費組合、医療組合などは後に実現された。収入を求め朝鮮に渡り、晩年11世紀ペルシャの四行詩集「ルバイヤット」の翻訳に没頭。昭和13年胃がんのため死去。梁歩の生き方に傾倒し、生涯を梁歩研究に費やした相場信太郎が毎年ルバイヤットの夕べを開催、63年没後も二男の相場道也に引き継がれている。

堀内 敬三　ほりうち・けいぞう
音楽評論家 音楽之友社創業者 日本大学教授
明治30年（1897年）12月6日〜昭和58年（1983年）10月12日
生東京市神田区（東京都千代田区）　学ミシガン州立大学工科〔大正10年〕卒、マサチューセッツ工科大学大学院〔大正12年〕修了　歴"浅田飴"で有名な浅田飴本舗の三男として生まれる。中学時代から作曲や訳作詞を手がけ、大正5年大田黒元雄と音楽と文学社を結成、評論や訳詞に筆をふるう。6〜12年米国へ留学、機械工学を修める。帰国後、東京放送局（現・NHK）に入り、洋楽主任として洋楽放送の確立や用語統一などに尽力。昭和10年松竹蒲田撮影所音楽部長、日本大学教授。また音楽ジャーナリズムの必要性を感じて音楽之友社を設立した他、22年日本音楽著作権協会設立の発起人を務め、40年同会長。NHKラジオ番組「音楽の泉」「話の泉」の名解説、名解答者のほか、慶応義塾の応援歌「若き血」や「蒲田行進曲」の作曲、ジャズソング「アラビアの唄」、オペラ「カルメン」などの訳詞でも有名。我が国における西洋音楽の普及・組織化に大きな影響を与えた。著書は「音楽五十年史」「音楽の泉」「ヂンタ以来」など。　家孫＝堀内久美雄（音楽之友社取締役）

堀内 寿郎　ほりうち・じゅろう
化学者 北海道帝国大学教授
明治34年（1901年）9月17日〜昭和54年（1979年）6月27日
生北海道札幌市　専触媒化学　学東京府立一中卒、二高〔大正11年〕卒, 東京帝国大学理学部化学科〔大正14年〕卒 理学博士（東京帝国大学）〔昭和7年〕　賞ドイツ科学アカデミー会員〔昭和41年〕　歴大正15年東京帝国大学理学部助手、昭和2年理化学研究所研究生、4年姫路高校教授となり、5年理化学研究所に戻る。7年欧州へ留学し、M.ポランニーと共同で「化学反応速度論」を発表。10年帰国して北海道帝国大学教授。15年帝国学士院恩賜賞を受賞。18年北大に世界初の触媒研究所が設立されるとその中心を担い、23年同所長。40年定年退官。42〜46年北大学長。触媒化学研究の第一人者で、我が国の触媒化学研究の発展に貢献した。また学生時代からボート部で活躍、"堀内理論"と呼ばれるボートの最適漕法を生み出し、北大ボート部を育成。27年の国体優勝、29年英国ケンブリッジ大学を迎えての全日本選手権優勝に導いた。　家長男＝堀内浩太郎（ボートデザイナー）, 義兄＝東龍太郎（東京都知事）、東陽一（医師）、東俊郎（スポーツ医学者）、女婿＝千谷晃一（藤田保健衛生大学名誉教授）　賞帝国学士院恩賜賞（第30回）〔昭和15年〕

堀内 干城　ほりうち・たてき
外交官 駐華全権公使
明治22年（1889年）3月7日〜昭和26年（1951年）5月17日
生奈良県　名幼名＝亀太郎　学東亜同文書院卒, 京都帝国大学法科大学政治学科〔大正4年〕卒　歴大正6年外務省に入り、外務事務官、大使館一等書記官として英国、中国在勤を経て、昭和11年総領事となり、天津、北京駐在。14年東亜局長、13年大使館参事官として北京駐在、15年駐華全権公使として上海、南京などで活躍。24年退官。著書「講和問題の焦点を衝く」「中国の嵐の中で」などがある。

堀内 長栄　ほりうち・ちょうえい
労働運動家 日本海員組合組合長
明治20年（1887年）7月6日〜昭和36年（1961年）1月19日
生静岡県富士郡柚野村上稲子（芝川町）　学静岡師範学校〔明治37年〕卒　歴柚野小学校教員となったが、明治38年辞職し日本郵船の乗組員となり、大正12年まで海上生活を送る。この間9年の国際労働機関（ILO）海事総会に労働代表の顧問として出席し、のち日本海員組合の創立実行委員となり、12年執行部入りした。昭和2年副組合長、5年組合長に就任。また3年神奈川県議、5年横浜市議となる。11年ILO海事総会に労働代表として出席。戦後は全日本海員組合創立準備委員長として組合再建などに努め、副組合長に就任したが、戦時中に日本海員報国団役員を務めていたため、21年公職追放となった。

堀内 豊秋　ほりうち・とよあき
海軍大佐
明治33年（1900年）9月27日〜昭和23年（1948年）9月25日
生熊本県熊本市　学海兵（第50期）〔大正12年〕卒　歴太平洋戦争中の昭和17年1月、インドネシアのスラウェンのメナド（当時オランダ領）に日本初の落下傘部隊隊長として降下、占領後3ヶ月現地で指揮をとった。また、デンマークから採り入れた海軍体操の考案者としても知られ、海兵針尾分校（佐世保市）体育主任を務めた。戦後戦犯として収監され、メナドで処刑された。

堀内 良平　ほりうち・りょうへい
実業家 政治家
明治3年（1870年）11月3日〜昭和19年（1944年）7月4日
生甲府県八代郡上黒駒村新宿（山梨県笛吹市）　学東京法学院（現・中央大学）卒　歴明治32年東八代郡会議員に当選、1期目ながら議長にも推された。40年山梨県議となったが、選挙無効の訴えが出され辞職、補欠選挙には立候補しなかった。辞職後、上京して報知新聞記者となったが42年退職、45年小野金六を社長に迎え、富士身延鉄道を創業して専務に就任。実質的な社長として采配を振るい、大正12年小野が亡くなると社長に昇格。15年富士山麓鉄道（現・富士急行）、富士山麓土地を創設、社長。一方、7年渡辺銀行の渡辺六郎と東京初の乗合自動車事業としてバス会社の東京市街自動車を創設、渡辺が社長、自身は専務に就任した。昭和2年日本乗合自動車協会初代会長。また、この間、大正13年衆議院選挙に立候補。昭和5年山梨県から衆議院議員となり、当選3回、民政党に属した。　家長男＝堀内一雄（富士急行社長・衆議院議員）、孫＝堀内光雄（富士急行社長・衆議院議員）

堀江 正三郎　ほりえ・しょうざぶろう
衆議院議員
明治2年（1869年）1月〜昭和9年（1934年）10月9日
出東京都　学東京高等工業学校卒　歴京橋区議、東京府議を経て、昭和7年から衆議院議員を1期務めた。政友会に所属した。

堀江 忠男　ほりえ・ただお
サッカー選手

大正2年（1913年）9月13日～平成15年（2003年）3月29日 生三重県上野市 出静岡県 学早稲田大学経済学科〔昭和11年〕卒 経済学博士 歴昭和11年朝日新聞社への入社を半年遅らせてベルリン五輪にサッカー代表選手として出場。初戦で優勝候補のスウェーデンと対戦、腕を骨折しながらもゴールを死守し、3対2の大逆転で破る"ベルリンの奇跡"に貢献した。同年朝日新聞社に入社、記者生活を送る。戦後は経済学者に転じ、早稲田大学教授を務めた他、同大サッカー部監督を3回務めて同大の黄金時代を築き、岡田武史元サッカー日本代表監督らを育てた。

堀江 尚志　ほりえ・なおし
彫刻家
明治30年（1897年）2月23日～昭和10年（1935年）6月5日 生岩手県盛岡市 学東京美術学校彫刻科〔大正11年〕卒 歴東京美術学校彫刻科在学中の大正9年、第2回帝展に「ある女」を出品し特選、翌年10年第3回展では「をんな」で再び特選となる。13年帝展無鑑査。朝倉文夫に師事し、鉄、ブロンズなど素材の質感を生かした作品を残した。昭和4年朝倉塾を離れ、安藤照らと塊人社を創立した。10年帝国美術院改組にともない帝展審査員に推されたが、同年肺結核のため死去した。代表作に「鯉」、「トルソー」（9年）など。 賞帝展特選（第2回）〔大正9年〕「ある女」、帝展特選（第3回）〔大正10年〕「をんな」

堀川 美哉　ほりかわ・よしや
衆議院議員
明治16年（1883年）5月17日～昭和38年（1963年）6月22日 出三重県 学早稲田大学政経科〔明治41年〕卒 歴大正6年、昭和7年衆議院議員に当選、通算2期。政友会に所属した。5年から15年余にわたって津市長を務めたが、太平洋戦争に非協力的として20年8月敗戦直前に辞任に追い込まれた。21年再び市長に復帰したが、同年退任。

堀切 善次郎　ほりきり・ぜんじろう
貴族院議員（勅選）内閣書記官長
明治17年（1884年）9月2日～昭和54年（1979年）11月1日 出福島県 学東京帝国大学法科大学〔明治42年〕卒 歴内務省に入る。警視庁警視、岩手・山口各県事務官、京都府理事官、内務監察官、同省参事官、神奈川県知事、東京市長、拓務次官を歴任。昭和7年5月斉藤実内閣の法制局長官に就任、同時に内閣資源局長官をも兼任。8年3月同内閣の書記官長に転じる。同内閣総辞職後は、勅選貴族院議員として活躍し、研究会に所属。20年幣原内閣の内相となったが、戦後は追放により、公職から離れ、弁護士を開業した。 家兄＝堀切善兵衛（政治家）

堀切 善兵衛　ほりきり・ぜんべえ
衆議院議長 貴族院議員（勅選）駐イタリア大使
明治15年（1882年）5月4日～昭和21年（1946年）11月25日 生福島県 学慶応義塾大学理財科〔明治37年〕卒 歴米国、英国、ドイツに留学、帰国後慶応義塾大学経済学教授となり、時事新報記者を兼任。明治45年第11回衆議院選挙に福島県から当選、以来10回当選。政友会に属し会幹事、のち総務。大正10年高橋是清内閣相秘書官、大蔵参事官、農商務参与官、昭和4年衆議院議長。6年犬養毅内閣大蔵政務次官。15年松岡洋右外相により駐イタリア大使に起用され、日独伊三国同盟に基づく混合専門委員会委員を務め、17年辞任。欧州各国を回り19年帰国、20年勅選貴族院議員。 家弟＝堀切善次郎（内務官僚）

堀口 大学　ほりぐち・だいがく
詩人 フランス文学者 翻訳家
明治25年（1892年）1月8日～昭和56年（1981年）3月15日 生東京市本郷区（東京都文京区） 名号＝十三日月, 馬麗人 学慶応義塾大学仏文科〔明治44年〕中退 賞日本芸術院会員〔昭和32年〕 歴中学卒業後、新詩社に参加し、与謝野鉄幹に師事する。明治44年慶応義塾大学を中退し、外交官であった父・九万一の任地メキシコに行き、以後父の転勤にともない大正14年まで、ベルギー、スペイン、ブラジル、ルーマニアなどを歩く。その間、第一詩集「月光とピエロ」を8年に刊行する一方、7年に訳詩集「昨日の花」を刊行し、14年には大規模なフランス詩の訳詩集「月下の一群」を刊行、昭和の口語詩の方向を決定づけた。翻訳は詩ばかりでなく、ポール・モーランの「夜ひらく」などの小説も多い。また、雑誌「パンテオン」「オルフェオン」を編集し後進を育てた。自作には「新しき小径」「人間の歌」「夕の虹」「月かげの虹」などの詩集のほか、「パンの笛」などの歌集もある。昭和32年日本芸術院会員、45年文化功労者に選ばれ、54年文化勲章を受章した。 家父＝堀口九万一（外交官・随筆家），娘＝堀口すみれ子（詩人・エッセイスト） 勲文化勲章〔昭和54年〕 賞文化功労者〔昭和45年〕

堀口 由己　ほりぐち・よしみ
気象学者 神戸海洋気象台長
明治18年（1885年）9月15日～昭和34年（1959年）1月17日 生岐阜県 学東京帝国大学理科大学実験物理学科〔明治44年〕卒 理学博士〔大正8年〕 歴明治44年測候所技師、津測候所長を経て、大正2年神戸測候所長。8年中央気象台技師兼任となり、岡田武松と海洋気象台創設に尽力、9年海洋気象台兼任となった。この間、太平洋天気図作成、梅雨、台風の研究を続け、13年8月沖縄付近に10日間停滞した沖縄台風について詳細な解析を行い「極東台風論」にまとめた。昭和14年神戸海洋気象台長兼大阪管区気象台長、太平洋戦争中は陸軍技師となり昭南軍政監部付の気象局長として南方軍政地の気象を担当した。22年退官。著書に「台風」。 賞帝国学士院賞（第19回）〔昭和4年〕

堀越 二郎　ほりこし・じろう
「零戦」の設計者
明治36年（1903年）6月22日～昭和57年（1982年）1月11日 生群馬県多野郡美土里村上落合（藤岡市） 学藤岡中卒、一高卒、東京帝国大学工学部航空工学科〔昭和2年〕卒 工学博士（東京大学）〔昭和40年〕 歴昭和2年三菱内燃機（現・三菱重工業）名古屋航空機製作所に入り、4～5年ドイツのユンカース社、米国のカーティス社に留学。帰国後は設計主任技師として14年に「零式艦上戦闘機」いわゆる「零戦」の設計を担当したほか旧海軍戦闘機設計のほとんど（「雷電」「烈風」など）に関与。戦後も三菱にとどまり、32年本社技術部次長、36年より名古屋航空機製作所技師長を兼務。国産中型輸送機「YS11」の基礎設計などに参加。42年に退社するまで航空機の設計一筋に専念した。この間、37年日本航空学会会長。30～40年東京大学工学部講師、40～44年防衛庁大学校教授、47～53年日本大学教授を歴任。また48～49年「PXL」（次期対潜哨戒機）選定の審議をした国防会議専門家会議の座長を務め、晩年は評論家として活躍した。著書に「零戦─日本海軍航空小史」「零戦─その誕生と栄光の記録」がある。 家従兄＝須賀太郎（応用物理学者）

堀越 善重郎　ほりこし・ぜんじゅうろう
実業家
文久3年（1863年）5月3日～昭和11年（1936年）4月24日 生下野国足利郡三重村（栃木県足利市） 学東京商法講習所〔明治16年〕 歴堀越好三の五男に生まれ、足利の川島長十郎、木村半兵衛の援助で東京商法講習所に学ぶ。明治17年木村の援助で渡米、ニューヨークのメーソン商会に入社し足利の羽二重絹織物を輸入する。18年日本支店支配人となり日米

貿易の拡大に貢献。26年渋沢栄一、中上川彦次郎、益田孝らの後援を得て堀越商会を創立、ロンドン、パリ、ニューヨークなどに支店を設け大貿易商に。昭和11年の渡米は太平洋横断80回を数え "太平洋上の絹の橋" を架けたと評価された。同年ニューヨークで病死。

堀込 源太(1代目)　ほりごめ・げんた
民謡歌手
明治5年(1872年)1月29日〜昭和18年(1943年)12月8日
[生]栃木県山辺村堀込(足利市)　[名]本名＝渡辺源太郎　[歴]日光例幣使街道の馬方だったといわれ、同街道沿いに江戸時代から伝わる "口説き節" の名手としてきこえた。大正5年興行師栗田平次郎の世話で東京浅草に進出、リズム楽器に空樽を使い、「八木節」に乗せた「国定忠治」などの物語がたちまち大人気となる。関東大震災後は北関東を中心に巡業、昭和11年引退。民謡界で異例の大スターとなり、堀込源太の名は弟子間で世襲されている。

堀内 謙介　ほりのうち・けんすけ
駐米大使
明治19年(1886年)3月30日〜昭和54年(1979年)11月1日
[生]兵庫県　[学]東京帝国大学法科大学政治学科〔明治43年〕卒　[歴]明治44年外務省に入り、英国在勤ののち、欧米局第2課長、青島総領事、ニューヨーク総領事、中国大使館参事官などを経て、昭和9年調査部長兼アメリカ局長、11年外務次官を経て、13年駐米大使に就任。15年松岡人事により帰国。戦後は外務省研修所長事務取扱から、23年同所講師となり、30〜34年駐中華民国(台湾)大使。この間日本国連協会副会長を務めた。

堀内 宗完　ほりのうち・そうかん
茶道家 表千家流堀内家10代目当主
明治22年(1889年)〜昭和20年(1945年)8月
[名]号＝不仙斎　[歴]堀内家8代宗完の三男。11歳で家督を継いだため、石川若水の補佐を受ける。　[家]父＝堀内宗完(長春斎、堀内家8代目)、兄＝堀内宗完(的斎、9代目)、長男＝堀内宗完(幽峯斎、11代目)

堀内 宗完　ほりのうち・そうかん
茶道家 表千家流堀内家11代目当主
大正3年(1914年)〜昭和21年(1946年)2月
[名]号＝幽峯斎　[学]京都帝国大学文学部史学科　[歴]堀内家10代宗完の長男。堺市の史料調査のため出張中病死。著書に「茶道史序説」がある。　[家]父＝堀内宗完(不仙斎、堀内家10代目)、弟＝堀内宗完(兼中斎、堀内家12代目)

堀内 他次郎　ほりのうち・たじろう
日本史学者 京都帝国大学文学部副手
大正3年(1914年)10月3日〜昭和21年(1946年)2月17日
[生]京都府　[専]茶道史、日本文化史　[学]京都帝国大学文学部史学科国史学専攻〔昭和13年〕卒、京都帝国大学大学院　[歴]生家は表千家流茶道の堀内家。昭和13年に京都帝国大学文学部史学科国史学専攻を卒業して同大学院に入学。茶道を中心に日本の文化史研究を進め、18年には同文学部副手となるが、21年33歳で早世した。著書に「茶道史序考」がある。

堀場 一雄　ほりば・かずお
陸軍大佐
明治33年(1900年)2月1日〜昭和28年(1953年)10月21日
[生]愛知県　[学]陸士(第34期)〔大正11年〕卒、陸大〔昭和5年〕卒　[歴]歩兵第50連隊付を経て、昭和5年参謀本部員、中国、ソ連、ポーランドなどに駐在。12年参謀本部戦争指導班で「国防国策集」などを起草、13年「日支新関係調整方針」を起案した。14年支那派遣軍参謀、16年軍務局御用掛として総力戦研究所

員、同年8月大佐、18年第2方面軍参謀、19年南方軍参謀、第5航空軍参謀副長。著書に「支那事変戦争指導史」。

堀場 信吉　ほりば・しんきち
物理化学者 京都帝国大学理学部教授
明治19年(1886年)1月29日〜昭和43年(1968年)2月16日
[生]京都府京都市下京区　[学]京都二中〔明治37年〕卒、三高〔明治40年〕、京都帝国大学理工科大学純正化学科〔明治43年〕卒 理学博士〔大正13年〕　[資]日本学士院会員〔昭和24年〕　[歴]生家は代々東本願寺の寺侍職。明治44年住友電線製造所に入社。大正元年京都帝国大学理工大学講師、2年助教授となり、7年欧米へ留学。13年帰国して教授に昇任。昭和14年理学部長、17年同大化学研究所所長。22年定年退官。24年同志社大学工学部長、27年京都市立音楽短期大学学長、同年浪速大学学長を歴任。24年日本学士院会員、41年文化功労者に選ばれた。物理化学を専門とし、光化学、コロイド化学、触媒化学、量子化学、核化学、高圧化学などを幅広く研究。大正15年には初の物理化学専門雑誌「物理化学の進歩」を創刊した。　[家]長男＝堀場雅夫(堀場製作所創業者)、孫＝堀場厚(堀場製作所社長)　[賞]帝国学士院恩賜賞(第27回)〔昭和12年〕、文化功労者〔昭和41年〕

堀部 正二　ほりべ・しょうじ
国文学者
大正2年(1913年)10月29日〜昭和19年(1944年)9月7日
[生]大阪府堺市　[名]旧姓・旧名＝鹿島　[専]中古日本文学　[学]京都帝国大学〔昭和11年〕卒　[歴]堺の旧家鹿島家に生れ、昭和14年古美術篆刻家堀部功太郎の養子となった。同年京大保管の近衛家陽明文庫嘱託として17年までに廿巻本類聚歌合巻研究の緒をつかんだ。その間「伝藤原定頼筆和漢朗詠集山城切解説」を執筆、18年には「中古日本文学の研究—資料と実証」を刊行した。文献の実証的研究に優れ、「纂輯類聚歌合とその研究」初校段階で19年応召、戦死後「中世日本文学の書誌学的研究」が公刊された。

本阿弥 光遜　ほんあみ・こうそん
刀剣研磨師 刀剣鑑定家
明治12年(1879年)〜昭和30年(1955年)7月26日
[生]群馬県　[歴]12歳で上京、本阿弥琳雅に入門して刀剣鑑定と研磨を修業、明治40年に独立して日本刀研究会を起こした。戦後は美術刀剣保存協会評議員などを務めた。

本位田 祥男　ほんいでん・よしお
経済史学者 東京帝国大学経済学部教授
明治25年(1892年)3月8日〜昭和53年(1978年)11月17日
[生]岡山県英田郡大原町(美作市)　[専]協同組合論　[学]一高卒、東京帝国大学法科大学政治学科〔大正5年〕卒 経済学博士(東京帝国大学)〔昭和7年〕　[歴]大正10年東京帝国大学経済学部助教授となり、12〜14年欧州へ留学。15年教授に昇任。昭和6年3〜12月欧州各国へ出張。14年辞職し、同年中央物価統制協力会理事、15〜17年同事務局長。また、15〜16年大政翼賛会経済政策部長を務めた。17〜18年東京市議、17年綿・スフ統制会理事長、18〜20年繊維統制会理事長。戦後は21〜25年公職追放。26年立大学経済学部教授、29〜37年明治大学政治経済学部教授。29年アジア協会常務理事、31〜33年同専務理事、41〜47年独協大学教授。著書に「消費組合運動」「マルチン・ルッター」「経済史研究」「統制経済の理論」「新体制下の経済」などがある。　[家]父＝本位田兵之助(岡山県議)

本因坊 秀哉　ほんいんぼう・しゅうさい
棋士(囲碁)
明治7年(1874年)6月24日〜昭和15年(1940年)1月18日
[生]東京府麹町(東京都千代田区)　[名]本名＝田村保寿、別名＝

田村秀哉 歴旧幕臣・田村保永の子。父の手ほどきを受け、明治17年18世本因坊・村瀬秀甫に入門。25年19世本因坊秀栄に入門。38年7段。41年21世本因坊を襲名、秀哉を名のり、同時に8段に昇段。大正3年世襲制最後の名人となった。13年日本棋院創立とともに元老に推される。明治末の中川亀三郎6段、大正期の雁金準一7段、昭和8年呉清源5段との争碁が有名。12年碁界引退を決意、本因坊の名跡を日本棋院に委託し、継承者を選手権制度によって決定することにした。13年木谷実7段と引退碁を打ち、14年引退。明治39年以来黒を持ったことがなかった。平成20年囲碁殿堂入り。著書に「死活妙機」「囲碁神髄」のほか、「本因坊秀哉全集」(全6巻)がある。川端康成の小説「名人」のモデル。秀哉名人をたたえ、成績優秀の日本棋院棋士に贈る秀哉賞が創設された。

本庄 栄治郎 ほんじょう・えいじろう

経済学者 京都帝国大学経済学部教授

明治21年(1888年)2月28日〜昭和48年(1973年)11月18日

生京都府京都市西陣 専日本経済史 学京都帝国大学法科大学政治学科〔大正2年〕卒 経済学博士(京都帝国大学)〔大正12年〕 資日本学士院会員〔昭和23年〕 歴大正7年京都帝国大学助教授。10年欧米留学。12年経済学部教授を経て、昭和11年経済学部長。17年大阪商科大学学長兼教授。23年名誉教授、日本学士院会員。「西陣研究」など日本経済史、特に江戸時代の経済史、経済思想史研究で業績を上げ、日本経済史研究所を設立して後進の育成に努めた。

本荘 可宗 ほんじょう・かそう

評論家

明治24年(1891年)11月8日〜昭和62年(1987年)6月6日

生東京都 学札幌農大卒 歴戦前、「文芸戦線」「前衛」に執筆する傍ら、都新聞(現・東京新聞)のコラムを担当。戦後は中日新聞に入社して論説委員となり、10年以上にわたり、コラム「中日春秋」を担当。著書に「プロレタリア宗理論」「戦争と思想変革」「現代思想批判」「人生のための哲学」など。

本庄 繁 ほんじょう・しげる

陸軍大将 枢密顧問官

明治9年(1876年)5月10日〜昭和20年(1945年)11月20日

生兵庫県 学陸士(第9期)〔明治30年〕卒、陸大〔明治40年〕卒 歴日露戦争に歩兵第20連隊中隊長として参加後、陸大を出て明治41年から大正2年まで北京と上海に駐在、帰国後陸大教官などののち、8年には第11連隊長としてシベリア出兵に加わる。10年から13年までは満州で張作霖の軍事顧問を務めたあと、第4旅団長、支那公使館付武官、第10師団長を歴任し、昭和6年8月関東軍司令官となる。同年9月18日、満州事変が勃発した際、独断で独立守備隊や第2師団を出動させ奉天攻撃を命令。司令官としての独断専行が問題となって7年8月には軍事審議官に。そして8年侍従武官、13年に軍事保護院初代総裁となったが、名分のない日中戦争の成り行きを憂え、太平洋戦争突入時には「バカな奴らだ」と怒声を発したという。20年5月には枢密顧問官となり、終戦3ヶ月後には自決している。遺書に「満州事変は関東軍として自衛上やむを得なかった。当時の関東軍司令である自分一人の責任で…」とあった。遺稿に「本庄日記」がある。 家三男＝本庄三之(宇徳運輸社長)

本城 ハツ ほんじょう・はつ

陸上選手

生年不詳〜平成14年(2002年)4月26日

出京都府京都市 学二条高等女学校卒 歴二条高等女学校時代、陸上競技の日本選手権200メートル、100メートルで優勝。昭和5年万国女子オリンピック400メートルリレーで4位入賞。京都陸上協議会参与を務めた。

本庄 陸男 ほんじょう・むつお

小説家 教育評論家

明治38年(1905年)2月20日〜昭和14年(1939年)7月23日

生北海道石狩郡当別村太美(当別町) 名本名＝本庄陸男、筆名＝岩木喬、江藤三郎 学青山師範〔大正14年〕卒 歴父は旧佐賀藩士で開拓農民として北海道に渡り、北見に移住。高等小学校卒業後代用教員をしたり、樺太で職工をするなどさまざまな職種を経験し、苦学しながら青山師範に入学。在学中から小品などを発表し、また多くの教育評論を発表。卒業後小学校の教員となり、教員生活中にプロレタリア芸術運動に参加。前衛芸術家連盟を経て、昭和3年ナップ(全日本無産者芸術連盟)に参加、同年「資本主義下の小学校」を刊行するが発禁となる。5年教員組合事件で明治小学校を免職となり、以後プロレタリア文化・文学運動に専念。7年非合法下の共産党に入党。9年日本プロレタリア作家同盟(ナップ文学部の後身)解散後、雑誌「現実」の創刊に参加し「白い壁」などを発表して注目され、作家として認められた。11年雑誌「人民文庫」に参加、武田麟太郎の依頼で編集責任者となる。13年同人雑誌「槐」(えんじゅ)を創刊し、代表作「石狩川」を発表した。ファッショ化が進み、転向旋風に吹きまくられた昭和10年代に、作家としての良心を守り抜いた。他の主な作品に「女の子男の子」「石狩は懐く」「橋梁」など。 賞人民文庫賞(第2回)〔昭和11年〕「女の子男の子」

本多 顕彰 ほんだ・あきら

英文学者 文芸評論家 翻訳家 東京女子高等師範学校教授

明治31年(1898年)10月7日〜昭和53年(1978年)6月30日

生愛知県名古屋市 学東京帝国大学文学部英文科〔大正12年〕卒 文学博士 歴九州帝国大学講師、福岡高校教授、東京女子高等師範学校教授を経て、昭和33〜41年法政大学教授を務めた。その後、駒沢大学、実践女子大学、武蔵野女子大学各教授を歴任。評論家としても活躍した。英文学者としては「ハムレット」「シェイクスピア悲劇の本質」などシェイクスピア研究や英国近代小説の研究があり、モウルトン著「文学の近代的研究」「世界文学」の翻訳もある。評論家としては「文学論」「文学の形成」「文学にみる人生論」などがあり、他に「トルストイ」(評伝)「親鸞への道」「歎異抄入門」「だれが聖書を書いたのか」「大学教授」などの著書もある。

本田 一杉 ほんだ・いっさん

俳人 医師

明治27年(1894年)3月17日〜昭和24年(1949年)6月18日

生石川県小松市 名本名＝本田喜良 学金沢医学専門学校〔大正7年〕卒 歴船医となり、大正9年機関士山家海扇の手ほどきで俳句を始める。のち大阪で医院を開業、昭和9年「ホトトギス」同人となる。12年「鴨野」を創刊し、主宰。句集「光明」「雪海」、句文集「大汝」がある。

本田 英作 ほんだ・えいさく

衆議院議員

明治18年(1885年)4月〜昭和23年(1948年)10月4日

出長崎県 学東京帝国大学英法科卒 歴弁護士、長崎市議、長崎県議を務める。昭和3年衆議院議員に当選、以来通算5期務めた。

本田 義英 ほんだ・ぎえい

僧侶(日蓮宗) 仏教学者 京都帝国大学教授

明治21年(1888年)8月10日〜昭和28年(1953年)7月29日

生京都府 名旧姓・旧名＝桐山伝次郎 学京都帝国大学文科大学哲学科〔大正3年〕卒 文学博士〔昭和9年〕 歴本田日周の養子となり、日蓮宗の仏門に入る。松本文三郎に師事、インド哲学、仏教学を学び、フランス、英国、ドイツ、インドに留学。昭和9年京都帝国大学助教授、10年教授となりインド

哲学講座を担当。23年定年退官。龍谷大、立正大、稲沢女子短期大学各教授、立命館大理事、印度文化研究所長、日本学術会議議員などを歴任、傍ら大正8～11年慈雲院住職、以後宝塔寺住職。著書に「仏典の内相と外相」「法華経論」「西域出土梵本法華経」「法華経新訳要集」「印度の社会」などがある。

本多 熊太郎　ほんだ・くまたろう

外交官 外交評論家 駐華大使

明治7年（1874年）12月8日～昭和23年（1948年）12月18日

〔生〕和歌山県　〔学〕東京法学院（現・中央大学）〔明治27年〕中退　〔歴〕明治31年外交官補試験合格、31年清国在勤、同年ベルギー留学。34年小村寿太郎外相秘書官となり、日露ポーツマス講和会議に随行。その後外務省文書課長、在ハルビン総領事、英大使館参事官、大正7年駐スイス公使、10年駐オーストリア公使、13年駐ドイツ大使。15年退官後外交評論家として幣原軟弱外交を非難、国本社などの国家主義団体に関係。昭和15年松岡外相に再起用され駐華大使として汪政権との交渉に当たるが、16年辞任、19年外務省嘱託外交顧問。20年戦犯容疑で逮捕されるが、27年公職追放解除。著書に「軍縮会議と日本」「魂の外交」「支那事変外交観」などがある。　〔家〕女婿＝松村光磨（東京府知事）

本多 謙三　ほんだ・けんぞう

哲学者 東京商科大学教授

明治31年（1898年）11月30日～昭和13年（1938年）3月7日

〔生〕兵庫県神戸市　〔専〕社会経済学　〔学〕東京商科大学（現・一橋大学）本科〔大正13年〕卒　〔歴〕師の左右田喜一郎が横浜社会問題研究所に関係したのち、大正14年東京商科大学の大学予科および専門部講師となり論理学を講じる。昭和4年同大学教授に就任。この頃から雑誌「新興科学の旗の下に」で三木清、羽仁五郎、林達夫らとともに、マルクス主義にもとづく理論活動を展開。7年発足した唯物論研究会の有力なメンバーでもあった。10年退会。著書に「実存哲学と唯物弁証法」「論理学通説」など。

本多 光太郎　ほんだ・こうたろう

物理学者 冶金学者 東北帝国大学総長

明治3年（1870年）2月23日～昭和29年（1954年）2月12日

〔生〕三河国碧南郡新堀村（愛知県岡崎市）　〔専〕磁性物理学　〔学〕帝国大学理科大学物理学科〔明治30年〕卒 理学博士　〔賞〕帝国学士院会員〔大正11年〕　〔歴〕東京帝国大学講師を10年間務めたあと、明治40年からドイツ、英国に留学し、特にドイツではゲッティンゲン大学タンマン教授及びベルリン大学デュボア教授の下で物理冶金学を研究、44年に帰国して新設の東北帝国大学教授となる。その後大正5年同大臨時理化学研究所初代所長、8年同大附属鉄鋼研究所初代所長、11年からは同研究所改め金属材料研究所の所長を兼任（昭和8年まで）して、強力磁石鋼の研究で成果をあげた。この間、大正5年にコバルトを35％含む鍛造のKS鋼（住友吉左衛門の名からとる）、昭和8年には保磁力を4倍に高めた鍛造の新KS鋼を発明して鉄鋼の世界的権威となった。6～15年東北帝国大学総長を務めた。　〔勲〕文化勲章〔昭和12年〕　〔賞〕帝国学士院賞（第6回）〔大正5年〕，文化功労者〔昭和26年〕，英国鉄鋼協会ベッセマー賞〔大正11年〕

本田 成之　ほんだ・しげゆき

中国哲学者 漢学者 書画家 龍谷大学教授

明治15年（1882年）1月～昭和20年（1945年）3月4日

〔生〕岐阜県本巣郡　〔名〕号＝藤軒　〔学〕京都帝国大学文科大学支那哲学科〔大正2年〕卒 文学博士〔昭和6年〕　〔歴〕出家して名古屋円通寺で修業、南画を学んだ。また早稲田大学、曹洞宗大学林（現・駒沢大学）に学び還俗。大学卒業後神宮皇学館教授を経て、大正9年龍谷大学支那学科主任教授となり、同年小島祐馬らと「支那学」を発刊。一方富岡鉄斎に南画を師事、昭

和10年ころから書画展を数回行った。著書に「支那近世哲学史考」「富岡鉄斎と南画」など。

本多 主馬　ほんだ・しゅめ

僧侶（天台宗）大谷大学学長

明治6年（1873年）9月6日～昭和13年（1938年）2月3日

〔名〕旧姓・旧名＝石井　〔専〕仏教学　〔学〕真宗大学研究科卒　〔歴〕明治35～40年母校・真宗大学の教授となり、45年～大正4年後身の真宗大谷大学教授、さらに後身の大谷大学教授を経て、昭和12年同大学長に就任、宗学院指導を兼ねた。この間、安居次講に法華経を講じたこともあり、7年講師の最高学階を授かる。天台宗の権威で、日蓮宗の教義にも精通し、大谷大学長就任後も日蓮宗の講義を続けた。三重県四日市市の専福寺住職。権僧正となり、のち僧正に追補された。著書に「入出二門偈講義」などがある。

本田 庄太郎　ほんだ・しょうたろう

童画家

明治26年（1893年）～昭和14年（1939年）

〔生〕静岡県浜松市　〔歴〕高等小学校卒業後、太平洋画会研究所で石井柏亭らに洋画を学ぶ。「幼年画報」「幼年世界」の挿絵を経て、「コドモノクニ」「コドモアサヒ」などの絵雑誌で活躍。大正末期から昭和初期にかけて代表的童画家として人気を博した。様式化された丸顔の子どもの顔は、その後の童画家にも影響を与え、「元気な良い子」の一つのパターンを形づくった。代表作品に「こがね丸」「孫悟空」など。

本多 静六　ほんだ・せいろく

森林学者 東京帝国大学名誉教授

慶応2年（1866年）5月20日～昭和27年（1952年）1月29日

〔生〕武蔵国南埼玉郡河原井村（埼玉県久喜市）　〔名〕旧姓・旧名＝折原　〔専〕造林学、造園学　〔学〕東京農林学校林学部本科〔明治23年〕卒 林学博士〔明治32年〕　〔歴〕苦学して東京農林学校に学ぶ。明治22年女医の先駆である本多銓子と結婚し本多姓となった。23年ドイツへ私費留学、ミュンヘン大学で林学と経済学を修め、25年博士号を得て帰国。同年帝国大学農科大学助教授、32年「日本森林植物帯論」で我が国最初の林学博士の一人となる。33年東京帝国大学教授に昇任、昭和2年定年退官。この間、東京の水源林である奥多摩の山林が荒廃しているのを嘆き、明治30年東京府知事・千家尊福を説いて多摩川の水源林経営を行わせるのに成功。36年東京市の依頼で我が国初の近代的公園・日比谷公園を造成。大正4年には原熙と明治神宮の造営局参与に任ぜられ、その神苑の設計に当たった。また、帝国森林会、日本庭園協会を創立するなど、林学の普及・啓蒙にも力を尽くした。昭和5年には国立公園調査委員に選ばれ、我が国の国立・国定公園の基礎を築いた。一方、収入の4分の1を貯蓄に充て、残りで倹約して生活する "4分の1天引き貯金" を考案・実践し、それらを山林、山地、株などに投資して学者としては珍しく財をなした。　〔家〕長男＝本多博（弁護士）、孫＝本多健一（電気化学者）、植村誠次（玉川大学農学部教授）、植村秀三（東京高裁判事）、植村恒義（東京大学名誉教授）、三浦高義（獣医学者）、三浦道義（第三銀行社長）、大村襄治（衆院議員）、大村京生（日本女子大学教授）、大村立三（読売新聞新聞監査委員会幹事）、女婿＝植村恒三郎（林学者）、三浦伊八郎（林学者）、大村清一（衆議院議員）

本田 親善　ほんだ・ちかよし

野球選手

明治44年（1911年）8月17日～平成1年（1989年）5月22日

〔出〕米国ハワイ州ホノルル市　〔名〕本名＝本田親喜　〔学〕慶応義塾大学　〔歴〕京都・平安中（現・平安高）の中堅手として、昭和6年、7年の第8回、9回選抜中等学校野球大会に出場。慶応義塾大学でも外野手として活躍。16年から2年間、プロ野球・名古

ほんた　　　　　　　　　　　　　　昭和人物事典 戦前期

屋軍（現・中日ドラゴンズ）の監督。28年からは約30年間、日本社会人野球協会渉外委員を務めた。

本田 恒之　ほんだ・つねゆき
弁護士 衆議院議員
文久2年（1862年）4月～昭和9年（1934年）2月4日
生肥前国島原〔長崎県島原市〕　学専修学校〔明治18年〕卒　歴明治9年鹿児島に遊学、次いで上京し専修学校で法律、経済学を学んだ。東京で代言人となり、雑誌「法叢」を発行。28年長崎で弁護士を開業、長崎市弁護士会長となった。また市会議員、県会議員に数回当選。45年以来衆議院議員当選7回、民政党に属し、司法政務次官となった。のち国民同盟に参加、同党顧問、長崎支部長を務めた。

本多 貞次郎　ほんだ・ていじろう
実業家 政治家
安政5年（1858年）1月7日～昭和12年（1937年）2月26日
生下野国宇都宮〔栃木県宇都宮市〕　歴下野宇都宮藩士の二男。明治15年工部省に出仕し、神戸、名古屋などにおける東海道線鉄道工事で現場監督を務めた。のち実業界に入り、尾張炭坑を設立して取締役。32年中央炭坑を開業。日本鋳鉄、豆相人車鉄道、葛飾瓦斯などの創立・経営にも関与した。36年東京市街鉄道会社工務課長。42年京成電気軌道会社を創立して専務に推され、大正4年押上～市川間を開業させた後、順次千葉方面へ路線を延長。10年千葉までの開通とともにその初代社長に就任（昭和11年まで）、今日の京成電鉄の基礎を築いた。また、北総鉄道、武州鉄道、渡良瀬水力電気、大同電気などの重役も兼任した他、京葉地区での乗合バスや電灯供給事業を興し、同地区の産業発展に寄与した。一方で政界でも活動し、大正6年千葉県議を経て、9年から衆議院議員を通算5期務めた。政友会に所属。14年市川町長。同年帝国鉄道協会理事に選ばれ、昭和11年同副会長。　勲藍綬褒章, 勲四等瑞宝章

本田 トヨ　ほんだ・とよ
社会事業家
明治27年（1894年）1月～昭和52年（1977年）11月28日
生熊本県熊本市北岡　名旧姓・旧名＝島津, 吟名＝本田桜雪　歴父は警察官で、晩年は熊本県長洲町長を務めた。大正5年上京。8年からキリスト教婦人運動家である久布白落実の隣家に住み、基督教夫人矯風会の活動に携わる。昭和12年同会幹事。一方、6年安達謙蔵内相の内命により警察官の家族を対象にした福祉事業を始め、警察官家庭婦人協会を創立、主事となる。また家庭学校を設置して主婦教育に努めた。戦後は婦人生活文化協会理事長、全国社会福祉協議会母子福祉部名誉部長、海外婦人協会会長などを歴任。行動力のある女性で、徳富蘇峰から〝親分〟と呼ばれた。　家父＝島津才蔵（長洲町長）

本多 政材　ほんだ・まさき
陸軍中将
明治22年（1889年）5月17日～昭和39年（1964年）7月17日
生長野県　学陸士（第22期）〔明治43年〕卒, 陸大卒　歴陸軍参謀本部員となり、大正10年から3年間フランスに駐在し帰国後、15年歩兵第22連隊大隊長、昭和2年陸相秘書官、11年教育総監部第1課長などを経て、12年歩兵第2旅団長、13年歩兵学校校長を歴任。14年中将、支那派遣軍総参謀副長となり、太平洋戦争に突入すると共に、15年第8師団長、17年機甲本部長、18年第20軍（関東軍）司令官、19年第33軍（ビルマ駐在）司令官を務め前線を指揮した。終戦をナンガラで迎え、22年復員した。

本田 弥市郎　ほんだ・やいちろう
衆議院議員
慶応4年（1868年）1月～昭和19年（1944年）12月29日
出三重県　学司法省法律学校卒　歴農崎町議、大阪市議を経

て、昭和3年衆議院議員となる。当選4回。また日本産業銀行支配人、大阪厚生信用組合専務理事、大阪府信用組合連合会監事等も務めた。

本田 義成　ほんだ・よしなり
衆議院議員
明治4年（1871年）9月～昭和27年（1952年）4月12日
出東京都　歴東京市議、東京府警務委員長などを務め、大正13年衆議院議員となる。以来当選4回。ブカレストでの第27回列国議会同盟会議に参列した。

本間 金資　ほんま・きんすけ
ニュースカメラマン
生年不詳～平成6年（1994年）4月16日
歴昭和17年日本初の落下傘部隊の降下映像をインドネシアで撮影したほか、18年の神宮外苑での学徒出陣式で、学生たちが水たまりに映る姿をとらえた映像でも知られる。戦後はNHKに嘱託として在籍し、テレビ創成期に活躍した。

本間 憲一郎　ほんま・けんいちろう
国家主義者
明治22年（1889年）12月24日～昭和34年（1959年）9月19日
生茨城県水戸市　学東洋協会専門学校（現・拓殖大）支那語科中退　歴大正4年陸軍通訳としてシベリア、中国で諜報活動。昭和3年郷里茨城県真鍋に帰り、柴山塾を開設。6年頭山秀三の天行会理事、7年五・一五事件に拳銃を調達し、検挙、禁固4年。出獄後14年結社を組んで勤皇まことむすび運動を展開、重臣暗殺のダイナマイト所持で同年検挙された。戦後新生日本同盟を結成、救国懇談会を組織し、右翼運動を指導した。

本間 憲之助　ほんま・けんのすけ
彫刻家
明治38年（1905年）～昭和10年（1935年）7月22日
生山形県　学日本美術学校〔昭和6年〕卒　歴昭和5年帝展に初入選。その後は構造社に出品したが、早世した。

本間 俊平　ほんま・しゅんぺい
信徒伝道者 社会事業家
明治6年（1873年）8月15日～昭和23年（1948年）8月13日
生新潟県　歴大工の徒弟となり、会津、仙台などで働き、明治24年植村正久らの伝道演説会で感動。27年大倉土木組に入り、幹部の一人の導きでキリスト教を信仰、30年留岡幸助から受洗。留岡の感化で不良青少年更生に尽力。山口県秋吉で大理石採掘作業をしながら巡回伝道を開始、監獄・癩病院・軍需工場などを訪問伝道。昭和6年全国各地で講演、10年月刊誌「高輪だより」を発行、信仰を広めた。〝秋吉台の聖者〟と呼ばれ、森鷗外の「鎚一下」は本間がモデルといわれる。著書に「一石工の信仰」「恩寵の追懐」「恩寵の旅路」などがある。

本間 精　ほんま・せい
福岡県知事
明治28年（1895年）8月～昭和23年（1948年）9月1日
生新潟県　学東京帝国大学法科大学独法科〔大正8年〕卒　歴昭和12年秋田県知事、13年内務省警保局長、14年岡山県知事、再び警保局長を経て、15年福岡県知事。

本間 利雄　ほんま・としお
山梨県知事
明治10年（1877年）3月3日～昭和45年（1970年）2月2日
生山形県　学東京外語学校卒, 一高卒, 東京帝国大学法科大学仏法科〔明治41年〕卒, 東京帝国大学法科大学大学院　歴山形の大地主・本間家の一族として生まれる。明治41年東京帝国大学法科大学仏法科を卒業後、同大大学院で行政、自治制度

を研究。北海道、島根、愛媛、広島の各県警部長、警視庁官房主事を歴任後、大正11年欧米視察から帰国直後に長野県知事に就任。12年南米移住地建設宣言を提示し、ブラジル移民に尽力。13年山梨県知事に転じ、14年退任後は実業界入り。電力事業に関心が高く、王子電気軌道社長や、群馬水電、京浜電力などの役員を務めた。

本間 久雄　ほんま・ひさお

文芸評論家 英文学者 国文学者 早稲田大学教授

明治19年(1886年)10月11日～昭和56年(1981年)6月11日

[生]山形県米沢市 [専]イギリス文学, 明治文学 [学]早稲田大学英文学科〔明治42年〕卒 文学博士〔昭和11年〕 [歴]坪内逍遙を慕って早大英文科に学ぶ。英詩人オスカー・ワイルドの研究を進めるとともに、大正7年から昭和2年まで文芸誌「早稲田文学」を主宰した。6年より早大教授を務め、32年退職、のち実践女子大、立正大各教授を歴任した。明治文学研究の第一人者で、著書に「明治文学史」(全5巻)、「自然主義および其以後」「明治大正文学真蹟図録」などがある。

本間 不二男　ほんま・ふじお

地質学者 京都帝国大学教授

明治30年(1897年)10月5日～昭和37年(1962年)7月30日

[生]秋田県平鹿郡横手町(横手市) [学]京華中卒, 一高〔大正7年〕卒, 東京帝国大学理学部地質学科〔大正11年〕卒 理学博士〔昭和12年〕 [歴]秋田で生まれ、東京で育つ。大正11年京都帝国大学理学部講師、12年助教授。昭和6年欧米へ留学。15年教授に昇任したが退官し、新設の北支那開発調査局に転じて中国大陸で地下資源調査に従事。20年地質調査所長となり、北京で敗戦を迎えた。21年引き揚げ、22年日本物理探鉱取締役地質部長、23年海外技術協力取締役。地質調査及び地熱開発に力を注いだ。著書に「大地の構成—地殻変動論概説」「信濃中部地質誌」などがある。

本間 雅晴　ほんま・まさはる

陸軍中将

明治20年(1887年)11月27日～昭和21年(1946年)4月3日

[生]新潟県佐渡郡畑野町 [学]陸士(第19期)〔明治40年〕卒, 陸大〔大正4年〕卒 [歴]大正7年から英国やインドに駐在のあと昭和7年陸軍省新聞班長となり、参謀本部第2部長、第27師団長を経て、15年台湾軍司令官。この間13年中将。16年11月には新たに編成された南方軍の総司令官、寺内寿一大将の下のフィリピン攻略の第14軍司令官に任命された。太平洋戦争が始まると第14軍は17年1月2日マニラに入城、4月9日には米軍が要塞化していたバターン半島を攻略したが、フィリピン平定が遅れたかどで、8月予備役に編入される。またバターン攻略のさい米軍捕虜7万5000人を炎天下に60キロも歩かせ多数の死者を出したという“バターン死の行進”の責任者として、終戦とともに連合軍によりフィリピンに送還され、21年4月マニラで銃殺により処刑された。ヒューマニストのインテリ型将軍といわれ、餓死寸前の捕虜には最善を尽したといい、遺言には「勝てば官軍、負ければ賊軍」と書いている。 [家]二男＝本間雅彦(民俗学研究家)

本領 信治郎　ほんりょう・しんじろう

衆議院議員

明治36年(1903年)10月8日～昭和46年(1971年)7月24日

[生]京都府京都市 [学]早稲田大学政治経済学部経済科〔昭和3年〕卒 [歴]大学院に進み、のち早大附属第二早稲田高等学院講師、同教授、同大専門部政経科講師。欧州各国に留学、帰国後東方会、大政翼賛会に参加、総務局宣伝部副部長。昭和17年東京府5区から衆議院選挙に当選。戦後公職追放、解除後改進党中央常任委員、日本民主党相談役などを務め、日本ラグビー協会理事。著書に「青年の信条」「日本ラグビー物語」がある。

【ま】

米田 実　まいた・みのる

外交史家 国際問題評論家 東京朝日新聞論説委員長

明治11年(1878年)12月11日～昭和23年(1948年)1月9日

[生]福岡県 [学]オレゴン大学卒, アイオワ大学大学院修了 法学博士〔大正11年〕 [歴]16歳で上京、勝海舟に学費を給付され、明治29年渡米、オレゴン大でバチェラー・オブ・ロースを取得、さらにアイオワ大に学び、サンフランシスコの日米新聞編集長を務めた。40年帰国、41年池辺三山の勧めで東京朝日新聞社入社。外報部の傍ら論説を執筆。大正4年外報部長、5年ロンドン特派員。第一次大戦休戦後帰国、外報部長兼論説委員となり、東京商科大学、明大で外交史を講義。11年論説委員長、12年相談役、13年編輯局顧問を経て、昭和8年定年退職、顧問。21年社友。この間、明大教授も務めた。著書に「世界最近の外交」「現代外交講話」「世界の大勢」などがある。

米谷 隆三　まいたに・りゅうぞう

商法学者 東京商科大学教授

明治32年(1899年)2月11日～昭和33年(1958年)5月3日

[生]岡山県都宇郡茶屋町 [専]保険法 [学]東京商科大学(現・一橋大学)〔大正14年〕卒 法学博士(立命館大学)〔昭和25年〕 [歴]大正12年文官高等試験行政科に合格。14年商工省に入省、保険事務官となる。昭和4年明治大学講師を兼務。5年東京商科大学予科教授兼大学助教授。7～10年ベルリン、パリ、ローマの各大学で一般法律学、商法を研究する。13年東京商科大学教授に就任。22年免職され、同年企業法研究所を設立し、所長となる。24年弁護士登録。26年教職除去指定を解除され、翌年成蹊大学教授に就任。この間、14年日本経済法学会専務理事を務め、29年第14回国際アクチュアリ会議(マドリード)に日本代表として参加。著書に「精選『米谷隆三選集』」など。 [賞]日本学士院賞(第14回)〔昭和30年〕「約款法の理論」

舞出 長五郎　まいで・ちょうごろう

経済学者 東京帝国大学経済学部教授

明治24年(1891年)9月8日～昭和39年(1964年)7月15日

[生]神奈川県 [専]理論経済学, 経済学史 [学]東京帝国大学法科大学政治学科〔大正6年〕卒, 東京帝国大学大学院修了 経済学博士〔昭和22年〕 [資]日本学士院会員 [歴]大正8年東京帝国大学助教授、9～11年欧米留学、12年教授。昭和13～14年、20～23年の2度経済学部長。27年定年退官、名誉教授となり、37年まで学習院大教授を務めた。戦前土方成美の経済価値論を批判し、舞出・土方論争を展開。戦後矢内原忠雄、大内兵衛らの大学復帰に尽力した。著書に「経済学史概要」「改訂理論経済学概要」がある。

前川 正一　まえかわ・しょういち

農民運動家 衆議院議員

明治31年(1898年)2月1日～昭和24年(1949年)7月11日

[生]広島県広島市寺町 [出]香川県 [学]同志社大学中退 [歴]大正10年香川県に帰郷し農民運動に入る。11年神戸で開かれた日農創立大会に参加し、12年日農香川県連合会を結成し、会長に就任。多くの小作争議を指導。その間検挙されて下獄し昭和3年に出所。同年全国農民組合結成とともに中央常任委員・組織部長となり、全国的に活躍。12年社会大衆党から衆議院議員に当選。戦後は社会党の結成、日農の再建に尽力した。著書に「農民組合の話」「左翼農民運動組織論」など。

前川 千帆　まえかわ・せんぱん

版画家　漫画家
明治21年（1888年）10月5日〜昭和35年（1960年）11月17日
生京都府京都市下京区寺町仏光寺南　名本名＝前川重三郎、旧姓・旧名＝石田　歴関西美術院で油絵を学んだ後、明治44年上京し、北沢楽天のパック社に入社して漫画を書き、後木版画に専念。大正8年の第1回日本創作版画協会に出品以来多くの展覧会に出品。代表作に「浴泉裸絵」「民謡」などがある。漫画家としては昭和初期の「あわてものの熊さん」が有名。家兄＝朝賀卍廊（版画家）

前川 八郎　まえかわ・はちろう

野球選手
明治45年（1912年）4月1日〜平成22年（2010年）3月16日
出兵庫県　学神港中（現・神港学園高）卒、国学院大学　歴私立神港中（現・神港高）では投手で4番を打つ。国学院大に進み、5大学リーグ（現・東都大学リーグ）でエースとして活躍。東京鉄道管理局を経て、昭和11年プロ野球・巨人の投手となり、初代日本一に貢献。投手の他に内野手や外野手もこなし、5代目の4番打者として1試合に出場。背番号は18。13年まで在籍。その後、国学院大監督、滝川中（現・滝川高）監督を務め、戦後の21年に1年間だけプロ野球の阪急でプレーした。プロ野球選手としての成績は、実働4年、81試合登板、21勝23敗、16完投、4完封、143奪三振、防御率3.34。その後、兵庫工監督、富士製鉄尼工畑監督などを歴任し、42年巨人のスカウト部長を務め、47年退団。さらにゴルフ場の支配人となり、49年国語教師として堀越学園に勤務。59年教職特例でアマ資格を認定された史上2人目の元プロ野球選手となり、同高野球部の監督も務めた。97歳の平成21年7月7日、東京ドームでの巨人対横浜戦で、巨人創立75周年記念イベントとして試合前の始球式で投手を務めた。

前田 晃　まえだ・あきら

小説家　翻訳家
明治12年（1879年）1月15日〜昭和36年（1961年）9月9日
生山梨県山梨市　名号＝木城　学早稲田大学　歴明治31年電信技師として甲府から東京に転任し、のち早大に入り、明治37年隆文館に勤務する。39年博文館に移り「文章世界」の編集をする傍ら、自ら創作し「盲人」「独身」などを発表。またゴンクールの「陥穽」など翻訳面でも活躍。大正2年博文館を退社し、4年から6年にかけて「読売新聞」婦人部長を務め、13年から金星堂の「世界文学」を主宰した。昭和18年電通出版部顧問となり、19年出版部長になり、22年退社。主な著書に「途上」「遠望」や「明治大正の文学人」などがある。62年前田晃文化賞（財団法人・山人会主催）が設定された。家妻＝徳永寿美子（童話作家）

前田 一鴬　まえだ・いちおう

日本画家
明治23年（1890年）6月18日〜昭和14年（1939年）10月8日
生岐阜県安八郡名森村（安八町）　名本名＝前田賢一　学岐阜中卒、東京美術学校中退　歴山元春挙に日本画を学び、大正3年京都新古美術展覧会に「天平美人」を出品して褒賞を得たのを皮切りに、大正から戦前にかけ京都画壇で活動する。山水、とくに雪景山水、雨中山水を得意とした。

前田 寛治　まえだ・かんじ

洋画家
明治29年（1896年）10月1日〜昭和5年（1930年）4月16日
生鳥取県東伯郡中北条村国坂（北栄町）　学倉吉中卒、東京美術学校西洋画科〔大正10年〕卒　歴大正4年上京、白馬会葵橋洋画研究所に学ぶ。5年東京美校に入学、藤島武二らに師事。また内村鑑三に傾倒。10年第8回二科展に「花による子供」、第

3回帝展に「花と子供等」を出品、それぞれ初入選。11〜14年渡仏し、エコール・ド・パリの自由な雰囲気にふれ、またアングル、セザンヌ、クールべらの影響を受け、写実主義絵画を研究。帰国後「J・C嬢の像」を第6回帝展に出品し特選。15年"1930年協会"の設立に参加。また前田写実研究部（のち前田写実研究所）を主宰して写実主義の理論を展開、フォービスムの筆致の作品を発表した。昭和4年「海」で帝国美術院賞受賞。他の代表作に「裸婦」「棟梁の家族」など。著書に「前田寛治画論」がある。賞帝展特選（第6回）〔大正14年〕「J・C嬢の像」、帝展特選（第8回）〔昭和2年〕「横臥裸婦」、帝国美術院賞〔昭和4年〕「海」

前田 幸作　まえだ・こうさく

衆議院議員　博多東亜倶楽部支配人
明治28年（1895年）4月〜昭和62年（1987年）9月19日
生京都　歴独自の才気と弁舌に恵まれ、京都の寺田キネマ商会で声色弁士やセールスに活躍。京極中央館支配人だった32歳のとき、東亜キネマの重役に見込まれて東亜に入社。昭和2年博多東亜倶楽部支配人として博多に赴任。無料入場券を飛行機で散布するなど奇抜な宣伝を展開し、街の話題となる。5年東亜を退き、以後民衆倶楽部、世界館、大衆座などの経営に奮闘。6年には福岡県議に当選して政界に進出。11年衆議院議員となり、戦後も福岡市議を4期務め"爆弾質問男"の異名をとった。晩年は銭湯経営の傍ら、全国公衆浴場環境衛生同業組合連合会副理事長などを務めた。

前田 曙山　まえだ・しょざん

小説家　園芸家
明治4年（1871年）11月21日〜昭和16年（1941年）2月8日
生東京馬喰町（東京都中央区）　名本名＝前田次郎　学日本英学館卒　歴兄太郎が硯友社員であったことから明治24年「千紫万紅」に「江戸桜」を発表、硯友社系作家としてデビュー。以後「男やもめ」「蝗うり」「にごり水」「腕くらべ」（「千枚張」の改題）「檜舞台」などを発表。この間「園芸之友」を発刊、俳誌「キヌタ」を主宰。大正12年大阪朝日新聞に長編時代小説「燃ゆる渦巻」、13年東京朝日に「落花の舞」を連載、好評を博し、大衆小説家としての地位を確立した。

前田 青邨　まえだ・せいそん

日本画家
明治18年（1885年）1月27日〜昭和52年（1977年）10月27日
生岐阜県中津川町（中津川市）　名本名＝前田廉造　資帝国美術院会員〔昭和10年〕、帝国芸術院会員〔昭和12年〕、帝室技芸員〔昭和19年〕　歴明治34年上京、梶田半古に師事。40年安田靫彦、今村紫紅らの紅児会に加わる。大正元年文展に発表した「御輿振」で認められる。3年再興第1回院展に「竹取物語」「湯治場」を出品、同年同人に推挙された。安田靫彦、小林古径とともに日本美術院の3本柱として活躍。11〜12年渡欧。帰国後、「洞窟の頼朝」「罌粟」「風神・雷神」「お水取」などの代表作を発表、深い自然観照と"やまと絵"の研究に基づく卓越した技法によって、幅広い作域を示す。昭和12年芸術院会員に推され、26〜34年東京芸術大学教授として後進の指導に当たった。30年文化勲章受章。42年法隆寺金堂壁画再現摸写事業、47年には高松塚古墳壁画摸写を総監修し、49年バチカン美術館に「細川ガラシャ夫人像」を寄贈した。歴史画の名作が多い。家妻＝荻江露友（荻江節5代目宗家）　勲文化勲章〔昭和30年〕　賞朝日文化賞（第1回）〔昭和5年〕「洞窟の頼朝」

前田 桑明　まえだ・そうめい

木工芸家
生年不詳〜昭和17年（1942年）
生東京都三宅島　名本名＝前田文之助　歴慶応元年頃に生ま

れる。明治28年第4回内国勧業博覧会に出品した「桑書棚」が宮内省の買い上げとなる。大正天皇、昭和天皇即位大典に際し献上の桑製調度品を制作。御蔵島産桑材を自在に用い、重厚な作風の厨子や書棚などを数多く制作、桑材全盛の時代を築いた。彫刻家石川光明と親交を結び、合作も多く手がけた。また、博覧会の審査員や日本美術協会理事などを歴任し、木工界の重鎮として活躍した。

前田 精　まえだ・ただし
海軍少将
明治31年（1898年）3月3日～昭和52年（1977年）12月13日
生 鹿児島県　学 海兵〔大正7年〕卒　歴 大正7年兵学校卒業後、海外視察や在外勤務が多く、昭和15年在オランダ公使館付武官。日蘭交渉使節団時代、インドネシアへの認識を深め、17年枢軸国武官を伴って南方占領地域を視察、占領行政円滑化のため、連絡機関の設立を海軍省に提案。同年陸軍の主担当地域ジャワのジャカルタに海軍武官府設立の命を受けた。海軍武官として民間人を多く採用し、インドネシアの研究に当たらせ、陸軍に追及されていた独立運動家をかばった。さらに20年8月のインドネシア独立宣言の際は側面から支援した。

前田 多門　まえだ・たもん
朝日新聞論説委員　新潟県知事
明治17年（1884年）5月11日～昭和37年（1962年）6月4日
生 大阪　学 東京帝国大学法科大学独法科〔明治42年〕卒　歴 明治42年内務省に入り、都市計画課課長などを経て、大正9年東京市第三助役、11年東京市政調査会を設立。12年国際労働機関（ILO）政府代表としてジュネーブへ。昭和3年朝日新聞論説委員。13年退社後はニューヨークの日本文化会館館長、18年新潟県知事など歴任。20年勅選貴族院議員となり、東久邇内閣の文相に就任。幣原内閣でも留任し、異色の人材を起用し教育改革を推進するが公職追放となり、東京通信工業（現・ソニー）社長に就任。その後、日本育英会、日本ユネスコ国内委員会、日本ILO協会各会長、公明選挙連盟理事長などを歴任した。著書に「国際労働」「地方自治の話」「アメリカ人の日本把握」など。　家 長男＝前田陽一（フランス文学者）、女婿＝井深大（ソニー創業者）

前田 荻邨　まえだ・てきそん
日本画家
明治28年（1895年）10月～昭和22年（1947年）1月19日
生 兵庫県神戸市　名 本名＝前田八十八　学 京都市立美術工芸学校絵画科〔大正5年〕卒, 京都市立絵画専門学校〔大正8年〕卒, 京都市立絵画専門学校研究科〔大正10年〕修了　歴 西村五雲に師事し、晨鳥社会員となる。大正9年帝展に「瓦つくる家」で初入選、以来度々帝展に入選し、昭和6年には「潮」で特選を受賞、7年「埠頭」、9年「無量光」をいずれも無鑑査出品している。新文展にも、第2回、第3回と無鑑査で出品。また5～11年京都市立美術工芸学校教員、11年より没年まで同校教諭として後進の育成にあたった他、晨鳥社でも総務を務めた。

前田 鉄之助　まえだ・てつのすけ
詩人　詩洋社主宰
明治29年（1896年）4月1日～昭和52年（1977年）11月18日
生 東京市本郷区本郷（東京都文京区）　名 筆名＝前田春声　学 正則英語学校高等部〔大正4年〕中退　歴 早くから詩作をし、前田春声の号で投書を始める。三木露風、柳沢健の知遇を得て、露風主宰「未来」に詩を発表、大正8年には柳沢主宰「詩王」同人となる。9年第一詩集「韻律と独語」を刊行。12年詩洋社を設立して春声の号から本名の鉄之助に改め、「詩洋」を創刊。昭和5年「南洋日日新聞」主筆としてシンガポールに渡り、7年帰国。12年詩洋社より「全日本詩集」第1巻を刊行。17年日本文学報国会詩部会常任幹事。18年「詩洋」は

休刊となったが、31年復刊を果たした。他の詩集に「蘆荻集」「海辺の家」などがある。

前田 利鎌　まえだ・とがま
哲学者　東京工業大学専門部教授
明治31年（1898年）1月22日～昭和6年（1931年）1月17日
生 熊本県玉名郡小天村　学 東京帝国大学文学部哲学科〔大正11年〕卒　歴 大正11年東京高等工業学校講師を経て、昭和5年東京工大専門部教授となる。故郷の湯ノ浦温泉は漱石「草枕」の舞台といわれ、上京後はしばしば漱石を訪れ、松岡譲ほか漱石の門人達と親しく接した。今北洪川、釈宗演らについて参禅し、平林寺で印可を受け、槐蔭窟と称した。著書に「宗教的人間」がある。

前田 利定　まえだ・としさだ
実業家　子爵　貴族院議員
明治7年（1874年）12月10日～昭和19年（1944年）10月2日
生 東京都　学 東京帝国大学独法科〔明治35年〕卒　歴 明治29年襲爵。35年1年志願兵となり陸軍歩兵少尉、37年貴族院議員。大正11年加藤友三郎内閣の逓信相、13年清浦奎吾内閣の農商務相を務め、昭和19年まで貴族院議員。また安田銀行、東武鉄道、川崎窯業、上毛鉄道会社などの重役を兼任。竹柏会門下で和歌に長じた。　家 父＝前田利昭（子爵）

前田 利建　まえだ・としたつ
侯爵　宮内庁式部官　貴族院議員
明治41年（1908年）3月17日～平成1年（1989年）9月19日
生 東京市本郷区（東京都文京区）　学 東京帝国大学美学美術史学科〔昭和9年〕卒　歴 昭和9年帝室博物館勤務。のち式部官兼主猟官、内大臣秘書官、貴族院議員などを歴任。17年加賀前田家17代目当主。戦後は北辰電機に勤務、式部官も務めた。　家 父＝前田利為（陸軍大将）、異母妹＝酒井美意子（マナー評論家）、息子＝前田利祐（宮内庁掌典）

前田 利為　まえだ・としなり
陸軍大将　侯爵
明治18年（1885年）6月5日～昭和17年（1942年）9月5日
生 石川県　学 陸士（第17期）〔明治38年〕卒, 陸大〔明治44年〕卒　歴 侯爵前田利嗣の養嗣子となり、明治33年襲爵。大正2年ドイツに私費留学し、第一次大戦では英軍に従軍、8年参謀本部付となり欧州に出張、平和条約実施委員として国境の画定に参与。昭和2年英国大使館付武官、5年近衛歩兵第2旅団長、6年参謀本部第4部長などを歴任、11年中将に進み、12年第8師団長。14年予備役となり文化奉公会会長となったが、17年召集されてボルネオ守備軍司令官に就任。同年9月飛行機事故で死亡。死後大将に進級。　家 養父＝前田利嗣（貴院議員・侯爵）

前田 虎雄　まえだ・とらお
国家主義者　大東塾顧問
明治25年（1892年）4月25日～昭和28年（1953年）3月21日
生 長崎県　学 島原中〔明治43年〕中退, 南満州鉄道従業員養成所〔大正2年〕卒　歴 大正5年まで南満州鉄道（満鉄）運輸課に勤務。退職後、井上日召、本間憲一郎、木島完之らと支那第三革命を目指した動きに参加。また日本軍のためにも働く。12年帰国、15年津久井龍雄らの建国会に入るが上杉慎吉と合わず脱退、日本山妙法寺で得度。国家主義思想と自己完成の融合統一たる「皇道」という論を唱導。昭和6年上海に渡り、亜州大同連盟の結成に参与、翌年愛国勤労党中央委員となる。8年神兵隊事件を隊司令として指揮し、検挙。14年影山正治の大東塾顧問となる。15年独伊軍事同盟締結を期す大東塾のテロ事件の首謀者として再検挙されるが、無罪となった。戦後、亜細亜友之会を設立。

前田 直典　まえだ・なおのり
東洋史学者
大正4年(1915年)11月18日〜昭和24年(1949年)9月18日
生京都府京都市　学東京帝国大学東洋史学科〔昭和14年〕卒
歴病をおしてモンゴル史、元朝史を研究。特にその紙幣制度、地方統治組織の研究で成果をあげ、またモンゴル民族形成に鋭く迫った。中国史に関する新しい時代区分論を論文「東アジアに於ける古代の終末」で提唱、東アジア諸国の歴史の相互関連性を指摘し、当時の学会に衝撃を与えた。昭和48年刊の「元朝史の研究」に主な業績が収録されている。

前田 南斉　まえだ・なんさい
木工芸家
明治13年(1880年)〜昭和33年(1958年)
生静岡県　名本名＝前田兼吉　歴萩谷幸作、安保木方斎に師事したのち、明治34年桑樹匠として独立。37年東京府工芸展に初出品し、二等賞。大正3年東京大正博覧会、11年平和記念東京博覧会、14年パリ万国現代装飾美術工芸博覧会、15年フィラデルフィア万博などで受賞。同年木竹工芸会結成に参加。日本美術協会委員、審査員などを歴任した。木工界を代表する指物師で、多くの弟子を育てた。

前田 久吉　まえだ・ひさきち
新聞人 産経新聞創業者
明治26年(1893年)4月22日〜昭和61年(1986年)5月4日
生大阪府西成郡天下茶屋(大阪市)　学天王寺師範附属小〔明治37年〕卒　歴明治37年小学校を卒業すると漬物桶製造店や呉服問屋に丁稚に出たが、42年実家に帰り、呉服の行商を始めた。大正2年母方の祖父母が経営する新聞販売店の手伝いを始め、3年その経営を任されると数年で取り扱い部数を10倍に増やして南大阪でも指折りの新聞販売店にする一方、新聞の発刊を念願。9年全国紙としての大新聞と併読できる地方ローカル紙として南大阪新聞を創刊した。11年夕刊大阪新聞に改題して夕刊紙としての第一歩を踏み出し、昭和2年新聞社を株式会社に改組して社長に就任。8年工業関係の専門紙として日本工業新聞を創刊。10年時事新報の再建を要請され、専務として経営を掛け持ち。戦時体制が進むにつれ新聞紙の統廃合を余儀なくされ、夕刊大阪新聞と日本工業新聞は合わせて50紙余紙を合併。16年日本工業新聞が産業経済新聞(現・産経新聞)、17年夕刊大阪新聞が大阪新聞となった。戦後、21年公職追放に遭ったが、25年追放解除により大阪新聞と産経新聞の社長に復帰した。　家長男＝前田富夫(大阪放送社長・日本電波塔社長)、二男＝前田福三郎(日本電波塔社長)、義弟＝早嶋喜一(産業経済新聞社長・旭屋書店創業者)、大友六郎(日本電波塔社長)

前田 房之助　まえだ・ふさのすけ
衆議院議員
明治17年(1884年)9月15日〜昭和40年(1965年)2月18日
生兵庫県西宮市　学神戸高等商業学校〔明治40年〕卒　歴兵庫県武庫郡会議員、同部大社村長を経て、大正13年以来、兵庫2区から衆議院議員に8回当選。この間大蔵参与官、広田弘毅内閣の逓信政務次官、小磯国昭内閣の運輸通信政務次官、民政党総務、同政調会長、翼賛政治会総務、日本民主党全国委員長、自民党総務などを歴任した。また西宮土地、尼崎宝塚電気鉄道各社長、正盛館埋堀会長なども務めた。

前田 普羅　まえだ・ふら
俳人
明治17年(1884年)4月18日〜昭和29年(1954年)8月8日
生東京市芝区(東京都港区)　名本名＝前田忠吉、別号＝清浄観子　学早稲田大学英文科中退　歴大学中退後、裁判所書記を7年間務め、大正5年時事新報社に入社。のち報知新聞社に

移り、富山支局長などを務める。昭和4年に退社し、以後俳句に専念。俳句は大正2年に「ホトトギス」雑詠に入選し、原石鼎とともに高浜虚子の称賛を得る。3年「ホトトギス」課題句選者。15年池内たけしに代わって「辛夷」選者となり、昭和4年より同誌主宰。25年東京へ戻った。句集に「普羅句集」「春寒浅間山」「飛騨紬」「能登青し」などがある。

前田 政八　まえだ・まさはち
衆議院議員
明治7年(1874年)3月〜昭和40年(1965年)1月21日
画佐賀県　学東京工手学校土木科卒　歴北海道で木材業を営み、釧路木材商組合長となり、北海道議、釧路市議、同議長、釧路商業会議所議員を歴任。のち佐賀県塩田町長となり、佐賀県治山治水協会会長、同林業会理事長、日本治山治水協会理事を務めた。また、昭和3年北海道5区から衆議院議員に当選、政友会に所属して1期務めた。

前田 夕暮　まえだ・ゆうぐれ
歌人
明治16年(1883年)7月27日〜昭和26年(1951年)4月20日
生神奈川県大住郡大根村南矢口(秦野市)　名本名＝前田洋造　学中郡中中退　歴中学を中退した頃から文学に傾倒し、明治37年上京、尾上柴舟に師事して車前草結成に参加。39年には白日社を創立し、41年パンフレット「哀楽」を刊行。「文章世界」「秀才文壇」などの編集をしながら、43年「収穫」を刊行、自然主義歌人として脚光をあびる。44年には「詩歌」を創刊し、大正元年には「陰影」を刊行。8年から山林業についたが、13年「日光」創立に参加し、14年「原生林」を刊行。以後自由律短歌運動に挺身した。ほかの歌集に「生くる日に」「水源地帯」「耕土」「夕暮遺歌集」などがある。　家妻＝狭山信乃(歌人)、長男＝前田透(歌人)

前田 米蔵　まえだ・よねぞう
衆議院議員 商工相 鉄道相 運輸通信相
明治15年(1882年)2月17日〜昭和29年(1954年)3月18日
生和歌山県　学東京法学院(現・中央大学)〔明治35年〕卒　歴弁護士を経て、大正6年政友会より衆議院議員に当選、以来9期。14年政友会幹事長となり、昭和2年田中義一内閣の法制局長官、6年犬養内閣の商工相、11年広田内閣の、14年平沼内閣の鉄道相を歴任。この間、12年鈴木喜三郎政友会総裁の辞任に際しては中島知久平を推し、久原房之助と対立した。15年大政翼賛会議会局長、のち大政翼賛政治会総務会長として政党なきあとの議会関係者の統轄・調整にあたった。19年小磯内閣の運輸通信相。戦後、日本進歩党結成に加わり、公職追放解除後の27年衆議院議員に返り咲いたが、選挙違反事件、さらに落選とふるわなかった。

前田 蓮山　まえだ・れんざん
政治評論家 新聞人 時事新報政治部記者
明治7年(1874年)〜昭和36年(1961年)9月12日
生長崎県　名本名＝前田又吉　学早稲田大学政治学科卒　歴東京高等師範学校、早稲田大学政治学科に学び、電通を経て、東京毎日新聞社に入社。雑誌「太陽」に「今日主義の原敬」を執筆して認められ、時事新報に入社。政治記者として原敬首相と親しく接したが、大正10年原敬暗殺以後、原敬研究に没頭した。その間中央新聞主筆、読売新聞論説客員も務めたが、筆一本の政治記者を貫いた。著書に「政治哲学」「政党政治の科学的検討」「星亨伝」「原敬伝」「自由民権時代」「歴代内閣物語」などがある。

前田河 広一郎　まえだこう・ひろいちろう
小説家
明治21年(1888年)11月13日〜昭和32年(1957年)12月4日

昭和人物事典 戦前期　　　　まき

生宮城県仙台市　学宮城県立一中〔明治38年〕中退　歴中学中退後上京して新紀元社に入社。「新紀元」廃刊後は農業などをして、明治40年渡米。シカゴで様々の仕事をし、在米社会主義者と交わり短編「二十世紀」などを発表。大正5年シカゴからニューヨークに移り「今日の日本文壇」を発表。第一次大戦後は「日米週報」の編集長となり、9年13年間の在米生活を打ち切って帰国。「中外」編集長となり11年「三等船客」を刊行。以後「赤い馬車」「麺麭」「最後に笑ふ者」「快楽師の群」などを刊行。「文芸戦線」に参加し、プロレタリア文学作家として活躍。他の著書に「支那」「蘆花伝」「青春の自画像」などがある。

前田山 英五郎　まえだやま・えいごろう
力士
大正3年（1914年）5月4日〜昭和46年（1971年）8月17日
生愛媛県西宇和郡須木村喜木（八幡浜市）　名本名＝萩森金松、年寄名＝高砂浦五郎　歴初め喜木山、佐田岬。昭和4年15歳で初土俵。12年入幕。入幕わずか3場所で大関に昇進すると10年間18場所にわたって大関の地位にあり、22年33歳で第39代横綱となった。24年引退して年寄高砂を継ぐ。相撲協会内では外国通として知られ、ハワイ巡業などを実現した。

前野 茂　まえの・しげる
満州国司法部次長
明治32年（1899年）1月27日〜昭和63年（1988年）5月26日
出岡山県倉敷市児島　学六高卒、東京帝国大学法学部法律学科（ドイツ法）〔大正13年〕卒　歴大正12年高等試験司法科試験合格。15年判事。昭和9年退官して満州国司法部に入り、12年刑事司長、14年総務庁人事処長、15年司法部次長、20年7月文教部次長。8月の終戦後、ソ連軍に捕らえられ、31年に帰国するまで政治監獄と収容所に長く収容された。帰国後、その体験を克明に綴った「生ける屍―ソ連獄窓十一年の記録」（全3巻）を著した。

前畑 秀子　まえはた・ひでこ
水泳選手 日本女子初の金メダルを獲得
大正3年（1914年）5月20日〜平成7年（1995年）2月24日
生和歌山県橋本町（橋本市）　名本名＝兵藤秀子　学椙山女学園専門部卒　歴小学3年生から水泳を始め、4年生で50メートル平泳ぎ小学生記録、6年生で50、100、200メートル平泳ぎの小学生記録をマーク。父母を亡くした後は椙山学園理事長の椙山正弌の後援を受け、昭和4年汎太平洋女子オリンピック大会（ハワイ）100メートル平泳ぎで優勝。7年ロサンゼルス五輪200メートル平泳ぎは、0秒1差で銀メダル。その後、一日2万メートル泳ぐ猛練習をこなし、11年のベルリン五輪では、世界記録3分3秒6で、日本の女子選手初の金メダルを獲得した。競技の模様を伝える実況放送の中で、日本放送協会（NHK）の河西三省アナウンサーは「前畑ガンバレ!!」を24回絶叫し、ゴール後は「勝った、勝った！ 前畑勝った！」と18回叫んだという。実況を録音したレコードも発売された。12年結婚。引退後も水泳ひと筋で、各地のスイミングスクールで指導にあたり、56年日本女性として初の五輪功労章銀章を受ける。58年に脳出血で倒れたが、水泳で鍛えた基礎体力と並はずれたリハビリの努力により、奇跡的に回復をなした。米国の水泳殿堂入りも果たした。著書に「前畑ガンバレ」など。家二男＝兵藤正時（スイミングスクール経営・元五輪候補選手）賞文化功労者〔平成2年〕

槙 哲　まき・あきら
実業家 台湾塩水港製糖社長
慶応2年（1866年）11月10日〜昭和14年（1939年）5月30日
生越後国（新潟県）　学慶応義塾大学理財科〔明治23年〕卒　歴越後長岡藩士の二男に生まれる。慶応義塾監督、舎監を務め

たのち、明治29年北越鉄道に入り、倉庫係のとき新潟・亀田間鉄橋破壊事件にあい、修復に手腕を発揮した。のち王子製紙を経て、台湾塩水港製糖に転じ、40年常務、大正6年社長に就任。昭和3年社長を辞すが、8年再び社長に復帰した。この他台湾花蓮港木材、新日本砂糖工業、東北砂鉄各社長を務め、植民地経営に情熱を燃やした。家甥＝槙有恒（登山家）

牧 逸馬　まき・いつま
⇒林 不忘（はやし・ふぼう）を見よ

牧 英勝　まき・えいしょう
俳優
明治37年（1904年）6月10日〜昭和47年（1972年）6月3日
出和歌山県和歌山市　名本名＝牧英勝　学関西大学経済科〔大正11年〕中退　歴新国劇を経験後、大正3年東亜キネマに入社。助監督を務める。マキノプロ、小沢映画聯盟を経て、昭和4年帝キネへ。「恋のジャズ」で本格的デビュー。5年問題作「女給」に出演しエキゾチックな二枚目スターとして注目される。だが帝キネの女優中心路線の中で女優の相手役としての出演が多く、演技・人気とも伸びきれず、10年退社。戦後は和歌山で教員を務めた後、32年からは立法教団の大僧正となった。

真木 順　まき・じゅん
俳優
明治39年（1906年）3月26日〜昭和20年（1945年）8月
生福岡県八幡市　名本名＝高崎正男　学東洋大学文学部卒　歴在学中から築地小劇場に入り、卒業後も小学校教師を務めながら劇団に在籍。昭和12年東宝に入社、同年徳川夢声主演「雷親爺」に映画初出演。以後も「蛇姫様」（15年）「上海の月」（16年）「少年漂流記」（18年）「あの旗を撃て」（19年）などに脇役として出演。

牧 俊高　まき・しゅんこう
彫刻家
生年不詳〜昭和15年（1940年）6月14日
出東京都　名本名＝牧寛五郎　歴能姿の木彫を得意とし、帝展や新文展に出品、無鑑査に推された。東邦彫塑院会員でもあった。昭和15年に亡くなり、三越で遺作展が開催された。

牧 鋭夫　まき・としお
有機化学者 東京帝国大学教授
明治28年（1895年）3月24日〜昭和29年（1954年）10月10日
生三重県一志郡久居町（津市）　専有機合成化学　学東京高等師範学校附属中卒、一高〔大正4年〕卒、東京帝国大学工科大学応用化学科〔大正7年〕卒 工学博士（東京帝国大学）〔昭和3年〕　歴大正7年東京帝国大学応用化学科を恩賜の銀時計を受けて卒業、同年母校講師、8年助教授。14年有機化合物合成化学研究のため欧米へ留学。昭和13年教授に就任。19年工業化学会会長、29年有機合成化学協会会長。有機合成化学の第一人者で、染料、特にスレン染料の研究に功績を挙げ、15年には帝国学士院賞を受賞した。賞帝国学士院賞（第30回）〔昭和15年〕、工業化学会有功賞〔昭和11年〕、陸軍技術有功章〔昭和19年〕

牧 雅雄　まき・まさお
彫刻家
明治21年（1888年）〜昭和10年（1935年）8月14日
生神奈川県足柄下郡谷津（小田原市）　名旧姓・旧名＝藤田　学太平洋画会研究所　歴相模小田原藩勘定奉行・藤田金次郎の二男。小田原藩士・牧家の養子となる。明治34年小田原電灯会社に入る一方、38年から太平洋画会研究所でデッサンを修業。また彫刻家戸張孤雁に師事して彫塑部で彫塑を修めた。藤井浩佑の指導も受けた。大正初期に故郷へ帰り、宮本九万象牧

701

まきくち　　　　　　　　　　　　　　　　昭和人物事典 戦前期

師の指導を得て洗礼を受ける。大正10年「M牧師の顔」が院展で初入選し、昭和2年日本美術院同人。次いで「木彫軍鶏」も入選した。関東大震災後、廃材で作った茶室・空々庵で創作と弟子の指導を続けた。

牧口 常三郎　まきぐち・つねさぶろう
宗教家 教育思想家 地理学者 創価学会創設者
明治4年（1871年）6月6日〜昭和19年（1944年）11月18日
[生]新潟県刈羽郡荒浜村（柏崎市）　[名]旧姓・旧名＝渡辺、幼名＝長七　[学]北海道尋常師範（現・北海道教育大学）〔明治26年〕卒　[歴]北海道師範教諭を経て、明治34年上京、志賀重昂の教えを受け、36年「人生地理学」を刊行。44年新渡戸稲造らの郷土会に参加。その後、東京の大正小学校長などを歴任し、在野の地理学者・教育学者として活躍。昭和3年三谷素啓に出会い日蓮正宗に入信。その教義から独自の価値感に基づく"創価教育学"を唱えて、5年戸田城聖らの協力で新興宗教団体・創価教育学会（現・創価学会）を創設し、初代会長となる。折伏と呼ばれる布教活動により会員を増大させたが、神social神道批判を行ったため、17年7月不敬罪と治安維持法違反を理由に検挙され、19年11月巣鴨拘置所で病死した。編著に「教授の統合中心としての郷土科研究」「創価教育学体系」（全4巻）など。

牧田 きせ　まきた・きせ
看護婦
明治23年（1890年）〜昭和46年（1971年）2月22日
[生]岐阜県大野郡丹生川村新張　[学]日赤看護学院〔明治43年〕卒　[歴]日露戦争がきっかけで看護婦を志す。日赤中央病院に勤務し、乃木希典の看護にもあたった。米国で公衆衛生学、看護婦養成法を学ぶことを希望し、大正4年ロサンゼルス病院に派遣される。排日運動の中で在留邦人をよく看護し、昭和9年帰国。12年日中戦争が始まると上海派遣特別救護班婦長として上海野戦病院に勤務。のち東京第一病院などを経て、第二次大戦の際には海軍病院船に乗組み看護婦長として活躍。戦後帰郷し、高山日赤高等看護学院、不二越病院附属高等看護学院講師を務め、後進の育成にあたった。

牧田 環　まきた・たまき
実業家
明治4年（1871年）7月20日〜昭和18年（1943年）7月6日
[生]大阪府大阪市北桃谷町　[学]帝国大学工科大学採鉱冶金学科〔明治28年〕卒 工学博士〔大正2年〕　[歴]明治28年三井鉱山に入り、三池炭鉱に勤務、大正2年取締役、常務を経て、昭和9年会長。7年には三井合名理事となり三井財閥首脳部の一員に。三池炭鉱の近代化、三池染料、三池製錬、東洋高圧など大牟田コンビナート育成に貢献、総帥団琢磨の女婿として活躍した。11年三井合名、三井鉱山を退職。12年昭和飛行機工業を設立、社長、13年帝国燃料興業初代総裁。他に日本経済連盟、日本工業倶楽部各理事、釜石鉱山会長、日本製鉄取締役など多くの要職を歴任した。　[家]岳父＝団琢磨（三井合名理事長）

牧野 英一　まきの・えいいち
刑法学者 東京帝国大学名誉教授
明治11年（1878年）3月20日〜昭和45年（1970年）4月18日
[生]岐阜県高山（高山市）　[学]東京帝国大学法科大学法律学科〔明治36年〕卒 法学博士　[賞]帝国学士院会員〔昭和11年〕　[歴]民法施行や条約改正のあった明治32年に東京帝国大学に入り、卒業後は判事、検事を経て、大正2年〜昭和13年東京帝国大学教授。「犯罪は犯人の悪性の徴表である」との"主観主義の刑法理論"や、「刑罰の目的は犯人の人格を再び社会生活に適応させることにある」との"教育刑論"を日本に持ち込み、また刑法学の大家で、自由な法解釈を主張する自由法運動の提唱者として有名だった。この間、明治43年から大正2年まで、独、伊、英に留学したあと、刑法改正調査委員会委員、臨時法制

調査会委員、中央公職適格審査委員会委員長を歴任。探究心旺盛で、病床の枕もとには常に外国の新刊書があったという。昭和11年学士院会員。21年勅選貴族院議員。25年文化勲章受章。著書に「刑事学の新思潮と新刑法」「日本刑法」「刑法総論」「法理学」「刑法各論」「刑法研究」（20巻）などがある。　[家]弟＝牧野良三（法相）　[勲]文化勲章〔昭和25年〕　[賞]文化功労者〔昭和26年〕

牧野 菊之助　まきの・きくのすけ
司法官 大審院長
慶応2年（1866年）12月21日〜昭和11年（1936年）12月24日
[生]江戸　[学]帝国大学法科大学法律学科〔明治24年〕卒 法学博士〔大正7年〕　[歴]一高を経て、明治24年帝国大学法科大学を卒業し司法官試補となる。26年前橋地裁判事、28年東京麹町区裁判所判事、29年東京地裁判事、31年同部長、同年東京控訴院判事、36年同部長、41年大審院判事、44年同部長を歴任。43〜44年欧州に出張。45年京都地裁所長、大正2年東京地裁所長、9年名古屋控訴院長、10年東京控訴院長、13年大審院部長などを経て、昭和2年大審院長に就任。6年退官して、9〜11年日本大学法学部長、また潤徳高等女学校名誉校長などを務めた。明治年間の野口男三郎事件の裁判長として知られる。没後の12年、柴田義彦編「牧野菊之助博士遺稿全集」が出版された。

牧野 茂　まきの・しげる
海軍技術大佐
明治35年（1902年）2月9日〜平成8年（1996年）8月30日
[生]愛知県名古屋市　[学]東京府立一中卒、八高卒、東京帝国大学工学部船舶工学科〔大正14年〕卒、フランス国立造船大学〔昭和9年〕卒　[歴]大正14年海軍造船中尉に任官。以後、海軍艦政本部部員として各種艦船の設計を担当。昭和11〜16年呉海軍工廠造船部設計主任を務め、戦艦大和の建造に携わった。12年英国王ジョージ6世の戴冠式観艦式に参列。20年敗戦時は海軍技術大佐で海軍艦政本部第四部設計主任。戦後は、28年国際船舶工務所取締役社長、船舶設計協会常務理事として、初期の海上自衛隊警備艦などの設計に関与した後、防衛庁技術研究本部嘱託、三菱重工船舶事業本部顧問、国際電信電話嘱託、日本電信電話公社嘱託などを歴任。著書に「牧野茂 艦船ノート」などがある。　[家]岳父＝山本開蔵（海軍造船中将）

牧野 賤男　まきの・しずお
弁護士 衆議院議員
明治8年（1875年）2月〜昭和18年（1943年）12月30日
[出]新潟県　[学]明治法律学校、東京法学院高等研究科卒　[歴]司法官試補ののち弁護士となる。東京市議、東京府議などを経て、昭和3年以来衆議院議員に当選6回。犬養内閣拓務参与官となったほか、帝国弁護士会理事、東京弁護士会副会長も務めた。

牧野 正蔵　まきの・しょうぞう
水泳選手
大正4年（1915年）〜昭和62年（1987年）2月12日
[出]静岡県浜名郡鷲津町（湖西市）　[学]早稲田大学卒　[歴]14歳で800メートルの日本記録を出し、16歳で世界記録を樹立。昭和7年ロサンゼルス五輪1500メートル自由型で銀メダル、ベルリン五輪で銅メダルを獲得。日本窒素を経て、戦後電通に入社、名古屋支社連絡支配人を務め、48年名電広告社社長に就任。また古橋広之進、橋爪四郎らのコーチも務めた。

牧野 司郎　まきの・しろう
洋画家
明治26年（1893年）7月2日〜昭和47年（1972年）7月3日
[生]千葉県北条町　[名]号＝牛歩　[歴]明治39年から同舟舎絵画研

究所で小林万吾の指導を受け、また和田英作に学ぶ。44年第5回文展に「矢車草の花」が初入選、以後官展に出品した。大正3年第1回二科展には「自画像」が入選、7年第5回光風会展の「庭の雪」で今村奨励賞を受賞、13年同会会員、昭和46年には同会名誉会員に推された。また、大正6年不動貯金銀行に入行、昭和16年には取締役副頭取となる。20年に退職したが、26～38年には東京都民銀行監査役を務め、2足のわらじをはく異色の作家だった。　　囻今村奨励賞〔大正7年〕「庭の雪」

牧野 信一　まきの・しんいち
小説家
明治29年（1896年）11月12日～昭和11年（1936年）3月24日
囲神奈川県足柄下郡小田原町　囨早稲田大学英文科〔大正8年〕卒　歴時事新報社の「少年」「少女」記者となり、大正8年同人誌「十三人」を創刊し、その2号に「爪」を発表し文壇に認められる。13年「父を売る子」を刊行。昭和5年創刊の「作品」に参加し、6年には「文科」を創刊、またこの頃「西部劇通信」を刊行。井伏鱒二、坂口安吾、石川淳などの新人発掘にも力があった。9年行きづまりを感じ小田原に引きこもる。初期のころは私小説の作風をとっていたが、昭和に入り知的幻想趣味の色が濃くなり、「村のストア派」「吊籠と月光と」「バラルダ物語」「ゼーロン」「淡雪」などを発表。著書に「鬼涙村」「酒盗人」などがある。

牧野 信之助　まきの・しんのすけ
日本史学者　京都帝国大学文学部講師
明治17年（1884年）4月23日～昭和14年（1939年）9月25日
囲福井県丹生郡上石田村（鯖江市石田上町）　囨本名＝牧野総兵衛　専日本中世史　囨京都帝国大学史学科選科〔明治45年〕修了　歴中学校卒業後、代用教員となり、明治39年広島高等師範学校図書館、41年京都帝国大学国史研究室に勤務。大正元年から石川師範学校教諭を務める傍ら、福井県史、滋賀県史、堺市史、北海道史などの編纂主任を務め、各地の地方史編纂に従事した。昭和8年京都帝国大学文学部講師。著書に「弘法大師伝の研究」「武家時代社会の研究」「織田豊臣時代史」などがある。

牧野 武夫　まきの・たけお
編集者　牧野書店創業者
明治29年（1896年）6月6日～昭和40年（1965年）10月13日
囲奈良県磯城郡田原本町　囨奈良師範卒　歴婦人新聞、改造社に勤めたが、嶋中雄作に請われて中央公論社に転社。出版部を創設し、E.M.レマルクの「西部戦線異状なし」を刊行、書籍出版の基礎を築いた。昭和14年退社、牧野書店を創立、戦時統合で乾元社と改称。戦後両社を再興し、「南方熊楠全集」などを刊行した。ラジオ技術社専務、電通顧問。著書に「雲か山か—雑誌出版うらばなし」などがある。

牧野 忠篤　まきの・ただあつ
子爵　貴族院議員
明治3年（1870年）10月12日～昭和10年（1935年）4月11日
囨慶応義塾本科〔明治26年〕卒　歴明治11年家督を継ぎ、17年子爵、30年以来貴族院議員に当選6回。研究会の幹部として活躍した。29年初代の長岡市長に就任。宝田石油社長、日本石油、長岡鉄道各重役、帝国農会会長、日本中央蚕糸会会長、米穀統制調査会、教科用図書審査会各委員などの要職を務めた。

牧野 輝智　まきの・てるとし
経済学者　早稲田大学教授
明治12年（1879年）1月4日～昭和16年（1941年）8月29日
囲熊本県　囨東京専門学校（現・早稲田大学）卒　経済学博士〔昭和4年〕　歴熊本商業学校、佐賀中学校各教諭、農商務省嘱託を経て、明治44年東京朝日新聞社入社。大正8年政治部長、

次いで経済部長、編集局主幹、顧問を歴任。昭和9年早大教授となり、東京商科大学講師も務めた。著書に「貨幣学の実証的研究」「財政概論」「新金融論」「農業金融」「日本財政論」などがある。

マキノ 登六　まきの・とうろく
俳優
明治43年（1910年）4月8日～昭和7年（1932年）6月7日
囲京都府京都市　囨本名＝林喜一郎、別名＝片岡十六、片岡市太郎　囨東山中　歴大正2年マキノに入社。初め片岡十六の芸名で殺陣師として活躍したが、牧野省三に認められてマキノ登六と改名、マキノ久夫らとともにマキノ青年派5人組のひとりとして抜擢された。昭和3年そのマキノ青年派結成第1作「神州天馬峡」に出演、翌4年には「月下の騎士」に主演した。マキノ解散後は東活を経て、6年寛寿郎プロに入り、片岡市太郎を名のって山中貞雄の監督第1回作品「抱寝の長脇差」（7年）に出演。同年日活太秦に入社、マキノ正博監督作品に出演の予定だったが、急性肺炎で急死した。

牧野 富太郎　まきの・とみたろう
植物分類学者
文久2年（1862年）4月24日～昭和32年（1957年）1月18日
囲土佐国高岡郡佐川村（高知県高岡郡佐川町）　囨幼名＝誠太郎　囨小学校中退　理学博士〔昭和2年〕　寶日本学士院会員〔昭和25年〕　歴少年時代から植物に興味を持つ。明治17年上京し、松村任三・矢田部良吉・大久保三郎から東京大学の植物学教室への出入りを許され、同所の標本や書籍を自由に閲覧する機会を得た。20年田中（市川）延次郎、染谷徳五郎らと「植物学雑誌」を創刊、21年には「日本植物志図篇」の第1集を出版、図や記述の正確さから松村やロシアのマキシモヴィッチらに絶賛された。25年帝国大学助手となり、45年講師に昇進。大正5年には自らの研究機関誌「植物研究雑誌」を創刊。同年池長孟の助けで神戸に池長植物研究所が設立され、これまでに集めた標本のうち約30万点を収蔵。さらに教育者・中村春二の経済援助を受けて研究に邁進した。14年「日本植物図鑑」を刊行。以後はその学問的業績も高まり、小学校中退の学歴ながら、昭和2年には理学博士号を取得した。独学で日本における植物分類学の基礎を築き上げた巨人であり、生涯に自ら発見又は命名した新種、新変種は1500種とも2500種ともいわれる。また、多くの植物学者や研究者に様々な助言や資料提供を与えており、のちの日本の植物学界に与えた影響は大きい。　勲文化勲章（死後）〔昭和32年〕　囻文化功労者（第1回）〔昭和26年〕，朝日文化賞（昭和11年度）〔昭和12年〕

牧野 虎雄　まきの・とらお
洋画家
明治23年（1890年）12月15日～昭和21年（1946年）10月18日
囲新潟県高田　囨東京美術学校西洋画科〔大正2年〕卒　歴黒田清輝、藤島武二に師事、美術在学中文展に入選、研究科に進んでも文展で受賞。卒業後「紅葉の下湯」「渓流に水浴」などが文展特選となった。大正8年帝展推薦、11年審査員（改組後の昭和10年辞任）。大正13年高間惣七らと槐樹社を創立、昭和5年木村荘八らと六潮会に参加、6年槐樹社解散、旺玄社を結成。その間4年には帝国美術学校洋画科教授となり、10年多摩帝国美術学校創立に尽力、同校洋画科主任教授となった。代表作「燈台の朝」「磯」「漁村」「春去らんとす」「凧揚」「南の部屋」「白閑鳥」「雪の椿」「麦秋」などがある。

牧野 虎次　まきの・とらじ
牧師　社会事業家　同志社総長
明治4年（1871年）7月3日～昭和39年（1964年）2月1日
囲滋賀県　囨筆名＝朝陽学人　囨同志社普通学校〔明治25年〕卒，エール大学神学校〔明治35年〕卒　神学博士　歴明治25年

渡米、エール大学に学び、帰国後土佐、京都、ハワイのマキ、シカゴなどの教会で牧会に従事、社会事業にも尽力。大正11年南満州鉄道（満鉄）初代社会課長、大阪府嘱託を経て、昭和6年同志社大学講師となり、文学部神学科内に専攻の社会事業学を設置、社会奉仕活動を展開。のち京都府社会福祉協議会長、教育委員長を務めた。13年同志社総長事務扱、16～22年第11代総長。この間軍部、官憲の弾圧を文学部東亜研究所や工業専門学校を設けて切り抜けた。戦後は世界平和を説いて世界連邦建設同盟京都連合会長、国際宗教同志会会長として活躍、米国政府の永久市民権を与えられた。著書に「旧新約全書総論」「基督の人訓」「針の穴から」など。

牧野 伸顕　まきの・のぶあき
伯爵　内大臣
文久1年（1861年）10月22日～昭和24年（1949年）1月25日
生 薩摩国鹿児島（鹿児島県鹿児島市）　名 旧姓・旧名＝大久保
学 開成学校中退　歴 明治の元勲・大久保利通の二男に生まれ、牧野家の養子となる。明治4年父の洋行に随員として参加したのが機で知った同行の伊藤博文に引き立てられて法制局参事官、福井・茨城各県知事。30年からはイタリア、オーストリア・ハンガリーの各公使を歴任。40年以降は第一次西園寺内閣の文相、第二次同内閣の農商務相を務めたあと、大正2年第一次山本内閣の外相となり、8年のベルサイユ講和会議では次席全権として活躍した。10年から宮内相、14年からは内大臣として15年間、西園寺公望とともに昭和天皇の側近にあって軍部の横暴阻止に努める。このため右翼からは"君側の奸"として標的とされ、軍部急進派からも親英米派としてマークされるようになり、昭和10年病気を理由に辞任。翌年の二・二六事件では神奈川県・湯河原の旅館に滞在中を襲われたが、九死に一生を得て隠退。のち帝室経済顧問、東亜同文会会長、日本棋院総裁などを務めた。日本に野球を輸入した元祖としても知られ、著書に大正7年までの経歴を記した「牧野伸顕回顧録」がある。　家 父＝大久保利通（政治家）、兄＝大久保利和（実業家）、弟＝大久保利武（大阪府知事）、女婿＝吉田茂（首相）

マキノ 正博　まきの・まさひろ
映画監督
明治41年（1908年）2月29日～平成5年（1993年）10月29日
生 京都府京都市上京区千本一条上ル　名 本名＝牧野正唯、別名＝マキノ雅弘、マキノ雅裕、マキノ雅広　学 京都第一商〔大正14年〕卒、同志社大学中退　歴 "日本映画の父"といわれた牧野省三の長男で、生涯で正博、雅弘、雅裕、雅広とたびたび改名。日活京都撮影所長となった父の下、3歳で子役として映画デビューして以来、169本の映画に出演。大正14年マキノプロダクションに入り俳優兼助監督として父を支え、「白虎隊」「義士と俠客」では主演を務めた。15年富沢進郎との共同演出ながら弱冠18歳で「青い眼の人形」を監督、昭和2年杉狂児主演の「週間苦行」で監督として一本立ちを果たす。3年には脚本家・山上伊太郎、カメラマン・三木稔（滋人）といった新進気鋭の若手とのトリオで「浪人街・第一話/美しき獲物」を撮影、浪人たちの群像劇をリアルに描いて大当たりをとった。このトリオでは同作の続編や同年の「崇禅寺馬場」、3年の「首の座」などをヒットさせ、高い評価を得た。4年父が多額の負債を抱えたまま他界、経営危機も深刻化し、正映マキノが発足するが、失火のためスタジオが全焼。7～8年日活、9年第一映画社を経て、10年嵐寛寿郎プロ製作の「春霞八百八騎ち」で監督に復帰。同年マキノ・トーキーを設立して12年までに26本を製作。さらに根岸寛一の誘いで日活に戻り、阪東妻三郎主演「恋山彦」、片岡千恵蔵主演「江戸の荒鷲」、オールスターの「忠臣蔵」といった時代劇をヒットさせた。15年女優の轟夕起子と結婚（のち離婚）。同年東宝に移り、「昨日消えた男」「長谷川・ロッパの家光と彦左」「男の花道」「婦系図」「ハナ子さん」などのヒット作を立て続けに放った。18年松竹下加茂

撮影所長に就任。戦後も高峰秀子主演の「待ちぼうけの女」、黒沢明の脚本を得た「殺陣師段平」やヒットシリーズ〈次郎長三国志〉〈日本俠客伝〉〈昭和残俠伝〉などを手がけ、映画史上空前の通算261本の作品を世に送り出した。　家 父＝牧野省三（映画監督・映画製作者）、姉＝マキノ智子（女優）、弟＝マキノ光雄（映画製作者）、長女＝マキノ佐代子（女優）、息子＝マキノ正幸（沖縄アクターズスクール校長）、異母兄＝松田定次（映画監督）、甥＝長門裕之（俳優）、津川雅彦（俳優）　賞 京都市民賞〔昭和7年〕

牧野 充安　まきの・みつやす
弁護士
明治4年（1871年）～昭和19年（1944年）5月17日
生 京都府　学 東京法学院〔明治24年〕卒　歴 明治24年代言人試験合格。明治期から社会問題に関心が深く、民事、特にその上告訴訟に自信を示す。大正10年自由法曹団結成に尽力。昭和3年解放運動犠牲者救援会に加わり、6年には同会主導の弁護士団に参加。治安維持法による共産党弾圧事件、三・一五事件、四・一六事件の弁護に従事。また7年9月同団後身の日本労農弁護士団検挙事件では布施辰治らと治安維持法違反容疑で連座。社会主義者を自認したが、大正以後は自由主義者といわれた。

牧野 元次郎　まきの・もとじろう
不動貯金銀行頭取
明治7年（1874年）2月17日～昭和18年（1943年）12月7日
生 千葉県　学 高等商業学校（現・一橋大学）〔明治25年〕中退　歴 成田英学塾で教えていたが、成田銀行を設立時に支配人としてまねかれる。明治33年岳父小堀清と共に不動貯金銀行（のちの協和銀行）を設立、35年取締役、37年頭取に就任。「庶民金融第一主義」をとり、3年満期の積み立て貯金を考案、また関東大震災直後にも預金者の払い戻しに応じて信用を高め、同行を業界第一の貯蓄銀行に発展させた。昭和16年相談役。

牧野 良三　まきの・りょうぞう
衆議院議員
明治18年（1885年）5月26日～昭和36年（1961年）6月1日
生 岐阜県高山（高山市）　学 東京帝国大学法科大学独法科〔明治44年〕卒　法学博士〔昭和29年〕　歴 明治44年逓信省に入り、大正2年証券課長、3年退官。大阪商船を経て、5年弁護士登録。その後文部省に入り、7年文相秘書官、のち参事官。9年政友会に所属し、岐阜県から衆議院議員に当選、以来10回当選。この間、昭和2年商工参与官、7年斎藤内閣の逓信次官。15年斎藤隆夫議員除名に反対投票。17年の翼賛選挙では推薦候補で当選。戦後公職追放、解除後の25年全国選挙管理委員。27年衆議院議員当選、衆議院予算委員長から30年第三次鳩山内閣の法相となった。著書に「投票用紙事件の表裏」「満鉄事件」「談合研究資料」「逓信特別会計の研究」「競争入札と談合」などがある。　家 兄＝牧野英一（刑法学者）

牧原 源一郎　まきはら・げんいちろう
衆議院議員
明治30年（1897年）4月14日～昭和61年（1986年）8月3日
出 福島県　学 会津中卒　歴 昭和17年福島2区から翼賛政治体制協議会推薦で衆議院議員に当選1回。

槙村 浩　まきむら・こう
詩人　社会運動家
明治45年（1912年）6月1日～昭和13年（1938年）9月3日
生 高知県高知市廿代町　名 本名＝吉田豊道　学 関西中〔昭和6年〕卒　歴 海南中時代マルクス主義に共鳴、軍事教練反対運動を組織。のち岡山市の関西中に転校して詩作を始める。昭和6年3月高知に帰り、プロレタリア作家同盟高知支部を結成、

7年2月日本共産青年同盟に参加。同年2月〜4月、「大衆の友」や「プロレタリア文学」などに「生ける銃架」「間島パルチザンの歌」「一九三二・二・二六」「出征」の4編を発表、反戦詩人として注目を集める。同年4月検挙されて3年間入獄。再度の検挙でも非転向を貫いたが、その時の拷問や虐待で体調を悪くした。詩集に「間島パルチザンの歌」（昭39年）、また「槙村浩全集」（全1巻）がある。平成7年行方不明になっていた評論「日本詩歌史」が脱稿から60年ぶりに刊行された。

槇本 楠郎　まきもと・くすろう
児童文学者 歌人
明治31年（1898年）8月1日〜昭和31年（1956年）9月15日
生 岡山県吉備郡福谷村　名 本名＝槇本楠男　学 早稲田大学予科中退　歴 農業にたずさわりながら文学を学び、大正11年詩集「処女林のひびき」を、14年編著「吉備郡民謡集」を刊行。のち児童文学面でプロレタリア文学運動に参加し「プロレタリア児童文学の諸問題」「プロレタリア童謡講話」、童謡集「赤い旗」を昭和5年に刊行。日本のファッショ化が進んだ10年から11年にかけては「新児童文学理論」や「仔猫の裁判」などの童話集を多く刊行。戦後は共産党に入党、児童文学者協会で活躍するなど、生涯を民主的、芸術的児童文学のためのたたかいに捧げた。歌集に「婆婆の歌」（無産者歌人叢書）がある。家 娘＝槇本ナナ子（童話作家）

牧屋 善三　まきや・ぜんぞう
小説家
明治40年（1907年）5月17日〜昭和52年（1977年）5月11日
生 北海道松前町　名 本名＝岡田五郎　学 明治学院高等科中退　歴 岡田家の三・一五事件に連座、明治学院中退、大宅壮一の下で「千一夜物語」を翻訳、また浅草の軽演劇に脚本を書いた。丹羽文雄の推薦で15年「文学者」に「傀儡」を連載、のち「限りなき出発」と改めて出版。16年「青年芸術派」同人となり「春の雲光り」などを出版した。戦後は筆を絶った。家 兄＝岡田三郎（作家）

牧山 耕蔵　まきやま・こうぞう
衆議院議員
明治15年（1882年）1月〜昭和36年（1961年）6月5日
生 東京都　学 早稲田大学政治経済学部卒　歴 京城居留民団議員、京城学校組合会議員を経て、大正6年4月長崎2区より衆議院議員初当選。以後7回当選を果たし、第二次若槻内閣においては海軍政務次官を務めた。その他、政友本党代議士会長、民政党総務をも務めた。また、朝鮮新聞社・長崎日日新聞社・佐世保新聞社等社長としても活躍した。

政岡 憲三　まさおか・けんぞう
アニメーション作家
明治31年（1898年）10月5日〜昭和63年（1988年）11月23日
生 大阪府大阪市西区　学 京都市立絵画専門学校　歴 大正11年京都私立絵画専門学校に入学して日本画を学び、のち上京し黒田清輝の葵橋研究所で洋画を修めた。14年マキノプロダクションに入り牧野省三の下で助監督をしたほか、美術・撮影も行い、時には二枚目俳優として出演したこともあった。昭和2年独立して児童劇映画を自主製作。4年日活太秦撮影所に入り、カメラマンから教育映画部の技術主任となり、5年の漫画映画「難船ス物語・猿ケ島」でアニメーション作家としてデビューした。7年政岡映画製作所を設立し、8年松竹と組んで我が国初のトーキー漫画映画「力と女の世の中」を製作して注目を浴びた。さらに「ギャングと踊り子」「仇討からす」「茶釜音頭」などを立て続けに製作、いち早くセル画やアニメ製作に流れ作業を導入するなど新機軸を開くが、10年に折からの金融悪化などがもとで倒産。14年松竹の協力を得て日本動画研究所を創立し、「べんけい対ウシワカ」「ニャ

ンの浦島」「奴の凧兵・お供は強いね」「夢の魔術師」などのアニメ映画を世に送り出した。やがて戦争の激化で資材が不足してくると同社を松竹に統合し、その動画研究所の責任者となって「フクちゃんの奇襲」「フクちゃんの増産部隊」などといった意欲作を製作。中でも演出・脚色・撮影を手がけた18年発表のアニメ映画「くもとちゅうりっぷ」（原作・横山美智子）は戦時下の作品とは思えない質の高い動画と詩情溢れるメルヘンタッチの作品で、日本アニメ史に残る傑作として知られる。戦後は過労で眼病となり、24年引退。"動画"という言葉を造語したことでも知られる。

真崎 勝次　まざき・かつじ
海軍少将 衆議院議員
明治17年（1884年）12月22日〜昭和41年（1966年）10月15日
生 佐賀県　学 海兵（第34期）〔明治39年〕卒、海大選科〔明治44年〕卒　歴 軍令部、シベリア駐在を経て、大正14年ソ連大使館付武官、次いで「戸隠」艦長、大湊要港部参謀長、「山城」艦長を歴任。昭和8年少将。横須賀警備隊司令部を経て、10年大湊要港司令官。兄の影響で海軍皇道派分子として活躍。11年予備役、17年翼賛選挙で衆議院議員、20年大日本政治会総務。著書に「亡国の回想」がある。家 兄＝真崎甚三郎（陸軍大将）

真崎 甚三郎　まざき・じんざぶろう
陸軍大将
明治9年（1876年）11月27日〜昭和31年（1956年）8月31日
生 佐賀県　学 陸士（第9期）〔明治30年〕卒、陸大〔明治40年〕卒　歴 陸大在学中に日露戦争が起こり、中隊長として満州に出征。戦後陸大を首席で卒業後、軍務局勤務を経て、明治44年から3年間ドイツに駐在、この期間、海軍から留学していた山本英輔と親しくなり、これが陸軍皇道派の結びつきのはじまりとなる。大正10年近衛歩兵第1連隊長に転出、以後中央部の要職から遠ざけられ、12年陸士本科長、15年校長となった。この間、青年将校の教育で教育者としての名声を築き、二・二六将校団の幹部クラスから傾倒され、皇道派の中心人物で対ソ強硬論者となる。昭和6年末に荒木貞夫が陸相として入閣すると荒木、真崎、小畑敏四郎らを中心とする皇道派は全盛時代を迎え、7年参謀次長となり、8年大将、9年教育総監兼軍事参議官となった。同年11月に士官学校事件（十一月事件）が起こり、10年7月林銑十郎陸相により教育総監を更迭される。翌11年2月の二・二六事件の際は川島陸相に戒厳令を説いたとされ、事件後予備役に編入され反乱幇助の容疑で特設軍法会議にかけられたが無罪に。また戦後は戦犯容疑で2年間収監された。家 長男＝真崎秀樹（昭和天皇の通訳官）

正木 篤三　まさき・とくぞう
美術史家 帝国美術院附属美術研究所員
明治38年（1905年）〜昭和25年（1950年）10月25日
生 東京都　学 一高卒、東京帝国大学文学部国文学科〔昭和5年〕卒　歴 帝国美術院長を務めた正木直彦の三男。昭和5年帝国美術院附属美術研究所嘱託となり、13年同研究所員。16年国民精神文化研究所に転じる。戦後は繊維貿易公団に勤務。著書に「本阿弥行状記と光悦」がある。家 父＝正木直彦（帝国美術院長）、兄＝正木千冬（鎌倉市長）

正木 直彦　まさき・なおひこ
帝国美術院長
文久2年（1862年）10月26日〜昭和15年（1940年）3月2日
生 大坂　名 号＝十三松堂　学 帝国大学法科大学法律学科〔明治25年〕卒　歴 奈良尋常中学校長、文部省視学官、文書課長兼美術課長などを経て、明治34年東京美術学校長となった。40年文部省美術展覧会（文展）の創設に尽力、主事を務めた。大正8年帝国美術院幹事、昭和6年院長。7年美校退官、名誉教授。

のち帝国美術院顧問、文部省美術行政顧問を務めた。また帝室技芸員銓衡委員、工芸審査委員会委員も務めた。 家二男＝正木千冬（鎌倉市長）、三男＝正木篤三（美術史家）

真崎 長年　まさき・ながとし
佐賀県知事 朝鮮総督府学務局長
明治28年（1895年）11月〜昭和40年（1965年）11月3日
生長崎県 学東京帝国大学法学部〔大正10年〕卒 歴宮崎県、福島県の総務部長、大阪府学務部長を経て、昭和15年佐賀県知事。16年朝鮮総督府学務局長。

正木 ひろし　まさき・ひろし
弁護士
明治29年（1896年）9月29日〜昭和50年（1975年）12月6日
生東京市本所区（東京都墨田区） 名本名＝正木昊 学東京帝国大学法学部独法科〔大正12年〕卒 歴昭和2年に弁護士開業し、主に民事事件を取り扱う。12年個人時事雑誌「近きより」を創刊、軍国主義と官僚を勇敢に批判した。19年"首なし事件"をきっかけに刑事弁護士に転じる。戦後も人権問題に取り組み、八海事件、三鷹事件、丸正事件など冤罪事件、プラカード事件、チャタレー裁判などを担当。正義の追求に執念をもやし、司法権力を告発する。著書は「日本人の良心」「裁判官」「検察官」「告発」「近きより」「人生断章」などの他、「正木ひろし著作集」（全6巻）がある。

正木 不如丘　まさき・ふじょきゅう
小説家 俳人 医師 信州富士見高原療養所所長
明治20年（1887年）2月26日〜昭和37年（1962年）7月30日
生長野県上田 名本名＝正木俊二、旧号＝零余子 学東京帝国大学医科大学〔大正2年〕卒 医学博士 歴大正9年パリのパスツール研究所に留学、帰国後慶応義塾大学医学部助教授となった。11年朝日新聞に小説「診療簿余白」を連載、作家としてデビュー。以後昭和初期にかけ専門知識を生かした探偵小説「県立病院の幽霊」「手を下さざる殺人」「果樹園春秋」などのほか「木賊の秋」「とかげの尾」と多くの大衆小説も手がける。傍ら、昭和の初めから信州富士見高原療養所を経営、所長を務めた。同療養所は「風立ちぬ」の堀辰雄、婚約者の矢野綾子、竹久夢二らが入院したことや、久米正雄の小説「月よりの使者」の舞台として知られる。一方、独協中学在学中から俳句を始め、河東碧梧桐選「日本俳句」に投句。大学に入ってからは中断したが、のち療養所内の雑誌「高原人」に作品を発表、俳人としても活躍した。句集に「不如丘句歴」がある。

正富 汪洋　まさとみ・おうよう
詩人 歌人
明治14年（1881年）4月15日〜昭和42年（1967年）8月14日
生岡山県邑久郡本庄村 名本名＝正富由太郎 学哲学館卒 歴大正7年詩誌「新進詩人」を創刊。教職についたこともあるが、生涯にわたって詩作する。明治38年の清水橘村との共著「夏びさし」をはじめ「小鼓」「豊麗な花」「月夜の海」「世界の民衆に」など多くの詩集がある。戦後は日本詩人クラブの結成および発展に尽力した。

正宗 敦夫　まさむね・あつお
歌人 国文学者
明治14年（1881年）11月15日〜昭和33年（1958年）11月12日
生岡山県備前市 学協和高小卒 歴兄は小説家の正宗白鳥、弟は画家の正宗得三郎。井上通泰に歌を学び、大正4年歌集「鶏肋」を刊行。昭和27年ノートルダム清心女子大学教授。歌文珍書保存会、日本古典全集刊行会など古典籍普及の事業に尽くし、また2万点余に及ぶ文献・学術資料からなる正宗文庫を遺した。著書に「万葉集総索引」「金葉和歌集講義」などがあ

る。 家兄＝正宗白鳥（作家）、弟＝正宗得三郎（画家）、妹＝辻村乙未（小説家）

正宗 得三郎　まさむね・とくさぶろう
洋画家
明治16年（1883年）8月21日〜昭和37年（1962年）3月14日
生岡山県和気郡穂浪村 名号＝薇洲、春江、扇浦 学東京美術学校〔明治40年〕卒 歴明治42年文展に初入選し、大正2年文展洋画部の二科設置運動に参加。3年渡仏し4年に帰国。二科展に滞欧作36点を出品。6年から文化学院で教え、10年から13年まで再渡欧する。戦後は二紀会結成に参加。作品に「モレーの冬」「山村風景」作品集「正宗得三郎画集」、装丁に正宗白鳥著「白鳥小品」「異郷と故郷」、著書に「画家と巴里」「画家の旅」「マチス」などがある。 家長兄＝正宗白鳥（作家）、次兄＝正宗敦夫（国文学者）

正宗 白鳥　まさむね・はくちょう
小説家 劇作家 評論家
明治12年（1879年）3月3日〜昭和37年（1962年）10月28日
生岡山県和気郡穂浪村（備前市穂浪町） 名本名＝正宗忠夫、別号＝白丁、剣菱 学東京専門学校（現・早稲田大学）〔明治34年〕卒 賞帝国芸術院会員〔昭和16年〕 歴小学校時代から文学書を耽読する。またキリスト教に傾倒し、明治30年に植村正久によって受洗する。34年「読売新聞」の「月曜文学」欄に評論を発表する。36年読売新聞社に入社、7年間在籍。この間、37年「寂寞」を発表して小説を書きはじめ、40年の「塵埃」、41年発表の「何処へ」で自然主義作家の登場と目され、以後小説、評論、随筆の面で幅広く活躍。昭和25年文化勲章を受章。32年批評活動で菊池寛賞を、34年「今年の秋」で読売文学賞を受賞した。他の代表作に「微光」「入江のほとり」「人を殺したが…」「今年の秋」「リー兄さん」などの小説、「人生の幸福」などの戯曲、評論「文壇人物評論」「作家論」「内村鑑三」「自然主義文学盛衰史」、自伝「文壇五十年」など。「正宗白鳥全集」（全30巻、福武書店）がある。 家弟＝正宗敦夫（万葉学者）、正宗得三郎（洋画家）、妹＝辻村乙未（小説家） 勲文化勲章〔昭和25年〕 賞文化功労者〔昭和26年〕

増野 実　ましの・みのる
応用化学者 東京帝国大学教授
明治28年（1895年）10月16日〜昭和26年（1951年）10月2日
生兵庫県 学東京帝国大学〔大正8年〕卒 工学博士 歴東京工業試験所技師を経て、東京帝国大学教授、同大生産技術研究所教授を兼任。著書「応用蛋白化学」「世界の大豆と工業」「大豆蛋白質」「蛋白工業化学」、共著に「膠着材料」などがある。 賞報公賞（第5回）〔昭和10年〕

真島 利行　まじま・りこう
有機化学者 大阪帝国大学総長
明治7年（1874年）11月13日〜昭和37年（1962年）8月19日
生京都府京都市 学一高予科二部〔明治29年〕卒、東京帝国大学理科大学化学科〔明治32年〕卒 理学博士 賞帝国学士院会員〔大正15年〕、ドイツ学士院名誉会員〔昭和11年〕 歴当初は地質学を志したが、近視のため有機化学に志望を変更。明治32年東京帝国大学理科大学助手、36年助教授となり、39年ドイツへ留学。44年帰国して新設される東北帝国大学理科大学教授に就任。大正6年理化学研究所研究員を兼務。15年東北帝国大学理学部長。昭和5年北海道帝国大学教授と同理学部長、7年大阪帝国大学教授と同理学部長をそれぞれ兼任。8年大阪帝国大学教授専任、9年東北帝国大学名誉教授、14年大阪帝国大学名誉教授。18年同大総長に就任。東洋の特産品であるウルシの研究を始め主成分ウルシオールの構造決定と合成に成功、大正6年同研究で帝国学士院賞を受賞。15年帝国学士院会員。他にもアルカロイド、合成染料などを研究、その教

室は有機化学の道場と称され赤堀四郎、小竹無二雄、野副鉄男ら多くの俊英を輩出した。また、我が国の化学文献の分類整理を思い立って財団法人日本化学研究会を設立、明治以来の化学文献を抄録した「日本化学総覧」を順次刊行する大事業を成し遂げた。　🎗文化勲章〔昭和24年〕　🏆帝国学士院賞（第7回）〔大正6年〕，文化功労者〔昭和26年〕，桜井賞〔大正2年〕

真下 俊一　ましも・しゅんいち

内科学者 京都帝国大学教授
明治21年（1888年）～昭和20年（1945年）9月17日
🏠兵庫県　📖循環器内科学　🎓京都帝国大学卒 医学博士　📜昭和13年京都帝国大学教授に就任。20年京都帝大原子爆弾調査隊員として広島を訪れたが、超大型の枕崎台風による山津波に巻き込まれ遭難死した。　🏆帝国学士院賞（第35回）〔昭和20年〕

増井 幸雄　ますい・ゆきお

経済学者 慶応義塾大学教授
生年不詳～昭和19年（1944年）3月18日
📖交通経済学　🎓経済学博士　📜慶応義塾大学教授を務めた。著書に「交通総論」「陸運」「交通経済総論」「ケネー」「交通政策」などがある。

真杉 静枝　ますぎ・しずえ

小説家
明治34年（1901年）10月3日～昭和30年（1955年）6月29日
🏠福井県丹生郡清水町　📍台湾　🎓台中高等女学校中退　📜高等女学校中退後は看護婦などをし、また若くして結婚生活に失敗してからは新聞記者などをする。この頃武者小路実篤を知り愛人としての生活を送る。昭和2年処女作「小魚の心」を発表し、以後「大調和」「女人芸術」などに発表する。8年「桜」の同人となり、中村地平と同棲する。13年「小魚の心」を刊行。17年に、中山義秀と結婚するが、20年離婚。戦後は鏡書房を設立したり、原爆少女のために尽くすなどした。また「読売新聞」の身の上相談で好評を博した。他の作品に「松山氏の下駄」「ながれ」「役割」「風の町」などがあるほか、少女小説も多数ある。

馬杉 復三　ますぎ・またぞう

病理学者 千葉医科大学教授
明治29年（1896年）5月～昭和22年（1947年）9月5日
🏠滋賀県大津市　📛旧姓・旧名＝望月　📖腎炎の研究　🎓東京帝国大学医学部医学科〔大正10年〕卒 医学博士　📜東京帝国大学教授・緒方知三郎の下で病理学を専攻。大正13年千葉医科大学助教授を経て、昭和2年教授。この間、大正14年～昭和2年欧州に留学。"馬杉腎炎"と呼ばれる実験的の腎炎の代表的モデルの開発で世界的に知られる。14年に病を得、19年退官。20年東京医学専門学校教授、22年順天堂医学専門学校教授を務めた。著書に「結核の病理とアレルギー」「腎炎その他の研究」がある。　🏆ウィルヒョウ・山極賞（第18回）〔昭和15年〕，報公賞（第14回）〔昭和19年〕

増沢 健美　ますざわ・たけみ

音楽評論家 大日本音楽著作権協会理事長
明治33年（1900年）3月19日～昭和56年（1981年）2月3日
🏠新潟県　🎓青山学院高等部卒　📜早大文学部を兵役のため退学、除隊後、青山学院高等部卒。私立女子音楽学校講師を経て、大正15年から音楽評論家として活躍。昭和5年時事新報学芸部顧問に就任、7年同社主催の音楽コンクール（現在、NHK・毎日新聞社共催）を創設し、第1回以来同コンクール委員長を務めた。14年から大日本音楽著作権協会理事長。著書に「ショパン全曲の批判的解説」「演奏様式と演奏家」など。

増田 義一　ますだ・ぎいち

出版人 実業之日本社創業者 衆議院議員
明治2年（1869年）10月21日～昭和24年（1949年）4月27日
🏠新潟県中頸城郡板倉村（上越市）　📛幼名＝義一郎、号＝奎城、筆名＝奎城生　🎓東京専門学校（現・早稲田大学）邦語政治科〔明治26年〕卒　📜明治23年東京専門学校（現・早稲田大学）邦語政治科に進み、28年恩師・高田早苗の推薦で読売新聞社に入社して経済部主任記者となる。一方で、同年東京専門学校同窓の光岡威一郎らと実業の発達振興を図ることを目的に大日本実業学会を創立し、30年松方正義内閣の財政を論じた「金貨本位之日本」を刊行、また実業における実際問題攷究の雑誌として「実業之日本」を創刊すると、新聞記者の傍らその編集を担当。33年健康状態が悪化した光岡から同誌の経営権を譲り受け、読売新聞を退社して実業之日本社を設立し、以降は同誌の編集・発行に専念した。その後、39年「日本少年」「婦人世界」、41年「少女の友」といった新雑誌を創刊。一方、「実業之日本」では大隈重信や高田、渋沢栄一らの後援を受けて順調に発展し、42年からは新渡戸稲造を編集顧問に迎え、実業に関する記事から文芸作品や成功談・修養談・健康法などまで幅広く取り扱うようになって読者の支持を集めた。また、単行本の出版においては44年刊行の新渡戸著「修養」が100版を重ねるロングセラーとなる。昭和2年には九条武子の著書「無憂華」を出版し、1年弱で200版を超える大ベストセラーとなった。4年実業之日本社を株式会社化。10年秀英社と日清印刷が合併して大日本印刷が創立その初代社長に就任した。16年日本印刷文化協会の発足に伴い、同会長。一方、明治45年より衆議院議員に8選。　👪長男＝増田義彦（実業之日本社社長）、孫＝増田義和（実業之日本社社長）

増田 惟茂　ますだ・これしげ

心理学者 東京帝国大学助教授
明治16年（1883年）12月29日～昭和8年（1933年）8月6日
🏠愛媛県松山　🎓東京帝国大学文科大学哲学科心理学専修〔明治41年〕卒、東京帝国大学大学院 文学博士〔昭和8年〕　📜東京帝国大学助手、講師を経て、大正8年独・米・英国に留学。11年帰国し、東京帝大助教授となる。日本における実験心理学の開拓的指導者で、著書に「実験心理学序説」「心理学研究法」「実験心理学」など。

増田 淳　ますだ・じゅん

橋梁技術者
明治16年（1883年）9月25日～昭和22年（1947年）7月26日
🏠香川県　📖橋梁工学　🎓東京帝国大学工科大学土木工学科〔明治40年〕卒　📜明治40年東京帝国大学農科大学講師。41年橋梁研究のため渡米、同国の著名橋梁家であるヘドリックやワデルに師事し、ヘドリック橋梁設計事務所、バージニア橋梁製作所、ボストン橋梁製作所、ヘドリック・コクラン橋梁・高層建築設計事務所に勤務。米国滞在中、陸橋、公道橋、鉄道橋、桟橋、可動橋など30あまりの橋梁を設計・施行した。大正10年帰国後は増田橋梁事務所を設立し、昭和7年まで長野・兵庫・徳島・神奈川・東京などで橋梁設計にあたり、その生涯で70余の橋梁設計に関わった。

増田 次郎　ますだ・じろう

実業家 日本発送電初代総裁
慶応4年（1868年）2月26日～昭和26年（1951年）1月14日
🏠駿河国藤枝（静岡県）　📛号＝稲江　🎓東京英和学校中退　📜独学で普通文官試験に合格し、内務省に入省。後藤新平秘書官、南満州鉄道（満鉄）総裁秘書官を経て、大正4年静岡から衆議院議員。7年木曽電気興業常務、8年大阪送電常務。10年大同電力を設立し、13年副社長、14年社長。14年日本発送電設立にあたり、大同電力の全資産を出資合体して初代総裁、16年退任し、台湾電力社長となった。この間、刑余者更

生保護事業に尽力した。

増田 胤次　ますだ・たねじ

耳鼻咽喉科学者　東京帝国大学教授
明治20年（1887年）6月29日〜昭和39年（1964年）6月5日
生埼玉県　学東京帝国大学医科大学〔明治43年〕卒，東京帝国大学大学院〔大正1年〕入学　医学博士（東京大学）〔大正13年〕
歴明治44年陸軍二等軍医，大正3年陸軍軍医学校教官，8〜10年スイス留学。10年陸軍軍医学校教官，13年東京帝国大学耳鼻咽喉科教授，昭和7年軍医監，17〜20年東京帝国大学附属病院長，21年退官。27年名誉教授。武蔵野赤十字病院顧問も務めた。著書に「急性中耳炎の治療」，宿題報告「副鼻腔疾患と眼との関係」がある。

益田 太郎　ますだ・たろう

劇作家　実業家　男爵　台湾製糖社長　貴族院議員
明治8年（1875年）9月25日〜昭和28年（1953年）5月18日
生東京府荏原郡品川町北品川（東京都品川区）　名筆名＝益田太郎冠者，益田碧雲，袖ケ浦人，セレリタス　学東京府尋常中〔明治24年〕卒，アントワープ商業大学（ベルギー）〔明治30年〕卒　歴三井財閥を差配した実業家・益田孝の二男で，兄は生後間もなく亡くなっていたため，嗣子として育てられる。明治24年から英国やベルギーで学び，31年帰国。32年横浜正金銀行に入社して実業界に入り，35年日本精製糖常務，39年台湾製糖に転じて取締役となり，42年常務，昭和14年社長に就任。17年会長。この間，8年男爵を襲爵し，14年より貴族院議員を務めた。一方，益田太郎冠者の筆名で劇作家としても活動。明治39年政財界を中心に帝国劇場の設立が決まると，31歳にしてその創立委員の一人に選ばれ，文芸担当の取締役として女優の育成や管弦楽部の設置に関与。帝劇落成後は女優を使った“帝劇女優劇”の座付作者として約20年間に50本もの作品を執筆。大半の作品が喜劇で，愛人でもあった女優の森律子を主演とし，大衆から人気を博した。歌舞伎を中心とし，ようやく新派が伸長しはじめた我が国の演劇界に喜劇を大々的に持ち込んだ先駆者であり，「啞旅行」「ドッチャダンネ」などの音楽喜劇はミュージカルの，「高速度喜劇」などのコント喜劇はいわゆる“寸劇”のはしりとなり，浅草オペラ，宝塚レビューにも影響を与えた。また，小唄や俗曲の作詞・作曲，創作落語も手がけ，作った曲は贔屓にしていた芸者・丸子（朝居丸子）がお座敷で披露して評判を呼んだ。　家長男＝益田克信（台糖ファイザー社長），三男＝益田義信（洋画家），五男＝益田貞信（ジャズ・ピアニスト），父＝益田孝（実業家）

益田 豊彦　ますだ・とよひこ

ジャーナリスト
明治33年（1900年）5月22日〜昭和49年（1974年）7月11日
生福岡県　学東京帝国大学法学部政治学科〔大正13年〕卒　歴高松高等商業学校講師を経て，同教授となったが，大正15年労働農民党結成に参加，同党調査部長に転じた。しかし当局の弾圧が激しく，昭和6年ベルリンへ留学。7年朝日新聞ベルリン通信員に採用され，9年朝日新聞社入社。大阪本社経済部長，東京本社東亜部長から20年ジャワ新聞社長。戦後23年東京本社論説委員室副主幹，25年西部本社編集局長，27年大阪本社編集局長，同年役員待遇，29年中部支社長，同年6月取締役を歴任し，40年退任。42年国策パルプ取締役，のち監査役，山陽国策パルプ顧問などを務めた。

増田 八風　ますだ・はっぷう

歌人　八高教授
明治13年（1880年）4月4日〜昭和32年（1957年）5月20日
生三重県朝明郡小島村（菰野町）　名本名＝増田甚治郎　学東京帝国大学文学部独文科〔明治40年〕卒　歴東京帝国大学在学中より「馬酔木」及びその後継誌「アカネ」に短歌，翻訳，

小説などを発表。明治42年八高講師を経て，44年教授となり，昭和20年に退官するまで長くドイツ語を講じた。この間，大正12〜14年ドイツに留学。10年依田秋圃や浅野梨郷らと「歌集日本」を創刊，古代和歌に関する研究も発表した。

増田 抱村　ますだ・ほうそん

社会政策学者　人口問題学者
明治20年（1887年）〜昭和48年（1973年）
生岩手県遠野市　名本名＝増田重喜　学慶応義塾大学理財科中退　歴東京市社会局その他に勤める傍ら研究に励む。大正9年「労働政策」を発表する。一方，児童問題にも関心を寄せ，13年「児童社会問題」を刊行。他の著書に「児童社会史」「国家と人口学説」などがある。

増田 龍雨　ますだ・りゅうう

俳人
明治7年（1874年）4月7日〜昭和9年（1934年）12月3日
生京都　名本名＝増田藤太郎，旧姓・旧名＝花井，旧号＝龍昇　歴連句の9世雪中庵雀志の門に入り，昭和5年12世雪中庵を継ぐ。俳句は久保田万太郎に師事し著書に「龍雨句集」「龍雨俳句集」「龍雨俳話」などがある。

増田 渉　ますだ・わたる

中国文学者
明治36年（1903年）10月12日〜昭和52年（1977年）3月10日
生島根県八東郡恵曇村（松江市）　学東京帝国大学支那文学科〔昭和4年〕卒　歴大学時代から佐藤春夫に師事する。昭和6年上海に留学し，魯迅に教えを受ける。9年中国文学研究会の結成に参加。10年佐藤春夫との共訳で「魯迅選集」を刊行。その後も魯迅「支那小説史」などを翻訳し，11年から12年にかけて「大魯迅全集」全7巻を刊行。戦後は島根大，大阪市立大，関西大の教授に就任し，「魯迅選集」の翻訳に参加。「魯迅の印象」「中国文学史研究」などの著書がある。

桝谷 寅吉　ますたに・とらきち

衆議院議員
明治11年（1878年）11月〜昭和28年（1953年）12月15日
生大阪府　歴建設業に従事し，大阪市議，南海興業取締役などを務める。昭和3年以来衆議院議員を連続4期務めた。民政党に所属した。

増地 庸治郎　ますち・ようじろう

経営学者　東京帝国大学教授
明治29年（1896年）1月5日〜昭和20年（1945年）3月10日
生京都府　学東京高等商業学校（現・一橋大学）卒，東京高等商業学校専攻部商工経営科〔大正8年〕卒　商学博士〔昭和12年〕　歴大正8年住友総本店に入社するが，10年退社し，同年東京商科大学助手となる。12年ドイツに留学，14年帰国し助教授となり，昭和10年教授に就任。14年東京帝国大学経済学部教授を兼任，19年まで務めた。著書「経営経済学序論」は日本で最初の体系的な経営学の書とされ，その後も多くの著書・論文を発表して戦前，戦中の正統派経営学を樹立した。また著書「株式会社」は戦後日本の経営学の基礎をなした。他の著書に「経営要論」「企業形態論」「商業通論」「賃金論」「工業経営論」など。

増永 元也　ますなが・げんや

鉄道省電気局長　衆議院議員
明治14年（1881年）10月〜昭和31年（1956年）7月5日
生福岡県　学東京帝国大学工科大学電気工学科〔明治39年〕卒　歴鉄道省の技師，電気局長を経て，昭和12年衆議院議員に当選，1期。

増渕 倉吉　ますぶち・くらきち
情死した色情殺人犯
明治23年（1890年）～昭和7年（1932年）2月13日
[生]群馬県　[歴]製革職人から転じて和菓子職人をしていたが、昭和7年2月名古屋市内の鶏糞小屋で19歳の愛人を殺し、首、乳房と陰部を切り取って逃亡。1ケ月後、岐阜県犬山城の掛茶屋の中で縊死しているのが発見された。女の肌着を着、女の頭髪を皮ごとはいでかぶり、乳房と陰部は冷蔵庫の中にあった。

増本 量　ますもと・はかる
金属物理学者 東北帝国大学理学部教授
明治28年（1895年）1月9日～昭和62年（1987年）8月12日
[生]広島県安芸郡矢賀村（広島市東区矢賀）　[専]金属工学（特殊鋼, 磁性金属材料）　[学]修道学校〔大正3年〕卒, 東北帝国大学工学専門部機械工学科〔大正8年〕卒, 東北帝国大学理学部物理学科〔大正11年〕卒 理学博士（東北帝国大学）〔昭和2年〕　[資]日本学士院会員〔昭和35年〕　[歴]明治43年自らの意志で広島中学を2年で中退すると、昼は広島税務監督局で給仕として働き、夜は修道学校（修道中学夜間部）に通った。大正4年専門学校入学者検定試験（専検）に合格し、5年東北帝国大学工学専門部に入学。8年首席で卒業すると日本製鋼所の給費生として東北帝国大学に進み、本多光太郎の下で物理冶金学を専攻。11年東北帝国大学金属材料研究所研究補助となり、12年講師、13年助教授を経て、昭和8年同大理学部教授。11～12年欧米各国へ出張。25年同大金属材料研究所所長、33年名誉教授。大正14年本多の外遊中にコバルトの変態点を発見し、昭和6年帝国学士院賞を受賞。以後も超不変鋼（スーパーインバー）、新KS鋼、センダスト、コエリンバー、アルフェル、不銹不変鋼（ステンレスインバー）、エルコロイ、ハードパーム、パラシル、パラディロンなど数々の特殊合金を世に送り出し、21年これらの業績により異例の2度目となる帝国学士院賞（恩賜賞）を受けた。　[家]長男＝増本剛（東北大学工学部教授）, 二男＝増本健（電気磁気材料研究所所長）, 岳父＝荒川五郎（衆議院議員）, 甥＝林公重（広島工業大学教授）　[勲]文化勲章〔昭和30年〕　[賞]帝国学士院賞（第21回）〔昭和6年〕, 帝国学士院恩賜賞（第36回）〔昭和21年〕, 文化功労者〔昭和30年〕, 帝国発明協会進歩賞〔昭和13年〕, 報公賞（第10回）〔昭和15年〕, 帝国発明協会特等賞〔昭和17年〕, 帝国発明協会大賞〔昭和19年〕

真渓 涙骨　またに・るいこつ
宗教ジャーナリスト 中外日報創立者
明治2年（1869年）1月27日～昭和31年（1956年）4月14日
[生]福井県敦賀市　[名]本名＝真渓正遵　[学]西本願寺文学寮（現・龍谷大学）卒　[歴]浄土真宗本願寺派・興隆寺に長男として生まれる。明治18年博多・万行寺の七里恒順に師事。のち西本願寺文学寮（現・龍谷大学）に学ぶ。30年教学報知新聞を創刊、35年総合的な宗教新聞を志して紙名を中外日報に変更。以後60年間にわたり、宗教や思想界の報道・論評に携わった。著書に「人生目録」「一関また一関」などがある。

保野 真竜（3代目）　またの・しんりゅう
尺八奏者 製管師
明治19年（1886年）3月10日～昭和11年（1936年）12月27日
[生]京都府　[名]本名＝保野頼容, 通称＝真二郎　[歴]2代目保野真竜の二男。9歳の時から病床の父に学び、尺八や製管の技を仕込まれる。尺八の製作を最も得意とし、初代・2代目の作に劣らぬ名品を数多く手がけた。また、横笛や篠笛、中国の木管楽器である洞簫や明笛も製作した。　[家]父＝保野真竜（2代目）, 長男＝保野真竜（4代目）

町尻 量基　まちじり・かずもと
陸軍中将
明治21年（1888年）3月30日～昭和20年（1945年）12月12日
[生]京都　[学]陸士（第21期）〔明治42年〕卒, 陸大〔大正6年〕卒　[歴]伯爵壬生基修の二男として生まれ、大正2年子爵町尻量弘の養子となる。砲兵将校となり、8年軍務局員、10年からフランスに駐在し、平和条約実施委員、大使館付武官補佐官を務めた。12年帰国、参謀本部、野砲第1連隊勤務などを経て、昭和11年陸軍省軍事課長、12年軍務局長。この間2度侍従武官となる。13年中国戦線を経て、軍務局長に再任、14年中将となり、第6師団長（華中）、16年教育総監部初代化兵監、17年印度支那駐屯軍司令官を歴任し、20年予備役に編入。　[家]孫＝野間佐和子（講談社社長）, 女婿＝野間恒（講談社社長）, 野間省一（講談社社長）

町田 佳声　まちだ・かしょう
邦楽・民謡研究家 作曲家
明治21年（1888年）6月8日～昭和56年（1981年）9月19日
[生]群馬県佐波郡伊勢崎町　[名]本名＝町田嘉章, 幼名＝英, 別筆名＝博三, 白象　[学]東京美術学校〔大正2年〕卒　[歴]学生時代三味線を学び、清元や長唄を五線譜に採譜。新聞記者、日本放送協会（NHK）プロデューサーを経て邦楽評論家となり、昭和12年日本民謡の集成を決意。手製の写音機（録音機）をかついで全国採集旅行を始め、38年に採集を終えるまでに集めた民謡は6000曲にものぼり、55年「日本民謡大観」（全9巻）を完結した。作曲家としても著名で「チャッキリ節」のほか「紺屋お六」「新潟小唄」「春信幻想曲」などの舞踊曲を作曲している。東京芸大講師、文化財専門審議会委員、東洋音楽学会会長なども歴任。著書に「江戸時代音楽通解」「ラジオ邦楽の鑑賞」など。レコードに「日本古歌謡の復原」「日本労作民謡集成」「民謡源流考」などがある。

町田 敬二　まちだ・けいじ
陸軍大佐
明治29年（1896年）8月15日～平成2年（1990年）3月12日
[出]東京都　[学]陸士（第30期）〔大正7年〕卒　[歴]町田敬宇陸軍大将の二男。大正7年陸軍少尉に任官。昭和16年第十六軍宣伝班長、17年独立歩兵第二九大隊長、18年兵器行政本部調査部員、20年西部軍報道部長。著書に「戦う文化部隊」「ある軍人の紙碑」などがある。　[家]父＝町田敬宇（陸軍大将）, 岳父＝堀口助治（福島県知事）

町田 次郎　まちだ・じろう
蚕糸学者 東京帝国大学教授
明治18年（1885年）1月5日～昭和39年（1964年）7月15日
[生]埼玉県　[専]蚕体解剖学　[学]東京帝国大学農科大学〔明治44年〕卒 農学博士〔大正10年〕　[歴]東京帝国大学講師、助教授、教授となり、農林省蚕糸試験場嘱託、東京高等蚕糸学校、東京農業大学各講師も務め、昭和20年退官した。蚕体解剖学に多くの業績を上げ、著書は「養蚕教科書」など多数。　[賞]蚕糸学賞（第9回）〔昭和15年〕

町田 梓楼　まちだ・しろう
ジャーナリスト
明治16年（1883年）2月3日～昭和30年（1955年）5月28日
[生]長野県更級郡真島村（長野市）　[学]東京外国語学校フランス語本科〔明治38年〕卒　[歴]東京外国語学校を卒業後、ベルギー総領事館訳官となる。大正6年大阪朝日新聞社に入社、9年パリ特派員として渡仏。13年帰国して東京朝日新聞社に転じ、外報部長や論説委員などを歴任。昭和25～28年信濃毎日新聞社長を務め、主筆を兼ねた。

町田 忠治　まちだ・ちゅうじ
政治家 実業家
文久3年（1863年）3月30日～昭和21年（1946年）11月12日
[生]出羽国秋田郡秋田（秋田県秋田市）　[名]号＝幾堂　[学]秋田師

ま

範学校中学師範予備科〔明治13年〕卒、帝国大学法科大学選科〔明治20年〕卒　歴明治28年東洋経済新報社を設立、主幹となった。29年同社を天野為之に譲り、30年日本銀行に入行したが、32年山本達雄の日本銀行総裁を巡る、いわゆる"日銀騒動"に絡んで同行を辞した後、請われて在阪の山口銀行総理事に就任、大阪銀行集会所委員長なども兼ねて関西財界の有力者となった。45年秋田県から衆議院議員に当選して政界に入り、以後当選10回。はじめ立憲国民党に属したが、大正2年立憲同志会、5年憲政会の結党に参加。同党の会計監督や総務、筆頭総務などを歴任。一方で8〜13年報知新聞社長、9〜15年秋田銀行取締役を務めるなど、実業界でも重きを成した。15年第一次若槻礼次郎内閣の改造に伴い農林大臣として初入閣。以降、昭和4年浜口雄幸内閣、6年第二次若槻内閣の各農相、9年岡田啓介内閣の商工相兼蔵相、19年小磯国昭内閣の国務相として入閣。この間、2年立憲民政党の結党に際してその総務となり、10年総裁に就任。また、12〜15年内閣参議。近衛新体制運動による政党の解体には一貫して抵抗し続けたが、15年同党の解党を余儀なくされた。16年翼賛議員同盟顧問、17年翼賛政治会顧問。戦後、20年日本進歩党結成に際して総裁に推されたが、21年公職追放により総裁を幣原喜重郎に譲り、政界を引退した。その風貌が、麻生豊の4コマ漫画「ノンキナトウサン」の主人公によく似ていることから"ノントー"さんの愛称で衆望を集める一方、財政通として知られ、コッサ「財政学」の訳書がある。　勲勲三等旭日中綬章〔大正5年〕、勲二等瑞宝章〔大正15年〕、勲一等瑞宝章〔昭和6年〕

松井 石根　まつい・いわね
陸軍大将
明治11年（1878年）7月27日〜昭和23年（1948年）12月23日
生愛知県名古屋市　学陸士（第9期）〔明治30年〕卒、陸大〔明治39年〕卒　歴漢学者の六男で、陸士を出て日露戦争に出征し戦勝。陸大卒後はハルビン特務機関長、参謀本部第2部長、第11師団長、ジュネーブ軍縮会議全権委員、軍事参議官などを歴任。昭和8年大将に進級。10年予備役となるが、12年召集、上海派遣軍司令官、中支那方面軍司令官を務め、南京攻略戦を指揮。13年復員し、7月内閣参議となり、のち大政翼賛会興亜総本部総理。陸士では荒木貞夫、真崎甚三郎と同期で、早くから陸軍部内の中国通として知られ、大アジア主義を提唱、大亜細亜協会を主宰した。派閥的には無色だった。しかし上海派遣軍司令官時代に南京虐殺事件が発生、このため戦後の東京裁判でその責任を問われ、23年12月23日A級戦犯として絞首刑に処せられた。平成5年南京事件以前の日記（12年8月〜10月）が発見された。

松井 栄造　まつい・えいぞう
野球選手
大正7年（1918年）11月10日〜昭和18年（1943年）5月28日
生静岡県浜松市　出岐阜県岐阜市　学岐阜商卒、早稲田大学〔昭和16年〕卒　歴日本髪のそえ髪を作るかもじ職人の子として浜松市に生まれる。昭和7年12歳の時に親元を離れて岐阜商に進み、同校野球部後援会長の遠藤健三の家に下宿して通学。長良川の河原で石を投げて練習し、同校野球部では外野手兼エースとして活躍、8年、10年選抜、11年夏の甲子園優勝に貢献。12年早大に進学、東京六大学野球のスター選手となった。17年応召し、18年中国湖北省宜昌県で手榴弾を受けて戦死した。

松井 簡治　まつい・かんじ
国文学者 教育家 東京文理科大学教授
文久3年（1863年）5月18日〜昭和20年（1945年）9月26日
出下総国（千葉県銚子市）　名旧姓・旧名＝宮内、号＝碧湾、刀水　学帝国大学文科大学教育学科〔明治23年〕卒 文学博士〔大正9年〕　歴帝国大学教育学科と国文学選科に学び、明治25

年学習院大教授、33年教員検定委員会臨時委員、34年高等師範学校教授兼同附属図書館長。昭和4年学制改革で東京文理科大教授となった。8年退官。この間、上田万年と共編の「大日本国語辞典」（全5巻）を20余年かけて完成した。また校定註釈に「校定大鏡」「校定水鏡」「庭訓往来諸抄大成」などがあり、著書「本邦教育史」もある。　家息子＝松井驥、孫＝松井栄一（国語学者）

松井 郡治　まつい・ぐんじ
弁護士 衆議院議員
明治4年（1871年）1月〜昭和18年（1943年）10月21日
出新潟県　学東京専門学校（現・早稲田大学）法律科卒　歴新潟地方裁判所判事を歴任した後、弁護士として活躍。その後、新潟市議、同県議を経て、大正13年5月新潟1区より衆議院議員初当選。通算4期を務めた。また、新潟弁護士会長、新潟新聞社監査役も務めた。

松井 慶四郎　まつい・けいしろう
外交官 男爵
慶応4年（1868年）3月5日〜昭和21年（1946年）6月4日
生大坂・西横堀（大阪府大阪市）　学帝国大学法科大学法律学科英法科〔明治22年〕卒　歴明治22年外務省入省。大正2年から牧野伸顕・加藤高明外相の下で外務次官。5年駐フランス大使となり、8年ベルサイユ講和会議では全権委員を務め、9年その功績により男爵を授けられる。13年清浦内閣の外相に就任。同年貴族院議員に勅選。14年〜昭和3年駐英大使。4年退官。13〜15年枢密顧問官。著書に「松井慶四郎自叙伝」がある。　家長女＝田中千代（ファッションデザイナー）、長男＝松井明（外交官）、孫＝田中久（薬学者）、岳父＝今村清之助（実業家）、女婿＝田中薫（地理学者）

松井 謙吉　まつい・けんきち
養蚕学者 千葉高等園芸学校校長
明治16年（1883年）12月26日〜昭和39年（1964年）7月3日
出京都府　学東京帝国大学農科大学農学科〔明治42年〕卒 農学博士〔大正13年〕　歴盛岡高等農林学校教授を経て、大正12年宇都宮高等農林学校教授、昭和3年千葉高等園芸学校教授となり、6〜20年同校長を務めた。のち大阪府立大学、種智院大学、芦屋女子短期大学各教授を歴任。養蚕学の先駆的研究に業績を残した。

松井 憲三　まつい・けんぞう
登山ガイド
明治28年（1895年）11月29日〜昭和46年（1971年）12月6日
生岐阜県上宝村　歴大正期より営林署の高山植物監視員となり、飛騨蒲田流域の山々を歩くうちにガイドを引き受けるようになり、大正10年代から昭和初期にかけて多くの登山者に親しまれた。特に学習院、慶応の山岳部とのつきあいは深く、穂高連峰を中心に活躍した。14年穂高滝谷における早大パーティー、関西RCC（ロッククライミングクラブ）の藤本九三らの登攀にあたっては、RCCパーティーを導いてA沢の初登に成功。また笠ケ岳、西穂高の登山道作りなど北飛騨の開発に努力、「北アの守り神」と称された。昭和34年から北飛山岳遭難救助隊長を務めた。

松井 聡　まつい・さとし
バスケットボール選手
大正4年（1915年）3月12日〜平成7年（1995年）8月1日
出福井県　学京都大学経済学部卒　歴昭和11年ベルリン五輪バスケットボールの日本代表、54年ユニバーシアード・メキシコ大会で日本選手団の団長、JOC委員なども務めた。

松井 茂　まつい・しげる

内務官僚　貴族院議員（勅選）

慶応2年（1866年）9月27日～昭和20年（1945年）9月9日

[画]広島県　[学]帝国大学法科大学独法科〔明治26年〕卒、帝国大学法科大学研究科警察法専攻〔明治28年〕修了　法学博士〔明治43年〕　[歴]明治26年内務省入省。警視庁試補、消防部長、韓国警務局長、静岡・愛知各県知事、大正8～13年警察講習所長兼内務監督官などを歴任。退官後錦鶏間祗候、昭和8～20年勅選貴族院議員を務める。内務省警察講習所顧問、中央教化団体連合会理事長、日本赤十字社などの公職を兼ねた。著書に「日本警察要論」「自治と警察」「警察の根本問題」「警察読本」「松井茂自伝」などがある。

松井 翠声　まつい・すいせい

活動弁士　漫談家　司会業

明治33年（1900年）4月5日～昭和48年（1973年）8月1日

[生]東京市日本橋区（東京都中央区）　[画]大阪府大阪市　[名]本名＝五百井清栄、筆名＝南順介　[学]早稲田大学英文科卒　[歴]大正7年牛込館の松浦翠波に弟子入りし活動写真の見習い弁士として松井翠声を名のる。英語に堪能だったことから、昭和2年からは外国映画専門の芝園館専属となり人気者となる。5年渡米。パラマウントのレビュー映画「パラマウント・オン・パレイド」に通訳役で出演して以来、時々渡米して俳優として出演。傍ら、司会業やウェスタン・トーキーを日本に紹介したり、漫談、司会、文筆と多方面に活躍。戦時中は軍属としてジャワで宣撫工作に従事。戦後は24年NHK専属となり、ラジオのバラエティ・ショー「陽気な喫茶店」にレギュラー出演、台本も書き、明るいジョークで笑いをふりまいた。29年終了後は民放でも司会を担当した。著書に「アメリカ音楽史」「スイセイ・オンパレード」「上海」など。

松井 太久郎　まつい・たくろう

陸軍中将

明治20年（1887年）12月3日～昭和44年（1969年）6月10日

[生]福岡県　[学]陸士（第22期）〔明治43年〕卒、陸大〔大正6年〕卒　[歴]大正7年第12師団に属しシベリア出征、8年参謀本部勤務となり、10年関東軍司令部付、11年ウラジオ派遣軍参謀、14年朝鮮軍参謀を歴任。昭和5年英国出張後、陸軍省新聞班に所属。6年関東軍参謀、7年近衛歩兵第2連隊付、8年大阪連隊区司令官、10年独立歩兵第12連隊長を経て、11年北平（北京）特務機関長となり、12年の蘆溝橋事件では停戦協定に調印した。同年張家口特務機関長、13年近衛歩兵第1旅団長、14年満州国軍最高顧問を歴任、15年中将に進み、第5師団長。太平洋戦争中は、17年汪政権軍事顧問、18年支那派遣軍総参謀長、20年第13軍（華中）司令官を務めた。敗戦後21年復員。

松井 春生　まつい・はるお

大阪府知事

明治24年（1891年）5月12日～昭和41年（1966年）10月1日

[生]三重県　[学]東京帝国大学法科大学〔大正5年〕卒　[歴]内務省に入り、内閣調査局調査官、内閣賞勲局、資源局長官、大阪府知事などを歴任し、昭和12年日本商工会議所理事に就任。また工業組合中央会副会長、日本絹織物工業組合連合会理事長などを務めた。21年東京都長官兼関東信越行政事務局長官、同年勅選貴族院議員となるが、公職を追放された。著書に「経済参謀本部論」「日本資源政策」がある。

松井 久　まつい・ひさし

野球選手

生年不詳～昭和59年（1984年）9月21日

[画]山口県下関市　[学]平壌中卒、明大　[歴]平壌中から明大に進み、戦前の東京六大学野球の花形選手。昭和6年米大リーグ選抜軍が来日した際、全日本の強打の外野手として活躍した。

太平洋戦争中は東条英機首相の秘書官を務めた。明大野球部OB会駿台倶楽部副会長、後楽園顧問、日本ボクシングコミッション事務局次長を歴任。

松井 等　まつい・ひとし

東洋歴史学者　国学院大学教授

明治10年（1877年）6月12日～昭和12年（1937年）5月10日

[生]東京市神田区（東京都千代田区）　[名]旧姓・旧名＝大蔵　[学]東京帝国大学史学科〔明治34年〕卒　[歴]陸軍中将男爵・大蔵平三の長男に生まれ、母方の姓を継ぐ。明治34年陸軍に入隊、38年中尉。39年東京帝国大学史料編纂掛に入り、40年国学院大学講師、大正9年教授。白鳥庫吉の指導の下に南満州鉄道（満鉄）の嘱託として満州史の研究に従事、渤海、契丹の研究に成果を上げた。のち中国近代史を研究。『東洋思潮』に掲載の「支那現代思潮」は、日本の歴史家が中国の新文化運動の意義を認めた最初の執筆として知られる。著書に「東洋近代史」など。　[家]父＝大蔵平三（陸軍中将）

松井 房治郎　まつい・ふさじろう

官僚　実業家

明治14年（1881年）7月23日～昭和12年（1937年）12月10日

[生]京都府　[学]東京帝国大学法学部〔明治42年〕卒　[歴]大蔵省、朝鮮総督府、京都府などに務め、昭和4年朝鮮咸鏡南道知事となる。5年朝鮮米穀倉庫社長に就任。朝鮮農会副会長、朝鮮放送協会理事、京城商工会議所特別議員、朝鮮郵船取締役なども務めた。12年11月東京滞在中に発病し、12月病院で加療中に死去した。

松井 元興　まつい・もとおき

分析化学者　京都帝国大学総長　立命館大学学長

明治6年（1873年）12月25日～昭和22年（1947年）5月24日

[生]福岡県　[名]旧姓・旧名＝広羽　[学]東京帝国大学理科大学化学科〔明治31年〕卒　理学博士〔明治40年〕　[歴]広羽家に生まれ、松井家に入る。六高教授、京都帝国大学理工科大学教授などを歴任。この間、明治40年ドイツ、英国に留学。昭和8年滝川事件で辞職した小西重直に替わって京都帝大総長となり、事件の処理に当たった。16～20年立命館大学学長を務めた。著書に「有機化学講義」「分析化学」「自然科学の進歩に対応する道」などがある。

松井 元太郎　まつい・もとたろう

工業化学者　東京工業大学教授

明治15年（1882年）3月25日～没年不詳

[生]東京府牛込区（東京都新宿区）　[学]東京帝国大学工科大学応用化学科〔明治38年〕卒　工学博士（東京帝国大学）〔大正13年〕　[歴]化学者・松井直吉の長男。明治38年大阪アルカリに入社。42年農商務省海外実業練習生としてドイツと英国へ留学。44年帰国後は東京帝国大学講師を務め、大正5年より旭硝子でソーダ製造事業に従事。10年退職して早稲田大学理工学部教授、昭和3年東京高等工業学校教授、4年大学昇格により東京工業大学教授。9年工業化学会会長。著書に「工業化学数値計算概要」「接触式硫酸製造法」などがある。　[家]父＝松井直吉（化学者）、弟＝松井文二郎（特許局技師）、山上八郎（甲冑武具研究家）、叔父＝和田万吉（図書館学者）、従兄＝宮井健吉（林学者）

松井 米太郎　まつい・よねたろう

司祭　日本聖公会東京地区第2代主教

明治2年（1869年）4月13日～昭和21年（1946年）10月16日

[生]岐阜県　[学]大阪三一神学校〔明治26年〕卒、ウィクリフ神学校（カナダ）大学院〔明治39年〕修了　[歴]明治21年受洗。広島聖公会、大阪城南教会を経て、31年大阪三一神学校教授。カナダのトロント留学後、三一神学校に戻り、大正3年東京聖パ

ウロ教会牧師。7年東京教区期成同盟を作り、二つの主教管区をまとめ、12年東京教区結成にこぎつけた。昭和3年東京教区第2代主教に推され、19年まで同教区を主管した。著書に「聖書キリスト伝」「聖書の由来」など。

松内 則三　まつうち・のりぞう
アナウンサー
明治23年(1890年)7月28日〜昭和47年(1972年)1月31日
[生]東京都渋谷区　[学]慶応義塾大学卒　[歴]大学卒業後実業界に入ったが、会社が倒産し失職。大正14年に新設の東京放送局(現・NHK)に乞われて入り、アナウンサーに。この世界の草分けで、「肯やみせまる神宮球場、ねぐらに急ぐカラスが3羽…」などの名文句を織り込んだアナウンスで "松内型" と呼ばれる独特の境地を開いた。昭和13年1月退社、戦後の34年にNHK会友となった。

松浦 為王　まつうら・いおう
俳人
明治15年(1882年)1月8日〜昭和16年(1941年)12月15日
[生]神奈川県横浜市　[名]本名=松浦磐　[学]横浜商業卒　[歴]正金銀行に勤務。長唄、画を学び、俳句は高浜虚子、内藤鳴雪に師事して「ホトトギス」に拠り、横浜に連友会を組織。昭和3年「俳人」を創刊主宰した。著書に「太祇百句評釈」、編著に「鳴雪俳句集」。

松浦 鎮次郎　まつうら・しげじろう
教育家 教育行政家 文相
明治5年(1872年)1月10日〜昭和20年(1945年)9月28日
[生]愛媛県　[学]東京帝国大学法科大学政治科〔明治31年〕卒　[歴]内務省に入り、明治35年文部省参事官、39年米英留学。のち専門学務局長、文部次官、京城帝国大学、九州帝国大学各総長に就任。その後、教育審議会委員、枢密顧問官、勅撰貴族院議員を経て、昭和15年1〜7月米内内閣の文部大臣に就任、市町村義務教育費国庫負担法を成立させた。編著書に「明治以降教育制度発達史」(全12巻)、「教育行政法」などがある。

松浦 貞一　まつうら・ていいち
松要書店主人 近代文芸社創業者
明治19年(1886年)10月21日〜昭和28年(1953年)11月11日
[生]兵庫県加西郡北条町(加西市)　[歴]大正元年書物の数物問屋を創業。13年店名を松要書店と命名して洋本部と赤本部を設置し、特に特価書籍の販売で知られた。昭和4年近代文芸社の商号で出版業にも乗り出し、吉井勇、斎藤弔花らの文芸書から、辞書・料理書・手芸書などまで幅広く手がけた。一方で大阪図書出版業組合評議員も務め、書籍大市会では振手の名手として活躍。16年取次業が戦時統制によって日本出版配給株式会社に統合されると、その博労町営業所長に就任した。

松浦 一　まつうら・はじめ
英文学者 大正大学教授
明治14年(1881年)1月25日〜昭和41年(1966年)8月13日
[生]東京都　[名]号=一如　[学]東京帝国大学英文科〔明治38年〕卒　[歴]東京帝国大学講師を経て、大正15年大正大学教授、のち中央大学、駒沢大学教授を歴任。英文学者として活躍し「文学の本質」「文学のいのち」や「トルストイの芸術観」、歌集「素月抄」などの著書がある。

松江 春次　まつえ・はるじ
南洋興発社長
明治9年(1876年)1月15日〜昭和29年(1954年)11月29日
[生]福島県会津若松市馬場下五之町　[学]蔵前高等工業(現・東京工業大学)卒, ルイジアナ大学砂糖科修士課程修了　[歴]元会津藩士久平の二男に生まれる。会津中学から東京の蔵前高等

工業に無試験で入り、首席で卒業。大日本製糖に就職した後、明治36年渡米してルイジアナ大学砂糖科に学び、2年後科学修士号を獲得。さらにフィラデルフィアのスプレックス砂糖会社に2年勤め、40年帰国。大日本製糖大阪工場の工務長として復社。日本初の "角砂糖" の製造に取り組む。その後、台湾の斗六製糖、新高製糖の重役を経て、大正11年サイパンに南洋興発を設立、専務となる。昭和5年社長に就任。15年会長に退き、18年引退。この間、13年には砂糖生産量が74500トンに達し、パラオ、トラック両島からフィリピン、ニューギニアにわたる地域に関連会社20社をもつ大コンツェルンに成長させた。しかし、太平洋戦争中の19年7月サイパン玉砕で南興も消滅した。　[家]弟=松江豊寿(陸軍少将)

松尾 巌　まつお・いわお
内科学者 俳人 京都帝国大学医学部教授
明治15年(1882年)4月15日〜昭和38年(1963年)11月22日
[生]京都府京都市　[名]号=松尾いはほ　[学]京都帝国大学医学部〔明治41年〕卒 医学博士(京都帝国大学)〔大正4年〕　[歴]大正2年京都帝国大学医学部内科助教授、6〜9年米国に留学、9年教授、昭和3〜7年附属医院長、12年退官。大阪女子高等医学専門学校理事、理事長、附属病院長も務めた。胆石症の権威。著書に「開腹術の前後」「胆石及び胆道の疾患」「胆石の発生と其治療の根本義」「消化器疾患の一般治療」などがある。一方、京都帝国大学在学中、大谷句仏の運座に参加。4年「蜻蛉会」を創立、五十嵐播水、鈴鹿野風呂らに学んだ。また高浜虚子に師事、7年「ホトトギス」同人。妻静子との句集「摘草」「春炬達」「金婚」などがある。　[家]妻=松尾静子(俳人)　[賞]恩賜賞〔昭和12年〕

松尾 国松　まつお・くにまつ
岐阜市長 全国市長会会長
明治7年(1874年)7月29日〜昭和33年(1958年)1月17日
[生]岐阜県岐阜市　[学]則武小中等科〔明治21年〕卒　[歴]明治31年普通文官試験合格。32年岐阜県庁に入り、大正4年武儀郡長。土木課長、地方課長を経て、14年岐阜市長となり、連続6選。昭和17年全国市長会会長、21年自治行政の功労により勅選貴族院議員、同年辞任。31年市内美江寺公園に銅像が建てられた。　[家]男=松尾吾策(岐阜市長)

松尾 四郎　まつお・しろう
実業家 衆議院議員
明治16年(1883年)5月〜昭和33年(1958年)7月17日
[出]奈良県　[学]大阪府立北野中学校卒　[歴]昭和3年衆議院議員となり、以来連続5期務める。また大和銀行、吉野銀行、奈良信託の監査役を歴任し、大和電気、信貴生駒電気鉄道、大和貯蓄銀行、新日本工業など多くの会社の役員を務めた。

松尾 捨治郎　まつお・すてじろう
国語学者 国学院大学教授
明治8年(1875年)〜昭和23年(1948年)6月20日
[出]茨城県　[学]国学院卒　[歴]昭和5年国学院大学教授。著書に「国文法論纂」「助動詞の研究」などがある。

松尾 伝蔵　まつお・でんぞう
陸軍歩兵大佐
明治5年(1872年)8月16日〜昭和11年(1936年)2月26日
[出]福井県　[学]陸士(第6期)〔明治28年〕卒　[歴]明治28年陸軍歩兵少尉に任官。大正6年大佐に昇り、8年歩兵第五十九連隊長。同年〜9年シベリアに出征。10年予備役に編入。11年福井市議。昭和9年義兄の岡田啓介が首相に就任すると内閣嘱託の辞令を受け首相官邸に寝泊まりし、岡田と生活を共にした。11年の二・二六事件で官邸に乱入した兵士に殺害されたが、岡田とよく似た姿をしていたため、兵士らは岡田を殺害したと

勘違いし引き揚げた。このため女中部屋の押入れに隠れていた岡田は翌日無事に脱出することができた。　家義兄＝岡田啓介（海軍大将・政治家），女婿＝瀬島龍三（陸軍中佐・伊藤忠商事会長）

松岡 映丘　まつおか・えいきゅう
日本画家
明治14年（1881年）7月9日～昭和13年（1938年）3月2日
出兵庫県神崎郡田原村（福崎町）　名本名＝松岡輝夫　学東京美術学校日本画科〔明治37年〕卒　賞帝国芸術院会員〔昭和12年〕　歴橋本雅邦，山名貫義に大和絵の臨画の指導を受けた後，東京美術学校に入学，寺崎広業らに学ぶ。首席卒業後，明治41年東京美術学校助教授，大正7年～昭和10年教授。この間，大正元年の文展に初入選後，帝展での入選，受賞を重ね，後に帝展審査員となった。5年文展に「室君」を出品，特選を受賞。同年金鈴社を組織し，10年には新興大和絵会を創設して大和絵の再興による日本画の革新運動の先頭に立った。昭和5年帝国美術院会員。10年国画院を創立。12年帝国芸術院会員。大和絵に範をとった実証的な歴史画や風景画に典雅な情趣を示す。武具服飾などの故実に通じる。代表作に「伊香保の沼」「右大臣実朝」「矢表」「後鳥羽院と神崎の遊女達」など。
家兄＝井上通泰（歌人・国文学者・眼科医），柳田国男（民俗学者），松岡静雄（言語学者・海軍大佐）　賞文展特選〔大正5年〕「室君」，帝国美術院賞（第10回）〔昭和4年〕「平治の重盛」

松岡 均平　まつおか・きんぺい
男爵　東京帝国大学法科大学教授　貴族院議員
明治9年（1877年）11月28日～昭和35年（1960年）6月10日
生東京府神田三崎町（東京都千代田区）　学東京府立一中卒，一高卒，東京帝国大学法科大学政治科〔明治33年〕卒　法学博士〔明治43年〕　歴司法官で男爵となった松岡康毅の一人息子。東京帝国大学助教授を経て，教授。退官後は三菱合資会社に入り，三菱経済研究所を設立した。大正13年より貴族院議員。著書に「日本の植民的発展」「産業合理化に邁進せよ」などがある。　家父＝松岡康毅（司法官・男爵）

松岡 駒吉　まつおか・こまきち
労働運動家
明治21年（1888年）4月8日～昭和33年（1958年）8月14日
生鳥取県岩美郡岩美町　学岩井高小〔明治35年〕卒　歴15歳で舞鶴海軍工廠の旋盤工となったあと，室蘭の日本製鋼所に移って総同盟の前身の友愛会室蘭支部長となってから労働運動一筋に。大正7年には本部主事となったが，骨の髄まで反共に徹した労使協調主義のクリスチャンで，12年には共産主義グループとの対立から主事を辞任する。その後15年に西尾末広らと社会民衆党を結成，さらに社会大衆党中央委員等を務めたあと，昭和7年に日本労働組合会議副議長，総同盟組合長となり，10年に日本労働総同盟が結成されると会長に就任した。15年に政府が労働組合を産業報国会に統合したとき，これに抵抗して自ら総同盟を解体，世捨て人同様になった。戦後間もなく全国単一組織の労働組合結成を呼びかけ，21年の再建総同盟（日本労働組合総同盟）発足と同時に会長に就任。一方，戦後の社会党の結成に参加し，21年から衆議院議員に当選6回。この間，22年片山内閣が成立したあと，22～24年衆議院議長を務めた。

松岡 俊三　まつおか・としぞう
衆議院議員
明治13年（1880年）7月～昭和30年（1955年）2月16日
生山形県村山市楯岡　出東京都　学浄土宗大学〔明治32年〕卒，日本法律学校　歴日露戦争に従軍。都新聞社副社長を経て，雪の日本社を創立，「雪の日本」を発行して雪害救済運動を提唱する。大正9年衆議院議員となり7期務め，この間，ワ

シントン軍縮会議に政友会から派遣されたほか，米内内閣拓務政務次官となった。戦後は昭和27年から衆議院議員を2期務めた。著書に「雪国の悲惨を語る」がある。

松岡 二十世　まつおか・はたよ
社会運動家
明治34年（1901年）2月15日～昭和23年（1948年）2月9日
生宮城県登米郡登米町　学二高卒，東京帝国大学法学部政治学科〔大正14年〕卒，東京帝国大学大学院　歴在学中新人会に入り，卒業後北海タイムス記者となったが，間もなく辞め，日農の運動に入る。大正15年，日農北海道連合会執行委員。教育部長となり，この頃共産党に入党。昭和3年三・一五事件で検挙され懲役3年に処せられる。網走監獄を出獄後，全農全国会議派に属したが，のち全農を一本化することに努力する。16年満州に渡り「満州国」協和会文化部長などを歴任したが，20年ソ連に抑留され，彼地で死去。　家息子＝松岡将（農林水産省東海農政局長）

松岡 洋右　まつおか・ようすけ
外交官　外相　衆議院議員　満鉄総裁
明治13年（1880年）3月4日～昭和21年（1946年）6月27日
生山口県熊毛郡　学オレゴン州立大学法科〔明治34年〕卒　歴明治26年渡米，苦学してオレゴン州立大学法科を卒業。35年帰国し，37年外務省入省。寺内毅総理大臣秘書官，パリ講話会議全権随員，上海総領事など歴任。大正10年退官して南満州鉄道（満鉄）に入社，理事を経て，昭和2～4年副総裁を務め，4年帰国。5年衆議院議員（政友会）に当選。満州事変後の7年国際連盟臨時総会首席全権となり，日本軍の満州撤退勧告案（リットン調査団報告書）採択に抗議して，8年日本の連盟脱退を宣言。10～14年満鉄総裁。この頃，東条英機，星野直樹，岸信介，鮎川義介と並ぶ満州国政財界の実力者として "弐キ参スケ" の一人に数えられた。15年には第二次近衛内閣の外相として大東亜共栄圏建設を提唱し，日独伊三国同盟を締結，枢軸外交を推進した。16年日ソ中立条約に調印したが独ソ開戦で破綻し，失脚。戦後，A級戦犯として審理中病死した。　家長男＝松岡謙一郎（テレビ朝日副社長），三男＝松岡震三（住友金属工業専務），岳父＝進経太（造船技師）

松方 巌　まつかた・いわお
実業家　公爵　十五銀行頭取　貴族院議員
文久2年（1862年）4月6日～昭和17年（1942年）8月9日
生薩摩国鹿児島（鹿児島県鹿児島市）　学大学予備門卒　歴明治16年ベルリン，ライプツィヒ，ハイデルベルク各大学に留学。26年帰国，銀行界に入り，大正11年十五銀行頭取（のち帝銀）。12年父の死で襲爵，貴族院議員となる。昭和2年金融恐慌による十五銀行危機に際し，全私財を投じ，爵位も返上，公職を退いた。栃木県に千本松農場を持ち馬匹改良に尽力した。
家父＝松方正義（首相・公爵），弟＝松方幸次郎（実業家・美術蒐集家），松方三郎（義三郎）（登山家・ジャーナリスト）

松方 幸次郎　まつかた・こうじろう
実業家　川崎造船所社長　衆議院議員
慶応1年（1865年）12月1日～昭和25年（1950年）6月24日
生薩摩国鹿児島（鹿児島県鹿児島市）　学東大予備門〔明治17年〕中退，エール大学〔明治23年〕卒　Ph.D.（エール大学）〔明治23年〕　歴明治の元勲・松方正義の三男で，明治8年政府の要人となっていた父を追って上京。17年米国に留学，ラトガース大学やエール大学で学ぶ。23年帰国し，24年父が第一次内閣を組閣したのに伴い，その首相秘書官となった。のち実業界に入り，29年川崎造船所の初代社長に就任する一方，32年神戸新聞社社長，41年神戸商業会議所会頭を兼ね，同年九州電気鉄道（現・西日本鉄道）の創立に際し初代社長となる。45年衆議院議員に当選。大正期には川崎造船所を日本有数の造船

まつかた　　　　　　　　　　昭和人物事典 戦前期

所へと育て上げたが、昭和2年金融恐慌が起こると経営が急速に悪化、3年社長を辞任して隠棲した。7年日ソ石油を創立して実業界に復帰し、ソ連からの石油輸出を進めたが、10年他社との合併を機に経営から離脱。11年から衆議院選挙に3選、通算4期。また、第一次大戦の頃からヨーロッパでの絵画・彫刻・浮世絵収集をはじめ、日本のみならず英国、フランスに膨大なコレクションを保管。これらは“松方コレクション”の名で知られていたが、戦時中には在英コレクションが火災で焼失、在仏コレクションが差し押さえとなり、19年には日本で管理していた浮世絵を帝室博物館に寄贈した。没後、26年のサンフランシスコ講和会議の際に在仏コレクションの返還が議され、34年コレクション371点が返還、これをもとに国立西洋美術館が開設された。　家父＝松方正義（首相・公爵）、兄＝松方巌（銀行家）、松方正作（外交官）、弟＝松方正雄（渡辺銀行頭取）、松方五郎（東京瓦斯社長）、松方乙彦（日活社長）、松方正熊（帝国精糖社長）、松方義行（森村産業社長）、松方三郎（登山家・ジャーナリスト）、娘＝松方為子（聖ドミニコ学園理事長）、岳父＝九鬼隆義（播磨三田藩主）、甥＝松本重治（ジャーナリスト）、松方峰雄（松方家当主）、姪＝ライシャワー、ハル・マツカタ

松方 三郎　まつかた・さぶろう
登山家 ジャーナリスト
明治32年（1899年）8月1日〜昭和48年（1973年）9月15日
生東京都 名本名＝松方義三郎 学京都帝国大学経済学部〔大正11年〕卒 歴大学卒業後は南満州鉄道（満鉄）東亜調査局に入ったが、昭和9年新聞連合社（後の同盟通信社）に転じ、同盟の北支、中支、南支の各総局長、満州国通信社理事長を歴任。戦後は34年まで共同通信社で編集局長や専務理事を務めたリベラルな国際的ジャーナリスト。登山家としても有名で、学習院中学科時代から山に登り、厳冬期の燕岳や槍ケ岳に登頂、大正14年からのロンドン留学中はアルプスのマッターホルンやアイガー登はんで多くの記録を残した。戦後は2度にわたって日本山岳会会長を務め、昭和45年にはエベレスト登山隊長として登頂を成功させている。また美術、文芸の愛好家でもあり、34年フランスから松方コレクションの返還を実現した。日本民芸協会会長、ボーイスカウト日本連盟総長も務めた。著書に「アルプス記」「アルプスと人」「遠き近き」「山を楽しもう」など、訳書にヒラリー「わがエヴェレスト」」がある。　家父＝松方正義（首相・公爵）、兄＝松方巌（銀行家）、松方幸次郎（実業家・美術蒐集家）

松方 正雄　まつかた・まさお
渡辺銀行頭取 大阪野球倶楽部初代会長
慶応4年（1868年）5月7日〜昭和17年（1942年）3月25日
出薩摩国（鹿児島県） 学ペンシルベニア大学 歴明治の元勲・松方正義の四男。米国ペンシルベニア大学に学び、帰国後は渡辺銀行頭取などを歴任した。昭和10年大阪野球倶楽部初代会長となり、今日の阪神タイガースの基礎を築いた。また、日本職業野球連盟の初代副総裁も務めた。61年野球殿堂入り。　家父＝松方正義（首相・公爵）、兄＝松方巌（銀行家）、松方正作（外交官）、松方幸次郎（実業家・政治家）、弟＝松方五郎（東京瓦斯社長）、松方乙彦（日活社長）、松方正熊（帝国精糖社長）、松方義行（森村産業社長）、松方三郎（登山家・ジャーナリスト）

松川 昌蔵　まつかわ・しょうぞう
衆議院議員
明治25年（1892年）2月〜昭和48年（1973年）4月23日
出岩手県 歴岐阜地裁検事、水戸地裁検事、福島地裁若松支部判事を歴任した後、弁護士となる。岩手県議などを経て、昭和11年衆議院議員となり以後当選3回。日本自由党政調会行政機構改革委員長を務める。33年の総選挙では、椎名悦三郎候補の出納責任者として岩手県史上最大の選挙違反を起こした。

松木 幹一郎　まつき・かんいちろう
実業家 台湾電力社長 山下合名総理事
明治5年（1872年）2月2日〜昭和14年（1939年）6月14日
生愛媛県周桑郡楠河村（西条市） 学三高〔明治26年〕卒, 帝国大学法科大学法律学科〔明治29年〕卒 歴明治29年逓信省に入省。34年広島郵便電信局長、38年官房文書課長、39年横浜郵便局長を経て、40年鉄道庁に転じ、41年鉄道院総裁秘書課長、42年計理部庶務課長。43年理事に進んだ。44年東京市に転任して初代の電気局長。大正4年辞職。5年山下総本店総理事に転身、6年山下合名総理事兼山下汽船副社長。11年退社、東京市政調査会理事、12年専務理事。関東大震災後は帝都復興院副総裁。昭和4年台湾電力社長となり、その再建に尽力した。

松木 謙治郎　まつき・けんじろう
プロ野球監督・選手
明治42年（1909年）1月22日〜昭和61年（1986年）2月21日
出福井県敦賀市 学明治大学商学部〔昭和7年〕卒 歴敦賀商から明大、名鉄、大連実業を経て、昭和11年阪神球団の創設と同時に入団し、初代主将。一塁手として猛打陣の一翼をになった。12年春には首位打者と本塁打王を獲得。15、16年には監督を務め、戦争応召後の25年、2リーグ分立後の阪神に再度監督として迎えられ、29年まで務めた。30年には大映コーチ、32年同監督を歴任。46年から野球評論家として活躍。53年殿堂入りした。実働8年、479試合、1706打数448安打、18本塁打、224打点、打率.263。

松木 庄吉　まつき・しょうきち
彫刻家
大正3年（1914年）〜昭和19年（1944年）
生福井県遠敷郡上中町（三方上中郡若狭町） 歴石材店を営む家に生まれ、小学校卒業後、石工として家業を手伝う傍ら独学で石彫を学ぶ。昭和9年21歳の時、家族の反対を押し切って上京し、文展審査員の小倉右一郎に師事。13年第2回新文展に「裸婦」で初入選し、その後も作品を展覧会へ出品し続け、「対岸」「青年」「空」「朝」が連続して入選。18年第6回新文展に「逆風」を出品し特選を受賞したが、翌19年ニューギニアで戦死した。30歳の若さだった。　賞新文展特選（第6回）〔昭和18年〕「逆風」

松木 侠　まつき・たもつ
満州国審計局長官
明治31年（1898年）3月9日〜昭和37年（1962年）7月11日
出山形県 学二高卒、東京帝国大学法学部法律学科〔大正11年〕卒 歴大正11年南満州鉄道（満鉄）に入社。昭和7年6月満州国国務院法制局長代理となり、10月〜9年法制研究のため欧米各国へ出張。9年帰国後は国務院法制局第一部長兼第二部長、10年総務庁秘書処長、12年総務庁法制処長、13年参議府秘書局長、15年総務庁次長、18年満州国審計局長官、19年満州国大同学院長を歴任。引き揚げ後は、21年東京で弁護士を開業。29年鶴岡市長に当選。3期目途中の37年、急逝した。

松木 直亮　まつき・なおすけ
陸軍大将
明治9年（1876年）11月5日〜昭和15年（1940年）5月22日
生山口県 学陸士（第10期）〔明治31年〕卒, 陸大〔明治40年〕卒 歴明治32年歩兵少尉。歩兵第1連隊中隊長として日露戦争に従軍、負傷。40年参謀本部員、43年ドイツ大使館付武官補佐官。以後熊本俘虜収容所長、陸軍省軍務局課員、陸大教官を経て、大正7年大佐、歩兵第78連隊長。12年少将、陸軍省整備局長。昭和2年中将、4年第14師団長となり、上海事変、満州事変に出征。8年大将となり待命、9年予備役。

松木 弘　まつき・ひろむ

弁護士 衆議院議員

明治12年（1879年）4月～昭和42年（1967年）10月15日

出新潟県 学東京法学院〔明治29年〕卒 歴新潟県議を経て、昭和7年衆議院議員となり以来通算5期。米内内閣農林参与官、衆議院懲罰委員長を歴任。また新潟県弁護士会長、新潟電力取締役、民主自由党相談役なども務めた。

松隈 健彦　まつくま・たけひこ

天文学者 東北帝国大学理学部教授

明治23年（1890年）3月18日～昭和25年（1950年）1月14日

生佐賀県東松浦郡唐津町〔唐津市〕 学六高卒、東京帝国大学理科大学星学科〔大正2年〕卒 理学博士〔昭和10年〕 歴東京帝国大学星学科で寺尾寿に師事し、天体力学を専攻。特に三体問題の研究に没頭し、ヒルの周期軌道論におけるループ軌道をポアンカレ、ハフらが解析的に証明したのに対し、これを実地の計算によって立証した。大正2年卒業後は海軍兵学校教官、六高教授を経て、9年一高教授兼東京帝大助教授となり、東京天文台の編暦主任も務めた。13年東北帝国大学助教授に転じ、14年欧米へ留学。昭和9年教授。早くからアインシュタインの「相対性理論」に関心を持ち、緯度変化に及ぼす相対性理論の効果などについても研究した。著書に「宇宙」「天文学新話」「天文学概論〈上巻〉」などがある。

松隈 秀雄　まつくま・ひでお

大蔵次官

明治29年（1896年）6月10日～平成1年（1989年）9月30日

出神奈川県横浜市 学一高卒、東京帝国大学法学部法律学科〔大正10年〕卒 歴大正10年大蔵省に入省。昭和15年銀行局長、同年主税局長を経て、19年大蔵次官。20年退任して東洋拓殖副総裁。21～25年公職追放。戦後は、32～36年日本専売公社総裁を務めた。

松阪 広政　まつざか・ひろまさ

弁護士 検事総長 法相

明治17年（1884年）3月25日～昭和35年（1960年）1月5日

生京都府京都市宇治町 学東京帝国大学法科〔明治43年〕卒 歴大学を出て司法省に入り、当時の検察の実力者だった塩野季彦に可愛がられて昭和12年、塩野法相のもとで刑事局長をふり出しに東京控訴院検事長、検事総長を歴任。昭和五大疑獄や三・一五事件、四・一六事件の共産党検挙などを担当。戦争中は小磯、鈴木両内閣の法相を務めるなど戦時下の思想弾圧にらつ腕を発揮。敗戦後、貴族院議員に勅選されたが、21年日米開戦時の検事総長を理由にA級戦犯に指名され、22年釈放される。その後は弁護士をしていたが、29年の造船疑獄の際は"法相の指揮権発動"を構想した陰の人ともいわれた。

松崎 鶴雄　まつざき・つるお

中国文学者

慶応3年（1867年）12月8日～昭和24年（1949年）3月16日

生肥後国（熊本県） 名号＝柔甫、柔父 学国民英学館卒 歴細川藩士・松崎伝助の子に生まれる。明治14年頃からドイツ協会学校、熊本洋学校に学び、24年イーストレークの英文館に入り英語・英文学を修める。のち竹添進一郎について経学・中国文学を学ぶ。33年前橋中学校、35年鹿児島師範学校の英語教師などを経て、41年「大阪朝日新聞」の通信員を兼ね、中国へ留学。長沙で葉徳輝・王先謙などから湖南学派の儒学を修め、大正9年大連の南満州鉄道（満鉄）図書館司書となり柔父会と称し社員に中国文学を教えた。昭和6年係累の思想事件で辞職。のち、15年北京の華北交通公司総裁室嘱託などを務め、21年帰国した。著書に「詩経国風篇研究」「柔父随筆」などがある。

松崎 天民　まつざき・てんみん

ジャーナリスト 作家

明治11年（1878年）5月18日～昭和9年（1934年）7月22日

生岡山県真島郡垂水村（真庭市） 名本名＝松崎市郎 学小学4年修了後、行商、牛乳配達、工場労務者など職を転々とし、明治33年「大阪新報」記者となる。以後、持って生まれた文才で「大阪朝日新聞」「国民新聞」「東京朝日」などで25年にわたり新聞記者として活躍、独特の社会探訪記事がルポルタージュの先駆けとなる。また、大の食通であったところから昭和3年より雑誌「食道楽」を7年間主宰。民俗や社会の裏面を描くその文章は抒情的名文といわれた。著書に「淪落の女」「闇路を辿る女」「赤い恋と青い酒」「人生探訪」「浅草」「銀座」など。

松崎 半三郎　まつざき・はんざぶろう

実業家 森永製菓社長

明治7年（1874年）9月14日～昭和36年（1961年）11月4日

生埼玉県 学立教学院卒 歴貿易商会勤務を経て、明治38年森永商店（のちの森永製菓）に入社。43年株式会社に改組と共に取締役支配人となる。のち各役員を経る間に販売制度を確立し、昭和10年社長に就任、同社を近代的な製菓会社に育て上げた。この間、森永ベルトラインほかの設立にも貢献。大日本製乳協会会長、日本菓子工業組合連合会理事長のほか幾多の関連会社社長、協会理事長を歴任した。森永製菓創業者・森永太一郎との共著に「パイオニアの歩み」がある。　家孫＝松崎昭雄（森永製菓社長）

松崎 寿　まつざき・ひさし

経済学者 大阪商科大学教授

明治19年（1886年）2月18日～昭和10年（1935年）9月11日

生静岡県沼津 学東京高等商業学校（現・一橋大学）専攻科〔明治43年〕卒 商学博士〔昭和7年〕 歴明治43年東京高等商業学校専攻科を卒業して大阪に移り、同年から大阪高等商業学校講師を務め、大正6年教授となる。昭和4年同校の大学併設で大阪商科大学教授を兼ねる。翌5年同大評議員を務めた。また7年満州国の経済に関する重要任務を命じられ出張した。著書に「フックス氏商業政策」、その他金融に関するものが多数ある。

松沢 一鶴　まつざわ・いっかく

水泳指導者

明治33年（1900年）9月7日～昭和40年（1965年）1月10日

生東京都 学東京帝国大学理学部科学科〔昭和2年〕卒 歴昭和7年のロサンゼルス五輪、11年のベルリン五輪で水泳監督を務めた。戦後も水泳界の再建に尽くし、東京都教育委員長を辞任後は日本水泳連盟名誉顧問、39年の東京五輪事務局次長などを務めた。

松沢 作治　まつざわ・さくじ

彫刻家

大正3年（1914年）～昭和14年（1939年）

生長野県下伊那郡伊賀良村（飯田市） 歴小学校を卒業後、家業の農耕に携わるが、19歳の時に上京。中野昂の指導を受けた後、新海竹蔵の門下に入る。昭和12年24歳の時、院展に「老人半身像」を出品し入選。14年には「土の子」も入選して将来を期待されたが、同年腹膜炎で倒れ、25歳の若さで亡くなった。

松沢 清次郎　まつざわ・せいじろう

実業家 貴族院議員（多額納税）

明治12年（1879年）2月～昭和12年（1937年）7月3日

歴中京財界の有力者で、愛知県町村長会会長、愛知県農会会長などを歴任。昭和8年より多額納税の貴族院議員を務めた。

松沢 初穂　まつざわ・はつほ

水泳選手

生年不詳～平成23年（2011年）1月1日

出京都府　名後名＝菅谷初穂　学市岡高等女学校卒、日本体育専門学校卒　歴市岡高等女学校時代の昭和5年、女子50メートル自由形で36秒6の日本記録を出す。6年全日本選手権女子100メートル自由形で1分15秒4の記録で優勝。7年のロサンゼルス五輪では日本女子水泳時代の主将を務め、女子100メートル自由形に出場。11年のベルリン五輪では同チームコーチとして前畑秀子選手の金メダルに貢献。その後、競泳から遠ざかっていたが、59年関西の元女子水泳選手やオリンピック出場経験者ら日本女子水泳界の草分け時代のOGを中心に、西宮スイミングすみれ会を結成、代表に就任。61年神戸で開催されたマスターズ大会で、女子200メートルのフリーリレー280歳以上の部（選手4名の合計年齢）で日本記録を出し優勝、その後も各地大会で日本記録を出す。平成元年7月東京・代々木の日本マスターズ選手権では女子50メートル自由形75～79歳の部で41秒72の世界記録で優勝。8月のデンマークで開かれたマスターズ世界大会にはメンバー5人で出場、リレーを含む高齢の各種部門で金メダルを8個獲得した。　家長男＝菅谷定彦（テレビ東京社長）

松下 奥三郎　まつした・おくさぶろう

実業家　東亜化学工芸社長

明治16年（1883年）～昭和10年（1935年）7月19日

生埼玉県飯能町　学四高卒、東京帝国大学法科大学〔明治43年〕卒　歴明治43年大学を卒業。初め山口四郎らと政治文芸雑誌「楽天」を発行したが、45年台湾に渡航し、大正2年さらに中国・厦門に渡り、3年シンガポールに赴いて三五公司に入り、次いでジョホールに渡り約10年間ゴム栽培に従事する。この間、日本人側を代表して英国人側ゴム栽培委員と折衝して邦人の発展に貢献、業者間に信望を得た。昭和2年ボルネオ護謨の設立に参画して専務となりボルネオに2年間在住するが、マラリア熱に冒されて帰国。川越で静養する傍ら、7年東京板橋に東亜化学工芸を創立して社長に就任した。

松下 春雄　まつした・はるお

洋画家

明治36年（1903年）3月2日～昭和8年（1933年）12月31日

生愛知県名古屋市　学本郷洋画研究所　歴本郷洋画研究所に学び、大正12年サンサシオンを結成する。13年帝展に初入選。14年日本水彩画会会員、のち光風会会員となる。昭和6年帝展で「花を持つ女」、9年遺作「母子」が特選となった。没後、49年第60回光風会展覧会記念室にて作品が紹介された。　賞帝展特選〔昭和6年〕「花を持つ女」、帝展特選〔昭和9年〕「母子」

松島 詩子　まつしま・うたこ

ソプラノ歌手

明治38年（1905年）5月12日～平成8年（1996年）11月19日

生山口県柳井市　名本名＝内海シマ、旧芸名＝柳井はるみ　学柳井高等女学校卒　歴昭和6年文検に合格し、広島県忠海高等女学校教諭。のち声楽家を志望して上京、浅野千鶴子、原信子等に師事。7年「ラッキーセブンの歌」でデビューし、レコード大賞特別賞受賞。「潮来の雨」（9年）「マロニエの木蔭」（12年）「喫茶店の片隅で」（30年）などがヒットしたほか、各地の小学校での歌唱指導で「月の砂漠」の流行に功があった。12年初のリサイタルを開き「蝶々夫人」を歌った。13年歌劇団パヴォーを組織し、オペラ「ボッカチオ」を公演するなど、歌謡曲以外でも活躍。26～35年NHK「紅白歌合戦」に出場。芸名はレコード会社によりまちまちで10幾つもあるが、松島詩子は山田耕筰の命名による。著書に「わが心の星・歌」。没後の平成12年山口県柳井市に松島詩子記念館が開館した。

松嶋 鹿夫　まつしま・しかお

外交官　駐スウェーデン公使

明治21年（1888年）1月16日～昭和43年（1968年）11月28日

出兵庫県　学東京高等商業学校（現・一橋大学）〔明治45年〕卒　歴昭和9年外務省通商局第二課長、10年第一課長を経て、11年通商局長。14年駐スウェーデン公使時代は日ソ通商協定交渉で東郷茂徳駐ソ大使を助けた。戦後、20年幣原喜重郎内閣で外務次官兼終戦連絡中央事務局次長。21年退官、勅選貴族院議員。26年セ・リーグ会長。

松島 彝　まつしま・つね

作曲家

明治23年（1890年）2月14日～昭和60年（1985年）10月9日

生山形県山形市　名別名＝松島通然、松島韻光、松島つね、松島通念　学福島高等女学校〔明治39年〕卒、東京音楽学校本科ピアノ科〔明治44年〕卒、東京音楽学校研究科〔大正2年〕修了、東京外国語学校（現・東京外国語大学）伊語特別科〔大正2年〕修了　歴福島県立高等女学校から、明治40年東京音楽学校予科、41年本科ピアノ科に進学。同校ではハインリッヒ・ヴェルクマイスターに親炙し、その門下生である小松耕輔、本居長世、梁田貞、中山晋平、弘田龍太郎と"たぬき会"を結成。のちに彼らとは歌曲を中心とした、童謡運動などの音楽運動を繰り広げる。45年乃木希典院長に懇望され、学習院女子部の教師に就任。昭和21年まで約35年間にわたって勤務した。この間、大正11年奏楽堂、13年帝国ホテルで作品発表会を開催し、弦楽四重奏曲やピアノ、チェロ、バイオリンの独奏曲、声楽曲などを発表、我が国初の女性作曲家といわれる。また、学習院退官まで、女性としてただ一人、文部省音楽科教科書編纂委員を務めた。"おうまのおやこは なかよしこよし"の「おうま」や「手まりうた」などの童謡・唱歌の作曲で知られる。　勲勲四等瑞宝章〔昭和20年〕

松島 白虹　まつしま・はくこう

日本画家

明治28年（1895年）10月1日～昭和12年（1937年）2月22日

生岡山県岡山市内山下　名本名＝松島松太郎　学岡山中卒、東京美術学校日本画科〔大正10年〕卒　歴結城素明に師事し、大正7年「ジャガタラ文」で文展に初入選。10年女子美術学校教授となる。11年には東京博覧会出品作「少女」が褒章。昭和11年には東京都養正館に壁画「大政奉還」を描いた。

松島 肇　まつしま・はじめ

外交官　駐イタリア大使

明治16年（1883年）2月2日～昭和36年（1961年）4月15日

生長野県上伊那郡手良村（伊那市）　学松本中卒、一高卒、東京帝国大学法科大学政治学科〔明治40年〕卒　歴明治40年外務省に入省。大正8年在ハルビン総領事を経て、10年ウラジオ派遣軍政務部長となり日露通商再開の道を開いた。昭和2年駐ポーランド公使、6年欧米局長、7年駐イタリア大使を歴任。11年退官。

松瀬 青々　まつせ・せいせい

俳人

明治2年（1869年）4月4日～昭和12年（1937年）1月9日

生大阪府大阪市東区大川町　名本名＝村瀬弥三郎　学北浜上等小〔明治15年〕卒　歴小学校卒業後、詩文、書、数学を塾で学び、商人としての道を歩んだがそれになじまず泰西学館で数学教師を務める。明治28年第一銀行大阪支店に入社、その傍ら国学と和歌を学ぶ。この頃から俳句に親しみ「ホトトギス」「文庫」「日本」に投句。32年高浜虚子のすすめで上京し「ホトトギス」編集員。33年帰阪、大阪朝日新聞社に入社し、俳句欄を担当。34年「宝船」を創刊、同誌は大正4年「倦鳥」と改題された。関西俳壇に重きをなし、新傾向俳句運動

の際には碧梧桐に正面から対立した。句集に「妻木」全4巻をはじめ没後刊行の「鳥の巣」などがある。

松田 喜三郎　まつだ・きさぶろう
実業家 松田博愛堂社長 衆議院議員
明治13年(1880年)3月12日〜昭和21年(1946年)2月15日
生愛媛県温泉郡五明村(松山市)　歴明治37年松田博愛堂(現・松田薬品工業)を創業、41年から医薬品の製造を始め、製造していた解熱剤"ヒラミン"は大正風邪の流行により全国にその名が知られた。大正4年から愛媛県議に4選、昭和5年衆議院議員に当選。7年落選したが、11年再選。通算3期。政友会、政友本党、民政党を経て、翼賛議員同盟に所属。また北条町(現・北条市)町長も務め、倉敷紡績の誘致や北条港近代化改修工事、農業用水確保のための俵原池築造など、その産業基盤整備に力を尽くした。海南新聞社、鹿島酒造各取締役なども務めた。

松田 瓊子　まつだ・けいこ
小説家
大正5年(1916年)3月19日〜昭和15年(1940年)1月13日
生東京市小石川区高田豊川町(東京都文京区)　学日本女子大学附属高等女学校〔昭和8年〕卒, 日本女子大学校英文科中退　歴女学校時代から少女小説を書きはじめる。昭和12年「七つの蕾」を出版。同年政治学者・松田智雄と結婚。15年病没。著書に「七つの蕾」、遺稿「紫苑の園」「小さき碧」「サフランの歌」「香澄」、「少年小説大系〈第25巻〉少女小説名作集2」のほか「松田瓊子全集」(全6巻・別巻資料編、柳原書店)がある。　家夫=松田智雄(東京大学名誉教授)、父=野村胡堂(小説家・音楽評論家)

松田 源治　まつだ・げんじ
衆議院議員 文相 拓務相 民政党幹事長
明治8年(1875年)10月4日〜昭和11年(1936年)2月1日
生大分県宇佐郡柳ケ浦(宇佐市)　学東京法学院卒, 日本法律学校〔明治29年〕卒　歴明治30年司法官試補、福岡、佐賀各区裁判所検事代理を経て、31年弁護士開業。41年以来、衆議院議員当選9回、政友会に属し、会幹事、大正9年内務省参事官、11年衆議院副議長を歴任。13年床次竹二郎らと政友本党を結成、昭和2年民政党に合流し、同党総務、幹事長を務める。4年浜口内閣の拓務相、9年岡田内閣の文相となった。

松田 重次郎　まつだ・じゅうじろう
実業家 東洋工業創業者
明治8年(1875年)8月6日〜昭和27年(1952年)3月9日
生広島県安芸郡仁保島村(広島市)　歴12人兄姉の末っ子であることから"十二郎"と名付けられたが、役場の書記が"じゅうじろう"を"重次郎"と戸籍簿に記入してしまったため"重次郎"となった。工廠の職工などを経て、明治39年松田製作所を創業。41年松田式ポンプを発明して特許を得、42年松田式ポンプ合資会社を起こしたが、協力者による会社乗っ取りの策謀などがあったため身を退いた。大正元年松田製作所を開いて再出発し、同年大正型松田式ポンプが完成。2年合資会社、4年株式会社に改組。この間、ロシア政府から砲弾用信管400万個の注文をこなし、5年日本兵器製造に社名変更。6年新工場建設について重役たちと意見が合わず退社した(同社は工作機械メーカーの大阪機工へと発展)。同年広島で三度松田製作所を起こして三井系の日本製鋼所と提携、7年広島製作所に改称したが、9年には退社。同年広島で東洋コルク工業設立に取締役として参画し、10年社長に就任。14年火災により工場の大半を焼失したため再び機械製造にも着手、昭和2年社名を東洋工業(現・マツダ)として再出発。6年三輪トラックの生産を開始して自動車界に進出。日中戦争が始まると兵器生産にも着手し、19年コルク部門を分離して東洋コルク

を設立。20年70歳の誕生日である8月6日、社用車に乗車中に被爆。自身は助かったが、二男を失った。26年会長に退いた。　家長男=松田恒次(東洋工業社長), 孫=松田耕平(東洋工業社長)　勲緑綬褒章〔昭和15年〕　賞陸軍大臣表彰〔昭和18年〕

松田 甚次郎　まつだ・じんじろう
農民運動家
明治42年(1909年)3月3日〜昭和18年(1943年)8月4日
生山形県最上郡稲舟村(新庄市鳥越)　学盛岡高等農林学校別科〔昭和2年〕卒　歴山形県稲舟村(現・新庄市)の豪農の長男として生まれる。昭和2年盛岡高等農林学校在学中に宮沢賢治と出会い「小作人たれ。農村劇をやれ」と教えを受けたことが転機となり、帰郷後小作農に。傍ら地区の青年に呼びかけ鳥越倶楽部を結成し演劇活動に取り組む。村の水争いを題材にした処女作「水涸れ」が反響をよび村の共同貯水池実現のきっかけになった。7年最上共働村塾を創立、のち鳥越隣保館へと発展。さらに農繁期の託児所や共同炊事所、共同浴場などを開設。また農作業の傍ら講演活動、農村劇、塾生の教育と農村の生活向上や農村文化の確立に尽くした。13年10年間の実践活動を記録した「土に叫ぶ」はベストセラーになり新国劇で上演された。

松田 千秋　まつだ・ちあき
海軍少将
明治29年(1896年)9月29日〜平成7年(1995年)11月6日
生熊本県菊池郡七城町(菊池市)　学海兵(第44期)〔大正5年〕卒, 海大(第26期)〔昭和3年〕卒　歴昭和4年駐米国大使館付武官補佐官。6年帰国して軍令部作戦課長となり、対米軍備計画の基本構想を策定し、戦艦「大和」「武蔵」の建造計画を発案。16年「摂津」艦長、17年2月「日向」艦長を経て、12月「大和」艦長。18年海軍少将。第四航空戦隊司令官だった20年初めには、航空戦艦である「伊勢」「日向」を使い、シンガポールから原油などの物資を運んだ北号作戦の指揮にも当たった。20年3月横須賀航空隊司令。戦後は医療事務機などの開発・製造・販売などを行うマツダカルテックスを創業、社長、会長を務めた。　勲勲二等瑞宝章〔昭和19年〕

松田 正一　まつだ・まさかず
衆議院議員
明治17年(1884年)12月〜昭和47年(1972年)7月20日
出三重県　学京都法政大学法律科〔明治39年〕卒　歴三重県議などを経て、昭和5年衆議院議員に初当選、以来連続7回当選。米内内閣大蔵参与官、第一次吉田内閣運輸政務次官、衆議院図書館運営委員長を歴任する。また日本進歩党常議員会長、党代議士会長、民主党総務委員も務めた。

松田 衛　まつだ・まもる
ロシア語学者 東京外国語学校教授
明治15年(1882年)5月5日〜昭和31年(1956年)11月10日
生大分県宇佐郡　学東京外国語学校露語科〔明治36年〕卒　歴三菱商会を経て、三井物産に入ったが、いずれも上役と喧嘩をして退社。この間、ウラジオストック、ハルビン、モスクワで商社員、通訳をした。大正7年から東京外国語学校で教鞭を執り、名物教授として昭和18年まで務めた。独力で「和露大辞典」を出し、版を重ねた。ロシア語文法書「露語真髄」もある。

松平 里子　まつだいら・さとこ
ソプラノ歌手
明治29年(1896年)〜昭和6年(1931年)9月
生東京浅草(東京都台東区)　名本名=松平佐登子、旧姓・旧名=岩田　学東京音楽学校声楽科〔大正8年〕卒　歴東京音楽学校卒業後、結婚。ペツォルトに師事。自由学園、日本大

まつたいら　　　　　　　　　　昭和人物事典 戦前期

学芸術科講師を務める。大正12年の関東大震災後楽壇に復帰、美声の独唱家として活動。昭和2年堀内敬三、伊庭孝らとオペラ研究団体を結成し、5年東京劇場の「マダム・バタフライ」でオペラデビュー、ステージ生活に入り、同年ミラノに遊学した。

松平 忠寿　　まつだいら・ただひさ
海軍大佐 子爵 貴族院議員
明治15年（1882年）1月25日〜昭和57年（1982年）7月7日
出埼玉県行田市　学学習院卒、海兵卒　歴明治37年海軍少尉に任官。のち海軍大佐まで昇り、昭和3年予備役に編入。7〜21年貴族院議員。太平洋戦争で戦災に遭った目黒の自宅300坪を松平農園として、70歳で農大の聴講生となり、野菜作りに励む。尚友会倶楽部理事長を務めた。　家父＝松平忠敬（子爵）、祖父＝上杉斉憲（出羽米沢藩主）

松平 恒雄　　まつだいら・つねお
外交官 政治家 宮内相
明治10年（1877年）4月17日〜昭和24年（1949年）11月14日
生東京都　出福島県会津若松市　学東京帝国大学法科大学政治学科〔明治35年〕卒　歴東京帝国大学を出てすぐ外務省に入り、天津総領事、欧米局長、外務次官、駐米大使、駐英大使を歴任。駐英大使のときは昭和5年のロンドン海軍軍縮会議の全権として、若槻礼次郎首席を補佐し、補助艦艇の協定成立にこぎつけた。11年に退官、宮中に入って宮内大臣となったが、20年6月、米空軍による皇居一部炎上の責任を追って辞任。21年6月枢密顧問官。同年の“鳩山追放”に伴う自由党の後継総裁選びでは後任の噂にものぼった。22年参議院選挙に全国区から出馬して当選後は緑風会に属し、初代の参議院議長となったが、在職中に病没した。　家妻＝松平信子（常磐会会長）、父＝松平容保（会津若松藩主）、長男＝松平一郎（東京銀行会長）、長女＝秩父宮勢津子（秩父宮妃殿下）、弟＝松平保男（海軍少将）

松平 年一　　まつだいら・としかず
日本史学者 東京帝国大学史料編纂所史料編纂官補
明治20年（1887年）3月24日〜昭和52年（1977年）12月19日
生東京府牛込区（東京都新宿区）　専日本古代史・中世史　学外国語仏語専修学校〔明治40年〕修了　歴明治35年父の死によって私立暁星中学校を中退し、漢学を教えていた交友義塾に転校、次いで私立の外国語仏語専修学校の夜間部で学ぶ。38年より東京帝国大学史料編纂掛雇となって浅野家史料の整理・調査に携わる一方、日本古代・中世史の研究を進めた。大正15年に同史料編纂官補となるが、昭和21年病気のため退官。以後も研究を続行し、37年高柳光壽との共著で「戦国人名辞典」を刊行した。　家女婿＝菊池武雄（日本史学者）

松平 信博　　まつだいら・のぶひろ
作曲家
明治22年（1889年）3月26日〜昭和24年（1949年）12月12日
生愛知県加茂郡松平村（豊田市）　学東京音楽学校卒　歴徳川家康の祖先に当たる松平親氏の長男・信広から数えて18代目の子孫。東京音楽学校卒業後は外国航路の楽士となって世界各国を回るとともに楽譜を収集。のち松竹や日活で無声時代の映画主題歌や伴奏音楽の作曲に従事したのを経て、ビクター専属作曲家となり、昭和6年頃からレコード歌謡の分野で「ルンペン節」「夜の酒場に」「嘆きのボレロ」などの流行歌を生み出し、同年阪東妻三郎の出世作となった映画「侍ニッポン」の同名主題歌が大ヒットした。また、西条八十が柳水巴、自身が林純平の変名を用い、7年に起きた坂田山心中に題材をとった「天国に結ぶ恋」を作っている。洋楽の造詣と邦楽の伝統とを巧みに調和させたメロディーで人気を博した。映画音楽に村田実監督「街の手品師」、池田富保監督「決戦高田の馬場」、衣笠貞之助監督「雪之丞変化」などがある。

松平 保男　　まつだいら・やすお
海軍少将 子爵 貴族院議員
明治11年（1878年）12月6日〜昭和19年（1944年）1月19日
出東京都　学海兵（第28期）卒　歴陸奥会津藩主・松平容保の五男。明治35年海軍少尉に任官。戦艦「伊吹」「摂津」各艦長を務め、大正12年横須賀海兵団長。14年海軍少将となり予備役に編入。昭和7〜19年貴族院議員。　家父＝松平容保（陸奥会津藩主）、兄＝松平恒雄（外交官・政治家）

松平 康昌　　まつだいら・やすまさ
侯爵 貴族院議員 明治大学教授
明治26年（1893年）11月12日〜昭和32年（1957年）1月4日
出福井県　専政治学　学京都帝国大学法学部政治学科〔大正8年〕卒　歴旧越前福井藩主の家柄である松平康荘侯爵の長男。大正11年明治大学講師、12年日本大学講師を経て、13年明大助教授となり、同年から英国、フランスに留学。昭和3年帰国して同大教授。5年侯爵を襲爵、22年まで貴族院議員を務めた。11年内大臣秘書官長、20年内記部長、21年宗秩寮総裁、22年3月兼式部頭、5月式部頭、24年式部官長を歴任した。　家父＝松平康荘（園芸学者・侯爵）、祖父＝松平茂昭（越前福井藩主）、岳父＝徳川家達（徳川家16代目当主・公爵）

松平 慶民　　まつだいら・よしたみ
子爵 宮内省式部長官
明治15年（1882年）3月13日〜昭和23年（1948年）7月18日
生東京都　学オックスフォード大学ベリオルカレッジ〔明治41年〕卒　歴中学まで学習院に学び、12年間英国に留学。明治39年松平侯爵家から分家して一家を創立、子爵となる。大正元年侍従になったあと、式部官、式部次長、式部官長、宗秩寮総裁を経て、終戦後の昭和21年1月最後の宮内大臣に。翌22年5月宮内省が宮内府になるとその長官となる。この間、大正期には長年の留学経験を生かし、皇太子裕仁親王（昭和天皇）の欧州訪問を若手として推進、秩父宮雍仁親王の英国留学出発に同行。また皇族や華族たちを監督する宗秩寮総裁時代には歯に衣きせず皇族を叱りつけて“昭和の殿様”といわれ、宮内大臣・宮内府長官時代には占領政策のもとで皇室改革という激務にあたった。　家父＝松平慶永（越前福井藩主）

松平 頼寿　　まつだいら・よりなが
伯爵 貴族院議長 大東文化学院総長
明治7年（1874年）12月10日〜昭和19年（1944年）9月13日
生東京都　学東京専門学校（現・早稲田大学）邦語法律科〔明治35年〕卒　歴讃岐藩松平家12代藩主。明治41年貴族院議員となり、扶操会に属した。大正3年〜昭和19年再び貴族院議員。甲寅倶楽部、研究会に属し、昭和8年副議長、12年議長となった。また帝都教育会会長、大東文化学院総長、日本競馬会理事長、結核予防会顧問、香川県教育会会長などを務めた。　家父＝松平頼聡（讃岐高松藩主・伯爵）

松谷 誠　　まつたに・せい
陸軍大佐
明治36年（1903年）1月13日〜平成10年（1998年）10月7日
生石川県金沢市　学陸士（第35期）〔大正12年〕卒、陸大〔昭和6年〕卒　歴大正12年陸士第35期を卒業。同期には荒尾興功、美山要蔵、榊原主計らがいた。昭和15年支那派遣軍参謀、17年陸軍大佐。18年3月大本営十五課長、10月同二十班長、19年7月支那派遣軍参謀を経て、11月陸相秘書官、20年4月より鈴木貫太郎首相秘書官。12月予備役に編入。戦後は復員庁に勤めた後、警察予備隊に入り、35年12月陸上自衛隊北部方面総監を最後に退官。著書に「革命の戦争史的考察」「大東亜戦争収拾の真相」などがある。

松谷 与二郎　まつたに・よじろう

弁護士 衆議院議員

明治13年（1880年）6月4日～昭和12年（1937年）3月17日

［生］石川県金沢市　［学］明治大学卒　［歴］大正3年弁護士となり、10年頃から社会運動に入り、自由法曹団の創立に参加。社会運動関係の公判闘争で活躍。また日本労農党、全国大衆党などに参加。昭和5年と7年の衆議院選挙で当選し代議士となる。やがて国家主義団体創設を計画し、9年には勤労日本党の総理となった。　［家］長女＝宗武朝子（評論家）、長男＝松谷春男（漆芸家）、二女＝松谷みよ子（児童文学作家）

松永 行　まつなが・あきら

サッカー選手

大正3年（1914年）9月20日～昭和18年（1943年）1月20日

［学］志太中（現・藤枝東中）、東京高等師範学校（現・筑波大学）　［歴］昭和11年日本サッカー界初の国際舞台となったベルリン五輪に日本代表として出場。初戦で優勝候補のスウェーデンと対戦、決勝ゴールを決めて3対2の大逆転で破り、"ベルリンの奇跡"として話題となった。帰国後の12年陸軍に召集され、18年ガダルカナル島で戦死した。戦後、弟の信夫、碩もサッカー日本代表となった。　［家］弟＝松永信夫（サッカー選手）、松永碩（サッカー選手）

松永 延造　まつなが・えんぞう

小説家 詩人

明治28年（1895年）4月26日～昭和13年（1938年）11月20日

［生］神奈川県横浜市　［学］横浜商業専科卒　［歴］小学2年の時脊椎カリエスに罹り、以後44歳で死去するまで闘病生活を続ける。「白樺」を通じてトルストイの思想に感銘し、またドストエフスキーの作品に影響を受ける。「心理研究」「トルストイ研究」などに投稿し、大正11年「職工と微笑」、14年「出獄者心座龍彦の告白」、他に戯曲「横笛と時頼」などを刊行。その他の著書に「夢を喰ふ人」などがあり、また詩も発表した。

松永 寿雄　まつなが・としお

海軍少将 衆議院議員

明治21年（1888年）1月15日～昭和30年（1955年）12月21日

［生］高知県香美郡山田村（香美市）　［名］旧姓・旧名＝小松　［学］海兵（第37期）〔明治42年〕卒、海大〔大正10年〕卒　［歴］空母「龍驤」「赤城」の各艦長や、館山航空隊司令を務めた。昭和11年海軍少将。17年衆議院議員に当選、1期。　［家］養父＝松永雄樹（海軍中将）

松永 材　まつなが・もとき

右翼運動家 日本主義研究所所長

明治24年（1891年）1月14日～昭和43年（1968年）6月17日

［生］高知県　［学］早稲田大学高等師範部卒、東京帝国大学文学部〔大正8年〕卒　［歴］大正8年早稲田大学教授となり、15年国学院大学教授兼任。早くから日本主義運動で知られ、青年学生などに影響を与えた。昭和7年内田良平らにより創立された満蒙義塾の顧問となり、8年日本主義研究所を創立、所長。11年赤松克麿らと維新制度研究会を結成。12年時局協議会の選挙法改正運動で中心的な活躍をする。15年大政翼賛会臨時中央協力会議議員に選出。著書に「日本主義の理論的根拠」など。

松永 安左エ門　まつなが・やすざえもん

実業家 東邦電力社長

明治8年（1875年）12月1日～昭和46年（1971年）6月16日

［生］長崎県壱岐郡石田町（壱岐市）　［名］幼名＝亀之助、号＝一州、耳庵　［学］慶応義塾〔明治32年〕中退　［歴］酒造家の長男に生まれ、明治25年在学中に3代目安左エ門を襲名するが、家業を弟に譲り、復学。中退後、福沢桃介の丸三商会を経て、35年福松商会を創立、石炭商として活躍。42年福岡に福博電気軌道を設立して電気事業に関わり、45年には九州電燈鉄道（現・九州電力）の常務となって経営の実権を握る。大正6年衆議院議員。11年東邦電力（現・中部電力）を設立、昭和3年社長、15年会長に就任。17年電力を国家管理するための国策会社日本発送電が発足したため引退生活を送ったが、敗戦と同時に復帰。24年電気事業再編成審議会会長となって、政府、官僚、財界の反対のなか、日本発送電の分割民営化を敢行。以後、"電力の鬼"と呼ばれ、電力会社の経営基盤の確立に尽力した。28年電力中央研究所を設立し理事長を務める。また耳庵の名で茶人としても知られ、国宝・重文級の名器の所有した。「松永安左エ門著作集」（全6巻）がある。　［家］甥＝松永安太郎（サンケン電気社長）、松永亀三郎（中部電力会長）

松永 和風（4代目）　まつなが・わふう

長唄唄方 松永派家元

明治7年（1874年）2月18日～昭和37年（1962年）9月26日

［生］東京市神田区（東京都千代田区）　［名］本名＝吉田定次郎、初名＝松永和幸、前名＝中村瓢二、中村永五郎、松永鉄之丞、芳村孝次郎、松永和楓　［歴］鉄道官吏から長唄界に入った。2代目杵屋六四郎、3代目勝太郎に三味線を師事、その後唄方に転じ、3代和楓の門下となった。長唄鶴鳴会に参加、歌舞伎座専属として活躍。昭和4年4代目松永和楓を襲名、松永家家元となり、6年和風と改名した。美声と独特の節回しで昭和初期の長唄界に君臨、レコードにも多くの曲を入れた。「四世松永和風全集」がある。　［家］養子＝松永鉄五郎（9代目）

松濤 泰巌　まつなみ・たいがん

教育学者 僧侶（浄土宗） 九州帝国大学名誉教授

明治16年（1883年）6月18日～昭和37年（1962年）6月25日

［生］福井県　［学］東京帝国大学文科大学哲学科〔明治41年〕卒 文学博士　［歴］奈良女子高等師範学校教授から、大正14年九州帝国大学教授となり教育学を担当。この間12年英米、スウェーデンに出張、昭和5年インド出張。8年退官し、名誉教授。また、若くして僧籍に入り、東京港区芝公園の宝松院住職。著書に「ホール氏の徳育論」「全我活動の教育」「国民教育論」などがある。

松波 仁一郎　まつなみ・にいちろう

法学者 東京帝国大学教授

慶応4年（1868年）1月1日～昭和20年（1945年）11月3日

［生］大坂　［専］海事法　［学］帝国大学法科大学英法科〔明治26年〕卒 法学博士〔明治34年〕　［賞］帝国学士院会員　［歴］法典調査会委員となり、日清戦争時、陸海両省の戦時国際法顧問、次いで海大教官を務めた。明治33年東京帝国大学法科大学教授。昭和3年定年退官、日大商学院長、同志文学部長を歴任。この間明治33年のロンドン万国海法会議副議長を務め、我が国海事法学の創始者として帝国学士院会員に推された。また国粋的な法学者として知られ、日露開戦、シベリア出兵など強行論を唱えた。著書に「軍艦商船衝突論」「公船責任論」「日章国旗論」（以上英文）、「公海法」「商法」「海商法」「海軍刑法」「会社法」などがある。

松根 東洋城　まつね・とうようじょう

俳人

明治11年（1878年）2月25日～昭和39年（1964年）10月28日

［生］東京築地（東京都中央区）　［出］愛媛県宇和島市　［名］本名＝松根豊次郎、号＝秋谷立石山人　［学］京都帝国大学法科大学〔明治38年〕卒　［賞］日本芸術院会員〔昭和29年〕　［歴］祖父は伊予宇和島藩家老・松根図書。松山中学時代に漱石を知り、句作を始める。明治38年京都帝国大学卒業後、宮内省に入り、式部官、宮内書記官、帝室審査官などを歴任。碧梧桐の新傾向に対抗して虚子らと定型句を主張し、「ホトトギス」「国民俳壇」などに句作を発表。大正4年「渋柿」を創刊して主宰する。5

年、一時小説に走った虚子が「国民俳壇」の選者に復帰したことにより、以後、虚子および「ホトトギス」と訣別した。8年宮内省を退官し、以後俳句に専念。昭和29年芸術院会員となったが、生前に句集はなく、没後の41年から42年にかけて「東洋城全句集」(全3巻)が刊行された。ほかに「漱石俳句研究」「俳諧道」「黛」「薪水帖」などの著書がある。　家祖父＝松根図書(伊予宇和島藩家老)

松野 一夫　まつの・かずお

挿絵画家 洋画家
明治28年(1895年)10月1日〜昭和48年(1973年)7月17日
生福岡県　名本名＝松野一男　学小倉中中退　歴大正10年帝展に初入選し、「新青年」の表紙を担当。昭和6〜7年渡仏。帰国後は探偵小説、ユーモア小説のさし絵を担当するほか、女性雑誌のファッションページや総合美術誌の企画編集も手がけた。黄色や赤の鮮やかな原色、飛行船や幾何学模様、デフォルメした男女をあしらった斬新なデザインなどに特徴がある。特に谷譲次のメリケンものの挿画で絶賛を博し、ほかに小栗虫太郎「黒死館殺人事件」の挿画などが代表作。

松野 菊太郎　まつの・きくたろう

牧師 社会事業家 日本基督教会同盟幹事
慶応4年(1868年)1月23日〜昭和27年(1952年)1月25日
生甲斐国八代郡下曽根(山梨県東八代郡中道町)　学東京商業学校　歴明治18年より東京商業学校に学び、21年に渡米。22年サンフランシスコでキリスト教に触れ、M.C.ハリスから洗礼を受けた。ハワイで伝道したのち27年に帰国し、河辺貞吉・笹尾鉄三郎らと「小さな群」を結成してリバイバル伝道を行った。その後、甲府や水戸で布教に従事したのを経て、39年霊南坂教会副牧師となり、次いで40年麻布クリスチャン教会牧師に就任。その温厚な人柄と敬虔な信仰心から信徒たちに慕われ、日本日曜学校協理理事・日本基督教会同盟幹事・全国協同伝道の日本継続委員・教文館総主事などを歴任した。また社会福祉活動にも当たり、42年報恩会を組織して結核患者の支援と慰問を行った。昭和19年に引退。

松野 志気雄　まつの・しげお

編集者 「アサヒカメラ」編集長
明治35年(1902年)11月14日〜昭和26年(1951年)3月29日
生神奈川県　学早稲田大学商科(現・商学部)卒　歴早稲田大学商科を卒業後、大正14年朝日新聞社に入社。昭和3年頃に写真雑誌「アサヒカメラ」編集長に就任し、同誌を写真・カメラの総合雑誌として大きく躍進させた。終戦直後、同社を退社して出版業に携わったが挫折。25年イブニングスター社発行の「カメラファン」編集部に入ったが、間もなく死去した。著書に「広告写真術」がある。

松野 鶴平　まつの・つるへい

衆議院議員 鉄道相 政友会幹事長
明治16年(1883年)12月22日〜昭和37年(1962年)10月18日
生熊本県菊池郡木野村(山鹿市)　学城北学館〔明治29年〕中退　歴熊本の酒造業の家に生まれる。家業を継いで精米業にも手を広げ、軍用米を取り扱って利益を得た。また政友会の長老である野田卯太郎の娘と結婚し、大正9年衆議院議員に当選。通算7期。政友会の鳩山派に属した。昭和6年犬養内閣の内務政務次官を務め、7年の総選挙では選挙参謀として466議席中304人を当選させ、"選挙の神様"の異名をとった。昭和7年、12年政友会幹事長、15年米内内閣の鉄道相。戦後は公職追放を受けるが、同じく公職追放となった鳩山一郎自由党総裁の後任として吉田茂を担ぎ出し、その政治指南役を務めた。27年追放解除により参議院選挙補選に当選。自由党総務会長などの要職に就き、党人政治家の長老として吉田派・鳩山派の調整に努め、30年の自由民主党結党にも力を注いだ。31年から

6年間、参議院議長。"政界の寝業師"と呼ばれ、ニコニコ顔で相手をまるめこむ手腕から"ズル平さん"ともあだ名された。三男の松野頼三、孫の松野頼久も衆議院議員。　家息子＝松野良助(日本テルペン化学社長)、三男＝松野頼三(衆議院議員)、孫＝松野頼久(衆議院議員)、岳父＝野田卯太郎(政治家)

松ノ里 直市　まつのさと・なおいち

力士
明治42年(1909年)11月29日〜昭和60年(1985年)1月26日
出青森県五所川原市　名本名＝工藤直市　歴昭和14年夏場所で新入幕。19年春場所で69連勝に次ぐ39連勝中の横綱・双葉山をちょん掛けで破った。

松延 繁次　まつのぶ・しげじ

国家社会主義者
明治26年(1893年)6月20日〜昭和18年(1943年)(?)
生福岡県八女郡上妻村(八女市)　学八代中学卒　歴代用教員をしていたが、上京して堺利彦らの売文社に入社。その後高畠素之の影響を受けて国家社会主義者となる。大正初年鉄道院経理局に就職し、9年結成の大日本機関車乗務員会に参加して本部書記となる。15年全日本鉄道従業員組合を結成。昭和6年日本社会主義研究所に参加、7年結成の神武会中央執行委員、12年大日本青年党委員となった。

松林 桂月　まつばやし・けいげつ

日本画家
明治9年(1876年)8月18日〜昭和38年(1963年)5月22日
生山口県萩　名本名＝松林篤、旧姓・旧名＝伊藤　賞帝国美術院会員〔昭和7年〕、帝国芸術院会員〔昭和12年〕、帝室技芸員〔昭和19年〕　歴明治26年上京、野口幽谷に南宗画を学び、29年日本美術協会展に「菊花双鶏」を初出品して受賞。41年から文展にも出品、第5〜第8回展に連続3等賞。大正8年帝展審査員。昭和7年帝国美術院会員、12年帝国芸術院会員、19年帝室技芸員。戦後、日本美術協会理事長、日本南画院会長。代表作は「夏山浴雨」「秋山晩晴」「寒汀」「春宵花影図」など。　家息子＝松林清風(テレビ朝日ミュージック社長)　勲文化勲章〔昭和33年〕　賞文化功労者〔昭和33年〕

松原 寛　まつばら・かん

哲学者 宗教学者 日本大学教授
明治25年(1892年)7月1日〜昭和33年(1958年)9月12日
生長崎県　学京都帝国大学文科大学哲学科〔大正7年〕卒 文学博士〔昭和7年〕　歴大阪毎日新聞の美術記者を経て、大正10年日大教授となる。13年ドイツのハイデルベルク大に留学し、15年帰国。著書に「宗教文化の建設」「ヘーゲルと歴史哲学」「青年の哲学」など。

松原 行一　まつばら・こういち

有機化学者 東京帝国大学名誉教授
明治5年(1872年)5月22日〜昭和30年(1955年)11月8日
生愛知県名古屋市　学一高卒、帝国大学理科大学化学科〔明治29年〕卒 理学博士　歴一高教授、二高教授を経て、有機化学研究のため欧米へ留学。明治39年東京帝国大学助教授、42年教授。理学部長も務め、昭和8年退官。日本化学会誌、東洋学芸雑誌の編集に長く携わった他、無類の博識で知られ、随筆集「イデ子雑纂」がある。

松原 宏遠　まつばら・こうえん

科学評論家 国際科学通信社主幹
明治43年(1910年)2月24日〜昭和42年(1967年)1月14日
出三重県　歴昭和3年福岡高校を病気で中退後、ジョルジュ・ボノー博士についてフランス文化史を研究。その後丘浅次郎博士に傾倒し、また石原純博士に師事して進化思想史、科学技術

史の研究を重ねる。8年国民科学協会常務理事に就任、フリーランスの科学評論家に。11年国際科学通信社を創立、主幹となる。14年8月「国際科学通信」紙上で原子力兵器の出現を予測した。戦後は湘南茅ケ崎にて研究、著作、講演活動に専念。著書訳書に「発明と文化」「元素発見物語」「動物の結婚」「科学明治百年史」など。そのほか科学史、進化思想史関係の著訳書多数。

松原 地蔵尊　まつばら・じぞうそん
俳人
明治30年(1897年)10月10日～昭和48年(1973年)10月7日
生富山県氷見郡阿尾村阿尾　名本名＝松原重造　学東京商科大学(現・一橋大学)〔大正12年〕卒　歴小池銀行に勤務し営業部長、山一証券大阪支店長、本社常任監査役幹事長などを歴任。大正4年、5年頃から「ホトトギス」に投句し、昭和2年「境地」を創刊主宰。6年「句と評論」を創刊し、新興俳句運動の重要な一翼をになう。戦後は「海流」を創刊、26年「新暦」と改題して主宰。45年「松原地蔵尊句集」を刊行した。

松原 純一　まつばら・じゅんいち
朝鮮銀行総裁
明治17年(1884年)3月～昭和27年(1952年)4月23日
生島根県邇摩郡大森町(大田市)　学神戸高等商業学校〔明治41年〕卒　歴明治41年第一銀行京城支店に入行。統合で朝鮮銀行となり、昭和12年総裁に就任。朝鮮商工会議所会頭も務めた。戦後は公職追放に遭った。

松原 致遠　まつばら・ちおん
僧侶(真宗大谷派) 評論家
明治17年(1884年)10月29日～昭和20年(1945年)9月10日
生三重県員弁郡大安町(いなべ市)　名筆名＝松原至文　学早稲田大学英文科〔明治43年〕卒　歴早大在学中から松原至文の筆名で文芸評論を発表、訳書「近世大陸文学史」、共編「明治文豪伝之内 尾崎紅葉」などを出す。真宗大谷派の仏家の出で、卒業後は仏門に専念し文壇を離れた。大正12年ヨーロッパへ留学。香樹院の遺教によって目を開かれ、40代後半からは出版活動・布教活動に従事した。本名名義の著書に「超日月光」「仏に遇ふ」「聞く一つ」「自然法爾」などがある。

松藤 夏山　まつふじ・かざん
俳人
明治23年(1890年)6月28日～昭和11年(1936年)1月12日
生長崎県　名本名＝松藤一衛　学通信講習所卒　歴長崎・熊本の通信局に勤務して、大正8年本省に転任。このころから「ホトトギス」に投句、高浜虚子に師事して、富安風生、大橋越央子と共に逓信の三羽烏と言われた。虚子編の「新歳時記」の編集にあたった。遺稿句集に「夏山句集」がある。

松前 重義　まつまえ・しげよし
電気工学者 逓信省工務局長 大政翼賛会総務部長
明治34年(1901年)10月24日～平成3年(1991年)8月25日
生熊本県上益城郡大島村(嘉島町)　専電気通信工学　学東北帝国大学工学部電気工学科〔大正14年〕卒 工学博士(東北帝国大学)〔昭和12年〕　歴大正14年逓信省に入り、昭和7年篠原登とともに電話通信における無装荷ケーブル方式を発明、遠距離通話の改良に貢献した。11年青年道場・望星学塾設立。15年大政翼賛会総務部長、16年逓信省工務局長。18年航空科学専門学校を設立。19年当時の東条内閣を批判したことから、二等兵として異例の召集を受け前線に送られた。翌20年奇跡的に生還。終戦直後、逓信省総裁に就任したが公職追放を受け退官。27年社会党から衆議院議員に当選、以後当選6回。原子力基本法の成立に努力し、原子力平和利用のレールを敷いた。37年学校法人の一事業機関として東海大学出版会を設立、

大学の拡張に従い出版部門も分野を広げた。42年以来東海大学総長を務めた。他にソ連・東欧との交流のための日本対外文化協会会長、日本武道館会長、国際柔道連盟会長、世界連邦建設同盟会長など幅広く活躍。「松前重義著作集」(全10巻、東海大学出版会)がある。　家長男＝松前達郎(参議院議員)、二男＝松前紀男(東海大学学長)、三男＝松前仰(衆議院議員)　賞浅野賞〔昭和10年〕、電気通信学会功績賞(第3回)〔昭和13年〕、毎日通信賞(第1回)〔昭和14年〕

松実 喜代太　まつみ・きよた
衆議院議員
慶応2年(1866年)11月～昭和28年(1953年)5月2日
出北海道　学成城学校、慶応義塾、横浜商業学校〔明治23年〕卒　歴「北海タイムス」記者となり、のち札幌毎日新聞社を経営する。北海道議、北海道拓殖計画調査委員を務め、大正9年から衆議院議員に連続5回選出された。政友会に所属。

松宮 順　まつみや・はじめ
外交官 外務省調査部長
明治25年(1892年)3月8日～昭和45年(1970年)8月18日
生滋賀県犬上郡　学一高等、東京帝国大学法科大学法律学科〔大正5年〕卒　歴大正5年外交官試験に合格。昭和3年文書課長兼翻訳課長、4年会計課長兼文書課長、9年より大使館参事官としてドイツ、11年イタリア在勤を経て、13年駐ハンガリー公使、14年外務省調査部長。15年松岡洋右外相の下で外務次官心得。同年9月特命全権大使となり、10月日・仏印経済会議使節団長としてフランス領インドシナ(仏印)へ派遣され、ドクー・インドシナ総督と会談。12月場所を東京に移して会議が再開され、16年ロバン元インドシナ総督との間で松宮・ロバン協定を結んだ。同年退官。23～26年公職追放。

松村 光三　まつむら・こうぞう
衆議院議員
明治15年(1882年)12月～昭和37年(1962年)6月3日
出栃木県　学東京高等商業学校(現・一橋大学)専攻科〔明治42年〕卒、ベルリン高等商業学校、ベルリン大学　歴昭和3年初当選以来衆議院議員に7回選出され、斎藤内閣商工参与官、平沼内閣大蔵政務次官、政友会総務を歴任する。また明治大学講師、河端製作所社長も務めた。著書に「賃金論」がある。

松村 秀逸　まつむら・しゅういつ
陸軍少将
明治33年(1900年)3月1日～昭和37年(1962年)9月7日
生熊本県　学陸士(第32期)〔大正9年〕卒、陸大〔昭和3年〕卒　歴大正9年砲兵少尉任官。参謀本部付、野砲兵学校教官、10年兵器本廠付新聞班員となり、11年の二・二六事件で「兵に告ぐ」の放送文を作成。13年3月関東軍参謀、同年7月軍務局付、14年大本営陸軍報道部長、15年情報局第2部第1課長、17年同第2部長心得、18年大本営陸軍報道部長、19年少将。20年2月大本営報道部は陸海軍一体となり同第1部長。同年7月広島の第59軍参謀長となり原爆被爆。戦後公職追放、解除後の31年参議院選挙全国区に当選、参議院法務委員長、自民党国防部長を務め、37年参議院議員に再選された。戦争中の報道責任者として新聞統制を行ったり、「改造」「中央公論」の廃刊など、数々の言論統制を行った。

松村 松年　まつむら・しょうねん
昆虫学者 北海道帝国大学名誉教授
明治5年(1872年)3月5日～昭和35年(1960年)11月7日
生飾磨県明石(兵庫県明石市)　学札幌農学校農学科〔明治28年〕卒 理学博士(東京帝国大学)〔明治36年〕、農学博士(北海道帝国大学)〔大正8年〕　資日本学士院会員〔昭和25年〕　歴4人兄姉(3男1女)の末っ子で、宗教家の松村介石は二兄。小学

校では腕白が過ぎ、同じ学年を3度落第した。明治20年北海道へ渡り、21年札幌農学校へ入学。昆虫少年で、工科から農科に転じると本格的に昆虫学に邁進。28年卒業すると新渡戸稲造にその才を認められ、29年同校助教授に就任。32年ドイツへ留学、35年帰国して教授に昇任。40年改組により東北帝国大学農科大学教授、大正8年北海道帝国大学教授。昭和9年退官。この間、明治29年処女出版として「害虫駆除全書」を、31年には日本初の昆虫分類学書「日本昆虫学」を刊行。19世紀末のドイツ、ハンガリーへ留学し、アフリカまで昆虫採集の足を伸ばして帰国後、ウンカの新種100種を一挙に論文発表してセンセーションを巻き起こした。また、昆虫和名の整理統一に際しては主に蝶と蛾の命名に取り組んだ。大正15年に創刊した昆虫学専門誌「インセクタ・マツムラナ」は生物学関係欧文誌の先鞭をつけた。14年国際昆虫学会議名誉会員、昭和10年から日本昆虫学会会長を3回、13年日本応用昆虫学会会長を歴任するなど我が国昆虫界の泰斗として知られ、25年日本学士院会員、29年文化功労者に選ばれた。「松村松年自伝」がある。 家兄＝松村介石(宗教家) 賞文化功労者〔昭和29年〕

松村 真一郎　まつむら・しんいちろう
農林次官 貴族院議員(勅選)
明治13年(1880年)1月2日～昭和38年(1963年)6月2日
生大阪府道修町 学東京帝国大学法科大学英法科〔明治39年〕卒 歴農商務属、大臣秘書官、特許局、恩給局各審査官を経て、法大、中大で英国契約法を講義。明治43年法制局参事官。大正12年以来畜産・商務各局長、農林省水産・農務各局長を務め昭和4年農林次官。8年勅選貴族院議員。また日本競馬会監事、日本輸出農産物社長を歴任。10年にはワシントン会議全権委員随員。戦後参議院議員(緑風会)となり、21年中央競馬会長、24年全国農業共済協会長、さらに中央選管委員長を務めた。

松村 肅　まつむら・すすむ
衛生学者 千葉大学名誉教授
明治19年(1886年)5月3日～昭和48年(1973年)6月9日
生愛媛県 専細菌学 学東京帝国大学医科大学〔大正5年〕卒 医学博士(千葉医科大学)〔大正14年〕 歴大正6年東京帝国大学衛生学教室助手、8年千葉医学専門学校講師、教授、10～12年欧米に留学、12年千葉医科大学教授。昭和3年中国、仏領インドシナなどへ脚気病研究のために出張。4年には米国、南米に出張。14年興亜院文化部員となり、以後、大東亜省参事官、南京大使館参事官、日赤成田病院顧問などを務めた。著書に「脚気病原論」。

松村 善蔵　まつむら・ぜんぞう
丸善石油創立者
明治19年(1886年)5月1日～昭和36年(1961年)9月25日
出徳島県 学高小〔明治34年〕中退 歴神戸に出て西村商店に奉公、やがて礦油部新設で経営に当たり、明治43年県礦油部を譲り受け独立、丸善礦油部を設立。その後合名会社とし、ツバメ印の商標で潤滑油を販売。昭和4年大阪製油所を設立。8年精製部門を分離、丸善石油株式会社を創立、社長となった。18年引退。

松村 武雄　まつむら・たけお
神話学者 児童文学者 浦和高校教授
明治16年(1883年)8月23日～昭和44年(1969年)9月25日
生熊本県熊本市 学東京帝国大学文科大学英文科〔明治43年〕卒 文学博士〔大正10年〕 歴大正11年～昭和23年浦和高校英語教授兼東京帝国大学宗教科講師。早くよりヨーロッパを中心の諸神話比較研究、日本神話研究の集大成を行い、高木敏雄の次代を代表する神話学者となった。著書に「神話学原論」(全2巻)「儀礼及び神話の研究」「日本神話の研究」(全4巻)「神

話学論考」「神話と伝説」「神話の支那」「国史と神話」「古代希臘に於ける宗教的葛藤」「童話教育新論」などがある。 賞日本学士院賞恩賜賞〔昭和22年〕「神話学原論」

松村 梅叟　まつむら・ばいそう
日本画家
明治18年(1885年)8月11日～昭和9年(1934年)3月2日
生京都府 名本名＝松村仁一郎 学京都市立絵画専門学校別科〔大正2年〕卒 歴初め今尾景年に画を学ぶ。在学中の明治42年文展に初入選し、44年第5回文展で「蛇皮線」が褒状を受けて以来、大正元年～4年連続して褒状を受賞、生活風俗に取材した美人画を発表した。大正8年帝展開設の際には、反帝展を掲げて設立された日本自由画壇に参加、官展を離れ、8年壇友、9年同人となり、以後同展に出品を続けた。

松村 光磨　まつむら・みつま
東京府知事
明治27年(1894年)1月8日～昭和45年(1970年)4月10日
生佐賀県西松浦郡有田町 学一高卒, 東京帝国大学法科大学法律学科〔大正7年〕卒 歴内務省に入省。昭和11年栃木県知事、12年内務省計画局長、15年神奈川県知事を経て、17年東京府知事、18年東京都次長。19年広島県知事となり、20年4月退官。11月～21年1月戦災復興院次長。21年3月弁護士登録、同年9月～26年公職追放。 家岳父＝本多熊太郎(外交官)

松村 瞭　まつむら・りょう
人類学者 東京帝国大学助教授
明治13年(1880年)8月1日～昭和11年(1936年)5月21日
学東京帝国大学理科大学選科〔明治36年〕卒 理学博士(東京帝国大学)〔大正13年〕 歴明治36年東京帝国大学嘱託となり、人類学教室に勤務。大正14年助教授となり、人類学講座を担当。傍ら、太平洋学術会議委員、学術研究会議太平洋学術調査委員、東京人類学会総務幹事を務めた。専門は体質人類学であったが、民族学・考古学にも造詣が深く、著書に「人種名彙」、主な研究報告に「琉球荻堂貝塚」「世界人類実観」などがある。 家父＝松村任三(植物分類学者)

松本 英一　まつもと・えいいち
映画監督
明治28年(1895年)5月11日～昭和20年(1945年)8月13日
生東京府向島須崎町(東京都墨田区) 学早稲田大学中退 歴在学中に上山草人の近代劇協会に入り、朝鮮、満州、台湾の巡業にも同行。台北で草人と別れ、高松豊次郎の劇団で事務員となる。帰国後は、新派に職を求め、佐藤紅緑の門下となり大阪伊村義雄一座に入る。一座では俳優と脚本係を務め、日本全国をまわる。10年後、帝キネに入り脚本を書く。大正12年帝キネ芦屋の現代劇部で監督となる。デビュー作の「親なき雀」以来、80本もの作品を書く。昭和2年帝キネを退社し河合プロ町屋に移るが、4年帝キネに復帰、6年完全に退社した。以後は浪曲や漫才の脚本を書いていた。他の作品に「籠の鳥」(大13年)「日本一桃太郎」(14年)「怒れる人気者」(昭4年)など。

松本 栄三郎　まつもと・えいざぶろう
俳優
明治40年(1907年)5月～昭和45年(1970年)
出東京市神田区(東京都千代田区) 名本名＝別所喜一 学吉田小 歴9歳で七世松本幸四郎の門に入り名題となる。昭和5年河合映画に入り、多くの時代劇に主演。主演者としては迫力不足で脇役に。8年葉山映画連盟の創立に参加し「岩太郎股旅日記」に助演。解散後は右太衛門プロを経て、11年から全勝キネマに入社。全勝キネマでは「日本晴甲州街道」に主演して以来、筆頭俳優として活躍。16年全勝キネマが松竹に吸収されたのを機に引退した。

松本 学　まつもと・がく

内務省警保局長 貴族院議員（勅選）福岡県知事

明治19年（1886年）12月28日～昭和49年（1974年）3月27日

生岡山県 学六高〔明治40年〕卒, 東京帝国大学法科大学政治学科〔明治44年〕卒 歴内務省に入省。大正14年神社局長, 15年静岡県知事, 昭和2年鹿児島県知事, 4年福岡県知事を経て, 6年社会局長官。7年斎藤実内閣で内務省警保局長となった。9～22年勅選貴族院議員。伊沢多喜男派, のち新官僚グループ国維会の有力メンバー。12～18年日本文化中央連盟常務理事, 22～23年日本港湾協会会長。著書に「経済及社会問題」「文化と政治」などがある。

松本 かつぢ　まつもと・かつじ

漫画家 挿絵画家

明治37年（1904年）7月25日～昭和61年（1986年）5月12日

生兵庫県神戸市 名本名＝松本勝治 学立教中中退, 川端画学校 歴中学時代, 担任の教師にすすめられて雑誌「新青年」に挿絵を描き, これを機に挿絵画家を目指す。中学を落第し, 川端画学校に入り絵を学ぶ。上海放浪から帰国後, 朝日新聞社勤務を経て, 昭和5年挿絵画家に。叙情的な作風の少女漫画家として戦前の少女雑誌「少女世界」「少女の友」などで活躍。代表作は「くるくるクルミちゃん」(8～15年, 24～29年に連載)。30年50歳で第一線から退した。

松本 勝太郎　まつもと・かつたろう

広島瓦斯電軌社長 呉市長 貴族院議員（多額納税）

明治7年（1874年）4月13日～昭和34年（1959年）2月2日

生広島県呉市 歴明治23年土木運輸鉱山業の松本商会（のち松本組）を設立。大正12年広島瓦斯電軌社長。昭和10年呉市長。この間, 大正14年～昭和22年多額納税の貴族院議員も務めた。

松本 亀次郎　まつもと・かめじろう

教育家 中国人留学生の日本語教育に尽力

慶応2年（1866年）～昭和20年（1945年）

生静岡県小笠郡大東町（掛川市） 学静岡師範〔明治21年〕卒 歴師範学校や日本語学校の教師を経て, 中国・北京の京師法政大学堂で教壇に立ち, 大正3年東京・神田に中国人留学生のための東亜高等予備学校を創立。以来昭和20年79歳で亡くなるまで中国人留学生の日本語教育に情熱を注ぎ, 魯迅や周恩来など約2万人の留学生を育てた。

松本 喜太郎　まつもと・きたろう

海軍技術大佐

明治36年（1903年）5月8日～昭和58年（1983年）5月2日

生三重県伊勢市大湊町 学水戸高卒, 東京帝国大学工学部船舶工学科〔昭和3年〕卒 歴昭和3年海軍造船中尉に任官。4年横須賀海軍工廠造船部に勤め, 巡洋戦艦「金剛」の第一次改装工事, 空母「龍驤」の新造工事などに従事。9年海軍艦政本部で艦艇の設計を行い, 水雷艇「友鶴」転覆事故, 特型駆逐艦船体切断問題に関する技術調査や, 工作艦「明石」, 駆逐艦「秋月」, 空母「伊吹」などの設計, 「大和」型戦艦の設計補佐に携わった。20年呉海軍工廠造船設計主任となり, 海軍技術大佐に進む。この間, 海軍技術研究所造船研究部員, 音響研究部員, 電波研究部員, 17～20年東京帝国大学第一工学部助教授を兼務。23年大和産業, 34年大和電機を設立。三菱重工技術顧問, 川崎重工技術顧問, 大阪大学講師も務めた。著書に「戦艦大和」などがある。

松本 君平　まつもと・くんぺい

ジャーナリスト 衆議院議員

明治3年（1870年）4月～昭和19年（1944年）7月28日

生静岡県菊川町（菊川市） 学フィラデルフィア大学, ブラウン大学大学院 文学博士 歴「ニューヨーク・トリビューン」記者, 「東京日日新聞」記者, 「自由新聞」主筆を経て, 雑誌「大日本」を発刊する。その後中国に渡り, 英文紙「チャイナ・タイムス」, 「週刊チャイナ・トリビューン」を天津で発行, また北京では「日刊新支那」を発刊する。明治37年に衆議院議員となり, 通算5期務め, 政友会に所属。広東軍政府顧問, 田中義一内閣海軍参与官となった。「金貨本位論」「新聞学」「欧風米雲録」など多くの著書がある。

松本 健次郎　まつもと・けんじろう

実業家 貴族院議員（勅選）

明治3年（1870年）10月4日～昭和38年（1963年）10月17日

生福岡県福岡市 名旧姓・旧名＝安川 学福岡中〔明治20年〕卒, ペンシルベニア大学（米国） 歴安川財閥創立者である安川敬一郎の二男。明治20年安川商店神戸支店に入り, 21年上京して国民英語学校と物理学校に入学。22年一年志願兵として熊本歩兵第十三連隊に入営, 23年除隊。同年叔父・松本潜の養子となり松本家を継いだ。24年米国へ留学, ペンシルベニア大学の財政経済学科に学んだ。26年帰国して実父や養父と石炭販売会社・安川松本商店を設立, 仲買人を通さない石炭の直接販売に従事した。34年赤池炭山と明治炭鉱の全所有権を取得, 35年には我が国初の炭坑技術者養成機関である赤池炭山学校を設立した（36年赤池炭坑火災のため廃校）。39年豊国炭坑を引き受け, 41年明治・赤池・豊国の3炭坑と合併させて明治鉱業株式合資会社を設立して副社長に就任。同じ炭鉱業の貝島家, 麻生家とともに "筑豊御三家" と呼ばれた。この間, 27年日清戦争, 37年日露戦争に出征している。また, 32年海軍大将・元帥の井上良馨の娘と再婚した。大正7年実父の引退を受け, 安川財閥の総帥に就任。同年煉瓦専門会社の黒崎窯業株式会社を創業。8年明治鉱業を株式会社に改組して同社長。昭和4年明治鉱業, 18年黒崎窯業の社長を退く。嘉穂鉱業, 昭和石炭, 九州水力電気, 日本石炭の各社長や, 石炭鉱業連合会会長, 石炭統制会会長, 東条英機内閣顧問なども歴任。20年貴族院議員に勅選。戦後も経済団体連合会（経団連）, 日本経営者団体連盟（日経連）の各顧問を務めたが, 32年財界から引退した。家長男＝松本幹一郎（明治鉱業社長）, 二男＝松本兼二郎（黒崎窯業社長）, 三男＝松本馨（早稲田大学教授）, 四男＝松本徹（大崎電気工業常務）, 七男＝松本七郎（衆議院議員）, 実父＝安川敬一郎（安川財閥創立者・衆議院議員）, 養父＝松本潜（実業家）, 弟＝安川清三郎（安川電機製作所社長）, 安川第五郎（安川電機製作所社長）, 岳父＝井上良馨（海軍大将・元帥）

松本 幸四郎（7代目）　まつもと・こうしろう

歌舞伎俳優

明治3年（1870年）5月12日～昭和24年（1949年）1月27日

生東京府浅草花川戸（東京都台東区） 名本名＝藤間金太郎, 幼名＝豊吉, 前名＝市川金太郎, 市川染五郎, 市川高麗蔵, 舞踊名＝藤間勘右衛門 歴5歳のとき2代目藤間勘右衛門の養子となって藤間金太郎と称し, 舞踊を修業。明治13年9代目市川団十郎に入門, 市川金太郎の名で翌年春木座で初舞台。その後, 4代目市川染五郎, 8代目市川高麗蔵を経て, 44年7代目松本幸四郎を襲名。同年より6代目尾上梅幸らと帝劇の専属となり, 昭和4年松竹に復帰するまで帝劇で活躍した。大柄で風貌, 音調ともに優れ, 9代目団十郎の芸脈を継承, 荒事, 時代物, 舞踊を得意とし, また38年に日本初の創作オペラ「露営の夢」を上演, その後翻訳劇の上演を試みるなど進歩的なところもあった。大正・昭和の劇界の重鎮として戦後の昭和23年末まで舞台を務めたが, 当たり役は由良之助はじめ幡随院長兵衛, 助六, 松王丸などで, 特に「勧進帳」は弁慶役者として1600回も上演している。また養父の名跡を継ぎ, 3代目藤間勘右衛門として藤間流を継承した。著書に「琴松芸談」がある。家養父＝藤間勘右衛門(2代目), 長男＝市川団十郎(11代目), 二男＝松本白鸚(＝8代目松本幸四郎), 三男＝尾上松緑(2代目)

松本 重治　まつもと・しげはる

ジャーナリスト　新聞連合社常務理事
明治32年（1899年）10月2日〜平成1年（1989年）1月10日
⬚生大阪府大阪市堂島　⬚専アメリカ史　⬚学東京帝国大学法学部
〔大正12年〕卒、東京帝国大学大学院法哲学専攻修了　⬚歴米国
のエール大学、ウィスコンシン大学、スイスのジュネーブ大学
などに留学。昭和3年東京帝国大学法学部助手を経て、7年新
聞連合社（後の同盟通信社）に入社。同年上海支局長、13年中
南支総局長、14年編集局長、18年常務理事を歴任。この間、
11年西安事件をスクープ。また汪兆銘を通じた日中和平工作に
も関与した他、近衛文麿のブレーンも務めた。公職追放解除
後は27年に国際文化会館を設立。国際的な知的・文化交流に
活躍した。　⬚家父＝松本恭蔵（実業家）、祖父＝松本重太郎（実
業家）、松方正義（首相・公爵）　⬚賞文化功労者〔昭和51年〕、
マグサイサイ賞（フィリピン）〔昭和55年〕

松本 重彦　まつもと・しげひこ

日本史学者　言語学者　京城帝国大学法文学部教授
明治20年（1887年）12月12日〜昭和44年（1969年）9月16日
⬚生東京府神田区（東京都千代田区）　⬚専日本古代史　⬚学東京帝
国大学文科大学史学科国史学専攻〔明治45年〕卒、東京帝国大
学大学院　⬚歴一高に学んだのち明治45年に東京帝国大学文科
大学史学科国史学専攻を卒業し、同大学院に入る。のち古代
学研究所研究員・慶応義塾大学講師などを経て、11年大阪外
国語学校教授に就任。同年アラビア語研修のためヨーロッパ
やシリアなどに留学、13年帰国して同校でアラビア語を講じ、
14年からは京都帝国大学文学部講師・大阪高校教授をも兼任
した。昭和4年から京城帝国大学法文学部教授を務めるが、太
平洋戦争の敗戦によって21年廃官し、24年中央大学文学部教授
となり、39年まで在職した。歴史学の分野では日本古代史を
専門とし、歴史学雑誌「史学論叢」に論文「姓氏解説」を発
表するなど特に氏姓の研究で優れた業績を残している。編著
に「西南亜細亜言語の系統」などがある。

松本 周二　まつもと・しゅうじ

日本史学者　東京帝国大学史料編纂所史料編纂官
明治40年（1907年）1月6日〜昭和19年（1944年）9月12日
⬚専日本中世史　⬚学東京帝国大学文学部国史学科〔昭和4年〕卒
⬚歴東京帝国大学史料編纂所編纂補助となり、南北朝・室町時代を中心
に日本中世史の研究を進める。のち同史料編纂官補を経て、昭
和17年同史料編纂官に就任するが太平洋戦争で徴兵され、19
年フィリピンで戦死した。著書に「吉田定房事蹟」がある。

松本 俊一　まつもと・しゅんいち

外交官　外務次官
明治30年（1897年）6月7日〜昭和62年（1987年）1月25日
⬚生台湾・台北　⬚出広島県呉市広町長浜　⬚学東京帝国大学法学
部〔大正10年〕卒　⬚歴貴族院議員を務めた松本勝太郎の長男。
大正10年外務省に入る。昭和15年条約局長を経て、17年重光
葵外相の下で外務次官を務める。19年駐フランス領インドシ
ナ（仏印）大使として赴任。20年東郷茂徳外相の下で再び外務
次官を務め、終戦処理に従事した。22〜26年公職追放。27年
戦後初の駐英大使となり、30年衆議院議員に当選、鳩山内閣
の日ソ交渉開始とともに全権を務めた。　⬚家父＝松本勝太郎
（実業家・貴族院議員）

松本 潤一郎　まつもと・じゅんいちろう

社会学者　東京高等師範学校
明治26年（1893年）7月22日〜昭和22年（1947年）6月12日
⬚生千葉県銚子　⬚学東京帝国大学文科大学哲学科〔昭和7年〕卒
⬚歴大阪毎日新聞記者から日大、中大、東京女子大各講師、法政
大教授を経て、昭和13年東京高等師範学校教授となった。一
時日本出版文化協会文化局長も務めた。社会学者として社会

集団、社会過程、社会形象の3対象を総合的に把握する総社会
学を構想した。著書に「社会学原論」「集団社会学原理」「文
化社会学原理」「現代社会学説研究」などがある。

松本 竣介　まつもと・しゅんすけ

洋画家
明治45年（1912年）4月19日〜昭和23年（1948年）6月8日
⬚生東京府豊多摩郡渋谷町青山北町（東京都渋谷区）　⬚出岩手県
盛岡市　⬚名旧姓・旧名＝佐藤　⬚学盛岡中〔昭和4年〕中退　⬚歴13
歳で病のため聴覚を失う。絵画を我が道と定め、昭和4年17歳
で上京、太平洋画会研究所に入り洋画を学ぶ。10年二科展入
選以来、19年二科展解散まで毎回出品。11年に刊行された月
刊誌「雑記帳」（14号で廃号）は昭和10年代の貴重な記録とい
われる。16年二科会会友となる。戦時中は18年に靉光らと新
人画会を結成、美術界の戦争協力に抗した。23年毎日新聞主
催の連合展に「彫刻と女」「建物」を出品、これが絶筆で同展
開催中に発病、36歳で死去。代表作はほかに「A夫人」「黒い
花」「立てる像」など。　⬚家息子＝松本莞（建築家）　⬚賞二科
展特待賞〔昭和15年〕「都会」

松本 烝治　まつもと・じょうじ

商法学者　弁護士　商工相　貴族院議員（勅選）
明治10年（1877年）10月14日〜昭和29年（1954年）10月8日
⬚生東京都　⬚学東京帝国大学法科大学独法科〔明治33年〕卒　法
学博士〔明治43年〕　⬚賞日本学士院会員〔昭和26年〕　⬚歴農商
務省参事官を経て、明治36年東京帝国大学助教授となり、39
年から3年間欧州諸国に留学後、43年に教授となって商法、民
法、ドイツ語の講座を担当。大正2年からは法制局参事官を兼
ねて簡易生命保険法、破産法、手形法、小切手法など商法関
係法の立案や制定にも参画、我が国における商法と商法学の
確立者といわれた。だが8年には南満州鉄道（満鉄）理事に迎
えられて大学を離れ、10年副社長にまでなったが、翌年辞任。
12年の震災後、山本内閣の法制局長官として非常立法の制定
に当たり、13年退官後は勅選貴族院議員となり、弁護士とし
て活躍。その間、関西大学学長、斎藤内閣の商工相、第一東京
弁護士会長などを歴任。戦後は幣原内閣の国務相となり憲法
改正案要綱をまとめたが、"明治憲法の焼き直し"として連合
国総司令部（GHQ）には採用されず、21年公職追放。25年か
らは公益事業委員長として電力事業の再編成に尽力した。著
書に「改正商法大意」「商法解釈の諸問題」「私法論文集」（全
3冊）「人、法及物」など。　⬚家父＝松本荘一郎（鉄道庁長官）、
娘＝田中千（田中耕太郎夫人）、息子＝松本正夫（哲学者）、女
婿＝田中耕太郎、義弟＝小泉信三

松本 伸　まつもと・しん

ジャズ・サックス奏者
明治41年（1908年）〜昭和53年（1978年）7月3日
⬚生東京都　⬚名本名＝金沢伸　⬚専テナーサックス　⬚歴中学校時
代に宮田ハーモニカ・バンドに入ったのが音楽への第一歩。前
野港造、アーネスト・カイ・バンドを経て、昭和7年コロム
ビア・ジャズバンドに入団。テナーサックスの第一人者とし
て活躍。コロムビア・ジャズバンドに所属。戦時中は対米宣
伝放送で演奏。戦後、ニューパシフィックバンドを結成し、沈
滞していた軽音楽界に新風を吹きこむ。続いて日本で最初の
バップ・コンボ、イチバン・オクテットを結成した。日本ジャ
ズ界草分けの一人。

松本 信一　まつもと・しんいち

皮膚科学者　京都帝国大学教授
明治17年（1884年）11月7日〜昭和59年（1984年）8月1日
⬚生福島県若松（会津若松市）　⬚専梅毒学　⬚学会津中〔明治35
年〕卒、四高〔明治38年〕卒、京都帝国大学医科大学〔明治42
年〕卒　医学博士（京都帝国大学）〔大正6年〕　⬚賞日本学士院

会員〔昭和24年〕 歴明治42年京都帝国大学皮膚科学教室に入り、大正2年助教授。5年米国へ留学、8年帰国して教授に昇任。昭和19年定年退官。21〜44年大阪医科大学学長。梅毒学の権威で、その実験的研究に従事して病理組織学、細菌免疫学の面から多くの疑問を解明。特に重感染、再感染を中心とする免疫学的研究は国際的に大きな注目を集めた。また、梅毒とフランベシア（苺痘）の異同についても研究。24年日本学士院会員、41年文化功労者に選ばれた。著書は「黴毒学」「皮膚病学〈前後〉」などがある。 家長男＝松本博（神戸大学名誉教授） 賞文化功労者〔昭和41年〕

松本 慎一 まつもと・しんいち
労働運動家 評論家
明治34年（1901年）11月8日〜昭和22年（1947年）11月26日
生愛媛県 学東京帝国大学法学部政治学科〔大正15年〕卒 歴大正15年三省堂に入社。日本共産党の非合法活動に従事、昭和6年コミンテルン極東代表ヌーランの検挙の余波で検挙され、7年日本共産党入党、9年再び検挙され翌年保釈出獄。「国際評論」「世界年鑑」の編集と共に国際政治評論の執筆を行う傍ら、13年京浜共産主義グループを結成。非合法実践のため逮捕され、翌14年執行猶予の判決で出獄。橘樸の名義で「中華民国三十年史」を発表、ネールの「印度統一」の翻訳など評論家として活動した。戦後、日本共産党に再入党、全日本印刷出版労働組合書記長、21年産別会議結成では聴濤克巳らと幹事に選ばれた。22年の参議院選挙に出馬したが落選。中央労働学園で教鞭を執ったが、戦争中の著書「西洋の追放」で公職追放、共産党員では初の教職不適格者となった。一高、東京帝国大学を通じ尾崎秀実と親友で、ゾルゲ事件で尾崎検挙後はその家族を援助、公判対策などで尽力した。著書は他に「新世界の構想と現実」など。

松本 真平 まつもと・しんぺい
貴族院議員（多額納税）
明治11年（1878年）5月〜昭和46年（1971年）5月29日
生埼玉県 学高等商業学校（現・一橋大学）〔明治33年〕卒 歴大正13年衆議院議員に当選、1期。政友会に所属した。昭和7〜15年多額納税の貴族院議員を務めた。

松本 善次郎 まつもと・ぜんじろう
大同書院創業者
明治26年（1893年）3月19日〜昭和39年（1964年）5月24日
生千葉県 歴大正3年巌松堂に入社し、3年後に同店の大阪支店が設置されると、その支店長に抜擢。9年同支店の権利を譲り受けて独立し、大同書院を創業して法律・経済関係の書籍・雑誌を販売した。12年頃からは出版にも着手し、「不動産登記法」「財界研究」を発行するなど、関西きっての法律・経済・政治学関係書籍の専門出版社として業績を伸ばした。また中等教科書なども刊行。昭和4年には東京・神田神保町に小売部門の支店を設置した。傍ら大阪出版業組合評議員、大阪書籍雑誌商組合評議員なども務めた。

松本 泰 まつもと・たい
推理作家 翻訳家
明治20年（1887年）2月22日〜昭和14年（1939年）4月19日
生東京府芝区（東京都港区） 名本名＝松本泰三 学慶応義塾大学文学科〔明治45年〕卒 歴大学在学中から「三田文学」「スバル」などに小説を発表し、大正2年「天鷲絨」を刊行。同年から7年にかけて2度渡英し、帰国後は高島屋に勤務する傍ら小説を発表。10年初の探偵小説「濃霧」を発表。12年奎運社を創設し、「秘密探偵雑誌」「探偵文芸」を発刊。他の代表作に「或る年の記念」「三つの指紋」「P丘の殺人事件」「清風荘事件」、随筆集に「炉辺と樹蔭」などがある。 家妻＝松本恵子（翻訳家）

松本 高三郎 まつもと・たかさぶろう
精神医学者 千葉医科大学学長
明治5年（1872年）8月〜昭和27年（1952年）9月10日
出千葉県 名旧姓・旧名＝山口 学東京帝国大学医科大学〔明治37年〕卒 医学博士〔大正13年〕 歴東京帝国大学助手となり、呉秀三教授に師事。東京府立巣鴨病院医員、私立日本医学校講師を経て、明治40年千葉医学専門学校教授。大正6〜9年スイス、米英、フランスへ留学、12年千葉医科大学附属医院長、13年同大第2代学長。昭和4年以後教授専任、8年退官、名誉教授。千葉市教育長、日赤評議員などを務めた。共著に「精神病診断及び治療学」など。

松本 隆重 まつもと・たかしげ
水球選手
生年不詳〜平成13年（2001年）3月8日
出広島県 学早稲田大学卒 歴昭和7年ロサンゼルス五輪に水球代表として出場。11年ベルリン五輪ではコーチを務めた。

松本 田三郎 まつもと・たさぶろう
俳優
明治32年（1899年）11月22日〜昭和14年（1939年）9月8日
出東京都 名本名＝佐藤忠一 学都文館中中退 歴10歳から7世松本幸四郎の門下となり子役になる。大正11年松竹蒲田に入社し、主として女形で旧劇に出演。その後、松竹下賀茂に所属し、13年「恋の密使」で初主演。15年帝キネ芦屋へ移り、数多くの主演作に出演する。昭和2年浅野内匠頭を演じた「忠臣蔵」は彼の代表作。5年退社後アシヤ映画を創立するが翌年解散。河合映画を経て、8年新興キネマへ脇役として入る。台詞の巧みさで名脇役として活躍。市川右太衛門主演「長脇差団十郎」撮映中に急死。

松本 忠雄 まつもと・ただお
日本タイムズ社長 衆議院議員
明治20年（1887年）7月〜昭和22年（1947年）7月4日
出長野県 学東亜同文書院〔明治42年〕卒 歴やまと新聞記者、加藤憲政会総裁秘書役、内閣総理大臣秘書役、東京市助役を経て、大正13年衆議院議員に長野1区より初当選。以来連続7回当選。その間、斎藤内閣および岡田内閣の外務参与官、昭和12年第一次近衛内閣の外務政務次官を歴任。

松本 長 まつもと・ながし
能楽師（宝生流シテ方）
明治10年（1877年）11月11日〜昭和10年（1935年）11月29日
生静岡県静岡市 歴明治17年7歳の時家族とともに上京、明治天皇行幸能で子方などを務めたあと、25年名人宝生九郎（16代家元）に入門。その厳しい稽古を受け、同門の野口兼資とともに宝生流の双璧とうたわれた。堅実にして端正な品位の高い芸風で知られた。昭和10年早大の謡会で「国栖」を謡っていて急逝。SPで「卒都婆小町」が残されている。一方、大正9年頃より高浜虚子門下で句作を開始。これを契機に句謡会が生まれ、虚子最晩年まで続いた。著書に「松韻秘話」がある。 家父＝松本金太郎（能楽師）、長男＝松本たかし（俳人）、二男＝松本恵雄（能楽師・人間国宝）、いとこ＝下村観山（画家）、泉鏡花（小説家）

松本 昇 まつもと・のぼる
実業家 資生堂社長
明治19年（1886年）5月27日〜昭和29年（1954年）6月9日
生香川県綾歌郡国分寺町 学早稲田大学商科〔明治38年〕中退、ニューヨーク大学商科〔明治42年〕卒 BCS 歴明治38年渡米、昼間百貨店シンプソン・クロフォード商会に勤め、夜ニューヨーク大学商科に通った。大正2年帰国、三越本店営業部に入ったが、6年資生堂初代社長福原信三の招きで資生堂支

配人となった。適正利潤、適正規模による定価売りの特約小売店方式（ボランタリー・チェーン組織）を整備し、資生堂の基礎を固めた。昭和2年専務を経て、15年2代目社長に就任。25年参議院議員（全国区、自由党）に当選。この間、日本中小企業連盟副会長、日本粧業会理事長、東京社会保険協会長、全国社会保険協会長などを務めた。著書に「伸びゆくチェーン・ストア」がある。

松本 彦七郎　まつもと・ひこしちろう
古生物学者 動物学者 東北帝国大学理学部教授
明治20年（1887年）6月9日〜昭和50年（1975年）9月1日
生栃木県下都賀郡穂積村（小山市）学栃木中〔明治38年〕卒, 一高二部乙類〔明治40年〕卒, 東京帝国大学理科大学動物学科〔明治44年〕卒, 東京帝国大学大学院〔明治45年〕中退 理学博士〔大正6年〕歴明治45年東京帝国大学理科大学副手、大正2年助手から、3年東北帝国大学理科大学講師に転じ、9年助教授。同年古生物学研究のため欧米へ留学。10年帰国、11年教授に昇任。昭和8年精神病を理由に休職処分となり、10年休職満期により退官。その後、中学や高等女学校、高校などで教鞭を執った後、30〜39年福島県立医科大学教授を務めた。クモヒトデ類の新分類法を立案し、大正10年帝国学士院賞を受賞。他にも哺乳類化石の研究、考古学層位学的研究法の創始など多くの業績を上げた。我が国に氷河期や旧石器時代が存在したという説を提唱したが、これらにより同僚である矢部長克と対立が生じ、教授休職処分の原因となったといわれる。家弟＝松本唯一（地質学者）賞帝国学士院賞（第11回）〔大正10年〕

松本 彦次郎　まつもと・ひこじろう
俳人 歴史家 東京文理科大学名誉教授
明治13年（1880年）12月5日〜昭和33年（1958年）1月14日
生青森県上北郡野辺地村（野辺地町）名号＝松本金鶏城専日本中世史・文化史学東京帝国大学文科大学史学科〔明治41年〕卒 文学博士歴慶応普通部、六高教授を経て、昭和6年東京文理科大教授となり、国史学教室主任を務めた。18年定年退職、19年名誉教授。親鸞研究が有名で、他に明治42年「アカネ」に西行法師論を発表。三井甲之主宰「人生と表現」同人。大正4年シカゴ大に留学。ブントの民族学、ベルグソン、シュペングラーの哲学も研究。一方河東碧梧桐門のアララギ同人で「日本俳句鈔」に句が収録されている。著書に「史的日本美術集成」「史学名著解題」「鎌倉時代史」「日本文化史論」「郷中教育の研究」などがある。門下に和歌森太郎、芳賀幸四郎らがいる。

松本 文三郎　まつもと・ぶんざぶろう
インド哲学者 仏教学者 京都帝国大学文科大学学長
明治2年（1869年）5月〜昭和19年（1944年）12月18日
生加賀国（石川県金沢市）学帝国大学文科大学哲学科〔明治26年〕卒 文学博士賞帝国学士院会員〔大正8年〕歴東京専門学校、哲学館、国学院、立教大、東京帝国大学などで教授。明治39年京都帝国大学文科大学設置とともに教授となり、インド哲学、仏教学を講じた。41年同学長となり、昭和4年退官。この間龍谷大、大谷大、高野山大に出講、日本大蔵経の編纂を行った。13年東方文化研究所長。著書に「仏典結集」「極楽浄土論」「宗教と哲学」「弥勒浄土論」「達磨」「仏典の研究」「支那仏教遺物」「印度の仏教芸術」「東洋文化の研究」「仏典批評論」「仏教史の研究」「東洋の古代芸術」「仏教史雑考」などがある。

松本 孫右衛門　まつもと・まごえもん
衆議院議員
明治6年（1873年）1月〜昭和23年（1948年）9月6日
出福島県学東京物理学校卒歴東京株式取引所理事、東京

信用銀行頭取、都新聞社取締役、東京信用商事取締役などを務める。明治37年衆議院議員となり、通算4回当選。政友会常議員、鉄道会議員となる。

松本 亦太郎　まつもと・またたろう
心理学者 東京帝国大学名誉教授
慶応1年（1865年）9月15日〜昭和18年（1943年）12月24日
生上野国高崎（群馬県高崎市）専実験心理学学帝国大学文科大学哲学科〔明治26年〕卒 文学博士（東京帝国大学）〔明治32年〕賞帝国学士院会員〔大正10年〕歴大学院を経て、明治29年エール大学に留学、30年同大助手、31年ライプツィヒ大学に学び、33年帰国。東京高等師範学校、東京女子高等師範学校各教授、東京帝国大学講師を経て、38年日本女子大学教授、39年京都帝国大学教授、40年京都市立絵画専門学校校長を兼務。大正2〜15年東京帝大教授。京都帝大、東京帝大に心理学実験室を創設して実験心理学の基礎を築いた。日本大学、東京文理科大学講師も務め、定年後は日本女子大児童研究所長。日本心理学会初代会長。著書に「実験心理学十講」「心理学講話」「知能心理学」「絵画鑑賞の心理」などがある。

松本 容吉　まつもと・ようきち
機械工学者 東京工業大学教授
明治21年（1888年）6月3日〜昭和22年（1947年）
生大阪府大阪市専水力学, 水力機械学東京帝国大学工科大学機械学科〔明治45年〕卒 工学博士（東京帝国大学）〔昭和2年〕歴三井物産機械部を経て、大正6年早稲田大学教授。10〜13年欧米へ留学。昭和4年東京工業大学教授。20年日本機械学会会長。著書に「水力学」「水力工学例題演習」などがある。

松屋 春翠　まつや・しゅんすい
映画監督
明治35年（1902年）9月28日〜昭和25年（1950年）12月15日
生神奈川県横浜市名本名＝松屋政章、別名＝松平昌之歴「やまと新聞」「活動雑誌」「キネマ画報」の編集を経て、大正12年帝キネ芦屋撮影所文芸部に入社。13年大ヒット作「籠の鳥」の脚本を佃血秋と共作する。翌年東亜キネマ等持院に移り、監督となる。第一作は「剣の舞」。他に「玉虫おせん」「女と俠客」「捕物五変」など8本の作品を監督する。昭和3年ヤマト映画、谷崎十郎プロと移り、再び帝キネに戻り脚本を書く。4年帝キネを退社。脚本作品に「兵学大講義」「清水次郎長」「弥次喜多」「富士に立つ影」など。

松山 金嶺　まつやま・きんれい
ビリヤード選手
明治31年（1898年）6月〜昭和28年（1953年）12月20日
生京都府歴大正2年プロ・ビリヤード界に入り、6年渡米。13年全米ボークライン・ジュニア選手権を獲得した。昭和9年全米スリー・クッション選手大会で優勝、11年に帰国するまで、前後5回にわたり世界選手権大会に入賞した。その後は国内で活躍を続ける傍ら、東京世田谷で「松山ビリヤード・クラブ」を経営。27年の世界選手権大会ではスリー・クッション第2位となる。

松山 茂　まつやま・しげる
海軍中将
明治14年（1881年）7月14日〜昭和12年（1937年）12月29日
生肥前国平戸（長崎県）学海兵（第30期）〔明治35年〕卒, 海大卒歴明治32年海軍兵学校に入り、36年海軍少尉となる。日露戦争には第2艦隊磐手乗組として出征。常磐分隊長、水雷学校教官、海軍教育本部部員、海軍兵学校教頭兼監事長、舞鶴要港部参謀長、大正15年第2艦隊参謀長などを歴任して、同年少将に進む。昭和2年軍令部第2班長、4年水雷学校校長、5年兼通信学校校長、同年第5戦隊司令官、6年航空本部長など

を経て、同年中将となる。この間、五十鈴艦長、第15駆逐隊司令なども務めた。8年軍令部次長となり将来を嘱望されていたが、病気のため中途退役した。

松山 思水　まつやま・しすい
編集者 児童文学者
明治20年（1887年）4月1日〜昭和32年（1957年）7月27日
[生]和歌山県和歌山市　[名]本名＝松山二郎　[学]早稲田大学英文科〔大正1年〕卒　[歴]大正元年実業之日本社に入社。少年誌「日本少年」の編集に携わり、8年「小学男生」主筆、10年「日本少年」主筆。11年写真雑誌「アマチュアー」を創刊したが、12年関東大震災により廃刊となった。13年大人向けの娯楽誌「東京」主筆。のち誠文堂新光社に迎えられ、昭和2年「子供の科学」編集長に就任。小説や児童読物も多く手がけ、「笑の爆弾」「ビックリ箱」「アンポンタン」などの他、原田三夫と共編の「少年少女科学文庫」（全6巻）「世界探険全集」などがある。

松山 省三　まつやま・しょうぞう
洋画家
明治17年（1884年）9月8日〜昭和45年（1970年）2月2日
[生]広島県広島市　[名]旧姓・旧名＝渡辺　[学]東京美術学校洋画科〔明治40年〕卒　[歴]岡田三郎助に師事し、白馬会、院展に出品。その傍ら明治44年、東京・京橋にカフェー・プランタンを開業、文学者や美術家を常連としたが、昭和20年廃業。戦後は文春クラブに勤務した。　[家]長男＝河原崎国太郎（5代目）、孫＝松山英太郎（俳優）、松山政路（俳優）、ひ孫＝河原崎国太郎（6代目）

松山 忠二郎　まつやま・ちゅうじろう
満州日報社長
明治2年（1869年）12月12日〜昭和17年（1942年）8月16日
[生]近江国（滋賀県）　[名]号＝哲堂　[学]東京専門学校（現・早稲田大学）政治経済学科〔明治27年〕卒　[歴]明治27年東京経済雑誌社に入社し経済記者として修業。30年大阪朝日新聞社に入り、32年社命で米国留学、コロンビア大学で経済学を学ぶ。帰国後、東京朝日新聞に転じ、経済部長、44年編集局長。大正7年白虹事件の後、退社。9年読売新聞社社長、昭和6〜9年満州日報社長を務めた。

松山 常次郎　まつやま・つねじろう
衆議院議員
明治17年（1884年）3月21日〜昭和36年（1961年）6月15日
[生]和歌山県九度山町　[学]東京帝国大学土木科卒　[歴]米国留学の後、陸軍工兵少尉、日高見農場経営。朝鮮で大規模な土地改良事業に従事。大正9年衆議院議員に当選。以来通算7期。昭和11年広田内閣の外務参与官、15年米内内閣の海軍政務次官。また中興電気会長、アジア技術協会長を歴任。一方、明治37年受洗して霊南坂教会創立に参画し、満蒙伝道会（のち東亜伝道会）理事長も務めた。　[家]娘＝平山美知子（文筆家）、女婿＝平山郁夫（日本画家）

まつやま・ふみお
諷刺画家 漫画家 社会運動家
明治35年（1902年）5月18日〜昭和57年（1982年）3月3日
[生]長野県小県郡大門村（長和町）　[名]本名＝松山文雄、別名＝小県大門、尾山台介　[学]高等小学校卒業後、農業の傍ら独学で絵画を学ぶ。大正13年上京し、本郷研究所へ通う。「コドモノクニ」に童画を寄稿し、14年三科展に入選。15年理想展に油彩「水車の驚異」を出品するが、病気で帰郷。マルクス主義に共鳴し、柳瀬正夢らの日本漫画家連盟に参加。昭和2年プロレタリア芸術連盟美術部員となり各誌で漫画を発表、プロレタリア美術展に出品する。6年日本共産党に入党し、検

挙、投獄を繰り返しながら、11年近代漫画展に油彩「第五十九議会」などを発表、注目を浴びる。太平洋戦争中は郷里に疎開し、第1回全信州美術展に出品。21年発足の日本美術会、日本童画会に参加し、22年政治漫画誌「クマンバチ」を創刊。また、「赤旗」紙上に政治漫画を描き続け、39年より「赤旗日曜版」に「鳥獣戯画」を連載。著書に「柳瀬正夢」「赤白黒」「鳥獣戯画集」、共著に「日本プロレタリア美術史」などがある。　[家]妻＝前島とも（童画家）

松山 基範　まつやま・もとのり
地球物理学者 京都帝国大学名誉教授
明治17年（1884年）10月25日〜昭和33年（1958年）1月27日
[生]大分県宇佐郡駅館村（宇佐市）　[山]山口県　[名]旧姓・旧名＝末原、墨江　[豊浦中〔明治36年〕卒、広島高等師範学校〔明治40年〕卒、京都帝国大学理工科大学物理学科〔明治44年〕卒 理学博士（京都帝国大学）〔大正11年〕　[賞]日本学士院会員〔昭和25年〕　[歴]大分県で生まれ母方の末原姓を名のり、明治29年実父が山口県の曹洞宗寺院の住持になったため同県に移り、父方の墨江となる。43年結婚して松山家に入った。中学教師から京都帝国大学に学び、大正2年同大講師、5年助教授を経て、8年理論地質学研究のため米国へ留学。10年帰国、11年昇任して地質学鉱物学第一講座（理論地質学）の初代教授となった。昭和11年理学部長、19年定年退官。24年山口大学の初代学長に就任。25年日本学士院会員に選ばれた。岩石磁性、重力偏差計による地下構造の研究に従事、7年帝国学士院東宮御成婚記念賞を受けた。4年地磁気の逆転現象を示唆する論文を発表、没後の39年に米国のグループが地磁気極性年代表を発表した際、最新の逆磁極期が "松山期" と命名された。　[賞]帝国学士院東宮御成婚記念賞（第22回）〔昭和7年〕

真鍋 嘉一郎　まなべ・かいちろう
内科学者 東京帝国大学教授
明治11年（1878年）8月8日〜昭和16年（1941年）12月29日
[生]愛媛県西条市　[専]物理療法　[学]東京帝国大学医科大学〔明治37年〕卒 医学博士　[歴]東京帝国大学第3内科の青山胤通教授に師事。明治44年〜大正3年ドイツに留学し、内科学、物理療法を研究。オーストリア、米国でも研究し帰国。大正3年東京帝国大学講師、4年伝染病研究所技師、7年東京帝国大学で新設の物理療法研究所主任を経て、15年教授となり内科物理療法学講座を担当。昭和13年定年退官。レントゲン学、温床療法の先覚者で、真鍋奨学財団を創設した。日本内科学会会頭、日本レントゲン学会長。著書に「内科的急発症と其処置」「肋膜炎の診療〈上・下〉」、共著に「最新温泉・気候療法の理論と実際」「電気療法学」などがある。　[家]岳父＝弘田長（小児科学者）

真鍋 勝　まなべ・かつ
衆議院議員
明治14年（1881年）12月20日〜昭和38年（1963年）6月7日
[生]徳島県美馬郡貞光町太田　[名]三高卒、東京帝国大学英文科〔大正4年〕卒、京都帝国大学法科〔大正11年〕卒　[歴]昭和3年衆議院議員となり、当選5回。阿部内閣司法参与官、衆議院懲罰委員長、民主自由党代議士会長を歴任する。また、弁護士を務め、錦桜学園理事長となった。

真鍋 儀十　まなべ・ぎじゅう
衆議院議員 俳人 芭蕉研究家
明治24年（1891年）9月16日〜昭和57年（1982年）4月29日
[生]長崎県壱岐郡芦辺町　[名]俳号＝真鍋蟻十　[学]長崎師範卒、明治大学法学部卒　[歴]普選運動に身を投じ、拘禁を60数回も受けたが、昭和5年民政党から代議士に初当選し、以後6回当選。俳人としては富安風生や高浜虚子に師事、「ホトトギス」同人。句集に「都鳥」がある。また、芭蕉研究家としても知

まぬえら　　　　　　　　　　　　　　　　　昭和人物事典 戦前期

られ、代議士時代から深川芭蕉庵関連の資料を収集した。

マヌエラ
⇒和田 妙子（わだ・たえこ）を見よ

真野 文二　まの・ぶんじ
機械工学者 九州帝国大学総長 貴族院議員（勅選）
文久1年（1861年）11月〜昭和21年（1946年）10月17日
[生]江戸　[名]幼名＝文次郎　[学]工部大学校〔明治14年〕卒 工学博士〔明治24年〕　[歴]幕臣の長男として江戸に生まれるが、幕府崩壊により徳川家が静岡県に移ると一家で沼津に移り住んだ。明治7年上京、14年工部大学校を卒業。19年文部省留学生として英国へ留学、グラスゴー大学に学んだ。22年帰国、帝国大学工科大学教授。大正2年九州帝国大学総長に就任。昭和2年勅選貴族院議員、14年枢密顧問官。

馬淵 逸雄　まぶち・いつお
陸軍少将
明治29年（1896年）8月31日〜昭和48年（1973年）9月17日
[出]愛知県　[学]陸士〔大正7年〕卒、陸大〔昭和4年〕卒　[歴]大正7年陸軍少尉に任官。昭和4年陸軍大学校を卒業すると主に宣伝・報道畑を歩き、14年中支那派遣軍報道部長、15年大本営報道部長。この間、中国戦線での兵隊生活の中で芥川賞を受賞した火野葦平（本名・玉井勝則）伍長を見いだして報道部に転属させた。16年歩兵第七十八連隊長、17年第五師団参謀長となり、18年少将に昇進。20年独立混成第二十七旅団長。　[家]兄＝馬淵直逸（陸軍中将）

真船 豊　まふね・ゆたか
劇作家 小説家
明治35年（1902年）2月16日〜昭和52年（1977年）8月3日
[生]福島県福良村　[学]早稲田大学英文科中退　[歴]在学中の大正14年に「早稲田文学」に掲載された「寒鴨」が秋田雨雀の激賞を受ける。大学を中退して四国で農民運動に加わるなど放浪の末、昭和9年「劇文学」に発表した「鼬」が久保田万太郎演出、創作座で上演されて絶讃を得、劇作家としての地位を確* にした。また「裸の町」と「太陽」は映画化され、「なだれ」はラジオ、ドラマの古典的名作といわれるまでになる。そして終戦前後の中国での体験を基にした長編戯曲の「中橋公館」は21年に千田是也の演出で俳優座で上演され、その後、真船、千田コンビが俳優座の一つの柱となった。

間宮 茂輔　まみや・もすけ
小説家
明治32年（1899年）2月20日〜昭和50年（1975年）1月12日
[生]東京都　[名]本名＝間宮真言　[学]慶応義塾大学文科予科中退　[歴]株屋店員、鉱山事務員などをしながら文学を志し、昭和4年「朽ちゆく望楼」を発表。プロレタリア文学運動に接近し、やがて政治運動に入り、8年検挙され10年転向出獄した。転向後「母」「あらがね」、13年「突棒船」を刊行。戦時下においては農民文学懇話会に所属し、戦後は新日本文学会に参加。昭和10年代の他の作品に「怒涛」「鯨」「石榴の花」などがあり、戦後の作品に「過去の人」「党員作家」「鯨工船」などがある。戦後は評論家として「広津和郎」なども執筆、日本原水協、日朝協会などでも活躍した。

真山 青果　まやま・せいか
劇作家 小説家 考証家
明治11年（1878年）9月1日〜昭和23年（1948年）3月25日
[生]宮城県仙台市裏五番町　[名]本名＝真山彬、別筆名＝亭々生　[学]仙台医学専門学校中退　[資]帝国芸術院会員〔昭和17年〕　[歴]明治36年作家を志して上京し、佐藤紅緑、小栗風葉に師事。「南小泉村」など自然主義作品で注目されたが、44年に原稿の

二重売り事件が指弾されると、自ら文壇を去って横浜・本牧に隠棲。大正2年喜多村緑郎に招かれて新派の座付作者となってから "亭々生" の筆名で多くの新派劇を書き、13年には「玄朴と長英」を中央公論誌上に発表。歴史劇の根幹を確立し、劇作家として復活した。以後「平将門」「江戸城総攻」（3部作）「大塩平八郎」「桃中軒雲右衛門」「坂本龍馬」「元禄忠臣蔵」「新門辰五郎」等に才能を示したが、たまたま青果劇が2代目左団次一座により数多く上演された関係から、左団次と2代目猿之助（のちの猿翁）両優を生かした数々の名作を生んだ。また戦後は西鶴研究家と自称し、「西鶴語彙考証」その他の研究的著作を残した。「真山青果全集」（全25巻、講談社）がある。昭和57年功績を記念し真山青果賞が創設された。　[家]娘＝真山美保（演出家・劇作家）

丸井 清泰　まるい・きよやす
精神医学者 東北帝国大学教授
明治19年（1886年）3月10日〜昭和28年（1953年）8月19日
[生]兵庫県神戸市　[専]精神分析学、脳神経病理学　[学]東京帝国大学医科大学〔大正2年〕卒 医学博士（東北帝国大学）〔大正8年〕、理学博士〔昭和21年〕　[歴]大正4年東北帝国大学医科大学講師、5年助教授となり、東京府立巣鴨病院で精神病学を研修。5〜8年米国に留学し、ジョンズ・ホプキンズ大学アドルフ・マイヤー教授に師事、病理組織学を研究した。8年東北帝国大学教授となり、医学部で精神医学講座を担当。昭和10〜12年附属病院長、19年青森医学専門学校校長を兼務。22年東北大学を定年退官し、名誉教授。23年弘前医科大学学長、24年弘前大学学長を歴任した。マイヤー教授の力動精神医学に影響を受け、医学部講義としては日本で初めて精神分析学を講じ、日本におけるこの分野の基礎を作った。8年にはウィーンで精神分析学の創始者ジグムント・フロイトに面接。同年国際精神分析学会仙台支部（のちの日本支部）設立に尽力し、初代支部長を務めた。フロイト著「日常生活に於ける精神病理」を翻訳するなどフロイトの精神分析学を日本に導入した。著書に「精神分析療法〈前編・後編〉」「精神病学」「季節と精神変調」「輓近神経症学」「持続睡眠療法に就て〈上・下〉」などがある。

丸尾 至　まるお・いたる
野球選手
生年不詳〜昭和20年（1945年）8月30日
[出]東京都　[学]六高卒、東京帝国大学文学部美術史学科　[歴]六高から東京帝国大学に進み、野球部に在籍。昭和17年春の東京六大学リーグ戦でデビューし、秋までに遊撃手として14試合に出場。巧守巧打で期待されたが、18年戦時下のため文部省通達により東京六大学リーグは解散。戦中最後の野球部主将を務めた。19年1月陸軍に召集されて中国各地を転戦、20年8月、敗戦から半月後の30日に中国・吉林省の陸軍病院で戦病死した。野球と同様に絵画制作にも打ち込み、遺された作品が、戦没画学生たちの作品を展示する無言館に寄託された。

丸木 砂土　まるき・さど
⇒秦 豊吉（はた・とよきち）を見よ

丸沢 常哉　まるさわ・つねや
応用化学者 満鉄中央試験所長 大阪帝国大学工学部教授
明治16年（1883年）3月17日〜昭和37年（1962年）5月4日
[生]新潟県　[専]無機工業化学　[学]東京帝国大学工科大学応用化学科〔明治40年〕卒　[歴]明治42年農商務省工業試験所技師を経て、九州帝国大学助教授。44年ドイツに留学し、大正3年帰国後、九州帝国大学教授として工学系理科担当。丸沢式サルファイトパルプ法の発明で名を成すが、万有還銀法事件に関与し、12年退官。14年旅順工科大学教授に復帰、その後大阪帝国大学工学部教授、学部長を経て、昭和11年南満州鉄道（満鉄）中央試験所長となり、15年退職。18年満鉄の副総裁待遇の化

728

学工業委員会長として開発を担当、20年中央試験所長に再任。終戦後は同所の施設をソ連に、次いで24年には中国に完全に委譲。その後、中国に残留し、1年間四川省の僻村工場勤務を経て、30年帰国した。

丸橋 清平　まるばし・きよひら
小倉商工会議所会頭 小倉電気鉄道社長
明治9年（1876年）8月2日〜昭和38年（1963年）8月22日
[生]滋賀県愛知郡秦川村（愛荘町）　[歴]福岡県小倉で呉服卸商を営む傍ら、大正元年小倉市議に当選。14年小倉商業会議所、昭和3年小倉商工会議所を設立して会頭となり、10年からは小倉電気鉄道社長も務めた。

丸谷 喜市　まるや・きいち
経済学者 神戸商業大学学長
明治20年（1887年）10月3日〜昭和49年（1974年）7月10日
[生]北海道函館市　[学]神戸高等商業学校卒、東京高等商業学校（現・一橋大学）専攻部〔明治45年〕卒 経済学博士〔昭和10年〕
[歴]長崎高等商業学校を経て、大正6年神戸高等商業学校教授。7〜10年欧米留学、昭和4年学制改革で神戸商業大教授となり経済原論担当。17年学長。21年依願免官、神戸経済大、神戸大各名誉教授。のち関東学院大教授から26年甲南大教授、同大図書館長、経済学部長、教養部長を経て、42年退職、大阪産大教授を務めた。著書に「経済学原論」「経済生活の本質及現象形態」など。

丸山 幹治　まるやま・かんじ
ジャーナリスト 政治評論家
明治13年（1880年）5月2日〜昭和30年（1955年）8月16日
[生]長野県　[号]号＝侃堂　[学]東京専門学校（現・早稲田大学）〔明治34年〕卒　[歴]日露戦争の旅順包囲戦に日本新聞社の従軍記者を務め、戦争の悲惨さを報じて軍部の怒りを買う。明治42年大阪朝日新聞社に入社、「天声人語」を担当したが、大正7年の米騒動をめぐる筆禍事件（白虹事件）のため、大山郁夫、長谷川如是閑らとともに退社。その後、読売新聞、中外新報、京城日報を経て、昭和3年には大阪毎日新聞社に入り、コラム「硯滴」を執筆。11年東京日日新聞（現・毎日新聞）に移っても「余録」と名を変えたコラムを合わせて25年間担当した。朝日「天声人語」の荒垣秀雄、読売「編集手帳」の高木健夫と並び称される。著書に「副島種臣伯」「硯滴余録」「余録二十五年」など。　[家]長男＝丸山鉄雄（音楽芸能プロデューサー）、二男＝丸山真男（政治学者）、三男＝丸山邦男（評論家）

丸山 定夫　まるやま・さだお
俳優 桜隊隊長
明治34年（1901年）5月31日〜昭和20年（1945年）8月16日
[生]愛媛県松山市　[名]芸名＝福田良介　[学]松山高小卒　[歴]小学を出て各地を転々としながら、銀行給仕やオペラのコーラス・ボーイなどをしたあと、大正13年発足早々の築地小劇場に第1回研究生として参加、小山内薫の指導を受け、千田是也らとともに性格俳優として活躍。小山内没後の昭和4年には土方与志、山本安英、薄田研二らとともに新築地劇団を結成。「生ける人形」以後は同劇団の中心俳優に。7年妻細川ちか子の療養費を得るためエノケン一座に福田良介を名のって出演、のち東宝映画の前身PCLの映画にも出演した。15年に新築地劇団が当局の弾圧で解散させられると、17年薄田研二、徳川夢声らと苦楽座を結成し、「無法松の一生」などを上演した。20年日本移動演劇連盟「桜隊」を引率して各地を巡回していたが、8月広島で公演中に被爆死した。平成元年演劇評論家・菅井幸雄編集により、遺稿集「俳優・丸山定夫の世界」が刊行された。　[家]姪＝丸山由利亜（女優）

丸山 ちよ　まるやま・ちよ
社会事業家
明治20年（1887年）5月27日〜昭和42年（1967年）4月11日
[生]山形県　[学]日本女子大学教育学部卒　[姉]妹2人がろうあ者であったため、ろうあ教育を志し、また成瀬仁蔵のキリスト教社会改良主義思想に影響を受け、生涯を社会事業に尽くした。大正2年卒業生団体の桜楓会託児所主任となり、託児所においても幼稚園と同じに教育が必要であると説き、教育的実践を通じて家庭や地域の改善に尽力。昭和8年「ろうあ婦人の家」を設立し、自立のための職業教育を始めたが、戦災により事業を断念し、再起の時は得られなかった。

丸山 鶴吉　まるやま・つるきち
警視総監 貴族院議員（勅選）
明治16年（1883年）9月27日〜昭和31年（1956年）2月20日
[生]東京都　[学]東京帝国大学法科大学政治学科〔明治42年〕卒　[歴]内務省に入り、警視庁保安部長、地方局救護課長、静岡県内務部長、朝鮮総督府警務局長などを歴任し、大正13年退職。14年政界革新を掲げて近衛文麿の新日本同盟に参加。昭和4年浜口内閣の警視総監となり、6年勅選貴族院議員。社会事業・教化事業に関与し、壮年団運動・選挙粛正運動を展開した。18年大政翼賛会事務総長、のち宮城県知事、東北地方総監。戦後公職追放。解除後、武蔵野美術学校校長。著書に「七十年ところどころ」がある。

丸山 敏雄　まるやま・としお
社会教育家
明治25年（1892年）5月5日〜昭和26年（1951年）12月14日
[生]福岡県豊前市　[学]広島高等師範学校卒、広島文理科大学国史科〔昭和7年〕卒　[歴]広島高等師範学校卒業後、地理歴史教師を務め、のち長崎女子師範学校教諭となる。37歳の時に職を辞して広島文理科大学に入学。その後、ひとのみち教団に入り主導的な地位に昇るが、戦時下の宗教弾圧により獄中生活を送った。戦後は倫理研究所の初代所長を務め、社会教育活動に力を注いだ。また、しきなみ短歌会、秋津書道会を主宰した。著書に「万人幸福の栞」「育児の書」「無痛安産の書」「サラリーマンと経営者の心得」「『家庭づくり』の心得」など。

丸山 義二　まるやま・よしじ
小説家
明治36年（1903年）2月26日〜昭和54年（1979年）8月10日
[生]兵庫県　[学]兵庫県立龍野中学校卒　[歴]上京して万朝報に入り編集長となったが退社。日本プロレタリア作家同盟に参加、小説「拾円札」を発表、「プロレタリア文学」などに作品を書いた。昭和10年貴司山治と「文学案内」を創刊、伊藤永之介らと「小説」「人民文庫」などに「貧農の敵」などを発表。13年農民文学懇話会に参画。「薬屋根記」「田舎」「土の歌」「庄内平野」などがあり、戦後日本農民文学会創設に参加した。　[賞]有馬頼寧賞（第1回）〔昭和13年〕「田舎」

丸山 芳良　まるやま・よしまさ
歌人
明治17年（1884年）5月5日〜昭和7年（1932年）3月23日
[生]栃木県足利市　[学]東京高等商業学校（現・一橋大学）卒　[歴]館林、台北、名古屋などに勤務した後、足利市で印刷業に従事した。大正3年窪田空穂に師事して「国民文学」に参加。9年対馬完治と「地上」を創刊、個人誌「新園」を発行した。歌集「丹灰集」「丸山芳良歌集」がある。

丸山 林平　まるやま・りんぺい
国語教育家 文学研究家
明治24年（1891年）〜昭和49年（1974年）
[生]新潟県中魚沼郡下条村　[学]東京文理科大学国語国文科卒　[歴]

東京高等師範学校附属小学校教師時代に国語教育と児童文学の接点を求めて「国語教育と児童文学」を著す。満州の建国大学で約7年間、日本文学の指導に当たり、第二次大戦中に帰国。戦後は静岡英和短期大学教授を務める。他の著書に「読方教育大系」「定本古事記校注」など。

万造寺 斉　まんぞうじ・ひとし
歌人 小説家 英文学者
明治19年(1886年)7月29日～昭和32年(1957年)7月9日
[生]鹿児島県日置郡羽島村(いちき串木野市)　[学]東京帝国大学英文科〔明治45年〕卒　[歴]中学時代から「新声」などに投稿し、のち新詩社に参加。「明星」を経て「スバル」に参加し、大正3年「我等」を創刊。この時から短歌のみならず小説や翻訳面でも活躍する。大正6年愛媛県立西条中学英語教師となり、自己所有地を農民に開放し、京都へ移り、京都帝国大学で学び京都府立三中、梅花女専、京都師範、大谷大学教授などを歴任。昭和6年歌誌「街道」を創刊。歌集に「憧憬と漂泊」「蒼波集」などがあり、随筆集に「春を待ちつゝ」などがある。

万代 順四郎　まんだい・じゅんしろう
帝国銀行頭取
明治16年(1883年)6月25日～昭和34年(1959年)3月28日
[生]岡山県勝南郡東吉田村　[学]青山学院高等部〔明治40年〕卒　[歴]明治40年三井銀行に入り、名古屋支店長、大阪支店長、常務を経て、昭和12年会長。18年三井、第一両行合併で帝国銀行頭取、20年会長。全国銀行協会連合会会長、東京銀行協会初代会長を経て、経団連顧問、日経連常務理事、東京通信工業(ソニーの前身)会長、青山学院校友会会長なども務めた。

【み】

三井 道郎　みい・みちろう
司祭 正教神学者 ロシア語学者
安政5年(1858年)7月2日～昭和15年(1940年)1月4日
[生]陸奥国盛岡城下加賀野新小路(岩手県盛岡市)　[名]旧姓・旧名＝三井修治, 洗礼名＝シメオン　[学]正教神学校, キーエフ神学大学　[歴]ニコライ大主教(カサートキン)傘下の十哲の一人といわれる。明治7年函館正教会で洗礼を受け、8年神学校入学、16年キーエフ神学大学に留学、20年帰国。正教神学校校長となり、27年司祭叙聖、京都正教会を経て、東京のニコライ堂に。大正6年モスクワの全ロシア正教会地方公会議に日本代表として出席。教理書「正教訓蒙」、紀行文「回顧断片」「往事断片」「訪露紀行」などがある。　[家]孫＝桜井本篤(米国三菱商事社長)

三浦 燿　みうら・あきら
建築学者 京都帝国大学教授
明治24年(1891年)12月1日～昭和6年(1931年)10月8日
[学]東京帝国大学卒 工学博士　[歴]名古屋高等工業学校勤務を経て、ドイツに留学。昭和2年京都帝国大学教授。　[家]妻＝三浦アンナ(美術史家)

三浦 伊八郎　みうら・いはちろう
林学者 東京帝国大学教授
明治18年(1885年)4月13日～昭和46年(1971年)10月11日
[出]和歌山県橋本市　[専]森林化学　[学]東京帝国大学農科大学林学科〔明治45年〕卒 林学博士〔大正9年〕　[歴]大正3年東京帝国大学講師、7年助教授を経て、12～14年森林化学研究のため欧米へ留学。15年教授に昇任。昭和16年農学部長。21年退官後は日本大学農学部教授兼学部長となり、27年定年退職。25年大日本山林会会長。木炭、木材防腐、パルプ開発などの研究で業績を上げた。著書に「林産製造学概要」「木材防腐保存法〈上下〉」「林業実験と実習」「熱帯林業」「海外旅行の表裏観」などがある。　[家]息子＝三浦高義(獣医学者), 三浦道義(第三銀行社長), 女婿＝堀岡邦典(東京農工大学教授)

三浦 関造　みうら・かんぞう
翻訳家
明治16年(1883年)7月15日～昭和35年(1960年)3月30日
[生]福岡県　[学]福岡師範卒, 青山学院神学部卒　[歴]卒業後1年間弘前で牧師をし、その後「六合雑誌」などで活躍し、トルストイやドストエフスキーなどの翻訳をする。著書に「二人の苦行者」「聖者あらたに生る」などがある。またタゴール研究家としても活躍した。戦後は統覚の行に専念、ヨガと形而上学を教えた。

三浦 琴童　みうら・きんどう
尺八奏者
明治8年(1875年)12月18日～昭和15年(1940年)3月11日
[出]東京都　[名]本名＝三浦純一　[学]海城中卒　[歴]帝大予備門の受験準備中、病気のため学業断念。その後銀行に勤める傍ら、明治30年2代荒木古童(竹翁)に尺八を師事、琴童名を許された。また上原六四郎について点符式尺八楽譜を習得、伝承した琴古流本曲の作譜に努めた。35年レツロ会を創設、尺八楽普及発展に尽力。さらに大正元年琴古会を組織、主宰して水野呂童ら多くの門弟を育てた。

三浦 謹之助　みうら・きんのすけ
内科学者 東京帝国大学名誉教授
元治1年(1864年)3月21日～昭和25年(1950年)10月11日
[生]陸奥国(福島県)　[学]帝国大学医科大学〔明治20年〕卒 医学博士〔明治28年〕　[資]帝国学士院会員〔明治39年〕　[歴]明治21年帝国大学内科教室に入り、ベルツ博士に師事。22年欧州留学、ベルリン大学、マールブルク大学、パリ大学などで学び、25年帰国。同年帝大医学部講師、26年助教授、28年教授となった。大正元年宮内省御用掛。10年皇太子のお共で渡欧、同年東大附属病院長、13年定年退官、名誉教授。14年同愛記念病院長、のち名誉院長。明治35年には日本神経学会、36年日本内科学会の創設に参画。東京医学会会頭、日本内科学会理事長などを務めた。　[勲]文化勲章〔昭和24年〕

三浦 一雄　みうら・くにお
農林次官 内閣書記官長 内閣法制局長官
明治28年(1895年)4月22日～昭和38年(1963年)1月30日
[生]青森県　[学]東京帝国大学独法科〔大正9年〕卒　[歴]大正9年農林省に入省。農林次官などを経て、昭和19年小磯国昭内閣の法制局長官兼内閣書記官長。翼賛会企画部長。戦後公職追放、解除後衆議院議員となり当選6回。33年岸信介内閣の農相となった。

三浦 鑿　みうら・さく
ジャーナリスト 「日伯新聞」社主・主筆
明治14年(1881年)12月6日～昭和20年(1945年)10月26日
[生]愛媛県　[名]本名＝三浦鑿造　[学]国民英学会中退　[歴]明治41年ブラジル海軍練習艦で渡航、海軍で柔道を教えた。大正8年「日伯新聞」の社主兼主筆となり、反体制的な社会時評に健筆をふるった。絶えず移民の側に立ち、移民会社と官憲の御用新聞に対抗、毒舌と洒脱なユーモアで出先官憲・武官の偏狭な日本国粋主義を批判した。このため昭和6、14年の2回国外追放処分を受け、戦時中は東京で何度も拘留された。戦後政治犯釈放令で巣鴨から出獄、間もなく死亡。筋金入りのリベラリストで異色の言論人であった。

み

三浦 七郎　みうら・しちろう

土木技師　中華民国臨時政府建設総署初代技監
明治22年（1889年）12月25日〜昭和20年（1945年）3月12日
[生]佐賀県　[歴]東京帝国大学工科大学土木工学科〔大正3年〕卒
[歴]北海道庁土木部に勤め、室蘭土木事務所長を務める。大正9年内務省土木局に転じ、13年欧米へ留学。14年帰国。昭和11年下関土木出張所長、13年中華民国臨時政府建設総署初代技監を兼務して北京へ赴任した。17年興亜院技術部に移り、帰国。18年退官。19年再び中国大陸へ渡って港湾建設に携わったが、20年北京で病死した。[賞]土木学会賞〔昭和6年〕「単鋲拱模型試験、単鋲拱震動に関する考究」

三浦 襄　みうら・じょう

バリ島の父と呼ばれる
明治21年（1888年）8月10日〜昭和20年（1945年）9月7日
[生]東京府神田猿楽町（東京都千代田区）　[学]明治学院普通学部〔明治42年〕中退　[歴]父は牧師、母は英語教師で、明治38年受洗。同年父がハワイ日本人協会牧師として渡米し、少ない仕送りの中で困窮した生活を送る。42年4月実業家の堤林数衛が伝道と商売を兼ねて始めた南洋商会に参加、インドネシアに渡るが、12月脱会して同国を放浪。大正元年セレベス島マッカサルで雑貨店を開業。のち日印貿易商会を設立するが、帰国中に共同経営者が強盗に襲われて殺害され、同商会を解散。同島トラジャでのコーヒー園経営を経て、昭和5年バリ島に渡り、雑貨商や自転車修理業を営む。16年国際情勢の悪化により帰国するが、17年海軍の要請によりバリ島進駐の道案内兼通訳として再びバリ島に上陸。以来、バリ島の島民と占領する日本軍の間に立ち、工場を設立して島民に仕事を与えるなど島民のために尽くし、人々から"パパ・バリ"（バリ島の父）と呼ばれ尊敬を集めた。20年9月7日占領下で島民を国策に協力させたことと、日本がインドネシア独立を約束しながら果たせなかったことを詫び、拳銃自殺した。

三浦 新七　みうら・しんしち

歴史学者　銀行家　貴族院議員（勅選）
明治10年（1877年）8月12日〜昭和22年（1947年）8月14日
[生]山形県山形市　[専]文明史、経済史、山形県史　[学]東京高等商業学校（現・一橋大学）専攻部銀行科卒　法学博士〔大正5年〕
[歴]明治36年から10年間ドイツに留学、滞在中東京高等商業学校教授となり、大正9年大学昇格で東京商科大教授に就任、文明史、経済史担当。昭和2年家業の両羽銀行を継ぐため辞任して帰郷。商大、東京帝国大学各講師を務め、4年両羽銀行頭取。また山形高校講師、山形県郷土史研究会を主宰。7年勅選貴族院議員。10年学内紛争収拾を頼まれて東京商科大学学長。11年辞任して名誉教授。日本銀行顧問、金融調査会委員。著書に「東西文明史論考」。

三浦 環　みうら・たまき

ソプラノ歌手
明治17年（1884年）2月22日〜昭和21年（1946年）5月26日
[生]東京府芝区（東京都港区）　[名]旧姓・旧名＝柴田、藤井　[学]東京音楽学校〔明治37年〕卒　[歴]両親は静岡県の出身。音楽学校ではピアノを滝廉太郎、声楽を幸田延に学ぶ。在学中の明治36年日本人による初のオペラ公演、グルックの「オルフェオとエウリディーチェ」に主演。同年陸軍軍医藤井善一と結婚する。37年卒業後は母校の教壇に立ったが、40年に夫の仙台転勤を機に離婚。44年新開場の帝劇にプリマ兼音楽教師として招かれるが、間もなく退職。大正2年医学士三浦政太郎と結婚、翌年夫とともに欧州に留学した。4年第一次大戦で空襲下のロンドンで「蝶々夫人」に初出演したところ大絶賛を博した。その後は欧米各地の大劇場で公演、"マダム・ミウラの「蝶々」"はシャリアピンの「ボリス」、パブロワの「瀕死の白鳥」とともに世界の3大芸術"とまでいわれるようになる。昭

和11年にシチリアで2000回目の「蝶々夫人」上演をしたのを機に帰国、2001回目を翌年歌舞伎座で演じた。他の当たり役に「ボエーム」のミミ、「イリス」のイリスなどがある。帰国後は後進の指導にも力を入れた。

三浦 銕太郎　みうら・てつたろう

ジャーナリスト　評論家　東洋経済新報主幹
明治7年（1874年）3月20日〜昭和47年（1972年）5月8日
[生]静岡県志太郡相川村（焼津市）　[名]旧姓・旧名＝山下　[学]東京専門学校（現・早稲田大学）〔明治29年〕卒　[歴]地主山下太左衛門の二男。静岡県内の漢学塾や東京の国民英学会に学び、明治26年東京専門学校政学部邦語政治科に入学。経済学の天野為之の教えを受け、29年卒業、翌年三浦貞と結婚のち養子縁組で三浦姓となる。32年東洋経済新報社に入社、40年植松考昭、三浦ほか4名を社員とする合名会社東洋経済新報社発足、代表社員となる。43年社会評論を主とする月刊誌「東洋時論」を創刊、その編集長となり、また石橋湛山が編集者として入社。大正元年植松の死去により「東洋経済新報」代表社員・主幹に就任、「東洋時論」を廃刊して本誌に併合する。10年株式会社に改組、主幹のまま専務に就く。14〜15年主幹及び代表取締役を退き、石橋を後任とした。その後は、平取締役や相談役を務めつつ各種経済団体の委員や理事を歴任した。大国主義ではなく国民生活の充実を第一義とする小日本主義を唱道した先覚者。著書に「世界転換史」「世界経済の転換と米国」などがある。

三浦 虎雄　みうら・とらお

衆議院議員
明治16年（1883年）5月〜昭和32年（1957年）1月14日
[出]宮崎県　[学]京都帝国大学政治科〔明治42年〕卒　[歴]海軍主計中佐となり、尼港事件に従軍する。昭和3年以来衆議院議員に5回選出され、阿部内閣厚生政務次官となる。戦後は延岡市長を務めた。

三浦 周行　みうら・ひろゆき

日本史学者　京都帝国大学名誉教授
明治4年（1871年）6月4日〜昭和6年（1931年）9月6日
[生]出雲国意宇郡竹矢村（島根県松江市）　[専]日本法制史　[学]帝国大学文科大学国史選科〔明治26年〕卒　文学博士（京都帝国大学）〔明治42年〕　[歴]栗田寛の家塾・輔仁学舎で学ぶ。明治28年帝国大学史料編纂掛助員、38年史料編纂官となり「大日本史料」第4編・第6編の編纂に従事。一方、東京帝国大学、国学院の講師を務めたが、40年京都帝国大学文科大学国史学科の開設とともに講師となり、42年教授に就任、昭和6年まで務めた。国史史料の収集に努め、京大史学科・陳列館の基礎を築いた。大正11年欧米に留学、昭和5年日中交渉史料調査のため中国に渡る。大正13年「堺市史」を監修、のちの地方史編纂の典型となった。日本法制史の権威で、中世史にも造詣が深く、中世の家族制度、社会経済史、政治史、外交史、明治史、史学方法論など幅広い分野で業績を残した。また雑誌「史林」を創刊し、多くの研究者の養成にも尽力。主要著書に「五人組制度の起源」「法制史の研究」「日本史の研究」（全2巻）、「大日本時代史─鎌倉篇」など。　[賞]帝国学士院賞恩賜賞〔大正8年〕「法制史の研究」

三浦 義秋　みうら・よしあき

外交官　駐メキシコ公使
明治23年（1890年）9月8日〜昭和28年（1953年）12月23日
[生]滋賀県　[出]神奈川県　[学]横浜一中卒、一高卒、東京帝国大学法科大学政治学科〔大正5年〕卒　[歴]外務省に入省。昭和5年より領事として上海、厦門に在勤、9年在漢口総領事。12年ロンドン在勤となるが、13年9月青島在勤、12月在上海総領事、14年兼大使館参事官。15年駐メキシコ公使。17年8月日米

交換船で帰国、18年退官した。

見尾 勝馬　みお・かつま
哲学者 攻玉社高等工業学校教授
明治27年（1894年）12月1日〜昭和21年（1946年）8月2日
［生］岡山県　［学］東京帝国大学文学部哲学科〔大正10年〕卒　［歴］攻玉社中学校教諭となり、大正10年攻玉社高等工業学校教授。12年国学院大、14年中大、昭和2年法政大で講師を務めた。著書に「哲学新綱」「心理学概論」「西洋哲学史概説」「特殊心理学原理」など。

三界 稔　みかい・みのる
作曲家
明治43年（1910年）2月10日〜昭和36年（1961年）6月13日
［生］鹿児島県大島郡名瀬町（名瀬市）　［名］本名＝三界実友　［学］東洋音楽学校ピアノ科卒　［歴］鹿児島県の奄美大島生まれ。映画館の楽士を務めながら東洋音楽学校（現・東京音楽学校）ピアノ科に通い、卒業後は藤原静枝や石井漠のピアノ伴奏を務めた。昭和9年キングレコード、11年ポリドール、15年キングレコードに在籍。この間、13年上原敏が歌った「上海だより」（詞・佐藤惣之助）が大ヒット。戦後は家財をなげうって奄美大島の復帰運動に挺身。27年日本コロムビア専属。没後の37年、田端義夫の歌で旧作「島育ち」（詞・有川邦彦）が大ヒットした。

三笠宮 崇仁　みかさのみや・たかひと
皇族 陸軍少佐
大正4年（1915年）12月2日〜平成28年（2016年）10月27日
［生］東京府青山（東京都港区）　［名］別名＝若杉崇仁　［学］陸士（第48期）〔昭和11年〕卒、陸大（第55期）〔昭和16年〕卒　［歴］大正天皇の第四皇男子。昭和天皇の末弟で、幼少時の称号澄宮（すみのみや）。昭和10年三笠宮家を創立。11年陸軍騎兵少尉に任官。16年高木正得子爵の二女・百合子とご結婚。18年1月支那派遣軍総司令部参謀、同年8月陸軍少佐。19年1月大本営陸軍参謀。南京の総司令部時代は“若杉参謀”と呼ばれた。戦後は東京大学でヘブライ史を学び、古代オリエント史の研究者としても知られた。平成28年10月、100歳で亡くなった。［家］父＝大正天皇、母＝貞明皇后、兄＝昭和天皇、秩父宮雍仁、高松宮宣仁、長男＝三笠宮寛仁、二男＝桂宮宜仁、三男＝高円宮憲仁。

三門 博　みかど・ひろし
浪曲師
明治40年（1907年）5月5日〜平成10年（1998年）10月12日
［生］長野県松本市　［田］長野県伊那市　［名］本名＝鈴木重太郎、筆名＝鈴木哲之助　［歴］4歳で母と死別、8歳で父に捨てられる。その後17もの職を転々としたあと、浪花亭綾勝に入門、2代目綾勝を襲名。その後、御門博、三門博と改名。昭和5年「唄入観音経」を創作、12年レコード化し、200万枚を超える大ヒットとなる。38年には浪曲界から初めて文化庁の芸術祭奨励賞を受賞。

三上 於菟吉　みかみ・おときち
小説家
明治24年（1891年）2月4日〜昭和19年（1944年）2月7日
［生］埼玉県北葛飾郡桜井村（春日部市）　［名］別名＝水上藻花　［学］早稲田大学英文科中退　［歴］代々医業を営む家の三男。粕壁中学在学中から「中学世界」「文章世界」などの雑誌や小説を読みふけり、16歳の時に小論文「吾は現実に立脚する青年なり」が「文章世界」に掲載された。のち自然主義文学に傾倒して早大英文科に進み、宇野浩二、広津和郎、佐藤春夫らと交遊。宇野、今井白楊らと同人誌「しれえね」を作るが、発禁処分を受けて1号で廃刊となった。やがて放蕩生活に浸ったため実

家に連れ戻され謹慎を余儀なくされるも、この間「早稲田文学」にダヌンツィオやスタンダールの翻訳を寄稿した。大正3年家督を継ぎ、4年実家の全財産を売り払って再び上京、処女作「春光の下に」を自費出版し、文壇に登場。5年長編小説「悪魔の恋」で認められ、以後、「白鬼」「敵討日月双紙」「日輪」「炎の空」「黒髪」など多くの時代小説・現代小説を発表し、一躍大衆文学の流行作家となった。一方、11年直木三十五とともに元泉社を創立し、白井喬司「神変呉越草紙」などを刊行したが、わずか10ヶ月で倒産。昭和3年には大正4年頃より恋仲にあった閨秀作家・長谷川時雨とともに女流文芸誌「女人芸術」を創刊した。また時雨とは出版社のサイレン社を経営し、多数の単行本を刊行した。昭和9年「朝日新聞」に長編時代小説「雪之丞変化」を連載し、好評を博すが、15年以降は持病の血栓症のため療養生活に入った。

三上 左明　みかみ・さめい
宗教学者 神宮皇学館教授
明治32年（1899年）〜昭和6年（1931年）9月25日
［生］滋賀県大津市　［専］神道史　［学］東京帝国大学文学部国史学科〔大正13年〕卒、東京帝国大学大学院　［歴］大津市の関蝉丸神社に生まれる。東京帝国大学大学院に入り、内務省より神社に関する調査を嘱託され、内務省神社局に勤務。のち神宮式年選宮委員嘱託を経て、昭和6年神宮皇学館教授に就任したが、同年33歳の若さで没した。神道や神社の歴史を専門に研究。著書に「大場御厨の研究」がある。

三上 参次　みかみ・さんじ
日本史学者 東京帝国大学名誉教授 貴族院議員（勅選）
慶応1年（1865年）9月28日〜昭和14年（1939年）6月7日
［生］播磨国神東郡御立村（兵庫県姫路市）　［名］旧姓・旧名＝幸田　［専］日本近世史　［学］帝国大学文科大学和文学科〔明治22年〕卒 文学博士〔明治33年〕　［資］帝国学士院会員〔明治41年〕　［歴］明治24年帝国大学文科大学嘱託、25年女子高等師範学校嘱託兼任、26年帝大助教授を経て、32年東京帝大教授、大正10年文学部長を務め、15年退官、名誉教授。その間、史料編纂掛主任編纂官として8年まで「大日本史料」編纂に従事。15年帝室制度史編纂主任となり「明治天皇御記」を完成。また維新史料編纂会、国宝保存会、神社奉祀調査委員会各委員、史蹟名勝天然記念物保存委員会委員長などを務めた。明治41年帝国学士院会員。昭和7年勅選貴族院議員。著書に「日本文学史」「白河楽翁公と徳川時代」「社寺領性質の研究」「尊皇論発達史」「江戸時代史」「にほんれきし」などがある。

三上 卓　みかみ・たく
国家主義者 海軍中尉
明治38年（1905年）3月22日〜昭和46年（1971年）10月25日
［生］佐賀県　［学］海兵（第54期）〔大正15年〕卒　［歴］海兵時代から藤井斉少佐の感化を受けて大川周明の大学寮に出入りし、井上日召、西田税、橘孝三郎らと同志の関係を結ぶ。昭和4年海軍中尉。5年古賀清志らとともに国家革新運動に参加。7年5月15日海軍少壮士官、陸軍士官候補生と首相官邸に犬養首相を襲った（五・一五事件）。「無理せんでも話せばわかる」という首相に山岸宏海軍中尉が「問答無用、撃て」と叫んだのに応じて黒岩勇予備少尉とともに短銃を発射、犬養は同夜死亡した。“愛国の真情”に対して減刑嘆願書が殺到、8年公判での三上の判決は禁固15年という寛大なものだった。三上は当時の陰のヒット曲「昭和維新の歌」の作詞者でもあった。13年の大赦による出所後は翼賛壮年団中央本部組織部長、ひもろぎ塾塾頭を務め、近衛新体制運動を推進。戦後の追放解除後も右翼活動を続け、24年の海烈号事件に関係、36年の三無事件で検挙されるが、のち証拠不十分で釈放。黒竜倶楽部世話人。

三上 英雄　みかみ・ひでお
弁護士 衆議院議員

明治26年(1893年)3月29日〜昭和58年(1983年)8月17日
[生]広島県 [学]日本大学法律学科卒, 中央大学法律学科卒 [歴]昭和7年の総選挙で東京5区から初当選、代議士1期。政友会に所属した。その後、東京府議などを務めた。戦後は杉並区議。

三上 義夫　みかみ・よしお

数学史家 東京物理学校教授
明治8年(1875年)2月16日〜昭和25年(1950年)12月31日
[生]広島県高田郡甲立村(安芸高田市) [専]和算史, 中国数学史 [学]東京帝国大学文学部哲学科選科〔大正3年〕修了 理学博士(東北大学)〔昭和24年〕 [歴]二高を眼病で中退、英国、ドイツの本で数学を独習、明治38年から和算、中国数学史を研究、大正2年英文の「中国と日本での数学の発展」を、3年には英文共著「日本数学史」を刊行。前者は世界最初の中国数学史として欧米では定本となった。同年東京帝国大文学部哲学科選科に入学、坪井九馬三の史観を学び、12年「文化史上より見たる日本の数学」を著した。続いて著した「支那数学の特色」は中国訳され「万有文庫」の1編となった。昭和4年には国際科学史委員会の通信会員に推され、8年から東京物理学校講師、のち教授を務めた。他に「東西数学史」「支那数学史」「日本数学史の新研究」などがある。

三川 軍一　みかわ・ぐんいち

海軍中将
明治21年(1888年)8月29日〜昭和56年(1981年)2月25日
[出]広島県安芸郡 [学]海兵(第38期)〔明治43年〕卒 [歴]明治44年海軍少尉に任官。昭和9年2月重巡洋艦「青葉」、11月「鳥海」、10年戦艦「霧島」艦長、11年第二艦隊参謀長、12年軍令部第二部長、14年第七戦隊司令官、15年海軍中将に進み第五戦隊司令官、16年第三戦隊司令官。17年第八艦隊司令長官となり、ソロモン方面の各海戦で指揮を執った。18年海軍航海学校校長、同年第二南遣艦隊司令長官、19年南西方面艦隊兼第十三航空艦隊司令長官兼第三南遣艦隊司令長官。20年予備役に編入。

三木 猪太郎　みき・いたろう

司法官 東京控訴院検事長
明治3年(1870年)6月29日〜昭和9年(1934年)1月7日
[出]阿波国(徳島県) [学]東京帝国大学卒 [歴]明治29年司法官試補となる。東京区裁判所判事、宇都宮・神戸・横浜の地裁検事、東京控訴院検事、長崎地裁検事正、司法省参事官兼東京地裁検事、宮城・広島・名古屋の控訴院検事長を歴任。大正13年東京控訴院検事長となり、昭和8年定年により退官した。

三鬼 鑑太郎　みき・かんたろう

実業家 衆議院議員
慶応2年(1866年)4月〜昭和18年(1943年)4月21日
[出]福島県 [学]明治法律学校(現・明治大学)〔明治21年〕卒 [歴]岩手県庁に入り、課長、のち下閉伊郡長、和賀郡長を歴任。その後、岩手軽便鉄道に移り専務を経て、社長に就任。花巻〜釜石間の直結、国鉄編入に尽力した。また岩手中央薪炭業組合長、岩手木材業組合長、県木炭移出同業組合副組長、全国地方鉄道同志会監事、花巻温泉取締役なども務めた。昭和11年岩手2区から衆議院議員に当選1回。 [家]二男＝三鬼隆(実業家)

三樹 樹三　みき・きぞう

島根県知事
明治28年(1895年)1月〜昭和23年(1948年)12月15日
[生]神奈川県 [学]東京帝国大学法科大学政治学科〔大正7年〕卒 [歴]内務省官房会計課長、滋賀県内務部長、兵庫県、大阪府の各総務部長を経て、昭和12年島根県知事。14年退官。日本商工会議所専務理事も務めた。

三木 清　みき・きよし

哲学者 評論家 思想家 法政大学教授
明治30年(1897年)1月5日〜昭和20年(1945年)9月26日
[生]兵庫県揖保郡西村(たつの市) [学]京都帝国大学文学部哲学科〔大正9年〕卒 [歴]京都帝国大学で西田幾多郎、波多野精一らに学ぶ。大正11年独仏に留学し、ハイデルベルク大学でリッケルト、マールブルク大学でハイデッガーの教えを受ける。カール・マンハイムや羽仁五郎、大内兵衛らとの交友で西欧マルクス主義に開眼。14年帰国。同年三高講師を経て、昭和2年法政大学教授。岩波文庫創刊に協力し、3年盟友羽仁五郎と「新興科学の旗の下に」を発刊。また同年の「唯物史観と現代の意識」は社会主義と哲学との結合について知識人に大きな影響を与え、マルクス主義哲学者として注目をあつめた。5年共産党に資金を提供した容疑で治安維持法違反に問われ検挙、投獄中に教職を失い著作活動に入る。以後マルクス主義から一定の距離を保ち、実在主義と宗教への関心を示し、やがて西田哲学と親鸞の研究に移った。この間反マルクス派とはならずにジャーナリズムの場で時代と文化の批判を展開、ファシズムと軍国主義に抗して"新しいヒューマニズム"を主張。13年には近衛文麿のブレーンとして結成された昭和研究会に参加、体制内抵抗の道を模索したが挫折。17年陸軍に徴用され報道班員としてマニラに派遣。19年友人の共産主義者を自宅にかくまったことから、20年3月再度の治安維持法違反容疑で投獄、同年9月獄死。未完の遺稿に「親鸞」がある。主著に「パスカルに於ける人間の研究」「歴史哲学」「構想力の論理」(全2巻)「哲学ノート」「人生ノート」のほか、「三木清著作集」(全20巻, 岩波書店)がある。 [家]弟＝三木克己(大谷大学教授), 三木繁(哲学者)

三木 滋人　みき・しげと

映画カメラマン
明治35年(1902年)12月26日〜昭和43年(1968年)11月21日
[生]愛媛県 [名]本名＝三木稔 [学]中卒 [歴]大正5年中学を卒業して上京。M・パテー商会の梅屋庄吉に入門して撮影見習いとなり、吉本啓造、玉井昇にカメラ技術を学ぶ。10年「先代萩床下」でカメラマンとして一本立ちし、同年以降は東亜キネマ、マキノプロ、新興キネマ京都、第一映画、大映、松竹など転々として曽根純三監督「おもちゃの小僧」「河童行状記」、マキノ正博(雅広)監督「浪人街」「首の座」、並木鏡太郎監督「人斬り伊太郎」、松田定次監督「天保水滸伝」、溝口健二監督「神風連」「虞美人草」「浪華悲歌」「愛怨峡」「残菊物語」、森一生監督「大村益次郎」などの名作を手がけ、戦前における日本映画の芸術的黄金期を担った。昭和11年溝口監督の「祇園の姉妹」でキネマ旬報社技術賞、日本映画技術協会撮影賞を受賞。この間、新興京都撮影所や松竹京都撮影所の技術部長として後進の指導に尽くした他、内務省技術審査委員長なども務めた。22年フリー。のち東映京都の専属となり、娯楽作品の撮影に徹したが、晩年に至ってもカラー・テンパレーチュアー・メーターなどの高額機材を購入するなど、色彩技術の研究を怠らず、特に暗いローキートーンの画調に優れた。戦後の作品に溝口監督「女優須磨子の恋」、マキノ正博監督「殺陣師段平」、佐々木康監督「紺屋高尾」「多羅尾伴内シリーズ 曲馬団の魔王」「一本刀土俵入」、河野寿一監督「快傑黒頭巾」などがある。 [賞]キネマ旬報社技術賞〔昭和11年〕「祇園の姉妹」, 日本映画技術協会撮影賞〔昭和11年〕「祇園の姉妹」

三木 茂　みき・しげる

古植物学者
明治34年(1901年)1月1日〜昭和49年(1974年)2月21日
[生]香川県木田郡奥鹿村(三木町) [学]盛岡高等農林学校林科〔大正10年〕卒, 京都帝国大学理学部植物学科〔大正14年〕卒 理学博士 [歴]大正10年盛岡高等農林学校林科を卒業後、京都帝国大学理学部植物学科に進み、郡場寛に師事。大学時代か

み

ら京都の南にある巨椋池で水生植物の研究に取り組み、昭和2年「巨椋池の植物生態」、4年「深泥ケ池特に浮島の生態研究」、12年「山城水草誌」などの論文を発表。この間、6年巨椋池調査の為に登った万福寺裏山で、粘土層の中に埋もれていた化石化の途上にある植物の亜化石に着目。以後、自ら"植物遺体"と呼び、それまで学問的に顧みられなかった亜化石の研究に没頭。世界一の巨木として知られるセコイアの日本産亜化石を集成することにより、16年新属メタセコイア（和名アケボノスギ）として発表。21年中国・四川省で同属の生きた樹木が発見され、"生きている化石"として大きな話題となった。24年米国の古植物学者R.W.チェニーが現地に赴いて種子を採集し若木まで育てたメタセコイアが昭和天皇に献上され、宮城に第1号が植樹された。大きく育つため記念樹として好まれ、その後も日本各地に植えられている。戦後は大阪教育大学、大阪市立大学、武庫川女子大学の各教授を歴任した。著書に「メタセコイア 生ける化石植物」がある。

三木 翠山　みき・すいざん

日本画家
明治20年（1887年）7月15日〜昭和32年（1957年）3月25日
⽣兵庫県　名本名＝三木斎一郎　歴明治36年京都の竹内栖鳳に師事。大正2年第7回文展に「朝顔」が初入選、次いで大作「花の渡」「卯月八日」などを出品。15年ころから美人画が多くなり、同年の第1回聖徳太子奉讃展「旅の宿」、無鑑査になった昭和7年の第13回帝展「嫁ぐ姉」などがある。17年第7回新文展の「元禄快挙」が官展最後。栖鳳塾竹杖会でよく師に仕えたが、18年の栖鳳没後は画壇を離れた。他に「これにも月の入りたるや」「維新の花」などの代表作がある。

三木 宗策　みき・そうさく

木彫家
明治24年（1891年）12月22日〜昭和20年（1945年）11月28日
⽣福島県郡山市　歴中学進学を希望したが容れられず、明治39年上京して縁のあった彫刻家・山本瑞雲に入門。大正5年「ながれ」で第10回文展に初入選。14年「不動」で第6回帝展特選を受け、15年より無鑑査。昭和6年内藤伸、佐々木大樹、三国慶一、沢田政広らと日本木彫会を結成。7年帝展審査員。15年沢田らと日本木彫会から離れ正統木彫家協会を結成。仏神の像を多く制作、伝統的な木彫に写実的手法を加えた作品を試みた。　家息子＝三木多聞（美術評論家）、三木大梁（日本画家）　賞帝展特選（第6回）〔大正14年〕「不動」

三樹 退三　みき・たいぞう

明治書院社長
明治17年（1884年）10月10日〜昭和16年（1941年）2月5日
⽣神奈川県津久井郡中野町（相模原市）　学東京帝国大学法科大学独法科〔明治43年〕卒　歴明治書院創業者・三樹一平の長男。千葉、東京の各地方裁判所判事を務めた後、大正8年退官して弁護士となる。昭和5年明治書院社長に就任。　家長男＝三樹彰（明治書院社長）、父＝三樹一平（明治書院創業者）、弟＝三樹愛二（明治書院常務）、三樹樹三（明治書院社長）

三木 忠直　みき・ただなお

海軍技術少佐
明治42年（1909年）12月15日〜平成17年（2005年）4月20日
⽣香川県高松市　専航空技術、鉄道技術　学高松中卒、六高卒、東京帝国大学工学部船舶工学科〔昭和8年〕卒 工学博士（東京大学）〔昭和37年〕　歴飛行船「ツェッペリン号」に憧れて航空機研究を志す。海軍省航空本部に入り、昭和11年海軍技師。軍用機の設計に従事し、陸上爆撃機「銀河」や初のロケット特攻機「桜花」などを設計した。敗戦時は海軍技術少佐。20年運輸省鉄道技術研究所に入所して鉄道技術の開発に携わり、航空機の設計思想を鉄道車両に導入。「銀河」の流線型を応用

した新幹線の開発で主導的に役割を果たした。37年退職後は湘南モノレール、千葉都市モノレールに勤め、90歳まで勤務した。　家娘＝棚沢直子（東洋大学教授）

御木 徳一　みき・とくはる

宗教家 ひとのみち教団初代教祖
明治4年（1871年）1月27日〜昭和13年（1938年）7月6日
⽣伊予国（愛媛県）　名本名＝御木長次郎　学巽小中退　歴明治44年大阪に出て神道徳光教に入ったが、大正13年に長男の徳近とともに人道徳光教を創立、神による"お振替"の贖罪教理を唱え、人の道の実行を強調した。昭和6年"ひとのみち教団"と改称、不安な世相のなかで全国に広まり、信者は60万に達した。しかし天照大神に関する教義が政府から不敬とみなされ、12年治安維持法違反で教団は解散。戦後、徳近によってPL教団と改称して再出発した。　家長男＝御木徳近

三木 紀三　みき・のりぞう

実業家 東京写真材料商組合長
明治15年（1882年）2月1日〜昭和39年（1964年）2月17日
⽣愛媛県宇摩郡小富村　学国民英学会英文学科卒　歴明治35年米国に渡り、サンフランシスコのグラマースクールに通う。38年帰国、横浜商品倉庫を経て、横浜の金幣商会に移り、写真材料や写真工芸品の輸出に携わった。大正5年同商会閉店に際してこれを買収し、東京・銀座竹川町に写真機械商合資会社・金城商会を設立。15年朝日新聞社全関東写真連盟創立委員。同年政府案として一般関税定率法改正案が提出され、写真の奢侈税のことが議されると、他の写真材料商とともに反対運動を起こして成果をあげた。また映画フィルムの増税案についても撤廃に尽力した。昭和5年東京写真材料商組合長に就任。一方、昭和初期には9ミリ半パテーベビーやコダック16ミリフィルムの反転現像法の研究にも当たった。戦後は商業会議所議員、日本中小企業団体連盟常任理事、経団連理事、東京写真材料商組合相談役、日本写真協会相談役などを歴任。29年日本写真協会賞を受賞。

三木 春雄　みき・はるお

英文学者 二松学舎教授 日本大学教授
明治17年（1884年）7月4日〜昭和48年（1973年）3月13日
⽣徳島県　学早稲田大学英文科〔明治42年〕卒　歴弘前中学、宇都宮高等農林学校の英語教師を務めたのち帰京。島村抱月のトルストイ「戦争と平和」の翻訳を手伝う。大正10年より2年間警視庁に入り、保安課脚本係長。15年東洋大講師となり、以降実践女専、日大、二松学舎大の教授、講師を歴任した。著書に「趣味の英文学」「文芸を語る」の他、タゴールの短編集の翻訳などがある。

美木 行雄　みき・ゆきお

歌人
明治38年（1905年）3月11日〜昭和19年（1944年）10月6日
⽣岡山県和気郡伊里村大字穂浪（備前市）　学国学院大学〔昭和5年〕卒　歴在学中、折口信夫、前田夕暮に師事。「日光」準同人を経て、昭和3年復刊後の「詩歌」同人となる。口語短歌にも力を入れ、プロレタリア短歌同盟にも参加した。歌集に「抗争」。

三木 良英　みき・よしひで

陸軍軍医中将
明治20年（1887年）〜昭和45年（1970年）2月28日
⽣兵庫県姫路　学東京帝国大学医科大学〔明治44年〕卒 医学博士〔大正13年〕　歴明治44年陸軍に入り、内科を専攻。その後軍医中将となり、昭和13年陸軍省医務局長、18年陸軍軍医学校長。戦後陸軍軍医団緑会会長。著書に「軍隊ニ於ケル結核性疾患予防ニ就テ」「軍隊病学」がある。

昭和人物事典 戦前期　　　みしま

三岸 好太郎　みぎし・こうたろう

洋画家
明治36年（1903年）4月18日〜昭和9年（1934年）7月1日

[生]北海道札幌区（札幌市）　[学]札幌一中（現・札幌南高）〔大正10年〕卒　[歴]中学卒業後18歳で上京、独学で洋画を学ぶ。大正13年「兄および彼の長女」などで春陽会賞を受賞し、同年麓人社を結成。その後ピエロ、マリオネット、蝶、貝殻などをモチーフに独自のロマンティックな作風を生み出す。昭和5年には独立美術協会の創立会員に。晩年にはバウハウスの影響を受けたシュールレアリスムの作風を展開したが、9年31歳の若さで世を去った。デッサンは早くから注目され、道化や婦人像、蝶などの題材を得意とした。日本モダニズムの代表的画家。代表作に「少年道化」「マリオネット」「馬に乗るピエロ」「オーケストラ」「飛ぶ蝶」「海と射光」ほか。詩・評論集に「感情と表現」がある。　[家]妻＝三岸節子（洋画家）、長男＝三岸黄太郎（洋画家）、異母兄＝子母沢寛（作家）　[賞]春陽会展入選（第1回）〔大正12年〕「檸檬（レモン）持てる少女」、春陽会展春陽会賞（第2回）〔大正13年〕「兄および彼の長女」

御木本 幸吉　みきもと・こうきち

実業家　ミキモト創業者　貴族院議員（多額納税）
安政5年（1858年）1月25日〜昭和29年（1954年）9月21日

[生]志摩国（三重県）鳥羽浦大里町（鳥羽市）　[歴]生家は阿波幸の屋号でうどんの製造販売を営み、明治4年より家業を手伝う傍ら青物の行商を始め、9年より米穀商を営んだ。11年家督を継いで松から幸吉に改名。21年より鳥羽・明神浦で真珠養殖に着手。26年には英虞湾田徳島（多徳島）に養殖場を設けて本格的に真珠養殖を始めた。29年半円真珠の特許を獲得して真珠養殖専業となり、その養殖・加工・販売に従事。32年東京・銀座に御木本真珠店（現・ミキモト）を開店。その後、女婿の西川藤吉により真円真珠養殖法が発明された。以来、品質改良に努めるとともに海外にも販路を拡張。各地の博覧会などに出品し、“ミキモト・パール”の名声は世界各地にとどろき“真珠王”の名をほしいままにした。大正13年には宮内省御用達に指名された。同年多額納税者として貴族院議員となる。昭和15年真珠養殖事業が禁じられて養殖場を閉鎖・縮小したが、御木本真珠店は技術保存のため製造を許可され戦時下でも営業を続けた。24年御木本真珠株式会社を設立して社長。　[家]長男＝御木本隆三（経済学者）、孫＝御木本美隆（御木本真珠店社長）、弟＝斎藤信吉（大日本真珠組合組長）、女婿＝武藤稲太郎（海軍中将）、西川藤吉（真珠養殖の創始者）、池田嘉吉（御木本パール総支配人）、乙竹岩造（東京文理科大学名誉教授）　[勲]緑綬褒章〔明治38年〕、紺綬褒章〔大正12年〕　[賞]発明功労者〔明治42年〕、帝国発明協会恩賜記念賞〔大正15年〕

御木本 隆三　みきもと・りゅうぞう

経済学者
明治26年（1893年）10月27日〜昭和46年（1971年）6月6日

[生]三重県鳥羽　[学]京都帝国大学経済学部中退　[歴]大学で河上肇に師事。大正9年中退して渡英し、ケンブリッジ、オックスフォード大学に学ぶ。ラスキンに傾倒し東京ラスキン協会などを設立、11年「ラスキンの経済的美術観」や昭和3年「ラスキン研究」を刊行。訳書にラスキン「近世画家論」などがある。　[家]父＝御木本幸吉（真珠養殖家）

御厨 純一　みくりや・じゅんいち

洋画家
明治20年（1887年）〜昭和23年（1948年）2月7日

[生]佐賀県佐賀市　[学]佐賀中卒、東京美術学校西洋画科本科〔明治45年〕卒　[歴]上京して白馬会菊坂洋画研究所で長原孝太郎に師事し、のち東京美術学校に入学。大正4年四十年社を組織して同人。15年渡仏、サロン・ドートンヌ、サロン・ナショナルに出品。昭和3年帰国、4年青山熊治らと第一美術協会創

設、同会、帝展に出品。12年海洋美術協会創立に参加、会員として海軍に従事、海戦画を多く描いた。「ガンの塔」「静浦」などの代表作がある。

三沢 勝衛　みさわ・かつえ

教育家
明治18年（1885年）1月25日〜昭和12年（1937年）8月18日

[生]長野県更級郡更府村大字三水（長野市）　[専]地理教育、太陽黒点観測　[学]水内尋常高等小学校高等科〔明治32年〕卒　[歴]郷里の代用教員から出発して勉学を重ね、尋常科準教員・正教員、本科準教員・正教員などの検定試験に合格。さらに、師範学校・中学校・高等女学校地理科の免許を取得し、大正9年より諏訪中学校（現・諏訪清陵高校）の教師を務める。授業中に多くの書を背負ってくるので“大八車”と呼ばれた名物教師だった。クラブ活動“科学会”で400人余の生徒と共に行った太陽の黒点や黄道光の観察は、天文学史上の貴重な業績となった。我が国における太陽黒点観測の開拓者。また、“郷土地理”の理念など独自の教育思想を持ち、教え子からは科学者が輩出した。著書に「渋崎図集」「地理教育管見梗概」「三沢勝衛著作集」などがある。

三沢 寛一　みさわ・かんいち

島根県知事　札幌市長
明治15年（1882年）9月1日〜昭和43年（1968年）7月15日

[生]長野県上伊那郡沢岡村（伊那市）　[名]号＝桑孤　[学]一高卒、京都帝国大学法科大学〔明治40年〕卒　[歴]宮城県、愛知県、福岡県の内務部長を歴任し、大正15年〜昭和2年山形県知事。名古屋市助役を経て、6年8月島根県知事となったが、12月札幌市長に転じ、20年7月まで務めた。桑孤と号して書家としても一家をなした。

三沢 糾　みさわ・ただす

教育家　成城学園校長
明治11年（1878年）10月12日〜昭和17年（1942年）5月25日

[生]兵庫県　[学]東京帝国大学文科大学哲学科〔明治37年〕卒　[歴]明治37年米国留学、エール大、クラーク大に学ぶ。帰国後、広島高等師範学校教授、台北高校校長、京都帝国大学学生課長、成城学園校長、ハルビン学院院長などを歴任。引退後は満州の旅順郊外でリンゴ園を経営、「阿呆の一生」（中断絶筆）の執筆に専念した。高津中学校校長時代の大正13年に女教師3名をはじめて採用したことで知られ、昭和62年のNHK朝の連続テレビ小説「はっさい先生」の伴校長モデルにされ、脚光を浴びた。

三嶋 一声　みしま・いっせい

歌手
明治21年（1888年）1月〜昭和49年（1974年）

[生]京都府与謝郡伊根町　[名]本名＝三野佐太郎　[学]宮津中（現・宮津高）中退　[歴]絵の勉強を志し上京後、渡仏。2年間のヨーロッパ放浪を経て、第一次大戦の勃発で帰国途中、中国・蘭州で日本の特務機関員と出会い、中国大陸で諜報活動に従事。昭和5年帰国。その慰労歓迎会の席で歌った歌が偶然、作曲家・山田耕筰に認められ、歌手となる。以後西条八十や野口雨情、中山晋平らとコンビを組み、新民謡運動の担い手として活躍。全国各地の民謡100曲近くをレコーディングし、小唄勝太郎と組んで歌った「東京音頭」で一世を風靡した。

三島 駒治　みしま・こまじ

教育家　三島学園創立者
明治3年（1870年）9月10日〜昭和17年（1942年）1月3日

[生]岩手県江刺郡米里村（奥州市）　[学]東京法学院（現・中央大学）〔明治25年〕卒、明治法律学校（現・明治大学）〔明治28年〕卒、和仏法律学校（現・法政大学）〔明治29年〕卒　[歴]岩手県遠

野町の呉服商に奉公した後、明治23年宮城県巡査となる。東京法学院、明治法律学校、和仏法律学校に学び、郷里・岩手県の振興を目的として岩手益友会を組織し、会主となった。33年東北法律学校を設立、校主となる。36年妻と協力し、東北女子職業学校の設立認可を受け、校主となる。40年大日本愛国青年会設立の基礎として東北青年会を組織、「育英時報」を発行。大正3〜10年仙台市議。昭和15年財団法人三島学園を設立、理事長となった。　家妻＝三島よし（教育家）

三島 徳七　みしま・とくしち
冶金学者 東京帝国大学教授
明治26年（1893年）2月24日〜昭和50年（1975年）11月19日
生兵庫県津名郡広石村（洲本市）　名旧姓・旧名＝喜住　専金属組織学　学立教中〔大正2年〕卒、一高〔大正9年〕卒、東京帝国大学工学部冶金学科〔大正9年〕卒 工学博士（東京帝国大学）〔昭和3年〕　賞日本学士院会員〔昭和24年〕　歴生家は農家で、7人兄姉（5男2女）の末っ子から“徳七”と名付けられる。小学校卒業後、陸軍軍人や弁護士の書生をしながら独学し、立教中学4年に編入。大正5年一高から東京帝国大学星学科に進むが、6年冶金学科に転学。9年卒業を前に衛生学者・三島通良の一人娘と結婚して婿入り。同年東京帝大工学部講師、10年助教授を経て、昭和13年教授。28年名誉教授。日本鋼鉄協会会長、日本金属学会会長、日本学術会議会員などを歴任した。6年鉄、ニッケル合金にアルミニウムを加えた鋳造の強磁性合金MK鋼（MKは三島と旧姓・喜住の頭文字）を発明。世界の磁石史上の画期的な研究発明で、電子機器や通信機、スピーカーなど幅広い用途で使われ、この系統の磁石は世界で使われる永久磁石の70％までを占めた。20年帝国学士院恩賜賞を受賞、24年日本学士院会員。25年文化勲章を受章。60年には工業所有制度百周年記念行事委員会から日本の発明家十傑の一人に選ばれた。著書に「金属材料及び其熱処理」「高速度鋼とその熱処理」「不銹鋼」などがある。　家長男＝三島良績（冶金学者）、孫＝三島良直（東京工業大学教授）、岳父＝三島通良（衛生学者）　歴文化勲章〔昭和25年〕　賞帝国学士院恩賜賞（第35回）〔昭和20年〕、文化功労者〔昭和26年〕、報公賞（第2回）〔昭和7年〕、日本鉄鋼協会香村賞（第2回）〔昭和8年〕、全国発明表彰恩賜記念賞〔昭和13年〕

三島 通陽　みしま・みちはる
小説家 子爵 ボーイスカウト日本連盟創設者 貴族院議員
明治30年（1897年）1月1日〜昭和40年（1965年）4月20日
生東京市麻布区（東京都港区）　名筆名＝三島章道　学学習院高等科〔大正5年〕中退　歴同人誌「三光」発行、大正8年「TOMODACHI」創刊。「愛の雫」「若き旅」「地中海前後」「寺田屋騒動」「おめでたき結婚」「三島章道創作全集」「英進一代」のほか「劇芸術小論集」「演劇論と劇評集」「回想の乃木希典」などがある。創作活動のほか、大正9年日本初の少年団、ボーイスカウト日本連盟を結成、12年少年団日本連盟副会長となった。昭和4〜22年貴族院議員、19年文部参与官、20年幣原喜重郎内閣の文部政務次官を歴任。この間、数次にわたりボーイスカウト世界大会などに出席。戦後参議院議員（緑風会、当選1回）となり、またボーイスカウト日本連盟理事長、総長を務め、ボーイスカウトの育成に尽力した。　家祖父＝三島通庸（福島県令・警視総監・子爵）、父＝三島弥太郎（日本銀行総裁）、妻＝三島純（ガールスカウト日本連盟初代会長）、娘＝三島昌子（ガールスカウト日本連盟会長）、女婿＝三島義温（尚友倶楽部理事）

水内 鬼灯　みずうち・きちょう
俳人
明治40年（1907年）4月20日〜昭和24年（1949年）1月5日
生京都府京都市　名本名＝水内数之助　学同志社大学法学部〔昭和6年〕卒　歴同志社大学生主事、工専教授などを歴任。俳

句は昭和6年水原秋桜子に師事し、「馬酔木」に投句。11年馬酔木賞を受け、12年同人。21年発病し療養生活に入るが22年「飛鳥」を創刊し主宰。句集に「石苔」「朝蝉」「苔時雨」など。　賞馬酔木賞〔昭和11年〕

水上 長次郎　みずかみ・ちょうじろう
司法官 大阪控訴院長 貴族院議員（勅選）
安政4年（1857年）12月〜昭和11年（1936年）4月3日
出近江国彦根（滋賀県彦根市）　学司法省法学校〔明治17年〕卒　歴近江彦根藩士の長男。明治17年判事補、18年判事となる。大阪地裁部長、大阪控訴院判事、福井地裁所長、岐阜地裁所長などを経て、検事に転じ、大阪地裁検事正、広島・長崎・大阪の控訴院検事長を歴任。48年欧米に出張し学識・見聞を深め、帰国後は長崎・名古屋・大阪の控訴院長を務める。大正10年退官。同年から勅選貴族院議員を務めた。

水川 八重子　みずかわ・やえこ
女優
大正7年（1918年）2月15日〜昭和51年（1976年）7月25日
生東京市浅草区（東京都台東区）　名本名＝角西ヤエ子　学工野高等女学校〔昭和10年〕卒　歴昭和10年大都映画に入社、同年「御存知猿飛佐助」に脇役でデビュー。以後、主に時代劇の相手役として可憐な姿を見せるようになり、売れっ子になる。14年軍隊帰りの近衛十四郎主演作品に助演し、その後も相手役を務め、16年近衛と結婚。17年戦時統合で大映に吸収される大都の最後の作品となった佐伯幸三監督「宮本武蔵決戦般若坂」に武蔵にふんした近衛と共演して、退社。戦中戦後の10年間は近衛と一座を組んで地方を巡業、28年近衛の映画カムバック以後は芸能界を引退。他の出演映画に「曲斬り八天狗」「山岳悲歌・青春涙あり」「幕末剣豪陣」など。　家夫＝近衛十四郎（俳優）、長男＝松方弘樹（俳優）、二男＝目黒裕樹（俳優）

水木 京太　みずき・きょうた
劇作家 演劇評論家
明治27年（1894年）6月16日〜昭和23年（1948年）7月1日
生秋田県横手町　名本名＝七尾嘉太郎　学慶応義塾大学文科〔大正8年〕卒　歴在学中小山内薫に傾倒。大正9年「三田文学」の編集にたずさわり、慶応義塾大学講師として劇文学を担当。昭和5年丸善に入社し、雑誌「学鐙」を主宰。「東京朝日新聞」に劇評も書いた。戦後は月刊誌「劇場」の主幹を務めた。この間、多くの戯曲を発表し、作品に「殉死」「仲秋名月」「フォード躍進」、著書に「新劇通」「戯曲集 福沢諭吉」などがある。イプセン研究でも有名。　家娘＝七尾伶子（女優）

三杉磯 善七　みすぎいそ・ぜんしち
力士
明治25年（1892年）11月26日〜昭和26年（1951年）4月22日
出北海道爾志郡熊石町（二海郡八雲町）　名本名＝小西善七、年寄名＝花籠　歴伊勢ノ海部屋に入り、明治44年夏初土俵。大正7年春新入幕、昭和4年引退。102勝108敗13分。

水久保 甚作　みずくぼ・じんさく
衆議院議員
明治17年（1884年）6月〜昭和48年（1973年）3月20日
出宮崎県　学明治大学法学部卒　歴明治40年裁判所書記、のち税務署職員となる。都城市議を経て、昭和3年衆議院議員となり当選2回。政友会に所属。戦後、22年から参議院議員を1期務めた。

水島 早苗　みずしま・さなえ
ジャズ歌手
明治42年（1909年）8月31日〜昭和53年（1978年）2月25日

生鹿児島県鹿児島市 名本名=相良喜子, 芸名=ダリヤ・サガーラ 学立教高等女学校卒 歴昭和7年、ダンス・バンドの歌手を振りだしに、テイチク・レコードの専属歌手となって流行歌をうたい、10年には中国の上海に渡ってダリヤ・サガーラの芸名でナイトクラブの歌姫となったが、帰国後はタイヘイ・レコードで歌謡曲とジャズをうたい、芸名を水島早苗に。戦前の日本女性には珍しい行動的な冒険家ハダで、上海ではスパイ容疑で憲兵につけ回されたこともある。戦後、ジャズ時代が来てからはポピュラーはやらず、ジャズの源流であるスピリチュアルやブルースに取り組んだというジャズ・ボーカルの先駆者。のちにボーカル研究所を主宰し、佐良直美、上條恒彦、金子晴美ら多くの歌手を育てた。代表作に「ユー・ガッタ・フレンド」があり、米ニューオリンズの名誉市民でもあった。

水島 爾保布　みずしま・におう

日本画家 漫画家 小説家 随筆家
明治17年（1884年）12月8日～昭和33年（1958年）12月30日
生東京府根岸（東京都台東区） 名本名=水島爾保有, 号=無弓 学東京美術学校日本画科〔明治41年〕卒 歴明治45年山本鼎葉、武林無想庵らと文芸誌「モザイク」を創刊、小説や戯曲を発表。一方、同年小泉勝爾らと先鋭的な日本画研究グループ・行樹社を結成。大正4年ジャーナリスト・長谷川如是閑の勧めにより大阪朝日新聞社会部に専属画家として入社したが、7年白虹事件の弾圧に抗議して退社。以後、同じく退社した如是閑らの雑誌「我等」に風刺的な随筆や短評を発表した。この間、9年「阿修羅のおどり」で帝展に初入選、以後2回入選。昭和12年中越実業新聞の招きで長岡市に移り、亡くなるまで新潟県内で暮らした。英国の世紀末画家・ビアズリーに似たデカダンスな絵で知られ、小説、随筆、漫画、装丁、舞台装置など幅広い方面に才能を発揮、130以上の雑誌に作品を発表した。画家としての代表作に「東海道五十三次」がある。著書に「愚談」「痴語」「新東京繁昌記」など。 家長男=今日泊亜蘭（SF作家）

水島 治男　みずしま・はるお

ジャーナリスト 科学新興社創業者
明治37年（1904年）2月2日～昭和52年（1977年）10月28日
生東京都 学早稲田専門学校〔昭和2年〕卒 歴明治41年父の仕事で朝鮮へ移り、同地で高等小学校を卒業。大正7年東京へ戻り、大倉商業学校、早稲田専門学校に学んだ。この間、土居客郎の紹介で恒星社で校正係として働く一方、友人の目黒三策や八木剛らとプロレタリア文学同人誌「赤列車」を発行。昭和2年改造社に入社、雑誌「改造」の編集に携わる。13年陸軍から漢口特務機関文化部への転出を請われ、同社を退社。16年帰国して理化学研究所傘下の出版社・科学主義工業社の編集局長となるも、17年独立して科学新興社を起こした。19年1月横浜事件に巻き込まれ検挙されるが不起訴となり、20年1月釈放された。21年より日本電報通信社の総合雑誌「世界文化」編集長を務め、22年日本ペンクラブ再建のため書記局入り、のち事務局長。文京区議も務めた。回想録「改造社の時代 戦前編・戦中編」がある。

水島 正雄　みずしま・まさお

映画監督
明治37年（1904年）9月25日～昭和48年（1973年）6月12日
生東京市神田区美土代町（東京都千代田区） 学東京府立三中〔大正11年〕卒 歴浅草富士館の宣伝部に勤めた後、日活太秦撮影所で池田富保、辻吉朗の助監督を務める。池永浩久に認められ、昭和8年J・Oで「恋の市丸」を初監督。翌年大森発声で「爆笑王キング万才」を撮るが、監督作品はこの2本だけである。「爆笑王キング」での失敗に絶望し、北支へ行き「新民報」天津支局長を務めた。戦後映画館の支配人となる。

水島 亮太郎　みずしま・りょうたろう

俳優
明治17年（1884年）9月30日～昭和29年（1954年）
生東京市神田区東福田町（東京都千代田区） 学和仏法律学校卒 歴川上音二郎一座、吉沢商店目黒撮影所を経て、大正5年日活向島に入社。新派劇をはじめに「生ける屍」「桜の園」など革新映画にも出演。9年国活の創立に参加し角筈撮影所で「火の山」を監督。10年巣鴨撮影所に移ってからは、細山喜代松監督・俳優の葛木喜一とトリオを組んで「霊光の岐に」「生ける悩み」などを作り活躍。その後日活向島に。震災後は、日活京都で性格俳優として「信号」の主演などで活躍。トリオで帝キネ・東邦映画と移った後、15年単独で松竹蒲田へ。多くの作品に主演・助演したが、昭和7年からは完全に脇役にまわり22年まで在籍。その後稲垣浩作品「宮本武蔵」に顔を見せたが急逝。 家妻=鈴木歌子（女優）, 甥=水島道太郎（俳優）

水清 公子　みずせい・きみこ

洋画家
明治34年（1895年）3月3日～昭和52年（1977年）12月25日
生兵庫県姫路市 学兵庫県立高等女学校卒 歴奈良の新井に学び、昭和2年画家を志して京都に移り、関西美術院で黒田重太郎に師事。この頃関西美術院関係者によって結成された白堊会の創立に参加し、4年同会会員となる。6年全関西美術展で朝日賞を受賞、7年同展無鑑査となる。10年二科展に初入選、17年同展に「太田の沢」を出品して同会会友となる。戦後は第二紀会創立に参加して同人となり、第2回展に「母子像」「美人草」で同人賞を受賞。京都の女流洋画家の草分けとして活躍した。

水田 政吉　みずた・まさきち

日本石油社長
明治6年（1873年）7月17日～昭和35年（1960年）8月9日
生石川県金沢市 学東京帝国大学工科大学応用化学科〔明治33年〕卒 歴東京瓦斯に入り、工務課長、大正5年宝田石油に転じ製油部長。10年日本石油と宝田石油合併による日本石油株式会社の製油部長となり、15年取締役、昭和8年専務、16年副社長、19年社長。20年終戦を前に辞任。戦後公職追放となる。

水谷 光荘　みずたに・こうぞう

レスリング選手
大正4年（1915年）10月5日～平成2年（1990年）4月27日
生岐阜県海津郡 名本名=水谷光三 学明治大学政経学部〔大正14年〕卒 歴昭和11年ベルリン五輪でレスリングフェザー級6位入賞。日本のレスリング、重量挙げ界の草分けの一人。明治大学文学部教授を務めた。

水谷 竹紫　みずたに・ちくし

演出家 劇作家 第二次芸術座主幹
明治15年（1882年）～昭和10年（1935年）9月14日
生長崎県 名本名=水谷武 学早稲田大学文学部〔明治39年〕卒 歴文芸協会から大正2年島村抱月の芸術座理事。また第二次「早稲田文学」の劇評を担当。「やまと新聞」、「東京日日新聞」の記者となった。13年第二次芸術座を再興、演出、経営に尽力、義妹の水谷八重子を育成した。昭和7年には中村吉蔵と雑誌「演劇」を主宰。戯曲「戦国の女」、小説「熱灰」などがある。 家義妹=水谷八重子（新派女優）

水谷 長三郎　みずたに・ちょうざぶろう

弁護士 衆議院議員
明治30年（1897年）11月4日～昭和35年（1960年）12月17日
生京都府紀伊郡伏見町京橋（京都市） 学京都帝国大学法学部〔大正10年〕卒 歴在学中に友愛会に入り、河上肇らを指導者

とする社会科学研究グループ労学会を組織。大学卒業後はマルクス主義を研究すると共に、弁護士として労働、農民運動を支援。昭和3年第1回の普選で労働農民党から衆議院議員に当選。以来通算12期。労農大衆党、全国大衆党、社会大衆党などを経て、戦後は日本社会党結成に参画し、中央執行委員。片山、芦田内閣の商工相。社会党の左右分裂のさいは右派を代表し、35年民社党結成に参加した。

水谷 不倒　みずたに・ふとう
国文学者 小説家
安政5年（1858年）11月15日～昭和18年（1943年）6月21日
[生]尾張国名古屋長者町（愛知県名古屋市）　[名]本名＝水谷弓彦　[学]東京専門学校（現・早稲田大学）英語部〔明治27年〕卒　[歴]尾張の国学者水谷民彦の六男として生まれる。明治元年東京に出て陸軍教導団に入り、21年歩兵曹長を最後に除隊。東京専門学校で近松を中心とする近世文学を学び、卒業後「錆刀」「薄昏」「めなしちご」などの小説を発表する傍ら、「続帝国文庫」の浄瑠璃、脚本類の校訂に携わる。32～38年大阪毎日新聞記者を務め、40年精華書院に入社、「独逸語学雑誌」「初等独逸語研究」等多くのドイツ語雑誌を発行。大正8年「独逸語学雑誌」1月号を最後に雑誌編集から手を引き、以後近世文学の研究に没頭。精細な実証研究で知られ、近世文学研究の先駆者とされる。著書に「列伝体小説史」「西鶴本」「草双紙と読本の研究」「明治大正古書価の研究」「枯野の真葛」、「水谷不倒著書集」（全8巻, 中央公論社）などがある。　[家]父＝水谷民彦（国学者）, 義父＝山口小太郎（独語学者）

水谷 まさる　みずたに・まさる
詩人 児童文学作家
明治27年（1894年）12月25日～昭和25年（1950年）5月25日
[生]東京都　[名]本名＝水谷勝　[学]早稲田大学英文科卒　[歴]コドモ社編集部に入り、のち東京社に移り、「少女画報」を編集ののち、著述生活に。「地平線」「基調」の同人として活躍の傍ら童話、児童読物、童謡を多く発表。昭和3年「童話文学」を創刊し「犬のものがたり」「ブランコ」などを発表。10年刊行の「葉っぱのめがね」をはじめ「薄れゆく月」「お菓子の国」などの童話集がある。

水谷 八重子（1代目）　みずたに・やえこ
女優
明治38年（1905年）8月1日～昭和54年（1979年）10月1日
[生]東京市牛込区神楽坂（東京都新宿区）　[名]本名＝松野八重子　[学]双葉高等女学校〔大正11年〕卒　[資]日本芸術院会員〔昭和42年〕　[歴]義兄で作家・劇評家の水谷竹紫が島村抱月の芸術座の理事だったため、大正2年芸術座創立公演に子役で初舞台。5年より水谷八重子の芸名を名のる。8年芸術座解散後は義兄のもとで修業。9年民衆座の「青い鳥」のチルチルで夏川静枝と共演し、好評を得る。12年井上正夫一座に加入、「大尉の娘」で評判となり、翌13年第二次芸術座旗揚げ、「人形の家」のノラ、「復活」のカチューシア役などで人気女優となる。昭和3年松竹入り、本郷座で「何が彼女をそうさせたか」に出演。以後、芸術座の単独公演と新派公演を兼ねる。4年花柳章太郎と初共演して新派との縁が深まり、花柳とのコンビで長く人気を博した。12年守田勘弥と結婚したが、26年離婚。27年花柳章太郎らと劇団新派を結成、40年花柳没後は、新派の大黒柱として、また日本演劇界の代表的女優として君臨。「金色夜叉」のお宮、「不如帰」の浪子、「婦系図」のお蔦、「残菊物語」のお徳、「鶴八鶴次郎」の鶴八など、彼女によって新派古典の名狂言となったといわれる。46年文化功労者。他の代表作に「滝の白糸」「十三夜」「風流深川唄」「皇女和の宮」「明治の雪」「花の生涯」「鹿鳴館」「吉田屋お登勢」などがある。映画は「寒椿」（覆面令嬢名で）、「浪子」「上陸第一歩」「大尉の娘」「歌女おぼえ書」「小太刀を使う女」「嵐の中の母」「おえんさん」などに出演。　[家]娘＝水谷八重子（2代目）, 義兄＝水谷竹紫（第二芸術座主幹）　[賞]日本芸術院賞〔昭和31年〕, 文化功労者〔昭和46年〕

水野 愚陶　みずの・ぐとう
陶芸家
明治37年（1904年）～昭和28年（1953年）
[生]岐阜県土岐郡笠原町（多治見市）　[名]本名＝水野修吉　[歴]瀬戸の陶原料商・柴芳商店に勤めた後、陶器絵具商柴屋を独立・開業した。昭和8年美術出版や陶器販売を手がける宝雲舎に勤務して加藤唐九郎の「陶器大辞典」編纂に従事。13年初代川喜田半泥子の千歳山窯に滞在した後、同年北大路魯山人の星岡茶寮の食器製作を依頼された。14年郷里の岐阜県笠原に戻り、半泥子の指導を受け笠原窯を開く。小林一三、荒川豊蔵らとも親交があり、鼠志野を得意とした。

水野 成　みずの・しげる
社会運動家 編集者
明治43年（1910年）10月29日～昭和20年（1945年）3月22日
[生]京都府与謝郡加悦町　[学]東亜同文書院〔昭和6年〕中退　[歴]在学中昭和5年頃中国共産青年団に入る。反戦運動、学内ストの指導者として活動して検挙される。帰国後の8年大原社会問題研究所嘱託となり、支那経済調査に従事する。また共産党再建運動に参加し、11年東洋協会調査部書記となり、その後昭和研究会事務局などで働く。16年ゾルゲ事件に連坐し懲役13年に処され、服役中獄死した。

水野 甚次郎　みずの・じんじろう
呉市長 水野組会長 貴族院議員（多額納税）
明治14年（1881年）3月2日～昭和33年（1958年）8月12日
[出]広島県呉市　[学]東京物理学校（現・東京理科大学）卒　[歴]昭和3年土木請負業の水野組（のち五洋建設）を継ぐ。7年より多額納税の貴族院議員。一方、呉市議、議長も務め、市長を3期務めた。

水野 梅暁　みずの・ばいぎょう
僧侶（曹洞宗）
明治10年（1877年）～昭和24年（1949年）
[生]広島県　[名]幼名＝金谷善吉　[学]東亜同文書院卒　[歴]明治37年中国湖南省長沙に僧学堂を創立、大正13年雑誌「支那時報」を創刊し、日本仏教の中国開教の先達を務めた。

水野 広徳　みずの・ひろのり
軍事評論家 海軍大佐
明治8年（1875年）5月24日～昭和20年（1945年）10月18日
[生]愛媛県三津浜村（松山市）　[学]海兵（第26期）〔明治31年〕卒　[歴]日本海海戦など日露戦争に従軍後、軍令部出仕となって日露戦史の編集を担当。明治44年に刊行された日本海海戦記「此一戦」は当時のベストセラーともなって文名を挙げたが、日米対立を扱った大正2年刊の「次の一戦」では謹慎処分を受けた。第一次大戦中と戦後に欧米を視察して現代戦の惨状を知り、反戦・平和思想に立つ。大正6年大佐。10年に「軍人心理」を書いて予備役に編入されてからも平和主義的軍事評論家として活躍したが、昭和7年対米戦での敗北を予見した「興亡の此の一戦」が発禁処分になると間もなく大佐で退役。その後も軍備撤廃、軍人の政治干渉反対などを主張して軍国的時流に抵抗したが、終戦2ケ月後に疎開先で死去した。「水野広徳著作集」（全8巻, 雄山閣出版）がある。

水野 利八　みずの・りはち
実業家 ミズノ創業者
明治17年（1884年）5月15日～昭和45年（1970年）3月9日
[生]岐阜県大垣市　[学]興文小高等科〔明治29年〕中退　[歴]京都・

み

室町の織物問屋で番頭格となり、三井呉服店に通い詰めて同店の出入り業者の地位を得るなど大きな商いを成功させる一方、独学で会計や英語などを修めた。明治36年三高野球クラブの試合を見て野球にとりつかれ、39年弟の水野利七と大阪で水野兄弟商会を設立して洋品雑貨のほかスポーツ用品を販売し、40年からは運動服のオーダーメイドを開始。43年美津濃商店に改名し、同時に下請けを使った運動用品の量産体制を確立。明治時代末期以降に野球、テニス、ゴルフなどのスポーツ熱が庶民の間で高まると、それらの服装や用品をファッションと位置付けた戦略を打ち立てて学生を中心に幅広い支持を受け、売り上げを伸ばした。ゴルフクラブ、スキー用品、グライダーなどの国産化にも取り組み、オーバーセーター、カッターシャツ、ランニングパンツ、ボストンバック、ポロシャツなどを命名・商品化している。ゴルフ場の建設、アマチュアスキークラブの創設、婦人スキー講習会の開催など、スポーツと製品の普及にも尽力した。大正4年父の名・利八を襲名。12年美津濃運動用品として株式会社化。昭和17年社名を美津濃株式会社（ミズノ）として社長に就任、44年会長。持ち株すべてをスポーツ振興に当てるよう遺言し、没後の46年にはスポーツ製品業者としてはじめて野球殿堂入りを果たした。 [家]息子＝水野健次郎（ミズノ会長），弟＝水野利七（実業家），孫＝水野正人（ミズノ会長），水野明人（ミズノ社長） [勲]紺綬褒章〔昭和2年〕

水野 錬太郎　みずの・れんたろう
内相 文相 貴族院議員（勅選）
慶応4年（1868年）1月10日～昭和24年（1949年）11月25日
[生]江戸 [出]秋田県 [名]号＝香堂，素誠庵 [学]一高卒，帝国大学法科大学英法科〔明治25年〕卒 法学博士（東京帝国大学）〔明治36年〕 [歴]明治25年第一銀行を経て、26年農商務省に入り、鉱業法の改正や森林法の制定に携わる。27年参事官として内務省に転じ、29年内相秘書官を兼務。37年神社局長、43年土木局長、44年地方局長を歴任し、大正元年勅選貴族院議員。2年原敬内相の下で内務次官となる。同年政友会に入党。5年同党を離れ後藤新平内相の下で再び内務次官となり、7年寺内正毅内閣に内相として初入閣。8～11年斎藤実総督の下で朝鮮総督府政務総監。11年加藤友三郎内閣で内相に復帰し、13年清浦奎吾内閣でも内相を務めた。15年政友会に復党。昭和2年田中義一内閣の文相となるが、久原房之助の入閣に反対して辞任し、いわゆる“水野文相優諚問題”を起こした。10年岡田啓介内閣の審議会委員になったことが党議に触れ、政友会を離党。その後は産業報国連盟会長として産報運動を推進し、戦時中は大日本興亜同盟副総裁、興亜総本部統理に就任するなど国家主義的な傾向を強めた。戦後、A級戦犯として逮捕されたが、22年釈放された。 [家]岳父＝高島信茂（貴族院議員）

水野 六山人　みずの・ろくさんじん
俳人 弁護士
明治11年（1878年）4月～昭和13年（1938年）10月10日
[生]新潟県高田市 [名]本名＝水野豊 [歴]弁護士開業。東京第一弁護士会会長、日満法曹会顧問、法律新報社長、草津電鉄社長を歴任した。俳句は大正12年長谷川零余子の「枯野」に投句、昭和3年零余子没後同誌を改題し「ぬかご」を主宰、のち安藤姑洗子に譲った。9年「茨の実」を創刊主宰。句集に「六山人句集」「第二六山人句集」がある。 [家]父＝水野龍村（俳人）

水谷 鉄也　みずのや・てつや
彫刻家
明治9年（1876年）～昭和18年（1943年）
[生]長崎県南高来郡原島原村（島原市） [名]号＝佳園 [学]東京美術学校彫刻科塑造部〔明治35年〕卒 [歴]肥前島原藩士の子で、父が奈良県官吏になったことから奈良市へ移る。奈良県尋常中学に通いながら森川杜園に絵画・木彫を学んだ。明治30年世話になっていた奈良県技師・杉文三の転任に同行して上京、東京美術学校彫刻科塑造部に入学。在学中から三四会や彫塑会に参加し、彫塑会展には第1回から出品。35年卒業と同時に母校の臨時雇となり、38年助教授に就任。昭和8年まで教鞭を執った。この間、明治43年からフランス、ドイツ、イタリアへ3年間留学。また、36年第5回内国勧業博覧会の仕事で大阪へ派遣されて旧知の建築家・長野宇平治と再会して以来、たびたび長野が設計した建築の装飾を手がけた。

水原 茂　みずはら・しげる
野球選手
明治42年（1909年）1月19日～昭和57年（1982年）3月26日
[生]香川県高松市 [学]高松商卒，慶応義塾大学政治学科〔昭和9年〕卒 [歴]高松商業時代に全国中等野球で優勝投手となる。慶大時代は東京六大学野球のスター選手として活躍、早慶戦でのリンゴ事件や麻雀賭博による検挙・野球部除名などで話題をまいた。昭和11年プロ野球発足と同時に巨人に入団。13年には投手として8勝を挙げた。17年応召、20年終戦後はシベリアに抑留された。24年復員、同年末に中学時代からライバルの三原脩に代わって巨人監督に就任。35年に退団するまでの11年間に8回ものリーグ優勝を達成して戦後最初の巨人軍黄金時代をもたらし、新人の長嶋茂雄と王貞治を発掘して“ON時代”の基礎を築いた。その後は東映と中日で10年余監督を務め、51年野球殿堂入り。実働8年、523試合出場、1960打数476安打、12本塁打、184打点、打率.243。 [家]妻＝松井潤子（女優）

水原 玲子　みずはら・れいこ
女優
明治44年（1911年）3月10日～昭和10年（1935年）10月12日
[生]広島県広島市下柳町 [名]本名＝吉野美智子 [学]広島第一高等女学校中退 [歴]大阪でカフェの女給となり、昭和5年広津和郎原作「女給」映画化のヒロインとして帝キネ太秦現代劇部入社。「女給」同時進行「春遠からず」に出演。「女給」が大ヒット、女給出身スターと騒がれた。新興キネマ改組後も藤山一郎の“丘を越えて”を主題歌にした「姉」に主演。続編「女給・君代の巻」「花嫁選手」のダンサー役に力演。「月よりの使者」で入江たか子と共演。9年共演した津村博と恋愛問題を起こし退社した。

三潴 信三　みずま・しんぞう
法学者 東京帝国大学教授
明治12年（1879年）5月28日～昭和12年（1937年）3月27日
[生]東京府本郷区湯島町（東京都文京区） [名]号＝孤蛍子 [学]東京帝国大学法科大学〔明治38年〕卒 法学博士〔大正6年〕 [歴]独逸学協会中学、一高を経て、明治38年東京帝国大学法科大学を卒業。40年私費でドイツ、イタリアに留学、ベルリン大学、ローマ大学で法理学・民法を専攻し、欧州諸国を歴遊して、42年帰国。大正元年東京帝大法科大学助教授となり、5年教授に就任、ドイツ法と民法の講座を担当。また逓信官吏練習所、海軍大学校の教授を嘱託される。昭和5～8年九州帝国大学教授を兼任。10年日本学術振興会学術部第一常置委員会委員となり、同年ドイツ政府より赤十字勲功十字章を授与した。日本の民法及びドイツ法の権威として知られ、大正12年から毎年高等試験の委員を務めた。日独文化協会理事。著書に「全訂民法総則提要」「全訂物権法提要」「全訂担保物権法」「債権法提要」「借家法及借地法」「近世法学通論」「独逸法律類語異同弁」などがある。 [家]父＝三潴謙三（医師） [勲]赤十字勲功十字章（ドイツ）〔昭和10年〕

水町 袈裟六　みずまち・けさろく
大蔵次官 会計検査院長
元治1年（1864年）3月11日～昭和9年（1934年）7月10日

回肥前国佐賀（佐賀県佐賀市）　学帝国大学法科大学仏法科〔明治22年〕卒 法学博士　歴大蔵省に入省。明治24年大蔵参事官に任命され、31年経済状況視察のため、ヨーロッパ各国に出張。36年大蔵省理財局長、40年大蔵次官で財務特派員となる。日露戦争後の外債処理問題で、英・仏両国と交渉。44年退官。その後日本銀行副総裁兼横浜正金銀行頭取を務め、大正13年会計検査院長に就任し、昭和4年まで務める。院長辞任後、枢密顧問官、ロンドン条約精査委員、満州国財政委員等を歴任。

水町 庸子　みずまち・ようこ
女優
明治45年（1912年）3月24日～昭和16年（1941年）1月11日
生福井県坂井郡　名本名＝三国むめ子、前名＝水町玲子　学三重県立高等女学校中退　歴昭和8年「ムーラン・ルージュ」に入り、水町玲子の芸名で、地味な役どころの社会風刺劇に活躍した。のち水町庸子と改名し、13年映画界入りする。「冬の宿」「鶯」「閣下」などで好演。16年、中川信夫監督「暁の進発」の撮影中、盲腸炎をこじらせ旅先の京都の宿で死亡した。

三角 寛　みすみ・かん
小説家 山窩研究家 文芸坐創設者
明治36年（1903年）7月2日～昭和46年（1971年）11月8日
生大分県竹田市　名本名＝三浦守、僧名＝釈法幢　学日本大学法科卒 文学博士（東洋大学）〔昭和37年〕　歴小学校卒業後、仏門に入る。大正15年朝日新聞社に入り、社会部記者となったが、東京を騒がせた説教強盗事件を取材したのがきっかけで、山間を渡り歩いて暮らす山窩（サンカ）の研究を始めた。昭和5年「昭和妖婦伝」で文壇デビュー。8年に朝日新聞退社後は永井龍男のすすめで小説に転じ、「山窩血笑記」をはじめ、三部作「怪奇の山窩」「情炎の山窩」「純情の山窩」など、山窩を題材に多くの小説を書く。戦後は創作をやめ、23年に東京・池袋で映画館・人生坐（現・新文芸坐）を開館し、ヨーロッパ名画を上映、洋画ファンに親しまれ、同館の株主には吉川英治、徳川夢声らの文士がいた。この間、37年に東洋大学から「山窩族の社会の研究」で博士号を受ける。他の作品に「黒装束五人組」「慈悲心鳥」など。「三角寛サンカ選集」（全7巻、現代書館）がある。　家女婿＝三浦大四郎（文芸坐社長）

三隈 正　みすみ・ただし
弁護士 東京府議
明治12年（1879年）8月～昭和10年（1935年）2月24日
回出雲国松江（島根県）　学法政大学〔明治40年〕卒　歴明治40年法政大学を卒業して判事となるが、間もなく辞して弁護士を開業。傍ら株式会社燕楽軒の取締役を務める。東京府議並びに麹町区会議長に挙げられ、昭和8年東京府会議長となった。

水守 亀之助　みずもり・かめのすけ
小説家
明治19年（1886年）6月22日～昭和33年（1958年）12月15日
生兵庫県若狭野村（相生市）　学医学校中退　歴明治39年上京して田山花袋の門に入り、大正6年春陽堂に入社し、8年新潮社に移る。その傍ら創作をし、8年「帰れる父」を発表して文壇にデビュー。次いで「闇を歩く」「傷ける心」などを刊行、幅広く作家活動をする。一方、早くから児童文学にも手を染め「童話」「金の星」「少女倶楽部」などに童話、少年・少女小説を発表した。他の著書に「我が墓標」「通り魔」「わが文壇紀行」などがある。

ミス・ワカナ（1代目）　みすわかな
漫才師
明治44年（1911年）～昭和21年（1946年）10月15日
生鳥取県鳥取市　名本名＝河本杉子　歴大正8年漫才師の2代

目河内芳春に入門、河内家小芳を名のる。のちミス・ワカナと改め、無声映画の伴奏のドラマーだった玉松一郎と結婚、ワカナ・一郎のコンビを結成し、吉本興業に所属した。昭和14年新興キネマ演芸部に引き抜かれ、以来「ワカナ放浪記」「わらわし隊」など多くのヒット作で人気を博す。19年に玉松一郎と離婚したが、コンビはそのまま続けられ、女性上位漫才の典型を確立したといわれている。平成9年大阪府立上方演芸資料館（ワッハ上方）の上方演芸の殿堂入りを果たす。

三瀬 幸三郎　みせ・こうざぶろう
土木工学者 九州帝国大学教授
明治19年（1886年）3月8日～昭和30年（1955年）1月19日
生愛媛県　専橋梁工学、構造力学　学東京帝国大学工科大学土木工学科〔明治44年〕卒, イリノイ州立大学大学院〔大正5年〕修了 工学博士〔大正8年〕　歴九州帝国大学工科大学講師、助教授を経て、大正4年米国へ留学、5年イリノイ州立大学大学院を修了。帰国後の8年教授、次いで工学部長、弾性工学研究所長などを務め、構造力学や橋梁工学の講座を担当。橋梁工学の分野で多くの業績を上げた。昭和21年退官。この間、17年福岡高等工学校（現・福岡建設専門学校）校長を兼任した。　賞土木学会賞〔昭和11年〕、西日本文化賞〔昭和18年〕

溝口 喜六　みぞぐち・きろく
外科学者 九州医学専門学校創立者
明治9年（1876年）11月3日～昭和28年（1953年）3月29日
回佐賀県杵島郡錦江村（白石町）　学三高〔明治33年〕卒 医学博士（九州帝国大学）〔大正8年〕　歴明治35年福岡県立病院外科を経て、39～42年ドイツのヴュルツブルク大学に留学。42年福岡市に外科病院を開設。昭和3年九州医学専門学校を設立し理事長、10年理事長兼校長、18年九州高等医学専門学校に校名を変更、21年久留米医科大学（現・久留米大学）を設置し学長に就任。22年退任。

溝口 健二　みぞぐち・けんじ
映画監督
明治31年（1898年）5月16日～昭和31年（1956年）8月24日
生東京市本郷区湯島（東京都文京区）　学小卒　歴大正9年日活向島撮影所に入社。12年「愛に甦へる日」で映画監督としてデビュー、同年の「敗残の歌は悲し」で新進監督として認められた。15年「紙人形春の囁き」「狂恋の女師匠」を発表してからは女性を描く独特の感性に磨きをかけ、昭和5年「唐人お吉」などが好評を博した。この間、昭和初期の左翼思想の高揚に乗じて「都会交響楽」「しかも彼等は行く」などの傾向映画も監督してリアリズムの追求に邁進したが、プロレタリア運動退潮後の7年には新興キネマに招かれて国策映画「満蒙建国の黎明」を撮影。9年第一映画社に参加し、「折鶴お千」「浪華悲歌」「祇園の姉妹」などを発表して名声を高めた。同社解散後は新興キネマ、松竹下加茂撮影所に移り、村松梢風原作の「残菊物語」、初めて田中絹代を自作に迎えた「浪花女」、小学校時代からの旧友・川口松太郎原作の「芸道一代男」と芸道ものの秀作を連発。16年から17年にかけて長い撮影期間と費用をかけ真山青果の「元禄忠臣蔵」を前後編の大作映画に仕立て文部大臣賞特別賞を受けたものの、興行的には失敗であった。戦後は「西鶴一代女」でベネチア国際映画祭銀賞、「雨月物語」で同映画祭サンマルコ銀獅子賞第1位、「山椒大夫」で同4位と3年連続の入賞を果たし、一躍国際的に認知される映画監督となった。

溝口 直亮　みぞぐち・なおよし
陸軍少将 伯爵 貴族院議員（勅選）
明治11年（1878年）4月11日～昭和26年（1951年）12月14日
生東京都　学陸士（第10期）〔明治31年〕卒　歴明治38年旅順要塞副官として日露戦争従軍。41年軍務局課員、43年ドイツ、

オーストリア駐在。大正8年伯爵、11年野砲第3連隊長、12年少将となり予備役。13年勅選貴族院議員、14年陸軍参与官、昭和4年陸軍政務次官、9～10年宇垣一成擁立の新党結成に参加、17年翼賛政治会顧問。

溝手 保太郎　みぞて・やすたろう

実業家 岡山合同貯蓄銀行頭取 貴族院議員（多額納税）
明治10年（1877年）3月30日～昭和8年（1933年）11月25日
［生］岡山県都宇郡早島村（都窪郡早島町）　［歴］岡山県早島の大地主の子として生まれ、9歳で家督を相続。以来、広大な小作地を経営し、それらの収入を株や公債購入に当て、さらなる利殖をはかった。明治29年近村の地主たちと共に中備銀行を設立し、その頭取となって運営に尽力。また、倉敷紡績会社・早島紡績会社の役員や岡山合同貯蓄銀行頭取も務め、地域産業の発展にも貢献した。43年の日韓併合を期として朝鮮での土地経営を開始し、最終的には180町歩を有する大地主に成長。大正12年多額納税者として貴族院議員に選ばれた。

溝淵 進馬　みぞぶち・しんま

教育家 三高校長
明治3年（1870年）12月25日～昭和10年（1935年）9月11日
［生］高知県長岡郡　［学］三高卒、東京帝国大学文科大学哲学科〔明治28年〕卒　［歴］二高教授、東京高等師範学校教授を経て、四高・五高の校長を歴任、昭和4年の浜口内閣組閣の際には文部大臣としての入閣を要請されたが断った。6年三高校長となる。ドイツ・オーストリア・フランス等に留学、名校長として知られた。

箕田 貢　みた・こう

小児科学者 九州帝国大学名誉教授
明治14年（1881年）9月25日～昭和39年（1964年）7月21日
［生］静岡県　［名］旧姓・旧名＝太田　［専］伝染病学、細菌学、赤痢　［学］京都帝国大学福岡医科大学〔明治43年〕卒 医学博士（九州帝国大学）〔大正13年〕　［歴］京都帝国大学福岡医科大学小児科教室入局、大正2年九州帝国大学助手を経て、8年助教授、10～12年欧米留学、昭和2年九州帝国大学教授、11～13年附属医院長、17年退官。22～25年国立筑紫病院長、26～32年八幡市立病院長を歴任。小児赤痢（疫痢）、小児仮性コレラ、ビタミンK欠乏症などの研究に尽力。疫痢の病原菌としての大原・箕田菌（赤痢菌属）を発見し、6年には大原清之助とともに日本細菌学会浅川賞を受賞した。著書に「異常体質及異常体質児に表はる、急劇症状の病理及治療」「離乳期」などがある。　［家］岳父＝伊東祐彦（小児科学者）　［賞］浅川賞〔昭和6年〕

三田 定則　みた・さだのり

法医学者 血清学者 台北帝国大学総長
明治9年（1876年）1月27日～昭和25年（1950年）2月6日
［生］岩手県盛岡　［名］旧姓・旧名＝関　［学］東京帝国大学医科大学専科〔明治34年〕卒 医学博士〔大正3年〕　［賞］帝国学士院会員〔昭和17年〕　［歴］明治37年岩手医学専門学校創立者の三田俊次郎の養子となる。34年東京帝国大学医科大学医化学教室に入り、37年助教授となり、法医学教室に転じた。42年ドイツ、フランスに留学、血清学を研究。45年帰国。大正7年血清化学講座開設で担任教授となり、10年から法医学講座主任も兼任。9年学術研究会議員、昭和17年帝国学士院会員。11年定年退職、台北帝国大学医学部長、12年同総長となり熱帯医学研究所の設立などに尽力。16年台北帝大総長を辞任、岩手医学専門学校校長となった。　［家］養父＝三田俊次郎（岩手医学専門学校創立者）

三田 循司　みた・じゅんじ

詩人
大正6年（1917年）9月17日～昭和18年（1943年）
［生］岩手県花巻市　［学］岩手中卒、二高卒、東京帝国大学文学部〔昭和16年〕卒　［歴］父は岩手県議を務め、4人弟妹（2男2女）の長男。私立岩手中学、二高を経て、東京帝国大学文学部に入学。在学中の昭和15年、高校時代から親交のあった戸石泰一らと同人誌「芽」を創刊、詩を発表。同年戸石とともに太宰治を訪問、以後たびたび訪れ、また、太宰の紹介で山岸外史を知り、教えを受けた。16年大学を繰り上げ卒業し、17年臨時召集により盛岡北部第六十二部隊に入隊。18年アリューシャン列島のアッツ島で戦死した。太宰の短編「散華」に実名で登場し、没後は山岸と太宰、実弟により遺稿集が計画されたが実現しなかった。　［家］父＝三田勇治（岩手県議）

三田 平凡寺　みた・へいぼんじ

好事家
明治9年（1876年）～昭和36年（1961年）
［生］東京都　［名］本名＝三田林蔵　［歴］家は材木商。12歳のころ怪我で耳が聞こえなくなる。父の死後、狂歌、川柳、漢詩などを作ったり、読書三昧。大正8年趣味山平凡寺と名のり、収集趣味家たちの交遊会「我楽他宗」を作り、さまざまなコレクションに熱中。特に色道に造詣が深く、グッズや本の収集のほか、妻との性交実績グラフまで作った。　［家］孫＝雨田光示（ハープ奏者）、雨田光弘（チェロ奏者）、夏目房之介（漫画家）

三谷 末次郎　みたに・すえじろう

実業家 奉天商業会議所会頭
明治5年（1872年）11月～昭和10年（1935年）3月4日
［生］香川県三豊郡粟井村　［学］日清貿易研究所〔明治26年〕卒　［歴］明治27年日清戦争で陸軍通訳となり第1軍に属して出征。のち台湾総督府に入り台北庁に勤務した。北清事変にも活躍。37年日露戦争では満州で水路運送を請け負い、38年奉天（現・瀋陽）に関東洋行を興した。のち鉱山業を経営し、奉天取引信託会社、東省実業会社、瀋陽建物会社などの重役として満州財界に尽力。また奉天商業会議所会頭、奉天居留民会会長を務めた。張学良が排日政策を採るや、在満日本人会を組織して帝国の満蒙対策を助け、昭和6年満州事変突発直後は奉天市政署内に開設された地方維持委員会の財務課長として貢献した。

三谷 隆信　みたに・たかのぶ

外交官 駐フランス大使
明治25年（1892年）6月7日～昭和60年（1985年）1月13日
［生］神奈川県横浜市神奈川区　［学］東京帝国大学独法科〔大正6年〕卒　［歴］大正6年内務省に入ったが、9年外務省に転じ、10年ワシントン軍縮会議に出席。昭和12年条約局長、13年文化事業部長兼任、15年駐スイス公使、17年駐フランス大使。21年退官。22年学習院教授となり、女子部長、学習院次長を歴任。23年昭和天皇の侍従長に就任、24年九州への地方巡幸に同行して以来、最後の北海道巡幸まで随行した。40年退任。この間、28年には英女王戴冠式に出席された皇太子殿下（当時）の首席随員を務めた。　［家］姉＝三谷民子（女子教育家）、兄＝三谷隆正（教育家・法哲学者）、孫＝鮎川純太（テクノベンチャー社長）、浅尾慶一郎（衆議院議員）、義兄＝長谷川伸（作家）、女婿＝浅尾新一郎（外交官）、鮎川弥一（テクノベンチャー社長）

三谷 隆正　みたに・たかまさ

教育家 法哲学者 一高教授
明治22年（1889年）2月6日～昭和19年（1944年）2月17日
［生］神奈川県　［学］東京帝国大学法科大学〔大正4年〕卒　［歴］青年の教師となることに天職を見出し、六高、静岡高校、東京外語などで講師を務め、昭和4年一高教授となった。法制、ドイツ語を担当、14年静岡高校長に任命されたが病気のため辞任。学生時代から新渡戸稲造、内村鑑三に師事し、無教会キリスト教に入信。終生旧制高校の教師として、深い信仰により青年学徒に強い影響を与えた。著書に「信仰の論理」「アウグスチヌ

ス」「知識・信仰・道徳」「幸福論」「国家哲学」「法律哲学原理」「法と国家」などがある。友人南原繁により「三谷隆正全集」(全5巻)が刊行された。　🏠姉＝三谷民子(キリスト者・女子教育家)，弟＝三谷隆信(昭和天皇侍従長)，義兄＝長谷川伸(作家)

三谷 民子　みたに・たみこ
キリスト者 女子教育家 女子学院校長
明治6年(1873年)2月16日～昭和20年(1945年)4月1日
🔵京都府与謝郡岩滝町　🎓女子学院〔明治23年〕卒，ノースフィールド大学(米国)留学　📖女子学院卒業後，越後高田の分校教師となり，明治30年難関の英語教員の資格をとる。33年米国のノースフィールド大学に留学。数年後，再び米国及びヨーロッパに遊学，欧米の教育事情を視察。帰国後，大正3年女子学院の学監となり，昭和2年校長に就任。在学中から入信，師であり宣教師のE.P.ミリケンの教えを受けキリスト教徒として自由主義的な女子教育に携わった。また安井てつ，津田梅子らと無教派連合キリスト教大学設立のメンバーとなり，東京女子大学創立にも貢献した。晩年には佐々木信綱に短歌を習った。　🏠異母弟＝三谷隆正(教育家・法哲学者)，三谷隆信(昭和天皇侍従長)

三田村 鳶魚　みたむら・えんぎょ
江戸文化風俗研究家 考証家 随筆家
明治3年(1870年)3月17日～昭和27年(1952年)5月14日
🔵武蔵国南多摩郡八王子(東京都八王子市)　🆔本名＝三田村玄龍　🎓東京法学校卒　📖東京・八王子の織物豪商の二男に生まれ，法学校を出たあと硯学島田蕃根に師事。明治22年20歳のころ三多摩壮士として民権運動に関与して検挙されたことがある。その後，星亨の自由の灯社に入ってから各地の新聞社を転々とし，40年に三宅雪嶺の政教社社員となり，「日本及び日本人」に近世考証随筆を発表。そして3年後の「元禄快挙別録」を皮切りに大正，昭和にかけて約半世紀もの間，江戸時代のあらゆる分野にわたって考証と執筆を続け，"江戸"の生き字引といわれた。昭和13年「江戸読本」を創刊，主宰。主な著書に「江戸の珍物」「伊賀の水月」「芝居うらおもて」「好色一代男談議」「江戸っ子」「江戸の白浪」「お家騒動」「捕物の話」「大衆文芸評判記」など。生涯アカデミズムとは無縁で，没後に再評価され，「三田村鳶魚・江戸ばなし」(20冊，柴田宵曲編)「三田村鳶魚全集」(27巻・別巻1，中央公論社)が刊行されている。なお鳶魚というのは筆名で，詩経の「鳶飛んで天にいたり魚淵におどる」からとったもの。

三田村 甚三郎　みたむら・じんざぶろう
実業家 衆議院議員 福井新聞社長
慶応3年(1867年)10月～昭和9年(1934年)2月13日
🔵越前国広生(福井県越前市)　🆔前名＝鈊四　🎓東京専門学校(現・早稲田大学)政治科〔明治23年〕卒　📖先代・甚三郎の長男に生まれる。明治23年家督を継いで，前名・鈊四を改めた。同年東京専門学校政治科を卒業して福井県武生で打刃物商を営む。傍ら，越前打刃物同業組合長，第五十七銀行取締役，南越鉄道取締役，大同肥料取締役を務める。一方，31年衆議院議員に当選。憲政本党に属し，機関紙「福井新聞」(第四次)を創刊し社長も務めた。昭和5年民政党から出馬して2度目の当選を果たす。また福井県議，産業組合武生金庫組合長を歴任。晩年には福井県武生町長となった。

三田村 篤志郎　みたむら・とくしろう
病理学者 東京帝国大学教授
明治20年(1887年)2月16日～昭和38年(1963年)9月17日
🔵和歌山県和歌山市　🎓和歌山県立中卒，三高卒，東京帝国大学医科大学〔明治44年〕卒 医学博士(東京帝国大学)〔大正7年〕　🏅日本学士院会員〔昭和38年〕　📖父は海軍軍医総監

を務めた三田村忠国。明治44年東京帝国大学青山内科へ入局，大正2年病理学教室に移り長与又郎に師事。3年伝染病研究所に移り，9年東京帝大医学部助教授兼務。10～13年ドイツへ留学。昭和5年教授兼伝研所員，10年医学部病理学講座担任。15～19年伝研所長，22年定年退官，23年名誉教授，38年日本学士院会員。日本脳炎の蚊による伝播についての研究で業績を上げ，29年日本学士院賞を受賞。また，第四性病の病原体の確定や，長与に協力してツツガムシ病原体確定にも寄与した。　🏠父＝三田村忠国(海軍軍医総監)，岳父＝河本重次郎(眼科学者)　🏅日本学士院賞(第44回)〔昭和29年〕，ウィルヒョウ・山極賞(第9回)〔昭和6年〕

御手洗 辰雄　みたらい・たつお
政治評論家 新聞人
明治28年(1895年)3月23日～昭和50年(1975年)9月7日
🔵大分県　🎓慶応義塾大学〔大正3年〕中退　📖大分新聞入社，大正6年報知新聞社に移り，社会部，政治部記者を経て，11年社会部長。昭和3年社内紛争で退社。以後東京毎夕新聞，国民新聞，二六新報などに勤め，9年京城日報副社長，14年社長となった。17年退社，東京新聞論説委員長。戦後政治評論に健筆をふるい，保守合同に尽力した。選挙制度審議会委員，横綱審議委員会委員も務めた。著書に「新聞太平記」「伝記正力松太郎」「山県有朋」などがある。

三井 源右衛門　みつい・げんえもん
⇒三井 高堅(みつい・たかかた)を見よ

三井 甲之　みつい・こうし
歌人 評論家
明治16年(1883年)10月16日～昭和28年(1953年)4月3日
🔵山梨県敷島町　🆔本名＝三井甲之助　🎓東京帝国大学国文科〔明治40年〕卒　📖在学中から「馬酔木」などに歌を発表し，根岸短歌会に参加。明治41年「アカネ」(のち「人生と表現」と改題)を創刊し，短歌のほか短歌研究，小説，随筆などを発表した。抒情的ナショナリストとして昭和3年しきしまのみち会を結成し，明治天皇御製拝唱の制度化を提唱。著書に「明治天皇御製研究」，歌論書「和歌維新」「三井甲之歌集」などがある。

三井 光弥　みつい・こうや
ドイツ文学者
明治23年(1890年)6月3日～昭和27年(1952年)9月2日
🔵山形県鶴岡市　🎓東京帝国大学独文科〔大正4年〕卒　📖大正6年雑誌「思林」(のち「動静」「文潮」と改題)を創刊し，昭和19年通巻172号まで発行。シュニッツラー，ストリンドベルイ，ヘッセの作品等を多数紹介，翻訳した。著書に「独逸文学十二講」「独逸文学に於ける仏陀及び仏教」「父親としてのゲーテ」など。

三井 栄子　みつい・さきこ
ゴルフ選手
明治28年(1895年)9月3日～昭和52年(1977年)8月26日
📖旧和泉岸和田藩主でのち司法相を務めた岡部長職の娘。三井財閥の係累で三井物産勤務の三井弁蔵と結婚，ニューヨーク支店勤務に同行し，大正3年頃から米国でゴルフを始める。11年帰国後，東京ゴルフ倶楽部会員となりゴルフに打ち込む。15年創立の東京婦人ゴルフ倶楽部の第1回選手権から3年連続優勝，その後6年連続優勝するなど日本女子ゴルフの第一人者として活躍。また同年より婦人ゴルフの東西対抗戦が始まり，関西ゴルフ倶楽部の西村まさと対戦，以後何年も激闘を繰り返した。その後，日本ゴルフ協会女子委員として後進を指導。娘の小坂旦子と孫の小坂道子と3代で女子選手権に優勝するなど戦前，戦後にわたって女性へのゴルフ普及に大きく貢献し

た。 家夫＝三井弁蔵（実業家），娘＝小坂旦子（ゴルフ選手），父＝岡部長職（外交官・政治家・子爵），兄＝村山長挙（朝日新聞社長），弟＝岡部長章（侍従）

満井 佐吉　みつい・さきち

陸軍中佐 衆議院議員

明治26年（1893年）5月5日〜昭和42年（1967年）2月16日

生福岡県 学陸士（第26期）〔大正3年〕卒，陸大〔大正13年〕卒 歴歩兵第47連隊付。大正14年軍務局課員，昭和2年参謀本部員，ドイツ駐在，8年陸軍省新聞班員中佐，9年陸大教官，10年相沢事件の特別弁護人。11年二・二六事件で反乱軍に同調，真崎甚三郎大将首班の皇道派内閣を画策，軍法会議で禁固3年の判決を受け免官。17年衆議院議員となり21年まで在籍。

三井 清一郎　みつい・せいいちろう

陸軍主計中将 貴族院議員（勅選）

慶応3年（1867年）6月〜昭和24年（1949年）11月30日

出石川県 歴明治28年陸軍歩兵少尉となり，その後主計中将。この間，陸軍経理学校長，主計総監，陸軍省経理局長，同会計経理規程整理委員長など歴任し，昭和3年予備役。4〜21年勅選貴族院議員を務めた。

三井 高堅　みつい・たかかた

実業家 拓本収集家 三井新町家9代目当主

慶応3年（1867年）5月22日〜昭和20年（1945年）5月31日

生京都府 名別名＝三井源右衛門，号＝聴氷閣 歴三井十一家の一つ三井松坂家に生まれ，のち三井新町家の9代目を継ぐ。呉服の御用名前・源右衛門を襲名。明治27年三井呉服店社長となる。42年三井合名設立に伴い同監査役，45年監査部長。大正2年三井鉱山代表取締役，3年三井物産社長，9年三井銀行社長を歴任。一方，美術品の収集家として知られ，書の収集で名高い。特に篆刻家・河井荃廬の強い影響で中国の拓本の収集に情熱を注ぎ，明治36年からは京都から荃廬を東京に招いて本格的に拓本を収集した。中国の戦国〜唐時代名筆家の碑（いしぶみ）からとった碑帖と呼ばれる冊子形式の拓本が中心で，収集品は高堅の号から"聴氷閣本（ていひょうかくぼん）"と呼ばれ，世界屈指の碑帖コレクションとして有名。戦前の旧三井文庫で保管したもののうち大半はカリフォルニア大学バークレー校図書館に"聴氷閣文庫"として収蔵されているが，昭和60年三井新町家で秘蔵してきた聴氷閣所蔵本の中核をなす碑帖が三井文庫に寄蔵され，平成3年初公開された。

三井 高精　みつい・たかきよ

実業家 三井室町家11代目当主

明治14年（1881年）7月17日〜昭和45年（1970年）10月1日

生東京都 名号＝宗精 学バーミンガム大学〔明治40年〕卒 歴三井室町家10代目当主・高保の五男。明治31年連省五丁目家の三井高尚の養子となる。33年三井物産合名会社に入社。同年ロンドンに留学，40年帰国し結婚。41年三井物産ロンドン支店に赴任し，大正2年帰国。兄・高縦の死により五丁目家との養子を解消し，室町家に復籍。11年父高保の死により家督を相続，男爵を襲爵。三井物産，三井銀行，三井信託，三井合名などの役員を歴任。昭和15年引退。洋画のコレクターとしても著名。 家父＝三井高保（三井室町家10代目当主）

三井 高修　みつい・たかなが

実業家 三井小石川家9代目当主

明治25年（1892年）2月28日〜昭和37年（1962年）2月11日

生東京都 学ダートマス・カレッジ（米国）〔大正4年〕卒 歴三井小石川家8代目当主・高景（三郎助）の三男。明治45年家督を相続し，9代目当主となる。三井物産ニューヨーク支店勤務などを経て，三井鉱山取締役，三井物産取締役を歴任。昭和16年三井化学工業設立とともに代表取締役会長となり，18

年三池石油合成社長に就任。戦後は財閥家族に指定された。 家父＝三井高景（三郎助）（三井小石川家8代目当主）

三井 高陽　みつい・たかはる

実業家 交通史研究家 三井南家第10代目当主

明治33年（1900年）7月10日〜昭和58年（1983年）5月19日

生東京都 名号＝雨竹，澄懐園など 学慶応義塾大学理財科〔大正11年〕卒，慶応義塾大学大学院経済史専攻修了 歴旧三井財閥の三井6本家の一家，南家9代目当主・三井高徳（寿太郎）の長男。大正12年三井鉱山に入社。14年ドイツに留学し，ドイツ交通史を研究して昭和4年帰国。慶応義塾大学経済学部講師などを務め，三井鉱山総務部に勤務。12年父の死により家督を相続，男爵を襲爵。のち三井合名調査役，三井鉱山・三井物産取締役を経て，17年三井船舶初代社長に就任。戦後，公職追放。日独協会，切手研究会，交通史学会など多数の団体の会長の他，女子美術大学理事長を務めた。交通文化史研究家，また世界的な切手コレクターとしても著名。著書に「ドイツ文化史」「世界交通史話」「日本交通文化史」「越後屋覚帳」「切手」など。 家父＝三井高徳（三井南家9代目当主） 勲紺綬褒章〔昭和12年〕

三井 高寛　みつい・たかひろ

実業家 三井伊皿子家8代目当主

明治1年（1868年）10月14日〜昭和18年（1943年）12月19日

生京都府 名幼名＝長五郎，通称＝元之助，号＝渓泉，霞遊，宗寛 学素修商法学校豊国学校修了 歴三井伊皿子家7代目当主・高生の長男。明治26年家督を相続し，元之助の名を嗣ぐ。三井物産社長，三井銀行監査役，東神倉庫取締役社長，三井鉱山代表取締役社長を歴任。昭和11年引退。 家父＝三井高生（三井伊皿子家7代目当主）

三井 高泰　みつい・たかやす

実業家 三井松坂北家8代目当主

明治8年（1875年）1月13日〜昭和21年（1946年）12月15日

生東京都 名通称＝三井守之助，号＝泰山 歴明治30年三井物産合名ロンドン支店勤務。のち三井呉服店監査役を経て，37年芝浦製作所会長となり，三井物産，三井銀行などの重役を兼任。大正10年三井物産社長に就任。昭和8年退任，のち三井鉱山取締役。茶人としても知られる。

三井 徳宝　みつい・とくほう

衆議院議員

明治8年（1875年）10月〜昭和27年（1952年）4月5日

出北海道 歴山梨県より北海道に移住し野付牛町を開拓，農業・鉱山業等に従事する。帯広町議，北海道議，同副議長を務める。昭和3年北海道5区より衆議院議員に当選。政友会に所属し，4期務めた。また北海林産などの取締役，北海道拓殖銀行監査役を歴任のほか，栃木県新那須野を開拓，温泉を経営。

三井 八郎右衛門（15代目）　みつい・はちろうえもん

実業家 男爵 三井総領家10代目当主

安政4年（1857年）1月14日〜昭和23年（1948年）2月9日

生京都府 名本名＝三井高棟，法名＝三井宗恭 歴三井総領家（北家）8代目当主・高福の八男。明治5年米国へ留学し，7年帰国。三井経営陣に加わり，18年家督を相続し15代八郎右衛門を襲名。26年最高統轄機関として三井家同族会を設立し議長となる。29年男爵位を受爵。42年三井合名会社を設立し社長に就任。昭和8年辞任し，家督を嗣子高公にゆずり退引した。この間，三井総領家当主として三井同族11家をとりまとめるとともに，三井財閥の総帥として，大番頭益田孝，団琢磨らと名コンビをくみ，同財閥の発展を推進した。 家父＝三井八郎右衛門（13代目）（＝高福），兄＝三井八郎右衛門（14代目）（＝高朗），三井高保（三井室町家10代目当主），二男＝三

みつい

井八郎右衛門（16代目）（＝高公），娘＝三井礼子（女性史研究家）

三井 八郎右衛門（16代目）　みつい・はちろうえもん
実業家　三井総領家11代目当主
明治28年（1895年）8月3日〜平成4年（1992年）11月13日
[生]京都府　[名]本名＝三井高公　[学]京都帝国大学法学部〔大正9年〕卒　[歴]三井総領家10代目当主・三井高棟（15代八郎右衛門）の二男。大正10年日本銀行に入行、13年ロンドンに留学。昭和4年帰国して三井合名に転じ社長秘書。8年家督を受け継ぎ、三井総元方（同族会）議長、三井合名（のち三井本社）社長となる。20年財閥解体で辞任、同年三井不動産相談役、49年名誉相談役に。この他三井記念病院評議員会長、三井報恩会理事、日本工業倶楽部理事、若葉会幼稚園名誉園長などを務める。旧男爵。　[家]父＝三井八郎右衛門（15代目）（＝高棟），妹＝三井礼子（女性史研究家）

三井 飯山　みつい・はんざん
日本画家
明治14年（1881年）11月20日〜昭和9年（1934年）
[生]香川県綾歌郡　[名]名＝蘊、字＝子清、通称＝犀二郎、別号＝竹風軒主人　[団]南画　[歴]十市王洋に南画を学んだ後、京都で田能村直入に師事。日本南画協会会員となり、大正10年池田桂仙らと日本南画院を結成。創立同人なるが、同年脱退。作品に「豪渓深趣」など。

三井 弁蔵　みつい・べんぞう
実業家　三井本村町家2代目当主
明治20年（1887年）12月7日〜昭和16年（1941年）5月21日
[生]東京都　[名]号＝南皐　[学]バーミンガム商科大学〔大正1年〕卒　[歴]井上馨邸内の毛利藩の時習舎で学び、学習院中等科卒業後、明治40年英国に留学。大正元年ドイツ・ハンブルクのコンメルツ・ウント・ディスコント銀行に入行。2年退社し、3年帰国。その後、三井物産に入り、5年ニューヨーク支店、8年ロンドン支店に勤務。10年父・高明の死により家督を相続し、三井合名会社に入社。昭和7年三井物産取締役、11年三井鉱山取締役、14年三井合名会社監査役を歴任。　[家]父＝三井高明（三井本村町家初代当主・三井物産社長），妻＝三井栄子（ゴルフ選手），岳父＝岡部長職（外交官・政治家・子爵）

三井 守之助　みつい・もりのすけ
⇒三井 高泰（みつい・たかやす）を見よ

三岡 明　みつおか・あきら
日本画家
明治34年（1901年）12月6日〜昭和17年（1942年）5月13日
[生]徳島県徳島市　[名]本名＝三岡旭、旧姓・旧名＝笠置　[歴]大正9年京都に出て、寺松国太郎に洋画を学ぶが、病のため帰郷。13年再び京都に出て、15年国画創作協会第5回展に「闘鶏」で初入選。昭和2年第6回展に「晩秋」で国画奨励金を受ける。3年第7回展に入選するが、国画創作協会は解散。新樹社の結成に参加する。5年第2回聖徳太子奉讃美術展に「大池の秋景」で入選。6年新樹社を脱退、10年頃帰郷した。他の作品に「蕃茄」など。

満川 亀太郎　みつかわ・かめたろう
国家主義者　東亜問題研究会　拓殖大学教授
明治21年（1888年）1月18日〜昭和11年（1936年）5月12日
[生]大阪府豊能郡南豊島　[学]早稲田大学〔明治40年〕中退、東京外国語学校（現・東京外国語大学）卒　[歴]「民声新聞」「海国日報」「大日本」編集を経て、大正7年世話人となって左右思想家や軍人の社交集団、老壮会を結成。8年には老壮会を母体とし、北一輝、大川周明とともに猶存社を成立。温厚で世話好

きなため、北から"天神さん"とアダナされた。猶存社解散後、大川と行地社を結成。昭和2年一新社、5年興亜学塾を創設。6年には下中弥三郎の国民主義運動に参画し、7年新日本国民同盟中央常任委員。8年拓殖大学教授。著書に「黒人問題」、自伝「三国干渉以後」など。　[家]兄＝川島元次郎（日本近世史研究者）

参木 録郎　みつぎ・ろくろう
実業家　東京ガス社長
明治11年（1878年）5月10日〜昭和10年（1935年）1月1日
[生]栃木県上都賀郡南摩村（鹿沼市）　[学]東京帝国大学工科大学応用化学科〔明治36年〕卒　工学博士〔大正8年〕　[歴]栃木県南摩村初代村長・参木彦次の六男。直木燐寸（マッチ）製造所、板橋陸軍火薬製造所などを経て、明治39年ドイツへ留学。43年帰国し友人らと千代田瓦斯を創設し、44年東京瓦斯に合併され、同社技師長を経て、大正8年常務。10年料金値上げに絡む東京市疑獄事件で退社するが、昭和2年取締役に復帰、のち社長に就任した。6年京浜コークス社長も務めた。

光田 健輔　みつだ・けんすけ
医師　長島愛生園初代園長
明治9年（1876年）1月12日〜昭和39年（1964年）5月14日
[生]山口県防府市　[名]旧姓・旧名＝吉本　[学]済生学舎〔明治29年〕卒、東京帝国大学医科大学病理学教室専科〔明治31年〕修了　[歴]農家に生まれ、母の実家の光田家を嗣ぐ。明治27年上京して加古鶴所の下に住み込み、29年医術開業試験に合格。31年から東京市養育院に勤務し、癩病（ハンセン病）患者に接して救癩の道に進むことを決意、33年同院に癩病患者専用の"回春病室"を設置。38年医員、41年副長。40年癩予防法が公布され、同法に基いて42年に我が国初の公立ハンセン病療養所・全生病院（多磨全生園）が設立されると、その医長となり、大正3年院長に就任。8年ハンセン病判定法である"光田反応"を発表。昭和2年国立ライ療養所医官兼所長。6年岡山県下瀬戸内海の長島に国立療養所・長島愛生園が設立されると初代園長となり、在園中は同園ばかりでなく全国の救癩施設の拡充に努めるとともに、日本ライ学会、ライ予防協会の設立・発足に尽力した。我が国のハンセン病医学の権威として知られ、26年文化勲章を、36年には"ハンセン病研究者のノーベル賞"といわれるダミエン・ダットン賞を受けた。32年園長退官後も人生の全てをハンセン病の治療・研究と患者への社会的偏見の打破のために捧げたが、患者の絶対隔離政策を推進し、完全収容の徹底を訴えるなど、今日では問題点も指摘されている。　[家]義弟＝上山満之進（内務官僚）　[勲]文化勲章〔昭和26年〕

密田 良太郎　みつだ・りょうたろう
電気工学者　逓信省電気試験所所長
明治18年（1885年）3月19日〜昭和49年（1974年）10月13日
[生]富山県富山市　[専]照明工学　[学]東京帝国大学工科大学電気工学科〔明治44年〕卒　工学博士（東京帝国大学）〔大正9年〕　[歴]明治44年逓信省電気試験所に入所。大正2年逓信局技師、3年欧米へ留学。8年第三部長、9年宮内省内匠寮嘱託員、10年早稲田大学教授兼務。15年帝国学士院賞を受賞。昭和6年宮内省御用掛、10年電気試験所長。16年退官。14年照明学会会長を務めた。　[賞]帝国学士院賞（第16回）〔大正15年〕、帝国発明協会恩賜記念賞〔大正15年〕，ドレスデン工業大学名誉工学博士号〔昭和16年〕

満谷 国四郎　みつたに・くにしろう
洋画家
明治7年（1874年）10月11日〜昭和11年（1936年）7月12日
[生]岡山県賀陽郡門田村（総社市）　[学]岡山県尋常中学校〔明治24年〕中退　[資]帝国美術院会員〔大正14年〕　[歴]明治24年中

学中退後上京し、五姓田芳柳に入門、25年小山正太郎の不同
舎に学び、明治美術会に参加。33年渡欧、帰国後34年太平洋
画会創設に参加、「戦の話」「車夫の家族」など写実的風俗画
を発表。44年～大正2年再び滞欧、後期印象派やキュービスム
の影響を受け、画風を一新。文展・帝展審査員を務めた。14
年帝国美術院会員。他の代表作に「林大尉の戦死」「緋毛氈」
など。また薄田泣菫、国木田独歩と交流が深く、装幀や挿絵
を多く手がけた。　賞朝日賞〔昭和7年〕

三土 忠造　みつち・ちゅうぞう

文相 蔵相 通信相 鉄道相 衆議院議員
明治4年（1871年）6月25日～昭和23年（1948年）4月1日
生香川県　名旧姓・旧名＝宮脇　学高等師範学校〔明治30年〕
卒　歴明治35年から4年間英国に留学、帰国後母校東京高等師
範学校の教授となった。その後、東京日日新聞の記者となり
編集長、相談役。韓国学政参与官を経て、41年政界入り、衆議
院議員当選11回。政友会幹事、総務を務めたほか、大正9年大
蔵参事官、次いで高橋是清内閣の内閣書記官長、加藤高明内閣
の農商務・農林各政務次官。昭和2年田中義一内閣の文相、蔵
相、6年犬養毅内閣の通信相、7年斎藤実内閣の鉄道相となっ
た。辞任後の9年帝人事件に関連して偽証罪に問われ起訴され
たが、12年全員無罪。15年枢密顧問官。戦後、幣原喜重郎内
閣の内相兼運輸相、21年勅選貴族院議員となった。　家弟＝
宮脇長吉（衆議院議員）、宮脇梅吉（内務官僚）

光永 星郎　みつなが・ほしお

実業家 電通創業者 貴族院議員（勅選）
慶応2年（1866年）7月26日～昭和20年（1945年）2月20日
生肥後国八代郡野津村（熊本県八代郡氷川町）　名幼名＝喜一、
号＝八火　歴明治34年日本広告株式会社を創立して常務とな
り、同年個人経営の電報通信社を発足。39年株式会社電報通
信社を設立して専務となり、40年両社を合併して日本電報通
信社（現・電通）と改称、通信業と広告代理業の一体経営化を
実現させた。大正12年社長制を敷いて初代社長に就任。この
間、明治40年米国のUP通信社と提携、ロイター通信社の独占
であった我が国の国際通信界に新生面を開いた。昭和8年勅選
貴族院議員。11年国策により通信部門を分離して同盟通信社
に譲渡、代わって同盟広告部を吸収して広告代理業専業とな
り、博報堂と並ぶ我が国の2大広告代理店となった電通の基礎
を築いた。日本新聞協会理事長も務めた。　家弟＝光永真三
（電通社長）　勲勲三等瑞宝章〔昭和16年〕

三橋 鷹女　みつはし・たかじょ

俳人
明治32年（1899年）12月24日～昭和47年（1972年）4月7日
生千葉県成田町（成田市）　名本名＝三橋たか子、旧姓＝東鷹
女　学成田高等女学校卒　歴与謝野晶子に師事し、のち若山
牧水に師事して作歌する。のち俳句に転じ原石鼎に師事。昭
和4年「鹿火屋」に入り、さらに「鶏頭陣」に参加するが13年
退会。その後は「俳句評論」に参加した。15年「向日葵」を、
16年「魚の鰭」を刊行。他の句集に「白骨」「羊歯地獄」などが
ある。立子、汀女、多佳子とともに女流の "4T" と称された。

三矢 宮松　みつや・みやまつ

帝室林野局長官
明治13年（1880年）10月23日～昭和34年（1959年）1月10日
生山形県　学東京帝国大学法科大学法律学科〔明治40年〕卒
歴内務省を経て、大正15年から14年間にわたり帝室林野局長
官を務めた。在官中から刀剣鑑定の権威として知られ、国宝
保存会委員だったが、退官後は根津美術館館長を務めた。

光行 次郎　みつゆき・じろう

検事総長 貴族院議員（勅選）
明治6年（1873年）1月20日～昭和20年（1945年）8月6日
生佐賀県　学東京帝国大学英法科〔明治35年〕卒　歴明治35
年司法官試補となり、37年検事に任官、神戸地裁検事正、司
法省人事局長、大審院検事、宮城、長崎、大阪の各控訴院検
事長を歴任し、昭和9年東京控訴院検事長に就任。次いで10年
検事総長となるが、二・二六事件の際に登庁しなかったため、
少壮検事ら50名から糾弾され、11年更送される。後年この不
可解な行動の背後には、反乱軍が実現しようとした真崎内閣
の法相に擬せられていた事実があったことが判明した。14年
勅選貴族院議員。傍ら司法制度調査委員会、司法保護事業委
員会の各委員を務め、特に少年保護事業に尽力、司法少年錬
成道場六踏園理事長、興亜学院長などを兼ねた。

三戸 寿　みと・ひさし

海軍中将
明治24年（1891年）11月9日～昭和42年（1967年）5月17日
生広島県　学海兵（第42期）〔大正3年〕卒　歴大正4年海軍少
尉に任官。昭和13年海軍省人事局第二課長、15年軽巡洋艦「香
取」艦長、16年第六艦隊参謀長、17年第一潜水戦隊司令官を
経て、同年海軍少将。18年3月軍令部出仕。同年6月海軍省人
事局長、20年5月第四特別攻撃戦隊司令官。同年11月海軍中将
に進み、同月海軍次官、12月第二復員次官。23年戦犯として
禁固8年の判決を受け、30年釈放された。

翠川 秋子　みどりかわ・あきこ

日本初の女性アナウンサー
明治22年（1889年）9月～昭和10年（1935年）8月
生東京市日本橋区（東京都中央区）　名本名＝萩野千代　学女
子美術学校西洋画科〔明治42年〕卒　歴明治44年結婚し、一
女二男の母となるが、大正11年夫を失う。女学校の教師、婦
人記者（「工場の婦人」）、編集者など、さまざまな職業を経験
し、大正14年東京放送局（NHK）に入り、日本で最初の女性ア
ナウンサーにもなったが、昭和10年館山湾で独身青年と情死
した。

碧川 かた　みどりかわ・かた

婦人運動家 婦人参政同盟理事
明治2年（1869年）10月10日～昭和37年（1962年）1月14日
生因幡国（鳥取県鳥取市）　名旧姓・旧名＝和田、堀、別名＝賀
多　学帝国大学医科大学附属病院看護法講習科修了　歴因幡鳥取
藩家老・和田信旦の二女として生まれるが、父が藩主の怒り
を買って切腹を命ぜられたため、和田家の重臣である堀正に
育てられた。16歳の時に兵庫県龍野の三木家に嫁ぎ、2男を儲
けるが、子供を連れて離婚。上京して帝国大学医科大学附属
看護法講習科を修了後に帝大病院の看護婦となった。患者の
影響でキリスト教や社会主義思想を知り、洗礼を受けてキリ
スト教徒となった。のち新聞記者の碧川企救男と再婚し、1男
4女を生む。やがて日本基督教婦人矯風会の一員として廃娼運
動に身を投じ、大正12年婦人禁酒会を組織して禁酒運動に奔
走。13年には西川文子らと婦人参政同盟を結成し、その理事
として婦人参政権獲得のため街頭宣伝などを展開した。昭和2
年婦人参政運動を推進するために鷲尾よし子らと女権拡張会
を興し、機関誌「女権」を創刊。また法律知識の必要性を痛
感し、明治大学聴講生として法律を学ぶなど婦人運動の先覚
者として活躍した。詩人の三木露風は先夫との間の子で、そ
の童謡「赤トンボ」のモデルにもなった。　家父＝和田信旦
（因幡鳥取藩家老）、夫＝碧川企救男（新聞記者）、長男＝三木
露風（詩人）、三男＝碧川道夫（映画撮影者）、女婿＝内田吐夢
（映画監督）

美土路 昌一　みどろ・ますいち

新聞人
明治19年（1886年）7月16日～昭和48年（1973年）5月11日

みなかた　　　　　　　　　　　　　　　　　　昭和人物事典 戦前期

生岡山県津山市　**学**早稲田大学英文科〔昭和40年〕中退　**歴**
明治41年朝日新聞社に入社、2年後、代々木練兵場で行われた
日本初の飛行テストを取材して航空に興味を持ち、以後航空
関係者と親交。上海、ニューヨーク特派員、社会部長、整理部
長、通信部長、航空部長などを歴任し、昭和9年編集局長に就
任、紙面の改革、報道倫理の向上に努めた。10～20年取締役。
この間、8年から3年間は航空部長を兼務、神風機による亜欧
連絡飛行を実現させた。戦後は失職した民間航空関係者の救
済に奔走し、日航より1年ほど早く、27年に日本ヘリコプター
輸送会社を設立。32年には同社と極東航空を合併して全日本
空輸を発足させて初代社長となり、36年会長に退いた。その
後39年から42年まで、内紛が続いていた朝日新聞社の社長を
務める。著書に「社会と新聞」「明治大正史―言論篇」。

南方 熊楠　みなかた・くまぐす
生物学者 民俗学者
慶応3年(1867年)4月15日～昭和16年(1941年)12月29日
生紀伊国和歌山(和歌山県和歌山市)　**学**和歌山中〔明治16年〕
卒、ミシガン州立ランシング農学校〔明治19年〕中退　**歴**上
京して大学予備門に入るが、学業よりも遺跡の発掘や菌類の
採集に没頭し、落第を機に中退した。明治19年渡米、ミシガ
ン州立ランシング農学校などに学んだが、卒業せず曲馬団の
事務員となって中南米、西インド諸島を巡遊。この間、独学
で各種の標本や地衣類、菌類の採集に務める。25年英国に渡
り、大英博物館東洋調査部員として「大英博物館日本書籍目
録」の編纂に協力し、館員となることを請われたが、辞退して
いる。また自然科学雑誌「Nature」「Notes and Queries」な
どを中心に多数の論文を発表し、ロンドン学会の天文学懸賞
論文第1位となってその名を知られた。33年帰国し、勝浦、那
智、熊野を中心として隠花、顕花植物、菌類の採集と分類整
理に没頭。37年より和歌山県田辺に居を定め、以後、生物学・
博物学・仏教・民俗学・天文学・考古学・風俗など広範な分
野で研究と著述を行い、「人類学雑誌」「植物学雑誌」「太陽」
などに寄稿した。特に粘菌(変形菌)の研究では世界的な学者
として知られ、生前に知られていた約200種の日本産粘菌のう
ち、半数以上は彼が発見したといわれている。傍ら、39年神
社合祀令が発布されると、合祀によって社林が伐採され貴重
な樹木や菌類が絶滅することを憂い、日本における自然保護運
動の先駆けともいえる神社合祀反対運動を展開、後年世界遺
産に登録された熊野古道が保存される契機を作った。その学
問は一つの分野に関連するすべての事項を追求するといった
莫大なものであり、そこから形成された途方もない知識の網
は"南方マンダラ""歩くエンサイクロペディア"と評された。
家娘＝南方文枝、女婿＝岡本清造(日本大学名誉教授)

水上 源蔵　みなかみ・げんぞう
陸軍中将
明治21年(1888年)9月26日～昭和19年(1944年)8月4日
出山梨県　**学**陸士(第23期)〔明治44年〕卒　**歴**歩兵第66連隊
中隊長、歩兵第49連隊副官、歩兵第78連隊大隊長、第8国境守
備隊第4地区隊長、歩兵第66連隊長を歴任。昭和16年少将。留
守第54師団兵務部長、18年第56歩兵団長。19年北ビルマの要
衝ミイトキーナで米中連合軍に包囲され、700名の部下を脱出
させたのち、拳銃で自決した。

水上 滝太郎　みなかみ・たきたろう
小説家 評論家 劇作家 実業家 明治生命保険専務
明治20年(1887年)12月6日～昭和15年(1940年)3月23日
生東京市麻布区飯倉町(東京都港区)　**名**本名＝阿部章蔵　**学**
慶応義塾大学部理財科〔明治45年〕卒、ハーバード大学　**歴**
慶応義塾大学在学中の明治43年、永井荷風により「三田文学」
が創刊され、44年同誌に処女作「山の手の子」を発表、新進作
家として認められる。作品集「処女作」「その春の頃」「心づ

くし」を出版。大正元年米英仏に留学、5年帰国して父の創立
した明治生命保険に勤務。6年から大阪に2年住み「大阪」「大
阪の宿」などを発表。14年休刊中の「三田文学」を復刊。7年
～昭和15年「貝殻追放」と題する評論、随筆を書き続け、小
説、戯曲も執筆。生涯作家と実業家の二重生活を続け、昭和
15年明治生命保険専務に就任。「水上滝太郎全集」(全12巻、岩
波書店)がある。　**家**父＝阿部泰蔵(明治生命保険創業者)

皆川 治広　みながわ・はるひろ
司法官 弁護士 司法次官 東京控訴院長
明治8年(1875年)3月7日～昭和33年(1958年)3月7日
生愛媛県松山市　**学**東京帝国大学法科大学仏法科〔明治36年〕
卒　**歴**明治39年検事任官、大阪、小倉、東京の地方裁判所検
事を務め、43年フランス、ドイツ、スイスの大学に留学。大
正9年司法省人事局長、次いで広島控訴院検事長、名古屋控訴
院検事長、司法次官、東京控訴院長を歴任した。昭和12年退
官し、以後東京市教育局長、学校の教授や団体理事、顧問な
どを務めた。戦後公職追放、弁護士となる。著書に「思想問
題判断の鍵」「血の力」「世界平和確立の根本問題」など。

皆川 マス　みながわ・ます
絵付師
明治7年(1874年)4月10日～昭和35年(1960年)7月8日
生栃木県真岡西田井(真岡市)　**歴**10歳の時に栃木県益子町の
絵付師・皆川伝次郎の養女となり、養父から土瓶の山水絵付
けを習う。15歳で絵付職人として立ち、一日に500～1200個の
土瓶に絵を付けたという。のち、その無駄のない緻密な
絵が柳宗悦や浜田庄司ら民芸運動家に激賞され、全国に紹介
されるようになった。さらに昭和13年には、ベルリンで開か
れた第1回国際手工芸博覧会に絵付土瓶を出品し、特選(ビッ
トラー賞)を受賞。また、22年に益子を訪れた昭和天皇も彼女
の技芸に感嘆し、「さえもなき皿のゑがくすゑものを人のめづ
るもおもしろきかな」と詠んだ。しかし、戦後になると土瓶
の衰退によって絵付師も激減、晩年は絵付けの伝統を守るた
め、孫娘らに絵付けを教え、35年には栃木県文化功労者に選
ばれた。　**賞**国際手工芸博覧会特選ビットラー賞(第1回)〔昭
和13年〕

皆川 芳造　みながわ・よしぞう
日本におけるトーキーの先駆者
生年不詳～昭和35年(1960年)
歴日本橋の傘屋の二男に生まれる。商用で訪れたニューヨー
クでトーキーの存在を知り、大正14年その発明者であり"ラ
ジオの父"とも呼ばれるド・フォーレ(デ・フォレスト)博士
から東洋におけるフォノフィルムの製作・興行権を譲り受け
る。ド・フォーレの研究所で技術を習得後の昭和4年、昭和キ
ネマ発生映画―ミナ・トーキーを設立し、日本にフォノフィ
ルムによるトーキーを導入、ミナトーキーと名づけて作品を
製作した。戦時中は陸軍陸地測量部の仕事に携わった。戦後、
同博士からテレビの存在を聞き、鮎川義介を介して知り合っ
た正力松太郎にその必要性を説き、正力が日本テレビ放送網
(NTV)を設立するきっかけを与えた。

港家 小柳丸(1代目)　みなとや・こりゅうまる
浪曲師
明治28年(1895年)6月13日～昭和10年(1935年)6月10日
生東京都　**名**本名＝栗原留吉　**歴**15歳で港家柳蝶に入門、小
蝶。その後、小柳丸を名のった。任侠物を得意とし、港家の
名を高らしめた。

男女ノ川 登三　みなのがわ・とうぞう
力士
明治36年(1903年)9月17日～昭和46年(1971年)1月20日

生茨城県筑波郡菅間村礒部 (つくば市) 名本名＝坂本俟二郎
歴大正12年20歳で高砂部屋に入門、昭和3年に入幕、6年に関脇となる。7年におきた天竜事件で革新力士団を作ったが、8年に復帰。9年張出大関、11年33歳で横綱となる。17年に引退、年寄・専務・理事を務めたが、19年秋に廃業。身長191cm、体重146kgの巨漢、豪快な小手投や割出しを得意とした。幕内在位35場所、幕内成績247勝136敗1分け33休み、勝率0.645、優勝2回、全勝1回。

三辺 長治 みなべ・ちょうじ
文部次官 大阪府知事
明治19年 (1886年) 12月23日〜昭和33年 (1958年) 4月27日
生富山県 名旧姓・旧名＝三辺長次 学四高卒、東京帝国大学法科大学法律学科〔明治44年〕卒 歴明治44年内務省に入省。大正8年から地方局で市町村課長、11年都市課長、13年7月府県課長、12月行政課長を務めた後、14年山梨県知事、昭和2年徳島県知事、3年岡山県知事を歴任。4年本省に戻り土木局長、6年地方局長となり、6年宮城県知事、8年愛知県知事、9年文部次官。12〜14年東京市助役、16〜18年大阪府知事。

南 梅吉 みなみ・うめきち
部落解放運動家 全国水平社初代委員長
明治10年 (1877年) 5月10日〜昭和22年 (1947年) 10月24日
生滋賀県蒲生郡桐原村 (近江八幡市) 学小卒 歴京都市内の被差別部落の商家に丁稚奉公をし、のち竹皮草履の仲買業を手広く営んだ。青年団長や村議も務めたりしたが、大正期に入って官憲の指導による部落改善運動が進められると、それに積極的に参加。しかし、やがて同情融和運動に批判的となり、大正11年全国水平社が結成されるとその初代中央執行委員長に就任した。その後労働者・農民の階級闘争と共闘を主張する一派と意見が対立して退会。昭和2年日本水平社を結成し執行委員長となるがほとんど成功せず、17年解党届を出した。

南 薫造 みなみ・くんぞう
洋画家
明治16年 (1883年) 7月21日〜昭和25年 (1950年) 1月6日
生広島県豊田郡安浦町 学広島一中卒、東京美術学校西洋画科〔明治40年〕卒 賞帝国美術院会員〔昭和4年〕、帝国芸術院会員〔昭和12年〕 歴明治40年英国に留学してボロー＝ジョンソンに学ぶ。43年に帰国し白馬会会員、以後、文展 (現・日展) で活躍。大正2年に石井柏亭らと日本水彩画会を結成。文展、帝展の審査員なども務め、4年帝国美術院会員、昭和7〜18年東京美術学校教授、12年芸術院会員、19年帝室技芸員。代表作に「坐せる女」「ぶどう棚」「六月の日」「結永の湖水」など。

南 光明 みなみ・こうめい
俳優
明治28年 (1895年) 6月30日〜昭和35年 (1960年) 3月25日
出東京市京橋区築地 (東京都中央区) 名本名＝鈴木光 学立教中学中退 歴大正9年、松竹キネマ研究所の研究生となり小山内薫の指導をうける。10年松竹蒲田に合流し男性的な堂々とした容姿と近代的な演技で注目される。11年松竹を退社し日活向島へ。溝口健二監督の作品に度々起用され、日活現代劇に不可欠な存在となる。昭和2年「砂絵呪縛」に出演以来、時代劇にも出演し新生面をひらく。3年時代劇スターとしてマキノプロへ移り「蹴合鶏」に主演。日本映画史上不朽の名作と云われる「浪人街・第一話・美しき獲物」で浪人役を演じその名を高める。マキノプロでは50本近くの作品に出演。6年マキノを退社し、東活映画・松竹下加茂と転じ味のある脇役として活躍。戦後は松竹京都に所属し、新人の養成にもあたった。

南 次郎 みなみ・じろう
陸軍大将 陸相 枢密顧問官 貴族院議員 (勅選)
明治7年 (1874年) 8月10日〜昭和30年 (1955年) 12月5日
生大分県 学陸士 (第6期)〔明治28年〕卒、陸大〔明治36年〕卒 歴明治36年騎兵第1連隊中隊長となり、37年日露戦争に従軍、同年12月大本営参謀、38年陸大教官、39年関東総督府陸軍参謀。大正3年騎兵第1連隊長、6年軍務局騎兵課長、8年支那駐屯軍司令官、12年陸士校長、15年第16師団長。昭和2年参謀次長、4年朝鮮軍司令官となり第一次山東出兵では全面侵略を主張。5年大将、6年第二次若槻礼次郎内閣の陸相となり、同年9月満州事変勃発、政府の不拡大方針にもかかわらず、関東軍の強硬策に引きずられた。若槻内閣倒壊で軍事参議官、9年関東軍司令官、11〜17年朝鮮総督、17年枢密顧問官、20年大日本政治会総裁、勅選貴族院議員。戦後、A級戦犯として極東軍事裁判にかけられ、23年終身禁錮の判決を受けたが、29年病気で仮出獄、30年病没した。

南 鷹次郎 みなみ・たかじろう
農学者 北海道帝国大学総長
安政6年 (1859年) 3月16日〜昭和11年 (1936年) 8月9日
生肥前国彼杵郡大村町 (長崎県大村市) 学札幌農学校〔明治14年〕卒 農学博士〔明治32年〕 歴肥前大村藩士・南仁兵衛の二男で、明治19年分家。幼少の頃藩校、次いで長崎広運館で英語を学び、上京して公部寮、10年公大学校に入学したが、間もなく札幌農学校2期生に転じ、14年卒業。獣医学・農学研究のため駒場農学校に内地留学して、16年母校・札幌農学校助教授となり主に農場経営を担当した。22年教授。世界博覧会審査員として渡米。帰国後、農学全般の講義を担当し、28年には舎監を兼任した。40年後身の東北帝国大学農科大学教授兼農場長。42年米国に派遣される。大正7年北海道帝国大学として独立すると初代農学部長として佐藤昌介総長を補佐した。12年欧米各国に派遣される。昭和2年退官して名誉教授となったが、5年佐藤総長が勇退したため同大初の選挙による2代目総長に就任。老朽化した農学部講堂を新築、篤志家から寄付された温室を植物園に受け入れたり、厚岸臨海実験所・室蘭海藻研究所を付設するなど、教育と北海道農業の発展に尽力した。任期中に病に冒され、8年総長を辞任。学外では北海道農会会長、北連会長を務めた。

三波 利夫 みなみ・としお
小説家 評論家
明治41年 (1908年) 5月28日〜昭和13年 (1938年) 12月14日
生長野県 名本名＝北沢寿久 学東京高等師範学校 (現・筑波大学) 中退 歴「作家群」「文芸首都」「槐」などの同人で、昭和10年「ニコライエフスク」が改造5月号懸賞創作に佳作入選。小説「黄色い風景」「養蚕」、戯曲「村の一日」、評論「生産文学論」などがある。

南 弘 みなみ・ひろし
政治家
明治2年 (1869年) 10月10日〜昭和21年 (1946年) 2月8日
出富山県氷見市仏生寺 名旧姓・旧名＝岩間、号＝青園 学四高卒、帝国大学法科大学政治学科〔明治29年〕卒 歴明治30年足尾鉱山鉱毒調査委員会書記、31年内閣書記官などを経て、41年から第一次・第二次西園寺内閣で内閣書記官長を務める。大正元年より勅選貴族院議員。2〜3年福岡県知事を務め、7年原内閣の文部次官、昭和7年台湾総督、同年斎藤内閣の逓信相、11〜12年枢密顧問官を歴任。戦後は21年食糧緊急措置会審査委員長となったが、審議中に急死した。 家養父＝南来吉 (石川県議)、女婿＝飯沼一省 (内務次官)

南 洋一郎 みなみ・よういちろう
⇒池田 宣政 (いけだ・のぶまさ) を見よ

みなみかわ　　　　　　　　　　　　　　　　昭和人物事典 戦前期

南川 潤　みなみかわ・じゅん
小説家
大正2年（1913年）9月2日〜昭和30年（1955年）9月22日
🟦東京市日本橋区（東京都中央区）　🟩本名＝秋山賢止　🟪慶応義塾大学英文科卒　🟫昭和11年「掌の性」で、12年「風俗十日」で連続三田文学賞を受賞し、学生作家として注目される。一時期出版社員となるが、すぐに作家生活に入る。「人民文庫」「現代文学」などに参加し、16年「青年芸派派」同人となる。戦後「桐生青年タイムス」に寄稿し、上毛文芸会を組織するなど地域に根づいた活動を行う。持病の心臓病などのため、その才能を結実せぬまま急逝した。著書に「窓ひらく季節」など。　🟨三田文学賞（第2回）〔昭和11年〕「掌の性」、三田文学賞（第3回）〔昭和12年〕「風俗十日」

三成 重敬　みなり・しげゆき
日本史学者 東京帝国大学史料編纂所史料編纂官
明治7年（1874年）5月23日〜昭和37年（1962年）2月16日
🟦島根県松江市　🟪日本中世史　🟪都文館〔明治27年〕中退　🟫明治27年に郁文館を中退し、郁文館に入社したのを経て、31年に東京帝国大学文科大学の写字生となる。以来同大学の史料編纂掛に勤務して史料の整理・調査にあたり、大正2年同史料編纂補助嘱託、9年同史料編纂官補を歴任。その一方で14年には臨時に東山御文庫取調嘱託となった。昭和12年史料編纂官に任ぜられるが、同年退官して嘱託となり、23年東京大学史料編纂所事務補佐員、24年東京大学雇を経て、31年に退職。その間、長きに渡って「大日本古文書」の東寺文書の整理・編纂や東山御文庫・醍醐寺文庫の史料調査などに従事。また、遠縁に当たる小泉八雲に資料を提供し、八雲の没後は彼の妻小泉節子の「思い出の記」出版に力を尽した。

峯岸 治三　みねぎし・はるぞう
法学者 慶応義塾大学法学部教授
明治30年（1897年）2月18日〜昭和17年（1942年）3月15日
🟦神奈川県中部大磯町　🟪英法、身分法　🟪小田原中卒、慶応義塾大学法律学科〔大正11年〕卒 法学博士〔昭和13年〕　🟫大正11年慶応義塾大学法学部助手となり、昭和2〜4年英米法研究のため英国、米国へ留学。5年慶大助教授、7年教授。著書に「イギリス証拠法研究」「独立自尊」などがある。

峰地 光重　みねじ・みつしげ
教育運動家
明治23年（1890年）7月8日〜昭和43年（1968年）12月28日
🟦鳥取県　🟪鳥取師範〔明治44年〕卒　🟫鳥取県下の小学校教員となり、大正7年高麗小学校長に就任。「人生科」としての綴方の実践に取り組む。12年鳥取師範附属小訓導、13年東京の私立池袋児童の村小学校訓導となる。昭和2年帰郷、倉吉町の上灘小学校長となり、5年郷土教育連盟に参加、生産教育を中軸とした郷土教育を実践。11年東郷小校長。傍ら4年「綴方生活」創刊に同人として参加し、"調べる綴方"を提唱した。17年生活綴方に弾圧の手が及び、治安維持法違反容疑で検挙されたが、起訴猶予。以後農業に従事するが、戦後27年岐阜県で教壇に復帰した。31年退職して帰郷。著書に「峰地光重著作集」（全18巻）、「私の歩んだ生活綴方の道」がある。

蓑田 胸喜　みのだ・むねき
国家主義者 原理日本社主宰
明治27年（1894年）1月26日〜昭和21年（1946年）1月30日
🟦熊本県八代郡吉野村　🟪東京帝国大学文学部宗教学科卒　🟫東京帝国大学在学中から皇室中心主義を奉じ、大正11年卒業後は慶応義塾大学予科で教壇に立ったが、その講義はヨーロッパ的思想を激しく批判して天皇信仰に終始。14年には原理日本社を創立して雑誌「原理日本」を発刊、国粋主義の鼓吹と共産主義撲滅、帝国大学粛正の運動をおこした。昭和7年国士

舘専門学校教授に移ってからは津田左右吉、滝川幸辰、矢内原忠雄、吉野作造、宮沢俊義らのリベラリストを次々と論難、また美濃部達吉東京帝国大学教授の天皇機関説排撃の急先鋒を務めたが、そのブラックリストは戦時中、情報局によって言論弾圧に利用されたといわれるほどのもの。13年には帝大粛正期成同盟を結成し、その後の軍国主義隆成の時流にも乗ったが、終戦の翌年、郷里で自殺した。著書に「学術維新原理日本」「国防哲学」など。

美濃部 進　みのべ・すすむ
俳優
明治35年（1902年）5月25日〜昭和45年（1970年）12月17日
🟦東京市京橋区越前堀（東京都中央区）　🟩本名＝中溝勝三、後名＝岡譲司　🟪立教大学商科卒　🟫昭和4年日活太秦撮影所現代劇技芸部に入社。美濃部進を芸名とし、同年「栄冠」でデビュー。現代的な二枚目タイプで人気を得、「赤い灯青い灯」「妖怪無電」などに出演。6年に松竹蒲田へ入社、芸名も岡譲二と改め、当時大人気の大衆小説の映画化で話題を集めた。田中絹代、水谷八重子らと共演し、松竹蒲田の代表スターとなる。のち仲間と協同映画を創立し、解散後、日活、東宝と移り、「検事とその妹」「大菩薩峠」「男は度胸」など数多くの作品に出演した。29年岡譲司と改名し、35年に引退。この間テレビでも活躍した。

美濃部 たか　みのべ・たか
体育学者 大妻女子大学教授 東京女子医科大学教授
明治28年（1895年）3月22日〜昭和44年（1969年）3月15日
🟦静岡県　🟪体操教育　🟪日本体育会体操学校卒　🟫文検体操および音楽科に合格。東京女子医科大学体操教授を経て、大妻女子大学教授。この間、体育視察のため2年間ヨーロッパ各地を回る。女子の体操教育の草分けとして活躍した。

美濃部 正　みのべ・ただし
海軍少佐
大正4年（1915年）7月〜平成9年（1997年）6月12日
🟦愛知県碧海郡高岡村（豊田市）　🟩旧姓・旧名＝太田　🟪海兵（第64期）〔昭和12年〕卒　🟫戦時中、小松島航空隊分隊長、第九三八航空隊飛行隊長、戦闘九〇一飛行隊長などを経て、昭和20年の沖縄決戦時には夜間攻撃部隊の百三一航空隊（芙蓉部隊）隊長として作戦に参加。全軍特攻の方針を拒絶し、芙蓉部隊に夜間通常攻撃を徹底させた。戦後は航空自衛隊で空将まで進み、幹部候補生学校校長などを務めた。

美濃部 達吉　みのべ・たつきち
憲法学者 行政法学者 貴族院議員（勅選）東京帝国大学教授
明治6年（1873年）5月7日〜昭和23年（1948年）5月23日
🟦兵庫県加古郡高砂（高砂市）　🟪東京帝国大学法科大学政治学科〔明治30年〕卒 法学博士　🟨帝国学士院会員〔明治44年〕　🟫日本における立憲主義の公法学の確立者。明治30年内務省に入るが、1年で辞して東京帝国大学大学院学生となり、比較法制史の研究に従事。ドイツ留学を経て、33年東京帝大助教授、35年教授となる。36年より高等文官試験委員、帝国学士院会員、法制局参事官などを歴任。選挙法改正など立法にも関与した。大正末期以来、治安維持法を非難し、ロンドン軍縮条約批准を支持。昭和7年貴族院議員に勅選されたが、帝人事件捜査の人権侵害を批判したため右翼勢力の攻撃を受けたほか、10年には天皇機関説で告訴され、著書「憲法撮要」などの発禁処分を受けて議員を辞職。天皇機関説とは主権（統治権）の主体は天皇ではなく、法人としての国家であり、天皇はただその機関としてこれを総攬しているというもの。戦後は21年に枢密顧問官に任命され、日本国憲法の審議に参与、選挙管理委員会委員長などを務めた。「日本国法学」「行政法撮要」「憲法講和」「法の本質」「日本行政法」「日本国憲法原論」な

ど多数の著書がある。　家長男＝美濃部亮吉（東京都知事）、妻＝美濃部民子（菊池大麓の二女）、兄＝美濃部俊吉（朝鮮銀行総裁）

美濃部 洋次　みのべ・ようじ

商工省機械局長

明治33年（1900年）11月1日～昭和28年（1953年）2月28日

生東京市下谷区中根岸町（東京都台東区）　学東京府立一中〔大正7年〕卒、一高文科甲類〔大正12年〕、東京帝国大学法学部法律学科〔大正15年〕卒　歴朝鮮銀行総裁を務めた美濃部俊吉の二男。大正14年高等試験司法科、15年同行政科に合格。同年商工省に入省。12年1月工務局工務課長、7月工政課長兼務、13年5月工務局繊維工業課長、14年6月繊維局総務課長兼綿業課長、12月物価局第一部総務課長、15年8月同部企画課長兼務、16年1月物価局総務課長兼第一部統制課長、11月総務局総務課長を経て、18年7月機械局長。19年11月軍需省総動員局第二部長を兼務、20年6月綜合計画局戦災復興部長。大蔵省の迫水久常、内務省の毛里英於兎と並んで革新官僚の三羽烏の一人に数えられ、企画院にも出向。戦時下の商工行政・統制行政を担った。21年公職追放。24年日本合成繊維相談役、26年日本水素工業副社長。27年日本評論社再建のため同新社社長を兼ねたが、28年心筋梗塞で急逝した。　家父＝美濃部俊吉（朝鮮銀行総裁）、叔父＝美濃部達吉（憲法学者）、従弟＝美濃部亮吉（東京都知事）

実生 すぎ　みばい・すぎ

教育家 心理学者

明治24年（1891年）4月9日～昭和44年（1969年）5月25日

生兵庫県津名郡都志（洲本市）　学梅花女学校〔明治43年〕卒、神戸女学院専門部英文科〔大正5年〕卒、ミルス大学〔大正8年〕卒、ミシガン大学院　歴明治38年材木商を営んでいた父と死別し、大阪中央郵便局の事務員となる。キリスト教会に出席していたところを梅花女学校教頭の二宮方次郎に認められ、教頭付雇員やコルビー宣教師の雑用係をしながら同校に学んだ。43年同校を卒業して神戸女学院に編入学し、大正4年には同専門部英文科を修了。次いで、翌5年から米国に留学し、ミルス大学・ミシガン大学院などで実験心理学を専攻した。帰国後は母校の神戸女学院専門部教授・梅花女子専門学校講師として心理学を講義し、我が国における女性心理学者の草分けとして活躍。昭和19年には兵庫県軍政部教育顧問や県教育委員などを歴任し、進駐軍の教育行政と教育現場との仲介に力を尽くした。25年梅花学園園長。著書に「これも一生」などがある。

美鳩 まり　みはと・まり

女優

大正8年（1919年）7月25日～昭和37年（1962年）

出神奈川県横浜市　名本名＝鈴木とし子、旧姓・旧名＝久田　学京橋高等女学校〔昭和12年〕卒　歴帝国ホテルに勤めていた所をスカウトされ、昭和12年新興キネマ東京に入社。13年曽根純三監督「女は嘆かず」でデビュー。久松静児「青春オリンピック」に立松晃と主演、「応援歌」で藤井貢と共演。「トーチカ娘行状記」、「家なき娘」でヒロイン。「歌う集合行馬」で上山草人と、「夢ならぬ恋」「母代」で黒田記代と共演。17年合併で大映移籍、五所平之助「新雪」に水島道太郎、月丘夢路と共演。19年鈴木英夫監督と結婚して引退。　家夫＝鈴木英夫（映画監督）

壬生 照順　みぶ・しょうじゅん

僧侶（天台宗） 宗教運動家

明治41年（1908年）1月30日～昭和62年（1987年）2月18日

生長野県上伊那郡赤穂村（駒ケ根市）　名旧姓・旧名＝山本鉄雄　学大正大学仏教学科〔昭和6年〕卒　歴昭和6年新興仏教青年同盟に加入、研究部長、国際部長となって仏教界と社会の改革をめざす。12年治安維持法違反で逮捕。19年浅草の天台宗華厳院（善光寺別院）住職となる。戦後は、24年全日本仏教会渉外部長、27年日中友好協会設立当初理事になるなど、中国仏徒との交流に尽力。またキリスト者との協力による宗教者平和会議でも活躍し、一貫して仏教者の平和運動の先頭に立った。

三船 久蔵　みふね・きゅうぞう

柔道家

明治16年（1883年）4月21日～昭和40年（1965年）1月27日

生岩手県久慈市　学仙台二中卒、慶応義塾大学理財科中退　歴故郷・岩手県久慈市で幼年時代を過し、宮城・仙台二中では柔道部を作る。明治36年上京して慶応義塾大学に入る一方、講道館に入門。翌37年初段、以降1年ごとに昇進して42年には5段に達した。43年東京帝国大学柔道師範、大正12年講道館指南役、昭和5年全日本選手権出場、9年天覧試合に出場。他に、明大・日大・国学院大、東洋大・日体大などの柔道講師を歴任。体重制のない時代に159センチ、56キロという小柄な身体を使い、足腰を使わずに腕だけで投げる "隅返し"（三船流・空気投げ）をはじめ、大車、隅落、球車などの新技を考案、"柔よく剛を制す" という言葉を体現した。20年10段に列し、70歳を過ぎても講道館で後進の育成に当たり、"柔道の神様" と呼ばれた。著書に「柔道回顧録」「柔道一路」がある。　賞文化功労者〔昭和36年〕

三升家 小勝（5代目）　みますや・こかつ

落語家

安政5年（1858年）6月～昭和14年（1939年）5月24日

生江戸麻布（東京都港区）　名本名＝加藤金之助　歴はじめ3代目翁家さん馬に入門し翁家さん八となり、のち5代目林家正蔵・鈴々舎馬風に師事。一時期落語を離れて中村梅三郎門下で役者を務めたり、明治33年のパリ万博に烏森芸者の監督として参加したりした。帰国後は落語家に戻り5代目三升家小勝を襲名、毒舌で人気を得た。

三松 武夫　みまつ・たけお

新潟県知事

明治9年（1876年）3月～昭和9年（1934年）5月26日

生大分県日田郡日田町（日田市）　学東京帝国大学法科大学政治科〔明治32年〕卒　歴明治32年農商務省に入省。大正3年鳥取県知事、6年横浜市高級助役、13年山口県知事、14年新潟県知事。昭和2年退任したが、4～5年再び新潟県知事を務めた。

三村 明　みむら・あきら

映画撮影監督

明治34年（1901年）1月6日～昭和60年（1985年）12月23日

生広島県安芸郡江田島町（江田島市）　名別名＝ハリー三村　学逗子開成中〔大正8年〕卒、ニューヨーク写真専門学校映画科〔大正14年〕修了　歴大正8年逗子開成中学を卒業して渡米。シカゴのニコラスセン大学予科在学中、米国の教科書での日本の記述があまりにも無知だったことから、映画を通じて真の日本を知らしめようと考え、映画界入りを志す。14年ニューヨーク写真専門学校映画科を卒業後、ニューヨーク・カメラマン・ユニオンに加入。日本人カメラマンとして初めてハリウッドで「嵐ケ丘」などの撮影助手を務めた。昭和9年帰国し、撮影技師としてPCL（写真化学研究所）に入社。日本における初仕事は同年の矢倉茂雄監督「絹の泥靴」。PCLが東宝となった後も専属として活躍、山中貞雄監督「人情紙風船」、島津保次郎監督「光と影」、山本嘉次郎監督「馬」「綴方教室」「ハワイ・マレー沖海戦」「加藤隼戦闘隊」などといった名作を担当。16年には黒沢明の第1回監督作品「姿三四郎」に参加、闇討ちなど夜の場面が多いこの作品を抜群のカメラ

ワークで支え、同年のカメラマン協会賞に選ばれた。戦後は21年に連合国軍総司令部（GHQ）戦略爆撃調査団のカメラマンとして原爆投下後の広島などを撮影している。　[賞]父＝三村錦三郎（海軍少将）　[賞]カメラマン協会賞〔昭和16年〕「姿三四郎」

三村 伸太郎　みむら・しんたろう
脚本家
明治27年（1894年）10月1日〜昭和45年（1970年）4月29日
[生]岡山県岡山市　[名]本名＝岩井伸太郎、芸名＝三村左七郎、共同筆名＝梶原金八　[学]明治大学中退　[歴]上山草人主宰の近代劇協会に入って三村左七郎の名で俳優をした後、大正15年松竹下加茂撮影所に脚本部員として入社。この頃から三村伸太郎に筆名を改め、昭和3年衣笠貞之助監督の「海国記」のシナリオを書いて認められた。その後、河合映画脚本部、マキノ映画、東亜映画、帝キネ、新興などを転々とした。9年日活に移ってからは山中貞雄監督の「雁太郎街道」「国定忠治」「丹下左膳余話・百万両の壺」「怪盗白頭巾」「河内山宗俊」「人情紙風船」、稲垣浩監督の「関の弥太っぺ」「股旅千一夜」「海を渡る祭礼」、並木鏡太郎監督「南国太平記」、山本嘉次郎監督「藤十郎の恋」などといった名作の脚色を手がけ、人情の機微を絶妙に描き、山上伊太郎、八尋不二らとともに時代劇を代表する脚本家として活躍した。この間、山中、八尋、滝沢英輔ら京都・鳴滝の周辺に住む若い映画人たちのグループに参加し、ともに合同筆名である"梶原金八"を用いて脚本を執筆。戦時中はJ・Oスタジオを経て、東宝に移り、戦後はフリーとなった後も稲垣監督「黒馬の団七」「白頭巾現る」や内田吐夢監督「血槍富士」、萩原遼監督「江戸遊民伝」などに健筆を振るった。

三村 竹清　みむら・ちくせい
雑学者　随筆家
明治9年（1876年）〜昭和28年（1953年）8月26日
[生]東京都　[名]本名＝三村清三郎、別号＝茂竹園、茂竹塢、秋良　[歴]東京・京橋で竹屋を営む。下町に生まれ育ち、市井の風俗習慣に明るく、江戸以来の雑学者の系譜に繋がる。明治36年転地療養のため三重県松阪に移り、同地の郷土史にも関心を持ち三重県史談会の設立にも関与。のち東京に戻り、「集古」「風俗」「江戸趣味」「豹」など様々な雑誌に考証や随筆を寄稿した。その学問は広範にわたって専門がなく、江戸期の政治・風俗・文学・書籍・物品などに精通。考証家・三田村鳶魚や収集家・林若樹と並んで江戸通の三大人と称され、小説家の森鴎外も史伝「伊沢蘭軒」を執筆する際に質問を寄せている。蔵書家・収集家としても知られ、「集古会」「玉屑会」など同好者の集まりでも重んじられた。晩年は書誌学者・渡辺刀水や森銑三の主宰する「三古会」に参加。また、文をよくし、詩歌俳諧を嗜み、書画にも秀で、篆刻にも巧みであった。著書に「本の話」「佳気春天」「近世便書伝」などがある。

三村 剛昂　みむら・よしたか
物理学者
明治31年（1898年）3月1日〜昭和40年（1965年）10月26日
[生]広島県賀茂郡竹原町（竹原市）　[専]素粒子物理学、波動幾何学　[学]一高卒、東京帝国大学理学部物理学科〔大正10年〕卒 理学博士〔昭和13年〕　[歴]大正10年広島高等師範学校教授、昭和4年広島文理科大学発足により助教授、12年教授。19年同大理論物理学研究所の初代所長。20年8月6日爆心地から約1.5キロの同研究所で被爆、研究所が倒壊して負傷した。一般相対性理論と量子論の統一を目指し、数学者で幾何学を専門とする岩付寅之助らと共同研究を実施。10年から波動幾何学の論文を相次いで発表、研究グループは"広島学派"と呼ばれ、我が国の共同研究の先駆となった。18年には学術研究会議に理論物理学研究委員会を創設。第1〜2期日本学術会議会員。また、自らの被爆体験から原子力研究に反対、27年日本学術会

議第13回総会で日本原子力委員会設置案が諮られた際には大演説をぶち、提案を撤回させた。　[賞]中国文化賞（第1回）〔昭和17年〕

三室戸 敬光　みむろど・ゆきみつ
子爵　貴族院議員　宮中顧問官　東京高等音楽院院長
明治6年（1873年）5月18日〜昭和31年（1956年）10月31日
[生]京都府　[学]明治法律学校（現・明治大学）卒　[歴]藤原北家日野流の家柄に生まれる。宮内省に入り、書記官、皇宮主事、御歌所主事、主猟官などを歴任、宮中顧問官となった。東京高等音楽院長を兼任。大正11年襲爵、14年貴族院議員となり、研究会に属した。昭和10年の天皇機関説問題では美濃部批判の強硬派の立場をとった。

宮井 徳治　みやい・とくじ
宮井書店創業者
明治32年（1899年）3月12日〜昭和38年（1963年）3月3日
[生]長野県長野市　[歴]15歳のときに上京し、神田錦町の出版社・大学館に住み込みで働いて修業。大正7年小西栄次郎が経営する小西書店の営業部長に転じる。12年の関東大震災で同店が倒産すると養父がいる関西に移り、梅林金正堂の知遇を得て13年大阪西区に書籍取次業の宮井書店を創業。以後、東西の学習出版物を一手に取り次いで着実に業績を伸ばし、関西書籍取次業界における中堅の位置を占めるに至った。また日本出版取次協会会員なども務めた。

宮尾 しげを　みやお・しげを
漫画家　民俗研究家
明治35年（1902年）7月24日〜昭和57年（1982年）10月2日
[生]東京市浅草区（東京都台東区）　[名]本名＝宮尾重男　[専]民俗芸能、江戸風俗、浮世絵　[学]精美中卒　[歴]漫画家・岡本一平の門下生第1号。東京毎日新聞社を経て、大正11年東京毎夕新聞社に入社。10年頃から昭和初期にかけて、子供漫画の草分けとなった「団子串助漫遊記」をはじめ、「漫画太郎」「漫画西遊記」「一休さんと珍助」「軽飛軽助」で一世を風靡した。民俗研究家、江戸小咄の収集・研究家としても知られ、「東京昔と今」「諸国祭礼行脚」「能と民俗芸能」「文楽人形」「芸能民俗学」、「小噺再度目見得」（全13巻）「江戸小咄集」（全2巻）などの著書がある。日本民謡協会理事、日本民俗芸能協会理事、日本浮世絵協会理事、国立劇場専門委員、文化財保護審議会専門委員などを歴任した。没後、「宮尾しげをの本」が刊行された。　[家]長女＝宮尾文糸（染色家）、二女＝宮尾奈ミ加（陶芸家）、長男＝宮尾与与男（近世文化史家）、二男＝宮尾慈良（民俗芸能研究家）

宮尾 舜治　みやお・しゅんじ
貴族院議員（勅選）　帝都復興院副総裁
慶応4年（1868年）1月8日〜昭和12年（1937年）4月3日
[生]越後国（新潟県）　[学]帝国大学法科大学〔明治29年〕卒　[歴]大蔵省に入り、参事官に任ぜられ、明治30年税務監督官となり、煙草専売創立事務を担当。33年台湾総督府に転じ、税務課長、殖産局長兼専売局長などを経て、43年拓殖局第1部長、次いで関東都督府民政長官、愛知県知事、北海道庁長官など歴任。大正12年帝都復興院副総裁となり、後藤新平を助けて震災後の復興に尽力。退官後東洋拓殖会社総裁などを務め、昭和9年勅選貴族院議員。12年市政改新同盟に加盟、東京市会議員となった。

宮川 一貫　みやかわ・いっかん
衆議院議員
明治18年（1885年）1月〜昭和19年（1944年）3月25日
[出]福岡県　[学]早稲田大学政治経済科〔明治44年〕卒　[歴]柔道7段の免状を持ち、早稲田大学講師の他、独逸協会、拓殖大学、

昭和人物事典 戦前期　　　　　　　　　　　　　　　　　　みやがわ

陸軍幼年学校で柔道教師を務め、講道館最高幹部となった。この間、昭和3年衆議院議員となり当選3回。政友会に所属した。ロンドンで開かれた第26回列国議会同盟会議、ベルギーで開かれた第16回万国議院商事会議に参列した。

宮川 久一郎（2代目）　みやかわ・きゅういちろう

実業家 かくは宮川社長 貴族院議員（多額納税）
明治4年（1871年）～昭和24年（1949年）8月5日
|生|青森県尾上町 |名|初名＝徳助 |歴|青森県弘前で呉服屋「角は」を経営していた初代宮川久一郎の女婿となり、その死後に2代目久一郎を襲名して家業を引き継ぐ。経営の近代化を図るために「角は」をデパートにしようと企図し、大正12年義弟の宮川忠助と協力、本店と忠助が営んでいた支店を合併させて弘前に青森県下初のデパートかくは宮川を創業し、社長に就任。また、弘前宮川銀行を創設して頭取となったほか、弘南鉄道取締役や弘前商工会議所第10代会頭を歴任するなど弘前の経済界に大きな影響力を持った。さらに、大正末期頃から同店の経営を忠助に委譲して政治活動に専念し、貴族院議員にもなっている。　|家|岳父＝宮川久一郎（1代目）（実業家）, 義兄＝宮川久一郎（2代目）（実業家）

宮川 香山（2代目）　みやがわ・こうざん

陶芸家 帝国美術院審査員
安政6年（1859年）～昭和15年（1940年）4月20日
|出|京都府 |名|本名＝宮川半之助 |専|真葛焼 |歴|初代宮川香山の兄・長平の子として生まれたが、幼くして父を失い、初代香山の養子となる。明治25年大日本窯業協会会員となり、宮川半之助として本格的に活動を開始。26年シカゴ・コロンブス万博で受賞。その際、渡米してシンシナティのロックウッド窯を見学。さらに英国の窯場を巡り、西欧の最新陶業を視察した。33年パリ万博の際にも渡仏して一等賞金牌を得る。43年の日英博覧会には神奈川県出品人総代としてロンドンに赴いた。大正5年初代が亡くなり、翌6年に2代目を襲名。同年日本美術協会主催美術展覧会の審査員を務めた。昭和2年関東の陶芸家らと東陶会を結成し、板谷波山らと顧問となる。大正期以降は東洋陶磁の伝統様式に回帰し、中国の宋・元・明の青磁や青花、あるいは仁清・乾山などの京焼の色絵陶器をベースにした気品ある精巧な作風を展開した。　|家|養父＝宮川香山（1代目）

宮川 左近（3代目）　みやがわ・さこん

浪曲師
明治30年（1897年）～昭和13年（1938年）9月21日
|生|長崎県佐世保 |名|本名＝富永富一 |歴|佐世保鎮守府の電話艇勤務のころ、京山若丸の「乃木将軍」に感じ、大正4年2代目左近の弟子となり浪曲界に入った。2年後20歳で3代目を襲名、九州一の人気者となった。のち名古屋を基盤に、関西、関東で活躍、美男、美声で聴衆をうならせた。「召集令」「乃木伝」「涙の裁判」「妹の手紙」など涙の物語で聴衆を泣かせ、終演後の余興で笑いをサービスした。

宮川 忠助　みやかわ・ちゅうすけ

実業家 かくは宮川社長
明治8年（1875年）～昭和17年（1942年）
|生|青森県浪岡村（青森市） |歴|青森県弘前で呉服屋「角は」を経営していた初代宮川久一郎の女婿で、「角は」の支店を経営して手腕を発揮、大正中期には弘前三大呉服店の一つに数えられるほど業績を上げた。岳父の死後、近代的な経営を目指して義兄の2代目宮川久一郎と協力し、大正12年弘前に青森県下初のデパートかくは宮川を創業、社長となった久一郎の下で専務に就任。大正末期頃より政治活動に移行した義兄に代わって同店の実質的な経営を任され、昭和初期には2代目社長となる。昭和4年からは3期連続で弘前商工会議所会頭を務め

た。その後も同店の経営を拡大し、12年には店舗を5階建てに改築、以後の総合百貨店としての地位を固めた。　|家|岳父＝宮川久一郎（1代目）（実業家）, 義兄＝宮川久一郎（2代目）（実業家）

宮川 如山　みやがわ・にょざん

尺八奏者
慶応4年（1868年）7月6日～昭和21年（1946年）11月22日
|生|肥後国（熊本県） |名|本名＝宮川辰蔵、前号＝通天 |歴|明治19年徳富蘇峰の大江義塾に入学。尺八は柳川の江月院で学び、のち長谷川東学、勝浦正山に師事。30年頃樋口対山に入門。大正12年普化道場を設立。日本各地のほか、台湾、朝鮮、満州へと虚無僧行脚し、「阿字観」の如山として知られた。

宮川 舩夫　みやがわ・ふなお

外交官 在ハルビン総領事
明治23年（1890年）4月17日～昭和25年（1950年）3月29日
|生|東京都 |出|山形県 |学|東京外国語学校ロシア語科〔明治44年〕中退 |歴|明治41年東京外国語学校ロシア語科に学び、在学中の44年外務省留学生試験に合格。同年よりロシアのサンクトペテルブルクへ5年間留学。大正3年外務書記生となり、一時ポーランドなどに在勤した他は長くロシア語通訳官としてロシア・ソ連に在勤。昭和14年在ウラジオストック総領事、15年駐ソ連日本大使館参事官。17年帰国。19年在ハルビン総領事。20年8月のソ連参戦でソ連軍の捕虜となり同国へ連行され、25年モスクワの監獄で獄死した。　|家|二男＝宮川渉（駐フィンランド大使）

宮川 曼魚　みやがわ・まんぎょ

随筆家 邦楽研究家
明治19年（1886年）3月24日～昭和32年（1957年）11月16日
|生|東京市日本橋区（東京都中央区） |名|本名＝渡辺兼次郎 |歴|東京深川の鰻屋「宮川」を継ぐ。家業の傍ら江戸文学に親しみ、昭和2年「江戸売笑記」を刊行。その他の著書に随筆「花鳥風月」「深川のうなぎ」などがある。俳句は岡野知十に師事し「文明」や「花月」に投稿した。歌集に「南京玉」。また江戸俗曲の解説、小唄の作詞者としても知られた。　|家|孫＝ルネ・ヴァン・ダール・ワタナベ（占い師）, 渡辺雪三郎（ファッションデザイナー）

宮川 米次　みやかわ・よねじ

内科学者 東京帝国大学教授
明治18年（1885年）2月4日～昭和34年（1959年）12月26日
|生|愛知県豊橋市 |名|旧姓・旧名＝今泉、号＝豊山 |専|寄生虫病学、感染症、栄養学 |学|豊橋四中〔明治36年〕卒、六高〔明治39年〕卒、東京帝国大学医科大学〔明治43年〕卒、東京帝国大学大学院〔大正6年〕修了 医学博士（東京帝国大学）〔大正6年〕 |歴|明治43年東京帝国大学医科大学を恩賜の銀時計を受け卒業。入沢内科に入り、大正3年伝染病研究所移管で青山胤通に従って伝研に移籍。7年東京帝大助教授となり、8年欧米へ留学。昭和2年教授に昇任。9～15年伝研所長を兼務。20年定年退官。22～25年公職追放。10年鼠蹊リンパ肉芽腫症の病原微生物の培養を確認し、宮川小体と命名。寄生虫、結核、栄養学などでも業績を上げ、また同人会代表として中国の医療対策に尽くした。著書に「臨牀寄生虫病学」「食養療法学」「ヂフテリヤの予防法」「蒙古文化地帯」「感染症の治療並びに適応処方」などがある。　|賞|日本学士院賞（第45回）〔昭和30年〕

宮城 音五郎　みやぎ・おとごろう

機械工学者 東北帝国大学名誉教授
明治16年（1883年）8月3日～昭和42年（1967年）9月14日
|出|埼玉県大里郡久下村（熊谷市） |専|流体力学、流体機械 |学|東京帝国大学工科大学機械工学科〔明治41年〕卒 工学博士〔大

みやき　　　　　　　　　　昭和人物事典 戦前期

正8年〕　歴明治42年仙台高等工業学校教授を経て、大正8年新設の東北帝国大学工学部教授に就任。2回14年にわたり工学部長を務め、昭和20年定年退官し、名誉教授。その後、仙台一高校長、宮城県教育委員、同委員長を歴任。また27年から宮城県知事を1期務め、異色の学者知事と評された。39年新設の東北工業大学初代学長に就任。著書に「機械学」「渦巻きポンプ」「機械学通論」「材料力学」「熱及熱力学」「科学と人生」など。

宮城 長五郎　みやぎ・ちょうごろう
検察官 司法相 貴族院議員（勅選）
明治11年（1878年）9月5日～昭和17年（1942年）6月25日
生埼玉県　学東京帝国大学法科大学〔明治39年〕卒　歴司法省に入り、東京地裁、大審院各検事、東京地裁検事正、長崎・名古屋各控訴院検事長などを歴任、昭和14年阿部内閣の司法相として入閣。15～17年勅選貴族院議員。検事時代は五・一五事件、血盟団事件、神兵隊事件、帝人事件などを担当。また、司法省保護課長時代に少年法制定など少年保護事業の確立に努めるとともに帝国更生会、司法保護協会各会長を務め、司法保護事業に尽力した。　家妻＝宮城タマヨ（参議院議員）

宮城 道雄　みやぎ・みちお
箏曲家 作曲家
明治27年（1894年）4月7日～昭和31年（1956年）6月25日
生兵庫県神戸市三宮　名旧姓・旧名＝菅道雄、芸名＝中菅道雄　賞日本芸術院会員〔昭和23年〕　歴生後間もなく眼疾を患い、8歳で失明。音楽で身を立てるために2代目中島検校、3代目中島検校に師事し、明治38年11歳で免許皆伝となって代稽古を許され、本名の菅道雄に師の"中"を授かって中菅道雄の芸名を名のった。40年渡鮮、42年14歳の時に、弟が音読していた学校の教科書「高等小学読本」に「水の変態」として掲載されていた和歌七首に曲を付け、処女作となる同名の歌曲を作曲。大正元年検校、5年22歳で大検校に進み、また、2年16歳上の未亡人・宮城仲子と結婚し、宮城姓に改姓。朝鮮箏曲界の第一人者として確固たる地位を築いていたが、6年上京。8年第1回作品発表会を開催、洋楽壇の人々には好評をもって迎えられたが、邦楽界からは共感を得られなかった。9年洋楽の本居長世と合同作品発表会を開き、尺八奏者の吉田晴風の命名で新日本音楽大演奏会と銘打たれ、以降、吉田や都山流尺八の初代中尾都山、本居らとともに"新日本音楽"を提唱して新しい邦楽曲の創作に意欲を燃やし、西洋音楽の理論や方法を導入することで邦・洋楽の融合を図った。また、10年に完成した十七絃箏をはじめ、大胡弓、八十絃箏、短琴といった新しい邦楽器を次々と開発し、邦楽の革新に努め、子どもの手ほどき用として"童曲"という分野も開拓。昭和4年近代邦楽中の名曲として名高い「春の海」を作曲。5年から東京音楽学校でも教え、12年同教授。教則本の編纂やラジオでの講演なども盛んに行い、邦楽教育の面でも大きな業績を残した。

宮城 与徳　みやぎ・よとく
洋画家 社会運動家
明治36年（1903年）2月10日～昭和18年（1943年）8月2日
生沖縄県国頭郡名護町（名護市）　学沖縄師範〔大正8年〕中退　歴画家を志し、米国で働く父を頼って渡米し、カリフォルニア州立美術学校などで学ぶ。大正15年頃友人とロサンゼルスでレストランを開業、そこで社会主義に関心を抱き、米国共産党日本人部に参加、赤色救援活動や反戦運動に従事。昭和8年帰国し、日本帝国主義の対ソ攻撃阻止のための諜報活動に従事するが、16年ゾルゲ事件に連坐して検挙され、拘置中に病死した。作品に「林間」「月光像」などがある。没後の40年、ソ連より勲章を贈られていたが、平成22年改めて発見され、姪に手渡された。

宮城山 福松　みやぎやま・ふくまつ
力士
明治28年（1895年）2月27日～昭和18年（1943年）11月19日
生岩手県磐井郡山ノ目村山目五代（一関市五代町山目）　名本名＝佐藤福松、シコ名＝岩手川、宮木山、年寄名＝白玉、芝田山　歴明治43年出羽海部屋に入門、同年6月場所で岩手川のシコ名で初土俵を踏むが、45年5月廃業。大正2年大阪相撲の高田川部屋力士・宮木山（のち宮城山と改名）として再び土俵に上がる。5年入幕、6年大関に昇進し、11年大阪横綱となる。昭和2年東西合併最初の場所では東横綱張出しを務め、優勝を飾った。相撲巧者で、右四つ、寄り切り、吊りを得意とした。6年3月場所で引退。幕内在位18場所、幕内成績は90勝69敗1分38休。引退後は年寄白玉を経て、芝田山を襲名。多趣味の人で、相撲甚句や安来節をレコードに吹き込んだこともある。

三宅 幾三郎　みやけ・いくさぶろう
小説家 英文学者
明治30年（1897年）10月15日～昭和16年（1941年）5月1日
生兵庫県　学東京大学英文科卒　歴高知高校、文化学院教授などを歴任。大正9年同人誌「行路」を創刊、「死へ」などを発表し、「音楽公」で新感覚派の一員として文壇に登場。のち英文学の翻訳に専念。小説集「山霊」や、サッカレー「虚栄の市」などの翻訳がある。

三宅 驥一　みやけ・きいち
植物学者 遺伝学者 東京帝国大学教授
明治9年（1876年）11月11日～昭和39年（1964年）3月30日
生兵庫県城崎（豊岡市）　専植物細胞学、植物生理学、海藻学　学同志社ハリス理化学校〔明治29年〕卒、東京帝国大学理科大学植物学科選科〔明治32年〕修了 理学博士〔明治39年〕　歴同志社ハリス理化学校、東京帝国大学理科大学に学び、明治33年米国コーネル大学に留学、アトキンソンの指導を受ける。35年ドイツのボン大学に転じストラスブルガーに師事して細胞分裂の研究に従事、藤井健次郎と共に門下の四天王に数えられた。38年帰国、39年東京帝大農科大学講師、44年助教授を経て、昭和7～12年教授。日本遺伝学会長、日本水産学会長も歴任した。研究分野は植物細胞学、植物生理学、海藻学、遺伝学と幅広く、特にコンブの有性生殖（精子の発見）とドクダミの単為生殖は世界的な発見であり、チョウセンニンジンの病害駆除やアサガオの遺伝研究でも名高い。面倒見の良い人柄で、牧野富太郎の植物図鑑改訂や学位論文提出に骨を折った他、今井喜孝を庇護して卒業後も農科大学植物学教室で研究を続けさせ、そのアサガオ遺伝研究の大成を援けた。農科大学動物学教室へのR.ゴールドシュミット、東北帝国大学生物学科へのH.モーリッシュの招聘にも関わった。　家岳父＝徳富蘇峰（ジャーナリスト）

三宅 鉱一　みやけ・こういち
精神医学者 東京帝国大学名誉教授
明治9年（1876年）3月24日～昭和29年（1954年）7月6日
生東京府本所区相生町（東京都墨田区）　学東京帝国大学医科大学〔明治34年〕卒 医学博士（東京帝国大学）〔明治42年〕　歴明治35年東京帝国大学精神科入局、38～40年ドイツ・オーストリアに私費留学、40年東京帝国大学講師、東京府立松沢病院副院長、42年東京帝国大学助教授を経て、大正14年教授（精神病学講座担当）及び松沢病院長。昭和11年定年退官し、名誉教授。同年実業家・堀越久三郎の寄付で東京帝国大学医学部附属脳研究所を開設、所長として17年まで在任した。精神医学界の重鎮で、精神測定法など精神医学的の研究法の発展に寄与した。著書「精神病学提要」（昭和7年刊）は日本の代表的な教科書として版を重ねた。他の著書に「医学的心理学」「精神鑑定例」「精神衛生」「責任能力」などがある。　家父＝三宅秀（病理学者），長男＝三宅仁（病理学者）

三宅 康次　みやけ・こうじ

農芸化学者 北海道帝国大学名誉教授

明治15年（1882年）1月15日～昭和43年（1968年）9月20日

[生]東京都　[専]土壌肥料学, 作物栄養学　[学]札幌尋常中卒, 札幌農学校本科〔明治38年〕卒 農学博士〔大正8年〕　[歴]北海道農事試験場長を務めた三宅康昌の二男。明治38年札幌農学校を卒業後, 秋田農業学校で教鞭を執る。40年母校が改組した東北帝国大学農科大学講師, 41年助教授を経て, 大正3年欧米へ留学して土壌肥料学を研鑽。7年同校は北海道帝国大学に改組され, 同年教授に昇任。昭和9年農学部長, 19年定年退官。この間, 大正9年北海道農事試験場長, 昭和4年樺太中央試験所長を兼務, 寒地農業発展の基礎を築き, 特に安定作物として甜菜栽培の導入に尽力。北海道初代甜糖課長を務めるなど "甜菜糖業の父" と称される。16年日本土壌肥料学会会長。　[家]父＝三宅康昌（北海道農事試験場長）　[勲]勲二等瑞宝章〔昭和9年〕

三宅 克己　みやけ・こっき

洋画家

明治7年（1874年）1月8日～昭和29年（1954年）6月30日

[出]徳島県撫養町（鳴門市）　[専]水彩画　[歴]明治13年一家で上京し, 日本橋浜町に住む。明治学院中退。早くから画家の道を志し, 23年曽山（大野）幸彦の画塾に入り, 25年師の没後, 原田直次郎の画塾・鍾美館に移る。30年渡米しエール大学附属美術学校に学ぶ。31年ロンドン, さらにパリに移り, 32年帰国。白馬会に参加, 水彩画を専門とし, 明治30年代の水彩画隆盛時代を作った。また「水彩画手引」「水彩画指南」を刊行するなど, その普及にも努めた。35年第7回白馬会展に代表作「雨後のノートルダム」を発表。39年東京勧業博覧会に出品, 文部省美術展（文展）では第1回から出品し高い評価を得た。45年光風会創立会員。大正14年以後は帝展審査員も務めた。他の作品に「ニューヘヴンの雪」「冬の小川」など。画業の一方で写真制作に熱心に取り組み, 明治末期から大正初期にかけての淀橋, 柏木, 武蔵野一帯を克明に描写。明治40年秋山轍輔, 加藤精一らとともに東京写真研究会を結成。大正5年和蘭陀書房（後のアルス）から「写真のうつし方」を出版するなどアマチュア向けの写真技術解説書も執筆, アマチュア写真の流行の一つの契機となった。10年にはアルスより創刊された写真雑誌「カメラ」主幹を務めた。「思い出つるまま」「欧州絵行脚」などの著書もある。　[賞]日本芸術院賞恩賜賞〔昭和26年〕

三宅 茂　みやけ・しげる

哲学者

生年不詳～昭和16年（1941年）

[生]岡山県　[学]東京帝国大学文学部哲学科〔大正14年〕卒　[歴]フランス哲学の紹介に努め, とくにパスカルに関心をもった。遺著に「パスカルと哲学」, 訳書にD.パロディ「現代仏蘭西派の哲学」（改訂版）「現代フランス哲学」がある。

三宅 周太郎　みやけ・しゅうたろう

演劇評論家

明治25年（1892年）7月22日～昭和42年（1967年）2月14日

[生]兵庫県加古川市　[学]慶応義塾大学文科〔大正7年〕卒　[歴]少年時代から演劇に親しみ, 慶応義塾大学在学中に演劇評論家として出発し, 大正11年「演劇往来」を刊行。12年大阪毎日新聞に入社し, 13年から「演劇新潮」を編集する。その一方で歌舞伎や文楽も好んだ。他の著書に「文楽之研究」「演劇評話」「演劇巡礼」「観劇半世紀」などがある。　[賞]日本芸術院賞恩賜賞〔昭和42年〕

三宅 正太郎　みやけ・しょうたろう

弁護士 劇評家 随筆家 大阪控訴院院長 貴族院議員（勅選）

明治20年（1887年）6月27日～昭和24年（1949年）3月4日

[生]東京市芝区明舟町（東京都港区）　[学]東京帝国大学法科〔明治44年〕卒　[歴]司法官試補ののち, 大正2年東京地裁判事, 7年同部長, 14年支那治外法権委員会帝国委員随員, のち大審院検事・判事, 東京地裁所長などを経て, 昭和10年札幌控訴院長。長崎控訴院長, 司法次官, 大審院部長, 大阪控訴院長などを歴任。勅選貴族院議員も務めた。21年退官, 弁護士開業。他に中労委会長, 労務法制審議会長も務めた。一方在職中から劇評家としても活躍。著書に「嘘の行方」「裁判の書」「三宅正太郎全集」（全2巻）などがある。

三宅 雪嶺　みやけ・せつれい

ジャーナリスト 評論家 哲学者 「我観」主宰

万延1年（1860年）5月19日～昭和20年（1945年）11月26日

[生]加賀国金沢城下新堅町（石川県金沢市）　[名]本名＝三宅雄二郎, 幼名＝雄次郎, 雄叔　[学]東京大学文学部哲学科〔明治16年〕卒 文学博士〔明治34年〕　[官]帝国芸術院会員〔昭和12年〕　[歴]加賀藩の儒医・三宅恒（立軒）の第4子。明治16年東京大学文学部准教授兼編集方となり, 日本仏教史の編纂に従事。この頃より新聞・雑誌への投稿を始める。19年文部省編集局に転じ, 最初の著書である「日本仏教史」を刊行。20年文部省退官後は終生官途に就かず在野を貫く。21年杉浦重剛, 志賀重昂, 井上円了らと政教社を設立し, 自身の命名による雑誌「日本人」を創刊。古今東西にわたる該博な知識を駆使して時事・政治・哲学から歴史・宗教・芸術などにいたるまで幅広い分野において論評を加え, 西洋優位と見られていた当時の思潮に対して東洋ひいては日本への回帰を促す国粋保存主義の代表的言論人として, 明治20年代以降の論壇を牽引した。27年からは陸羯南の主宰する新聞「日本」に署名入りで執筆を開始。39年同紙の経営権を取得した伊藤欽亮の方針を不服として退社した古島一雄, 長谷川如是閑ら同紙の記者らを迎え入れ, 新聞「日本」の精神を継ぐものとして雑誌「日本人」を「日本及日本人」に改称, その主筆として40年1月発行の創刊号より毎号題言や論説を発表した。大正12年関東大震災で政教社の社屋が消失したのを機に同社を退社, 同年女婿の中野正剛とともに我観社を設立して個人雑誌「我観」（昭和11年「東大陸」, 19年第二次「我観」に改題）を創刊し, 以降は同誌を中心として引き続き健筆を振るった。昭和7年からは野依秀市の依頼で「帝都日日新聞」に隔日で小文を寄稿。12年同郷の林銑十郎が組閣した際, 文相として入閣を要請されたが固辞した。18年文化勲章を受章。20年空襲で自宅が全焼し, 戦後狛江に転居して間もなく死去した。他の著書に「真善美日本人」「東西英雄一夕話」「人物論」「英雄論」などがある。　[家]妻＝三宅花圃（小説家）, 兄＝三宅恒徳（法学者）, 岳父＝田辺太一（幕臣）, 女婿＝中野正剛（ジャーナリスト）, 甥＝三宅恒方（昆虫学者）　[勲]文化勲章〔昭和18年〕

三宅 善三　みやけ・ぜんぞう

年末の風物詩となったベートーヴェン「第九交響曲」演奏を日本に持ち込んだ

生年不詳～昭和34年（1959年）

[学]東京帝国大学美学科卒　[歴]東京帝国大学美学科を卒業後, 昭和11年より2年間, ドイツに留学。帰国後は日本放送協会（NHK）に入り, 音楽部で洋楽を担当。留学当時, ドイツで大晦日深夜にいくつかの街でベートーヴェンの「第九交響曲」が演奏されていたことから, 日本でもその導入を図り, 15年末に初めてラジオ第二放送で「第九」を放送した。太平洋戦争が始まっても, 特別放送で例外となった19年以外は毎年正月に放送が続けられ, 戦後になって年末の放送に落ち着いた。N響誕生にも中心人物として関わったが, 34年50歳で亡くなった。

三宅 大輔　みやけ・だいすけ

プロ野球監督

明治26年（1893年）4月16日～昭和53年（1978年）1月3日

みやけ　　　　　　　　　　　　　昭和人物事典 戦前期

生東京都　名別姓＝小柴　学慶応義塾大学〔大正7年〕卒　歴
慶応義塾大学時代は捕手、内野手として活躍、主将も務めた。
三田倶楽部、東京クラブチームを経て、大正14年慶大チーム
監督となる。のち東京六大学野球リーグ専属審判員。昭和9～
10年巨人初代監督、11～12年阪急初代監督、18～19年には名
古屋軍（中日）総監督、19年産業軍監督を務めた。戦後は各球
団の技術担当や評論家として活躍。44年野球殿堂入り。著書
に「近代打法」「野球学」がある。

三宅 速　みやけ・はやり
外科学者 九州帝国大学教授
慶応3年（1867年）3月18日～昭和20年（1945年）6月29日
生阿波国美馬郡舞中島村（徳島県美馬市）　学帝国大学医科大
学〔明治24年〕卒 医学博士（東京帝国大学）〔明治34年〕　歴医
師の長男。帝国大学医科大学を卒業し、明治26年徳島市で病
院を開業。31～33年ドイツへ私費留学。34年大阪府立医学校
教諭兼同病院外科医長となったが、36年官費留学生として再
びドイツへ渡り、37年京都帝国大学福岡医科大学（後の九州帝
国大学）教授に就任。大正2年日本外科学会長。昭和2年名
誉教授。胆石症研究で知られ、6年帝国学士院賞を受けた。こ
の間、大正11年欧米出張の帰路に来日途中のアインシュタイ
ンと同船し、病気に罹ったアインシュタインを診察したこと
をきっかけに親交を結んだ。　賞帝国学士院賞（第21回）〔昭
和6年〕

三宅 磐　みやけ・ばん
社会運動家 横浜貿易新報社長 衆議院議員
明治9年（1876年）6月8日～昭和10年（1935年）5月23日
生岡山県岡山市西田町　名号＝操山　学東京専門学校（現・
早稲田大学）英語政治科〔明治32年〕卒　歴明治32年大阪朝
日新聞社経済部に入社。34年関西労働組合期成会結成に参加
し、演説会で「都市と社会主義」などを発表。38年大阪同志会
を設立。39年東京日日新聞に移り経済部長となる。41年横浜
市政顧問となり、42年から「横浜貿易新報」社長兼主筆。そ
の後、横浜市議、神奈川県議などを歴任し、昭和7年から3回
衆議院議員に当選。民政党に所属した。著書に「都市の研究」
がある。

三宅 光治　みやけ・みつはる
陸軍中将 満州国協和会中央本部長
明治14年（1881年）5月22日～昭和20年（1945年）10月21日
生三重県　学陸士（第13期）〔明治34年〕卒、陸大〔明治43年〕
卒　歴陸軍省副官兼陸相秘書官などを経て、大正8年オースト
リア・ハンガリーに駐在し、第一次大戦後のパリ平和条約実
施委員。その後、近衛歩兵第4連隊長、第4師団参謀長、歩兵
第5旅団長など歴任し、昭和3年関東軍参謀長となり、満州事
変を推進。7年中将。11年予備役編入。満州通として知られ、
15～20年満州国協和会中央本部長を務めた。敗戦後、ソ連に
抑留され、10月モスクワで死去。

三宅 やす子　みやけ・やすこ
小説家 評論家
明治23年（1890年）3月15日～昭和7年（1932年）1月18日
生京都府京都市富小路丸太町　名旧姓・旧名＝加藤　学お茶
の水高等女学校卒　歴京都師範学校校長・加藤正矩の娘。9歳
で東京に転居。お茶の水高等女学校卒業後、明治43年昆虫学
者三宅恒方と結婚。少女時代から小説好きで「女子文壇」に
投稿。結婚後、夏目漱石、小宮豊隆に師事し、大正10年夫の死
去で文筆稼業を決意、評論、小説、講演などで活躍。廃娼運動
や婦選運動などにも積極的に取り組む。12年個人雑誌「ウー
マン・カレント」創刊。15年朝日新聞に連載した小説「奔流」
で認められ、「金」「燃ゆる花びら」、未完の遺作「偽れる未亡
人」（「婦人公論」に連載）などを発表。ほかに評論「未亡人論」

「婦人の立場から」「生活革新の機至る」「我子の性教育」など
がある。没後「三宅やす子全集」（全5巻）が刊行された。　家
夫＝三宅恒方（昆虫学者）、娘＝三宅艶子（作家）、孫＝三宅菊
子（エッセイスト）

三宅 由岐子　みやけ・ゆきこ
劇作家
明治39年（1906年）1月27日～昭和12年（1937年）2月26日
生東京都港区高輪　名本名＝三宅由紀子　学双葉女学校中退
歴昭和7年発表の「晩秋」で認められ、9年築地座で上演され
た「春愁記」が代表作。他の作品に「花かげ」「寂しき人々」
などがある。　家兄＝三宅三郎（劇評家）

三宅 米吉　みやけ・よねきち
歴史学者 東京文理科大学学長
万延1年（1860年）5月13日～昭和4年（1929年）11月11日
生紀伊国和歌山城下寺治（和歌山県和歌山市）　専日本考古学
学慶応義塾中学〔明治8年〕中退 文学博士〔明治34年〕　資帝
国学士院会員〔大正14年〕　歴新潟英語学校、千葉中学の教
員となり、明治14年東京師範に転ずる。19年「日本史学提要」
を刊行して名声を博し、同年金港堂に入社し教育視察のため
欧米に留学。21年帰国、金港堂編輯所長となり普通教育の普
及をめざす「文」を創刊、また文芸雑誌「都の花」を発行す
る。25年金港堂副社長、28年金港堂を退社し東京高等師範学
校教授に就任。同年下村三四吉らと考古学会を創設、34年会
長に就任、考古学の発展・普及に努めた。32年東京帝国大学
文科大学講師、大正9年東京高師校長に任じ、11年帝室博物館
総長を兼ね、さらに宮内顧問官、14年帝国学士院会員、昭和
4年東京文理科大学初代学長となった。主著に「考古学研究」
などがある。

都 一梅　みやこ・いちうめ
一中節演奏家
明治25年（1892年）1月30日～昭和25年（1950年）11月28日
名本名＝小林きん、別名＝宮薗千香　歴初め清元お葉に学ぶ。
明治32年頃から10代目都一中に学び一梅を名のる。のち、一
中と結婚。ほかに宮薗節、河東節、小唄と幅広く活躍。一中
没後は、一中節の実質的統率者として尽力した。　家夫＝都
一中（10代目）

宮古 啓三郎　みやこ・けいざぶろう
衆議院議員
慶応2年（1866年）4月～昭和15年（1940年）4月9日
出常陸国（茨城県）　学東京帝国大学仏法科〔明治25年〕卒　歴
弁護士を務め、日本法律学校講師、法制審査会臨時委員、土
木会議員、政友会総務を歴任する。この間、明治35年衆議
院議員となり、以来通算9期務めた。政友会に所属した。訳書
に「一読奮起立志美談」「ル・ロア・ボリュー経済学」「民法
講義」がある。

都家 静代　みやこや・しずよ
漫才師
生年不詳～昭和31年（1956年）
歴大正・昭和期に“ぼやき漫才”の創始者として知られる夫・
都家文雄とのコンビで活躍した。平成16年上方演芸の殿堂入
り。　家夫＝都家文雄（漫才師）

都家 文雄　みやこや・ふみお
漫才師
明治26年（1893年）3月1日～昭和46年（1971年）5月4日
生滋賀県　名本名＝苗村直次、前名＝桂歌治　歴落語家の三
遊亭円若の門に入り、桂歌治を名のる。やがて漫才に転じ、上
方独特の“ぼやき漫才”を創り出した。妻の都家静代の没後は

一人で漫談を演じたが、芦乃家雁玉、荒川歌江ともコンビを組んだ。また関西演芸協会会長を長く務め、門下から"ぼやき漫才"で知られる人生幸朗・生恵幸子らを輩出した。　家妻＝都家静代（漫才師）　賞大阪府民劇場賞〔昭和41年〕

宮崎 勝太郎　みやざき・かつたろう
外交官　駐ルーマニア公使
明治25年（1892年）4月〜昭和21年（1946年）7月
生愛媛県　学東京帝国大学法科〔大正6年〕卒　歴大正6年農商務省入省。7年外務事務官となり、平和条約課、欧米局課長を経て、昭和7年パリの日本大使館一等書記官、9年7月から在ロンドン大使館一等書記官に。その後、海軍軍縮会議の全権委員随員、トルコの日本大使館参事官を歴任し、12年10月、在パリ大使館参事官となる。14年には駐ルーマニア公使に栄進したが、欧州大戦の激化により、翌15年10月東京に帰り、2ケ月後退官。日本ペンクラブの創立に一役買い、そして参戦には終始反対を貫き通して平和への所信を曲げなかった。　家女婿＝安倍勲（宮内庁式部官長）

宮崎 繁三郎　みやざき・しげさぶろう
陸軍中将
明治25年（1892年）1月4日〜昭和40年（1965年）8月30日
生岐阜県　学陸士（第26期）〔大正3年〕卒、陸大〔大正13年〕卒　歴上海特務機関長、第26旅団長などを経て、昭和19年中将、第54師団長。この間、14年の"ノモンハン事件"では歩兵第16連隊長として第23師団救助のため出動。また19年の"インパール作戦"においては第31師団長（当時少将）として終始善戦しながら各部隊の撤退に腐心し、味方軍の損耗を最小限に食い止めた。著書に「吾が輩はチビ公である」がある。　家長男＝宮崎繁樹（明治大学総長）、息子＝宮崎繁忠（三菱銀行常務）

宮崎 周一　みやざき・しゅういち
陸軍中将
明治28年（1895年）2月6日〜昭和44年（1969年）10月16日
生長野県　学陸士（第28期）〔大正5年〕卒、陸大〔昭和2年〕卒　歴昭和4年参謀本部員、7年8月陸軍大学校教官、12年7月ヨーロッパ出張、13年第11軍参謀、14年歩兵第26連隊長、15年陸軍大学校教官、16年少将。17年10月第17軍参謀としてガダルカナル島作戦に参加、18年5月参謀本部第4部長、19年8月第6方面軍参謀長、同年10月中将、12月参謀本部第1部長。敗戦と同時に復員省に移り史実部長。25年吉田茂首相の招きで日本の再軍備案と旧軍人の追放解除リストづくりに従事した。

宮崎 高四　みやざき・たかし
実業家　新阪堺電鉄社長　衆議院議員
明治25年（1892年）4月〜昭和7年（1932年）5月18日
生熊本県　名旧姓・旧名＝大谷　学東京帝国大学法科大学経済科〔大正6年〕卒　歴大谷高寛の四男に生まれ、のち実業家・宮崎敬介の養子となる。大正6年大学を卒業して実業界に入り、新阪堺電鉄社長のほか、大阪土地建物取締役、高松百貨店取締役、門司築港監査役、木津川土地運河監査役などを務めた。昭和5年郷里・熊本県から衆議院議員（民政党）に当選1回。　家養父＝宮崎敬介（実業家）

宮崎 虎一　みやざき・とらいち
冶金学者　東京帝国大学工学部教授
明治17年（1884年）9月13日〜昭和7年（1932年）5月12日
出香川県丸亀市　専電気冶金学　学東京帝国大学工科大学採鉱冶金学科〔明治41年〕卒　工学博士（東京帝国大学）〔大正9年〕　歴明治41年東京帝国大学工科大学講師、42年助教授となり、大正5年冶金学研究のため欧米へ留学。7年帰国して教授に昇進、冶金学第二講座を担当した。電気冶金学、特に亜鉛・錫など非鉄金属の冶金に関する造詣が深かった。

宮崎 一　みやざき・はじめ
弁護士　衆議院議員
明治19年（1886年）11月〜昭和26年（1951年）10月10日
出埼玉県　学東京帝国大学英法科〔明治45年〕卒　歴弁護士として働く。浦和町議、埼玉県議、同議長を経て、昭和7年衆議院議員に当選。以来連続4期。その間米内内閣の陸軍参与官、司法省委員、20年幣原内閣の陸軍政務次官、次いで第一復員政務次官を歴任。また浦和弁護士会長も務めた。

宮崎 康二　みやざき・やすじ
水泳選手
大正5年（1916年）10月15日〜平成1年（1989年）12月30日
出静岡県湖西市　学慶応義塾大学卒　歴浜名湖で泳ぎを鍛え、小学生のとき全国優勝、浜松一中3年生のとき自由形で日本記録をマーク。昭和7年のロサンゼルス五輪では100メートル自由形で金メダル（オリンピック記録）、800メートルリレーでも優勝した。現役引退後は、プラスチック成形機械の会社を経営、日米機械貿易社長、日本水連理事などを務めた。

宮崎 米一　みやざき・よねいち
レスリング選手
生年不詳〜平成7年（1995年）6月6日
出群馬県　歴柔道選手として活躍した後、昭和7年の大日本アマチュア・レスリング協会設立に加わり、同年ロサンゼルス五輪グレコローマン・ライト級に出場し3回戦まで進出。五輪後、和歌山県に移り住み、県立古座、箕島両高校の教頭などを経て、36〜41年和歌山県立図書館長を務めた。

宮崎 龍介　みやざき・りゅうすけ
社会運動家
明治25年（1892年）11月2日〜昭和46年（1971年）1月23日
出熊本県玉名郡荒尾町（荒尾市）　学東京帝国大学法学部法律学科〔大正9年〕卒　歴明治28年に上京し、13歳のとき初めて孫文に会う。その後、東京帝国大学在学中に、父の影響を受けて2度中国に渡り事情を探査したが、大正8年には赤松克麿とともに東大に新人会を作って大正デモクラシー運動の推進とアジア各国の独立運動への協力を始める。9年に「解放」の主幹をしていたとき炭鉱王伊藤伝右衛門の妻で歌人の柳原白蓮に会って熱愛、駆け落ちまでして12年結婚した。白蓮が大正天皇の従妹であったため、この事件は右翼の攻撃の的ともなって話題を投げた。その後は社会民衆党、全国労農大衆党など無産政党で活動する一方、昭和4年には中野正剛と国民外交協会を設立、8年からは右翼的政治結社・東方会に属し、民族主義運動と中国問題に専念。12年7月には近衛文麿の密使として蒋介石と会見することを計画したものの憲兵隊に逮捕されて挫折。戦後は弁護士となり、不戦運動、護憲運動や日中友好運動に従事した。31年孫文を記念する日本中山会を設立。著書に「対支外交論」があり、「宮崎滔天全集」の編集を行った。　家父＝宮崎滔天（中国革命の父・孫文の親友）、妻＝柳原白蓮（歌人）

宮沢 賢治　みやざわ・けんじ
詩人　童話作家
明治29年（1896年）8月27日〜昭和8年（1933年）9月21日
出岩手県稗貫郡花巻町（花巻市豊沢町）　学盛岡高等農林学校〔大正7年〕卒　歴花巻の質古着商の長男として生まれ、浄土真宗の信仰の中に育つ。幼少から鉱物採集に熱中。盛岡高等農林学校在学中法華経を読み、熱心な日蓮宗信者となる。大正10年父に日蓮宗への改宗を勧めるが、聞き入れられず、家出して上京。日蓮宗伝導に携わる傍ら、詩や童話を創作。半年ほどで妹の発病のため帰郷。以後、4年間花巻農学校教諭を務める。13年詩集「春と修羅」、童話集「注文の多い料理店」を自費出版。15年羅須地人協会を設立し、若い農民に

農学や芸術論を講義。のち治安当局の疑惑を招き、また自身の健康状態の悪化により頓挫。昭和6年頃一時回復し、東北砕石工場技師を務めるが、晩年のほとんどを病床で送った。多くの童話、詩、短歌、評論を残したが、ほとんど認められることなく37歳で夭折。没後、人間愛、科学的な宇宙感覚にあふれた独自の作風で、次第に多くの読者を獲得した。6年11月の手帳に記された「雨ニモマケズ」は有名。他の童話集に「風の又三郎」「銀河鉄道の夜」「セロ弾きのゴーシュ」「オツベルと象」「どんぐりと山猫」「よだかの星」「グスコーブドリの伝記」などがある。 家弟＝宮沢清六(文芸評論家)

宮沢 清作　みやざわ・せいさく
弁護士 衆議院議員
明治11年(1878年)4月〜昭和14年(1939年)3月14日
出宮城県 学日本大学〔明治36年〕卒 歴宇都宮地方・栃木区・仙台区・仙台地方各裁判所判事を歴任後、弁護士として活躍し、仙台弁護士会副会長、宮城県議等を務めた。また昭和5年7月宮城1区より衆議院議員初当選。政友会に所属し、通算5期を務めた。

宮沢 胤勇　みやざわ・たねお
実業家 衆議院議員 明治製革社長
明治20年(1887年)12月15日〜昭和41年(1966年)6月2日
生長野県 学早稲田大学政治経済科〔明治44年〕卒 歴大正3年明治製革に入社、昭和10年取締役。桜組工業常務、早大講師を経て、12年スタンダード靴会社を設立。19年明治製革社長、36年会長。この間5年以来衆議院議員当選6回、民政党に属し、陸軍政務次官を務めたが、16年の予算討議で失言し、辞任。19年小磯国昭内閣の内閣参与。戦後公職追放、解除後民主党に入り、衆議院内閣委員長、31年石橋湛山内閣、32年第一次岸信介内閣の各運輸相、のち自民党相談役などを歴任。他に皮革産業協会顧問、東京靴連盟会長を務めた。

宮沢 俊義　みやざわ・としよし
憲法学者 東京帝国大学教授
明治32年(1899年)3月6日〜昭和51年(1976年)9月4日
生長野県長野市 学東京帝国大学法学部政治学科〔大正12年〕卒 歴大正14年東京帝国大学助教授を経て、昭和9年教授に就任。戦後、21〜22年勅選貴族院議員を務め、日本国憲法の審議に参加した。 賞文化功労者〔昭和44年〕

宮沢 弘幸　みやざわ・ひろゆき
スパイ容疑を受けた宮沢事件被告
大正8年(1919年)〜昭和22年(1947年)2月
歴太平洋戦争開戦日の昭和16年12月8日、全国一斉にスパイ容疑者の摘発が行われ、親交のあった北大予科の英語教師で米国人のハロルド・レーン夫妻とともに軍機保護法違反などの疑いで逮捕された北大生(当時23歳、工学部2年生)。容疑否認のまま17年1審で懲役15年となり上告しながらも18年大審院で刑が確定。20年10月連合国軍総司令部(GHQ)の指令で釈放されるまで服役。この間肺結核に侵され22年2月、28歳で死亡。60年国家秘密法案の国会提出を機に事件の真相、判決の不当性が弁護士の調査で明らかにされた。平成5年遺族や北大の同級生らの証言による事件のドキュメンタリービデオが完成した。

宮沢 裕　みやざわ・ゆたか
衆議院議員
明治17年(1884年)1月〜昭和38年(1963年)5月23日
生広島県沼隈郡金江村(福山市金江) 学東京帝国大学法学部政治学科〔大正3年〕卒 歴内務省入省後、実業界に転じ、昭和3年以来衆議院議員に6選。11年内閣調査局参与、15年鉄道

政務次官を務めた。著書に「平易なる思想論」「日本政治学原論」など。 家長男＝宮沢喜一(首相)、二男＝宮沢弘(参議院議員)、三男＝宮沢泰(駐西ドイツ大使)、孫＝宮沢洋一(衆議院議員)

宮地 栄治郎　みやじ・えいじろう
実業家 宮地鉄工所創業者
明治19年(1886年)3月22日〜昭和42年(1967年)4月28日
生愛知県東春日井郡陶村下末(小牧市) 学錦城中〔明治41年〕卒 歴明治41年東京・本所で宮地鉄工所(現・宮地エンジニアリング)を創業。大正12年合資会社、昭和13年株式会社に改組。36年会長に退く。当初は鉄柵や鉄扉、ボルトなどの製造に従事したが、大正年間からは鉄構製品の現場架設工事を担当。戦後は、鉄骨・橋梁・鉄塔の製作や土木建築請負に従事し、36年東証第二部、37年東証第一部に上場した。 家長男＝宮地武夫(宮地鉄工所社長)、孫＝宮地宣夫(宮地建設工業社長)

宮地 直一　みやじ・なおかず
宗教学者 東京帝国大学教授
明治19年(1886年)1月24日〜昭和24年(1949年)5月16日
生高知県土佐郡江ノ口村(高知市) 専神道史学 学東京帝国大学文科大学史学科〔明治41年〕卒 文学博士〔大正11年〕歴明治42年内務省神社局嘱託。大正3年明治神宮造営局参事、8年内務省考証官、考証課長を経て、昭和14年東京帝国大学文学部教授、皇典講究所理事。21年退官。戦後、神社本庁の設立に尽力。その後、国民信仰研究所所長。神祇史の研究、特に熊野三山の歴史的研究など、厳密な考証による近代神道史学の確立に貢献した。著書に「神祇史 正続」「神祇史の研究」「神祇史大系」「神祇と国史」「熊野三山の史的研究」「八幡宮の研究」「宮地直一遺稿集」(全8巻)などがある。

宮嶋 巌　みやじま・いわお
スキー選手
生年不詳〜平成17年(2005年)6月21日
歴スキージャンプの選手で、昭和11年ガルミッシュ・パルテンキルヘン五輪男子ノーマルヒルに出場、31位。

宮島 新三郎　みやじま・しんざぶろう
英文学者 文芸評論家 早稲田大学文学部助教授
明治25年(1892年)1月28日〜昭和9年(1934年)2月27日
生東京市神田区(東京都千代田区) 出埼玉県比企郡宮前村(滑川町) 学早稲田大学英文科〔大正4年〕卒 歴母校の東京中学に勤務し、大正9年早稲田高等学院教授となる。14年から昭和2年にかけて英国留学し、帰国後早大文学部助教授になる。大正10年「近代文明の先駆者」を刊行。文芸批評家として活躍し「改造思想十二講」「欧州最近の文芸思潮」「大正文学十四講」などの著書があり、また英米文学研究者として「現代英国文芸印象記」「現代文芸思潮概説」などの著書もある。

宮嶋 資夫　みやじま・すけお
アナキスト 小説家
明治19年(1886年)8月1日〜昭和26年(1951年)2月19日
生東京市四谷区伝馬町(東京都新宿区) 名本名＝宮嶋信泰 歴四谷小学校高等科に学び、13歳から砂糖問屋の小僧など多くの仕事を転々とし放浪生活をする。のち都新聞編集員となり、大杉栄らの「近代思想」に共鳴。のち大正4年復刊された「近代思想」の発行人となる。5年労働文学の先駆的作品「坑夫」を刊行。9年「恨なき殺人」を刊行、また雑誌「労働者」発行、評論「第四階級の文学」を刊行するなど労働文学の作家として幅広く活躍した。昭和7年「禅に生きる」を刊行、以後「華厳経」などの仏教書を多く出版し、12年埼玉県大和田町平林寺僧坊の堂守となったが、18年京都の天龍寺の末寺

遠塵庵に移る。戦後は浄土真宗に帰依し、25年「真宗に帰す」を刊行。没後「遍歴」と改題されて刊行された。

宮嶋 清次郎　みやじま・せいじろう
実業家 日清紡績社長
明治12年(1879年)1月20日～昭和38年(1963年)9月6日
[生]栃木県佐野市 [名]旧姓・旧名＝小林 [学]東京帝国大学法科政治学科〔明治39年〕卒 [歴]住友別子鉱業所、東京紡績を経て、大正3年日清紡績に移り、8年社長に就任。堅実経営で10大紡績の最優秀会社に引き上げた。昭和15年会長。その間、国策パルプ工業社長などを兼ね、水野成夫、南喜一などを育てる。戦後、公職追放、解除後の23年日本工業倶楽部理事長に就任。また、吉田内閣時代には日本銀行政策委員となり、財界の"一言居士"として知られた。

宮島 幹之助　みやじま・みきのすけ
寄生虫学者 北里研究所副所長 衆議院議員
明治5年(1872年)8月12日～昭和19年(1944年)12月11日
[生]山形県 [専]病理学, 病源原虫学 [学]東京帝国大学理科大学動物学科〔明治31年〕卒, 京都帝国大学大学院寄生虫学専攻〔明治33年〕修了 医学博士(京都帝国大学)〔明治40年〕 [歴]明治34年京都帝国大学医科大学講師を経て、35年内務省伝染病研究所に入所、36年痘苗製造所技師、37年米国派遣、38年伝研技師。40年京都帝国大学より理学部系出身者として初めて医学博士号を取得。44～45年ドイツに留学。大正3年北里研究所創設に伴い寄生虫部長に就任、昭和13年副所長。慶応義塾大学教授も務めた。マラリア、ツツガムシ病などの媒介体の研究で知られ、日本で最初にマラリア原虫の発育、シナハマダラカによる媒介を実験証明した。また国際連盟保健機関の常設委員、日本代表を務め、昭和4～10年国際連盟阿片中央委員会委員を務めた。大正13年衆議院議員に当選1回(山形2区, 民政党)。著書に「動物教本」「動物と人生」「熱帯生活」「国際阿片問題の経緯」、共著に「人体寄生虫ノ診断及治療法」、共編に「北里柴三郎伝」などがある。

宮薗 千之(3代目)　みやぞの・せんし
宮薗節三味線方 宮薗節千之派家元
明治12年(1879年)～昭和21年(1946年)10月3日
[出]東京都 [名]本名＝片山房枝, 前名＝宮薗千秀, 別名＝山彦ふさ子, 荻江ふさ [歴]2代目宮薗千之の門人。明治34年2代目千秀、昭和7年3代目千之を継いだ。河東節を山彦秀翁、荻江節を荻江ひさに学んだ。絶妙の三味線で昭和初期の名人といわれた。

宮薗 千広　みやぞの・ちひろ
宮薗節太夫 宮薗節千寿派家元
明治16年(1883年)10月25日～昭和39年(1964年)7月25日
[出]東京都 [名]本名＝鎗田ゆき, 後名＝宮薗千寿, 別名＝山彦広子, 荻江ひろ [歴]宮薗千春の門弟。明治44年宮薗千広、昭和23年3代目千寿を襲名した。他に河東節を山彦秀翁に、荻江節を荻江ひさに学んだ。淡々たる語りに滋味があり昭和初期の名人といわれた。34年病気で引退。作品に「お光」「椀久」など。

宮田 勝善　みやた・かつぜん
ボート選手
明治37年(1904年)2月7日～平成1年(1989年)1月30日
[生]東京都 [学]慶応義塾大学経済学部〔昭和4年〕卒 [歴]ボート界の草分けで、慶応義塾大学時代は名コックスとして活躍。ベルリン、ロサンゼルス五輪に出漕。また、日本漕艇協会理事、宮田刺繍舗社長を務め、刺繍では大相撲の柏戸、大鵬らの化粧回しを数多く手がけた。著書に「オールの泡」「ボート百年」。

宮田 脩　みやた・しゅう
成女高等女学校長
明治7年(1874年)10月3日～昭和12年(1937年)3月19日
[生]神奈川県横浜市 [名]号＝木仏, 素菴 [学]東京専門学校(現・早稲田大学)文科〔明治31年〕卒 [歴]幕臣の子。東京専門学校出版部で「早稲田学報」及び「早稲田大学文科講義録」の編集に携わり、明治32年奈良県畝傍中学校に赴任。34年成女学校講師、同年同校学監、37年校主、41年同校が高等女学校の認可を得て学校長となり、以来没年まで女子教育に尽力した。この間、早稲田大学理事、監事、評議員、全国高等女学校長協会理事、女子教育振興会理事、東京私立高等女学校協会理事長などを務め、文部省の女子中等教育調査委員、同中等教育教授要目改正委員などを嘱託した。著書に「西洋道徳思想史」「是からの若い女」など。

宮田 文子　みやた・ふみこ
随筆家
明治21年(1888年)7月21日～昭和41年(1966年)6月25日
[生]愛媛県松山 [名]旧姓・旧名＝中平文子, 武林文子 [歴]数多くの恋愛、結婚、放浪の生活を経て、大正9年小説家の武林無想庵と結婚。ともに中国、ヨーロッパに旅行して後、フランスに滞在。この間も艶名高く、昭和9年武林と離婚、10年アントワープの貿易商・宮田耕三と結婚した。宇野千代と親交を持ち、自伝、旅行記などを執筆。著書に「七十三歳の青春」「刺青と割札と食人種の国」「わたしの白書」などがある。

宮田 道雄　みやた・みちお
写真化学者 京都帝国大学工学部教授
明治19年(1886年)8月19日～昭和59年(1984年)11月18日
[出]広島県 [学]京都帝国大学製造化学科〔明治45年〕卒 [歴]大正13年から昭和21年まで京都帝国大学工学部教授を務めた。[賞]毎日通信賞・印刷賞・写真賞写真賞(第6回)〔昭和19年〕

宮田 光雄　みやた・みつお
貴族院議員(勅選) 警視総監
明治11年(1878年)11月25日～昭和31年(1956年)3月8日
[生]三重県 [学]東京帝国大学法科大学独法科〔明治38年〕卒 [歴]貴族院書記官、臨時議院建築局経理部長、統計局参与などを経て、大正8年福島県知事。9年三重県から衆議院議員に当選、はじめ無所属、のち庚申倶楽部に属し、11年加藤友三郎内閣の内閣書記官長。13年勅選貴族院議員となり、昭和21年まで在任、研究会で重きをなした。この間、昭和2年田中義一内閣の警視総監となり、三・一五、四・一六の共産党弾圧を指揮した。14年政友会中島派総務、戦時中は興亜同盟協議会議長、翼賛会興亜総本部長などを務めた。

宮武 外骨　みやたけ・がいこつ
ジャーナリスト 明治文化史研究家
慶応3年(1867年)1月18日～昭和30年(1955年)7月28日
[生]讃岐国小野村(香川県綾歌郡綾川町) [名]幼名＝亀四郎, 別号＝半狂堂 [学]進文学舎 [歴]豪農の四男に生まれる。雑誌作りに憧れて18歳で上京、明治20年に「頓智協会雑誌」を創刊したが、3年後の28号で折からの憲法発布を諷刺して重禁固3年、罰金100円、監視1年の刑。出所後は失敗や不運続きで、32年に台湾へ渡り、帰国の翌34年、大阪で「滑稽新聞」を創刊、処罰覚悟の捨て身の官僚攻撃で読者を沸かせ、言論界に復帰した。政府からは社会主義者＝特別要視察人に指定され、浮世絵雑誌や新聞などのメディアを操ってこれに抵抗後、大正4年衆議院選挙落選を置き土産に上京。不運続きの中でも部分的成功はあったが、大正の中ごろからは江戸文化を中心としたワイセツ研究に転向。13年から吉野作造らと明治文化研究会を開催。15年に東京帝国大学法学部内に明治新聞雑誌文庫が設立されるとその主任となり、以後約30年間、同文庫の充実に

みやたけ　　　　　　　　　　　　　　　昭和人物事典 戦前期

尽力した。その間、昭和6年には懺悔録「自家性的犠牲史」を書いて奇名を挙げている。古川柳・浮世絵の研究家としても知られ、晩年は日本新聞史の研究に没頭した。生涯を通じて発禁20回、罰金16回、入獄2回を記録。著書も「筆禍史」「賭博史」「売春婦異名集」など奇書が多い。　家甥＝吉野孝雄（宮武外骨研究家）

宮武 三郎　みやたけ・さぶろう
野球選手
明治40年（1907年）7月23日～昭和31年（1956年）12月11日
生香川県高松市　学慶応義塾大学〔昭和6年〕卒　歴高松商のエースとして大正14年夏の全国中等野球選手権大会に優勝。昭和2年慶応義塾大学に進み、主戦投手として7シーズンに全勝1回を含む優勝4回、早慶戦ではファンをわかせた。39勝6敗2分、打率.304、本塁打7の記録は長島の登場まで破られなかった。卒業後、パラマウント映画に入社。のち白木屋勤務を経て、11年阪急結成と同時に入団。3年在籍したのち、報知新聞など数社に勤務。戦後は専売公社の野球部監督を務めた。40年野球殿堂入り。通算147試合、打率.246、本塁打9。

宮武 正道　みやたけ・せいどう
南洋研究家
大正1年（1912年）9月6日～昭和19年（1944年）8月16日
出奈良県　学天理外国語学校馬来語科　歴奈良中学から天理外国語学校馬来語科に進む。エスペラントやパラオ語、アラビア語なども学び、昭和7年からインドネシアの新聞に日本紹介記事を寄稿。著書に「南洋パラオ島の伝説と民謡」「瓜哇見聞記」「南洋文学」「マレー語」「インドネシヤ人の文化」「南洋の言語と文化」、編著に「日馬小辞典」などがある。

宮武 東洋　みやたけ・とうよう
写真家
明治28年（1895年）～昭和54年（1979年）
生香川県高篠村　別名＝宮武東洋男　歴明治42年米国に移住。写真が好きで、シゲタ・ハリーに師事、28歳の時に独立して、ロス市内の日本人町リトル東京に宮武東洋写真スタジオを開く。31歳でロンドン万国写真展入選。第10回ロサンゼルス五輪、昭和24年ロサンゼルス水泳大会に出場した日本代表選手達の貴重な写真を撮影。太平洋戦争中はマンザナー収容所に強制収容されたが、禁止されていたカメラを持込み収容所内を撮影、貴重な記録を残した。　賞ロンドン万国写真展入賞〔昭和1年〕

宮地 嘉六　みやち・かろく
小説家
明治17年（1884年）6月11日～昭和33年（1958年）4月10日
生佐賀県佐賀市　学小学校中退　歴仕立屋の弟子を出発に多くの職業を転々とし、佐世保海軍造船廠に入り、明治33年呉海軍工廠に移る。この頃から文学に関心を抱き、35年上京、富岡鉄工場などで働くが、36年神戸に帰る。41年再び上京して早大の聴講生となるが、経済的に苦しく呉へ戻って海軍工廠に入る。45年呉海軍工廠争議に参加して検挙される。大正2年上京し「奇蹟」の同人に。「鉄工場」「煤煙の臭ひ」「騒擾後」「或る職工の手記」「放浪者富蔵」などの作品を発表し、作家的地位を得る。9年日本社会主義同盟に参加。労働文学者として活躍するようになり、「破婚まで」「累」「愛の十字架」などを刊行。戦後は篆刻で生計を営み、昭和30年「老残」を刊行した。「宮地嘉六著作集」（全6巻、慶友社）がある。

宮永 東山（1代目）　みやなが・とうざん
陶芸家
明治1年（1868年）～昭和16年（1941年）12月15日
生加賀国金沢（石川県金沢市）　名本名＝宮永剛太郎　歴明治

時代に京都の深草に陶窯を築き工房を設けた。以来大正、昭和に亘って農展、商工展など各種の展覧会に傑作を出品し続け、多くの賞を得た。昭和2年帝展に美術工芸部が設けられて無鑑査となり、16年改組後の第3回文展に「群鹿の図瓶掛」を出品、絶作となった。　家息子＝宮永東山（2代目）（陶芸家）、孫＝宮永東山（3代目）（陶芸家）

宮野 省三　みやの・しょうぞう
埼玉県知事
明治29年（1896年）9月28日～昭和47年（1972年）12月6日
生三重県　学東京帝国大学法学部〔大正9年〕卒　歴内務省警保局保安課長を経て、昭和12年岐阜県知事、16年埼玉県知事。

宮原 旭　みやはら・あさひ
男爵 貴族院議員
明治37年（1904年）5月～昭和58年（1983年）12月10日
出静岡県静岡市　学グラスゴー工科大学（英国）卒　歴昭和14年から22年まで貴族院議員。16年日本小型飛行機会社取締役兼技師長として、我が国初の蜂型発動機付きグライダーを製作した。日本ハングライディング連盟会長も務めた。

宮原 清　みやはら・きよし
神島化学工業社長 アマチュア野球の振興に貢献
明治15年（1882年）12月4日～昭和38年（1963年）10月16日
生長野県小県郡田沢村（青木村）　学慶応義塾大学卒　歴長野県中学上田支校（現・上田高）在学中の明治29年同校野球クラブ設立に参加、桜井弥一郎・依田英一・清水長之助らと県下最強のチームを組む。30年慶応義塾普通部5年生に転入学し、同校野球部創立者の前島繁太に協力、主将となり桜井・清水・鷲沢与四二らを勧誘し野球部を強化、36年第1回早慶戦に慶大主将・4番打者として活躍、勝利に導いた。大学卒業後、大阪の藤田組に入社、のち肥料製造の神島化学工業を設立し社長に就任。傍ら、阪急、鐘ケ淵紡績などの重役となり実業界で活躍。実業人となってからもアマチュア野球の振興に貢献、日本学生野球協会副会長、全国中等学校選抜野球大会の選考委員長を務めたほか、日本社会人野球協会の設立に尽力し、昭和24年初代会長となる。2年から開始の都市対抗野球大会兼社会人野球日本選手権大会には私財を投じてその健全育成に努めた。晩年は藤田組執事長、藤田美術館長を務める。没後の39年、社会人野球の普及と振興により野球殿堂入りをした。

宮原 晃一郎　みやはら・こういちろう
北欧文学者 児童文学者
明治15年（1882年）9月2日～昭和20年（1945年）6月10日
生鹿児島県　名本名＝宮原知久　歴幼時に父の勤務で札幌に移り、のち小樽新聞記者となり、当時札幌農学校の教師だった有島武郎とも交わる。その後上京し、大正7年発表の「薤露に代へて」を雑誌「中央公論」に発表。これが出世作となり、以後「赤い鳥」誌上に多くの童話を発表。童話集「龍宮の犬」「悪魔の尾」などを出版。また独学で外国語を修め、ヨーロッパ文学、特に北欧文学の翻訳紹介者として活躍。クヌート・ハムスンの「飢え」やキルケゴール「憂愁の哲理」など多くの訳書がある。他の著書に評論集「北欧の散策」など。

宮原 民平　みやはら・みんぺい
中国史学者 拓殖大学教授
明治17年（1884年）9月13日～昭和19年（1944年）1月21日
生佐賀県小城郡東多久村（多久市）　学台湾協会専門学校（現・拓殖大学）〔明治39年〕卒　歴明治35年台湾協会専門学校（のち東洋協会専門学校、東洋協会大学、現・拓殖大学）に入学。在学中に日露戦争が始まると陸軍通訳として出征。復学後、39年卒業して同校講師となり、44～45年清国へ留学。帰国後、東洋協会専門学校教授。大正11年同校の大学昇格により東洋協

会大学教授、昭和13年拓殖大学教授兼予科教授。14年第7代学監。拓大支那学の基礎を築き、没後遺族より蔵書1000冊と金1000円が寄贈され「宮原文庫」が設けられた。著書に「支那の秘密結社」「支那の口語文学」「華語海外播音録」などがある。

宮部 金吾　みやべ・きんご

植物学者　北海道帝国大学名誉教授
安政7年（1860年）閏3月7日〜昭和26年（1951年）3月16日
[生]江戸下谷御徒町（東京都台東区）　[専]植物病理学　[学]札幌農学校〔明治14年〕卒　理学博士〔明治32年〕　[置]帝国学士院会員〔昭和5年〕　[歴]幕臣・宮部孫八郎の五男。東京英語学校を卒業後、官費生として札幌農学校に第2期生として学び、明治14年卒業。同期には新渡戸稲造、内村鑑三、町村金弥らがいた。開拓使御用掛として東京大学理学部に内地留学して植物学を修め、16年札幌農学校助教授に就任。19年米国ハーバード大学へ留学、菌類学を専攻。22年帰国、教授に昇任して植物学、植物病理学などを担当した。同校が東北帝国大学農科大学、北海道帝国大学と変遷しても一貫して教授職にあり、同大附属植物園を設計・創設した。昭和2年定年退官。5年帝国学士院会員、21年文化勲章を受章。退官後も大学の植物学教室に通い、北海道・千島列島・樺太の植物相研究や、道産の昆布科植物の分類学的研究などに従事した。我が国の植物病理学の先駆者としてその基礎を築くと共に、地元産業と関係深いテンサイの斑点病、ホップの露菌病、リンゴの花腐病などを重点に研究を進めた。教育者としても優れ、門下からは松村松年、半沢洵、田中義麿、伊藤誠哉、坂村徹、平塚直治ら多くの学者を輩出した。択捉島と得撫島間の生物境界分布線である"宮部線"は、その業績を記念して名付けられている。[家]養子＝宮部一郎（家の光協会会長）　[勲]文化勲章〔昭和21年〕

美山 要蔵　みやま・ようぞう

陸軍大佐
明治34年（1901年）6月14日〜昭和62年（1987年）7月31日
[生]東京府荏原郡世田谷村大原（東京都世田谷区）　[名]別名＝美山照陽　[学]陸士（第35期）〔大正12年〕卒、陸大（第45期）〔昭和5年〕卒、中央大学法学部通信教育課程〔昭和32年〕卒　[歴]陸軍の中央幼年学校予科に入り、大正12年陸士第35期を卒業。同期には荒尾興功、松谷誠、榊原主計らがいた。昭和11年梨本宮守正王元帥副官、12年第五師団参謀、13年ソ連・ドイツ・フィンランド駐在を経て、14年参謀本部編成動員課編成班長。その後、16年7月関東軍参謀、8月第二十軍参謀として2ケ月満州に出た後、9月には課長として参謀本部編制動員課に復帰し、19年南方軍参謀に転出するまで長く陸軍の編成・動員という重要任務を担った。この間、17年陸軍大佐。20年陸軍省高級副官に転じ、敗戦を迎えた。戦後はそのまま第一復員省文書課長に横滑りし、厚生省第一復員局、引揚援護庁、厚生省引揚援護局と一貫して旧軍人の復員や海外からの引揚者を担当、29年引揚援護局次長。海外戦死者の遺骨収集にも力を注いだ。37年退官後は千鳥ケ淵戦没者墓苑奉仕会で戦没者の慰霊に生涯を捧げ、52〜60年同理事長を務めた。書道や華道もよくし、美山照陽の名で華道・美山流を創始した。著書に「王義之との対話」「廃墟の昭和から」などがある。

宮本 英太郎　みやもと・えいたろう

キングジム創業者
明治26年（1893年）8月5日〜昭和50年（1975年）1月25日
[生]和歌山県東牟婁郡古座川町　[学]錦城中学中退　[歴]雑貨の小売商を営む家に生まれたが、両親が新しい事業を始めるため満州へ渡ったため、明治40年上京して伯父の家に預けられた。錦城中学を中退して帰郷後、町役場の小使を経て、42年大阪の浜恒材木店に入店。大正9年浜恒から暖簾分けという形で独立し、関西木材商会を開業。12年の関東大震災後には復興用の木材を扱うため東京に進出し、八丁堀に丸星木材商会を設立した。この頃、顧客の名簿を管理するために切抜式人名簿を

考案し、また、糖尿病に罹り材木の取扱いが困難になったことから、昭和2年文具製造販売業に転換して名鑑堂を創業し、鷲印に"キング"の商標を用いて印鑑簿や切抜式人名簿を製造・販売。8年には切抜式人名簿を改良したコガネ式人名簿で特許を取得し、これがヒット商品となって会社の基礎を築いた。

宮本 要　みやもと・かなめ

洋画家
明治24年（1891年）2月3日〜昭和25年（1950年）
[学]シカゴ美術研究所（米国）、アート・ステューデンツ・リーグ（米国）　[歴]日本で生まれ、のちにシカゴ美術研究所、ニューヨークのアート・スチューデンツ・リーグで学ぶ。昭和10年ニューヨークACAギャラリーの邦人美術展に出品。20年頃ニューヨークのリバーサイド美術館で開催された日系米国人美術家展にも出品した。

宮本 三七郎　みやもと・さんしちろう

陸軍獣医中将
明治25年（1892年）4月1日〜昭和18年（1943年）12月30日
[生]茨城県行方郡潮来町（潮来市）　[専]飼料植物学、獣医学　[学]佐原中〔明治43年〕卒、三高理科〔大正4年〕卒、東京帝国大学農学部獣医科〔大正7年〕卒、東京帝国大学大学院〔昭和5年〕修了　[歴]大正8年陸軍二等獣医に任官。昭和3年東京帝国大学大学院に進み、5年修了して陸軍獣医学校教官、15年同校幹事兼研究部長に就任。16年陸軍獣医少将となり北支部方面軍獣医部長に転出。18年病死し、陸軍獣医中将に進んだ。この間、草を中心とした広汎な研究に取り組み、18年日本農学賞を受賞。没後陸軍省の大講堂で業績の展示会が行われ、32年には第1回日本草地学会賞を追贈された。　[勲]勲二等旭日重光章〔昭和18年〕、陸軍技術有功章甲〔昭和19年〕　[賞]日本農学賞鈴木賞〔昭和18年〕

宮本 重良　みやもと・じゅうりょう

彫刻家
明治28年（1895年）7月17日〜昭和44年（1969年）7月28日
[生]東京市日本橋区小伝馬町3丁目（東京都中央区）　[名]本名＝宮本重次郎　[学]久松尋常高小〔明治42年〕卒、太平洋画会研究所卒、日本美術院研究所卒　[歴]明治42年久松尋常高等小学校を卒業後、家業の牛肉店で働くが、大正4年美術を志して太平洋画会研究所に入り、日本美術院研究所でも学ぶ。石井鶴三にも師事。13年第11回院展に「トルソー」で初入選し、昭和5年第17回院展に「童女像」「男立像」を出品して日本美術院賞を受賞、11年日本美術院同人となる。戦後も院展に出品し、33年評議員となるが、36年彫塑部解散に伴って退会。同志と梨々会を結成し、43年第8回展まで毎年出品。44年7月肺炎のため死去。その年の第9回梨々会展には「猿田彦神」「婦人像」「脚を拭く」「うずめの命」「小林氏像」（絶作）など代表的遺作が陳列された。木彫の仏像、神像を主に制作した他、松尾芭蕉について研究し、多くの「芭蕉像」を残している。　[賞]院展日本美術院賞（第17回）〔昭和5年〕

宮本 勢助　みやもと・せいすけ

風俗史家　民俗学者
明治17年（1884年）〜昭和17年（1942年）
[生]東京都　[名]号＝摺衣、紅紐　[歴]小堀鞆音に歴史画を学んだ後、風俗史の研究に進み、明治41年から「考古学雑誌」「風俗研究」などに風俗史、服飾史に関する論文を数多く発表。大正4年から農山漁村に調査を進め、「旅と伝説」「民俗学」などに民俗学的方法を導入した民間服飾研究の論文を執筆。昭和4年民俗学会創立に参加。8年「民間服飾誌履物篇」を出版、他に「上州館林方言集」「山袴の話」「麝香の臍」などがある。　[家]息子＝宮本馨太郎（立教大学名誉教授）、孫＝宮本瑞夫（立教女学院短期大学教授）

みやもと　　　　　　　　　　　　　　　　　　　　　　昭和人物事典 戦前期

宮本 武之輔　みやもと・たけのすけ

土木工学者 企画院次長 東京帝国大学工学部教授
明治25年（1892年）1月5日〜昭和16年（1941年）12月24日
生愛媛県興居島　専治水工学，河川工学　学一高卒，東京帝国大学工学部土木工学科〔大正6年〕卒 工学博士〔昭和3年〕　歴一高から東京帝国大学工学部に進み，大正6年内務省に入省。技師として主に各地の河川の堤防工事に携わり，信濃川分水堰補修工事などを手がけた。また，技術官僚の地位向上にも力を注ぎ，各省の青年技術者を集め日本工人倶楽部（のち日本技術協会）を設立，機関誌「工人」を刊行した。昭和11年東京帝大講師，12年から教授を兼任して河川工学講座を担当。同年欧米へ出張。東京高等工学校でも教え，同校土木工学科長も兼務。13年興亜院技術部長に転じ，16年企画院次長に就任したが，間もなく没した。著書に「混凝土及鉄筋混凝土」「技術・社会・人生」「技術者の道」「治水工学」「現代技術の課題」「科学の動員」「大陸建設の課題」などがあり，没後に明治40年から亡くなった昭和16年までの約30年に及ぶ日記がまとめられ「宮本武之輔日記」（全22巻）として出版された。　賞土木学会賞〔昭和2年〕

宮本 朝濤　みやもと・ちょうとう

彫刻家
明治42年（1909年）〜昭和19年（1944年）
歴博多人形師に弟子入りし，大正15年木彫家の山崎朝雲に入門，“朝”の字を許された最後の弟子となる。スポーツを題材とした作品に評価が高く，スケートをする少女を彫った代表作「銀線を描く」は，昭和11年新文展鑑査展の選奨作品となった。18年朝雲の紹介により山本五十六像制作のため海軍に入るが，制作前の19年，海軍病院で35歳の短い生涯を閉じた。

宮本 恒夫　みやもと・つねお

馬術選手
生年不詳〜平成2年（1990年）11月22日
歴昭和15年に東京で予定されていた幻のオリンピックで，馬術の日本代表に選ばれた。45年から2年間大阪府馬術連盟理事。

宮本 留吉　みやもと・とめきち

プロゴルファー
明治35年（1902年）9月25日〜昭和60年（1985年）12月13日
生兵庫県神戸市　歴小学校5年のときからゴルフ場のキャディをはじめ，23歳で日本で3人目のプロゴルファーとなった。小柄ながら，持ち前の闘志と器用さで頭角を現し，戦前のプロゴルフ界に君臨。日本オープン6度，日本プロ4度，関西プロ，関西オープン各4度の優勝は不滅の金字塔。昭和6年には「球聖」ボビー・ジョーンズをマッチプレーで破るなど海外でも活躍。現役を引退後は，ゴルフクラブの製造，若手プロの育成，アマの指導に情熱を傾けた。

宮本 英雄　みやもと・ひでお

民法学者 京都帝国大学法学部教授
明治21年（1888年）7月6日〜昭和48年（1973年）4月25日
出静岡県　学六高卒，京都帝国大学法科大学〔大正4年〕卒 法学博士（京都大学）〔昭和27年〕　歴大正5年京都帝国大学法科大学講師，6年助教授となり，同年より英米へ留学。10年帰国して教授に昇任。昭和6年より法学部長を務めたが，8年滝川事件により辞職。同年弁護士登録。19〜21年陸軍専任嘱託としてビルマ政府法律顧問。23年京阪神急行専務，30〜36年同取締役。

宮本 英脩　みやもと・ひでなが

刑法学者 京都帝国大学名誉教授
明治15年（1882年）5月17日〜昭和19年（1944年）4月22日
生茨城県　学一高卒，東京帝国大学法科大学法律学科〔明治38年〕卒　歴大正3年東京地裁部長，同年大阪地裁部長を経て，5年京都帝国大学助教授に就任。8年欧州へ留学，新派刑法学に心酔。10年帰国して教授に昇任。同僚・滝川幸辰の応報刑論に対し愛の刑法観に立ち教育刑論を展開。犯罪論では一般規範的評価と可罰的評価を峻別，前者の観点から主観的違法論を，後者の観点から犯罪徴表説を展開。のちの可罰的違法性論の源流をなす。昭和8年滝川事件で退職するが，同年12月復職。12〜14年法学部長を務め，17年定年退官。

宮本 百合子　みやもと・ゆりこ

小説家 評論家
明治32年（1899年）2月13日〜昭和26年（1951年）1月21日
生東京市小石川区原町（東京都文京区千石）　出東京市本郷区駒込林町（東京都文京区千駄木）　名本名＝宮本ユリ，旧姓・旧名＝中条，旧筆名＝中条百合子　学日本女子大学英文科〔大正5年〕中退　歴お茶の水高等女学校を経て，大正5年日本女子大に入るが，「貧しき人々の群」を「中央公論」に発表後退学。7年米国へ遊学し荒木茂と結婚，13年離婚，その顛末を「伸子」にまとめる。同書はのちに作者の代表作で同時に大正文学の一代表作と評価される。昭和2年湯浅芳子とソビエトに渡り西欧を外遊。5年帰国し，日本プロレタリア作家同盟に加わる。6年日本共産党に入党，7年宮本顕治と結婚。戦時中執筆禁止・数度にわたる投獄と弾圧を受けながらも信念を貫き，戦後も「歌声よ，おこれ」など多くの評論で民主主義文学・平和運動に貢献した。20年新日本文学会結成に参画し，中央委員となる。他の小説に「風知草」「播州平野」「二つの庭」「道標」，宮本顕治との往復書簡集「十二年の手紙」，「宮本百合子全集」（全25巻・別巻2・補巻2・別冊1，新日本出版社）（全15巻，河出書房）がある。　家夫＝宮本顕治（共産党名誉役員），父＝中条精一郎（建築家），祖父＝中条政恒（安積開拓の功労者）

宮本 和吉　みやもと・わきち

哲学者 京城帝国大学教授
明治16年（1883年）6月10日〜昭和47年（1972年）10月22日
生山形県庄内　学東京帝国大学哲学科〔明治42年〕卒 文学博士〔昭和12年〕　歴大正12年欧州各国に留学し，昭和2年京城帝国大学教授。20年武蔵野学園長となり，のち成城大学教授となり同学園長をも歴任。大正5年ウインデルバンドの「哲学概論」を翻訳し西洋の文化哲学を我が国に紹介したほか「カント実践理性批判」などの訳書があり，「岩波哲学辞典」のたび重なる編集に携わった。

宮良 長包　みやら・ちょうほう

作曲家
明治16年（1883年）3月18日〜昭和14年（1939年）6月2日
生沖縄県石垣島新川　学沖縄師範〔明治40年〕卒　歴琉球王国の士族の家柄に生まれる。沖縄師範在学中に西洋音楽を知り，バイオリンを手に入れて弾く一方で，八重山群島の民謡を五線譜で採譜した。明治38年には処女曲「笛」を作曲。40年再び母校である八重山尋常高等小学校に赴任，大正4年沖縄師範附属小学校教諭，7年仲西尋常高等小学校長，9年小禄尋常高等小学校長を経て，10年沖縄師範学校教諭心得。15年沖縄教育音楽協会を設立，初代会長に就任。この間，大正デモクラシーの波に乗って盛んになってきた「赤い鳥」の童謡運動に共鳴し，10年自ら作詞・作曲した「鳩間節」を初めて世に問い，好評を博した。以来，沖縄師範学校の北村重敬校長の詞に曲を付けた「南国の花」，金城栄治とのコンビによる「えんどうの花」「ふる里」などを次々と作曲。武蔵野音楽学校（現・武蔵野音楽大学）創設者である福井直秋の支援を受け，昭和2年には初の作曲集「南島唱歌」を出版した。同年師範学校の男子生徒と首里女子実業学校の生徒による沖縄初の男女混声合唱団を，3年には楽器を買いそろえてミニオーケストラも結成。4年の「汗水節（あしみじぶし）」をきっかけに，

琉球民謡を積極的に取り入れた郷土色豊かな作品を作り始め、「稲刈歌」「琉球木遣歌」「なんた浜」「唐船」「安里屋ユンタ」「荒磯の歌」などの曲を書き、"近代沖縄音楽の父""沖縄のフォスター"ともいわれる。11年「首里古城」「琉球の新民謡」と2冊の作曲集を出版した。　【家】甥＝宮良長脩（バイオリニスト）
【賞】全国音楽教育功労者表彰〔昭和7年〕

宮脇 梅吉　みやわき・うめきち
新潟県知事
明治16年（1883年）9月12日〜昭和16年（1941年）1月12日
【生】香川県大川郡誉水村（東かがわ市）　【学】東京帝国大学法科大学〔明治42年〕卒　【歴】昭和2年和歌山県知事、同年埼玉県知事、4年千葉県知事、6年再び埼玉県知事、7年岐阜県知事を経て、10年新潟県知事。11年退任。　【家】兄＝三土忠造（衆議院議員）、宮脇長吉（衆議院議員）

宮脇 長吉　みやわき・ちょうきち
衆議院議員
明治13年（1880年）2月5日〜昭和28年（1953年）2月16日
【生】香川県　【学】陸士（第15期）〔明治36年〕卒　【歴】陸軍航空兵大佐に累進。陸軍教官、所沢気球隊長を歴任し、昭和2年退役。3年政友会から衆議院議員に初当選、以後当選5回。戦時中は同交会に所属した。軍部の拡張主義に反対し、13年国家総動員法案を審議中の衆議院委員会で、時の陸軍軍務局の佐藤賢了中佐から「だまれ」との失言を引き出し、問題を起こさせた。のち扶桑石油社長、日本鉱業開発取締役などを務めた。　【家】兄＝三土忠造（衆議院議員）、弟＝宮脇梅吉（内務官僚）、息子＝宮脇俊三（紀行作家）

名井 九介　みょうい・きゅうすけ
土木技師　東京高等工学校校長
明治2年（1869年）5月5日〜昭和19年（1944年）1月23日
【生】山口県　【学】帝国大学工科大学土木工学科〔明治25年〕卒　工学博士　【歴】内務省に入省。明治27年土木監督署技師を経て、38年内務技師。41年欧米へ出張し、帰国後の44年東京土木出張所工務部長となり利根川や渡良瀬川、荒川、多摩川などの河川改修工事に携わった。大正7年北海道庁土木部の初代勅任技師となり、道内の土木工事を統括した。9年石狩治水事務所長を兼務し、石狩川の治水工事に尽力。昭和2年退官。4年東京高等工学校（現・芝浦工業大学）校長、11年名誉校長、17年校長に復帰したが、19年に亡くなった。7年土木学会長。

明珍 恒男　みょうちん・つねお
彫刻家
明治15年（1882年）8月19日〜昭和15年（1940年）3月18日
【生】長野県小諸町（小諸市）　【学】東京美術学校木彫科選科〔明治36年〕卒　【歴】年少時から高村光雲に師事。明治36年東京美術学校木彫科選科を卒業してすぐに日本美術院第二部（のち奈良美術院）に入る。昭和10年新納忠之介の後を継いで奈良美術院主事に就任、亡くなるまで国宝仏像の修理一筋に生きた。保存行政面では文部省宗務局嘱託、三重県社寺宝物調査嘱託、滋賀県社寺宝物修理嘱託、奈良県史蹟名勝天然記念物委員などを務めた。彫刻史の研究にも尽力。古美術の論文も多く、著書に「仏像彫刻」がある。自身の創作としては、京都「東寺食堂十一面観音」、大阪四天王寺復興五重塔の「扉彫刻八面」などがある。

明道 長次郎　みょうどう・ちょうじろう
ガラス工芸家
明治44年（1911年）〜昭和19年（1944年）
【生】大阪府大阪市　【歴】大正14年満州・大連の中学を中退し、南満州硝子に入社。同社で各務鉱三に師事した。昭和5年帰国して東京の各務のアトリエに通い、9年各務クリスタル製作所の

設立に参加。11年東京工芸品展覧会、14年新文展に入選したが、16年応召。19年ビルマ戦線で戦死した。

三好 重夫　みよし・しげお
京都府知事
明治31年（1898年）3月9日〜昭和57年（1982年）1月18日
【出】広島県　【学】一高卒、東京帝国大学法学部政治学科〔大正14年〕卒　【歴】大正14年内務省に入省。地方局財政課長時代の昭和15年、現在の地方交付税の原型である地方配付税制度創設に尽力。16年官房会計課長、17年1月福井県知事、6月内務省警保局長、18年岐阜県知事、19年情報局次長、20年6月京都府知事、10月内閣副書記官長。21〜26年公職追放。32年公営企業金融公庫理事長、34〜42同総裁。

三好 達治　みよし・たつじ
詩人　翻訳家
明治33年（1900年）8月23日〜昭和39年（1964年）4月5日
【生】大阪府大阪市東区南久宝寺町　【学】東京帝国大学仏文科〔昭和3年〕卒　【賞】日本芸術院会員〔昭和38年〕　【歴】陸軍士官学校を大正10年に中退し、三高、東京帝国大学へと進む。在学中「青空」「椎の木」「亜」などに参加。昭和4年ゾラ「ナナ」を翻訳刊行し、5年第一詩集「測量船」を刊行。「詩と詩論」「四季」「文学界」などに加わり、抒情詩人として活躍。日本語の伝統を近代に生かした独自の詩風で、昭和詩壇の古典派代表詩人となり、14年「艸千里」「春の岬」で詩人懇話会賞を受賞。27年日本芸術院賞を受賞し、37年「定本三好達治全詩集」で読売文学賞を受賞。その他の代表作に詩集「南窗集」「一点鐘」「寒柝」、評論随筆集「夜沈々」、評論「萩原朔太郎」、句集「柿の花」など。「三好達治全集」（全12巻、筑摩書房）、「三好達治詩全集」（全3巻、筑摩書房）がある。平成18年三好達治賞が創設された。　【賞】日本芸術院賞（文芸部門・第9回）〔昭和27年〕、詩人懇話会賞（第2回）〔昭和14年〕「艸千里」「春の岬」

三好 東一　みよし・とういち
林学者　東京帝国大学教授
明治24年（1891年）3月4日〜昭和45年（1970年）10月30日
【生】東京都　【専】木材材料学　【学】東京帝国大学農科大学〔大正7年〕卒　農学博士〔昭和20年〕　【歴】宮内省帝室林野局技師、東京帝国大学教授となり、ヒノキの生態学的研究やパルプ製造法の研究に業績を残した。日本木材加工技術協会会長などを務めた。共著に「簡易曹達木材パルプ製造法に就て」「特許第一一七九〇号　簡易曹達木材パルプ製造法に就て」などがある。　【家】祖父＝三好重臣（陸軍中将）　【賞】白沢賞〔昭和12年〕

三善 信房　みよし・のぶふさ
衆議院議員
明治15年（1882年）5月〜昭和40年（1965年）4月4日
【出】熊本県　【学】熊本中〔明治36年〕卒　【歴】熊本県議、県参事会員を経て、昭和7年衆議院議員となり、以来当選4回。馬政局参与、20年鈴木貫太郎内閣厚生政務次官となる。九州畜産会会長、中央畜産会理事、九州興発社長なども務めた。

三好 英之　みよし・ひでゆき
衆議院議員　翼賛政治会衆議院部長
明治18年（1885年）8月〜昭和31年（1956年）2月14日
【生】鳥取県米子市　【名】旧姓・旧名＝三好栄次郎　【学】早稲田大学政治経済科〔明治39年〕卒　【歴】山陰日日新聞社長、山陰実業銀行頭取、山陽水力電気専務を歴任。大正13年以来鳥取県から衆議院議員当選6回、昭和28年参議院議員当選1回。この間、15年米内光政内閣の陸軍政務次官となり、戦争中大政翼賛会中央協力会議員、翼賛政治会衆議院部長を務めた。戦後追放、解除後日本再建連盟理事長、29年第一次鳩山内閣の北海道開発庁長官となった。

みよし　　　　　　　　　　　　　　　昭和人物事典 戦前期

三好 松吉　みよし・まつきち
水力機械技術者 実業家 電業社機械製作所創業者
明治18年（1885年）10月29日～昭和55年（1980年）10月16日
生広島県　専機械工学　学広島工業〔明治34年〕卒　歴芝浦製
作所に入り、明治43年電業社水車製作所を創立。取締役、支
配人、常務、専務を経て、昭和18年社長に就任。同年電業社機
械製作所と改称。39年会長、43年相談役。この間、東京高級
鋳物社長、日本起重機製作所常務、社長も務めた。16年中国・
鴨緑江に当時世界最大だった発電用水車を設計・製作。電業
社機械製作所は日本における水車の草分けとして知られ、水
力発電の発展に寄与した。著書に「水と共に七十有余年」が
ある。　賞朝日文化賞（第13回、昭和16年度）〔昭和17年〕「鴨
緑江水豊発電所、水車などの設計・製作」

三輪 寿壮　みわ・じゅそう
弁護士 社会運動家 衆議院議員
明治27年（1894年）12月15日～昭和31年（1956年）11月14日
生福岡県糟屋郡古賀村（古賀市）　学東京帝国大学法学部独法
科〔大正9年〕卒　歴東京帝国大学在学中の大正8年、麻生久、
赤松克麿らと新人会を創設。卒業後は弁護士となって労働総
同盟や日本農民組合の法律顧問として労働争議や小作争議で
闘った。15年労働農民党書記長となり、同年末、同党右派が集
まった日本労農党が発足すると、その書記長に就任する。昭
和7年合法無産政党の統一一体である社会大衆党の創設に参加し
たあと、12年には東京で社会大衆党から代議士に初当選した
が、戦争の激化で同党解体後は近衛文麿の新体制運動に協力
し、太平洋戦争中は大政翼賛会連絡部長、大日本産業報国会
厚生部長を歴任。戦後は公職追放となるが、解除後の26年に
は第二東京弁護士会会長となり、電電事件での西尾末広の弁
護などをする。27年の総選挙で代議士に返り咲いたあとは河
上丈太郎らと左右社会党の統一に尽力。無産政党の闘士では
あったが、岸信介ら保守政界から一高時代からの知己が多く、
社会党河上派の資金調達役でもあった。　家長男＝三輪正弘
（建築家）、二男＝三輪史朗（内科学者）、孫＝三輪建二（お茶の
水女子大学教授）

【む】

向井 倭雄　むかい・しずお
衆議院議員
明治5年（1872年）6月～昭和21年（1946年）8月12日
出大分県　歴愛媛県周桑郡長、警視庁警視、京都市助役など
を経た後、大正9年長崎1区より衆議院議員当選。以後、昭和
7年まで連続5期当選を果たした。政友会に所属。田中義一内
閣で通信参与官を務めた。

向井 忠晴　むかい・ただはる
実業家 三井物産会長 三井元方理事長
明治18年（1885年）1月26日～昭和57年（1982年）12月19日
生東京都　学東京高等商業学校（現・一橋大学）〔明治37年〕卒
歴明治37年三井物産に入社、昭和9年常務、14年から会長、16
年には三井財閥を統轄する三井元方の理事長に就任、同財
閥の大番頭として手腕を発揮した。20年貿易庁長官、27年日
本工業倶楽部専務理事、第四次吉田内閣の蔵相に就任。その
後は政財界から全て引退した。

向仲 寅之助　むかいなか・とらのすけ
日本共産党中央委員
明治35年（1902年）5月1日～昭和18年（1943年）8月16日
出京都　歴大正13年～昭和4年ソ連の東洋勤労者共産主義大
学（クートベ）に第1期生として留学。5年日本共産党中央委員

となるが、同年検挙された。出獄後はロシア語の翻訳と研究
に従事した。14年「ソ連邦小型年鑑」を編集。

椋本 竜海　むくもと・りょうかい
僧侶 真言宗泉涌寺派管長
明治2年（1869年）8月5日～昭和25年（1950年）1月16日
生徳島県那賀郡　名旧姓・旧名＝樫野　学真言宗古義大学林
〔明治24年〕卒、哲学館卒　歴明治12年故郷の真言宗福蔵寺幹
竜誓について仏門に入り、雲竜院釈玄猷の徒弟を経て、大学林
などに学んだ、のち鼎竜から真言密教の実践的な根本十二流
を伝承、泉涌寺所伝別受戒を受けた。27年の日清戦争には従
軍布教師として清国に渡航。29年開教師として台湾駐在。31
年帰国、京都泉涌寺塔頭新善光寺の住職、以来泉涌寺務長、仏
教連合会幹事、真言宗泉涌寺派寺務長などを経て、大正15年
泉涌寺長老同派管長となった。大僧正。

武蔵山 武　むさしやま・たけし
力士
明治42年（1909年）12月5日～昭和44年（1969年）3月15日
生神奈川県橘樹郡日吉村駒林（横浜市港北区日吉本町）　名本
名＝横山武、年寄名＝出来山、不知火　歴大正14年出羽ノ海部
屋に入門、15年初土俵、昭和4年新入幕、5年小結。双葉山が破
竹の連勝をするを以前の人気力士で、得意わざは右四つからの
下手投げとひねり。10年5月横綱になるが右肘の故障などのた
め、全休や途中休場を繰り返したすえ14年5月を最後に引退。
幕内成績174勝69敗2分71休。優勝1回。

武者 金吉　むしゃ・きんきち
地震学者
明治24年（1891年）2月22日～昭和37年（1962年）11月7日
生東京市本所区向島須崎町（東京都墨田区）　名旧姓・旧名＝
浅田　専地震史　学東京府立三中〔明治37年〕卒、早稲田大学
文学部英文学科〔大正2年〕卒　歴浅田家の四男で、武者家の
養子となる。大正12年の関東大震災を契機に独学で地震学を
研究、昭和3年東京帝国大学より地震研究所における地震史取
調べ方を嘱託される（無給）。5年北伊豆地震に伴う発光現象
を研究、7年「地震に伴う発光現象の研究及び資料」を刊行。
14年文部省震災予防評議会、16年新設の財団法人震災予防協
会より地震史史料蒐集方を嘱託され、その成果は「増訂大日
本地震史料」（全4巻）にまとめられた。傍ら、大正5年早稲田
中学、昭和9年安田学園、15年早稲田大学文学部、17年早稲田
高等学院などで地理学を講じ、18～24年中央気象台、24～35
年米国地質調査所に勤めた。

武者小路 公共　むしゃのこうじ・きんとも
外交官 随筆家 駐ドイツ大使
明治15年（1882年）8月29日～昭和37年（1962年）4月21日
生東京都　学東京帝国大学法科大学独法科〔明治40年〕卒　歴
子爵武者小路実世の三男、作家実篤の実兄。明治40年外務省
入省。外交官補となり上海総領事館、ドイツ大使館三等書記
官、政務局第二課長、ベルギー大使館参事官、大正14年駐ルー
マニヤ兼ユーゴ公使、昭和3年駐デンマーク兼スウェーデン公
使などを経て8年駐トルコ大使、9年駐ドイツ大使となり、11
年日独防共協定締結の衝に当たり、13年帰国して宮内省宗秩
寮総裁となった。戦後、公職追放となったが26年解除。雑誌
「心」への寄稿など文章に携わり、日独協会会長も務めた。著
書に「滞欧八千一夜」「道草十万里」「外交裏小路」などがあ
る。　家父＝武者小路実世（子爵）、弟＝武者小路実篤（作家）、
息子＝武者小路実光（仏文学者）、武者小路公久（旭硝子専務）、
武者小路公秀（国際政治学者）

武者小路 実篤　むしゃのこうじ・さねあつ
小説家 劇作家 随筆家 詩人 画家

明治18年（1885年）5月12日〜昭和51年（1976年）4月9日
生東京府麹町区元園町（東京都千代田区）名筆名＝無車、不倒翁 学東京帝国大学社会学科中退 賞帝国芸術院会員〔昭和12年〕 歴武者小路子爵家に生まれる。学習院時代、トルストイに傾倒し、また志賀直哉、木下利玄らを知り、明治43年「白樺」を創刊。白樺派の代表作家となり、「お目出たき人」「世間知らず」「わしも知らない」「その妹」などの作品を発表。この頃、自由と自然を愛して人道主義を主張し、大正7年同志と宮崎県に "新しき村" を作ったが、14年村を離れた。この間、「幸福者」「友情」「第三隠者の運命」「或る男」「愛慾」などを残す。昭和に入ってからは絵筆に親しむことが多く「湖畔の画商」などの美術論、「二宮尊徳」などの伝記、「幸福な家族」などの家庭小説がある。14年新たに "新しき村" を埼玉県に作る。戦後は公職追放の処分を受けたが、24年「心」を創刊し、「真理先生」を連載して文壇にカムバックし、晩年には「一人の男」を完成させた。野菜の絵に「仲良きことは美しき哉」と添えた色紙でもよく知られている。 家父＝武者小路実世（子爵）、兄＝武者小路公共（外交官）、三女＝武者小路辰子（国文学者）、甥＝武者小路実光（フランス文学者）、武者小路公久（旭硝子専務）、武者小路公秀（政治学者）、女婿＝武者小路穣（和光大学名誉教授） 勲文化勲章〔昭和26年〕 賞文化功労者〔昭和27年〕、菊池寛賞（第2回）〔昭和14年〕

務台 理作　むたい・りさく
哲学者 東京文理科大学教授
明治23年（1890年）8月8日〜昭和49年（1974年）7月5日
生長野県 学京都帝国大学哲学科〔大正7年〕卒 文学博士〔昭和10年〕 歴京都帝国大学で西田幾多郎に師事、助手の後、大正11年三高講師、同志社女専講師を経て、15年ドイツに留学。昭和3年帰国、台北帝国大学教授となり、10年東京文理科大学教授（東京教育大学の前身）、20年学長、26年定年退官後、慶応義塾大学教授となる。西田哲学の逸材の一人として知られ、ドイツ哲学の主流であった現象学を学び「ヘーゲル研究」で学位を得た。戦後はマルクス主義に接近、戦争や貧困から解放を目指す人類的、社会主義的な "第三ヒューマニズム" を提唱。平和運動にも関心を寄せ、安保闘争期には岸信介内閣批判や大学立法反対の立場から積極的発言をした。日本哲学会会長、日本学術会議会員を歴任。著書に「現象学研究」「場所の論理学」「第三ヒューマニズムと平和」「現代倫理思想の研究」「哲学概論」「思索と観察」などがある。

牟田口 廉也　むたぐち・れんや
陸軍中将
明治21年（1888年）10月7日〜昭和41年（1966年）8月2日
生佐賀県 学陸士（第22期）〔明治43年〕卒、陸大〔大正6年〕卒 歴参謀本部員を経て、昭和2年陸軍省軍務局課員、8年参謀本部庶務課長、12年支那駐屯歩兵第1連隊長、13年第4軍参謀長、15年中将。太平洋戦争開戦の16年第18師団長としてマレー進攻作戦に参加、シンガポール攻略後、マレー半島の華僑粛清を行ったのち、ビルマに移動。18年3月第15軍司令官となり、19年のインパール作戦で無謀な作戦指導により多くの餓死者を出し、予備役編入。20年召集、予科士官学校長となった。

武藤 章　むとう・あきら
陸軍中将
明治25年（1892年）12月5日〜昭和23年（1948年）12月23日
生熊本県 学陸士（第25期）〔大正2年〕卒、陸大〔大正9年〕卒 歴大正11年教育総監部課員、12〜15年ドイツ駐在。昭和5年参謀本部員（ドイツ班）、7年参謀本部第2部第4班長、10年軍務局軍事課員、11年関東軍参謀、12年参謀本部作戦課長となり日中戦争の積極出兵論を主張。同年支那方面軍参謀副長、北支那方面軍参謀副長、14年軍務局長、16年10月中将。東条英機首相兼陸相のもと、太平洋戦争開始時、陸軍権力の中枢に

あった。17年在スマトラ島近衛師団長、19年10月第14方面軍（フィリピン）参謀長。敗戦後、東京裁判でA級戦犯として絞首刑の判決をうけ、23年12月23日処刑された。遺著「比島から巣鴨へ」がある。

武藤 山治　むとう・さんじ
実業家 鐘淵紡績社長 衆議院議員
慶応3年（1867年）3月1日〜昭和9年（1934年）3月10日
生尾張国海部郡鍋田村（愛知県）名旧姓・旧名＝佐久間 学慶応義塾〔明治17年〕卒 歴美濃国（岐阜県）の豪農・佐久間国三郎の長男に生まれ、のち武藤家の養子となる。明治17年慶応義塾卒業後に渡米、カリフォルニア州のパシフィック大で学ぶ。20年帰国し、ジャパンガゼット新聞社に勤務する傍ら、日本で最初の広告取次業をはじめ、「博聞雑誌」を刊行。26年中上川彦次郎の誘いで三井銀行入り。27年鐘淵紡績に移り、兵庫工場支配人、本社支配人、41年専務を経て、大正10年社長。鐘紡を大阪紡、三重紡、富士紡とならぶ4大紡の一つに成長させた。12年実業同志会を創立、会長となり、13年以降衆議院議員当選3回。第一控室に所属。昭和5年鐘紡退社、7年政界を引退、時事新報社長に。9年同紙の連載「番町会を暴く」で帝人事件火つけ役ともなるが、同年鎌倉で狙撃され死亡した。著書に「紡績大合同論」「武藤山治全集」（全9巻）などがある。 家二男＝武藤糸治（鐘紡社長）、孫＝武藤治太（ダイワボウ会長）、女婿＝吉沢清次郎（外交官）

武藤 長蔵　むとう・ちょうぞう
日本史学者 長崎高等商業学校名誉教授
明治14年（1881年）6月9日〜昭和17年（1942年）6月27日
生愛知県海東郡津島町（津島市） 専日本近世史 学東京高等商業学校（現・一橋大学）〔明治38年〕卒 経済学博士（慶応義塾大学）〔昭和14年〕 歴上海の東亜同文書院教師を経て、明治40年長崎高等商業学校教授。44年〜大正4年欧米に留学。昭和11年退官し名誉教授。著書に「日英交通史之研究」など。 家弟＝武藤長平（広島高等師範学校教授）

武藤 長平　むとう・ちょうへい
日本史学者 広島高等師範学校教授
明治12年（1879年）1月1日〜昭和13年（1938年）1月22日
生愛知県海東郡津島町（津島市） 専日本近世史 学東京帝国大学文科大学支那文学科〔明治39年〕卒 歴七高造士館、福岡高校、広島高等師範学校の各教授を歴任。著書に「西南文運史論」などがある。 家兄＝武藤長蔵（長崎高等商業学校名誉教授）

武藤 貞一　むとう・ていいち
軍事外交評論家 報知新聞主筆 大阪朝日新聞論説委員
明治25年（1892年）7月25日〜昭和58年（1983年）7月26日
生岐阜県本巣郡本巣町 歴大正12年東京朝日新聞社に入社。昭和11年「大阪朝日新聞」論説委員となり、「天声人語」欄を執筆。14年「報知新聞」主筆に転じ、「時局論策」を執筆。17年読売新聞編集局顧問。戦後20年10月「自由新聞」創刊、その後、動向社を設立。軍事外交評論に筆をふるい、「日支事変と次に来るもの」「日米十年戦争」「わが日本わが天皇制」「武藤貞一評論集」（全4巻）などの著作がある。

武藤 富男　むとう・とみお
内閣情報局第一部長
明治37年（1904年）2月20日〜平成10年（1998年）2月7日
生静岡県御殿場市 学東京帝国大学法律学科〔昭和2年〕卒 歴4歳で父を失い、奉公人として苦学しながら一高、東京帝国大学へ。昭和4年地裁判事の後、法整備のため9年満州へ。満州国司法部刑事科長、10年法政局参事官、14年国務院弘報処長を務めた。18年帰国し、内閣情報第一部長、20年退官。戦

むとう 昭和人物事典 戦前期

後、公職追放となるが、賀川豊彦と21年キリスト新聞を創刊。33年教文館社長、34年キリスト新聞社長、37年明治学院学院長を歴任した。

武藤 虎太 むとう・とらた
教育家 五高校長
慶応3年（1867年）7月～昭和9年（1934年）3月29日
出肥後国（熊本県）　学帝国大学卒　歴五高教授、二高教授となり、日本史を担当。大正4年二高校長、10年四高校長を経て、昭和6年五高校長となった。

武藤 直治 むとう・なおはる
評論家 劇作家
明治29年（1896年）1月27日～昭和30年（1955年）2月4日
生神奈川県横浜市初音町　学早稲田大学英文科〔大正8年〕卒
歴大正8年同窓生浅原六朗、牧野信一、下村千秋らと同人誌「十三人」創刊。第二次「種蒔く人」、初期の「文芸戦線」に同人参加、プロレタリア文学運動を進めた。14年日本プロレタリア文芸連盟創立大会の発起人の一人として活躍したが昭和2年ごろから次第に関係を絶った。著書に「変態社会史」「『夜明け前』の作者―島崎藤村論攷」「文学概論」など。

武藤 信義 むとう・のぶよし
陸軍大将・元帥 男爵
慶応4年（1868年）7月15日～昭和8年（1933年）7月28日
生肥前国（佐賀県）　学陸士〔明治25年〕卒、陸大〔明治32年〕卒　歴肥前佐賀藩士の二男。明治26年陸軍歩兵少尉に任官、32年陸大を首席で卒業。37年日露戦争には近衛師団参謀として従軍、奉天会戦に参加。大正元年近衛歩兵第四連隊長、8年参謀本部第一部長、同年陸軍中将に昇り参謀本部総務部長を経て、10年第三師団長としてシベリアへ出兵。11年参謀次長、14年軍事参議官、15年陸軍大将、同年関東軍司令官となる。昭和2年教育総監となり、7年五・一五事件で引責辞職。再び軍事参議官を務めたが、同年満州国建国に際して関東軍司令官兼駐満特命全権大使兼関東州長官として同国に赴任。8年元帥府に列し元帥陸軍大将となり、勲功により男爵を授けられた。
勲勲一等旭日桐花大綬章

宗像 久敬 むなかた・ひさのり
日本銀行審査部長
明治22年（1889年）9月1日～昭和45年（1970年）4月2日
生東京都　学東京帝国大学法学部政治学科〔大正3年〕卒　歴大正3年日本銀行に入行。以後国際経済の分野で活躍。12～14年滞独し、カンディンスキーをはじめ「青騎士」の画家たちと親交、作品を蒐集する。昭和12年調査局長、13年参事、14年審査部長を歴任し、17年退任。75歳のとき心臓病のためゴルフを断念して絵を始め、熱海の自邸から見た日の出を生涯描き続けた。

宗貞 利登 むねさだ・としたか
朝日新聞那覇支局長
生年不詳～昭和20年（1945年）6月25日
歴昭和19年朝日新聞台北支局から那覇支局長として単身赴任。支局員の上間正諭（のち沖縄タイムス社長）とともに従軍記者として戦争報道に従事。20年の米軍沖縄本島上陸の際も原稿を本社に送り、従軍第一報として写真入りで掲載された。同年6月死去。又従兄弟にあたる作家の織井青吾が、軍への不信を抱きながらも規制下で記事を書かざるを得なかった宗貞の無念さをドキュメンタリータッチで描き、平成3年「最後の特派員―沖縄に散った新聞記者」として出版した。　家又従兄弟＝織井青吾（作家）

宗本 英男 むねもと・ひでお
映画監督
明治37年（1904年）12月2日～昭和20年（1945年）4月5日
生東京都　学法政大学経済学部〔昭和2年〕卒　歴在学中から出入りしていた松竹蒲田撮影所に卒業と同時に入社。助監督として清水宏、斎藤寅次郎に師事。昭和9年監督に昇進し、「ふらふら音頭」でデビュー。15年まで松竹蒲田・大船で歌謡映画を中心に娯楽作品を多数監督。他の作品に「坊や万才」「船頭可愛や」「潮来追分」「春待つ人々」「隣のをばさん」などがある。

村井 八郎 むらい・はちろう
福島県知事
明治19年（1886年）12月24日～昭和45年（1970年）10月11日
出福島県　学東京帝国大学法科大学政治科〔明治45年〕卒　歴阿部家の五男で、村井家の養子となる。内務省に入省。大阪府警察部長、北海道土木部長を経て、昭和6～7年福島県知事。13年郡山市長、15年川崎市長。22年衆議院議員に当選、1期。22～26年公職追放。27～31年会津若松市長を務めた。

村井 米子 むらい・よねこ
登山家
明治34年（1901年）11月23日～昭和61年（1986年）12月19日
生神奈川県　学東京女子大学国文科〔大正12年〕卒　歴大正6年夏の富士登山以後、山に親しみ、日本の女性登山家の草分けとして知られる。富士山、赤城山をはじめ、北アルプスなど国内の山々を踏破、欧州の山にも挑んだ。食生活研究家としても知られる。昭和9年から18年まで日本放送協会（NHK）にあって婦人家庭番組を担当、ラジオの人気番組「食べある記」のDJを務めた。26年日本自然保護協会の設立に参加し役員となった他、文部省登山研修所運営委員、国立公園協会評議員などを歴任。結婚して一時黒田姓を名のったことがある。著書に「山 女性とスキー」「山の明け暮れ」「山恋いの記」など。　家父＝村井弦斎（作家）

村岡 長太郎 むらおか・ちょうたろう
陸軍中将
明治4年（1871年）11月～昭和5年（1930年）8月19日
生佐賀県　学陸士（第5期）〔明治27年〕卒、陸大〔明治35年〕卒　歴旧肥前佐賀藩士の四男に生れる。陸軍歩兵少尉に任官、歩兵第13連隊付となり、陸大卒業後同連隊中隊長を経て、明治36年参謀本部に入り、37年日露戦争で韓国派遣、第1軍、第2師団各参謀を務める。40年陸大教官となり、44年トルコへ出張、大正元年第一次バルカン戦争でトルコ軍に従軍した。2年大佐、歩兵第29連隊長、4年教育総監部に転じ、第2課長、第1課長を歴任、7年少将となり臨時軍事調査委員長、10年歩兵学校長に就任。12年中将、第4師団長、昭和2年関東軍司令官となり、第一次山東出兵を強行したが、張作霖爆殺事件の責任を取って、4年引退した。

村岡 典嗣 むらおか・つねつぐ
日本思想史学者 歌人 東北帝国大学教授
明治17年（1884年）9月18日～昭和21年（1946年）4月13日
生東京府浅草区（東京都台東区）　学早稲田大学文学科哲学専攻〔明治39年〕卒, 独逸新教神学校〔明治41年〕卒　歴「ジャパン・デーリー・ヘラルド」「日独新報」記者を経て、大正4年早大講師となったが、"早稲田騒動"で母校を去る。9年広島高等師範学校教授を経て、11年4月～13年3月英国・フランスに留学、帰国後東北帝国大学教授となる。昭和12年東京文理科大学教授兼任、21年東北帝大を定年退官。哲学から入って日本思想史学を確立した。主著に「本居宣長」「平田篤胤」「日本文化史概説」「日本思想史研究」（全5巻）などがある。また若い頃より「心の花」に参加、その歌は歌集「竹柏園集」「あ

けほの」などに収録されている他、没後「村岡典嗣歌集」が刊行された。　家息子＝村岡晢（早大名誉教授）

村岡 花子　むらおか・はなこ
児童文学作家 翻訳家
明治26年（1893年）6月21日～昭和43年（1968年）10月25日
生山梨県甲府市　名本名＝村岡はな　学東洋英和女学院高等科〔大正2年〕卒　歴女学校在学中から童話を書き始める。卒業後、3年間甲府英和学校で教壇に立ったあと、教分館で婦人子ども向けの本の編集に携わる。昭和2年同人誌「火の鳥」を創刊し創作に励む。同年最初の翻訳、マーク・トウェインの「王子と乞食」を刊行し好評を得る。7年東京放送局（NHK）の嘱託となり、昭和10年代にラジオ「コドモの新聞」の解説を担当、そのなごやかな話しかけるような調子で "ラジオのおばさん" として親しまれた。戦後は、モンゴメリの「赤毛のアン」（全10巻）などの名訳で知られたほか、東京婦人会館理事長、総理府行政監察委員、日本ユネスコ協会連盟副会長、NHK理事、キリスト教文化委員会婦人部委員などを務め、幅広く活躍した。　家孫＝村岡美枝（翻訳家），村岡恵理（フリーライター）

村上 華岳　むらかみ・かがく
日本画家
明治21年（1888年）7月3日～昭和14年（1939年）11月11日
生大阪府大阪市天満　名本名＝村上震一、旧姓・旧名＝武田　学京都市立美術工芸学校卒、京都市立絵画専門学校（現・京都市立芸術大学）研究科〔大正2年〕卒　歴明治34年神戸市の素封家・村上家の養嗣子となる。44年京都市立絵画専門学校本科の卒業制作「二月の頃」を第5回文展に出品して褒状を受け、大正5年第10回文展で「阿弥陀」が特選になる。7年審査の不公平を理由に文展を脱退、同年土田麦僊らと国画創作協会を結成、第1回国展に「聖者の死」を出品、仏画の原型を確立した。以後「日高河清姫」（8年）、「裸婦」（9年）を発表、近代性を加味した香り高い新画風で特異な存在を示した。昭和3年協会解散後は、どの会派にも属さず、展覧会にも出品せず孤高の道を歩いた。晩年は神戸に移住し、山水画や仏画を主にした神秘的な水墨画を残した。

村上 義一　むらかみ・ぎいち
満鉄理事
明治18年（1885年）11月10日～昭和49年（1974年）1月20日
生滋賀県　学東京帝国大学法科大学独法科〔明治45年〕卒　歴大正元年鉄道院に入り、昭和2年鉄道省神戸鉄道局長、3年大阪鉄道局長を経て、5年より南満州鉄道（満鉄）理事。実業界に入り、12年朝鮮運送、15年日本通運各社長に就任。21年勅選貴族院議員となり、同年幣原喜重郎内閣の運輸相。22年より参議院議員当選3回。

村上 鬼城　むらかみ・きじょう
俳人
慶応1年（1865年）5月17日～昭和13年（1938年）9月17日
生江戸小石川鳶城（東京都文京区）　出群馬県高崎市　名本名＝村上荘太郎、旧姓・旧名＝小原　学明治義塾法律学校中退　歴鳥取藩士の子。19歳の頃耳疾を患い、明治27年高崎区裁判所の司法代書人となる。この頃、書簡で正岡子規の教えを受けて俳句に親しみ、「ホトトギス」に俳句や写生文を多く投稿し、のち同誌同人となり、大正6年「鬼城句集」を刊行。昭和8年「続鬼城句集」を刊行した。

村上 恭一　むらかみ・きょういち
貴族院議員（勅選）
明治16年（1883年）8月31日～昭和28年（1953年）12月21日
出鳥取県　学東京帝国大学法科大学〔明治40年〕卒　歴通信省、枢密院各書記官、逓信大臣秘書官兼同参事官、行政裁判所評定官兼枢密院議長秘書官、枢密院書記官長等を歴任した。また、貴族院制度調査会、議会制度審議会各委員となる。明治44年英領香港、台湾出張。貴族院には昭和14年8月から22年5月まで在任した。

村上 清　むらかみ・きよし
高知市長
明治8年（1875年）2月2日～昭和10年（1935年）12月31日
生高知県香美郡山北村（香南市）　学高知県尋常中〔明治25年〕卒、明治法律学校〔明治32年〕卒　歴検事として各地を歴任、大正13年帰郷して弁護士を開業。昭和2年高知県議となり、8年高知市長に就任したが、10年在任中に死去した。

村上 国吉　むらかみ・くにきち
衆議院議員
明治9年（1876年）1月～昭和32年（1957年）12月13日
出京都府　学大阪府立農学校〔明治31年〕卒　歴京都府何鹿郡会議員、綾部町議、京都府議、府参事会員を経て、大正13年衆議院議員となり当選6回。昭和14年阿部内閣の農林政務次官となる。また村上農園を設立し経営にあたったほか、帝国農会評議員なども務めた。

村上 啓作　むらかみ・けいさく
陸軍中将
明治22年（1889年）6月16日～昭和23年（1948年）9月17日
生栃木県　学陸士（第22期）〔明治43年〕卒、陸大〔大正5年〕卒　歴大正8年ロシア駐在、11年陸大教官、昭和6年陸軍省軍務局課員、10年軍事課長、14年第39師団長、18年総力戦研究所長、19年第3軍司令官を歴任。戦後23年シベリアで病死。著書に「戦争要論」がある。

村上 元三　むらかみ・げんぞう
小説家 劇作家
明治43年（1910年）3月14日～平成18年（2006年）4月3日
生朝鮮元山　出東京都　学青山学院中等部〔昭和3年〕卒　歴父は郵便局次手で、朝鮮の元山赴任中に三男として生まれたので、元三と名付けられた。父の転勤に従い、京城、大阪、北海道、樺太と移り、東京に落ち着く。中学生の頃から同人誌作りに熱中し、昭和19年股旅小説「利根の川霧」がサンデー毎日大衆文芸賞の選外佳作となり、映画化・劇化された。剣戟役者の初代梅沢昇の一座で脚本を手がけていた13年、梅沢より小説家の長谷川伸を紹介され、長谷川主宰の脚本勉強会・二十六日会に入会。以後、長谷川を終生の師父と仰ぎ、同年には長谷川を中心とした小説勉強会・十五日会を結成。後年、自らの発案で新鷹会と名を改め、戸川幸夫、池波正太郎、平岩弓枝らを輩出する名門勉強会として知られた。16年「上総風土記」で第12回直木賞を、同年戯曲「算盤」により情報局総裁賞を受賞。太平洋戦争下の17年、海軍報道班員として南方戦線に従軍。18年応召したが、軍医の誤診のため即日帰郷となる。20年には戦災のために家を失い、以後3年間にわたって師の家に寄寓した。戦後、24年「朝日新聞」に小説「佐々木小次郎」を連載、一躍流行作家となった。その後も時代小説の大御所として長く第一線で活躍した。　家長男＝村上慧（NHKプロデューサー）　賞直木賞（第12回）〔昭和16年〕「上総風土記」、情報局総裁賞〔昭和16年〕「算盤」

村上 正輔　むらかみ・しょうすけ
日産自動車社長
明治11年（1878年）9月17日～昭和24年（1949年）2月20日
出山口県　学京都帝国大学卒　歴戸畑鋳物取締役などを経て、昭和14年日産自動車社長に就任。発明したオーバル歯車が自動車発動機に応用された。

村上 真一　むらかみ・しんいち

棋士（将棋）

明治30年（1897年）6月16日〜昭和31年（1956年）7月2日

出広島県呉市　歴大正11年木見金治郎9段に入門。昭和12年4段、18年8段に昇進。

村上 多喜雄　むらかみ・たきお

社会運動家

明治42年（1909年）〜昭和15年（1940年）5月21日

生長野県諏訪郡上諏訪町桑原（諏訪市）　学青山学院英文科　歴造り酒屋の二男。在学中社会科学研究会を組織し、実践活動に参加。昭和5年「無産青年」を大学などに配布し、6年共青中央の学生対策責任者となる。7年共産党東京市委員長になるが、同年検挙され懲役15年に処せられる。服役中全身結核の重態となり江古田療養所に送られ死去した。

村上 武次郎　むらかみ・たけじろう

冶金学者　東北帝国大学名誉教授

明治15年（1882年）11月10日〜昭和44年（1969年）7月29日

生京都府亀岡市　学東京高等師範学校（現・筑波大学）本科数物化学科〔明治40年〕卒、京都帝国大学理科大学純正化学科〔大正3年〕卒　理学博士〔大正8年〕　賞日本学士院会員〔昭和25年〕　歴明治40年京都府立第一高等女学校教諭の後、44年京都帝国大学純正化学科に入学。大正3年同大講師、5年東北帝国大学に新設された臨時理化学研究所（のち金属材料研究所）研究補助となり、本多光太郎の下で特殊鋼を研究。8年講師、同年助教授を経て、9年欧米へ留学。11年帰国して教授に昇任、金属工学第二講座を担任。昭和2年工学部長、11年より金属材料研究所の第3代所長を務め、19年退官。鉄鋼、特に特殊鋼に関する物理冶金学的研究の他、電弧溶接や合金の耐蝕・耐酸・耐熱性、一般物理冶金学などの研究で業績を上げた。25年日本学士院会員。31年文化勲章、44年勲一等瑞宝章を受けたが、間もなく没した。　家女婿＝今井勇之進（冶金学者）　勲文化勲章〔昭和31年〕　賞帝国学士院東宮御成婚記念賞（第17回）〔昭和2年〕、文化功労者〔昭和31年〕、日本鉄鋼協会渡辺三郎賞（第1回）〔昭和14年〕、日本金属学会賞（第4回）〔昭和17年〕、日本鉄鋼協会製鉄功労賞〔昭和20年〕

村上 正　むらかみ・ただし

走り高跳び選手

生年不詳〜平成4年（1992年）7月31日

出広島県　歴昭和11年ベルリン五輪110メートル障害の選手として出場、メキシコ五輪では陸上の監督を務めた。

村上 知行　むらかみ・ともゆき

中国研究家　ジャーナリスト

明治32年（1899年）2月11日〜昭和51年（1976年）3月23日

生福岡県博多　歴17歳の頃九州日報記者となる。その後新派劇の座付作者などをしながら、中国語を独学。昭和2年上海に渡り、9年北京に住む。「新支那」「読売新聞」などの記者を務める。1度帰国したが、21年まで北京に住む。著書に「九一八前後」「支那及び支那人」「北京十話」などがあり、また「三国史」「水滸伝」「西遊記」「金瓶梅」などの翻訳もある。

村上 直次郎　むらかみ・なおじろう

歴史学者　台北帝国大学教授

慶応4年（1868年）2月4日〜昭和41年（1966年）9月17日

生豊後国（大分県）　専日欧交渉史　学帝国大学文科大学史学科〔明治28年〕卒　文学博士〔大正10年〕　賞帝国学士院会員〔昭和18年〕　歴大学院に進み、明治32年スペイン、イタリア、オランダに留学。33年東京外国語学校教授、35年帰国。36年東京帝国大学史料編纂員兼務、41年外語校長、大正7年東京音楽学校長、昭和3年台北帝国大学教授、10年退官。15〜34年上

智大教授、21〜28年学長。その間18年帝国学士院会員。著書に「貿易史上の平戸」「日本と比律賓」「異国叢書 続異国叢書」、史料「コックス日記」、翻訳に「耶蘇会士日本通信」「長崎オランダ商館の日記」（全3巻）などがある。

村上 松次郎　むらかみ・まつじろう

挿絵画家

明治30年（1897年）11月27日〜昭和37年（1962年）4月27日

出東京都　歴武内鶴之助に洋画を師事し、海洋小説や軍事小説の挿絵、軍艦や海戦の口絵を描いた。代表作に平田晋策「昭和遊撃隊」「新戦艦高千穂」南洋一郎「聖火の島」などがある。

村上 三千穂　むらかみ・みちほ

日本画家

明治32年（1899年）〜昭和13年（1938年）6月24日

生福岡県直方市　学嘉穂中〔大正4年〕卒　歴直方市に旧家の二男として生まれる。嘉穂中学を卒業後、京都に出て菊池契月に師事。大正13年「芝居」で帝展に入選し、昭和4年神奈川県大磯海岸、7年東京に転居。9年落合朗風が創立した明朗美術連盟に参加した。6年頃より少女雑誌の挿絵も手がけるようになり、楚々として雅やかな少女を描いて人気を博したが、13年40歳で亡くなった。

村上 元吉　むらかみ・もときち

衆議院議員

明治11年（1878年）10月〜昭和16年（1941年）11月8日

出北海道　歴北海道議、同議長などを経て、第20回総選挙の補選で衆議院議員に当選、1期務める。

村上 紋四郎　むらかみ・もんしろう

衆議院議員

慶応1年（1865年）8月〜昭和20年（1945年）1月21日

出愛媛県　歴愛媛県議、同議長、地方衛生会議員を経て、今治市長となる。大正13年衆議院議員に初当選。以来通算5期務めた。　家孫＝村上孝太郎（衆議院議員）、村上信二郎（衆議院議員）

村川 堅固　むらかわ・けんご

西洋史学者　東京帝国大学名誉教授

明治8年（1875年）1月28日〜昭和21年（1946年）1月21日

生熊本県　学東京帝国大学文科大学史学科〔明治31年〕卒　文学博士〔大正2年〕　歴坪井九馬三、リースらに師事。明治36年欧州留学、主にミュンヘン大学で学び、39年帰国して東京帝国大学助教授となった。45年教授となり西洋古代史を担当。大正7年米国出張、昭和10年定年退官、名誉教授。著書に「西洋上古史」「希臘史」「世界改造の史的観察」「米国と世界大戦」、翻訳にランケ「世界史論進講録」、モーリス「日本渡航記」などがある。　家長男＝村川堅太郎（東京大学名誉教授）

村岸 清彦　むらぎし・きよひこ

牧師　日本基督教団参事

明治22年（1889年）9月2日〜昭和36年（1961年）10月9日

学明治学院神学部〔大正4年〕卒　歴大正4年日本基督教会東京赤坂教会の伝道師となり、その後、桐生、旭川、小樽各教会の牧師を務めた。昭和5年東京・武蔵高等工科学校講師。11年1月日本基督教会伝道局専任幹事に選ばれ、15年11月同総主事となり、宗教団体法によるキリスト教各派の教会合同に参画。16年6月プロテスタント各派合同の日本基督教団が設立され、同年11月同教団常議員及び総務局、国内伝道局、国外伝道局各参事となった。戦争中はキリスト教の戦時体制化を推進、17年朝鮮の京城貞洞教会牧師、18年朝鮮神学院理事長となった。敗戦と同時に戦争責任を反省、北海道に退いて21年札幌のミッション・スクール・北里学園で教論を務め、35年

同女子短期大学教授となった。

村越 道守　むらこし・みちもり
彫金家
明治34年（1901年）～昭和18年（1943年）4月8日
[生]東京都　[学]東京高等工芸学校〔大正14年〕卒　[歴]在学中、北原千鹿に師事して彫金を学ぶ。大正15年帝展工芸部設置のために結成された日本工芸美術会の第1回展に出品。同年无型結成に参加。昭和2年北原千鹿主宰の工人社同人となる。同年第8回帝展初入選、以降毎年出品を続け、第12回展・第13回展で連続特選。14年新文展審査員。工芸作家協会常務理事も務めた。　[賞]帝展特選（第12回・第13回, 昭6年度・7年度）「壁間嵌入見透装飾」「隅棚」

村社 講平　むらこそ・こうへい
陸上選手
明治38年（1905年）8月29日～平成10年（1998年）7月8日
[生]宮崎県宮崎市　[学]中央大学商学部〔昭和14年〕卒　[歴]宮崎中学時代はテニスの主将を務める。宮崎図書館勤務ののち、昭和7年中央大学に進学、陸上選手となる。5000メートルと1万メートルで日本記録をマークするなど活躍。11年第11回ベルリン五輪に出場、5000と1万メートルで4位入賞を果たし、世界の注目を浴びた。31年のメルボルン五輪ではマラソン監督を務めた。20年より毎日新聞大阪本社運動部員となり、毎日マラソン（現・びわ湖毎日マラソン）や全国高校駅伝競走大会の創設に参画した。著書に「長距離を走りつづけて」がある。

村雨 退二郎　むらさめ・たいじろう
小説家
明治36年（1903年）3月21日～昭和34年（1959年）6月22日
[生]鳥取県東伯郡倉吉町（米子市）　[名]本名＝坂本俊一郎　[学]角盤高小〔大正5年〕中退　[歴]雑誌の編集にたずさわる傍ら、「秀才文壇」「令女界」などに詩・小説を投稿。大正末期から農民運動に参加し、昭和3年三・一五事件で検挙、投獄された。10年「泣くなルヴィニア」が「サンデー毎日」の懸賞に入選。14年海音寺潮五郎らと「文学建設」を創刊。以後多数の歴史小説を発表。代表作に「応天門」「天草騒動記」「明治巌窟王」など。　[賞]サンデー毎日文芸賞〔昭和10年〕「泣くなルヴィニア」

村嶋 帰之　むらしま・よりゆき
社会運動家 ルポルタージュ作家
明治24年（1891年）10月20日～昭和40年（1965年）1月13日
[生]奈良県磯城郡桜井町（桜井市）　[学]早稲田大学政治経済学部〔大正3年〕卒　[歴]父は衆議院議員を務めた滝口帰一。大正4年大阪毎日新聞社に入社、社会問題、労働問題に強い関心を抱き、6年スラム街のルポルタージュ「ドン底生活」が大きな反響を呼び、"ドンちゃん"の愛称で活躍。8年友愛会関西労働同盟会が結成されると理事となる。同年毎日新聞神戸支局に転勤となり、同紙に労働問題などの記事を多く執筆、友愛会神戸連合会機関紙「新神戸」の編集顧問を務めたり、サボタージュ闘争を支援した。9年川崎造船所労働者による日本最初の労働者劇団の顧問となる。同年大阪本社に復帰。その後も労農運動を啓蒙し、11年には官業労働総同盟評議員や日農理事を務めた。昭和12年毎日新聞社を退職し、社会事業団体・白十字会の総主事となり、戦後は平和学園の学園長となった。著書に「労働問題の実際知識」「サボタージュ」「カフェー時代」などがある。　[家]父＝滝口帰一（衆議院議員）

村瀬 武男　むらせ・たけお
衆議院議員
明治12年（1879年）5月～昭和34年（1959年）2月3日
[出]伊予国（愛媛県）　[学]広島修道学校〔明治31年〕卒　[歴]大正9年愛媛県議に当選。副議長、議長を務め、昭和12年より衆議院議員に2選。27年今治市長。28年引退。

村瀬 直養　むらせ・なおかい
商工次官 内閣法制局長官 貴族院議員（勅選）
明治23年（1890年）10月12日～昭和43年（1968年）8月8日
[生]栃木県宇都宮　[学]東京帝国大学法科大学独法科〔大正3年〕卒　[歴]大正3年農商務省入省。法制局書記官、昭和8年商工省商務局長、11年特許局長官、商工次官を歴任し、14年退官。15年第二次近衛文麿内閣法制局長官となり、第三次近衛内閣にも留任。16～21年勅選貴族院議員。20年再び鈴木貫太郎内閣の法制局長官となり、敗戦後の東久邇捻彦内閣でも留任。21年弁護士登録。22年公職追放、解除後の28～33年商工中金理事長を務めた。36年日本電子計算機社長。

村田 五郎　むらた・ごろう
群馬県知事 内閣情報局次長
明治32年（1899年）4月11日～昭和57年（1982年）3月24日
[生]東京都　[学]八高卒, 東京帝国大学法学部政治学科〔大正12年〕卒　[歴]内務省に入省。昭和12年警視庁官房主事、13年厚生省体力局体育課長、14年内務省警保局外事課長、同年福岡県総務部長、15年地方局振興課長、同年警保局保安課長、16年群馬県知事、18～19年内閣情報局次長。21～26年公職追放。

村田 省蔵　むらた・しょうぞう
実業家 逓信相 鉄道相 貴族院議員（勅選）
明治11年（1878年）9月6日～昭和32年（1957年）3月15日
[生]東京都　[学]高等商業学校（現・一橋大学）〔明治33年〕卒　[歴]大阪商船に入社、大正6年には専務となり、昭和9年から14年まで社長を務めたあと貴族院議員に勅選される。この間、日中戦争が始まると、海運自治連盟を結成して理事長に就任。その後、第二次、第三次近衛内閣の逓信相や鉄道相を務め、戦争中はフィリピン派遣軍最高顧問、駐フィリピン大使を歴任する。戦後は戦犯容疑で拘置されたが、22年には釈放され、26年には追放も解除されたあと、「日比友の会」を組織して29年の日比賠償会議の全権委員を務め、また同年から日本国際貿易振興協会会長として日中国交回復にも尽力、31年の国慶節には北京で毛沢東らと会見している。アジア解放が生涯の夢だった。

村田 孜郎　むらた・しろう
ジャーナリスト
生年不詳～昭和20年（1945年）
[生]佐賀県　[学]東亜同文書院卒　[歴]佐賀藩主一門・村田家に生まれ、青年時に遊びが過ぎて勘当を受ける。のち大阪毎日新聞に入社し上海支局長、東京日日新聞の東亜課長、読売新聞の東亜部長などを歴任。昭和20年戦後の上海で客死した。中国語に堪能で、中国を紹介した著書も多い。著書に「支那の左翼戦線」（昭5年）、「蒙古と新疆」（昭10年）、「支那女人譚」、「宋美齢」（昭14年）、共訳に「支那は生存し得るか」（昭12年）などがある。

村田 徳次郎　むらた・とくじろう
彫刻家
明治32年（1899年）10月15日～昭和48年（1973年）12月17日
[生]大阪府大阪市南区心斎橋筋　[学]京都市立美術工芸学校（現・京都市立芸術大学）図案科〔大正8年〕卒　[歴]大正8年京都市立美術工芸学校（現・京都市立芸術大学）図案科を卒業後は一時家業に従事するが、13年日本美術院に所属して彫刻の勉強を始める。15年第13回院展に「小児像」で初入選、以後毎回出品。昭和2年上京、研究会員、5年日本美術院院友。7年第19回院展に「K氏像」「立像」「婦人結髪」を出品し日本美術院賞を受賞、13年日本美術院同人となった。26年院展彫塑部解散まで出品を続けた。34年同志と粲々会を結成。彫刻と大衆の

むらた　　　　　　　　　　　昭和人物事典 戦前期

結びつきを図った47年の第12回梨々会展 "巨人軍を彫る展" には「長島選手」などを出品。石井鶴三に私淑した。また、23〜42年東京芸術大学講師として美術の基礎実技塑像を担当した。他の作品に「親鸞聖人像」「肘つける少女」「足を組む」などがある。　　　【賞】院展日本美術院賞（第19回）〔昭和7年〕

村田 春海　むらた・はるみ
詩人 ロシア文学者
明治36年（1903年）1月30日〜昭和12年（1937年）3月26日
【生】大阪府堺市　【学】早稲田大学露文専攻科卒　【歴】三高独文科体学後、ロシア文学に転じ、早大では片上伸の指導のもと、プーシキンを研究。大正14年「主潮」を創刊、「詩」「詩神」「民謡詩人」「虚無思想」などに寄稿。昭和2年以降は短編小説も手がけた。ロシア文学の紹介に努め、ゴーリキーの「母」を初めて翻訳。多くの翻訳書があり、没後黒田辰男編「村田春海詩集」が刊行された。　　　【家】義兄＝小宮山明敏（文芸評論家）

村田 文三　むらた・ぶんぞう
民謡歌手
明治15年（1882年）1月1日〜昭和31年（1956年）8月10日
【生】新潟県佐渡郡相川村　【本名】村田文蔵　【歴】佐渡金山の坑夫長を務めていた昭和3年、地元有志が結成した民謡保存会・立浪会に天賦の才を見い出され、レコードを吹き込む。以後、ビクター専属の民謡歌手として、昭和初期の不況下、国内だけでなく日本統治下の朝鮮や台湾、樺太まで行脚し、佐渡の民謡を広めた。特に "文三節" と称された「正調佐渡おけさ」を広め、他の代表作に「相川音頭」がある。

村田 正太　むらた・まさたか
細菌学者 外島保養院院長
明治17年（1884年）10月5日〜昭和49年（1974年）12月20日
【生】高知県　【専】血清学　【学】東京帝国大学医科大学〔大正6年〕　【歴】大正7年東京帝国大学伝染病研究所に入り、梅毒の血清学の研究を続け、村田氏沈降反応を考案、日本の代表的梅毒血清反応として普及した。昭和2〜8年外島保養院院長としてハンセン病患者診療に従事。エスペラント普及の推進者で、ドイツ語にも堪能で著書に「医科ドイツ語独習書」がある。

村田 峰次郎　むらた・みねじろう
維新史研究家 毛利家家史編纂所主宰
安政4年（1857年）〜昭和20年（1945年）12月30日
【生】長門国萩（山口県萩市）　【名】本名＝村田春信、号＝柳外、聴秋、春雨　【専】幕末維新史、山口県史　【学】東京外国語学校卒　【歴】明倫館に学び、維新後上京。外語で独仏英語を学び、明治17年太政官御用掛。内閣属、衆議員属を経て、26年毛利家家史編纂所を主宰。30年同家を辞す。32年中央火災保険相談役、徴兵保険常務。早くから防長2州の維新史実に関心を抱き、大正10年維新史料編纂会常任委員となった。のち顧問。著書に「高杉晋作」「大村益次郎先生伝」「防長近世史談」「防長文化史概略」、編纂物に「長州叢書」「甲子殉難士伝」などがある。　【家】祖父＝村田清風（長州藩士）

村田 実　むらた・みのる
映画監督 俳優
明治27年（1894年）3月2日〜昭和12年（1937年）6月26日
【生】東京市神田区小川町（東京都千代田区）　【歴】大正元年自らの劇団とりで社を設立して築地の精養軒で旗揚げし、俳優兼演出者として舞台に立つ。2年バーナード・ショー原作の「ウォーレン夫人の職業」を上演して高い評価を受ける。のち演出家・小山内薫の指導を受け、踏路社などで俳優として活躍するが、帰山教正の知遇を得てその監督作品「生の輝き」に出演したのがきっかけで映画界入り。9年松竹キネマが創立されると小山内とともに同社に入り、「光に立つ女」を監督。10年には映

画研究所に移った小山内と行動をともにし、同所の第1回作品にして日本映画における最初の芸術映画の試みのひとつである「路上の霊魂」を自身原作、脚色、出演で製作し、映画監督として順調な滑り出しを見せた。同所の解散後は松竹、国活、日活向島を経て、日活京都の首席監督となり、13年新人女優・浦辺粂子を主演に起用した吉田絃二郎原作の「清作の妻」がヒット。さらに14年森岩雄の脚本による「街の手品師」や15年村山知義が抽象派風の舞台美術を手がけた三上於兎吉原作「日輪」、徳富蘆花原作の「灰燼」などが好評を博し、監督としての地位を不動のものとした。昭和7年日活大争議の末、伊藤大輔、内田吐夢、田坂具隆らと同社を退社して新映画社を興すが、ここでは一作も撮影せず新興キネマに移る。この間、牛原虚彦らと「映画科学研究」を編集し、映画製作と理論の研究にも大きく貢献した。11年「新月抄」撮影中病気で倒れ、12年43歳の若さで没した。

村田 安司　むらた・やすじ
アニメーション作家 映画監督
明治29年（1896年）1月24日〜昭和41年（1966年）11月22日
【生】神奈川県横浜市石川町　【歴】大正15年横浜シネマに入社。最初は字幕を描いていたが、そのうち外国のアニメ映画の魅力にとりつかれ、同社の顧問であった青地忠三の助言でプレイ漫画の研究をはじめ、自力でコマ撮りと切り抜きの技術を発見した。同年横浜シネマ内に漫画映画製作の村田プロダクションを設立し、第一作「ジラフの首はなぜ長い」を発表。特に昭和2年に製作した「蛸の骨」は青地の原案・脚本でストーリーの面白さ、スムーズな動きで輸入漫画に互すほどの出来ばえを示した。3年「動物オリムピック」を発表後、撮影台の電動化により作業の簡略化を思いつき、映画機械メーカー高密工業の協力のもとこれを実現させ、以後、年間5本のペースでの製作が可能となった。12年横浜シネマを退社し村田漫画研究所を設立。しかし戦争の激化で思うようなアニメ製作ができず、16年日本映画社（日映）に統合され、美術課長に就任。終戦後、20年に創立された日本漫画映画に専務として参加するが、首脳部との意見衝突から山本早苗や政岡憲三といった有力スタッフが抜け、自身も23年に退社した。

村田 祐治　むらた・ゆうじ
英語学者 一高名誉教授 正則商業学校校長
元治1年（1864年）9月2日〜昭和19年（1944年）6月1日
【出】千葉県　【名】旧姓・旧名＝青柳　【学】帝国大学文科大学英文科〔明治24年〕卒　【歴】明治25年学習院教授を経て、28年一高教授。傍ら、斎藤秀三郎と正則英語学校の創立に関わり、同校でも教鞭を執った。同校の2代目校長を務めた他、昭和8年には正則商業学校を開校、初代校長となった。

村地 信夫　むらち・のぶお
滋賀県知事 秋田市長
明治22年（1889年）12月〜昭和16年（1941年）10月22日
【生】東京都　【学】東京帝国大学法科大学〔明治45年〕卒　【歴】昭和9年滋賀県知事、14年秋田市長を歴任した。

村中 孝次　むらなか・たかじ
陸軍歩兵大尉
明治36年（1903年）10月3日〜昭和12年（1937年）8月19日
【生】北海道旭川　【学】陸士（第37期）〔大正14年〕卒、陸大〔昭和9年〕中退　【歴】大正14年陸軍歩兵少尉に任官。昭和7年歩兵第二十六連隊付。同年陸軍大学校に入学。皇道派青年将校の先駆的存在で、9年11月磯部浅一らとクーデター計画容疑で憲兵隊に検挙され（陸軍士官学校事件）、陸大は退学処分となり、また軍法会議で停職処分を受けた。10年磯部と「粛軍に関する意見書」を配布し、免官処分。また、真崎甚三郎教育総監の更迭は永田鉄山軍務局長を中心とする統制派の皇道派弾圧の

768

昭和人物事典 戦前期　　　　　　　　　　　　　　　　　　　　　　　　　　　　　むらやま

陰謀であるとする「真崎教育総監更迭事情」を作成し、相沢三郎中佐に送付。相沢中佐による永田軍務局長殺害事件の遠因となった。11年の二・二六事件の首謀者の一人となり、12年8月19日銃殺刑に処せられた。

村松 梢風　　むらまつ・しょうふう
小説家
明治22年(1889年)9月21日〜昭和36年(1961年)2月13日
囲静岡県周智郡飯田村(森町)　名本名=村松義一　学慶応義塾大学中退　歴大正6年「琴姫物語」で作家としてデビュー。12年「中央公論」に連載した「近世名匠伝」は、いわゆる足で書いた人物評伝のはしりとなり、その後「本朝画人伝」「近代作家伝」「近世名勝負物語」などの連作を、戦中・戦後を通して精力的に発表し続けた。関東大震災後は清水市に住む。15年騒人社を設立、個人誌「騒人」を創刊、同誌に「正伝清水の次郎長」を発表。また13年以後、しばしば中国に渡って各地を遍歴、郭沫若、郁達夫ら中国の作家たちと交友し、中国を舞台にした紀行文「魔都」「上海」などを発表。日中戦争中は熱河作戦に従軍し、川島芳子をモデルとした現代小説「男装の麗人」を執筆している。このほか新聞小説では、平手造酒の人間像に新しい解釈を加えた「人間飢饉」(昭和6年)をはじめ「ふらんすお政」「新水滸伝」「川上音二郎」「桃中軒雲右エ門」等がある。小説の代表作に「残菊物語」(昭和12年)があり、巌谷槇一の脚色で新派の主要演目となり、のち度々映画化もされた。　家息子=村松友吾(編集者)、村松道平(脚本家)、村松喬(教育評論家・小説家)、村松暎(中国文学者)、孫=村松友視(小説家)

村松 恒一郎　　むらまつ・つねいちろう
衆議院議員
元治1年(1864年)4月〜昭和15年(1940年)6月5日
囲伊予国(愛媛県)　学同人社(明治17年)卒　歴高野山大学英学教師、東京朝日新聞などの記者を経て、明治39年政治雑誌「大国民」を発刊し、また日刊大東通信社社長となる。41年衆議院議員となり当選5回。社会事業調査会委員、民政党総務を務めた。

村松 久義　　むらまつ・ひさよし
衆議院議員
明治29年(1896年)7月25日〜昭和47年(1972年)5月12日
囲宮城県　学東京帝国大学法科(大正12年)卒、東京帝国大学経済科(大正14年)卒　歴名古屋地裁判事を経て、昭和7年民政党から衆議院議員に当選。6期。34年参議院議員に転じ、1期務めた。　家父=村松亀一郎(政治家)

村本 一生　　むらもと・かずお
軍隊内で兵役を拒否したキリスト者
大正3年(1914年)3月27日〜昭和60年(1985年)1月8日
囲熊本県阿蘇郡阿蘇町(阿蘇市)　学東京工大染科化学科卒　歴東工大在学中の昭和10年「灯台社」の伝道学生となる。13年に応召、熊本の歩兵13連隊、満州の関東軍守備隊を経て同年暮れ、神奈川県相模原市の陸軍工科学校に入ったが、翌年1月、班長に銃を返して兵役を拒否した。聖書の「汝(なんじ)殺すなかれ」を守るためだったが、軍法会議にかけられ、不敬、抗命罪で懲役2年、出所後も治安維持法違反で懲役5年に。晩年は妻と2人暮らしの自宅で、夜、近所の子どもたちに英語を教えた。

紫安 新九郎　　むらやす・しんくろう
衆議院議員
明治6年(1873年)8月〜昭和27年(1952年)7月8日
囲兵庫県　学東京専門学校(現・早稲田大学)邦語政治科(明治32年)卒　歴「鎮西日報」主筆、「万朝報」記者を務める。そ

の後、大蔵省副参政官、第二次若槻内閣の拓務政務次官、民政党総務を歴任。明治45年衆議院議員に初当選。以来通算10回当選。

村山 佐太郎　　むらやま・さたろう
水産学者 函館水産専門学校校長
明治20年(1887年)5月22日〜昭和48年(1973年)12月26日
囲新潟県柏崎市　囲群馬県北甘楽郡小野村(富岡市)　専水産漁撈学　学富岡中卒、東北帝国大学農科大学水産学科(明治43年)卒　歴東北帝国大学農科大学助手となり、3年間の欧米留学を経て、教授に昇任。昭和22年函館高等水産学校校長を退任。水産漁撈学の体系化に貢献した。23年日米水産常務に転じ、専務を経て、35年社長に就任。39年相談役。実業家としては、以西底曳き漁業、海外トロール漁業の安定化や、冷凍魚流通機構の改善に取り組んだ。28年以降、民間使節団の日中漁業交渉の副団長を務め、日中漁業に関する第一人者として活躍した。

村山 しげる　　むらやま・しげる
漫画家
明治44年(1911年)〜昭和24年(1949年)9月13日
囲東京都　名本名=村山繁　歴中学を出てデパート店員、のち漫画家に転身。昭和8年新鋭漫画グループ同人、次いで新漫画派集団に移り、雑誌などで活躍。15年報道班員で南支那に従軍。帰国後海軍に応召、20年の終戦で帰還。雑誌「VAN」などに政治、風俗漫画、「漫画と読物」「月刊子供マンガ」に子供漫画を描き、人気作家となった。作品に「ライト君とレフト君」「探偵クロロホルム」、漫画漫文「広東瑣談」などがある。

村山 藤四郎　　むらやま・とうしろう
社会運動家
明治32年(1899年)7月6日〜昭和29年(1954年)1月14日
囲茨城県多賀郡大津町　名筆名=和田叡三、木村敏郎　学東京帝国大学英法科(大正13年)卒　歴在学中新人会に参加し、卒業後神戸県立商業学校教諭となる。大正14年産業労働調査所大阪支所が設立されると、その所員となる。同年農民労働党結党式には書記を務める。15年コミュニストグループに加入し、昭和2年労働農民党に参加。のち共産党に参加し、「マルクス主義」「農民運動」「労働者」などの雑誌に多くの論文を発表。3年の三・一五事件ではおくれて検挙され、獄中で解党論を唱え、共産党から除名される。懲役9年に処せられ、10年仮釈放後は国民思想研究所主事となり、戦時中は南満州鉄道(満鉄)調査部に属した。戦後帰国して開拓地に入り、全日本開拓者連盟委員長などを歴任した。

村山 俊太郎　　むらやま・としたろう
教育家 労働運動家
明治38年(1905年)7月15日〜昭和23年(1948年)12月9日
囲福島県岩瀬郡須賀川町(須賀川市)　囲山形県北村山郡山口村(天童市)　専生活綴方、生活教育　学山形師範専攻科(昭和3年)卒　歴大正10年尋常高等小学校を卒業して16歳で代用教員、13年検定試験で本科正教員の免状取得。15年山形県師範2部本業、昭和3年山形師範専攻科を卒業、東沢小学校教員。6年山形県教育労働者組合を結成、7年検挙され起訴猶予となったが免職。8年日刊山形新聞記者。9〜10年「綴方生活」地方同人として見解を発表、「北方教育」誌で北日本国語教育連盟結成運動を支援。11年「生活児童詩の理論と実践」を刊行。12年復職、14年第1回教育科学研究会全国集会に参加。15年生活綴方事件で検挙され、17年実刑5年の判決。病気のため入獄延期のまま終戦を迎え、戦後21年日本共産党に入党、山形県教組副委員長となり10月闘争指導、翌年2.1ストの途中、倒れた。著書に「村山俊太郎著作集」(全3巻)があり、夫人ひ

769

でにも「北方の火とともに」「明けない夜はない」などがある。
家 妻＝村山ひで（教育家）

村山 知義　むらやま・ともよし

劇作家 演出家 画家 小説家
明治34年（1901年）1月18日〜昭和52年（1977年）3月22日
生 東京市神田区末広町（東京都千代田区）　名 号＝TOM　学
東京帝国大学哲学科中退　歴 大正10年渡欧。12年帰国して美
術団体MAVO（マヴォ）を、また心座、前衛座、左翼劇場、新協
劇団などの劇団を創設し、美術・演劇両面の運動に活躍。この
間3回検挙された経験を持つ。戯曲「暴力日記」（昭和4年）「東
洋車輌工場」「志村夏江」（6年）「石狩川」（14年）を発表。また
映画にも進出し、11年「恋愛の責任」（監督・脚本）、12年「新
撰組」（原作・脚本）、13年「初恋」（脚色・演出）の3本を手が
けた。20年朝鮮・中国に亡命。帰国後の21年第二次新協劇団
を再編成、34年東京芸術座を創設、戯曲「死んだ海」「国定忠
治」「終末の刻」などを発表。35年訪中新劇団団長、40年日本演
出家協会会長なども務めた。劇作家、小説家としても活躍し、
著書は、「日本プロレタリア演劇論」「現代演出論」「演劇的自
叙伝」「村山知義戯曲集」（上下）のほか、小説「白夜」（昭和9年）
「忍びの者」（5部作・37〜46年）、童話集「ロビンフッド」な
どがある。　家 父＝村山知二郎（海軍軍医）、妻＝清洲すみ子
（女優）、長男＝村山亜土（児童劇作家）　賞 文学界賞（第3回）
〔昭和11年〕「芝居の環」

村山 長挙　むらやま・ながたか

朝日新聞社長
明治27年（1894年）3月16日〜昭和52年（1977年）8月7日
生 東京都　学 京都帝国大学法学部政治学科〔大正8年〕卒　歴
大正8年朝日新聞創始者村山龍平の養子となり、その長女於藤
と結婚。9年朝日新聞社に入社、取締役。航空部長兼大阪朝日
印刷局長、昭和8年会長、15年社長となり、大阪、東京、名古
屋、小倉の4社の称号を朝日新聞に統一、編集総務を設けた。
航空部長時代には草創期の民間航空の発展に尽力、朝日新聞
社機による東京・大阪間定期航空の開拓、相次ぐ訪欧飛行な
どを成功させた。20年11月戦争責任をとって全役員とともに
辞任。公職追放解除後の26年社主に復帰。35年社長。この間
日本新聞協会長2期、朝日イブニングニュース会長、全日空取
締役なども歴任。39年に社長を、40年取締役を退き、上野淳
一とともに社主となった。　家 父＝岡部長職（外交官・政治
家・子爵）、妻＝村山於藤（香雪美術館理事長）、長女＝村山美
知子（朝日新聞社主）、弟＝岡部長章（侍従）、岳父＝村山龍平
（朝日新聞創業者）

室 馨造　むろ・けいぞう

放射線装置製作技術者
明治21年（1888年）9月20日〜昭和45年（1970年）5月20日
生 京都府京都市　学 京都帝国大学理工科電気工学〔大正3年〕
卒　歴 大正3年島津製作所電気部に入り、電池、電灯電力工事
を専任、X線発生装置を研究。5年交流A号・B号X線装置を完
成した。8年大阪市に大日本レントゲン製作所を設立し、陸海
軍に野戦、艦載X線装置を製作、納入。日本における医用放射
線装置製作の先覚者。

室生 犀星　むろう・さいせい

詩人 小説家
明治22年（1889年）8月1日〜昭和37年（1962年）3月26日
生 石川県金沢市裏千日町　名 本名＝室生照道、雅号＝魚眠洞
学 金沢高小〔明治35年〕中退　賞 日本芸術院会員〔昭和23年〕
歴 少年時代から文学に傾倒し、詩や俳句を「北国新聞」などに
投稿する。明治45年「スバル」に詩3編を発表して注目され、
大正3年萩原朔太郎らと「卓上噴水」を、5年には「感情」を
創刊し、7年「愛の詩集」を刊行。同年「抒情小曲集」を刊行

し、近代抒情詩の一頂点を形成した。以後、詩人、作家、随筆
家として幅広く活躍。小説の分野では9年「性に目覚める頃」
を刊行、昭和9年に「あにいもうと」を発表し、文芸懇話会賞
を受賞。15年「戦死」で菊池寛賞を受賞。戦後も死の直前ま
で活躍し、32年「杏っ子」で読売文学賞を、34年「かげろう
の日記遺文」で野間文芸賞を受賞した。随筆の分野での作品
も多く、「随筆女ひと」「わが愛する詩人の伝記」などがあり、
ほかに「室生犀星全詩集」「室生犀星全集」（全12巻・別巻2, 新
潮社）がある。35年には室生犀星詩人賞が設定された。　家
妻＝室生とみ子（俳人）、長女＝室生朝子（随筆家）　賞 渡辺賞
（第2回）〔昭和3年〕、文芸懇話会賞（第1回）〔昭和10年〕「あに
いもうと」、菊池寛賞（第3回）〔昭和15年〕「戦死」

室崎 琴月　むろざき・きんげつ

作曲家 音楽教育家 中央音楽学校校長
明治24年（1891年）2月20日〜昭和52年（1977年）3月21日
生 富山県高岡市木舟町　名 本名＝室崎清太郎　学 高岡中〔明
治43年〕卒、東京音楽学校本科ピアノ科〔大正6年〕卒、東京
音楽学校研究科〔大正8年〕修了　歴 音楽家に憧れて19歳で上
京、大正2年東京音楽学校ピアノ科に入学。8年同校研究科を
修了すると、自ら校長となって中央音楽学校を創設。9年幼い
頃から好きだった夕日を音楽にしたいと思っていたところ、児
童雑誌「白鳩」に掲載されていた、"ぎんぎんぎらぎら夕日が
沈む"で始まる葛原しげるの四行詩「夕日」を読んで感銘を受
け「夕日」を作曲。シンプルで覚えやすい歌詞とメロディー
が合わさった童謡として広く歌われ、今日でも歌い継がれる
名曲となった。以降、大正期の童謡最盛期と歩調を合わせる
ように活躍を始め、10年創刊の子ども雑誌「コドモノクニ」の
童謡作曲担当者として毎月新作を作曲、12年には初の作品発
表会を開催した。昭和20年東京大空襲で中央音楽学校と自宅
が全焼、これまで書きためた譜面など一切を焼失し、高岡に
帰郷。その後は同地を拠点に音楽活動・教育活動に携わった。
主な童謡に「千代紙」「鈴虫」「花咲爺」「落葉」「黄金虫」「も
みじ」「道草」などがあり、生涯に作曲した曲は2000曲以上に
のぼる。　家 岳父＝高橋謙三郎（侍従）　賞 日本作曲協会名誉
大賞〔昭和18年〕

室積 徂春　むろずみ・そしゅん

俳人
明治19年（1886年）12月17日〜昭和31年（1956年）12月4日
生 滋賀県大津市松本　名 本名＝室積尚、旧姓・旧名＝増永、別
号＝平明居主人、磔々子　歴 明治31年13歳で岡野知十に師事
し、34年「半面」の創刊に参加。のち佐藤紅緑に師事し「と
くさ」の編集に従事する。昭和2年「ゆく春」を創刊。編著に
「ゆく春第一句集」「ゆく春第二句集」がある。　家 兄＝室積
煙霞郎（俳人）、妻＝室積波那女（俳人）

室谷 藤七　むろたに・とうしち

ゴルフ選手
明治15年（1882年）〜昭和51年（1976年）
学 東京高等商業学校（現・一橋大学）卒　歴 東京高等商業学校
在学中からテニス、ボート、水泳などのスポーツにいそしむ。
卒業後神戸に住み、知人の手引きでゴルフを始める。大正15
年上海で開かれたチャイナアマ選手権に当時の日本トップク
ラスの赤星六郎、大谷光明らと出場、昭和2年に行われた第1回
関西アマチュア選手権では予選をトップで通過して優勝。日
本人ゴルファーの中でハンディキャップが0なった最初の選手
として知られる。7年広野ゴルフ倶楽部創設に当たって中心的
な役割を担い、日本を代表するコース作りに尽力。本業の材
木商の他、神戸ゴルフ倶楽部理事長なども務めた。また表千
家宗匠久保宗也に師事して、茶の湯もよくした。神戸女学院
大学内に茶室が "松風庵" と命名されて保存されている。

室伏 高信　むろぶせ・こうしん

評論家　ジャーナリスト

明治25年(1892年)5月10日～昭和45年(1970年)6月28日

⬜生神奈川県　⬜学明治大学法科中退　⬜歴初期の新人会に属し、社会民衆党内合同派として活動。二六新報、時事新報、朝日新聞などの政治部記者を経て、第一次大戦後、「改造」の特派員として渡欧し寄稿した。昭和9年「日本評論」の主筆となり18年まで務めた。のち「新生」主宰。社会主義全般に関心を抱くが、その一方で日本主義、ファシズムにも共鳴する面があった。そのため、戦後に公職追放される。この間、5年と21年衆議院選挙に立候補したが落選した。著書は「文明の没落」「青年の書」「東洋の書」「人生逍遙―追放記」「美しい革命」などの他、「室伏高信全集」(全15巻, 青年書房)がある。　⬜家甥＝室伏哲郎(評論家)

【め】

目黒 甚七　めぐろ・じんしち

目黒書店創業者

慶応3年(1867年)12月12日～昭和27年(1952年)3月7日

⬜生越後国新発田(新潟県新発田市)　⬜名旧姓・旧名は富樫　⬜歴幼少時から新潟長岡表町の巣枝堂(目黒十郎)に入り本屋修業。明治20年同店を辞して上京したが、翌年目黒十郎が東京支店を設置し乞われて店務に従事する。24年十郎の養子となり、目黒書店と改称し独立経営。学術、教育、教科書などを刊行、良書出版元として有名になった。傍ら、36年より杉本七百丸、目黒十郎等と六盟館を創立し、中等学校教科書＆参考書を発行した。27年以降東京書籍商組合評議員、大正13年東京出版協会会長、全国書籍連合会会長兼任。

【も】

毛内 靖胤　もうない・やすたね

陸軍中将

明治13年(1880年)3月1日～昭和11年(1936年)1月16日

⬜出青森県　⬜学陸士卒、陸大卒　⬜歴弘前藩士・毛内嘉胤の長男に生まれる。明治34年陸軍少尉に任官し、日露戦争に従軍。のち陸軍大学校を経て、教育総監付、連隊長を務めた。草創期の陸軍航空の体制整備のため航空兵科に転じ、所沢飛行学校、明野飛行学校校長を歴任。のち航空本部総務部長として航空行政の充実に努めた。昭和6年中将に昇進、東京湾要塞司令官を務め退役。その後、屋井乾電池社長として実業界に関わった。

毛利 輝夫　もうり・てるお

俳優

明治40年(1907年)11月30日～昭和6年(1931年)3月20日

⬜生福岡県門司市新町　⬜名本名＝毛利隆　⬜学法政大学予科中退　⬜歴昭和4年松竹蒲田に入社。小津安二郎監督「大学は出たけれど」でデビュー。次いで「父の願ひ」「奪はれた唇」「霧の中の曙」などに出演。その日本人ばなれした美貌の二枚目として注目され、女性ファンを魅了した。が6年3月20日朝、東海道線二宮～国府津間で、新人女優・大町弘子と鉄道心中した。わずか23歳だった。

毛利 教武　もうり・のりたけ

彫刻家

明治17年(1884年)4月2日～昭和38年(1963年)8月27日

⬜生東京都　⬜学東京美術学校彫刻科〔昭和36年〕卒　⬜歴はじめ松本正春に彫刻の初歩を学び、明治32年高村光雲に師事し、36年東京美術学校彫刻科を卒業。同年、37年東京彫工会彫刻競技会に出品、つづけて銀賞牌を受けた。38年陸軍看護兵として出征。39年海軍省銅像懸賞二等賞。40年春東京勧業博覧会で二等賞及び協賛賞、秋には「ゆくへ」で第1回文展三等賞を受賞。41年東京彫工会彫刻競技会審査員。大正元年第1回フューザン会展に彫刻家としてただ一人参加出品。昭和6年帝展無鑑査、16年文展審査員。また同年直土会結成に参加。戦後は出品依嘱者として日展に発表した。戦災で過去の作品はほとんど焼失したが、現存の代表作には「手」「クレオパトラとカルミニヨン」などがある。官展にありながら、作風は初期の「ゆくへ」のような浪漫的なものにはじまって、常に一歩時流の先を行くような近代的要素を示し、進歩的な制作態度が窺われた。　⬜家長男＝毛利武彦(日本画家)、二男＝毛利武士郎(彫刻家)　⬜賞文展三等賞(第1回)〔明治40年〕「ゆくへ」

毛里 英於菟　もうり・ひでおと

企画院官房総務室第一課長

明治35年(1902年)2月16日～昭和22年(1947年)2月23日

⬜出福岡県　⬜学五高卒、東京帝国大学法学部政治学科〔大正14年〕卒　⬜歴衆議院議員を務めた毛里保太郎の二男。大正14年大蔵省に入省。昭和8年満州国国務院総務庁主計処特別会計科長、11年同財政部国税科長、12年同税務監督署副署長、支那駐屯軍司令部付、13年5月大蔵省預金部資金局監理部監理課長、同年12月興亜院経済部第一課長、16年企画院房総務室第一課長、17年兼第四課長。革新官僚を代表する一人とされる。18年退官。19年大日本産業報国会常務理事、20年6月総合計画局第一部長、同年9月内閣調査官。20年退官。　⬜家父＝毛里保太郎(衆議院議員)

毛利 基　もうり・もとい

特高警察部初代特高課長

明治24年(1891年)2月11日～昭和36年(1961年)12月17日

⬜生福島県　⬜学福島中〔明治41年〕中退　⬜歴小学校教師などを経て、大正4年警視庁に勤務。10年警視庁特高課労働係に転じ、昭和3年日本共産党の再建大会を内定し、三・一五事件の立て役者となる。7年特別高等警察部(特高)設立に伴い初代特高課長に就任、11年特高第2課長。この間、武装共産党事件、熱海事件などを指揮して"特高警察の至宝"と謳われた。16年佐賀県、17年岐阜県、20年埼玉県の警察部長を務めた。20年9月退官。21～26年公職追放となり、晩年は郷里で農業に従事した。

毛利 元道　もうり・もとみち

公爵　貴族院議員

明治36年(1903年)6月～昭和51年(1976年)1月22日

⬜出山口県　⬜学陸士(第37期)〔大正14年〕卒　⬜歴旧長州藩主。大正14年陸軍砲兵少尉となり、のち少佐に昇進。この間、陸軍防空学校教官などを歴任。昭和12年ドイツへ留学。13～21年2月貴族院議員を務める。　⬜家曽祖父＝毛利敬親(長州藩主)

毛利 与一　もうり・よいち

弁護士

明治34年(1901年)4月15日～昭和57年(1982年)1月30日

⬜生福岡県北九州市　⬜学京都帝国大学法科〔大正14年〕卒　⬜歴昭和3年大阪で弁護士開業。10年の第二次大本教事件、12年の人民戦線事件、13年天理本道事件などの弁護人を務め、戦後は24年の鈴木大阪警視総監名誉毀損事件で、連合国軍総司令部(GHQ)の裁判干渉に抗議しながら弁護に当たった。また同年の松川事件、26年八海事件、27年の破壊活動防止法案事件、31年朝日訴訟、32年砂川事件などで弁護人、代理人として活躍した。34年に大阪弁護士会会長を務めた。著書に「自由心証論」「裁判における根拠と理由」などがある。

最上 政三　もがみ・まさぞう

ジャーナリスト　衆議院議員
明治24年（1891年）8月21日～昭和52年（1977年）2月19日
生群馬県群馬郡室田町　学中央大学法学科〔大正7年〕卒　歴
大正7年万朝報政治部記者となり、第一次大戦に従軍記者として
シベリア派遣。のち政治部長となり、黒岩涙香社長の「理想
団」に参加、普選獲得運動に活躍。昭和5年以来衆議院議員当
選4回、民政党に属した。電気通信委員会委員、鉄道省委員会
委員を経て、20年通信院政務官となった。戦後公職追放、解除
後高崎市に群馬電通興業を創立、取締役会長に就任。戦後は
妻英子が代わって衆参両院議員にそれぞれ2回当選した。　家
妻＝最上英子（政治家）、養子＝最上進（参議院議員）

茂木 惣兵衛（3代目）　もぎ・そうべえ

実業家　茂木銀行頭取　茂木合名会社社長
明治26年（1893年）3月24日～昭和10年（1935年）4月16日
生神奈川県横浜市　名旧姓・旧名＝茂木良太郎　学八高〔大
正1年〕中退　歴父・2代目保平は二大生糸貿易商の一人で、茂
木銀行など生糸金融機関を設立。大正元年父の死で八高を中
退して家督を相続し、茂木銀行頭取、茂木合名会社社長に就任
する。第二銀行、第七十四銀行、横浜貯蓄銀行などの取締役、
横浜船渠、横浜生糸、帝国撚糸織物などの監査役も務める。7
年の米騒動では救済事業に献身した。9年恐慌で茂木家が破産
する。12年渡米し、13年ヨーロッパ諸国を歩き、ロンドン大
学で社会学を修め、同大に日本人学生会を組織。また第12回
から14回の国際労働機関（ILO）総会に労働者側代表を補佐す
る。その後も日本海員組合代表代理として国際労働組合会議
に出席。昭和8年帰国し東京政治経済研究所所員となり、第5
回太平洋会議に出席した。　家祖父＝茂木惣兵衛（1代目）（生
糸貿易商）、父＝茂木保平（2代目）（生糸貿易商）、伯父＝茂木
惣兵衛（2代目）

茂田井 武　もたい・たけし

童画家　挿絵画家
明治41年（1908年）9月29日～昭和31年（1956年）11月2日
生東京市日本橋区（東京都中央区）　学川端画学校、太平洋画
会研究所　歴美術学校に入りそこね、川端画学校などで油絵を
勉強しながらアテネフランセに通学。昭和5年念願のフランス
に渡り、翌年帰国後は色々な職業を転々とした末に11年、「新
青年」に挿絵を書き始める。また戦時中から童画を手がけた
が、戦後になってシャガールの日本版を思わせる詩情豊か
な童画に評価が高まった22年日本童画会に入会。絵本に「十
二十二絵本」「パリーノコドモ」「ジャータカ物語」「セロひき
のゴーシュ」「三百六十五日の珍旅行」など。

望月 桂　もちづき・かつら

画家　漫画家　社会運動家
明治20年（1887年）1月11日～昭和50年（1975年）12月13日
生長野県東筑摩郡中川手村（安曇野市）　名筆名＝犀川凡太郎、
へちま　学東京美術学校西洋画科〔明治43年〕卒　歴野沢中
学教諭となったが、1年ほどで退職し、大正2年上京、石版印
刷屋、氷水屋などを次々に経営する。6年民衆本位の民衆美術
運動を創唱し、平和美術研究会、次いで平民美術協会を主宰。
8年黒耀会結成に参加し、大震災まで毎年展覧会を開いた。9
年演説会で検束され、以後しばしば検束される。同年日本社
会主義同盟に参加。アナキズム系に属して多くの機関紙誌に
主に挿絵で協力した。15年「小作人」を編集・発行。昭和3年
から読売新聞に漫画家犀川凡太郎として主に漫画の世界で活
躍。13年漫画雑誌「バクショー」編集人。戦後は東筑農民組
合連合会の会長になり、傍ら社会活動、美術活動をした。　家
妻＝望月ふく（社会運動家）

望月 歓厚　もちづき・かんこう

僧侶（日蓮宗）　仏教学者　立正大学学長
明治14年（1881年）8月12日～昭和42年（1967年）11月28日
生山梨県　名旧姓・旧名＝田中、号＝日電秋江　学日蓮宗大
学〔明治43年〕卒　文学博士〔昭和32年〕　歴明治21年得度。
大学卒業後研究院に学び内地研究員を経て、日蓮宗大学教授。
15年立正大教授となり、東洋大、大正大、京都帝国大学各講
師。昭和19年立正大学長、日蓮宗学研究所長となった。一方
4年静岡・富西寺住職、本覚寺、東京・宣明院、山梨・妙法寺
各住職を歴任。著書に「親心本尊鈔講義」「法華経講義」「日
蓮の生死観」「日蓮教学の研究」「日蓮宗学説史」など。監修
に「定本日蓮聖人遺文」がある。

望月 軍四郎　もちづき・ぐんしろう

実業家　日清生命社長　京浜電車会長
明治12年（1879年）8月15日～昭和15年（1940年）2月1日
生静岡県　歴高小2年まで学び、15歳で村上太三郎の入丸商店
に入り、株式界に入った。日糖事件で活躍、明治43年独立し
サシ丸望月商店を開業。大正8年望月商事社長に就任し、11年
株式界を引退。13年田口銀行を買収、頭取となったが、金融
恐慌後撤退。昭和4年日清生命社長に就任、5年京浜電車会長。
他に赤司初太郎と共同で東邦炭礦、台湾パルプ工業など多く
の会社の要職を務めた。教育関係に熱心で、慶応義塾ほかに
多額の寄付を行った篤志家でもあり、日満文化学会、大宮工
業商業学校を創立した。武者小路実篤「望月軍四郎」がある。

望月 圭介　もちづき・けいすけ

逓信相　内相　衆議院議員
慶応3年（1867年）2月27日～昭和16年（1941年）1月1日
出広島県　学攻玉社中退、明治英学校中退　歴広島県の裕福
な回船問屋の家に生まれ、14歳で勉学のため上京後、自由党
に近づき、明治31年、30歳の若さで衆議院議員に初当選し、以
後当選13回。この間、政友会の原敬総裁に引き立てられて昭
和2年、原内閣時代の政友会幹事長に就任する。その後、田中
義一内閣の逓信相、内相などを歴任したが、政友会にあって
は鈴木総裁を中心とする主流派への反感を強めてやがて除名
され、他の政友会脱退者らと昭和会を結成した。14年の政友
会分裂後は中島知久平派に属し、後に米内内閣の参議などを
務めている。

望月 源治　もちづき・げんじ

労働運動家
明治35年（1902年）4月11日～昭和36年（1961年）10月12日
生静岡県庵原郡富士川町木島　名本名＝望月源次　学高等小
学校卒　歴大正8年石川島造船所に仕上工として入所、同造船
所争議に参加し、以後労働運動に参加。10年足立製作所機械
打ちこわし事件で検挙され、懲役8ヶ月に処せられる。出獄後
も多くの争議を指導し、13年総同盟関東労働同盟会主事とな
り、14年中央争議部長に就任。この間日本労農党、日本大衆党
などに参加。昭和4年東京府中野町議となる。やがて国家社
会主義運動に同調し、7年日本国家社会党の結党に参加し、中央
執行委員になる。この頃からわかもと製薬に入社、宣伝部長
として満州との間を往復する。戦後は実業家として活躍した。

望月 重雄　もちづき・しげお

電気工学者　大阪帝国大学教授
明治29年（1896年）3月9日～昭和19年（1944年）2月1日
生山梨県　専高工電気工学　学京都帝国大学工学部電気工学
科〔大正10年〕卒　工学博士　歴大正10年東北帝国大学講師、
昭和6年大阪工業大学教授となり、8年同大が大阪帝国大学に
統合されると同大教授。著書に「高圧工学」「高圧電気工学」、
共著に「放電工学原論」などがある。

望月 茂　もちづき・しげる

評論家　小説家

明治21年（1888年）5月20日〜昭和30年（1955年）4月19日

[生]茨城県新治郡都和村（土浦市並木町）　[名]号＝紫峰、筆名＝筑波四郎　[学]七高造士館中退　[歴]国民新聞記者となり、明治末、実業家野間清治に勧めて「講談倶楽部」を創刊、初代編集長となり、大衆雑誌流行のきっかけを作った。自ら筑波四郎の筆名で「国定忠治」など多くの大衆小説を書いた。大正6年退社、明治維新史を研究し、同年日本初の週刊誌「週」編集長となった。著書に「生野義挙と其同志」「藤森天山伝」「佐久良東雄」などがある。

望月 信亨　もちづき・しんこう

仏教学者　僧侶　大正大学学長　浄土宗管長

明治2年（1869年）9月24日〜昭和23年（1948年）7月13日

[生]越前国今立郡国高村（福井県越前市）　[名]幼名＝松原勝次郎　[学]浄土宗宗学本校専門科〔明治28年〕卒　文学博士（東京帝国大学）〔大正13年〕　[資]日本学士院会員〔昭和22年〕　[歴]明治13年得度。19年京都浄土宗・西部大学林入学、20年東京浄土宗本校（芝学園）に転じ、28年宗学本校専門科卒。この間、26年神戸市藤之寺に入り望月と改姓。比叡山で天台教学を修め、32年浄土宗高等学院（東京・小石川）教授。39年「法然上人全集」、次いで「浄土宗全書」、さらに39年秋から昭和11年までに「仏教大辞典」（全7巻）を編集刊行。また「仏教大年表」を作り、高楠順次郎らと「大日本仏教全書」（全150巻）の刊行に従事した。この間、明治41年宗教大学講師、大正3年同学長・教授、15年大正大学教授、昭和5〜17年同学長。19年浄土宗管長となり、総本山知恩院に住み知恩院独立に尽力した。22年日本学士院会員。著書に「浄土教の起源及発達」「支那浄土教理史」などがある。

望月 太左衛門（9代目）　もちづき・たざえもん

長唄囃子方　望月流家元

明治35年（1902年）2月20日〜昭和21年（1946年）9月12日

[生]東京都　[名]本名＝安倍光之助、前名＝望月長左久　[歴]望月長左久を経て、昭和3年9代目太左衛門を襲名。著書に「望月流改訂長唄囃子方手附」がある。　[家]父＝望月太左衛門（7代目）、長男＝望月朴清（4代目）、兄＝望月太左衛門（8代目）、堅田喜惣治（3代目）、妹＝藤舎呂船（5代目）

望月 太左吉（2代目）　もちづき・たさきち

長唄囃子方

明治10年（1877年）11月10日〜昭和22年（1947年）2月6日

[生]東京都　[名]本名＝白川清太郎、前名＝望月常吉　[歴]9歳で初代望月太左吉に入門。はじめ芝居で修業したが、20歳の時稽古専門となる。明治31年初代没後、2代目を襲名。35年長唄研精会の発足と同時に参加。のち同会の囃子主任を務めた。

望月 芳郎　もちづき・よしろう

童話作家

明治31年（1898年）〜昭和20年（1945年）3月22日

[生]山梨県塩山町　[学]東京農業大学卒　[歴]千葉農業学校教諭を経て、郷里で酒造業を営む。大正12年芥川龍之介を招いて夏期大学を開催。昭和14年「日本の子供」の編集に携わる。18年京城日報「小国民」編集長、同参事、文化部長を歴任。京城にて没する。童話集に「月の明るい野原」「白い河原の子供たち」がある。

持田 盛二　もちだ・もりじ

剣道家

明治18年（1885年）1月26日〜昭和49年（1974年）2月9日

[生]群馬県勢多郡　[学]武徳会武術教員養成所〔明治41年〕卒　[歴]明治35〜40年武徳会群馬支部で修行。44年精錬証、大正8年教

士の称号を授与された。武道専門学校助教授、千葉武徳会支部主任教師等を経て、14年朝鮮総督府に招聘され、昭和2年には範士の称号を授与された。4年御大礼記念武道天覧試合に審判員・指定選士として出場し優勝、南満州鉄道（満鉄）範士高野茂義範士との決勝戦は名勝負として今に語り伝えられている。その後は警視庁、皇宮警察、慶応義塾等の師範を務めた。12年9段範士、32年10段範士。

持田 良吉　もちだ・りょうきち

実業家　持田製薬創業者

明治20年（1887年）9月11日〜昭和46年（1971年）3月18日

[生]静岡県　[専]性ホルモン研究　[学]明治薬学校（現・明治薬科大学）〔明治44年〕卒　医学博士（順天堂大学）〔昭和36年〕　[歴]明治44年明治薬学校（現・明治薬科大学）を卒業して薬剤師の資格を取得、眼科界の泰斗である河本重次郎が経営していた河本眼科に書生兼薬剤師として入り、様々な教示を受けた。大正2年東京・本郷に薬局を開くが、売り上げが芳しくなかったことから、医薬品の製造を開始。河本眼科時代に創製した「モチダ式眼科用黄降汞軟膏」と注射用駆梅剤「ルエスチン」を売り出したところ評判となり、7年持田製薬所を設立。製薬分野に舵を切った。昭和20年持田製薬株式会社に改組して社長に就任。39年会長。この間、5年我が国初の天然卵胞ホルモン製剤「ペラニン」を完成させ、7年には男性ホルモン剤「テスチノン」を売り出すなど、性ホルモン薬剤分野の先駆者となり、社の基盤を作った。　[家]長男＝持田信夫（持田製薬社長）、二男＝持田英（持田製薬社長）、孫＝持田直幸（持田製薬社長）

持永 義夫　もちなが・よしお

北海道庁長官

明治26年（1893年）6月4日〜昭和54年（1979年）8月31日

[出]宮崎県　[学]京都帝国大学法学部英法科〔大正10年〕卒　[歴]内務省に入り、社会部福利課長、保護課長、庶務課長、厚生大臣官房会計課長などを務める。のち愛媛県、三重県、兵庫県知事を歴任、昭和20年北海道庁長官。27年衆議院議員に当選、2期。その後、弁護士となり、持永林炭社長などを務めた。著書に「社会事業行政」がある。　[家]息子＝持永和見（衆議院議員）、孫＝持永哲志（経済産業省技術振興課長）

元井 三門里　もとい・みどり

絵更紗作家

明治18年（1885年）〜昭和31年（1956年）

[生]大分県　[歴]少年時代から絵に親しみ、大正3年日本画を学ぶために京都へ移る。8年古美術店で見つけた古い更紗に惹かれて更紗作りを始め、のちインドやタイから伝わった古い更紗のダイナミックで素朴な画風に写実的で精巧な日本画の要素を取り入れた "絵更紗" を考案。染料を赤・青・黄の三原色しか用いないのも特徴。11年から上京区中長者町にあった自宅で絵更紗を広めるための画塾を開き、多くの門人を育てた。

本居 長世　もとおり・ながよ

作曲家　ピアニスト

明治18年（1885年）4月4日〜昭和20年（1945年）10月14日

[生]東京市下谷区（東京都台東区）　[名]筆名＝本居長予、本居一浩　[学]東京音楽学校ピアノ科〔昭和42年〕卒　[歴]本居宣長を6代前の祖先に持つ国学の名門に生まれる。明治41年東京音楽学校を首席で卒業した後も母校に残り、43年助教授。この頃から作曲を始める。大正4年脳溢血で倒れ、右手指に後遺症が残ったためピアニストを断念。教職も退き、以後は作曲に専念した。7年弟子の弘田龍太郎らと自作を演奏するためのグループ、如月社を結成。また尺八奏者の吉田晴風や箏曲家の宮城道雄らと交流を持ち "新日本音楽" を標榜して洋楽と邦楽との融合を試みた。童話雑誌「赤い鳥」の創刊を機に童謡運動が起こると、雑誌「金の船」（のち「金の星」）を中心に童謡

を次々と作曲。特に詩人・野口雨情とのコンビで「十五夜お月さん」をはじめ、「葱坊主」「七つの子」「赤い靴」「青い眼の人形」などの名曲を世に送り出し、西洋の音階と日本の伝統音階を巧みに重層させた作風で"日本童謡の祖"といわれる。「十五夜お月さん」初演の際は長女のみどりが歌っており、3人の娘（みどり・貴美子・若葉）を伴って各地を巡演して娘たちに自作を歌わせ、童謡の普及に貢献した。昭和一浩に改名したが、9年長世に戻し、のち長予に改めた。同年から明治天皇の御製百首の作曲を進め、10年明治神宮で完成奉告式を行う。その後は仏教歌の作曲にも取り組んだ。　家祖父＝本居豊穎（国学者），父＝増田于信（国文学者），長女＝本居みどり（童謡歌手），二女＝本居貴美子（童謡歌手），三女＝本居若葉（童謡歌手）

本居 みどり　もとおり・みどり
童謡歌手
明治45年（1912年）〜昭和17年（1942年）8月4日
歴本居長世の長女。大正9年新日本音楽大演奏会で父が作った「十五夜お月さん」を歌うなど、父と全国を童謡行脚し、父の作品を世に広めた。　家父＝本居長世（作曲家），妹＝本居貴美子（童謡歌手），本居若葉（童謡歌手）

本方 秀麟　もとかた・しゅうりん
俳画家　美術評論家
明治14年（1881年）2月〜昭和7年（1932年）9月22日
名本名＝本方昌　歴少年時代から画才に秀で、柿内雲麟に師事、種々の展覧会に入選。四条派より南宗を究め、北宗に接し大正2年新しい俳画運動を展開。また、雑誌「新美術」「美術公論」「俳人画と俳句」「赤壁」などに美術評論を執筆した。著書に「墨絵の独習」「俳人が絵を描くまで」がある。

泉二 勝磨　もとじ・かつま
彫刻家
明治38年（1905年）9月18日〜昭和19年（1944年）10月3日
出東京都　学東京美術学校彫塑科〔昭和4年〕卒　歴検事総長や大審院長を歴任した泉二新熊の長男。昭和6〜14年フランスへ留学、師のデュナンとフランス汽船「ノルマンディー」の装飾を手がけた他、ギリシャ、エトリユスク、フランス中世の絵画彫刻を研究。14年二科展に「花売娘」などを出品、15年「朔雲童児」を、16年「東郷大将バルチック艦隊を睨む」を出品して注目され、同年二科会会員に推された。　家父＝泉二新熊（司法官），義弟＝中野和高（洋画家）

泉二 新熊　もとじ・しんくま
刑法学者　司法官　大審院長　検事総長　枢密顧問官
明治9年（1876年）1月2日〜昭和22年（1947年）10月25日
出鹿児島県奄美大島　学東京帝国大学法科大学独法科〔明治35年〕卒　法学博士〔大正5年〕　歴明治35年司法省に入り、東京地裁検事、司法参事官を経て、大正2年東京控訴院検事、4年大審院判事、12年司法省行刑局長、昭和2年刑事局長、6年大審院部長判事に累進した。11年広田内閣の検事総長、14年平沼内閣の大審院長に任ぜられる。16年退官し、17〜21年枢密顧問官。21年公職追放により退職、弁護士を開業。その刑法理論は折衷的客観主義の立場から刑事司法の解釈、実務論を展開、"泉二刑法"と称された。しかしその応報刑説は権威主義的な色彩が濃かった。著書に「刑法大要」「日本刑法論」（全2巻）など。

本島 一郎　もとじま・いちろう
整形外科学者　新潟医科大学学長
明治16年（1883年）9月21日〜昭和27年（1952年）3月11日
生群馬県新田郡藪塚本町（太田市）　名旧姓・旧名＝赤尾　学東京帝国大学医科大学〔明治43年〕卒　医学博士〔大正14年〕

歴東京帝国大学の田代義徳教授について整形外科学を研究。大正6年新潟医学専門学校教授となり、日本で4番目の整形外科講座を開設。11年新潟医科大学教授、昭和6〜11年附属医院長、11〜19年学長。定年退官後、19〜23年五高校長を務めた。この間、大正10年と昭和8年に文部省海外留学生として欧州にわたり、ウィーン大学、ミュンヘン大学、ベルリン大学に留学。第4回、16回日本整形外科学会会長。アポヒゼオパチー（骨端症）初期研究に貢献した。　家義弟＝本島柳之助（放射線医学者）

本島 柳之助　もとじま・りゅうのすけ
放射線医学者　東京医学専門学校教授
明治25年（1892年）12月11日〜昭和32年（1957年）9月14日
生群馬県太田市　学東京医学専門学校〔大正12年〕卒　医学博士〔昭和5年〕　歴群馬県太田市に江戸時代から続く名門病院・本島病院に生まれる。大正12年順天堂医院外科助手、同年12月慶応義塾大学医学部助手となり理学診療科に勤務。15年ドイツ・ベルリン大学放射線科研究生として同大癌研究所に入所。欧州巡遊後、昭和3年帰国して慶応義塾大学医学部講師、6年東京医学専門学校レントゲン科教授となり外科教授兼任。同年放射線医学講座担当。22年東京医科大学専門部教授、25年東京医科大学教授。同年日本医学放射線学会会長。　家義兄＝本島一郎（整形外科学者）

元田 肇　もとだ・はじめ
衆議院議長　枢密顧問官
安政5年（1858年）1月15日〜昭和13年（1938年）10月1日
生豊後国東郡来浦村（大分県国東市）　名旧姓・旧名＝猪俣，幼名＝政右衛門，号＝国東　学東京大学法学部〔明治13年〕卒　歴豊後国国東の庄屋・猪俣家に生まれ、豊後杵築藩の儒者・元田竹渓に師事し、師の子息・元田直の養子となった。上京して共貫義塾、開拓使仮学校、開成学校を経て、東京大学法学部に学ぶ。明治13年養父の事務所で代言人（弁護士）となり、23年第1回総選挙で衆議院議員に当選、以来16回連続当選。大成会、国民協会、帝国党など吏党に属したが、のち伊藤博文らの政友会に参加。31〜35年衆議院副議長。34年政友会総務委員となり、44年第二次西園寺内閣で拓殖局総裁を経て、大正2年第一次山本内閣の逓信相として初入閣。9年原内閣で鉄道省が創設されると初代鉄道相に就任。続く高橋内閣でも留任したが、高橋や横田千之助が推進した内閣改造に反対して同内閣を総辞職に導いたことから、11年同党を除名された。間もなく復党したが、13年の第二次護憲運動の際に脱党し、床次竹二郎、中橋徳五郎らと憲政本党を結成。昭和2年同党が憲政会に合流して民政党ができると、これに従わず政友会に復帰し、3年田中内閣で衆議院議長に就任した。5年の総選挙で落選したが、40年近く保持してきた議席を失ったものの政友会の長老として遇された。7年枢密顧問官。　家長男＝元田敏夫（香川県知事），養父＝元田直（法律家），女婿＝船田中（政治家），小畑敏四郎（陸軍中将）

本野 精吾　もとの・せいご
建築家　京都高等工芸学校図案科教授
明治15年（1882年）9月30日〜昭和19年（1944年）8月26日
生東京府麻布鳥居坂（東京都港区麻布鳥居坂）　学東京帝国大学工科大学建築科〔明治39年〕卒　歴父は大蔵省に勤務した後、読売新聞社を創業した本野盛亨。五男として東京に生まれた。暁星中、一高を経て、明治36年東京帝国大学工科大学建築科に入学。同期には岡田信一郎らがいた。39年卒業後、しばらく大学院に籍を置き、明治41年ドイツに留学。約2年間をベルリン、シャルロッテンブルクの高等工業学校で過ごし、その後はフランスなどヨーロッパ諸国をまわった。帰国後、先輩武田五一に招かれ、京都高等工芸学校（現・京都工芸繊維大学）図案科教授に就任。武田が名古屋高等工業の校長に転じてか

らは、図案科主任教授となった。主な作品に、西陣織物館（大正3年）、本野精吾自邸（同13年）、鶴巻一郎邸（昭和4年）、京都高等工芸学校本館（同5年）など。それまでの様式主義から脱却し、機能主義を追及したモダニズム建築の先駆けといわれる。昭和2年には京都で日本インターナショナル建築会を設立、日本から世界に向けて建築のモダニズムを主張した（8年に活動停止）。また建築のみならずインテリアや家具、舞台デザイン、グラフィックデザイン、服飾デザインなどデザイン全般の様々な教育や活動に携わった。一方、バイオリン演奏、エスペラント語、社交ダンスなど多趣味なことでも知られた。　［家］父＝本野盛亨（読売新聞社長）、兄＝本野一郎（外相）、本野英吉郎（早稲田大学教授）、本野亨（京都帝国大学教授）

本野 亨　もとの・とおる
電気工学者　京都帝国大学教授
明治12年（1879年）6月27日～昭和26年（1951年）2月8日
　［生］佐賀県　［学］京都帝国大学理工科大学電気工学科〔明治35年〕卒　工学博士（京都帝国大学）〔大正2年〕　［歴］本野盛亨の四男。明治36年フランス留学。39年京都帝国大学助教授、45年教授。大正14年同大評議員、昭和7年工学部長。8年大阪帝国大学工学部嘱託講師となり、電気工学教室主任として教室創設に尽力した。この間、大正14年欧米に出張。昭和2年照明学会会長に就任し、3年米国で行われた照明会議に出席した。　［家］父＝本野盛亨（新聞人）、兄＝本野一郎（外交官）、本野英吉郎（化学者）、弟＝本野精吾（建築家）

本野 久子　もとの・ひさこ
愛国婦人会会長
明治1年（1868年）9月19日～昭和22年（1947年）12月12日
　［生］山口県　［名］旧姓・旧名＝野村　［学］華族女学校〔明治23年〕卒。下田歌子に師事して和歌と国文を修める。23年外交官の本野一郎と結婚。大正13年少年保護協会会長、昭和5年国際連盟協会婦人部長、6年大日本連合婦人会理事、愛国婦人会会長、12年家庭安全協会会長などを歴任した。　［家］夫＝本野一郎（外交官）、父＝野村靖（政治家）、長男＝本野盛一（外交官）、孫＝本野盛幸（外交官）

本山 荻舟　もとやま・てきしゅう
小説家　料理研究家　演劇評論家
明治14年（1881年）3月27日～昭和33年（1958年）10月19日
　［生］岡山県　［名］本名＝本山仲造　［学］天城高小〔明治26年〕卒　早くから「文庫」などに投稿し、明治33年「明星」の同人となって岡山で「星光」を創刊。同年山陽新報に入社、のち中国民報、二六新報、報知新聞、読売新聞などで記者生活をする（昭和19年まで）。一方、大正期に入って小説を執筆し「近世数奇伝」「近世剣客伝」「日蓮」などの作品がある。新聞社では演劇や料理記事を担当し、みずから京橋に「蔦屋」を経営。「日本食養道」「飲食日本史」「飲食事典」などは名著といわれる。演劇評論に「歌舞伎読本」「名人畸人」などがある。

本山 彦一　もとやま・ひこいち
新聞人　毎日新聞社長　貴族院議員（勅選）
嘉永6年（1853年）8月10日～昭和7年（1932年）12月30日
　［生］肥後国熊本城下東子飼（熊本県熊本市）　［学］三叉学舎　［歴］三叉学舎で洋学を学んだあと福沢諭吉に師事。25歳で書いた「條約改正論」が外字新聞にも転載されて認められた。兵庫県勧業課長、神戸師範学校長を経て、明治15年大阪新報に入社。時事新報で会計局長まで務めた後、大阪の藤田組支配人となったが、22年大阪毎日新聞の創刊で相談役として迎えられ、36年社長に就任。以後経営合理化の一方、不偏不党、読みやすさ、実益中心などの編集方針を立て、大衆紙としての毎日新聞を方向づける。その後44年には東京日日新聞を買収して東京進出を果たし、死去するまで30年近くも社長の座にあった。

この間、昭和5年には勅選貴族院議員に選ばれている。　［家］孫＝本山道子（能面作家）

本山 文平　もとやま・ぶんぺい
熊本県知事
明治15年（1882年）4月～昭和55年（1980年）9月13日
　［生］新潟県　［学］東京帝国大学法科大学英法科〔明治43年〕卒　大正2年台湾総督府に入る。7年欧米に留学。13年台中州知事、15年総督府警務局長に進むが、昭和3年退任。4年大分県知事、5年熊本県知事。6年退官して下関青果会長、台湾青果社長となり、台湾商工会議所副会頭を務めた。

元良 信太郎　もとら・しんたろう
造船工学者　三菱重工業社長
明治15年（1882年）8月26日～昭和21年（1946年）11月1日
　［出］東京都　［学］東京帝国大学工科大学造船学科〔明治38年〕卒　工学博士（東京帝国大学）〔大正9年〕　［歴］明治38年三菱長崎造船所に入社。高性能の船舶横揺れ防止装置を開発した。昭和18年三菱重工業社長となり、のち三菱製鋼社長。　［家］長男＝元良勇（東京放送常務）、三男＝元良誠三（東京大学名誉教授）、岳父＝竹越与三郎（史論家・政治家）　［賞］帝国学士院賞（第16回）〔大正15年〕、日本造船学会賞（懸賞論文、第4回）〔大正5年〕、日本造船学会賞・造船協会賞〔大正10年・12年〕

物部 長穂　もののべ・ながほ
土木工学者　内務省土木試験所所長　東京帝国大学教授
明治21年（1888年）7月19日～昭和16年（1941年）9月9日
　［生］秋田県仙北郡荒川村（大仙市）　［専］耐震工学、水理学　［学］秋田中〔明治36年〕卒、二高〔明治41年〕卒、東京帝国大学工科大学土木工学科〔明治44年〕卒　工学博士（東京帝国大学）〔大正9年〕　［歴］唐松神社社主である秋田物部氏60代目当主の二男。明治44年東京帝国大学土木学科を首席で卒業、鉄道院技手となり信濃川鉄道橋の詳細設計に従事。大正元年内務省技師に転じる一方、東京帝大理科大学に再編入して理論物理学を学んだ。同年東京帝国大学助教授を兼務。9年欧米へ留学。若くして耐震土木建築の権威として知られ、同年第1回土木学会賞を、14年には土木技術分野で初めて帝国学士院恩賜賞を受賞。15年異例の抜擢人事で内務省土木試験所長に就任、発足間もない同所の基礎を固めた。同年東京帝大教授を兼任し河川工学講座を担当。昭和11年両職を退官。著書に「水理学」「土木耐震学」がある。　［家］長男＝もののべながおき（数学者・市民運動家）、弟＝物部長挙（陸軍中将）、岳父＝尾崎三良（官僚・男爵）　［賞］帝国学士院恩賜賞（第15回）〔大正14年〕、土木学会賞〔大正9年〕

桃川 若燕（2代目）　ももかわ・じゃくえん
講談師
明治8年（1875年）12月22日～昭和22年（1947年）9月8日
　［生］東京都　［名］本名＝中島留五郎　［歴］8歳で初代放牛舎桃林に入門、桃甫。その後、桃条から三年舎桃栗を名のり、師の没後は2代目桃川如燕の門下に転じて、明治32年2代目若燕を襲名。陽気な芸風で、新旧にわたる豊富な演題を持ったが、中でも自身も参加した日露戦争の軍談、特に「乃木将軍」で人気を得た。4代目宝井馬琴、3代目神田伯山と人気を分けたが、昭和8年中風に倒れ、本領を発揮できなかった。

百瀬 渡　ももせ・わたる
衆議院議員　松本市長
明治7年（1874年）2月～昭和20年（1945年）12月21日
　［生］長野県筑摩郡中山村（松本市）　［学］松本中学中退　［歴］日露戦役に従軍後、東筑摩郡議、同参事会員、長野県議、同参事会員、信濃日報社長を経て、昭和5年衆議院議員に当選、以来4期務めた。15～19年松本市長。

も

百田 宗治　ももた・そうじ

詩人　児童文学者

明治26年（1893年）1月25日〜昭和30年（1955年）12月12日

生大阪府大阪市西区　名本名＝百田宗次、旧号＝楓花　学高小卒　歴早くから短歌を作り、明治44年「愛の鳥」を刊行。この頃から詩作をはじめ、45年詩歌集「夜」を刊行し、大正4年詩集「最初の一人」を刊行する。4年「表現」を創刊し、7年「民衆」を創刊。民衆派の詩人として活躍し、7年「ぬかるみの街道」を刊行。8年上京し「日本詩人」の編集にたずさわる。11年「青い翼」「風車」を刊行。のち民衆派を去り、14年「静かなる時」を刊行。15年「椎の木」を創刊主宰する。その間「何もない庭」や「随筆詩論集」を刊行。昭和7年から児童詩の指導をし、14年「綴方の世界」を刊行。他の著書に「青年詩とその批評」「辺疆人」などがある。

森 一兵　もり・いっぺい

新聞人　写真家　名古屋新聞社長

明治10年（1877年）6月〜昭和20年（1945年）11月13日

生岡山県勝田郡勝北町　名本名＝新谷一兵　学東京専門学校（現・早稲田大学）卒　歴教育家・森英太郎の長男として生まれる。東京専門学校を卒業後、博文館発行の雑誌「太陽」の記者や三井銀行勤務などを経て、岡山商業会議所書記長となる。松昌洋行社長・山本唯三郎の秘書を務め、大正5年には山本が創刊した岡山新聞社長に就任。その後、京都で新聞業に従事したが、13年義弟の小山松寿が経営する名古屋新聞社に理事として招かれてからは、その経営を援けた。昭和10年名古屋新聞販売社長を兼任、11年名古屋新聞社社長。戦時中に用紙の不足や新聞への統制が深刻化すると、有力地方紙の連携によって中央紙に対抗する“新聞連衡論”を唱えたが、17年新聞統合を機に退社。この間、明治37年公用で朝鮮・満州に出張した際、実用の目的で写真をはじめ、同年浪華写真倶楽部の創立と同時に入会。以来、同人として重きをなし、実作のみならず写真評論や講演でも活躍した。また東京写真研究会にも籍を置き、第1回研展で3等賞を受賞。大正元年米谷紅浪、横山錦渓ら浪華写真倶楽部の有力同人らと天弓会を設立。15年には中部写真連盟を結成し、中京写壇の結束力強化に貢献した。ゴルフの名手としても知られる。著書に「森一兵鮮満視察談」「独伊と日本」などがある。　家父＝森英太郎（教育家）、義弟＝小山松寿（新聞人・政治家）　賞東京写真研究会研展3等賞（第1回）

森 岩雄　もり・いわお

映画プロデューサー

明治32年（1899年）2月27日〜昭和54年（1979年）5月14日

生神奈川県横浜市　学成蹊実業専門学校中退　歴華商業学校を卒業後、大正6年成蹊実業専門学校に入るが、同年夏に病気のため片瀬に移り、療養生活を送る。傍ら映画の脚本執筆をはじめ、8年東京日日新聞が募集した子供のための映画シナリオに入選。その後も大洗、国府津と転地療養をしながら脚本や「活動写真大観」の執筆を進め、病気が回復した10年には活動写真資料研究室に入社した。同年「キネマ旬報」に「第八芸術賃燈録」の連載を開始し、映画評論家としてデビュー。11年中曽根丈衛、友成用三らと中央映画社を設立し、銀座に事務所を開設。12年日本映画俳優学校の創立に伴い、主事兼講師となる。14年には村田実監督の「街の手品師」のシナリオを手がけ、好評を博した。15年村田らとともに渡欧。このとき「街の手品師」のフィルムを携えており、各地でその紹介をおこなった。帰国後、田中栄三、八田元夫、岩崎昶らと金曜会を結成し日活に企画を提供、阿部豊監督「足にさはった女」「彼をめぐる五人の女」など多くの佳作を送り出した。それらのプロデューサー的な才能が高く評価され、昭和8年PCL（写真化学研究所）映画製作所の取締役支配人に就任。12年会社が東宝映画に発展した後も取締役に留任し、製作面の中心としてプロデューサー・システムを推進して渡辺邦男演出「白蘭の歌」、山本嘉次郎監督「ハワイ・マレー沖海戦」などのヒット作を製作した。18年東宝常務撮影所長。戦後21年に撮影所長を辞任し、演劇部長、業務本部長に転じるが、太平洋戦争中に撮影所長の職にあったため公職追放となった。25年に追放が解除されると東宝顧問を経て、27年製作本部長として復帰し、東宝映画特有の近代主義的・良識主義的作風作りに貢献。37年から副社長を務め、49年代表取締役相談役、51年相談役。著書に「映画脚本二十講」「映画芸術」「アメリカ映画製作者論」「私の芸界遍歴」などがある。

森 栄一　もり・えいいち

労働運動家

明治28年（1895年）6月1日〜昭和41年（1966年）11月4日

生神奈川県横浜市　学小学校卒　歴明治45年日本郵船司厨部に勤務し、大正9年司厨同友会の理事となる。10年英国の炭鉱ゼネストに感動し、航海先で大戦後の争議を見聞した。昭和2年郵船司厨部大争議で活躍して解雇され、以後労働運動に専念する。日本労農党、日本大衆党の中央執行委員となり、多くの争議を指導。5年日本大衆党から横浜市議に当選し、のち日本革新党、大日本党などに加盟。戦後は国家主義者として公職追放され、会社役員などをした。

森 英治郎　もり・えいじろう

俳優

明治20年（1887年）11月1日〜昭和20年（1945年）11月28日

出神奈川県横浜市境町　名別名＝森英次郎、森英二郎　学京華中中退　歴文芸協会研究所を経て、明治44年文芸協会に入る。みごとな演技力で若手四天王のひとりと云われる。大正9年日活向島撮影所に、主演俳優として招かれる。「朝日のさす前」などに主演。一時舞台協会に属したが、12年日活専属となる。溝口健二監督の初期の名作「霧の港」に沢村春子と主演。震災後は日活を退社し、同志座を結成。15年に宝塚国民座の結成に参加して以来舞台に専念。19年満州への巡業慰問中に肺結核で倒れ、翌年死去。

森 栄蔵　もり・えいぞう

実業家　衆議院議員

明治6年（1873年）10月15日〜昭和20年（1945年）6月23日

生奈良県大淀村　歴生地の奈良大淀村で土建業を興し、森組取締役となる。明治41年吉野鉄道（のちの近鉄吉野線）敷設事業に参画、のち取締役となる。難事業達成が評価され鉄道省関係の事業を多く手がけ、建設業・森組の基礎を築いた。また大和鉄道取締役、南和鉄道取締役、吉野製薬社長を歴任。一方、吉野郡議、奈良県議を経て、昭和12年衆議院議員（政友会）に当選1回。大淀村長も務めた。

森 英之進　もり・えいのしん

彫刻家

明治5年（1872年）〜昭和33年（1958年）

出青森県弘前市　歴明治18年神仏彫刻家・奈良嘉三郎に師事し、8年間の修業を積む。さらに25年から3年間、前田常吉に師事。昭和4年国際美術展に入選、引き続き3回入選する。5年日本美術院試作展に出品し、初入選。9年、12年も入選。特に9年の入選作「軍鶏」は日独文化研究資料として日独文化協会に購入され、日本美術院審査長・平櫛田中からその名誉を推奨された。作品に、高山神社「左右巻龍」、成田山「不動尊像」、大泉寺「阿弥陀如来像」、法永寺「鬼子母神像」、五所川原高校「少女」（入選作）、五所川原第一中学校「スポーツ」（入選作）などがある。

森 於菟　もり・おと

解剖学者　随筆家

明治23年（1890年）9月13日～昭和42年（1967年）12月21日
生 東京都 学 東京帝国大学医科大学〔大正2年〕卒 医学博士 歴 森鷗外の長男。東京帝国大学医科大学助教授を経て、昭和11年台北帝国大学教授に就任。戦後は台湾大学に招かれ、22年に帰国、帝国女子医学専門学校教授となる。随筆としても活躍し、「森鷗外」「父親としての森鷗外」「解剖台に凭りて」などの著書がある。 家 父＝森鷗外、妹＝森茉莉（小説家）、小堀杏奴（随筆家）、弟＝森類（随筆家）

森　恪　　もり・かく
実業家　衆議院議員　政友会幹事長　内閣書記官長
明治15年（1882年）12月28日～昭和7年（1932年）12月11日
生 大阪府 学 東京商工中〔明治34年〕卒 歴 中学を出て三井物産上海支店に見習生で入り、後に天津支店長となるが、その間、商権拡張に大陸を奔走、さらに上海印刷、満州採炭の社長兼務などを経て、大正9年に三井物産を退社、政界に入る。以来政友会代議士として当選5回、近衛文麿らと憲法研究会を組織する一方、軍部と結んで政友会、ひいては政界右傾化の牽引車となった。この間、昭和2年田中義一内閣の外務政務次官、4年政友会幹事長、6年犬養内閣の内閣書記官長などを歴任。また晩年は国際連盟脱退論の中心に立ち、大東亜共栄圏構想の先駆者でもあった。

森　勝衛　　もり・かつえ
大阪商船船長
明治23年（1890年）4月6日～平成1年（1989年）5月24日
生 熊本県山本郡桜井村（鹿本郡植木町） 学 官立商船学校航海科〔大正3年〕卒 歴 熊本県立中学済々黌時代に商船の船長を志し、官立商船学校航海科に進む。明治45年より1年間、帆船練習船・大成丸で世界一周の航海を経験。大正3年大阪商船に入り、12年船長となる。15年日本初の東南アフリカ定期航路の船長に抜擢された。昭和13年退職。その後、青島埠頭、南洋倉庫、新南興業、小川運輸などに勤めた。27年社団法人海洋会副会長。名船長として名高く、16年の第1回海の記念日に逓信大臣表彰を受けた。また、アフリカ航路の船長時代、寄港先の南アフリカで映画「戦場のメリークリスマス」の原作者となる英国人新聞記者ローレンス・バン・デル・ポストと、その友人の作家ウィリアム・ブルーマーと知り合い、日本に招待。その後、2人は知日派作家として一貫して日本の理解者となり、バン・デル・ポストは森船長との半世紀にわたる心の交流を「船長のオディッセー」として出版した。 賞 海の記念日逓信大臣表彰〔昭和16年〕

森　兼道　　もり・かねみち
衆議院議員
明治20年（1887年）12月～昭和56年（1981年）1月29日
出 鹿児島県 学 日本大学専門部法律科〔大正11年〕卒 歴 警視庁警部補、本所区議、東京市議を経て、昭和11年民政党所属で衆議院選挙東京4区から当選1回。戦後は鹿児島県弁護士会長を務めた。

森　賢吾　　もり・けんご
貴族院議員（勅選）　大蔵省海外駐箚財務官
明治8年（1875年）9月1日～昭和9年（1934年）1月19日
生 佐賀県 学 東京帝国大学法科大学政治科〔明治33年〕卒 歴 明治33年文官高等試験に合格して大蔵省に入り、42年海外駐箚財務官となり、英国、フランスに駐在して外債募集に当たる。また、大正8年パリ調和会議の全権委員、9年ジュネーブで開催の賠償問題に関する会議に帝国政府代表委員、11年ゼノアでの経済財政会議の全権委員など国際経済会議の政府代表を務めた。昭和2年官を辞し実業界に入り日本電気証券会長のほか、東京電燈・東邦電力の財務顧問となる。3年パリ開催の対独賠償専門委員となり帝国政府代表として渡仏、4年帰国

した。2年から勅選貴族院議員を務めた。

森　耕二郎　　もり・こうじろう
経済学者　九州帝国大学経済学部教授
明治28年（1895年）2月23日～昭和37年（1962年）1月28日
生 滋賀県甲賀郡 学 京都帝国大学経済学部〔大正11年〕卒 経済学博士 歴 京都帝国大学大学院に進み、大正13年同大講師、昭和3年九州帝国大学助教授となり、欧米留学。8年教授に昇り法文学部長、経済学部長を務めた。労働問題の権威。著書に「リカード価値論の研究」「労賃学説の史的展開」「社会政策要論」など。

森　広蔵　　もり・こうぞう
安田銀行副頭取
明治6年（1873年）2月24日～昭和19年（1944年）1月12日
生 鳥取県 名号＝蕪園 学 高等商業学校（現・一橋大学）〔明治30年〕卒 歴 奥田義人の玄関番をしながら高等商業学校を卒業、横浜正金銀行に入り、上海、ロンドン各支店副支配人、神戸支店支配人を経て、大正9年本店支配人、11年取締役、12年辞任。台湾銀行副頭取ののち、14年頭取となったが、金融恐慌により昭和2年辞任。4年高橋是清の勧めで安田に入り、安田保善社理事、安田銀行副頭取、15年安田保善社総理事、安田ビル会長を務め安田財閥の大番頭となった。また日本銀行参与、東京銀行集会所会長、東京手形交換所理事長、経団連副会長などを歴任。蕪園と号し俳句を趣味とした。

森　茂雄　　もり・しげお
プロ野球監督
明治39年（1906年）3月18日～昭和52年（1977年）6月24日
出 愛媛県松山市萱町 学 早稲田大学〔昭和6年〕卒 歴 松山商業在学中は連続4回全国中等大会出場、早大時代は主将として活躍し2回優勝。昭和6年東京クラブに入り、同年と8年の都市対抗で優勝、10年夏には母校松山商業のベンチコーチとして全国優勝を果たす。11年大阪タイガースの初代監督となるが、総監督就任問題で退団、12年より3年間イーグルス監督を務める。戦後は母校早大監督として9回優勝。33年より大洋球団社長、48年より川崎球場社長。52年殿堂入り。

森　守明　　もり・しゅめい
日本画家
明治25年（1892年）6月17日～昭和26年（1951年）7月11日
生 京都府京都市伏見区深草 名本名＝森守明 学 京都市立美術工芸学校図案科〔明治43年〕卒、京都市立絵画専門学校〔大正12年〕卒 歴 実家は伏見稲荷神社社家。在学中の大正11年第4回帝展で「遊仙洞」が初入選。昭和2年第8回帝展「雨後」、5年第11回帝展「弘法大師」が特選となった。官展を中心に発表、また西山翠嶂塾の中心画家として青甲社展にも毎年出品。大正15年から京都市立美術工芸学校教諭、昭和15年から京都市立絵画専門学校講師を務めた。

森　潤三郎　　もり・じゅんざぶろう
近世学芸史研究家
明治12年（1879年）4月15日～昭和19年（1944年）4月6日
出 東京都 学 京都帝国大学卒 歴 明治42年から大正6年まで京都府立図書館に勤務。のち「鷗外全集」編纂に従事。近世学芸史の研究者であり、津和野の鷗外記念館には兄・鷗外からのレファレンスに答えた手紙が残されている。著書に「紅葉山文庫と御書物奉行」「多紀氏の事跡」「鷗外森林太郎」など。 家 兄＝森鷗外、三木竹二（劇評家）、姉＝小金井喜美子（翻訳家）

盛　新之助　　もり・しんのすけ
眼科学者　京都帝国大学教授

明治17年（1884年）3月1日～昭和49年（1974年）9月8日
[生]徳島県 [名]旧姓・旧名＝曽我部 [学]京都帝国大学医科大学〔明治44年〕卒 医学博士（京都帝国大学）〔大正11年〕 [歴]京都帝国大学眼科の浅山郁次郎教授に師事。明治45年京都帝国大学助手、大正4年講師、5年南満州鉄道（満鉄）大連医院眼科医長、10年より欧州留学、14年満鉄大連医院副院長、昭和5年京都帝国大学教授、12～16年附属病院長を務め、19年定年退官。退官後、故郷・徳島で開業した。網膜剝離の手術的治療の先駆者。著書に「網膜剝離の手術療法」がある。 [家]義弟＝盛弥寿男（外科学者）

森 正則　もり・せいそく
実業家 衆議院議員
明治5年（1872年）4月～昭和11年（1936年）1月23日
[出]北海道 [歴]小樽区議、北海道議、小樽市議を経て、昭和3年衆議院議員に当選1回。政友会に所属。一方、早川商店を経営し、小樽商業会議所会頭、小樽取引所理事長、大正証券・北海道製紙各社長を歴任。

森 銑三　もり・せんぞう
書誌学者 随筆家
明治28年（1895年）9月11日～昭和60年（1985年）3月7日
[生]愛知県碧海郡刈谷町（刈谷市） [専]近世学芸史 [学]文部省図書館講習所〔大正15年〕卒 [歴]郷里の刈谷図書館開館に伴い寄贈された国学者・村上忠順の蔵書整理・目録編纂に従事。東京大道社、代用教員、市立名古屋図書館などを経て、東京帝国大学史料編纂所勤務。この間、三古会、伝記学会などを創立。昭和14年尾張徳川家・蓬左文庫主任。近世の埋もれた人物の発掘、研究に力を注ぎ、在野の歴史家として「平賀源内」「渡辺崋山」「池大雅」ら多くの人物研究、伝記を手がけたが、戦災により一切の研究資料を焼失し人物研究を断念。23年古典籍商である弘文荘に入社。傍ら、25～40年早稲田大学講師として書誌学を講じたが、その間“西鶴の浮世草子は「好色一代男」だけで他は西鶴自身の著作ではない”と論じて学界に波紋をまき起こした。主著に「近世文芸史研究」「おらんだ正月」「井原西鶴」「明治東京逸聞史」などがあり、「森銑三著作集」（全12巻・別巻1, 中央公論社）、「森銑三著作集続編」（全16巻・別巻1）がある。 [家]弟＝森三郎（児童文学者）

森 荘已池　もり・そういち
作家 詩人
明治40年（1907年）5月3日～平成11年（1999年）3月13日
[生]岩手県盛岡市 [名]本名＝森佐一 [学]東京外国語大学ロシア語科〔昭和2年〕中退 [歴]昭和3年岩手日報に入社し、学芸欄を担当。14年に退社し、文筆業に専念。18年「山畠」「蛾と笹舟」で直木賞受賞。この間、大正14年岩手県歌人協会、岩手県詩人協会を組織。15年草野心平の「銅鑼」に萩原恭次郎らと参加、詩を発表する。宮沢賢治とは亡くなるまで10年の親交があり、著書に「宮沢賢治の肖像」「私たちの詩人宮沢賢治」、編著に「宮沢賢治全集」などがある。 [賞]直木賞（第18回）〔昭和19年〕「山畠」「蛾と笹舟」

森 総之助　もり・そうのすけ
物理学者 三高校長
明治9年（1876年）5月11日～昭和28年（1953年）4月23日
[生]高知県香美郡野市村（香南市） [学]三高卒, 東京帝国大学理学部〔明治32年〕卒 [歴]新潟県長岡中学校教諭を経て、明治34年三高教授に就任。昭和10～16年校長を務めた。“森総”の愛称を持ち、その著書は“森総の物理学”として有名であった。著書に「最新物理学講義」「実験及ビ理論物理学」「力学」「物理解説」など。

森 武雄　もり・たけお
野球選手
生年不詳～平成23年（2011年）1月30日
[出]愛知県一宮市 [学]岐阜商卒, 早稲田大学卒 [歴]岐阜商業（現・県立岐阜商業）在学中の昭和11年、夏の甲子園優勝を経験。早大に進み、18年学徒出陣を前に早大と慶大の野球部が開催した“最後の早慶戦”に1番二塁手として出場。兵役に就くと関東軍の主計将校となり、敗戦後は2年間シベリアに抑留された。復員後は川島紡績（現・カワボウ）で社会人野球の選手・監督として活躍。引退後は岐阜カンツリークラブ支配人、岐阜県ゴルフ連盟支配人会長などを務めた。

森 赳　もり・たけし
陸軍中将
明治27年（1894年）4月25日～昭和20年（1945年）8月15日
[生]高知県高知市 [学]陸士（第28期）〔大正5年〕卒, 陸大〔昭和2年〕卒 [歴]騎兵第13連隊付となり、昭和4年参謀本部支那課員、7年関東軍参謀、10年陸大教官、17年第6軍参謀長、19年第19軍参謀長を経て、20年4月中将となり近衛第1師団長。終戦当日の8月15日未明、降伏反対の青年将校クーデターにより殺害された。 [家]義弟＝山岡重厚（陸軍中将）

森 悌次郎　もり・ていじろう
体育学者
明治29年（1896年）～昭和44年（1969年）7月13日
[出]山形県 [学]東京高等師範学校（現・筑波大学）卒 [歴]大正10年極東大会にサッカー選手として出場。15年体育研究のためドイツへ留学、主にブックの体操を研究。昭和11年には体育調査研究のため欧州各国に出張した。同年ベルリン五輪に体操選手団監督として参加。お茶の水女子大学教授を定年退官後、東京女子体育大学教授。主著に「ニルスブックの基本体操とその批判」「欧州における体操の新傾向」など。

森 矗昶　もり・のぶてる
実業家 政治家 森コンツェルン創始者
明治17年（1884年）10月21日～昭和16年（1941年）3月1日
[生]千葉県 [学]興津高小〔明治31年〕卒 [歴]明治41年父と総房水産を設立して海草を原料としたヨードの生産を始め、同業者で後に味の素を創業する2代目鈴木三郎助と競争を繰り広げたが、44年鈴木が経営する館山の工場を買収したのがきっかけで鈴木と親交を結ぶ。大正8年同社が倒産すると鈴木が社長を務める東信電気に吸収合併され、以降は同社で水力発電所の建設事業に従事。傍ら、11年森興業を、15年日本沃度（ヨード）を設立。一方、13年衆議院選挙に千葉3区から出馬して当選、以降3選し、政友会に属した。昭和初期の不況で電力が余るようになってきたことから、それまで輸入に頼っていた化学肥料・金属を電気化学によって国産化することを思い立ち、昭和3年東信電気と東京電灯の出資を受けて昭和肥料を創立し、6年には初の国産硫安を製造開始。7年衆議院選挙に当選したが辞退し、次点で落選した末弟・岩瀬亮に議席を譲り、以後は事業に専念。9年には我が国では不可能といわれたアルミニウムの国産化にも成功した。同年日本沃度を日本電気工業に改称。14年自身が経営する昭和肥料と日本電気工業を合併させて昭和電工に改組し社長に就任、同社を中核として昭和火薬、昭和鉱業など傍系や共同事業会社も含めて20数社にまたがる森コンツェルンを形成した。15年国策会社として設立された日本肥料理事長に就任し、昭和電工社長を鈴木の実弟である鈴木忠治に譲った。 [家]長男＝森暁（衆議院議員・昭和電工社長），三男＝森清（衆議院議員），二女＝三木睦子（三木武夫首相夫人），四男＝森美秀（衆議院議員），五男＝森禄郎（昭和化成品専務），孫＝森英介（衆議院議員），安西孝之（昭和エンジニアリング社長），弟＝森輝（昭和鉱業社長），岩瀬亮（衆議院議員），女婿＝三木武夫（首相），安西正夫（昭和電工社長）

森 兵吾　もり・ひょうご
電気工学者　九州帝国大学教授
明治21年(1888年)1月20日～昭和29年(1954年)4月17日
[生]宮城県　[学]二高卒、京都帝国大学理工科大学電気工学科〔明治45年〕卒　工学博士(九州帝国大学)〔大正8年〕　[歴]大正元年九州帝国大学講師、3年助教授を経て、4年米国マサチューセッツ工科大学へ留学。7年帰国して教授に昇任。昭和23年退官。著書に「日常生活と電気」「交流理論」などがある。

森 平兵衛　もり・へいべえ
実業家　貴族院議員(多額納税)
明治7年(1874年)2月～昭和27年(1952年)5月2日
[出]大阪府　[学]大阪共立薬学校卒　[歴]大阪府議を経て、大正14年～昭和14年多額納税の貴族院議員。大阪商工会議所会頭も務めた。

森 三千代　もり・みちよ
詩人　小説家
明治34年(1901年)4月19日～昭和52年(1977年)6月29日
[生]愛媛県宇和島　[出]三重県宇治山田(伊勢市)　[学]東京女子高等師範学校(現・お茶の水女子大学)中退　[歴]大正13年東京女子高等師範学校在学中に金子光晴と結婚し、光晴らの詩誌「風景」に参加。昭和2年詩集「龍女の眸」、光晴との共著「鱶沈む」を刊行。3年から7年にかけて、光晴と中国、東南アジア、パリを放浪旅行する。12年「小紳士」を「文芸」に発表して文壇にデビュー。15年第一小説集「巴里の宿」刊行。戦後は全身リューマチのため半臥の状態が続いた。他の作品に「金色の伝説」「小説和泉式部」「巴里アポロ座」「豹」などがある。
[家]夫＝金子光晴(詩人)、長男＝乾(早稲田大学教授)　[賞]新潮社文芸賞〔昭和18年〕「小説和泉式部」

森 有材　もり・ゆうざい
洋画家
明治39年(1906年)～昭和21年(1946年)
[生]和歌山県　[歴]昭和7年独立展に初入選。12年同展で協会賞を受賞する。13年独立美術協会会友。没後、59年和歌山県立近代美術館で開催された「和歌山の作家と県内洋画壇展」で作品が紹介された。　[賞]独立展協会賞〔昭和12年〕

森 律子　もり・りつこ
女優
明治23年(1890年)10月30日～昭和36年(1961年)7月22日
[生]東京市京橋区(東京都中央区)　[学]跡見女学校卒、帝国劇場附属技芸学校(第1期生)〔明治43年〕卒　[歴]弁護士の娘で、跡見女学校卒業後、帝劇附属技芸学校に学ぶ。同校の第1期生11人中のスターの存在で、明治44年帝劇開場公演に「頼朝」の浦代姫で初舞台。だが女優になったというだけで、母校・跡見女学校の卒業生名簿からは除名され、また弟が姉が女優になったのを苦に自殺するという騒ぎが起きた。美貌の大柄女優として帝劇女優中随一といわれ数多くの大役をこなしたが、なかでも帝劇の名物であった「益田太郎冠者」の喜劇で精彩を放った。大正7年演劇見学のため渡欧。帰国後は松竹に移り、主として新派の舞台に出ていたが、健康を害して退社する。その後、昭和31年神奈川県の小田原で女舞を伝える桐座の名跡を興したが、5年後に死去した。著書に「女優生活二十年」がある。　[家]養女＝森赫子(女優)

森岡 二朗　もりおか・じろう
台湾総督府総務長官　日本野球連盟初代会長
明治19年(1886年)5月1日～昭和25年(1950年)12月20日
[生]奈良県山辺郡丹波　[学]四高法科〔明治40年〕卒、東京帝国大学法科大学独法科〔明治44年〕卒　[歴]明治44年兵庫県警部に任官。主に警察畑を歩き、大正13年1月警視庁刑事部長、3月同官房主事、6月京都府内務部長を経て、15年島根県、昭和2年5月青森県、11月茨城県、4年栃木県の各知事を歴任。同年朝鮮総督府警務局長、6年内務省警保局長、11～15年台湾総督府総務長官。11年プロ野球が発足して日本職業野球連盟が設立されると、大東京軍(後の松竹ロビンス)取締役副会長となる。16年連盟の機構改革に際し日本野球連盟初代会長に就任。19年日本野球報国会会長となり、戦時中は敵性競技である野球存続のため、ストライクを"正球"、セーフを"安全"などと日本語に言い換えるなど、辛苦を重ねた。戦後は公職追放となり、関係者からも忘れられた状態だったが、44年野球殿堂入りした。

森岡 常蔵　もりおか・つねぞう
教育学者　東京文理科大学名誉教授
明治4年(1871年)2月1日～昭和19年(1944年)6月8日
[生]福井県　[学]高等師範学校〔明治30年〕卒　[歴]明治32～35年ドイツ留学。帰国後東京高等師範学校教授。文部省編修官、督学官、教育調査部長などを経て、昭和9年東京文理科大学長兼教授、東京高師学長となった。15年退職、東京文理科大名誉教授。戦後教育調査、文理科大の行政面に関係した。著書に「各科教授法精義」「教育学精義」「近時に於ける教育問題の研究」「現今訓練上の諸問題」「我国教育組織」など。

森川 三郎　もりかわ・さぶろう
逓信省航空局初代航空官
生年不詳～昭和55年(1980年)12月29日
[学]東京帝国大学工学部〔大正5年〕卒　[歴]逓信省航空局初代航空官、大日本航空(現・日本航空)東京支所長、日本航空整備協会(現・日本航空技術協会)副会長などを歴任した。著書に「大正の民間飛行と航空局」がある。

森川 義信　もりかわ・よしのぶ
詩人
大正7年(1918年)10月11日～昭和17年(1942年)8月13日
[生]香川県三豊郡栗井村　[学]早稲田大学第二高等学院中退　[歴]中学時代から詩を書き、昭和12年「LUNA」に参加、14年鮎川信夫らと第一次「荒地」を創刊、「勾配」を発表。16年入隊、17年ビルマ戦線に散った。遺稿「森川義信詩集」がある。

森口 多里　もりぐち・たり
美術評論家
明治25年(1892年)7月8日～昭和59年(1984年)5月5日
[生]岩手県水沢市　[名]本名＝森口多利　[専]西洋美術,民俗学　[学]早稲田大学〔大正3年〕卒、ソルボンヌ大学卒　[歴]戦前、ヨーロッパ中世の美術品の紹介など美術評論家として活躍し、西洋、日本美術史の先駆的役割を果たした。戦後、岩手県立美術工芸学校初代校長、岩手大学芸学部教授を歴任。主な著書に「近代美術」「西洋美術史」。また日本民俗学研究でも知られ、「明治・大正の洋画」「町の民俗」などがある。

森下 雨村　もりした・うそん
編集者　翻訳家　小説家　博文館編集局長
明治23年(1890年)2月23日～昭和40年(1965年)5月16日
[生]高知県高岡郡佐川村(佐川町)　[名]本名＝森下岩太郎、別名＝佐川春風　[学]高知一中卒、早稲田大学英文科〔明治43年〕卒　[歴]大正3年「やまと新聞」記者となり、社会部に配属。7年旧知の長谷川天渓の誘いで博文館に移り、8年「冒険世界」編集長。9年「新青年」創刊とともに編集長に就任、クロポトキン、クロフツ、コリンズなど海外の探偵小説を積極的に紹介する一方、江戸川乱歩、甲賀三郎、大下宇陀児、海野十三らを発掘・育成し、"探偵小説の父"と呼ばれた。自身も創作の筆を執り、同誌以外にも佐川春風の筆名を用いて多数の作品を発表。昭和2年同誌を横溝正史に譲って「文芸倶楽部」編集長に

もりした　　　　　　　　　　　　　昭和人物事典 戦前期

転じ、さらに博文館編集局長となって大衆誌「朝日」編集長も兼任。6年退社後は文筆業に専念。15年50歳を過ぎてからは1年の大半を郷里・佐川で過ごすようになり、17年には東京の家屋や蔵書をすべて売却し帰郷。以後は執筆活動を減らして農業と釣りを専らとした。　家二男＝森下時男（名古屋テレビ放送専務）

森下 信衛　　もりした・のぶえ
海軍少将
明治28年（1895年）2月2日〜昭和35年（1960年）6月17日
生愛知県常滑市　学海兵（第45期）〔大正6年〕卒、海大（第29期）〔昭和6年〕卒　歴名古屋市の明倫中学から海軍兵学校に進む。同期に有賀幸作、古村啓蔵、富岡定俊、中瀬泙らがいた。大正7年海軍少尉に任官。昭和16年軽巡洋艦の大井、17年川内、18年戦艦榛名の各艦長を経て、19年1月大和の4代目艦長に就任。在任中はマリアナ沖海戦、レイテ沖海戦に参加し、レイテ沖海戦では巧みな指示で米軍機の攻撃をかわし会戦し、"操艦の名手"と呼ばれた。10月海軍少将に進み、11月第二艦隊参謀長。20年4月大和の沖縄特攻にも同職として乗艦、艦長であった同期の有賀は艦と運命を共にしたが、自身は海中で気を失ったところを救助された。

森島 庫太　　もりしま・くらた
薬物学者 京都帝国大学名誉教授
慶応4年（1868年）4月7日〜昭和18年（1943年）3月18日
生岐阜県　名号＝栗陰　資帝国大学医科大学〔明治26年〕卒医学博士　資帝国学士院会員〔昭和7年〕　歴大学の薬物教室で高橋順太郎教授の助手となり、明治29年ドイツ、ベルギー留学、ストラスブルク、ライプツィヒ、ガン各大学で薬物学を専攻。33年帰国、京都帝国大学医科大学教授となり、薬物学第一講座担当。評議員、医学部長を務め、昭和3年退官、名誉教授。学術研究会議委員、文部省視学委員、東亜文化協議会理事、同仁会理事なども務めた。近代薬物学の功労者であり、多数の生薬有効成分を発見。賦詩、書にも長じた。

守島 伍郎　　もりしま・ごろう
外交官 駐ソ公使
明治24年（1891年）5月23日〜昭和45年（1970年）6月4日
生福岡県　学東京帝国大学法科大学独法科〔大正6年〕卒　歴大正7年外務省に入り、昭和9年東亜局一課長を経て、17年駐ソ公使となった。終戦時の日ソ交渉に尽力。戦中、反枢軸派の外交官として筋を通した。戦後弁護士となり、極東軍事裁判（東京裁判）で広田弘毅の弁護人を務めた。24年福岡1区から衆議院議員に当選1回。他に国際学友会理事長、日本国際連合協会専務理事などを務めた。著書に「苦悩する駐ソ大使館 日ソ外交の思い出」がある。

森島 守人　　もりしま・もりと
外交官 駐ポルトガル公使
明治29年（1896年）2月16日〜昭和50年（1975年）2月17日
生石川県金沢市　学東京帝国大学法学部独法科〔大正8年〕卒　歴大正8年外務省に入り、昭和3〜10年在奉天総領事代理、在ハルビン総領事。次いでドイツ大使館一等書記官、東亜局長を経て、12年北京・上海大使館参事官、14年米国大使館参事官、さらに在ニューヨーク総領事、17年駐ポルトガル公使となり、21年退官。戦後、社会党左派から衆議院議員当選3回。

森田 愛子　　もりた・あいこ
俳人
大正6年（1917年）11月18日〜昭和22年（1947年）4月1日
生福井県坂井町三国神明　学三国高等女学校卒、実践女子専門学校（現・実践女子大学）中退　歴三国高等女学校を経て、実践女子専門学校（現・実践女子大学）に学ぶが、虚弱体質の

心配した両親の意向もあり、1年半で福井県三国に帰郷。昭和13年20歳で肺浸潤と診断され、14年鎌倉の結核療養所に入院。15年同じ療養所に入院していた俳人の伊藤柏翠と知り合い、その指導を得て俳句を始める。柏翠が同人会長を務めていた高浜虚子主宰の「ホトトギス」に投句し、虚子にも師事。16年三国に戻り、やがて柏翠も三国に移住。22年29歳で夭折した。この間、18年虚子が初めて三国を訪れた際に汽車に同乗し、22年この出会いを虚子が小説「虹」として発表。また同じ年に死に至るまでの交流を描いた「愛居」も発表し、美貌の夭折俳人として有名になった。

森田 亀之助　　もりた・かめのすけ
美術史家
明治16年（1883年）1月24日〜昭和41年（1966年）2月21日
生東京都　名号＝煙無形、華朋　学東京美術学校西洋画科〔明治29年〕卒　歴在学中から岩村透に西洋美術史と英語を、神田国民英学会などで英語を学び、卒後母校助手となり英語を担当、大正4年から美術史も担当、6年助教授。14年〜昭和2年欧州留学、4年再渡欧、欧州古写本絵画を調査、同年教授となった。19年退職。21年金沢美術工芸専門学校創立で校長となり、30年同美術工芸大学長。一方明治42年から雑誌「美術新報」編集に参加、海外美術界消息、外国美術家評伝、研究評論を執筆した。著書に「芸術家と美術運動」などがある。

守田 勘弥（13代目）　　もりた・かんや
歌舞伎俳優 守田座座元
明治18年（1885年）10月18日〜昭和7年（1932年）6月16日
生東京府京橋区築地（東京都中央区）　名本名＝守田好作、前名＝坂東三田八　歴明治23年坂東三田八の名で新富座で初舞台を踏み、39年に13世守田勘弥を襲名。歌舞伎界きっての知性派で和事を得意とし、市村座や帝劇などで活躍する一方、大正年間には自ら文芸座を結成、創作劇や翻訳物で新境地を開拓。2代目市川猿之助（のち遠翁）と並んで歌舞伎革新の旗頭と目されながら、早世した。女優・水谷八重子と結婚した14世勘弥の伯父で、養父でもある。　家長男＝坂東好太郎（歌舞伎俳優）、孫＝坂東吉弥（2代目）、坂東弥十郎（1代目）、甥＝守田勘弥（14代目）

森田 茂　　もりた・しげる
衆議院議長 京都市長
明治5年（1872年）8月17日〜昭和7年（1932年）11月30日
生高知県香美郡佐岡村　学明治法律学校〔明治23年〕卒　歴明治25年弁護士試験合格。32年高知県議、34年検事任官、京都地方裁判所検事補となるが、35年辞任し、弁護士開業。のち44年京都府議となり、同副議長、また、京都市議、同議長を歴任。関税調査会、行政裁判法及訴願法改正委員会各委員も務める。大正4年以来衆議院議員当選6回、民政党に属し、昭和2年衆議院議長。列国議会同盟会議に出席して欧米漫遊。6年京都市長となり、京都市電気事業統一問題に尽力した。

森田 重次郎　　もりた・じゅうじろう
弁護士 衆議院議員
明治23年（1890年）5月25日〜昭和63年（1988年）5月12日
生青森県上北郡上北町（東北町）　名号＝甲浪　学青森師範〔明治44年〕卒　歴昭和12年青森県から衆議院議員に初当選し、当選2回。戦後、公職追放され、27年に衆議院選挙青森1区から返り咲き。連続5回当選。

森田 信義　　もりた・しんぎ
映画プロデューサー 劇作家
明治30年（1897年）12月6日〜昭和26年（1951年）7月15日
生兵庫県神戸市　学慶応義塾大学文科中退　歴父は神戸でも屈指の貿易商で、衆議院議員も務めた。慶応義塾大学文科在

学中から岡本綺堂に師事して劇作に励み、大正14年には戯曲「織田信長」が新国劇の正月興行にかけられた。宝塚国民座、新声劇の経営・演出に当たり、また白井信太郎の秘書などを経て、昭和8年新興キネマのプロデューサーに就任、製作部長も務めた。やがてプロデューサー仲間の竹井諒と連合映画を設立したが、松竹・日活・新興・大都の4社連合により配給を阻まれ解散、J・Oスタジオに入った。11年J・Oスタジオが東宝に統合され東宝京都撮影所となると東宝プロデューサーとなり、大学の後輩でもある山本嘉次郎監督とのコンビで「綴方教室」「馬」「ハワイ・マレー沖海戦」を製作。熊谷久虎監督「上海陸戦隊」、衣笠貞之助監督「蛇姫様」「川中島合戦」、稲垣浩監督「佐々木小次郎」などの大作製作に手腕を発揮し、26年には砧撮影所長となったが、同年夏乗っていた自動車が踏切で電車と衝突して事故死した。 家妻＝三好栄子（女優）、父＝森田金三（実業家・衆議院議員）

森田 草平　もりた・そうへい
小説家 翻訳家
明治14年（1881年）3月19日〜昭和24年（1949年）12月14日
生岐阜県稲葉郡鷺山村（岐阜市鷺山） 名本名＝森田米松 学東京帝国大学英文科〔明治39年〕 歴明治38年漱石の門下に入り、大学卒業後の39年天台宗中学の英語教師となる。閨秀文学講座で平塚らいてうを知り、41年塩原尾花峠へ揃って死の旅へ出るが、追っ手に見つけられ下山、新聞で報道罵倒された。この時の経験を小説「煤煙」として42年「東京朝日新聞」に連載して成功した。「煤煙」は大正2年全4冊で完結。以後、10数年間は翻訳に精力を傾けイプセンの「野鴨」、ドストエフスキーの「悪霊」「カラマゾフの兄弟」、ゴーゴリの「死せる魂」などを刊行。12年から創作に戻り、14年自伝的な長編「輪廻」を完成させ、さらに「吉良家の人々」「光秀の死と秀吉」など歴史小説を発表。戦時中は昭和17年から18年にかけて「夏目漱石」全2冊を刊行。戦後、23年共産党に入党したが、実際行動はなく、24年から連載を始めた「細川ガラシヤ夫人」が絶筆となった。「森田草平選集」（全6巻, 理論社）がある。 家息子＝森田堯丸（日本国際貿易促進協会副会長）

森田 たま　もりた・たま
随筆家
明治27年（1894年）12月19日〜昭和45年（1970年）10月31日
生北海道札幌市 名旧姓・旧名＝村岡 学札幌高等女学校中退 歴高等女学校時代から文学を志し、「少女世界」「少女之友」などに投稿。18歳で上京、大正2年森田草平に師事し「新潮」などに「片瀬まで」「うはさ」などを発表。5年結婚のため筆を絶つ。中年期に入って文学活動を再開し、昭和7年「中央公論」に「着物・好色」を発表。11年の「もめん随筆」がベストセラーとなり女流随筆家としての地位を確立。また、37年自民党から参議院選挙全国区に立候補して当選、1期を務めた。「随筆きぬた」「随筆ゆく道」「をんな随筆」「ぎゐん随筆」「森田たま随筆全集」（全3巻）など数多くの随筆集があるほか、小説「石狩少女」「招かれぬ客」、童話集「船の兵隊」などもある。29年にはアムステルダム国際ペン大会に日本代表として出席した。森田たまパイオニア賞も創設された。 家娘＝森田麗子（ファッション・コーディネーター）

森田 恒友　もりた・つねとも
洋画家 随筆家
明治14年（1881年）4月9日〜昭和8年（1933年）4月8日
生埼玉県大里郡（熊谷市） 学東京美術学校西洋画選科〔明治39年〕卒 歴小山正太郎、中村不折に師事した後、東京美術学校入学。明治40年山本鼎らと雑誌「方寸」を創刊し多くの挿絵、随筆、評論を発表、同年第1回文展に「湖畔」が入選する。大正3年渡欧し、セザンヌやドーミエの影響を受ける。4年帰国し二科会会員、日本美術院洋画部同人となるが、5年脱会し、11年春陽会を設立した。代表作として「松原」「天草の

一村」「緩流」などがあり、南画の伝統を近代絵画によみがえらせた。晩年には水彩画の傑作を残している。

森田 久　もりた・ひさし
弘報協会理事長 満州国通信社社長
明治23年（1890年）2月17日〜昭和46年（1971年）1月8日
生福岡県朝倉郡夜須町 学早稲田大学専門部政経科卒 歴学校を出て「福岡日日新聞」「朝日新聞」「時事新報」「九州日報」と新聞社を歩き、昭和7年からの時事の編集局長時代、帝人疑獄事件発覚の発端となった「番町会を暴く」を連載。11年には満州に招かれ、弘報協会理事長となったが、同協会は満州国と南満州鉄道（満鉄）が作った国策機関で、各新聞・通信社の株式を全部まとめて保有することにより新聞・通信を統制した。その後、満州国通信社社長・理事長を務め、戦後の追放解除後は夕刊フクニチ新聞会長、福岡県太宰府町長を歴任した。

森田 福市　もりた・ふくいち
実業家 政治家
明治23年（1890年）6月〜昭和20年（1945年）8月6日
出広島県 学日本大学法科卒 歴広島市議、広島県議、同副議長を経て、大正14年から昭和7年まで多額納税の貴族院議員。昭和7年衆議院議員に当選。以来3期務め、政友会に所属した。阿部内閣の司法政務次官となった。また中国四国商工会議所連合会長、日東鉱業汽船、東亜貿易等社長に就任した。

森田 正馬　もりた・まさたけ
精神医学者 東京慈恵会医科大学名誉教授
明治7年（1874年）1月18日〜昭和13年（1938年）4月12日
生高知県香美郡富家村兎田（香南市） 専精神療法 学東京帝国大学医科大学〔明治35年〕卒 医学博士〔大正13年〕 歴明治36年慈恵会医院医学専門学校（現・東京慈恵会医科大学）教授。大正14年大学昇格後も教授として務め、昭和13年名誉教授。この間、根岸病院医長、東洋大学教授、日本大学医学部教授を兼任。大正8年自宅を開放して神経質症患者の家庭教育治療（森田療法）を始め、独自の神経質学説と治療体系を打ち立てた。その学説はフロイトの精神分析を主流とする欧米にも大きな影響を与え、国際森田療法学会などで継続研究される。のち森田療法は、その本来の治療法としてよりも、がん患者らの心のケアや健康な人の生きる指針として活用され、海外でも注目される。著書に「生の欲望」「神経衰弱と強迫観念の根治法」「精神療法講義」「恋愛の心理」のほか、「森田正馬全集」（全7巻, 白揚社）がある。平成2年その業績を記念し、森田正馬賞が創設された。

森田 政義　もりた・まさよし
衆議院議員
明治17年（1884年）9月〜昭和14年（1939年）3月21日
出大阪府 学明治大学法律科〔大正3年〕卒 歴司法官試補を経て弁護士となる。大正13年から衆議院議員を6期務め、政友会総務となった。

森田 勝　もりた・まさる
洋画家
明治37年（1904年）〜昭和19年（1944年）5月28日
生宮崎県宮崎市 学東京美術学校西洋画科中退 歴大正元年に上京。のち神奈川県茅ケ崎に転居、中学時代の友人に洋画家となる原精一や鳥海青児がいた。萬鉄五郎や小林徳三郎に師事、東京美術学校西洋画科中退。昭和3年春陽会展に初入選。4〜10年フランスに滞在、サロン・ドートンヌに出品した。帰国後、14〜18年春陽会会員。2度にわたるアトリエ火災により多くの作品が焼失した。

もりた

森田 光風　もりた・みつかぜ
能楽囃子方（森田流笛方）
明治25年（1892年）4月19日〜昭和41年（1966年）4月14日
[生]大阪府　[名]森田流分家3代目。早くから才能を認められ、宗家不在の流儀の中心となる。昭和14年心臓発作に倒れてからは、後進の育成や流儀の伝書の整理、著述に専念した。著書に芸談「千野の摘草」「要技類従」がある。　[家]父＝森田操（森田流分家2代目）、長男＝森田光春（笛方）

森田 素夫　もりた・もとお
小説家
明治44年（1911年）10月24日〜昭和36年（1961年）11月17日
[生]群馬県伊香保　[学]早稲田大学英文科卒　[歴]昭和8年「早稲田文科」を創刊、のち「泉」「早稲田文学」などに小説を発表。17年発表の「冬の神」は芥川賞候補作品となる。作品集に「女中の四季」「女中部屋」などがある。　[家]甥＝中沢泰男（東京医科歯科大学名誉教授）

森竹 竹市　もりたけ・たけいち
詩人　歌人
明治35年（1902年）2月23日〜昭和51年（1976年）8月3日
[生]北海道白老　[名]アイヌ名＝イタクノト、歌号＝筑堂　[学]小卒　[歴]アイヌ民族を代表する詩人の一人。大正8年白老駅駅夫となり、以後北海道各駅の貨物係をしながら歌を詠む。昭和10年退職、故郷白老に戻り、漁業および簡易食道を経営。傍ら北海道アイヌ協会常任監事、北海道ウタリ協会顧問、白老町立白老民俗資料館初代館長を歴任。12年詩集「原始林」を自費出版し、強制同化と差別に悩む若いアイヌの思想と心情を表現した。他に「レラコラチ 風のように 森竹竹市遺稿集」がある。　[家]父＝森竹エヘチカリ（白老コタン）

森戸 辰男　もりと・たつお
経済学者　東京帝国大学助教授
明治21年（1888年）12月23日〜昭和59年（1984年）5月28日
[生]広島県福山市　[学]東京帝国大学法科大学経済学科〔大正3年〕卒　[歴]大正5年東京帝国大学助教授、8年におきたクロポトキンの思想研究事件で朝憲紊乱の罪で禁固3ケ月を科せられ、9年休職処分となる。10年大原社会問題研究所所員となり、ドイツに留学してマルクス主義関係文献を収集。12年帰国後、論壇で活躍。戦後は社会党結成に参加し、昭和21年から衆議院議員に3選。片山・芦田両内閣で文相を務めた。　[賞]文化功労者〔昭和46年〕

森野 五郎　もりの・ごろう
俳優
明治27年（1894年）6月15日〜昭和62年（1987年）12月4日
[生]東京市日本橋区箱崎町（東京都中央区）　[名]本名＝森野延治郎、前名＝尾上楽太郎　[歴]尾上楽太郎の芸名で4歳から子役を務める。大正13年松竹下加茂に入社。同年「日光と円蔵」に忠次役としてデビュー。以来、昭和初期にかけて、松竹の時代劇映画スターとして人気を博した。代表作に「坂本竜馬」「平手造酒」「四谷怪談」など。トーキー化とともに一時、映画界を去ったが、戦後映画界に復帰、NHKテレビ「事件記者」、NET「特別機動捜査隊」などにも出演した。　[家]伯父＝尾上松寿（3代目）

森部 隆　もりべ・たかし
島根県知事
明治27年（1894年）5月27日〜昭和40年（1965年）4月10日
[学]東京帝国大学法学部〔大正9年〕卒　[歴]内務省に入省。昭和10年社会局労政課長となり、11年ジュネーブ国際労働機関（ILO）総会に政府代表顧問として出席。14年島根県知事。その後、拓務局長、拓南局長を経て、台湾総督府の内務・総務・

鉱工局長を歴任した。

森村 市左衛門　もりむら・いちざえもん
実業家　男爵　日本ゴルフ協会初代会長
明治6年（1873年）〜昭和37年（1962年）7月5日
[出]東京都　[名]幼名＝開作　[学]慶応義塾　[歴]父の跡を継いで早くから実業界で活躍。森村産業会長を始め、富士電力会長、横浜正金銀行取締役、第一生命取締役、富士繊維工業取締役などを歴任。また日本人による初のゴルフクラブである東京ゴルフクラブ創設に参画、日本ゴルフ協会に会長職がおかれると初代会長に選ばれ、ゴルフ界の国際交流を推進した。森村学園の創始者でもある。　[家]父＝森村市左衛門（実業家）、叔父＝森村豊（実業家）

森村 正　もりむら・ただし
⇒吉川 猛夫（よしかわ・たけお）を見よ

森本 薫　もりもと・かおる
劇作家　映画脚本家
明治45年（1912年）6月4日〜昭和21年（1946年）10月6日
[生]大阪府大阪市　[学]京都帝国大学英文科〔昭和12年〕卒　[歴]三高在学中の昭和7年、同校文芸部の雑誌に処女作「ダム」を発表。8年京都帝国大学文学部に進み、田宮虎彦らと「部屋」を創刊。胸を病んで約1年間療養したが、9年「新思潮」に掲載された「わが家」で劇作家として認められ、同年岸田国士主宰の「劇作」に寄せた「みごとな女」は、13年に文学座によって処女上演され、岩田豊雄（獅子文六）らからその理知的かつ近代的なユーモアを高く評価された。以後「劇作」同人となり、同誌のほか「新思潮」「文芸」などに「かどで」「華々しき一族」「かくて新年は」「衣装」といった秀作を次々と発表。傍ら、京都で活動していた新劇団エラン・ヴィタールにも参加。13年大学を卒業して上京し、15年文学座に入団。座付き役者として「富島松五郎伝」「怒濤」「我が町」など優れた大衆戯曲を執筆・上演し、特に20年春に発表した「女の一生」は同座の看板女優・杉村春子の当たり役の一つとなった。一方、「薔薇」などの放送劇も高く評価されている。これらの手腕を買われて映画の脚本も担当するようになり、石田民三監督「花ちりぬ」「むかしの歌」、大庭秀雄監督「誓いの港」、木下恵介監督の「歓呼の町」、家城巳代治監督「激流」などを手がけるが、21年結核のため34歳で夭折した。「森本薫戯曲全集」（全1巻、牧羊社）がある。木下恵介監督のために「神風特別攻撃隊」のシナリオを書いたが、これは映画化されなかった。

森本 富士雄　もりもと・ふじお
社会運動家　弁護士　日本大学教授
明治25年（1892年）〜昭和18年（1943年）
[生]大分県　[専]労働法　[学]日本大学法科卒　[歴]司法試験に合格し、ドイツ留学をして大正12年帰国。帰国後日大教授となり、同時に労働学院で労働法を講義する。13年大日本鉄道現業員同盟の創立に参加、同時に国有鉄道現業委員会委員後援会の顧問となる。この二つの組織を、15年全日本鉄道従業員組合に合併させて顧問に就任。晩年は日大教授を辞し、弁護士に専念した。著書に「日本親族法」。

森本 六爾　もりもと・ろくじ
考古学者　東京考古学会主幹
明治36年（1903年）3月2日〜昭和11年（1936年）1月22日
[生]奈良県磯城郡織田村（桜井市）　[学]献傍中〔大正9年〕卒　[歴]中学卒業後、奈良県下の遺跡を独力で調査。大正13年上京して東京高等師範学校の三宅米吉に師事し、副手となる。上京3年目に考古学研究会を組織、雑誌「考古学研究」を創刊。昭和4年東京考古学会に改め、主幹となり、5年機関誌「考古学」を発刊。弥生文化―青銅器と土器の研究に取り組み、底に籾

痕のついた壺を発見したことから、弥生時代に水稲耕作が始まったことを主張する。6年フランスに留学したが病気のため帰国、看病疲れの妻に先立たれ、自らも32歳の若さで死んだ。著書に「日本青銅器時代地名表」「日本農耕文化の起源」「日本考古学研究」など。また弥生稲作文化の探究に燃え尽きたような伝記物に、藤森栄一「森本六爾伝」、松本清張「断碑」などがある。

守屋 栄夫　もりや・えいふ
衆議院議員
明治17年（1884年）11月〜昭和48年（1973年）2月1日
圖宮城県　圏東京帝国大学独法科卒　歴内務省監察官、朝鮮総督官房秘書課長、庶務部長、内務省社会部長を歴任。その後、弁護士として働く。昭和3年第1回普通選挙において衆議院議員に当選。以来連続6期。この間、9年岡田内閣の農林政務次官に就任。また塩釜市の初代市長を務めた。　圏息子＝守屋武昌（防衛事務次官）

森山 鋭一　もりやま・えいいち
貴族院議員（勅選）内閣法制局長官
明治27年（1894年）12月17日〜昭和31年（1956年）6月9日
圏三重県桑名　圏東京帝国大学法科大学独法科〔大正8年〕卒　歴大正8年内務省に入り、10年警察講習所教授、のち法政局参事官、同局第1、第2各部長、企画院参与などを経て、昭和16年東条英機内閣の法制局長官。18〜21年勅選貴族院議員。敗戦後21〜26年公職追放、解除後東京都地方労働委員会委員となり、27年同委員長に就任。この間21年弁護士登録。

森山 啓　もりやま・けい
小説家 詩人 評論家
明治37年（1904年）3月10日〜平成3年（1991年）7月26日
圏新潟県岩船郡村上本町　圏本名＝森松慶治　圏スピノザ、ゲーテ、ハイネの汎神論　圏東京帝国大学文学部美学科〔昭和3年〕中退　歴東京帝国大学在学中にプロレタリア文学運動に加わり、詩集「隅田川」（発禁）「潮流」、評論集「芸術上のレアリズムと唯物論哲学」「文学論」「文学論争」を刊行。昭和11年「文学界」同人となり、作家として再出発。以後、「収穫以前」「日本海辺」「遠方の人」などを発表。18年「海の扉」で新潮社文芸賞を受賞。戦後は郷里の小松に在住し、「青梅の簾」「市之丞と青葉」「野菊の露」「生と愛の真実」などを刊行。
圏新潮社文芸賞（第6回）〔昭和18年〕「海の扉」

森山 時雄　もりやま・ときお
陸上選手
生年不詳〜平成13年（2001年）1月6日
圏島根県　歴ベルリン五輪で陸上400メートル障害に出場した。

森山 麦笑　もりやま・ばくしょう
日本画家
明治34年（1901年）5月10日〜昭和21年（1946年）
圏三重県宇治山田　圏本名＝森山良雄　歴大正11年上京。15年再興第13回院展に「杏」で初入選。昭和4年院友となり、以後院展に入選を重ねる。5年第2回聖徳太子奉讃美術展に「白兎」で入選。11年唯一の官展出品となった春の改組帝展に「少憩」で入選。12年日本美術院を脱退し、田中案山子らと新興美術院を結成、創立同人となった。

森山 武市郎　もりやま・ぶいちろう
司法省保護局長
明治24年（1891年）2月28日〜昭和23年（1948年）2月29日
圏福岡県　圏明治大学法科〔明治45年〕卒 法学博士（明治大学）〔昭和9年〕　歴昭和3年東京地裁検事、6年専任司法書記官、7年東京控訴院検事、10年司法書記官兼判事・官房保護課

長、11年兼大審院検事、15年7月大審院検事兼司法書記官、11月司法省保護局長、18年大審院検事、19年宮城控訴院、20年4月長崎控訴院、8月福岡控訴院の各検事長。21年退職。同年〜26年公職追放。

森脇 勘蔵　もりわき・かんぞう
俳優
元治1年（1864年）3月8日〜昭和11年（1936年）3月21日
圏武蔵国舎人村（東京都足立区）　圏芸名＝岩井松三郎　歴"かんちゃん芝居"の愛称で親しまれた一座の座長。関東一円を巡業し、「義経千本桜」「爆弾三勇士」を演じた。

森脇 忠　もりわき・ただし
洋画家
明治21年（1888年）〜昭和24年（1949年）10月13日
圏島根県　圏東京美術学校西洋画科〔大正3年〕卒　歴同期生に小出楢重がいる。大正3年文展に「洋館の女」で初入選、以後官展に出品を続け、4年文展に「鏡の前」で3等賞を受賞。9年三高講師となり、昭和16年まで勤めた。この間大正9年「池の畔」、11年「女の裸体」がともに帝展特選となり、13年無鑑査。同年より翌年まで京都高等工芸学校講師を務め、昭和15年華嶽美術協会結成に参加。室内や風景の中の裸婦を得意とし、油彩による日本風俗の表現を試みた。著書に師中沢弘光らとの共著「スケッチの描き方」など。

諸井 恒平　もろい・つねへい
実業家 秩父セメント創業者
文久2年（1862年）5月5日〜昭和16年（1941年）2月14日
圏武蔵国（埼玉県）　歴武蔵国本庄（現・埼玉県本庄市）で養蚕を営む家の二男。早くから家業に従事し、明治11年16歳で本庄生糸改所頭取に推された。20年上京、親戚に当たる渋沢栄一の勧めで日本煉瓦製造会社上敷免工場の経営に当たり、支配人、取締役を経て、40年専務。この間、39年から渋沢らによって設立された東京毛織の専務も兼ねた。一方、30年秩父鉄道の創設に参画、43年渋沢の求めに応じて上武鉄道会社（現・秩父鉄道）取締役となり、同社の経営再建に尽力。さらにコンクリートの将来性を見越して秩父地方の武甲山で産出される石灰石に注目し、12年秩父セメント（現・太平洋セメント）を設立して社長に就任。関東大震災後のセメント需要激増という好運に恵まれ、後発ながら明治期から続く大手に伍すほどの発展を見せた。また、第三次セメント連合会の結成にも主導的な役割を果たした。渋沢の唱えた経済道徳合一主義を実行し、中小販売店主義、現金取引主義を励行した他、従業員に対しては彼らに恒産を作らせるための恒産積立金制度も創始。14年秩父鉄道社長。昭和3年東京大宮電気鉄道社長、8年日本煉瓦製造会社社長、12年秩父セメント会長・小倉石油会長、14年日本工業倶楽部副会長。郷里の学生のために埼玉学生誘掖会を設立するなど、教育事業にも力を注いだ。　圏息子＝諸井貫一（秩父セメント社長）、諸井三郎（作曲家）、孫＝諸井虔（秩父小野田会長）、諸井誠（作曲家）、弟＝諸井春畦（実業家・書家）、諸井四郎（実業家）、諸井六郎（外交官）

諸戸 北郎　もろと・きたろう
土木工学者 東京帝国大学教授
明治6年（1873年）9月6日〜昭和26年（1951年）11月1日
圏三重県　圏砂防工学　圏東京帝国大学農科大学林学科〔明治31年〕卒 林学博士〔大正2年〕　歴大学院を経て、明治32年母校・東京帝国大学農科大学助教授、43年教授、次いで農学部長となった。大正2年内務省土木局技師を兼ね、砂防技術行政に携わった。欧州砂防事業を視察、オーストリア、フランスの技術を紹介、また内務省管轄とされた砂防事業を農商務省山林局の山林技術者担当にすべきと主張した。昭和9年退官し、名誉教授。著書に「理水及砂防工学」（全5編）など。

諸橋 久太郎　もろはし・きゅうたろう
実業家 貴族院議員(多額納税)
明治26年(1893年)5月～昭和48年(1973年)2月12日

[生]福島県平町(いわき市)　[学]早稲田大学政治経済科〔大正5年〕卒　[歴]金物商の家に生まれ、諸橋合名会社代表、福島農工銀行取締役のほか、磐城水産工業、片倉磐城製糸、植田水力電気、相馬塩業などの重役を務める。また福島県石城郡農会会長、平市農会長、信用組合平庶民金庫理事長も歴任。昭和14～22年多額納税の貴族院議員。26年平市長となり、3期12年間務めた。蔵書5万5000点余を「三猿文庫」として開設した諸橋元三郎は実弟。

諸橋 襄　もろはし・のぼる
枢密院書記官長
明治32年(1899年)12月10日～平成11年(1999年)1月18日

[生]新潟県新潟市　[学]東京帝国大学農学部農業経済学科〔大正12年〕卒、東京帝国大学法学部政治学科〔大正13年〕卒、同大学大学院法学研究科憲法専攻博士課程修了 法学博士　[歴]大正10年高等文官試験行政科に合格。内務省に入り奈良県警視、北海道庁、広島、富山、千葉各県事務官、各種課長を経て、市川市を創設し、市長職務管掌、福島県学務部長、行政裁判所評定官、枢密院書記官、同書記官長、衆議院法制部長、会計検査院検査官等を歴任。戦後は、昭和21～22年勅選貴族院議員、東京農業大学農学部教授、帝京大学法学部教授などを務めた。　[家]長男＝諸橋雅能(住友銀行副調査役)

門田 新松　もんでん・しんまつ
衆議院議員
明治9年(1876年)9月～昭和34年(1959年)4月10日

[出]東京都　[学]東洋協会専門学校〔明治36年〕卒　[歴]海軍嘱託として日露戦争に従軍。その後、中国大連市に日清興信所を設立。また大連株式商品取引所理事長、日清印刷所社長等を務める。大正9年衆議院議員に埼玉3区より当選。以来通算4期。政友会に所属した。

【や】

八木 秋子　やぎ・あきこ
婦人運動家
明治28年(1895年)9月6日～昭和58年(1983年)4月30日

[生]長野県西筑摩郡福島町(木曽町)　[名]本名＝八木あき　[学]松本女子職業学校本科〔明治45年〕卒　[歴]東京日日新聞(現・毎日新聞)学芸記者のあと、昭和初年高群逸枝らと雑誌「女人芸術」に拠って女性解放の評論活動を展開した。この間マルキシズムの影響を受け、日本俸給生活者組合に参加。間もなく宮崎らを知りアナキズムに共鳴するようになった。同誌昭和4年7月号に載った「藤森成吉氏へ」は "アナ・ボル論争"の口火を切ったものとして知られる。6年宮崎晃、星野準二らと従来のアナキズム運動批判の立場から農村青年社を設立したが、弾圧のため運動の第一線を離れて執筆活動に打ち込んだ。10年農村青年社事件で逮捕される。15年出所後、満州へ渡り南満州鉄道(満鉄)に勤務。戦後引き揚げて母子寮の寮母をする傍ら母子更生協会を設立した。51年から57年春まで都立板橋養育院で生活していた。「八木秋子著作集」(全3巻)がある。

八木 逸郎　やぎ・いつろう
衆議院議員
文久3年(1863年)9月～昭和20年(1945年)1月4日

[出]大和国(奈良県)　[学]医科大学別課〔明治15年〕卒 Ph.D.(ロストック大学)　[歴]ドイツに留学。帰国後、医師として働く。奈良市議、県議、市および県医師会長を歴任。明治41年衆議院議員に当選。以来通算10期務めた。

八木 さわ子　やぎ・さわこ
翻訳家
明治26年(1893年)4月6日～昭和21年(1946年)5月8日

[生]東京都　[学]アテネ・フランセ〔大正10年〕卒　[歴]アテネ・フランセで教鞭を執った。主な訳書にアルフォンス・ドーデ「私生児」「プチ・ショウズ(ちび君)」「ヂャック」、アナトール・フランス「襯衣」「黒麺麭」、バルザック「谷間の百合」、注釈本にドーデ「月曜物語」などがある。

八木 信一　やぎ・しんいち
労働運動家
明治15年(1882年)2月5日～昭和30年(1955年)9月29日

[生]香川県仲多度郡琴平町　[歴]海員となり、兵役後、陸軍造兵廠大阪工廠の筆生となる。大正8年労働組合向上会を結成。9年上京し、東京工廠の小石川労働会との提携をはかる。同年会長に選ばれるが、11年解雇される。その後も運動を続け、12年日本労働組合連合を組織する。15年関西民衆党、昭和6年日本労働総連盟を結成。10年の国際労働機関(ILO)総会には労働者代表として出席した。11年大阪官業労働組合結成にあたって顧問となった。18年大阪府・寝屋川町議。

八木 春雄　やぎ・はるお
満州国軍情報参謀
生年不詳～平成14年(2002年)7月13日

[出]愛媛県今治市　[学]陸士〔昭和7年〕退校　[歴]昭和3年陸軍士官学校に入校。7年21歳の士官候補生の時、五・一五事件に参画、犬養毅首相を襲撃した。事件後、襲撃班の一員として禁固4年の判決を受ける。刑期満了後の11年、満州国軍に転じ、情報参謀。敗戦後旧ソ連、中国で11年の抑留生活を送る。31年帰国。遺族を訪れる傍ら、平成6年「五・一五事件と士官候補生」を自費出版した。

八木 秀次　やぎ・ひでつぐ
電気通信工学者 東京工業大学学長 技術院総裁
明治19年(1886年)1月28日～昭和51年(1976年)1月19日

[出]大阪府大阪市　[学]東京帝国大学工科大学電気工学科〔明治42年〕卒 工学博士〔大正9年〕　[賞]日本学士院会員〔昭和26年〕　[歴]仙台高等工業学校教授を経て、大正2年欧米に留学、ドイツでは電気工学者のバルクハウゼン、英国ではフレミングに師事。帰国後、8年東北帝国大学工学部教授となり、同大に電気通信研究所を設立、宇田新太郎とともに短波長ビームに関する研究をし、15年 "八木・宇田アンテナ"を開発、レーダー、テレビなどに広く採用される。昭和7年大阪帝国大学理学部創設に尽力し、8年同大教授、17年理学部長に就任。同年東京工業大学学長、19年技術院総裁、21年大阪帝大総長、のち武蔵工業大学学長を歴任。一時右派社会党に属し、28年参議院議員に当選。日本社会党顧問、民主社会主義連盟会長を兼務。また27年には八木アンテナ株式会社を設立、35年まで社長を務めた。31年文化勲章受章。著書に「八木秀次随筆集」「技術人夜話」などがある。　[勲]文化勲章〔昭和31年〕　[賞]文化功労者〔昭和31年〕

八木 保太郎　やぎ・やすたろう
脚本家
明治36年(1903年)2月3日～昭和62年(1987年)9月8日

[生]群馬県群馬郡京ケ島村萩原(高崎市)　[名]筆名＝毛利三郎、毛利三四郎　[学]日本映画俳優学校〔大正14年〕卒　[歴]大正14年日本映画俳優学校を卒業、15年溝口健二の口利きで日活大将軍撮影所に助監督として入社。伊奈精一監督や溝口監督につくが、生来の病弱から監督を諦め脚本部に転じ、昭和5年

毛利三郎名義の「この母を見よ」(田坂具隆監督)で脚本家デビュー。10年潤色を手がけた内田吐夢監督「人生劇場・青春篇」が出世作となり、その後も同監督「裸の町」「限りなき前進」や、豊田四郎監督「小島の春」などの脚本を担当。これらは1930年代日本映画の最も重要な作品であり、いずれも重厚で骨太な作風で世相を活写し、社会的なメッセージを盛り込んだ力作として評判を呼び、社会派作家の第一人者と目された。また「限りなき前進」は脚本として初めて純文学雑誌「新潮」に掲載された。この間、12年東京発声に製作部長として招かれ、17年には満州映画協会(満映)製作部長に就任。脚本家としては一本の作品も書かずに、根岸寛一理事とともに作品の質的向上に力を注ぎ、また中国人技術者の待遇改善にも貢献した。20年3月退任して帰国したため、終戦前後の混乱に巻き込まれずにすんだ。戦後は日本映画演劇労組(日映演)委員長となり、映画界の経営者たちと渡り合った。傍ら、活発に創作活動を続け、左翼独立プロ系の社会派映画を中心に多くの作品を手がけた。

八木 芳之助 やぎ・よしのすけ
経済学者 京都帝国大学経済学部教授
明治28年(1895年)2月24日〜昭和19年(1944年)5月2日
出京都府相楽郡木津町(木津川市) 専農業経済学 学東京帝国大学経済学科〔大正8年〕卒 経済学博士 歴東京帝国大学講師、助教授を経て、昭和9年京都帝国大学経済学部教授。著書に「米価及米価統制問題」「農村問題研究」「農村産業組合の研究」「協同組合論」などがある。

八木 義徳 やぎ・よしのり
小説家
明治44年(1911年)10月21日〜平成11年(1999年)11月9日
生北海道室蘭市大町(中央町) 学早稲田大学文学部仏文科〔昭和13年〕卒 賞日本芸術院会員〔平成1年〕 歴少年時に有島武郎「生れ出づる悩み」を読んで文学に開眼。北海道帝国大学水産専門部時代、左派の嫌疑をうけて上京し、東京でも非合法運動にまきこまれて満州に渡る。その後早稲田大学に入学し同人誌「黙示」創刊、横光利一に師事した。卒業後、昭和13年満州理化学工業社に入社して再び満州に渡り、18年帰国。19年「劉広福(りゅうかんふう)」で芥川賞を受賞したが、すぐに応召し、中国に渡って21年復員。戦後「母子鎮魂」や「私のソーニャ」を発表。「美しき晩年のために」「女」「摩周湖」「一枚の絵」「半生記」や、「文学の鬼を志望す」「文章教室」など、自己求道的な私小説が多くある。 賞芥川賞(第19回)〔昭和19年〕「劉広福」、日本芸術院賞恩賜賞(第44回)〔昭和63年〕

八木 林作 やぎ・りんさく
島根県知事
明治16年(1883年)8月1日〜昭和49年(1974年)6月11日
生大阪府 学東京帝国大学法科大学独法科〔明治42年〕卒 歴明治42年北海道庁に入る。高知県、石川県の各内務部長や兵庫県、長崎県の各書記官を経て、昭和2年島根県知事。4年退任したが、6年再び同県知事となり、7年まで務めた。9年神戸市助役。

八木岡 春山 やぎおか・しゅんざん
日本画家
明治12年(1879年)12月12日〜昭和16年(1941年)8月27日
生東京府深川区(東京都江東区) 名本名=八木岡亮之助、別号=牧庵 歴明治29年下条桂谷に師事して北宗画を学ぶ。また古画の摸写研究に従事し、日本美術協会に出品、受賞を重ねる。40年文展開設に際して結成された正派同志会に評議員として参加。大正元年文展に「江山晩興図」が初入選し、翌2年にも入選。8年日本美術協会第1部委員となり、昭和10年高松宮妃に日本画を進講。その後日本美術協会理事、評議員、第1部委員主任、審査長などを歴任。11年文展招待展に「薄暮」を出品、新文展にも12年「烟雨」などを無鑑査出品した。14年のニューヨーク万博では「暮靄」が優賞となる。他の代表作に「竹渓六題」「渓山帰樵」「夕月」など。

柳沼 沢介 やぎぬま・さわすけ
婦人画報社社長
明治21年(1888年)5月21日〜昭和39年(1964年)6月19日
生福島県安達郡二本松町(二本松市) 歴16歳の時興文社に入社。明治44年友人押川春浪と武侠社をおこし「武侠世界」を発行したが、春浪の死と共に廃刊。昭和6年「婦人画報」の版元東京社の経営危機に請われて社長に就任。「スタイルブック」等服飾雑誌の発行で再生に成功したが、戦時の企画整備で再び危機に陥り本吉信雄に経営を委ねた。本吉はこれを乗切り、戦後社名を東京社から婦人画報社に改めた。

柳生 俊久 やぎゅう・としなか
陸軍大佐 子爵 貴族院議員
慶応3年(1867年)3月6日〜昭和16年(1941年)2月5日
生江戸 歴明治21年陸軍歩兵少尉となり、大佐まで進む。歩兵第一連隊大隊長、松本連隊区司令官など歴任した。大正4年予備役に編入。同年大和柳生藩主・柳生子爵家を継ぐ。8年〜昭和7年貴族院議員。

薬師寺 主計 やくしじ・かずえ
建築家 倉敷絹機常務
明治17年(1884年)10月20日〜昭和40年(1965年)3月11日
生岡山県賀陽郡刑部村(総社市) 名号=朱圭 学東京帝国大学工科大学建築科〔明治42年〕卒 歴河合浩蔵の建築事務所に勤務。中央工学校講師・陸軍省技師などを経て、大正6年陸軍経理学校教官となり、10年渡欧して飛行機格納庫建築の調査に従事した。12年帰国、同年9月の関東大震災に際しては陸軍省震災善後委員会委員として帝都の復興に尽力。この間、東京にやくも会(薬師寺建築事務所)を開設し、「倉紡中央病院」「第一合同銀行本店」などのデザインを担当。これを機に実業家大原孫三郎の知遇を得、15年陸軍省を退職し大原の経営する倉敷絹機に入社、常務や倉敷工場長などを務めた。昭和11年退社。その後、政治家を志し、17年翼賛壮年団の後援を受けて総選挙に出馬するが、落選。絵画や和歌・俳句など幅広い趣味の人であった。 家息子=薬師寺厚(建築家)

八雲 恵美子 やぐも・えみこ
女優
明治36年(1903年)8月15日〜昭和54年(1979年)1月13日
出大阪府大阪市北区相生町 名本名=玉野千代子 学相生小卒 歴18歳の時上海に恋の逃避行。夢破れて帰国。芸者となったが、大正13年大阪の松竹楽劇部、15年松竹蒲田入社。五所平之助監督の「初恋」、蔦見丈夫監督「恋の闖入者」に主演。売れっ子となり、昭和2年準幹部。五所の「からくり娘」に主演。3年幹部昇進。「果報は寝て待て」「村の花嫁」「美人かし間」などに主演。井上文夫、鈴々伝明、岩田祐吉らと共演し栗島すみ子に次ぐホープとして活躍。5年岡田時彦と「その夜の妻」「輝やく女性」で主演した。7年以後田中絹代に座を奪われたが、「涙の瞳」「昨日の女今日の女」「愛の船出」などに活躍。11年以後助演に回り、13年引退。

矢倉 茂雄 やぐら・しげお
映画監督
明治42年(1909年)2月15日〜昭和30年(1955年)2月6日
生大阪府 学日本大学芸術科卒 歴学生時代に松竹蒲田の野村芳亭に見せたシナリオが認められ、野村宅に寄宿。昭和5年松竹蒲田撮影所に入社。8年PCL(写真化学研究所、現・東宝

に入社し翌9年「踊り子日記」で監督デビュー。11年「処女花園」、15年「遙かなる弟」などを撮る。18年「少年漂流記」を最後にプロデューサーに転向する。代表作に「絹の泥靴」「雷親爺」がある。21年退社。24年神奈川ニュース映画協会を創設し、製作担当常務理事となる。

八坂 浅次郎（1代目）　やさか・あさじろう
弘文堂創業者
明治9年（1876年）1月6日〜昭和23年（1948年）12月17日
⊞滋賀県高島郡弘川（高島市）　歴明治20年代に京都へ出、かつては禁裏・幕府の御用達を務めた書肆・出雲寺文次郎方で修業。30年京都帝国大学の設置を知ると京都で本屋や出版が求められることを悟り独立、古本屋を開業した。大正5年参考書「高文試験受験提要憲法解題」を出版、6年河上肇「貧乏物語」が大ベストセラーとなり本格的に出版業に進出。以後、河上を通じて京都帝大の経済学・支那学の教官の間に人脈を築き、"東の岩波、西の弘文堂"と称される関西有数の学術出版社へと発展させた。関東大震災後の13年、東京・神田淡路町に支店を開き、やがて本社機能を東京に移した。　家長男＝八坂浅次郎（2代目）

矢崎 弾　やざき・だん
評論家
明治39年（1906年）2月1日〜昭和21年（1946年）8月9日
生新潟県佐渡　名本名＝神蔵芳太郎　学慶応義塾大学英文科〔昭和6年〕卒　歴中央新聞社に勤務する傍ら文芸批評を多く執筆し、昭和9年から文筆活動に入る。9年「新文学の環境」を刊行。他の著書に「過渡期文芸の断層」「文芸の日本的形成」「転形期文芸の羽搏き」「近代自我の日本的形成」などがある。

矢崎 千代二　やざき・ちよじ
洋画家
明治5年（1872年）2月12日〜昭和22年（1947年）12月28日
生神奈川県横須賀市　学東京美術学校西洋画科〔明治33年〕卒　歴15歳で曽山幸彦の門に入り、黒田清輝、久米桂一郎らの天真道場にも通う。白馬会員となり、文展、帝展でも活躍。明治36年頃から欧米、インドなどに遊学。昭和4年日本パステル画会を創設。南米、アジア、アフリカなどを旅して、パステル画個展を開催した。代表作は「夕涼」「草刈」など。　賞内国勧業博覧会3等賞（第5回）

矢崎 美盛　やざき・よしもり
哲学者　美術史家　京城帝国大学教授
明治28年（1895年）8月13日〜昭和28年（1953年）4月7日
生山梨県　学東京帝国大学文学部哲学科〔大正8年〕卒　文学博士　歴大正12年独、仏、伊に留学。14年帰国し法政大学教授となり、15年東京帝国大学文学部講師となる。昭和2年九州帝国大学助教授となり、16年京城帝国大学教授、23年東京大学教授に就任。主な著書に「現代哲学思想」「ヘーゲル精神現象論」「マリアの美術」などがある。

矢沢 弦月　やざわ・げんげつ
日本画家
明治19年（1886年）4月〜昭和27年（1952年）11月26日
生長野県諏訪郡上諏訪町（諏訪市）　名本名＝矢沢貞則　学東京美術学校〔明治44年〕卒　歴14歳で上京し、久保田米僊、寺崎広業に師事。東京美術学校を卒業後、松屋百貨店意匠部に勤めながら作画、大正2年第7回文展褒賞で画壇に登場。8年の第1回帝展では「朝陽」で特選となる。以来官展系作家として帝展、日展審査員4回、昭和25年日展参事となり、川崎小虎、蔦谷竜岬らと霜天会を創立した。この間、4〜5年文部省在外研究調査員として欧州に留学。東京美術学校、東京女子高等師範学校の各講師、日本美術学校教授などを歴任。他の代表

作に「山湯初夏」「糸雨」「水圏戯」などがある。　賞帝展特選〔大正8年〕「朝陽」

矢沢 正雄　やざわ・まさお
陸上選手
生年不詳〜平成16年（2004年）12月11日
⊞神奈川県鎌倉市　学専修大学　歴専修大で短距離選手として活躍。昭和11年ベルリン五輪代表となり、100、200メートルに出場した他、400メートルリレーには"暁の超特急"と言われた吉岡隆徳らとともに出場した。

矢島 一三　やじま・いちぞう
中興館創業者
明治13年（1880年）2月8日〜昭和39年（1964年）8月12日
生長野県　歴はじめ長野県松本市の高美書店で修業し、明治36年上京して同郷の先輩・上原才一郎の経営する光風館に入り、編集と営業に従事。44年東京・表神保町に中興館を創業し、同郷の吉江喬松の「旅より旅へ」を皮切りに窪田空穂、藤森成吉らの文芸書から、島津久基、久松潜一、藤村作らによる国文学関係の書籍まで幅広く出版した。一方で東京出版協会の協議員・会計監督などとして同会の運営に深く関与したほか、東京書籍商組合評議員、東京雑誌協会幹事など各業界団体の要職を歴任。昭和19年戦時の企業整備で中興館を廃業した。戦後は東京出版信用組合理事、矢島書房相談役などを務めた。著書に「伸びて行く道」「八洲漫筆」などがある。

矢代 東村　やしろ・とうそん
歌人　弁護士
明治22年（1889年）3月11日〜昭和27年（1952年）9月13日
生千葉県　名本名＝矢代亀広、旧号＝都会詩人　学青山師範〔明治43年〕卒　歴卒業後から大正10年まで小学校教員を務め、その間日本大学専門部法科に学び、弁護士試験に合格し、11年弁護士を開業した。歌は「東京朝日新聞」に投稿し、大正元年白日社に入社して前田夕暮に師事。多くの雑誌を経て、13年「日光」の創刊に参加。昭和3年新興歌人連盟に、4年プロレタリア歌人連盟に参加。8年「短歌評論」を創刊。17年の「短歌評論」グループ事件で検挙され5ケ月拘留された。21年新日本歌人協会が設立され「人民短歌」の創刊とともに活動を再開した。歌集に「一隅より」「早春」があり、没後の29年「矢代東村遺歌集」が刊行された。　家長女＝小野弘子（歌人）

八代 祐太郎　やしろ・ゆうたろう
実業家　敷島紡績社長
慶応3年（1867年）4月29日〜昭和32年（1957年）9月30日
生備前国岡山城下上之町（岡山県岡山市）　歴家業の両替商を経て、明治24年大阪に出て、株式仲買人となる。34年綿花業に転じて財をなす。その後、義弟の野村徳七（野村財閥創始者）と大阪・福島紡績（のち敷島紡績、現・シキボウ）の経営にあたり、44年社長に就任。昭和18年まで32年間勤めた。多額の寄付により大正14年の真備高等女学校開校にも貢献し、昭和2年同校財団の理事に就任した。　家義弟＝野村徳七（野村財閥創始者）　勲紺綬褒章〔昭和15年〕

矢代 幸雄　やしろ・ゆきお
美術史家　美術評論家　帝国美術院附属美術研究所所長
明治23年（1890年）11月5日〜昭和50年（1975年）5月25日
生神奈川県横浜市　学東京帝国大学文科大学英文科〔大正4年〕卒　賞日本芸術院会員〔昭和38年〕　歴大正4年東京美術学校講師、6年教授。一高教授も兼任。10年ヨーロッパ留学。イタリアでB.ベレンソンに師事、14年ロンドンのメディチ・ソサエティから英文の「Sandro Botticelli」（3巻）を刊行、ボッティチェリ研究で成果をあげ同年帰国。昭和5年帝国美術院附属美術研究所設立に関係し、東洋美術研究の態勢づくりを提

唱、同年主事。7年機関紙「美術研究」を創刊、10年所長に就任した。この間、米国、英国の諸大学で講義。17年教育勅語誤読事件で研究所を辞任、19年美校教授を退官。また、近畿・日本鉄道社長種田虎雄の依頼で東洋、日本古美術品の収集に当たり、毎年中国へ旅行した。25年文化財保護委員会発足と共に保護委員。35年近鉄依頼による大和文華館創立、初代館長となり45年まで務めた。38年芸術院会員、40年文化功労者に選ばれ、41年「日本美術の特質」で朝日文化賞を受けた。　[賞]文化功労者〔昭和40年〕

安井 英二　やすい・えいじ
文相 内相 貴族院議員（勅選）
明治23年（1890年）9月18日〜昭和57年（1982年）1月9日
[生]東京都　[出]岡山県　[学]一高卒、東京帝国大学法科〔大正5年〕卒　[歴]内務省に入省。昭和6年岡山県知事、同年社会局労働部長、7年地方局長を経て、10年40歳代で大阪府知事になり、12年には第一次近衛内閣の文相に就任、"異例の若さの青年文相"と話題を呼んだ。13年貴族院議員に勅選。15年第二次近衛内閣の内相となって厚相も兼務、新体制運動を推進した。20年再び大阪府知事。21〜26年公職追放。　[家]父＝安井重三（司法官）

保井 コノ　やすい・この
植物学者 遺伝学者 日本最初の女性理学博士
明治13年（1880年）10月16日〜昭和46年（1971年）3月24日
[生]香川県大川郡三本松村（東かがわ市）　[専]細胞遺伝学, 植物遺伝学, 石炭研究　[学]女子高等師範学校（現・お茶の水女子大学）理科〔明治35年〕卒, 女子高等師範学校研究科〔明治40年〕修了 理学博士〔昭和2年〕　[歴]父は実業家で、香川師範学校女子部を志望した際、明治29年4月に満16歳以上という入学要件を満たさなかった為、役場に届け出て戸籍を10月生まれから2月生まれに書き換えてもらい、入学を果たす。31年女子高等師範学校を卒業して岐阜高等女学校教諭となり、37年神田共立女学校教諭に転じる。38年女子高等師範学校に新設された研究科に応募、動物学の岩川友太郎の指導を受け、同年「動物学雑誌」に我が国で初めての女性による科学論文「鯉のウエベル氏器官について」が掲載された。40年卒業後は同校助教授に就任、植物学研究に転じる。44年山椒藻の生活史に関する論文を国際的な植物研究雑誌「Annals of Botany」に発表、外国雑誌に論文を発表した日本女性第1号となった。大正3年科学分野では初の官費女子留学生として米国留学を許された。5年帰国、8年教授に昇任。昭和2年「日本産の亜炭褐炭瀝青炭の構造について」で日本女性初の理学博士を授与された。東京帝国大学の藤井健次郎の下で石炭研究を行い、藤井が主宰する我が国最初の遺伝学講座が開設されると講座の実験を受け持った。4年藤井が国際細胞学雑誌「Cytologia（キトロギア）」を創刊すると、庶務・会計・編集を担当、世界的雑誌に育てることに貢献した。24年改組によりお茶の水女子大学教授、27年退官。

安井 小洒　やすい・しょうしゃ
俳人
明治11年（1878年）12月9日〜昭和17年（1942年）9月5日
[生]東京府麹町区（東京都千代田区）　[名]本名＝安井知之、号＝寒冷紗草堂, 睡紅舎, 杉の実山人　[歴]明治31年にはじめて句作し、「日本新聞」「ホトトギス」などに投句するが、のち松瀬青々に師事して「宝船」に属した。西洋草花栽培を業とし、傍ら出版社なつめやを経営。蕉門の研究を多年にわたって行い、出版物に「蕉門珍書百種」「和露文庫」の復刻があり、特に「蕉門名家句集」は俳文学界に禆益するところが大きい名著とされる。句集「杉の実」がある。

安井 曽太郎　やすい・そうたろう
洋画家
明治21年（1888年）5月17日〜昭和30年（1955年）12月14日
[生]京都府京都市中京区　[学]京都市立商〔明治36年〕中退　[資]帝国美術院会員〔昭和10年〕, 帝国芸術院会員〔昭和12年〕, 帝室技芸員〔昭和19年〕　[歴]木綿問屋の五男に生まれる。洋画を志して明治37年浅井忠の聖護院洋画研究所（後の関西美術院）に入り、40年からはフランスのアカデミー・ジュリアンでデッサンや油絵の基礎を学んで大正3年に帰国。翌年の第2回二科展に滞欧作品44点を出品、会員となった。その後昭和9年まで毎回出品し、この間、4年の第16回二科展の「坐像」で独自の作風を確立したが、10年に帝国美術院会員に任命されて二科会を脱会し、翌年、石井柏亭、有島生馬らと一水会を創立する。19年には東京美術学校教授となり、帝室技芸員に。戦後の21年に眼病を患い、27年には東京芸大教授を辞任したが、この間、24年神奈川県の湯河原に画室をかまえ、同年日本美術家連盟が創設されるとその初代会長に推された。また死去の翌31年財団法人安井曽太郎記念会が組織され、以後毎年安井賞展が開かれている。他の代表作に「孔雀と女」「金蓉」「承徳の喇嘛廟」「深井英五氏像」「安倍先生像」「オランダ皿と桃」など。　[勲]文化勲章〔昭和27年〕

安井 武雄　やすい・たけお
建築家
明治17年（1884年）2月25日〜昭和30年（1955年）5月23日
[生]千葉県佐倉市　[学]東京帝国大学工科大学建築学科〔明治43年〕卒　[歴]南満州鉄道（満鉄）に入り、「大連税関官舎」（明治44年）、「大連停車場」（大正3年）などを設計。8年帰国、大阪の片岡安建築事務所に入所、9年渡米。13年大阪に安井武雄建築事務所を開設、同年大阪、京都帝国大学各講師兼任。昭和11年日本建築協会副会長。21年安井建設工業社長、26年安井建築事務所と改称。代表作に「大阪倶楽部」「日本橋野村ビル」「大阪ガスビル」「東京虎ノ門満鉄ビル」「大阪日綿ビル」などがある。エキゾチックな様式趣味とアール・デコ風の近代性を巧みにバランスさせた作風を展開した。　[家]女婿＝佐野正一（建築家）

安井 てつ　やすい・てつ
教育家 東京女子大学学長・名誉教授
明治3年（1870年）2月23日〜昭和20年（1945年）12月2日
[生]東京都　[学]女子高等師範学校（現・お茶の水女子大学）〔明治23年〕卒　[歴]女子高等師範学校助教授となり、明治29年教育学・家政学研究のため英国留学、33年帰国して同校教授兼舎監。37年タイ国政府の招きでバンコク府皇后女学校教育主任。40年再渡英、41年帰国。大正7年東京女子大学を創立とともに学監、12年学長、昭和15年退職、名誉教授。18年東洋英和女学校校長事務取扱となった。

安井 藤治　やすい・とうじ
陸軍中将 国務相
明治18年（1885年）10月11日〜昭和45年（1970年）7月9日
[生]富山県富山市　[学]陸士〔第18期〕〔明治38年〕卒、陸大〔大正2年〕卒　[歴]大正2年陸軍省軍務局課員、5年課員、6年ロシア駐在、8年東欧出張。昭和4年整備局動員課長、8年参謀本部戦史課長、10年東京警備参謀長などを経て、11年二・二六事件の戒厳参謀長となり備忘録を残した。12年中将。同年日中戦争で第5独立守備隊司令官となり、北部満州の治安粛正作戦を指揮。次いで13年第2師団長、14年第6軍司令官を歴任、16年予備役。17年東京市翼賛壮年団長、19年共同企業社長。20年鈴木貫太郎内閣の国務相となり、戦争の処理に当たった。

安井 仲治　やすい・なかじ
写真家
明治36年（1903年）12月15日〜昭和17年（1942年）3月15日
[生]大阪府大阪市　[学]明星商〔大正10年〕卒　[歴]大阪の洋紙問

屋・安井洋紙店に生まれる。幼い頃から写真に興味を抱き、小学校時代からカメラを持つ。大阪明星商業学校卒業後、家業の傍ら本格的に写真を始める。大正11年浪華写真倶楽部第11回浪展に「分離派の建築とその周囲」を出品して入会。当初はピグメント印画法を研究し、ブロムオイル印画法による「クレーンの轟き」や14年に浪展で優選となった「眺める人々」（別名・猿まわしの図）などを制作。14年「陶器」が第1回日本写真美術展推選、「村径の図」が日本写真大サロン選、「たび人」が浪展特選など、出品のたびに入賞を果たす。昭和2年銀鈴社を結成、3年米谷紅浪、梅阪鴬里、望月芦都らと第1回銀鈴社展を開催。5年丹平写真倶楽部にも参加、主宰の上田備山とともに関西写壇の指導的地位にあった。6年朝日新聞社主催の独逸国際移動展に大きな影響を受け、新興写真へと傾斜。この頃からピグメント印画法を廃してストレートプリントを制作。同年メーデーを撮影した「旗」「検束」「唄う男」などを、7年写真雑誌「光画」5号に「水」（飛沫）を、その後「病める犬」「壁」「燈台」など、作品を次々に発表。10年全関西写真連盟委員となり、各種展覧会の審査員を務めた。15年住友金属の依頼により「磁気」を撮影。16年丹平写真倶楽部の川崎亀太郎、椎原治らとの共同制作「流氓ユダヤ」を丹平展で発表。17年38歳で早世したが、多くの後進に影響を与え、日本写真史に大きな足跡を残した。没後、丹平写真倶楽部の上田備山の編集により「安井仲治作品集」（17年）が刊行された。　賞日本写真美術展推選（第1回）〔昭和14年〕「陶器」、日本写真大サロン特選「村径の図」、浪展特選「たび人」。

安江 仙弘　やすえ・のりひろ
陸軍大佐
明治21年（1888年）1月12日～昭和25年（1950年）7月13日
生秋田県秋田市　学陸士（第21期）〔明治42年〕卒、東京外国語学校（現・東京外国語大学）ロシア語科〔大正7年〕卒　歴父は信濃松本藩士で、台湾銀行の設立にも参画した。明治42年陸士第21期を卒業。同期には石原莞爾、樋口季一郎、飯村穣、横山臣平らがいた。同年陸軍少尉に任官。大正5年東京外国語学校ロシア語科に編入、7年卒業。昭和2年ユダヤ問題研究のため欧州に出張。12年陸軍大佐。13年大連陸軍特務機関長に。15年予備役に編入。同年大連に私設の安江機関を発足させた。陸軍随一のユダヤ問題専門家として知られ、16年ユダヤ民族の友人として同民族の歴史を記録する“ゴールデン・ブック”に登録された。20年8月の敗戦後、ソ連軍に拘束され、25年夏にハバロフスクの収容所で病死した。

安岡 駒好　やすおか・こまよし
飛行家
明治35年（1902年）10月10日～昭和13年（1938年）11月18日
画高知県安芸郡川北村江川（安芸市川北）　学高知二中〔大正7年〕中退　歴大正7年上京。千葉・津田沼の伊藤飛行機研究所で猛訓練の末、大正9年卒業。9年5月31日、高知市から安芸へ高知県人としては初の郷土単独飛行に成功。その後も数々の競技に参加する。テストパイロットの資格も取得、中国に渡って操縦術を教え、帰国して多くの後輩を育てた。

安岡 正篤　やすおか・まさひろ
陽明学者
明治31年（1898年）2月13日～昭和58年（1983年）12月13日
生大阪府大阪市　学東京帝国大学政治学科〔大正11年〕卒　歴20代前半から陽明学者として活躍し、大正デモクラシーに抗し伝統的な日本主義を主張。昭和2年に金鶏学院、16年に日本農士学校を設立、東洋思想の研究と後進の育成に努めた。7年国維会に参加、戦中は小磯内閣の大東亜省顧問となり、終戦の詔書草案に朱を入れた。戦後は政財官界の指導者を教化し、吉田首相から中曽根首相までの歴代首相から師と仰がれた。

安川 清三郎　やすかわ・せいざぶろう
実業家　男爵　明治鉱業社長　安川電機製作所創立者
明治10年（1877年）9月～昭和11年（1936年）2月16日
学慶応義塾卒、ペンシルベニア大学修了　歴明治鉱業創立者・安川敬一郎の三男。大正4年父の出資により、弟・第五郎と安川電機製作所を創立、社長に就任。7年父の引退を受けて家督を相続、以来兄・松本健次とともに家業の隆盛に努めた。昭和4年明治鉱業社長となり、他に明治紡績、嘉穂鉱業、黒崎窯業、若松築港、九州製鋼などの重役を務めた。　家父＝安川敬一郎（明治鉱業創立者）、兄＝松本健次郎（明治鉱業社長）、弟＝安川第五郎（安川電機創立者）、息子＝安川寛（安川電機名誉会長）、孫＝安川直（安川商事社長）

安川 第五郎　やすかわ・だいごろう
実業家　安川電機製作所創立者
明治19年（1886年）6月2日～昭和51年（1976年）6月25日
生福岡県北九州市　学東京帝国大学工科大学電気工学科〔明治45年〕卒　歴明治45年日立製作所入社。大正2年渡米してウェスチングハウス社で技術を学び、帰国。4年父・敬一郎の出資により兄・清三郎とともに安川電機製作所を創立。昭和11年清三郎の死去に伴い社長に就任。安川・松本系企業の中心人物となる。17年電気機械統制会会長に就任、政府・軍と業界との調整役を務める。戦後、公職追放、24年安川電機取締役会長に復帰するが、26年以後は財界人として活動し、日本銀行政策委員、31年日本原子力研究所初代理事長、32年日本原子力発電社長、35年九州電力会長、九州山口経済連合会会長などを歴任。また東京オリンピック組織委員会会長を務めた。　家父＝安川敬一郎（明治鉱業創立者）、兄＝松本健次郎（明治鉱業社長）、安川清三郎（安川電機創立者）、長男＝安川壮（駐米大使）、二男＝安川敬二（安川電機社長）、三男＝安川定男（中央大学名誉教授）　勲緑綬褒章〔昭和15年〕

安川 雄之助　やすかわ・ゆうのすけ
実業家　三井合名理事　東洋拓殖会社総裁
明治3年（1870年）4月4日～昭和19年（1944年）2月13日
生京都府南桑田郡篠村字柏原（亀岡市）　学大阪商〔明治22年〕卒　歴明治22年英語力を買われて三井物産大阪支店に入社。37年天津支店長、43年満州営業部長、大正元年大連支店長、3年本店営業部長を経て、7年常務。第一次大戦中の好況時には事業拡大に努め、逆に戦争終結後に不況を予期して長期契約の禁止や在庫の売却を急がせるなど、機を見るに敏な活躍ぶりから“カミソリ安”といわれ、13年筆頭常務に就任。一方で三井合名会社の直系子会社として、7年大正海上火災保険の創設に参画し、9年には同社の綿花部を分離して東洋棉花（後のトーメン）を創立。また、レーヨンの将来性に着目し、15年三井合名の団琢磨理事長を説き伏せて東洋レーヨン株式会社（現・東レ）を設立、初代会長を兼務して采配を振るった。昭和7年団の暗殺を受けて三井合名理事に就任するも、6年に発覚したドル買事件以降の財閥批判の矢面に立たされた上に、自身の経営する東洋レーヨンの株式公開問題が起こったことから、9年三井合名理事及び三井物産取締役を辞した。11年には東レ会長も辞任。その後、広田弘毅内閣の拓務相であった永田秀次郎の推薦で東洋拓殖会社総裁となるが、13年脳溢血を患ったため退任した。　家岳父＝山口尚芳（政治家）

八杉 貞利　やすぎ・さだとし
ロシア語学者　東京外国語学校名誉教授
明治9年（1876年）9月16日～昭和41年（1966年）2月26日
生東京都　学東京帝国大学文科大学言語学科〔明治33年〕卒　歴在学中に言語学会を創立し、「言語学雑誌」を創刊。明治34年ロシアに留学し、37年帰国して東京外国語学校教授。昭和10年名誉教授。我が国ロシア語学の最長老としてロシア語、ロシア文学の普及発展に貢献。26年日本ロシヤ文学会初代会長。

「詩宋プーシキン」「露西亜語学階梯」「露和辞典」などの著書があり、35年「岩波ロシヤ語辞典」を完成した。　家長男＝八杉龍一（生物学者）、孫＝八杉満利子（京都産業大学教授）、八杉貞雄（東京都立大学教授）

安田 力　やすだ・いさお
僧侶（真宗大谷派）
明治7年（1874年）3月19日〜昭和37年（1962年）10月1日
生三重県飯南郡射和（松阪市）　学京都帝国大学法科大学政治学科〔明治37年〕卒　歴明治29年法泉寺に入り、安田姓。41年法寺住職。44年札幌市に移住、大正9年函館大谷女学校長、12年帯広大谷女学校長。13〜14年、昭和13〜16年宗務総長2回。25年大学昇格後の東海同朋大学初代学長、32年退職。大日本仏教協会副会長、宗務顧問会議議長を務めたほか、2年から約30年間、桑北託児所、桑北図書館を開放、自坊を整備し、教化活動に尽力した。

安田 源右衛門　やすだ・げんえもん
台南製糖取締役 沖縄軌道代表取締役
明治19年（1886年）10月〜昭和8年（1933年）9月28日
学東京高等商業学校（現・一橋大学）卒　歴日本郵船に入社。大正7年台南製糖に転じ、工場長兼主事、昭和2年取締役。沖縄軌道代表取締役なども務めた。

安田 憲邦　やすだ・けんぽう
映画監督
明治23年（1890年）12月6日〜昭和22年（1947年）10月31日
生長野県飯田市　名本名＝安田憲　学上野美術専門学校〔大正9年〕中退　歴大正12年松竹蒲田撮影所美術部に入り、背景画を描く。演出助手に転じ、野村芳亭監督に師事。翌13年監督に昇進し、自らの脚本で「逆流に立ちて」を撮る。15年阪妻プロに移り、阪妻主演の時代劇「乱闘の巻」や「血染の十字架」を演出するが、昭和4年映画界を離れる。8年から終戦まで陸産糧食研究所の所長を務めた。

安田 幸吉　やすだ・こうきち
プロゴルファー
明治38年（1905年）3月1日〜平成15年（2003年）10月6日
生東京府荏原郡駒沢村（東京都世田谷区）　歴10歳から日本人によって初めて設立されたゴルフクラブ・東京ゴルフ倶楽部でキャディーを始める。高等小学校を出て14歳でキャディマスターとなり、大正14年関東のプロゴルファー第1号となる。15年第1回プロゴルフ選手権に出場するなど日本のプロゴルファーの草分けとして活躍、宮本留吉と“東の安田、西の宮本”と並び称された。昭和4年宮本と共に日本人プロとして初めて海外遠征に出発、ハワイオープンに出場。10年全米オープンに出場。勝負運に恵まれず日本オープンで3回、日本プロ1回、関東プロで3回も2位に泣き、“無冠の帝王”と呼ばれた。引退後の32年日本プロゴルフ協会初代理事長に就任。38年退任。一方、ゴルフコース設計者としても知られ、32年浮間ゴルフリンクス、34年日本ゴルフ場建設を設立し、社長。他に小樽、千葉梅郷など60を超えるゴルフコースの設計・改造に携わった。

保田 次郎　やすだ・じろう
台湾銀行頭取
明治8年（1875年）10月23日〜昭和24年（1949年）11月20日
生岡山県東南条郡野村　学一高卒、東京帝国大学法科大学政治学科〔明治36年〕卒　歴明治36年日本銀行に入り、5年間欧米に留学。京都支店長から門司、名古屋各支店長を経て、国庫局長。昭和3年日本興業銀行副総裁、10年台湾銀行頭取となった。14年退任。

安田 善次郎（2代目）　やすだ・ぜんじろう
実業家 安田保善社総長 安田銀行頭取
明治12年（1879年）3月7日〜昭和11年（1936年）11月23日
生東京都　名幼名＝善之助　歴大正10年家督を相続して2代目善次郎を襲名。先代以来関係の安田系銀行会社を統率し、安田保善社総長、安田銀行、安田貯蓄銀行各頭取、安田信託会社社長を歴任した。　家父＝安田善次郎（1代目）（安田財閥創始者）、長男＝安田一（安田生命保険会長）

安田 銕之助　やすだ・てつのすけ
陸軍中佐 国家主義運動家
明治22年（1889年）12月24日〜昭和24年（1949年）3月19日
生熊本県　学陸士（第22期）〔明治43年〕卒、陸大〔大正7年〕卒　歴大正8年陸軍参謀本部勤務、12年大使館付武官補佐官、13年から昭和2年東久邇宮付武官としてヨーロッパに駐在、4年中佐、5年予備役編入。以後東久邇宮の私設秘書役となり、愛国勤労党を組織した天野辰夫らと交遊。満州事変後、満州国建国に参画。8年神兵隊事件で検挙され、禁錮4年。14年まことむすび社を結成し、日独伊軍事同盟要請全国青年連盟の相談役となった。

安田 徳太郎　やすだ・とくたろう
医師 歴史家 評論家
明治31年（1898年）1月28日〜昭和58年（1983年）4月22日
生京都府京都市中京区　学京都帝国大学医学部〔大正13年〕卒、京都帝国大学大学院医学〔昭和5年〕博士課程修了 医学博士〔昭和5年〕　歴在学中からマルクス主義にとりつかれ、卒業後は東京で無産階級運動にかかわったが、産児制限の提唱でも知られる。昭和15年にはソ連のスパイ、ゾルゲに投薬し、治安維持法違反で投獄された。26年に刊行を始めた「人間の歴史」（全6巻）は100万部を超すベストセラーとなり、「万葉集の謎」ではヒマラヤ山中のレプチャ族こそ日本人の祖先だと主張して話題となった。フロイトの「精神分析入門」やダンネマンの「大自然科学史」など訳書も多い。　家従兄＝山本宣治、義兄＝高倉テル

安田 一　やすだ・はじめ
実業家 安田生命保険取締役会長 安田銀行会長
明治40年（1907年）4月14日〜平成3年（1991年）3月26日
生東京都　学東京帝国大学文学部支那文学科〔昭和7年〕卒　歴旧安田財閥の安田家3代目当主。2代目善次郎急逝のあとを受け、昭和11年、29歳で安田保善社総長に就任。以後安田銀行会長、安田生命会長など、安田グループの要職を歴任。20年財閥解体、21年に公職追放となるが、日本貯蓄銀行（のちの協和銀行）会長を経て、28年安田生命会長、安田火災海上相談役に復帰。経団連顧問も務めた。　家祖父＝安田善次郎（1代目）（安田財閥創始者）、父＝安田善次郎（2代目）（安田保善社総長）、長男＝安田弘（ジャーディンフレミング投信投資顧問会長）

安田 靫彦　やすだ・ゆきひこ
日本画家
明治17年（1884年）2月16日〜昭和53年（1978年）4月29日
出東京府日本橋区（東京都中央区）　名本名＝安田新三郎　学東京美術学校〔明治35年〕中退　資帝室技芸員〔昭和9年〕、帝国美術院会員〔昭和10年〕　歴江戸時代から続く東京・日本橋の料亭に生まれる。明治31年に小堀鞆音の門に入り、同年同志とともに紫紅会（のち紅児会）を設立。34年東京美術学校に入学するが、1年で退学。40年には岡倉天心に認められ日本美術院研究所で制作に参加した。大正元年文展に出品した「夢殿」が2等賞を受け、注目を集める。3年日本美術院の再興に経営同人として参加、小林古径、前田青邨とともに“院展の三羽烏”と呼ばれた。第1回再興院展に「御彦の礴」を出品。

やすた　　　　　　　　　　　　　　　　　　　　昭和人物事典 戦前期

また14年の院展に「日食」を出品したあと院展を中心に制作活動を続けながら新しい歴史画を創作。昭和9年帝室技芸員、10年帝国美術院会員となり、14年からは法隆寺壁画保存調査員として金堂壁画の模写に参画。19〜26年東京美術学校（東京芸術大学）教授を務め、33年には日本美術院が財団法人となるとその理事長に就任。この間23年文化勲章受章。42年からは第二次法隆寺金堂壁画の再現模写に力を尽くしたが、晩年は「卑弥呼」「飛鳥の春の額田王」など日本古代の人物を描くことに熱中した。他の作に「伏見茶亭」「山本元帥像」「王昭君」など。　家長男＝安田建一（中央公論美術出版社社長）　勲文化勲章〔昭和23年〕　賞文化功労者〔昭和26年〕，朝日文化賞〔昭和15年〕「黄瀬川の陣」

安田 優　やすだ・ゆたか
陸軍砲兵少尉
明治45年（1912年）2月〜昭和11年（1936年）7月12日
生熊本県天草　学陸士〔昭和9年〕卒　歴昭和9年陸軍砲兵少尉、野戦重砲兵第七連隊付となり、軍砲工学校へ入る。11年の二・二六事件に参加、坂井直中尉、高橋太郎少尉と共に約150名の下士官及び兵を指揮し内大臣であった斎藤実の私邸を襲い、斎藤を殺害。さらに高橋と共に兵約30名を率いて教育総監・渡辺錠太郎の私邸を襲撃し殺害した。事件後、軍法会議で死刑となり、同年7月12日に刑死した。

安田 義達　やすだ・よしたつ
海軍中将
明治31年（1898年）3月1日〜昭和18年（1943年）1月2日
生広島県芦品郡府中町　歴昭和14年軍艦利根艦副長などを経て、横須賀鎮守府第5陸戦隊司令官として約1000名の部下を率い、ニューギニア東部のブナ地区に。ブナ飛行場の守将として戦う。17年11月米軍の決戦攻撃に対して反撃したが、約10分の1の戦力だったため、12月下旬ほぼ全滅した。18年1月戦死。没後中将に。のちブナ決戦は米国の公刊戦史により"世界第一の猛闘"と称せられた。

保田 与重郎　やすだ・よじゅうろう
作家 文芸評論家
明治43年（1910年）4月15日〜昭和56年（1981年）10月4日
生奈良県磯城郡桜井町　学東京帝国大学美学科〔昭和9年〕卒　歴東京帝国大学在学中に同人誌「コギト」を創刊して文筆活動に入り、昭和10年には亀井勝一郎らと雑誌「日本浪曼派」を創刊、反近代主義的、審美主義的な評論を展開したが、このころの著作に「日本の橋」「戴冠詩人の御一人者」「後鳥羽院」「万葉集の精神」などがあり、戦時中も日本浪曼派の総帥として若者たちに大きな影響を与えた。戦後は、戦時下の思想を代弁したとして追放され、雑誌「祖国」に拠り、無署名で多くの言論をなす。30年「新論」を創刊。解除後文壇に復帰したが、中央に出ることはなく、京都を中心に「現代畸人伝」「日本の美術史」「日本浪曼派の時代」などを黙々と書きつづけた。没後「保田与重郎全集」（全40巻・別巻5、講談社）が刊行された。　賞池谷信三郎賞（第1回）〔昭和11年〕「日本の橋」、透谷文学賞（第2回）〔昭和13年〕「戴冠詩人の御一人者」

安永 一　やすなが・はじめ
囲碁評論家
明治34年（1901年）12月3日〜平成6年（1994年）2月2日
出兵庫県　学東北帝国大学中退　歴東北帝国大学中退後、囲碁界に飛び込み世襲制最後の本因坊秀哉名人から門下生同様の扱いを受け、昭和7年編集者として日本棋院に。8年呉清源、木谷実が編み出した新布石に理論的体系を与える「新布石法」「実戦新布石」を刊行。12年棋院を離れて雑誌「囲碁春秋」を創刊、以後、在野の論客として伝統的な棋界のあり方に鋭い論評を加えた。アマ碁界の発展、日中囲碁交流に尽力、

日中友好協会理事を務めた。中国流布石の生みの親としてプロ棋士にも大きな影響を与え、門下生として小松英樹8段、石毛嘉久夫7段らがいる。

保原 キヨ　やすはら・きよ
卓球選手
生年不詳〜平成16年（2004年）6月22日
出京都府京都市　名後名＝青田キヨ　学京都女子高等女学校卒　歴卓球選手として活躍、昭和9年京都女子高等女学校3年の時に16歳で全日本選手権女子シングルス初優勝、11〜14年4連覇を遂げ、計5度の優勝を果たした。11年にはダブルスでも優勝した。戦前の日本女子卓球界を代表するプレーヤー。

安広 伴一郎　やすひろ・ともいちろう
満鉄総裁 枢密顧問官
安政6年（1859年）10月13日〜昭和26年（1951年）5月27日
出福岡県　学香港中央書院〔明治13年〕卒、ケンブリッジ大学〔明治20年〕卒　歴明治8年上京、のち香港・北京に渡り英学、中国語を学ぶ。また英国ケンブリッジ大学に留学し法学を学ぶ。内閣書記官、法制局・内務省各参事、司法・内務各大臣秘書官、内務省社寺局長を歴任し、内閣書記官長となった。その後、第二次桂内閣の法制局長官兼内閣恩給局長、さらに枢密顧問官、大正13年〜昭和2年南満州鉄道（満鉄）総裁を務めた。この間、明治33年〜大正5年勅選貴族院議員。　家父＝安広一郎（儒学者）

保間 素堂　やすま・そどう
日本画家
明治15年（1882年）2月23日〜昭和35年（1960年）10月5日
生大阪府　名本名＝保間芳太郎　歴明治30年大阪扶桑絵画協会で三等賞を受賞。その後、二葉会展、巽画会展、美術研精会展などで受賞。40年東京勧業博覧会に「春」で褒状を受ける。同年第1回文展に「仏陀ト魔女」で入選。以後、大正元年まで、及び4〜7年文展に連続入選。昭和5年第11回帝展に入選。以後帝展に入選を重ね、7年帝展推薦。12年新文展に無鑑査出品を重ね、15年春の紀元二千六百年奉祝日本画大展に「花のうたげ」を招待出品。19年戦時特別文展の「採集」が最後の官展出品となった。他の作品に「憩い」など。

八角 三郎　やすみ・さぶろう
海軍中将 衆議院議員
明治13年（1880年）12月19日〜昭和40年（1965年）1月20日
生岩手県　学海兵（第29期）〔明治34年〕卒、海大〔明治45年〕卒　歴日露戦争に従軍。大正3年軍令部課員、6年第7戦隊参謀として第一次大戦に参加。7年支那公使館付武官、次いで「三笠」「金剛」などの艦長、水雷学校長を経て、昭和4年大湊要港部司令官。5年中将、6年予備役。7年以来岩手県から衆議院議員連続4期当選、政友会に属した。この間、12年拓務政務次官、20年鈴木貫太郎内閣の内閣顧問を務めた。

矢田 喜美雄　やだ・きみお
走り高跳び選手
大正2年（1913年）9月17日〜平成2年（1990年）12月4日
生山梨県　学早稲田大学卒　歴昭和11年走り高跳びの選手としてベルリン五輪に出場、5位に入賞した。17年朝日新聞社に入社。戦後、国鉄の下山定則総裁が轢死体で発見された下山事件では社会部記者として他殺説をとり、ルポルタージュ「謀殺－下山事件」を発表した。

矢田 七太郎　やだ・しちたろう
外交官 駐スイス公使 東亜同文書院大学学長
明治12年（1879年）12月4日〜昭和32年（1957年）3月1日
生静岡県田方郡　学一高卒、東京帝国大学法科大学政治学科

〔明治39年〕卒　歴外務省に入省。大正8年在ロンドン総領事、9年在サンフランシスコ総領事を経て、12年在上海総領事。昭和2年国民革命軍が南京の外国人に対して暴行略奪を行った南京事件が起きると、同軍の総司令である蒋介石と上海で会見。蒋が事件の全責任を負うことと上海の治安維持に厳重な取り締まりを行うことを明言した旨を幣原喜重郎外相に報告、外相の政策決定に寄与した。4年駐スイス公使となり、9年退官。9〜12年満州国参議府参議、15〜18年東亜同文書院大学学長を務めた。　家岳父＝志賀重昂（地理学者・政治家）、女婿＝宇山厚（駐ブラジル大使）

矢田 挿雲　やだ・そううん
小説家　俳人
明治15年（1882年）2月9日〜昭和36年（1961年）12月13日
生石川県金沢市　名本名＝矢田義勝　学東京専門学校（現・早稲田大学）卒　歴代々加賀藩の医師の家に生まれる。軍人の父の転勤で東京、仙台と移り、のち東京専門学校へ。在学中から正岡子規門下に入り、句作を学ぶ。明治41年九州日報社に入社。のち、芸備日日新聞社を経て、大正4年報知新聞社に入る。8年「俳句と批評」を創刊。9〜12年野村胡堂のすすめで「江戸から東京へ」を「報知新聞」に連載。その後続編を記し、昭和16年全3巻として刊行。また大正14年〜昭和9年小説「太閤記」を連載し、10〜12年にかけて全12冊で刊行。他に小説「忠臣蔵」なども連載。17年退職。文壇から遠ざる一方、俳誌「挿雲」を主宰、俳人として活躍した。

矢田 津世子　やだ・つせこ
小説家
明治40年（1907年）6月19日〜昭和19年（1944年）3月14日
生秋田県南秋田郡五城目町　名本名＝矢田ツセ　学麹町高等女学校〔大正13年〕卒　歴大正5年上京、日本興業銀行勤務を経て、昭和2年名古屋に移り「新愛知」や「名古屋新聞」に投稿し、5年「反逆」を発表。同年「文学時代」の懸賞小説に応募し「罠を跳び越える女」が当選する。その後「日暦」「人民文庫」に参加。11年発表の「神楽坂」は芥川賞候補作品となる。8年には共産党にカンパしたとして、特高に検挙された。その他の作品に「やどかり」「花隠」「茶粥の記」、「矢田津世子全集」（小沢書店、全1巻）など。

谷津 直秀　やつ・なおひで
動物学者　東京帝国大学名誉教授
明治10年（1877年）9月8日〜昭和22年（1947年）10月2日
生東京府赤坂（東京都港区）　専実験動物学　学東京帝国大学理科大学動物学科〔明治33年〕卒, コロンビア大学（米国）〔明治38年〕卒　Ph.D.（コロンビア大学）〔明治38年〕, 理学博士〔明治44年〕　資帝国学士院会員〔昭和11年〕　歴明治33年東京帝国大学動物学科を恩賜の銀時計を受けて卒業。34年渡米してコロンビア大学に学び、38年Ph.D.を取得。40年帰国して東京帝大講師、43年助教授となり、我が国に実験動物学の導入を図ったが、他の教授から反発を受け、大正9年慶応義塾大学教授に転出。11年東京帝大に復帰して教授兼三崎臨海実験所長に就任、実験動物学講座を担当。以後、同大動物学教室を主導し、昭和13年退官。11年帝国学士院会員。カイコとクワゴの染色体数の決定、ネズミの並体結合による内分泌学的研究、ウミホタルの上顎腺の形態学、アンドンクラゲの生理学などを研究。著書に「輓近動物学教科書」「趣味の動物」「動物学講話」「動物分類表」「母の愛」などがある。

矢次 一夫　やつぎ・かずお
労働運動家　国策研究会事務局長
明治32年（1899年）7月5日〜昭和58年（1983年）3月22日
生佐賀県　歴20歳で上京、右翼の大物である北一輝の家に居候するなど政界に人脈を作り、大正14年労働事情調査所を設立して争議の調停に活躍。昭和8年には陸軍の池田純久らと調査研究団体・国策研究会を設立。戦後公職追放となったが、28年には国策研究会を復活させ、岸信介から中曽根康弘まで歴代首相と親しい関係を保ち続け、政官界に多大な影響力を持った。政界の黒幕的な存在で、大宅壮一に"昭和最大の怪物"と評された。

八代 則彦　やつしろ・のりひこ
住友銀行会長
明治5年（1872年）9月10日〜昭和31年（1956年）7月7日
生鹿児島県　学帝国大学法科大学政治学科〔明治29年〕卒　歴旧薩摩藩士の長男に生まれる。明治23年日本郵船に入社。38年住友の懇望を受けて住友銀行に転じ、本店営業部副長をふりだしに、40年営業部長、41年本店副支配人、大正7年常務として支配人を兼任し、住友銀行の中心的存在となる。14年筆頭常務、15年専務、昭和5年会長となり、16年辞任。この間住友合資理事、大阪手形交換所委員長、大阪商工会議所議員などを歴任し、関西財界で活躍した。

八並 武治　やつなみ・たけじ
衆議院議員
明治10年（1877年）12月4日〜昭和22年（1947年）7月10日
生大分県　学東京帝国大学独法科〔明治44年〕卒　歴弁護士業を経て、大正4年逓信大臣秘書。のち憲政会に入り、9年以来東京7区から衆議院議員当選7回。14年加藤高明内閣の法制参与官、昭和6年第二次若槻礼次郎内閣、7年斎藤実内閣の各司法政務次官、14年司法省行政委員を歴任。党では憲政会幹事長、党務委員長、民政党総務を務めた。

柳井 恒夫　やない・ひさお
外交官　外務省条約局長
明治28年（1895年）11月6日〜昭和56年（1981年）7月21日
生東京都　学東京帝国大学法学部法律学科〔大正8年〕卒　歴大正8年外務省に入省。昭和15年6月興亜院経済部長、12月駐コロンビア兼エクアドル公使などを経て、19年条約局長。20年退官。21年から弁護士を務めた。　家長男＝柳井乃武夫（国鉄常務理事）、二男＝柳井俊二（外交官）、女婿＝柳谷謙介（外交官）

矢内原 忠雄　やないはら・ただお
経済学者　教育家　キリスト教伝導者　東京帝国大学教授
明治26年（1893年）1月27日〜昭和36年（1961年）12月25日
生愛媛県今治市松木　学東京帝国大学法学部政治学科〔大正6年〕卒　経済学博士〔昭和22年〕　資日本学士院会員〔昭和24年〕　歴一高時代より内村鑑三、新渡戸稲造に傾倒し、信仰上・思想上大きな影響を受ける。大学卒業後の大正6年住友総本店入社、別子鉱業所勤務。9年東京帝国大学助教授に転じ、12年教授となり植民政策を担当したが、昭和12年に発表した「国家の理想」が治安当局からとがめられ辞職。キリスト教個人雑誌「嘉信」を発行、また日曜家庭集会を開設し、信仰を通じて人々に平和と真理を説きつづけた。戦後東大に復帰、社会科学研究所初代所長、経済学部長、教養学部長を歴任、26年東大総長に就任、32年まで2期6年務めた。この間、27年の"東大ポポフ事件"の際は警察に対し毅然たる態度を示すなど、大学の自治と学問の自由を守るため注力した。著書に「植民及植民政策」「帝国主義下の台湾」「満州問題」「余の尊敬する人物」「イエス伝講話」などのほか、「矢内原忠雄全集」（全29巻、岩波書店）がある。　家長男＝矢内原伊作（哲学者）

梁川 剛一　やながわ・ごういち
彫刻家　挿絵画家
明治35年（1902年）3月30日〜昭和61年（1986年）4月26日

生北海道函館市 学北海中（現・北海高）卒，東京美術学校彫刻科塑造部〔昭和3年〕卒 歴大正12年徴兵逃れの腰かけとして東京美術学校彫刻科塑造部に入学し，昭和3年首席で卒業。在学中は朝倉文夫や北村西望に師事し，処女作「競技」で大正15年帝展に入選。昭和3〜4年函館に暮らし，多くの胸像を手がける。9年「平和工作の響」で帝展特選となり，以後無鑑査。彫刻の傍ら画業も続け，6年から生計の足しにと作家筒井敏雄の紹介で雑誌「小学一年生」に動物の擬人画を描き，挿絵家としてデビュー。たちまち人気作家となり，11年からは雑誌「少年倶楽部」で江戸川乱歩「怪人二十面相」「少年探偵団」や南洋一郎（池田宣政）「魔海の宝」の挿絵を担当，12年「講談社の絵本」の「リンカーン」の挿絵を油彩で描き反響を呼んだ。他に「世界名作全集」の「三銃士」「巌窟王」など数多くの挿絵を手がけた。偉人伝と称するものの主人公で，この人に似顔を描かれたことのない人物は一人もいないといわれる。 賞帝展特選（第15回）〔昭和9年〕「平和工作の響」

柳川 平助　やながわ・へいすけ
陸軍中将
明治12年（1879年）10月2日〜昭和20年（1945年）1月22日
出佐賀県 名旧姓・旧名＝楠木 学陸士（第12期）〔明治33年〕卒，陸大〔明治45年〕卒 歴騎兵第13連隊付となり，明治37年日露戦争に従軍。大正4年陸大教官，7年北京陸大教官，9年国際連盟に派遣。12年騎兵第12連隊長，14年参謀本部課長，昭和2年騎兵第1旅団長となり第一次山東出兵に参加。4年騎兵学校長，6年中将。7年陸軍次官，9年第1師団長，10年台湾軍司令官，11年予備役。12年日中戦争で召集，第10軍司令官となり，杭州上陸作戦を指揮。13年興亜院総務長官，15年第二次近衛文麿内閣司法相，16年第三次近衛内閣国務相，のち大政翼賛会副総裁を歴任。著書に「日本心一覆面将軍柳川平助清談」。

柳川 宗成　やながわ・もとしげ
太平洋戦争中にインドネシア独立のための義勇兵を組織
大正3年（1914年）7月6日〜昭和60年（1985年）10月7日
生徳島県徳島市 出大分県 学枠林中卒，拓殖大学専門部〔昭和12年〕卒，陸軍中野学校〔昭和15年〕卒 歴徳島県で生まれ，大分県別府市の長兄の下で幼少時代を過ごす。昭和13年陸軍に入営，14年陸軍少尉に任官。15年陸軍中野学校で特殊工作訓練を受ける。17年インドネシアのジャワに派遣され日本軍がインドネシア青年を動員して組織した"ジャワ防衛義勇軍"の創設に従事，"カプテン柳川"と呼ばれた。22年復員。39年家族とインドネシアに帰化，42年自伝「陸軍諜報員柳川中尉」を出版した。

柳 兼子　やなぎ・かねこ
アルト歌手
明治25年（1892年）5月18日〜昭和59年（1984年）6月1日
生東京市本所区（東京都墨田区） 名旧姓・旧名＝中島かね 学東京音楽学校〔明治45年〕卒，東京音楽学校研究科修了 賞日本芸術院会員〔昭和47年〕 歴幼い頃から長唄を習い，東京府立第一高等女学校時代に音楽教師であった戸倉山子に歌を教わった。明治41年東京音楽学校に進学。ハンカ・ペッツォルドに師事し，43年学友会主催の演奏会でロッシーニ「セミラーミデ」のアリア「カヴァティーナ」を歌ってステージデビュー。45年同校を卒業して研究科に進む。大正3年柳宗悦と結婚，同時に名を"かね"から"兼子"に改めた。子育てと夫の仕事を支えながら，声楽家として活動を続け，昭和3年渡独して同地でリサイタルを開き，好評を博した。日本を代表するアルト歌手として知られ，明治・大正・昭和の3代にわたって歌い続けた。40年女性として初めて日本芸術院賞・恩賜賞を受賞。47年日本芸術院会員となった。帝国高等音楽学院講師，国立音楽大学教授として後進の指導にも当たった。 家夫＝柳宗悦（美術研究家・評論家），長男＝柳宗理（工業デザ

イナー），二男＝柳宗玄（美術史家），三男＝柳宗民（園芸研究家），祖父＝中島兼吉（幕府オランダ留学生） 賞日本芸術院賞・恩賜賞〔昭和39年〕

柳 さく子　やなぎ・さくこ
女優
明治35年（1902年）11月3日〜昭和38年（1963年）3月20日
出東京市浅草区（東京都台東区） 名本名＝畔柳千代子 学大正11年松竹蒲田に入社，「不如帰」でデビュー。12年関東大震災後，抜擢され，13年梅村蓉子と幹部昇進。「踊りの夜」主演，「太尉の娘」に藤野秀夫と組み主演。下加茂所長となった野村芳亭監督らと京都に移り，「元禄女」「雷お新」など主演したが，14年閉鎖で蒲田へ帰り，「村正小町」「八百屋お七」「浪花小唄」など22本すべて重宗務監督作品に主演，しかも女優主演の時代劇。また日本舞踊の名手としての特別映画も作られた。昭和6年下加茂に転属，林長二郎と「十六夜清心」，坂東好太郎と「世直大明神」など共演。やがて母役，老け役に回り，17年退社した。

柳 宗悦　やなぎ・むねよし
美術研究家・評論家　宗教哲学者　民芸運動の創始者
明治22年（1889年）3月21日〜昭和36年（1961年）5月3日
生東京市麻布区市兵衛町（東京都港区） 学東京帝国大学文科大学哲学科〔大正2年〕卒 歴明治43年学習院高等科在学中に武者小路実篤らと「白樺」の創刊に参加。44年東京帝国大学哲学科に進む。バーナード・リーチと知り合い，ウィリアム・ブレークを研究。大正8年以後東洋大学教授として宗教学を教える一方，美術研究の工芸にもカを注ぐ。李朝陶磁にひかれ，13年京城に朝鮮民族美術館を開設。15年"民芸"という語を創出し，浜田庄司，河井寛次郎らと民芸運動を推進。昭和6年「工芸」を創刊。11年には日本民芸館を開設し館長に就任。14年「民芸」を創刊。15年より専修大学教授。この間，大津絵，木喰仏，円空仏，沖縄民芸の研究への道を開いた。晩年は念仏宗に帰依，一遍に傾倒した。主著は「科学と人生」「キリアム・ブレーク」「朝鮮とその芸術」「雑器の美」「工芸の道」「木喰上人木彫仏」「南無阿弥陀仏」「民芸四十年」など。「柳宗悦全集」（全22巻，筑摩書房）がある。 家父＝柳楢悦（数学者），妻＝柳兼子（アルト歌手），息子＝柳宗理（工業デザイナー），柳宗玄（美術史家），柳宗民（園芸家） 賞文化功労者〔昭和32年〕

柳沢 健　やなぎさわ・けん
詩人　外交官
明治22年（1889年）11月3日〜昭和28年（1953年）5月29日
生福島県会津若松 学東京帝国大学仏法科〔大正4年〕卒 歴逓信省，朝日新聞社などに勤務し，外遊1年半後外務省に入り，フランス大使館書記，ポルトガル代理公使などを歴任。退官後は文化，外交評論家として活躍した。在学中より詩作を続け，大正3年「未来」同人となり「果樹園」を刊行。5年「詩人」を創刊。他の著書に詩集「海港」（共著）「柳沢健詩集」，訳詩集「現代仏蘭西詩集」，評論集「現代之詩及詩人」などがある。

柳沢 盛平　やなぎさわ・もりへい
柳沢書店創業者
明治29年（1896年）9月12日〜昭和43年（1968年）9月24日
生埼玉県入間郡坂戸町（坂戸市） 歴明治42年上京し，同郷の先輩・杉本七百丸の経営する出版・取次兼業の翰香社に入る。大正10年独立して書籍取次業の柳沢書店を開く。のちには教科書や学習参考書の出版も行った。昭和10年株式会社に改組し，社長に就任。16年同社が日本出版配給に統合すると外神田次長，飯田町所長，直売課長などを歴任。終戦直後の20年11月には同社を退社していち早く柳沢書店を再興した。27年出版業のアヅミ書房を創業。41年学芸図書社長。また日本出版クラブ評議員なども務めた。

柳沢 保太郎　やなぎさわ・やすたろう
グレラン製薬創業者
明治18年（1885年）2月9日～昭和40年（1965年）3月13日

生千葉県　学東京薬学校〔明治38年〕卒　歴少年時代に病弱でよく医者にかかるうち、遊び半分に調剤の手伝いをするほど医者と懇意となり、ここで東京薬学校の入学規則書を手にして薬剤師を志した。明治38年東京薬学校を卒業すると丸茂病院や横浜の野毛山病院に勤める傍ら、夜学の横浜薬学校で植物学講師も務めた。41年横浜のカールローデ商会に入り、43年フリードリヒ・バイエル合名会社に移る。大正4年武田長兵衛商店（現・武田薬品工業）から「ビオフェルミン」の宣伝を引き受け、7年同社に新薬部が新設されると初代部長に転身。昭和4年同社を退き、5年大阪に柳沢薬品商会を創業。鎮痛剤「グレラン」により発展した。19年厚生省の要請により日本医薬品統制会理事に就任すると、同社は関係の深かった武田薬品工業に業務を委譲、解散を余儀なくされた。戦後は同統制会の残務整理に当たり、23年柳沢薬品商会を再開。25年株式会社に改組。34年より東京薬科大学理事長も務めた。

柳田 泉　やなぎだ・いずみ
近代文学研究家　英文学者　翻訳家　早稲田大学教授
明治27年（1894年）4月27日～昭和44年（1969年）6月7日

生青森県中津軽郡豊田村外崎（弘前市）　専明治文学研究、英文学　学早稲田大学文学部英文科〔昭和7年〕卒　文学博士（早稲田大学）〔昭和33年〕　歴大学卒業後、翻訳者となって「トルストイ全集」（春秋社）など多くの文学書を翻訳する。その間、春秋社の編集顧問格にもなる。大正13年明治文化研究会に参加し、徹底した資料収集による「明治文化全集」（昭和2～5年）の編纂に従事。この間、2年から4年半ほど東京帝国大学の明治新聞雑誌文庫に通って3000種類余りの新聞を整理、研究。以後の研究の重要な基礎となる。10～41年早稲田大学文学部教授を務める。また明治文学会や明治文学懇談会に参加して近代文学研究に指導的役割を果たした。訳書は多く、著書も「明治文学叢刊」「明治初期の翻訳文学」「政治小説研究」「明治初期の文学思想」「日本革命の予言者木下尚江」「福地桜痴」など、数多くある。

柳田 国男　やなぎだ・くにお
民俗学者　農政学者　詩人　朝日新聞論説委員
明治8年（1875年）7月31日～昭和37年（1962年）8月8日

生兵庫県神東郡田原村辻川（神崎郡福崎町）　旧姓・旧名＝松岡、筆名＝久米長目など　学東京帝国大学法科大学政治学科〔明治33年〕卒　賞日本芸術院会員〔昭和22年〕、日本学士院会員〔昭和23年〕　歴在村の医者・漢学者松岡操の六男に生れる。幼少年期より文学的才能に恵まれ、短歌、抒情詩を発表。青年時代、田山花袋、島崎藤村、国木田独歩らと交わり、新体詩人として知られた。明治33年東京帝国大学卒業後、農商務省に入省。同時に早稲田大学（初め東京専門学校）で農政学を講じる。34年大審院判事柳田直平の養嗣子となる。35年内閣法制局参事官に転じ、大正3年貴族院書記官長に就任。この間、明治38年花袋、独歩、蒲原有明らと文学研究会竜土会を始め、40年藤村、小山内薫らとイプセン会を主宰。大正8年貴族院議長徳川家達と相容れず、書記官長を辞して下野。9年朝日新聞社入社、翌10年から12年まで国際連盟委任統治委員会委員としてジュネーブ在勤。13年から昭和7年まで朝日新聞論説委員を務める。21年枢密顧問官に任命。一方、民間伝承に関心を深め早くから全国を行脚し、明治42年日本民俗学の出発点といわれる民俗誌「後狩詞記」を発表。43年新渡戸稲造、石黒忠篤らと郷土研究の郷土会を結成、大正2年「郷土研究」を発行。「石神問答」「遠野物語」「山の人生」「雪国の春」「桃太郎の誕生」「民間伝承論」「木綿以前の事」「不幸なる芸術」「海上の道」など多数の著書を刊行、"柳田学"を樹立した。また昭和22年に民俗学研究所を、24年には日本民俗学会を設立するなど、日本民俗学の樹立・発展に努め、後世に大きな影響を与えた。この間、26～36年国学院大学大学院教授として理論神道学の講座を担当。国語教育と社会科教育にも力を注ぎ、28年国立国語研究所評議会会長を務めた。専門の農政学においては産業組合の育成に尽力した。22年日本芸術院会員、23年日本学士院会員、26年文化勲章受章。詩集「野辺のゆき」、「定本柳田国男集」（全31巻・別巻5、筑摩書房）、文庫版「柳田国男全集」がある。　家兄＝井上通泰（歌人・国文学者・医学博士）、弟＝松岡静雄（海軍軍人・民族学者・言語学者）、松岡映丘（日本画家・東京美術学校教授）、息子＝柳田為正（お茶の水女子大名誉教授・生物学者）　勲文化勲章〔昭和26年〕　賞文化功労者〔昭和27年〕、朝日文化賞〔昭和16年〕

柳田 謙十郎　やなぎだ・けんじゅうろう
哲学者　浦和高校教授
明治26年（1893年）11月23日～昭和58年（1983年）1月16日

生神奈川県　専倫理学　学京都帝国大学哲学科〔大正15年〕卒　文学博士　歴弘前高校教授、台北帝国大学助教授、浦和高校教授などを歴任。"西田哲学"の影響から出発したが、戦後は観念論から唯物論に移行した。

柳田 新太郎　やなぎだ・しんたろう
歌人　編集者
明治36年（1903年）1月18日～昭和23年（1948年）11月28日

生京都府　歴昭和2年「文珠蘭」を創刊し、3年「詩歌」に参加。同年新興歌人連盟を結成し、4年にはプロレタリア歌人同盟結成の契機となった「プロレタリア短歌集」刊行に参加。6年「短歌新聞」を創刊。11年「現代歌壇系統図」を編集刊行した。また18年には「大東亞戦争歌集」を編集した。

柳田 誠二郎　やなぎだ・せいじろう
日本銀行副総裁
明治26年（1893年）9月2日～平成5年（1993年）11月18日

生栃木県足利市　名俳号＝静爾楼　学東京帝国大学法科大学〔大正6年〕卒　歴大正6年日本銀行に入り、ロンドン代理店監査、神戸支店長、外国為替局長を経て、昭和17年理事。20年横浜正金銀行副頭取、同年日銀副総裁となる。21年公職追放で辞任。追放解除後、日本航空設立に伴い26年初代社長に就任。36年相談役。36～44年海外経済協力基金総裁。「静座」を60年以上も続けており、東京静座会を主宰。著書に「中央銀行金融政策論」「岡田式 静座のすすめ」などある。

柳田 宗一郎　やなぎだ・そういちろう
衆議院議員
明治22年（1889年）5月～昭和8年（1933年）6月18日

出茨城県　学中央大学法律科〔明治45年〕卒　歴検事を経て弁護士となり、昭和7年衆議院議員を1期務めた。民政党に所属。

柳田 貞一　やなぎだ・ていいち
俳優
明治28年（1895年）～昭和22年（1947年）7月16日

生東京市深川区（東京都江東区）　歴小学校卒業後、三越百貨店の少年音楽隊に入ったのち、原信子歌劇団に入団、第1回公演「セヴィラの理髪師」で初舞台。大正9年根岸歌劇団に参加、浅草オペラ全盛期に歌手兼ヴォードヴィリアンとして活躍。作曲も手がけた。大震災後の浅草オペラ凋落期を経て、昭和5年弟子の榎本健一らとプペ・ダンサントを旗上げ。その後はエノケン一座の重鎮として舞台と映画に数多く出演した。訳書にポール・ホワイトマン「ジャズ音楽—その理論と歴史と実際」がある。

柳本 柳作　やなぎもと・りゅうさく
海軍少将

明治27年（1894年）1月9日〜昭和17年（1942年）6月5日

[生]長崎県平戸 [学]海兵（第44期）〔大正5年〕卒、海大卒 [歴]昭和8年駐英武官補佐官、10年海軍省軍務局A局員。12年大佐昇格と同時に水上機母艦「能登呂」艦長、のち軍令部第3課長を経て、空母「蒼龍」艦長となり、16年真珠湾奇襲に参加。17年ミッドウェー海戦で「蒼龍」が被弾、総員退去を命じたのち、ひとりとどまり艦と運命を共にした。没後、海軍少将に進級。

柳家 金語楼　やなぎや・きんごろう
落語家 喜劇俳優

明治34年（1901年）3月13日〜昭和47年（1972年）10月22日

[生]東京市芝区（東京都港区） [名]本名＝山下敬太郎、前名＝三遊亭金登喜、三遊亭小金馬、柳家金三、筆名＝有崎勉 [歴]明治40年三遊亭金登喜を名のって弱冠6歳で品川の寄席・古今亭に上がり、見よう見まねの小咄やかっぽれを演じて好評を博した。これが縁となり、2代目三遊亭金馬に入門。大正2年三遊亭小金馬を経て、9年3代目柳家小さんの門下に移り柳家金三と改行に昇進。軍隊時代は兄弟子に当たる初代柳家三語楼の門下となり、13年柳家金語楼に改名。軍隊生活時代の体験をもとにした「噺家の兵隊」が大ヒット。寄席だけでなく曽我廼家五九郎の喜劇やラジオ、映画にも出演し、昭和3年金語楼ジャズバンドを結成してジャズをバックに小咄や踊りを見せるなど、優れた笑いのセンスで一躍時代の寵児となった。5年6代目春風亭柳橋らと日本芸術協会（現・落語芸術協会）を結成し、副会長に就任。10年自作を映画化した「俺は水兵」で初主演。13年より吉本興業に所属して喜劇俳優への転換を図り、自慢の禿頭を売りに舞台や映画で活躍。15年独立して金語楼劇団を結成、また"わらわし隊"に参加するなど戦地の慰問にも積極的に訪れた。戦時中の17年に落語家の鑑札を返上したことから戦後は寄席から離れた。戦後はNHKのクイズ番組「ジェスチャー」の白組キャプテンやテレビドラマ「おトラさん」などでお茶の間に親しまれた。自身の禿頭を商標登録するなど奇抜な逸話も数多く、一貫してユニークなタレントとして活躍した。有崎勉の筆名で新作落語も作り、「酒は乱れとぶ」「バスガール」「乗車券」「ラーメン屋」をはじめとして作品は1000以上といわれる。 [家]長男＝山下武（随筆家）、二男＝山下敬二郎（ロカビリー歌手）、三女＝有崎由見子（女優）、父＝三遊亭金翁（落語家）、弟＝昔々亭桃太郎（落語家）、姪＝小桜京子（女優）

柳家 小さん（4代目）　やなぎや・こさん
落語家

明治21年（1888年）4月18日〜昭和22年（1947年）9月30日

[生]東京市麹町区（東京都千代田区） [名]本名＝平山菊松、旧姓・旧名＝大野、前名＝柳家小三治、蝶花楼馬楽 [歴]明治39年19歳の時3代目柳家小さんに入門。小菊、小きん、小三治、4代目蝶花楼馬楽の名を経て、昭和3年4代目小さんを襲名。警句と風刺に富んだ軽妙洒脱な芸風で知られ、「ろくろ首」「長屋の花見」「湯屋番」「おせつ徳三郎」などを得意とした。21年落語家協会会長就任。昭和を代表する落語家。久保田万太郎の対談「小さんとの対談」（「改造」昭和16年）がある。

柳家 小せん（2代目）　やなぎや・こせん
落語家

明治27年（1894年）9月15日〜昭和34年（1959年）8月12日

[名]本名＝上原佐六郎、前名＝柳家小伝次、柳家小蝠 [歴]3代目小さんに入門、大正9年2代目小せんを襲名。のち落語協会の事務員。

柳家 権太楼（1代目）　やなぎや・ごんたろう
落語家

明治30年（1897年）10月20日〜昭和30年（1955年）2月8日

[生]東京市本所区（東京都墨田区） [名]本名＝北村市兵衛 [歴]初

め大阪で文楽の竹本越羽太夫を名のり、義太夫語りとなったが、東京へ戻り、柳家三語楼門下に入って、語ン太で初高座を踏む。大正末に権太楼と改め、昭和2年真打ち昇進。14年東宝名人会の専属となった。「猫と金魚」「猫と電車」「猫とタコ」などの猫シリーズ、「反対夫婦」「ぐずり方教室」「満員電車」「スピード成金」など自作の落語で人気を博した。24年脳出血による記憶喪失症にかかり、さらに妻から離婚訴訟を起こされるなど失意の日々を送ったが、27年日本芸術協会（現・落語芸術協会）の客員として復帰。しかしかつての精彩はなく、30年再入院、そのまま他界した。

柳家 三語楼（1代目）　やなぎや・さんごろう
落語家

明治8年（1875年）3月〜昭和13年（1938年）6月29日

[出]神奈川県横浜市 [名]本名＝山口慶二、前名＝橘家右円喬、談洲楼燕洲 [学]セント・ジョセフ・カレッジ卒 [歴]横浜の運送業の家に生まれ、セント・ジョセフ・カレッジを卒業、商館勤めの傍ら、素人英語で活動。明治43年頃、4代目橘家円喬に入門、右円喬と名のる。師匠没後、2代目柳亭燕枝門下となり燕洲と改め、のち3代目柳家小さんに師事。大正5年真打ち昇進に際し三語楼と改名した。独特の口調で漢語・英語をまじえたマクラが評判をとり、在来の噺をアレンジした「寝床」「たぬき」や自作の「九段八景」「徳ちゃん」などを得意とした。昭和初期には俗に三語楼協会といわれた落語協会を率い、傘下に柳家金語楼、初代柳家権太楼、初代柳家三亀松などを擁した。晩年、胃癌のため引退し、13年同病で死去した。

柳家 三亀松　やなぎや・みきまつ
漫談家

明治34年（1901年）9月1日〜昭和43年（1968年）1月20日

[出]東京市深川区木場（東京都江東区） [名]本名＝伊藤亀太郎、前名＝桜川木場平、寿五六、揚羽家二三平、湊家亀松 [歴]深川木場の材木商の息子。小学校卒業後、材木問屋の小僧となるが、芸事が好きで大正7年桜川梅平に入門、桜川木場平と称し幇間となる。12年湊家亀松と名のって寄席芸人となる。14年柳家三語楼に入門、三亀松となる。艶笑風の歌謡漫談で人気を得、なかでも「新婚熱海の一夜」は発禁処分になり話題となる。昭和3年吉本興業の専属となり、以後は東京のみならず上方でも評判をとり、戦後は東京演芸協会、東京ボーイズ協会の会長を務めるなど昭和期演芸界の第一人者として貢献した。著書に「御存じ三亀松色ざんげ」がある。

柳原 白蓮　やなぎわら・びゃくれん
歌人

明治18年（1885年）10月15日〜昭和42年（1967年）2月22日

[生]東京都 [名]本名＝宮崎燁子、旧姓・旧名＝柳原燁子 [学]東洋英和女学校〔明治43年〕卒 [歴]元老院議長を務めた伯爵・柳原前光の二女で、生母は東京・柳橋の芸者。大正天皇の従妹にあたる。子爵・北小路随光の養女となり、同家の嗣子・資紀と結婚して一児をもうけたが、明治38年離婚。41年東洋英和女学校に入学、在学中から佐佐木信綱に師事した。同校卒業後の44年、24歳年上の筑豊の炭鉱王・伊藤伝右衛門と再婚。屋根を銅でふいた"あかがね御殿"に住み、美貌と才能から"筑紫の女王"と謳われたが、世間では貧窮する実家と成金との間に成立した政略結婚と噂され、自身も大正4年に刊行した第一歌集「踏絵」で、夫との満たされない思いを歌った。10年7歳下の東京帝国大学新人会の学生であった宮崎龍介と恋愛関係に陥り、新聞に夫に対する公開絶縁状を発表。"世紀の恋愛"として大きな話題を呼び、兄・柳原義光は貴族院議員を辞職し、宮崎も新人会を除名された。12年宮崎と結婚。昭和10年より歌誌「ことたま」を創刊・主宰。太平洋戦争で息子が戦死し、戦後は平和運動にも取り組んだ。他の著書に歌集「幻の華」「紫の海」「流転」「地平線」や、詩歌集「几帳のかげ」、自伝的小説「荊棘の実」などがある。 [家]夫＝宮崎龍介（社会

運動家・弁護士），父＝柳原前光（元老院議長・伯爵），息子＝北小路功光（美術史家），叔母＝柳原愛子（大正天皇生母）

柳瀬 正夢　やなせ・まさむ

洋画家 漫画家 詩人
明治33年（1900年）1月12日〜昭和20年（1945年）5月25日
生愛媛県松山市大街道町　名本名＝柳瀬正六，筆名＝夏川八朗　学門司市松本尋常高小卒，日本水彩画会研究所，日本美術院研究所　歴明治44年門司に移住。大正3年上京，日本水彩画会研究所や日本美術院研究所に学び，4年日本水彩画会第2回展に初入選。日本美術院洋画部にも出品し，第2回院展初入選。9年読売新聞社に入社し，政治漫画を描く。10年「種蒔く人」同人，その後，未来派美術協会，マヴォ（MAVO）などの前衛美術運動に参加。14年日本プロレタリア文芸連盟，昭和3年全日本無産者芸術連盟（ナップ），4年日本プロレタリア美術家同盟の各創立に参画。この間，大正15年に日本漫画家連盟創立委員として参加。昭和6年には日本共産党に入党。7年12月治安維持法違反で起訴され，8年9月懲役2年，執行猶予5年で保釈。この間「無産者新聞」「赤旗」に政治漫画・カットを描き，「戦旗」「文芸戦線」などの雑誌の表紙やポスターに腕を振るった。画集に「柳瀬正夢画集」がある。

簗田 欽次郎　やなだ・きゅうじろう

日本経済新聞社長
明治8年（1875年）8月15日〜昭和29年（1954年）11月13日
生広島県福山市　学専修大学理財科〔明治27年〕卒，中央大学法律科〔明治29年〕卒　歴明治32年中外商業新報（現・日本経済新聞）に入り，経済部長，編集長，専務，社長を歴任。昭和8年退職。日本放送協会理事，日本新聞協会理事を務めた。

梁田 貞　やなだ・ただし

作曲家 音楽教育家
明治18年（1885年）7月3日〜昭和34年（1959年）5月9日
生北海道札幌市　学早稲田大学中退，東京音楽学校声楽科卒　歴東京音楽学校在学中から作曲を手がけ，明治末期から大正にかけて「隅田川」「城ケ島の雨」「野ばら」「どんぐりころころ」など数多くの名曲を作曲した。歌手としても非凡な才能を持っていたが，音楽教師の道を選び，大正元年，東京府立一中（現・日比谷高校）を振り出しに，同二中，東京外語，東京音楽学校，成城学園，学習院，玉川学園，早稲田大学などで講師や嘱託を務め，生涯を音楽教育に捧げた。"ライオン"のニックネームで，教え子は2万人とも3万人ともいわれる。

矢野 禾積　やの・かずみ

英文学者 詩人 台北帝国大学教授
明治26年（1893年）3月11日〜昭和63年（1988年）5月21日
生岡山県久米北条郡大倭村神代（津山市）　名筆名＝矢野峰人，翠峰，水歌，愁羊，水夢，冬川みねを　専英文学，比較文学　学三高卒，京都帝国大学英文科〔大正7年〕卒，京都帝国大学大学院修了 文学博士（京都帝国大学）〔昭和10年〕　歴大学在学中の大正8年，詩集「黙禱」を刊行。大学院を修了後，大谷大学，続いて三高の教授に就任。「近代英文学史」を刊行した15年，台湾総督府により英国留学を命じられオックスフォード大学で学ぶ。帰国後は台北帝国大学教授に就任。その後文学部長となり，この間，詩集「幻塵集」「影」や訳詩集「しるえっと」および「近英文芸批評史」などを刊行。昭和22年帰国して，同志社大学教授に就任。23年「蒲原有明研究」を刊行。26年東京都立大学教授，32年総長，36年東洋大学学長を歴任した。詩集や英文学関係の書物の他に「新・文学概論」などの著書もあり，日本近代詩の研究者としても知られる。また，三高の愛唱歌「行春哀歌」の作詞者でもある。

矢野 勘治　やの・かんじ

歌人 銀行家
明治13年（1880年）12月20日〜昭和36年（1961年）6月18日
生兵庫県龍野市（たつの市）　名旧姓・旧名＝三木，俳号＝興安嶺　学東京帝国大学法学部政治学科〔明治39年〕卒　歴呉服店主・三木定七の二男に生まれ，矢野温の養子となる。明治32年一高に入学する一方，同年根岸短歌会に入って正岡子規の門下となり，短歌や俳句を学ぶ。39年東京帝国大学を卒業して横浜正金銀行に入行。北京・上海・漢口・ロンドンの各支店勤務を経て，大正5年本店総務課次長，7年長春支店支配人，8年ウラジオ兼ハルビン支店支配人，9年本店副総支配人，11年ロンドン支店支配人，昭和2年本店内国部長，5〜11年大阪支店支配人などを歴任。10年取締役となり，16年退職した。一高時代の明治34年，同寮西寮寮歌「春爛漫の花の色」，35年東寮寮歌「嗚呼玉杯に花うけて」を作詞した。

矢野 仁一　やの・じんいち

東洋史学者 京都帝国大学名誉教授
明治5年（1872年）5月13日〜昭和45年（1970年）1月2日
出山形県米沢市　専中国近代史　学東京帝国大学文科大学史学科〔明治32年〕卒 文学博士　歴東京帝国大学助教授を経て，明治38年中国・清朝の進士館教習に招聘される。大正元年京都帝国大学助教授，9年教授。昭和7年定年退官，名誉教授。著書に「近世支那外交史」「満州近代史」「アロー戦争と円明園」「アヘン戦争と香港」，歌集に「惜春賦」などがある。

矢野 恒太　やの・つねた

実業家 第一生命保険創業者
慶応1年（1865年）12月2日〜昭和26年（1951年）9月23日
生備前国上道郡角山村（岡山県岡山市）　名号＝蒼梧　学第三高等中学医学部（現・岡山大学）〔明治22年〕卒　歴日本生命保険会社の診査医となるが，保険事業に関心を持つようになり，我が国最古の保険医学についての論文「保険医学管見録」などを執筆。明治26年退社後，相互主義による保険会社経営の文献を発見し，これについての論文を「東京経済雑誌」などに発表。27年初代安田善次郎が経営していた共済五百名社を改組した共済生命保険合資会社の設立に参画し，その営業担当支配役となった。28年本場の相互保険を学ぶため渡欧し，ドイツのゴーダ保険会社で実際の業務を研修。30年帰国後，同社支配人。31年農商務省に移り保険業法の起草に参加，33年には同省初代保険課長に抜擢され，保険業界の監査に当たった。34年退官し，35年念願の相互主義生命保険会社である第一生命保険相互会社を創業，専務となり，大正4年社長に就任。11年には我が国における相互主義銀行の嚆矢である第一相互貯蓄銀行を創立して頭取となる。12年生命保険会社理事会会長。一方で，7年渋沢栄一の要請で田園都市株式会社の経営に協力し，昭和2年より同社長及び目蒲電鉄社長を務めるなど，多摩川河畔の田園都市開発にも貢献した。10年結核予防を目的とした財団法人人保生会を設立して会長。13年第一相互貯蓄銀行頭取，第一生命社長を退任した。家長男＝矢野一郎（第一生命保険社長），女婿＝高木幹夫（東京海上火災保険社長）　勲勲四等瑞宝章〔昭和3年〕

矢野 貫城　やの・つらき

教育家 経済学者
明治19年（1886年）7月4日〜昭和50年（1975年）11月4日
生高知県吾川郡春野町　学山口高等商業学校〔明治41年〕卒　歴明治40年キリスト教の洗礼を受ける。山口高等商業学校助教授となり，大正2年教授。4年から6年まで米国コロンビア大学に留学，経済学のM.A.を取得。8年文部省事務官兼文部省督学官，昭和2年彦根高等商業学校校長，14年明治学院院長に就任。22年辞任し，日本基督教教育同盟会総主事。34年四国学院院長，四国学院短期大学を大学に昇格させることに尽力，

40年辞任。戦後、教育刷新委員会委員、大学設置委員会委員として教育刷新に尽くし、国際基督教大学創立に際しては設立委員となり長く監事を務めた。また東京女子大、宮城学院、順心女子学院の理事や理事長を歴任し、主としてミッション・スクールの発展に努めた。著書に「欧米旅行雑感」「教育問題と基督教」「新商業道徳」など。

矢野 峰人　やの・ほうじん
⇒矢野 禾積（やの・かずみ）を見よ

矢野 正世　やの・まさよ
著述家　「財務」主筆
明治22年（1889年）1月12日〜昭和11年（1936年）10月17日

生 茨城県北相馬郡大野村野木崎　名 号＝錦浪、俳号＝不孤庵有隣、筆名＝谷孫六　歴 大正2年東京毎夕新聞に入社。12年の関東大震災後、万朝報、内外通信社、読売新聞社で営業局長などを務める。昭和6年花王石鹸本舗の長瀬商会常務兼支配人となったが、11年辞して雑誌「財の教」を創刊した。のち「財務」主筆。この間、蓄財に関する著作を為し、また錦浪の名で川柳後援者としても知られた。俳号は不孤庵有隣。母方の曾祖父・谷孫六の名を後年になって筆名に用いた。著書に「岡辰押切帳」「貨殖全集」「大正柳だる」「逆説法」「著眼の天才」「孫六銭話」「孫六の戦法」「孟子の説法」「生きた富豪術」などがある。

矢野 道也　やの・みちや
印刷研究家　内閣印刷局研究所所長
明治9年（1876年）1月30日〜昭和21年（1946年）6月23日

生 宮城県仙台市　学 東京帝国大学工科大学応用化学科〔明治33年〕卒　工学博士〔大正8年〕　歴 旧陸奥仙台藩士の子。明治33年内閣印刷局に入局。35年印刷部刷版課第四室長、37年製肉課長などを経て、40年欧米の印刷事情を視察。帰国後は紙幣・銀行券などの改良に尽力し、活版印刷を指導した。その後、大正10年印刷部長、昭和2年抄紙部長、12年研究所長を歴任。20年退官。この間、東京高等工業学校、東京美術学校などに出講し、印刷技術や色彩学を教えた。大正12年工業化学会会長に就任。昭和3年には製版・印刷技術の向上を目的として印刷学会（10年日本印刷学会に改称）創立を提唱し、初代委員長、会長を務めた。21年名誉会長。他方、工業品規格統一調査会の委員としても活躍し、ドイツ工業規格DINを参考に出来上がり製品から原紙寸法を逆算する「紙の仕上寸法」の規格原案を提出。これが6年紙の仕上寸法の日本標準規格（JES）A列、B列として制定された。著書に「色彩学」「印刷術」「印刷術発達史」などがある。　家 義兄＝藤沢幾之輔（政治家）　賞 毎日通信賞・印刷賞・写真賞印刷名誉賞（第1回）〔昭和14年〕

矢野 宗幹　やの・むねもと
昆虫学者　日本昆虫学会会長
明治17年（1884年）3月15日〜昭和45年（1970年）12月31日

生 福岡県企救郡板櫃村（北九州市）　専 応用昆虫学、森林昆虫学　学 筑中〔明治36年〕卒、山口高文予科〔明治39年〕卒、東京帝国大学理科大学動物学科〔明治42年〕卒　歴 明治42年農商務省林業試験場に入り山林技手、44年林業技師、大正4年農商務技師となり、11年林業試験場技師。昭和10年退官。この間、東京帝国大学、京都帝国大学、東京農業大学で講師を務めた。また、大正6年東京昆虫学会創立に参加して幹事、昭和16年同会長。10年日本昆虫学会に改称後、13年と14年に同会長を務めた。16年日本応用昆虫学会会長。著書に「昆虫採集法」「蟻の世界」などがある。

矢作 栄蔵　やはぎ・えいぞう
農業経済学者　東京帝国大学名誉教授
明治3年（1870年）7月25日〜昭和8年（1933年）12月18日

出 武蔵国北足立郡伊刈村（埼玉県川口市）　学 帝国大学法科大学政治学科〔明治28年〕卒　法学博士〔明治40年〕　賞 帝国学士院会員　歴 高等商業学校（現・一橋大学）講師、東京高等工業学校講師、農科大学実科講師などを経て、明治34年母校・東京帝国大学農科大学の助教授となる。36年渡欧しドイツ、フランス、英国、イタリア、スイス各国に留学し帰国。40年法学博士の学位を得て、同大農科大学並びに法科大学の教授に就任。ついで経済学部の独立に際し同学部兼農学部教授となり経済学部長を命じられた。44年欧米各地を巡視し、大正2年帰国、のち退官して名誉教授となる。傍ら、帝国農会会長、農事電化協会会長、東京帝大経済学会会長を務め、農業経済界に貢献した。また学士院会員でもあり農業経済学の権威として知られた。著書に「不動産」「銀行論」などがある。

谷萩 那華雄　やはぎ・なかお
陸軍少将
明治28年（1895年）8月9日〜昭和24年（1949年）7月8日

生 茨城県　学 陸士（第29期）〔大正6年〕卒、陸大〔昭和2年〕卒　歴 陸軍大尉から少佐時代、陸軍省新聞班に勤め、日中戦争時は大佐となり北支方面軍特務部付、太原特務機関長、中支派遣軍参謀から昭和17年3月大本営陸軍報道部長。18年少将、第15独立守備隊長から第25軍参謀長。24年7月8日、戦犯としてインドネシアのメダンで刑死した。戦時下、東条軍閥の言論弾圧の急先鋒の一人で、陸軍報道部長時代、17年8、9月号の「改造」に掲載された細川嘉六の「世界史の動向と日本」を共産主義の宣伝ときめつけ「改造」は発売禁止、細川は検挙され、後の横浜事件のきっかけとなった。また18年6月「中央公論」の編集が自由主義的であるとして7月号を休刊となった。

八原 博通　やはら・ひろみち
陸軍大佐
明治35年（1902年）10月2日〜昭和56年（1981年）5月7日

出 鳥取県米子市　学 陸大卒　歴 昭和5年陸軍省人事局付、7年同課員となり、8〜10年米国駐在。12年陸軍大学校戦術教官となり、日中戦争が始まると第2軍、第5軍参謀として華北・華南を転戦。13年陸大教官にもどる。15年大本営付となり兵要地誌調査のためタイ、マレーに潜入。16年大本営作戦参謀、タイ大使館付武官補佐官、第15軍作戦参謀、17年陸大教官、18年大佐、19年第32軍高級参謀（作戦主任）となる。沖縄戦の持久作戦方針を立案したことで知られ、攻勢作戦をのぞむ陸軍中央や第32軍の長勇参謀長らと対立した。20年捕虜、翌年復員。著書に「沖縄決戦」がある。

矢吹 慶輝　やぶき・けいき
宗教学者　社会事業教育家　大正大学教授
明治12年（1879年）2月13日〜昭和14年（1939年）6月10日

生 福島県信夫郡飯坂（福島市）　学 東京帝国大学文科大学哲学科〔明治42年〕卒、東京帝国大学大学院　文学博士〔大正12年〕　歴 福島県桑折の浄土宗無能寺住職矢吹両însの養嗣子。矢吹両凞について得度。明治43年宗教大学（現・大正大学）教授となり、大正2年姉崎正治の助手として渡米、のち欧州各国に留学し、6年帰国。7年渡辺海旭らとともに社会事業教育の先駆けとなる宗教大の社会事業研究室を開設、初代主任教授となる。8年東京帝国大学講師、11年勤労児童施設三輪学院を創設、13年東京帝大助教授、14年東京市社会局長、15年大正大教授に就任。他に東洋大、日本女子大、法政大などで宗教学や社会事業を講じる。中央アジア古写経断片の検索を行い、敦煌学の道を拓いた。生涯住職にならなかったが、戒律による仏教のたてなおしを願い、社会問題の解決に連帯共同の思想を唱え、大乗仏教に基づく"社会的仏教"を提唱した。著書に「阿弥陀仏の研究」「近代宗教思想論考」など多数。　賞 帝国学士院賞恩賜賞〔大正14年〕「三階教之研究」

矢吹 省三　やぶき・しょうぞう

男爵 貴族院議員
明治16年（1883年）7月23日〜昭和25年（1950年）12月27日
[生]東京都　[学]東京帝国大学政治科〔明治41年〕卒　[歴]明治42年男爵を継承。横浜正金銀行勤務を経て、富士生命保険、東京タクシー自動車各取締役、東京貿易社長となる。大正7年〜昭和21年貴族院議員、公正会所属。この間、大正14年加藤高明の外務政務次官、昭和4年浜口雄幸内閣の海軍政務次官、6年若槻礼次郎内閣外務政務次官、9年岡田内閣の大蔵政務次官を歴任。他に預金部資金運用委員長、議会制度審議会委員、鉄道会議臨時議員などを務めた。　[家]父＝矢吹秀一（陸軍軍人）

藪田 貞治郎　やぶた・ていじろう

農芸化学者 東京帝国大学教授
明治21年（1888年）12月16日〜昭和52年（1977年）7月20日
[生]滋賀県大津市　[学]膳所中卒、三高卒、東京帝国大学農科大学農芸化学科〔明治44年〕卒 農学博士〔大正6年〕　[賞]帝国学士院会員〔昭和22年〕　[歴]明治44年東京帝国大学農芸化学科を恩賜の銀時計を受けて卒業。東京帝大大学院在学中、コウジ菌の生産するコウジ酸の化学構造を研究。大正7年農商務省農事試験場技師、同年東京帝大講師、10年助教授となり、11年農芸化学研究のため英国エディンバラ大学に留学。13年帰国して教授に昇任。昭和24年退官。13年イネの馬鹿苗病菌から植物生成ホルモンのギベレリン（ジベレリン）の単離に成功、このホルモンは種なしブドウの生産などに利用されている。18年帝国学士院賞を受け、19年恩師・鈴木梅太郎の死により理化学研究所の鈴木研究室を鈴木文助とともに継承し、主任研究員として藪田研究室を主宰。この頃よりペニシリン、ストレプトマイシンなどの抗生物質の研究に取り組んで業績を上げ、戦後の理研解体により誕生した科学研究所の台所を担った。32〜44年科研化学会長。20〜22年日本農芸化学会会長、同帝国学士院会員。39年文化勲章、45年勲一等瑞宝章を受章した。　[勲]文化勲章〔昭和39年〕　[賞]帝国学士院賞（第33回）〔昭和18年〕，文化功労者〔昭和39年〕

藪内 節庵　やぶのうち・せつあん

茶道家 藪内流宗匠 随竹庵4代
慶応4年（1868年）1月17日〜昭和15年（1940年）9月20日
[生]京都　[名]本名＝藪内乙弥、字＝宗延、別号＝竹友、市隠斎、無用、紹逸　[歴]藪内流9代家元・竹露紹智の二男に生まれ、のち10代家元竹翠紹智の養子となる。養父に学んで鑑識に秀れる一方、茶室、造園にも才能を発揮。東京・三田の三井倶楽部庭園を4年がかりで完成させ、三井箱根別邸や大磯別邸への茶室如庵の移建などに関与した。また明治41年に大阪で発足させた篠園会（じょうえんかい）は毎月例会を持って30年以上も続き、野村得庵、村山玄庵、上野有竹などの数寄者が輩出、近代の数寄茶道の興隆に大きく貢献した。　[家]父＝藪内紹智（宝林斎竹露、9代家元）、養父＝藪内紹智（休々斎竹翠、10代家元），兄＝藪内紹智（透明斎竹窓、11代家元）

矢部 貞治　やべ・ていじ

政治学者 東京帝国大学教授
明治35年（1902年）11月9日〜昭和42年（1967年）5月7日
[生]鳥取県日野郡根雨町（日野町）　[専]政治政策学、日本近現代政治史　[学]東京帝国大学法学部政治学科〔大正15年〕卒　[歴]昭和3年東京帝国大学助教授となり、10年から政治学研究のため米国・英・独に留学、14年蠟山政道の後を継いで政治学担当の教授となる。戦中は近衛文麿のブレーンとなって新体制構想の立案に当たったほか、大東亜省の嘱託として大東亜共栄圏の政策指導に関与、また後藤隆之助の昭和研究会、矢次一夫の国政研究会のメンバーとしても活躍した。戦後は自ら東大を去り、政治評論家として活動の傍ら「近衛文麿」（全2巻）を完成している。30〜39年拓殖大学総長。41年早稲田大学客

員教授。この間、32年からは憲法調査会副会長として憲法改正論者の旗頭となったが、のち部分的改正論者に。他の著書に「民主主義の基本問題」「協同主義の政治・国家論」「政治学」「矢部貞治日記」（全4巻）などがある。

矢部 友衛　やべ・ともえ

洋画家 前衛美術・プロレタリア美術運動家
明治25年（1892年）3月9日〜昭和56年（1981年）7月18日
[生]新潟県岩船郡村上町（村上市）　[学]東京美術学校日本画科〔大正7年〕卒　[歴]卒業後、米、仏、独に留学し、大正11年に帰国。同年古賀春江らとグループ「アクション」、13年三科会、15年造型美術家協会を結成し、プロレタリア美術運動の推進に努力した。日露芸術協会代表として訪ソし、昭和2年朝日新聞社主催の新ロシア美術大展覧会を成功させた。3年日本プロレタリア美術家同盟の創立に参加し、中央委員、委員長などを歴任。またプロレタリア美術学校長なども務める。同盟の解散後は、14年に渡米し、ニューヨークで個展を開催。15年帰国し、交詢社で個展を開いた。戦後は岡本唐貴らと現実会を創立し、また日本美術会の創立に参加した。23年共産党に入党した。51年国立近代美術館に作品が収められた。画集に「画集矢部友衛」がある。

矢部 長克　やべ・ひさかつ

地質学者 古生物学者 東北帝国大学名誉教授
明治11年（1878年）12月3日〜昭和44年（1969年）6月23日
[生]東京府麹町区（東京都千代田区）　[専]層位学、構造地質学、古生物学　[学]一高卒、東京帝国大学理科大学地質学科〔明治34年〕卒 理学博士　[賞]帝国学士院会員〔大正14年〕　[歴]明治39年東京帝国大学講師。41年欧米へ留学。44年東北帝国大学理科大学教授に就任、昭和15年に定年退官するまで古生物学・構造地質学研究の分野で指導的役割を果たす。5年東京帝大地震研究所所長。地質学会、日本古生物学会、第四紀学会の各会長を歴任した。大正7年糸魚川と静岡を結ぶ地質構造線を提唱。14年には青木廉二郎とともに新生代を秋津、高千穂、瑞穂、敷島の4系に分類して学界に反響を呼んだ。同年帝国学士院会員。その後、100万年前の氷河期に日本列島が大陸から分離したことを明らかにした。昭和28年文化勲章を受章。　[勲]文化勲章〔昭和28年〕　[賞]文化功労者〔昭和27年〕

矢部 吉禎　やべ・よしさだ

植物学者 東京文理科大学教授
明治9年（1876年）3月3日〜昭和6年（1931年）8月23日
[出]東京都　[専]植物分類学　[学]東京帝国大学理科大学植物学科〔明治33年〕卒 理学博士　[歴]明治33年東京帝国大学理科大学助手、37年助教授となり、同年助教授在任のまま中国・清朝の招きで京師大学堂師範館教習に就任。以来、約5年間に渡って滞在し、中国各地の植物を採集・研究した。42年1月帰国するが、8月には関東都督府中央試験所嘱託として満州の植物調査を行い、43年東京女子高等師範学校教授となった夏にも再度の調査行に赴いた。その成果は大正元年「南満州植物目録」、3年「満州植物図説」として刊行され、5年には学位論文「北京植物誌」をまとめた。昭和4年東京文理科大学教授。5年上海自然科学研究所創設に尽くしたが、6年55歳で急逝した。遺された研究資料は満州の大陸科学院に移されたが、21年国共内戦の兵火で灰燼に帰した。

矢部 良策　やべ・りょうさく

創元社社長
明治26年（1893年）11月14日〜昭和48年（1973年）1月24日
[生]大阪府　[出]石川県　[名]本名＝矢部良作　[学]市立大阪甲種商〔大正2年〕卒　[歴]創元社創業者・矢部外次郎の二男で、大阪で生まれ、父の郷里・金沢で育つ。大正2年市立大阪甲種商業学校を卒業して父が経営する取次・福音社に入り、14年同社に

やまうち   昭和人物事典 戦前期

籍を置いたまま出版業の創元社を起こし、「文芸辞典」を最初の出版物とした。東京にも小林茂を支店長格で置いて東西で活動し、谷崎潤一郎「春琴抄」、薄田泣菫「草木虫魚」、北条民雄「いのちの初夜」、川端康成「雪国」、中原中也「在りし日の歌」、織田作之助「夫婦善哉」などの文学史上に残る文芸書を次々と発行。装本の美しさは愛書家の賞賛を博した。昭和13年には「創元選書」の刊行を開始。16年福音社は日本出版配給に統合され消滅したが、引き続き創元社を経営。18年日本出版会配給部長となる石川武美に請われて同部次長に就任したが、19年石川の退任に伴い辞職し、創元社に復帰。戦後、23年小林と2人の代表取締役として東京創元社を設立した。　家長男＝矢部文治（創元社社長）、二男＝矢部昭三（創元社専務）、父＝矢部外次郎（創元社創業者）、孫＝矢部敬一（創元社社長）

山内 倉蔵　やまうち・くらぞう
彫刻家
明治27年（1894年）～昭和30年（1955年）
出新潟県中蒲原郡村松町（五泉市）　学東京美術学校卒　歴関野聖雲に師事。旧帝展に出品特選となり、無鑑査。

山内 禎子　やまうち・さちこ
なぎなた範士　大日本婦人会会長
明治18年（1885年）6月28日～昭和41年（1966年）2月9日
出高知県　学女子学習院卒　歴伏見宮貞親王第一王女。明治34年侯爵・山内豊景と結婚。39～43年フランス、ドイツ、スペインなどの外遊に同伴。日露戦争中は愛国婦人会員として篤志看護婦を務める。大東亜戦争中は大日本婦人会会長となり、銃後の奉仕に努めた。また、日本画をよくし、なぎなたの道に励み、昭和30年には全日本なぎなた連盟初代会長を務め、なぎなた範士の称号を受けた。18年より高知県に移り住む。　家夫＝山内豊景（侯爵・貴族院議員）

山内 鉄吉　やまうち・てつきち
労働運動家
明治31年（1898年）1月15日～昭和7年（1932年）3月29日
生愛媛県新居郡金子村新田（新居浜市）　学高等小学校卒　歴住友別子鉱業所の旋盤工見習いを経て、3年後大阪に移り小野造船所などに勤務。大正9年の三原造船所争議で解雇され、10年住友製鋼所に移り、同年機械工労働組合を設立して友愛会に参加。以後労働組合運動を続け、11年総同盟前衛隊執行委員となる。12年日本プロフィンテルン日本支部に参加し、また大阪機械労働組合鉄心支部を創立。以後多くの労働争議を指導。総同盟大阪連合会会長としては、左派の排除に努めた。昭和3年国際労働機関（ILO）第11回総会に労働者代表顧問として出席。4年大阪市議となり、5年全国民衆党中央執行委員、6年大阪府議となった。

山内 得立　やまうち・とくりゅう
哲学者　京都帝国大学教授
明治23年（1890年）6月12日～昭和57年（1982年）9月19日
出奈良県大和高田市　学京都帝国大学哲学科〔大正3年〕卒　歴京都高等工芸学校、東京商科大学各教授などを経て、昭和6年京都帝国大学教授。戦後は28年から6年間、京都学芸大学（現・京都教育大学）学長。西田幾太郎亡きあとの京大哲学の重鎮で、49年文化功労者に選ばれた。著書に「現象学叙説」「実存の哲学」など多数。　賞文化功労者〔昭和49年〕

山内 豊景　やまうち・とよかげ
侯爵　貴族院議員
明治8年（1875年）9月20日～昭和32年（1957年）1月5日
生高知県　学陸士卒　歴土佐藩最後の藩主・山内豊範の長子に生まれ、明治19年家督を相続。陸士に学び、33年陸軍少尉となり、日露戦争には少佐として従軍。34年伏見宮貞親王

第一王女・禎子と結婚。44年東京・代々木の本邸内に山内家家史編輯所を設け、太平洋戦争末期まで30余年にわたり作業を進めた。明治33年8月～昭和21年5月貴族院議員。22年爵位を返上。　家父＝山内豊範（土佐藩最後の藩主）、妻＝山内禎子（大日本婦人会会長）、養子＝山内豊秋（山内家18代目当主）

山内 房吉　やまうち・ふさきち
文芸評論家
明治31年（1898年）3月8日～昭和27年（1952年）7月29日
生岐阜県恵那郡　学同志社大学卒　歴大正10年作家組合に勤め、13年「解放」編集責任者、同年12月の日本プロレタリア文芸連盟創立に尽力。昭和2年「文芸戦線」同人、3年「ナップ」に加盟した。プロレタリア思想の先駆的評論家。著作に「社会思想解説」「プロレタリア文学の理論と実際」。

山内 不二雄　やまうち・ふじお
機械工学者　東京帝国大学名誉教授
明治13年（1880年）4月～昭和17年（1942年）1月17日
学東京帝国大学工科大学機械工学科〔明治38年〕卒　工学博士　歴長崎三菱造船所に入り、明治42年東京帝国大学教授。大正9年欧米へ留学。昭和9年機械学会会長を務めた。共著に「蒸気機関・船用機関」「機械工作法」などがある。

山浦 貫一　やまうら・かんいち
ジャーナリスト
明治26年（1893年）3月20日～昭和42年（1967年）9月26日
生長野県　学上田中学校〔明治45年〕卒　歴大正8年時事新報記者となり、13年東京日日新聞に転じ、昭和2年新愛知東京支社、次いで国民新聞、読売新聞各論説委員を務め、戦後23年読売を定年退社。その後、東京新聞編集顧問、NHK中央番組審議委員、中央選挙管理委員などを務めた。晩年東京新聞のコラム「放射線」に池上五六の筆名で反川評論を書いた。著書には戦前知遇を得た政友会の長老「森恪」（2巻）、鳩山一郎の名前で「日本の顔」を書き、戦後鳩山追放の因となった。　家父＝山浦善右衛門（川辺銀行頭取）

山岡 国利　やまおか・くにとし
宮崎県知事
明治15年（1882年）～昭和20年（1945年）
生鹿児島県鹿児島市　名旧姓・旧名＝奥堅次　学東京帝国大学法科大学〔明治42年〕卒　歴奥家の二男で、明治33年山岡家の養子となる。内務省土木局河川課長を経て、大正11年群馬県知事、13年三重県知事、昭和3年宮崎県知事。

山岡 重厚　やまおか・しげあつ
陸軍中将
明治15年（1882年）11月17日～昭和29年（1954年）3月27日
生高知県土佐郡旭村（高知市）　学陸士（第15期）〔明治36年〕卒、陸大〔大正1年〕卒　歴大正5年陸軍教育総監部課員、12年母校・陸軍大学校の兵学教官、のち陸軍士官学校生徒隊長、教育総監部第2課長、歩兵第1旅団長などを経て、昭和7年軍務局長となる。五・一五事件による軍部独裁政権樹立の動きには時期尚早として反対した。9年整備局長、10年中将、第9師団長、11年予備役に編入となったが、12年召集で第109師団長、参謀本部付。20年4月から善通寺師管区司令官、四国軍管区付を務めた。遺著に「日本刀伝習録」がある。　家兄＝山岡熊治（陸軍中佐・社会事業家）、義兄＝森越（陸軍中将）

山岡 万之助　やまおか・まんのすけ
司法官　日本大学総長　貴族院議員（勅選）
明治9年（1876年）4月11日～昭和43年（1968年）6月22日
生長野県岡谷市　学日本法律学校〔明治32年〕卒　法学博士　歴東京地裁判事となり、明治39年から3年間ドイツのライプツィ

ヒ大学に留学。帰国後は日大教授となったが、平沼騏一郎らの知遇を得て司法省刑事局長、警保局長などを歴任。昭和4年から勅選貴族院議員を16年間務める。この間、8年からは日大総長に専念し、戦後の追放解除後も日大名誉総長として日大の発展に貢献、刑法、刑事政策学などに業績を残した。また15年に興亜同盟理事長に就任している。著書に「刑法原理」など。 家女婿=秋田兼三(日本長期信用銀行副頭取)

山家 信次 やまが・のぶじ
海軍造兵中将 京城帝国大学総長
明治20年(1887年)5月7日~昭和29年(1954年)11月4日
出大阪府 専火薬学、熱力学 学東京帝国大学工科大学火薬科〔明治44年〕卒 工学博士(東京帝国大学)〔大正12年〕 歴明治44年海軍に入り、火薬研究に従事。大正8年東京帝国大学助教授、11年教授を兼務。昭和5年海軍火薬廠研究部長、10年同廠長。12年海軍造兵中将となり予備役に編入。19年京城帝国大学総長に就任、最後の同大総長となった。

山県 五十雄 やまがた・いそお
英学者 ジャーナリスト
明治2年(1869年)3月15日~昭和34年(1959年)3月15日
生滋賀県水口町(甲賀市) 名筆号=鑫湖 学東京帝国大学英文科中退 歴「少年園」の編集を手伝っていたが、のち「万朝報」に移り英文欄を担当、主筆となる。その間「Herald of Asia」などの主筆を務め、太平洋戦争中は外務省嘱託となる。「英文学研究」全6冊などの著書がある。

山県 治郎 やまがた・じろう
神奈川県知事
明治14年(1881年)1月6日~昭和11年(1936年)1月9日
出山口県 学東京帝国大学法科大学〔明治40年〕卒 歴内務省に入る。石川県、神奈川県、福岡県、兵庫県の各警察部長、内務監察官、勅任監察官、都市計画局長などを経て、大正11年石川県知事、12年広島県知事、14年兵庫県知事、昭和4年神奈川県知事を歴任。

山県 正郷 やまがた・せいごう
海軍中将
明治24年(1891年)2月15日~昭和20年(1945年)3月17日
生山口県 学海兵(第39期)〔明治44年〕卒、海大〔大正13年〕卒 歴昭和2年造船監督官として英国出張。帰国後第1遣外艦隊参謀、「鳳翔」艦長、航空廠総務部長、海大教官などを経て、13年第3連合航空隊司令官となり、華南航空作戦を指揮。14年航空本部総務部長、太平洋戦争開戦後の17年第26航空戦司令官となり本土防空作戦に従事、同年中将。18年高雄警備府長官、同年8月第4南遣艦隊司令長官、20年3月帰国の搭乗機が中国福建省に不時着して自決。没後大将。遺稿「ある提督の回想録」がある。

山上 伊太郎 やまがみ・いたろう
脚本家 映画監督
明治36年(1903年)8月26日~昭和20年(1945年)6月18日
生滋賀県大津市古関 出京都府京都市下京区宮川筋 歴大正13年東亜キネマ甲陽撮影所の脚本研究室に入り、15年「帰ってきた英雄」が映画化され脚本家デビュー。マキノ映画に転じると、昭和2年マキノ正博(雅広)監督、カメラマン・三木稔(滋人)とのトリオで活躍、「浪人街・第一話」が3年度、「首の座」が4年度のキネマ旬報ベストテン1位を獲得し、脚本家の地位を確立した。7年日活に入社、マキノ正博監督「白夜の饗宴」、稲垣浩監督「時代の驕児」、並木鏡太郎監督「剣鬼三人旅」などの佳作を残した。9年「兵学往来髯大名」、10年「魔風一騎」を自ら監督したが失敗。その後は親交のあった稲垣監督とのコンビでの「出世太閤記」「尊王村塾」などが

ある。陸軍の報道班員に志願してフィリピンに渡ったが、太平洋戦争末期に同地で戦死した。

山上 熊郎 やまがみ・くまお
法医学者 北海道帝国大学医学部教授
明治23年(1890年)1月22日~昭和43年(1968年)3月1日
生三重県 学東京帝国大学医科大学〔大正4年〕卒 医学博士(東北帝国大学)〔大正10年〕 歴大正5年東北帝国大学医科大学法医学教室に入り、6年助教授、7~9年欧米に留学、10年東北帝国大学教授を経て、12年北海道帝国大学創設で同大初代法医学教授となった。昭和8~10年医学部長、18年定年退官。その後、三重県伊勢市郊外で農業に従事。23年三重県立医科大学に招かれ初代法医学教授となり、27年三重県立大学教授を経て、38年定年退官した。

山上 曹源 やまがみ・そうげん
僧侶(曹洞宗) 仏教学者 駒沢大学学長
明治11年(1878年)10月12日~昭和32年(1957年)3月21日
生佐賀県 学曹洞宗大学〔明治39年〕卒 歴明治39年11月曹洞宗海外研究生としてカルカッタ大学留学。梵語、インド宗教、インド文学を研究、43年同大学で仏教思想系統論を講義、大正2年帰国。3年曹洞宗大学教授、7年学監兼教授、昭和3年駒沢高等女学校校長、18年駒沢大学長となった。著書に「仏教思想系統論」(英文)、翻訳に「ミリンダ王問経」など。

山上 武雄 やまがみ・たけお
農民運動家 全農統制委員長 社会大衆党中央委員
明治14年(1881年)8月12日~昭和18年(1943年)4月16日
生岡山県上道郡雄神村久保(岡山市) 学小卒 歴税務所や村役場に勤務するが、のち農業につき多収穫法の研究にうちこみ、県知事の表彰をうける。この頃から小作料低減運動を始め、大正11年の日本農民組合(日農)創立と同時に参加。同年日農邑久上道連合会を結成して会長となり、"小作料永久三割減"要求を決定。以後多くの農民運動を指導。14年日農岡山県連会長、15年日農中央常任委員、昭和2年中央委員長。3年全国農民組合(全農)の統制委員長となる。政治運動にも参加し、日本労農党、日本大衆党、社会大衆党などの中央委員を務める。12年の人民戦線事件で検挙され懲役2年に処せられたが、中風にかかり執行停止となり、自宅で療養。 家妻=山上喜美江(農民運動家)

山神 種一 やまがみ・たねいち
農民運動家
明治32年(1899年)4月10日~昭和53年(1978年)10月12日
生香川県仲多度郡象郷村(琴平町) 歴大正13年日農象潟支部を結成して支部長となる。多くの農民運動を指揮して、金蔵寺事件で検挙され懲役2年に処せられた。同年クートベに入学し、昭和3年帰国。同年8月東京で検挙され、出獄後は国民思想研究所でロシア語の翻訳などを行った。その後帰郷し、20年3月満蒙開拓団の団長として満州に渡り、21年帰国。帰国後は日農左派の県連書記長として活躍した。

山上 >泉 やまがみ・ちゅせん
歌人 国文学者
明治13年(1880年)10月6日~昭和26年(1951年)3月3日
生長野県 名本名=山上智海、旧姓・旧名=佐々木覚之介 学哲学館〔明治39年〕卒 歴「中学文壇」主筆、立正大教授などを歴任。日蓮宗の僧正でもあった。歌集に「久遠の春」「虚空」「寂光」などがあり、研究書に「日本文学と法華経」などがある。 家父=佐々木真古人(国学者)

山上 正義 やまがみ・まさよし
ジャーナリスト 社会運動家

明治29年（1896年）7月10日～昭和13年（1938年）12月14日 生鹿児島県鹿児島市清水町 名筆名＝林守仁 学鹿児島高等農林卒 歴鹿児島県農林技師をしていた頃キリスト教に入信。のち上京するが、大正10年暁民共産党事件で検挙され、12年釈放される。14年頃上海に渡り、日本語新聞「上海日報」に勤務、のち新聞連合社に勤務。以後、上海を中心に文化人として幅広く活躍。中国の進歩的な文学者達と交流し、魯迅を訪ねてルポを雑誌に発表。昭和2年の広東コンミューンを目撃し、日本人記者では唯一人これを報道した。6年「阿Q正伝」を林守仁の名で翻訳し、出版。8年上海支局長代理から、北京支局長に転任し、11年同盟通信本社外務部次長に就任のため帰国し、以後中国評論家として活躍。13年モスクワ支局長を命ぜられるが、赴任準備中に急逝した。

山川 永雅　やまかわ・えいが
日本画家
明治11年（1878年）12月～昭和22年（1947年）
生東京都 名本名＝山川峰次郎 歴明治31年安田靫彦らと紫紅会を結成（33年紅兒会と改称）。日本絵画協会の日本美術院との連合絵画共進会、日本美術協会展などに入選、巽画会会員となる。40年東京勧業博覧会に「重成出陣」を出品し、褒状を受ける。同年第1回文展に「舞人」で入選。以後、文展、帝展に入選を重ねる。昭和2年帝展委員。10年帝展改組に際しては、第一部会に参加。21年春の第1回日展に「春の岩国」を出品。他の作品に「義平と重盛」「悪源太」など。

山川 永徳斎（3代目）　やまかわ・えいとくさい
人形師
慶応1年（1865年）～昭和16年（1941年）
名本名＝山川保次郎 歴初代山川永徳斎の二男。父について修業し、明治37年セントルイス万国博覧会に修繕係として渡米。そのままフィラデルフィア市の商業博物館に20年間余り勤めた。昭和2年帰国し、2代目永徳斎である兄の没後、3代目を襲名。東京・日本橋に店を構えた。 家父＝山川永徳斎（1代目）、兄＝山川永徳斎（2代目）

山川 菊栄　やまかわ・きくえ
評論家　婦人解放運動家
明治23年（1890年）11月3日～昭和55年（1980年）11月2日
生東京市麴町区（東京都千代田区） 名旧姓・旧名＝森田菊栄、別名＝青山菊栄 専婦人・社会問題 学女子英学塾〔大正1年〕卒 歴明治41年津田英学塾の前身、女子英学塾の入学試験の作文に「婦人解放のため働くこと」を抱負にあげる。大正元年卒業後、堺利彦らの金曜講演会、大杉栄らの市民講演会で社会主義を学ぶ。5年山川均と結婚してともに社会主義運動にたずさわり、8年には与謝野晶子、平塚らいてうらと"母性保護論争"を展開、また16年には初の社会主義婦人団体・赤瀾会の結成に参画した。その後は公娼廃止運動の傍ら翻訳、執筆活動を続け、戦後の昭和22年から4年間、労働省婦人少年局長を務めた。26年退任後は、月刊誌「婦人のこえ」主宰、日本婦人問題懇話会を結成。著書に「おんな二代の記」「覚書 幕末の水戸藩」などの他、「山川菊栄全集」（全10巻、岩波書店）、「山川菊栄女性解放論集」がある。 家夫＝山川均（社会運動家）、長男＝山川振作（東大名誉教授）

山川 秀峰　やまかわ・しゅうほう
日本画家
明治31年（1898年）4月3日～昭和19年（1944年）12月29日
生京都府京都市 名本名＝山川嘉雄 歴鏑木清方に美人画、池上秀畝に花鳥画を学んだ。大正8年第1回帝展に「振袖物語」が入選、昭和3年第9回帝展「安倍野」、第11回帝展「大谷武子」が特選となり、6年帝展無鑑査となった。伊東深水と青衿会を興し、美人画の開拓に尽くした。他に「序の舞」「信濃路の女」

などがある。また、野村胡堂「銭形平次捕物控」の挿絵も手がけた。 家長男＝山川方夫（作家）

山川 章太郎　やまかわ・しょうたろう
内科学者　東北帝国大学教授
明治17年（1884年）2月25日～昭和16年（1941年）2月4日
生香川県 学東京帝国大学医科大学〔明治42年〕卒、東京帝国大学医科大学大学院内科学専攻修了 医学博士〔大正7年〕 歴大正3年東北帝国大学医学専門部教授、4年同医科大学教授を兼任。5年米国留学、2年間伝染病学を研究、7年学位を得て帰国、同医科大教授となり、第三内科を担当した。

山川 宗彬　やまかわ・そうひん
労働運動家
明治23年（1890年）～昭和20年（1945年）8月10日
生千葉県印旛郡本埜村 歴司厨員として東洋汽船に入社し、東洋郵船の司厨部員で組織する東洋倶楽部に加入し、のち司厨長となる。大正14年、東洋倶楽部は日本海員組合に合同し、執行委員となり、のち政治部長に就任。7年右翼労働組合の日本労働組合会議の評議員となる。昭和13年皇国海員同盟が結成されると理事。この間、社会民衆党、社会大衆党などに参加。16年近海汽船協会船員課主任となった。

山川 健　やまかわ・たける
官僚　男爵　貴族院議員　文部省社会教育局長
明治25年（1892年）10月18日～昭和19年（1944年）2月22日
生東京都 学東京帝国大学法科大学政治科〔大正7年〕卒 歴内務省を経て、大正14年文部省に転じ、体育課長、米国留学。昭和10年社会教育局長、12年専門学務局長を務め、体育運動審議会を設け学校体育の振興に尽力。14年退官、男爵貴族院議員に互選され、帝国教育会専務理事を務めた。 家父＝山川健次郎（物理学者・教育家）

山川 端夫　やまかわ・ただお
貴族院議員（勅選）　法制局長官
明治6年（1873年）12月15日～昭和37年（1962年）3月2日
出長崎県 学東京帝国大学法科大学政治学科〔明治31年〕卒 法学博士〔大正8年〕 歴海軍省に入省、海軍省参事官、海軍大学校教授、を務めた後、外務省に入り、条約局長を務める。大正14年加藤高明内閣の法制局長官に就任。15年、つづく第一次若槻内閣においても法制局長官を務める。同年12月、貴族院議員に勅選される。また国家総動員機関設置準備委員長、臨時法制審議会委員などを歴任。 家岳父＝曽祢達蔵（建築家）、義弟＝曽祢武（物理学者）、曽祢益（政治家）

山川 智応　やまかわ・ちおう
僧侶（日蓮宗）　仏教学者
明治12年（1879年）3月16日～昭和31年（1956年）6月2日
生大阪 名本名＝山川伝之助 学文学博士（東京帝国大学）〔昭和9年〕 歴小学4年で退学し、以後独学で学ぶ。14歳の時、田中智学の立正安国会に入会。明治38年浪華青年文学会をおこし「よしあし草」を創刊。39年小学校教員試験に合格して北野小学校に奉職。その間智学の弟子として日蓮主義運動に参加。日蓮思想の体系化に念願し、主な著書に「日蓮聖人研究」「法華思想史上の日蓮聖人」などがある。

山川 均　やまかわ・ひとし
社会主義理論家　社会運動家
明治13年（1880年）12月20日～昭和33年（1958年）3月23日
生岡山県倉敷村（倉敷市） 学同志社〔明治29年〕中退 歴明治30年上京し、33年「青年の福音」を発刊。39年社会党に入党し、41年赤旗事件で入獄。大正5年堺利彦の売文社に入社、「新社会」を編集。9年社会主義同盟に、11年日本共産党結成

に参加。のち"山川イズム"を提唱し、共産党との関係を絶った。昭和2年雑誌「労農」を創刊、労農派の論客として活動。6年第一線より引退し、以後評論活動に専念する。12年人民戦線事件で検挙される。戦後21年民主人民戦線を提唱し、民主人民連盟委員長となるが、胃がんのため2ケ年病臥する。22年日本社会党に入党。26年大内兵衛とともに社会主義協会を結成、社会党左派の理論的指導にあたった。著書は「日本民主革命論」「山川均自伝—ある凡人の記録」、「山川均全集」(全20巻, 勁草書房)などがある。　家妻=山川菊栄(婦人解放運動家), 長男=山川振作(東大名誉教授)

山川 頼三郎　やまかわ・よりさぶろう
衆議院議員
明治6年(1873年)7月〜昭和31年(1956年)12月19日
生大阪府豊能郡歌垣村(能勢町)　歴兵庫県議3期を経て、昭和12年衆議院議員に当選、1期。

山川 亮　やまかわ・りょう
小説家
明治20年(1887年)3月2日〜昭和32年(1957年)4月14日
生福井県遠敷郡竹原村　名本名=山川亮蔵、別名=鳳逸平　学早稲田大学英文科中退　歴小学校教師、新聞記者などをしながら小川未明に師事し、大正2年「かくれんぼ」を発表。以後労働文学の作家として10年「種蒔く人」の同人となり「眼」などを発表。著書に「決闘」があり、他の代表作に「世紀の仮面」「泥棒亀とその仲間」などがある。プロレタリア文学退潮以降文壇と離れた。　家姉=山川登美子(歌人)

山岸 外史　やまぎし・がいし
文芸評論家
明治37年(1904年)7月16日〜昭和52年(1977年)5月7日
生東京都　学東京帝国大学哲学科卒　歴東京帝国大学時代に出隆門下となり、文筆家を志し「アカデモス」「散文」「青い花」などを経て、昭和10年「日本浪曼派」に参加。「青い花」時代から太宰治、檀一雄らと親交を結ぶ。13年「日本キリスト記」を刊行。他の著書に「芥川龍之介」「ロダン論」「人間太宰治」など多くの評論がある。戦後、農民生活を体験することにより、共産党に入党。東京・千駄ヶ谷の日ソ図書館内に日本文学学校を開設し事務局長を務めた。　家父=山岸藪鴬(硯友社同人)　賞透谷文学賞(第3回)〔昭和14年〕|人間キリスト記」

山岸 堅二　やまぎし・けんじ
染織家
明治33年(1900年)〜昭和43年(1968年)12月28日
生長野県　専創作染色　歴太平洋画会研究所で洋画を学び、片多徳郎に師事。昭和10年頃から創作染色を手がけ、11年「果園の家族」で新文展に初入選。以後、官展に出品を続け、18年、19年「防空人物譜染屏風」「臨時報道染色壁掛」で文展特選。22年「迎火染壁掛」が日展特選になった。　賞文展特選〔昭和18年・19年〕「防空人物譜染屏風」「臨時報道染色壁掛」、日展特選〔昭和22年〕「迎火染壁掛」

山岸 光宣　やまぎし・みつのぶ
ドイツ文学者
明治12年(1879年)2月8日〜昭和18年(1943年)10月1日
生新潟県高田市　学東京帝国大学独文科〔明治37年〕卒 文学博士〔大正10年〕　歴明治39年早大文学部でドイツ文学を講じ、「帝国文学」に「詩人ノワーリス」を発表、ドイツ・ロマン派のノバーリスを本格的に紹介。42年ドイツ留学、2年後帰国、「現代の独逸戯曲」(全2巻)を公刊、これにより大正10年学位を得た。他の著書に「独逸文学概論」「独逸文学概観」など。晩年「日本に於ける独逸学の沿革」などで、ドイツ学研究の先駆となった。

山際 正道　やまぎわ・まさみち
大蔵次官
明治34年(1901年)6月12日〜昭和50年(1975年)3月16日
生東京都　学東京帝国大学経済学部〔大正14年〕卒　歴大正14年大蔵省に入り、銀行局特別銀行課長、大臣官房秘書、文書各課長、銀行局長を経て、昭和20年4月鈴木貫太郎内閣の大蔵次官となったが、21年公職追放で退官。解除後の25年日本輸出銀行(後の日本輸出入銀行)専務理事、29年総裁となり31年第20代日本銀行総裁に任命された。池田勇人首相の高度成長時代で、低金利政策の一方、通貨価値の維持に努めるなど多くの業績を残した。39年退任し40年金融制度調査会会長を務めた。

山口 一太郎　やまぐち・いちたろう
陸軍大尉 右翼運動家
明治33年(1900年)9月10日〜昭和36年(1961年)2月22日
生静岡県　学陸士(第33期)〔大正10年〕卒　歴大正10年歩兵少尉、12年砲工学校員外学生、15年東京帝国大学理学部委嘱学生、昭和4年航空本部員、5年大尉となり、技術将校として技術本部員となった。一方皇道派青年将校と親交、国家改造運動を支持。10年歩兵第1連隊中隊長となり、11年二・二六事件当日、週番司令として反乱軍出動に便宜をはかり、岳父本庄繁侍従武官長を通じ上部工作を行おうとした。事件後軍法会議で無期禁固の判決を受けたが、戦時中出獄。　家父=山口勝(陸軍中将)、岳父=本庄繁(陸軍大将)

山口 義一　やまぐち・ぎいち
衆議院議員 政友会幹事長
明治21年(1888年)1月20日〜昭和10年(1935年)4月15日
生大阪府堺　学東京帝国大学法科大学政治科〔大正4年〕卒　歴京都帝国大学大学院で社会政策を研究。大正9年以来郷里堺市から衆議院議員当選5回、政友会に属し、近衛文麿らと貴族院改革を唱えた。昭和2年田中義一内閣の大蔵参与官。政友会総務を経て、7年久原房之助の後を受け、幹事長を2期務めた。

山口 喜一郎　やまぐち・きいちろう
日本語教育家
明治5年(1872年)4月17日〜昭和27年(1952年)2月29日
生石川県　学石川師範卒　歴明治30年から台湾、朝鮮、満州などで日本語を教える。日本語のみを使用する直接法で指導し、その理論を確立した。戦後は話し言葉教育の開拓に努めた。著書に「日本語教授法原論」などがある。

山口 喜三郎　やまぐち・きさぶろう
実業家 東京芝浦電気社長
明治7年(1874年)1月30日〜昭和22年(1947年)8月16日
生東京府芝区七間町(東京都港区)　学進修学舎〔明治23年〕卒, ジョンズ・ホプキンズ大学(米国)〔明治35年〕卒　歴明治23年古河鉱業所本所鋳銅所に入り、32年休職して米国へ渡り、ジョンズ・ホプキンズ大学に入学。35年ドクター・オブ・フィロソフィの学位を受けた。36年帰国して古河鉱業に復帰。大正7年常務となり、9年古河電気工業専務を兼務。10年東京電気副社長に転じ、昭和2年社長。同社の研究所長を兼ね、電球メーカーから総合電気機器メーカーへの発展を主導。12年芝浦製作所会長を兼ね、14年"日本のゼネラル・エレクトリック(GE)"を目指して同社を東京電気と合併させ東京芝浦電気(東芝)を設立、社長に就任。18年会長、21年辞任した。この間、11年昭和電線電纜設立にあたって初代社長。12年日本ビクター蓄音機会長、13年日本蓄音機商会会長の他、18年電気工業会会長、20年精密機械統制会会長、同年軍需省顧問なども務めた。　家長男=山口襄(東芝常務)、女婿=下村尚

やまぐち　　　　　　　　　　　　　昭和人物事典 戦前期

信（東芝常務）　勲緑綬褒章〔昭和18年〕

山口 吉郎兵衛　やまぐち・きちろべえ
銀行家　山口銀行社長
明治16年（1883年）4月～昭和26年（1951年）10月2日
出大阪府　名＝籟庵　学慶応義塾卒　歴明治20年先代を襲名。欧米遊学後三和銀行取締役、大阪貯蓄銀行、日本生命保険各相談役、関西信託役員、山口合資会社代表社員、山口銀行社長などを歴任した。昭和2年日仏協力の功で勲章受賞。陶磁器収集でも知られる。　勲シュバリエ・デュ・ドラゴン・ダンナン勲章〔昭和2年〕，紺綬褒章

山口 清秀　やまぐち・きよひで
登山家
明治39年（1906年）～昭和54年（1979年）7月23日
出東京都　学立正商卒　谷川岳岩場の開拓者で、昭和7年一ノ倉沢一ノ沢、8年第4ルンゼの単独登攀などに成功。東京登歩渓流会会員。

山口 察常　やまぐち・さつじょう
中国哲学者　大正大学教授
明治15年（1882年）3月11日～昭和23年（1948年）4月1日
生愛知県安城市　名号＝容軒　学東京帝国大学文科大学哲学科〔明治41年〕卒 文学博士〔昭和11年〕　歴芝中学校教諭、文部省図書館監修官となり大正11年東京高校教授兼任。13年文部省派遣により中国留学、15年東京高校専任教授、東京帝国大学講師、大正大教授兼任、昭和14年大正大学文学部長。15年北京大学文学院教授、19年帰国して大正大教授に復帰、立正大、東洋大、東京女子大でも講義。著書に「易の思想」「横説東洋倫理」「新観論語」「支那思想哲学思想」「東洋倫理学史概説」「易の根拠と応用―易経全文解釈と占筮」などのほか、訳書「孝経」「書経」などがある。

山口 重次　やまぐち・じゅうじ
右翼運動家
明治25年（1892年）8月26日～昭和54年（1979年）11月9日
生千葉県　学京城法政研究会（夜学）卒　朝鮮で巡査をした後、朝鮮総督府に勤務。大正8年南満州鉄道（満鉄）に入社、大連埠頭に勤務。14年満鉄政党化に反対の社員会創設に参加、日中間の"民族協和"思想に目覚める。昭和3年小沢開作らと満州青年連盟を結成。満州事変後は日本の満蒙権益擁護を訴え、内地にも遊説隊を派遣。満州国樹立後、政治団体・協和会創立に参加、共匪討伐など植民地ファシズム運動に活躍した。10～12年奉天副市長。戦後、勝共連合に関係したといわれる。

山口 将吉郎　やまぐち・しょうきちろう
挿絵画家
明治29年（1896年）3月30日～昭和47年（1972年）9月12日
生山形県鶴岡市　学東京美術学校（現・東京美術大学）日本画科卒　歴美術学校在学中、金鈴社の俊才、結城素明の指導で帝展に初入選、その入選作の武者絵から挿絵画家としての非凡な画才を見抜かれて、「少年倶楽部」の編集長からスカウトされた。折しも人気挿絵画家で講談社のドル箱だった高畠華宵の画料問題の悶着もあり、その後釜に据えられてめきめきと売り出す。吉川英治と連載コンビを組んでからは挿絵画家のスターともなった。代表作は「江戸三国志」「神州天馬俠」など。

山口 四郎　やまぐち・しろう
実業家　巴工業創業者
明治26年（1893年）12月28日～昭和35年（1960年）6月15日
生京都府　学東京高等工業学校〔大正4年〕卒　歴東京高等工

業学校で応用化学を専攻し、卒業後は日本醋酸、京都瓦斯を経て、東京瓦斯に入社。大正5年高峰譲吉が米国シカゴで設立したタカミネ・ファーメントの、日本における貿易・商事部門の拠点として設立準備中であった高峰興業に参画。7年発足後、10年同社が紐育高峰商事となると同社技師長。15年同社は社名変更により巽商事となり、昭和12年石油精製プラントの設計・建設を進める巽工業社長に就任。16年には遠心分離器販売の巴工業を創業して両社の代表を兼務したが、19年巽工業社長退任により、巴工業に専念。同社発展の基盤を築いた。　家長男＝山口良一（巴工業社長）、二男＝山口彰夫（巴工業社長）、兄＝山口実（海軍中将）、山口三郎（海軍中佐）

山口 千万石　やまぐち・せんまんごく
野球選手
生年不詳～平成15年（2003年）8月9日
生三重県伊勢市　学京都商（現・京都学園高）　歴伝説の名投手として知られる沢村栄治とは"千ちゃん""栄ちゃん"と呼び合う幼なじみで、明倫小時代からバッテリーを組む。共に京都商に進み、沢村投手と同校を甲子園出場に導く。沢村投手の豪速球を受け、左指の第一関節は曲がっていたといわれる。卒業後は社会人野球に進んだ。

山口 蒼輪　やまぐち・そうりん
日本画家
大正2年（1913年）12月26日～昭和25年（1950年）6月25日
生長野県南安曇郡烏川村（安曇野市）　名本名＝山口肇　学東京美術学校予科中退　幼少時より心臓が弱く、持病があった。銀行員の父に伴い、松本附属小学校を卒業後、独自に中等課程を学び、赤羽雪邦に日本画の手ほどきを受ける。昭和3年画家を志して上京し、一年余り東京美術学校予科に通い日本画を学ぶが、退学。中村岳陵にその実力と意欲を認められ、内弟子として直接指導を受ける。のち蒼野社画塾に入り、師岳陵から蒼輪の雅号を受け、同画塾の新星と期待された。第17回院展に「草」で初入選、以後「菊」「果実」などで入選を重ね、13年日本美術院院友となる。20年郷里に疎開し結婚。農業に携わりながら、同志と銀嶺会を結成。全信州美術展、長野県展などに出品するが、心臓麻痺により急逝。中央画壇に復帰することはかなわなかった。透明感のある無垢な作風が特徴。

山口 剛　やまぐち・たけし
国文学者　早稲田大学教授
明治17年（1884年）3月1日～昭和7年（1932年）10月8日
生茨城県新治郡土浦町（土浦市）　専江戸文学研究　学早稲田大学高等師範部国漢文学科〔明治38年〕卒　歴高崎中学、早稲田中学等を経て、明治45年早大高等師範部講師、大正7年助教授、13年文学部教授に就任。江戸文学研究の第一人者で、特に後期小説を中心とする近世文学研究の基礎を確立した。「日本名著全集」諸巻における翻刻、解説は高い評価を受けている。著書に「山口剛著作集」（全6巻）、「紙魚文学」「断碑断章」など。

山口 正　やまぐち・ただし
社会事業理論研究家
明治20年（1887年）6月15日～昭和18年（1943年）12月5日
生大阪府　学京都帝国大学文学部〔大正4年〕卒　歴大阪市職員となり、大正5年労働調査課長（9年社会課と改称）、14年社会部長、昭和10年退職。のち大谷大、大阪商科大各講師を務めた。市社会課では8年以来各種の社会問題の調査で「社会部報告」を刊行、社会連帯論の立場、さらに太平洋戦争中は国家主義的な厚生事業の理論的指導者として活躍。その間市民館設立など社会福祉にも尽力した。著書に「社会事業研究」、論文も多数。

山口 多聞　やまぐち・たもん
海軍中将
明治25年(1892年)8月17日～昭和17年(1942年)6月5日
[生]東京市小石川区表町(東京都文京区)　[出]島根県　[学]海兵(第40期)〔明治45年〕卒,海大(第24期)〔大正15年〕卒　[歴]大正2年海軍少尉に任官。第一次大戦時は第二特務艦隊司令部付として地中海で参戦。8～10年米国プリンストン大学留学。昭和4年ロンドン軍縮会議全権委員随員。5年連合艦隊参謀、7年海軍大学校教官、9年在米日本大使館付武官、11年軽巡洋艦「五十鈴」、12年戦艦「伊勢」艦長を経て、13年海軍少将に昇る。同年第五艦隊参謀長、15年第一連合航空隊司令官、同年第二航空戦隊司令官を務め、16年12月真珠湾攻撃に参加。開戦以来、空母「飛龍」「蒼龍」を基幹とした第二航空隊を率い、17年のミッドウェー海戦では「蒼龍」を含む正規空母3隻が失われた中で粘り強く指揮を執り続けたが、「飛龍」と運命を共にした。死後、海軍中将に昇進。海軍きっての闘将として名高い。[家]父=山口宗義(日本銀行理事)、兄=山口堅吉(三菱銀行理事)、叔父=山口半六(建築家)、山口鋭之助(宮中顧問官)、義兄=園田寛(海軍中将)。

山口 忠五郎　やまぐち・ちゅうごろう
衆議院議員
明治15年(1882年)1月～昭和30年(1955年)10月8日
[生]静岡県　[歴]農業、土木建築請負業の一方、出生地の西益津村村長、志太郡議、静岡県議、同参事会員、同議長などを経て、昭和3年衆議院選挙に出馬以来5回当選。政友会に属し、15年政友会中島派総務。戦時中は翼賛議員同盟、翼賛政治会、大日本政治会、戦後進歩党に所属。また静岡県茶業組合連合会頭、県農会長、県畜産組合連合会長、藤枝合同運送、太陽アルミニューム、静岡日産自動車販売各社長、遠州銀行、日本紅茶、静岡新報各取締役などを務めた。

山口 直知　やまぐち・なおとも
能楽師(観世流シテ方)
明治18年(1885年)12月7日～昭和34年(1959年)6月20日
[生]福岡県　[歴]初代梅若万三郎に師事。明治41年「鍾馗」で初シテ。師のツレ役を務めた。

山口 昇　やまぐち・のぼる
土質工学者 東京帝国大学教授
明治24年(1891年)3月8日～昭和36年(1961年)2月12日
[生]静岡県　[学]土質力学　一高〔明治44年〕卒,東京帝国大学工科大学土木工学科〔大正3年〕卒 工学博士(東京帝国大学)〔昭和3年〕　[歴]大正3年内務省に入省。新潟土木出張所、東京土木出張所、荒川改修事務所を経て、7年東京帝国大学助教授に転身。13年応用力学研究のため欧米へ留学、15年帰国して教授に昇任、応用力学第二講座を担当。昭和23年退官。我が国の土質力学、土質工学の先駆者の一人。著書に「応用力学ポケットブック」「土性力学」「土の力学」などがある。[賞]土木学会賞〔昭和3年〕

山口 八九子　やまぐち・はちくし
日本画家 俳人
明治23年(1890年)1月11日～昭和8年(1933年)10月2日
[生]京都府京都市上京区　[名]本名=山口直信、別号=小遊、三樹洞主、紫陽花人、華王子、破竹亭　[学]京都市立美術工芸学校絵画科〔明治42年〕卒,京都市立絵画専門学校本科〔明治45年〕卒　[歴]春日絵所の娘であった祖母や、教育家で詩歌を趣味とした父らの影響もあって早くから絵画に親しんだ。京都市立美術工芸学校絵画科に学んだのち京都市立絵画専門学校に進学し、明治45年卒業。中国元・明時代の南画を研究しながら画技を研鑽。大正10年第3回帝展で「浜木綿」を出品して初入選し、以後も帝展で作品を発表した。また同年発足した日本南画院にも第一回展で「雲仙湯煙」で入選して以来、出品・入選をかさね、12年には同人となった。14年結核にかかり、和歌山に転地療養。昭和2年に京都に戻って第8回帝展に「海苔を採る」を出品して入選するも、病気の悪化により入院生活を余儀なくされた。4年に退院、以後も熱心に制作活動を続けるが、8年に病気が再発し、同年10月に京都で急逝した。絵画のみならず俳句にも優れ、「毎日新聞」京都俳壇の選者を担当するなど玄人はだしであった。その他の作品に「冬山入斧」「月夜」などがある。

山口 文象　やまぐち・ぶんぞう
建築家
明治35年(1902年)1月10日～昭和53年(1978年)5月19日
[生]東京市浅草田町(東京都台東区)　[名]本名=山口滝蔵、別名=岡村蚊象　[学]東京高等工業学校附属職工徒弟学校〔大正7年〕卒　[歴]東京・浅草の大工職人の後継ぎとして職工徒弟学校を卒業するが、清水組定雇、通信省製図技手などの下積みの辛酸をなめる。大正12年創宇社を結成し、ラディカルな近代建築芸術運動を起こす。帝都復興院勤務を経て、昭和2年片岡・石本建築事務所に入り、白木屋百貨店などの設計を担当。4年から4年間ドイツに留学、バウハウスのグロピウスに師事。帰国後、事務所を開設し、8年「日本歯科医学専門学校」を設計してデビュー。戦後の22年、新日本建築家集団を結成、その幹部として、また新制作派協会会員としても活躍。27年には若い植田一豊らと組みRIA建築綜合研究所を作り、その初期の仕事として「朝鮮大学校」の企画・設計などがある。他の代表作品に「番町集合住宅」「黒部川第二発電所」「新制作座文化センター」など。

山口 蓬春　やまぐち・ほうしゅん
日本画家
明治26年(1893年)10月15日～昭和46年(1971年)5月31日
[生]北海道松前郡福山町(松前町)　[名]本名=山口三郎　[学]東京美術学校日本画科〔大正12年〕卒　[賞]日本芸術院会員〔昭和25年〕　[歴]明治33年上京。在学中二科展に2年連続入選を果たすが、日本画家に転じ、大正13年帝展で「秋二題」が初入選。15年第7回展で「三熊野の那智の御山」が特選となって帝国美術院賞を受賞。昭和2年「緑庭」で再び特選。この間松本映丘の新大和絵運動に参加。4～10年帝国美術学校(現・武蔵野美術大学)教授。その後帝展審査員を務め、6年六潮会を結成。25年芸術院会員。また文芸書の装幀も多くした。[勲]文化勲章〔昭和40年〕　[賞]文化功労者〔昭和40年〕

山口 馬城次　やまぐち・まきじ
衆議院議員
明治25年(1892年)～昭和62年(1987年)6月17日
[生]大分県宇佐市　[学]早稲田大学政経学部卒　[歴]昭和5年から麻生村長4期、大分県議3期。17年から衆議院議員を1期務め、この間15年から17年まで大分県議会議長。42年に初代宇佐市長に当選、1期務めた。

山口 保治　やまぐち・やすはる
作曲家
明治34年(1901年)10月20日～昭和43年(1968年)7月24日
[生]愛知県宝飯郡国府町(豊川市)　[名]筆名=木村三郎、山口薫、山口三郎　[学]愛知県立第四中〔大正9年〕卒,東京音楽学校甲種師範科〔大正15年〕卒　[歴]大正12年東京音楽学校甲種師範科に入学、バイオリンを専攻しピアノを弘田龍太郎、バイオリンを杉山長谷夫に師事した。15年卒業して福井師範学校に赴任、昭和2年北原白秋「お坊様」に初作曲。4年弘田の勧めにより上京、京華、高輪台、常磐の各小学校に勤務した。7年「兎踊り」「群ら雀」を初めてレコードに吹き込み、11年まど・みちお作詞による「ふたあつ」が初のヒット。新進の童謡作

やまくち　　　　　　　昭和人物事典 戦前期

曲家として注目を集め、12年作の「かわいい魚屋さん」（詞・加藤省吾）はリズムの面白さもあり評判を呼び、14年の「さよなら三丁目」は童謡分野では初めての文部大臣賞を受賞した。また、木村三郎の名で作詞も手がける。19年郷里の豊川に疎開。戦後は日本コロムビア、キングレコードの専属作曲家を務める。作曲活動の傍ら、自宅で童謡合唱団のかなりや子供会を主宰した。他の童謡に「ないしょ話」「良寛さん」「かかしのねがいごと」などがあり、生涯に1100曲以上を作曲している。　[家]長男＝山口浩一（ティンパニ奏者）、孫＝山口とも（パーカッション奏者）　[賞]文部大臣賞〔昭和16年〕「さよなら三丁目」

山口 八十八（2代目）　やまぐち・やそはち
実業家 帝国臓器製薬創業者
明治7年（1874年）8月12日～昭和38年（1963年）9月3日
[生]栃木県下都賀郡中谷村（野木町）　[名]旧姓・旧名＝岡部清吉　[学]南赤塚尋常小〔明治19年〕4年中退　[歴]明治26年義兄・山口八十八と洋酒食料品輸入商の山口八十八商店を開業。30年義兄の養父であった山口寅吉の養子に入って岡部姓から山口姓となり、35年義兄が亡くなると遺言でその名を継ぐことになり、2代目山口八十八を名のった。36年同商店を相続。41年食品製造を目的に帝国社食品工場を新設、我が国初のマーガリンの製造を開始した。続いて食用ラード（豚脂）や、グリンピース、トマト、アスパラガスなどの西洋野菜缶詰、豚肉缶詰なども売り出して好評を得た。また、豚肉缶詰を製造する際に出る廃物の臓器の再利用法として薬品製造に着手。大正6年本格的に臓器薬の研究を始め、9年帝国社食品工場内に帝国社臓薬研究所を開設して我が国初の男性生殖腺ホルモン剤「スペルマチン」の生産を開始。10年には同じく我が国初の女性ホルモン剤「オオホルミン」、11年甲状腺製剤「チラーヂン」を創製するなど、我が国臓器薬のトップメーカーとなったが、12年関東大震災で自宅と工場が全焼し大打撃を被った。その後、無事に復興を果たし、昭和4年帝国社臓器薬研究所を株式会社に改組。17年相談役に退くが、20年敗戦後に社長に復帰。27年会長、32年相談役。　[家]長男＝山口栄一（帝国臓器製薬社長）、二男＝山口富次郎（帝国農芸社長）、義兄＝山口八十八（1代目）、義弟＝山口愛吉（帝国社食品工場主任）　[勲]紺綬褒章〔昭和11年〕

山口 葉吉　やまぐち・ようきち
俳人
明治25年（1892年）3月10日～昭和10年（1935年）12月18日
[生]東京市日本橋区（東京都中央区）　[名]本名＝笠原松太郎、別号＝滴礫　[歴]『試作』『第一作』『海紅』同人。海紅堂における大須賀乙字段打事件で有名になる。のち関西に赴き、喜劇俳優志賀廼家淡海一座の座付作者となる。昭和10年浅野麗木と「黄点」を創刊。著書に「季語私解」の他、俳論、随筆、劇評がある。

山口 与平　やまぐち・よへい
電気化学者 東京帝国大学教授
明治20年（1887年）5月26日～昭和41年（1966年）5月11日
[生]静岡県磐田郡　[学]東京帝国大学理科大学化学科〔明治45年〕卒 理学博士〔昭和2年〕　[歴]大正4年東京帝国大学講師、10年助教授となり、11年電気化学講座を担当。昭和2年英国へ留学。17年教授に昇任、23年定年退官。また、大正6年から理化学研究所主任研究員を務め、高温溶融物の製造研究などで業績を上げた。昭和20年日本化学会会長。著書に「基礎電気化学」、共著に「無機化学の理論と演習」などがある。

山口 亮一　やまぐち・りょういち
洋画家
明治13年（1880年）～昭和42年（1967年）10月31日

[生]佐賀県　[学]東京美術学校西洋画科〔明治44年〕卒　[歴]明治36年白馬会洋画研究所に学ぶ。43年文展に初入選。大正2年久米桂一郎らと佐賀美術会を創設。10年～昭和18年佐賀師範教諭を務めた。昭和13～16年新文展に無鑑査出品。

山隈 康　やまくま・やすし
熊本市長 貴族院議員（多額納税）
明治2年（1869年）5月15日～昭和28年（1953年）5月10日
[生]肥後国菊池郡合志村（熊本県合志市）　[学]明治大学〔明治30年〕卒　[歴]明治34年弁護士となり、大正6年熊本市議、同議長を経て、昭和7年多額納税の貴族院議員。9年熊本市長。熊本米穀取引所理事長、熊本海産社長なども務めた。

山崎 何恵　やまさき・いずえ
発酵化学者 九州帝国大学農学部教授
明治27年（1894年）5月22日～昭和37年（1962年）7月25日
[生]広島県高田郡市川村（広島市安佐北区白木町）　[学]東京帝国大学農科大学農芸化学科〔大正7年〕卒 農学博士〔昭和8年〕　[歴]中村組研究部、帝国製糖勤務を経て、九州帝国大学農学部助教授となり、昭和14年教授。その後、同大学農学部長などを務め、33年退官、名誉教授。この間、8年論文「火落菌類（清酒変敗菌類）の研究」により農学博士の学位を得る。この研究により豚肝片培地により火落菌の早期発見を可能とし、清酒の腐造を未然に防げるようになった。清酒酵母の生理に関する研究において多くの業績を残した。アセトンブタノール発酵細菌によるフラビン生成の発見とその生成条件に関する研究は微生物によるビタミン工業の先駆となった。著書に「ソルベント醸酵工学」「酵母の生化学」などがある。　[賞]農学賞鈴木賞〔昭和16年〕

山崎 巌　やまざき・いわお
内務次官 警視総監
明治27年（1894年）9月16日～昭和43年（1968年）6月26日
[生]福岡県大川市　[学]東京帝国大学独法科〔大正8年〕卒　[歴]大正8年内務省に入省。昭和13年厚生省社会局長、同年静岡県知事、14年内務省土木局長、15年1月警保局長を経て、同年12月警視総監に就任し、16年の企画院事件の検挙などを指揮。また東条内閣時代の17～18年内務次官。小磯国昭内閣で内務次官に再任したが、20年4月退任。終戦直後の東久邇内閣の内相に就任したが、政治犯の釈放などで難色を示したため、連合国軍総司令部（GHQ）からの要求で罷免され、公職追放される。解除後の27年、総選挙に郷里から出馬して当選。第一次池田内閣で自治相兼国家公安委員長を務めたが、浅沼稲次郎社会党委員長刺殺事件の責任を負って辞任した。　[家]兄＝山崎達之輔（政治家）

山崎 益洲　やまさき・えきじゅう
僧侶 臨済宗仏通寺派管長
明治15年（1882年）11月3日～昭和36年（1961年）12月31日
[生]京都府　[名]本名＝山崎大耕、旧姓・旧名＝中川　[歴]明治21年6歳で得度。のち兵庫県常光般若林に学び、京都天竜寺で高木台岳について修禅20余年。大正12年臨済宗天竜寺僧堂師家となり、次いで同宗仏通寺派専門道場師家、昭和4年仏通寺派管長となった。仏通寺住職。20年10月～21年4月同宗十三派管長。のち仏通寺を退山、広誠院に住んだ。著書に「般若心経解説」「大道を行く」など。

山崎 覚次郎　やまざき・かくじろう
経済学者 東京帝国大学名誉教授
慶応4年（1868年）6月15日～昭和20年（1945年）6月28日
[出]静岡県　[学]帝国大学法科大学政治学科〔明治22年〕卒 法学博士〔明治38年〕　[賞]帝国学士院会員〔大正2年〕　[歴]大学院を経て、明治24年ドイツ留学、28年帰国。工科大学、農商

務省に勤め、東京高等商業学校教授、掛川銀行取締役などを歴任。35年東京帝国大学法科大学助教授、39年教授となった。大正8年法学部より独立した経済学部に勤め、9～12年経済学部長。一方日本社会政策学会の指導者として活躍。昭和4年定年退職、名誉教授。6年中央大学経済学部長兼商学部長、14年同大理事、日本銀行顧問。18年金融学会初代理事長。明治末からの貨幣論、金融論の大御所的存在だった。著書に「貨幣銀行問題一班」「限界効用学説史」、訳書に「大工業論」など。

山崎 亀吉　やまざき・かめきち
実業家 シチズン創業者 貴族院議員（多額納税）
明治3年（1870年）1月～昭和19年（1944年）7月14日
歴 親戚が営む貴金属商・清水商店で働き、明治25年同店を引き継いで、店名を山崎商店に改称。大正7年尚工舎時計研究所を設立、13年懐中時計の第一号を完成させた。10年には優秀な技術者の育成を目指し尚工舎時計工業学校を設立した。昭和5年シチズン時計株式会社を設立、会長に就任。後藤新平の信望が厚く、「シチズン」という名称は後藤が命名した。この間、大正14年～昭和7年多額納税の貴族院議員を務めた。

山崎 今朝弥　やまざき・けさや
弁護士 評論家
明治10年（1877年）9月15日～昭和29年（1954年）7月29日
生 長野県　名 筆名＝岡島之助　学 明治法律学校（現・明治大学）〔明治34年〕卒　歴 明治34年に司法試験に合格したが、36年に渡米し、幸徳秋水らと知り合う。40年帰国して弁護士を開業、片山潜、堺利彦らと交際しながら個人誌「平民法律」を創刊し、平民大学を創設するなど社会主義の宣伝、教育にあたる。大正9年堺利彦、大杉栄らと日本社会主義同盟を結成したあと、自由法曹団、日本フェビアン協会、日本労働総連合などの結成・創立に参加し、日本労農党、日本大衆党、全国労農大衆党、社会大衆党などの役員や顧問を歴任する。一方、荒畑寒村、山川均らの事件など数多くの争議の弁護士を引き受けた。戦後は昭和23年の三鷹事件や松川事件の弁護人として活躍、また全国借家人同盟の名誉会長を務めている。著書に「弁護士大安売」「地震、憲法、火事、巡査」「日本社会運動史」など。

山崎 釰二　やまざき・けんじ
農民運動家 衆議院議員
明治35年（1902年）9月19日～昭和33年（1958年）1月31日
生 静岡県駿東郡御厨町（御殿場市）　学 御殿場実業学校〔大正7年〕卒　歴 渡満し南満州鉄道（満鉄）に勤務するが、この頃社会主義に関心を抱き、間もなく帰国し、東京帝国大学聴講生などになる。大正13年政治研究会に入会し、15年沼津に転居、以後静岡県東部の農民労働運動のリーダーとして活動。労働農民党に参加、また昭和6年全農静岡県連合会執行委員長となり、労働・小作争議を指導。同年沼津市議、10年静岡県議を経て、11年から衆議院議員に2選。第一控室に所属。17年インドネシアに渡り司政官としてケニンゴウ州知事を務め、21年に帰国。社会党に入党し、26年沼津市議に当選するが、28年離党し、29年ブラジルに移住、農園を経営した。

山崎 謙太　やまざき・けんた
脚本家
明治40年（1907年）～昭和27年（1952年）11月
名 本名＝山崎謙太郎　学 中卒　歴 宇治山田の中学を卒業後、長倉祐孝に師事。日活脚本部に入り、昭和6年第1回作品「恋の長銃」（長倉祐孝監督）を手がけ、9年「多情仏心」（阿部豊監督）で注目される。小國英雄と「青い背広で」（清瀬英次郎監督）、「嫁を行くまで」（春原政久監督）など数多くの共同作品を書き、小市民風味に富んだ喜劇で当時の日活の一ジャンルを作り出した。13年より東宝に転じ、戦後は東宝、大映、新東宝などで作品を手がけた。他の作品に、山本嘉次郎監督「ハワイ・マレー沖海戦」「加藤隼戦闘隊」「四つの恋の物語」、田坂具隆監督「雪割草」など。

山崎 剛平　やまざき・ごうへい
歌人 砂子屋書房創業者
明治34年（1901年）6月2日～平成8年（1996年）7月8日
生 兵庫県赤穂郡上නら町　学 第一早稲田高等学院卒、早稲田大学国文科〔大正15年〕卒　歴 早大在学中の大正15年、窪田空穂主宰「槻の木」を創刊。昭和10年大学同級の仲間である浅見淵、古志太郎と文芸専門書肆・砂子屋書房を創業、処女出版は浅見の推薦で外村繁の第一小説集「鵜の物語」とした。以後、「第一小説集叢書」として仲町貞子「梅の花」、和田伝「平野の人々」、太宰治「晩年」、尾崎一雄「暢気眼鏡」を皮切りに、榊山潤、庄野誠一、井上友一郎、田畑修一郎、森三千代、徳田一穂、森山啓といった新進作家の第一小説集を世に送り出し、昭和10年代の文芸出版において確かな足跡を記した。また、窪田空穂「忘れぬ中に」、徳田秋声「灰皿」、岩本素白「山居俗情」といった随筆集も刊行。20年閉店、敗戦直前に郷里へ帰った。晩年、回想記「若き日の作家」「老作家の印象」を執筆した。歌集「挽歌」、小品集「水郷記」などがある。

山崎 大耕　やまざき・たいこう
僧侶 臨済宗相国寺派管長
明治8年（1875年）9月5日～昭和41年（1966年）2月7日
生 島根県松江市　名 旧姓・旧名＝奥田、号＝無為室　歴 明治14年松江の瑞光寺で得度。25年臨済宗妙心寺派知客となり京都に出、天竜僧堂に留まり、竜淵元頑、峨山倡禎に歴参した。35年瑞光寺住職、38年妙心寺住職、43年円成寺を兼務。大正3年妙心寺派巡教師適任証を受けて諸教区を巡教、本派宗議会議員となった。8年瑞光寺を辞し、台湾臨済護国禅寺住職、9年台湾布教監督を兼ねた。10年上京し、臨済宗相国寺派管長独山玄義に参じてその法を嗣いだ。同年大通院住職となり、相国寺派専門道師家。14年相国寺副住職、昭和2年相国寺住職、18～33年相国寺派管長を務めた。

山崎 猛　やまざき・たけし
衆議院議員
明治19年（1886年）6月15日～昭和32年（1957年）12月27日
生 茨城県水戸市　学 一高中退　歴 朝鮮併合後の明治43年、徳富蘇峰の招きで京城日報に入り、後大連に移って満州日報の社長に。大正9年埼玉県から衆議院議員に当選。終戦後は日本自由党に入党し、昭和21年三木武吉が公職追放されたあと、衆議院議長を務める。23年に民主自由党の結成に参加して同党幹事長となり、芦田内閣総辞職後、民主党から次期首班候補に推されたが、益谷秀次の説得で辞退、議員を辞した。のち第三次吉田内閣の運輸相、国務相、経済審議庁長官を歴任する。当選10回。

山崎 佐　やまざき・たすく
弁護士 医事法制学者 日本弁護士連合会会長
明治21年（1888年）7月5日～昭和42年（1967年）7月30日
生 千葉県木更津　学 東京帝国大学法科大学〔大正2年〕卒 医学博士（九州帝国大学）〔昭和6年〕、法学博士（日本大学）〔昭和26年〕　歴 司法官試補となり大正4～11年判事、東京地裁判事として原敬暗殺事件、荒畑寒村らの治安警察法違反事件などを手がけ、東京控訴院判事を最後に医事専門の弁護士に転じる。この間、東京帝国大学、九州帝国大学、慶応義塾大学など多くの大学で医事法制学を講じた。昭和6年「日本疫史及防疫史」で医師免許を持たない医学博士となった。17～28年日本医史学会理事長、27年第一東京弁護士会会長、36年日本弁護士連合会会長、日本弁護士会顧問を歴任した。著書に「医事法制学」「江戸期前日本医事法制の研究」「日本裁判医学史」な

やまさき　　　　　　　　昭和人物事典 戦前期

どがあり、蔵書を順天堂大学に寄贈、山崎文庫として残った。

山崎 達之輔　やまざき・たつのすけ
衆議院議員 農相 逓信相 農商相
明治13年（1880年）6月19日〜昭和23年（1948年）3月15日
［生］福岡県　［学］京都帝国大学法科大学〔明治39年〕卒　［歴］台湾総督府参事官から文部省普通学務局長などを経て退官し、大正13年以後、衆議院議員当選7回。田中義一内閣の文部政務次官のあと、昭和9年、党議に反して農相に就き、政友会を除名された。のちに昭和会を結成し、林内閣では農相兼逓信相を務める一方、斎藤隆夫演説事件を機に聖戦貫徹議員連盟を結成、政友会の中島知久平派と結んで民政党切り崩しと政友会自壊に奔走した。戦時中は翼賛政治協会委員として戦時協力体制をリードし、東条内閣改造に際しては翼政会を代表して農相、農商相を務めている。　［家］息子＝山崎平八郎（衆議院議員）、弟＝山崎巌（内務次官）

山崎 朝雲　やまざき・ちょううん
木彫家
慶応3年（1867年）2月17日〜昭和29年（1954年）6月4日
［生］筑前国博多櫛田前町（福岡県福岡市博多区冷泉町）　［名］幼名＝春吉、号＝羯摩　［賞］帝国美術院会員〔昭和2年〕、帝国芸術院会員〔昭和12年〕、日本芸術院会員〔昭和21年〕　［歴］多の陶工の家に生まれ、明治17年18歳で地元の仏師高田又四郎に師事、20歳で彫刻師として看板を上げた。28年京都の第4回内国勧業博覧会で「養老孝子」が妙技3等賞、宮内省買い上げとなった。29年上京、高村光雲に師事。30年から朝雲号を用いる。内外の博覧会や東京彫工会、日本美術協会の展覧会に出品。この間、小倉惣次郎に星取り技法を学ぶ。33年パリ万国博で「気比宮晴」「少女猫を抱く図」が銀賞、第5回内国勧業博で木彫「海岸の子供」が2等賞、宮内省買い上げ。37年日英万国博で「戯乗」が金賞、39年ベルギーのリエージュ万博で鋳銅「新装」が名誉賞。40年東京府勧業博覧会審査員となり「桂の影」が1等賞、宮内省買い上げ。同年に平櫛田中らと日本彫刻会を創立。41年第2回文展で木彫「大葉子（おおばこ）」が3等賞、政府買い上げ。木彫に洋風彫塑の写実を導入した優れた技巧の作品を発表した。43年から文展審査員、大正8年帝展審査員、昭和2年帝国美術院会員、9年帝室技芸員、12年帝国芸術院会員、21年日本芸術院会員、同年日展審査員。27年文化功労者に選ばれた。他に福岡市東公園の「亀山上皇像」（元寇記念像）、聖福寺山門の「十八羅漢像」、東京・芝の青松寺「釈迦三尊像」などがある。　［家］義兄＝橘旭翁（1代目）（筑前琵琶奏者）　［賞］文化功労者〔昭和27年〕、内国勧業博覧会妙技3等賞（第4回）〔明治28年〕「養老孝子」、パリ万国博覧会銀賞〔明治33年〕「気比宮晴」「少女猫を抱く図」、東京彫工会彫刻競技会金賞（第21回）〔明治39年〕「彫塑家とモデル置物」、東京府勧業博覧会1等賞〔明治40年〕「桂の影」、文展三等賞〔明治41年〕「大葉子」

山崎 常吉　やまざき・つねきち
労働運動家 愛国従業員組合総連盟会長
明治24年（1891年）1月15日〜昭和36年（1961年）1月5日
［生］高知県香美郡夜須村　［学］小学校中退　［歴］高知市でブリキ工となり、のち大阪を経て、大正6年名古屋に移り、7年米騒動で検挙される。10年頃名古屋労働者協会に加盟し、11年名古屋自由労働者組合を組織して組合長となる。以後、多くの争議を指導し、昭和2年労働農民党から愛知県議となる。5年新労農党愛知県連合会、中央執行委員。また6年には全国労農大衆党から愛知県議となるが、のち右傾化し、11年愛国従業員組合総連盟の会長に就任し、12年衆議院議員に当選。戦後公職追放されたが、のちに社会党から衆議院議員を1期務めた。

山崎 伝之助　やまさき・でんのすけ
和歌山日日新聞創業者 衆議院議員
明治4年（1871年）6月8日〜昭和16年（1941年）2月7日
［生］和歌山県　［学］日本法律学校〔明治33年〕卒　［歴］明治33日本法律学校を卒業して郷里の和歌山県に戻り、和歌山県議となる。45年同県で南海公論社を興し、社長に就任。大正3年和歌山日日新聞社を創立し社長を務めた。昭和3年から衆議院議員（民政党）に当選2回。著書に「和歌山県人材録」「大言壮語録」「酒と人生」「世相録」「新聞人之声」がある。

山崎 寿春　やまさき・としはる
駿台予備学校創立者
明治11年（1878年）7月18日〜昭和39年（1964年）11月19日
［生］鳥取県　［学］東京外国語専門学校（現・東京外国語大学）〔明治35年〕卒　［歴］郷里の中学教師を経て、明治39年米国アマースト大に留学。41年ハーバード大、エール大の大学院に学び、43年M.A.の学位を取得して帰国。44年明治大学に迎えられ、昭和15年まで教授を務めた。この間、大正5年受験英語社を興し、月刊「受験英語」を創刊。7年東京受験講習会を開催し、昭和5年駿台高等予備校（現・駿台予備校）を創立。"愛情教育"を校是としてその生涯を受験生教育に捧げた。

山崎 豊定　やまさき・とよさだ
農民運動家
明治31年（1898年）9月14日〜昭和39年（1964年）10月18日
［生］島根県能義郡母里村（安来市）　［歴］早くから農民運動に参加し、大正11年の日農創立大会に出席し、また日農母里支部を結成。12年能義郡小作連合会を結成し会長に就任。15年島根県小作連合会会長。機関紙「小作人」を発行。のち全日農に参加し、県連委員長、昭和7年中央委員。穏健・合法な方針で多くの農民運動を指導したが、懲役8ケ月に処せられたこともある。戦後は社会党に参加し、22〜30年県議を務めた。

山崎 信興　やまさき・のぶおき
丸善社長
安政4年（1856年）9月〜昭和12年（1937年）6月14日
［名］旧姓・旧名＝佐々木　［歴］明治15年丸善に入社。34年山崎家の養子となり家督を相続。36年丸善取締役、45年営業部長を経て、大正8年社長に就任。以来、20年にわたって丸善を統率。昭和12年退任して相談役に退き、3ケ月後に亡くなった。東京出版協会副会長、東京書籍商組合組合長を歴任。

山崎 延吉　やまさき・のぶよし
農政家 農業教育家 帝国農会副会長 衆議院議員
明治6年（1873年）6月26日〜昭和29年（1954年）7月19日
［生］石川県金沢市昌町　［名］雅号＝我農生　［学］帝国大学農科大学農芸化学科〔明治30年〕卒　［歴］明治30年福島県立蚕業学校、32年大阪府立農学校を経て、34年〜大正9年愛知県立農林学校長を務める。明治38年より愛知県農事試験場長・農事講習所長を兼任。また全国篤農家懇談会を開くなど、青年会・農事講習・産業組合等の育成指導に尽力。大正4年私財を投じて我農園を開く。9年帝国農会に入り、幹事、特別議員、副会長、相談役を歴任。昭和4年私塾・神風義塾を開き、農本主義による農民教育を実施。一方、3年衆議院議員に当選、1期。第一控室に所属。21〜22年勅選貴族院議員を務めた。

山崎 正董　やまさき・まさただ
産婦人科学者 熊本医科大学学長 愛知医科大学学長
明治5年（1872年）4月11日〜昭和25年（1950年）5月29日
［生］高知県高岡郡佐川村（佐川町）　［名］号＝黙堂　［学］一高卒、東京帝国大学医科大学〔明治33年〕卒 医学博士〔大正2年〕　［歴］明治34年熊本病院産婦人科部長兼熊本医学校教授に就任。41〜42年ドイツに留学。大正5年愛知県立医学専門学校校長（学

長)兼愛知病院長。14年から愛知医科大学学長兼任のまま再び熊本医科大学に勤務し(のち愛知医科大学学長は辞任)、昭和7年まで学長兼病院長を務めた。著書に「近世産医学」「肥後医育史」など。退官後は歴史を研究し、「横井小楠伝」を書いた。浜口雄幸首相は高知尋常中学時代の学友。　家孫＝山崎正和(劇作家)

山崎 正光　やまさき・まさみつ
日本初の彗星発見者
明治19年(1886年)5月15日～昭和34年(1959年)5月31日
生高知県高岡郡佐川村(佐川町)　学高知県立中学海南学校(現・小津高)[明治38年]卒、カリフォルニア大学　歴農家に生まれる。明治38年高知県立中学海南学校卒業後、単身米国へ渡りカリフォルニア大学に入学、アルバイトをしながら勉学に励む。43年5月ハレー彗星が出現した時を契機に天文学に目覚め、米国で多くの天文学者と出会い知識を深めた。帰国後は京都帝国大学の講師を務め、大正9年ごろ岩手県の水沢緯度観測所に入所して天文台の業務に従事。そこで米国で取得したレンズ研磨の技術を生かし、日本で最初の反射望遠鏡を自作する。昭和3年10月これを使って新彗星を発見、一躍有名になった。戦時中はしばらく五藤光学研究所に勤めたが、20年の終戦とともに故郷に帰り農業をして余生を送った。芸西天文学習館で発見した小惑星(6497)は「yamasaki」と命名され、国際的に登録されている。著書に「天体望遠鏡の作り方」がある。

山崎 元幹　やまざき・もとき
満鉄総裁
明治22年(1889年)7月7日～昭和46年(1971年)1月24日
出佐賀県　学一高卒、東京帝国大学法科大学政治学科[大正5年]卒　歴大正5年南満州鉄道(満鉄)に入社。昭和6年総務部次長、7年理事となり、12年から満州電業副社長。17年満鉄副総裁、20年総裁に就任。最後の満鉄総裁となり、22年引き揚げ。29～46年満鉄会会長を務めた。　家岳父＝荒井賢太郎(貴族院議員・枢密院副議長)

山崎 保代　やまざき・やすよ
陸軍中将
明治24年(1891年)10月17日～昭和18年(1943年)5月29日
生山梨県禾生村　学陸士(第25期)[大正2年]卒　歴歩兵第15連隊付、歩兵第50連隊補充隊長、第36師団兵器部長などを経て、昭和15年大佐に昇進、歩兵第130連隊長。太平洋戦争の際は18年4月北海守備第2地区隊長としてアッツ島に赴任。すでに戦況は険しく、翌5月12日には2638人の守備隊に対し、約1万1000人の米軍が同島に上陸、次第に島の東北部に追いつめられるが、大本営は同月20日、同島の放棄を決定。29日残っていた150人の将兵を率いて最後の突撃を敢行、負傷して捕虜となった29人を除く全員が戦死または自決した。大本営は翌30日、"玉砕"という言葉でこれを発表した。没後2階級特進で中将となる。

山崎 芳太郎　やまざき・よしたろう
品川燃料常務
明治20年(1887年)12月24日～昭和18年(1943年)3月20日
生大阪府大阪市　歴長男として生まれる。小学校を卒業すると、大阪市の呉服店に働きに出た。大正2年東京・新橋で木炭商を開業。たどん製造機を考案し、「天狗たどん」の商標でたどんを大量生産して注目を集め、さらに無煙炭を配合した「天狗たどん」を売り出して成長した。昭和2年安宅武、山田修作と3人で朝鮮無煙炭の販売を目的として合資会社電興無煙炭商会を設立。4年同社を解散して東京無煙炭株式会社に改組、同社常務。9年品川豆炭を設立し、11年品川燃料(現・シナネンホールディングス)に社名変更。12年同社と東京無煙炭を合併した。

山路 商　やまじ・しょう
洋画家
明治36年(1903年)12月9日～昭和19年(1944年)6月26日
生新潟県長岡市　名本名＝山路商　歴青年時代を中国の東北地方で過ごし、大連の洋画研究所に学ぶ。大正9年広島に移住。12年に「ダダイスト山路商宣言」を発表して画壇の注目を浴び、以来、先鋭的な活動で知られるようになった。昭和2年二科展に初入選し、5年には関西展で朝日賞を受賞。また、11年に田中万吉・福井芳郎らと二紀会を、13年には坂本寿・灰谷正夫らと広島フォルム美術協会を結成するなど、広島を起点とした芸術運動のリーダーとしても活躍した。作品は他に「眠れる男」「松」などがある。　賞関西展朝日賞[昭和5年]

山道 襄一　やまじ・じょういち
衆議院議員 民政党幹事長
明治15年(1882年)3月15日～昭和16年(1941年)5月11日
出広島県　学早稲田大学政経学部[明治39年]卒　歴鳥取新報、大韓日報で主筆を務め、中国新聞記者を経て、明治45年以来衆議院議員に当選10回。憲政会、民政党に属し、会ވ事長、党幹事長を務めた。一時民政党脱党、国民同盟幹事長となったが、民政党に戻り政調会長。また文部参与官、鉄道政務次官を務め、昭和5年には第26回列国議会同盟会議に出席した。著書に「日本再建論」。

山地 土佐太郎　やまじ・とさたろう
実業家 極洋創業者
明治11年(1878年)12月26日～昭和33年(1958年)2月2日
生東京市京橋区新富町(東京都中央区)　出高知県　学土佐郡第一高小[明治24年]中退　歴明治43年5月第2回ブラジル移民の会計監督として旅順丸でブラジルへ向かい、12月帰国。44年明治産物合資会社を設立して独立したが、珊瑚輸出に失敗して会社を解散。大正2年内田信也の口利きで船舶仲介業を始め、5年明治物産株式会社、明大汽船(山地汽船)を設立して両社社長。第一次大戦の好況で大きな利益を出し、大打撃を被らずに海運業から手を引いた。7年スマトラゴム拓殖設立に関与して8年社長、昭和12年極洋捕鯨(現・極洋)を起こして同社長。一方、ブラジルで移動のために馬に乗った際にその立派なことに驚き、それに比べて国産馬の貧弱なことを憂い、財力を築くと馬匹改良と増産に力を尽くそうと決意したことから、馬政家、馬術家としても活躍。大正11年第1回全国乗馬大会を成功させるなど日本乗馬界の実力者の一人に数えられ、馬事振興に関する団体の役員を歴任した。昭和21年勅選貴族院議員。　家二男＝山地三平(太平洋海運社長)、孫＝山地三六郎(太平洋海運社長)、父＝山地享吉(第百二十七銀行支配人)、義弟＝山地羽村(俳人)　勲勲五等瑞宝章[昭和15年]

山下 幹司　やました・かんじ
鵜匠 宮内省式部職鵜匠
明治27年(1894年)3月23日～昭和40年(1965年)5月23日
出岐阜県　学岐阜中卒　歴大正5年宮内省式部職鵜匠となる。昭和14年サンフランシスコ万国博で長良川の鵜飼いを世界に紹介、岐阜市の観光の目玉に育てた。二男・善平が鵜匠となって伝統漁法を継承した。　家二男＝山下善平(鵜匠)

山下 謙一　やました・けんいち
熊本県知事
明治18年(1885年)1月～昭和26年(1951年)6月27日
出佐賀県　学東京帝国大学法科大学[明治43年]卒　歴昭和3年徳島県知事、6年熊本県知事を務めた。

山下 新太郎　やました・しんたろう
洋画家
明治14年（1881年）8月29日～昭和41年（1966年）4月10日
⽣東京府根岸（東京都台東区）　学東京美術学校西洋画選科〔明治37年〕卒　賞帝国美術院会員〔昭和10年〕，帝国芸術院会員〔昭和12年〕　歴美校で黒田清輝の指導を受け，明治38年渡仏，ラファエル・コランらに師事。古典の摸写，ルノアールの感化を受け43年帰国。第4回文展で「靴の女」「読書」，44年第5回文展で「窓際」が入選。大正3年二科会創立に参加。昭和6年再渡欧，7年帰国。10年二科会を脱会，帝国美術院会員。11年有島生馬，石井柏亭らと一水会を創立。12年芸術院会員。36年日展顧問。著書に「油絵の科学」。　歴レジオン・ド・ヌール勲章〔昭和7年〕　賞文化功労者〔昭和30年〕

山下 宅治　やました・たくじ
米国で日系人の地位向上に尽力
明治7年（1874年）～昭和33年（1958年）
⽣愛媛県八幡浜市　学ワシントン大学〔明治35年〕卒　歴愛媛県に海産物商を営む家に生まれる。明治26年18歳で渡米，レストランで働きながらハイスクールに学び，日本人として初めてワシントン大学法学部に入学。明治35年優秀な成績で同大を卒業，司法試験にも合格したが，ワシントン州最高裁は帰化申請と弁護士資格の認定を拒否。人種をもとに機会を否定するのは米国を支える価値に反すると主張したが，容れられなかった。のちビジネス界に転じてホテル経営などで成功を収めた。大正11年外国人の土地所有を禁じる州法に異議申し立てを行った他，法律闘争を通じて日系人の地位向上に尽力。第二次大戦に際して強制収容所に収監され，全財産を失う。戦後，失意の内に帰国して亡くなった。平成元年ワシントン州の法曹関係者を中心に名誉回復が行われ，改めて弁護士資格が授与された。またワシントン大学で法律を学ぶアジア系学生に対して奨学金を交付する“山下宅治育英資金”が設立された。

山下 長　やました・たけし
実業家　オリンパス創業者
明治22年（1889年）4月8日～昭和34年（1959年）2月5日
⽣鹿児島県名瀬市　学三高卒，東京帝国大学法学部法律学科〔大正4年〕卒　歴大正4年弁護士を開業したが，兵役後は父の勧めで実業界に入ることとし，7年明治の元勲・松方正義が親戚に当たる関係から，その五男・松方五郎が経営する貿易商・常盤商会に入社。8年顕微鏡技師の寺田新太郎らと顕微鏡の製造・販売会社である高千穂製作所（現・オリンパス）を設立し，専務に就任。9年同社初の顕微鏡「旭号」を開発，また，体温計の製造事業にも乗り出した。当初は顕微鏡・体温計ともに親会社である常盤商会にちなんだ「トキワ」の商標を用いていたが，10年販売戦略を考慮して「オリンパス」を商標として登録。12年の関東大震災を機に常盤商会との関係が断たれ，代わりに森下仁丹や島津製作所が経営に参画したが，業績は上がらなかった。14年山下の単独経営に切り替えて再建に着手。15年東京帝国大学教授の竹村勘忍を技術顧問に迎えた他，ツァイス，ライツなどドイツの先進顕微鏡メーカーの現状を調査して品質・工程の向上を図り，昭和2年当時の国産技術の粋を集めた「昭和号（GK鏡基）」が完成。9年社長に就任。顕微鏡の改良に力を注ぐ一方で，エピディアスコープや映写機などの製造にも着手。10年瑞穂光学研究所を設立してカメラの製造事業を起こし，11年自社製造のズイコーレンズを備えた初のカメラ「セミオリンパス」を発表した。14年安宅産業の経営参画を受けて社長を辞任，代表取締役として残留するが，15年退社。以後は日真光学株式会社を設立して社長となり，敗戦まで顕微鏡製造を続けた。　賞発明協会有功賞〔昭和8年〕，日本産業協会表彰〔昭和12年〕

山下 谷次　やました・たにじ
衆議院議員
明治5年（1872年）2月～昭和11年（1936年）6月5日
⽣香川県那珂郡十郷村　学琴平國道黌〔明治20年〕卒，京都尽誠社〔明治24年〕卒　歴京都尽誠社，京都温智学会東山学院，東京郁文館の講師を歴任した後，東京商工学校を創立する。大正13年から衆議院議員を5期務め，政友会に所属。犬養内閣で文部参与官を務めた。漢文，政治などの著書も多く残した。

山下 太郎　やました・たろう
実業家
明治22年（1889年）4月24日～昭和42年（1967年）6月9日
⽣東京都　⽥秋田県平鹿郡大森町（横手市）　学東北帝国大学農科大学（現・北海道大学）〔明治42年〕卒　歴明治42年従兄・九助から相談を受け，柔軟オブラートを発明。45年山下商店を開業し，バター，穀物の仲買人，貿易商などを手がける。大正2年には柔軟オブラートの特許を取得したことから旧知の白石元治郎の協力を得て，3年山元オブラートを設立。第一次大戦中には同社を白石らに譲渡し，それで得た資金を貿易に専念，鉄からブリキ，肥料，雑穀まで幅広い商品を扱った。9年大戦後の不況により山下商店は廃業を余儀なくされ，裸一貫で満州に渡るが，ここで南満州鉄道（満鉄）社内にいた松本烝治，松岡洋右らの伝手により満鉄社宅の大量建設を受注することで巨額の資産を築き，“満州太郎”として盛名をはせるに至った。この資金を元に事業の拡大をはかり，満州開発，満州興拓などの在満企業だけでなく，日東化学，日魯漁業，鐘淵紡績，三菱化成など内地の企業でも重役や社長を歴任した。戦後はアラビア石油を創立，日本における海外での自主開発原油第1号となり，“アラビア太郎”の異名をとった。　家従兄＝山下九助（木村屋創業者）

山下 竹斎　やました・ちくさい
日本画家
明治18年（1885年）7月17日～昭和48年（1973年）
⽣京都府　名本名＝山下覚太郎　歴明治33年により円山派の日本画家・山元春挙に師事。師の画風をよく受け継いだ山水画を得意とし，新古美術展や後素青年会などで活躍した。また，明治44年「漁歌」で文展初入選したのを皮切りにたびたび国展で入賞し，大正5年の第10回展では「桃の里」を出品して特選を受賞。13年以降は帝展でも活動し，昭和2年同展委員に推された。その後も帝展・新文展などで無鑑査出品や招待出品を重ねるが，19年の戦時特別文展を最後に官展から引退。作品は他に「驟雨」「山路の秋」「暮雪」などがある。　賞文展褒状（第5回）〔明治44年〕「漁歌」，文展三等賞（第7回）〔大正2年〕「驟雨」，文展褒状（第8回）〔大正3年〕「山路の秋」，文展特選（第10回）〔大正5年〕「桃の里」

山下 徳治　やました・とくじ
教育家　教育運動家
明治25年（1892年）1月15日～昭和40年（1965年）7月10日
⽣鹿児島県鹿児島市　名本名＝森徳治　学鹿児島師範〔大正2年〕卒　歴西田小学校などに勤め，大正11年ペスタロッチ研究のためドイツへ留学。帰路，ソ連の教育を見学し，昭和4年再度訪ソした。この頃プロレタリア科学研究所員となり，4年「新興ロシアの教育」を刊行。5年新興教育研究所の創立に参加し初代所長に就任。日本教育労働者組合準備会の組織にも参加した。のち岩波書店の「教育」の編集長となり，教育科学研究会の活動に参加した。37年日本スポーツ少年団本部委員。他の著書に「デューイ」「児童教育基礎理論」「明日の学校」などがある。

山下 奉文　やました・ともゆき
陸軍大将
明治18年(1885年)11月8日～昭和21年(1946年)2月23日
[生]高知県香美郡土佐山田町 [学]陸士(第18期)〔明治38年〕卒, 陸大〔大正5年〕卒 [歴]オーストリア大使館兼ハンガリー公使館付武官、陸軍省軍事課長などを経て、昭和10年軍事調査部長となり、11年の二・二六事件では反乱軍に対し好意的立場をとる。その後、13年北支那方面軍参謀長、14年第4師団長(満州)、15年航空総監、16年7月関東防衛司令官を歴任。同年11月第25軍司令官となり、太平洋戦争開戦とともにマレー半島上陸作戦を指導し、17年2月シンガポールを占領、一躍国民的英雄となる。18年大将に昇格。19年第14方面軍司令官としてフィリピンへ転戦するが、米軍との戦闘で壊滅的な打撃をこうむる。敗戦後、フィリピンにおける日本軍の戦争犯罪に関して最高責任者としての責任を問われ、マニラで絞首刑に処せられた。 [家]兄＝山下奉表(海軍軍医少将)

山下 寅次　やました・とらじ
東洋史学者 広島文理科大学名誉教授
明治10年(1877年)2月～昭和45年(1970年)4月17日
[生]香川県香川郡宮脇村(高松市) [名]号＝楳渓 [学]東京帝国大学文科大学漢文学科〔明治37年〕卒, 東京帝国大学文化大学大学院西域史研究科修了 [歴]明治40年広島高等師範学校教授、昭和4年広島文理科大学教授を務め、16年退官、名誉教授。帰郷して香川県立農科大、国立香川大農学部各教授、高松市明善短期大学教授を歴任した。中国古代文化史、西域を介する文化交流史を考証学的に研究。漢詩にも造詣深く、自作詩集「竹深居詩存」(全3巻)がある。また頼山陽の書風で揮毫をよくし、山陽墨蹟鑑定家として有名。

山下 久　やました・ひさし
ピアニスト 指揮者
明治38年(1905年)～昭和47年(1972年)8月22日
[生]埼玉県大宮市 [学]東洋音楽学校ピアノ科卒 [歴]昭和2年松竹管弦楽団でデビュー。昭和6年船のバンドで楽長を務める。7年大連に渡り、自己のバンドを主宰して活躍。ケンカっ早く満州では名物楽士だった。 [家]息子＝山下高司(ベース奏者)

山下 実　やました・みのる
野球選手
明治40年(1907年)3月20日～平成7年(1995年)4月4日
[生]兵庫県神戸市 [学]慶応義塾大学卒 [歴]第一神港商時代の大正13年夏、全国中等学校野球大会で、開場早々の甲子園で大ホームラン。昭和2年から5年にかけて慶応義塾大学野球部黄金時代の主軸打者として活躍。"和製ベーブ""怪物"と恐れられた。満州倶楽部を経て、11年阪急の創立に加わり、13、4年には監督を兼任。アマ、プロに渡って球界に貢献したことが評価されて、62年殿堂入りした。実働6年、239試合、798打数208安打、19本塁打、打率.261。11年には本塁打王をとっている。

山下 義韶　やました・よしあき
柔道家
元治2年(1865年)2月16日～昭和10年(1935年)10月26日
[出]相模国小田原(神奈川県小田原市) [学]二松学舎(現・二松学舎大学) [歴]明治17年講道館に入門、18年の警視庁武術大会で揚心流の強豪照島太郎を破り、講道館に全勝をもたらした。これにより19年警視庁師範となる。22年には福沢諭吉から招かれて慶応義塾師範となり、講道館柔道に隆盛をもたらした。36年渡米、ルーズベルト大統領に柔道を教え、米国各地に柔道を紹介し、39年帰国。また東京高等師範学校、皇宮警察などで柔道の指導にあたった。昭和5年9段となり、死後10段を追贈される。講道館四天王の一人。

山下 利三郎　やました・りさぶろう
推理作家
明治25年(1892年)～昭和27年(1952年)3月29日
[出]京都 [名]別名＝山下平八郎 [歴]伯父の家を嗣いで、山下姓となり、額縁商を営む。大正11年「誘拐者」でデビューし、「新青年」を中心に執筆。昭和8年創刊の「ぷろふいる」に協力し、筆名も平八郎に改めたが、その後は数編を発表しただけだった。作品に「頭の悪い男」「素晴らしや亮吉」「野呂家の秘密」など。

山階宮 武彦　やましなのみや・たけひこ
皇族 海軍少佐 貴族院議員
明治31年(1898年)2月13日～昭和62年(1987年)8月10日
[生]東京都 [学]海兵(第46期)〔大正7年〕卒 [歴]山階宮家の3代目当主。母が貞明皇后の姉で、昭和天皇のいとこにあたる。大正8年海軍少尉に任官。13年東京・立川市に私財を投じて御国航空練習所を創設、航空技術の研究をするなど、戦前"空の宮様"といわれた。15年には富士山頂に建設された富士気象観測所の実現に尽力。昭和4年海軍少佐。22年皇籍を離脱した。 [家]父＝山階宮菊麿, 弟＝山階芳麿(鳥類学者), 筑波藤麿(靖国神社宮司・侯爵), 鹿島萩麿(海軍大尉・伯爵) [勲]勲一等旭日桐花大綬章〔大正8年〕

や

山澄 貞次郎　やますみ・ていじろう
海軍少将
生年不詳～昭和51年(1976年)
[出]東京都 [歴]巡洋艦「名取」「妙高」などの艦長を務め、昭和17年戦艦「陸奥」艦長、18年第八艦隊参謀長。11～15年侍従武官として昭和天皇に仕え、戦後の23年、当時のことを綴った手記「随筆 宮殿炎上」を執筆。平成20年同手記が遺族の手により発見された。

山田 乙三　やまだ・おとぞう
陸軍大将
明治14年(1881年)11月6日～昭和40年(1965年)7月18日
[生]長野県 [学]陸士(第14期)〔明治35年〕卒, 陸大〔明治45年〕卒 [歴]明治37年4月日露戦争に出征。陸大卒後、騎兵学校教官、陸大教官、朝鮮軍参謀、参謀本部課長、騎兵第4旅団長、参謀本部第3部長、第12師団長、第3軍司令官を経て、昭和13～14年にかけて中支派遣軍総司令官、14年教育総監、15年大将となり、19年7月から関東軍総司令官を務める。終戦に当たっては"聖断を奉戴"して簡明な裁断を下したため即時停戦が確立し、関東軍の混乱は回避された。さらに満州在留日本人の保護と早期送還についてしばしばソ連当局に要望したが受け入れられず、自らは11年にわたってシベリアのハバロフスク、イワノボの各収容所に抑留されたのち、31年6月に帰国、その9年後に死去。平成7年抑留時代の日記の一部と回想録が発見された。

山田 賀一　やまだ・がいち
冶金学者 京都帝国大学教授
明治25年(1892年)5月～昭和17年(1942年)6月18日
[生]京都府 [学]京都帝国大学採鉱冶金学科〔大正3年〕卒 工学博士〔昭和5年〕 [歴]京都帝国大学講師、助教授を経て、大正12年教授となり、冶金学講座を担当。その間、英国、ドイツに留学した。また大阪帝国大学講師、台湾総督府専売局嘱託なども務めた。

山田 勝次郎　やまだ・かつじろう
経済学者 歴史学者 京都帝国大学農学部助教授
明治30年(1897年)10月7日～昭和57年(1982年)6月7日
[生]群馬県高崎市 [名]旧姓・旧名＝蠟山, 筆名＝柏崎次郎 [専]農業・農民問題 [学]東京帝国大学農学部農業経済学科〔大正11

やまた　　　　　　　　　　　　　　昭和人物事典 戦前期

年〕卒　歴大正14年京都帝国大学農学部助教授となり、15年から昭和3年にかけて文部省在外研究員として英、独の農業事情を視察。5年共産党シンパ事件で退職し、6年上京してプロレタリア科学研究所員となるが、7年のプロ科の検挙に連坐して懲役3年執行猶予4年に処せられる。以後マルクス主義の学者として活躍し、「日本資本主義発達史講座」に執筆。戦後共産党に入党し、民主主義科学者協会の創立に参加するが、39年除名された。24年から日本学術会議会員を2期務めた。著書に「マルクス資本論」「米と繭の経済構造」「地代論論争批判」などがある。　家兄＝蝋山政道（政治学者），弟＝蝋山芳郎（外交評論家）

山田 勝己　やまだ・かつみ
スキー選手
明治38年（1905年）〜昭和40年（1965年）

生北海道札幌市　学北海道帝国大学農学部林学科〔昭和4年〕卒　歴昭和4年北海道帝国大学卒業とともに青森県の大鰐営林署に就職。その傍ら、青森林友会のスキー選手として活躍し、7年のレークプラシッド五輪のスキー複合に日本代表として出場した（青森県人初の冬季オリンピック出場者でもある）。その後、鰺ヶ沢営林署を経て北海道庁に転任。スキー界での活動も続け、日本スキー連盟の技術委員や複合部長などを歴任し、スキー競技の普及・発展に貢献した。理論家肌で逆転の発想をよくすることから、"逆さん"の愛称で慕われた。

山田 兼松　やまだ・かねまつ
マラソン選手
明治36年（1903年）7月10日〜昭和52年（1977年）8月27日

生香川県坂出市　歴塩田に働きながらマラソンを練習、昭和3年アムステルダム五輪には津田晴一郎、永谷寿一と共にマラソンに出場、2時間35分29秒で4位に入賞した。その後も「坂出走ろう会」を作り後進の指導に尽力し、塩飽といった世界的選手を生み出すなど、日本のマラソン界に貢献した。

山田 毅一　やまだ・きいち
ジャーナリスト 衆議院議員
明治20年（1887年）1月〜昭和28年（1953年）4月15日

出富山県　学早稲田大学卒　歴東京外国語学校、早稲田大学に学ぶ。東京日日新聞記者、やまと新聞記者、国民新聞記者となり、樺太、沿海州、支那、台湾、南洋方面及び欧米各国を巡遊視察。のち復興通信社を創立、社長。また南方産業調査会を興し、機関紙「南進」社長。この間、昭和3年衆議院議員に当選、民政党に所属して連続2期務めた。

山田 キク　やまた・きく
小説家
明治30年（1897年）〜昭和50年（1975年）

生フランス・リヨン　学聖心学院卒、ソルボンヌ大学　歴父は日本人外交官・山田忠澄（フランス・リヨン総領事）で、母はフランス人。父の任地フランスのリヨンで生まれる。日本に帰国して聖心学院で英語を学ぶ。また、遠州流や池坊の生け花を修め、日本文化に対する理解と知識を深めた。のち、東京のAP通信社に秘書として勤務し、読売新聞社発行のフランス文雑誌「極東」にも寄稿。大正12年再びフランスに渡って文筆業に従事し、随筆や小説を通じて日本文化の紹介に努めた。特に15年発表の小説「マサコ」や昭和2年の随筆集「障子」が著名で、その豊麗な散文詩的美文はポール・ヴァレリーやアンリ・ド・レニエらフランス詩文壇の大家たちから注目された。7年スイス人画家のコンラド・メイリと結婚。　家父＝山田忠澄（外交官）

山田 健二　やまだ・けんじ
童話作家

明治36年（1903年）〜昭和51年（1976年）

生東京都港区　学旅順工科大学卒　歴南満州鉄道（満鉄）会社の土木関係やその他の仕事の傍ら、童話の創作に励む。昭和9年童話集「高梁の花環」を出版。次いで10年「慰安軍」、13年「少年義勇軍」を出版する。石森延男につぐ植民地児童文学作家となった。戦後は埼玉県草加幼稚園長を務めた。

山田 玄太郎　やまだ・げんたろう
植物学者 北海道帝国大学教授
明治6年（1873年）〜昭和18年（1943年）

生山形県飽海郡酒田町（酒田市）　出北海道　専銹金学、植物病理学　学山形尋常中、札幌農学校本科卒 農学博士　歴山形県に生まれ、廻船問屋の父に伴い北海道へ移住。明治31年札幌農学校助教授、36年盛岡高等農学校創立で同教授。その後ドイツのボン大学、英国へ留学。大正10年鳥取高等農学校（現・鳥取大学農学部）設立で初代校長として着任、昭和11年に退官するまで12年間務めた。同年北海道帝国大学教授となり、札幌に帰郷した。著書に大森順蔵との共著「植物病理学」がある。　賞文部省教育30周年勤続功労者表彰

山田 耕雲　やまだ・こううん
日本画家
明治11年（1878年）6月3日〜昭和31年（1956年）

生京都府　名本名＝山田伊三郎　歴明治28年四条派の日本画家菊池芳文に入門。30年京都の青年画家たちによって結成された後素青年会に参加。32年第2回全国絵画共進会で褒状を受けて以来、内国勧業博覧会や新古美術展などで数多くの賞を受けた。また、41年「銀杏」で文展に初入選してからは同展を中心に活動し、大正3年の第8回展と4年の第9回展で連続して褒状を獲得。この間、明治42年には師・芳文ともにオランダに赴き、約3年に渡ってハーグ平和殿の装飾壁掛図の下絵を手がけている。大正8年に帝展が開設されると、その第1回展から出品し、15年には同展委員となった。その後、聖徳太子奉讃美術展や新文展で活躍。作品は他に「軍鶏」「鴻」「葡萄」などがある。　賞全国絵画共進会褒状（第2回）〔明治32年〕，文展褒状（第8回）〔昭和3年〕「鴻」，文展褒状（第9回）〔昭和4年〕「葡萄」

山田 幸五郎　やまだ・こうごろう
海軍造兵少将
明治22年（1889年）9月10日〜昭和57年（1982年）7月23日

生青森県青森市　専応用光学　学一高〔明治43年〕卒, 東京帝国大学理科大学物理学科〔大正2年〕卒, 東京帝国大学大学院〔大正8年〕修了　歴大正2年大学卒業後、長岡半太郎の下で輻射学を研究。3〜5年一高講師を経て、5年長岡の勧めで海軍に入り光学兵器の研究に従事。8〜10年英国、フランスへ留学。以後、潜水艦用の潜望鏡や、艦砲射撃の着弾状況を写真撮影するための「偏方弾着写真機」「左右弾着写真機」、航空機からの爆撃を正確に記録する「爆撃鑑査写真機」、赤外線味方識別装置などの光学兵器を開発した。昭和13年海軍造兵少将となり、予備役に編入。14年東京光学機械取締役、18年東京帝国大学第二工学部兼任講師。戦後は、35〜41年東京電機大学教授及び日本真空光学社長。41〜45年東京写真大学学長を務めた。著書に「光学の知識」「趣味の光学」「紫外線」「幾何光学」「眼鏡」などがある。　家岳父＝三輪田元道（教育家）

山田 耕筰　やまだ・こうさく
作曲家 指揮者
明治19年（1886年）6月9日〜昭和40年（1965年）12月29日

生東京市本郷区森川町（東京都文京区）　学東京音楽学校声楽科〔明治41年〕卒、ベルリン高等音楽学校卒　賞帝国芸術院会員〔昭和17年〕　歴長姉はキリスト教婦人運動家のガントレット恒で、少年時代には姉の夫である宣教師エドワード・ガ

ントレットから西洋音楽の基礎を教わる。明治41年東京音楽学校声楽科卒業後は三菱合資会社副社長・岩崎小弥太をパトロンにつけ、43年その後援を受けてベルリンに留学。ベルリン高等音楽学校の卒業制作では日本人による初めての交響曲「かちどきと平和」、合唱と管弦楽のための「秋の宴」を作曲。大正3年帰国。同年我が国最初の交響楽団・東京フィルハーモニーを組織、帝国劇場などで自作を発表するなど日本の交響楽団活動の基礎を作る。6～9年渡米。11年北原白秋と雑誌「詩と音楽」を創刊して詩と音楽との融合を図り、白秋の詩による「ペチカ」「待ちぼうけ」「からたちの花」「砂山」「この道」や三木露風の詩による「赤とんぼ」、西条八十の詩による「お山の大将」などといった歌曲、童謡に曲を付けた。13年近衛秀麿と日本交響楽協会を創設して全国を巡演したが、昭和2年内紛により近衛ら大多数の団員が脱退し、新たに新交響楽団（現・NHK交響楽団）として独立したことから、あえなく瓦解した。4年ドイツ時代の作である楽劇「堕ちたる天女」を歌舞伎座で初演してからは、演劇と音楽との融合芸術であるオペラの創作とその普及に比重を置くようになった。この間にも米国、フランス、ソ連で自作を発表するなど、日本人初の国際的作曲家として高く評価された。15年演奏家協会を設立。同年には皇紀二千六百年奉祝行事の一環としてオペラ「夜明け」を初演。17年帝国芸術院会員。太平洋戦争中には「燃ゆる大空」「翼の凱歌」「米英撃滅の歌」など数多くの戦時歌謡や軍歌を作ったほか、19年日本音楽文化協会会長、音楽挺身隊隊長、日本音楽文化協会会長などを務めて戦争遂行に協力したことから、戦後に山根銀二から"戦争犯罪人"として批判された。家妻＝辻輝子（ソプラノ歌手）、姉＝ガントレット恒（婦人運動家）勲レジオン・ド・ヌール勲章〔昭和11年〕、文化勲章〔昭和31年〕賞文化功労者〔昭和29年〕、朝日文化賞〔昭和15年度〕〔昭和16年〕

山田 浩二　やまだ・こうじ
ビリヤード選手
明治20年（1887年）1月29日～昭和16年（1941年）9月16日
生東京都　歴家が洋食店で撞球を営業、そのため、幼少から撞球になじみ、20歳で四つ球1300をつき、天才といわれた。21歳の時松園均平博士に伴われてドイツに渡り、大正10年ニューヨークのアスター・ホテルで、世界ボークライン選手権保持者ウィリー・ホッペを破り、世界的名選手として名を上げた。11年帰国、東京・丸ビル内に撞球場を開放して後進を指導した。昭和16年3月日本初の撞球名人位を贈られた。

山田 三良　やまだ・さぶろう
国際私法学者　京城帝国大学総長　帝国学士院理事長　貴族院議員
明治2年（1869年）11月18日～昭和40年（1965年）12月17日
生奈良県　学東京帝国大学法科大学英法科〔明治29年〕卒、東京帝国大学大学院修了 法学博士〔明治35年〕　宣帝国学士院会員〔大正14年〕　歴明治30年法典調査会起草委員補助となり、欧米に留学。33年東京帝国大学助教授、34年帰国後教授となり、国際私法を担当、大正10～13年法学部長。昭和5年常設仲裁裁判所裁判官、6年京城帝国大学総長、7年帝国学士院理事長。23～37年日本学士院院長。国際私法学の権威で、日本国際法学会の設立、育成に尽力。また日仏会館創立などフランスとの文化交流にも貢献。著作権制度調査会長も務めた。18～22年帝国学士院会員の貴族院議員。著書に『国際私法』（上下）などがある。　家岳父＝江川英文（法学者）　賞文化功労者〔昭和29年〕

山田 修作　やまだ・しゅうさく
実業家　品川燃料社長
明治18年（1885年）11月14日～昭和39年（1964年）11月21日
生石川県金沢市　学金沢一中〔明治37年〕卒、東亜同文書院商務科〔明治40年〕卒　歴明治40年東亜同文書院を卒業すると同校の中国調査部に勤務。師事していた根岸佶が帰国すると助手として帰国し、中国経済の研究に従事した。45年農商務省嘱託として再び中国に渡り、6年間調査活動を行う。大正6年帰国して嘱託を辞すと、根岸の紹介で横浜の貿易商社・三友組に参加。同社は三友汽船と三友鉱業を設立し、第一次大戦により活況を呈したが、9年終戦後の不況により倒産。この時、退職金代わりに山口県荒川と佐賀県伊万里鉱山の石炭の販売権を譲り受けたことから、10年合資会社炭鉱商会を創設。昭和2年金沢一中、東亜同文書院の2期後輩である安定武と、山崎芳太郎の3人で朝鮮無煙炭の販売を目的として合資会社電興無煙炭商会を設立。4年同社を解散して東京無煙炭株式会社に改組、同社常務。9年品川豆炭を設立し、11年品川燃料に社名変更。12年同社と東京無煙炭を合併。19年社長となった。

山田 準　やまだ・じゅん
中国哲学者　二松学舎学長
慶応3年（1867年）11月23日～昭和27年（1952年）11月21日
生備中国高梁（岡山県）　名号＝済斎　学東京帝国大学古典講習科〔明治17年〕卒　歴はじめ漢学塾有終館、二松学舎に学び、明治17年東京大学講習科に入った。卒業後は五高、七高造士館各教授などを経て、昭和2年二松学舎学長、3年二松学舎専門学校校長、大東文化学院教授兼任。18年二松学舎名誉学長、同専門学校名誉教授、大東文化学院名誉教授となり、郷里で『山田方谷全集』を編集刊行。山田方谷、三島中洲の学を継承、詩文に長じた。著書に『陽明学精義』『済斎文集』がある。　家祖父＝山田方谷（陽明学者）

山田 順子　やまだ・じゅんこ
小説家
明治34年（1901年）6月25日～昭和36年（1961年）8月27日
生秋田県由利本荘市　名本名＝山田順　歴弁護士と離婚した後、大正14年自伝風小説『流るゝまゝに』を出版。これを機に徳田秋声、竹久夢二と同棲。秋声の「元の枝へ」「仮装人物」のモデルとして知られる。文学者・勝本清一郎とも同棲し、マスコミに浮名を流した。昭和29年『女弟子』を出版。

山田 純三郎　やまだ・じゅんざぶろう
大陸浪人　中国革命援助者
明治9年（1876年）5月18日～昭和35年（1960年）2月18日
生青森県弘前市　学東奥義塾〔明治29年〕卒　歴実業家・山田皓蔵の三男。東奥義塾に学び、明治32年東亜同文会の清国留学生試験に合格、33年南京同文書院に入学した。34年同文書院事務員兼助教授となるが、37年辞職して陸軍通訳官として日露戦争に従軍。39年帰国。40年東亜同文書院教授。同年南満州鉄道（満鉄）に転じたが、大正5年辞職。中国の革命家・孫文の秘書役を務めて、厚い信頼を得、14年日本人として唯一、その死に立ち会った。昭和2年上海毎日社長。11年上海日語専修学校を設立。19年上海大東学院長。22年日本へ引き揚げた。　家兄＝山田良政（中国革命援助者）、父＝山田皓蔵（実業家）

山田 潤二　やまだ・じゅんじ
東京日日新聞専務
明治18年（1885年）3月12日～昭和36年（1961年）12月2日
生岐阜県海津郡高須町　名旧姓・旧名＝三溝　学東京帝国大学法科大学政治科〔明治44年〕卒、東京帝国大学独法科〔大正11年〕卒　歴明治44年南満州鉄道（満鉄）に入社、再び東京帝国大学に学び大正11年大阪毎日新社に入社。論説委員、取締役、東京日日新聞（現・毎日新聞）営業局長、監査役、常務を経て、昭和17年専務西部本社代表となった。19年同社経営のマニラ新聞社長、終戦と同時に退社、郷里に帰った。28年毎日球団社長。一高時代名1塁手、3番打者で活躍。

山田 昌作　やまだ・しょうさく
実業家 北陸配電社長
明治23年（1890年）3月29日～昭和38年（1963年）2月25日
富山県富山市　東京帝国大学法科大学〔大正3年〕卒　大正5年富山電気に常務で入社。昭和4年日本海電気社長となり、日本鋼管富山工場などに超安値電力を供給して北陸地方の工業立地に尽力。15年日本海ドックを設立し社長。16年北陸合同電気を創立、社長。当時政府の8ブロック配電統合案に反対、北陸ブロック設置を実施した。17年北陸配電設立で社長。戦後追放に先だって21年辞任。26年電力再編による北陸電力発足で社長に復帰、五条方発電所を建設、31年宿願の有峰発電開発計画に着工、34年完成。同年9月社長を退き相談役。癌研究会理事長も務めた。　二男＝山田圭蔵（北陸電力会長）

山田 信一郎　やまだ・しんいちろう
昆虫学者
明治16年（1883年）4月～昭和12年（1937年）5月30日
新潟県中蒲原郡横越村（新潟市）　旧姓・旧名＝阿部　東京帝国大学理科大学動物学科〔大正2年〕卒 理学博士〔昭和3年〕　明治40年石川県師範学校教諭となる。43年東京帝国大学理科動物学科選科生として入学、大正2年選科修了後、理科大学動物学教室で研究を続けた。4年伝染病研究所技手となり、8年技師に進む。10年衛生昆虫学の研究のため欧米各国へ出張を命じられ、12年帰国。蚊と伝染病との関係を研究。特に流行性の脳炎病毒が蚊によって伝染することを証明、発表した。また日本における家ダニの研究者としてその名を知られた。昭和5年シャム国へ出張。12年中国の風土病カラアザール病の研究のため、外務省文化事業部の後援で佐藤秀三医学博士・井田清農学博士らと共に渡航、済南同仁病院で研究中に肺炎にかかり、同年5月客死した。

山田 伸吉　やまだ・しんきち
グラフィックデザイナー 松竹歌劇団美術宣伝部長
明治36年（1903年）6月13日～昭和56年（1981年）3月19日
大阪府　大正13年大阪松竹宣伝部を経て、昭和4年松竹歌劇団美術宣伝部長に就任。1920年代に流行したアール・デコ調を取り入れ、レタリングを中心としたポスターを制作。グラフィックデザインにおける文字の重要性を認識させる役割を果たした。舞台美術・映画美術の世界でも活躍した。

山田 伸三　やまだ・しんぞう
スキー選手
大正4年（1915年）～平成12年（2000年）3月20日
青森県大鰐町　弘前中卒　昭和11年ガルミッシュ・パルテンキルヘン五輪の距離リレーに出場し、12位となった。青森県スキー連盟名誉会長を務めた。

や

山田 宗有　やまだ・そうゆう
茶道家 実業家 宗徧流8代目家元
慶応2年（1866年）8月～昭和32年（1957年）2月13日
上野国（群馬県）　本名＝山田寅次郎、旧姓・旧名＝中村、号＝希齋、外学　横浜英和学校　上野沼田藩士中村莞爾の二男として生まれ、のち茶道・宗徧流7代家元・山田宗寿の養子となる。明治23年紀州沖でトルコ軍艦が沈没し、その乗員のために義捐金を集めて25年トルコへ渡り、その後18年間トルコにあって中近東諸国と日本との交流に先鞭をつけた。帰国後は貿易業務や、三島製紙などの会社役員につき、実業界で尽力。また茶道界に復帰して大正12年8代家元を襲名、本部を東京より大阪に移した。昭和3年機関誌「知音」を発行。19年宗徧流明道会を結成し会長となる。著書に「山田宗徧伝」など。　長男＝山田宗徧（宗徧流10代家元）、孫＝山田宗徧（11代家元）、長女＝山田宗白（茶道家）

山田 丈夫　やまだ・たけお
弁護士 岐阜県弁護士会会長
明治37年（1904年）3月31日～昭和46年（1971年）1月19日
岐阜県岐阜市　明治大学法学部〔昭和2年〕卒　昭和2年弁護士を開業し、18年岐阜県弁護士会会長に就任。21年東海夕刊新聞を創刊して社長。29年岐阜タイムス社長に迎えられ、のち岐阜日日新聞と改称、社長となり、米国の新聞工場に学んだ経験から、編集・工務の合理化を図り、42年民放初のUHFテレビ局を開局、新聞と一体の地域社会発展に貢献した。

山田 武雄　やまだ・たけお
島根県知事
明治28年（1895年）～昭和62年（1987年）3月7日
兵庫県　東京帝国大学法学部政治学科〔大正11年〕卒　内務省に入省。昭和14年群馬県総務部長、16年愛知県総務部長を経て、昭和18年8月から20年9月まで島根県知事。戦後はへき地振興財団顧問、自治医科大学顧問を務めた。　息子＝山田明夫（東急エージェンシー北海道支社長）

山田 竹治　やまだ・たけじ
衆議院議員
明治18年（1885年）3月～昭和35年（1960年）2月15日
東京都　東京府議、同議長を経て、昭和17年衆議院議員に当選、1期。

山田 珠樹　やまだ・たまき
フランス文学者 東京帝国大学文学部助教授
明治26年（1893年）2月26日～昭和18年（1943年）11月24日
東京市芝区（東京都港区）　東京帝国大学文学部哲学科心理学専攻〔大正6年〕卒　大正10年文部省在外研究員としてフランス・ソルボンヌ大留学。帰国後の13年東京帝国大学文学部助教授となり、フランス文学を講じた。一方附属図書館司書官を兼任、震災後の復興に尽力。昭和5年仏文科専任となり、辰野隆、鈴木信太郎とともにフランス文学の研究、紹介に努めたが、9年病気のため休職、療養生活に入った。著書に「現代仏文学研究」「フランス文学覚書」「中世仏蘭西文学」「スタンダール研究」「ゾラの生涯と作品」、随筆「東門雑草」、訳書にツンベルグ「日本紀行」、ビルドラック「商船テナシチー」、ルナール「にんじん」などがある。　妻＝森茉莉（作家）

山田 悌一　やまだ・ていいち
国士舘理事
明治25年（1892年）～昭和9年（1934年）5月16日
宮崎県都城市　旧姓・旧名＝喜多　東洋協会専門学校〔大正4年〕卒　大正5年満州、東蒙古を旅行し、川島浪速の満蒙独立運動に参加。8年財団法人国士舘理事となり、国士舘中学、同専門学校などの経営にあたる。昭和7年より鏡泊学園建設に関わるが、9年武装勢力の襲撃に遭い死去した。

山田 伝　やまだ・でん
野球選手
大正3年（1914年）2月5日～昭和62年（1987年）5月12日
和歌山県日高郡　米国・ロサンゼルス　米国で育ち、昭和12年セミプロチーム「アラメダ」の一員として来日、スカウトされ阪急に入団。12年～19年、戦後の21～23年まで阪急の外野手として活躍。14年と18年に盗塁王。小柄ながら俊足好打の選手として鳴らし、フライは体のヘソの前で捕ることから「ヘソ伝」のニックネームで親しまれた。42～46年阪神のコーチを務めた。

山田 忍三　やまだ・にんぞう
白木屋社長
明治18年（1885年）～昭和41年（1966年）12月25日

生山口県 学陸士卒 歴陸軍少佐のとき陸士教官をへて、大正13年山田商会を設立。昭和2年白木屋に入社、のちに社長となり、19年に満州工廠社長。24年蛇の目ミシン工業社長。

山田 浩　やまだ・ひろし
人形劇作家
明治40年（1907年）～昭和20年（1945年）

生島根県出雲市 名本名＝山田久寿郎 学島根師範卒 歴昭和年成城学園に勤務。佐藤惣之助に詩を学ぶ。児童劇「夜明けの子供」が紀元2600年芸能祭に入選。昭和15年筒井敬介演出で劇団東童により上演された。脚本集に「おにやんまの誕生」、詩集に「林檎を射る」「平原の児」、小説に「潮村少年記」などがある。

山田 文雄　やまだ・ふみお
経済学者 東京帝国大学教授
明治30年（1897年）5月14日～昭和53年（1978年）8月16日

出東京都 学東京帝国大学経済学部〔大正12年〕卒 歴京城帝国大学助教授、東京帝国大学助教授を経て、教授。東京都副知事も務めた。戦後は愛知大学に勤め、昭和44～52年学長。著書に「中小工業経論」「工業経済学」「大東亜戦争と南方圏」「東印度経済論」などがある。

山田 文昭　やまだ・ぶんしょう
僧侶（真宗大谷派） 真宗大学教授
明治10年（1877年）12月9日～昭和8年（1933年）4月18日

生愛知県矢作 名幼名＝昭然、諱＝超世院 専真宗学 学真宗大学研究科〔明治39年〕卒 歴愛知・正福寺の二男に生まれる。真宗大学卒業後、同大学図書館に勤務し、明治45年同館長兼教授となる。大正11年頃から、愛知県の講習会へ出向し、教化活動に尽力。のち本願寺宗史編修所所長を務めた。昭和8年大谷派講師。著書に「真宗史稿」「真宗史の研究」など。 家父＝山田文成（正福寺住職）

山田 又司　やまだ・またじ
衆議院議員
明治17年（1884年）9月～昭和38年（1963年）7月21日

出新潟県 学慶応義塾大学政治科〔明治41年〕卒 歴長岡市議、新潟県議を経て、大正13年衆議院議員に当選。以来通算5期。政友会に所属。また長岡市青年会長、日本金鉱社長、会津石膏社長などを務めた。

山田 道兄　やまだ・みちえ
衆議院議員 民友社社長
明治13年（1880年）9月～昭和11年（1936年）8月27日

出岐阜県 学早稲田大学政治経済科〔明治40年〕卒 歴小学校訓導、扶桑新聞主筆、東京毎日新聞・読売新聞各記者を経て、民友社を創立、社長に就任。大正13年衆議院議員に初当選。以来連続4期。民政党に所属。昭和4年浜口内閣の農林参与官を務めた。

山田 盛太郎　やまだ・もりたろう
経済学者 東京帝国大学経済学部助教授
明治30年（1897年）1月29日～昭和55年（1980年）12月27日

生愛知県葉栗郡黒田町（一宮市） 専理論経済学 学東京帝国大学経済学部〔大正12年〕卒 経済学博士（東京大学）〔昭和25年〕 賞日本学士院会員〔昭和25年〕 歴大正14年東京帝国大学経済学部助教授になったが、昭和5年共産党シンパ事件に関連して大学を去る。7年から野呂栄太郎らと「日本資本主義発達史講座」（7巻）を編集刊行、いわゆる"講座派"の理論的代表者といわれ、労農派と論争した。9年に出版された「日本資本主義分析」は日本資本主義の"軍事的半封建的"性格を明らかにした名著といわれる。11年コム・アカデミー事件に連座して投獄され、14年出獄後は東亜研究所研究員となった。戦後、東京大学教授に復帰、25年経済学部長、32年定年退官。専修大学教授、龍谷大学教授を歴任。41年東大名誉教授となる。他の著書に「日本農業再生産構造の基礎的分析」「戦後再生産構造の段階と農業形態」、「山田盛太郎著作集」（全5巻・別巻1, 岩波書店）など。

山田 陽清　やまだ・ようせい
土木工学者 北海道帝国大学教授
明治21年（1888年）10月8日～昭和5年（1930年）3月26日

生富山県 専河川工学,電力工学 学東京帝国大学工科大学土木工学科〔大正2年〕卒 歴大正2年九州帝国大学工科大学講師、4年助教授。9～12年欧米に留学。14年北海道帝国大学工学部の設立事務を委嘱され、同年北海道帝国大学教授となり、河川・水力・運河を講じた。著書に「発電水力 第1～第3編」「河川及運河」がある。

山田 孝雄　やまだ・よしお
国語学者 国文学者 日本史学者 貴族院議員（勅選）
明治6年（1873年）5月10日～昭和33年（1958年）11月20日

生富山県富山市総曲輪 学富山県尋常中（現・富山高）中退 文学博士（東京帝国大学）〔昭和4年〕 歴貧困のため尋常中学校を中退、東京に丁稚奉公に出されたが、すぐに徒歩で富山に帰る。独学で教員免許を取得、小学校の教壇に立つ。兵庫県の鳳鳴義塾で教鞭を執るうち、生徒から"は"という助詞について質問され返答に窮したことから文法を研究、明治41年「日本文法論」を刊行した。在来の文法論を踏まえ、かつ西洋の言語理論を導入したその文法大系は、今も山田文法として学界で評価されている。だが、同書は一介の中学教師の論文として21年間も放置され、学位授与もやっと昭和4年になってからだった。この間、大正9年日本大学講師、14年東北帝国大学法文学部講師を経て、昭和2～8年同教授。15年神宮皇学館大学長に就任。19年には貴族院議員に勅選された。20年国史編修院長となったが終戦で退職。32年文化勲章受章。他の主な著書に「平家物語につきての研究」「奈良朝文法史」「平安朝文法史」「万葉集講義」（全3巻）「古事記序文講義」「漢文の訓読によりて伝へられたる語法」「日本文法学概論」「古事記上巻講義」「国語学史」などがある。 家長男＝山田忠雄（国語学者）、二男＝山田英雄（日本史学者）、三男＝山田俊雄（国語学者）、二女＝山田みづえ（俳人）、孫＝山田貞雄（国立国語研究所主任研究員） 勲文化勲章〔昭和32年〕 賞文化功労者〔昭和28年〕

山田 龍城　やまだ・りゅうじょう
仏教学者 東北帝国大学教授
明治28年（1895年）10月24日～昭和54年（1979年）1月18日

生岐阜県 学東京帝国大学文学部哲学科〔大正10年〕卒 文学博士〔昭和22年〕 歴大正13年浄土真宗本願寺派よりフランス留学を命じられる。15年龍谷大教授、昭和9年東北帝国大学教授となる。のち武蔵野女子短期大学学長を経て、44年武蔵野女子大学長、47年辞任。またフランス語仏教百科全書「法宝義林」編集責任者を務めた。41年仏典研究資料を英語、ドイツ語、イタリア語など各国語に訳した。著書に「大乗仏教成立論序説」「梵語仏典の諸文献―大乗仏教成立論序説・資料編」など。 賞日本学士院賞「西蔵撰述仏典目録」

山田 わか　やまだ・わか
婦人運動家 評論家
明治12年（1879年）12月1日～昭和32年（1957年）9月6日

生神奈川県三浦郡 学尋常小学校〔明治23年〕卒 歴小学校を出て16歳で結婚後、没落した実家を救うため明治29年ごろ渡米し、シアトルで白人専門の娼婦となる。現地では"アラビアお八重"と呼ばれていたが、一新聞記者の助けでサンフラ

ンシスコへ逃れ、娼婦救済施設のキャメロン・ハウスに入ってキリスト教に入信。この施設から通った英学塾の教師、山田嘉吉と結婚する。39年に帰国後は、母性主義の立場から活発な発言を行う一方、平塚らいてうらの「青鞜」や新聞の身の上相談欄で健筆をふるう。また昭和9年から母性保護同盟の委員長、戦後は21年売春婦の更生保護事業・幡ケ谷女子学園を設立。母を守る会会長、家庭裁判所調停委員を歴任。タクシー運転手の妻による"妾殺人事件"では特別弁護人となり、弁護に努めた。

山高 しげり　やまたか・しげり
婦人運動家 大日本婦人会理事
明治32年（1899年）1月5日〜昭和52年（1977年）11月13日
⬚生三重県津市　⬚名別名＝金子しげり　⬚学東京女子高等師範学校（現・お茶の水女子大学）〔大正8年〕中退　⬚歴大正8年結婚のため東京女子高等師範学校を中退、9年国民新聞社に入社、13年主婦之友記者に転じ1年で退職。同年婦人参政権獲得期成同盟結成に参加、中央委員として昭和15年の同盟解散まで市川房枝と共に活躍した。その間、婦人の地位向上、母性保護運動、市政浄化運動に参加、12年母子保護法制定を議会に要請、成立にこぎつけた。17年大日本婦人会発会で理事となり戦時中は遺家族の援護に当たった。戦後20年新日本婦人同盟（25年に婦人有権者同盟）を結成、衆議院議員選挙法改正公布により婦人参政権が実現した。27年全国地域婦人団体連絡協議会（地婦連）を結成、亡くなるまで会長を務めた。37年参議院議員に繰り上げ当選、通算2期。

山登 松和　やまと・しょうわ
箏曲家 山登4代目家元
明治29年（1896年）2月23日〜昭和23年（1948年）1月28日
⬚生神奈川県　⬚名本名＝佐野均、前名＝佐野松秀、山登松齢　⬚歴12歳で失明、兄千里（のち3代目中能島松仙）とともに中能島喜久の内弟子となり、喜久没後の大正3年から兄に学んだ。6年独立、10年佐野松秀の名で琴栄会を主宰、14年兄と春潮会を結成。昭和3年山田流中筆頭名家の山登4代目を継ぎ、松齢を経て7年山登松和と改名。三田四国町に住んだため、通称は三田。死後妻愛子が子を預かり、その養女雅子が5代目家元を継いだ。作曲に「滝」などがある。　⬚家兄＝中能島松仙（3代目）

山名 文夫　やまな・あやお
グラフィックデザイナー イラストレーター
明治30年（1897年）3月17日〜昭和55年（1980年）1月14日
⬚生広島県広島市　⬚出和歌山県　⬚学和歌山中（現・桐蔭高）〔大正5年〕卒　⬚歴和歌山県で少年時代を送り、大正6年大阪に出て赤松麟作主宰の洋画研究所で油彩を学ぶ。ほぼ独学で商業デザインを勉強、雑誌「女性」などの挿絵を担当した。12年プラトン社に入社し、イラストレーターとしての活動を開始。資生堂入社の昭和4年以降は、広告でユニークな装飾画を発表。繊細な線で官能的、現代的な感覚の資生堂風を築いた。7年独立し、名取洋之助主宰の日本工房のスタッフも務めるが、11年資生堂に復職し、PR誌「花椿」の発刊などを担当。戦中は国策宣伝にも携わるが、戦後再び資生堂嘱託、顧問に。多摩造形芸術専門学校（現・多摩美術大学）教授も務め、日本デザイナー学院を開校。日本のグラフィックデザイナーの草分け。著書に「体験的デザイン史」がある。

山名 義鶴　やまな・よしつる
社会運動家 男爵
明治24年（1891年）9月17日〜昭和42年（1967年）2月26日
⬚出宮城県仙台　⬚学東京帝国大学独法科〔大正6年〕卒　⬚歴旧但馬藩主の血をひく男爵の子。三高時代から学生運動に参加し、東京帝国大学時代にはロシア2月革命に感激。高野岩三郎の指導のもとで大正7年内務省嘱託として東京月島の労働者街に住み込み、内務省保健調査所の調査を行う。9年大原社会問題研究所嘱託となり、10年研究員となる。この間、大阪労働学校などで労働者教育に尽力する。12年総同盟議会対策特別委員会委員となり、無産党結成に参加。また13年の大阪市電争議などを指導。15年総同盟を脱退し、昭和2年日本労農党第1回大会以降、中央委員として政治部長などを歴任。のち全国大衆党中央委員。満州事変以後、国家社会主義者になり、7年日本国家社会党に参加、10年財団法人満州移住協会を創設。社会運動から離れ、15年男爵となる。21〜22年貴族院議員。22年世界民主研究所を創設し、反共的な労働者教育活動を行い、31年から日本労働者教育協会理事長を務めた。

山中 貞雄　やまなか・さだお
映画監督
明治42年（1909年）11月7日〜昭和13年（1938年）9月17日
⬚生京都府京都市下京区高倉通松原下ル樋ノ下町　⬚名共同筆名＝梶原金八　⬚学京都一商〔昭和2年〕卒　⬚歴昭和2年マキノ撮影所の台本部に入り、のち助監督に転じる。3年嵐寛寿郎プロダクションに移り、初めて自身のシナリオが映画となったのは4年の城戸品部監督、寛寿郎主演「鬼人の血煙」。同プロ解散後は、東亜キネマ、第二次寛寿郎プロに所属し、7年長谷川伸原作の「抱寝の長脇差」を撮影して弱冠22歳で監督デビューを果たし、一躍注目を浴びる存在となる。同年日活に移籍。8年白井喬二原作の「盤嶽の一生」を監督、才気煥発な演出を見せた。同年「鼠小僧次郎吉」三部作、9年千恵蔵プロ製作の「風流活人剣」「足軽出世譚」や自身初となるトーキー「雁太郎街道」、10年「国定忠治」「関の弥太っぺ」「丹下左膳余話・百万両の壺」を監督。一方で、稲垣浩、滝沢英輔、八尋不二ら当時京都の鳴滝周辺に住んでいた若き映画人と映画会社の枠を超えた脚本グループ"梶原金八"を結成・活躍した。その後も河竹黙阿弥の脚本を現代的な感覚で蘇らせた「河内山宗俊」などを経て、12年同じく黙阿弥ものを翻案し、戦前の日本映画屈指の名編「人情紙風船」を監督。その才気には誰もが将来を期待したが、同作の公開直後に応召し、13年陸軍歩兵曹長として中国北東部で28歳の若さで戦病死した。　⬚家甥＝加藤泰（映画監督）

山中 武雄　やまなか・たけお
日本史学者 広島文理科大学助教授
明治37年（1904年）9月16日〜昭和20年（1945年）7月20日
⬚生愛知県名古屋市　⬚名旧姓・旧名＝岩間　⬚専日本中世史　⬚学東京帝国大学文学部国史学科〔昭和4年〕卒　⬚歴昭和4年広島文理科大学助手となり、7年に同講師となったのを経て、11年同助教授に就任。この間、山中家へ養子縁組をしている。日本中世史に関する研究を進め、「史学研究」などの雑誌に多くの優れた論文を発表するが、20年7月20日フィリピンで戦死した。

山中 散生　やまなか・ちるう
詩人
明治38年（1905年）5月7日〜昭和52年（1977年）9月11日
⬚出愛知県　⬚名本名＝山中利行　⬚学名古屋高等商業学校卒　⬚歴名古屋高等商業学校在学中、フランス文学者横部得三郎（詩人西脇順三郎の従兄弟）に師事。卒業後は日本放送協会（NHK）名古屋支局に勤務した。傍ら、西脇順三郎、滝口修造らとともに日本におけるシュルレアリスム運動を推進し、詩人・実作者として昭和4〜30年アヴァンギャルド詩誌「CINE」を主宰。10年には「山中散生詩集」を刊行した。またアンドレ・ブルトン、ポール・エリュアール、ハンス・ベルメールといった海外シュルレアリストの著書の翻訳・紹介にも努めた。特にブルトン、エリュアールとは親しく文通し、11年ブルトン、エリュアール共著の「童貞女受胎」を訳刊。また、彼らの編集した「シュールレアリスム事典」にも"日本のシュールレアリスト"として掲載された。マン・レイら海外の前衛写真家を

紹介したことでも知られ、10年下郷羊雄、山本悍右、坂田実、田島二男らとなごや・ふおと・ぐるっぺを結成。12年には滝口とともに「海外超現実主義作品展」を開催し、多くの前衛画家・写真家に影響を与えた。著書に「L'echange surrealiste」「シュルレアリスム 資料と回想」「ダダ論考」などがある。

山中 篤一　やまなか・とくいち
工芸家
明治20年（1887年）3月22日〜昭和32年（1957年）4月4日
出香川県琴平　名号＝象堂　学琴平工業徒弟学校卒　歴大阪、京都で修業を積み、郷里で一刀彫の制作を始める。樟や松の木目を生かした彫刻に取り組んだ。

山中 朋二郎　やまなか・ともじろう
海軍中将 幼児教育家
明治22年（1889年）10月〜昭和61年（1986年）2月14日
生岡山県岡山市　名旧姓・旧名＝佐藤　学天王寺中〔明治42年〕卒、海軍機関学校（第21期）〔明治45年〕卒　歴明治43年受洗。海軍12年海軍機関学校教頭兼監事長、14年佐世保鎮守府機関長を経て、16年海軍少将に進み、2度目の海軍機関学校教頭兼監事長。17年第百三海軍工作部長、18年艦政本部造船造兵監督長、20年3月大楠海軍機関学校長兼防備隊司令官、5月海軍中将。8月の敗戦直後、第二十連合航空隊司令官として血気にはやる青年士官を鎮め、終戦処理に尽力。24年東京・世田谷の自宅を開放して経堂子供の家幼稚園を設立、55年に閉鎖するまで31年間にわたって園長を務めた。

山中 直治　やまなか・なおじ
作曲家
明治39年（1906年）1月27日〜昭和12年（1937年）2月13日
生千葉県東葛飾郡梅郷村（野田市）　学千葉県師範学校〔大正14年〕卒　歴大正14年教職に就き、校長の理解もあって教員の傍ら童謡作曲家として活動。昭和4年3月鉄道省と東京日日新聞が募集した「新鉄道唱歌」に入選、同年12月には仏教音楽協会募集の仏教聖歌にも「四恩の歌」が入選した。5年「房州小唄」がコロムビア・レコードからレコード化され、7年には教員の傍ら、26歳で同社専属作曲家となった。8年個人童謡集「山中直治童謡集」を刊行。2冊目の童謡曲集の刊行準備を進めていたが病に倒れ、12年31歳の若さで夭逝した。亡くなるまでに約230曲の作品を遺し、「野田音頭」「船橋音頭」などの新民謡も発表。また、わらべうた「かごめかごめ」を野田地方で採譜、その最初の採譜者としても知られる。

山中 峯太郎　やまなか・みねたろう
作家 児童文学者
明治18年（1885年）12月15日〜昭和41年（1966年）4月28日
生大阪府大阪市　名旧姓・旧名＝馬渕、筆名＝大窪逸人、石上欣哉、山中未威　学陸士（第19期）〔明治40年〕卒、陸大〔大正2年〕中退　歴大阪の呉服商の二男に生まれる、陸軍一等軍医山中恒斎の養子に。陸軍士官学校時代から成績優秀で、職業軍人として将来を嘱望されたが、宗教的関心に赴き、大正9年頃から「否」「叛逆の子は語る」などを発表。中国革命問題にも関心を抱き、大正12年軍籍を脱して中国に渡り革命戦に参加した。帰国後、大衆小説、大衆的少年少女小説を多く発表するようになり、大衆小説として「燃える星影」「九条武子夫人」などがあり、大衆児童文学として「敵中横断三百里」「亜細亜の曙」「万国の王城」などがある。晩年の昭和37年「実録アジアの曙」で文芸春秋読者賞を受賞した。

山梨 勝之進　やまなし・かつのしん
海軍大将 学習院院長
明治10年（1877年）7月26日〜昭和42年（1967年）12月17日
生宮城県仙台市　学海兵（第25期）〔明治30年〕卒、海大〔明治40年〕卒　歴明治41年海軍省副官兼海相秘書官、大正4年軍令部参謀、7年軍務局第1課長など歴任。10年のワシントン軍縮会議で加藤友三郎全権委員の随員を務め、帰国後12年人事局長として軍縮に努力。昭和3年海軍次官となり、のち佐世保鎮守府、呉鎮守府各司令長官を経て、7年大将・軍事参事官、8年予備役。14年から21年まで学習院長を務め、39年仙台育英会会長など歴任。

山梨 半造　やまなし・はんぞう
陸軍大将 朝鮮総督
元治1年（1864年）3月1日〜昭和19年（1944年）7月2日
生相模国（神奈川県）　学陸士（旧8期）〔明治19年〕卒、陸大〔明治25年〕卒　歴日清戦争に中尉で従軍、明治29年参謀本部員、31年軍事研究のためドイツ駐在、日露戦争には少佐、第2軍参謀として従軍。以後歩兵第51連隊長、44年少将、歩兵第30旅団長、参謀本部総務部長。大正3年第一次大戦には独立第18師団参謀として青島出征。5年中将、7年陸軍次官、10年高橋内閣の陸相、大将。12年軍事参事官、14年予備役。昭和2年朝鮮総督となるが、朝鮮疑獄事件に連座し、4年辞任した。

山錦 善治郎　やまにしき・ぜんじろう
力士
明治31年（1898年）4月17日〜昭和47年（1972年）5月27日
出大阪　名本名＝山田善次郎　歴出羽海部屋に入り、大正6年夏場所初土俵。12年春新入幕、昭和7年引退。155勝132敗4分、優勝1回。

山根 省三　やまね・しょうぞう
農機具発明家 藤田農場農具機械担任技師
明治17年（1884年）6月27日〜昭和21年（1946年）3月10日
生山口県萩市椿町　学大阪高等工業学校機械科（現・大阪大学工学部）〔明治38年〕卒　歴日本石油を経て、明治41年藤田組に入社。昭和17年に退社するまでの35年の間、児島湾干拓地の藤田農場農具機械担任技師として農業機械の発明考案に没頭し、多大の功績を挙げた。特に穀物動力火力乾燥機の発明は有名。退社後は満州の軍需品製造会社で蒙古政府の要請で開放型タービン喞筒（ポンプ）を製作。第二次大戦後、引き揚げの途中病を得て、下関市の病院で死去した。

山根 甚信　やまね・じんしん
畜産学者
明治22年（1889年）1月20日〜昭和47年（1972年）3月26日
生鳥取県鳥取市　専家畜繁殖学、熱帯畜産学　学鳥取一中卒、東北帝国大学農科大学畜産学科〔大正2年〕卒 農学博士（北海道帝国大学）〔大正9年〕　歴大正7年北海道帝国大学助教授、昭和6年台北帝国大学教授に転じ、同大理農学部長。戦後、台湾大学農学院教授として留用され、23年引き揚げ。帰国後は広島大学に日本唯一の水畜産学部を創設して初代学部長を務めた。29年退官後は広島県立農業短期大学学長となった。馬の精液と精虫の基礎的研究など家畜繁殖学分野で業績を上げた。著書に「東印度の畜産」などがある。

山根 翠堂　やまね・すいどう
華道家 真生流初代家元
明治26年（1893年）3月8日〜昭和41年（1966年）6月17日
生兵庫県　名本名＝山根広治　歴薬局を開業中、未生流の荒木白鳳を知ってその門をくぐり、家業を妻にゆだねていけ花の道に没入。宗教、哲学、文学に見識を持ち、定型化した格花に反発、大正12年真生流を創設して自由花を提唱するなど、近代いけ花の先駆的存在で、いけ花における個の自覚をうながした。家息子＝山根有三（東京大学名誉教授）, 孫＝山根由美（華道家）

山根 八春　やまね・はっしゅん
彫刻家
明治19年（1886年）3月18日〜昭和48年（1973年）12月9日
生島根県秋鹿郡古曽志村（松江市）名本名＝山根猶一郎学島根師範附属小高等科〔明治33年〕卒歴宮大工棟梁の長男。明治40年広島職工学校に入学し、木工芸技術を研究しながらフレーザー英語学校に学ぶ。42年島根県立工業学校助手となり、43年指物科主任教諭となる。大正3年教員を退職して上京し、建畠大夢に師事して彫刻に専念。5年第10回文展に「父審かれし日」で初入選。以来、文展・帝展で連続入選し、昭和3年「久遠の言葉」で帝展特選首席、4年「黎明心象」でも特選を受け、推薦作家となった。6年帝展審査員。10年大夢、北村西望らと東邦彫塑院を創立。15年大夢と直土会を主宰。20年5月の東京大空襲で目黒の自宅やアトリエを焼失し帰郷。戦後、26〜32年日展に出品。賞帝展特選（第9回）〔昭和3年〕「久遠の言葉」、帝展特選（第10回）〔昭和4年〕「黎明心象」

山根 幹人　やまね・みきと
映画監督
明治26年（1893年）12月28日〜昭和22年（1947年）8月11日
生島根県安濃郡河合村学東京工科学校電工科卒歴大正8年「活動写真資料研究会」で教育劇映画の監督となり、12年東亜キネマ・甲陽撮影所に入社し「伊藤巡査」（13年）を監督。14年マキノ等持院撮影所の所長代理兼総務課長となるが、翌年高松プロができると行動を共にし、「噫飯束巡査部長」を製作する。その後、太平洋シネマで「戦争と少女」（昭7年）、東洋発声で「戦線に吠ゆ」（11年）などを監督。戦争中は文化映画に携わっていた。

山野 一郎　やまの・いちろう
漫談家 講談師 活動弁士
明治32年（1899年）12月15日〜昭和33年（1958年）12月18日
生東京市浅草区（東京都台東区）名本名＝山内幸一学東京府立第三中卒歴三越に勤め、俳優を志したが成らず、活動写真の弁士となった。大正12年新宿武蔵野館専属となり、14年徳川夢声と米映画、フランス映画の説明を競った。15年夢声、大辻司郎らとナヤマシ会を組織して活躍。昭和8年トーキー時代となり、弁士廃業。夢声、大辻、古川緑波らと劇団「笑の王国」を結成、浅草常盤座で旗揚げし舞台で活躍。また6代目一龍斎貞山に入門、講釈師でも人気を得た。一方東宝映画「北支の室を衝く」「ロッパの大久保彦左衛門」などに出演、戦後は漫談家として寄席に出た。著書に「人情映画ばか」がある。家長男＝山内明（俳優）、二男＝山内久（脚本家）、三男＝山内正（作曲家）、孫＝山内美郷（エッセイスト）

山之内 一郎　やまのうち・いちろう
ソビエト法学者 外務省嘱託 九州帝国大学教授
明治29年（1896年）1月〜昭和34年（1959年）8月24日
生熊本県熊本市学東京帝国大学法学部〔大正9年〕卒歴大正10年東京帝国大学法学部副手、助手を経て、欧州留学。帰国後九州帝国大学教授となり憲法担当。昭和2年休職を命じられた。9〜21年外務省嘱託としてソビエト調査に従事。戦後22年東京帝大社会科学研究所教授。学生時代ロシア革命に感じソビエト法研究に入り、プロレタリア科学研究所に所属、ソビエト法研究の先駆となった。著書に「社会主義国家の法」、翻訳にパシュカーニス「法の一般理論とマルクス主義」がある。

山内 健二　やまのうち・けんじ
実業家 山之内製薬創業者
明治32年（1899年）12月11日〜昭和44年（1969年）7月1日
生兵庫県加古郡加古川町（加古川市）学大阪貿易学校〔大正9年〕卒歴大正9年大阪の高木商店薬品部に入社、異例の早さで支配人にまで昇るが、人々の健康と福祉のために純良医薬の製造・販売を志すようになり、11年退社。12年道修町に山之内薬品商会を創業、14年神経痛・ロイマチス治療薬「カンポジリン」の製造・販売を機に本格的な製薬事業に乗り出した。昭和初期の大恐慌時代には借財をするなど苦境に立たされるが、医学博士・長谷川卯之助の監修で発売した健康ブラシがヒットし、社業を持ち直す。9年東京に支店を設置。10年殺菌消毒剤マーキュロクロームの国産化に成功し「マキロン」の商標で販売。12年には初の国産ズルフォンアミド剤である「ゲリゾン」「アルバジル」を開発・発売し、医学界の注目を集めた。戦前期には陸海軍向けの需要が増加したことから増産体制を確立し、14年株式会社に改組、15年社名を山之内薬品株式会社に改めた。20年会長に退く。

山内 光　やまのうち・ひかる
⇒岡田 桑三（おかだ・そうぞう）を見よ

山内 義雄　やまのうち・よしお
フランス文学者 翻訳家 早稲田大学教授
明治27年（1894年）3月22日〜昭和48年（1973年）12月17日
生東京市牛込区市ケ谷台町（東京都新宿区）学東京外国語学校（現・東京外国語大学）仏語科〔大正4年〕卒、京都帝国大学政治経済学部〔大正10年〕中退賞日本芸術院会員〔昭和40年〕歴大学在学中、上田敏に師事。大正10年東京外語講師となり、同年駐日フランス大使として来日した詩人ポール・クローデルと親交を結んで日仏文化の交流に活躍。昭和2年早大に転じ、助教授を経て、13年教授。39年退職まで後進の育成に力を注いだ。同年白百合女子大学教授。特に仏文学の翻訳で業績を残し、25年にマルタン・デュ・ガールの大作「チボー家の人々」で芸術院賞を受賞。また大正12年に発表したアンドレ・ジッドの「狭き門」は名訳として知られている。その業績はフランスでも高く評価され、昭和16年にレジオン・ド・ヌール勲章を受章。41年日本芸術院会員。他に訳詩集「フランス詩選」、随筆集「遠くにありて」などがある。勲レジオン・ド・ヌール勲章〔昭和16年〕賞日本芸術院賞（第6回、昭24年度）〔昭和25年〕「チボー家の人々」（訳）

山端 祥玉　やまはた・しょうぎょく
写真家
明治20年（1887年）4月4日〜昭和38年（1963年）2月24日
名本名＝山端啓之介歴シンガポールで写真材料を商い、また写真スタジオも兼ねるサン商会を経営。大正14年帰国。昭和2年写真の通信教育を目的とした会社ジーチーサン商会（グラフィック・タイムズ・サン社、G.T.Sun社）を渡辺淳らと設立、写真印刷や大型写真制作を請け負った。6年大阪支店開店。9年「サン式高速輪転写真機」の特許を取得。18年社名を山端写真化学研究所に変更、同時に創立以来撮影してきた写真原板を整理し、貸出可能とした大東亜写真文庫を創設。20年建物が空襲により倒壊、8月末研究所を解散。10月毎日新聞社の出資によりサン・ニュース・フォトス社を起ち上げる。12月人間天皇を撮影し世間に紹介したいというかねてからの宮内省への提言がかない、ライフ社の依頼のもとに、息子・庸介と皇居で天皇一家の姿を撮影。21年「LIFE」2月4日号に「Sunday Hirohito」と題して掲載された。同年サン写真新聞社を設立、タブロイド判日刊写真新聞「サン写真新聞」を発刊。また、ジーチーサンを株式会社として再建した。家長男＝山端庸介（写真家）

山彦 八重子　やまびこ・やえこ
河東節三味線方 荻江節唄方
明治12年（1879年）11月3日〜昭和21年（1946年）1月6日
生愛知県名古屋市名本名＝佐橋章、別名＝荻江章、荻江露草歴河東節を山彦秀翁に師事、山彦八重子と名のる。また荻江節を荻江ひさに学んで荻江章を名のった。晩年露草と改名。三味線の名手として知られ、小唄も巧みで"下谷のお八

重さん"として親しまれた。作曲に河東節の「玉菊」がある。
【家】妹＝荻江露友（5代目・荻江節唄方）

山吹 徳二郎　やまぶき・とくじろう
俳優
明治36年（1903年）1月1日〜昭和33年（1958年）
【生】東京市深川区洲崎（東京都江東区）　【名】本名＝松尾清　【学】仰高小〔大正4年〕卒　【歴】井上正夫の弟子となり連鎖劇や活動写真に出演した後、大正12年松竹蒲田に入社。14年五月信子の近代座に参加し、五月主演作品「高橋お伝」などに出演。昭和5年河合映画に入社。二枚目から三枚目に転向。大岡怪童・大山デブ子とトリオを組む。肥満型の二人と痩躯の山吹とのトリオは河合映画・のちの大都映画名物となる。現・時代劇いづれも演じ脇役多数。17年退社し劇団たんぽぽへ。戦後は健康をそこね退いた。

山辺 習学　やまべ・しゅうがく
僧侶（真宗大谷派）仏教学者 大谷大学学長
明治15年（1882年）11月25日〜昭和19年（1944年）9月12日
【生】新潟県西蒲原郡　【学】真宗大学〔明治41年〕，真宗大学研究科〔大正3年〕卒　【歴】大正4年インド、セイロンへ留学。5年英国留学。帰国後9年東京大谷大図書館長、10年同大教授を兼任。昭和5年欧米視察、6年大学を辞め、8年仏教文化協会を設立、仏教思想普及運動に従事。17年大谷大教授兼学監に復帰、18年学長となった。著書に「仏弟子伝」「仏教に於ける地獄の新研究」「仏教文学」「仏教精要」「日本文化と仏教」「我が親鸞」「宗教的反省」「人生修行の旅」「教行信証講義」（共著）など。

山辺 常重　やまべ・つねしげ
衆議院議員
明治9年（1876年）8月〜昭和19年（1944年）7月29日
【生】長野県小県郡神川村（上田市）　【学】東京法学院〔明治35年〕卒　【歴】東京株式取引所仲買人を経て、巴商会支配人、日本勧業・中央屑物市場取締役等を歴任。また大原簿記学校理事に就任。大正9年衆院議員に当選。以来4期務めた。民政党に所属した。

山枡 儀重　やまます・のりしげ
衆議院議員
明治22年（1889年）4月〜昭和12年（1937年）12月25日
【生】鳥取県東伯郡倉吉町　【学】京都帝国大学文科大学哲学科卒　【歴】大阪市小学校訓導、愛知県第一師範教諭、大阪視学を経て鳥取新聞社長。大正13年以来鳥取県から衆議院議員当選5回。その間総理秘書官、文部参与官、欧米視察2回。民政党に属した。

山村 魏　やまむら・たかし
小説家
明治30年（1897年）7月28日〜昭和30年（1955年）10月2日
【生】愛知県名古屋市　【学】早稲田大学英文科中退　【歴】松竹蒲田文芸部に入り、大正8年早大同期の加藤清、河村邦広と「若き日本」を創刊。10年ごろ「白樺」にメーテルリンク、ストリンドベリらの翻訳を発表した。昭和15年台湾に渡り、戦後21年帰国、名古屋市内の高校に勤めた。

山村 徳太郎（2代目）　やまむら・とくたろう
山村製壜所創業者
生年不詳〜昭和14年（1939年）
【名】旧姓・旧名＝田口、幼名＝武蔵　【歴】兵庫県西宮の樽丸商・田口家の五男で、山村家の養子となる。大正2年山村硝子製造所を継ぎ、3年山村製壜所と改称してガラス壜製造販売の専業メーカーとした。昭和3年の全自動製壜システムを採用し、8年には日本厚板硝子製造所を開設した。没後、同社は30年山村硝子株式会社に改組、平成10年日本硝子と合併して日本山村

硝子となった。　【家】女婿＝山村茂（山村硝子会長）

山村 酉之助　やまむら・とりのすけ
詩人
明治42年（1909年）1月6日〜昭和26年（1951年）10月30日
【生】大阪府和泉市　【歴】百田宗治主宰の「椎の木」同人として活躍する一方で「四季」「文芸」などに詩作を発表。昭和7年刊の「フォルフォスの書」をはじめ「晩餐」「美しい家族」などの詩集がある。

山村 舞扇斎（2代目）　やまむら・ぶせんさい
舞踊家 関西舞踊協会副会長
明治2年（1869年）2月5日〜昭和17年（1942年）10月26日
【生】大坂（大阪府）　【名】本名＝中島若子，号＝吾斗，前名＝山村若　【専】上方舞　【歴】祖母は上方舞山村流の始祖・初代山村舞扇斎（山村友五郎）の養女である山村登久。自身も山村流の舞踊家となり、山村若を名のる。主に大阪を中心に活動し、歌舞伎・文楽の振り付けから芸者の指導まで幅広く手がけた。大正16年関西舞踊協会の設立に参画し、その副会長に就任。さらに17年には義理の曽祖父の名である山村舞扇斎を襲名し、山村流の3代目宗家となった。　【家】祖母＝山村登久（舞踊家）

山室 軍平　やまむろ・ぐんぺい
社会事業家 キリスト教伝道者 日本救世軍創立者
明治5年（1872年）8月20日〜昭和15年（1940年）3月13日
【生】岡山県哲多郡則安村（新見市）　【学】同志社神学校〔明治27年〕中退　【歴】貧農の子に生まれ、9歳で叔父の養子に出される。15歳で家出して上京、活版工をするうちキリスト教に入信し、苦学して同志社に学んだんと伝道に入る。明治28年英国救世軍の来日を機に従軍し、日本最初の士官として日本救世軍の創設と発展に尽力した。32年に「平民之福音」を刊行、ベストセラーとなる。45年救世軍病院を開設。大正15年日本人初の救世軍司令官に就任、昭和5年に中将となる。この間、明治33年の廃娼運動に参加、吉原や洲崎の遊廓に進撃して娼妓の解放を社会運動に盛り上げる一方、職業紹介、結核療養、婦人・児童保護など社会事業に貢献した。42年の"慈善鍋"は大きな反響を呼び、やがて救世軍の代名詞ともなったほど。関東大震災では活発な救援活動を展開した。著書に「公唱全廃論」「社会廓清論」「民衆の聖書」「山室軍平選集」（全10巻・別巻1）などがある。　【家】娘＝山室民子（救世軍活動家・キリスト教教育家），山室光子（美術工芸家）　【賞】救世軍創立者賞〔昭和12年〕

山室 千代子　やまむろ・ちよこ
箏曲家 胡弓奏者 藤植流家元
明治8年（1875年）12月25日〜昭和26年（1951年）6月21日
【生】東京本所（東京都墨田区）　【名】本名＝三輪千代子，旧姓・旧名＝小島　【歴】13歳で山室保嘉の養女となり、養父のほか3代目山勢松韻、山登万和、櫛田栄清に師事。明治40年養父没後、藤植流胡弓家元となり、大正・昭和期の胡弓の第一人者となった。箏曲家としても美声で知られ、今井慶松、3代目荒木古童と移風会に参加して胡弓本曲を演奏、古童の尺八と胡弓との掛合演奏は話題になった。自らも山田流箏曲研究会、千代見会を主宰。三輪家に嫁し、三輪千代とも名のる。箏曲作曲に「静御前」。門下の竹内和代、山田広代、市川雛代らが伝承する胡弓は記録無形文化財に指定された。

山室 宗文　やまむろ・むねふみ
三菱信託社長
明治13年（1880年）10月〜昭和25年（1950年）6月28日
【生】熊本県　【学】東京帝国大学法科大学〔明治40年〕卒　【歴】欧米に留学。帰国して三菱合資会社に入り、銀行部副長、業務課支配役を経て、大正12年三菱銀行取締役、昭和4年常務、11年から会長・社長を20年間務めた。著書に「社債論」「英米財界

やまもと　　　　　　　　　　　　　　昭和人物事典 戦前期

近情」「我国の金融市場」などがあり、学究肌の実業家であった。　家甥＝山室勇臣（三菱銀行副頭取）

山本 安曇　やまもと・あづみ
鋳金家
明治18年（1885年）～昭和20年（1945年）3月
生長野県南安曇郡有明村（安曇野市）　名本名＝山本菊一　学京北中卒、東京美術学校鋳造科〔明治45年〕卒　歴東穂高高等小学校を卒業後、上京して京北中学に学ぶ。郷里の小学校で教員を務めた後、明治40年東京美術学校鋳造科に入学。同級には杉田禾堂がいる。同郷の先輩である彫刻家・荻原守衛と親交を持ち、その作品の鋳造を手がけた。大正3年青壺会、7年金人会、13年光爐会、14年工芸済々会の結成に参加。昭和2年帝展に工芸部が設置されると朧銀燭台「三光」で入選。5年無鑑査。7年と8年には審査員を務め、7年出品の「盤」、8年出品の「獅子耳花瓶」は宮内省に、改組第1回帝展出品の「三蔵法師」は政府に買い上げられた。20年3月東京大空襲により戦災死した。

山本 五十六　やまもと・いそろく
海軍大将・元帥
明治17年（1884年）4月4日～昭和18年（1943年）4月18日
生新潟県長岡市　学海兵（第32期）〔明治37年〕、海大〔大正5年〕卒　歴日露戦争に従軍後、砲術学校教官となる。大正8年から2年間、米国に駐在、ハーバード大学で学ぶ。帰国後、海大教官、航空母艦赤城艦長、航空本部技術部長、第一航空戦隊司令官などを歴任。昭和9年にはロンドン軍縮会議予備交渉に日本代表として出席。10年航空本部長、11年海軍次官を経て、14年連合艦隊司令長官兼第一艦隊司令長官、15年大将昇進、16年連合艦隊司令長官専任となり、ハワイ真珠湾作戦を立案した。以後、ハワイ海戦、マレー沖海戦など戦果をあげ、その声望は絶大なものとなったが、17年のミッドウェー海戦では敗北に終わった。18年4月ソロモン諸島上空で戦死、元帥を贈られ、6月5日国葬が行われた。平成11年故郷の新潟県長岡市に山本五十六記念館が建てられた。　家おじ＝野村貞（海軍少将）

山本 市英　やまもと・いちえい
衆議院議員
明治24年（1891年）1月～昭和44年（1969年）9月25日
出北海道　学早稲田大学専門部政経科〔大正4年〕卒　歴『小樽新聞』記者、北海道議を経て、昭和7年衆議院議員に当選。1期務める。政友会に所属した。

山本 一清　やまもと・いっせい
天文学者 京都帝国大学教授
明治22年（1889年）5月27日～昭和34年（1959年）1月16日
生滋賀県　学京都帝国大学理科大学物理学科〔大正2年〕卒 理学博士〔大正14年〕　歴大正11年から米国、英国、ドイツ、フランスに滞在して研究を続け、14年帰国、同年京都帝国大学天文学教授となった。昭和10年国際天文学連合黄道光委員長となり3年間在任、13年退官。この間、大正9年東亜天文学会を結成して主宰、雑誌「天界」を発刊した。また私費で山本天文台を設立、天文学の啓発普及に尽力した。月のクレーターの一つに「ヤマモト」の名が記録されている。著書に「星座の親しみ」がある。

山本 栄一郎　やまもと・えいいちろう
野球選手
明治25年（1892年）3月8日～昭和54年（1979年）12月15日
生島根県　学島根商卒　歴大正9年日本で初めてのプロ野球球団・日本運動協会（通称・芝浦野球協会、のち宝塚運動協会）に参加、初代主将。13年退団、14年渡満。大連実業団チームを

経て、各地の実業団チームに参加。昭和9年米国大リーグ選抜来日の時、全日本軍に参加。11年大日本東京野球倶楽部（現・読売巨人軍）に入り、外野手として活躍、17年引退。のち読売球団スカウト、女子プロ京浜ジャイアンツ監督を務めた。現役時代の成績は92試合、134打数28安打、1本塁打、20打点、5盗塁、打率.209。日本のプロ野球第1号選手。

山本 英輔　やまもと・えいすけ
海軍大将
明治9年（1876年）5月15日～昭和37年（1962年）7月27日
生鹿児島県　学海兵（第24期）〔明治30年〕卒、海大〔明治40年〕卒　歴明治36年、第2艦隊参謀となり、のち日露戦争に出征。40年から軍令部参謀、ドイツ駐在、惰1艦隊参謀、海大校長を経て、昭和2年、航空本部長となったが、在任中はカタパルトの装備、遠距離爆撃機、魚雷襲撃法などの研究でアイデアマンの名を高めた。その後、横須賀鎮守府長官、連合艦隊司令長官、軍事参議官などを歴任。「七転び八起の智仁勇」の著書がある。　家伯父＝山本権兵衛（首相・海軍大将）

山本 嘉一　やまもと・かいち
俳優
明治10年（1877年）9月6日～昭和14年（1939年）12月17日
生東京市日本橋区鉄砲町（東京都中央区）　学日本橋学校卒　歴明治28年川上音二郎一座に入る。欧米の海外巡業も経験し一座の重鎮として活躍。44年音二郎死後は、舞台でも貞奴の相手役を務めた。大正6年日活向島に40歳で入社、「霧のちぎり」でデビュー。11年頃には松竹の井上正夫と、松竹・日活の両巨頭と称された。12年震災後、京都の大将軍撮影所へ。所内で「先生」と呼ばれる唯一の俳優であった。6年「乃木大将」での乃木、15年に演じた「水戸黄門」の黄門は山本の十八番となる。一方では吉良吉良介のような悪役も得意とし、善悪両方の人物を重厚にみごとに演じた。昭和9年日活現代劇部の移転で多摩川へ。14年内田吐夢「土」が遺作となった。

山本 快竜　やまもと・かいりゅう
僧侶（真言宗智山派）仏教学者 大正大学教授
明治26年（1893年）3月31日～昭和23年（1948年）7月14日
生新潟県佐渡　学東京帝国大学印度哲学科卒、東京帝国大学大学院〔大正10年〕入学　歴明治41年度、44年川崎平間寺で灌頂を受けた。昭和4年智山専門学校教授、18年大正大学への合併で同大予科教授、19年東亜学研究室主任、21年印度仏教学（梵語、梵文学）研究室主任。その間東京帝国大学、慶応義塾大学でも教えた。16年興亜評議会委員、17年真如親王御遺跡顕彰会準備委員、没後中僧正が贈られた。　家妻＝山本スギ（参議院議員）

山本 嘉次郎　やまもと・かじろう
映画監督
明治35年（1902年）3月15日～昭和49年（1974年）9月21日
生東京市京橋区采女町（東京都中央区）　学慶応義塾大学理財科〔大正11年〕中退　歴大正10年「真夏の夜の夢」で岡田嘉子と共演して俳優デビューを果たすが、それが親に知られて勘当され、その手切れ金で無名映画協会を設立。11年日活向島撮影所に入って助監督となるが、12年関東大震災のため関西に移り、そこで早川プロダクションに参加して、13年「籠の鳥」などを監督。さらに同年東亜キネマを経て、14年日活に脚本要員として招かれる。昭和7年内田吐夢、田坂具隆、伊藤大輔らが退社し、同社の演出部が手薄になると監督に復帰。9年森岩雄に誘われてPCL（写真化学研究所、現・東宝）に移り、"エノケン"こと榎本健一一座と組んで製作した「エノケンの青春酔虎伝」「エノケンのチャッキリ金太」といった喜劇ものが好評を博した。12年同社が合併して東宝となってからはエノケンと組んだ「エノケンのびっくり人生」「孫悟空」「巷に

雨が降るごとく」や、古川緑波主演の「ロッパの新婚旅行」といった喜劇を撮る一方で、長谷川一夫主演で若き日の黒沢明が助監督を務めた「藤十郎の恋」や、同じく黒沢が助監督で高峰秀子が主演のセミ・ドキュメンタリー「綴方教室」などで映画監督としての地位を高めた。太平洋戦争中には時局に沿って戦意高揚を目的とした映画も製作したが、17年の「ハワイ・マレー沖海戦」は円谷英二による特撮をふんだんに使用し、日本特撮史上に名高い傑作として知られる。続く19年の「加藤隼戦闘隊」も円谷の特撮を用いた佳作で、主題歌もヒットした。戦後も41年「狸の休日」を最後に引退するまでメガホンを執った。　家妻＝山本千枝子（世田谷区議）　勲紫綬褒章〔昭和42年〕

山本 鼎　やまもと・かなえ

洋画家 版画家

明治15年（1882年）10月14日～昭和21年（1946年）10月8日

生愛知県岡崎市　学東京美術学校西洋画科選科〔明治39年〕卒　歴明治19年上京。25年桜井晩雲に師事し、西洋木版を学ぶ。東京美術学校在学中から版画美術雑誌「平旦」を創刊し、卒業後も40年「方寸」を創刊して創作版画運動を進める。41年パンの会に参加。45年渡仏。大正5年帰国。6～9年日本美術院洋画部同人。7年日本創作版画協会創立に参加。一方、8年長野県に日本農民美術研究所を設立して農民美術運動をおこす。また、10年自由学園美術部教授となり自由画運動を推進した。11年春陽会創立会員、昭和10年帝国美術院参与、18年春陽会に復帰し、美術教育に精力的な活動をつづけた。代表作に「サーニヤ」「謝肉祭の日に」「温泉路」「赤服の少女」「紅富士」など。　家息子＝山本太郎（詩人）、義兄＝北原白秋（詩人）、従弟＝村山槐多（画家・詩人）

山本 菊造　やまもと・きくぞう

洋画家

明治33年（1900年）～昭和7年（1932年）

学北中卒　歴道展創立会員となり、春陽会展、二科会展、1930協会展に出品。平成6年北海道立三岸好太郎美術館で開催された「北方のモダン―三岸好太郎と札幌の画家たち」で作品が紹介された。

山本 熊一　やまもと・くまいち

外交官 外務次官 大東亜次官

明治22年（1889年）4月8日～昭和38年（1963年）1月17日

生山口県　学東亜同文書院政治科〔明治45年〕卒　歴大正8年高等官試験行政科試験合格。同年外務省に入り、臨時調査部、通商局、トルコ、英国各大使館書記官を経て、昭和9年満州国大使館1等書記官。次いで調査部第5課長、通商局長、15年東亜局長、16年日米開戦前夜アメリカ局長を兼ね、日米交渉で戦争回避に努めた。17年外務次官、大東亜省発足で同次官、19年タイ国大使、敗戦後21年帰国。公職追放となり、解除後の36年日本経済友好訪華代表団長、国際貿易促進協会長となり、日中友好、ソ連・東欧・北朝鮮との経済外交など民間外交の推進に尽力した。

山本 粂吉　やまもと・くめきち

衆議院議員

明治26年（1893年）7月～昭和49年（1974年）2月17日

出東京都　学明治大学　歴東京弁護士会副会長、司法省委員を経て、昭和11年衆議院議員に当選。以来5期。また、広瀬川電力社長、矢祭温泉社長も務めた。

山本 慶治　やまもと・けいじ

培風館創業者

明治14年（1881年）4月12日～昭和38年（1963年）4月4日

生兵庫県　学東京高等師範学校（現・筑波大学）英語科〔明治41年）・研究科〔明治43年〕卒　歴兵庫県の豪農の二男。東京高等師範学校を卒業後、大正2年奈良女子師範学校で教鞭を執る。5年岡本米蔵の経営する紐育土地会社に入社し、次いで岡本とともに株式会社培風館を設立。のち同社が岡本の創立した岡本洋行の出版部門となったため、その常務となるが、12年同社出版部が閉鎖されることとなり、その経営を引き受けて13年培風館として独立した。当初は東京高等師範学校向けの教育科教科書を主に出版していたが、やがて中学生・高校生・専門学校生向けの参考書や教科書を手がけるようになり、特に"岩切の代数"として知られる岩切晴二の「代数学精義」の版元として知られた。昭和17年戦時下における企業整備により中等学校教科書株式会社ができると、その社長に就任。戦後も引き続き培風館の経営に当たり、教科書や参考書のほか、数学・自然科学・人文科学に関する学術書を刊行した。　家息子＝山本俊一（培風館社長）、山本健二（培風館社長）、孫＝山本格（培風館社長）

山本 懸蔵　やまもと・けんぞう

労働運動家 社会運動家

明治28年（1895年）2月20日～昭和14年（1939年）3月10日

生茨城県鹿島郡谷田部村（神栖市）　学矢田部小卒　歴明治42年上京し、各地で鍛冶工をする。この頃から労働運動に参加、大正4年月島の日本機械工場に入り、友愛会に加入した。7年東京の米騒動で検挙され懲役4ケ月に処せられる。出獄後も日立銅山・足尾銅山や川崎造船所で労働運動を続け、10年には懲役2ケ月に処せられた。11年結党の日本共産党に入党、12年ソ連に脱出し13年頃帰国。14年総同盟評議会を結成。15年第一次共産党事件で禁固6ケ月に処せられる。昭和3年2月第1回普通選挙の衆議院選挙に立候補（落選）。同年の三・一五事件の後、脱出してソ連に入り、同年プロフィンテルン日本代表となる。その後もプロフィンテルン大会やコミンテルン大会に日本代表として参加し、「32年テーゼ」を作成したりした。特に11年野坂参三と共同で発表した「日本の共産主義者への手紙」は日本の人民戦線運動に大きな影響を与えた。12年以降の消息は長く不明であったが、戦後、12年スターリンの粛清事件で逮捕され、"17年病死"と伝えられる。31年ソ連党大会で名誉回復。ソ連崩壊後の平成4年ロシア政府の発表により14年3月に銃殺されたことが判明。文献「山本懸蔵集」がある。

山本 玄峰　やまもと・げんぽう

僧侶（臨済宗妙心寺派）

慶応2年（1866年）1月28日～昭和36年（1961年）6月3日

生和歌山県湯峰　名別号＝一般若窟、幼名＝芳吉　歴捨て子ともいわれ、岡本善蔵に拾われ、芳吉と名付けられた。明治16年眼病となり、17年結婚したが、失明の宣告を受け20年妻を離縁して各地を放浪。23年7回目の四国遍路の途中、行き倒れとなり、高知県雪蹊寺の住職山本太玄に救われ得度した。24年雲水修行に出て滋賀県や兵庫県の禅寺で修行、28年岡山県宝福寺九峰につき、30年岐阜県虎渓山に掛錫し5年間留錫。34年太玄の養子となり山本姓となり36年雪蹊寺住職、41年京都府円福寺に入り見性宗般の印可を得た。大正3年宗般と図って静岡県三島の竜沢寺を再興、住職となり、次いで沼津松蔭寺、犬山瑞泉寺などを復興し、12年欧米、インドを巡歴。15年東京白山の竜雲院で月例の会心会を開いた。昭和11年新京に妙心寺別院を開いた。22年臨済宗妙心寺派管長に。池田勇人、楢橋渡、升田幸三ら政、財界の帰依者が多かった。著書に「無門関提唱」がある。

山本 厚三　やまもと・こうぞう

衆議院議員

明治14年（1881年）5月～昭和25年（1950年）1月18日

出北海道　学東京高等商業学校（現・一橋大学）〔明治36年〕卒　歴小樽市議を経て、大正9年衆議院議員に当選。当選8回。浜

口内閣鉄道参与官、広田内閣文部政務次官、民政党総務を歴任。

山本 コト　やまもと・こと
教育家　日本YWCA同盟主任幹事
明治20年（1887年）2月12日～昭和53年（1978年）2月13日
生大分県杵築町（杵築市）　学東洋英和女学校〔明治38年〕卒　歴幼くして父を失い、日本銀行に勤務していた兄の転勤で名古屋に移る。明治38年東洋英和女学院を卒業したのちキリスト教に入信。山梨英和女学院で5年間英語教師を務めたのを経て、YWCA（キリスト教女子青年部）に入会し、大正7年大阪YWCA総幹事となる。9年米国に渡ってYWCA幹事養成学校に入学し、ロサンゼルス日本人YWCA総幹事を務めた。帰国後、日本YWCA市部幹事や日本YWCA同盟主任幹事などを歴任し、後継者の育成に力を注ぐが、昭和18年に帰郷。戦後、英語の能力を買われて進駐軍の通訳となり、22年進駐軍の要請でアメリカ文化図書館館長に就任。同年杵築町議に選出されて2期を務め、また大分県婦人協議会が発足するとその初代会長となった。

山本 実彦　やまもと・さねひこ
出版人　改造社創業者　衆議院議員
明治18年（1885年）1月5日～昭和27年（1952年）7月1日
生鹿児島県川内町（薩摩川内市）　名号＝亀城　学日本大学法律学科卒　歴大正4年東京毎日新聞社長に就任。5年衆議院選挙に憲政党から立候補。8年改造社を設立し、総合雑誌「改造」を創刊。9年に出版した賀川豊彦「死線を越えて」は大ベストセラーとなり、社の基盤を固めた。「改造」は社会問題・労働問題などで革新的な論文を掲載して「中央公論」と並んで大正時代の言論を主導、またバートランド・ラッセル、マーガレット・サンガー、タゴール、アインシュタインといった海外の文化人を招いた講演会も大きな社会的反響を呼び、一躍我が国を代表する出版社の一つとなった。15年には1冊1円の全集「現代日本文学全集」（全63巻）の刊行を開始、完全予約・薄利多売のこの企画は大当たりして他社も追随、出版界に"円本ブーム"を巻き起こした。昭和5年民政党から衆議院議員に当選したが、7年落選。17年「改造」に掲載された細川嘉六の論文「世界史の動向と日本」が問題となり、これを機に「改造」以外の雑誌記者たちも大量に検挙され、戦時下最大の言論弾圧事件である横浜事件に発展。19年情報局の命で改造社は解散させられ、「改造」も廃刊した。戦後の21年、改造社を再興して「改造」も復刊。同年再び衆議院議員に当選し協同民主党を結成、委員長に選ばれたが、22年公職追放に遭った。通算2期。　家弟＝山本重彦（東洋出版社社長）、山本三生（改造社支配人）

山本 重彦　やまもと・しげひこ
東洋出版社社長
明治21年（1888年）8月13日～昭和11年（1936年）1月23日
生鹿児島県薩摩郡川内町　学明治大学法科卒　歴大学卒業後、長崎県産業主事・理事官などを歴任したが、大正10年辞して兄・山本実彦が創業した改造社の支配人となる。昭和7年同社を退き、8年東洋出版社を創立し社長に就任。会計学全集、基礎経済学全集などの経済学関係書を出版した。　家兄＝山本実彦（改造社創業者）、弟＝山本三生（改造社支配人）

山本 実一　やまもと・じついち
中国新聞社長
明治23年（1890年）5月6日～昭和33年（1958年）9月17日
生広島県　名旧姓・旧名＝月森　学東京帝国大学農学部卒　歴大正4年中国新聞社長・山本三朗の養嗣子となり、5年中国新聞社に入社、7年副社長、昭和8年社長となった。20年8月の原爆で壊滅した社を復興、22年公職追放されたが、25年社長に復帰、27年ラジオ中国を設立、社長兼任した。　家養父＝山本三

朗（中国新聞社長）、養弟＝山本正房（中国新聞社長）

山本 周五郎　やまもと・しゅうごろう
小説家
明治36年（1903年）6月22日～昭和42年（1967年）2月14日
生山梨県北都留郡初狩村（大月市）　名本名＝清水三十六　学横浜第一中退　歴4歳の時上京、間もなく横浜に移り、小学校卒業直後に再び上京し、木挽町の山本周五郎質店で丁稚奉公をする。傍ら、正則英語学校、大原簿記学校に通う。大正12年の関東大震災で質店が罹災したので、関西に行き地方新聞記者、雑誌記者などをして13年帰京、日本魂社の記者となる。15年4月に発表した「須磨寺附近」が文壇出世作となる。昭和3年浦安に転居し、蒸気船で通勤しながら勉強する。6年大森・馬込に移る。この頃、山手樹一郎を知り、文筆に専念、娯楽小説、少年少女探偵小説などを発表。15、6年頃から歴史小説に佳作を見るようになり、18年「日本婦道記」で直木賞に推されたが「読者から寄せられた好評以外に、いかなる文学賞のありえようはずがない」との確信でそれを辞退し、以後も毎日出版文化賞、文芸春秋読者賞を辞退した。戦後は横浜市本牧元町に移り、旅館・間門園を仕事場とした。　賞文芸春秋懸賞小説（第1回）〔大正14年〕「須磨寺附近」

山元 春挙　やまもと・しゅんきょ
日本画家
明治4年（1871年）11月24日～昭和8年（1933年）7月12日
生滋賀県大津市勝原町　名本名＝山元金右衛門　資帝国美術院会員〔大正8年〕　歴明治16年頃野村文挙に入門、四条派を学び、18年森寛斎に円山派を学ぶ。19年京都青年絵画研究会で「呉孟」が褒状となって以来各種展覧会で受賞を重ね、27年如雲社委員、29年後素協会と改称すると同時に同じく委員となる。32年京都市立美術工芸学校教諭、42年京都市立絵画専門学校創設と共に同校教諭を兼任し、大正6～13年まで教授を務めた。この間、明治40年文展開設と共に審査員となり、竹内栖鳳と並んで明治後期の京都画壇を代表する画家として活躍。大正6年帝室技芸員、8年帝国美術院会員となった。京都の伝統的写生派に西洋画風を取り入れた独自の画風で、風景画を多く描き、特に雪景を得意とした。代表作に「雪松図」「塩原の奥」など。また明治33年画塾同攻会を主宰し、42年早苗会と改称、多くの後進を指導した。門下に川村曼舟、小村大雲、山本倉丘らがいる。　家甥＝山元桜月（画家）

山本 笑月　やまもと・しょうげつ
⇒山本 松之助（やまもと・まつのすけ）を見よ

山本 条太郎　やまもと・じょうたろう
実業家　衆議院議員　満鉄総裁　三井物産常務
慶応3年（1867年）10月11日～昭和11年（1936年）3月25日
生越前国武生（福井県越前市）　出東京都　歴明治14年三井物産に入社。21年上海支店に転じ、34年同支店長、38年清国総監督、41年本店理事を経て、42年常務。大正3年海軍汚職であるシーメンス事件に連座して三井物産を退社。同年一審で懲役1年6ヶ月、4年二審で懲役1年6ヶ月、執行猶予4年の判決を受けたが、5年大正天皇即位の特赦を受けた。同年民間での爆薬製造を企図して日本火薬製造（現・日本化薬）の設立に参画。また、6年北陸電化、8年日本水力、同年日本紡織などを設立して各社長を務めた。9年原敬の勧めにより衆議院議員に立候補して当選、通算5期。政友会に属し、13年行政整理特別委員長、昭和2年幹事長を歴任。同年南満州鉄道（満鉄）総裁となり4年まで在任した。10年貴族院議員。　家伯父＝宏仏海（秀英舎創業者）、叔父＝吉田健三（実業家・ジャーナリスト）、岳父＝原亮三郎（金港堂創業者・衆議院議員）、義兄＝原亮一郎（東京書籍会長）

山本 信次郎　やまもと・しんじろう
海軍少将
明治10年(1877年)12月22日～昭和17年(1942年)2月28日
[生]神奈川県　[学]海兵(第26期)〔明治31年〕卒,海大卒　[歴]明治26年暁星中学在学中にマリア会司祭A.ヘンリックから受洗。海軍きってのフランス語の達人として北清事変、日露戦争、第一次大戦の講和会議に活躍。その間駐伊大使館付武官、東宮御学問所フランス語教授などを歴任し、少将。昭和12年日中戦争勃発後は16ケ国を歴訪、カトリック世界に日本の立場を弁じ外交の好転を促したほか、日仏・日伊協会などの国際団体にも関与して国際親善に尽力。またカトリックの出版活動や青年運動にも従い、日本におけるカトリック協会の振興にも貢献した。

山本 慎平　やまもと・しんぺい
衆議院議員
明治9年(1876年)1月～昭和23年(1948年)5月21日
[出]長野県　[学]早稲田大学政治経済科〔明治34年〕卒　[歴]長野新聞、新潟日報でそれぞれ主筆・社長を務める。長野県議、県参事会員を経て、大正13年衆議院議員となり当選3回。政友会に所属した。著書に「新農村論」「恋、仏、天」などがある。

山本 拙郎　やまもと・せつろう
住宅設計技師　あめりか屋社長
明治23年(1890年)2月22日～昭和19年(1944年)9月11日
[生]高知県香美郡岩村　[学]三高卒、早稲田大学理工科建築学科〔大正6年〕卒　[歴]大正6年住宅設計・施工専門会社あめりか屋に設計技師として入社。宣伝誌を兼ねた雑誌「住宅」に健筆を振う傍ら、技師長を経て、昭和3年2代目社長となり活躍した。6年あめりか屋の実務から離れ、自宅を事務所として設計を営む。7年同潤会嘱託となり、住宅建築部相談役に。10年満州電気の社宅設計のため新京(長春)に渡り、14年中支那振興の社宅設計のため上海へ。19年帰国準備中に脳溢血で倒れ、同地で死去。主な作品に「電気の家」など。保岡勝也、山田醇と並び、日本の住宅作家の3草分けともいわれる。著書に「拙先生絵日記」がある。　[家]父＝山本繁馬(自由民権運動家),従弟＝山本忠興(電気工学者)

山本 惣治　やまもと・そうじ
実業家　日産自動車社長
明治21年(1888年)10月25日～昭和37年(1962年)4月21日
[生]新潟県上越市本町　[学]東京外語学校(現・東京外国語大学)支那語科〔明治45年〕卒　[歴]久保田鉄工所に入社し、大正8年から2年間、米国で機械工業などを研究。帰国後、共立企業などを経て、15年鮎川義介が経営する戸畑鋳物に商事部長として迎えられる。昭和8年日産自動車設立と同時に常務に就任、横浜工場建設の責任者となり、同工場に国内初の一貫生産システムを構築した。14年同社の満州進出に伴い満州自動車製造理事長に就任。18年日本造船社長、日産重工業取締役。戦後直後の20年10月日産自動車社長となるが、22年公職追放に遭い退任。23年中国から引き揚げてくる満州時代の部下の失業対策として、米軍車両の解体・修理を手がける富士自動車を設立。朝鮮戦争の特需もあり大発展を遂げるが、同戦争の休戦後は受注が減り同社を閉鎖した。日産コンツェルン総帥である鮎川の右腕として、我が国自動車工業の発展に尽くした。著書に「満州・人と生活」がある。

山本 武蔵　やまもと・たけぞう
造船工学者　東京帝国大学教授
明治18年(1885年)6月～昭和22年(1947年)
[生]神奈川県横須賀　[学]東京帝国大学工科大学造船学科〔明治42年〕卒　工学博士(東京帝国大学)〔大正9年〕　[歴]明治43年東京帝国大学助教授となり、大正6年造船工学研究のため欧米に留学。8年帰国して教授に昇任。昭和10年再び欧米出張。農林省水産試験場嘱託も務め、文部省練習船「日本丸」などを設計した。

山本 忠興　やまもと・ただおき
電気工学者　早稲田大学名誉教授
明治14年(1881年)6月25日～昭和26年(1951年)4月21日
[生]高知県香美郡岩村(南国市)　[専]テレビジョン工学　[学]高知中〔明治31年〕卒、一高〔明治35年〕卒、東京帝国大学工科大学電気工学科〔明治38年〕卒　工学博士(東京帝国大学)〔大正6年〕　[歴]大学在学中に植村正久からキリスト教の洗礼を受ける。明治38年芝浦製作所に入り、42年欧米へ留学。ドイツでは交流電気工学の先駆者であるシュタインメッツに師事した。45年帰国して設計顧問係主任、早稲田大学理工学部教授を務める。大正5年芝浦製作所を辞職。10年学部長、昭和19年名誉教授。同年～20年久我山電波工業専門学校校長。4年電気学会会長。大正末から川原田政太郎とテレビジョンの共同研究を行い、高周波発電機やOYK同周期発動機を開発。昭和5年「早大式テレビジョン」を完成させ、同年第1回十大発明家の一人として宮中に招待された。スポーツマンでもあり、3年アムステルダム五輪に総監督として参加。7年ロサンゼルス五輪でも陸上監督を務めた。キリスト教関係でも幅広く活躍した。　[家]養父＝山本忠秀(実業家・政治家)　[賞]朝日文化賞(昭和5年度)〔昭和6年〕

山本 達雄　やまもと・たつお
政治家　実業家　男爵
安政3年(1856年)3月3日～昭和22年(1947年)11月12日
[生]豊後国海部郡臼杵(大分県臼杵市)　[名]幼名＝慎平　[学]慶応義塾〔明治11年〕中退、三菱商業学校〔明治13年〕卒　[歴]慶応4年(1868年)本家の養子となり、明治3年家督を相続。6年大阪に出て、7年より小学校教師として生活費を貯め、10年上京して慶応義塾に入る。11年三菱商業学校に転じ、13年岡山県立商法講習所、15年大阪府立商業講習所で教頭を務めた。16年郵便汽船三菱会社(現・日本郵船)に入社、19年元山支店支配人、20年東京支店副支配人。23年川田小一郎総裁に請われて日本銀行に転じ、26年営業局長兼株式局長、30年理事を経、31年第5代目総裁に就任。36年総裁を辞し、勅選貴族院議員。42年日本勧業銀行総裁となり、44年第二次西園寺内閣の蔵相として初入閣。大正2年第一次山本内閣、7年原内閣に農商務相として入閣。原敬首相が暗殺されて高橋是清が後継総理となると同内閣でも留任した。昭和7年斎藤実内閣の内相。この間、大正2年政友会に入党。4年政務調査会長、5年総務委員、7年相談役を歴任したが、13年脱党して床次竹二郎、杉田定一、中橋徳五郎、元田肇らと政友本党を結成。昭和2年憲政会と合流して民政党が誕生すると顧問、10年最高顧問となった。この間、大正9年男爵。　[家]孫＝山本達郎(東京大学名誉教授)、松村康平(お茶の水女子大学教授)、女婿＝松村真一郎(農林次官)、広幡忠隆(皇后宮大夫)　[勲]勲一等瑞宝章〔大正9年〕、旭日大綬章〔大正9年〕、満州国勲一等景光大綬章〔昭和9年〕

山本 親雄　やまもと・ちかお
海軍少将
明治29年(1896年)10月13日～昭和55年(1980年)11月4日
[生]愛媛県　[学]海兵(第46期)〔大正7年〕卒、海大〔昭和7年〕卒　[歴]大正11年第7期航空術学生となり、以来航空畑を進み、米国大使館付武官を経て、昭和4年霞浦空飛行隊長となる。のち第1航空戦隊参謀を経て、太平洋戦争開戦時には航空本部総務部第1課長、以後18年軍令部第1部第1課長、第11航空戦隊司令官などを務め、終戦時には第72航空戦隊司令官、少将。戦後は中国国民政府顧問として同国海軍育成に協力した。

山本 悌二郎　やまもと・ていじろう

農相 衆議院議員 台湾製糖常務

明治3年（1870年）1月10日〜昭和12年（1937年）12月14日

生新潟県佐渡　学独逸協会学校〔明治19年〕卒　歴ドイツに留学、明治27年帰国し、二高講師、のち教授となる。30年退職、日本勧業銀行鑑定課長、33年台湾製糖設立に参画、常務となる。37年以来衆議院議員当選11回、政友会に属し総務。昭和2年田中義一内閣、6年犬養毅内閣各農相。11年五・一五事件で議員辞職、政友会顧問。他に南国産業、大正海上火災保険などの重役を務め、晩年は大東文化協会副会長となり、国体明徴運動に力を入れた。　家弟＝有田八郎（外相）

山本 照　やまもと・てる

アナウンサー

明治35年（1902年）11月18日〜平成10年（1998年）10月27日

出愛知県　学東京外語大学スペイン語学部〔大正14年〕卒　歴万朝報、国民新聞記者を経て、昭和7年日本放送協会（NHK）に入局。アナウンサーとして、双葉山時代のラジオ相撲放送を担当。11年オリンピック実況放送のため、ベルリンに派遣され、帰途欧米各国視察。戦後、熊本、名古屋各中央放送局放送部長、本部報道部長を歴任。27年大阪中央放送局次長、31年放送文化研究所所長、32年会長秘書。同年日本放送出版協会常務編集局長、39年日本印刷社長、46年会長。のちNHKサービスセンター理事、52年評議員。

山本 藤助（3代目）　やまもと・とうすけ

プレス工業初代社長

明治36年（1903年）12月13日〜昭和39年（1964年）12月16日

生大阪府大阪市南区　名幼名＝丑之助　学同志社大学経済科〔昭和2年〕卒　歴実業家で衆議院議員も務めた2代目山本藤助の長男。生家は大阪で鉄鋼商・山本藤助商店を営んだ。大正15年同志社大学在学中に父が亡くなり、家督を相続。父が創立に参画した合資会社プレス作業所の代表社員となり、昭和9年プレス工業株式会社に改組すると初代社長に就任した。また、帝塚山学院、帝塚山学園の理事長も務めた。　家長男＝山本藤助（4代目）、父＝山本藤助（2代目）、弟＝山本保三（プレス工業監査役）、義弟＝山本隆二郎（山本汽船社長）、山本元三（住金物産社長）　勲紺綬褒章〔昭和3年〕

山本 禾太郎　やまもと・のぎたろう

小説家

明治22年（1889年）2月28日〜昭和26年（1951年）3月16日

生兵庫県神戸市　名本名＝山本種太郎　学小学校卒　歴海洋測器製作所に勤務していた大正15年「新青年」の懸賞に「窓」が入選する。のち「新青年」「ぷろふいる」等に20編程の短編を発表。昭和7年には「小笛事件」を神戸新聞に連載。関西探偵作家クラブ副会長も務めるが、戦後は演劇に関心がうつった。

山本 信哉　やまもと・のぶき

日本史学者 東京帝国大学史料編纂所史料編纂官

明治6年（1873年）7月19日〜昭和19年（1944年）12月18日

生愛媛県宇和郡立間村（宇和島市）　専神道学、国史学　学国学院本科〔明治28年〕卒 文学博士（東京帝国大学）〔大正12年〕　歴明治29年〜大正3年「古事類苑」の編集に従事し、2年東京帝国大学史料編纂掛史料編纂官補、10年国学院大教授兼任、14年史料編纂官となり、「大日本史料第一編」を担当。昭和8〜10年東京帝大講師を務めた。その後、帝国学士院の「帝室制度史」編集に従事。神祇史、神道史の実証的研究で知られる。著書に「国史より観たる奉公の精神」「神道要典」「神道綱要」など。

山本 梅史　やまもと・ばいし

俳人

明治19年（1886年）12月11日〜昭和13年（1938年）7月24日

生大阪府堺市　名本名＝山本徳太郎　歴堺日報、泉州時事新報など新聞を経営、堺市会書記長を永く務めた。少年時代から俳句を始め、梅沢墨水、安藤橡面坊らに学び、のち高浜虚子に就いた。大正15年雑誌「九年母」雑詠選を務め、昭和3年「いづみ」を創刊主宰。「同人」にも関与した。「ホトトギス」、関西根岸短歌会各同人、新興俳句運動にも共鳴。「梅史句集」がある。

山本 秀煌　やまもと・ひでてる

牧師 神学者 明治学院神学部教授

安政4年（1857年）10月30日〜昭和18年（1943年）11月21日

生丹後国峰山（京都府京丹後市）　専日本キリスト教史　学東京一致神学校〔明治11年〕卒　歴峰山藩藩校・敬業堂で漢学を学び、明治6年横浜に出て軍医長瀬時衡の家に寄食、宣教師J.H.バラの説教を聞き、奥野昌綱の聖書講義を受けヘボンの学校に学んだ。7年日本基督公会横浜基督教会（海岸教会）で受洗、11年東京一致神学校（のち明治学院神学部）卒後牧師となった。日本基督教会の名古屋、横浜指路、高知、大阪東各教会で伝道。この間、34年米国のオーバン神学校に学んだ。40年明治学院神学部教授となり、20年間務め、のち無任所牧師、晩年は高輪教会の牧師を務めた。日本基督教会の大会議長を7回務め、日本キリスト教史の権威。著書に「日本基督教史」（全2巻）「近世日本基督教史」「西教史談」「日本基督教会史」「ゼー・シー・ヘボン博士」「江戸切支丹屋敷の史蹟」「東洋の大使徒フランシスコ・ザベリョ」などがある。

山本 平三郎　やまもと・へいさぶろう

衆議院議員

明治8年（1875年）3月〜昭和6年（1931年）1月31日

出兵庫県　歴神戸市議を経て、昭和5年衆議院議員に当選、民政党に所属して1期務めた。

山本 牧彦　やまもと・まきひこ

写真家 歯科医

明治26年（1893年）3月1日〜昭和60年（1985年）8月24日

生兵庫県豊岡市　名本名＝山本茂三郎　学豊岡中卒　歴幼い頃から文学者を志したが断念、明治45年独学で医術開業歯科試験に合格し、大正7年京都で歯科医院を開業。昭和10年京都市歯科医師会長。17〜22年京都市議を務めた。大正末から淵上白陽の主宰していた「白陽」などに写真を発表して注目を集め、「芸術写真研究」「カメラ」などにも作品を発表、選者であった中島謙吉に認められた。大正15年赤玉ポートワインの懸賞写真に応募し「硝子の静物」が首席となる。昭和2年日本写真美術展で「少女立像」が文部大臣賞。3年真継不二夫とともに日本光画協会を興して会長に就任。印画紙を歪めたデフォルマシオンや、「雑巾がけ」と称された油絵の具による修整技法を用いて抒情的な作品を制作し、高い評価を受けた。戦後は写真からは離れて歌人として活躍、昭和20年「新月」に入会、田中常憲没後の28年より同誌主宰、56年名誉顧問。写真集に「山本牧彦写真画集」、歌集に「日本の天」「菩提樹」などがある。

山本 正美　やまもと・まさみ

社会運動家 労働運動研究所理事 日本共産党中央委員長

明治39年（1906年）9月28日〜平成6年（1994年）9月19日

生高知県幡多郡中村町（四万十市）　名筆名＝アキ、湯本正夫　学高等小学校1年修了　歴郵便配達夫をしていたが、大正11年高知市に行き水平社運動に参加。のち大阪に出、14年評議会大阪一般労働組合創立に参加。15年入ソし、クートベで学び、昭和4年卒業して同大学院で学ぶ。同年ソ連共産党に入党し、5年クートベのコミンテルン史科講師となる。戦前、戦後の左翼運動に大きな影響を与えた「日本の情勢と日本共産党の任

務に関するテーゼ」(32年テーゼ)の策定に携わった。7年12月帰国し、共産党中央委員会委員長に就任。8年治安維持法違反で検挙され、懲役12年に処せられる。戦後共産党に再入党し、また「北海道新聞」論説記者となる。党の理論活動をすすめていたが、37年除名された。その後、労働運動研究所を設立、執筆活動を行った。　家＝妻＝山本菊代（社会運動家）

山本 松之助　やまもと・まつのすけ
江戸・明治文化研究家　東京朝日新聞社会部長
明治6年(1873年)10月5日～昭和12年(1937年)5月10日
生＝東京深川（東京都江東区）　名＝筆名＝山本笑月　学＝東洋一致英和学校卒　歴＝明治26年やまと新聞に入社。のち中央新聞を経て、31年東京朝日新聞社に入る。文芸部長、社会部長を務め、大正12年病気のため退社。以後は江戸・明治文化の研究に専念した。著書に「明治世相百話」がある。　家＝父＝山本金蔵（浅草花屋敷創設者）、弟＝長谷川如是閑（ジャーナリスト）、大野静方（画家）

山本 美越乃　やまもと・みおの
経済学者　京都帝国大学総長
明治7年(1874年)1月～昭和16年(1941年)5月13日
生＝三重県鳥羽　学＝同志社〔明治31年〕卒、京都帝国大学法科大学選科〔明治36年〕卒 法学博士　歴＝明治36年大阪高等商業学校教授、38年欧米留学、帰国後山口高等商業学校教授、京都帝国大学助教授を経て、教授となり、経済学部長、総長を歴任、退職後名誉教授。著書に「植民政策研究」「植民地問題私見」「我国民の海外発展と南洋新占領地」「水産経済」などがある。

山本 峰雄　やまもと・みねお
航空工学者　自動車工学者
明治36年(1903年)5月31日～昭和54年(1979年)8月8日
生＝静岡県静岡市　学＝東京府立四中卒、一高卒、東京帝国大学工学部航空工学科〔昭和3年〕卒　歴＝昭和5年東京帝国大学航空研究所技師となり、13年助教授。同年航続距離の世界記録を樹立した「航研機」の設計に参加。同年欧米へ留学。戦後は航空研究が禁止されたことから自動車工学に転じた。25年群馬大学教授、35年東京農工大学工学部教授、43年玉川大学工学部教授を歴任。平成16年日本自動車殿堂入り。

山本 ヤヲ　やまもと・やお
看護婦　日本赤十字社本部病院看護婦監督
明治8年(1875年)～昭和30年(1955年)3月8日
生＝鹿児島県　学＝日本赤十字社救護看護婦養成所(12回生)卒　歴＝明治37年日露戦争に応召、日赤本部救護看護婦長として広島予備病院に勤務。39年日赤本部病院看護婦長、42年日赤特別社員。大正元年ドイツ・ケルンの第3回ICN大会出席、3年に始まった第一次大戦に英国派遣救護班婦長としてロンドン陸軍病院勤務、10年第1回ナイチンゲール記章を受章。第二次大戦中の昭和13年から21年まで日赤看護婦監督であったため、戦後連合国軍総司令部（GHQ）の指令で公職追放を受け、21年71歳で退職、日本帝国看護婦協会会長も辞任。本社病院内戦災療で老後を送った。　賞＝フローレンス・ナイチンゲール記章（第1回）〔大正10年〕

山本 安英　やまもと・やすえ
女優
明治35年(1902年)10月29日～平成5年(1993年)10月20日
生＝東京市神田区（東京都千代田区）　名＝本名＝山本千代　学＝神奈川高等女学校卒　歴＝新劇界を代表する女優の1人。大正10年2代目市川左団次主宰の現代劇女優養成所に入り、翌年帝劇で初舞台。13年築地小劇場創立に参加、さらに新築地劇団創立（昭和4年）から解散時(15年)まで活躍し、「何が彼女をさうさ

せたか」「女人哀詞」「綴方教室」などで優れた演技を残した。戦後、22年木下順二らと共に"ぶどうの会"を結成、24年に初演された木下作「夕鶴」は38年間に1037回を数え、35年には中国公演も行う。39年に"ぶどうの会"解散後、40年"山本安英の会"を作り、「夕鶴」「山脈（やまなみ）」「東の国にて」「子午線の祀り」などを上演する傍ら、"ことばの勉強会"の活動を通して、美しい話し言葉の研究と普及に活躍した。「おりおりの記」「歩いてきた道」「舞台と旅と人と」「女優という仕事」などエッセー集も多い。他に「写真集山本安英の仕事」などがある。　賞＝芸術選奨文部大臣賞(第1回)〔昭和26年〕「夕鶴」

山本 有三　やまもと・ゆうぞう
小説家　劇作家
明治20年(1887年)7月27日～昭和49年(1974年)1月11日
生＝栃木県下都賀郡栃木町（栃木市）　名＝本名＝山本勇造　学＝東京帝国大学独文科〔大正4年〕卒　賞＝帝国芸術院会員〔昭和16年〕　歴＝東京帝国大学在学中、第三次「新思潮」に参加。大正9年「生命の冠」が明治座で上演され、劇作家としての地位を確立し、以後「嬰児殺し」「坂崎出羽守」「同志の人々」「海彦山彦」「西郷と大久保」「米百俵」などを発表。15年「生きとし生けるもの」を「朝日新聞」に連載し、小説家としても認められた。以後「波」「風」「女の一生」「真実一路」「路傍の石」などを発表、一時代の国民的作家となる。この間、昭和7年明治大学に文芸科が設けられ、初代学科長に就任。10～12年「日本少国民文庫」(16巻)を編集刊行し、児童読物に新機軸を開く。16年帝国芸術院会員。戦後は21年に貴族院議員に勅選され、22年参議院議員(緑風会)に全国区から当選し、28年の任期満了まで務め、文科委員長、文部委員長、ユネスコ国内委員長などを歴任。また国語問題に尽くしたところも多かった。40年文化勲章を受章。戦後の作品は「無事の人」にとどまるが、晩年の48年に「濁流」を連載し、未完に終わった。　家＝女婿＝永野賢（東京学芸大学名誉教授）　勲＝文化勲章〔昭和40年〕

山本 善雄　やまもと・よしお
海軍少将
明治31年(1898年)6月20日～昭和53年(1978年)11月28日
生＝山形県　学＝海兵(第47期)〔大正8年〕卒、海大〔昭和6年〕卒　歴＝昭和7年海軍省副官、11年駐英大使館付武官補佐官、14年支那方面艦隊参謀、17年軍務局1課長、20年7月軍令部出仕、海軍少将。同年11月軍務局長として敗戦後の復員業務に当たり同12月第2復員者総務局長。当時外務省総務局長だった岡崎勝男が吉田茂首相の官房長官となり、招かれて再軍備のための旧将校追放解除のリストを作った。26年10月海上警備隊創設のため海上保安庁Y委員会メンバーとなり、岡崎らと共に幹部人選と海軍再建の制度・方式を立案した。29年住友商事顧問。

山本 芳治　やまもと・よしじ
衆議院議員
明治14年(1881年)9月～昭和25年(1950年)12月28日
出＝兵庫県　学＝東京帝国大学法科〔明治42年〕卒　歴＝大阪市議、陸軍軍法会議指定弁護人を経て、大正13年に衆議院議員に当選。以来5期務めた。第一次近衛内閣の厚生参与官となった。　家＝甥＝山本壮一郎（宮城県知事）、山本研二郎（大阪市立大学学長）

山本 芳太　やまもと・よした
福岡金文堂社長
明治32年(1899年)10月22日～昭和41年(1966年)1月30日
生＝福岡県八女郡星野村（八女市）　歴＝大正4年菊竹金文堂福岡支店に入り、同社長・菊竹大蔵に師事。12年かつて兄の弥助が福岡市で経営していた金星堂書店を再開店させて新刊書籍・雑誌や外国書籍、中等教科書、文具などを販売、業績を伸ばし

やまわき　　　　　　　　　　昭和人物事典 戦前期

て福岡屈指の書店として知られるまでになった。昭和20年の空襲により店舗が全焼するが、新天町の開発に乗じて再起を果たし、26年株式会社に改組。35年金文堂が株式会社福岡金文堂に改組した際、同社長に就任。福岡県出版物小売業組合相談役、福岡県教科書会社取締役などを歴任した。　家兄＝山本弥助（金星堂書店創業者）

山脇 延吉　やまわき・えんきち
農政運動指導者 帝国農会副会長
明治8年（1875年）2月7日～昭和16年（1941年）4月26日
生兵庫県有馬郡道場村（神戸市）　名号＝城山　学姫路中学、五高卒、東京帝国大学工科大学土木学科〔明治32年〕中退　歴明治40年兵庫県議に当選。のち一時道場村長を務めるが、大正8年県議に再選され、以降、没するまで在職。この間、8年、12年、昭和2年と3度議長に選出された。また、早くから鉄道事業にも関心を示し、大正2年片岡直温らを発起人に有馬から有野川沿い経由で有馬に至る軽便鉄道建設を目的とした有馬鉄道が設立されると、3年社長に就任。4年に路線が完成した後は鉄道院がこれを借り受けて営業し、8年には国に買収され国鉄有馬線となった。これとは別に神戸から有馬・三田方面に至る路線の敷設も画策し、15年神戸有馬電気鉄道株式会社（現・神戸電鉄）を創立して初代社長に就任。川西清兵衛ら神戸の財界人の協力を得て同年から着工し、昭和3年湊川～有馬温泉間及び唐櫃（現・有馬口駅）～三田間を開業した。5年会長。11年三木鉄道（現・神戸電鉄粟生線）会長。また、有馬郡農会長、兵庫県山林会評議員、兵庫県農会長などを歴任して農業界の革新を進め、昭和初期の農村恐慌後は農村の自力更生を唱えて全国で講演活動を展開し、兵庫県知事を動かして農林省に経済更正部を設置させるなど、数々の実績をあげて"農民の神様"といわれた。6年関西以西の各府県の農会を糾合して関西二府十七県農会連合会を組織して同理事長。14年帝国農会副会長。　勲藍綬褒章〔昭和4年〕，勲五等瑞宝章〔昭和16年〕

山脇 圭吉　やまわき・けいきち
獣医学者 農林省獣疫調査所所長
明治11年（1878年）3月～昭和22年（1947年）7月26日
生奈良県磯城郡織田村（奈良市）　名旧姓・旧名＝甲谷　専家畜伝染病学　学東京帝国大学農科大学獣医学科〔明治38年〕卒 農学博士（東京帝国大学）〔昭和14年〕　歴明治38年農商務省技手、39年大阪府技手、41年同技師を務め、同地の畜産振興に努める。大正2年種牛所技師となり大分県種牛所長、4年種畜場技師兼任、5年畜産試験場技師、6年獣疫調査所技師兼任、12年畜産局家畜衛生課勤務、13年内務技師を兼務して獣疫調査所長に就任。昭和16年退官して日本食肉統制社長。獣疫調査所の発展に力を尽くし、その名声の基礎を築く一方、「日本帝国家畜伝染病予防史」（全6巻）の著作に心血を注いだ。他の著書に「日本家畜防疫史」がある。　家二男＝山脇洋二（彫金家），三男＝山脇亀夫（評論家）　勲勲二等瑞宝章〔昭和14年〕

山脇 信徳　やまわき・しんとく
洋画家
明治19年（1886年）2月11日～昭和27年（1952年）1月21日
生高知県高知市南奉公人町　学高知一中〔明治37年〕卒、東京美術学校西洋画科〔明治43年〕卒　歴早くから印象派に傾倒。明治40年第1回文展に入選、42年第3回文展で「停車場の朝」が3等賞となり、画壇の注目を浴びる。45年滋賀県の膳所中学教師、大正11年満州へ渡り奉天中学教師。12～15年春陽会会員。14年渡欧、昭和2年国画創作協会洋画部会員となり、国画会に作品を送る。4年帰国、晩年は高知で暮した。20年高知洋画家協会を創立。「白樺」同人で、木下杢太郎との「絵画の約束」論争が有名。志賀直哉、舟木重雄と親しかった。　家父＝山脇信二（漆芸家）　賞文展三等賞（第3回）〔明治42年〕「停車場

の朝」，院展楳牛賞「湖畔の冬」

山脇 房子　やまわき・ふさこ
女子教育家 山脇高等女学校校長
慶応3年（1867年）6月4日～昭和10年（1935年）11月19日
生出雲国松江（島根県松江市）　名旧姓・旧名＝小倉　学松江女子師範〔明治14年〕卒　歴出雲松江藩士・小倉忠の長女。明治18年上京し、女子奨励会で英語や洋風作法を学ぶ。25年行政裁判所評定官山脇玄と結婚。36年創立の山脇女子実修学校（東京牛込白金町）校長となり、41年山脇高等女学校と改称し、のちの山脇学園の基礎を築いた。また、明治23年大日本婦人教育会理事、大正6年大日本連合女子青年団理事長、大正婦人会理事などを務め、昭和5年には吉岡弥生らと婦人同志会を創立した。著書に「若き女性に贈る」「作法十訓」「尊き花」など。　家夫＝山脇玄（法学者），養子＝山脇春樹（愛知県知事）　勲勲五等瑞宝章〔昭和3年〕

山脇 正隆　やまわき・まさたか
陸軍大将
明治19年（1886年）3月2日～昭和49年（1974年）4月21日
生高知県　学陸士（第18期）〔明治38年〕卒、陸大〔大正3年〕卒　歴大正5年陸軍教育総監部付、第一次大戦中ロシア駐在、10年ポーランド公使館付武官。14年参謀本部員、昭和4年同編成課長、7年教育総監部第1課長、12年陸軍省整備局長、13年陸軍次官、駐蒙軍司令官、17年ボルネオ守備軍司令官、19年大将となり第三十七軍司令官。戦後戦犯に指名されたが、26年解除。のち借行社会長。　家長男＝山脇正文（フォスター電機副社長）

矢山 哲治　ややま・てつじ
詩人
大正7年（1918年）4月28日～昭和18年（1943年）1月29日
生福岡県福岡市中石堂町（博多区）　名旧姓・旧名＝恒屋，筆名＝恒屋喜壮　学九州帝国大学農学部卒　歴5歳で父を失う。昭和3年祖父の生家・矢山家を継ぐ。修猷館中時代には玄洋社に1年間寄宿した。福岡高から九州帝国大学農学部に進み、傍ら恒屋喜壮の筆名で「文芸首都」「若草」「蠟人形」などに投稿。昭和13年「九州文学」に参加。同年第一詩集「くんしやう」を刊行した。14年島尾敏雄、真鍋呉夫、阿川弘之らと同人誌「こおろ」（のち「こをろ」と改称）を創刊、同誌を主導した。18年1月、同誌終刊の直前に、西鉄の無人踏切で轢死。62年旧「こをろ」同人らによって「矢山哲治全集」が刊行された。他に詩集「友達」「框」がある。

【ゆ】

湯浅 倉平　ゆあさ・くらへい
内大臣 宮内相 貴族院議員（勅選）
明治7年（1874年）2月1日～昭和15年（1940年）12月24日
生福島県　学東京帝国大学法科大学政治科〔明治31年〕卒　歴内務省に入り、滋賀・兵庫各県参事官、鳥取・愛媛・長崎・神奈川各県内務部長、同地方局長、岡山・静岡各県知事を経て、大正4年警保局長となる。5年辞任後、勅選貴族院議員。その後、12年警視総監、13年内務次官、14年朝鮮総督府政務総監、昭和4年会計検査院長を歴任し、8年宮内大臣、11年内大臣となり、天皇側近として軍部の無理押しに対処、元老西園寺公望の信を得た。軍部の反感も強く"君側の奸"として右翼テロ襲撃の対象となった。15年病気のため木戸幸一に引きつぎ辞任した。　家兄＝湯浅十框（俳人）

湯浅 半月　ゆあさ・はんげつ
詩人 聖書学者 図書館学者
安政5年(1858年)2月16日～昭和18年(1943年)2月4日
[生]上野国碓氷郡安中村(群馬県安中市)　[名]本名＝湯浅吉郎　[学]同志社普通科, 同志社神学科〔明治18年〕卒 Ph.D.　[歴]明治18年新体詩最初の個人詩集「十二の石塚」を刊行。同年米国に留学しオベリン大学、エール大学に学ぶ。24年帰国し同志社教授、京都府図書館長などを歴任。35年詩集「半月集」を刊行。晩年は旧約聖書の改訳に力を注ぐなど、詩人としての業績のほか聖書学者、図書館学者としても活躍した。著書に「箴言講義」など。　[家]兄＝湯浅治郎(キリスト教社会運動家)

湯浅 芳子　ゆあさ・よしこ
翻訳家 随筆家 婦人民主新聞編集長
明治29年(1896年)12月7日～平成2年(1990年)10月24日
[生]京都府京都市　[名]本名＝湯浅ヨシ　[専]ロシア文学　[学]早稲田大学文学部露文科〔大正13年〕中退　[歴]昇曙夢に師事してロシア語を学ぶ。早大中退後、雑誌・新聞記者となり、大正13年中条(宮本)百合子と知り合う。離婚した百合子と共同生活を営み、昭和2年から3年間、百合子とともにモスクワに留学。この間の生活は、百合子の「二つの庭」「道標」に作中人物として描かれている。帰国後、ナップに所属しプロレタリア文学運動に参加。8年検挙・拘禁ののち執行猶予となる。10年頃よりロシア文学の研究・紹介に従事。代表的な訳書に、チェーホフ「桜の園」「三人姉妹」「かもめ」、ゴーリキー「幼年時代」「世の中へ出て」、マルシャーク「森は生きている」など。また随筆集「いっぴき狼」がある。戦後、22年に「婦人民主新聞」の編集長としても活躍した。平成4年翻訳劇に資金助成する公益信託湯浅芳子記念翻訳劇助成基金が設立され、6年湯浅芳子賞が新設された。

結城 素明　ゆうき・そめい
日本画家 随筆家
明治8年(1875年)12月10日～昭和32年(1957年)3月24日
[生]東京府本所(東京都墨田区)　[名]本名＝結城貞松, 旧姓・旧名＝森田　[学]東京美術学校日本画科〔明治30年〕卒, 東京美術学校西洋画科〔明治33年〕中退　[資]帝国美術院会員〔大正14年〕, 帝国芸術院会員〔昭和12年〕　[歴]明治24年川端玉章の天真堂に入門。29年日本絵画協会に出品して1等褒状を受けるなど早くから認められ、33年平福百穂らと自然主義を標榜して无声会を結成、日本画に写実主義の新風をもたらした。また週刊「平民新聞」に挿絵も描き、注目される。40年第1回文展に「無花果」が入選以来受賞を重ね、大正5年、6年と連続特選となり、8年の第1回帝展からは審査員を務めた。この間、明治35年東京美術学校嘱託、37年助教授、大正2年教授となり、昭和19年まで務めた。また大正8年より東京女子高等師範学校教授を兼任。12～14年渡欧、14年帝国美術院会員となる。同年には川崎小虎らと大日本美術院を結成。封建的な流派絵画を脱して洋風日本画を生みだした。代表作に「歌神」「八千草」「薄暮」など。著書に「東京美術家墓所誌」「観賞日本絵画史」などがある。　[勲]レジオン・ド・ヌール勲章〔昭和6年〕

結城 豊太郎　ゆうき・とよたろう
銀行家
明治10年(1877年)5月24日～昭和26年(1951年)8月1日
[生]山形県東置賜郡赤湯町(南陽市)　[学]東京帝国大学法科大学政治学科〔明治36年〕卒　[歴]明治36年日本銀行に入行。名古屋支店長、大阪支店長、理事などを経て、大正10年請われて安田銀行に副頭取として入行。オーナー家と対立しながらも安田財閥の近代化を進めた。昭和5年日本興業銀行総裁に。"鷹"と呼ばれ、王子製紙合併や電力会社競争の調停に奔走。12年林銑十郎内閣の蔵相も務めたが、軍財抱合財政といわれた。同年日本銀行総裁となり、19年まで戦時金融政策の元締として活躍した。この間、12年勅選貴族院議員、日本商工会議所会頭、18年内閣顧問なども務めた。　[家]女婿＝藤山愛一郎(政治家・実業家)

湯川 秀樹　ゆかわ・ひでき
理論物理学者 京都帝国大学理学部教授
明治40年(1907年)1月23日～昭和56年(1981年)9月8日
[生]東京市麻布区(東京都港区)　[出]京都府　[名]旧姓・旧名＝小川, 筆名＝湯川玄圃　[学]京都一中卒, 三高卒, 京都帝国大学理学部物理学科〔昭和4年〕卒 理学博士〔昭和13年〕　[資]帝国学士院会員〔昭和21年〕, 米国学士院外国人会員, 英国王立協会特別会員　[歴]父は地質学者・小川琢治で、兄は冶金学者の小川芳樹と中国史家の貝塚茂樹、弟は中国文学者の小川環樹という学術一家。昭和4年京都帝国大学理学部物理学科を卒業して同学部副手、7年講師。同年結婚して湯川姓を名のる。8年新設の大阪帝国大学理学部講師となり、11年助教授、14年京都帝大理学部教授。17～19年東京帝国大学教授を兼任。この間、9年に核力を媒介とする新粒子(中間子)の存在を予言する論文を発表。12年米国の物理学者アンダーソンにより宇宙線の中に中間子らしい物質が発見されると、坂田昌一、武谷三男、小林稔らの協力を得て研究を展開し、湯川理論を形成した。14年"素粒子間の相互作用"を主題としたソルベー会議に招かれて欧米に出張するが、第二次大戦勃発のため中止となり帰国。15年帝国学士院恩賜賞、18年文化勲章を受章。戦後、中間子の存在を予言した業績により日本人として初めてのノーベル賞となるノーベル物理学賞を受け、敗戦により自信を失っていた国民に大きな希望を与えた。一方、人道主義的な立場から反戦・反核運動にも積極的に取り組み、30年英国の哲学者バートランド・ラッセルと米国の物理学者アルバート・アインシュタインが主唱した、世界各国に核兵器の廃絶を呼びかけるラッセル＝アインシュタイン宣言に共同署名者として名を連ね、世界平和アピール7人委員会を結成。32年ラッセル＝アインシュタイン宣言を受けて開催された第1回パグウォッシュ会議にも参加した。　[家]妻＝湯川スミ(世界連邦建設同盟名誉会長), 父＝小川琢治(地質学者), 兄＝小川芳樹(冶金学者), 貝塚茂樹(中国史家), 弟＝小川環樹(中国文学者), 長男＝湯川春洋(近世演劇研究家)　[勲]文化勲章〔昭和18年〕　[賞]帝国学士院恩賜賞(第30回)〔昭和15年〕, ノーベル物理学賞〔昭和24年〕, 文化功労者〔昭和26年〕, 報公賞(第8回)〔昭和13年〕, 野間賞〔昭和16年〕

湯川 松次郎　ゆがわ・まつじろう
弘文社創業者
明治18年(1885年)3月15日～昭和46年(1971年)4月22日
[生]和歌山県日高郡湯川村(御坊市)　[歴]明治33年大阪に出て小谷書店に入店。37年大阪市東区平野町で書籍小売店を開業。42年南区松屋町で明文館の商号で出版業に着手。浮沈を繰り返したが、大正12年関東大震災で東京出版界が壊滅すると、書籍の供給途絶により全国から注文殺到一挙に頽勢を挽回した。昭和初年には「立川文庫」と講談小説の中間を狙った「美久仁文庫」を発行、一時は「立川文庫」を凌ぐ勢いを示した。5年湯川弘文社の新商号で学術参考書を出版、また学習社の商号で小学生用学習帳を発行し業容を急拡大した。その後、社名を弘文社とし、戦後は文芸書や文芸誌「東西」、少年誌「新少年」なども出した。衆望もあり、後年大阪書籍雑誌商組合評議員などを務めた。著書に「上方の出版と文化」、編著書に「明治の人物と文化」がある。

湯河 元威　ゆかわ・もとたけ
農商次官
明治30年(1897年)5月18日～昭和33年(1958年)8月8日
[生]東京都　[学]東京帝国大学法学部仏法科〔大正10年〕卒　[歴]逓信次官を務めた湯河元臣の長男。大正10年農商務省に入省。

昭和8年農務局農政課長、11年官房文書課長、13年興亜院華北連絡部経済第二局長、15年農林省米穀局長、16年食糧管理局長官を経て、20年4月農商次官。8月退官。周東英雄、石黒武重とともに農林省三羽烏といわれた。戦後は21年東京都次長、同年農林中央金庫理事長となり、30年8月辞任。また日本銀行参与、協同組合学校理事長も務めた。 ⬛父＝湯河元臣（逓信次官）

雪沢 千代治　ゆきざわ・ちよじ
京都府知事
明治22年（1889年）4月1日〜昭和45年（1970年）2月20日
⬛長崎県　⬛東京帝国大学英法科〔大正8年〕卒　⬛静岡県属、内務属、地方事務官、新潟県学務部長、内務省土木局港湾課長、大臣官房都市計画課長、岩手・熊本・愛知の各県知事、京都府知事を経て、愛媛県知事兼四国地方行政協議会会長、松山海運局長、四国軍需管理部長を歴任。昭和27年衆議院議員に当選、日本医療団副総裁となる。のち東北電気製鉄取締役、東北製塩化学工業社長などを務めた。

行友 李風　ゆきとも・りふう
小説家 劇作家
明治10年（1877年）3月2日〜昭和34年（1959年）12月13日
⬛広島県尾道市土堂町　⬛本名＝行友直次郎　⬛明治39年大阪新報社に入り、社会部記者となりおもに演芸欄を担当する。大正5年退社し、大阪松竹合名会社文芸部に入り、6年新国劇の創作にともなうその専属作者に。代表作に「月形半平太」「国定忠治」などがある。のち小説に転じ、14年「修羅八荒」を発表して人気作家となり、その後の作品に「獄門首土蔵」「巷説化島地獄」など。昭和32年上方文化振興の功労者として大阪府からなにわ賞を贈られた。

遊佐 幸平　ゆさ・こうへい
陸軍少将 馬術家
明治16年（1883年）7月25日〜昭和41年（1966年）11月25日
⬛宮城県鳴子町湯元（大崎市鳴子温泉湯元）　⬛陸士（第16期）〔明治37年〕卒　⬛名馬の産地で生まれ、幼少より馬に親しむ。大正6年陸軍騎兵学校教官となり、フランスに留学、近代馬術を研究した。昭和13年騎兵第14連隊長、13年予備役、後「満州国」馬政局長。この間、3年第9回アムステルダム五輪に日本初の馬術選手として参加、以後39年の第18回東京五輪まで毎回馬術の選手・監督・団長を務めた。著書に「馬術及び馬事」「遊佐馬術」など。

遊佐 正憲　ゆさ・まさのり
水泳選手 ロサンゼルス五輪・ベルリン五輪金メダリスト
大正4年（1915年）〜昭和50年（1975年）3月8日
⬛香川県仲多度郡多度津町　⬛日本大学卒　⬛昭和7年ロサンゼルス五輪800メートルリレーの第二泳者を務め金メダル。11年のベルリン五輪でも同種目の第一泳者を務め優勝、100メートル自由型でも銀メダルを獲得。戦後はヘルシンキ、メルボルン両五輪の短距離陣のコーチとして参加した。

湯沢 三千男　ゆざわ・みちお
内務次官 内相 貴族院議員（勅選）
明治21年（1888年）5月20日〜昭和38年（1963年）2月21日
⬛栃木県　⬛東京帝国大学法科大学経済科〔明治45年〕卒　⬛明治45年内務省に入り、社会保険、労働各部長、宮城県知事、内務省土木局長、広島・兵庫各県知事、内務次官などを経て、昭和17年東条英機内閣の内相。18〜21年勅選貴族院議員。また対満事務局、企画院各参与、翼賛会総務、大日本産業報告会理事長などを務めた。戦後公職追放、解除後29年中央社会保険医療協議会会長などを務め、34年栃木地方区から参議院議員に当選、参議院予算委員長、自民党総務などを歴任した。

譲原 昌子　ゆずりはら・まさこ
小説家
明治44年（1911年）11月14日〜昭和24年（1949年）1月12日
⬛北海道　⬛本名＝船橋きよの, 別筆名＝鷲津ゆき　⬛豊原高等女学校師範科卒　⬛小学校教師の傍ら創作活動、昭和16年上京。「抒情歌」が第13回芥川賞候補、次いで「故郷の岸」が第17回芥川賞候補となった。戦後は結核に倒れたが、第1回新日本文学創作コンクール小説の部に「死なない蛸」が1位入選した。24年の「朝鮮ヤキ」が遺稿となった。処女短編集「朔北の闘ひ」、遺稿集「故郷の岸」がある。　⬛新日本文学創作コンクール小説の部1位（第1回）「死なない蛸」

弓館 小鰐　ゆだて・しょうがく
新聞記者 小説家 スポーツ評論家
明治16年（1883年）9月28日〜昭和33年（1958年）8月3日
⬛岩手県一関市　⬛本名＝弓館芳夫　⬛東京専門学校（現・早稲田大学）卒　⬛万朝報から大正7年に東京日日新聞社に移り、「西遊記」を連載する。その後も「水滸伝」「スポーツ人国記」などを発表。著書に「ニヤニヤ交友帖」などがある。

由谷 義治　ゆたに・よしはる
衆議院議員 東方会幹事長
明治21年（1888年）3月11日〜昭和33年（1958年）10月8日
⬛鳥取県鳥取市川端　⬛号＝羊我　⬛早稲田大学商学部〔明治40年〕中退　⬛鳥取市で運送業経営。大正8年鳥取市議当選、2期勤め、9年鳥取県議となった。13年以来衆議院議員当選6回。憲政会、民政党に属し、昭和6年国民同盟に参加、11年中野正剛らと東方会を結成、のち幹事長。14年社会大衆党との合同に奔走、中野と訣別。20年幣原喜重郎内閣の政務次官。戦後公職追放となり、鳥取電機製造社長に就任。　⬛義兄＝米原章三（貴族院議員）

柚木 重三　ゆのき・じゅうぞう
経済史学者 関西学院大学商経済学部教授
明治35年（1902年）3月8日〜昭和15年（1940年）5月18日
⬛石川県金沢市　⬛京都帝国大学経済学部〔大正14年〕卒, 京都帝国大学大学院〔昭和2年〕退学　⬛昭和2年に京都帝国大学大学院を退学、同助手として研究活動を続行した。5年「明治大正大阪市史」編纂事務嘱託となり、のち同志社大学法学部講師嘱託、日本経済史研究所員などを経て、11年より関西学院大学商経済学部助教授。15年には同教授に進むが、同年5月18日39歳の若さで没した。日本経済史の中でも特に灘酒の歴史を専門に研究し、生涯をかけて収集した酒造史関係の史料・文書は現在関西学院大学図書館に所蔵されている。著書に「灘酒経済史研究」がある。

弓波 瑞明　ゆば・ずいみょう
僧侶 龍谷大学学長 浄土真宗本願寺派執行
慶応3年（1867年）4月〜昭和6年（1931年）1月25日
⬛越後国（新潟県）　⬛旧姓・旧名＝戸田　⬛仏教学　⬛大学林卒　⬛浄土真宗本願寺派の僧で、開教地布教使などを経て、大正6年執行となり、宗政を担当。のち京都女子高等専門学校校長を経て、昭和4年龍谷大学学長に就任。著書に「浄土教批判検討」「如来及浄土の観念批判」など。

ユーハイム, カール
Juchheim, Karl
菓子職人 ユーハイム創業者
明治19年（1886年）12月25日〜昭和20年（1945年）8月14日
⬛ドイツ・カウプ・アム・ライン　⬛中国にあるドイツの租借地・青島で菓子と喫茶の店ユーハイムを開いていたが、大正3年第一次大戦でドイツが敗れると日本軍の捕虜となり、7年まで約4年間の捕虜生活を余儀なくされた。解放後、食料品

店・明治屋社長の磯野長蔵と2年間の契約を結んで東京・銀座のカフェー・ユーロップの菓子主任を引き受け、10年契約切れとともに独立。11年横浜・山下町にコンディトライ・カフェ（菓子・喫茶）のユーハイムを開いたが、12年関東大震災のため店は倒壊。投錨中の英国船に救われ、命からがら神戸に避難した。今後のことを考えながら歩いていた際、三宮警察署前でロシア人バレリーナのアンナ・パブロワと出会い、その紹介で三宮の洋館を借り受けることになり、神戸で新たに店を開くことになった。横浜で働いていた職人たちも店の再開を知ってやってくるようになり、神戸を代表する洋菓子店として繁盛し、谷崎潤一郎「細雪」や堀辰雄「旅の絵」などの文学作品にも登場した。太平洋戦争敗戦前日の昭和20年8月14日、避難先の六甲ホテルで亡くなった。

油橋 重遠　ゆはし・しげとう
在ソ連日本大使館書記官
明治30年（1897年）～昭和61年（1986年）2月7日
[生]千葉県　[歴]外務省に入省。在ソ連日本大使館通訳官、在ペトロパウロスク副領事などを数次にわたり勤務。昭和17年在ソ連日本大使館書記官として佐藤尚武大使に随行、モスクワで開かれた日ソ交渉で佐藤大使を助けた。21年退官。24年外務省に復帰、同年～31年在ヘルシンキ総領事。35年退官。49年「戦時日ソ交渉小史」を著した。

由比 質　ゆひ・ただす
七高造士館校長
明治3年（1870年）10月19日～昭和5年（1930年）4月7日
[生]高知県土佐郡神田村（高知市）　[名]幼名＝潤二郎　[学]帝国大学文科大学史学部〔明治29年〕卒　[歴]山口高校教授、千葉中学校長を経て、五高、三高の各教授を務める。大正8年松山高校長となり、14年七高造士館校長。昭和5年鹿児島市で講演中に脳溢血で倒れ、死去した。　[家]兄＝由比光衛（陸軍大将）

夢野 久作　ゆめの・きゅうさく
小説家
明治22年（1889年）1月4日～昭和11年（1936年）3月11日
[生]福岡県福岡市小姓町（中央区大名）　[名]本名＝杉山泰道　[学]慶応義塾大学文学部〔大正2年〕中退　[歴]修猷館を経て慶応義塾大学に進んだが退学し、農園経営、僧侶、謡曲教授、新聞記者などを経て、大正11年童話「白髪小僧」を刊行。15年「新青年」の創作探偵小説に応募した「あやかしの鼓」が2等に当選、この時から夢野久作の筆名を用いる。昭和10年代表作「ドグラ・マグラ」を刊行したが、その翌年死去。同作品は63年桂枝雀の主演で映画化された。他の作品に「瓶詰地獄」「押絵の奇蹟」「犬神博士」「氷の涯」「暗黒公使」など。「夢野久作全集」（全7巻、三一書房）がある。　[家]父＝杉山茂丸（政治家）、長男＝杉山龍丸（国際文化福祉協会総事務局長）、二男＝三苫鉄児（福岡教育大学講師）、三男＝杉山参緑（詩人）

湯山 八重子　ゆやま・やえこ
映画「天国に結ぶ恋」のモデル
明治44年（1911年）～昭和7年（1932年）5月8日
[生]静岡県富岡村　[学]頌栄公女〔昭和5年〕卒　[歴]静岡県富岡村（当時）の代々の素封家の三女に生まれ、東京の頌栄高等女学校に通っていた昭和4年、慶応義塾大学学生の調所（ずしょ）五郎と出会い、恋愛関係に。胸の病気で高女を中退し、実家へ戻ったり、両親の反対などで恋がかなわず、昭和7年5月、神奈川県大磯町裏手にある小高い丘の松林の中で心中を図る。この事件は「坂田山心中」と呼ばれ、同年純愛映画「天国に結ぶ恋」（松竹・五所平之助監督）として映画化され、大ヒット、同地は自殺の名所となった。

由利 聖子　ゆり・せいこ
小説家
明治44年（1911年）～昭和18年（1943年）
[名]本名＝鈴木富美子　[歴]昭和8年頃から「少女の友」主筆内山基に認められて短編を執筆。その中の"チビ君"が好評を博し、チビ君を主人公にした連作を読切連載する。後年「チビ君物語正・続」として出版される。病弱だったため各地に転地療養したが、17年病状が悪化し、「少女の友」連載中の「五月物語」が7月号で中断され、翌年死去する。他の作品に長編「仔猫ルイの報告書」などがある。

【よ】

陽 咸二　よう・かんじ
彫刻家
明治31年（1898年）5月6日～昭和10年（1935年）9月14日
[生]東京都　[学]高小卒　[歴]高等小学校卒業後牙彫を学ぶが、大正4年小倉右一郎に入門、彫塑を学ぶ。7年第12回文展に「老婆」が初入選。その後ギリシャ彫刻の影響を受け、11年第4回帝展で「壮者」が特選を受賞。15年斎藤素巖、日名子実三らの構造社に参加、昭和3年「サロメ」、4年「ある休職将軍の顔」「降誕の釈迦」他1点を出品し会員に推される。10年帝国美術院改組に伴い無鑑査の指定を受けたが、同年37歳で急逝した。ギリシャや西洋モダン風の作品から仏像の世界まで変幻自在な作品を残し、また日本画や浮世絵なども描き、"鬼才"と評された。　[賞]帝展特選（第4回）〔大正11年〕「壮者」

横井 憲太郎　よこい・けんたろう
一粒社創業者
明治31年（1898年）1月20日～昭和21年（1946年）6月4日
[生]愛知県名古屋市　[歴]幼い時からキリスト教に親しみ、仏教徒の親と対立して奉公に出て独立。大正3年紡績会社勤めの傍ら、名古屋基督教会で受洗。9年退社して伝道活動に入る。11年判決例調査所印刷部で印刷技術・技能を習得する。13年1月一粒社を創業、自家印刷を開始。さらに出版部門では基督教関係専門書を発行した。2月名古屋における唯一の月刊業界誌「名古屋印刷界」を創刊した他、昭和5年8月基督教信仰雑誌「エクレシヤ」、9年11月読書家書物業界向け月刊タブロイド誌「書物新聞」等を発行。10年頃までは印刷出版や書店経営に順調な歩みを示したが、戦時色が強まるにつれて用紙や職工の欠乏、出版新体制による統制の強化が進み経営は困難を極める。19年企業整備により印刷は廃業、出版は他の10社と共に新教出版社に統合。20年3月名古屋大空襲により社屋焼失、翌年6月社主である横井の死去に伴い同社は姿を消した。

横井 弘三　よこい・こうぞう
洋画家　日本初のアンデパンダン展の開催者
明治22年（1889年）5月～昭和40年（1965年）10月11日
[生]長野県飯田市　[名]号＝銀河、釣月、耕雲　[学]早稲田大学商学部中退　[歴]二科展を中心に作品を発表し、大正4年同展に「霽れゆく園」を出品して楢牛賞を受賞。次いで5年には二科賞を受けた。12年関東大震災からの復興のために自作を小学校に寄贈。その時の作品を集めて「復興児童に贈る絵」と題し、二科展に出展するかが拒否され、同展を離れて昭和4年に童心芸術社を設立。5年には既成の審査体制を批判して日本初のアンデパンダン展を開催し、画壇と決別した。戦時中は美術報国会への加入を拒絶したため絵の具の配給が受けられず、電気会社に徴用工として勤務。戦後は露天商をしながら絵を描き、37年一水会会員となった。その他の作品に「楽しき花畑」などがある。　[賞]二科展楢牛賞（第2回）〔大正4年〕「霽れゆく園」、二科賞〔大正5年〕

横井 福次郎　よこい・ふくじろう
漫画家
大正1年（1912年）9月25日〜昭和23年（1948年）12月5日
生東京都　歴中学卒業後、北沢楽天に師事して漫画を描き始め、昭和8年「新漫画集団」（後の漫画集団）に参加。太平洋戦争ではフィリピンに出征したが、マラリアにかかって帰国。終戦直後に創刊された漫画雑誌「VAN」に「家なき人々」を描く。21年から23年にかけて「少年クラブ」に「ふしぎな国のブッチャー」「冒険児ブッチャー」を連載中に過労のため肺結核で死去する。その後は小川哲男が引き継いで完成させるが、21世紀の宇宙を舞台にしたこのSF漫画の先駆的作品は、当時の子供たちに熱狂的に迎えられた。

横江 嘉純　よこえ・よしずみ
彫刻家
明治20年（1887年）5月3日〜昭和37年（1962年）2月14日
生富山県婦負郡保内村石戸（富山市）　学京都市立美術工芸学校（現・京都市立芸術大学）彫刻科〔明治39年〕卒、東京美術学校彫刻科選科〔大正3年〕卒　歴大正7年第12回文展に「山番」が初入選、10年より帝展にも入選し、15年「望洋」が第7回帝展特選、昭和2年には帝展無鑑査出品の「大乗」が帝国美術院賞を受賞。翌3年より無鑑査となり、4年審査員、新文展でも審査員を務めた。5〜7年及び11年に欧州各地を巡遊して彫刻を研究。戦後も日展に出品し、26年参事、33年評議員となる。「秋山好古大将像」「ネール首相像」などの肖像彫刻の他、大理石を使った寓意的作品を得意とし、「断」「愛の像」（東京駅前広場）などがある。　賞芸術選奨文部大臣賞〔第1回、昭和25年度〕〔昭和26年〕、帝展特選〔第7回〕〔大正15年〕「望洋」、帝展帝国美術院賞〔第8回〕〔昭和2年〕「大乗」

横尾 泥海男　よこお・でかお
俳優
明治32年（1899年）8月9日〜昭和31年（1956年）7月5日
出佐賀県　名本名＝横尾勇　学東京美術学校洋画科　歴大正12年松竹蒲田美術部に入社。次いで助監督となるが、13年「春は来れり」に山男役で出演以来俳優に転向。鈴木伝明のグループに属し伝明映画に殆んど出演。昭和3年頃からブームとなった短編喜劇にも出演。とりわけ斉藤寅次郎「女は強くて独りもの」では伊達里子を相手役に主役。他に小津安二郎「落第はしたけれど」などに出演。6年不二映画創立し参加。8年解散後は古川緑波らの笑の王国に参加する。写真化学研究所の第一作「ほろよひ人生」にも吉沢久雄とのコンビで大泥棒にふんすなど個性豊かな巨漢俳優として活躍。戦後も清水金一のシミキン物などに助演したが、スクリーンから姿を消した。

横川 毅一郎　よこかわ・きいちろう
美術評論家　新京芸術学院教授
明治28年（1895年）2月28日〜昭和48年（1973年）5月20日
生長野県諏訪郡四賀村（諏訪市）　名筆名＝三果　学東京美術学校図画師範科〔大正6年〕中退　歴早くから絵画に興味を持ち、上京して東京美術学校図画師範科に入学するが、大正6年に中退。「やまと新聞」「国民新聞」記者として活動したのち、14年「中央美術」編集長に就任、雑誌の経営に当たるとともに東洋美術や日本画に関する論説を数多く発表。昭和4年の同誌休刊後も美術評論を続け、新古美術院東京研究所の講師や新京美術学校教授などを務めた。また、5年には日本画家の中村蓬春や洋画家の中川紀元・福田平八郎ら超党派の美術関係者による六潮会の結成に参加。第二次大戦中は時局と美術の関係を論じ、日本画を称揚した。戦後は評論活動から離れ、嘱託として東京タワーに勤務。その傍ら、日本画家川端龍子の研究を進め、「画家龍子」を著した。その他の著書に「支那画人伝」「福田平八郎」「現代美術を清算する」などがある。

横川 定　よこがわ・さだむ
寄生虫学者　台北帝国大学教授
明治16年（1883年）7月21日〜昭和31年（1956年）6月18日
生岡山県久米郡中央町（美咲町）　学岡山医学専門学校〔明治41年〕卒　医学博士〔大正7年〕、理学博士〔昭和4年〕　歴病理学者の桂田富士郎に師事。明治44年台湾総督府医学校講師となり、病理学、法医学、解剖学を担当。同年台湾の鮎に新しい人体寄生虫の横川吸虫を発見、若くして寄生虫学者として国際的に知られるようになった。大正8年台湾総督府医学専門学校教授、9年病理、寄生虫学研究のため米国ジョンズ・ホプキンス大学公衆保健及び衛生学校に留学、昭和11年台北帝国大学教授となった。渡米中ネズミの線虫新種Nippostrongylus‐murisを発見、免疫学実験に欠かせぬ材料として今日も使われている。また台湾で手がけた肺吸虫の生物学および肺吸虫症の化学療法、鉤虫の体内移路、マラリア原虫の発育などで多くの実績を上げ、国際的評価を得た。終戦後東京の中野に引き揚げた。敬虔なクリスチャン、禁酒運動家としても知られる。共著に「人体寄生虫学（1・2）」「最新人体寄生虫学提要」「寄生虫研究の実際」（三男・宗雄との共著）。　家二男＝横川俊雄（札幌高裁長官）、三男＝横川宗雄（寄生虫学者）

横川 重次　よこかわ・じゅうじ
衆議院議員
明治27年（1894年）11月9日〜昭和39年（1964年）9月11日
生埼玉県比企郡大河村（小川町）　学早稲田大学文学部哲学科〔大正6年〕卒　歴早稲田大学を卒業後、ベルリン大学で社会学を専攻したが、父の危篤の報を受け帰国。昭和2年衆議院選挙補選で当選、政友会に所属して6選。14年阿部信行内閣の商工政務次官。戦後は公職追放後、27年より自由党、自民党に属して当選2回。戦前戦後合わせて通算8期。小川無尽社長、武州合同織物工業組合理事長なども務めた。

横沢 三郎　よこざわ・さぶろう
プロ野球監督・審判員
明治37年（1904年）12月17日〜平成7年（1995年）11月28日
出台湾　学明治大学卒　歴荏原中時代は遊撃手、明大では好守の名二塁手としてならし、昭和4年東京倶楽部入り、都市対抗大会で4度の優勝を経験する。その間、東京六大学リーグの専属審判も務め、"名審判"とうたわれる。プロ野球がスタートした11年からプロ野球界にあり、戦前のセネタース監督時代には兄弟4人が同一チームに在籍したことも。21年セネタース（現・北海道日本ハムファイターズ）を創立、初代監督に。23年より日本野球連盟審判に復帰し、26年から9年間パリーグの審判部長を務め、35年引退。その後は解説者も務めた。63年2月野球殿堂入り。　家弟＝横沢七郎（プロ野球選手・審判員）

横関 愛造　よこせき・あいぞう
編集者　改造社社長
明治20年（1887年）8月2日〜昭和44年（1969年）5月4日
生長野県小県郡塩田町（上田市）　学早稲田大学政経科〔大正2年〕卒　歴大正7年「東京毎日新聞」編集長となったが、8年「改造」創刊に参加して初代編集長となる。昭和8年海と空社、航空知識社社長となり、25年改造社代表取締役に就任。のち藤井レンズ工業取締役、東京光機工業代表取締役などを務めた。著書に「思い出の作家たち」などがある。

横田 永之助　よこた・えいのすけ
映画興行師　日活社長　京都商工会議所会頭
明治5年（1872年）4月〜昭和18年（1943年）3月29日
生京都府京都市岡崎町　学札幌農学校卒　歴父は華頂宮家の家職であった。明治19年上京し、粗暴な性格を矯正するため杉浦重剛の称好塾に入れられるが、間もなくそこを飛び出す。

次いで高等商業予科に入るが、中退して米国に留学し、サンフランシスコ・パシフィック・ビジネス・カレッジに学んだ。22歳で帰国したのち神戸内外物産貿易に入社。23歳で再び渡米した際にX線を持ち帰り、これを見世物として京阪地方で興行した。その後、兄の紹介で稲畑勝太郎の知遇を得てその興行を手伝うこととなり、30年稲畑の所有していたリュミエールのシネマトグラフを携えて上京。浅草に仮設の興行場を設け、自ら弁士も務めたが、当時の配電事情や土地を仕切っていた新門辰五郎一家の妨害などのため苦戦を強いられたという。33年パリ万国博覧会で渡仏したときにパテー映画社と直接購入の契約を取り交わしてからは横田商会を創立して映画事業に本腰を入れ、日露戦争の頃には報道記録映画を上映する巡業班を組織して各地を巡回させ、映画興行師の草分けの一人となった。41年には自身初の劇映画である「本能寺合戦」の製作を京都の牧野省三の経営する千本座に依頼。以後、牧野と組んで映画製作を進めることとなり、岡山の歌舞伎俳優・尾上松之助を主演とした時代劇映画を多作した。43年には京都・二条城西南櫓下に無蓋の撮影所を建設し、松之助主演で長編「忠臣蔵」を製作。大正元年横田、吉沢、M・パテー、福宝堂の4社が合流して日活が設立されるとその重役となり、昭和2年には社長に就任した。しかし3年の即位大礼叙勲の際に起きた賞勲局疑獄に連座し、9年有罪判決を受けて同年社長を辞任、相談役に退いた。また横田保全、京都の岐阜戸池興業各社長、京都商工会議所会頭も歴任。いかに映画を安く作るかに重点をおき、たびたび製作する「忠臣蔵」映画では、以前に作ったものからフィルムを大幅に流用し、それに新しく撮影したものを付け足して新作として発表していたといわれる。　家兄＝横田万寿之助

横田 郷助　よこた・ごうすけ

南洋庁長官
明治13年（1880年）9月23日～昭和6年（1931年）10月11日
出山口県　学東京帝国大学卒　歴明治38年樺太民政署事務官となる。のち群馬県、三重県の内務部長などを経て、大正12年2代目南洋庁長官に就任。昭和6年任地・パラオで死去。

横田 成年　よこた・せいねん

航空工学者 造船工学者 東京帝国大学名誉教授
明治8年（1875年）5月10日～昭和28年（1953年）1月11日
生兵庫県　学一高〔明治28年〕卒、東京帝国大学工科大学造船学科〔明治31年〕卒 工学博士（東京帝国大学）〔明治38年〕
歴明治31年東京帝国大学工科大学助教授となり、39年造船学研究のため欧米へ留学。41年帰国、43年教授に昇任。大正7年同大航空研究所初代所長、同年大学の工学部航空学科創設で主任教授となった。昭和9年日本航空学会会長、11年東京帝大名誉教授。我が国の航空工学の草分け。著書に「楕円函数」がある。

横田 豊秋　よこた・とよあき

映画監督
明治36年（1903年）8月27日～昭和11年（1936年）8月28日
生東京府麹町区内幸町（東京都千代田区）　名芸名＝宇呂木浩
歴日活向島撮影所・大正活映でカメラの助手を務め、山本嘉次郎たちの無名映画協会のカメラマンとなる。以後、山本の監督助手となり、大正15年高松プロ（マキノ・アヅマ）に入社。同年山本と「男児の一諾」を共同監督し、「港の謙吉」で監督として一本立ちする。「恋の四千両」「狂恋魔刃」など、昭和2年までに5作品を監督。その後、日活脚本部入りを希望するが、日活所長に俳優になることを勧められ、宇呂木浩の芸名をもらう。10年PCL（写真化学研究所、現・東宝）の「坊ちゃん」に主演。好演でスターとなるが翌年急死。　家父＝横田虎彦（衆議院議員）、妹＝細川ちか子（女優）

横田 秀雄　よこた・ひでお

法学者 大審院院長 明治大学学長・総長
文久2年（1862年）8月29日～昭和13年（1938年）11月16日
生信濃国松代（長野県長野市）　学帝国大学法科大学仏法科〔明治21年〕卒 法学博士〔明治41年〕　賞帝国学士院会員〔大正14年〕　歴明治21年司法省に入省。23年判事となり熊谷区裁判所、東京、千葉各地裁、東京、函館各控訴院などを経て、24年大審院判事、大正2年大審院部長、12年大審院長、昭和2年定年退職。大審院では一厘事件、タヌキとムジナ事件、男子の貞操義務事件などに関与した。また帝国学士院会員、臨時法制審議会副総裁などを務めた。さらに明治29年以降大、慶大、明大、法大、中大などで法律を講じ、大正13年～昭和9年明大学長・総長を務めた。著書に「物権論」「債権総論」「債権各論」などがある。　家子＝横田正俊（法律家）

横田 葉子　よこた・ようこ

歌人
明治22年（1889年）12月～昭和11年（1936年）11月25日
生千葉県夷隅郡西畑村（大多喜町）　学千葉県立師範学校中退
歴千葉県・西畑村の素封家の家に生まれる。県立師範学校を目の病気のために中退し、明治41年から郡内などの学校で代用教員を務めた。その後若山牧水が主宰した創作社に入り、本格的に短歌を始める。大正14年川上小夜子ら女流歌人と草の実社を結成し、女流短歌誌「草の実」を発刊。昭和10年「声ノ文庫ノ会」を主宰。歌に情熱を注ぎ、歌人本人の声をレコードに録音するなど先駆的な活動を続けたが、11年東京駅八重州口前で電車と接触し46歳の若さで死亡。

横手 貞美　よこて・さだみ

洋画家
明治32年（1899年）10月2日～昭和6年（1931年）3月22日
生宮崎県　学海星中　歴地方裁判所だった父の任地・宮崎で生まれる。本籍は大分県横山村。12歳の時結核を患うが回復。14歳の時父の死を機に、長崎で耳鼻咽喉科を開業していた次兄のもとに身を寄せる。大正8年東京美術学校を受験、胸患のため入学拒否にあい、本郷美術研究所に通う。パリで活躍していた画家・佐伯祐三に心酔し、昭和2年同研究所で出会った荻須高徳、横手貞美、山口長男、大橋了介とともに渡仏。以来佐伯を見習い、病弱な体ながら1月3点主義の苛酷な制作を続け、「裸体習作」「拳闘」「ラグビー」などわずか3年余の間に200点以上の作品を描いた。病に倒れた佐伯の看病や死後の処理など無理と心労でリューマチなどを患い、5年結核を再発。スイス国境に近いサナトリウムで手術を受けたのち、6年31歳の若さで客死。最後の作品は長崎県立美術博物館所蔵の「フランス革命記念祭の集い」。

横手 千代之助　よこて・ちよのすけ

衛生学者 東京帝国大学名誉教授
明治4年（1871年）1月15日～昭和16年（1941年）11月14日
生東京都　専労働衛生学　学東京帝国大学医科大学〔明治27年〕卒 医学博士　歴明治31年東京帝国大学助教授を経て、33年から3年間ドイツに留学し、衛生学を研究。39年東京帝国大学衛生学第2講座を担当、41年教授。40年東京市衛生試験所技師、大正3年伝染病研究所技師などを兼任。昭和6年東京帝国大学を定年退官し名誉教授。6～10年上海自然科学研究所所長を務めた。学校、監獄、労働衛生など行政面への衛生学の開拓に留意し、明治40年には「工場内の空気と職工の健康」について講演した。日本における労働衛生の開拓者。著書に「横手社会医学叢書」「衛生学講義」がある。

横堀 治三郎　よこほり・じさぶろう

鉱山学者 衆議院議員 京都帝国大学理工科大学教授
明治4年（1871年）3月20日～昭和13年（1938年）5月27日

よこみそ　　　　　　　　　　　　　　　昭和人物事典 戦前期

生上総国茂原 (千葉県茂原市)　学帝国大学工科大学採鉱冶金学科〔明治27年〕卒 工学博士 (京都帝国大学)〔明治34年〕　歴明治27年三菱合資会社高島炭鉱に入る。29年帝国大学工科大学助教授となり、30年ドイツへ留学。32年帰国して京都帝国大学理工科大学教授。大正6～14年秋田鉱山専門学校初代校長を務めた。昭和2年千葉3区から衆議院議員に当選、1期。政友会に所属した。　家岳父=渡辺渡 (鉱山学者)、義弟=加茂正雄 (機械工学者)、古宇田実 (建築家)

横溝 正史　よこみぞ・せいし
推理作家
明治35年 (1902年) 5月25日～昭和56年 (1981年) 12月28日
生兵庫県神戸市　名本名=横溝正史　学大阪薬学専門学校〔大正13年〕卒　歴大正10年「新青年」の懸賞小説に処女作「恐ろしき四月馬鹿」が入選、14年江戸川乱歩の探偵趣味の会設立に参加した。昭和2年「新青年」編集長に就任、6年には「探偵小説」に移り、海外の名作を紹介する。7年文筆に専念した矢先に結核に倒れるが、再起後の第1作「鬼火」(10年) で注目され本格的な作家活動に入る。戦前は「蔵の中」「夜光虫」「真珠郎」などロマン的なスリラー、サスペンスを発表したが、戦時体制下ともあって「人形佐七捕物帳」で時代小説に新境地を開拓。戦時中の病気静養と疎開の間に本格的な推理小説を徹底的に研究。戦後21年に「本陣殺人事件」を連載、戦争中抑圧されていた探偵小説に活気を与えた。またこれに続く「獄門島」「八つ墓村」の所謂 “岡山物” で主人公・金田一耕助探偵は、江戸川乱歩の明智小五郎と並ぶスターとなり、以後「犬神家の一族」「女王蜂」などを経て、舞台を東京に移し、「病院坂の首縊りの家」(50～52年) で米国に渡るまで30年間活躍した。作品は他に「蝶々殺人事件」「夜歩く」「悪魔の手毬唄」「悪霊島」など。　家長男=横溝亮一 (音楽評論家)、弟=横溝博 (日産プリンス神戸販売社長)

横溝 光暉　よこみぞ・みつてる
岡山県知事 熊本県知事 京城日報社長
明治30年 (1897年) 4月12日～昭和60年 (1985年) 1月16日
出神奈川県横浜市　学東京帝国大学法律学科〔大正10年〕卒　歴昭和11年の二・二六事件当時、内閣書記官として岡田啓介首相の脱出を助けたといわれる。15年岡山県知事、17年熊本県知事を経て、19年京城日報社長。

横光 利一　よこみつ・りいち
小説家
明治31年 (1898年) 3月17日～昭和22年 (1947年) 12月30日
生福島県北会津郡東山温泉　名本名=横光利一　学早稲田大学中退　歴三重県東柘植村、伊賀の上野、近江の大津などで少年時代を過ごす。大正5年早大高等予科文科に入るが、学校には通わず習作に努めた。菊池寛を知り、12年創刊の「文芸春秋」の編集同人となり、同年発表の「日輪」「蠅」で新進作家としてデビュー。13年「文芸時代」創刊号「頭ならびに腹」で “新感覚派” の呼称が与えられた。小説以外に評論・戯曲も執筆、私小説・プロ文学に対抗し、昭和3～6年「上海」を発表。5年の「機械」から “新心理主義” の作品「寝園」「紋章」などを発表。11年渡仏、帰国後大作「旅愁」を書き始めるが、未完のまま22年に病死した。この間句作も手がけ、はせ川句会、文壇俳句会に参加。平成2年未発表小説「愛人の部屋」が発見された。10年生誕100年を記念して、上野時代の体験をもとに描いた作品「雪解」が復刊された。　家二男=横光佑典
賞文芸懇話会賞 (第1回)〔昭和10年〕、文学界賞 (第3回)〔昭和11年〕

横山 章　よこやま・あきら
実業家 貴族院議員 (多額納税)
明治7年 (1874年) 1月～昭和13年 (1938年) 4月14日

出石川県　学東京物理学校〔明治28年〕卒　歴大正4年衆議院議員に当選、公友倶楽部に所属した。7年～昭和7年多額納税の貴族院議員を務めた。

横山 一格　よこやま・いちかく
医師 衆議院議員
明治13年 (1880年) 3月～昭和8年 (1933年) 1月23日
生三重県　学京都帝国大学医学部〔明治38年〕卒　歴大阪胃腸病院副院長となり、のち郷里の三重県や名古屋市で胃腸病院を開業する。名古屋市議を経て、大正13年から衆議院議員 (民政党) に当選2回。また名古屋連隊区教育会長、名古屋市衛生組合長、愛知県医師会会長を務めた。

横山 一郎　よこやま・いちろう
海軍少将
明治33年 (1900年) 3月1日～平成5年 (1993年) 7月28日
生神奈川県横須賀市　出高知県　学海兵 (第47期)〔大正8年〕卒、海大 (第28期) 卒　歴明治37年3歳の時に海軍軍人であった父が日露戦争の黄海海戦で戦死。大正9年海軍少尉に任官。昭和12年海軍省副官、14年第二遣支艦隊参謀を経て、15年米国在勤帝国大使館附武官として赴任、16年の太平洋戦争開戦を米国で迎えた。17年交換船で帰国。同年軽巡洋艦「球磨」艦長、18年海軍省副官となり、20年5月海軍少将に昇る。敗戦後の9月、米国軍艦ミズーリ艦上で行われた降伏文書調印式に全権委員随員として立ち会った。戦後は復員業務に携わり、連合国軍総司令部 (GHQ) などと連絡の要務に立った。　家岳父=小倉卯之助 (海軍中佐)

横山 英太郎　よこやま・えいたろう
電気工学者 電波物理研究所長
明治16年 (1883年) 7月21日～昭和41年 (1966年) 6月13日
生福井県　専通信工学、無線電信　学東京帝国大学工科大学電気工学科〔明治41年〕卒　歴逓信省電気試験所に勤務し、技師、第四部長を務めた。明治45年鳥潟右一、北村政治郎と「TYK式無線電話装置」を発明、大正3年鳥羽～神島～答志島間の無線電話として実用化された。無線電話機の完成後、約1年半欧米へ留学。昭和6年退官。その後、日本無線取締役、国際電気通信常務、研究所長を経て、17年電波物理研究所長。著書に「無線電信電話のはなし」「欧米の無線電信電話」などがある。　家岳父=永井岩之丞 (司法官)、女婿=伊部恭之助 (住友銀行頭取)　賞帝国学士院賞 (第6回)〔大正5年〕、電気通信学会功績賞 (第4回)〔昭和14年〕、毎日通信名誉賞 (第4回)〔昭和17年〕

横山 エンタツ　よこやま・えんたつ
漫才師 喜劇俳優
明治29年 (1896年) 4月22日～昭和46年 (1971年) 3月21日
生兵庫県三田市横山　名本名=石田正見、前名=秋月太郎、横山太郎　学伊丹中中退　歴大正3年中学在学中に家出して東京・浅草で喜劇役者として舞台に立ったあと漫才に転向。この間、喜劇一座を転々としながら中国大陸を渡り歩き、漫才の米国巡業をしたが失敗。昭和6年吉本興業に入って花菱アチャコとコンビを結成。それまで多かった音曲漫才ではなく、近代的な話術を中心とした、しゃべくり一本の新しいタイプの漫才で人気を博す一方、チョビひげ、メガネに当時はまだ珍しかった背広姿と、軽妙なしぐさも評判となった。新作の多くはエンタツの自作だったが、中でも「早慶戦」は爆発的にヒットし、吉本漫才王国の基礎を作ったといわれる。9年アチャコの病気などのためコンビを解消。のちエンタツ劇団を結成して喜劇俳優として活躍し、「水戸黄門」「国定忠治」などの喜劇映画でしばしばアチャコと共演した。戦後はエンタツ劇団を解散、ラジオやテレビに出演。平成8年上方演芸に貢献した人を顕彰する “上方演芸の殿堂” に入る。　家二男=花紀京 (喜

劇俳優）

横山 勝太郎　よこやま・かつたろう
弁護士 衆議院議員
明治10年（1877年）11月15日〜昭和6年（1931年）5月12日
[生]広島県比婆郡東城町（庄原市）[学]日本法律学校〔明治33年〕卒　[歴]明治35年判検事試験に合格、司法官となり山口地方裁判所判事に。36年広島で弁護士開業、37年東京に事務所を開設。大正3年市会議員、6年以来衆議院議員当選5回、民政党に属した。9年東京市の瓦斯疑獄では単独辞職。この間、東京弁護士会長、憲政会政調会長、幹事長、総務、民政党代議士会長などを務め、昭和4年浜口雄幸内閣の商工政務次官となった。

横山 桐郎　よこやま・きりお
昆虫学者
明治27年（1894年）9月25日〜昭和7年（1932年）8月1日
[生]東京府[名]筆名＝螳螂子[学]東京帝国大学農学部〔大正7年〕卒 農学博士〔大正15年〕[歴]大正7年蚕業試験場嘱託、昭和3年同技師となり、朝鮮総督府林業試験場嘱託を兼務する。傍ら、東京虫の会を創立し、昆虫学の普及に尽くした。筆名を螳螂子と称し、著書に「虫」「蟻と蜂」「生物界の両性生活」「日本の甲虫」「日本蚕業害虫全書」「優曇華」「日本の蝶」などがある。[賞]蚕糸学賞（第3回）〔昭和8年〕

横山 金太郎　よこやま・きんたろう
衆議院議員
明治1年（1868年）11月〜昭和20年（1945年）9月25日
[出]広島県[学]東京法学院〔明治24年〕卒　[歴]台湾総督府法院判官、破産管財人、広島県議、同副議長、同支部会議長、広島市議、同議長を歴任。明治37年衆議院議員に当選、以来9期。民政党に所属し、第二次若槻内閣の文部政務次官、鉄道会議議員、広島市長の他、広島弁護士会長も務めた。

横山 健堂　よこやま・けんどう
史論家 人物評論家 ジャーナリスト
明治4年（1871年）7月5日〜昭和18年（1943年）12月24日
[生]山口県阿武郡萩（萩市）[名]本名＝横山達三、別号＝黒頭巾、火山楼[学]東京帝国大学文科大学国史科〔明治31年〕卒　[歴]中学校教諭、読売新聞、大阪毎日新聞を経て国学院大学教授。その傍ら「新人国記」を「読売新聞」に連載。同時に人物評論を「中央公論」に連載するなどして活躍、人国記の黒頭巾として知られた。著書は幅広く「日本教育史」「現代人物競」「新人国記」「旧藩と新人物」「人物研究と史論」「大将乃木」「大西郷」「高杉晋作」など多数。[家]息子＝横山白虹（俳人）

横山 薫範　よこやま・しげのり
海軍特務少尉 真珠湾攻撃の "九軍神"
大正6年（1917年）11月23日〜昭和16年（1941年）12月8日
[生]鳥取県東伯郡古布庄村（琴浦町）[歴]昭和9年呉海兵団に入団。海軍水雷学校、海軍潜水学校を卒業後、真珠湾攻撃に参加する特別攻撃隊隊員に指名される。16年12月8日未明の真珠湾攻撃の際、古野繁実海軍中尉と二人乗りの特殊潜航艇「甲標的」に乗り込み、戦死。同時に戦死した岩佐直治大尉ら7人と "九軍神" とされ、戦意高揚のため喧伝された。

横山 四郎右衛門　よこやま・しろうえもん
北日本新聞社長
明治14年（1881年）1月19日〜昭和40年（1965年）5月13日
[出]富山県[学]早稲田大学卒　[歴]「報知新聞」記者を経て、昭和2年富山日報主筆兼編集局長となる。10年社長に就任。のち北日本新聞社の2代目社長となるが、戦後公職追放される。27年北日本放送を設立、社長に就任した。

横山 助成　よこやま・すけなり
東京府知事 警視総監 貴族院議員（勅選）
明治17年（1884年）1月1日〜昭和38年（1963年）3月27日
[生]秋田県大館市[学]東京帝国大学法科大学政治学科〔明治42年〕卒　[歴]秋田県議を務めた横山勇喜の二男。内務省に入省。大正11年衛生局長、12年岡山県知事、昭和2年石川県知事、同年広島県知事、3年内務省警保局長、6年京都府知事、7年神奈川県知事を経て、10年東京府知事、12年警視総監。14〜21年勅選貴族院議員。18年再び広島県知事。[家]父＝横山勇喜（秋田県議）、岳父＝石田英吉（貴族院議員・男爵）

横山 大観　よこやま・たいかん
日本画家 日本美術報国会会長
明治1年（1868年）9月18日〜昭和33年（1958年）2月26日
[生]常陸国水戸（茨城県水戸市）[名]本名＝横山秀麿、旧姓・旧名＝酒井、幼名＝秀蔵、秀松[学]東京美術学校〔明治26年〕卒　[賞]帝室技芸員〔昭和6年〕、帝国美術院会員〔昭和10年〕（25年日本芸術院会員辞退）[歴]水戸藩士の酒井捨彦の長男に生れ、明治21年横山家の養子となる。東京美術学校で岡倉天心、橋本雅邦に師事する。以後、天心、フェノロサによって出発した近代日本画の理想を実作化する役目を担う。28年大観を名のる。29年東京美術学校助教授となるが、31年天心とともに同校を去り、下村観山、菱田春草らとともに日本美術院の創立に参加、その中心となって新日本画運動を進めた。同年の第1回院展に出品した「屈原」などで無線描法を用いるが、"朦朧体" と酷評され世に受け入れられなかった。40年〜大正2年文展審査員を務め、「流燈」「瀟湘八景」などを次々に発表、新日本画の樹立に力を注いだ。大正3年日本美術院を再興、以後40年余りにわたってその運営にあたり、日本画壇の一大勢力に育てあげた。昭和6年帝室技芸員、10年帝国美術院会員となり、12年第1回文化勲章を受章。18年日本美術報国会会長となって戦時中の美術界統制の中心となり、次第に在野性を失っていった。晩年は水墨画が多い。大正12年の「生々流転」は代表作として重要文化財に指定されている。著書として「大観自叙伝」「大観画談」などがある。[勲]文化勲章（第1回）〔昭和12年〕　[賞]文化功労者〔昭和26年〕、朝日賞〔昭和6年〕

横山 隆志　よこやま・たかし
水泳選手 ロサンゼルス五輪金メダリスト
大正2年（1913年）12月23日〜昭和20年（1945年）4月14日
[生]高知県高知市はりまや町[学]高知市立商零、早稲田大学　[歴]高知市立商業学校在学中の昭和4年、日本中等大会の水泳200メートル自由形で優勝。同年1000メートル自由形で13分55秒8の日本記録を樹立した。5年には日本中等大会100メートル、200メートル、400メートル自由形をそれぞれ制した他、東京で開催された極東大会1500メートル自由形でも20分3秒4の日本記録で優勝。6年早大に進み、日本選手権200メートル自由形で2分16秒4の日本記録で優勝、400メートルも制して2冠を達成。7年のロサンゼルス五輪では4×200メートル自由形リレーのアンカーを務め、8分58秒4の世界記録を出して金メダルを獲得した。400メートル自由形は準決勝で4分51秒4の五輪記録を出したが、決勝は4位に終わった。9年マニラ極東大会で400メートル自由形2位、4×200メートル自由形リレー優勝。20年病死した。58年高知県スポーツ殿堂入り。

横山 正治　よこやま・まさはる
海軍少佐 真珠湾攻撃の "九軍神"
大正8年（1919年）11月26日〜昭和16年（1941年）12月8日
[生]鹿児島県[学]海兵（第67期）〔昭和14年〕卒　[歴]真珠湾奇襲攻撃計画のため特別に編成された第六艦隊（潜水艦部隊）特別攻撃隊に参加、昭和16年12月8日未明の真珠湾攻撃で、上田定二等兵曹と二人乗りの特殊潜航艇「甲標的」に乗り込み、戦死。同時に戦死した岩佐直治大尉ら7人と "九軍神" とされ、戦

よこやま 昭和人物事典 戦前期

意高揚のため喧伝された。岩田豊雄（獅子文六）の小説「海軍」のモデルとなった。

横山 正幸　よこやま・まさゆき
外交官 駐スペイン公使
明治25年（1892年）3月15日～昭和53年（1978年）2月21日
出東京都 学東京帝国大学法科大学〔大正4年〕卒 歴大正4年外務省に入省。在ジュネーブ総領事、駐エジプト公使、駐スペイン公使などを歴任、昭和16年退官。41年佐藤栄作首相の要請でベトナム和平特派大使として3ケ月にわたり欧州、中近東、アジアの23ケ国を訪れた。

横山 林二　よこやま・りんじ
俳人
明治41年（1908年）12月20日～昭和48年（1973年）2月25日
生東京市芝区（東京都港区）名本名＝横山吉太郎、旧号＝賀茂水 学早稲田大学政経学部卒 歴大正13年荻原井泉水に師事、「層雲」に入ったが、栗林一石路らとプロレタリア俳句運動に参加。昭和5年「層雲」脱退、「俳句前衛」「プロレタリア俳句」「俳句の友」を創刊、廃刊後の9年一石路らと「俳句生活」を創刊、編集に従事。16年俳句弾圧事件で投獄された。戦後は新俳句人連盟常任委員、「道標」同人。

与謝野 晶子　よさの・あきこ
歌人 詩人
明治11年（1878年）12月7日～昭和17年（1942年）5月29日
生大阪府堺市甲斐町 名本名＝与謝野しよう、旧姓・旧名＝鳳晶子、号＝小舟、白萩 学堺女学校卒 歴明治29年頃から歌作をはじめ、33年東京新詩社の創設と共に入会し、「明星」に数多くの作品を発表。34年「みだれ髪」を刊行、同年秋与謝野寛（与謝野鉄幹）と結婚。「明星」の中心作家として、自由奔放、情熱的な歌風で浪漫主義詩歌の全盛期を現出させた。この頃の代表作に、「小扇」「毒草」（鉄幹との合著）「恋衣」（山川登美子・茅野雅子との合著）「舞姫」などがあり、大正期の代表作としては「さくら草」「舞ごろも」などがある。短歌、詩、小説、評論の各分野で活躍する一方、「源氏物語」全巻の現代語訳を発表したほか「新訳栄華物語」などもある。婦人問題、教育問題にも活躍し「人及び女として」「激動の中を行く」などの評論集があり、大正10年創立の文化学院では学監として女子教育を実践した。ほかに遺稿集「白桜集」、「雲のいろいろ」などの小説集や「短歌三百講」など著書は数多く、「定本与謝野晶子全集」（全20巻、講談社）、「与謝野晶子評論著作集」（全21巻、龍渓書舎）が刊行されている。平成5年には未発表作品「梗概源氏物語」が出版された。 家夫＝与謝野鉄幹（詩人・歌人）、息子＝与謝野秀（外交官）、与謝野光（東京医科歯科大学理事）、孫＝与謝野馨（衆議院議員）、与謝野達（欧州復興開発銀行経理局次長）、与謝野肇（興銀インベストメント社長）、兄＝鳳秀太郎（電気工学者）

与謝野 鉄幹　よさの・てっかん
詩人 歌人
明治6年（1873年）2月26日～昭和10年（1935年）3月26日
生京都府愛宕郡岡崎村（京都市左京区）名本名＝与謝野寛 歴幼少時、西本願寺派の僧であった父礼厳や兄から古典文学を学ぶ。明治22年得度し、徳山女学校の教師になる。25年上京して落合直文に師事し、26年浅香社を結成。27年「亡国の音」によって伝統和歌を否定して新派和歌を提唱。28年政治的夢想を抱いて渡韓する。29年詩歌集「東西南北」、30年「天地玄黄」を刊行。32年東京新詩社を結成し、33年「明星」を創刊、同誌主筆として詩歌による浪漫主義運動展開の中心となる。34年「鉄幹子」「紫」を刊行、同年鳳晶子と結婚。鉄幹の門から晶子をはじめ、窪田空穂、吉井勇、啄木、白秋など多くの俊英を輩出した。43年歌集「相聞」を刊行し、44年からパ

リに長期滞在する。大正8年から昭和7年まで慶応義塾大学教授、また大正10年から昭和5年まで晶子と共に文化学院の教壇に立つ。大正11年から「日本語源考」にとりくみ、他の著書に「満蒙遊記」、訳詩集「リラの花」などがある。 家父＝与謝野礼厳（漢詩人）、妻＝与謝野晶子（歌人）、息子＝与謝野秀（外交官）、与謝野光（東京医科歯科大学理事）、孫＝与謝野馨（衆議院議員）、与謝野達（欧州復興開発銀行経理局次長）、与謝野肇（興銀インベストメント社長）

吉井 勇　よしい・いさむ
歌人 劇作家 小説家
明治19年（1886年）10月8日～昭和35年（1960年）11月19日
生東京市芝区高輪南町（東京都港区）学早稲田大学政経科中退 賞日本芸術院会員〔昭和23年〕 歴父は海軍軍人の吉井幸蔵、祖父は維新の元勲として知られる吉井友実で、伯爵家の二男として生まれる。大学を中退して明治38年新詩社に入り、「明星」に短歌を発表したがのち脱退、耽美派の拠点となったパンの会を北原白秋らと結成。また42年には石川啄木らと「スバル」を創刊したあと、第一歌集「酒ほがひ」、戯曲集「午後三時」を出版、明治末年にはスバル派詩人、劇作家として知られる。大正初期には「昨日まで」「祇園歌集」「東京紅燈集」「みれん」「祇園双紙」などの歌集を次々と出し、情痴の世界、京都祇園の風情、人生の哀歓を歌い上げ、「いのち短し恋せよ少女」の詞で知られる「ゴンドラの唄」の作詞なども手がけた。その後も短編・長編小説、随筆から「伊勢物語」等の現代語訳など多方面にわたる活動を続けた。没後は “かにかくに祭” が営まれる。他の代表歌集に「鸚鵡石」「人間経」「天彦」「形影抄」がある。 家父＝吉井幸蔵（海軍軍人・伯爵）、祖父＝吉井友実（政治家）

吉植 庄一郎　よしうえ・しょういちろう
衆議院議員
慶応1年（1865年）9月～昭和18年（1943年）3月10日
出千葉県 学千葉県立中学校〔明治16年〕卒 歴北海道で開墾に従事し、北海タイムス・中央新聞社各社長となる。植民制度調査のため南米に渡航した。明治37年衆議院議員に当選、以来9期。政友会に所属し、田中内閣の商工政務次官、政友本党総務等を歴任した。 家息子＝吉植庄亮（歌人・政治家）

吉植 庄亮　よしうえ・しょうりょう
歌人 衆議院議員
明治17年（1884年）4月3日～昭和33年（1958年）12月7日
生千葉県印旛郡 名号＝愛剣 学東京帝国大学経済科〔大正5年〕卒 歴父・庄一郎経営の中央新聞に勤務し、大正10年文芸部長になり、のち政治部に移る。13年帰郷し、印旛沼周辺の開墾事業に着手。昭和11年衆議院議員となり百姓代議士として活躍、3選したが戦後公職追放となった。歌は明治33年頃から「新声」などに投稿し、金子薫園に師事。大正10年「寂光」を刊行、11年「橄欖」を創刊。13年「日光」同人となり、昭和3年「くさはら」を刊行。他の歌集に「大陸巡遊吟」「開墾」「風景」「霜ぶすま」などがあり、随筆集に「馬と散歩」「百姓記」などがある。 家父＝吉植庄一郎（衆議院議員）

吉江 介三　よしえ・かいぞう
技術開発者 石川島芝浦タービン常務
明治21年（1888年）～昭和19年（1944年）
生長野県上伊那郡伊那富村（辰野町）専タービン 学諏訪中（現・諏訪清陵高）卒、東京高等工業学校卒 歴大正6年郷里の先輩・渡辺嘉一に懇請されて、海軍工廠から石川島造船所に入社。11年「吉江式蒸気タービン」で特許を得る。発電施設の国内自給の必要から、昭和11年石川島芝浦タービンが設立されると、土光敏夫らと共に初代常務として入社、事実上の社長となった。技術面でも国内最大出力タービン、当時の満

州松花江の水豊ダムのタービン、自動車・航空機のタービンなどの技術開発、製作に貢献した。

吉江 喬松　よしえ・たかまつ
詩人 評論家 フランス文学者
明治13年（1880年）9月5日～昭和15年（1940年）3月26日
[生]長野県東筑摩郡塩尻村長畝（塩尻市）　[名]号＝吉江孤雁　[学]早稲田大学英文科〔明治38年〕卒 文学博士〔昭和6年〕　[父]父は漢詩人吉江槐堂。国木田独歩主宰の近事画報社に入り、「新古文林」の編集に従事。明治42年最初の散文集「緑雲」を刊行、以後「旅より旅へ」「青空」「砂丘」「愛と芸術」「純一生活」などを出版し、浪漫的自然詩人の資質を示す。43年早大講師となり、大正5年パリに留学。9年帰国し早大に仏文科を創設、主任教授となる。仏文学研究や翻訳の仕事も多く比較文学研究の業績もある。他の著書に「吉江喬松全集」（全8巻）など。　[家]父＝吉江槐堂（漢詩人）　[勲]レジオン・ド・ヌール勲章シュバリエ章〔大正11年〕

吉江 琢児　よしえ・たくじ
数学者 東京帝国大学名誉教授
明治7年（1874年）4月～昭和22年（1947年）12月26日
[生]東京都　[専]解析学　[学]東京帝国大学理科大学数学科〔明治30年〕卒 理学博士〔大正2年〕　[資]帝国学士院会員〔昭和2年〕　[歴]明治32年から3年間ドイツのゲッティンゲン大学に留学、クライン、ヒルベルトの下で微分方程式論を専攻。留学中に東京帝国大学助教授、42年教授。大正4～10年東宮御学問所御用掛として昭和天皇に数学を進講。昭和2年帝国学士院会員、10年定年退職。著書に「初等常微分方程式」「初等第一階偏微分方程式」などがある。

吉岡 隆徳　よしおか・たかよし
陸上選手
明治42年（1909年）6月20日～昭和59年（1984年）5月5日
[生]島根県簸川郡湖陵町　[学]東京高等師範学校（現・筑波大学）体育科〔昭和19年〕卒　[歴]日仏、日独、日米の対抗陸上競技大会、極東大会で活躍。昭和7年のロサンゼルス五輪の陸上100メートルで6位に入賞後、10年には10秒3の世界タイ記録を3度マークし、"暁の超特急"の異名を取る。このタイムはその後29年間も日本記録として君臨。現役引退後はリッカーや中央大学の陸上部監督、東京女子体育大学教授などとして短距離選手の育成に努め、依田郁子、飯島秀雄らに独特の"ロケットスタート"を伝授した。女子体育研究所副所長、日本陸上競技連盟参与も務めた。著書に「世界記録を追って」「短距離競走」など。平成10年足跡を著した辺見じゅんの著作「夢、未（いま）だ盡（つ）きず」が出版され、それを機に吉岡隆徳賞が創設された。

吉岡 鳥平　よしおか・とりへい
漫画家
明治26年（1893年）～昭和8年（1933年）4月2日
[出]宮城県　[名]本名＝吉岡貫一郎　[学]東京美術学校卒　[歴]「東京パック」でデビュー。大正末期に岡本一平、小川治平らと活躍し、"三平時代"といわれた。作品集に「漫画漫文・当世百馬鹿」「スポーツ漫画漫文・筆のホームラン」などがある。

吉岡 弥生　よしおか・やよい
女子医学教育家
明治4年（1871年）3月10日～昭和34年（1959年）5月22日
[生]遠江国小笠郡土方村（静岡県掛川市）　[名]旧姓・旧名＝鷲山　[学]済生学舎〔明治25年〕卒　[歴]漢方医・鷲山養斎の二女。明治22年上京、本郷の済生学舎に学ぶ。25年医術開業試験に合格、日本で27番目の女医となる。その後、東京至誠学院でドイツ語を学び、その縁で学院長の吉岡荒太と結婚。30年東京至誠

医院を開業した。33年唯一女医志望者のために門戸を開いてきた母校・済生学舎が風紀問題と専門学校昇格を理由に新規募集を打ち切り、在校生の退学を図ったため、その受け入れ先として医院の一角に日本初の女医養成機関・東京女医学校を創設。45年東京女子医学専門学校に昇格、昭和27年東京女子医科大学となった。この間、明治38年雑誌「女医界」を創刊。女医教育のほか女性の教養と地位向上にも努め、東京連合婦人会委員長、大日本婦人会顧問、大日本連合女子青年団理事長などを歴任。昭和22～26年公職追放。34年88歳の天寿を全うしたその遺体は遺言により解剖された。著書に「来るもののために」「女性の出発」「妊娠と安産」などがある。　[家]長男＝吉岡博人（東京女子医科大学学長）　[勲]勲六等瑞宝章〔大正13年〕，勲五等瑞宝章〔昭和15年〕

吉川 亮夫　よしかわ・あきお
衆議院議員
明治19年（1886年）7月～昭和29年（1954年）11月2日
[生]長野県下伊那郡松尾村（飯田市）　[学]早稲田大学政経科卒　[歴]松尾村長、長野県議を経て、昭和17年衆議院議員に当選1回。

吉川 英治　よしかわ・えいじ
小説家
明治25年（1892年）8月11日～昭和37年（1962年）9月7日
[生]神奈川県久良岐郡中村根岸（横浜市）　[名]本名＝吉川英次、号＝雉子郎　[学]太田尋常高小〔明治36年〕中退　[歴]高等小学校時代、家業が倒産したので中退し、船員工など様々な職業に従事する。その間、大正3年に「講談倶楽部」の懸賞小説で「江の島物語」が一等に当選したほか「面白倶楽部」「少年倶楽部」でも当選する。10年から12年で東京毎夕新聞社に勤務し、「親鸞記」などを執筆、以後文筆生活に入る。14年から15年にかけて「剣難女難」「神州天馬俠」「鳴門秘帖」などを発表し、壮大な虚構の世界を構築した。以後、「親鸞」「宮本武蔵」「新・平家物語」「私本太平記」など多くの作品を発表し、昭和28年「新・平家物語」で菊池寛賞を、30年「忘れ残りの記」で文芸春秋読者賞を受賞したほか、30年に朝日文化賞を、35年文化章を、37年毎日芸術大賞を受賞した。「吉川英治全集」（全53巻・補5巻、講談社）がある。　[家]息子＝吉川英明（著述家）　[勲]文化勲章〔昭和35年〕

吉川 吉郎兵衛　よしかわ・きちろうべえ
衆議院議員
明治3年（1870年）4月～昭和23年（1948年）1月20日
[出]大阪府　[歴]日清・日露戦役に従軍。大阪府議、同参事会員、大阪市議を経て、大正9年衆議院議員に当選。以来8期務めた。浜口内閣の陸軍参与官、中央電力調整委員会委員等を歴任した。

吉川 猛夫　よしかわ・たけお
海軍少尉
明治45年（1912年）3月7日～平成5年（1993年）2月20日
[出]愛媛県温泉郡重信町（東温市）　[別]別名＝森村正　[学]松山中、海兵（第61期）〔昭和8年〕卒　[歴]昭和8年海軍少尉に任官。13年予備役に編入。16年3月より森村正の名前でホノルルの日本総領事館員としてハワイに潜入。日米開戦までの9ケ月間、日本海軍の専門情報員として米国太平洋艦隊の動静や軍事施設について情報収集。開戦直後、米国側に抑留され、17年帰国。著書「真珠湾スパイの回想」がある他、36年には米国CBSテレビのドキュメンタリー番組にも出演した。

芳川 赳　よしかわ・たけし
「美術春秋」編集発行者
明治28年（1895年）10月20日～昭和26年（1951年）7月9日
[生]長崎県島原市　[学]明治大学卒　[歴]出版界に入り、各種の図書を発行。雑誌「美術春秋」「日本画傑作年鑑」などの編集発

よしかわ　　　　　　　　　　　昭和人物事典 戦前期

行者で、戦後は「美術鑑賞」を発行した。

吉川 則比古　よしかわ・のりひこ
詩人
明治35年（1902年）12月6日〜昭和20年（1945年）5月25日
生奈良県五条市　学青山学院卒　歴正富汪洋主宰の「新進歌人」に拠り、同社パンフレット第1集「薔薇を焚く」を大正14年に刊行。次いで「高踏」を編集し、昭和8年から19年まで大阪で「日本詩壇」を発行した。没後「吉川則比古詩集」が刊行された。

吉川 守圀　よしかわ・もりくに
社会運動家
明治16年（1883年）2月18日〜昭和14年（1939年）8月24日
生東京府西多摩郡檜原村人里（東京都）　名別名＝吉川守邦、吉川守国、号＝世民　学東京政治学校　歴明治37年平民社に参加し「光」の刊行に協力した。39年日本社会党の結成に参加、同年の市電値上げ反対運動に関連し懲役1年6ヶ月に処せられる。40年平民社の再興に加わり、解散後は「社会新聞」を創刊。41年「東京社会新聞」を創刊、のち売文社に入って「新社会」を刊行。大正9年日本社会主義同盟の創立に際しては発起人となり、11年の共産党創立大会に出席する。12年の第一次共産党事件で検挙され、のち労農派の一員として東京無産党をへて中間派無産政党に属す。昭和11年社会大衆党から東京府議に当選。12年の人民戦線事件で検挙され、仮出獄後間もなく死去した。

吉川 行雄　よしかわ・ゆきお
童謡詩人
明治40年（1907年）〜昭和12年（1937年）
生山梨県大月市猿橋町　歴山梨県猿橋で出版所と書店を営む家に長男として生まれる。14歳で小児まひに罹り、歩行困難となった。童謡童話雑誌「赤い鳥」が創刊された大正7年頃より童謡を書き始め、北原白秋門下が集う雑誌「チチノキ」同人となり、西条八十や新美南吉らとも交友を持った。月に関する詩を多く作り、"月夜の詩人"と呼ばれた。

吉阪 俊蔵　よしざか・しゅんぞう
商工組合中央金庫理事長
明治22年（1889年）9月10日〜昭和33年（1958年）7月14日
生兵庫県武庫郡西灘村（神戸市灘区）　学東京帝国大学法科大学独法科〔大正2年〕卒　歴大正2年高等文官試験合格。農商務省、神奈川県理事官などを務め、8年パリ講和会議全権随員、同年ワシントンの第1回国際労働機関（ILO）総会政府代表随員となり、第3、4回同会議政府代表顧問を務めた。10年内務省社会局書記官、昭和3年12月ILO帝国事務所長となり、ジュネーブ駐在。6年第12回ILO総会政府代表、11年内務省社会局参与などを歴任した。17年商工組合中央金庫理事長、戦後、日本商工会議所専務理事。著書に「改正工場法」がある。　家長男＝吉阪隆正（建築家）

芳沢 謙吉　よしざわ・けんきち
外交官 外相 貴族院議員（勅選）
明治7年（1874年）1月24日〜昭和40年（1965年）1月5日
生新潟県高田市（上越市）　学東京帝国大学文科大学英文科〔明治32年〕卒　歴明治32年外務省に入り、43年駐英大使館一等書記官、大正元年在漢口総領事、3年人事課長、5年駐中国公使館参事官、8年政務局長、9年アジア局長を経て、12年〜昭和4年駐中国公使。この間、ソ連のカラハン駐中国大使と国交樹立の交渉をし、大正14年には日ソ基本条約を締結した。また、国民政府軍の北伐に伴う南京事件、済南事件などに対処、革命ソ連代表との交渉は予備、正式合わせて138回にも及んだ。昭和5年駐フランス大使を経て、7年犬養内閣の外相となった

が、辞任後は貴族院議員に勅選された。また、15年蘭印使節、16〜19年駐フランス領インドシナ（仏印）大使を務め、退官後の20年外務省顧問、同年枢密顧問官に就任。戦後の追放解除後は27年から3年間、駐台湾大使を務め、辞任後も自由アジア擁護連盟代表、自由アジア協会長として台湾擁護に奔走した。著書に「外交六十年」などがある。　家孫＝緒方貞子（国連難民高等弁務官）、井口武夫（外交官）、川島裕（外交官）、芳沢光雄（桜美林大学教授）、岳父＝犬養毅（首相）、女婿＝中村豊一（外交官）、井口貞夫（外交官）

吉沢 義則　よしざわ・よしのり
国語学者 国文学者 歌人 京都帝国大学名誉教授
明治9年（1876年）8月22日〜昭和29年（1954年）11月5日
生愛知県名古屋市中区老松町　名旧姓・旧名＝木村　専平安朝文学　学東京帝国大学文科大学国文科〔明治35年〕卒 文学博士〔大正7年〕　歴明治38年広島高等師範教授、41年京都帝国大学助教授を経て、大正8年〜昭和11年京都帝大教授を務め、国語・国文学者として活躍の傍ら作歌をする。退官後は日本女子美術学校校長、武庫川学院女子大学長を歴任。国語学では訓点資料の研究に端緒を開き、国文学では「源氏物語」や和歌の研究で有名。短歌では昭和5年「帚木」を創刊し、帚木会を主宰した。著書に「国語国文の研究」「国語説鈴」「国語史概説」「対校源氏物語新釈」（全8巻）などのほか、歌集に「山なみ集」「山なみ」などがある。

吉津 度　よしず・わたる
衆議院議員
明治11年（1878年）1月〜昭和31年（1956年）6月30日
出大阪府　歴大阪府議、同議長、大阪市議を経て、大正13年より衆議院議員に2選。政友会に所属した。三友製薬社長、大阪細菌研究所所長、梅田病院院長、大阪高等医学専門学校理事長なども務めた。

吉住 小三郎（4代目）　よしずみ・こさぶろう
長唄唄方 吉住流家元
明治9年（1876年）12月15日〜昭和47年（1972年）2月27日
生東京府新宿（東京都新宿区）　名幼名＝長次郎、後名＝吉住慈恭　賞日本芸術院会員〔昭和23年〕、重要無形文化財保持者（長唄・唄）〔昭和31年〕　歴江戸長唄唄方の家元・3代目吉住小三郎の義弟で、のち養子となる。明治23年4代目を襲名、歌舞伎座の囃子部屋に勤める。26年三味線の3代杵屋六四郎（後の稀音家浄観）とともに退座し、35年長唄研精会を結成、それまで歌舞伎の伴奏音楽とばかりみられていた長唄を演奏会形式で広く社会に紹介した。昭和4年東京音楽学校講師、11年教授となったが、19年には引退。戦後の23年に日本芸術院会員、31年人間国宝、32年文化勲章受章。38年に米寿を記念して実子小太郎に小三郎の名を譲り、吉住慈恭と改名した。42年息子・孫とともに宮中で御前演奏を行う。作曲に「鳥羽の恋塚」「醍醐の花見」「富士太鼓」などがあり、演奏の集成としたものに「四世吉住小三郎全集」「吉住慈恭独吟集」などがある。　家養父＝吉住小三郎（3代目）、息子＝吉住小三郎（5代目）　勲文化勲章〔昭和32年〕

吉住 小桃次（1代目）　よしずみ・ことうじ
長唄唄方
明治22年（1889年）4月4日〜昭和23年（1948年）4月13日
生東京都　名本名＝相沢桃太郎、前名＝杵屋六四次　歴幼い頃より13代目杵屋六左衛門に師事、杵屋六四次の名を許された。その後、4代目住吉小三郎の門人となり、吉住小桃次の名のる。大正2年の第220回長唄研精会より出演、亡くなるまで研精会に所属した。昭和19年病に倒れ、療養生活に入った。

吉住 留五郎　よしずみ・とめごろう

海軍特務機関員

明治44年（1911年）2月9日〜昭和22年（1947年）8月10日

[生]山形県鶴岡市　[歴]中学校を7年かかっても卒業できず、教師を殴って放校された。社会主義的な本に親しみ、農民運動に参加、警察にマークされ昭和7年ジャワに渡る。雑貨店に勤めたが、帰国して再渡航、右翼系の日本語新聞の記者となった。インドネシア独立を支持したが、右翼的な考えを持ち、軍の南進論を支援、12年ごろから軍の中国人工作に従い、16年オランダ当局から追放されて帰国。同年台湾からスマトラ近くへ密航、オランダ官憲に逮捕されオーストラリアに抑留された。17年捕虜交換で帰国、スラウェンで海軍特務機関に勤めた。19年海軍武官府に移った。敗戦後、インドネシア独立軍に参加、ゲリラ戦に加わったが、東部ジャワの山中で病死した。

吉田 伊三郎　よしだ・いさぶろう

外交官

明治11年（1878年）1月21日〜昭和8年（1933年）4月23日

[生]京都府　[学]東京帝国大学法科〔明治36年〕卒　[歴]明治36年外交官及び領事官試験に合格、領事官補となる。外交官補として香港に駐在、また大使館書記官として長年英国・米国に駐在した。大正10年中国で大使館参事官として山東問題の解決に尽力する。15年駐スイス公使となり、国際連盟会議の日本代表などを経て、昭和5年駐トルコ大使となる。7年満州事変の事実究明を目的としたリットン調査団の日本側参与委員として、満州、中国各地を視察した。

吉田 磯吉　よしだ・いそきち

衆議院議員

慶応3年（1867年）5月〜昭和11年（1936年）1月17日

[出]筑前国若松（福岡県北九州市）　[歴]芦屋鉄道、平山炭礦、吉田商事、若松魚市場、若松運輸の社長を歴任し、石炭鉱業互助会顧問となる。この間、大正4年衆議院議員に当選。9年からは連続4選、通算5期。民政党に所属した。

吉田 市之助　よしだ・いちのすけ

三光汽船創業者

明治26年（1893年）2月3日〜昭和40年（1965年）12月31日

[学]関西中〔明治43年〕卒　[歴]岸本汽船監査役だった昭和9年、三光海運を設立。13年三光汽船に社名変更し、新たに三光海運を設立した。12年取締役、14年代表取締役、27年会長。[家]長男＝吉田寛（三光汽船社長）、義弟＝河本敏夫（衆議院議員）

吉田 一穂　よしだ・いっすい

詩人

明治31年（1898年）8月15日〜昭和48年（1973年）3月1日

[生]北海道上磯郡釜谷村（木古内町）　[出]北海道古平郡古平町　[名]本名＝吉田由雄　[学]早稲田大学文学部英文科〔大正9年〕中退　[歴]中学時代に文学を志し、早大在学中、同人雑誌に発表した短歌が片上伸に認められる。大学中退後、生活のために童話や童謡を多く書き、大正13年童話集「海の人形」を刊行。その一方で「日本詩人」などに詩や詩論を書き、15年第一詩集「海の聖母」を刊行。北原白秋に認められ、白秋主幹の「近代風景」に詩や評論を発表。また春山行夫らの「詩と詩人」同人となり、昭和初期の現代詩確立に寄与した。昭和7年「新詩論」を創刊。戦争中の15年から19年にかけて信生堂に絵本の編集長として勤務、この間「ぎんがのさかな」などの童話集や絵本を刊行。戦後は「未来者」など3冊の詩集と詩論集「黒潮回帰」を刊行する一方「Critic」「反世界」を創刊したり、早大、札幌大谷女子短期大学で詩学の集中講義をして、孤高の立場から純粋詩を守った。東洋のマラルメを自称し、自ら戒

名 "白林虚籟居士" とつけた。他に長編詩「白鳥」、詩集「故園の書」「稗子伝」、「定本吉田一穂全集」（全3巻, 小沢書店）などがある。

吉田 卯三郎　よしだ・うさぶろう

物理学者 京都帝国大学教授

明治20年（1887年）3月10日〜昭和23年（1948年）4月12日

[生]愛媛県　[名]旧姓・旧名＝大平　[学]京都帝国大学理工科大学物理学科〔大正3年〕卒　理学博士〔大正10年〕　[歴]京都帝国大学講師を経て、大正8年助教授、13年教授。昭和22年退官。この間、学術研究会議会員などを務めた。X線や電子回折による金属の結晶構造の解明に取り組み、大正5年高嶺俊夫と共同で帝国学士院恩賜賞を受けた。著書に「物理学〈上下〉」、共著に「物質の結晶構造とX線」「物理学実験」などがある。　[賞]帝国学士院恩賜賞（第12回）〔大正11年〕

吉田 栄三（1代目）　よしだ・えいざ

文楽人形遣い

明治5年（1872年）4月29日〜昭和20年（1945年）12月9日

[生]大阪府東区濃堂町　[名]本名＝柳本栄次郎、初名＝吉田光栄　[専]人形浄瑠璃　[歴]明治16年大阪日本橋の沢の席の初興行に2代目吉田光栄の名で初舞台を踏み、25年彦六座で栄三と改名。31年に御霊文楽座に移り、昭和2年桐竹紋十郎没後、長い間空席だった人形遣いの座頭に推された。もとは娘や二枚目を得意とし、座頭となったのを機に、女形を3代目吉田文五郎に譲って立役に転じたが、文五郎とのコンビは特に有名。その姿は溝口健二の映画「浪花女」に残されている。「吉田栄三自伝」がある。

吉田 円助　よしだ・えんすけ

福井新聞社主

明治22年（1889年）12月20日〜昭和46年（1971年）4月15日

[生]福井県　[学]福井農林学校〔明治41年〕卒　[歴]大正12年酒生村村長となり、昭和6年から福井県会議員2期、27年再び酒生村村長に復帰、通算7期村長を務めた。一方8年に福井新聞専務となり、以後社長、社主を務めた。戦後追放で社主を辞任、25年会長となった。この間8時間勤務制、編集局長が新聞製作工程の中心として管理する大編集局制の実施など、合理化を推進した。

吉田 追風（23代目）　よしだ・おいかぜ

大相撲行司

安政2年（1855年）〜昭和14年（1939年）9月12日

[出]肥後国（熊本県熊本市）　[名]本名＝吉田追風善門　[歴]相撲の家元である吉田家の23代目。明治10年の第14代横綱境川から、昭和13年の第35代横綱双葉山まで、61年間にわたり22人の横綱に免許を与えた。明治維新後の相撲の衰退を憂え、国技として復興させるため献身的な努力を続け、今日の隆盛の基礎を築いた。

吉田 勝太郎　よしだ・かつたろう

岐阜県知事 四日市市長

明治16年（1883年）4月5日〜昭和45年（1970年）10月22日

[出]愛媛県　[学]東京帝国大学法科大学〔明治44年〕卒　[歴]昭和6年岐阜県知事。9年より四日市市長を務めたが、21年公職追放。26年解除され、30年四日市市長に復帰、1期。

吉田 貫三郎　よしだ・かんざぶろう

挿絵画家

明治42年（1909年）〜昭和20年（1945年）

[出]兵庫県　[名]本名＝吉田貫一　[学]神戸商卒　[歴]昭和7年横山隆一らの新漫画派集団に参加。のち挿絵画家に転じ、怪奇推理小説から現代小説・時代小説まで幅広く手がけ、代表作に

よした　　　　　　　　　　　　　　　　昭和人物事典 戦前期

吉川英治「大都の春」、久生十蘭「魔都」などがある。20年中国広東で戦病死した。ほかの著書に随筆「蟹の爪」がある。

吉田 甲子太郎　よしだ・きねたろう
児童文学作家・翻訳家
明治27年（1894年）3月23日〜昭和32年（1957年）1月8日
[生]群馬県北甘楽郡　[出]東京都　[名]筆名＝朝日壮吉　[学]早稲田大学英文科〔大正7年〕卒　[歴]立教中学教員を経て、昭和7年明大教授に就任。児童文学者、翻訳家として幅広く活躍する。12年「日本少国民文庫」（全16巻）の編集にたずさわり、戦時中は日本少国民文化協会に関係して「少国民文化」などを編集。戦後は「銀河」の編集長などを務めた。主な作品に「サランガの冒険」「源太の冒険」「兄弟いとこものがたり」などがある。

吉田 久継　よしだ・きゅうけい
彫刻家
明治21年（1888年）12月12日〜昭和38年（1963年）3月10日
[生]東京市本郷区湯島（東京都文京区）　[名]本名＝吉田久次　[学]東京美術学校彫刻科選科〔大正2年〕卒、東京美術学校研究科〔大正5年〕修了、太平洋画会研究所、本郷洋画研究所　[歴]12歳から高橋楽水に蠟型技術、馬場正寿に彫金、白井雨山彫塑研究所で彫塑を学び、東京美術学校彫刻科選科、研究科を経て、太平洋画会研究所、さらに本郷洋画研究所で約10年間岡田三郎助にデッサンを師事。大正7年第12回文展に初入選。9年、11年特選を受け、15年第7回帝展から審査員となり、官展作家として活躍した。この間、8年には東台彫塑会、10年赤鳥社を組織、昭和4年第一美術協会結成に参加。エッチングも手がけ、洋風版画会創立にも参加した。同年日本美術学校彫刻部教授となる。10年帝展改組にあたり第三部会を結成。20年戦災に遭い、山形県飽海郡中平田村（現・酒田市）に疎開。24年まで滞在し、庄内を第二の故郷として制作に没頭した。33年日展評議員。印象派風の肉付をもち、重厚な作風のうちにも絵画的構図に優れた浪漫的構想のものを得意とした。代表作品に「髪」「霊光」「母性」「眠」などがある。　[賞]帝展特選（第2回）〔大正9年〕「霊光」、帝展特選（第4回）〔大正11年〕「慈恵」

吉田 享二　よしだ・きょうじ
建築学者 建築家 早稲田大学教授
明治20年（1887年）8月18日〜昭和26年（1951年）4月29日
[生]兵庫県美方郡　[名]旧姓・旧名＝宮脇　[専]建築材料学、建築設備学　[学]東京帝国大学工科大学建築学科〔明治45年〕卒 工学博士〔昭和7年〕　[歴]大正元年早稲田大学講師、3年助教授、5年教授となり、建築材料学を講じ、同大建築学科の発展に尽力した。12年吉田享二事務所を開設。また建築設備総合協会、木材工業協会、日本建築材料協会各会長、昭和24〜25年日本建築学会会長、日本学術会議会員などを務めた。さらに他大学でも建築学一般、住居学を講じた。建築作品に「毛利文庫」「小野田セメント本社」「世田谷病院」「久松閣温泉ホテル」などがある。著書に「建築物の耐久性」など。　[家]養父＝吉田醇一（宮中顧問官）

吉田 熊次　よしだ・くまじ
教育学者 東京帝国大学名誉教授
明治7年（1874年）2月27日〜昭和39年（1964年）7月15日
[生]山形県東置賜郡　[学]東京帝国大学文科大学哲学科〔明治33年〕卒 文学博士〔明治45年〕　[歴]明治33年哲学館講師、34年小学校修身教科書起草員、36年ドイツ、フランスに留学、37年女子高等師範学校兼東京高等師範学校教授、38年再び欧州留学、40年東京帝国大学助教授を兼任、教育学講座を担当。41年教科用図書調査委員会主査委員、大正5年東京帝大教授専任となり、同大教育研究室を主宰。6年臨時教育会議幹事、9年教科書調査会委員、13年文部省参事官、昭和6年東京帝大評議

員、7年国民精神文化研究所員、9年定年退官、名誉教授。その後国民精神文化研究所研究部長となった。ヘルバルト学派教育学説からベルゲマンの社会教育学の影響を受け、社会的教育学の研究に尽力した。著書に「ベルゲマン氏社会教育学及進化的倫理学」「社会的教育学講義」「系統的教育学」「教育的倫理学」「国民道徳と教育」「女子教育研究」「社会教育」「陶冶と価値」「女子教育の理念」「教育学説と我が国民精神」などがある。

吉田 敬太郎　よしだ・けいたろう
衆議院議員
明治32年（1899年）5月〜昭和63年（1988年）7月28日
[生]福岡県若松市（北九州市）　[学]長崎高等商業学校、東京商科大学（現・一橋大学）卒　[歴]大正12年三菱金属鉱業に入社。大倉高等商業学校講師を経て、炭鉱を経営。昭和11年九州石油を設立。福岡県議2期を経て、17年衆議院議員に当選。19年夏に軍部批判の"太平洋カモ撃ち演説"を行うと、20年3月憲兵隊に逮捕され、軍法会議で懲役3年の判決を受けた。獄中では生死の境をさまよった。戦後は牧師となり、26年若松市長に当選。北九州市発足まで3期務めた。　[家]養父＝吉田磯吉（衆議院議員）

吉田 賢一　よしだ・けんいち
弁護士 衆議院議員 皇国農民同盟理事長
明治27年（1894年）11月15日〜昭和57年（1982年）6月11日
[生]兵庫県明石郡明石町（明石市）　[学]日本大学法律専門部〔大正9年〕卒　[歴]高小卒業後、25歳まで理髪職人をし、その後日大に入学、卒業後弁護士となる。日農顧問弁護士として多くの争議を支援、弁護した。昭和7年全国労農大衆党から明石市議に当選。また全農では法律部長を務めた。のち8年に皇国農民同盟を作り理事長に就任し、12年衆議院選挙に当選。8期。戦後社会党に属して代議士となり、35年民主社会党の結党に参加し、同党兵庫県連会長などを務めた。

吉田 謙吉　よしだ・けんきち
舞台美術家
明治30年（1897年）2月10日〜昭和57年（1982年）5月1日
[生]東京市日本橋区浜町（東京都中央区）　[学]東京美術学校図案科〔大正13年〕卒　[歴]築地小劇場の創立メンバー。丸太式組み立て舞台やホリゾントを工夫して作り、新進舞台美術家として認められた。トーキー「黎明」のセットを始め、新劇、新派、レビューなど広く舞台美術の開拓をしてきた。また、日本マイム協会長、日本舞台テレビ美術家協会理事長・顧問を歴任。おもな著書に「舞台装置者の手帖」。　[家]娘＝塩沢珠江（ギャラリー季の風主宰）

吉田 源十郎　よしだ・げんじゅうろう
漆芸家
明治29年（1896年）3月20日〜昭和33年（1958年）4月4日
[生]高知県安芸郡安芸町　[学]東京美術学校漆工科選科〔大正8年〕卒　[歴]石井士郎（吉次郎）に師事。大正10年上野の平和博覧会出品で注目され、昭和5年帝展特選以来次々受賞、12年、17年、18年文展審査員、21年日本漆工芸会を主宰、会長となり、日展参事。23〜31年金沢美術工芸短期大学教授、金沢美術工芸大学教授。第7、12回日展審査員。30年第11回日展出品作「花の棚」はソ連国立美術館所蔵となった。他の代表作に「漆南天棚」「小瑠璃図手箱」など。　[家]息子＝吉田左源二（工芸家・東京芸大教授）　[賞]帝展特選（第11回）〔昭和5年〕、帝展特選（第14回）〔昭和8年〕、帝展推賞（第1回）〔昭和11年〕、帝国芸術院賞（第2回）〔昭和17年〕「梅蒔絵飾棚」

吉田 絃二郎　よしだ・げんじろう
小説家 劇作家 随筆家

明治19年（1886年）11月24日〜昭和31年（1956年）4月21日
[生]佐賀県神埼郡神埼町（神埼市）　[名]本名＝吉田源次郎　[学]早稲田大学英文科〔明治44年〕卒　[歴]大学卒業後、通信局嘱託となり、またユニテリアン協会に入り、「六合雑誌」の編集に従事。大正5年早稲田大学英文学講師を経て、13年教授。この間、3年小説「磯ごよみ」を発表。一方、早くから児童文学にも関心を示し、多くの童話や少年少女小説を書いている。「天までとどけ」は昭和54年テレビ朝日で放映された。主な作品に「島の秋」「清作の妻」「妙法寺の叔母」「人間苦」や戯曲「西郷吉之助」「二条城の清正」「江戸最後の日」など。また随筆家としても活躍し「小鳥の来る日」「草光る」「わが詩わが旅」などがある。　[賞]文部大臣賞〔昭和16年〕「仔馬は帰りぬ」

吉田 小兵吉（4代目）　よしだ・こひょうきち
文楽人形遣い
明治5年（1872年）2月14日〜昭和20年（1945年）1月12日
[生]大阪　[名]本名＝栗山延次郎、前名＝吉田兵三郎　[専]人形浄瑠璃　[歴]明治34年5代目吉田兵吉の門に入り兵三郎、39年4代目小兵吉を襲名、大阪の非文楽系劇場堀江座、近松座に出演、竹豊座では立女形に昇進して活躍。大正15年御霊文楽座に入座してからワキに回り、晩年は婆役専門となった。世話物の姿に独特の味を見せた。

吉田 貞雄　よしだ・さだお
寄生虫学者　大阪帝国大学名誉教授
明治11年（1878年）10月26日〜昭和39年（1964年）4月15日
[生]福岡県　[学]東京高等師範学校（現・筑波大学）理科博物学部〔明治35年〕卒、東京帝国大学理学部動物学科選科〔明治39年〕卒　理学博士〔大正7年〕　[歴]中学校教諭、兵役を経て、東京帝国大学選科を卒業、飯島魁教授の指導を受けた。明治42年広島高等師範学校講師、大正3年大阪府立高等医学校教諭、4年大阪府立医科大学教授となり、予科で動物学、学部で寄生虫学を担当。8〜10年欧米視察留学、昭和6年大阪帝国大学医学部講師を経て、9年微生物病研究所教授として寄生虫学講座を主催。14年定年退官した。条虫、肺吸虫、蛔虫、顎口虫の研究に従事、大正6年には蛔虫の肺循環を発見し、寄生虫学発展に貢献した。著書に「高等教育動物学〈上・下〉」「日本の寄生虫と其病害」「寄生虫病」などがある。　[賞]浅川賞〔大正8年〕、船員病の熱帯病学奨励賞〔大正9年〕

吉田 三郎　よしだ・さぶろう
彫刻家
明治22年（1889年）5月25日〜昭和37年（1962年）3月16日
[生]石川県金沢市長町　[学]石川県立工業学校窯業科、東京美術学校彫刻科〔明治45年〕卒　[賞]日本芸術院会員〔昭和30年〕　[歴]明治36年石川県立工業学校窯業科に進み、板谷波山、青木外吉に学んだ。40年東京美術学校彫刻科に入学、同期に北村西望、建畠大夢、斎藤素厳らがいた。在学中の43年第4回文展に「たちんぼ」で初入選。大正7年第12回文展「潭」、8年第1回帝展「老坑夫」がそれぞれ特選。同年朝倉文夫と東台彫塑会を結成。12年白日会を結成。大正6年帝国美術学校（現・武蔵野美術大学）教授。同年から1年間文部省在外研究員としてヨーロッパに滞在し、古代彫刻を研究。10年多摩美術学校（現・多摩美術大学）彫刻部主任。24年第5回日展出品作「男立像」で日本芸術院賞受賞し、30年日本芸術院会員に選ばれた。帝展、新文展、日展では審査員を22回務め、33年日展常任理事。徹底した写実主義を基礎に、ロダン的なロマン主義要素を取り入れた東洋的な独自の作風を確立。男性像、特に老人像を好んで制作した。　[賞]日本芸術院賞（第5回、昭24年度）〔昭和25年〕「男立像」、文展特選（第12回）〔大正7年〕「潭」、帝展特選（第1回）〔大正8年〕「老坑夫」

吉田 茂　よしだ・しげる
外交官　駐英大使　外務次官
明治11年（1878年）9月22日〜昭和42年（1967年）10月20日
[生]東京都　[出]高知県　[学]東京帝国大学法科大学政治学科〔明治39年〕卒　[歴]高知の自由党の名士・竹内綱の五男として生まれ、福井の貿易商・吉田健三の養子として成長。明治39年外務省に入省。大正11年在天津総領事、14年在奉天総領事、昭和3年駐スウェーデン公使（未赴任）を経て、同年外務次官。5年駐イタリア大使、11年駐英大使などを歴任し、14年退官。11年広田弘毅内閣組閣の際に外相候補に挙げられたが軍部の忌避に遭い就任できなかった。戦争末期は和平工作を試みたが、20年4月憲兵隊に拘置された。5月釈放。戦後は東久邇内閣・幣原内閣で外相を務め、21年鳩山一郎の後任として自由党総裁となり組閣、憲法改正、農地改革を実施。23〜29年民主自由党（のち自由党）総裁として第二次〜第五次吉田内閣を組閣、親米政策を推進した。23年以来、衆議院議員当選7回（高知県全県区）。　[家]実父＝竹内綱（衆議院議員）、長男＝吉田健一（評論家）、二女＝麻生和子（麻生セメント取締役）、孫＝麻生太郎（首相）、麻生泰（麻生セメント社長）、三笠宮信子、岳父＝牧野伸顕（政治家）、女婿＝麻生太賀吉（政治家・実業家）

吉田 茂　よしだ・しげる
貴族院議員（勅選）　内閣書記官長　厚相
明治18年（1885年）9月2日〜昭和29年（1954年）12月9日
[生]大分県臼杵　[学]東京帝国大学法科大学独法科〔明治44年〕卒　[歴]明治44年内務省に入り、石川県警視、内務書記官などを務め、大正12年東京市助役。昭和3年内務省神社局長、4年社会局長官、9年岡田啓介内閣書記官長、10年内閣調査局長官を経て、12〜21年勅選貴族院議員。この間、15年米内光政内閣の厚相、18年福岡県知事、19年小磯国昭内閣の軍需相を歴任。戦後公職追放、国維会に参加し、28年神社本庁事務総長となった。

吉田 秋光　よしだ・しゅうこう
日本画家
明治20年（1887年）4月5日〜昭和21年（1946年）6月21日
[生]石川県金沢　[名]本名＝吉田清二　[学]石川県立工〔明治38年〕卒、東京美術学校日本画科〔明治43年〕卒　[歴]松岡映丘に師事し、大和絵を学ぶ。大正6年文展に「伊勢物語」が初入選、8年以後は帝展にも出品。古典に取材した作品を発表する。11年「秋のけはひ」が帝展特選となり、13年「伊豆の春」を無鑑査出品。昭和2年帝展委員、4年、8年と審査員を務め、帝展、新文展に出品を続けた。一方、革新日本画会に出品。13年幹事として日本画院結成に参加、同会会員となる。また10年には映丘を盟主として結成された国画院に参加、同人として活動した。戦後は、21年春の第1回日展に「松林」を無鑑査出品したが、6月に疎開先の山梨県で死去した。

吉田 悳　よしだ・しん
陸軍中将　満州電信電話総裁
明治20年（1887年）4月15日〜昭和40年（1965年）6月12日
[出]東京都　[名]旧姓・旧名＝渡辺　[学]陸大卒　[歴]二・二六事件の常人班担当裁判長、関東防衛軍司令官、満州電信電話会社総裁などを歴任。

吉田 静致　よしだ・せいち
倫理学者　東京帝国大学教授
明治5年（1872年）7月25日〜昭和20年（1945年）10月4日
[生]長野県　[学]東京帝国大学文科大学哲学科〔明治31年〕卒　文学博士〔大正8年〕　[賞]帝国学士院会員〔大正14年〕　[歴]明治32年文部省在外研究員としてドイツ留学、35年帰国、東京高等師範学校教授、42年東京帝国大学講師、大正8年教授となり、倫理学を担当。東京高師、日大教授兼任。14年帝国学士院会

員、昭和3年倫理学会初代会長、8年東京帝大退官。東京文理科大講師、日大理事、10年日大文学部予科科長、高等師範部科長などを歴任。著書に「倫理学講義」「倫理と人生」「現代と道徳」「倫理学原論」「人格の生活と現代の社会」「倫理学上より見たる日本精神」など多数。倫理学的立場を自ら人格的唯心論、人体主義と名づけた。

吉田 晴風　よしだ・せいふう
尺八奏者 邦楽作曲家
明治24年（1891年）8月5日〜昭和25年（1950年）6月30日
⬚生⬚熊本県玉名郡長洲町　⬚名⬚本名＝吉田康次　⬚学⬚熊本商〔明治44年〕卒、日本音楽学校〔大正7年〕卒　⬚歴⬚鳥井若菜に尺八を師事。大正4年上京、日本音楽学校に新設された尺八科の講師を務める。9年盟友の宮城道雄、作曲家の本居長世と新日本音楽の第1回演奏会を開催。10年号を竹堂から晴風に改めた。12年報知新聞の後援を受け、関東大震災の遣米答礼音楽使節として本居と渡米。14年処女曲「祈り」を作曲。昭和7年晴風会を組織して、全国に尺八普及運動を展開した。15年日本三曲協会が発足すると常任理事兼新日本音楽部長に就任。この年、東京日日新聞社の主催で皇紀二千六百年を記念して宮城前から靖国神社までの尺八二千六百人パレードを発起し、実行に導いた。戦時中は満州をはじめ各地に慰問に行き、20年小田原に疎開。以来、亡くなるまで同地で過ごした。　⬚家⬚妻＝吉田恭子（箏曲家）

吉田 善吾　よしだ・ぜんご
海軍大将 海相
明治18年（1885年）2月4日〜昭和41年（1966年）11月14日
⬚生⬚佐賀県　⬚学⬚海兵（第32期）〔明治37年〕卒、海大〔大正4年〕卒　⬚歴⬚海兵では後の連合艦隊司令長官、山本五十六と同期。大正4年第3艦隊参謀をふり出しに、教育局、軍務局、軍令部の課長、班長を経て、昭和6年連合艦隊参謀、8年軍務局長となる。日中戦争開始後は第2艦隊長官、連合艦隊長官を務め、14年阿部内閣の海相に就任。米内・近衛両内閣でも海相として日独伊の三国同盟には最後まで反対。その後は軍事参議官、支那方面艦隊長官、海大校長などを歴任した。

吉田 草紙庵　よしだ・そうしあん
小唄作曲家
明治8年（1875年）8月8日〜昭和21年（1946年）12月5日
⬚出⬚東京府日本橋浪花町（東京都中央区）　⬚名⬚本名＝吉田金太郎、前名＝吉田菊之輔　⬚歴⬚初め長唄を習うが16歳のころに清元三味線方に転向。大正10年ごろから小唄の作曲に専念。歌舞伎の菊吉時代に合わせてせりふ入りの芝居小唄を創案した。代表作に「吉三節分」「仮名屋小梅」など。

吉田 隆子　よしだ・たかこ
作曲家
明治43年（1910年）2月12日〜昭和31年（1956年）3月14日
⬚生⬚東京府荏原郡上目黒（東京都目黒区）　⬚名⬚筆名＝吉田たか子、阪隆、西奈加子、吉原澄　⬚学⬚日本女子大附属高等女学校〔昭和2年〕卒　⬚歴⬚吉田平太郎陸軍中将の二女で、兄は映画評論家の飯島正。4歳から山田流の箏曲を習い、日本女子大学校附属高等女学校に入ると箏曲をやめてピアノを始める。また作曲を志して、橋本国彦、菅原明朗に師事。女学校卒業後はアテネ・フランセや南葵音楽文庫に通い、その仲間内から誕生した人形劇団プークにも関わり、昭和6年「勇敢なる兵士シュベイクの冒険」などを作曲。7年にはメンバーの高山貞雄と結婚した（10年離婚）。この間、6年橋本の推薦で処女作・ピアノ曲「カノーネ」が「音楽世界」に掲載され、デビューした。7年は阪隆の筆名で同誌の懸賞論文に応募して1等なしの2等に当選した。同年第4回プロレタリア音楽会において、一田アキ（中野鈴子）の詩に作曲した「鍬」が関鑑子により初演されたこと

がきっかけで、プロレタリア音楽同盟（PM）に参加。「兵士を送る」「バス車掌のうた」「小林多喜二追悼の歌」「青年の歌――二つのヴァイオリンのために」などを作曲したが、入院中の9年3月にPMは解散した。10年末、楽団創成を旗揚げし、11年第1回音楽会を開催。同年劇作家の久保栄と結婚し、夫の戯曲「火山灰地」の音楽を担当。楽団創成の音楽会も第4回まで続けたが、15年度目の検挙の時に結核性腹膜炎による痙攣を起こし、瀕死の状態に陥った。師の菅原に貰い下げてもらったが、以降太平洋戦争の全期間を通して病臥を余儀なくされた。　⬚家⬚夫＝久保栄（劇作家），父＝吉田平太郎（陸軍中将），兄＝飯島正（映画評論家）

吉田 玉次郎　よしだ・たまじろう
文楽人形遣い 文楽座人形頭取
明治7年（1874年）〜昭和17年（1942年）3月13日
⬚名⬚本名＝近藤久吉　⬚歴⬚2代目吉田玉助（のち2代目吉田玉造）門下で、明治23年より吉田玉次郎を名のる。修業を経て、40年桐竹紋十郎座頭の時に、助太郎、吉田栄三とともに三人中軸となった。大正7年4代目吉田三吾の後を継いで、文楽座人形頭取に就任した。

吉田 玉造（4代目）　よしだ・たまぞう
文楽人形遣い
明治18年（1885年）5月18日〜昭和23年（1948年）1月26日
⬚名⬚本名＝林安太郎、前名＝吉田玉松、吉田玉蔵、後名＝吉田林蔵　⬚専⬚人形浄瑠璃　⬚歴⬚明治32年大阪の御霊文楽座に吉田玉市の名で入り、35年堀江座楽座へ移り吉田玉松（3代目玉造）に入門、以後御霊文楽座、堀江座、近松座と移り、大正5年文楽座に復帰。6年2代目玉松を襲名、竹豊座に迎えられ書出しとなった。12年再び文楽座に戻り、昭和10年玉蔵、17年4代目玉造襲名。立役、特に荒物遣いに豪快さを示した。18年病気に倒れ、22年久々の出演で玉造の名を汚すまいと林蔵と改名、軽い役を務めた。　⬚家⬚息子＝吉田玉松（3代目）

吉田 鉄郎　よしだ・てつろう
建築家 通信技師
明治27年（1894年）5月18日〜昭和31年（1956年）9月8日
⬚生⬚富山県東礪波郡福野町（南砺市）　⬚名⬚旧姓・旧名＝五島　⬚学⬚高岡中〔明治45年〕卒、四高〔大正4年〕卒、東京帝国大学工科大学建築学科〔大正8年〕卒　⬚歴⬚大正8年逓信省経理局営繕課に入省。13年逓信技師となり、昭和12年営繕課第二工事係長、15年営繕課第一工事係長。この間、「東京中央郵便局」「大阪中央郵便局」などを手がけ、16年両郵便局の設計で第1回通信協会功労賞を受賞。通信建築の伝統を作った。19年逓信省を退官、21年より日本大学教授。ドイツ語に堪能で、「日本の住宅」「日本の建築」「日本の庭園」の独文三部作を刊行。他に和文「スウェーデンの建築家」も出版された。　⬚勲⬚勲四等瑞宝章〔昭和17年〕　⬚賞⬚帝都復興記念章〔昭和6年〕，通信協会功労賞（第1回）〔昭和16年〕

吉田 登穀　よしだ・とうこく
日本画家
明治16年（1883年）12月1日〜昭和37年（1962年）7月16日
⬚生⬚千葉県大原町　⬚名⬚本名＝吉田喜代二　⬚歴⬚明治32年上京し野口幽谷門下の岡田華亭に入門したが、病気療養のため帰郷。神官などを務めたのち再び上京、大正2年松林桂月に師事、南画を学ぶ。9年第2回帝展に「あじさい」が初入選し、以後帝展に連続入選を果たし、日本美術協会にも出品した。昭和21年第2回日展で「春深し」が特選を受賞、22年第3回日展に「山梨の花」を出品、27年から日展審査員も務めた。28年第9回日展出品の「浄地」が玉堂賞を受賞、文部省買い上げとなる。花鳥画を得意とした。

吉田 冬葉　よしだ・とうよう
俳人
明治25年(1892年)2月25日～昭和31年(1956年)11月28日
[生]岐阜県中津川市苗木　[名]本名＝吉田辰男　[学]育英中卒　[歴]明治42年上京し大須賀乙字に師事。「懸葵」「常磐木」「海紅」などに拠って句作をする。大正14年「獺祭」を創刊主宰。句集に「故郷」「望郷」などがある。　[家]妻＝吉田ひで女(俳人)

吉田 徳次郎　よしだ・とくじろう
土木工学者 東京帝国大学教授
明治21年(1888年)10月15日～昭和35年(1960年)9月1日
[生]兵庫県神戸市　[出]東京都　[専]コンクリート工学　[学]石川一中〔明治39年〕卒, 四高〔明治42年〕卒, 東京帝国大学工科大学土木工学科〔明治45年〕卒 工学博士(九州帝国大学)〔大正11年〕　[資]日本学士院会員〔昭和25年〕　[歴]兵庫県で生まれ、東京で育つ。明治45年九州帝国大学工科大学講師、大正3年助教授となり、8～9年米国イリノイ州立大学へ留学。13年教授に昇任。昭和13年東京帝国大学教授に転じ、24年定年退官。同年土木学会会長。25年九大名誉教授。同年日本学士院会員。寒中コンクリート、材料分離、最強高度コンクリートの製造などの研究に取り組み、我が国のコンクリート技術の発展に大きな足跡を残した。著書に「土圧および擁壁設計法」などがある。

吉田 常夏　よしだ・とこなつ
ジャーナリスト 詩人 「燭台」主宰
明治22年(1889年)～昭和13年(1938年)10月29日
[生]山口県山口市　[名]本名＝吉田義憲　[歴]幼い頃から詩才にたけ、14歳で「文庫」の選者・河井酔茗に見出される。詩人を志し16歳の時上京、文庫派の新人として活躍。19歳の時の失恋と第一詩集を自宅の火災で焼失したことが契機となり2度自殺未遂をくり返し、一時筆を折った。2年後「女子文壇」の編集者として復帰。以後ジャーナリストに徹したが、生来の短気から読売、「中外新報」などを転々とし、震災後「関門日日新聞」に迎えられ下関に移る。3年後脳出血で倒れる。昭和2年から文芸誌「燭台」を出版。病床にありながら自ら詩を書き、地方の新人発掘にも努めた。また北原白秋や火野葦平、田上耕作ら中央文壇からの寄稿者も多く、号を重ねる度に盛んとなったが、赤字と病状の悪化で6年頃途絶えた。

吉田 鞆明　よしだ・ともあき
衆議院議員
明治21年(1888年)12月～昭和32年(1957年)9月20日
[出]福岡県　[学]早稲田大学政経科卒　[歴]昭和7年衆議院議員に当選、政友会に所属して1期務めた。

吉田 豊彦　よしだ・とよひこ
陸軍大将
明治6年(1873年)12月1日～昭和26年(1951年)1月10日
[生]鹿児島県　[学]陸士(第5期)〔明治27年〕卒, 陸軍砲兵工学校卒　[歴]砲兵少尉となり、明治32～35年ドイツ駐在、次いで英国、米国駐在武官。日露戦争に攻城砲兵司令部副官として従軍。陸軍省副官兼陸相秘書官、44年兵器局課員兼軍務局課員、大正4年同局鉄砲課長、7年同工政課長、10年兵器局長、13年中将、造兵廠長官、昭和3年技術本部長、5年大将、6年待命、予備役。傍ら兵器行政を担当。のち満州電業会社社長、日満マグネシウム会社相談役、日本製鉄会社取締役などを歴任した。

吉田 奈良丸(2代目)　よしだ・ならまる
浪曲師
明治12年(1879年)7月21日～昭和42年(1967年)1月20日
[生]奈良県下市　[名]本名＝広橋広吉, 前名＝花川力丸, 吉田小奈良丸, 後名＝吉田大和之丞　[歴]父は花川力山という祭文語り。16歳まで父について節の修業をしたのち、大阪に出て初代奈良丸門下に。はじめ小奈良丸を名のり、明治35年23歳で2代目奈良丸を襲名。明治末期から大正初期にかけて、桃中軒雲右衛門、京山小円と共に三巨頭の名声を得、レコード界を席巻した一代の売れっ子となる。また優美で格調のある奈良丸節は流行り唄の“奈良丸くずし”となって全国に広まった。得意芸は「義士銘々伝」。大正6年には渡米してウィルソン大統領にも面会した。昭和4年に奈良丸の名跡を弟子の一若に譲り、吉田大和之丞と改名。関西に多くの寄席を経営して財をなし、10年京都・山科に大石神社を建立。終生浪曲の社会的地位向上に心して、“浪曲の父”と敬愛された。40年浪曲界で初めて勲五等双光旭日章を受けた。　[家]妻＝春野百合子(1代目), 長女＝春野百合子(2代目)

吉田 白嶺　よしだ・はくれい
彫刻家
明治4年(1871年)12月19日～昭和17年(1942年)1月21日
[生]東京府本所松坂町(東京都墨田区)　[名]本名＝吉田利兵衛　[歴]小学校を中退して家業を手伝う一方、明治21年から四条派の画家・飯島光峨に日本画を学ぶ。32年弟の芳明が彫刻家として名を成したことに刺激され、月谷初子に洋風彫塑の手ほどきを受け、34年から独学で木彫を修業。37年日本輸出木彫牙彫競技会に木彫を出品して受賞。岡倉天心らの日本彫刻会に参加。42年第3回文展に「念」で初入選。44年平櫛田中らと彫刻の研究所を開く。大正2年第7回文展で「寂静」が褒状を受賞。その後再興日本美術院に移り、3年第1回再興院展に「楽女」を出品、4年平櫛らと彫刻部同人に推された。わび・さびを表現した「清韻」「西行」「蓮月尼」などの人物像で注目されたほか、埴輪の研究や乾漆技法の研究者でもあった。一方で山本鼎の農民美術運動に協力し、生活の場に生かされる彫刻を追及、鳥類の小彫刻に独自の世界を開いた。　[家]弟＝吉田芳明(彫刻家)　[賞]文展褒状(第7回)〔大正2年〕「寂静」

吉田 白甲　よしだ・はっこう
ドイツ文学者
明治14年(1881年)11月28日～昭和36年(1961年)11月3日
[生]新潟県　[名]本名＝吉田豊吉　[学]東京帝国大学卒　[歴]明治36年大学在学中「帝国文学」にワーグナーの歌劇を紹介、また日本での歌劇初演のためにグルックの「オルフォイス」を翻訳。37年小山内薫らと雑誌「七人」を創刊、夏目漱石を訪れ「琴のそら音」の寄稿を得た。卒業後は陸軍大学校教官となり、「歌舞伎」「新思潮」他で独文学、北欧文学の翻訳・紹介を行う。

吉田 久　よしだ・ひさし
大審院部長判事
明治17年(1884年)8月21日～昭和46年(1971年)9月20日
[生]福井県福井市　[学]中央大学卒 法学博士　[歴]福井市に八百屋の長男として生まれる。幼い頃に一家で上京し、父は人力車業を営むも、やがて福井に戻った。18歳で単身上京し、働きながら和仏法律学校(現・法政大学)や東京法学院(現・中央大学)に学ぶ。明治38年司法官試補となり、当初は検事畑を歩いたが、43年望んで判事に転じた。その後、千葉地裁部長判事、東京控訴院部長判事を務め、昭和15年11月大審院部長判事。太平洋戦争末期の20年3月、17年に行われた翼賛選挙で選挙妨害があったことを認め、また翼賛選挙は憲法違反の疑いがあるとし、申し立てのあった鹿児島2区での選挙の無効やり直しを命じる判決を下したが、直後に大審院を退職した。戦後、鳩山一郎に請われて日本自由党政務調査会顧問となり、同党の憲法改正要綱作成に参画。21～22年勅選貴族院議員。貴族院廃止後は中央大学教授を務めた。

吉田 秀夫　よしだ・ひでお
経済学者 大倉高等商業学校教授
明治39年(1906年)～昭和28年(1953年)

よした　　　　　　　　　　　　昭和人物事典 戦前期

〔生〕新潟県　〔学〕東北帝国大学法文学部卒　〔歴〕大倉高等商業学校
教授をしていたが、戦後は駐日大使館経済顧問に。昭和15年
に日伊協会のレオナルド・ダ・ヴィンチ賞を受賞した。20歳
の若さで公刊したマルサスに関する研究書『経済学説研究』は
じめ『日本人口論史』『日本国土計画論』などの著書がある。
〔賞〕レオナルド・ダ・ヴィンチ賞〔昭和15年〕

吉田 博　よしだ・ひろし
洋画家 版画家
明治9年(1876年)9月19日〜昭和25年(1950年)4月5日
〔生〕福岡県久留米市　〔名〕旧姓・旧名＝上田　〔専〕風景画、木版　〔学〕
修猷館中中退　〔歴〕画才を見込まれて明治24年吉田嘉三郎の養
子となり、32年渡米。デトロイト美術館展、ボストン美術館展
に出品、33年パリ万博に出品。明治美術会を経て、35年太平
洋画会の創立に参加。36年義妹のふじをと共に外遊、37年セ
ントルイス万博で銅牌受賞。39年帰国して展覧会を開催。兄
妹画家として評判を呼び、世相漫画にもなった。また夏目
漱石の「三四郎」「虞美人草」のヒントになったといわれる。
40年ふじをと結婚。同年第1回文展で「新月」が3等賞を受賞。
41年及び42年文展で「雨後の夕」「千古の雪」がそれぞれ2等
賞を受賞。大正9年より木版画を手がけ、昭和2年第8回帝展に
「帆船(朝・午前・霧・夜)」を出品。11年日本山岳画協会を結
成、22年太平洋画会会長を務めた。欧米、エジプト、インド
などで写生したほか、登山が一般的でなかった大正末期に日
本アルプスに登り、260点余りの版画を連作した。著書に『ア
メリカ ヨーロッパ アフリカ写生旅行』がある。　〔家〕妻＝吉
田ふじを(洋画家)、長男＝吉田遠志(版画家)、二男＝吉田穂
高(版画家)、孫＝吉田隆志(フォトジャーナリスト)　〔賞〕セン
トルイス万博銅牌〔明治37年〕、文展三等賞(第1回)〔明治40
年〕「新月」、文展二等賞(第2, 3回)〔明治41年・42年〕「雨後
の夕」「千古の雪」

吉田 苞竹　よしだ・ほうちく
書家 東方書道会審査員
明治23年(1890年)12月20日〜昭和15年(1940年)5月1日
〔生〕山形県西田川郡鶴岡町(鶴岡市)　〔名〕本名＝吉田茂松、吉田
戀、別号＝清泉、無為庵主人、逍遙窟主人、字＝子貞　〔学〕山形師
範〔明治44年〕卒　〔歴〕明治35年旧庄内藩の学者・黒崎研堂に
入門、漢籍、書を学ぶ。大正4年日下部鳴鶴に入門、8年上京
して書道研究会を創設。13年〜昭和3年膨大な収集書資料を駆
使して「碑帖大観」(50巻)を刊行、近代書学の確立に努める。
同年書壇社(のち書壇院)を創設、機関誌「書壇」を主宰、「正
しい書」を提唱した。7年東方書道会を結成、15年講演中に倒
れる。代表作に「論書詩」がある。

吉田 芳明　よしだ・ほうめい
彫刻家
明治8年(1875年)〜昭和20年(1945年)8月17日
〔生〕東京都　〔名〕本名＝吉田芳造　〔歴〕島村俊明について牙彫、木
彫を学び、東京彫工会、日本美術協会などに出品。明治末期
以降文展で活躍し、大正13年帝展審査員となった。昭和9年以
降は官展には出品せず、20年敗戦直後に疎開先で亡くなった。
兄は彫刻家吉田白嶺。　〔家〕兄＝吉田白嶺(彫刻家)、二男＝吉
田芳夫(彫刻家)、岳父＝島村俊明(彫刻家)

吉田 正男　よしだ・まさお
野球選手
大正3年(1914年)〜平成8年(1996年)5月23日
〔生〕愛知県一宮市　〔学〕明治大学卒　〔歴〕中京商(現・中京大中京
高)野球部投手として昭和6、7、8年春・夏連続甲子園に出場、
夏の大会3連覇を果たす。8年の準決勝、対明石商戦は延長25
回の大熱戦の末1-0でサヨナラ勝ち。甲子園通算23勝は最多記
録。明大時代は東京六大学で5度優勝。その後藤倉電線に入

り、14年に都市対抗で優勝するなどチーム黄金時代を築いた。
39年より中日スポーツ記者。のち、野球評論家として健筆を
ふるった。アマ球界での業績が評価され、平成4年殿堂入り。
〔賞〕橋戸賞〔昭和14年〕

吉田 益三　よしだ・ますぞう
国家主義運動家
明治28年(1895年)8月21日〜昭和42年(1967年)2月11日
〔生〕長崎県　〔学〕関西学院中退　〔歴〕大正11年大阪に出て内田良平
の黒龍会に入り、大阪支部長。昭和6年大日本生産党を結成、
労働組合の組織化を図り、12年党総務委員長となる。二・二
六事件後、時局協議会を結成し、インド独立支援同盟、戦時体
制強化連盟に参加するなど、対外強硬の運動を推進した。17
年生産党を解消し、大日本一新会総裁となる。戦後公職追放
され、解除後は「防衛新日本新聞」を創刊。恩給復活促進連
盟、戦友会を結成し、紀元節復活運動に参加した。

吉田 増蔵　よしだ・ますぞう
漢学者 宮内省御用掛 元号「昭和」の考案者
慶応2年(1866年)〜昭和16年(1941年)12月19日
〔生〕福岡県京都郡勝山町　〔名〕号＝吉田学軒　〔学〕京都帝国大学卒
〔歴〕明治16年上京、漢学・法学を修める。39年から京都帝国大
学で哲学を学ぶ。奈良女子高等師範学校教授などを経て、大
正9年より昭和16年まで宮内省図書寮編修官として詔勅作成に
従事。昭和2年同省御用掛、和漢図書収集を行う無窮会の東洋
文化研究所講師を兼任。8年書原選術書を開き、中国古代文字
の字源研究に携わる。「昭和」の元号や親王・内親王の称号・宮
号の選定、詔勅の草案にあたり、太平洋戦争開戦の詔書も手が
けた。北九州市戸畑区の遺族の元に元号案の下書きが保存さ
れている他、町田市の無窮会でも遺稿が多数見つかっている。

吉田 操子　よしだ・みさこ
棋士(囲碁)
明治14年(1881年)〜昭和19年(1944年)
〔出〕京都府　〔歴〕11歳から囲碁を始め、大阪の豪商だった田中市
兵衛や、国家主義者の頭山満らの後援を受けて本格的に修業。
18歳で初段となり、上京して本因坊秀栄や秀哉の下で学んだ。
大正4年3段、10年4段。碁界が中央棋院、方円社、裨聖会の3
派に別れていた12年、京都・寂光寺で本因坊算砂300年忌を主
催し、碁界合同の機運を盛り上げた(13年3派は合同して日本
棋院が発足)。14年京都で吉田塾を開き、後進の育成・指導に
尽くした。昭和19年6段。没後、7段を追贈された。

吉田 章信　よしだ・ゆきのぶ
生理学者 東京体育専門学校教授
明治17年(1884年)3月20日〜昭和31年(1956年)1月13日
〔生〕岡山県西北条郡田邑村(津山市)　〔名〕旧姓・旧名＝田口　〔専〕
運動生理学, 体育医学　〔学〕九州帝国大学〔明治44年〕卒 医学
博士(東京帝国大学〔昭和2年〕)　〔歴〕田口龍治郎の三男に生ま
れ、明治39年岡山県撫川村の吉田家の婿養子となる。津山中、
六高を経て、同年京都帝国大学福岡医科大学に進み、44年卒
業後、陸軍二等軍医となる。陸軍戸山学校、軍医学校で主に
生理・衛生に関する文献を広く研究し、大正5年日本初の運動
医学書の出版とされる「運動生理学」を著す。9年一等軍医で
予備役となり、東京市学校衛生主任技師兼視学、10年文部省
衛生官、13年国立体育研究所首席技師及び衛生学部長を兼任。
昭和4年体育医学研究のため欧米に留学。5年帰国後、世界教
育会議衛生部副議長、文部省教員検定委員会委員などを務め、
16年東京体育専門学校が新設され首席教授となる。運動の生
理、衛生の研究を進め、学校体育・社会体育の指導にも努め
た。また特記すべき業績は、身体局所運動の主働筋を解剖学
的に分析し、24部に分類したこと、種々の運動に適する心身
の適応形式(運動体系)を7種類に分けたことである。19年退

官後は、東京医科歯科大学、東京女子医科大学などで教鞭を執った。著書に「運動衛生学」「体力測定」「学徒体力標準表」「欧米体育の新研究」など多数。

吉田 能安　よしだ・よしやす
弓道家
明治24年(1891年)9月26日〜昭和60年(1985年)11月15日
 生 岡山県上房郡高梁町(高梁市)　 学 早稲田大学〔大正2年〕中退　 歴 日置流正法流開祖として戦前の弓道界で活躍。範士10段で、昭和初期に天覧試合で優勝したほか、昭和16年8月には日光・東照宮で武者兜を射抜いて話題となった。60年10月まで成城大、日比谷高校など3大学、3高校の弓道部の指導を続けた。

吉田 良三　よしだ・りょうぞう
会計学者 東京商科大学名誉教授
明治11年(1878年)1月10日〜昭和19年(1944年)7月12日
 生 高知県高知市　 名 旧姓・旧名＝宇賀　 学 東京高等商業学校(現・一橋大学)専攻科〔明治36年〕卒 商学博士　 歴 早大で教え、大正2年欧米留学、7年東京高等商業学校教授。13年文部省在外研究員として再留学。帰国後東京商科大学教授となり、昭和13年定年退職、名誉教授、同年中央大商学部長となった。近代簿記会計の開拓者で、複式簿記、原価計算の事実上の大成者として知られる。著書に「近世商業簿記」「会計学」「近世銀行簿記」「近世簿記精義」「工場会計」「会計監査」「工業簿記と原価計算」「間接費の研究」など。

吉武 月二郎　よしたけ・つきじろう
俳人
明治18年(1885年)1月1日〜昭和15年(1940年)3月28日
 生 福岡県　 名 別号＝吉武月城　 歴 初め月城と号して「ホトトギス」に投句。のち蛇笏に師事して、大正4年「雲母」の前身「キララ」創刊とともにこれに拠り、生涯変らなかった。西島麦南、勇巨人とともに肥後の三羽烏として草創期の「雲母」で活躍。句集に「月二郎句集」「吉武月二郎句集」がある。

吉武 東里　よしたけ・とうり
建築家
明治19年(1886年)2月6日〜昭和20年(1945年)4月30日
 生 大分県東国東郡岩戸寺村(国東市)　 学 京都高等工芸学校図案科〔明治40年〕卒　 歴 宮内省工匠寮に入り、宮中用家具のデザインや赤坂離宮の設計などに当たる。明治44年日本大博覧会の図案募集で1等に入選し、その副賞として欧米を視察。大正8年「国会議事堂」の建設に際し、そのデザイン公募に応じて1位を獲得。実際に彼の設計図案で着工が決定すると、大熊喜邦の下で議事堂設計施行の意匠を担当した。議事堂の完成後、昭和12年に職を辞して東京に建築設計事務所を開設。他の主な作品に「藤山雷太邸」(和館部分)、「島津製作所」など。　 家 子＝吉武泰水(建築学者)　 賞 日本大博覧会図案募集第1等〔明治44年〕

吉永 時次　よしなが・ときじ
警視総監
明治35年(1902年)2月8日〜昭和51年(1976年)3月25日
 生 岡山県上道郡幡多村(岡山市)　 学 東京帝国大学法科大学〔大正8年〕卒　 歴 昭和4年宮崎県警察部長となり、茨城・広島・愛知・兵庫各県警察部長を経て、和歌山・茨城・広島各県知事を歴任。17年警視総監に就任。戦時下で食糧不足に苦しむ都民のために米の増配に力を注ぐなど温情家として知られ、"台所総監"とも呼ばれた。18年退官した。

吉野 朝子　よしの・あさこ
女優
明治40年(1907年)2月22日〜昭和14年(1939年)7月11日
 出 京都府京都市　 名 本名＝関戸かなめ　 学 京都女学校卒　 歴 大正15年政岡呑平プロに参加、昭和2年マキノプロ御室入社。小石栄一監督「女心紅椿」に片岡千恵蔵の相手役。4年日活太秦入社。千恵蔵プロに応援「殺した人」「愛染地獄」全3篇。日活では伊藤大輔「続大岡政談・魔像篇第一」に大河内伝次郎と共演、代表スターの一人に。沢田清とも「濡れ島」で共演。伊藤監督トーキー第1作「丹下左膳」第1篇に大河内と共演、代表作となった。千恵蔵プロで伊丹万作「闇討渡世」前後篇で千恵蔵と共演。9年からは不振で、10年フリーとなったが病気のため引退した。

吉野 作造　よしの・さくぞう
政治学者 評論家 東京帝国大学文科大学教授
明治11年(1878年)1月29日〜昭和8年(1933年)3月18日
 生 宮城県志田郡古川町(大崎市)　 名 号＝古川、松風軒　 学 宮城県尋常中〔明治30年〕卒、二高法科〔明治33年〕卒、東京帝国大学法科大学政治学科〔明治37年〕卒 法学博士〔昭和4年〕　 歴 明治42年東京帝国大学文科大学助教授に就任。43年からヨーロッパ、米国へ留学し、帰国後の大正3年教授。同年より滝田樗陰の勧めで「中央公論」に執筆を始め、5年1月号に滝田の口述筆記による「憲政の本義を説いて其有終の美を済すの途を論ず」を発表。民本主義を唱えたこの論文は吉野の名を一躍知らしめ、大正デモクラシーの理論的基礎となった。7年には福田徳三らと黎明会を発足、また、東大YMCA理事長として数々の社会事業を手がけるなど、理想主義を掲げ大正デモクラシーの旗手として活躍した。13年東大を辞して朝日新聞編集顧問兼論説顧問に。舌禍事件のため3ケ月で退社した。以後、再び東大に講師として復帰する傍ら、同年宮武外骨、尾佐竹猛らと明治文化研究会を発足させ、初代会長に就任。官学とは一線を画す在野の研究者たちが集い、昭和2〜5年にかけて中心人物として「明治文化全集」(全24巻)をまとめ上げた。一方、大正15年安部磯雄らと無産政党の右派である社会民衆党結成の産婆役となり、晩年は無産政党の合同にも協力した。著書に「試験成功法」「支那革命小史」「普通選挙論」「現代政局の展望」「閑談の閑談」などがある。　 家 長女＝土浦信子(建築家)、二女＝赤松明子(婦人運動家)、父＝吉野年蔵(宮城県古川町長)、弟＝吉野信次(政治家)、妹＝土浦亀城(建築家)、赤松克麿(社会運動家)、小松清(音楽評論家・フランス文学者)、三島誠也(奈良県知事)

吉野 二郎　よしの・じろう
映画監督
明治14年(1881年)8月10日〜昭和39年(1964年)12月11日
 生 東京府浅草区(東京都台東区)　 名 本名＝関麻清　 歴 新派の役者を経て、明治43年吉沢商店を皮切りに福宝堂、常盤商会、東洋商会と移り、大正3年創立の天活へ入社。沢村四郎五郎や市川莚十郎一派の作品を監督。10年四郎五郎と共に松竹蒲田に入社する。四郎五郎と共に莫大な数の作品を産み出した。12年京都下加茂へ移るが、翌年四郎五郎は退社。蒲田へ戻り、時代劇・現代劇と交互に監督。昭和3年マキノ御室撮影所に入社、6年マキノ閉鎖後、赤沢キネマやヘンリー・キネマ、大衆映画社などで早撮りの妙技を披露。10年日活に時代考証の監督として入社し、「明治一代女」などを手がけた。作品には「常陸丸」「我慢太郎」「立花三勇士」「宮本武勇伝」「井伊大老」「児雷也」「七化地蔵」「夜行列車」「赤尾林蔵」「塩原多助」「涙の渡り鳥」ほか多数。

吉野 信次　よしの・しんじ
商工次官 商工相 貴族院議員(勅選)
明治21年(1888年)9月17日〜昭和46年(1971年)5月9日
 生 宮城県　 学 東京帝国大学法科大学独法科〔大正2年〕卒　 歴 農商務省に入り、農商務相秘書官、商工省文書課長、工務局

長を経て、昭和6年商工次官。次いで特許局長官、東北興業総裁、東北振興電力社長を歴任。12年第一次近衛文麿内閣商工相となり、戦時統制経済への途を開いた。13～21年勅選貴族院議員。この間、13～16年満州重工業開発副総裁、のち翼賛政治会常任総務、18年愛知県知事を務めた。戦後公職追放、解除後の28年宮城地方区から参議院議員当選、30年第三次鳩山一郎内閣の運輸相となった。31～40年武蔵大学学長。著書に「さざなみの記」がある。　家兄＝吉野作造（政治学者）

吉野山 要治郎　よしのやま・ようじろう
力士
明治29年（1896年）1月3日～昭和31年（1956年）2月6日
出富山県黒部市　名本名＝大上戸要次郎、旧シコ名＝緑浪、年寄名＝中川　歴大正5年初場所で初土俵を踏む。13年初場所新十両、14年初場所新入幕。前頭筆頭まで出世したが、昭和8年引退。幕内成績120勝193敗2分。左四つ、押し、のど輪、うっちゃりなどが得意だった。引退後は年寄として長く検査役を務めた。　家女婿＝清恵波清隆（力士）

吉浜 智改　よしはま・ちかい
久米島虐殺事件の記録者
明治18年（1885年）9月2日～昭和32年（1957年）1月18日
生沖縄県久米島具志川村　歴朝鮮駐屯軍の憲兵軍曹として3年間軍務につき、昭和7年具志川村長。戦時中は村の農業会会長として久米島駐屯海軍通信隊に食糧の補給を行った。20年3月26日米軍は慶良間列島に上陸、4月1日沖縄本島に上陸し、6月26日久米島にも上陸、敗北の混乱の中、久米島の日本海通信隊長は不安と恐怖に戦く住民をスパイ容疑者として捕らえ、見せしめのためと、その妻子を含め20人（うち10人は8月15日以後）を惨殺、家もろとも焼き払った。吉浜は、当時の様子を日記に書き残したが、玉砕を唱えいきり立つ住民らに玉砕をいましめ、生き延びるための無抵抗主義を説き、何度か命を狙われた。22年9月赴任した具志川中学校校長は村民が語る「久米島虐殺記録」を、吉浜の同意を得て「吉浜日記」にまとめ同中学創立10周年記念誌に「本校の教育を育てるもの・久米島の戦争記」として掲載、46年6月号の「世界」に転載された。

吉原 敏　よしはら・さとし
実業家 東京鉄鋼創業者
明治18年（1885年）3月10日～昭和37年（1962年）12月27日
生広島県御調郡向島町（尾道市）　学明治大学法科〔明治37年〕卒　歴明治34年上京して明治大学法科に学び、学生時代から清浦奎吾に私淑。卒業後は秘書として仕えた。郷里で肥料関係の事業に従事したのを経て、大正3年大阪で大阪新聞社を創立。5年日本兵器製造に転じて社長秘書、東京支社長を務めたが、兵器の民間製造が禁止されたため解散。この間、ロシア政府を相手に機銃信管の代金回収に携わり、清浦らの力を借りて全額回収に成功した。8年東京・築地に電気機械器具の販売や電気工事請負の吉原商会を創業して独立。帝国電灯（現・東京電力）の専属となり、日立製作所の関東代理店も務めた。10年株式会社に改組したが、昭和4年昭和恐慌のため閉鎖。この間、大正13年恩人・清浦を援けようと衆議院選挙に立候補。昭和7年も立候補したが敗れた。その後、飛島組・飛嶋文吉の相談役を務め、広島市江波町の10万坪に及ぶ埋め立て計画に従事。13年「鋳造作業における鋳鉄精錬法」の特許を入手して、長男・貞敏と高級鋳鉄研究所を設立。15年大和製鉄を買収、東京鉄鋼株式会社と改称して初代社長に就任した。　家長男＝吉原貞敏（東京鉄鋼社長）、孫＝吉原毎文（東京鉄鋼社長）、弟＝河合孝康（日本企業専務）

吉原 重雄　よしはら・しげお
詩人
明治35年（1902年）3月25日～昭和11年（1936年）10月17日

生新潟県南蒲原郡中ノ島村大字大沼新田（長岡市）　学長岡中卒、慶応義塾大学文科中退　歴長岡中を卒業し、大正9年慶応義塾大学法科に入学するが、11年病を得て喀血し、神奈川県腰越津村（現・鎌倉市）に転居。14年「日本詩人」第2回新詩人特集号の川路柳虹選に「永遠の手紙」を投稿して入選。同じ月に口語自由詩による第一詩集「難漕」を刊行。英国の小説家・詩人であるトマス・ハーディの研究に取り組んでその影響を受け、昭和5年には「ハーディ詩集」を翻訳・刊行した。9年病が再発、11年病没した。14年友人たちにより遺稿集「風景の諷刺」が刊行された。

吉原 正喜　よしはら・まさよし
野球選手
大正8年（1919年）1月2日～昭和19年（1944年）9月8日（？）
生熊本県熊本市本荘　学熊本工卒　歴小学生の時、人吉の川上哲二と顔を合わせ、昭和8年熊本工業に入学、野球部に入り、9年南九州から正捕手で夏の甲子園初出場、決勝戦で藤村投手の呉港中に敗れた。12年夏主将として川上とバッテリーを組み、決勝に進んだが中京商に敗れた。同年秋の神宮大会では優勝。13年川上と共に巨人に入り、正捕手としてスタルヒンや除隊復帰した沢村栄治投手とバッテリーを組み、同年秋から連続優勝に貢献した。15年夏の満州リーグと16年暮れの東西対抗で最高殊勲選手となった。17年応召、19年9月ビルマ・インパール作戦で戦死した。53年殿堂入り。実働4年、339試合、1103打数261安打、9本塁打、打率.237。

吉町 太郎一　よしまち・たろういち
土木工学者 北海道帝国大学工学部教授
明治6年（1873年）10月27日～昭和36年（1961年）3月23日
生青森県弘前市　専橋梁工学　学一高〔明治27年〕卒、東京帝国大学工科大学土木工学科〔明治31年〕卒 工学博士（九州帝国大学）〔明治44年〕　歴明治31年東京帝国大学助教授となり、35年橋梁学研究のため欧米へ留学。38年名古屋高等工業学校教授を経て、44年九州帝国大学工科大学教授。大正10年同大工学部長。同年北海道帝国大学工学部創立委員となり、12年北海道帝国大学兼任教授、13年専任教授、同年～昭和6年同大初代工学部長を歴任し、11年退官。14年室蘭高等工業学校創立に際して初代校長し、18年まで務めた。35年には北海道大学工学部全学科の最優秀卒業生を対象とした吉町先生記念賞が設立された。著書に「鋼橋の理論と計算」などがある。　賞土木学会賞〔昭和13年〕

吉満 義彦　よしみつ・よしひこ
哲学者 東京帝国大学文学部講師
明治37年（1904年）10月13日～昭和20年（1945年）10月23日
生鹿児島県大島郡亀津村（徳之島町）　学東京帝国大学文学部倫理学科〔昭和3年〕卒　歴東京帝国大学在学中、麻布天主公教会司祭の岩下壮一から感化を受け、昭和2年受洗。3年渡仏してジャック・マリタンに師事し、スコラ哲学を学ぶ。5年に帰国し、6年から上智大学や東京公教神学校で哲学を講じ、10年から東京帝大文学部講師。また、思想界、文学界で講演、執筆に活躍し、季刊誌「創造」、「現代カトリック文芸叢書」などの仕事をした。戦後、みすず書房や講談社で「吉満義彦全集」が編まれた。

吉村 岳城　よしむら・がくじょう
薩摩琵琶奏者
明治21年（1888年）1月1日～昭和28年（1953年）7月27日
生東京都　名本名＝吉村常寛　学早稲田大学　歴明治41年早大在学中、薩摩琵琶名人の木上武次郎の門に入った。大正初の錦心流琵琶など、艶のあるものが流行する中、士風の琵琶を堅持して独特の豪放な弾風を起こし、全国普及に尽力した。生業は琵琶の製作で、多くの名器を残した。作詞に「光秀の

最期」「大塔宮」「西光」があり、また城山会を結成して後進を指導、門弟に西田岳仙、伊藤岳英らがいる。著書に「琵琶読本」。

吉村 清尚　よしむら・きよひさ
農芸化学者 鹿児島高等農林学校校長
明治3年（1870年）11月26日～昭和33年（1958年）
[生]福岡県福岡市 [専]肥料学 [学]帝国大学農科大学農芸化学科〔明治28年〕卒 農学博士〔大正2年〕 [歴]明治28年福岡県立農事試験場技師、38年盛岡高等農林学校教授を経て、42～45年欧米へ留学。45年鹿児島高等農林学校教授。大正11年玉利喜造校長の後を受け第2代校長となる。日本の農芸化学の草分けの一人。昭和10年退官後も研究と著作に打ち込んだ。著書に「実用肥料宝典」「農用化学分析」「最新肥料学」「最新有機化学教科書」「新編肥料学全書」「最新農用定量分析」「最新生物栄養化学」「最新農産製造化学」「実用自給肥料」「高等肥料学」「生物有機塩基の研究」などがある。

吉村 信吉　よしむら・しんきち
気象技師 湖沼学者 中央気象台海洋課陸水掛長
明治40年（1907年）8月21日～昭和22年（1947年）1月21日
[生]東京都 [学]東京帝国大学理学部地理学科〔昭和5年〕卒 理学博士 [歴]東京帝国大学、九州帝国大学各講師、陸軍予科士官学校教授を経て、昭和20年中央気象台海洋課陸水掛長。田中阿歌麿が創設した日本湖沼学研究を受け継ぎ、全国各地の湖沼を踏査、湖水の化学成分と湖沼標式の関係を発展させ、日本の湖沼学を世界的水準にまで高めた。湖水の溶存酵素量に関する論文を多く発表、また武蔵野台地の地下水の研究を進め、その分布状態を明らかにし、自然地理学的な地下水研究の新分野を開拓した。中央気象台海洋課在職中の22年、結氷した諏訪湖で観測中、殉職。著書に「湖沼学」「地下水」。

吉村 忠夫　よしむら・ただお
日本画家
明治31年（1898年）～昭和27年（1952年）2月17日
[生]福岡県 [出]東京都台東区谷中 [学]東京美術学校日本画科〔大正8年〕卒 [歴]明治43年一家で東京・谷中に転居し、のち松岡映丘に師事。在学中の大正7年文展に「玉のうてな」で初入選。以後は帝展に入選を重ね、11年、15年、昭和2年と特選となる。5年には審査員となる。新興大和絵会の中堅で、映丘死後国画院を指導、13年の日本画院創立にも参加。戦時中は陸軍省嘱託として従軍。戦後は、26年日展に「地獄変」を委嘱出品、歌舞伎座の舞台装置も手がけた。正倉院御物、古典期工芸の研究でも知られ、晩年舞台装置、挿絵などにも活躍した。

吉村 哲三　よしむら・てつぞう
佐賀県知事
明治20年（1887年）3月10日～昭和42年（1967年）3月1日
[生]鳥取県鳥取市 [学]東京帝国大学政治学科〔明治44年〕卒 [歴]昭和2年青森県知事、4年佐賀県知事。同年復興局経理部長となるが、5年同局廃止のため退官。18～21年鳥取市長。24年鳥取銀行頭取、26年相談役。

吉村 鉄太郎　よしむら・てつたろう
文芸評論家
明治33年（1900年）6月20日～昭和20年（1945年）3月24日
[生]東京都 [名]本名＝片山達吉 [学]東京帝国大学法学部卒 [歴]学友堀辰雄、神西清らと「箒」（のち「虹」）を創刊、その後横光利一、川端康成らと「文学」を創刊。昭和3年の「山繭」に「マリノ対話篇」、8年「四季」に「文学は懐疑によって」など、知的で多彩な評論を書いた。小説、翻訳もある。

吉村 万治郎　よしむら・まんじろう
実業家 古河鉱業社長
明治19年（1886年）3月22日～昭和44年（1969年）5月23日
[生]京都府 [名]旧姓・旧名＝木村 [学]慶応義塾大学法律科〔明治41年〕卒 [歴]父は古河市兵衛の甥で足尾銅山所長を務めた木村長兵衛。吉村家の養子となり、慶応義塾大学卒業後、ドイツのハレ大学、ベルリン大学に留学。大正4年帰国して古河合名に入社。社長である古河虎之助の妹と結婚し、6年古河商事創立に伴い専務となり、次いで古河鉱業副社長。昭和3～6年義兄・虎之助が古河銀行整理の間、古河合名代表社員、古河鉱業社長。のち富士電機製造社長、古河鉱業副社長、古河林業部代表社員、富士通信機役員などを歴任、古河財閥指導者として活躍した。 [家]父＝木村長兵衛（足尾銅山所長）, 義兄＝古河虎之助（古河財閥3代目当主）

吉村 操　よしむら・みさお
映画監督
明治38年（1905年）～昭和20年（1945年）3月10日
[名]本名＝高松操 [歴]父は高松プロダクションの創立者・高松豊次郎。同プロはマキノ映画が勢力拡大のため、東京における現代劇制作の本拠地として高松に設立を持ちかけたものである。大正14年本名の高松操で同プロ製作の「義憤の血煙」を初監督（ただし、本作は荒川清監督との説もあり）。次いで同年「噫飯束巡査部長」、15年「クロスワード」などを監督し、同年マキノが同プロから手を引いた後も監督を続けて「黄門漫遊記」「剣俠無明」などを手がけた。昭和2年同プロが経営状態悪化のため解散すると、5年河合映画に入社し、「恋愛特急」を皮切りに56本、8年同社が大都映画に改組してからも現代劇部長として90本の計146本もの作品を監督した。途中に社名の変更などはあったが、一社のためにこれだけ多くの映画を撮った監督は日本映画史上類を見ない。この間、5年の「村で三日目の恋物語」から吉村操を名のる。15年同社を退社したあとは、16年皇国映画で2本撮り、同年華北電影股份有限公司に移って中国語版映画の製作に従事。19年帰国して大映東京企画部に入ったが、20年3月10日の東京大空襲で死去した。他の作品に「憲兵大尉の娘」「花のようなお嬢さん」「キネマの人気者」「銀座の柳」「大東京の空の下」「地平線」「こころ妻」などがあり、時代劇・現代劇を問わず、あらゆるジャンルの作品をソツなくこなした。 [家]父＝高松豊次郎（高松プロ創立者）

吉本 三平　よしもと・さんぺい
漫画家
明治33年（1900年）～昭和16年（1941年）
[生]東京市下谷区（東京都台東区） [学]東京薬学校卒 [歴]武内桂舟と下川凹天に師事。昭和10年「幼年倶楽部」の別冊付録として「コグマノコロスケ」を発表、5年余にわたり連載。同作を集成した「コグマノコロスケ ナカヨシ倶楽部」などの著がある。

吉本 せい　よしもと・せい
興行師 吉本興業創業者
明治22年（1889年）12月5日～昭和25年（1950年）3月14日
[生]兵庫県明石市 [出]大阪府大阪市 [歴]明治40年大阪上町の荒物商、吉本吉兵衛に嫁いだが、夫の芸人道楽で散財。45年夫にすすめて大阪・天満天神裏の端席・第二文芸館（のち天満花月）を借り、吉本興行部の看板を掲げて格安の木戸銭で寄席経営に乗り出した。これを足がかりに次々に寄席を買収する一方、大阪の寄席興行界に一大勢力を占めていた岡田反対派を吸収。大正13年夫の死後も実弟の林正之助、林高弘を片腕に事業を拡大、京阪神に花月の名を冠した寄席30余を持つまでになる。昭和7年吉本興業合名会社を設立して社長に就任、東京、京都、横浜にも進出し、寄席は47軒を数えた。その後、エ

よ

ンタツ・アチャコによる近代的漫才を創始、また芸人の専属制をしき、家内工業的な寄席を近代的娯楽産業に成長させた。また出雲地方の安来節を寄席芸として衆知させた功績もある。山崎豊子の小説「花のれん」のモデルとなった。　家夫＝吉本吉兵衛（吉本興業創業者）、弟＝吉本正之助（吉本興業会長）、三女＝辻阪邦子

吉本 貞一　よしもと・ていいち
陸軍大将
明治20年（1887年）3月23日～昭和20年（1945年）9月14日
生徳島県美馬郡里　学陸士（第20期）〔明治41年〕卒、陸大〔大正5年〕卒　歴参謀本部部員、フランス駐在などを経て、昭和6年参謀本部庶務課長。歩兵第21旅団長、東部防衛司令部参謀長などを経て、13年第11軍参謀長として武漢攻略戦に参加。14年第2師団長、16年関東軍参謀長、17年第1軍司令官、20年第11方面軍司令官兼東北軍管区司令官、大将。第1総軍司令部付の時敗戦を迎え、市ケ谷台上で自殺した。

吉本 冬男　よしもと・ふゆお
俳人
明治19年（1886年）7月12日～昭和18年（1943年）5月21日
生兵庫県神戸市　名本名＝吉本安三　歴明治36年岡野知十に師事して「半面」同人。昭和3年岡本松浜の「寒菊」同人を経て、5年野村泊月らの「山茶花」同人。また昭和初期より「ホトトギス」にも拠り同人。著作に「俳句手引」がある。

吉屋 信子　よしや・のぶこ
小説家
明治29年（1896年）1月12日～昭和48年（1973年）7月11日
生新潟県新潟市　出栃木県　専少女小説　学栃木高等女学校〔明治45年〕卒　歴父は地方官吏で新潟県に生まれ、明治34年から父の転勤により栃木県で少女期を送る。栃木高等女学校在学中から少女雑誌に投稿し、43年童話「鳴らずの太鼓」が「少女界」の懸賞で1等に入選。大正4年作家を志して上京。5年「少女画報」に送った「花物語」の第一話「鈴蘭」が女学生の好評を博し、以来13年頃までシリーズとして書き継ぎ少女小説作家として人気を確立。8年「地の果まで」が大阪朝日新聞の懸賞小説1等に入選、6ケ月間連載され、10年には同作の続編にあたる「海の極みまで」を「東京朝日新聞」に連載し、作家としての地位を築いた。昭和2年「主婦之友」に「空の彼方へ」を連載、以後は大衆向けの小説へと進み、「女の友情」「一つの貞操」「理想の良人」「男の償い」「女の階級」などを次々に発表、12年に発表した「良人の貞操」は大きな話題を呼んだ。キリスト教的な理想主義と清純な感受性、独特の美文調が持ち味で、多くの女性読者を獲得、"女の吉川英治"と呼ばれるほどの人気を誇った。27年短編小説「鬼火」で女流文学賞を受賞。晩年は「徳川の夫人たち」「女人平家」などの歴史小説を執筆して新境地を開いた。また戦時中に俳句を始め、宗有為子の名で「鶴」に投句。のち高浜虚子門に入り、「ホトトギス」に投句した。他の著書に「赤い夢」「屋根裏の二処女」「女の教室」「安宅家の人々」「西太后の壺」「香取夫人の生涯」「自伝的女流文壇史」「柄のぬけた柄杓」「ある女人像」などの他、「吉屋信子全集」（全12巻、朝日新聞社）がある。　家姪＝吉屋敬（洋画家）　賞朝日新聞懸賞小説（大朝創刊40周年記念文芸）〔大正8年〕「地の果まで」

吉行 エイスケ　よしゆき・えいすけ
小説家
明治39年（1906年）5月10日～昭和15年（1940年）7月8日
生岡山県金川町（岡山市）　名本名＝吉行栄助　学岡山一中中退　歴岡山一中入学後アナキズム、ダダイズムの影響を受け、思想問題で4年次で中退し、大正11年上京する。13年「売恥醜文」を創刊、次いで「虚無思想研究」「近代生活」などに参加

し、昭和5年新興芸術派倶楽部の結成に参加。4年発表の「孟貫燈銃隊」で認められ、5年「女百貨店」「新種族ノラ」を刊行、"新社会派"を提唱した。27歳で文学に見きりをつけ、兜町で株屋を営むが失敗。他の著書に「新しき上海のプライベイト」「吉行エイスケ作品集」（全2巻、冬樹社）がある。平成9年NHK朝の連続テレビ小説「あぐり」で脚光を浴びた。　家妻＝吉行あぐり（美容師）、長男＝吉行淳之介（小説家）、長女＝吉行和子（女優）、二女＝吉行理恵（詩人・小説家）

依田 雄甫　よだ・ゆうほ
教育家　慶応義塾教授
元治1年（1864年）8月～昭和12年（1937年）1月5日
出下総国佐倉（千葉県佐倉市）　名旧姓・旧名＝庄田　学帝国大学〔明治24年〕卒　歴下総佐倉藩士・庄田国之助の二男に生まれ、のち依田姓を名のる。東京高等師範学校、東京府立第四中学校などで教鞭を執る。明治30年陸軍中央幼年学校教授となり、大正13年慶応義塾大学教授に転じ、昭和8年退任した。著書に「墨水二十四景記」「世界読史地図」「日露戦記」など多数。

四辻 喜一郎　よつつじ・きいちろう
日本画家
明治35年（1902年）10月14日～昭和21年（1946年）10月5日
生京都府太秦　名号＝鳳堂　学大正14年竹内栖鳳に入門し、竹杖会に属する。昭和3年国画創作協会第7回展に「八百屋」などで初入選、樗牛賞を受賞。国画創作協会解散後は、新樹社の結成に参加し、定期展に出品。13年京都・赤山禅院の客間に「松竹梅図」などの襖絵を描く。18年従軍画家として、満州に赴くが、21年平壌で戦病死。他の作品に「湯殿」「茶舟」など。

四家 文子　よつや・ふみこ
アルト歌手
明治39年（1906年）1月20日～昭和56年（1981年）7月16日
生東京都台東区　名本名＝横田ふみ子　学東京府立第三高等女学校〔大正12年〕卒、東京音楽学校声楽科〔昭和3年〕卒　歴大正13年東京音楽学校声楽科に入る。昭和3年同校を卒業し、4年ビクター専属となり、5年日本青年館で初のリサイタルを開催。当初は大衆のために歌いたいと流行歌を歌い、「銀座の柳」や、徳山璉とのデュエット「天国に結ぶ恋」などが大ヒットした。長男誕生を機に流行歌の世界から遠ざかり、クラシック界に復帰。オペラや、ドイツ・フランスの歌曲など幅広く歌い、楽壇の中心で活躍。特に日本歌曲に定評があり、41年正しく美しい日本語を守り、日本歌曲の普及のための波の会を結成。53年には新・波の会日本歌曲コンクールを創設した。後進の指導にも積極的で、五十嵐喜芳、東敦子らを育てた。著書に「日本歌曲の歌い方」「歌ひとすじの半世紀」などがある。

米内 光政　よない・みつまさ
海軍大将　首相　海相
明治13年（1880年）3月2日～昭和23年（1948年）4月20日
生岩手県盛岡市　学海兵〔明治34年〕卒、海大〔大正3年〕卒　歴明治36年海軍少尉に任官。戦艦「扶桑」「陸奥」各艦長などを経て、昭和7年第三艦隊司令長官、8年佐世保鎮守府司令官、9年第二艦隊司令長官、10年横須賀鎮守府司令官、11年連合艦隊司令長官を歴任。この間、大正4～6年ロシア、9～11年ベルリンに駐在。12年海軍大将に昇る。同年林銑十郎内閣の海相として初入閣、続く第一次近衛内閣、平沼騏一郎内閣でも留任。日独伊三国軍事同盟に対しては反対の立場を堅持した。15年首相に就任すると同時に予備役となったが、内閣は当初から陸軍と対立し、半年で総辞職を余儀なくされた。19年小磯国昭とともに組閣の待命を受け、現役に復帰して副総理格で海相に就任。続く鈴木貫太郎内閣でも留任して戦争終結に尽力。

戦後も東久邇宮・幣原各内閣の海相として海軍の解体に当たった。国際的視野が広く、正確な現状把握で終始陸軍強硬派と対決、降伏を主張し続けるなど、良識のある提督として幅広い支持を受けた。

米内山 庸夫　よないやま・つねお

外交官

明治21年（1888年）～昭和44年（1969年）

⽣青森県七戸町　学東亜同文書院卒　歴中国・上海の東亜同文書院を卒業し、外務省に入省。杭州、満州里、広州などの領事を歴任し、昭和23年退官。この間、大正10年ワシントン会議に全権委員随員として参加。中国問題の専門家であり、「支那風土記」「蒙古風土記」「中国陶磁器」などの著書を残した。

米川 暉寿　よねかわ・てるじゅ

地唄箏曲家

明治2年（1869年）10月17日～昭和21年（1946年）4月6日

出岡山県高梁市　名本名＝米川貞　歴幼時に失明、葛原勾当門下の福原千代寿、乗箸浪速門下の笹川潔寿に学び、暉寿（照寿）を名のった。のち斉藤芳之都に入門、実弟の米川正夫方に寄宿して東京で教授し、静岡、群馬などにも出張教授を行った。　家弟＝米川琴翁（地唄箏曲家）、米川正夫（ロシア文学者）、妹＝米川文子（生田流箏曲家）

米川 正夫　よねかわ・まさお

ロシア文学者

明治24年（1891年）11月25日～昭和40年（1965年）12月29日

⽣岡山県高梁市　学東京外国語学校ロシア語科〔明治45年〕卒　歴少年時代からロシア文学に親しみ、東京外語在学中の明治43年に、級友の中村白葉らと雑誌「露西亜文学」を創刊してロシア文学の翻訳紹介に着手。東京外語を首席で卒業後は陸大や明治大学などでロシア語を教えたが、この間、大正3年にドストエフスキーの「白痴」と「カラマーゾフの兄弟」（抄訳）を出版してから、その訳業はトルストイ、チェーホフ、ゴーリキー、ゴーゴリ、プーシキン、ツルゲーネフら19世紀のロシア作家からレオーノフ、ショーロホフ、エレンブルグなど革命後の作家にまで及び、ロシア・ソビエト文学を体系的に我が国に紹介した。翻訳物のほかにも「ロシア文学史」「ソヴェト旅行記」「ドストエーフスキイ研究」などの著作があり、戦後の昭和20年代に「トルストイ全集」（23巻、創元社）と「ドストエーフスキー全集」（18巻・河出書房）を出している。また21年から37年まで早大教授として教鞭を執る一方、日本ロシア文学会長を務め、日ソ文化交流にも尽力した。　家姉＝米川暉寿（地唄箏曲家）、兄＝米川琴翁（地唄箏曲家）、妹＝米川文子（箏曲家）、息子＝米川哲夫（ロシア文学者）、米川良夫（イタリア文学者）

米窪 満亮　よねくぼ・みつすけ

労働運動家 小説家 衆議院議員

明治21年（1888年）9月16日～昭和26年（1951年）1月16日

⽣長野県塩尻　名筆名＝米窪太刀雄　学商船学校（現・東京商船大学）〔大正3年〕卒　歴山国に育って海にあこがれ、商船学校を出たが、学生時代、米窪太刀雄の筆名で練習船・大成丸の船海日記を朝日新聞に連載、夏目漱石の激賞を受け「海のロマンス」として出版した。日本郵船の船長時代に「マドロスの悲哀」を著して会社を追われた後は、海上労働者の待遇改善を要求する運動に身を投じ、大正8年国際労働機関（ILO）日本代表として国際会議に出席。11年日本海員組合に入り、その副会長を経て、昭和11年には日本労働組合会議の副議長に就任。翌12年社会大衆党から衆議院議員に初当選し、以来当選4回。戦後は海員組合を再建、日本社会党結成に参加し、22年には片山内閣の国務相、初代労相を務めた。

米倉 近　よねくら・ちかし

理容師 理容米倉社長

明治29年（1896年）～昭和50年（1975年）

⽣山梨県山梨市　学尋常小卒　歴貧農の長男に生まれる。13歳で東京日本橋の高級理髪店へ小床に弟子入りし、主人の篠原定吉から一流理容師の技術を仕込まれる。大正7年築地のホテル内で独立し、理容米倉を創業、社長に。昭和11年銀座に本店を新築。当時では珍しい冷暖房完備の超高級理容店として話題となる。卓越した技術と洒脱な会話で多くの政財界人からも親しまれ、銀座や虎ノ門のホテルオークラに支店を構える。また、ブロースという短髪のカットやシェービング技術に長け、その後の理容技術の基礎を作ったといわれ、戦後、理容師の教育制度作りに尽力。中央理容専門学校の設立にも力を注ぎ、29年から42年まで校長も務めた。著書に「剃刀観音」がある。　家三男＝米倉宏（理容米倉社長）

米倉 昌達　よねくら・まさよし

薬学者 子爵 貴族院議員 日本医科大学教授

明治19年（1886年）7月～昭和12年（1937年）2月17日

名旧姓・旧名＝山口　学東京帝国大学医科大学薬学科〔明治44年〕卒　歴大正5年子爵を襲爵。6年東京帝国大学伝染病研究所に入り、同大医学部化学教室副手、医学部附属分院薬局長、日本医学専門学校教授、千葉医科大学講師などを経て、12年京都薬学専門学校長、のち日本医科大学教授、同学生監兼予科主任となる。この間、7年貴族院議員となり研究会に属した。

米沢 順子　よねざわ・のぶこ

詩人

明治27年（1894年）11月22日～昭和6年（1931年）3月21日

⽣東京市神田区小川町（東京都千代田区）　名筆名＝川波瑶　学三輪田高等女学校卒　歴熊谷直彦に日本画を学び、次いで詩作に転じ、大正3年兄らと同人誌「無憂樹」を創刊、川波瑶の筆名で詩を発表。6年歯科医と結婚。8年日本で最初の女性詩集とされる「聖水盤」を刊行。9年詩話会編「日本詩集」1920年版に新人として登場。「日本詩人」、白鳥省吾の「地上楽園」、長谷川時雨の「女人芸術」にも詩を発表した。洋画も描き、長編小説「毒花」も書いた。没後「米沢順子詩集」が出版された。

米沢 与三七　よねざわ・よそしち

電気工学者 通信省工務局長

明治12年（1879年）8月～昭和41年（1966年）5月9日

⽣富山県　学東京帝国大学電気工学科〔明治39年〕卒　歴明治39年逓信省に入り、通信技手、通信技師、名古屋郵便局電話課長、鹿児島郵便局工務課長などを経て、大正9年通信省臨時電話局第3課長、次いで工務局電話課長、工務局長。この間欧米留学、また昭和7年にはスペイン・マドリードの万国無線会議に政府代表委員として出席。9年退官後は、日本放送協会（NHK）理事、技術局長、技術研究所長の他、電波技術協会会長を務めた。大正14年～昭和2年電信電話学会会長。著書に「標準 ラヂオ大辞典」がある。電子情報通信学会の創立50周年記念事業の一環として、42～50年度に米沢記念学術奨励賞が設置された（その後は電子情報通信学会学術奨励賞に引き継がれた）。　家長男＝米沢滋（日本電信電話公社総裁・通信技術者）、孫＝米沢潤一（日本銀行理事）

米田 庄太郎　よねだ・しょうたろう

社会学者 京都帝国大学教授

明治6年（1873年）2月1日～昭和20年（1945年）12月18日

⽣奈良県　学奈良英和学校〔明治24年〕卒　歴上京し、母校のI.ズーマンと「比較宗教学」の編集に従事したのち、明治28年米国のコロンビア大に留学。33年コレージュ・ド・パリでタルドに師事し、35年帰国。同志社教授を経て、40年京都帝国大学講師、大正9年同大教授に就任。欧米の社会学の紹介に努

め、高田保馬らの優れた門下生を育成した。主著に「現代人心理と現代文明」「歴史哲学の諸問題」「輓近社会学論」など。

米田 豊　よねだ・ゆたか
牧師
明治17年（1884年）4月25日～昭和51年（1976年）4月9日
[生]島根県松江市　[歴]明治33年受洗。中田重治の説教を聴き、ホーリネス派の東洋宣教会の福音伝道館に学んだ。日露戦争に従軍、42年東京聖書学院の助教授となり、教授を経て、名誉教授。中田はホーリネス教義のうち再臨時のイスラエル建国を唱えて分裂、日本ホーリネス教会聖教会と称した。昭和16年日本基督教団に統合された。しかし17年再臨信仰が治安維持法違反に問われホーリネス両派は一斉検挙され、米田は懲役2年の判決。上告中に敗戦となって教団を離脱、日本ホーリネス教団を再建、西落合教会で伝道に当った。著書に「新約聖書全解」「旧約聖書講解」（上下）、自伝「主を仰いで」などがある。

米原 章三　よねはら・しょうぞう
日丸自動車会長 貴族院議員（多額納税）
明治16年（1883年）11月～昭和42年（1967年）10月19日
[出]鳥取県袋河原村　[名]旧姓・旧名＝藤縄　[学]早稲田大学政経学部〔明治39年〕卒　[歴]小学校の代用教員を経て、上京し、明治34年東京高等農学校（現・東京農業大学）、早稲田大学政治経済科で学ぶ。24歳で帰郷、米原家に養子に入る。八頭木材設立に参画し社長。大正鳥取銀行開設に参画し取締役。智頭倉庫運輸を設立し社長となるなど事業家として活躍。大正12年鳥取県議（憲政派）に当選。2期目には議長を務めた。昭和7～21年多額納税の貴族院議員。　[家]息子＝米原穣（日本海テレビ社長），米原昶（衆議院議員），米原弘（東大名誉教授），孫＝米原正博（日ノ丸総本社社長）

米山 梅吉　よねやま・うめきち
実業家 三井信託会長
慶応4年（1868年）2月4日～昭和21年（1946年）4月28日
[生]東京都　[名]旧姓・旧名＝和田　[学]ウエスレヤン大学（米国）卒　[歴]沼津中を中退後、東京英和学校、福音会英和学校に学び、明治20年渡米、28年帰国。日本鉄道を経て、30年三井銀行入社、31年池田成彬らと渡米、英米の銀行で事務を見習い32年帰国。大津、横浜、大阪各支店長などを歴任、42年株式会社改組後常務。大正9年三井合名参与。13年三井信託を設立、社長、14年信託協会会長。昭和7年三井合名理事、9年三井信託会長、三井報恩会理事長。11年いずれも辞任、青山学院緑岡小校長。著書に「提督波理」「飛脚だより」「銀行余録」、歌集「八十七日」「東また東」「四十雀」などがある。　[家]女婿＝荒川昌二（日本銀行理事）

米山 弘　よねやま・ひろし
水泳選手 アムステルダム五輪銀メダリスト
明治42年（1909年）～昭和62年（1987年）12月24日
[生]茨城県　[学]水戸中卒，早稲田高等学院卒，早稲田大学卒　[歴]茨城県の水戸中、早稲田高等学院、早大と進み、その間、水泳自由形の選手として活躍。昭和3年アムステルダム五輪に出場、高石勝男ら4人と組んだ男子4×200メートル自由形リレーで銀メダルを獲得。400メートル自由形は4位。戦後は大阪通産局に勤務。退官後は水泳コーチとして活躍した。

蓬田 武　よもぎだ・たけし
弁護士 東京弁護士会副会長
明治35年（1902年）1月27日～平成3年（1991年）12月27日
[生]栃木県　[学]早稲田大学経済学科〔昭和2年〕卒，早稲田大学法科〔昭和6年〕卒　[歴]衆議院速記者を経て、昭和6年弁護士となる。解放運動犠牲者救援弁護士団に参加。三・一五事件、四・一六事件中央統一公判の弁護にあたり、公判速記をとる。速記は裁判所が許可したもので「日本共産党公判闘争代表陳述速記録」にまとめられた。8年日本労農弁護士団事件で治安維持法により検挙、懲役2年の実刑判決を受けたが、控訴して11年執行猶予2年。13年弁護士を再開。戦後は自由法曹団幹事長、東京弁護士会人権擁護委員長などを歴任。松川事件、三鷹事件、ロッキード事件全日空ルート裁判などで弁護団のメンバーを務めた。

四方田 義茂　よもだ・よししげ
読売新聞政治部長
明治20年（1887年）～昭和31年（1956年）1月
[出]埼玉県　[学]中央大学法学部卒　[歴]明治45年～大正3年まで米国に留学し、帰国後毎日新聞に入社、政治、外報各部次長を経て、昭和4年読売新聞に移り論説委員となる。5年政治部長、15年論説委員会幹事、17年定年退社して客員。21年取締役に就任し、25年読売巨人軍専務（球団代表）を兼務。26年依願退社し、客員として読売新聞80年史編集を委嘱される。

与良 松三郎　よら・まつさぶろう
名古屋新聞社長
明治5年（1872年）3月23日～昭和13年（1938年）10月17日
[生]長野県小諸　[学]長野師範〔明治26年〕卒　[歴]小学校教員となり、明治35年ウラジオストック日本人小学校長、37年日露戦争に陸軍通訳として従軍、39年帰任。40年友人の小山松寿の名古屋新聞に主筆として入社、ライバル「新愛知」に対抗して中京論壇に活躍、さらに経営に参画、昭和5年社長となった。11年相談役。　[家]二男＝与良ヱ（中日新聞社長）

依光 好秋　よりみつ・よしあき
衆議院議員
明治27年（1894年）8月29日～昭和43年（1968年）1月10日
[生]高知県幡多郡奥内村（大月町）　[学]専修大学政治経済学科卒　[歴]東京読売新聞社に入社し、政治部長となる。大正13年に朝鮮総督府山梨半造の秘書官となったが、意見があわず帰郷。昭和7年政友会公認で衆議院議員に当選し、3期務めた。戦後は専修大学理事長などを務めた。

【ら】

楽 惺入　らく・せいにゅう
陶芸家 千家十職・楽家13代目
明治20年（1887年）～昭和19年（1944年）
[名]初名＝惣吉，名＝喜英，通称＝吉左衛門，号＝翫土軒，双橘　[専]楽焼　[歴]京都楽家の12代目弘入の長男で、13代目となる。大正8年歴代当主で最も年配の33歳で吉左衛門を襲名。作陶の傍ら、昭和10～17年茶道研究誌「茶道せせらぎ」を刊行した。　[家]長男＝楽覚入，父＝楽弘入，孫＝楽吉左衛門（15代目）

羅門 光三郎　らもん・みつさぶろう
俳優
明治34年（1901年）10月10日～没年不詳
[生]大阪府大阪市西成区今宮町　[名]本名＝岩井憲次　[学]成器商中退　[歴]昭和2年悪麗之助の独立プロの「彼は復讐を忘れたか」で映画デビュー。同年東亜キネマに入社。豪快なタイプで東亜時代劇スターの重要なひとりとなる。東亜時代の代表作は「南国太平記」の益満休之助役。東亜のトップ女優原駒子と結婚。6年東亜が東活となった後も在籍するが翌年退社。富国映画社、宝塚キネマ、極東映画、甲陽映画社と転じる。11年甲陽映画社の「奇傑黒鷲」前後篇ではじめて発声映画（サウンド版）を経験。12年今井映画製作所を経て、翌年新興キネマ

京都に入社。16年大映に統合後も所属し、阪妻、千恵蔵、右太衛門、嵐寛の四大スターに次ぐ地位を占める活躍。21年「狸になった和尚さん」以来主演から助演・脇役に回る。その後左眼を失明し、38年映画界から姿を消す。出演作品は戦前169本、戦後113本。

蘭 郁二郎　らん・いくじろう

小説家

大正2年(1913年)9月2日～昭和19年(1944年)1月5日

[生]東京市芝区三田(東京都港区)　[名]本名=遠藤敏夫　[学]東京高等工業学校電気科卒　[歴]昭和10年「探偵文学」の創刊と同時に同人となり、探偵小説を発表。11年「夢鬼」を刊行。16年頃から科学小説、冒険小説、少年読物に転じるが、19年海軍報道班員として台湾におもむき、飛行機事故で死去した。作品に「地図にない島」「地底大陸」「海底紳士」など。　[家]養父=小野蕪子(俳人)

【り】

李 垠　り・ぎん

皇族 陸軍中将 李王朝皇太子

明治30年(1897年)10月20日～昭和45年(1970年)5月1日

[生]韓国京城　[学]陸士(第29期)〔大正6年〕卒、陸大(第35期)〔大正12年〕卒　[歴]朝鮮李王朝第26代高宗皇帝の王子で、明治38年8歳で李王朝最後の皇太子となった。41年初代韓国統監・伊藤博文の命により日本に留学したが、その後56年間も日本に留まることとなる。この間、43年の日韓併合に伴って日本の皇族に列せられ、大正9年梨本宮守正王の第一王女・方子と結婚して昌徳宮を創立、陸軍に入り、昭和15年陸軍中将まで進む。戦後の皇室改革に伴う臣籍降下で皇籍を離脱。祖国の解放後、帰国の願いがかなわぬうちに脳血栓で倒れ、七年半身不随の身で韓国に帰り、7年後に死去した。　[家]父=高宗(李朝第26代皇帝)、兄=純宗(李朝第27代皇帝)、妻=李方子、岳父=梨本宮守正(陸軍大将・元帥)

李 方子　り・まさこ

皇族 朝鮮李王朝皇太子・李垠の妃

明治34年(1901年)11月4日～平成1年(1989年)4月30日

[生]東京市麹町区(東京都千代田区)　[学]女子学習院卒　[歴]梨本宮守正王の第一王女。大正9年朝鮮李王朝皇太子で、日韓併合に伴い日本の皇族に列せられた李垠と結婚。東京・麻布に居を構え、長男をもうけるが、10年朝鮮帰国中に急死。昭和6年二男を出産。戦後、皇室改革に伴う臣籍降下で皇籍を離脱し、38年夫と韓国へ移住。その後、同地で福祉事業などに尽くした。　[家]夫=李垠、父=梨本宮守正(陸軍大将・元帥)、母=梨本宮伊都子

リーガル千太　りーがるせんた

漫才師

明治34年(1901年)7月2日～昭和55年(1980年)5月10日

[名]本名=富田寿、前名=柳家金洲、柳家緑朗　[歴]本屋の小僧から落語家を志し、大正15年柳家金語楼に入門。金洲の名をもらい、後に柳家緑朗を名のる。昭和5年漫才に転じ、相方に柳家悟楼(のちリーガル万吉)を迎え、コンビで売り出した。8年コロムビアレコードの専属となり、9年リーガル千太と改名。寄席の高座、レコードで売り、軽妙さととぼけた味で、数少ない東京漫才の第一人者となり、"しゃべくり漫才"として定評を得た。十八番は「やきとり」「ペリ住い」など。37年高座を引退した。

リーガル万吉　りーがるまんきち

漫才師

明治27年(1894年)12月12日～昭和42年(1967年)7月30日

[生]東京都　[名]本名=寄木昇、前名=柳家梧楼　[歴]大正初年2代目柳亭燕枝(のち談洲楼燕枝)に入門、柳家梧楼を名のり落語家をめざしたが、昭和5年ごろ漫才に転じ、相方に柳家緑朗(のちリーガル千太)を迎え、コンビで売り出した。9年リーガル万吉と改名。30年漫才研究会を結成。

リッキー宮川　りっきーみやがわ

ジャズ歌手

明治44年(1911年)～昭和24年(1949年)

[生]米国ワシントン州シアトル　[歴]昭和6年シンガーとしてデビュー。米国各地を巡業したのち、来日してコロムビアの専属となる。10年「ダイナ」を発表。戦時中は軍の徴用要員として南方戦線で暗号解読にあたる。戦後、日劇公演などを行った。

笠 信太郎　りゅう・しんたろう

ジャーナリスト 評論家

明治33年(1900年)12月11日～昭和42年(1967年)12月4日

[生]福岡県福岡市　[名]幼名=与三郎　[学]東京商科大学(現・一橋大学)〔大正14年〕卒　[歴]大原社会問題研究所にて労働問題、金融貨幣問題を研究し、「日本労働年鑑」を編集。昭和11年朝日新聞社に入社、同年論説委員となり経済問題の論説を担当、「日本経済の再編成」でベストセラーメーカーに。近衛新体制のブレーン、昭和研究会のメンバーでもあったが、軍部ににらまれ、15年よりヨーロッパ特派員としてベルリン、ベルンなどに赴任。大戦末期、在スイス日本公使館から、緒方竹虎内閣顧問へ暗号電報を打つなど和平工作にあたった。戦後23年帰国、24～37年論説主幹を務め、「新しい欧州」「ものの見方について」「花見酒の経済」を発表。26年取締役、31年常務、37年顧問を歴任。オピニオンリーダーとなり、世界連邦運動に邁進したことでも知られる。

龍胆寺 雄　りゅうたんじ・ゆう

作家 サボテン研究家

明治34年(1901年)4月27日～平成4年(1992年)6月3日

[生]茨城県下妻市　[名]本名=橋詰雄　[学]慶応義塾大学医学部中退　[歴]昭和3年「改造」創刊10周年記念の懸賞小説に「放浪時代」が当選、次いで同誌に発表した「アパートの女たちと僕と」で認められる。新興芸術派の代表的作家として、4年「近代生活」を創刊、5年新興芸術派クラブを結成。この時期の代表作に「魔子」(昭6)がある。しかし、9年発表の「M子への遺書」で文壇派閥を攻撃し、作家としての地位を失う。戦後の作に「不死鳥」などがあり、59～61年には「龍胆寺雄全集」(全12巻)が刊行された。またサボテンの栽培、研究では国際的に知られ、日本沙漠植物研究会を主宰し、「シャボテン幻想」などの著書もある。平成元年全集刊行会の手により龍胆寺雄文学賞が設けられる。　[賞]「改造」懸賞創作1等(第1回)〔昭和3年〕「放浪時代」

柳亭 燕枝(3代目)　りゅうてい・えんし

落語家

明治27年(1894年)12月3日～昭和30年(1955年)7月19日

[名]本名=進藤勝利、前名=五明楼春輔、柳亭小燕枝　[歴]2代目柳亭(のち談洲楼)燕枝門下となり、燕之助、五明楼春輔を経て、大正7年11月に6代目小燕枝を襲名。昭和5年6代目都々一坊扇歌。18年3代目柳亭燕枝を襲名。　[家]父=船遊亭扇橋(8代目)

柳亭 左楽(5代目)　りゅうてい・さらく

落語家

明治5年(1872年)3月5日～昭和28年(1953年)3月25日

りょう　　　　　　　　　　昭和人物事典 戦前期

生東京都　名本名＝中山千太郎, 前名＝柳亭芝楽　歴19歳の時「オットセイの左楽」と4代目左楽に入門。柳亭芝楽を経て、明治34年真打ちとなった。37年日露戦争に従軍、旅順総攻撃の決死隊に参加、戦後生き残りの体験を「水師営の会見」として落語に仕立て、大ヒットした。44年5代目左楽を襲名。芸より人柄を買われ、落語協会会長を何度も務め、長老として晩年を送った。引退興行を目前に倒れた。

龍 粛　りょう・すすむ
日本史学者 東京帝国大学史料編纂所所長
明治23年（1890年）4月29日〜昭和39年（1964年）2月25日
生静岡県敷知郡浜松町（浜松市）　専日本中世史（鎌倉時代）　学東京帝国大学文科大学史学科〔大正4年〕卒 文学博士（日本大学）〔昭和34年〕　歴大正5年東京帝国大学史料編纂掛に入り、11年史料編纂官、昭和13年史料編纂所所長。26年定年退官。平安後期〜鎌倉時代の皇室史、政治史を専門とした。

林 献堂　りん・けんどう
実業家 民族運動家 貴族院議員
光緒7年（1881年）10月22日〜昭和31年（1956年）9月8日
生台湾・台中　名名＝朝琛, 号＝灌園　学霧峰公学校修了　歴台湾・台中の大地主の家に生まれる。実業家として台湾製麻、大東信託、台湾新民報などの社長を歴任。一方、梁啓超の影響を受け、台湾議会設置請願運動や台湾文化協会設立などに参加した台中庁参事、台中州協議会員、台湾総督府評議員などを務め、昭和20年貴族院議員。戦後、国民政府と相容れず24年事実上日本に亡命した。

【れ】

冷泉 為臣　れいぜい・ためおみ
国文学者 冷泉家23代目当主
明治44年（1911年）5月7日〜昭和19年（1944年）8月31日
出京都府　学国学院大学〔昭和11年〕卒　歴藤原定家以来の和歌の家柄である冷泉家に、22代目当主・冷泉為系の長男として生まれる。少年の頃は理科が好きで、音楽にも才能を発揮したが、国学院大学では国文学を専攻。在学中に「冷泉流披講小考」を書き、「藤原俊成卿の研究」を卒業論文とした。卒業後は京都帝国大学文学部教務嘱託となり、昭和12年同大附属図書館に勤務。15年「藤原定家歌集」を編纂・出版した他、17年には家伝の「如願法師集」などの私家集をまとめた「時雨亭文庫」第1巻を刊行した。16年より大谷中学に奉職。19年応召し、中国・湖南省で戦死した。戦死時に父が存命だったため家督を継いではいないが、父の遺言により23代目当主として遇される。　家父＝冷泉為系（冷泉家22代目当主）、妹＝小寺比出子（歌人）、冷泉布美子（冷泉家時雨亭文庫理事長）

冷泉 為系　れいぜい・ためつぎ
伯爵 冷泉家22代目当主
明治14年（1881年）8月9日〜昭和21年（1946年）10月18日
出京都府　歴明治38年父・為紀の急死により家督を継ぎ、24歳で藤原定家以来の和歌の家柄である冷泉家22代目当主となる。大正7年御歌所参候に加えられる。この間、3年正月に行われた大正天皇即位後初の代始の御会（宮中歌会）で天皇の和歌を紹介する御製講師を務め、昭和3年昭和天皇即位後の代始の御会でも御製講師を務めた。有職故実にも造詣が深く、有職研究家の江馬務らと様々な儀礼を研究し、その復元・復興にも携わった。　家長男＝冷泉為臣（冷泉家23代目当主）、二女＝小寺比出子（歌人）、四女＝冷泉布美子（冷泉家時雨亭文庫理事長）、孫＝冷泉貴実子（冷泉家時雨亭文庫事務局長）、女婿＝冷泉為任（冷泉家24代目当主）

【ろ】

蝋山 政道　ろうやま・まさみち
行政学者 政治学者 東京帝国大学教授 衆議院議員
明治28年（1895年）11月21日〜昭和55年（1980年）5月15日
生群馬県高崎市　学東京帝国大学法学部政治学科〔大正9年〕卒　歴東京帝国大学助手を経て、大正11年助教授、昭和3年教授となり、行政学の初代担当者として現代行政学の確立に努め、多くの後継者を育てた。14年河合栄治郎筆禍事件で大学側の処置に抗議して辞任。17年大政翼賛会の推薦で衆議院議員に当選、20年の敗戦でただちに辞職。中央公論社副社長兼「中央公論」主幹となったが、22年公職追放、翌年解除。その後、29〜34年お茶の水女子大学学長、43〜54年東京都教育委員会委員長などを歴任。また、民主社会主義研究会議の中心人物として、社会党右派や民社党の理論構築に参画した。著書は「政治学原理」「政治学の任務と対象」「行政学総論」「行政組織論」など多数。　家息子＝蝋山道雄（上智大学名誉教授）、弟＝蝋山芳郎（ジャーナリスト）、甥＝蝋山昌一（高岡短期大学学長）

六角 紫水　ろっかく・しすい
漆芸家
慶応3年（1867年）3月20日〜昭和25年（1950年）4月15日
生安芸国（広島県江田島市）　名本名＝六角注多良, 旧姓・旧名＝藤岡, 幼名＝忠太郎　学東京美術学校工業図漆工部〔明治26年〕卒　資帝国芸術院会員〔昭和16年〕　歴17歳で上京し、明治22年東京美術学校に一期生として入学、小川松珉の誘いで漆芸を始める。26年卒業後、東京美術学校助教授となる。29〜31年古社寺保存計画調査官。37年岡倉天心らと渡米して、ボストン美術館、メトロポリタン美術館等に勤務し、東洋美術品の整理に従事。帰国後、大正5年東京美校教授に就任。15年朝鮮・楽浪郡趾の発掘調査に参加、楽浪漆器の研究も行う。昭和2年帝展に出品、5年帝国美術院賞受賞。3年帝展審査員、16年帝国芸術院会員を歴任、戦後は日展審査員も務めた。著書に「東洋漆工史」「考古学講座・漆工史」がある。　家養子＝六角大壌（漆芸家）、孫＝六角鬼丈（建築家）　賞帝国美術院賞〔昭和5年〕「曉天吼号の図漆器手箱」

【わ】

和賀 行男　わが・ゆきお
十種競技選手
生年不詳〜昭和58年（1983年）6月10日
出岩手県　歴昭和11〜13年、21〜23年の計6回、全日本陸上選手権大会の十種競技で優勝。13年日米対抗走り高跳び、日本代表。28年から30年まで八幡製鉄陸上部監督。22年から39年まで福岡県陸連審判委員。

若尾 璋八　わかお・しょうはち
実業家 東京電燈社長 貴族院議員（勅選）
明治6年（1873年）7月27日〜昭和18年（1943年）1月10日
出山梨県　名旧姓・旧名＝広瀬　学東京法学院〔明治26年〕卒　歴卒業後、若尾銀行支配人となる。のち東京電燈に移り、常務、副社長を経て、大正12年社長に就任。昭和5年まで不況期の電力業界の中心として活躍した。この間、大正6年から衆議院議員に3選、政友会に所属した。また、昭和2〜18年勅選貴族院議員を務め、犬養内閣で鉄道政務次官を務めた。

848

若木 竹丸　わかき・たけまる

ボディービルダー

明治44年（1911年）～平成12年（2000年）1月3日

[生]東京市本郷区（東京都文京区）[学]明治大学　[歴]中学2年のとき、上級生にいじめられた悔しさから、強い男になることを決意。ウエイトトレーニングの創始者ユージン・サンドウの自伝に影響を受け、体を鍛え始める。のちダンベルやチューブを利用した運動法を考案。自己流のトレーニングを続け、26歳の頃は163センチの身長に胸囲が132センチ、上腕の力こぶは51センチに達した。まだ日本に "ボディービル" という言葉がなかった昭和10年代に日本一の怪力として名を馳せ、13年に著した「怪力法並に肉体改造・体力増進法」はその後長くボディービルや格闘技の熱心なマニアの間でバイブル視され、力道山などに影響を与えた。

若杉 要　わかすぎ・かなめ

外交官 駐米公使

明治16年（1883年）7月9日～昭和18年（1943年）12月9日

[生]熊本県熊本市　[学]東亜同文書院〔明治39年〕卒　[歴]明治39年外務省に入省。大正14年情報部第二課長、15年同第一課長、昭和4年在英国日本大使館一等書記官、5年在サンフランシスコ総領事、9年在北京大使館参事官、11年在上海総領事兼務、12月在ニューヨーク総領事を歴任。15年12月退官したが、16年2月特命全権公使として米国へ出張、野村吉三郎駐米大使を補佐して太平洋戦争直前の日米交渉に従事した。17年日米交換船で病身のまま帰国、18年末に亡くなった。

若杉 鳥子　わかすぎ・とりこ

歌人 小説家

明治25年（1892年）12月25日～昭和12年（1937年）12月18日

[生]東京市下谷区（東京都台東区）　[歴]東京下谷に豪商の庶子として生まれる。茨木県古河の芸者置屋の養女となったが、家業を嫌って上京、中央新聞の記者となった。少女時代から小説家を志して「女子文壇」に投稿、横瀬夜雨に師事。大正14年「烈日」で認められプロレタリア女流作家の草分けとなった。「梁上の足」「古鏡」「帰郷」などの主要作と随想短歌を収めた遺稿集「帰郷」がある。

若瀬川 栄蔵　わかせがわ・えいぞう

力士

明治36年（1903年）2月19日～平成2年（1990年）3月20日

[出]秋田県平鹿郡雄物川町（横手市）　[名]本名＝佐藤永蔵　[歴]初代の若瀬川で、大正10年五月場所初土俵、昭和5年一月場所入幕。最高位は前頭筆頭、幕内在位15場所で63勝98敗、伊勢ケ浜部屋。9年五月場所に引退、年寄枝川を襲名したが2年後に廃業。

若槻 礼次郎　わかつき・れいじろう

首相 男爵 民政党総裁

慶応2年（1866年）2月5日～昭和24年（1949年）11月20日

[生]出雲国松江（島根県松江市雑賀町）　[名]旧姓・旧名＝奥村、雅号＝克堂　[学]一高卒、帝国大学法科大学仏法科〔明治25年〕卒　[歴]出雲松江藩士・奥村仙三郎の二男で、叔父・若槻敬の養子となった。小学校の代用教員などを経て上京し、司法省法学校、一高を経て、明治25年帝国大学法科大学仏法科を首席で卒業。同年大蔵省に入り、27年愛媛県収税長、29年大蔵書記官兼参事官、30年内国税課長、37年主税局長を経て、39年第一次西園寺内閣の阪谷芳郎蔵相の下で大蔵次官となる。40年政府特派財政委員としてロンドン・パリに駐在するが、41年帰国して第二次桂内閣で大蔵次官に再任した。44年同内閣の総辞職と共に貴族院議員に勅選。45年桂太郎の訪欧に随行するが、明治天皇崩御のため間もなく帰国し、大正元年12月第三次桂内閣の組閣により蔵相として初入閣。この間、桂に

政党の結成を勧め、2年立憲同志会が結成されると総務に選ばれた。3年第二次大隈内閣の蔵相に就任するが、4年加藤高明と辞職。その後、5年憲政会に参加し、約10年に及ぶ雌伏の期間を経て、13年護憲三派による加藤高明内閣できると内相に任ぜられ、普通選挙法・治安維持法の制定に関わった。15年加藤の死によって憲政会総裁となり、第一次若槻内閣を組閣。しかし少数与党のため政権運営に苦心し、さらに幣原外交への批判や金融恐慌が重なり、台湾銀行救済のための緊急勅令が枢密院によって否定されたことから、昭和2年総辞職した。5年ロンドン軍縮会議に首席全権として出席し、海軍軍令部の反対を押し切って条約に調印した。6年男爵。同年浜口雄幸に代わって民政党総裁となり、再び首相に就任。おりしも同年満州事変が起こり、不拡大方針を打ち出して関東軍の押さえ込みを図るが、閣内の意思を統一できず、同年末に辞職した。9年に民政党総裁を辞した後は重臣として遇され、親英米派として日米開戦に反対した。著書に「古風庵回顧録」がある。　[家]長男＝若槻有格（日本銀行証券局長）

我妻 栄　わがつま・さかえ

民法学者 東京帝国大学教授

明治30年（1897年）4月1日～昭和48年（1973年）10月21日

[生]山形県米沢市　[学]東京帝国大学法学部独法学科〔大正9年〕卒　[資]日本学士院会員〔昭和22年〕　[歴]一高、東京帝国大学を通じて岸信介と首席を争い、高等文官試験は首席で合格したが官界には進まず、東京帝大法学部の鳩山秀夫教授のもとで民法を研究。大正11年同学部助教授、大正12年から2年間欧米に留学、昭和2年に教授となる。その後、末弘厳太郎教授の影響を受けてドイツ流の概念法学と英米流の判例法学の集大成をめざし、「資本主義の発達に伴う私法の変遷」という壮大な研究テーマのもとに独自の民法体系を作り上げた。この間、家族法の改正など戦後の民法改正では指導的役割を果たしている。32年に退官後は法務省特別顧問、司法関係の幾つかの審議会の委員を務める一方、憲法問題研究会に参加して平和憲法の擁護に尽力した。35年の "60年安保" の際は「岸信介君に与える」の一文を朝日新聞紙上で発表、即時退陣を求めて話題となった。著書に民法解釈の標準とされる「民法講義」はじめ「民法総則」「民法大意」「債権法」「法学概論」などがある。　[勲]文化勲章〔昭和39年〕

若林 忠志　わかばやし・ただし

野球選手

明治41年（1908年）3月1日～昭和40年（1965年）3月5日

[生]米国ハワイ州オアフ島　[学]マッキンレー高卒、法政大学〔昭和10年〕卒　[歴]マッキンレー高時代に捕手から投手に転向。昭和3年カリフォルニア州の日系チーム大和軍のメンバーとして来日。のち法政大学に進学し東京六大学で活躍。川崎コロムビアを経て、11年大阪タイガース（現・阪神）創立と同時に入団。17～19年、22～24年監督兼投手を務め、25年毎日に移籍。28年45歳で監督に専念。39年野球殿堂入り。実働16年、528試合登板、237勝144敗、263完投、1000奪三振、防御率1.99。

若林 つや　わかばやし・つや

小説家

明治38年（1905年）11月12日～平成10年（1998年）12月5日

[生]静岡県下狩野村　[名]本名＝杉山美都枝、別名＝若林つや子　[学]静岡女子師範第2部（現・静岡大学教育学部）〔大正15年〕卒　[歴]静岡県下の小学校教師を務めながら、長谷川時雨の「女人芸術」に投稿。教職を追われて上京。小林多喜二の指導を受けて創作を続け、「文化集団」に作品を発表。「輝ク」の編集にあたる。昭和10年前後は中谷孝雄や尾崎一雄らと交わり「鷭」の同人に。のち日本浪漫派に参加。作品に「断崖」「梢かすめて」「晩秋」、著書に「午前の花」など。

若林 賚蔵　わかばやし・らいぞう
貴族院議員（勅選）

慶応1年（1865年）11月28日〜昭和16年（1941年）11月27日

生越後国岩船郡村上〔新潟県村上市〕　学帝国大学法科大学〔明治26年〕卒　歴越後村上藩士の長男。明治26年警視庁に入る。30年4月群馬県、10月沖縄県の警察部長、33年警察監獄学校幹事、37年山形県、39年石川県の書記官を経て、41年3月島根県知事。8月韓国政府警視総監に転じた後、43年奈良県、大正2年山梨県、3年佐賀県、4年香川県、6年愛媛県、8年広島県の各知事を歴任。10年京都府知事、11年〜昭和16年勅選貴族院議員。大礼使事務官、奈良帝室博物館評議員なども務めた。

若葉山 鐘　わかばやま・かね
力士

明治28年（1895年）3月9日〜昭和33年（1958年）4月27日

出千葉県千葉市　名本名＝小林鐘、年寄名＝鐵山　歴大正2年5月場所で初土俵。9年5月場所で新入幕、のち関脇に昇進した。昭和8年引退して鐵山を襲名。

若原 正蔵　わかはら・しょうぞう
野球選手

生年不詳〜平成7年（1995年）8月13日

出滋賀県　学早稲田大学　歴戦前の東京六大学リーグで活躍した名投手。昭和10年秋季リーグで投手陣の柱として早大の優勝に貢献した。

若松 只一　わかまつ・ただかず
陸軍中将 陸軍次官

明治26年（1893年）3月8日〜昭和34年（1959年）11月17日

生愛知県　学陸士（第26期）〔大正3年〕卒、陸大〔大正15年〕卒　歴歩兵第33連隊付。陸大卒後、参謀本部付を経て、昭和5〜7年ドイツ駐在。帰国後歩兵第33連隊大隊長、8年参謀本部員、12年オーストリア大使館兼ハンガリー公使館付武官、第38歩兵団長、第22軍参謀長を経て、15年参謀本部第2部長、16年同総務部長、17年中将、第3部長、18年46師団長、19年南方軍参謀副長、第2軍参謀長、20年陸軍次官を歴任。

若松 若太夫（1代目）　わかまつ・わかたゆう
説経節太夫（若松派）

明治7年（1874年）10月〜昭和23年（1948年）11月24日

生埼玉県大里郡石原村（熊谷市）　名本名＝松崎大助、前名＝若松芳太夫、若松崎太夫、後名＝若松武蔵大掾　専説経浄瑠璃　歴説経祭文の名手を父に持ち、11歳の時上京して説経浄瑠璃の2代目薩摩辰太夫に入門。若松芳太夫、崎太夫を経て、明治35年若太夫と改名して一派を興す。41年第5回美音会演奏会でその名を披露し好評を得る。天性の美声の持ち主で、義太夫、新内などを取り入れて説経節の芸術的向上と流布に努めた。昭和21年武蔵大掾と改名。得意とした曲に「勧進帳」「蓮生坊物語」「山荘太夫」「小栗判官」などがある。　家六男＝若松若太夫（2代目）

若水 絹子　わかみず・きぬこ
女優

明治40年（1907年）3月11日〜昭和43年（1968年）12月1日

出東京市神田区（東京都千代田区）　名本名＝小川さく子　学戸板女学校中退　歴柳橋から芸者に出、大谷竹次郎に見出されて昭和3年松竹下加茂入社。「江戸育ち」に林長二郎の相手役でデビュー。「時雨笠」「鳥辺山心中」「月形半平太」などに相手役。月形竜之介主演「白野弁十郎」、高田浩吉と「仇討破れ笠」「若様奉行」に共演。小石栄一監督との結婚で5年退社。松竹蒲田に6年再入社。清水宏「無憂華」で高田稔と共演、7年準幹部。成瀬巳喜男「蝕める春」でヒロインを好演。その後助演、脇に回り、戦後25年退社、35年引退した。

若宮 貞夫　わかみや・さだお
衆議院議員

明治8年（1875年）1月5日〜昭和21年（1946年）9月8日

生東京都　学東京帝国大学政治科卒　歴逓信省に入り、管船局長兼高等海員審判所長、戦時船舶管理局長、逓信次官、航空局長官などを歴任。昭和3年以来衆議院議員（政友会）に当選6回、陸軍政務次官、政友会幹事長、衆議院予算委員長などを歴任。また、無線電信講習所長、電信協会会長、国連協会理事なども務めた。政党解消後は同交会に属し、戦時中議席を離れる。　家娘＝橋本正（日本ユニセフ協会専務理事）、女婿＝橋本龍伍（厚相）

若柳 吉三郎（1代目）　わかやぎ・きちさぶろう
日本舞踊家

明治24年（1891年）11月15日〜昭和15年（1940年）1月28日

生東京市京橋区（東京都中央区）　名本名＝新井真護　歴若柳吉之輔に手ほどきを受け、若柳寿童に師事。18歳で吉三郎の名を許され、寿童没後は柳橋の師匠として、北海道、九州、朝鮮、満州にも発展、門下を育てた。大正13年若柳流舞踊研究会を創立。日本舞踊で初の「紀州道成寺」振付け。「舞踊座」を結成して新形態作品「ラグビー」を発表、また演劇と舞踊の中間をいく「伊勢音頭」を上演した。振付け作品は「お夏狂乱」など多数。　家妻＝若柳光（舞踊家）

若柳 吉蔵（1代目）　わかやぎ・きちぞう
日本舞踊家 若柳流2代目家元

明治12年（1879年）6月21日〜昭和19年（1944年）1月25日

生東京府小石川水道町（東京都文京区）　名本名＝竹内孝太郎　歴12歳で西川古代に入門するが、2年で舞踊をやめ大阪で落語家となり、東京で旧・新派の舞台に立った後、明治29年若柳流祖若柳吉松（のちの寿童）に入門。30年吉蔵を許された。以来初代吉三郎と師の両腕として活躍。寿童没後大正7年2代目家元を継ぎ、9年名取達による若柳会公演を発足させ、15年日本舞踊研究所、小曲舞踊会、邦楽舞踊新作研究会などを主宰、同人として出演した。昭和9年学童対象の日本舞踊若柳学園を創立。振付作品は「戻橋」「良寛と子守」「二人三人曳」「富士の雪」など多数。初代家元にまさる名手といわれ、吉蔵編「踊すがた」（全10巻）がある。　家父＝三遊亭円遊（落語家）、養子＝若柳寿童（2代目）（＝2代目吉蔵）、孫＝若柳吉蔵（3代目）

和木 清三郎　わき・せいざぶろう
編集者 小説家

明治29年（1896年）1月5日〜昭和45年（1970年）4月20日

生広島県広島市　名本名＝脇恩三　学慶応義塾大学文学部英文科卒　歴在学中から改造社に勤め、大正10年「三田文学」10月号に「江頭校長の辞職」を発表。さらに「屑屋」「結婚愛」「みごもれる妻」などを執筆。昭和3年平松幹夫の急病で「三田文学」編集を担当、19年の辞任まで永井荷風時代とならぶ隆盛期を築いた。石坂洋次郎、山本健吉、北原武夫ら三田派新進、井伏鱒二ら学外新人登場にも貢献した。しかし出版部創設が因となって辞任、上海に渡った。戦後小泉信三の後援で雑誌「新文明」を創刊、45年まで続けた。

脇水 鉄五郎　わきみず・てつごろう
地質学者 東京帝国大学名誉教授

慶応3年（1867年）11月9日〜昭和17年（1942年）8月10日

生美濃国大垣（岐阜県大垣市）　学帝国大学理科大学地質学科〔明治26年〕卒 理学博士　歴明治27〜31年高等師範学校で鉱物地質学を講じ、女子高等師範学校などで教授を務める。29年帝国大学農科大学助教授、31年東京帝国大学工科大学助教授兼任。45年〜大正3年欧米留学、オーストリアで森林土壌学、イタリアで砂防の研究に従事。大正6年東京帝国大学教授となり農学部で地質学、森林土壌学を担当。昭和3年定年退官、名

誉教授。史蹟名勝天然記念物の調査員を務めた。また日本地質学会評議員を務め、14年同会長。著書に「車窓からの自然会 東海道編・山陽編」がある。

脇村 義太郎　わきむら・よしたろう
経済学者 東京帝国大学助教授
明治33年(1900年)12月6日～平成9年(1997年)4月17日
[生]和歌山県田辺市 [専]石油経済, 経営史, 産業論 [学]東京帝国大学経済学部〔大正13年〕卒 経済学博士 [資]日本学士院会員〔昭和39年〕 [歴]大正13年東京帝国大学助手を経て、15年助教授。昭和10～12年欧米へ留学、海運・保険・石油問題を研究。13年人民戦線事件に連座して検挙され、大学を去る。17年一審で無罪判決を受ける。戦後東大に復帰して教授。世界経済に造詣が深く、石油問題の権威。36年退官。63年～平成6年日本学士院長を務めた。 [賞]文化功労者〔平成4年〕

脇本 楽之軒　わきもと・らくしけん
美術史家
明治16年(1883年)9月19日～昭和38年(1963年)2月8日
[生]山口県防府市 [名]本名＝脇本十九郎 [学]京都市立美術工芸学校中退 [歴]上京して藤岡作太郎に国文学、中川忠順に美術史を学んだ。大正4年美術攻究会を創設、美術史を研究。一方万朝報、東京朝日新聞、美術誌に美術批評を執筆した。6～9年文部省嘱託となり国宝調査、11年～昭和12年国宝全集の編集に従事。6～8年帝国美術院附属美術研究所嘱託、11年美術攻究会を東京美術研究所と改め、機関誌「画説」(のち「美術史学」)を発刊。20年東京美校講師となり日本美術史を講じ、25～34年東京芸大教授。また10年以来重要美術品等調査委員、国宝保存会委員、文化財専門審議会専門委員などを務めた。水墨画、文人画、京焼の研究に貢献、著書に「平安名陶伝」がある。

湧上 聾人　わくがみ・ろうじん
社会運動家 衆議院議員
明治21年(1888年)6月26日～昭和41年(1966年)5月24日
[生]沖縄県島尻郡玉城村(南城市) [名]旧名＝平二 [学]早稲田大学中退 [歴]沖縄の農村で生まれるが、6歳ごろ遊泳中に耳を負傷し、聾者となる。養秀中学校に在学中、明治42年にストライキ事件を起こして退学し、上京。攻玉舎中学を経て早稲田大学高等師範部に進み、同校で教鞭を執っていた安部磯雄の薫陶を受けてキリスト教社会主義に開眼した。のち貧民のための学校設立を志して大学を中退し、行商しながら各地を行脚。その途中、福岡で政治家の中野正剛と知り合い、以後その指導と後援を受けた。大正10年村議に選ばれ、政界での活動を開始。次いで15年から3期連続で県議を務めた。また、沖縄の貧民救済に尽力し、昭和6年には沖縄同仁病院を開設。17年の翼賛選挙では中野と共に非翼賛候補として出馬し当選するが、19年に失格した。 [家]長男＝湧上元雄(郷土史家)

涌島 古代子　わくしま・こよこ
小説家
明治30年(1897年)～昭和10年(1935年)
[生]鳥取県気高郡気高町 [名]本名＝涌島コヨ, 旧姓・旧名＝田中, 筆名＝北浦みほ子 [学]鳥取技芸女学校中退 [歴]大正時代のはじめ頃から「女子文壇」「女学世界」などに短歌や散文を投稿。大正4年郷里鳥取県の「山陰日日新聞」記者となる。その傍ら、文芸誌「我等」の同人としてさかんに文章を執筆した。10年には「大阪朝日新聞」の懸賞小説に応募した「諦観」が二等に入選。さらに、ジャーナリスト・涌島義博と結婚ののち上京し、「大阪朝日新聞」や「中央新聞」で小説を連載。中央文壇での活躍を嘱望されたが、昭和7年病気のため帰郷し、晩年は求めに応じて短歌などを寄稿した。作品は他に、「煙草」「実らぬ畑」などがある。 [賞]大阪朝日新聞社懸賞小説二等〔大正10年〕「諦観」

和久利 幾之助　わくり・いくのすけ
社会運動家
明治30年(1897年)～昭和6年(1931年)7月11日
[生]島根県大原郡佐世村(雲南市) [学]工手学校電気科卒 [歴]農業に従事していたが、大正6年上京し苦学しながら工手学校電気科を卒業。のち六本木で電気器具店を経営。昭和2年社会民衆党東京第1区支部設立に参加、4年東京市議に当選し、5年社会民衆党中央委委員に就任した。

和気 律次郎　わけ・りつじろう
翻訳家 小説家
明治21年(1888年)1月29日～昭和50年(1975年)5月22日
[生]愛媛県松山市 [名]筆名＝水上規矩夫, 和気律 [学]慶応義塾予科〔明治42年〕中退 [歴]平田禿木門下。明治末、水上規矩夫、和気律の名で評論を執筆。大正に入り「近代思想」「生活と芸術」に小説、評論、翻訳などを寄稿。5年やまと新聞から大阪毎日新聞社に転じた。13年「苦楽」創刊号から毎号探偵小説を執筆。昭和15年定年退職。著書に「争闘」「犯罪王カポネ」、訳書に「オスカア・ワイルド」「マグダラのマリア」などがある。

和合 英太郎　わごう・えいたろう
大日本製氷社長
明治2年(1869年)8月15日～昭和14年(1939年)6月11日
[出]安芸国(広島県) [学]岡山中卒 [歴]明治21年上京。30年機械製氷の設立に参加。大正8年日東製氷を設立、社長。昭和3年大日本製氷社長。のち日本冷凍協会会長を兼務した。

和合 恒男　わごう・つねお
農本主義教育家 瑞穂精舎塾長 長野県議
明治34年(1901年)5月10日～昭和16年(1941年)5月16日
[生]長野県東筑摩郡本郷村(松本市) [学]東京帝国大学文学部印度哲学科〔大正14年〕卒 [歴]松本中学在学中から日蓮主義に傾倒し、松本高校時代には松本清明会を組織して大日本日蓮主義青年団にも加入。のち東京帝国大学文学部印度哲学科に進学、仏教運動家の妹尾義郎らとともに日蓮主義を研究したほか、農村思想家の江渡狄嶺の知遇を得る。大正14年に大学を卒業後、教師として長野高等女学校や加藤完治が校長を務める茨城県友部の国民高等学校などに勤務。昭和3年には私塾瑞穂精舎を開き、その塾長として農本主義・家族的共同生活に基づいた農村教育の実践を開始した。昭和初期の恐慌で農村が打撃を受けると、6年に農本主義的政治団体・日本農民協会を結成して機関誌「百姓」(のち「ひのもと」に改題)を創刊。のち民族主義に傾斜し、農村から満州への移民送り出しに奔走。また、農村救済のためたびたび国会に陳情を行い、10年には長野県会議員に当選した。和歌をよくし、著書に「和合文叢」「食生活の革新」「聖詩集」などがある。

鷲尾 雨工　わしお・うこう
小説家
明治25年(1892年)4月27日～昭和26年(1951年)2月9日
[生]新潟県西蒲原郡黒鳥村(新潟市) [名]本名＝鷲尾浩 [専]歴史小説 [学]早稲田大学英文科〔大正4年〕卒 [歴]代々医師を営む家に生まれる。幼い頃に父を失い、母の生家のある小千谷に移り住む。早稲田大学英文科に進み、同級には直木三十五、木村毅、青野季吉、坪田譲治、西条八十らがいた。早くから歴史に興味を持つ傍ら、ロシア文学や西欧文学にも目を開き、在学中にダヌンツィオ「フランチェスカ・ダ・リミニ」を翻訳・刊行した。大正4年恩師の相馬御風の紹介で平尾賛平商店広告部に勤務。のち春秋社を設立、8年からは独力で冬夏社も経営。同社の経営には親友の直木も取締役として加わったが、直木の金銭的無軌道が災いして仲違いし、生涯うち解けることはなかった。関東大震災を機に一時帰郷するが14年再び上

わ

京。牛込でおでん屋を経営し、三井生命の外交員を務めるなど辛苦をなめた。昭和10年直木の「南国太平記」に発憤して南北朝時代の武将・楠正儀を描いた「吉野朝太平記」を発表、文壇に復帰。11年同作で第2回直木賞を受賞。その後、大衆文学作家として活躍した。他の作品に「妖啾」「明智光秀」「豊臣秀吉」「直江兼続」「開拓者秀衡」「武家大名懐勘定物語」などがある。　[賞]直木賞（第2回）〔昭和11年〕「吉野朝太平記」

鷲尾 順敬　わしお・じゅんきょう
仏教史学者　東京帝国大学史料編纂掛史料編纂官
慶応4年（1868年）3月18日～昭和16年（1941年）1月13日
[生]摂津国島下郡田中村（大阪府茨木市）　[学]哲学館〔明治24年〕卒　文学博士〔大正15年〕　[歴]村上専精について仏教史研究に専念。本願寺大谷教校、真宗東京中学で教え、大正13年～昭和8年東京帝国大学史料編纂掛史料編纂官。また曹洞宗大学林、駒沢大、東洋大、日大、立正大でも教えた。東京府史蹟調査委員、吉野朝史蹟調査会理事を務め、仏教史学会を設立、「仏教史林」などの編集に従事した。著書に「大日本仏教史」（共著）「日本仏家人名辞書」「日本仏教文化史」「鎌倉武士と禅」「皇室と仏教」「神仏分離史科」（共著・全5巻）「日本思想闘争資料」（編・全10巻）「国文東方仏教叢書」（編・全10冊）「南部家文書」（編）などがある。

鷲沢 与四二　わしざわ・よしじ
衆議院議員
明治16年（1883年）8月～昭和31年（1956年）10月1日
[生]長野県上田　[学]慶応義塾大学政治科〔明治41年〕卒　[歴]「時事新報」記者を経て、昭和7年から衆議院議員を1期務め、国民同盟に所属。戦後は神奈川県公安委員長を務めた。

鷲野 米太郎　わしの・よねたろう
衆議院議員
明治16年（1883年）7月12日～昭和12年（1937年）4月5日
[生]高知県安芸郡吉良川村　[学]京都帝国大学独法科〔大正4年〕卒　[歴]小学校教員、台湾総督府国語学校助教授、中学校教諭、京都市助役を経て、大正13年京都府から衆議院議員となり当選3回。政友会に所属。また日本防水化学研究所長、大原防水工業社長となり、コロイド化学研究に業績を残した。

和田 英作　わだ・えいさく
洋画家
明治7年（1874年）12月23日～昭和34年（1959年）1月3日
[出]鹿児島県垂水市　[学]明治学院〔明治24年〕中退、東京美術学校西洋画科選科〔明治30年〕卒　[資]帝国美術院会員〔大正8年〕　[歴]曽山幸彦、原田直次郎に洋画を学び、明治27年黒田清輝に師事する。29年白馬会創立に参加。同年東京美術学校西洋画科創設の際、助教授を命ぜられたが、辞して西洋学科選科に編入し、30年修了。卒業制作「渡頭の夕暮」は33年パリ万博に出品、受賞。32年から36年にかけてフランスに留学、ラファエル・コランの指導を受ける。帰国後、東京美術学校教授に就任。大正8年帝国美術院会員となり、昭和7年東京美術学校長、9年帝室技芸員、10年帝国美術院附属美術研究所長、11年校長を歴任。18年文化勲章受章。28年日本芸術院第一部長。他の代表作に「こだま」「おうな」「H氏夫人肖像」「チューリップ」「黄衣の少女」などがある。　[家]養子＝和田新（洋画家）　[勲]文化勲章〔昭和18年〕　[賞]文化功労者〔昭和26年〕

和田 勝一　わだ・かついち
劇作家
明治33年（1900年）3月23日～没年不詳
[生]奈良県奈良市邑地町　[学]奈良農〔大正4年〕卒　[歴]農学校卒業後、6年間農耕に従事、その傍ら短歌を学ぶ。大正10年上京

し、震災後に水守亀之助主宰の「随筆」編集員となり、また真山青果の助手も務めた。昭和6年新築地劇団文芸部に参加し、7年農民劇「土地闘争」「大里村」を発表。のちに新築地劇団文芸部長となる。15年治安維持法で検挙され、18年まで拘留される。戦前の代表作に「陸を往く船」「海援隊」などがあり、戦後のものとしては「牛飼ひの歌」「大和の村」「天馬空をゆく」などがある。　[賞]文部大臣賞〔昭和14年・16年〕「海援隊」「江戸最後の日」

和田 嘉平治　わだ・かへいじ
彫刻家
明治7年（1874年）～昭和25年（1950年）6月18日
[生]栃木県足利郡坂西村（足利市）　[学]東京美術学校〔明治41年〕卒　[歴]明治43年イタリアへ渡り、フィレンツェの国立美術学校でアウグスト・リバルタに彫刻を学んだ。大正6年帰国。花（ダリア）栽培を手がけた後、彫刻制作を再開。人物肖像を専門とし、昭和15年イタリア大使館のために三国同盟締結記念の「ムッソリーニ胸像」を制作した。他の作品に福沢諭吉記念館の「福沢諭吉胸像」や、「日蓮上人のレリーフ」などがある。

和田 国次郎　わだ・くにじろう
森林経理学者
慶応2年（1866年）4月12日～昭和16年（1941年）2月13日
[生]筑前国遠賀郡折尾（福岡県北九州市）　[学]東京農林学校林科〔明治21年〕卒　林学博士（東京帝国大学）〔大正8年〕　[歴]明治21年農商務技手見習から、22年東京農林学校教授、23年帝国大学農科大助教授となるが、24年農商務省に復帰。27年高知大林区署長、29年農商務技師森林監査官を経て、31年宮内省御料局技師に転じ、32年初代の設計課長兼臨時土地整理課長となり御料地整理や自然御料林の整理・整備に従事。41年設計課長兼産業課長、43年土木課長兼務、大正3年帝室林野管理局林務課長、10年林業試験場長兼務。13年退官。昭和7年大日本山林会会長。森林経理学の専門家として皇室の御料林発展に尽くし、「御料林施行案編成準則」「御料林野存廃区分調査内規」「材積材価調査内規」などを作成した。著書に「森林学」「明治大正御料事業史」などがある。　[勲]勲二等瑞宝章〔大正15年〕，勲二等旭日重光章〔昭和16年〕

和田 邦坊　わだ・くにぼう
日本画家
明治32年（1899年）8月～平成4年（1992年）11月7日
[生]香川県仲多度郡琴平町　[名]本名＝和田邦夫　[学]大正15年東京日日新聞社（現・毎日新聞社）に入社、時事漫画の草分けとして活躍、ユーモア小説「うちの女房にゃヒゲがある」の著者で、古川緑波の同名ヒット曲で知られる。昭和13年、郷里に戻って画家生活に入り、香川県特産の丸亀うちわの表装デザインなども手がけた。

和田 小六　わだ・ころく
航空工学者　東京工業大学学長
明治23年（1890年）8月5日～昭和27年（1952年）6月11日
[生]東京市赤坂区（東京都港区）　[名]旧姓・旧名＝木戸　[学]東京帝国大学工科大学造船学科〔大正4年〕卒　工学博士〔昭和2年〕　[歴]木戸幸一の実弟、祖父・孝允の実家である和田家を継ぐ。大正7年東京帝国大学助教授となり、欧米留学の後、13年教授。昭和2年「不等空気速度ノ測定ニ就テ」の研究で工学博士。6年飛行機の翼・装置に関する発明により恩賜発明奨励金を受けた。7年東京帝大航空研究所長。13年和田らの指導で作られた航研機が世界最長距離飛行記録を樹立した。日本航空学会会長、17年技術院次長を経て、19年東京工業大学学長に就任。戦後21年旧来の大学の学科制度の廃止を打ち出し、日本の工学教育に新しい道を開いた。また学術研究会議会員、科学審議会委員、研究動員会議会員なども務めた。　[家]祖父＝木戸

孝允（政治家）、父＝木戸孝正（侯爵）、兄＝木戸幸一（政治家）

和田 佐一郎　わだ・さいちろう
経済学者　東北帝国大学法文学部教授
明治27年（1894年）〜昭和19年（1944年）1月23日
〔生〕大阪府大阪市　〔専〕恐慌論、恐慌史　〔学〕東京帝国大学法科大学経済学科〔大正7年〕卒　〔歴〕大正10〜12年欧米へ留学。12年東北帝国大学法文学部創設に際して教授に就任、経済学第一講座を担当。昭和19年在任中に病死した。没後、その蔵書約3000冊が同大に納入され「和田文庫」となった。

和田 三造　わだ・さんぞう
洋画家　色彩研究家
明治16年（1883年）3月3日〜昭和42年（1967年）8月22日
〔生〕兵庫県生野町　〔学〕中学修猷館中退、東京美術学校西洋画科選科〔明治37年〕卒　〔資〕帝国美術院会員〔昭和2年〕、帝国芸術院会員〔昭和12年〕　〔歴〕中学修猷館2年の時、数学教師を殴って退学処分、そのまま徒歩で上京。黒田清輝の書生兼用心棒となり黒田に師事。明治37年黒田の世話で入った東京美術学校に青木繁、山下新太郎らがいた。白馬会展に出品、40年第1回文展に「南風」を出品、2等賞を得て注目された。翌年第2回文展で「燁燼」が2等賞。42年文部省命でヨーロッパ留学、3年の期限が7年となった。途中中東、南アジアで遊女研究に精を出していた。大正6年文展審査委員。洋画のほか工芸図案の研究から色彩研究へ進み、昭和2年日本標準色協会を創設、日本標準色カード500色を制定、公開した。同年帝国美術院会員、7年東京美校教授。13年色彩研究協議会を設立。19年61歳の時、軍の草取り命令に抗して美校を罷免され、20年日本色彩研究所を設立。30年映画「地獄門」の色彩デザインを担当、同年新世紀美術協会名誉会員。33年文化功労者に選ばれた。朝日新聞連載の山本有三「路傍の石」の挿絵も描いた。
〔家〕岳父＝大久保春野（男爵）　〔賞〕文化功労者〔昭和33年〕

和田 山蘭　わだ・さんらん
歌人
明治15年（1882年）4月6日〜昭和32年（1957年）1月13日
〔生〕青森県北津軽郡松島村（五所川原市）　〔名〕本名＝和田直衛　〔学〕青森師範〔明治36年〕卒　〔歴〕師範時代から作歌をはじめ金子薫園に師事。24歳の時、同郷の加藤東籬とともに短歌結社・蘭菊会を結成。のち若山牧水に師事して「創作」に参加。加藤らと東北新社を興し、活版印刷歌誌「東北」を発行。大正2年上京して教員生活に入り、3年処女歌集「落日」を刊行。他の歌集に「酒壺」「きさらぎ」「松風」「津軽野」などがある。また書家としても知られた。

和田 信夫　わだ・しのぶ
大阪朝日新聞取締役
明治19年（1886年）10月〜昭和15年（1940年）8月17日
〔生〕千葉県　〔名〕号＝六灘子　〔学〕東京帝国大学法学部〔明治44年〕卒、東京帝国大学大学院国際法専攻修了〔大正元年〕高等文官試験合格。2年大阪朝日新聞社に入り、8年東京朝日経済部長、9年大阪朝日経済部長、10年ニューヨーク特派員、11年論説委員、再び大阪朝日経済部長を経て、昭和9年副主筆、12年取締役。大阪朝日に六灘子の号で「財界六感」を連載、名筆をうたわれた。

和田 清　わだ・せい
東洋史学者　東京帝国大学文学部教授
明治23年（1890年）11月15日〜昭和38年（1963年）6月22日
〔生〕神奈川県茅ケ崎市　〔学〕東京帝国大学文科大学史学科〔大正4年〕卒、東京帝国大学大学院清朝史専攻修了　文学博士〔昭和14年〕　〔資〕日本学士院会員〔昭和26年〕　〔歴〕中央大予科、京華中を経て、大正11年東京帝国大学文学部講師、昭

和2年助教授、8年教授に就任。26年退官して名誉教授となり、日本学士院会員、日大教授、国際基督教大客員教授、東洋文庫専務理事、東洋学研究連絡委員会委員長などを務めた。著書に「内蒙古諸部落の起源」「東亜史論叢」「中国史概説」（上下）「東亜史研究 満州篇・蒙古篇」などがある。

和田 妙子　わだ・たえこ
ダンサー
明治44年（1911年）〜平成19年（2007年）5月18日
〔生〕旧朝鮮大田　〔出〕福岡県北九州市　〔名〕芸名＝マヌエラ　〔歴〕幼い頃からダンサーに憧れ、父の反対を押し切り上京。昭和3年東京松竹楽劇部に第1期生として入り、16歳で初舞台を踏む。この時、"水の江たき子"という芸名を与えられるが、"ひらがなが気にくわなかったから"と同期生の "東路道代"と交換、この同期生は間もなくターキーの愛称で知られる大スターとなった。17歳で結婚、一女をもうけるが夫と死別。のちジャズ歌手のリッキー宮川と結婚するが、破局。13年上海に渡り、国籍不明の人気ダンサー・マヌエラとして一世を風靡した。太平洋戦争が始まると連合国側のスパイを疑われて憲兵隊に拘束され、戦後は日本のスパイとして米国の陸軍情報部から取り調べを受けた。帰国後は実業家の和田忠七と再婚し、喫茶店やクラブを経営。27年東京・内幸町にクラブ・マヌエラを開き、前田憲男やジョージ川口、マーサ三宅といったジャズメンが巣立った。38年摩耶を開店。自伝に「上海ラプソディー」がある。　〔家〕夫＝和田忠七（実業家）、姪＝内藤洋子（女優）

和田 伝　わだ・つとう
小説家
明治33年（1900年）1月17日〜昭和60年（1985年）10月12日
〔生〕神奈川県厚木市　〔学〕早稲田大学仏文科〔大正12年〕卒　〔歴〕厚木の豪農の家に生まれ、早大仏文科卒業。大正12年「山の奥へ」を「早稲田文学」に発表してデビュー。昭和13年「沃土」で第1回新潮社文芸賞を受賞。ほかに、戦後の農村民主化を背景に地主一家の崩壊を描いた「鰯雲」、明治末から戦後までの3代にわたる地主一族を主人公にした大河小説「門と倉」など、一貫して農村に生きる人々の哀歓を描き続けた。「和田伝全集」（全10巻）がある。日本農民文学会の初代会長。　〔賞〕新潮社文芸賞（第1回）〔昭和13年〕「沃土」

和田 徳次郎　わだ・とくじろう
耳鼻咽喉科学者　東北帝国大学教授
明治12年（1879年）11月21日〜昭和14年（1939年）6月10日
〔生〕和歌山県　〔学〕東京帝国大学医科大学〔明治40年〕卒　医学博士（東北帝国大学）〔大正9年〕　〔歴〕東京帝国大学耳鼻咽喉科教室に入り、岡田和一郎教授に師事。明治44年仙台医学専門学校教授、宮城病院耳鼻咽喉科長兼任、大正2年東北帝国大学医学専門部附属医院耳鼻咽喉科長、7年同大医学部助教授となり、10年教授。この間、7〜10年英国、米国、フランス、ドイツに留学。昭和14年退職。扁桃に関する宿題報告を行った。著書に「耳鼻咽喉科手術学」「耳鼻咽喉科の臨床」、共著に「新撰耳鼻咽喉科学」がある。

和田 利彦　わだ・としひこ
春陽堂書店社長
明治18年（1885年）7月28日〜昭和42年（1967年）12月31日
〔生〕広島県広島市　〔学〕早稲田大学商科卒　〔歴〕博文館印刷所に勤務し、大正3年大橋新太郎の媒介で春陽堂書店創業者・和田篤太郎の孫娘と結婚して和田家に婿入り。明治・大正・昭和初期を通じて屈指の文芸書肆として知られた春陽堂書店を率い、昭和初期の "円本ブーム"の際には「明治大正文学全集」（全60巻）、「日本戯曲全集」（全50巻）を出版して大当たりをとった。昭和6年「春陽堂文庫」を発刊した。

わた

和田 豊種　わだ・とよたね
精神医学者 大阪帝国大学名誉教授
明治13年（1880年）8月6日〜昭和42年（1967年）3月9日
[生]大阪府　[学]大阪府立医学校〔明治32年〕卒 医学博士〔大正1年〕　[歴]明治36年大阪府立医学校助教諭となり、39年京都帝国大学、40年東京帝国大学、42〜43年ドイツ、オーストリアに留学。42年大阪府立高等医学校教諭、43年精神神経科医長、大正6年大阪医科大学教授、昭和6年大阪帝国大学教授、9〜12年附属病院長、16年定年退官し、名誉教授。退官後、大阪市内で神経科医院開業。長年に渡って大阪帝国大学精神病学教室の主任教授を務め、精神医学の発展、特に脳炎、まひ性痴呆病理、治療の研究に貢献。日本精神衛生協会副会長、大阪府精神衛生協議会初代会長を務めた。編書に「精神衛生入門」。

和田 信賢　わだ・のぶかた
アナウンサー
明治45年（1912年）6月19日〜昭和27年（1952年）8月14日
[生]東京市神田区（東京都千代田区）　[学]早稲田大学史学科〔昭和10年〕卒　[歴]早大在学中の昭和9年、日本放送協会（NHK）に入り、のち実況・スポーツ中継、司会などにラジオ放送の新境地を開拓、不世出の名アナウンサーとされた。特に相撲中継で鳴らし、14年に大相撲の双葉山が安芸ノ海に敗れて70連勝を逸した大勝負中継中の「70連勝なるか、70は古稀、古来稀なり…」の美文調名調子で知られる。アナウンス課長を経て、20年8月15日のポツダム宣言受諾の放送（玉音放送）を最後に退職。その後は嘱託として22年から「話の泉」を司会（のち高橋圭三アナと交代）し、初のラジオ小説「三四郎」のナレーションなどを務めた。27年のヘルシンキ五輪に派遣されての帰途、病を得てパリで客死した。著書に「放送ばなし」など。　[家]妻＝和田実枝子（アナウンサー）

和田 信義　わだ・のぶよし
社会運動家
明治25年（1892年）9月24日〜昭和18年（1943年）6月8日
[生]岐阜県大垣市　[歴]郵便局に勤める傍ら、社会主義者と交流し、大正8年大阪で「日本労働新聞」の編集を担当。社会主義者、特にアナキストとの文化的交際が深かった。「新社会」「生活と芸術」「不平」などの機関紙に投稿。著書に「蹴らない馬」「香具師奥義書」などがある。

和田 英松　わだ・ひでまつ
日本史学者 国文学者 東京帝国大学史料編纂所史料編纂官
慶応1年（1865年）9月10日〜昭和12年（1937年）8月20日
[生]備後国（広島県）沼隈郡鞆町（福山市）　[学]帝国大学文科大学古典講習科〔明治21年〕卒 文学博士（東京帝国大学）〔大正10年〕　[賞]帝国学士院会員〔昭和6年〕　[歴]明治28年東京帝国大学史料編纂係員（40年史料編纂官）となり、以後40有余年修史事業に従事し、32年学習院教授を兼任した。その後、昭和4年二松学舎専門学校教授、6年帝国学士院会員、東京帝大文学部講師などを歴任し、8年史料編纂所を退官。著書に「皇室御撰之研究」「本朝書籍目録考証」「栄華物語詳解」「増鏡詳解」などがある。　[賞]帝国学士院恩賜賞〔大正7年〕

和田 操　わだ・みさお
海軍中将
明治22年（1889年）12月6日〜昭和56年（1981年）11月19日
[生]東京都　[出]三重県　[学]海兵（第39期）〔明治44年〕卒　[歴]大正元年海軍少尉に任官。昭和12年海軍航空本部技術部長となり、14年毎日新聞社機「ニッポン号」が世界一周の快挙を成し遂げた際に技術面で協力した。15年航空技術廠長、16年海軍中将。20年航空本部長。29年新日本飛行機副社長。

渡瀬 常吉　わたぜ・つねよし
牧師 興亜神学院院長
慶応3年（1867年）7月28日〜昭和19年（1944年）10月14日
[生]肥後国八代（熊本県八代市）　[学]大江義塾　[歴]八代藩士の家に生まれ、徳富蘇峰主宰の大江義塾に学ぶ。のち八代教会で受洗してキリスト教徒となり、熊本英学校教師や神戸教会牧師などを歴任。明治43年の日韓併合後、朝鮮総督府の援助のもとで日本組合教会が朝鮮へのキリスト教伝道を開始すると、その主任として強力に運動を推進。一時は2万人の信徒を獲得し、200の教会を建てるなどの成功を収めるが、朝鮮の独立運動が高揚するに従って急激に衰退し、大正10年朝鮮伝道部の廃止とともに帰国した。その後、名古屋や中国の長春での伝道活動に従事。昭和17年東亜新秩序の確立を目的とした興亜神学院を設立し、院長に就任した。19年朝鮮の京城（現・ソウル）で客死。

和達 清夫　わだち・きよお
地球物理学者
明治35年（1902年）9月8日〜平成7年（1995年）1月5日
[生]愛知県名古屋市　[出]東京都　[名]筆名＝西須諸次　[専]気象学、地震学　[学]開成中卒、一高卒、東京帝国大学理学部物理学科〔大正14年〕卒 理学博士（東京帝国大学）〔昭和7年〕　[賞]日本学士院会員〔昭和24年〕　[歴]東京帝国大学物理学科在学中に関東大震災に遭遇、その悲惨な状況を目の当たりにしたことがきっかけで、大正14年中央気象台に入る。昭和7年「深処に発生する地震に関する研究」で帝国学士院恩賜賞を受賞。18年3月大阪管区気象台長、12月満州国中央観測台長、20年中央気象台予報部長、21年同総務部長を経て、22年同台長。27年の気象業務法の施行、28年の世界気象機関への加入、29年の気象レーダー設置などを進め、31年中央気象台の気象庁昇格を達成して初代長官に就任した。我が国の気象事業の整備・近代化に尽くし、プレートの沈み込み上面付近にある深発地震が活発な帯域 "和達・ベニオフゾーン" や、"和達ダイアグラム" などの学術用語にその名を残す。　[家]三男＝和達三樹（物理学者）、岳父＝芳賀矢一（国文学者）、女婿＝下鶴大輔（火山学者）　[勲]文化勲章〔昭和60年〕　[賞]帝国学士院恩賜賞（第22回）〔昭和7年〕、文化功労者〔昭和46年〕

渡辺 幾治郎　わたなべ・いくじろう
明治史研究家 宮内省帝室編修官
明治10年（1877年）11月8日〜昭和35年（1960年）1月30日
[生]新潟県北魚沼郡小千谷町（小千谷市）　[名]旧姓・旧名＝広井　[専]近代政治史　[学]早稲田大学文学部史学及英文科〔明治35年〕卒、京都帝国大学史学科選科〔明治44年〕修了　[歴]大正4年宮内省臨時帝室編修局嘱託となり、明治天皇紀編修に携わる。昭和8年同紀編修了のため解任。12〜15年衆議院憲政史編纂委員、17年国学院講師、19年外務省嘱託を経て、25年早稲田大学大隈研究室主任、26年同大政経学部専任講師。著書に「文書から観たる大隈重信侯」「明治史研究」「陸奥宗光伝」「日本憲法制定史講」「日本近世外交史」など。

渡辺 温　わたなべ・おん
小説家
明治35年（1902年）8月26日〜昭和5年（1930年）2月10日
[生]北海道上磯郡谷好村　[学]慶応義塾高等部　[歴]大正13年プラトン社の映画筋書募集に「影」が1等入選する。昭和2年博文館に入社し「新青年」の編集に従事する傍ら「可哀相な姉」「兵隊の死」などを発表した。　[家]兄＝渡辺啓助（推理作家）

渡辺 海旭　わたなべ・かいぎょく
僧侶（浄土宗）仏教学者 社会事業教育家
明治5年（1872年）1月15日〜昭和8年（1933年）1月26日
[生]東京浅草（東京都台東区）　[名]号＝壺月　[学]浄土宗学本校

〔明治28年〕卒　歴明治18年小石川の浄土宗源覚寺で得度。浄土宗第一教校教諭、「浄土教報」の主筆を務め、33年第1回浄土宗海外留学生として渡欧、ドイツでサンスクリット・比較宗教学を学ぶ。43年帰国し宗教大、東洋大教授などを務める。また浄土宗労働共済会を設立、仏教社会事業にも従事。のち浄土宗立芝中学校長、大正大教授、浄土宗教綱など歴任。大正11年高楠順次郎と共に「大正新修大蔵経」の都監となり、昭和9年全100巻の刊行を完成した。3年「国訳一切経」を監修。7年満州国鏡泊学園総長。大アジア主義を唱えアジア各地の志士と交わった。著書に「欧米の仏教」、「壺月全集」（全2巻）、「壺月余影」など。

渡辺 勘次　わたなべ・かんじ
養蚕学者 東京帝国大学教授
明治20年（1887年）3月22日～昭和31年（1956年）10月31日
生滋賀県　専蚕糸学、蚕卵　学東京帝国大学農科大学〔明治44年〕卒 農学博士　歴農商務省原蚕種製造所に勤め、蚕卵の化性について研究。昭和11年蚕糸試験場生理部長で退官し、東京帝国大学教授となった。16～21年農林省蚕業課長を兼任、22年退官した。以後蚕糸試験場嘱託、東京農業大学教授、玉川大学教授を務めた。著書に「養蚕学」などがある。　賞農学賞〔大正14年〕

渡部 菊二　わたなべ・きくじ
水彩画家
明治40年（1907年）3月18日～昭和22年（1947年）4月18日
生福島県会津若松市　名本名＝渡部菊次　学会津中〔大正13年〕卒　歴昭和6年第18回日本水彩画展に「田園風景」を出品、初入選。7年以降、同展と白日会展に出品。8年上京し、小学校教師を務めながら創作を続ける。9年水彩画展に「人形売りの少女」「新聞売り」「街の手品師」を出品、第一賞を受賞。11年文展審査員に「日蝕」が入選し、注目を集める。同年、脇田和、春日部たすく等と水彩画グループ「土曜会」を結成。13年秋より挿絵の仕事を始め、「講談雑誌」「譚海」などに多くの作品を発表する。15年小堀進、荒谷直之介らと水彩連盟を結成、以後「笛」「働く少女」「夏の子」「戦国の少年」などを発表した。

渡辺 吉治　わたなべ・きちはる
美学研究家
明治27年（1894年）8月9日～昭和5年（1930年）10月11日
生新潟県新潟市　学東京帝国大学美学科卒　歴東京帝国大学美学科副手を務め、美学理論をキューン、コーンなどの学説に負い、またリッケルトなどの新カント学派の認識論の影響を受け、昭和初期の美学界に活躍した。著書に「美学概説」「美学原論」などがある。

渡辺 久吉　わたなべ・きゅうきち
地質学者 九州帝国大学教授
明治21年（1888年）9月3日～昭和15年（1940年）8月13日
生福島県　学東京帝国大学理科大学地質学科〔明治45年〕卒　歴明治45年農商務省技手となり、地質調査所に入って常磐炭田、北海道天塩油田、新潟県岡野町油田などを調査。さらに中国、シベリア、インドシナ、アフリカなどで鉱産資源調査に当たった。昭和13年九州帝国大学教授となり、理学部地質学教室で応用地質学を担当。15年軍務で樺太出張。第3紀日本列島の古地理、北海道第3紀構造発達史の総括などに業績がある。

渡辺 甲一　わたなべ・こういち
陸軍軍医中将
明治27年（1894年）3月2日～昭和43年（1968年）11月11日
出東京都　学東京帝国大学卒　歴陸軍省医務局長、陸軍軍医学校長などを歴任。戦後、復員局医務部長を務めた。

渡辺 香涯　わたなべ・こうがい
日本画家
明治7年（1874年）11月24日～昭和36年（1961年）9月29日
生東京府四谷区（東京都新宿区）　名本名＝渡辺啓三　学東京美術学校日本画科〔明治30年〕卒　歴山形県、群馬県の中学校教師を務めたのち、明治33年帰京。福井江亭らと无声会を結成し、定期展に出品。40年東京勧業博覧会に「西国巡礼」で褒状を受ける。日本漆工会会員、国華倶楽部員。大正6年から東京美術学校で教鞭を執り、9年～昭和8年教授を務めた。

渡辺 剛二　わたなべ・ごうじ
宇部興産会長
明治19年（1886年）9月24日～昭和34年（1959年）7月11日
出山口県宇部市　学京都帝国大学医学部卒　歴山口県議、宇部市議会副会長、沖の山炭鉱・宇部セメント・宇部鉄工所・宇部窒素・宇部電気鉄道など各社長を歴任。昭和17年宇部興産創立と同時に会長に就任。　家父＝渡辺祐策（宇部興産創始者）

渡辺 光徳　わたなべ・こうとく
版画家
明治20年（1887年）～昭和20年（1945年）
生福島県　専銅版画　歴亜欧堂田善を慕い、洋画家を志す。中村不折に師事した後、銅版画を独学。昭和2～4年帝展に入選。3年、4年日本創作版画協会展に出品し、6年日本版画協会創立会員となる。

渡辺 小五郎　わたなべ・こごろう
彫刻家
明治44年（1911年）～昭和16年（1941年）2月28日
生宮崎県延岡市　学東京美術学校〔昭和10年〕卒　歴昭和10年東京美術学校を卒業して以来、毎年二科展に出品。没後、会員に推された。

渡辺 三郎　わたなべ・さぶろう
実業家 日本特殊鋼創業者
明治13年（1880年）12月2日～昭和26年（1951年）1月8日
生群馬県碓氷郡松井田町（安中市）　名旧姓・旧名＝大河原　学群馬中〔明治34年〕卒、一高工科〔明治37年〕卒、東京帝国大学工学部採鉱冶金科〔明治40年〕卒 工学博士（東京帝国大学）〔大正9年〕　歴一高、東京帝国大学工学部に進み、同級には京都帝国大学教授となった井出健六がいた。明治40年古河鉱業所に入社。41年渡辺家に婿入り。44年古河鉱業所を退職してドイツのアーヘン工科大学に留学したが、大正3年妻の急逝により帰国。4年東京帝国大学工学部講師となり、同年日本特殊鋼合資会社を創業。この時に"特殊鋼"という言葉を造語した。昭和12年株式会社化。特殊鋼の生産会社として軍需を中心に業績を伸ばした。同年日本鉄鋼協会に5万円を寄付し、渡辺三郎賞が制定された。21年勅選貴族院議員。刀剣の収集家としても知られ、国宝2口、重要文化財13口を所有した。　家兄＝大河原豊太郎（松井田銀行頭取）、大河原栄之助（日本特殊鋼社長）、岳父＝渡辺福三郎（実業家・貴族院議員）　勲勲五等瑞宝章〔昭和3年〕

渡辺 治右衛門（8代目）　わたなべ・じえもん
東京渡辺銀行頭取
明治1年（1868年）11月10日～昭和5年（1930年）1月4日
生岐阜県海津郡　名旧姓・旧名＝吉田　歴7代目渡辺治右衛門の養子となり、明治30年高須貯蓄銀行を創立し、取締役。41年株式仲買店を開き巨富を得たが、昭和2年の財界恐慌により破産、浅草精光寺に隠遁した。

渡辺 修三　わたなべ・しゅうぞう
詩人

明治36年（1903年）12月31日〜昭和53年（1978年）9月9日

[生]宮崎県延岡市　[学]早稲田大学英文科中退　[歴]在学中に「街」を創刊し、のち佐藤惣之助に教わり「詩と詩論」などに詩作を発表。昭和11年からは郷里の延岡で農場経営の傍ら「九州文学」に所属して詩作を続けた。詩集に3年刊行の「エスタの町」をはじめ「ペリカン嶋」「農場」「谷間の人」などがある。

渡辺 錠太郎　わたなべ・じょうたろう
陸軍大将

明治7年（1874年）4月16日〜昭和11年（1936年）2月26日

[生]愛知県小牧市中町　[学]陸士（第8期）〔明治29年〕卒、陸大〔明治36年〕卒　[歴]陸大を首席で卒業、大正6年オランダ駐在武官、14年陸大校長、15年第7師団長、昭和4年航空本部長、5年台湾軍司令官を歴任。10年真崎甚三郎更迭後の教育総監に就任するが、軍の中立を主張し天皇機関説排撃論を非難、統制派の頭目とみなされ、二・二六事件で襲撃され、東京杉並の自宅で殺害された。　[家]二女＝渡辺和子（ノートルダム清心女子大学理事長）

渡辺 晨畝　わたなべ・しんぽ
日本画家

慶応3年（1867年）11月3日〜昭和13年（1938年）2月11日

[生]陸奥国安積郡多田野村（福島県郡山市）　[名]本名＝渡辺昇、旧姓・旧名＝安藤、別号＝香庵　[歴]日本画家・荒木寛畝の門人となり、花鳥画、特に孔雀の絵を得意とした。日本美術協会展、日本画会展などで受賞を重ね、読画会・日本美術協会・日本画会の会員となり、東方絵画協会幹事を務める。また大正7年支那に漫遊、北京で日華連合絵画研究会を組織し、10年と13年に日華連合展を開催、昭和9年には新京に日満連合展を開催した。日中画壇の交流に尽力し、多くの作品に徐世昌・愛新覚羅溥儀・愛新覚羅溥傑らの賛がある。

渡辺 水巴　わたなべ・すいは
俳人

明治15年（1882年）6月16日〜昭和21年（1946年）8月13日

[生]東京府浅草区小島町（東京都台東区）　[名]本名＝渡辺義、別号＝静美、流觴居　[学]日本中〔明治32年〕中退　[歴]若くして俳句に親しみ、明治33年内藤鳴雪の門に入る。39年「俳諧草紙」を創刊し、42年「文庫」に合併する。大正2年曲水吟社を設立、また「ホトトギス」に投稿する。4年「水巴句集」を刊行し、5年「曲水」を創刊。他の句集に「水巴句帖」「白日」「富士」「水巴句集」（昭和31年）などがあり、文集に「路地の家」「彼岸の薄雷」「雨傘」などがある。　[家]父＝渡辺省亭（日本画家）、妻＝渡辺桂子（俳人）、娘＝渡辺恭子（俳人）

渡辺 すみ子　わたなべ・すみこ
陸上選手

大正5年（1916年）11月28日〜平成22年（2010年）11月2日

[出]愛知県名古屋市　[名]後名＝梅村すみ子　[学]中京大学〔昭和33年〕卒　[歴]昭和7年名古屋高等女学校4年の15歳の時に陸上女子100メートルで日本記録の12秒2を樹立、その後19年間破られなかった。同年ロサンゼルス五輪では女子400メートルリレーで5位に入賞。国際大会には3回出場した。18歳で引退し、19歳で梅村学園園長・梅村清明と結婚。33年41歳で中京大学を卒業し、38年教授に就任。50年退職。39年東京五輪で陸上女子の強化コーチを務めた。　[家]夫＝梅村清明（梅村学園園長）、長男＝梅村清弘（梅村学園園長）

渡辺 節　わたなべ・せつ
建築家

明治17年（1884年）11月3日〜昭和42年（1967年）1月21日

[生]福島県　[学]東京帝国大学工科大学建築学科〔明治41年〕卒　[歴]朝鮮総督府、鉄道院西武鉄道管理局、鉄道院勤務を経て、大正5年大阪に渡辺建築事務所を開設、大阪を代表する建築家として関西を中心に名作を残した。いち早く米国の都市建築に着目し、合理的な計画性と風格ある様式建築の表現をあわせ持つ設計で、「大阪商船神戸支店」（11年）では工期短縮と経費節減のため日本で初めて外装にテラコッタ、内装にプラスター塗りを用い、「日本勧業銀行本店」では耐震構造やサーモスタット付き冷暖房、自家発電機を採用。このほか「大阪ビルヂング」「日本綿業会館」等がある。15年旭家具装飾設立。昭和21年大阪に渡辺建築事務所を再建。26年都市不燃化促進連合会会長、27年大阪府建築士会会長、日本建築士会名誉会長も務めた。村野藤吾は事務所初期からの弟子。

渡辺 大濤　わたなべ・だいとう
哲学者

明治12年（1879年）4月8日〜昭和33年（1957年）8月

[生]新潟県　[名]本名＝渡辺信治　[学]哲学館（現・東洋大学）中退、立教学院（現・立教大学）中退　[歴]江戸時代の思想家安藤昌益を発見した狩野亨吉に師事。安藤昌益を研究し、関東大震災で焼失する前に「自然真営道」全巻を読んで、昭和5年「安藤昌益と自然真営道」を著した。またサンスクリットを独学し、大地と生命の関係から思索し、愛を軸とした大地礼賛の独特の新宗教 "大地の宗教" を唱え、一人で全国を巡って布教活動を行った。他の著書に「新宗教の根本義」「人類聖典」など。

渡辺 大陸　わたなべ・たいりく
野球選手

明治34年（1901年）7月8日〜昭和30年（1955年）12月11日

[生]兵庫県　[学]明治大学〔大正12年〕卒　[歴]神戸二中時代から剛球投手。明大に入り、1試合中に捕手がその速球を胸に当てて3人も交代したという。大正10年極東大会予選でダイヤモンドに連敗したが、延長13回奪三振27の記録。11年春の六大学では早慶立に勝ちながら、法に敗れ初優勝を逸した。12年大阪毎日新聞入社、大毎球団から全京城に移り、昭和4年第3回都市対抗に初出場、準決勝で満州クラブに敗退。5年台湾総督府交通課に転じ、台北交通団主将兼投手で第7回まで連続出場。6年日米野球に3試合出場。戦後国民野球宇高レッドソックス、そのほかノンプロでも活躍。25年大洋ホエールズ総監督、29年学習院大監督などを歴任した。

渡辺 千冬　わたなべ・ちふゆ
実業家　子爵　法相　貴族院議員

明治9年（1876年）5月1日〜昭和15年（1940年）4月18日

[生]長野県松本市　[学]東京帝国大学法科大学〔明治33年〕卒　[歴]宮内相を務めた渡辺千秋の三男で、叔父である渡辺国武の養子となる。大学を出て実業界に入り、日本製鋼所、北海道炭砿汽船、日仏銀行などの重役を歴任。明治41年衆議院議員に当選、1期務める。大正9年襲爵後は貴族院議員に選ばれて研究会で重きをなし、浜口内閣、第二次若槻内閣で法相を務めた。その後は大阪毎日新聞取締役、枢密顧問官などのほか関東国粋会総裁に就いたこともある。　[家]実父＝渡辺千秋（伯爵・宮内相）、養父＝渡辺国武（子爵・蔵相）、息子＝渡辺武（銀行家）、渡辺慧（物理学者）

渡辺 千代三郎　わたなべ・ちよさぶろう
実業家　南海鉄道社長　貴族院議員（勅選）

慶応1年（1865年）8月〜昭和11年（1936年）4月5日

[出]岐阜県　[学]帝国大学法科大学〔明治22年〕卒　[歴]明治24年日本銀行に勤務を経て、帝国商業銀行に入り副支配人を務める。のち西成鉄道社長、大阪瓦斯社長、南海鉄道社長、帝国瓦斯協会会長などを歴任。26年以降、銀貨制度取り調べのために米国、メキシコ、カナダ諸国へ、また取引所制度及び外

昭和人物事典 戦前期　　　　　　わたなべ

国のガス事業関係法規並びに経営方法取り調べなどのため欧米各国に出張した。昭和2年から勅選貴族院議員。

渡辺 銕蔵　わたなべ・てつぞう
経済学者 衆議院議員 東京帝国大学経済学部教授
明治18年(1885年)10月14日〜昭和55年(1980年)4月5日
[生]大阪府大阪市　[学]東京帝国大学法科大学政治学科〔明治43年〕卒 法学博士〔大正6年〕　[歴]明治43年東京帝国大学法科大学政治学科を首席で卒業。同年から英国・ドイツに留学。大正2年帰国して東京帝大法科大学助教授となり商業学第一講座を担当、5年教授。8年経済学部設立に携わり同教授。この間、細菌学者・北里柴三郎の長女と結婚。昭和2年職を辞して東京商業会議所書記長に就任、3年商工会議所法により東京商工会議所専務理事、また日本商工会議所設立に伴い、その専務理事も兼務した。8年国際労働機関(ILO)総会に使用者側代表として出席。同年より政府・軍部が産業組合の拡大運動を進め経済統制に着手すると、これに反対の立場を取り、商権擁護運動を進めたが、9年理事辞職を余儀なくされた。11年民政党から衆議院議員に当選、12年落選。13年渡辺経済研究所を開設、世界各国の財政・物価・国防資源などの調査研究をもとに、日独伊三国同盟締結や対米戦争開戦に反対の論陣を張ったが、19年造言蜚語を流布したとして投獄され、懲役1年、執行猶予3年の判決を受けた。戦後は強力な労働組合を持つ東宝の社長に就任、"来なかったのは軍艦だけ"といわれた東宝争議の一方の当事者となった。　[家]長男＝渡辺文夫(東京海上火災保険社長)、岳父＝北里柴三郎(細菌学者・男爵)

渡辺 刀水　わたなべ・とうすい
陸軍中将 日本史学者
明治7年(1874年)7月27日〜昭和40年(1965年)5月23日
[生]熊谷県前橋(群馬県前橋市)　[名]本名＝渡辺金造　[専]人物志　[学]陸士(第9期)〔明治30年〕卒、陸大〔明治39年〕卒　[歴]大正11年歩兵第40旅団長、13年台湾軍参謀長、昭和2年7月陸軍中将に進み、下関要塞司令官。3年退役し、以後学究活動に専念。三古会を創立、人物研究を行い、筆跡鑑定にも長じた。著書に「平田篤胤研究」、「渡辺刀水集」(全5巻)など。

渡辺 徹　わたなべ・とおる
心理学者 日本大学教授
明治16年(1883年)9月7日〜昭和32年(1957年)1月12日
[生]福島県　[学]東京帝国大学文科大学哲学科心理学専修〔明治43年〕卒　[歴]大正3年日本大学講師、5年戸板女子専門学校教授を経て、9年日本大学教授に就任。没年までその任にあり、その間国学院大学、帝国女子専門学校、二松学舎専門学校などでも講義を行った。また日本心理学会、日本応用心理学会などの常任役員、厚生、文部、労働各省の諸種審議会委員として活躍するなど、心理学界、教育界に大きく貢献した。我が国の人格心理学の草分け的存在。著書に「鎌田鵬の研究」「旧新人国記」「渡辺徹心理学論文集」など。

渡辺 徳助　わたなべ・とくすけ
衆議院議員
明治4年(1871年)12月29日〜昭和25年(1950年)7月12日
[生]岐阜県日吉村(瑞浪市)　[歴]明治20年頃から生地の岐阜県日吉村付近で亜炭の採掘を始める。長年亜炭鉱業を経営し、軍隊用などで市場を広げ、昭和25年頃まで盛んであった亜炭産業の中心人物となった。蘇東銀行、中部電力の重役も務めた。一方、岐阜県議を6期務めた後、3年衆議院議員(政友会)に当選1回。

渡辺 俊雄　わたなべ・としお
冶金学者 京都帝国大学名誉教授
明治10年(1877年)6月20日〜昭和14年(1939年)9月17日
[生]福岡県　[専]電気冶金学　[学]五高〔明治30年〕卒、東京帝国大学工科大学採鉱冶金学科〔明治33年〕卒 工学博士(京都帝国大学)〔明治44年〕　[歴]明治33年農商務技手、34年京都帝国大学助教授となり、35年採鉱冶金学研究のため欧米へ留学。39年帰国、40年仙台高等工業学校教授、43年京都帝国大に教授として戻り、冶金学第二講座を担当。昭和3年工学部長となり、12年退官。著書に「採鉱冶金時評集」がある。

渡辺 とめ子　わたなべ・とめこ
詩人 歌人
明治15年(1882年)7月17日〜昭和48年(1973年)6月8日
[生]東京都　[名]本名＝渡辺留子　[学]お茶の水女学校　[歴]明治34年結婚するが、大正7年に死別し、のち「心の花」に参加。14年歌集「高原」を刊行。昭和3年「火の鳥」を創刊。他の歌集に「立春」「原型」などがある。　[家]父＝大山巌(陸軍大将・元帥)　[賞]木下利玄賞(第6回)〔昭和19年〕

渡辺 直己　わたなべ・なおき
歌人
明治41年(1908年)6月4日〜昭和14年(1939年)8月21日
[生]広島県呉市　[学]広島高等師範学校国漢科〔昭和5年〕卒　[歴]呉市立高等女学校の教師をしながら作歌をし、昭和10年アララギに入会、土屋文明に師事する。9年陸軍歩兵少尉となり、12年日華事変で北支派遣軍山下兵団小隊長として天津に応召し、リアリズムに徹した戦争歌を詠むが、14年に戦死。没後の15年「渡辺直己歌集」が刊行された。戦争歌人中の白眉といわれる。

渡辺 襄　わたなべ・のぼる
物理学者 商工省中央度量衡検定所所長
明治14年(1881年)8月16日〜昭和45年(1970年)2月28日
[専]精密測定　[学]東京帝国大学理科大学〔明治37年〕卒　[歴]海軍大学校教官兼海軍軍医学校教官、海軍技師、農商務技師兼海軍技師を経て、商工省工務局中央度量衡検定所所長。昭和13年光波長を規準とする基線測定に関する研究で帝国学士院メンデンホール記念賞を受けた。著書に「精密機械の基礎〈上〉」、共著に「精密測定器最近の進歩」などがある。　[賞]帝国学士院メンデンホール記念賞(第28回)〔昭和13年〕

渡辺 白泉　わたなべ・はくせん
俳人
大正2年(1913年)3月24日〜昭和44年(1969年)1月30日
[生]東京市赤坂区(東京都港区)　[名]本名＝渡辺威徳　[学]慶応義塾大学経済学部〔昭和11年〕卒　[歴]16歳頃から句作をし「馬酔木」「句と評論」「風」「広場」「京大俳句」「天香」などで新興俳句運動を推進する。昭和15年京大俳句弾圧事件に連座し、以後は古典俳句研究に専念。41年「渡辺白泉集」を刊行した。

渡辺 一　わたなべ・はじめ
美術史家
明治37年(1904年)〜昭和19年(1944年)3月23日
[生]新潟県長岡　[学]東京帝国大学文学部美学美術史学科〔昭和4年〕卒　[歴]昭和4年京城帝国大学法文学部に赴任し、田中豊蔵、上野直昭教授の助手となる。6年帝国美術院附属美術研究所嘱託となり、資料収集や創刊当時の機関誌「美術研究」編集に従事。10年九州帝国大学法文学部の依嘱で日本上代絵画史を講義。傍ら「東洋美術総目録」の作成に専念、中国絵画史の禅宗系統、日本の東山水墨画などを研究した。15年応召、19年3月ビルマ戦線で戦死した。

渡辺 はま子　わたなべ・はまこ
歌手
明治43年(1910年)10月27日〜平成11年(1999年)12月31日

わ

857

生神奈川県横浜市 名本名＝加藤浜子 学武蔵野音楽学校〔昭和8年〕卒 歴オペラ歌手を志したが歌謡曲に転じ、昭和8年「ひとり静」でデビュー。11年「忘れちゃいやヨ」がヒットするが、"官能的だ"との理由で内務省から発禁処分を受ける。13年「支那の夜」が大ヒット。その後は「蘇州夜曲」など中国大陸を題材にした曲を発売し、"チャイナ・メロディーのおはまさん"と呼ばれる。「何日君再来」「あゝモンテンルパの夜は更けて」「桑港のチャイナタウン」は今でもナツメロに登場する大ヒット曲。終戦時、抑留生活を送った苦い経験から、27年にフィリピンのモンテンルパに抑留されている旧日本軍将兵を慰問し、戦犯の減刑と釈放を嘆願した逸話がある。80歳を超えるまで現役で歌い続け、歌手生活は60年を超え、吹き込んだ曲の総数は約1800曲に上り日本歌謡曲史に残る歌手の一人だった。

渡辺 仁　わたなべ・ひとし

建築家

明治20年（1887年）2月16日〜昭和48年（1973年）9月5日

生東京都 学東京帝国大学工科大学建築学科〔明治45年〕卒 歴大学卒業後、鉄道院、通信省を経て、大正9年に渡辺仁工務所を設立し自立、多彩な業績を残す。鉄道院在職中から鶴見総持寺大梵鐘、開港記念横浜会館、明治神宮宝物殿、帝国議会議事堂などの懸賞設計や設計競技に入選。昭和に入ってからも、横浜の「ホテルニューグランド」、銀座の「服部セイコービル和光本店」、旧帝劇などの商業ビルを数多く手がける一方、「東京帝室博物館」（現・「東京国立博物館」）や「第一生命館」（元GHQ）などを競技設計で受託した。両ビルの形態は満州事変以後の15年戦争体制を建築的に体現したものと言われた。昭和4〜7年久米権九郎と渡辺久米建築事務所を設立。戦後は20年の暮れに早くも横浜で米第八軍司令部の本牧家族住宅計画に従事した。28年渡辺・高木建築事務所を開設、42年渡辺仁建築事務所に改称。 家父＝渡辺渡（鉱山学者）

渡辺 均　わたなべ・ひとし

小説家 新聞記者

明治27年（1894年）8月6日〜昭和26年（1951年）3月16日

生兵庫県 学京都帝国大学文学部卒 歴大正8年大阪毎日新聞社に入り、学芸部副部長などを務め昭和16年退社。この間サンデー毎日などに作品を書いた。長編「祇園十二夜」短編集「創作集 一茶の僻み」などがある。学生時代、江戸末期の滑稽本作者を研究、晩年には上方落語についても研究した。

渡辺 泰邦　わたなべ・やすくに

衆議院議員

明治24年（1891年）8月〜昭和24年（1949年）10月5日

出東京都 学早稲田大学政治経済科専門部 歴函館新聞記者、函館区会議員、函館市議を経て、昭和5年衆議院議員となり当選4回。関税調査委員会委員、商工省委員、大政翼賛会中央協力会議員となった。

渡辺 勇次郎　わたなべ・ゆうじろう

日本ボクシング界の生みの親

明治20年（1887年）11月11日〜昭和31年（1956年）6月28日

生栃木県塩谷郡片岡村安沢（矢板市） 学真岡中退 歴明治38年中学4年で退学となり、39年単身渡米。サンフランシスコで、不良少年のボクシングに敗れボクサーを志す。41年プロデビュー後16連勝し、米国太平洋岸4回戦王となる。大正10年帰国し、日本初の本格的なジム・日本拳闘倶楽部を創立、日本に本格的ボクシングを普及させた。ジムからは、荻野貞行、田中禎之助、岡本不二、白田金太郎、ピストン堀口などが出ている。日本ボクシング界の生みの親。

渡辺 義郎　わたなべ・よしお

東海銀行会長 愛知銀行頭取

明治5年（1872年）9月24日〜昭和30年（1955年）12月31日

生山梨県 名旧姓・旧名＝志村 学帝国大学法科大学政治科〔明治29年〕卒 歴日本銀行に入り、名古屋支店調査役から明治39年名古屋支店長、41年愛知銀行に招かれて常務、42年頭取となり、以来30余年、同行の発展に努めた。昭和16年当局の意向で名古屋・伊藤両銀行の合併を進め東海銀行を設立、18年まで会長を務めた。また昭和元年に設立し、20年東海銀行に買収された中央信託社長でもあった。さらに名古屋商工会議所顧問、豊川鉄道、日本窒素肥料、丸八貯蓄銀行、大隈鉄工所、愛知時計電機、愛知物産組、尾陽土地、日本貯蓄銀行、朝鮮水電などの役員を兼ね、中京財界の重鎮として活躍した。 家兄＝志村源太郎（勧銀総裁）

渡辺 義知　わたなべ・よしとも

彫刻家

明治22年（1889年）4月11日〜昭和38年（1963年）2月17日

生東京銀座（東京都中央区） 学日本美術学校彫刻科卒 歴独学で彫刻を始め、のち日本美術学校で研修。大正14年第12回二科展に「女の首」を出品。15年第13回二科展に「マダムAの首」「マルマゲの首」を出品して彫刻部初の樗牛賞受賞。初期は主に頭像を制作した。昭和3年第15回展では「泉の一部」他2点で二科賞を受けて会友に推され、6年会員となる。同年から二科会の研究所である番衆技塾の彫刻科で先輩の藤川勇造とともに指導に当たり、二科彫刻部の中心的存在となった。7年渡欧、ブールデルの影響を受ける。8年から戦時中にかけて二科展出品の連作「国土を護る」で名声を高めた。戦後、二科会復活にいち早く参加したが、民主同展への参加問題をめぐる対立から、21年除名退会し、日展招待作家となった。晩年の代表作に「白雲」や「広島赤十字原爆殉難者慰霊塔」などがある。逞しい作風の作品をよくした。 賞二科展樗牛賞（第13回）〔大正15年〕「マダムAの首」「マルマゲの首」，二科展二科賞（第15回）〔昭和3年〕「泉の一部」

渡辺 義美　わたなべ・よしみ

映画監督 記録映画作家

明治44年（1911年）10月28日〜昭和20年（1945年）

生大阪府大阪市 学中央大学法学部〔昭和11年〕卒 歴J・Oスタジオに入社。昭和12年同社が同盟通信社に吸収後、ニュース映画部に移り助監督となる。15年十字屋映画部に移り「鉄道保線区」を演出し注目される。16年十字屋は日本映画社に統合。17年陸軍落下傘兵の記録「空の神兵」を、19年にはインド洋での伊10号潜水艦の戦闘記録「轟沈」を撮る。一切の感傷を拒否し記録に徹したこの2作品は、全国で圧倒的な反響を巻き起こした。19年「ナベ3部作」を計画し、レイテ島へ出発したが、消息を断つ。

渡部 義通　わたなべ・よしみち

日本史学者 社会運動家

明治34年（1901年）7月15日〜昭和57年（1982年）6月28日

生福島県南会津郡伊南村古町 名筆名＝寺田守、山路六郎 専日本古代史、マルクス主義史学 学福島師範中退、明治大学政経学部中退 歴大正10年建設者同盟に加盟、11年明大に七日会を結成。病気療養のため帰郷し、15年福島県合同労組を結成、委員長となり、9月労働農民党福島県支部連合会書記長。昭和2年上京し、日本共産党に入党。3年三・一五事件で検挙され、獄中で日本古代史研究を始める。4年脊髄カリエスのため出所。5年「日本母系時代の研究」、8年「日本原始社会」、11年「日本古代社会」を刊行し、マルクス主義史学の発展に寄与した。15年再検挙され懲役2年6ケ月。戦後、日本共産党に再入党。民主主義科学者協会（民科）の創立に参画し、幹事長兼書記長に就任。24年衆議院議員に初当選。同年日本学術会議

会員。30年党史編集の必要を提唱し、33年社会主義政治経済研究所を設立。39年共産党を除名され、42年春日庄次郎らと共労党を結成した。他の著書に「古事記講話」「古代社会の構造」「思想と学問の自伝」「古代囲碁の世界」などがある。 家 妻＝三井礼子(女性史研究家)、兄＝渡部英三郎(郷土史家)

渡辺 世祐　わたなべ・よすけ

日本史学者 東京帝国大学史料編纂所史料編纂官
明治7年(1874年)3月13日～昭和32年(1957年)4月28日
生山口県吉敷郡下宇野令村(山口市)　名旧姓・旧名＝蔵田　専日本中世史　学東京帝国大学文科大学国史科〔明治33年〕卒 文学博士〔大正8年〕　歴埼玉県立熊谷中学に勤めた後、明治36年東京帝国大学大学院に進み、37年東京帝国大学史料編纂掛に入り、大正4年史料編纂官となった。傍ら38年から東京帝大文学部講師として室町時代史、戦国時代史を講じ、また43年より国学院大学にも出講。昭和7年明治大学教授兼任。11年史料編纂所を退官、14年まで嘱託を続けた。24～29年明治大学文学部長、国学院大学史学会長、文部省史料館評議員、地方史研究協議会第2代会長も務めた。著書に「関東中心足利時代之研究」「室町時代史」「安土時代史」「国史論叢」「毛利元就伝」などがある。

渡辺 渡　わたなべ・わたる

詩人
明治32年(1899年)～昭和21年(1946年)
生愛媛県壬生川町　歴大正9年北九州八幡で詩誌「びろうど」を出したが、のち上京、ダダイスム時代の詩壇に登場、15年菊田一夫らと「太平洋詩人」を創刊主宰、詩、評論を書いた。その後人生派風の詩に移行、「日本詩人」「詩文学」「詩原」などに拠った。詩集「海の使者」「天上の砂」「東京」がある。

綿貫 佐民　わたぬき・さみん

実業家 トナミ運輸創業者
明治29年(1896年)4月25日～昭和25年(1950年)9月7日
生兵庫県三原郡賀集村(南あわじ市)　名旧姓・旧名＝南　学慶応義塾大学理財科〔大正10年〕卒　歴大正10年日本電力に入社、12年能町変電所長として富山県に赴任。14年庄川水力電力に出向して庄川沿岸の発電所建設事業に従事し、建設反対派の農民・漁業関係者と交渉を重ねるが、このときの態度を地元・井波町の名望家で反対派の重鎮でもあった綿貫栄に認められ、15年同家の婿養子となった。その後、岳父や反対派を説き伏せて工事を完成させ、昭和6年日本電力を退社。周囲に推されて富山県議に当選した。7年東京海上火災保険会社の富山・石川代理店として加越商事を設立して社長に就任。8年より養家の綿貫姓を名のり、同家が代々務めてきた神官職も兼ねた。15年加越商事でシボレーやトヨタの自動車を購入して貨物運送を始め、同年砺波地方のバス会社を合同して誕生した全魔バス会社に就任。18年国の企業統合により砺波運輸株式会社(現・トナミ運輸)が発足すると、その初代社長となった。21年自由党より衆議院議員に当選。22年の衆議院選挙でも再選されたが公職追放に遭い、追放解除直前に死去した。 家長男＝綿貫民輔(衆議院議長)、父＝南嘉五郎(自由民権運動家)、兄＝南鉄太郎(衆議院議員)、岳父＝綿貫栄(富山県井波町長)

綿貫 六助　わたぬき・ろくすけ

小説家
明治13年(1880年)4月8日～昭和21年(1946年)12月19日
生群馬県利根郡久呂保村　学陸士卒、早稲田大学英文科〔大正7年〕卒　歴陸軍士官学校卒業後日露戦争に従軍し、のち早大に入る。長い軍隊生活や戦場体験などから、大正13年長編「戦争」を刊行。12年には短編集「霊肉を凝視めて」を刊行、以後大衆的な伝記や読物作家として活躍した。

和知 鷹二　わち・たかじ

陸軍中将
明治26年(1893年)2月1日～昭和53年(1978年)10月30日
生広島県広島市　学陸士(第26期)〔大正3年〕卒、陸大〔大正11年〕卒　歴参謀本部付支那研究員、済南特務機関などを経て、昭和6年参謀本部員兼陸軍大教官。同年急進的青年将校の結社桜会に所属し、十月事件に参画、憲兵隊に保護検束される。事件後関東軍参謀、広東駐在武官、太原機関長、支那駐屯軍参謀などを務め、陸軍中央や関東軍の強硬派と共に日中間の紛争拡大を画策。13年台湾軍司令部付となり特務工作に従事。開戦後、第14軍参謀、比島軍政監、南方軍総参謀副長など南方軍政を担当し、中将。20年中国憲兵司令官となる。戦後橘丸事件の戦犯として重労働6年の判決を受け、21～25年巣鴨拘置所に入った。

和智 恒蔵　わち・つねぞう

海軍大佐
明治33年(1900年)7月24日～平成2年(1990年)2月2日
生山口県　学海兵(第50期)〔大正11年〕卒、海大〔昭和3年〕卒　歴昭和6年通信学校入学以来、諜報活動に従事。12年東京海軍無線通信隊分隊長兼軍令部出仕となり、7月7日の盧溝橋事件後、中国軍進攻を予告する米海軍電報を傍受したが、陸軍側に無視され、日中全面戦争に突入した。太平洋戦争開戦前の15年末からメキシコ公使館付武官補佐官として米国の電報傍受と暗号解読を行う。帰国後19年3月から10月まで硫黄島警備隊司令(20年2月米軍上陸、3月全滅)。敗戦時は第32突撃隊司令、大佐。戦後は得度し、28年硫黄島協会を結成、同島に慰霊碑を建て、遺骨収集作業にも協力した。

和辻 哲郎　わつじ・てつろう

哲学者 倫理学者 評論家 東京帝国大学教授
明治22年(1889年)3月1日～昭和35年(1960年)12月26日
生兵庫県神崎郡砥堀村仁豊野(姫路市)　学東京帝国大学文科大学哲学科〔明治45年〕卒 文学博士(京都帝国大学)〔昭和7年〕　賞日本学士院会員〔昭和24年〕　歴東京帝国大学在学中、谷崎潤一郎らと第二次「新思潮」を発刊し、文筆生活に入る。東洋大学教授、法政大学教授などを経て、大正14年京都帝国大学倫理学助教授となり、15年～昭和3年ドイツに留学、6年教授に昇進。9年東京帝大倫理学科教授、24年定年退官。同年日本学士院会員、25年日本倫理学会初代会長、30年文化勲章を受賞。ニーチェ、キェルケゴール、日本思想史などを研究。独自の倫理学体系を確立し、近代日本を代表する思想家となる。主な著書に「ニイチェ研究」(大2)、「ゼエレン・キェルケゴール」(大4)、大和古寺巡りのブームを起した「古寺巡礼」(大8)、「日本古代文化」(大9)、「日本精神史研究」(大15)、「原始仏教の実践哲学」(昭2)、「人間の学としての倫理学」(昭9)、「風土」(昭10)、「倫理学」(全3巻、昭12～24)、「鎖国」(昭25)、「日本倫理思想史」(2巻、昭27)など。「和辻哲郎全集〈増補改訂版〉」(全27巻、岩波書店)がある。 家叔父＝和辻春次(医学者)、いとこ＝田中二郎(最高裁判事)、和辻春樹(工学者・京都市長)　勲文化勲章〔昭和30年〕

和辻 春樹　わつじ・はるき

造船技師 大阪商船専務
明治24年(1891年)9月5日～昭和27年(1952年)8月24日
生東京都　専船舶工学　学東京帝国大学工学部船舶工学科〔大正4年〕卒 工学博士　歴大正4年大阪商船に入社。監督課員、技師、船舶課設計主任、工務課長などを歴任し、昭和17年専務。この間、阪神～別府航路の客船「紫丸」「紅丸」や空母「海鷹」に改装された客船「あるぜんちな丸」など、約80隻の商船を設計・建造。21年最後の官選京都市長に就任したが、8ケ月で退任。文章もよくし、著書に「随筆 船」「造船学」「科学する心構え」「生活の科学化」などがある。 家父＝和辻春次(医

わに　　　　　　　　　　　　　　　昭和人物事典 戦前期

学者），従兄＝和辻哲郎（哲学者）

和仁 貞吉　　わに・ていきち
大審院院長
明治3年（1870年）5月12日〜昭和12年（1937年）12月3日
学 東京帝国大学英法科〔明治27年〕卒 法学博士〔大正9年〕　歴
旧宇都宮藩侍医の子に生まれる。明治29年判事となり、浦和・
東京・大阪各地方裁判所に勤務。のち検事となり、長崎・大
阪・東京各控訴院検事長からさらに判事に転じ、東京控訴院
長。昭和6年大審院長に就任、10年まで務めた。

わ

出身都道府県別索引

出身都道府県別索引 岩手県

【北海道】

赤沢 大助	11
安達 五郎	26
有末 精三	39
池 善二	50
石塚 喜久三	64
石橋 智信	67
板垣 武男	75
板谷 順助	76
板谷 宮吉	77
一柳 仲次郎	82
伊藤 整	86
稲田 昌植	91
稲村 順三	92
稲村 隆一	92
岩本 徹三	114
上田 スミレ	117
上野山 清貢	119
植村 泰二	121
榎本 吉夫	136
大島 寅吉	149
大島 正満	150
大田 菊子	151
大月 源二	158
岡田 伊太郎	171
岡田 三郎	172
岡田 七蔵	172
岡田 春夫	174
岡本 一平	178
奥田 良三	185
小熊 秀雄	186
小山内 竜	190
勝見 正義	217
加藤 建夫	222
加藤 光	223
金児 杜鵑花	228
金子 元三郎	229
亀井 勝一郎	236
川俣 清音	251
河村 幹雄	253
金成 マツ	257
岸 道三	264
北 勝太郎	265
木下 成太郎	274
木村 信六	279
木村 秀政	281
久保 栄	293
久保 信	294
栗林 徳一	301
栗谷川 平五郎	302
黒木 しのぶ	303
小林 千代子	332
小山 昇	339
左川 ちか	355
佐々木 孝丸	361
笹崎 僙	363
佐藤 清	366
真田 穣一郎	372
佐分利 信	374
寒川 光太郎	374
沢田 利吉	376
島木 健作	392
子母沢 寛	400
素木 得一	408
杉村 広蔵	417

鈴木 孝	424
スタルヒン, ビクトル	429
須藤 政男	429
隅田 満寿代	431
関戸 力	434
関矢 留作	435
高勢 実乗	448
高橋 昂	451
高橋 栄治	451
滝内 礼作	462
武内 清	465
但野 寛	476
竜田 峻次	478
田中 清玄	481
田中 五呂八	482
田辺 潔	488
田保橋 潔	493
地崎 宇三郎(2代目)	498
辻村 もと子	506
手代木 隆吉	515
寺島 柾史	518
天満 芳太郎	520
土居 通次	521
東条 貞	523
登坂 良作	531
鳥潟 隆三	540
永沢 富士雄	551
中島 葉那子	554
中塚 竹禅	558
中野 登美雄	562
中村 テル	570
中村 武羅夫	572
中山 正男	574
南雲 正朔	575
名寄岩 静男	578
南部 忠平	581
仁木 他喜雄	583
西田 信春	587
西村 青児	590
根上 博	596
能代 八郎	600
野田 高梧	601
野呂 栄太郎	607
長谷川 昇	616
長谷部 鋭吉	617
畑 英太郎	618
バチェラー 八重子	621
花田 長太郎	625
林 儀作	632
林 甚之丞	633
林 路一	635
半沢 洵	642
坂東 幸太郎	642
板東 三百	643
平井 喜久松	650
平井 武雄	650
冨士 月子	665
布施 現之助	677
筆谷 等観	678
古沢 磯次郎	681
逸見 重雄	683
堀 経夫	690
堀内 寿郎	691
本庄 陸男	694
牧屋 善三	705
松実 喜代太	721

丸谷 喜市	729
三岸 好太郎	735
三杉磯 善七	736
三井 徳宝	743
村上 元吉	766
村中 孝次	768
森 正則	778
森田 たま	781
森竹 竹市	782
八木 義徳	785
梁川 剛一	791
梁田 貞	795
山口 蓬春	803
山田 勝己	810
山田 玄太郎	810
山本 市英	818
山本 厚三	819
譲原 昌子	826
吉田 一穂	835
渡辺 温	854

【青森県】

相沢 良	3
秋田 雨雀	14
明本 京静	17
綾川 五郎次	33
綾若 真生	34
淡谷 のり子	41
板垣 直子	75
伊藤 馨	84
井沼 清七	93
岩田 富美夫	112
岩谷 山梔子	115
上原 げんと	119
薄田 斬雲	124
宇野 要三郎	129
梅田 豊月	130
梅村 大	131
江口 隆哉	133
江渡 狄嶺	135
大下 常吉	148
大ノ里 万助	161
長内 則昭	190
鏡岩 善四郎	205
笠井 甚一郎	208
加藤 謙一	220
神長倉 真民	225
兼田 秀雄	229
樺沢 繁市	232
川守田 順一郎	254
菊岡 久利	259
菊池 秋雄	260
菊池 武憲	261
菊池 良一	262
菊谷 栄	262
北村 小松	271
木村 仙秀	280
木村 秀政	281
工藤 敬三	290
工藤 忠	290
工藤 鉄男	291
工藤 十三雄	291
工藤 富治	291
熊谷 二郎	297
郡場 寛	316

今 純三	340
今 裕	340
今 和次郎	340
斎藤 吉彦	345
佐々木 嘉太郎(3代目)	359
笹森 順造	363
佐藤 紅緑	368
佐藤 尚武	370
清水川 元吉	399
杉野 喜精	416
千崎 如幻	438
高橋 堅	452
竹森 節堂	472
太宰 治	473
対馬 勝雄	505
蔦谷 竜岬	507
道川 茂作	522
永嶋 暢子	554
中田 重治	556
中野 桂樹	560
中村 良三	572
鳴海 要吉	580
丹羽 洋岳	594
芳賀 まさお	608
羽衣 歌子	609
長谷川 才次	615
畑井 新喜司	619
羽仁 もと子	627
原 信子	638
平出 英夫	651
平山 為之助	656
福士 幸次郎	661
藤井 達也	667
藤岡 忠仁	668
藤田 謙一	670
松ノ里 直市	720
松本 彦次郎	726
三浦 一雄	730
宮川 久一郎(2代目)	751
宮川 忠助	751
毛内 靖胤	771
森 英之進	776
森田 重次郎	780
柳田 泉	793
山田 幸五郎	810
山田 純三郎	811
山田 伸三	812
吉町 太郎一	842
米内山 庸夫	845
和田 山蘭	853

【岩手県】

浅利 三朗	21
阿部 勝雄	28
阿部 美樹志	31
石川 準十郎	61
石川 哲郎	61
岩動 炎天	72
板垣 征四郎	74
板垣 政参	75
板沢 武雄	75
伊藤 敦子	83
入間野 武雄	107
遠藤 政次郎	138
及川 奥郎	138

宮城県　　　　　　　　　　出身都道府県別索引

氏名	頁
及川 古志郎	138
太田 孝太郎	152
織田 秀雄	193
小田島 孤舟	194
小野 清一郎	197
小野寺 章	200
小野寺 直助	200
小野寺 信	200
小原 節三	202
葛西 勝弥	208
柏田 忠一	212
川辺 真蔵	251
菊池 勇夫	260
菊池 知勇	261
菊池 長右エ門	261
金田一 京助	286
久慈 次郎	288
熊谷 巌	296
煙山 専太郎	307
郷古 潔	311
後藤 清郎	326
五味 清吉	336
斎藤 実	347
佐伯 郁郎	349
栅瀬 軍之佐	356
佐藤 昌介	368
沢田 兼吉	376
椎名 悦三郎	379
志賀 和多利	382
白井 成允	406
杉村 陽太郎	417
鈴木 東民	425
鈴木 利貞	425
園井 恵子	440
高橋 寿太郎	453
高橋 純一	453
田子 一民	473
多田 武雄	475
巽 聖歌	479
伊達 順之助	487
田中舘 愛橘	487
田中舘 秀三	487
田丸 節郎	494
田丸 卓郎	495
辻山 治平	506
出淵 勝次	516
照井 栄三	519
東条 英機	523
鳥取 春陽	532
永見 隆二	564
中村 儀三郎	566
新渡戸 稲造	592
野村 益太郎	604
野村 胡堂	604
橋本 善太	612
広瀬 為久	657
広瀬 藤四郎	658
藤塚 鄰	671
二見 直三	678
古沢 元	681
堀江 尚志	692
増田 抱村	708
松川 昌蔵	714
松本 竣介	724
三井 道郎	730
三島 駒治	735
三田 定則	741
三田 循司	741
三船 久蔵	749
宮城山 福松	752
宮沢 賢治	755
森 荘已池	778
森口 多里	779
八角 三郎	790
弓館 小鰐	826
米内 光政	844
和賀 行男	848

【宮城県】

氏名	頁
相沢 三郎	3
阿子島 俊治	17
東 勇作	24
阿刀田 令造	27
阿部 温知	28
阿部 幸四郎	29
阿部 万治郎	31
阿部 豊	31
甘粕 正彦	32
阿波 研造	41
粟屋 仙吉	41
安藤 利吉	44
石川 善助	61
石田 熊治郎	65
石田 東陵	65
一力 次郎	82
伊藤 忍	85
井上 成美	95
今泉 定助	103
今村 均	105
今村 方策	105
岩住 良治	111
岩淵 辰雄	113
氏家 清吉	123
氏家 信	123
内ヶ崎 作三郎	125
内田 隆	126
遠藤 源六	137
生出 仁	139
大池 唯雄	140
大石 倫治	141
太田 聴雨	152
大友 幸助	158
大沼 かねよ	159
大原 清之助	162
岡崎 憲	169
尾形 亀之助	171
小倉 伸吉	187
小倉 進平	187
牡鹿 頂山	191
押川 清	191
小野 華堂	196
小野寺 長治郎	200
小山 倉之助	203
海藤 抱壺	205
蠟崎 千晴	206
桂川 質郎	218
加藤 栄吉	219
金子 魁一	227
上山 草人	236
萱場 軍蔵	238
萱場 資郎	238
菊田 多利男	259
橘川 司亮	272
城戸 俊三	272
熊谷 武雄	297
国分 青厓	318
小島 昴	320
小杉 勇	321
小室 達	338
今野 大力	343
斎藤 善右衛門（10代目）	345
斎藤 真	347
佐々木 家寿治	359
佐左木 俊郎	362
佐藤 彰	365
佐藤 亀八郎	366
佐藤 清	366
沢口 悟一	375
志賀 潔	381
志賀 直哉	381
柴田 勝衛	389
渋谷 徳三郎	392
庄司 一郎	403
菅原 伝	414
菅原 通敬	414
鈴木 氏亨	422
鈴木 弘子	426
鈴木 文治	427
鈴木 道太	427
鈴木 安孝	428
高橋 英吉	451
高橋 敬視	452
高橋 清吾	454
高橋 長七郎	455
高橋 正雄	456
高橋 義次	457
武原 熊吉	471
多田 駿	475
田村 寛貞	496
千葉 胤次	499
千葉 胤成	499
千葉 春雄	499
千葉 勇五郎	499
千葉 了	500
月形 龍之介	502
土浦 信子	507
土井 辰雄	521
土井 晩翠	521
常盤 大定	527
中川 望	549
中島 鵬六	554
中村 幸之助	567
二階堂 清寿	583
西野 みよし	589
野口 栄五郎	598
橋本 賢輔	611
支部 沈黙	617
畠山 孝	619
早坂 久之助	631
平山 清次	655
広田 寒山	658
藤沢 幾之輔	669
布施 辰治	677
朴沢 三二	684
星 廉平	685
保科 善四郎	685
前田河 広一郎	700
松岡 二十世	713
真山 青果	728
宮沢 清作	756
村松 久義	769
森 兵吾	779
守屋 栄夫	783
矢野 道也	796
山名 義鶴	814
山梨 勝之進	815
遊佐 幸平	826
吉岡 鳥平	833
吉野 作造	841
吉野 信次	841

【秋田県】

氏名	頁
青木 得三	6
青柳 有美	8
赤松 貞雄	13
阿部 よしゑ	31
安藤 和風	44
伊賀山 昌三	48
池田 亀治	51
池田 謙三	52
池田 林儀	52
石井 漠	58
石川 忠	61
石川 達三	61
石田 収蔵	65
石田 民三	65
石田 友治	66
石山 徹郎	71
伊藤 永之介	83
伊藤 忠吉（2代目）	87
上原 敏	120
小田内 通敏	193
尾高 豊作	194
小場 恒吉	200
小畑 達夫	201
小山田 義孝	203
大蛇山 酉之助	204
片野 重脩	214
金子 洋文	229
川村 竹治	253
木村 謹治	278
木村 文助	281
清瀬川 敬之助	284
草弥 興宗	287
工藤 祐舜	291
五条 珠実	321
小林 多喜二	332
小牧 近江	335
小松 耕輔	336
斎藤 佳三	344
斎藤 寅次郎	347
斎藤 由理男	348
坂田 祐	353
桜庭 青蘭	358
桜庭 武	358
佐々木 吉蔵	360
佐々木 駒之助	360
佐々木 素雲	360
佐々木 昂	361
佐々木 平次郎	362
佐藤 義亮	366
佐藤 貞子	368

福島県

沢木 四方吉	375	阿部 六郎	31
沢田 伊四郎	375	甘粕 正彦	32
塩田 団平	379	五十嵐 力	48
信太 儀右衛門	385	伊黒 正次	50
柴田 春光	389	池田 亀三郎	51
柴田 政太郎	390	池田 成彬	52
柴田 安子	391	石垣 倉治	59
下田 憲一郎	400	石川 巌	59
庄司 乙吉	404	石川 確治	59
東海林 太郎	404	石沢 吉磨	64
菅 礼之助	413	石原 莞爾	68
杉本 国太郎	418	板垣 四郎	74
鈴木 空如	421	伊藤 吉之助	84
薄田 美朝	429	伊藤 清蔵	84
須磨 弥吉郎	430	伊東 忠太	87
相馬 一郎	439	稲毛 金七	90
添田 飛雄太郎	439	稲田 吾山	91
高田 稔	449	犬塚 勝太郎	93
高橋 万年	456	宇佐美 勝夫	122
田口 省吾	463	漆山 又四郎	132
橘 小夢	476	遠藤 三郎	137
田中 早苗	483	大石 三郎	140
田中 省吾	483	大川 周明	143
田中 隆三	487	大熊 信行	145
千葉 命吉	499	大沢 恒躬	148
月輪 賢隆	503	太田 義一	151
辻 吉吉	504	太田 政弘	153
辻 兵吉	505	大沼 哲	160
土田 誠一	508	大平 得三	163
土田 万助	508	岡 邦雄	168
円谷 弘	512	緒方 竹虎	173
照国 万蔵	519	尾形 輝太郎	173
出羽湊 利吉	519	岡田 文次	174
鳥潟 隆三	540	小倉 金之助	187
内藤 湖南	541	小野 幸吉	196
中川 重春	549	柏倉 とく	212
長崎 惣之助	550	加藤 茂苞	221
中村 吉次	566	加藤 松渓	221
成田 忠久	579	加藤 武夫	222
成田 為三	579	加藤 留吉	223
仁部 富之助	593	上泉 徳弥	233
能代潟 錦作	600	上泉 秀信	233
幡瀬川 邦七郎	619	亀井 高孝	236
浜松 小源太	630	菊池 華秋	260
平福 百穂	655	菊地 東陽	262
二木 謙三	677	北野 吉内	269
堀井 梁歩	691	木村 久一	278
本間 不二男	697	木村 武雄	280
町田 忠治	709	工藤 俊作	290
水木 京太	736	熊谷 直太	297
水野 錬太郎	739	久村 清太	297
物部 長穂	775	黒金 泰義	303
安江 仙弘	788	黒沢 良臣	304
矢田 津世子	791	小泉 源一	309
山下 太郎	808	小泉 秀雄	310
山田 順子	811	小磯 国昭	310
横山 助成	831	香坂 昌康	312
若瀬川 栄蔵	849	高山 岩男	315
		小西 重直	327
【山形県】		小松 弥六	336
		近藤 英次郎	341
青柳 篤恒	7	斎藤 茂吉	347
安達 峰一郎	27	佐藤 丑次郎	366
安孫子 真人	28	佐藤 寛次	366
阿部 次郎	29	佐藤 吾一	367
阿部 武雄	30	佐藤 幸徳	367

佐藤 千夜子	369	矢野 仁一	795
佐藤 鉄太郎	369	山口 将吉郎	802
佐藤 啓	370	山田 玄太郎	810
佐野 利器	373	山本 善蔵	823
佐野 文夫	373	結城 豊太郎	825
式守 伊之助（16代目）	383	吉住 留五郎	835
庄司 総一	404	吉田 熊次	836
神保 信彦	411	吉田 苞竹	840
杉山 幹	418	我妻 栄	849
鈴木 信太郎	423		
須藤 永次	429	【福島県】	
瀬川 章友	432		
孫田 秀春	441	相田 直彦	4
平 貞蔵	441	会田 範治	4
高岡 又一郎	443	青柳 善吾	8
高津 清	450	朝河 貫一	18
高橋 熊次郎	452	飯沼 一省	47
高橋 里美	453	猪狩 又蔵	48
高山 精華	460	石射 猪太郎	56
竹岡 勝也	466	石塚 英蔵	64
竹村 俊郎	472	上野 道輔	119
蛸井 元義	473	内池 久五郎	125
田制 佐重	475	内村 兵蔵	128
龍田 静枝	478	移川 子之蔵	128
千葉 亀雄	499	江木 理一	133
中条 精一郎	500	遠藤 新	137
辻 順治	504	遠藤 友四郎	138
土屋 竹雨	509	大島 庸夫	149
椿 貞雄	511	太田 耕造	152
妻沼 岩彦	513	太田 秋民	152
寺岡 謹平	517	大谷 武夫	156
寺沢 寛一	517	大谷 日出夫	156
出羽ヶ嶽 文治郎	519	大平 善蔵	163
土井 武夫	521	大曲 駒村	164
遠江灘	525	荻生 天泉	184
富樫 常治	525	小倉 清三郎	188
富田 繁蔵	535	小野 圭次郎	196
中島 鉄蔵	553	柏村 五郎	211
南雲 忠一	576	片倉 衷	214
西方 利馬	585	加藤 栄吉	219
西野 忠次郎	588	加藤 紫舟	221
服部 卓四郎	623	門田 ゆたか	224
浜田 広介	630	鹿岡 円平	231
林 大八	633	亀井 文夫	237
林 八郎	634	川尻 清野	247
平塚 広義	653	河原田 稼吉	255
藤井 健治郎	666	菅野 善右衛門	257
逸見 広	683	菊池 朝三	262
保科 孝一	685	釘本 衛雄	287
星野 勇三	686	草刈 英治	287
本間 憲之助	696	草野 俊助	287
本間 利雄	696	櫛田 民蔵	288
本間 久雄	697	黒河内 四郎	303
松岡 俊三	713	小島 智善	320
松木 侠	714	古関 裕而	322
松島 彝	716	児玉 誉士夫	324
松田 甚次郎	717	小林 健治	331
丸山 ちよ	729	小日山 直登	334
三浦 新七	731	小松 緑	336
三井 光弥	742	小松 茂藤治	336
三矢 宮松	745	斎藤 常三郎	346
宮川 舩夫	751	斎藤 良衛	348
宮島 幹之助	757	佐々木 俊一	360
宮本 和吉	760	佐藤 三郎	368
村山 俊太郎	769	佐藤 繁彦	368
森 悌次郎	778	佐藤 朝山	369

茨城県　　　　　　　　　　　　　　出身都道府県別索引

佐藤 正俊	371	星野 喜代治	686	川田 寿	248	山口 剛	802

佐藤 正俊 371
宍戸 左行 385
設楽 貞雄 386
渋谷 黎子 392
白石 元治郎 407
新城 新蔵 410
新城 和一 410
菅野 力夫 414
菅村 太事 414
助川 啓四郎 419
鈴木 善太郎 423
鈴木 伝明 425
鈴木 寅彦 426
鈴木 啓久 426
鈴木 文助 427
鈴木 安蔵 428
鈴木 義男 428
諏訪 三郎 431
外村 史郎 441
平 八郎 442
高木 武雄 445
高野 源進 450
高橋 渉 457
高村 智恵子 459
武田 惣角 468
田中 清玄 481
辻 マツ 505
円谷 英二 511
照内 豊 519
東野辺 薫 524
中桐 確太郎 550
永戸 政治 558
仲西 三良 558
中野 大次郎 561
中野 友礼 562
中野 寅吉 562
中山 義秀 573
浪岡 具雄 578
仁井田 益太郎 582
西 義一 584
西川 満 585
丹羽 七郎 593
根本 博 596
野村 俊夫 605
箱崎 文応 609
橋爪 捨三郎 610
橋本 朝秀 612
蓮沼 門三 613
長谷川 昇 616
畑 英太郎 618
畑 俊六 618
八田 宗吉 621
服部 宇之吉 622
花見 朔巳 626
馬場 恩治 627
林 権助 632
林 平馬 635
半谷 三郎 642
坂内 青嵐 643
比佐 昌平 645
平井 房人 650
平田 紀一 652
平田 良衛 653
平野 小剣 654
船田 三郎 679
星 一 685

星野 喜代治 686
堀田 鼎 689
堀切 善次郎 692
堀切 善兵衛 692
牧原 源一郎 704
松江 春次 712
松平 恒雄 718
松本 信一 724
松本 孫右衛門 726
真船 豊 728
三浦 謹之助 730
三鬼 鑑太郎 733
三木 宗策 734
村井 八郎 764
村山 俊太郎 769
毛利 基 771
諸橋 久太郎 784
柳沼 沢介 785
柳沼 健 792
矢吹 慶輝 796
湯浅 倉平 824
横光 利一 830
渡部 菊二 855
渡辺 久吉 855
渡辺 光徳 855
渡辺 晨畝 856
渡辺 節 856
渡辺 徹 857
渡部 義通 858

【茨城県】

赤松 貞雄 13
秋山 耕作 15
浅野 和三郎 20
鮎沢 巌 34
飯村 五郎 47
井坂 孝 56
石井 国次 57
石井 三郎 57
板谷 波山 76
市川 厚一 78
市村 瓚次郎 82
伊藤 貞助 87
伊藤 正徳 89
犬 卯 93
宇賀田 順三 122
内田 信也 126
蛯原 八郎 136
大内 竹之助 141
大久保 留次郎 145
大関 五郎 151
太田 秀穂 153
大月 菊男 157
大畑 達雄 162
岡野 豊四郎 176
小川 芋銭 180
小川 菊松 180
小川 龍 183
小島 新一 191
小沼 正 196
風見 章 210
金田 平一郎 230
加納 友之介 231
川上 多助 242
川崎 紫山 245

川田 寿 248
神田 豊穂 256
木村 重 279
熊岡 美彦 296
栗田 健男 301
栗原 正 301
黒沢 酉蔵 304
小泉 長三 309
鴻巣 盛広 315
後藤 隆之助 327
小林 静 331
小林 正盛 331
小山 松吉 339
五来 欣造 339
三枝 義夫 343
佐川 義高 355
佐久 節 356
桜井 霞洞 356
塩沢 昌貞 379
柴山 兼四郎 391
島田 忠夫 395
下村 千秋 401
白土 松吉 409
鈴木 庫三 421
鈴木 清一 423
染谷 進 441
高須 四郎 448
高瀬 梅吉 448
高田 保 449
高西 敬義 450
高野 素十 451
武井 大助 464
橘 孝三郎 476
塚田 攻 501
辻 永 505
土浦 亀城 507
遠山 喜一郎 525
時野谷 常三郎 526
飛田 穂洲 533
友部 泉蔵 537
豊田 豊吉 539
中井川 浩 545
中崎 俊秀 550
中山 省三郎 573
西野 元 588
根岸 寛一 596
野口 雨情 597
橋本 淑 611
荷見 安 613
長谷川 仁 615
菱沼 五郎 646
飛田 周山 647
深作 安文 660
藤懸 静也 668
藤本 了泰 674
本間 憲一郎 696
松尾 捨治郎 712
男女ノ川 登三 746
宮古 啓三郎 754
宮本 三七郎 759
宮本 英脩 760
村山 藤四郎 769
望月 茂 773
柳田 宗一郎 793
矢野 正世 796
谷萩 那華雄 796

山口 剛 802
山崎 猛 805
山本 懸蔵 819
横山 大観 831
米山 弘 846
龍胆寺 雄 847

【栃木県】

相原 豊次 4
阿由葉 勝作（3代目） 34
新井 勲 34
荒井 寛方 35
新居 善太郎 35
飯塚 国三郎 45
飯塚 鳳斎（2代目） 46
飯塚 琅玕斎 46
石川 寒巌 60
石川 宰三郎 60
石川 林四郎 62
石原 省三 69
上野 基三 118
江原 三郎 136
大門 恒作 143
大金 益次郎 143
大久保 好六 144
岡田 喜久治 171
岡田 周造 172
小倉 繁 187
小平 浪平 193
小山 鞆絵 203
笠木 良明 209
柏崎 夢香 212
加藤 隆世 222
加藤 武男 222
神永 政吉 234
神田 正雄 257
君島 一郎 276
君島 清吉 276
木村 浅七（2代目） 277
木村 庄之助（20代目） 279
栗原 彦三郎 301
小磯 国昭 310
河野 文彦 315
小杉 放庵 321
小沼 治夫 327
小林 輝次 333
小林 光政 334
小森 七郎 338
斎藤 藤四郎 347
斎藤 龍太郎 348
佐藤 功一 367
清水 登之 398
正田 淑子 405
末広 友若 413
菅谷 北斗星 414
杉山 英樹 419
鈴木 賢二 421
関屋 貞三郎 435
高田 耘平 448
高橋 元四郎 456
高松 長三 457
滝田 貞治 462
武井 晃陵 463
田島 隆純 474
陀田 勘助 475

千葉 省三	499		
津久井 龍雄	503		
坪山 徳弥	512		
鶴見 三三	514		
手塚 岸衛	516		
手塚 寿郎	516		
栃木山 守也	532		
永井 雄三郎	545		
中田 覚五郎	555		
中山 太郎	574		
奈良 武次	578		
橋本 邦助	612		
林 久治郎	632		
半田 良平	642		
ピストン堀口	647		
福島 繁三	661		
福田 英助	662		
福田 連	663		
藤沼 庄平	672		
船田 享二	679		
船田 中	679		
逸見 猶吉	683		
星野 仁十郎	686		
堀越 善重郎	692		
堀込 源太(1代目)	693		
本多 貞次郎	696		
松村 光三	721		
松本 彦七郎	726		
丸山 芳良	729		
参木 録郎	744		
皆川 マス	746		
宮嶋 清次郎	757		
村上 啓作	765		
村瀬 直養	767		
柳田 誠二郎	793		
山口 八十八(2代目)	804		
山本 有三	823		
湯沢 三千男	826		
吉屋 信子	844		
蓬田 武	846		
和田 嘉平治	852		
渡辺 勇次郎	858		

【群馬県】

青木 精一	6	生方 大吉	130
青柳 琴僊	8	生方 敏郎	130
秋草 俊	13	江口 きち	133
東家 小楽燕	24	遠藤 隆吉	138
阿部 鳩雨	29	大沢 一六	147
新井 亀太郎	34	大沢 雅休	147
新井 紀一	35	大沢 菊太郎	147
新井 耕吉郎	35	大沢 豊子	148
荒木 寅三郎	38	大塚 保治	157
飯塚 啓	45	大手 拓次	158
飯塚 春太郎	46	岡田 貞三郎	173
石坂 荘作	63	岡本 癖三酔	179
石原 米太郎	69	片岡 千恵蔵	213
磯 萍水	73	金井 紫雲	225
井野 次郎	94	金井 由太郎	225
井上 日召	97	亀山 直人	237
今井 徳順	102	倉田 潮	298
井本 常作	106	栗原 悦蔵	301
岩佐 直治	109	群司 次郎正	307
上原 虎重	120	河野 通勢	315
内山 岩太郎	128	木檜 三四郎	318
		木檜 恕一	318
		木暮 武太夫	318
		木暮 理太郎	318
		小室 翠雲	337
		斎藤 玉男	346
		指田 静	363
		佐藤 垢石	367
		佐藤 次郎	368
		佐野 文夫	373
		篠原 秀吉	387
		篠原 義政	387
		清水 留三郎	398
		志村 立美	399
		正田 貞一郎	405
		白石 実三	407
		須永 好	429
		住谷 天来	431
		関口 志行	434
		膳 桂之助	437
		高橋 元吉	456
		武井 群嗣	463
		橘 外男	477
		田部井 健次	493
		土屋 文明	509
		角田 柳作	511
		鶴見 祐輔	515
		東宮 鉄男	524
		中 平四郎	542
		長沢 英一郎	551
		中島 知久平	553
		中島 徳蔵	553
		長沼 直兄	559
		中野 並助	562
		中村 孝也	567
		中村 とよ	570
		野間 清治	603
		萩原 恭次郎	608
		萩原 朔太郎	608
		長谷川 卓郎	615
		畑 桃作	619
		羽鳥 重郎	624
		羽仁 五郎	626
		林 柳波	635
		針塚 長太郎	641
		平田 篤次郎	653

深井 英五	659	小村 雪岱	337
藤牧 義夫	672	斎藤 阿具	344
星野 あい	686	斎藤 与里	348
星野 直樹	686	坂本 宗太郎	354
堀越 二郎	692	五月 信子	364
本阿弥 光悦	693	佐藤 虹児	367
増淵 倉吉	709	渋沢 元治	391
町田 佳声	709	渋谷 定輔	392
松本 亦太郎	726	島村 水之助	396
宮崎 米一	755	島村 盛助	396
村上 鬼城	765	清水 重夫	397
村山 佐太郎	769	霜田 史光	400
最上 政三	772	菅谷 幽峰	414
持田 盛二	773	杉浦 翠子	415
本島 一郎	774	鈴木 聞多	427
本島 柳之助	774	関根 郡平	435
森田 素夫	782	高野 佐三郎	451
八木 保太郎	784	高橋 太郎	454
山田 勝次郎	809	高橋 守平	456
山田 宗布	812	高橋 泰雄	456
湯浅 半月	825	高柳 賢三	460
吉田 甲子太郎	836	田口 達三	463
蠟山 政道	848	武井 武	464
渡辺 三郎	855	竹越 与三郎	467
渡辺 刀水	857	田中 栄八郎	480
綿貫 六助	859	田中 重之	483
		田中 一	486
【埼玉県】		田中 芳雄	486
		辻村 みちよ	506
秋笹 政之輔	13	豊田 三郎	539
東 武蔵(1代目)	23	中沢 弁次郎	551
麻生 誠之	25	長沼 妙佼	559
阿部 真之助	29	中村 哲哉	570
綾川 武治	34	中村 徳二郎	570
新井 堯爾	35	中山 稲青	574
新井 章治	35	西 健	583
安藤 正次	44	西崎 キク	586
飯塚 敏子	45	野口 源三郎	598
石川 三四郎	60	野島 康三	600
石坂 養平	64	野中 徹也	602
石島 雉子郎	64	林 頼三郎	635
市村 富久	82	平野 万里	654
出井 兵吉	83	藤田 寛雅	670
今井 利喜三郎	102	古島 義英	681
岩崎 勝平	109	細田 源吉	688
岩崎 富久	110	本多 静六	695
遠藤 柳作	138	増田 胤次	708
大川 平三郎	143	町田 忠次	709
大川 平八郎	143	松崎 半三郎	715
大野 緑一郎	161	松下 奥三郎	716
岡野 聖憲	176	松平 忠寿	718
岡本 潤	179	松本 真平	725
小川 運平	180	三上 於菟吉	732
小茂田 青樹	202	宮城 音五郎	751
粕谷 義三	212	宮城 長五郎	752
加藤 政之助	223	宮崎 一	755
加藤 雄策	224	宮島 新三郎	756
金子 米軒	228	森田 恒友	781
北沢 楽天	267	諸井 恒平	783
木村 恒	280	柳沢 盛平	792
木村 兵太郎	282	矢作 栄蔵	796
鯨井 恒太郎	289	山下 久	809
国崎 定洞	292	横川 重次	828
久保 市三郎	293	四方田 義茂	846
倉田 白羊	299	若松 若太夫(1代目)	850
河野 省三	314		

千葉県 　出身都道府県別索引

【千葉県】

秋葉 隆	14
麻生 磯次	24
飯島 与志雄	45
飯田 徳太郎	46
石井 菊次郎	57
石井 四郎	57
石田 幹之助	66
石橋 五郎	66
石橋 恒喜	67
出石 誠彦	71
伊藤 至郎	85
伊藤 庸二	89
今関 啓司	103
今関 天彭	103
岩佐 作太郎	108
岩瀬 亮	111
岩瀬 徳三郎	111
鵜沢 四丁	122
鵜沢 総明	122
大久保 百合子	145
太田 半六	153
大田 実	153
大野 隆徳	161
岡田 武松	173
岡本 信二郎	179
小倉 庫次	187
小高 長三郎	194
小幡 豊治	201
織本 利	203
柏熊 達生	211
香取 秀真	224
上村 伸一	235
川村 秀文	253
木村 日保	281
葛生 能久	289
久保 角太郎	293
久保田 勉之助	296
河野 密	315
斎藤 五百枝	344
斉藤 樹	344
酒井 隆吉	351
佐藤 堅司	367
佐山 亮	375
志田 順	386
篠田 英雄	387
芝辻 一郎	391
白鳥 庫吉	409
白鳥 敏夫	409
白鳥 広近	409
菅沢 重雄	413
鈴木 章	420
鈴木 一平	420
鈴木 貫太郎	421
鈴木 孝雄	424
鈴木 貞一	425
鈴木 文史朗	427
関根 金次郎	434
高木 真五郎	442
高瀬 文淵	448
高田 元三郎	450
高橋 禎二	455
高山 久蔵	460
多田 満長	475
立野 信之	480
田中 孝子	484
田中 蛇湖	484
血脇 守之助	500
津田 信夫	506
土屋 清三郎	509
角田 和男	511
寺村 五一	519
都鳥 英喜	532
富塚 清	536
永井 準一郎	543
永井 了吉	545
中野 治房	562
仲浜 藤治	563
中村 孝助	567
成島 勇	579
野川 隆	597
橋本 富喜良	612
早川 雪洲	631
東山 千栄子	644
平賀 清	651
深田 修造	660
藤井 誠治郎	666
牧野 司郎	702
牧野 元次郎	704
松井 簡治	710
松本 潤一郎	724
松本 善次郎	725
松本 高三郎	725
三橋 鷹女	745
村田 祐治	768
森 矗昶	778
矢代 東村	786
安井 武雄	787
柳沢 保太郎	793
山川 宗彬	800
山口 重次	802
山崎 佐	805
山中 直治	815
油橋 重遠	827
横山 葉子	829
横堀 治三郎	829
吉植 庄一郎	832
吉植 庄亮	832
吉田 登穀	838
依田 雄甫	844
若葉山 鐘	850
和田 信夫	853

【東京都】

阿以田 治修	4
会田 陽啓	4
青木 昌吉	6
青山 二郎	9
青山 万里子	9
赤尾 藤吉郎	9
赤木 蘭子	10
赤塚 自得	12
赤星 四郎	12
赤松 小寅	12
秋田 滋	14
秋好 馨	16
芥川 龍之介	16
浅井 光之助	17
朝香宮 鳩彦	17
浅川 権八	18
浅沼 稲次郎	19
浅野 長武	19
浅野 三千三	19
浅野 孟府	20
浅野 雪子	20
浅野 良三	20
朝比奈 泰彦	21
朝吹 常吉	21
浅間 昇子	21
浅見 真健	21
浅見 緑蔵	21
東 辰三	23
東屋 三郎	24
東家 楽燕	24
東家 楽遊(2代目)	24
麻生 慶次郎	24
麻生 武治	25
足立 欽一	26
厚木 勝基	27
渥美 清太郎	27
跡見 玉枝	27
跡見 泰	27
阿南 惟幾	27
阿部 定	29
安部 民雄	30
阿部 正直	31
天岡 直嘉	32
尼子 富士郎	32
天津 乙女	32
天沼 俊一	33
天野 雨山	33
天野 清	33
新井 栄吉	34
荒井 恵	36
荒井 陸男	36
荒川 大太郎	36
荒木 古童(3代目)	37
荒木 古童(4代目)	37
荒木 貞夫	37
荒木 巍	37
荒木 東一郎	37
荒木 光太郎	38
有馬 是馬	40
有馬 頼寧	40
粟屋 謙	41
安藤 一郎	42
安藤 幸	42
安東 洪次	43
安藤 更生	43
安藤 成雄	43
安藤 正純	44
安藤 嶺丸	44
井口 静波	49
井口 基成	50
池内 宏	50
池田 大伍	52
池田 忠雄	53
池田 仲博	54
池田 宣政	54
池田 豊	54
池谷 信三郎	55
池山 栄吉	56
伊志井 寛	57
石井 幸之助	57
石井 小浪	57
石井 鶴三	58
石井 滴水	58
石井 柏亭	58
石井 茂吉	59
石川 一郎	59
石川 淳	60
石川 登喜治	61
石川 寅吉	62
石川 光春	62
石川 芳次郎	62
石川 錬次	63
石倉 小三郎	63
石黒 忠篤	63
石坂 正信	64
石崎 政一郎	64
石塚 英蔵	64
石田 英一	65
石田 松太郎	66
石橋 辰之助	67
石橋 湛山	67
石浜 金作	67
石原 謙	68
石原 忍	68
石原 純	69
石村 貞吉	69
石本 巳四雄	70
石渡 荘太郎	71
石渡 敏一	71
磯田 長秋	73
磯野 風船子	73
磯野 吉雄	74
井田 一郎	74
井田 磐楠	74
板垣 鷹穂	75
板垣 守正	75
板倉 松太郎	75
伊谷 以知二郎	75
伊丹 二郎	76
一氏 義良	77
市川 荒次郎(2代目)	77
市川 莚升(3代目)	77
市川 猿之助(2代目)	77
市川 小太夫(2代目)	78
市川 左団次(2代目)	78
市河 三喜	79
市川 寿海(3代目)	79
市川 松蔦(2代目)	79
市川 翠扇(2代目)	79
市川 団十郎(10代目)	79
市川 照蔵(1代目)	79
一木 陳二郎	80
一戸 二郎	81
市村 羽左衛門(15代目)	82
一龍斎 貞山(6代目)	83
一噌 又六郎	83
伊藤 幾久造	84
伊藤 憙朔	84
井東 憲	84
伊東 紅雲	84
伊東 静江	85
伊東 深水	85
伊東 祐夫	86
伊藤 長四郎	87
伊藤 智子	88
伊藤 道郎	89
伊藤 龍涯	89
稲垣 浩	90

出身都道府県別索引　　　　東京都

稲田 周一	91	遠藤 為春	137	岡田 茂吉	174	勝本 正晃	217

稲田 周一 91　　遠藤 為春 137　　岡田 茂吉 174　　勝本 正晃 217
稲村 耕雄 92　　及川 道子 139　　岡野 馨 175　　桂 章太郎 217
犬養 健 93　　種田 孝一 139　　岡野 栄 176　　桂 文治(8代目) 218
犬塚 惟重 93　　種田 虎雄 139　　岡野 昇 176　　桂 光春 218
井上 勝純 95　　大麻 唯男 140　　岡部 長章 177　　葛城 文子 218
井上 三郎 95　　大岩 誠 141　　岡部 長景 177　　加藤 完治 219
井上 達二 96　　大内 青坡 141　　岡村 寧次 178　　加藤 恭平 220
井上 範 98　　大木 喜福 144　　岡本 一平 178　　加藤 久米四郎 220
井口 常雄 99　　大木 操 144　　岡本 かの子 178　　加藤 玄智 220
伊庭 孝 100　　大久保 立 144　　岡本 綺堂 178　　加藤 泰三 221
今井 甚太郎 102　　大久保 徳二郎 144　　岡本 清福 178　　加藤 タカ 222
今井 喜孝 102　　大久保 利賢 145　　岡本 癖三酔 179　　加藤 隆義 222
今田 新太郎 103　　大熊 長次郎 145　　岡安 喜三郎(6代目) 180　　加藤 信 223
今藤 長十郎(2代目) 104　　大熊 喜邦 145　　小川 芋銭 180　　金杉 惇郎 225
今村 次吉 104　　大倉 和親 145　　小川 清彦 180　　金丸 重嶺 225
入江 たか子 106　　大倉 喜七郎 146　　小川 銀次郎 180　　金森 太郎 226
岩井 重太郎 107　　大蔵 公望 146　　小川 睦之輔 182　　金子 喜代太 227
岩井 半四郎(9代目) 107　　大倉 燁子 146　　小川 正孝 183　　金子 金五郎 227
岩倉 具栄 108　　大河内 正敏 147　　荻原 井泉水 184　　金子 九平次 227
岩倉 具方 108　　大崎 清作 147　　奥田 真啓 185　　金子 薫園 228
岩倉 靖子 108　　大島 如雲 149　　奥村 信太郎 186　　金原 作輔 230
岩佐 東一郎 109　　大島 破竹郎 149　　奥山 貞吉 186　　鹿野 忠雄 230
岩崎 昶 109　　大島 伯鶴(2代目) 149　　小倉 俊 187　　鹿子木 員信 231
岩崎 小弥太 110　　大城 のぼる 150　　小倉 康臣 188　　鹿子木 健日子 232
岩崎 彦弥太 110　　太田 咲太郎 152　　小栗 虫太郎 188　　加福 均三 232
岩下 壮一 111　　太田 信治郎 152　　お鯉 188　　鏑木 清方 232
磐瀬 雄一 111　　太田 耐造 152　　尾崎 秀実 189　　鏑木 忠正 232
岩田 紫雲郎 111　　太田 太郎 152　　大仏 次郎 190　　鎌田 武雄 233
岩田 専太郎 111　　太田 天洋 153　　小沢 青柚子 191　　上川井 梨葉 234
岩永 裕吉 112　　大田黒 重五郎 154　　小沢 碧童 191　　雷門 助六(6代目) 234
岩原 拓 113　　大田黒 元雄 154　　小津 安二郎 192　　上村 従義 235
岩村 和雄 113　　大谷 友右衛門(6代目)　　織田 一磨 192　　亀井 寅雄 237
岩村 清一 114　　　　　　156　　織田 信恒 193　　亀山 直人 237
岩村 通世 114　　大塚 金之助 157　　織田 正信 193　　唐沢 光徳 239
岩本 周平 114　　大塚 弥之助 157　　尾高 尚忠 194　　河合 栄治郎 239
上田 万年 116　　大辻 司郎 158　　小滝 辰雄 194　　川合 晋(2代目) 240
上田 進 116　　大坪 正義 158　　落合 朗風 195　　河合 武雄 240
上田 辰之助 117　　大西 新蔵 159　　乙骨 三郎 195　　川上 三太郎 242
上田 貞次郎 117　　大西 俊夫 159　　乙部 泉三郎 195　　河上 丈太郎 242
上野 陽一 119　　大野 静方 160　　音丸 195　　川上 澄生 242
上原 謙 119　　多 忠朝 160　　小名木 綱夫 196　　川喜田 煉七郎 243
宇治 紫文(4代目) 123　　大野 麦風 160　　小野 鑑正 196　　川口 松太郎 244
臼淵 磐 124　　大橋 清太郎 162　　小野 房子 198　　川崎 吉蔵 245
哥沢 芝勢以(2代目) 125　　大橋 達雄 162　　小野 宮吉 198　　川地 実 246
内田 巌 125　　大原 重明 162　　尾上 菊五郎(6代目) 199　　川路 柳虹 246
内田 青薫 126　　大森 痴雪 163　　尾上 松助(5代目) 199　　川尻 東次 247
内田 清之助 126　　大森 亮順 166　　小幡 重一 200　　河津 暹 247
内田 元 126　　大屋 敦 166　　小畑 大太郎 201　　川瀬 巴水 247
内田 暮情 127　　大谷 正男 167　　小原 鈴子 202　　河田 烈 248
内田 勇三郎 127　　大山 柏 167　　恩田 和子 204　　川田 順 248
内田 祥三 127　　大類 伸 167　　恩地 孝四郎 204　　河田 杰 248
内山 惣十郎 128　　岡 鬼太郎 168　　嘉悦 孝夫 205　　川田 義雄 248
梅島 昇 130　　岡 敬純 169　　柿内 三郎 206　　川端 茅舎 250
梅村 蓉子 131　　岡 麓 169　　柿内 青葉 206　　河原 春作 251
梅若 万三郎(1代目) 131　　岡崎 えん 169　　筧 素彦 207　　川村 花菱 252
梅若 六郎(54代目) 131　　小笠原 章二郎 170　　河西 三省 209　　川村 暘谷 254
浦松 佐美太郎 132　　小笠原 長生 170　　風間 道太郎 210　　河原崎 権十郎(2代目)
宇留木 浩 132　　小笠原 明峰 170　　鹿島 鳴秋 211　　　　　　254
漆原 木虫 132　　岡田 家武 171　　柏 美枝 211　　河原崎 長十郎(2代目)
海野 清 132　　岡田 源三蔵 171　　加田 哲二 212　　　　　　254
江口 渙 133　　岡田 信一郎 172　　片岡 千恵蔵 213　　閑院宮 春仁 255
江崎 清 134　　岡田 桑三 172　　片岡 仁左衛門(12代目)　　神吉 正一 255
江崎 悌三 134　　岡田 時彦 173　　　　　　213　　観世 銕之丞(6代目) 256
江島 伊兵衛 134　　緒方 知三郎 174　　片山 国幸 215　　観世 喜之(1代目) 256
榎本 健一 136　　緒方 規雄 174　　片山 外美雄 215　　神田 伯治(3代目) 256
江間 道助 137　　岡田 美津 174　　勝峰 晋風 217　　神田 伯龍(5代目) 256
　　　　　　　　　　　　　　　　勝本 清一郎 217　　神原 泰 258

869

東京都　　　　　　　　　　　　出身都道府県別索引

冠 松次郎	258	窪田 忠彦	296
甘露寺 受長	258	久保田 万太郎	296
木内 キヤウ	258	熊岡 天堂	296
木内 五郎	258	久米 権九郎	298
木内 省古	258	久米 譲	298
木内 良胤	259	倉田 高	298
菊池 正士	261	倉橋 弥一	300
菊地 博	262	蔵原 惟人	300
木子 七郎	263	倉光 俊夫	300
木佐木 勝	263	栗井 饒太郎	300
岸 良一	264	栗生 武夫	300
岸井 明	264	栗島 すみ子	300
岸田 国士	264	呉 建	302
岸田 辰弥	264	黒岩 漁郎	303
喜多 六平太（14代目）	266	黒川 兼三郎	303
北尾 亀男	266	黒沢 貞次郎	304
北白川宮 永久	268	黒田 孝雄	305
北白川宮 房子	268	黒田 長礼	305
北田 正平	268	黒田 鵬心	305
北原 夏江	270	黒屋 政彦	306
喜多村 緑郎	271	桑木 彧雄	306
木戸 幸一	272	桑木 厳翼	306
城戸 四郎	273	桑田 権平	306
杵家 弥七（4代目）	274	桑野 通子	307
杵屋 勝五郎（5代目）	274	小池 四郎	308
杵屋 寒玉	274	小池 正晁	308
杵屋 佐吉（4代目）	274	小泉 迂外	309
木下 孝則	275	小泉 信三	309
木下 双葉	275	小出 英経	310
木原 玉汝	276	小糸 源太郎	310
君塚 篁陵	276	郷 隆	311
木村 伊兵衛	277	高 勇吉	311
木村 五郎	278	皇后 良子	311
木村 重松（1代目）	278	香宗我部 寿	312
木村 庄之助（19代目）	279	古宇田 晶	312
木村 荘八	279	幸田 成友	313
木村 荘十	280	幸田 延	313
木村 荘太	280	古宇田 実	313
木村 荘十二	280	幸田 露伴	313
木村 富子	281	高麗 貞道	316
木村 正義	282	小金井 素子	317
木村 義雄	282	小金井 芦洲（4代目）	317
京極 杞陽	283	小坂 梅吉	318
清元 栄寿太夫（4代目）		小崎 道雄	319
	285	小桜 葉子	319
清元 延寿太夫（5代目）		児島 喜久雄	319
	285	小島 善太郎	320
清元 太兵衛	285	小島 威彦	320
木呂子 斗鬼次	285	小島 政二郎	320
陸 直次郎	286	五所 平之助	321
九鬼 周造	286	小高 吉三郎	322
釘宮 磐	286	児玉 常雄	323
草鹿 龍之介	287	児玉 政介	324
草野 豹一郎	287	小寺 融吉	324
串田 万蔵	288	琴 糸路	324
九条 和子	288	小西 得郎	327
九条 日浄	288	近衛 直麿	328
葛原 猪平	289	近衛 秀麿	328
久邇 邦久	291	近衛 文麿	328
久邇 倪子	291	小林 謙五	331
国井 紫香	291	小林 源太郎	331
邦枝 完二	291	小林 静雄	331
国枝 捨次郎	292	小林 秀雄	333
国沢 新兵衛	292	小林 秀恒	333
久保 佐四郎	294	小林 愛雄	334
久保 天随	294	小林 好日	334
久保田 敬一	295		

小林 良正	334	三笑亭 可楽（7代目）	378
小日向 定次郎	334	三遊亭 円右（2代目）	378
駒井 重次	334	三遊亭 円橘（5代目）	378
小牧 健夫	335	三遊亭 円生（5代目）	378
小松 真一	336	塩入 亀輔	379
小松 輝久	336	四王天 延孝	379
小村 欣一	337	塩谷 温	380
小村 捷治	337	塩谷 不二雄	380
小森宮 章正	338	志賀 亮	381
小柳 美三	338	志賀 直哉	381
小山 栄達	338	茂野 冬簫	384
小山 大月	339	志田 鉀太郎	385
金剛 右京	340	篠原 陸朗	387
権田 保之助	340	芝 葛盛	388
近藤 天	342	芝木 好子	389
近藤 真柄	342	柴田 桂太	389
近藤 光紀	343	柴田 宵曲	389
金春 惣右衛門	343	柴田 文次	390
西条 八十	344	柴田 安子	391
斉藤 亮	344	柴田 雄次	391
斎藤 一男	344	渋沢 敬三	391
斎藤 素巌	345	志摩 清英	392
斎藤 達雄	346	島崎 鶏二	393
酒井 忠正	351	島崎 静子	393
酒井 正平	351	島崎 藤村	393
酒井 米子	351	島崎 柳塢	393
坂口 康蔵	352	島津 保次郎	394
阪谷 希一	353	島田 啓三	395
阪谷 俊作	353	嶋田 繁太郎	395
阪谷 芳郎	353	清水 かつら	396
坂本 一角	354	清水 菊平	397
阪本 牙城	354	清水 金一	397
坂本 俊篤	355	清水 釘吉	397
佐木 秋夫	355	清水 多栄	398
佐久間 鼎	356	清水 基吉	398
桜井 秀	356	清水 利太郎	399
桜井 庄太郎	357	下条 康麿	400
桜井 安右衛門	357	下田 将美	400
笹井 醇一	359	釈 宗活	402
笹川 臨風	359	春風亭 柳橋（6代目）	403
佐崎 霞村	359	春風亭 柳好（3代目）	403
佐々木 節	360	春風亭 柳枝（7代目）	403
佐々木 隆興	361	松旭斎 天勝（1代目）	403
ささき・ふさ	362	松風軒 栄楽（1代目）	405
佐佐木 行忠	363	昭和天皇	406
佐々木 綾華	363	白井 赫太郎	406
佐竹 永陵	364	白井 茂	406
佐々 紅華	364	白石 多士良	407
薩摩 治郎八	365	白須 孝輔	409
佐藤 運雄	366	白根 松介	409
佐藤 謙三	367	神西 清	410
佐藤 重遠	368	神保 格	411
佐藤 大四郎	369	吹田 順助	411
佐藤 恒丸	369	末広 恭二	412
サトウ・ハチロー	370	菅 忠雄	413
佐藤 正	370	杉井 幸一	415
佐藤 松平	371	杉浦 六右衛門（7代目）	
佐藤 安之助	371		416
里見 岸雄	371	杉田 直樹	416
佐野 周二	372	杉田 益次郎	416
佐分利 貞男	374	杉野 喜精	416
沢崎 堅造	375	杉原 善之介	416
沢村 宗十郎（7代目）	377	杉村 勇造	417
沢村 康	377	杉村 陽太郎	417
佐原 篤介	377	杉本 栄一	418
三条 公輝	378	杉本 三郎	418
		杉本 良吉	418

出身都道府県別索引　　　　東京都

氏名	頁
杉山 直治郎	419
須崎 芳三郎	419
調所 五郎	420
鈴木 重吉	422
鈴木 信太郎	423
鈴木 朱雀	423
鈴木 澄子	423
鈴木 清秀	423
鈴木 伝明	425
鈴木 東民	425
鈴木 彦次郎	426
鈴木 筆之	426
鈴木 幹太	427
諏訪 根自子	431
清草舎 英昌（3代目）	432
瀬尾 要	432
関 鑑子	432
関 忠孝	433
関 淑子	433
関 一	433
瀬木 博信	433
関 文月	433
関 靖	433
関 保之助	433
関口 蕃樹	434
関口 八重吉	434
関根 正直	435
関屋 敏子	435
千 宗室	437
千石 興太郎	438
千田 是也	438
早乙女 清房	438
相馬 孟胤	439
副島 道正	439
曽祢 武	440
染谷 悦子	440
高木 菊三郎	444
高木 憲次	444
高木 孝一	444
高木 繁	444
高木 誠司	444
高木 卓	444
高木 武	445
高木 八尺	446
高木 保之助	446
高木 喜寛	446
高田 早苗	449
鷹司 信輔	450
高橋 栄清（1代目）	452
高橋 一男	452
高橋 敬美	452
高橋 健二	452
高橋 是清	453
高橋 三吉	453
高橋 文太郎	455
高橋 馬相	456
高松 豊吉	457
高松宮 宣仁	458
高嶺 俊夫	458
高村 光太郎	458
高村 豊周	459
高安 慎三	459
田河 水泡	461
滝 精一	461
滝口 新太郎	462
滝沢 静子	462
滝本 誠一	463
田口 竹男	463
武井 樸介	464
竹内 端三	466
竹内 悌三	466
竹内 良一	466
竹添 履信	468
竹田 敬方	468
武田 忠哉	468
武田 正憲	469
武田 祐吉	469
竹田宮 恒徳	469
竹中 二郎	470
竹原 囑風	471
竹本 綴太夫（5代目）	472
竹脇 昌作	473
田沢 田軒	474
田島 錦治	474
田島 柏葉	474
田代 古崖	475
立 作太郎	476
橘 純一	477
立原 道造	478
龍居 松之助	478
辰野 隆	478
伊達 豊	479
立川 談志（6代目）	479
田所 広泰	480
田中 阿歌磨	480
田中 逸平	480
田中 啓爾	482
田中 源	482
田中 伝左衛門（10代目）	485
田中 ゆき	486
田辺 至	488
田辺 南龍（5代目）	489
田辺 元	489
田辺 尚雄	489
谷口 喜作	490
谷崎 潤一郎	491
谷村 直雄	492
玉林 晴朗	494
田村 秋子	495
田村 俊子	496
田村 西男	496
田村 春吉	496
俵 次雄	497
秩父宮 雍仁	498
千野 一雄	499
長 世吉	500
堆朱 楊成（20代目）	501
塚越 賢爾	501
塚原 富衛	501
津軽 義孝	502
筑土 鈴寛	503
筑波 藤麿	503
筑波 雪子	503
津雲 国利	503
辻本 満丸	506
都築 文男	506
蔦見 丈夫	507
土浦 信子	507
土屋 喬雄	509
土屋 信民	509
堤 千代	510
堤 真佐子	510
堤 正義	510
角田 竹涼	511
坪井 誠太郎	512
坪田 勝	512
津山 英吉	513
鶴岡 和修	513
鶴岡 吾郎	514
貞明皇太后	515
寺内 寿一	516
寺尾 幸夫	516
寺岡 璋浩	517
寺崎 武男	517
寺田 寅彦	518
寺村 五一	519
天中軒 雲月（2代目）	520
桃雲閣 呑風	522
東儀 哲三郎	522
道家 斉一郎	522
東郷 彪	523
東条 英機	523
東条 操	524
東明 柳舟（1代目）	524
頭山 秀三	525
土岐 善麿	526
常磐井 堯猷	527
常磐津 兼太夫（7代目）	527
常磐津 三蔵（2代目）	527
常磐津 文字太夫（7代目）	527
徳川 家達	527
徳川 家正	527
徳川 圀順	527
徳川 夢声	528
徳川 宗敬	528
徳川 義親	528
徳川 好敏	528
徳川 義寛	528
徳永 重康	530
戸坂 潤	530
戸塚 道太郎	532
富田 常雄	535
富本 豊前（2代目）	536
留岡 清男	537
友田 恭助	537
鳥居 清忠（4代目）	539
鳥山 喜一	540
中 勘助	542
仲 みどり	542
仲 賢礼	543
永井 威三郎	543
永井 荷風	543
永井 亨	544
永井 ひろ	544
中泉 行徳	545
中尾 勝男	546
長尾 豊	547
長岡 隆一郎	548
中川 一政	548
中川 善之助	549
中河 与一	549
中川 芳江	549
中里 介山	550
中沢 弘光	551
中沢 良夫	552
中沢 亮治	552
中島 敦	552
中島 広吉	554
中島 守利	554
仲小路 彰	555
仲田 勝之助	555
仲田 定之助	555
永田 助太郎	556
長田 秀雄	556
長田 幹彦	557
中西 利雄	559
中野 四郎	560
中野 武二	561
中橋 基明	563
長松 英一	564
永見 俊徳	564
中村 歌右衛門（5代目）	564
中村 歌扇（1代目）	565
中村 金雄	565
中村 翫右衛門（3代目）	565
中村 吉右衛門（1代目）	566
中村 謙一	567
中村 茂	568
中村 獅雄	568
中村 七三郎（5代目）	568
中村 新太郎	568
中村 清太郎	569
中村 鶴蔵（3代目）	570
中村 鶴蔵（4代目）	570
中村 登音夫	570
中村 英雄	571
中村 福助（5代目）	571
中村 福之丞	571
中村 不折	571
中村 宗雄	571
中村 豊	572
長与 又郎	575
長与 善郎	575
半井 清	575
名倉 謙蔵	576
梨本宮 守正	576
那須 皓	576
那須 弓雄	576
夏川 静枝	576
名取 洋之助	577
鍋島 直映	577
鍋島 直泰	578
成田 努	579
成松 和一	579
成瀬 達	580
成瀬 無極	580
南郷 次郎	580
新島 善直	582
新関 健之助	582
仁木 独人	583
西 成甫	583
西 竹一	583
西浦 進	584
西尾 正	584
西川 正治	585
西田 博太郎	587
西出 武	588
西村 辰五郎	590
西村 敏彦	591
西村 まさ	591
西村 雅之	591

東京都　　　　出身都道府県別索引

氏名	頁	氏名	頁	氏名	頁	氏名	頁
西村 陽吉	591	林 八郎	634	伏見 直江	673	松永 和風(4代目)	719
西村 楽天	591	林 博太郎	634	伏見宮 博恭	673	松根 東洋城	719
西脇 晋	592	林家 正蔵(7代目)	636	藤本 二三吉	674	松本 英一	722
蜷川 虎三	593	速水 御舟	636	藤山 一郎	675	松本 栄三郎	722
忽滑谷 快天	594	原 静枝	637	布施 長春	677	松本 幸四郎(7代目)	723
抜山 平一	595	原口 初太郎	639	二葉 かほる	677	松本 重彦	724
根岸 正	596	原口 熊雄	639	船越 春珉	679	松本 竣介	724
野口 明	597	原口 熊吉	639	舟田 三郎	679	松本 烝治	724
野口 兼資	598	原田 淑人	641	舟橋 聖一	680	松本 伸	724
野口 光彦	599	番 伸二	641	古河 従純	680	松本 泰	725
野田 九浦	601	坂東 好太郎	642	古河 虎之助	680	松本 田三郎	725
野田 半三	601	坂東 秀調(3代目)	642	古川 緑波	680	真野 文二	728
野中 五郎	602	阪東 妻三郎	642	古田 俊之助	681	間宮 茂輔	728
野間 恒	604	坂東 彦三郎(6代目)	643	古屋 健一	682	丸尾 至	728
野村 兼太郎	604	坂東 三津五郎(7代目)	643	鼈甲斎 虎丸(3代目)	683	丸山 鶴吉	729
野村 公雄	604	東伏見 邦英	644	別所 梅之助	683	三浦 琴童	730
野村 駿吉	605	東坊城 恭長	644	宝生 新	684	三浦 襄	731
野村 英夫	605	匹田 秀雄	644	星野 貞次	686	三浦 環	731
野村 政夫	606	久富 達夫	645	穂積 重遠	687	三笠宮 崇仁	732
野村 無名庵	606	土方 梅子	645	細井 肇	687	三島 通陽	736
野元 為輝	607	土方 久功	646	細川 ちか子	688	水川 八重子	736
野呂 良一呂	607	土方 与志	646	細川 碧	688	水島 爾保布	737
萩原 英一	608	菱山 修三	646	細川 護立	688	水島 治男	737
橋本 永邦	610	常陸岩 英太郎	647	細田 源吉	688	水島 正雄	737
橋本 国彦	611	日野 草城	649	細田 民樹	688	水島 亮太郎	737
橋本 清之助	612	日比野 士朗	649	細川 喜代松	689	水谷 まさる	738
長谷川 栄作	614	兵藤 静枝	649	堀田 正昭	689	水谷 八重子(1代目)	738
長谷川 かな女	614	平井 功	650	堀田 正恒	689	水野 錬太郎	739
長谷川 久一	614	平岡 権八郎	651	堀 小多満	690	三潴 信三	739
長谷川 時雨	615	平賀 譲	651	堀 辰雄	690	溝口 健二	740
長谷川 春草	615	平坂 恭介	652	堀 義路	690	溝口 直亮	740
長谷川 伝次郎	616	平田 松堂	653	堀内 敬三	691	三田 平凡寺	741
長谷川 如是閑	616	平田 昇	653	堀江 正三郎	691	三田村 鳶魚	742
長谷川 春子	617	平塚 らいてう	653	堀口 大学	692	三井 高精	743
長谷部 言人	617	平野 千恵子	654	本因坊 秀哉	693	三井 高修	743
畑 俊六	618	平野 義太郎	654	本荘 可宗	694	三井 高陽	743
畑 足子	618	平山 復二郎	656	本田 義成	696	三井 高泰	743
秦 豊吉	618	鰭崎 英朋	656	前田 曙山	698	三井 弁蔵	744
秦 豊助	619	宏川 光子	657	前田 桑明	698	翠川 秋子	745
波多野 鑅次郎	620	広沢 虎造(2代目)	657	前田 鉄之助	699	水上 滝太郎	746
蜂須賀 正詔	621	広瀬 藤四郎	658	前田 利定	699	港家 小柳丸(1代目)	746
蜂須賀 正氏	621	広津 和郎	659	前田 利建	699	南 光明	747
蜂谷 輝雄	621	広橋 真光	659	前田 普羅	700	南川 潤	748
八田 元夫	622	福島 舎子	662	牧 俊高	701	美濃部 進	748
八田 嘉明	622	福田 堯頴	662	牧野 菊之助	702	美濃部 洋次	749
服部 金太郎	622	福田 啓二	662	牧山 耕蔵	705	三升家 小勝(5代目)	749
服部 伸	623	福田 徳三	663	正木 篤三	705	三村 竹清	750
服部 嘉香	623	福田 雅之助	663	正木 ひろし	706	宮尾 しげを	750
初山 滋	624	福永 恭助	663	益田 太郎	708	宮川 舩夫	751
鳩山 一郎	624	福原 信三	663	町田 敬二	709	宮川 曼魚	751
鳩山 秀夫	624	福原 百之助(5代目)	664	松井 翠声	711	三宅 鉱一	752
花岡 芳夫	624	福原 路草	664	松井 等	711	三宅 康次	753
葉梨 新五郎	625	袋 一平	665	松井 元太郎	711	三宅 正太郎	753
花園 兼定	625	藤井 浩佑	666	松内 則三	712	三宅 大輔	753
花田 陽一郎	625	藤井 種太郎	667	松浦 一	712	三浦 由岐子	754
花柳 寿輔(2代目)	626	藤沢 親雄	669	松岡 均平	713	宮島 新三郎	756
花柳 章太郎	626	藤田 西湖	670	松岡 俊三	713	宮嶋 資夫	756
馬場 鍈一	627	藤田 嗣治	670	松方 三郎	714	宮薗 千之(3代目)	757
浜井 良	628	藤田 尚徳	671	松沢 一鶴	715	宮薗 千広	757
浜尾 四郎	628	藤浪 和子	672	松田 瓊子	717	宮田 勝善	757
浜口 富士子	629	藤浪 与兵衛(3代目)	672	松平 里子	717	宮部 金吾	759
浜崎 定吉	629	藤野 秀夫	672	松平 恒雄	718	美山 要蔵	759
早川 二郎	631	富士松 加賀太夫(8代目)	673	松平 年一	718	宮本 重良	759
林 達夫	633	富士松 薩摩掾(2代目)	673	松平 保男	718	宮本 勢助	759
林 千歳	634			松平 慶民	718	宮本 百合子	760
				松平 頼寿	718	三好 東一	761

出身都道府県別索引　　　　　　　　　　神奈川県

向井 忠晴	762	山口 喜三郎	801
武者 金吉	762	山口 清秀	802
武者小路 公共	762	山口 多聞	803
武者小路 実篤	762	山口 文象	803
宗像 久敬	764	山口 葉吉	804
宗本 英男	764	山地 土佐太郎	807
村岡 典嗣	764	山下 新太郎	808
村上 鬼城	765	山下 太郎	808
村上 元三	765	山階宮 武彦	809
村上 松次郎	766	山澄 貞次郎	809
村越 道守	767	山田 健二	810
村田 五郎	767	山田 耕筰	810
村田 省蔵	767	山田 浩二	811
村田 実	768	山田 竹治	812
村地 信夫	768	山田 珠樹	812
村山 しげる	769	山田 文雄	813
村山 知義	770	山野 一郎	816
村山 長挙	770	山内 義雄	816
毛利 教武	771	山吹 徳二郎	817
茂田井 武	772	山室 千代子	817
望月 太左衛門(9代目)		山本 嘉一	818
	773	山本 嘉次郎	818
望月 太左吉(2代目)	773	山本 粂吉	819
本居 長世	773	山本 条太郎	820
泉二 勝磨	774	山本 松之助	823
本野 精吾	774	山本 安英	823
元良 信太郎	775	結城 素明	825
桃川 若燕(2代目)	775	湯川 秀樹	825
森 於菟	776	湯河 元威	825
森 潤三郎	777	陽 咸二	827
森 律子	779	横井 福次郎	828
森田 亀之助	780	横井 豊秋	829
守田 勘弥(13代目)	780	横手 千代之助	829
森野 五郎	782	横山 桐郎	831
森村 市左衛門	782	横山 正幸	832
森脇 勘蔵	783	横山 林二	832
門田 新松	784	吉井 勇	832
八木 さわ子	784	吉江 琢児	833
八木岡 春山	785	吉川 守圀	834
柳生 俊久	785	吉住 小三郎(4代目)	834
安井 英二	787	吉住 小桃次(1代目)	834
安井 小洒	787	吉田 甲子太郎	836
安井 てつ	787	吉田 久継	836
八杉 貞利	788	吉田 謙吉	836
安田 幸吉	789	吉田 茂	837
安田 善次郎(2代目)	789	吉田 憙	837
安田 一	789	吉田 草紙庵	838
安田 靫彦	789	吉田 隆弘	838
谷津 直秀	791	吉田 徳次郎	839
柳井 恒夫	791	吉田 白嶺	839
柳 兼子	792	吉田 芳明	840
柳 さく子	792	吉野 二郎	841
柳 宗悦	792	吉村 岳城	842
柳田 貞一	793	吉村 信吉	843
柳家 金語楼	794	吉村 忠夫	843
柳家 小さん(4代目)	794	吉村 鉄太郎	843
柳家 権太楼(1代目)	794	吉本 三平	843
柳家 三亀松	794	四家 文子	844
柳原 白蓮	794	米沢 順子	845
矢吹 省三	797	米山 梅吉	846
矢部 長克	797	蘭 郁二郎	847
矢部 吉禎	797	李 方子	847
山川 永雅	800	リーガル万吉	847
山川 菊栄	800	柳亭 左楽(5代目)	847
山川 健	800	若木 竹丸	849
山岸 外史	801	若杉 鳥子	849
山際 正道	801		

若水 絹子	850	栗村 盛孝	302
若宮 貞夫	850	来栖 三郎	302
若柳 吉三郎(1代目)	850	小泉 又次郎	310
若柳 吉蔵(1代目)	850	河野 与一	315
和田 小六	852	黄金井 為造	317
和田 信賢	854	小島 烏水	319
和田 操	854	小島 利男	320
和達 清夫	854	小杉 余子	322
渡辺 海旭	854	小立 鉦四郎(2代目)	323
渡辺 甲一	855	小谷 喜美	323
渡辺 香涯	855	児玉 達童	323
渡辺 水巴	856	小林 一郎	330
渡辺 とめ子	857	小林 鎌太郎	330
渡辺 白泉	857	小松原 道太郎	336
渡辺 仁	858	斎藤 昌三	345
渡辺 泰邦	858	斎藤 雷太郎	348
渡辺 義知	858	榊山 潤	352
和辻 春樹	859	坂間 棟治	354
		佐藤 惣之助	368
【神奈川県】		里見 弴	371
相田 二郎	4	佐波 亘	374
青木 薫	5	三辺 金蔵	378
青木 鈴慕(1代目)	7	塩原 又策	381
秋元 不死男	15	四海 民蔵	382
飛鳥田 孋無公	23	鹿倉 吉次	382
足立 康	26	獅子 文六	385
荒川 文六	36	下田 辰雄	400
荒畑 寒村	38	春風亭 柳枝(6代目)	403
有島 生馬	39	庄司 義治	404
安藤 政吉	44	正田 貞一郎	405
五十沢 二郎	56	白井 赫太郎	406
石渡 坦豊	71	白井 喬二	406
磯野 庸幸	73	神保 相慈	411
市川 朝太郎	77	須賀田 礒太郎	413
伊藤 痴遊(1代目)	87	鈴木 喜三郎	421
井上 庚二郎	95	鈴木 忠治	425
井上 篤太郎	97	鈴木 英雄	426
今井 慶松	101	関野 聖雲	435
岩淵 百合子	113	瀬古 保次	436
内野 台嶺	127	千田 是也	438
梅屋 勘兵衛(3代目)	131	高垣 松雄	443
大島 正徳	150	高橋 誠一郎	454
大森 義太郎	166	高松 政雄	457
岡倉 由三郎	169	竹岡 信幸	467
岡田 要之助	175	伊達 里子	479
岡本 かの子	178	田辺 九万三	488
荻島 安二	183	谷口 喜美	490
尾崎 一雄	189	寺崎 英成	517
尾崎 行雄	190	戸井 嘉作	520
大仏 次郎	190	常磐津 松尾太夫(3代目)	527
小野 玄妙	196	徳山 璉	530
小野 重行	197	戸塚 文卿	532
片岡 良一	214	中里 介山	550
勝俣 銓吉郎	217	中里 恒子	550
加藤 武雄	222	中島 久万吉	552
亀井 貫一郎	236	長島 毅	554
苅田 久徳	239	成瀬 正一	580
河合 博之	241	西川 正治	585
川上 澄生	242	西村 好時	591
川口 義久	244	野尻 抱影	600
川崎 弘子	246	長谷川 伸	615
神崎 一作	255	浜田 庄司	629
神田 山陽(1代目)	256	早川 三郎	631
北原 武夫	269	原 三郎	637
木村 重友(1代目)	278	原 節子	637
		半田 義之	642

新潟県

日高 信六郎 647
平川 松太郎 652
平沼 亮三 654
広田 花崖 658
富士松 薩摩掾（3代目） 673
星野 あい 686
星野 直樹 686
舞出 長五郎 697
前田 夕暮 700
牧 雅雄 701
牧野 信一 703
松浦 為王 712
松隈 秀雄 715
松永 延造 719
松野 志気雄 720
松屋 春翠 726
三浦 義秋 731
三樹 樹三 733
三樹 退三 734
三谷 隆信 741
三谷 隆正 741
峯岸 治三 748
美鳩 まり 749
宮田 脩 757
武蔵山 武 762
武藤 直治 764
村井 米子 764
村田 安司 768
室伏 高信 771
茂木 惣兵衛（3代目） 772
森 岩雄 776
森 栄一 776
森 英治郎 776
矢崎 千代二 786
矢沢 正雄 786
矢代 幸雄 786
柳田 謙十郎 793
柳家 三語楼（1代目） 794
山下 義韶 809
山田 わか 813
山登 松和 814
山梨 半造 815
山本 信次郎 821
山本 武蔵 821
横溝 光暉 830
横山 一郎 830
吉川 英治 833
和田 清 853
和田 伝 853
渡辺 はま子 857

【新潟県】

相川 春喜 3
藍沢 弥八 3
会津 八一 4
青野 季吉 7
赤神 良譲 10
赤榮 八重蔵 11
赤塚 五郎 11
赤沼 智善 12
浅見 仙作 21
安宅 安五郎 25
阿部 重孝 29
阿部 展也 30
天田 貞吉 32

荒井 賢太郎 35
有田 八郎 39
飯塚 知信 45
五十嵐 甚蔵 48
井口 喜夫 50
池田 寿夫 54
池原 英治 55
石塚 譲 65
石山 賢吉 70
石山 寅吉 71
市川 政司 80
市島 謙吉 80
市島 三千雄 81
伊藤 誠哉 86
伊藤 道海 88
稲葉 岩吉 91
稲葉 正夫 92
井上 日石 97
井之川 知白 99
猪俣 津南雄 100
今井 哲夫 102
今成 留之助 104
入沢 達吉 107
岩佐 禄郎 109
岩崎 三郎 110
岩村 三千夫 114
植木 直一郎 115
上野 俊介 118
宇高 伸一 125
遠藤 至六郎 138
遠藤 正男 138
太田 芳郎 154
大竹 貫一 154
大野 孫平 160
大橋 進一 161
大橋 新太郎 161
大平 賢作 163
岡田 紅陽 171
小川 蕃 181
小川 水明 181
小川 未明 183
小川 亮作 183
荻野 久作 184
小熊 金之助 186
小田 嶽夫 192
小野 為郎 197
小野塚 喜平次 200
小野塚 与澄 200
小原 直 202
鍵富 三作（2代目） 206
角田 覚治 207
笠原 敏郎 209
風間 栄一 209
風間 丈吉 209
加藤 知正 223
金子 健二 228
金子 孝信 228
金子 彦二郎 228
上村 進 235
川上 四郎 242
川上 善兵衛（6代目） 242
川口 養之助 244
神林 隆浄 257
北 一輝 265
北 昤吉 266
桐谷 洗鱗 285

黒田 亮 304
小池 仁郎 308
小唄 勝太郎 312
合田 平 313
小高 キク 322
近衛 十四郎 327
小林 久平 330
小林 古径 331
小林 順一郎 331
小林 省三郎 332
小柳 司気太 338
小柳 牧衛 338
近藤 潤治郎 341
斎藤 博 347
斎藤 唯信 348
酒井 宇吉（1代目） 350
酒井 憲次郎 350
坂口 安吾 352
桜井 天壇 357
笹井 幸一郎 358
佐々木 林風 363
佐藤 哲三 369
佐藤 敏夫 370
佐藤 秀三郎 370
佐藤 弥太郎 371
佐藤 与一 371
佐藤 陽雲 371
式場 隆三郎 383
品田 俊平 386
島田 釣一 394
島峰 徹 396
白勢 春三 409
菅沼 定男 414
菅原 教造 414
杉 健一 415
鈴木 荘六 423
鈴木 虎雄 426
須坂 新吉 429
陶山 密 431
瀬尾 貞信 432
関矢 留作 435
相馬 御風 439
高井 白陽 442
高岡 大輔 442
高岡 隆心 443
高嶋 米峰 447
高頭 仁兵衛 450
高橋 進 454
高橋 誠一郎 454
高橋 亨 455
高橋 光威 456
武石 弘三郎 464
竹内 金太郎 465
竹尾 義麿 466
武田 郡治 468
建部 遯吾 471
田下 政治 474
田代 正治 475
建川 美次 479
田中 完三 481
田中 新一 483
田中 博 485
棚橋 寅五郎 488
田辺 熊一 488
谷口 腆二 491
田沼 義三郎 492

玉井 幸助 493
玉田 美郎 494
次井 晨 503
土田 麦僊 508
富樫 寅平 525
内藤 久一郎 541
長尾 半平 547
中川 健蔵 548
中川 浄益（10代目） 549
長沢 佑 551
長沼 賢海 559
長沼 権一 559
長野 宇平治 559
中野 正三 560
中村 震太郎 568
中村 又七郎 571
中山 龍次 575
錦織 久良子 586
西脇 順三郎 592
野上 俊夫 597
野口 伝兵衛 599
羽下 修三 608
羽黒山 政司 609
橋本 圭三郎 611
長谷川 天渓 616
長谷川 巳之吉 617
林 儀作 632
林 桂一 632
林 不忘 635
原 達平 638
春川 忠吉 641
日野 厚 649
平沢 直吉 652
平沢 与之助 652
平野 千恵子 654
広川 松五郎 656
深沢 索一 660
蕗谷 虹児 660
藤蔭 静枝（1代目） 668
藤田 亮策 671
布施 勝治 676
帆刈 芳之助 684
保坂 玉泉 685
保科 武雄 686
星野 輝興 686
本間 俊平 696
本間 精 696
本間 雅晴 697
横 哲 701
牧口 常三郎 702
牧野 賤男 702
牧野 虎雄 703
増沢 健美 707
増沢 義一 707
松井 郡治 710
松木 弘 715
丸沢 常哉 728
丸山 林平 729
水野 六山人 739
宮尾 舜治 750
村田 文三 768
村山 佐太郎 769
目黒 甚一 771
本山 文平 775
森山 啓 783
諸橋 襄 784

出身都道府県別索引　石川県

矢崎 弾 786
矢部 友衛 797
山内 倉蔵 798
山岸 光宣 801
山路 商 807
山田 信一郎 812
山田 又司 813
山辺 習学 817
山本 五十六 818
山本 快竜 818
山本 惣治 821
山本 悌二郎 822
弓波 瑞明 826
芳沢 謙吉 834
吉田 白甲 839
吉田 秀夫 839
吉原 重雄 842
吉屋 信子 844
若林 賚蔵 850
鷲尾 雨工 851
渡辺 幾治郎 854
渡辺 吉治 855
渡辺 大濤 856
渡辺 一 857

【富山県】

赤間 徳寿 12
筏井 嘉一 48
石川 日出鶴丸 62
石黒 宗麿 63
石坂 友太郎 63
石坂 豊一 63
石坂 伸吉 64
石崎 光瑤 64
石沢 豊 64
猪谷 善一 76
稲塚 権次郎 90
今村 善次郎 105
岩城 準太郎 108
上野 教道 118
牛塚 虎太郎 123
宇田 新太郎 124
梅原 北明 130
大谷 米太郎 156
大橋 八郎 162
大間知 篤三 164
岡崎 文夫 170
岡島 敬治 170
翁 久允 184
梶 哲次 210
柏原 兵太郎 212
加藤 外松 221
金森 観陽 226
金山 穆韶 227
河合 良成 241
川口 寿 244
川南 豊作 249
河辺 虎四郎 251
河辺 正三 251
川原田 政太郎 255
国井 喜太郎 291
倉田 一郎 298
黒田 善太郎 305
小竹 無二雄 322
佐伯 有義 349

佐伯 宗作 349
坂上 正秋 351
佐々木 大樹 361
志田 素琴 385
柴田 弥一郎 390
島田 七郎右衛門 395
清水 徳太郎 398
昇塚 清研 404
正力 松太郎 405
白上 佑吉 408
杉江 重英 416
砂谷 智尊 430
関 与三郎 433
瀬島 龍三 436
高木 友三郎 445
高階 哲夫 447
高見 之通 458
滝口 修造 462
竹田 省 468
館 哲二 476
田中 良雄 486
田部 重治 488
田部 隆次 490
佃 血秋 503
寺島 権蔵 518
寺畑 助之丞 519
得能 文 530
中 助松 542
中川 寛治 548
中谷 宏運 557
野村 嘉六 604
乗杉 嘉寿 607
畑 正吉 618
鉢蠟 清香 621
広田 不孤斎 659
福井 直秋 661
福田 滋次郎 662
福田 良太郎 663
藤本 長蔵(1代目) 674
二上 兵治 677
方等 みゆき 684
細川 嘉六 687
細野 長良 689
堀田 弥一 689
松原 地蔵尊 721
密知 良太郎 744
三辺 長治 747
南 弘 747
室崎 琴月 770
安井 藤治 787
山田 毅一 810
山田 昌作 812
山田 陽清 813
山田 孝雄 813
横江 嘉純 828
横山 四郎右衛門 831
吉田 鉄郎 838
吉野山 要治郎 842
米沢 与三七 845

【石川県】

相川 俊孝 3
相沢 巖夫 3
青山 憲三 9
赤井 米吉 9

暁烏 敏 16
浅野 晃 19
東 善作 23
安宅 武 25
安宅 弥吉 25
安達 二十三 26
阿部 信行 30
天野 辰太郎 33
池田 作美(1代目) 52
石川 興二 60
石黒 武重 63
石島 良則 64
泉 鏡花 71
市川 誠次 79
今村 新吉 105
岩原 謙三 113
上田 誠一 117
生沼 曹六 139
大上 末広 143
大幸 勇吉 147
大島 鎌吉 149
大島 弘夫 149
大瀬 甚太郎 151
岡 栄一郎 168
奥野 他見男 185
小倉 正恒 188
尾佐竹 猛 190
小竹 文夫 194
小野 敏夫 198
小畠 貞一 201
小幡 酉吉 201
折口 春洋 203
片岡 安 214
加納 野梅 231
鏑木 外岐雄 233
鏑木 徳二 233
上森 子鉄 235
川原 次吉郎 251
喜多 壮一郎 266
北島 多一 268
北村 喜八 270
木村 雨山 277
木村 栄 281
木村 素衛 282
桐生 悠々 285
草鹿 任一 287
倉知 鉄吉 299
上坂 熊勝 311
河野 安通志 314
郡山 義夫 316
伍堂 卓雄 326
小松 月尚 335
米谷 半平(7代目) 338
紺谷 光俊 341
斎藤 賢道 345
斎藤 恒 347
桜井 祐男 357
桜井 兵五郎 357
佐々木 直次郎 362
佐藤 賢了 367
斯波 孝四郎 388
斯波 忠三郎 388
清水 武雄 397
清水 澄 398
清水 良策 399
神保 重吉 410

新明 正道 411
鈴木 大拙 424
鈴木 庸生 428
高橋 太郎 454
高光 大船 458
竹内 時男 466
武部 欽一 471
武部 六蔵 471
竹村 勘悡 471
多々良 外茂三 476
橘 外男 477
田辺 孝次 489
田辺 忠男 489
田辺 盛武 490
谷口 善太郎 491
谷山 恵林 492
田村 彩天 495
辻 政信 505
鶴 彬 513
曄道 文芸 519
徳田 秋声 529
徳田 八十吉(1代目) 529
戸部 良祐 533
永井 柳太郎 545
仲木 貞一 550
中西 悟堂 558
中橋 徳五郎 563
中村 孝太郎 567
中谷 宇吉郎 572
中谷 治宇二郎 572
中山 忠直 574
中山 博道 574
西田 幾多郎 586
西出 朝風 588
野口 遵 598
野村 淳治 605
箸本 太吉 612
橋本 虎之助 612
蓮沼 蕃 613
畠山 一清 619
八田 三喜 622
八田 与一 622
浜田 本悠 630
林 銑十郎 633
林 弥三吉 635
林屋 友次郎 636
原 龍三郎 639
平井 金三郎 650
平川 末男 652
広瀬 豊作 658
福山 秀賢 664
藤井 健次郎 665
藤岡 兵一 668
藤本 喜久雄 674
二木 成抱 677
堀 啓次郎 690
本田 一杉 694
前田 利為 699
松谷 誠 718
松谷 与二郎 719
松本 文三郎 726
水田 政吉 737
三井 清一郎 743
三宅 雪嶺 753
宮永 東山(1代目) 758
室生 犀星 770

福井県

出身都道府県別索引

森島 守人	780	富田 千代	535	清水 金一	397	井出 八井	83
矢部 挿雲	791	戸村 よしを	536	高野 孫左衛門	451	伊東 月草	84
矢部 良策	797	内藤 豊次	541	竹内 友治郎	466	伊藤 昇	88
山口 喜一郎	801	長井 真琴	544	田辺 七六	488	伊藤 松雄	89
山崎 延吉	806	中野 重治	560	田辺 治通	489	伊原 五郎兵衛	100
山田 修作	811	中村 清二	569	田辺 宗英	490	今井 邦子	101
柚木 重三	826	沼田 一雅	595	田原 正人	493	今井 五介	102
横山 章	830	野村 行一	604	塚原 二四三	501	今井 武夫	102
吉田 三郎	837	橋川 時雄	610	妻木 松吉	513	今井 登志喜	102
吉田 秋光	837	橋本 進吉	611	徳田 昂平	529	今村 力三郎	106

【福井県】

		橋本 正治	612	戸田 帯刀	531	岩波 茂雄	112
秋山 徳蔵	15	長谷川 清	614	長坂 金雄	550	岩波 武信	113
蘆田 伊人	22	羽渓 了諦	620	中沢 毅一	551	植原 悦二郎	119
荒井 由松	36	八田 善之進	621	中村 泰祐	569	上原 才一郎	120
荒木 茂	37	花菱 アチャコ	625	中村 美穂	571	植松 七九郎	120
有馬 英二	40	林 歌子	632	名取 忠愛	577	牛山 充	124
生田 乃木次	49	原田 祖岳	640	根津 嘉一郎(1代目)	596	臼井 剛夫	124
池田 七郎兵衛	52	平泉 澄	650	長谷川 テル	615	臼田 亜浪	124
磯部 尚	74	藤井 章	665	羽生 雅則	627	潤間 留十	132
井上 白文地	98	藤本 幸太郎	674	早川 徳次	631	大井 久五郎	140
猪野毛 利栄	99	牧野 信之助	703	林 纓	633	大井 広	140
今川 節	103	真杉 静枝	707	広瀬 久忠	658	大下 宇陀児	148
岩崎 蔵玄	109	真渓 涙骨	709	深沢 吉平	660	大島 金太郎	149
岩野 平三郎(1代目)	113	松井 聡	710	古屋 正寿	682	太田 水穂	153
右近 権左衛門(11代目)	122	松尾 伝蔵	712	細田 富男	688	大竹 せい	154
内山 進	128	松木 謙治郎	714	堀内 良平	691	岡 茂雄	168
馬田 行啓	130	松木 庄吉	714	前田 晁	698	岡部 光成	176
梅谷 与七郎	131	松平 康昌	718	松野 菊太郎	720	岡村 千秋	177
大谷 登	156	松濤 泰巌	719	三井 甲之	742	岡村 二一	177
大村 卓一	165	水町 庸子	740	水上 源蔵	746	岡村 文子	177
大森 禅戒	166	三田村 甚三郎	742	村岡 花子	765	小川 平吉	182
岡田 啓介	171	望月 信亨	773	望月 歓厚	772	小口 節三	185
奥 むめお	184	森岡 常蔵	779	望月 重雄	772	小口 忠太	185
加藤 寛治	223	森田 愛子	780	望月 芳郎	773	小沢 秋成	191
金子 直	228	山川 亮	801	矢崎 美盛	786	小野 祐之	197
菊岡 義衷	259	山本 条太郎	820	矢田 喜美雄	790	折竹 錫	203
木津 無庵	265	横山 英太郎	830	山崎 保代	807	海達 公子	205
木下 寂善	274	吉田 円助	835	山本 周五郎	820	筧 克彦	207
木下 竹次	275	吉田 久	839	吉川 行雄	834	春日 俊文	212
木村 日紀	281			米倉 近	845	春日 政治	212
熊谷 五右衛門	296	**【山梨県】**		若尾 璋八	848	片倉 兼太郎(3代目)	214
熊谷 三太郎	297			渡辺 義郎	858	片倉 三平	214
栗山 茂	302	相沢 正	3			勝野 金政	216
小池 堅治	308	浅川 浩	18	**【長野県】**		加藤 正治	223
小泉 親彦	309	浅川 伯教	18			金井 章次	225
酒井 伊四郎	350	穴水 熊雄	28	青木 一男	5	金子 馬治	227
坂野 千里	354	穴山 勝堂	28	青柳 優	8	金田 千鶴	229
佐藤 達次郎	369	雨宮 庸蔵	33	青山 徹蔵	9	上条 愛一	234
斯波 貞吉	388	飯田 蛇笏	46	赤池 濃	9	唐沢 俊樹	238
渋谷 隆太郎	392	石橋 湛山	67	赤羽 穣	12	川崎 杜外	245
島田 墨仙	395	泉 守紀	72	秋山 轍輔	15	川島 浪速	246
清水 竜山	399	今井 新造	102	浅川 彰三	18	河野 源	250
白崎 礼三	409	今村 安	105	浅原 六朗	20	川村 吾蔵	252
杉浦 貞二郎	415	上原 種美	120	畔上 賢造	24	神林 浩	257
鈴木 千久馬	424	岡 千里	168	有賀 勝	39	木内 高音	259
添田 敬一郎	439	小川 正子	182	有賀 幸作	41	菊池 契月	261
高木 陸郎	446	小沢 開作	191	有賀 光豊	41	北沢 五郎	267
高見 順	458	小尾 十三	202	飯島 忠夫	45	北沢 収治	267
竹内 真	466	加々美 武夫	205	飯沼 正明	47	北原 阿知之助	269
多田 裕計	475	笠井 重治	208	池上 秀畝	50	吉川 晴十	272
土岡 春郊	508	河西 豊太郎	209	池田 義信	54	木下 信	275
土川 善澂	508	川合 仁	241	伊沢 多喜男	56	木村 岳風	277
禿氏 祐祥	529	川村 茂久	252	市岡 忠男	77	木村 庄之助(21代目)	279
飛島 文吉	533	川村 麟也	254	市川 源三	78	清沢 洌	283
		小林 一三	330	一条 慎三郎	81	金原 省吾	286
		三枝 彦雄	343	市丸	81	草川 信	287

出身都道府県別索引　　　　　　　　　　　　　　　　　　　　　　岐阜県

草間 偉	287	武井 武雄	464
草間 滋	288	武井 直也	464
草間 八十雄	288	竹内 茂代	465
国枝 史郎	292	多田 北烏	475
窪田 空穂	295	田中 邦治	482
熊谷 岱蔵	297	田中 穂積	485
久米 正雄	298	田中 弥助	486
栗林 忠道	301	田中 豊	486
黒木 勘蔵	303	田中 義麿	487
畔田 明	304	茅野 蕭々	499
小岩井 浄	311	塚山 一甫	501
神津 俶祐	312	土田 耕平	508
河野 秀男	315	土屋 右近	509
小坂 順造	318	寺瀬 三楽	518
小坂 武雄	319	戸田 由美	532
小島 勗	320	等々力 巳吉	533
小平 権一	322	富岡 犀川	533
五島 慶太	325	富岡 定俊	533
小林 朝治	329	富田 戦純	534
小林 次郎	332	戸谷 敏之	537
小林 貞吾	332	豊島 逃水	538
小林 暢	333	永井 一孝	544
小林 行昌	334	中川 紀元	548
小町谷 操三	335	中沢 佑	551
小松 謙次郎	335	中島 治康	554
古村 啓蔵	337	永田 稠	556
菰田 万一郎	338	永田 蘇水	556
小山 完吾	338	永田 鉄山	556
小山 邦太郎	338	永田 広志	557
小山 松寿	339	中村 七十	568
小山 亮	339	中村 直人	570
近藤 壌太郎	341	中村 不折	571
近藤 日出造	342	中山 久四郎	573
斎藤 健一	345	中山 晋平	573
斎藤 三郎	345	名取 和作	577
斎藤 瀏	348	成沢 玲川	579
坂本 俊篤	355	新村 英一	582
佐々木 積	361	新村 龍翠	582
佐藤 武造	369	西村 彰一	590
佐野 裂姿美	372	西村 真琴	591
塩沢 幸一	379	新田 潤	592
塩野 季彦	380	野口 起世志	598
塩原 時三郎	381	羽田 武嗣郎	619
塩原 又策	381	波多野 貞夫	620
篠原 英太郎	387	波多野 精一	620
篠原 和市	387	鳩山 春子	624
島崎 こま子	393	林 倭衛	633
島田 謹介	394	林 七六	633
清水 対岳坊	397	林 久男	634
下条 康麿	400	原 弘	638
下田 文一	400	原 平三	638
白木 正博	408	原 祐三	638
白沢 保美	408	原 嘉道	638
真保 正子	411	樋口 長市	644
杉田 禾堂	416	比田井 天来	647
鈴木 梅四郎	420	日夏 耿之介	648
鈴木 雅次	427	平野 桑四郎	654
須山 計一	431	平野 亮平	655
関 金三郎	432	平林 たい子	655
大工原 銀太郎	441	藤沢 古実	669
高木 新平	444	藤森 成吉	675
高桑 勝雄	446	藤森 良蔵	675
高野 辰之	451	藤原 銀次郎	676
高橋 保	454	藤原 咲平	676
高橋 偵造	455	二木 保幾	677
高山 正雄	460	淵田 忠良	678

降旗 元太郎	682	伊藤 律	89
降矢 芳郎	682	今西 龍	104
保篠 龍緒	686	上田 令吉	117
本多 政材	696	宇佐美 寛爾	122
正木 不如丘	706	江口 夜詩	134
町田 梓楼	709	江馬 修	137
松沢 作治	715	遠藤 斉治朗（1代目）	137
松島 肇	716	種田 健蔵	139
松本 忠雄	725	大島 浩	150
まつやま・ふみお	727	大野 百錬	160
丸山 幹治	729	大橋 忠一	162
三門 博	732	大洞 元吾	164
三沢 勝衛	735	小木曽 旭晃	183
三沢 寛一	735	奥村 千蔵	186
三波 利夫	747	小椋 啓治	187
壬生 照順	749	小倉 末子	187
宮井 徳治	750	小原 駩吉	202
宮崎 周一	755	垣内 松三	205
宮沢 胤勇	756	各務 鎌吉	205
宮沢 俊義	756	加藤 於菟丸	219
宮原 清	758	金沢 末吉	225
明珍 恒男	761	川合 玉堂	239
務台 理作	763	河合 康左右	240
村上 多喜雄	766	川合 貞吉	240
望月 桂	772	川崎 小虎	245
百瀬 渡	775	河村 目呂二	253
八木 秋子	784	北 蓮蔵	266
矢沢 弦月	786	北原 泰作	269
矢島 一三	786	木村 作次郎	278
安田 憲邦	789	木村 小舟	279
山浦 貫一	798	清 寛	283
山岡 万之助	798	黒田 越郎	304
山上・泉	799	郷 誠之助	311
山岸 堅二	801	緕纈 理一郎	311
山口 蒼輪	802	小寺 源吾	324
山崎 今朝弥	805	小寺 酉二	324
山田 乙三	809	後藤 一郎	325
山辺 常重	817	後藤 亮一	327
山本 安曇	818	坂井 青泉	351
山本 慎平	821	佐竹 三吾	364
横井 弘三	827	佐竹 直太郎	364
横川 毅一郎	828	佐藤 井岐雄	365
横関 愛造	828	佐藤 三吉	368
横田 秀雄	829	沢田 敬義	376
吉江 介三	832	沢田 吾一	376
吉江 喬松	833	沢田 竹治郎	376
吉川 亮夫	833	篠田 柏利	387
吉田 静致	837	島崎 藤村	393
米窪 満亮	845	杉坂 幸月	416
与良 松三郎	846	杉原 千畝	417
和合 恒男	851	杉山 常次郎	418
鷲沢 与四二	852	関屋 竜吉	435
渡辺 千冬	856	高折 宮次	443
		高木 貞治	445
【岐阜県】		高橋 広江	455
		滝井 孝作	461
藍川 清成	3	立田 清辰	478
青木 文一郎	6	田中 治吾平	483
青山 新一	9	田中 省吾	483
安藤 輝三	43	田中 比左良	485
安東 義良	44	辻 嘉六	504
飯沼 竜遠	47	津田 左右吉	507
井川 洸厓	48	遠山 郁三	525
池田 虹影	52	十和田 操	540
井田 正孝	74	中井 猛之進	544
伊藤 武彦	86	中野 文照	562

長屋 順耳 572
野川 隆 597
野原 桜州 603
野村 洋三 606
花柳 寿美(1代目) 626
原 玉重 638
匹田 鋭吉 644
平井 肇 650
平生 釟三郎 651
平野 力三 654
藤田 辰治郎 670
古屋 慶隆 682
堀口 由己 692
本田 成之 695
前田 一鶯 698
前田 青邨 698
牧田 きせ 702
牧野 英一 702
牧野 良三 704
松井 栄造 710
松井 憲三 710
松井 米太郎 711
松尾 国松 712
水谷 光荘 737
水野 愚陶 738
水野 利八 738
宮崎 繁三郎 755
武藤 貞一 763
森島 庫太 780
森田 草平 781
山内 房吉 798
山下 幹司 807
山田 潤二 811
山田 丈夫 812
山田 道兄 813
山田 龍城 813
吉田 冬葉 839
脇水 鉄五郎 850
和田 信義 854
渡辺 治右衛門(8代目) 855
渡辺 千代三郎 856
渡辺 徳助 857

【静岡県】

青木 均一 5
青島 順一郎 7
青山 士 8
赤城 泰舒 10
明石 海人 11
県 忍 11
秋野 孝道 14
秋山 光夫 15
浅井 治平 17
朝比奈 宗源 21
足立 文太郎 27
安藤 甦浪 43
井口 鹿象 49
池田 克 51
池谷 半二郎 55
石川 欽一郎 60
石田 礼助 66
一木 喜徳郎 80
井東 憲 84
稲木 東千里 90
井上 剛一 95

茨木 猪之吉 101
岩沢 丙吉 110
上野 精三 119
内田 正練 126
海野 普吉 132
大須賀 秀道 150
大杉 繁 150
太田 正孝 153
大庭 武年 161
大村 直 165
大森 佳一 165
丘 浅次郎 168
小栗 一雄 188
小栗 捨蔵 188
尾崎 宗吉 189
小野庵 保蔵 199
影山 光洋 208
片岡 敏郎 213
片岡 貢 214
勝田 香月 216
加藤 弘造 220
加藤 虎之亮 223
狩野 敏 231
加茂 健 237
茅野 真好 238
河合 逸治 239
河合 亀太郎 239
河合 小市 239
河井 弥八 241
川上 嘉市 241
川上 喜久子 241
川口 栄作 244
神部 孝 258
神戸 寅次郎 258
北山 淳友 272
木下 杢太郎 275
金原 賢之助 286
倉橋 惣三 300
倉元 要一 300
栗原 忠二 301
黒田 昇義 305
小池 礼三 308
小泉 葵巳男 309
小泉 策太郎 309
小糸 源六郎 310
小糸 のぶ 310
後藤 磯吉(1代目) 325
後藤 安太郎 326
近藤 平三郎 342
斉藤 知一郎 346
斎藤 宗宜 347
酒井 三郎 350
坂井 卓三 351
坂下 仙一郎 352
匂坂 春平 355
佐々木 邦 360
佐々木 千里 360
佐野 善作 373
佐野 隆一 374
篠田 治策 387
柴田 善三郎 390
島 小太郎 392
清水 みのる 398
庄司 良朗 404
白柳 秀湖 409
杉浦 重雄 415

杉村 七太郎 417
杉森 孝次郎 418
鈴木 梅太郎 420
鈴木 島吉 422
鈴木 忠吉 425
鈴木 与平(6代目) 428
関 一 433
関口 泰 434
関口 鯉吉 434
芹沢 光治良 437
高木 一三 443
高木 彛太郎 444
高木 信威 445
高田 恵忍 448
高梨 二男 450
鷹野 つぎ 451
高柳 健次郎 460
高柳 光寿 460
竹内 新平 465
竹林 隆二 471
竹本 大隅太夫(4代目) 472
多田 礼吉 476
多門 二郎 496
長 延連 500
土屋 正三 509
寺尾 博 516
寺田 登 518
天竜 三郎 520
土肥 正幹 521
戸塚 九一郎 532
豊田 喜一郎 538
中井 光次 545
中尾 白雨 547
中嶋 亥太郎 552
永田 善三郎 556
中田 驍郎 557
長野 朗 559
中村 円一郎 565
中村 京太郎 566
中山 平次郎 574
贄川 他石 582
仁田 大八郎 592
蜷川 新 593
長谷川 光太郎 614
波多野 重太郎 620
林 大八 633
原田 和周 639
平野 光雄 654
深沢 豊太郎 660
福原 鶴三郎(3代目) 664
富士 辰馬 665
藤田 まさと 671
古田 つね子 681
穂積 忠 687
堀内 長栄 691
堀江 忠男 691
本田 庄太郎 695
前田 南斉 700
牧野 正蔵 702
増田 次郎 707
松井 栄造 710
松崎 寿 715
松本 亀次郎 723
松本 君平 723
松本 長 725
三浦 銕太郎 731

箕田 貢 741
美濃部 たか 748
宮崎 康二 755
宮原 旭 758
宮本 英雄 760
武藤 富男 763
村松 梢風 769
望月 軍四郎 772
望月 源治 772
持田 良吉 773
矢田 七太郎 790
山口 一太郎 801
山口 忠五郎 803
山口 昇 803
山口 与平 804
山崎 覚次郎 804
山崎 釦二 805
山本 峰雄 823
湯山 八重子 827
吉岡 弥生 833
龍 粛 848
若林 つや 849

【愛知県】

青木 鎌太郎 5
赤尾 敏 9
明峰 正夫 16
浅井 要麟 17
浅野 研真 19
足利 紫山 22
天野 末治 33
天野 武輔 33
荒谷 宗治 38
安藤 孝三 43
生駒 長一 56
石井 教道 57
石川 久兵衛 60
石川 謙 60
磯貝 浩 73
板倉 賛治 75
市川 房枝 80
市川 牡丹 80
伊藤 金次郎 84
伊藤 次郎左衛門(15代目) 85
伊東 延吉 88
稲田 三之助 91
稲田 龍吉 91
稲葉 円成 91
今井 清 101
井元 為三郎 106
岩田 義道 112
岩槻 信治 112
宇井 伯寿 115
上杉 文秀 116
宇佐美 敏夫 122
宇都野 研 128
大井 清一 140
大口 喜六 144
大阪 圭吉 147
大鹿 卓 148
大島 徹水 149
大角 岑生 151
太田 三郎 152
大竹 博吉 154
大塚 令三 157

出身都道府県別索引

大野 一造	160	
小笠原 登	170	
岡本 実太郎	179	
岡本 不二	179	
岡谷 惣助（10代目）	180	
小川 金之助	181	
小川 関治郎	182	
荻洲 立兵	183	
荻野 久作	184	
尾崎 久弥	189	
尾崎 士郎	189	
尾上 菊三郎（4代目）	199	
尾上 梅幸（6代目）	199	
尾上 紋弥	199	
筧 大潮	207	
影山 庄平	208	
影山 正治	208	
加藤 英舟	219	
加藤 華仙	219	
加藤 霞村	219	
加藤 敬三郎	220	
加藤 至道	221	
加藤 鯛一	221	
加藤 与五郎	224	
加藤 鐐五郎	224	
加藤 六蔵	224	
金森 遵	226	
金森 徳次郎	226	
蟹江 一太郎	227	
金子 光晴	229	
神野 金之助（2代目）	235	
神野 三郎	235	
香村 宜阜	236	
川合 玉堂	239	
川村 貞四郎	253	
河目 悌二	254	
川本 泰三	254	
神田 光陽	256	
ガントレット 恒	257	
神戸 正雄	258	
菊池 三郎	262	
北尾 鐐之助	267	
北脇 昇	272	
鬼頭 数雄	273	
鬼頭 仁三郎	273	
清川 正二	283	
清元 喜久太夫（2代目）	285	
久我 篤立	286	
国枝 元治	292	
久野 豊彦	293	
久野 寧	293	
熊沢 光子	297	
栗田 元次	301	
神代 峻通	312	
小島 棟吉	320	
小島 利男	320	
後藤 和儀	325	
小林 錡	330	
小林 日吉	333	
近藤 孝太郎	341	
近藤 寿市郎	341	
酒井 潔	350	
酒井 鎬次	350	
阪本 釤之助	354	
佐々木 味津三	362	
佐々 三雄	365	

佐藤 一英	365
佐藤 観次郎	366
佐藤 正和	370
佐分 真	374
沢田 章	375
椎尾 弁匡	379
潮山 長三	381
敷島 大蔵	383
四宮 兼之	388
柴田 常恵	389
下出 民義	399
下出 義雄	399
神道 寛次	410
新見 吉治	411
杉浦 佐助	415
杉浦 武雄	415
杉山 長谷夫	419
鈴木 敬一	421
鈴木 謙三	421
鈴木 正吾	422
鈴木 鎮一	422
鈴木 宗作	423
鈴木 楯夫	424
鈴木 為次郎	424
鈴木 敏也	425
鈴木 花簑	426
鈴木 ひでる	426
鈴木 政吉	427
鈴木 宗忠	427
鈴木 茂三郎	428
須藤 しげる	429
住田 智見	430
相馬 半治	439
高神 覚昇	443
高木 市之助	443
高橋 明	451
滝 正雄	461
竹尾 秋助	466
武田 可一	469
武富 済	470
竹中 藤右衛門	470
竹本 南部太夫（4代目）	472
多田 鼎	475
田中 善立	484
田中 徳次郎	485
田中 斉	485
玉井 是博	493
田村 憲造	495
丹下 茂十郎	498
塚原 大応	501
塚本 三	502
津田 信吾	506
寺島 実仁	518
遠山 芳蔵	525
外狩 素心庵	526
徳田 剣一	529
富田 愛次郎	534
冨田 満	535
富安 風生	536
友松 円諦	537
中井 哲	544
永井 寅水	544
永井 松三	545
中川 重雄	549
中川 芳太郎	550
中島 董一郎	553

中根 駒十郎	559
中村 明人	564
中村 恭平	566
中山 秀三郎	574
新美 南吉	582
西村 弘敬	589
丹羽 重光	593
野口 明	597
野口 兼資	598
野口 二郎	598
野口 米次郎	599
野尻 三郎	600
野村 博	605
羽塚 啓明	613
波多野 鼎	620
服部 英明	622
服部 受弘	623
服部 希信	623
林 春雄	634
林 明善	635
原田 三夫	640
疋田 芳沼	644
久松 潜一	645
平林 治徳	655
藤井 達吉	667
藤井 得三郎	667
藤浪 鑑	672
藤浪 剛一	672
穂積 五一	687
補永 茂助	689
堀 栄三	690
堀場 一雄	693
本多 顕彰	694
本多 光太郎	695
牧野 茂	702
松井 石根	710
松下 春雄	716
松平 信博	718
松原 行一	720
馬淵 逸雄	728
水谷 不倒	738
美濃部 正	748
宮川 米次	751
宮地 栄治郎	756
武藤 山治	763
武藤 長蔵	763
武藤 長平	763
森 銑三	778
森 武雄	778
森下 信衛	780
山口 察常	802
山口 保治	803
山田 文昭	813
山田 盛太郎	813
山中 武雄	814
山中 散生	814
山彦 八重子	816
山村 魏	817
山本 鼎	819
山本 照	822
横井 憲太郎	827
吉沢 義則	834
吉田 正男	840
若松 只一	850
和達 清夫	854
渡辺 錠太郎	856

渡辺 すみ子	856

【三重県】

芥川 徳郎	16
東 光敬	23
生悦住 求馬	51
伊坂 秀五郎	56
石井 光雄	59
石川 正作	61
石橋 喬山	66
泉 芳璟	72
泉 充	72
伊藤 小坂	85
伊東 阪二	88
稲垣 清	90
稲森 宗太郎	92
井野 英一	94
井野 碩哉	94
岩田 準一	111
岩垂 亨	112
印東 昌綱	115
植木 徹誠	115
宇田 荻邨	124
内田 作蔵	125
内山 光弘	128
馬岡 次郎	130
江草 重忠	133
江戸川 乱歩	135
太田 覚眠	151
岡田 酉次	175
岡本 大更	179
荻野 仲三郎	184
奥田 誠一	185
尾崎 一雄	189
小津 安二郎	192
乙竹 岩造	195
小野 正一	198
沢瀉 久孝	203
貝塚 栄之助	205
片岡 恒一	213
加藤 豊治郎	223
門野 重九郎	224
神川 彦松	234
亀井 高孝	236
河井 道	241
川喜田 半泥子（1代目）	243
川崎 克	245
菊山 当年男	263
北園 克衛	268
衣笠 貞之助	273
紀平 正美	276
木村 秀興	281
小菅 剣之助	322
後藤 脩	326
小林 研一路	330
近藤 清治	342
坂井 直	351
佐佐木 信綱	362
里 正義	365
沢 重民	375
沢村 栄治	377
芝田 徹心	390
嶋田 青峰	395
嶋田 的浦	395
鈴木 泰治	424

滋賀県 出身都道府県別索引

鈴木 大麻	424	山口 千万石	802	広瀬 習一	657	入江 波光	106
角 鷗東	430	山高 しげり	814	弘世 助太郎	657	岩村 貞雄	113
住井 辰男	430	山本 美越乃	823	深尾 淳二	659	植田 寿蔵	116
瀬木 嘉一	434	横山 一格	830	牧野 虎次	703	上野 隆誠	119
高北 新治郎	446	和田 操	854	馬杉 復三	707	上村 松園	120
武内 義雄	466			松宮 順	721	牛場 友彦	123
橘 糸重	476	**【滋賀県】**		松山 忠二郎	727	後宮 淳	124
田中 武雄	484			丸橋 清平	729	宇野 円空	129
種村 佐孝	492	青木 亮貫	7	三浦 義秋	731	梅根 常三郎	130
玉井 喬介	493	青地 忠三	7	三上 左明	732	梅原 龍三郎	131
玉井 藤一郎	493	明石 順三	11	水上 長次郎	736	江羅 直三郎	137
田村 怜	496	秋田 喜三郎	14	南 梅吉	747	大江 新太郎	142
丹波 秀伯	498	阿部 房次郎	30	都家 文雄	754	大江 季雄	142
常岡 良三	510	嵐 秀之助	38	村上 義一	765	大沢 徳太郎	148
藤堂 良讓	524	池尾 芳蔵	50	室積 徂春	770	太田 喜二郎	151
刀祢館 正雄	533	伊藤 忠兵衛(2代目)	87	森 耕二郎	777	大平 駒槌	154
長井 源	543	伊東 陶山(2代目)	88	八坂 浅次郎(1代目)	786	大高 為山	154
中沢 見明	551	井上 立士	96	藪田 貞治郎	797	大谷 光演	155
中谷 孝雄	557	井口 乗海	99	山県 五十雄	799	大谷 光瑞	155
中西 用徳	559	飯村 天祐	106	山上 伊太郎	799	大谷 光暢	155
中山 昌樹	575	大海原 重義	142	山本 一清	818	大谷 光明	155
西田 武雄	587	大隅 為三	151	山元 春挙	820	大谷 勝真	155
西村 真次	590	大谷 敬二郎	155	若原 正蔵	850	大谷 尊由	155
西村 幸生	591	大橋 了介	162	渡辺 勘次	855	大谷 竹次郎	156
仁保 亀松	593	大村 桂巌	165			多 忠龍	160
丹羽 文雄	594	小田 源蔵	192	**【京都府】**		大亦 墨亭	164
丹羽 保次郎	594	小野 秀雄	198			大宮 智栄	164
橋本 清吉	611	風間 日法	210	会田 龍雄	4	岡村 宇太郎	177
橋本 平八	612	勝間 貞次	216	蒼井 雄	5	岡村 俊昭	177
長谷川 素逝	615	川崎 俊一	245	青柴 憲一	7	岡本 愛祐	178
秦 彦三郎	619	河村 泰男	254	青山 霞村	8	岡本 季正	179
浜田 国松	629	北川 冬彦	267	青山 圭男	9	小川 実也	181
東浦 庄治	643	甲賀 三郎	311	赤松 三郎	13	小川 太一郎	182
土方 久徴	646	小門 専治	317	浅尾 大吉(3代目)	17	奥村 霞城	186
平井 毓太郎	650	児玉 一造	323	旭 正秀	20	尾瀬 敬止	192
広瀬 五郎	657	駒井 徳三	335	芦田 均	22	小野 俊一	197
広瀬 政治	658	坂口 嘉兵衛	352	跡見 李子	27	加古 祐二郎	208
広浜 嘉雄	659	佐後 淳一郎	358	姉崎 正治	28	笠原 道夫	209
福原 鐐二郎	664	志賀廼家 淡海	383	新井 信男	35	金井 修	225
藤原 松三郎	676	柴田 晩葉	390	嵐 寛寿郎	38	金子 鷹之助	228
古野 伊之助	681	清水 銀蔵	397	嵐 橘三郎(5代目)	38	金田 繁	229
古畑 種基	682	高橋 貞太郎	455	有吉 明	40	蒲田 善蔵	232
鼇甲斎 虎丸(2代目)	683	高谷 覚蔵	459	有吉 忠一	40	賀陽宮 恒憲	238
細合 秀穀	687	多紀 道忍	461	有吉 実	41	香山 蕃	238
細江 逸記	687	竹嶌 継夫	468	粟津 水棹	41	河井 荃廬	240
堀江 忠男	691	竹村 龍之助	472	猪飼 嘯谷	47	河合 よしの	241
堀川 美哉	692	田中 養達	486	井口 賢三	49	川越 藤一郎	244
本田 弥市郎	696	谷村 豊太郎	492	池田 永治	51	川崎 末五郎	245
牧 鋭夫	701	近角 常観	498	池本 甚四郎	55	川島 四郎	246
増田 八風	708	塚本 小四郎	502	石川 総雄	62	川橋 豊治郎	250
松井 春生	711	堤 康次郎	510	石田 元季	66	川村 曼舟	253
松田 正一	717	外村 繁	533	石原 広一郎	69	閑院宮 載仁	255
松原 宏遠	720	富田 八郎	535	出雲路 通次郎	72	観世 左近	255
松原 致遠	721	豊田 利三郎	539	市川 中車(7代目)	79	神田 兵三	256
松本 喜太郎	723	中江 勝治郎	546	市村 慶三	82	木枝 増一	259
御木本 幸吉	735	中川 末吉	549	伊藤 草白	86	岸本 栄七	265
御木本 隆三	735	中田 邦造	555	伊藤 柏台	88	北大路 魯山人	267
三宅 光治	754	中村 勝麻呂	565	井藤 半弥	89	喜多川 玲明	267
宮田 光雄	757	中村 要	565	稲葉 秀三	92	北村 耕三	270
宮野 省三	758	西田 天香	587	稲畑 勝太郎	92	木下 東作	275
森 三千代	779	西堀 一三	589	井上 嘉都治	95	木辺 孝慈	276
森山 鋭一	783	西村 燕々	589	井上 仁吉	96	清水 六兵衛(5代目)	284
森山 麦笑	783	野口 謙蔵	598	井上 政吉	96	楠田 敏郎	289
諸戸 北郎	783	野村 治一良	605	猪熊 浅麻呂	99	久邇宮 多嘉	292
安田 力	789	服部 岩吉	622	今井 慶二	101	久保 為義	294
山上 熊郎	799	服部 文四郎	623	今宿 次雄	103	久保田 金僊	295

出身都道府県別索引　大阪府

久保田 米斎	296	田辺 平学	489
栗山 泰音	302	谷口 幸治郎	491
黒川 芳蔵	303	玉川 みちみ	494
黒崎 定三	304	千葉 良導	500
桑原 専渓	307	塚本 靖	502
慶松 勝左衛門	307	都路 華香	504
小泉 丹	310	辻野 久憲	505
迎田 秋悦	313	津田 青寛	506
神鞭 常孝	315	津田 正周	507
国領 五一郎	318	津田 青楓	507
古在 由直	318	槌田 龍太郎	508
小辻 節三	324	津原 武	511
後藤 真太郎	326	鶴沢 友次郎（6代目）	514
小西 作太郎	327	出口 王仁三郎	515
木島 桜谷	328	出口 すみ	515
小林 松助	333	寺岡 峰夫	517
小南 又一郎	337	藤堂 祐範	524
金剛 巌（1代目）	340	堂本 印象	524
西園寺 公望	343	徳田 隣斎	529
斎藤 大吉	346	内貴 清兵衛	541
佐伯 悟竜	349	直木 松太郎	542
坂根 田鶴子	353	中井 宗太郎	543
坂本 孝三郎	354	中尾 万三	547
桜沢 如一	357	中川 小十郎	548
佐々木 岩次郎	359	長崎 謙二郎	550
佐々木 新太郎	360	永沢 信之助	551
佐佐木 茂索	362	永田 キング	555
佐々木 八十八	363	中根 龍太郎	559
佐谷 有吉	364	中野 種一郎	561
佐藤 杏雨	366	中村 春楊	568
里見 勝蔵	371	中村 善太郎	569
佐野 英造	372	中村 大三郎	569
佐野 五風	372	中村 信一	571
沢原 石民	376	中山 平次郎	574
沢村 寅二郎	377	並河 成資	578
塩田 広重	380	並川 義隆	578
志賀 暁子	381	成宮 喜兵衛	580
茂山 千五郎（10代目）	385	南江 治郎	580
茂山 忠三郎（3代目）	385	西 健	583
四条 隆英	385	西 貞一	584
四手井 綱正	386	西川 一草亭	585
篠山 実（1代目）	387	西野 恵之助	588
島津 源蔵（2代目）	393	西原 利夫	589
清水 三男	398	西村 五雲	590
下村 寿一	401	西山 翠嶂	591
白井 松次郎	407	野上 一郎	596
新庄 祐治郎	410	野沢 吉五郎（9代目）	600
菅井 一郎	413	野村 浩将	606
鈴木 吉之助	421	野村 芳亭	606
須磨 勘兵衛	430	野村 又三郎（11代目）	606
千 宗左（12代目）	437	野村 吉哉	607
千 宗左（13代目）	437	橋川 正	610
千 宗守（9代目）	438	橋本 以行	613
大乗寺 八郎	441	長谷川 一夫	614
高倉 徳太郎	446	長谷川 利行	616
高田 畊安	448	長谷川 信義	616
高橋 五山	452	畑中 健二	620
高山 三路	460	八田 高容	621
竹内 勝太郎	465	羽田 亨	627
竹内 栖鳳	465	林 喜右衛門（11代目）	632
田中 王城	481	原 脩次郎	637
田中 喜作	481	原田 正夫	640
田中 慶太郎	482	春木 一郎	641
田中 好	482	東久邇宮 稔彦	643
田中 都吉	485	東坊城 恭長	644
田中 豊蔵	485	菱野 貞次	646

人見 少華	648	山中 貞雄	814
福岡 益雄	661	山本 秀煌	822
藤浦 洸	667	湯浅 芳子	825
藤岡 勝二	667	湯川 秀樹	825
藤田 元春	671	横田 永之助	828
古海 忠之	682	与謝野 鉄幹	832
古谷 一晃	682	吉田 伊三郎	835
豊 時義	682	吉田 操子	840
堀内 他次郎	693	吉野 朝子	841
堀場 信吉	693	吉村 万治郎	843
本庄 栄治郎	694	四辻 喜一郎	844
本城 ハツ	694	冷泉 為臣	848
本田 義英	694	冷泉 為系	848
本領 信治郎	697		
前川 千帆	698	**【大阪府】**	
前田 幸作	698		
前田 直典	700	青木 巌	5
マキノ 登六	703	青木 月斗	5
マキノ 正博	704	赤松 雲嶺	12
牧野 充安	704	赤松 元通	13
真島 利行	706	赤松 麟作	13
増田 龍雨	708	浅田 一	19
増地 庸治郎	708	浅原 源七	20
俣野 真竜（3代目）	709	芦田 秋窓	22
町尻 量基	709	芦田 満	22
松井 謙吉	710	東 愛子	23
松井 房治郎	711	足立 源一郎	26
松尾 巌	712	嵐 徳三郎（6代目）	38
松阪 広政	715	有賀 長文	41
松沢 初穂	716	飯島 幡司	45
松村 梅叟	722	家村 吉兵衛	47
松山 金嶺	726	池沢 青峰	51
三嶋 一声	735	池田 篤三郎	53
水内 鬼灯	736	池田 俊彦	53
水谷 長三郎	737	井阪 豊光	56
水野 成	738	石井 秋穂	56
三谷 民子	742	石丸 梧平	69
三井 高堅	743	石本 喜久治	70
三井 高寛	743	石割 松太郎	71
三井 八郎右衛門（15代目）	743	泉 清子	72
三井 八郎右衛門（16代目）	744	市川 右太衛門	77
三室戸 敬光	750	市村 亀蔵（3代目）	82
宮川 香山（2代目）	751	稲葉 昌丸	92
三宅 やす子	754	井上 英三	94
向仲 寅之助	762	井上 幸次郎	95
村上 国吉	765	井上 千代子	97
村上 武次郎	766	井上 友一郎	97
室 馨造	770	井葉野 篤三	100
森 守明	777	今中 楓渓	104
八木 芳之助	785	入江 稔夫	106
安井 曽太郎	787	岩崎 盈子	109
安井 雄之助	788	岩崎 幸治郎	109
安田 徳太郎	789	岩田 きぬ	111
保原 キヨ	790	岩橋 小弥太	113
柳田 新太郎	793	植田 謙治	116
藪内 節庵	797	上田 孝吉	116
山上 伊太郎	799	上野 精一	118
山川 秀峰	800	植場 鉄三	119
山口 四郎	802	大石 順教	141
山口 八九子	803	大江 美智子（1代目）	142
山崎 益洲	804	大国 貞蔵	144
山下 竹斎	808	太田 亮	151
山下 利三郎	809	大橋 治房	162
山田 賀一	809	大橋 裸木	162
山田 耕雲	810	大宅 壮一	166
		緒方 章	171

氏名	頁
岡田 誠三	172
緒方 知三郎	174
岡野 養之助	176
岡本 政治	179
小川 瑳五郎	181
奥谷 秋石	185
尾崎 良純	190
小田 富弥	193
小野 十三郎	197
小野 松二	198
小畑 忠良	201
小畑 英良	201
折口 信夫	203
恩田 鉄弥	204
加賀 正太郎	205
花月亭 九里丸	207
梶井 基次郎	210
片瀬 淡	214
勝田 永吉	216
桂 小文治(2代目)	217
桂 三八	217
桂 南天	218
桂 春団治(2代目)	218
桂 米団治(4代目)	218
金沢 正雄	225
金田 天紘	225
金森 又一郎	226
粥川 伸二	238
河合 幸三	240
河井 酔茗	240
川喜田 半泥子(1代目)	243
川崎 備寛	246
河内 仙介	249
川西 清兵衛	250
河西 太一郎	250
河端 貞次	250
川端 康成	250
川村 保太郎	254
神崎 恵舞	255
神田 茂	256
菊田 歌雄(1代目)	259
菊武 祥庭	260
菊原 琴治	262
菊平 琴声	262
貫司 悦子	263
貴志 康一	263
貴志 弥右衛門(2代目)	264
岸本 栄七	265
喜多 孝治	266
木谷 千種	268
木谷 蓬吟	269
北村 兼子	270
木村 吉太郎	278
木村 秀蔵	281
清河 純一	283
清滝 幸次郎	284
清谷 閑子	284
桐竹 紋右衛門(2代目)	285
桐原 真二	285
国枝 金三	291
久野 収	293
倉河 簫山	298
桑田 義備	307
食満 南北	307
小石 清	308
迎田 秋悦	313
鴻池 善右衛門(12代目)	315
鴻池 忠治郎	315
鴻池 幸武	315
古今亭 今輔(4代目)	318
小寺 鳩甫	324
小林 柯白	330
小林 房之助	333
近藤 信竹	342
斎藤 魏洋	346
斎藤 弔花	346
坂 信弥	350
阪上 安太郎	352
坂田 三吉	352
桜田 常久	358
左近司 政三	358
笹川 良一	359
佐竹 庄七	364
佐藤 秀一	368
佐藤 尚武	370
里見 宗次	372
佐野 秀之助	373
鮫島 実三郎	375
三遊亭 円馬(3代目)	378
三遊亭 志ん蔵	378
三遊亭 柳枝	379
塩野 義三郎(2代目)	380
汐見 三郎	381
実川 延若(2代目)	386
幣原 喜重郎	386
幣原 坦	386
柴 謙太郎	388
島 徳蔵	392
島津 楢蔵	393
正路 倫之助	404
笑福亭 松鶴(5代目)	405
吹田 草牧	412
杉本 伝	418
杉山 平助	419
杉山 元治郎	419
杉山 好彦	419
鈴木 貫太郎	421
鈴木 亜夫	425
砂川 捨丸	430
住友 吉左衛門(16代目)	431
瀬戸 英一(1代目)	436
曽我廼家 五郎	439
曽我廼家 蝶六	440
高石 勝男	442
高階 冨士夫	447
高須 芳次郎	448
高橋 俊乗	454
高安 月郊	459
高安 六郎	460
滝川 政次郎	462
滝谷 善一	462
武田 長兵衛(5代目)	468
武田 麟太郎	469
竹女 藻風	470
竹本 重太夫(5代目)	472
竹本 津賀太夫(6代目)	472
竹本 東広	472
田島 直人	474
辰井 梅吉	478
辰馬 鎌蔵	478
伊達 正男	479
田中 海応	481
田中 長三郎	484
田辺 竹雲斎(1代目)	489
谷 狂竹	490
田畑 昇太郎	493
玉城 末一	494
玉松 一郎	494
田宮 猛雄	495
田村 駒治郎(2代目)	495
田村 新吉	496
塚本 虚明	502
辻村 秋峰	505
辻本 豊三郎	506
筒井 徳二郎	509
鶴沢 観西翁	514
鶴沢 道八(1代目)	514
寺内 萬治郎	516
寺崎 留吉	517
土井 十二	521
常盤 操子	527
所 貞一郎	530
富崎 春昇	534
富崎 美喜	534
豊岡 佐一郎	537
豊沢 仙糸(4代目)	538
豊島 雅男	538
豊竹 駒太夫(7代目)	539
鳥井 信治郎	540
内藤 藤一郎	541
直木 三十五	542
中井 一夫	543
中江 丑吉	546
永尾 宋斤	546
中尾 都山(1代目)	546
中沢 米太郎	552
中島 栄次郎	552
中村 魁車	565
中村 順平	568
中村 時蔵(3代目)	570
中村 梅玉(3代目)	571
中山 福蔵	574
中山 文甫(1代目)	574
鍋井 克之	577
鍋山 貞親	578
鉛 市太郎	578
西田 直二郎	587
西納 楠太郎	588
西村 月杖	589
二反長 音蔵	592
沼田 嘉一郎	595
野沢 吉兵衛(7代目)	600
野沢 吉弥(8代目)	600
信時 潔	603
野村 徳七(2代目)	605
萩原 雄祐	609
橋本 宇太郎	610
橋本 国彦	611
長谷川 素逝	615
長谷田 泰三	617
服部 健三	623
服部 良一	623
花木 伏兎	625
花菱 アチャコ	625
馬場 敬治	627
羽原 正一	628
浜田 耕作	629
浜田 増治	630
林 敏夫	634
早山 与三郎	636
原 邦造	637
原田 棟一郎	640
春山 作樹	641
坂東 寿三郎(3代目)	642
広瀬 徳蔵	658
藤沢 桓夫	669
藤田 耕雪	670
藤田 斗南	670
伏水 修	673
藤村 義一	674
藤原 義江	676
宝来 市松	684
堀部 正二	693
前田 多門	699
前田 久吉	700
牧田 環	702
政岡 憲三	705
正木 直彦	705
桝谷 寅吉	708
松井 慶四郎	710
松井 翠声	711
松瀬 青々	716
松波 仁一郎	719
松村 真一郎	722
松本 重治	724
松本 容吉	726
満川 亀太郎	744
明道 長次郎	761
三好 達治	761
村上 華岳	765
村田 徳次郎	767
村田 春海	768
百田 宗治	776
森 恪	777
森 平兵衛	779
森田 政義	781
森田 光風	782
森本 薫	782
八木 秀次	784
八木 林作	785
八雲 恵美子	785
矢倉 茂雄	785
安井 仲治	787
安岡 正篤	788
保田 素堂	790
矢部 良策	797
山家 信次	799
山川 智応	800
山川 頼三郎	801
山口 義一	801
山口 吉郎兵衛	802
山口 正	802
山崎 芳太郎	807
山田 伸吉	812
山中 峯太郎	815
山錦 善治郎	815
山村 酉之助	817
山村 舞扇斎(2代目)	817
山本 藤助(3代目)	822
山本 梅史	822
与謝野 晶子	832

出身都道府県別索引　　　兵庫県

吉川 吉郎兵衛	833	大山 郁夫	167	佐々井 信太郎	359	畠田 昌福	619
吉津 度	834	岡田 要	175	沢田 清	376	浜田 駿吉	629
吉田 栄三（1代目）	835	小川 晴暘	182	三田谷 啓	378	浜野 徹太郎	630
吉田 小兵吉（4代目）	837	奥田 艶治	185	四方 博	382	林 重義	633
吉本 せい	843	小田 成就	192	四方 諒二	383	原 惣兵衛	637
羅門 光三郎	846	小野 寿人	198	品川 良造	386	原口 亮平	639
鷲尾 順敬	852	小畑 源之助	200	柴田 勝太郎	389	原田 慶吉	639
和田 佐一郎	853	遠地 輝武	204	島田 叡	394	春山 武松	641
和田 豊種	854	賀川 豊彦	206	下中 弥三郎	401	樋口 季一郎	644
渡辺 銕蔵	857	笠置 季男	209	下畑 卓	401	土方 成美	645
渡辺 義美	858	嘉治 隆一	210	十一谷 義三郎	402	平岡 養一	651

【兵庫県】

		鹿島 守之助	211	神 正三	410	平田 内蔵吉	652
青木 敬麿	6	片岡 松燕	213	鈴木 武雄	424	平田 晋策	653
青山 熊治	8	片山 桃史	215	住田 正雄	431	平林 武	655
秋岡 武次郎	13	嘉藤 栄吉	219	関 精拙	432	平山 蘆江	656
浅井 清	17	加藤 一男	219	関口 存男	434	広岡 宇一郎	656
浅原 清隆	20	加藤 文太郎	223	関山 利一	436	広瀬 操吉	657
葦原 邦子	22	金山 平三	226	芹田 鳳車	437	福井 久蔵	660
天知 俊一	32	加納 暁	230	高城 仙次郎	444	福井 謙三	660
新井 完	35	嘉納 治五郎	231	高田 浩吉	448	福島 四郎	661
荒勝 文策	36	河合 悦三	239	高橋 八郎	455	福村 久	664
荒木 義夫	38	川浪 良太郎	249	多木 久米次郎	461	藤井 乙男	665
有竹 修二	39	川西 実三	249	武内 了温	466	藤川 禎次	668
淡路 円治郎	41	川西 龍三	250	竹中 郁	470	藤原 岩市	675
安藤 紀三郎	42	川端 千枝	250	竹中 藤右衛門	470	藤原 米造	676
安藤 広太郎	43	汾陽 泰子	252	橘ノ 円都	477	船橋 栄吉	680
飯田 操朗	47	川本 宇之介	254	田中 静壱	483	堀内 謙介	693
飯沼 剛一	47	神田 辰之助	256	田中 武雄	484	本庄 繁	694
池口 慶三	50	菊仲 米秋	262	田中 文男	485	本多 謙三	695
池田 紫星	52	菊森 琴線	262	田中 正之輔	485	前川 八郎	698
池田 種生	53	菊山 きく	262	田辺 竹雲斎（1代目）	489	前田 荻邨	699
池田 富保	53	木崎 為之	263	玉井 周吉	493	前田 房之助	700
池長 孟	55	喜多 青子	266	田宮 知耻夫	495	増野 実	706
石浜 知行	68	木谷 実	269	中馬 興丸	500	真下 俊一	707
石原 修	68	衣巻 省三	274	塚原 政次	501	松浦 貞一	712
石原 誠	69	木村 一夫	277	塚本 清治	502	松岡 映丘	713
石本 喜久治	70	木村 正路	282	辻 善之助	504	松嶋 鹿夫	716
石本 寅三	70	清瀬 一郎	283	津村 京村	513	松村 松年	721
磯谷 廉介	73	桐竹 門造（5代目）	285	津村 信夫	513	松本 かつぢ	723
一瀬 粂吉	81	桐谷 正治	285	暉峻 義等	519	丸山 清泰	728
伊藤 貴麿	86	九鬼 次郎	286	戸田 貞三	531	丸山 義二	729
伊藤 長蔵	87	楠本 保	289	富田 熊作	534	三上 参次	732
井上 長三郎	97	国司 浩助	292	富田 健治	534	三木 清	733
井上 秀	98	久保松 勝喜代	296	冨田 雅次	535	三木 翠山	734
井上 通泰	98	栗山 重信	302	直木 燕洋	542	三木 良英	734
井上 翠	99	黒田 巌	304	仲 賢礼	543	三沢 糾	735
岩木 躑躅	108	河野 慎吾	314	長尾 秀一	546	三島 徳七	736
岩田 愛之助	111	河本 大作	315	長尾 良吉	547	水清 公子	737
上田 隆一	117	古島 一雄	319	中田 篤郎	556	水守 亀之助	740
上野 直昭	119	小谷 澄之	323	永田 秀次郎	556	美濃部 達吉	748
右近 徳太郎	122	小寺 謙吉	324	中部 幾次郎	563	実生 すぎ	749
鵜崎 庚午郎	122	小畑 虎之助	329	中部 兼市	563	宮城 道雄	752
牛場 友彦	123	小早川 欣吾	329	永安 百治	572	三宅 幾三郎	752
歌川 八重子	125	小早川 秋声	329	永代 静雄	575	三宅 驥一	752
漆間 徳定	132	小林 絹治	330	難波田 春夫	577	三宅 周太郎	753
海野 十三	132	小林 俊次郎	331	生江 健次	578	宮本 留吉	760
榎並 充造	135	小林 秀穂	333	名村 源之助	578	紫安 新九郎	769
大内 兵衛	142	駒井 卓	335	西川 光二郎	585	森田 信義	780
大沢 寿人	148	小松 清	335	西田 政治	587	安永 一	790
大島 義清	150	小森 敏	338	西邑 昌一	590	柳田 国男	793
太田 宇之助	151	斎田 元次郎	344	西山 哲治	592	矢野 勘治	795
大西 滝治郎	159	斎藤 隆夫	346	二宮 洋一	593	山崎 剛平	805
大野 龍太	161	阪井 盛一	351	忍頂寺 務	594	山下 実	809
大原 昇	163	坂西 由蔵	353	能見 愛太郎	596	山田 武雄	812
		坂本 武	355	橋本 関雪	610	山根 翠堂	815
		佐々井 一晃	358	橋本 文雄	612	山内 健二	816

奈良県　　　　　　　　　　　　　出身都道府県別索引

山本 慶治	819	辻本 卯蔵	506	喜多村 進	271	牧 英勝	701
山本 禾太郎	822	椿本 説三	511	北本 正路	271	松山 思水	727
山本 平三郎	822	津村 重舎(1代目)	513	木下 立safe	276	松山 常次郎	727
山本 牧彦	822	富本 憲三	536	木村 平右衛門	281	三浦 伊八郎	730
山本 芳治	823	中川 正左	549	木本 主一郎	282	三田村 篤志郎	742
山脇 延吉	824	中川 吉造	549	京山 恭為	283	南方 熊楠	746
横田 成年	829	中村 古峡	567	京山 幸枝(1代目)	283	三宅 米吉	754
横溝 正史	830	中村 甚哉	568	楠本 亀楠	289	宮本 英太郎	759
横山 エンタツ	830	中山 正善	573	楠山 義太郎	290	森 有材	779
吉阪 俊蔵	834	西垣 晋作	585	栗須 喜一郎	300	山崎 伝之助	806
吉田 市之助	835	西谷 勢之介	588	栗須 七郎	300	山田 伝	812
吉田 貫三郎	835	西村 伊作	589	小橋 かつえ	329	山名 文夫	814
吉田 享二	836	信正 義雄	603	小山 谷蔵	339	山本 玄峰	819
吉田 賢一	836	橋本 凝胤	611	佐伯 顕二	349	湯川 松次郎	825
吉田 徳次郎	839	長谷川 治	614	榊 亮三郎	352	脇村 義太郎	851
吉本 せい	843	服部 教一	622	阪田 誠盛	352	和田 徳次郎	853
吉本 冬男	844	兵本 善矩	650	阪中 正夫	353		
和田 三造	853	広瀬 亜夫	657	桜根 孝之進	358	【鳥取県】	
渡辺 大陸	856	福井 甚三	660	佐藤 春夫	370		
渡辺 均	858	福田 米三郎	663	沢崎 定之	375	明石 鉄也	11
綿貫 佐民	859	藤岡 長和	668	島薗 順次郎	394	足立 正	26
和辻 哲郎	859	藤岡 長敏	668	清水 芳太郎	398	生田 長江	49
		淵田 美津雄	678	下村 海南	401	池田 亀鑑	51
【奈良県】		舟岡 省五	678	城 夏子	403	井尻 進	71
		堀内 千城	691	杉村 楚人冠	417	磯野 長蔵	73
青柿 善一郎	5	牧野 武夫	703	杉山 金太郎	418	稲田 正純	91
東 季彦	23	松尾 四郎	712	鈴木 友訓	425	井上 秀天	96
東 武	23	宮武 正道	758	栖原 豊太郎	430	猪口 敏平	99
安西 冬衛	42	村嶋 帰之	767	角 源泉	430	入沢 宗寿	107
池田 克己	51	森 栄蔵	776	関 直彦	433	上山 正英	121
石井 政一	59	森岡 二朗	779	関本 諦承	435	大田 為吉	152
石橋 秀野	67	森本 六爾	782	薗部 一郎	440	大村 一蔵	164
乾 政彦	93	八木 逸郎	784	高井 観海	442	岡田 資	173
今田 新太郎	103	保田 与重郎	790	竹中 源助	470	岡野 貞一	176
今村 荒男	104	山内 得立	798	建畠 大夢	480	岡村 葵園	177
今村 幸男	105	山田 三良	811	田中 四郎	483	奥田 亀造	185
岩井 尊人	107	山脇 圭吉	824	田中 新吾	484	尾崎 翠	190
岩本 武助	114	吉川 則比古	834	谷口 吉彦	491	亀尾 英四郎	237
植村 諦	120	吉田 奈良丸(2代目)	839	田渕 豊吉	493	北尾 日大	267
植村 益蔵	121	米田 庄太郎	845	玉置 吉之丞	494	木村 昌福	282
梅本 左馬次	131	和田 勝一	852	寺井 久信	516	木山 義喬	282
江藤 源九郎	135			寺島 健	518	草笛 美子	287
江馬 長閑	137	【和歌山県】		土岐 嘉平	526	桑田 熊蔵	306
大西 愛治郎	159			土岐 銀次郎	526	桑田 芳蔵	306
岡 実	169	浅利 順四郎	21	豊田 貞次郎	539	小泉 梧郎	309
奥村 太平	186	池田 小菊	52	中谷 武世	557	高坂 正顕	312
越智 太兵衛	195	石垣 栄太郎	59	中村 啓次郎	566	香田 勝太	312
笠置山 勝一	209	伊谷 以知二郎	75	成田 衝夫	579	駒井 玲子	335
桂 三木助(2代目)	218	糸川 欽也	90	西川 義方	586	佐々木 惣一	360
上司 小剣	234	井上 吉次郎	95	西田 郁平	586	沢田 節蔵	376
川口 徳三	244	岩橋 遵成	113	西田 修平	586	沢田 廉三	376
河崎 なつ	246	植芝 盛平	115	西村 伊作	589	信夫 淳平	388
喜多 源逸	266	大岡 蔦枝	142	根岸 佶	596	下田 光造	400
北浦 圭太郎	266	大㐂 観風	164	野長瀬 忠男	602	鷲見 三郎	430
北村 又左衛門	271	岡 泰蔵	169	野村 吉三郎	604	高田 豊四郎	449
木村 重治	278	岡崎 邦輔	169	硲 慈弘	609	田熊 常吉	463
駒井 喜作	334	岡本 連一郎	180	長谷川 治	614	武井 守成	464
佐伯 定胤	349	小川 正太郎	181	服部 英太郎	622	竹本 綾之助(2代目)	472
阪本 広太郎	355	小川 琢治	182	浜口 儀兵衛(10代目)	629	辰野 九紫	478
柴 浅茅	388	沖野 岩三郎	184	浜田 与助	630	手島 栄	515
嶋中 雄作	396	片山 哲	215	坂西 利八郎	642	徳田 貞一	529
島中 雄三	396	加藤 一夫	219	日高 昌克	647	戸田 海笛	531
庄田 鶴友	404	狩野 光雅	231	逸見 享	683	豊田 収	538
高岡 智照	442	川嶋 孝彦	246	本多 熊太郎	695	西 晋一郎	583
田中 広太郎	482	川端 龍子	250	前田 米蔵	700	西尾 寿造	584
谷中 安規	492	紀 俊秀	258	前畑 秀子	701	西田 税	587

島根県 / 岡山県

能勢 亀太郎	601
橋浦 泰雄	609
橋田 邦彦	610
橋谷 義孝	610
広江 恭造	656
福留 繁	663
藤井 静雄	666
藤本 光清	674
藤原 喜代蔵	675
古井 喜実	680
前田 寛治	698
松岡 駒吉	713
ミス・ワカナ（1代目）	740
碧川 かた	745
峰地 光重	748
三好 英之	761
村上 恭一	765
村雨 退二郎	767
森 広蔵	777
八原 博通	796
矢部 貞治	797
山崎 寿春	806
山根 甚信	815
山枡 儀重	817
由谷 義治	826
横山 薫範	831
吉村 哲三	843
米原 章三	846
涌島 古代子	851

【島根県】

相見 香雨	5
青木 実三郎	6
赤川 武助	10
蘆谷 蘆村	23
安達 貫一	25
天野 辰夫	33
飯石 豊市	45
生島 竹雨	49
石原 喜久太郎	68
石本 暁海	70
出雲 愛之助（1代目）	72
伊藤 佐喜雄	85
絲原 武太郎	90
伊原 青々園	100
岩崎 清一	110
岩本 薫	114
上田 畊甫	116
潮 恵之輔	123
榎本 美彦	135
大沢 重憲	147
大達 茂雄	155
大庭 政世	161
岡田 文秀	174
沖島 鎌三	183
落合 慶四郎	195
小汀 利得	201
小原 光雲	202
加藤 景雲	220
加藤 繁	220
金子 有道	227
加納 侯二	230
岸 清一	263
北井 正雄	266
木村 鋭市	277

木村 小左衛門	278
草光 信成	288
神代 種亮	312
桜内 辰郎	357
桜内 幸雄	357
佐々木 直吉	362
佐野 文子	373
塩野 直道	380
島田 俊雄	395
清水 郁子	396
釈 瓢斎	402
末次 保	412
鈴江 言一	420
数藤 鉄臣	429
須藤 鐘一	429
高岡 熊雄	442
高橋 龍雄	454
田尻 愛義	474
伊達 源一郎	479
帯刀 貞代	480
田中 隆吉	487
田部 長右衛門（22代目）	489
谷口 廻瀾	490
田畑 修一郎	493
俵 国一	497
俵 孫一	497
辻 寛治	504
津田 晴一郎	506
恒藤 恭	510
恒松 於菟二	510
徳川 夢声	528
内藤 伸	541
永井 瓢斎	544
永井 万助	545
中田 瑞穂	557
中谷 秀	557
中村 吉蔵	566
西 晴雲	583
西田 精	587
西田 博太郎	587
秦 佐八郎	618
幡谷 正雄	621
服部 之総	623
浜井 松之助	628
原 泉	636
原 邦道	637
原 弘鼎	637
原 伝	638
原 夫次郎	638
広江 八重桜	656
福田 狂二	662
藤原 教悦郎	675
増田 渉	708
松原 純一	721
三浦 周行	731
三隅 正	740
三成 重敬	748
森山 時雄	783
森脇 忠	783
山口 多聞	803
山崎 大耕	805
山崎 豊定	806
山田 浩	813
山根 八春	816
山根 幹人	816
山本 栄一郎	818

山脇 房子	824
吉岡 隆徳	833
米田 豊	846
若槻 礼次郎	849
和久利 幾之助	851

【岡山県】

赤木 桁平	10
赤木 朝治	10
赤沢 元造	11
明石 元男	11
赤松 麟作	13
芦田 定市	22
安達 清	26
阿藤 伯海	27
阿部 知二	30
阿部 八代太郎	31
生駒 雷遊	56
石井 直三郎	58
石川 忠	61
石原 健三	68
板野 友造	76
出 隆	83
伊東 三郎	85
犬飼 恭平	93
犬養 毅	93
井上 仰山	95
井上 其子	96
井野川 利春	99
伊原木 藻平（3代目）	101
今井田 清徳	103
岩崎 栄	110
岩藤 思雪	112
宇垣 一成	121
宇垣 纏	121
内田 吐夢	126
内田 百間	126
内山 完造	128
宇野 弘蔵	129
馬越 恭平	130
江口 帆影郎	134
江原 万里	136
相賀 武夫	139
大饗 仁堂（1代目）	139
大賀 一郎	142
太田 収	151
大谷 碧雲居	156
太田原 豊一	157
大月 忠道	158
大橋 幹一	161
大橋 信吉	161
大原 総一郎	163
大原 孫三郎	163
大村 清一	165
大本 百松	165
大森 詮夫	165
大森 桐明	166
大山 斐瑳麿	167
岡崎 常太郎	169
岡田 忠彦	173
岡本 赳	179
岡本 唐貴	179
小川 郷太郎	181
小田 富弥	193
落合 吉人	195

小野 晃嗣	196
小野 朱竹	197
小野 清友	197
尾上 柴舟	199
笠井 輝二	209
片岡 音吾	212
片岡 鉄兵	213
片山 一男	215
片山 潜	215
片山 正夫	215
片山 義雄	216
勝浦 正山	216
加藤 元一	220
加藤 精一	221
加藤 諦見	221
金光 弥一兵衛	226
榎南 謙一	227
可児 藤吉	227
金平 亮三	230
鹿子木 孟郎	231
河合 篤	239
河相 達夫	240
河合 廉一	241
川村 清一	252
川村 多実二	253
岸本 綾夫	265
岸本 鹿子治	265
岸本 康通	265
木見 金治郎	276
公森 太郎	276
木村 毅	277
木村 象雷	279
木村 哲二	280
清野 謙次	284
九津見 房子	290
工藤 壮平	290
国吉 康雄	293
久保田 宵二	295
窪田 静太郎	295
久山 知之	298
黒田 英雄	305
高祖 保	312
伍賀 満	317
黒正 巌	317
児島 矩一	320
児島 献吉郎	320
古武 弥四郎	322
小谷 節夫	323
小林 辰男	332
小林 照旭	333
小林 正次	333
小宮山 明敏	337
小山 武夫	339
金光 摂胤	340
渾大防 五郎	341
近藤 萬太郎	343
斎藤 清太郎	345
酒井 栄蔵	350
阪谷 芳郎	353
佐々木 志賀二	360
佐々木 達治郎	361
里村 欣三	372
皿井 旭川	375
志賀 靖郎	382
重井 鹿治	383
重森 三玲	384

氏名	頁
渋谷 慈鎧	392
島田 茂	395
霜山 精一	402
春藤 武平	403
白岩 龍平	408
白神 邦二	408
進藤 誠一	410
須一 まさ子	412
杉 栄三郎	414
杉 琢磨	415
薄田 泣菫	428
高島 象山	447
高杉 新一郎	448
滝川 幸辰	462
竹内 賀久治	465
武岡 鶴代	467
武定 巨口	467
竹原 常太	471
竹久 夢二	471
武政 太郎	471
太宰 施門	473
田中 寛一	481
田中 謹左右	482
谷 三三五	490
谷 寿夫	490
玉野 知義	494
塚原 夜潮	502
次田 潤	503
次田 大三郎	503
津下 紋太郎	504
津田 白印	507
土屋 源市	509
常ノ花 寛市	510
坪田 譲治	512
鶴見 祐輔	515
土居 章平	521
都井 睦雄	521
土肥原 賢二	522
留岡 幸男	537
豊田 旭穣	539
豊福 環	540
永岡 秀一	547
中島 重	553
中島 琢之	553
中塚 一碧楼	558
中塚 響也	558
七海 又三郎	577
南条 三郎	581
難波 清人	581
難波 英夫	581
西 雅雄	584
西崎 弘太郎	586
西田 泰介	587
仁科 芳雄	588
西村 新八郎	590
西村 丹治郎	590
二宮 治重	593
額田 坦	594
額田 六福	594
野崎 丹斐太郎	599
野田 清一郎	601
野田 別天楼	601
野田 律太	602
野中 四郎	602
延原 謙	603
則井 万寿雄	607

氏名	頁
土師 清二	609
橋本 五郎	611
橋本 正次郎	612
長谷川 久一	614
花房 太郎	626
花谷 正	626
馬場 恒吾	628
林 逸郎	632
林 癸未夫	632
林 芳信	635
速水 滉	636
原田 熊雄	639
原田 譲二	640
原田 武一	640
人見 絹枝	648
人見 東明	648
平櫛 田中	652
平沼 騏一郎	654
平松 市蔵	655
広瀬 哲士	657
福井 行雄	661
福井 利吉郎	661
藤井 真澄	667
藤原 孝夫	676
星 哲六	685
星島 義兵衛	685
堀 文平	690
本位田 祥男	693
米谷 隆三	697
前野 茂	701
橫本 楠郎	705
正富 汪洋	706
正宗 敦夫	706
正宗 得三郎	706
正宗 白鳥	706
松崎 天民	715
松島 白虹	716
松本 学	723
万代 順四郎	730
見尾 勝馬	732
美木 行雄	734
溝手 保太郎	741
満谷 国四郎	744
美土路 昌一	745
三村 伸太郎	750
三宅 茂	753
三宅 磐	754
本山 荻舟	775
森 一兵	776
薬師寺 主計	785
八代 祐太郎	786
安井 英二	787
保田 次郎	789
矢野 禾積	795
矢野 恒太	795
山上 武雄	799
山川 均	800
山田 準	811
山中 朋二郎	815
山室 軍平	817
横川 定	828
吉田 章信	840
吉田 能安	841
吉永 時次	841
吉行 エイスケ	844
米川 輝寿	845

氏名	頁
米川 正夫	845

【広島県】

氏名	頁
甕光	5
赤木 親之	10
赤沢 乾一	10
明石 恵達	11
安芸ノ海 節男	14
秋山 謙蔵	15
秋山 正八	15
秋山 雅之介	16
朝隈 善郎	18
浅野 長武	19
足利 浄円	22
足利 瑞義	22
麻生 路郎	25
安達 潮花（1代目）	26
荒川 五郎	36
有坂 秀世	39
有元 史郎	40
粟谷 益二郎	42
池田 快造	51
石川 岩吉	59
石黒 達也	63
石黒 英彦	63
石田 一松	65
石原 キク	68
石本 秀一	70
磯 永吉	72
板倉 卓造	75
市川 百々之助	80
伊藤 律	89
井上 脩	94
井伏 鱒二	101
今井 武吉	102
今中 次麿	103
岩畔 豪雄	108
印南 弘	115
上田 直次	117
上原 轍三郎	120
宇野 伝三	129
枝正 義郎	135
大井上 康	141
大木 惇夫	143
大妻 コタカ	158
岡田 昇	174
岡田 嘉子	175
岡部 直三郎	176
岡本 覚三郎	178
岡山 巌	180
沖田 芳夫	184
沖野 悟	184
小田 栄	192
織田 幹雄	193
影佐 禎昭	207
掛谷 宗一	207
鹿島 房次郎	211
柏 佐一郎	211
片山 有樹	215
片山 牧羊	215
加藤 喜作	219
上田 恭一	234
亀屋原 徳	237
賀屋 興宣	238
河相 達夫	240

氏名	頁
河石 達吾	241
川崎 卓吉	245
河津 憲太郎	247
川原 広真	251
木内 高音	259
岸田 正記	264
吉川 潔	272
木原 七郎	276
木舎 幾三郎	282
京山 若丸	283
久保田 権四郎	295
熊平 源蔵	297
倉田 百三	299
黒島 亀人	304
桑田 寛随	306
源田 実	308
高野 虎市	314
小早川 常雄	329
小林 躋造	332
是山 恵覚	339
三枝 博音	343
酒井 隆	351
佐上 信一	354
作田 高太郎	356
桜 富士子	356
佐々 元十	358
真田 秀吉	372
柴原 浦子	391
清水 亀蔵	397
下田 次郎	400
杉本 五郎	418
鈴木 率道	428
瀬越 憲作	436
妹尾 義郎	436
高垣 眸	443
高楠 順次郎	446
高田 静雄	449
高津 正道	450
武内 俊子	466
武田 五一	468
田坂 具隆	473
立川 知道	476
田中 三郎	483
田中 貢	486
谷口 三郎	491
谷口 尚真	491
頼母木 桂吉	492
田部 武雄	493
都河 龍	502
辻 永	505
土屋 寛	509
津野田 知重	511
鶴岡 一人	513
戸田 三郎	531
登張 竹風	533
土肥 米之	533
永井 潜	544
中野 英治	560
中村 精一	569
名川 侃市	575
新見 政一	582
西原 一策	589
新田 恭一	592
沼田 多稼蔵	595
野田 文一郎	601
野村 秀雄	605

灰山 元章 608
狭間 茂 609
秦 逸三 618
八田 一朗 621
花田 凌雲 625
原 弘毅 638
肥田 琢司 647
日高 只一 647
平賀 譲 651
平田 のぶ 653
福田 恵一 662
藤井 清水 665
藤井 厚二 666
藤井 崇治 666
富士川 游 668
藤田 明 669
藤田 茂 670
藤野 七蔵 672
藤野 恵 672
藤村 富美男 673
船越 光之丞 679
坊田 寿真 684
前川 正一 697
増本 量 709
松井 茂 711
松田 重次郎 717
松本 勝太郎 723
松本 俊一 724
松本 隆重 725
松山 省三 727
三上 英雄 732
三上 義夫 733
三川 軍一 733
水野 甚次郎 738
水野 梅暁 738
水原 玲子 739
三戸 寿 745
南 薫造 747
三村 明 749
三村 剛昂 750
宮沢 裕 756
宮田 道雄 757
三好 重夫 761
三好 松吉 762
村上 真一 766
村上 正 766
望月 圭介 772
森田 福市 781
森戸 辰男 782
安田 義達 790
簗田 欽次郎 795
山崎 何恵 804
山道 襄一 807
山名 文夫 814
山本 実一 820
行友 李風 826
横山 勝太郎 831
横山 金太郎 831
吉原 敏 842
六角 紫水 848
和木 清三郎 850
和合 英太郎 851
和田 利彦 853
和田 英松 854
渡辺 直己 857
和知 鷹二 859

【山口県】

青木 健作 6
青木 作雄 6
青木 正児 6
赤松 克麿 12
赤松 智城 13
秋田 三一 14
安倍 寛 29
安倍 源基 29
阿部 善次 30
阿部 寿準 30
尼子 富士郎 32
鮎川 義介 34
有地 藤三郎 40
粟屋 仙吉 41
阿武 巌夫 44
阿武 清 44
飯田 祥二郎 46
飯田 精太郎 46
飯田 房太 47
伊木 寿一 49
石井 秋穂 56
石川 信吾 61
石田 馨 65
泉 伍朗 72
磯部 浅一 74
鋳谷 正輔 76
市川 清 78
市川 正一 79
井上 幾太郎 94
井上 禧之助 95
井上 三郎 95
井上 信子 98
井本 熊男 106
岩田 宙造 112
宇野 千代 129
江木 翼 133
江後 岳翠 134
大井 成元 140
大石 源治 140
大河戸 宗治 147
大塚 武松 157
大村 能章 165
岡 敬純 169
小川 敬次郎 181
越智 キヨ 195
小野島 右左雄 199
笠井 真三 208
片山 孤村 215
桂 弁三 218
金子 みすゞ 229
兼重 暗香 229
兼常 清佐 230
上山 満之進 236
嘉村 礒多 236
河上 邦彦 242
河上 弘一 242
河上 徹太郎 243
河上 肇 243
河田 嗣郎 248
河村 只雄 253
河村 又介 253
岸 信介 263
木村 男也 277
百済 文輔 290

国司 浩助 292
国光 五郎 292
国吉 信義 293
久原 房之助 293
窪井 義道 294
蔵重 久 298
蔵田 周忠 299
来島 良亮 302
黒川 フジ 303
桑重 儀一 306
合田 得輔 313
児玉 九一 323
児玉 秀雄 323
児玉 政介 324
児玉 右二 324
坂 千秋 349
作田 荘一 356
作間 耕逸 356
笹井 吉郎 363
佐藤 市郎 366
沢本 与一 377
沢本 頼雄 377
重宗 和伸 384
島田 和夫 394
白根 竹介 409
新村 出 411
末川 博 412
末次 信正 412
末弘 厳太郎 412
瀬川 秀雄 432
妹沢 克惟 436
曽田 嘉伊智 440
高橋 亀吉 452
高橋 千代 455
田島 直人 474
田中 義一 481
田中 絹代 481
田中 忠夫 484
田中 勝 486
田中 義能 487
田中 頼三 487
種田 山頭火 492
田村 市郎 495
俵田 明 497
月田 一郎 502
寺内 寿一 516
道源 権治 522
豊田 勝蔵 538
豊田 久吉 539
内藤 三郎 541
永井 来 543
中井 猛之進 544
長岡 春一 547
中原 中也 563
長松 篤棐 564
中村 敬之進 567
中山 太一 573
楢崎 勤 579
縄田 尚門 580
西川 一三 585
西川 貞一 585
西村 茂生 590
野坂 参三 599
野原 休一 603
羽仁 吉一 627
林 郁彦 631

林 要 632
林 芙美子 635
林 平四郎 635
原田 治郎 640
日野原 善輔 649
福士 政一 661
福田 勝治 662
藤井 啓一 665
藤井 五一郎 666
藤田 平太郎 671
藤田 隆治 671
富士松 長門太夫（1代目）673
藤本 英雄 674
藤原 亮子 676
二村 定一 678
別府 総太郎 683
松井 久 711
松岡 洋右 713
松木 直亮 714
松島 詩子 716
松林 桂月 720
松山 基範 727
光田 健輔 744
名井 九介 761
村上 正輔 765
村田 峰次郎 768
毛利 元道 771
本野 久子 775
山県 治郎 799
山県 正郷 799
山田 忍三 812
山根 省三 815
山本 熊一 819
横田 郷助 829
横山 健堂 831
吉田 常夏 839
脇本 楽之軒 851
渡辺 剛二 855
渡辺 世祐 859
和智 恒蔵 859

【徳島県】

赤岩 八郎 9
秋田 清 14
浅石 恵八 17
阿部 茂夫 29
天羽 英二 33
飯田 延太郎 46
伊上 凡骨 48
生田 和平 49
伊丹 安広 76
市原 通敏 81
井上 長一 97
井上 通夫 98
猪熊 信男 99
伊原 宇三郎 100
今井 邦子 101
海野 十三 132
永戸 俊雄 133
江本 修 137
大久保 準三 144
奥村 嘉蔵（8代目）186
尾崎 庄太郎 189
賀川 豊彦 206
加藤 正 222

香川県

鎌田 弥寿治	233
川瀬 惣次郎	247
河出 孝雄	249
貴司 山治	264
木村 専一	280
木村 芳人	282
紅露 昭	316
小室 要	337
近藤 滋弥	341
酒巻 和男	354
繁野 天来	384
須藤 政男	429
高木 義賢	446
高島 兵吉	447
武田 徳晴	469
谷原 公	492
田村 秀吉	496
ディック・ミネ	515
寺沢 厳男	517
斎 辰雄	526
鳥居 龍蔵	540
鳥養 利三郎	540
那波 利貞	577
南条 歌美	581
新居 格	581
西野 藍雨	589
野間 左衛	603
橋本 夢道	613
蜂須賀 正詔	621
蜂須賀 正氏	621
原田 佐之治	640
広島 晃甫	657
福良 虎雄	661
藤井 真信	666
北条 民雄	684
松村 善蔵	722
真鍋 勝	727
三木 猪太郎	733
三木 春雄	734
三岡 明	744
三宅 克己	753
三宅 速	754
椋本 竜海	762
盛 新之助	777
柳川 宗成	792
吉本 貞一	844

【香川県】

青柳 兵司	8
安藤 一雄	42
池田 三千秋	54
池田 勇八	54
伊沢 エイ	56
石井 絹治郎	57
磯井 如真	73
井上 直三郎	97
猪熊 信男	99
井下 清	99
入田 整三	107
上原 平太郎	120
大倉 桃郎	146
太田 四州	152
大西 一外	159
大西 虎之介	159
大森 研造	165

岡部 孫四郎	177
香川 昇三	206
笠原 静堂	209
加藤 正二	221
川田 多三郎	248
神原 甚造	257
菊池 寛	260
北原 千鹿	269
木下 唯助	275
国方 林三	292
黒島 伝治	304
桑島 主計	306
小島 烏水	319
児玉 謙次	323
小西 和	327
小林 萬吾	334
佐々木 孝丸	361
寒川 恒貞	377
白川 朋吉	408
新名 丈夫	411
鈴木 祥枝	422
炭山 南木	431
高橋 真八	454
高橋 積	456
橘 高広	477
田中 万吉	486
棚次 辰吉	488
谷口 武	491
津島 寿一	505
壺井 栄	512
壺井 繁治	512
土井 伊惣太	520
樋端 久理雄	522
戸倉 ハル	530
戸沢 民十郎	531
豊島 長吉	538
直井 武夫	542
中河 与一	549
中山 佐之助	573
沼田 市郎	595
乃村 泰資	605
長谷 宝秀	614
林 唯一	633
泥谷 文景	646
福家 守明	665
藤川 勇造	669
藤川 トヨ	673
藤本 捨助	674
堀田 璋左右	689
前川 正一	697
増田 淳	707
松本 昇	725
三木 茂	733
三木 忠直	734
水原 茂	739
三谷 末次郎	741
三井 飯山	744
三土 忠造	745
宮崎 虎一	755
宮武 外骨	757
宮武 三郎	758
宮武 東洋	758
宮脇 梅吉	761
宮脇 長吉	761
森川 義信	779
八木 信一	784

保井 コノ	787
山神 種一	799
山川 章太郎	800
山下 谷次	808
山下 寅次	809
山田 兼松	810
山中 篤一	815
遊佐 正憲	826
和田 邦坊	852

【愛媛県】

赤崎 寅蔵	10
芥川 光蔵	16
浅野 孝之	19
安倍 能成	31
飯塚 盈延	46
五百木 良三	47
五十崎 古郷	48
池田 茂	52
石川 知福	62
石田 波郷	66
井関 邦三郎	72
伊丹 万作	76
伊藤 大輔	86
伊藤 述史	88
伊奈 信男	90
井上 正夫	98
今井 嘉幸	102
今沢 慈海	103
今松 治郎	104
宇都宮 孝平	128
大西 克礼	159
大本 貞太郎	165
小笠原 菊次郎	170
岡田 温	175
岡田 和一郎	175
小川 尚義	182
小倉 ミチヨ	188
越智 貞見	195
小野 寅吉	198
小山 久二郎	203
香川 ミドリ	206
景浦 将	207
加地 哲定	210
勝田 銀次郎	216
加藤 精神	221
上岡 美平	234
神野 信一	235
加茂 正雄	237
川上 孤山	242
河上 哲太	243
川島 義之	247
河東 碧梧桐	251
菊川 忠雄	259
菊池 恭三	260
菊池 慎三	261
吉川 祐輝	272
城戸 豊吉	273
喜安 健次郎	282
久保 勉	294
久保 盛丸	294
桑山 鉄男	307
毛山 森太郎	308
後藤 朝太郎	325
後藤 環爾	325

近藤 兵太郎	342
佐伯 矩	349
桜井 忠温	357
佐々木 長治	361
佐々木 到一	362
志賀 勝	382
鹿村 美久	383
重松 俊章	384
重松 龕修	384
篠原 助市	387
芝 不器男	388
柴田 正重	390
勝田 主計	405
白石 花駛史	407
白石 虎月	407
白川 義則	408
進藤 信義	410
杉浦 非水	415
杉浦 義勝	415
鈴木 悦次郎	420
砂田 重政	430
須之内 品吉	430
澄田 睞四郎	431
清家 吉次郎	432
関 行男	433
高市 次郎	442
高橋 貞次	453
高橋 新吉	454
高橋 秀臣	455
高橋 雄豺	456
高畑 誠一	457
高畠 華宵	457
高浜 虚子	457
高山 長幸	460
滝本 誠一	463
武田 義孝	469
武内 作平	470
田宮 嘉右衛門	495
力石 雄一郎	498
寺尾 とし	516
土居 市太郎	520
戸田 定代	531
中川 愛氷	548
中川 知一	549
長野 高一	561
中野 忠晴	561
西開地 重徳	584
西川 勉	585
西松 唯一	589
布 利秋	595
野間 信熙	604
浜田 国太郎	629
浜本 浩	631
林田 哲雄	636
藤岡 光長	668
藤田 若水	671
藤本 定義	674
二荒 芳徳	678
船田 一雄	679
星田 三平	685
細田 義勝	688
堀 英四郎	689
前田山 英五郎	701
増田 惟茂	707
松浦 鎮次郎	712
松木 幹一郎	714

出身都道府県別索引　　福岡県

松田 喜三郎	717	小畑 敏四郎	201	福富 正男	663	内丸 最一郎	127
松根 東洋城	719	片岡 寅次郎	213	福森 白洋	664	宇野 浩二	129
松村 粛	722	片岡 直温	213	藤岡 淳吉	667	海老名 弾正	136
松本 慎一	725	片山 敏彦	215	藤田 太郎	670	仰木 政斎	139
真鍋 嘉一郎	727	萱野 長知	238	別府 丑太郎	683	大井 広介	140
丸山 定夫	729	川添 ゆき子	247	細川 藤右衛門	688	大内 暢三	141
三浦 鑿	730	川田 正澂	248	牧野 富太郎	703	大河内 伝次郎	146
三木 滋人	733	川田 瑞穂	248	横村 浩	704	太田 綾子	151
御木 徳一	734	川谷 尚亭	249	松永 寿雄	719	大津 敏男	157
三木 紀三	734	川渕 洽馬	251	松永 材	719	大西 斎	159
水野 広徳	738	川村 一水	252	溝淵 進馬	741	大野 章三	161
三瀬 幸三郎	740	上林 暁	257	宮地 直一	756	大屋 久寿雄	166
皆川 治広	746	北見 志保子	270	村上 清	765	大屋 徳城	167
宮崎 勝太郎	755	北村 久寿雄	270	村田 正太	768	岡 幸三郎	168
宮田 文子	757	北村 沢吉	271	森 総之助	778	小笠原 数夫	170
宮本 武之輔	760	木村 久寿弥太	278	森 赳	778	緒方 大象	173
村上 紋四郎	766	楠木 繁夫	289	森下 雨村	779	緒方 隆士	173
村瀬 武男	767	楠目 橙黄子	289	森田 茂	780	緒方 竹虎	173
村松 恒一郎	769	国沢 新兵衛	292	森田 正馬	781	岡橋 林	176
森 茂雄	777	倉橋 顕吉	299	安岡 駒好	788	岡部 平太	177
森 三千代	779	幸徳 幸衛	314	矢野 貫城	795	小川 敬吉	181
八木 春雄	784	小松 茂	336	山内 禎子	798	沖ツ海 福雄	184
矢内原 忠雄	791	坂本 志魯雄	354	山内 豊景	798	奥村 喜和男	186
柳瀬 正夢	795	小砂丘 忠義	359	山岡 重厚	798	小倉 龍男	188
山内 鉄吉	798	沢田 牛麿	375	山崎 常吉	806	小野 蕉子	198
山下 宅治	808	沢田 茂	376	山崎 正董	806	大日方 伝	202
山本 親雄	821	島村 虎猪	396	山崎 正光	807	貝島 太市	204
山本 信哉	822	下村 宏	401	山地 土佐太郎	807	香椎 浩平	210
吉川 猛夫	833	下元 鹿之助	402	山下 奉文	809	梶原 貫五	212
吉田 卯三郎	835	下八川 圭祐	402	山本 拙郎	821	形田 藤太	214
吉田 勝太郎	835	杉本 盛	418	山本 忠興	821	勝 正憲	216
和気 律次郎	851	鈴木 素興	423	山本 正美	822	加藤 介春	219
渡辺 渡	859	仙石 貢	438	山脇 信徳	824	門屋 博	224
		胎中 楠右衛門	441	山脇 正隆	824	金子 堅太郎	228
【高知県】		田岡 典夫	442	由比 質	827	川瀬 光順	247
		竹本 土佐太夫(6代目)		横山 一郎	830	川浪 良太	249
安芸 盛	13		472	横山 隆志	831	河村 光陽	252
浅井 茂猪	17	田中 貢太郎	482	吉田 源十郎	836	簡牛 凡夫	255
足立 収	26	田中 茂穂	483	吉田 茂	837	神崎 武雄	255
有沢 一郎	39	玉錦 三右衛門	494	吉田 良三	841	菊竹 淳	260
有沢 広巳	39	田村 実	496	依光 好秋	846	岸田 日出刀	264
石川 寅治	62	寺田 寅彦	518	鷲野 米太郎	852	北林 トモ	269
石本 権四郎	70	土居 明夫	520			北原 鉄雄	270
市原 通敏	81	土居 光知	520	**【福岡県】**		北原 白秋	270
乾 南陽	92	利岡 中和	531			九州山 義雄	283
井上 伊之助	94	富田 毅郎	534	青柳 郁次郎	7	清原 枴童	284
井上 良二	99	富田 幸次郎	535	青柳 喜兵衛	7	倉塚 良夫	299
井野辺 茂雄	100	中島 弥団次	554	青柳 暢夫	8	倉富 勇三郎	299
今西 中通	104	中谷 貞頼	557	赤坂 小梅	10	黒田 乙吉	304
今村 忠夫	105	永野 修身	560	浅原 健三	20	黒田 三郎	305
岩本 章	114	長野 長広	562	足達 左京	26	黒田 長成	305
上田 秋夫	116	西内 貞吉	584	安部 磯雄	28	古賀 龍視	316
上田 庄三郎	116	西山 庸平	592	阿部 春峰	29	古賀 春江	316
宇田 友四郎	124	野村 茂久馬	606	安蔵 善之輔	42	古賀 政男	316
江口 定条	133	長谷 江児	613	石崎 敏行	64	古賀 良彦	317
大石 大	141	馬場 孤蝶	628	伊地知 進	66	後藤 七郎	326
大江 満雄	142	浜口 雄幸	628	石橋 正二郎	67	小西 健一	327
大岸 頼好	144	浜田 幸雄	629	石村 涼月	70	小早川 清	329
大西 正幹	159	浜田 恒之助	630	伊藤 整一	86	小宮 豊隆	337
岡 繁樹	168	浜田 義明	630	井上 満	98	権藤 成卿	341
岡上 守道	176	浜本 浩	631	井上 良夫	99	斎藤 惣一	345
岡本 弥太	179	林 茂木	633	今村 恒夫	105	斎村 五郎	348
尾崎 重美	189	原田 亨一	640	岩井 智海	107	坂井 大輔	351
小島 祐馬	191	土方 寧	646	岩下 俊作	110	坂元 雪鳥	354
小谷 清	194	広瀬 東畝	658	内田 良平	127	向坂 逸郎	355
小野 義一	196	弘田 龍太郎	659	内野 辰次郎	127	桜井 徳太郎	357
		深尾 隆太郎	660				

889

佐賀県　　　　　　　　　　出身都道府県別索引

氏名	頁
佐々木 菊太郎	359
里見 甫	372
式 正次	383
重藤 千秋	383
四島 一二三	385
品川 緑	386
柴田 敬	389
柴田 徳次郎	390
渋川 驍	391
島津 源蔵（2代目）	393
島田 尺草	395
島田 芳文	395
清水 行之助	397
清水 隆次	397
下元 連	402
末次 逸馬	412
末松 偕一郎	413
末松 太平	413
杉 狂児	414
杉原 泰蔵	416
杉山 元	419
薄 恕一	422
薄田 研二	428
大洋洲 呑海	441
高階 瓏仙	447
高島 菊次郎	447
高原 操	457
高松 亭	457
高峰 筑風	458
高宮 太平	458
竹下 しづの女	467
竹中 英太郎	470
竹本 津太夫（3代目）	472
橘 旭翁（2代目）	476
立花 良介	477
田中 寿一	483
棚橋 影草	488
谷 豊	490
為藤 五郎	496
団 琢磨	497
千倉 豊	498
長 勇	500
鶴田 知也	514
藤 勝栄	522
東条 カツ	523
頭山 満	525
土岐 政夫	526
十時 弥	532
冨田 渓仙	534
冨田 勇太郎	535
友枝 高彦	537
豊島 与志雄	538
豊田 実	539
長尾 巧	546
長末 友喜	555
長門 美保	558
中野 金次郎	560
中野 江漢	560
中野 正剛	561
中野 宗助	561
永野 若松	562
中牟田 三治郎	564
中村 研一	567
中村 鎮	569
中山 岩太	572
中山 悦治	573
成清 信愛	579
南条 歌美	581
新島 清	581
西村 琢磨	590
野口 援太郎	598
野田 俊作	601
野田 義夫	602
野中 清	602
橋本 英吉	610
橋本 欣五郎	611
長谷 健	613
秦 真次	618
花田 比露思	625
葉室 鉄夫	631
林 逸馬	631
林 信雄	634
葉山 嘉樹	636
原 乙未生	638
春野 百合子（1代目）	641
樋口 銅牛	645
樋口 典常	645
日高 信六郎	647
火野 葦平	649
平嶋 信	652
広田 弘毅	658
藤井 甚太郎	666
藤実 人華	669
藤村 作	673
藤森 静雄	675
古岡 康治	681
古野 繁実	681
古野 周蔵	681
米田 実	697
真木 順	701
益田 豊彦	708
増永 元也	708
松井 太久郎	711
松井 元興	711
松野 一夫	720
松延 繁次	720
松本 健次郎	723
丸山 敏雄	729
三浦 関造	730
満井 佐吉	743
宮川 一貫	750
三輪 寿壮	762
村上 知行	766
村上 三千穂	766
毛利 輝夫	771
毛里 英於菟	771
毛利 与一	771
守島 伍郎	780
森田 久	781
森山 武市郎	783
安川 第五郎	788
安広 伴一郎	790
矢野 宗幹	796
山口 直知	803
山崎 巌	804
山崎 達之輔	806
山崎 朝雲	806
山本 芳太	823
矢山 哲治	824
夢野 久作	827
吉田 磯吉	835
吉田 敬太郎	836
吉田 貞雄	837
吉田 鞆明	839
吉田 博	840
吉田 増蔵	840
吉武 月二郎	841
吉村 清尚	843
吉村 忠夫	843
笠 信太郎	847
和田 国次郎	852
和田 妙子	853
渡辺 俊雄	857

【佐賀県】

氏名	頁
相川 勝六	3
愛野 時一郎	4
安保 清種	32
池田 寅二郎	54
池田 秀雄	54
池巳 不二男	54
石井 亮一	59
石川 三郎	60
石川 又八	62
石田 樹心	65
石橋 ハヤ	67
石丸 藤太	69
板谷 茂	76
市丸 利之助	82
市村 清	82
今泉 義道	103
岩崎 卯一	109
内田 寛一	125
江下 武二	134
大石 和三郎	141
大倉 邦彦	146
大島 治喜太	149
大坪 保雄	158
大伴 麟三	158
岡崎 忠雄	169
小笠原 長生	170
岡田 三郎助	172
織田 万	193
香月 清司	212
川頭 九郎次	247
川浪 竹山	249
貴志 喜四郎	263
北島 謙次郎	268
北島 浅一	268
空閑 昇	286
釘町 久磨次	286
久保 良英	294
久米 桂一郎	297
栗原 荒野	301
栗原 鑑司	301
栗原 安秀	302
香田 清貞	313
古賀 恒吉	316
古賀 伝太郎	316
古賀 峯一	317
小松 茂	336
坂井 三郎	350
坂口 右左視	352
佐賀ノ花 勝巳	354
坂本 義鑑	355
笹本 寅	363
実松 譲	372
椎野 修	379
志波 西果	388
志波 安一郎	389
下村 湖人	401
尾高 亀蔵	412
末次 梧郎	412
鈴木 淳	422
副島 千八	439
高木 猷鳳	445
高木 八尺	446
高田 保馬	450
多久 安信	463
田口 文次	463
武富 時敏	469
武富 敏彦	469
田崎 浩一	473
田沢 義鋪	474
田代 皖一郎	474
立花 俊道	477
辰巳 栄一	479
田中 務	484
田中 鉄三郎	484
田中 亮一	487
千葉 胤明	499
坪上 貞二	512
鶴田 安雄	514
天光軒 満月（1代目）	519
天中軒 雲月（1代目）	520
中島 莞爾	552
中島 清	552
中野 敏雄	561
中野 邦一	562
中野 礼四郎	562
中橋 基明	563
中村 純九郎	568
中山 呑海	574
梨本宮 伊都子	576
鍋島 直明	577
鍋島 直縄	577
西 英太郎	583
野口 謙次郎	598
長谷川 雪香	615
葉室 早生	631
林 毅陸	632
原口 竹次郎	639
百武 源吾	649
百武 三郎	649
広尾 彰	656
福島 経人	661
福田 五郎	662
藤井 斉	667
藤生 安太郎	667
藤山 雷太	675
船津 辰一郎	679
前田 政八	700
真崎 勝次	705
真崎 甚三郎	705
松隈 健彦	715
松村 光磨	722
三浦 七郎	731
三上 卓	732
御厨 純一	735
水町 袈裟六	739
溝口 喜六	740
光行 次郎	745
宮地 嘉六	758

出身都道府県別索引　　　　　　　　　　　　　　　　　　　　　　大分県

宮原 民平	758	富永 時夫	536	浦田 武雄	132	西住 小次郎	586
牟田口 廉也	763	朝永 三十郎	537	衛藤 利夫	135	野田 英夫	601
武藤 信義	764	長岡 半太郎	547	大麻 唯男	140	野中 季雄	602
村岡 長太郎	764	中島 実	554	大麻 勇次	140	蓮田 善明	613
村田 孜郎	767	中島 良貞	554	大塚 惟精	157	馬場 一衛	627
本野 亨	775	仲町 貞子	563	奥村 政雄	186	林 仙之	634
森 賢吾	777	永見 徳太郎	564	嘉悦 孝子	205	日森 虎雄	649
矢次 一夫	791	中村 不二男	571	片瀬 淡	214	平川 虎臣	651
柳川 平助	792	西岡 竹次郎	584	狩野 直喜	231	平川 清風	652
山上 曹源	799	西村 房太郎	591	川上 哲治	243	平山 岩彦	655
山口 亮一	804	野田 高梧	601	河口 愛子	243	福岡 青嵐	661
山崎 元幹	807	則元 卯太郎	607	北田 正三	268	福島 清三郎	662
山下 謙一	807	橋本 増吉	613	城戸 元亮	273	福島 政雄	662
横尾 泥海男	828	長谷川 初音	617	木下 季吉	275	福田 虎亀	663
吉田 絞二郎	836	馬場 元治	628	木村 尚達	279	淵上 白陽	678
吉田 善吾	838	原口 竹次郎	639	楠田 一郎	289	淵上 毛銭	678
		東 薁五郎	643	国崎 定洞	292	古荘 幹郎	681
【長崎県】		肥州山 栄	647	久保田 暎	295	細川 護立	688
		深沢 新一郎	660	蔵原 伸二郎	300	堀 正廾	690
天笠 才寿	32	藤浦 洸	667	上月 良夫	314	堀内 豊秋	691
新井 徹	35	藤岡 文六	668	河野 浅八	314	本田 トヨ	696
荒木 十畝	37	古川 竹二	680	河野 寿	314	前田 利鎌	699
石井 筆子	58	本田 英作	694	小崎 弘道	319	牧野 輝智	703
五ツ島 奈良男	83	本田 恒之	696	古城 貞吉	321	松崎 鶴雄	715
伊東 静雄	85	前田 虎雄	699	後藤 泰彦	326	松田 千秋	717
井上 織子	94	前田 蓮山	700	小橋 一太	329	松野 鶴平	720
井上 孚麿	96	真崎 長年	706	坂田 貞	353	松前 重義	721
伊吹 震	101	松永 安左ヱ門	719	坂田 道男	353	松村 秀逸	721
今村 豊	105	松原 寛	720	桜田 常久	358	松村 武雄	722
井村 荒喜	106	松藤 夏山	721	佐々 弘雄	365	光永 星郎	745
宇土 虎雄	129	松山 茂	726	佐藤 仁宗	368	蓑田 胸喜	748
浦川 和三郎	131	真鍋 儀十	727	佐野 武	373	宮川 如山	751
穎原 退蔵	136	水谷 竹紫	737	佐村 嘉一郎	374	宮崎 高四	755
大泉 黒石	141	水谷 鉄也	739	志賀 志那人	381	宮崎 龍介	755
大江 スミ	142	南 鷹次郎	747	紫垣 隆	382	三善 信房	761
大隈 信常	145	宮川 左近(3代目)	751	志垣 寛	382	武藤 章	763
樺島 勝一	232	柳本 柳作	793	島田 磐也	394	武藤 虎太	764
神近 市子	234	山川 端夫	800	下永 憲次	401	村川 堅固	766
河上 徹太郎	243	雪沢 千代治	826	杉村 鎮夫	417	村本 一生	769
北川 丞	267	芳川 越	833	高木 惣吉	444	本山 彦一	775
北村 西望	271	吉田 益三	840	高木 武	445	森 勝衛	777
木下 義介	274			高橋 喜惣勝	452	安田 鋳之助	789
木下 茂	274	**【熊本県】**		高橋 守雄	456	安田 優	790
楠本 長三郎	290			高群 逸枝	459	山隈 康	804
窪川 稲子	294	青木 蕣蔵	6	財津 愛象	460	山之内 一郎	816
熊本 利平	297	赤星 水竹居	12	竹下 正彦	467	山室 宗文	817
倉成 庄八郎	299	安達 謙蔵	26	谷 正之	490	吉田 追風(23代目)	835
黒板 勝美	303	阿部 嘉七	28	千賀崎 義香	498	吉田 晴風	838
河野 寿	314	荒木 俊馬	37	筑紫 熊七	503	吉原 正喜	842
小林 観爾	330	有馬 成甫	40	津下 剛	504	若杉 要	849
近藤 駿介	341	池田 桃川	53	堤 寒三	510	渡瀬 常吉	854
作江 伊之助	356	石坂 繁	63	戸上 研之	525		
佐々野 利彦	363	伊豆 富人	71	戸上 信文	526	**【大分県】**	
佐保 畢雄	374	一瀬 一二	81	戸川 秋骨	526		
沢山 精八郎	377	井手 義行	83	徳富 蘇峰	529	青木 保	6
菅原 裕	414	井上 織子	94	徳永 直	530	秋山 月三	14
鈴木 重次	422	井上 匡四郎	96	内藤 濯	541	朝倉 毎人	18
高木 逸磨	443	上田 碩三	117	中井 励作	545	朝倉 文夫	18
高島 末五郎	447	上塚 司	117	中垣 虎児郎	548	麻生 健次	24
高野 岩三郎	450	上村 福幸	121	中西 牛郎	558	麻生 正蔵	24
田川 大吉郎	461	浮田 和民	122	中野 猛雄	561	麻生 久	25
田郷 虎雄	473	牛島 辰熊	123	永松 英吉	564	麻生 義輝	25
玉ノ海 梅吉	494	牛原 虚彦	123	中村 民雄	569	荒川 昌二	36
檀野 礼助	498	内田 康哉	125	中山 福蔵	574	安藤 狂四郎	42
寺尾 実	517	内堀 維文	127	納言 恭平	576	池田 純久	52
富永 恭次	536	宇野 哲人	129	那須 義雄	576	池永 浩久	55

宮崎県　　　出身都道府県別索引

池中 康雄	55	豊国 福馬	538	陣 軍吉	410	久米田 新太郎	298
石川 武美	61	豊田 副武	539	菅波 三郎	414	蔵園 三四郎	298
磯村 豊太郎	74	中島 今朝吾	553	鈴木 憲太郎	421	古木 鉄太郎	317
市野瀬 潜	81	中根 貞彦	559	財部 彪	461	児島 フミ	320
一宮 房治郎	81	永野 清	560	竹下 豊次	467	古城 江観	321
伊東 喜八郎	84	仲摩 照久	563	中村 地平	569	小園 安名	322
伊東 政喜	89	奈良 静馬	578	肥田 景之	647	是枝 恭二	339
井上 準之助	96	新島 章男	581	平島 敏夫	652	酒匂 秀一	355
岩男 是命	108	野上 豊一郎	597	広島 定吉	657	崎山 武夫	356
殖田 俊吉	116	野上 弥生子	597	二見 甚郷	678	迫水 久常	358
内田 茂	126	野々村 戒三	602	三浦 虎雄	731	佐多 愛彦	364
梅津 美治郎	130	野依 秀市	607	水久保 甚作	736	篠原 鳳作	387
衛藤 即応	135	波多野 乾一	620	村社 講平	767	島津 忠重	393
大島 広	150	羽原 又吉	628	持永 義夫	773	島津 久基	394
太田 操	153	浜橋 文作	630	森田 勝	781	杉田 久女	416
大橋 松平	162	林 房雄	634	山田 悌一	812	瀬戸口 藤吉	436
大和田 悌二	168	樋口 静雄	644	横手 貞美	829	高田 利種	449
鬼丸 義斎	196	久恒 貞雄	645	渡辺 小五郎	855	財部 静治	460
小野 廉	197	日名子 実三	648	渡辺 修三	856	竹内 可吉	465
小野 武夫	197	平野 学	654			竹下 勇	467
加来 琢磨	207	広池 千九郎	656	**【鹿児島県】**		田代 四郎助	475
鹿地 亘	210	藤田 信雄	671			堅山 利邦	480
柏原 幸一	212	双葉山 定次	677	愛甲 文雄	3	田中 国重	482
片岡 角太郎	213	舟田 三郎	679	赤塚 正助	12	田中 耕太郎	482
片岡 直道	213	堀 悌吉	690	赤星 六郎	12	丹下 ウメ	497
片多 徳郎	214	松田 源治	717	有馬 四郎助	40	津崎 尚武	504
金谷 範三	226	松田 衛	717	有馬 宏	40	妻木 新平	513
金光 庸夫	230	松山 基範	727	有馬 正文	40	鶴ケ嶺 道芳	514
辛島 浅彦	239	三角 寛	740	安藤 照	43	鶴田 義行	514
木下 謙次郎	274	御手洗 辰雄	742	安楽 兼道	44	寺師 義信	518
清瀬 規矩雄	284	南 次郎	747	伊木 常誠	49	寺田 市正	518
清原 貞雄	284	三松 武夫	749	池田 清	51	寺田 鼎	518
釘宮 磐	286	向井 倭雄	762	池田 天舟	53	東郷 茂徳	522
国友 鼎	292	村上 直次郎	766	池田 俊彦	53	東郷 青児	522
久留島 武彦	302	元井 三門里	773	池田 俊彦	53	東郷 平八郎	523
鯉沼 巌	311	元田 肇	774	石田 栄熊	65	東郷 実	523
後藤 映範	325	森本 富士雄	782	石原田 愿	69	徳重 浅吉	529
後藤 静香	326	八並 武治	791	市来 乙彦	80	床次 竹二郎	530
後藤 文夫	326	柳川 宗成	792	井上 和雄	94	冨吉 栄二	536
後藤 光蔵	326	山口 馬城次	803	井上 知治	97	中尾 純利	546
佐野 碩	373	山本 コト	820	今村 明恒	104	中田 薫	555
佐野 学	373	山本 達雄	821	岩尾 家定	107	永田 良吉	557
重松 重治	384	吉田 茂	837	岩城 邦広	108	中村 嘉寿	565
重光 蕷	384	吉武 東里	841	岩切 重雄	108	中村 四郎	568
重光 葵	384			岩倉 市郎	108	丹生 誠忠	582
首藤 定	402	**【宮崎県】**		岩元 達一	114	西 竹一	583
首藤 正寿	402			上野 喜左衛門(5代目)		西 春彦	584
生野 嘉三郎	405	赤松 勇二	13		118	錦洋 与三郎	586
末光 源蔵	413	秋丸 次朗	14	上野 十蔵	118	西ノ海 嘉治郎(3代目)	
鈴木 富士弥	426	伊地知 純正	66	上脇 進	121		589
宗 正雄	438	磯貝 一	73	牛島 満	123	昇 曙夢	603
園田 清秀	440	一木 儀一	80	宇都宮 直賢	128	野村 直邦	605
高木 利太	445	伊東 岩男	83	海老原 喜之助	136	野元 甚蔵	607
高田 真治	449	岩切 晴二	108	大島 直治	149	花田 仲之助	625
高橋 貞樹	453	大木 正幹	144	大山 柏	167	花田 政春	625
田口 壮	463	小沢 治三郎	191	押川 一郎	191	浜田 尚友	630
竹腰 重丸	471	柿原 政一郎	206	小野 浩	198	原 耕	637
竹本 大嶋太夫(4代目)		川越 茂	244	小原 国芳	201	原口 純允	639
	472	神戸 雄一	258	海音寺 潮五郎	204	久留 弘三	645
田島 勝太郎	474	菊池 循一	261	勝野 ふじ子	216	菱刈 隆	646
橘 樸	477	菊池 武夫	261	勝目 テル	217	平林 彪吾	655
田辺 重三	489	小林 宗吉	332	樺山 愛輔	232	樋渡 清廉	659
田原 淳	497	小村 俊一	337	神 重徳	233	藤島 武二	669
長 寿吉	500	斎藤 直橘	347	上村 清延	235	藤田 文江	671
塚崎 直義	501	塩月 赳	380	上村 哲弥	235	古市 春彦	680
利光 鶴松	531	塩月 桃甫	380	川越 丈雄	244	星野 準二	686
富沢 有為男	534			喜代三	284	前田 精	699

出身都道府県別索引 　　　　　　　　　その他

牧野 伸顕　　704
松方 巌　　713
松方 幸次郎　　713
松方 正雄　　714
万造寺 斉　　730
三界 稔　　732
水島 早苗　　736
宮原 晃一郎　　758
泉二 新熊　　774
森 兼道　　777
八代 則彦　　791
山岡 国利　　798
山上 正義　　799
山下 長　　808
山下 徳治　　808
山本 英輔　　818
山本 実彦　　820
山本 重彦　　820
山本 ヤヲ　　823
横山 正治　　831
吉田 豊彦　　839
吉満 義彦　　842
和田 英作　　852

【沖縄県】

新垣 栄徳　　36
新垣 松含　　36
伊江 朝助　　47
伊波 普猷　　100
伊良波 尹吉　　106
伊礼 肇　　107
上里 春生　　115
上地 完文　　117
太田 朝敷　　153
大舛 松市　　164
沖 識名　　183
金城 紀光　　225
神山 政良　　236
亀川 哲也　　237
漢那 憲和　　257
小橋川 仁王　　329
崎山 嗣朝　　356
下川 凹天　　399
尚 順　　403
世礼 国男　　437
玉城 盛重　　494
桃原 茂太　　524
当真 嗣合　　524
当間 重剛　　524
渡嘉敷 守良　　525
富川 盛武　　534
仲井間 宗一　　546
仲里 陽史子　　551
仲村 権五郎　　567
仲吉 良光　　575
船越 義珍　　679
宮城 与徳　　752
宮良 長包　　760
吉浜 智改　　842
湧上 聾人　　851

【朝鮮】

尾高 鮮之助　　194
尾高 朝雄　　194

菊田 一雄　　259
金 容植　　285
島崎 こま子　　393
孫 基禎　　441
永島 孝雄　　553
永田 絃次郎　　555
中村 清　　566
南 昇竜　　580
日夏 英太郎　　648
藤本 英雄　　674
北条 民雄　　684
朴 烈　　684
村上 元三　　765
李 垠　　847
和田 妙子　　853

【台湾】

大島 正隆　　150
賀来 一郎　　206
呉 昌征　　308
新明 正道　　411
陳 清水　　500
藤田 文江　　671
真杉 静枝　　707
松本 俊一　　724
横沢 三郎　　828
林 献堂　　848

【中国・満州】

大庭 武年　　161
河上 弘一　　242
川島 芳子　　246
木谷 徳雄　　269
吉慶堂 李彩（1代目）　　272
呉 清源　　308
佐郷屋 留雄　　358
佐野 碩　　373
庄司 敏彦　　404
南洞 邦夫　　581

【その他】

ヴォーリズ，ウィリア
　ム・メレル　　121
腰本 寿　　321
スタルヒン，ビクトル　　429
ゾルゲ，リヒアルト　　441
竹中 正一郎　　470
谷崎 十郎　　491
戸栗 郁子　　530
中島 直人　　553
梨本宮 伊都子　　576
野田 英夫　　601
灰田 勝彦　　607
パヴロワ，エリアナ　　608
ボース，ラス・ビハリ　　687
本田 親善　　695
山田 キク　　810
山田 伝　　812
ユーハイム，カール　　826
リッキー宮川　　847
若林 忠志　　849

「昭和戦前期」年表

西暦	年号	月	事　項
1926年	大正15年～ 昭和元年	1月	第一次若槻礼次郎内閣成立
		12月	昭和と改元
1927年	昭和2年	3月	昭和金融恐慌始まる
		4月	田中義一内閣成立。緊急勅令による3週間のモラトリアム（支払い猶予）を実施
		6月	憲政会と政友本党の合同により立憲民政党結成
		7月	芥川龍之介自殺
1928年	昭和3年	2月	第16回総選挙（初の普通選挙）実施
		3月	共産党員への全国一斉検挙（三・一五事件）
		6月	張作霖爆殺事件（満州某重大事件）
		7月	アムステルダム五輪（8月まで）
1929年	昭和4年	4月	共産党員への全国一斉検挙（四・一六事件）
		7月	浜口雄幸内閣成立
1930年	昭和5年	1月	金輸出解禁実施（～4月22日）。ロンドン海軍軍縮会議開催
		4月	ロンドン海軍軍縮条約調印、統帥権干犯問題起こる
		10月	ロンドン海軍軍縮条約を枢密院本会議で可決
		11月	浜口首相が東京駅で襲撃され重傷を負い、翌年死去
1931年	昭和6年	3月	陸軍中堅将校によるクーデター未遂事件（三月事件）
		4月	第二次若槻内閣成立
		9月	柳条湖事件（満洲事変勃発）
		10月	陸軍中堅将校によるクーデター未遂事件（十月事件）
		12月	犬養毅内閣成立
1932年	昭和7年	1月	第一次上海事変
		2月	井上準之助暗殺事件（血盟団事件）
		3月	満州国建国宣言。団琢磨暗殺事件（血盟団事件）
		5月	犬養首相が暗殺される（五・一五事件）。斎藤実内閣成立
		7月	ロサンゼルス五輪（8月まで）
		10月	リットン調査団報告書公表
1933年	昭和8年	2月	小林多喜二拷問死
		3月	日本、国際連盟を脱退
		5月	滝川幸辰京都帝大教授を文部省が罷免（滝川事件）
		6月	共産党幹部の佐野学と鍋山貞親が獄中で転向を宣言
1934年	昭和9年	3月	満州国帝政実施、溥儀が皇帝となる
		4月	帝国人絹の株式売買を巡る疑獄事件（帝人事件）
		7月	斎藤内閣が帝人事件で総辞職。岡田啓介内閣成立
		11月	湯川秀樹、中間子理論を発表。陸軍青年将校によるクーデター計画発覚（十一月事件・士官学校事件）
1935年	昭和10年	2月	貴族院で美濃部達吉の天皇機関説が問題化
		8月	天皇機関説に対し、政府が国体明徴声明を発表（10月に第2回）。永田鉄山陸軍軍務局長殺害事件（相沢事件）
		9月	第1回芥川賞・直木賞の発表
1936年	昭和11年	1月	ロンドン海軍軍縮会議を脱退
		2月	陸軍青年将校によるクーデター事件（二・二六事件）
		3月	広田弘毅内閣成立
		5月	阿部定事件が起こる。軍部大臣現役武官制が復活
		8月	ベルリン五輪
1937年	昭和12年	1月	広田内閣総辞職、陸軍の反対により宇垣一成の組閣が流産
		2月	林銑十郎内閣成立。文化勲章制定

西暦	年号	月	事　項
		5月	林内閣総辞職
		6月	第一次近衛文麿内閣成立
		7月	盧溝橋事件（日中戦争勃発）
		12月	日本軍南京占領
1938年	昭和13年	1月	国民政府を対手にせずとの第一次近衛声明（日中戦争の和平交渉中止）
		4月	国家総動員法公布
		7月	ソ連との国境紛争（張鼓峰事件）
		11月	東亜新秩序建設の第二次近衛声明
1939年	昭和14年	1月	第一次近衛内閣総辞職、平沼騏一郎内閣成立。横綱双葉山、69連勝を達成
		5月	ソ連との国境紛争（ノモンハン事件）
		8月	独ソ不可侵条約締結により平沼内閣総辞職、阿部信行内閣成立
		9月	ドイツ、ポーランドへ侵攻（第二次大戦勃発）
1940年	昭和15年	1月	阿部内閣総辞職、米内光政内閣成立
		2月	斎藤隆夫、衆議院で反軍演説を行い政治問題化
		7月	米内内閣総辞職、第二次近衛内閣成立
		9月	日本軍、北部仏印（フランス領インドシナ）へ進駐。日独伊三国軍事同盟条約調印
		10月	大政翼賛会発足
1941年	昭和16年	4月	日ソ中立条約調印
		7月	第三次近衛内閣成立。日本軍、南部仏印（フランス領インドシナ）へ進駐
		10月	国際スパイ、リヒアルト・ゾルゲ摘発（ゾルゲ事件）。第三次近衛内閣総辞職、東条英機内閣成立
		12月	御前会議で対米・英・蘭開戦を決定。日本海軍、ハワイ真珠湾を奇襲攻撃（太平洋戦争勃発）
1942年	昭和17年	1月	フィリピンのマニラを占領
		2月	マレー半島のシンガポールを占領
		4月	米軍、日本本土を初空襲（ドーリットル空襲）。第21回総選挙（いわゆる翼賛選挙）実施
		6月	ミッドウェー海戦で敗北
		8月	米軍、ガダルカナル島に上陸
1943年	昭和18年	2月	日本軍、ガダルカナル島から撤退
		4月	山本五十六連合艦隊司令長官戦死
		5月	アッツ島日本軍守備隊玉砕。登呂遺跡発見
		10月	第1回出陣学徒壮行会開催
1944年	昭和19年	7月	サイパン島陥落。東条内閣総辞職、小磯国昭内閣成立
		8月	学童疎開開始
		10月	神風特別攻撃隊出撃（特攻の開始）
		11月	マリアナ諸島からのB29爆撃機による初の東京空襲
1945年	昭和20年	3月	東京大空襲
		4月	米軍が沖縄本島に上陸（6月占領）。小磯内閣総辞職、鈴木貫太郎内閣成立
		7月	米英中がポツダム宣言を発表
		8月	米国、広島に原子爆弾投下。ソ連、対日宣戦布告。米国、長崎に原子爆弾投下。ポツダム宣言受諾。昭和天皇、「終戦の詔書」を放送（玉音放送）。鈴木内閣総辞職、東久邇宮稔彦内閣成立。連合国軍総司令官マッカーサー元帥、日本上陸
		9月	降伏文書に調印
		10月	東久邇宮内閣総辞職、幣原喜重郎内閣成立

昭和人物事典 戦前期

2017 年 3 月 25 日　第 1 刷発行

発 行 者／大高利夫
編集・発行／日外アソシエーツ株式会社
　　　　　〒140-0013 東京都品川区南大井6-16-16鈴中ビル大森アネックス
　　　　　電話 (03)3763-5241(代表)　FAX(03)3764-0845
　　　　　URL　http://www.nichigai.co.jp/
発 売 元／株式会社紀伊國屋書店
　　　　　〒163-8636 東京都新宿区新宿 3-17-7
　　　　　電話 (03)3354-0131(代表)
　　　　　ホールセール部(営業)　電話 (03)6910-0519

電算漢字処理／日外アソシエーツ株式会社
印刷・製本／株式会社平河工業社

不許複製・禁無断転載　　　　　　　《中性紙三菱クリームエレガ使用》
〈落丁・乱丁本はお取り替えいたします〉
ISBN978-4-8169-2650-1　　　　　**Printed in Japan,2017**

本書はディジタルデータでご利用いただくことが
できます。詳細はお問い合わせください。

明治大正人物事典

明治・大正時代に活躍した日本人を網羅した人物事典。「Ⅰ 政治・軍事・産業篇」では政治家、官僚、法曹人、軍人、社会運動家、実業家、宗教家、社会事業家など5,300人を、「Ⅱ 文学・芸術・学術篇」では作家、ジャーナリスト、美術家、学者、医師、教育家、音楽家、演劇人など5,000人を幅広く収録。生没年、経歴、受賞歴などの詳細なプロフィールを掲載。「分野別索引」付き。

Ⅰ 政治・軍事・産業篇
A5・720頁　定価（本体17,000円＋税）　2011.7刊

Ⅱ 文学・芸術・学術篇
A5・740頁　定価（本体17,000円＋税）　2011.7刊

大正・昭和戦前期 政治・実業・文化 演説・講演集 —SP盤レコード文字化資料

金澤裕之・相澤正夫 編
A5・450頁　定価（本体12,000円＋税）　2015.4刊

コレクターが丹念に蒐集したSP盤レコードに遺された肉声を、言語研究の専門家が可能な限り忠実に文字に起こした、これまでにない資料集。大正4年「司法大臣尾崎行雄君演説」をはじめとした、大正から昭和戦前期の政治家・軍人・実業家・文化人など89名による135編の演説を収録。話者の思想や考え方はもとより、言葉遣いや話し方の特徴まで読み取ることができ、日本語研究・近現代史研究に役立つ。

戦前期 レコード音楽雑誌 記事索引

東京藝術大学附属図書館 監修
A5・680頁　定価（本体36,000円＋税）　2017.1刊

大正から戦前期にかけて国内で発行された、レコード音楽や蓄音機に関する専門雑誌の総目次と記事索引。そのほとんどは、国立国会図書館の雑誌記事索引には未採録。本文は「内容細目」と「人物文献目録」で構成。「内容細目」は10種の雑誌の総目次集。「人物文献目録」は人物文献の記事索引で、書かれている記事数の多い作曲家・指揮者・演奏家と、執筆記事の多い執筆者あわせて100人について、どの雑誌のどの号に記事があるかがわかる。本文の人物文献に掲載されなかった人物・執筆者および事項名からも引ける「人名・事項名索引」「執筆者索引」付き。

日本人物レファレンス事典 軍事篇（近現代）

A5・460頁　定価（本体15,000円＋税）　2015.4刊

日本近現代の軍事分野の人物がどの事典にどんな見出しで掲載されているかがわかる事典索引。幕末以降の主な兵乱指導者・従軍藩士、旧陸海軍の主要軍人・従軍兵士・軍属、自衛隊・防衛庁・防衛省のトップ、兵学者・砲術家・軍事技術者・軍事評論家・軍事史研究家など5,600人を、275種393冊の人名事典・百科事典・歴史事典等から収録。人名見出しのもと、各事典での人名表記・読み、生没年を示した。

データベースカンパニー
日外アソシエーツ

〒140-0013　東京都品川区南大井6-16-16
TEL.（03）3763-5241　FAX.（03）3764-0845　http://www.nichigai.co.jp/